3권 최신기출유형+모의고사

주희 쌤의
컴퓨터활용능력

✓ 시험에 자주 나오는 **핵심을 엄선**하여 정리

✓ **쉽게 따라**할 수 있는 친절한 문제 풀이

예제 및 채점 프로그램
thebaeum.co.kr

단기 합격을 ⚡ 위한
주희 쌤만의 비밀 팁
대공개!

1급 실기

✓ 개념 이해 문제부터 **상시 복원 문제**까지 모두 수록

✓ 실전 완벽 대비 기출유형 및 모의고사 **24회분 수록**

컴퓨터활용능력 1급 실기

CONTENTS _ ☐ ✕

Part 1 스프레드시트 최신기출유형
01회 최신기출유형	8
02회 최신기출유형	22
03회 최신기출유형	36
04회 최신기출유형	49
05회 최신기출유형	62

06회~12회 스프레드시트 최신기출유형은 'C:\컴활1급\최신기출유형' 폴더 안에 '엑셀최신기출유형(06~12).pdf' 파일로 제공됩니다.

PDF 암호 : juheessaem

Part 2 데이터베이스 최신기출유형
01회 최신기출유형	76
02회 최신기출유형	90
03회 최신기출유형	104
04회 최신기출유형	118
05회 최신기출유형	132

06회~12회 데이터베이스 최신기출유형은 'C:\컴활1급\최신기출유형' 폴더 안에 '액세스최신기출유형(06~12).pdf' 파일로 제공됩니다.

PDF 암호 : juheessaem

Part 3 스프레드시트 실전모의고사
01회 실전모의고사	146
02회 실전모의고사	159
03회 실전모의고사	172
04회 실전모의고사	185
05회 실전모의고사	197

06회~12회 스프레드시트 실전모의고사는 'C:\컴활1급\모의고사' 폴더 안에 '엑셀모의고사(06~12).pdf' 파일로 제공됩니다.

PDF 암호 : juheessaem

Part 4 데이터베이스 실전모의고사
01회 실전모의고사	212
02회 실전모의고사	225
03회 실전모의고사	239
04회 실전모의고사	254
05회 실전모의고사	269

06회~12회 데이터베이스 실전모의고사는 'C:\컴활1급\모의고사' 폴더 안에 '액세스모의고사(06~12).pdf' 파일로 제공됩니다.

PDF 암호 : juheessaem

컴퓨터활용능력 1급 실기 3권 최신기출유형+모의고사

자주 하는 질문

Q 최신기출유형과 실전모의고사 6~12회를 PDF로 제공하는 이유가 있나요?

A 페이지 수가 증가함에 따라 책이 두꺼워지고 그로 인해 책의 단가가 높아지는 것을 방지하기 위함입니다.

Q 최신기출유형과 실전모의고사의 차이점이 무엇인가요?

A 최신기출유형에 비해 실전모의고사의 난이도가 조금 더 높습니다.

처음 풀어보는 최신기출유형 문제는 80점~85점, 처음 풀어보는 실전모의고사 문제는 70점~75점 정도로 목표를 세우면 됩니다. 물론 채점하고 오답을 정리한 후 다시 풀어볼 때에는 95점 이상이어야겠죠.

Q 최신기출유형과 실전모의고사는 어떻게 풀면 되나요?

A 실제 시험처럼 시간(엑셀 45분, 액세스 45분)을 재서 문제를 풀어봐 주세요.

엑셀 과목은 자신 있는 문제를 먼저 풀어도 되나 액세스 과목은 문제를 순서대로 풀어야 합니다.

Q 1권과 2권의 기본 문제와 숙제, 3권의 최신기출유형과 실전모의고사 중 우선 순위를 알려주세요.

A 기본 문제 → 숙제 → 실전모의고사 → 최신기출유형 순입니다.

Q 1권, 2권, 3권, PDF 문제를 모두 다 풀 수 있다면 100% 합격인가요?

A 네, 그렇습니다.

여기에서 하나라도 빠뜨리면 합격률은 조금씩 낮아집니다.

Q PDF 파일은 프린트해서 보면 될까요?

A 아니요. 실제 시험에서는 모니터 화면에 문제를 띄우고 작업하기 때문에 모니터 화면에 PDF를 띄어놓고 문제를 풀어보면 시험 감각을 키울 수 있습니다.

Q 1권과 2권의 기본 문제와 숙제, 3권의 최신기출유형과 실전모의고사 외에 최근에 시험에 나왔던 문제를 더 제공받을 수 있나요?

A 상시 시험 문제는 계속해서 변화하기 때문에 책에 수록되지 않은 문제 및 모의고사는 주희쌤의 컴퓨터활용능력(https://cafe.naver.com/juheessaem) 학습자료실에 수시로 업데이트됩니다. 실기 시험 일주일 전에 확인해주세요. 책에 수록되지 않은 최신 문제이니 당연히 풀어보는 것이 좋습니다.

Q 모의고사는 채점 프로그램이 제공되지 않나요?

A 네, 그렇습니다.

최신기출유형과 달리 모의고사는 채점 프로그램이 제공되지 않습니다. 정답지와 비교하여 채점해보고 궁금한 사항은 주희쌤의 컴퓨터활용능력(https://cafe.naver.com/juheessaem) 질문답변 게시판에 질문하세요.

Q 어설프게 대비하여 불합격을 했다면 어떻게 해야 하죠?

A 만약 시험 볼 때 모르는 문제가 출제되었다면 기억해두었다가 질문답변 게시판에 질문해주세요. 오늘 출제된 문제는 다음에 또 출제될 가능성이 큽니다. 틀린 문제를 또 틀릴 수는 없으니까요.

대비하여 다음 시험에는 맞힐 수 있도록 도와드리겠습니다.

컴퓨터활용능력 1급 실기 3권 최신기출유형+실전모의고사

PART 1

스프레드시트 최신기출유형

- **1회** 최신기출유형
- **2회** 최신기출유형
- **3회** 최신기출유형
- **4회** 최신기출유형
- **5회** 최신기출유형

제1회 최신기출유형

프로그램명	제한시간
EXCEL	45분

수험번호 :

성   명 :

| 1급 | C형 |

유 의 사 항

★ 펜은 꺼내실 수 없으며 시험지는 유출이 불가능합니다.

- 인적 사항 누락 및 잘못 작성으로 인한 불이익은 수험자 책임으로 합니다.

- 화면에 암호 입력창이 나타나면 아래의 암호를 입력하여야 합니다.
  - 암호 :

★ 암호를 입력할 수도 있으니 이렇게 첫 장을 확인하시면 됩니다.

- 작성된 답안은 주어진 경로 및 파일명을 변경하지 마시고 그대로 저장해야 합니다. 이를 준수하지 않으면 실격 처리됩니다.

★ 디스켓 모양을 눌러 저장하시면 됩니다. 예외가 있을 수도 있으니 감독관이 설명할 때 잘 들어주세요. 제한시간(45분) 안에 디스켓 모양을 눌러 저장을 하고 그 이후에는 화면이 바뀌며 [답안 제출]을 하게 됩니다.

- 외부 데이터 위치 : C:\OA\파일명

- 별도의 지시사항이 없는 경우, 다음과 같이 처리 시 실격 처리됩니다.
  - 제시된 시트 및 개체의 순서나 이름을 임의로 변경한 경우
  - 제시된 시트 및 개체를 임의로 추가 또는 삭제한 경우
  - 외부 데이터를 시험 시작 전에 열어 본 경우

- 답안은 반드시 문제에서 지시 또는 요구한 셀에 입력하여야 하며 다음과 같이 처리 시 채점 대상에서 제외됩니다.
  - 수험자가 임의로 지시하지 않은 셀의 이동, 수정, 삭제, 변경 등으로 인해 셀의 위치 및 내용이 변경된 경우 해당 작업에 영향을 미치는 관련문제 모두 채점 대상에서 제외
  - 도형 및 차트의 개체가 중첩되어 있거나 동일한 계산결과 시트가 복수로 존재할 경우 해당 개체나 시트는 채점 대상에서 제외

- 수식 작성 시 제시된 문제 파일의 데이터는 변경 가능한(가변적) 데이터임을 감안하여 문제 풀이를 하시오.

- 별도의 지시사항이 없는 경우, 주어진 각 시트 및 개체의 설정값 또는 기본 설정값(Default)으로 처리하시오.

- 저장 시간은 별도로 주어지지 않으므로 제한된 시간 내에 저장을 완료해야 하며, 제한시간 내에 저장이 되지 않은 경우에는 실격 처리됩니다.

- 출제된 문제의 용어는 Microsoft Office Excel 2021 기준으로 작성되어 있습니다.

국 가 기 술 자 격 검 정

문제 1　기본작업(15점)　주어진 시트에서 다음의 과정을 수행하고 저장하시오.

01　'기본작업-1' 시트에서 다음과 같이 고급 필터를 수행하시오. (5점)

- [B2:H31] 영역에서 '출고넘버'가 숫자가 아닌 행에 대하여 '제조사', '출고넘버', '화면크기', '출시년도' 열의 순서대로 표시하시오.
- 조건은 [J2:J3] 영역에 입력하시오. (NOT, ISNUMBER 함수 사용)
- 결과는 [J5] 셀부터 표시하시오.

02　'기본작업-1' 시트에서 다음과 같이 조건부 서식을 설정하시오. (5점)

- [B3:H31] 영역에서 '구입월'의 뒤 두 글자가 홀수인 데이터의 행 전체에 대하여 글꼴 스타일 '굵게', 글꼴 색 '표준 색-파랑'으로 적용하시오.
- 단, 규칙 유형은 '수식을 사용하여 서식을 지정할 셀 결정'을 사용하고, 한 개의 규칙으로만 작성하시오.
- RIGHT, ISODD 함수 사용

03　'기본작업-2' 시트에서 다음과 같이 시트 보호와 통합 문서 보기를 설정하시오. (5점)

- [H4:H47] 영역에 셀 잠금과 수식 숨기기를 적용한 후 잠긴 셀의 내용과 워크시트를 보호하시오.
- 잠긴 셀의 선택과 잠금 해제된 셀의 선택은 허용하고, 시트 보호 해제 암호는 지정하지 마시오.
- '기본작업-2' 시트를 페이지 나누기 보기로 표시하고, [B3:J47] 영역만 1페이지로 인쇄되도록 페이지 나누기 구분선을 조정하시오.

문제 2　계산작업(30점)　'계산작업' 시트에서 다음의 과정을 수행하고 저장하시오.

01　[표1]의 구입일과 할부기간을 이용하여 [E4:E32] 영역에 할부종료를 계산하여 표시하시오. (6점)

- 할부종료는 구입일에서 할부기간이 지나기 한 달 전까지로 계산
- 할부기간은 연 단위임
- [표시 예 : 구입일이 2020-01-26, 할부기간이 1년인 경우 → 20년 12월]
- EDATE, TEXT 함수 사용

02　[표1]의 할부기간, 제조사, 출시년도, 정가와 [표2], [표3]을 이용하여 [I4:I32] 영역에 구입가를 계산하여 표시하시오. (6점)

- 구입가 = 정가 × (1 - 할인율) - 상품권증정
- 할인율은 출시년도와 할부기간을 이용하여 [표2]에서 찾아 계산
- 상품권증정은 제조사를 이용하여 [표3]에서 찾아 계산
- INDEX, VLOOKUP, MATCH 함수 사용

03　사용자 정의 함수 'fn배송비'를 작성하여 [표1]의 [K4:K32] 영역에 배송비를 계산하여 표시하시오. (6점)

- 'fn배송비'는 제조사와 화면크기를 인수로 받아 배송비를 계산하는 함수이다.
- 배송비는 제조사가 'Ben Q'이거나 화면크기가 70인치이면 50,000으로, 나머지는 '배송비무료'로 표시
- If ~ Else 문 사용

```
Public Function fn배송비(제조사, 화면크기)
End Function
```

04 [표1]의 제조사와 정가를 이용하여 [표4]의 [P19] 셀에 TCL과 JVC의 정가 합계를 계산하여 표시하시오. (6점)
▶ [표시 예 : 12345678원]
▶ SUM, IF 함수와 & 연산자를 이용한 배열 수식 사용

05 [표1]의 구입일을 이용하여 월별 개수를 구한 후 그 값을 1.2로 나눈 값만큼 '▷'를 [표5]의 [O23:O28] 영역에 반복하여 표시하시오. (6점)
▶ REPT, MONTH, FREQUENCY 함수를 이용한 배열 수식 사용

문제 3 분석작업(20점)   주어진 시트에서 다음의 과정을 수행하고 저장하시오.

01 '분석작업-1' 시트에서 다음의 지시사항에 따라 피벗 테이블 보고서를 작성하시오. (10점)
▶ 외부 데이터 원본으로 <TV판매내역.csv>의 데이터를 사용하시오.
  - 원본 데이터는 구분 기호 쉼표(,)로 분리되어 있으며, 내 데이터에 머리글을 표시하시오.
  - 제조사, 화면크기, 출시년도, 정가, 구입가 열만 가져와 데이터 모델에 이 데이터를 추가하시오.
▶ 피벗 테이블 보고서의 레이아웃과 위치는 <그림>을 참조하여 설정하고, 보고서 레이아웃을 개요 형식으로 표시하시오.
▶ 피벗 테이블 스타일은 '흰색, 피벗 스타일 보통 11'로 지정하시오.
▶ '정가'와 '구입가' 필드의 표시 형식은 값 필드 설정의 셀 서식에서 '숫자' 범주를 이용하여 천 단위 구분 기호를 표시하고, 소수점 이하 첫째 자리까지 표시하시오.
▶ 삼성전자의 데이터만을 별도의 시트에 표시한 후 시트 이름을 '삼성전자'로 지정하고, '분석작업-1' 시트의 왼쪽에 위치시키시오.
▶ 별도로 생성된 시트의 [A1] 셀 데이터는 삭제하시오.

	A	B	C
1			
2			
3	제조사	값	
4	Ben Q		
5		평균: 정가	3,864,000.0
6		평균: 구입가	3,502,400.0
7	JVC		
8		평균: 정가	2,545,000.0
9		평균: 구입가	2,260,750.0
10	LG전자		
11		평균: 정가	1,978,571.4
12		평균: 구입가	1,701,500.0
13	TCL		
14		평균: 정가	2,130,000.0
15		평균: 구입가	1,912,683.3
16	삼성전자		
17		평균: 정가	2,114,285.7
18		평균: 구입가	1,927,142.9
19	전체 평균: 정가		2,445,862.1
20	전체 평균: 구입가		2,187,296.6

※ 작업이 완성된 그림이며 부분점수 없음

02 '분석작업-2' 시트에 대하여 다음의 지시사항을 처리하시오. (10점)

▶ 데이터 도구를 이용하여 [표1]에서 '제조사', '출고넘버', '화면크기' 열을 기준으로 중복된 값이 입력된 셀을 포함하는 행을 삭제하시오.
▶ [부분합] 기능을 이용하여 [표1]에서 '제조사'별 '구입일'과 '가격'의 평균을 계산한 후 '출시년도'별 '출시년도'의 개수를 계산하시오.
  - 제조사를 기준으로 오름차순으로 정렬하고, 제조사가 동일한 경우 출시년도를 기준으로 오름차순 정렬하시오.
  - 평균과 개수는 위에 명시된 순서대로 처리하시오.

문제 4   기타작업(35점)   주어진 시트에서 다음의 과정을 수행하고 저장하시오.

01 '기타작업-1' 시트에서 다음의 지시사항에 따라 차트를 수정하시오. (각 2점)

※ 차트는 반드시 문제에서 제공한 차트를 사용하여야 하며, 신규로 차트 작성 시 0점 처리됨

① <그림>과 같이 표시되도록 데이터 범위를 수정한 후 계열 순서를 변경하시오.
② 차트 영역의 차트 스타일을 '스타일 5'로 지정하고, 그림 영역의 도형 스타일을 '미세 효과 - 녹색, 강조 6'으로 지정하시오.
③ 범례를 '오른쪽'으로 변경하시오.
④ 'TCL' 계열의 차트 종류를 '표식이 있는 꺾은선형'으로 변경한 후 데이터 표식의 크기를 10으로 지정하시오.
⑤ 주 눈금선을 <그림>과 같이 표시하시오.

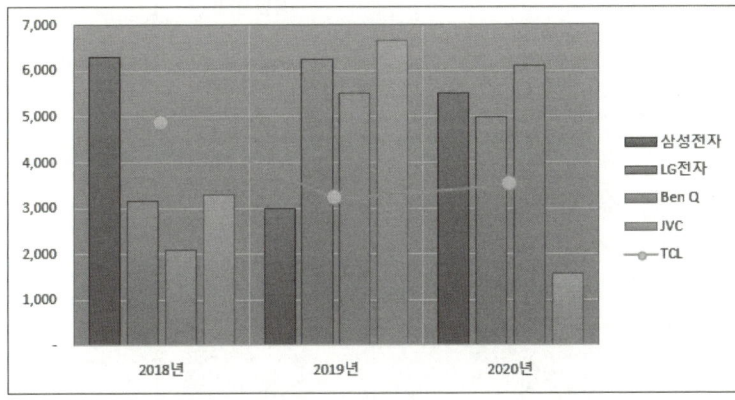

02 '기타작업-2' 시트에서 다음과 같은 기능을 수행하는 매크로를 현재 통합문서에 작성하시오. (각 5점)

① [I6:I32] 영역에 대하여 사용자 지정 표시 형식을 설정하는 '서식적용' 매크로를 생성하시오.
  ▶ 셀 값이 1과 같은 경우 영문자 대문자 "O"로 표시, 셀 값이 0과 같은 경우 영문자 대문자 "X"로 표시
  ▶ [개발 도구]-[삽입]-[양식 컨트롤]의 '단추'를 동일 시트의 [E2:F3] 영역에 생성한 후 텍스트를 '서식적용'으로 입력하고, 단추를 클릭하면 '서식적용' 매크로가 실행되도록 설정하시오.
② [G6:G32] 영역에 대하여 조건부 서식을 적용하는 '그래프보기' 매크로를 생성하시오.
  ▶ 규칙 유형은 '셀 값을 기준으로 모든 셀의 서식 지정'으로 선택하고, 서식 스타일 '데이터 막대', 최소값은 백분위수 20, 최대값은 백분위수 80으로 설정
  ▶ 막대 모양은 채우기를 '그라데이션 채우기', 색을 '표준 색-노랑'으로 설정
  ▶ [개발 도구]-[삽입]-[양식 컨트롤]의 '단추'를 동일 시트의 [H2:I3] 영역에 생성한 후 텍스트를 '그래프보기'로 입력하고, 단추를 클릭하면 '그래프보기' 매크로가 실행되도록 설정하시오.
※ 셀 포인터의 위치에 관계없이 매크로가 실행되어야 정답으로 인정됨

03 '기타작업-3' 시트에서 다음과 같은 작업을 수행하도록 프로시저를 작성하시오. (각 5점)

① <구매등록> 폼의 제품코드(cmb제품코드)에서 제품코드를 선택(Change)하면 정가(txt정가)와 할인율(txt할인율)에 제품코드에 해당하는 정가와 할인율을 [표2]에서 찾아 표시하시오.

② <구매등록> 폼의 '입력'(cmd입력) 단추를 클릭하면 폼에 입력된 데이터가 [표1]에 입력되어 있는 마지막 행 다음에 연속하여 추가되도록 프로시저를 작성하시오.
- ▶ 번호는 '입력행 - 4'로 입력하시오.
- ▶ 입력되는 데이터는 워크시트에 입력된 기존 데이터와 같은 형식의 데이터로 입력하시오.
  - '구입일'은 날짜 형식, '화면크기'는 숫자 형식으로 입력하시오. (CDATE, VAL 함수 사용)
  - '정가'는 천 단위 구분 기호와 "원"을 함께 입력하시오. (FORMAT 함수 사용)
- ▶ 구매가 : 정가 × (1 - 할인율)

③ <구매등록> 폼의 '닫기'(cmd닫기) 단추를 클릭하면 입력한 전체 데이터의 개수를 표시한 <그림>과 같은 메시지 박스를 표시한 후 폼을 종료하는 프로시저를 작성하시오.
- ▶ 폼이 종료된 후 "동탄지점"을 [H1] 셀에 표시하시오.

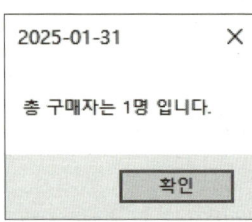

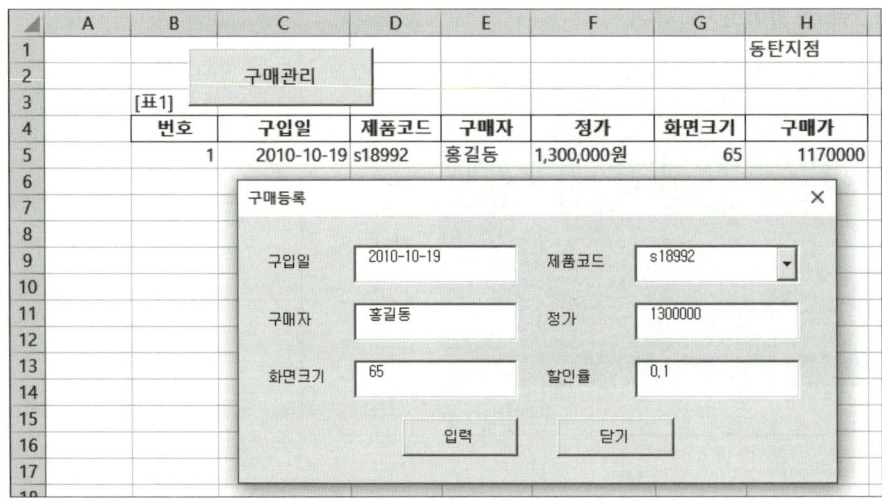

정답 및 해설

문제 1 기본작업

'보안 경고'가 표시되면 '콘텐츠 사용'을 클릭하세요.

01 '기본작업-1' 시트 (고급 필터)

	J	K	L	M
2	조건			
3	TRUE			
4				
5	제조사	출고넘버	화면크기	출시년도
6	삼성전자	s18992	65인치	2020
7	삼성전자	s13874	70인치	2020
8	JVC	d19834	55인치	2017
9	JVC	d13971	60인치	2016
10	삼성전자	s12547	70인치	2018
11	삼성전자	s17458	55인치	2020
12	삼성전자	s13652	60인치	2018
13	JVC	d19487	65인치	2017
14	삼성전자	s17498	60인치	2019
15	JVC	d13574	65인치	2020
16	삼성전자	s19844	55인치	2018

① [J2] 셀에 원본 데이터([B2:H31])의 필드명과 다른 필드명을 입력합니다.
② [J3] 셀을 클릭하고 '=NOT(ISNUMBER(D3))'를 입력한 후 Enter 를 누릅니다.
③ 수식의 결과가 TRUE 또는 FALSE인 것을 확인한 후 결과에 특정한 필드를 추출하기 위해 [J5] 셀에 '제조사', [K5] 셀에 '출고넘버', [L5] 셀에 '화면크기', [M5] 셀에 '출시년도'를 입력합니다.
④ 목록 범위([B2:H31]) 영역의 임의의 셀을 클릭한 후 [데이터] 탭-[정렬 및 필터] 그룹-[고급]을 클릭합니다.
⑤ [고급 필터] 대화상자가 나타나면 아래와 같이 지정한 후 [확인] 단추를 클릭합니다.

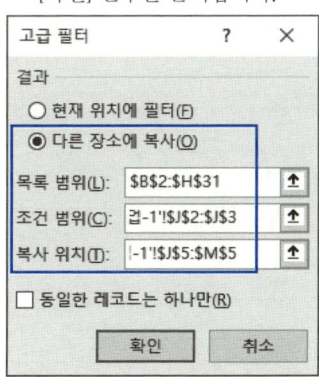

02 '기본작업-1' 시트 (조건부 서식)

▶ 결과

	A	B	C	D	E	F	G	H
1								
2		구매자	제조사	출고넘버	화면크기	출시년도	구입월	가격
3		조원섭	삼성전자	s18992	65인치	2020	2020.01	1,300,000
4		우정하	LG전자	18844	55인치	2019	2020.05	1,100,000
5		황영태	TCL	12854	70인치	2019	2019.12	3,200,000
6		김준호	Ben Q	16584	65인치	2018	2019.03	2,100,000
7		이재식	LG전자	15884	50인치	2018	2020.05	1,200,000
8		정병준	TCL	16581	60인치	2017	2018.07	1,500,000
9		주언식	삼성전자	s13874	70인치	2020	2020.04	2,900,000
10		정순기	Ben Q	16742	65인치	2016	2016.09	3,500,000
11		전승희	LG전자	13644	65인치	2019	2019.11	2,500,000
12		백경민	JVC	d19834	55인치	2017	2017.06	2,000,000
13		신승문	JVC	d13971	60인치	2016	2016.02	2,100,000
14		오성진	Ben Q	14572	60인치	2016	2017.02	1,800,000
15		문정우	TCL	13687	65인치	2017	2017.08	1,950,000
16		이인행	삼성전자	s12547	70인치	2018	2018.06	3,350,000
17		허준영	LG전자	12347	65인치	2019	2019.03	2,650,000
18		이한철	삼성전자	s17458	55인치	2020	2020.05	1,300,000
19		안장호	삼성전자	s13652	60인치	2018	2019.04	1,550,000
20		박조현	TCL	14789	70인치	2020	2020.02	2,450,000
21		황경모	LG전자	13964	65인치	2016	2016.09	2,300,000
22		김우태	LG전자	13584	60인치	2018	2018.09	1,950,000
23		임종찬	Ben Q	14798	55인치	2019	2020.02	5,500,000
24		윤지성	JVC	d19487	65인치	2017	2018.06	4,500,000
25		전홍규	삼성전자	s17498	60인치	2019	2019.11	3,000,000
26		채병도	JVC	d13574	65인치	2020	2020.03	1,580,000
27		안승용	TCL	17948	60인치	2016	2016.07	2,630,000
28		김현수	Ben Q	14789	70인치	2016	2017.09	6,420,000
29		양승민	삼성전자	s19844	55인치	2018	2019.10	1,400,000
30		김현수	TCL	19844	55인치	2020	2020.01	1,050,000
31		이준혁	LG전자	13854	50인치	2016	2017.08	2,150,000

① 서식을 지정해줄 [B3:H31] 영역을 드래그하여 선택한 후 [홈] 탭-[스타일] 그룹-[조건부 서식]-[새 규칙]을 클릭합니다.
② [새 서식 규칙] 대화상자가 나타나면 [수식을 사용하여 서식을 지정할 셀 결정]을 클릭하고 아래 수식 입력란에 커서를 이동합니다.
③ 이어서 '=ISODD(RIGHT($G3,2))'을 입력하고 [서식] 단추를 클릭합니다.
④ [셀 서식] 대화상자가 나타나면 [글꼴] 탭에서 [글꼴 스타일]은 '굵게', [색]은 '파랑'으로 선택하고 [확인] 단추를 클릭합니다.
⑤ [새 서식 규칙] 대화상자가 나타나면 [확인] 단추를 클릭합니다.

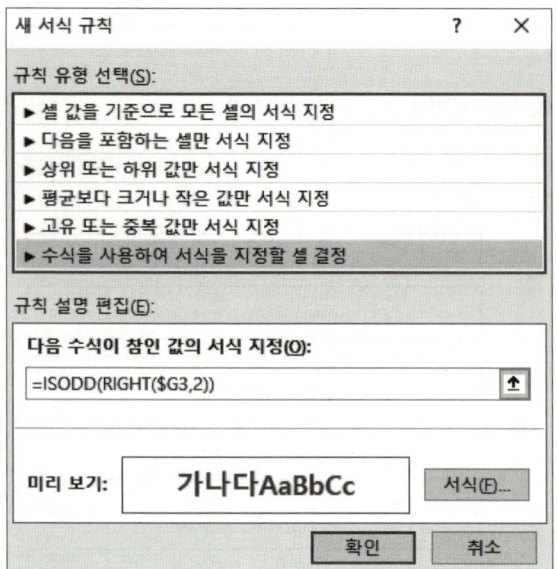

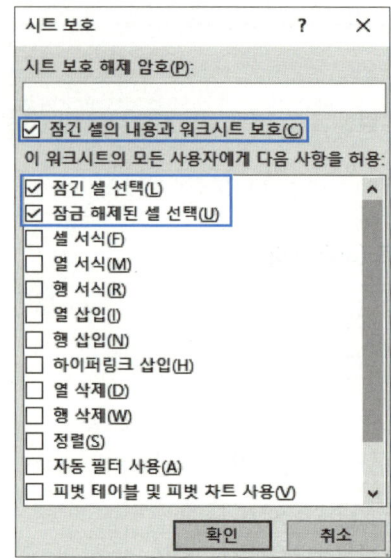

03 '기본작업-2' 시트 (시트 보호와 통합 문서 보기)

① [H4:H47] 영역을 드래그하여 선택하고 Ctrl+1을 누릅니다.
② [셀 서식] 대화상자가 나타나면 [보호] 탭-'잠금'과 '숨김' 확인란을 모두 선택하고 [확인] 단추를 클릭합니다.

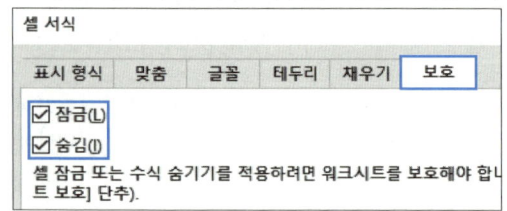

③ 워크시트를 보호하기 위해 [검토] 탭-[보호] 그룹-[시트 보호]를 클릭합니다.
④ [시트 보호] 대화상자가 나타나면 [이 워크시트의 모든 사용자에게 다음 사항을 허용]에 '잠긴 셀 선택', '잠금 해제된 셀 선택' 확인란을 선택한 후 [확인] 단추를 클릭합니다.

⑤ 페이지 나누기를 수행하기 위해 [보기] 탭-[통합 문서 보기] 그룹-[페이지 나누기 미리 보기]를 클릭합니다.
⑥ 45행과 46행 사이의 점선을 47행과 48행 사이로 드래그합니다.

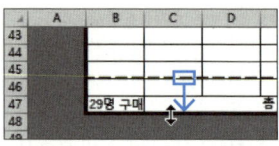

⑦ I열과 J열 사이의 점선을 J열과 K열 사이로 드래그합니다.

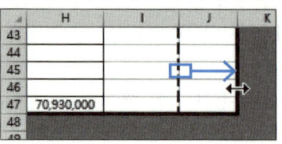

문제 2 계산작업

▶ 결과

	A	B	C	D	E	F	G	H	I	J	K	L	M	N	O	P	Q
1																	
2		[표1]											[표2]				
3		구매자	구입일	할부기간	할부종료	제조사	출시년도	정가	구입가	화면크기	배송비		출시년도	1	2	3	
4		조원섭	2020-01-26	1	20년 12월	삼성전자	2020	1,300,000	1,120,000	65	배송비무료		2016	14%	13%	10%	
5		우정하	2020-05-18	2	22년 04월	LG전자	2019	1,100,000	934,000	55	배송비무료		2017	13%	12%	9%	
6		황영태	2019-12-20	3	22년 11월	TCL	2019	3,200,000	3,074,000	70	50,000		2018	12%	7%	3%	
7		김준호	2019-03-06	2	21년 02월	Ben Q	2018	2,100,000	1,953,000	65	50,000		2019	11%	6%	3%	
8		이재식	2020-05-09	1	21년 04월	LG전자	2018	1,200,000	956,000	50	배송비무료		2020	10%	5%	2%	
9		정병준	2018-07-17	3	21년 06월	TCL	2017	1,500,000	1,335,000	60	배송비무료						
10		주언식	2020-04-30	3	23년 03월	삼성전자	2020	2,900,000	2,792,000	70	50,000		[표3]				
11		정순기	2016-09-21	2	18년 08월	Ben Q	2016	3,500,000	3,045,000	65	50,000		제조사	상품권증정			
12		전승희	2019-11-01	1	20년 10월	LG전자	2019	2,500,000	2,125,000	65	배송비무료		삼성전자	50,000			
13		백경민	2017-06-25	3	20년 05월	JVC	2017	2,000,000	1,770,000	55	배송비무료		LG전자	100,000			
14		신승문	2016-02-11	2	18년 01월	JVC	2016	2,100,000	1,777,000	60	배송비무료		TCL	30,000	아래와 같이 입력해도 같은 결과가 표시됩니다.		
15		오성진	2017-02-15	2	19년 01월	Ben Q	2016	1,800,000	1,566,000	60	50,000		Ben Q	-			
16		문정우	2017-08-15	1	18년 07월	TCL	2017	1,950,000	1,666,500	65	배송비무료		JVC	50,000	=SUM(IF(F4:F32="TCL", H4:H32)) + SUM(IF(F4:F32="JVC", H4:H32)) & "원"		
17		이인행	2018-01-11	3	21년 05월	삼성전자	2018	3,350,000	3,199,500	70	50,000						
18		허준영	2019-03-09	2	21년 02월	LG전자	2019	2,650,000	2,391,000	65	배송비무료		[표4]				
19		이한철	2020-05-23	2	22년 04월	삼성전자	2020	1,300,000	1,185,000	55	배송비무료		TCL와 JVC의 정가 합계		22960000원		
20		안장우	2019-04-07	2	21년 03월	삼성전자	2018	1,550,000	1,391,500	60	배송비무료						
21		박조현	2020-02-01	1	21년 01월	TCL	2018	2,450,000	2,175,000	70	50,000		[표5]				
22		황경모	2016-09-04	1	17년 08월	LG전자	2016	2,300,000	1,878,000	65	배송비무료		구입일		구입그래프		
23		김우태	2018-09-22	3	21년 08월	LG전자	2018	1,950,000	1,791,500	60	배송비무료		1월	~2월	▷▷▷▷		
24		임종찬	2020-02-16	2	22년 01월	Ben Q	2019	5,500,000	5,170,000	55	50,000		3월	~4월	▷▷▷▷		
25		윤지성	2018-06-19	3	21년 05월	JVC	2017	4,500,000	4,045,000	65	배송비무료		5월	~6월	▷▷▷▷		
26		전홍규	2019-11-30	1	20년 10월	삼성전자	2019	3,000,000	2,620,000	60	배송비무료		7월	~8월	▷▷▷		
27		채병도	2020-03-31	2	22년 02월	JVC	2020	1,580,000	1,451,000	65	배송비무료		9월	~10월	▷▷▷▷		
28		안승용	2016-07-29	2	18년 06월	TCL	2016	2,630,000	2,258,100	60	배송비무료		11월	~12월	▷▷		
29		김현수	2017-09-11	3	20년 08월	Ben Q	2018	6,420,000	5,778,000	70	50,000						
30		양승민	2019-10-09	1	20년 09월	삼성전자	2018	1,400,000	1,182,000	55	배송비무료						
31		김현수	2020-01-31	2	21년 12월	TCL	2020	1,050,000	967,500	55	배송비무료						
32		이준혁	2017-08-05	3	20년 07월	LG전자	2016	2,150,000	1,835,000	50	배송비무료						

01 할부종료 (E4:E32)

=TEXT(EDATE(C4, D4*12-1), "yy년 mm월")

① [E4] 셀을 선택하고 '=TEXT(EDATE(C4, D4*12-1), "yy년 mm월")' 수식을 작성한 후 Enter 를 누릅니다.
② [E4] 셀의 채우기 핸들을 [E32] 셀까지 드래그하여 수식을 복사합니다.

02 구입가 (I4:I32)

=H4*(1-INDEX($N$4:$P$8, MATCH(G4,$M$4:$M$8,0), D4)) - VLOOKUP(F4,$M$12:$N$16,2,FALSE)

① [I4] 셀을 선택하고 '=H4 *(1-INDEX($N$4:$P$8, MATCH(G4,$M$4:$M$8,0), D4)) - VLOOKUP(F4, $M$12:$N$16,2,FALSE)' 수식을 작성한 후 Enter 를 누릅니다.
② [I4] 셀의 채우기 핸들을 [I32] 셀까지 드래그하여 수식을 복사합니다.

03 배송비 (K4:K32)

① Alt + F11 을 누릅니다.
② Visual Basic Editor가 나타나면 [삽입] 메뉴-[모듈]을 클릭합니다.
③ 프로젝트 탐색기 창에 모듈이 생성되면 아래와 같이 입력합니다.

```
Public Function fn배송비(제조사, 화면크기)
    If 제조사 = "Ben Q" Or 화면크기 = 70 Then
        fn배송비 = 50000
    Else
        fn배송비 = "배송비무료"
    End If
End Function
```

※ 코드는 작성하는 방법이 다양하여 문제에 제시된 사항을 지켜 결과가 같다면 정답 처리됩니다.

④ Visual Basic Editor의 [닫기](X) 단추를 클릭합니다.
⑤ [K4] 셀을 선택한 후 [함수 삽입](fx)을 클릭합니다.
⑥ [함수 마법사] 대화상자가 나타나면 [범주 선택]을 '사용자 정의'로 선택하고 [함수 선택] 목록에서 'fn배송비'를 선택한 후 [확인] 단추를 클릭합니다.
⑦ [함수 인수] 대화상자가 나타나면 [제조사]에 [F4] 셀을 클릭, [화면크기]에 [J4] 셀을 클릭하고 [확인] 단추를 클릭합니다.

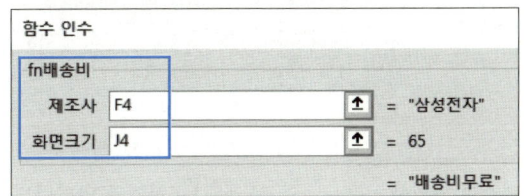

⑧ [K4] 셀의 채우기 핸들을 [K32] 셀까지 드래그하여 수식을 복사합니다.

04 TCL와 JVC의 정가 합계 (P19)

=SUM(IF((F4:F32="TCL")+(F4:F32="JVC"), H4:H32)) & "원"

① [P19] 셀을 선택하고 '=SUM(IF((F4:F32="TCL")+(F4:F32="JVC"), H4:H32)) & "원"' 수식을 작성한 후 Ctrl + Shift + Enter 를 누릅니다.

05 구입그래프 (O23:O28)

=REPT("▷",FREQUENCY(MONTH(C4:C32), N23:N28) / 1.2)

① [O23:O28] 영역을 선택하고 '=REPT("▷", FREQUENCY(MONTH(C4:C32), N23:N28) / 1.2)' 수식을 작성한 후 Ctrl + Shift + Enter 를 누릅니다.

문제 3 분석작업

01 '분석작업-1' 시트 (피벗 테이블)

① [삽입] 탭-[표] 그룹-[피벗 테이블]-[외부 데이터 원본에서]를 클릭합니다.
② [외부 원본의 피벗 테이블] 대화상자가 나타나면 [연결 선택] 단추를 클릭합니다.
③ [기존 연결] 대화상자가 나타나면 [더 찾아보기] 단추를 클릭합니다.
④ [데이터 원본 선택] 대화상자가 나타나면 현재 파일을 열어준 폴더로 이동한 후 'TV판매내역.csv'를 선택하고 [열기] 단추를 클릭합니다.
⑤ [텍스트 마법사 - 3단계 중 1단계] 대화상자가 나타나면 '구분 기호로 분리됨'을 선택한 후 '내 데이터에 머리글 표시' 확인란을 선택하고 [다음] 단추를 클릭합니다.

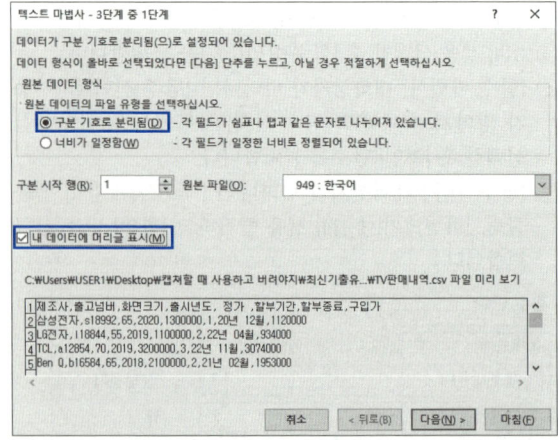

⑥ [텍스트 마법사 - 3단계 중 2단계] 대화상자가 나타나면 데이터를 쉼표로 분리하기 위해 [구분 기호]를 '쉼표'로 선택하고 [다음] 단추를 클릭합니다.

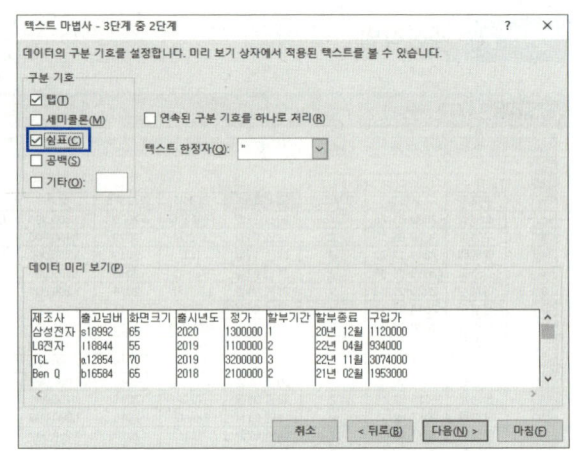

⑦ [텍스트 마법사 - 3단계 중 3단계] 대화상자가 나타나면 '출고넘버', '할부기간', '할부종료'는 제외하고 가져오기 위해 '출고넘버' 열을 선택한 후 '열 가져오지 않음(건너뜀)'을 선택합니다.

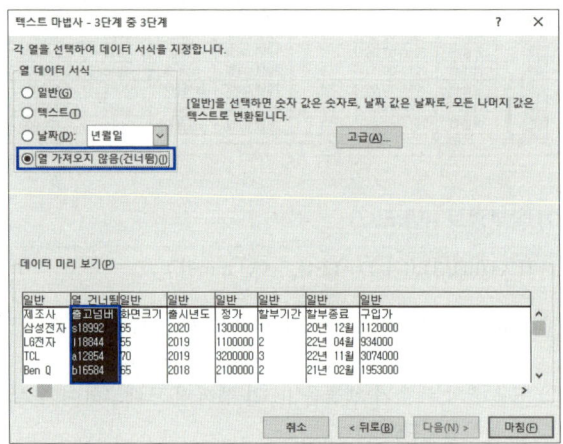

⑧ 같은 방법으로 '할부기간'과 '할부종료'도 '열 가져오지 않음(건너뜀)'을 선택하고 [마침] 단추를 클릭합니다.

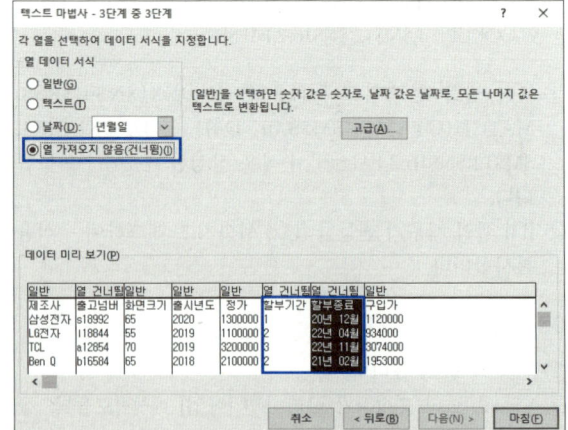

⑨ 다시 [외부 원본의 피벗 테이블] 대화상자가 나타나면 피벗 테이블을 배치할 위치에 '기존 워크시트'의 [A3] 셀을 클릭한 후 '데이터 모델에 이 데이터 추가'를 선택하고 [확인] 단추를 클릭합니다.

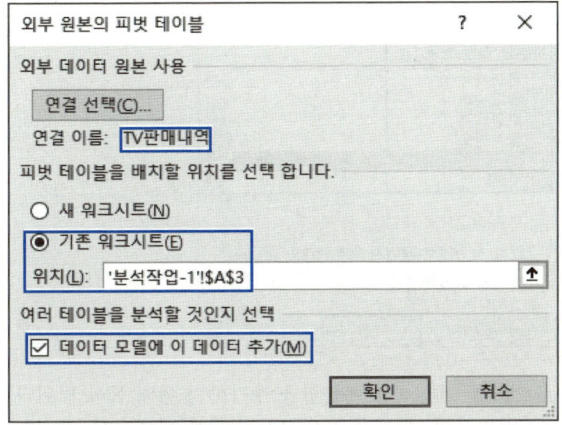

⑩ '제조사'를 [행] 영역으로 드래그, '정가'를 [값] 영역으로 드래그, '구입가'를 정가 밑에 [값] 영역으로 드래그합니다.
⑪ [열] 영역의 'Σ 값'을 [행] 영역의 '제조사' 밑으로 드래그합니다.
⑫ '정가'를 평균으로 변경하기 위해 피벗 테이블 필드 작업창의 [값] 영역에서 '합계: 정가'를 클릭한 후 [값 필드 설정]을 선택합니다.
⑬ [값 필드 설정] 대화상자가 나타나면 [값 요약 기준] 탭에서 '평균'을 선택하고 [확인] 단추를 클릭합니다.
⑭ '평균: 정가'로 변경되면 '구입가'도 같은 방법으로 '평균: 구입가'로 변경합니다.

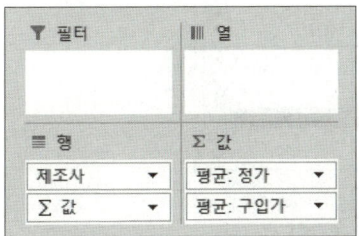

⑮ 보고서 레이아웃을 변경하기 위해 [디자인] 탭-[레이아웃] 그룹-[보고서 레이아웃]-[개요 형식으로 표시]를 클릭합니다.
⑯ 피벗 테이블 스타일을 변경하기 위해 [디자인] 탭-[피벗 테이블 스타일] 그룹- [자세히]( )를 클릭하여 '흰색, 피벗 스타일 보통 11'을 선택합니다.
⑰ 피벗 테이블 스타일이 변경되면 표시 형식을 지정하기 위해 [값] 영역에서 '평균: 정가'를 클릭한 후 [값 필드 설정]을 선택합니다.
⑱ [값 필드 설정] 대화상자가 나타나면 [표시 형식] 단추를 클릭합니다.

⑲ [셀 서식] 대화상자가 나타나면 [숫자] 범주를 클릭한 후 '1000 단위 구분 기호(,) 사용'의 확인란을 선택하고 '소수 자릿수'에 '1'을 지정한 다음 [확인] 단추를 두 번 클릭하여 대화상자를 모두 닫습니다.
⑳ '평균: 구입가'도 같은 방법으로 '숫자' 범주의 '1000 단위 구분 기호'와 소수 자릿수 '1'을 지정합니다.
㉑ 삼성전자의 데이터만을 별도의 시트에 표시하기 위해 [C17] 셀을 더블클릭합니다.
([C18] 셀도 삼성전자의 데이터이므로 같은 결과가 표시됩니다.)
㉒ '분석작업-1' 워크시트 앞에 새로운 시트 'Sheet1'이 생성되면 시트 이름을 더블클릭해 '삼성전자'로 변경한 후 Enter 를 눌러 입력을 완료합니다.
(별도로 생성된 시트의 데이터 정렬은 채점 대상이 아닙니다.)
㉓ '삼성전자' 워크시트의 [A1] 셀을 선택한 후 Delete 를 누릅니다.

02 '분석작업-2' 시트 (중복된 항목 제거, 부분합)

▶ 결과

	A	B	C	D	E	F	G	H
1	[표1]							
2		구매자	제조사	출고넘버	화면크기	출시년도	구입일	가격
3		신응문	JVC	d13971	60인치	2016	2016-2-11	2,100,000
4						2016 개수	1	
5		백경민	JVC	d19834	55인치	2017	2017-6-25	2,000,000
6		윤지성	JVC	d19487	65인치	2017	2018-6-19	4,500,000
7						2017 개수	2	
8			JVC 평균				2017-5-9	2,866,667
9		이재식	LG전자	I15884	50인치	2018	2020-5-9	1,500,000
10		김우태	LG전자	I13584	60인치	2018	2018-9-22	1,950,000
11						2018 개수	2	
12		우정하	LG전자	I18844	55인치	2019	2020-5-18	1,100,000
13		전승희	LG전자	I13644	65인치	2019	2019-11-1	2,500,000
14		허준영	LG전자	I12347	65인치	2019	2019-3-9	2,650,000
15						2019 개수	3	
16			LG전자 평균				2019-9-11	1,880,000
17		정병준	TCL	a16581	60인치	2017	2018-7-17	1,500,000
18		문정우	TCL	a13687	65인치	2017	2017-8-15	1,950,000
19						2017 개수	2	
20		황영태	TCL	a12854	70인치	2019	2019-12-20	3,200,000
21						2019 개수	1	
22		박조현	TCL	a14789	70인치	2020	2020-2-1	2,450,000
23						2020 개수	1	
24			TCL 평균				2019-1-20	2,275,000
25		이인행	삼성전자	s12547	70인치	2018	2018-6-11	3,350,000
26						2018 개수	1	
27		조원섭	삼성전자	s18992	65인치	2020	2020-1-26	1,300,000
28		주인식	삼성전자	s13874	70인치	2020	2020-4-30	2,900,000
29		이한철	삼성전자	s17458	55인치	2020	2020-5-23	1,300,000
30						2020 개수	3	
31			삼성전자 평균				2019-10-22	2,212,500
32						전체 개수	16	
33			전체 평균				2019-2-14	2,246,875

① [B2:H21] 영역의 임의의 셀을 클릭한 후 [데이터] 탭-[데이터 도구] 그룹-[중복된 항목 제거]를 클릭합니다.
② [중복 값 제거] 대화상자가 나타나면 [모두 선택 취소] 단추를 클릭한 후 '제조사', '출고넘버', '화면크기' 확인란을 선택하고 [확인] 단추를 클릭합니다.

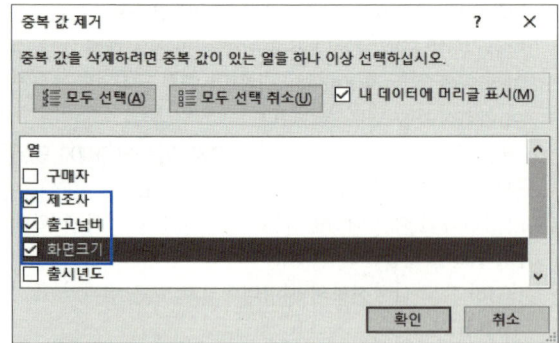

③ 중복된 행이 제거되었다는 메시지가 표시되면 [확인] 단추를 클릭합니다.

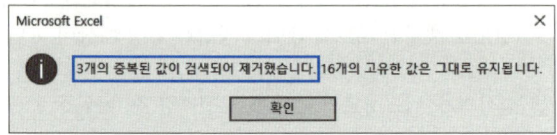

④ 부분합 작성 전에 정렬하기 위해 [B2:H18] 영역의 임의의 셀을 클릭한 후 [데이터] 탭-[정렬 및 필터] 그룹-[정렬]을 클릭합니다.
⑤ [정렬] 대화상자가 나타나면 [세로 막대형](열)의 정렬 기준에서 '제조사'를 선택하고 [정렬]에서 '오름차순'을 선택합니다.
⑥ 제조사가 동일한 경우 출시년도를 기준으로 정렬하기 위해 [기준 추가] 단추를 클릭합니다.
⑦ [다음 기준]에서 '출시년도'를 선택하고 [정렬]에서 '오름차순'을 선택한 후 [확인] 단추를 클릭합니다.

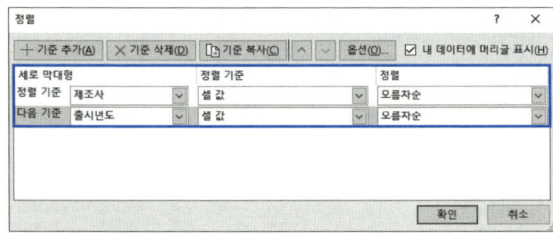

⑧ 1차적으로 제조사가 정렬되고 2차적으로 출시년도가 정렬된 것을 확인한 후 [B2:H18] 영역의 임의의 셀에 셀 포인터가 위치한 상태에서 [데이터] 탭-[개요] 그룹-[부분합]을 클릭합니다.
⑨ [부분합] 대화상자가 나타나면 [그룹화할 항목]에 '제조사', [사용할 함수]에 '평균'을 선택한 후 [부분합 계산 항목]에서 '구입일'과 '가격'을 선택하고 [확인] 단추를 클릭합니다.

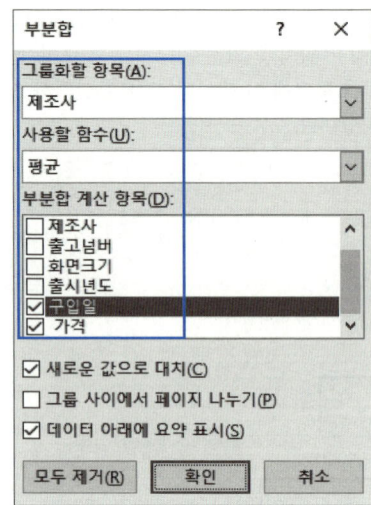

⑩ 개수를 계산하는 부분합을 추가하기 위해 목록 범위 안의 임의의 셀에 셀 포인터가 위치한 상태에서 [데이터] 탭-[개요] 그룹-[부분합]을 클릭합니다.
⑪ [부분합] 대화상자가 나타나면 [그룹화할 항목]에 '출시년도', [사용할 함수]에 '개수'를 선택한 후 [부분합 계산 항목]에서 '구입일'과 '가격'의 선택을 취소, '출시년도'를 선택, '새로운 값으로 대치'의 선택을 취소하고 [확인] 단추를 클릭합니다.

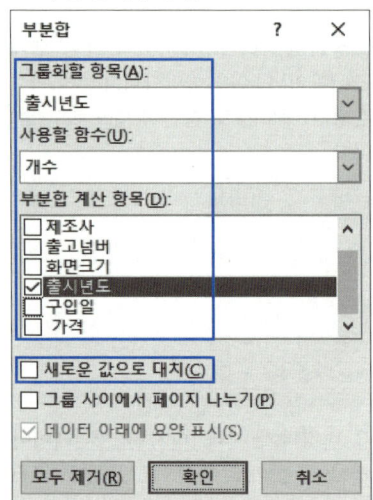

문제 4 기타작업

01 '기타작업-1' 시트 (차트)

1
① '차트 영역'의 바로 가기 메뉴에서 [데이터 선택] 명령을 클릭합니다.
② [데이터 원본 선택] 대화상자가 나타나면 [차트 데이터 범위]의 기존 참조 주소를 삭제합니다.

③ [B4:B9] 영역을 드래그하여 선택한 후 [Ctrl]을 누른 채 [E4:G9] 영역을 선택합니다.

④ [차트 데이터 범위] 주소가 재지정되면 [범례 항목(계열)]의 '삼성전자'를 선택한 후 [위로 이동] 단추(∧)를 4번 클릭하여 계열 순서를 변경하고 [확인] 단추를 클릭합니다.

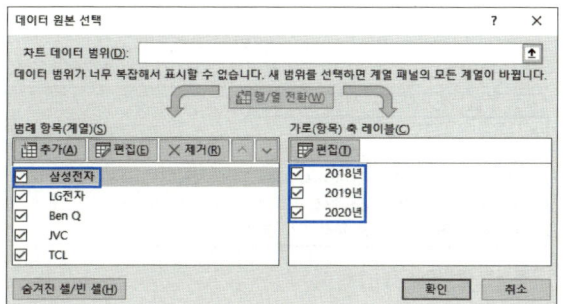

2

① [차트 디자인] 탭-[차트 스타일] 그룹의 [스타일 5]을 클릭합니다.

② 그림 영역을 선택한 후 [서식] 탭-[도형 스타일] 그룹-[자세히](▼)를 클릭하여 [미세 효과 - 녹색, 강조 6]을 선택합니다.

3

① '범례'에서 마우스 오른쪽 버튼을 눌러 바로 가기 메뉴가 나타나면 [범례 서식] 명령을 클릭합니다.

② [범례 서식] 창이 나타나면 [범례 옵션]- [범례 옵션](📊)-[범례 옵션]의 [범례 위치]를 '오른쪽'으로 선택한 후 [닫기](✕) 단추를 클릭합니다.

4

① 'TCL' 계열에서 마우스 오른쪽 버튼을 눌러 바로 가기 메뉴가 나타나면 [계열 차트 종류 변경] 명령을 클릭합니다.

② [차트 종류 변경] 대화상자가 나타나면 'TCL' 계열의 [차트 종류] 목록 단추(▼)를 클릭해 [꺾은선형] 범주의 '표식이 있는 꺾은선형'을 선택합니다.

③ [미리 보기]에 TCL 계열의 차트 종류가 변경된 것을 확인한 후 [확인] 단추를 클릭합니다.

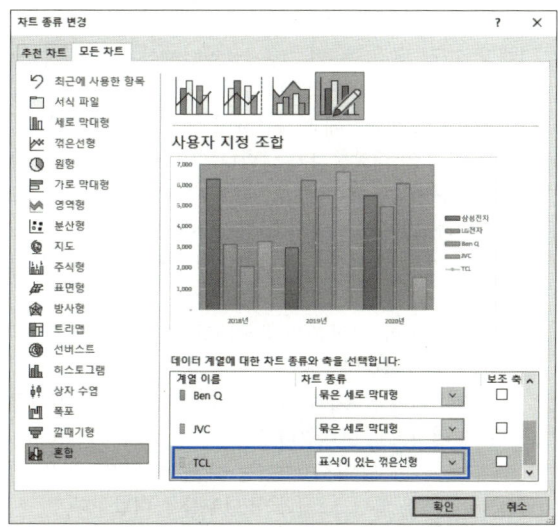

④ 차트 종류가 변경되면 표식을 변경하기 위해 'TCL' 계열에서 마우스 오른쪽 버튼을 눌러 [데이터 계열 서식] 명령을 클릭합니다.

⑤ [데이터 계열 서식] 창이 나타나면 [계열 옵션]-[채우기 및 선](🪣)-[표식]-[표식 옵션]을 '기본 제공'으로 변경하고 [크기]에 '10'을 입력한 다음 [닫기](✕) 단추를 클릭합니다.

5

① 주 눈금선을 표시하기 위해 [차트 디자인] 탭-[차트 레이아웃] 그룹-[차트 요소 추가]-[눈금선]-[기본 주 세로]를 클릭합니다.

02 '기타작업-2' 시트 (매크로)

	D	E	F	G	H	I
1						
2		서식적용			그래프보기	
3						
4						
5	할부기간	제조사	출시년도	정가	화면크기	배송비
6	1	삼성전자	2020	1,300,000	65	X
7	2	LG전자	2019	1,100,000	55	X
8	3	TCL	2019	3,200,000	70	O
9	2	Ben Q	2018	2,100,000	65	O
10	1	LG전자	2018	1,200,000	50	X
11	3	TCL	2017	1,500,000	60	X
12	3	삼성전자	2020	2,900,000	70	O
			중간생략			
24	1	LG전자	2016	2,300,000	65	X
25	3	LG전자	2018	1,950,000	60	X
26	2	Ben Q	2019	5,500,000	55	O
27	3	JVC	2017	4,500,000	65	X
28	1	삼성전자	2019	3,000,000	60	X
29	2	JVC	2020	1,580,000	65	X
30	2	TCL	2016	2,630,000	60	X
31	3	Ben Q	2016	6,420,000	70	X
32	1	삼성전자	2018	1,400,000	55	X

1

① [개발 도구] 탭-[컨트롤] 그룹-[삽입]-[양식 컨트롤]의 '단추(양식 컨트롤)'을 클릭합니다.
② 이어서 [E2:F3] 영역에 드래그하여 '단추'를 생성합니다.
③ [매크로 지정] 대화상자가 나타나면 [매크로 이름]에 '서식적용'을 입력한 후 [매크로 위치]에서 '현재 통합 문서'를 선택하고 [기록] 단추를 클릭합니다.
④ [매크로 기록] 대화상자가 나타나면 [확인] 단추를 클릭합니다.
⑤ 매크로 기록이 시작되면 [I6:I32] 영역을 선택한 후 Ctrl + 1을 누릅니다.
⑥ [셀 서식] 대화상자가 나타나면 [표시 형식] 탭-[범주]를 '사용자 지정'으로 선택합니다.
⑦ '형식'에 이미 입력되어 있는 내용을 지운 뒤 '[=1]"O";[=0]"X"'을 입력하고 [확인] 단추를 클릭합니다.

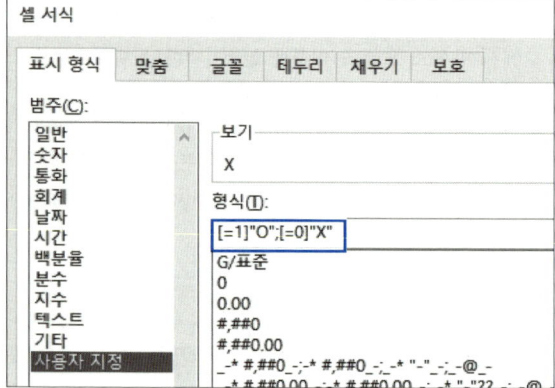

⑧ 임의의 셀을 클릭한 후 매크로 기록을 중지하기 위해 [개발 도구] 탭-[코드] 그룹-[기록 중지]를 클릭합니다.
⑨ '단추' 위에서 마우스 오른쪽 버튼을 눌러 [텍스트 편집] 명령을 클릭합니다.
⑩ 단추의 텍스트를 '서식적용'으로 변경하고 임의의 셀을 클릭하여 완료합니다.

2

① [개발 도구] 탭-[컨트롤] 그룹-[삽입]-[양식 컨트롤]의 '단추(양식 컨트롤)'을 클릭합니다.
② 이어서 [H2:I3] 영역에 드래그하여 '단추'를 생성합니다.
③ [매크로 지정] 대화상자가 나타나면 [매크로 이름]에 '그래프보기'를 입력한 후 [매크로 위치]에서 '현재 통합 문서'를 선택하고 [기록] 단추를 클릭합니다.
④ [매크로 기록] 대화상자가 나타나면 [확인] 단추를 클릭합니다.
⑤ 매크로 기록이 시작되면 [G6:G32] 영역을 선택한 후 [홈] 탭-[스타일] 그룹-[조건부 서식]-[새 규칙]을 클릭합니다.
⑥ [새 서식 규칙] 대화상자가 나타나면 [셀 값을 기준으로 모든 셀의 서식 지정]을 클릭한 후 아래에 [서식 스타일]을 '데이터 막대'로 선택합니다.

⑦ [최소값]의 [종류]를 '백분위수'로 선택하고 [값] 입력란에 '20'을 입력합니다.
⑧ [최대값]의 [종류]를 '백분위수'로 선택하고 [값] 입력란에 '80'을 입력합니다.
⑨ [막대 모양]의 [채우기]는 '그라데이션 채우기', [색]은 '표준 색-노랑'으로 선택한 후 [확인] 단추를 클릭합니다.

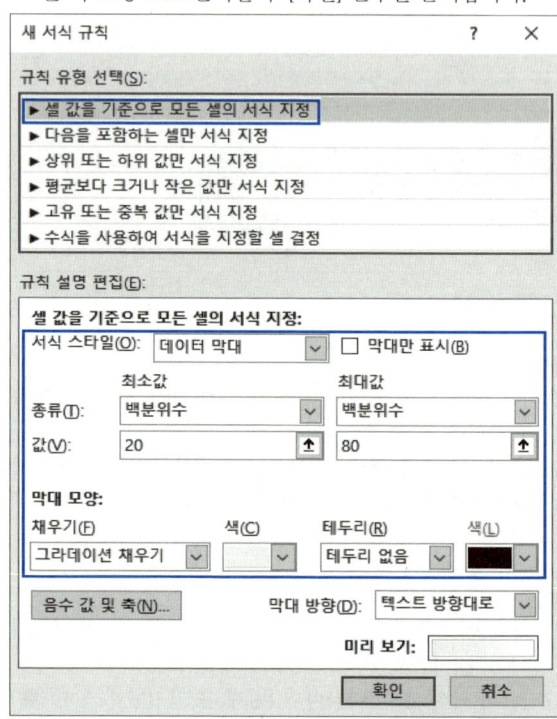

⑩ 임의의 셀을 클릭한 후 매크로 기록을 중지하기 위해 [개발 도구] 탭-[코드] 그룹-[기록 중지]를 클릭합니다.
⑪ '단추' 위에서 마우스 오른쪽 버튼을 눌러 [텍스트 편집] 명령을 클릭합니다.
⑫ 단추의 텍스트를 '그래프보기'로 변경하고 임의의 셀을 클릭하여 완료합니다.

03 '기타작업-3' 시트 (프로시저)

1

① [개발 도구] 탭-[컨트롤] 그룹-[디자인 모드]를 클릭하여 〈구매관리〉 버튼을 디자인 모드로 변경합니다.
② 〈구매관리〉 버튼을 더블클릭하여 코드 창이 나타나면 프로젝트 탐색기 창에서 '구매등록' 폼을 더블클릭합니다.
③ '구매등록' 폼이 코드 창에 표시되면 'cmb제품코드'를 더블클릭합니다.
④ 코드 창에 'cmb제품코드_Change()' 프로시저가 나타나면 아래와 같이 입력합니다.

```
Private Sub cmb제품코드_Change()
    txt정가 = Cells(cmb제품코드.ListIndex + 5, 11)
    txt할인율 = Cells(cmb제품코드.ListIndex + 5, 12)
End Sub
```

2

① 프로젝트 탐색기 창에서 '구매등록' 폼을 더블클릭합니다.
② '구매등록' 폼이 코드 창에 표시되면 'cmd입력'을 더블클릭합니다.
③ 코드 창에 'cmd입력_Click()' 프로시저가 나타나면 아래와 같이 입력합니다.

```
Private Sub cmd입력_Click()
    입력행 = [b3].Row + [b3].CurrentRegion.Rows.Count
    Cells(입력행, 2) = 입력행 - 4
    Cells(입력행, 3) = CDate(txt구입일)
    Cells(입력행, 4) = cmb제품코드
    Cells(입력행, 5) = txt구매자
    Cells(입력행, 6) = Format(txt정가, "#,###원")
    Cells(입력행, 7) = Val(txt화면크기)
    Cells(입력행, 8) = txt정가 * (1 - txt할인율)
End Sub
```

3

① 프로젝트 탐색기 창에서 '구매등록' 폼을 더블클릭합니다.
② '구매등록' 폼이 코드 창에 표시되면 'cmd닫기'를 더블클릭합니다.
③ 코드 창에 'cmd닫기_Click()' 프로시저가 나타나면 아래와 같이 입력합니다.

```
Private Sub cmd닫기_Click()
    MsgBox "총 구매자는 " & [b3].CurrentRegion.Rows.Count - 2 & "명 입니다.", , Date
    Unload Me
    [H1] = "동탄지점"
End Sub
```

※ 글자가 잘 안 보일 경우 정답 파일을 열어서 코드를 확인할 수 있습니다.

제2회 최신기출유형

프로그램명	제한시간
EXCEL	45분

수험번호 : _____

성   명 : _____

| 1급 | C형 |

유 의 사 항

★ 펜은 꺼내실 수 없으며 시험지는 유출이 불가능합니다.

■ 인적 사항 누락 및 잘못 작성으로 인한 불이익은 수험자 책임으로 합니다.

■ 화면에 암호 입력창이 나타나면 아래의 암호를 입력하여야 합니다.
- 암호 :

★ 암호를 입력할 수도 있으니 이렇게 첫 장을 확인하시면 됩니다.

■ 작성된 답안은 주어진 경로 및 파일명을 변경하지 마시고 그대로 저장해야 합니다. 이를 준수하지 않으면 실격 처리됩니다.

★ 디스켓 모양을 눌러 저장하시면 됩니다. 예외가 있을 수도 있으니 감독관이 설명할 때 잘 들어주세요. 제한시간(45분) 안에 디스켓 모양을 눌러 저장을 하고 그 이후에는 화면이 바뀌며 [답안 제출]을 하게 됩니다.

■ 외부 데이터 위치 : C:\OA\파일명

■ 별도의 지시사항이 없는 경우, 다음과 같이 처리 시 실격 처리됩니다.
- 제시된 시트 및 개체의 순서나 이름을 임의로 변경한 경우
- 제시된 시트 및 개체를 임의로 추가 또는 삭제한 경우
- 외부 데이터를 시험 시작 전에 열어 본 경우

■ 답안은 반드시 문제에서 지시 또는 요구한 셀에 입력하여야 하며 다음과 같이 처리 시 채점 대상에서 제외됩니다.
- 수험자가 임의로 지시하지 않은 셀의 이동, 수정, 삭제, 변경 등으로 인해 셀의 위치 및 내용이 변경된 경우 해당 작업에 영향을 미치는 관련문제 모두 채점 대상에서 제외
- 도형 및 차트의 개체가 중첩되어 있거나 동일한 계산결과 시트가 복수로 존재할 경우 해당 개체나 시트는 채점 대상에서 제외

■ 수식 작성 시 제시된 문제 파일의 데이터는 변경 가능한(가변적) 데이터임을 감안하여 문제 풀이를 하시오.

■ 별도의 지시사항이 없는 경우, 주어진 각 시트 및 개체의 설정값 또는 기본 설정값(Default)으로 처리하시오.

■ 저장 시간은 별도로 주어지지 않으므로 제한된 시간 내에 저장을 완료해야 하며, 제한시간 내에 저장이 되지 않은 경우에는 실격 처리됩니다.

■ 출제된 문제의 용어는 Microsoft Office Excel 2021 기준으로 작성되어 있습니다.

국 가 기 술 자 격 검 정

문제 1   기본작업(15점)   시트에서 다음의 과정을 수행하고 저장하시오.

01   '기본작업-1' 시트에서 다음과 같이 고급 필터를 수행하시오. (5점)
- ▶ [A5:I45] 영역에서 '최근입고일'의 연도가 2020년이고 '판매완료' 또는 '입고예정'의 수량이 80 이하인 행만을 대상으로 표시하시오.
- ▶ 조건은 [A47:A48] 영역에 입력하시오. (AND, OR, YEAR 함수 사용)
- ▶ 결과는 [A50] 셀부터 표시하시오.

02   '기본작업-1' 시트에서 다음과 같이 조건부 서식을 설정하시오. (5점)
- ▶ [A6:I45] 영역에서 '평균'이 전체 평균의 70% 백분위수 이상 90% 백분위수 이하인 행 전체에 대하여 글꼴 스타일 '굵은 기울임꼴', 채우기 색 '표준 색-노랑'으로 적용하시오.
- ▶ 단, 규칙 유형은 '수식을 사용하여 서식을 지정할 셀 결정'을 사용하고, 한 개의 규칙으로만 작성하시오.
- ▶ AND, PERCENTILE 함수 사용

03   '기본작업-1' 시트에서 다음과 같이 페이지 레이아웃을 설정하시오. (5점)
- ▶ [A1:I45] 영역을 인쇄 영역으로 지정하고, 페이지의 가로 가운데에 인쇄되도록 페이지 가운데 맞춤을 설정하시오.
- ▶ 매 페이지 상단의 왼쪽 구역에는 시트 이름, 하단의 오른쪽 구역에는 페이지 번호가 표시되도록 머리글과 바닥글을 설정하시오.
- ▶ 5행이 매 페이지마다 반복하여 인쇄되도록 인쇄 제목을 설정하시오.

문제 2   계산작업(30점)   '계산작업' 시트에서 다음의 과정을 수행하고 저장하시오.

01   [표1]의 구분과 누적판매량을 이용하여 [J4:J43] 영역에 구분별 누적판매량 순위를 계산하여 표시하시오. (6점)
- ▶ 구분별순위는 구분별로 누적판매량을 비교하여 작을 때마다 1을 더한 후 그 결과에 추가로 1을 더할 것
- ▶ SUM, IF 함수를 이용한 배열 수식 사용

02   사용자 정의 함수 'fn비고'를 작성하여 [표1]의 비고[K4:K43]를 표시하시오. (6점)
- ▶ 'fn비고'는 누적판매량을 인수로 받아 값을 되돌려줌
- ▶ 누적판매량이 1,200,000 미만이면 "★", 4,100,000 미만이면 "★★", 4,100,000 이상이면 "★★★"로 표시
- ▶ If ~ Else 문 사용

```
Public Function fn비고(누적판매량)

End Function
```

03   [표1]의 구분과 저장상태를 이용하여 [표2]의 [N4:Q8] 영역에 구분별 저장상태별 물품수를 계산하여 표시하시오. (6점)
- ▶ 표시 예 : 0 → 0개, 10 → 10개
- ▶ TEXT, COUNTIFS 함수 사용

04   [표1]을 이용하여 [표3]의 물품번호에 해당하는 품명, 보유량, 적정저장온도를 찾아 [N12:P17] 영역에 표시하시오. (6점)
- ▶ INDEX, MATCH 함수 사용

05 [표1]의 저장상태, 주문코드, 누적판매량을 이용하여 [표4]의 [N21:Q23] 영역에 주문번호와 저장상태별 누적판매량의 평균을 계산하여 표시하시오. (6점)

- ▶ 주문번호는 주문코드의 뒤에 2글자임
- ▶ 단, 오류 발생 시 공백으로 표시
- ▶ IFERROR, AVERAGE, IF, RIGHT 함수를 이용한 배열 수식 사용

문제 3 분석작업(20점) 주어진 시트에서 다음의 과정을 수행하고 저장하시오.

01 '분석작업-1' 시트에서 다음의 지시사항에 따라 피벗 테이블 보고서를 작성하시오. (10점)

- ▶ 외부 데이터 가져오기 기능을 사용하여 <식자재유통자료.accdb>의 <물품정보> 테이블에서 최근입고일, 물품번호, 구분, 저장상태, 적정저장기간(일), 입고예정, 출고예정 열을 이용하시오.
- ▶ 피벗 테이블 보고서의 레이아웃과 위치는 <그림>을 참조하여 설정하고, 보고서 레이아웃을 개요 형식으로 표시하시오.
- ▶ '최근입고일' 필드를 기준으로 그룹을 설정하시오.
- ▶ 확장(+)/축소(-) 단추가 표시되지 않도록 설정하고, 열의 총합계만 표시하시오.
- ▶ 빈 셀은 '*'로 표시하고, 레이블이 있는 셀은 병합하고 가운데 맞춤되도록 설정하시오.
- ▶ '입고예정', '출고예정' 필드의 표시 형식은 값 필드 설정의 셀 서식에서 '숫자' 범주를 이용하여 지정하시오.

	A	B	C	D	E	F	G
1							
2							
3				최근입고일	값		
4				2020년		2021년	
5		저장상태	구분	평균 : 입고예정	평균 : 출고예정	평균 : 입고예정	평균 : 출고예정
6		건조		50.00	40.00	*	*
7			야채류	50.00	40.00	*	*
8		동결		260.00	245.80	*	*
9			기타	500.00	495.00	*	*
10			낙농품	200.00	183.50	*	*
11		신선		165.38	197.23	139.50	125.10
12			과실류	200.00	206.40	124.29	139.57
13			낙농품	150.00	304.00	150.00	94.00
14			수산물	*	*	158.75	124.00
15			야채류	140.00	124.00	125.00	109.75
16		훈제		60.00	55.00	*	*
17			낙농품	60.00	55.00	*	*
18		총합계		178.00	194.40	139.50	125.10

※ 작업이 완성된 그림이며 부분점수 없음

02 '분석작업-2' 시트에 대하여 다음의 지시사항을 처리하시오. (10점)

- ▶ [B3:B42] 영역에는 데이터 유효성 검사 도구를 이용하여 2020-10-13부터 2021-1-13까지의 날짜만 입력되도록 제한 대상을 설정하시오.

▶ [B3:B42] 영역의 셀을 클릭한 경우 <그림>과 같은 설명 메시지를 표시하고, 유효하지 않은 데이터를 입력한 경우 <그림>과 같은 오류 메시지가 표시되도록 설정하시오.

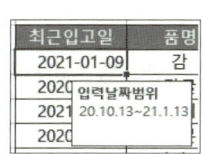
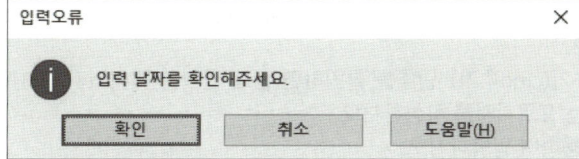

▶ 자동 필터를 이용하여 '적정저장기간(일)'이 10일 이전 또는 200일 이후인 데이터 행만 표시되도록 숫자 필터를 설정하시오.

문제 4   기타작업(35점)   주어진 시트에서 다음의 과정을 수행하고 저장하시오.

01 '기타작업-1' 시트에서 다음의 지시사항에 따라 차트를 수정하시오. (각 2점)
※ 차트는 반드시 문제에서 제공한 차트를 사용하여야 하며, 신규로 차트 작성 시 0점 처리됨

① 차트가 <그림>과 같이 표시되도록 데이터 범위를 수정하시오.
② '누적판매량' 계열의 차트 종류를 '표식이 있는 꺾은선형' 차트로 변경한 후 '보조 축'으로 지정하시오.
③ 차트 제목을 [A1] 셀과 연결하여 표시하시오.
④ 세로 (값) 축과 보조 세로 (값) 축의 최대값, 최소값, 주 단위를 <그림>과 같이 지정하시오.
⑤ 가로 주 눈금선의 선 색을 '표준 색-파랑'으로 지정하고, 선 스타일을 '파선'으로 지정하시오.

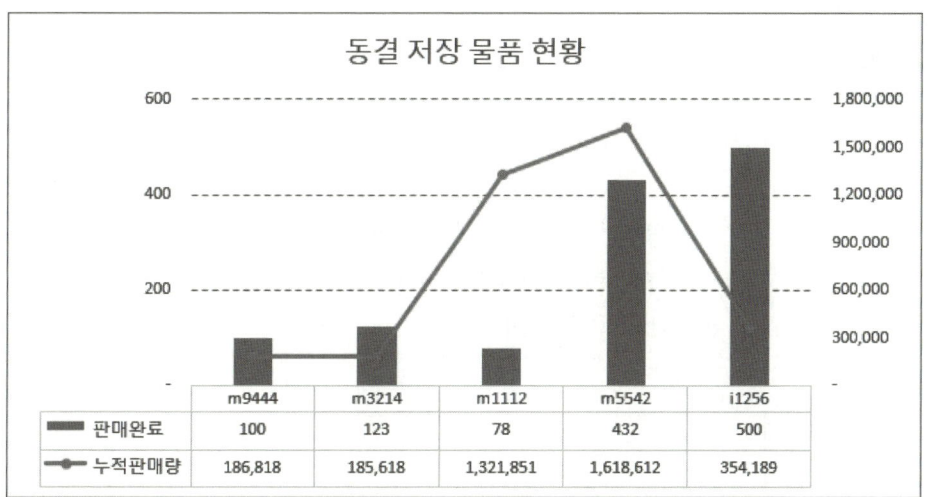

02 '기타작업-2' 시트에서 다음과 같은 기능을 수행하는 매크로를 현재 통합문서에 작성하시오. (각 5점)
① [G3:G42] 영역에 대하여 사용자 지정 표시 형식을 설정하는 '서식적용' 매크로를 생성하시오.
  ▶ 양수일 때 파랑색으로 기호 없이 소수점 이하 첫째 자리까지 표시, 음수일 때 빨강색으로 기호 없이 소수점 이하 첫째 자리까지 표시, 0일 때 검정색으로 "●" 기호만 표시
  ▶ [개발 도구]-[삽입]-[양식 컨트롤]의 '단추'를 동일 시트의 [J2:K3] 영역에 생성한 후 텍스트를 '서식적용'으로 입력하고, 단추를 클릭하면 '서식적용' 매크로가 실행되도록 설정하시오.
② [G3:G42] 영역에 대하여 표시 형식을 '일반'으로 적용하는 '서식해제' 매크로를 생성하시오.
  ▶ [개발 도구]-[삽입]-[양식 컨트롤]의 '단추'를 동일 시트의 [J5:K6] 영역에 생성한 후 텍스트를 '서식해제'로 입력하고, 단추를 클릭하면 '서식해제' 매크로가 실행되도록 설정하시오.
※ 셀 포인터의 위치에 관계없이 매크로가 실행되어야 정답으로 인정됨

03 '기타작업-3' 시트에서 다음과 같은 작업을 수행하도록 프로시저를 작성하시오. (각 5점)

① '입력' 단추를 클릭하면 <식자재입고> 폼이 나타나도록 설정하고, 폼이 초기화(Initialize)되면 [L4:L8] 영역이 '구분(cmb구분)'의 목록으로 표시되고, '저장상태'를 표시하는 옵션 단추 중 '신선(opt신선)'이 기본적으로 선택되도록 프로시저를 작성하시오.

② <식자재입고> 폼의 '추가(cmd추가)' 단추를 클릭하면 폼에 입력된 데이터가 [표1]에 입력되어 있는 마지막 행 다음에 연속하여 추가되는 프로시저를 작성하시오.

▶ 'No'는 행 번호를 이용하여 입력하시오.
▶ '입고일자'는 'txt입고연도', 'txt입고월', 'txt입고일'을 이용하여 날짜 데이터로 입력하시오. (& 연산자, CDate 함수 사용)
▶ '저장상태'는 '신선(opt신선)'을 선택하면 "신선", '건조(opt건조)'를 선택하면 "건조", '동결(opt동결)'을 선택하면 "동결", '훈제(opt훈제)'를 선택하면 "훈제"로 입력하시오.
▶ 시트에 입력 후 구분(cmb구분)', '품명(txt품명)', '입고수량(txt입고수량)' 컨트롤의 값이 삭제되도록 하시오.

③ '닫기(cmd닫기)' 단추를 클릭하면 현재 날짜와 시간을 표시한 <그림>과 같은 메시지 박스를 표시한 후 폼을 종료하는 프로시저를 작성하시오.

▶ 폼이 종료된 후 [B1] 셀의 글꼴을 '궁서체'로 변경하시오.

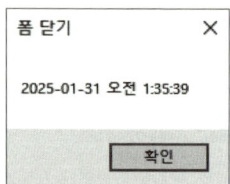

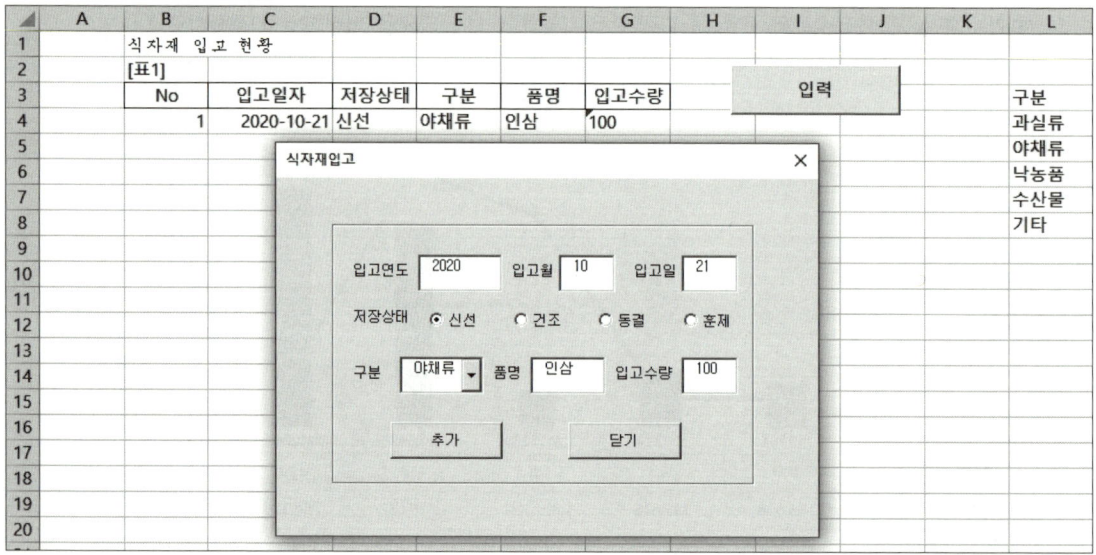

정답 및 해설

문제 1 기본작업

'보안 경고'가 표시되면 '콘텐츠 사용'을 클릭하세요.

01 '기본작업-1' 시트 (고급 필터)

▶ 결과

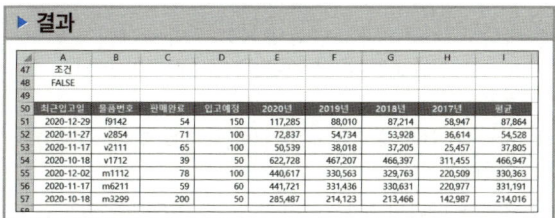

① [A47] 셀에 원본 데이터([A5:I45])의 필드명과 다른 필드명을 입력합니다.
② [A48] 셀을 클릭하고 '=AND(YEAR(A6)=2020, OR(C6<=80, D6<=80))'를 입력한 후 Enter 를 누릅니다.
③ 수식의 결과가 TRUE 또는 FALSE인 것을 확인한 후 [A5:I45] 영역의 임의의 셀을 클릭합니다.
④ 목록 범위 안에 셀 포인터가 있으면 [데이터] 탭-[정렬 및 필터] 그룹-[고급]을 클릭합니다.
⑤ [고급 필터] 대화상자가 나타나면 아래와 같이 지정한 후 [확인] 단추를 클릭합니다.

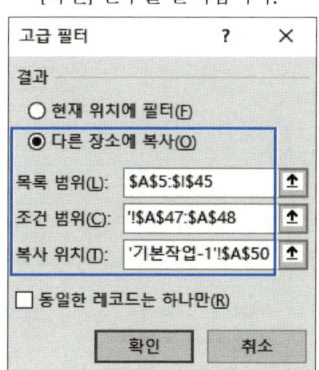

02 '기본작업-1' 시트 (조건부 서식)

▶ 결과

① 서식을 지정해줄 [A6:I45] 영역을 드래그하여 선택한 후 [홈] 탭-[스타일] 그룹-[조건부 서식]-[새 규칙]을 클릭합니다.
② [새 서식 규칙] 대화상자가 나타나면 [수식을 사용하여 서식을 지정할 셀 결정]을 클릭하고 아래 수식 입력란에 커서를 이동합니다.
③ 이어서 '=AND($I6>=PERCENTILE($I$6:$I$45,0.7), $I6<=PERCENTILE($I$6:$I$45,0.9))'을 입력하고 [서식] 단추를 클릭합니다.
④ [셀 서식] 대화상자가 나타나면 [글꼴] 탭에서 [글꼴 스타일]은 '굵은 기울임꼴', [채우기] 탭에서 [배경색]은 '노랑'을 선택한 후 [확인] 단추를 클릭합니다.
⑤ [새 서식 규칙] 대화상자가 나타나면 [확인] 단추를 클릭합니다.

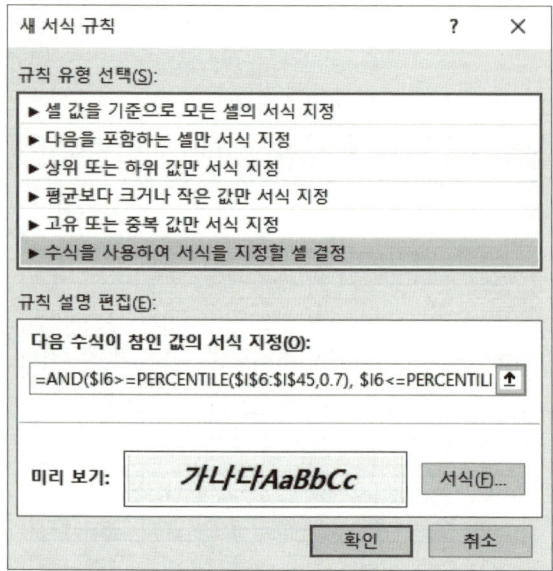

03 '기본작업-1' 시트 (페이지 레이아웃)

① 페이지 레이아웃을 설정하기 위해 [페이지 레이아웃] 탭-[페이지 설정] 그룹-[페이지 설정](ⓘ)을 클릭합니다.
② [페이지 설정] 대화상자가 나타나면 [시트] 탭-[인쇄 영역] 란에 [A1:I45] 영역을 드래그하여 지정합니다.
③ 이어서 인쇄될 내용이 페이지의 가로 가운데에 인쇄되도록 [여백] 탭-[페이지 가운데 맞춤]의 '가로' 확인란을 선택합니다.

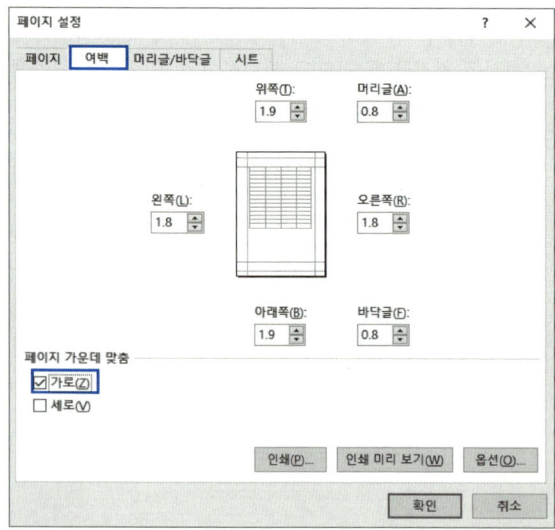

④ 이어서 매 페이지 상단의 왼쪽 구역에 시트 이름을 표시하기 위해 [머리글/바닥글] 탭-[머리글 편집] 단추를 클릭합니다.
⑤ [머리글] 대화상자가 나타나면 [왼쪽 구역] 란에 클릭합니다.
⑥ 커서가 나타나면 [시트 이름 삽입](ⓘ)을 클릭한 후 [확인] 단추를 클릭합니다.

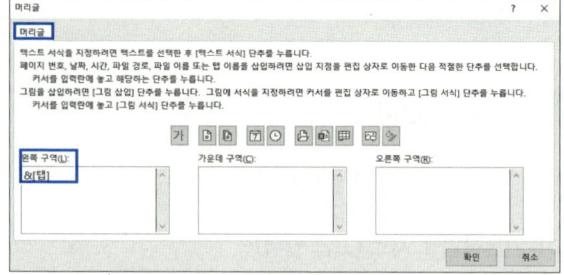

⑦ 이어서 매 페이지 하단의 오른쪽 구역에 페이지 번호를 표시하기 위해 [머리글/바닥글] 탭-[바닥글 편집] 단추를 클릭합니다.
⑧ [바닥글] 대화상자가 나타나면 [오른쪽 구역] 란에 클릭합니다.
⑨ 커서가 나타나면 [페이지 번호 삽입](ⓘ)을 클릭한 후 [확인] 단추를 클릭합니다.

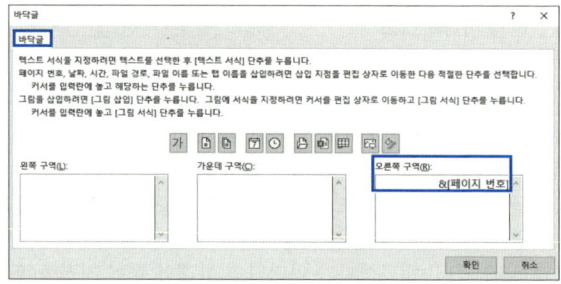

⑩ 미리 보기에 시트 이름과 페이지 번호가 표시되면 [시트] 탭-[인쇄 제목]-[반복할 행] 란에 5행을 지정한 후 [확인] 단추를 클릭합니다.

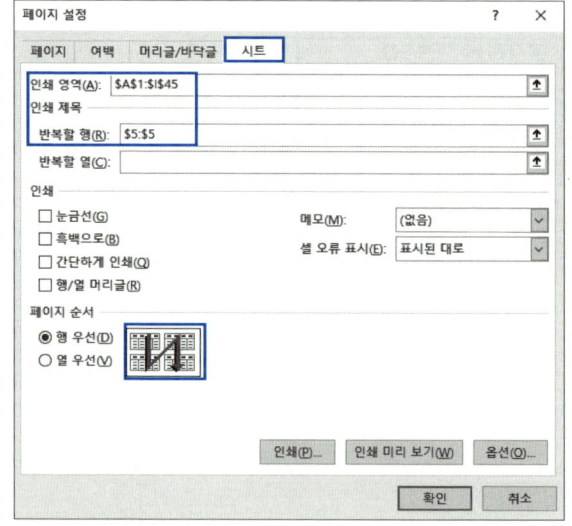

문제 2 계산작업

▶ 결과

	A	B	C	D	E	F	G	H	I	J	K	L	M	N	O	P	Q
1																	
2		[표1]											[표2] 구분별 저장상태별 물품수				
3		품명	물품번호	구분	저장상태	주문코드	적정저장온도(℃)	보유량	누적판매량	구분별순위	비고		구분	신선	건조	동결	훈제
4		감	f1632	과실류	신선	F-0101	-0.5	230	1,585,000	3	★★		과실류	12개	0개	0개	0개
5		감귤	f6545	과실류	신선	F-0202	1	234	1,841,853	2	★★		야채류	9개	1개	0개	0개
6		딸기	f8523	과실류	신선	F-0303	-0.5	125	158,556	10	★		낙농품	4개	0개	4개	1개
7		레몬	f1257	과실류	신선	F-0404	12.5	181	564,188	5	★		수산물	8개	0개	0개	0개
8		바나나	f3254	과실류	신선	F-0505	13.5	98	336,854	7	★		기타	0개	0개	1개	0개
9		배	f2675	과실류	신선	F-0606	-1.5	95	321,521	8	★						
10		복숭아	f9572	과실류	신선	F-0701	-0.5	151	185,153	9	★		[표3]				
11		사과	f1864	과실류	신선	F-0802	-1	123	2,132,112	1	★★		물품번호	품명	보유량	적정저장온도(℃)	
12		수박	f4265	과실류	신선	F-0903	2	18	21,858	12	★		f1257	레몬	181	12.5	
13		자두	f9142	과실류	신선	F-1004	-0.5	126	351,855	6	★		v2854	양배추	18	0	
14		파인애플	f7540	과실류	신선	F-1105	4.5	165	156,132	11	★		m1112	조류	94	-29	
15		포도	f2347	과실류	신선	F-1206	-0.5	158	883,221	4	★		s6941	고등어	60	0	
16		양배추	v2854	야채류	신선	V-0101	0	18	218,513	8	★		s1111	다랑어	30	2	
17		인삼	v2111	야채류	신선	V-0202	0	189	151,618	10	★		f1632	감	230	-0.5	
18		오이	v9424	야채류	신선	V-0303	7	158	2,318,516	3	★★						
19		가지	v3214	야채류	신선	V-0404	7.2	184	231,532	7	★		[표4] 주문번호별 저장상태별 누적판매량 평균				
20		양파	v8452	야채류	신선	V-0505	0	100	4,165,841	2	★★★		주문번호	신선	건조	동결	훈제
21		버섯	v6999	야채류	신선	V-0601	0.5	62	215,835	9	★		01	1,222,037		902,715	
22		완두	v1712	야채류	건조	V-0702	0	63	1,868,186	4	★★		02	1,659,056	1,868,186	185,618	1,325,165
23		감자	v1212	야채류	신선	V-0803	1.5	199	464,532	6	★		03	1,545,069		1,321,851	
24		토마토	v8521	야채류	신선	V-0904	4.5	131	4,864,684	1	★★★						
25		고구마	v3697	야채류	신선	V-1005	13	59	1,631,315	5	★						
26		우유	m9444	낙농품	동결	M-0101	-23.5	132	186,818	8	★						
27		돈육	m3214	낙농품	동결	M-0202	-25.5	50	185,618	9	★						
28		조류	m1112	낙농품	동결	M-0303	-29	94	1,321,851	4	★★						
29		햄	m5542	낙농품	동결	M-0401	-23.5	93	1,618,612	2	★★						
30		베이컨	m6211	낙농품	훈제	M-0502	15.5	100	1,325,165	3	★★						
31		소시지	m4485	낙농품	신선	M-0603	4.5	93	848,536	6	★						
32		버터	m3299	낙농품	신선	M-0701	4	187	856,462	5	★						
33		치즈	m0238	낙농품	신선	M-0802	1	547	4,648,533	1	★★★						
34		계란	m11171	낙농품	신선	M-0903	-1.7	91	654,868	7	★						
35		대구	s1217	수산물	신선	S-0101	-4	99	648,542	6	★						
36		고등어	s6941	수산물	신선	S-0202	0	60	485,621	7	★						
37		연어	s7554	수산물	신선	S-0303	-1	80	4,856,413	2	★★★						
38		다랑어	s1111	수산물	신선	S-0401	2	30	5,212,163	1	★★★						
39		새우	s3940	수산물	신선	S-0502	-4.4	111	694,598	5	★						
40		조갯살	s4412	수산물	신선	S-0603	1	185	416,854	8	★						
41		조개	s3244	수산물	신선	S-0701	0	182	854,625	4	★						
42		굴	s8471	수산물	신선	S-0803	5	300	4,165,489	3	★★★						
43		아이스크림	i1256	기타	동결	I-0104	-18	310	354,189	1	★						

01 구분별순위 (J4:J43)

=SUM(IF(($D$4:$D$43=D4)*($I$4:$I$43>I4), 1)) +1

① [J4] 셀을 선택하고 '=SUM(IF(($D$4:$D$43=D4)*($I$4:$I$43>I4), 1)) +1' 수식을 작성한 후 Ctrl + Shift + Enter 를 누릅니다.
② [J4] 셀의 채우기 핸들을 [J43] 셀까지 드래그하여 수식을 복사합니다.

02 비고 (K4:K43)

① Alt + F11 을 누릅니다.
② Visual Basic Editor가 나타나면 [삽입] 메뉴-[모듈]을 클릭합니다.
③ 프로젝트 탐색기 창에 모듈이 생성되면 아래와 같이 입력합니다.

```
Public Function fn비고(누적판매량)
    If 누적판매량 < 1200000 Then
        fn비고 = "★"
    ElseIf 누적판매량 < 4100000 Then
        fn비고 = "★★"
    Else
        fn비고 = "★★★"
    End If
End Function
```

※ 코드는 작성하는 방법이 다양하여 문제에 제시된 사항을 지켜 결과가 같다면 정답 처리됩니다.

④ Visual Basic Editor의 [닫기](✕) 단추를 클릭합니다.
⑤ [K4] 셀을 선택한 후 [함수 삽입](fx)을 클릭합니다.
⑥ [함수 마법사] 대화상자가 나타나면 [범주 선택]을 '사용자 정의'로 선택하고 [함수 선택] 목록에서 'fn비고'를 선택한 후 [확인] 단추를 클릭합니다.
⑦ [함수 인수] 대화상자가 나타나면 [누적판매량]에 [I4] 셀을 클릭하고 [확인] 단추를 클릭합니다.

⑧ [K4] 셀의 채우기 핸들을 [K43] 셀까지 드래그하여 수식을 복사합니다.

03 구분별 저장상태별 물품수 (N4:Q8)

=TEXT(COUNTIFS($D$4:$D$43,$M4,$E$4:$E$43,N$3), "0개")

① [N4] 셀을 선택하고 '=TEXT(COUNTIFS($D$4:$D$43, $M4,$E$4:$E$43,N$3), "0개")' 수식을 작성한 후 Enter 를 누릅니다.
② [N4] 셀의 채우기 핸들을 [N8] 셀까지 드래그하여 수식을 복사하고, 이어서 [N8] 셀의 채우기 핸들을 [Q8] 셀까지 드래그하여 수식을 복사합니다.

04 물품번호에 해당하는 품명, 보유량, 적정저장온도 (N12:P17)

=INDEX($B$4:$K$43, MATCH($M12,$C$4:$C$43,0), MATCH(N$11,$B$3:$K$3,0))

① [N12] 셀을 선택하고 '=INDEX($B$4:$K$43,MATCH ($M12,$C$4:$C$43,0),MATCH(N$11,$B$3:$K$3,0))' 수식을 작성한 후 Enter 를 누릅니다.
② [N12] 셀의 채우기 핸들을 [N17] 셀까지 드래그하여 수식을 복사하고, 이어서 [N17] 셀의 채우기 핸들을 [P17] 셀까지 드래그하여 수식을 복사합니다.

05 주문번호별 저장상태별 누적판매량 평균 (N21:Q23)

=IFERROR(AVERAGE(IF((RIGHT($F$4:$F$43,2)=$M21)*($E$4:$E$43=N$20), $I$4:$I$43)), "")

① [N21] 셀을 선택하고 '=IFERROR(AVERAGE(IF((RIGHT($F$4:$F$43,2)=$M21)*($E$4:$E$43=N$20), $I$4:$I$43)), "")' 수식을 작성한 후 Ctrl + Shift + Enter 를 누릅니다.
② [N21] 셀의 채우기 핸들을 [N23] 셀까지 드래그하여 수식을 복사하고, 이어서 [N23] 셀의 채우기 핸들을 [Q23] 셀까지 드래그하여 수식을 복사합니다.

문제 3 분석작업

01 '분석작업-1' 시트 (피벗 테이블)

① [데이터] 탭-[데이터 가져오기 및 변환] 그룹-[데이터 가져오기]-[기타 원본에서]-[Microsoft Query에서]를 클릭합니다.
② [데이터 원본 선택] 대화상자가 나타나면 'MS Access Database*'을 선택한 후 [확인] 단추를 클릭합니다.
③ [데이터베이스 선택] 대화상자가 나타나면 현재 파일을 열어준 폴더로 이동한 후 '식자재유통자료.accdb'를 선택하고 [확인] 단추를 클릭합니다.
④ [쿼리 마법사 - 열 선택] 대화상자가 나타나면 '물품정보' 테이블 앞에 '+'를 클릭한 후 '최근입고일', '물품번호', '구분', '저장상태', '적정저장기간(일)', '입고예정', '출고예정'을 차례로 더블클릭하여 '쿼리에 포함된 열'로 이동하고 [다음] 단추를 클릭합니다.

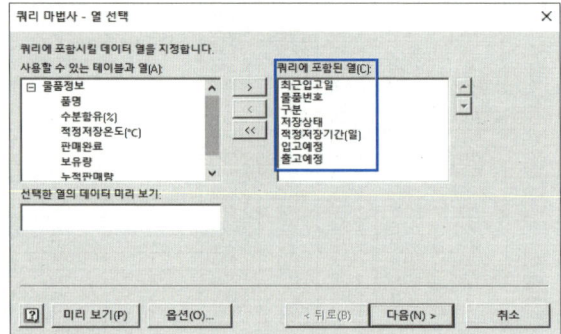

⑤ [쿼리 마법사 - 데이터 필터] 대화상자가 나타나면 설정할 조건이 없으므로 [다음] 단추를 클릭합니다.
⑥ [쿼리 마법사 - 정렬 순서] 대화상자가 나타나면 정렬할 데이터가 없으므로 [다음] 단추를 클릭합니다.
⑦ [쿼리 마법사 - 마침] 대화상자가 나타나면 'Microsoft Excel(으)로 데이터 되돌리기'를 선택한 후 [마침] 단추를 클릭합니다.
⑧ [데이터 가져오기] 대화상자가 나타나면 '피벗 테이블 보고서'를 선택한 후 데이터가 들어갈 위치에 '기존 워크시트'의 [B3] 셀을 클릭하고 [확인] 단추를 클릭합니다.

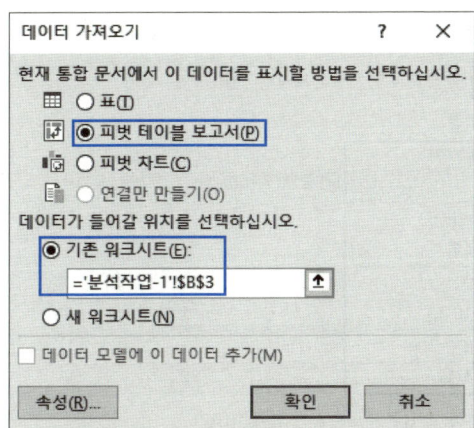

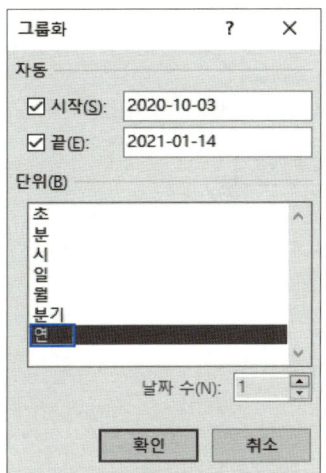

⑨ '저장상태'를 [행] 영역으로 드래그, '구분'을 저장상태 밑에 [행] 영역으로 드래그, '최근입고일'을 [열] 영역으로 드래그, '입고예정'을 [값] 영역으로 드래그, '출고예정'을 입고예정 밑에 [값] 영역으로 드래그합니다.

⑩ '입고예정'을 평균으로 변경하기 위해 [피벗 테이블 필드] 작업창의 [값] 영역에서 '합계 : 입고예정'을 클릭한 후 [값 필드 설정]을 선택합니다.

⑪ [값 필드 설정] 대화상자가 나타나면 [값 요약 기준] 탭에서 '평균'을 선택하고 [확인] 단추를 클릭합니다.

⑫ '평균 : 입고예정'으로 변경되면 '출고예정'도 같은 방법으로 '평균 : 출고예정'으로 변경합니다.

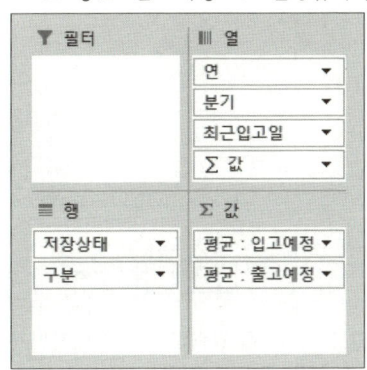

⑬ 보고서 레이아웃을 변경하기 위해 [디자인] 탭-[레이아웃] 그룹-[보고서 레이아웃]-[개요 형식으로 표시]를 클릭합니다.

⑭ 최근입고일을 연 단위로만 그룹으로 지정하기 위해 연도가 표시되어 있는 임의의 셀을 선택하고 선택한 셀 위에서 마우스 오른쪽 버튼을 눌러 [그룹] 명령을 클릭합니다.

⑮ [단위]에 선택되어 있는 '월'과 '분기'를 각각 클릭하여 선택을 해제하고 '연'만 선택되어 있는 상태에서 [확인] 단추를 클릭합니다.

⑯ 확장/축소 단추를 숨기기 위해 피벗 테이블 임의의 셀 위에서 마우스 오른쪽 버튼을 눌러 [피벗 테이블 옵션] 명령을 클릭합니다.

⑰ [피벗 테이블 옵션] 대화상자가 나타나면 [표시] 탭의 '확장/축소 단추 표시' 선택을 취소합니다.

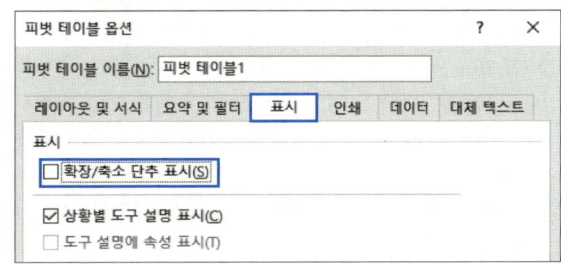

⑱ 이어서 열의 총합계만 표시하기 위해 [요약 및 필터] 탭의 '행 총합계 표시' 선택을 취소합니다.

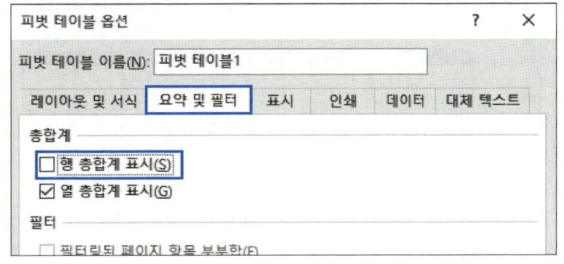

⑲ 이어서 빈 셀에 표시할 글자와 레이아웃을 지정하기 위해 [레이아웃 및 서식] 탭의 [빈 셀 표시] 란에 '*'을 입력하고, '레이블이 있는 셀 병합 및 가운데 맞춤'을 선택한 후 [확인] 단추를 클릭합니다.

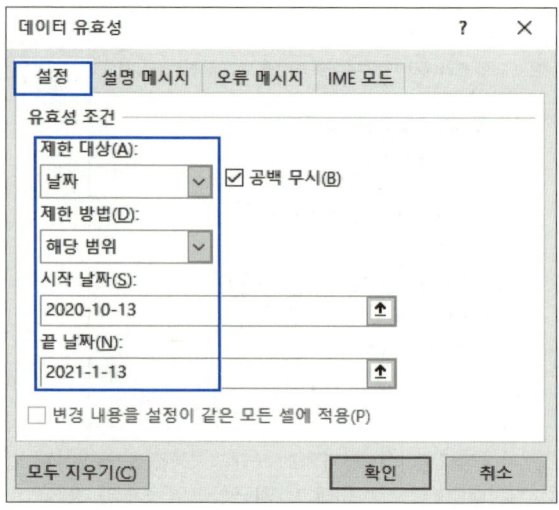

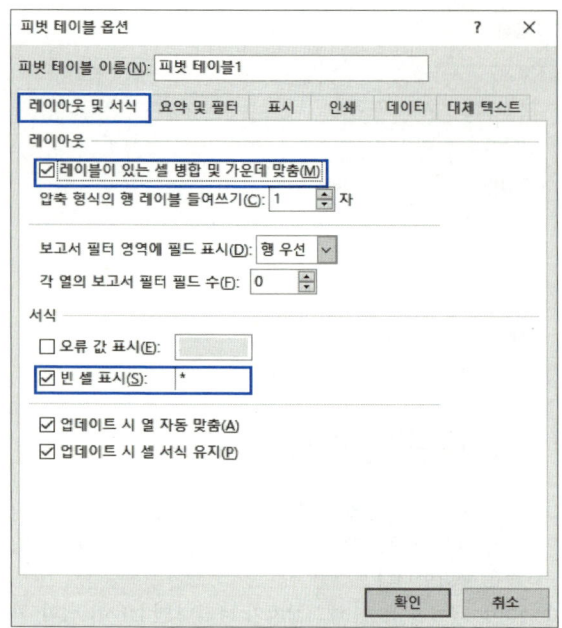

⑳ 표시 형식을 지정하기 위해 [값] 영역에서 '평균 : 입고예정'을 클릭한 후 [값 필드 설정]을 선택합니다.

㉑ [값 필드 설정] 대화상자가 나타나면 [표시 형식] 단추를 클릭한 후 [범주]를 '숫자', [소수 자릿수]를 '2'로 지정하고 [확인] 단추를 두 번 클릭하여 대화상자를 모두 닫습니다.

㉒ '평균 : 출고예정'도 같은 방법으로 '숫자' 범주의 소수 자릿수를 '2'로 지정합니다.

02 '분석작업-2' 시트 (데이터 유효성 검사, 자동 필터)

▶ 결과

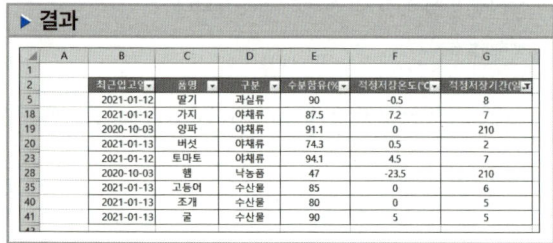

① [B3:B42] 영역을 선택한 후 [데이터] 탭-[데이터 도구] 그룹-[데이터 유효성 검사]를 클릭합니다.

② [데이터 유효성] 대화상자가 나타나면 [설정] 탭의 [제한 대상]을 '날짜'로 선택한 후 [제한 방법]을 '해당 범위'로 선택, [시작 날짜] 입력란에 '2020-10-13'을 입력, [끝 날짜] 입력란에 '2021-1-13'을 입력합니다.

③ 이어서 셀을 선택하면 설명 메시지가 표시되도록 [설명 메시지] 탭의 [제목] 입력란에 '입력날짜범위'를 입력, [설명 메시지] 입력란에 '20.10.13~21.1.13'을 입력합니다.

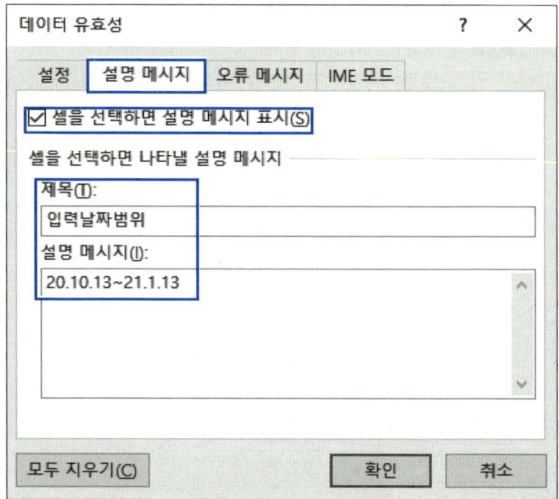

④ 이어서 유효하지 않은 데이터를 입력하면 오류 메시지가 표시되도록 [오류 메시지] 탭의 [스타일]을 '정보'로 선택, [제목] 입력란에 '입력오류'를 입력, [오류 메시지] 입력란에 '입력 날짜를 확인해주세요.'를 입력한 후 [확인] 단추를 클릭합니다.

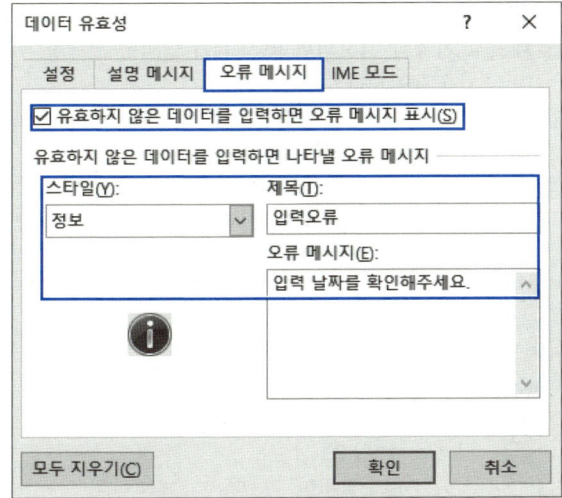

⑤ 자동 필터를 이용하기 위해 목록 범위인 [B2:G42] 영역의 임의의 셀을 클릭한 후 [데이터] 탭-[정렬 및 필터] 그룹-[필터]를 클릭합니다.

⑥ 각 필드명의 오른쪽에 '필터 목록 단추'(▼)가 나타나면 '적정저장기간(일)' 필드의 '필터 목록 단추'(▼)를 클릭하여 [숫자 필터]-[해당 범위]를 클릭합니다.

⑦ [사용자 지정 자동 필터] 대화상자가 나타나면 아래와 같이 입력한 후 [확인] 단추를 클릭합니다.

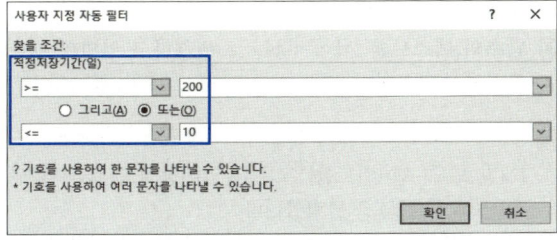

문제 4 기타작업

01 '기타작업-1' 시트 (차트)

1

① '차트 영역'의 바로 가기 메뉴에서 [데이터 선택] 명령을 클릭합니다.

② [데이터 원본 선택] 대화상자가 나타나면 [차트 데이터 범위]의 기존 참조 주소를 삭제합니다.

③ [B2:B7] 영역을 드래그하여 선택한 후 Ctrl 을 누른 채 [D2:D7] 영역과 [H2:H7] 영역을 선택합니다.

④ [차트 데이터 범위] 주소가 재지정되면 [확인] 단추를 클릭하여 대화상자를 닫습니다.

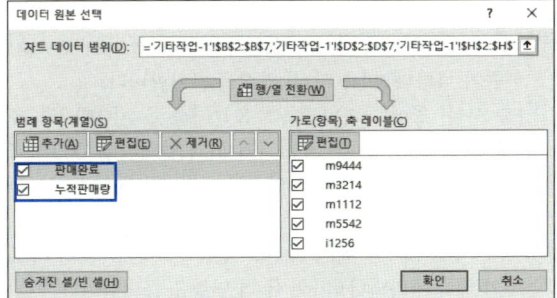

2

① '누적판매량' 계열에서 마우스 오른쪽 버튼을 눌러 바로 가기 메뉴가 나타나면 [계열 차트 종류 변경] 명령을 클릭합니다.

② [차트 종류 변경] 대화상자가 나타나면 '누적판매량' 계열의 [차트 종류] 목록 단추(▼)를 클릭해 [꺾은선형] 범주의 '표식이 있는 꺾은선형'을 선택합니다.

③ [미리 보기]에 누적판매량 계열의 차트 종류가 변경된 것을 확인한 후 보조 축을 표시하기 위해 '누적판매량' 계열의 [보조 축] 확인란을 선택하고 [확인] 단추를 클릭합니다.

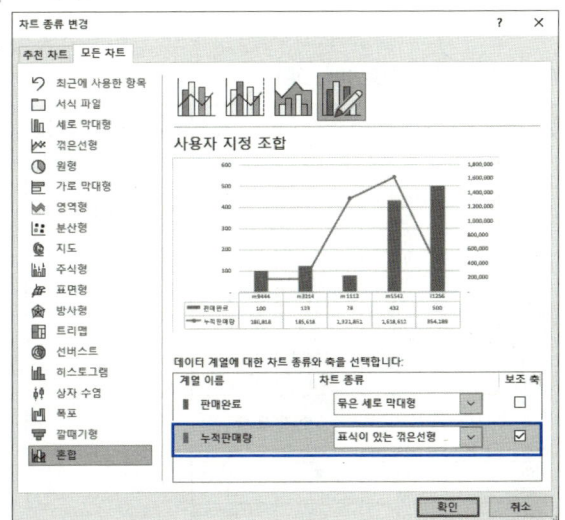

3

① 차트 제목을 표시하기 위해 [차트 디자인] 탭-[차트 레이아웃] 그룹-[차트 요소 추가]-[차트 제목]-[차트 위]를 클릭합니다.

② 차트 제목과 [A1] 셀을 연결시키기 위해 [수식 입력줄]에 '='을 입력한 후 [A1] 셀을 클릭합니다.

③ [수식 입력줄]에 '='기타작업-1'!$A$1'가 나타나면 Enter 를 누릅니다.

4

① '세로 (값) 축'에서 마우스 오른쪽 버튼을 눌러 바로 가기 메뉴가 나타나면 [축 서식] 명령을 클릭합니다.
② [축 서식] 창이 나타나면 [축 옵션]-[축 옵션]( )-[축 옵션]의 [최소값] 입력란에 '0', [최대값] 입력란에 '600', [기본 단위] 입력란에 '200'을 입력하고 [닫기]( ) 단추를 클릭합니다.
③ '보조 세로 (값) 축'에서 마우스 오른쪽 버튼을 눌러 바로 가기 메뉴가 나타나면 [축 서식] 명령을 클릭합니다.
④ [축 서식] 창이 나타나면 [축 옵션]-[축 옵션]( )-[축 옵션]의 [최소값] 입력란에 '0', [최대값] 입력란에 '1800000', [기본 단위] 입력란에 '300000'을 입력하고 [닫기]( ) 단추를 클릭합니다.

5

① '세로 (값) 축 주 눈금선'에서 마우스 오른쪽 버튼을 눌러 바로 가기 메뉴가 나타나면 [눈금선 서식] 명령을 클릭합니다.
② [주 눈금선 서식] 창이 나타나면 [주 눈금선 옵션]-[채우기 및 선]( )-[선]의 [색]을 '표준 색-파랑'으로 선택하고, [대시 종류]를 '파선'으로 선택한 후 [닫기]( ) 단추를 클릭합니다.

02 '기타작업-2' 시트 (매크로)

▶ 결과

	E	F	G	H	I	J	K
1							
2	저장상태	수분함유(%)	적정저장온도(°C)	적정저장기간(일)			
3	신선	78.2	0.5	14		서식적용	
4	신선	87.2	1.0	63			
5	신선	90	0.5	8		서식해제	
6	신선	89.3	12.5	50			
7	신선	75.5	13.5	14			
8	신선	83.5	1.5	30			
9	신선	86.9	0.5	21			
10	신선	84.1	1.0	120			
11	신선	92.1	2.0	16			
12	신선	95.7	중간생략				
34	신선	83	4.0	14			
35	신선	85	●	6			
36	신선	64	1.0	8			
37	신선	70	2.0	14			
38	신선	80	4.4	12			
39	신선	87	1.0	12			
40	신선	80	●	5			
41	신선	90	5.0	5			
42	동결	65	18.0	90			

1

① [개발 도구] 탭-[컨트롤] 그룹-[삽입]-[양식 컨트롤]의 '단추(양식 컨트롤)'을 클릭합니다.
② 이어서 [J2:K3] 영역에 드래그하여 '단추'를 생성합니다.
③ [매크로 지정] 대화상자가 나타나면 [매크로 이름]에 '서식적용'을 입력한 후 [매크로 위치]에서 '현재 통합 문서'를 선택하고 [기록] 단추를 클릭합니다.
④ [매크로 기록] 대화상자가 나타나면 [확인] 단추를 클릭합니다.

⑤ 매크로 기록이 시작되면 [G3:G42] 영역을 선택한 후 Ctrl + 1 을 누릅니다.
⑥ [셀 서식] 대화상자가 나타나면 [표시 형식] 탭-[범주]를 '사용자 지정'으로 선택합니다.
⑦ '형식'에 이미 입력되어 있는 내용을 지운 뒤 '[파랑]0.0;[빨강]0.0;[검정]"●"'을 입력하고 [확인] 단추를 클릭합니다.

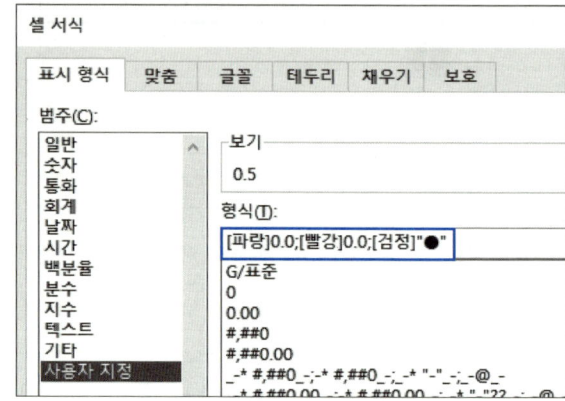

⑧ 임의의 셀을 클릭한 후 매크로 기록을 중지하기 위해 [개발 도구] 탭-[코드] 그룹-[기록 중지]를 클릭합니다.
⑨ '단추' 위에서 마우스 오른쪽 버튼을 눌러 [텍스트 편집] 명령을 클릭합니다.
⑩ 단추의 텍스트를 '서식적용'으로 변경하고 임의의 셀을 클릭하여 완료합니다.

2

① [개발 도구] 탭-[컨트롤] 그룹-[삽입]-[양식 컨트롤]의 '단추(양식 컨트롤)'을 클릭합니다.
② 이어서 [J5:K6] 영역에 드래그하여 '단추'를 생성합니다.
③ [매크로 지정] 대화상자가 나타나면 [매크로 이름]에 '서식해제'를 입력한 후 [매크로 위치]에서 '현재 통합 문서'를 선택하고 [기록] 단추를 클릭합니다.
④ [매크로 기록] 대화상자가 나타나면 [확인] 단추를 클릭합니다.
⑤ 매크로 기록이 시작되면 [G3:G42] 영역을 선택한 후 Ctrl + 1 을 누릅니다.
⑥ [셀 서식] 대화상자가 나타나면 [표시 형식] 탭-[범주]를 '일반'으로 선택한 후 [확인] 단추를 클릭합니다.

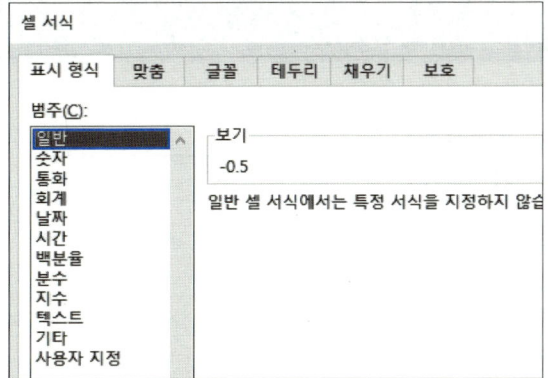

⑦ 임의의 셀을 클릭한 후 매크로 기록을 중지하기 위해 [개발 도구] 탭-[코드] 그룹-[기록 중지]를 클릭합니다.
⑧ '단추' 위에서 마우스 오른쪽 버튼을 눌러 [텍스트 편집] 명령을 클릭합니다.
⑨ 단추의 텍스트를 '서식해제'로 변경하고 임의의 셀을 클릭하여 완료합니다.

03 '기타작업-3' 시트 (프로시저)

1

① [개발 도구] 탭-[컨트롤] 그룹-[디자인 모드]를 클릭하여 <입력> 버튼을 디자인 모드로 변경합니다.
② <입력> 버튼을 더블클릭하여 코드 창이 나타나면 아래와 같이 입력합니다.

```
Private Sub 입력_Click()
    식자재입고.Show
End Sub
```

③ 프로젝트 탐색기 창에서 '식자재입고' 폼을 더블클릭합니다.
④ '식자재입고' 폼이 코드 창에 표시되면 폼의 빈 공간을 더블클릭합니다.
⑤ 폼이 초기화되면 프로시저가 실행되도록 코드 창 우측 상단에 프로시저 목록을 'Initialize'로 변경합니다.
⑥ 코드 창에 'UserForm_Initialize()' 프로시저가 나타나면 아래와 같이 입력합니다.

```
Private Sub UserForm_Initialize()
    cmb구분.RowSource = "I4:I8"
    opt신선 = True
End Sub
```

2

① 프로젝트 탐색기 창에서 '식자재입고' 폼을 더블클릭합니다.
② '식자재입고' 폼이 코드 창에 표시되면 'cmd추가'를 더블클릭합니다.
③ 코드 창에 'cmd추가_Click()' 프로시저가 나타나면 아래와 같이 입력합니다.

```
Private Sub cmd추가_Click()
    입력행 = [b1].Row + [b1].CurrentRegion.Rows.Count
    Cells(입력행, 2) = 입력행 - 3
    Cells(입력행, 3) = CDate(txt입고연도 & "-" & txt입고월 & "-" & txt입고일)
    If opt신선 = True Then
        Cells(입력행, 4) = "신선"
    ElseIf opt건조 = True Then
        Cells(입력행, 4) = "건조"
    ElseIf opt동결 = True Then
        Cells(입력행, 4) = "동결"
    ElseIf opt훈제 = True Then
        Cells(입력행, 4) = "훈제"
    End If
    Cells(입력행, 5) = cmb구분
    Cells(입력행, 6) = txt품명
    Cells(입력행, 7) = txt입고수량
    cmb구분 = ""
    txt품명 = ""
    txt입고수량 = ""
End Sub
```

※ 글자가 잘 안 보일 경우 정답 파일을 열어서 코드를 확인할 수 있습니다.

3

① 프로젝트 탐색기 창에서 '식자재입고' 폼을 더블클릭합니다.
② '식자재입고' 폼이 코드 창에 표시되면 'cmd닫기'를 더블클릭합니다.
③ 코드 창에 'cmd닫기_Click()' 프로시저가 나타나면 아래와 같이 입력합니다.

```
Private Sub cmd닫기_Click()
    MsgBox Now, , "폼 닫기"
    Unload Me
    [b1].Font.Name = "궁서체"
End Sub
```

제3회 최신기출유형

프로그램명	제한시간
EXCEL	45분

수험번호 : _____
성　　명 : _____

| 1급 | C형 |

유 의 사 항

★ 펜은 꺼내실 수 없으며 시험지는 유출이 불가능합니다.

■ 인적 사항 누락 및 잘못 작성으로 인한 불이익은 수험자 책임으로 합니다.

■ 화면에 암호 입력창이 나타나면 아래의 암호를 입력하여야 합니다.
  • 암호 :

★ 암호를 입력할 수도 있으니 이렇게 첫 장을 확인하시면 됩니다.

■ 작성된 답안은 주어진 경로 및 파일명을 변경하지 마시고 그대로 저장해야 합니다. 이를 준수하지 않으면 실격 처리됩니다.

★ 디스켓 모양을 눌러 저장하시면 됩니다. 예외가 있을 수도 있으니 감독관이 설명할 때 잘 들어주세요. 제한시간(45분) 안에 디스켓 모양을 눌러 저장을 하고 그 이후에는 화면이 바뀌며 [답안 제출]을 하게 됩니다.

■ 외부 데이터 위치 : C:\OA\파일명

■ 별도의 지시사항이 없는 경우, 다음과 같이 처리 시 실격 처리됩니다.
  • 제시된 시트 및 개체의 순서나 이름을 임의로 변경한 경우
  • 제시된 시트 및 개체를 임의로 추가 또는 삭제한 경우
  • 외부 데이터를 시험 시작 전에 열어 본 경우

■ 답안은 반드시 문제에서 지시 또는 요구한 셀에 입력하여야 하며 다음과 같이 처리 시 채점 대상에서 제외됩니다.
  • 수험자가 임의로 지시하지 않은 셀의 이동, 수정, 삭제, 변경 등으로 인해 셀의 위치 및 내용이 변경된 경우 해당 작업에 영향을 미치는 관련문제 모두 채점 대상에서 제외
  • 도형 및 차트의 개체가 중첩되어 있거나 동일한 계산결과 시트가 복수로 존재할 경우 해당 개체나 시트는 채점 대상에서 제외

■ 수식 작성 시 제시된 문제 파일의 데이터는 변경 가능한(가변적) 데이터임을 감안하여 문제 풀이를 하시오.

■ 별도의 지시사항이 없는 경우, 주어진 각 시트 및 개체의 설정값 또는 기본 설정값(Default)으로 처리하시오.

■ 저장 시간은 별도로 주어지지 않으므로 제한된 시간 내에 저장을 완료해야 하며, 제한시간 내에 저장이 되지 않은 경우에는 실격 처리됩니다.

■ 출제된 문제의 용어는 Microsoft Office Excel 2021 기준으로 작성되어 있습니다.

국 가 기 술 자 격 검 정

문제 1 기본작업(15점) 주어진 시트에서 다음의 과정을 수행하고 저장하시오.

01 '기본작업-1' 시트에서 다음과 같이 고급 필터를 수행하시오. (5점)
- [B2:H42] 영역에서 '팔굽혀펴기'가 상위 3위까지와 하위 3위까지인 행에 대하여 '번호', '이름', '윗몸일으키기', '팔굽혀펴기' 열을 순서대로 표시하시오.
- 조건은 [J2:J3] 영역에 입력하시오. (LARGE, SMALL, OR 함수 사용)
- 결과는 [J5] 셀부터 표시하시오.

02 '기본작업-1' 시트에서 다음과 같이 조건부 서식을 설정하시오. (5점)
- [B3:H42] 영역에서 '윗몸일으키기'와 '팔굽혀펴기'의 평균이 35 이하이거나 55 이상인 데이터의 행 전체에 대하여 글꼴 스타일 '굵게', 글꼴 색 '표준 색-빨강'으로 적용하시오.
- 단, 규칙 유형은 '수식을 사용하여 서식을 지정할 셀 결정'을 사용하고, 한 개의 규칙으로만 작성하시오.
- OR, AVERAGE 함수 사용

03 '기본작업-2' 시트에서 다음과 같이 페이지 레이아웃을 설정하시오. (5점)
- [B2:H42] 영역을 인쇄 영역으로 설정하고 2행이 매 페이지마다 반복하여 인쇄되도록 인쇄 제목을 설정하시오.
- 페이지의 정 가운데에 인쇄되도록 페이지 가운데 맞춤을 설정하시오.
- 페이지의 아래쪽 가운데에 페이지 번호가 [표시 예]와 같이 인쇄되도록 바닥글을 설정하시오.
  [표시 예 : 현재 페이지 번호 1, 전체 페이지 번호 3 → 1/3]
- 23행부터는 2페이지에 인쇄되도록 페이지 나누기를 실행하시오.

문제 2 계산작업(30점) '계산작업' 시트에서 다음의 과정을 수행하고 저장하시오.

01 [표1]의 몸무게, 키를 이용하여 [G4:G43] 영역에 BMI를 계산하여 표시하시오. (6점)
- BMI = 몸무게 / (키 / 100) ^ 2
- BMI는 키가 숫자가 아니면 "데이터오류"로 표시
- ISNUMBER, IF, POWER 함수 사용

02 [표1]의 접수일과 [표2]를 이용하여 [H4:H43] 영역에 시험날짜를 계산하여 표시하시오. (6점)
- 시험날짜는 시험월과 시험일을 이용하여 표시
  [표시 예 : 10월 25일]
- 시험월은 접수일의 월 + 월배정으로 계산
- 월배정과 시험일은 접수일과 [표2]를 참조
- CONCATENATE, VLOOKUP, MONTH, DAY 함수 사용

03 사용자 정의 함수 'fn배치'를 작성하여 [표1]의 배치[I4:I43]를 표시하시오. (6점)
- 'fn배치'는 생년월일을 인수로 받아 값을 되돌려줌
- 2021에서 생년월일의 연도를 뺀 값이 18~25이면 "301호", 26~33이면 "302호", 34~40이면 "303호"로 표시
- SELECT CASE 문 사용

```
Public Function fn배치(생년월일)

End Function
```

04 [표1]의 수험번호와 종목을 이용하여 [표3]의 [Q11:U12] 영역에 구분별 종목 합계를 계산하여 표시하시오. (6점)
- 구분은 수험번호의 첫 글자임
- SUM, LEFT 함수를 이용한 배열 수식 사용

05 [표1]의 접수일과 성별을 이용하여 [표4]의 [R16:S22] 영역에 요일별 성별별 인원수를 계산하여 표시하시오. (6점)
- IF, COUNT, WEEKDAY 함수를 이용한 배열 수식 사용

문제 3 　 분석작업(20점) 　 주어진 시트에서 다음의 과정을 수행하고 저장하시오.

01 '분석작업-1' 시트에서 다음의 지시사항에 따라 [표1]을 이용하여 피벗 테이블 보고서를 작성하시오. (10점)
- 피벗 테이블 보고서의 레이아웃과 위치는 <그림>을 참조하여 설정하고, 보고서 레이아웃을 개요 형식으로 표시하시오.
- '나이'와 '종합순위'를 기준으로 <그림>과 같이 그룹을 설정하시오.
- '100m달리기', '1000m달리기' 필드의 표시 형식은 값 필드 설정의 셀 서식에서 '숫자' 범주를 이용하여 지정하시오.

	K	L	M	N	O
1					
2		성별	(모두)		
3					
4		나이	종합순위	평균 : 100m달리기	평균 : 1000m달리기
5		⊟11-20		18	309
6			21-30	15	298
7			31-40	21	319
8		⊟21-30		17	283
9			1-10	14	243
10			11-20	16	252
11			21-30	17	313
12			31-40	19	328
13		⊟31-40		16	269
14			1-10	14	241
15			21-30	16	249
16			31-40	20	336
17		총합계		17	282

※ 작업이 완성된 그림이며 부분점수 없음

02 '분석작업-2' 시트에 대하여 다음의 지시사항을 처리하시오. (10점)
- 데이터 도구를 이용하여 [표1]에서 모든 열을 기준으로 중복된 값이 입력된 셀을 포함하는 행을 삭제하시오.
- 조건부 서식의 셀 강조 규칙을 이용하여 [G3:G22] 영역의 중복 값에 대해 '연한 빨강 채우기' 서식이 적용되도록 설정하시오.
- 필터 도구를 이용하여 [표1]의 'BMI' 필드에서 '연한 빨강 채우기' 색을 기준으로 필터링하시오.

문제 4   **기타작업(35점)**   **주어진 시트에서 다음의 과정을 수행하고 저장하시오.**

01   '기타작업-1' 시트에서 다음의 지시사항에 따라 차트를 수정하시오. (각 2점)

※ 차트는 반드시 문제에서 제공한 차트를 사용하여야 하며, 신규로 차트 작성 시 0점 처리됨

① '윗몸일으키기' 계열을 추가하시오. (계열 이름은 [J4] 셀을 사용)
② 차트 종류를 '누적 세로 막대형'으로 변경하고, 세로 축 단위를 <그림>과 같이 지정하시오.
③ 차트 제목을 [B2] 셀에 연결하여 표시하고, 가로 축 제목과 세로 축 제목은 <그림>과 같이 표시하시오.
④ 계열의 '간격 너비'를 50%로 지정하고, 범례는 '범례 서식'을 이용하여 <그림>과 같이 표시하시오.
⑤ 각 계열의 첫 번째 요소에만 <그림>과 같이 데이터 레이블을 표시하시오.

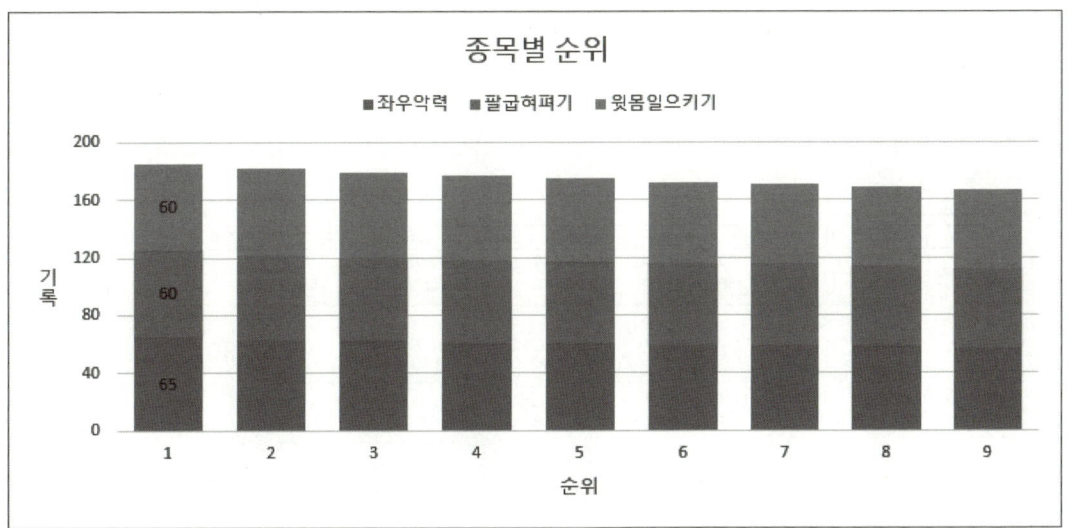

02   '기타작업-2' 시트에서 다음과 같은 기능을 수행하는 매크로를 현재 통합문서에 작성하시오. (각 5점)

① [G3:G42] 영역에 대하여 사용자 지정 표시 형식을 설정하는 '서식적용' 매크로를 생성하시오.
  ▶ 셀 값이 50 이상이면 빨강색으로 숫자 뒤에 "회"를 표시하고, 셀 값이 50 미만이면 기존에 입력된 글자색 그대로 숫자 뒤에 "회"를 표시
    [표시 예 : 0 → 0회]
  ▶ [개발 도구]-[삽입]-[양식 컨트롤]의 '단추'를 동일 시트의 [I2:J4] 영역에 생성한 후 텍스트를 '서식적용'으로 입력하고, 단추를 클릭하면 '서식적용' 매크로가 실행되도록 설정하시오.

② [G3:G42] 영역에 대하여 표시 형식을 '일반'으로 적용하는 '일반서식' 매크로를 생성하시오.
  ▶ [개발 도구]-[삽입]-[양식 컨트롤]의 '단추'를 동일 시트의 [I6:J8] 영역에 생성한 후 텍스트를 '일반서식'으로 입력하고, 단추를 클릭하면 '일반서식' 매크로가 실행되도록 설정하시오.

※ 셀 포인터의 위치에 관계없이 매크로가 실행되어야 정답으로 인정됨

03   '기타작업-3' 시트에서 다음과 같은 작업을 수행하도록 프로시저를 작성하시오. (각 5점)

① '체력검정' 단추를 클릭하면 <체력검정폼> 폼이 나타나고, 폼이 초기화되면 [L5:L9] 영역의 내용이 '종목(cmb종목)' 콤보 상자의 목록에 표시되도록 프로시저를 작성하시오.
② <체력검정폼> 폼의 '입력(cmd입력)' 단추를 클릭하면 폼에 입력된 데이터가 시트의 표에 입력되도록 프로시저를 작성하시오.

- '성별'에는 '남자(opt남)'을 선택하면 "남", '여자(opt여)'를 선택하면 "여"를 입력하시오.
- BMI : 몸무게 / (키 / 100) ^ 2
- 생년월일은 날짜 형식으로 표시하시오. (CDate 함수 사용)
- 나이 : 현재 날짜의 연도 - 생년월일의 연도
- 숫자는 수치 데이터로 입력하시오. (VAL 함수 사용)
- 저체중여부는 BMI가 18.5 이하이면 "저체중"을 표시하시오.

③ <체력검정폼> 폼의 '종료(cmd종료)' 단추를 클릭하면 오늘 날짜와 시간을 [H2] 셀에 표시한 후, <그림>과 같은 메시지 박스를 표시하고 폼을 종료하는 프로시저를 작성하시오.

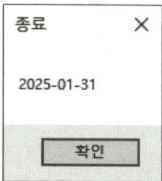

정답 및 해설

문제1 기본작업

'보안 경고'가 표시되면 '콘텐츠 사용'을 클릭하세요.

01 '기본작업-1' 시트 (고급 필터)

▶ 결과

	I	J	K	L	M
2		조건			
3		FALSE			
4					
5		번호	이름	윗몸일으키기	팔굽혀펴기
6		L52222	이경진	52	43
7		L11155	강은미	55	41
8		G18851	이준희	55	60
9		G58525	최승규	48	58
10		G12345	곽상우	46	59
11		G22257	신행수	60	44
12		G00081	강세진	53	58

① [J2] 셀에 원본 데이터([B2:H42])의 필드명과 다른 필드명을 입력합니다.
② [J3] 셀을 클릭하고 '=OR(H3>=LARGE($H$3:$H$42,3), H3<=SMALL($H$3:$H$42,3))'을 입력한 후 Enter 를 누릅니다.
③ 수식의 결과가 TRUE 또는 FALSE인 것을 확인한 후 결과에 특정한 필드를 추출하기 위해 [J5] 셀에 '번호', [K5] 셀에 '이름', [L5] 셀에 '윗몸일으키기', [M5] 셀에 '팔굽혀펴기'를 입력합니다.
④ 목록 범위([B2:H42]) 영역의 임의의 셀을 클릭한 후 [데이터] 탭-[정렬 및 필터] 그룹-[고급]을 클릭합니다.
⑤ [고급 필터] 대화상자가 나타나면 아래와 같이 지정한 후 [확인] 단추를 클릭합니다.

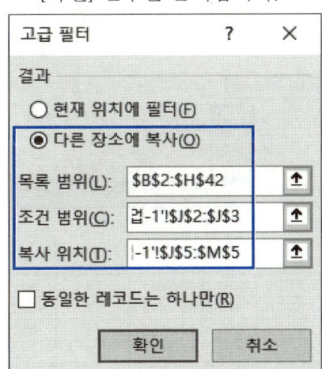

02 '기본작업-1' 시트 (조건부 서식)

▶ 결과

	A	B	C	D	E	F	G	H
1		[표1]						
2		번호	이름	100m달리기	1000m달리기	좌우악력	윗몸일으키기	팔굽혀펴기
3		**L61585**	**홍유미**	**15**	**298**	**41**	**15**	**51**
4		**L12568**	**김혜영**	**15.5**	**294**	**43**	**18**	**49**
5		L16532	안준영	15.6	304	40	23	55
6		L22855	박유정	15.1	305	38	51	52
7		L66812	윤미경	16	318	39	55	51
8		L85482	장서영	16.6	310	37	42	54
9		L58631	박경록	16.9	324	34	43	53
10		L85485	김정현	17	350	38	48	49
11		L14224	이민지	17.3	341	41	38	46
12		L15856	강혜정	17.7	327	44	31	48
13		L52222	이경진	18	299	39	52	43
14		L69874	유소정	18.9	318	31	22	50
15		**L15581**	**이희진**	**19.5**	**344**	**38**	**19**	**51**
16		L93254	정호정	19.2	328	27	34	53
17		L65897	강미희	19.6	331	29	41	54
18		L11155	강은미	20.2	341	38	55	41
19		L11355	황유희	20.1	321	34	52	49
20		L15877	이수지	20.9	319	36	53	48
21		L00548	김민경	21.4	311	35	54	46
22		L54563	최지은	22.3	327	39	48	47
23		**G32515**	**이혜원**	**12.9**	**229**	**65**	**60**	**55**
24		**G31784**	**신명진**	**12.8**	**227**	**62**	**59**	**57**
25		**G18851**	**이준희**	**13.2**	**231**	**60**	**55**	**60**
26		G11187	임두현	13.8	241	59	51	51
27		G11236	이진병	13.9	271	57	49	53
28		G58525	최승규	14.4	253	60	48	58
29		G12345	곽상우	14.9	244	63	46	59
30		**G91111**	**이병옥**	**15.1**	**278**	**57**	**56**	**54**
31		G12587	방성욱	15	238	59	55	49
32		G56311	김형준	16.5	245	58	59	48
33		G22257	신행수	15.9	251	51	60	44
34		G35122	박규현	16.2	249	54	49	45
35		G33111	이흥근	16.7	239	53	48	49
36		G92554	김형우	16.4	227	54	43	53
37		G10023	김상훈	17	264	57	46	55
38		G23111	이지훈	15.2	231	49	47	51
39		**G20357**	**박한결**	**16.2**	**233**	**43**	**58**	**56**
40		G35004	구한석	15.1	245	46	49	57
41		**G00081**	**강세진**	**14.3**	**241**	**48**	**53**	**58**
42		G02587	황찬수	13.8	242	47	51	57

① 서식을 지정해줄 [B3:H42] 영역을 드래그하여 선택한 후 [홈] 탭-[스타일] 그룹-[조건부 서식]-[새 규칙]을 클릭합니다.
② [새 서식 규칙] 대화상자가 나타나면 [수식을 사용하여 서식을 지정할 셀 결정]을 클릭하고 아래 수식 입력란에 커서를 이동합니다.
③ 이어서 '=OR(AVERAGE($G3:$H3)<=35, AVERAGE($G3:$H3)>=55)'을 입력하고 [서식] 단추를 클릭합니다.
④ [셀 서식] 대화상자가 나타나면 [글꼴] 탭에서 [글꼴 스타일]은 '굵게', [색]은 '빨강'으로 선택하고 [확인] 단추를 클릭합니다.
⑤ [새 서식 규칙] 대화상자가 나타나면 [확인] 단추를 클릭합니다.

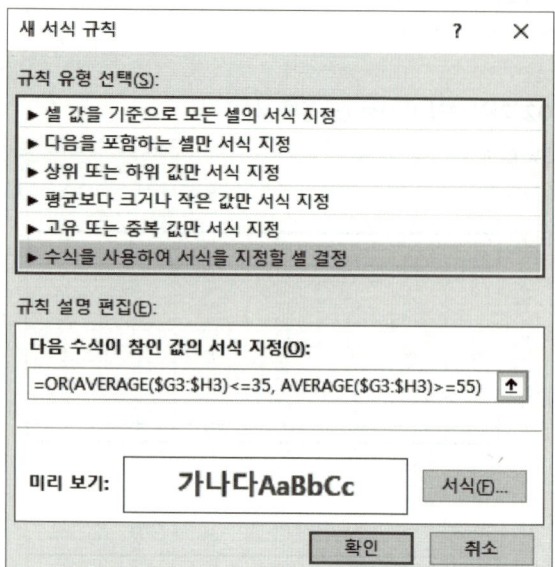

03 '기본작업-2' 시트 (페이지 레이아웃)

① 페이지 레이아웃을 설정하기 위해 [페이지 레이아웃] 탭-[페이지 설정] 그룹-[페이지 설정](⌐)을 클릭합니다.
② [페이지 설정] 대화상자가 나타나면 [시트] 탭-[인쇄 영역] 란에 [B2:H42] 영역을 지정하고 [인쇄 제목]-[반복할 행] 란에 2행을 지정합니다.

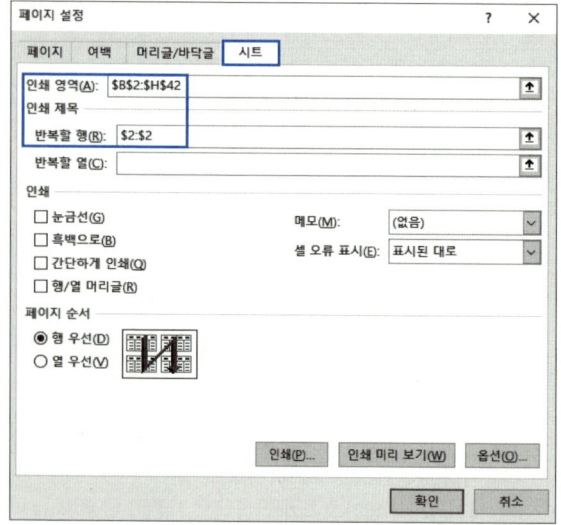

③ 인쇄될 내용이 페이지의 정 가운데에 인쇄되도록 [여백] 탭-[페이지 가운데 맞춤]의 '가로', '세로' 확인란을 선택합니다.

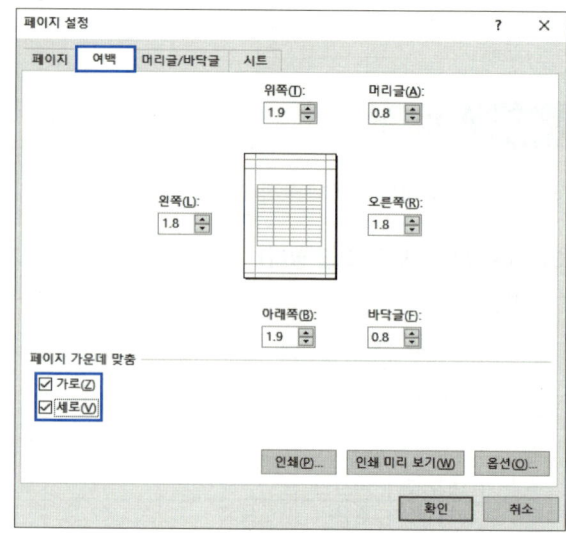

④ 이어서 매 페이지 하단의 가운데 구역에 페이지 번호를 표시하기 위해 [머리글/바닥글] 탭-[바닥글 편집] 단추를 클릭합니다.
⑤ [바닥글] 대화상자가 나타나면 [가운데 구역] 란에 클릭합니다.
⑥ 커서가 나타나면 [페이지 번호 삽입](⌐) 클릭, '/' 입력, [전체 페이지 수 삽입](⌐)을 클릭한 후 [확인] 단추를 두 번 클릭하여 대화상자를 모두 닫습니다.

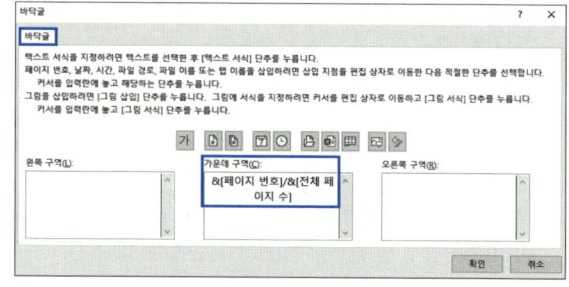

⑦ 23행부터 2페이지에 인쇄되도록 23행을 선택한 후 [페이지 레이아웃] 탭-[페이지 설정] 그룹-[나누기]-[페이지 나누기 삽입]을 클릭합니다.

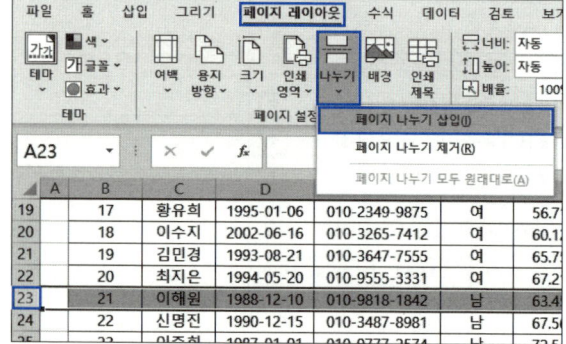

문제 2 계산작업

▶ 결과

	A	B	C	D	E	F	G	H	I	J	K	L	M	N	O	P	Q	R	S	T	U
1	[표1]																				
2							BMI	시험날짜	배치			종목				[표2]					
3	접수일	수험번호	생년월일	성별	몸무게	키				100m달리기	1000m달리기	윗몸일으키기	좌우악력	발급허피기			날짜	월배정	시험월	시험일	
4	2020-10-10	L61585	2001-01-10	여	50.00	158.00	20.03	10월 25일	301호	15	298	15	41	51		1일부터	9일까지	0	당월	10	
5	2020-10-01	L12568	1997-05-01	여	57.21	158.30	22.83	10월 10일	301호	15.5	294	18	43	49		10일부터	14일까지	0	당월	25	
6	2020-10-01	L16532	1995-05-01	여	53.75	162.55	20.34	10월 10일	302호	15.6	304	23	40	55		15일부터	19일까지	0	당월	30	
7	2020-10-03	L22855	1994-07-03	여	49.69	160.40	19.31	10월 10일	302호	15.1	305	51	38	52		20일부터	31일까지	1	익월	5	
8	2020-10-05	L66812	1993-04-05	여	57.04	168.40	20.11	10월 10일	302호	16	318	55	39	51							
9	2020-10-06	L85482	1994-01-06	여	52.45	166.23	18.98	10월 10일	302호	16.6	310	42	37	54		[표3] 구분별 종목 합계					
10	2020-10-12	L58631	1996-01-12	여	59.54	159.90	23.29	10월 25일	301호	16.9	324	43	34	53		구분	100m달리기	1000m달리기	윗몸일으키기	좌우악력	발급허피기
11	2020-09-30	L85485	1998-05-30	여	57.12	163.74	21.30	10월 5일	301호	17	350	48	38	49		L	362.8	6410	794	741	990
12	2020-09-22	L14224	1997-06-22	여	48.46	158.70	19.24	10월 5일	301호	17.3	341	38	41	46		G	299.3	4879	1042	1102	1069
13	2020-09-15	L15856	1995-10-15	여	52.21	160.55	20.26	9월 30일	302호	17.7	327	31	44	48							
14	2020-09-13	L52222	1994-03-13	여	56.48	154.80	23.57	9월 25일	302호	18	299	52	39	43		[표4] 요일별 성별별 인원수					
15	2020-10-08	L69874	1993-03-08	여	55.87	165.60	20.37	10월 10일	302호	18.9	318	22	31	50		번호	요일	남	여		
16	2020-09-11	L15581	1994-02-11	여	49.65	167.50	17.70	9월 25일	302호	19.5	344	19	38	51		1	월요일	3	4		
17	2020-09-10	L93254	1996-01-10	여	50.01	160.10	19.51	9월 25일	301호	19.2	328	34	27	53		2	화요일	2	5		
18	2020-09-29	L65897	1984-11-29	여	51.36	166.50	18.53	10월 5일	303호	19.6	331	41	29	54		3	수요일	3	2		
19	2020-10-05	L11155	1989-04-05	여	53.48	170.40	18.42	10월 10일	302호	20.2	341	55	38	41		4	목요일	4	4		
20	2020-10-06	L11355	1995-01-06	여	56.71	157.40	22.89	10월 10일	302호	20.1	321	52	34	49		5	금요일	3	1		
21	2020-09-16	L15877	2002-06-16	여	60.12	160.00	23	9월 30일	301호	20.9	319	53	36	48		6	토요일	3	2		
22	2020-09-21	L00548	1993-08-21	여	65.75	161.83	25.11	10월 5일	302호	21.4	311	54	35	46		7	일요일	2	2		
23	2020-09-20	L54563	1994-05-20	여	67.21	164.10	24.96	10월 25일	302호	22.3	327	48	39	47							
24	2020-10-10	G32515	1988-12-10	남	63.45	162.58	24.00	10월 25일	302호	12.9	229	60	65	55							
25	2020-10-15	G31784	1990-12-15	남	67.56	168.00	23.94	10월 30일	302호	12.8	227	59	62	57							
26	2020-10-01	G18851	1987-01-01	남	72.54	169.49	25.25	10월 10일	303호	13.2	231	55	60	60							
27	2020-10-02	G11187	1995-05-02	남	78.12	183.40	23.23	10월 10일	302호	13.8	241	51	59	51							
28	2020-10-05	G11236	1994-05-05	남	76.12	178.16	23.98	10월 10일	302호	13.9	271	49	57	53							
29	2020-09-11	G58525	1993-07-11	남	80.21	182.88	23.98	9월 25일	302호	14.4	253	48	60	58							
30	2020-09-12	G12345	1994-04-12	남	83.14	182.90	24.85	9월 25일	302호	14.9	244	46	63	59							
31	2020-09-15	G91111	1985-01-15	남	79.15	179.10	24.68	9월 30일	303호	15.1	278	56	57	54							
32	2020-09-13	G12587	1993-01-23	남	79.63	171.00	27.23	10월 5일	302호	15	238	55	59	49							
33	2020-09-24	G56311	1993-05-24	남	69.11	172.90	23.12	10월 5일	302호	16.5	245	59	58	48							
34	2020-09-25	G22257	1995-06-25	남	77.85	169.55	27.08	10월 5일	302호	15.9	251	60	51	44							
35	2020-09-30	G35122	1986-10-30	남	69.85	168.10	24.74	10월 5일	303호	16.2	249	49	54	45							
36	2020-10-05	G31111	1998-09-05	남	77.25	165.90	28.07	10월 10일	301호	16.7	239	48	53	49							
37	2020-10-10	G92554	1994-03-10	남	75.30	172.40	25.33	10월 25일	302호	16.4	227	43	54	53							
38	2020-10-15	G10023	1996-02-15	남	73.68	172.87	24.66	10월 30일	301호	17	264	46	57	55							
39	2020-10-11	G23111	1998-01-11	남	79.40	180CM	24.51	10월 25일	301호	15.2	231	47	49	51							
40	2020-09-29	G20357	1997-11-29	남	81.60	181.10	24.88	10월 5일	301호	16.2	233	58	43	56							
41	2020-09-14	G35004	1995-04-14	남	85.31	185.12	24.89	9월 25일	302호	15.1	245	49	46	57							
42	2020-10-14	G00081	1994-01-14	남	80.30	178.26	25.27	10월 5일	302호	14.3	241	53	48	46							
43	2020-09-27	G02587	1993-06-27	남	79.15	179.91	24.45	10월 5일	302호	13.7	242	51	47	57							

01 BMI (G4:G43)

=IF(ISNUMBER(F4), E4/POWER(F4/100,2), "데이터오류")

① [G4] 셀을 선택하고 '=IF(ISNUMBER(F4), E4/POWER(F4/100,2), "데이터오류")' 수식을 작성한 후 Enter 를 누릅니다.
② [G4] 셀의 채우기 핸들을 [G43] 셀까지 드래그하여 수식을 복사합니다.

02 시험날짜 (H4:H43)

=CONCATENATE(MONTH(A4)+VLOOKUP(DAY(A4), $P$4:$T$7,3,TRUE), "월", VLOOKUP(DAY(A4),$P$4:$T$7, 5,TRUE), "일")

① [H4] 셀을 선택하고 '=CONCATENATE(MONTH (A4)+VLOOKUP(DAY(A4), $P$4:$T$7,3,TRUE), "월", VLOOKUP(DAY(A4),$P$4:$T$7,5,TRUE), "일")' 수식을 작성한 후 Enter 를 누릅니다.
② [H4] 셀의 채우기 핸들을 [H43] 셀까지 드래그하여 수식을 복사합니다.

03 배치 (I4:I43)

① Alt + F11 을 누릅니다.
② Visual Basic Editor가 나타나면 [삽입] 메뉴-[모듈]을 클릭합니다.
③ 프로젝트 탐색기 창에 모듈이 생성되면 아래와 같이 입력합니다.

```
Public Function fn배치(생년월일)
    Select Case 2021 - Year(생년월일)
        Case 18 To 25
            fn배치 = "301호"
        Case 26 To 33
            fn배치 = "302호"
        Case 34 To 40
            fn배치 = "303호"
    End Select
End Function
```

※ 코드는 작성하는 방법이 다양하여 문제에 제시된 사항을 지켜 결과가 같다면 정답 처리됩니다.

④ Visual Basic Editor의 [닫기](✕) 단추를 클릭합니다.
⑤ [I4] 셀을 선택한 후 [함수 삽입](fx)을 클릭합니다.
⑥ [함수 마법사] 대화상자가 나타나면 [범주 선택]을 '사용자 정의'로 선택하고 [함수 선택] 목록에서 'fn배치'를 선택한 후 [확인] 단추를 클릭합니다.
⑦ [함수 인수] 대화상자가 나타나면 [생년월일]에 [C4] 셀

을 클릭하고 [확인] 단추를 클릭합니다.

⑧ [I4] 셀의 채우기 핸들을 [I43] 셀까지 드래그하여 수식을 복사합니다.

04 구분별 종목 합계 (Q11:U12)

=SUM((LEFT($B$4:$B$43,1)=$P11)*J$4:J$43)

① [Q11] 셀을 선택하고 '=SUM((LEFT($B$4:$B$43,1) =$P11)*J$4:J$43)' 수식을 작성한 후 Ctrl + Shift + Enter 를 누릅니다.
② [Q11] 셀의 채우기 핸들을 [Q12] 셀까지 드래그하여 수식을 복사하고, 이어서 [Q12] 셀의 채우기 핸들을 [U12] 셀까지 드래그하여 수식을 복사합니다.

05 요일별 성별별 인원수 (R16:S22)

=COUNT(IF((WEEKDAY($A$4:$A$43,2)=$P16)* ($D$4:$D$43=R$15), 1))

① [R16] 셀을 선택하고 '=COUNT(IF((WEEKDAY($A$4: $A$43,2)=$P16)*($D$4:$D$43=R$15), 1))' 수식을 작성한 후 Ctrl + Shift + Enter 를 누릅니다.
② [R16] 셀의 채우기 핸들을 [R22] 셀까지 드래그하여 수식을 복사하고, 이어서 [R22] 셀의 채우기 핸들을 [S22] 셀까지 드래그하여 수식을 복사합니다.

문제 3 분석작업

01 '분석작업-1' 시트 (피벗 테이블)

① [B2:J42] 영역의 임의의 셀을 클릭한 후 [삽입] 탭-[표] 그룹-[피벗 테이블]-[테이블/범위에서]를 클릭합니다.
② [표 또는 범위의 피벗 테이블] 대화상자가 나타나면 '표/범위'에 입력된 [B2:J42] 영역을 확인한 후 피벗 테이블을 배치할 위치에 '기존 워크시트'의 [L4] 셀을 클릭하고 [확인] 단추를 클릭합니다.

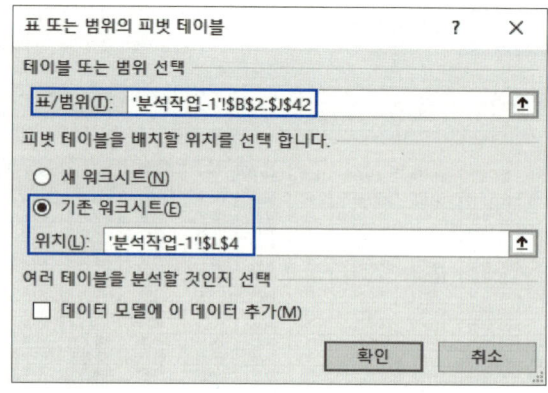

③ '성별'을 [필터] 영역으로 드래그, '나이'를 [행] 영역으로 드래그, '종합순위'를 나이 밑에 [행] 영역으로 드래그, '100m달리기'를 [값] 영역으로 드래그, '1000m달리기'를 100m달리기 밑에 [값] 영역으로 드래그합니다.
④ '100m달리기'를 평균으로 변경하기 위해 [피벗 테이블 필드] 작업창의 [값] 영역에서 '합계 : 100m달리기'를 클릭한 후 [값 필드 설정]을 선택합니다.
⑤ [값 필드 설정] 대화상자가 나타나면 [값 요약 기준] 탭에서 '평균'을 선택하고 [확인] 단추를 클릭합니다.
⑥ '평균 : 100m달리기'로 변경되면 '1000m달리기'도 같은 방법으로 '평균 : 1000m달리기'로 변경합니다.

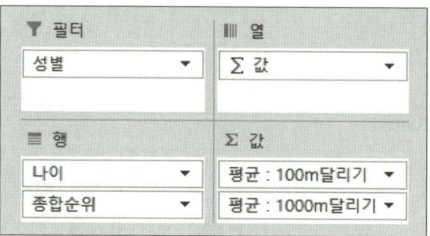

⑦ 보고서 레이아웃을 변경하기 위해 [디자인] 탭-[레이아웃] 그룹-[보고서 레이아웃]-[개요 형식으로 표시]를 클릭합니다.
⑧ 나이와 종합순위가 각각의 열로 분리되면 나이를 그룹으로 설정하기 위해 나이 데이터가 표시되어 있는 임의의 셀을 선택하고 선택한 셀 위에서 마우스 오른쪽 버튼을 눌러 [그룹] 명령을 클릭합니다.
⑨ [그룹화] 대화상자가 나타나면 시작에 '11', 끝에 '40', 단위에 '10'을 입력하고 [확인] 단추를 클릭합니다.

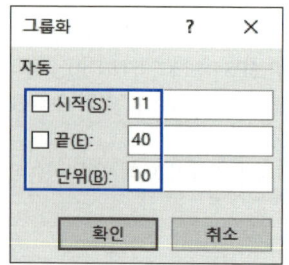

⑩ 종합순위도 그룹을 설정하기 위해 종합순위 데이터가 표시되어 있는 임의의 셀을 선택하고 선택한 셀 위에서 마우스 오른쪽 버튼을 눌러 [그룹] 명령을 클릭합니다.
⑪ [그룹화] 대화상자가 나타나면 시작에 '1', 끝에 '40', 단위에 '10'을 입력하고 [확인] 단추를 클릭합니다.

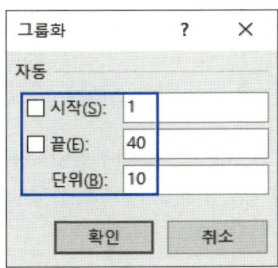

⑫ 표시 형식을 지정하기 위해 [값] 영역에서 '평균 : 100m 달리기'를 클릭한 후 [값 필드 설정]을 선택합니다.
⑬ [값 필드 설정] 대화상자가 나타나면 [표시 형식] 단추를 클릭한 후 [범주]를 '숫자', [소수 자릿수]를 '0'으로 지정하고 [확인] 단추를 두 번 클릭하여 대화상자를 모두 닫습니다.
⑭ '평균 : 1000m달리기'도 같은 방법으로 '숫자' 범주의 소수 자릿수를 '0'으로 지정합니다.

02 '분석작업-2' 시트 (중복된 항목 제거, 조건부 서식, 자동 필터)

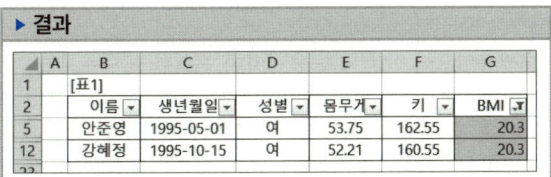

① [B2:G25] 영역의 임의의 셀을 클릭한 후 [데이터] 탭-[데이터 도구] 그룹-[중복된 항목 제거]를 클릭합니다.
② [중복 값 제거] 대화상자가 나타나면 모든 열이 선택된 상태에서 [확인] 단추를 클릭합니다.

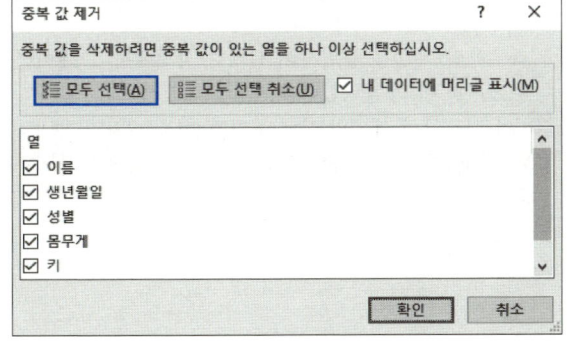

③ 중복된 행이 제거되었다는 메시지가 표시되면 [확인] 단추를 클릭합니다.

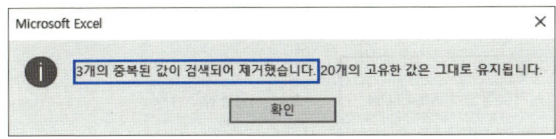

④ 조건부 서식의 셀 강조 규칙을 이용하기 위해 [G3:G22] 영역을 선택한 후 [홈] 탭-[스타일] 그룹-[조건부 서식]-[셀 강조 규칙]-[중복 값]을 클릭합니다.
⑤ [중복 값] 대화상자가 나타나면 [적용할 서식]을 '연한 빨강 채우기'로 선택한 후 [확인] 단추를 클릭합니다.

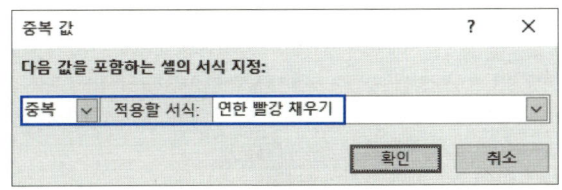

⑥ 필터 도구를 이용하기 위해 [B2:G22] 영역의 임의의 셀을 클릭한 후 [데이터] 탭-[정렬 및 필터] 그룹-[필터]를 클릭합니다.
⑦ 각 필드명의 오른쪽에 '필터 목록 단추'(▼)가 나타나면 'BMI' 필드의 '필터 목록 단추'(▼)를 클릭하여 [색 기준 필터]-[연한 빨강] 셀 색을 클릭합니다.

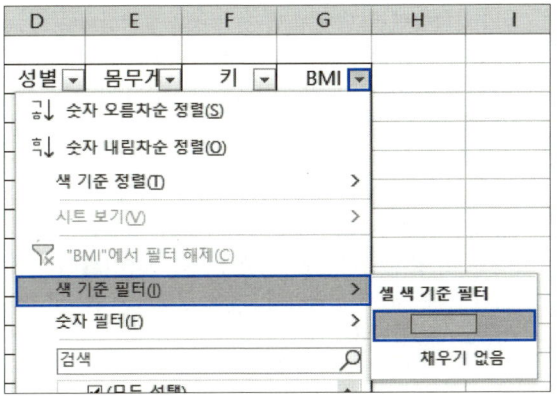

문제 4 기타작업

01 '기타작업-1' 시트 (차트)

1

① '차트 영역'에서 마우스 오른쪽 버튼을 눌러 바로 가기 메뉴가 나타나면 [데이터 선택] 명령을 클릭합니다.
② [데이터 원본 선택] 대화상자가 나타나면 [범례 항목(계열)]의 [추가] 단추를 클릭합니다.
③ [계열 편집] 대화상자가 나타나면 [계열 이름]에 [J4] 셀을 클릭합니다.
④ 이어서 [계열 값]에 기존 데이터를 삭제한 후 [L6:L14] 영역을 선택하고 [확인] 단추를 클릭합니다.

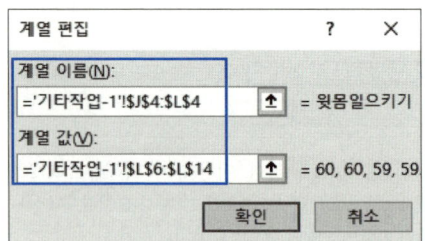

⑤ [데이터 원본 선택] 대화상자가 나타나면 [확인] 단추를 클릭하여 대화상자를 닫습니다.

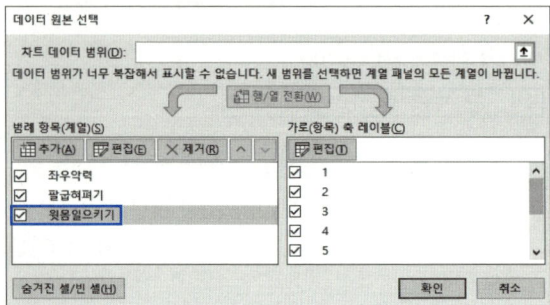

2

① '차트 영역'에서 마우스 오른쪽 버튼을 눌러 바로 가기 메뉴가 나타나면 [차트 종류 변경] 명령을 클릭합니다.
② [차트 종류 변경] 대화상자가 나타나면 [세로 막대형] 범주의 [누적 세로 막대형]을 선택한 후 [확인] 단추를 클릭합니다.
③ 세로 축 단위를 변경하기 위해 '세로 (값) 축'에서 마우스 오른쪽 버튼을 눌러 바로 가기 메뉴가 나타나면 [축 서식] 명령을 클릭합니다.
④ [축 서식] 창이 나타나면 [축 옵션]-[축 옵션](▮▮)-[축 옵션]의 [기본] 단위 입력란에 '40'을 입력하고 [닫기](✕) 단추를 클릭합니다.

3

① 차트 제목을 표시하기 위해 [차트 디자인] 탭-[차트 레이아웃] 그룹-[차트 요소 추가]-[차트 제목]-[차트 위]를 클릭합니다.
② 차트 제목과 [B2] 셀을 연결시키기 위해 [수식 입력줄]에 '='을 입력한 후 [B2] 셀을 클릭합니다.
③ [수식 입력줄]에 '='기타작업-1'!$B$2'가 나타나면 Enter 를 누릅니다.
④ '종목별 순위'가 차트 제목에 표시되면 가로 (항목) 축 제목을 표시하기 위해 [차트 디자인] 탭-[차트 레이아웃] 그룹-[차트 요소 추가]-[축 제목]-[기본 가로]를 클릭합니다.
⑤ '축 제목'이 차트에 표시되면 [수식 입력줄]을 클릭하고 '순위'를 입력한 후 Enter 를 누릅니다.

⑥ 세로 (값) 축 제목을 표시하기 위해 [차트 디자인] 탭-[차트 레이아웃] 그룹-[차트 요소 추가]-[축 제목]-[기본 세로]를 클릭합니다.
⑦ '축 제목'이 차트에 표시되면 [수식 입력줄]을 클릭하고 '기록'을 입력한 후 Enter 를 누릅니다.
⑧ '기록'이 차트에 표시되면 텍스트 방향이 세로로 표시되도록 '세로 (값) 축 제목'에서 마우스 오른쪽 버튼을 눌러 바로 가기 메뉴가 나타나면 [축 제목 서식] 명령을 클릭합니다.
⑨ [축 제목 서식] 창이 나타나면 [텍스트 옵션]-[텍스트 상자](▤)-[텍스트 상자]의 [텍스트 방향]을 '세로'로 선택하고 [닫기](✕) 단추를 클릭합니다.

4

① 임의의 계열에서 마우스 오른쪽 버튼을 눌러 [데이터 계열 서식] 명령을 클릭합니다.
② [데이터 계열 서식] 창이 나타나면 [계열 옵션]-[계열 옵션](▮▮)-[계열 옵션]의 [간격 너비]에 '50'을 입력한 후 [닫기](✕) 단추를 클릭합니다.
③ '범례'에서 마우스 오른쪽 버튼을 눌러 바로 가기 메뉴가 나타나면 [범례 서식] 명령을 클릭합니다.
④ [범례 서식] 창이 나타나면 [범례 옵션]- [범례 옵션](▮▮)-[범례 옵션]의 [범례 위치]를 '위쪽'으로 선택한 후 [닫기](✕) 단추를 클릭합니다.

5

① '윗몸일으키기' 계열을 클릭하여 선택한 상태에서 '1' 데이터 요소만 한 번 더 클릭합니다.
② '1'의 '윗몸일으키기' 계열만 선택이 되면 [차트 디자인] 탭-[차트 레이아웃] 그룹-[차트 요소 추가]-[데이터 레이블]-[가운데]를 클릭합니다.
③ '팔굽혀펴기' 계열을 클릭하여 선택한 상태에서 '1' 데이터 요소만 한 번 더 클릭합니다.
④ '1'의 '팔굽혀펴기' 계열만 선택이 되면 [차트 디자인] 탭-[차트 레이아웃] 그룹-[차트 요소 추가]-[데이터 레이블]-[가운데]를 클릭합니다.
⑤ '좌우악력' 계열을 클릭하여 선택한 상태에서 '1' 데이터 요소만 한 번 더 클릭합니다.
⑥ '1'의 '좌우악력' 계열만 선택이 되면 [차트 디자인] 탭-[차트 레이아웃] 그룹-[차트 요소 추가]-[데이터 레이블]-[가운데]를 클릭합니다.

02 '기타작업-2' 시트 (매크로)

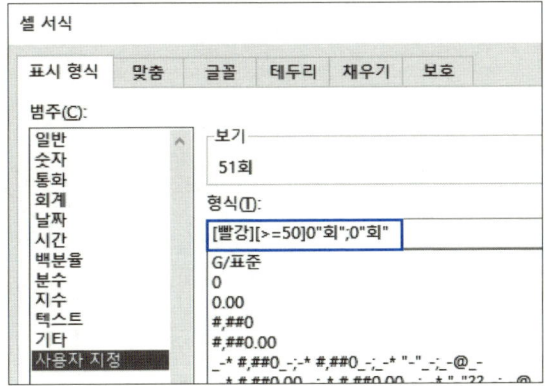

1
① [개발 도구] 탭-[컨트롤] 그룹-[삽입]-[양식 컨트롤]의 '단추(양식 컨트롤)'을 클릭합니다.
② 이어서 [I2:J4] 영역에 드래그하여 '단추'를 생성합니다.
③ [매크로 지정] 대화상자가 나타나면 [매크로 이름]에 '서식적용'을 입력한 후 [매크로 위치]에서 '현재 통합 문서'를 선택하고 [기록] 단추를 클릭합니다.
④ [매크로 기록] 대화상자가 나타나면 [확인] 단추를 클릭합니다.
⑤ 매크로 기록이 시작되면 [G3:G42] 영역을 선택한 후 Ctrl + 1 을 누릅니다.
⑥ [셀 서식] 대화상자가 나타나면 [표시 형식] 탭-[범주]를 '사용자 지정'으로 선택합니다.
⑦ '형식'에 이미 입력되어 있는 내용을 지운 뒤 '[빨강][>=50]0"회";0"회"'을 입력하고 [확인] 단추를 클릭합니다.

⑧ 임의의 셀을 클릭한 후 매크로 기록을 중지하기 위해 [개발 도구] 탭-[코드] 그룹-[기록 중지]를 클릭합니다.
⑨ '단추' 위에서 마우스 오른쪽 버튼을 눌러 [텍스트 편집] 명령을 클릭합니다.
⑩ 단추의 텍스트를 '서식적용'으로 변경하고 임의의 셀을 클릭하여 완료합니다.

2
① [개발 도구] 탭-[컨트롤] 그룹-[삽입]-[양식 컨트롤]의 '단추(양식 컨트롤)'을 클릭합니다.
② 이어서 [I6:J8] 영역에 드래그하여 '단추'를 생성합니다.
③ [매크로 지정] 대화상자가 나타나면 [매크로 이름]에 '일반서식'을 입력한 후 [매크로 위치]에서 '현재 통합 문서'를 선택하고 [기록] 단추를 클릭합니다.
④ [매크로 기록] 대화상자가 나타나면 [확인] 단추를 클릭합니다.
⑤ 매크로 기록이 시작되면 [G3:G42] 영역을 선택한 후 Ctrl + 1 을 누릅니다.
⑥ [셀 서식] 대화상자가 나타나면 [표시 형식] 탭-[범주]를 '일반'으로 선택한 후 [확인] 단추를 클릭합니다.

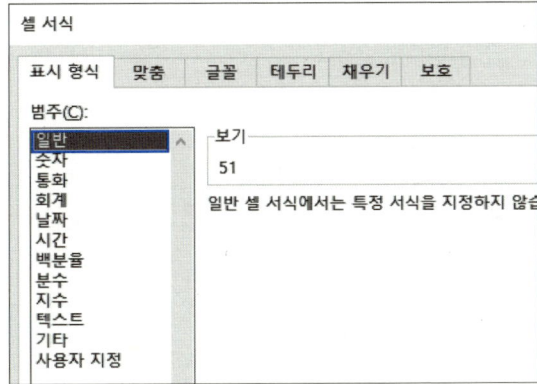

⑦ 임의의 셀을 클릭한 후 매크로 기록을 중지하기 위해 [개발 도구] 탭-[코드] 그룹-[기록 중지]를 클릭합니다.
⑧ '단추' 위에서 마우스 오른쪽 버튼을 눌러 [텍스트 편집] 명령을 클릭합니다.
⑨ 단추의 텍스트를 '일반서식'으로 변경하고 임의의 셀을 클릭하여 완료합니다.

03 '기타작업-3' 시트 (프로시저)

1
① [개발 도구] 탭-[컨트롤] 그룹-[디자인 모드]를 클릭하여 <체력검정> 버튼을 디자인 모드로 변경합니다.
② <체력검정> 버튼을 더블클릭하여 코드 창이 나타나면 아래와 같이 입력합니다.

```
Private Sub 체력검정_Click()
    체력검정폼.Show
End Sub
```

③ 프로젝트 탐색기 창에서 '체력검정폼' 폼을 더블클릭합니다.
④ '체력검정폼' 폼이 코드 창에 표시되면 폼의 빈 공간을 더블클릭합니다.
⑤ 폼이 초기화되면 프로시저가 실행되도록 코드 창 우측 상단에 프로시저 목록을 'Initialize'로 변경합니다.
⑥ 코드 창에 'UserForm_Initialize()' 프로시저가 나타나면 아래와 같이 입력합니다.

```
Private Sub UserForm_Initialize()
    cmb종목.RowSource = "I5:I9"
End Sub
```

2

① 프로젝트 탐색기 창에서 '체력검정폼' 폼을 더블클릭합니다.
② '체력검정폼' 폼이 코드 창에 표시되면 'cmd입력'을 더블클릭합니다.
③ 코드 창에 'cmd입력_Click()' 프로시저가 나타나면 아래와 같이 입력합니다.

```
Private Sub cmd입력_Click()
    입력행 = [a4].Row + [a4].CurrentRegion.Rows.Count
    Cells(입력행, 1) = txt이름
    If opt남 = True Then
        Cells(입력행, 2) = "남"
    ElseIf opt여 = True Then
        Cells(입력행, 2) = "여"
    End If
    Cells(입력행, 3) = Val(txt키)
    Cells(입력행, 4) = Val(txt몸무게)
    Cells(입력행, 5) = txt몸무게 / (txt키 / 100) ^ 2
    Cells(입력행, 6) = CDate(txt생년월일)
    Cells(입력행, 7) = Year(Date) - Year(txt생년월일)
    Cells(입력행, 8) = cmb종목
    Cells(입력행, 9) = Val(txt기록)
    If Cells(입력행, 5) <= 18.5 Then
        Cells(입력행, 10) = "저체중"
    End If
End Sub
```

3

① 프로젝트 탐색기 창에서 '체력검정폼' 폼을 더블클릭합니다.
② '체력검정폼' 폼이 코드 창에 표시되면 'cmd종료'를 더블클릭합니다.
③ 코드 창에 'cmd종료_Click()' 프로시저가 나타나면 아래와 같이 입력합니다.

```
Private Sub cmd종료_Click()
    [h2] = Now
    MsgBox Date, , "종료"
    Unload Me
End Sub
```

제4회 최신기출유형

프로그램명	제한시간
EXCEL	45분

수험번호 :

성 명 :

1급   C형

유 의 사 항

★ 펜은 꺼내실 수 없으며 시험지는 유출이 불가능합니다.
- 인적 사항 누락 및 잘못 작성으로 인한 불이익은 수험자 책임으로 합니다.
- 화면에 암호 입력창이 나타나면 아래의 암호를 입력하여야 합니다.
  - 암호 :
★ 암호를 입력할 수도 있으니 이렇게 첫 장을 확인하시면 됩니다.
- 작성된 답안은 주어진 경로 및 파일명을 변경하지 마시고 그대로 저장해야 합니다. 이를 준수하지 않으면 실격 처리됩니다.
★ 디스켓 모양을 눌러 저장하시면 됩니다. 예외가 있을 수도 있으니 감독관이 설명할 때 잘 들어주세요. 제한시간(45분) 안에 디스켓 모양을 눌러 저장을 하고 그 이후에는 화면이 바뀌며 [답안 제출]을 하게 됩니다.
- 외부 데이터 위치 : C:\OA\파일명
- 별도의 지시사항이 없는 경우, 다음과 같이 처리 시 실격 처리됩니다.
  - 제시된 시트 및 개체의 순서나 이름을 임의로 변경한 경우
  - 제시된 시트 및 개체를 임의로 추가 또는 삭제한 경우
  - 외부 데이터를 시험 시작 전에 열어 본 경우
- 답안은 반드시 문제에서 지시 또는 요구한 셀에 입력하여야 하며 다음과 같이 처리 시 채점 대상에서 제외됩니다.
  - 수험자가 임의로 지시하지 않은 셀의 이동, 수정, 삭제, 변경 등으로 인해 셀의 위치 및 내용이 변경된 경우 해당 작업에 영향을 미치는 관련문제 모두 채점 대상에서 제외
  - 도형 및 차트의 개체가 중첩되어 있거나 동일한 계산결과 시트가 복수로 존재할 경우 해당 개체나 시트는 채점 대상에서 제외
- 수식 작성 시 제시된 문제 파일의 데이터는 변경 가능한(가변적) 데이터임을 감안하여 문제 풀이를 하시오.
- 별도의 지시사항이 없는 경우, 주어진 각 시트 및 개체의 설정값 또는 기본 설정값(Default)으로 처리하시오.
- 저장 시간은 별도로 주어지지 않으므로 제한된 시간 내에 저장을 완료해야 하며, 제한시간 내에 저장이 되지 않은 경우에는 실격 처리됩니다.
- 출제된 문제의 용어는 Microsoft Office Excel 2021 기준으로 작성되어 있습니다.

국 가 기 술 자 격 검 정

문제 1   기본작업(15점)   주어진 시트에서 다음의 과정을 수행하고 저장하시오.

01   '기본작업-1' 시트에서 다음과 같이 고급 필터를 수행하시오. (5점)
- [A2:G42] 영역에서 '인구수'의 순위가 30보다 크고 '비교물가수준'이 숫자인 행만을 대상으로 표시하시오.
- 조건은 [A44:A45] 영역에 알맞게 입력하시오. (AND, RANK.EQ, ISNUMBER 함수 사용)
- 결과는 [A47] 셀부터 표시하시오.

02   '기본작업-1' 시트에서 다음과 같이 조건부 서식을 설정하시오. (5점)
- [A3:G42] 영역에 대하여 '면적(ha)'이 전체 '면적(ha)'의 평균 이상이나 '대륙'이 "오세아니아"인 행 전체에 대하여 글꼴 스타일 '굵은 기울임꼴', 글꼴 색 '표준 색-파랑'으로 적용하시오.
- 단, 규칙 유형은 '수식을 사용하여 서식을 지정할 셀 결정'을 사용하고, 한 개의 규칙으로만 작성하시오.
- AVERAGE, OR 함수 사용

03   '기본작업-2' 시트에서 다음과 같이 페이지 레이아웃을 설정하시오. (5점)
- 인쇄 용지가 가로로 인쇄되도록 용지 방향을 '가로'로 설정하고, 인쇄될 내용이 페이지의 가로 가운데에 인쇄되도록 페이지 가운데 맞춤을 설정하시오.
- 매 페이지 하단의 가운데 구역에는 시트 이름과 페이지 번호가 [표시 예]와 같이 표시되도록 바닥글을 설정하시오.
  [표시 예 : 시트 이름이 '기본작업-2'이고, 현재 페이지 번호가 1인 경우 → 기본작업-2 시트/1페이지]
- [A2:J44] 영역을 인쇄 영역으로 설정하고, [2:4] 행이 반복하여 표시되도록 설정하시오.
- 배율은 용지 너비만 '1'로 지정하여 한 페이지에 모든 열을 맞추시오.

문제 2   계산작업(30점)   '계산작업' 시트에서 다음의 과정을 수행하고 저장하시오.

01   [표1]의 노동소득분배율을 이용하여 노동소득분배율이 50% 이하이면 '노동소득분배율/10%'의 값만큼 "■"를, 그 외에는 '노동소득분배율/10%'의 값만큼 "□"를 그래프[F5:F35] 영역에 표시하시오. (6점)
- [표시 예 : 노동소득분배율이 48.6%인 경우 → ■■■■, 노동소득분배율이 57.8%인 경우 → □□□□□]
- IF, QUOTIENT, REPT 함수 사용

02   사용자 정의 함수 'fn비고'를 작성하여 [표1]의 비고[G5:G35]를 표시하시오. (6점)
- 'fn비고'는 노동소득분배율을 인수로 받아 값을 되돌려줌
- 비고는 노동소득분배율이 35% 미만이면 "낮음", 45% ~ 55%이면 "보통", 60% 초과이면 "높음", 그 외에는 빈칸으로 표시
- Select 문 사용

```
Public Function fn비고(노동소득분배율)

End Function
```

03   [표1]을 이용하여 [C39:E41] 영역에 대륙별 직업별 취업률을 계산하여 표시하시오. (6점)
- 예 : 유럽 관리자 취업률은 '유럽의 관리자수 / 유럽의 총취업자수'로 계산
- 백분율로 소수점 첫째 자리까지 표시
- SUMIF, TEXT 함수 사용

04 [표1]을 이용하여 [C45:E47] 영역에 대륙과 산업별 최다 취업자를 배출한 국가명을 표시하시오. (6점)
- INDEX, MATCH, LARGE 함수를 이용한 배열 수식 사용

05 [표1]을 이용하여 [I39:K40] 영역에 대륙별 취업률을 계산하여 표시하시오. (6점)
- 예 : 아메리카 직업별 취업률은 '(아메리카의 관리자 취업자수 + 아메리카의 전문가 취업자수 + 아메리카의 사무종사자 취업자수) / 아메리카의 총취업자수'로 계산하고, 아메리카 산업별 취업률은 '(아메리카의 광업 취업자수 + 아메리카의 제조업 취업자수 + 아메리카의 건설업 취업자수) / 아메리카의 총취업자수'로 계산
- 백분율로 소수점 둘째 자리까지 표시
- [표시 예 : 0.2736 → 27.36%]
- SUM, ROUND 함수를 이용한 배열 수식 사용

문제 3 분석작업(20점) 주어진 시트에서 다음의 과정을 수행하고 저장하시오.

01 '분석작업-1' 시트에서 다음의 지시사항에 따라 [표1]을 이용하여 피벗 테이블 보고서를 작성하시오. (10점)
- 피벗 테이블 보고서의 레이아웃과 위치는 <그림>을 참조하여 설정하고, 보고서 레이아웃을 개요 형식으로 표시하시오.
- '경제성장률' 필드의 표시 형식은 값 필드 설정의 셀 서식에서 '백분율'을 지정하시오.
- '언어' 필드는 네덜란드어, 독일어, 아랍어, 에스파냐어, 영어, 프랑스어만 표시하시오.
- 행의 총합계만 표시하시오.
- 피벗 테이블 스타일을 '흰색, 피벗 스타일 밝게 3', 피벗 테이블 스타일 옵션을 행 머리글, 열 머리글, 줄무늬 열로 지정하시오.

	H	I	J	K	L	M	N	O
1								
2								
3		합계 : 경제성장률	대륙					
4		언어	남아메리카	북아메리카	오세아니아	유럽	중동	총합계
5		네덜란드어				3.21%		3.21%
6		독일어				3.10%		3.10%
7		아랍어					2.15%	2.15%
8		에스파냐어	-2.31%			1.98%		-0.33%
9		영어	1.80%	2.33%	4.07%	5.79%		13.99%
10		프랑스어		1.66%		1.51%		3.17%
11								

※ 작업이 완성된 그림이며 부분점수 없음

02 '분석작업-2' 시트에 대하여 다음의 지시사항을 처리하시오. (10점)
- 데이터 도구를 이용하여 [표1]에서 '국가번호', '국가명', '대륙' 열을 기준으로 중복된 값이 입력된 셀을 포함하는 행을 삭제하시오.
- [부분합] 기능을 이용하여 [표1]에 대하여 1차 '대륙'을 기준으로 오름차순 정렬, 2차 '국가번호'를 기준으로 오름차순 정렬하고, '대륙' 별로 '전체', '관리자', '전문가', '사무종사자'의 합계를 계산한 후 '광업', '제조업', '건설업'의 합계를 계산하시오.

문제 4 | **기타작업(35점)** | 주어진 시트에서 다음의 과정을 수행하고 저장하시오.

01 '기타작업-1' 시트에서 다음의 지시사항에 따라 차트를 수정하시오. (각 2점)

※ 차트는 반드시 문제에서 제공한 차트를 사용하여야 하며, 신규로 차트 작성 시 0점 처리됨

① 차트의 행/열을 전환하고, 차트 종류를 '표식이 있는 꺾은선형'으로 변경하시오.
② '관리자' 계열의 필리핀 요소에 대해서만 <그림>과 같이 데이터 레이블을 추가하고 위치를 지정하시오.
③ 차트 제목을 [B1] 셀에 연결하여 표시하시오.
④ 최대값, 최소값, 주 단위를 <그림>과 같이 지정하시오.
⑤ 차트에 기본 세로 눈금선을 <그림>과 같이 표시하고, 차트 영역의 테두리 스타일을 '둥근 모서리'로 설정하시오.

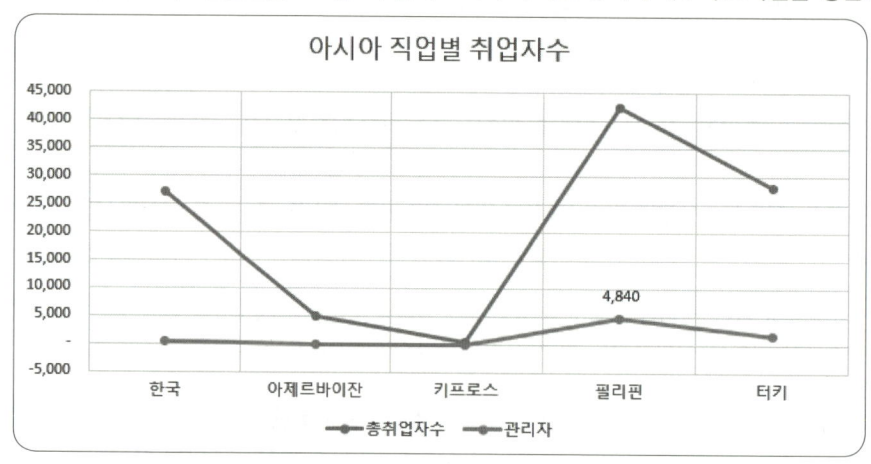

02 '기타작업-2' 시트에서 다음과 같은 기능을 수행하는 매크로를 현재 통합문서에 작성하시오. (각 5점)

① [E3:E42] 영역에 대하여 사용자 지정 표시 형식을 설정하는 '형식적용' 매크로를 생성하시오.
  ▶ 양수일 때 파랑색으로 기호 없이 소수점 둘째 자리까지 백분율로 표시, 음수일 때 빨강색으로 기호 없이 괄호와 함께 소수점 둘째 자리까지 백분율로 표시
    [표시 예 : 0.0123 → 1.23%, -0.0123 → (1.23%)]
  ▶ [개발 도구]-[삽입]-[양식 컨트롤]의 '단추'를 동일 시트의 [G2:H3] 영역에 생성한 후 텍스트를 '형식적용'으로 입력하고, 단추를 클릭하면 '형식적용' 매크로가 실행되도록 설정하시오.
② [E3:E42] 영역에 대하여 표시 형식을 '일반'으로 적용하는 '적용해제' 매크로를 생성하시오.
  ▶ [개발 도구]-[삽입]-[양식 컨트롤]의 '단추'를 동일 시트의 [G5:H6] 영역에 생성한 후 텍스트를 '적용해제'로 입력하고, 단추를 클릭하면 '적용해제' 매크로가 실행되도록 설정하시오.

※ 셀 포인터의 위치에 관계없이 매크로가 실행되어야 정답으로 인정됨

03 '기타작업-3' 시트에서 다음과 같은 작업을 수행하도록 프로시저를 작성하시오. (각 5점)

① '추가' 단추를 클릭하면 <직업별취업자수> 폼이 나타나도록 설정하고, 폼이 초기화(Initialize)되면 '남자(opt남자)'가 선택되고, 목록(lst목록)에는 [L5:N17] 영역, 구분(cmb구분)에는 [J5:J12] 영역이 표시되도록 프로시저를 작성하시오.
② <직업별취업자수> 폼의 '입력(cmd입력)' 단추를 클릭하면 폼에 입력된 데이터가 [표1]에 입력되어 있는 마지막 행 다음에 연속하여 추가되도록 프로시저를 작성하시오.

▶ 성별은 '남자(opt남자)'를 선택하면 "남자", '여자(opt여자)'를 선택하면 "여자"를 입력하시오.
▶ 비고는 '전체취업자수'가 평균(28000)의 1/4 이하인 경우에만 "낮음"을 입력하시오.
▶ 입력되는 데이터는 워크시트에 입력된 기존 데이터와 같은 형식의 데이터로 입력하시오.
▶ ListIndex 속성, Val 함수 사용

③ <직업별취업자수> 폼의 '닫기(cmd닫기)' 단추를 클릭하면 <그림>과 같은 메시지 박스를 표시한 후 폼을 종료하는 프로시저를 작성하시오.
▶ Time 함수 사용

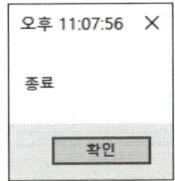

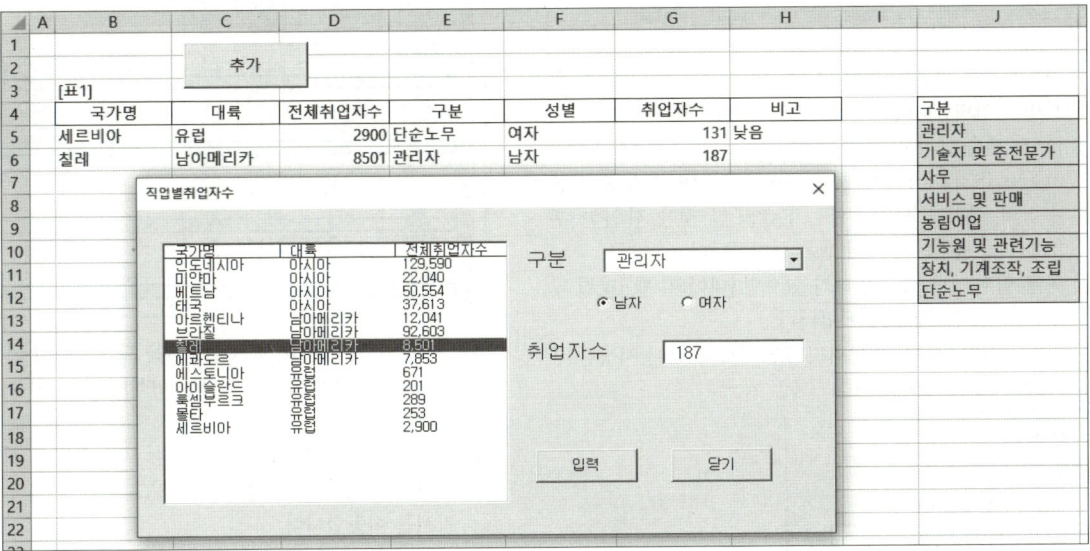

정답 및 해설

문제1 기본작업

'보안 경고'가 표시되면 '콘텐츠 사용'을 클릭하세요.

01 '기본작업-1' 시트 (고급 필터)

▶ 결과

① [A44] 셀에 원본 데이터([A2:G42])의 필드명과 다른 필드명을 입력합니다.
② [A45] 셀을 클릭하고 '=AND(RANK.EQ(E3,$E$3:$E$42, 0)>30, ISNUMBER(G3))'를 입력한 후 Enter 를 누릅니다.
③ 수식의 결과가 TRUE 또는 FALSE인 것을 확인한 후 [A2:G42] 영역의 임의의 셀을 클릭합니다.
④ 목록 범위 안에 셀 포인터가 있으면 [데이터] 탭-[정렬 및 필터] 그룹-[고급]을 클릭합니다.
⑤ [고급 필터] 대화상자가 나타나면 아래와 같이 지정한 후 [확인] 단추를 클릭합니다.

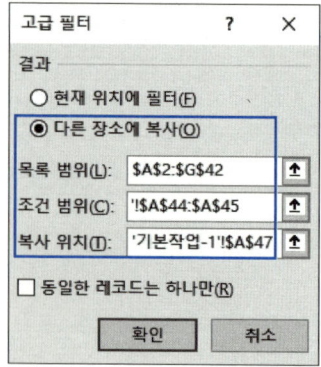

02 '기본작업-1' 시트 (조건부 서식)

▶ 결과

① 서식을 지정해줄 [A3:G42] 영역을 드래그하여 선택한 후 [홈] 탭-[스타일] 그룹-[조건부 서식]-[새 규칙]을 클릭합니다.
② [새 서식 규칙] 대화상자가 나타나면 [수식을 사용하여 서식을 지정할 셀 결정]을 클릭하고 아래 수식 입력란에 커서를 이동합니다.
③ 이어서 '=OR($F3>=AVERAGE($F$3:$F$42), $D3="오세아니아")'을 입력하고 [서식] 단추를 클릭합니다.
④ [셀 서식] 대화상자가 나타나면 [글꼴] 탭에서 [글꼴 스타일]은 '굵은 기울임꼴', [색]은 '파랑'으로 선택하고 [확인] 단추를 클릭합니다.
⑤ [새 서식 규칙] 대화상자가 나타나면 [확인] 단추를 클릭합니다.

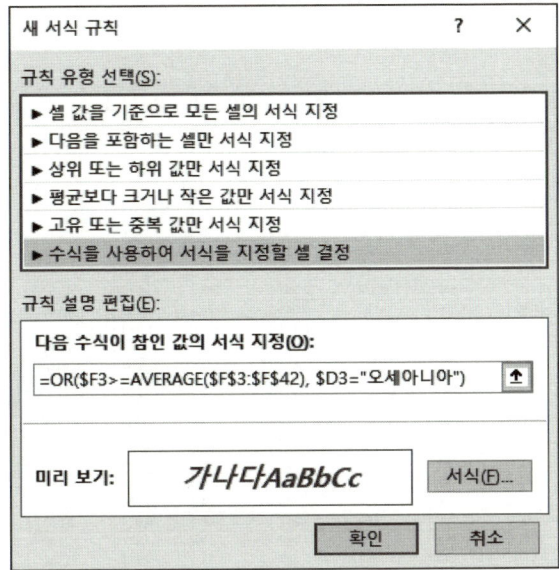

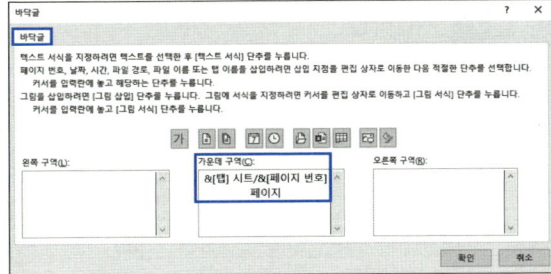

⑦ 미리 보기에 '기본작업-2 시트/1페이지'가 표시되면 [시트] 탭-[인쇄 영역] 란에 [A2:J44] 영역을 지정하고 [인쇄 제목]-[반복할 행] 란에 2행부터 4행을 지정합니다.

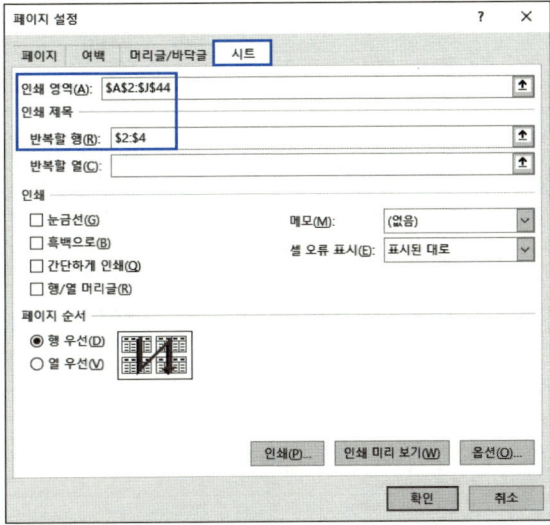

03 '기본작업-2' 시트 (페이지 레이아웃)

① 페이지 레이아웃을 설정하기 위해 [페이지 레이아웃] 탭-[페이지 설정] 그룹-[페이지 설정]( )을 클릭합니다.
② [페이지 설정] 대화상자가 나타나면 인쇄 용지가 가로로 인쇄되도록 [페이지] 탭-[용지 방향]을 '가로'로 선택합니다.
③ 이어서 인쇄될 내용이 페이지의 가로 가운데에 인쇄되도록 [여백] 탭-[페이지 가운데 맞춤]의 '가로' 확인란을 선택합니다.

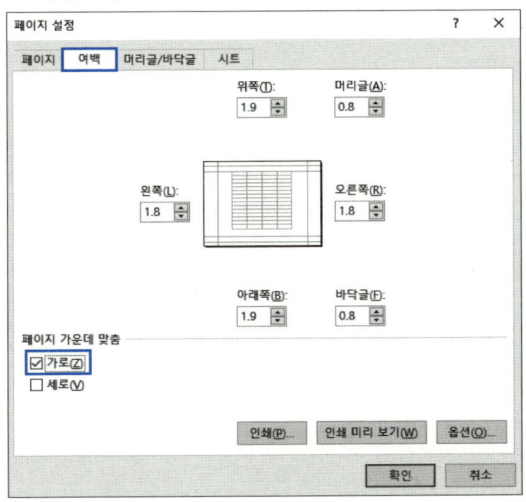

④ 이어서 매 페이지 하단의 가운데 구역에 시트 이름과 페이지 번호를 표시하기 위해 [머리글/바닥글] 탭-[바닥글 편집] 단추를 클릭합니다.
⑤ [바닥글] 대화상자가 나타나면 [가운데 구역] 란에 클릭합니다.
⑥ 커서가 나타나면 [시트 이름 삽입]( )클릭, ' 시트/' 입력, [페이지 번호 삽입]( ) 클릭, '페이지'를 입력한 후 [확인] 단추를 클릭합니다.

⑧ 이어서 한 페이지에 모든 열을 맞추기 위해 [페이지] 탭-[배율]을 '자동 맞춤'으로 선택한 후 '용지 너비'를 '1'로 지정하고, '용지 높이' 입력란에 입력된 숫자를 지웁니다.

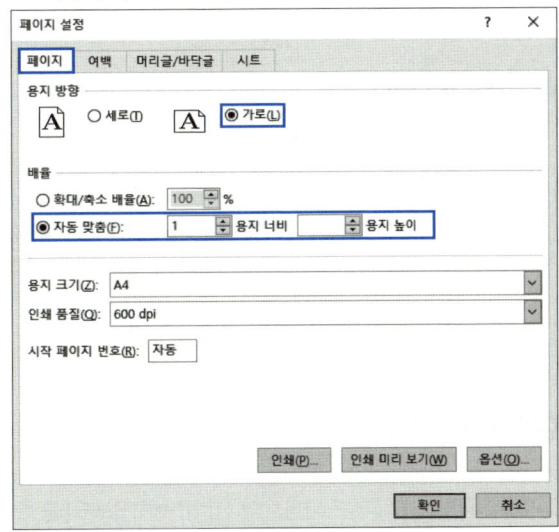

⑨ 모든 설정이 완료되면 [확인] 단추를 클릭해 대화상자를 닫습니다.

문제 2 계산작업

▶ 결과

	A	B	C	D	E	F	G	H	I	J	K	L	M	N
1														
2		[표1]												
3		국가번호	국가명	대륙	노동소득분배율	그래프	비고	총취업자수	직업별 취업자수			산업별 취업자수		
4									관리자	전문가	사무종사자	광업	제조업	건설업
5		82	한국	아시아	58.9%	□□□□□		27,123	408	5,557	4,749	15	4,429	2,020
6		994	아제르바이잔	아시아	21.7%	■■	낮음	4,939	62	620	230	40	263	366
7		357	키프로스	아시아	50.5%	□□□□□	보통	416	17	79	45	1	30	40
8		63	필리핀	아시아	35.9%	■■■		42,428	4,840	2,372	2,581	184	3,618	4,153
9		90	터키	아시아	50.4%	□□□□□	보통	28,080	1,506	3,163	1,949	125	5,153	1,549
10		52	멕시코	아메리카	34.7%	■■■	낮음	54,994	1,656	5,183	3,737	201	9,113	4,293
11		1	미국	아메리카	56.9%	□□□□□		157,538	17,439	35,683	15,586	598	16,783	11,911
12		43	오스트리아	유럽	54.8%	□□□□□	보통	4,355	206	875	423	7	694	358
13		32	벨기에	유럽	58.7%	□□□□□		4,832	403	1,222	543	4	594	340
14		359	불가리아	유럽	58.5%	□□□□□		3,233	168	539	196	34	607	253
15		385	크로아티아	유럽	54.6%	□□□□□	보통	1,679	83	303	166	4	299	111
16		420	체코	유럽	48.4%	■■■■	보통	5,303	238	855	501	30	1,455	377
17		45	덴마크	유럽	55.8%	□□□□□		2,878	91	797	191	6	315	177
18		358	핀란드	유럽	52.7%	□□□□□	보통	2,566	82	674	132	8	329	193
19		33	프랑스	유럽	58.1%	□□□□□		27,176	2,026	5,152	2,176	24	3,194	1,823
20		49	독일	유럽	56.5%	□□□□□		42,396	2,099	7,687	5,231	68	8,013	2,860
21		30	그리스	유럽	50.2%	□□□□□	보통	3,911	113	753	449	12	377	148
22		36	헝가리	유럽	47.8%	■■■■		4,512	175	756	337	13	998	346
23		353	아일랜드	유럽	35.3%	■■■		2,322	194	559	205	7	254	147
24		39	이탈리아	유럽	52.8%	□□□□□	보통	23,360	839	3,581	2,760	25	4,321	1,339
25		371	라트비아	유럽	55.0%	□□□□□	보통	910	88	160	46	3	115	81
26		31	네덜란드	유럽	57.8%	□□□□□		8,982	491	2,425	816	8	812	413
27		47	노르웨이	유럽	51.0%	□□□□□	보통	2,716	223	749	155	61	209	227
28		48	폴란드	유럽	48.0%	■■■■	보통	16,461	1,025	3,395	1,018	217	3,393	1,306
29		351	포르투갈	유럽	52.3%	□□□□□	보통	4,913	294	948	419	13	837	305
30		421	슬로바키아	유럽	45.7%	■■■■	보통	2,584	128	349	245	9	636	236
31		386	슬로베니아	유럽	60.3%	□□□□□	높음	983	70	228	82	4	252	57
32		34	스페인	유럽	54.5%	□□□□□	보통	19,779	781	3,667	2,043	33	2,495	1,278
33		46	스웨덴	유럽	48.6%	■■■■	보통	5,131	321	1,525	308	9	514	361
34		41	스위스	유럽	65.1%	□□□□□	높음	4,706	350	1,247	611	3	591	302
35		44	영국	유럽	57.9%	□□□□□		32,695	3,865	8,631	3,083	126	2,990	2,356
36														
37		[표2] 대륙별 직업별 취업률						[표4] 대륙별 취업률						
38		대륙	관리자	전문가	사무종사자				아메리카	아시아	유럽			
39		유럽	6.3%	20.6%	9.7%			직업별취업률	37.30%	27.36%	36.59%			
40		아메리카	9.0%	19.2%	9.1%			산업별취업률	20.18%	21.35%	22.08%			
41		아시아	6.6%	11.4%	9.3%									
42														
43		[표3] 대륙별 산업별 최다 취업자 배출 국가												
44		대륙	광업	제조업	건설업									
45		유럽	폴란드	독일	독일									
46		아메리카	미국	미국	미국									
47		아시아	필리핀	터키	필리핀									

01 그래프 (F5:F35)

=IF(E5<=50%, REPT("■",QUOTIENT(E5,10%)), REPT("□",QUOTIENT(E5,10%)))

① [F5] 셀을 선택하고 '=IF(E5<=50%, REPT("■", QUOTIENT(E5,10%)), REPT("□", QUOTIENT(E5,10%)))' 수식을 작성한 후 Enter 를 누릅니다.
② [F5] 셀의 채우기 핸들을 [F35] 셀까지 드래그하여 수식을 복사합니다.

02 비고 (G5:G35)

① Alt + F11 을 누릅니다.
② Visual Basic Editor가 나타나면 [삽입] 메뉴-[모듈]을 클릭합니다.
③ 프로젝트 탐색기 창에 모듈이 생성되면 아래와 같이 입력합니다.

```
Public Function fn비고(노동소득분배율)
    Select Case 노동소득분배율
        Case Is < 0.35
            fn비고 = "낮음"
        Case 0.45 To 0.55
            fn비고 = "보통"
        Case Is > 0.6
            fn비고 = "높음"
        Case Else
            fn비고 = ""
    End Select
End Function
```

※ 코드는 작성하는 방법이 다양하여 문제에 제시된 사항을 지켜 결과가 같다면 정답 처리됩니다.

④ Visual Basic Editor의 [닫기](✕) 단추를 클릭합니다.
⑤ [G5] 셀을 선택한 후 [함수 삽입](fx)을 클릭합니다.

⑥ [함수 마법사] 대화상자가 나타나면 [범주 선택]을 '사용자 정의'로 선택하고 [함수 선택] 목록에서 'fn비고'를 선택한 후 [확인] 단추를 클릭합니다.
⑦ [함수 인수] 대화상자가 나타나면 [노동소득분배율]에 [E5] 셀을 클릭하고 [확인] 단추를 클릭합니다.

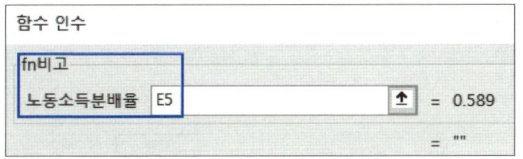

⑧ [G5] 셀의 채우기 핸들을 [G35] 셀까지 드래그하여 수식을 복사합니다.

03 대륙별 직업별 취업률 (C39:E41)

=TEXT(SUMIF($D$5:$D$35,$B39,I$5:I$35) / SUMIF($D$5:$D$35,$B39,$H$5:$H$35), "0.0%")

① [C39] 셀을 선택하고 '=TEXT(SUMIF($D$5: $D$35, $B39,I$5:I$35) / SUMIF($D$5:$D$35,$B39, $H$5:$H$35), "0.0%")' 수식을 작성한 후 Enter 를 누릅니다.
② [C39] 셀의 채우기 핸들을 [C41] 셀까지 드래그하여 수식을 복사하고, 이어서 [C41] 셀의 채우기 핸들을 [E41] 셀까지 드래그하여 수식을 복사합니다.

04 대륙별 산업별 최대 취업자 배출 국가 (C45:E47)

=INDEX($C$5:$C$35,MATCH(LARGE(($D$5:$D$35=$B45)*L$5:L$35, 1), ($D$5:$D$35=$B45)*L$5:L$35,0),1)

① [C45] 셀을 선택하고 '=INDEX($C$5:$C$35, MATCH(LARGE(($D$5:$D$35=$B45)*L$5:L$35, 1), ($D$5:$D$35=$B45)*L$5:L$35,0),1)' 수식을 작성한 후 Ctrl + Shift + Enter 를 누릅니다.
② [C45] 셀의 채우기 핸들을 [C47] 셀까지 드래그하여 수식을 복사하고, 이어서 [C47] 셀의 채우기 핸들을 [E47] 셀까지 드래그하여 수식을 복사합니다.

05 대륙별 취업률 (I39:K40)

=ROUND((SUM(($D$5:$D$35=I$38)*$I$5:$I$35) + SUM(($D$5:$D$35=I$38)*$J$5:$J$35) + SUM(($D$5:$D$35=I$38)*$K$5:$K$35)) / SUM(($D$5:$D$35=I$38)*$H$5:$H$35), 4)

=ROUND((SUM(($D$5:$D$35=I$38)*$L$5:$L$35) + SUM(($D$5:$D$35=I$38)*$M$5:$M$35) + SUM(($D$5:$D$35=I$38)*$N$5:$N$35)) / SUM(($D$5:$D$35=I$38)*$H$5:$H$35), 4)

① [I39] 셀을 선택하고 '=ROUND((SUM(($D$5:$D$35= I$38)*$I$5:$I$35) + SUM(($D$5:$D$35=I$38)*$J$5: $J$35) + SUM(($D$5:$D$35=I$38)*$K$5:$K$35)) / SUM(($D$5:$D$35=I$38)*$H$5:$H$35), 4)' 수식을 작성한 후 Ctrl + Shift + Enter 를 누릅니다.
② [I39] 셀의 채우기 핸들을 [K39] 셀까지 드래그하여 수식을 복사합니다.
③ [I40] 셀을 선택하고 '=ROUND((SUM(($D$5:$D$35= I$38)*$L$5:$L$35) + SUM(($D$5:$D$35=I$38)*$M$5: $M$35) + SUM(($D$5:$D$35=I$38)*$N$5:$N$35)) / SUM(($D$5:$D$35=I$38)*$H$5:$H$35), 4)' 수식을 작성한 후 Ctrl + Shift + Enter 를 누릅니다.
④ [I40] 셀의 채우기 핸들을 [K40] 셀까지 드래그하여 수식을 복사합니다.

문제 3 분석작업

01 '분석작업-1' 시트 (피벗 테이블)

① [B3:G43] 영역의 임의의 셀을 클릭한 후 [삽입] 탭-[표] 그룹-[피벗 테이블]-[테이블/범위에서]를 클릭합니다.
② [표 또는 범위의 피벗 테이블] 대화상자가 나타나면 '표/범위'에 입력된 [B3:G43] 영역을 확인한 후 피벗 테이블을 배치할 위치에 '기존 워크시트'의 [I3] 셀을 클릭하고 [확인] 단추를 클릭합니다.

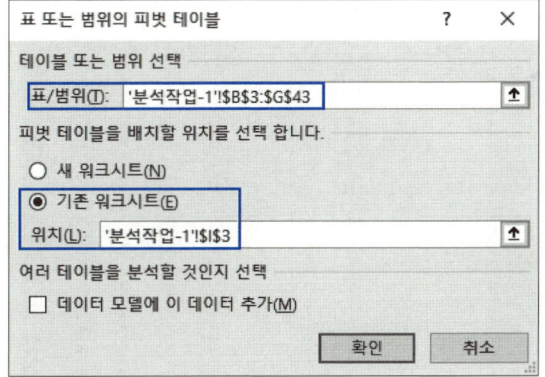

③ '언어'를 [행] 영역으로 드래그, '대륙'을 [열] 영역으로 드래그, '경제성장률'을 [값] 영역으로 드래그합니다.

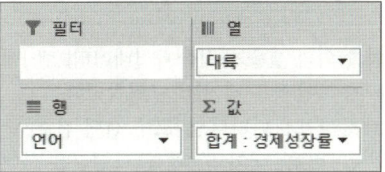

④ 보고서 레이아웃을 변경하기 위해 [디자인] 탭-[레이아웃] 그룹-[보고서 레이아웃]-[개요 형식으로 표시]를 클릭합니다.
⑤ 표시 형식을 지정하기 위해 [값] 영역에서 '합계 : 경제성장률'을 클릭한 후 [값 필드 설정]을 선택합니다.
⑥ [값 필드 설정] 대화상자가 나타나면 [표시 형식] 단추를

클릭한 후 [범주]를 '백분율', [소수 자릿수]를 '2'로 지정하고 [확인] 단추를 두 번 클릭하여 대화상자를 모두 닫습니다.

⑦ 특정 언어만 표시하기 위해 언어의 '필터 목록 단추'(▼)를 클릭합니다.

⑧ '(모두 선택)' 확인란의 선택을 취소한 후 '네덜란드어', '독일어', '아랍어', '에스파냐어', '영어', '프랑스어'의 확인란만 선택하고 [확인] 단추를 클릭합니다.

⑨ 행의 총합계만 표시하기 위해 [디자인] 탭-[레이아웃] 그룹-[총합계]-[행의 총합계만 설정]을 클릭합니다.

⑩ 피벗 스타일을 지정하기 위해 [디자인] 탭-[피벗 테이블 스타일] 그룹-[자세히](▼)를 클릭하여 '흰색, 피벗 스타일 밝게 3'을 선택합니다.

⑪ 피벗 테이블 스타일 옵션을 설정하기 위해 [디자인] 탭-[피벗 테이블 스타일 옵션] 그룹-[행 머리글], [열 머리글], [줄무늬 열]의 확인란을 선택합니다.

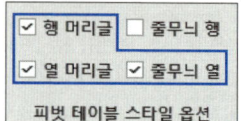

02 '분석작업-2' 시트 (중복된 항목 제거, 부분합)

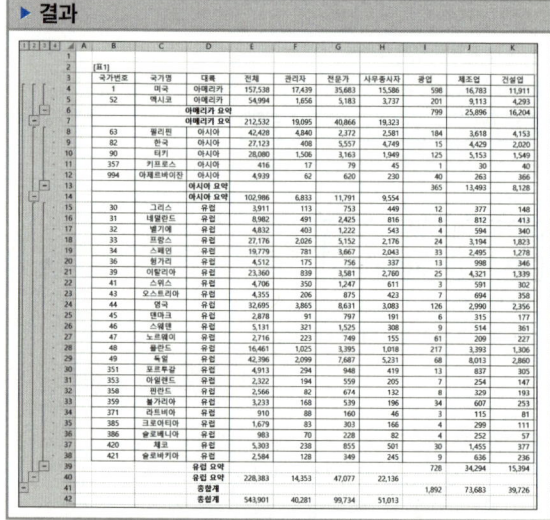

① [B3:K41] 영역의 임의의 셀을 클릭한 후 [데이터] 탭-[데이터 도구] 그룹-[중복된 항목 제거]를 클릭합니다.

② [중복 값 제거] 대화상자가 나타나면 [모두 선택 취소] 단추를 클릭한 후 '국가번호', '국가명', '대륙' 확인란을 선택하고 [확인] 단추를 클릭합니다.

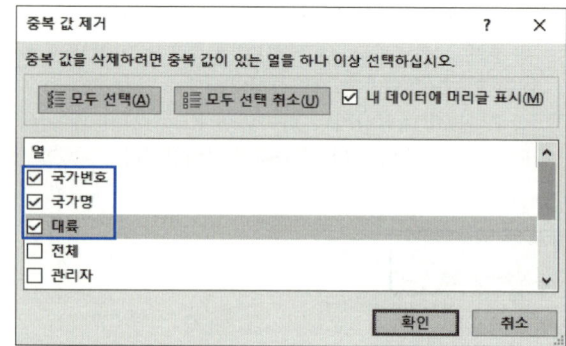

③ 중복된 행이 제거되었다는 메시지가 표시되면 [확인] 단추를 클릭합니다.

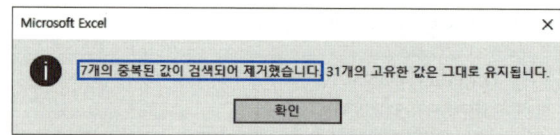

④ 부분합 작성 전에 정렬하기 위해 [B3:K34] 영역의 임의의 셀을 클릭한 후 [데이터] 탭-[정렬 및 필터] 그룹-[정렬]을 클릭합니다.

⑤ [정렬] 대화상자가 나타나면 [세로 막대형](열)의 정렬 기준에서 '대륙'을 선택하고 [정렬]에서 '오름차순'을 선택합니다.

⑥ 대륙이 동일한 경우 국가번호를 기준으로 정렬하기 위해 [기준 추가] 단추를 클릭합니다.

⑦ [다음 기준]에서 '국가번호'를 선택하고 [정렬]에서 '오름차순'을 선택한 후 [확인] 단추를 클릭합니다.

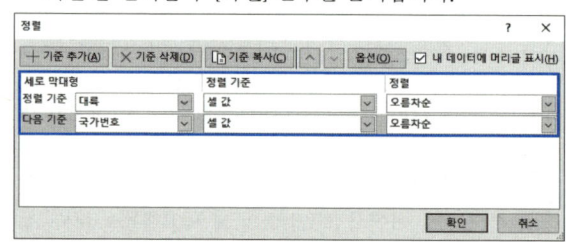

⑧ 1차적으로 대륙이 정렬되고 2차적으로 국가번호가 정렬된 것을 확인한 후 [B3:K34] 영역의 임의의 셀에 셀 포인터가 위치한 상태에서 [데이터] 탭-[개요] 그룹-[부분합]을 클릭합니다.

⑨ [부분합] 대화상자가 나타나면 [그룹화할 항목]에 '대륙', [사용할 함수]에 '합계'를 선택한 후 [부분합 계산 항목]에서 '건설업'의 선택을 취소, '전체', '관리자', '전문가', '사무종사자'를 선택하고 [확인] 단추를 클릭합니다.

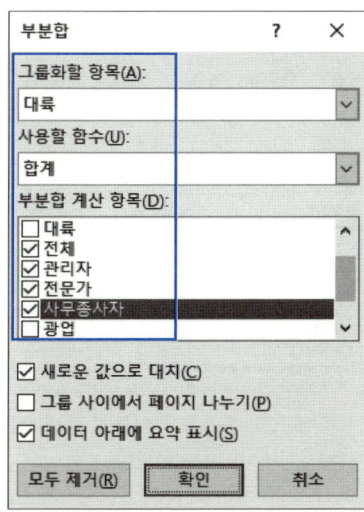

⑩ 두 번째 부분합을 추가하기 위해 목록 범위 안의 임의의 셀에 셀 포인터가 위치한 상태에서 [데이터] 탭-[개요] 그룹-[부분합]을 클릭합니다.

⑪ [부분합] 대화상자가 나타나면 [부분합 계산 항목]에서 '전체', '관리자', '전문가', '사무종사자'의 선택을 취소, '광업', '제조업', '건설업'을 선택, '새로운 값으로 대치'의 선택을 취소하고 [확인] 단추를 클릭합니다.

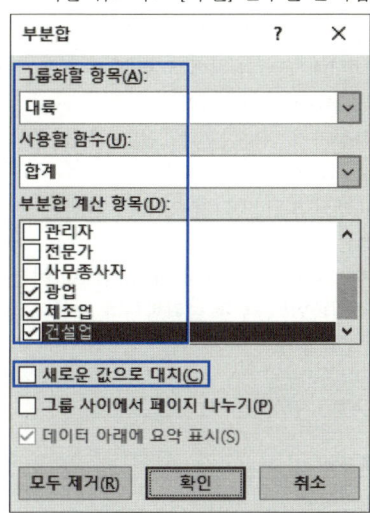

문제 4 기타작업

01 '기타작업-1' 시트 (차트)

1

① '차트 영역'에서 마우스 오른쪽 버튼을 눌러 바로 가기 메뉴가 나타나면 [데이터 선택] 명령을 클릭합니다.
② [데이터 원본 선택] 대화상자가 나타나면 [행/열 전환] 단추를 클릭한 후 [확인] 단추를 클릭합니다.

③ '차트 영역'에서 마우스 오른쪽 버튼을 눌러 바로 가기 메뉴가 나타나면 [차트 종류 변경] 명령을 클릭합니다.
④ [차트 종류 변경] 대화상자가 나타나면 [꺾은선형] 범주의 [표식이 있는 꺾은선형]을 선택한 후 [확인] 단추를 클릭합니다.

2

① '관리자' 계열을 클릭하여 선택한 상태에서 '필리핀' 데이터 요소만 한 번 더 클릭합니다.
② '필리핀'의 '관리자' 계열만 선택이 되면 [차트 디자인] 탭-[차트 레이아웃] 그룹-[차트 요소 추가]-[데이터 레이블]-[위쪽]을 클릭합니다.

3

① 차트에 표시된 '차트 제목'을 선택한 다음 차트 제목과 [B1] 셀을 연결시키기 위해 [수식 입력줄]에 '='을 입력한 후 [B1] 셀을 클릭합니다.
② [수식 입력줄]에 '='기타작업-1'!$B$1'가 나타나면 Enter 를 누릅니다.

4

① '세로 (값) 축'에서 마우스 오른쪽 버튼을 눌러 바로 가기 메뉴가 나타나면 [축 서식] 명령을 클릭합니다.
② [축 서식] 창이 나타나면 [축 옵션]-[축 옵션](📊)-[축 옵션]의 [최소값] 입력란에 '-5000', [최대값] 입력란에 '45000', [기본] 단위 입력란에 '5000'을 입력하고 [닫기] (✖) 단추를 클릭합니다.

5

① 주 눈금선을 표시하기 위해 [차트 디자인] 탭-[차트 레이아웃] 그룹-[차트 요소 추가]-[눈금선]-[기본 주 세로]를 클릭합니다.
② '차트 영역'에서 마우스 오른쪽 버튼을 눌러 바로 가기 메뉴가 나타나면 [차트 영역 서식] 명령을 클릭합니다.
③ [차트 영역 서식] 창이 나타나면 [차트 옵션]-[채우기 및 선](🎨)-[테두리]의 '둥근 모서리' 확인란을 선택합니다.

02 '기타작업-2' 시트 (매크로)

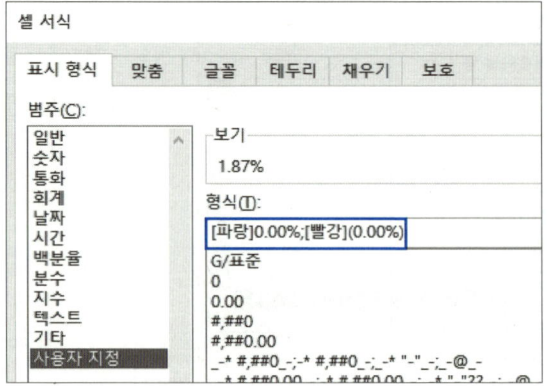

1

① [개발 도구] 탭-[컨트롤] 그룹-[삽입]-[양식 컨트롤]의 '단추(양식 컨트롤)'을 클릭합니다.
② 이어서 [G2:H3] 영역에 드래그하여 '단추'를 생성합니다.
③ [매크로 지정] 대화상자가 나타나면 [매크로 이름]에 '형식적용'을 입력한 후 [매크로 위치]에서 '현재 통합 문서'를 선택하고 [기록] 단추를 클릭합니다.
④ [매크로 기록] 대화상자가 나타나면 [확인] 단추를 클릭합니다.
⑤ 매크로 기록이 시작되면 [E3:E42] 영역을 선택한 후 Ctrl + 1 을 누릅니다.
⑥ [셀 서식] 대화상자가 나타나면 [표시 형식] 탭-[범주]를 '사용자 지정'으로 선택합니다.
⑦ '형식'에 이미 입력되어 있는 내용을 지운 뒤 '[파랑]0.00%;[빨강](0.00%)'을 입력하고 [확인] 단추를 클릭합니다.

⑧ 임의의 셀을 클릭한 후 매크로 기록을 중지하기 위해 [개발 도구] 탭-[코드] 그룹-[기록 중지]를 클릭합니다.
⑨ '단추' 위에서 마우스 오른쪽 버튼을 눌러 [텍스트 편집] 명령을 클릭합니다.
⑩ 단추의 텍스트를 '형식적용'으로 변경하고 임의의 셀을 클릭하여 완료합니다.

2

① [개발 도구] 탭-[컨트롤] 그룹-[삽입]-[양식 컨트롤]의 '단추(양식 컨트롤)'을 클릭합니다.
② 이어서 [G5:H6] 영역에 드래그하여 '단추'를 생성합니다.
③ [매크로 지정] 대화상자가 나타나면 [매크로 이름]에 '적용해제'를 입력한 후 [매크로 위치]에서 '현재 통합 문서'를 선택하고 [기록] 단추를 클릭합니다.
④ [매크로 기록] 대화상자가 나타나면 [확인] 단추를 클릭합니다.
⑤ 매크로 기록이 시작되면 [E3:E42] 영역을 선택한 후 Ctrl + 1 을 누릅니다.
⑥ [셀 서식] 대화상자가 나타나면 [표시 형식] 탭-[범주]를 '일반'으로 선택한 후 [확인] 단추를 클릭합니다.

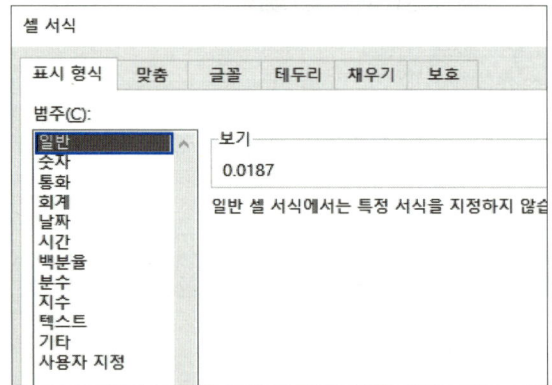

⑦ 임의의 셀을 클릭한 후 매크로 기록을 중지하기 위해 [개발 도구] 탭-[코드] 그룹-[기록 중지]를 클릭합니다.
⑧ '단추' 위에서 마우스 오른쪽 버튼을 눌러 [텍스트 편집] 명령을 클릭합니다.

⑨ 단추의 텍스트를 '적용해제'로 변경하고 임의의 셀을 클릭하여 완료합니다.

03 '기타작업-3' 시트 (프로시저)

1

① [개발 도구] 탭-[컨트롤] 그룹-[디자인 모드]를 클릭하여 <추가> 버튼을 디자인 모드로 변경합니다.
② <추가> 버튼을 더블클릭하여 코드 창이 나타나면 아래와 같이 입력합니다.

```
Private Sub 추가_Click()
    직업별취업자수.Show
End Sub
```

③ 프로젝트 탐색기 창에서 '직업별취업자수' 폼을 더블클릭합니다.
④ '직업별취업자수' 폼이 코드 창에 표시되면 폼의 빈 공간을 더블클릭합니다.
⑤ 폼이 초기화되면 프로시저가 실행되도록 코드 창 우측 상단에 프로시저 목록을 'Initialize'로 변경합니다.
⑥ 코드 창에 'UserForm_Initialize()' 프로시저가 나타나면 아래와 같이 입력합니다.

```
Private Sub UserForm_Initialize()
    opt남자 = True
    lst목록.RowSource = "l5:n17"
    cmb구분.RowSource = "j5:j12"
End Sub
```

2

① 프로젝트 탐색기 창에서 '직업별취업자수' 폼을 더블클릭합니다.
② '직업별취업자수' 폼이 코드 창에 표시되면 'cmd입력'을 더블클릭합니다.
③ 코드 창에 'cmd입력_Click()' 프로시저가 나타나면 아래와 같이 입력합니다.

```
Private Sub cmd입력_Click()
    입력행 = [b3].Row + [b3].CurrentRegion.Rows.Count
    Cells(입력행, 2) = Cells(lst목록.ListIndex + 5, 12)
    Cells(입력행, 3) = Cells(lst목록.ListIndex + 5, 13)
    Cells(입력행, 4) = Cells(lst목록.ListIndex + 5, 14)
    Cells(입력행, 5) = cmb구분

    If opt남자 = True Then
        Cells(입력행, 6) = "남자"
    ElseIf opt여자 = True Then
        Cells(입력행, 6) = "여자"
    End If

    Cells(입력행, 7) = Val(txt취업자수)

    If Cells(입력행, 4) <= 28000 * 1 / 4 Then
        Cells(입력행, 8) = "낮음"
    End If
End Sub
```

3

① 프로젝트 탐색기 창에서 '직업별취업자수' 폼을 더블클릭합니다.
② '직업별취업자수' 폼이 코드 창에 표시되면 'cmd닫기'를 더블클릭합니다.
③ 코드 창에 'cmd닫기_Click()' 프로시저가 나타나면 아래와 같이 입력합니다.

```
Private Sub cmd닫기_Click()
    MsgBox "종료", , Time
    Unload Me
End Sub
```

제5회 최신기출유형

프로그램명	제한시간
EXCEL	45분

수험번호 :

성　명 :

| 1급 | C형 |

유　의　사　항

★ 펜은 꺼내실 수 없으며 시험지는 유출이 불가능합니다.

- 인적 사항 누락 및 잘못 작성으로 인한 불이익은 수험자 책임으로 합니다.
- 화면에 암호 입력창이 나타나면 아래의 암호를 입력하여야 합니다.
  - 암호 :

★ 암호를 입력할 수도 있으니 이렇게 첫 장을 확인하시면 됩니다.

- 작성된 답안은 주어진 경로 및 파일명을 변경하지 마시고 그대로 저장해야 합니다. 이를 준수하지 않으면 실격 처리됩니다.

★ 디스켓 모양을 눌러 저장하시면 됩니다. 예외가 있을 수도 있으니 감독관이 설명할 때 잘 들어주세요. 제한시간(45분) 안에 디스켓 모양을 눌러 저장을 하고 그 이후에는 화면이 바뀌며 [답안 제출]을 하게 됩니다.

- 외부 데이터 위치 : C:\OA\파일명
- 별도의 지시사항이 없는 경우, 다음과 같이 처리 시 실격 처리됩니다.
  - 제시된 시트 및 개체의 순서나 이름을 임의로 변경한 경우
  - 제시된 시트 및 개체를 임의로 추가 또는 삭제한 경우
  - 외부 데이터를 시험 시작 전에 열어 본 경우
- 답안은 반드시 문제에서 지시 또는 요구한 셀에 입력하여야 하며 다음과 같이 처리 시 채점 대상에서 제외됩니다.
  - 수험자가 임의로 지시하지 않은 셀의 이동, 수정, 삭제, 변경 등으로 인해 셀의 위치 및 내용이 변경된 경우 해당 작업에 영향을 미치는 관련문제 모두 채점 대상에서 제외
  - 도형 및 차트의 개체가 중첩되어 있거나 동일한 계산결과 시트가 복수로 존재할 경우 해당 개체나 시트는 채점 대상에서 제외
- 수식 작성 시 제시된 문제 파일의 데이터는 변경 가능한(가변적) 데이터임을 감안하여 문제 풀이를 하시오.
- 별도의 지시사항이 없는 경우, 주어진 각 시트 및 개체의 설정값 또는 기본 설정값(Default)으로 처리하시오.
- 저장 시간은 별도로 주어지지 않으므로 제한된 시간 내에 저장을 완료해야 하며, 제한시간 내에 저장이 되지 않은 경우에는 실격 처리됩니다.
- 출제된 문제의 용어는 Microsoft Office Excel 2021 기준으로 작성되어 있습니다.

국 가 기 술 자 격 검 정

문제 1   기본작업(15점)   주어진 시트에서 다음의 과정을 수행하고 저장하시오.

01 '기본작업-1' 시트에서 다음과 같이 고급 필터를 수행하시오. (5점)
- [B2:I42] 영역에서 '출시일'의 연도가 2018년 이상이고, 할인이벤트시간이 12시 이전인 데이터의 '모델명', '출시일', '차종', '외형' 필드만 순서대로 표시하시오.
- 조건은 [K2:K3] 영역에 알맞게 입력하시오. (AND, YEAR 함수 사용)
- 결과는 [K5] 셀부터 표시하시오.

02 '기본작업-1' 시트에서 다음과 같이 조건부 서식을 설정하시오. (5점)
- [B3:I42] 영역에 대하여 '차량코드'의 끝자리가 "5"로 끝나고 '차종'의 전체 글자 수가 세 글자인 행 전체에 대하여 글꼴 스타일을 '굵게', 글꼴 색을 '표준 색-연한 파랑'으로 적용하시오.
- 단, 규칙 유형은 '수식을 사용하여 서식을 지정할 셀 결정'을 사용하고, 한 개의 규칙으로만 작성하시오.
- AND, LEN, RIGHT 함수 사용

03 '기본작업-1' 시트에서 다음과 같이 페이지 레이아웃을 설정하시오. (5점)
- [B2:I42] 영역을 인쇄 영역으로 설정하고 2행이 매 페이지마다 반복하여 인쇄되도록 인쇄 제목을 설정하시오.
- 인쇄 용지가 가로로 인쇄되도록 용지 방향을 설정하고 페이지의 가로 가운데에 인쇄되도록 페이지 가운데 맞춤을 설정하시오.
- 페이지의 상단 가운데에 시트 이름이 표시되고, 페이지의 하단 가운데에 페이지 번호가 표시되도록 머리글과 바닥글을 설정하시오.

문제 2   계산작업(30점)   '계산작업' 시트에서 다음의 과정을 수행하고 저장하시오.

01 [표1]의 차량코드를 이용하여 [E4:E43] 영역에 제조구분별 누적개수를 계산하여 표시하시오. (6점)
- 제조구분은 차량코드의 첫 글자가 "A"이면 "국내", "B"이면 "수입"
- 표시 예 : 수입(1), 국내(1), 수입(2)
- COUNTIF, IF, LEFT 함수와 & 연산자 사용

02 사용자 정의 함수 'fn수수료'를 작성하여 [표1]의 [L4:L43] 영역에 수수료를 계산하여 표시하시오. (6점)
- 'fn수수료'는 구매가격, 결제방법, 할부기간을 인수로 받아 수수료를 계산하는 함수이다.
- 수수료는 결제방법이 "할부"이면 '구매가격 × 18% / 할부기간', "현금"이면 0, 그 외에는 '구매가격 × 5%'로 계산하시오.
- If ~ Else 문 사용

```
Public Function fn수수료(구매가격, 결제방법, 할부기간)
End Function
```

03 [표1]의 차종, 구매가격과 [표2]를 이용하여 [M4:M43] 영역에 사은품증정을 표시하시오. (6점)
- HLOOKUP, MATCH 함수 사용

04 [표1]의 차종과 구분을 이용하여 [P13:Q17] 영역에 차종별 구분별 판매 빈도를 계산하여 표시하시오. (6점)
- 빈도수만큼 "★" 표시
- SUM, IF, REPT 함수를 이용한 배열 수식 사용

05 [표1]의 구매일과 차종을 이용하여 [표4]의 [P21:R25] 영역에 차종별 월별 구매한 차량대수를 계산하여 표시하시오. (6점)

▶ [표시 예 : 1대]
▶ COUNT, IF, MONTH 함수와 & 연산자를 이용한 배열 수식 사용

문제 3 분석작업(20점) 주어진 시트에서 다음의 과정을 수행하고 저장하시오.

01 '분석작업-1' 시트에서 다음의 지시사항에 따라 [표1]을 이용하여 피벗 테이블 보고서를 작성하시오. (10점)

▶ 피벗 테이블 보고서의 레이아웃과 위치는 <그림>을 참조하여 설정하고, 보고서 레이아웃을 개요 형식으로 표시하시오.
▶ '구매일'은 <그림>과 같이 그룹을 설정하고, 열의 총합계만 표시하시오.
▶ '할부기간' 필드의 표시 형식은 값 필드 설정의 셀 서식에서 '숫자' 범주를 이용, '구매가격' 필드의 표시 형식은 값 필드 설정의 셀 서식에서 '회계' 범주를 이용하여 <그림>과 같이 지정하시오.

	J	K	L	M	N	O
1						
2						
3						
4		구분		값		
5		기본트림			최상위트림	
6	구매일	합계 : 할부기간	평균 : 구매가격	합계 : 할부기간	평균 : 구매가격	
7	3월	84	₩ 40,420,000	252	₩ 48,872,000	
8	4월	132	₩ 31,496,667	96	₩ 47,085,000	
9	5월	48	₩ 23,640,000	108	₩ 42,443,333	
10	6월	168	₩ 49,453,333	192	₩ 33,894,000	
11	7월			180	₩ 43,262,000	
12	8월	156	₩ 37,665,000	192	₩ 39,032,500	
13	9월	36	₩ 31,600,000	120	₩ 41,930,000	
14	총합계	624	₩ 37,827,857	1140	₩ 41,985,769	

※ 작업이 완성된 그림이며 부분점수 없음

---

02 '분석작업-2' 시트에 대하여 다음의 지시사항을 처리하시오. (10점)

▶ [I3:I42] 영역에는 데이터 유효성 검사 도구를 이용하여 0부터 60까지의 정수만 입력되도록 제한 대상을 설정하시오.
▶ [I3:I42] 영역의 셀을 클릭한 경우 <그림>과 같은 설명 메시지를 표시하고, 유효하지 않은 데이터를 입력한 경우 <그림>과 같은 오류 메시지가 표시되도록 설정하시오.

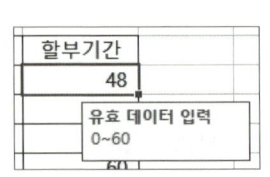
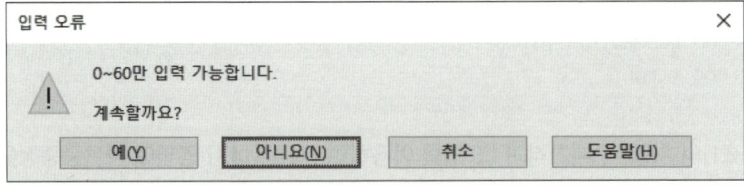

▶ 자동 필터를 이용하여 '차종'이 "준중형" 또는 "준대형"인 데이터 행만 표시되도록 설정하시오.

문제 4 기타작업(35점)   주어진 시트에서 다음의 과정을 수행하고 저장하시오.

01 '기타작업-1' 시트에서 다음의 지시사항에 따라 차트를 수정하시오. (각 2점)

※ 차트는 반드시 문제에서 제공한 차트를 사용하여야 하며, 신규로 차트 작성 시 0점 처리됨

① '기본트림' 계열에 <그림>과 같이 데이터 레이블을 추가하고 위치를 지정하시오.
② 차트 영역의 테두리 스타일을 '둥근 모서리'로 지정하고, 도형 스타일을 '미세 효과 – 회색, 강조 3'으로 설정하시오.
③ 차트 제목은 '차트 위', 세로 축 제목은 '세로 제목', 가로 축 제목은 '축 아래 제목'으로 표시한 후 [B1], [E2], [B2] 셀에 연결하여 표시하시오.
④ 최대값, 최소값, 주 단위를 <그림>과 같이 지정하시오.
⑤ '최상위트림' 계열의 차트 종류를 '묶은 세로 막대형' 차트로 변경하시오.

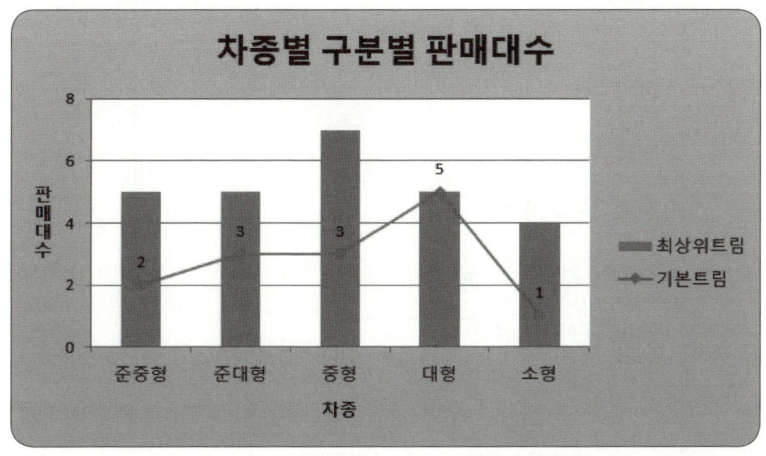

02 '기타작업-2' 시트에서 다음과 같은 기능을 수행하는 매크로를 현재 통합문서에 작성하시오. (각 5점)

① [F3:F42] 영역에 대하여 사용자 지정 표시 형식을 설정하는 '구매가격서식' 매크로를 생성하시오.
  ▶ 셀 값이 100,000,000 이상인 경우 빨강색으로 그 외에는 파랑색으로 표시하고, 천 단위 구분 기호를 표시(단, 0일 경우 0을 표시)
  ▶ [개발 도구]-[삽입]-[양식 컨트롤]의 '단추'를 동일 시트의 [J2:K3] 영역에 생성한 후 텍스트를 '구매가격서식'으로 입력하고, 단추를 클릭하면 '구매가격서식' 매크로가 실행되도록 설정하시오.
② [H3:H42] 영역에 대하여 '그라데이션 채우기'의 '주황 데이터 막대' 조건부 서식을 적용하는 '할부기간서식' 매크로를 생성하시오.
  ▶ [개발 도구]-[삽입]-[양식 컨트롤]의 '단추'를 동일 시트의 [J5:K6] 영역에 생성한 후 텍스트를 '할부기간서식'으로 입력하고, 단추를 클릭하면 '할부기간서식' 매크로가 실행되도록 설정하시오.

※ 셀 포인터의 위치에 관계없이 매크로가 실행되어야 정답으로 인정됨

03 '기타작업-3' 시트에서 다음과 같은 작업을 수행하도록 프로시저를 작성하시오. (각 5점)

① '구매' 단추를 클릭하면 <구매등록> 폼이 나타나도록 설정하고, 폼이 초기화(Initialize)되면 '모델(cmb모델)' 목록에는 [I6:J12] 영역의 값이 표시되도록 프로시저를 작성하시오.
② <구매등록> 폼의 '등록(cmd등록)' 단추를 클릭하면 폼에 입력된 데이터가 [표1]에 입력되어 있는 마지막 행 다음에 연속하여 추가되도록 프로시저를 작성하시오.

▶ 모델명과 정가는 '모델(cmb모델)'에서 선택한 값이 각각 표시
▶ 구매가는 정가의 3%를 할인하여 계산하되, 카드는 5%를 할인하여 계산
▶ 이벤트적용여부는 '구매시간(txt구매시간)'이 17시 이상이면 "이벤트적용", 그렇지 않으면 공백으로 표시 (If 문과 Hour 함수 사용)

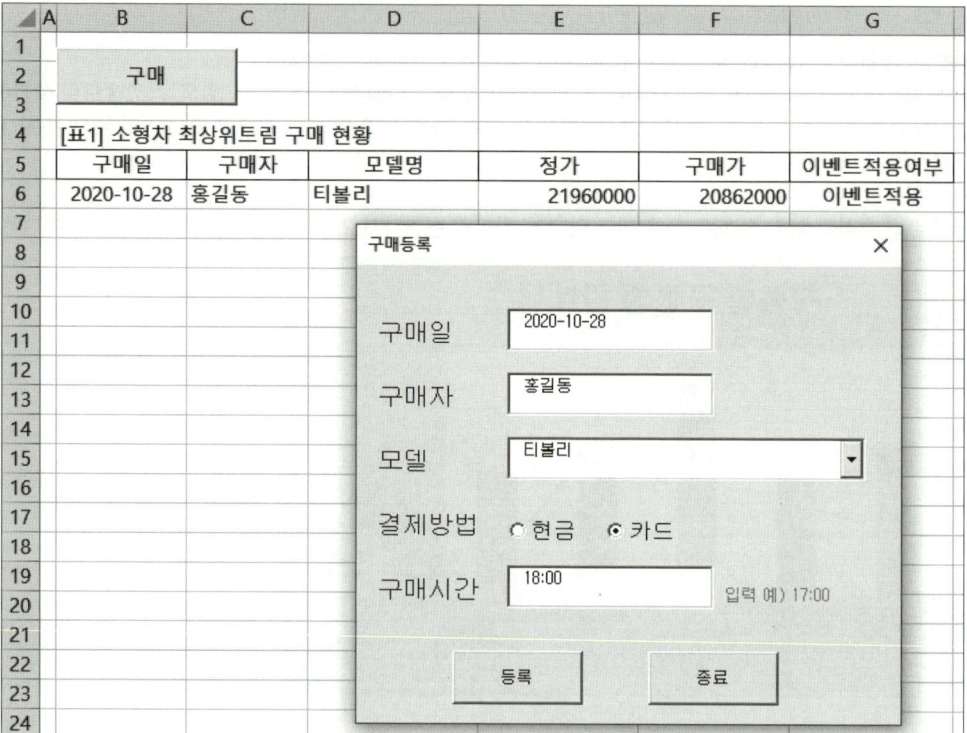

③ '종료(cmd종료)' 단추를 클릭하면 <그림>과 같은 메시지 박스를 표시한 후 폼을 종료하는 프로시저를 작성하시오.
  ▶ 현재 날짜와 시간 표시

정답 및 해설

문제 1 기본작업

'보안 경고'가 표시되면 '콘텐츠 사용'을 클릭하세요.

01 '기본작업-1' 시트 (고급 필터)

▶ 결과

	J	K	L	M	N
2		조건			
3		TRUE			
4					
5		모델명	출시일	차종	외형
6		K3	2018/2/27	준중형	세단
7		스포티지	2018/7/1	중형	SUV
8		말리부	2018/11/9	중형	세단
9		Tiguan	2018/4/10	중형	SUV
10		XC40	2018/6/13	중형	SUV
11		Arteon	2018/12/7	중형	SUV

① [K2] 셀에 원본 데이터([B2:I42])의 필드명과 다른 필드명을 입력합니다.
② [K3] 셀을 클릭하고 '=AND(YEAR(F3)>=2018, I3<=0.5)'를 입력한 후 Enter 를 누릅니다.
③ 수식의 결과가 TRUE 또는 FALSE인 것을 확인한 후 결과에 특정한 필드를 추출하기 위해 [K5] 셀에 '모델명', [L5] 셀에 '출시일', [M5] 셀에 '차종', [N5] 셀에 '외형'을 입력합니다.
④ 목록 범위([B2:I42]) 영역의 임의의 셀을 클릭한 후 [데이터] 탭-[정렬 및 필터] 그룹-[고급]을 클릭합니다.
⑤ [고급 필터] 대화상자가 나타나면 아래와 같이 지정한 후 [확인] 단추를 클릭합니다.

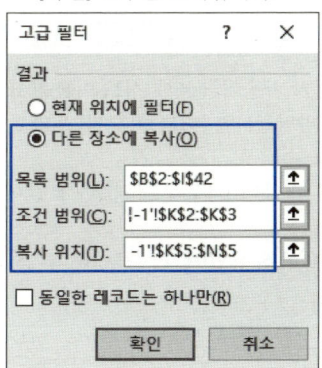

02 '기본작업-1' 시트 (조건부 서식)

▶ 결과

① 서식을 지정해줄 [B3:I42] 영역을 드래그하여 선택한 후 [홈] 탭-[스타일] 그룹-[조건부 서식]-[새 규칙]을 클릭합니다.
② [새 서식 규칙] 대화상자가 나타나면 [수식을 사용하여 서식을 지정할 셀 결정]을 클릭하고 아래 수식 입력란에 커서를 이동합니다.
③ 이어서 '=AND(RIGHT($C3,1)="5", LEN($G3)=3)'을 입력하고 [서식] 단추를 클릭합니다.
④ [셀 서식] 대화상자가 나타나면 [글꼴] 탭에서 [글꼴 스타일]은 '굵게', [색]은 '연한 파랑'으로 선택하고 [확인] 단추를 클릭합니다.
⑤ [새 서식 규칙] 대화상자가 나타나면 [확인] 단추를 클릭합니다.

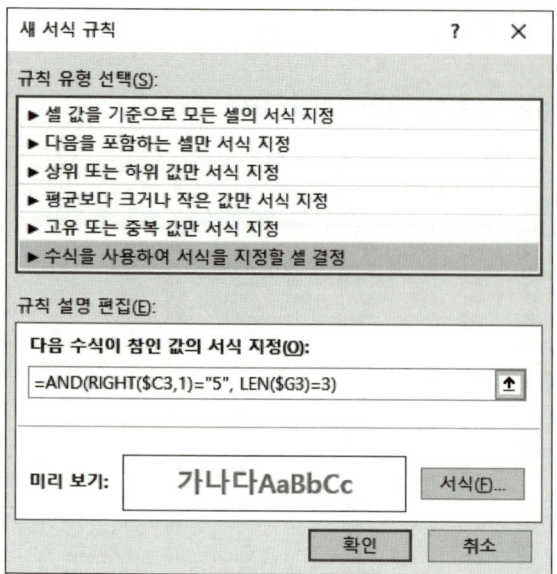

03 '기본작업-1' 시트 (페이지 레이아웃)

① 페이지 레이아웃을 설정하기 위해 [페이지 레이아웃] 탭-[페이지 설정] 그룹-[페이지 설정]( )을 클릭합니다.
② [페이지 설정] 대화상자가 나타나면 [시트] 탭-[인쇄 영역] 란에 [B2:I42] 영역을 지정하고 [인쇄 제목]-[반복할 행] 란에 2행을 지정합니다.

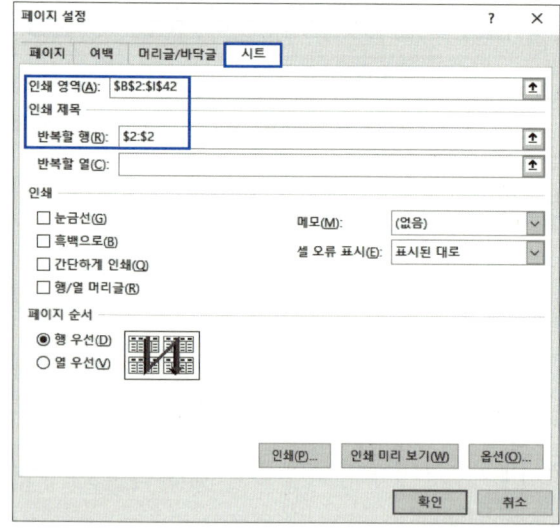

③ 이어서 인쇄 용지가 가로로 인쇄되도록 [페이지] 탭-[용지 방향]을 '가로'로 선택합니다.

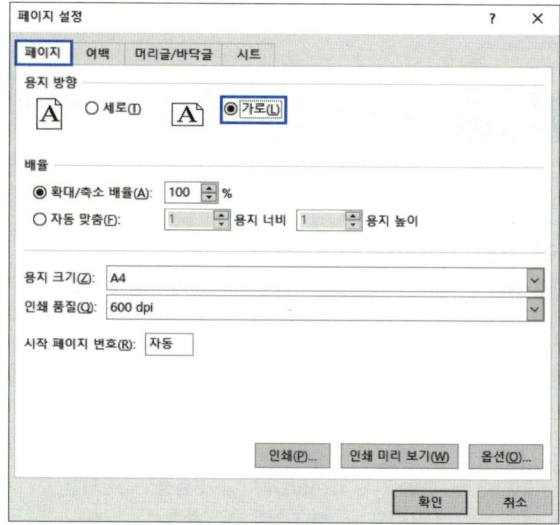

④ 이어서 인쇄될 내용이 페이지의 가로 가운데에 인쇄되도록 [여백] 탭-[페이지 가운데 맞춤]의 '가로' 확인란을 선택합니다.

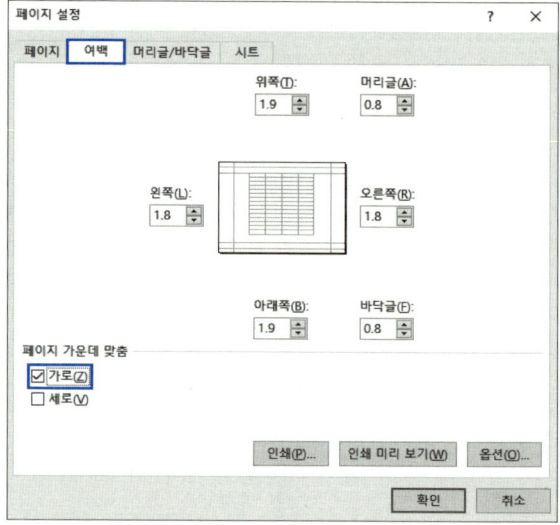

⑤ 이어서 매 페이지 상단의 가운데 구역에 시트 이름을 표시하기 위해 [머리글/바닥글] 탭-[머리글 편집] 단추를 클릭합니다.
⑥ [머리글] 대화상자가 나타나면 [가운데 구역] 란에 클릭합니다.
⑦ 커서가 나타나면 [시트 이름 삽입]( )을 클릭한 후 [확인] 단추를 클릭합니다.

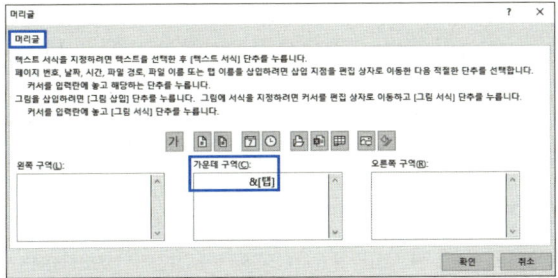

⑧ 이어서 매 페이지 하단의 가운데 구역에 페이지 번호를 표시하기 위해 [머리글/바닥글] 탭-[바닥글 편집] 단추를 클릭합니다.

⑨ [바닥글] 대화상자가 나타나면 [가운데 구역] 란에 클릭합니다.
⑩ 커서가 나타나면 [페이지 번호 삽입](🔢) 클릭한 후 [확인] 단추를 두 번 클릭하여 대화상자를 모두 닫습니다.

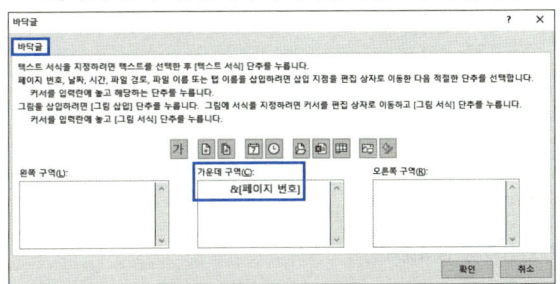

문제 2 계산작업

▶ 결과

	A	B	C	D	E	F	G	H	I	J	K	L	M	N	O	P	Q	R
1																		
2		[표1]													[표2]			
3		구매일	구매자	차량코드	제조구분	모델명	차종	구분	구매가격	결제방법	할부기간	수수료	사은품증정		차종	10,000,000	20,000,001	50,000,001
4		2021-03-01	홍유미	B031	수입(1)	Jetta	준중형	최상위트림	29,520,000	할부	48	110,700	사은품 ⑥			20,000,000	50,000,000	
5		2021-03-01	김혜영	B032	수입(2)	E-Class	준대형	최상위트림	119,400,000	할부	36	597,000	사은품 ⑥		준중형	없음	사은품 ⑥	사은품 ⑪
6		2021-03-02	안준영	A023	국내(1)	K5	중형	최상위트림	33,650,000	할부	48	126,188	사은품 ⑥		준대형	없음	사은품 ⑦	사은품 ⑬
7		2021-03-04	박유정	A022	국내(2)	아반떼	준중형	최상위트림	28,140,000	할부	60	84,420	사은품 ⑥		중형	없음	사은품 ⑧	사은품 ⑬
8		2021-03-07	윤미경	B038	수입(3)	Model 3	준중형	최상위트림	53,690,000	할부	36	268,450	사은품 ⑪		대형	없음	사은품 ⑨	사은품 ⑭
9		2021-03-20	장서영	B031	수입(4)	Jetta	준중형	기본트림	27,150,000	할부	48	101,813	사은품 ⑥		소형	사은품 ⑤	사은품 ⑩	없음
10		2021-03-28	박경화	A023	국내(3)	K5	중형	최상위트림	33,650,000	할부	60	100,950	사은품 ⑥					
11		2021-04-08	김정현	A024	국내(4)	그랜저	준대형	기본트림	27,250,000	할부	48	136,250	사은품 ⑦		[표3]			
12		2021-04-10	이민지	A002	국내(5)	렉스턴	대형	최상위트림	49,500,000	할부	48	185,625	사은품 ⑨		차종	기본트림	최상위트림	
13		2021-04-14	강혜정	A003	국내(6)	쏘렌토	중형	기본트림	30,240,000	할부	60	90,720	사은품 ⑥		준중형	★★	★★★★★	
14		2021-04-22	이경진	A002	국내(7)	렉스턴	대형	기본트림	37,000,000	할부	36	185,000	사은품 ⑨		준대형	★★★	★★★★★	
15		2021-04-22	윤소정	A003	국내(8)	쏘렌토	중형	최상위트림	44,670,000	할부	48	167,513	사은품 ⑧		중형	★★★	★★★★★★★	
16		2021-05-05	이희진	A026	국내(9)	제네시스 G80	준대형	최상위트림	62,140,000	할부	12	932,100	사은품 ⑨		대형	★★★★★	★★★★★	
17		2021-05-24	정호정	B031	수입(5)	Jetta	준중형	최상위트림	29,520,000	할부	12	147,600	사은품 ⑥		소형	★	★★★★	
18		2021-05-28	강미희	A029	국내(10)	말리부	중형	기본트림	23,640,000	할부	48	88,650	사은품 ⑥					
19		2021-05-30	강은미	A001	국내(11)	투싼	준중형	최상위트림	35,670,000	할부	60	107,010	사은품 ⑥		[표4]			
20		2021-06-01	황유희	A006	국내(12)	베뉴	소형	최상위트림	21,480,000	할부	12	322,200	사은품 ⑤		차종	5월	6월	7월
21		2021-06-01	이수지	A025	국내(13)	K7	준대형	최상위트림	40,320,000	할부	60	120,960	사은품 ⑦		중형	2대	1대	1대
22		2021-06-02	김민경	A022	국내(14)	아반떼	준중형	최상위트림	28,140,000	할부	36	140,700	사은품 ⑥		대형	0대	2대	1대
23		2021-06-07	최지온	A027	국내(15)	쏘나타	중형	최상위트림	35,990,000	할부	48	134,963	사은품 ⑧		소형	0대	1대	2대
24		2021-06-13	이혜원	A026	국내(16)	제네시스 G80	준대형	기본트림	52,910,000	할부	12	158,730	사은품 ⑬		준중형	1대	1대	1대
25		2021-06-16	신명진	A039	국내(17)	카니발	대형	최상위트림	43,540,000	할부	36	217,700	사은품 ⑨		준대형	1대	3대	0대
26		2021-06-17	이순희	B035	수입(6)	A6	준대형	최상위트림	63,850,000	할부	48	239,438	사은품 ⑫					
27		2021-06-24	임두현	A039	국내(18)	카니발	대형	기본트림	31,600,000	할부	60	94,800	사은품 ⑨					
28		2021-07-04	이진병	B018	수입(7)	X3	중형	최상위트림	89,100,000	할부	36	445,500	사은품 ⑪					
29		2021-07-09	최승규	A006	국내(19)	베뉴	소형	최상위트림	21,480,000	카드	일시불	1,074,000	사은품 ⑤					
30		2021-07-15	곽상우	A022	국내(20)	아반떼	준중형	최상위트림	28,140,000	할부	60	84,420	사은품 ⑥					
31		2021-07-21	이병욱	A012	국내(21)	티볼리	소형	최상위트림	21,960,000	할부	60	109,800	사은품 ⑤					
32		2021-07-31	방성욱	A005	국내(22)	팰리세이드	대형	최상위트림	55,630,000	할부	48	208,613	사은품 ⑭					
33		2021-08-04	김형준	A002	국내(23)	렉스턴	대형	기본트림	37,000,000	할부	60	111,000	사은품 ⑨					
34		2021-08-05	신행수	A005	국내(24)	팰리세이드	대형	기본트림	35,730,000	할부	60	178,650	사은품 ⑨					
35		2021-08-10	박규현	A005	국내(25)	팰리세이드	대형	최상위트림	55,630,000	할부	48	208,613	사은품 ⑭					
36		2021-08-11	이흥근	A012	국내(26)	티볼리	소형	최상위트림	21,960,000	할부	60	65,880	사은품 ⑤					
37		2021-08-13	김형우	A024	국내(27)	그랜저	준대형	최상위트림	44,890,000	할부	36	224,450	사은품 ⑦					
38		2021-08-15	김상훈	A023	국내(28)	K5	중형	최상위트림	33,650,000	할부	48	126,188	사은품 ⑥					
39		2021-08-21	이지훈	B018	수입(8)	X3	중형	기본트림	63,200,000	할부	60	189,600						
40		2021-08-30	박한결	A006	국내(29)	베뉴	소형	기본트림	14,730,000	현금	일시불		사은품 ⑤					
41		2021-09-04	구한석	A039	국내(30)	카니발	대형	최상위트림	43,540,000	할부	60	130,620	사은품 ⑨					
42		2021-09-05	강세진	A039	국내(31)	카니발	대형	기본트림	31,600,000	할부	36	158,000	사은품 ⑨					
43		2021-09-09	황찬수	A025	국내(32)	K7	준대형	최상위트림	40,320,000	할부	60	120,960	사은품 ⑦					

01 제조구분 (E4:E43)

=IF(LEFT(D4,1)="A","국내(" & COUNTIF($D$4:D4,"A*") & ")","수입(" & COUNTIF($D$4:D4,"B*") & ")")

① [E4] 셀을 선택하고 '=IF(LEFT(D4,1)="A","국내(" & COUNTIF($D$4:D4,"A*") & ")","수입(" & COUNTIF($D$4:D4,"B*") & ")")' 수식을 작성한 후 Enter 를 누릅니다.
② [E4] 셀의 채우기 핸들을 [E43] 셀까지 드래그하여 수식을 복사합니다.

02 수수료 (L4:L43)

① Alt + F11 을 누릅니다.
② Visual Basic Editor가 나타나면 [삽입] 메뉴-[모듈]을 클릭합니다.
③ 프로젝트 탐색기 창에 모듈이 생성되면 아래와 같이 입력합니다.

```
Public Function fn수수료(구매가격, 결제방법, 할부기간)
    If 결제방법 = "할부" Then
        fn수수료 = 구매가격 * 0.18 / 할부기간
    ElseIf 결제방법 = "현금" Then
        fn수수료 = 0
    Else
        fn수수료 = 구매가격 * 0.05
    End If
End Function
```

※ 코드는 작성하는 방법이 다양하여 문제에 제시된 사항을 지켜 결과가 같다면 정답 처리됩니다.

④ Visual Basic Editor의 [닫기](X) 단추를 클릭합니다.
⑤ [L4] 셀을 선택한 후 [함수 삽입](fx)을 클릭합니다.
⑥ [함수 마법사] 대화상자가 나타나면 [범주 선택]을 '사용자 정의'로 선택하고 [함수 선택] 목록에서 'fn수수료'를 선택한 후 [확인] 단추를 클릭합니다.
⑦ [함수 인수] 대화상자가 나타나면 [구매가격]에 I4 셀을 클릭, [결제방법]에 J4 셀을 클릭, [할부기간]에 K4 셀을 클릭하고 [확인] 단추를 클릭합니다.

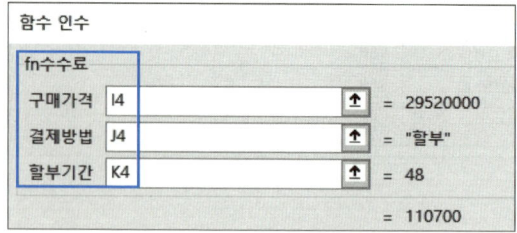

⑧ [L4] 셀의 채우기 핸들을 [L43] 셀까지 드래그하여 수식을 복사합니다.

03 사은품증정 (M4:M43)

=HLOOKUP(I4,$P$3:$R$9,MATCH(G4,$O$5:$O$9,0)+2,TRUE)

① [M4] 셀을 선택하고 '=HLOOKUP(I4,$P$3:$R$9,MATCH(G4,$O$5:$O$9,0)+2,TRUE)' 수식을 작성한 후 Enter 를 누릅니다.
② [M4] 셀의 채우기 핸들을 [M43] 셀까지 드래그하여 수식을 복사합니다.

04 차종별 구분별 판매 빈도 (P13:Q17)

=REPT("★", SUM(IF(($G$4:$G$43=$O13)*($H$4:$H$43=P$12), 1)))

① [P13] 셀을 선택하고 '=REPT("★", SUM(IF(($G$4:$G$43=$O13)*($H$4:$H$43=P$12), 1)))' 수식을 작성한 후 Ctrl + Shift + Enter 를 누릅니다.
② [P13] 셀의 채우기 핸들을 [P17] 셀까지 드래그하여 수식을 복사하고, 이어서 [P17] 셀의 채우기 핸들을 [Q17] 셀까지 드래그하여 수식을 복사합니다.

05 차종별 월별 구매한 차량대수 (P21:R25)

=COUNT(IF(($G$4:$G$43=$O21)*(MONTH($B$4:$B$43)=P$20), 1)) & "대"

① [P21] 셀을 선택하고 '=COUNT(IF(($G$4:$G$43=$O21)*(MONTH($B$4:$B$43)=P$20), 1)) & "대"' 수식을 작성한 후 Ctrl + Shift + Enter 를 누릅니다.
② [P21] 셀의 채우기 핸들을 [P25] 셀까지 드래그하여 수식을 복사하고, 이어서 [P25] 셀의 채우기 핸들을 [R25] 셀까지 드래그하여 수식을 복사합니다.

문제 3 분석작업

01 '분석작업-1' 시트 (피벗 테이블)

① [B2:I42] 영역의 임의의 셀을 클릭한 후 [삽입] 탭-[표] 그룹-[피벗 테이블]-[테이블/범위에서]를 클릭합니다.
② [표 또는 범위의 피벗 테이블] 대화상자가 나타나면 '표/범위'에 입력된 [B2:I42] 영역을 확인한 후 피벗 테이블을 배치할 위치에 '기존 워크시트'의 [K4] 셀을 클릭하고 [확인] 단추를 클릭합니다.

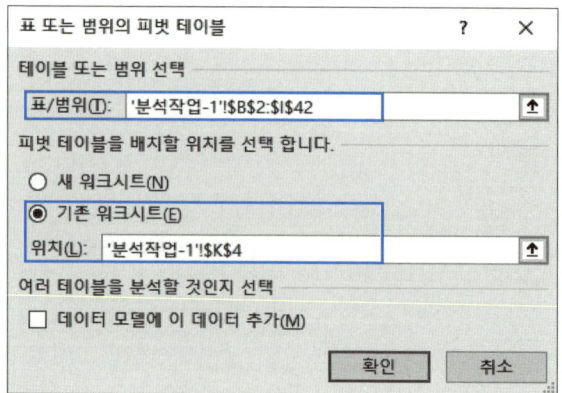

③ '구매일'을 [행] 영역으로 드래그, '구분'을 [열] 영역으로 드래그, '할부기간'을 [값] 영역으로 드래그, '구매가격'을 할부기간 밑에 [값] 영역으로 드래그합니다.
④ '할부기간'을 합계로 변경하기 위해 [피벗 테이블 필드] 작업창의 [값] 영역에서 '개수 : 할부기간'을 클릭한 후 [값 필드 설정]을 선택합니다.
⑤ [값 필드 설정] 대화상자가 나타나면 [값 요약 기준] 탭에서 '합계'를 선택하고 [확인] 단추를 클릭합니다.
⑥ '합계 : 할부기간'으로 변경되면 '구매가격'도 같은 방법으로 '평균 : 구매가격'으로 변경합니다.

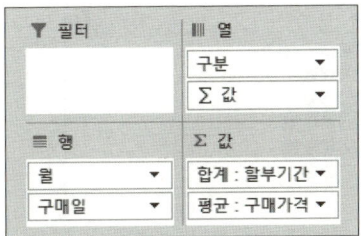

⑦ 보고서 레이아웃을 변경하기 위해 [디자인] 탭-[레이아웃] 그룹-[보고서 레이아웃]-[개요 형식으로 표시]를 클릭합니다.
⑧ 구매일을 월 단위로만 그룹으로 지정하기 위해 월이 표시되어 있는 임의의 셀을 선택하고 선택한 셀 위에서 마우스 오른쪽 버튼을 눌러 [그룹] 명령을 클릭합니다.
⑨ [단위]에 선택되어 있는 '일'을 클릭하여 선택을 해제하고 '월'만 선택되어 있는 상태에서 [확인] 단추를 클릭합니다.

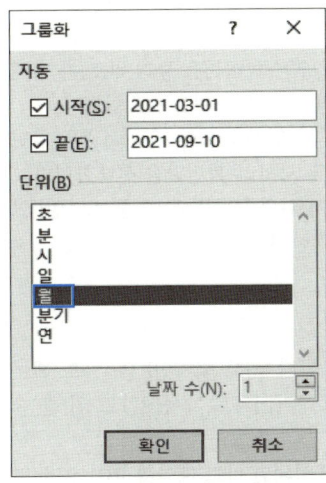

⑩ 열의 총합계만 표시하기 위해 [디자인] 탭-[레이아웃] 그룹-[총합계]-[열의 총합계만 설정]을 클릭합니다.
⑪ 값의 표시 형식을 변경하기 위해 [피벗 테이블 필드] 작업창의 [값] 영역에서 '합계 : 할부기간'을 클릭한 후 [값 필드 설정]을 선택합니다.
⑫ [값 필드 설정] 대화상자가 나타나면 [표시 형식] 단추를 클릭합니다.

⑬ [셀 서식] 대화상자가 나타나면 [범주]에 '숫자'를 선택하고 [확인] 단추를 두 번 클릭하여 대화상자를 모두 닫습니다.
⑭ 구매가격의 표시 형식을 변경하기 위해 [피벗 테이블 필드] 작업창의 [값] 영역에서 '평균 : 구매가격'을 클릭한 후 [값 필드 설정]을 선택합니다.
⑮ [값 필드 설정] 대화상자가 나타나면 [표시 형식] 단추를 클릭합니다.
⑯ [셀 서식] 대화상자가 나타나면 [범주]에 '회계'를 선택하고 [확인] 단추를 두 번 클릭하여 대화상자를 모두 닫습니다.

02 '분석작업-2' 시트 (데이터 유효성 검사, 자동 필터)

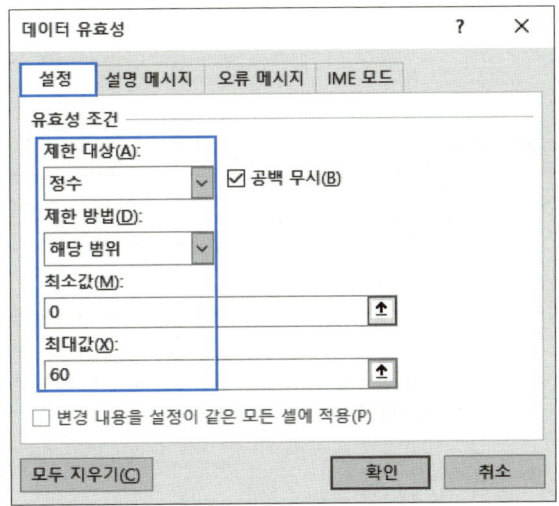

① [I3:I42] 영역을 선택한 후 [데이터] 탭-[데이터 도구] 그룹-[데이터 유효성 검사]를 클릭합니다.
② [데이터 유효성] 대화상자가 나타나면 [설정] 탭의 [제한 대상]을 '정수'로 선택한 후 [제한 방법]을 '해당 범위'로 선택, [최소값] 입력란에 '0'을 입력, [최대값] 입력란에 '60'을 입력합니다.
③ 이어서 셀을 선택하면 설명 메시지가 표시되도록 [설명 메시지] 탭의 [제목] 입력란에 '유효 데이터 입력'을 입력, [설명 메시지] 입력란에 '0~60'을 입력합니다.

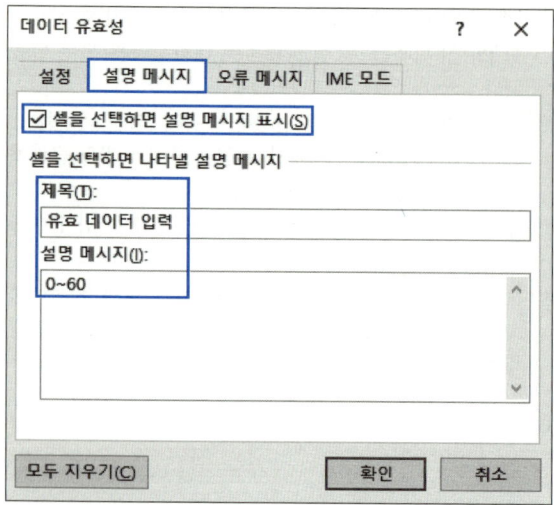

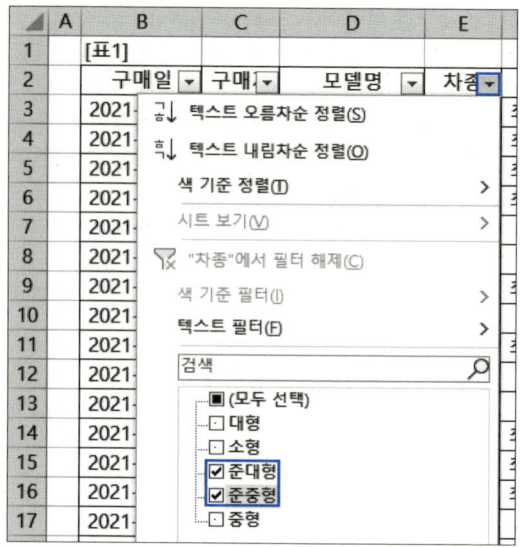

④ 이어서 유효하지 않은 데이터를 입력하면 오류 메시지가 표시되도록 [오류 메시지] 탭의 [스타일]을 '경고'로 선택, [제목] 입력란에 '입력 오류'를 입력, [오류 메시지] 입력란에 '0~60만 입력 가능합니다.'를 입력한 후 [확인] 단추를 클릭합니다.

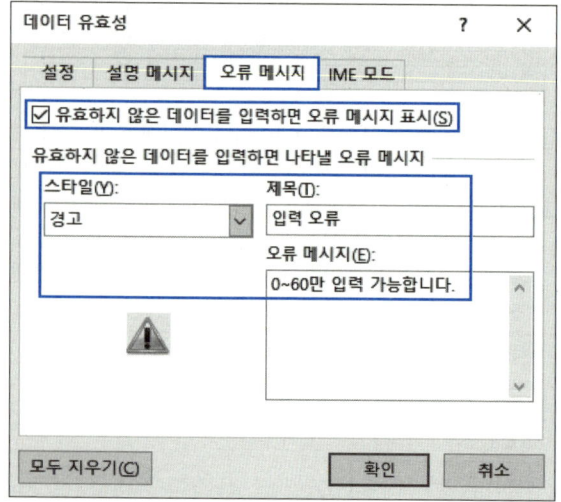

⑤ 자동 필터를 이용하기 위해 목록 범위인 [B2:I42] 영역의 임의의 셀을 클릭한 후 [데이터] 탭-[정렬 및 필터] 그룹-[필터]를 클릭합니다.
⑥ 각 필드명의 오른쪽에 '필터 목록 단추'(▼)가 나타나면 '차종' 필드의 '필터 목록 단추'(▼)를 클릭하여 '(모두 선택)' 확인란의 선택을 취소하고 '준중형', '준대형' 확인란을 선택한 후 [확인] 단추를 클릭합니다.

문제 4   기타작업

01 '기타작업-1' 시트 (차트)

1

① '기본트림' 계열을 클릭하여 선택한 후 [차트 디자인] 탭-[차트 레이아웃] 그룹-[차트 요소 추가]-[데이터 레이블]-[위쪽]을 클릭합니다.

2

① '차트 영역'에서 마우스 오른쪽 버튼을 눌러 바로 가기 메뉴가 나타나면 [차트 영역 서식] 명령을 클릭합니다.
② [차트 영역 서식] 창이 나타나면 [차트 옵션]-[채우기 및 선](◇)-[테두리]의 '둥근 모서리' 확인란을 선택합니다.
③ 도형 스타일을 변경하기 위해 [서식] 탭-[도형 스타일] 그룹- [자세히](▼)를 클릭한 후 [미세 효과 - 회색, 강조 3]을 선택합니다.

3

① 차트 제목을 표시하기 위해 [차트 디자인] 탭-[차트 레이아웃] 그룹-[차트 요소 추가]-[차트 제목]-[차트 위]를 클릭합니다.
② '차트 제목'이 차트에 표시되면 차트 제목과 [B1] 셀을 연결시키기 위해 [수식 입력줄]에 '='을 입력한 후 [B1] 셀을 클릭합니다.
③ [수식 입력줄]에 '='기타작업-1'!$B$1'가 나타나면 Enter 를 누릅니다.
④ 세로 (값) 축 제목을 표시하기 위해 [차트 디자인] 탭-[차트 레이아웃] 그룹-[차트 요소 추가]-[축 제목]-[기본 세로]를 클릭합니다.
⑤ '축 제목'이 차트에 표시되면 [수식 입력줄]을 클릭하고 '='을 입력한 후 [E2] 셀을 클릭하고 Enter 를 누릅니다.

⑥ '판매대수'가 차트에 표시되면 텍스트 방향이 세로로 표시되도록 '세로 (값) 축 제목'에서 마우스 오른쪽 버튼을 눌러 바로 가기 메뉴가 나타나면 [축 제목 서식] 명령을 클릭합니다.

⑦ [축 제목 서식] 창이 나타나면 [텍스트 옵션]-[텍스트 상자](▣)-[텍스트 상자]의 [텍스트 방향]을 '세로'로 선택하고 [닫기](✕) 단추를 클릭합니다.

⑧ 가로 (항목) 축 제목을 표시하기 위해 [차트 디자인] 탭-[차트 레이아웃] 그룹-[차트 요소 추가]-[축 제목]-[기본 가로]를 클릭합니다.

⑨ '축 제목'이 차트에 표시되면 [수식 입력줄]을 클릭하고 '='을 입력한 후 [B2] 셀을 클릭하고 Enter 를 누릅니다.

4

① '세로 (값) 축'에서 마우스 오른쪽 버튼을 눌러 바로 가기 메뉴가 나타나면 [축 서식] 명령을 클릭합니다.

② [축 서식] 창이 나타나면 [축 옵션]-[축 옵션](▮▮)-[축 옵션]의 [최소값] 입력란에 '0', [최대값] 입력란에 '8', [기본 단위] 입력란에 '2'를 입력하고 [닫기](✕) 단추를 클릭합니다.

5

① '최상위트림' 계열에서 마우스 오른쪽 버튼을 눌러 바로 가기 메뉴가 나타나면 [계열 차트 종류 변경] 명령을 클릭합니다.

② [차트 종류 변경] 대화상자가 나타나면 '최상위트림' 계열의 [차트 종류] 목록 단추(▼)를 클릭해 [세로 막대형] 범주의 '묶은 세로 막대형'을 선택합니다.

③ [미리 보기]에 최상위트림 계열의 차트 종류가 변경된 것을 확인한 후 [확인] 단추를 클릭합니다.

02 '기타작업-2' 시트 (매크로)

▶ 결과

	F	G	H	I	J	K
1						
2	구매가격	결제방법	할부기간			
3	트림 29,520,000	할부	48		구매가격서식	
4	트림 119,400,000	할부	36			
5	트림 33,650,000	할부	48			
6	트림 28,140,000	할부	60		할부기간서식	
7	트림 53,690,000	할부	36			
8	트림 27,150,000	할부	48			
9	트림 33,650,000	할부	60			
10	트림 27,250,000	할부	36			
11	트림 49,500,000	할부	48			
12	트림 30,240,000	할부	60			
		중간생략				
33	트림 35,730,000	할부	36			
34	트림 55,630,000	할부	48			
35	트림 21,960,000	할부	60			
36	트림 44,890,000	할부	36			
37	트림 33,650,000	할부	48			
38	트림 63,200,000	할부	60			
39	트림 14,730,000	현금	-			
40	트림 43,540,000	할부	60			
41	트림 31,600,000	할부	36			
42	트림 40,320,000	할부	60			

1

① [개발 도구] 탭-[컨트롤] 그룹-[삽입]-[양식 컨트롤]의 '단추(양식 컨트롤)'을 클릭합니다.

② 이어서 [J2:K3] 영역에 드래그하여 '단추'를 생성합니다.

③ [매크로 지정] 대화상자가 나타나면 [매크로 이름]에 '구매가격서식'을 입력한 후 [매크로 위치]에서 '현재 통합 문서'를 선택하고 [기록] 단추를 클릭합니다.

④ [매크로 기록] 대화상자가 나타나면 [확인] 단추를 클릭합니다.

⑤ 매크로 기록이 시작되면 [F3:F42] 영역을 선택한 후 Ctrl + 1 을 누릅니다.

⑥ [셀 서식] 대화상자가 나타나면 [표시 형식] 탭-[범주]를 '사용자 지정'으로 선택합니다.

⑦ '형식'에 이미 입력되어 있는 내용을 지운 뒤 '[빨강][>=100000000]#,##0;[파랑]#,##0'을 입력하고 [확인] 단추를 클릭합니다.

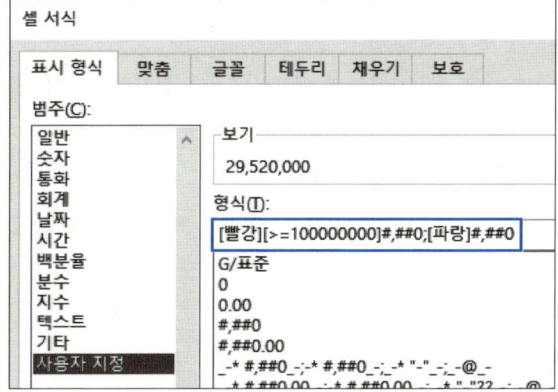

⑧ 임의의 셀을 클릭한 후 매크로 기록을 중지하기 위해 [개발 도구] 탭-[코드] 그룹-[기록 중지]를 클릭합니다.

⑨ '단추' 위에서 마우스 오른쪽 버튼을 눌러 [텍스트 편집] 명령을 클릭합니다.

⑩ 단추의 텍스트를 '구매가격서식'으로 변경하고 임의의 셀을 클릭하여 완료합니다.

2

① [개발 도구] 탭-[컨트롤] 그룹-[삽입]-[양식 컨트롤]의 '단추(양식 컨트롤)'을 클릭합니다.

② 이어서 [J5:K6] 영역에 드래그하여 '단추'를 생성합니다.

③ [매크로 지정] 대화상자가 나타나면 [매크로 이름]에 '할부기간서식'을 입력한 후 [매크로 위치]에서 '현재 통합 문서'를 선택하고 [기록] 단추를 클릭합니다.

④ [매크로 기록] 대화상자가 나타나면 [확인] 단추를 클릭합니다.

⑤ 매크로 기록이 시작되면 [H3:H42] 영역을 선택한 후 [홈] 탭-[스타일] 그룹-[조건부 서식]-[데이터 막대]-[그라데이션 채우기]-[주황 데이터 막대]를 클릭합니다.

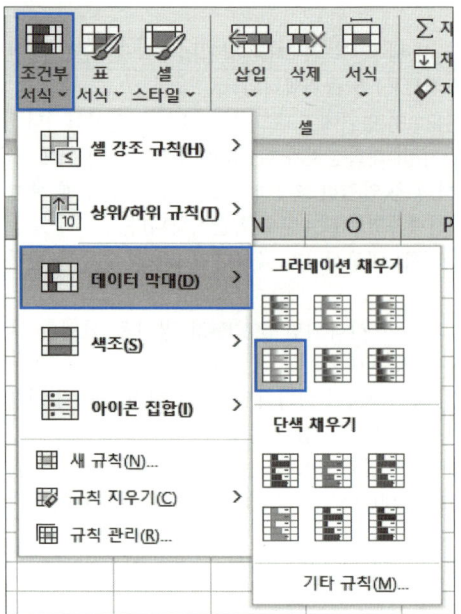

❷
① 프로젝트 탐색기 창에서 '구매등록' 폼을 더블클릭합니다.
② '구매등록' 폼이 코드 창에 표시되면 'cmd등록'을 더블클릭합니다.
③ 코드 창에 'cmd등록_Click()' 프로시저가 나타나면 아래와 같이 입력합니다.

```
Private Sub cmd등록_Click()
    입력행 = [b4].Row + [b4].CurrentRegion.Rows.Count
    Cells(입력행, 2) = txt구매일
    Cells(입력행, 3) = txt구매자
    Cells(입력행, 4) = cmb모델.List(cmb모델.ListIndex, 0)
    Cells(입력행, 5) = cmb모델.List(cmb모델.ListIndex, 1)

    If opt카드 = True Then
        Cells(입력행, 6) = Cells(입력행, 5) * 0.95
    Else
        Cells(입력행, 6) = Cells(입력행, 5) * 0.97
    End If

    If Hour(txt구매시간) >= 17 Then
        Cells(입력행, 7) = "이벤트적용"
    Else
        Cells(입력행, 7) = ""
    End If
End Sub
```

⑥ 임의의 셀을 클릭한 후 매크로 기록을 중지하기 위해 [개발 도구] 탭-[코드] 그룹-[기록 중지]를 클릭합니다.
⑦ '단추' 위에서 마우스 오른쪽 버튼을 눌러 [텍스트 편집] 명령을 클릭합니다.
⑧ 단추의 텍스트를 '할부기간서식'으로 변경하고 임의의 셀을 클릭하여 완료합니다.

03 '기타작업-3' 시트 (프로시저)

❶
① [개발 도구] 탭-[컨트롤] 그룹-[디자인 모드]를 클릭하여 <구매> 버튼을 디자인 모드로 변경합니다.
② <구매> 버튼을 더블클릭하여 코드 창이 나타나면 아래와 같이 입력합니다.

```
Private Sub 구매_Click()
    구매등록.Show
End Sub
```

③ 프로젝트 탐색기 창에서 '구매등록' 폼을 더블클릭합니다.
④ '구매등록' 폼이 코드 창에 표시되면 폼의 빈 공간을 더블클릭합니다.
⑤ 폼이 초기화되면 프로시저가 실행되도록 코드 창 우측 상단에 프로시저 목록을 'Initialize'로 변경합니다.
⑥ 코드 창에 'UserForm_Initialize()' 프로시저가 나타나면 아래와 같이 입력합니다.

```
Private Sub UserForm_Initialize()
    cmb모델.RowSource = "i6:j12"
End Sub
```

❸
① 프로젝트 탐색기 창에서 '구매등록' 폼을 더블클릭합니다.
② '구매등록' 폼이 코드 창에 표시되면 'cmd종료'를 더블클릭합니다.
③ 코드 창에 'cmd종료_Click()' 프로시저가 나타나면 아래와 같이 입력합니다.

```
Private Sub cmd종료_Click()
    MsgBox Now & " 폼을 종료합니다.", , "종료"
    Unload Me
End Sub
```

PART 2

데이터베이스 최신기출유형

- 1회 최신기출유형
- 2회 최신기출유형
- 3회 최신기출유형
- 4회 최신기출유형
- 5회 최신기출유형

제1회 최신기출유형

프로그램명	제한시간	수험번호 :
ACCESS	45분	성 명 :

1급	C형

유 의 사 항

★ 펜은 꺼내실 수 없으며 시험지는 유출이 불가능합니다.

■ 인적 사항 누락 및 잘못 작성으로 인한 불이익은 수험자 책임으로 합니다.

■ 화면에 암호 입력창이 나타나면 아래의 암호를 입력하여야 합니다.
  ● 암호 :

★ 암호를 입력할 수도 있으니 이렇게 첫 장을 확인하시면 됩니다.

■ 작성된 답안은 주어진 경로 및 파일명을 변경하지 마시고 그대로 저장해야 합니다.
  이를 준수하지 않으면 실격 처리됩니다.

★ 디스켓 모양을 눌러 저장하시면 됩니다. 예외가 있을 수도 있으니 감독관이 설명할 때 잘 들어주세요. 제한시간(45분) 안에 디스켓 모양을 눌러 저장을 하고 그 이후에는 화면이 바뀌며 [답안 제출]을 하게 됩니다.

■ 외부 데이터 위치 : C:\DB\파일명

■ 별도의 지시사항이 없는 경우, 다음과 같이 처리 시 실격 처리됩니다.
  ● 제시된 개체의 이름을 임의로 변경한 경우
  ● 제시된 개체의 속성을 임의로 변경한 경우
  ● 제시된 개체를 임의로 추가하거나 삭제한 경우

■ 별도의 지시사항이 없는 경우 기능의 구현은 모듈이나 매크로 등을 이용하며, 예외적인 상황에 대해서는 고려하지 않아도 됩니다.

■ 별도의 지시사항이 없는 경우 주어진 각 개체의 속성은 설정값 또는 기본 설정값(Default)으로 처리하십시오.

■ 제시된 화면은 예시이며 나타난 값은 실제와 다를 수 있습니다.

■ 저장 시간은 별도로 주어지지 않으므로 제한된 시간 내에 저장을 완료해야 합니다.

■ 출제된 문제의 용어는 Microsoft Office Access 2021 기준으로 작성되어 있습니다.

국 가 기 술 자 격 검 정

문제 1   DB 구축(30점)

01   TV 판매내역을 관리하기 위한 데이터베이스를 구축하고자 한다. 다음의 지시사항에 따라 각 테이블을 완성하시오. (각 4점)

① <주문> 테이블이 로드될 때 '구매자' 필드를 기준으로 오름차순 정렬되어 표시되도록 설정하시오.
② <주문> 테이블의 '연락처' 필드는 '010-****-****'와 같은 형식으로 표시하되, "010" 문자열, 8자리 숫자, '-' 2자리가 반드시 입력되도록 입력 마스크를 설정하시오.
    ▶ 숫자 입력 자리에는 0~9까지의 숫자만 입력할 수 있도록 설정할 것
    ▶ 자료 입력 시 화면에는 '*'을 표시하고, '-' 기호도 함께 테이블에 저장되도록 설정할 것
③ <주문> 테이블의 '할부기간' 필드에는 1이나 2나 3만 입력되도록 설정하시오. (In 연산자 사용)
④ <제품> 테이블의 '할인율' 필드의 값이 소수점 없는 백분율로 표시되도록 형식과 소수 자릿수를 설정하시오.
⑤ <제품> 테이블의 '할인율' 필드 뒤에 '비고' 필드를 추가한 후 255자 이상의 데이터가 입력되도록 데이터 형식을 설정하시오.

02   <주문> 테이블의 '구입품목' 필드에 대하여 다음과 같이 조회 속성을 설정하시오. (5점)

    ▶ <제품> 테이블의 모든 필드를 콤보 상자 형태로 표시할 것
    ▶ 필드에는 '출고넘버'가 저장되도록 설정하고, 열 이름을 표시할 것
    ▶ 열 수는 7, 행 수는 2로 설정할 것
    ▶ 열 너비를 모두 2cm로 설정하고, 목록 너비를 14cm로 설정할 것
    ▶ 목록 값만 입력할 수 있도록 설정할 것

03   <주문> 테이블의 '구입품목' 필드는 <제품> 테이블의 '출고넘버' 필드를 참조하며, 테이블 간의 관계는 M:1이다. 다음과 같이 테이블 간의 관계를 설정하시오. (5점)

    ▶ 테이블 간에 항상 참조 무결성이 유지되도록 설정하시오.
    ▶ 참조 필드의 값이 변경되면 관련 필드의 값도 변경되도록 설정하시오.
    ▶ 다른 테이블에서 참조하고 있는 레코드는 삭제할 수 없도록 설정하시오.

문제 2   입력 및 수정 기능 구현 (25점)

01   <제품판매조회> 폼을 다음의 화면과 지시사항에 따라 완성하시오. (각 3점)

① '출고넘버'와 '구입품목'을 이용해 출고넘버의 자세한 판매현황이 하위 폼에 표시되도록 적절한 필드를 선택하여 연결하시오.
② 하위 폼에 레코드를 추가하거나 삭제할 수 없도록 설정하시오.
③ 폼 머리글에 <그림>과 같이 제목이 표시되도록 레이블 컨트롤을 추가하시오.
    ▶ 이름 : LBL제목
    ▶ 글꼴 이름 : HY견고딕, 글꼴 크기 : 18, 문자색 : Access 테마 8
④ 하위 폼 폼 머리글의 배경색을 '배경 폼'으로 변경하시오.
⑤ 폼 본문에 삽입된 하위 폼에는 탭 전환 기능이 적용되지 않도록 설정하시오.

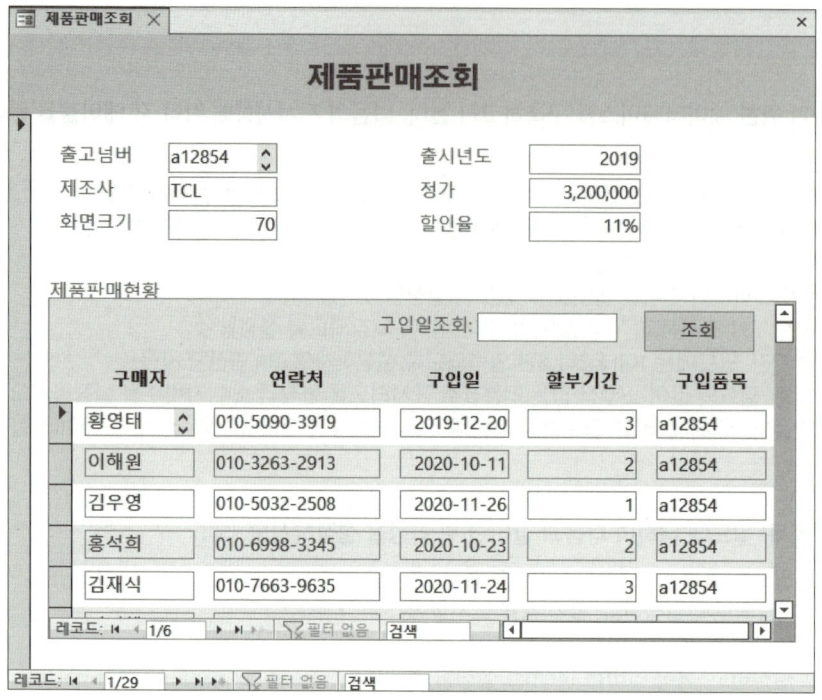

02 <제품정보> 폼의 폼 바닥글 영역에서 'txt정가합계' 컨트롤에는 제조사가 'JVC'인 제품의 구입 정가 합계가 표시되도록 설정하시오. (5점)

▶ <제품> 테이블과 DSum 함수 사용

03 <제품정보> 폼의 'txt출고넘버' 컨트롤을 클릭하면 <제품판매현황> 폼을 '읽기 전용' 모드로 여는 <구매자보기> 매크로를 생성하여 지정하시오. (5점)

▶ 매크로 조건 : '구입품목' 필드의 값이 'txt출고넘버'에 해당하는 제품의 정보만 표시

문제 3 조회 및 출력 기능 구현 (20점)

01 다음의 지시사항 및 화면을 참조하여 <품목별제품주문현황> 보고서를 완성하시오. (각 3점)

① '구입품목'을 기준으로 그룹화된 상태에서 '구매자' 필드를 기준으로 오름차순 정렬하여 표시되도록 설정하시오.
② 구입품목 머리글 영역의 'txt구입품목' 컨트롤에는 [표시 예]와 같이 구입품목과 정가의 합계가 표시되도록 '컨트롤 원본' 속성을 설정하시오.
　▶ 표시 예 : a12345(정가합계 : 12,345,000원)
　▶ Format, Sum 함수 사용
③ 본문 영역의 'txt구매가' 컨트롤에는 다음과 같이 구매가가 표시되도록 '컨트롤 원본' 속성을 설정하시오.
　▶ 구매가 = 정가 × (1 - 할인율)
④ 본문 영역의 'txt출시년도'와 'txt할인율' 컨트롤의 값이 이전 레코드와 동일한 경우에는 표시되지 않도록 관련 속성을 설정하시오.

⑤ 구입품목 바닥글 영역의 'txt주문횟수' 컨트롤에는 <그림>을 참조하여 그룹별 총 주문횟수가 표시되도록 설정하시오.
  ▶ 표시 예 : 5건

품목별제품주문현황

구입품목	구매자	구입일	출시년도	정가	할인율	구매가
a12854(정가합계 : 19,200,000원)						
	김우영	2020-11-26	2019	3,200,000	11%	2,848,000
	김재식	2020-11-24		3,200,000		2,848,000
	이인채	2020-12-26		3,200,000		2,848,000
	이해원	2020-10-11		3,200,000		2,848,000
	홍석희	2020-10-23		3,200,000		2,848,000
	황영태	2019-12-20		3,200,000		2,848,000
					총 주문 횟수:	6건
a13687(정가합계 : 3,900,000원)						
	문정우	2017-08-15	2017	1,950,000	13%	1,696,500
	장서영	2020-11-20		1,950,000		1,696,500
					총 주문 횟수:	2건
a14789(정가합계 : 4,900,000원)						
	김정현	2020-12-10	2020	2,450,000	10%	2,205,000
	박조현	2020-02-01		2,450,000		2,205,000
					총 주문 횟수:	2건
a16581(정가합계 : 7,500,000원)						
	김윤업	2020-11-04	2017	1,500,000	13%	1,305,000
	김혜영	2020-10-23		1,500,000		1,305,000
	정병준	2018-07-17		1,500,000		1,305,000
	주성학	2020-12-06		1,500,000		1,305,000
	홍석주	2020-12-14		1,500,000		1,305,000
					총 주문 횟수:	5건
a17948(정가합계 : 7,890,000원)						
	안승용	2016-07-29	2016	2,630,000	14%	2,261,800
	윤소정	2020-10-21		2,630,000		2,261,800
	최경애	2020-12-10		2,630,000		2,261,800
					총 주문 횟수:	3건
a19844(정가합계 : 3,150,000원)						
	김상훈	2020-11-08	2020	1,050,000	10%	945,000

2025년 01월 31일 금요일   1/5페이지

02 <제품판매현황> 폼의 'txt조회일' 컨트롤에 조회할 구입일을 입력하고 '조회(cmd조회)' 단추를 클릭하면 다음과 같은 기능이 수행되도록 이벤트 프로시저를 구현하시오. (5점)
  ▶ 'txt조회일' 컨트롤에 입력한 구입일에 대한 자료만 표시할 것
  ▶ Filter, FilterOn 속성 사용

문제 4 처리 기능 구현 (25점)

01 <제품>과 <주문> 테이블을 이용하여 'Ben Q'의 주문현황을 조회하는 <벤큐조회> 쿼리를 작성하시오. (4점)

▶ 구입일을 기준으로 오름차순 정렬하여 표시하시오.
▶ 쿼리 실행 결과 표시되는 필드와 필드명은 <그림>과 같이 표시되도록 설정하시오.

출고넘버	구입일
b16742	2016-09-21
b14572	2017-02-15
b14789	2017-09-11
b16584	2019-03-06
b14798	2020-02-16
b16584	2020-10-09
b16584	2020-10-15
b14789	2020-10-27
b16584	2020-10-27
b16742	2020-10-31
b16742	2020-11-12
b14572	2020-11-16
b14798	2020-11-24
b16584	2020-11-28
b16584	2020-12-02
b16742	2020-12-14
b14789	2020-12-14
b14798	2020-12-22
b16742	2020-12-26

레코드: 1/19

02 출시년도별 구입품목별 정가의 합계를 조회하는 <출시년도별44주문내역> 크로스탭 쿼리를 작성하시오. (7점)

▶ <제품주문> 쿼리를 이용하시오.
▶ 정가총액은 '정가' 필드를 이용하시오.
▶ 구입품목이 '44'로 끝나는 제품만을 대상으로 하시오.
▶ 쿼리 실행 결과 표시되는 필드와 필드명, 필드의 형식은 <그림>과 같이 표시되도록 설정하시오.

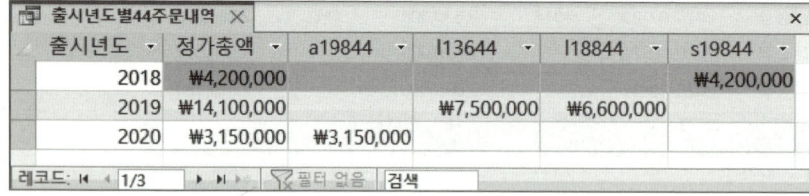

03 <제품주문> 쿼리를 이용하여 검색할 구입일을 매개 변수로 입력받아 해당 구매의 정보를 조회하는 <구입일별주문현황> 매개 변수 쿼리를 작성하시오. (7점)

▶ 구매금액은 '정가×(1-할인율)'로 계산하여 표시하시오.
▶ 쿼리를 실행하면 <그림>과 같이 매개 변수 입력 대화상자를 통해 입력된 '주문일'의 레코드만 표시되도록 조건을 설정하시오.

▶ 쿼리 실행 결과 표시되는 필드와 필드명, 필드의 형식은 <그림>과 같이 표시되도록 설정하시오.

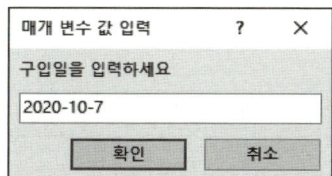

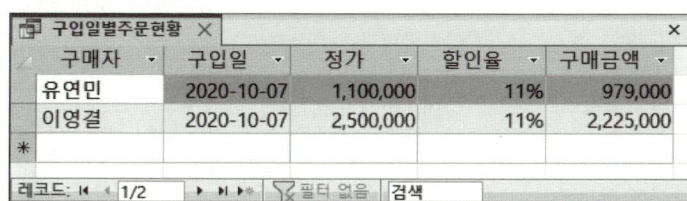

04 다음과 같은 기능을 수행하는 <9월구입정보> 쿼리를 작성하시오. (7점)

▶ <주문> 테이블을 이용하여 구입일이 9월인 레코드를 조회하여 '9월주문' 테이블로 생성하시오.
▶ 구입품목을 기준으로 내림차순 정렬하시오.
▶ 주문수는 'ID' 필드를 이용하시오.
▶ 월은 Month 함수를 사용하시오.
▶ 쿼리 실행 결과 표시되는 필드와 필드명은 <그림>과 같이 표시되도록 설정하시오.

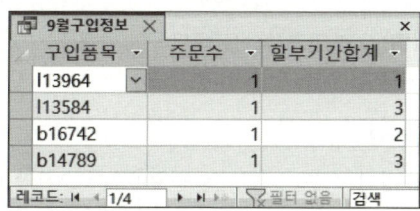

정답 및 해설

문제 1 DB 구축

'보안 경고'가 표시되면 '콘텐츠 사용'을 클릭하세요.

01 테이블

1

> 테이블 속성-'로드할 때 정렬' 속성 : 예, '정렬 기준' 속성 : 구매자 ASC

① [탐색] 창의 <주문> 테이블에서 마우스 오른쪽 버튼을 눌러 바로 가기 메뉴가 나타나면 [디자인 보기] 명령을 클릭합니다.
② 테이블 [속성 시트] 창의 '로드할 때 정렬' 속성을 더블클릭합니다.
③ '로드할 때 정렬' 속성이 '예'로 변경된 것을 확인할 수 있습니다.
④ 이어서 테이블 [속성 시트] 창의 '정렬 기준'을 클릭합니다.
⑤ '정렬 기준' 속성에 커서가 이동되면 '구매자 asc'를 입력합니다.

2

> [연락처] 필드-'입력 마스크' 속성 : "010"-0000-0000;0;*

① [연락처] 필드를 클릭하여 [연락처]의 필드 속성이 나타나면 [일반] 탭의 '입력 마스크' 속성을 클릭합니다.
② '입력 마스크' 속성에 커서가 이동되면 '"010"-0000-0000;0;*'를 입력한 후 Enter 를 눌러 입력을 완료합니다.

3

> [할부기간] 필드-'유효성 검사 규칙' 속성 : In (1,2,3)

① [할부기간] 필드를 클릭하여 [할부기간]의 필드 속성이 나타나면 [일반] 탭의 '유효성 검사 규칙' 속성을 클릭합니다.
② '유효성 검사 규칙' 속성에 커서가 이동되면 'in(1,2,3)'을 입력합니다.
③ Enter 를 누르면 'In (1,2,3)'로 변경된 것을 확인할 수 있습니다.
④ 저장(🖫)하고 닫기(✖)를 클릭하여 <주문> 테이블을 닫습니다.
⑤ 아래와 같은 메시지가 표시되면 [예] 단추를 클릭합니다.

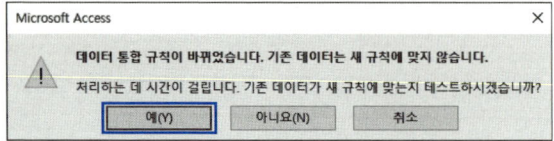

4

> [할인율] 필드-'형식' 속성 : 백분율, '소수 자릿수' 속성 : 0

① [탐색] 창의 <제품> 테이블에서 마우스 오른쪽 버튼을 눌러 바로 가기 메뉴가 나타나면 [디자인 보기] 명령을 클릭합니다.
② [할인율] 필드를 클릭하여 [할인율]의 필드 속성이 나타나면 [일반] 탭의 '형식' 속성 목록 단추(▽)를 클릭해 '백분율'을 선택합니다.
③ 이어서 [일반] 탭의 '소수 자릿수' 속성을 클릭한 후 '0'을 입력하고 Enter 를 눌러 입력을 완료합니다.

5

> [비고] 필드 추가-데이터 형식 : 긴 텍스트

① 필드를 추가하기 위해 [할인율] 필드 아래에 '비고'를 입력합니다.
② 데이터 형식의 목록 단추(▽)를 클릭하여 '긴 텍스트'를 선택합니다.
③ 저장(🖫)하고 닫기(✖)를 클릭하여 <제품> 테이블을 닫습니다.

02 조회 속성

① [탐색] 창의 <주문> 테이블에서 마우스 오른쪽 버튼을 눌러 바로 가기 메뉴가 나타나면 [디자인 보기] 명령을 클릭합니다.
② [구입품목] 필드를 클릭하여 [구입품목]의 필드 속성이 나타나면 [조회] 탭의 '컨트롤 표시' 속성을 클릭합니다.
③ '컨트롤 표시' 속성의 목록 단추(▽)를 클릭하여 '콤보 상자'로 변경합니다.
④ 테이블의 데이터를 가져오기 위해 '행 원본 유형' 속성이 '테이블/쿼리'인지 확인합니다.
⑤ 이어서 '행 원본' 속성을 클릭합니다.
⑥ '행 원본' 속성에 커서가 이동되면 작성기 단추(…)를 클릭합니다.
⑦ [쿼리 작성기]가 나타나면 [테이블 추가] 창에서 <제품> 테이블을 더블클릭하여 [쿼리 작성기]에 추가한 후 [테이블 추가] 창의 [닫기] 단추를 클릭합니다.
⑧ <제품> 테이블의 [*] 필드를 더블클릭하여 눈금의 필드에 추가한 후 [쿼리 작성기]의 닫기(✖)를 클릭합니다.

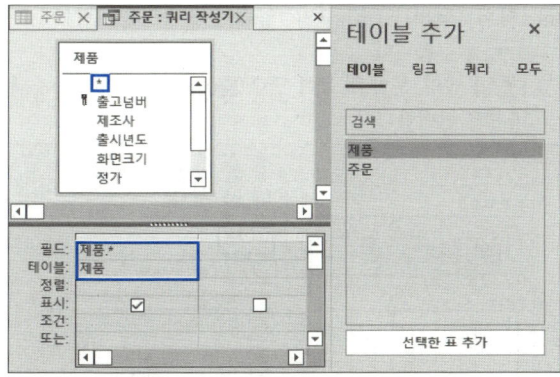

⑨ 저장여부를 묻는 메시지가 나타나면 [예] 단추를 클릭합니다.
⑩ 출고넘버 ~ 비고 중에 출고넘버를 저장하기 위해 '바운드 열' 속성이 '1'인지 확인합니다.
⑪ 열 이름을 표시하기 위해 '열 이름' 속성을 '예'로 변경합니다.
⑫ '열 개수' 속성을 클릭하고 '열 개수' 속성에 커서가 이동되면 '7'을 입력합니다.
⑬ '행 수' 속성을 클릭하고 '행 수' 속성에 커서가 이동되면 '2'를 입력합니다.
⑭ '열 너비' 속성을 클릭하고 '열 너비' 속성에 커서가 이동되면 '2;2;2;2;2;2;2'를 입력합니다.
⑮ Enter 를 누르면 '2cm;2cm;2cm;2cm;2cm;2cm;2cm'로 변경된 것을 확인할 수 있습니다.
⑯ '목록 너비' 속성을 클릭하고 '목록 너비' 속성에 커서가 이동되면 '14'를 입력합니다.
⑰ Enter 를 누르면 '14cm'로 변경된 것을 확인할 수 있습니다.
⑱ '목록 값만 허용' 속성을 더블클릭하여 '예'로 변경합니다.

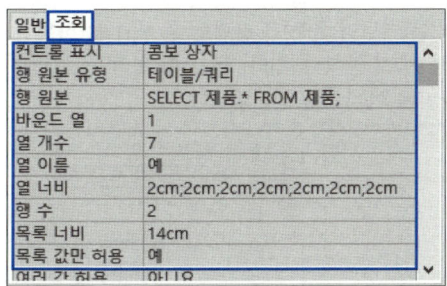

⑲ 저장(🖫)하고 닫기(✕)를 클릭하여 〈주문〉 테이블을 닫습니다.

03 관계

▶ 결과

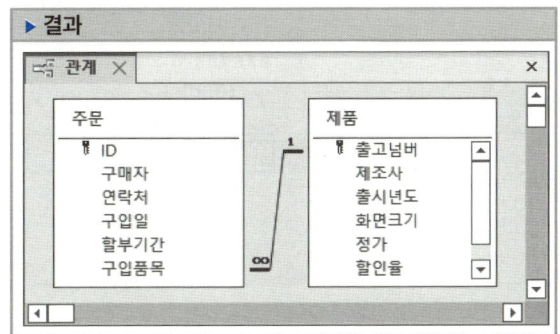

① [데이터베이스 도구] 탭-[관계] 그룹-[관계]를 클릭합니다.
② [관계 디자인] 탭-[관계] 그룹-[테이블 추가]를 클릭한 후 〈주문〉, 〈제품〉 테이블을 각각 더블클릭하여 [관계] 창에 추가합니다.
③ 〈주문〉 테이블의 [구입품목] 필드를 〈제품〉 테이블의 [출고넘버] 필드로 드래그합니다.
④ [관계 편집] 대화상자가 나타나면 '항상 참조 무결성 유지'와 '관련 필드 모두 업데이트' 확인란을 선택하고 [만들기] 단추를 클릭합니다.

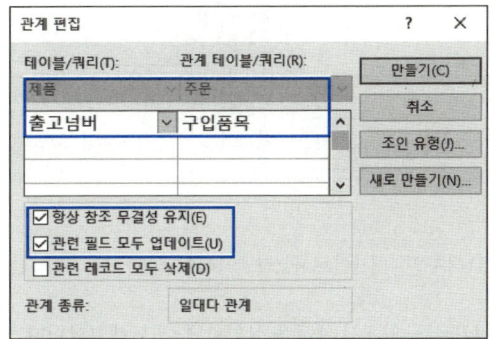

⑤ 관계 선이 생성되면 저장(🖫)하고 닫기(✕)를 클릭하여 [관계] 창을 닫습니다.

문제 2 입력 및 수정 기능 구현

01 폼 속성

1
① [탐색] 창 폼 목록의 〈제품판매조회〉 폼에서 마우스 오른쪽 버튼을 누른 후 [디자인 보기] 명령을 클릭합니다.
② 하위 폼의 틀(테두리 부분)을 클릭한 후 하위 폼/하위 보고서의 [속성 시트] 창에서 [데이터] 탭의 '기본 필드 연결' 입력란에 '출고넘버'를 입력하고 Enter 를 누릅니다.
③ 이어서 [데이터] 탭의 '하위 필드 연결' 입력란에는 '구입품목'을 입력하고 Enter 를 누릅니다.

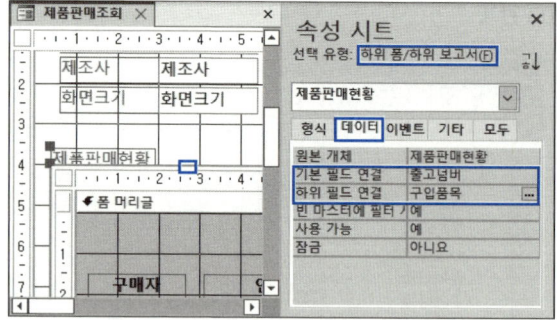

2

① 하위 폼의 '폼 선택기'(■)를 클릭합니다.
② 폼의 [속성 시트] 창에서 [데이터] 탭의 '추가 가능' 목록 단추(∨)를 클릭해 '아니요'를 선택합니다.
③ 이어서 '삭제 가능' 목록 단추(∨)를 클릭해 '아니요'를 선택합니다.

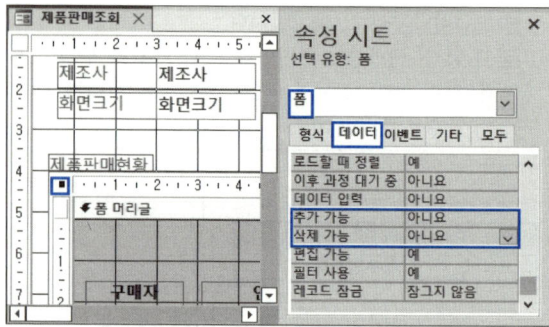

3

① [양식 디자인] 탭-[컨트롤] 그룹-[레이블](_{가가})을 클릭합니다.
② '폼 머리글' 구역에서 제목을 삽입할 곳에 드래그합니다.

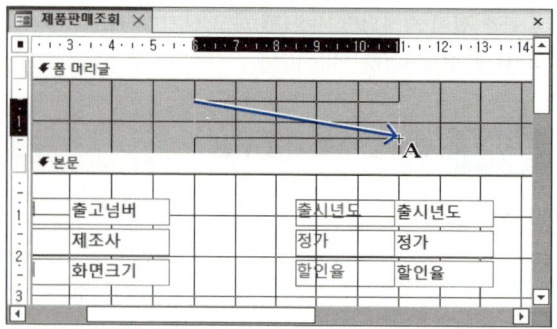

③ 커서가 나타나면 '제품판매조회'를 입력하고 Enter 를 누릅니다.
④ 선택한 컨트롤의 [속성 시트] 창에서 [기타] 탭의 '이름' 입력란에 'LBL제목'을 입력한 후 Enter 를 누릅니다.
⑤ 이어서 [형식] 탭의 '글꼴 이름' 입력란에 'HY견고딕'을 입력한 후 Enter 를 누릅니다.

⑥ [형식] 탭의 '글꼴 크기' 입력란에 '18'을 입력한 후 Enter 를 누릅니다.
⑦ [형식] 탭의 '문자색' 목록 단추(∨)를 클릭해 'Access 테마 8'을 선택합니다.

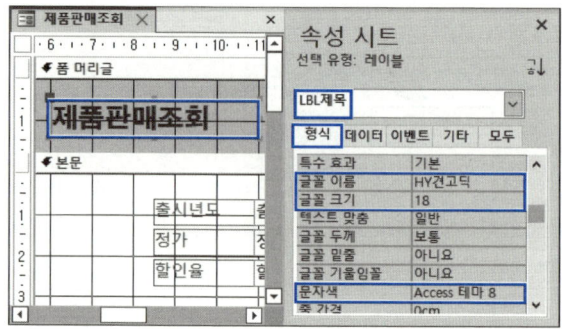

4

① 하위 폼의 '폼 머리글' 구역을 클릭합니다.
② 선택한 구역의 [속성 시트] 창에서 [형식] 탭의 '배경색' 목록 단추(∨)를 클릭해 '배경 폼'을 선택합니다.

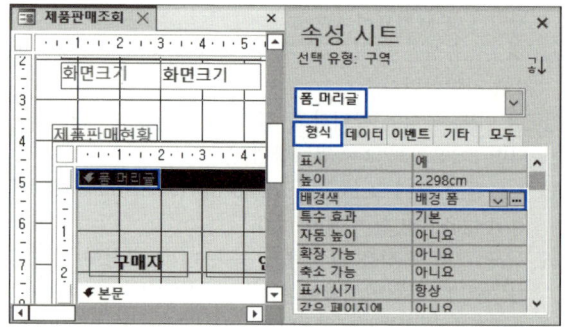

5

① 하위 폼의 틀(테두리 부분)을 클릭한 후 하위 폼/하위 보고서 [속성 시트] 창에서 [기타] 탭의 '탭 정지' 목록 단추(∨)를 클릭해 '아니요'를 선택합니다.

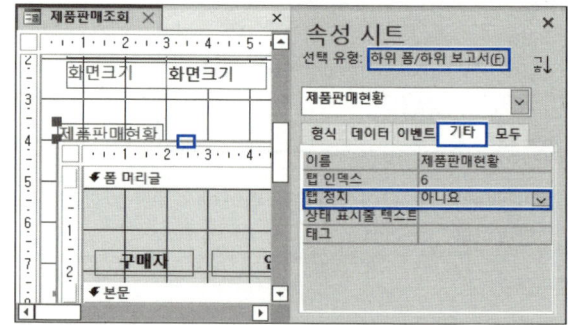

② 저장(💾)을 클릭하고 닫기(✖)를 클릭해 작성한 폼을 닫습니다.

02 도메인 집계 함수

① [탐색] 창 폼 목록의 <제품정보> 폼에서 마우스 오른쪽 버튼을 누른 후 [디자인 보기] 명령을 클릭합니다.
② '폼 바닥글' 구역의 'txt정가합계' 컨트롤을 클릭한 후 선택한 컨트롤의 [속성 시트] 창에서 [데이터] 탭의 '컨트롤 원본' 입력란에 '=dsum("정가","제품","제조사='JVC'")'를 입력합니다.
③ Enter 를 누르면 '=DSum("정가","제품","제조사='JVC'")'로 변경된 것을 확인할 수 있습니다.

⑧ 저장(📷)을 클릭하고 닫기(✖)를 클릭해 작성한 폼을 닫습니다.

03 매크로

① 매크로 이름이 따로 지정되어 있으므로 매크로를 먼저 작성하기 위해 [만들기] 탭-[매크로 및 코드] 그룹-[매크로]를 클릭합니다.
② [매크로 작성기] 창이 나타나면 새 함수 추가 입력란에 'openform'을 입력하고 Enter 를 누릅니다.
③ 폼 열기 매크로 함수 인수가 나타나면 아래와 같이 입력합니다.

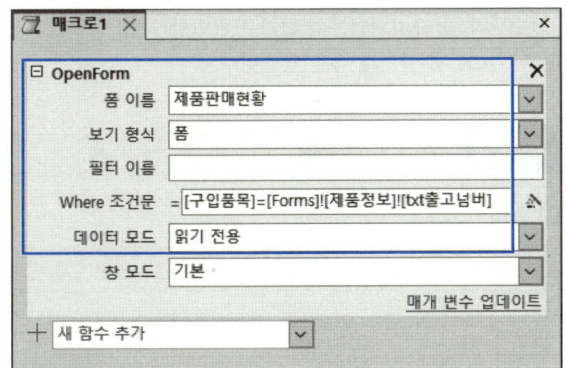

④ 저장(📷)을 클릭한 후 [다른 이름으로 저장] 대화상자가 나타나면 '구매자보기'를 입력하고 [확인] 단추를 클릭합니다.
⑤ 닫기(✖)를 클릭하여 [매크로 작성기] 창을 닫습니다.
⑥ 컨트롤에 만든 매크로를 지정하기 위해 [탐색] 창 폼 목록의 <제품정보> 폼에서 마우스 오른쪽 버튼을 누른 후 [디자인 보기] 명령을 클릭합니다.
⑦ 'txt출고넘버' 컨트롤을 클릭한 후 선택한 컨트롤의 [속성 시트] 창에서 [이벤트] 탭의 'On Click'에 목록 단추(▼)

를 클릭해 '구매자보기'를 선택합니다.

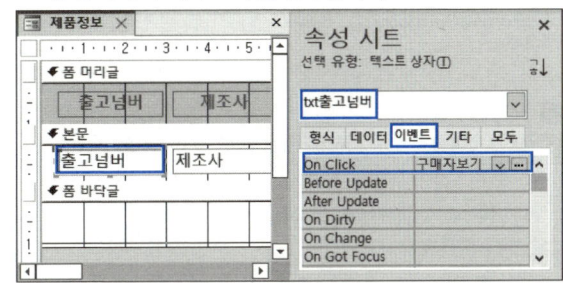

⑧ 저장(📷)을 클릭하고 [양식 디자인] 탭-[보기] 그룹-[폼 보기]를 클릭하여 폼 보기로 전환합니다.
⑨ 매크로가 잘 작성되었는지 결과를 확인하고 폼을 닫습니다.

문제 3 조회 및 출력 기능 구현

01 보고서 속성

1

① [탐색] 창 보고서 목록의 <품목별제품주문현황> 보고서에서 마우스 오른쪽 버튼을 누른 후 [디자인 보기] 명령을 클릭합니다.
② [보고서 디자인] 탭-[그룹화 및 요약] 그룹-[그룹화 및 정렬]을 클릭합니다.
③ [그룹, 정렬 및 요약] 창이 나타나면 동일한 구입품목 내에서 구매자를 정렬하기 위해 [정렬 추가] 단추를 클릭합니다.
④ [구매자] 필드를 선택한 후 정렬이 '오름차순'인지 확인합니다.

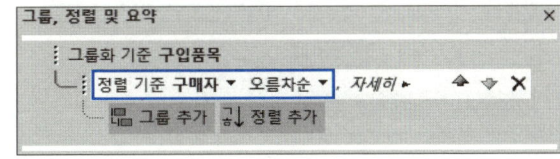

⑤ 닫기(✖)를 클릭해 [그룹, 정렬 및 요약] 창을 닫습니다.

2

① '구입품목 머리글' 구역의 'txt구입품목' 컨트롤을 클릭한 후 선택한 컨트롤의 [속성 시트] 창에서 [데이터] 탭의 '컨트롤 원본' 입력란에 '=구입품목 & "(정가합계 : " & format(sum(정가),"#,###원")'을 입력합니다.

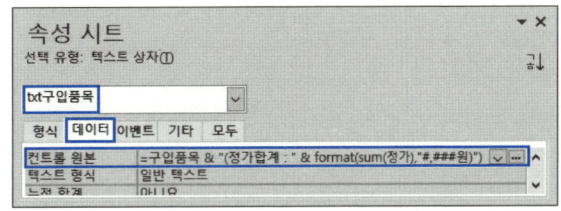

② Enter 를 누르면 '=[구입품목] & "(정가합계 : " & Format(Sum([정가]),"#,###""원"")"'로 변경된 것을 확인할 수 있습니다.

3

① '본문' 구역의 'txt구매가' 컨트롤을 클릭한 후 선택한 컨트롤의 [속성 시트] 창에서 [데이터] 탭의 '컨트롤 원본' 입력란에 '=정가*(1-할인율)'을 입력합니다.

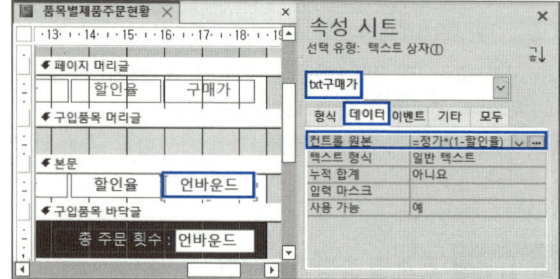

② Enter 를 누르면 '=[정가]*(1-[할인율])'로 변경된 것을 확인할 수 있습니다.

4

① 'txt출시년도' 컨트롤을 클릭하고 Shift 를 누른 채 'txt할인율' 컨트롤을 클릭합니다.
② 두 개의 컨트롤이 선택되면 [속성 시트] 창에서 [형식] 탭의 '중복 내용 숨기기' 목록 단추(▼)를 클릭해 '예'를 선택합니다.

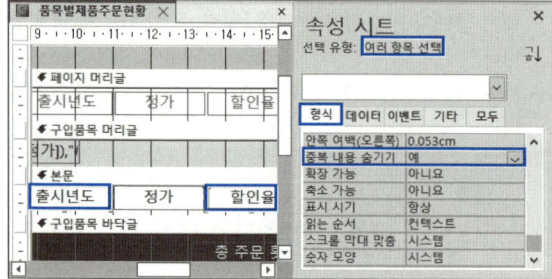

5

① '구입품목 바닥글' 구역의 'txt주문횟수' 컨트롤을 클릭한 후 선택한 컨트롤의 [속성 시트] 창에서 [데이터] 탭의 '컨트롤 원본' 입력란에 '=count(*) & "건"'을 입력합니다.
② Enter 를 누르면 '=Count(*) & "건"'로 변경된 것을 확인할 수 있습니다.

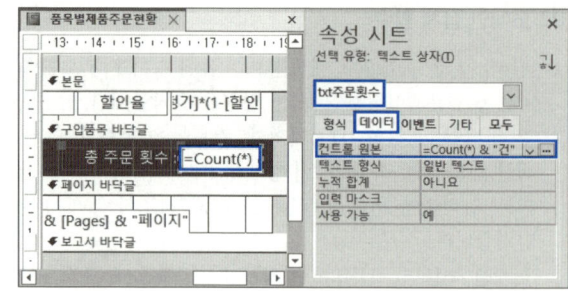

③ 저장(💾)을 클릭하고 닫기(✖)를 클릭해 작성한 보고서를 닫습니다.

02 이벤트 프로시저

① [탐색] 창 폼 목록의 〈제품판매현황〉 폼에서 마우스 오른쪽 버튼을 누른 후 [디자인 보기] 명령을 클릭합니다.
② 'cmd조회' 컨트롤을 클릭한 후 선택한 컨트롤의 [속성 시트] 창에서 [이벤트] 탭의 'On Click'에 커서를 이동하고 작성기 단추(…)를 클릭합니다.
③ [작성기 선택] 대화상자가 나타나면 '코드 작성기'를 선택하고 [확인] 단추를 클릭합니다.
④ 'cmd조회_Click()' 프로시저가 나타나면 아래와 같이 입력합니다.

```
Private Sub cmd조회_Click()
    Me.Filter = "구입일=#" & txt조회일 & "#"
    Me.FilterOn = True
End Sub
```

⑤ VBE의 닫기(✖) 단추를 클릭하여 액세스로 돌아옵니다.
⑥ 저장(💾)을 클릭하고 [양식 디자인] 탭-[보기] 그룹-[폼 보기]를 클릭하여 폼 보기로 전환합니다.
⑦ 코드가 잘 작성되었는지 결과를 확인합니다.
⑧ 닫기(✖)를 클릭해 폼을 닫습니다.

문제 4 처리 기능 구현

01 쿼리

▶ 쿼리 디자인

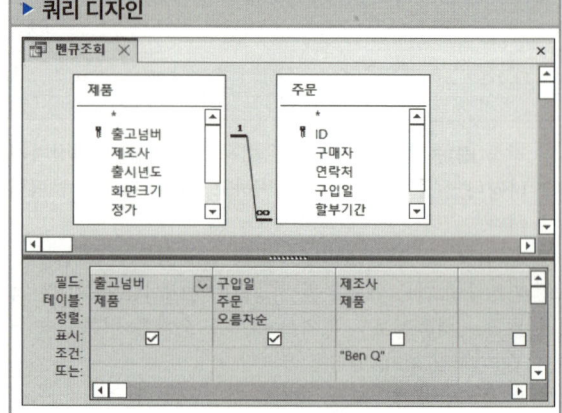

① [만들기] 탭-[쿼리] 그룹-[쿼리 디자인]을 클릭합니다.
② 쿼리가 디자인 보기로 열리면 [테이블 추가] 창의 [테이블] 탭에서 <제품> 테이블과 <주문> 테이블을 각각 더블클릭합니다.
③ 쿼리 디자인 보기에 <제품> 테이블과 <주문> 테이블이 추가되면 [테이블 추가] 창에서 [닫기] 단추를 클릭합니다.
④ <제품> 테이블에서 [출고넘버] 필드를 더블클릭해 눈금의 첫 번째 열로 지정합니다.
⑤ <주문> 테이블에서 [구입일] 필드를 더블클릭해 눈금의 두 번째 열로 지정합니다.
⑥ 정렬을 설정하기 위해 '구입일' 필드의 '정렬' 목록 단추(▽)를 클릭해 '오름차순'을 선택합니다.
⑦ 조건을 설정하기 위해 <제품> 테이블에서 [제조사] 필드를 더블클릭해 눈금의 세 번째 열로 지정합니다.
⑧ 이어서 '제조사' 필드의 '조건' 입력란에 '"Ben Q"'를 입력합니다.
⑨ '제조사' 필드는 시트에 표시되면 안 되므로 '표시' 확인란을 클릭하여 선택을 취소합니다.
⑩ 결과를 확인하기 위해 [쿼리 디자인] 탭-[결과] 그룹-[실행]을 클릭합니다.
⑪ 저장(💾)을 클릭한 후 [다른 이름으로 저장] 대화상자가 나타나면 쿼리 이름을 '벤큐조회'로 입력하고 [확인] 단추를 클릭합니다.
⑫ 닫기(✖)를 클릭해 작성한 쿼리를 닫습니다.

02 쿼리

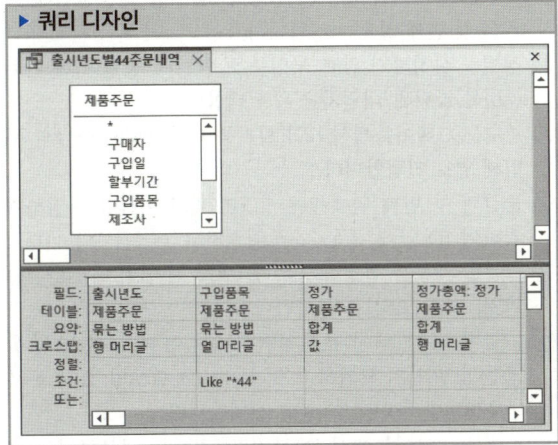

① [만들기] 탭-[쿼리] 그룹-[쿼리 디자인]을 클릭합니다.
② 쿼리가 디자인 보기로 열리면 [테이블 추가] 창의 [쿼리] 탭에서 <제품주문> 쿼리를 더블클릭합니다.
③ 쿼리 디자인 보기에 <제품주문> 쿼리가 추가되면 [테이블 추가] 창에서 [닫기] 단추를 클릭합니다.

④ 크로스탭 쿼리로 변경하기 위해 [쿼리 디자인] 탭-[쿼리 유형] 그룹-[크로스탭]을 클릭합니다.
⑤ <제품주문> 쿼리에서 [출시년도] 필드를 더블클릭해 눈금의 첫 번째 열로 지정합니다.
⑥ '출시년도' 필드의 '크로스탭' 목록 단추(▽)를 클릭해 '행 머리글'을 선택합니다.
⑦ <제품주문> 쿼리에서 [구입품목] 필드를 더블클릭해 눈금의 두 번째 열로 지정합니다.
⑧ '구입품목' 필드의 '크로스탭' 목록 단추(▽)를 클릭해 '열 머리글'을 선택합니다.
⑨ '구입품목' 필드의 '조건' 입력란에 '*44'를 입력합니다.
⑩ Enter 를 누르면 'Like "*44"'로 변경된 것을 확인할 수 있습니다.
⑪ <제품주문> 쿼리에서 [정가] 필드를 더블클릭해 눈금의 세 번째 열로 지정합니다.
⑫ '정가' 필드의 '크로스탭' 목록 단추(▽)를 클릭해 '값'을 선택하고, '요약' 목록 단추(▽)를 클릭해 '합계'를 선택합니다.
⑬ <제품주문> 쿼리에서 [정가] 필드를 더블클릭해 눈금의 네 번째 열로 지정합니다.
⑭ 눈금의 네 번째 열에 있는 '정가'의 필드 이름을 지정하기 위하여 '정가' 앞에 '정가총액:'을 입력하고 Enter 를 누릅니다.
⑮ '정가총액: 정가' 필드의 '크로스탭' 목록 단추(▽)를 클릭해 '행 머리글'을 선택하고, '요약' 목록 단추(▽)를 클릭해 '합계'를 선택합니다.
⑯ 형식을 설정하기 위해 세 번째 열의 '정가' 필드를 클릭한 후 선택한 필드의 [속성 시트] 창에서 [일반] 탭의 '형식' 목록 단추(▽)를 클릭해 '통화'를 선택합니다.

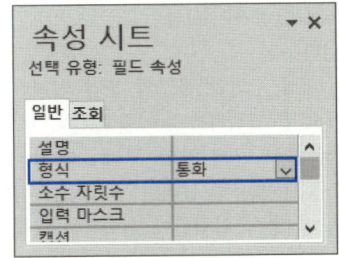

⑰ 같은 방법으로 네 번째 열에 '정가총액: 정가' 필드의 형식을 '통화'로 설정합니다.
⑱ 결과를 확인하기 위해 [쿼리 디자인] 탭-[결과] 그룹-[실행]을 클릭합니다.
⑲ 저장(💾)을 클릭한 후 [다른 이름으로 저장] 대화상자가 나타나면 쿼리 이름을 '출시년도별44주문내역'으로 입력하고 [확인] 단추를 클릭합니다.
⑳ 닫기(✖)를 클릭해 작성한 쿼리를 닫습니다.

03 쿼리

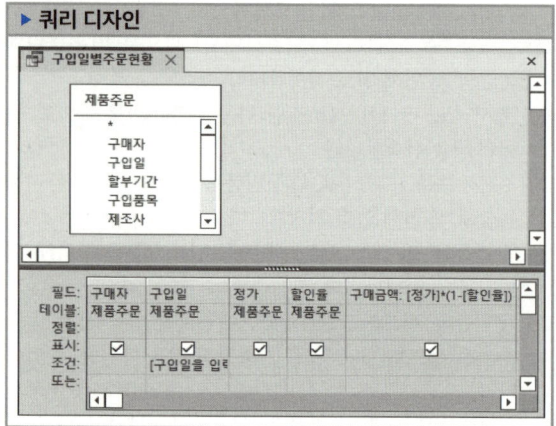

① [만들기] 탭-[쿼리] 그룹-[쿼리 디자인]을 클릭합니다.
② 쿼리가 디자인 보기로 열리면 [테이블 추가] 창의 [쿼리] 탭에서 <제품주문> 쿼리를 더블클릭합니다.
③ 쿼리 디자인 보기에 <제품주문> 쿼리가 추가되면 [테이블 추가] 창에서 [닫기] 단추를 클릭합니다.
④ <제품주문> 쿼리에서 [구매자] 필드를 더블클릭해 눈금의 첫 번째 열로 지정합니다.
⑤ <제품주문> 쿼리에서 [구입일] 필드를 더블클릭해 눈금의 두 번째 열로 지정합니다.
⑥ <제품주문> 쿼리에서 [정가] 필드를 더블클릭해 눈금의 세 번째 열로 지정합니다.
⑦ <제품주문> 쿼리에서 [할인율] 필드를 더블클릭해 눈금의 네 번째 열로 지정합니다.
⑧ '구매금액' 필드를 추가하기 위해 다섯 번째 열 '필드' 입력란에 '구매금액:정가*(1-할인율)'을 입력합니다.
⑨ [Enter]를 누르면 '구매금액: [정가]*(1-[할인율])'로 변경된 것을 확인할 수 있습니다.
⑩ 매개 변수를 설정하기 위해 '구입일' 필드의 '조건' 입력란에 '[구입일을 입력하세요]'를 입력하고 [Enter]를 누릅니다.
⑪ 형식을 설정하기 위해 다섯 번째 열의 '구매금액: [정가]*(1-[할인율])' 필드를 클릭한 후 선택한 필드의 [속성 시트] 창에서 [일반] 탭의 '형식' 입력란에 '#,###'를 입력합니다.

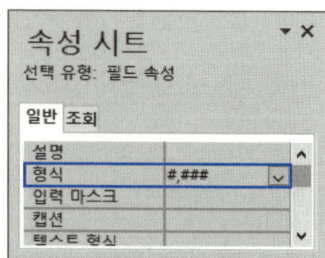

⑫ 결과를 확인하기 위해 [쿼리 디자인] 탭-[결과] 그룹-[실행]을 클릭합니다.

⑬ [매개 변수 값 입력] 대화상자가 나타나면 '2020-10-7'을 입력한 후 [확인] 단추를 클릭합니다.
⑭ 저장(🖫)을 클릭한 후 [다른 이름으로 저장] 대화상자가 나타나면 쿼리 이름을 '구입일별주문현황'으로 입력하고 [확인] 단추를 클릭합니다.
⑮ 닫기(✕)를 클릭해 작성한 쿼리를 닫습니다.

04 쿼리

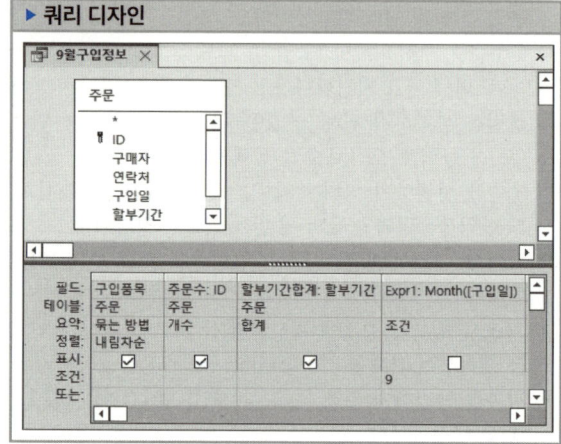

① [만들기] 탭-[쿼리] 그룹-[쿼리 디자인]을 클릭합니다.
② 쿼리가 디자인 보기로 열리면 [테이블 추가] 창의 [테이블] 탭에서 <주문> 테이블을 더블클릭합니다.
③ 쿼리 디자인 보기에 <주문> 테이블이 추가되면 [테이블 추가] 창에서 [닫기] 단추를 클릭합니다.
④ <주문> 테이블에서 [구입품목] 필드를 더블클릭해 눈금의 첫 번째 열로 지정합니다.
⑤ 정렬을 설정하기 위해 '구입품목' 필드의 '정렬' 목록 단추(▼)를 클릭해 '내림차순'을 선택합니다.
⑥ <주문> 테이블에서 [ID] 필드를 더블클릭해 눈금의 두 번째 열로 지정합니다.
⑦ 눈금의 두 번째 열에 있는 'ID'의 필드 이름을 지정하기 위하여 'ID' 앞에 '주문수:'을 입력하고 [Enter]를 누릅니다.
⑧ 그룹별 개수를 설정하기 위해 [쿼리 디자인] 탭-[표시/숨기기] 그룹-[요약]을 클릭합니다.
⑨ 눈금에 '요약' 행이 표시되면 '구입품목' 필드의 '요약'이 '묶는 방법'인지 확인하고, '주문수: ID' 필드의 '요약' 목록 단추(▼)를 클릭해 '개수'를 선택합니다.
⑩ <주문> 테이블에서 [할부기간] 필드를 더블클릭해 눈금의 세 번째 열로 지정합니다.
⑪ 눈금의 세 번째 열에 있는 '할부기간'의 필드 이름을 지정하기 위하여 '할부기간' 앞에 '할부기간합계:'를 입력하고 [Enter]를 누릅니다.
⑫ 이어서 '할부기간합계: 할부기간' 필드의 '요약' 목록 단추(▼)를 클릭해 '합계'를 선택합니다.
⑬ 조건을 설정하기 위해 네 번째 열의 '필드' 입력란에 'month(구입일)'을 입력합니다.

⑭ Enter 를 누르면 'Expr1: Month([구입일])'로 변경된 것을 확인할 수 있습니다.
⑮ 이어서 'Expr1: Month([구입일])' 필드의 '요약' 목록 단추(∨)를 클릭해 '조건'을 선택한 후 '조건' 입력란에 '9'를 입력합니다.
⑯ 테이블을 생성하기 위해 [쿼리 디자인] 탭-[쿼리 유형] 그룹-[테이블 만들기]를 클릭합니다.
⑰ [테이블 만들기] 대화상자가 나타나면 테이블 이름을 '9월주문'으로 입력하고 [확인] 단추를 클릭합니다.

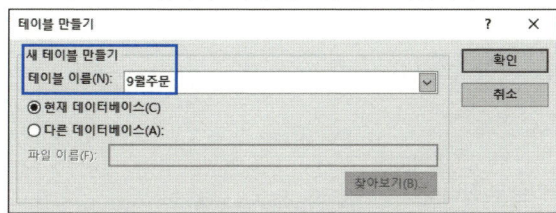

⑱ 결과를 확인하기 위해 [쿼리 디자인] 탭-[결과] 그룹-[실행]을 클릭합니다.
⑲ 새 테이블 작성 여부를 묻는 메시지가 나타나면 [예] 단추를 클릭합니다.

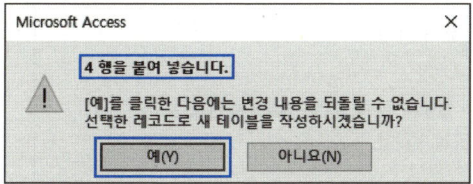

⑳ 저장(💾)을 클릭한 후 [다른 이름으로 저장] 대화상자가 나타나면 쿼리 이름을 '9월구입정보'로 입력하고 [확인] 단추를 클릭합니다.
㉑ 닫기(✕)를 클릭해 작성한 쿼리를 닫습니다.

제2회 최신기출유형

프로그램명	제한시간
ACCESS	45분

수험번호 :

성　　명 :

| 1급 | C형 |

유 의 사 항

★ 펜은 꺼내실 수 없으며 시험지는 유출이 불가능합니다.

- 인적 사항 누락 및 잘못 작성으로 인한 불이익은 수험자 책임으로 합니다.

- 화면에 암호 입력창이 나타나면 아래의 암호를 입력하여야 합니다.
  - 암호 :

★ 암호를 입력할 수도 있으니 이렇게 첫 장을 확인하시면 됩니다.

- 작성된 답안은 주어진 경로 및 파일명을 변경하지 마시고 그대로 저장해야 합니다. 이를 준수하지 않으면 실격 처리됩니다.

★ 디스켓 모양을 눌러 저장하시면 됩니다. 예외가 있을 수도 있으니 감독관이 설명할 때 잘 들어주세요. 제한시간(45분) 안에 디스켓 모양을 눌러 저장을 하고 그 이후에는 화면이 바뀌며 [답안 제출]을 하게 됩니다.

- 외부 데이터 위치 : C:\DB\파일명

- 별도의 지시사항이 없는 경우, 다음과 같이 처리 시 실격 처리됩니다.
  - 제시된 개체의 이름을 임의로 변경한 경우
  - 제시된 개체의 속성을 임의로 변경한 경우
  - 제시된 개체를 임의로 추가하거나 삭제한 경우

- 별도의 지시사항이 없는 경우 기능의 구현은 모듈이나 매크로 등을 이용하며, 예외적인 상황에 대해서는 고려하지 않아도 됩니다.

- 별도의 지시사항이 없는 경우 주어진 각 개체의 속성은 설정값 또는 기본 설정값(Default)으로 처리하십시오.

- 제시된 화면은 예시이며 나타난 값은 실제와 다를 수 있습니다.

- 저장 시간은 별도로 주어지지 않으므로 제한된 시간 내에 저장을 완료해야 합니다.

- 출제된 문제의 용어는 Microsoft Office Access 2021 기준으로 작성되어 있습니다.

국 가 기 술 자 격 검 정

문제 1   DB 구축(30점)

01   다음의 지시사항에 따라 각 테이블을 완성하시오. (각 4점)

<직원> 테이블
① '전화번호' 필드는 '010-1234-1234'와 같은 형식으로 입력되도록 입력 마스크를 설정하시오.
   ▶ '-' 기호도 함께 저장하고, 자료 입력 시 화면에 표시되는 기호는 '?'로 설정할 것
   ▶ 숫자 입력은 0 ~ 9까지의 숫자나 공백만 입력할 수 있도록 설정할 것
② '이름' 필드는 값이 반드시 입력되고, 빈 문자열은 허용되지 않도록 설정하시오.

<식자재유통관리>
③ '최근입고일' 필드는 오늘 날짜만 입력되는 함수를 사용하여 기본적으로 오늘 날짜가 입력되도록 설정하시오.
④ '저장상태' 필드는 '신선', '건조', '동결', '훈제' 외에 다른 값은 입력되지 않도록 유효성 검사 규칙 속성을 설정하시오.
   (In 연산자 사용)
⑤ '물품번호' 필드는 IME 모드를 '영숫자 반자'로 설정하시오.

02   <식자재유통관리> 테이블의 '관리자ID' 필드는 <직원> 테이블의 'ID' 필드를 참조하며, 테이블 간의 관계는 M:1 이다. 다음과 같이 테이블 간의 관계를 설정하시오. (5점)

※ 액세스 파일에 이미 설정되어 있는 관계는 수정하지 마시오.

▶ 각 테이블 간에 항상 참조 무결성이 유지되도록 설정하시오.
▶ 참조 필드의 값이 변경되면 관련 필드의 값도 변경되도록 설정하시오.
▶ 다른 테이블에서 참조하고 있는 레코드는 삭제할 수 없도록 설정하시오.

03   다음 지시사항에 따라 '구분별평균.xlsx' 파일의 내용을 가져와 <구분별평균> 테이블에 추가하시오. (5점)

▶ '구분별평균' 시트의 데이터를 추가할 것

문제 2   입력 및 수정 기능 구현 (25점)

01   <식자재정보> 폼을 다음의 화면과 지시사항에 따라 완성하시오. (각 3점)

① 폼의 '기본 보기' 속성을 <그림>과 같이 설정하시오.
② 폼에 '구분 선'과 '레코드 선택기'가 표시되지 않도록 관련 속성을 설정하시오.
③ 본문의 'txt최근입고일'과 'txt품명' 컨트롤에는 '최근입고일'과 '품명' 필드의 내용이 표시되도록 컨트롤 원본을 설정하시오.
④ 본문의 'txt수분함유' 컨트롤에 잠금 속성을 '예'로 지정하시오.
⑤ 본문의 컨트롤에 대해 [Tab] 키를 누를 때마다 이동되는 순서를 다음과 같이 설정하시오.
   ▶ txt최근입고일, txt품명, txt보유량, txt수분함유, txt적정저장온도, txt적정저장기간

02 <식자재정보> 폼의 본문 컨트롤에 대하여 다음과 같이 조건부 서식을 설정하시오. (5점)
▶ '적정저장온도' 필드의 값이 1보다 큰 경우 배경색을 '표준 색-노랑'으로 지정하시오.

03 <식자재정보> 폼의 머리글 영역에 다음의 지시사항과 1번 문제 <그림>을 참조하여 '단추' 컨트롤을 생성하시오.
(5점)

▶ '식자재관리보고서' 보고서를 인쇄 미리 보기 형식으로 출력하는 '보고서인쇄' 매크로를 생성한 후 명령 단추를 클릭하면 '보고서인쇄' 매크로가 실행되도록 지정하시오.
▶ 컨트롤의 이름은 'cmd인쇄', 캡션은 '인쇄'로 지정하시오.
▶ '품명' 필드의 값이 'txt품명조회'에 해당하는 품명 정보만 표시

문제 3 조회 및 출력 기능 구현 (20점)

01 다음의 지시사항 및 화면을 참조하여 <식자재관리보고서> 보고서를 완성하시오. (각 3점)

① 보고서 머리글 영역에 있는 모든 레이블을 페이지 머리글 영역으로 이동한 후 보고서 머리글 영역의 높이를 0cm로 변경하시오.
② '관리자 ID' 머리글 영역이 시작되기 전에 페이지가 바뀌도록 설정하시오.
③ '관리자 ID' 머리글 영역의 'txt관리품목수' 컨트롤에는 관리자ID별 전체 레코드의 수가 표시되도록 컨트롤 원본 속성을 설정하시오.
④ 페이지 바닥글 영역의 'txt페이지' 컨트롤에는 페이지 번호가 다음과 같이 표시되도록 컨트롤 원본 속성을 설정하시오.
  ▶ 표시 예 : 10쪽 중 2쪽
⑤ '관리자 ID' 바닥글 영역의 'txt누적판매량평균' 컨트롤에 '누적판매량'의 평균이 표시되도록 컨트롤 원본 속성을 설정하시오.

식자재관리보고서

(주)한아름유통

관리자 : 이인행 전화번호 : 010-3386-8982 관리품목수 : 8

최근입고일	품명	물품번호	구분	저장상태	판매완료	입고예정	출고예정	누적판매량
2021-01-01	배	f2675	과실류	신선	84	60	92	321,521
2021-01-05	파인애플	f7540	과실류	신선	46	100	132	156,132
2021-01-12	가지	v3214	야채류	신선	150	200	200	231,532
2021-01-12	토마토	v8521	야채류	신선	49	50	50	4,864,684
2020-10-03	햄	m5542	낙농품	동결	432	400	359	1,618,612
2021-01-01	계란	m11171	낙농품	신선	152	150	94	654,868
2021-01-10	새우	s3940	수산물	신선	109	150	130	694,598
2021-01-09	감	f1632	과실류	신선	214	400	385	1,585,000

누적판매량평균 1,265,868

5쪽 중 1쪽

02 **<식자재정보> 폼 바닥글의 닫기(cmd닫기) 단추를 클릭하면 다음과 같은 메시지를 표시한 후 폼을 닫는 기능을 수행하도록 이벤트 프로시저로 구현하시오.** (5점)

▶ 현재 시간과 메시지가 다음과 같이 표시되도록 설정할 것
▶ '예'를 클릭하면 폼을 종료할 것 (DoCmd 개체 사용)

문제 4 · 처리 기능 구현 (25점)

01 최근입고일의 월별 구분별 입고건수를 조회하는 <월별식자재입고수> 크로스탭 쿼리를 작성하시오. (4점)

- <식자재유통관리> 테이블을 이용하시오.
- 월은 Month 함수를 사용하시오.
- 요약은 '물품번호' 필드를 이용하시오.
- 쿼리 실행 결과 표시되는 필드와 필드명은 <그림>과 같이 표시되도록 설정하시오.

월	요약	과실류	기타	낙농품	수산물	야채류
1	20	7		1	8	4
10	4			2		2
11	6	1		2		3
12	10	4	1	4		1

02 <식자재유통관리> 테이블을 이용하여 검색할 물품번호의 일부를 매개 변수로 입력받고, 해당 물품의 입고 정보를 조회하여 새 테이블로 생성하는 <식자재번호조회> 매개 변수 쿼리를 작성하시오. (7점)

- 쿼리를 실행하면 <그림>과 같은 매개 변수 입력 대화상자를 통해 입력된 물품번호를 포함하는 레코드만 표시되도록 조건을 설정하시오.
- 쿼리 실행 후 생성되는 테이블의 이름은 '조회한물품'으로 설정하시오.
- 쿼리 실행 결과 표시되는 필드와 필드명은 <그림>과 같이 표시되도록 설정하시오.

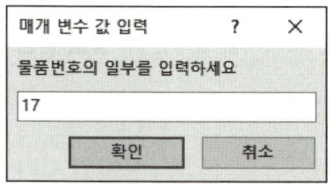

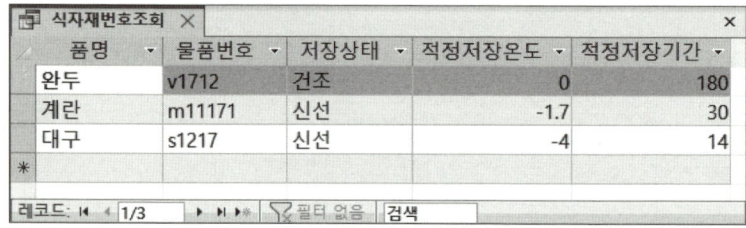

03 <식자재유통관리>와 <직원> 테이블을 이용하여 <상위매출관리직원> 쿼리를 작성하시오. (7점)

- '최근입고일'이 '2020-12-31' 이전인 레코드만을 대상으로 하시오.
- '누적판매량'을 이용하여 '누적판매량합계'를 구한 후 내림차순을 기준으로 상위 3개 레코드만 표시하시오.
- 쿼리 실행 결과 표시되는 필드와 필드명, 필드의 형식은 <그림>과 같이 표시되도록 설정하시오.

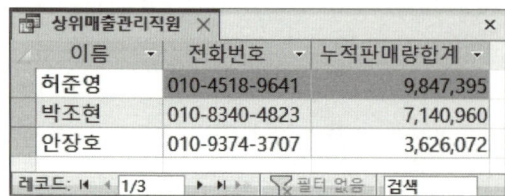

04 다음 <화면>을 참조하여 품명별 저장상태의 판매완료 합계를 나타내는 크로스탭 질의를 작성하시오. (7점)

▶ '식자재유통관리' 테이블을 이용하시오.
▶ 쿼리 이름은 <야채와기타류판매>로 하시오.
▶ Left 함수와 In 연산자를 사용하여 물품번호가 v, i로 시작하는 자료만 표시되도록 하시오.
▶ 쿼리 실행 결과 표시되는 필드와 필드명은 <그림>과 같이 표시되도록 설정하시오.

품명	건조	동결	신선
가지			150
감자			254
고구마			99
버섯			52
아이스크림		500	
양배추			71
양파			138
오이			135
완두	39		
인삼			65
토마토			49

정답 및 해설

문제1 | DB 구축

'보안 경고'가 표시되면 '콘텐츠 사용'을 클릭하세요.

01 테이블

1

[전화번호] 필드-'입력 마스크' 속성 : 999-9999-9999;0;?

① [탐색] 창의 〈직원〉 테이블에서 마우스 오른쪽 버튼을 눌러 바로 가기 메뉴가 나타나면 [디자인 보기] 명령을 클릭합니다.
② [전화번호] 필드를 클릭하여 [전화번호]의 필드 속성이 나타나면 [일반] 탭의 '입력 마스크' 속성을 클릭합니다.
③ '입력 마스크' 속성에 커서가 이동되면 '999-9999-9999;0;?'를 입력한 후 Enter 를 눌러 입력을 완료합니다.

2

[이름] 필드-'필수' 속성 : 예, '빈 문자열 허용' 속성 : 아니요

① [이름] 필드를 클릭하여 [이름]의 필드 속성이 나타나면 [일반] 탭의 '필수' 속성을 더블클릭합니다.
② [이름] 필드의 '필수' 속성이 '예'로 변경되면 '빈 문자열 허용' 속성을 더블클릭하여 '아니요'로 변경합니다.
③ 저장(🖫)하고 닫기(✖)를 클릭하여 〈직원〉 테이블을 닫습니다.
④ 아래와 같이 메시지가 나타나면 [예] 단추를 클릭합니다.

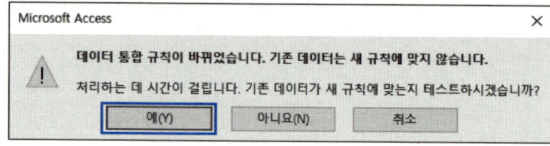

3

[최근입고일] 필드-'기본값' 속성 : Date()

① [탐색] 창의 〈식자재유통관리〉 테이블에서 마우스 오른쪽 버튼을 눌러 바로 가기 메뉴가 나타나면 [디자인 보기] 명령을 클릭합니다.
② [최근입고일] 필드를 클릭하여 [최근입고일]의 필드 속성이 나타나면 [일반] 탭의 '기본값' 속성을 클릭합니다.
③ '기본값' 속성에 커서가 이동되면 'date()'을 입력합니다.
④ Enter 를 누르면 'Date()'로 변경된 것을 확인할 수 있습니다.

4

[저장상태] 필드-'유효성 검사 규칙' 속성 : In ("신선", "건조", "동결", "훈제")

① [저장상태] 필드를 클릭하여 [저장상태]의 필드 속성이 나타나면 [일반] 탭의 '유효성 검사 규칙' 속성을 클릭합니다.
② '유효성 검사 규칙' 속성에 커서가 이동되면 'in(신선,건조,동결,훈제)'을 입력합니다.
③ Enter 를 누르면 'In ("신선","건조","동결","훈제")'로 변경된 것을 확인할 수 있습니다.

5

[물품번호] 필드-'IME 모드' 속성 : 영숫자 반자

① [물품번호] 필드를 클릭하여 [물품번호]의 필드 속성이 나타나면 [일반] 탭의 'IME 모드' 속성을 클릭합니다.
② 'IME 모드' 속성의 목록 단추(⌵)를 클릭하여 '영숫자 반자'를 선택합니다.
③ 저장(🖫)하고 닫기(✖)를 클릭하여 〈식자재유통관리〉 테이블을 닫습니다.
④ 아래와 같이 메시지가 나타나면 [예] 단추를 클릭합니다.

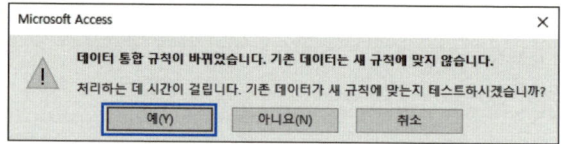

02 관계

▶ 결과

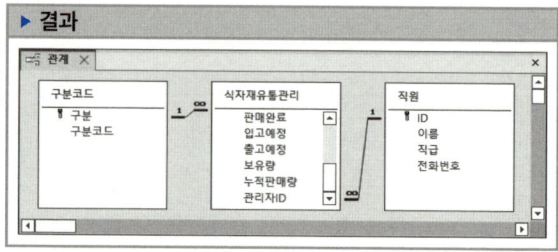

① [데이터베이스 도구] 탭-[관계] 그룹-[관계]를 클릭합니다.
② [관계 디자인] 탭-[관계] 그룹-[테이블 추가]를 클릭해 [테이블 추가] 창이 나타나면 〈직원〉 테이블을 더블클릭하여 [관계] 창에 추가합니다.
③ 〈식자재유통관리〉 테이블의 [관리자ID] 필드를 〈직원〉 테이블의 [ID] 필드로 드래그합니다.
④ [관계 편집] 대화상자가 나타나면 '항상 참조 무결성 유지'와 '관련 필드 모두 업데이트' 확인란을 선택하고 [만들기] 단추를 클릭합니다.

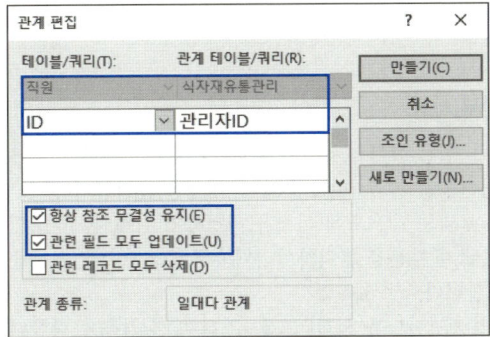

⑤ 관계 선이 생성되면 저장(🖫)하고 닫기(✖)를 클릭하여 [관계] 창을 닫습니다.

03 외부 데이터 가져오기

① 엑셀 파일을 가져오기 위해 [외부 데이터] 탭-[가져오기 및 연결] 그룹-[새 데이터 원본]-[파일에서]-[Excel]을 클릭합니다.
② [외부 데이터 가져오기 - Excel 스프레드시트] 대화상자가 나타나면 [찾아보기] 단추를 클릭해 현재 파일을 열어준 폴더(컴활1급₩최신기출유형₩최신기출유형02회)로 이동한 후 '구분별평균.xlsx'을 선택하고 [열기] 단추를 클릭합니다.
③ 다시 [외부 데이터 가져오기 - Excel 스프레드시트] 대화상자로 돌아오면 '다음 테이블에 레코드 복사본 추가', '구분별평균'을 선택하고 [확인] 단추를 클릭합니다.
④ 시트의 데이터를 이용하기 위해 '워크시트 표시', '구분별평균'을 선택하고 [다음] 단추를 클릭합니다.
⑤ 첫 번째 행은 필드의 이름으로 사용하기 위해 기본 설정 그대로 두고 [다음] 단추를 클릭합니다.
⑥ 테이블 이름을 그대로 두고 [마침] 단추를 클릭합니다.
⑦ 가져오기 단계 저장 여부에 대한 대화상자가 나타나면 [닫기] 단추를 클릭합니다.

문제 2 입력 및 수정 기능 구현

01 폼 속성

1
① [탐색] 창 폼 목록의 <식자재정보> 폼에서 마우스 오른쪽 버튼을 누른 후 [디자인 보기] 명령을 클릭합니다.
② <식자재정보> 폼의 '폼 선택기'(■)를 클릭합니다.
③ 폼의 [속성 시트] 창에서 [형식] 탭의 '기본 보기' 목록 단추(☑)를 클릭해 '연속 폼'을 선택합니다.

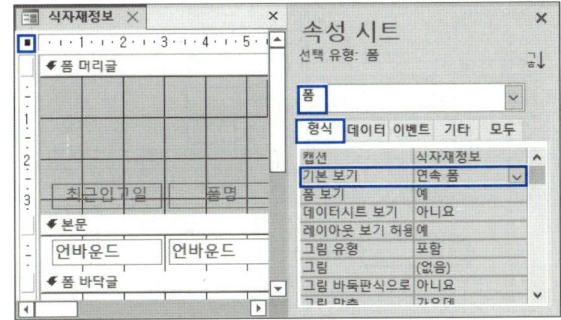

2
① 폼의 [속성 시트] 창에서 [형식] 탭의 '구분 선' 목록 단추(☑)를 클릭해 '아니요'를 선택합니다.
② 이어서 [형식] 탭의 '레코드 선택기' 목록 단추(☑)를 클릭해 '아니요'를 선택합니다.

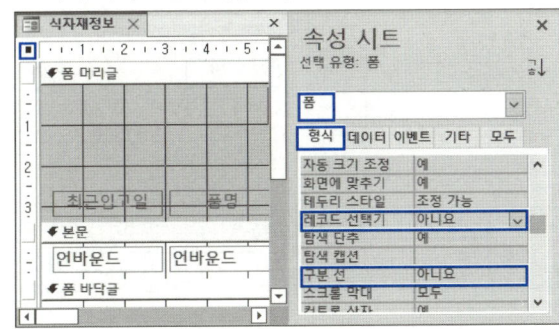

3
① 'txt최근입고일' 컨트롤을 클릭한 후 선택한 컨트롤의 [속성 시트] 창에서 [데이터] 탭의 '컨트롤 원본' 입력란에 '최근입고일'을 입력합니다.

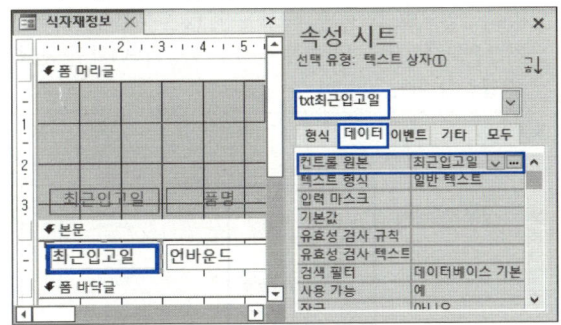

② 'txt품명' 컨트롤을 클릭한 후 선택한 컨트롤의 [속성 시트] 창에서 [데이터] 탭의 '컨트롤 원본' 입력란에 '품명'을 입력합니다.

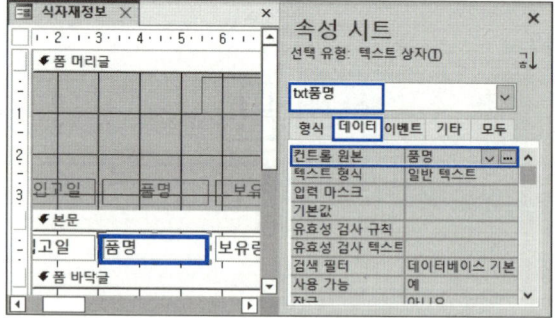

④

① 'txt수분함유' 컨트롤을 클릭한 후 선택한 컨트롤의 [속성 시트] 창에서 [데이터] 탭의 '잠금' 목록 단추(▼)를 클릭해 '예'를 선택합니다.

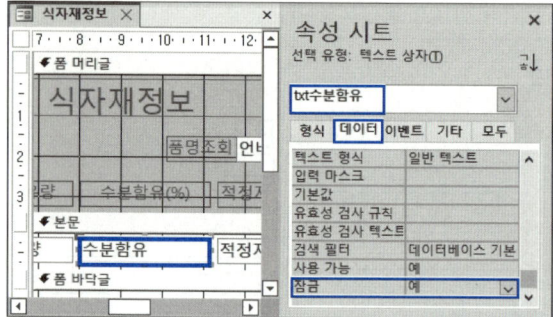

⑤

① '본문' 구역의 임의의 컨트롤을 클릭하여 선택한 후 [양식 디자인] 탭-[도구] 그룹-[탭 순서]를 클릭합니다.
② [탭 순서] 대화상자가 나타나면 [자동 순서] 단추를 클릭합니다.
③ txt최근입고일, txt품명, txt보유량, txt수분함유, txt적정저장온도, txt적정저장기간 순서로 조정되면 [확인] 단추를 클릭합니다.

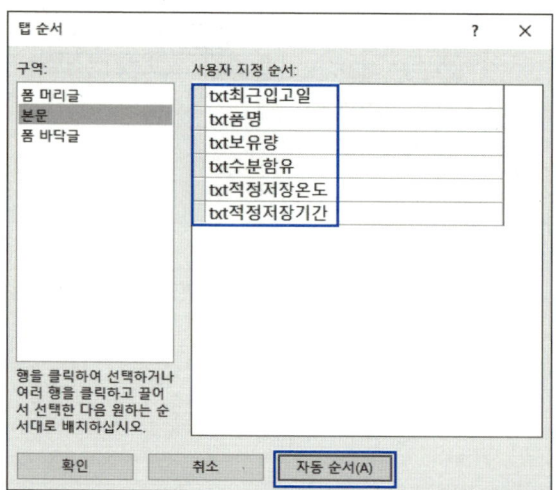

④ 저장(💾)을 클릭하고 닫기(✖)를 클릭해 작성한 폼을 닫습니다.

02 조건부 서식

① [탐색] 창 폼 목록의 〈식자재정보〉 폼에서 마우스 오른쪽 버튼을 누른 후 [디자인 보기] 명령을 클릭합니다.
② 조건에 맞는 레코드에 서식을 지정하기 위해 '본문' 구역의 눈금자 부분을 클릭하여 '본문' 구역의 모든 컨트롤을 선택합니다.
③ [서식] 탭-[컨트롤 서식] 그룹-[조건부 서식]을 클릭합니다.
④ [조건부 서식 규칙 관리자] 대화상자가 나타나면 [새 규칙]을 클릭하고 첫 번째 목록 단추(▼)를 클릭해 '식이'를 선택합니다.
⑤ 식 입력란에 '[적정저장온도]>1'을 입력합니다.
⑥ 조건에 맞으면 적용할 서식에 [배경색]을 '노랑'으로 선택한 후 [확인] 단추를 클릭합니다.

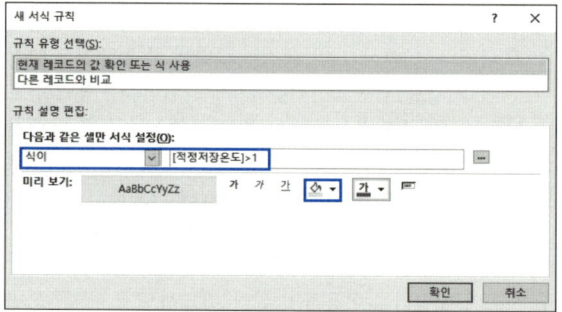

⑦ [조건부 서식 규칙 관리자] 대화상자가 나타나면 [확인] 단추를 클릭해 대화상자를 닫습니다.
⑧ 저장(💾)을 클릭하고 닫기(✖)를 클릭해 작성한 폼을 닫습니다.

03 매크로

① 매크로 이름이 따로 지정되어 있으므로 매크로를 먼저 작성하기 위해 [만들기] 탭-[매크로 및 코드] 그룹-[매크로]를 클릭합니다.
② [매크로 작성기] 창이 나타나면 새 함수 추가 입력란에 'openreport'를 입력하고 [Enter]를 누릅니다.
③ 보고서 열기 매크로 함수 인수가 나타나면 아래와 같이 입력합니다.

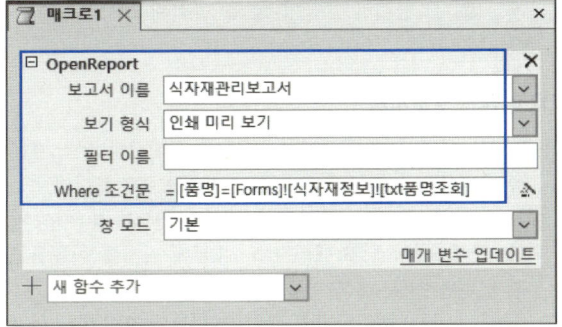

④ 저장(🖫)을 클릭한 후 [다른 이름으로 저장] 대화상자가 나타나면 '보고서인쇄'를 입력하고 [확인] 단추를 클릭합니다.
⑤ 닫기(✖)를 클릭하여 [매크로 작성기] 창을 닫습니다.
⑥ [탐색] 창 폼 목록의 〈식자재정보〉 폼에서 마우스 오른쪽 버튼을 누른 후 [디자인 보기] 명령을 클릭합니다.
⑦ [양식 디자인] 탭-[컨트롤] 그룹-[단추](☐)를 클릭하고 단추가 위치할 곳에 드래그합니다.

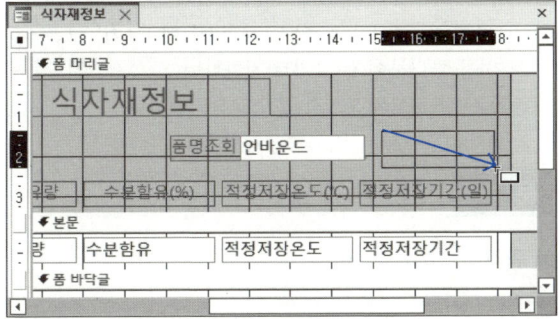

⑧ [명령 단추 마법사] 대화상자가 나타나면 [취소] 단추를 클릭하여 대화상자를 닫습니다.
⑨ 생성된 컨트롤의 [속성 시트] 창에서 [모두] 탭의 '캡션' 입력란에 '인쇄', '이름' 입력란에 'cmd인쇄'를 입력한 후 Enter 를 누릅니다.
⑩ 이어서 [이벤트] 탭의 'On Click'에 목록 단추(▼)를 클릭해 '보고서인쇄'를 선택합니다.

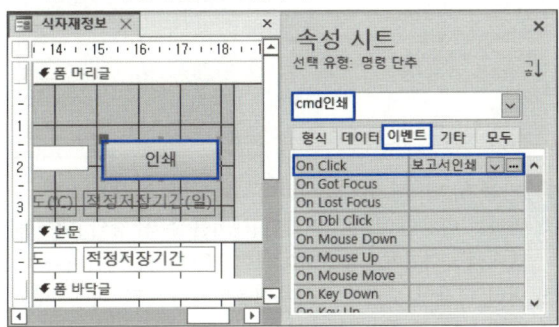

⑪ 저장(🖫)을 클릭하고 [양식 디자인] 탭-[보기] 그룹-[폼 보기]를 클릭하여 폼 보기로 전환합니다.
⑫ 매크로가 잘 작성되었는지 결과를 확인하고 보고서와 폼을 닫습니다.

문제 3 조회 및 출력 기능 구현

01 보고서 속성

1

① [탐색] 창 보고서 목록의 〈식자재관리보고서〉 보고서에서 마우스 오른쪽 버튼을 누른 후 [디자인 보기] 명령을 클릭합니다.
② '보고서 머리글' 구역의 눈금자 부분을 드래그하여 '보고서 머리글' 구역의 모든 레이블 컨트롤을 선택합니다.
③ 선택한 컨트롤 위에 마우스 포인터를 올려놓고 드래그하여 '페이지 머리글' 구역으로 이동합니다.

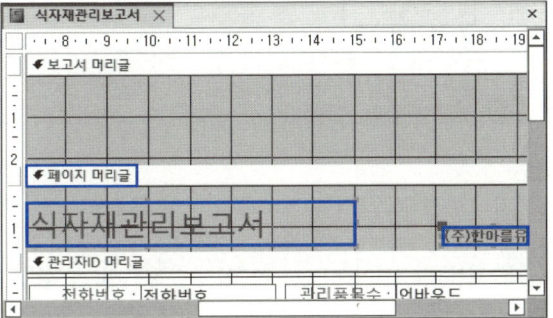

④ '보고서 머리글' 구역을 선택하고 [속성 시트] 창에서 [형식] 탭의 '높이' 입력란에 '0'을 입력합니다.

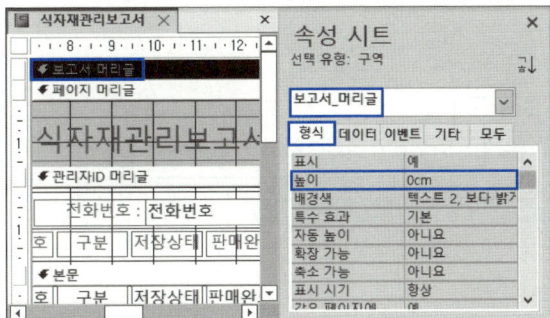

2

① '관리자ID 머리글' 구역을 클릭한 후 선택한 구역의 [속성 시트] 창에서 [형식] 탭의 '페이지 바꿈' 목록 단추(▼)를 클릭해 '구역 전'을 선택합니다.

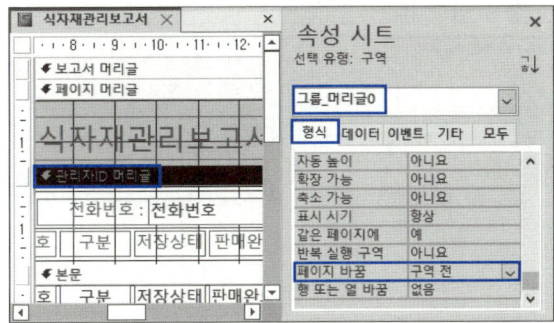

3

① '관리자ID 머리글' 구역의 'txt관리품목수' 컨트롤을 클릭한 후 선택한 컨트롤의 [속성 시트] 창에서 [데이터] 탭의 '컨트롤 원본' 입력란에 '=count(*)'을 입력합니다.

② Enter 를 누르면 '=Count(*)'로 변경된 것을 확인할 수 있습니다.

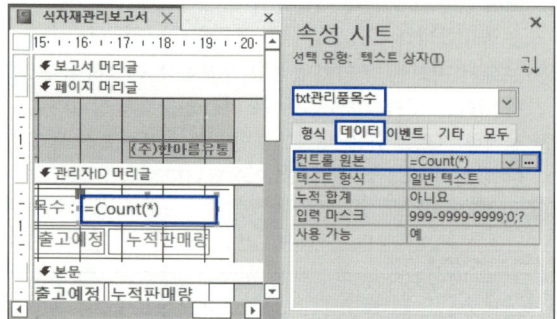

4

① '페이지 바닥글' 구역의 'txt페이지' 컨트롤을 클릭한 후 선택한 컨트롤의 [속성 시트] 창에서 [데이터] 탭의 '컨트롤 원본' 입력란에 '=Pages & "쪽 중 " & Page & "쪽"'을 입력합니다.

② Enter 를 누르면 '=[Pages] & "쪽 중 " & [Page] & "쪽"'으로 변경된 것을 확인할 수 있습니다.

5

① '관리자ID 바닥글' 구역의 'txt누적판매량평균' 컨트롤을 클릭한 후 선택한 컨트롤의 [속성 시트] 창에서 [데이터] 탭의 '컨트롤 원본' 입력란에 '=avg(누적판매량)'을 입력합니다.

② Enter 를 누르면 '=Avg([누적판매량])'로 변경된 것을 확인할 수 있습니다.

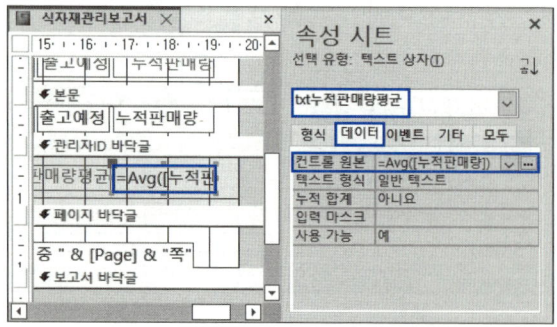

③ 저장(💾)을 클릭하고 닫기(✕)를 클릭해 작성한 보고서를 닫습니다.

02 이벤트 프로시저

① [탐색] 창 폼 목록의 <식자재정보> 폼에서 마우스 오른쪽 버튼을 누른 후 [디자인 보기] 명령을 클릭합니다.
② 'cmd닫기' 컨트롤을 클릭한 후 선택한 컨트롤의 [속성 시트] 창에서 [이벤트] 탭의 'On Click'에 커서를 이동하고 작성기 단추(...)를 클릭합니다.
③ [작성기 선택] 대화상자가 나타나면 '코드 작성기'를 선택하고 [확인] 단추를 클릭합니다.
④ 'cmd닫기_Click()' 프로시저가 나타나면 아래와 같이 입력합니다.

```
Private Sub cmd닫기_Click()
    Dim a
    a = MsgBox(Time & " 폼을 종료하겠습니까?", vbYesNo, "닫기")
    If a = vbYes Then
        DoCmd.Close
    End If
End Sub
```

⑤ VBE의 닫기(✕) 단추를 클릭하여 액세스로 돌아옵니다.
⑥ 저장(💾)을 클릭하고 [양식 디자인] 탭-[보기] 그룹-[폼 보기]를 클릭하여 폼 보기로 전환합니다.
⑦ 코드가 잘 작성되었는지 결과를 확인합니다.

문제 4   처리 기능 구현

01 쿼리

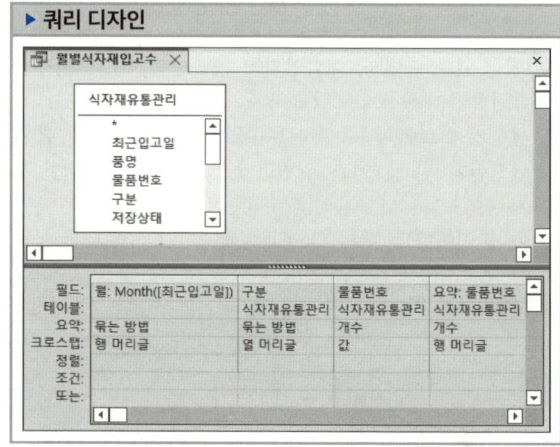

① [만들기] 탭-[쿼리] 그룹-[쿼리 디자인]을 클릭합니다.
② 쿼리가 디자인 보기로 열리면 [테이블 추가] 창의 [테이블] 탭에서 <식자재유통관리> 테이블을 더블클릭합니다.
③ 쿼리 디자인 보기에 <식자재유통관리> 테이블이 추가되면 [테이블 추가] 창에서 [닫기] 단추를 클릭합니다.
④ 크로스탭 쿼리로 변경하기 위해 [쿼리 디자인] 탭-[쿼리 유형] 그룹-[크로스탭]을 클릭합니다.
⑤ 눈금의 첫 번째 열 '필드' 입력란에 '월:month(최근입고일)'을 입력합니다.

⑥ Enter 를 누르면 '월: Month([최근입고일])'로 변경된 것을 확인할 수 있습니다.
⑦ '월: Month([최근입고일])' 필드의 '크로스탭' 목록 단추(▼)를 클릭해 '행 머리글'을 선택합니다.
⑧ 〈식자재유통관리〉 테이블에서 [구분] 필드를 더블클릭해 눈금의 두 번째 열로 지정합니다.
⑨ '구분' 필드의 '크로스탭' 목록 단추(▼)를 클릭해 '열 머리글'을 선택합니다.
⑩ 〈식자재유통관리〉 테이블에서 [물품번호] 필드를 더블클릭해 눈금의 세 번째 열로 지정합니다.
⑪ '물품번호' 필드의 '크로스탭' 목록 단추(▼)를 클릭해 '값'을 선택하고, '요약' 목록 단추(▼)를 클릭해 '개수'를 선택합니다.
⑫ 〈식자재유통관리〉 테이블에서 [물품번호] 필드를 더블클릭해 눈금의 네 번째 열로 지정합니다.
⑬ 눈금의 네 번째 열에 있는 '물품번호'의 필드 이름을 지정하기 위하여 '물품번호' 앞에 '요약:'을 입력하고 Enter 를 누릅니다.
⑭ '요약: 물품번호' 필드의 '크로스탭' 목록 단추(▼)를 클릭해 '행 머리글'을 선택하고, '요약' 목록 단추(▼)를 클릭해 '개수'를 선택합니다.
⑮ 결과를 확인하기 위해 [쿼리 디자인] 탭-[결과] 그룹-[실행]을 클릭합니다.
⑯ 저장(💾)을 클릭한 후 [다른 이름으로 저장] 대화상자가 나타나면 쿼리 이름을 '월별식자재입고수'로 입력하고 [확인] 단추를 클릭합니다.
⑳ 닫기(✖)를 클릭해 작성한 쿼리를 닫습니다.

02 쿼리

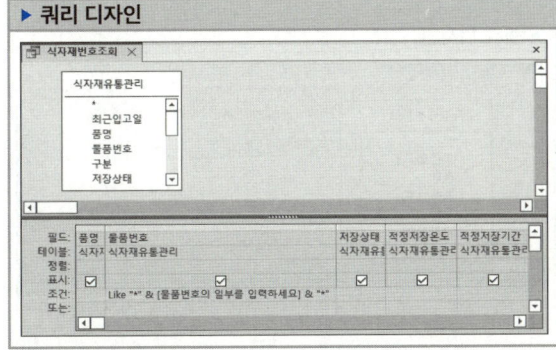

① [만들기] 탭-[쿼리] 그룹-[쿼리 디자인]을 클릭합니다.
② 쿼리가 디자인 보기로 열리면 [테이블 추가] 창의 [테이블] 탭에서 〈식자재유통관리〉 테이블을 더블클릭합니다.
③ 쿼리 디자인 보기에 〈식자재유통관리〉 테이블이 추가되면 [테이블 추가] 창에서 [닫기] 단추를 클릭합니다.
④ 〈식자재유통관리〉 테이블에서 [품명] 필드를 더블클릭해 눈금의 첫 번째 열로 지정합니다.
⑤ 〈식자재유통관리〉 테이블에서 [물품번호] 필드를 더블클릭해 눈금의 두 번째 열로 지정합니다.

⑥ 〈식자재유통관리〉 테이블에서 [저장상태] 필드를 더블클릭해 눈금의 세 번째 열로 지정합니다.
⑦ 〈식자재유통관리〉 테이블에서 [적정저장온도] 필드를 더블클릭해 눈금의 네 번째 열로 지정합니다.
⑧ 〈식자재유통관리〉 테이블에서 [적정저장기간] 필드를 더블클릭해 눈금의 다섯 번째 열로 지정합니다.
⑨ 매개 변수를 설정하기 위해 '물품번호' 필드의 '조건' 입력란에 'like "*" & [물품번호의 일부를 입력하세요] & "*"'를 입력하고 Enter 를 누릅니다.
⑩ 새 테이블로 생성하기 위해 [쿼리 디자인] 탭-[쿼리 유형] 그룹-[테이블 만들기]를 클릭합니다.
⑪ [테이블 만들기] 대화상자가 나타나면 테이블 이름을 '조회한물품'으로 입력하고 [확인] 단추를 클릭합니다.

⑫ 결과를 확인하기 위해 [쿼리 디자인] 탭-[결과] 그룹-[실행]을 클릭합니다.
⑬ [매개 변수 값 입력] 대화상자가 나타나면 '17'을 입력한 후 [확인] 단추를 클릭합니다.
⑭ 새 테이블 작성 여부를 묻는 메시지가 나타나면 [예] 단추를 클릭합니다.

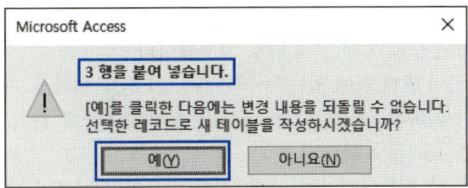

⑮ 저장(💾)을 클릭한 후 [다른 이름으로 저장] 대화상자가 나타나면 쿼리 이름을 '식자재번호조회'로 입력하고 [확인] 단추를 클릭합니다.
⑯ 닫기(✖)를 클릭해 작성한 쿼리를 닫습니다.

03 쿼리

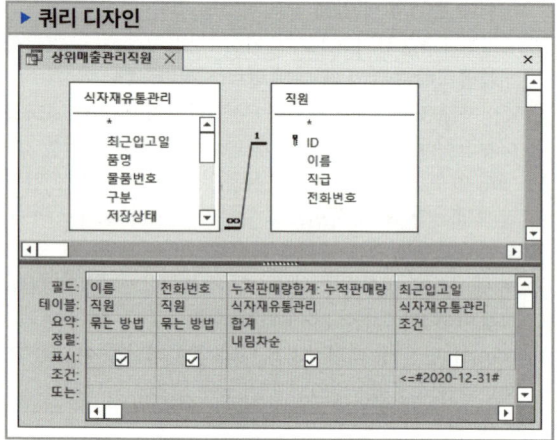

① [만들기] 탭-[쿼리] 그룹-[쿼리 디자인]을 클릭합니다.
② 쿼리가 디자인 보기로 열리면 [테이블 추가] 창의 [테이블] 탭에서 <식자재유통관리> 테이블과 <직원> 테이블을 각각 더블클릭합니다.
③ 쿼리 디자인 보기에 <식자재유통관리> 테이블과 <직원> 테이블이 추가되면 [테이블 추가] 창에서 [닫기] 단추를 클릭합니다.
④ <직원> 테이블에서 [이름] 필드를 더블클릭해 눈금의 첫 번째 열로 지정합니다.
⑤ <직원> 테이블에서 [전화번호] 필드를 더블클릭해 눈금의 두 번째 열로 지정합니다.
⑥ <식자재유통관리> 테이블에서 [누적판매량] 필드를 더블클릭해 눈금의 세 번째 열로 지정합니다.
⑦ 눈금의 세 번째 열에 있는 '누적판매량'의 필드 이름을 지정하기 위하여 '누적판매량' 앞에 '누적판매량합계:'를 입력하고 Enter 를 누릅니다.
⑧ 그룹별 합계를 설정하기 위해 [쿼리 디자인] 탭-[표시/숨기기] 그룹-[요약]을 클릭합니다.
⑨ 눈금에 '요약' 행이 표시되면 '누적판매량합계: 누적판매량' 필드의 '요약' 목록 단추(∨)를 클릭해 '합계'를 선택합니다.
⑩ 이어서 '누적판매량합계:누적판매량' 필드의 '정렬' 목록 단추(∨)를 클릭해 '내림차순'을 선택합니다.
⑪ 조건을 설정하기 위해 <식자재유통관리> 테이블에서 [최근입고일] 필드를 더블클릭해 눈금의 네 번째 열로 지정합니다.
⑫ '최근입고일' 필드의 '요약' 목록 단추(∨)를 클릭해 '조건'을 선택하고 '조건' 입력란에 '<=2020-12-31'을 입력합니다.
⑬ Enter 를 누르면 '<=#2020-12-31#'로 변경된 것을 확인할 수 있습니다.
⑭ 레코드를 상위 3번째까지 표시하기 위해 쿼리 디자인 보기의 빈 영역을 클릭합니다.

⑮ 선택한 쿼리의 [속성 시트] 창에서 [일반] 탭의 '상위 값' 속성을 클릭해 커서가 이동되면 '3'을 입력하고 Enter 를 누릅니다.

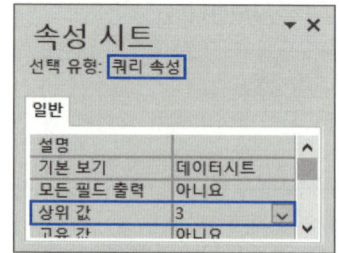

⑯ 형식을 설정하기 위해 세 번째 열의 '누적판매량합계: 누적판매량' 필드를 클릭한 후 선택한 필드의 [속성 시트] 창에서 [일반] 탭의 '형식' 입력란에 '#,###'를 입력합니다.

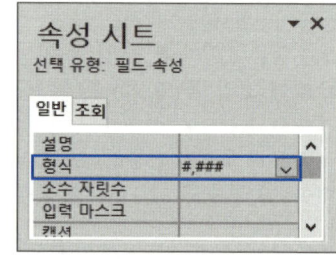

⑰ 결과를 확인하기 위해 [쿼리 디자인] 탭-[결과] 그룹-[실행]을 클릭합니다.
⑱ 저장(🖫)을 클릭한 후 [다른 이름으로 저장] 대화상자가 나타나면 쿼리 이름을 '상위매출관리직원'으로 입력하고 [확인] 단추를 클릭합니다.
⑲ 닫기(✖)를 클릭해 작성한 쿼리를 닫습니다.

04 쿼리

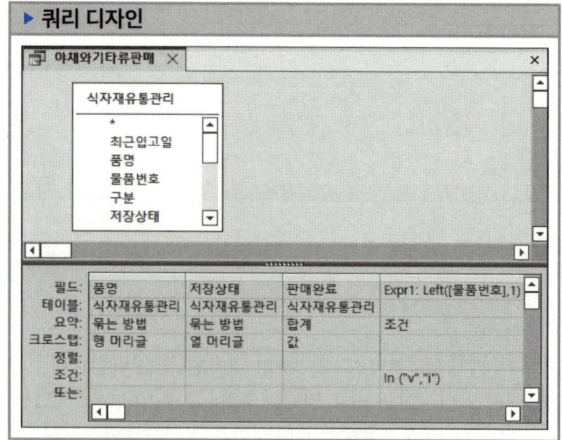

① [만들기] 탭-[쿼리] 그룹-[쿼리 디자인]을 클릭합니다.
② 쿼리가 디자인 보기로 열리면 [테이블 추가] 창의 [테이블] 탭에서 <식자재유통관리> 테이블을 더블클릭합니다.
③ 쿼리 디자인 보기에 <식자재유통관리> 테이블이 추가되면 [테이블 추가] 창에서 [닫기] 단추를 클릭합니다.

④ 크로스탭 쿼리로 변경하기 위해 [쿼리 디자인] 탭-[쿼리 유형] 그룹-[크로스탭]을 클릭합니다.
⑤ 〈식자재유통관리〉 테이블에서 [품명] 필드를 더블클릭해 눈금의 첫 번째 열로 지정합니다.
⑥ '품명' 필드의 '크로스탭' 목록 단추(☑)를 클릭해 '행 머리글'을 선택합니다.
⑦ 〈식자재유통관리〉 테이블에서 [저장상태] 필드를 더블클릭해 눈금의 두 번째 열로 지정합니다.
⑧ '저장상태' 필드의 '크로스탭' 목록 단추(☑)를 클릭해 '열 머리글'을 선택합니다.
⑨ 〈식자재유통관리〉 테이블에서 [판매완료] 필드를 더블클릭해 눈금의 세 번째 열로 지정합니다.
⑩ '판매완료' 필드의 '크로스탭' 목록 단추(☑)를 클릭해 '값'을 선택하고, '요약' 목록 단추(☑)를 클릭해 '합계'를 선택합니다.
⑪ 조건을 설정하기 위해 눈금의 네 번째 열 '필드' 입력란에 'left(물품번호,1)'을 입력합니다.
⑫ Enter 를 누르면 'Expr1: Left([물품번호],1)'로 변경된 것을 확인할 수 있습니다.
⑬ 이어서 'Expr1: Left([물품번호],1)' 필드의 '요약' 목록 단추(☑)를 클릭해 '조건'을 선택하고, '조건' 입력란에 'in (v,i)'를 입력합니다.
⑭ Enter 를 누르면 'In ("v","i")'로 변경된 것을 확인할 수 있습니다.
⑮ 결과를 확인하기 위해 [쿼리 디자인] 탭-[결과] 그룹-[실행]을 클릭합니다.
⑯ 저장(💾)을 클릭한 후 [다른 이름으로 저장] 대화상자가 나타나면 쿼리 이름을 '야채와기타류판매'로 입력하고 [확인] 단추를 클릭합니다.
⑰ 닫기(✖)를 클릭해 작성한 쿼리를 닫습니다.

제3회 최신기출유형

프로그램명	제한시간
ACCESS	45분

수험번호 :

성　　명 :

| 1급 | C형 |

유 의 사 항

★ 펜은 꺼내실 수 없으며 시험지는 유출이 불가능합니다.

■ 인적 사항 누락 및 잘못 작성으로 인한 불이익은 수험자 책임으로 합니다.

■ 화면에 암호 입력창이 나타나면 아래의 암호를 입력하여야 합니다.
  • 암호 :

★ 암호를 입력할 수도 있으니 이렇게 첫 장을 확인하시면 됩니다.

■ 작성된 답안은 주어진 경로 및 파일명을 변경하지 마시고 그대로 저장해야 합니다.
  이를 준수하지 않으면 실격 처리됩니다.

★ 디스켓 모양을 눌러 저장하시면 됩니다. 예외가 있을 수도 있으니 감독관이 설명할 때 잘 들어주세요. 제한시간(45분) 안에 디스켓 모양을 눌러 저장을 하고 그 이후에는 화면이 바뀌며 [답안 제출]을 하게 됩니다.

■ 외부 데이터 위치 : C:\DB\파일명

■ 별도의 지시사항이 없는 경우, 다음과 같이 처리 시 실격 처리됩니다.
  • 제시된 개체의 이름을 임의로 변경한 경우
  • 제시된 개체의 속성을 임의로 변경한 경우
  • 제시된 개체를 임의로 추가하거나 삭제한 경우

■ 별도의 지시사항이 없는 경우 기능의 구현은 모듈이나 매크로 등을 이용하며, 예외적인 상황에 대해서는 고려하지 않아도 됩니다.

■ 별도의 지시사항이 없는 경우 주어진 각 개체의 속성은 설정값 또는 기본 설정값(Default)으로 처리하십시오.

■ 제시된 화면은 예시이며 나타난 값은 실제와 다를 수 있습니다.

■ 저장 시간은 별도로 주어지지 않으므로 제한된 시간 내에 저장을 완료해야 합니다.

■ 출제된 문제의 용어는 Microsoft Office Access 2021 기준으로 작성되어 있습니다.

국 가 기 술 자 격 검 정

문제 1 DB 구축 (30점)

01 수험자들의 체력을 기록하기 위한 데이터베이스를 구축하고자 한다. 다음의 지시사항에 따라 각 테이블을 완성하시오. (각 4점)

① <체력검정> 테이블의 맨 앞에 '순번' 필드를 추가하고 데이터 형식을 '일련 번호' 형식으로 설정하시오.
② <체력검정> 테이블의 '접수날짜' 필드는 새로운 레코드 추가 시 기본적으로 오늘 날짜와 시간이 입력되도록 설정하시오.
③ <수험자정보> 테이블의 '성별' 필드는 "남"과 "여"만 입력되도록 유효성 검사 규칙을 설정하시오.
④ <수험자정보> 테이블의 '주민번호' 필드는 '900513-2******'와 같은 형식으로 입력되도록 입력 마스크를 설정하시오.
  ▶ 숫자 입력은 0 ~ 9까지의 숫자가 반드시 입력되도록 설정할 것
  ▶ '-' 기호도 함께 저장하고, 자료 입력 시 화면에 표시되는 기호는 0으로 설정할 것
⑤ <종합순위> 테이블의 '이름' 필드는 중복이 불가능한 인덱스를 설정하시오.

02 <체력검정> 테이블의 '이름' 필드에 대하여 다음과 같이 조회 속성을 설정하시오. (5점)

▶ <수험자정보> 테이블의 '이름', '연락처'를 콤보 상자 형태로 표시할 것
▶ 필드에는 '이름'이 저장되도록 설정할 것
▶ 열 너비를 각각 2cm, 4cm로 설정할 것
▶ 목록 너비를 6cm로 설정할 것

03 <체력검정> 테이블의 '번호' 필드는 <수험자정보> 테이블의 '번호' 필드를, <체력검정> 테이블의 '이름' 필드는 <종합순위> 테이블의 '이름' 필드를 참조하며, 테이블 간에 관계는 M:1이다. 다음과 같이 테이블 간의 관계를 설정하시오. (5점)

※ 액세스 파일에 이미 설정되어 있는 관계는 수정하지 마시오.

▶ 각 테이블 간에 항상 참조 무결성이 유지되도록 설정하시오.
▶ 참조 필드의 값이 변경되면 관련 필드의 값도 변경되도록 설정하시오.
▶ 다른 테이블에서 참조하고 있는 레코드는 삭제할 수 없도록 설정하시오.

문제 2 입력 및 수정 기능 구현 (25점)

01 <검정결과확인> 폼을 다음의 화면과 지시사항에 따라 완성하시오. (각 3점)

① 다음과 같이 폼 머리글에 레이블을 생성하여 제목을 입력하시오.
  ▶ 제목 : 체력검정내역
  ▶ 이름 : LBL제목
  ▶ 글꼴 크기 : 20
② 본문의 'txt시험날짜' 컨트롤은 사용할 수 없도록 '사용 가능' 속성을 설정하시오.
③ 폼의 스크롤을 세로 스크롤만 표시되도록 설정하시오.
④ 본문의 'txt100m달리기'와 'txt1000m달리기' 컨트롤에는 각각 '100m달리기'와 '1000m달리기' 필드의 내용이 표시되도록 컨트롤 원본을 설정하시오.
⑤ 폼이 로드될 때 '시험날짜' 필드를 기준으로 오름차순 정렬되어 표시되도록 관련 속성을 설정하시오.

검정결과확인							✕
체력검정내역				조회월:		조회	
	시험날짜	이름	100m달리기 (초)	1000m달리기 (초)	윗몸일으키기 (회/60초)	좌우악력 (kg)	팔굽혀펴기 (회/초)
▶	2020-09-25	구한석	15.1	245	49	46	57
	2020-09-25	이경진	18	299	52	39	43
	2020-09-25	이희진	19.5	344	19	38	51
	2020-09-25	정호정	19.2	328	34	27	53
	2020-09-25	곽상우	14.9	244	46	63	59
	2020-09-25	최승규	14.4	253	48	60	58

레코드: ◀ ◀ 1/40 ▶ ▶◀ 필터링되지 않음 검색

02 <수험자정보> 폼의 'txt생년월일' 컨트롤에 대하여 다음과 같이 조건부 서식을 설정하시오. (5점)
  ▶ 생년월일의 연도가 1993년인 경우 글꼴 색을 '표준 색-빨강'으로 지정하시오.
  ▶ Year 함수 사용

03 <검정결과확인> 폼에서 'txt이름' 컨트롤을 더블클릭하면 해당 수험자의 정보를 <수험자정보> 폼에 표시하는 '수험자정보확인' 매크로를 작성한 후 지정하시오. (5점)

문제 3 조회 및 출력 기능 구현 (20점)

01 다음의 지시사항 및 화면을 참조하여 <검정현황> 보고서를 완성하시오. (각 3점)
  ① '성별' 그룹 안에서 '시험날짜'가 같은 경우 '종합순위'를 기준으로 내림차순 정렬되어 표시되도록 설정하시오.
  ② '성별' 머리글 영역이 매 페이지마다 반복하여 출력되도록 설정하시오.
  ③ '성별' 바닥글 영역의 'txt팔굽혀펴기평균' 컨트롤에는 '팔굽혀펴기' 필드의 평균이 <그림>과 같이 표시되도록 컨트롤 원본 속성과 형식 속성을 설정하시오.
  ④ 본문 영역의 'txt순번' 컨트롤에는 전체 레코드의 일련 번호가 표시되도록 설정하시오.
  ⑤ 페이지 바닥글 영역의 'txt페이지' 컨트롤에는 페이지가 다음과 같이 표시되도록 컨트롤 원본 속성을 설정하시오.
    ▶ 전체 페이지가 2페이지이고 현재 페이지가 1페이지인 경우 : 1/2

성별	시험날짜	이름	100m달리기	1000m달리기	윗몸일으키기	좌우악력	팔굽혀펴기	종합순위
남								
1	09-25	구한석	15.1	245	49	46	57	12
2	09-25	최승규	14.4	253	48	60	58	6
3	09-25	곽상우	14.9	244	46	63	59	5
4	09-30	이병옥	15.1	278	56	57	54	10
5	10-05	박규현	16.2	249	49	54	45	22
6	10-05	신행수	15.9	251	60	51	44	17
7	10-05	김형준	16.5	245	59	58	48	14
8	10-05	박한결	16.2	233	58	43	56	11
9	10-05	방성욱	15	238	55	59	49	9
10	10-05	황찬수	13.8	242	51	47	57	6
11	10-10	이흥근	16.7	239	48	53	49	19
12	10-10	이진병	13.9	271	49	57	53	12
13	10-10	임두현	13.8	241	51	59	51	8
14	10-10	이준희	13.2	231	55	60	60	3
15	10-25	이지훈	15.2	231	47	49	51	16
16	10-25	김형우	16.4	227	43	54	53	15
17	10-25	강세진	14.3	241	53	48	58	4
18	10-25	이해원	12.9	229	60	65	55	2
19	10-30	김상훈	17	264	46	57	55	18
20	10-30	신명진	12.8	227	59	62	57	1
					성별별 팔굽혀펴기 평균		53	
성별	시험날짜	이름	100m달리기	1000m달리기	윗몸일으키기	좌우악력	팔굽혀펴기	종합순위
여								
21	09-25	이희진	19.5	344	19	38	51	39
22	09-25	정호정	19.2	328	34	27	53	37
23	09-25	이경진	18	299	52	39	43	27
24	09-30	강혜정	17.7	327	31	44	48	33
25	09-30	이수지	20.9	319	53	36	48	31
26	10-05	이민지	17.3	341	38	41	46	37
27	10-05	최지은	22.3	327	48	39	47	36
28	10-05	강미희	19.6	331	41	29	54	35

02 <검정결과확인> 폼에서 'txt조회월' 컨트롤에 조회할 월을 입력한 후 '조회(cmd조회)' 단추를 클릭하면 입력된 월과 동일한 월의 시험 정보만 표시되도록 이벤트 프로시저를 구현하시오. (5점)

▶ Filter, FilterOn 속성과 Month 함수 사용

문제 4   처리 기능 구현 (25점)

01 다음 <화면>을 참조하여 시험날짜별 성별별 응시 인원수를 나타내는 크로스탭 질의를 작성하시오. (4점)

- <수험자정보>, <체력검정> 테이블을 이용하시오.
- '응시인원' 필드는 <체력검정> 테이블의 '번호' 필드를 이용하시오.
- 쿼리 이름은 <날짜별응시인원수>로 하시오.
- 쿼리 결과로 표시되는 필드와 필드명은 <그림>과 같이 표시되도록 설정하시오.

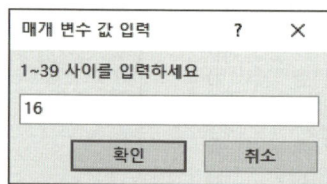

02 다음과 같은 기능을 수행하는 매개 변수 쿼리를 작성하시오. (7점)

- <수험자정보>, <체력검정>, <종합순위> 테이블을 이용하시오.
- '이름' 필드는 <수험자정보> 테이블을 이용하시오.
- 쿼리를 실행하면 <그림>과 같은 매개 변수 값 입력 대화상자를 통해 입력된 '종합순위'와 동일한 수험자의 레코드만 표시되도록 조건을 설정하시오.
- 쿼리 이름은 <순위조회>로 하시오.
- 쿼리 결과로 표시되는 필드와 필드명은 <그림>과 같이 표시되도록 설정하시오.

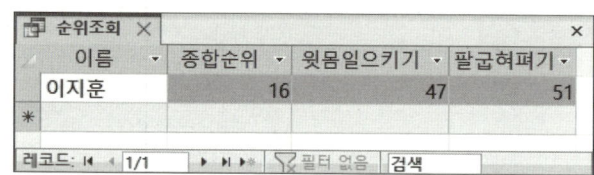

03 다음 <화면>을 참조하여 나이별 BMI의 최대값을 나타내는 쿼리를 작성하시오. (7점)

- <수험자정보>, <신체계측>, <체력검정> 테이블을 이용하시오.
- 나이 : 2020 - 생년월일의 연도
- BMI : 몸무게 / (키 / 100) ^ 2
- DAY 함수를 이용하여 시험날짜가 10일 이전인 자료만을 대상으로 하시오.
- 쿼리 이름은 <나이별BMI>로 하시오.
- 쿼리 실행 결과 표시되는 필드와 필드명, 필드의 형식은 <그림>과 같이 표시되도록 설정하시오.

04 다음 <화면>을 참조하여 생년별 성별별 응시자수를 나타내는 크로스탭 질의를 작성하시오. (7점)

▶ <수험자정보>, <체력검정> 테이블을 이용하시오.
▶ 응시자수는 '시험날짜' 필드를 이용하시오.
▶ '생년' 필드를 기준으로 내림차순으로 표시하시오.
▶ Year 함수와 & 연산자를 사용하시오.
▶ 쿼리 이름은 <생년별성별별검정현황>로 하시오.
▶ 쿼리 실행 결과 표시되는 필드와 필드명, 필드의 형식은 <그림>과 같이 표시되도록 설정하시오.

정답 및 해설

문제1 DB 구축

'보안 경고'가 표시되면 '콘텐츠 사용'을 클릭하세요.

01 테이블

1

[행 삽입]-[순번] 필드 추가-데이터 형식 : 일련 번호

① [탐색] 창의 〈체력검정〉 테이블에서 마우스 오른쪽 버튼을 눌러 바로 가기 메뉴가 나타나면 [디자인 보기] 명령을 클릭합니다.
② 첫 번째 필드를 추가하기 위해 [접수날짜] 필드를 클릭하고 [테이블 디자인] 탭-[도구] 그룹-[행 삽입]을 클릭합니다.
③ 삽입된 행의 필드 이름을 '순번'으로 입력하고 데이터 형식의 목록 단추(▽)를 클릭하여 '일련번호'를 선택합니다.

2

[접수날짜] 필드-'기본값' 속성 : Now()

① [접수날짜] 필드를 클릭하여 [접수날짜]의 필드 속성이 나타나면 [일반] 탭의 '기본값' 속성을 클릭합니다.
② '기본값' 속성에 커서가 이동되면 'now()'을 입력합니다.
③ Enter를 누르면 'Now()'로 변경된 것을 확인할 수 있습니다.
④ 저장(🖫)하고 닫기(✖)를 클릭하여 〈체력검정〉 테이블을 닫습니다.

3

[성별] 필드-'유효성 검사 규칙' 속성 : In ("남","여")

① [탐색] 창의 〈수험자정보〉 테이블에서 마우스 오른쪽 버튼을 눌러 바로 가기 메뉴가 나타나면 [디자인 보기] 명령을 클릭합니다.
② [성별] 필드를 클릭하여 [성별]의 필드 속성이 나타나면 [일반] 탭의 '유효성 검사 규칙' 속성을 클릭합니다.
③ '유효성 검사 규칙' 속성에 커서가 이동되면 'in(남,여)'을 입력합니다.
④ Enter를 누르면 'In ("남","여")'로 변경된 것을 확인할 수 있습니다.

4

[주민번호] 필드-'입력 마스크' 속성 : 000000-0"******";0;0

① [주민번호] 필드를 클릭하여 [주민번호]의 필드 속성이 나타나면 [일반] 탭의 '입력 마스크' 속성을 클릭합니다.
② '입력 마스크' 속성에 커서가 이동되면 '000000-0"******";0;0'을 입력한 후 Enter를 눌러 입력을 완료합니다.
③ 저장(🖫)하고 닫기(✖)를 클릭하여 〈수험자정보〉 테이블을 닫습니다.
④ 아래와 같은 메시지가 나타나면 [예] 단추를 클릭합니다.

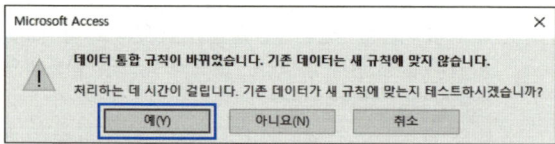

5

[이름] 필드-'인덱스' 속성 : 예(중복 불가능)

① [탐색] 창의 〈종합순위〉 테이블에서 마우스 오른쪽 버튼을 눌러 바로 가기 메뉴가 나타나면 [디자인 보기] 명령을 클릭합니다.
② [이름] 필드를 클릭하여 [이름]의 필드 속성이 나타나면 [일반] 탭의 '인덱스' 속성을 더블클릭합니다.
③ [이름] 필드의 '인덱스' 속성이 '예(중복 불가능)'으로 변경된 것을 확인할 수 있습니다.
④ 저장(🖫)하고 닫기(✖)를 클릭하여 〈종합순위〉 테이블을 닫습니다.

02 조회 속성

① [탐색] 창의 〈체력검정〉 테이블에서 마우스 오른쪽 버튼을 눌러 바로 가기 메뉴가 나타나면 [디자인 보기] 명령을 클릭합니다.
② [이름] 필드를 클릭하여 [이름]의 필드 속성이 나타나면 [조회] 탭의 '컨트롤 표시' 속성을 클릭합니다.
③ '컨트롤 표시' 속성의 목록 단추(▽)를 클릭하여 '콤보 상자'로 변경합니다.
④ 테이블의 데이터를 가져오기 위해 '행 원본 유형' 속성이 '테이블/쿼리'인지 확인합니다.
⑤ 이어서 '행 원본' 속성을 클릭합니다.
⑥ '행 원본' 속성에 커서가 이동되면 작성기 단추(…)를 클릭합니다.
⑦ [쿼리 작성기]가 나타나면 [테이블 추가] 창에서 〈수험자정보〉 테이블을 더블클릭하여 [쿼리 작성기]에 추가한 후 [테이블 추가] 창의 [닫기] 단추를 클릭합니다.

⑧ <수험자정보> 테이블의 [이름] 필드를 더블클릭, [연락처] 필드를 더블클릭하여 눈금의 필드에 추가한 후 [쿼리 작성기의 닫기(✖)]를 클릭합니다.
⑨ 저장여부를 묻는 메시지가 나타나면 [예] 단추를 클릭합니다.
⑩ 이름, 연락처 중에 이름을 저장하기 위해 '바운드 열' 속성이 '1'인지 확인합니다.
⑪ '열 너비' 속성을 클릭하고 '열 너비' 속성에 커서가 이동되면 '2;4'를 입력합니다.
⑫ Enter 를 누르면 '2cm;4cm'로 변경된 것을 확인할 수 있습니다.
⑬ '목록 너비' 속성을 클릭하고 '목록 너비' 속성에 커서가 이동되면 '6'을 입력합니다.
⑭ Enter 를 누르면 '6cm'로 변경된 것을 확인할 수 있습니다.
⑮ '열 개수' 속성을 클릭하고 '열 개수' 속성에 커서가 이동되면 '2'를 입력합니다.

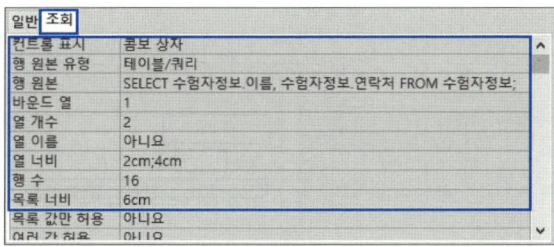

⑯ 저장(💾)하고 닫기(✖)를 클릭하여 <체력검정> 테이블을 닫습니다.

03 관계

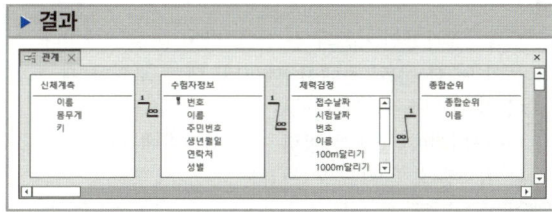

① [데이터베이스 도구] 탭-[관계] 그룹-[관계]를 클릭합니다.
② [관계 디자인] 탭-[관계] 그룹-[테이블 추가]를 클릭한 후 <체력검정>, <종합순위> 테이블을 각각 더블클릭하여 [관계] 창에 추가합니다.
③ <체력검정> 테이블의 [번호] 필드를 <수험자정보> 테이블의 [번호] 필드로 드래그합니다.
④ [관계 편집] 대화상자가 나타나면 '항상 참조 무결성 유지'와 '관련 필드 모두 업데이트' 확인란을 선택하고 [만들기] 단추를 클릭합니다.

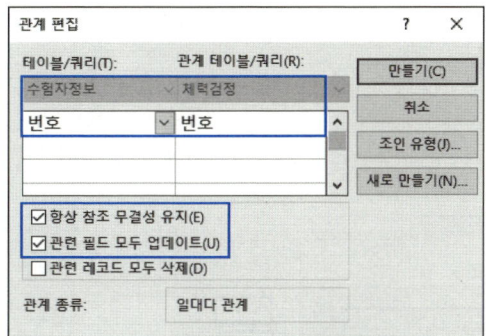

⑤ 관계 선이 생성되면 <체력검정> 테이블의 [이름] 필드를 <종합순위> 테이블의 [이름] 필드로 드래그합니다.
⑥ [관계 편집] 대화상자가 나타나면 '항상 참조 무결성 유지'와 '관련 필드 모두 업데이트' 확인란을 선택하고 [만들기] 단추를 클릭합니다.

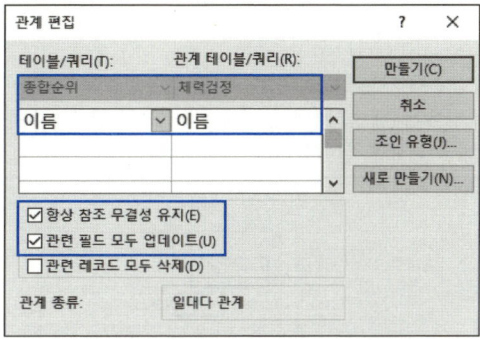

⑦ 관계 선이 생성되면 저장(💾)하고 닫기(✖)를 클릭하여 [관계] 창을 닫습니다.

문제 2 입력 및 수정 기능 구현

01 폼 속성

1

① [탐색] 창 폼 목록의 <검정결과확인> 폼에서 마우스 오른쪽 버튼을 누른 후 [디자인 보기] 명령을 클릭합니다.
② [양식 디자인] 탭-[컨트롤] 그룹-[레이블](가)을 클릭합니다.
③ '폼 머리글' 구역에서 제목을 삽입할 곳에 드래그합니다.

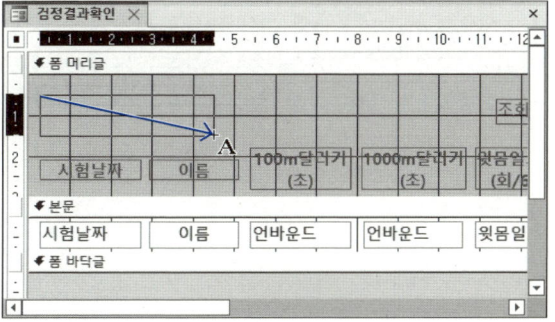

④ 커서가 나타나면 '체력검정내역'을 입력하고 Enter 를 누릅니다.
⑤ 선택한 컨트롤의 [속성 시트] 창에서 [기타] 탭의 '이름' 입력란에 'LBL제목'을 입력한 후 Enter 를 누릅니다.
⑥ 이어서 [형식] 탭의 '글꼴 크기' 입력란에 '20'을 입력한 후 Enter 를 누릅니다.

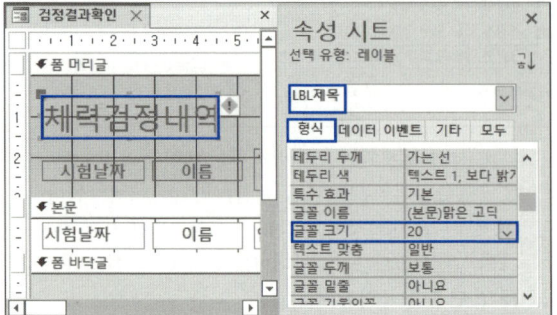

2
① 'txt시험날짜' 컨트롤을 클릭한 후 선택한 컨트롤의 [속성 시트] 창에서 [데이터] 탭의 '사용 가능' 목록 단추(▽)를 클릭해 '아니요'를 선택합니다.

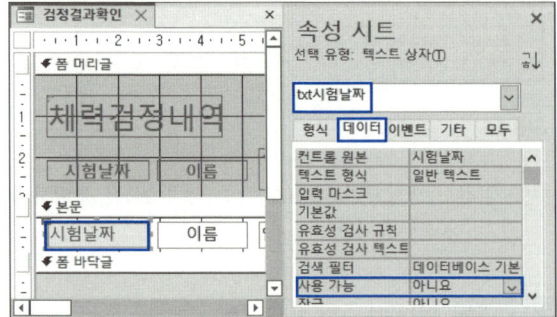

3
① <검정결과확인> 폼의 '폼 선택기'(■)를 클릭합니다.
② 폼의 [속성 시트] 창에서 [형식] 탭의 '스크롤 막대' 목록 단추(▽)를 클릭해 '세로만'을 선택합니다.

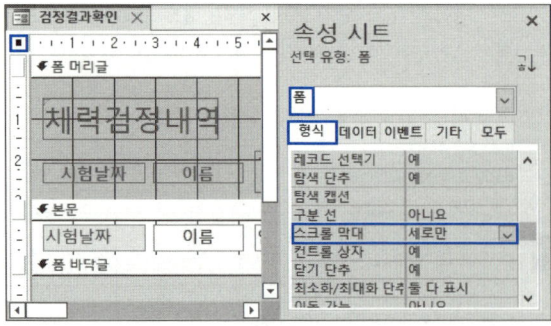

4
① 'txt100m달리기' 컨트롤을 클릭한 후 선택한 컨트롤의 [속성 시트] 창에서 [데이터] 탭의 '컨트롤 원본' 입력란에 '100m달리기'를 입력합니다.

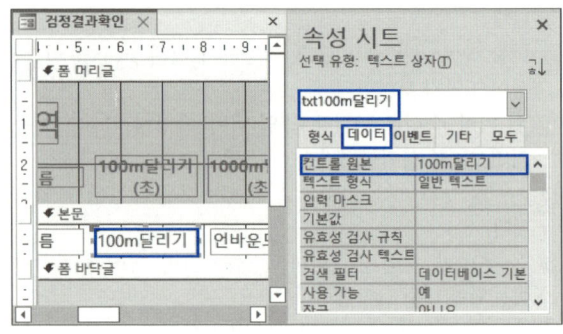

② 'txt1000m달리기' 컨트롤을 클릭한 후 선택한 컨트롤의 [속성 시트] 창에서 [데이터] 탭의 '컨트롤 원본' 입력란에 '1000m달리기'를 입력합니다.

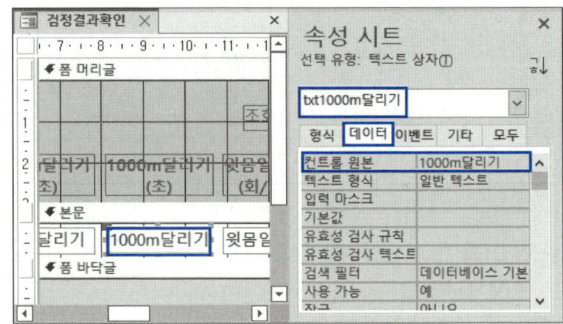

5
① <검정결과확인> 폼의 '폼 선택기'(■)를 클릭합니다.
② 폼의 [속성 시트] 창에서 [데이터] 탭의 '로드할 때 정렬'이 '예'인 것을 확인합니다.
③ 이어서 [데이터] 탭의 '정렬 기준' 입력란에 '시험날짜 asc'를 입력한 후 Enter 를 누릅니다.

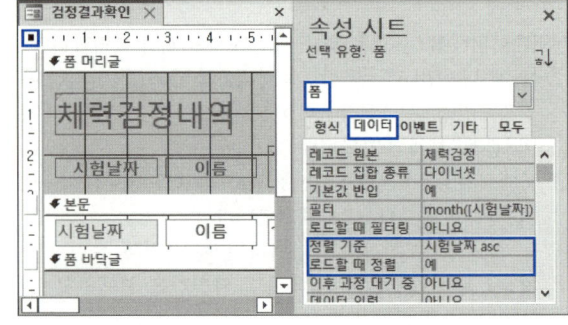

④ 저장(💾)을 클릭하고 닫기(✖)를 클릭해 작성한 폼을 닫습니다.

02 조건부 서식

① [탐색] 창 폼 목록의 〈수험자정보〉 폼에서 마우스 오른쪽 버튼을 누른 후 [디자인 보기] 명령을 클릭합니다.
② '본문' 구역의 'txt생년월일' 컨트롤을 선택한 후 [서식] 탭-[컨트롤 서식] 그룹-[조건부 서식]을 클릭합니다.
③ [조건부 서식 규칙 관리자] 대화상자가 나타나면 [새 규칙]을 클릭하고 첫 번째 목록 단추(▼)를 클릭해 '식이'를 선택합니다.
④ 식 입력란에 'year([생년월일])=1993'을 입력합니다.
⑤ 조건에 맞으면 적용할 서식에 [글꼴 색]을 '빨강'으로 선택한 후 [확인] 단추를 클릭합니다.

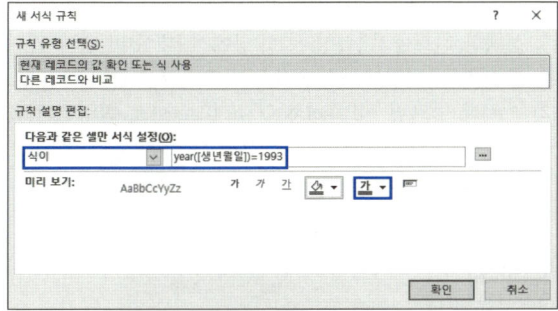

⑥ [조건부 서식 규칙 관리자] 대화상자가 나타나면 [확인] 단추를 클릭해 대화상자를 닫습니다.
⑦ 저장(📄)을 클릭하고 닫기(✖)를 클릭해 작성한 폼을 닫습니다.

03 매크로

① 매크로 이름이 따로 지정되어 있으므로 매크로를 먼저 작성하기 위해 [만들기] 탭-[매크로 및 코드] 그룹-[매크로]를 클릭합니다.
② [매크로 작성기] 창이 나타나면 새 함수 추가 입력란에 'openform'을 입력하고 Enter 를 누릅니다.
③ 폼 열기 매크로 함수 인수가 나타나면 아래와 같이 입력합니다.

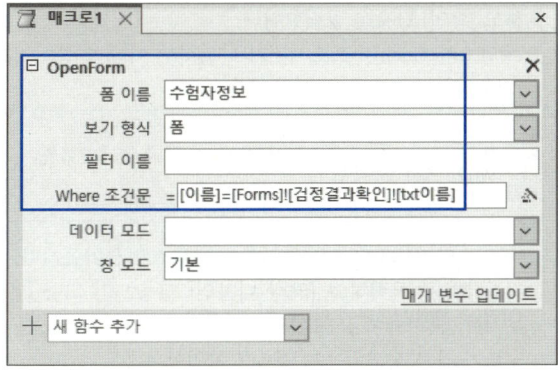

④ 저장(📄)을 클릭한 후 [다른 이름으로 저장] 대화상자가 나타나면 '수험자정보확인'을 입력하고 [확인] 단추를 클릭합니다.

⑤ 닫기(✖)를 클릭하여 [매크로 작성기] 창을 닫습니다.
⑥ 컨트롤에 만든 매크로를 지정하기 위해 [탐색] 창 폼 목록의 〈검정결과확인〉 폼에서 마우스 오른쪽 버튼을 누른 후 [디자인 보기] 명령을 클릭합니다.
⑦ 'txt이름' 컨트롤을 클릭한 후 선택한 컨트롤의 [속성 시트] 창에서 [이벤트] 탭의 'On Dbl Click'에 목록 단추(▼)를 클릭해 '수험자정보확인'을 선택합니다.

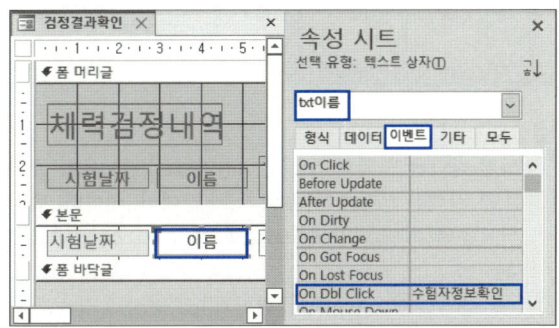

⑧ 저장(📄)을 클릭하고 [양식 디자인] 탭-[보기] 그룹-[폼 보기]를 클릭하여 폼 보기로 전환합니다.
⑨ 매크로가 잘 작성되었는지 결과를 확인하고 폼을 닫습니다.

문제 3 조회 및 출력 기능 구현

01 보고서 속성

1

① [탐색] 창 보고서 목록의 〈검정현황〉 보고서에서 마우스 오른쪽 버튼을 누른 후 [디자인 보기] 명령을 클릭합니다.
② [보고서 디자인] 탭-[그룹화 및 요약] 그룹-[그룹화 및 정렬]을 클릭합니다.
③ [그룹, 정렬 및 요약] 창이 나타나면 동일한 성별과 시험날짜 내에서 종합순위를 정렬하기 위해 [정렬 추가] 단추를 클릭합니다.
④ [종합순위] 필드를 선택한 후 정렬을 '내림차순'으로 변경합니다.

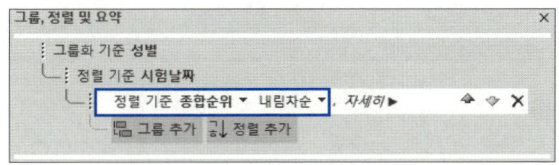

⑤ 닫기(✖)를 클릭해 [그룹, 정렬 및 요약] 창을 닫습니다.

2

① '성별 머리글' 구역을 클릭한 후 선택한 구역의 [속성 시트] 창에서 [형식] 탭의 '반복 실행 구역' 목록 단추(▼)를 클릭해 '예'를 선택합니다.

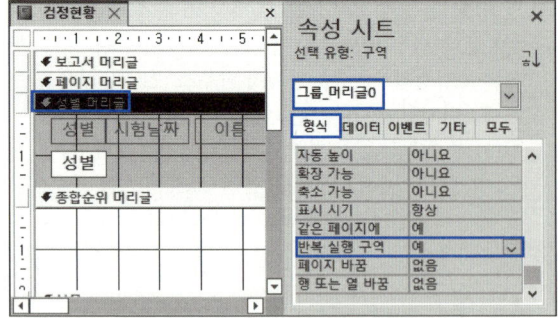

③
① '성별 바닥글' 구역의 'txt팔굽혀펴기평균' 컨트롤을 클릭한 후 선택한 컨트롤의 [속성 시트] 창에서 [데이터] 탭의 '컨트롤 원본' 입력란에 '=avg(팔굽혀펴기)'을 입력합니다.
② Enter 를 누르면 '=Avg([팔굽혀펴기])'로 변경된 것을 확인할 수 있습니다.

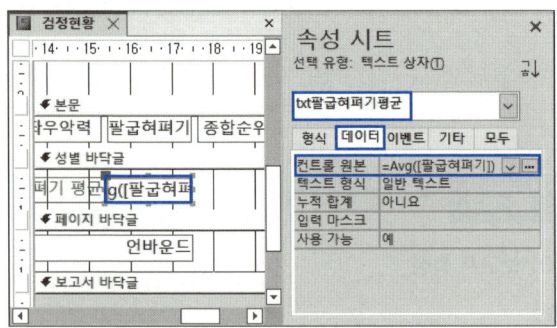

③ 이어서 [속성 시트] 창에서 [형식] 탭의 '형식' 입력란에 '0'을 입력하고 Enter 를 눌러 입력을 완료합니다.

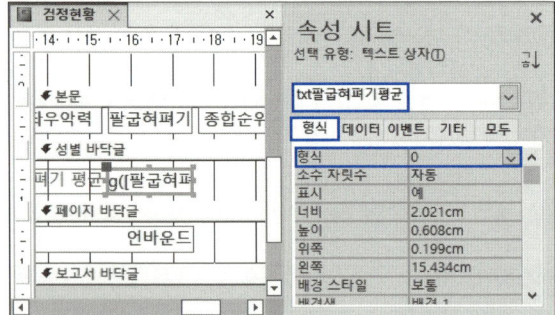

④
① '본문' 구역의 'txt순번' 컨트롤을 클릭한 후 선택한 컨트롤의 [속성 시트] 창에서 [데이터] 탭의 '컨트롤 원본' 입력란에 '=1'을 입력하고 Enter 를 눌러 입력을 완료합니다.
② 이어서 '누적 합계' 목록 단추(▼)를 클릭해 '모두'를 선택합니다.

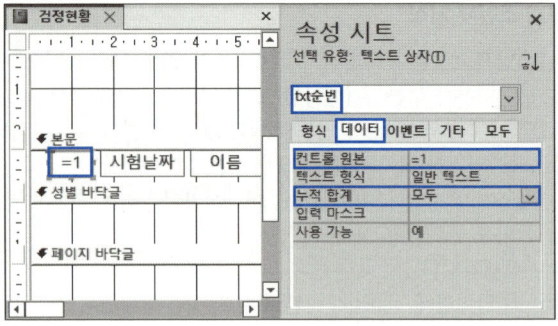

⑤
① '페이지 바닥글' 구역의 'txt페이지' 컨트롤을 클릭한 후 선택한 컨트롤의 [속성 시트] 창에서 [데이터] 탭의 '컨트롤 원본' 입력란에 '=Page & "/" & Pages'을 입력합니다.
② Enter 를 누르면 '=[Page] & "/" & [Pages]'로 변경된 것을 확인할 수 있습니다.

③ 저장(💾)을 클릭하고 닫기(✖)를 클릭해 작성한 보고서를 닫습니다.

02 이벤트 프로시저

① [탐색] 창 폼 목록의 〈검정결과확인〉 폼에서 마우스 오른쪽 버튼을 누른 후 [디자인 보기] 명령을 클릭합니다.
② 'cmd조회' 컨트롤을 클릭한 후 선택한 컨트롤의 [속성 시트] 창에서 [이벤트] 탭의 'On Click'에 커서를 이동하고 작성기 단추(…)를 클릭합니다.
③ [작성기 선택] 대화상자가 나타나면 '코드 작성기'를 선택하고 [확인] 단추를 클릭합니다.
④ 'cmd조회_Click()' 프로시저가 나타나면 아래와 같이 입력합니다.

```
Private Sub cmd조회_Click()
    Me.Filter = "month([시험날짜])=" & txt조회월
    Me.FilterOn = True
End Sub
```

⑤ VBE의 닫기(✖) 단추를 클릭하여 액세스로 돌아옵니다.
⑥ 저장(💾)을 클릭하고 [양식 디자인] 탭-[보기] 그룹-[폼 보기]를 클릭하여 폼 보기로 전환합니다.
⑦ 코드가 잘 작성되었는지 결과를 확인합니다.
⑧ 닫기(✖)를 클릭해 폼을 닫습니다.

문제 4   처리 기능 구현

01 쿼리

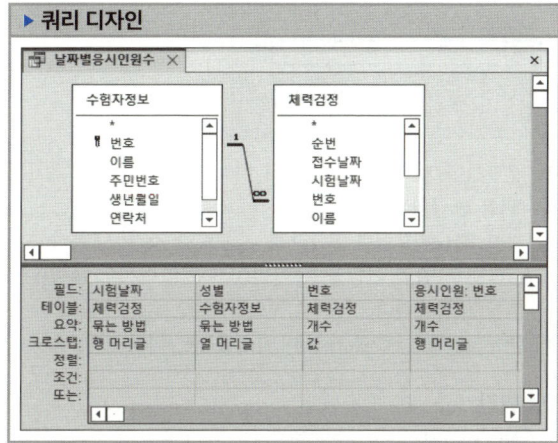

① [만들기] 탭-[쿼리] 그룹-[쿼리 디자인]을 클릭합니다.
② 쿼리가 디자인 보기로 열리면 [테이블 추가] 창의 [테이블] 탭에서 <수험자정보> 테이블과 <체력검정> 테이블을 각각 더블클릭합니다.
③ 쿼리 디자인 보기에 <수험자정보> 테이블과 <체력검정> 테이블이 추가되면 [테이블 추가] 창에서 [닫기] 단추를 클릭합니다.
④ 크로스탭 쿼리로 변경하기 위해 [쿼리 디자인] 탭-[쿼리 유형] 그룹-[크로스탭]을 클릭합니다.
⑤ <체력검정> 테이블에서 [시험날짜] 필드를 더블클릭해 눈금의 첫 번째 열로 지정합니다.
⑥ '시험날짜' 필드의 '크로스탭' 목록 단추(▼)를 클릭해 '행 머리글'을 선택합니다.
⑦ <수험자정보> 테이블에서 [성별] 필드를 더블클릭해 눈금의 두 번째 열로 지정합니다.
⑧ '성별' 필드의 '크로스탭' 목록 단추(▼)를 클릭해 '열 머리글'을 선택합니다.
⑨ <체력검정> 테이블에서 [번호] 필드를 더블클릭해 눈금의 세 번째 열로 지정합니다.
⑩ '번호' 필드의 '크로스탭' 목록 단추(▼)를 클릭해 '값'을 선택하고, '요약' 목록 단추(▼)를 클릭해 '개수'를 선택합니다.
⑪ <체력검정> 테이블에서 [번호] 필드를 더블클릭해 눈금의 네 번째 열로 지정합니다.
⑫ 눈금의 네 번째 열에 있는 '번호'의 필드 이름을 지정하기 위하여 '번호' 앞에 '응시인원:'을 입력하고 Enter를 누릅니다.
⑬ '응시인원: 번호' 필드의 '크로스탭' 목록 단추(▼)를 클릭해 '행 머리글'을 선택하고, '요약' 목록 단추(▼)를 클릭해 '개수'를 선택합니다.
⑭ 결과를 확인하기 위해 [쿼리 디자인] 탭-[결과] 그룹-[실행]을 클릭합니다.
⑮ 저장(🖫)을 클릭한 후 [다른 이름으로 저장] 대화상자가 나타나면 쿼리 이름을 '날짜별응시인원수'로 입력하고 [확인] 단추를 클릭합니다.
⑯ 닫기(✖)를 클릭해 작성한 쿼리를 닫습니다.

02 쿼리

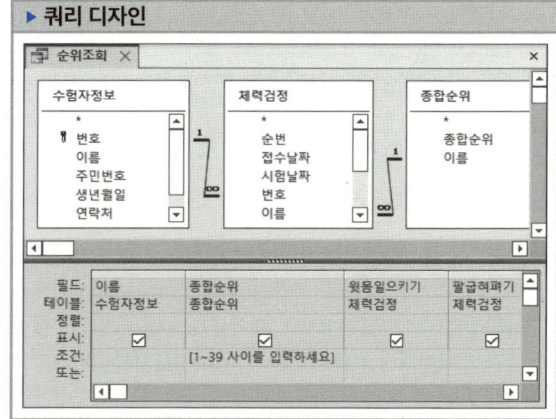

① [만들기] 탭-[쿼리] 그룹-[쿼리 디자인]을 클릭합니다.
② 쿼리가 디자인 보기로 열리면 [테이블 추가] 창의 [테이블] 탭에서 <수험자정보> 테이블과 <체력검정> 테이블과 <종합순위> 테이블을 각각 더블클릭합니다.
③ 쿼리 디자인 보기에 <수험자정보> 테이블과 <체력검정> 테이블과 <종합순위> 테이블이 추가되면 [테이블 추가] 창에서 [닫기] 단추를 클릭합니다.
④ <수험자정보> 테이블에서 [이름] 필드를 더블클릭해 눈금의 첫 번째 열로 지정합니다.
⑤ <종합순위> 테이블에서 [종합순위] 필드를 더블클릭해 눈금의 두 번째 열로 지정합니다.
⑥ <체력검정> 테이블에서 [윗몸일으키기] 필드를 더블클릭해 눈금의 세 번째 열로 지정합니다.
⑦ <체력검정> 테이블에서 [팔굽혀펴기] 필드를 더블클릭해 눈금의 네 번째 열로 지정합니다.
⑧ 매개 변수를 설정하기 위해 '종합순위' 필드의 '조건' 입력란에 '[1~39 사이를 입력하세요]'를 입력하고 Enter를 누릅니다.
⑨ 결과를 확인하기 위해 [쿼리 디자인] 탭-[결과] 그룹-[실행]을 클릭합니다.
⑩ [매개 변수 값 입력] 대화상자가 나타나면 '16'을 입력한 후 [확인] 단추를 클릭합니다.
⑪ 저장(🖫)을 클릭한 후 [다른 이름으로 저장] 대화상자가 나타나면 쿼리 이름을 '순위조회'로 입력하고 [확인] 단추를 클릭합니다.
⑫ 닫기(✖)를 클릭해 작성한 쿼리를 닫습니다.

03 쿼리

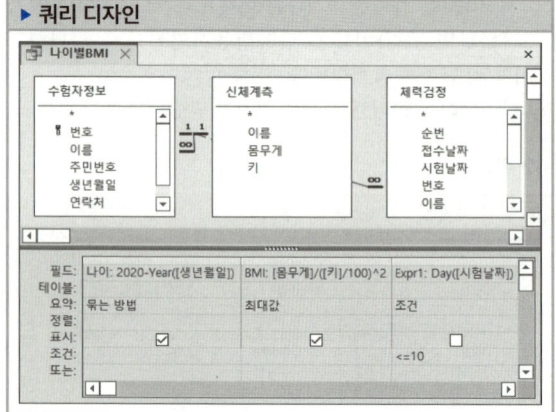

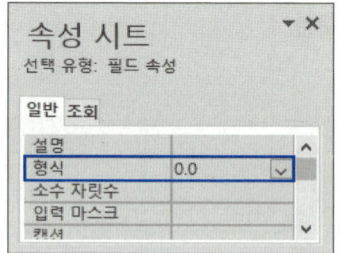

① [만들기] 탭-[쿼리] 그룹-[쿼리 디자인]을 클릭합니다.
② 쿼리가 디자인 보기로 열리면 [테이블 추가] 창의 [테이블] 탭에서 <수험자정보> 테이블과 <신체계측> 테이블과 <체력검정> 테이블을 각각 더블클릭합니다.
③ 쿼리 디자인 보기에 <수험자정보> 테이블과 <신체계측> 테이블과 <체력검정> 테이블이 추가되면 [테이블 추가] 창에서 [닫기] 단추를 클릭합니다.
④ '나이' 필드를 추가하기 위해 첫 번째 열 '필드' 입력란에 '나이:2020-year(생년월일)'을 입력합니다.
⑤ Enter 를 누르면 '나이: 2020-Year([생년월일])'로 변경된 것을 확인할 수 있습니다.
⑥ 'BMI' 필드를 추가하기 위해 두 번째 열 '필드' 입력란에 'BMI:몸무게/(키/100)^2'를 입력합니다.
⑦ Enter 를 누르면 'BMI: [몸무게]/([키]/100)^2'로 변경된 것을 확인할 수 있습니다.
⑧ 나이별 BMI의 최대값을 나타내기 위해 [쿼리 디자인] 탭-[표시/숨기기] 그룹-[요약]을 클릭합니다.
⑨ 눈금에 요약 행이 표시되면 'BMI'의 '요약'을 '최대값'으로 선택합니다.
⑩ 조건을 설정하기 위해 세 번째 열 '필드' 입력란에 'day(시험날짜)'를 입력합니다.
⑪ Enter 를 누르면 'Expr1: Day([시험날짜])'로 변경된 것을 확인할 수 있습니다.
⑫ 이어서 'Expr1: Day([시험날짜])' 필드의 '요약'을 '조건'으로 선택하고, '조건' 입력란에 '<=10'을 입력합니다.
⑬ 형식을 설정하기 위해 두 번째 열의 'BMI: [몸무게]/([키]/100)^2' 필드를 클릭한 후 선택한 필드의 [속성 시트] 창에서 [일반] 탭의 '형식' 입력란에 '0.0'을 입력합니다.
⑭ 결과를 확인하기 위해 [쿼리 디자인] 탭-[결과] 그룹-[실행]을 클릭합니다.
⑮ 저장(📷)을 클릭한 후 [다른 이름으로 저장] 대화상자가 나타나면 쿼리 이름을 '나이별BMI'로 입력하고 [확인] 단추를 클릭합니다.
⑯ 닫기(✖)를 클릭해 작성한 쿼리를 닫습니다.

04 쿼리

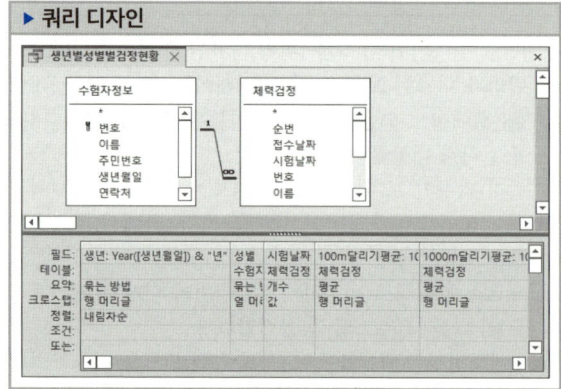

① [만들기] 탭-[쿼리] 그룹-[쿼리 디자인]을 클릭합니다.
② 쿼리가 디자인 보기로 열리면 [테이블 추가] 창의 [테이블] 탭에서 <수험자정보> 테이블과 <체력검정> 테이블을 각각 더블클릭합니다.
③ 쿼리 디자인 보기에 <수험자정보> 테이블과 <체력검정> 테이블이 추가되면 [테이블 추가] 창에서 [닫기] 단추를 클릭합니다.
④ 크로스탭 쿼리로 변경하기 위해 [쿼리 디자인] 탭-[쿼리 유형] 그룹-[크로스탭]을 클릭합니다.
⑤ 첫 번째 열의 '필드' 입력란에 '생년:year(생년월일) & "년"'을 입력합니다.
⑥ Enter 를 누르면 '생년: Year([생년월일]) & "년"'으로 변경된 것을 확인할 수 있습니다.
⑦ '생년: Year([생년월일]) & "년"' 필드의 '크로스탭' 목록 단추(▽)를 클릭해 '행 머리글'을 선택하고, '정렬' 목록 단추(▽)를 클릭해 '내림차순'을 선택합니다.
⑧ <수험자정보> 테이블에서 [성별] 필드를 더블클릭해 눈금의 두 번째 열로 지정합니다.
⑨ '성별' 필드의 '크로스탭' 목록 단추(▽)를 클릭해 '열 머리글'을 선택합니다.

⑩ <체력검정> 테이블에서 [시험날짜] 필드를 더블클릭해 눈금의 세 번째 열로 지정합니다.

⑪ '시험날짜' 필드의 '크로스탭' 목록 단추(☑)를 클릭해 '값'을 선택하고, '요약' 목록 단추(☑)를 클릭해 '개수'를 선택합니다.

⑫ <체력검정> 테이블에서 [100m달리기] 필드를 더블클릭해 눈금의 네 번째 열로 지정합니다.

⑬ 눈금의 네 번째 열에 있는 '100m달리기'의 필드 이름을 지정하기 위하여 '100m달리기' 앞에 '100m달리기평균:'을 입력하고 [Enter]를 누릅니다.

⑭ '100m달리기평균: 100m달리기' 필드의 '크로스탭' 목록 단추(☑)를 클릭해 '행 머리글'을 선택하고, '요약' 목록 단추(☑)를 클릭해 '평균'을 선택합니다.

⑮ <체력검정> 테이블에서 [1000m달리기] 필드를 더블클릭해 눈금의 다섯 번째 열로 지정합니다.

⑯ 눈금의 다섯 번째 열에 있는 '1000m달리기'의 필드 이름을 지정하기 위하여 '1000m달리기' 앞에 '1000m달리기평균:'을 입력하고 [Enter]를 누릅니다.

⑰ '1000m달리기평균: 1000m달리기' 필드의 '크로스탭' 목록 단추(☑)를 클릭해 '행 머리글'을 선택하고, '요약' 목록 단추(☑)를 클릭해 '평균'을 선택합니다.

⑱ 형식을 설정하기 위해 네 번째 열의 '100m달리기평균: 100m달리기' 필드를 클릭한 후 선택한 필드의 [속성 시트] 창에서 [일반] 탭의 '형식' 입력란에 '0'을 입력합니다.

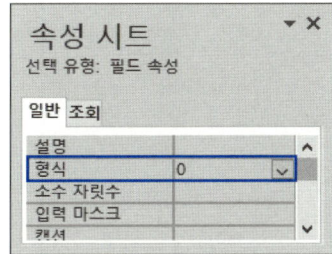

⑲ 같은 방법으로 '1000m달리기평균: 1000m달리기' 필드의 형식을 '0'으로 지정합니다.

⑳ 결과를 확인하기 위해 [쿼리 디자인] 탭-[결과] 그룹-[실행]을 클릭합니다.

㉑ 저장(💾)을 클릭한 후 [다른 이름으로 저장] 대화상자가 나타나면 쿼리 이름을 '생년별성별별검정현황'으로 입력하고 [확인] 단추를 클릭합니다.

㉒ 닫기(✖)를 클릭해 작성한 쿼리를 닫습니다.

제4회 최신기출유형

프로그램명	제한시간
ACCESS	45분

수험번호 :

성 명 :

| 1급 | C형 |

유 의 사 항

★ 펜은 꺼내실 수 없으며 시험지는 유출이 불가능합니다.

■ 인적 사항 누락 및 잘못 작성으로 인한 불이익은 수험자 책임으로 합니다.

■ 화면에 암호 입력창이 나타나면 아래의 암호를 입력하여야 합니다.
  - 암호 :

★ 암호를 입력할 수도 있으니 이렇게 첫 장을 확인하시면 됩니다.

■ 작성된 답안은 주어진 경로 및 파일명을 변경하지 마시고 그대로 저장해야 합니다.
  이를 준수하지 않으면 실격 처리됩니다.

★ 디스켓 모양을 눌러 저장하시면 됩니다. 예외가 있을 수도 있으니 감독관이 설명할 때 잘 들어주세요. 제한시간(45분) 안에 디스켓 모양을 눌러 저장을 하고 그 이후에는 화면이 바뀌며 [답안 제출]을 하게 됩니다.

■ 외부 데이터 위치 : C:\DB\파일명

■ 별도의 지시사항이 없는 경우, 다음과 같이 처리 시 실격 처리됩니다.
  - 제시된 개체의 이름을 임의로 변경한 경우
  - 제시된 개체의 속성을 임의로 변경한 경우
  - 제시된 개체를 임의로 추가하거나 삭제한 경우

■ 별도의 지시사항이 없는 경우 기능의 구현은 모듈이나 매크로 등을 이용하며, 예외적인 상황에 대해서는 고려하지 않아도 됩니다.

■ 별도의 지시사항이 없는 경우 주어진 각 개체의 속성은 설정값 또는 기본 설정값(Default)으로 처리하십시오.

■ 제시된 화면은 예시이며 나타난 값은 실제와 다를 수 있습니다.

■ 저장 시간은 별도로 주어지지 않으므로 제한된 시간 내에 저장을 완료해야 합니다.

■ 출제된 문제의 용어는 Microsoft Office Access 2021 기준으로 작성되어 있습니다.

국 가 기 술 자 격 검 정

문제 1 DB 구축(30점)

01 나라별 경제 및 물가를 기록하기 위한 데이터베이스를 구축하고자 한다. 다음의 지시사항에 따라 각 테이블을 완성하시오. (각 4점)

<국가정보> 테이블
① '국가명' 필드를 기본 키로 설정하시오.
② '인구수' 필드는 새 레코드 추가 시 기본적으로 50000이 입력되도록 설정하시오.
③ '입헌군주제' 필드를 마지막 필드로 추가하고, 데이터 형식을 'Yes/No' 형식으로 지정하시오.

<경제물가통계>
④ '비교물가수준' 필드에 160 이하의 정수를 입력하고자 한다. 255 이하의 0을 포함한 양의 정수만 입력하려고 할 때 가장 적당한 필드 크기를 설정하시오.
⑤ '국가명' 필드는 값이 반드시 입력되도록 설정하시오.

02 <경제물가통계> 테이블의 '국가명' 필드에 대하여 다음과 같이 조회 속성을 설정하시오. (5점)
- <국가정보> 테이블의 '국가명', '수도', '언어', '대륙', '인구수', '면적'을 콤보 상자 형태로 표시할 것
- 필드에는 '국가명'이 저장되도록 설정할 것
- 열 개수를 6으로 설정할 것
- 목록 너비를 16cm로 설정할 것

03 <경제물가통계> 테이블의 '국가명' 필드는 <국가정보> 테이블의 '국가명' 필드를, <국가정보> 테이블의 '언어' 필드는 <언어종류> 테이블의 '언어' 필드를 참조하며, 테이블 간의 관계는 M:1이다. 다음과 같이 테이블 간의 관계를 설정하시오. (5점)
- 두 테이블 간에 항상 참조 무결성이 유지되도록 설정하시오.
- <국가정보> 테이블의 '국가명' 필드가 변경되면 이를 참조하는 <경제물가통계> 테이블의 '국가명' 필드도 변경되고, <언어종류> 테이블의 '언어' 필드가 변경되면 이를 참조하는 <국가정보> 테이블의 '언어' 필드도 변경되도록 설정하시오.
- <경제물가통계> 테이블에서 참조하고 있는 <국가정보> 테이블의 레코드와 <국가정보> 테이블에서 참조하고 있는 <언어종류> 테이블의 레코드를 삭제할 수 없도록 설정하시오.

문제 2 입력 및 수정 기능 구현 (25점)

01 <국가정보> 폼을 다음의 화면과 지시사항에 따라 완성하시오. (각 3점)
① 폼에 레코드를 추가하거나 삭제할 수 없도록 설정하시오.
② 레코드 선택기가 표시되지 않도록 관련 속성을 설정하시오.
③ 본문 영역의 'txt언어' 컨트롤과 'txt대륙' 컨트롤에는 각각 '언어'와 '대륙' 필드의 내용이 표시되도록 관련 속성을 설정하시오.
④ 폼 머리글의 'txt오늘날짜' 컨트롤에는 오늘 날짜만 입력되는 함수를 사용하여 오늘 날짜가 그림과 같이 표시되도록 '컨트롤 원본'과 '형식' 속성을 설정하시오.
⑤ 폼 머리글의 배경색을 '밝은 텍스트'로 설정하시오.

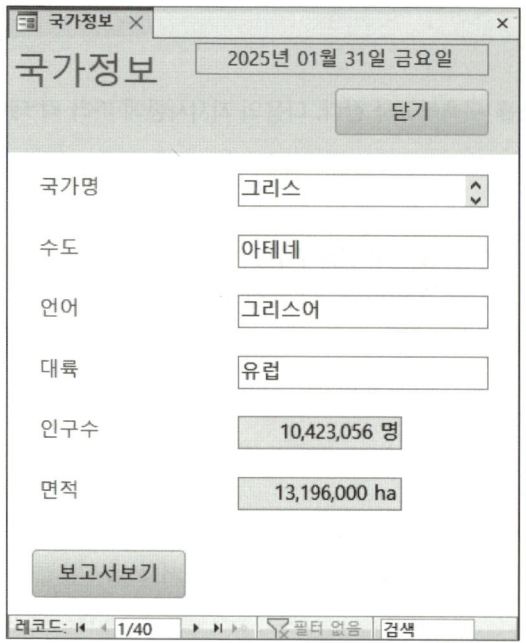

02 <국가정보> 폼의 'txt인구수' 컨트롤과 'txt면적' 컨트롤에 대하여 다음과 같이 조건부 서식을 설정하시오. (5점)
- ▶ '인구수' 필드의 값이 10,000,000 이상이면 컨트롤의 배경색을 노랑색으로 지정하시오.

03 <국가정보> 폼의 머리글 영역에 다음의 지시사항과 1번 문제 <그림>을 참조하여 '단추' 컨트롤을 생성하시오. (5점)
- ▶ 명령 단추를 클릭하면 <국가정보> 폼을 닫는 '폼닫기' 매크로를 생성한 후 지정하시오.
- ▶ 컨트롤의 이름은 'cmd닫기', 캡션은 '닫기'로 하시오.

문제 3 조회 및 출력 기능 구현 (20점)

01 다음의 지시사항 및 화면을 참조하여 <국가정보> 보고서를 완성하시오. (각 3점)

① 보고서의 정렬 기준을 다음과 같이 추가하시오.
- ▶ '대륙'으로 그룹(오름차순)이 설정된 상태에서 '인구수'를 기준으로 오름차순 정렬

② 대륙 머리글 영역의 'txt대륙' 컨트롤에는 표시 예와 같이 개수가 표시되도록 컨트롤 원본 속성을 설정하시오.
- ▶ 표시 예 : [남아메리카] [3개]

③ 대륙 머리글 영역이 매 페이지마다 반복하여 출력되도록 설정하시오.

④ 본문 영역의 'txt순번' 컨트롤에는 그룹별 일련번호를 표시하시오.

⑤ 페이지 바닥글의 'txt페이지' 컨트롤에는 '현재 페이지/전체 페이지'로 <그림>과 같이 페이지가 표시되도록 설정하시오.

국가정보

대륙		국가명	수도	언어	인구수	면적
[남아메리카] [3개]						
	1	바하마	나소	영어	393248	1388000
	2	아르헨티나	부에노스아이	에스파냐어	45195777	278040000
	3	멕시코	멕시코시티	에스파냐어	128932753	196437500
[북아메리카] [2개]						
	1	캐나다	오타와	프랑스어	37742157	987975000
	2	미국	워싱턴 D.C.	영어	331002647	983151000
[아시아] [5개]						
	1	싱가포르	싱가포르	말레이어	5850343	71900
	2	대만	타이베이	타이완어	23816775	3596000
	3	대한민국	서울	한국어	51780579	10036371
	4	일본	도쿄	일본어	126476458	37797000
	5	중국	베이징	중국어	1439323774	960000000
[오세아니아] [2개]						
	1	뉴질랜드	웰링턴	영어	4822233	26771000
	2	오스트레일리	캔버라	영어	25499881	774122000
[유럽] [25개]						
	1	아이슬란드	레이캬비크	아이슬란드어	341250	10300000
	2	몰타	발레타	영어	441539	32000
	3	룩셈부르크	룩셈부르크	룩셈부르크어	625976	259000
	4	에스토니아	탈린	에스토니아어	1326539	4534000
	5	라트비아	리가	라트비아어	1886202	6457000
	6	슬로베니아	류블랴나	슬로베니아어	2078932	2048000
	7	리투아니아	빌뉴스	리투아니아어	2722291	65286000
	8	아일랜드	더블린	게일어	4937796	7028000
	9	노르웨이	오슬로	노르웨이어	5421242	62522200
	10	슬로바키아	브라티슬라바	슬로바키아어	5459643	4903000
	11	핀란드	헬싱키	핀란드어	5540718	33845000
	12	덴마크	코펜하겐	덴마크어	5792203	4292000
	13	스위스	베른	독일어	8654618	4129039
	14	오스트리아	빈	독일어	9006400	8387900
	15	스웨덴	스톡홀름	스웨덴어	10099270	44743000
	16	포르투갈	리스본	포르투갈어	10196707	9222560

1/2Page

02 <국가정보> 폼에서 '보고서보기(cmd보고서)' 단추를 클릭하면 다음과 같은 기능이 수행되도록 이벤트 프로시저를 구현하시오. (5점)

▶ 다음과 같은 메시지를 표시할 것

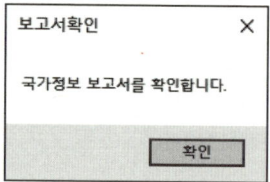

▶ 메시지 상자에서 <확인>을 클릭하면 <국가정보> 보고서를 인쇄 미리 보기 형태로 출력할 것

문제 4   처리 기능 구현 (25점)

01 <국가정보> 테이블을 이용하여 테이블을 생성하는 <언어별인구수> 쿼리를 작성하고 실행하시오. (4점)

▶ 생성된 테이블 이름은 <언어별총인구>로 설정하시오.
▶ 언어별 총 인구수가 표시되도록 하시오.
▶ 인구수가 100,000,000 이상인 언어만을 대상으로 하시오.
▶ 쿼리 실행 결과 표시되는 필드와 필드명은 <그림>과 같이 표시되도록 설정하시오.

언어	총인구
독일어	101444963
에스파냐어	220883313
영어	430045552
일본어	126476458
중국어	1439323774
프랑스어	103015669

02 <국가정보>와 <경제물가통계> 테이블을 이용하여 언어의 일부를 매개 변수로 입력받고, 해당 국가의 정보를 조회하여 새 테이블로 생성하는 <국가별경제성장률> 쿼리를 작성하고 실행하시오. (7점)

▶ '대륙'이 "유럽"인 국가를 조회하여 <조회한언어> 테이블로 생성하시오.
▶ 쿼리 실행 결과 표시되는 필드와 필드명은 <그림>과 같이 표시되도록 설정하시오.

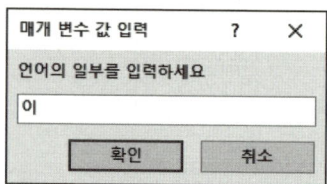

국가명	수도	언어	경제성장률
노르웨이	오슬로	노르웨이어	1.15%
아이슬란드	레이캬비크	아이슬란드어	1.92%
이탈리아	로마	이탈리아어	0.30%

(※ <조회한언어> 테이블의 '경제성장률' 표시 형식은 그대로 두시오.)

03 영어와 독일어를 사용하는 국가수를 나타내는 <영어와독일어사용국가수> 크로스탭 쿼리를 작성하시오. (7점)

- ▶ <국가정보> 테이블을 이용하시오.
- ▶ "영어" 또는 "독일어" 언어만 표시하시오.
- ▶ 국가수와 소계는 '국가명' 필드를 이용하시오.
- ▶ 쿼리 결과로 표시되는 필드와 필드명, 필드의 형식은 <그림>과 같이 표시되도록 설정하시오.

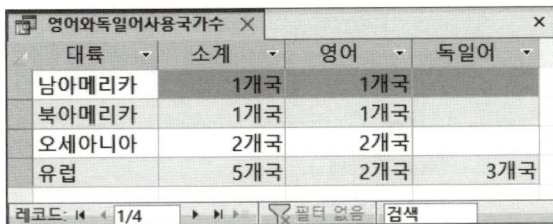

04 <국가정보>와 <경제물가통계> 테이블을 이용하여 언어별 대륙별 인당GNI의 합계를 나타내는 <언어별아메리카대륙GNI> 크로스탭 쿼리를 작성하시오. (7점)

- ▶ "아메리카"로 끝나는 대륙만을 대상으로 하시오.
- ▶ 쿼리 실행 결과 표시되는 필드와 필드명은 <그림>과 같이 표시되도록 설정하시오.

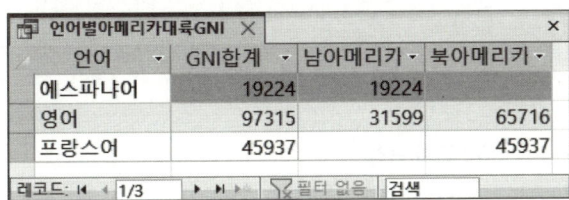

정답 및 해설

문제 1 DB 구축

'보안 경고'가 표시되면 '콘텐츠 사용'을 클릭하세요.

01 테이블

1

[국가명] 필드-기본 키 지정

① [탐색] 창의 〈국가정보〉 테이블에서 마우스 오른쪽 버튼을 눌러 바로 가기 메뉴가 나타나면 [디자인 보기] 명령을 클릭합니다.
② [국가명] 필드를 선택한 후 [테이블 디자인] 탭-[도구] 그룹-[기본 키]를 클릭합니다.

2

[인구수] 필드-'기본값' 속성 : 50000

① [인구수] 필드를 클릭하여 [인구수]의 필드 속성이 나타나면 [일반] 탭의 '기본값' 속성을 클릭합니다.
② '기본값' 속성에 커서가 이동되면 '50000'을 입력한 후 Enter를 눌러 입력을 완료합니다.

3

[입헌군주제] 필드 추가-데이터 형식 : Yes/No

① 필드를 추가하기 위해 [면적] 필드 아래에 '입헌군주제'를 입력합니다.
② 데이터 형식의 목록 단추( )를 클릭하여 'Yes/No'를 선택합니다.
③ 저장( )하고 닫기( )를 클릭하여 〈국가정보〉 테이블을 닫습니다.

4

[비교물가수준] 필드-'필드 크기' 속성 : 바이트

① [탐색] 창의 〈경제물가통계〉 테이블에서 마우스 오른쪽 버튼을 눌러 바로 가기 메뉴가 나타나면 [디자인 보기] 명령을 클릭합니다.
② [비교물가수준] 필드를 클릭하여 [비교물가수준]의 필드 속성이 나타나면 [일반] 탭의 '필드 크기' 속성을 클릭해 '바이트'로 변경합니다.

5

[국가명] 필드-'필수' 속성 : 예

① [국가명] 필드를 클릭하여 [국가명]의 필드 속성이 나타나면 [일반] 탭의 '필수' 속성을 더블클릭해 '예'로 변경합니다.
② 저장( )하고 닫기( )를 클릭하여 〈경제물가통계〉 테이블을 닫습니다.
③ 아래와 같은 메시지가 나타나면 모두 [예] 단추를 클릭합니다.

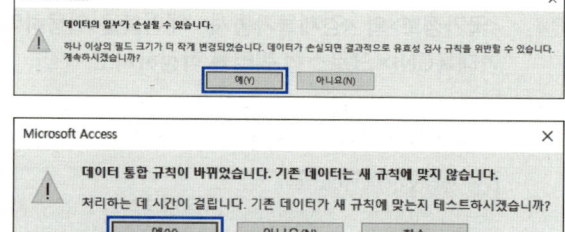

02 조회 속성

① [탐색] 창의 〈경제물가통계〉 테이블에서 마우스 오른쪽 버튼을 눌러 바로 가기 메뉴가 나타나면 [디자인 보기] 명령을 클릭합니다.
② [국가명] 필드를 클릭하여 [국가명]의 필드 속성이 나타나면 [조회] 탭의 '컨트롤 표시' 속성을 클릭합니다.
③ '컨트롤 표시' 속성의 목록 단추( )를 클릭하여 '콤보 상자'로 변경합니다.
④ 테이블의 데이터를 가져오기 위해 '행 원본 유형' 속성이 '테이블/쿼리'인지 확인합니다.
⑤ 이어서 '행 원본' 속성을 클릭합니다.
⑥ '행 원본' 속성에 커서가 이동되면 작성기 단추( )를 클릭합니다.
⑦ [쿼리 작성기]가 나타나면 [테이블 추가] 창에서 〈국가정보〉 테이블을 더블클릭하여 [쿼리 작성기]에 추가한 후 [테이블 추가] 창의 [닫기] 단추를 클릭합니다.
⑧ 〈국가정보〉 테이블의 [국가명] 필드를 더블클릭, [수도] 필드를 더블클릭, [언어] 필드를 더블클릭, [대륙] 필드를 더블클릭, [인구수] 필드를 더블클릭, [면적] 필드를 더블클릭하여 눈금의 필드에 추가한 후 [쿼리 작성기]의 닫기( )를 클릭합니다.
⑨ 저장여부를 묻는 메시지가 나타나면 [예] 단추를 클릭합니다.
⑩ 국가명, 수도, 언어, 대륙, 인구수, 면적 중에 국가명을 저장하기 위해 '바운드 열' 속성이 '1'인지 확인합니다.
⑪ '열 개수' 속성을 클릭하고 '열 개수' 속성에 커서가 이동

⑫ '목록 너비' 속성을 클릭하고 '목록 너비' 속성에 커서가 이동되면 '16'을 입력합니다.
⑬ Enter 를 누르면 '16cm'로 변경된 것을 확인할 수 있습니다.

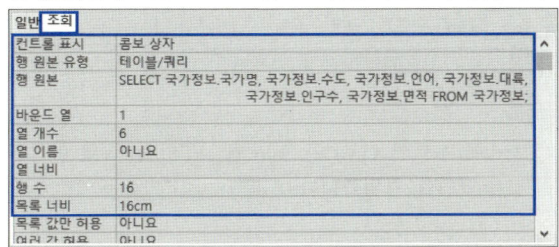

⑭ 저장(🖫)하고 닫기(✖)를 클릭하여 <경제물가통계> 테이블을 닫습니다.

03 관계

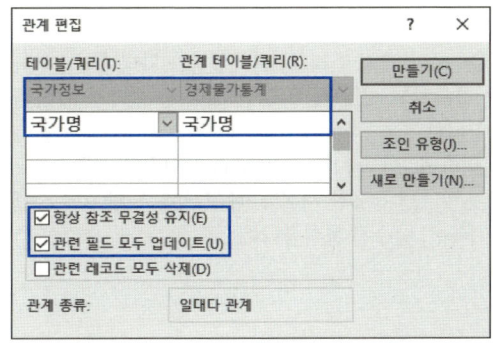

① [데이터베이스 도구] 탭-[관계] 그룹-[관계]를 클릭합니다.
② [관계 디자인] 탭-[관계] 그룹-[테이블 추가]를 클릭한 후 [테이블 추가] 창이 나타나면 <경제물가통계>, <국가정보>, <언어종류> 테이블을 각각 더블클릭하여 [관계] 창에 추가합니다.
③ <경제물가통계> 테이블의 [국가명] 필드를 <국가정보> 테이블의 [국가명] 필드로 드래그합니다.
④ [관계 편집] 대화상자가 나타나면 '항상 참조 무결성 유지'와 '관련 필드 모두 업데이트' 확인란을 선택하고 [만들기] 단추를 클릭합니다.

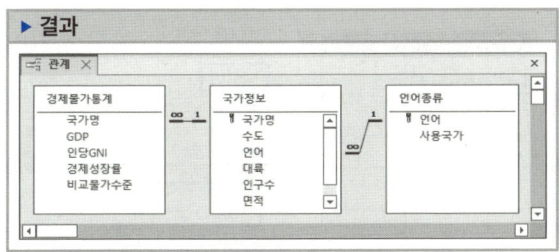

⑤ 관계 선이 생성되면 <국가정보> 테이블의 [언어] 필드를 <언어종류> 테이블의 [언어] 필드로 드래그합니다.
⑥ [관계 편집] 대화상자가 나타나면 '항상 참조 무결성 유지'와 '관련 필드 모두 업데이트' 확인란을 선택하고 [만들기] 단추를 클릭합니다.

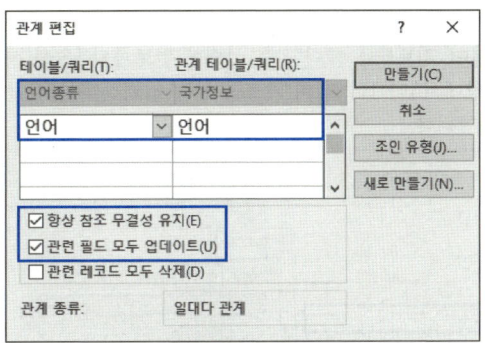

⑦ 관계 선이 생성되면 저장(🖫)하고 닫기(✖)를 클릭하여 [관계] 창을 닫습니다.

문제 2 입력 및 수정 기능 구현

01 폼 속성

1

① [탐색] 창 폼 목록의 <국가정보> 폼에서 마우스 오른쪽 버튼을 누른 후 [디자인 보기] 명령을 클릭합니다.
② '폼 선택기'(■)를 클릭하고 폼의 [속성 시트] 창에서 [데이터] 탭의 '추가 가능' 목록 단추(▽)를 클릭해 '아니요'를 선택합니다.
③ 이어서 '삭제 가능' 목록 단추(▽)를 클릭해 '아니요'를 선택합니다.

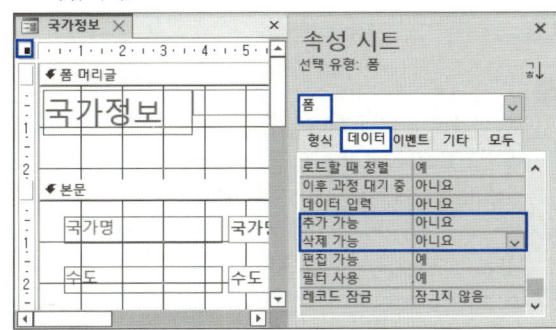

2

① 폼의 [속성 시트] 창에서 [형식] 탭의 '레코드 선택기' 목록 단추(▽)를 클릭해 '아니요'를 선택합니다.

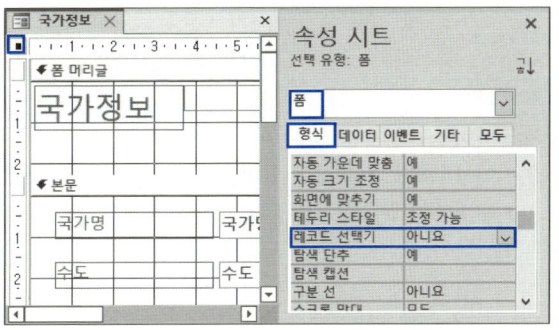

❸

① 'txt언어' 컨트롤을 클릭한 후 선택한 컨트롤의 [속성 시트] 창에서 [데이터] 탭의 '컨트롤 원본' 입력란에 '언어'를 입력합니다.

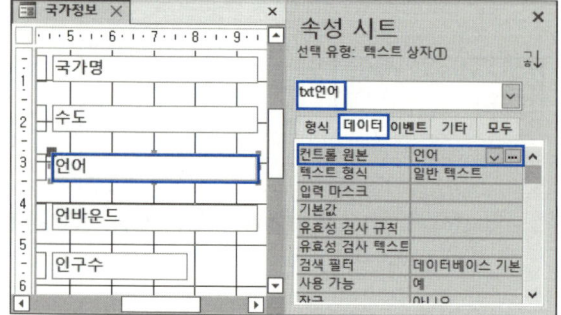

② 'txt대륙' 컨트롤을 클릭한 후 선택한 컨트롤의 [속성 시트] 창에서 [데이터] 탭의 '컨트롤 원본' 입력란에 '대륙'을 입력합니다.

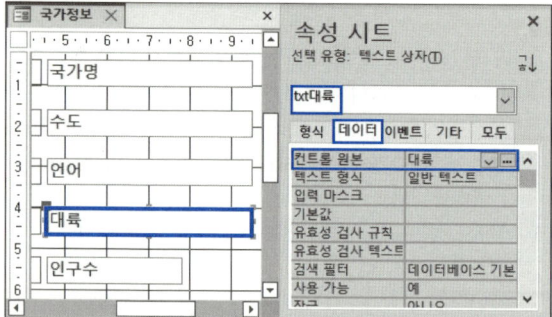

❹

① '폼 머리글' 구역의 'txt오늘날짜' 컨트롤을 클릭한 후 선택한 컨트롤의 [속성 시트] 창에서 [데이터] 탭의 '컨트롤 원본' 입력란에 '=date()'을 입력합니다.

② Enter 를 누르면 '=Date()'로 변경된 것을 확인할 수 있습니다.

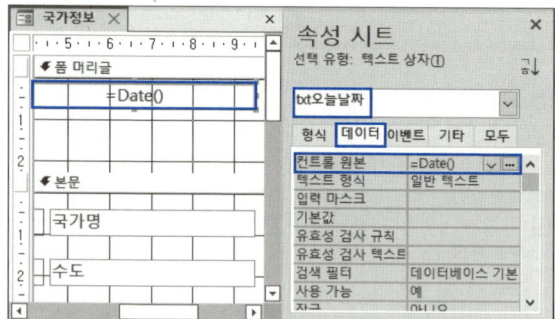

③ 이어서 [형식] 탭의 '형식' 입력란에 'yyyy년 mm월 dd일 aaaa'를 입력합니다. ('형식'을 '자세한 날짜'로 변경해도 됩니다.)

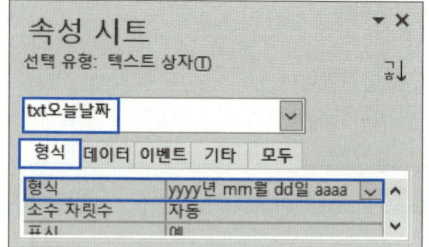

④ Enter 를 누르면 'yyyy"년 "mm"월 "dd"일 "aaaa'로 변경된 것을 확인할 수 있습니다.

❺

① '폼 머리글' 구역을 클릭한 후 선택한 구역의 [속성 시트] 창에서 [형식] 탭의 '배경색' 목록 단추(▼)를 클릭해 '밝은 텍스트'를 선택합니다.

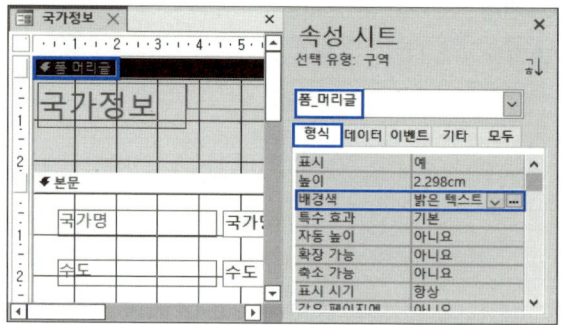

② 저장(💾)을 클릭하고 닫기(✖)를 클릭해 작성한 폼을 닫습니다.

02 조건부 서식

① [탐색] 창 폼 목록의 〈국가정보〉 폼에서 마우스 오른쪽 버튼을 누른 후 [디자인 보기] 명령을 클릭합니다.
② '본문' 구역의 'txt인구수' 컨트롤과 'txt면적' 컨트롤을 Shift 를 이용해 선택합니다.
③ 두 개의 컨트롤이 선택되면 [서식] 탭-[컨트롤 서식] 그룹-[조건부 서식]을 클릭합니다.
④ [조건부 서식 규칙 관리자] 대화상자가 나타나면 [새 규칙]을 클릭하고 첫 번째 목록 단추(▼)를 클릭해 '식이'를 선택합니다.
⑤ 식 입력란에 '[인구수]>=10000000'을 입력합니다.
⑥ 조건에 맞으면 적용할 서식에 [배경색]을 '노랑'으로 선택한 후 [확인] 단추를 클릭합니다.

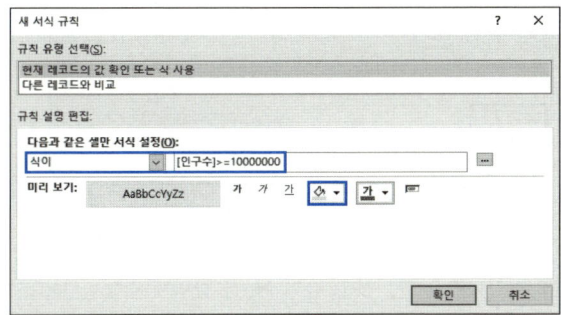

⑦ [조건부 서식 규칙 관리자] 대화상자가 나타나면 [확인] 단추를 클릭해 대화상자를 닫습니다.
⑧ 저장(📄)을 클릭하고 닫기(❌)를 클릭해 작성한 폼을 닫습니다.

03 매크로

① 매크로 이름이 따로 지정되어 있으므로 매크로를 먼저 작성하기 위해 [만들기] 탭-[매크로 및 코드] 그룹-[매크로]를 클릭합니다.
② [매크로 작성기] 창이 나타나면 새 함수 추가 입력란에 'close'를 입력하고 Enter 를 누릅니다.
③ 닫기 매크로 함수 인수가 나타나면 아래와 같이 입력합니다.

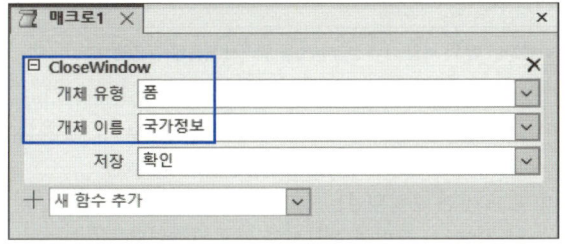

④ 저장(📄)을 클릭한 후 [다른 이름으로 저장] 대화상자가 나타나면 '폼닫기'를 입력하고 [확인] 단추를 클릭합니다.
⑤ 닫기(❌)를 클릭하여 [매크로 작성기] 창을 닫습니다.
⑥ [탐색] 창 폼 목록의 〈국가정보〉 폼에서 마우스 오른쪽 버튼을 누른 후 [디자인 보기] 명령을 클릭합니다.
⑦ [양식 디자인] 탭-[컨트롤] 그룹-[단추](🔲)를 클릭하고 단추가 위치할 곳에 드래그합니다.

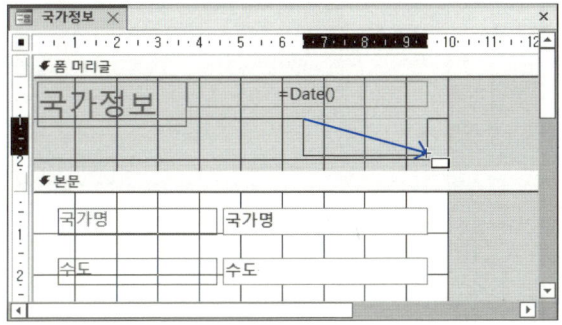

⑧ [명령 단추 마법사] 대화상자가 나타나면 [취소] 단추를 클릭하여 대화상자를 닫습니다.
⑨ 생성된 컨트롤의 [속성 시트] 창에서 [모두] 탭의 '캡션' 입력란에 '닫기', '이름' 입력란에 'cmd닫기'를 입력한 후 Enter 를 누릅니다.
⑩ 이어서 [이벤트] 탭의 'On Click'에 목록 단추(▼)를 클릭해 '폼닫기'를 선택합니다.

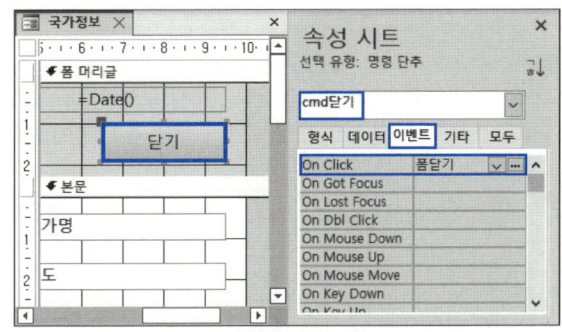

⑪ 저장(📄)을 클릭하고 [양식 디자인] 탭-[보기] 그룹-[폼 보기]를 클릭하여 폼 보기로 전환합니다.
⑫ 매크로가 잘 작성되었는지 결과를 확인합니다.

문제 3 조회 및 출력 기능 구현

01 보고서 속성

1

① [탐색] 창 보고서 목록의 〈국가정보〉 보고서에서 마우스 오른쪽 버튼을 누른 후 [디자인 보기] 명령을 클릭합니다.
② [보고서 디자인] 탭-[그룹화 및 요약] 그룹-[그룹화 및 정렬]을 클릭합니다.
③ [그룹, 정렬 및 요약] 창이 나타나면 동일한 대륙 내에서 인구수를 정렬하기 위해 [정렬 추가] 단추를 클릭합니다.
④ [인구수] 필드를 선택한 후 정렬이 '오름차순'인지 확인합니다.

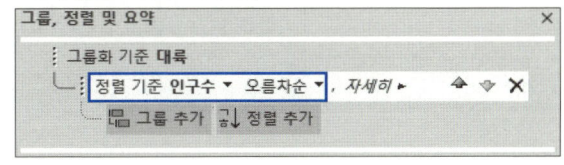

⑤ 닫기(❌)를 클릭해 [그룹, 정렬 및 요약] 창을 닫습니다.

2

① '대륙 머리글' 구역의 'txt대륙' 컨트롤을 클릭한 후 선택한 컨트롤의 [속성 시트] 창에서 [데이터] 탭의 '컨트롤 원본' 입력란에 '="[" & 대륙 & "] [" & count(*) & "개]"'을 입력합니다.
② Enter 를 누르면 '="[" & [대륙] & "] [" & Count(*) & "개]"'로 변경된 것을 확인할 수 있습니다.

③ 저장(■)을 클릭하고 닫기(✖)를 클릭해 작성한 보고서를 닫습니다.

02 이벤트 프로시저

① [탐색] 창 폼 목록의 〈국가정보〉 폼에서 마우스 오른쪽 버튼을 누른 후 [디자인 보기] 명령을 클릭합니다.
② 'cmd보고서' 컨트롤을 클릭한 후 선택한 컨트롤의 [속성 시트] 창에서 [이벤트] 탭의 'On Click'에 커서를 이동하고 작성기 단추(…)를 클릭합니다.
③ [작성기 선택] 대화상자가 나타나면 '코드 작성기'를 선택하고 [확인] 단추를 클릭합니다.
④ 'cmd보고서_Click()' 프로시저가 나타나면 아래와 같이 입력합니다.

```
Private Sub cmd보고서_Click()
    MsgBox "국가정보 보고서를 확인합니다.", vbOKOnly, "보고서확인"
    DoCmd.OpenReport "국가정보", acViewPreview
End Sub
```

※ 글자가 잘 안 보일 경우 정답 파일을 열어서 확인할 수 있습니다.

⑤ VBE의 닫기(✖) 단추를 클릭하여 액세스로 돌아옵니다.
⑥ 저장(■)을 클릭하고 [양식 디자인] 탭-[보기] 그룹-[폼 보기]를 클릭하여 폼 보기로 전환합니다.
⑦ 코드가 잘 작성되었는지 결과를 확인합니다.
⑧ 닫기(✖)를 클릭해 보고서와 폼을 닫습니다.

문제 4 처리 기능 구현

01 쿼리

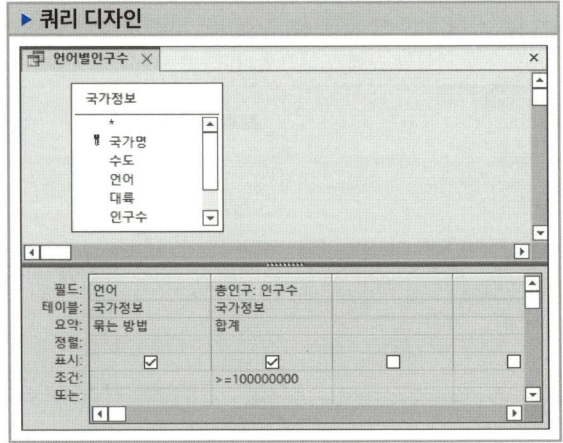

3

① '대륙 머리글' 구역을 클릭한 후 선택한 구역의 [속성 시트] 창에서 [형식] 탭의 '반복 실행 구역' 목록 단추(▼)를 클릭해 '예'를 선택합니다.

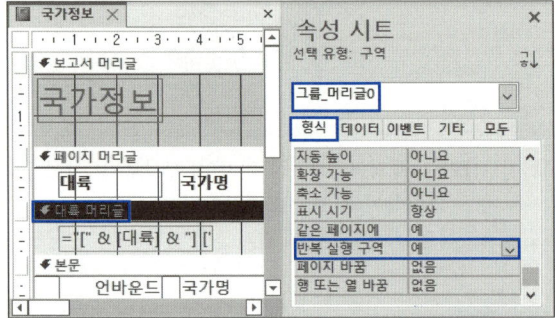

4

① '본문' 구역의 'txt순번' 컨트롤을 클릭한 후 선택한 컨트롤의 [속성 시트] 창에서 [데이터] 탭의 '컨트롤 원본' 입력란에 '=1'을 입력하고 Enter를 눌러 입력을 완료합니다.
② 이어서 '누적 합계' 목록 단추(▼)를 클릭해 '그룹'을 선택합니다.

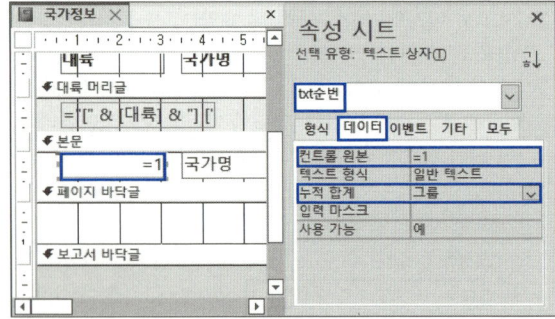

5

① '페이지 바닥글' 구역의 'txt페이지' 컨트롤을 클릭한 후 선택한 컨트롤의 [속성 시트] 창에서 [데이터] 탭의 '컨트롤 원본' 입력란에 '=page & "/" & pages & "Page"'을 입력합니다.
② Enter를 누르면 '=[Page] & "/" & [Pages] & "Page"'로 변경된 것을 확인할 수 있습니다.

① [만들기] 탭-[쿼리] 그룹-[쿼리 디자인]을 클릭합니다.
② 쿼리가 디자인 보기로 열리면 [테이블 추가] 창의 [테이블] 탭에서 <국가정보> 테이블을 더블클릭합니다.
③ 쿼리 디자인 보기에 <국가정보> 테이블이 추가되면 [테이블 추가] 창에서 [닫기] 단추를 클릭합니다.
④ <국가정보> 테이블에서 [언어] 필드를 더블클릭해 눈금의 첫 번째 열로 지정합니다.
⑤ <국가정보> 테이블에서 [인구수] 필드를 더블클릭해 눈금의 두 번째 열로 지정합니다.
⑥ 눈금의 두 번째 열에 있는 '인구수'의 필드 이름을 지정하기 위하여 '인구수' 앞에 '총인구:'을 입력하고 Enter 를 누릅니다.
⑦ 그룹별 합계를 설정하기 위해 [쿼리 디자인] 탭-[표시/숨기기] 그룹-[요약]을 클릭합니다.
⑧ 눈금에 '요약' 행이 표시되면 '언어' 필드의 '요약'이 '묶는 방법'인지 확인하고, '총인구: 인구수' 필드의 '요약' 목록 단추(⌄)를 클릭해 '합계'를 선택합니다.
⑨ 이어서 '총인구: 인구수' 필드의 '조건' 입력란에 '>=100000000'를 입력합니다.
⑩ 테이블을 생성하기 위해 [쿼리 디자인] 탭-[쿼리 유형] 그룹-[테이블 만들기]를 클릭합니다.
⑪ [테이블 만들기] 대화상자가 나타나면 테이블 이름을 '언어별총인구'로 입력하고 [확인] 단추를 클릭합니다.

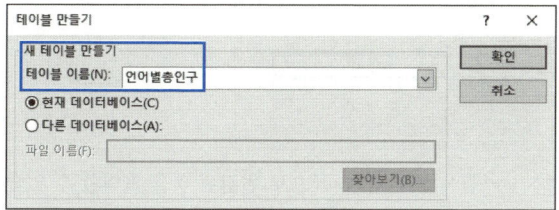

⑫ 결과를 확인하기 위해 [쿼리 디자인] 탭-[결과] 그룹-[실행]을 클릭합니다.
⑬ 새 테이블 작성 여부를 묻는 메시지가 나타나면 [예] 단추를 클릭합니다.

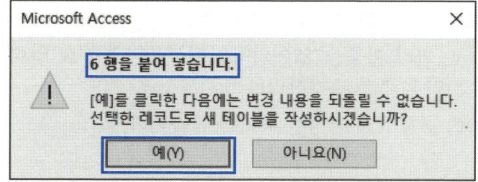

⑭ 저장(💾)을 클릭한 후 [다른 이름으로 저장] 대화상자가 나타나면 쿼리 이름을 '언어별인구수'로 입력하고 [확인] 단추를 클릭합니다.
⑮ 닫기(✕)를 클릭해 작성한 쿼리를 닫습니다.

02 쿼리

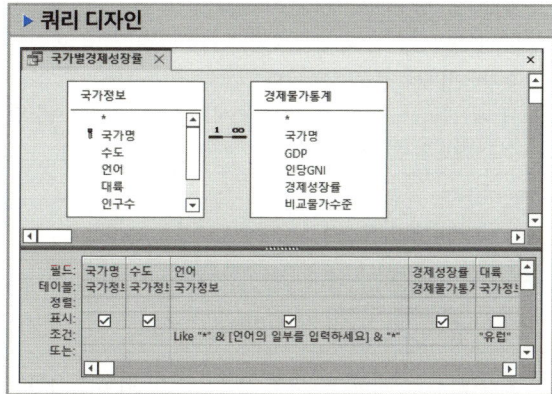

① [만들기] 탭-[쿼리] 그룹-[쿼리 디자인]을 클릭합니다.
② 쿼리가 디자인 보기로 열리면 [테이블 추가] 창의 [테이블] 탭에서 <국가정보> 테이블과 <경제물가통계> 테이블을 각각 더블클릭합니다.
③ 쿼리 디자인 보기에 <국가정보> 테이블과 <경제물가통계> 테이블이 추가되면 [테이블 추가] 창에서 [닫기] 단추를 클릭합니다.
④ <국가정보> 테이블에서 [국가명] 필드를 더블클릭해 눈금의 첫 번째 열로 지정합니다.
⑤ <국가정보> 테이블에서 [수도] 필드를 더블클릭해 눈금의 두 번째 열로 지정합니다.
⑥ <국가정보> 테이블에서 [언어] 필드를 더블클릭해 눈금의 세 번째 열로 지정합니다.
⑦ <경제물가통계> 테이블에서 [경제성장률] 필드를 더블클릭해 눈금의 네 번째 열로 지정합니다.
⑧ <국가정보> 테이블에서 [대륙] 필드를 더블클릭해 눈금의 다섯 번째 열로 지정합니다.
⑨ 이어서 '대륙' 필드의 '조건' 입력란에 '유럽'을 입력합니다.
⑩ Enter 를 누르면 '"유럽"'으로 변경된 것을 확인할 수 있습니다.
⑪ 이어서 '대륙' 필드는 시트에 표시되면 안 되므로 '표시' 확인란을 클릭하여 선택을 취소합니다.
⑫ 매개 변수를 설정하기 위해 '언어' 필드의 '조건' 입력란에 'like "*" & [언어의 일부를 입력하세요] & "*"'를 입력하고 Enter 를 누릅니다.
⑬ 테이블을 생성하기 위해 [쿼리 디자인] 탭-[쿼리 유형] 그룹-[테이블 만들기]를 클릭합니다.
⑭ [테이블 만들기] 대화상자가 나타나면 테이블 이름을 '조회한언어'로 입력하고 [확인] 단추를 클릭합니다.

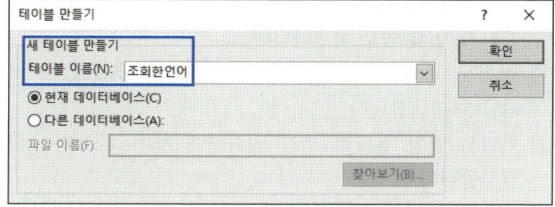

⑮ 결과를 확인하기 위해 [쿼리 디자인] 탭-[결과] 그룹-[실행]을 클릭합니다.
⑯ [매개 변수 값 입력] 대화상자가 나타나면 '이'를 입력한 후 [확인] 단추를 클릭합니다.
⑰ 새 테이블 작성 여부를 묻는 메시지가 나타나면 [예] 단추를 클릭합니다.

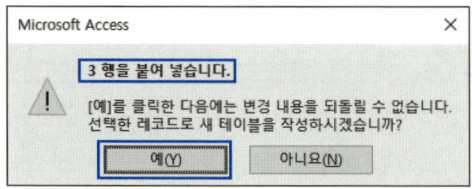

⑱ 저장(🖫)을 클릭한 후 [다른 이름으로 저장] 대화상자가 나타나면 쿼리 이름을 '국가별경제성장률'로 입력하고 [확인] 단추를 클릭합니다.
⑲ 닫기(✖)를 클릭해 작성한 쿼리를 닫습니다.

03 쿼리

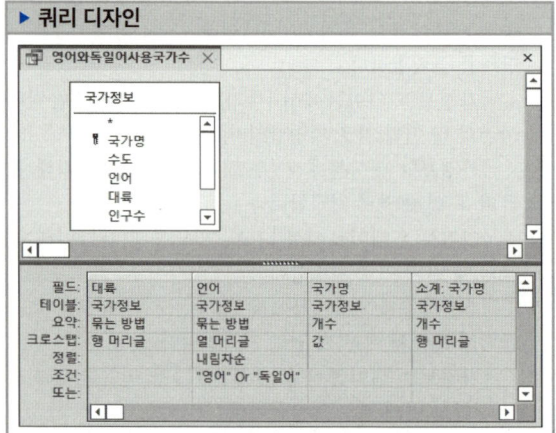

① [만들기] 탭-[쿼리] 그룹-[쿼리 디자인]을 클릭합니다.
② 쿼리가 디자인 보기로 열리면 [테이블 추가] 창의 [테이블] 탭에서 <국가정보> 테이블을 더블클릭합니다.
③ 쿼리 디자인 보기에 <국가정보> 테이블이 추가되면 [테이블 추가] 창에서 [닫기] 단추를 클릭합니다.
④ 크로스탭 쿼리로 변경하기 위해 [쿼리 디자인] 탭-[쿼리 유형] 그룹-[크로스탭]을 클릭합니다.
⑤ <국가정보> 테이블에서 [대륙] 필드를 더블클릭해 눈금의 첫 번째 열로 지정합니다.
⑥ '대륙' 필드의 '크로스탭' 목록 단추(▼)를 클릭해 '행 머리글'을 선택합니다.
⑦ <국가정보> 테이블에서 [언어] 필드를 더블클릭해 눈금의 두 번째 열로 지정합니다.
⑧ '언어' 필드의 '크로스탭' 목록 단추(▼)를 클릭해 '열 머리글'을 선택합니다.
⑨ 이어서 '언어' 필드의 '조건' 입력란에 '영어 or 독일어'를 입력합니다.

⑩ Enter 를 누르면 '"영어" Or "독일어"'로 변경된 것을 확인할 수 있습니다.
⑪ 이어서 '언어' 필드의 '정렬' 목록 단추(▼)를 클릭해 '내림차순'을 선택합니다.
⑫ <국가정보> 테이블에서 [국가명] 필드를 더블클릭해 눈금의 세 번째 열로 지정합니다.
⑬ '국가명' 필드의 '크로스탭' 목록 단추(▼)를 클릭해 '값'을 선택하고, '요약' 목록 단추(▼)를 클릭해 '개수'를 선택합니다.
⑭ <국가정보> 테이블에서 [국가명] 필드를 더블클릭해 눈금의 네 번째 열로 지정합니다.
⑮ 눈금의 네 번째 열에 있는 '국가명'의 필드 이름을 지정하기 위하여 '국가명' 앞에 '소계:'를 입력하고 Enter 를 누릅니다.
⑯ '소계' 필드의 '크로스탭' 목록 단추(▼)를 클릭해 '행 머리글'을 선택하고, '요약' 목록 단추(▼)를 클릭해 '개수'를 선택합니다.
⑰ 형식을 설정하기 위해 세 번째 열의 '국가명' 필드를 클릭한 후 선택한 필드의 [속성 시트] 창에서 [일반] 탭의 '형식' 입력란에 '0개국'을 입력합니다.

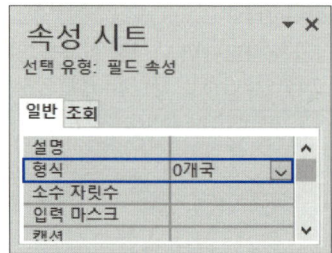

⑱ Enter 를 누르면 '0"개국"'으로 변경된 것을 확인할 수 있습니다.
⑲ 같은 방법으로 '소계: 국가명' 필드의 형식을 '0개국'으로 지정합니다.
⑳ 결과를 확인하기 위해 [쿼리 디자인] 탭-[결과] 그룹-[실행]을 클릭합니다.
㉑ 저장(🖫)을 클릭한 후 [다른 이름으로 저장] 대화상자가 나타나면 쿼리 이름을 '영어와독일어사용국가수'로 입력하고 [확인] 단추를 클릭합니다.
㉒ 닫기(✖)를 클릭해 작성한 쿼리를 닫습니다.

04 쿼리

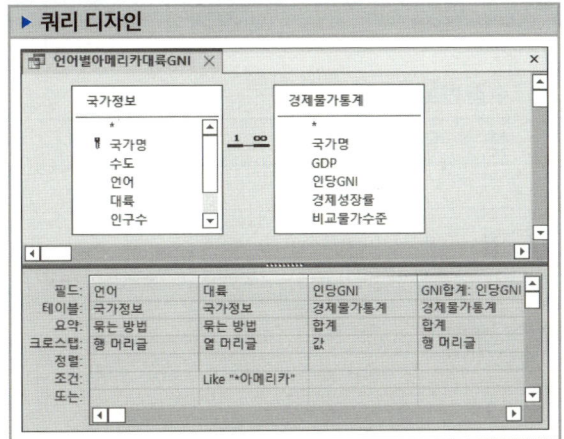

① [만들기] 탭-[쿼리] 그룹-[쿼리 디자인]을 클릭합니다.
② 쿼리가 디자인 보기로 열리면 [테이블 추가] 창의 [테이블] 탭에서 <국가정보> 테이블과 <경제물가통계> 테이블을 각각 더블클릭합니다.
③ 쿼리 디자인 보기에 <국가정보> 테이블과 <경제물가통계> 테이블이 추가되면 [테이블 추가] 창에서 [닫기] 단추를 클릭합니다.
④ 크로스탭 쿼리로 변경하기 위해 [쿼리 디자인] 탭-[쿼리 유형] 그룹-[크로스탭]을 클릭합니다.
⑤ <국가정보> 테이블에서 [언어] 필드를 더블클릭해 눈금의 첫 번째 열로 지정합니다.
⑥ '언어' 필드의 '크로스탭' 목록 단추(▼)를 클릭해 '행 머리글'을 선택합니다.
⑦ <국가정보> 테이블에서 [대륙] 필드를 더블클릭해 눈금의 두 번째 열로 지정합니다.
⑧ '대륙' 필드의 '크로스탭' 목록 단추(▼)를 클릭해 '열 머리글'을 선택합니다.
⑨ 이어서 '대륙' 필드의 '조건' 입력란에 '*아메리카'를 입력합니다.
⑩ Enter 를 누르면 'Like "*아메리카"'로 변경된 것을 확인할 수 있습니다.
⑪ <경제물가통계> 테이블에서 [인당GNI] 필드를 더블클릭해 눈금의 세 번째 열로 지정합니다.
⑫ '인당GNI' 필드의 '크로스탭' 목록 단추(▼)를 클릭해 '값'을 선택하고, '요약' 목록 단추(▼)를 클릭해 '합계'를 선택합니다.
⑬ <경제물가통계> 테이블에서 [인당GNI] 필드를 더블클릭해 눈금의 네 번째 열로 지정합니다.
⑭ 눈금의 네 번째 열에 있는 '인당GNI'의 필드 이름을 지정하기 위하여 '인당GNI' 앞에 'GNI합계:'을 입력하고 Enter 를 누릅니다.
⑮ 'GNI합계: 인당GNI' 필드의 '크로스탭' 목록 단추(▼)를 클릭해 '행 머리글'을 선택하고, '요약' 목록 단추(▼)를 클릭해 '합계'를 선택합니다.
⑯ 결과를 확인하기 위해 [쿼리 디자인] 탭-[결과] 그룹-[실행]을 클릭합니다.
⑰ 저장(🖫)을 클릭한 후 [다른 이름으로 저장] 대화상자가 나타나면 쿼리 이름을 '언어별아메리카대륙GNI'로 입력하고 [확인] 단추를 클릭합니다.
⑱ 닫기(✖)를 클릭해 작성한 쿼리를 닫습니다.

제5회 최신기출유형

프로그램명	제한시간
ACCESS	45분

수험번호 :
성　명 :

| 1급 | C형 |

유 의 사 항

★ 펜은 꺼내실 수 없으며 시험지는 유출이 불가능합니다.

- 인적 사항 누락 및 잘못 작성으로 인한 불이익은 수험자 책임으로 합니다.

- 화면에 암호 입력창이 나타나면 아래의 암호를 입력하여야 합니다.
  - 암호 :

★ 암호를 입력할 수도 있으니 이렇게 첫 장을 확인하시면 됩니다.

- 작성된 답안은 주어진 경로 및 파일명을 변경하지 마시고 그대로 저장해야 합니다.
  이를 준수하지 않으면 실격 처리됩니다.

★ 디스켓 모양을 눌러 저장하시면 됩니다. 예외가 있을 수도 있으니 감독관이 설명할 때 잘 들어주세요. 제한시간(45분) 안에 디스켓 모양을 눌러 저장을 하고 그 이후에는 화면이 바뀌며 [답안 제출]을 하게 됩니다.

- 외부 데이터 위치 : C:\DB\파일명

- 별도의 지시사항이 없는 경우, 다음과 같이 처리 시 실격 처리됩니다.
  - 제시된 개체의 이름을 임의로 변경한 경우
  - 제시된 개체의 속성을 임의로 변경한 경우
  - 제시된 개체를 임의로 추가하거나 삭제한 경우

- 별도의 지시사항이 없는 경우 기능의 구현은 모듈이나 매크로 등을 이용하며, 예외적인 상황에 대해서는 고려하지 않아도 됩니다.

- 별도의 지시사항이 없는 경우 주어진 각 개체의 속성은 설정값 또는 기본 설정값(Default)으로 처리하십시오.

- 제시된 화면은 예시이며 나타난 값은 실제와 다를 수 있습니다.

- 저장 시간은 별도로 주어지지 않으므로 제한된 시간 내에 저장을 완료해야 합니다.

- 출제된 문제의 용어는 Microsoft Office Access 2021 기준으로 작성되어 있습니다.

국 가 기 술 자 격 검 정

문제 1   DB 구축(30점)

01 차량의 구매 정보를 관리하기 위해 데이터베이스를 구축하고자 한다. 다음의 지시사항에 따라 각 테이블을 완성하시오. (각 4점)

<차량정보> 테이블
① '모델명' 필드는 기본키가 아니면서 중복된 값이 입력될 수 없도록 설정하시오.
② '비고' 필드를 마지막에 추가하고, 256자 이상이 입력될 수 있도록 데이터 형식을 설정하시오.

<차량구매내역> 테이블
③ '구매가격' 필드의 데이터 형식을 '통화'로 지정하고, 소수점 2자리까지 표시되도록 설정하시오.
④ 오늘 날짜만 입력되는 함수를 사용하여 '구매일' 필드에 기본적으로 오늘 날짜가 입력되도록 설정하시오.
⑤ '구분' 필드는 "기본트림" 또는 "최상위트림"만 입력되도록 유효성 검사 규칙을 설정하시오.

02 <차량구매내역> 테이블의 '차량코드' 필드에 대해 다음과 같이 조회 속성을 설정하시오. (5점)
- ▶ <차량정보> 테이블의 '차량코드', '모델명', '기본트림', '최상위트림'을 콤보 상자 형태로 표시할 것
- ▶ 필드에는 '차량코드'가 저장되도록 설정할 것
- ▶ 목록 값만 입력할 수 있도록 설정할 것
- ▶ '차량코드', '모델명', '기본트림', '최상위트림'의 열 너비를 각각 2cm, 2cm, 2.5cm, 2.5cm로 설정할 것
- ▶ 열 이름을 표시할 것
- ▶ 목록 너비를 10cm로 설정할 것

03 <차량구매내역> 테이블의 '차량코드' 필드는 <차량정보> 테이블의 '차량코드' 필드를 참조하고 테이블 간의 관계는 M:1이다. 두 테이블에 대해 다음과 같이 관계를 설정하시오. (5점)
- ▶ 각 테이블 간에 항상 참조 무결성이 유지되도록 설정하시오.
- ▶ 참조 필드의 값이 변경되면 관련 필드의 값도 변경되도록 설정하시오.
- ▶ 다른 테이블에서 참조하고 있는 레코드는 삭제할 수 없도록 설정하시오.

문제 2   입력 및 수정 기능 구현 (25점)

01 <차량구매현황> 폼을 다음의 화면과 지시사항에 따라 완성하시오. (각 3점)
① 하위 폼 폼 바닥글의 'txt총구매가격' 컨트롤에는 구매가격의 합계가 표시되도록 컨트롤 원본을 설정하시오.
② 본문 영역의 'txt차량코드' 컨트롤은 편집이 불가능하도록 설정하시오.
③ 본문 영역의 'txt차종' 컨트롤은 '차종' 필드를 바운드시키시오.
④ 하위 폼 본문 영역의 모든 컨트롤에 대해 테두리 스타일을 투명으로 설정하시오.
⑤ 폼이 팝업 폼으로 열리도록 설정하고, 폼이 열려 있을 경우 다른 작업을 수행할 수 없도록 설정하시오.

02 <차량구매내역> 폼의 본문 영역에 대해 다음과 같이 조건부 서식을 설정하시오. (5점)
▶ '구분' 필드의 값이 "최상위트림"인 경우 컨트롤의 배경색을 '노랑'으로 설정할 것

03 <차량구매내역> 폼 머리글 영역의 '차량구매현황(cmd보고서)' 단추를 클릭하면 다음과 같은 기능을 수행하도록 <보고서보기> 매크로를 작성한 후 지정하시오. (5점)
▶ <차량구매내역> 폼을 먼저 종료한 후 <차량구매현황> 보고서를 '인쇄 미리 보기' 형태로 열 것

문제 3 조회 및 출력 기능 구현 (20점)

01 다음의 지시사항 및 화면을 참조하여 <차량구매현황> 보고서를 완성하시오. (각 3점)

① '구매일' 머리글 영역의 'txt구매월' 컨트롤에 다음과 같이 표시되도록 설정하시오.
   ▶ 구매일의 월이 3월인 경우 : 3월 구매 내역
   ▶ Month 함수와 & 연산자 사용
② '구매일' 바닥글 영역의 'txt구매수' 컨트롤에 그룹별 레코드의 개수가 [표시 예]와 같이 표시되도록 컨트롤 원본을 설정하시오.
   ▶ [표시 예 : 1명 구매]
③ '구매일' 머리글 영역이 매 페이지마다 반복하여 출력되도록 설정하시오.
④ 본문 영역의 'txt순번' 컨트롤에는 해당 그룹 내에서 일련번호가 표시되도록 설정하시오.
⑤ 페이지 바닥글 영역의 'txt페이지' 컨트롤에는 페이지가 다음과 같이 표시되도록 설정하시오.
   ▶ 현재 페이지 / 전체 페이지

차량구매현황

	구매일	구매자	차량코드	구분	구매가격	결제방법	할부기간
3월 구매 내역							
1	2021-03-01	김혜영	B032	최상위트림	₩119,400,000	할부	36
2	2021-03-02	안준영	A023	최상위트림	₩33,650,000	할부	48
3	2021-03-04	박유정	A022	최상위트림	₩28,140,000	할부	60
4	2021-03-07	윤미경	B038	기본트림	₩53,690,000	할부	36
5	2021-03-20	장서영	B031	기본트림	₩27,150,000	할부	48
6	2021-03-28	박경록	A023	최상위트림	₩33,650,000	할부	60
7	2021-03-01	홍유미	B031	최상위트림	₩29,520,000	할부	48
						7명 구매	
4월 구매 내역							
1	2021-04-14	강혜정	A003	기본트림	₩30,240,000	할부	60
2	2021-04-22	이경진	A002	기본트림	₩37,000,000	할부	36
3	2021-04-10	이민지	A002	최상위트림	₩49,500,000	할부	48
4	2021-04-08	김정현	A024	기본트림	₩27,250,000	할부	36
5	2021-04-22	윤소정	A003	최상위트림	₩44,670,000	할부	48
						5명 구매	
5월 구매 내역							
1	2021-05-05	이희진	A026	최상위트림	₩62,140,000	할부	12
2	2021-05-24	정호정	B031	최상위트림	₩29,520,000	할부	36
3	2021-05-28	강미희	A029	기본트림	₩23,640,000	할부	48
4	2021-05-30	강은미	A001	최상위트림	₩35,670,000	할부	60
						4명 구매	
6월 구매 내역							
1	2021-06-13	이해원	A026	기본트림	₩52,910,000	할부	60
2	2021-06-07	최지은	A027	최상위트림	₩35,990,000	할부	48
3	2021-06-01	황유희	A006	최상위트림	₩21,480,000	할부	12
4	2021-06-01	이수지	A025	최상위트림	₩40,320,000	할부	60

02 <차량구매내역> 폼 본문의 'txt구매자' 컨트롤을 더블클릭하면 다음과 같은 기능이 수행되도록 이벤트 프로시저를 구현하시오. (5점)

▶ 다음과 같은 메시지 상자를 표시하시오.

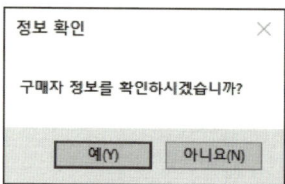

▶ 메시지 상자에서 <예>를 클릭하면 현재 선택된 구매자의 정보가 표시된 <구매자연락처> 폼을 화면에 표시하시오.

문제 4 처리 기능 구현 (25점)

01 다음과 같이 출시월별 제조사별 기본트림의 평균을 나타내는 <월별제조사별기본트림평균> 크로스탭 쿼리를 작성하시오. (4점)

▶ <차량정보> 테이블을 이용하시오.
▶ 출시일이 2019년 10월 31일을 포함한 이후 날짜만을 표시하시오.
▶ 쿼리 결과 표시되는 필드와 필드명은 <그림>과 같이 표시되도록 설정하시오.

월	기아	르노삼성	벤츠	볼보	쉐보레	쌍용	폭스바겐	현대	BMW
1			₩67,500,000		₩19,590,000			₩60,670,000	
3	₩30,240,000	₩17,630,000						₩52,910,000	
4								₩15,700,000	
7	₩31,600,000			₩59,490,000				₩31,220,000	
8	₩38,530,000								
9			₩54,200,000			₩18,980,000			
10			₩64,500,000	₩68,140,000		₩37,000,000	₩27,150,000	₩28,336,667	₩72,450,000
11								₩27,250,000	
12	₩20,900,000								

02 구매월별로 구매건수와 총할부금액을 조회하는 <월별요약> 쿼리를 작성하시오. (7점)

▶ <차량구매내역> 테이블을 이용하시오.
▶ 구매건수는 '구매자' 필드를 이용하시오.
▶ 할부금액은 '구매가격 / 할부기간'으로 구하시오.
▶ 총할부금액의 내림차순을 기준으로 상위 5개 레코드만 표시하시오.
▶ 쿼리 결과로 표시되는 필드와 필드명, 필드의 형식은 <그림>과 같이 표시되도록 설정하시오.

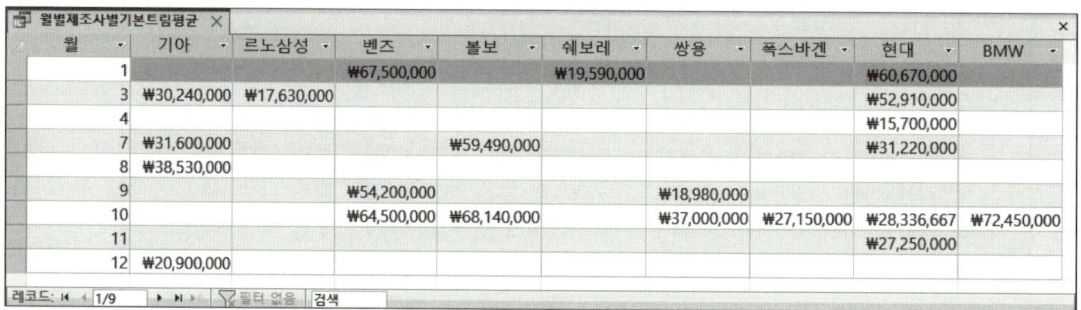

03 <차량정보> 테이블을 이용하여 <차종검색> 쿼리를 작성하시오. (7점)
- 쿼리를 실행하면 <그림>과 같은 매개 변수 입력 대화상자를 통해 입력된 '차종'의 일부를 포함하는 레코드만 표시되도록 조건을 설정하시오.
- 출시건수는 '모델명' 필드를 이용하시오.
- 쿼리 결과 표시되는 필드와 필드명은 <그림>과 같이 표시되도록 설정하시오.

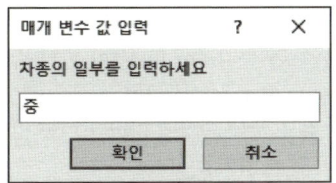
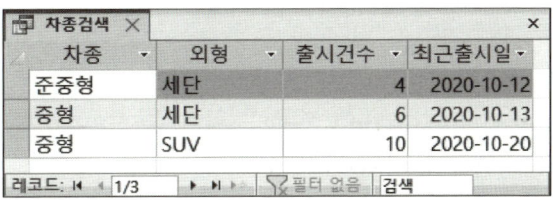

04 <차량정보>와 <차량구매내역> 테이블을 이용하여 <미판매차량> 쿼리를 작성하시오. (7점)
- <차량구매내역> 테이블에 차량코드가 존재하지 않는 <차량정보> 테이블의 자료를 조회하는 쿼리를 작성하시오.
- Is Null 연산자 사용
- 쿼리 결과 표시되는 필드와 필드명은 <그림>과 같이 표시되도록 설정하시오.

제조사	모델명	제조구분	출시일	차종	외형
현대	제네시스 G70	국내	2020/10/13	중형	세단
현대	코나	국내	2020/10/1	소형	SUV
기아	셀토스	국내	2019/7/10	소형	SUV
기아	스팅어	국내	2020/8/31	중형	세단
현대	싼타페	국내	2020/7/5	중형	SUV
현대	제네시스 GV	국내	2020/1/10	대형	SUV
르노삼성	QM6	국내	2019/6/3	중형	SUV
쉐보레	트레일블레이	국내	2020/1/10	소형	SUV
르노삼성	XM3	국내	2020/3/15	소형	SUV
기아	K3	국내	2018/2/27	준중형	세단
기아	스포티지	국내	2018/7/1	중형	SUV
BMW	5 Series	수입	2020/10/4	준대형	세단
볼보	V90	수입	2020/10/30	준대형	웨건
BMW	3 Series	수입	2019/4/30	중형	세단
폭스바겐	Tiguan	수입	2018/4/10	중형	SUV
벤츠	GLC-Class	수입	2020/1/7	중형	SUV
폭스바겐	Arteon	수입	2018/12/7	중형	SUV
BMW	6 Series	수입	2020/10/1	준대형	세단
벤츠	GLB-Class	수입	2020/9/5	소형	SUV
볼보	XC40	수입	2018/6/13	중형	SUV
볼보	S90	수입	2020/7/5	준대형	세단

정답 및 해설

문제1 DB 구축

'보안 경고'가 표시되면 '콘텐츠 사용'을 클릭하세요.

01 테이블

1

[모델명] 필드-'인덱스' 속성 : 예(중복 불가능)

① [탐색] 창의 〈차량정보〉 테이블에서 마우스 오른쪽 버튼을 눌러 바로 가기 메뉴가 나타나면 [디자인 보기] 명령을 클릭합니다.
② [모델명] 필드를 클릭하여 [모델명]의 필드 속성이 나타나면 [일반] 탭의 '인덱스' 속성을 더블클릭합니다.
③ [모델명] 필드의 '인덱스' 속성이 '예(중복 가능)'으로 변경되면 한 번 더 더블클릭하여 '예(중복 불가능)'으로 변경합니다.

2

[비고] 필드 추가-데이터 형식 : 긴 텍스트

① 필드를 추가하기 위해 [차량코드] 필드 아래에 '비고'를 입력합니다.
② 데이터 형식의 목록 단추(▽)를 클릭하여 '긴 텍스트'를 선택합니다.
③ 저장(🖫)하고 닫기(✖)를 클릭하여 〈차량정보〉 테이블을 닫습니다.

3

[구매가격] 필드-데이터 형식 : 통화, '소수 자릿수' 속성 : 2

① [탐색] 창의 〈차량구매내역〉 테이블에서 마우스 오른쪽 버튼을 눌러 바로 가기 메뉴가 나타나면 [디자인 보기] 명령을 클릭합니다.
② [구매가격] 필드를 클릭하고 데이터 형식의 목록 단추(▽)를 클릭하여 '통화'로 변경합니다.
③ 이어서 [일반] 탭의 '소수 자릿수' 속성을 클릭한 후 '2'를 입력하고 Enter 를 눌러 입력을 완료합니다.

4

[구매일] 필드-'기본값' 속성 : Date()

① [구매일] 필드를 클릭하여 [구매일]의 필드 속성이 나타나면 [일반] 탭의 '기본값' 속성을 클릭합니다.
② '기본값' 속성에 커서가 이동되면 'date()'을 입력합니다.
③ Enter 를 누르면 'Date()'로 변경된 것을 확인할 수 있습니다.

5

[구분] 필드-'유효성 검사 규칙' 속성 : "기본트림" Or "최상위트림"

① [구분] 필드를 클릭하여 [구분]의 필드 속성이 나타나면 [일반] 탭의 '유효성 검사 규칙' 속성을 클릭합니다.
② '유효성 검사 규칙' 속성에 커서가 이동되면 '기본트림 or 최상위트림'을 입력합니다.
③ Enter 를 누르면 '"기본트림" Or "최상위트림"'로 변경된 것을 확인할 수 있습니다.
④ 저장(🖫)하고 닫기(✖)를 클릭하여 〈차량구매내역〉 테이블을 닫습니다.
⑤ 아래와 같은 메시지가 나타나면 [예] 단추를 클릭합니다.

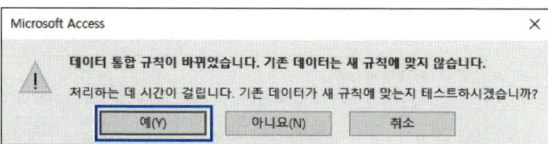

02 조회 속성

① [탐색] 창의 〈차량구매내역〉 테이블에서 마우스 오른쪽 버튼을 눌러 바로 가기 메뉴가 나타나면 [디자인 보기] 명령을 클릭합니다.
② [차량코드] 필드를 클릭하여 [차량코드]의 필드 속성이 나타나면 [조회] 탭의 '컨트롤 표시' 속성을 클릭합니다.
③ '컨트롤 표시' 속성의 목록 단추(▽)를 클릭하여 '콤보 상자'로 변경합니다.
④ 테이블의 데이터를 가져오기 위해 '행 원본 유형' 속성이 '테이블/쿼리'인지 확인합니다.
⑤ 이어서 '행 원본' 속성을 클릭합니다.
⑥ '행 원본' 속성에 커서가 이동되면 작성기 단추(…)를 클릭합니다.
⑦ [쿼리 작성기]가 나타나면 [테이블 추가] 창에서 〈차량정보〉 테이블을 더블클릭하여 [쿼리 작성기]에 추가한 후 [테이블 추가] 창의 [닫기] 단추를 클릭합니다.
⑧ 〈차량정보〉 테이블의 [차량코드] 필드를 더블클릭, [모델명] 필드를 더블클릭, [기본트림] 필드를 더블클릭, [최상위트림] 필드를 더블클릭하여 눈금의 필드에 추가한 후 [쿼리 작성기]의 닫기(✖)를 클릭합니다.
⑨ 저장여부를 묻는 메시지가 나타나면 [예] 단추를 클릭합니다.
⑩ 차량코드, 모델명, 기본트림, 최상위트림 중에 차량코드를 저장하기 위해 '바운드 열' 속성이 '1'인지 확인합니다.
⑪ '목록 값만 허용' 속성을 더블클릭하여 '예'로 변경합니다.
⑫ '열 너비' 속성을 클릭하고 '열 너비' 속성에 커서가 이동되면 '2;2;2.5;2.5'를 입력합니다.

⑬ Enter 를 누르면 '2cm;2cm;2.501cm;2.501cm'로 변경된 것을 확인할 수 있습니다.
⑭ '열 이름' 속성을 더블클릭하여 '예'로 변경합니다.
⑮ '목록 너비' 속성을 클릭하고 '목록 너비' 속성에 커서가 이동되면 '10'을 입력합니다.
⑯ Enter 를 누르면 '10cm'로 변경된 것을 확인할 수 있습니다.
⑰ '열 개수' 속성을 클릭하고 '열 개수' 속성에 커서가 이동되면 '4'를 입력합니다.

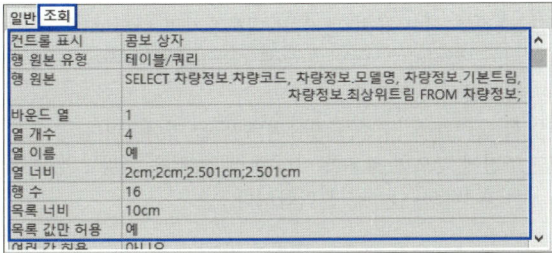

03 관계

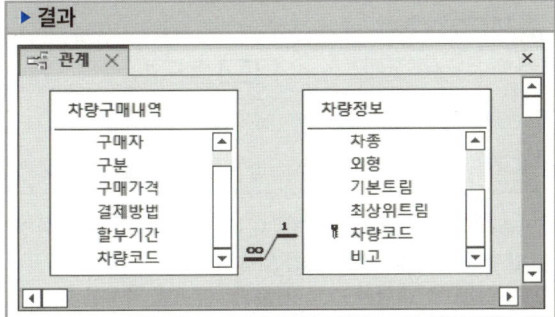

① [데이터베이스 도구] 탭-[관계] 그룹-[관계]를 클릭합니다.
② [관계 디자인] 탭-[관계] 그룹-[테이블 추가]를 클릭한 후 〈차량구매내역〉, 〈차량정보〉 테이블을 각각 더블클릭하여 [관계] 창에 추가합니다.
③ 〈차량구매내역〉 테이블의 [차량코드] 필드를 〈차량정보〉 테이블의 [차량코드] 필드로 드래그합니다.
④ [관계 편집] 대화상자가 나타나면 '항상 참조 무결성 유지'와 '관련 필드 모두 업데이트' 확인란을 선택하고 [만들기] 단추를 클릭합니다.

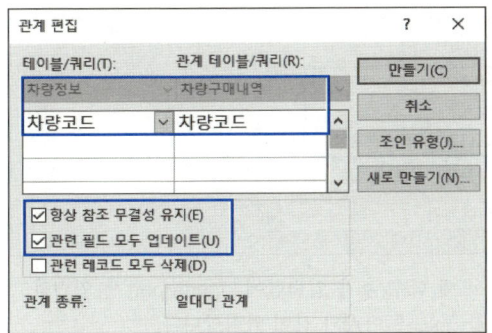

⑤ 관계 선이 생성되면 저장(🖫)하고 닫기(✖)를 클릭하여 [관계] 창을 닫습니다.

문제 2 입력 및 수정 기능 구현

01 폼 속성

1

① [탐색] 창 폼 목록의 〈차량구매현황〉 폼에서 마우스 오른쪽 버튼을 누른 후 [디자인 보기] 명령을 클릭합니다.
② 하위 폼 '폼 바닥글' 구역의 'txt총구매가격' 컨트롤을 클릭한 후 선택한 컨트롤의 [속성 시트] 창에서 [데이터] 탭의 '컨트롤 원본' 입력란에 '=sum(구매가격)'을 입력합니다.
③ Enter 를 누르면 '=Sum([구매가격])'로 변경된 것을 확인할 수 있습니다.

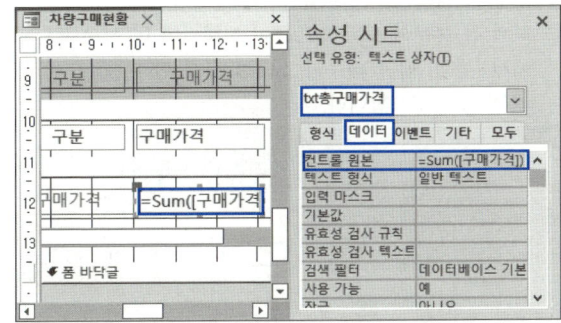

2

① '본문' 구역의 'txt차량코드' 컨트롤을 클릭한 후 선택한 컨트롤의 [속성 시트] 창에서 [데이터] 탭의 '잠금' 목록 단추(⌄)를 클릭해 '예'를 선택합니다.

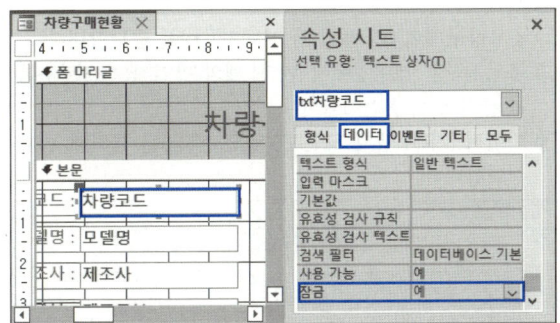

3

① '본문' 구역의 'txt차종' 컨트롤을 클릭한 후 선택한 컨트롤의 [속성 시트] 창에서 [데이터] 탭의 '컨트롤 원본' 입력란에 '차종'을 입력합니다.

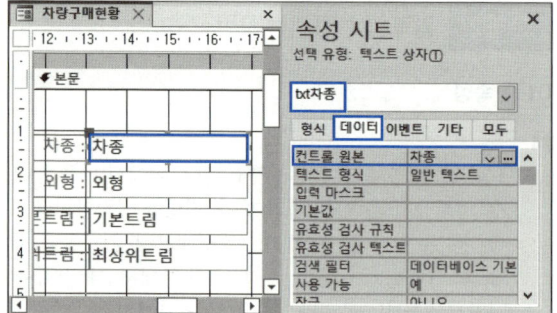

4

① 하위 폼 '본문' 구역의 눈금자 부분을 클릭하여 하위 폼 '본문' 구역의 모든 컨트롤을 선택합니다.
② 하위 폼 본문의 모든 컨트롤이 선택되면 [속성 시트] 창에서 [형식] 탭의 '테두리 스타일' 목록 단추(▼)를 클릭해 '투명'을 선택합니다.

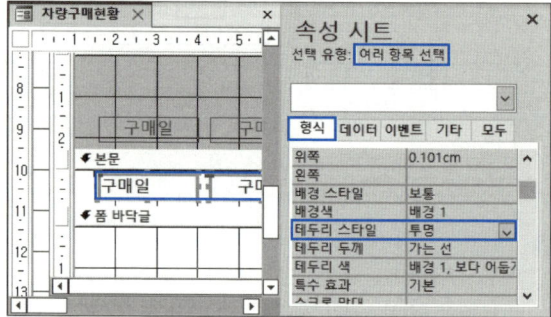

5

① 〈차량구매현황〉 폼의 '폼 선택기'(■)를 클릭합니다.
② 폼의 [속성 시트] 창에서 [기타] 탭의 '팝업' 목록 단추(▼)를 클릭해 '예'를 선택합니다.
③ 이어서 [기타] 탭의 '모달' 목록 단추(▼)를 클릭해 '예'를 선택합니다.

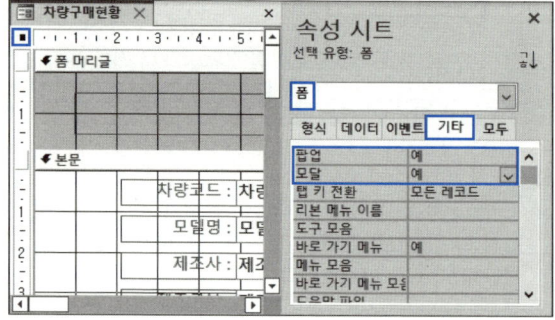

④ 저장(💾)을 클릭하고 닫기(✖)를 클릭해 작성한 폼을 닫습니다.

02 조건부 서식

① [탐색] 창 폼 목록의 〈차량구매내역〉 폼에서 마우스 오른쪽 버튼을 누른 후 [디자인 보기] 명령을 클릭합니다.
② 조건에 맞는 레코드에 서식을 지정하기 위해 '본문' 구역의 눈금자 부분을 클릭하여 '본문' 구역의 모든 컨트롤을 선택합니다.
③ [서식] 탭-[컨트롤 서식] 그룹-[조건부 서식]을 클릭합니다.
④ [조건부 서식 규칙 관리자] 대화상자가 나타나면 [새 규칙]을 클릭하고 첫 번째 목록 단추(▼)를 클릭해 '식이'를 선택합니다.
⑤ 식 입력란에 '[구분]="최상위트림"'을 입력합니다.
⑥ 조건에 맞으면 적용할 서식에 [배경색]을 '노랑'으로 선택한 후 [확인] 단추를 클릭합니다.

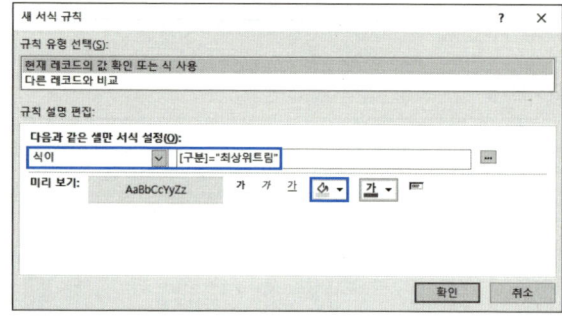

⑦ [조건부 서식 규칙 관리자] 대화상자가 나타나면 [확인] 단추를 클릭해 대화상자를 닫습니다.
⑧ 저장(💾)을 클릭하고 닫기(✖)를 클릭해 작성한 폼을 닫습니다.

03 매크로

① 매크로 이름이 따로 지정되어 있으므로 매크로를 먼저 작성하기 위해 [만들기] 탭-[매크로 및 코드] 그룹-[매크로]를 클릭합니다.
② [매크로 작성기] 창이 나타나면 새 함수 추가 입력란에 'close'를 입력하고 Enter 를 누릅니다.
③ 닫기 매크로 함수 인수가 나타나면 아래와 같이 입력합니다.

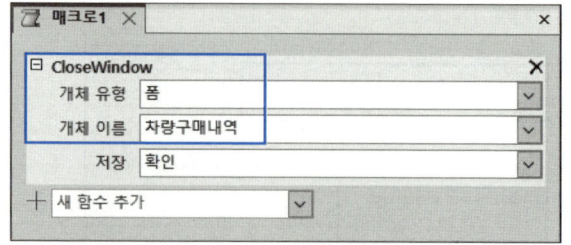

④ 이어서 새 함수 추가 입력란에 'openreport'를 입력하고 Enter 를 누른 후 아래와 같이 입력합니다.

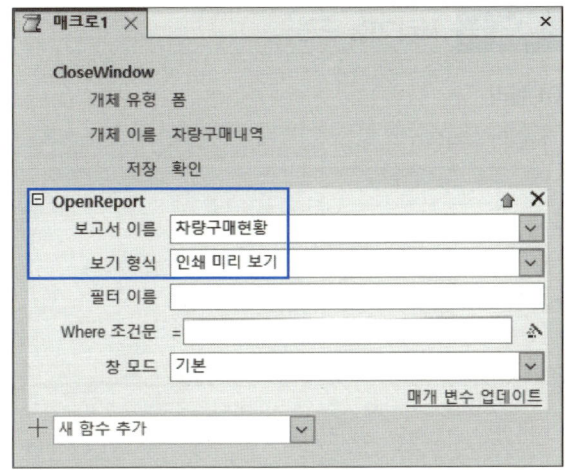

⑤ 저장(💾)을 클릭한 후 [다른 이름으로 저장] 대화상자가 나타나면 '보고서보기'를 입력하고 [확인] 단추를 클릭합니다.
⑥ 닫기(✖)를 클릭하여 [매크로 작성기] 창을 닫습니다.
⑦ 컨트롤에 만든 매크로를 지정하기 위해 [탐색] 창 폼 목록의 〈차량구매내역〉 폼에서 마우스 오른쪽 버튼을 누른 후 [디자인 보기] 명령을 클릭합니다.
⑧ 'cmd보고서' 컨트롤을 클릭한 후 선택한 컨트롤의 [속성 시트] 창에서 [이벤트] 탭의 'On Click'에 목록 단추(▼)를 클릭해 '보고서보기'를 선택합니다.

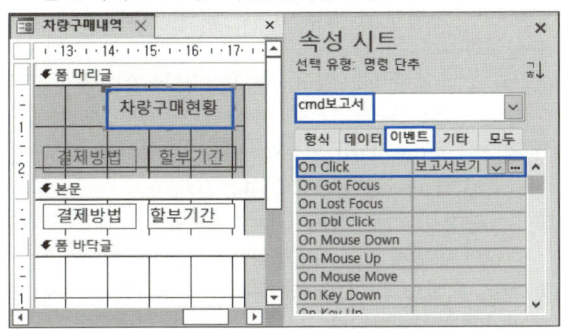

⑨ 저장(💾)을 클릭하고 [양식 디자인] 탭-[보기] 그룹-[폼 보기]를 클릭하여 폼 보기로 전환합니다.
⑩ 매크로가 잘 작성되었는지 결과를 확인하고 보고서를 닫습니다.

문제 3   조회 및 출력 기능 구현

01 보고서 속성

1

① [탐색] 창 보고서 목록의 〈차량구매현황〉 보고서에서 마우스 오른쪽 버튼을 누른 후 [디자인 보기] 명령을 클릭합니다.
② '구매일 머리글' 구역의 'txt구매월' 컨트롤을 클릭한 후 선택한 컨트롤의 [속성 시트] 창에서 [데이터] 탭의 '컨트롤 원본' 입력란에 '=month(구매일) & "월 구매 내역"'을 입력합니다.
③ Enter 를 누르면 '=Month([구매일]) & "월 구매 내역"'로 변경된 것을 확인할 수 있습니다.

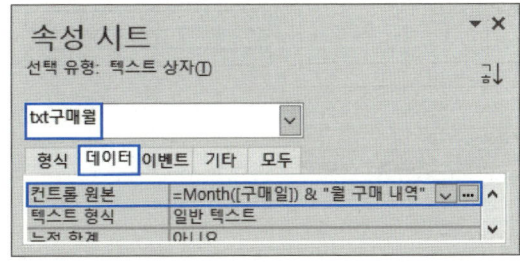

2

① '구매일 바닥글' 구역의 'txt구매수' 컨트롤을 클릭한 후 선택한 컨트롤의 [속성 시트] 창에서 [데이터] 탭의 '컨트롤 원본' 입력란에 '=count(*) & "명 구매"'를 입력합니다.
② Enter 를 누르면 '=Count(*) & "명 구매"'로 변경된 것을 확인할 수 있습니다.

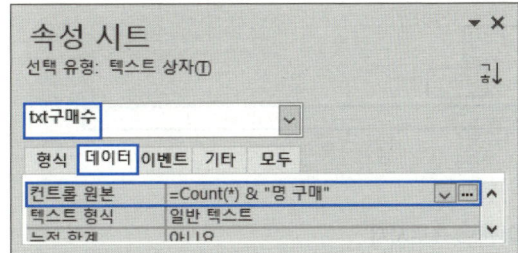

3

① '구매일 머리글' 구역을 클릭한 후 선택한 구역의 [속성 시트] 창에서 [형식] 탭의 '반복 실행 구역' 목록 단추(▼)를 클릭해 '예'를 선택합니다.

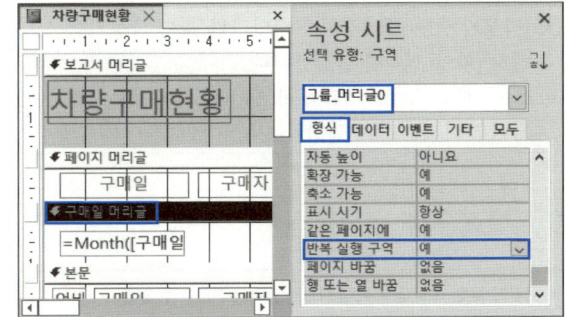

4

① '본문' 구역의 'txt순번' 컨트롤을 클릭한 후 선택한 컨트롤의 [속성 시트] 창에서 [데이터] 탭의 '컨트롤 원본' 입력란에 '=1'을 입력하고 Enter 를 눌러 입력을 완료합니다.
② 이어서 '누적 합계' 목록 단추(▼)를 클릭해 '그룹'을 선택합니다.

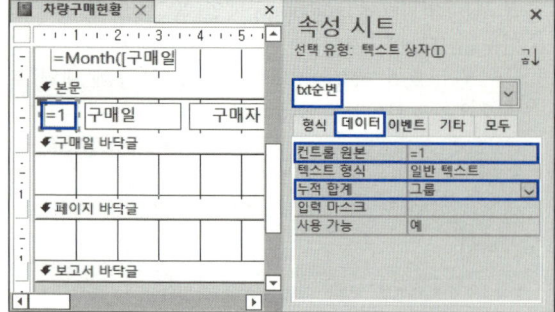

5

① '페이지 바닥글' 구역의 'txt페이지' 컨트롤을 클릭한 후 선택한 컨트롤의 [속성 시트] 창에서 [데이터] 탭의 '컨트롤 원본' 입력란에 '=page & " / " & pages'을 입력합니다.

② Enter 를 누르면 '=[Page] & " / " & [Pages]'로 변경된 것을 확인할 수 있습니다.

02 이벤트 프로시저

① [탐색] 창 폼 목록의 〈차량구매내역〉 폼에서 마우스 오른쪽 버튼을 누른 후 [디자인 보기] 명령을 클릭합니다.

② 'txt구매자' 컨트롤을 클릭한 후 선택한 컨트롤의 [속성 시트] 창에서 [이벤트] 탭의 'On Dbl Click'에 커서를 이동하고 작성기 단추(…)를 클릭합니다.

③ [작성기 선택] 대화상자가 나타나면 '코드 작성기'를 선택하고 [확인] 단추를 클릭합니다.

④ 'txt구매자_DblClick(Cancel As Integer)' 프로시저가 나타나면 아래와 같이 입력합니다.

```
Private Sub txt구매자_DblClick(Cancel As Integer)
    Dim a
    a = MsgBox("구매자 정보를 확인하시겠습니까?", vbYesNo, "정보 확인")
    If a = vbYes Then
        DoCmd.OpenForm "구매자연락처", acNormal, , "구매자='" & txt구매자 & "'"
    End If
End Sub
```

※ 글자가 잘 안 보일 경우 정답 파일을 열어서 확인할 수 있습니다.

⑤ VBE의 닫기(✕) 단추를 클릭하여 액세스로 돌아옵니다.

⑥ 저장(🖫)을 클릭하고 [양식 디자인] 탭-[보기] 그룹-[폼 보기]를 클릭하여 폼 보기로 전환합니다.

⑦ 코드가 잘 작성되었는지 결과를 확인합니다.

⑧ 닫기(✕)를 클릭해 폼을 닫습니다.

문제 4 처리 기능 구현

01 쿼리

▶ 쿼리 디자인

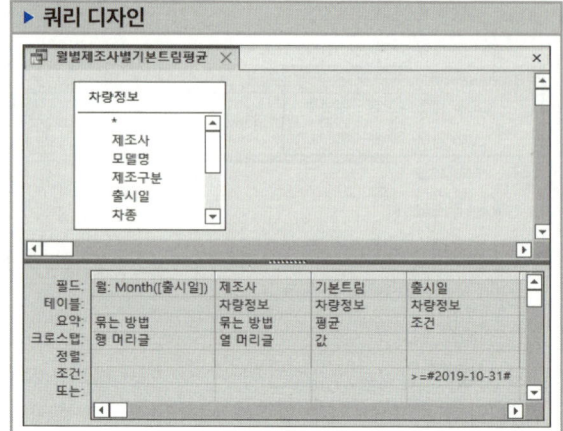

① [만들기] 탭-[쿼리] 그룹-[쿼리 디자인]을 클릭합니다.

② 쿼리가 디자인 보기로 열리면 [테이블 추가] 창의 [테이블] 탭에서 〈차량정보〉 테이블을 더블클릭합니다.

③ 쿼리 디자인 보기에 〈차량정보〉 테이블이 추가되면 [테이블 추가] 창에서 [닫기] 단추를 클릭합니다.

④ 크로스탭 쿼리로 변경하기 위해 [쿼리 디자인] 탭-[쿼리 유형] 그룹-[크로스탭]을 클릭합니다.

⑤ 눈금의 첫 번째 열 '필드' 입력란에 '월:month(출시일)'을 입력합니다.

⑥ Enter 를 누르면 '월: Month([출시일])'로 변경된 것을 확인할 수 있습니다.

⑦ '월: Month([출시일])' 필드의 '크로스탭' 목록 단추(☑)를 클릭해 '행 머리글'을 선택합니다.

⑧ 〈차량정보〉 테이블에서 [제조사] 필드를 더블클릭해 눈금의 두 번째 열로 지정합니다.

⑨ '제조사' 필드의 '크로스탭' 목록 단추(☑)를 클릭해 '열 머리글'을 선택합니다.

⑩ 〈차량정보〉 테이블에서 [기본트림] 필드를 더블클릭해 눈금의 세 번째 열로 지정합니다.

⑪ '기본트림' 필드의 '크로스탭' 목록 단추(☑)를 클릭해 '값'을 선택하고, '요약' 목록 단추(☑)를 클릭해 '평균'을 선택합니다.

⑫ 조건을 설정하기 위해 〈차량정보〉 테이블에서 [출시일] 필드를 더블클릭해 눈금의 네 번째 열로 지정합니다.

⑬ 이어서 '출시일' 필드의 '요약' 목록 단추(☑)를 클릭해 '조건'을 선택합니다.

⑭ 이어서 '출시일' 필드의 '조건' 입력란에 '>=2019-10-31'을 입력합니다.

⑮ Enter 를 누르면 '>=#2019-10-31#'로 변경되는 것을 확인할 수 있습니다.

⑯ 결과를 확인하기 위해 [쿼리 디자인] 탭-[결과] 그룹-[실행]을 클릭합니다.

⑰ 저장(🖫)을 클릭한 후 [다른 이름으로 저장] 대화상자가 나타나면 쿼리 이름을 '월별제조사별기본트림평균'으로 입력하고 [확인] 단추를 클릭합니다.
⑱ 닫기(✖)를 클릭해 작성한 쿼리를 닫습니다.

02 쿼리

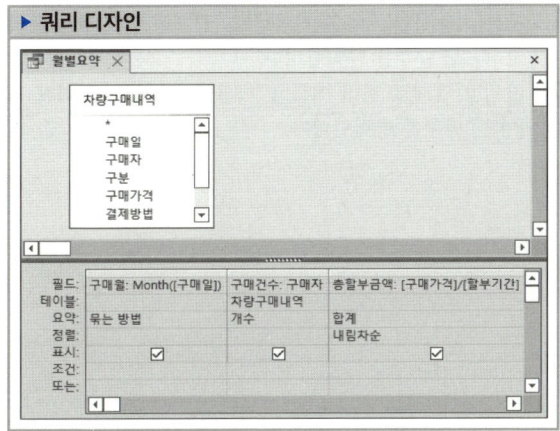

① [만들기] 탭-[쿼리] 그룹-[쿼리 디자인]을 클릭합니다.
② 쿼리가 디자인 보기로 열리면 [테이블 추가] 창의 [테이블] 탭에서 <차량구매내역> 테이블을 더블클릭합니다.
③ 쿼리 디자인 보기에 <차량구매내역> 테이블이 추가되면 [테이블 추가] 창에서 [닫기] 단추를 클릭합니다.
④ 눈금의 첫 번째 열 '필드' 입력란에 '구매월:month(구매일)'을 입력합니다.
⑤ Enter 를 누르면 '구매월: Month([구매일])'로 변경된 것을 확인할 수 있습니다.
⑥ <차량구매내역> 테이블에서 [구매자] 필드를 더블클릭해 눈금의 두 번째 열로 지정합니다.
⑦ 눈금의 두 번째 열에 있는 '구매자'의 필드 이름을 지정하기 위하여 '구매자' 앞에 '구매건수:'을 입력하고 Enter 를 누릅니다.
⑧ 그룹별 개수를 설정하기 위해 [쿼리 디자인] 탭-[표시/숨기기] 그룹-[요약]을 클릭합니다.
⑨ 눈금에 '요약' 행이 표시되면 '구매월' 필드의 '요약'이 '묶는 방법'인지 확인하고, '구매건수: 구매자' 필드의 '요약' 목록 단추(▼)를 클릭해 '개수'를 선택합니다.
⑩ 눈금의 세 번째 열 '필드' 입력란에 '총할부금액:구매가격/할부기간'을 입력합니다.
⑪ Enter 를 누르면 '총할부금액: [구매가격]/[할부기간]'으로 변경되는 것을 확인할 수 있습니다.
⑫ 이어서 '총할부금액: [구매가격]/[할부기간]' 필드의 '요약'을 '합계'로 선택하고 정렬 목록 단추(▼)를 클릭해 '내림차순'을 선택합니다.
⑬ 레코드를 상위 5개까지 표시하기 위해 쿼리 디자인 보기의 빈 영역을 클릭합니다.
⑭ 선택한 쿼리의 [속성 시트] 창에서 [일반] 탭의 '상위 값'

속성을 클릭해 커서가 이동되면 '5'를 입력하고 Enter 를 누릅니다.

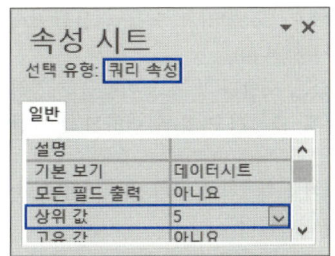

⑮ 형식을 설정하기 위해 세 번째 열의 '총할부금액: [구매가격]/[할부기간]' 필드를 클릭한 후 선택한 필드의 [속성 시트] 창에서 [일반] 탭의 '형식' 목록 단추(▼)를 클릭해 '통화'를 선택합니다.

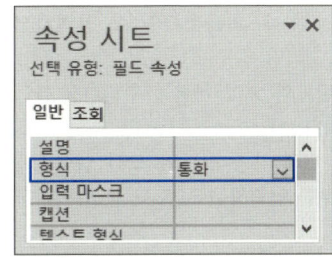

⑯ 결과를 확인하기 위해 [쿼리 디자인] 탭-[결과] 그룹-[실행]을 클릭합니다.
⑰ 저장(🖫)을 클릭한 후 [다른 이름으로 저장] 대화상자가 나타나면 쿼리 이름을 '월별요약'으로 입력하고 [확인] 단추를 클릭합니다.
⑱ 닫기(✖)를 클릭해 작성한 쿼리를 닫습니다.

03 쿼리

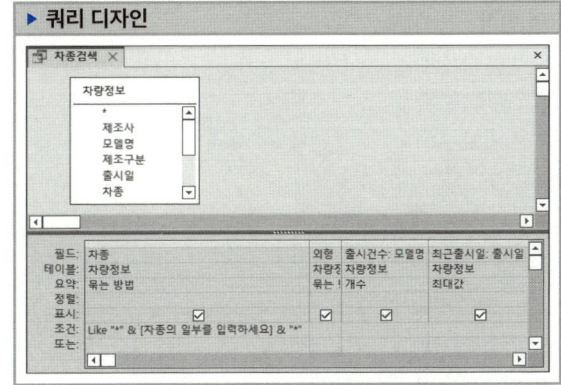

① [만들기] 탭-[쿼리] 그룹-[쿼리 디자인]을 클릭합니다.
② 쿼리가 디자인 보기로 열리면 [테이블 추가] 창의 [테이블] 탭에서 <차량정보> 테이블을 더블클릭합니다.
③ 쿼리 디자인 보기에 <차량정보> 테이블이 추가되면 [테이블 추가] 창에서 [닫기] 단추를 클릭합니다.
④ <차량정보> 테이블에서 [차종] 필드를 더블클릭해 눈금의 첫 번째 열로 지정합니다.

⑤ <차량정보> 테이블에서 [외형] 필드를 더블클릭해 눈금의 두 번째 열로 지정합니다.
⑥ <차량정보> 테이블에서 [모델명] 필드를 더블클릭해 눈금의 세 번째 열로 지정합니다.
⑦ 눈금의 세 번째 열에 있는 '모델명'의 필드 이름을 지정하기 위하여 '모델명' 앞에 '출시건수:'을 입력하고 Enter 를 누릅니다.
⑧ 그룹별 개수를 설정하기 위해 [쿼리 디자인] 탭-[표시/숨기기] 그룹-[요약]을 클릭합니다.
⑨ '출시건수: 모델명' 필드의 '요약' 목록 단추(⌄)를 클릭해 '개수'를 선택합니다.
⑩ <차량정보> 테이블에서 [출시일] 필드를 더블클릭해 눈금의 네 번째 열로 지정합니다.
⑪ 눈금의 네 번째 열에 있는 '출시일'의 필드 이름을 지정하기 위하여 '출시일' 앞에 '최근출시일:'을 입력하고 Enter 를 누릅니다.
⑫ '최근출시일: 출시일' 필드의 '요약' 목록 단추(⌄)를 클릭해 '최대값'을 선택합니다.
⑬ 매개 변수를 설정하기 위해 '차종' 필드의 '조건' 입력란에 'like "*" & [차종의 일부를 입력하세요] & "*"'를 입력하고 Enter 를 누릅니다.
⑭ 결과를 확인하기 위해 [쿼리 디자인] 탭-[결과] 그룹-[실행]을 클릭합니다.
⑮ [매개 변수 값 입력] 대화상자가 나타나면 '중'을 입력한 후 [확인] 단추를 클릭합니다.
⑯ 저장(💾)을 클릭한 후 [다른 이름으로 저장] 대화상자가 나타나면 쿼리 이름을 '차종검색'으로 입력하고 [확인] 단추를 클릭합니다.
⑰ 닫기(✖)를 클릭해 작성한 쿼리를 닫습니다.

④ 2단계는 비교할 자료가 들어 있는 개체 선택으로 '테이블: 차량구매내역'을 클릭한 후 [다음] 단추를 클릭합니다.
⑤ 3단계는 비교할 필드 선택으로 <차량정보> 테이블의 [차량코드], <차량구매내역> 테이블의 [차량코드]를 클릭하고 <=> 단추를 클릭한 후 [다음] 단추를 클릭합니다.
⑥ 4단계는 결과에 표시할 필드로 [제조사], [모델명], [제조구분], [출시일], [차종], [외형]을 '선택한 필드'로 이동하고 [다음] 단추를 클릭합니다.
⑦ 마지막 단계로 쿼리 이름을 '미판매차량'으로 입력한 후 [마침] 단추를 클릭합니다.

04 쿼리

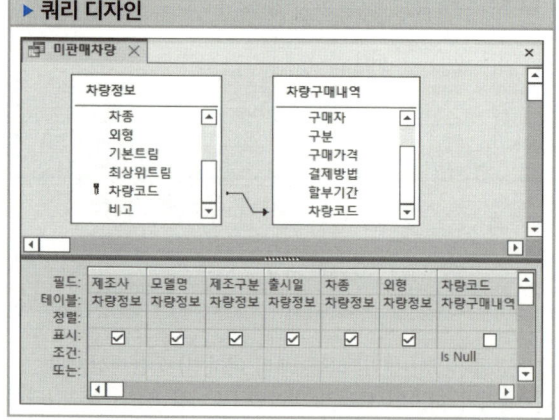

① [만들기] 탭-[쿼리] 그룹-[쿼리 마법사]를 클릭합니다.
② [새 쿼리] 대화상자가 나타나면 '불일치 검색 쿼리 마법사'를 클릭한 후 [확인] 단추를 클릭합니다.
③ [불일치 검색 쿼리 마법사]가 나타나면 결과 테이블로 '테이블: 차량정보'을 클릭한 후 [다음] 단추를 클릭합니다.

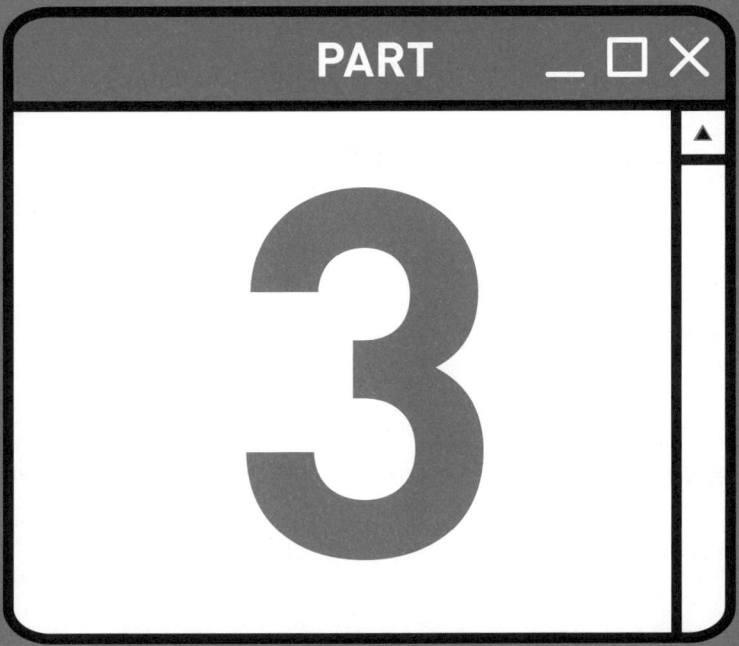

제1회 실전모의고사

프로그램명	제한시간
EXCEL	45분

수험번호 :

성   명 :

| 1급 | C형 |

유 의 사 항

★ 펜은 꺼내실 수 없으며 시험지는 유출이 불가능합니다.

■ 인적 사항 누락 및 잘못 작성으로 인한 불이익은 수험자 책임으로 합니다.

■ 화면에 암호 입력창이 나타나면 아래의 암호를 입력하여야 합니다.
  - 암호 :

★ 암호를 입력할 수도 있으니 이렇게 첫 장을 확인하시면 됩니다.

■ 작성된 답안은 주어진 경로 및 파일명을 변경하지 마시고 그대로 저장해야 합니다. 이를 준수하지 않으면 실격 처리됩니다.

★ 디스켓 모양을 눌러 저장하시면 됩니다. 예외가 있을 수도 있으니 감독관이 설명할 때 잘 들어주세요. 제한시간(45분) 안에 디스켓 모양을 눌러 저장을 하고 그 이후에는 화면이 바뀌며 [답안 제출]을 하게 됩니다.

■ 외부 데이터 위치 : C:\OA\파일명

■ 별도의 지시사항이 없는 경우, 다음과 같이 처리 시 실격 처리됩니다.
  - 제시된 시트 및 개체의 순서나 이름을 임의로 변경한 경우
  - 제시된 시트 및 개체를 임의로 추가 또는 삭제한 경우
  - 외부 데이터를 시험 시작 전에 열어 본 경우

■ 답안은 반드시 문제에서 지시 또는 요구한 셀에 입력하여야 하며 다음과 같이 처리 시 채점 대상에서 제외됩니다.
  - 수험자가 임의로 지시하지 않은 셀의 이동, 수정, 삭제, 변경 등으로 인해 셀의 위치 및 내용이 변경된 경우 해당 작업에 영향을 미치는 관련문제 모두 채점 대상에서 제외
  - 도형 및 차트의 개체가 중첩되어 있거나 동일한 계산결과 시트가 복수로 존재할 경우 해당 개체나 시트는 채점 대상에서 제외

■ 수식 작성 시 제시된 문제 파일의 데이터는 변경 가능한(가변적) 데이터임을 감안하여 문제 풀이를 하시오.

■ 별도의 지시사항이 없는 경우, 주어진 각 시트 및 개체의 설정값 또는 기본 설정값(Default)으로 처리하시오.

■ 저장 시간은 별도로 주어지지 않으므로 제한된 시간 내에 저장을 완료해야 하며, 제한시간 내에 저장이 되지 않은 경우에는 실격 처리됩니다.

■ 출제된 문제의 용어는 Microsoft Office Excel 2021 기준으로 작성되어 있습니다.

국 가 기 술 자 격 검 정

문제 1 기본작업(15점) — 주어진 시트에서 다음의 과정을 수행하고 저장하시오.

01 '기본작업-1' 시트에서 다음과 같이 고급 필터를 수행하시오. (5점)
- [A2:G42] 영역에서 '납부방법'이 '자동납부'이고 '당월사용량'이 '당월사용량'의 평균 이하인 데이터의 '고객명', '구분', '당월사용량', '전기요금계' 열을 순서대로 표시하시오.
- 조건은 [I2:I3] 영역에 입력하시오. (AVERAGE, AND 함수 사용)
- 결과는 [I5] 셀부터 표시하시오.

02 '기본작업-1' 시트에서 다음과 같이 조건부 서식을 설정하시오. (5점)
- [A3:G42] 영역에서 '고객코드'의 오른쪽 두 글자가 "01"이고, 총 인원 40명 중 '전기요금계'가 상위 10% 이내인 행에 대하여 글꼴 스타일은 '굵게', 채우기 색은 '표준 색-노랑'으로 적용하시오.
- 단, 규칙 유형은 '수식을 사용하여 서식을 지정할 셀 결정'을 사용하고, 한 개의 규칙으로만 작성하시오.
- RANK.EQ, AND, RIGHT 함수 사용

03 '기본작업-2' 시트에서 다음과 같이 시트 보호를 설정하시오. (5점)
- [G6:G18] 영역에 셀 잠금과 수식 숨기기를 적용하고 제목의 텍스트 상자와 텍스트 열 잠금, 차트 잠금을 적용한 후 잠긴 셀의 내용과 워크시트를 보호하시오.
- 잠긴 셀의 선택과 잠금 해제된 셀의 선택은 허용하시오.
- 단, 암호는 지정하지 마시오.

문제 2 계산작업(30점) — '계산작업' 시트에서 다음의 과정을 수행하고 저장하시오.

01 [표1]의 전월사용량과 당월사용량을 이용하여 [E4:E44] 영역에 전월비교를 계산하여 표시하시오. (6점)
- 전월사용량 - 당월사용량이 3일 경우 : ★★★
- 전월사용량 - 당월사용량이 -3일 경우 : ☆☆☆
- ABS, IFERROR, REPT 함수 사용

02 [표1]의 구분, 당월사용량과 [표2]를 이용하여 [F4:F44] 영역에 기본요금을 계산하여 표시하시오. (6점)
- 기본요금은 구분과 사용량으로 [표2]를 참조
- HLOOKUP, MATCH 함수 사용

03 사용자 정의 함수 'fn할인결과'를 작성하여 [표1]의 [K4:K44] 영역에 할인결과를 표시하시오. (6점)
- 'fn할인결과'는 대가족, 다자녀, 자동납부를 인수로 받아 값을 되돌려줌
- 대가족, 다자녀, 자동납부 모두 음수이면 'P'를 표시하고 대가족, 다자녀, 자동납부 하나라도 음수이면 'E'를 표시하고 그 외에는 공백으로 표시

```
Public Function fn할인결과(대가족, 다자녀, 자동납부)
End Function
```

04 [표1]의 당월사용량을 이용하여 [표3]의 [G48] 셀에 상위 4위까지 당월사용량 평균을 계산하여 표시하시오. (6점)
▶ AVERAGE, LARGE 함수를 이용한 배열 수식 사용

05 [표1]의 당월사용량을 이용하여 [표4]의 [I52:I56] 영역에 당월사용량별 사용자 수를 계산하여 표시하시오. (6점)
▶ FREQUENCY 함수와 & 연산자를 이용한 배열 수식 사용
▶ 표시 예 : 3명

문제 3 분석작업(20점) 주어진 시트에서 다음의 과정을 수행하고 저장하시오.

01 '분석작업-1' 시트에서 다음의 지시사항에 따라 피벗 테이블 보고서를 작성하시오. (10점)
▶ [A2:G42] 영역을 이용하고, 피벗 테이블 보고서의 레이아웃과 위치는 <그림>을 참조하여 설정하시오.
▶ 보고서 레이아웃을 개요 형식으로 지정하시오.
▶ 00:00부터 10:00까지 '오전', 12:00부터 22:00까지 '오후'로 그룹을 설정하고 하위 항목과 확장/축소 단추를 숨기시오.
▶ 값 영역의 표시 형식은 '값 필드 설정'의 '셀 서식'을 이용하여 기호 없는 회계 형식으로 지정하시오.

	H	I	J	K	L	M
1						
2		평균 : 전기요금계		구분		
3		주이용시간2	주이용시간	고압	저압	총합계
4		오전		23,011	44,913	37,612
5		오후		31,313	77,192	59,168
6		총합계		29,099	66,862	52,701

※ 작업이 완성된 그림이며 부분점수 없음

02 '분석작업-2' 시트에 대하여 다음의 지시사항을 처리하시오. (10점)
▶ [C3:C42] 영역에는 [데이터 유효성 검사] 기능을 이용하여 '모바일', '지로', '자동납부'만 목록에서 선택되도록 하고, 셀을 클릭하면 <그림>과 같이 설명 메시지가 표시되도록 하시오.

납부방법
목록에서
선택

▶ [표2]에서 데이터 [통합] 기능을 이용하여 동·호수의 동이 "101동"과 "103동"인 거주자의 '전기요금계' 합계를 구하시오.

문제 4 | **기타작업(35점)** | 주어진 시트에서 다음의 과정을 수행하고 저장하시오.

01 '기타작업-1' 시트에서 다음의 지시사항에 따라 차트를 수정하시오. (각 2점)

※ 차트는 반드시 문제에서 제공한 차트를 사용하여야 하며, 신규로 차트 작성 시 0점 처리됨

① '당월사용량' 계열의 차트 종류를 '표식이 있는 꺾은선형'으로 변경한 후 보조 축을 표시하시오.
② 차트 제목을 <그림>과 같이 설정하시오.
③ 범례 위치를 위쪽으로 지정하고, 도형 스타일은 '미세 효과 - 황록색, 강조 3'으로 설정하시오.
④ 차트에 단색 '색 11'을 적용하시오.
⑤ 차트 영역에 '빨강' 테두리 색과 '5pt, 빨강, 강조색 2' 네온 효과를 적용하시오.

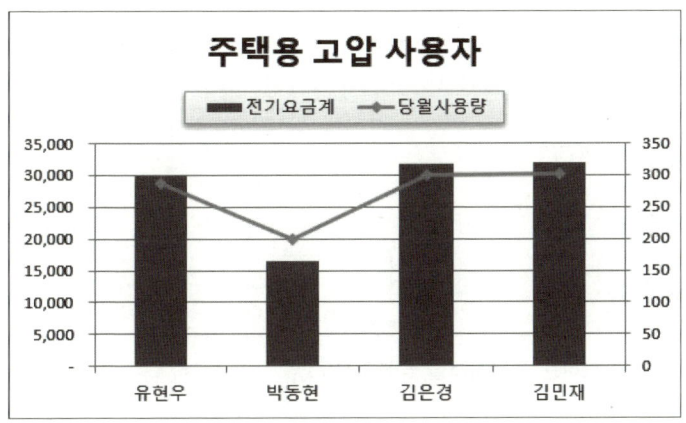

02 '기타작업-2' 시트에서 다음과 같은 기능을 수행하는 매크로를 현재 통합문서에 작성하시오. (각 5점)

① [G6:G45] 영역에 사용자 지정 표시 형식을 설정하는 '전월대비1' 매크로를 생성하시오.
  ▶ 셀 값이 4 이상이면 빨강색으로 ★, 0이면 ☆, 문자이면 파랑색으로 기존의 데이터를 그대로 표시, 그 외의 숫자는 두 자리로 표시하시오.
  [표시 예 : 4 → ★, 0 → ☆, 3 → 03]
  ▶ [기본 도형]의 '배지'(○)를 [D2:E3] 영역에 생성한 후 텍스트를 '전월대비1'로 입력하고 도형을 클릭하면 '전월대비1' 매크로가 실행되도록 설정하시오.
② [H6:H45] 영역에 사용자 지정 표시 형식을 설정하는 '전월대비2' 매크로를 생성하시오.
  ▶ 셀 값이 양수인 경우 파랑색으로 기호 없이 숫자 뒤에 '증가', 음수인 경우 빨강색으로 기호 없이 숫자 뒤에 '감소', 0인 경우 '·' 기호를 표시하시오.
  ▶ [기본 도형]의 '배지'(○)를 [G2:H3] 영역에 생성한 후 텍스트를 '전월대비2'로 입력하고 도형을 클릭하면 '전월대비2' 매크로가 실행되도록 설정하시오.
  ※ 셀 포인터의 위치에 관계없이 매크로가 실행되어야 정답으로 인정됨

03 '기타작업-3' 시트에서 다음과 같은 작업을 수행하고 저장하시오. (각 5점)

① <등록> 버튼을 클릭하면 '점검' 폼이 나타나도록 설정하고, 폼이 초기화되면 점검일자(txt점검일자)에는 현재 날짜를 <그림>과 같이 표시, 점검대상(txt점검대상)은 초기값으로 "차단기"를 표시, 점검자(cmb점검자) 목록에는 [K4:L8] 영역의 값이 표시되도록 프로시저를 작성하시오.
② '점검' 폼의 <등록(cmd등록)> 버튼을 클릭하면 폼에 입력된 데이터가 시트의 표에 입력되도록 프로시저를 작성하시오.

- 등록시간은 현재 시간이 12:00:00 이상이면 "오후", 아니면 "오전"으로 표시하시오.
- 점검자는 점검자(cmb점검자)에서 선택하시오. (List, ListIndex 사용)
- 이상유무는 유(opt유)를 선택하면 "유", 무(opt무)를 선택하면 "무"가 입력되도록 설정하시오.

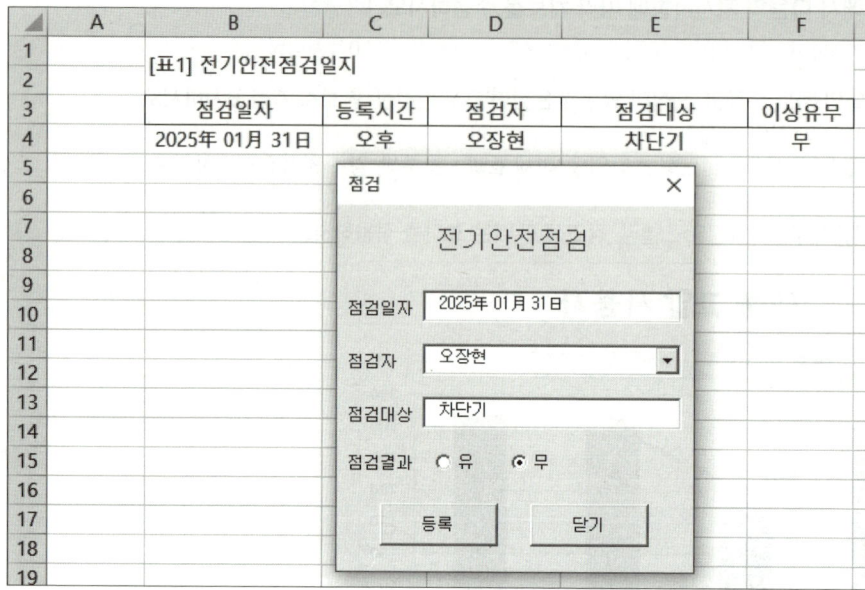

③ <닫기(cmd닫기)> 버튼을 클릭하면 폼을 종료하는 프로시저를 작성하시오.

정답 및 해설

문제1 기본작업

'보안 경고'가 표시되면 '콘텐츠 사용'을 클릭하세요.

01 '기본작업-1' 시트 (고급 필터)

	H	I	J	K	L
2		조건			
3		FALSE			
4					
5		고객명	구분	당월사용량	전기요금계
6		김은영	고압	285	29,440
7		김서윤	고압	301	31,797
8		이민지	저압	199	19,476
9		김수빈	저압	258	31,158
10		김지혜	고압	260	25,758
11		이지훈	저압	198	19,383
12		이미영	고압	311	33,270
13		김정자	고압	209	18,245
14		박영미	저압	256	30,782
15		이건우	고압	260	25,758
16		최진우	저압	291	37,358

① [I2] 셀에 원본 데이터([A2:G42])의 필드명과 다른 필드명을 입력합니다.
② [I3] 셀을 클릭하고 '=AND(C3="자동납부",F3<=AVERAGE($F$3:$F$42))'를 입력한 후 Enter 를 누릅니다.
③ 수식의 결과가 TRUE 또는 FALSE인 것을 확인한 후 결과에 특정한 필드를 추출하기 위해 [I5] 셀에 '고객명', [J5] 셀에 '구분', [K5] 셀에 '당월사용량', [L5] 셀에 '전기요금계'를 입력합니다.
④ 목록 범위([A2:G42]) 영역의 임의의 셀을 클릭한 후 [데이터] 탭-[정렬 및 필터] 그룹-[고급]을 클릭합니다.
⑤ [고급 필터] 대화상자가 나타나면 아래와 같이 지정한 후 [확인] 단추를 클릭합니다.

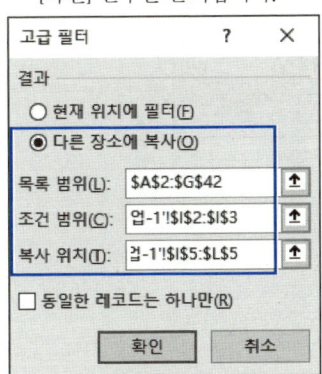

02 '기본작업-1' 시트 (조건부 서식)

	A	B	C	D	E	F	G
1	[표1]						
2	고객코드	고객명	납부방법	구분	전월사용량	당월사용량	전기요금계
3	532901	최민지	모바일	저압	260	258	31,158
4	83554	이은지	지로	저압	272	272	33,788
5	65406	김유종	모바일	저압	709	710	150,245
6	87559	김은영	자동납부	고압	281	285	29,440
7	94753	유현우	모바일	고압	288	288	29,882
8	78500	김서윤	자동납부	고압	302	301	31,797
9	92351	최서현	모바일	저압	252	257	30,970
10	915	박예은	지로	저압	258	255	30,594
11	20843	박동현	모바일	고압	199	200	16,390
12	31302	유현준	지로	저압	200	202	20,635
13	356401	이민지	자동납부	저압	199	199	19,476
14	638001	김정철	모바일	저압	851	850	189,810
15	87104	김수빈	자동납부	저압	260	258	31,158
16	88360	이수민	모바일	저압	302	302	39,425
17	93030	김윤서	지로	고압	305	306	32,533
18	10745	최지영	모바일	저압	250	248	29,279
19	82388	김지혜	자동납부	고압	260	260	25,758
20	178	김민준	지로	저압	279	278	34,916
21	50022	이지훈	자동납부	저압	200	198	19,383
22	37122	최준서	모바일	저압	250	252	30,030
23	29316	박우진	지로	고압	460	458	63,684
24	12366	김은경	모바일	고압	298	300	31,650
25	8032	지현정	지로	고압	299	300	31,650
26	80312	이미영	자동납부	고압	310	311	33,270
27	46977	구하나	지로	저압	728	730	156,138
28	55901	유민수	지로	저압	730	730	156,138
29	75754	김정자	자동납부	고압	207	209	18,245
30	44036	최현숙	모바일	저압	322	321	42,995
31	9767	박영미	자동납부	저압	255	256	30,782
32	12319	이건우	자동납부	고압	260	260	25,758
33	65817	김민재	모바일	고압	301	302	31,944
34	64099	이예지	지로	저압	280	278	34,916
35	66569	유현미	자동납부	저압	710	708	149,964
36	373001	채미미	모바일	저압	800	800	175,780
37	43049	김영미	모바일	저압	202	200	19,570
38	64882	이영자	지로	고압	205	208	18,098
39	45911	이정혁	자동납부	저압	731	731	156,418
40	26116	이현호	모바일	저압	200	202	20,635
41	79730	진승현	지로	고압	199	200	16,390
42	28383	최진우	자동납부	저압	292	291	37,358

① 서식을 지정해줄 [A3:G42] 영역을 드래그하여 선택한 후 [홈] 탭-[스타일] 그룹-[조건부 서식]-[새 규칙]을 클릭합니다.
② [새 서식 규칙] 대화상자가 나타나면 [수식을 사용하여 서식을 지정할 셀 결정]을 클릭하고 아래 수식 입력란에 커서를 이동합니다.
③ 이어서 '=AND(RIGHT($A3,2)="01",RANK.EQ($G3,$G$3:$G$42,0)<=4)'을 입력하고 [서식] 단추를 클릭합니다.
④ [셀 서식] 대화상자가 나타나면 [글꼴] 탭에서 [글꼴 스타일]은 '굵게', [채우기] 탭에서 [배경색]은 '노랑'을 선택하고 [확인] 단추를 클릭합니다.
⑤ [새 서식 규칙] 대화상자가 나타나면 [확인] 단추를 클릭합니다.

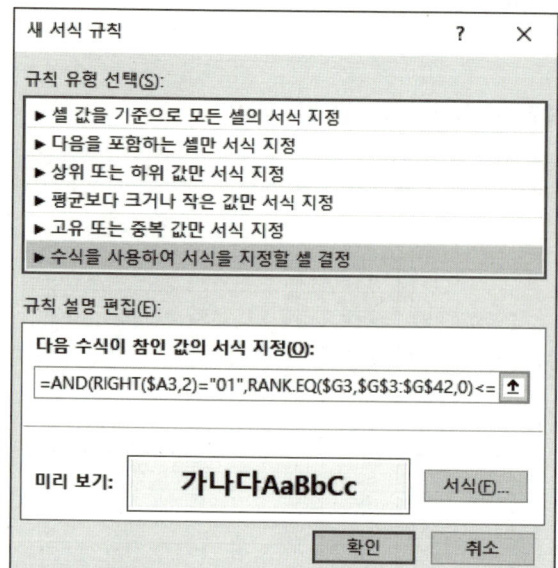

⑤ 표 아래의 '차트 영역' 위에서 마우스 오른쪽 버튼을 눌러 [차트 영역 서식] 명령을 클릭합니다.
⑥ [차트 영역 서식] 창이 나타나면 [차트 옵션]-[크기 및 속성](📐)-[속성]의 '잠금' 확인란을 선택한 후 [닫기](✖) 단추를 클릭합니다.

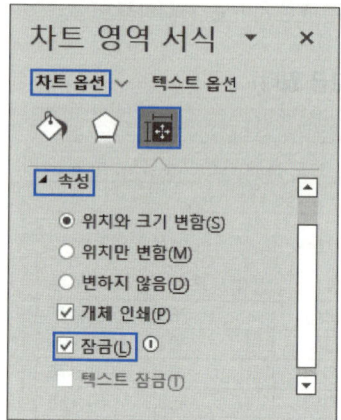

⑦ 워크시트를 보호하기 위해 [검토] 탭-[보호] 그룹-[시트 보호]를 클릭합니다.
⑧ [시트 보호] 대화상자가 나타나면 [이 워크시트의 모든 사용자에게 다음 사항을 허용]에 '잠긴 셀 선택', '잠금 해제된 셀 선택' 확인란이 선택되어 있는지 확인한 후 [확인] 단추를 클릭합니다.

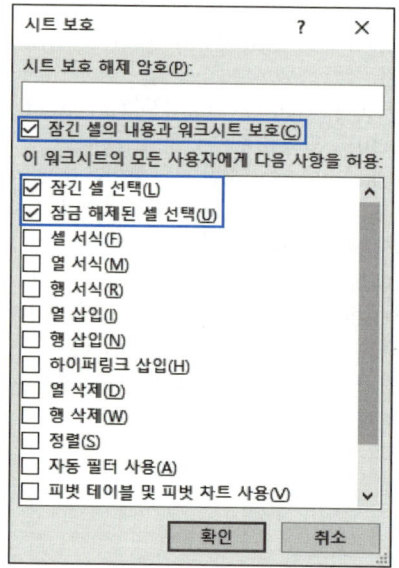

03 '기본작업-2' 시트 (시트 보호)

① [G6:G18] 영역을 드래그하여 선택하고 Ctrl + 1 을 누릅니다.
② [셀 서식] 대화상자가 나타나면 [보호] 탭-'잠금', '숨김' 확인란을 선택한 후 [확인] 단추를 클릭합니다.

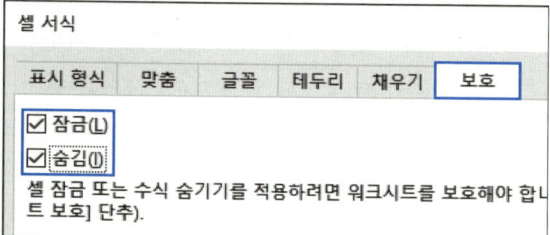

③ [D2:E3] 영역의 텍스트 상자 위에서 마우스 오른쪽 버튼을 눌러 [도형 서식] 명령을 클릭합니다.
④ [도형 서식] 창이 나타나면 [도형 옵션]-[크기 및 속성](📐)-[속성]의 '잠금', '텍스트 잠금' 확인란을 선택한 후 [닫기](✖) 단추를 클릭합니다.

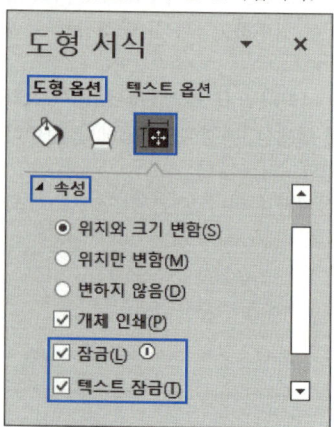

(※ 문제에 제시되지 않은 사항은 기본 설정 그대로 둡니다.)

문제 2 계산작업

▶ 결과

	A	B	C	D	E	F	G	H	I	J	K
1	[표1] 주택용 전기요금										
2	고객명	구분	전월사용량	당월사용량	전월비교	기본요금	전기요금계	할인지원			할인결과
3								대가족	다자녀	자동납부	
4	김민준	저압	279	278	★	1,600	34,916	-1			E
5	이지훈	저압	200	198	★★	910	19,383				
6	최준서	저압	250	252	☆☆	1,600	30,030		-1	-1	E
7	박우진	고압	460	458	★★	6,060	63,684				
8	이건우	고압	260	260		1,260	25,758	-1	-1	-1	P
9	김민재	고압	301	302	☆	1,260	31,944				
10	진승현	고압	199	200	☆	730	16,390	-1	-1		E
11	최진우	저압	292	291	★	1,600	37,358	-1	-1	-1	P
12	유현우	고압	288	288		1,260	29,882				
13	김서윤	고압	302	301	★	1,260	31,797				
14	최서현	저압	252	257	☆☆☆☆☆	1,600	30,970		-1		E
15	박예은	저압	258	255	★★★	1,600	30,594				
16	김수빈	저압	260	258	★★	1,600	31,158	-1			E
17	이수민	저압	302	302		1,600	39,425				
18	김윤서	고압	305	306	☆	1,260	32,533			-1	E
19	최지영	저압	250	248	★★	1,600	29,279		-1		E
20	김지혜	고압	260	260		1,260	25,758	-1	-1	-1	P
21	최민지	저압	260	258	★★	1,600	31,158				
22	이은지	저압	272	272		1,600	33,788				
23	이예지	저압	280	278	★★	1,600	34,916				
24	김은영	고압	281	285	☆☆☆☆	1,260	29,440	-1	-1		E
25	김은경	고압	298	300	☆☆	1,260	31,650			-1	E
26	지현정	고압	299	300	☆	1,260	31,650				
27	이미영	고압	310	311	☆	1,260	33,270				
28	김영미	저압	202	200	★★	910	19,570		-1	-1	E
29	이영자	고압	205	208	☆☆☆	1,260	18,098	-1	-1	-1	P
30	김정자	고압	207	209	☆☆	1,260	18,245				
31	최현숙	저압	322	321	★	1,600	42,995			-1	E
32	박영미	저압	255	256	☆	1,600	30,782				
33	박동현	고압	199	200	☆	730	16,390				
34	유현준	저압	200	202	☆☆	1,600	20,635	-1	-1	-1	P
35	김유종	저압	709	710	☆	7,300	150,245	-1	-1	-1	P
36	유현미	저압	710	708	★★	7,300	149,964				
37	채미미	저압	800	800		7,300	175,780				
38	구하나	저압	728	730	☆☆	7,300	156,138				
39	유민수	저압	730	730		7,300	156,138	-1	-1		E
40	이정혁	저압	731	731		7,300	156,418			-1	E
41	이연호	저압	200	202	☆☆	1,600	20,635				
42	이민지	저압	199	199		910	19,476				
43	김정철	저압	851	850	★	7,300	189,810				
44	김주희	저압	852	851	★	7,300	190,090	-1			E

	A	B	C	D	E	F	G	H	I
46	[표2] 구분별 사용량별 기본요금 & 전력량요금						[표3]		
47	구분	사용량	1	201	401		상위 4위까지 당월사용량 평균		
48			200	400			808		
49	저압	기본요금	910	1600	7300				
50		전력량요금	93.3	187.9	280.6		[표4] 당월사용량별 사용자 수		
51	고압	기본요금	730	1260	6060		당월사용량		사용자수
52		전력량요금	78.3	147.3	215.6		1 이상	200 이하	5명
53							201 이상	400 이하	27명
54							401 이상	600 이하	1명
55							601 이상	800 이하	6명
56							801 이상	1000 이하	2명

01 전월비교 (E4:E44)

```
=IFERROR(REPT("★",C4-D4),REPT("☆",ABS(C4-D4)))
```

① [E4] 셀을 선택하고 '=IFERROR(REPT("★",C4-D4),REPT("☆",ABS(C4-D4)))' 수식을 작성한 후 Enter를 누릅니다.
② [E4] 셀의 채우기 핸들을 [E44] 셀까지 드래그하여 수식을 복사합니다.

02 기본요금 (F4:F44)

```
=HLOOKUP(D4,$C$47:$E$52,MATCH(B4,$A$49:$A$52,0)+2,TRUE)
```

① [F4] 셀을 선택하고 '=HLOOKUP(D4,$C$47:$E$52, MATCH(B4,$A$49:$A$52,0)+2,TRUE)' 수식을 작성한 후 Enter를 누릅니다.
② [F4] 셀의 채우기 핸들을 [F44] 셀까지 드래그하여 수식을 복사합니다.

03 할인결과 (K4:K44)

① Alt + F11을 누릅니다.
② Visual Basic Editor가 나타나면 [삽입] 메뉴-[모듈]을 클릭합니다.
③ 프로젝트 탐색기 창에 모듈이 생성되면 아래와 같이 입력합니다.

```
Public Function fn할인결과(대가족, 다자녀, 자동납부)
    If 대가족 < 0 And 다자녀 < 0 And 자동납부 < 0 Then
        fn할인결과 = "P"
    ElseIf 대가족 < 0 Or 다자녀 < 0 Or 자동납부 < 0 Then
        fn할인결과 = "E"
    Else
        fn할인결과 = ""
    End If
End Function
```

④ Visual Basic Editor의 [닫기](✕) 단추를 클릭합니다.
⑤ [K4] 셀을 선택한 후 [함수 삽입](fx)을 클릭합니다.
⑥ [함수 마법사] 대화상자가 나타나면 [범주 선택]을 '사용자 정의'로 선택하고 [함수 선택] 목록에서 'fn할인결과'를 선택한 후 [확인] 단추를 클릭합니다.
⑦ [함수 인수] 대화상자가 나타나면 [대가족]에 [H4] 셀을 클릭, [다자녀]에 [I4] 셀을 클릭, [자동납부]에 [J4] 셀을 클릭하고 [확인] 단추를 클릭합니다.

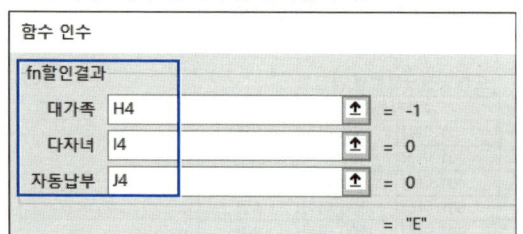

⑧ [K4] 셀의 채우기 핸들을 [K44] 셀까지 드래그하여 수식을 복사합니다.

04 상위 4위까지 당월사용량 평균 (G48)

```
=AVERAGE( LARGE(D4:D44, {1,2,3,4}) )
```

① [G48] 셀을 선택하고 '=AVERAGE(LARGE(D4:D44, {1,2,3,4}))' 수식을 작성한 후 Ctrl + Shift + Enter를 누릅니다.

05 사용자수 (I52:I56)

```
=FREQUENCY(D4:D44,H52:H56) & "명"
```

① [I52:I56] 영역을 선택하고 '=FREQUENCY(D4:D44,H52:H56) & "명"' 수식을 작성한 후 Ctrl + Shift + Enter를 누릅니다.

문제 3 분석작업

01 '분석작업-1' 시트 (피벗 테이블)

① [A2:G42] 영역의 임의의 셀을 클릭한 후 [삽입] 탭-[표] 그룹-[피벗 테이블]-[테이블/범위에서]를 클릭합니다.
② [표 또는 범위의 피벗 테이블] 대화상자가 나타나면 '표/범위'에 입력된 [A2:G42] 영역을 확인하고, 피벗 테이블을 배치할 위치에 '기존 워크시트'의 [I2] 셀을 클릭한 후 [확인] 단추를 클릭합니다.

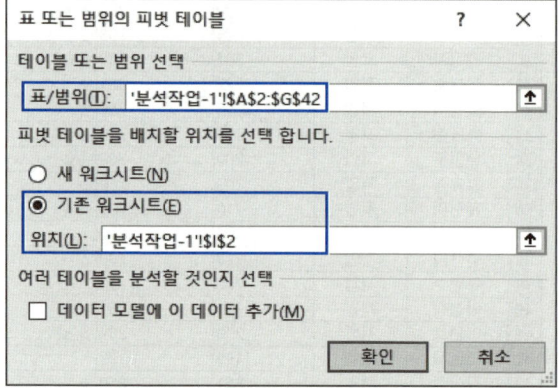

③ '주이용시간'을 [행] 영역으로 드래그, '구분'을 [열] 영역으로 드래그, '전기요금계'를 [값] 영역으로 드래그합니다.
④ '전기요금계'를 평균으로 변경하기 위해 [피벗 테이블 필드] 작업창의 [값] 영역에서 '합계 : 전기요금계'를 클릭한 후 [값 필드 설정]을 선택합니다.
⑤ [값 필드 설정] 대화상자가 나타나면 [값 요약 기준] 탭에서 '평균'을 선택한 후 [확인] 단추를 클릭합니다.

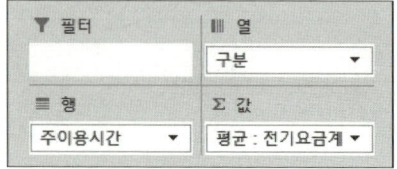

⑥ 보고서 레이아웃을 변경하기 위해 [디자인] 탭-[레이아웃] 그룹-[보고서 레이아웃]-[개요 형식으로 표시]를 클릭합니다.
⑦ '주이용시간'에 지정된 시 단위 그룹을 해제하기 위해 주이용시간이 표시되어 있는 임의의 셀을 선택한 후 마우스 오른쪽 버튼을 눌러 [그룹 해제] 명령을 클릭합니다.

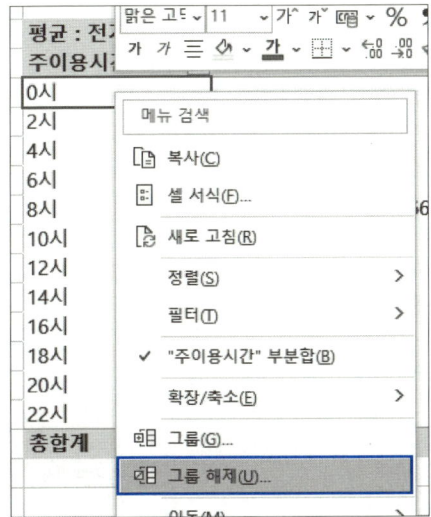

⑧ 그룹이 해제되면 00:00부터 10:00까지인 [I4:I9] 영역을 드래그하여 선택하고 선택한 셀 위에서 마우스 오른쪽 버튼을 눌러 [그룹] 명령을 클릭합니다.

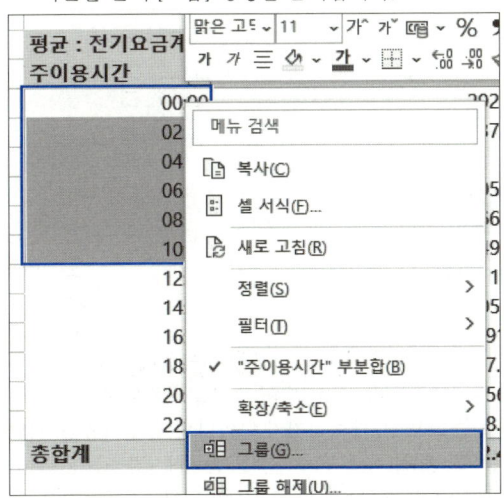

⑨ [I4] 셀의 그룹명('그룹1')을 클릭한 후 [수식 입력줄]에서 '오전'으로 변경합니다.
⑩ 12:00부터 22:00까지인 [I11:I22] 영역을 드래그하여 선택하고 선택한 셀 위에서 마우스 오른쪽 버튼을 눌러 [그룹] 명령을 클릭합니다.
⑪ [I11] 셀의 그룹명('그룹2')을 클릭한 후 [수식 입력줄]에서 '오후'로 변경합니다.
⑫ 하위 항목을 숨기기 위해 행 레이블 임의의 셀에서 마우스 오른쪽 버튼을 눌러 [확장/축소]-[전체 필드 축소]를 클릭합니다.

(행 레이블 그룹명('오전', '오후') 앞에 '-'(축소) 단추를 각각 클릭해도 같은 결과가 표시됩니다.)

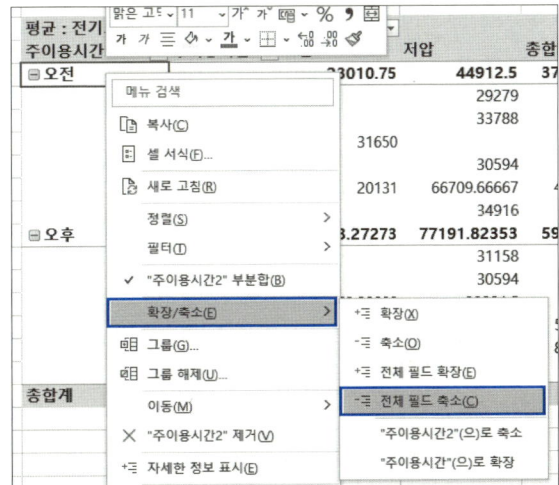

⑬ 확장/축소 단추를 숨기기 위해 피벗 테이블 임의의 셀 위에서 마우스 오른쪽 버튼을 눌러 [피벗 테이블 옵션] 명령을 클릭합니다.
⑭ [피벗 테이블 옵션] 대화상자가 나타나면 [표시] 탭의 [확장/축소 단추 표시] 확인란의 선택을 취소한 후 [확인] 단추를 클릭합니다.

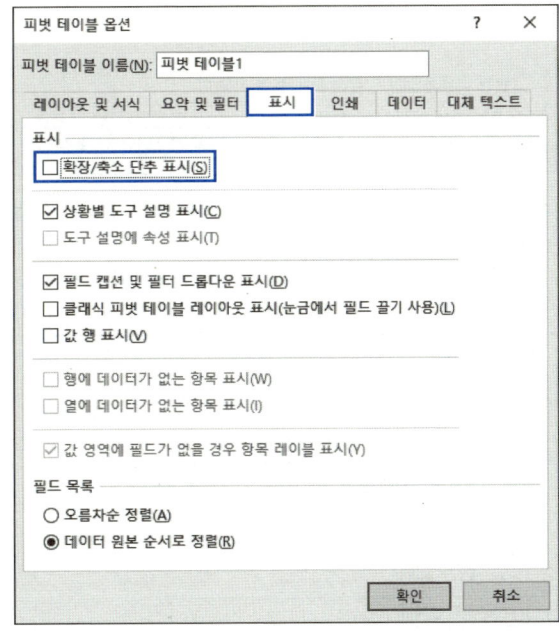

⑮ 표시 형식을 지정하기 위해 [값] 영역에서 '평균 : 전기요금계'를 클릭한 후 [값 필드 설정]을 선택합니다.
⑯ [값 필드 설정] 대화상자가 나타나면 [표시 형식] 단추를 클릭합니다.
⑰ [셀 서식] 대화상자가 나타나면 [회계] 범주를 클릭하고 소수 자릿수에 '0', 기호에 '없음'을 지정한 후 [확인] 단추를 두 번 클릭하여 대화상자를 모두 닫습니다.

02 '분석작업-2' 시트 (데이터 유효성 검사, 통합)

▶ 결과

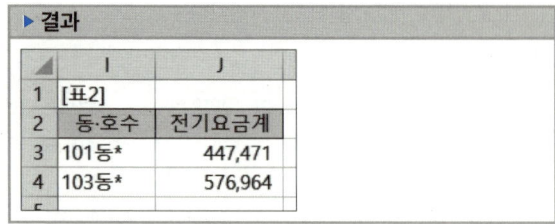

① [C3:C42] 영역을 선택한 후 [데이터] 탭-[데이터 도구] 그룹-[데이터 유효성 검사]를 클릭합니다.
② [데이터 유효성] 대화상자가 나타나면 [설정] 탭의 [제한 대상]을 '목록'으로 선택한 후 [원본]에 '모바일,지로,자동납부'를 입력합니다.

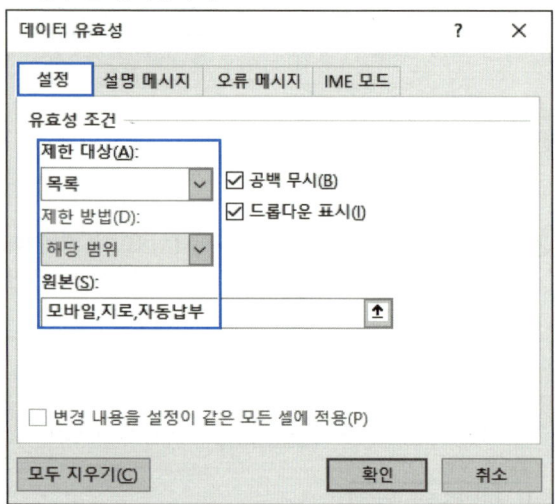

③ 이어서 셀을 선택하면 설명 메시지가 표시되도록 [설명 메시지] 탭의 [제목] 입력란에 '납부방법', [설명 메시지] 입력란에 '목록에서 선택'을 입력한 후 [확인] 단추를 클릭합니다.

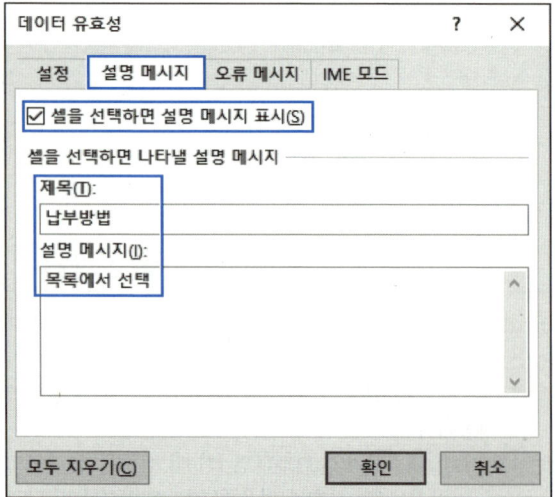

④ 101동과 103동으로 시작하는 자료만 통합하기 위해 [I3] 셀에 '101동*', [I4] 셀에 '103동*'을 입력합니다.

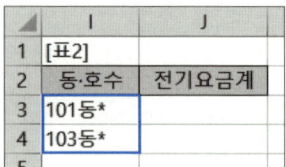

⑤ [I2:J4] 영역을 드래그하여 선택한 후 [데이터] 탭-[데이터 도구] 그룹-[통합]을 클릭합니다.
⑥ [통합] 대화상자가 나타나면 [함수]를 '합계'로 선택, [참조]로 커서를 이동하여 [표1]의 [A2:G42] 영역을 드래그하여 선택하고 [추가] 단추를 클릭해 [모든 참조 영역] 목록에 표시되게 합니다.
⑦ [사용할 레이블]의 '첫 행'과 '왼쪽 열' 확인란을 선택한 후 [확인] 단추를 클릭합니다.

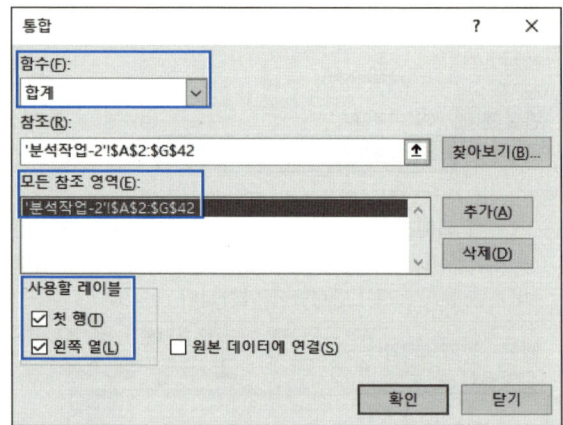

문제 4 기타작업

01 '기타작업-1' 시트 (차트)

1
① 임의의 계열에서 마우스 오른쪽 버튼을 눌러 바로 가기 메뉴의 [계열 차트 종류 변경] 명령을 클릭합니다.
② [차트 종류 변경] 대화상자가 나타나면 '당월사용량' 계열의 [차트 종류] 목록 단추(▼)를 클릭해 [꺾은선형] 범주의 '표식이 있는 꺾은선형'을 선택합니다.
③ [미리 보기]에 당월사용량 계열의 차트 종류가 변경된 것을 확인한 후 보조 축을 표시하기 위해 '당월사용량' 계열의 [보조 축] 확인란을 선택하고 [확인] 단추를 클릭합니다.

2
① 차트 제목을 표시하기 위해 [차트 디자인] 탭-[차트 레이아웃] 그룹-[차트 요소 추가]-[차트 제목]-[차트 위]를 클릭합니다.

② '차트 제목'이 차트에 표시되면 [수식 입력줄]을 클릭하고 '주택용 고압 사용자'를 입력한 후 Enter 를 누릅니다.

3
① '범례'에서 마우스 오른쪽 버튼을 눌러 바로 가기 메뉴가 나타나면 [범례 서식] 명령을 클릭합니다.
② [범례 서식] 창이 나타나면 [범례 옵션]-[범례 옵션]( )-[범례 옵션]의 [범례 위치]를 '위쪽'으로 선택한 후 [닫기]( ) 단추를 클릭합니다.
③ 범례가 선택된 상태에서 [서식] 탭-[도형 스타일] 그룹-[자세히]( )를 클릭하여 [미세 효과 - 황록색, 강조 3]을 선택합니다.

4
① [차트 디자인] 탭-[차트 스타일] 그룹-[색 변경]-[단색형] 범주의 [단색 색상표 11]을 선택합니다.

5
① '차트 영역'에서 마우스 오른쪽 버튼을 눌러 바로 가기 메뉴가 나타나면 [차트 영역 서식] 명령을 클릭합니다.
② [차트 영역 서식] 창이 나타나면 [차트 옵션]-[채우기 및 선]( )-[테두리]의 [색]을 '빨강'으로 선택합니다.
③ 이어서 [차트 옵션]-[효과]( )-[네온]의 [미리 설정]을 '네온: 5pt, 빨강, 강조색 2'로 선택하고 [닫기]( ) 단추를 클릭합니다.

02 '기타작업-2' 시트 (매크로)

▶ 결과

1
① [삽입] 탭-[일러스트레이션] 그룹-[도형]-[기본 도형]의 '배지'를 클릭합니다.
② 이어서 [D2:E3] 영역에 드래그하여 '배지' 도형을 생성합니다.

③ 매크로를 지정하기 위해 '배지' 도형 위에서 마우스 오른쪽 버튼을 눌러 [매크로 지정] 명령을 클릭합니다.
④ [매크로 지정] 대화상자가 나타나면 [매크로 이름]에 '전월대비1'을 입력한 후 [매크로 위치]에서 '현재 통합 문서'를 선택하고 [기록] 단추를 클릭합니다.
⑤ [매크로 기록] 대화상자가 나타나면 [확인] 단추를 클릭합니다.
⑥ 매크로 기록이 시작되면 [G6:G45] 영역을 선택한 후 Ctrl + 1 을 누릅니다.
⑦ [셀 서식] 대화상자가 나타나면 [표시 형식] 탭-[범주]를 '사용자 지정'으로 선택합니다.
⑧ '형식'에 이미 입력되어 있는 내용을 지운 뒤 '[빨강][>=4]"★";[=0]"☆";00;[파랑]@'을 입력하고 [확인] 단추를 클릭합니다.

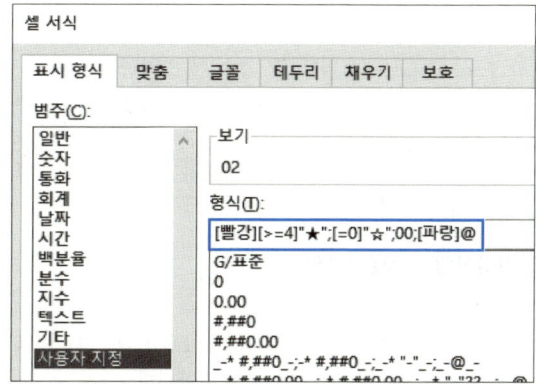

⑨ 임의의 셀을 클릭한 후 매크로 기록을 중지하기 위해 [개발 도구] 탭-[코드] 그룹-[기록 중지]를 클릭합니다.
⑩ 배지 도형 위에서 마우스 오른쪽 버튼을 눌러 [텍스트 편집] 명령을 클릭합니다.
⑪ 도형의 텍스트를 '전월대비1'로 변경하고 임의의 셀을 클릭하여 완료합니다.

2
① [삽입] 탭-[일러스트레이션] 그룹-[도형]-[기본 도형]의 '배지'를 클릭합니다.
② 이어서 [G2:H3] 영역에 드래그하여 '배지' 도형을 생성합니다.
③ 매크로를 지정하기 위해 '배지' 도형 위에서 마우스 오른쪽 버튼을 눌러 [매크로 지정] 명령을 클릭합니다.
④ [매크로 지정] 대화상자가 나타나면 [매크로 이름]에 '전월대비2'를 입력한 후 [매크로 위치]에서 '현재 통합 문서'를 선택하고 [기록] 단추를 클릭합니다.
⑤ [매크로 기록] 대화상자가 나타나면 [확인] 단추를 클릭합니다.
⑥ 매크로 기록이 시작되면 [H6:H45] 영역을 선택한 후 Ctrl + 1 을 누릅니다.
⑦ [셀 서식] 대화상자가 나타나면 [표시 형식] 탭-[범주]를 '사용자 지정'으로 선택합니다.

⑧ '형식'에 이미 입력되어 있는 내용을 지운 뒤 '[파랑]0"증가";[빨강]0"감소";"*"'을 입력하고 [확인] 단추를 클릭합니다.

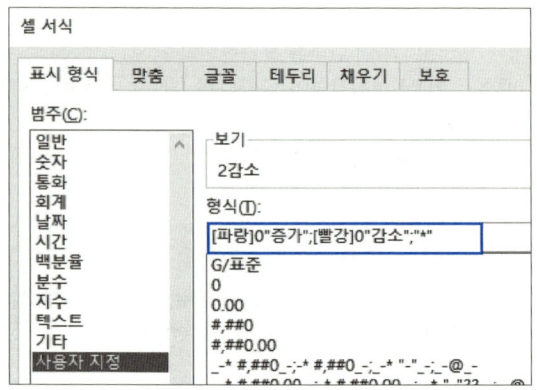

⑨ 임의의 셀을 클릭한 후 매크로 기록을 중지하기 위해 [개발 도구] 탭-[코드] 그룹-[기록 중지]를 클릭합니다.
⑩ 배지 도형 위에서 마우스 오른쪽 버튼을 눌러 [텍스트 편집] 명령을 클릭합니다.
⑪ 도형의 텍스트를 '전월대비2'로 변경하고 임의의 셀을 클릭하여 완료합니다.

03 '기타작업-3' 시트 (프로시저)

1

① [개발 도구] 탭-[컨트롤] 그룹-[디자인 모드]를 클릭하여 <등록> 버튼을 디자인 모드로 변경합니다.
② <등록> 버튼을 더블클릭하여 코드 창이 나타나면 아래와 같이 입력합니다.

```
Private Sub 등록_Click()
    점검.Show
End Sub
```

③ 프로젝트 탐색기 창에서 '점검' 폼을 더블클릭합니다.
④ '점검' 폼이 코드 창에 표시되면 폼의 빈 공간을 더블클릭합니다.
⑤ 폼이 초기화되면 프로시저가 실행되도록 코드 창 우측 상단에 프로시저 목록을 'Initialize'로 변경합니다.
⑥ 코드 창에 'UserForm_Initialize()' 프로시저가 나타나면 아래와 같이 입력합니다.

```
Private Sub UserForm_Initialize()
    txt점검일자 = Format(Date, "yyyy年 mm月 dd日")
    txt점검대상 = "차단기"
    cmb점검자.RowSource = "k4:l8"
End Sub
```

2

① 프로젝트 탐색기 창에서 '점검' 폼을 더블클릭합니다.
② '점검' 폼이 코드 창에 표시되면 'cmd등록'을 더블클릭합니다.
③ 코드 창에 'cmd등록_Click()' 프로시저가 나타나면 아래와 같이 입력합니다.

```
Private Sub cmd등록_Click()
    입력행 = [b1].Row + [b1].CurrentRegion.Rows.Count
    Cells(입력행, 2) = txt점검일자
    If Time >= #12:00:00# Then
        Cells(입력행, 3) = "오후"
    Else
        Cells(입력행, 3) = "오전"
    End If
    Cells(입력행, 4) = cmb점검자.List(cmb점검자.ListIndex, 0)
    Cells(입력행, 5) = txt점검대상
    If opt유 = True Then
        Cells(입력행, 6) = "유"
    ElseIf opt무 = True Then
        Cells(입력행, 6) = "무"
    End If
End Sub
```

※ 글자가 잘 안 보일 경우 정답 파일을 열어서 코드를 확인할 수 있습니다

3

① 프로젝트 탐색기 창에서 '점검' 폼을 더블클릭합니다.
② '점검' 폼이 코드 창에 표시되면 'cmd닫기'를 더블클릭합니다.
③ 코드 창에 'cmd닫기_Click()' 프로시저가 나타나면 아래와 같이 입력합니다.

```
Private Sub cmd닫기_Click()
    Unload Me
End Sub
```

제2회 실전모의고사

프로그램명	제한시간
EXCEL	45분

수험번호 :
성　명 :

| 1급 | C형 |

유 의 사 항

★ 펜은 꺼내실 수 없으며 시험지는 유출이 불가능합니다.
- 인적 사항 누락 및 잘못 작성으로 인한 불이익은 수험자 책임으로 합니다.
- 화면에 암호 입력창이 나타나면 아래의 암호를 입력하여야 합니다.
  - 암호 :
★ 암호를 입력할 수도 있으니 이렇게 첫 장을 확인하시면 됩니다.
- 작성된 답안은 주어진 경로 및 파일명을 변경하지 마시고 그대로 저장해야 합니다. 이를 준수하지 않으면 실격 처리됩니다.
★ 디스켓 모양을 눌러 저장하시면 됩니다. 예외가 있을 수도 있으니 감독관이 설명할 때 잘 들어주세요. 제한시간(45분) 안에 디스켓 모양을 눌러 저장을 하고 그 이후에는 화면이 바뀌며 [답안 제출]을 하게 됩니다.
- 외부 데이터 위치 : C:\OA\파일명
- 별도의 지시사항이 없는 경우, 다음과 같이 처리 시 실격 처리됩니다.
  - 제시된 시트 및 개체의 순서나 이름을 임의로 변경한 경우
  - 제시된 시트 및 개체를 임의로 추가 또는 삭제한 경우
  - 외부 데이터를 시험 시작 전에 열어 본 경우
- 답안은 반드시 문제에서 지시 또는 요구한 셀에 입력하여야 하며 다음과 같이 처리 시 채점 대상에서 제외됩니다.
  - 수험자가 임의로 지시하지 않은 셀의 이동, 수정, 삭제, 변경 등으로 인해 셀의 위치 및 내용이 변경된 경우 해당 작업에 영향을 미치는 관련문제 모두 채점 대상에서 제외
  - 도형 및 차트의 개체가 중첩되어 있거나 동일한 계산결과 시트가 복수로 존재할 경우 해당 개체나 시트는 채점 대상에서 제외
- 수식 작성 시 제시된 문제 파일의 데이터는 변경 가능한(가변적) 데이터임을 감안하여 문제 풀이를 하시오.
- 별도의 지시사항이 없는 경우, 주어진 각 시트 및 개체의 설정값 또는 기본 설정값(Default)으로 처리하시오.
- 저장 시간은 별도로 주어지지 않으므로 제한된 시간 내에 저장을 완료해야 하며, 제한시간 내에 저장이 되지 않은 경우에는 실격 처리됩니다.
- 출제된 문제의 용어는 Microsoft Office Excel 2021 기준으로 작성되어 있습니다.

국 가 기 술 자 격 검 정

문제 1 기본작업(15점)   주어진 시트에서 다음의 과정을 수행하고 저장하시오.

01 '기본작업-1' 시트에서 다음과 같이 고급 필터를 수행하시오. (5점)
- [B4:M41] 영역에서 '기본제공데이터량(MB)'을 5로 나눈 홀수인 데이터의 '고객명', '고객등급', '요금상품' 필드만 순서대로 표시하시오.
- 조건은 [B43:B44] 영역 내에 알맞게 입력하시오. (QUOTIENT, ISODD 함수 사용)
- 결과는 [D43] 셀부터 표시하시오.

02 '기본작업-1' 시트에서 다음과 같이 조건부 서식을 설정하시오. (5점)
- [B5:M41] 영역에 대해서 '가입날짜'가 '기준일자'로부터 만 10년 미만인 행 전체에 대하여 글꼴 스타일을 '굵게', 글꼴 색을 '표준 색-연한 파랑'으로 적용하시오.
- 단, 규칙 유형은 '수식을 사용하여 서식을 지정할 셀 결정'을 사용하고, 한 개의 규칙으로만 작성하시오.
- EDATE 함수 사용

03 '기본작업-1' 시트에서 다음과 같이 페이지 레이아웃을 설정하시오. (5점)
- 기존 인쇄 영역에 [B28:M41] 영역을 인쇄 영역으로 추가하고, 3개 행(2, 3, 4)과 2개 열(B, C)이 매 페이지마다 반복하여 인쇄되도록 인쇄 제목을 설정하시오.
- 매 페이지 하단의 가운데 구역에는 오늘의 날짜가 인쇄되도록 바닥글을 설정하시오. [표시 예 : 현재 날짜가 2024-09-16인 경우 → 출력일:2024-09-16]
- 인쇄될 내용을 가로로 페이지 가운데 맞춤으로 설정하시오.

문제 2 계산작업(30점)   '계산작업' 시트에서 다음의 과정을 수행하고 저장하시오.

01 사용자 정의 함수 'fn요금상품'을 작성하여 [표1]의 요금상품[G5:G41]에 표시하시오. (6점)
- 'fn요금상품'은 기본제공데이터를 인수로 받아 값을 되돌려줌
- 기본제공데이터에 1000을 나눈 값을 ROUND 함수를 이용해 일의 자리까지 표시하시오.
  [표시 예 : 기본제공데이터가 2048인 경우 → 데이터 2G]

```
Public Function fn요금상품(기본제공데이터)
End Function
```

02 [표1]의 고객등급, 기본요금과 [표2]를 이용하여 결제금액[H5:H41]을 계산하여 표시하시오. (6점)
- 결제금액 = 기본요금 - 최종할인
- 최종할인은 기본요금과 할인율을 곱한 값과 할인금액 중 작은 값을 선택
- 할인율과 할인금액은 [표2]를 이용
- IFERROR, VLOOKUP, MIN 함수 사용

03 [표1]의 10월, 11월, 12월, 납부여부를 이용하여 비고[M5:M41]를 표시하시오. (6점)
- 10월~12월 평균이 10월~12월 전체 평균보다 크고 납부여부가 빈 칸인 경우 "특별관리", 그렇지 않은 경우 공백을 표시
- IF, AND, AVERAGE, ISBLANK 함수 사용

04 [표1]의 가입분류, 10월을 이용하여 [표3]의 [O13] 셀에 가입분류가 "법인"이고, 10월 데이터사용량이 10월 데이터사용량의 50% 백분위 수 이상인 고객 수를 계산하여 표시하시오. (6점)
- ▶ 조건은 PERCENTILE.INC 함수를 사용하여 [O15:P16] 영역에 알맞게 작성
- ▶ 표시 예 : 고객 수가 0인 경우 → 0명
- ▶ DCOUNT, TEXT 함수 사용

05 [표1]의 나이, 가입분류, 11월을 이용하여 [표4]의 [Q20:R24] 영역에 나이별 가입분류별 11월의 최대값을 계산하시오. (6점)
- ▶ 최대값이 0이면 "해당없음"을 표시
- ▶ IF, LARGE 함수를 이용한 배열 수식 사용

문제 3 분석작업(20점)   주어진 시트에서 다음의 과정을 수행하고 저장하시오.

01 '분석작업-1' 시트에서 다음의 지사사항에 따라 피벗 테이블 보고서를 작성하시오. (10점)
- ▶ [A2:J39] 영역을 이용하고, 피벗 테이블 보고서의 레이아웃과 위치는 <그림>을 참조하여 설정하고, 보고서 레이아웃을 개요 형식으로 표시하시오.
- ▶ '보험종료일'은 <그림>과 같이 그룹을 설정하시오.
- ▶ 행 레이블은 <그림>과 같은 데이터 수준으로 지정하시오.
- ▶ '삼분기' 필드는 '7월 + 8월 + 9월'로 계산 필드를 이용하여 나타내고, '사분기' 필드는 '10월 + 11월 + 12월'로 계산 필드를 이용하여 나타낸 후 열 합계 비율로 표시하시오.
- ▶ 피벗 테이블 스타일은 '밝은 회색, 피벗 스타일 밝게 15'로 지정하고, 그룹화된 요약은 표시하지 마시오.

	K	L	M	N	O
1					
2		요금상품		(모두)	
3					
4		가입분류		보험종료일	값
5		⊟개인			
6			1월		
7				합계 : 삼분기	31.01%
8				합계 : 사분기	30.88%
9			2월		
10				합계 : 삼분기	33.00%
11				합계 : 사분기	29.07%
12		⊟법인			
13			1월		
14				합계 : 삼분기	21.90%
15				합계 : 사분기	26.98%
16			2월		
17				합계 : 삼분기	14.10%
18				합계 : 사분기	13.07%
19		전체 합계 : 삼분기			100.00%
20		전체 합계 : 사분기			100.00%

※ 작업이 완성된 그림이며 부분점수 없음

02 '분석작업-2' 시트에 대하여 다음의 지시사항을 처리하시오. (10점)
- ▶ [데이터 유효성 검사] 기능을 이용하여 [D9:I9] 영역에는 0%부터 94.7%까지만 입력되도록 제한 대상을 설정하시오.

- [D9:I9] 영역의 셀을 클릭한 경우 <그림>과 같은 설명 메시지를 표시하고, 유효하지 않은 데이터를 입력한 경우 <그림>과 같은 오류 메시지가 표시되도록 설정하시오.

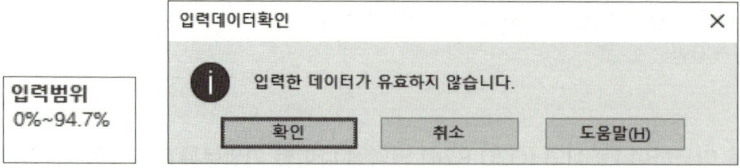

▶ [데이터 표] 기능을 이용하여 기본요금을 계산한 [D3:D6] 영역을 참조하여, 제공데이터와 할인율의 변동에 따른 기본요금의 변화를 [D10:I15] 영역에 계산하시오.

문제 4 기타작업(35점) 주어진 시트에서 다음의 과정을 수행하고 저장하시오.

01 '기타작업-1' 시트에서 다음의 지시사항에 따라 차트를 수정하시오. (각 2점)

※ 차트는 반드시 문제에서 제공한 차트를 사용하여야 하며, 신규로 차트 작성 시 0점 처리됨

① '7월', '8월', '11월', '12월' 계열만 표시되도록 데이터 계열을 삭제하고 '11월'과 '12월' 계열의 차트 종류를 '표식이 있는 꺾은선형'으로 변경하시오.
② 가로 주 눈금선을 없애고, 차트 제목을 [B2] 셀에 연결하여 표시하시오.
③ 세로 (값) 축의 최소값, 최대값, 주단위를 <그림>과 같이 설정하고 기호 없는 회계 형식을 지정하시오.
④ 범례는 범례 서식을 이용하여 차트의 '위쪽'에 배치하시오.
⑤ 차트 영역에 테두리 색은 '검정, 텍스트 1', 그림자는 '안쪽 가운데', 글꼴 스타일은 '굵게'로 적용하시오.

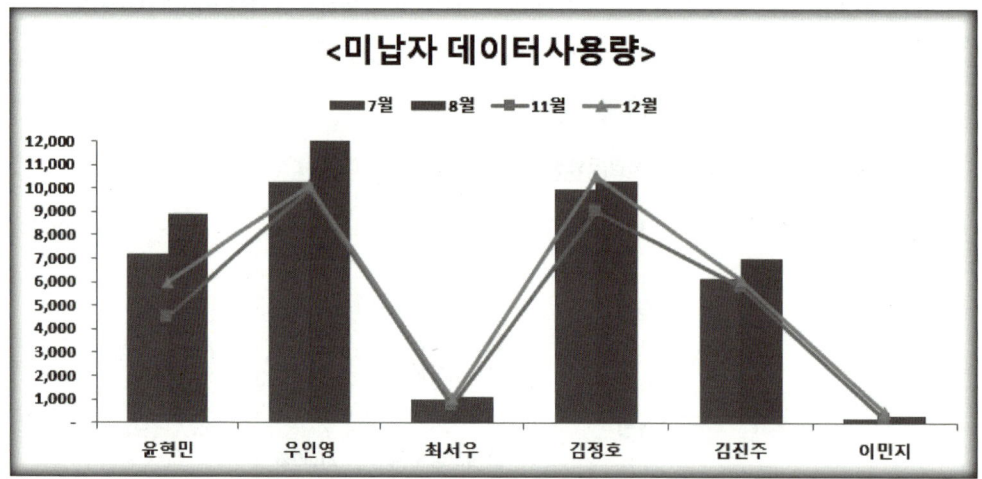

02 '기타작업-2' 시트에서 다음과 같은 기능을 수행하는 매크로를 현재 통합문서에 작성하시오. (각 5점)

① [E6:G42] 영역에 대하여 사용자 지정 표시 형식을 설정하는 '서식적용' 매크로를 생성하시오.
  ▶ 셀의 값이 10,000 이상이면 '파랑', 10,000 미만 5,000 이상이면 '빨강', 5,000 미만이면 색을 지정하지 않고, 각 조건에 대해 천 단위 구분 기호(,)와 소수점 이하 첫째 자리까지 표시하시오.
    [표시 예 : 12345.67 → 12,345.7, 1234.56 → 1,234.6, 0 → 0.0]
  ▶ [개발 도구]-[삽입]-[양식 컨트롤]의 '단추'를 동일 시트의 [C2:D3] 영역에 생성한 후 텍스트를 "서식적용"으로 입력하고, 단추를 클릭하면 '서식적용' 매크로가 실행되도록 설정하시오.
② [E6:G42] 영역에 대하여 표시 형식을 '일반'으로 적용하는 '서식해제' 매크로를 생성하시오.

▶ [개발 도구]-[삽입]-[양식 컨트롤]의 '단추'를 동일 시트의 [F2:G3] 영역에 생성한 후 텍스트를 "서식해제"로 입력하고, 단추를 클릭하면 '서식해제' 매크로가 실행되도록 설정하시오.

※ 셀 포인터의 위치에 관계없이 매크로가 실행되어야 정답으로 인정됨

03 '기타작업-3' 시트에서 다음과 같은 작업을 수행하고 저장하시오. (각 5점)

① '가입' 단추를 클릭하면 <상품가입> 폼이 나타나도록 설정하고, 폼이 초기화(Initialize)되면 날짜(txt날짜), 시간(txt시간), 가입분류(cmb가입분류), 상품/데이터(cmb상품데이터)에 각각의 값이 표시되도록 프로시저를 작성하시오.
  ▶ 날짜에는 현재 날짜, 시간에는 현재 시간이 표시
  ▶ 가입분류에는 "개인", "법인"을 목록에 포함하여 표시
  ▶ 상품/데이터 목록에는 [J6:K11] 영역의 값이 표시 (단, 2개의 열과 2개의 행이 보이도록 할 것)

② <상품가입> 폼의 '추가(cmd추가)' 단추를 클릭하면 폼에 입력된 데이터가 [표1]에 입력되어 있는 마지막 행 다음에 연속하여 추가되도록 프로시저를 작성하시오.
  ▶ 입력되는 데이터는 워크시트에 입력된 기존 데이터와 같은 형식의 데이터로 입력 (DATEVALUE, TIMEVALUE, VAL 함수 사용)
  ▶ 상품은 상품/데이터(cmb상품데이터)에서 선택한 첫 번째 열의 값으로 표시 (COLUMN 속성 사용)
  ▶ 워크시트에 입력된 후 가입자(txt가입자), 사용량(txt사용량), 상품/데이터(cmb상품데이터)를 초기화

③ '닫기(cmd닫기)' 단추를 클릭하면 <그림>과 같이 메시지 박스를 표시한 후, <상품가입> 폼이 종료하는 프로시저를 작성하시오.
  ▶ 현재 날짜와 시간을 표시하는 함수 사용

정답 및 해설

문제 1 기본작업

'보안 경고'가 표시되면 '콘텐츠 사용'을 클릭하세요.

01 '기본작업-1' 시트 (고급 필터)

	A	B	C	D	E	F
43		조건		고객명	고객등급	요금상품
44		FALSE		박예은	최우수	데이터 2G
45				김지혜	우수	데이터 2G
46				김지영	우수	데이터 2G
47				박우진	우수	데이터 2G
48				이성진	VIP	데이터 2G

① [B43] 셀에 원본 데이터([B4:M41])의 필드명과 다른 필드명을 입력합니다.
② [B44] 셀을 클릭하고 '=ISODD(QUOTIENT(H5,5))'를 입력한 후 Enter를 누릅니다.
③ 수식의 결과가 TRUE 또는 FALSE인 것을 확인한 후 결과에 특정한 필드를 추출하기 위해 [D43] 셀에 '고객명', [E43] 셀에 '고객등급', [F43] 셀에 '요금상품'을 입력합니다.
④ 목록 범위([B4:M41]) 영역의 임의의 셀을 클릭한 후 [데이터] 탭-[정렬 및 필터] 그룹-[고급]을 클릭합니다.
⑤ [고급 필터] 대화상자가 나타나면 아래와 같이 지정한 후 [확인] 단추를 클릭합니다.

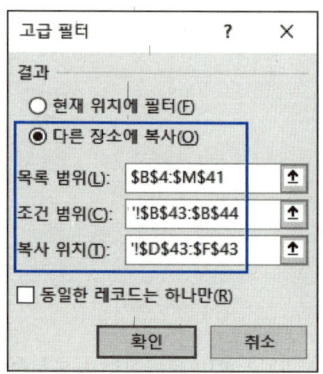

02 '기본작업-1' 시트 (조건부 서식)

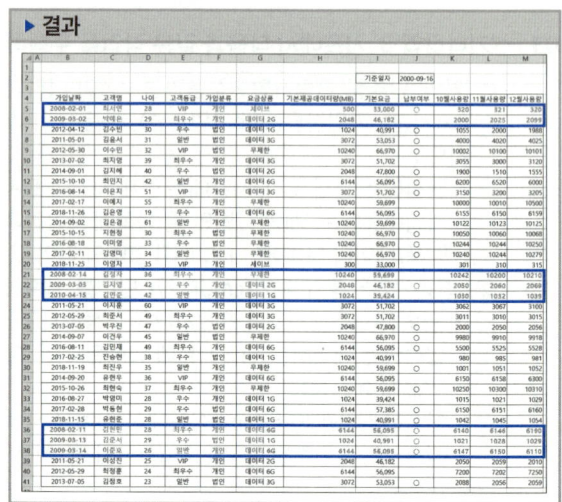

① 서식을 지정해줄 [B5:M41] 영역을 드래그하여 선택한 후 [홈] 탭-[스타일] 그룹-[조건부 서식]-[새 규칙]을 클릭합니다.
② [새 서식 규칙] 대화상자가 나타나면 [수식을 사용하여 서식을 지정할 셀 결정]을 클릭하고 아래 수식 입력란에 커서를 이동합니다.
③ 이어서 '=$B5 < EDATE($J$2, 12*10)'을 입력하고 [서식] 단추를 클릭합니다.
④ [셀 서식] 대화상자가 나타나면 [글꼴] 탭에서 [글꼴 스타일]은 '굵게', [색]은 '연한 파랑'으로 선택하고 [확인] 단추를 클릭합니다.
⑤ [새 서식 규칙] 대화상자가 나타나면 [확인] 단추를 클릭합니다.

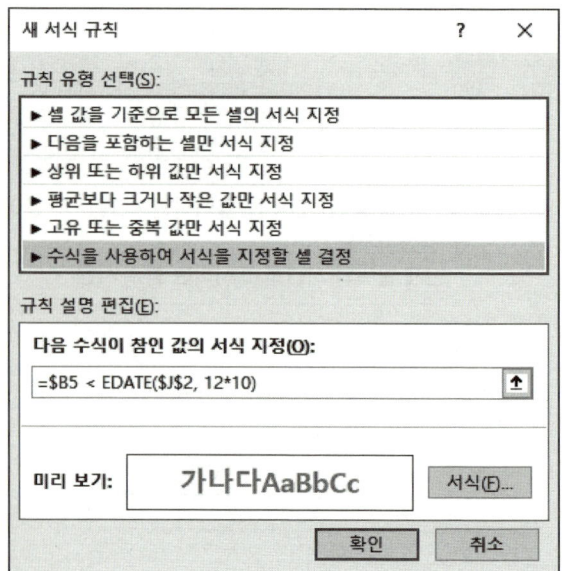

03 '기본작업-1' 시트 (페이지 레이아웃)

① 페이지 레이아웃을 설정하기 위해 [페이지 레이아웃] 탭-[페이지 설정] 그룹-[페이지 설정]( )을 클릭합니다.
② [페이지 설정] 대화상자가 나타나면 [시트] 탭 [인쇄 영역]의 'B2:M27' 뒤에 ','(쉼표)를 입력한 후 [B28:M41] 영역을 드래그하여 선택합니다.
③ 이어서 [인쇄 제목]-[반복할 행] 란에 2행부터 4행까지 드래그하여 지정하고 [반복할 열] 란에 B열부터 C열까지 드래그하여 지정합니다.

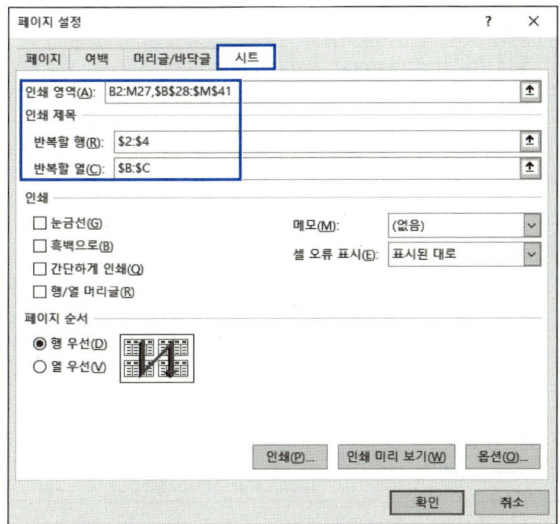

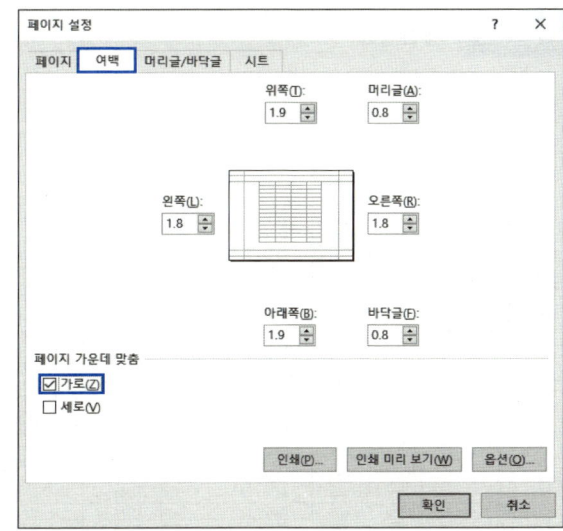

④ 매 페이지 하단의 가운데 구역에 바닥글을 표시하기 위해 [머리글/바닥글] 탭-[바닥글 편집] 단추를 클릭합니다.
⑤ [바닥글] 대화상자가 나타나면 [가운데 구역] 란에 클릭합니다.
⑥ [가운데 구역] 란에 커서가 나타나면 '출력일:'을 입력하고, [날짜 삽입]( )을 클릭합니다.

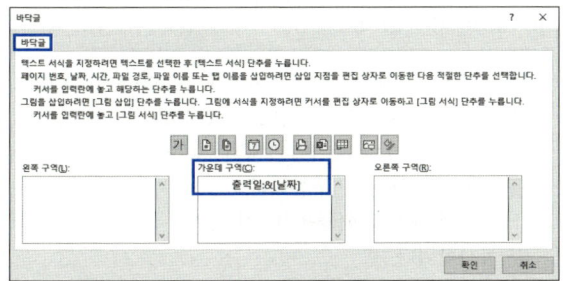

⑦ 인쇄될 내용이 페이지 가로 가운데 맞춤으로 인쇄되도록 [여백] 탭-[페이지 가운데 맞춤]의 '가로' 확인란을 선택한 후 [확인] 단추를 클릭합니다.

문제 2 계산작업

▶ 결과

	A	B	C	D	E	F	G	H	I	J	K	L	M	N	O	P	Q	R
1																		
2																		
3	[표1]									데이터사용량					[표2] 최종할인			
4	고객명	나이	가입분류	고객등급	기본요금	기본제공	요금상품	결제금액	10월	11월	12월	납부여부	비고		고객등급	할인율	할인금액	
5	최서연	28	개인	VIP	33,000	300	데이터 0G	29,700	320	321	320	○			VIP	10%	5,000	
6	박예은	29	개인	최우수	46,182	2048	데이터 2G	43,873	2000	2025	2099				최우수	5%	해당없음	
7	김수빈	30	법인	우수	40,991	1024	데이터 1G	39,761	1055	2000	1988	○			우수	3%	3,000	
8	김윤서	31	개인	일반	53,053	3072	데이터 3G	52,053	4000	4020	4025	○			일반	2%	1,000	
9	이수민	32	법인	VIP	66,970	10240	데이터 10G	61,970	10002	10100	10101	○						
10	최지영	39	개인	최우수	51,702	3072	데이터 3G	49,117	3055	3000	3120				[표3] 법인, 10월 50% 백분위 수 이상			
11	김지혜	40	법인	우수	47,800	2048	데이터 2G	46,366	1900	1510	1555	○			고객수			
12	최민지	42	개인	일반	56,095	6144	데이터 6G	55,095	6200	6520	6000	○			7명			
13	이은지	51	개인	VIP	51,702	3072	데이터 3G	46,702	3150	3200	3205	○						
14	이예지	55	개인	최우수	59,699	10240	데이터 10G	56,714	10000	10010	10500		특별관리		가입분류	조건		
15	김은영	19	개인	우수	56,095	6144	데이터 6G	54,412	6155	6150	6159	○			법인	FALSE		
16	김은경	61	개인	일반	59,699	10240	데이터 10G	58,699	10122	10123	10125		특별관리					
17	지현정	23	개인	최우수	66,970	10240	데이터 10G	63,621	10050	10060	10068	○			[표4] 나이별 가입분류별 11월 데이터사용량 최대값			
18	이미영	33	법인	우수	66,970	10240	데이터 10G	64,961	10244	10244	10250	○					개인	법인
19	김영미	34	법인	일반	66,970	10240	데이터 10G	65,970	10240	10244	10279	○			10세 이상	20세 미만	6150	해당없음
20	이영자	35	개인	VIP	33,000	300	데이터 0G	29,700	301	310	315				20세 이상	30세 미만	7202	6151
21	김정자	36	개인	최우수	59,699	10240	데이터 10G	56,714	10242	10200	10210		특별관리		30세 이상	40세 미만	10300	10244
22	김지영	42	개인	우수	46,182	2048	데이터 2G	44,797	2050	2060	2069	○			40세 이상	50세 미만	6520	9910
23	김민준	42	개인	일반	39,424	1024	데이터 1G	38,636	1030	1032	1039				50세 이상	60세 미만	10010	해당없음
24	이지훈	60	개인	VIP	51,702	3072	데이터 3G	46,702	3062	3067	3100							
25	최준서	49	개인	최우수	51,702	3072	데이터 3G	49,117	3011	3010	3015							
26	박우진	47	법인	우수	47,800	2048	데이터 2G	46,366	2000	2050	2056	○						
27	이건우	45	법인	일반	66,970	10240	데이터 10G	65,970	9980	9910	9918	○						
28	김민재	49	개인	최우수	56,095	6144	데이터 6G	53,290	5500	5525	5528	○						
29	진승현	38	법인	우수	40,991	1024	데이터 1G	39,761	980	985	981							
30	최진우	35	개인	일반	59,699	10240	데이터 10G	58,699	1001	1051	1052	○						
31	유현우	36	개인	VIP	56,095	6144	데이터 6G	51,095	6150	6158	6300		특별관리					
32	최현숙	37	개인	최우수	59,699	10240	데이터 10G	56,714	10250	10300	10310	○						
33	박영미	28	개인	우수	39,424	1024	데이터 1G	38,241	1015	1021	1029							
34	박동현	29	법인	일반	57,385	6144	데이터 6G	55,663	6150	6151	6160	○						
35	유현준	28	법인	일반	40,991	1024	데이터 1G	40,171	1042	1045	1054	○						
36	김현민	28	개인	일반	56,095	6144	데이터 6G	53,290	6140	6146	6190	○						
37	김준서	28	법인	우수	40,991	1024	데이터 1G	39,761	1021	1028	1029	○						
38	이준호	26	개인	일반	56,095	6144	데이터 6G	55,095	6147	6150	6110	○						
39	이성진	25	법인	VIP	46,182	2048	데이터 2G	41,564	2050	2059	2010							
40	최정훈	24	개인	최우수	56,095	6144	데이터 6G	53,290	7200	7202	7250		특별관리					
41	김정호	23	법인	일반	53,053	3072	데이터 3G	52,053	2088	2056	2059	○						

01 요금상품 (G5:G41)

① Alt + F11 을 누릅니다.
② Visual Basic Editor가 나타나면 [삽입] 메뉴-[모듈]을 클릭합니다.
③ 프로젝트 탐색기 창에 모듈이 생성되면 아래와 같이 입력합니다.

```
Public Function fn요금상품 (기본제공데이터)
    fn요금상품 = "데이터 " & Round(기본제공데이터 / 1000, 0) & "G"
End Function
```

※ 글자가 잘 안 보일 경우 정답 파일을 열어서 코드를 확인할 수 있습니다.

④ Visual Basic Editor의 [닫기](✕) 단추를 클릭합니다.
⑤ [G5] 셀을 선택한 후 [함수 삽입](fx)을 클릭합니다.
⑥ [함수 마법사] 대화상자가 나타나면 [범주 선택]을 '사용자 정의'로 선택하고 [함수 선택] 목록에서 'fn요금상품'을 선택한 후 [확인] 단추를 클릭합니다.
⑦ [함수 인수] 대화상자가 나타나면 [기본제공데이터]에 [F5] 셀을 클릭하고 [확인] 단추를 클릭합니다.

⑧ [G5] 셀의 채우기 핸들을 [G41] 셀까지 드래그하여 수식을 복사합니다.

02 결제금액 (H5:H41)

=E5-IFERROR(MIN(E5*VLOOKUP(D5,$O$6:$Q$9,2,FALSE), VLOOKUP(D5,$O$6:$Q$9,3,FALSE)), E5*VLOOKUP(D5,$O$6:$Q$9,2,FALSE))

① [H5] 셀을 선택하고 '=E5-IFERROR(MIN(E5*VLOOKUP(D5,$O$6:$Q$9,2,FALSE),VLOOKUP(D5,$O$6:$Q$9,3,FALSE)), E5*VLOOKUP(D5,$O$6:$Q$9,2,FALSE))' 수식을 작성한 후 Enter 를 누릅니다.
② [H5] 셀의 채우기 핸들을 [H41] 셀까지 드래그하여 수식을 복사합니다.

03 비고 (M5:M41)

=IF(AND(AVERAGE(I5:K5)>AVERAGE($I$5:$K$41), ISBLANK(L5)),"특별관리","")

① [M5] 셀을 선택하고 '=IF(AND(AVERAGE(I5:K5)>AVERAGE($I$5:$K$41),ISBLANK(L5)),"특별관리","")' 수식을 작성한 후 Enter 를 누릅니다.

② [M5] 셀의 채우기 핸들을 [M41] 셀까지 드래그하여 수식을 복사합니다.

04 고객수 (O13)

=TEXT(DCOUNT(A4:M41,2,O15:P16), "0명")

① [O15:P16] 영역에 아래와 같이 입력합니다.

=I5 >= PERCENTILE.INC($I$5:$I$41, 0.5)

O	P	Q	R	S	T
가입분류	조건				
법인	FALSE				

② [O13] 셀을 선택하고 '=TEXT(DCOUNT(A4:M41,2, O15:P16), "0명")' 수식을 작성한 후 Enter를 누릅니다.

05 11월 데이터사용량 최대값 (Q20:R24)

=IF(LARGE(($B$5:$B$41>=$O20) * ($B$5:$B$41<$P20) * ($C$5:$C$41=Q$19) * $J$5:$J$41, 1)=0, "해당없음", LARGE(($B$5:$B$41>=$O20) * ($B$5:$B$41<$P20) * ($C$5:$C$41=Q$19) * $J$5:$J$41, 1))

① [Q20] 셀을 선택하고 '=IF(LARGE(($B$5:$B$41>=$O20) * ($B$5:$B$41<$P20) * ($C$5:$C$41=Q$19) * $J$5:$J$41, 1)=0, "해당없음", LARGE(($B$5:$B$41>=$O20) * ($B$5:$B$41<$P20) * ($C$5:$C$41=Q$19) * $J$5:$J$41, 1))' 수식을 작성한 후 Ctrl + Shift + Enter 를 누릅니다.

② [Q20] 셀의 채우기 핸들을 [Q24] 셀까지 드래그하여 수식을 복사하고, 이어서 [Q24] 셀의 채우기 핸들을 [R24] 셀까지 드래그하여 수식을 복사합니다.

문제 3 분석작업

01 '분석작업-1' 시트 (피벗 테이블)

① [A2:J39] 영역의 임의의 셀을 클릭한 후 [삽입] 탭-[표] 그룹-[피벗 테이블]-[테이블/범위에서]를 클릭합니다.
② [표 또는 범위의 피벗 테이블] 대화상자가 나타나면 '표/범위'에 입력된 [A2:J39] 영역을 확인하고, 피벗 테이블을 배치할 위치에 '기존 워크시트'의 [L4] 셀을 클릭한 후 [확인] 단추를 클릭합니다.

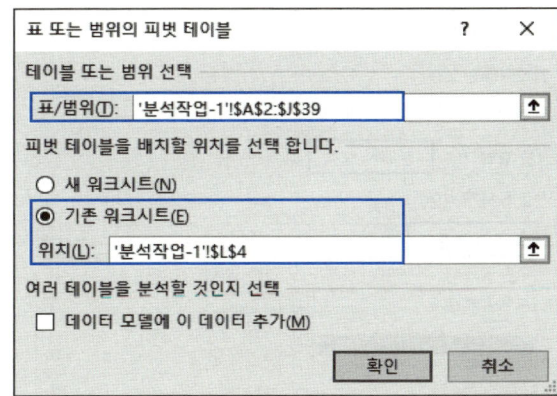

③ '요금상품'을 [필터] 영역으로 드래그, '가입분류'를 [행] 영역으로 드래그, '보험종료일'을 가입분류 밑에 [행] 영역으로 드래그합니다. (<그림>과 같은 데이터 수준으로 나타내기 위해 가입분류가 위에, 보험종료일이 아래에 지정되어야 합니다.)
④ 계산 필드를 추가하기 위해 [피벗 테이블 분석] 탭-[계산] 그룹-[필드, 항목 및 집합]-[계산 필드]를 클릭합니다.
⑤ [계산 필드 삽입] 대화상자가 나타나면 [이름]에 '삼분기'를 입력하고, [필드]의 '7월'을 더블클릭, '+' 입력, '8월'을 더블클릭, '+' 입력, '9월'을 더블클릭하여 [수식]에 '='7월'+'8월'+'9월''을 만든 후 [추가] 단추와 [확인] 단추를 차례로 클릭합니다.

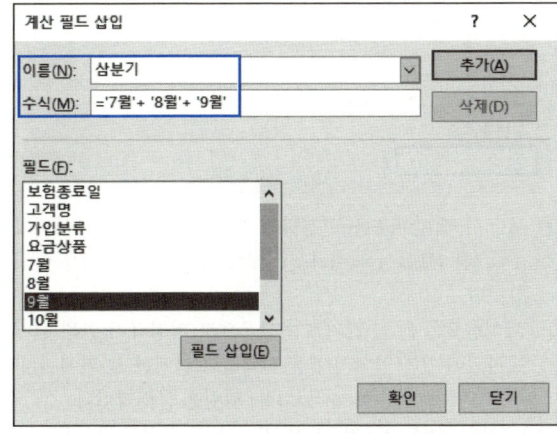

⑥ 열 합계 비율로 변경하기 위해 [값] 영역에서 방금 추가한 필드를 클릭한 후 [값 필드 설정]을 선택합니다.
⑦ [값 필드 설정] 대화상자가 나타나면 [값 표시 형식] 탭에서 [값 표시 형식]의 목록 단추(▼)를 클릭하여 '열 합계 비율'을 선택한 후 [확인] 단추를 클릭합니다.

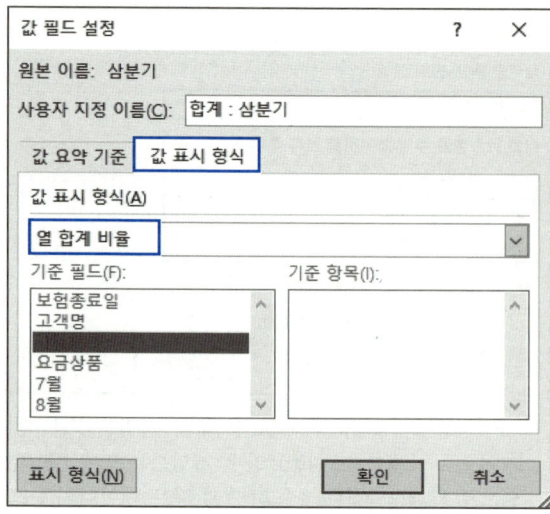

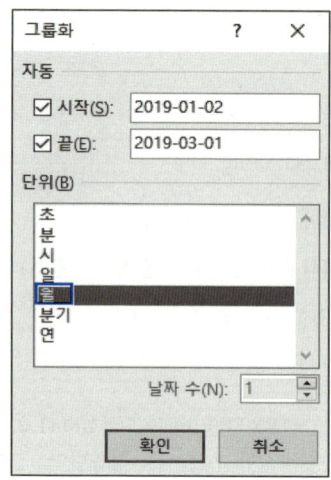

⑧ 같은 방법으로 '='10월'+'11월'+'12월'을 계산하는 '사분기' 필드를 만들고, 열 합계 비율로 지정합니다.

⑨ [열] 영역의 'Σ 값'을 [행] 영역의 보험종료일 아래로 드래그합니다.

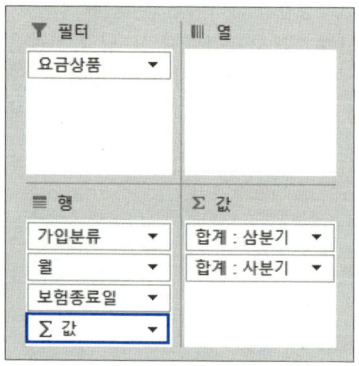

⑩ 보고서 레이아웃을 변경하기 위해 [디자인] 탭-[레이아웃] 그룹-[보고서 레이아웃]-[개요 형식으로 표시]를 클릭합니다.

⑪ '보험종료일'을 월 단위로만 그룹으로 지정하기 위해 월이 표시되어 있는 임의의 셀을 선택하고 선택한 셀 위에서 마우스 오른쪽 버튼을 눌러 [그룹] 명령을 클릭합니다.

⑫ [그룹화] 대화상자가 나타나면 [단위]에 선택된 '일'을 클릭하여 선택을 취소하고, '월'이 선택된 상태에서 [확인] 단추를 클릭합니다.

⑬ 피벗 테이블 스타일을 변경하기 위해 [디자인] 탭-[피벗 테이블 스타일] 그룹-[자세히](▼)를 클릭하여 '밝은 회색, 피벗 스타일 밝게 15'를 선택합니다.

⑭ 그룹화된 요약은 표시하지 않기 위해 [디자인] 탭-[레이아웃] 그룹-[부분합]-[부분합 표시 안 함]을 클릭합니다.

02 '분석작업-2' 시트 (데이터 유효성 검사, 데이터 표)

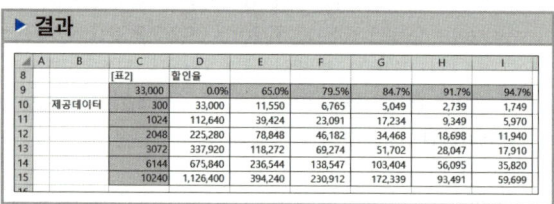

① [D9:I9] 영역을 선택한 후 [데이터] 탭-[데이터 도구] 그룹-[데이터 유효성 검사]를 클릭합니다.

② [데이터 유효성] 대화상자가 나타나면 [설정] 탭의 [제한 대상]을 '소수점'으로 선택한 후 [제한 방법]을 '해당 범위'로 선택, [최소값] 입력란에 '0'을 입력, [최대값] 입력란에 '0.947'을 입력합니다.

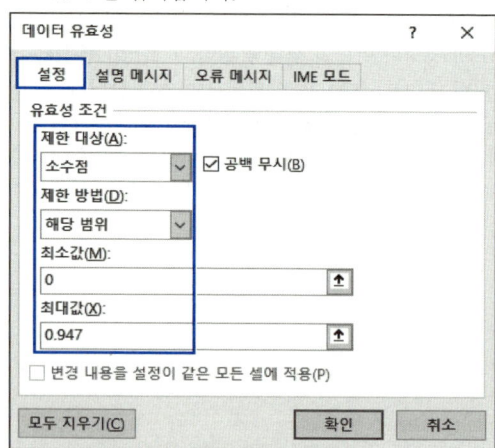

③ 이어서 셀을 선택하면 설명 메시지가 표시되도록 [설명 메시지] 탭의 [제목] 입력란에 '입력범위'를 입력, [설명

메시지] 입력란에 '0%~94.7%'을 입력합니다.

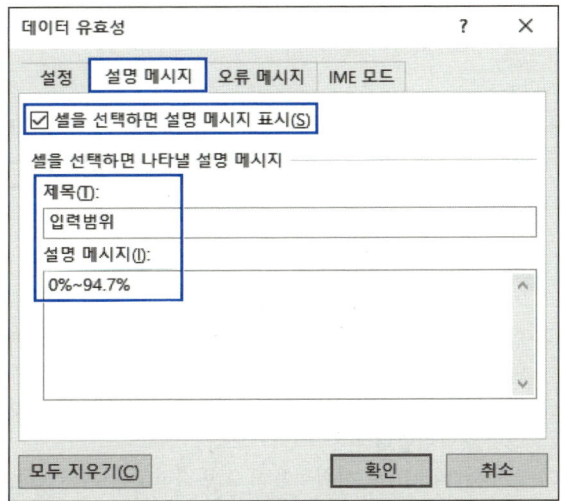

④ 이어서 유효하지 않은 데이터를 입력하면 오류 메시지가 표시되도록 [오류 메시지] 탭의 [스타일]을 '정보'로 선택, [제목] 입력란에 '입력데이터확인'을 입력, [오류 메시지]에 '입력한 데이터가 유효하지 않습니다.'를 입력한 후 [확인] 단추를 클릭합니다.

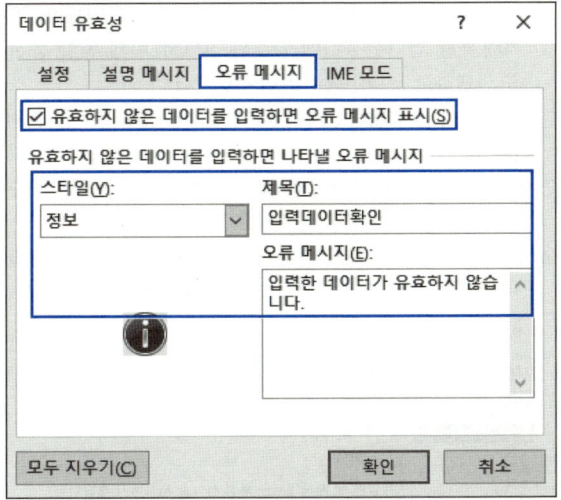

⑤ 수식이 입력되어 있는 셀과 연결하기 위해 변수와 변수가 만나는 지점인 [C9] 셀을 클릭한 후 '='을 입력하고 [D6] 셀을 클릭한 다음 Enter 를 누릅니다.
⑥ [C9:I15] 영역을 드래그하여 선택한 후 [데이터] 탭-[예측] 그룹-[가상 분석]-[데이터 표]를 클릭합니다.
⑦ [데이터 테이블] 대화상자가 나타나면 [행 입력 셀]에 [D4] 셀을 클릭하고, [열 입력 셀]에 커서를 이동해 [D3] 셀을 클릭한 후 [확인] 단추를 클릭합니다.

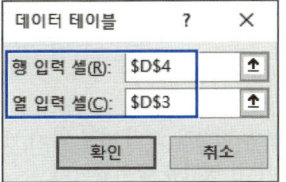

문제 4   기타작업

01 '기타작업-1' 시트 (차트)

1

① '4월' 계열을 선택한 후 Delete 를 눌러 삭제합니다.
② 같은 방법으로 '5월', '6월', '9월', '10월' 계열도 삭제합니다.
③ '11월' 계열에서 마우스 오른쪽 버튼을 눌러 바로 가기 메뉴가 나타나면 [계열 차트 종류 변경] 명령을 클릭합니다.
④ [차트 종류 변경] 대화상자가 나타나면 '11월' 계열의 [차트 종류] 목록 단추(▼)를 클릭해 [꺾은선형] 범주의 '표식이 있는 꺾은선형'을 선택합니다.
⑤ 이어서 '12월' 계열의 [차트 종류] 목록 단추(▼)를 클릭해 [꺾은선형] 범주의 '표식이 있는 꺾은선형'을 선택한 후 [확인] 단추를 클릭합니다.

2

① [서식] 탭-[현재 선택 영역] 그룹-[차트 요소]의 목록 단추(▼)를 클릭해 '세로 (값) 축 주 눈금선'을 선택한 후 Delete 를 눌러 삭제합니다.
② 차트 제목을 표시하기 위해 [차트 디자인] 탭-[차트 레이아웃] 그룹-[차트 요소 추가]-[차트 제목]-[차트 위]를 클릭합니다.
③ 차트 제목과 [B2] 셀을 연결시키기 위해 [수식 입력줄]에 '='을 입력한 후 [B2] 셀을 클릭합니다.
④ [수식 입력줄]에 '='기타작업-1'!$B$2'가 나타나면 Enter 를 누릅니다.

3

① '세로 (값) 축'에서 마우스 오른쪽 버튼을 눌러 바로 가기 메뉴가 나타나면 [축 서식] 명령을 클릭합니다.
② [축 서식] 창이 나타나면 [축 옵션]-[축 옵션](▮▮)-[축 옵션]의 [최소값] 입력란에 '0', [최대값] 입력란에 '12000', [기본] 단위 입력란에 '1000'을 입력합니다.
③ 이어서 [축 서식] 창의 [축 옵션]-[축 옵션](▮▮)-[표시 형식]의 [범주]에 '회계'를 선택한 후 [기호]에 '없음'을 선택하고 [닫기](✖) 단추를 클릭합니다.

4

① '범례'에서 마우스 오른쪽 버튼을 눌러 바로 가기 메뉴가 나타나면 [범례 서식] 명령을 클릭합니다.
② [범례 서식] 창이 나타나면 [범례 옵션]-[범례 옵션](▮▮)

- [범례 옵션]의 [범례 위치]를 '위쪽'으로 선택한 후 [닫기](✕) 단추를 클릭합니다.

5
① '차트 영역'에서 마우스 오른쪽 버튼을 눌러 바로 가기 메뉴가 나타나면 [차트 영역 서식] 명령을 클릭합니다.
② [차트 영역 서식] 창이 나타나면 [차트 옵션]-[채우기 및 선](⬥)-[테두리]의 [색]을 '검정, 텍스트 1'로 선택합니다.
③ 이어서 [차트 옵션]-[효과](◯)-[그림자]의 [미리 설정]을 '안쪽: 가운데'로 선택하고 [닫기](✕) 단추를 클릭합니다.
④ 차트 영역이 선택되어 있는 상태에서 [홈] 탭-[글꼴] 그룹-[굵게]를 클릭합니다.

02 '기타작업-2' 시트 (매크로)

▶ 결과

	A	B	C	D	E	F	G
1							
2			서식적용			서식해제	
3							
4							
5		가입날짜	고객명	나이	10월사용량	11월사용량	12월사용량
6		2008-02-01	최서연	28	320.1	321.2	320.2
7		2009-03-02	박예은	29	2,000.2	2,025.2	2,099.4
8		2012-04-12	김수빈	30	1,055.3	2,000.1	1,988.7
9		2011-05-01	김윤서	31	4,000.4	4,020.2	4,025.7
10		2012-05-30	이수민	32	10,002.6	10,100.2	10,101.3
11		2013-07-02	최지영	39	3,055.2	3,000.1	3,120.3
12		2014-09-01	김지혜	40	1,900.1	1,510.1	1,555.3
13		2015-10-10	최민지	42	6,200.2	6,520.2	6,000.3
14		2016-08-14	이유지	51	3,150.2	3,200.2	3,205.1
33		2015-10-26	최현숙	37	10,250.7	10,300.1	10,310.2
34		2016-08-27	박영미	28	1,015.7	1,021.4	1,029.2
35		2017-02-28	박동현	29	6,150.2	6,151.6	6,160.4
36		2018-11-15	유현준	28	1,042.2	1,045.4	1,054.7
37		2008-02-11	김현민	28	6,140.1	6,146.7	6,190.3
38		2009-03-13	김준서	29	1,021.4	1,028.4	1,029.3
39		2009-03-14	이준호	26	6,147.6	6,150.7	6,110.1
40		2011-05-21	이성진	25	2,050.2	2,059.7	2,010.4
41		2012-05-29	최정훈	24	7,200.1	7,202.2	7,250.6
42		2013-07-05	김정호	23	2,088.1	2,056.2	2,059.6

1
① [개발 도구] 탭-[컨트롤] 그룹-[삽입]-[양식 컨트롤]의 '단추(양식 컨트롤)'을 클릭합니다.
② 이어서 [C2:D3] 영역에 드래그하여 '단추'를 생성합니다.
③ [매크로 지정] 대화상자가 나타나면 [매크로 이름]에 '서식적용'을 입력한 후 [매크로 위치]에서 '현재 통합 문서'를 선택하고 [기록] 단추를 클릭합니다.
④ [매크로 기록] 대화상자가 나타나면 [확인] 단추를 클릭합니다.
⑤ 매크로 기록이 시작되면 [E6:G42] 영역을 선택한 후 Ctrl + 1 을 누릅니다.
⑥ [셀 서식] 대화상자가 나타나면 [표시 형식] 탭-[범주]를 '사용자 지정'으로 선택합니다.
⑦ '형식'에 이미 입력되어 있는 내용을 지운 뒤 '[파랑][>=10000]#,##0.0;[빨강][>=5000]#,##0.0;#,##0.0'을 입력하고 [확인] 단추를 클릭합니다.

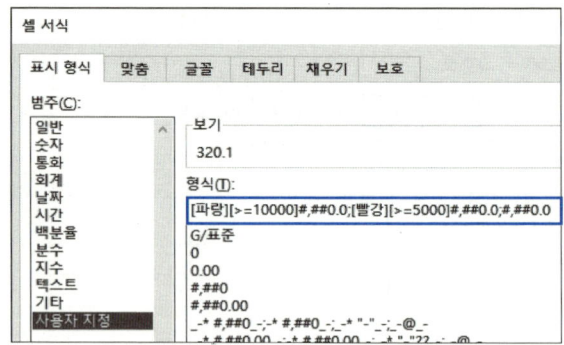

⑧ 임의의 셀을 클릭한 후 매크로 기록을 중지하기 위해 [개발 도구] 탭-[코드] 그룹-[기록 중지]를 클릭합니다.
⑨ '단추' 위에서 마우스 오른쪽 버튼을 눌러 [텍스트 편집] 명령을 클릭합니다.
⑩ 단추의 텍스트를 '서식적용'으로 변경하고 임의의 셀을 클릭하여 완료합니다.

2
① [개발 도구] 탭-[컨트롤] 그룹-[삽입]-[양식 컨트롤]의 '단추(양식 컨트롤)'을 클릭합니다.
② 이어서 [F2:G3] 영역에 드래그하여 '단추'를 생성합니다.
③ [매크로 지정] 대화상자가 나타나면 [매크로 이름]에 '서식해제'를 입력한 후 [매크로 위치]에서 '현재 통합 문서'를 선택하고 [기록] 단추를 클릭합니다.
④ [매크로 기록] 대화상자가 나타나면 [확인] 단추를 클릭합니다.
⑤ 매크로 기록이 시작되면 [E6:G42] 영역을 선택한 후 Ctrl + 1 을 누릅니다.
⑥ [셀 서식] 대화상자가 나타나면 [표시 형식] 탭-[범주]를 '일반'으로 선택한 후 [확인] 단추를 클릭합니다.

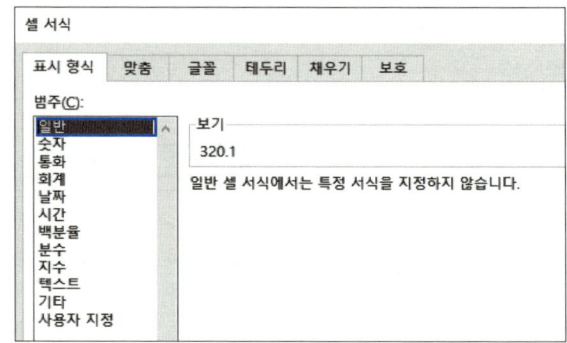

⑦ 임의의 셀을 클릭한 후 매크로 기록을 중지하기 위해 [개발 도구] 탭-[코드] 그룹-[기록 중지]를 클릭합니다.
⑧ '단추' 위에서 마우스 오른쪽 버튼을 눌러 [텍스트 편집] 명령을 클릭합니다.
⑨ 단추의 텍스트를 '서식해제'로 변경하고 임의의 셀을 클릭하여 완료합니다.

03 '기타작업-3' 시트 (프로시저)

1

① [개발 도구] 탭-[컨트롤] 그룹-[디자인 모드]를 클릭하여 〈가입〉 버튼을 디자인 모드로 변경합니다.
② 〈가입〉 버튼을 더블클릭하여 코드 창이 나타나면 아래와 같이 입력합니다.

```
Private Sub 가입_Click()
    상품가입.Show
End Sub
```

③ 프로젝트 탐색기 창에서 '상품가입' 폼을 더블클릭합니다.
④ '상품가입' 폼이 코드 창에 표시되면 폼의 빈 공간을 더블클릭합니다.
⑤ 폼이 초기화되면 프로시저가 실행되도록 코드 창 우측 상단에 프로시저 목록을 'Initialize'로 변경합니다.
⑥ 코드 창에 'UserForm_Initialize()' 프로시저가 나타나면 아래와 같이 입력합니다.

```
Private Sub UserForm_Initialize()
    txt날짜 = Date
    txt시간 = Time
    
    cmb가입분류.AddItem "개인"
    cmb가입분류.AddItem "법인"
    
    cmb상품데이터.RowSource = "j6:k11"
    cmb상품데이터.ColumnCount = 2
    cmb상품데이터.ListRows = 2
End Sub
```

2

① 프로젝트 탐색기 창에서 '상품가입' 폼을 더블클릭합니다.
② '상품가입' 폼이 코드 창에 표시되면 'cmd추가'을 더블클릭합니다.
③ 코드 창에 'cmd추가_Click()' 프로시저가 나타나면 아래와 같이 입력합니다.

```
Private Sub cmd추가_Click()
    입력행 = [b4].Row + [b4].CurrentRegion.Rows.Count
    Cells(입력행, 2) = DateValue(txt날짜)
    Cells(입력행, 3) = TimeValue(txt시간)
    Cells(입력행, 4) = txt가입자
    Cells(입력행, 5) = cmb가입분류
    Cells(입력행, 6) = Val(txt사용량)
    Cells(입력행, 7) = cmb상품데이터.Column(0)
    
    txt가입자 = ""
    txt사용량 = ""
    cmb상품데이터 = ""
End Sub
```

3

① 프로젝트 탐색기 창에서 '상품가입' 폼을 더블클릭합니다.
② '상품가입' 폼이 코드 창에 표시되면 'cmd닫기'를 더블클릭합니다.
③ 코드 창에 'cmd닫기_Click()' 프로시저가 나타나면 아래와 같이 입력합니다.

```
Private Sub cmd닫기_Click()
    MsgBox Now & " 폼을 종료합니다.", , "종료"
    Unload Me
End Sub
```

제3회 실전모의고사

프로그램명	제한시간
EXCEL	45분

수험번호 :

성 명 :

1급	C형

유 의 사 항

- ★ 펜은 꺼내실 수 없으며 시험지는 유출이 불가능합니다.
- ■ 인적 사항 누락 및 잘못 작성으로 인한 불이익은 수험자 책임으로 합니다.
- ■ 화면에 암호 입력창이 나타나면 아래의 암호를 입력하여야 합니다.
  - 암호 :
- ★ 암호를 입력할 수도 있으니 이렇게 첫 장을 확인하시면 됩니다.
- ■ 작성된 답안은 주어진 경로 및 파일명을 변경하지 마시고 그대로 저장해야 합니다. 이를 준수하지 않으면 실격 처리됩니다.
- ★ 디스켓 모양을 눌러 저장하시면 됩니다. 예외가 있을 수도 있으니 감독관이 설명할 때 잘 들어주세요. 제한시간(45분) 안에 디스켓 모양을 눌러 저장을 하고 그 이후에는 화면이 바뀌며 [답안 제출]을 하게 됩니다.
- ■ 외부 데이터 위치 : C:\OA\파일명
- ■ 별도의 지시사항이 없는 경우, 다음과 같이 처리 시 실격 처리됩니다.
  - 제시된 시트 및 개체의 순서나 이름을 임의로 변경한 경우
  - 제시된 시트 및 개체를 임의로 추가 또는 삭제한 경우
  - 외부 데이터를 시험 시작 전에 열어 본 경우
- ■ 답안은 반드시 문제에서 지시 또는 요구한 셀에 입력하여야 하며 다음과 같이 처리 시 채점 대상에서 제외됩니다.
  - 수험자가 임의로 지시하지 않은 셀의 이동, 수정, 삭제, 변경 등으로 인해 셀의 위치 및 내용이 변경된 경우 해당 작업에 영향을 미치는 관련문제 모두 채점 대상에서 제외
  - 도형 및 차트의 개체가 중첩되어 있거나 동일한 계산결과 시트가 복수로 존재할 경우 해당 개체나 시트는 채점 대상에서 제외
- ■ 수식 작성 시 제시된 문제 파일의 데이터는 변경 가능한(가변적) 데이터임을 감안하여 문제 풀이를 하시오.
- ■ 별도의 지시사항이 없는 경우, 주어진 각 시트 및 개체의 설정값 또는 기본 설정값(Default)으로 처리하시오.
- ■ 저장 시간은 별도로 주어지지 않으므로 제한된 시간 내에 저장을 완료해야 하며, 제한시간 내에 저장이 되지 않은 경우에는 실격 처리됩니다.
- ■ 출제된 문제의 용어는 Microsoft Office Excel 2021 기준으로 작성되어 있습니다.

국 가 기 술 자 격 검 정

문제 1 기본작업(15점) 주어진 시트에서 다음의 과정을 수행하고 저장하시오.

01 '기본작업-1' 시트에서 다음과 같이 고급 필터를 수행하시오. (5점)
- [A2:F58] 영역에서 '번호'의 두 번째 글자가 2이거나 4이고, '나이'가 전체 '나이'의 하위 10위 이내에 포함되는 행만을 대상으로 설정하시오.
- 조건은 [H2:H3] 영역 내에 알맞게 입력하시오. (AND, OR, MID, SMALL 함수 사용)
- 결과는 [H5] 열부터 표시하시오.

02 '기본작업-1' 시트에서 다음과 같이 조건부 서식을 설정하시오. (5점)
- [A3:F58] 영역에 대해서 '검진날짜'가 기준일(2018년 9월 30일)을 초과하는 행 전체에 대하여 채우기 색을 '표준 색-주황'으로 적용하시오.
- 단, 규칙 유형은 '수식을 사용하여 서식을 지정할 셀 결정'을 사용하고, 한 개의 규칙으로만 작성하시오.
- DATE 함수 사용

03 '기본작업-1' 시트에서 다음과 같이 페이지 레이아웃을 설정하시오. (5점)
- 기존 인쇄 영역([A2:F15])에 [A16:F58] 영역을 인쇄 영역으로 추가하고, 페이지의 내용이 자동으로 1페이지에 확대/축소되어 인쇄되도록 설정하시오.
- 행 머리글(1, 2, 3 등)과 열 머리글(A, B, C 등)이 인쇄되도록 설정하시오.
- 매 페이지 상단의 왼쪽 구역에는 시트 이름이 표시되도록 머리글을 설정하시오. [표시 예 : 인쇄시트 : 기본작업-2]

문제 2 계산작업(30점) '계산작업' 시트에서 다음의 과정을 수행하고 저장하시오.

01 [표1]의 예약날짜, 검진날짜를 이용하여 [E4:E59] 영역에 대기기간을 계산하여 표시하시오. (6점)
- 대기기간은 '(검진날짜 - 예약날짜)'을 월 단위로 계산
- 한 달은 30일을 기준으로 하고 일수가 부족한 달은 개월 수에 포함하지 않을 것
- 대기기간이 0이면 공백으로 표시
- [표시 예 : 대기기간이 1인 경우 → 01개월]
- QUOTIENT, IF, DAYS, TEXT 함수 사용

02 [표1]의 검진날짜, 성별과 [표2]를 이용하여 검진날짜의 연도와 성별에 따른 예약코드[J4:J59]를 표시하시오. (6점)
- 예약코드의 영문 첫 글자는 대문자로 표시
- [표시 예 : 검진날짜가 2017년 9월 20일, 성별이 "여"인 경우 → Ms We1617]
- YEAR, PROPER, VLOOKUP, MATCH 함수 사용

03 사용자 정의 함수 'fn해당연도검진'을 작성하여 [표1]의 해당연도검진[K4:K59]에 표시하시오. (6점)
- 'fn해당연도검진'은 검진날짜, 등록을 인수로 받아 값을 되돌려줌
- 해당연도검진은 검진날짜와 등록의 연도가 같으면 "2016년진료", 그 외는 공백으로 표시

```
Public Function fn해당연도검진(검진날짜, 등록)
End Function
```

04 [표1]의 등록번호, 나이, 검사비용합계를 이용하여 번호별 나이의 평균과 검사비용합계의 평균을 [표3]의 [O11:P13] 영역에 계산하시오. (6점)

- ▶ [표3]의 번호는 등록번호의 마지막 글자임
- ▶ 평균은 소수점 첫째 자리에서 반올림하여 일의 자리까지만 표시
- ▶ RIGHT, AVERAGE, ROUND, IF 함수를 이용한 배열 수식

05 [표1]의 검진날짜, 검진시간을 이용하여 검진날짜가 5월이고 검진시간이 12시 이상인 개수를 구한 후 해당 개수만큼 "◆"를 [표4]의 [M17] 셀에 반복하여 표시하시오. (6점)

- ▶ [표시 예 : 개수가 2인 경우 → ◆◆]
- ▶ REPT, SUM, MONTH 함수를 이용한 배열 수식

문제 3   분석작업(20점)   주어진 시트에서 다음의 과정을 수행하고 저장하시오.

01 '분석작업-1' 시트에서 다음의 지시사항에 따라 [B2:I58] 영역을 이용하여 피벗 테이블 보고서를 작성하시오. (10점)

- ▶ 피벗 테이블 보고서의 레이아웃과 위치는 <그림>을 참조하여 설정하고, 보고서 레이아웃을 개요 형식으로 표시하시오.
- ▶ '검진날짜'는 <그림>과 같이 그룹을 설정하고, 행 및 열의 총합계를 표시하지 마시오.
- ▶ '검진시간'이 12:00 이거나 15:00인 데이터만을 표시하시오.
- ▶ '검사비용' 필드 표시 형식은 값 필드 설정의 셀 서식을 이용하여 <그림>과 같이 지정하시오.
  [표시 예 : 12900000 → 13, 0 → 0]
- ▶ 피벗 테이블 스타일은 '흰색, 피벗 스타일 밝게 22', 피벗 테이블 스타일 옵션은 행 머리글, 열 머리글, 줄 무늬 열을 지정하시오.

	J	K	L	M
1				
2		검진시간	(다중 항목) ▼	
3				
4		검진날짜 ▼	검진분류 ▼	합계 : 검사비용
5		⊟2016년		4
6			맞춤형특화	3
7			프리미엄특화	1
8		⊟2017년		19
9			기본	1
10			맞춤형특화	13
11			프리미엄특화	5
12		⊟2018년		28
13			기본	3
14			맞춤형특화	23
15			프리미엄특화	2
16				

※ 작업이 완성된 그림이며 부분점수 없음

02 '분석작업-2' 시트에 대하여 다음의 지시사항을 처리하시오. (10점)

- ▶ [텍스트 나누기] 기능을 이용하여 [B2:B26] 영역을 '#' 기호로 분리하시오.
- ▶ [정렬] 기능을 이용하여 빨강(RGB 255, 0, 0), 파랑(RGB 0, 112, 192) 글꼴 색이 위로 올라오도록 설정하시오.

문제 4 · 기타작업(35점) · 주어진 시트에서 다음의 과정을 수행하고 저장하시오.

01 '기타작업-1' 시트에서 다음의 지시사항에 따라 차트를 수정하시오. (각 2점)

※ 차트는 반드시 문제에서 제공한 차트를 사용하여야 하며, 신규로 차트 작성 시 0점 처리됨

① <그림>과 같이 '프리미엄특화'의 데이터를 차트에 추가하시오.
② 차트 제목 레이블을 차트 위에 [B2] 셀과 연결하여 표시하고, 가로 축 제목 레이블을 축 아래에 <그림>과 같이 표시하시오.
③ 세로 (값) 축의 표시 단위를 '천'으로 지정하고 단위 레이블을 추가하시오.
④ '맞춤형특화' 항목의 '남' 계열에 <그림>과 같이 데이터 레이블을 표시하고 위치를 지정한 후 도형 스타일을 '보통 효과 - 황록색, 강조 3'으로 지정하시오.
⑤ 세로 (값) 축의 축 서식을 이용하여 주 눈금을 '없음'으로 변경한 후 거꾸로 표시하시오.

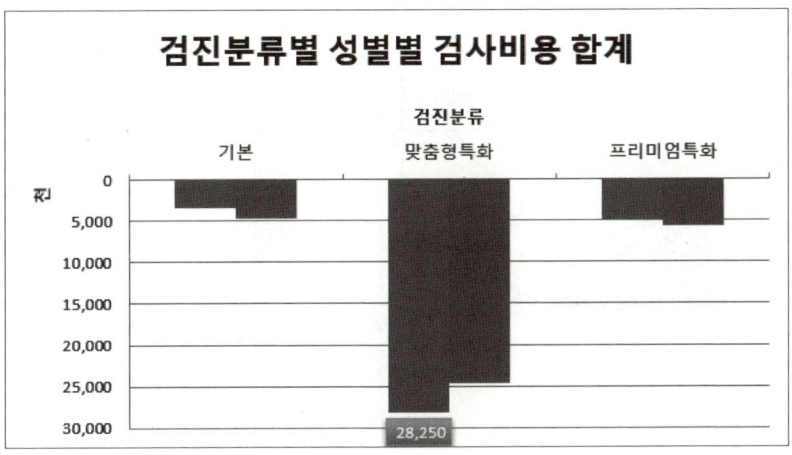

02 '기타작업-2' 시트에서 다음과 같은 기능을 수행하는 매크로를 현재 통합문서에 작성하시오. (각 5점)

① [E3:E58] 영역에 대하여 사용자 지정 표시 형식을 설정하는 '성별' 매크로를 생성하시오.
- 셀 값이 1인 경우 파랑색으로 "M"정수, -1인 경우 빨강색으로 "W"정수, 그 외에는 "◎"로 표시하시오.
  [표시 예 : 1 → M1, -1 → W1, 2 → ◎]
- [기본 도형]의 '빗면(▱)'을 동일 시트의 [H2:H3] 영역에 생성한 후 텍스트를 "성별"로 입력하고, 도형을 클릭하면 '성별' 매크로가 실행되도록 설정하시오.

② [D3:D58] 영역에 대하여 조건부 서식을 적용하는 '고유' 매크로를 생성하시오.
- 선택한 범위의 고유 값에 '노랑' 채우기 서식이 적용되도록 설정하시오.
- [기본 도형]의 '빗면(▱)'을 동일 시트의 [H5:H6] 영역에 생성한 후 텍스트를 "고유"로 입력하고, 도형을 클릭하면 '고유' 매크로가 실행되도록 설정하시오.

※ 셀 포인터의 위치에 관계없이 매크로가 실행되어야 정답으로 인정됨

03 '기타작업-3' 시트에서 다음과 같은 작업을 수행하고 저장하시오. (각 5점)

① '예약' 단추를 클릭하면 <검진예약> 폼이 나타나도록 설정하고, 폼이 초기화되면 검진프로그램(lst프로그램)의 목록에 [I5:I11] 영역의 값이 표시, 남(opt남)이 기본적으로 선택되도록 프로시저를 작성하시오.
② <검진예약> 폼의 '등록(cmd등록)' 단추를 클릭하면 폼에 입력된 데이터가 [표1]에 입력되어 있는 마지막 행 다음에 연속하여 추가되도록 프로시저를 작성하시오.

- ▶ 순번은 순서를 나타내는 번호를 입력
- ▶ 시간은 검진시간(txt검진시간)이 12시 이상이면 "오후", 아니면 "오전"으로 표시
- ▶ 성별, 검진프로그램은 선택한 항목에 따라 표시
- ▶ 분류는 검진소요시간(txt소요시간)이 4.0 이상이면 "정밀", 그렇지 않으면 공백으로 표시
- ▶ If ~ Else문, Hour 함수 사용

③ '닫기(cmd닫기)' 단추를 클릭하면 <검진예약> 폼이 종료되고, [B1] 셀에 '검진예약'이 입력된 후, 글꼴이 '돋움체'로 지정되는 프로시저를 작성하시오.

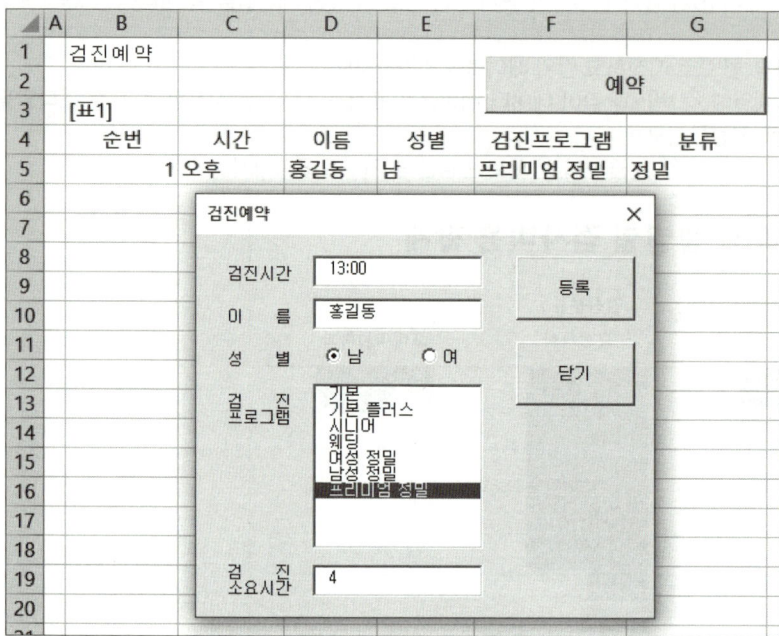

정답 및 해설

문제 1 기본작업

'보안 경고'가 표시되면 '콘텐츠 사용'을 클릭하세요.

01 '기본작업-1' 시트 (고급 필터)

▶ 결과

	H	I	J	K	L	M
2	조건					
3	FALSE					
4						
5	번호	검진날짜	이름	나이	성별	검진프로그램
6	148752	2018-01-30	김민재	20	남	기본 플러스
7	146891	2016-06-01	박예은	20	여	기본 플러스
8	748546	2018-09-30	김수빈	29	여	기본 플러스
9	449892	2018-01-30	김인성	29	남	기본 플러스
10	123212	2018-05-02	지현정	30	여	여성 정밀

① [H2] 셀에 원본 데이터([A2:F58])의 필드명과 다른 필드 명을 입력합니다.
② [H3] 셀을 클릭하고 '=AND(OR(MID(A3,2,1)*1=2,MID(A3,2,1)*1=4),D3<=SMALL($D$3:$D$58,10))'을 입력한 후 Enter 를 누릅니다.
③ 수식의 결과가 TRUE 또는 FALSE인 것을 확인한 후 목록 범위([A2:F58]) 영역의 임의의 셀을 클릭하고 [데이터] 탭-[정렬 및 필터] 그룹-[고급]을 클릭합니다.
④ [고급 필터] 대화상자가 나타나면 아래와 같이 지정한 후 [확인] 단추를 클릭합니다.

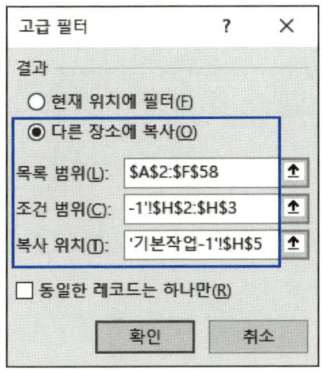

02 '기본작업-1' 시트 (조건부 서식)

▶ 결과

	A	B	C	D	E	F
1						
2	번호	검진날짜	이름	나이	성별	검진프로그램
3	115493	2017-06-09	이건우	21	남	기본
4	113884	2017-09-20	박동현	34	남	기본
5	115654	2018-09-16	김준서	33	남	기본
6	615421	2018-09-30	김이지	25	여	기본
7	148752	2018-01-30	김민재	20	남	기본 플러스
8	441855	2018-04-12	박영미	35	여	기본 플러스
9	146891	2016-06-01	박예은	20	여	기본 플러스
10	748546	2018-09-30	김수빈	29	여	기본 플러스
11	145987	2017-08-05	김ول서	33	남	기본 플러스
12	144554	2018-07-03	김정자	41	여	기본 플러스
13	342354	2018-02-16	김지영	43	여	기본 플러스
14	449892	2018-01-30	김인성	29	남	기본 플러스
15	844787	2016-06-01	이문삼	31	남	기본 플러스
16	535448	2018-06-30	진승현	59	남	남성 정밀
17	634387	2018-02-08	최진우	60	남	남성 정밀
18	138668	2018-07-11	유현우	40	남	남성 정밀
19	139537	2017-03-14	최주석	25	남	남성 정밀
20	535123	2018-07-14	유현준	54	남	남성 정밀
21	435123	2018-02-06	이준호	38	남	남성 정밀
22	334574	2018-10-01	이성진	39	남	남성 정밀
23	135162	2018-05-02	최주호	22	남	남성 정밀
24	135712	2018-01-07	김상모	41	남	남성 정밀
25	334331	2017-06-09	김종철	30	남	남성 정밀
26	837511	2017-03-12	유성민	64	남	남성 정밀
27	526824	2018-05-02	최서연	39	여	여성 정밀
28	325573	2018-06-17	김은경	31	여	여성 정밀
29	123212	2018-05-02	지현정	30	여	여성 정밀
30	124689	2018-01-07	이유주	60	여	여성 정밀
31	224168	2018-08-05	김미리	50	여	여성 정밀
32	526852	2017-12-04	김진주	65	여	여성 정밀
33	825612	2018-09-16	이서연	39	여	여성 정밀
34	123548	2017-09-20	김지민	42	여	여성 정밀
35	162765	2017-04-30	이수민	34	남	웨딩
36	364351	2018-11-03	이영자	40	여	웨딩
37	163223	2017-12-04	이예지	38	여	웨딩
38	362554	2017-09-12	김은영	34	여	웨딩
39	666435	2017-09-20	오민지	33	여	웨딩
40	564154	2017-03-12	김준수	34	남	웨딩
41	468632	2016-12-07	이호정	35	여	웨딩
42	864113	2016-06-15	김윤희	36	여	웨딩
43	897234	2017-05-21	이은지	68	여	시니어
44	293654	2017-12-10	최정훈	71	남	시니어
45	195847	2018-09-16	유정혁	70	남	시니어
46	605645	2017-12-03	최현숙	41	여	프리미엄 정밀
47	303534	2016-06-15	최지영	45	여	프리미엄 정밀
48	304354	2017-02-28	김지혜	56	여	프리미엄 정밀
49	607532	2018-03-16	최민지	57	여	프리미엄 정밀
50	308354	2017-06-29	이미영	59	여	프리미엄 정밀
51	302328	2016-12-07	김영미	55	여	프리미엄 정밀
52	807213	2018-01-07	김민준	60	남	프리미엄 정밀
53	201657	2018-06-01	이지훈	61	남	프리미엄 정밀
54	307489	2018-06-28	박우진	59	남	프리미엄 정밀
55	607565	2018-08-22	김현민	41	남	프리미엄 정밀
56	504789	2017-10-30	김정호	64	남	프리미엄 정밀
57	105849	2018-02-06	이명한	59	남	프리미엄 정밀
58	108641	2018-02-08	김진형	40	남	프리미엄 정밀

① 서식을 지정해줄 [A3:F58] 영역을 드래그하여 선택한 후 [홈] 탭-[스타일] 그룹-[조건부 서식]-[새 규칙]을 클릭합니다.
② [새 서식 규칙] 대화상자가 나타나면 [수식을 사용하여 서식을 지정할 셀 결정]을 클릭하고 아래 수식 입력란에 커서를 이동합니다.

③ 이어서 '=$B3>DATE(2018,9,30)'을 입력하고 [서식] 단추를 클릭합니다.
④ [셀 서식] 대화상자가 나타나면 [채우기] 탭에서 [배경색]에 '주황'을 선택하고 [확인] 단추를 클릭합니다.
⑤ [새 서식 규칙] 대화상자가 나타나면 [확인] 단추를 클릭합니다.

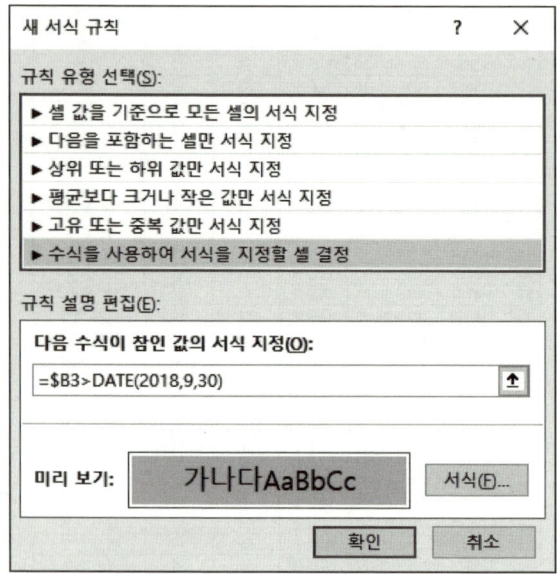

03 '기본작업-1' 시트 (페이지 레이아웃)

① 페이지 레이아웃을 설정하기 위해 [페이지 레이아웃] 탭-[페이지 설정] 그룹-[페이지 설정]( )을 클릭합니다.
② [페이지 설정] 대화상자가 나타나면 [시트] 탭 '인쇄 영역'의 'A2:F15' 뒤에 ','(쉼표)를 입력한 후 [A16:F58] 영역을 드래그하여 선택합니다.
③ 이어서 페이지의 내용이 자동으로 1페이지에 인쇄되도록 [페이지] 탭-[배율]을 '자동 맞춤'으로 선택하고 '1' 용지 너비, '1' 용지 높이를 지정합니다.

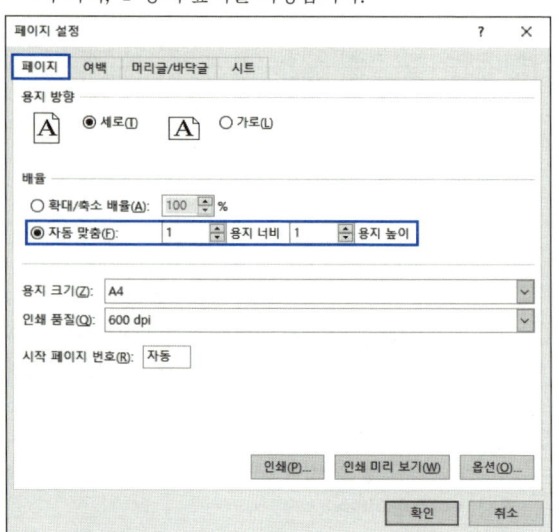

④ 이어서 행/열 머리글이 인쇄되도록 [시트] 탭 '행/열 머리글' 확인란을 선택합니다.

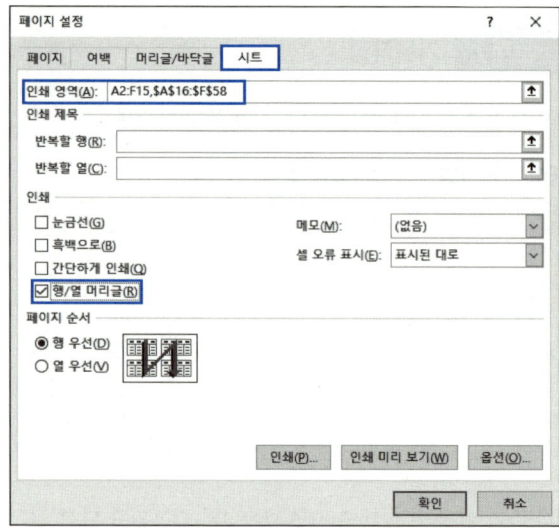

⑤ 이어서 매 페이지 상단의 왼쪽 구역에 머리글을 표시하기 위해 [머리글/바닥글] 탭-[머리글 편집] 단추를 클릭합니다.
⑥ [머리글] 대화상자가 나타나면 [왼쪽 구역] 란에 클릭합니다.
⑦ [왼쪽 구역] 란에 커서가 나타나면 '인쇄시트 : '를 입력하고, [시트 이름 삽입]( )을 클릭한 후 [확인] 단추를 두 번 클릭하여 대화상자를 닫습니다.

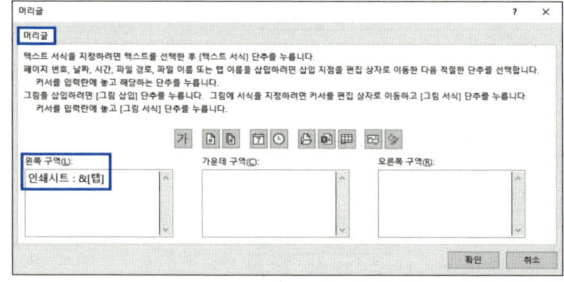

문제 2 계산작업

▶ 결과

	A	B	C	D	E	F	G	H	I	J	K	L	M	N	O	P
1																
2	[표1]									등록	2016		[표2] 검진연도별 성별별 예약코드			
3	등록번호	예약날짜	검진날짜	검진시간	대기기간	이름	성별	나이	검사비용합계	예약코드	해당연도검진		검진연도		남	여
4	Tw-125493	2017-05-02	2017-06-09	9:00	01개월	이건우	남	21	500,000	Ms Me1617			2014 이상	2016 미만	GF MS1415	GF WS1415
5	Tw-148752	2017-12-05	2018-01-30	12:00		김민재	남	20	650,000	Pe M1819			2016 이상	2018 미만	MS ME1617	MS WE1617
6	Th-451855	2018-03-25	2018-04-12	15:00		박영미	여	35	700,000	Pe W1819			2018 이상	2020 미만	PE M1819	PE W1819
7	Th-123884	2017-07-14	2017-09-20	12:00	02개월	박동현	남	34	500,000	Ms Me1617						
8	Th-516824	2018-02-11	2018-05-07	15:00	02개월	최서연	여	39	900,000	Pe W1819			[표3] 번호별 나이와 검사비용합계의 평균			
9	Tw-156891	2016-05-26	2016-06-01	9:00		박예은	여	20	700,000	Ms We1617	2016년진료				평균	
10	Tw-798546	2018-08-09	2018-09-30	9:00	01개월	김수빈	여	29	700,000	Pe W1819				번호	나이	검사비용합계
11	Th-165987	2017-03-26	2017-08-05	12:00	04개월	김윤서	여	33	700,000	Ms We1617				1~3	38	1020455
12	Th-132765	2017-04-04	2017-06-29	15:00		이수민	남	34	500,000	Ms Me1617				4~6	43	1368421
13	Fi-555448	2018-05-12	2018-06-30	9:00	01개월	진승현	남	59	850,000	Pe M1819				7~9	51	1540000
14	Si-684387	2018-01-12	2018-02-08	12:00		최진우	남	60	850,000	Pe M1819						
15	Fo-138668	2018-03-12	2018-07-11	15:00	04개월	유현우	남	40	850,000	Pe M1819			[표4]			
16	Fo-645645	2017-11-25	2017-12-03	12:00		최현숙	여	41	2,900,000	Ms We1617				5월, 12시 이상인 검진 수		
17	Fo-313534	2016-05-03	2016-06-15	15:00	01개월	최지영	여	45	2,900,000	Ms We1617	2016년진료		◆◆◆			
18	Fi-324354	2017-02-06	2017-02-28	9:00		김지혜	여	56	2,900,000	Ms We1617						
19	Fi-657532	2018-02-09	2018-03-16	12:00	01개월	최민지	여	57	2,900,000	Pe W1819						
20	Fi-318354	2017-03-14	2017-06-29	15:00	03개월	이미영	여	59	2,900,000	Ms We1617						
21	Fi-312328	2016-11-09	2016-12-07	9:00		김영미	여	55	2,900,000	Ms We1617	2016년진료					
22	Fo-334351	2018-07-23	2018-11-03	9:00	03개월	이영자	여	40	600,000	Pe W1819						
23	Fo-134554	2018-04-11	2018-07-03	15:00	02개월	김정자	여	41	700,000	Pe W1819						
24	Fo-312354	2017-12-19	2018-02-16	9:00	01개월	김지영	여	43	700,000	Pe W1819						
25	Si-897213	2017-09-20	2018-01-07	12:00	03개월	김민준	남	60	2,700,000	Pe M1819						
26	Si-231657	2018-02-04	2018-06-01	15:00	03개월	이지훈	남	61	2,700,000	Pe M1819						
27	Si-897234	2017-03-07	2017-05-21	12:00	02개월	이은지	여	68	2,000,000	Ms We1617						
28	Th-113223	2017-11-05	2017-12-04	15:00		이예지	여	38	600,000	Ms We1617						
29	Th-312554	2017-08-11	2017-09-12	15:00	01개월	김은영	여	34	600,000	Ms We1617						
30	Th-375573	2018-04-30	2018-06-17	9:00	01개월	김은경	여	31	900,000	Pe W1819						
31	Th-113212	2018-03-20	2018-05-02	12:00	01개월	지현정	여	30	900,000	Pe W1819						
32	Tw-159537	2017-01-31	2017-03-12	15:00	01개월	최준서	남	25	850,000	Ms Me1617						
33	Fi-357489	2018-06-19	2018-06-28	9:00		박우진	남	59	2,700,000	Pe M1819						
34	Fi-565123	2018-03-04	2018-07-14	12:00	04개월	유현준	남	54	850,000	Pe M1819						
35	Fo-657565	2018-07-06	2018-08-22	15:00	01개월	김현민	남	41	2,700,000	Pe M1819						
36	Th-165654	2018-07-26	2018-09-16	12:00	01개월	김준서	남	33	500,000	Pe M1819						
37	Th-495123	2018-01-13	2018-02-06	15:00		이준호	남	38	850,000	Pe M1819						
38	Th-324574	2018-09-30	2018-10-01	9:00		이성진	남	39	850,000	Pe M1819						
39	Si-213654	2017-10-10	2017-12-10	12:00	02개월	최정훈	남	71	1,950,000	Ms Me1617						
40	Si-564789	2017-05-10	2017-10-30	15:00	05개월	김정호	남	64	2,700,000	Ms Me1617						
41	Th-656435	2017-07-14	2017-09-20	9:00	02개월	오민지	여	33	600,000	Ms We1617						
42	Th-554154	2017-01-31	2017-03-12	9:00	01개월	김춘수	남	34	500,000	Ms Me1617						
43	Fi-135849	2018-01-13	2018-02-06	15:00		이명한	남	59	2,700,000	Pe M1819						
44	Si-154689	2017-09-20	2018-01-07	12:00	03개월	이유주	여	60	900,000	Pe W1819						
45	Fo-158641	2018-01-12	2018-02-08	12:00		김진형	남	40	2,700,000	Pe M1819						
46	Tw-135162	2018-03-20	2018-05-02	9:00	01개월	최주호	남	22	850,000	Pe M1819						
47	Fo-165712	2017-09-20	2018-01-07	12:00	03개월	김상모	남	41	850,000	Pe M1819						
48	Fi-254168	2017-03-26	2017-08-05	15:00	04개월	김미리	여	50	900,000	Ms We1617						
49	Th-354331	2017-05-02	2017-06-09	9:00	01개월	김종철	남	30	850,000	Ms Me1617						
50	Tw-685421	2018-08-09	2018-09-30	12:00	01개월	김이지	여	25	550,000	Pe W1819						
51	Si-165847	2018-09-16	2018-09-16	15:00	01개월	유정혁	남	70	1,950,000	Pe M1819						
52	Si-897511	2017-01-31	2017-03-12	12:00	01개월	유성민	남	64	850,000	Pe M1819						
53	Si-516852	2017-11-05	2017-12-04	15:00		김진주	여	65	900,000	Ms We1617						
54	Tw-469892	2017-12-05	2018-01-30	9:00	01개월	김인성	남	29	650,000	Pe M1819						
55	Th-864787	2016-05-26	2016-06-01	9:00		이문삼	남	31	650,000	Ms Me1617	2016년진료					
56	Th-498632	2016-11-09	2016-12-07	12:00		이호정	여	35	600,000	Ms We1617	2016년진료					
57	Th-845612	2018-07-26	2018-09-16	12:00	01개월	이서연	여	39	900,000	Pe W1819						
58	Th-874113	2016-05-03	2016-06-15	12:00	01개월	김윤희	여	36	600,000	Ms We1617	2016년진료					
59	Fo-163548	2017-07-14	2017-09-20	15:00	02개월	김지민	여	42	900,000	Ms We1617						

01 대기기간 (E4:E59)

=IF(QUOTIENT(DAYS(C4,B4),30)=0,"",TEXT(QUOTIENT(DAYS(C4,B4),30),"00개월"))

① [E4] 셀을 선택하고 '=IF(QUOTIENT(DAYS(C4,B4),30)=0,"", TEXT(QUOTIENT(DAYS(C4,B4),30),"00개월"))' 수식을 작성한 후 Enter 를 누릅니다.
② [E4] 셀의 채우기 핸들을 [E59] 셀까지 드래그하여 수식을 복사합니다.

02 예약코드 (J4:J59)

=PROPER(VLOOKUP(YEAR(C4),$M$4:$P$6,MATCH(G4,$O$3:$P$3,0)+2,TRUE))

① [J4] 셀을 선택하고 '=PROPER(VLOOKUP(YEAR(C4),$M$4:$P$6,MATCH(G4,$O$3:$P$3,0)+2,TRUE))' 수식을 작성한 후 Enter 를 누릅니다.
② [J4] 셀의 채우기 핸들을 [J59] 셀까지 드래그하여 수식을 복사합니다.

03 해당연도검진 (K4:K59)

① Alt + F11 을 누릅니다.
② Visual Basic Editor가 나타나면 [삽입] 메뉴-[모듈]을 클릭합니다.
③ 프로젝트 탐색기 창에 모듈이 생성되면 아래와 같이 입력합니다.

```
Public Function fn해당연도검진(검진날짜, 등록)
    If Year(검진날짜) = 등록 Then
        fn해당연도검진 = "2016년진료"
    Else
        fn해당연도검진 = ""
    End If
End Function
```

④ Visual Basic Editor의 [닫기](✕) 단추를 클릭합니다.
⑤ [K4] 셀을 선택한 후 [함수 삽입](ƒx)을 클릭합니다.
⑥ [함수 마법사] 대화상자가 나타나면 [범주 선택]을 '사용자 정의'로 선택하고 [함수 선택] 목록에서 'fn해당연도검진'을 선택한 후 [확인] 단추를 클릭합니다.
⑦ [함수 인수] 대화상자가 나타나면 [검진날짜]에 [C4] 셀을 클릭, [등록]에 [K2] 셀을 클릭한 후 F4 를 눌러 절대참조로 변경하고 [확인] 단추를 클릭합니다.

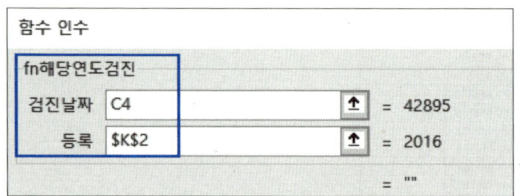

⑧ [K4] 셀의 채우기 핸들을 [K59] 셀까지 드래그하여 수식을 복사합니다.

04 번호별 나이와 검사비용합계의 평균 (O11:P13)

=ROUND(AVERAGE(IF((RIGHT($A$4:$A$59,1)*1>=$M11)
*(RIGHT($A$4:$A$59,1)*1<=$N11),H$4:H$59)), 0)

① [O11] 셀을 선택하고 '=ROUND(AVERAGE(IF((RIGHT($A$4:$A$59,1)*1>=$M11)*(RIGHT($A$4:$A$59,1)*1<=$N11),H$4:H$59)), 0)' 수식을 작성한 후 Ctrl + Shift + Enter 를 누릅니다.
② [O11] 셀의 채우기 핸들을 [O13] 셀까지 드래그하여 수식을 복사하고, 이어서 [O13] 셀의 채우기 핸들을 [P13] 셀까지 드래그하여 수식을 복사합니다.

05 5월, 12시 이상인 검진 수 (M17)

=REPT("◆", SUM((MONTH(C4:C59)=5)*(D4:D59>=0.5)*1))

① [M17] 셀을 선택하고 '=REPT("◆", SUM((MONTH(C4:C59)=5)*(D4:D59>=0.5)*1))' 수식을 작성한 후 Ctrl + Shift + Enter 를 누릅니다.

문제 3 분석작업

01 '분석작업-1' 시트 (피벗 테이블)

① [B2:I58] 영역의 임의의 셀을 클릭한 후 [삽입] 탭-[표] 그룹-[피벗 테이블]-[테이블/범위에서]를 클릭합니다.
② [표 또는 범위의 피벗 테이블] 대화상자가 나타나면 '표/범위'에 입력된 [B2:I58] 영역을 확인하고, 피벗 테이블을 배치할 위치에 '기존 워크시트'의 [K4] 셀을 클릭한 후 [확인] 단추를 클릭합니다.

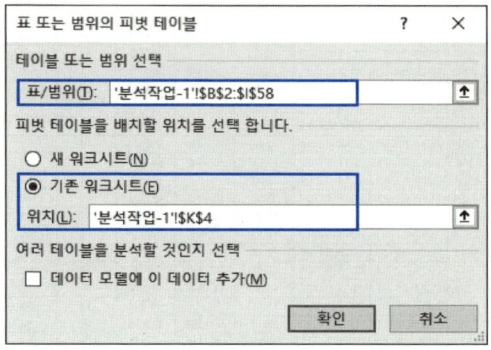

③ '검진시간'을 [필터] 영역으로 드래그, '검진날짜'를 [행] 영역으로 드래그, '검진분류'를 검진날짜 밑에 [행] 영역으로 드래그, '검사비용'을 [값] 영역으로 드래그합니다.

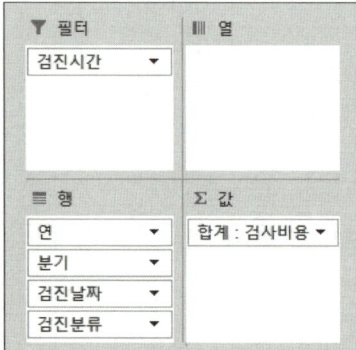

④ 보고서 레이아웃을 변경하기 위해 [디자인] 탭-[레이아웃] 그룹-[보고서 레이아웃]-[개요 형식으로 표시]를 클릭합니다.
⑤ '검진날짜'를 연 단위로만 그룹으로 지정하기 위해 연도가 표시되어 있는 임의의 셀을 선택하고 선택한 셀 위에서 마우스 오른쪽 버튼을 눌러 [그룹] 명령을 클릭합니다.
⑥ [단위]에 선택되어 있는 '월'과 '분기'를 클릭하여 선택을 해제하고 '연'만 선택된 상태에서 [확인] 단추를 클릭합니다.

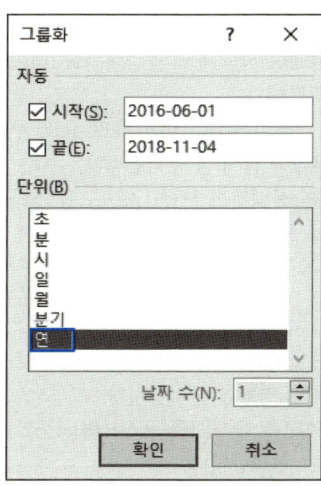

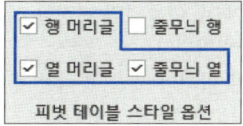

02 '분석작업-2' 시트 (텍스트 나누기, 정렬)

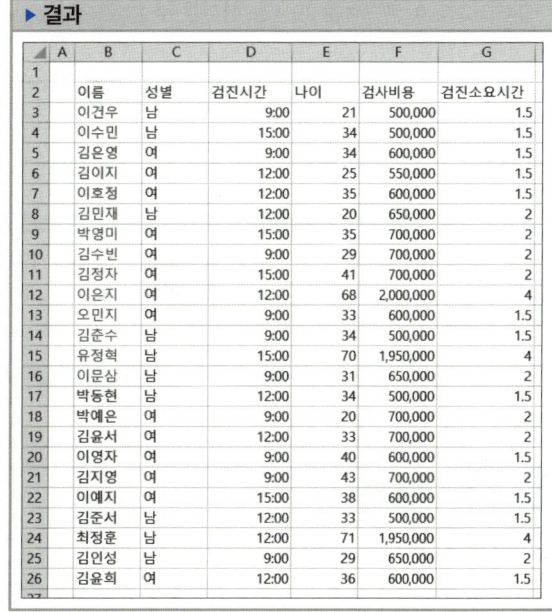

⑦ 행 및 열의 총합계를 표시하지 않기 위해 [디자인] 탭-[레이아웃] 그룹-[총합계]-[행 및 열의 총합계 해제]를 클릭합니다.

⑧ 검진시간에 '12:00'와 '15:00'만 표시하기 위해 '검진시간'의 '필터 목록 단추(▼)'를 클릭합니다.

⑨ '여러 항목 선택'의 확인란을 선택한 후 '09:00' 확인란의 선택을 취소하고 [확인] 단추를 클릭합니다.

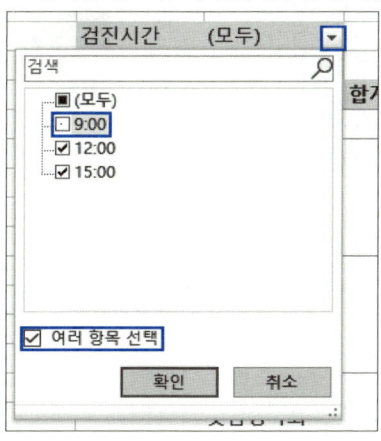

⑩ 표시 형식을 지정하기 위해 [값] 영역에서 '합계 : 검사비용'을 클릭한 후 [값 필드 설정]을 선택합니다.

⑪ [값 필드 설정] 대화상자가 나타나면 [표시 형식] 단추를 클릭합니다.

⑫ [셀 서식] 대화상자가 나타나면 [사용자 지정] 범주를 클릭하고 형식 입력란에 '0,,'을 입력한 후 [확인] 단추를 두 번 클릭하여 대화상자를 모두 닫습니다.

⑬ 피벗 테이블 스타일을 변경하기 위해 [디자인] 탭-[피벗 테이블 스타일] 그룹-[자세히](▼)를 클릭하여 '흰색, 피벗 스타일 밝게 22'를 선택합니다.

⑭ 이어서 [디자인] 탭-[피벗 테이블 스타일 옵션] 그룹의 '행 머리글', '열 머리글', '줄무늬 열'을 선택하여 강조합니다.

① [B2:B26] 영역을 드래그하여 선택한 후 [데이터] 탭-[데이터 도구] 그룹-[텍스트 나누기]를 클릭합니다.

② [텍스트 마법사 - 3단계 중 1단계] 대화상자가 나타나면 특정 문자를 기준으로 열을 분리하기 위해 '구분 기호로 분리됨'을 선택한 후 [다음] 단추를 클릭합니다.

③ [텍스트 마법사 - 3단계 중 2단계]로 이동되면 [구분 기호]에서 '기타' 확인란을 선택한 후 입력란에 '#'을 입력하고 [다음] 단추를 클릭합니다.

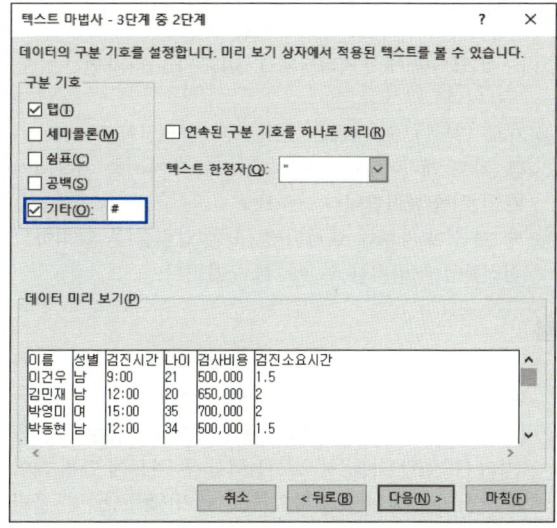

④ [텍스트 마법사 - 3단계 중 3단계]로 이동되면 지정할 서식이 없으므로 [마침] 단추를 클릭합니다.
⑤ 정렬하기 위해 [B2:G26] 영역의 임의의 셀을 클릭한 후 [데이터] 탭-[정렬 및 필터] 그룹-[정렬]을 클릭합니다.
⑥ [정렬] 대화상자가 나타나면 [세로 막대형](열)의 [정렬 기준]에 '이름', [정렬 기준]에 '글꼴 색', [정렬]에 'RGB(255, 0, 0)', '위에 표시'를 선택한 후 [기준 추가] 단추를 클릭합니다.
⑦ [다음 기준]에 '이름', [정렬 기준]에 '글꼴 색', [정렬]에 'RGB(0, 112, 192)', '위에 표시'를 선택한 후 [확인] 단추를 클릭합니다.

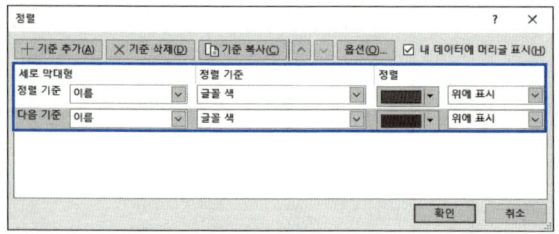

문제 4 기타작업

01 '기타작업-1' 시트 (차트)

1
① 프리미엄특화 데이터를 차트에 추가하기 위해 [B6:D6] 영역을 드래그하여 선택한 후 Ctrl+C를 눌러 복사합니다.
② '차트 영역'을 선택한 후 Ctrl+V를 눌러 붙여넣기 합니다.

2
① 차트 제목을 표시하기 위해 [차트 디자인] 탭-[차트 레이아웃] 그룹-[차트 요소 추가]-[차트 제목]-[차트 위]를 클릭합니다.
② 차트 제목과 [B2] 셀을 연결시키기 위해 [수식 입력줄]에 '='을 입력한 후 [B2] 셀을 클릭합니다.
③ [수식 입력줄]에 '='기타작업-1'!$B$2'가 나타나면 Enter를 누릅니다.
④ 가로 (항목) 축 제목을 표시하기 위해 [차트 디자인] 탭-[차트 레이아웃] 그룹-[차트 요소 추가]-[축 제목]-[기본 가로]를 클릭합니다.
⑤ '축 제목'이 차트에 표시되면 [수식 입력줄]을 클릭하고 '검진분류'를 입력한 후 Enter를 누릅니다.

3
① '세로 (값) 축'에서 마우스 오른쪽 버튼을 눌러 바로 가기 메뉴가 나타나면 [축 서식] 명령을 클릭합니다.
② [축 서식] 창이 나타나면 [축 옵션]-[축 옵션]( )-[축 옵션]의 [표시 단위]를 '천'으로 선택한 후 '차트에 단위 레이블 표시'가 선택된 것을 확인한 후 [닫기](X) 단추를 클릭합니다.

4
① '남' 계열을 클릭하여 선택한 상태에서 '맞춤형특화' 데이터 요소만 한 번 더 클릭합니다.
② [차트 디자인] 탭-[차트 레이아웃] 그룹-[차트 요소 추가]-[데이터 레이블]-[바깥쪽 끝에]를 클릭합니다.
③ 표시된 데이터 레이블을 선택하고 [서식] 탭-[도형 스타일] 그룹-[자세히]( )를 클릭하여 [보통 효과 - 황록색, 강조 3]을 선택합니다.

5
① '세로 (값) 축'에서 마우스 오른쪽 버튼을 눌러 바로 가기 메뉴가 나타나면 [축 서식] 명령을 클릭합니다.
② [축 서식] 창이 나타나면 [축 옵션]-[축 옵션]( )-[눈금]의 [주 눈금]을 '없음'으로 선택합니다.
③ 이어서 [축 옵션]-[축 옵션]( )-[축 옵션]의 '값을 거꾸로' 확인란을 선택한 후 [닫기](X) 단추를 클릭합니다.

02 '기타작업-2' 시트 (매크로)

1
① [삽입] 탭-[일러스트레이션] 그룹-[도형]-[기본 도형]의 '사각형: 빗면'을 클릭합니다.
② 이어서 [H2:H3] 영역에 드래그하여 '빗면' 도형을 생성합니다.
③ 매크로를 지정하기 위해 '빗면' 도형 위에서 마우스 오른쪽 버튼을 눌러 [매크로 지정] 명령을 클릭합니다.
④ [매크로 지정] 대화상자가 나타나면 [매크로 이름]에 '성별'을 입력한 후 [매크로 위치]에서 '현재 통합 문서'를 선택하고 [기록] 단추를 클릭합니다.
⑤ [매크로 기록] 대화상자가 나타나면 [확인] 단추를 클릭합니다.
⑥ 매크로 기록이 시작되면 [E3:E58] 영역을 선택한 후

⑥ 코드 창에 'UserForm_Initialize()' 프로시저가 나타나면 아래와 같이 입력합니다.

```
Private Sub UserForm_Initialize()
    lst프로그램.RowSource = "i5:i11"
    opt남 = True
End Sub
```

2

① 프로젝트 탐색기 창에서 '검진예약' 폼을 더블클릭합니다.
② '검진예약' 폼이 코드 창에 표시되면 'cmd등록'을 더블클릭합니다.
③ 코드 창에 'cmd등록_Click()' 프로시저가 나타나면 아래와 같이 입력합니다.

```
Private Sub cmd등록_Click()
    입력행 = [b3].Row + [b3].CurrentRegion.Rows.Count
    Cells(입력행, 2) = [b3].CurrentRegion.Rows.Count - 1

    If Hour(txt검진시간) >= 12 Then
        Cells(입력행, 3) = "오후"
    Else
        Cells(입력행, 3) = "오전"
    End If

    Cells(입력행, 4) = txt이름

    If opt남 = True Then
        Cells(입력행, 5) = "남"
    Else
        Cells(입력행, 5) = "여"
    End If

    Cells(입력행, 6) = lst프로그램

    If txt소요시간 >= 4# Then
        Cells(입력행, 7) = "정밀"
    Else
        Cells(입력행, 7) = ""
    End If
End Sub
```

3

① 프로젝트 탐색기 창에서 '검진예약' 폼을 더블클릭합니다.
② '검진예약' 폼이 코드 창에 표시되면 'cmd닫기'를 더블클릭합니다.
③ 코드 창에 'cmd닫기_Click()' 프로시저가 나타나면 아래와 같이 입력합니다.

```
Private Sub cmd닫기_Click()
    Unload Me
    [b1] = "검진예약"
    [b1].Font.Name = "돋움체"
End Sub
```

⑥ Ctrl + 1 을 누릅니다.
⑦ [셀 서식] 대화상자가 나타나면 [표시 형식] 탭-[범주]를 '사용자 지정'으로 선택합니다.
⑧ '형식'에 이미 입력되어 있는 내용을 지운 뒤 '[파랑][=1]"M"0;[빨강][=-1]"W"0;"◎"'을 입력하고 [확인] 단추를 클릭합니다.

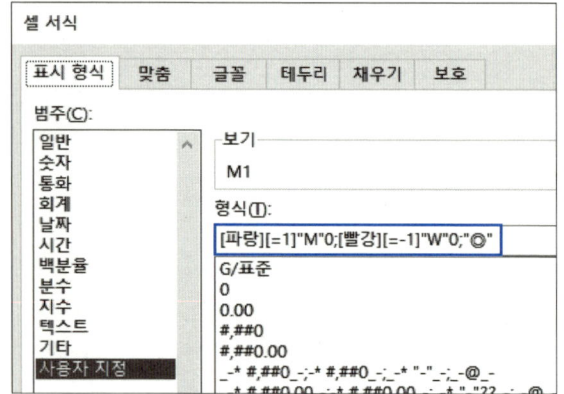

⑨ 임의의 셀을 클릭한 후 매크로 기록을 중지하기 위해 [개발 도구] 탭-[코드] 그룹-[기록 중지]를 클릭합니다.
⑩ 빗면 도형 위에서 마우스 오른쪽 버튼을 눌러 [텍스트 편집] 명령을 클릭합니다.
⑪ 도형의 텍스트를 '성별'로 변경하고 임의의 셀을 클릭하여 완료합니다.

2

① [삽입] 탭-[일러스트레이션] 그룹-[도형]-[기본 도형]의 '사각형: 빗면'을 클릭합니다.
② 이어서 [H5:H6] 영역에 드래그하여 '빗면' 도형을 생성합니다.
③ 매크로를 지정하기 위해 '빗면' 도형 위에서 마우스 오른쪽 버튼을 눌러 [매크로 지정] 명령을 클릭합니다.
④ [매크로 지정] 대화상자가 나타나면 [매크로 이름]에 '고유'를 입력한 후 [매크로 위치]에서 '현재 통합 문서'를 선택하고 [기록] 단추를 클릭합니다.
⑤ [매크로 기록] 대화상자가 나타나면 [확인] 단추를 클릭합니다.
⑥ 매크로 기록이 시작되면 [D3:D58] 영역을 선택한 후 [홈] 탭-[스타일] 그룹-[조건부 서식]-[셀 강조 규칙]-[중복 값]을 클릭합니다.

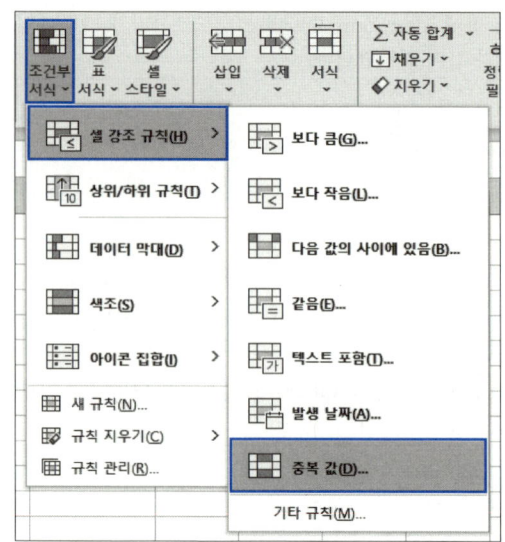

⑦ [중복 값] 대화상자가 나타나면 '고유'로 변경하고 [적용할 서식]에 [사용자 지정 서식]을 선택합니다.

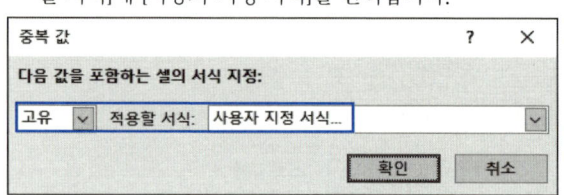

⑧ [셀 서식] 대화상자가 나타나면 [채우기] 탭의 [배경색]을 '노랑'으로 선택한 후 [확인] 단추를 두 번 클릭하여 대화상자를 모두 닫습니다.
⑨ 임의의 셀을 클릭한 후 매크로 기록을 중지하기 위해 [개발 도구] 탭-[코드] 그룹-[기록 중지]를 클릭합니다.
⑩ 빗면 도형 위에서 마우스 오른쪽 버튼을 눌러 [텍스트 편집] 명령을 클릭합니다.
⑪ 도형의 텍스트를 '고유'로 변경하고 임의의 셀을 클릭하여 완료합니다.

03 '기타작업-3' 시트 (프로시저)

1

① [개발 도구] 탭-[컨트롤] 그룹-[디자인 모드]를 클릭하여 <예약> 버튼을 디자인 모드로 변경합니다.
② <예약> 버튼을 더블클릭하여 코드 창이 나타나면 아래와 같이 입력합니다.

```
Private Sub 예약_Click()
    검진예약.Show
End Sub
```

③ 프로젝트 탐색기 창에서 '검진예약' 폼을 더블클릭합니다.
④ '검진예약' 폼이 코드 창에 표시되면 폼의 빈 공간을 더블클릭합니다.
⑤ 폼이 초기화되면 프로시저가 실행되도록 코드 창 우측 상단에 프로시저 목록을 'Initialize'로 변경합니다.

제4회 실전모의고사

프로그램명	제한시간
EXCEL	45분

수험번호 :

성　　명 :

| 1급 | C형 |

유 의 사 항

★ 펜은 꺼내실 수 없으며 시험지는 유출이 불가능합니다.
- 인적 사항 누락 및 잘못 작성으로 인한 불이익은 수험자 책임으로 합니다.
- 화면에 암호 입력창이 나타나면 아래의 암호를 입력하여야 합니다.
  - 암호 :
★ 암호를 입력할 수도 있으니 이렇게 첫 장을 확인하시면 됩니다.
- 작성된 답안은 주어진 경로 및 파일명을 변경하지 마시고 그대로 저장해야 합니다. 이를 준수하지 않으면 실격 처리됩니다.
★ 디스켓 모양을 눌러 저장하시면 됩니다. 예외가 있을 수도 있으니 감독관이 설명할 때 잘 들어주세요. 제한시간(45분) 안에 디스켓 모양을 눌러 저장을 하고 그 이후에는 화면이 바뀌며 [답안 제출]을 하게 됩니다.
- 외부 데이터 위치 : C:\OA\파일명
- 별도의 지시사항이 없는 경우, 다음과 같이 처리 시 실격 처리됩니다.
  - 제시된 시트 및 개체의 순서나 이름을 임의로 변경한 경우
  - 제시된 시트 및 개체를 임의로 추가 또는 삭제한 경우
  - 외부 데이터를 시험 시작 전에 열어 본 경우
- 답안은 반드시 문제에서 지시 또는 요구한 셀에 입력하여야 하며 다음과 같이 처리 시 채점 대상에서 제외됩니다.
  - 수험자가 임의로 지시하지 않은 셀의 이동, 수정, 삭제, 변경 등으로 인해 셀의 위치 및 내용이 변경된 경우 해당 작업에 영향을 미치는 관련문제 모두 채점 대상에서 제외
  - 도형 및 차트의 개체가 중첩되어 있거나 동일한 계산결과 시트가 복수로 존재할 경우 해당 개체나 시트는 채점 대상에서 제외
- 수식 작성 시 제시된 문제 파일의 데이터는 변경 가능한(가변적) 데이터임을 감안하여 문제 풀이를 하시오.
- 별도의 지시사항이 없는 경우, 주어진 각 시트 및 개체의 설정값 또는 기본 설정값(Default)으로 처리하시오.
- 저장 시간은 별도로 주어지지 않으므로 제한된 시간 내에 저장을 완료해야 하며, 제한시간 내에 저장이 되지 않은 경우에는 실격 처리됩니다.
- 출제된 문제의 용어는 Microsoft Office Excel 2021 기준으로 작성되어 있습니다.

국 가 기 술 자 격 검 정

문제 1   기본작업(15점)   주어진 시트에서 다음의 과정을 수행하고 저장하시오.

01   '기본작업-1' 시트에서 다음과 같이 고급 필터를 수행하시오. (5점)
- [A3:F34] 영역에서 '직급'이 "부"로 시작하거나 '가구', '생활가전', '주방가전', '뷰티/헬스'의 합이 40을 초과하는 행만을 대상으로 설정하시오.
- 조건은 [A36:A37] 영역 내에 알맞게 입력하시오. (OR, LEFT 함수 사용)
- 결과는 [A39] 열부터 표시하시오.

02   '기본작업-1' 시트에서 다음과 같이 조건부 서식을 설정하시오. (5점)
- [A4:F34] 영역에 대해서 '가구'가 상위 10위 이내이고, '생활가전', '주방가전', '뷰티/헬스'의 평균이 10 이상인 행 전체에 대하여 글꼴 스타일을 '굵게', 채우기 색을 '표준 색-노랑'으로 적용하시오.
- 단, 규칙 유형은 '수식을 사용하여 서식을 지정할 셀 결정'을 사용하고, 한 개의 규칙으로만 작성하시오.
- AND, RANK.EQ, AVERAGE 함수 사용

03   '기본작업-2' 시트에서 다음과 같이 시트 보호와 통합 문서 보호를 설정하시오. (5점)
- 워크시트 전체 셀의 셀 잠금을 해제한 후 [G4:G34] 영역에만 셀 잠금과 수식 숨기기를 적용하여 이 영역의 내용만을 보호하시오.
- 잠긴 셀 선택, 잠금 해제된 셀 선택, 셀 서식은 허용하시오.
- 워크시트를 추가하거나 삭제할 수 없도록 통합 문서의 구조를 보호하시오.
- 단, 시트 보호와 통합 문서 보호 모두 암호는 지정하지 마시오.

문제 2   계산작업(30점)   '계산작업' 시트에서 다음의 과정을 수행하고 저장하시오.

01   [표1]의 계약([B3:B34])을 이용하여 고객명[D3:D34]을 표시하시오. (6점)
- 고객명은 계약의 첫 번째 콤마(,) 앞 글자임
- [표시 예 : 홍길동, 뷰티/헬스, 헬스원 → 홍길동]
- LEFT, FIND 함수 사용

02   사용자 정의 함수 'fn유상AS기간'을 작성하여 [표1]의 [H3:H34] 영역에 유상A/S기간을 계산하여 표시하시오. (6점)
- 'fn유상AS기간'은 렌탈기간, 무상AS기간을 인수로 받아 값을 되돌려줌
- 유상AS기간은 렌탈기간이 무상AS기간보다 크면 렌탈기간에서 무상AS기간을 뺀 값에 "일 유상"을 붙여 표시하고, 그 외는 공백으로 표시 [표시 예 : 5일 유상]
- If ~ Else 문

```
Public Function fn유상AS기간(렌탈기간, 무상AS기간)

End Function
```

03   [표1]의 계약일자, 렌탈시작일자와 [표4]를 이용하여 계약일자와 렌탈시작일자 사이의 전체 작업 일수를 반환하여 설치가능일수[L3:L34]에 표시하시오. (6점)
- 전체 작업 일수가 10보다 작으면 "빠른설치요망"으로 표시
- 설치가능일수는 세 자리로 표시 [표시 예 : 전체 작업 일수가 80인 경우 → 080]
- IF, NETWORKDAYS, TEXT 함수 사용

04 [표1]의 고객번호, 렌탈기간, 무상A/S기간을 이용하여 분류별 렌탈기간과 무상A/S기간의 개수를 [표2]의 [C38:D39] 영역에 계산하시오. (6점)

- ▶ [표2]의 분류는 고객번호 세 번째 글자에 따라 다름
- ▶ 렌탈기간과 무상A/S기간이 20 이상인 자료만을 대상으로 할 것
- ▶ [표시 예 : 3명]
- ▶ COUNTIFS 함수, 와일드 카드 문자(?, *), & 연산자 사용

05 [표1]의 품명, 배송시간(분)을 이용하여 [표3]의 [H38:I42] 영역에 품명과 배송시간(분)에 따른 빈도수를 계산하여 표시하시오. (6점)

- ▶ 빈도수만큼 "★"를 반복하여 표시
- ▶ [표시 예 : 3 → ★★★]
- ▶ REPT, FREQUENCY, IF 함수를 이용한 배열 수식 사용

문제 3 분석작업(20점) 주어진 시트에서 다음의 과정을 수행하고 저장하시오.

01 '분석작업-1' 시트에서 [A2:G21] 영역을 이용하여 다음의 지시사항에 따라 피벗 테이블 보고서를 작성하시오. (10점)

- ▶ 피벗 테이블 보고서의 레이아웃과 위치는 <그림>을 참조하여 설정하고, 보고서 레이아웃을 개요 형식으로 표시하시오.
- ▶ '렌탈시작일자'는 <그림>과 같이 그룹을 설정하시오.
- ▶ '렌탈비' 필드는 표시 형식을 값 필드 설정의 셀 서식에서 '숫자' 범주를 이용하여 <그림>과 같이 지정하시오.
- ▶ 열의 총합계를 내림차순으로 정렬하여 표시하시오.

	H	I	J	K	L	M
1						
2		합계 : 렌탈비		분류		
3		렌탈시작일자		뷰티/헬스	디지털가전	생활가전	총합계
4		2019-02-01 - 2019-02-25		78,500	210,000	75,600	364,100
5		2019-02-26 - 2019-03-22		78,500	45,300	51,700	175,500
6		2019-03-23 - 2019-04-16			293,000		293,000
7		2019-04-17 - 2019-05-11		233,500			233,500
8		2019-05-12 - 2019-06-05		207,000		71,000	278,000
9		2019-06-06 - 2019-06-26		76,500	37,700	35,500	149,700
10		총합계		674,000	586,000	233,800	1,493,800

※ 작업이 완성된 그림이며 부분점수 없음

02 '분석작업-2' 시트에 대하여 다음의 지시사항을 처리하시오. (10점)

- ▶ [데이터 유효성 검사] 기능을 이용하여 [F3:F36] 영역에 12의 배수만 입력되도록 설정하시오. (MOD 함수 사용)
- ▶ [자동 필터] 기능을 이용하여 '분류'가 "가전"으로 끝나고, '렌탈기간'이 24 이상인 데이터만 표시하시오.

문제 4   기타작업(35점)   주어진 시트에서 다음의 과정을 수행하고 저장하시오.

01   '기타작업-1' 시트에서 다음의 지시사항에 따라 차트를 수정하시오. (각 2점)

※ 차트는 반드시 문제에서 제공한 차트를 사용하여야 하며, 신규로 차트 작성 시 0점 처리됨

① 범례를 차트의 '아래쪽'에 표시하시오.
② '렌탈비' 계열의 차트 종류를 '표식이 있는 꺾은선형'으로 변경한 후 '보조 축'으로 지정하시오.
③ '무상A/S기간' 계열의 겹치기를 50%, 간격 너비를 100%로 설정하시오.
④ 계열 순서를 <그림>과 같이 설정하시오.
⑤ '보조 세로 (값) 축'은 사용자 지정 서식을 이용하여 '천 단위 구분 기호'를 지정하되 0일 경우 0을 표시하는 표시 형식을 지정하시오.

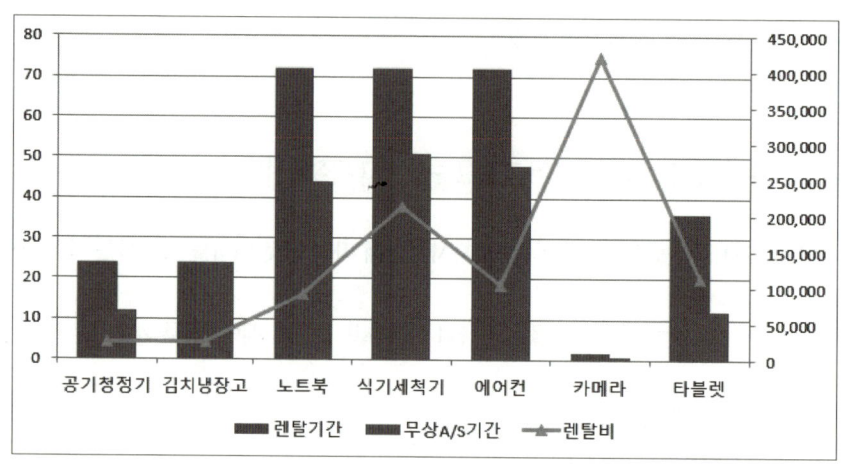

02   '기타작업-2' 시트에서 다음과 같은 기능을 수행하는 매크로를 현재 통합문서에 작성하시오. (각 5점)

① [C3:F33] 영역에 대하여 사용자 지정 표시 형식을 설정하는 '표시형식적용' 매크로를 생성하시오.
  ▶ 셀의 값이 10 이상인 경우 '파랑'으로 기존 데이터를 그대로 표시하고, 이외에는 '녹색'으로 두 자리 수를 표시하시오. [표시 예 : 3 → 03]
  ▶ [개발 도구]-[삽입]-[양식 컨트롤]의 '단추'를 동일 시트의 [H2:I3] 영역에 생성한 후 텍스트를 "표시형식적용"으로 입력하고, 단추를 클릭하면 '표시형식적용' 매크로가 실행되도록 설정하시오.
② [B3:B33] 영역에 대하여 조건부 서식을 적용하는 '사원강조' 매크로를 생성하시오.
  ▶ 규칙 유형은 '다음을 포함하는 셀만 서식 지정'으로 선택하고, 셀 값이 "사원"과 같은 경우 '표준 색 - 노랑' 채우기를 설정하시오.
  ▶ [개발 도구]-[삽입]-[양식 컨트롤]의 '단추'를 동일 시트의 [H5:I6] 영역에 생성한 후 텍스트를 "사원강조"로 입력하고, 단추를 클릭하면 '사원강조' 매크로가 실행되도록 설정하시오.

※ 셀 포인터의 위치에 관계없이 매크로가 실행되어야 정답으로 인정됨

03   '기타작업-3' 시트에서 다음과 같은 작업을 수행하고 저장하시오. (각 5점)

① <추가> 버튼을 클릭하면 '고객등록' 폼이 나타나도록 설정하고, 폼이 초기화되면 현재 날짜부터 4일 전까지의 날짜를 계약일자(lst계약일자)에 내림차순 정렬하여 표시, 품명/렌탈비(cmb품명렌탈비)에는 [I4:J18] 영역의 값이 표시되도록 프로시저를 작성하시오.
② '고객등록' 폼의 <입력(cmd입력)> 버튼을 클릭하면 폼에 입력된 데이터가 시트의 표에 입력되도록 프로시저를 작성하시오.

- 분류는 등록코드(txt등록코드)의 세 번째 글자가 "A"이면 "뷰티/헬스", "B"이면 "가전"으로 표시(Select Case 문, Mid 함수 사용)
- 품명과 렌탈비는 품명/렌탈비(cmb품명렌탈비)에서 선택하여 표시
- 보증금은 품명이 "런닝머신"이나 "자전거"이면 렌탈비의 120%를 계산하여 표시(If 문, Or 연산자 사용)

③ <닫기(cmd닫기)> 버튼을 클릭하면 [I2] 셀에 "품명별렌탈비"가 입력되고, <그림>과 같이 메시지를 표시한 후 폼을 종료하는 프로시저를 작성하시오.
- 메시지에는 시트에 입력된 인원 수를 포함하여 표시

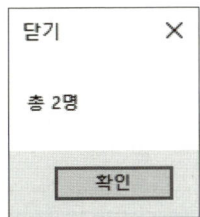

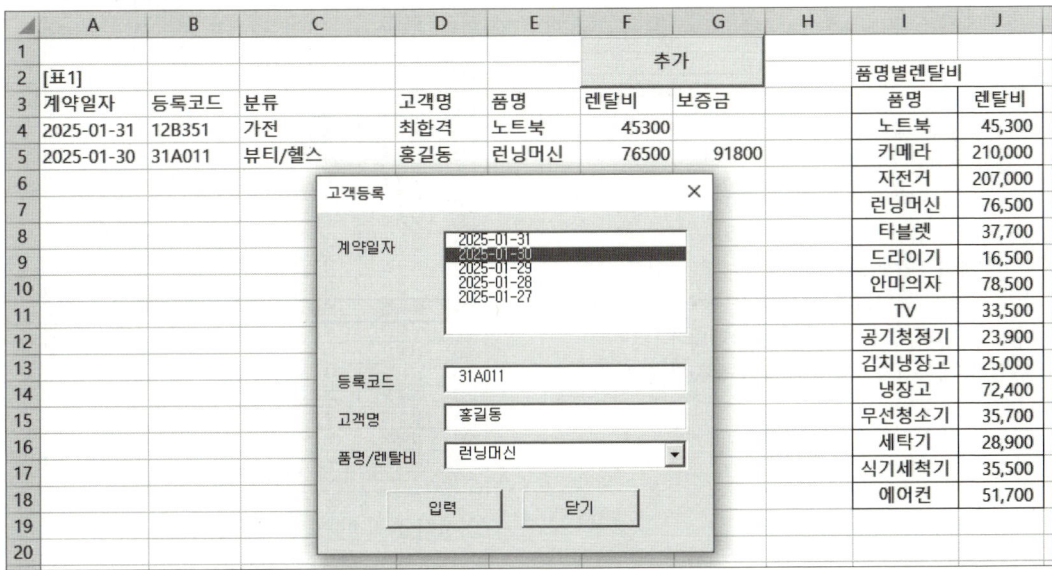

정답 및 해설

문제 1 기본작업

'보안 경고'가 표시되면 '콘텐츠 사용'을 클릭하세요.

01 '기본작업-1' 시트 (고급 필터)

▶ 결과

	A	B	C	D	E	F
36	조건					
37	FALSE					
38						
39	영업사원명	직급	가구	생활가전	주방가전	뷰티/헬스
40	안준영	부장	6	10	12	7
41	임두현	대리	11	11	10	10
42	장서영	부장	5	5	6	6
43	김형준	부장	3	5	7	4
44	윤소정	부장	12	10	12	9
45	강미희	부장	2	7	3	5

① [A36] 셀에 원본 데이터([A3:F34])의 필드명과 다른 필드 명을 입력합니다.
② [A37] 셀을 클릭하고 '=OR(LEFT(B4,1)="부",C4+D4+E4+F4>40)'을 입력한 후 Enter 를 누릅니다.
③ 수식의 결과가 TRUE 또는 FALSE인 것을 확인한 후 목록 범위([A3:F34]) 영역의 임의의 셀을 클릭하고 [데이터] 탭-[정렬 및 필터] 그룹-[고급]을 클릭합니다.
④ [고급 필터] 대화상자가 나타나면 아래와 같이 지정한 후 [확인] 단추를 클릭합니다.

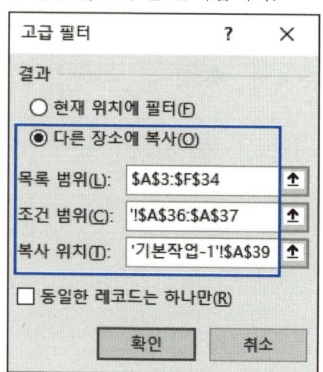

02 '기본작업-1' 시트 (조건부 서식)

▶ 결과

	A	B	C	D	E	F
1	<렌탈샵 영업사원 분류별 판매개수>					
2						
3	영업사원명	직급	가구	생활가전	주방가전	뷰티/헬스
4	홍유미	사원	5	11	10	6
5	이해원	주임	7	5	8	2
6	신명진	대리	1	3	12	9
7	이준희	과장	5	5	10	11
8	김혜영	차장	8	5	8	5
9	안준영	부장	6	10	12	7
10	박유정	사원	2	8	6	1
11	윤미경	주임	9	5	5	11
12	임두현	대리	11	11	10	10
13	이진병	과장	5	1	8	8
14	최승규	차장	3	11	12	12
15	장서영	부장	5	5	6	6
16	곽상우	사원	6	15	4	1
17	박경록	주임	10	15	11	1
18	이병욱	대리	8	2	5	5
19	방성욱	과장	12	1	3	3
20	김정현	차장	6	1	5	3
21	김형준	부장	3	5	7	4
22	신행수	사원	4	3	1	2
23	이민지	주임	2	12	5	2
24	강혜정	대리	3	6	3	2
25	박규현	과장	5	5	4	3
26	이경진	차장	10	6	2	7
27	윤소정	부장	12	10	12	9
28	이흥근	사원	16	8	3	7
29	김형우	주임	6	15	4	3
30	김상훈	대리	11	2	2	5
31	이희진	과장	13	1	3	1
32	정호정	차장	15	3	7	11
33	강미희	부장	2	7	3	5
34	강은미	사원	1	5	5	9

① 서식을 지정해줄 [A4:F34] 영역을 드래그하여 선택한 후 [홈] 탭-[스타일] 그룹-[조건부 서식]-[새 규칙]을 클릭합니다.
② [새 서식 규칙] 대화상자가 나타나면 [수식을 사용하여 서식을 지정할 셀 결정]을 클릭하고 아래 수식 입력란에 커서를 이동합니다.
③ 이어서 '=AND(RANK.EQ($C4,$C$4:$C$34,0)<=10, AVERAGE($D4:$F4)>=10)'을 입력하고 [서식] 단추를 클릭합니다.
④ [셀 서식] 대화상자가 나타나면 [글꼴] 탭에서 [글꼴 스타일]은 '굵게', [채우기] 탭에서 [배경색]은 '노랑'을 선택하고 [확인] 단추를 클릭합니다.
⑤ [새 서식 규칙] 대화상자가 나타나면 [확인] 단추를 클릭합니다.

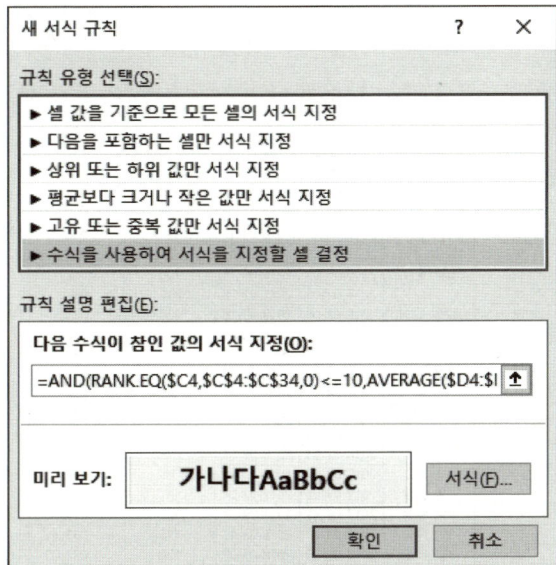

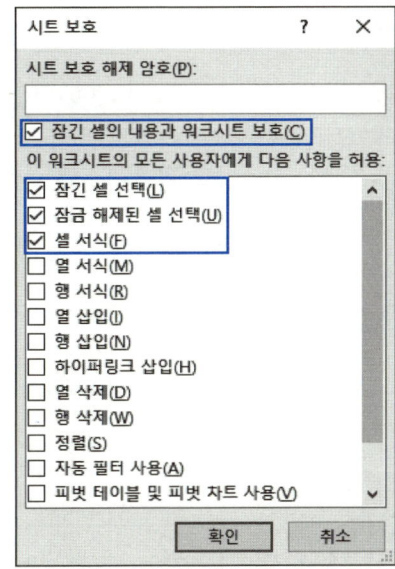

03 '기본작업-2' 시트 (시트 보호와 통합 문서 보호)

① 워크시트 전체 셀을 선택하기 위해 행 머리글과 열 머리글이 만나는 워크시트 왼쪽 맨 위의 [모두 선택] 단추( )를 클릭합니다.
② 워크시트 전체 셀이 선택되면 Ctrl+1을 누릅니다.
③ [셀 서식] 대화상자가 나타나면 [보호] 탭-'잠금' 확인란의 선택을 취소한 후 [확인] 단추를 클릭합니다.

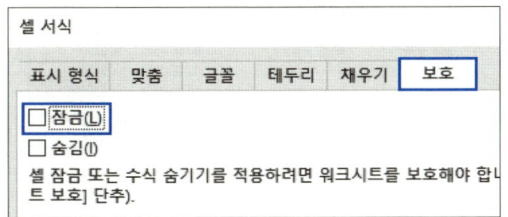

④ [G4:G34] 영역을 드래그하여 선택하고 Ctrl+1을 누릅니다.
⑤ [셀 서식] 대화상자가 나타나면 [보호] 탭-'잠금'과 '숨김' 확인란을 모두 선택하고 [확인] 단추를 클릭합니다.

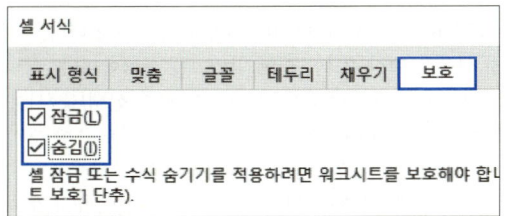

⑥ 워크시트를 보호하기 위해 [검토] 탭-[보호] 그룹-[시트 보호]를 클릭합니다.
⑦ [시트 보호] 대화상자가 나타나면 [워크시트에서 허용할 내용]의 '잠긴 셀 선택', '잠금 해제된 셀 선택', '셀 서식' 확인란을 선택한 후 [확인] 단추를 클릭합니다.

⑧ 워크시트를 추가하거나 삭제할 수 없도록 통합 문서 구조를 보호하기 위해 [검토] 탭-[보호] 그룹-[통합 문서 보호]를 클릭합니다.
⑨ [구조 및 창 보호] 대화상자가 나타나면 '구조' 확인란을 선택하고 [확인] 단추를 클릭합니다.

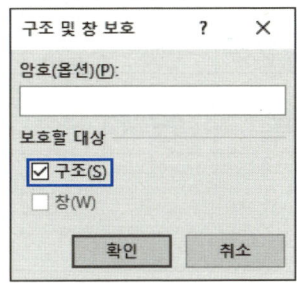

문제 2 계산작업

▶ 결과

	A	B	C	D	E	F	G	H	I	J	K	L
1	[표1]											
2	고객번호	계약		고객명	품명	렌탈기간	무상A/S기간	유상A/S기간	계약일자	렌탈시작일자	배송시간(분)	설치가능일수
3	1NA513	김진우, 디지털가전, HP		김진우	노트북	36	20	16일 유상	2017-05-12	2018-03-12	50	214
4	2TA521	오은유, 디지털가전, 삼성전자		오은유	타블렛	12	12		2018-01-30	2018-02-01	125	빠른설치요망
5	3CA154	김은혁, 디지털가전, SONY		김은혁	카메라	1	1		2018-03-12	2018-07-11	130	086
6	4TA352	박상우, 디지털가전, 삼성전자		박상우	타블렛	12	0	12일 유상	2017-11-25	2017-12-03	95	빠른설치요망
7	5DA952	김근호, 뷰티/헬스, 다이슨		김근호	드라이기	24	18	6일 유상	2016-05-03	2016-06-15	100	032
8	3RA541	최유정, 뷰티/헬스, 헬스원		최유정	런닝머신	6	6		2017-02-06	2017-02-28	210	017
9	7GB151	윤상인, 생활가전, 다이슨		윤상인	공기청정기	24	12	12일 유상	2018-02-09	2018-03-16	230	024
10	8SB645	최민지, 생활가전, SK매직		최민지	식기세척기	12	6	6일 유상	2017-03-14	2017-06-29	155	078
11	9SB121	이진우, 생활가전, SK매직		이진우	식기세척기	12	12		2016-11-09	2016-12-07	130	021
12	1NA985	이진호, 디지털가전, HP		이진호	노트북	36	24	12일 유상	2018-07-23	2018-11-03	50	075
13	1AA341	김정민, 뷰티/헬스, 바디프랜드		김정민	안마의자	36	36		2018-04-11	2018-07-03	60	058
14	2AA123	김은정, 뷰티/헬스, 바디프랜드		김은정	안마의자	36	0	36일 유상	2017-12-19	2018-02-16	65	042
15	3AB845	김상미, 생활가전, 삼성전자		김상미	에어컨	36	24	12일 유상	2017-09-20	2018-01-07	110	077
16	4JA132	이미리, 뷰티/헬스, BROMPTON		이미리	자전거	1	1		2018-02-04	2018-06-01	70	082
17	5GB786	우상태, 생활가전, 딤채		우상태	김치냉장고	24	24		2017-03-07	2017-05-21	75	054
18	6JA123	김지영, 뷰티/헬스, BROMPTON		김지영	자전거	1	0	1일 유상	2017-11-05	2017-12-04	80	021
19	7SB454	김선미, 생활가전, SK매직		김선미	식기세척기	12	6	6일 유상	2017-08-11	2017-09-12	95	023
20	8SB326	이미영, 생활가전, SK매직		이미영	식기세척기	12	9	3일 유상	2018-04-30	2018-06-17	115	033
21	9RA356	최준수, 뷰티/헬스, 헬스원		최준수	런닝머신	6	3	3일 유상	2018-03-20	2018-05-02	120	032
22	1AA121	최정, 뷰티/헬스, 바디프랜드		최정	안마의자	36	12	24일 유상	2017-01-31	2017-03-12	135	029
23	2AA565	김진후, 뷰티/헬스, 바디프랜드		김진후	안마의자	36	36		2018-06-19	2018-06-28	140	빠른설치요망
24	3SB989	유상혁, 생활가전, SK매직		유상혁	식기세척기	12	6	6일 유상	2018-03-04	2018-07-14	50	093
25	4CA123	김정석, 디지털가전, SONY		김정석	카메라	1	0	1일 유상	2018-07-06	2018-08-22	60	034
26	5AA565	황진주, 뷰티/헬스, 바디프랜드		황진주	안마의자	36	12	24일 유상	2018-07-26	2018-09-16	65	037
27	6AA222	문수혁, 뷰티/헬스, 바디프랜드		문수혁	안마의자	36	24	12일 유상	2017-07-14	2017-09-20	80	049
28	7RA126	김소라, 뷰티/헬스, 헬스원		김소라	런닝머신	6	3	3일 유상	2018-02-11	2018-05-07	85	059
29	8JA545	오상희, 뷰티/헬스, BROMPTON		오상희	자전거	1	1		2016-05-26	2016-06-01	95	빠른설치요망
30	9AB613	문진숙, 생활가전, 삼성전자		문진숙	에어컨	36	24	12일 유상	2018-08-09	2018-09-30	220	037
31	1SB451	최준만, 생활가전, SK매직		최준만	식기세척기	12	12		2018-09-30	2018-10-01	180	빠른설치요망
32	2JA741	지형숙, 뷰티/헬스, BROMPTON		지형숙	자전거	1	0	1일 유상	2017-10-10	2017-12-10	125	044
33	3JA951	이상현, 뷰티/헬스, BROMPTON		이상현	자전거	1	0	1일 유상	2017-05-10	2017-10-30	170	124
34	4TA753	김누리, 디지털가전, 삼성전자		김누리	타블렛	12	0	12일 유상	2017-09-20	2018-01-07	195	077
35												
36	[표2] 분류별 기간이 20 이상인 고객 수					[표3] 품명과 배송시간에 따른 빈도수				[표4] 상반기 휴일		
37	분류		렌탈기간	무상A/S기간		배송시간(분)		안마의자	런닝머신		날짜	명칭
38	생활가전 외	A	9명	5명		0 ~	50				01월 01일	신정
39	생활가전	B	4명	3명		51 ~	100	★★★★	★		02월 15일	설날
40						101 ~	150	★★	★		03월 01일	삼일절
41						151 ~	200				05월 05일	어린이날
42						201 ~	250		★		05월 22일	부처님오신날
43											06월 06일	현충일

01 고객명 (D3:D34)

`=LEFT(B3,FIND(",",B3,1)-1)`

① [D3] 셀을 선택하고 '=LEFT(B3,FIND(",",B3,1)-1)' 수식을 작성한 후 Enter 를 누릅니다.
② [D3] 셀의 채우기 핸들을 [D34] 셀까지 드래그하여 수식을 복사합니다.

02 유상A/S기간 (H3:H34)

① Alt + F11 을 누릅니다.
② Visual Basic Editor가 나타나면 [삽입] 메뉴-[모듈]을 클릭합니다.
③ 프로젝트 탐색기 창에 모듈이 생성되면 아래와 같이 입력합니다.

```
Public Function fn유상AS기간(렌탈기간, 무상AS기간)
    If 렌탈기간 > 무상AS기간 Then
        fn유상AS기간 = 렌탈기간 - 무상AS기간 & "일 유상"
    Else
        fn유상AS기간 = ""
    End If
End Function
```

④ Visual Basic Editor의 [닫기](✕) 단추를 클릭합니다.
⑤ [H3] 셀을 선택한 후 [함수 삽입](fx)을 클릭합니다.
⑥ [함수 마법사] 대화상자가 나타나면 [범주 선택]을 '사용자 정의'로 선택하고 [함수 선택] 목록에서 'fn유상AS기간'을 선택한 후 [확인] 단추를 클릭합니다.
⑦ [함수 인수] 대화상자가 나타나면 [렌탈기간]에 [F3] 셀을 클릭, [무상AS기간]에 [G3] 셀을 클릭하고 [확인] 단추를 클릭합니다.

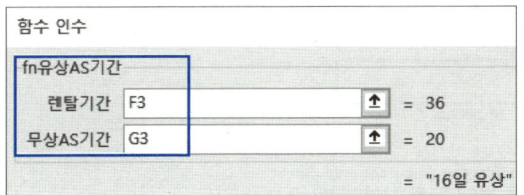

⑧ [H3] 셀의 채우기 핸들을 [H34] 셀까지 드래그하여 수식을 복사합니다.

03 설치가능일수 (L3:L34)

=IF(NETWORKDAYS(I3,J3,$K$38:$K$43)<10, "빠른설치요망", TEXT(NETWORKDAYS(I3,J3,$K$38:$K$43),"000"))

① [L3] 셀을 선택하고 '=IF(NETWORKDAYS(I3,J3,$K$38:$K$43)<10, "빠른설치요망", TEXT(NETWORKDAYS(I3,J3,$K$38:$K$43),"000"))' 수식을 작성한 후 Enter 를 누릅니다.
② [L3] 셀의 채우기 핸들을 [L34] 셀까지 드래그하여 수식을 복사합니다.

04 분류별 기간이 20 이상인 고객 수 (C38:D39)

=COUNTIFS($A$3:$A$34,"??" & $B38 & "*", F$3:F$34, ">=20") & "명"

① [C38] 셀을 선택하고 '=COUNTIFS($A$3:$A$34,"??" & $B38 & "*", F$3:F$34, ">=20") & "명"' 수식을 작성한 후 Enter 를 누릅니다.
② [C38] 셀의 채우기 핸들을 [C39] 셀까지 드래그하여 수식을 복사하고, 이어서 [C39] 셀의 채우기 핸들을 [D39] 셀까지 드래그하여 수식을 복사합니다.

05 품명과 배송시간에 따른 빈도수 (H38:I42)

=REPT("★",FREQUENCY(IF($E$3:$E$34=H$37,$K$3:$K$34), $G$38:$G$42))

① [H38:H42] 영역을 선택하고 '=REPT("★",FREQUENCY(IF($E$3:$E$34=H$37,$K$3:$K$34),$G$38:$G$42))' 수식을 작성한 후 Ctrl + Shift + Enter 를 누릅니다.
② [H42] 셀의 채우기 핸들을 [I42] 셀까지 드래그하여 수식을 복사합니다.

문제 3 분석작업

01 '분석작업-1' 시트 (피벗 테이블)

① [A2:G21] 영역의 임의의 셀을 클릭한 후 [삽입] 탭-[표] 그룹-[피벗 테이블]-[테이블/범위에서]를 클릭합니다.
② [표 또는 범위의 피벗 테이블] 대화상자가 나타나면 '표/범위'에 입력된 [A2:G21] 영역을 확인하고, 피벗 테이블을 배치할 위치에 '기존 워크시트'의 [I2] 셀을 클릭한 후 [확인] 단추를 클릭합니다.

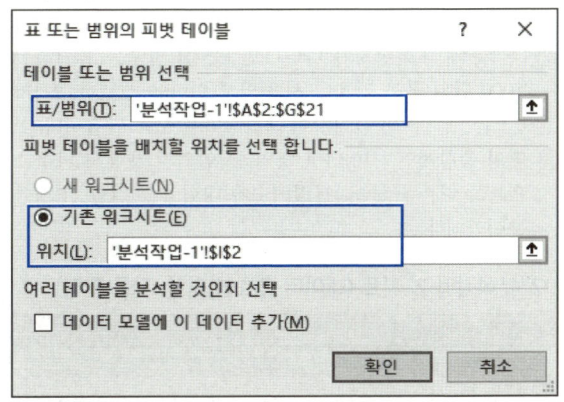

③ '렌탈시작일자'를 [행] 영역으로 드래그, '분류'를 [열] 영역으로 드래그, '렌탈비'를 [값] 영역으로 드래그합니다.

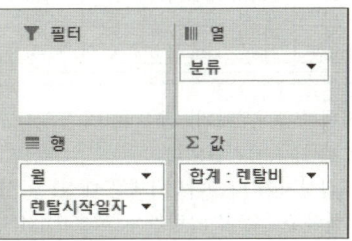

④ 보고서 레이아웃을 변경하기 위해 [디자인] 탭-[레이아웃] 그룹-[보고서 레이아웃]-[개요 형식으로 표시]를 클릭합니다.
⑤ '렌탈시작일자'를 일 단위로만 그룹으로 지정하기 위해 월이 표시되어 있는 임의의 셀을 선택하고 선택한 셀 위에서 마우스 오른쪽 버튼을 눌러 [그룹] 명령을 클릭합니다.
⑥ [단위]에 선택되어 있는 '월'을 클릭하여 선택을 해제하고 '일'이 선택된 상태에서 '날짜 수' 입력란에 '25'를 입력하고 [확인] 단추를 클릭합니다.

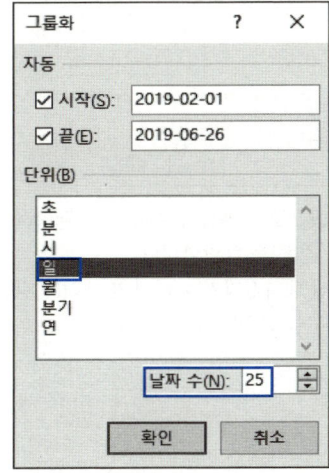

⑦ 표시 형식을 지정하기 위해 [값] 영역에서 '합계 : 렌탈비'를 클릭한 후 [값 필드 설정]을 선택합니다.
⑧ [값 필드 설정] 대화상자가 나타나면 [표시 형식] 단추를 클릭합니다.
⑨ [셀 서식] 대화상자가 나타나면 [숫자] 범주를 클릭하고 '1000 단위 구분 기호(,) 사용'의 확인란을 선택한 후 [확인] 단추를 두 번 클릭하여 대화상자를 모두 닫습니다.
⑩ 열의 총합계인 [J10:L10] 영역 중 임의의 셀에서 마우스 오른쪽 버튼을 눌러 [정렬]-[숫자 내림차순 정렬] 명령을 클릭합니다.

02 '분석작업-2' 시트 (데이터 유효성 검사, 자동 필터)

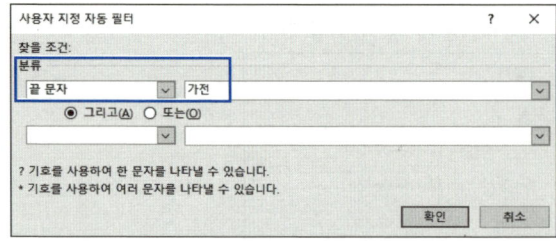

① [F3:F36] 영역을 선택한 후 [데이터] 탭-[데이터 도구] 그룹-[데이터 유효성 검사]를 클릭합니다.
② [데이터 유효성] 대화상자가 나타나면 [제한 대상]을 '사용자 지정'으로 선택하고 [수식] 입력란에 '=MOD($F3, 12)=0'를 입력한 후 [확인] 단추를 클릭합니다.
③ 자동 필터를 이용하기 위해 목록 범위인 [A2:G36] 영역의 임의의 셀을 클릭한 후 [데이터] 탭-[정렬 및 필터] 그룹-[필터]를 클릭합니다.
④ 각 필드명의 오른쪽에 '필터 목록 단추'(▼)가 나타나면 '분류' 필드의 '필터 목록 단추'(▼)를 클릭하여 [텍스트 필터]-[끝 문자]를 클릭합니다.
⑤ [사용자 지정 자동 필터] 대화상자가 나타나면 아래와 같이 입력한 후 [확인] 단추를 클릭합니다.

⑥ 이어서 '렌탈기간' 필드의 '필터 목록 단추'(▼)를 클릭하여 [숫자 필터]-[크거나 같음]을 클릭합니다.
⑦ [사용자 지정 자동 필터] 대화상자가 나타나면 아래와 같이 입력한 후 [확인] 단추를 클릭합니다.

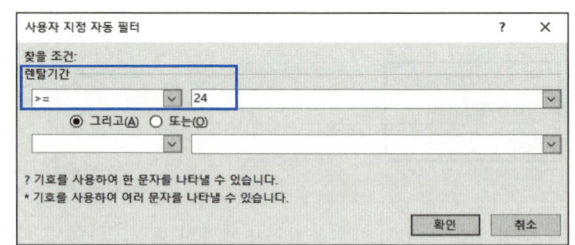

문제 4 기타작업

01 '기타작업-1' 시트 (차트)

1

① 차트를 선택한 후 [차트 디자인] 탭-[차트 레이아웃] 그룹-[차트 요소 추가]-[범례]-[아래쪽]을 클릭합니다.

2

① '렌탈비' 계열에서 마우스 오른쪽 버튼을 눌러 바로 가기 메뉴가 나타나면 [계열 차트 종류 변경] 명령을 클릭합니다.
② [차트 종류 변경] 대화상자가 나타나면 '렌탈비' 계열의 [차트 종류] 목록 단추(▼)를 클릭해 [꺾은선형] 범주의 '표식이 있는 꺾은선형'을 선택합니다.
③ [미리 보기]에 렌탈비 계열의 차트 종류가 변경된 것을 확인한 후 보조 축을 표시하기 위해 '렌탈비' 계열의 [보조 축] 확인란을 선택하고 [확인] 단추를 클릭합니다.

3

① '무상A/S기간' 계열에서 마우스 오른쪽 버튼을 눌러 [데이터 계열 서식] 명령을 클릭합니다.
② [데이터 계열 서식] 창이 나타나면 [계열 옵션]-[계열 옵션](📊)-[계열 옵션]의 [계열 겹치기]에 '50', [간격 너비]에 '100'을 입력한 후 [닫기](✕) 단추를 클릭합니다.

4

① '차트 영역'에서 마우스 오른쪽 버튼을 눌러 [데이터 선택] 명령을 클릭합니다.
② [데이터 원본 선택] 대화상자가 나타나면 [범례 항목(계열)]의 '무상A/S기간'을 선택한 후 [아래로 이동] 단추(▼)를 클릭하여 계열 순서를 변경합니다.

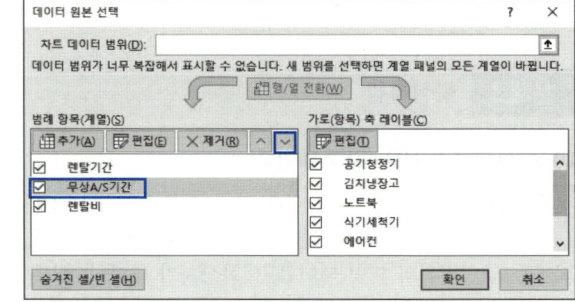

③ [범례 항목(계열)]의 목록이 '렌탈기간', '무상A/S기간', '렌탈비' 순으로 표시되면 [확인] 단추를 클릭합니다.

5
① '보조 세로 (값) 축'에서 마우스 오른쪽 버튼을 눌러 [축 서식] 명령을 클릭합니다.
② [축 서식] 창이 나타나면 [축 옵션]-[축 옵션](📊)-[표시 형식]의 [범주]를 '사용자 지정'으로 선택하고 [서식 코드] 입력란에 '#,##0'을 입력한 후 [추가], [닫기] 단추를 차례로 클릭합니다. ([추가] 단추를 클릭했을 때 [범주]가 '통화'로 지정되어도 상관이 없습니다.)

02 '기타작업-2' 시트 (매크로)

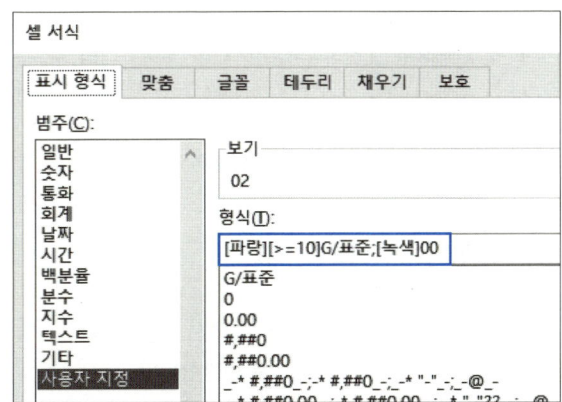

1
① [개발 도구] 탭-[컨트롤] 그룹-[삽입]-[양식 컨트롤]의 '단추(양식 컨트롤)'을 클릭합니다.
② 이어서 [H2:I3] 영역에 드래그하여 '단추'를 생성합니다.
③ [매크로 지정] 대화상자가 나타나면 [매크로 이름]에 '표시형식적용'을 입력한 후 [매크로 위치]에서 '현재 통합 문서'를 선택하고 [기록] 단추를 클릭합니다.
④ [매크로 기록] 대화상자가 나타나면 [확인] 단추를 클릭합니다.
⑤ 매크로 기록이 시작되면 [C3:F33] 영역을 선택한 후 Ctrl + 1 을 누릅니다.
⑥ [셀 서식] 대화상자가 나타나면 [표시 형식] 탭-[범주]를 '사용자 지정'으로 선택합니다.
⑦ '형식'에 이미 입력되어 있는 내용을 지운 뒤 '[파랑][>=10]G/표준;[녹색]00'을 입력하고 [확인] 단추를 클릭합니다.

⑧ 임의의 셀을 클릭한 후 매크로 기록을 중지하기 위해 [개발 도구] 탭-[코드] 그룹-[기록 중지]를 클릭합니다.
⑨ '단추' 위에서 마우스 오른쪽 버튼을 눌러 [텍스트 편집] 명령을 클릭합니다.
⑩ 단추의 텍스트를 '표시형식적용'으로 변경하고 임의의 셀을 클릭하여 완료합니다.

2
① [개발 도구] 탭-[컨트롤] 그룹-[삽입]-[양식 컨트롤]의 '단추(양식 컨트롤)'을 클릭합니다.
② 이어서 [H5:I6] 영역에 드래그하여 '단추'를 생성합니다.
③ [매크로 지정] 대화상자가 나타나면 [매크로 이름]에 '사원강조'를 입력한 후 [매크로 위치]에서 '현재 통합 문서'를 선택하고 [기록] 단추를 클릭합니다.
④ [매크로 기록] 대화상자가 나타나면 [확인] 단추를 클릭합니다.
⑤ 매크로 기록이 시작되면 [B3:B33] 영역을 선택한 후 [홈] 탭-[스타일] 그룹-[조건부 서식]-[새 규칙]을 클릭합니다.
⑥ [새 서식 규칙] 대화상자가 나타나면 [다음을 포함하는 셀만 서식 지정]을 클릭한 후 아래와 같이 지정하고 [서식] 단추를 클릭합니다.

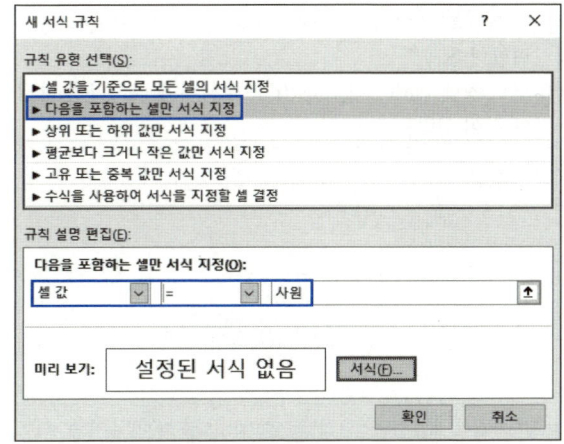

⑦ [셀 서식] 대화상자가 나타나면 [채우기] 탭의 [배경색]을 '노랑'으로 선택하고 [확인] 단추를 두 번 클릭하여 대화상자를 모두 닫습니다.

⑧ 임의의 셀을 클릭한 후 매크로 기록을 중지하기 위해 [개발 도구] 탭-[코드] 그룹-[기록 중지]를 클릭합니다.
⑨ '단추' 위에서 마우스 오른쪽 버튼을 눌러 [텍스트 편집] 명령을 클릭합니다.
⑩ 단추의 텍스트를 '사원강조'로 변경하고 임의의 셀을 클릭하여 완료합니다.

03 '기타작업-3' 시트 (프로시저)

1

① [개발 도구] 탭-[컨트롤] 그룹-[디자인 모드]를 클릭하여 <추가> 버튼을 디자인 모드로 변경합니다.
② <추가> 버튼을 더블클릭하여 코드 창이 나타나면 아래와 같이 입력합니다.

```
Private Sub 추가_Click()
    고객등록.Show
End Sub
```

③ 프로젝트 탐색기 창에서 '고객등록' 폼을 더블클릭합니다.
④ '고객등록' 폼이 코드 창에 표시되면 폼의 빈 공간을 더블클릭합니다.
⑤ 폼이 초기화되면 프로시저가 실행되도록 코드 창 우측 상단에 프로시저 목록을 'Initialize'로 변경합니다.
⑥ 코드 창에 'UserForm_Initialize()' 프로시저가 나타나면 아래와 같이 입력합니다.

```
Private Sub UserForm_Initialize()
    lst계약일자.AddItem Date
    lst계약일자.AddItem Date - 1
    lst계약일자.AddItem Date - 2
    lst계약일자.AddItem Date - 3
    lst계약일자.AddItem Date - 4

    cmb품명렌탈비.RowSource = "i4:j18"
End Sub
```

2

① 프로젝트 탐색기 창에서 '고객등록' 폼을 더블클릭합니다.
② '고객등록' 폼이 코드 창에 표시되면 'cmd입력'을 더블클릭합니다.
③ 코드 창에 'cmd입력_Click()' 프로시저가 나타나면 아래와 같이 입력합니다.

```
Private Sub cmd입력_Click()
    입력행 = [a2].Row + [a2].CurrentRegion.Rows.Count
    Cells(입력행, 1) = lst계약일자
    Cells(입력행, 2) = txt등록코드
    Select Case Mid(txt등록코드, 3, 1)
        Case "A"
            Cells(입력행, 3) = "뷰티/헬스"
        Case "B"
            Cells(입력행, 3) = "가전"
    End Select
    Cells(입력행, 4) = txt고객명
    Cells(입력행, 5) = cmb품명렌탈비.List(cmb품명렌탈비.ListIndex, 0)
    Cells(입력행, 6) = cmb품명렌탈비.List(cmb품명렌탈비.ListIndex, 1)
    If Cells(입력행, 5) = "런닝머신" Or Cells(입력행, 5) = "자전거" Then
        Cells(입력행, 7) = Cells(입력행, 6) * 1.2
    End If
End Sub
```

※ 글자가 잘 안 보일 경우 정답 파일을 열어서 코드를 확인할 수 있습니다.

3

① 프로젝트 탐색기 창에서 '고객등록' 폼을 더블클릭합니다.
② '고객등록' 폼이 코드 창에 표시되면 'cmd닫기'를 더블클릭합니다.
③ 코드 창에 'cmd닫기_Click()' 프로시저가 나타나면 아래와 같이 입력합니다.

```
Private Sub cmd닫기_Click()
    [i2] = "품명별렌탈비"
    MsgBox "총 " & [a2].CurrentRegion.Rows.Count - 2 & "명", , "닫기"
    Unload Me
End Sub
```

제5회 실전모의고사

프로그램명	제한시간
EXCEL	45분

수험번호 :

성　명 :

| 1급 | C형 |

유 의 사 항

★ 펜은 꺼내실 수 없으며 시험지는 유출이 불가능합니다.

- 인적 사항 누락 및 잘못 작성으로 인한 불이익은 수험자 책임으로 합니다.
- 화면에 암호 입력창이 나타나면 아래의 암호를 입력하여야 합니다.
  - 암호 :

★ 암호를 입력할 수도 있으니 이렇게 첫 장을 확인하시면 됩니다.

- 작성된 답안은 주어진 경로 및 파일명을 변경하지 마시고 그대로 저장해야 합니다. 이를 준수하지 않으면 실격 처리됩니다.

★ 디스켓 모양을 눌러 저장하시면 됩니다. 예외가 있을 수도 있으니 감독관이 설명할 때 잘 들어주세요. 제한시간(45분) 안에 디스켓 모양을 눌러 저장을 하고 그 이후에는 화면이 바뀌며 [답안 제출]을 하게 됩니다.

- 외부 데이터 위치 : C:\OA\파일명
- 별도의 지시사항이 없는 경우, 다음과 같이 처리 시 실격 처리됩니다.
  - 제시된 시트 및 개체의 순서나 이름을 임의로 변경한 경우
  - 제시된 시트 및 개체를 임의로 추가 또는 삭제한 경우
  - 외부 데이터를 시험 시작 전에 열어 본 경우
- 답안은 반드시 문제에서 지시 또는 요구한 셀에 입력하여야 하며 다음과 같이 처리 시 채점 대상에서 제외됩니다.
  - 수험자가 임의로 지시하지 않은 셀의 이동, 수정, 삭제, 변경 등으로 인해 셀의 위치 및 내용이 변경된 경우 해당 작업에 영향을 미치는 관련문제 모두 채점 대상에서 제외
  - 도형 및 차트의 개체가 중첩되어 있거나 동일한 계산결과 시트가 복수로 존재할 경우 해당 개체나 시트는 채점 대상에서 제외
- 수식 작성 시 제시된 문제 파일의 데이터는 변경 가능한(가변적) 데이터임을 감안하여 문제 풀이를 하시오.
- 별도의 지시사항이 없는 경우, 주어진 각 시트 및 개체의 설정값 또는 기본 설정값(Default)으로 처리하시오.
- 저장 시간은 별도로 주어지지 않으므로 제한된 시간 내에 저장을 완료해야 하며, 제한시간 내에 저장이 되지 않은 경우에는 실격 처리됩니다.
- 출제된 문제의 용어는 Microsoft Office Excel 2021 기준으로 작성되어 있습니다.

국 가 기 술 자 격 검 정

문제 1 기본작업(15점) 주어진 시트에서 다음의 과정을 수행하고 저장하시오.

01 '기본작업-1' 시트에서 다음과 같이 고급 필터를 수행하시오. (5점)
- '연료'가 "가솔린"이고 '출시가', '구입가'가 모두 4000 이상인 데이터 중 '차량코드', '구분', '연비', '배기량', '최대출력' 열을 표시하시오.
- 조건은 [K2:K3] 영역 내에 알맞게 입력하시오. (AND, COUNTIF 함수 사용)
- 결과는 [M2] 셀부터 표시하시오.

02 '기본작업-1' 시트의 [A3:I51] 영역에 대해 다음과 같이 조건부 서식을 설정하시오. (5점)
- '출시가'와 '구입가' 중 최대값, 최소값이 포함된 전체 행에 대해 채우기 색을 '노랑'으로 설정하시오.
- 단, 규칙 유형은 '수식을 사용하여 서식을 지정할 셀 결정'으로 지정하고, 한 개의 규칙만을 이용하여 작성하시오. (OR, MAX, MIN 함수 사용)

03 '기본작업-2' 시트에서 다음과 같이 페이지 레이아웃을 설정하시오. (5점)
- 용지의 배율이 자동으로 맞춰지도록 설정하시오.
- 그래픽 요소를 제외하고 텍스트만 간단하게 인쇄되도록 설정하시오.
- 메모는 시트 끝에 모아서 인쇄되도록 설정하시오.

문제 2 계산작업(30점) '계산작업' 시트에서 다음의 과정을 수행하고 저장하시오.

01 [표1]의 제조사, 연료와 [표2]를 이용하여 [F4:F52] 영역에 제조사와 연료에 따른 구분을 계산하여 표시하시오. (6점)
- VLOOKUP, MATCH 함수 사용

02 검사여부를 계산하는 사용자 정의 함수 'fn검사여부'를 작성하여 [K4:K52] 영역에 표시하시오. (6점)
- 'fn검사여부'는 [표1]의 구입날짜와 기준날짜를 인수로 받아 검사여부를 계산하는 함수
- 검사여부는 구입날짜가 기준날짜를 넘기지 않은 경우 "검사필요", 그 외에는 구입날짜 연도와 "년 구입"을 연결하여 표시
- [구입날짜가 2019-5-1이고, 기준날짜가 2018-1-1이면 표시 예 : 2019년 구입]
  [구입날짜가 2017-3-20이고, 기준날짜가 2018-1-1이면 표시 예 : 검사필요]

```
Public Function fn검사여부(구입날짜, 기준날짜)
End Function
```

03 [표1]의 번호를 이용하여 [L4:L52] 영역에 번호가 "A"로 시작하면 해당 번호 앞에 0을 반복적으로 표시하고, 그렇지 않으면 번호를 그대로 표시하시오. (6점)
- 0을 반복적으로 표시할 경우 최종 표시되는 문자의 총 개수는 8개
- [표시 예 : A-SD-1 → 00A-SD-1, A-SD-11 → 0A-SD-11, B-DG-1 → B-DG-1]
- IF, LEFT, REPT, LEN 함수와 & 연산자 사용

04 [표1]을 이용하여 [표3]의 [O23:Q23] 영역에 구입가가 976인 차량의 연비, 배기량, 최대출력을 계산하여 표시하시오. (6점)
- ▶ 조건은 따로 입력하지 않고 워크시트에 입력된 기존 데이터를 이용
- ▶ DGET 함수 사용

05 [표1]의 제조사, 출시연도를 이용하여 [표4]의 [O27:Q31] 영역에 제조사별 출시연도별 차량 수를 계산하여 표시하시오. (6점)
- ▶ [& 연산자를 사용하여 표시 : 0 → 0대, 5 → 5대]
- ▶ SUM, IF 함수를 사용한 배열 수식으로 작성

문제 3 분석작업(20점)   주어진 시트에서 다음의 과정을 수행하고 저장하시오.

01 '분석작업-1' 시트에서 [외부 데이터 가져오기] 기능을 이용하여 피벗 테이블 보고서를 작성하시오. (10점)
- ▶ <차량구매현황.accdb>의 <제조사별현황> 테이블에서 '번호', '출시연도', '연료', '배기량', '최대출력' 열만 이용하여 작성하시오.
- ▶ 피벗 테이블 보고서의 레이아웃과 위치는 <그림>과 같이 설정하고, <그림>을 참조하여 보고서 레이아웃을 설정하시오.
- ▶ '연료'가 "Diesel"로 시작하면 "Diesel"로, "Gasoline"으로 시작하면 "Gasoline"으로 그룹을 설정하고, 각 그룹마다 빈 줄이 표시되도록 설정하시오.
- ▶ "Diesel Small" 자료와 "Gasoline Small" 자료를 '분석작업-1' 시트 앞에 자동 생성한 후 시트 이름을 'Small'로 지정하시오.

	A	B	C	D	E
1					
2					
3					
4		연료2	연료	최대 : 배기량	최대 : 최대출력
5		⊟ Diesel		3342	290
6			Diesel Large	3342	290
7			Diesel Medium	2000	245
8			Diesel Small	2497	133
9					
10		⊟ Gasoline		4000	550
11			Gasoline Large	4000	550
12			Gasoline Medium	1998	255
13			Gasoline Small	1998	231
14					
15		총합계		4000	550
16					

※ 작업이 완성된 그림이며 부분점수 없음

02 '분석작업-2' 시트에 대하여 다음의 지시사항을 처리하시오. (10점)
- ▶ 데이터 유효성 검사 기능을 이용하여 [C2] 셀에는 '기본작업-1' 시트 [A3:A51] 영역의 값이 목록으로 표시되도록 제한 대상을 설정하시오.
- ▶ 시나리오 기능을 이용하여 2015년 할인율(F4)이 다음과 같이 변동하는 경우 구입가(C11)의 변화를 현재 시트에 표시하시오.
  - 시나리오 : 시나리오 이름은 '할인율 증가', 2015년 할인율이 20%로 증가

문제 4   기타작업(35점)   주어진 시트에서 다음의 과정을 수행하고 저장하시오.

01   '기타작업-1' 시트에서 다음의 지시사항에 따라 차트를 수정하시오. (각 2점)

※ 차트는 반드시 문제에서 제공한 차트를 사용하여야 하며, 신규로 차트 작성 시 0점 처리됨

① 세로 (값) 축의 '로그 눈금 간격'을 <그림>과 같이 설정하시오.
② 가로 (항목) 축을 <그림>과 같이 설정하시오.
③ '연비(㎞/ℓ)' 요소에만 '계열 이름'과 '값'이 표시되도록 데이터 레이블을 설정하시오.
④ 'A-SD-1' 계열에는 '요소마다 다른 색 사용'을 적용하시오.
⑤ 주 단위의 세로 눈금선을 표시하시오.

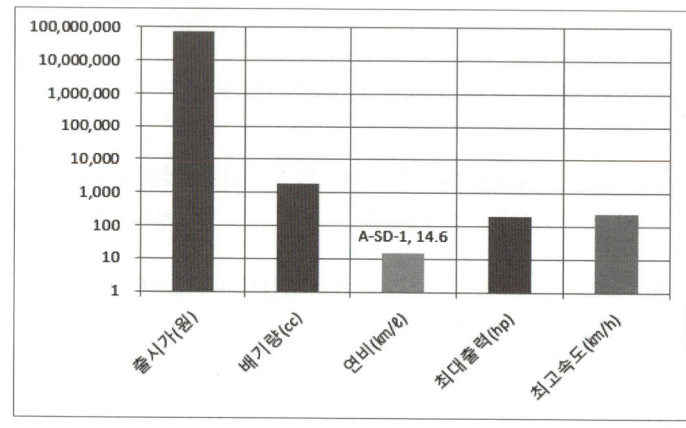

02   '기타작업-2' 시트에서 다음과 같은 기능을 수행하는 매크로를 현재 통합문서에 작성하시오. (각 5점)

① [D3:D51] 영역에 대하여 사용자 지정 표시 형식을 설정하는 '연비서식' 매크로를 생성하시오.
  ▶ 값이 10 이상이면 자홍색으로 숫자 뒤에 "G", 10 미만이면 숫자 뒤에 "B"를 표시하시오.
  ▶ 단, 숫자는 소수점 이하 첫째 자리까지 표시하고, 숫자와 문자 사이에 셀의 너비만큼 공백을 표시할 것
  ▶ '양식' 컨트롤 단추를 [I2:J3] 영역에 생성한 후 텍스트를 "연비서식"으로 입력하고 단추를 클릭하면 '연비서식' 매크로가 실행되도록 설정하시오.

② [G3:G51] 영역에 대하여 사용자 지정 표시 형식을 설정하는 '구입가서식' 매크로를 생성하시오.
  ▶ 값이 10,000,000 이상이면 백만 단위로 표시, 0이면 ★로 표시, 그 외에는 천 단위 구분 기호로 표시
  ▶ 단, 일의 자리는 반드시 표시할 것
  ▶ [표시 예 : 40,000,000 → 40백만, 0 → ★, 1234567 → 1,234,567]
  ▶ '양식' 컨트롤 단추를 [I5:J6] 영역에 생성한 후 텍스트를 "구입가서식"으로 입력하고 단추를 클릭하면 '구입가서식' 매크로가 실행되도록 설정하시오.

※ 셀 포인터의 위치에 관계없이 매크로가 실행되어야 정답으로 인정됨

03   '기타작업-3' 시트에서 다음과 같은 작업을 수행하고 저장하시오. (각 5점)

① '기타작업-3' 시트가 활성화되면 [b1] 셀의 글꼴 '크기'는 16pt, '색'은 255(빨강), 글꼴 스타일은 '굵게'와 '기울임꼴'이 지정되도록 프로시저를 작성하시오.
② 폼이 초기화되면 '차량코드(cmb차량코드)' 콤보 상자 목록에 [B4:B27] 영역의 값이 설정되고, 'lbl날짜' 레이블에 현재 날짜와 시간을 <그림>과 같이 표시되도록 프로시저를 작성하시오.
  ▶ Format, Now 사용

③ '차량조회' 폼의 '차량코드(cmb차량코드)'에 조회할 차량코드를 선택하고 '차량코드검색(cmd차량코드검색)'을 클릭하면 워크시트의 [표1]에서 해당 데이터를 찾아 각각의 컨트롤에 표시하고, 연비가 10 미만인 경우에는 <그림>과 같은 메시지 박스가 표시되도록 프로시저를 작성하시오. (ListIndex 사용)

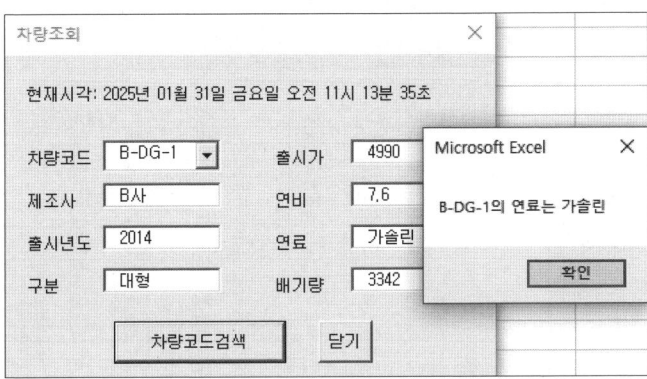

정답 및 해설

문제 1 | 기본작업

'보안 경고'가 표시되면 '콘텐츠 사용'을 클릭하세요.

01 '기본작업-1' 시트 (고급 필터)

▶ 결과

	K	L	M	N	O	P	Q
2	조건		차량코드	구분	연비	배기량	최대출력
3	FALSE		A-SD-11	대형	9	4000	550
4			B-DG-11	대형	8.1	3778	315
5			B-DG-13	소형	10.2	1998	231
6			C-DD-4	소형	11.6	1998	192
7			C-DD-10	대형	8.3	3778	315
8			D-SG-2	대형	9.2	2457	199

① [K2] 셀에 원본 데이터([A2:I51])의 필드명과 다른 필드 명을 입력합니다.
② [K3] 셀을 클릭하고 '=AND(E3="가솔린", COUNTIF (H3:I3,">=4000")=2)'를 입력한 후 Enter 를 누릅니다.
③ 수식의 결과가 TRUE 또는 FALSE인 것을 확인한 후 결과에 특정한 필드를 추출하기 위해 [M2] 셀에 '차량코드', [N2] 셀에 '구분', [O2] 셀에 '연비', [P2] 셀에 '배기량', [Q2] 셀에 '최대출력'을 입력합니다.
④ 목록 범위([A2:I51]) 영역의 임의의 셀을 클릭한 후 [데이터] 탭-[정렬 및 필터] 그룹-[고급]을 클릭합니다.
⑤ [고급 필터] 대화상자가 나타나면 아래와 같이 지정한 후 [확인] 단추를 클릭합니다.

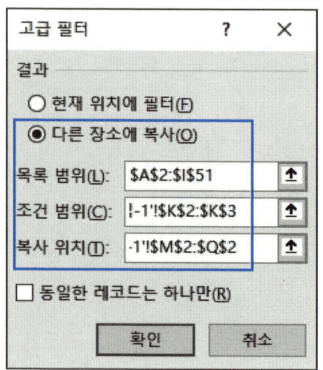

02 '기본작업-1' 시트 (조건부 서식)

▶ 결과

	A	B	C	D	E	F	G	H	I
2	차량코드	제조사	구분	연비	연료	배기량	최대출력	출시가	구입가
3	A-SD-1	A사	소형	19	디젤	1368	100	1,599	1,359
4	A-SD-2	A사	준중형	12.4	가솔린	1591	140	1,845	1,568
5	A-SD-3	A사	대형	16	가솔린	2359	159	3,668	2,934
6	A-SD-4	A사	준중형	11.8	디젤	1591	177	2,240	2,016
7	A-SD-5	A사	대형	8.5	디젤	3342	290	3,265	2,939
8	A-SD-6	A사	준중형	17.3	디젤	1353	138	2,615	2,354
9	A-SD-7	A사	소형	16	디젤	1400	110	1,520	1,444
10	A-SD-8	A사	중형	10.5	디젤	2000	188	3,000	2,850
11	A-SD-9	A사	준중형	10.3	디젤	1999	161	2,005	1,905
12	A-SD-10	A사	대형	8.9	디젤	2200	198	2,756	2,701
13	A-SD-11	A사	대형	9	가솔린	4000	550	5,100	4,998
14	B-DG-1	B사	대형	7.6	가솔린	3342	300	4,990	3,992
15	B-DG-2	B사	소형	13.3	디젤	1396	108	1,220	976
16	B-DG-3	B사	중형	8.2	디젤	1995	183	2,785	2,507
17	B-DG-4	B사	준중형	10.3	디젤	1999	152	2,110	1,899
18	B-DG-5	B사	대형	8.3	디젤	2199	199	2,755	2,480
19	B-DG-6	B사	중형	10.4	디젤	1998	245	2,265	2,039
20	B-DG-7	B사	준중형	11.9	디젤	1591	130	1,750	1,575
21	B-DG-8	B사	준중형	15	가솔린	1610	123	1,598	1,518
22	B-DG-9	B사	준중형	15.3	디젤	1598	136	2,381	2,262
23	B-DG-10	B사	중형	9.5	가솔린	1998	235	2,670	2,537
24	B-DG-11	B사	대형	8.1	디젤	3778	315	7,706	7,321
25	B-DG-12	B사	소형	14.1	디젤	1499	120	2,925	2,867
26	B-DG-13	B사	소형	10.2	디젤	1998	231	5,920	5,802
27	C-DD-1	C사	대형	11.6	디젤	2157	178	2,870	2,440
28	C-DD-2	C사	소형	10.7	디젤	1597	124	1,651	1,486
29	C-DD-3	C사	중형	11.4	디젤	1998	155	2,106	1,895
30	C-DD-4	C사	소형	11.6	가솔린	1998	192	4,880	4,636
31	C-DD-5	C사	소형	11	가솔린	1591	177	1,860	1,767
32	C-DD-6	C사	준중형	17.8	디젤	1582	136	1,803	1,713
33	C-DD-7	C사	준중형	15.1	디젤	1499	130	3,290	3,126
34	C-DD-8	C사	중형	14.6	디젤	1950	194	7,290	6,926
35	C-DD-9	C사	중형	9.5	가솔린	1998	235	2,695	2,560
36	C-DD-10	C사	대형	8.3	가솔린	3778	315	7,706	7,552
37	D-SG-1	D사	소형	14.3	디젤	999	74	1,562	1,406
38	D-SG-2	D사	대형	9.2	가솔린	2457	199	4,536	4,082
39	D-SG-3	D사	중형	8.2	디젤	1995	183	2,785	2,507
40	D-SG-4	D사	준중형	12.4	가솔린	1591	140	1,845	1,568
41	D-SG-5	D사	대형	7.6	가솔린	3342	300	4,990	3,992
42	D-SG-6	D사	소형	8.9	디젤	2497	133	1,530	1,301
43	D-SG-7	D사	소형	14.1	가솔린	1368	100	1,138	1,024
44	D-SG-8	D사	중형	10.4	디젤	1998	255	3,524	3,348
45	D-SG-9	D사	대형	10.3	디젤	2199	202	4,415	4,194
46	D-SG-10	D사	대형	1.05	디젤	2157	187	4,045	3,964
47	H-SD-1	H사	소형	17.7	디젤	1461	90	2,495	2,246
48	H-SD-2	H사	대형	10.2	가솔린	1998	138	3,860	3,474
49	H-SD-3	H사	대형	16	가솔린	2359	159	3,668	2,934
50	H-SD-4	H사	준중형	11.8	디젤	1591	177	2,240	2,016
51	H-SD-5	H사	대형	8.5	디젤	3342	290	3,265	2,939

① 서식을 지정해줄 [A3:I51] 영역을 드래그하여 선택한 후 [홈] 탭-[스타일] 그룹-[조건부 서식]-[새 규칙]을 클릭합니다.
② [새 서식 규칙] 대화상자가 나타나면 [수식을 사용하여 서식을 지정할 셀 결정]을 클릭하고 아래 수식 입력란에 커서를 이동합니다.
③ 이어서 '=OR(MAX($H3:$I3)=MAX($H$3:$I$51), MIN($H3:$I3)=MIN($H$3:$I$51))'을 입력하고 [서식] 단추를 클릭합니다.
④ [셀 서식] 대화상자가 나타나면 [채우기] 탭에서 [배경색]에 '노랑'을 선택하고 [확인] 단추를 클릭합니다.
⑤ [새 서식 규칙] 대화상자가 나타나면 [확인] 단추를 클릭합니다.

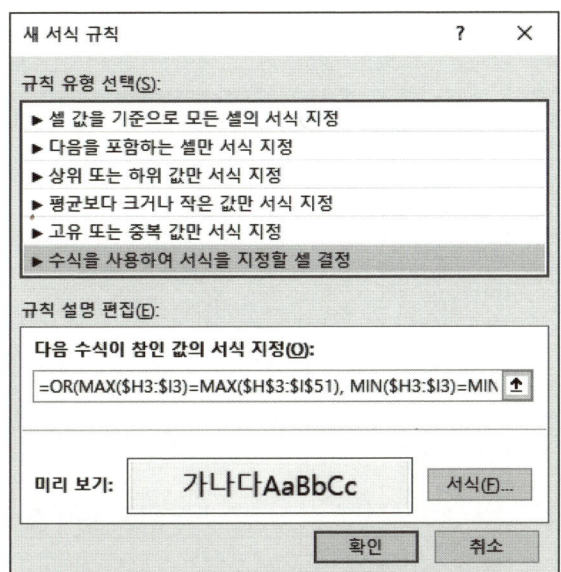

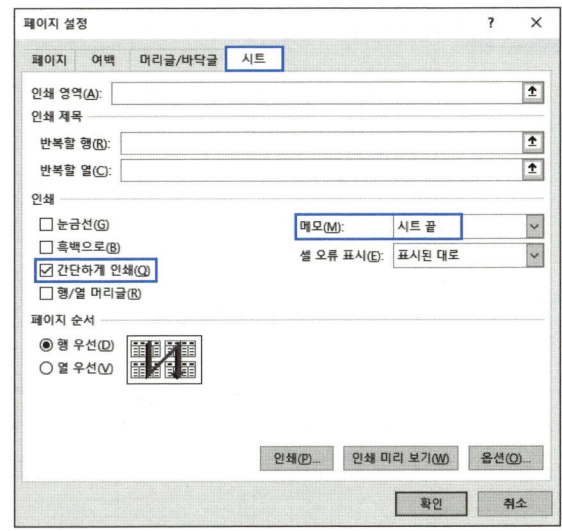

03 '기본작업-2' 시트 (페이지 레이아웃)

① 페이지 레이아웃을 설정하기 위해 [페이지 레이아웃] 탭-[페이지 설정] 그룹-[페이지 설정]( )을 클릭합니다.
② [페이지 설정] 대화상자가 나타나면 용지의 배율이 자동으로 맞춰지도록 [페이지] 탭-[배율]을 '자동 맞춤'으로 선택합니다.

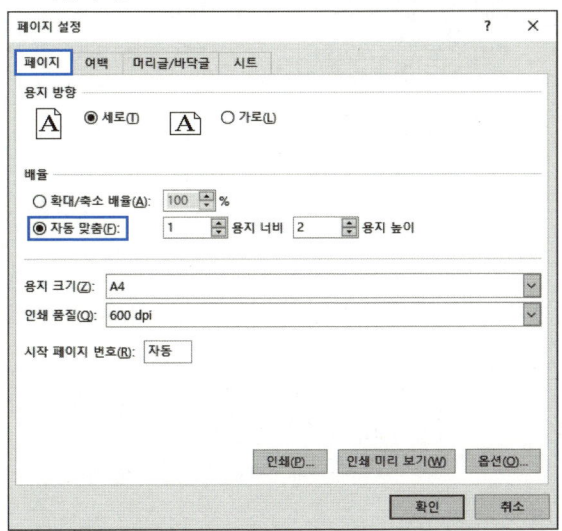

③ 이어서 그래픽 요소를 제외하고 텍스트만 간단하게 인쇄되도록 [시트] 탭-[인쇄]의 '간단하게 인쇄' 확인란을 선택합니다.
④ 이어서 메모는 시트 끝에 모아서 인쇄되도록 [메모]의 목록 단추( )를 클릭해 '시트 끝'을 선택한 후 [확인] 단추를 클릭합니다.

문제 2 계산작업

▶ 결과

	A	B	C	D	E	F	G	H	I	J	K	L	M	N	O	P	Q
1																	
2	[표1]									기준날짜	2018-01-01						
3	번호	제조사	출시연도	구입날짜	연료	구분	연비	배기량	최대출력	구입가	검사여부	차량코드		연료 종류			
4	A-SD-3	A사	2014	2019-02-14	Gasoline Large	1	16	2359	159	2,934	2019년 구입	00A-SD-3		Diesel			
5	A-SD-5	A사	2016	2017-08-19	Diesel Large	6	8.5	3342	290	2,939	검사필요	00A-SD-5		Diesel Large			
6	A-SD-10	A사	2019	2019-06-08	Diesel Large	6	8.9	2200	198	2,701	2019년 구입	0A-SD-10		Diesel medium			
7	A-SD-11	A사	2019	2019-06-12	Gasoline Large	1	9	4000	550	4,998	2019년 구입	0A-SD-11		Diesel small			
8	B-DG-1	B사	2014	2016-05-01	Gasoline Large	2	7.6	3342	300	3,992	검사필요	B-DG-1		Gasoline			
9	B-DG-5	B사	2018	2018-08-09	Diesel Large	7	8.3	2199	199	2,480	2018년 구입	B-DG-5		Gasoline Large			
10	B-DG-11	B사	2018	2019-04-09	Gasoline Large	2	8.1	3778	315	7,321	2019년 구입	B-DG-11		Gasoline medium			
11	C-DD-1	C사	2015	2017-02-03	Diesel Large	8	11.6	2157	178	2,440	검사필요	C-DD-1		Gasoline small			
12	C-DD-10	C사	2019	2019-02-02	Gasoline Large	3	8.1	3778	315	7,552	2019년 구입	C-DD-10					
13	D-SG-2	D사	2016	2018-03-27	Gasoline Large	4	9.2	2457	199	4,082	2018년 구입	D-SG-2		[표2] 제조사별 연료별 구분			
14	D-SG-5	D사	2016	2016-09-20	Gasoline Large	4	7.6	3342	300	3,992	검사필요	D-SG-5				Gasoline	Diesel
15	D-SG-9	D사	2018	2019-10-10	Diesel Large	9	10.3	2199	202	4,194	2019년 구입	D-SG-9		A사		1	6
16	D-SG-10	D사	2019	2019-06-07	Gasoline Large	9	1.05	2157	187	3,964	2019년 구입	D-SG-10		B사		2	7
17	H-SD-2	H사	2016	2018-01-27	Gasoline Large	5	10.2	1998	138	3,474	2018년 구입	H-SD-2		C사		3	8
18	H-SD-3	H사	2014	2016-05-06	Gasoline Large	5	16	2359	159	2,934	검사필요	H-SD-3		D사		4	9
19	H-SD-5	H사	2016	2018-07-26	Diesel Large	0	8.5	3342	290	2,939	2018년 구입	H-SD-5		H사		5	0
20	A-SD-1	A사	2015	2018-01-02	Diesel Small	6	19	1368	100	1,359	2018년 구입	00A-SD-1					
21	A-SD-7	A사	2017	2019-03-04	Diesel Small	6	16	1400	110	1,444	2019년 구입	00A-SD-7		[표3] 최저 구입가 차량 정보			
22	B-DG-2	B사	2014	2016-06-20	Diesel Small	7	13.3	1396	108	976	검사필요	B-DG-2		구입가	연비	배기량	최대출력
23	B-DG-12	B사	2019	2019-10-10	Diesel Small	7	14.1	1499	120	2,867	2019년 구입	B-DG-12		976	13.3	1396	108
24	B-DG-13	B사	2019	2019-12-30	Gasoline Small	2	10.2	1998	231	5,802	2019년 구입	B-DG-13					
25	C-DD-2	C사	2016	2018-03-13	Diesel Small	8	10.7	1597	124	1,486	2018년 구입	C-DD-2		[표4] 제조사별 출시연도별 차량 수			
26	C-DD-4	C사	2017	2019-05-07	Gasoline Small	3	11.6	1998	192	4,636	2019년 구입	C-DD-4			2016	2017	2018
27	C-DD-5	C사	2017	2019-09-02	Gasoline Small	3	11	1591	177	1,767	2019년 구입	C-DD-5		A사	3대	2대	1대
28	D-SG-1	D사	2016	2018-05-01	Gasoline Small	4	14.3	999	74	1,406	2018년 구입	D-SG-1		B사	5대	2대	2대
29	D-SG-6	D사	2015	2017-11-16	Diesel Small	9	8.9	2497	133	1,301	검사필요	D-SG-6		C사	2대	3대	3대
30	D-SG-7	D사	2016	2018-04-09	Gasoline Small	4	14.1	1368	100	1,024	2018년 구입	D-SG-7		D사	4대	1대	1대
31	H-SD-1	H사	2016	2018-01-19	Diesel Small	0	17.7	1461	90	2,246	2018년 구입	H-SD-1		H사	4대	0대	0대
32	A-SD-2	A사	2015	2017-03-03	Gasoline Medium	1	12.4	1591	140	1,568	검사필요	00A-SD-2					
33	A-SD-4	A사	2016	2018-07-08	Diesel Medium	6	11.8	1591	177	2,016	2018년 구입	00A-SD-4					
34	A-SD-6	A사	2016	2018-02-13	Diesel Medium	6	17.3	1353	138	2,354	2018년 구입	00A-SD-6					
35	A-SD-9	A사	2018	2019-02-20	Diesel Medium	6	10.3	1999	161	1,905	2019년 구입	00A-SD-9					
36	B-DG-4	B사	2016	2018-05-12	Diesel Medium	7	10.3	1999	152	1,899	2018년 구입	B-DG-4					
37	B-DG-7	B사	2016	2018-11-12	Diesel Medium	7	11.9	1591	130	1,575	2018년 구입	B-DG-7					
38	B-DG-8	B사	2017	2019-05-02	Gasoline Medium	2	15	1610	123	1,518	2019년 구입	B-DG-8					
39	B-DG-9	B사	2017	2019-06-20	Diesel Medium	7	15.3	1598	136	2,262	2019년 구입	B-DG-9					
40	C-DD-6	C사	2017	2018-03-03	Diesel Medium	8	17.8	1582	136	1,713	2018년 구입	C-DD-6					
41	C-DD-7	C사	2018	2019-04-15	Diesel Medium	8	15.1	1499	130	3,126	2019년 구입	C-DD-7					
42	D-SG-4	D사	2015	2017-04-02	Gasoline Medium	4	12.4	1591	140	1,568	검사필요	D-SG-4					
43	H-SD-4	H사	2016	2018-07-17	Diesel Medium	0	11.8	1591	177	2,016	2018년 구입	H-SD-4					
44	A-SD-8	A사	2017	2019-04-09	Diesel Medium	6	10.5	2000	188	2,850	2019년 구입	00A-SD-8					
45	B-DG-3	B사	2016	2018-03-07	Diesel Medium	7	8.2	1995	183	2,507	2018년 구입	B-DG-3					
46	B-DG-6	B사	2018	2019-10-05	Diesel Medium	7	10.4	1998	245	2,039	2019년 구입	B-DG-6					
47	B-DG-10	B사	2018	2019-03-03	Gasoline Medium	2	9.5	1998	235	2,537	2019년 구입	B-DG-10					
48	C-DD-3	C사	2016	2018-04-02	Diesel Medium	8	11.4	1998	155	1,895	2018년 구입	C-DD-3					
49	C-DD-8	C사	2018	2019-09-01	Diesel Medium	8	14.6	1950	194	6,926	2019년 구입	C-DD-8					
50	C-DD-9	C사	2018	2019-11-07	Gasoline Medium	3	9.5	1998	235	2,560	2019년 구입	C-DD-9					
51	D-SG-3	D사	2016	2018-08-12	Diesel Medium	9	8.2	1995	183	2,507	2018년 구입	D-SG-3					
52	D-SG-8	D사	2017	2019-09-10	Gasoline Medium	4	10.4	1998	255	3,348	2019년 구입	D-SG-8					

01 구분 (F4:F52)

=VLOOKUP(B4,$N$15:$P$19, MATCH(E4, {"Gasoline Small","Diesel Small"},-1)+1,FALSE)

① [F4] 셀을 선택하고 '=VLOOKUP(B4,$N$15:$P$19, MATCH(E4, {"Gasoline Small","Diesel Small"}, -1)+1,FALSE)' 수식을 작성한 후 Enter 를 누릅니다.
('MATCH(E4,{"Gasoline Small","Diesel Small"},-1)'를 'MATCH(E4,{"Gasoline","Diesel"} & "*",-1)'나 'MATCH(E4,$O$14:$P$14 & "*",-1)'로 입력해도 결과가 같습니다.)

② [F4] 셀의 채우기 핸들을 [F52] 셀까지 드래그하여 수식을 복사합니다.

02 검사여부 (K4:K52)

① Alt + F11 을 누릅니다.
② Visual Basic Editor가 나타나면 [삽입] 메뉴-[모듈]을 클릭합니다.
③ 프로젝트 탐색기 창에 모듈이 생성되면 아래와 같이 입력합니다.

```
Public Function fn검사여부(구입날짜, 기준날짜)
    If 구입날짜 <= 기준날짜 Then
        fn검사여부 = "검사필요"
    Else
        fn검사여부 = Year(구입날짜) & "년 구입"
    End If
End Function
```

④ Visual Basic Editor의 [닫기](X) 단추를 클릭합니다.
⑤ [K4] 셀을 선택한 후 [함수 삽입](fx)을 클릭합니다.
⑥ [함수 마법사] 대화상자가 나타나면 [범주 선택]을 '사용자 정의'로 선택하고 [함수 선택] 목록에서 'fn검사여부'를 선택한 후 [확인] 단추를 클릭합니다.
⑦ [함수 인수] 대화상자가 나타나면 [구입날짜]에 [D4] 셀을 클릭, [기준날짜]에 [L2] 셀을 클릭하고 F4 를 눌러 절대 참조로 변경한 후 [확인] 단추를 클릭합니다.

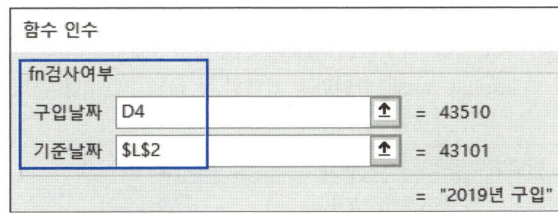

⑧ [K4] 셀의 채우기 핸들을 [K52] 셀까지 드래그하여 수식을 복사합니다.

03 차량코드 (L4:L52)

=IF(LEFT(A4,1)="A", REPT(0, 8-LEN(A4)) & A4, A4)

① [L4] 셀을 선택하고 '=IF(LEFT(A4,1)="A", REPT(0,8-LEN(A4)) & A4, A4)' 수식을 작성한 후 Enter 를 누릅니다.
② [L4] 셀의 채우기 핸들을 [L52] 셀까지 드래그하여 수식을 복사합니다.

04 최저 구입가 차량 정보 (O23:Q23)

=DGET($A$3:$L$52, G3, $N$22:$N$23)

① [O23] 셀을 선택하고 '=DGET($A$3:$L$52, G3, $N$22:$N$23)' 수식을 작성한 후 Enter 를 누릅니다.
② [O23] 셀의 채우기 핸들을 [Q23] 셀까지 드래그하여 수식을 복사합니다.

05 제조사별 출시연도별 차량 수 (O27:Q31)

=SUM(IF(($B$4:$B$52=$N27)*($C$4:$C$52=O$26), 1)) &"대"

① [O27] 셀을 선택하고 '=SUM(IF(($B$4:$B$52=$N27)*($C$4:$C$52=O$26), 1)) & "대" 수식을 작성한 후 Ctrl + Shift + Enter 를 누릅니다.
② [O27] 셀의 채우기 핸들을 [O31] 셀까지 드래그하여 수식을 복사하고, 이어서 [O31] 셀의 채우기 핸들을 [Q31] 셀까지 드래그하여 수식을 복사합니다.

문제 3 분석작업

01 '분석작업-1' 시트 (피벗 테이블)

① [데이터] 탭-[데이터 가져오기 및 변환] 그룹-[데이터 가져오기]-[기타 원본에서]-[Microsoft Query에서]를 클릭합니다.
② [데이터 원본 선택] 대화상자가 나타나면 'MS Access Database*'을 더블클릭합니다.
③ [데이터베이스 선택] 대화상자가 나타나면 현재 파일을 열어준 폴더로 이동한 후 '차량구매현황.accdb'를 선택

하고 [확인] 단추를 클릭합니다.
④ [쿼리 마법사 - 열 선택] 대화상자가 나타나면 '제조사별현황' 테이블 앞에 '+'을 클릭한 후 '번호', '출시연도', '연료', '배기량', '최대출력'을 차례로 더블클릭하여 '쿼리에 포함된 열'로 이동하고 [다음] 단추를 클릭합니다.

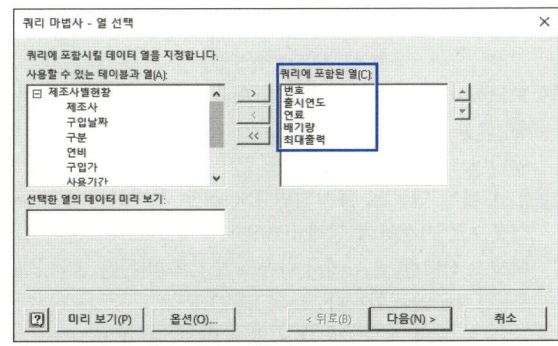

⑤ [쿼리 마법사 - 데이터 필터] 대화상자가 나타나면 조건을 설정할 데이터가 없으므로 [다음] 단추를 클릭합니다.
⑥ [쿼리 마법사 - 정렬 순서] 대화상자가 나타나면 정렬할 데이터가 없으므로 [다음] 단추를 클릭합니다.
⑦ [쿼리 마법사 - 마침] 대화상자가 나타나면 'Microsoft Excel(으)로 데이터 되돌리기'를 선택하고 [마침] 단추를 클릭합니다.
⑧ [데이터 가져오기] 대화상자가 나타나면 '피벗 테이블 보고서'를 선택하고, 데이터가 들어갈 위치에 '기존 워크시트'의 [B4] 셀을 클릭한 후 [확인] 단추를 클릭합니다.

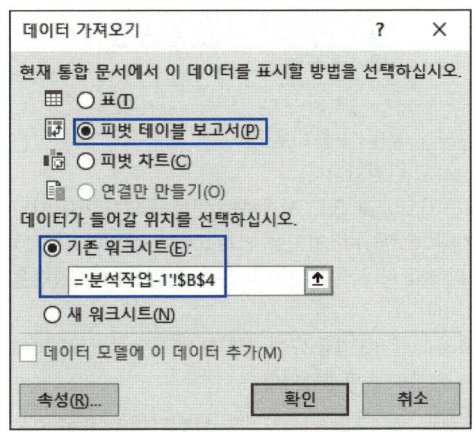

⑨ '연료'를 [행] 영역으로 드래그, '배기량'을 [값] 영역으로 드래그, '최대출력'을 배기량 밑에 [값] 영역으로 드래그합니다.
⑩ '배기량'을 최대값으로 변경하기 위해 [피벗 테이블 필드] 작업창의 [값] 영역에서 '합계 : 배기량'을 클릭한 후 [값 필드 설정]을 선택합니다.
⑪ [값 필드 설정] 대화상자가 나타나면 [값 요약 기준] 탭에서 '최대'를 선택하고 [확인] 단추를 클릭합니다.
⑫ '최대출력'도 같은 방법으로 최대값으로 변경합니다.

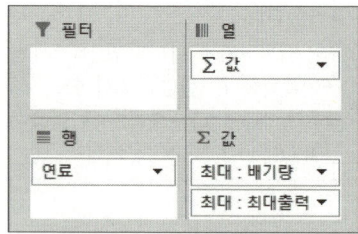

⑬ 보고서 레이아웃을 변경하기 위해 [디자인] 탭-[레이아웃] 그룹-[보고서 레이아웃]-[개요 형식으로 표시]를 클릭합니다.
⑭ [B4] 셀이 '연료'로 표시되면 'Diesel'로 시작하는 연료를 그룹으로 지정하기 위해 [B5:B7] 영역을 드래그하여 선택하고 선택한 셀 위에서 마우스 오른쪽 버튼을 눌러 [그룹] 명령을 클릭합니다.

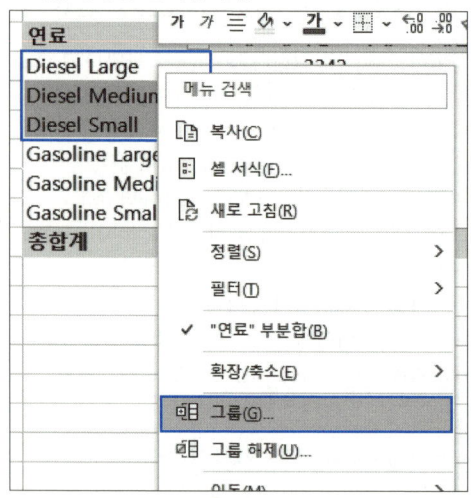

⑮ [B5] 셀의 그룹명('그룹1')을 클릭한 후 [수식 입력줄]에서 'Diesel'로 변경합니다.
⑯ 이번에는 'Gasoline'으로 시작하는 연료를 그룹으로 지정하기 위해 [C10:C14] 영역을 드래그하여 선택하고 선택한 셀 위에서 마우스 오른쪽 버튼을 눌러 [그룹] 명령을 클릭합니다.
⑰ [B9] 셀의 그룹명('그룹2')을 클릭한 후 [수식 입력줄]에서 'Gasoline'으로 변경합니다.

⑱ 각 그룹마다 빈 줄이 표시되도록 [디자인] 탭-[레이아웃] 그룹-[빈 행]-[각 항목 다음에 빈 줄 삽입]을 클릭합니다.
⑲ 9행과 14행에 빈 행이 삽입되면 'Diesel Small' 자료와 'Gasoline Small' 자료를 자동 생성하기 위해 '연료'의 '필터 목록 단추(▼)'를 클릭합니다.
⑳ '모두 선택' 확인란의 선택을 취소하고 'Diesel Small'과 'Gasoline Small' 확인란을 선택한 후 [확인] 단추를 클릭합니다.

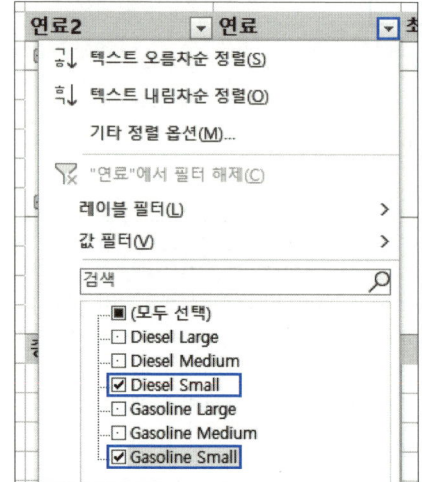

㉑ 'Diesel Small'과 'Gasoline Small' 자료가 표시되면 해당 자료를 자동 생성하기 위해 [D11] 셀을 더블클릭합니다. ([E11] 셀을 더블클릭해도 같은 결과가 표시됩니다.)
㉒ '분석작업-1' 시트 앞에 새로운 시트 'Sheet1'이 생성되면 시트 이름을 더블클릭하고 'Small'로 변경한 후 Enter 를 눌러 입력을 완료합니다.

㉓ 문제에 제시된 피벗 테이블 그림과 일치하게 만들기 위해 '분석작업-1' 시트로 이동합니다.
㉔ '연료'의 '필터 목록 단추(▼)'를 클릭하고 '모두 선택' 확인란을 선택한 후 [확인] 단추를 클릭합니다.

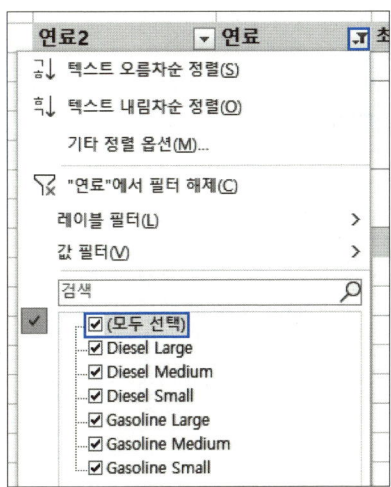

③ 시나리오 기능을 이용하기 위해 셀 포인터의 위치와 상관없이 [데이터] 탭-[예측] 그룹-[가상 분석]-[시나리오 관리자]를 클릭합니다.
④ [시나리오 관리자] 대화상자가 나타나면 [추가] 단추를 클릭합니다.
⑤ [시나리오 추가] 대화상자가 나타나면 [시나리오 이름]에 '할인율 증가'를 입력한 후 Tab 을 눌러 [변경 셀]로 커서를 이동한 다음 [F4] 셀을 클릭하고 [확인] 단추를 클릭합니다.

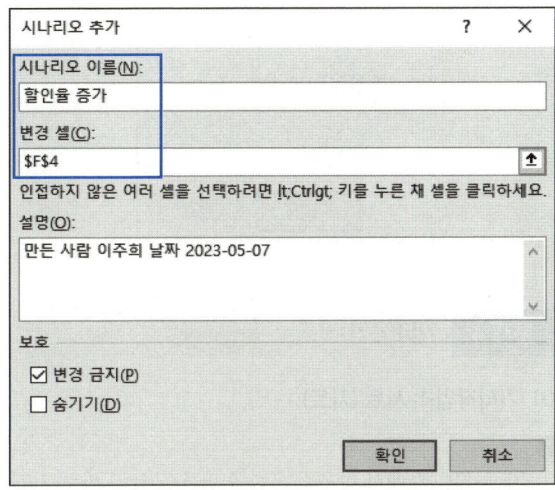

02 '분석작업-2' 시트 (데이터 유효성 검사, 시나리오)

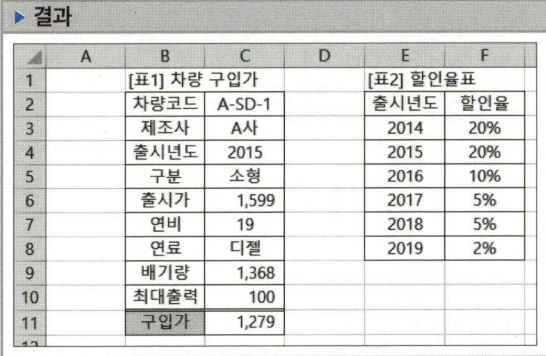

① [C2] 셀을 선택한 후 [데이터] 탭-[데이터 도구] 그룹-[데이터 유효성 검사]를 클릭합니다.
② [데이터 유효성] 대화상자가 나타나면 [설정] 탭의 [제한 대상]을 '목록'으로 선택한 후 [원본]에 '기본작업-1' 시트의 [A3:A51] 영역을 드래그하여 지정하고 [확인] 단추를 클릭합니다.

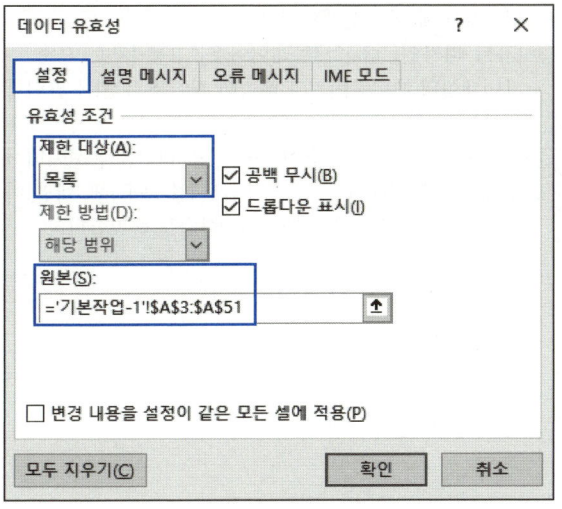

⑥ [시나리오 값] 대화상자가 나타나면 [F4] 셀의 값을 '0.2'로 입력하고 [확인] 단추를 클릭합니다.

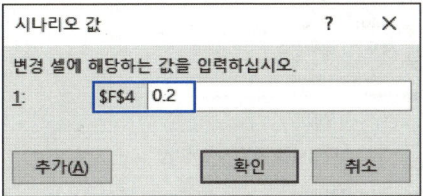

⑦ 다시 [시나리오 관리자] 대화상자가 나타나면 결과를 현재 시트에 표시하기 위해 [표시] 단추를 클릭한 후 [닫기] 단추를 클릭합니다.

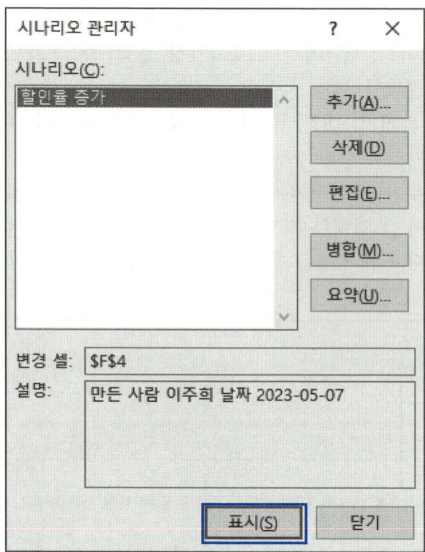

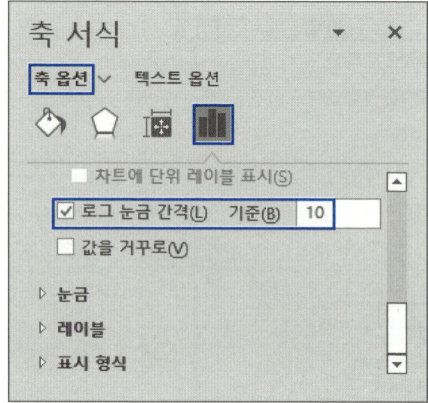

②
① '가로 (항목) 축'에서 마우스 오른쪽 버튼을 눌러 바로 가기 메뉴가 나타나면 [축 서식] 명령을 클릭합니다.
② [축 서식] 창이 나타나면 [축 옵션]-[축 옵션](▥)-[축 옵션]의 [항목을 거꾸로] 확인란 선택을 취소한 후 [닫기](✕) 단추를 클릭합니다.

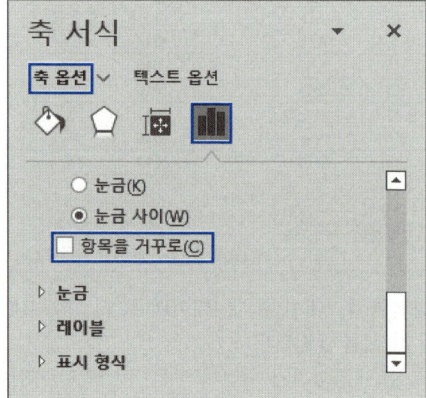

문제 4 기타작업

01 '기타작업-1' 시트 (차트)

①
① '세로 (값) 축'에서 마우스 오른쪽 버튼을 눌러 바로 가기 메뉴가 나타나면 [축 서식] 명령을 클릭합니다.

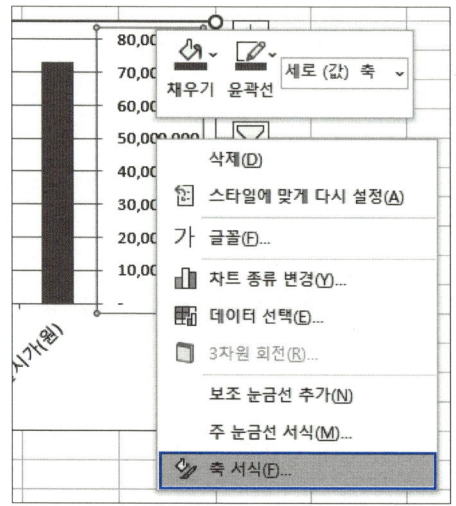

② [축 서식] 창이 나타나면 [축 옵션]-[축 옵션](▥)-[축 옵션]의 [로그 눈금 간격] 확인란을 선택한 후 커서를 이동하여 [기준]에 '10'을 입력하고 [닫기](✕) 단추를 클릭합니다.

③
① '연비(km/ℓ)' 요소를 천천히 두 번 클릭하여 'A-SD-1' 계열의 '연비(km/ℓ)'만 선택합니다.
② [차트 디자인] 탭-[차트 레이아웃] 그룹-[차트 요소 추가]-[데이터 레이블]-[기타 데이터 레이블 옵션]을 클릭합니다.
③ [데이터 레이블 서식] 창이 나타나면 [레이블 옵션]-[레이블 옵션](▥)-[레이블 옵션]의 [레이블 내용]에 '계열 이름'과 '값'을 선택한 후 [닫기](✕) 단추를 클릭합니다.

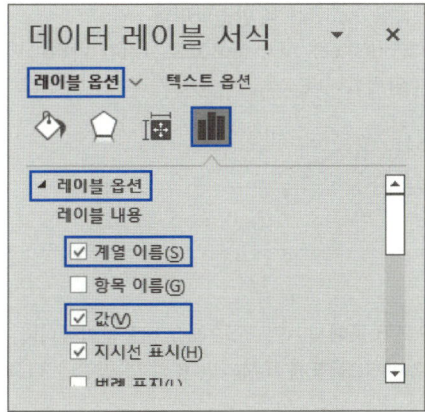

02 '기타작업-2' 시트 (매크로)

4

① 'A-SD-1' 계열에서 마우스 오른쪽 버튼을 눌러 [데이터 계열 서식] 명령을 클릭합니다.
② [데이터 계열 서식] 창이 나타나면 [계열 옵션]-[채우기 및 선(🎨)]-[채우기]의 '요소마다 다른 색 사용' 확인란을 선택한 후 [닫기(✖)] 단추를 클릭합니다.

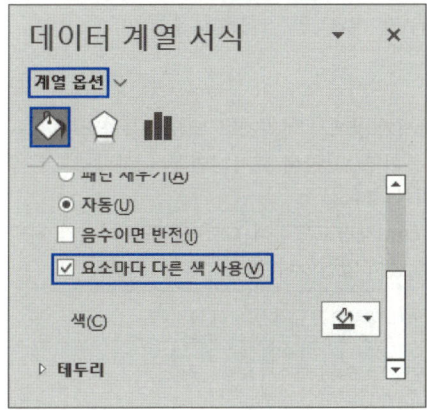

5

① 주 단위의 세로 눈금선을 표시하기 위해 [차트 디자인] 탭-[차트 레이아웃] 그룹-[차트 요소 추가]-[눈금선]-[기본 주 세로]를 클릭합니다.

1

① [개발 도구] 탭-[컨트롤] 그룹-[삽입]-[양식 컨트롤]의 '단추(양식 컨트롤)'을 클릭합니다.
② 이어서 [I2:J3] 영역에 드래그하여 '단추'를 생성합니다.
③ [매크로 지정] 대화상자가 나타나면 [매크로 이름]에 '연비서식'을 입력한 후 [매크로 위치]에서 '현재 통합 문서'를 선택하고 [기록] 단추를 클릭합니다.
④ [매크로 기록] 대화상자가 나타나면 [확인] 단추를 클릭합니다.
⑤ 매크로 기록이 시작되면 [D3:D51] 영역을 선택한 후 Ctrl + 1 을 누릅니다.
⑥ [셀 서식] 대화상자가 나타나면 [표시 형식] 탭-[범주]를 '사용자 지정'으로 선택합니다.
⑦ '형식'에 이미 입력되어 있는 내용을 지운 뒤 '[자홍][>=10]0.0* "G";0.0* "B"'을 입력하고 [확인] 단추를 클릭합니다.

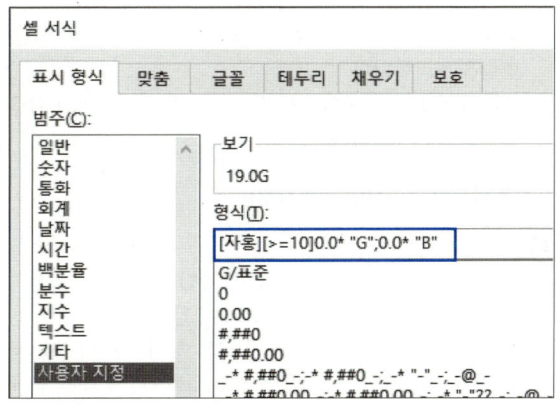

⑧ 임의의 셀을 클릭한 후 매크로 기록을 중지하기 위해 [개발 도구] 탭-[코드] 그룹-[기록 중지]를 클릭합니다.
⑨ '단추' 위에서 마우스 오른쪽 버튼을 눌러 [텍스트 편집] 명령을 클릭합니다.
⑩ 단추의 텍스트를 '연비서식'으로 변경하고 임의의 셀을 클릭하여 완료합니다.

2

① [개발 도구] 탭-[컨트롤] 그룹-[삽입]-[양식 컨트롤]의 '단추(양식 컨트롤)'을 클릭합니다.
② 이어서 [I5:J6] 영역에 드래그하여 '단추'를 생성합니다.
③ [매크로 지정] 대화상자가 나타나면 [매크로 이름]에 '구입가서식'을 입력한 후 [매크로 위치]에서 '현재 통합 문서'를 선택하고 [기록] 단추를 클릭합니다.
④ [매크로 기록] 대화상자가 나타나면 [확인] 단추를 클릭합니다.
⑤ 매크로 기록이 시작되면 [G3:G51] 영역을 선택한 후 Ctrl + 1 을 누릅니다.
⑥ [셀 서식] 대화상자가 나타나면 [표시 형식] 탭-[범주]를 '사용자 지정'으로 선택합니다.
⑦ '형식'에 이미 입력되어 있는 내용을 지운 뒤 '[>=10000000]0,,"백만";[=0]"★";#,##0'을 입력하고 [확인] 단추를 클릭합니다.

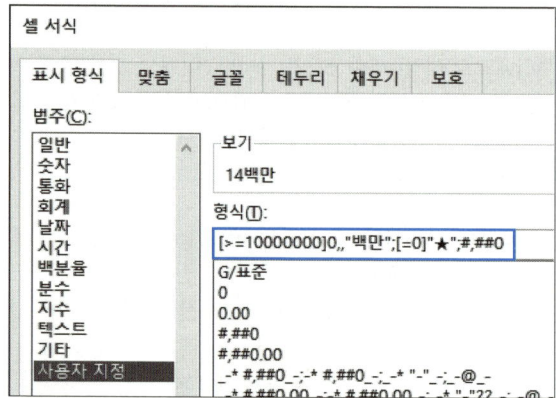

⑧ 임의의 셀을 클릭한 후 매크로 기록을 중지하기 위해 [개발 도구] 탭-[코드] 그룹-[기록 중지]를 클릭합니다.
⑨ '단추' 위에서 마우스 오른쪽 버튼을 눌러 [텍스트 편집] 명령을 클릭합니다.
⑩ 단추의 텍스트를 '구입가서식'으로 변경하고 임의의 셀을 클릭하여 완료합니다.

03 '기타작업-3' 시트 (프로시저)

1

① [개발 도구] 탭-[컨트롤] 그룹-[디자인 모드]를 클릭하여 <조회> 버튼을 디자인 모드로 변경합니다.
② <조회> 버튼을 더블클릭하여 코드 창이 나타나면 코드 창 좌측 상단에 개체 목록을 'Worksheet', 우측 상단에 프로시저 목록을 'Activate'로 변경합니다.
③ 코드 창에 'Worksheet_Activate' 프로시저가 나타나면 아래와 같이 입력합니다.

```
Private Sub Worksheet_Activate()
    [b1].Font.Size = 16
    [b1].Font.Color = 255
    [b1].Font.Bold = True
    [b1].Font.Italic = True
End Sub
```

2

① 프로젝트 탐색기 창에서 '차량조회' 폼을 더블클릭합니다.
② '차량조회' 폼이 코드 창에 표시되면 폼의 빈 공간을 더블클릭합니다.
③ 폼이 초기화되면 프로시저가 실행되도록 코드 창 우측 상단에 프로시저 목록을 'Initialize'로 변경합니다.
④ 코드 창에 'UserForm_Initialize()' 프로시저가 나타나면 아래와 같이 입력합니다.

```
Private Sub UserForm_Initialize()
    cmb차량코드.RowSource = "B4:B27"
    lbl날짜 = Format(Now, "yyyy년 mm월 dd일 aaaa ampm hh시 nn분 ss초")
End Sub
```

※ 글자가 잘 안 보일 경우 정답 파일을 열어서 코드를 확인할 수 있습니다.

3

① 프로젝트 탐색기 창에서 '차량조회' 폼을 더블클릭합니다.
② '차량조회' 폼이 코드 창에 표시되면 'cmd차량코드검색'을 더블클릭합니다.
③ 코드 창에 'cmd차량코드검색_Click()' 프로시저가 나타나면 아래와 같이 입력합니다.

```
Private Sub cmd차량코드검색_Click()
    가져올행 = cmb차량코드.ListIndex + 4
    txt제조사 = Cells(가져올행, 3)
    txt출시년도 = Cells(가져올행, 4)
    txt구분 = Cells(가져올행, 5)
    txt출시가 = Cells(가져올행, 6)
    txt연비 = Cells(가져올행, 7)
    txt연료 = Cells(가져올행, 8)
    txt배기량 = Cells(가져올행, 9)
    If txt연비 < 10 Then
        MsgBox cmb차량코드 & "의 연료는 " & txt연료
    End If
End Sub
```

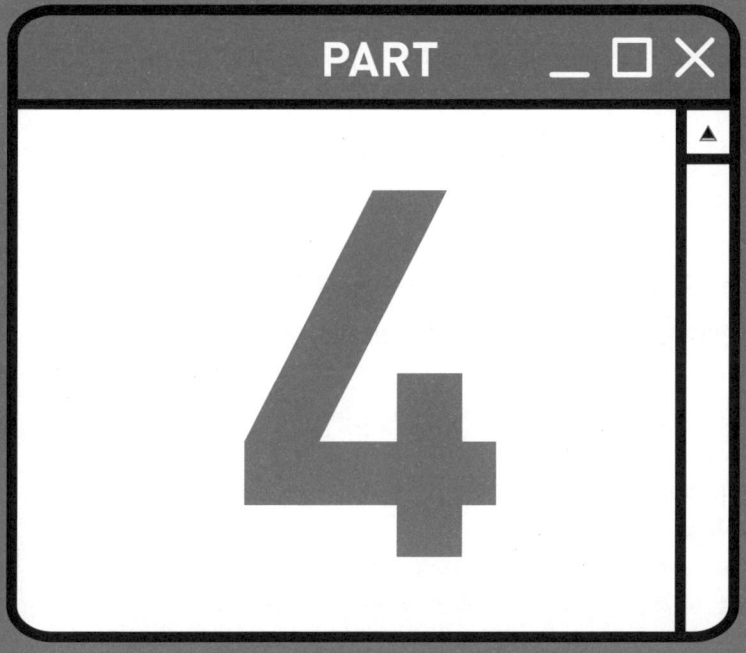

PART 4

데이터베이스 실전모의고사

- 1회 실전모의고사
- 2회 실전모의고사
- 3회 실전모의고사
- 4회 실전모의고사
- 5회 실전모의고사

제1회 실전모의고사

프로그램명	제한시간
ACCESS	45분

수험번호 : _____

성   명 : _____

| 1급 | C형 |

유 의 사 항

★ 펜은 꺼내실 수 없으며 시험지는 유출이 불가능합니다.

■ 인적 사항 누락 및 잘못 작성으로 인한 불이익은 수험자 책임으로 합니다.

■ 화면에 암호 입력창이 나타나면 아래의 암호를 입력하여야 합니다.
  ● 암호 :

★ 암호를 입력할 수도 있으니 이렇게 첫 장을 확인하시면 됩니다.

■ 작성된 답안은 주어진 경로 및 파일명을 변경하지 마시고 그대로 저장해야 합니다.
  이를 준수하지 않으면 실격 처리됩니다.

★ 디스켓 모양을 눌러 저장하시면 됩니다. 예외가 있을 수도 있으니 감독관이 설명할 때 잘 들어주세요. 제한시간(45분) 안에 디스켓 모양을 눌러 저장을 하고 그 이후에는 화면이 바뀌며 [답안 제출]을 하게 됩니다.

■ 외부 데이터 위치 : C:\DB\파일명

■ 별도의 지시사항이 없는 경우, 다음과 같이 처리 시 실격 처리됩니다.
  ● 제시된 개체의 이름을 임의로 변경한 경우
  ● 제시된 개체의 속성을 임의로 변경한 경우
  ● 제시된 개체를 임의로 추가하거나 삭제한 경우

■ 별도의 지시사항이 없는 경우 기능의 구현은 모듈이나 매크로 등을 이용하며, 예외적인 상황에 대해서는 고려하지 않아도 됩니다.

■ 별도의 지시사항이 없는 경우 주어진 각 개체의 속성은 설정값 또는 기본 설정값(Default)으로 처리하십시오.

■ 제시된 화면은 예시이며 나타난 값은 실제와 다를 수 있습니다.

■ 저장 시간은 별도로 주어지지 않으므로 제한된 시간 내에 저장을 완료해야 합니다.

■ 출제된 문제의 용어는 Microsoft Office Access 2021 기준으로 작성되어 있습니다.

국 가 기 술 자 격 검 정

문제 1 DB 구축(25점)

01 전기요금을 관리하는 데이터베이스를 구축하고자 한다. 다음의 지시사항에 따라 <사용자> 테이블을 완성하시오. (각 3점)

① 첫 번째 필드로 '순번' 필드를 추가하고, '일련 번호' 형식과 기본 키를 설정하시오.
② '지역코드' 필드에 0~255자의 숫자를 입력할 수 있는 필드 크기를 설정하시오.
③ '1차점검일' 보다 큰 '2차점검일'을 입력하도록 유효성 검사 규칙을 작성하시오.
④ '구분' 필드는 중복된 값이 입력될 수 있는 인덱스를 설정하시오.
⑤ '당월사용량' 필드에는 다음과 같이 입력 마스크를 설정하시오.
  ▶ 숫자 세 개를 반드시 입력하고 입력되는 자리에 '*'을 표시하시오.

02 <사용자> 테이블의 '당월사용량' 필드는 <주택용고압요금표> 테이블의 '사용량' 필드를, <사용자> 테이블의 '당월사용량' 필드는 <주택용저압요금표> 테이블의 '사용량' 필드를 참조하며, 각 테이블 간의 관계는 M:1이다. 다음과 같이 테이블 간의 관계를 설정하시오. (5점)

▶ 각 테이블 간에 항상 참조 무결성이 유지되도록 설정하시오.
▶ 참조 필드의 값이 변경되면 관련 필드의 값도 변경되도록 설정하시오.
▶ 다른 테이블에서 참조하고 있는 레코드는 삭제할 수 없도록 설정하시오.

03 외부 데이터 가져오기 기능을 이용하여 <제품별소비전력.xlsx> 파일의 내용을 가져와 <제품별소비전력> 테이블을 생성하시오. (5점)

▶ 첫 번째 행은 열 머리글임
▶ 기본 키는 Access에서 제공하는 기본 키를 설정할 것

문제 2 입력 및 수정 기능 구현 (20점)

01 <전기요금청구> 폼을 다음의 지시사항에 따라 완성하시오. (각 2점)

① 폼의 '기본 보기' 속성을 <그림>과 같이 설정하시오.
② '본문' 영역의 홀수 레코드 배경색을 'Access 테마 1', 짝수 레코드 배경색을 'Access 테마 3'으로 설정하시오.
③ '1차점검일'과 '2차점검일'의 월 차이를 'txt점검간격' 컨트롤에 표시하시오.
④ 'txt당월사용량' 컨트롤에 데이터를 입력할 수 없도록 설정하시오.
⑤ 'txt고객명', 'txt2차점검일', 'txt구분' 컨트롤에 포커스가 이동되지 않도록 설정하시오.

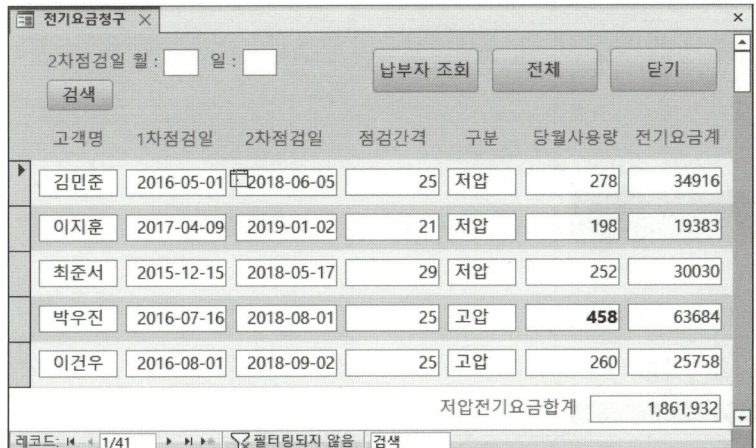

02 <전기요금청구> 폼의 'txt당월사용량' 컨트롤에 다음과 같이 조건부 서식을 설정하시오. (2점)
▶ 당월사용량이 400 이상인 컨트롤의 글꼴 스타일을 '굵게'로 설정하시오.

03 <전기요금청구> 폼의 폼 바닥글 영역에서 'txt저압전기요금합계'에 구분이 "저압"인 사용자들의 전기요금계 합계가 표시되도록 설정하시오. (3점)
▶ <고객전기요금> 쿼리와 DSUM 함수 사용

04 <전기요금청구> 폼에서 '닫기(cmd닫기)' 단추를 클릭하면 폼을 저장하고 닫는 매크로를 작성하시오. (2점)

05 <전기요금청구> 폼의 'txt월'과 'txt일' 컨트롤에 값을 입력하고 '검색'(cmd검색) 단추를 클릭하면 다음과 같은 기능을 수행하도록 작성하시오. (3점)
▶ '2차점검일'이 'txt월'과 'txt일'에 입력된 내용을 모두 만족하는 레코드만 표시하도록 하시오.
▶ ApplyFilter를 사용하여 <2차점검일> 매크로를 작성하시오.

문제 3 조회 및 출력 기능 구현 (20점)

01 다음의 지시사항 및 화면을 참조하여 <구분별전기요금보고서> 보고서를 완성하시오. (각 3점)
① '보고서 머리글/바닥글' 영역을 추가한 후 'lbl제목'이 보고서 머리글 영역에 표시되도록 컨트롤을 이동하고 페이지 머리글 영역의 높이를 0cm로 설정하시오.
② 구분 바닥글 영역을 추가한 후 구분이 같은 경우 '당월사용량'이 오름차순으로 정렬되어 표시되도록 설정하시오.
③ 본문 영역의 'txt1차점검일', 'txt2차점검일' 컨트롤에 '1차점검일', '2차점검일' 필드를 각각 바운드시키시오.
④ 그룹 머리글 영역의 배경색과 같도록 페이지 바닥글 영역의 배경색을 변경하시오.
⑤ 페이지 바닥글의 'txt페이지' 컨트롤에는 페이지가 다음과 같이 표시되도록 설정하시오.
▶ 전체 2페이지 중 현재 페이지가 1일 경우 : 1/2페이지

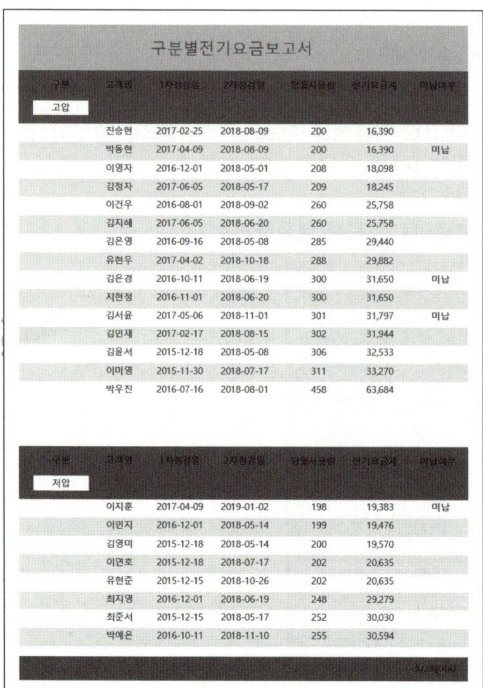

02 <전기요금청구> 폼에서 '납부자 조회(cmd납부자조회)' 단추를 클릭하면 '미납여부'가 FALSE인 자료만 표시하는 이벤트 프로시저를 구현하시오. (5점)

▶ Filter, FilterOn 속성 사용

문제 4 처리 기능 구현 (35점)

01 <사용자> 테이블을 이용하여 '1차점검일'의 2017년도 월별 점검자수를 조회하는 <2017년1차점검자수> 쿼리를 작성하시오. (7점)

▶ 점검수는 '고객명' 필드를 이용하시오.
▶ 쿼리 결과는 <그림>과 같이 표시되도록 설정하시오.

점검월	점검수
2월	4
3월	2
4월	4
5월	2
6월	2

02 다음과 같은 기능을 수행하는 <업데이트> 쿼리를 작성하시오. (7점)

▶ <사용자> 테이블의 '2차점검일'이 2019-1-1 이후에 해당하는 레코드는 '미납여부'를 선택된 것으로 변경하시오.

03 할인종류별 코드별 고객수를 조회하는 <지역코드별고객수> 크로스탭 쿼리를 작성하시오. (7점)

▶ <사용자> 테이블을 이용하시오.
▶ 고객수는 '순번' 필드를 이용하시오.
▶ 코드는 '지역코드' 필드의 마지막 숫자가 1부터 3까지 중 하나에 해당하면 표시하시오.
   (Right 함수, Like 연산자 사용)
▶ 쿼리 실행 결과 표시되는 필드와 필드명은 <그림>과 같이 표시되도록 설정하시오.

할인종류	1	2	3
대가족요금	2	5	4
미신청	1		1
복지할인	3	5	2
자동납부	3	5	2

04 <제품>과 <주문> 테이블을 이용하여 품목별 주문수를 조회하는 <품목별주문수> 쿼리를 작성하시오. (7점)

▶ Like 연산자를 사용하여 "A"부터 "B"로 시작하는 품목만 표시(Left, Or 함수는 사용할 수 없음)
▶ '주문수'는 <주문> 테이블의 '품목' 필드를 이용하여 개수만큼 "■"를 표시(String, Count 함수 사용)

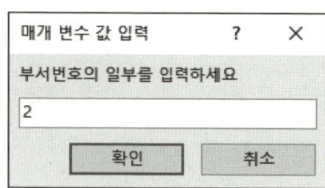

(※ 품목 필드에 표시되는 목록 단추는 채점 대상이 아닙니다.)

05 <인상률정보> 테이블을 이용하여 인상률을 인상하는 <인상률인상> 쿼리를 작성하시오. (7점)

▶ 입력한 부서번호를 포함하는 데이터를 대상으로 인상률을 업데이트할 것
▶ 인상률은 인상률의 10%를 인상
  (예 : 10% → 11%)

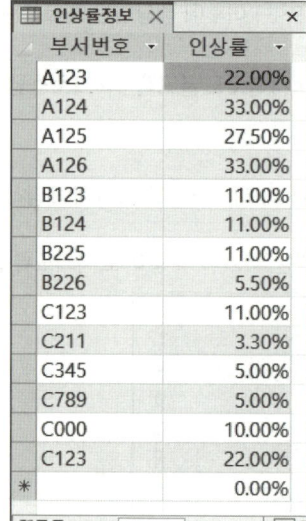

정답 및 해설

문제1 DB 구축

'보안 경고'가 표시되면 '콘텐츠 사용'을 클릭하세요.

01 테이블

1

[행 삽입]-[순번] 필드 추가-데이터 형식 : 일련 번호, 기본 키 지정

① [탐색] 창의 <사용자> 테이블에서 마우스 오른쪽 버튼을 눌러 바로 가기 메뉴가 나타나면 [디자인 보기] 명령을 클릭합니다.
② 첫 번째 필드를 추가하기 위해 [고객명] 필드를 클릭하고 [테이블 디자인] 탭-[도구] 그룹-[행 삽입]을 클릭합니다.
③ 삽입된 행의 필드 이름을 '순번'으로 입력하고 데이터 형식의 목록 단추(▼)를 클릭하여 '일련 번호'를 선택합니다.
④ 이어서 [테이블 디자인] 탭-[도구] 그룹-[기본 키]를 클릭합니다.

2

[지역코드] 필드-'필드 크기' 속성 : 바이트

① [지역코드] 필드를 클릭하고 [지역코드] 필드 속성이 나타나면 [일반] 탭의 '필드 크기' 속성을 클릭해 '바이트'로 변경합니다.

3

테이블 속성-'유효성 검사 규칙' 속성 : [2차점검일]>[1차점검일]

① 테이블 [속성 시트] 창의 '유효성 검사 규칙'을 클릭합니다.
② '유효성 검사 규칙' 속성에 커서가 이동되면 '[2차점검일]>[1차점검일]'을 입력합니다.

4

[구분] 필드-'인덱스' 속성 : 예(중복 가능)

① [구분] 필드를 클릭하여 [구분]의 필드 속성이 나타나면 [일반] 탭의 '인덱스' 속성을 더블클릭해 '예(중복 가능)'으로 변경합니다.

5

[당월사용량] 필드-'입력 마스크' 속성 : 000;;*

① [당월사용량] 필드를 클릭하여 [당월사용량] 필드 속성이 나타나면 [일반] 탭의 '입력 마스크' 속성을 클릭합니다.
② '입력 마스크' 속성에 커서가 이동되면 '000;;*'을 입력한 후 Enter 를 눌러 입력을 완료합니다.
③ 저장(🖫)하고 닫기(✖)를 클릭하여 <사용자> 테이블을 닫습니다.
④ 아래와 같은 메시지가 나타나면 [예] 단추를 클릭합니다.

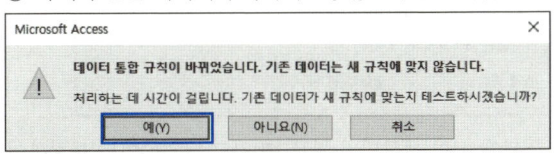

02 관계

▶ 결과

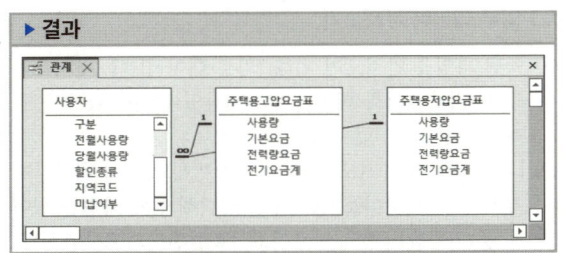

① [데이터베이스 도구] 탭-[관계] 그룹-[관계]를 클릭합니다.
② [관계 디자인] 탭-[관계] 그룹-[테이블 추가]를 클릭해 [테이블 추가] 창이 나타나면 <사용자>, <주택용고압요금표>, <주택용저압요금표> 테이블을 각각 더블클릭하여 [관계] 창에 추가합니다.
③ <사용자> 테이블의 [당월사용량] 필드를 <주택용고압요금표> 테이블의 [사용량] 필드로 드래그합니다.
④ [관계 편집] 대화상자가 나타나면 '항상 참조 무결성 유지'와 '관련 필드 모두 업데이트' 확인란을 선택하고 [만들기] 단추를 클릭합니다.

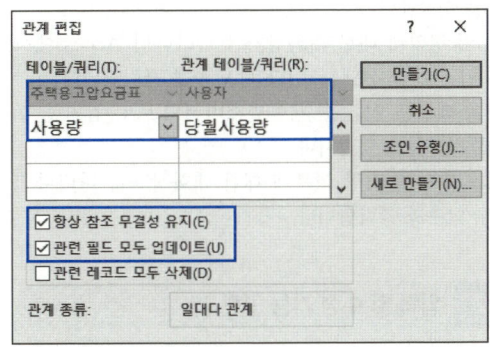

⑤ 관계 선이 생성되면 <사용자> 테이블의 [당월사용량] 필드를 <주택용저압요금표> 테이블의 [사용량] 필드로 드래그합니다.
⑥ [관계 편집] 대화상자가 나타나면 '항상 참조 무결성 유지'와 '관련 필드 모두 업데이트' 확인란을 선택하고 [만들기] 단추를 클릭합니다.

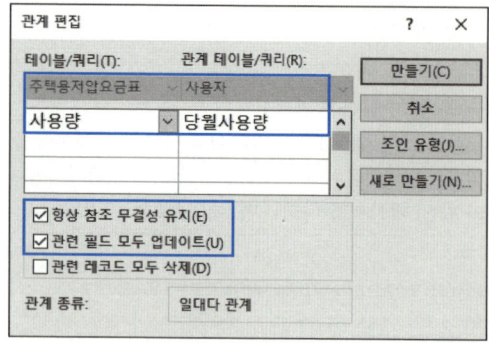

⑦ 관계 선이 생성되면 저장(🖫)하고 닫기(✖)를 클릭하여 [관계] 창을 닫습니다.

03 외부 데이터 가져오기

① 엑셀 파일을 가져오기 위해 [외부 데이터] 탭-[가져오기 및 연결] 그룹-[새 데이터 원본]-[파일에서]-[Excel]을 클릭합니다.
② [외부 데이터 가져오기 - Excel 스프레드시트] 대화상자가 나타나면 [찾아보기] 단추를 클릭해 현재 파일을 열어준 폴더(컴활1급₩실전모의고사₩실전모의고사01회)로 이동한 후 '제품별소비전력.xlsx'을 선택하고 [열기] 단추를 클릭합니다.
③ 다시 [외부 데이터 가져오기 - Excel 스프레드시트] 대화상자로 돌아오면 '현재 데이터베이스의 새 테이블로 원본 데이터 가져오기'를 선택하고 [확인] 단추를 클릭합니다.
④ 시트나 범위를 선택하는 대화상자가 나타나면 기본 설정 그대로 두고 [다음] 단추를 클릭합니다.
⑤ 첫 번째 행을 열 머리글로 사용하기 위해 '첫 행에 열 머리글이 있음'을 선택하고 [다음] 단추를 클릭합니다.
⑥ 지정할 옵션이 없으므로 기본 설정 그대로 두고 [다음] 단추를 클릭합니다.
⑦ 기본 키 정의에 대한 대화상자가 나타나면 'Access에서 기본 키 추가'를 선택하고 [다음] 단추를 클릭합니다.
⑧ 가져올 테이블 이름을 '제품별소비전력'으로 입력한 후 [마침] 단추를 클릭합니다.
⑨ 가져오기 단계 저장 여부에 대한 대화상자가 나타나면 [닫기] 단추를 클릭합니다.

문제 2 입력 및 수정 기능 구현

01 폼 속성

1

① [탐색] 창 폼 목록의 〈전기요금청구〉 폼에서 마우스 오른쪽 버튼을 누른 후 [디자인 보기] 명령을 클릭합니다.
② '전기요금청구' 폼의 '폼 선택기'(■)를 클릭하여 폼 [속성 시트] 창이 나타나면 [형식] 탭의 '기본 보기' 목록 단추(▼)를 클릭해 '연속 폼'을 선택합니다.

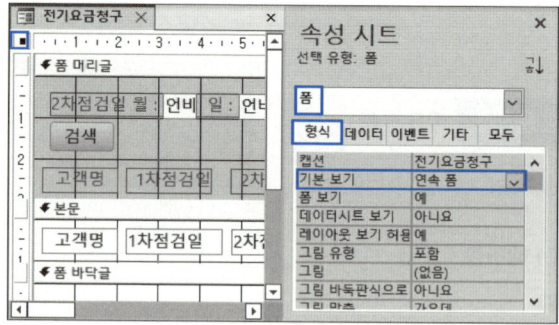

2

① '본문' 구역을 선택하고 홀수 레코드 배경색을 변경하기 위해 [속성 시트] 창에서 [형식] 탭의 '배경색' 목록 단추(▼)를 클릭해 'Access 테마 1'을 선택합니다.
② 짝수 레코드 배경색을 변경하기 위해 [속성 시트] 창에서 [형식] 탭의 '다른 배경색' 목록 단추(▼)를 클릭해 'Access 테마 3'을 선택합니다.

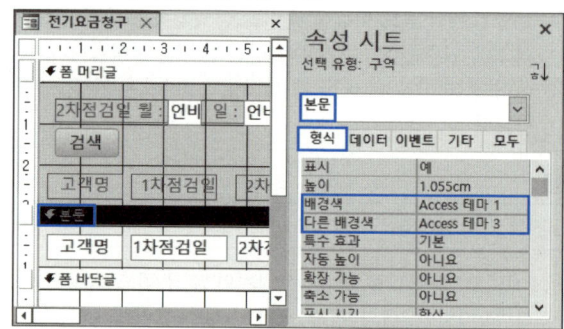

3

① '본문' 구역의 'txt점검간격' 컨트롤을 클릭한 후 선택한 컨트롤 [속성 시트] 창이 나타나면 [데이터] 탭의 '컨트롤 원본' 입력란에 '=datediff("m",[1차점검일],[2차점검일])'을 입력합니다.

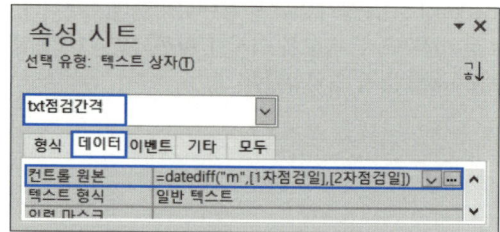

② Enter를 누르면 '=DateDiff("m",[1차점검일],[2차점검일])'로 변경된 것을 확인할 수 있습니다.

4

① '본문' 구역의 'txt당월사용량' 컨트롤을 클릭한 후 선택한 컨트롤 [속성 시트] 창이 나타나면 [데이터] 탭의 '잠금' 목록 단추(▼)를 클릭해 '예'를 선택합니다.

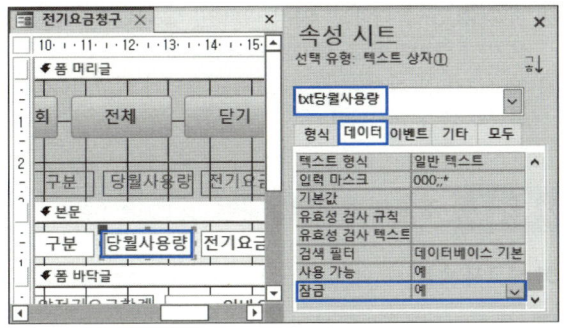

⑤ 식 입력란에 '[당월사용량]>=400'을 입력합니다.
⑥ 조건에 맞으면 적용할 서식에 '굵게'를 클릭한 후 [확인] 단추를 클릭합니다.

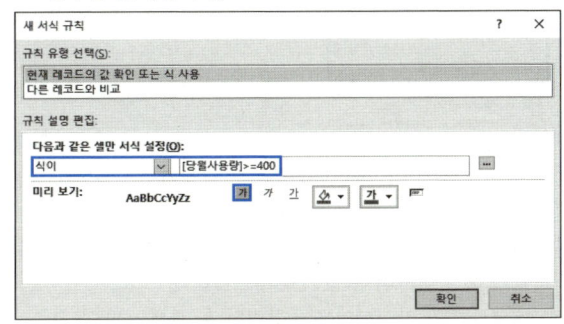

⑦ [조건부 서식 규칙 관리자] 대화상자가 나타나면 [확인] 단추를 클릭해 대화상자를 닫습니다.
⑧ 저장(🖫)을 클릭하고 닫기(✖)를 클릭해 작성한 폼을 닫습니다.

03 도메인 집계 함수

① [탐색] 창 폼 목록의 〈전기요금청구〉 폼에서 마우스 오른쪽 버튼을 누른 후 [디자인 보기] 명령을 클릭합니다.
② '폼 바닥글' 구역의 'txt저압전기요금합계' 컨트롤을 클릭한 후 선택한 컨트롤 [속성 시트] 창이 나타나면 [데이터] 탭의 '컨트롤 원본' 입력란에 '=dsum("전기요금계","고객전기요금","구분='저압'")'을 입력하고 Enter 를 눌러 입력을 완료합니다.

❺

① 폼 '본문' 구역의 'txt고객명', 'txt2차점검일', 'txt구분' 컨트롤을 Shift 를 이용해 선택합니다.

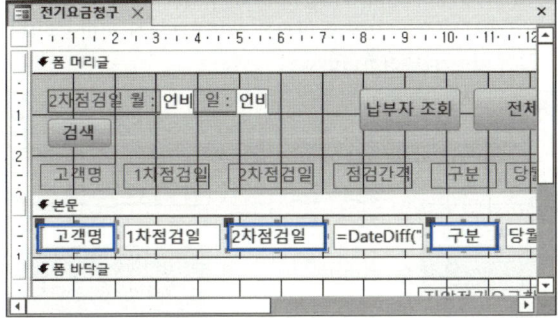

② 여러 항목 선택 [속성 시트] 창이 나타나면 [기타] 탭의 '탭 정지' 목록 단추(⌄)를 클릭해 '아니요'를 선택합니다.

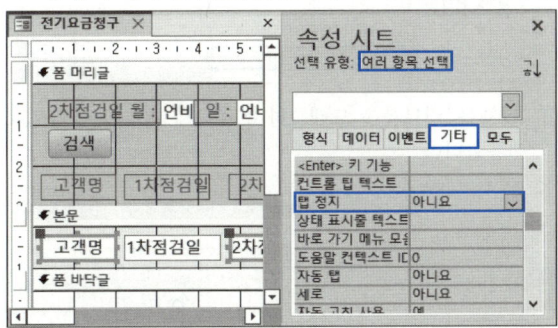

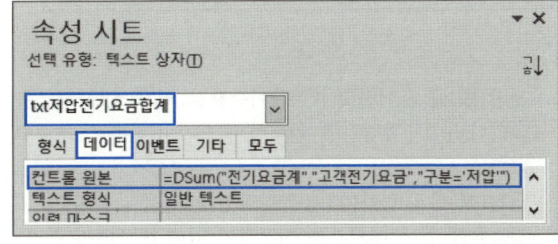

③ 저장(🖫)을 클릭하고 닫기(✖)를 클릭해 작성한 폼을 닫습니다.

04 매크로

① [탐색] 창 폼 목록의 〈전기요금청구〉 폼에서 마우스 오른쪽 버튼을 누른 후 [디자인 보기] 명령을 클릭합니다.
② 'cmd닫기' 컨트롤을 클릭한 후 선택한 컨트롤 [속성 시트] 창이 나타나면 [이벤트] 탭의 'On Click'에 커서를 이동하고 작성기 단추(⋯)를 클릭합니다.
③ [작성기 선택] 대화상자가 나타나면 '매크로 작성기'를 선택하고 [확인] 단추를 클릭합니다.
④ [매크로 작성기] 창이 나타나면 아래와 같이 입력합니다.

③ 저장(🖫)을 클릭하고 닫기(✖)를 클릭해 작성한 폼을 닫습니다.

02 조건부 서식

① [탐색] 창 폼 목록의 〈전기요금청구〉 폼에서 마우스 오른쪽 버튼을 누른 후 [디자인 보기] 명령을 클릭합니다.
② 폼이 디자인 창으로 표시되면 '본문' 구역의 'txt당월사용량' 컨트롤을 클릭합니다.
③ [서식] 탭-[컨트롤 서식] 그룹-[조건부 서식]을 클릭합니다.
④ [조건부 서식 규칙 관리자] 대화상자가 나타나면 [새 규칙] 단추를 클릭하고 첫 번째 목록 단추(⌄)를 클릭해 '식이'를 선택합니다.

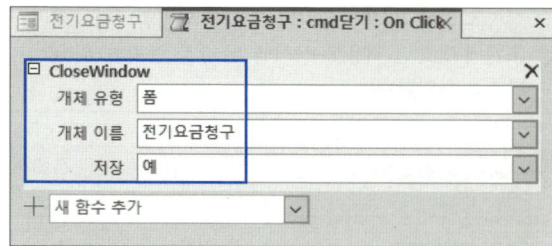

⑤ [매크로 작성기] 창의 닫기(✗)를 클릭하고 업데이트 여부를 묻는 메시지가 표시되면 [예] 단추를 클릭합니다.
⑥ 저장(🖫)을 클릭하고 [양식 디자인] 탭-[보기] 그룹-[폼 보기]를 클릭하여 폼 보기로 전환합니다.
⑦ 매크로가 잘 작성되었는지 확인한 후 개체를 닫습니다.

05 매크로

① 매크로 이름이 따로 지정되어 있으므로 매크로를 먼저 작성하기 위해 [만들기] 탭-[매크로 및 코드] 그룹-[매크로]를 클릭합니다.
② [매크로 작성기] 창이 나타나면 새 함수 추가 입력란에 'applyfilter'를 입력하고 Enter 를 누릅니다.
③ 필터 적용 매크로 인수가 나타나면 'Where 조건문' 입력란에 'Month([2차점검일])=[Forms]![전기요금청구]![txt월] And Day([2차점검일])=[Forms]![전기요금청구]![txt일]'을 입력합니다.

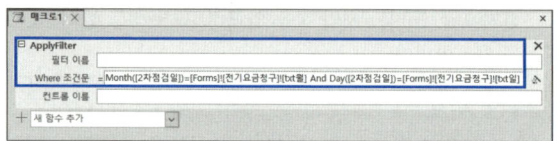

④ 저장(🖫)을 클릭하고 [다른 이름으로 저장] 대화상자가 나타나면 '2차점검일'을 입력한 후 [확인] 단추를 클릭합니다.
⑤ 닫기(✗)를 클릭하여 [매크로 작성기] 창을 닫습니다.
⑥ 컨트롤에 만든 매크로를 지정하기 위해 [탐색] 창 폼 목록의 <전기요금청구> 폼에서 마우스 오른쪽 버튼을 누른 후 [디자인 보기] 명령을 클릭합니다.
⑦ '폼 머리글' 구역의 'cmd검색' 컨트롤을 클릭합니다.
⑧ 컨트롤의 [속성 시트] 창이 나타나면 [이벤트] 탭의 'On Click'에 목록 단추(🔽)를 클릭해 '2차점검일'을 선택합니다.

⑨ 저장(🖫)을 클릭하고 [양식 디자인] 탭-[보기] 그룹-[폼 보기]를 클릭하여 폼 보기로 전환합니다.
⑩ 매크로가 잘 작성되었는지 결과를 확인하고 닫기(✗)를 클릭해 폼을 닫습니다.

문제 3 조회 및 출력 기능 구현

01 보고서 속성

1

① [탐색] 창 보고서 목록의 <구분별전기요금보고서> 보고서에서 마우스 오른쪽 버튼을 누른 후 [디자인 보기] 명령을 클릭합니다.
② 보고서 머리글/바닥글을 추가하기 위해 임의 구역 빈 공간에서 마우스 오른쪽 버튼을 눌러 [보고서 머리글/바닥글] 명령을 클릭합니다.

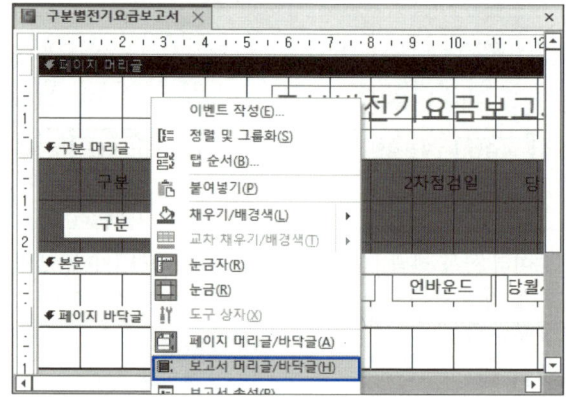

③ 'lbl제목' 컨트롤을 드래그하여 보고서 머리글 구역으로 이동합니다.

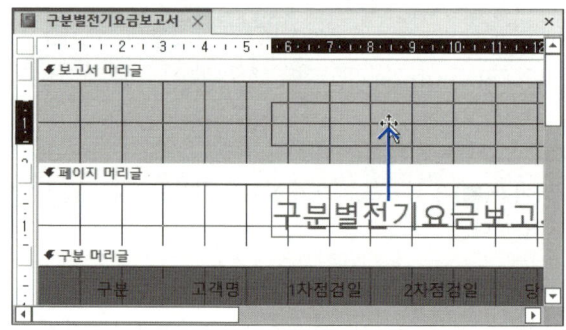

④ '페이지 머리글' 구역을 클릭하고 선택한 구역 [속성 시트] 창이 나타나면 [형식] 탭의 '높이' 입력란에 '0'을 입력합니다.
⑤ Enter 를 누르면 '0cm'로 변경된 것을 확인할 수 있습니다.

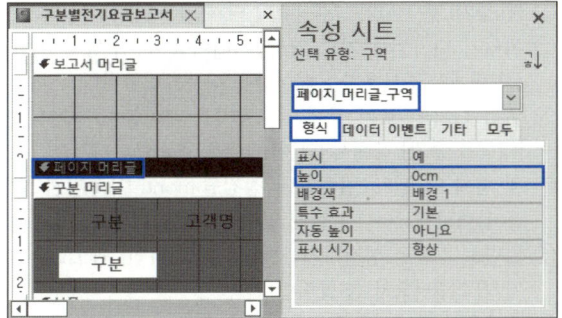

2

① [보고서 디자인] 탭-[그룹화 및 요약] 그룹-[그룹화 및 정렬]을 클릭합니다.
② [그룹, 정렬 및 요약] 창이 나타나면 그룹화 기준의 '자세히'를 클릭하고 '바닥글 구역 표시 안 함'의 목록 단추를 클릭해 '바닥글 구역 표시'로 변경합니다.

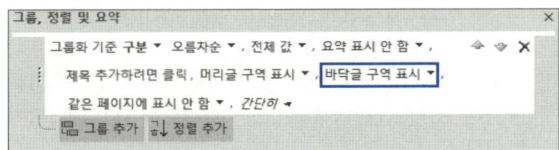

③ 동일한 구분 내에서 당월사용량을 정렬하기 위해 [정렬 추가] 단추를 클릭합니다.
④ [당월사용량] 필드를 선택한 후 정렬이 '오름차순'인지 확인합니다.

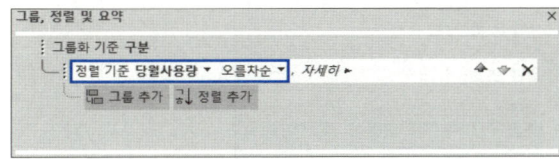

⑤ 닫기(✕)를 클릭해 [그룹, 정렬 및 요약] 창을 닫습니다.

3

① '본문' 구역의 'txt1차점검일' 컨트롤을 클릭한 후 선택한 컨트롤 [속성 시트] 창이 나타나면 [데이터] 탭의 '컨트롤 원본' 입력란에 '1차점검일'을 입력한 후 Enter를 눌러 입력을 완료합니다.

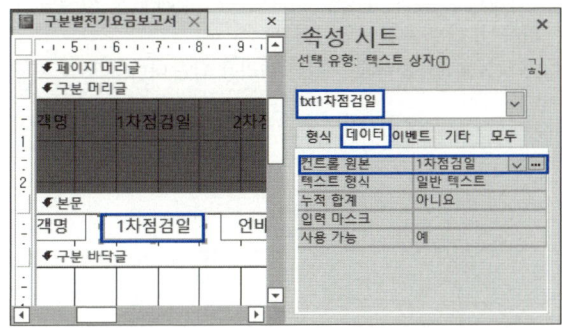

② '본문' 구역의 'txt2차점검일' 컨트롤을 클릭한 후 선택한 컨트롤 [속성 시트] 창이 나타나면 [데이터] 탭의 '컨트롤 원본' 입력란에 '2차점검일'을 입력한 후 Enter를 눌러 입력을 완료합니다.

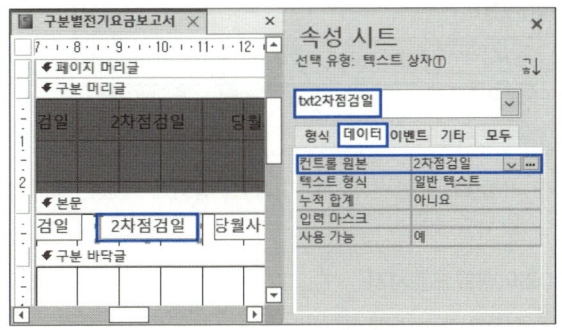

4

① '구분 머리글' 구역을 클릭한 후 선택한 구역 [속성 시트] 창이 나타나면 [형식] 탭의 '배경색'이 '배경 어두운 머리글'임을 확인합니다.

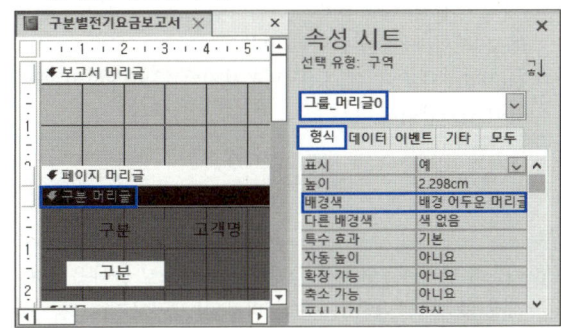

② '페이지 바닥글' 구역을 클릭한 후 선택한 구역 [속성 시트] 창이 나타나면 [형식] 탭의 '배경색' 목록 단추(▼)를 클릭해 '배경 어두운 머리글'을 선택합니다.

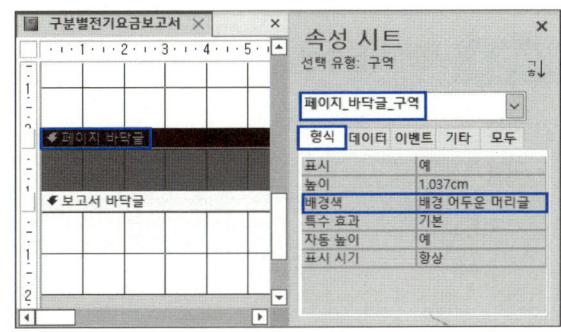

5

① '페이지 바닥글' 구역의 'txt페이지' 컨트롤을 클릭한 후 선택한 컨트롤 [속성 시트] 창이 나타나면 [데이터] 탭의 '컨트롤 원본' 입력란에 '=page & "/" & pages & "페이지"'을 입력합니다.
② Enter를 누르면 '=[Page] & "/" & [Pages] & "페이지"'로 변경된 것을 확인할 수 있습니다.

③ 저장(💾)을 클릭하고 닫기(✖)를 클릭해 작성한 보고서를 닫습니다.

02 이벤트 프로시저

① [탐색] 창 폼 목록의 〈전기요금청구〉 폼에서 마우스 오른쪽 버튼을 누른 후 [디자인 보기] 명령을 클릭합니다.
② 'cmd납부자조회' 컨트롤을 클릭한 후 선택한 컨트롤 [속성 시트] 창이 나타나면 [이벤트] 탭의 'On Click'에 커서를 이동하고 작성기 단추(…)를 클릭합니다.
③ [작성기 선택] 대화상자가 나타나면 '코드 작성기'를 선택하고 [확인] 단추를 클릭합니다.
④ 'cmd납부자조회_Click()' 프로시저가 나타나면 아래와 같이 입력합니다.

```
Private Sub cmd납부자조회_Click()
    Me.Filter = "미납여부=false"
    Me.FilterOn = True
End Sub
```

⑤ VBE의 닫기(✖) 단추를 클릭하여 액세스로 돌아옵니다.
⑥ 저장(💾)을 클릭하고 [양식 디자인] 탭-[보기] 그룹-[폼 보기]를 클릭하여 폼 보기로 전환합니다.
⑦ 코드가 잘 작성되었는지 결과를 확인하고 닫기(✖)를 클릭해 폼을 닫습니다.

문제 4 처리 기능 구현

01 쿼리

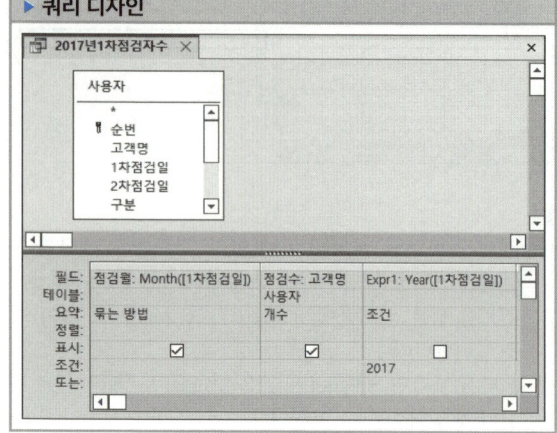

① [만들기] 탭-[쿼리] 그룹-[쿼리 디자인]을 클릭합니다.
② 쿼리가 디자인 보기로 열리면 [테이블 추가] 창의 [테이블] 탭에서 〈사용자〉 테이블을 더블클릭합니다.
③ 쿼리 디자인 보기 창에 〈사용자〉 테이블이 추가되면 [테이블 추가] 창에서 [닫기] 단추를 클릭합니다.
④ 첫 번째 열 '필드' 입력란에 '점검월:month([1차점검일])'을 입력한 후 Enter 를 눌러 입력을 완료합니다.
⑤ 월별로 그룹을 설정하기 위해 [쿼리 디자인] 탭-[표시/숨기기] 그룹-[요약]을 클릭합니다.
⑥ 〈사용자〉 테이블에서 [고객명] 필드를 더블클릭해 눈금의 두 번째 열로 지정한 후 '고객명'의 필드 이름을 지정하기 위하여 눈금의 두 번째 열에 있는 '고객명' 앞에 '점검수:'을 입력하고 Enter 를 누릅니다.
⑦ 점검자수를 조회하기 위해 '점검수: 고객명' 필드의 '요약' 목록 단추(▼)를 클릭해 '개수'를 선택합니다.
⑧ 2017년도에 해당하는 레코드만 조회하기 위해 세 번째 열 '필드' 입력란에 'year([1차점검일])'을 입력한 후 Enter 를 눌러 입력을 완료합니다.
⑨ 'Expr1:Year([1차점검일])' 필드의 '요약' 목록 단추(▼)를 클릭해 '조건'을 선택하고 '조건' 입력란에 '2017'을 입력합니다.
⑩ 표시 형식을 지정하기 위해 '점검월: Month([1차점검일])' 필드를 클릭하고 필드 [속성 시트] 창에서 [일반] 탭의 '형식' 속성에 '0월'을 입력합니다.

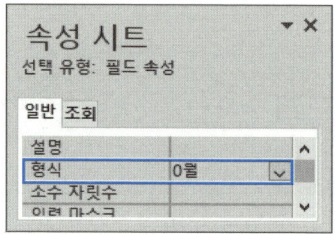

⑪ Enter 를 누르면 '0₩월'로 변경되는 것을 확인할 수 있습니다.
⑫ 결과를 확인하기 위해 [쿼리 디자인] 탭-[결과] 그룹-[실행]을 클릭합니다.
⑬ 저장(💾)을 클릭하고 [다른 이름으로 저장] 대화상자가 나타나면 쿼리 이름을 '2017년1차점검자수'로 입력한 후 [확인] 단추를 클릭합니다.
⑭ 닫기(✖)를 클릭해 작성한 쿼리를 닫습니다.

02 쿼리

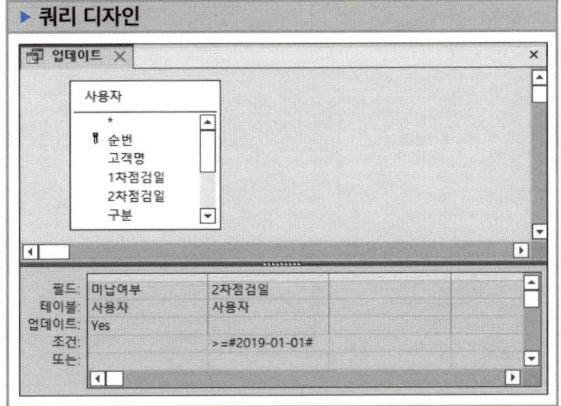

① [만들기] 탭-[쿼리] 그룹-[쿼리 디자인]을 클릭합니다.
② 쿼리가 디자인 보기로 열리면 [테이블 추가] 창의 [테이블] 탭에서 <사용자> 테이블을 더블클릭합니다.
③ 쿼리 디자인 보기 창에 <사용자> 테이블이 추가되면 [테이블 추가] 창에서 [닫기] 단추를 클릭합니다.
④ 업데이트 쿼리로 변경하기 위해 [쿼리 디자인] 탭-[쿼리 유형] 그룹-[업데이트]를 클릭합니다.
⑤ <사용자> 테이블에서 [미납여부] 필드를 더블클릭해 눈금의 첫 번째 열로 지정합니다.
⑥ '미납여부' 필드의 '업데이트' 입력란에 'yes'를 입력한 후 Enter 를 누릅니다.
⑦ 조건에 해당하는 데이터만 업데이트하기 위해 <사용자> 테이블에서 [2차점검일] 필드를 더블클릭해 눈금의 두 번째 열로 지정합니다.
⑧ '2차점검일' 필드의 '조건' 입력란에 '>=2019-1-1'을 입력합니다.
⑨ Enter 를 누르면 '>=#2019-01-01#'로 변경된 것을 확인할 수 있습니다.
⑩ 결과를 확인하기 위해 [쿼리 디자인] 탭-[결과] 그룹-[실행]을 클릭합니다.
⑪ 업데이트 여부를 묻는 메시지가 나타나면 [예] 단추를 클릭합니다.

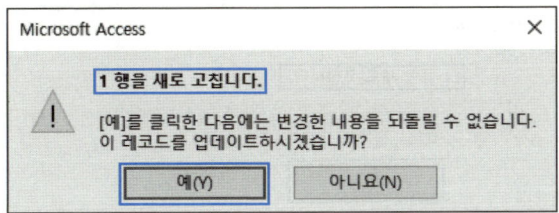

⑫ 저장(🖫)을 클릭하고 [다른 이름으로 저장] 대화상자가 나타나면 쿼리 이름을 '업데이트'로 입력한 후 [확인] 단추를 클릭합니다.
⑬ 닫기(✕)를 클릭해 작성한 쿼리를 닫습니다.

03 쿼리

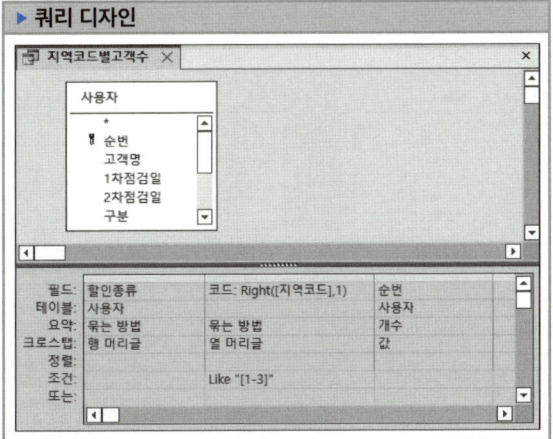

① [만들기] 탭-[쿼리] 그룹-[쿼리 디자인]을 클릭합니다.
② 쿼리가 디자인 보기로 열리면 [테이블 추가] 창의 [테이블] 탭에서 <사용자> 테이블을 더블클릭합니다.
③ 쿼리 디자인 보기 창에 <사용자> 테이블이 추가되면 [테이블 추가] 창에서 [닫기] 단추를 클릭합니다.
④ 크로스탭 쿼리로 변경하기 위해 [쿼리 디자인] 탭-[쿼리 유형] 그룹-[크로스탭]을 클릭합니다.
⑤ <사용자> 테이블에서 [할인종류] 필드를 더블클릭해 눈금의 첫 번째 열로 지정합니다.
⑥ '할인종류' 필드의 '크로스탭' 목록 단추(▼)를 클릭해 '행 머리글'을 선택합니다.
⑦ 두 번째 열 '필드' 입력란에 '코드:right(지역코드,1)'를 입력한 후 Enter 를 누릅니다.
⑧ '코드: Right([지역코드],1)' 필드의 '크로스탭' 목록 단추(▼)를 클릭해 '열 머리글'을 선택합니다.
⑨ 이어서 '코드: Right([지역코드],1)' 필드의 '조건' 입력란에 'like "[1-3]"'을 입력합니다.
⑩ Enter 를 누르면 'Like "[1-3]"'로 변경된 것을 확인할 수 있습니다.
⑪ <사용자> 테이블에서 [순번] 필드를 더블클릭해 눈금의 세 번째 열로 지정합니다.
⑫ '순번' 필드의 '크로스탭' 목록 단추(▼)를 클릭해 '값'을 선택하고 '요약' 목록 단추(▼)를 클릭해 '개수'를 선택합니다.
⑬ 결과를 확인하기 위해 [쿼리 디자인] 탭-[결과] 그룹-[실행]을 클릭합니다.
⑭ 저장(🖫)을 클릭하고 [다른 이름으로 저장] 대화상자가 나타나면 쿼리 이름을 '지역코드별고객수'로 입력한 후 [확인] 단추를 클릭합니다.
⑮ 닫기(✕)를 클릭해 작성한 쿼리를 닫습니다.

04 쿼리

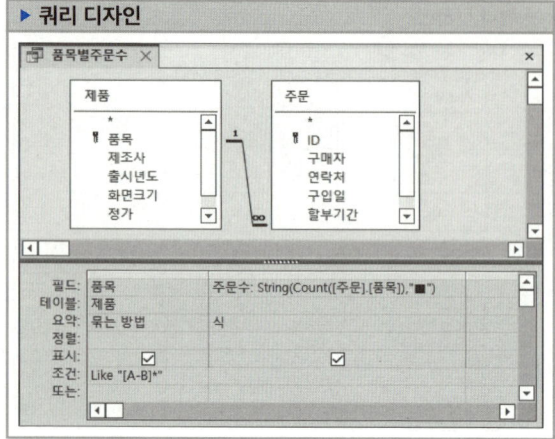

① [만들기] 탭-[쿼리] 그룹-[쿼리 디자인]을 클릭합니다.
② 쿼리가 디자인 보기로 열리면 [테이블 추가] 창의 [테이블] 탭에서 <제품>, <주문> 테이블을 각각 더블클릭합니다.
③ 쿼리 디자인 보기에 <제품>, <주문> 테이블이 추가되면 [테이블 추가] 창에서 [닫기] 단추를 클릭합니다.
④ <제품> 테이블에서 [품목] 필드를 더블클릭해 눈금의 첫 번째 열로 지정합니다.
(※ <주문> 테이블의 [품목] 필드를 이용하면 테이블의 관계성 때문에 목록이 표시되는데 이는 문제에서 채점 대상이 아니라고 하였기 때문에 <주문> 테이블의 [품목] 필드를 이용해도 됩니다.)
⑤ 눈금의 두 번째 열 '필드' 입력란에 '주문수:string(count(주문.품목),"■")'를 입력합니다.
⑥ Enter 를 누르면 '주문수: String(Count([주문].[품목]),"■")'로 변경된 것을 확인할 수 있습니다.
⑦ 품목별 주문수를 설정하기 위해 [쿼리 디자인] 탭-[표시/숨기기] 그룹-[요약]을 클릭합니다.
⑧ 눈금에 '요약' 행이 표시되면 '품목' 필드의 '요약'이 '묶는 방법'인지 확인하고, '주문수' 필드의 '요약' 목록 단추(∨)를 클릭해 '식'을 선택합니다.
⑨ A부터 B로 시작하는 품목만 표시하기 위해 '품목' 필드의 '조건' 입력란에 '"[A-B]*"을 입력합니다.
⑩ Enter 를 누르면 'Like "[A-B]*"로 변경된 것을 확인할 수 있습니다.
⑪ 결과를 확인하기 위해 [쿼리 디자인] 탭-[결과] 그룹-[실행]을 클릭합니다.
⑫ 저장(💾)을 클릭한 후 [다른 이름으로 저장] 대화상자가 나타나면 쿼리 이름을 '품목별주문수'로 입력하고 [확인] 단추를 클릭합니다.
⑬ 닫기(✕)를 클릭해 작성한 쿼리를 닫습니다.

05 쿼리

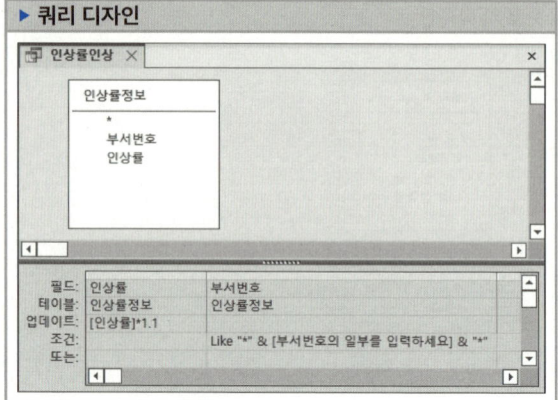

① [만들기] 탭-[쿼리] 그룹-[쿼리 디자인]을 클릭합니다.
② 쿼리가 디자인 보기로 열리면 [테이블 추가] 창의 [테이블] 탭에서 <인상률정보> 테이블을 더블클릭합니다.
③ 쿼리 디자인 보기 창에 <인상률정보> 테이블이 추가되면 [테이블 추가] 창에서 [닫기] 단추를 클릭합니다.
④ 업데이트 쿼리로 변경하기 위해 [쿼리 디자인] 탭-[쿼리 유형] 그룹-[업데이트]를 클릭합니다.
⑤ <인상률정보> 테이블에서 [인상률] 필드를 더블클릭해 눈금의 첫 번째 열로 지정합니다.
⑥ '인상률' 필드의 '업데이트' 입력란에 '[인상률]*1.1'를 입력한 후 Enter 를 누릅니다.
⑦ 조건에 해당하는 데이터만 업데이트하기 위해 <인상률정보> 테이블에서 [부서번호] 필드를 더블클릭해 눈금의 두 번째 열로 지정합니다.
⑧ '부서번호' 필드의 '조건' 입력란에 'like "*" & [부서번호의 일부를 입력하세요] & "*"'을 입력합니다.
⑨ 결과를 확인하기 위해 [쿼리 디자인] 탭-[결과] 그룹-[실행]을 클릭합니다.
⑩ [매개 변수 값 입력] 대화상자가 나타나면 '2'를 입력한 후 [확인] 단추를 클릭합니다.
⑪ 업데이트 여부를 묻는 메시지가 나타나면 [예] 단추를 클릭합니다.

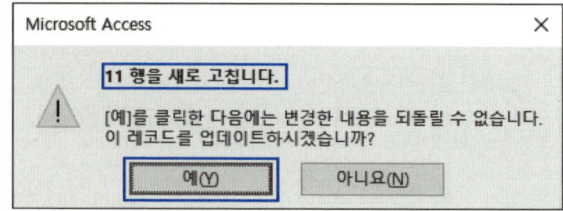

⑫ 저장(💾)을 클릭하고 [다른 이름으로 저장] 대화상자가 나타나면 쿼리 이름을 '인상률인상'으로 입력한 후 [확인] 단추를 클릭합니다.
⑬ 닫기(✕)를 클릭해 작성한 쿼리를 닫습니다.

제2회 실전모의고사

프로그램명	제한시간
ACCESS	45분

수험번호 : _____

성 명 : _____

| 1급 | C형 |

유 의 사 항

★ 펜은 꺼내실 수 없으며 시험지는 유출이 불가능합니다.
- 인적 사항 누락 및 잘못 작성으로 인한 불이익은 수험자 책임으로 합니다.
- 화면에 암호 입력창이 나타나면 아래의 암호를 입력하여야 합니다.
  - 암호 :

★ 암호를 입력할 수도 있으니 이렇게 첫 장을 확인하시면 됩니다.

- 작성된 답안은 주어진 경로 및 파일명을 변경하지 마시고 그대로 저장해야 합니다.
  이를 준수하지 않으면 실격 처리됩니다.

★ 디스켓 모양을 눌러 저장하시면 됩니다. 예외가 있을 수도 있으니 감독관이 설명할 때 잘 들어주세요. 제한시간(45분) 안에 디스켓 모양을 눌러 저장을 하고 그 이후에는 화면이 바뀌며 [답안 제출]을 하게 됩니다.

- 외부 데이터 위치 : C:\DB\파일명

- 별도의 지시사항이 없는 경우, 다음과 같이 처리 시 실격 처리됩니다.
  - 제시된 개체의 이름을 임의로 변경한 경우
  - 제시된 개체의 속성을 임의로 변경한 경우
  - 제시된 개체를 임의로 추가하거나 삭제한 경우

- 별도의 지시사항이 없는 경우 기능의 구현은 모듈이나 매크로 등을 이용하며, 예외적인 상황에 대해서는 고려하지 않아도 됩니다.

- 별도의 지시사항이 없는 경우 주어진 각 개체의 속성은 설정값 또는 기본 설정값(Default)으로 처리하십시오.

- 제시된 화면은 예시이며 나타난 값은 실제와 다를 수 있습니다.

- 저장 시간은 별도로 주어지지 않으므로 제한된 시간 내에 저장을 완료해야 합니다.

- 출제된 문제의 용어는 Microsoft Office Access 2021 기준으로 작성되어 있습니다.

국 가 기 술 자 격 검 정

문제 1 DB 구축(25점)

01 고객의 데이터 요금을 관리하는 데이터베이스를 구축하고자 한다. 다음의 지시사항에 따라 각 테이블을 완성하시오. (각 3점)

<고객> 테이블
① '전화번호' 필드는 '012-3456-7890'와 같은 형태로 숫자 11개와 문자 2개를 반드시 포함하여 입력할 수 있도록 입력 마스크를 설정하시오.
  ▶ 숫자 입력은 0~9까지의 숫자만 입력할 수 있도록 설정할 것
  ▶ '-' 문자를 테이블에 저장하고, 자료 입력 시 화면에 표시되는 기호는 '#'으로 설정할 것
② '고객명' 필드는 값이 반드시 입력되도록 설정하시오.
③ '미납여부' 필드를 마지막 필드로 추가하고, 데이터 형식을 'Yes/No'로 설정하시오.

<개인> 테이블
④ '요금상품'과 '기본요금' 필드를 기본 키로 설정하시오.
⑤ 'MB당가격'은 '기본요금' 보다 크지 않은 값만 입력하도록 유효성 검사 규칙을 설정하시오.

02 <고객> 테이블의 '요금상품' 필드에 대해 다음과 같이 설정하시오. (5점)

▶ <고객> 테이블의 '요금상품', '가입분류', '고객등급'을 콤보 상자 형태로 표시할 것
▶ 필드에는 '요금상품'이 저장되도록 설정할 것
▶ '요금상품', '가입분류', '고객등급'의 열 너비를 각각 2.5cm, 2cm, 2cm로 설정할 것
▶ 열 이름을 표시할 것
▶ 목록 너비를 6cm로 설정할 것

03 <하반기사용량> 테이블의 '고객명' 필드는 <고객> 테이블의 '고객명' 필드를 참조하며 두 테이블은 M:1의 관계를 갖고 <고객> 테이블의 '요금상품' 필드는 <상품별제공> 테이블의 '요금상품' 필드를 참조하며 두 테이블은 M:1의 관계를 갖는다. 다음과 같이 테이블 간의 관계를 설정하시오. (5점)

※ 액세스 파일에 이미 설정되어 있는 관계는 수정하지 마시오.

▶ 각 테이블 간에 항상 참조 무결성이 유지되도록 설정하시오.
▶ 참조 필드의 값이 변경되면 관련 필드의 값도 변경되도록 설정하시오.
▶ 다른 테이블에서 참조하고 있는 레코드는 삭제할 수 없도록 설정하시오.

문제 2 입력 및 수정 기능 구현 (15점)

01 <고객관리> 폼을 다음의 지시사항에 따라 완성하시오. (각 2점)

① 폼 머리글 영역에 레이블 컨트롤을 생성하여 제목을 입력하시오.
  ▶ 제목 : 고객관리
  ▶ 이름 : LBL제목
  ▶ 글꼴 크기 : 20
  ▶ 텍스트 맞춤 : 가운데
② 하위 폼에는 '고객등급'과 관련된 하위 데이터가 표시되도록 기본 폼과 하위 폼을 연결하시오.
③ 하위 폼 본문 영역의 'txt고객명' 컨트롤은 편집이 불가능하도록 설정하시오.
④ 하위 폼이 로드될 때 '고객명' 필드를 기준으로 오름차순 정렬되어 표시되도록 관련 속성을 설정하시오.

⑤ 하위 폼 바닥글 영역의 'txt총계' 컨트롤에는 기본요금의 총합이 표시되도록 컨트롤 원본 속성을 설정하시오.
▶ 총합이 563937.6인 경우 → ★ 기본요금 총계 : ₩563,938 ★
▶ 총합이 0인 경우 → ★ 기본요금 총계 : ₩0 ★

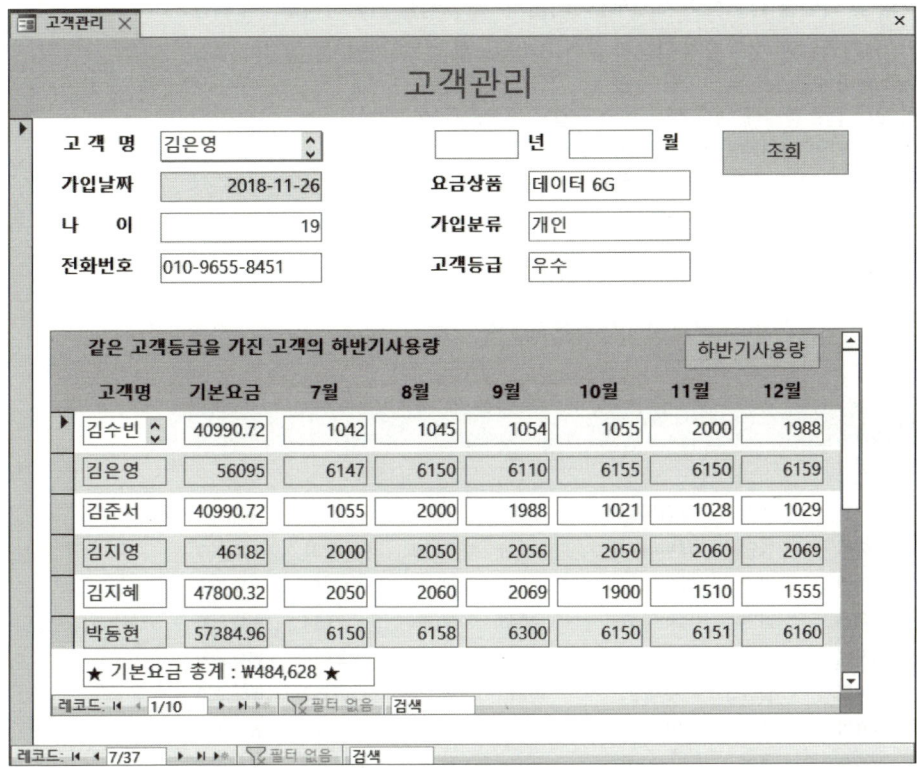

02 <고객관리> 폼에 다음과 같이 조건부 서식을 설정하시오. (2점)
▶ '가입날짜'가 2018년 1월 1일 이상인 경우 'txt가입날짜' 컨트롤의 배경색을 '노랑'으로 설정할 것

03 <상품별제공> 폼의 하위 폼인 <법인> 폼의 'txt법인 기본요금' 컨트롤에는 폼에 표시된 요금상품에 따른 기본요금을 계산하여 표시하시오. (3점)

▶ 기본요금 = MB당가격 × 제공데이터
▶ 제공데이터는 DLookup 함수와 <상품별제공> 테이블을 사용하여 계산
▶ <법인> 폼에는 요금상품과 연결되어 있는 컨트롤이 없음

문제 3 조회 및 출력 기능 구현 (25점)

01 다음의 지시사항 및 화면을 참조하여 <고객데이터관리> 보고서를 완성하시오. (각 3점)

① 본문 영역의 'txt가입날짜' 컨트롤에 다음과 같이 표시되도록 컨트롤 원본을 설정하시오.
  ▶ 가입날짜의 월이 4월인 경우 → 4월 가입
② 본문 영역의 모든 컨트롤들에 대해 테두리 스타일을 투명으로 설정하시오.
③ '고객등급'이 변경되면 페이지도 변경되도록 설정하시오.
④ 본문 영역의 'txt기본요금' 컨트롤에는 다음과 같이 표시되도록 계산하시오.
  ▶ 기본요금 = 제공데이터 × MB당가격
⑤ 페이지 바닥글 영역의 'txt페이지' 컨트롤에는 페이지가 다음과 같이 표시되도록 설정하시오.
  ▶ 현재 페이지가 1, 전체 페이지가 2인 경우 → 전체 2쪽 중 1

고객데이터관리

2025년 1월 31일 금요일

고객등급	고객명	가입분류	요금상품	제공데이터	할인율	MB당가격	기본요금
우수							
3월 가입	김지영	개인	데이터 2G	2048	79.5%	22.55	₩46,182
3월 가입	김준서	법인	데이터 1G	1024	65.7%	40.0281	₩40,989
4월 가입	김수빈	법인	데이터 1G	1024	65.7%	40.0281	₩40,989
7월 가입	박우진	법인	데이터 2G	2048	80.0%	23.34	₩47,800
9월 가입	김지혜	법인	데이터 2G	2048	80.0%	23.34	₩47,800
8월 가입	이미영	법인	무제한	10240	94.4%	6.5352	₩66,920
8월 가입	박영미	개인	데이터 1G	1024	65.0%	38.5	₩39,424
2월 가입	진승현	법인	데이터 1G	1024	65.7%	40.0281	₩40,989
2월 가입	박동현	법인	데이터 6G	6144	92.0%	9.336	₩57,360
11월 가입	김은영	개인	데이터 6G	6144	91.7%	9.13	₩56,095

전체 4쪽 중 1

02 <고객관리> 폼의 '조회(cmd조회)' 단추를 클릭하면 다음과 같이 레코드를 조회하는 이벤트 프로시저를 구현하시오. (3점)

  ▶ 가입날짜는 'txt년' 컨트롤과 'txt월' 컨트롤에 입력된 년, 월에 해당하는 레코드만 조회되도록 할 것
  ▶ Filter, FilterOn 속성과 Year, Month 함수와 And 연산자 사용

03 <고객관리> 폼의 하위 폼인 <하반기사용량> 폼 머리글 영역의 '하반기사용량(cmd하반기사용량)' 단추를 클릭하면 <하반기사용량> 테이블을 '데이터시트 보기' 형태로 열도록 이벤트 프로시저를 구현하시오. (2점)

  ▶ DoCmd 개체 사용

04 <고객관리> 폼의 'txt고객명' 컨트롤을 더블클릭(Dbl Click)하면 다음과 같은 메시지를 표시하는 이벤트 프로시저를 구현하시오. (5점)

- ▶ <그림>과 같이 메시지 상자에 총 레코드 개수를 표시할 것
- ▶ <고객> 테이블과 DCount 함수 사용

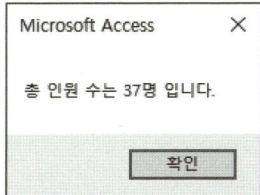

문제 4   처리 기능 구현 (35점)

01 요금상품별 가입분류별 하반기 합을 나타내는 크로스탭 쿼리를 작성하시오. (7점)

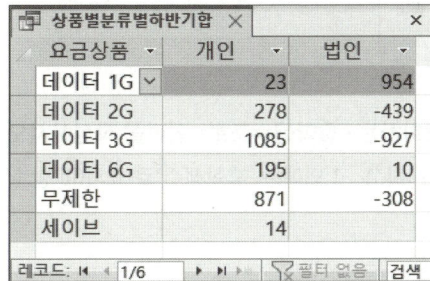

- ▶ <고객별기본요금> 쿼리 이용
- ▶ 하반기 = 12월 - 7월
- ▶ 하반기가 -1000 이상 1000 이하인 것만 대상 (Between 함수 사용)
- ▶ 쿼리 이름은 '상품별분류별하반기합'으로 설정

02 다음과 같이 고객등급별 12월 총 사용량을 표시하는 테이블 생성 쿼리를 작성하시오. (7점)

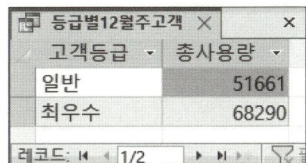

- ▶ <하반기사용량> 테이블 이용
- ▶ 생성되는 테이블 이름은 <12월주이용등급>으로 설정
- ▶ 총사용량이 50000 이상인 고객등급만을 대상으로 할 것
- ▶ 쿼리 이름은 '등급별12월주고객'으로 설정

03 <고객> 테이블을 이용하여 <화면>과 같이 '평일가입고객'을 작성하시오. (7점)

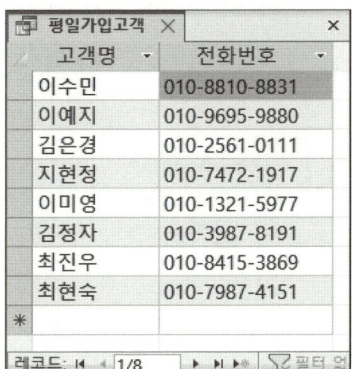

- ▶ 요금상품이 '무제한'이고, '가입날짜'가 평일인 데이터만 표시할 것
- ▶ 평일은 월요일~금요일을 의미(Weekday, Between 사용)

04 <상품> 테이블을 이용하여 가격을 할인하는 <이벤트가> 쿼리를 작성하시오. (7점)
▶ 입력한 할인율만큼 가격을 업데이트할 것
▶ 가격이 10,000이고, 할인율이 10%인 경우 → 가격은 9,000으로 표시

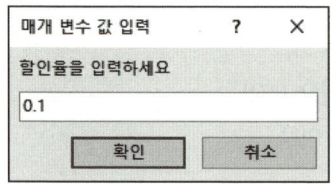

05 <컴퓨터공학과> 테이블을 이용하여 분류별 상태별 학생수를 조회하는 <휴학생수조회> 쿼리를 작성하시오. (7점)
▶ 재학생수 및 휴학생수는 '상태'가 "재학중"이면 "재학생수"로 표시하고, 그 외에는 "휴학생수"로 표시(IIf 함수 사용)

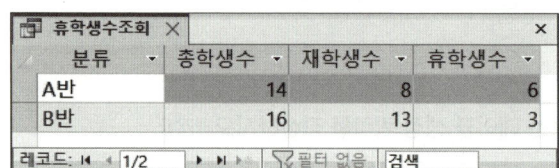

정답 및 해설

문제1 DB 구축

'보안 경고'가 표시되면 '콘텐츠 사용'을 클릭하세요.

01 테이블

1

[전화번호] 필드-'입력 마스크' 속성 : 000-0000-0000;0;#

① [탐색] 창의 <고객> 테이블에서 마우스 오른쪽 버튼을 눌러 바로 가기 메뉴가 나타나면 [디자인 보기] 명령을 클릭합니다.
② [전화번호] 필드를 클릭하여 [전화번호] 필드 속성이 나타나면 [일반] 탭의 '입력 마스크' 속성을 클릭합니다.
③ '입력 마스크' 속성에 커서가 이동되면 '000-0000-0000;0;#'을 입력한 후 Enter 를 눌러 입력을 완료합니다.

2

[고객명] 필드-'필수' 속성 : 예

① [고객명] 필드를 클릭하여 [고객명]의 필드 속성이 나타나면 [일반] 탭의 '필수' 속성을 '예'로 변경합니다.

3

[미납여부] 필드 추가-데이터 형식 : Yes/No

① 필드를 추가하기 위해 [고객등급] 필드 아래에 '미납여부'를 입력합니다.
② 데이터 형식의 목록 단추(∨)를 클릭하여 'Yes/No'를 선택합니다.
③ 저장(💾)하고 닫기(✖)를 클릭하여 <고객> 테이블을 닫습니다.

4

[요금상품] 필드, [기본요금] 필드-기본 키 지정

① [탐색] 창의 <개인> 테이블에서 마우스 오른쪽 버튼을 눌러 바로 가기 메뉴가 나타나면 [디자인 보기] 명령을 클릭합니다.
② [요금상품] 필드의 행 선택기를 클릭하고 Ctrl 을 누른 채로 [기본요금] 필드의 행 선택기를 클릭합니다.
③ [요금상품]과 [기본요금] 필드가 선택되면 [테이블 디자인] 탭-[도구] 그룹-[기본 키]를 클릭합니다.

5

테이블 속성-'유효성 검사 규칙' 속성 : [MB당가격]<=[기본요금]

① 테이블 [속성 시트] 창의 '유효성 검사 규칙'을 클릭합니다.
② '유효성 검사 규칙' 속성에 커서가 이동되면 '[MB당가격]<=[기본요금]'을 입력합니다.
③ 저장(💾)하고 닫기(✖)를 클릭하여 <개인> 테이블을 닫습니다.
④ 아래와 같은 메시지가 나타나면 [예] 단추를 클릭합니다.

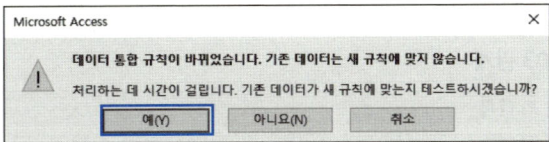

02 조회 속성

① [탐색] 창의 <고객> 테이블에서 마우스 오른쪽 버튼을 눌러 바로 가기 메뉴가 나타나면 [디자인 보기] 명령을 클릭합니다.
② [요금상품] 필드를 클릭하여 [요금상품] 필드 속성이 나타나면 [조회] 탭의 '컨트롤 표시' 속성을 클릭합니다.
③ '컨트롤 표시' 속성의 목록 단추(∨)를 클릭하여 '콤보 상자'로 변경합니다.
④ 테이블의 데이터를 가져오기 위해 '행 원본 유형' 속성이 '테이블/쿼리'인지 확인합니다.
⑤ 이어서 '행 원본' 속성을 클릭한 후 커서가 이동되면 작성기 단추(…)를 클릭합니다.
⑥ [쿼리 작성기]가 나타나면 [테이블 추가] 창에서 <고객> 테이블을 더블클릭하여 [쿼리 작성기]에 추가한 후 [테이블 추가] 창의 [닫기] 단추를 클릭합니다.
⑦ <고객> 테이블의 [요금상품] 필드를 더블클릭, [가입분류] 필드를 더블클릭, [고객등급] 필드를 더블클릭하여 눈금의 필드에 추가한 후 [쿼리 작성기]의 [닫기] 단추를 클릭합니다.
⑧ 업데이트 여부를 묻는 메시지가 나타나면 [예] 단추를 클릭합니다.
⑨ 요금상품, 가입분류, 고객등급 중에 요금상품을 저장하기 위해 '바운드 열' 속성이 '1'인지 확인합니다.
⑩ '열 너비' 속성을 클릭하고 '열 너비' 속성에 커서가 이동되면 '2.5;2;2'를 입력합니다.
⑪ Enter 를 누르면 '2.501cm;2cm;2cm'로 변경된 것을 확인할 수 있습니다.
⑫ '열 이름' 속성을 더블클릭해 '예'로 지정합니다.
⑬ '목록 너비' 속성을 클릭하고 '목록 너비' 속성에 커서가 이동되면 '6'을 입력합니다.
⑭ Enter 를 누르면 '6cm'로 변경된 것을 확인할 수 있습니다.
⑮ 마지막으로 '열 개수' 속성을 클릭하고 '열 개수' 속성에 커서가 이동되면 '3'을 입력합니다.

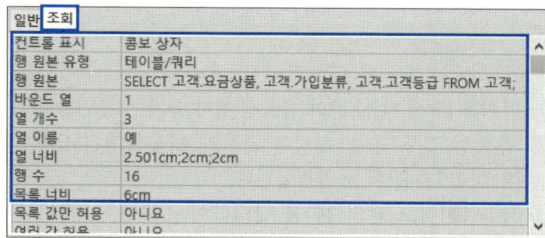

⑯ 저장(📁)하고 닫기(✖)를 클릭하여 <고객> 테이블을 닫습니다.

03 관계

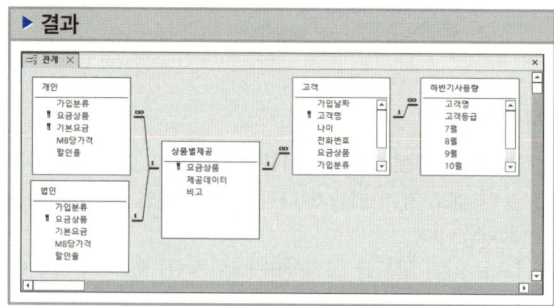

① [데이터베이스 도구] 탭-[관계] 그룹-[관계]를 클릭합니다.
② [관계 디자인] 탭-[관계] 그룹-[테이블 추가]를 클릭해 [테이블 추가] 창이 나타나면 <하반기사용량>, <고객> 테이블을 각각 더블클릭하여 [관계] 창에 추가합니다.
③ <하반기사용량> 테이블의 [고객명] 필드를 <고객> 테이블의 [고객명] 필드로 드래그합니다.
④ [관계 편집] 대화상자가 나타나면 '항상 참조 무결성 유지'와 '관련 필드 모두 업데이트' 확인란을 선택하고 [만들기] 단추를 클릭합니다.

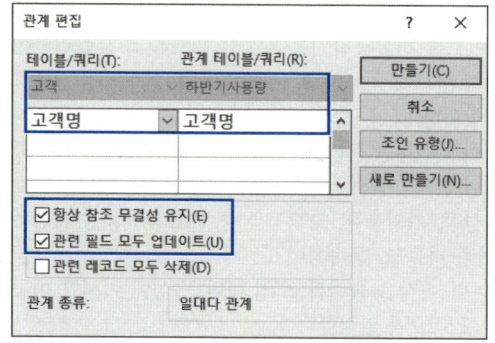

⑤ 관계 선이 생성되면 <고객> 테이블의 [요금상품] 필드를 <상품별제공> 테이블의 [요금상품] 필드로 드래그합니다.
⑥ [관계 편집] 대화상자가 나타나면 '항상 참조 무결성 유지'와 '관련 필드 모두 업데이트' 확인란을 선택하고 [만들기] 단추를 클릭합니다.

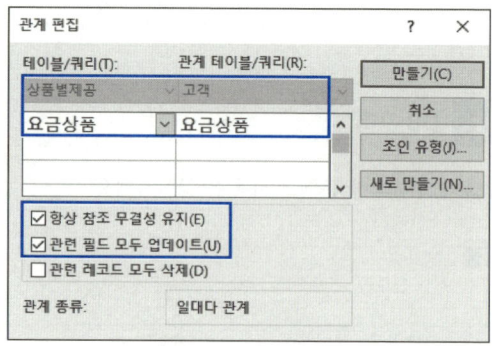

⑦ 관계 선이 생성되면 저장(📁)하고 닫기(✖)를 클릭하여 [관계] 창을 닫습니다.

문제 2 입력 및 수정 기능 구현

01 폼 속성

1

① [탐색] 창 폼 목록의 <고객관리> 폼에서 마우스 오른쪽 버튼을 누른 후 [디자인 보기] 명령을 클릭합니다.
② [양식 디자인] 탭-[컨트롤] 그룹-[레이블](㉮)을 클릭합니다.
③ 폼 머리글 구역에서 제목을 삽입할 부분에 드래그합니다.

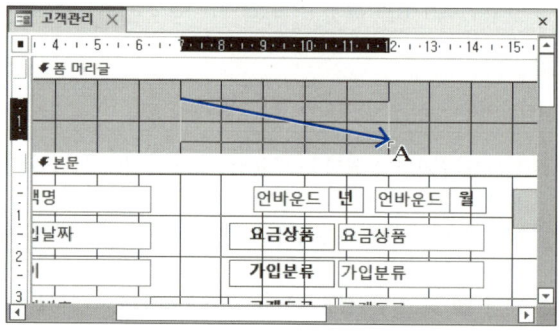

④ 커서가 나타나면 '고객관리'를 입력하고 Enter 를 누릅니다.
⑤ 오른쪽에 나타난 [속성 시트] 창에서 [기타] 탭의 '이름' 입력란에 'LBL제목'을 입력한 후 Enter 를 누릅니다.

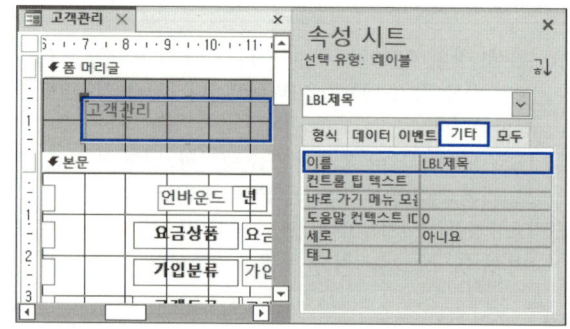

⑥ 이어서 [형식] 탭의 '글꼴 크기' 입력란에 '20'을 입력한 후 Enter 를 누릅니다.

⑦ 이어서 [형식] 탭의 '텍스트 맞춤'에 '가운데'를 선택합니다.

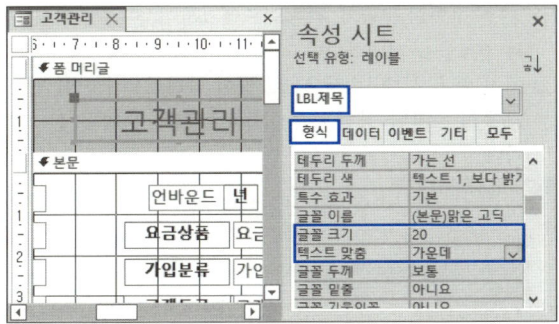

2

① 하위 폼의 틀(테두리 부분)을 클릭해 하위 폼/하위 보고서 [속성 시트] 창이 나타나면 [데이터] 탭의 '기본 필드 연결' 입력란에 '고객등급'을 입력하고 Enter 를 누릅니다.
② 이어서 [데이터] 탭의 '하위 필드 연결' 입력란에 '고객등급'을 입력하고 Enter 를 누릅니다.

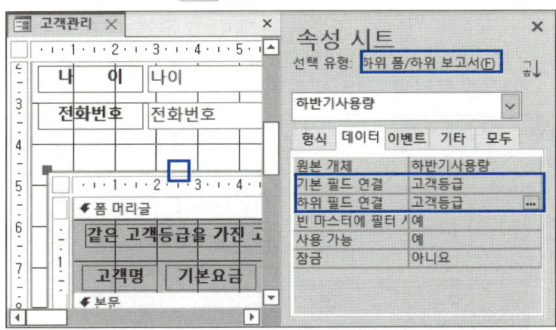

3

① 하위 폼 '본문' 구역의 'txt고객명' 컨트롤을 클릭하고 선택한 컨트롤 [속성 시트] 창이 나타나면 [데이터] 탭의 '잠금' 목록 단추(☑)를 클릭해 '예'를 선택합니다.

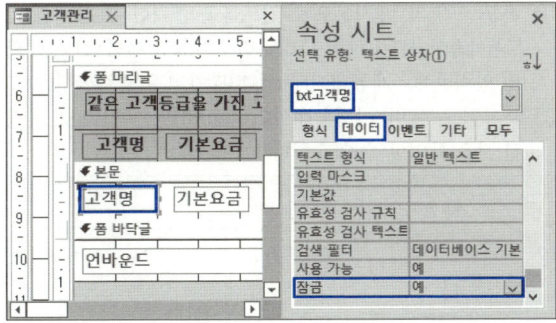

4

① 하위 폼의 '폼 선택기'(■)를 클릭하여 하위 폼 [속성 시트] 창이 나타나면 [데이터] 탭의 '로드할 때 정렬' 속성이 '예'로 지정된 것을 확인합니다.
② 이어서 [데이터] 탭의 '정렬 기준' 입력란에 '고객명 asc'를 입력한 후 Enter 를 눌러 입력을 완료합니다.

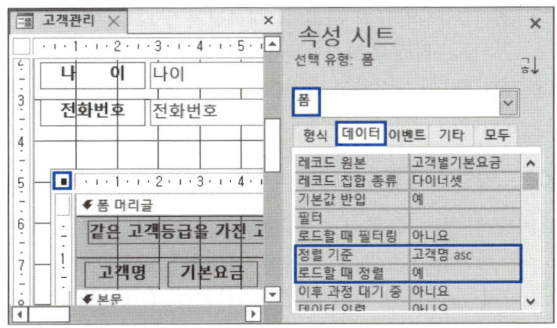

5

① 하위 폼 '폼 바닥글' 구역의 'txt총계' 컨트롤을 클릭한 후 선택한 컨트롤 [속성 시트] 창이 나타나면 [데이터] 탭의 '컨트롤 원본' 입력란에 '="★ 기본요금 총계 : " & format(sum([기본요금]),"₩₩#,##0 ★")'를 입력한 후 Enter 를 눌러 입력을 완료합니다.

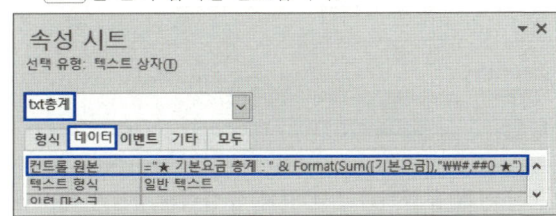

② 저장(💾)을 클릭하고 닫기(✖)를 클릭해 작성한 폼을 닫습니다.

02 조건부 서식

① [탐색] 창 폼 목록의 〈고객관리〉 폼에서 마우스 오른쪽 버튼을 누른 후 [디자인 보기] 명령을 클릭합니다.
② 폼 디자인 창이 나타나면 '본문' 구역의 'txt가입날짜' 컨트롤을 선택합니다.
③ [서식] 탭-[컨트롤 서식] 그룹-[조건부 서식]을 클릭합니다.
④ [조건부 서식 규칙 관리자] 대화상자가 나타나면 [새 규칙] 단추를 클릭하고 첫 번째 목록 단추(☑)를 클릭해 '식이'를 선택합니다.
⑤ 식 입력란에 '[가입날짜]>=#2018-1-1#'을 입력합니다.
⑥ 조건에 맞으면 적용할 서식에 '배경색' 목록 단추(▼)를 클릭해 '노랑'을 선택한 후 [확인] 단추를 클릭합니다.

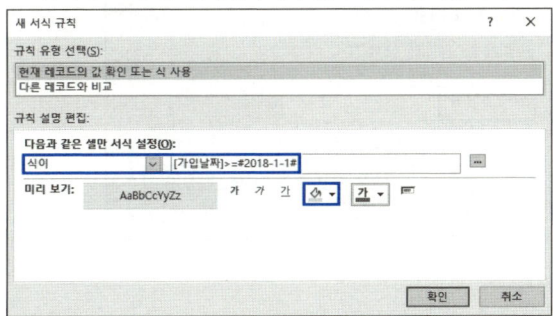

⑦ [조건부 서식 규칙 관리자] 대화상자가 나타나면 [확인] 단추를 클릭해 대화상자를 닫습니다.
⑧ 저장(🖫)을 클릭하고 닫기(✖)를 클릭해 작성한 폼을 닫습니다.

03 도메인 집계 함수

① [탐색] 창 폼 목록의 <상품별제공> 폼에서 마우스 오른쪽 버튼을 누른 후 [디자인 보기] 명령을 클릭합니다.
② 하위 폼인 법인 폼의 'txt법인기본요금' 컨트롤을 클릭한 후 선택한 컨트롤 [속성 시트] 창이 나타나면 [데이터] 탭의 '컨트롤 원본' 입력란에 '=MB당가격*dlookup("제공데이터","상품별제공","요금상품=forms!상품별제공!요금상품")'을 입력합니다.
③ Enter 를 눌러 입력을 완료하면 '=[MB당가격]*DLookUp("제공데이터","상품별제공","요금상품=forms!상품별제공!요금상품")'로 변경된 것을 확인할 수 있습니다.

④ 저장(🖫)을 클릭하고 닫기(✖)를 클릭해 작성한 폼을 닫습니다.

문제 3 조회 및 출력 기능 구현

01 보고서 속성

1
① [탐색] 창 보고서 목록의 <고객데이터관리> 보고서에서 마우스 오른쪽 버튼을 누른 후 [디자인 보기] 명령을 클릭합니다.
② '본문' 구역의 'txt가입날짜' 컨트롤을 클릭한 후 선택한 컨트롤 [속성 시트] 창이 나타나면 [데이터] 탭의 '컨트롤 원본' 입력란에 '=month(가입날짜) & "월 가입"'을 입력합니다.
③ Enter 를 누르면 '=Month([가입날짜]) & "월 가입"'으로 변경된 것을 확인할 수 있습니다.

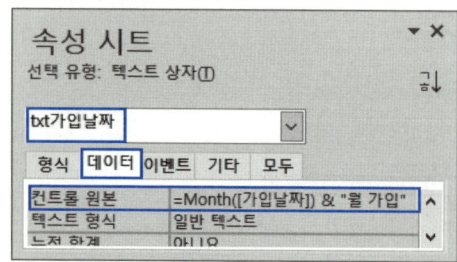

2
① '본문' 구역의 눈금자 부분을 드래그하여 '본문' 구역의 모든 컨트롤을 선택합니다.
② 여러 항목 선택 [속성 시트] 창이 나타나면 [형식] 탭의 '테두리 스타일' 목록 단추(▽)를 클릭해 '투명'을 선택합니다.

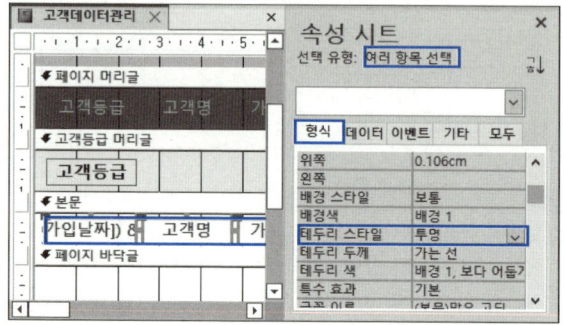

3
① '고객등급 머리글' 구역을 클릭한 후 선택한 구역 [속성 시트] 창이 나타나면 [형식] 탭의 '페이지 바꿈' 목록 단추(▽)를 클릭해 '구역 전'을 선택합니다.

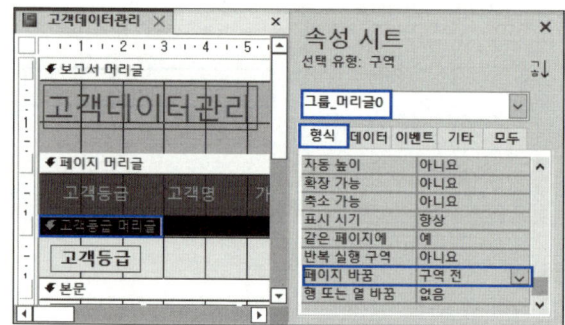

4
① '본문' 구역의 'txt기본요금' 컨트롤을 클릭한 후 선택한 컨트롤 [속성 시트] 창이 나타나면 [데이터] 탭의 '컨트롤 원본' 입력란에 '=제공데이터*txtMB당가격'을 입력합니다.
② Enter 를 누르면 '=[제공데이터]*[txtMB당가격]'으로 변경된 것을 확인할 수 있습니다.

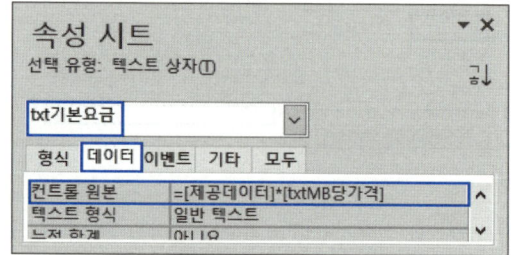

5
① '페이지 바닥글' 구역의 'txt페이지' 컨트롤을 클릭한 후 선택한 컨트롤 [속성 시트] 창이 나타나면 [데이터] 탭의

'컨트롤 원본' 입력란에 '="전체 " & Pages & "쪽 중 " & Page'을 입력합니다.

② Enter 를 누르면 '="전체 " & [Pages] & "쪽 중 " & [Page]' 로 변경된 것을 확인할 수 있습니다.

③ 저장(💾)을 클릭하고 닫기(✖)를 클릭해 작성한 보고서를 닫습니다.

02 이벤트 프로시저

① [탐색] 창 폼 목록의 〈고객관리〉 폼에서 마우스 오른쪽 버튼을 누른 후 [디자인 보기] 명령을 클릭합니다.
② 'cmd조회' 컨트롤을 클릭한 후 선택한 컨트롤 [속성 시트] 창이 나타나면 [이벤트] 탭의 'On Click'에 커서를 이동하고 작성기 단추(…)를 클릭합니다.
③ [작성기 선택] 대화상자가 나타나면 '코드 작성기'를 선택하고 [확인] 단추를 클릭합니다.
④ 'cmd조회_Click()' 프로시저가 나타나면 아래와 같이 입력합니다.

```
Private Sub cmd조회_Click()
    Me.Filter = "year([가입날짜])=" & txt년 & " and month([가입날짜])=" & txt월
    Me.FilterOn = True
End Sub
```

※ 글자가 잘 안 보일 경우 정답 파일을 열어서 확인할 수 있습니다.

⑤ VBE의 닫기(✖) 단추를 클릭하여 액세스로 돌아옵니다.
⑥ 저장(💾)을 클릭하고 [양식 디자인] 탭-[보기] 그룹-[폼 보기]를 클릭하여 폼 보기로 전환합니다.
⑦ 코드가 잘 작성되었는지 결과를 확인하고 닫기(✖)를 클릭해 폼을 닫습니다.

03 이벤트 프로시저

① [탐색] 창 폼 목록의 〈고객관리〉 폼에서 마우스 오른쪽 버튼을 누른 후 [디자인 보기] 명령을 클릭합니다.
② 하위 폼 '폼 머리글' 구역의 'cmd하반기사용량' 컨트롤을 클릭한 후 선택한 컨트롤 [속성 시트] 창이 나타나면 [이벤트] 탭의 'On Click'에 커서를 이동하고 작성기 단추(…)를 클릭합니다.
③ [작성기 선택] 대화상자가 나타나면 '코드 작성기'를 선택하고 [확인] 단추를 클릭합니다.
④ 'cmd하반기사용량_Click()' 프로시저가 나타나면 아래와 같이 입력합니다.

```
Private Sub cmd하반기사용량_Click()
    DoCmd.OpenTable "하반기사용량", acViewNormal
End Sub
```

⑤ VBE의 닫기(✖) 단추를 클릭하여 액세스로 돌아옵니다.
⑥ 저장(💾)을 클릭하고 [양식 디자인] 탭-[보기] 그룹-[폼 보기]를 클릭하여 폼 보기로 전환합니다.
⑦ 코드가 잘 작성되었는지 확인한 후 폼을 닫습니다.

04 이벤트 프로시저

① [탐색] 창 폼 목록의 〈고객관리〉 폼에서 마우스 오른쪽 버튼을 누른 후 [디자인 보기] 명령을 클릭합니다.
② 'txt고객명' 컨트롤을 클릭한 후 선택한 컨트롤 [속성 시트] 창이 나타나면 [이벤트] 탭의 'On Dbl Click'에 커서를 이동하고 작성기 단추(…)를 클릭합니다.
③ [작성기 선택] 대화상자가 나타나면 '코드 작성기'를 선택하고 [확인] 단추를 클릭합니다.
④ 'txt고객명_DblClick(Cancel As Integer)' 프로시저가 나타나면 아래와 같이 입력합니다.

```
Private Sub txt고객명_DblClick(Cancel As Integer)
    MsgBox "총 인원 수는 " & DCount("*", "고객") & "명 입니다."
End Sub
```

⑤ VBE의 닫기(✖) 단추를 클릭하여 액세스로 돌아옵니다.
⑥ 저장(💾)을 클릭하고 [양식 디자인] 탭-[보기] 그룹-[폼 보기]를 클릭하여 폼 보기로 전환합니다.
⑦ 코드가 잘 작성되었는지 확인하고 닫기(✖)를 클릭해 폼을 닫습니다.

문제 4 처리 기능 구현

01 쿼리

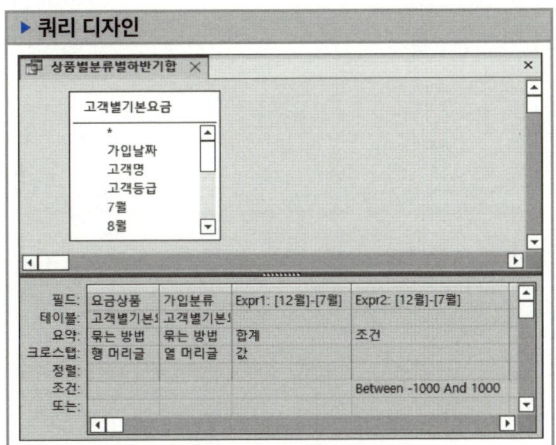

① [만들기] 탭-[쿼리] 그룹-[쿼리 디자인]을 클릭합니다.
② 쿼리가 디자인 보기로 열리면 [테이블 추가] 창의 [쿼리] 탭에서 〈고객별기본요금〉 쿼리를 더블클릭합니다.
③ 쿼리 디자인 보기 창에 〈고객별기본요금〉 쿼리가 추가되면 [테이블 추가] 창에서 [닫기] 단추를 클릭합니다.
④ 크로스탭 쿼리로 변경하기 위해 [쿼리 디자인] 탭-[쿼리 유형] 그룹-[크로스탭]을 클릭합니다.

⑤ <고객별기본요금> 쿼리에서 [요금상품] 필드를 더블클릭해 눈금의 첫 번째 열로 지정합니다.
⑥ '요금상품' 필드의 '크로스탭' 목록 단추(☐)를 클릭해 '행 머리글'을 선택합니다.
⑦ <고객별기본요금> 쿼리에서 [가입분류] 필드를 더블클릭해 눈금의 두 번째 열로 지정합니다.
⑧ '가입분류' 필드의 '크로스탭' 목록 단추(☐)를 클릭해 '열 머리글'을 선택합니다.
⑨ 하반기 합계를 값으로 지정하기 위해 세 번째 열 '필드' 입력란에 '[12월]-[7월]'을 입력한 후 Enter 를 누릅니다.
⑩ 'Expr1: [12월]-[7월]' 필드의 '크로스탭' 목록 단추(☐)를 클릭해 '값'을 선택하고 '요약' 목록 단추(☐)를 클릭해 '합계'를 선택합니다.
⑪ 조건에 해당하는 데이터만 표시하기 위해 네 번째 열 필드 입력란에 '[12월]-[7월]'을 입력한 후 Enter 를 누릅니다.
⑫ 'Expr2: [12월]-[7월]' 필드의 '요약' 목록 단추(☐)를 클릭해 '조건'을 선택하고 '조건' 입력란에 'Between -1000 And 1000'을 입력합니다.
⑬ 결과를 확인하기 위해 [쿼리 디자인] 탭-[결과] 그룹-[실행]을 클릭합니다.
⑭ 저장(💾)을 클릭하고 [다른 이름으로 저장] 대화상자가 나타나면 쿼리 이름을 '상품별분류별하반기합'으로 입력한 후 [확인] 단추를 클릭합니다.
⑮ 닫기(✖)를 클릭해 작성한 쿼리를 닫습니다.

02 쿼리

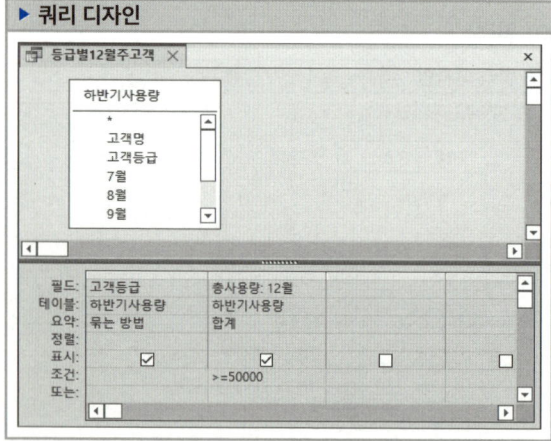

① [만들기] 탭-[쿼리] 그룹-[쿼리 디자인]을 클릭합니다.
② 쿼리가 디자인 보기로 열리면 [테이블 추가] 창의 [테이블] 탭에서 <하반기사용량> 테이블을 더블클릭합니다.
③ 쿼리 디자인 보기 창에 <하반기사용량> 테이블이 추가되면 [테이블 추가] 창에서 [닫기] 단추를 클릭합니다.
④ <하반기사용량> 테이블에서 [고객등급] 필드를 더블클릭해 눈금의 첫 번째 열로 지정합니다.
⑤ <하반기사용량> 테이블에서 [12월] 필드를 더블클릭해 눈금의 두 번째 열로 지정합니다.

⑥ '12월'의 필드 이름을 지정하기 위하여 '12월' 앞에 '총사용량:'을 입력하고 Enter 를 누릅니다.
⑦ 고객등급별 합계를 설정하기 위해 [쿼리 디자인] 탭-[표시/숨기기] 그룹-[요약]을 클릭합니다.
⑧ '총사용량: 12월' 필드의 '요약' 목록 단추(☐)를 클릭해 '합계'를 선택합니다.
⑨ 조건에 해당하는 데이터만 표시하기 위해 '총사용량: 12월' 필드의 '조건' 입력란에 '>=50000'을 입력한 후 Enter 를 눌러 입력을 완료합니다.
⑩ 테이블을 생성하기 위해 [쿼리 디자인] 탭-[쿼리 유형] 그룹-[테이블 만들기]를 클릭합니다.
⑪ [테이블 만들기] 대화상자가 나타나면 테이블 이름을 '12월주이용등급'으로 입력하고 [확인] 단추를 클릭합니다.

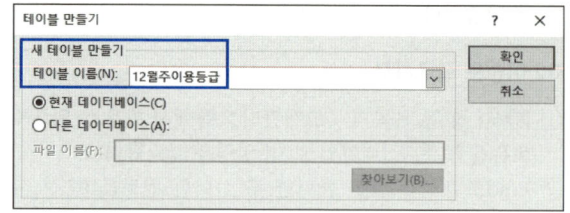

⑫ 결과를 확인하기 위해 [쿼리 디자인] 탭-[결과] 그룹-[실행]을 클릭합니다.
⑬ 새 테이블 작성 여부를 묻는 메시지가 나타나면 [예] 단추를 클릭합니다.

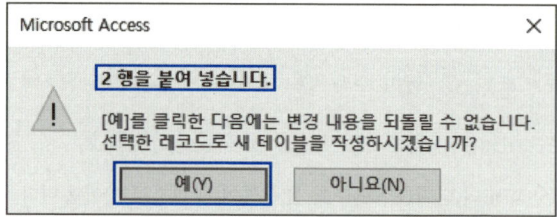

⑭ 저장(💾)을 클릭하고 [다른 이름으로 저장] 대화상자가 나타나면 쿼리 이름을 '등급별12월주고객'으로 입력한 후 [확인] 단추를 클릭합니다.
⑮ 닫기(✖)를 클릭해 작성한 쿼리를 닫습니다.

03 쿼리

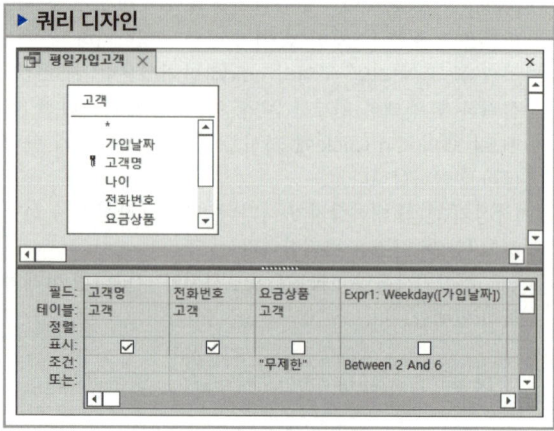

① [만들기] 탭-[쿼리] 그룹-[쿼리 디자인]을 클릭합니다.
② 쿼리가 디자인 보기로 열리면 [테이블 추가] 창의 [테이블] 탭에서 <고객> 테이블을 더블클릭합니다.
③ 쿼리 디자인 보기 창에 <고객> 테이블이 추가되면 [테이블 추가] 창에서 [닫기] 단추를 클릭합니다.
④ <고객> 테이블에서 [고객명] 필드를 더블클릭해 눈금의 첫 번째 열로 지정합니다.
⑤ <고객> 테이블에서 [전화번호] 필드를 더블클릭해 눈금의 두 번째 열로 지정합니다.
⑥ <고객> 테이블에서 [요금상품] 필드를 더블클릭해 눈금의 세 번째 열로 지정합니다.
⑦ '요금상품' 필드의 '조건' 입력란에 '무제한'을 입력합니다.
⑧ Enter 를 누르면 '"무제한"'으로 변경된 것을 확인할 수 있습니다.
⑨ 가입날짜가 평일인 데이터만 표시하기 위해 눈금의 네 번째 열 '필드' 입력란에 'Weekday(가입날짜)'을 입력합니다.
⑩ Enter 를 누르면 'Expr1: Weekday([가입날짜])'로 변경된 것을 확인할 수 있습니다.
⑪ 'Expr1: Weekday([가입날짜])' 필드의 '조건' 입력란에 'between 2 and 6'을 입력합니다.
⑫ Enter 를 누르면 'Between 2 And 6'로 변경된 것을 확인할 수 있습니다.
⑬ '요금상품'과 'Expr1: Weekday([가입날짜])' 필드는 시트에 표시되면 안 되므로 '표시' 확인란을 각각 클릭하여 선택을 취소합니다.
⑭ 결과를 확인하기 위해 [쿼리 디자인] 탭-[결과] 그룹-[실행]을 클릭합니다.
⑮ 저장(📁)을 클릭하고 [다른 이름으로 저장] 대화상자가 나타나면 쿼리 이름을 '평일가입고객'으로 입력한 후 [확인] 단추를 클릭합니다.
⑯ 닫기(✕)를 클릭해 작성한 쿼리를 닫습니다.

04 쿼리

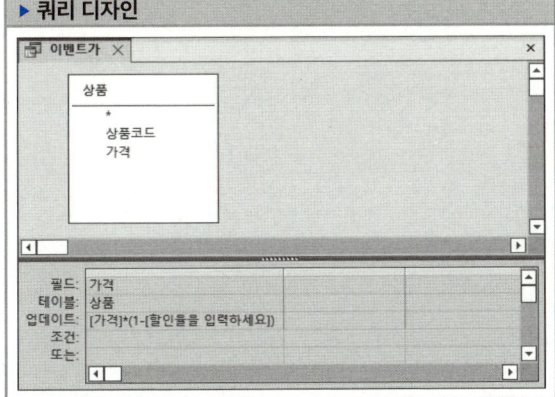

① [만들기] 탭-[쿼리] 그룹-[쿼리 디자인]을 클릭합니다.
② 쿼리가 디자인 보기로 열리면 [테이블 추가] 창의 [테이블] 탭에서 <상품> 테이블을 더블클릭합니다.
③ 쿼리 디자인 보기 창에 <상품> 테이블이 추가되면 [테이블 추가] 창에서 [닫기] 단추를 클릭합니다.
④ 업데이트 쿼리로 변경하기 위해 [쿼리 디자인] 탭-[쿼리 유형] 그룹-[업데이트]를 클릭합니다.
⑤ <상품> 테이블에서 [가격] 필드를 더블클릭해 눈금의 첫 번째 열로 지정합니다.
⑥ '가격' 필드의 '업데이트' 입력란에 '[가격]*(1-[할인율을 입력하세요])'를 입력한 후 Enter 를 누릅니다.
⑦ 결과를 확인하기 위해 [쿼리 디자인] 탭-[결과] 그룹-[실행]을 클릭합니다.
⑧ [매개 변수 값 입력] 대화상자가 나타나면 '0.1'을 입력한 후 [확인] 단추를 클릭합니다.
⑨ 업데이트 여부를 묻는 메시지가 나타나면 [예] 단추를 클릭합니다.

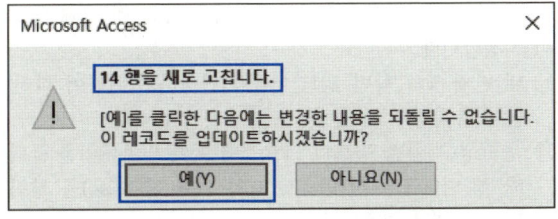

⑩ 저장(📁)을 클릭하고 [다른 이름으로 저장] 대화상자가 나타나면 쿼리 이름을 '이벤트가'로 입력한 후 [확인] 단추를 클릭합니다.
⑪ 닫기(✕)를 클릭해 작성한 쿼리를 닫습니다.

05 쿼리

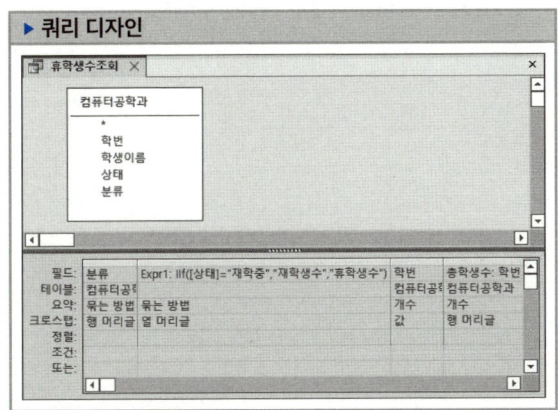

① [만들기] 탭-[쿼리] 그룹-[쿼리 디자인]을 클릭합니다.
② 쿼리가 디자인 보기로 열리면 [테이블 추가] 창의 [테이블] 탭에서 <컴퓨터공학과> 테이블을 더블클릭합니다.
③ 쿼리 디자인 보기 창에 <컴퓨터공학과> 테이블이 추가되면 [테이블 추가] 창에서 [닫기] 단추를 클릭합니다.
④ 크로스탭 쿼리로 변경하기 위해 [쿼리 디자인] 탭-[쿼리 유형] 그룹-[크로스탭]을 클릭합니다.
⑤ <컴퓨터공학과> 테이블에서 [분류] 필드를 더블클릭해 눈금의 첫 번째 열로 지정합니다.

⑥ '분류' 필드의 '크로스탭' 목록 단추(▼)를 클릭해 '행 머리글'을 선택합니다.
⑦ 상태를 추가하기 위해 두 번째 열의 '필드' 입력란에 'iif(상태="재학중","재학생수","휴학생수")'을 입력합니다.
⑧ Enter 를 누르면 'Expr1: IIf([상태]="재학중","재학생수","휴학생수")'로 변경된 것을 확인할 수 있습니다.
⑨ 두 번째 열의 '크로스탭' 목록 단추(▼)를 클릭해 '열 머리글'을 선택합니다.
⑩ <컴퓨터공학과> 테이블에서 [학번] 필드를 더블클릭해 눈금의 세 번째 열로 지정합니다.
⑪ '학번' 필드의 '크로스탭' 목록 단추(▼)를 클릭해 '값'을 선택합니다.
⑫ 이어서 '학번' 필드의 '요약' 목록 단추(▼)를 클릭해 '개수'를 선택합니다.
⑬ '총학생수' 필드를 추가하기 위해 <컴퓨터공학과> 테이블에서 [학번] 필드를 더블클릭해 눈금의 네 번째 열로 지정합니다.
⑭ 네 번째 열의 '학번' 필드 이름을 변경하기 위하여 '학번' 앞에 '총학생수:'를 입력하고 Enter 를 누릅니다.
⑮ '총학생수: 학번' 필드의 '크로스탭' 목록 단추(▼)를 클릭해 '행 머리글'을 선택하고, '요약' 목록 단추(▼)를 클릭해 '개수'를 선택합니다.
⑯ 결과를 확인하기 위해 [쿼리 디자인] 탭-[결과] 그룹-[실행]을 클릭합니다.
⑰ 저장(💾)을 클릭하고 [다른 이름으로 저장] 대화상자가 나타나면 쿼리 이름을 '휴학생수조회'로 입력한 후 [확인] 단추를 클릭합니다.
⑱ 닫기(✖)를 클릭해 작성한 쿼리를 닫습니다.

제3회 실전모의고사

프로그램명	제한시간
ACCESS	45분

수험번호 :

성   명 :

| 1급 | C형 |

유 의 사 항

★ 펜은 꺼내실 수 없으며 시험지는 유출이 불가능합니다.

■ 인적 사항 누락 및 잘못 작성으로 인한 불이익은 수험자 책임으로 합니다.

■ 화면에 암호 입력창이 나타나면 아래의 암호를 입력하여야 합니다.
  - 암호 :

★ 암호를 입력할 수도 있으니 이렇게 첫 장을 확인하시면 됩니다.

■ 작성된 답안은 주어진 경로 및 파일명을 변경하지 마시고 그대로 저장해야 합니다.
  이를 준수하지 않으면 실격 처리됩니다.

★ 디스켓 모양을 눌러 저장하시면 됩니다. 예외가 있을 수도 있으니 감독관이 설명할 때 잘 들어주세요. 제한시간(45분) 안에 디스켓 모양을 눌러 저장을 하고 그 이후에는 화면이 바뀌며 [답안 제출]을 하게 됩니다.

■ 외부 데이터 위치 : C:\DB\파일명

■ 별도의 지시사항이 없는 경우, 다음과 같이 처리 시 실격 처리됩니다.
  - 제시된 개체의 이름을 임의로 변경한 경우
  - 제시된 개체의 속성을 임의로 변경한 경우
  - 제시된 개체를 임의로 추가하거나 삭제한 경우

■ 별도의 지시사항이 없는 경우 기능의 구현은 모듈이나 매크로 등을 이용하며, 예외적인 상황에 대해서는 고려하지 않아도 됩니다.

■ 별도의 지시사항이 없는 경우 주어진 각 개체의 속성은 설정값 또는 기본 설정값(Default)으로 처리하십시오.

■ 제시된 화면은 예시이며 나타난 값은 실제와 다를 수 있습니다.

■ 저장 시간은 별도로 주어지지 않으므로 제한된 시간 내에 저장을 완료해야 합니다.

■ 출제된 문제의 용어는 Microsoft Office Access 2021 기준으로 작성되어 있습니다.

국 가 기 술 자 격 검 정

문제 1   DB 구축(25점)

01   종합검진 예약자 관리를 하는 데이터베이스를 구축하고자 한다. 다음의 지시사항에 따라 <예약자> 테이블을 완성하시오. (각 3점)

① '예약날짜' 필드는 새 레코드 추가 시 기본적으로 오늘 날짜가 입력되도록 하고, [표시 예]와 같이 표시되도록 설정하시오.
  ▶ [표시 예 : 25년 9월 3일 월요일]
② '이름' 필드는 중복된 값이 입력될 수 있도록 인덱스를 설정하시오.
③ '성별' 필드는 "남", "여" 중 하나만 입력되도록 유효성 검사 규칙을 설정하시오. (In 사용)
④ '나이' 필드는 80 이하의 정수만 입력하려고 할 때 가장 적당한 필드 크기를 설정하시오.
⑤ '등록번호' 필드에 포커스가 이동하면 입력기가 영숫자 반자가 되도록 설정하시오.

02   외부 데이터 가져오기 기능을 이용하여 <검사항목.xlsx> 파일의 데이터를 가져와 <공통검사항목> 테이블을 생성하시오. (5점)

▶ 첫 번째 행은 열 머리글임
▶ '순번' 필드는 포함하지 않고, 기본 키는 없음으로 설정하시오.

03   <예약자> 테이블의 '검진프로그램' 필드와 <추가검사항목> 테이블의 '검진프로그램' 필드는 <검진프로그램> 테이블의 '검진프로그램' 필드를 참조하며, 각 테이블 간에 M:1의 관계를 갖는다. 세 테이블에 대하여 다음과 같이 관계를 설정하시오. (5점)

▶ 두 테이블 간에 항상 참조 무결성을 유지하도록 설정하시오.
▶ <검진프로그램> 테이블의 '검진프로그램'이 변경되면 이를 참조하는 <예약자> 테이블과 <추가검사항목> 테이블의 '검진프로그램'도 변경되도록 설정하시오.
▶ <예약자> 테이블과 <추가검사항목> 테이블이 참조하고 있는 <검진프로그램> 테이블의 레코드를 삭제할 수 없도록 설정하시오.

문제 2   입력 및 수정 기능 구현 (20점)

01   <검진프로그램> 폼을 다음의 지시사항에 따라 완성하시오. (각 2점)

① 각 폼의 출처를 확인한 후 하위 폼과 기본 폼을 적절하게 연결하시오.
② 하위 폼 본문 영역의 'txt검진날짜' 컨트롤에는 '검진날짜' 필드의 연도(yyyy)만 표시되고, 월과 일은 '#' 문자로 표시되도록 컨트롤 원본과 형식 속성을 설정하시오.
  ▶ [표시 예 : 2018-09-30 → 2018-##-##]
③ 하위 폼 본문 영역의 모든 컨트롤이 <그림>과 같이 아래쪽을 기준으로 동일한 높이에 위치하도록 맞추시오.
④ 하위 폼 바닥글 영역의 'txt총비용' 컨트롤에는 검사비용의 총합이 표시되도록 컨트롤 원본 속성을 설정하시오.
⑤ 폼이 팝업 상태로 표시되도록 하고, 폼이 열려 있을 경우 다른 작업을 수행할 수 없도록 설정하시오.

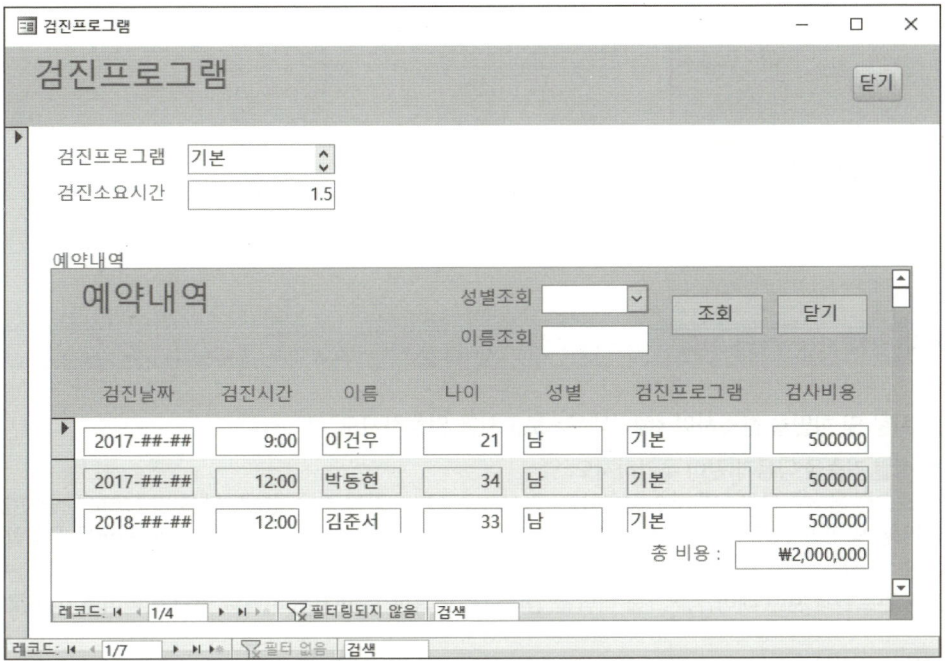

02 <예약내역> 폼의 'cmb성별' 컨트롤은 콤보 상자 형태로 성별을 조회하여 입력할 수 있도록 변경하시오. (3점)

▶ <예약자> 테이블의 '성별' 필드 값이 중복된 값을 제거한 목록으로 표시되도록 설정하고, 목록 이외의 값은 입력될 수 없도록 설정하시오.

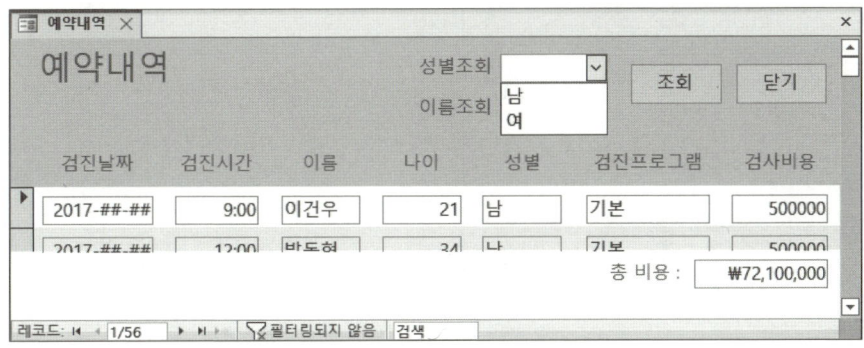

03 <검진프로그램> 폼 머리글 영역의 오른쪽에 1번 <그림>을 참고하여 다음의 지시사항에 따라 명령 단추를 생성하시오. (2점)

▶ 단추를 클릭하면 <검진프로그램> 폼이 닫히도록 설정하시오.
▶ 컨트롤의 이름은 'cmd종료'로 설정하시오.
▶ 캡션은 "닫기"로 설정하시오.

04 <예약내역> 폼 머리글 영역의 '조회(cmd조회)' 버튼을 클릭하면 다음과 같은 기능을 수행하도록 <조회> 매크로를 생성하여 지정하시오. (5점)

▶ 오늘 날짜가 포함된 메시지 상자를 다음과 같이 표시한 후 메시지 상자에서 [확인]을 클릭하면 '예약내용' 보고서를 인쇄 미리 보기 형태로 출력할 것
▶ 단, 현재 화면에 표시된 'txt이름조회'에 입력한 내용을 포함하는 데이터만 표시

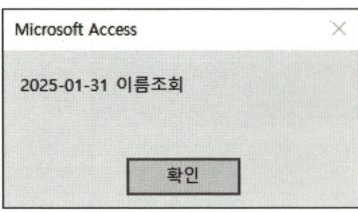

문제 3 | 조회 및 출력 기능 구현 (20점)

01 다음의 지시사항 및 화면을 참조하여 <예약내용> 보고서를 완성하시오. (각 3점)

① 보고서의 정렬 기준을 다음과 같이 추가하시오.
   ▶ '검진프로그램'을 기준으로 오름차순 정렬하고, '검진프로그램'이 같을 경우 '검진날짜'를 기준으로 내림차순 정렬
② 보고서 바닥글 영역의 'txt인원수' 컨트롤에는 해당 그룹의 레코드 개수가 표시되도록 컨트롤 원본을 설정하시오.
   ▶ [표시 예 : 3명]
③ 'txt인원수' 컨트롤과 관련 레이블을 그룹 바닥글 영역으로 이동한 후 보고서 바닥글 영역의 높이를 0cm로 설정하시오.
④ 본문 영역의 'txt검사비용' 컨트롤에는 검사비용의 합계가 전체 레코드를 대상으로 누적되도록 설정하시오.
⑤ 페이지 바닥글 영역의 'txt페이지' 컨트롤에는 페이지가 다음과 같이 표시되도록 설정하시오.
   ▶ Format 함수 사용
   ▶ [표시 예 : 현재 1페이지인 경우 → 현재 : 001페이지]

02 <예약내역> 폼 본문 영역의 'txt검진프로그램' 컨트롤을 더블클릭(On Dbl Click)하면 다음과 같은 기능을 수행하는 이벤트 프로시저를 구현하시오. (2점)

- ▶ <검진프로그램> 폼을 실행할 것
- ▶ 단, 예약내역 폼의 'txt검진프로그램' 컨트롤에 입력된 검진프로그램의 정보만 표시되도록 할 것
- ▶ 검진프로그램 폼이 실행된 후 '검진소요시간' 컨트롤에 포커스가 이동되도록 할 것
- ▶ Docmd 개체, OpenForm과 GoToControl 메서드 사용

03 <예약내역> 폼 머리글 영역의 '닫기(cmd닫기)' 버튼을 클릭하면 다음과 같은 기능을 수행하는 이벤트 프로시저를 구현하시오. (3점)

- ▶ <그림>과 같이 현재 시간이 포함된 메시지 상자를 표시한 후 메시지 상자에서 [예]를 클릭하면 저장 여부를 묻지 않고 폼이 자동으로 저장하고 닫히도록 할 것

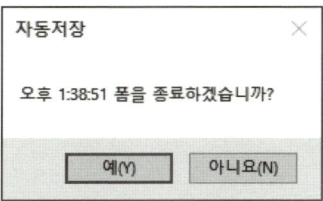

문제 4 　 처리 기능 구현 (35점)

01 추가검사항목이 없고, 예약날짜가 비어있으며, 등록번호에 "w"가 포함된 레코드를 추출하는 '기본검진미예약자' 쿼리를 작성하시오. (7점)

- ▶ 추가검사항목이 없다는 것은 <예약자> 테이블에는 검진프로그램이 있는데 <추가검사항목> 테이블에는 검진프로그램이 없다는 것을 의미
- ▶ <예약자>, <추가검사항목> 테이블을 이용
- ▶ Not In, Is Null, Like 연산자 사용

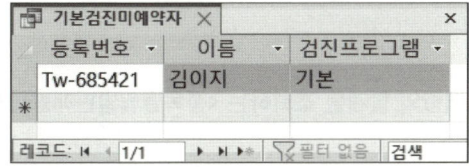

02 다음과 같이 검진날짜 월별 검진시간별 검진분류별 성별별 검사비용의 평균을 나타내는 크로스탭 쿼리를 작성하시오. (7점)

- ▶ <예약자>, <검진프로그램> 테이블을 이용
- ▶ 검진날짜가 2018년 7월 1일이 포함된 이후 날짜만을 표시
- ▶ 쿼리 이름은 '하반기비용평균'으로 설정

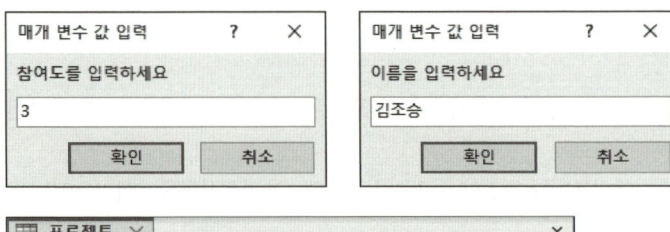

03 '검진날짜'가 2017년 이후이고, '검진프로그램'이 "프리미엄 정밀"인 예약자의 '비고'를 선택(Yes)한 것으로 변경하는 쿼리를 작성하시오. (7점)

▶ <예약자> 테이블을 이용하고, 쿼리 이름은 '프리미엄대상자'로 할 것

04 <프로젝트> 테이블을 이용하여 <참여도입력> 쿼리를 작성하시오. (7점)

▶ 참여도와 이름을 입력하면 입력한 참여도의 수만큼 해당 학생의 비고에 "★"을 표시(String 함수 사용)
▶ '학생이름'과 '비고' 필드만 표시할 것

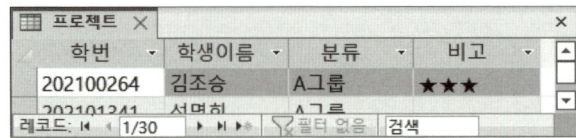

05 <S품목판매> 테이블을 이용하여 품목별 판매일의 월별 판매량의 합계를 조회하는 <품목별월별판매량합계> 쿼리를 작성하시오. (7점)

▶ 판매일의 월은 Month 함수와 & 연산자 사용
▶ 판매량의 합계는 품목별 판매일의 월별 판매량의 합계가 0 이상인 경우 판매량의 합계를 표시하고, 그렇지 않을 경우 "*"로 표시(Sum, IIf 함수 사용)

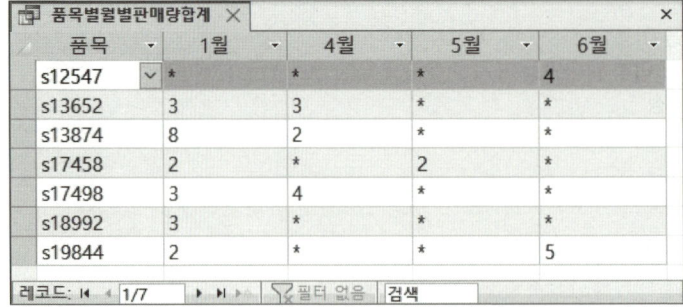

정답 및 해설

문제 1 DB 구축

'보안 경고'가 표시되면 '콘텐츠 사용'을 클릭하세요.

01 테이블

1

[예약날짜] 필드-'기본값' 속성 : Date(), '형식' 속성 : yy"년 "m"월 "d"일 "aaaa

① [탐색] 창의 <예약자> 테이블에서 마우스 오른쪽 버튼을 눌러 바로 가기 메뉴가 나타나면 [디자인 보기] 명령을 클릭합니다.
② [예약날짜] 필드를 클릭하여 [예약날짜]의 필드 속성이 나타나면 [일반] 탭의 '기본값' 속성을 클릭합니다.
③ '기본값' 속성에 커서가 이동되면 'date()'을 입력한 후 Enter 를 눌러 입력을 완료합니다.
④ 이어서 '형식' 속성을 클릭해 커서가 이동되면 'yy년 m월 d일 aaaa'를 입력합니다.
⑤ Enter 를 누르면 'yy"년 "m"월 "d"일 "aaaa'로 변경된 것을 확인할 수 있습니다.

2

[이름] 필드-'인덱스' 속성 : 예(중복 가능)

① [이름] 필드를 클릭하여 [이름]의 필드 속성이 나타나면 [일반] 탭의 '인덱스' 속성을 더블클릭해 '예(중복 가능)'으로 변경합니다.

3

[성별] 필드-'유효성 검사 규칙' 속성 : In ("남","여")

① [성별] 필드를 클릭하여 [성별] 필드 속성이 나타나면 [일반] 탭의 '유효성 검사 규칙' 속성을 클릭합니다.
② '유효성 검사 규칙' 속성에 커서가 이동되면 'in(남, 여)'를 입력합니다.
③ Enter 를 누르면 'In ("남","여")'로 변경된 것을 확인할 수 있습니다.

4

[나이] 필드-'필드 크기' 속성 : 바이트

① [나이] 필드를 클릭하여 [나이] 필드 속성이 나타나면 [일반] 탭의 '필드 크기' 속성을 클릭합니다.
② '필드 크기' 속성에 커서가 이동되면 목록 단추(▼)를 클릭하여 '바이트'로 변경합니다.

5

[등록번호] 필드-'IME 모드' 속성 : 영숫자 반자

① [등록번호] 필드를 클릭하여 [등록번호] 필드 속성이 나타나면 [일반] 탭의 'IME 모드' 속성을 클릭합니다.
② 'IME 모드' 속성의 목록 단추(▼)를 클릭하여 '영숫자 반자'를 선택합니다.
③ 저장(🖫)하고 닫기(✖)를 클릭하여 <예약자> 테이블을 닫습니다.
④ 아래와 같은 메시지가 나타나면 모두 [예] 단추를 클릭합니다.

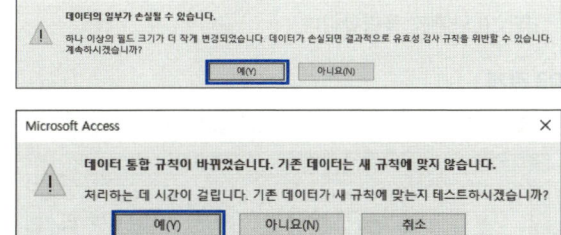

02 외부 데이터 가져오기

① 엑셀 파일을 가져오기 위해 [외부 데이터] 탭-[가져오기 및 연결] 그룹-[새 데이터 원본]-[파일에서]-[Excel]을 클릭합니다.
② [외부 데이터 가져오기 - Excel 스프레드시트] 대화상자가 나타나면 [찾아보기] 단추를 클릭해 현재 파일을 열어준 폴더로 이동한 후 '검사항목.xlsx'을 선택하고 [열기] 단추를 클릭합니다.
③ 다시 [외부 데이터 가져오기 - Excel 스프레드시트] 대화상자로 돌아오면 '현재 데이터베이스의 새 테이블로 원본 데이터 가져오기'를 선택하고 [확인] 단추를 클릭합니다.
④ 시트나 범위를 선택하는 대화상자가 나타나면 기본 설정 그대로 두고 [다음] 단추를 클릭합니다.
⑤ 첫 번째 행은 필드의 이름으로 사용하기 위해 '첫 행에 열 머리글이 있음'을 선택하고 [다음] 단추를 클릭합니다.
⑥ [순번] 필드는 포함하지 않기 위해 [순번] 필드를 선택한 후 '필드 포함 안 함' 확인란을 선택하고 [다음] 단추를 클릭합니다.

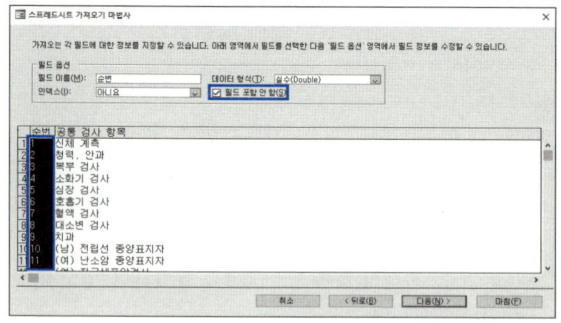

⑦ 기본 키 정의에 대한 대화상자가 나타나면 '기본 키 없음'을 선택하고 [다음] 단추를 클릭합니다.
⑧ 가져올 테이블 이름을 '공통검사항목'으로 입력한 후 [마침] 단추를 클릭합니다.
⑨ 가져오기 단계 저장 여부에 대한 대화상자가 나타나면 [닫기] 단추를 클릭합니다.

03 관계

▶ 결과

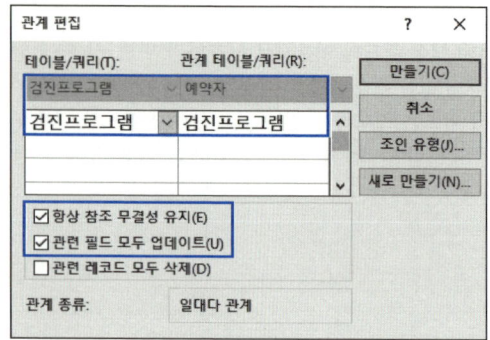

① [데이터베이스 도구] 탭-[관계] 그룹-[관계]를 클릭합니다.
② [관계 디자인] 탭-[관계] 그룹-[테이블 추가]를 클릭해 [테이블 추가] 창이 나타나면 <예약자>, <추가검사항목>, <검진프로그램> 테이블을 각각 더블클릭하여 [관계] 창에 추가합니다.
③ <예약자> 테이블의 [검진프로그램] 필드를 <검진프로그램> 테이블의 [검진프로그램] 필드로 드래그합니다.
④ [관계 편집] 대화상자가 나타나면 '항상 참조 무결성 유지'와 '관련 필드 모두 업데이트' 확인란을 선택하고 [만들기] 단추를 클릭합니다.

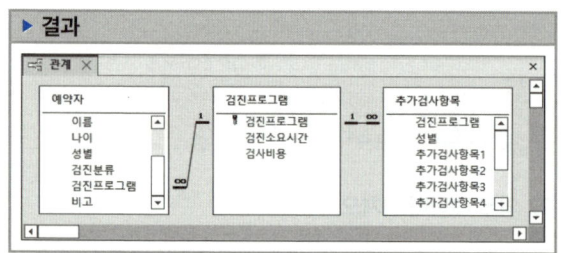

⑤ 관계 선이 생성되면 <추가검사항목> 테이블의 [검진프로그램] 필드를 <검진프로그램> 테이블의 [검진프로그램] 필드로 드래그합니다.

⑥ [관계 편집] 대화상자가 나타나면 '항상 참조 무결성 유지'와 '관련 필드 모두 업데이트' 확인란을 선택하고 [만들기] 단추를 클릭합니다.

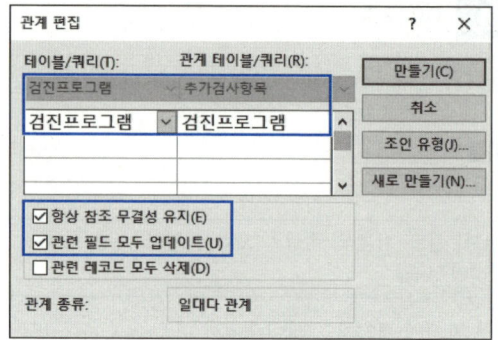

⑦ 관계 선이 생성되면 저장(🖫)하고 닫기(✖)를 클릭하여 [관계] 창을 닫습니다.

문제 2 | 입력 및 수정 기능 구현

01 폼 속성

1

① [탐색] 창 폼 목록의 <검진프로그램> 폼에서 마우스 오른쪽 버튼을 누른 후 [디자인 보기] 명령을 클릭합니다.
② 기본 폼의 레코드 원본과 하위 폼의 레코드 원본을 확인하고 관계 창을 열어 관련된 필드를 확인한 후 관계 창을 닫습니다.
(※ 기본 폼의 레코드 원본은 <검진프로그램>, 하위 폼의 레코드 원본은 <예약자>입니다. [관계] 창을 열어보면 <검진프로그램> 테이블의 '검진프로그램'과 <예약자> 테이블의 '검진프로그램'이 연결되어 있음을 확인할 수 있습니다.)

③ 하위 폼의 틀(테두리 부분)을 클릭해 하위 폼/하위 보고서 [속성 시트] 창이 나타나면 [데이터] 탭의 '기본 필드 연결' 입력란에 '검진프로그램'을 입력하고 Enter를 누릅니다.
④ 이어서 [데이터] 탭의 '하위 필드 연결' 입력란에도 '검진프로그램'을 입력하고 Enter를 누릅니다.

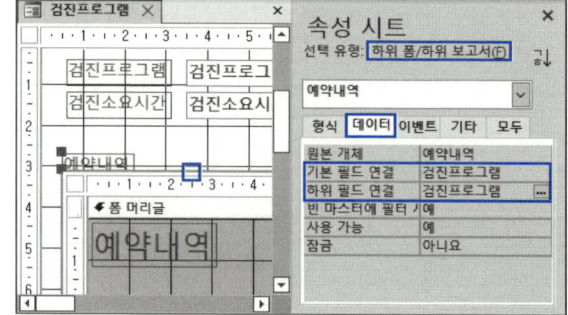

2

① 하위 폼 '본문' 구역의 'txt검진날짜' 컨트롤을 클릭한 후 선택한 컨트롤 [속성 시트] 창이 나타나면 [데이터] 탭의 '컨트롤 원본' 입력란에 '검진날짜'를 입력한 후 Enter 를 누릅니다.
② 형식을 지정하기 위해 [형식] 탭 '형식' 입력란에 'yyyy-##-##'를 입력합니다.
③ Enter 를 누르면 'yyyy-"##"-"##"'로 변경된 것을 확인할 수 있습니다.

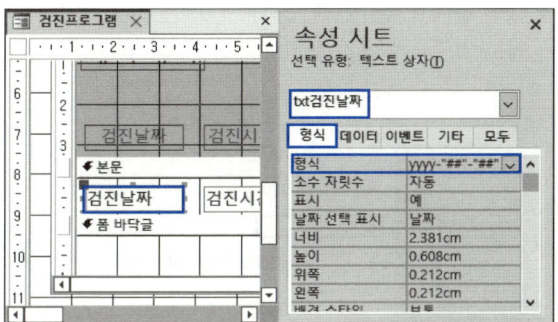

3

① 하위 폼의 '본문' 구역 눈금자 부분을 클릭하여 하위 폼 '본문' 구역의 모든 컨트롤을 선택합니다.
② [정렬] 탭-[크기 및 순서 조정] 그룹-[맞춤]-[아래쪽]을 클릭합니다.

4

① 하위 폼 '폼 바닥글' 구역의 'txt총비용' 컨트롤을 클릭한 후 선택한 컨트롤 [속성 시트] 창이 나타나면 [데이터] 탭의 '컨트롤 원본' 입력란에 '=sum(검사비용)'을 입력합니다.
② Enter 를 누르면 '=Sum([검사비용])'로 변경된 것을 확인할 수 있습니다.

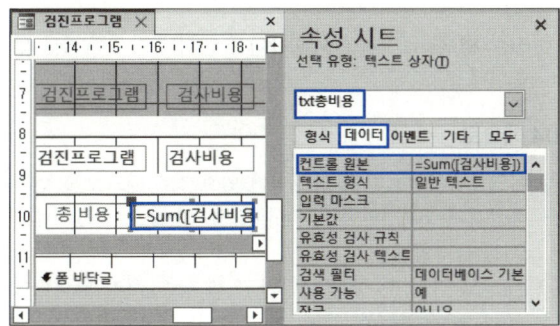

5

① '검진프로그램' 폼의 '폼 선택기'(■)를 클릭하여 폼 [속성 시트] 창이 나타나면 [기타] 탭의 '팝업' 목록 단추(▼)를 클릭해 '예'를 선택합니다.
② 이어서 [기타] 탭의 '모달' 목록 단추(▼)를 클릭해 '예'를 선택합니다.

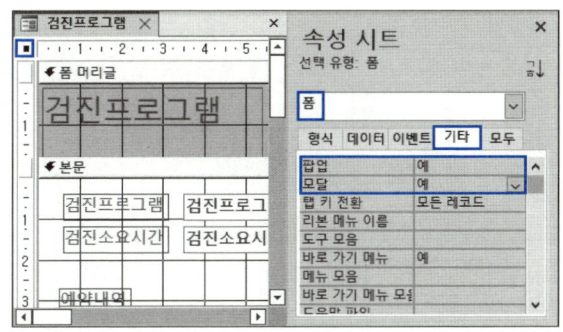

③ 저장(💾)을 클릭하고 닫기(✖)를 클릭해 작성한 폼을 닫습니다.

02 콤보 상자

① [탐색] 창 폼 목록의 <예약내역> 폼에서 마우스 오른쪽 버튼을 누른 후 [디자인 보기] 명령을 클릭합니다.
② '폼 머리글' 구역의 'cmb성별' 컨트롤을 선택한 후 마우스 오른쪽 버튼을 눌러 [변경]-[콤보 상자] 명령을 클릭합니다.

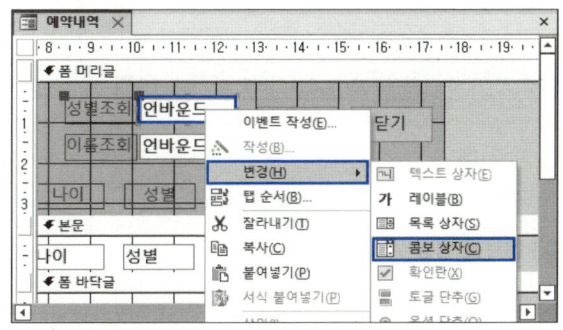

③ 선택한 컨트롤의 [속성 시트] 창에서 [데이터] 탭의 '행 원본 유형'이 '테이블/쿼리'인 것을 확인하고, '행 원본'의 작성기 단추(…)를 클릭합니다.
④ [쿼리 작성기] 창에 [테이블 추가] 창이 나타나면 [테이블] 탭에서 <예약자> 테이블을 더블클릭합니다.
⑤ [쿼리 작성기] 창에 <예약자> 테이블이 추가되면 [테이블 추가] 창에서 [닫기] 단추를 클릭합니다.
⑥ <예약자> 테이블에서 [성별] 필드를 더블클릭하여 눈금의 첫 번째 열로 지정합니다.
⑦ 중복된 값을 제거하기 위해 쿼리 디자인 보기 창의 빈 영역을 클릭합니다.
⑧ 오른쪽에 나타난 쿼리 [속성 시트] 창에서 [일반] 탭의 '고유 값'을 더블클릭해 '예'로 변경합니다.

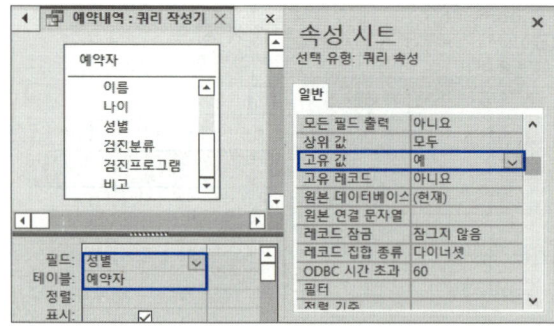

⑨ [쿼리 작성기] 창의 닫기(✖)를 클릭하고 업데이트 여부를 묻는 메시지가 나타나면 [예] 단추를 클릭합니다.

⑩ [데이터] 탭의 '목록 값만 허용' 목록 단추(▽)를 클릭해 '예'를 선택합니다.

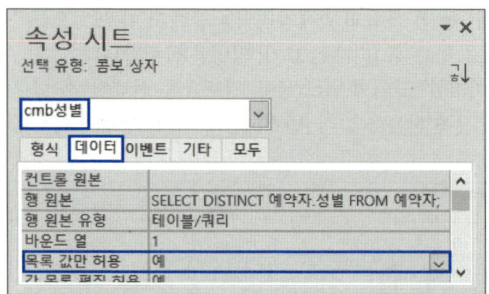

⑪ 저장(💾)을 클릭하고 닫기(✖)를 클릭해 작성한 폼을 닫습니다.

03 컨트롤 생성

① [탐색] 창 폼 목록의 〈검진프로그램〉 폼에서 마우스 오른쪽 버튼을 누른 후 [디자인 보기] 명령을 클릭합니다.
② [양식 디자인] 탭-[컨트롤] 그룹-[단추](▭)를 클릭합니다.
③ 단추가 위치할 영역에 드래그합니다.

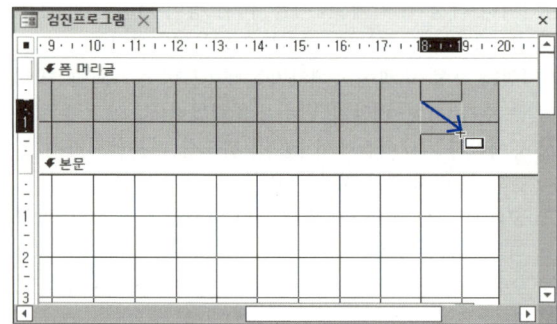

④ [명령 단추 마법사] 대화상자가 나타나면 종류에서 '폼 작업'을 선택, 매크로 함수에서 '폼 닫기'를 선택한 후 [다음] 단추를 클릭합니다.

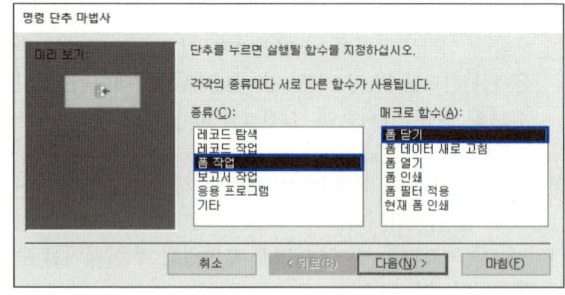

⑤ 명령 단추에 표시할 텍스트나 그림으로 '텍스트'를 선택하고 입력란에 '닫기'를 입력한 후 [다음] 단추를 클릭합니다.

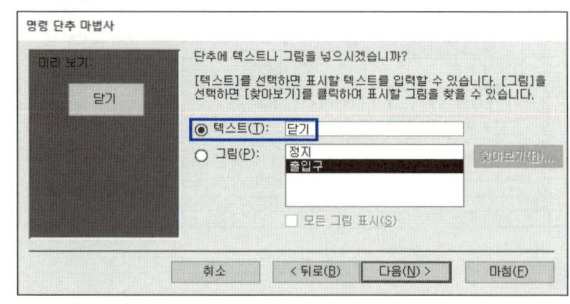

⑥ 단추의 이름을 'cmd종료'로 입력하고 [마침] 단추를 클릭합니다.

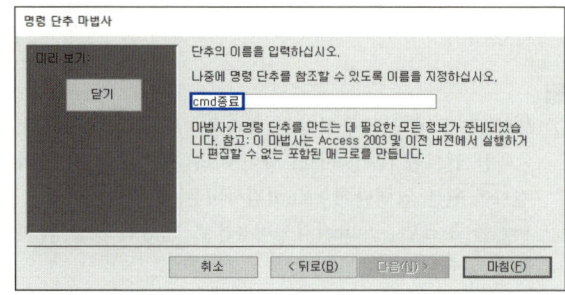

⑦ 저장(💾)을 클릭하고 닫기(✖)를 클릭해 작성한 폼을 닫습니다.

04 매크로

① 매크로 이름이 따로 지정되어 있으므로 매크로를 먼저 작성하기 위해 [만들기] 탭-[매크로 및 코드] 그룹-[매크로]를 클릭합니다.
② [매크로 작성기] 창이 나타나면 새 함수 추가 입력란에 'msgbox'를 입력하고 Enter 를 누릅니다.
③ 메시지 박스 매크로 함수 인수가 나타나면 아래와 같이 입력합니다.

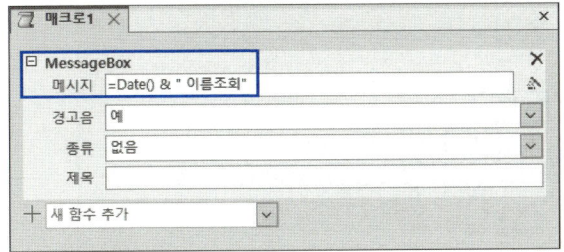

④ 이어서 두 번째 새 함수 추가 입력란에 'openreport'를 입력하고 Enter 를 누릅니다.
⑤ 보고서 열기 매크로 함수 인수가 나타나면 아래와 같이 입력합니다.

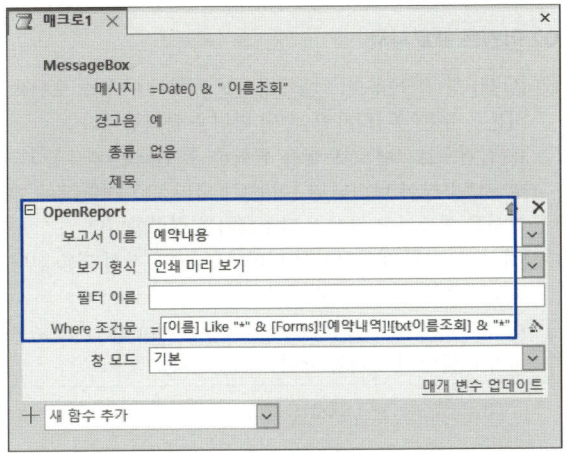

⑥ 저장(🖫)을 클릭하고 [다른 이름으로 저장] 대화상자가 나타나면 '조회'를 입력한 후 [확인] 단추를 클릭합니다.
⑦ 닫기(✖)를 클릭하여 [매크로 작성기] 창을 닫습니다.
⑧ 컨트롤에 만든 매크로를 지정하기 위해 [탐색] 창 폼 목록의 〈예약내역〉 폼에서 마우스 오른쪽 버튼을 누른 후 [디자인 보기] 명령을 클릭합니다.
⑨ '폼 머리글' 구역의 'cmd조회' 컨트롤을 클릭합니다.
⑩ 생성된 컨트롤의 [속성 시트] 창이 나타나면 [이벤트] 탭의 'On Click'에 목록 단추(▼)를 클릭해 '조회'를 선택합니다.

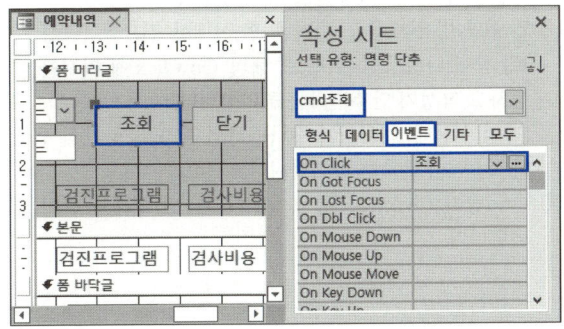

⑪ 저장(🖫)을 클릭하고 [양식 디자인] 탭-[보기] 그룹-[폼 보기]를 클릭하여 폼 보기로 전환합니다.
⑫ 매크로가 잘 작성되었는지 결과를 확인한 후 폼을 닫습니다.

문제 3 조회 및 출력 기능 구현

01 보고서 속성

1

① [탐색] 창 보고서 목록의 〈예약내용〉 보고서에서 마우스 오른쪽 버튼을 누른 후 [디자인 보기] 명령을 클릭합니다.
② [보고서 디자인] 탭-[그룹화 및 요약] 그룹-[그룹화 및 정렬]을 클릭합니다.
③ [그룹, 정렬 및 요약] 창이 나타나면 '검진프로그램'의 정렬을 '오름차순'으로 변경합니다.

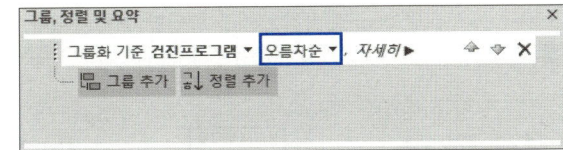

④ 동일한 검진프로그램 내에서 검진날짜를 정렬하기 위해 [정렬 추가] 단추를 클릭합니다.
⑤ [검진날짜] 필드를 선택한 후 정렬을 '내림차순'으로 변경합니다.

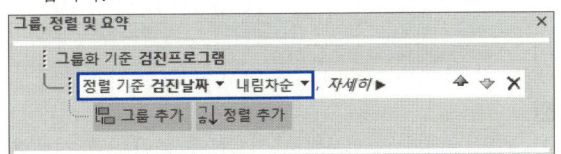

⑥ 닫기(✖)를 클릭해 [그룹, 정렬 및 요약] 창을 닫습니다.

2

① '보고서 바닥글' 구역의 'txt인원수' 컨트롤을 클릭한 후 선택한 컨트롤 [속성 시트] 창이 나타나면 [데이터] 탭의 '컨트롤 원본' 입력란에 '=count(*) & "명"'을 입력합니다.
② Enter 를 누르면 '=Count(*) & "명"'로 변경된 것을 확인할 수 있습니다.

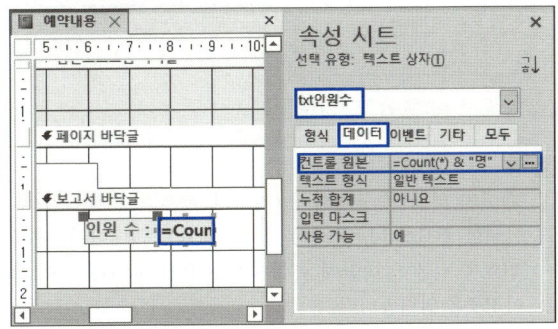

3

① '보고서 바닥글' 구역의 'txt인원수' 컨트롤을 드래그하여 '검진프로그램 바닥글' 구역으로 이동합니다. ('txt인원수' 컨트롤 이동 시 관련 레이블인 'lbl인원수'도 함께 이동됩니다.)

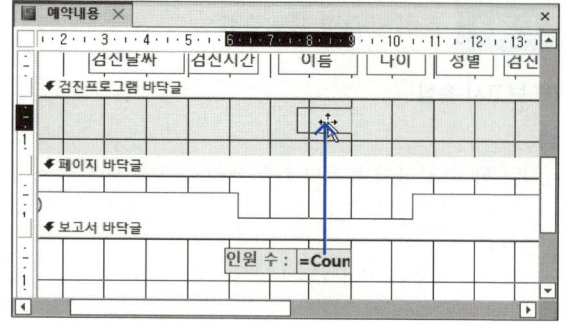

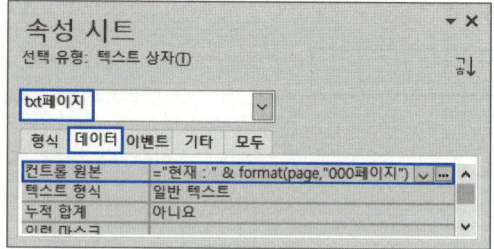

② '보고서 바닥글' 구역을 선택한 후 [형식] 탭의 '높이' 입력란에 '0'을 입력합니다.
③ Enter 를 누르면 '0cm'로 변경된 것을 확인할 수 있습니다.

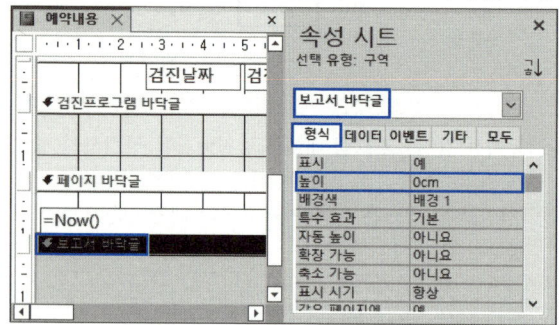

4

① '본문' 구역의 'txt검사비용' 컨트롤을 클릭한 후 선택한 컨트롤 [속성 시트] 창이 나타나면 [데이터] 탭의 '누적 합계' 목록 단추(▼)를 클릭해 '모두'를 선택합니다.

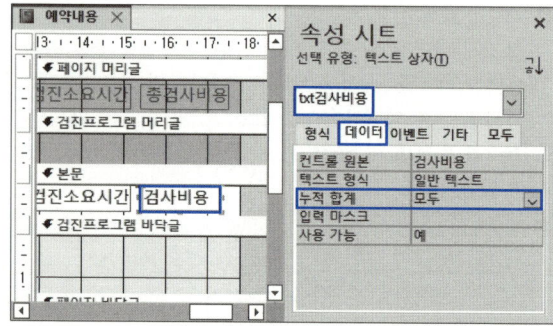

5

① '페이지 바닥글' 구역의 'txt페이지' 컨트롤을 클릭한 후 선택한 컨트롤 [속성 시트] 창이 나타나면 [데이터] 탭의 '컨트롤 원본' 입력란에 '="현재 : " & format(page,"000페이지")'을 입력합니다.

② Enter 를 누르면 '="현재 : " & Format([Page],"000""페이지""")'로 변경된 것을 확인할 수 있습니다.
③ 저장(💾)을 클릭하고 닫기(✖)를 클릭해 작성한 보고서를 닫습니다.

02 이벤트 프로시저

① [탐색] 창 폼 목록의 <예약내역> 폼에서 마우스 오른쪽 버튼을 누른 후 [디자인 보기] 명령을 클릭합니다.
② 'txt검진프로그램' 컨트롤을 클릭한 후 선택한 컨트롤 [속성 시트] 창이 나타나면 [이벤트] 탭의 'On Dbl Click'에 커서를 이동하고 작성기 단추(…)를 클릭합니다.
③ [작성기 선택] 대화상자가 나타나면 '코드 작성기'를 선택하고 [확인] 단추를 클릭합니다.
④ 'txt검진프로그램_DblClick(Cancel As Integer)' 프로시저가 나타나면 아래와 같이 입력합니다.

```
Private Sub txt검진프로그램_DblClick(Cancel As Integer)
    DoCmd.OpenForm "검진프로그램", acNormal, , "검진프로그램='" & txt검진프로그램 & "'"
    DoCmd.GoToControl "검진소요시간"
End Sub
```

※ 글자가 잘 안 보일 경우 정답 파일을 열어서 확인할 수 있습니다.

⑤ VBE의 닫기(✖) 단추를 클릭하여 액세스로 돌아옵니다.
⑥ 저장(💾)을 클릭하고 [양식 디자인] 탭-[보기] 그룹-[폼 보기]를 클릭하여 폼 보기로 전환합니다.
⑦ 코드가 잘 작성되었는지 확인하고 닫기(✖)를 클릭해 폼을 닫습니다.

03 이벤트 프로시저

① [탐색] 창 폼 목록의 <예약내역> 폼에서 마우스 오른쪽 버튼을 누른 후 [디자인 보기] 명령을 클릭합니다.
② 'cmd닫기' 컨트롤을 클릭한 후 선택한 컨트롤 [속성 시트] 창이 나타나면 [이벤트] 탭의 'On Click'에 커서를 이동하고 작성기 단추(…)를 클릭합니다.
③ [작성기 선택] 대화상자가 나타나면 '코드 작성기'를 선택하고 [확인] 단추를 클릭합니다.
④ 'cmd닫기_Click()' 프로시저가 나타나면 아래와 같이 입력합니다.

```
Private Sub cmd닫기_Click()
    Dim a
    a = MsgBox(Time & " 폼을 종료하겠습니까?", vbYesNo, "자동저장")
    If a = vbYes Then
        DoCmd.Close acForm, "예약내역", acSaveYes
    End If
End Sub
```

⑤ VBE의 닫기(✖) 단추를 클릭하여 액세스로 돌아옵니다.

⑥ 저장(🖫)을 클릭하고 [양식 디자인] 탭-[보기] 그룹-[폼 보기]를 클릭하여 폼 보기로 전환합니다.
⑦ 코드가 잘 작성되었는지 확인하고 닫기(✖)를 클릭해 폼을 닫습니다.

문제 4 처리 기능 구현

01 쿼리

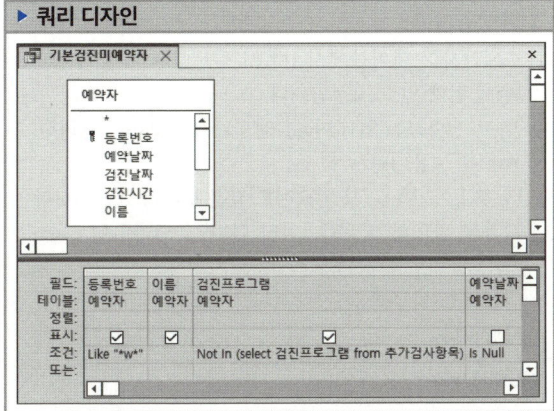

① [만들기] 탭-[쿼리] 그룹-[쿼리 디자인]을 클릭합니다.
② 쿼리가 디자인 보기로 열리면 [테이블 추가] 창의 [테이블] 탭에서 <예약자> 테이블을 더블클릭합니다.
③ 쿼리 디자인 보기 창에 <예약자> 테이블이 추가되면 [테이블 추가] 창에서 [닫기] 단추를 클릭합니다.
④ <예약자> 테이블에서 [등록번호] 필드를 더블클릭해 눈금의 첫 번째 열로 지정합니다.
⑤ w가 포함된 레코드를 추출하기 위해 '등록번호' 필드의 '조건' 입력란에 '*w*'을 입력합니다.
⑥ Enter 를 누르면 'Like "*w*"'로 변경된 것을 확인할 수 있습니다.
⑦ <예약자> 테이블에서 [이름] 필드를 더블클릭해 눈금의 두 번째 열로 지정합니다.
⑧ <예약자> 테이블에서 [검진프로그램] 필드를 더블클릭해 눈금의 세 번째 열로 지정합니다.
⑨ 추가검사항목이 없는 레코드를 추출하기 위해 '검진프로그램' 필드의 '조건' 입력란에 'not in(select 검진프로그램 from 추가검사항목)'을 입력한 후 Enter 를 눌러 입력을 완료합니다.
⑩ <예약자> 테이블에서 [예약날짜] 필드를 더블클릭해 눈금의 네 번째 열로 지정합니다.
⑪ 예약날짜가 비어있는 레코드를 추출하기 위해 '예약날짜' 필드의 '조건' 입력란에 'is null'을 입력한 후 Enter 를 눌러 입력을 완료합니다.
⑫ '예약날짜' 필드는 시트에 표시되면 안 되므로 '표시' 확인란을 클릭하여 선택을 취소합니다.
⑬ 결과를 확인하기 위해 [쿼리 디자인] 탭-[결과] 그룹-[실행]을 클릭합니다.
⑭ 저장(🖫)을 클릭하고 [다른 이름으로 저장] 대화상자가 나타나면 쿼리 이름을 '기본검진미예약자'로 입력한 후 [확인] 단추를 클릭합니다.
⑮ 닫기(✖)를 클릭해 작성한 쿼리를 닫습니다.

02 쿼리

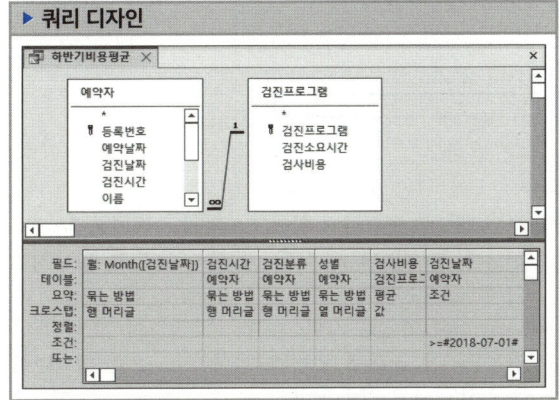

① [만들기] 탭-[쿼리] 그룹-[쿼리 디자인]을 클릭합니다.
② 쿼리가 디자인 보기로 열리면 [테이블 추가] 창의 [테이블] 탭에서 <예약자>, <검진프로그램> 테이블을 각각 더블클릭합니다.
③ 쿼리 디자인 보기 창에 <예약자>와 <검진프로그램> 테이블이 추가되면 [테이블 추가] 창에서 [닫기] 단추를 클릭합니다.
④ 크로스탭 쿼리로 변경하기 위해 [쿼리 디자인] 탭-[쿼리 유형] 그룹-[크로스탭]을 클릭합니다.
⑤ 첫 번째 열 '필드' 입력란에 '월:month(검진날짜)'를 입력합니다.
⑥ Enter 를 누르면 '월: Month([검진날짜])'로 변경된 것을 확인할 수 있습니다.
⑦ '월: Month([검진날짜])' 필드의 '크로스탭' 목록 단추(▼)를 클릭해 '행 머리글'을 선택합니다.
⑧ <예약자> 테이블에서 [검진시간] 필드를 더블클릭해 눈금의 두 번째 열로 지정합니다.
⑨ '검진시간' 필드의 '크로스탭' 목록 단추(▼)를 클릭해 '행 머리글'을 선택합니다.
⑩ <예약자> 테이블에서 [검진분류] 필드를 더블클릭해 눈금의 세 번째 열로 지정합니다.
⑪ '검진분류' 필드의 '크로스탭' 목록 단추(▼)를 클릭해 '행 머리글'을 선택합니다.
⑫ <예약자> 테이블에서 [성별] 필드를 더블클릭해 눈금의 네 번째 열로 지정합니다.
⑬ '성별' 필드의 '크로스탭' 목록 단추(▼)를 클릭해 '열 머리글'을 선택합니다.
⑭ <검진프로그램> 테이블에서 [검사비용] 필드를 더블클릭해 눈금의 다섯 번째 열로 지정합니다.

⑮ '검사비용' 필드의 '크로스탭' 목록 단추(▼)를 클릭해 '값'을 선택하고, '요약' 목록 단추(▼)를 클릭해 '평균'을 선택합니다.
⑯ 이어서 '검사비용' 필드의 필드 [속성 시트] 창에서 [일반] 탭의 '형식' 속성에 '통화'를 선택합니다.

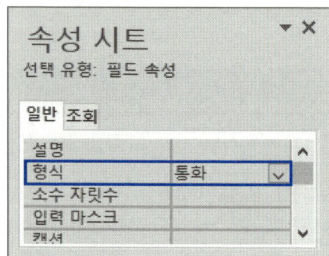

⑰ 조건 필드를 추가하기 위해 <예약자> 테이블에서 [검진날짜] 필드를 더블클릭해 눈금의 여섯 번째 열로 지정합니다.
⑱ 여섯 번째 열에 표시된 '검진날짜' 필드의 '요약' 목록 단추(▼)를 클릭해 '조건'을 선택하고 '조건' 입력란에 '>=2018-7-1'을 입력합니다.
⑲ Enter 를 누르면 '>=#2018-07-01#'로 변경된 것을 확인할 수 있습니다.
⑳ 결과를 확인하기 위해 [쿼리 디자인] 탭-[결과] 그룹-[실행]을 클릭합니다.
㉑ 저장(💾)을 클릭하고 [다른 이름으로 저장] 대화상자가 나타나면 쿼리 이름을 '하반기비용평균'으로 입력한 후 [확인] 단추를 클릭합니다.
㉒ 닫기(✖)를 클릭해 작성한 쿼리를 닫습니다.

03 쿼리

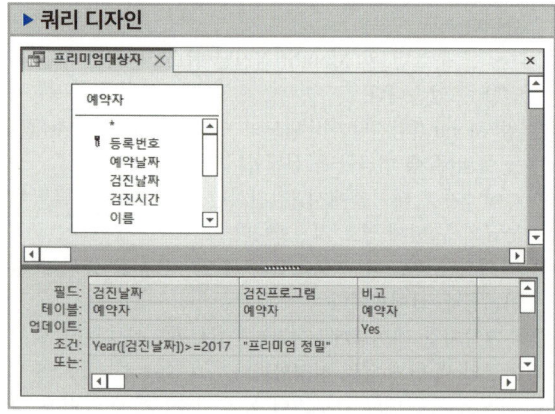

① [만들기] 탭-[쿼리] 그룹-[쿼리 디자인]을 클릭합니다.
② 쿼리가 디자인 보기로 열리면 [테이블 추가] 창의 [테이블] 탭에서 <예약자> 테이블을 더블클릭합니다.
③ 쿼리 디자인 보기 창에 <예약자> 테이블이 추가되면 [테이블 추가] 창에서 [닫기] 단추를 클릭합니다.
④ 업데이트 쿼리로 변경하기 위해 [쿼리 디자인] 탭-[쿼리 유형] 그룹-[업데이트]를 클릭합니다.

⑤ <예약자> 테이블에서 [검진날짜] 필드를 더블클릭해 눈금의 첫 번째 열로 지정합니다.
⑥ '검진날짜' 필드의 '조건' 입력란에 'year([검진날짜])>=2017'을 입력한 후 Enter 를 누릅니다.
⑦ <예약자> 테이블에서 [검진프로그램] 필드를 더블클릭해 눈금의 두 번째 열로 지정합니다.
⑧ '검진프로그램' 필드의 '조건' 입력란에 '프리미엄 정밀'을 입력합니다.
⑨ Enter 를 누르면 '"프리미엄 정밀"'로 변경된 것을 확인할 수 있습니다.
⑩ <예약자> 테이블에서 [비고] 필드를 더블클릭해 눈금의 세 번째 열로 지정합니다.
⑪ '비고' 필드의 '업데이트' 입력란에 'yes'를 입력한 후 Enter 를 누릅니다.
('yes'가 아닌 'true'를 입력해도 같은 결과가 표시됩니다.)
⑫ 결과를 확인하기 위해 [쿼리 디자인] 탭-[결과] 그룹-[실행]을 클릭합니다.
⑬ 업데이트 여부를 묻는 메시지가 나타나면 [예] 단추를 클릭합니다.

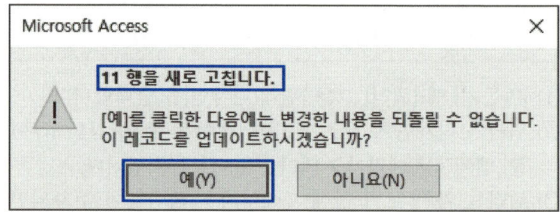

⑭ 저장(💾)을 클릭하고 [다른 이름으로 저장] 대화상자가 나타나면 쿼리 이름을 '프리미엄대상자'로 입력한 후 [확인] 단추를 클릭합니다.
⑮ 닫기(✖)를 클릭해 작성한 쿼리를 닫습니다.

04 쿼리

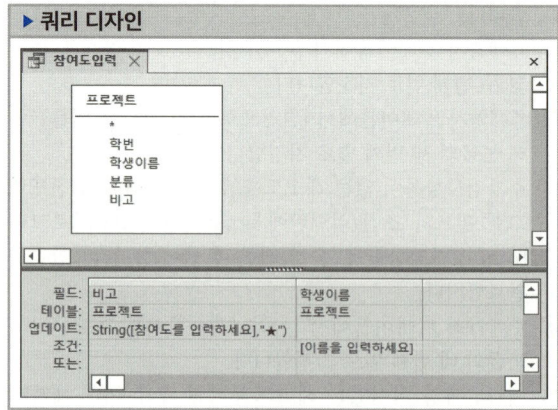

① [만들기] 탭-[쿼리] 그룹-[쿼리 디자인]을 클릭합니다.
② 쿼리가 디자인 보기로 열리면 [테이블 추가] 창의 [테이블] 탭에서 <프로젝트> 테이블을 더블클릭합니다.
③ 쿼리 디자인 보기 창에 <프로젝트> 테이블이 추가되면

[테이블 추가] 창에서 [닫기] 단추를 클릭합니다.
④ 업데이트 쿼리로 변경하기 위해 [쿼리 디자인] 탭-[쿼리 유형] 그룹-[업데이트]를 클릭합니다.
⑤ <프로젝트> 테이블에서 [비고] 필드를 더블클릭해 눈금의 첫 번째 열로 지정합니다.
⑥ '비고' 필드의 '업데이트' 입력란에 'string([참여도를 입력하세요],"★")'를 입력한 후 Enter 를 누릅니다.
⑦ 입력한 이름에 해당하는 데이터만 업데이트하기 위해 <프로젝트> 테이블에서 [학생이름] 필드를 더블클릭해 눈금의 두 번째 열로 지정합니다.
⑧ '학생이름' 필드의 '조건' 입력란에 '[이름을 입력하세요]'을 입력합니다.
⑨ 결과를 확인하기 위해 [쿼리 디자인] 탭-[결과] 그룹-[실행]을 클릭합니다.
⑩ 첫 번째 [매개 변수 값 입력] 대화상자가 나타나면 '3'을 입력한 후 [확인] 단추를 클릭합니다.
⑪ 두 번째 [매개 변수 값 입력] 대화상자가 나타나면 '김조승'을 입력한 후 [확인] 단추를 클릭합니다.
⑫ 업데이트 여부를 묻는 메시지가 나타나면 [예] 단추를 클릭합니다.

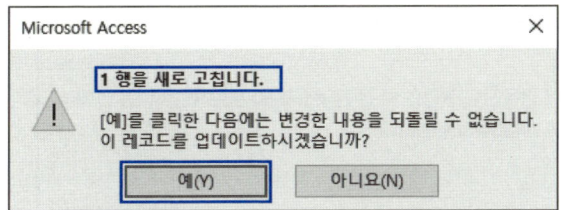

⑬ 저장(🖫)을 클릭하고 [다른 이름으로 저장] 대화상자가 나타나면 쿼리 이름을 '참여도입력'으로 입력한 후 [확인] 단추를 클릭합니다.
⑭ 닫기(✖)를 클릭해 작성한 쿼리를 닫습니다.

05 쿼리

면 [테이블 추가] 창에서 [닫기] 단추를 클릭합니다.
④ 크로스탭 쿼리로 변경하기 위해 [쿼리 디자인] 탭-[쿼리 유형] 그룹-[크로스탭]을 클릭합니다.
⑤ <S품목판매> 테이블에서 [품목] 필드를 더블클릭해 눈금의 첫 번째 열로 지정합니다.
⑥ '품목' 필드의 '크로스탭' 목록 단추(▾)를 클릭해 '행 머리글'을 선택합니다.
⑦ 판매일의 월을 추가하기 위해 두 번째 열의 '필드' 입력란에 'month(판매일) & "월"'을 입력합니다.
⑧ Enter 를 누르면 'Expr1: Month([판매일]) & "월"'로 변경된 것을 확인할 수 있습니다.
⑨ 눈금의 두 번째 열 '크로스탭' 목록 단추(▾)를 클릭해 '열 머리글'을 선택합니다.
⑩ 판매량의 합계를 추가하기 위해 세 번째 열의 '필드' 입력란에 'iif(sum(판매량)>=0,sum(판매량),"*")'을 입력합니다.
⑪ Enter 를 누르면 'Expr2: IIf(Sum([판매량])>=0,Sum([판매량]),"*")'로 변경된 것을 확인할 수 있습니다.
⑫ 눈금의 세 번째 열 '크로스탭' 목록 단추(▾)를 클릭해 '값'을 선택하고, '요약' 목록 단추(▾)를 클릭해 '식'을 선택합니다.
⑬ 결과를 확인하기 위해 [쿼리 디자인] 탭-[결과] 그룹-[실행]을 클릭합니다.
⑭ 저장(🖫)을 클릭한 후 [다른 이름으로 저장] 대화상자가 나타나면 쿼리 이름을 '품목별월별판매량합계'로 입력하고 [확인] 단추를 클릭합니다.
⑮ 닫기(✖)를 클릭해 작성한 쿼리를 닫습니다.

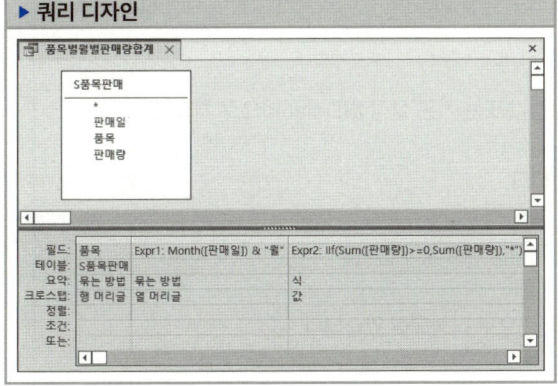

① [만들기] 탭-[쿼리] 그룹-[쿼리 디자인]을 클릭합니다.
② 쿼리가 디자인 보기로 열리면 [테이블 추가] 창의 [테이블] 탭에서 <S품목판매> 테이블을 더블클릭합니다.
③ 쿼리 디자인 보기 창에 <S품목판매> 테이블이 추가되

제4회 실전모의고사

프로그램명	제한시간
ACCESS	45분

수험번호 :

성   명 :

| 1급 | C형 |

유 의 사 항

★ 펜은 꺼내실 수 없으며 시험지는 유출이 불가능합니다.
- 인적 사항 누락 및 잘못 작성으로 인한 불이익은 수험자 책임으로 합니다.
- 화면에 암호 입력창이 나타나면 아래의 암호를 입력하여야 합니다.
  - 암호 :

★ 암호를 입력할 수도 있으니 이렇게 첫 장을 확인하시면 됩니다.

- 작성된 답안은 주어진 경로 및 파일명을 변경하지 마시고 그대로 저장해야 합니다.
  이를 준수하지 않으면 실격 처리됩니다.

★ 디스켓 모양을 눌러 저장하시면 됩니다. 예외가 있을 수도 있으니 감독관이 설명할 때 잘 들어주세요. 제한시간(45분) 안에 디스켓 모양을 눌러 저장을 하고 그 이후에는 화면이 바뀌며 [답안 제출]을 하게 됩니다.

- 외부 데이터 위치 : C:\DB\파일명

- 별도의 지시사항이 없는 경우, 다음과 같이 처리 시 실격 처리됩니다.
  - 제시된 개체의 이름을 임의로 변경한 경우
  - 제시된 개체의 속성을 임의로 변경한 경우
  - 제시된 개체를 임의로 추가하거나 삭제한 경우

- 별도의 지시사항이 없는 경우 기능의 구현은 모듈이나 매크로 등을 이용하며, 예외적인 상황에 대해서는 고려하지 않아도 됩니다.

- 별도의 지시사항이 없는 경우 주어진 각 개체의 속성은 설정값 또는 기본 설정값(Default)으로 처리하십시오.

- 제시된 화면은 예시이며 나타난 값은 실제와 다를 수 있습니다.

- 저장 시간은 별도로 주어지지 않으므로 제한된 시간 내에 저장을 완료해야 합니다.

- 출제된 문제의 용어는 Microsoft Office Access 2021 기준으로 작성되어 있습니다.

국 가 기 술 자 격 검 정

문제 1 DB 구축 (25점)

01 렌탈샵 운영을 위한 데이터베이스를 구축하고자 한다. 다음의 지시사항에 따라 각 테이블을 완성하시오. (각 3점)

<제품내용> 테이블
① '품명' 필드는 기본키가 아니면서 중복된 값이 입력될 수 없도록 설정하시오.
② '렌탈비' 필드는 0을 초과하는 값만 입력되도록 유효성 검사 규칙을 설정하시오.
③ '비고' 필드를 마지막에 추가하고 256자 이상이 입력될 수 있도록 데이터 형식을 설정하시오.

<렌탈내역> 테이블
④ '계약일자' 필드는 새로운 레코드가 추가되는 경우 시간을 포함하지 않는 시스템의 날짜가 입력되도록 설정하시오.
⑤ '고객번호' 필드를 기준으로 내림차순 정렬하시오.

02 <렌탈내역> 테이블의 '품명' 필드는 <제품내용> 테이블의 '품명' 필드를 참조하며 두 테이블은 M:1의 관계를 갖는다. 다음과 같이 테이블 간의 관계를 설정하시오. (5점)

▶ 각 테이블 간에 항상 참조 무결성이 유지되도록 설정하시오.
▶ 참조 필드의 값이 변경되면 관련 필드의 값도 변경되도록 설정하시오.
▶ 다른 테이블에서 참조하고 있는 레코드는 삭제할 수 없도록 설정하시오.

03 <렌탈내역> 테이블의 '고객명' 필드에 대해 다음과 같이 설정하시오. (5점)

▶ <렌탈내역> 테이블의 '고객번호', '고객명'을 콤보 상자 형태로 표시하시오.
▶ 필드에는 '고객명'이 저장되도록 설정하시오.
▶ '고객번호'는 숨기고 고객명의 열 너비는 2cm로 설정하시오.
▶ 목록 이외의 값은 입력할 수 없도록 설정하시오.

문제 2 입력 및 수정 기능 구현 (20점)

01 <렌탈> 폼을 지시사항에 따라 완성하시오. (각 2점)

① 본문 영역의 'txt계약일자' 컨트롤에는 '계약일자' 필드의 내용이 표시되도록 바운드시키시오.
② 폼의 탐색 단추가 표시되도록 설정하시오.
③ 폼 바닥글 영역의 'txt총배송시간' 컨트롤에는 <그림>과 같이 총 배송시간이 표시되도록 설정하시오.
  ▶ SUM 함수와 & 연산자를 사용
④ 폼 바닥글 배경색을 'Access 테마 2'로 변경하시오.
⑤ 본문 영역의 'txt고객번호' 컨트롤에는 고객번호가 "51"로 끝나는 경우 고객번호 뒤에 "(제휴카드)"를 붙여 표시하고, 그 외는 고객번호만 표시되도록 설정하시오.
  ▶ [표시 예 : 12A351 → 12A351(제휴카드)]

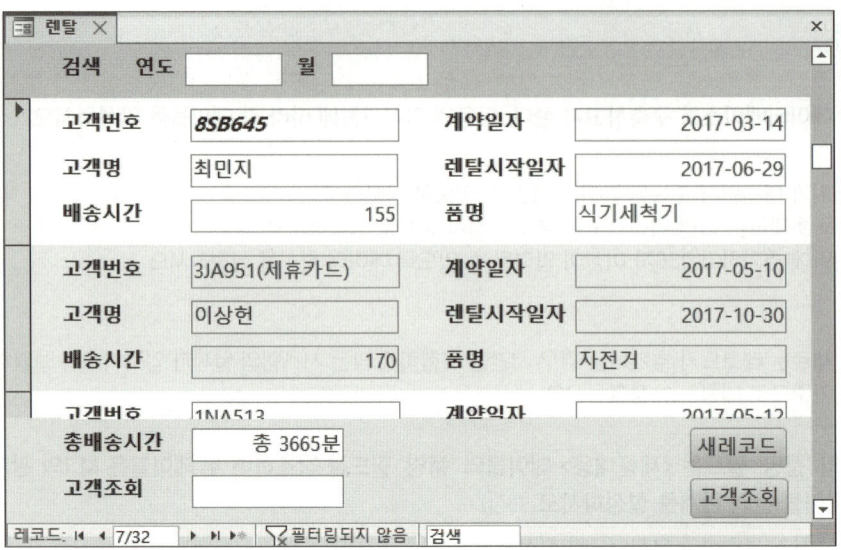

02 <렌탈> 폼의 '새레코드(cmd추가)' 컨트롤을 클릭하면 다음과 같은 기능을 수행하도록 매크로를 작성하시오. (3점)
▶ 새 레코드를 생성할 수 있는 화면으로 이동되도록 설정하시오.

03 <렌탈> 폼의 'txt고객번호' 컨트롤에 대해 다음과 같이 조건부 서식을 설정하시오. (2점)
▶ 고객번호에 "B"가 포함된 txt고객번호 컨트롤을 글꼴 스타일 '굵게'와 '기울임꼴'로 설정하시오.

04 <렌탈> 폼의 폼 바닥글 영역에 문제 2의 1번 <그림>을 참고하여 다음의 지시사항에 따라 '단추' 컨트롤을 생성하시오. (5점)
▶ 단추를 클릭하면 '고객명'이 'txt조회' 컨트롤에 입력한 문자를 포함하는 레코드만 표시되도록 '고객조회' 매크로를 생성하여 지정하시오. (ApplyFilter 매크로 함수 사용)
▶ 컨트롤의 이름은 'cmd고객조회', 캡션은 '고객조회'로 설정하시오

문제 3 조회 및 출력 기능 구현 (20점)

01 다음의 지시사항 및 화면을 참조하여 <렌탈정보> 보고서를 완성하시오. (각 3점)
① 본문 영역의 'txt품명제조사' 컨트롤에는 품명과 제조사를 이용하여 [표시 예]와 같이 표시되도록 컨트롤 원본을 설정하시오.
　▶ [표시 예 : 품명이 '노트북'이고, 제조사가 'HP' → 노트북 (제조사 : HP)]
② 본문 영역의 'txt순번' 컨트롤에는 그룹별 일련번호를 표시하시오.
③ 그룹 머리글 영역이 매 페이지마다 연속적으로 출력되도록 하되, 구역 전에 페이지가 바뀌도록 설정하시오.
④ 본문 영역의 'txt선납금'과 'txt보증금' 컨트롤의 값이 이전 레코드와 동일한 경우에는 표시되지 않도록 설정하시오.
⑤ '분류'를 그룹 바닥글로 설정한 후 보고서 머리글 영역의 'txt분류별인원수', 'txt렌탈비평균' 컨트롤과 관련 레이블을 분류 바닥글 영역으로 이동하고, 'txt분류별인원수' 컨트롤에는 그룹별 인원수, 'txt렌탈비평균' 컨트롤에는 그룹별 렌탈비의 평균이 표시되도록 설정하시오.

렌탈정보						
	분류	고객명	렌탈시작일자	렌탈비	선납금	보증금
디지털가전						
1	노트북 (제조사 : HP)	이진호	2018-11-03	45300	0	200000
2	카메라 (제조사 : SONY)	김은혁	2018-07-11	210000		218000
3	카메라 (제조사 : SONY)	김정석	2018-08-22	210000		
4	노트북 (제조사 : HP)	김진우	2018-03-12	45300		200000
5	타블렛 (제조사 : 삼성전자)	박상우	2017-12-03	37700		100000
6	타블렛 (제조사 : 삼성전자)	오은유	2018-02-01	37700		
7	타블렛 (제조사 : 삼성전자)	김누리	2018-01-07	37700		
		분류별인원수 :	7	렌탈비평균 :	89100	

2025년 1월 31일 금요일   1/3페이지

02 <렌탈> 폼의 'txt고객명' 컨트롤을 클릭하면 다음과 같은 기능을 수행하는 이벤트 프로시저를 구현하시오. (2점)
- ▶ '고객명'을 기준으로 오름차순 정렬하시오.

03 <렌탈> 폼 본문 영역의 'txt품명' 컨트롤을 클릭하면 다음과 같은 메시지를 표시하는 이벤트 프로시저를 구현하시오. (3점)
- ▶ <그림>과 같이 메시지 상자에 해당 품명에 해당하는 렌탈비 합계가 표시되도록 설정하시오. (DSum 함수와 <고객> 쿼리 사용)
- ▶ 메시지 상자에서 <확인> 단추를 클릭하면 'txt년' 컨트롤에는 현재 날짜의 연도를, 'txt월' 컨트롤에는 현재 날짜의 월을 표시하시오.

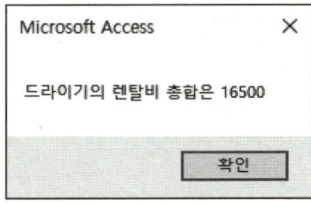

문제 4 처리 기능 구현 (35점)

01 '렌탈시작일자'의 월을 입력받아 해당하는 고객을 조회하는 <렌탈시작조회> 쿼리를 작성하시오. (7점)

▶ <렌탈내역> 테이블을 이용하시오.
▶ <그림>과 같이 입력한 렌탈시작일자의 월부터 입력한 렌탈시작일자의 월까지를 대상으로 하시오.
  (Between ... And 연산자 사용)

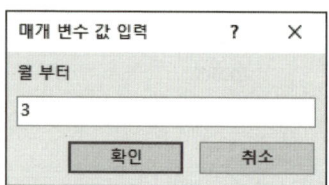
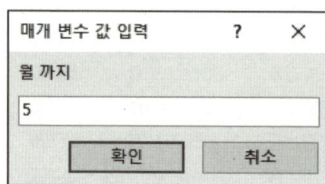
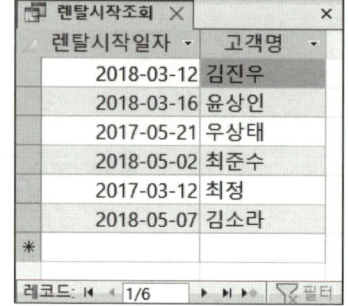

02 다음과 같이 상위 3위 이내의 레코드를 추출하는 <인기품목> 쿼리를 작성하시오. (7점)

▶ <고객> 쿼리를 이용하시오.
▶ '분류'의 일부를 입력받아 <그림>과 같이 표시하시오.
▶ 계약건수는 '고객번호' 필드를 이용하고 내림차순 정렬하시오.

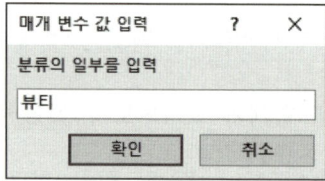
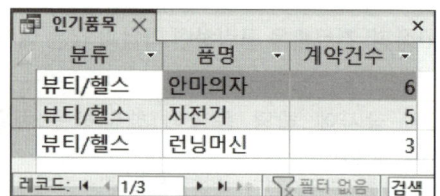

03 분류별 구분별로 렌탈한 고객의 수를 조회하는 <분류별고객수> 크로스탭 쿼리를 작성하시오. (7점)

▶ <렌탈내역>과 <제품내용> 테이블을 이용하시오.
▶ 구분은 고객번호의 마지막 글자가 5나 6이면 'VIP', 그 외에는 '일반'으로 하시오. (IIF, RIGHT, OR 사용)
▶ 고객의 수는 '고객명' 필드를 이용하시오.

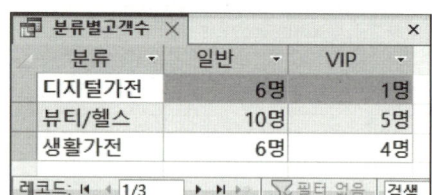

04 <신규우수고객> 테이블을 이용하여 다음과 같은 기능을 수행하는 '신규우수고객조회' 업데이트 쿼리를 작성하시오. (7점)

▶ 입력한 '고객명'의 '비고'란에 입력한 '사용개월수'만큼 "★"을 표시하시오. (String 함수 사용)

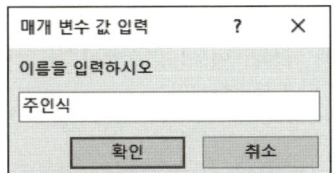 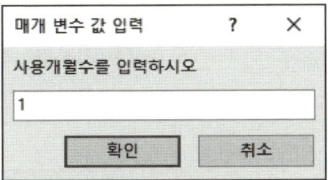

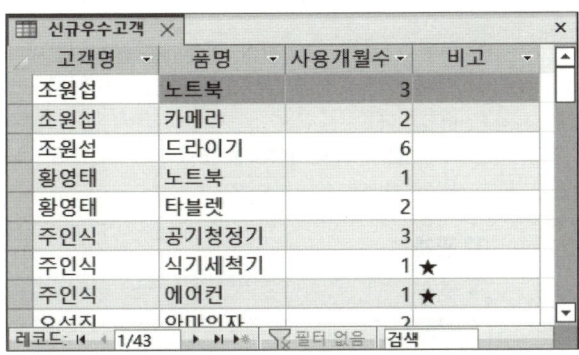

05 <대여> 테이블을 이용하여 <대여가격인상> 쿼리를 작성하시오. (7점)

▶ 1~9로 끝나는 '품목코드'에 해당하는 데이터를 입력한 인상률만큼 '대여가격'을 업데이트할 것

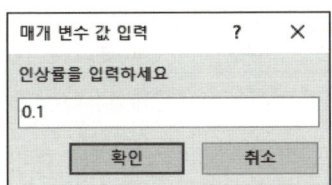

정답 및 해설

문제1 DB 구축

'보안 경고'가 표시되면 '콘텐츠 사용'을 클릭하세요.

01 테이블

1

[품명] 필드-'인덱스' 속성 : 예(중복 불가능)

① [탐색] 창의 〈제품내용〉 테이블에서 마우스 오른쪽 버튼을 눌러 바로 가기 메뉴가 나타나면 [디자인 보기] 명령을 클릭합니다.
② [품명] 필드를 클릭하여 [품명]의 필드 속성이 나타나면 [일반] 탭의 '인덱스' 속성을 더블클릭합니다.
③ [품명] 필드의 '인덱스' 속성이 '예(중복 가능)'으로 변경되면 한 번 더 더블클릭하여 '예(중복 불가능)'으로 변경합니다.

2

[렌탈비] 필드-'유효성 검사 규칙' 속성 : >0

① [렌탈비] 필드를 클릭하여 [렌탈비] 필드 속성이 나타나면 [일반] 탭의 '유효성 검사 규칙' 속성을 클릭합니다.
② '유효성 검사 규칙' 속성에 커서가 이동되면 '>0'을 입력한 후 Enter를 눌러 입력을 완료합니다.

3

[비고] 필드 추가-데이터 형식 : 긴 텍스트

① 필드를 추가하기 위해 [렌탈기간] 필드 아래에 '비고'를 입력합니다.
② 데이터 형식의 목록 단추(▼)를 클릭하여 '긴 텍스트'를 선택합니다.
③ 저장(📄)하고 닫기(✖)를 클릭하여 〈제품내용〉 테이블을 닫습니다.
④ 아래와 같은 메시지가 나타나면 [예] 단추를 클릭합니다.

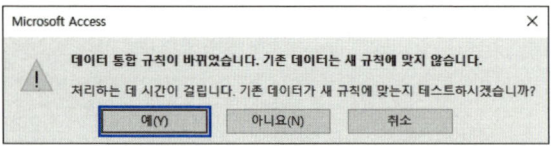

4

[계약일자] 필드-'기본값' 속성 : Date()

① [탐색] 창의 〈렌탈내역〉 테이블에서 마우스 오른쪽 버튼을 눌러 바로 가기 메뉴가 나타나면 [디자인 보기] 명령을 클릭합니다.

② [계약일자] 필드를 클릭하여 [계약일자] 필드 속성이 나타나면 [일반] 탭의 '기본값' 속성을 클릭합니다.
③ '기본값' 속성에 커서가 이동되면 'date()'를 입력한 후 Enter를 눌러 입력을 완료합니다.

5

테이블 속성-'정렬 기준' 속성 : 고객번호 DESC

① 테이블 [속성 시트] 창의 '정렬 기준'을 클릭합니다.
② '정렬 기준' 속성에 커서가 이동되면 '고객번호 desc'를 입력합니다.
③ 저장(📄)하고 닫기(✖)를 클릭하여 〈렌탈내역〉 테이블을 닫습니다.

02 관계

▶ 결과

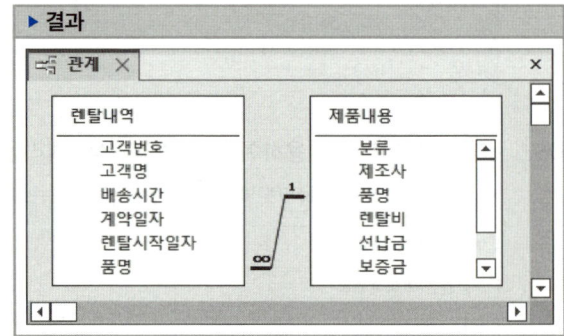

① [데이터베이스 도구] 탭-[관계] 그룹-[관계]를 클릭합니다.
② [관계 디자인] 탭-[관계] 그룹-[테이블 추가]를 클릭해 [테이블 추가] 창이 나타나면 〈렌탈내역〉, 〈제품내용〉 테이블을 각각 더블클릭하여 [관계] 창에 추가합니다.
③ 〈렌탈내역〉 테이블의 [품명] 필드를 〈제품내용〉 테이블의 [품명] 필드로 드래그합니다.
④ [관계 편집] 대화상자가 나타나면 '항상 참조 무결성 유지', '관련 필드 모두 업데이트' 확인란을 선택하고 [만들기] 단추를 클릭합니다.

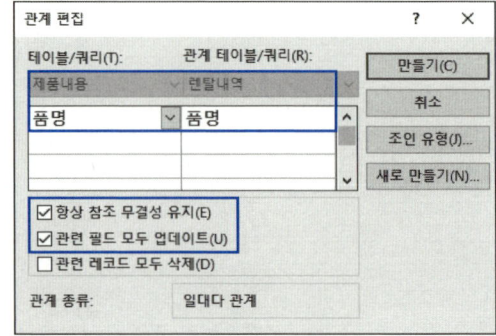

⑤ 관계 선이 생성되면 저장(🖫)하고 닫기(✖)를 클릭하여 [관계] 창을 닫습니다.

03 조회 속성

① [탐색] 창의 <렌탈내역> 테이블에서 마우스 오른쪽 버튼을 눌러 바로 가기 메뉴가 나타나면 [디자인 보기] 명령을 클릭합니다.
② [고객명] 필드를 클릭하여 [고객명] 필드 속성이 나타나면 [조회] 탭의 '컨트롤 표시' 속성을 클릭합니다.
③ '컨트롤 표시' 속성의 목록 단추(∨)를 클릭하여 '콤보 상자'로 변경합니다.
④ 테이블의 데이터를 가져오기 위해 '행 원본 유형' 속성이 '테이블/쿼리'인지 확인합니다.
⑤ 이어서 '행 원본' 속성을 클릭한 후 커서가 이동되면 작성기 단추(…)를 클릭합니다.
⑥ [쿼리 작성기]가 나타나면 [테이블 추가] 창에서 <렌탈내역> 테이블을 더블클릭하여 [쿼리 작성기]에 추가한 후 [테이블 추가] 창의 [닫기] 단추를 클릭합니다.
⑦ <렌탈내역> 테이블의 [고객번호] 필드를 더블클릭, [고객명] 필드를 더블클릭하여 눈금의 필드에 추가한 후 [쿼리 작성기]의 [닫기] 단추를 클릭합니다.
⑧ 업데이트 여부를 묻는 메시지가 나타나면 [예] 단추를 클릭합니다.
⑨ 고객번호와 고객명 중에 고객명을 저장하기 위해 '바운드 열' 속성에 '2'를 입력합니다.
⑩ 열 너비를 지정하기 위해 '열 너비' 속성을 클릭하고 '열 너비' 속성에 커서가 이동되면 '0;2'를 입력합니다.
⑪ Enter 를 누르면 '0cm;2cm'로 변경된 것을 확인할 수 있습니다.
⑫ '목록 값만 허용' 속성을 더블클릭하여 '예'로 변경합니다.
⑬ 마지막으로 '열 개수' 속성을 클릭하고 '열 개수' 속성에 커서가 이동되면 '2'를 입력합니다.

일반	조회	
컨트롤 표시	콤보 상자	
행 원본 유형	테이블/쿼리	
행 원본	SELECT 렌탈내역.고객번호, 렌탈내역.고객명 FROM 렌탈내역;	
바운드 열	2	
열 개수	2	
열 이름	아니요	
열 너비	0cm;2cm	
행 수	16	
목록 너비	자동	
목록 값만 허용	예	

⑭ 저장(🖫)하고 닫기(✖)를 클릭하여 <렌탈내역> 테이블을 닫습니다.

문제 2 입력 및 수정 기능 구현

01 폼 속성

1
① [탐색] 창 폼 목록의 <렌탈> 폼에서 마우스 오른쪽 버튼을 누른 후 [디자인 보기] 명령을 클릭합니다.
② '본문' 구역의 'txt계약일자' 컨트롤을 클릭한 후 선택한 컨트롤 [속성 시트] 창이 나타나면 [데이터] 탭의 '컨트롤 원본' 입력란에 '계약일자'를 입력하고 Enter 를 눌러 입력을 완료합니다.

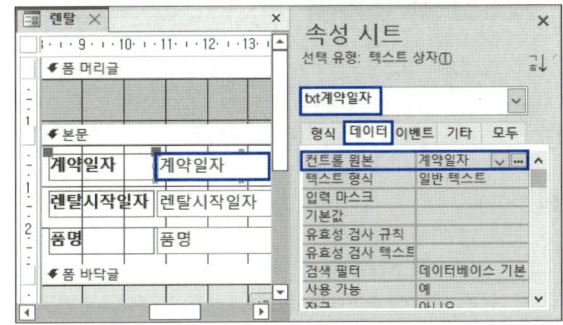

2
① '폼 선택기'(■)를 클릭하여 폼 [속성 시트] 창이 나타나면 [형식] 탭의 '탐색 단추' 목록 단추(∨)를 클릭해 '예'를 선택합니다.

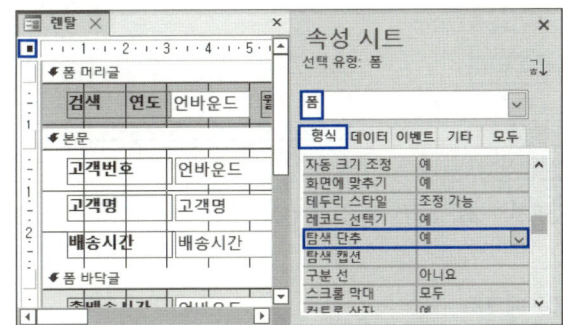

3
① '폼 바닥글' 구역의 'txt총배송시간' 컨트롤을 클릭한 후 선택한 컨트롤 [속성 시트] 창이 나타나면 [데이터] 탭의 '컨트롤 원본' 입력란에 '="총 " & sum(배송시간) & "분"'을 입력합니다.
② Enter 를 누르면 '="총 " & Sum([배송시간]) & "분"'로 변경된 것을 확인할 수 있습니다.

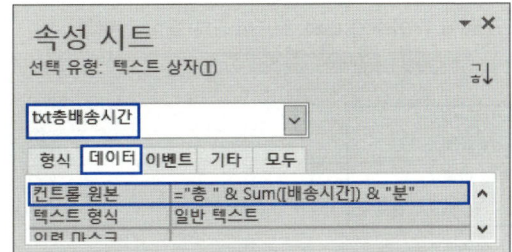

4
① '폼 바닥글' 구역을 선택하고 [속성 시트] 창에서 [형식] 탭의 '배경색' 목록 단추(∨)를 클릭해 'Access 테마 2'를 선택합니다.

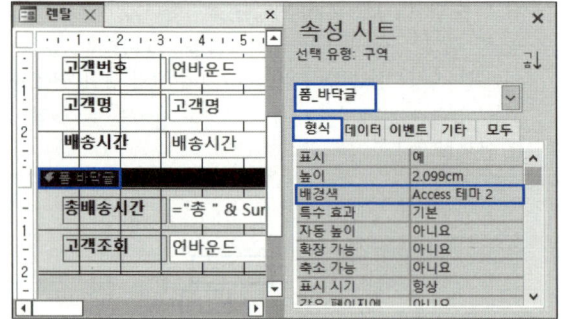

⑤
① '본문' 구역의 'txt고객번호' 컨트롤을 클릭한 후 선택한 컨트롤 [속성 시트] 창이 나타나면 [데이터] 탭의 '컨트롤 원본' 입력란에 '=iif(right(고객번호,2)=51,고객번호 & "(제휴카드)",고객번호)'를 입력합니다.
② Enter 를 누르면 '=IIf(Right([고객번호],2)=51,[고객번호] & "(제휴카드)",[고객번호])'로 변경된 것을 확인할 수 있습니다.

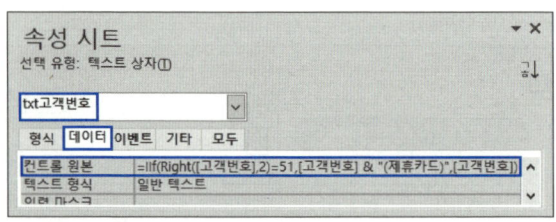

③ 저장(🖫)을 클릭하고 닫기(✖)를 클릭해 작성한 폼을 닫습니다.

02 매크로

① [탐색] 창 폼 목록의 〈렌탈〉 폼에서 마우스 오른쪽 버튼을 누른 후 [디자인 보기] 명령을 클릭합니다.
② '폼 바닥글' 구역의 'cmd추가' 컨트롤을 클릭한 후 선택한 컨트롤 [속성 시트] 창이 나타나면 [이벤트] 탭의 'On Click'에 커서를 이동하고 작성기 단추(…)를 클릭합니다.
③ [작성기 선택] 대화상자가 나타나면 '매크로 작성기'를 선택하고 [확인] 단추를 클릭합니다.
④ 매크로 함수 인수가 나타나면 아래와 같이 입력합니다.

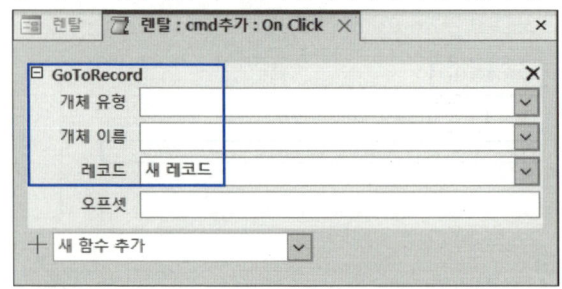

⑤ [매크로 작성기] 창의 닫기(✖)를 클릭하고 업데이트 여부를 묻는 메시지가 표시되면 [예] 단추를 클릭합니다.

⑥ 저장(🖫)을 클릭하고 [양식 디자인] 탭-[보기] 그룹-[폼 보기를 클릭하여 폼 보기로 전환합니다.
⑦ 매크로가 잘 작성되었는지 확인한 후 개체를 닫습니다.

03 조건부 서식

① [탐색] 창 폼 목록의 〈렌탈〉 폼에서 마우스 오른쪽 버튼을 누른 후 [디자인 보기] 명령을 클릭합니다.
② 폼 디자인 창이 나타나면 '본문' 구역의 'txt고객번호' 컨트롤을 클릭합니다.
③ [서식] 탭-[컨트롤 서식] 그룹-[조건부 서식]을 클릭합니다.
④ [조건부 서식 규칙 관리자] 대화상자가 나타나면 [새 규칙] 단추를 클릭하고 첫 번째 목록 단추(▼)를 클릭해 '식이'를 선택합니다.
⑤ 식 입력란에 '[고객번호] like "*B*"'을 입력합니다.
⑥ 조건에 맞으면 적용할 서식에 '굵게', '기울임꼴'을 클릭한 후 [확인] 단추를 클릭합니다.

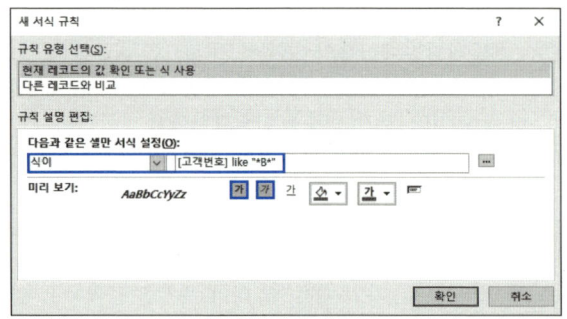

⑦ [조건부 서식 규칙 관리자] 대화상자가 나타나면 [확인] 단추를 클릭해 대화상자를 닫습니다.
⑧ 저장(🖫)을 클릭하고 닫기(✖)를 클릭해 작성한 폼을 닫습니다.

04 매크로

① 매크로 이름이 따로 지정되어 있으므로 매크로를 먼저 작성하기 위해 [만들기] 탭-[매크로 및 코드] 그룹-[매크로]를 클릭합니다.
② [매크로 작성기] 창이 나타나면 새 함수 추가 입력란에 'applyfilter'를 입력하고 Enter 를 누릅니다.
③ 필터 적용 매크로 함수 인수가 나타나면 아래와 같이 입력합니다.

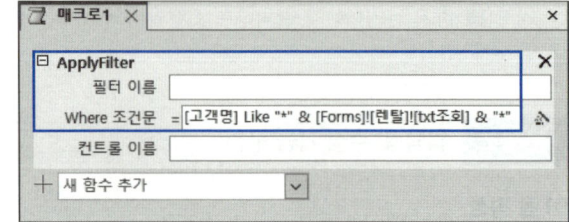

④ 저장(🖫)을 클릭하고 [다른 이름으로 저장] 대화상자가 나

타나면 '고객조회'를 입력한 후 [확인] 단추를 클릭합니다.
⑤ 닫기(✕)를 클릭하여 [매크로 작성기] 창을 닫습니다.
⑥ 컨트롤에 만든 매크로를 지정하기 위해 [탐색] 창 폼 목록의 〈렌탈〉 폼에서 마우스 오른쪽 버튼을 누른 후 [디자인 보기] 명령을 클릭합니다.
⑦ [양식 디자인] 탭-[컨트롤] 그룹-[단추](□)를 클릭합니다.
⑧ 단추가 위치할 영역에 드래그합니다.

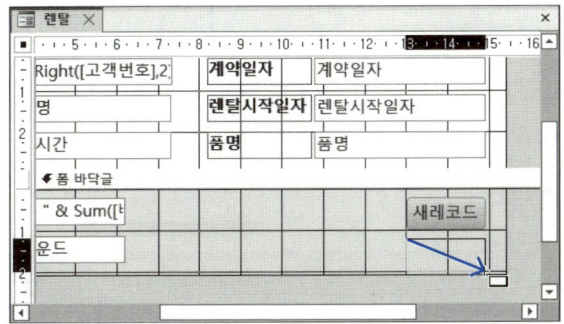

⑨ [명령 단추 마법사] 대화상자가 나타나면 [취소] 단추를 클릭하여 대화상자를 닫습니다.
⑩ 생성된 컨트롤의 [속성 시트] 창이 나타나면 [모두] 탭의 '이름' 입력란에 'cmd고객조회', '캡션' 입력란에 '고객조회'를 입력한 후 Enter 를 누릅니다.

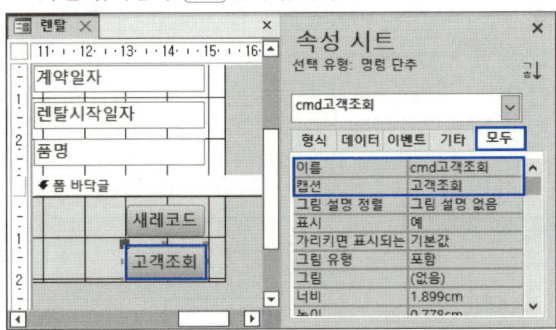

⑪ 이어서 [이벤트] 탭의 'On Click'에 목록 단추(▼)를 클릭해 '고객조회'를 선택합니다.

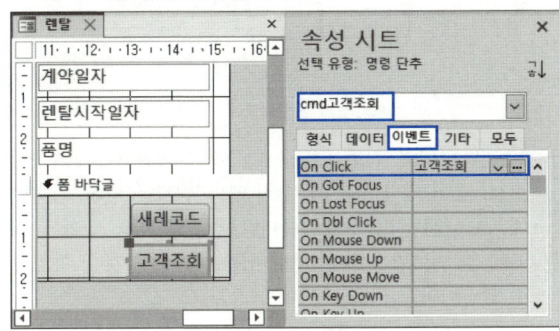

⑫ 저장(💾)을 클릭하고 [양식 디자인] 탭-[보기] 그룹-[폼 보기]를 클릭하여 폼 보기로 전환합니다.
⑬ 매크로가 잘 작성되었는지 결과를 확인한 후 폼을 닫습니다.

문제 3 조회 및 출력 기능 구현

01 보고서 속성

1

① [탐색] 창 보고서 목록의 〈렌탈정보〉 보고서에서 마우스 오른쪽 버튼을 누른 후 [디자인 보기] 명령을 클릭합니다.
② '본문' 구역의 'txt품명제조사' 컨트롤을 클릭한 후 선택한 컨트롤 [속성 시트] 창이 나타나면 [데이터] 탭의 '컨트롤 원본' 입력란에 '=품명 & " (제조사 : " & 제조사 & ")"'을 입력합니다.
③ Enter 를 누르면 '=[품명] & " (제조사 : " & [제조사] & ")"' 로 변경된 것을 확인할 수 있습니다.

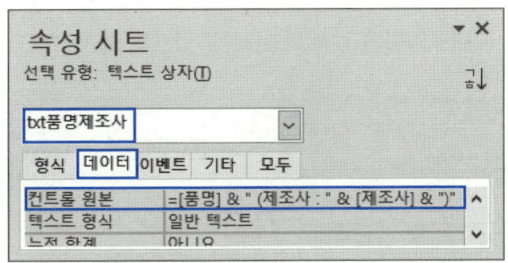

2

① '본문' 구역의 'txt순번' 컨트롤을 클릭한 후 선택한 컨트롤 [속성 시트] 창이 나타나면 [데이터] 탭의 '컨트롤 원본' 입력란에 '=1'을 입력합니다.
② Enter 를 눌러 입력을 완료한 후 '누적 합계' 목록 단추(▼)를 클릭해 '그룹'을 선택합니다.

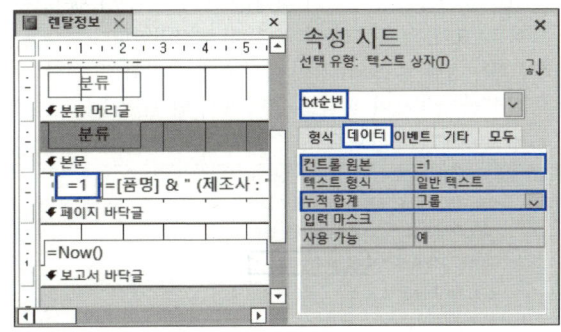

3

① '분류 머리글' 구역을 클릭한 후 선택한 구역 [속성 시트] 창이 나타나면 [형식] 탭의 '반복 실행 구역' 목록 단추(▼)를 클릭해 '예'를 선택합니다.
② 이어서 [형식] 탭의 '페이지 바꿈' 목록 단추(▼)를 클릭해 '구역 전'을 선택합니다.

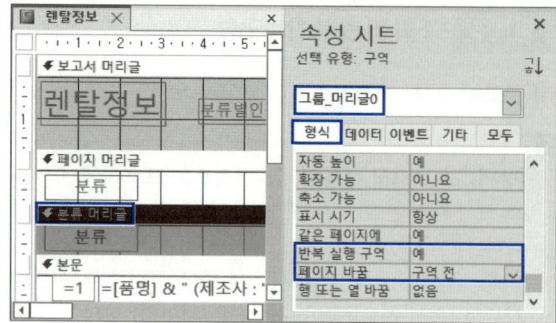

4

① '본문' 구역의 'txt선납금'과 'txt보증금' 컨트롤을 Shift를 이용해 동시에 선택합니다.
② 여러 항목 선택 [속성 시트] 창이 나타나면 [형식] 탭의 '중복 내용 숨기기' 목록 단추(▼)를 클릭해 '예'를 선택합니다.

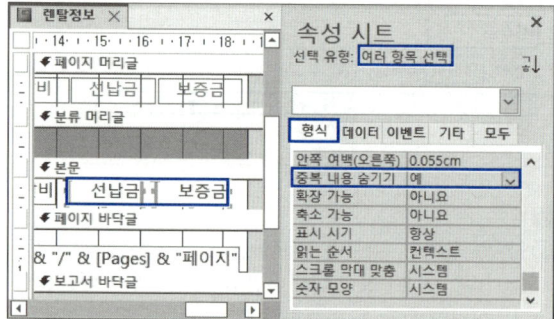

5

① 그룹 바닥글을 설정하기 위해 [보고서 디자인] 탭-[그룹화 및 요약] 그룹-[그룹화 및 정렬]을 클릭합니다.
② [그룹, 정렬 및 요약] 창이 나타나면 [그룹화 기준]의 '자세히'를 클릭하여 '바닥글 구역 표시 안 함'을 '바닥글 구역 표시'로 변경합니다.

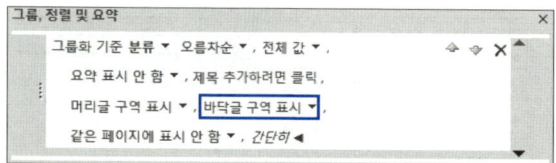

③ 분류 바닥글 구역이 표시되면 보고서 머리글 구역의 'txt분류별인원수' 컨트롤을 드래그하여 '분류 바닥글' 구역으로 이동합니다. ('txt분류별인원수' 컨트롤 이동 시 관련 레이블인 'lbl분류별인원수'도 함께 이동됩니다.)

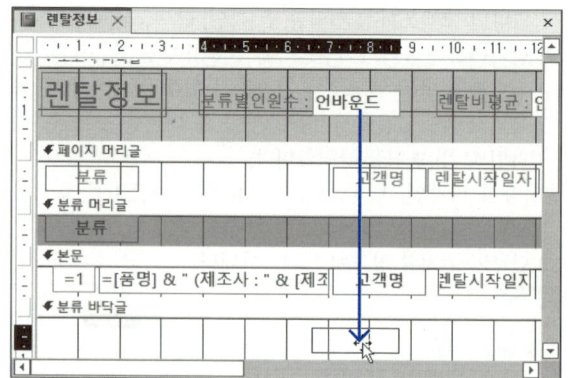

④ 같은 방법으로 'txt렌탈비평균'도 '분류 바닥글' 구역으로 이동합니다.

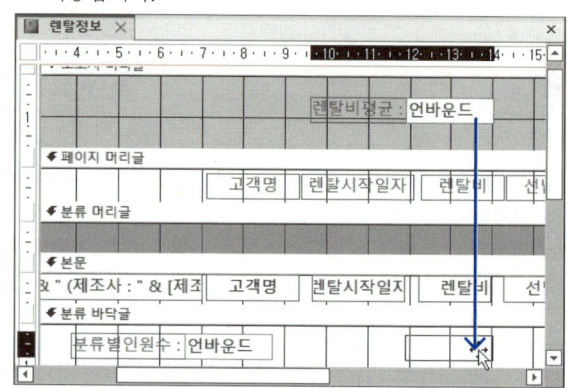

⑤ 'txt분류별인원수' 컨트롤을 클릭한 후 선택한 컨트롤 [속성 시트] 창이 나타나면 [데이터] 탭의 '컨트롤 원본' 입력란에 '=count(*)'을 입력하고 Enter를 눌러 입력을 완료합니다.

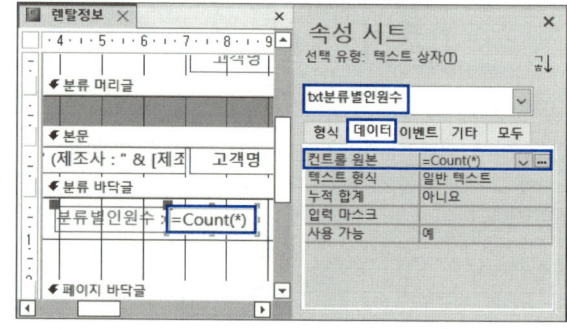

⑥ 'txt렌탈비평균' 컨트롤을 클릭한 후 선택한 컨트롤 [속성 시트] 창이 나타나면 [데이터] 탭의 '컨트롤 원본' 입력란에 '=avg(렌탈비)'을 입력합니다.
⑦ Enter를 누르면 '=Avg([렌탈비])'로 변경된 것을 확인할 수 있습니다.

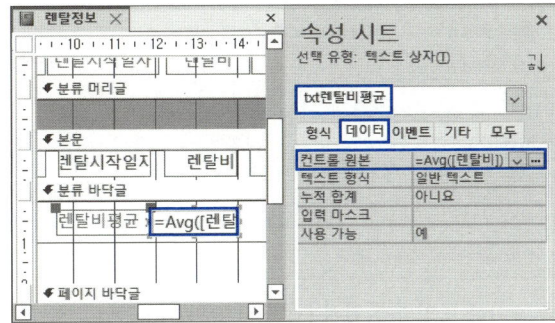

⑧ 저장(💾)을 클릭하고 닫기(✖)를 클릭해 작성한 보고서를 닫습니다.

02 이벤트 프로시저

① [탐색] 창 폼 목록의 〈렌탈〉 폼에서 마우스 오른쪽 버튼을 누른 후 [디자인 보기] 명령을 클릭합니다.
② 'txt고객명' 컨트롤을 클릭한 후 선택한 컨트롤 [속성 시트] 창이 나타나면 [이벤트] 탭의 'On Click'에 커서를 이동하고 작성기 단추(…)를 클릭합니다.
③ [작성기 선택] 대화상자가 나타나면 '코드 작성기'를 선택하고 [확인] 단추를 클릭합니다.
④ 'txt고객명_Click()' 프로시저가 나타나면 아래와 같이 입력합니다.

```
Private Sub txt고객명_Click()
    Me.OrderBy = "고객명 asc"
    Me.OrderByOn = True
End Sub
```

⑤ VBE의 닫기(✖) 단추를 클릭하여 액세스로 돌아옵니다.
⑥ 저장(💾)을 클릭하고 [양식 디자인] 탭-[보기] 그룹-[폼 보기]를 클릭하여 폼 보기로 전환합니다.
⑦ 코드가 잘 작성되었는지 결과를 확인하고 닫기(✖)를 클릭해 폼을 닫습니다.

03 이벤트 프로시저

① [탐색] 창 폼 목록의 〈렌탈〉 폼에서 마우스 오른쪽 버튼을 누른 후 [디자인 보기] 명령을 클릭합니다.
② 'txt품명' 컨트롤을 클릭한 후 선택한 컨트롤 [속성 시트] 창이 나타나면 [이벤트] 탭의 'On Click'에 커서를 이동하고 작성기 단추(…)를 클릭합니다.
③ [작성기 선택] 대화상자가 나타나면 '코드 작성기'를 선택하고 [확인] 단추를 클릭합니다.
④ 'txt품명_Click()' 프로시저가 나타나면 아래와 같이 입력합니다.

```
Private Sub txt품명_Click()
    MsgBox [품명] & "의 렌탈비 총합은 " & DSum("렌탈비", "고객", "품명=txt품명")
    txt년 = Year(Date)
    txt월 = Month(Date)
End Sub
```

※ 글자가 잘 안 보일 경우 정답 파일을 열어서 확인할 수 있습니다.

⑤ VBE의 닫기(✖) 단추를 클릭하여 액세스로 돌아옵니다.

⑥ 저장(💾)을 클릭하고 [양식 디자인] 탭-[보기] 그룹-[폼 보기]를 클릭하여 폼 보기로 전환합니다.
⑦ 코드가 잘 작성되었는지 확인하고 닫기(✖)를 클릭해 폼을 닫습니다.

문제 4 처리 기능 구현

01 쿼리

▶ 쿼리 디자인

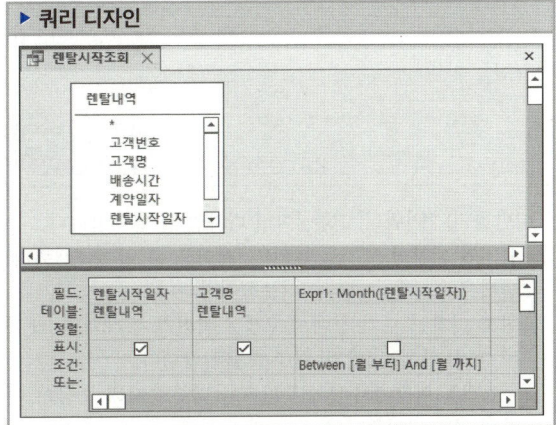

① [만들기] 탭-[쿼리] 그룹-[쿼리 디자인]을 클릭합니다.
② 쿼리가 디자인 보기로 열리면 [테이블 추가] 창의 [테이블] 탭에서 〈렌탈내역〉 테이블을 더블클릭합니다.
③ 쿼리 디자인 보기 창에 〈렌탈내역〉 테이블이 추가되면 [테이블 추가] 창에서 [닫기] 단추를 클릭합니다.
④ 〈렌탈내역〉 테이블에서 [렌탈시작일자] 필드를 더블클릭해 눈금의 첫 번째 열로 지정합니다.
⑤ 〈렌탈내역〉 테이블에서 [고객명] 필드를 더블클릭해 눈금의 두 번째 열로 지정합니다.
⑥ 세 번째 열 '필드' 입력란에 'month(렌탈시작일자)'을 입력한 후 Enter 를 눌러 입력을 완료합니다.
⑦ 매개 변수를 설정하기 위해 'Expr1: Month([렌탈시작일자])' 필드의 '조건' 입력란에 'between [월 부터] and [월 까지]'를 입력하고 Enter 를 누릅니다.
⑧ 'Expr1: Month([렌탈시작일자])' 필드는 시트에 표시되면 안 되므로 '표시' 확인란을 클릭하여 선택을 취소합니다.
⑨ 결과를 확인하기 위해 [쿼리 디자인] 탭-[결과] 그룹-[실행]을 클릭합니다.
⑩ 첫 번째 [매개 변수 값 입력] 대화상자가 나타나면 '3'을 입력한 후 [확인] 단추를 클릭합니다.
⑪ 두 번째 [매개 변수 값 입력] 대화상자가 나타나면 '5'를 입력한 후 [확인] 단추를 클릭합니다.
⑫ 저장(💾)을 클릭하고 [다른 이름으로 저장] 대화상자가 나타나면 쿼리 이름을 '렌탈시작조회'로 입력한 후 [확인] 단추를 클릭합니다.
⑬ 닫기(✖)를 클릭해 작성한 쿼리를 닫습니다.

02 쿼리

▶ 쿼리 디자인

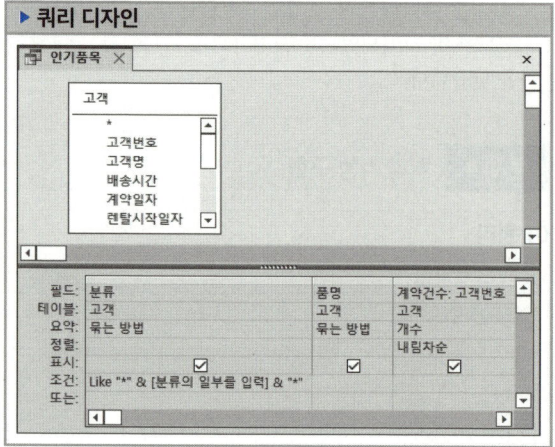

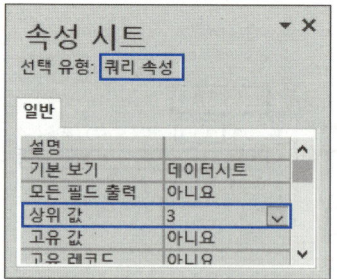

① [만들기] 탭-[쿼리] 그룹-[쿼리 디자인]을 클릭합니다.
② 쿼리가 디자인 보기로 열리면 [테이블 추가] 창의 [쿼리] 탭에서 <고객> 쿼리를 더블클릭합니다.
③ 쿼리 디자인 보기 창에 <고객> 쿼리가 추가되면 [테이블 추가] 창에서 [닫기] 단추를 클릭합니다.
④ <고객> 쿼리에서 [분류] 필드를 더블클릭해 눈금의 첫 번째 열로 지정합니다.
⑤ 매개 변수를 설정하기 위해 '분류' 필드의 '조건' 입력란에 'like "*" & [분류의 일부를 입력] & "*"'를 입력하고 Enter를 누릅니다.
⑥ <고객> 쿼리에서 [품명] 필드를 더블클릭해 눈금의 두 번째 열로 지정합니다.
⑦ <고객> 쿼리에서 [고객번호] 필드를 더블클릭해 눈금의 세 번째 열로 지정합니다.
⑧ 눈금의 세 번째 열에 있는 '고객번호'의 필드 이름을 지정하기 위하여 '고객번호' 앞에 '계약건수:'를 입력하고 Enter를 누릅니다.
⑨ 그룹별 개수를 설정하기 위해 [쿼리 디자인] 탭-[표시/숨기기] 그룹-[요약]을 클릭합니다.
⑩ 눈금에 '요약' 행이 표시되면 '계약건수: 고객번호' 필드의 '요약' 목록 단추(▼)를 클릭해 '개수'를 선택하고 '정렬' 목록 단추(▼)를 클릭해 '내림차순'을 선택합니다.
⑪ 레코드를 상위 3번째까지 표시하기 위해 쿼리 디자인 보기 창의 빈 영역을 클릭합니다.
⑫ 오른쪽에 나타난 쿼리 [속성 시트] 창에서 [일반] 탭의 '상위 값' 속성을 클릭해 커서가 이동되면 '3'을 입력하고 Enter를 누릅니다.
⑬ 결과를 확인하기 위해 [쿼리 디자인] 탭-[결과] 그룹-[실행]을 클릭합니다.
⑭ [매개 변수 값 입력] 대화상자가 나타나면 '뷰티'를 입력한 후 [확인] 단추를 클릭합니다.
⑮ 저장(💾)을 클릭하고 [다른 이름으로 저장] 대화상자가 나타나면 쿼리 이름을 '인기품목'으로 입력한 후 [확인] 단추를 클릭합니다.
⑯ 닫기(✖)를 클릭해 작성한 쿼리를 닫습니다.

03 쿼리

▶ 쿼리 디자인

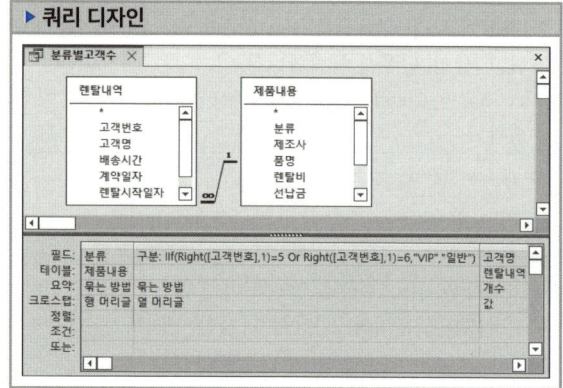

① [만들기] 탭-[쿼리] 그룹-[쿼리 디자인]을 클릭합니다.
② 쿼리가 디자인 보기로 열리면 [테이블 추가] 창의 [테이블] 탭에서 <렌탈내역>과 <제품내용> 테이블을 각각 더블클릭합니다.
③ 쿼리 디자인 보기 창에 <렌탈내역>과 <제품내용> 테이블이 추가되면 [테이블 추가] 창에서 [닫기] 단추를 클릭합니다.
④ 크로스탭 쿼리로 변경하기 위해 [쿼리 디자인] 탭-[쿼리 유형] 그룹-[크로스탭]을 클릭합니다.
⑤ <제품내용> 테이블에서 [분류] 필드를 더블클릭해 눈금의 첫 번째 열로 지정합니다.
⑥ '분류' 필드의 '크로스탭' 목록 단추(▼)를 클릭해 '행 머리글'을 선택합니다.
⑦ 구분 필드를 추가하기 위해 두 번째 열의 '필드' 입력란에 '구분:iif(right(고객번호,1)=5 or right(고객번호,1)=6,"VIP","일반")'을 입력합니다.
⑧ Enter를 누르면 '구분: IIf(Right([고객번호],1)=5 Or Right([고객번호],1)=6,"VIP","일반")'로 변경된 것을 확인

할 수 있습니다.
⑨ '구분' 필드의 '크로스탭' 목록 단추(☑)를 클릭해 '열 머리글'을 선택합니다.
⑩ <렌탈내역> 테이블에서 [고객명] 필드를 더블클릭해 눈금의 세 번째 열로 지정합니다.
⑪ '고객명' 필드의 '크로스탭' 목록 단추(☑)를 클릭해 '값'을 선택합니다.
⑫ 이어서 '고객명' 필드의 '요약' 목록 단추(☑)를 클릭해 '개수'를 선택합니다.
⑬ 표시 형식을 지정하기 위해 세 번째 열의 '고객명' 필드를 클릭하고 필드 [속성 시트] 창에서 [일반] 탭의 '형식' 속성에 '0명'을 입력합니다.

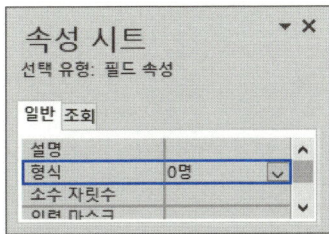

⑭ Enter 를 누르면 '0₩명'으로 변경된 것을 확인할 수 있습니다.
⑮ 결과를 확인하기 위해 [쿼리 디자인] 탭-[결과] 그룹-[실행]을 클릭합니다.
⑯ 저장(🖫)을 클릭하고 [다른 이름으로 저장] 대화상자가 나타나면 쿼리 이름을 '분류별고객수'로 입력한 후 [확인] 단추를 클릭합니다.
⑰ 닫기(✖)를 클릭해 작성한 쿼리를 닫습니다.

04 쿼리

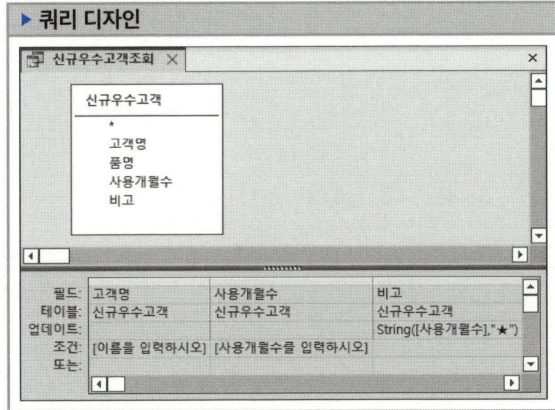

① [만들기] 탭-[쿼리] 그룹-[쿼리 디자인]을 클릭합니다.
② 쿼리가 디자인 보기로 열리면 [테이블 추가] 창의 [테이블] 탭에서 <신규우수고객> 테이블을 더블클릭합니다.
③ 쿼리 디자인 보기 창에 <신규우수고객> 테이블이 추가되면 [테이블 추가] 창에서 [닫기] 단추를 클릭합니다.
④ 업데이트 쿼리로 변경하기 위해 [쿼리 디자인] 탭-[쿼리 유형] 그룹-[업데이트]를 클릭합니다.

⑤ <신규우수고객> 테이블에서 [고객명] 필드를 더블클릭해 눈금의 첫 번째 열로 지정합니다.
⑥ 매개 변수를 설정하기 위해 '고객명' 필드의 '조건' 입력란에 '[이름을 입력하시오]'를 입력한 후 Enter 를 누릅니다.
⑦ <신규우수고객> 테이블에서 [사용개월수] 필드를 더블클릭해 눈금의 두 번째 열로 지정합니다.
⑧ 매개 변수를 설정하기 위해 '사용개월수' 필드의 '조건' 입력란에 '[사용개월수를 입력하시오]'를 입력한 후 Enter 를 누릅니다.
⑨ <신규우수고객> 테이블에서 [비고] 필드를 더블클릭해 눈금의 세 번째 열로 지정합니다.
⑩ '비고' 필드의 '업데이트' 입력란에 'string([사용개월수], "★")'를 입력합니다.
⑪ Enter 를 누르면 'String([사용개월수], "★")'로 변경된 것을 확인할 수 있습니다.
⑫ 결과를 확인하기 위해 [쿼리 디자인] 탭-[결과] 그룹-[실행]을 클릭합니다.
⑬ [매개 변수 값 입력] 대화상자가 나타나면 '주인식'과 '1'을 각각 입력한 후 [확인] 단추를 클릭합니다.
⑭ 업데이트 여부를 묻는 메시지가 나타나면 [예] 단추를 클릭합니다.

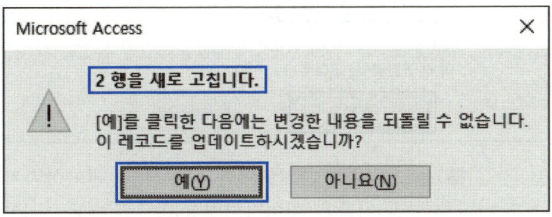

⑮ 저장(🖫)을 클릭하고 [다른 이름으로 저장] 대화상자가 나타나면 쿼리 이름을 '신규우수고객조회'로 입력한 후 [확인] 단추를 클릭합니다.
⑯ 닫기(✖)를 클릭해 작성한 쿼리를 닫습니다.

05 쿼리

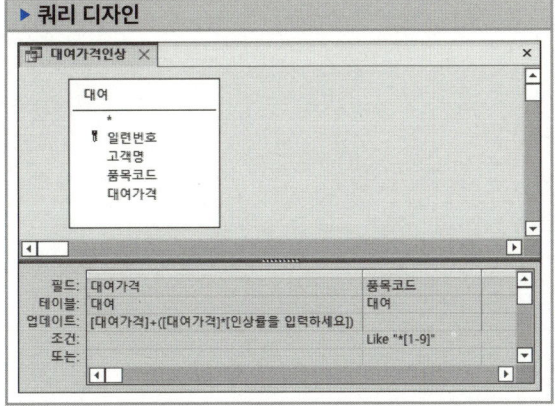

① [만들기] 탭-[쿼리] 그룹-[쿼리 디자인]을 클릭합니다.
② 쿼리가 디자인 보기로 열리면 [테이블 추가] 창의 [테이블] 탭에서 <대여> 테이블을 더블클릭합니다.

③ 쿼리 디자인 보기 창에 〈대여〉 테이블이 추가되면 [테이블 추가] 창에서 [닫기] 단추를 클릭합니다.
④ 업데이트 쿼리로 변경하기 위해 [쿼리 디자인] 탭-[쿼리 유형] 그룹-[업데이트]를 클릭합니다.
⑤ 〈대여〉 테이블에서 [품목코드] 필드를 더블클릭해 눈금의 첫 번째 열로 지정합니다.
⑥ '품목코드' 필드의 '조건' 입력란에 '*[1-9]'을 입력합니다.
⑦ Enter 를 누르면 'Like "*[1-9]"'로 변경된 것을 확인할 수 있습니다.
⑧ 〈대여〉 테이블에서 [대여가격] 필드를 더블클릭해 눈금의 두 번째 열로 지정합니다.
⑨ '대여가격' 필드의 '업데이트' 입력란에 '[대여가격]+([대여가격]*[인상률을 입력하세요])'을 입력합니다.
⑩ 결과를 확인하기 위해 [쿼리 디자인] 탭-[결과] 그룹-[실행]을 클릭합니다.
⑪ [매개 변수 값 입력] 대화상자가 나타나면 '0.1'을 입력한 후 [확인] 단추를 클릭합니다.
⑫ 업데이트 여부를 묻는 메시지가 나타나면 [예] 단추를 클릭합니다.

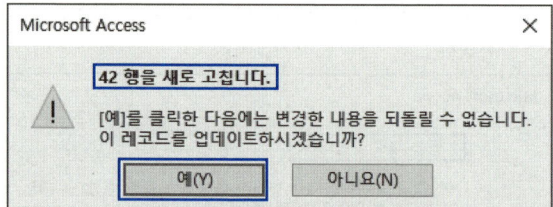

⑬ 저장(🖫)을 클릭하고 [다른 이름으로 저장] 대화상자가 나타나면 쿼리 이름을 '대여가격인상'으로 입력한 후 [확인] 단추를 클릭합니다.
⑭ 닫기(✖)를 클릭해 작성한 쿼리를 닫습니다.

제5회 실전모의고사

프로그램명	제한시간
ACCESS	45분

수험번호 :

성　명 :

| 1급 | C형 |

유 의 사 항

★ 펜은 꺼내실 수 없으며 시험지는 유출이 불가능합니다.

■ 인적 사항 누락 및 잘못 작성으로 인한 불이익은 수험자 책임으로 합니다.

■ 화면에 암호 입력창이 나타나면 아래의 암호를 입력하여야 합니다.
- 암호 :

★ 암호를 입력할 수도 있으니 이렇게 첫 장을 확인하시면 됩니다.

■ 작성된 답안은 주어진 경로 및 파일명을 변경하지 마시고 그대로 저장해야 합니다.
이를 준수하지 않으면 실격 처리됩니다.

★ 디스켓 모양을 눌러 저장하시면 됩니다. 예외가 있을 수도 있으니 감독관이 설명할 때 잘 들어주세요. 제한시간(45분) 안에 디스켓 모양을 눌러 저장을 하고 그 이후에는 화면이 바뀌며 [답안 제출]을 하게 됩니다.

■ 외부 데이터 위치 : C:\DB\파일명

■ 별도의 지시사항이 없는 경우, 다음과 같이 처리 시 실격 처리됩니다.
- 제시된 개체의 이름을 임의로 변경한 경우
- 제시된 개체의 속성을 임의로 변경한 경우
- 제시된 개체를 임의로 추가하거나 삭제한 경우

■ 별도의 지시사항이 없는 경우 기능의 구현은 모듈이나 매크로 등을 이용하며, 예외적인 상황에 대해서는 고려하지 않아도 됩니다.

■ 별도의 지시사항이 없는 경우 주어진 각 개체의 속성은 설정값 또는 기본 설정값(Default)으로 처리하십시오.

■ 제시된 화면은 예시이며 나타난 값은 실제와 다를 수 있습니다.

■ 저장 시간은 별도로 주어지지 않으므로 제한된 시간 내에 저장을 완료해야 합니다.

■ 출제된 문제의 용어는 Microsoft Office Access 2021 기준으로 작성되어 있습니다.

국 가 기 술 자 격 검 정

문제 1 DB 구축(25점)

01 차량 판매를 관리하기 위해 데이터베이스를 구축하고자 한다. 다음의 지시사항에 따라 각 테이블을 완성하시오.
(각 3점)

<고객구입내역> 테이블
① 데이터시트 보기(테이블 보기) 형식에서 '번호' 필드 이름 대신 필드 머리글에 '고객번호'가 표시되도록 속성을 설정하시오.
② '차량코드' 필드에 7글자까지만 입력되도록 필드 크기를 설정하시오.
③ '출시연도' 필드를 기준으로 오름차순 정렬되어 표시되도록 설정하시오.
④ 새로운 레코드가 추가되는 경우 '구입날짜' 필드에는 기본적으로 오늘 날짜 다음날이 입력되도록 설정하시오.
(DateAdd, Date 함수 사용)

<차량정보> 테이블
⑤ '연료구분' 필드에 대해 다음과 같이 조회 속성을 설정하시오.
▶ 콤보 상자의 형태로 '구분표' 테이블의 '구분', '연료', '제조사' 목록이 나타나도록 설정하시오.
▶ 필드에는 '구분'이 저장되도록 설정하시오.
▶ 열 너비를 이용하여 '구분'만 표시되도록 설정하시오.

02 <고객구입내역> 테이블의 '차량코드' 필드는 <차량정보> 테이블의 '코드' 필드를 참조하며, 테이블 간의 관계는 M:1이다. 두 테이블에 대해 다음과 같이 관계를 설정하시오. (5점)

▶ 테이블 간 항상 참조 무결성을 유지하도록 설정하시오.
▶ <고객구입내역> 테이블이 참조하고 있는 <차량정보> 테이블의 레코드를 삭제할 수 있도록 설정하시오.

03 탭으로 분리된 '2019년출시차량.txt' 파일을 가져와 다음과 같이 <2019년출시차량> 테이블을 생성하시오. (5점)

▶ 열 이름을 표시할 것
▶ '코드' 필드를 기본 키로 설정하시오.

문제 2 입력 및 수정 기능 구현 (20점)

01 <차량별구입목록> 폼을 다음 지시사항에 따라 완성하시오. (각 2점)

① 폼을 모달로 열도록 설정하시오.
② 'txt연비' 컨트롤은 폼 보기에서 사용하지 못하도록 설정하시오.
③ 기본 폼과 하위 폼을 적절한 필드로 연결하시오.
④ 하위 폼 본문 영역의 'txt소형차여부' 컨트롤에 해당 차량의 '소형차' 여부가 yes인 경우 "소형차"를, 그 외에는 "해당 없음"을 표시하시오.
⑤ 하위 폼 바닥글 영역의 'txt구입가합계' 컨트롤에는 필터된 구입가의 합계를 나타내도록 설정하시오.
▶ 구입가의 합계가 12,345,678인 경우 → 구입가 합계 : 12백만원
▶ 구입가의 합계가 0인 경우 → 구입가 합계 : 0백만원

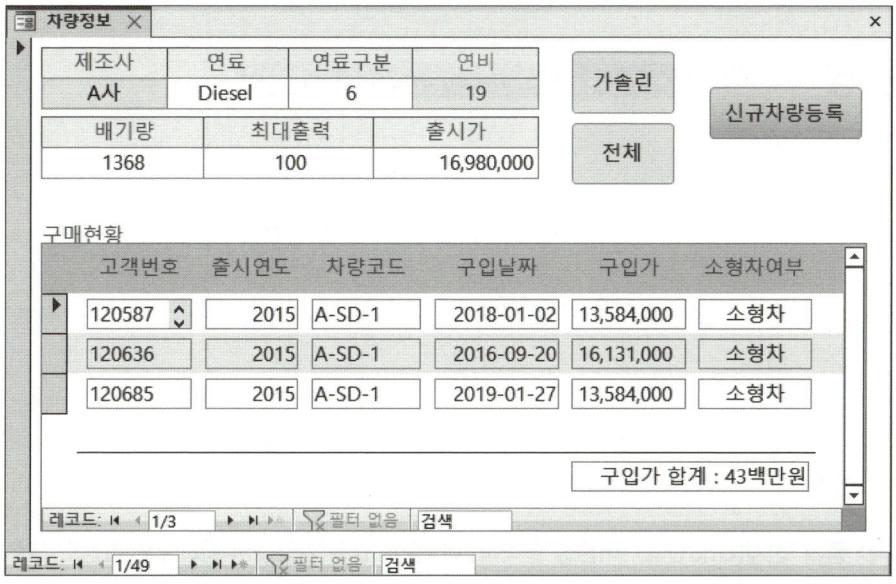

02 다음과 같이 조건부 서식을 설정하시오. (2점)
▶ <차량별구입목록> 폼의 본문에 포커스가 이동되면 해당 컨트롤 배경색을 '노랑'으로 설정하시오.
 (단, 'txt연비'는 제외할 것)

03 <차량별구입목록> 폼의 해당 차량 코드에 따른 출시가를 <차량정보> 테이블에서 찾아 'txt출시가' 컨트롤에 표시하시오. (3점)
▶ DLookup 함수 사용

04 <차량별구입목록> 폼의 본문 영역에 문제 2의 1번 <그림>을 참고하여 다음 지시사항에 따라 '단추' 컨트롤을 생성하시오. (5점)
▶ 단추를 클릭하면 새로운 데이터를 추가할 수 있도록 하는 <등록> 매크로를 생성하여 지정
▶ 컨트롤의 이름은 'cmd등록', 캡션은 '신규차량등록'으로 설정

문제 3 조회 및 출력 기능 구현 (20점)

01 다음의 지시사항 및 그림을 참조하여 <차량정보> 보고서를 완성하시오. (각 3점)
① 본문의 'txt연비'와 'txt배기량' 컨트롤에 해당하는 각각의 필드를 바운드시키시오.
② '보고서 바닥글' 영역을 추가한 후 현재 시스템 날짜를 표시하는 컨트롤을 생성하시오.
 ▶ 컨트롤 이름 : txt날짜
 ▶ 컨트롤 원본과 형식 속성을 사용하여 <그림>과 같이 표시
③ '제조사'별로 서로 다른 페이지에 인쇄되도록 제조사 머리글의 속성을 설정하시오.
④ 페이지 바닥글의 'txt페이지' 컨트롤에는 페이지 번호가 다음과 같이 표시되도록 설정하시오.
 ▶ 현재 페이지가 1인 경우 → 현재 01페이지
 ▶ Format 함수 사용
⑤ 'txt출시가최대' 컨트롤에는 그룹별 출시가의 최대값이 표시되도록 설정하시오.
 ▶ DMax 함수와 <차량정보> 테이블 사용

제조사	연료	코드	연료구분	연비	배기량	최대출력	출시가
H사							
	Diesel	H-SD-1	0	17.7	1461	90	26,940,000
	Diesel	H-SD-4	0	11.8	1591	177	24,190,000
	Diesel	H-SD-5	0	8.5	3342	290	35,260,000
	Gasoline	H-SD-2	5	10.2	1998	138	41,680,000
	Gasoline	H-SD-3	5	16	2359	159	36,680,000
						출시가 최대	41,680,000

출력일자　2025-Jan-31 금요일

현재 05페이지

02 <차량별구입목록> 폼의 '전체(cmd전체)' 버튼을 클릭하면 다음과 같은 기능을 수행하도록 이벤트 프로시저를 구현하시오. (2점)

▶ '차량정보' 폼을 '인쇄 미리 보기'의 형태로 열 것
▶ Docmd 개체 사용

03 <차량별구입목록> 폼 본문 영역의 '가솔린(cmd가솔린)' 버튼을 클릭하면 다음과 같은 기능을 수행하도록 이벤트 프로시저를 구현하시오. (3점)

▶ <차량정보> 테이블에서 연료가 "Gasoline"인 자료만 표시하는 테이블을 생성
▶ 생성된 테이블에는 코드, 연료, 최대출력, 출시가만 포함할 것
▶ 생성된 테이블의 이름은 '가솔린'으로 설정
▶ Requery를 이용하여 데이터를 다시 불러올 것

문제 4 처리 기능 구현 (35점)

01 <A사대형구매목록> 테이블을 이용하여 '차종'의 일부를 매개 변수로 입력 받는 '대형차량검사체크' 쿼리를 작성하시오. (7점)

▶ 매개 변수 값 입력 창에 'Gasoline'을 입력받고, 'Gasoline'을 포함하는 레코드에 대해 검사여부가 적용(선택)되도록 업데이트할 것

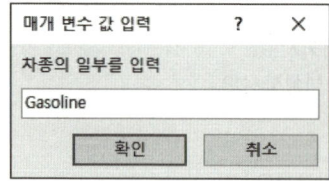

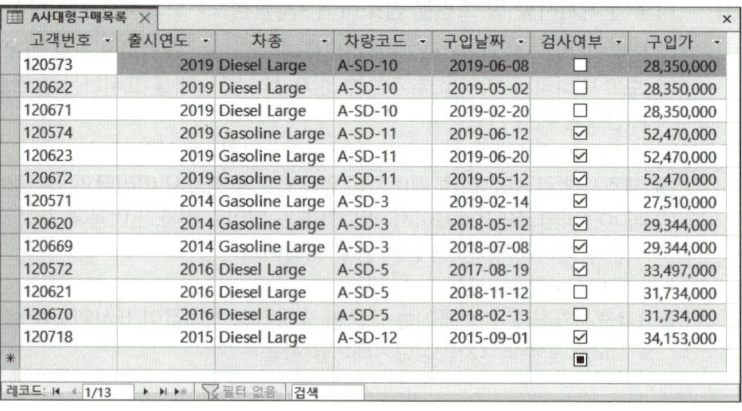

02 다음과 같은 기능을 하는 '판매안된차량' 쿼리를 작성하시오. (7점)
▶ <고객구입내역> 테이블에 존재하지 않는 <차량정보> 테이블의 자료를 조회할 것
▶ Is Null을 사용하고, 필드 간의 관계를 이용

제조사	코드	연비	배기량	최대출력
D사	D-SG-4	12.4	1591	140

03 <차량코드별구입가> 테이블을 이용하여 다음과 같은 기능을 수행하는 '상위구입가' 쿼리를 작성하시오. (7점)
▶ Like 연산자를 사용하여 번호는 1부터 9까지만 표시할 것
▶ IIf와 Left 함수를 사용하여 차량코드의 첫 글자가 "B"이면 "B사", 아니면 "C사"로 '제조사' 필드를 추가할 것

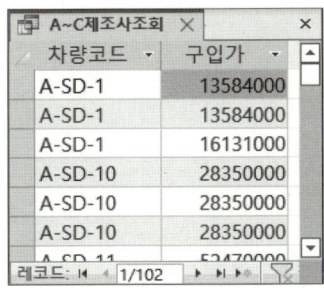

04 <차량코드별구입가> 테이블을 이용하여 다음과 같은 기능을 수행하는 'A~C제조사조회' 쿼리를 작성하시오. (7점)
▶ 차량코드의 첫 문자가 A부터 C까지의 데이터만 표시할 것(Like 연산자 사용)
▶ 차량코드는 오름차순으로 정렬할 것

차량코드	구입가
A-SD-1	13584000
A-SD-1	13584000
A-SD-1	16131000
A-SD-10	28350000
A-SD-10	28350000
A-SD-10	28350000
A-SD-11	52470000

05 <고객>과 <대여> 테이블을 이용하여 고객의 대여횟수를 조회하는 <대여조회> 쿼리를 작성하시오. (7점)

▶ 쿼리를 실행하면 <그림>과 같이 매개 변수 값 입력 대화상자를 통해 입력된 '대여횟수'에 해당하는 레코드만 표시되도록 설정
▶ 대여횟수는 일련번호 필드를 이용할 것

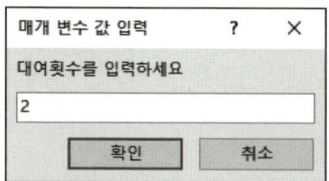

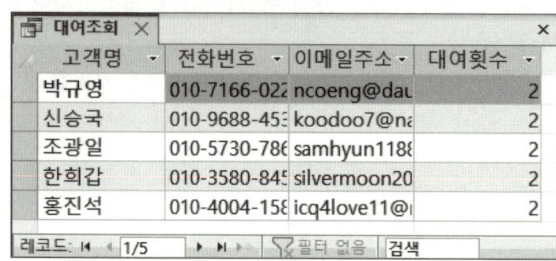

정답 및 해설

문제1 DB 구축

'보안 경고'가 표시되면 '콘텐츠 사용'을 클릭하세요.

01 테이블

1

[번호] 필드-'캡션' 속성 : 고객번호

① [탐색] 창의 <고객구입내역> 테이블에서 마우스 오른쪽 버튼을 눌러 바로 가기 메뉴가 나타나면 [디자인 보기] 명령을 클릭합니다.
② [번호] 필드를 클릭하여 [번호] 필드 속성이 나타나면 [일반] 탭의 '캡션' 속성을 클릭합니다.
③ '캡션' 속성에 커서가 이동되면 '고객번호'를 입력한 후 Enter 를 눌러 완료합니다.

2

[차량코드] 필드-'필드 크기' 속성 : 7

① [차량코드] 필드를 클릭하여 [차량코드] 필드 속성이 나타나면 [일반] 탭의 '필드 크기' 속성을 클릭합니다.
② '필드 크기' 속성에 커서가 이동되면 '7'을 입력한 후 Enter 를 눌러 완료합니다.

3

테이블 속성-'정렬 기준' 속성 : 출시연도 ASC

① 테이블 [속성 시트] 창의 [정렬 기준]을 클릭합니다.
② '정렬 기준' 속성에 커서가 이동되면 '출시연도 asc'를 입력한 후 Enter 를 눌러 완료합니다.

4

[구입날짜] 필드-'기본값' 속성 : DateAdd("d",1,Date())

① [구입날짜] 필드를 클릭하여 [구입날짜]의 필드 속성이 나타나면 [일반] 탭의 '기본값' 속성을 클릭합니다.
② '기본값' 속성에 커서가 이동되면 'dateadd("d",1,date())'을 입력합니다.
③ Enter 를 누르면 'DateAdd("d",1,Date())'로 변경된 것을 확인할 수 있습니다.
④ 저장(💾)하고 닫기(✖)를 클릭하여 <고객구입내역> 테이블을 닫습니다.
⑤ 아래와 같은 메시지가 나타나면 [예] 단추를 클릭합니다.

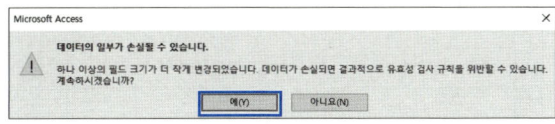

5

① [탐색] 창의 <차량정보> 테이블에서 마우스 오른쪽 버튼을 눌러 바로 가기 메뉴가 나타나면 [디자인 보기] 명령을 클릭합니다.
② [연료구분] 필드를 클릭하여 [연료구분] 필드 속성이 나타나면 [조회] 탭의 '컨트롤 표시' 속성을 클릭합니다.
③ '컨트롤 표시' 속성의 목록 단추(⌄)를 클릭하여 '콤보 상자'로 변경합니다.
④ 테이블의 데이터를 가져오기 위해 '행 원본 유형' 속성이 '테이블/쿼리'인지 확인합니다.
⑤ 이어서 '행 원본' 속성을 클릭한 후 커서가 이동되면 작성기 단추(⋯)를 클릭합니다.
⑥ [쿼리 작성기]가 나타나면 [테이블 추가] 창에서 <구분표> 테이블을 더블클릭하여 [쿼리 작성기]에 추가한 후 [테이블 추가] 창의 [닫기] 단추를 클릭합니다.
⑦ <구분표> 테이블의 [구분] 필드를 더블클릭, [연료] 필드를 더블클릭, [제조사] 필드를 더블클릭하여 눈금의 필드에 추가한 후 [쿼리 작성기]의 [닫기] 단추를 클릭합니다.
⑧ 업데이트 여부를 묻는 메시지가 나타나면 [예] 단추를 클릭합니다.
⑨ 구분, 연료, 제조사 중 구분을 저장하기 위해 '바운드 열' 속성이 '1'인지 확인합니다.
⑩ 열 너비를 이용하여 구분만 표시되도록 '열 너비' 속성을 클릭하고 '열 너비' 속성에 커서가 이동되면 ';0;0'를 입력합니다.
⑪ Enter 를 누르면 ';0cm;0cm'로 변경된 것을 확인할 수 있습니다.
⑫ 마지막으로 '열 개수' 속성을 클릭하고 '열 개수' 속성에 커서가 이동되면 '3'을 입력합니다.

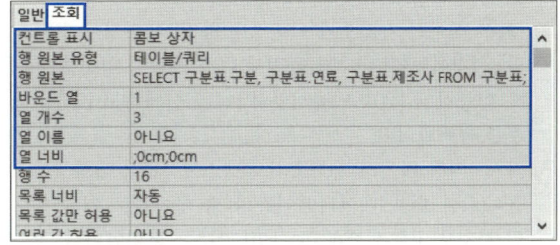

⑬ 저장(💾)을 클릭하고 닫기(✖)를 클릭해 <차량정보> 테이블을 닫습니다.

02 관계

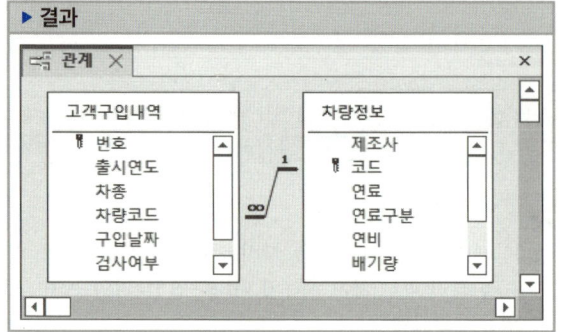

① [데이터베이스 도구] 탭-[관계] 그룹-[관계]를 클릭합니다.
② [관계 디자인] 탭-[관계] 그룹-[테이블 추가]를 클릭해 [테이블 추가] 창이 나타나면 <고객구입내역>, <차량정보> 테이블을 각각 더블클릭하여 [관계] 창에 추가합니다.
③ <고객구입내역> 테이블의 [차량코드] 필드를 <차량정보> 테이블의 [코드] 필드로 드래그합니다.
④ [관계 편집] 대화상자가 나타나면 '항상 참조 무결성 유지'와 '관련 레코드 모두 삭제' 확인란을 선택하고 [만들기] 단추를 클릭합니다.

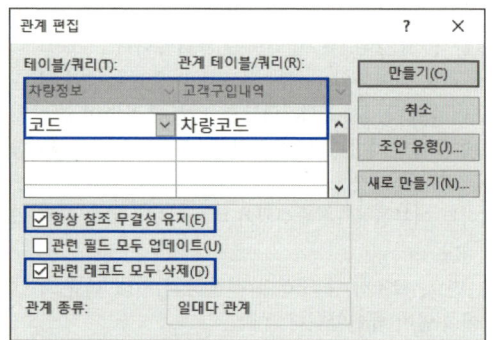

⑤ 관계 선이 생성되면 저장(🖫)하고 닫기(✖)를 클릭하여 [관계] 창을 닫습니다.

03 외부 데이터 가져오기

① 텍스트 파일을 가져오기 위해 [외부 데이터] 탭-[가져오기 및 연결] 그룹-[새 데이터 원본]-[파일에서]-[텍스트 파일]을 클릭합니다.
② [외부 데이터 가져오기 - 텍스트 파일] 대화상자가 나타나면 [찾아보기] 단추를 클릭해 현재 파일을 열어준 폴더로 이동한 후 '2019년출시차량.txt'를 선택하고 [열기] 단추를 클릭합니다.
③ 다시 [외부 데이터 가져오기 - 텍스트 파일] 대화상자로 돌아오면 '현재 데이터베이스의 새 테이블로 원본 데이터 가져오기'를 선택하고 [확인] 단추를 클릭합니다.
④ 탭으로 필드를 분리하기 위해 '구분'을 선택하고 [다음] 단추를 클릭합니다.

⑤ 필드를 나눌 기호로 '탭'을 선택하고, 열 이름을 표시하기 위해 '첫 행에 필드 이름 포함' 확인란을 선택한 후 [다음] 단추를 클릭합니다.

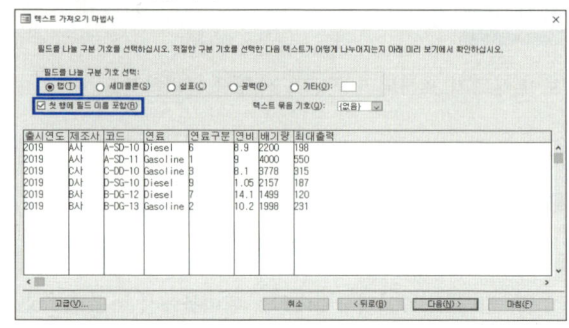

⑥ 지정할 옵션이 없으므로 기본 설정 그대로 두고 [다음] 단추를 클릭합니다.
⑦ 기본 키 정의에 대한 대화상자가 나타나면 '기본 키 선택', '코드'를 선택하고 [다음] 단추를 클릭합니다.

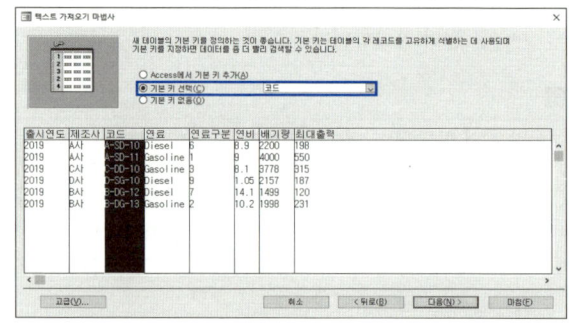

⑧ 가져올 테이블 이름을 '2019년출시차량'으로 입력한 후 [마침] 단추를 클릭합니다.
⑨ 가져오기 단계 저장 여부에 대한 대화상자가 나타나면 [닫기] 단추를 클릭합니다.

문제 2 | 입력 및 수정 기능 구현

01 폼 속성

1

① [탐색] 창 폼 목록의 <차량별구입목록> 폼에서 마우스 오른쪽 버튼을 누른 후 [디자인 보기] 명령을 클릭합니다.
② '차량별구입목록' 폼의 '폼 선택기'(■)를 클릭하여 폼 [속성 시트] 창이 나타나면 [기타] 탭의 '모달' 목록 단추(▼)를 클릭해 '예'를 선택합니다.

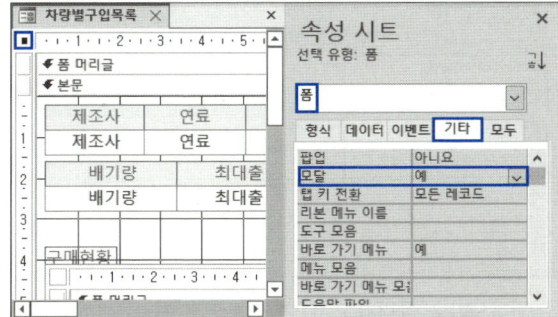

2

① '본문' 구역의 'txt연비' 컨트롤을 클릭한 후 선택한 컨트롤 [속성 시트] 창이 나타나면 [데이터] 탭의 '사용 가능' 목록 단추(▼)를 클릭해 '아니요'를 선택합니다.

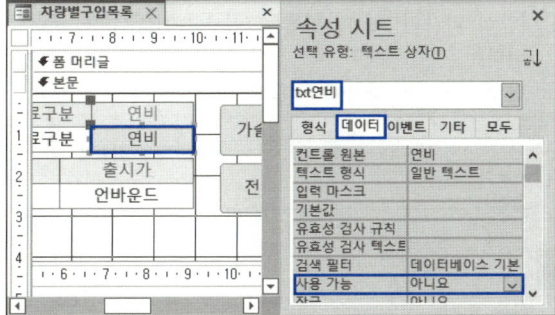

3

① 하위 폼의 틀(테두리 부분)을 클릭해 하위 폼/하위 보고서 [속성 시트] 창이 나타나면 [데이터] 탭의 '기본 필드 연결' 입력란에 '코드'를 입력하고 Enter 를 누릅니다.
② 이어서 [데이터] 탭의 '하위 필드 연결' 입력란에는 '차량코드'를 입력하고 Enter 를 누릅니다.

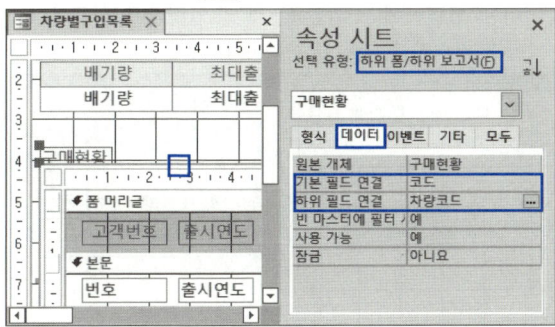

4

① 하위 폼 '본문' 구역의 'txt소형차여부' 컨트롤을 클릭한 후 선택한 컨트롤 [속성 시트] 창이 나타나면 [데이터] 탭의 '컨트롤 원본' 입력란에 '=iif(forms!차량별구입목록!소형차=yes,"소형차","해당없음")'을 입력합니다.

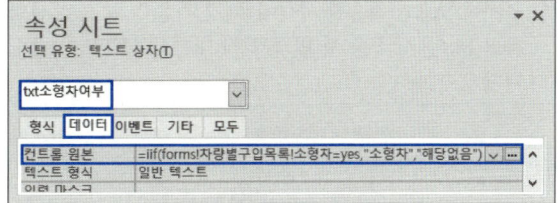

② Enter 를 누르면 '=IIf([Forms]![차량별구입목록]![소형차]=Yes,"소형차","해당없음")'로 변경된 것을 확인할 수 있습니다.

5

① 하위 폼 '폼 바닥글' 구역의 'txt구입가합계' 컨트롤을 클릭한 후 선택한 컨트롤 [속성 시트] 창이 나타나면 [데이터] 탭의 '컨트롤 원본' 입력란에 '="구입가 합계 : " & format(sum(구입가),"0,,백만원")'을 입력합니다.

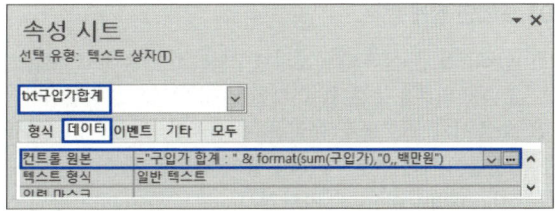

② Enter 를 누르면 '="구입가 합계 : " & Format(Sum([구입가]),"0,,""백만원""")'로 변경된 것을 확인할 수 있습니다.
③ 저장(💾)을 클릭하고 닫기(✖)를 클릭해 작성한 폼을 닫습니다.

02 조건부 서식

① [탐색] 창 폼 목록의 〈차량별구입목록〉 폼에서 마우스 오른쪽 버튼을 누른 후 [디자인 보기] 명령을 클릭합니다.
② 폼 디자인 창이 나타나면 Shift 를 이용하여 '본문' 구역의 'txt연비'를 제외한 텍스트 상자 컨트롤을 모두 선택합니다.

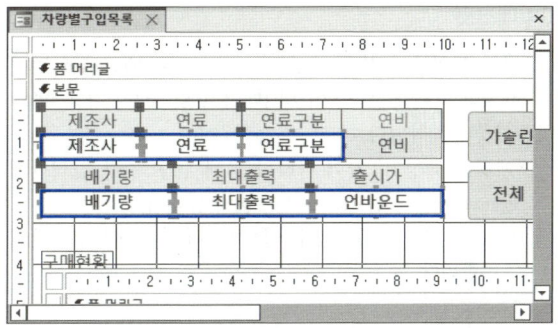

③ [서식] 탭-[컨트롤 서식] 그룹-[조건부 서식]을 클릭합니다.
④ [조건부 서식 규칙 관리자] 대화상자가 나타나면 [새 규칙] 단추를 클릭하고 첫 번째 목록 단추(▼)를 클릭해 '필드에 포커스가 있음'을 선택합니다.

⑤ 조건에 맞으면 적용할 서식에 [배경색]을 '노랑'으로 선택하고 [확인] 단추를 두 번 클릭해 대화상자를 모두 닫습니다.

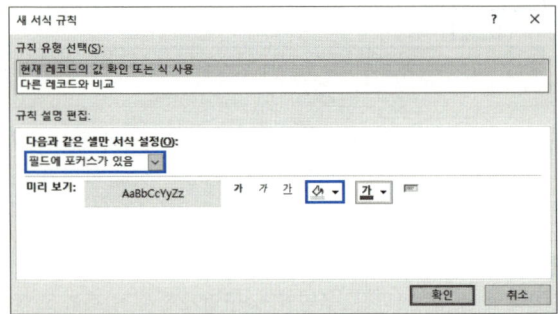

⑥ 저장(📄)을 클릭하고 닫기(✖)를 클릭해 작성한 폼을 닫습니다.

03 도메인 집계 함수

① [탐색] 창 폼 목록의 〈차량별구입목록〉 폼에서 마우스 오른쪽 버튼을 누른 후 [디자인 보기] 명령을 클릭합니다.
② 'txt출시가' 컨트롤을 클릭한 후 선택한 컨트롤 [속성 시트] 창이 나타나면 [데이터] 탭의 '컨트롤 원본' 입력란에 '=dlookup("출시가","차량정보","코드=forms!차량별구입목록!코드")'를 입력한 후 Enter 를 눌러 입력을 완료합니다.

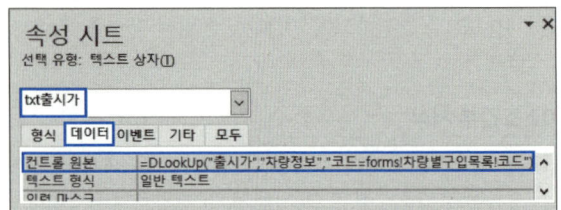

③ 저장(📄)을 클릭하고 닫기(✖)를 클릭해 작성한 폼을 닫습니다.

04 매크로

① 매크로 이름이 따로 지정되어 있으므로 매크로를 먼저 작성하기 위해 [만들기] 탭-[매크로 및 코드] 그룹-[매크로]를 클릭합니다.
② [매크로 작성기] 창이 나타나면 새 함수 추가 입력란에 'gotorecord'를 입력하고 Enter 를 누릅니다.
③ 레코드 이동 매크로 함수 인수가 나타나면 아래와 같이 입력합니다.

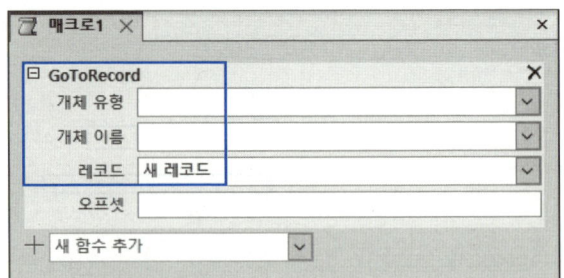

④ 저장(📄)을 클릭하고 [다른 이름으로 저장] 대화상자가 나타나면 '등록'을 입력한 후 [확인] 단추를 클릭합니다.
⑤ 닫기(✖)를 클릭하여 [매크로 작성기] 창을 닫습니다.
⑥ 컨트롤에 만든 매크로를 지정하기 위해 [탐색] 창 폼 목록의 〈차량별구입목록〉 폼에서 마우스 오른쪽 버튼을 누른 후 [디자인 보기] 명령을 클릭합니다.
⑦ [양식 디자인] 탭-[컨트롤] 그룹-[단추](▭)를 클릭합니다.
⑧ 단추가 위치할 영역에 드래그합니다.

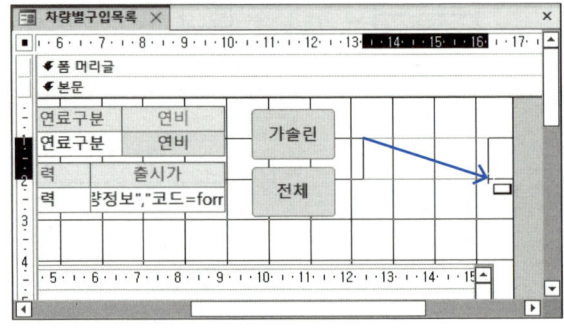

⑨ [명령 단추 마법사] 대화상자가 나타나면 [취소] 단추를 클릭하여 대화상자를 닫습니다.
⑩ 생성된 컨트롤의 [속성 시트] 창이 나타나면 [모두] 탭의 '이름' 입력란에 'cmd등록', '캡션' 입력란에 '신규차량등록'을 입력한 후 Enter 를 누릅니다.

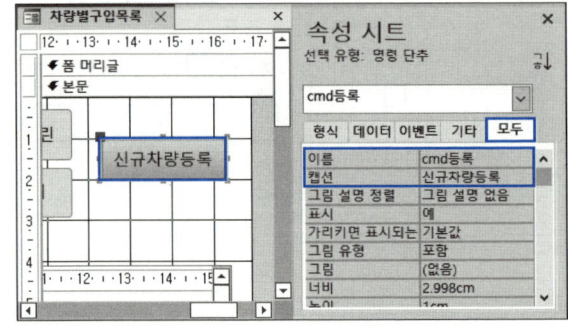

⑪ 이어서 [이벤트] 탭의 'On Click'에 목록 단추(▼)를 클릭해 '등록'을 선택합니다.

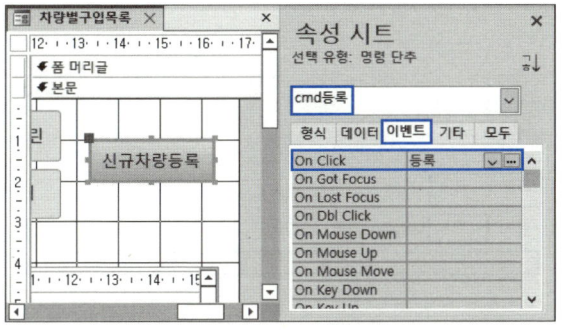

⑫ 저장(💾)을 클릭하고 [양식 디자인] 탭-[보기] 그룹-[폼 보기]를 클릭하여 폼 보기로 전환합니다.
⑬ 매크로가 잘 작성되었는지 결과를 확인한 후 닫기(✖)를 클릭해 폼을 닫습니다.

문제 3 조회 및 출력 기능 구현

01 보고서 속성

1

① [탐색] 창 보고서 목록의 <차량정보> 보고서에서 마우스 오른쪽 버튼을 누른 후 [디자인 보기] 명령을 클릭합니다.
② '본문' 구역의 'txt연비' 컨트롤을 클릭한 후 선택한 컨트롤 [속성 시트] 창이 나타나면 [데이터] 탭의 '컨트롤 원본' 입력란에 '연비'를 입력합니다.

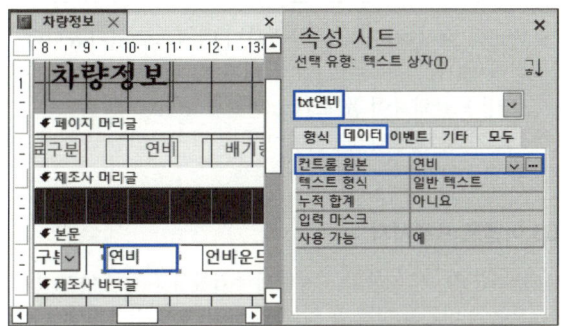

③ '본문' 구역의 'txt배기량' 컨트롤을 클릭한 후 선택한 컨트롤 [속성 시트] 창이 나타나면 [데이터] 탭의 '컨트롤 원본' 입력란에 '배기량'을 입력합니다.

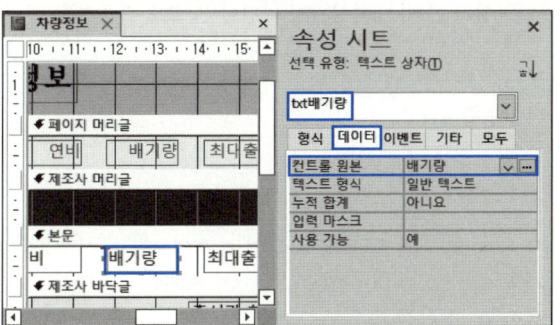

2

① '보고서 바닥글' 구역 아래에 마우스 포인터를 올려놓고 마우스 포인터 모양이 양방향 화살표(✥)가 되면 드래그하여 '보고서 바닥글' 구역을 넓힙니다.

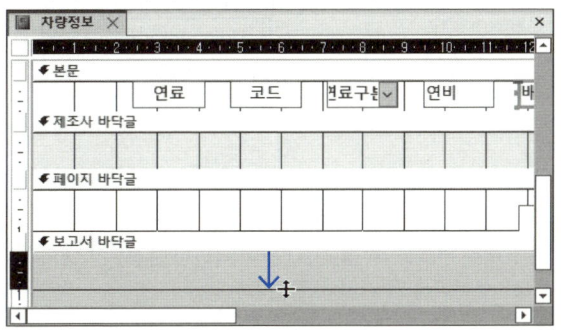

② [보고서 디자인] 탭-[컨트롤] 그룹-[텍스트 상자](🔲)를 클릭하고 '보고서 바닥글' 구역의 그림 위치 정도에 드래그합니다.

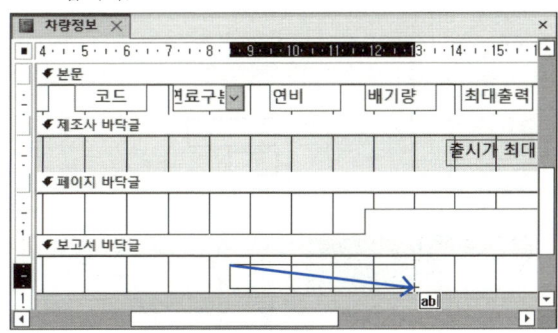

③ 생성된 텍스트 상자 컨트롤의 [속성 시트] 창에서 [기타] 탭 '이름' 입력란에 'txt날짜'를 입력합니다.
④ 이어서 [데이터] 탭의 '컨트롤 원본' 입력란에 '=date()'를 입력한 후 Enter 를 누릅니다.

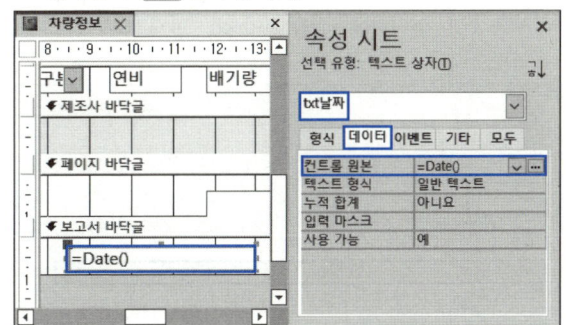

⑤ 이어서 [형식] 탭의 '형식' 입력란에 'yyyy-mmm-dd aaaa'를 입력한 후 Enter 를 누릅니다.

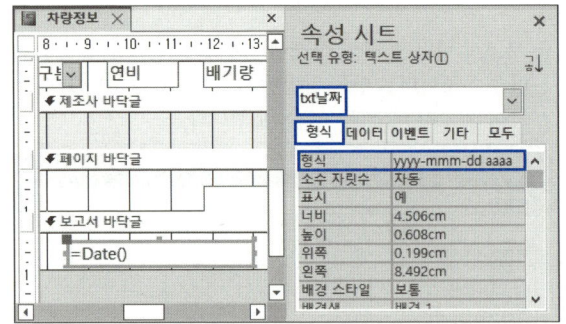

⑥ 텍스트 상자와 함께 생성된 레이블 컨트롤을 선택한 후 선택한 컨트롤 [속성 시트] 창이 나타나면 [모두] 탭의 '캡션' 입력란에 '출력일자'를 입력합니다.

3

① '제조사 머리글' 구역을 클릭한 후 선택한 구역 [속성 시트] 창이 나타나면 [형식] 탭의 '페이지 바꿈' 목록 단추(▽)를 클릭해 '구역 전'을 선택합니다.

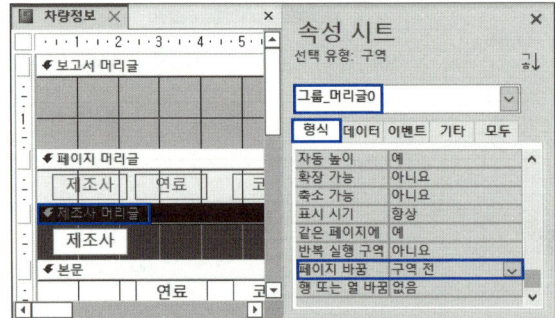

4

① '페이지 바닥글' 구역의 'txt페이지' 컨트롤을 클릭한 후 선택한 컨트롤 [속성 시트] 창이 나타나면 [데이터] 탭 '컨트롤 원본' 입력란에 '=format(page, "현재 00페이지")'을 입력합니다.

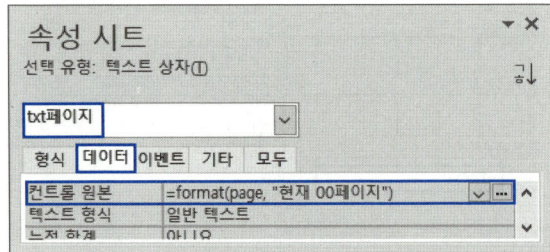

② Enter 를 누르면 '=Format([Page],"""현재 """"00""""페이지""")'로 변경된 것을 확인할 수 있습니다.

5

① '제조사 바닥글' 구역의 'txt출시가최대' 컨트롤을 클릭한 후 선택한 컨트롤 [속성 시트] 창이 나타나면 [데이터] 탭의 '컨트롤 원본' 입력란에 '=dmax("출시가","차량정보","제조사=txt제조사")'를 입력합니다.

② Enter 를 누르면 '=DMax("출시가","차량정보","제조사=txt제조사")'로 변경된 것을 확인할 수 있습니다.

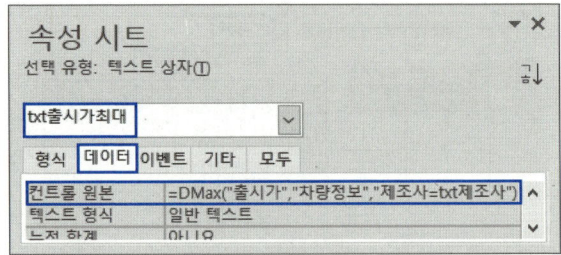

③ 저장(💾)을 클릭하고 닫기(✕)를 클릭해 작성한 보고서를 닫습니다.

02 이벤트 프로시저

① [탐색] 창 폼 목록의 〈차량별구입목록〉 폼에서 마우스 오른쪽 버튼을 누른 후 [디자인 보기] 명령을 클릭합니다.
② 'cmd전체' 컨트롤을 클릭한 후 선택한 컨트롤 [속성 시트] 창이 나타나면 [이벤트] 탭의 'On Click'에 커서를 이동하고 작성기 단추(…)를 클릭합니다.
③ [작성기 선택] 대화상자가 나타나면 '코드 작성기'를 선택하고 [확인] 단추를 클릭합니다.
④ 'cmd전체_Click()' 프로시저가 나타나면 아래와 같이 입력합니다.

```
Private Sub cmd전체_Click()
    DoCmd.OpenForm "차량정보", acPreview
End Sub
```

⑤ VBE의 닫기(✕) 단추를 클릭하여 액세스로 돌아옵니다.
⑥ 저장(💾)을 클릭하고 [양식 디자인] 탭-[보기] 그룹-[폼 보기]를 클릭하여 폼 보기로 전환합니다.
⑦ 코드가 잘 작성되었는지 확인하고 닫기(✕)를 클릭해 폼을 닫습니다.

03 이벤트 프로시저

① [탐색] 창 폼 목록의 〈차량별구입목록〉 폼에서 마우스 오른쪽 버튼을 누른 후 [디자인 보기] 명령을 클릭합니다.
② 'cmd가솔린' 컨트롤을 클릭한 후 선택한 컨트롤 [속성 시트] 창이 나타나면 [이벤트] 탭의 'On Click'에 커서를 이동하고 작성기 단추(…)를 클릭합니다.
③ [작성기 선택] 대화상자가 나타나면 '코드 작성기'를 선택하고 [확인] 단추를 클릭합니다.
④ 'cmd가솔린_Click()' 프로시저가 나타나면 아래와 같이 입력합니다.

```
Private Sub cmd가솔린_Click()
    DoCmd.RunSQL "select 코드, 연료, 최대출력, 출시가 into 가솔린 from 차량정보 where 연료='Gasoline'"
    DoCmd.Requery
End Sub
```

DoCmd.RunSQL "select 코드, 연료, 최대출력, 출시가 into 가솔린 from 차량정보 where 연료='Gasoline'"
DoCmd.Requery

⑤ VBE의 닫기(✖) 단추를 클릭하여 액세스로 돌아옵니다.
⑥ 저장(🖫)을 클릭하고 [양식 디자인] 탭-[보기] 그룹-[폼 보기]를 클릭하여 폼 보기로 전환합니다.
⑦ '가솔린(cmd가솔린)'을 클릭한 후 새 테이블 작성 여부를 묻는 메시지가 표시되면 [예] 단추를 클릭합니다.

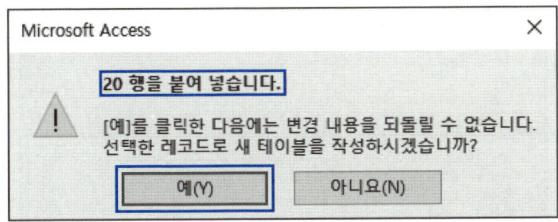

⑧ 닫기(✖)를 클릭해 폼을 닫습니다.

문제 4 처리 기능 구현

01 쿼리

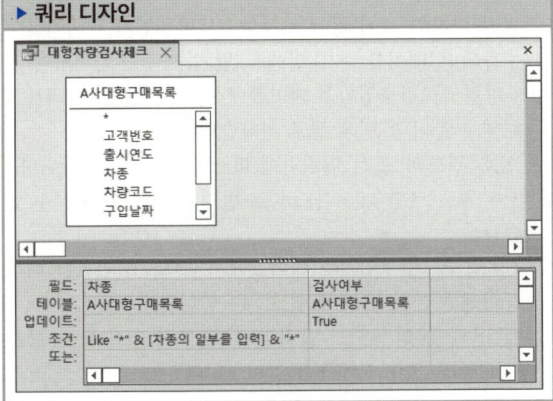

① [만들기] 탭-[쿼리] 그룹-[쿼리 디자인]을 클릭합니다.
② 쿼리가 디자인 보기로 열리면 [테이블 추가] 창의 [테이블] 탭에서 <A사대형구매목록> 테이블을 더블클릭합니다.
③ 쿼리 디자인 보기 창에 <A사대형구매목록> 테이블이 추가되면 [테이블 추가] 창에서 [닫기] 단추를 클릭합니다.
④ 업데이트 쿼리로 변경하기 위해 [쿼리 디자인] 탭-[쿼리 유형] 그룹-[업데이트]를 클릭합니다.
⑤ <A사대형구매목록> 테이블에서 [차종] 필드를 더블클릭해 눈금의 첫 번째 열로 지정합니다.
⑥ <A사대형구매목록> 테이블에서 [검사여부] 필드를 더블클릭해 눈금의 두 번째 열로 지정합니다.
⑦ 매개 변수를 설정하기 위해 '차종' 필드의 '조건' 입력란에 'like "*" & [차종의 일부를 입력] & "*"'를 입력한 후 Enter 를 누릅니다.
⑧ '검사여부' 필드의 '업데이트' 입력란에 'true'를 입력한 후 Enter 를 누릅니다.
⑨ 결과를 확인하기 위해 [쿼리 디자인] 탭-[결과] 그룹-[실행]을 클릭합니다.

⑩ [매개 변수 값 입력] 대화상자가 나타나면 'Gasoline'을 입력한 후 [확인] 단추를 클릭합니다.
⑪ 업데이트 여부를 묻는 메시지가 나타나면 [예] 단추를 클릭합니다.

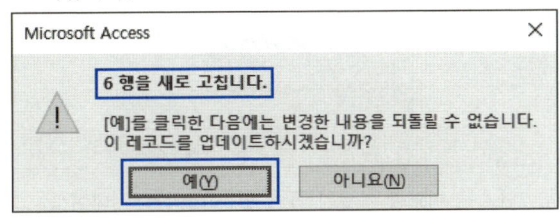

⑫ 저장(🖫)을 클릭하고 [다른 이름으로 저장] 대화상자가 나타나면 쿼리 이름을 '대형차량검사체크'로 입력한 후 [확인] 단추를 클릭합니다.
⑬ 닫기(✖)를 클릭해 작성한 쿼리를 닫습니다.

02 쿼리

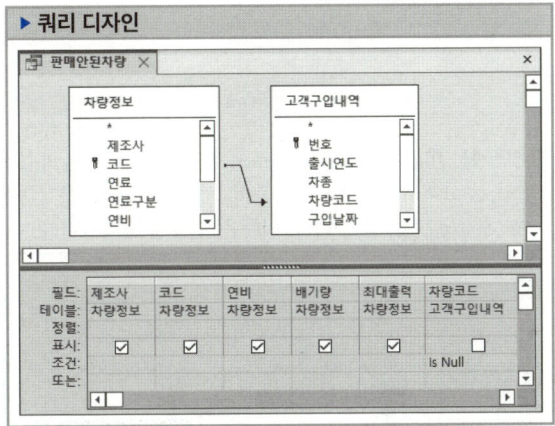

① [만들기] 탭-[쿼리] 그룹-[쿼리 마법사]를 클릭합니다.
② [새 쿼리] 대화상자가 나타나면 '불일치 검색 쿼리 마법사'를 클릭한 후 [확인] 단추를 클릭합니다.

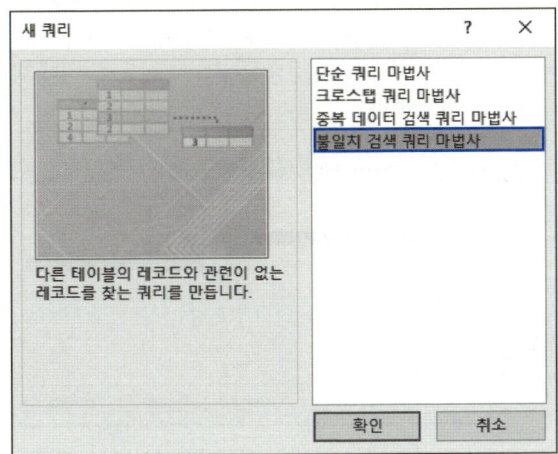

③ [불일치 검색 쿼리 마법사]가 나타나면 결과 테이블로 '테이블: 차량정보'를 클릭한 후 [다음] 단추를 클릭합니다.

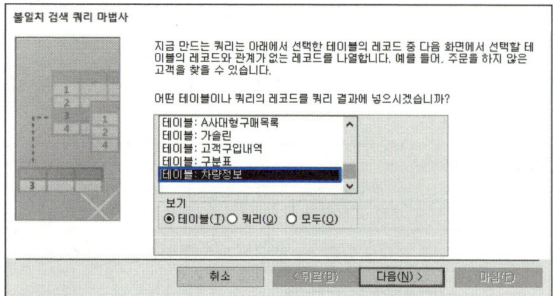

④ 2단계는 비교할 자료가 들어 있는 테이블로 '테이블: 고객구입내역'을 클릭한 후 [다음] 단추를 클릭합니다.

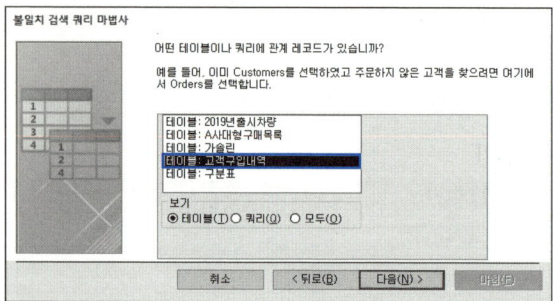

⑤ 3단계는 비교할 필드 선택으로 〈차량정보〉 테이블의 [코드], 〈고객구입내역〉 테이블의 [차량코드] 필드를 선택한 후 <=> 단추를 클릭하고 [다음] 단추를 클릭합니다.

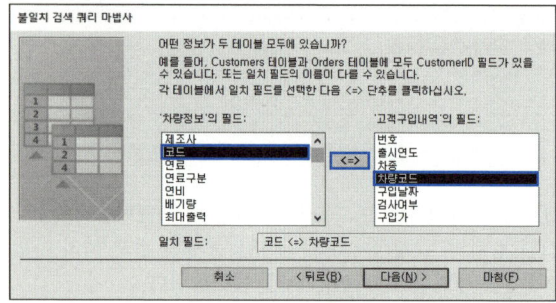

⑥ 4단계는 결과에 표시할 필드로 [제조사], [코드], [연비], [배기량], [최대출력]을 '선택한 필드'로 이동하고 [다음] 단추를 클릭합니다.

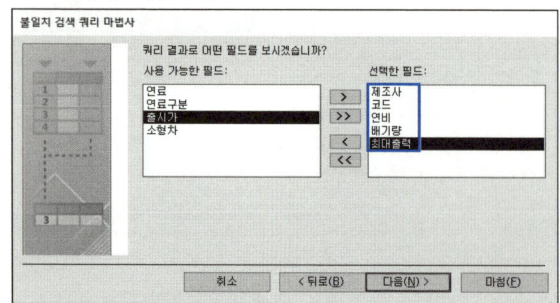

⑦ 마지막 단계로 쿼리 이름을 '판매안된차량'으로 입력한 후 [마침] 단추를 클릭합니다.
⑧ 닫기(✖)를 클릭해 작성한 쿼리를 닫습니다.

03 쿼리

▶ 쿼리 디자인

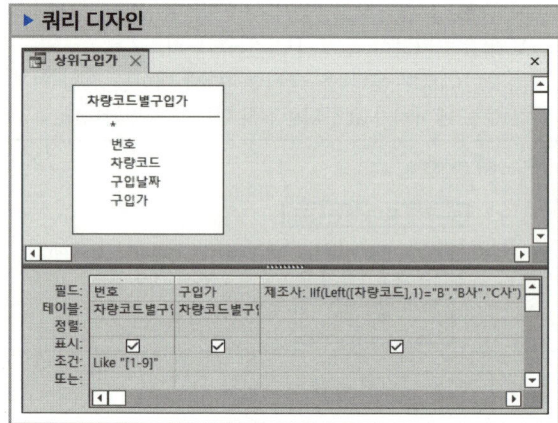

① [만들기] 탭-[쿼리] 그룹-[쿼리 디자인]을 클릭합니다.
② 쿼리가 디자인 보기로 열리면 [테이블 추가] 창의 [테이블] 탭에서 〈차량코드별구입가〉 테이블을 더블클릭합니다.
③ 쿼리 디자인 보기 창에 〈차량코드별구입가〉 테이블이 추가되면 [테이블 추가] 창에서 [닫기] 단추를 클릭합니다.
④ 〈차량코드별구입가〉 테이블에서 [번호] 필드를 더블클릭해 눈금의 첫 번째 열로 지정합니다.
⑤ '번호' 필드의 '조건' 입력란에 'like "[1-9]"'를 입력합니다.
⑥ Enter 를 누르면 'Like "[1-9]"'로 변경된 것을 확인할 수 있습니다.
⑦ 〈차량코드별구입가〉 테이블에서 [구입가] 필드를 더블클릭해 눈금의 두 번째 열로 지정합니다.
⑧ 세 번째 열의 '필드' 입력란에 '제조사:iif(left(차량코드,1)="B","B사","C사")'을 입력합니다.
⑨ Enter 를 누르면 '제조사: IIf(Left([차량코드],1)="B","B사","C사")'로 변경된 것을 확인할 수 있습니다.
⑩ 결과를 확인하기 위해 [쿼리 디자인] 탭-[결과] 그룹-[실행]을 클릭합니다.
⑪ 저장(🖫)을 클릭하고 [다른 이름으로 저장] 대화상자가 나타나면 쿼리 이름을 '상위구입가'로 입력한 후 [확인] 단추를 클릭합니다.
⑫ 닫기(✖)를 클릭해 작성한 쿼리를 닫습니다.

04 쿼리

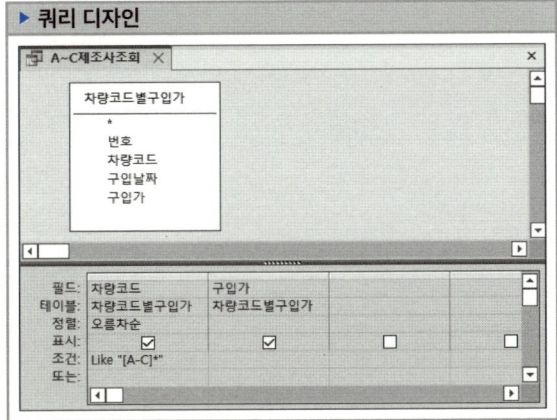

① [만들기] 탭-[쿼리] 그룹-[쿼리 디자인]을 클릭합니다.
② 쿼리가 디자인 보기로 열리면 [테이블 추가] 창의 [테이블] 탭에서 <차량코드별구입가> 테이블을 더블클릭합니다.
③ 쿼리 디자인 보기 창에 <차량코드별구입가> 테이블이 추가되면 [테이블 추가] 창에서 [닫기] 단추를 클릭합니다.
④ <차량코드별구입가> 테이블에서 [차량코드] 필드를 더블클릭해 눈금의 첫 번째 열로 지정합니다.
⑤ '차량코드' 필드의 '조건' 입력란에 'Like "[A-C]*"'를 입력합니다.
⑥ 이어서 '차량코드' 필드의 '정렬' 목록 단추(▼)를 클릭해 '오름차순'을 선택합니다.
⑦ <차량코드별구입가> 테이블에서 [구입가] 필드를 더블클릭해 눈금의 두 번째 열로 지정합니다.
⑧ 결과를 확인하기 위해 [쿼리 디자인] 탭-[결과] 그룹-[실행]을 클릭합니다.
⑨ 저장(🖫)을 클릭하고 [다른 이름으로 저장] 대화상자가 나타나면 쿼리 이름을 'A~C제조사조회'로 입력한 후 [확인] 단추를 클릭합니다.
⑩ 닫기(✕)를 클릭해 작성한 쿼리를 닫습니다.

05 쿼리

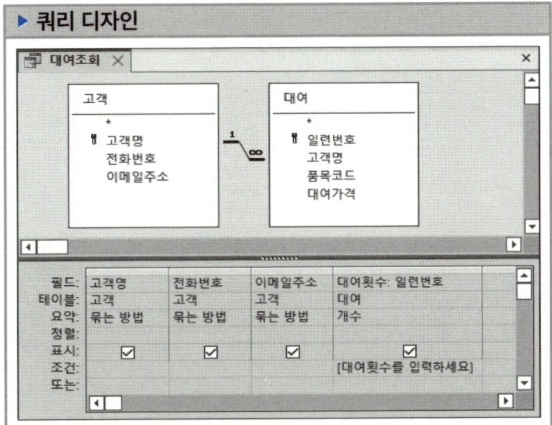

① [만들기] 탭-[쿼리] 그룹-[쿼리 디자인]을 클릭합니다.
② 쿼리가 디자인 보기로 열리면 [테이블 추가] 창의 [테이블] 탭에서 <고객>, <대여> 테이블을 각각 더블클릭합니다.
③ 쿼리 디자인 보기에 <고객>, <대여> 테이블이 추가되면 [테이블 추가] 창에서 [닫기] 단추를 클릭합니다.
④ <고객> 테이블에서 [고객명] 필드를 더블클릭해 눈금의 첫 번째 열로 지정합니다.
⑤ <고객> 테이블에서 [전화번호] 필드를 더블클릭해 눈금의 두 번째 열로 지정합니다.
⑥ <고객> 테이블에서 [이메일주소] 필드를 더블클릭해 눈금의 세 번째 열로 지정합니다.
⑦ <대여> 테이블에서 [일련번호] 필드를 더블클릭해 눈금의 네 번째 열로 지정합니다.
⑧ 네 번째 열의 '일련번호' 필드 이름을 변경하기 위하여 '일련번호' 앞에 '대여횟수:'를 입력하고 Enter 를 누릅니다.
⑨ 고객별 개수를 설정하기 위해 [쿼리 디자인] 탭-[표시/숨기기] 그룹-[요약]을 클릭합니다.
⑩ 눈금에 '요약' 행이 표시되면 세 개 필드의 '요약'이 '묶는 방법'인지 확인하고, '대여횟수: 일련번호' 필드의 '요약' 목록 단추(▼)를 클릭해 '개수'를 선택합니다.
⑪ 매개 변수를 설정하기 위해 '대여횟수: 일련번호' 필드의 '조건' 입력란에 '[대여횟수를 입력하세요]'를 입력하고 Enter 를 누릅니다.
⑫ 결과를 확인하기 위해 [쿼리 디자인] 탭-[결과] 그룹-[실행]을 클릭합니다.
⑬ [매개 변수 값 입력] 대화상자가 나타나면 '2'를 입력한 후 [확인] 단추를 클릭합니다.
⑭ 저장(🖫)을 클릭한 후 [다른 이름으로 저장] 대화상자가 나타나면 쿼리 이름을 '대여조회'로 입력하고 [확인] 단추를 클릭합니다.
⑮ 닫기(✕)를 클릭해 작성한 쿼리를 닫습니다.

주희쌤의 컴퓨터활용능력 1급 실기 3권

ISBN : 979-11-93234-66-2(3권)
979-11-93234-64-8(세트)

발행일 · 2017年	9月	4日	초판	1쇄
	12月	22日	2판	1쇄
2018年	3月	12日		2쇄
	7月	25日		3쇄
2019年	1月	22日	3판	1쇄
	7月	10日		2쇄
	12月	10日	4판	1쇄
2021年	1月	22日	5판	1쇄
	7月	1日		2쇄
2022年	1月	2日	6판	1쇄
	12月	1日	7판	1쇄
2023年	12月	15日	8판	1쇄

저 자 · 이주희 | 발행인 · 이용중
발행처 · 도서출판 배움 | 주소 · 서울시 영등포구 영등포로 400 신성빌딩 2층 (신길동)
주문 및 배본처 | Tel · 02) 813-5334 | Fax · 02) 814-5334

본서는 저작권법 보호대상으로 무단복제(복사, 스캔), 배포, 2차 저작물 작성에 의한 저작권 침해를 금합니다.
또한 저작권법 제136조에 따라 5년 이하의 징역 또는 5천만 원 이하의 벌금에 처하거나 이를 병과할 수 있으며,
저작권법 제125조에 따라 1억 원 이상의 손해배상책임이 발생할 수 있습니다.

저작권 침해 제보: 이메일 baeoom1@hanmail.net, 전화 02) 813-5334

정가 39,000원(전 3권)

2권 데이터베이스 실무

주희쌤의
컴퓨터활용능력

기본서와 기출문제집을 **하나로** | Office 2021

✓ 시험에 자주 나오는 **핵심을 엄선**하여 정리

✓ **쉽게 따라**할 수 있는 친절한 문제 풀이

예제 및 채점 프로그램
thebaeum.co.kr

단기 합격을 ⚡ 위한
주희쌤만의 비밀 팁 ✨

대공개!

1급 실기

✓ 개념 이해 문제부터 **상시 복원 문제**까지 모두 수록

✓ 실전 완벽 대비 기출유형 및 모의고사 **24회분 수록**

액세스 전략

엑셀과 마찬가지로 100점 만점에 커트라인 점수는 70점이지만 80점 이상을 목표로 공부해야 합니다. 액세스 공부를 초반에 어려워해서 포기하는 수험생들이 많이 있으나 액세스 모든 진도가 끝나고 난 뒤에 보면 엑셀보다 쉬웠다는 것을 알 수 있습니다. 생소한 것이지, 어려운 것이 아니기 때문에 처음에 컴활 1급을 공부하려고 다짐했던 초심을 잃지 말고 도전하세요.

DB구축(25점) - 목표 점수 25점

테이블(15점) - 목표 점수 15점
테이블은 데이터를 저장하는 장소로 데이터베이스 모든 개체의 기본이 됩니다. 문제 안에 힌트가 있는 경우가 대부분으로 책에 수록된 테이블 문제를 반복적으로 연습하여 15점 모두를 확보해 놓아야 합니다.

관계(5점) - 목표 점수 5점
관계는 서로 관련된 개체의 필드를 연결하는 것으로 실제 시험은 테이블 문제가 풀려 있지 않으면 관계 설정이 되지 않고 관계 설정이 되어 있지 않으면 쿼리나 폼의 원활한 실행이 되지 않을 수도 있습니다. 쉽게 출제되지만 실수하지 않도록 해야 합니다.

조회 속성 또는 외부 데이터 가져오기(5점) - 목표 점수 5점
조회는 목록 단추를 클릭해 데이터를 조회하는 것이고 외부 데이터 가져오기는 외부 프로그램에서 만들어진 데이터를 가져오는 것입니다. 조회든 외부 데이터 가져오기든 출제되었을 때 모두 맞히는 것을 목표로 합니다.

입력 및 수정 기능(20점) - 목표 점수 20점

폼 속성(9점) - 목표 점수 9점
폼은 레코드의 입력, 수정, 조회 등을 편리하게 하는 개체로 폼의 속성이나 컨트롤의 속성 등을 설정하는 문제가 3점씩 3문제 출제됩니다. 폼을 잘 공부해 놓으면 보고서도 컨트롤로 이루어져 있기 때문에 보고서는 좀 더 수월하게 공부할 수 있습니다.

폼 확장(6점) - 목표 점수 6점
폼에 조건부 서식이나 도메인 집계 함수, 하위 폼 지정 등을 설정하는 문제가 출제됩니다. 몇 번만 반복하면 충분히 점수를 가져갈 수 있습니다.

매크로(5점) - 목표 점수 5점
OpenReport, OpenForm, Close 등 다양한 매크로 함수를 처리하는 것으로 조건을 지정하는 방법이 이벤트 프로시저와 다르지만 한 번만 완벽히 외워두면 되니 어렵지 않습니다.

조회 및 출력 기능(20점) - 목표 점수 20점

보고서 속성(15점) - 목표 점수 15점
보고서는 요약, 출력 등을 편리하게 하는 개체로 폼과 마찬가지로 컨트롤 단위로 이루어져 있기 때문에 폼을 잘 익혀두었다면 쉽게 공부할 수 있습니다.

이벤트 프로시저(5점) - 목표 점수 5점
이벤트 프로시저는 사용자가 원하는 데이터를 다양한 형태로 조회합니다. 객관식이 아닌 직접 코드를 입력해야 하므로 꼼꼼한 암기가 필요한데 쿼리 문제가 아주 어렵게 출제될 수 있기 때문에 포기하지 않기를 권장합니다.

처리 기능(35점) - 목표 점수 21점

쿼리(35점) - 목표 점수 21점
쿼리는 원하는 필드를 가져와 가공하고 검색하여 새로운 표를 만드는 것으로 엑셀에서 수험생들이 가장 어려워하는 부분이 일반 수식이었다면 액세스는 쿼리가 가장 어렵다고 느낍니다. 최대 5문제가 출제되지만 5문제를 모두 맞히는 것을 목표로 하지 않기 때문에 포기하지 않고 도전할 수 있도록 해야 합니다.

액세스는 데이터의 집합을 관리하는 프로그램으로 테이블, 관계, 쿼리, 폼, 보고서의 개체들이 서로 관련성을 가지고 연결되어 있습니다. 따라서 자세하게 하나씩 들어가기 전에 전체적인 큰 숲을 보는 작업을 반드시 해야 합니다. 'Section01. Access 개요' 부분을 그냥 넘기지 말고 2번 이상 연습하는 것을 권장합니다.

컴퓨터활용능력 1급 실기

CONTENTS _ □ ×

Chapter 01   **DB 구축**
Section 01   Access 개요   8
Section 02   테이블   30
Section 03   관계   72
Section 04   외부 데이터 가져오기   80

Chapter 02   **쿼리 작성**
Section 01   쿼리   96

Chapter 03   **폼 및 보고서**
Section 01   폼   176
Section 02   보고서   244

Chapter 04   **모듈**
Section 01   매크로   270
Section 02   조회   298
Section 03   이벤트 프로시저   319

컴퓨터활용능력 1급 실기 2권 데이터베이스

컴퓨터활용능력 1급 실기 2권 데이터베이스

CHAPTER 01

DB 구축

- Section 01   Access 개요
- Section 02   테이블
- Section 03   관계
- Section 04   외부 데이터 가져오기

SECTION 01

Access 개요

액세스(Access)는 효율적으로 데이터를 저장하고 검색하기 위하여 데이터의 집합(=데이터베이스)을 관리하는 프로그램 중 하나입니다. 예를 들어, 도서관에서 책을 검색하면 책의 위치, 책의 저자, 책의 대여 여부 등을 알 수 있는데요. 그 책과 관련된 데이터의 집합이 관리되고 있기 때문입니다. 이러한 데이터의 집합을 관리해주는 프로그램 중 하나가 바로 액세스이고, 우리는 문제를 풀기에 앞서 액세스의 테이블, 관계, 쿼리, 폼, 보고서의 개념을 배워 큰 숲을 먼저 보도록 하겠습니다.

> **주희쌤 Tip**
> 주희쌤 Tip은 꼼꼼히 모두 보세요.

> **주희쌤 Tip**
> Access는 데이터 손실을 방지하기 위해 처음에 지정한 저장 위치에 저장을 하면서 다음 화면으로 이동합니다.

1. 액세스 프로그램을 실행합니다.

2. 새로운 데이터의 집합을 만들기 위해 [빈 데이터베이스]를 클릭합니다.

3. 데이터베이스를 저장할 위치, 파일 이름을 지정하고 [만들기] 단추를 클릭합니다.

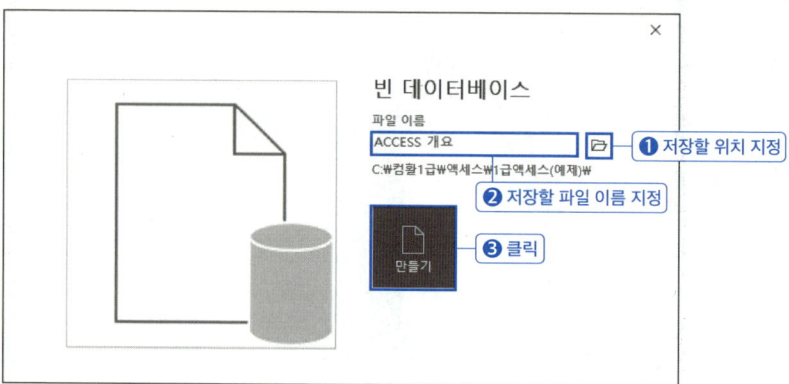

4. 데이터베이스가 열리자마자 나오는 <테이블1>은 닫습니다.

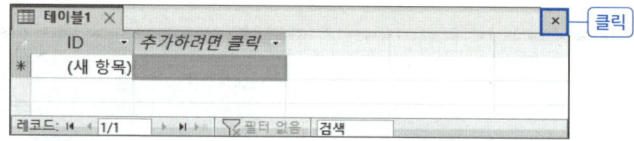

- **테이블 만들기**
  [만들기] 탭으로 이동하면 테이블, 쿼리, 폼, 보고서 개체와 관련된 네 개 그룹이 보입니다. 이 개체들은 서로 관련성을 가지고 연결이 되어 하나의 데이터베이스가 될 것입니다. 먼저 가장 기본이 되는 개체인 테이블을 만들어 보도록 하겠습니다.

5. [만들기] 탭-[테이블] 그룹-[테이블 디자인]을 클릭합니다.

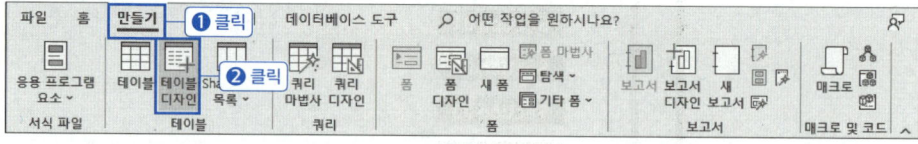

6. 테이블의 구조를 설계하는 '디자인 보기'가 열려지면 아래와 같이 입력합니다.

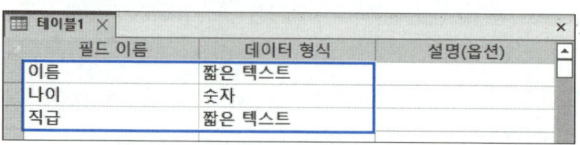

7. 구조를 설계했으니 '데이터시트 보기'로 이동하여 데이터를 입력해야 하는데 저장을 하고 이동할 수 있으므로 왼쪽 위(빠른 실행 도구 모음)에 저장(💾)을 클릭합니다.

> **주희쌤 Tip**
> Enter를 눌렀을 때 오른쪽으로 커서가 이동하는 것이 불편하다면 [파일] 탭-[옵션]-[클라이언트 설정] 탭-<Enter> 키를 입력할 때 이동'을 '다음 레코드로' 선택 후 [확인] 단추를 클릭하세요.
>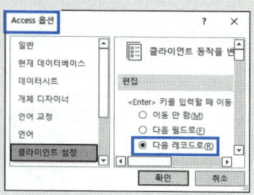

8. 자동으로 지정된 이름을 그대로 두고 [확인] 단추를 클릭합니다.

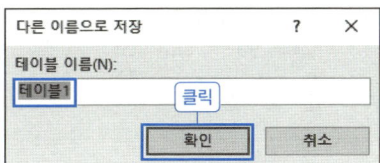

9. 기본 키를 정의하지 않았다는 메시지가 나오면 [아니요] 단추를 클릭합니다.

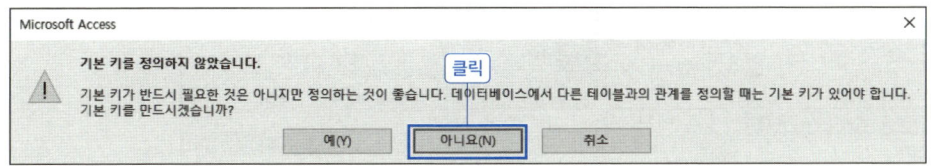

> **주희쌤Tip**
> 기본 키를 지정하지 않아도 테이블을 만들 수 있습니다.

10. [탐색] 창에 테이블 개체가 생성되면 [테이블 디자인] 탭-[보기] 그룹-[데이터시트 보기]를 클릭해 '데이터시트 보기'로 전환합니다.

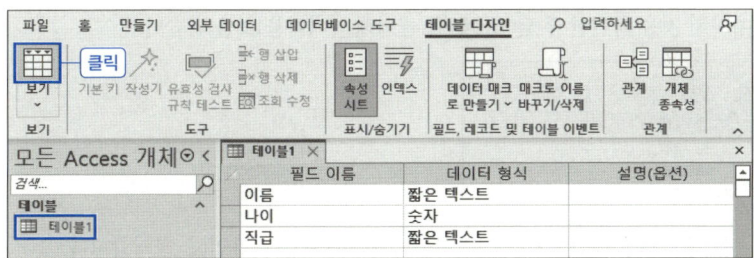

> **주희쌤Tip**
> '기본 키'는 '식별(구별)하는 키'입니다.
> 예를 들어, '이름'을 이용하여 어떤 사람을 구별하기는 힘들죠. '이주희' 이름을 가진 사람은 아주 많으니까요. 그래서 '이름'은 '기본 키'가 될 수 없습니다.
> 예를 들어, '주민등록번호'는 그 사람만이 가질 수 있는 고유 번호이므로 '주민등록번호'를 이용하여 그 사람을 구별할 수 있어 '기본 키'가 될 수 있습니다.
> 예를 들어, 학교에서 데이터베이스를 관리한다면 '학번'도 '기본 키'가 될 수 있겠네요.
> 즉, 기본 키를 지정하면 중복 데이터 입력이 불가능하게 됩니다.

11. '데이터시트 보기'에 입력한 필드가 표시된 것을 확인합니다.

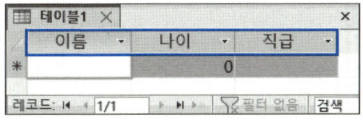

12. 아래의 내용을 입력합니다.

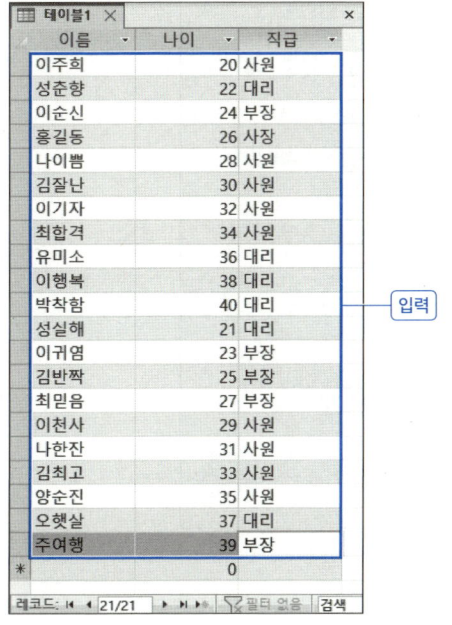

> **주희쌤 Tip**
> 저장 여부를 묻는 메시지가 안 나오는 이유는 저장이 자동으로 되었기 때문입니다.

13. [비고] 필드를 추가하기 위해 '디자인 보기'로 전환합니다.

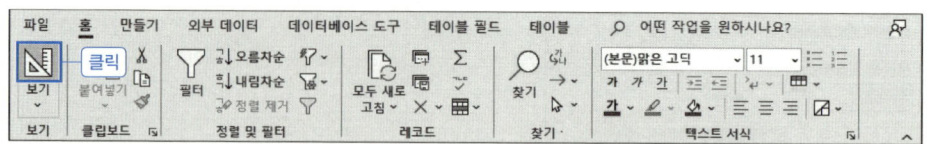

> **주희쌤 Tip**
> 구조를 변경한 다음에는 저장을 해야 '데이터시트 보기'로 전환할 수 있습니다.

14. [비고] 필드를 추가하고 저장(📄)을 클릭한 후 '데이터시트 보기'로 전환합니다.

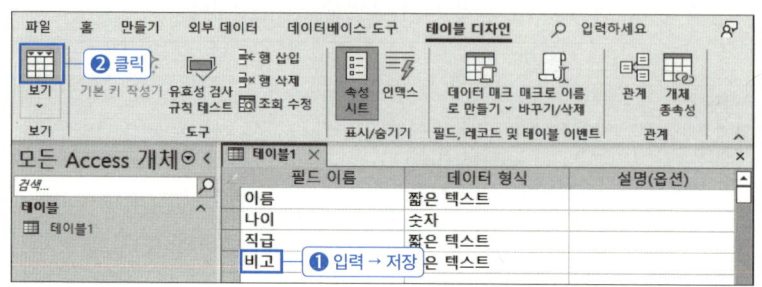

15. [비고] 필드가 추가된 것을 확인한 후 닫기(✖)를 클릭해 〈테이블1〉을 닫습니다.

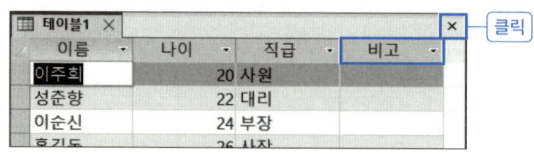

16. 테이블을 하나 더 만들기 위해 [만들기] 탭-[테이블] 그룹-[테이블 디자인]을 클릭합니다.

17. 테이블의 구조를 설계하는 '디자인 보기'가 열려지면 아래와 같이 입력합니다.

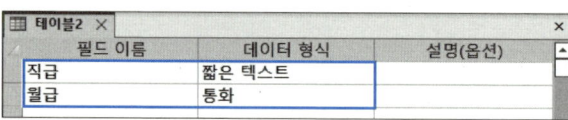

> **주희쌤 Tip**
> [기본 키]를 클릭했을 때 인덱스 속성은 '예(중복 불가능)'가 자동으로 설정되며 필드 이름 왼쪽에 열쇠(🔑) 모양이 표시됩니다.

18. [직급] 필드를 선택하고 [테이블 디자인] 탭-[도구] 그룹-[기본 키]를 클릭합니다.

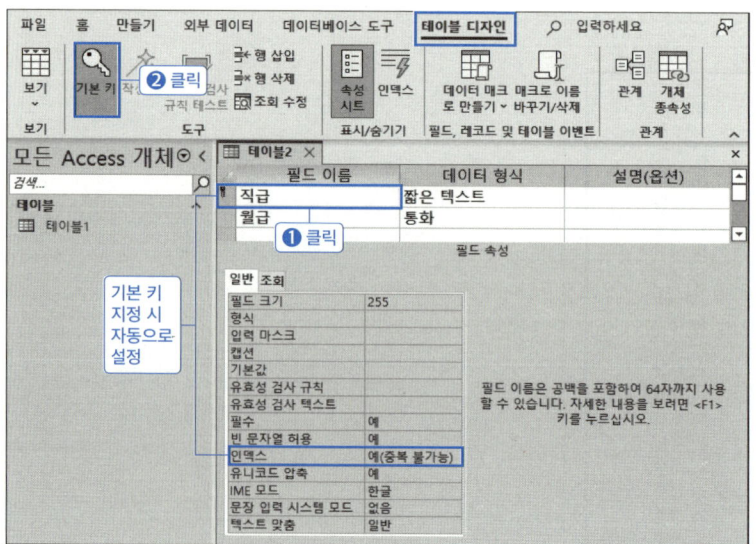

19. 저장(💾)을 클릭한 후 자동으로 지정된 이름을 그대로 두고 [확인] 단추를 클릭합니다.

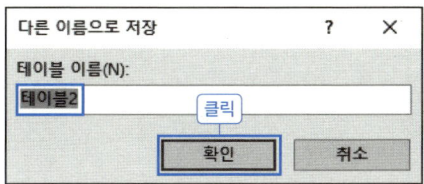

20. [탐색] 창에 테이블 개체가 생성되면 '데이터시트 보기'로 전환합니다.

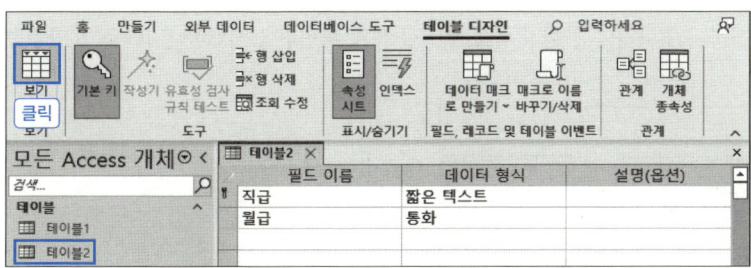

21. '데이터시트 보기'에 입력한 필드가 표시된 것을 확인 후 아래의 내용을 입력합니다.

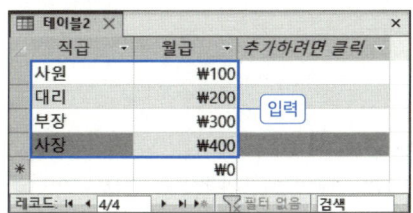

22. 닫기(✖)를 클릭해 〈테이블2〉를 닫습니다.

• 관계 설정하기
  위에서 만든 두 테이블 간의 관계를 설정해 정확성과 일관성을 유지하도록 하겠습니다.

23. [데이터베이스 도구] 탭-[관계] 그룹-[관계]를 클릭합니다.

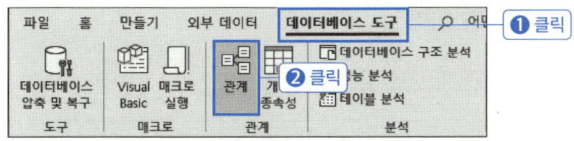

24. [테이블 추가] 창의 [테이블] 탭에서 〈테이블1〉과 〈테이블2〉를 각각 더블클릭하여 두 개의 테이블을 [관계] 창에 표시합니다.

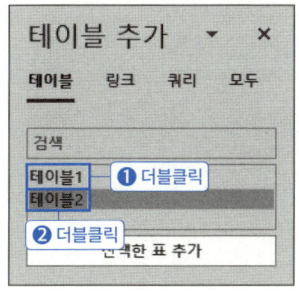

> **주희쌤 Tip**
> 기본 키를 지정하면 '데이터시트 보기'에서 쉽게 필드를 추가할 수 있도록 '추가하려면 클릭'이 표시됩니다.

> **주희쌤 Tip**
> [월급]은 데이터의 형식이 '통화'이기 때문에 숫자만 입력해도 숫자 앞에 '₩'이 자동으로 표시됩니다.

> **주희쌤 Tip**
> 저장 여부를 묻는 메시지가 안 나오는 이유는 저장이 자동으로 되었기 때문입니다.

> **주희쌤 Tip**
> 반대로 <테이블2> 테이블의 [직급] 필드를 <테이블1> 테이블의 [직급] 필드로 드래그해도 상관이 없습니다.

25. <테이블1> 테이블의 [직급] 필드를 <테이블2> 테이블의 [직급] 필드로 드래그합니다.

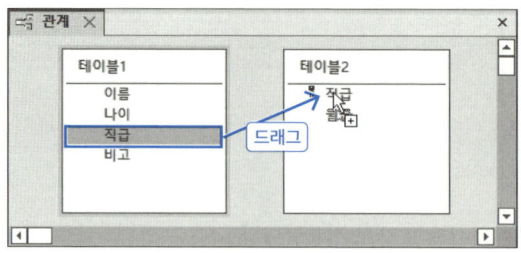

> **주희쌤 Tip**
> 이제 [직급] 필드와 [직급] 필드는 서로 연결이 되어 정확성과 일관성을 유지하게 됩니다.

26. [관계 편집] 대화상자가 나타나면 '항상 참조 무결성 유지' 확인란을 선택한 후 [만들기] 단추를 클릭합니다.

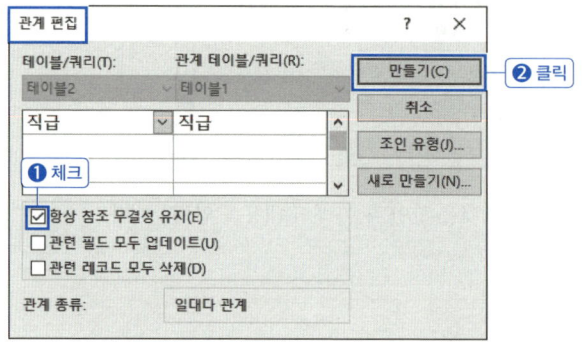

> **주희쌤 Tip**
> <테이블2>의 [직급]에 열쇠 모양(🔑)이 보이나요? 18번에서 '기본 키'를 지정했기 때문입니다. '기본 키'를 지정하면 중복된 데이터를 허용하지 않습니다.
> <테이블2>의 [직급]에는 '사원'이 하나만, '대리'가 하나만, '부장'이 하나만, '사장'이 하나만 있을 수 있는 것이죠.
> 하지만, <테이블1>의 [직급]에는 '사원'이 여러 개 있을 수 있습니다. 이주희도 사원이고 나이쁨도 사원이 될 수 있으니까요. 이러한 이유 때문에 '일대다(1:M)' 관계라고 합니다.

27. 두 테이블 사이에 관계 선이 생성되는 것을 확인할 수 있습니다. <테이블2>의 [직급] 필드 데이터는 중복이 될 수 없어 값이 하나씩 존재하지만 <테이블1>의 [직급] 필드 데이터는 중복된 값이 있을 수 있어 1:M(일대다) 관계입니다.

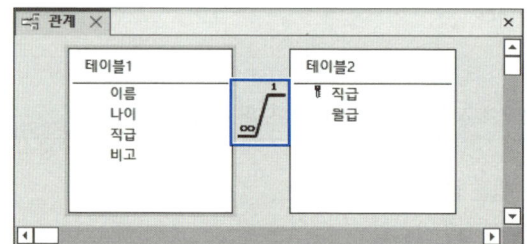

28. 저장(💾)을 클릭하고 닫기(✖)를 클릭해 [관계] 창을 닫습니다.

> • **쿼리 만들기**
> [이름], [직급], [월급] 필드가 필요한데 <테이블1>에는 [월급]이 없고 <테이블2>에는 [이름]이 없으므로 쿼리를 만들어서 원하는 필드를 뽑아 보도록 하겠습니다.

29. [만들기] 탭-[쿼리] 그룹-[쿼리 디자인]을 클릭합니다.

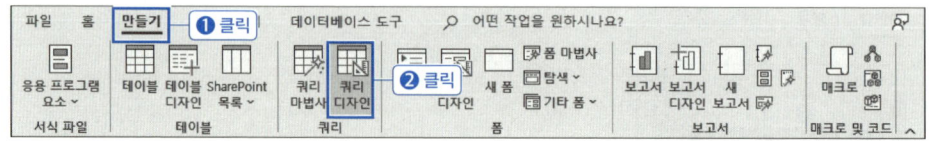

30. [테이블 추가] 창의 [테이블] 탭에서 <테이블1>, <테이블2>를 각각 더블클릭하여 쿼리 '디자인 보기'에 표시합니다.

31. 앞에서 관계를 설정했기 때문에 <테이블1>과 <테이블2>의 [직급] 필드가 연결되어 있는 것을 확인할 수 있습니다.

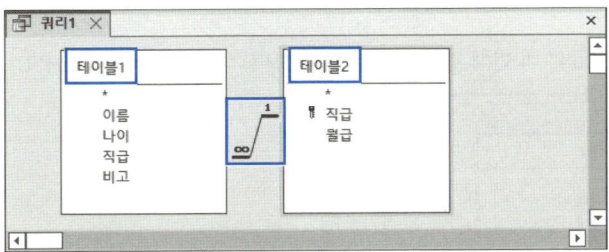

32. <테이블1>의 [이름] 필드를 더블클릭, [직급] 필드를 더블클릭, <테이블2>의 [월급] 필드를 더블클릭하여 아래 눈금에 표시합니다.

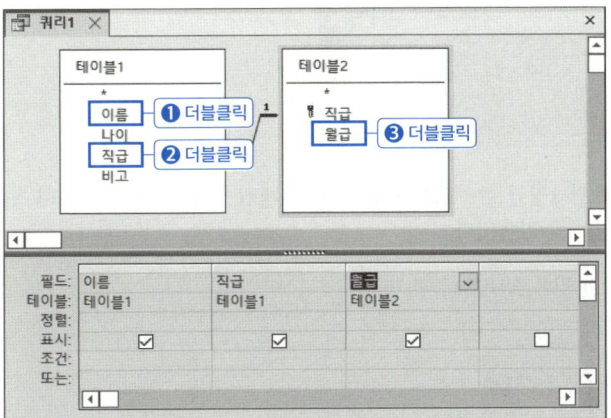

33. [쿼리 디자인] 탭-[결과] 그룹-[실행]을 클릭합니다.

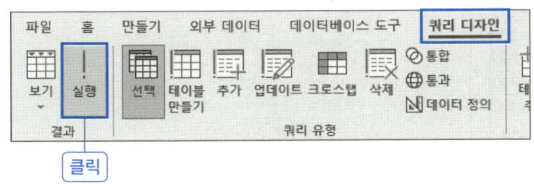

> **주희쌤 Tip**
> Ⓠ [테이블 추가] 창이 나오지 않아요!
> Ⓐ [쿼리 디자인] 탭-[쿼리 설정] 그룹-[테이블 추가]를 클릭하세요.

> **주희쌤 Tip**
> <테이블1>의 [직급]이 아닌 <테이블2>의 [직급] 필드를 더블클릭하여 눈금에 표시해도 상관이 없습니다. 두 필드는 연결되어 있으니까요.

> **주희쌤 Tip**
> 테이블 간에 연결이 되어 있지 않다면 경우의 수가 모두 나와 총 레코드의 수가 84개가 됩니다.

> **주희쌤 Tip**
> '테이블'은 주로 '디자인 보기/데이터시트 보기', '쿼리'는 주로 '디자인 보기/실행', '폼'은 주로 '디자인 보기/폼 보기', '보고서'는 주로 '디자인 보기/인쇄 미리 보기'로 전환하면서 수정하고 수정된 것을 확인합니다.

34. 쿼리를 조금 더 수정하기 위해 [홈] 탭-[보기] 그룹-[디자인 보기]를 클릭합니다.

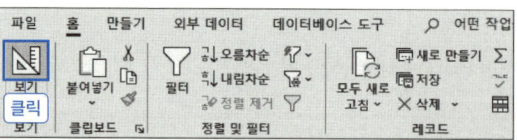

35. [보너스] 필드를 만들기 위해 눈금의 네 번째 열에 그림과 같이 '보너스:월급*2'를 입력합니다.

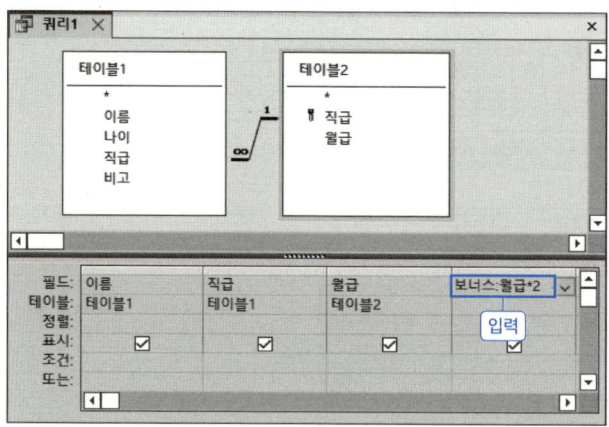

36. Enter 를 눌러 입력을 완료하면 [월급]은 필드이기 때문에 대괄호([])가 묶여 '보너스: [월급]*2'로 변경되는 것을 확인할 수 있습니다.

37. [쿼리 디자인] 탭-[결과] 그룹-[실행]을 클릭합니다.

이름	직급	월급	보너스
이주희	사원	₩100	₩200
나이쁨	사원	₩100	₩200
김잘난	사원	₩100	₩200
이기자	사원	₩100	₩200
최합격	사원	₩100	₩200
이천사	사원	₩100	₩200
나한잔	사원	₩100	₩200
김최고	사원	₩100	₩200
양순진	사원	₩100	₩200
성준향	대리	₩200	₩400
유미소	대리	₩200	₩400
이행복	대리	₩200	₩400
박착함	대리	₩200	₩400
성실해	대리	₩200	₩400
오햇살	대리	₩200	₩400
이순신	부장	₩300	₩600
이귀염	부장	₩300	₩600
김반짝	부장	₩300	₩600
최믿음	부장	₩300	₩600
주여행	부장	₩300	₩600
홍길동	사장	₩400	₩800

38. 이번에는 [직급] 필드에 '사원'만 표시되도록 필터링하기 위해 다시 쿼리를 수정할 수 있도록 [홈] 탭-[보기] 그룹-[디자인 보기]를 클릭합니다.

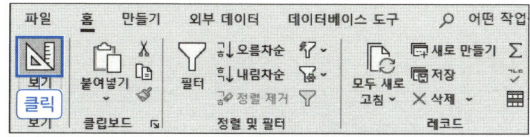

39. [직급] 필드의 '조건' 입력란에 '사원'을 입력합니다.

40. Enter 를 눌러 입력을 완료하면 '사원'은 문자이기 때문에 큰 따옴표("")가 묶인 것을 확인할 수 있습니다.

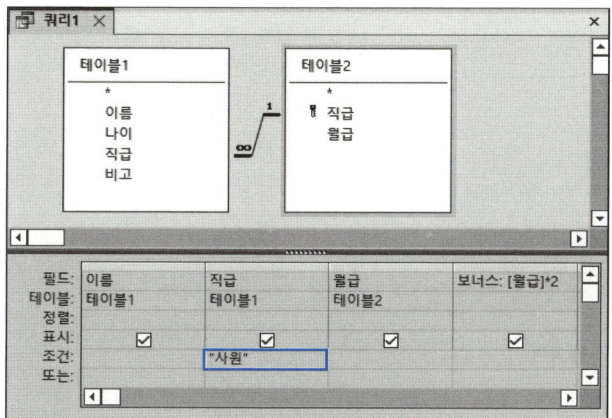

41. [쿼리 디자인] 탭-[결과] 그룹-[실행]을 클릭합니다.

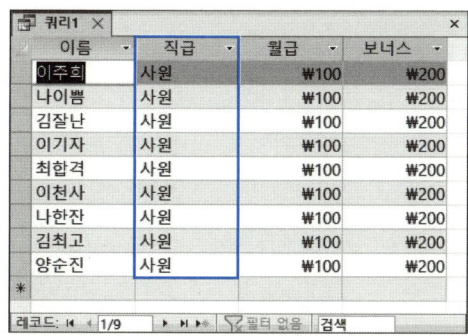

42. 빠른 실행 도구 모음에 있는 저장(🖫)을 클릭하고 자동으로 지정된 이름을 그대로 둔 후 [확인] 단추를 클릭합니다.

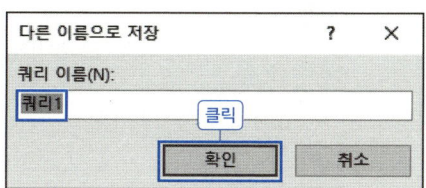

43. [탐색] 창에 쿼리 개체가 생성되면 닫기(✕)를 클릭해 만든 〈쿼리1〉을 닫습니다.

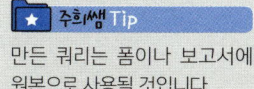

만든 쿼리는 폼이나 보고서에 원본으로 사용될 것입니다.

- **폼 만들기**
  자료의 입력, 수정, 조회 등을 편리하게 하도록 폼을 만들어 보도록 하겠습니다.

44. [만들기] 탭-[폼] 그룹-[폼 마법사]를 클릭합니다.

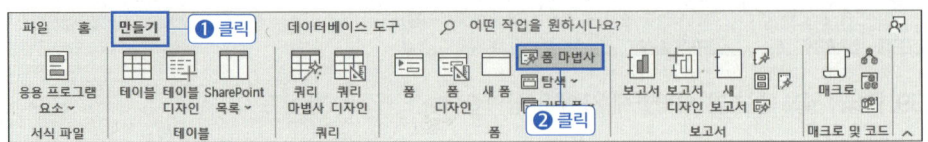

> **주희쌤 Tip**
> 액세스에서 '개체'는 주로 테이블, 쿼리, 폼, 보고서를 의미하고, '원본'은 주로 테이블, 쿼리를 의미합니다.

45. 1단계는 어떤 개체를 이용하여 폼을 만들 것인지 폼의 원본을 선택하는 부분으로 목록 단추(∨)를 클릭하면 테이블과 쿼리가 있습니다. 〈쿼리1〉을 선택하면 〈쿼리1〉에 있는 필드를 사용할 수 있는데 모든 필드를 사용할 것이기 때문에 모든 필드 이동 단추(≫)를 클릭합니다.

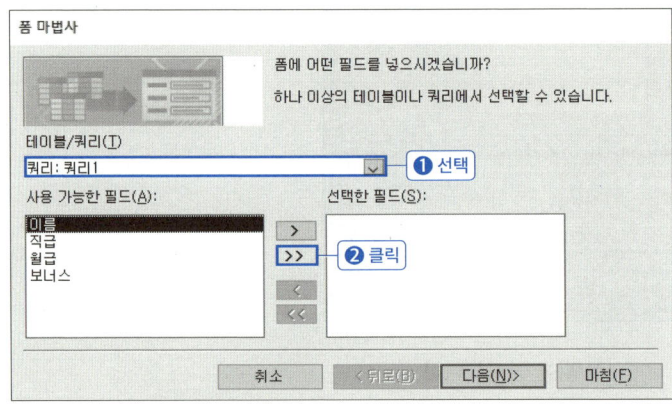

> **주희쌤 Tip**
> 폼의 컨트롤에는 〈쿼리1〉에 있는 [이름], [직급], [월급], [보너스] 데이터가 표시될 것 입니다.

46. 모든 필드가 '선택한 필드'로 이동되면 [다음] 단추를 클릭합니다.

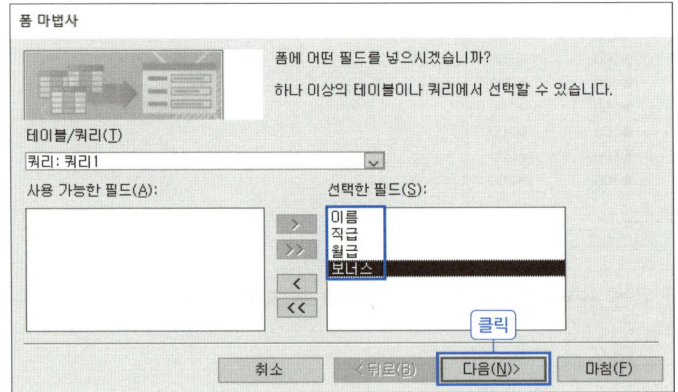

47. 2단계는 폼의 모양을 지정하는 부분으로 '열 형식' 그대로 두고 [다음] 단추를 클릭합니다.

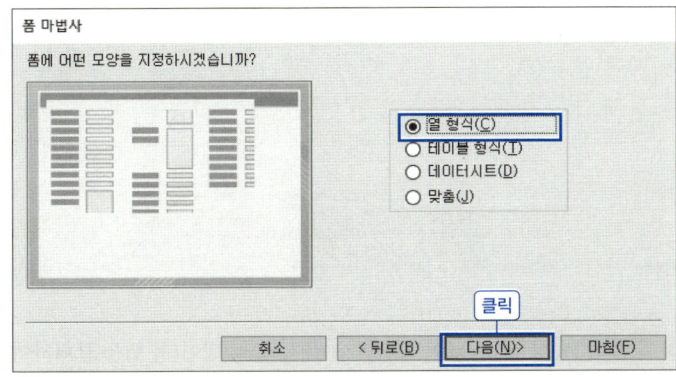

48. 마지막 단계에서 폼의 제목을 '폼'으로 입력하고 [마침] 단추를 클릭합니다.

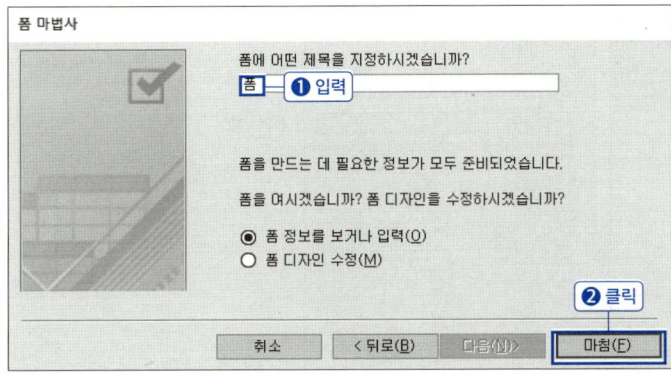

49. <쿼리1>을 원본으로 만든 폼이 생성됩니다. <쿼리1>의 첫 번째 레코드가 <폼>의 첫 번째 레코드로, <쿼리1>의 두 번째 레코드가 <폼>의 두 번째 레코드로 표시됩니다.

50. 폼을 살펴보기 위해 [홈] 탭-[보기] 그룹-[디자인 보기]를 클릭합니다.

51. 폼 선택기(■)를 클릭하여 폼의 [속성 시트] 창이 오른쪽에 표시되면 [데이터] 탭을 클릭하여 폼의 원본이 <쿼리1>인 것을 확인합니다.

> **주희쌤 Tip**
> ⓠ [속성 시트]가 보이지 않아요.
> Ⓐ [양식 디자인] 탭-[도구] 그룹-[속성 시트]를 클릭하세요.

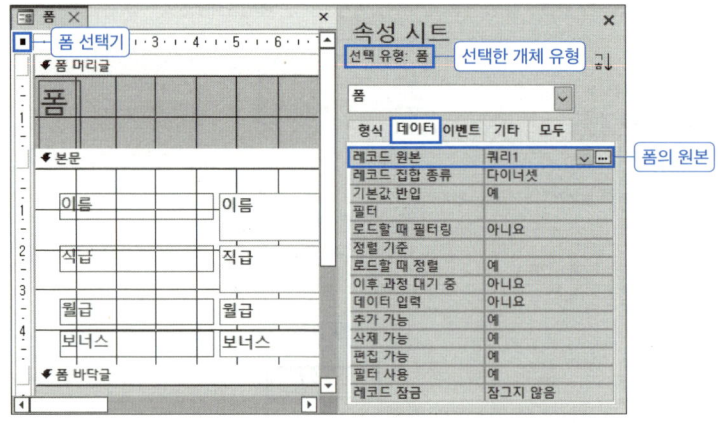

52. 본문 구역의 왼쪽에 '이름'이 입력되어 있는 컨트롤을 클릭하고 컨트롤의 [속성 시트] 창에서 컨트롤의 이름이 '이름_Label', 컨트롤의 유형이 '레이블'인 것을 확인합니다.

> **주희쌤 Tip**
> '레이블'은 필드와 연결되는 컨트롤도 아니고 계산이 되는 컨트롤도 아니기 때문에 입력한 글자가 그대로 폼 보기에 표시됩니다.

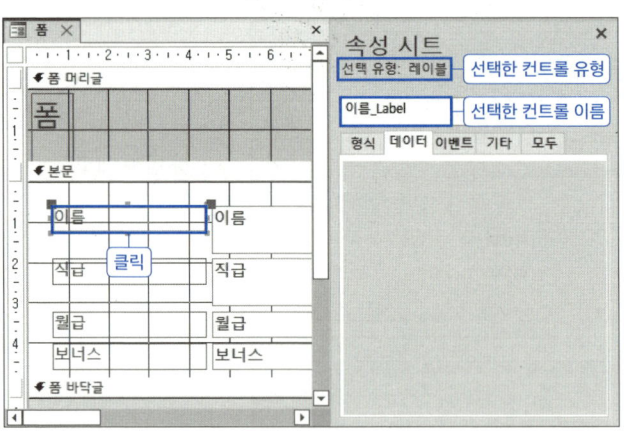

53. '이름_Label'에 입력되어 있는 '이름'을 '이름표시'로 변경하고 Enter 를 눌러 입력을 완료합니다.

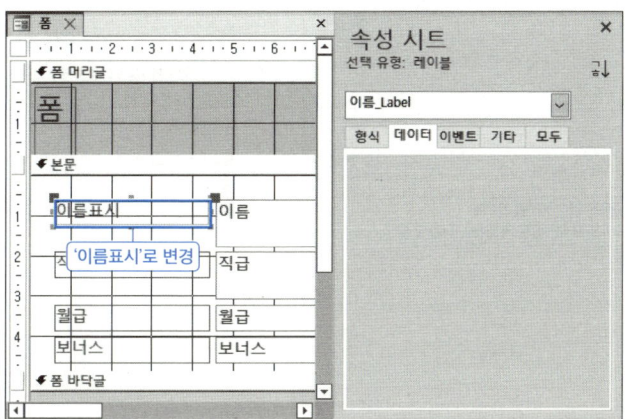

> 주희쌤 Tip
> '이름_Label' 컨트롤을 천천히 두 번 클릭하면 커서가 나타납니다.

> 주희쌤 Tip
> 컨트롤의 이름을 변경한 것이 아닌 '폼 보기'에 표시될 글자를 변경한 것입니다.
> 컨트롤의 이름은 [속성 시트] 창-[기타] 탭의 '이름' 속성에서 변경할 수 있습니다.

54. 본문 구역의 오른쪽에 '이름'이 입력되어 있는 컨트롤을 클릭하고 컨트롤의 [속성 시트] 창에서 컨트롤의 이름이 '이름', 컨트롤의 원본이 '이름', 컨트롤의 유형이 '텍스트 상자'인 것을 확인합니다.

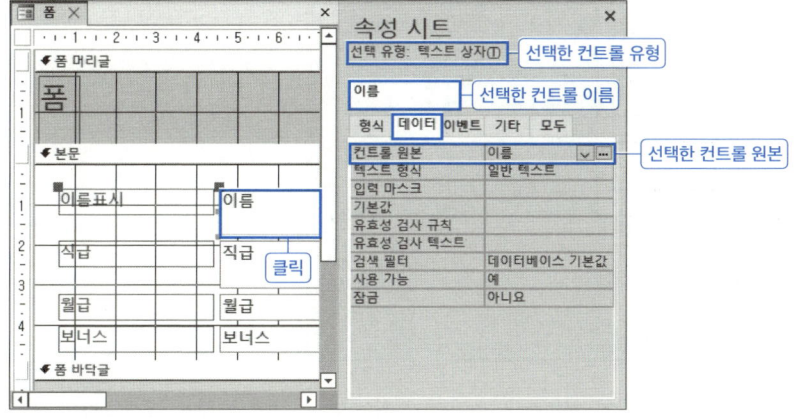

> 주희쌤 Tip
> 텍스트 상자는 원본의 필드와 연결되어 데이터가 표시되는 컨트롤입니다. 컨트롤 원본이 '이름'이면 현재 폼의 원본인 <쿼리1>의 [이름] 데이터가 '폼 보기'로 전환했을 때 표시됩니다.

55. 텍스트 상자의 경우 개체 원본의 필드와 연결되어 데이터가 표시되기 때문에 개체 원본의 필드 이름이 정확하게 입력되어 있어야 합니다. 확인해 보도록 하겠습니다.
    '이름'을 '이름표시'로 변경하고 Enter 를 눌러 입력을 완료한 후 [양식 디자인] 탭-[보기] 그룹-[폼 보기]를 클릭합니다.

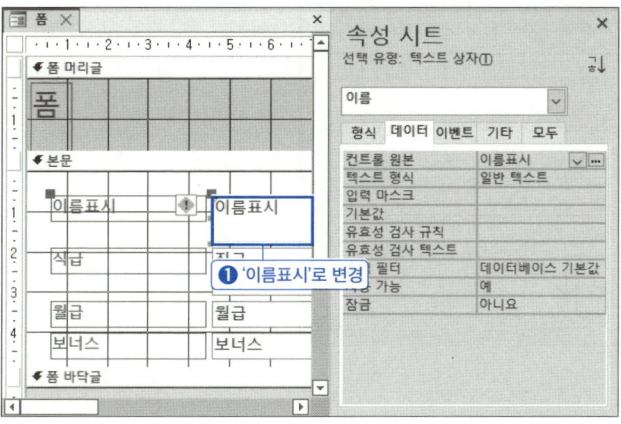

> 주희쌤 Tip
> 레이블은 필드와 연결되는 컨트롤이 아니기 때문에 '이름표시'로 변경해도 상관이 없지만 텍스트 상자의 경우 필드와 연결되어 데이터가 표시되는 컨트롤이기 때문에 '이름표시'로 변경하면 '이름표시'란 필드가 없어 '폼 보기'로 전환했을 때 오류가 납니다.

> 주희쌤 Tip
> 폼에 있는 컨트롤을 삭제한다고 해서 원본의 데이터가 삭제되는 것은 아닙니다.
> 컨트롤이 없어 우리의 눈에만 보이지 않을 뿐 <쿼리1>의 첫 번째 레코드가 <폼>의 첫 번째 레코드로, <쿼리1>의 두 번째 레코드가 <폼>의 두 번째 레코드로 연결되어 있습니다.

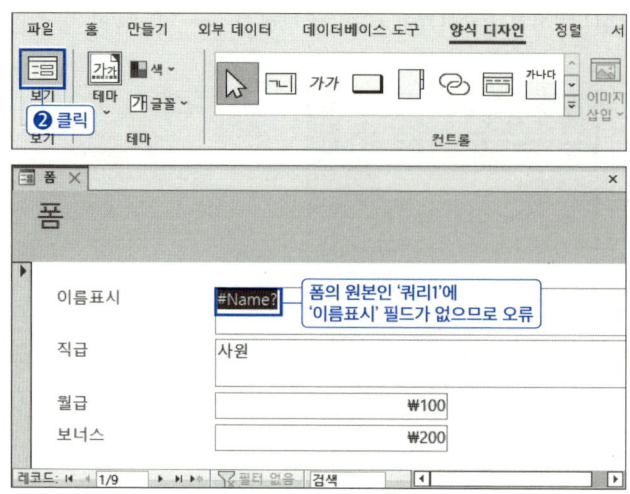

56. 원본에 '이름표시'라는 필드가 없기 때문에 오류가 난 것을 확인하고 [홈] 탭-[보기] 그룹-[디자인 보기]를 클릭한 후 텍스트 상자에 입력했던 '이름표시'를 다시 '이름'으로 변경합니다.

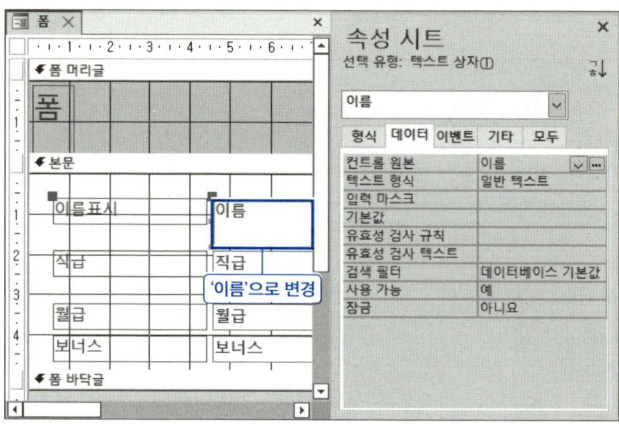

57. 본문 구역 아래에 텍스트 상자 컨트롤을 추가하기 위해 본문 구역 아래를 드래그하여 본문 구역을 넓혀줍니다.

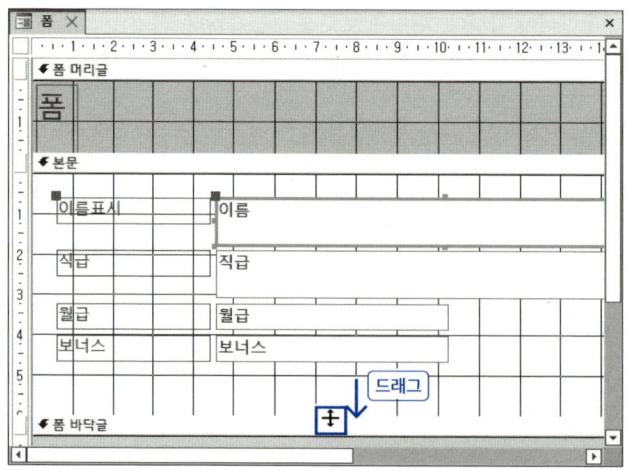

58. [양식 디자인] 탭-[컨트롤] 그룹-[텍스트 상자]를 클릭하고 본문 구역 아래에 드래그합니다.

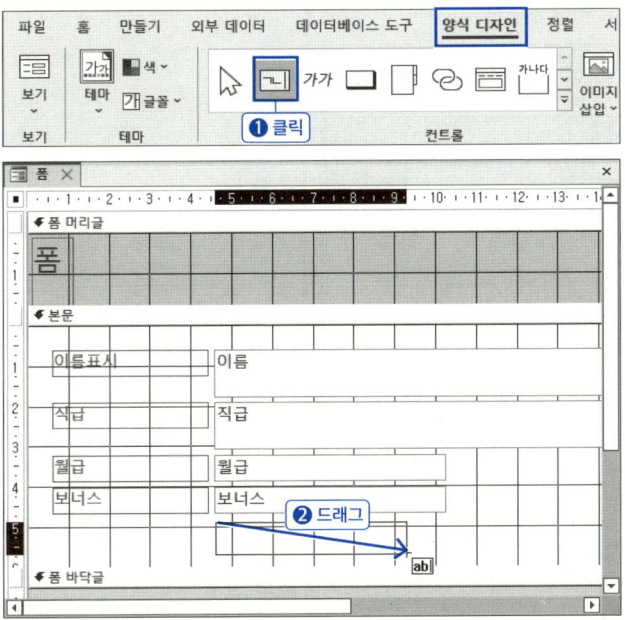

59. [텍스트 상자 마법사]가 나타나면 [취소] 단추를 클릭합니다.

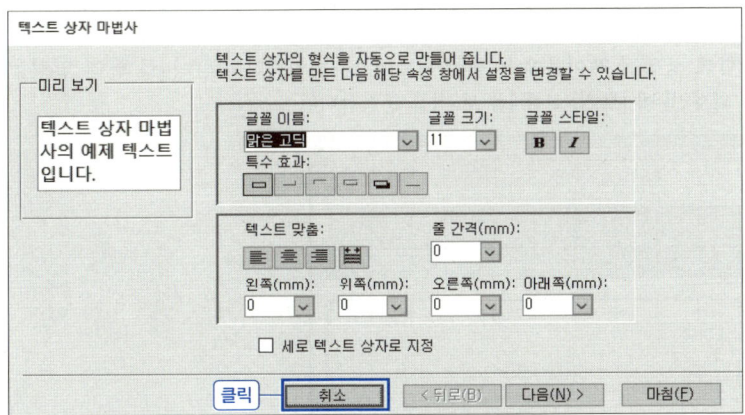

60. 텍스트 상자가 생성되면서 레이블도 같이 생성되는 것을 확인할 수 있습니다.

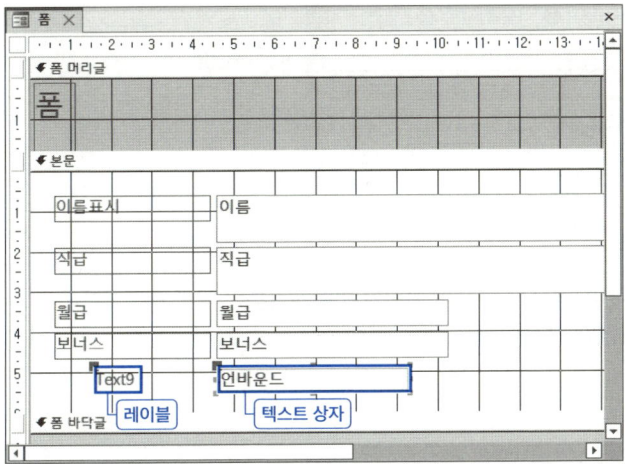

61. '언바운드'는 아직 연결이 안 되어 있다는 의미로 생성된 텍스트 상자에 '=월급+보너스'를 입력하고 Enter 를 눌러 입력을 완료합니다.

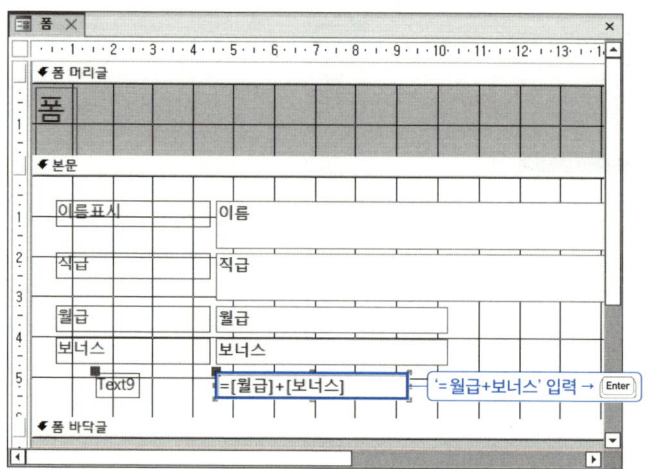

> **주희쌤 Tip**
> 필드 이름뿐 아니라 컨트롤 이름에도 대괄호([])가 표시됩니다.
> 예) =[txt월급]+[txt보너스]

62. [월급]과 [보너스]에 대괄호([])가 자동으로 입력되는 이유는 [월급]과 [보너스]가 필드이기 때문입니다. 식 안에 필드는 대괄호가 자동 입력되는데 자동으로 입력되지 않을 경우 직접 대괄호를 묶어서 입력해야 합니다.
텍스트 상자 컨트롤은 개체 원본의 필드와 연결되어 개체 원본의 값이 표시되는 것뿐 아니라 계산도 가능합니다. 하지만 레이블은 필드와 연결이 되는 것도 아니고 계산이 되는 것도 아니므로 글자 그대로 표시됩니다. 확인해보도록 하겠습니다.
텍스트 상자와 함께 생성된 레이블에 '=[월급]+[보너스]'를 입력하고 Enter 를 눌러 입력을 완료한 후 [양식 디자인] 탭-[보기] 그룹-[폼 보기]를 클릭합니다.

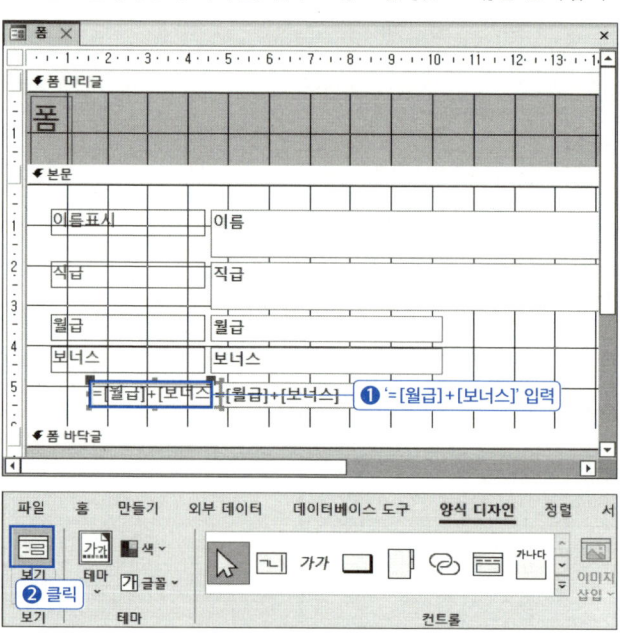

63. 텍스트 상자에 입력했던 부분은 계산이 되어 표시되었지만 레이블에 입력했던 부분은 글자 그대로 표시된 것을 확인할 수 있습니다.

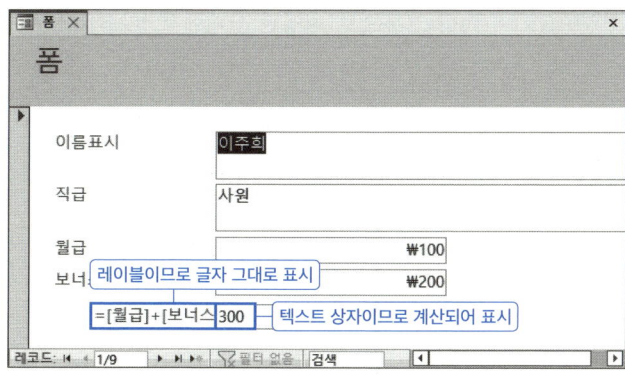

64. 저장(💾)을 클릭하고 닫기(✖)를 클릭해 작성한 폼을 닫습니다.

> • 보고서 만들기
> 자료의 출력 등을 편리하게 하기 위해 보고서를 만들어 보도록 하겠습니다.

65. [만들기] 탭-[보고서] 그룹-[보고서 마법사]를 클릭합니다.

66. 1단계는 어떤 개체를 이용하여 보고서를 만들 것인지 보고서의 원본을 선택하는 부분으로 폼과 마찬가지로 테이블과 쿼리를 이용합니다. 목록 단추(⌄)를 클릭해 〈테이블1〉을 선택합니다.

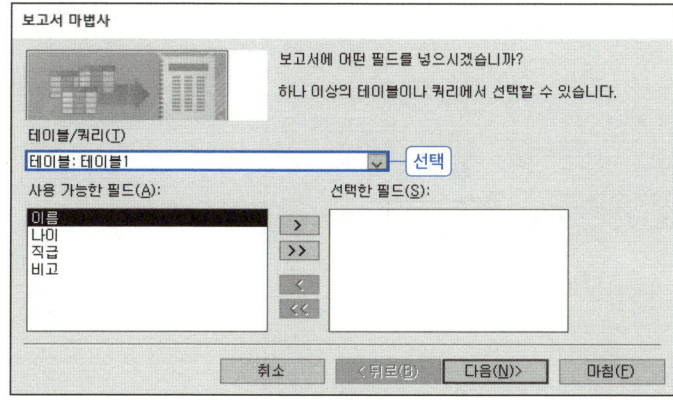

67. 〈테이블1〉의 필드가 표시되면 모든 필드 이동 단추(>>)를 클릭해 모든 필드를 '선택한 필드'로 이동하고 [다음] 단추를 클릭합니다.

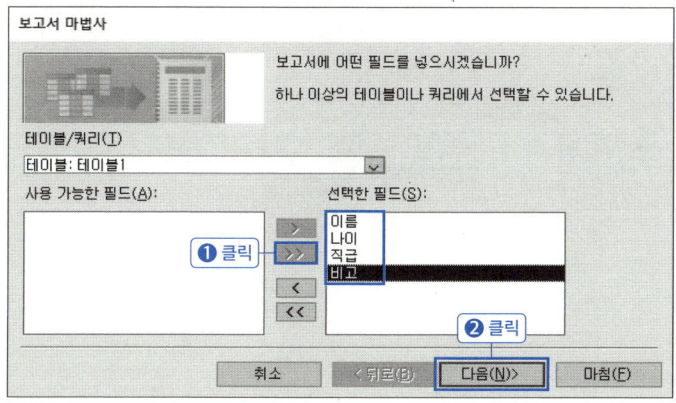

> **주희쌤 Tip**
> [직급]이 그룹으로 지정되면 '사원'은 '사원'끼리, '대리'는 '대리'끼리, '부장'은 '부장'끼리 그룹화되어 묶어서 표시됩니다.

68. 2단계는 그룹을 지정하는 부분으로 [직급]이 그룹으로 지정된 상태에서 [다음] 단추를 클릭합니다.

69. 3단계는 그룹 안에서 정렬을 지정하는 부분으로 정렬 기준 '1'의 목록 단추(⌄)를 클릭해 '이름'을 선택하고 [다음] 단추를 클릭합니다.

> **주희쌤 Tip**
> [직급]이 그룹화되었기 때문에 같은 [직급] 안에서 [이름]을 오름차순으로 정렬하게 됩니다.

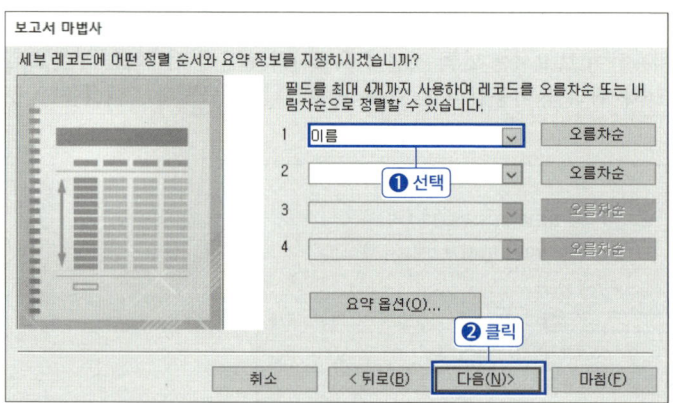

70. 4단계는 보고서 모양을 지정하는 부분으로 기본 설정 그대로 두고 [다음] 단추를 클릭합니다.

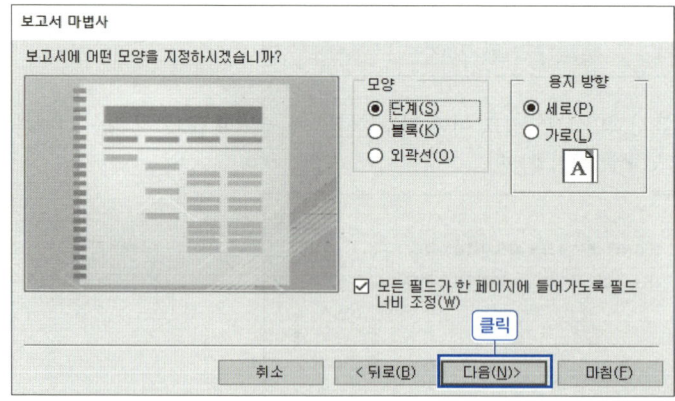

71. 마지막 단계에서 보고서의 제목을 '보고서'로 입력하고 [마침] 단추를 클릭합니다.

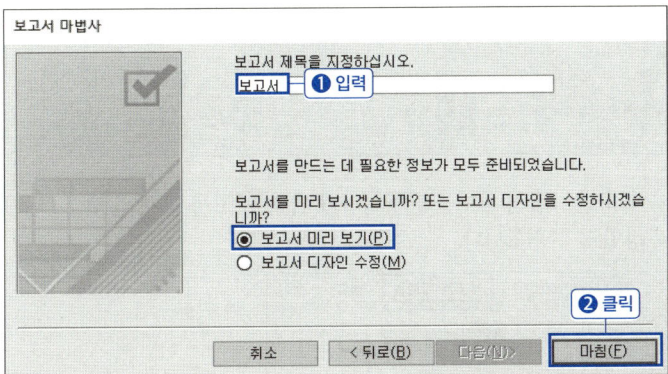

72. <테이블1>을 원본으로 만든 보고서가 생성됩니다. 보고서가 '인쇄 미리 보기'로 열리면 '직급'이 그룹화되어 있고, 그 안에 '이름'이 오름차순으로 정렬된 것을 확인할 수 있습니다.

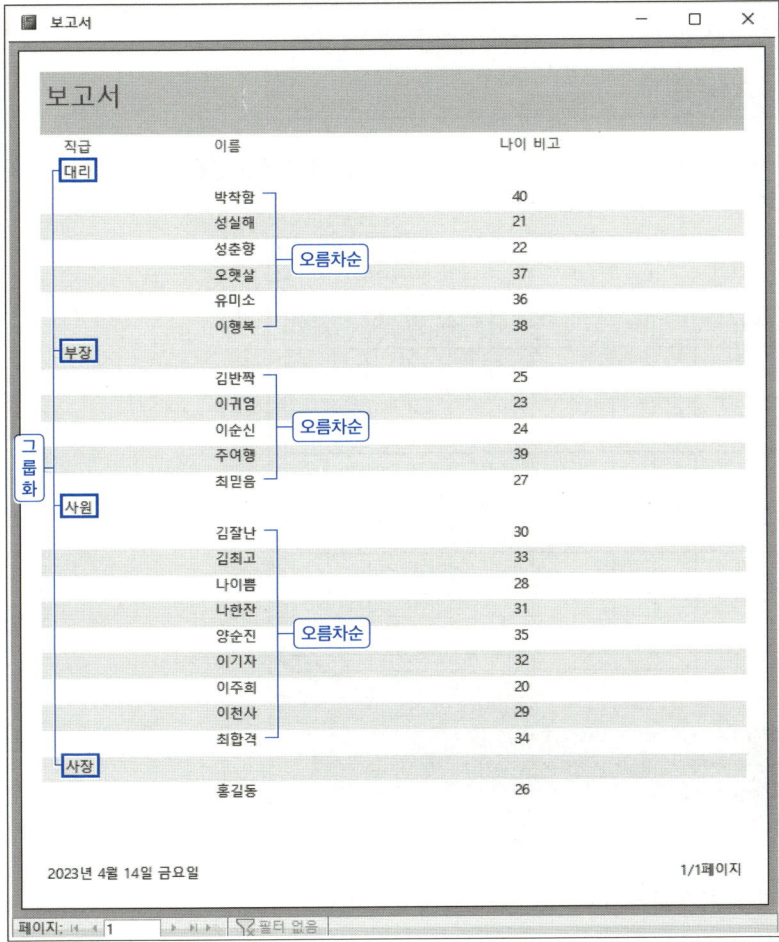

73. 보고서를 수정하기 위해 [인쇄 미리 보기] 탭-[미리 보기 닫기] 그룹-[인쇄 미리 보기 닫기]를 클릭합니다.

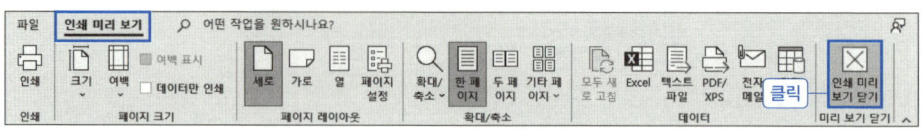

74. 보고서가 '디자인 보기'로 열리면 그룹의 바닥글을 생성하기 위해 [보고서 디자인] 탭-[그룹화 및 요약] 그룹-[그룹화 및 정렬]을 클릭합니다.

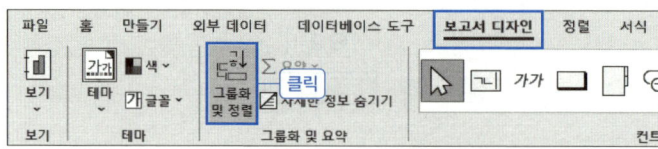

75. [그룹, 정렬 및 요약] 창이 나타나면 [직급]의 '자세히'를 클릭하여 메뉴를 확장합니다.

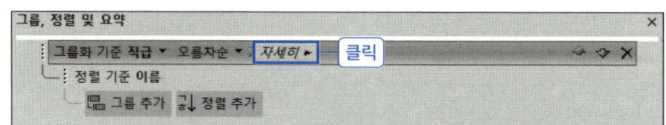

76. [직급]의 '바닥글 구역 표시 안 함'을 '바닥글 구역 표시'로 변경하면 본문 구역 아래에 '직급 바닥글' 구역이 생성된 것을 확인할 수 있습니다.

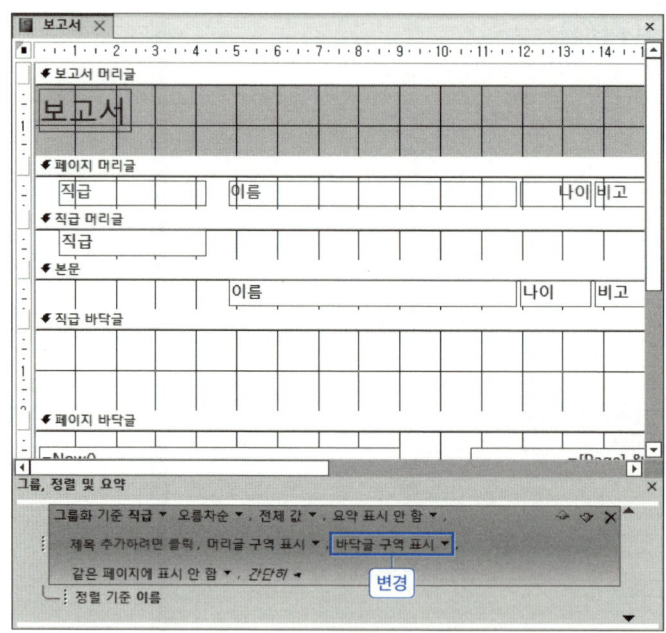

77. [그룹, 정렬 및 요약] 창의 닫기(✕) 단추를 클릭해 닫습니다.

78. 그룹의 요약 정보로 나이의 평균을 계산하는 컨트롤을 생성하기 위해 [보고서 디자인] 탭-[컨트롤] 그룹-[텍스트 상자]를 클릭합니다.

79. 그룹 바닥글인 '직급 바닥글' 구역에 드래그하여 텍스트 상자를 생성합니다.

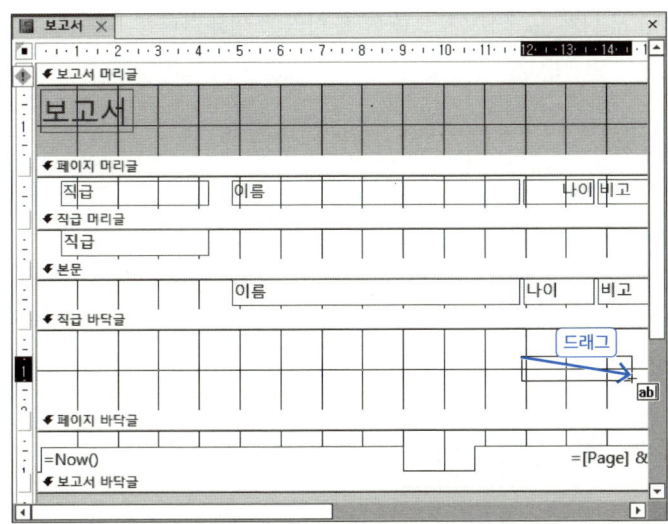

80. 생성된 텍스트 상자에 '=avg(나이)'를 입력하고 Enter 를 눌러 입력을 완료합니다.

81. [나이]는 필드이므로 '=Avg([나이])'가 입력되는 것을 확인할 수 있습니다.

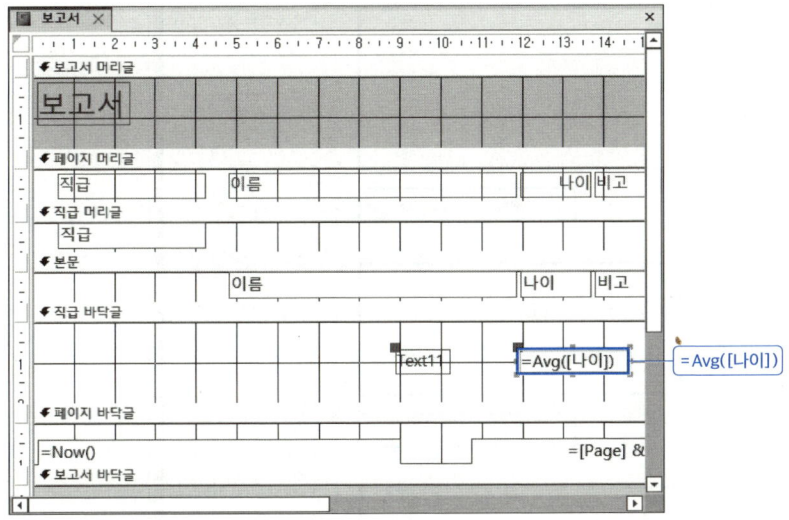

82. 텍스트 상자와 함께 생성된 레이블에 '나이의 평균'을 입력하고 Enter 를 눌러 입력을 완료합니다.

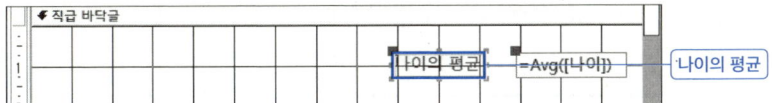

83. 결과를 확인하기 위해 [보고서 디자인] 탭-[보기] 그룹-[인쇄 미리 보기]를 클릭합니다.

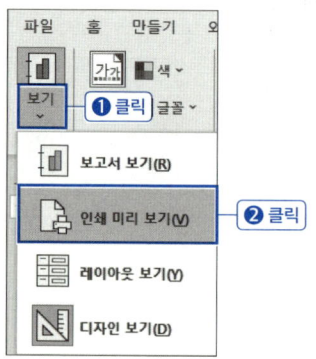

> **주희쌤 Tip**
>
> - 보고서 머리글 : 보고서의 첫 페이지 상단에 한 번 표시(로고, 제목, 날짜 등)
> - 페이지 머리글 : 보고서의 모든 페이지 상단에 표시(열 제목 등)
> - 그룹 머리글 : 그룹이 지정될 경우 그룹의 상단에 반복적으로 표시(그룹의 이름, 요약 정보 등)
> - 본문 : 실제 데이터가 반복적으로 표시
> - 그룹 바닥글 : 그룹이 지정될 경우 그룹의 하단에 반복적으로 표시(그룹의 요약 정보 등)
> - 페이지 바닥글 : 보고서의 모든 페이지 하단에 표시(날짜, 페이지 번호 등)
> - 보고서 바닥글 : 페이지 바닥글이 인쇄되기 전에 보고서의 마지막 페이지에 한 번 표시(총 요약 등)

84. 텍스트 상자 컨트롤에 나이의 평균이 계산되어 표시된 것을 확인할 수 있습니다.

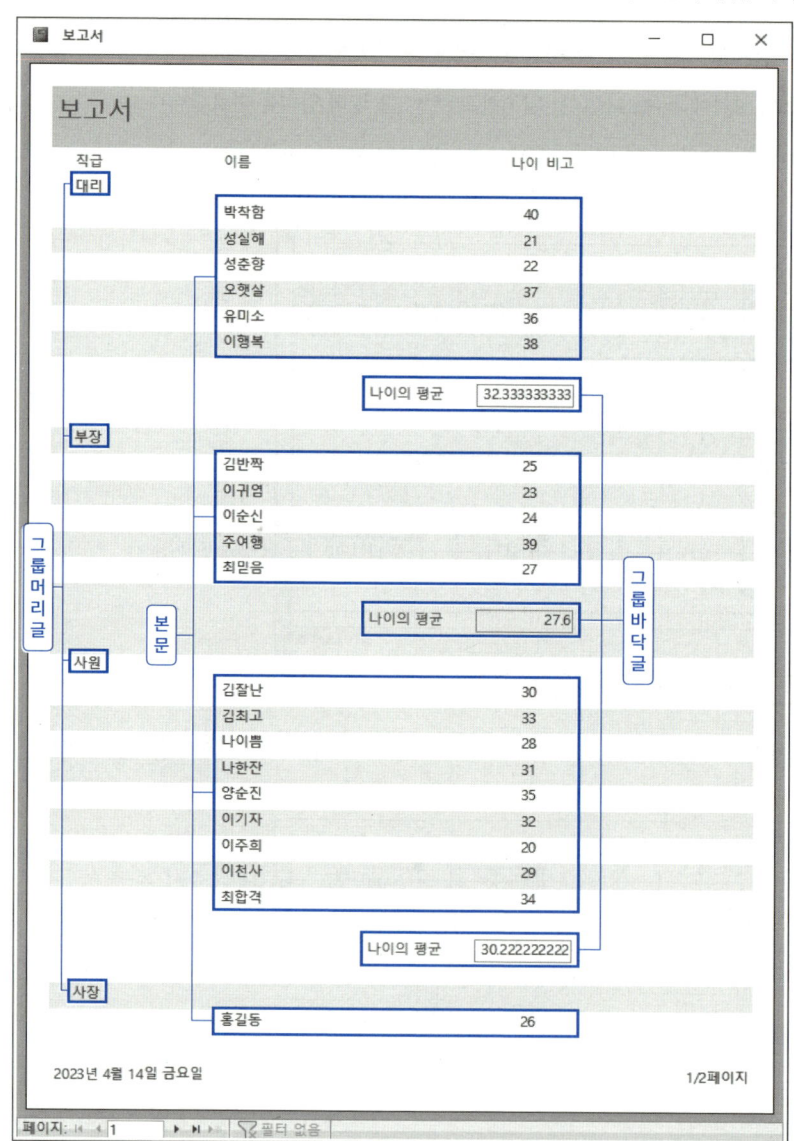

> **주희쌤 Tip**
>
> 개체를 자세하게 다루기 전에 큰 숲을 먼저 보았습니다. 이제 본격적으로 시험과 직결되는 문제를 풀어보겠습니다.

85. 저장(📄)을 클릭하고 닫기(❌)를 클릭해 만든 보고서를 닫습니다.

관련 필기 문제

01. 다음 중 보고서의 각 구역에 대한 설명으로 옳지 않은 것은?　17년 1회 출제

① 보고서 머리글: 보고서의 맨 앞에 한 번 출력되며, 일반적으로 로고나 제목 및 날짜 등의 정보를 표시할 때 사용한다.
② 페이지 바닥글: 각 레코드 그룹의 맨 끝에 출력되며, 그룹에 대한 요약 정보를 표시할 때 사용한다.
③ 본문: 레코드 원본의 모든 행에 대해 한 번씩 출력되며, 보고서의 본문을 구성하는 컨트롤이 여기에 추가된다.
④ 보고서 바닥글: 보고서 총합계 또는 전체 보고서에 대한 기타 요약 정보를 표시할 때 사용한다.

02. 다음 중 보고서의 각 구역에 대한 설명으로 옳지 않은 것은?　18년 2회 출제

① 보고서 바닥글 영역에는 로고, 보고서 제목, 날짜 등을 삽입하며, 보고서의 모든 페이지에 출력된다.
② 페이지 머리글 영역에는 열 제목 등을 삽입하며, 모든 페이지의 맨 위에 출력된다.
③ 그룹 머리글/바닥글 영역에는 일반적으로 그룹별 이름, 요약 정보 등을 삽입한다.
④ 본문 구역은 실제 데이터가 레코드 단위로 반복 출력되는 부분이다.

03. 다음 중 보고서의 각 구역에 관한 설명으로 옳지 않은 것은?　15년 1회 출제

① 보고서 머리글은 보고서의 맨 앞에 한 번 출력되며, 일반적으로 로고나 제목 및 날짜와 같이 표지에 나타나는 정보를 추가한다.
② 그룹 머리글은 각 새 레코드 그룹의 맨 앞에 출력되며, 그룹 이름을 출력하려는 경우에 사용한다.
③ 본문은 레코드 원본의 모든 행에 대해 한 번씩 출력되며, 보고서의 본문을 구성하는 컨트롤이 여기에 추가된다.
④ 보고서 바닥글은 모든 페이지의 맨 끝에 출력되며, 페이지 번호 또는 페이지별 정보를 표시하려는 경우에 사용한다.

04. 다음 중 보고서의 각 구역에 대한 설명으로 옳지 않은 것은?　14년 3회 출제

① '페이지 머리글'은 인쇄 시 모든 페이지의 맨 위에 출력되며, 모든 페이지에 특정 내용을 반복하려는 경우 사용한다.
② '보고서 머리글'은 보고서의 맨 앞에 한 번 출력되며, 일반적으로 그룹별 요약 정보를 표시할 때 사용한다.
③ '그룹 머리글'은 각 새 레코드 그룹의 맨 앞에 출력되며, 그룹 이름이나 그룹별 계산 결과를 표시할 때 사용한다.
④ '본문'은 레코드 원본의 모든 행에 대해 한 번씩 출력되며, 보고서의 본문을 구성하는 컨트롤이 추가된다.

05. 다음 중 보고서의 각 구역의 유형 및 용도의 설명으로 옳지 않은 것은?　12년 3회 출제

① 보고서 머리글에는 로고, 보고서 제목과 같이 매 페이지마다 표시될 항목을 설정한다.
② 보고서 바닥글에는 합계나 개수와 같이 보고서 데이터에 대한 요약 정보를 나타낼 수 있다.
③ 페이지 바닥글은 페이지 번호와 출력 날짜와 같은 항목을 표시하는 데 유용하다.
④ 그룹화된 보고서의 경우, 그룹 머리글을 이용하여 그룹의 이름이나 합계와 같은 정보를 표시할 수 있다.

06. 다음 중 그룹화된 보고서의 그룹 머리글과 그룹 바닥글에 대한 설명으로 옳지 않은 것은?　19년 1회 출제

① 그룹 머리글은 각 그룹의 첫 번째 레코드 위에 표시된다.
② 그룹 바닥글은 각 그룹의 마지막 레코드 아래에 표시된다.
③ 그룹 머리글에 계산 컨트롤을 추가하여 전체 보고서에 대한 요약 값을 계산할 수 있다.
④ 그룹 바닥글은 그룹 요약과 같은 항목을 나타내는데 효과적이다.

07. 다음 중 정렬 및 그룹화 기능을 사용하여 업체별 판매금액의 합계를 보고서 형태로 작성하려는 작업에 관련된 설명으로 옳지 않은 것은?　13년 2회 출제

① 업체명이나 업체번호 필드를 이용하여 데이터를 그룹화 한다.
② 그룹의 머리글이나 바닥글에 =Sum([판매금액])과 같은 함수를 이용하여 요약정보를 생성한다.
③ 본문 영역에는 아무런 컨트롤도 추가하지 않고 간격을 0으로 좁힌다.
④ 전체 업체의 총 판매금액에 대한 사항은 페이지 바닥글에서 구성한다.

08. 다음 중 보고서 머리글과 바닥글에 대한 설명으로 옳지 않은 것은?　14년 2회 출제

① 보고서 머리글은 보고서의 첫 페이지에 한 번만 출력된다.
② 보고서 바닥글은 전체 데이터에 대한 합계와 같은 요약 정보를 나타내는데 사용된다.
③ 보고서 첫 페이지의 윗부분에는 보고서 머리글이 먼저 나타나고 다음에 페이지 머리글이 출력된다.
④ 보고서를 인쇄하거나 미리 보는 경우에는 보고서 바닥글이 페이지 바닥글 아래에 표시된다.

정답 01.② | 02.① | 03.④ | 04.② | 05.① | 06.③ | 07.④ | 08.④

SECTION 02 테이블

- 테이블은 데이터를 저장하는 장소로 필드(열)와 레코드(행)로 구성되어 있으며 데이터베이스 모든 개체의 기본이 됩니다.
  테이블을 디자인 보기로 열어 테이블 속성과 필드 속성을 지정해 보도록 하겠습니다.
- 준비파일 : 컴활1급 \ 액세스 \ 1급액세스(예제) \ 1장_02. 테이블.accdb

주희쌤 Tip
주희쌤 Tip은 꼼꼼히 모두 보세요.

주희쌤 Tip
테이블은 3점씩 5문제. 총 15점이 출제됩니다. 목표 점수는 15점으로 문제 안에 답이 있는 경우가 대부분입니다.
예를 들어, 'A 필드는 반드시 입력되도록 하시오.'라고 출제되었다면 '반드시'라는 것이 힌트가 되어 '필수' 속성을 지정하는 것이죠.

주희쌤 Tip
파일을 열었을 때 '보안 경고'가 표시되면 '콘텐츠 사용'을 클릭하세요.

문제 유형 1
이주희 백화점에서 제품 판매현황을 관리하는 업무를 수행하기 위해 데이터베이스를 구축하였다. 다음의 지시사항에 따라 <판매> 테이블을 완성하시오.

① 이 테이블의 기본 키(PK)는 '순번', '코드' 필드로 구성된다. 기본 키를 설정하시오.

② '코드' 필드의 필드 크기는 7로 설정하시오.

③ '제품이름' 필드에는 반드시 값이 입력되도록 하고, 빈 문자열이 입력되지 않도록 설정하시오.

④ '제품이름' 필드의 IME 모드는 한글로 설정하시오.

⑤ '제조사' 필드에 포커스가 이동되면 입력기가 영숫자 반자가 되도록 설정하시오.

⑥ '판매일자' 필드를 기준으로 '내림차순' 정렬되어 표시되도록 설정하시오.

⑦ '단가' 필드에 대해 소수점 이하 2자리까지 표시되도록 설정하시오.

⑧ 데이터시트 보기 형식에서 '제품이름' 필드 이름 대신 필드 머리글에 '제품명'이 표시되도록 속성을 설정하시오.

따라하기 ①

① [탐색] 창의 <판매> 테이블에서 마우스 오른쪽 버튼을 눌러 바로 가기 메뉴가 나타나면 [디자인 보기] 명령을 클릭합니다.

② [순번]과 [코드] 필드의 행 선택기를 드래그하여 선택합니다.

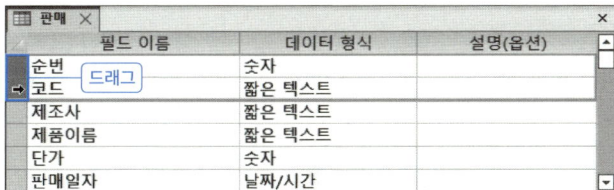

③ [테이블 디자인] 탭-[도구] 그룹-[기본 키]를 클릭합니다.

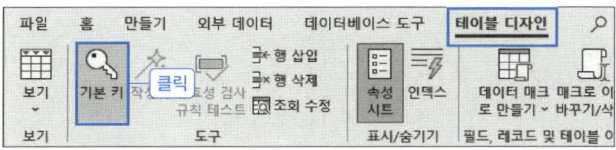

따라하기 ②

① [코드] 필드를 클릭하여 [코드]의 필드 속성이 나타나면 [일반] 탭의 '필드 크기' 속성을 클릭합니다.

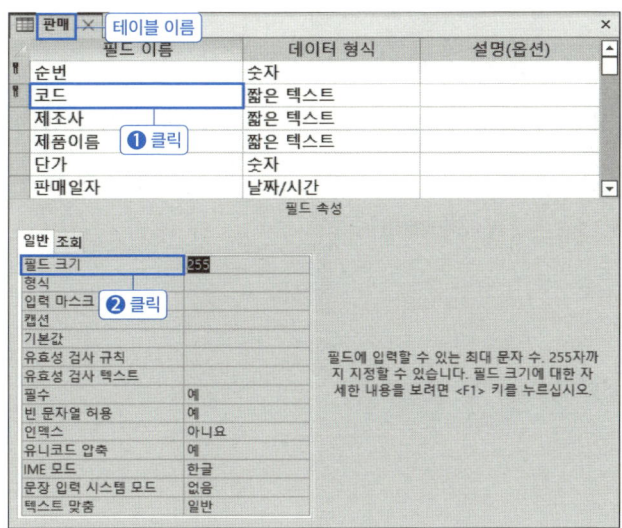

② '필드 크기' 속성에 커서가 이동되면 '7'을 입력하고 Enter 를 눌러 입력을 완료합니다.

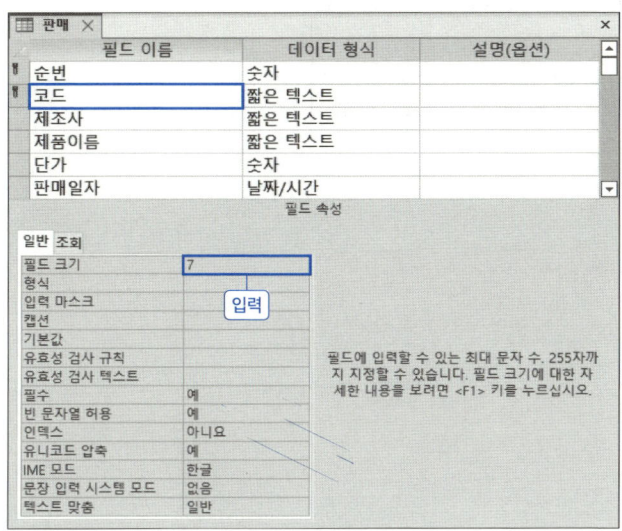

> **주희쌤 Tip**
> [순번], [코드] 필드가 비연속적이면 Ctrl을 이용하여 행 선택기를 클릭합니다.

> **주희쌤 Tip**
> '기본 키(Primary Key)'는 고유하게 식별해주는 필드이고 설정하는 동시에 '인덱스' 속성이 '중복 불가능'으로 변경됩니다. 또한 Null 값을 가질 수 없습니다. 예를 들어, [주민등록번호]를 기본 키로 설정하면 [주민등록번호]를 이용하여 레코드를 식별해야 하므로 중복된 값과 NULL 값을 가질 수 없는 것이죠.

예

순번 (기본키)	코드
1	A-01
1	A-02

↑ [순번]을 기본 키로 설정했기 때문에 [순번]에 중복된 값이 있어 입력이 불가능합니다.

순번 (기본키)	코드 (기본키)
1	A-01
1	A-02

↑ [순번]+[코드]를 기본 키로 설정했기 때문에 입력이 가능합니다.

> **주희쌤 Tip**
> ⓠ 테이블 이름이 안 나와요
> ⓐ [파일] 탭-[옵션]-[현재 데이터베이스] 탭-'문서 창 옵션'을 '탭 문서'로 선택하고 [확인] 단추를 클릭하세요.

> **주희쌤 Tip**
> '필드 크기' 속성을 클릭하면 '필드 크기' 속성 입력란에 커서가 나타납니다.

> **주희쌤 Tip**
> 2번 문제와 같습니다.
> 문 '코드' 필드에 7글자까지만 입력되도록 필드 크기를 설정하시오.

따라하기 ③

① [제품이름] 필드를 클릭하여 [제품이름]의 필드 속성이 나타나면 [일반] 탭의 '필수' 속성을 더블클릭합니다.

> **주희쌤 Tip**
> '필수' 속성을 더블클릭할 때마다 목록 안의 값('예', '아니요')이 바뀌며 선택됩니다.
> 목록 단추(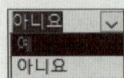)를 클릭하여 선택해도 되지만 목록 안의 값이 많이 없을 경우 편리합니다.

> **주희쌤 Tip**
> 3번 문제와 같습니다.
> 📄 '제품이름' 필드에는 Null 값이 입력되지 않도록 하고, 빈 문자열이 입력되지 않도록 설정하시오.

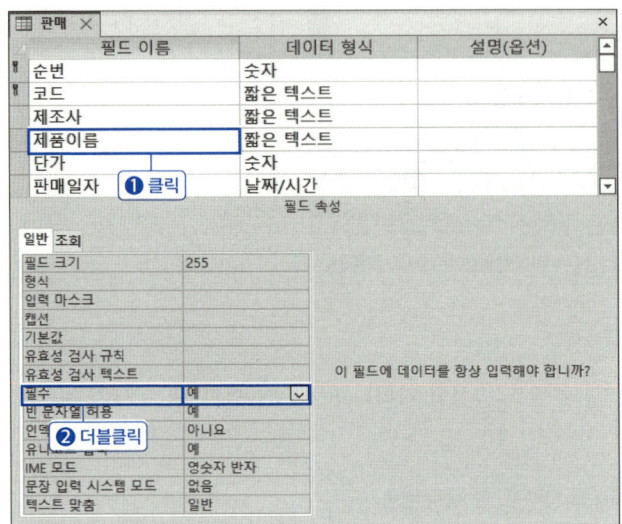

② [제품이름] 필드의 '필수' 속성이 '예'로 변경되면 '빈 문자열 허용' 속성을 더블클릭하여 '아니요'로 변경합니다.

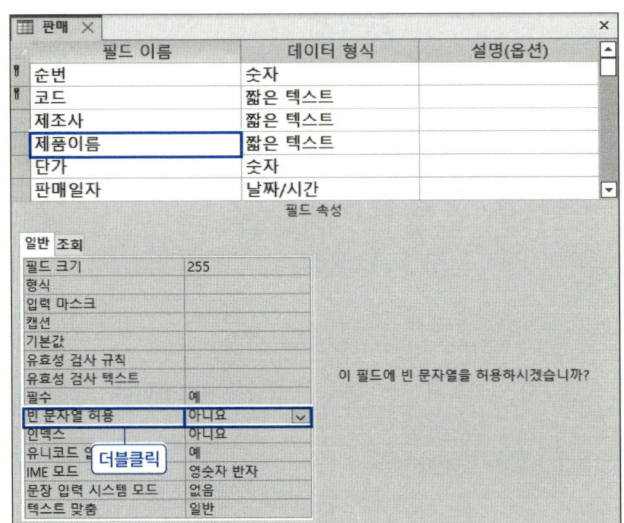

 따라하기 ④

① [제품이름] 필드를 클릭하여 [제품이름]의 필드 속성이 나타나면 [일반] 탭의 'IME 모드' 속성을 클릭합니다.

② 'IME 모드' 속성의 목록 단추(▼)를 클릭하여 '한글'을 선택합니다.

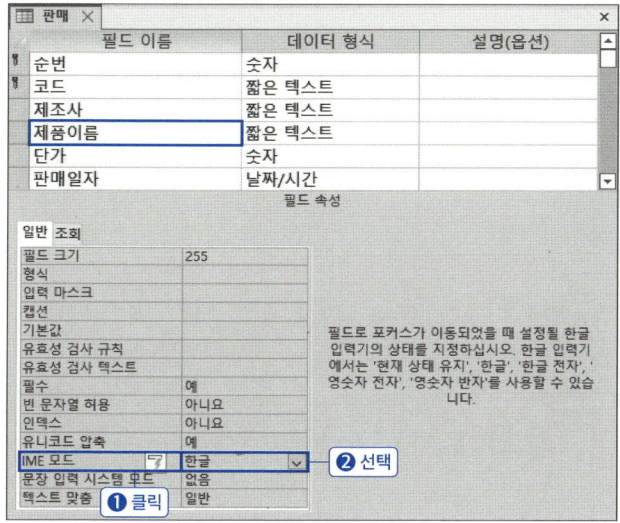

주희쌤 Tip

'IME 모드'는 포커스(커서)가 해당 필드로 이동되었을 때 바로 입력될 언어의 종류를 지정합니다.

제조사	제품이름
A	연필
B	지우개

[제조사] 필드에 'IME 모드'를 '영숫자 반자'로 지정하고 [제품이름] 필드에 'IME 모드'를 '한글'로 지정하면 [한/영]을 누르지 않고도 입력기가 전환되어 [제조사] 필드에 포커스가 이동되면 영어부터, [제품이름] 필드에 포커스가 이동되면 한글부터 입력이 시작됩니다.

 따라하기 ⑤

① [제조사] 필드를 클릭하여 [제조사]의 필드 속성이 나타나면 [일반] 탭의 'IME 모드' 속성을 클릭합니다.

② 'IME 모드' 속성의 목록 단추(▼)를 클릭하여 '영숫자 반자'를 선택합니다.

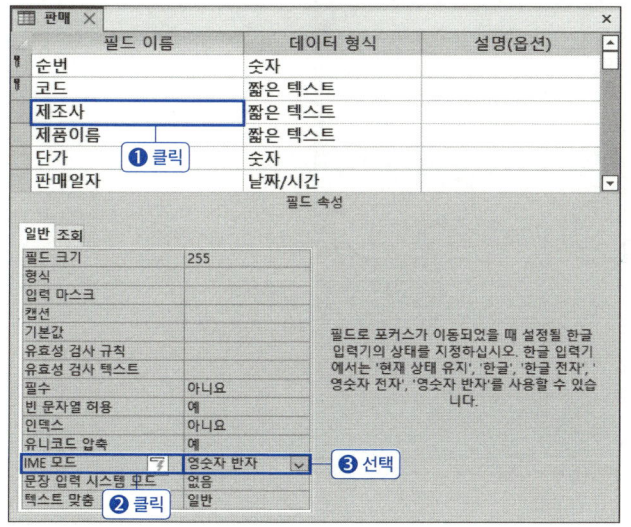

주희쌤 Tip

Ⓠ '영숫자 전자'는 안 되나요?
Ⓐ 영어와 숫자는 1byte로 1글자를, 한글은 2byte로 1글자를 나타냅니다.
그래서 '영숫자 전자'로 지정할 경우 한글처럼 2byte로 1글자를 표현하기 위해 마치 띄어쓰기를 한 것처럼 나타나게 됩니다.

영숫자 전자	영숫자 반자
ａ ｂ ｃ ｄ	abcd

주희쌤 Tip

5번 문제와 같습니다.
🛈 '제품코드' 필드는 영문자가 시작되는 값이 입력된다. 해당 필드에 데이터를 입력할 때 자동으로 영문 입력 상태로 변환되도록 설정하시오.

> **주희쌤 Tip**
>
> '필드 속성'은 선택한 필드에 대한 속성이고, '테이블 속성'은 선택한 테이블 개체에 대한 속성입니다.
> '테이블 속성'이 안 보일 경우 [테이블 디자인] 탭-[표시/숨기기] 그룹-[속성 시트]를 클릭하세요.

> **주희쌤 Tip**
>
> • 오름차순 : ASC
> • 내림차순 : DESC
> - 오름차순은 생략이 가능합니다. 즉, '판매일자 ASC'와 '판매일자'는 같습니다.
> - '테이블 속성'의 '정렬 기준'에는 필드에 대괄호([]) 생략이 가능합니다.
>   즉, '[판매일자] DESC'와 '판매일자 DESC'는 같습니다.
> - 대/소문자를 구분하지 않습니다. 즉, '판매일자 DESC'와 '판매일자 desc'는 같습니다.

> **주희쌤 Tip**
>
> Ⓠ [판매일자] 필드를 선택하고 '테이블 속성'의 '정렬 기준'에 'desc'만 입력하면 안 돼요?
> Ⓐ 안 됩니다. '테이블 속성'은 선택된 테이블의 속성이므로 모든 필드를 포함하고 있어 필드를 명시해야 합니다.

① 테이블 [속성 시트] 창의 '정렬 기준'을 클릭합니다.

② '정렬 기준' 속성에 커서가 이동되면 '판매일자 desc'를 입력합니다.

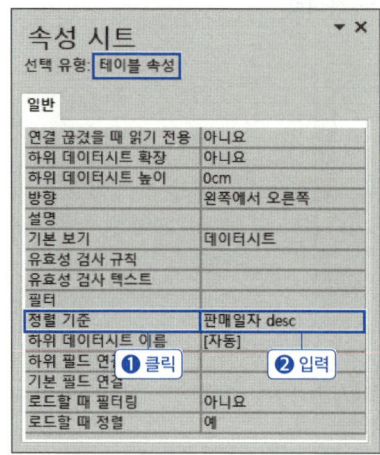

③ Enter 를 눌러 입력을 완료합니다.

① [단가] 필드를 클릭하여 [단가]의 필드 속성이 나타나면 [일반] 탭의 '소수 자릿수' 속성을 클릭합니다.

② '소수 자릿수' 속성에 커서가 이동되면 '2'를 입력합니다.

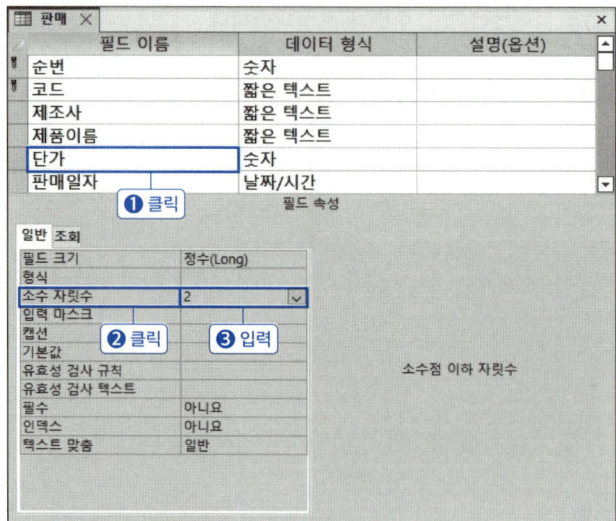

③ Enter 를 눌러 입력을 완료합니다.

 따라하기 ⑧

① [제품이름] 필드를 클릭하여 [제품이름]의 필드 속성이 나타나면 [일반] 탭의 '캡션' 속성을 클릭합니다.

② '캡션' 속성에 커서가 이동되면 '제품명'을 입력합니다.

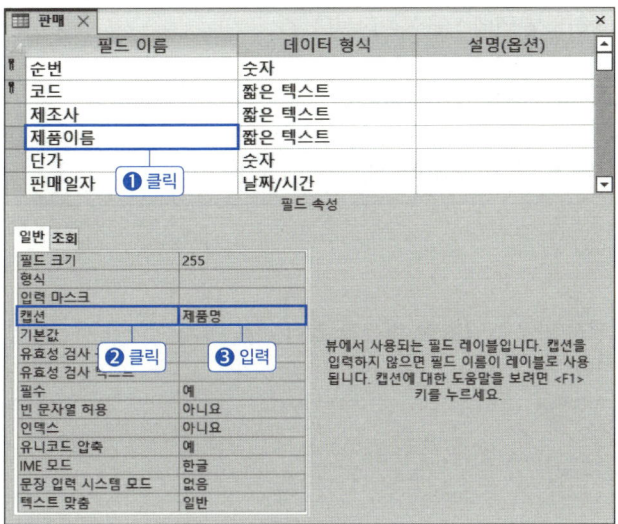

★ 주희쌤 Tip

'캡션'은 필드 이름을 대신하여 표시합니다. 표시만 할 뿐 필드 이름이 변경되는 것은 아닙니다.

③ Enter 를 눌러 입력을 완료합니다.

④ <판매> 테이블의 모든 문제를 다 풀었으므로 저장(🖫)하고 닫기(✕)를 클릭하여 <판매> 테이블을 닫습니다.

★ 주희쌤 Tip

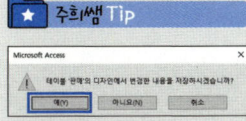

닫기(✕)를 먼저 클릭하여 저장 여부를 묻는 메시지가 나타나면 [예]를 클릭해도 됩니다.

문제 유형 2 이주희 마트에서 고객을 관리하는 업무를 수행하기 위해 데이터베이스를 구축하였다. 다음의 지시사항에 따라 <고객> 테이블을 완성하시오.

❶ '고객포인트' 필드에는 기본적으로 1이 입력되도록 설정하시오.

❷ '등급' 필드에는 새 레코드 추가 시 "일반"이 자동으로 표시되도록 설정하시오.

❸ 새로운 레코드가 추가되는 경우 '가입일' 필드에는 기본적으로 현재 날짜와 시간이 입력되도록 설정하시오.

❹ 새로운 레코드가 추가되는 경우 '생년월일' 필드에는 기본적으로 시간을 포함하지 않는 오늘 날짜만 입력되도록 설정하시오.

❺ 새로운 레코드가 추가되는 경우 '등업일자' 필드에는 기본적으로 오늘 날짜의 다음날이 입력되도록 설정하시오. (DateAdd, Date 함수 사용)

❻ '생년월일' 필드에 대해서 색인(중복 가능)을 설정하시오.

⑦ '고객코드' 필드에 대해서 기본 키가 아니면서도 중복된 값이 입력되지 않도록 설정하시오.

⑧ '주소' 필드에는 동일한 값이 두 번 이상 입력되지 않도록 설정하시오.

⑨ '고객명' 필드에는 중복 가능하도록 인덱스를 설정하시오.

⑩ '등급' 필드 인덱스의 고유를 '아니요'로 설정하시오.

⑪ '가입지점' 필드 인덱스의 고유를 '예'로 설정하시오.

따라하기 ①

① [탐색] 창의 〈고객〉 테이블에서 마우스 오른쪽 버튼을 눌러 바로 가기 메뉴가 나타나면 [디자인 보기] 명령을 클릭합니다.

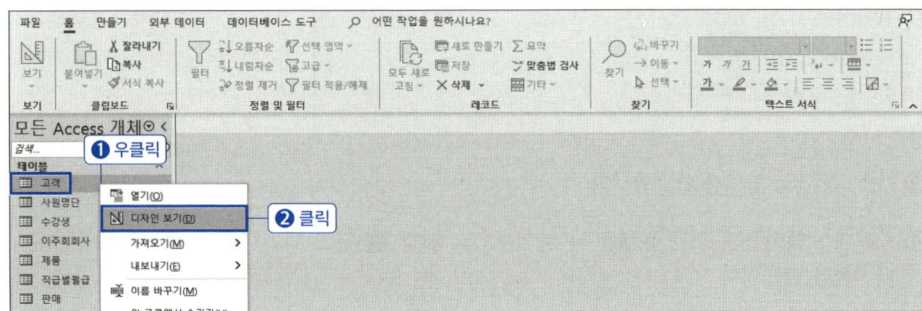

② [고객포인트] 필드를 클릭하여 [고객포인트]의 필드 속성이 나타나면 [일반] 탭의 '기본값' 속성을 클릭합니다.

③ '기본값' 속성에 커서가 이동되면 '1'을 입력합니다.

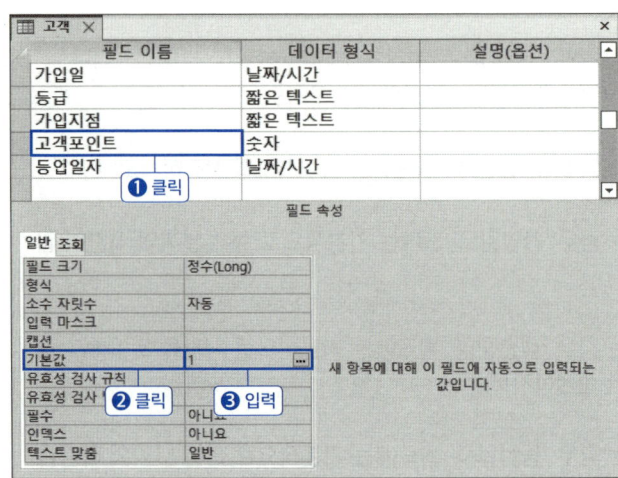

④ Enter 를 눌러 입력을 완료합니다.

> **주희쌤 Tip**
> ⓠ 저는 [고객포인트] 필드가 없어요.
> ⓐ 스크롤을 조정하면 보입니다.

> **주희쌤 Tip**
> '기본값'은 새 레코드 추가 시에 기본적으로 입력되는 값입니다.
>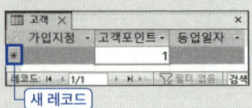

 따라하기 2

① [등급] 필드를 클릭하여 [등급]의 필드 속성이 나타나면 [일반] 탭의 '기본값' 속성을 클릭합니다.

② '기본값' 속성에 커서가 이동되면 '일반'을 입력합니다.

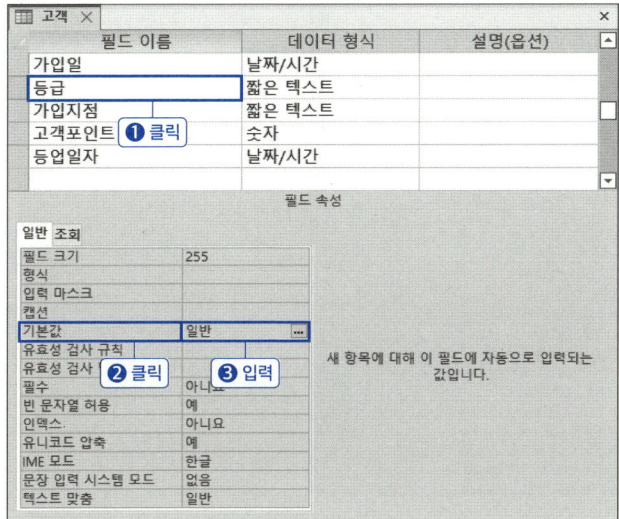

③ Enter 를 누르면 "일반"으로 변경된 것을 확인할 수 있습니다.

 따라하기 3

① [가입일] 필드를 클릭하여 [가입일]의 필드 속성이 나타나면 [일반] 탭의 '기본값' 속성을 클릭합니다.

② '기본값' 속성에 커서가 이동되면 'now()'를 입력합니다.

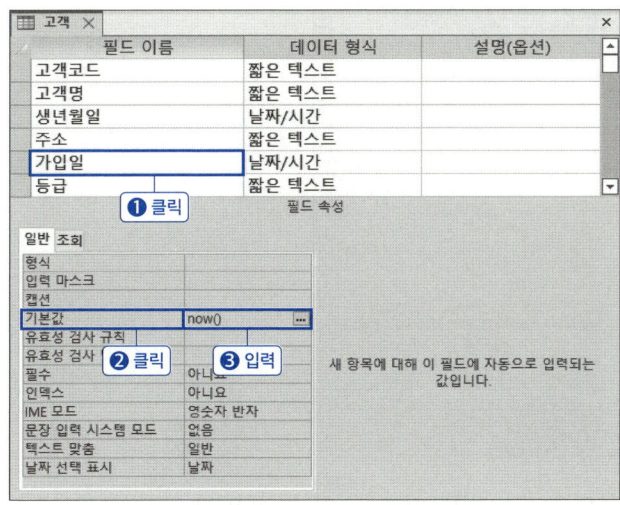

③ Enter 를 누르면 'Now()'로 변경된 것을 확인할 수 있습니다.

> **주희쌤 Tip**
>
> '=Now()'를 입력해도 같은 결과가 표시되지만 앞으로 '필드 속성'에는 '=' 없이 입력을 시작하겠습니다.

> **주희쌤 Tip**
>
> 엑셀(함수 19번)에서 배웠던 부분입니다.
>
> | | 날짜 | 날짜+시간 |
> |---|---|---|
> | 엑셀 | TODAY | NOW |
> | 액세스 VBE | DATE | |
>
> VBE은 'DATE'만 입력하였지만, 액세스는 'DATE()'를 입력해야 합니다. ('NOW' 함수도 마찬가지로 액세스는 'NOW()'를 입력해야 합니다.)

 따라하기 ④

① [생년월일] 필드를 클릭하여 [생년월일]의 필드 속성이 나타나면 [일반] 탭의 '기본값' 속성을 클릭합니다.

② '기본값' 속성에 커서가 이동되면 'date()'를 입력합니다.

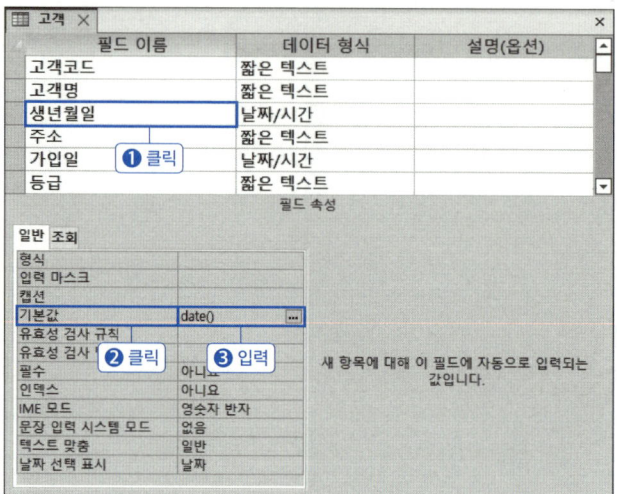

③ Enter 를 누르면 'Date()'로 변경된 것을 확인할 수 있습니다.

 따라하기 ⑤

① [등업일자] 필드를 클릭하여 [등업일자]의 필드 속성이 나타나면 [일반] 탭의 '기본값' 속성을 클릭합니다.

② '기본값' 속성에 커서가 이동되면 'dateadd("d",1,date())'를 입력합니다.

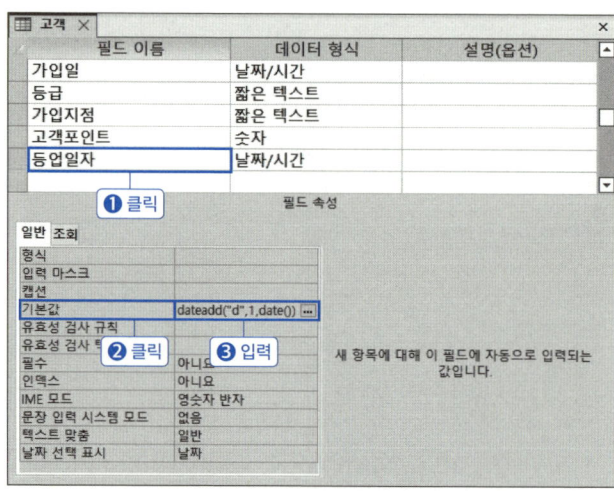

③ Enter 를 누르면 'DateAdd("d",1,Date())'로 변경된 것을 확인할 수 있습니다.

주희쌤 Tip

'기본값' 입력란에 커서를 놓고 Shift + F2 를 누르면 [확대/축소] 창이 호출됩니다.

주희쌤 Tip

단위 : yyyy 연, m 월, d 일

DateAdd("단위", 값, 날짜)
날짜에서 단위로 지정한 값만큼 증가하여 표시

예
DateAdd("m",-2,Date())
↑ 오늘 날짜가 '2024-3-8'이면 2달 전인 '2024-1-8' 표시

DateDiff("단위", 날짜, 날짜)
날짜와 날짜의 단위 차이를 표시

예
DateDiff("yyyy",[입사일],Date())
↑ 입사일 날짜가 '2024-8-15'이고 오늘 날짜가 '2025-1-1'이면 연도 차이인 '1' 표시

 따라하기 6

① [생년월일] 필드를 클릭하여 [생년월일]의 필드 속성이 나타나면 [일반] 탭의 '인덱스' 속성을 더블클릭합니다.

② [생년월일] 필드의 '인덱스' 속성이 '예(중복 가능)'로 변경된 것을 확인할 수 있습니다.

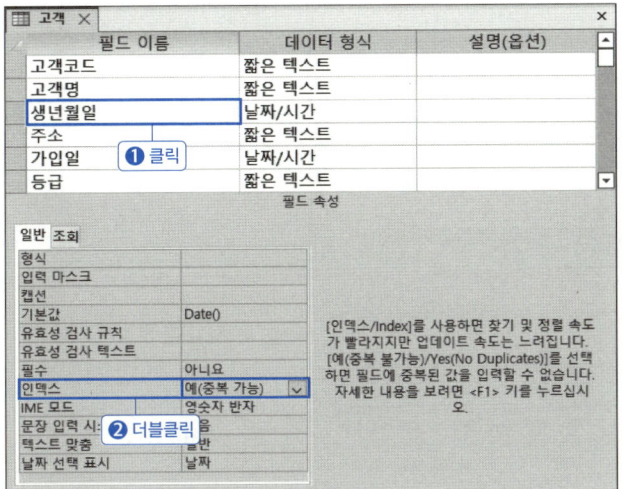

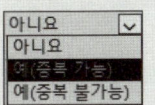 주희쌤 Tip

'인덱스' 속성을 더블클릭할 때마다 목록 안의 값('아니요', '예(중복 가능)', '예(중복 불가능)')이 바뀌며 선택됩니다.
목록 단추(▽)를 클릭하여 선택해도 되지만 목록 안의 값이 많이 없을 경우 편리합니다.

주희쌤 Tip

'인덱스'를 사용하면 데이터 검색, 정렬 등의 작업시간은 빨라지지만, 데이터 추가나 변경 시 업데이트(갱신) 속도는 느려집니다.

 따라하기 7

① [고객코드] 필드를 클릭하여 [고객코드]의 필드 속성이 나타나면 [일반] 탭의 '인덱스' 속성을 더블클릭합니다.

② [고객코드] 필드의 '인덱스' 속성이 '예(중복 가능)'로 변경되면 한 번 더 더블클릭하여 '예(중복 불가능)'로 변경합니다.

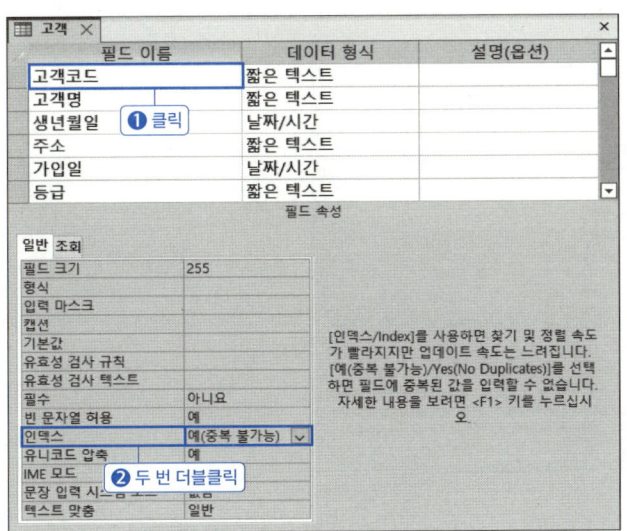

주희쌤 Tip

7번 문제는 기본 키를 설정해도 '인덱스' 속성이 '예(중복 불가능)'로 변경되지만 기본 키를 설정하지 않고 '인덱스' 속성만을 이용하여 변경하라는 의미입니다.

 따라하기 8

① [주소] 필드를 클릭하여 [주소]의 필드 속성이 나타나면 [일반] 탭의 '인덱스' 속성을 더블 클릭합니다.

② [주소] 필드의 '인덱스' 속성이 '예(중복 가능)'로 변경되면 한 번 더 더블클릭하여 '예(중복 불가능)'로 변경합니다.

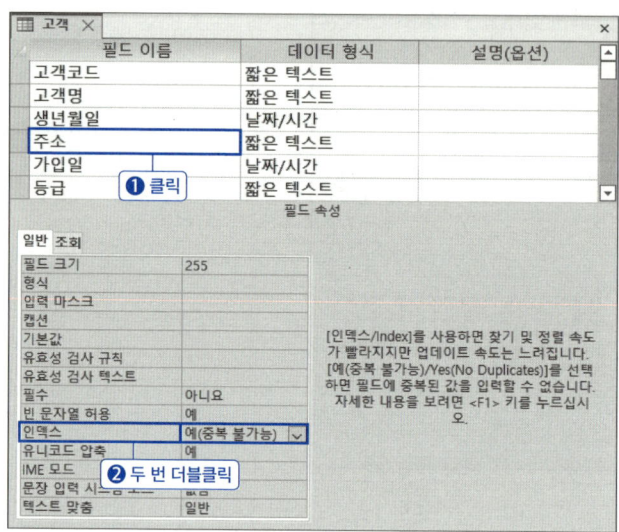

 따라하기 9

① [고객명] 필드를 클릭하여 [고객명]의 필드 속성이 나타나면 [일반] 탭의 '인덱스' 속성을 더블 클릭합니다.

② [고객명] 필드의 '인덱스' 속성이 '예(중복 가능)'로 변경된 것을 확인할 수 있습니다.

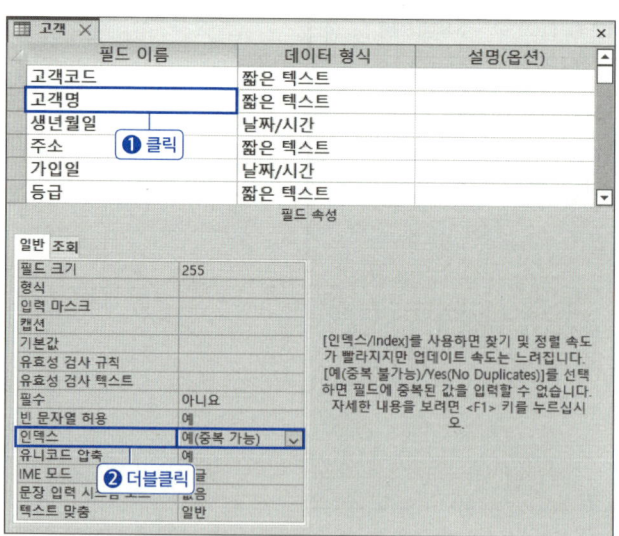

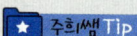 주희쌤Tip

9번 문제와 같습니다.
문 '고객명' 필드에 인덱스를 설정하시오. (단, 주소는 다르지만 같은 고객이 입력될 수 있음)

 따라하기 ⑩

① [등급] 필드를 클릭하여 [등급]의 필드 속성이 나타나면 [일반] 탭의 '인덱스' 속성을 더블 클릭합니다.

② [등급] 필드의 '인덱스' 속성이 '예(중복 가능)'로 변경된 것을 확인할 수 있습니다.

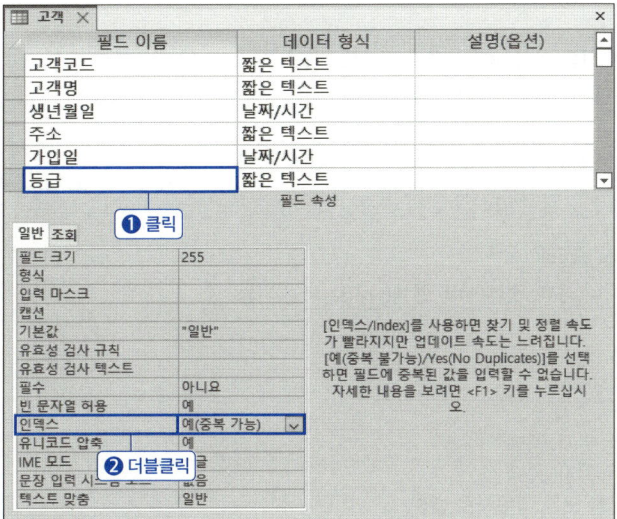

> **주희쌤 Tip**
> '고유하지 않다'와 '중복이 가능하다'는 같은 의미입니다.

 따라하기 ⑪

① [가입지점] 필드를 클릭하여 [가입지점]의 필드 속성이 나타나면 [일반] 탭의 '인덱스' 속성을 두 번 더블클릭합니다.

② [가입지점] 필드의 '인덱스' 속성이 '예(중복 불가능)'로 변경된 것을 확인할 수 있습니다.

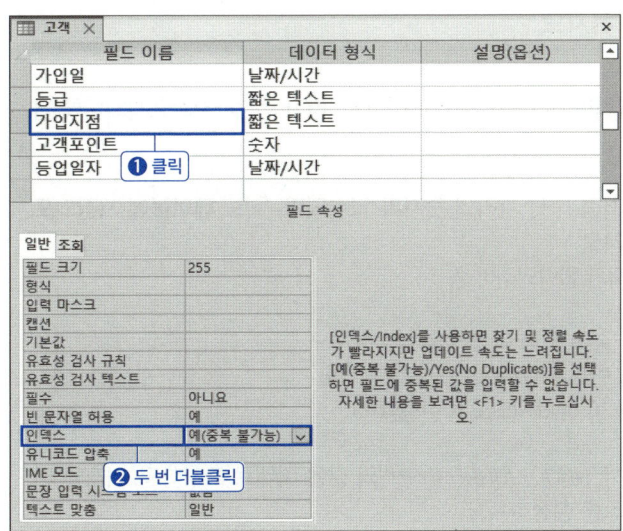

③ 〈고객〉 테이블의 모든 문제를 다 풀었으므로 저장(🖫)하고 닫기(✖)를 클릭하여 〈고객〉 테이블을 닫습니다.

입력 마스크

'입력 마스크'는 입력하는 자리를 만들고 데이터 입력을 제어합니다.
예를 들어, '_-_' 이러한 자리를 만들어 기호를 제외한 첫 자리는 문자만 입력하고 마지막 두 자리는 숫자만 입력하도록 하는 것이죠.

① ; ② ; ③

① 필수 입력, 입력 마스크 정의 문자를 이용하여 입력 마스크를 지정
② 선택 입력, 0을 지정하면 기호(괄호, 하이픈 등)도 함께 저장, 1이나 생략하면 기호를 제외하고 입력한 문자만 저장
③ 선택 입력, 입력되는 자리에 표시되는 문자. 기본적으로 언더 바(_)가 표시

입력 마스크 정의 문자	
0	필수요소, 숫자
9	선택요소, 숫자나 공백
#	선택요소, 숫자나 공백, 덧셈(+)과 뺄셈(-)기호 사용 가능
L	필수요소, 문자
?	선택요소, 문자
A	필수요소, 문자, 숫자
a	선택요소, 문자, 숫자
&	필수요소, 모든 문자, 공백
C	선택요소, 모든 문자, 공백
>	> 이후의 문자를 모두 대문자로 변환
<	< 이후의 문자를 모두 소문자로 변환
₩	₩ 바로 다음에 오는 문자가 그대로 표시 (예를 들어, ₩A는 A만 표시)

> **주희쌤 Tip**
> - '숫자'는 0에서 9까지의 숫자를 의미합니다.
> - '문자'는 A에서 Z까지의 영문자와 한글을 의미합니다.
> - '모든 문자'는 숫자, 영문자, 한글뿐 아니라 '★' 등도 포함합니다.

문제 유형 3

이주희 회사에서 직원을 관리하는 업무를 수행하기 위해 데이터베이스를 구축하였다. 다음의 지시사항에 따라 <사원명단> 테이블을 완성하시오.

① '주민등록번호' 필드는 입력하거나 표시되는 모든 데이터가 '*' 형태로 표시되도록 입력 마스크를 설정하시오.

② '사번' 필드에 '98-1234'처럼 여섯 자리의 숫자가 입력되며, '-'도 테이블에 저장되도록 입력 마스크를 설정하시오.
   ▶ 반드시 여섯 자리의 숫자가 입력되어야 함

③ '부서코드' 필드에 다음과 같이 입력 마스크를 설정하시오.
   ▶ 9자리 숫자로 입력받되, 반드시 값이 입력되도록 설정할 것
   ▶ 데이터가 입력될 자리에 '#'이 표시되도록 설정할 것

④ '연락처1' 필드에는 입력 시 '(###)-####-####'와 같은 형태로 표시하되, 기호는 저장되지 않도록 입력 마스크를 설정하시오.
   ▶ 사용자 지정 기호 '#'을 사용할 것

⑤ '직급코드' 필드에는 맨 앞 영문자와 뒤에 네 개의 숫자가 결합된 형태(A-0001)의 데이터를 입력하되 반드시 입력되도록 입력 마스크를 설정하시오.
   ▶ '-' 기호는 저장되고, 입력 시 '_-____' 형태로 표시되도록 설정할 것

⑥ '부서' 필드에는 영문자와 숫자가 결합된 AB04 형태로 입력하되 반드시 입력되도록 입력 마스크를 설정하시오.
  ▶ 영문 소문자를 입력해도 대문자로 표시되도록 설정할 것

⑦ '연락처2' 필드는 '(010)-1234-1234' 형식으로 입력되도록 다음과 같이 입력 마스크를 설정하시오.
  ▶ 0~9까지의 숫자나 공백을 입력할 수 있도록 설정할 것
  ▶ +, -와 같은 기호는 사용할 수 없도록 설정할 것
  ▶ 기호도 저장되도록 설정할 것

⑧ '비상망1' 필드에는 '01*-****-****' 형식으로 입력되도록 입력 마스크를 설정하시오.
  ▶ 맨 앞에 '01'을 포함한 11자리의 숫자가 반드시 입력되도록 설정할 것
  ▶ 데이터를 입력할 때 데이터 입력 자리에 '*'로 표시하고, 테이블에 '-'도 저장되도록 설정할 것

⑨ '직급' 필드에는 'B01C' 형식으로 입력되도록 다음과 같이 입력 마스크를 설정하시오.
  ▶ 영어 대문자 1, 숫자 2, 영어 대문자 1로 입력받되, 반드시 값이 입력되도록 설정할 것

⑩ '기타' 필드는 다음과 같이 입력 마스크를 설정하시오.
  ▶ 앞의 두 글자는 한글을 선택적으로 입력받되, 뒤의 두 글자는 "참고"가 고정적으로 입력되도록 설정할 것
  ▶ 데이터가 입력될 때 '*'로 입력 예비 문자를 표시할 것

⑪ '비상망2' 필드에는 '02-123-4567' 또는 '123-4567-8910'을 선택적으로 입력할 수 있는 입력 마스크를 설정하시오.
  ▶ 사용자 지정 기호 '9'를 사용, 입력 시 '###-####-####'와 같은 형태로 표시, 기호를 저장할 것

① [탐색] 창의 〈사원명단〉 테이블에서 마우스 오른쪽 버튼을 눌러 바로 가기 메뉴가 나타나면 [디자인 보기] 명령을 클릭합니다.

② [주민등록번호] 필드를 클릭하여 [주민등록번호]의 필드 속성이 나타나면 [일반] 탭의 '입력 마스크' 속성을 클릭합니다.

③ '입력 마스크' 속성에 커서가 이동되면 'password'를 입력합니다.

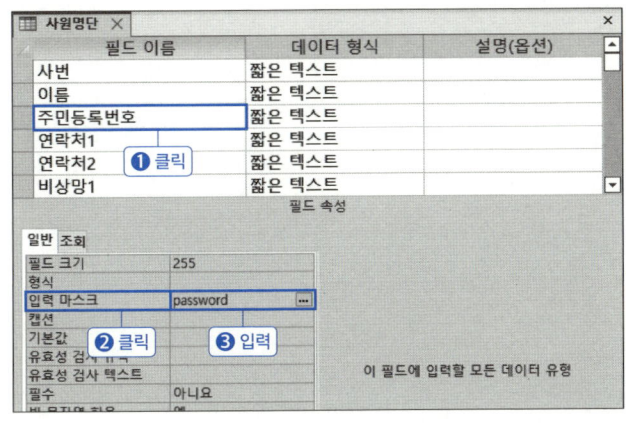

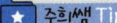 주희쌤 Tip

'입력 마스크'를 'Password'로 지정하면 입력된 문자는 저장되지만 화면에는 별(*)이 표시됩니다.

④ Enter 를 누르면 'Password'로 변경된 것을 확인할 수 있습니다.

 따라하기 ❷

① [사번] 필드를 클릭하여 [사번]의 필드 속성이 나타나면 [일반] 탭의 '입력 마스크' 속성을 클릭합니다.

② '입력 마스크' 속성에 커서가 이동되면 '00-0000;0'을 입력합니다.

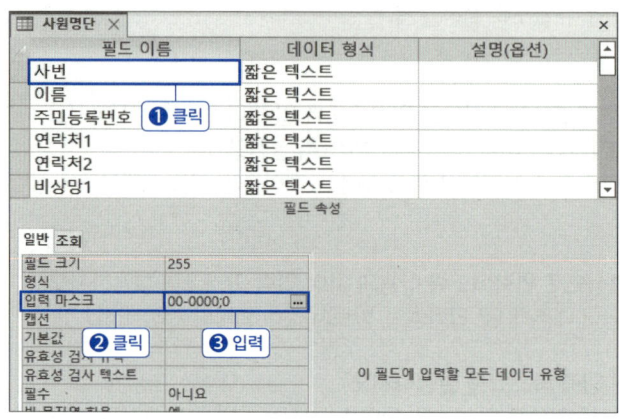

③ Enter 를 눌러 입력을 완료합니다.

 따라하기 ❸

① [부서코드] 필드를 클릭하여 [부서코드]의 필드 속성이 나타나면 [일반] 탭의 '입력 마스크' 속성을 클릭합니다.

② '입력 마스크' 속성에 커서가 이동되면 '000000000;;#'를 입력합니다.

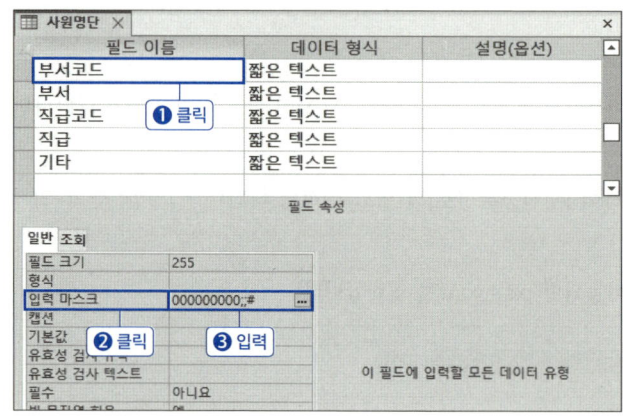

③ Enter 를 눌러 입력을 완료합니다.

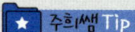

입력 마스크 문제의 '반드시'는 필수 요소를 사용하라는 의미입니다.

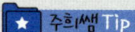

ⓐ 데이터시트 보기에서 '00-0000;0'과 '00-0000'은 똑같이 보이는데요?
Ⓐ 만든 테이블을 'Excel'로 저장하면 차이를 쉽게 알 수 있습니다.
(직접 해보지 않고 읽어만 봐도 됩니다.)

• 'Excel'로 저장하는 방법
[탐색] 창에 생성된 테이블 위에서 마우스 오른쪽 버튼을 눌러 [내보내기]-[Excel] 명령을 클릭, 저장할 파일 이름과 위치를 설정한 후 [확인]을 클릭

• 기호도 함께 저장한 경우
① [번호] 필드 '입력 마스크'에 '0-00;0'을 지정한 후 저장

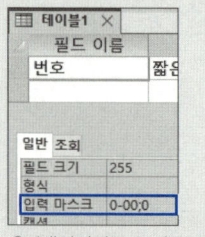

② '데이터시트 보기'로 전환하여 데이터 입력 후 테이블 닫기

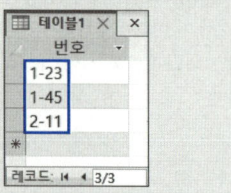

③ 'Excel' 파일로 내보낸 결과

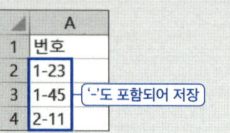

 **따라하기 ④**

① [연락처1] 필드를 클릭하여 [연락처1]의 필드 속성이 나타나면 [일반] 탭의 '입력 마스크' 속성을 클릭합니다.

② '입력 마스크' 속성에 커서가 이동되면 '(###)-####-####;;#'를 입력합니다.

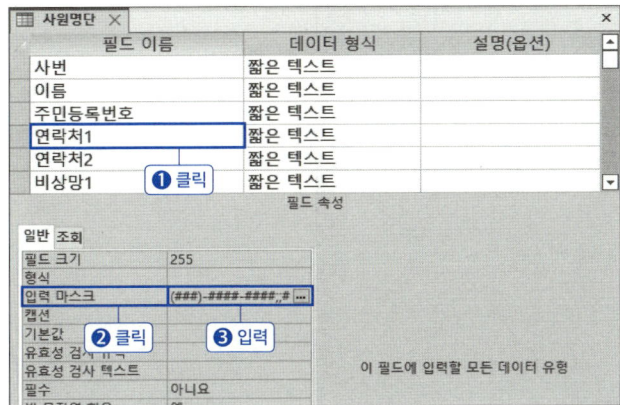

③ Enter 를 누르면 '₩(###₩)-####-####;;#'로 변경된 것을 확인할 수 있습니다.

 **따라하기 ⑤**

① [직급코드] 필드를 클릭하여 [직급코드]의 필드 속성이 나타나면 [일반] 탭의 '입력 마스크' 속성을 클릭합니다.

② '입력 마스크' 속성에 커서가 이동되면 'L-0000;0;_'를 입력합니다.

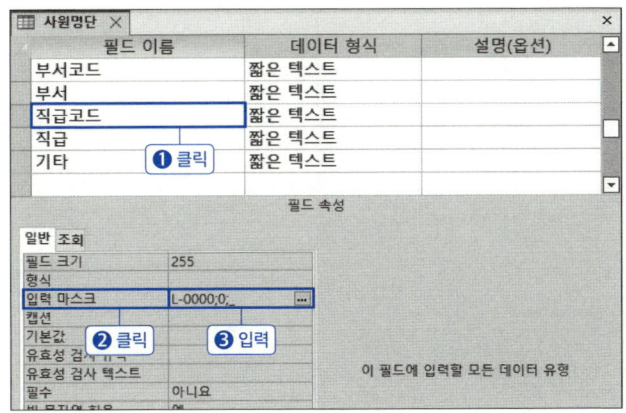

③ Enter 를 눌러 입력을 완료합니다.

• 기호를 저장하지 않은 경우
① 새로운 테이블을 만들어 [번호] 필드 '입력 마스크'에 '0-00'을 지정한 후 저장

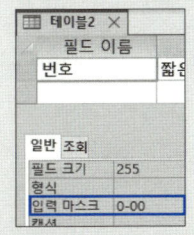

② '데이터시트 보기'로 전환하여 데이터 입력 후 테이블 닫기

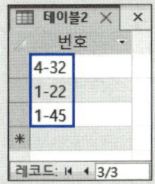

③ 'Excel' 파일로 내보낸 결과

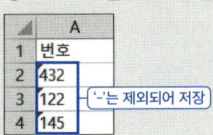

주희쌤 Tip

ⓠ 5번은 왜 'L' 쓰고 6번은 왜 'A' 써요?

ⓐ 5번은 맨 앞자리만 영문자이고 6번은 영문자와 숫자가 결합된 4자리입니다.

즉, 5번은 첫 번째 자리만 : 영문자

즉, 6번은
첫 번째 자리에 : 영문자와 숫자가 결합된 문자
두 번째 자리에 : 영문자와 숫자가 결합된 문자
세 번째 자리에 : 영문자와 숫자가 결합된 문자
네 번째 자리에 : 영문자와 숫자가 결합된 문자

 따라하기 6

① [부서] 필드를 클릭하여 [부서]의 필드 속성이 나타나면 [일반] 탭의 '입력 마스크' 속성을 클릭합니다.

② '입력 마스크' 속성에 커서가 이동되면 '>AAAA'를 입력합니다.

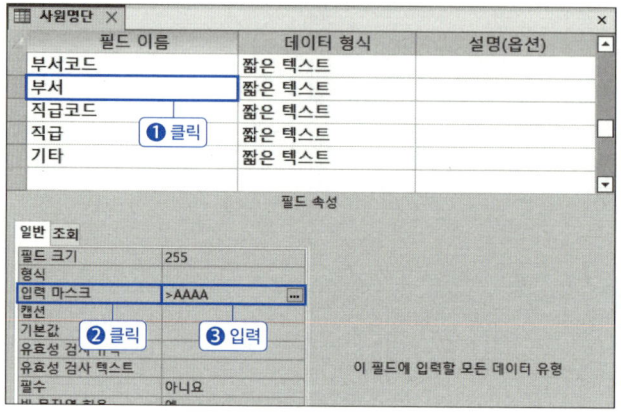

③ Enter 를 눌러 입력을 완료합니다.

 따라하기 7

① [연락처2] 필드를 클릭하여 [연락처2]의 필드 속성이 나타나면 [일반] 탭의 '입력 마스크' 속성을 클릭합니다.

② '입력 마스크' 속성에 커서가 이동되면 '(999)-9999-9999;0'을 입력합니다.

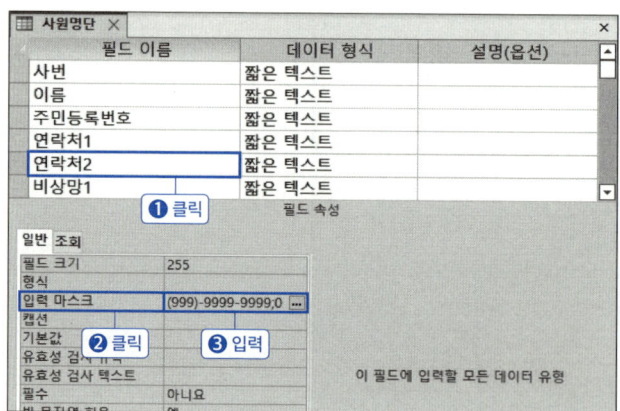

③ Enter 를 누르면 '₩(999₩)-9999-9999;0'으로 변경된 것을 확인할 수 있습니다.

 따라하기 8

① [비상망1] 필드를 클릭하여 [비상망1]의 필드 속성이 나타나면 [일반] 탭의 '입력 마스크' 속성을 클릭합니다.

② '입력 마스크' 속성에 커서가 이동되면 '"01"0-0000-0000;0;*'를 입력합니다.

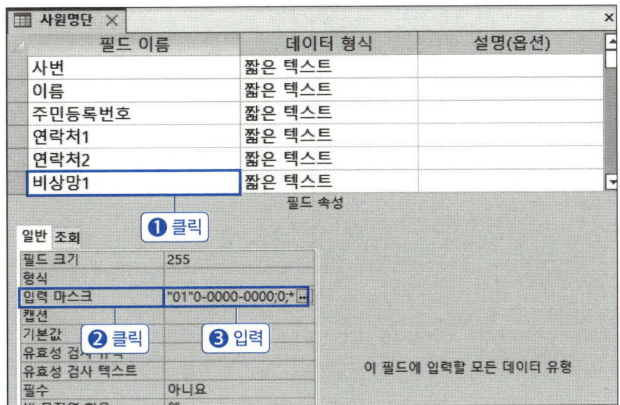

③ Enter 를 눌러 입력을 완료합니다.

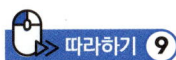 따라하기 9

① [직급] 필드를 클릭하여 [직급]의 필드 속성이 나타나면 [일반] 탭의 '입력 마스크' 속성을 클릭합니다.

② '입력 마스크' 속성에 커서가 이동되면 '>L00L'을 입력합니다.

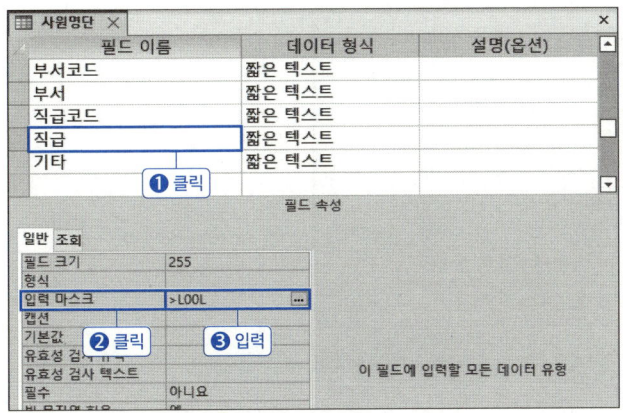

③ Enter 를 눌러 입력을 완료합니다.

> **주희쌤 Tip**
> 만약에 9번 문제가 '영어 대문자 1', '숫자 2', '영어 소문자 1'이면 '> L00 <L'을 입력합니다.

① [기타] 필드를 클릭하여 [기타]의 필드 속성이 나타나면 [일반] 탭의 '입력 마스크' 속성을 클릭합니다.

② '입력 마스크' 속성에 커서가 이동되면 '??"참고";;*'를 입력합니다.

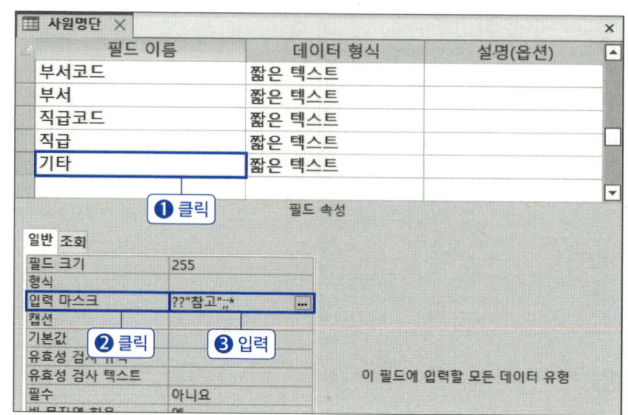

③ Enter 를 눌러 입력을 완료합니다.

① [비상망2] 필드를 클릭하여 [비상망2]의 필드 속성이 나타나면 [일반] 탭의 '입력 마스크' 속성을 클릭합니다.

② '입력 마스크' 속성에 커서가 이동되면 '999-9999-9999;0;#'을 입력합니다.

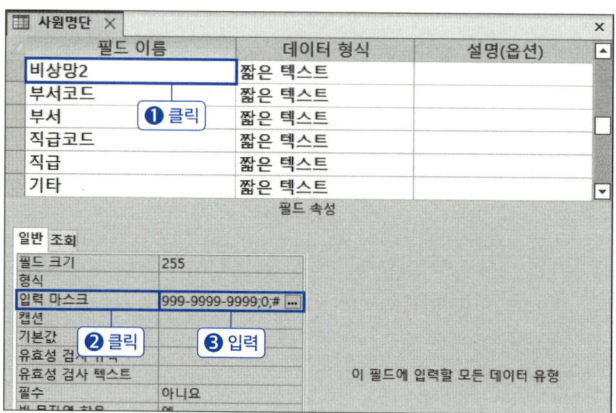

③ Enter 를 눌러 입력을 완료합니다.

④ <사원명단> 테이블의 모든 문제를 다 풀었으므로 저장(🖫)하고 닫기(✖)를 클릭하여 <사원명단> 테이블을 닫습니다.

문제 유형 4 — 이주희 문구에서 제품을 관리하는 업무를 수행하기 위해 데이터베이스를 구축하였다. 다음의 지시사항에 따라 <제품> 테이블을 완성하시오.

① '수량' 필드에는 유효성 검사 규칙을 이용해 0보다 큰 값이 입력되도록 설정하시오.

② '제품코드' 필드는 반드시 4글자만 입력되도록 유효성 검사 규칙을 설정하시오.

③ '거래처' 필드에는 '서울'과 '제주도'만 입력되도록 유효성 검사 규칙을 설정하시오.

④ '단가' 필드에는 공백 문자가 입력되지 않도록 유효성 검사 규칙을 설정하시오. (InStr 함수 사용)

⑤ '금액' 필드에는 '수량'בֿ단가' 이상의 값이 입력되도록 유효성 검사 규칙을 설정하시오.

⑥ '이메일' 필드에 항상 '@' 문자가 포함되도록 유효성 검사 규칙을 설정하시오.

⑦ '입고일자' 필드에는 2024년 이후 제품만이 입력되도록 설정하고, 다른 값이 입력되면 "2024년 이후 제품만 입력"이라고 메시지를 표시하도록 설정하시오.

⑧ '거래처번호' 필드에 대해 다음과 같이 입력되도록 유효성 검사 규칙을 설정하시오. (Len, InStr 함수 사용)
▶ '-' 이후에 반드시 7자리가 입력되도록 할 것

⑨ '출고일자' 필드에는 2020년 12월 31일 이전 날짜만 입력될 수 있게 유효성 검사 규칙을 설정하시오.

⑩ '거래일자' 필드에는 '2018-1-1'부터 '2018-1-31' 이전의 값인지를 검사하는 규칙을 설정하시오.

따라하기 ①

① [탐색] 창의 <제품> 테이블에서 마우스 오른쪽 버튼을 눌러 바로 가기 메뉴가 나타나면 [디자인 보기] 명령을 클릭합니다.

② [수량] 필드를 클릭하여 [수량]의 필드 속성이 나타나면 [일반] 탭의 '유효성 검사 규칙' 속성을 클릭합니다.

③ '유효성 검사 규칙' 속성에 커서가 이동되면 '>0'을 입력합니다.

> **주희쌤 Tip**
> '유효성 검사 규칙'을 지정하면 필드에 입력할 수 있는 값을 제한합니다.

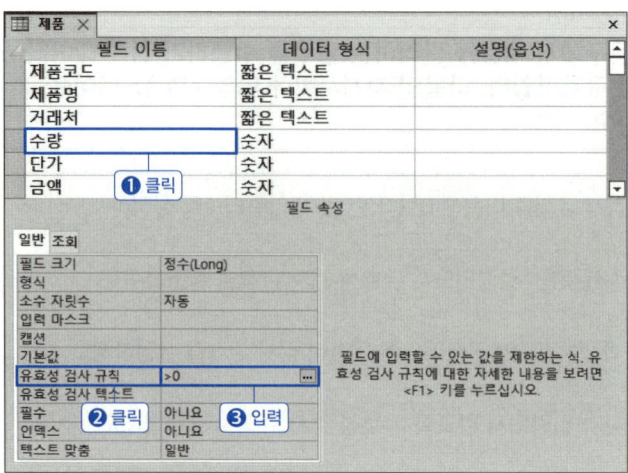

④ Enter 를 눌러 입력을 완료합니다.

① [제품코드] 필드를 클릭하여 [제품코드]의 필드 속성이 나타나면 [일반] 탭의 '유효성 검사 규칙' 속성을 클릭합니다.

② '유효성 검사 규칙' 속성에 커서가 이동되면 'len([제품코드])=4'를 입력합니다.

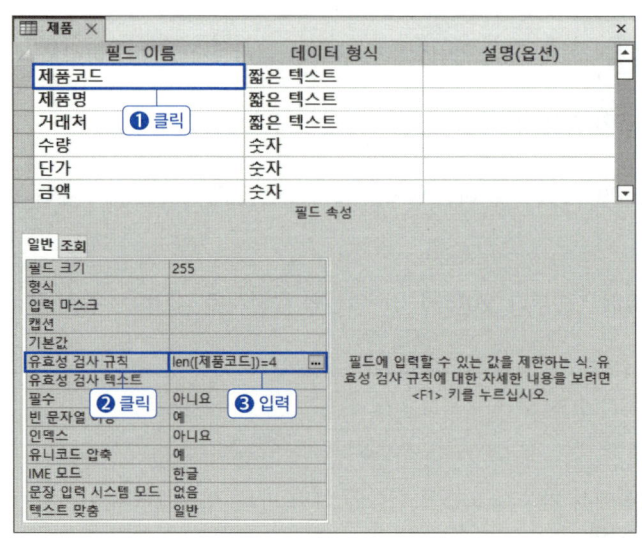

③ Enter 를 누르면 'Len([제품코드])=4'로 변경된 것을 확인할 수 있습니다.

주희쌤 Tip

2번 문제와 같습니다.
문 '제품코드' 필드는 4글자만 입력할 수 있도록 설정하시오.
문 '제품코드' 필드는 문자 4개가 필수로 입력되도록 유효성 검사 규칙을 설정하시오.

주희쌤 Tip

엑셀(함수 40번)에서 배웠던 부분입니다.

	A	B
1	데이터	컴활1급-합격
2		
3	수식	=LEN(B1)
4	결과	7

주희쌤 Tip

'유효성 검사 규칙'은 필드 이름에 대괄호([ ])가 자동으로 입력되지 않으므로 직접 입력하세요.

 **따라하기 ③**

① [거래처] 필드를 클릭하여 [거래처]의 필드 속성이 나타나면 [일반] 탭의 '유효성 검사 규칙' 속성을 클릭합니다.

② '유효성 검사 규칙' 속성에 커서가 이동되면 'in(서울,제주도)'을 입력합니다.

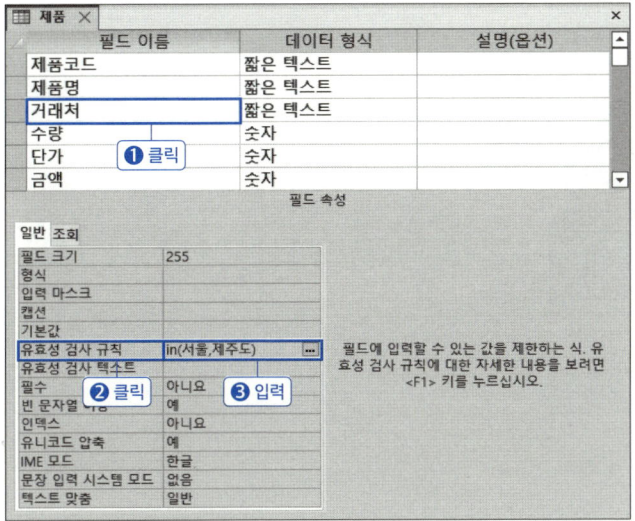

③ Enter 를 누르면 'In ("서울","제주도")'로 변경된 것을 확인할 수 있습니다.

 **따라하기 ④**

① [단가] 필드를 클릭하여 [단가]의 필드 속성이 나타나면 [일반] 탭의 '유효성 검사 규칙' 속성을 클릭합니다.

② '유효성 검사 규칙' 속성에 커서가 이동되면 'instr([단가]," ")=0'을 입력합니다.

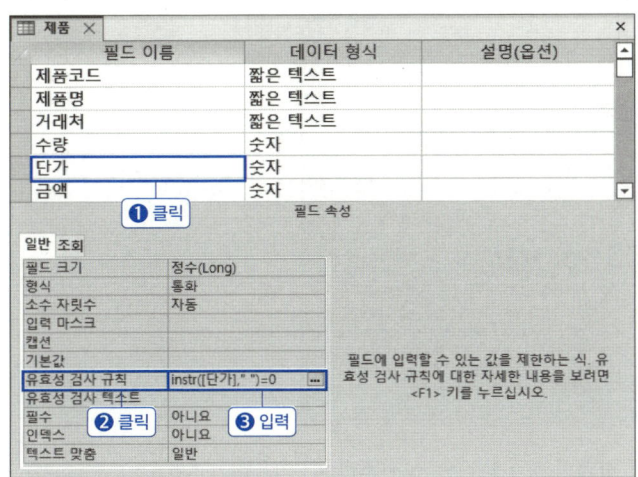

③ Enter 를 누르면 'InStr([단가]," ")=0'으로 변경된 것을 확인할 수 있습니다.

주희쌤 Tip

3번 문제와 같습니다.
📁 '거래처' 필드에는 '서울' 또는 '제주도'만 입력되도록 설정하시오.

주희쌤 Tip

'"A" OR "B"'와 'IN("A", "B")'는 같은 의미입니다.

주희쌤 Tip

In의 반대는 Not In입니다.
만약 서울과 제주도를 제외할 경우 'Not In("서울","제주도")'를 입력합니다.

주희쌤 Tip

엑셀(조건부서식5 시트)에서 배웠던 부분입니다.

	AND
엑셀	AND(인수1, 인수2)
액세스	인수1 AND 인수2

	OR
엑셀	OR(인수1, 인수2)
액세스	인수1 OR 인수2

	MOD
엑셀	MOD (number, divisor)
액세스	number MOD divisor

주희쌤 Tip

InStr(string1, string2)
string2가 string1에서 처음 나타나는 위치
예를 들어, InStr("대한민국", "민")의 결과는 '3'입니다.

주희쌤 Tip

'유효성 검사 규칙' 입력란에 커서를 놓고 Shift + F2 를 누르면 [확대/축소] 창이 호출됩니다.

주희쌤 Tip

다른 필드를 이용할 때에는 필드 속성이 아닌 '테이블 속성'의 '유효성 검사 규칙'에 지정하세요. 예를 들어, '할인액' 필드에는 '수량'의 10%를 계산한 이하의 값만 입력되도록 유효성 검사 규칙을 설정하려면 '테이블 속성' 창의 '유효성 검사 규칙'에 '[할인액]<=[수량]*0.1'을 입력합니다.

주희쌤 Tip

ⓠ [금액] 필드를 선택하고 '테이블 속성'의 '유효성 검사 규칙'에 '>=[수량]*[단가]'만 입력하면 안돼요?

ⓐ 안 됩니다. '테이블 속성'은 선택된 테이블의 속성이므로 모든 필드를 포함하기 때문입니다.

 **따라하기 5**

① 테이블 [속성 시트] 창 [일반] 탭의 '유효성 검사 규칙' 속성을 클릭합니다.

② '유효성 검사 규칙' 속성에 커서가 이동되면 '[금액]>=[수량]*[단가]'를 입력합니다.

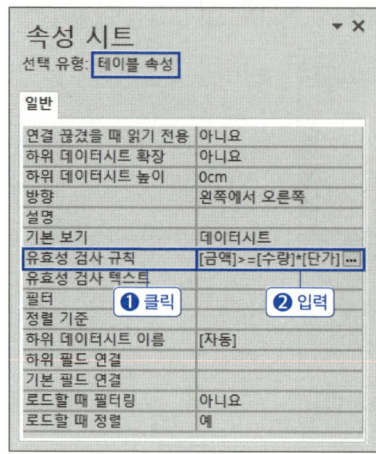

③ Enter 를 눌러 입력을 완료합니다.

 따라하기 6

① [이메일] 필드를 클릭하여 [이메일]의 필드 속성이 나타나면 [일반] 탭의 '유효성 검사 규칙' 속성을 클릭합니다.

② '유효성 검사 규칙' 속성에 커서가 이동되면 '*@*'를 입력합니다.

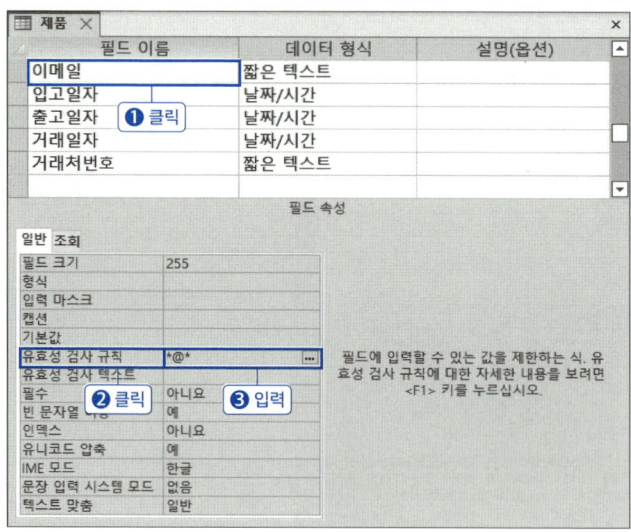

③ Enter 를 누르면 'Like "*@*"'로 변경된 것을 확인할 수 있습니다.

주희쌤 Tip

액세스는 와일드카드 문자를 사용한 앞에 'Like'가 자동으로 입력됩니다. 자동으로 입력되지 않을 경우 직접 입력해야 합니다.

① [입고일자] 필드를 클릭하여 [입고일자]의 필드 속성이 나타나면 [일반] 탭의 '유효성 검사 규칙' 속성을 클릭합니다.

② '유효성 검사 규칙' 속성에 커서가 이동되면 '>=2024-1-1'을 입력합니다.

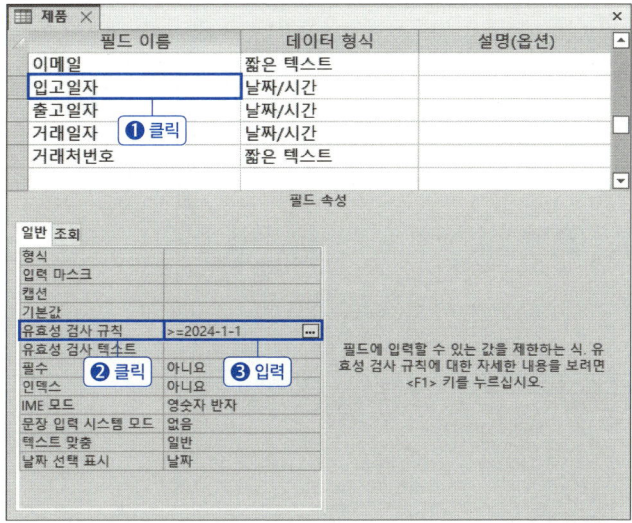

> **주희쌤 Tip**
>
> Ⓠ '>=2024-1-1'를 입력 후 Enter를 눌렀는데 '>=#2024-1-1#'로 나오지 않아요.
> Ⓐ '>=2024/1/1'로 입력 후 Enter를 눌러주세요.

③ Enter를 누르면 '>=#2024-01-01#'로 변경된 것을 확인할 수 있습니다.

④ 이어서 '유효성 검사 텍스트'를 클릭하여 커서를 이동해 '2024년 이후 제품만 입력'을 입력합니다.

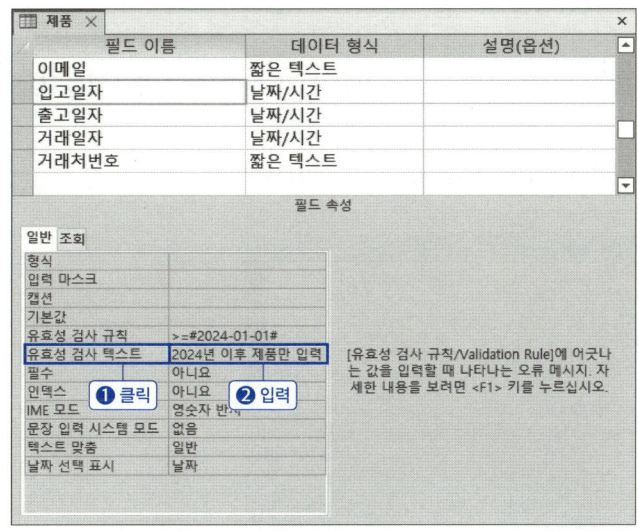

> **주희쌤 Tip**
>
> 날짜/시간 입력 시 양 옆으로 '#'이 자동 입력됩니다. 자동으로 입력되지 않을 경우 직접 입력해야 합니다.

> **주희쌤 Tip**
>
> '유효성 검사 텍스트'를 지정하면 '유효성 검사 규칙'에 어긋나는 데이터를 입력했을 때 오류 메시지가 표시됩니다.

⑤ Enter를 눌러 입력을 완료합니다.

주희쌤 Tip

| A | - | 1 | 2 | 3 | 4 | 5 | 6 | 7 |

'-' 이후에 7글자가 입력된다는 것은 전체 문자 길이에서 '-' 위치를 뺀 나머지 글자 수가 7이어야 한다는 것입니다.
=전체 길이 – '-' 위치 = 7
=LEN( ) – INSTR( ) = 7

따라하기 8

① [거래처번호] 필드를 클릭하여 [거래처번호]의 필드 속성이 나타나면 [일반] 탭의 '유효성 검사 규칙' 속성을 클릭합니다.

② '유효성 검사 규칙' 속성에 커서가 이동되면 'len([거래처번호])-instr([거래처번호],"-")=7'을 입력합니다.

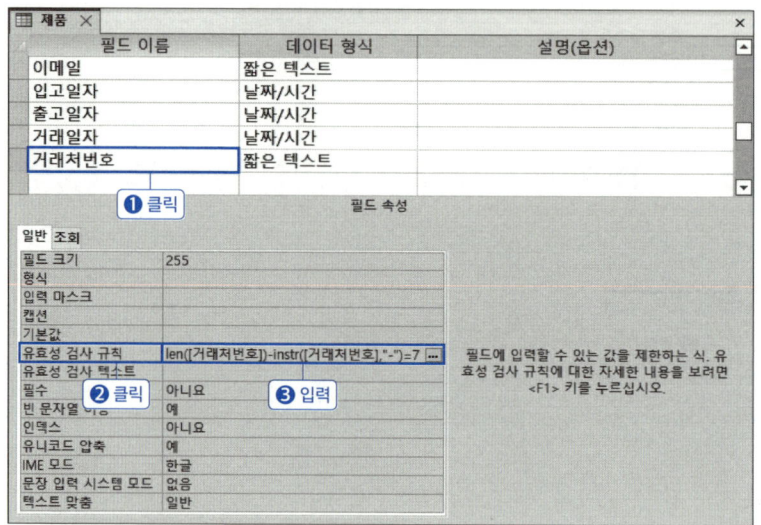

③ Enter 를 누르면 'Len([거래처번호])-InStr([거래처번호],"-")=7'로 변경된 것을 확인할 수 있습니다.

따라하기 9

① [출고일자] 필드를 클릭하여 [출고일자]의 필드 속성이 나타나면 [일반] 탭의 '유효성 검사 규칙' 속성을 클릭합니다.

② '유효성 검사 규칙' 속성에 커서가 이동되면 '<=2020-12-31'을 입력합니다.

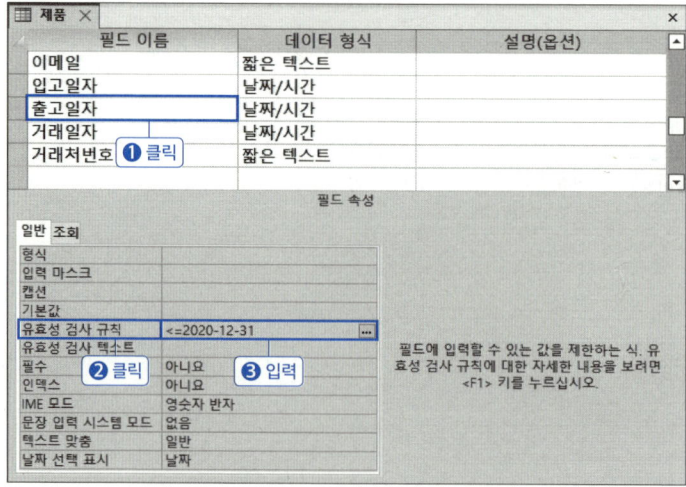

③ Enter 를 누르면 '<=#2020-12-31#'로 변경된 것을 확인할 수 있습니다.

 따라하기 10

① [거래일자] 필드를 클릭하여 [거래일자]의 필드 속성이 나타나면 [일반] 탭의 '유효성 검사 규칙' 속성을 클릭합니다.

② '유효성 검사 규칙' 속성에 커서가 이동되면 '>=2018-1-1 and <=2018-1-31'을 입력합니다.

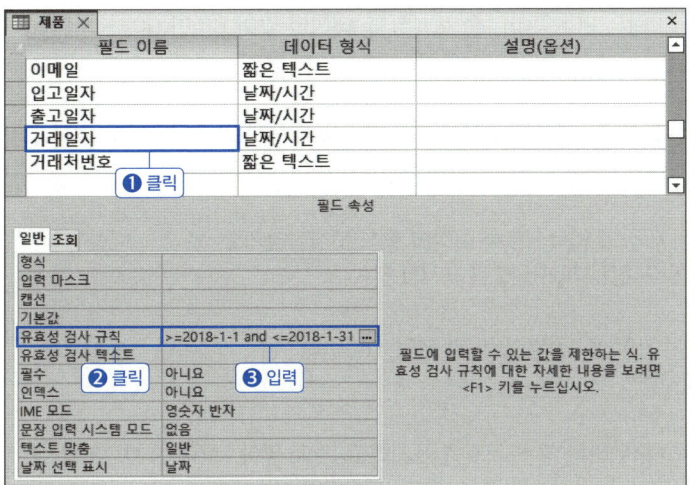

③ Enter 를 누르면 '>=#2018-01-01# And <=#2018-01-31#'로 변경된 것을 확인할 수 있습니다.

④ <제품> 테이블의 모든 문제를 다 풀었으므로 저장(🖫)하고 닫기(✖)를 클릭하여 <제품> 테이블을 닫습니다.

주희쌤 Tip
10번 문제와 같습니다.
문 '거래일자' 필드에는 '2018-1-1'부터 '2018-1-31'까지만 입력되도록 설정하시오.

주희쌤 Tip
'>=1 AND <=9'와 'BETWEEN 1 AND 9'는 같은 의미입니다.

문제 유형 5 이주희 학원에서 수강생을 관리하는 업무를 수행하기 위해 데이터베이스를 구축하였다. 다음의 지시사항에 따라 <수강생> 테이블을 완성하시오.

① '납부여부' 필드를 추가하고, 두 가지 값 중의 하나만 입력되도록 데이터 형식을 설정하시오.

② 첫 번째 필드로 '순번' 필드를 추가하고, '일련 번호' 형식으로 설정하시오.

③ 수강생 사진이 입력될 수 있는 '사진' 필드를 추가하고 알맞은 데이터 형식을 설정하시오.

④ 마지막에 '기타' 필드를 추가한 후 사진과 수강증을 첨부할 수 있도록 데이터 형식을 설정하시오.

⑤ '기간' 필드는 255자 이하의 숫자를 입력할 때 가장 적당한 데이터 형식과 필드 크기로 설정하시오.

⑥ '재수강여부' 필드를 추가하고 데이터 형식을 설정하시오. (단, 재수강한다는 것을 기본으로 하시오.)

⑦ '등록일' 필드에는 '01월 01일'의 형식을 설정하시오.

⑧ '수강료' 필드에는 천 단위마다 콤마(,)를 표시하되, 데이터 값이 0이면 0이 표시되도록 설정하시오.

⑨ 마지막에 '기타2' 필드를 추가한 후 소문자를 입력해도 대문자로 표시되도록 형식을 설정하시오.

⑩ '성별' 필드에는 2가지 값만 입력되도록 데이터 형식을 설정하시오.
▶ 기본적으로 확인란이 선택(체크)되도록 표시할 것

⑪ '성별비고' 필드를 추가한 후 '성별' 필드의 값이 YES이면 "남", NO이면 "여"를 표시하도록 식을 작성하시오.

⑫ '할인액' 필드에는 천 단위마다 구분 기호를 표시하고, 숫자 앞에 '₩'이 표시되도록 형식을 직접 설정하시오. (단, 값이 0일 경우 0이 표시되어야 함)

⑬ '설명' 필드를 추가하고, 500자 정도의 데이터를 입력할 수 있도록 데이터 형식을 설정하시오.

⑭ '전자우편' 필드에 입력된 메일 주소를 클릭하면 전자 우편 프로그램에 바로 연결될 수 있도록 데이터 형식을 설정하시오.

따라하기 ①

① [탐색] 창의 〈수강생〉 테이블에서 마우스 오른쪽 버튼을 눌러 바로 가기 메뉴가 나타나면 [디자인 보기] 명령을 클릭합니다.

② 필드를 추가하기 위해 [전자우편] 필드 아래에 '납부여부'를 입력합니다.

③ 데이터 형식의 목록 단추(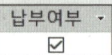)를 클릭하여 'Yes/No'를 선택합니다.

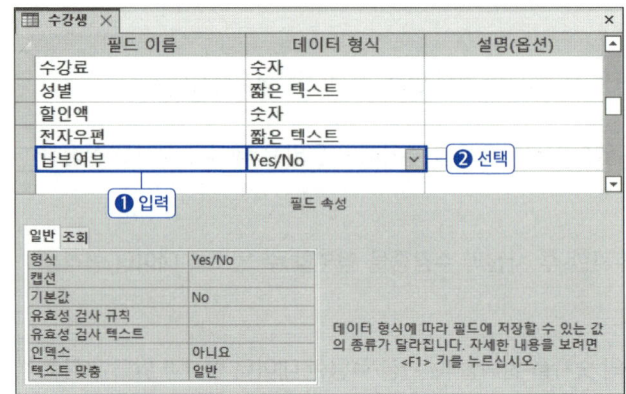

주희쌤 Tip
데이터 형식을 'Yes/No'로 지정하면 기본적으로 확인란(체크박스)이 표시됩니다.

주희쌤 Tip
1번 문제와 같습니다.
📄 '납부여부' 필드를 추가하고, 참(True)/거짓(False)과 같이 2가지 값만 가질 수 있도록 데이터 형식을 설정하시오.

주희쌤 Tip
새 레코드 추가 시에 기본적으로 선택이 되어 있도록 하려면 기본값에 'True' 혹은 'Yes' 혹은 'On'을 입력하세요.

 **따라하기 2**

① 첫 번째 필드를 추가하기 위해 [성명] 필드를 클릭하고 [테이블 디자인] 탭-[도구] 그룹-[행 삽입]을 클릭합니다.

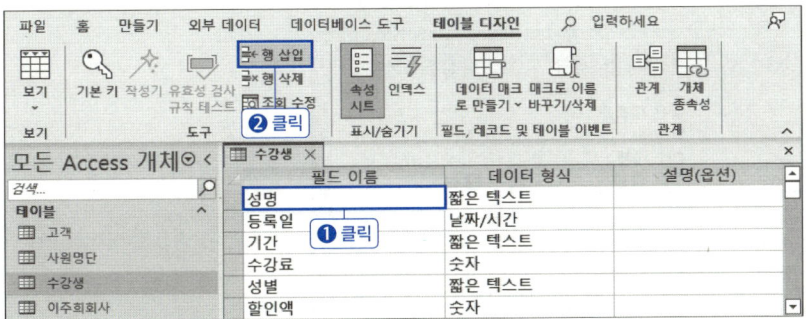

② 삽입된 행의 필드 이름을 '순번'으로 입력하고 데이터 형식의 목록 단추(∨)를 클릭하여 '일련번호'를 선택합니다.

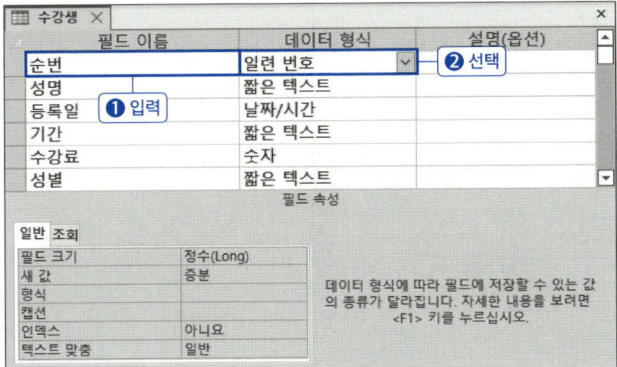

> **주희쌤 Tip**
> 2번 문제와 같습니다.
> 문 '순번' 필드를 맨 앞에 추가한 후 숫자가 1씩 증가하는 데이터 형식을 설정하시오.
> 문 '데이터시트 보기'에서 제일 왼쪽에 '순번' 필드가 위치하도록 추가하고 '일련 번호' 형식을 지정하시오.

 **따라하기 3**

① 필드를 추가하기 위해 [납부여부] 필드 아래에 '사진'을 입력합니다.

② 데이터 형식의 목록 단추(∨)를 클릭하여 'OLE 개체'를 선택합니다.

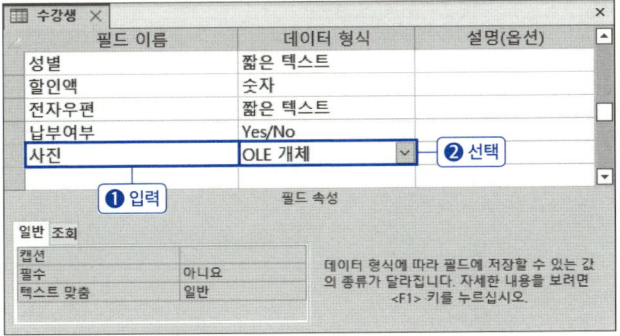

 따라하기 ④

① 필드를 추가하기 위해 [사진] 필드 아래에 '기타'를 입력합니다.

② 데이터 형식의 목록 단추(∨)를 클릭하여 '첨부 파일'을 선택합니다.

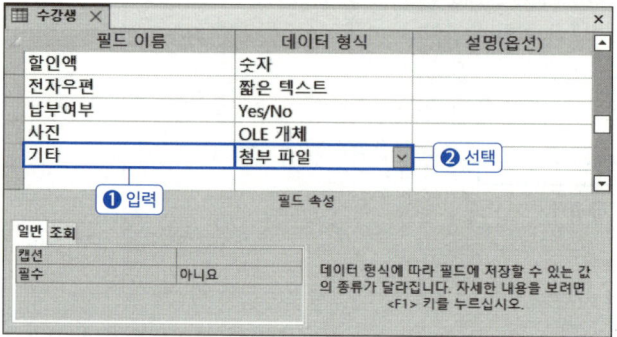

 따라하기 ⑤

① [기간] 필드를 클릭하고 데이터 형식의 목록 단추(∨)를 클릭하여 '숫자'로 변경합니다.

② [기간]의 필드 속성에서 [일반] 탭의 '필드 크기' 속성을 클릭해 '바이트'로 변경합니다.

주희쌤 Tip

0부터 255까지의 숫자를 입력할 수 있는 필드 크기는 '바이트'입니다.

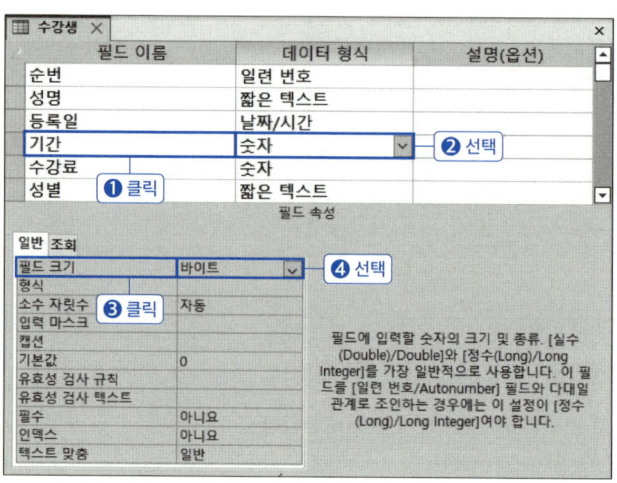

 따라하기 6

① 필드를 추가하기 위해 [기타] 필드 아래에 '재수강여부'를 입력합니다.

② 데이터 형식의 목록 단추(▼)를 클릭하여 'Yes/No'를 선택합니다.

③ 이어서 [일반] 탭의 '기본값' 속성을 클릭합니다.

④ '기본값' 속성에 커서가 이동되면 'yes'를 입력합니다.

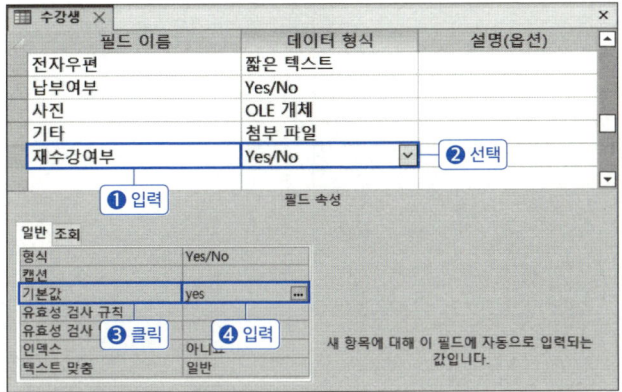

⑤ Enter 를 누르면 'Yes'로 변경된 것을 확인할 수 있습니다.

 따라하기 7

① [등록일] 필드를 클릭하여 [등록일]의 필드 속성이 나타나면 [일반] 탭의 '형식' 속성을 클릭합니다.

② '형식' 속성에 커서가 이동되면 'mm월 dd일'을 입력합니다.

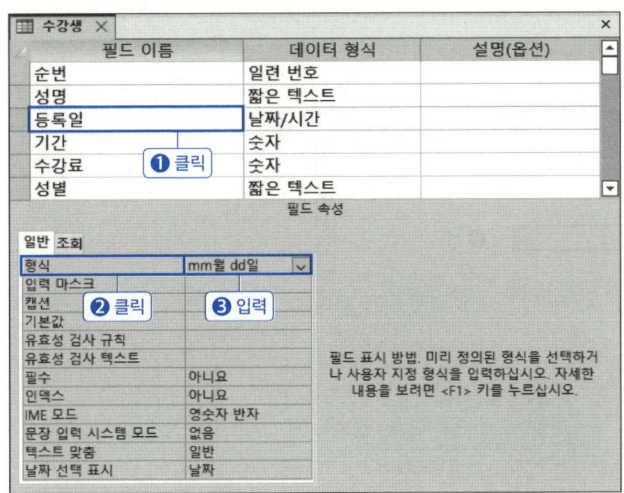

③ Enter 를 누르면 'mm"월 "dd₩일'로 변경된 것을 확인할 수 있습니다.

> **주희쌤 Tip**
>
> '유효성 검사 규칙'에 '>=3'을 지정하면 '데이터시트 보기'에서 지정한 규칙의 데이터만 입력이 가능합니다.
>
> '형식'에 '0건'을 지정하면 '데이터시트 보기'에서 '3'을 입력했을 때 '3건'이 표시됩니다.
>
> '입력 마스크'에 '0'을 지정하면 '데이터시트 보기'에서 '_' 자리가 만들어져 언더 바(_)에 숫자를 입력할 수 있습니다.
>
> 위의 3가지를 데이터 형식이 숫자인 필드에 모두 지정하면 '데이터시트 보기'에서 '_' 자리에 3 이상의 숫자를 입력하고 Enter 를 눌렀을 때 '3건'으로 표시됩니다.

 따라하기 8

① [수강료] 필드를 클릭하여 [수강료]의 필드 속성이 나타나면 [일반] 탭의 '형식' 속성을 클릭합니다.

② '형식' 속성에 커서가 이동되면 '#,##0'을 입력합니다.

주희쌤 Tip

엑셀(셀 서식)에서 배웠던 부분입니다.

데이터	형식	적용 후
1000	#,##0	1,000
0	#,##0	0
0	#,###	아무것도 표시되지 않음
주희	@"쌤"	주희쌤

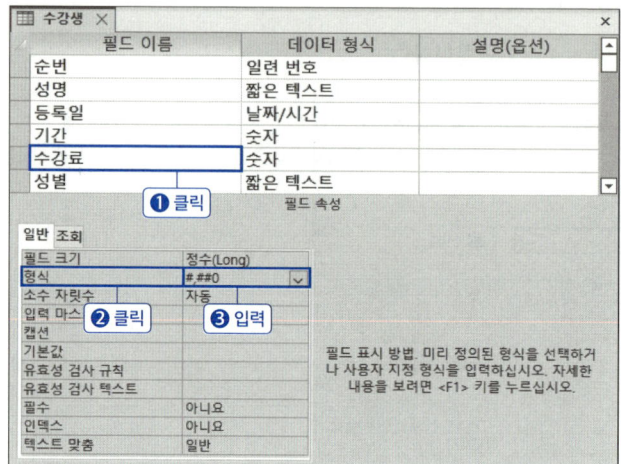

③ Enter 를 눌러 입력을 완료합니다.

 따라하기 9

① 필드를 추가하기 위해 [재수강여부] 필드 아래에 '기타2'를 입력합니다.

② 데이터 형식의 목록 단추(▽)를 클릭하여 '짧은 텍스트'를 선택합니다.

③ 이어서 [일반] 탭의 '형식' 속성을 클릭합니다.

④ '형식' 속성에 커서가 이동되면 '>'를 입력합니다.

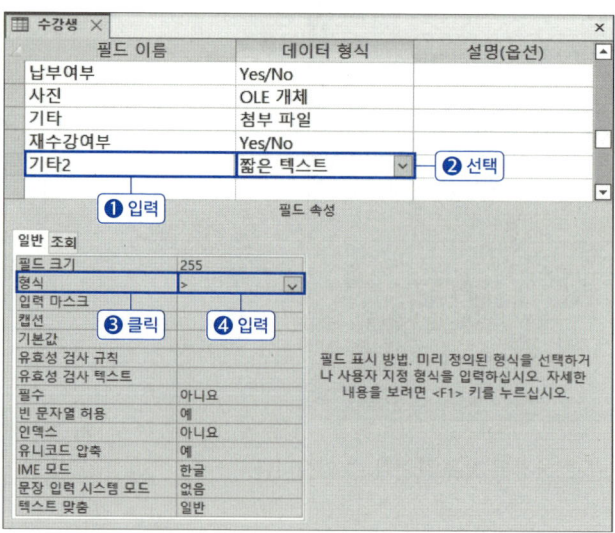

⑤ Enter 를 눌러 입력을 완료합니다.

 따라하기 ⑩

① [성별] 필드를 클릭하고 데이터 형식의 목록 단추(∨)를 클릭하여 'Yes/No'로 변경합니다.

② 이어서 '기본값' 속성을 클릭하고 'yes'를 입력합니다.

> **주희쌤 Tip**
> '기본값'에 'True', 'Yes', 'On'은 같은 의미입니다.
> '기본값'에 'False', 'No', 'Off'는 같은 의미입니다.

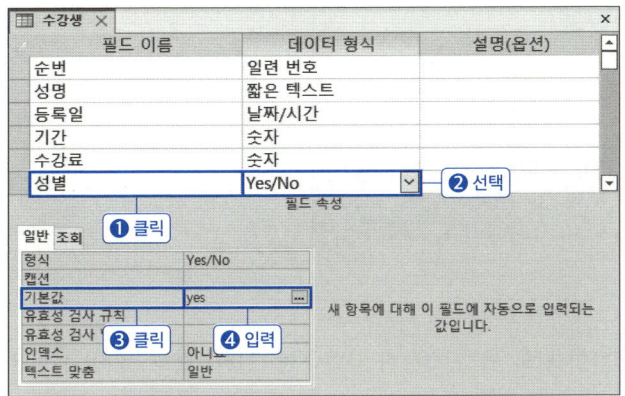

③ Enter 를 누르면 'Yes'로 변경된 것을 확인할 수 있습니다.

 따라하기 ⑪

① 필드를 추가하기 위해 [기타2] 필드 아래에 '성별비고'를 입력합니다.

② 데이터 형식의 목록 단추(∨)를 클릭하여 '계산'을 선택합니다.

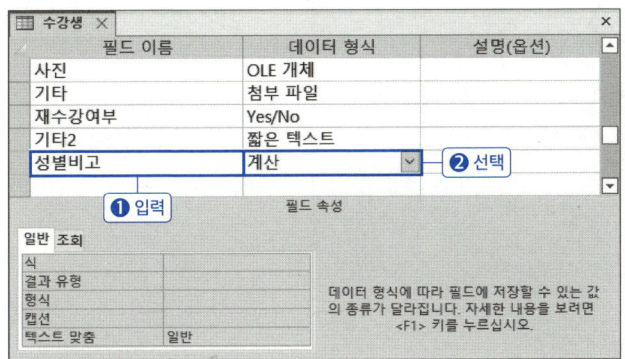

③ [식 작성기]가 나타나면 'iif(성별=yes,"남","여")'를 입력한 후 [확인] 단추를 클릭합니다.

> **주희쌤 Tip**
> 엑셀(함수 17번)에서 배웠던 부분입니다.
>
> | 엑셀 | IF |
> |---|---|
> | 액세스 | IIF |

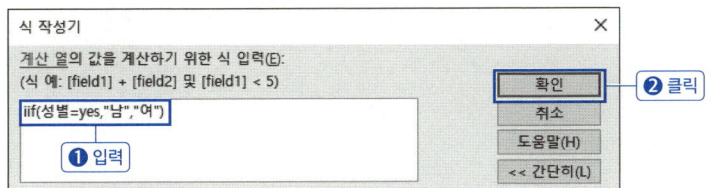

> **주희쌤 Tip**
>
> '성별' 필드의 데이터 형식이 '짧은 텍스트'라면 'IIf([성별]="Yes","남","여")'를 입력합니다.

④ '식' 속성에 'IIf([성별]=Yes,"남","여")'가 입력된 것을 확인할 수 있습니다.

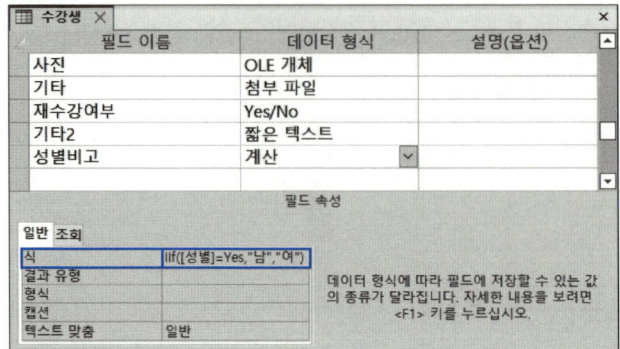

따라하기 12

① [할인액] 필드를 클릭하여 [할인액]의 필드 속성이 나타나면 [일반] 탭의 '형식' 속성을 클릭합니다.

② '형식' 속성에 커서가 이동되면 '₩₩#,##0'을 입력합니다.

> **주희쌤 Tip**
>
> 액세스에서 '₩'는 통화 기호 뿐 아니라 문자 앞에 오는 기호로도 사용됩니다.
> 예를 들어, '#₩#'을 입력하면 '데이터시트 보기'에서 '3'을 입력했을 때 '3#'이 표시됩니다. '₩' 기호 다음 글자를 문자로 취급했기 때문이죠.
>
> '₩#,##0'을 입력하고 Enter 를 누르면 '"#","0'가 입력되는데요. 이러한 경우에는 '₩₩#,##0'을 입력하여 앞에 '₩' 기호가 뒤의 '₩' 기호를 문자로 취급하도록 합니다.
>
> 만약 문제에서 '직접 설정'하라는 언급이 없다면 '형식'의 목록 단추(☑)를 클릭해 '통화'를 선택합니다.

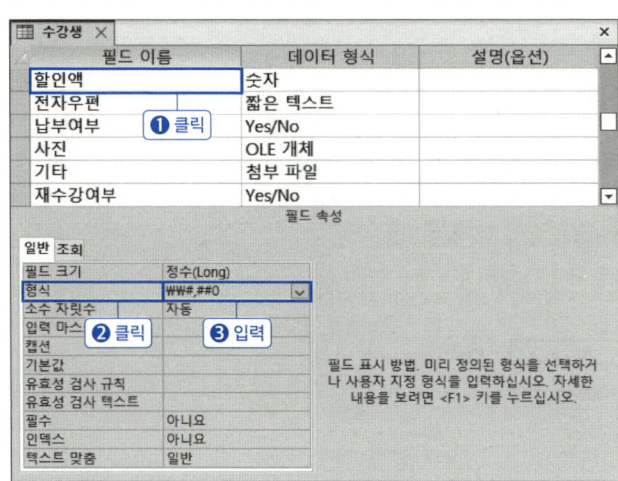

③ Enter 를 눌러 입력을 완료합니다.

① 필드를 추가하기 위해 [성별비고] 필드 아래에 '설명'을 입력합니다.

② 데이터 형식의 목록 단추(▼)를 클릭하여 '긴 텍스트'를 선택합니다.

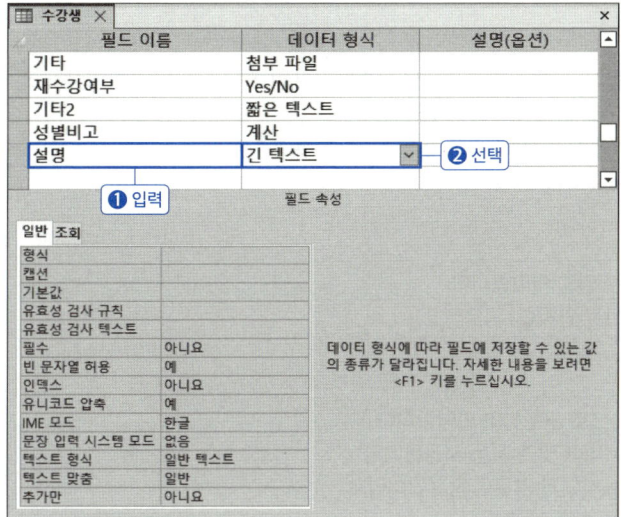

> **주희쌤 Tip**
> '짧은 텍스트' 데이터 형식은 최대 문자수가 '255'자입니다. 255자가 넘는 텍스트는 데이터 형식을 '긴 텍스트'로 변경해야 합니다.

① [전자우편] 필드를 클릭하고 데이터 형식의 목록 단추(▼)를 클릭하여 '하이퍼링크'로 변경합니다.

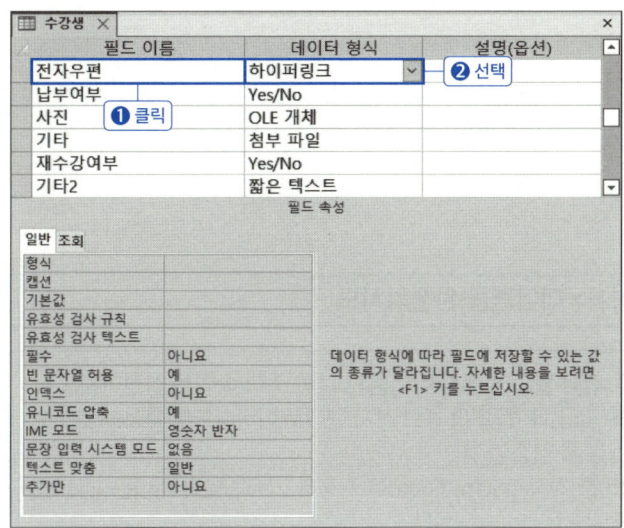

② <수강생> 테이블의 모든 문제를 다 풀었으므로 저장(🖫)하고 닫기(✖)를 클릭하여 <수강생> 테이블을 닫습니다.

> **주희쌤 Tip**
>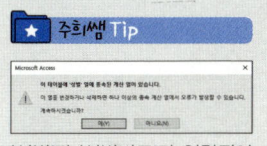
> '성별'과 '성별비고'가 연결되어 표시되는 창으로 [예] 단추를 클릭하면 됩니다.

주희쌤 Tip

ⓠ '행 원본 유형'에서 '필드 목록'은 왜 설명이 없죠?

ⓐ 시험에 출제될 확률이 적어서입니다. 자주 출제되는 문제만 공부해도 공부할 양이 많으니까요.

'행 원본 유형'의 '필드 목록'은 콤보 상자 목록의 값으로 테이블이나 쿼리의 필드 목록을 가져옵니다.

예를 들어, '행 원본 유형'을 '필드 목록'으로 지정하고 '행 원본'을 '판매'로 지정하면 '판매' 테이블에 있는 '순번', '코드', '제조사', '제품이름', '단가', '판매일자' 필드가 콤보 상자 목록의 값으로 표시됩니다.

순번
코드
제조사
제품이름
단가
판매일자

조회 속성

1. 행 원본 유형
- 테이블/쿼리 : 목록의 값으로 테이블이나 쿼리의 데이터를 가져올 때 선택합니다.
- 값 목록 : 목록의 값을 사용자가 직접 입력할 때 선택합니다.

2. 행 원본
- 목록에 표시되는 값을 의미합니다. 행 원본 유형이 '테이블/쿼리'일 경우 SQL문으로 입력하고, '값 목록'일 경우 세미콜론(;)으로 값을 구분하여 입력합니다.
- 행 원본 유형이 '테이블/쿼리'일 때 : Select 필드, 필드 From 원본
- 행 원본 유형이 '값 목록'일 때 : 값;값;값

3. 바운드 열
- 열이 여러 개일 경우 저장되는 열을 의미합니다.
- 저장될 열의 순서를 세어 숫자로 입력합니다.

4. 열 너비
- 필드의 열 너비를 세미콜론(;)으로 구분하여 입력합니다.
- 생략하면 표시될 필드의 열 너비에 맞게 자동 지정됩니다.
- 열 너비를 '0'으로 지정하면 표시되지 않도록 숨겨집니다.

5. 열 개수
- 행 원본 유형이 '테이블/쿼리'일 때 : 가져온 필드의 개수를 세어 입력합니다.

문제 유형 6 <이주희회사> 테이블을 완성하시오.

① <이주희회사> 테이블의 [직급] 필드에 대해서 다음과 같이 조회 속성을 설정하시오.
- ▶ <직급별월급> 테이블의 '직급'과 '월급'이 콤보 상자 형태로 나타나도록 설정할 것
- ▶ 필드에는 '직급'이 저장되도록 설정할 것
- ▶ '직급'과 '월급'의 열 너비를 각각 1.5cm, 1.5cm로 지정하고(=각 열의 너비는 1.5cm), 목록 너비를 3cm로 설정할 것
- ▶ 콤보 상자의 행 수를 4로 설정할 것

② <이주희회사> 테이블의 '부서' 필드에 조회 속성을 다음과 같이 설정하시오.
- ▶ 콤보 상자의 형태로 '기획부', '판매부', '지원부'의 값이 순서대로 목록에 나타나도록 하시오.
- ▶ 목록 이외의 값은 입력될 수 없도록 하시오.
  (목록 값 이외의 데이터는 추가할 수 없도록 설정하시오)

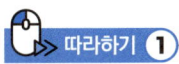 따라하기 1

① [탐색] 창의 〈이주희회사〉 테이블에서 마우스 오른쪽 버튼을 눌러 바로 가기 메뉴가 나타나면 [디자인 보기] 명령을 클릭합니다.

② [직급] 필드를 클릭하여 [직급]의 필드 속성이 나타나면 [조회] 탭의 '컨트롤 표시' 속성을 클릭합니다.

③ '컨트롤 표시' 속성의 목록 단추(▼)를 클릭하여 '콤보 상자'로 변경합니다.

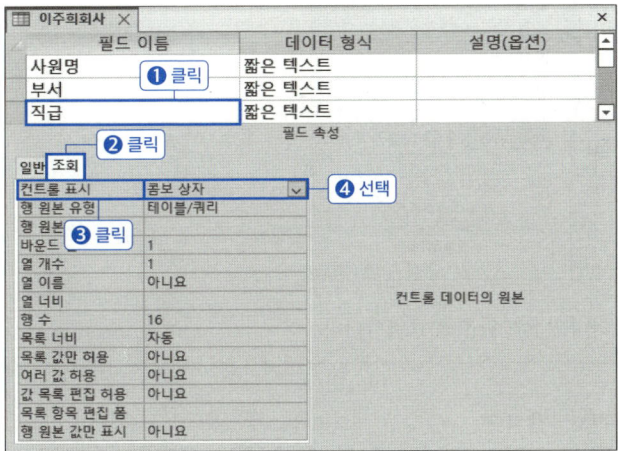

④ 테이블의 데이터를 가져오기 위해 '행 원본 유형' 속성이 '테이블/쿼리'인지 확인합니다.

⑤ 이어서 '행 원본' 속성을 클릭합니다.

⑥ '행 원본' 속성에 커서가 이동되면 작성기 단추(…)를 클릭합니다.

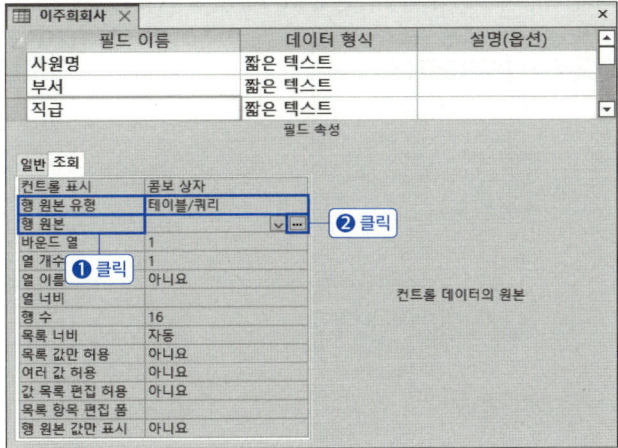

⑦ [쿼리 작성기]가 나타나면 [테이블 추가] 창에서 <직급별월급> 테이블을 더블클릭하여 [쿼리 작성기]에 추가합니다.

⑧ <직급별월급> 테이블의 [직급] 필드를 더블클릭, [월급] 필드를 더블클릭하여 눈금의 필드에 추가한 후 [쿼리 작성기]의 닫기(✖)를 클릭합니다.

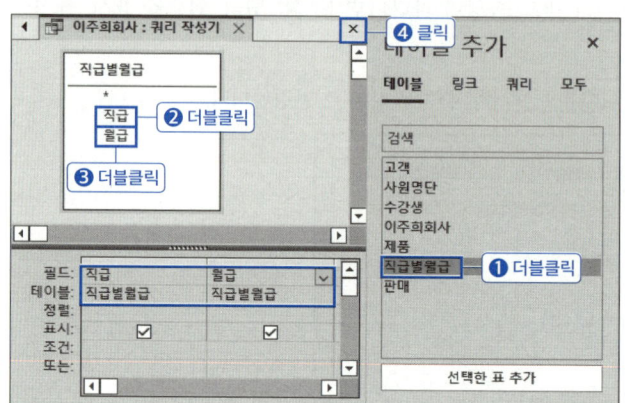

⑨ 저장 여부를 묻는 메시지가 나타나면 [예] 단추를 클릭합니다.

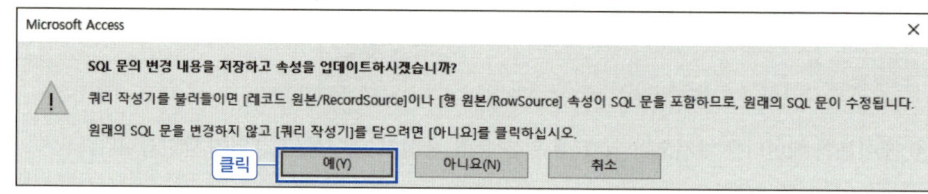

⑩ 직급과 월급 중에 직급을 저장하기 위해 '바운드 열' 속성이 '1'인지 확인합니다.

⑪ '열 너비' 속성을 클릭하고 '열 너비' 속성에 커서가 이동되면 '1.5;1.5'를 입력합니다.

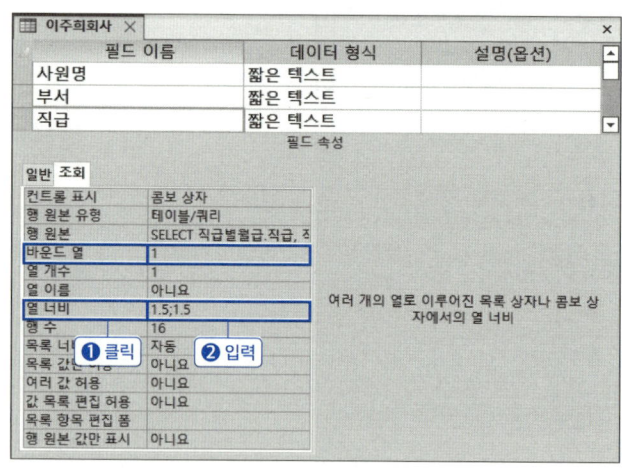

⑫ Enter 를 누르면 '1.501cm;1.501cm'로 변경된 것을 확인할 수 있습니다.

주희쌤 Tip

'쿼리 작성기'를 이용하여 작성하면 'Select 원본.필드, 원본.필드 From 원본'로 표시되는데 'Select 필드, 필드 From 원본'과 같습니다.

주희쌤 Tip

'바운드 열'은 '저장되는 열'로 저장될 열의 순서를 세어 숫자로 입력합니다.
예를 들어, '직급'과 '월급' 중 '직급'이 저장될 열이면 바운드 열이 '1', '월급'이 저장될 열이면 바운드 열이 '2'가 됩니다.

주희쌤 Tip

'열 너비'는 세미콜론(;)으로 구분하여 입력하고 숨기고자하는 열의 너비는 '0'으로 지정합니다. 만약 '직급'과 '월급' 중 '직급'의 열 너비가 제시되지 않았고 '월급'을 숨기려고 하면 ';0'입니다. '직급'을 숨기고 '월급'의 열 너비가 제시되지 않았다면 '0;'입니다.
보이지 않도록 숨긴 것일 뿐 '열 개수'는 '직급'과 '월급'이므로 '2' 입니다.
'열 개수'는 문제에 제시가 되지 않는 편이기 때문에 마지막에 반드시 확인해야 합니다.

⑬ 이어서 '목록 너비' 속성을 클릭하고 '목록 너비' 속성에 커서가 이동되면 '3'을 입력합니다.

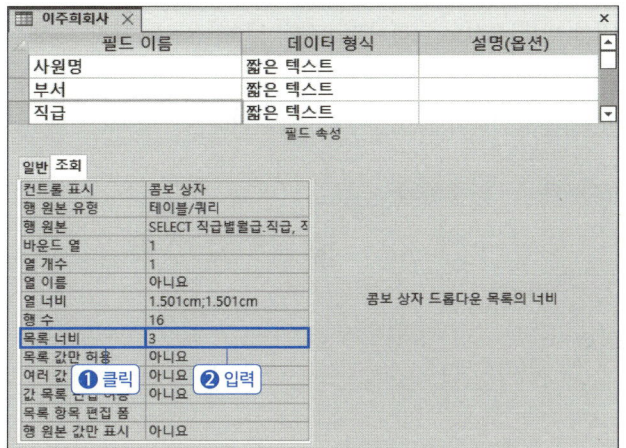

⑭ Enter 를 누르면 '3cm'로 변경된 것을 확인할 수 있습니다.

⑮ '행 수' 속성을 클릭하고 '행 수' 속성에 커서가 이동되면 '4'를 입력합니다.

⑯ 마지막으로 '열 개수' 속성을 클릭하고 '열 개수' 속성에 커서가 이동되면 '2'를 입력합니다.

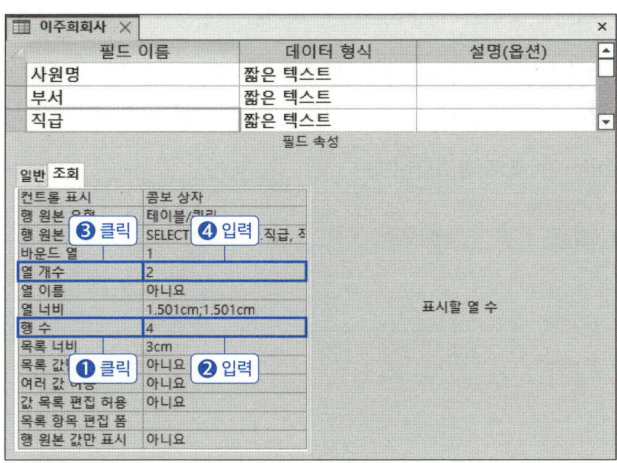

⑰ Enter 를 눌러 입력을 완료합니다.

주희쌤 Tip

Q '바운드 열'을 '1'로 지정하는 것과 '바운드 열'을 '2'로 지정하는 것은 똑같아 보이는데요?
A '바운드 열'은 표시되는 열이 아니라 저장되는 열입니다. 만든 테이블을 'Excel'로 저장하면 차이를 쉽게 알 수 있습니다. (직접 해보지 않고 읽어만 봐도 됩니다.)

1. 액세스 프로그램을 실행하세요.
2. 원본으로 사용할 A 테이블을 만드세요.

과일명	가격
사과	100
딸기	200
수박	300

3. 테이블을 하나 더 만드세요. 임의의 필드 하나만 있으면 됩니다.
4. 방금 만든 필드를 콤보 상자로 변환하세요.
5. 콤보 상자의 원본을 처음에 만든 A 테이블로 지정하세요.
6. '열 개수'는 '2', **'바운드 열'** 은 '1'로 지정하세요.
7. 데이터시트 보기로 전환하세요.
8. 목록 단추를 클릭해 '사과', '딸기', '수박'을 차례로 선택하세요.
9. 개체를 닫으세요.
10. [탐색] 창에서 방금 닫은 테이블에 마우스 오른쪽 버튼을 눌러 'Excel'로 내보내세요.
[내보내기]-[Excel]
11. 저장된 엑셀 파일을 열어서 확인해보세요.
'바운드 열'이 '1'이므로
사과
딸기
수박
으로 입력된 것을 확인할 수 있습니다.
12. 이번에는 **'바운드 열'을 '2'** 로 지정하고 데이터시트 보기로 전환하세요.
13. 목록 단추를 클릭해 '수박', '사과', '딸기'를 차례로 선택하세요.
14. 개체를 닫으세요.
15. [탐색] 창에서 방금 닫은 테이블에 마우스 오른쪽 버튼을 눌러 'Excel'로 내보내세요.
[내보내기]-[Excel]
16. 저장된 엑셀 파일을 열어서 확인해보세요.
바운드 열이 '2'이므로
300
100
200
으로 입력된 것을 확인할 수 있습니다.

 따라하기 ②

① [부서] 필드를 클릭하여 [부서]의 필드 속성이 나타나면 [조회] 탭의 '컨트롤 표시' 속성을 클릭합니다.

② '컨트롤 표시' 속성의 목록 단추(▼)를 클릭하여 '콤보 상자'로 변경합니다.

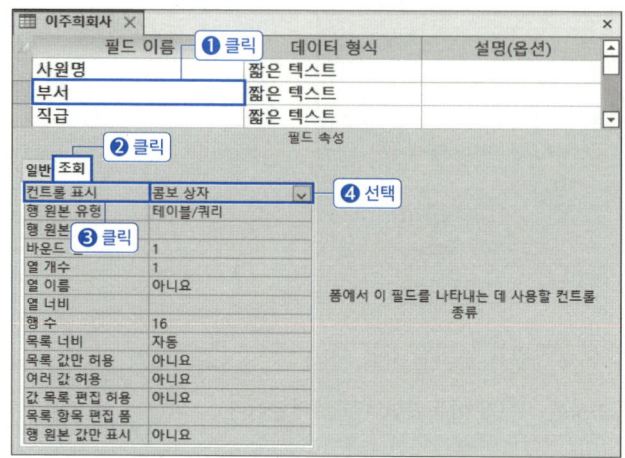

③ '행 원본 유형' 속성의 목록 단추(▼)를 클릭하여 '값 목록'으로 변경합니다.

④ '행 원본' 속성을 클릭하고 '행 원본' 속성에 커서가 이동되면 '기획부;판매부;지원부'를 입력하고 Enter를 눌러 입력을 완료합니다.

⑤ '목록 값만 허용' 속성을 더블클릭하여 '예'로 변경합니다.

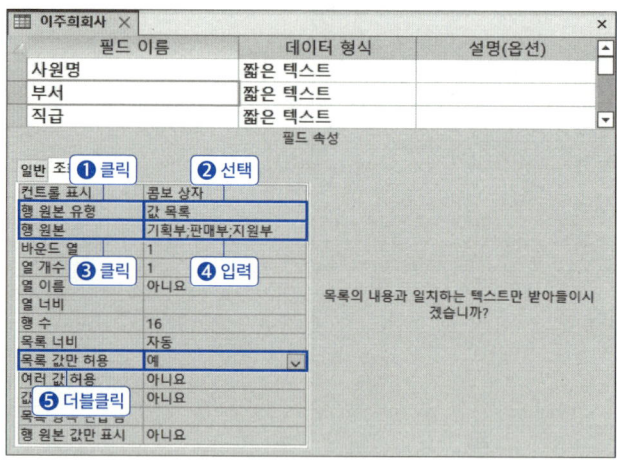

⑥ 〈이주희회사〉 테이블의 모든 문제를 다 풀었으므로 저장(🖫)하고 닫기(✖)를 클릭하여 〈이주희회사〉 테이블을 닫습니다.

주희쌤 Tip

'목록 상자'가 출제되어도 방법은 '콤보 상자'와 같습니다.

주희쌤 Tip

'행 원본 유형'이 '값 목록'일 경우 열이 하나이기 때문에 '열 개수'를 변경하지 않아도 됩니다.

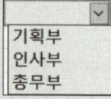

'열 개수'를 '3'으로 지정할 경우 세 개의 열로 표시됩니다.

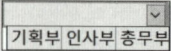

주희쌤 Tip

각 섹션의 뒤쪽에 있는 숙제 문제는 해당 섹션을 복습한 후에 반드시 풀어보세요.

숙제

01 다음의 지시사항에 따라 <테이블1> 테이블을 완성하시오.
① '입사연도' 필드는 시간을 포함하지 않는 현재 시스템 날짜의 연도만 입력되도록 설정하시오.
② '등급' 필드는 A, B, C 중 하나만 입력되도록 하고 그 외의 글자는 입력되지 않도록 설정하시오.
③ '코드' 필드는 반드시 숫자 네 자리를 입력하도록 하고, 자료 입력 시 화면에는 '****'을 표시하시오.
④ '군필' 필드를 마지막 필드로 추가하시오.
  ▶ 데이터 형식을 'Yes/No'로 설정할 것
  ▶ 형식을 'True/False'로 설정할 것
  ▶ 새 레코드 추가 시 기본적으로 참(True)이 되도록 설정할 것
⑤ '번호1' 필드에는 'A123456' 형식으로 맨 앞에 "A"는 기호로 취급하여 항상 저장하고, 숫자 6개가 반드시 입력되도록 입력 마스크를 설정하시오.
  ▶ 숫자가 입력될 자리에 화면에는 '*'을 표시할 것
⑥ '번호2' 필드에는 'S-K123' 형식으로 문자 2개, 숫자 3개가 반드시 입력되도록 입력 마스크를 설정하시오.
  ▶ 문자는 영어 대문자, 한글만 입력되도록 할 것
  ▶ '-'는 저장하지 말 것
  ▶ 데이터가 입력될 자리에 '#'이 표시되도록 설정할 것
⑦ '주소' 필드에는 최대 100 글자를 입력할 수 있도록 데이터 형식과 필드 크기를 설정하시오.

숙제 정답 및 해설

01 '테이블1' 테이블

❶
[입사연도] 필드-'유효성 검사 규칙' 속성 : Year(Date())

❷
[등급] 필드-'유효성 검사 규칙' 속성 : In ("A","B","C")

❸
[코드] 필드-'입력 마스크' 속성 : 0000;;*

❹
[군필] 필드 추가-데이터 형식 : Yes/No, '형식' 속성 : True/False, '기본값' 속성 : True

❺
[번호1] 필드-'입력 마스크' 속성 : "A"000000;;*

❻
[번호2] 필드-'입력 마스크' 속성 : >L-L000;;#

❼
[주소] 필드-데이터 형식 : 짧은 텍스트, '필드 크기' 속성 : 100

관련 필기 문제

01. 다음 중 입력 마스크 설정에 따른 결과가 옳지 않은 것은?
22년 상시 출제

① 입력 마스크를 '####'로 지정한 후 다섯 자리를 입력하면 앞에 네 자리만 입력된다.
② 입력 마스크를 '(999)-999-9999'로 지정한 후 여덟 자리를 입력하면 앞에 여덟 자리만 입력된다.
③ 입력 마스크를 '9999-0000'로 지정한 후 다섯 자리를 입력하면 오류 메시지가 표시되어 입력이 완료되지 않는다.
④ 입력 마스크를 '(000)-000-0000'로 지정한 후 8자리를 입력하면 뒤에 두 자리는 00으로 채워진다.

02. 다음 중 데이터 형식에 대한 설명으로 옳지 않은 것은?
22년 상시 출제

① 사진을 저장하려면 '첨부 파일'이나 'OLE 개체'를 선택한다.
② 새 레코드를 만들 때 1부터 시작하는 정수가 자동으로 입력되게 하려면 '일련 번호'를 선택한다.
③ '짧은 텍스트' 형식에는 텍스트와 숫자 모두 입력할 수 있다.
④ '숫자' 형식에는 숫자 값의 크기를 따로 지정할 수 없어 최대 16바이트까지 입력할 수 있다.

03. 다음 중 아래 [학과] 테이블의 '학과코드' 필드에 대한 설명으로 옳지 않은 것은?
14년 3회 출제

필드 이름	데이터 형식
학과코드	숫자

일반	조회
필드 크기	바이트
형식	
소수 자릿수	자동
입력 마스크	999;0;0
캡션	
기본값	10
유효성 검사 규칙	<=200
유효성 검사 텍스트	
필수	예
인덱스	예(중복 불가능)
텍스트 맞춤	일반

① 동일한 학과코드는 입력될 수 없으며, 학과코드는 반드시 입력되어야 한다.
② 문자나 4자리 이상의 숫자는 입력할 수 없다.
③ 필드의 형식이 바이트이므로 필드의 값은 최대 '255'까지 입력할 수 있다.
④ 레코드가 새로 생성되는 경우, '10'이 자동으로 입력된다.

04. 다음 중 <학생> 테이블의 '나이' 필드에 유효성 검사 규칙을 아래와 같이 지정한 경우 데이터 입력 상황에 대한 설명으로 옳은 것은?
18년 1회 출제

유효성 검사 규칙	>20
유효성 검사 텍스트	숫자는 >20으로 입력합니다.

① 데이터를 입력하려고 하면 항상 '숫자는 >20으로 입력합니다.'라는 메시지가 먼저 표시된다.
② 20을 입력하면 '숫자는 >20으로 입력합니다.'라는 메시지가 표시된 후 입력 값이 정상적으로 저장된다.
③ 20을 입력하면 '숫자는 >20으로 입력합니다.'라는 메시지가 표시되며, 값을 다시 입력을 해야만 한다.
④ 30을 입력하면 '유효성 검사 규칙에 맞습니다.'라는 메시지가 표시된 후 입력 값이 정상적으로 저장된다.

정답 01.④ | 02.④ | 03.③ | 04.③

관련 필기 문제

05. [직원] 테이블의 '급여' 필드는 데이터 형식이 숫자이고, 필드 크기가 정수(Long)로 설정되어 있다. 다음 중 '급여' 필드에 입력 가능한 숫자를 백만원 이상, 오백만원 이하로 설정하기 위한 유효성 검사 규칙으로 옳은 것은?
15년 2회 출제

① <= 1000000 Or <= 5000000
② >= 1000000 And <= 5000000
③ >= 1000000, <= 5000000
④ 1,000,000 <= And <= 5,000,000

06. 다음 중 데이터의 형식에 관한 설명으로 옳지 않은 것은?
17년 2회 출제

① 짧은 텍스트 형식에는 텍스트와 숫자 모두 입력할 수 있다.
② 숫자 형식에는 필드 크기를 설정하여 숫자 값의 크기를 제어할 수 있다.
③ 긴 텍스트 형식에는 텍스트와 비슷하나 최대 255자까지 입력 가능하다.
④ 하이퍼링크 형식에는 웹 사이트나 파일의 특정 위치로 바로 이동하는 주소 데이터를 입력할 수 있다.

07. 다음 중 기본 키(Primary Key)에 대한 설명으로 옳지 않은 것은?
17년 1회 출제

① 기본 키로 지정된 필드는 다른 레코드와 동일한 값을 가질 수 없다.
② 기본 키 필드에 값이 입력되지 않으면 레코드가 저장되지 않는다.
③ 기본 키가 설정되지 않아도 테이블은 생성된다.
④ 기본 키는 하나의 필드에만 설정할 수 있다.

08. 다음 중 입력 마스크를 '>LOL L?0'로 지정했을 때 유효한 입력 값은?
17년 1회 출제

① a9b M
② M3F A07
③ H3H 가H3
④ 9Z3 3?H

09. 다음 중 테이블에서 입력 마스크를 "LA09?"로 설정한 경우 입력할 수 없는 값은?
20년 1회 출제

① AA111   ② A11
③ AA11   ④ A111A

10. 다음 중 특정 필드에 입력 마스크를 '09#L'로 설정하였을 때의 입력 데이터로 옳은 것은?
15년 2회 출제

① 123A
② A124
③ 12A4
④ 12AB

11. 다음 중 조회 속성에서 콤보 상자에 대한 설명으로 옳지 않은 것은?
16년 2회 출제

① 바운드 열의 기본값은 1이며, 열 개수보다 큰 숫자를 지정할 수는 없다.
② 행 원본 유형을 '값 목록'으로 설정한 경우 콤보 상자에 표시된 값만 입력할 수 있다.
③ 행 개수는 최대 255개까지 가능하다.
④ 실제 행 수가 지정된 행 개수를 초과하면 스크롤바가 표시된다.

12. 다음 중 테이블의 필드 속성 설정 시 사용하는 인덱스에 관한 설명으로 옳지 않은 것은?
20년 2회 출제

① 인덱스를 설정하면 레코드의 검색과 정렬 속도가 빨라진다.
② 인덱스를 설정하면 레코드의 추가, 수정, 삭제 속도는 느려진다.
③ 데이터 형식이 OLE 개체인 필드에는 인덱스를 설정할 수 없다.
④ 인덱스는 한 개의 필드에만 설정 가능하므로 주로 기본 키에 설정한다.

13. 다음 중 테이블에 데이터가 입력되는 방식을 제어하기 위한 방법으로 적절하지 않은 것은?
15년 2회 출제

① 유효성 검사 규칙을 설정하여 필드에 입력되는 데이터 값의 범위를 설정한다.
② 입력 마스크를 이용하여 필드의 각 자리에 입력되는 값의 종류를 제한한다.
③ 색인(index)을 이용하여 해당 필드에 중복된 값이 입력되지 않도록 설정한다.
④ 기본 키(Primary Key) 속성을 이용하여 레코드 추가 시 기본으로 입력되는 값을 설정한다.

14. 다음 중 [학생] 테이블의 'S_Number' 필드를 [데이터시트 보기] 상태에서는 '학번'으로 표시하고자 할 때 설정해야 할 항목은?
19년 2회 출제

① 형식
② 캡션
③ 스마트 태그
④ 입력 마스크

15. 다음 중 테이블의 '기본값' 속성에 대한 설명으로 옳지 않은 것은?
22년 상시 출제

① 레코드 추가 시 필드에 자동으로 부여되는 값이다.
② 기본값에 식을 작성할 수 있다.
③ 기본값에 문자열을 입력할 수 있다.
④ 기본값을 '0'으로 지정하면 빈 문자열(Zero Space)이 마지막 레코드의 해당 필드에 입력된다.

16. 폼의 각 컨트롤에 포커스가 위치할 때 입력 모드를 '한글' 또는 '영숫자반자'로 각각 지정하고자 한다. 다음 중 이를 위해 설정해야 할 컨트롤 속성은?
19년 1회 출제

① 엔터키 기능(EnterKey Behavior)
② 상태 표시줄(StatusBar Text)
③ 탭 인덱스(Tab Index)
④ 입력 시스템 모드(IME Mode)

정답 05.② | 06.③ | 07.④ | 08.③ | 09.① | 10.① | 11.② | 12.④ | 13.④ | 14.② | 15.④ | 16.④

SECTION 03 관계

- 관계는 서로 관련된 개체의 필드를 연결하는 것을 의미합니다.
사용자가 실수로 잘못된 데이터를 입력하거나 삭제하는 것을 막고, 여러 개의 테이블로 분리되어 있는 데이터를 연결하여 가져오도록 할 수 있습니다. 관계를 맺어 데이터가 정확성과 일관성이 유지되도록 하겠습니다.
- 준비파일 : 컴활1급 \ 액세스 \ 1급액세스(예제) \ 1장_03. 관계.accdb

주희쌤Tip
주희쌤 Tip은 꼼꼼히 모두 보세요.

주희쌤Tip
관계는 5점짜리 1문제가 출제됩니다. 목표 점수는 5점으로 쉽게 출제되지만 실제 시험은 테이블 문제가 풀어져 있지 않으면 관계 설정이 되지 않을 수 있으니 테이블 문제를 완벽히 풀고 관계 문제를 풀어야 합니다.
액세스는 엑셀과 다르게 순서대로 문제를 풀어야 뒤에 문제의 실행이 원활하게 됩니다.

주희쌤Tip
파일을 열었을 때 '보안 경고'가 표시되면 '콘텐츠 사용'을 클릭하세요.

관계

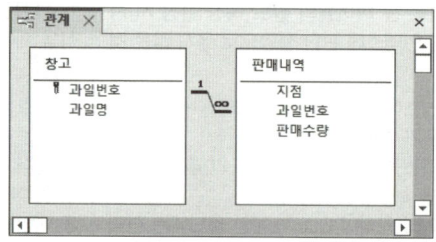

<창고> 테이블에는 각 '과일명'(사과, 바나나, 딸기, 수박)에 대한 '과일번호'(1, 2, 3, 4)가 입력되어 있습니다. 이때, '과일번호'는 '기본 키'로 똑같은 '과일번호'가 중복 입력될 수 없습니다.

<판매내역> 테이블에는 창고에 있는 과일을 판매한 판매내역이 입력되어 있습니다. '수박'은 판매하지 못하여 '과일번호'에 '4'가 없습니다.

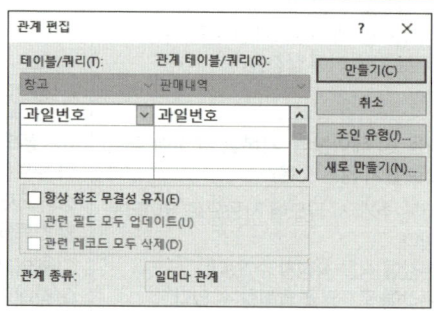

<창고> 테이블의 '과일번호'는 '기본 키'이고 <판매내역> 테이블의 '과일번호'는 기본 키와 대응되어 참조 관계를 표현하기 때문에 '외래 키'입니다.

<창고> 테이블의 과일번호 '1'은 하나만 존재할 수 있고, <판매내역> 테이블의 과일번호 '1'은 여러 개 존재할 수 있기 때문에 '1(일):∞(다)' 관계입니다.

- 항상 참조 무결성 유지
  - <창고> 테이블에 없는 과일번호는 <판매내역> 테이블에도 없어야 합니다. → 창고 안에 과일번호 '5'가 없는데 '5'를 팔았다고 할 수 없으니까요.
  - <창고> 테이블에는 있으나 <판매내역> 테이블에는 없을 수도 있습니다. → 창고 안에 과일번호 '4'가 있어도 판매하지 못할 수 있으니까요.

- 관련 필드 모두 업데이트
  - '항상 참조 무결성 유지'를 선택해야 활성화됩니다.
  - <창고> 테이블의 과일번호가 변경되면 <판매내역> 테이블의 과일번호도 자동으로 변경됩니다. → 창고 안에 과일번호 '1'이 '5'로 변경되면 판매내역 안에 과일번호도 '5'로 변경되어야 결함이 없으니까요.

- 관련 레코드 모두 삭제
  - '항상 참조 무결성 유지'를 선택해야 활성화됩니다.
  - 선택(체크)했을 경우 <창고> 테이블에서 과일번호 '1'이 삭제되면 <판매내역> 테이블의 과일번호가 '1'인 레코드도 모두 삭제됩니다.
  - 선택을 취소(체크를 해제) 했을 경우 <판매내역> 테이블에서 과일번호 '1', '2', '3'이 참조되고 있으므로 <창고> 테이블에서 과일번호 '1', '2', '3'은 삭제할 수 없습니다.

문제 유형 1 | 다음의 지시사항을 설정하시오.

① <사원> 테이블의 '부서이름' 필드는 <부서> 테이블의 '부서명' 필드를, <사원> 테이블의 '직급' 필드는 <급여> 테이블의 '직급' 필드를 참조하며, 테이블 간에 M:1의 관계를 설정하시오.
- ▶ 각 테이블 간에 항상 참조 무결성이 유지되도록 설정하시오.
- ▶ <부서> 테이블의 '부서명' 필드가 변경되면 이를 참조하는 <사원> 테이블의 '부서이름'도 따라 변경되고, <급여> 테이블의 '직급'이 변경되면 이를 참조하는 <사원> 테이블의 '직급'도 따라 변경되도록 설정하시오.
- ▶ <사원> 테이블이 참조하고 있는 <급여> 테이블과 <부서> 테이블의 레코드를 삭제할 수 없도록 설정하시오.

② <판매내역> 테이블의 '과일번호' 필드는 <창고> 테이블의 '과일번호' 필드를 참조하며 테이블 간의 관계는 M:1이다. 두 테이블에 대해 다음과 같이 관계를 설정하시오.
- ▶ 두 테이블 간의 관계를 설정할 수 있도록 <창고> 테이블의 적절한 필드에 기본 키를 설정하시오.
- ▶ 기본 키가 변경되면 이를 참조하는 외래 키의 필드도 자동으로 변경되도록 설정하시오.

따라하기 ①

① [데이터베이스 도구] 탭-[관계] 그룹-[관계]를 클릭합니다.

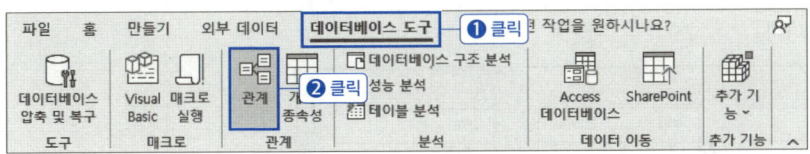

② [테이블 추가] 창의 [테이블] 탭에서 <사원>, <부서>, <급여>를 각각 더블클릭하여 세 개의 테이블을 [관계] 창에 표시합니다.

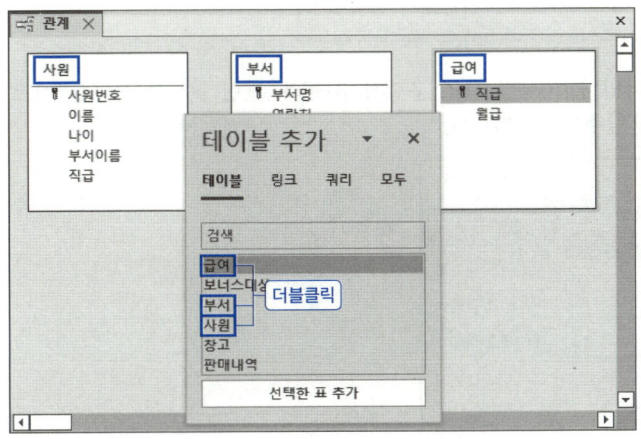

주희쌤 Tip
[테이블 추가] 창이 나타나지 않으면 [관계 디자인] 탭-[관계] 그룹-[테이블 추가]를 클릭하세요.

주희쌤 Tip
테이블을 잘못 추가했을 경우 선택 후 Delete를 눌러 삭제합니다.

> **주희쌤 Tip**
> <부서> 테이블의 [부서명] 필드를 <사원> 테이블의 [부서이름] 필드로 드래그해도 됩니다.

③ <사원> 테이블의 [부서이름] 필드를 <부서> 테이블의 [부서명] 필드로 드래그합니다.

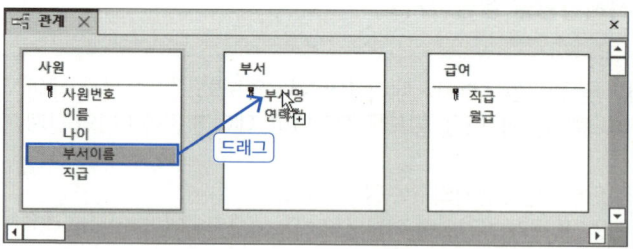

> **주희쌤 Tip**
> 필드 이름이 달라도 같은 데이터를 가지고 있으면 연결이 가능합니다.
>
>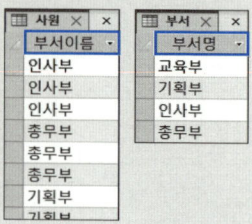

④ [관계 편집] 대화상자가 나타나면 '항상 참조 무결성 유지'와 '관련 필드 모두 업데이트' 확인란을 선택하고 [만들기] 단추를 클릭합니다.

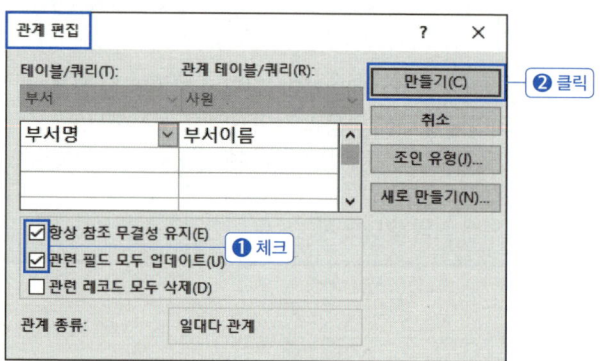

⑤ 관계 선이 생성되면 <사원> 테이블의 [직급] 필드를 <급여> 테이블의 [직급] 필드로 드래그합니다.

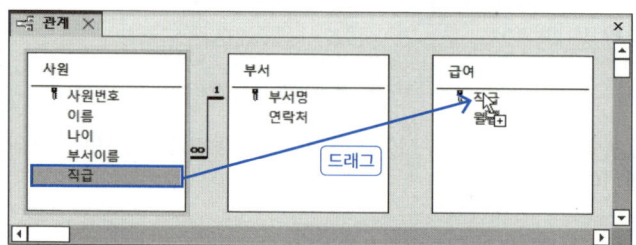

⑥ [관계 편집] 대화상자가 나타나면 '항상 참조 무결성 유지'와 '관련 필드 모두 업데이트' 확인란을 선택하고 [만들기] 단추를 클릭합니다.

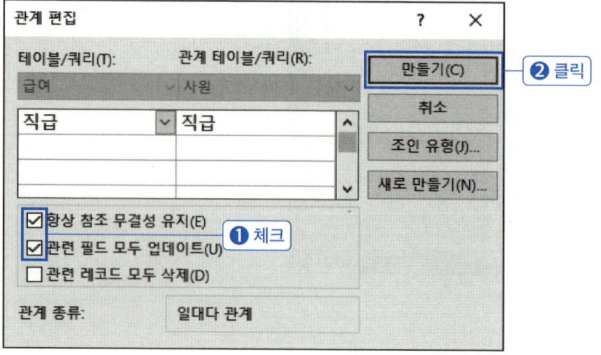

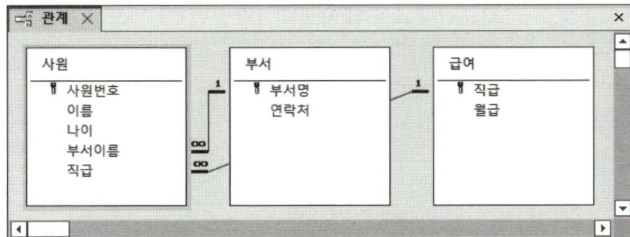

따라하기 ②

① [탐색] 창의 <창고> 테이블에서 마우스 오른쪽 버튼을 눌러 바로 가기 메뉴가 나타나면 [디자인 보기] 명령을 클릭합니다.

② [과일번호] 필드를 선택하고 [테이블 디자인] 탭-[도구] 그룹-[기본 키]를 클릭합니다.

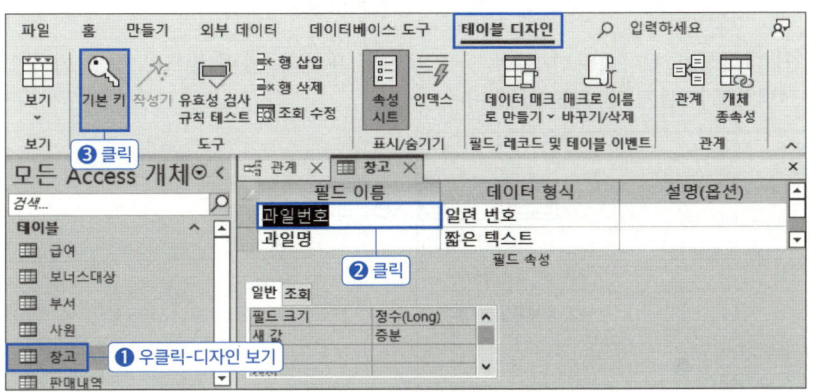

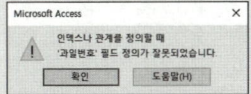

> **주희쌤 Tip**
>
> 관계 지정 시 '1'쪽 테이블의 필드에는 '기본 키'나 '인덱스(중복 불가능)'가 설정되어 있어야 합니다.
>
> 설정이 안 되어있을 시 위와 같은 메시지가 나타납니다.

③ <창고> 테이블을 저장(💾)하고 닫기(✖)를 클릭하여 <창고> 테이블을 닫습니다.

④ [관계] 창으로 돌아오면 [테이블 추가] 창의 [테이블] 탭에서 <판매내역>, <창고>를 각각 더블클릭하여 두 개의 테이블을 [관계] 창에 표시합니다.

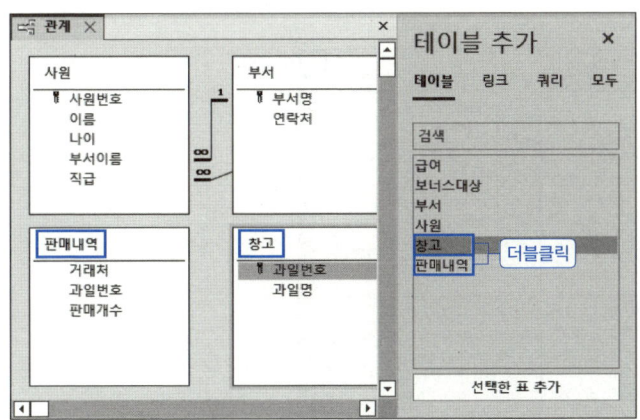

⑤ <판매내역> 테이블의 [과일번호] 필드를 <창고> 테이블의 [과일번호] 필드로 드래그 합니다.

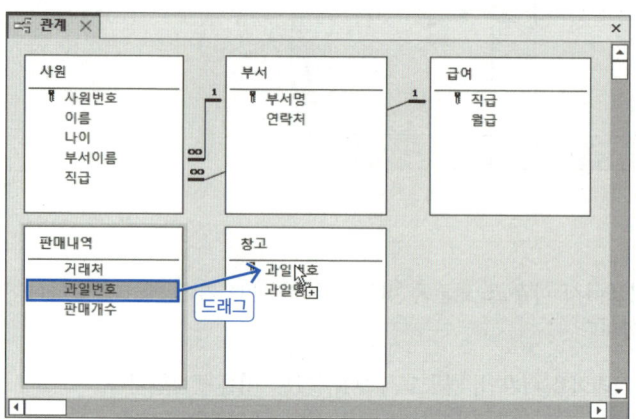

⑥ [관계 편집] 대화상자가 나타나면 '항상 참조 무결성 유지'와 '관련 필드 모두 업데이트' 확인란을 선택하고 [만들기] 단추를 클릭합니다.

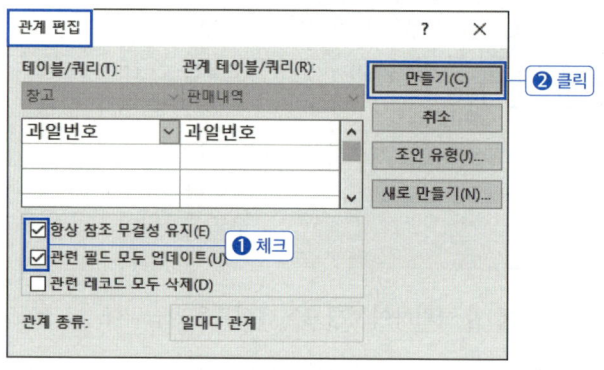

⑦ 관계 선이 생성되면 [관계] 창이 더 이상 필요 없으므로 저장(🖫)하고 닫기(✖)를 클릭하여 [관계] 창을 닫습니다.

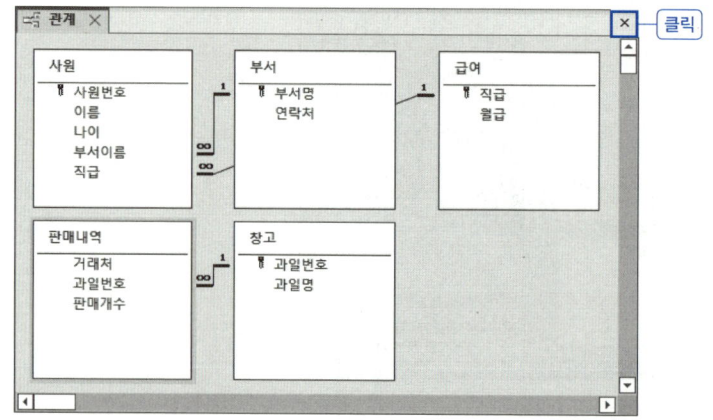

주희쌤Tip

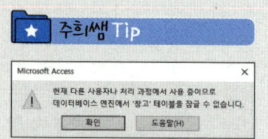

Ⓠ '현재 다른 사용자나 처리 과정에서 사용 중이므로 데이터베이스 엔진에서 테이블을 잠글 수 없습니다.'라고 위와 같은 메시지가 나와요!

Ⓐ 원본 개체가 열려 있기 때문입니다. [관계] 창 옆에 원본 개체가 열려 있지 않은지 확인하세요.
액세스는 현재 작업하고 있는 개체만 열려 있는 것이 좋습니다.

주희쌤Tip

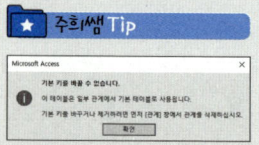

기본 키를 바꾸거나 제거하려면 먼저 [관계] 창에서 관계를 삭제해야 합니다.

문제 유형 2 다음의 지시사항을 설정하시오.

① <보너스대상> 테이블의 '사원번호' 필드는 <사원> 테이블의 '사원번호' 필드를 참조하는 외래 키이다. <보너스대상> 테이블의 '사원번호' 필드에 데이터 형식과 필드 크기를 설정하시오.

① '1'쪽 테이블인 <사원> 테이블을 '디자인 보기'로 열어 [사원번호] 필드의 데이터 형식과 필드 크기가 '일련 번호', '정수(Long)'인 것을 확인 후 <사원> 테이블을 닫습니다.

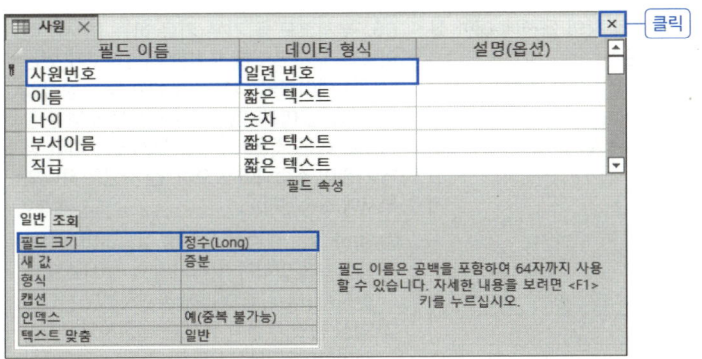

② [탐색] 창의 'M(다)'쪽 테이블인 <보너스대상> 테이블에서 마우스 오른쪽 버튼을 눌러 바로 가기 메뉴가 나타나면 [디자인 보기] 명령을 클릭합니다.

③ [사원번호] 필드를 선택하고 데이터 형식의 목록 단추(∨)를 클릭하여 '숫자'로 변경한 후 '필드 크기'가 '정수(Long)'인 것을 확인합니다.

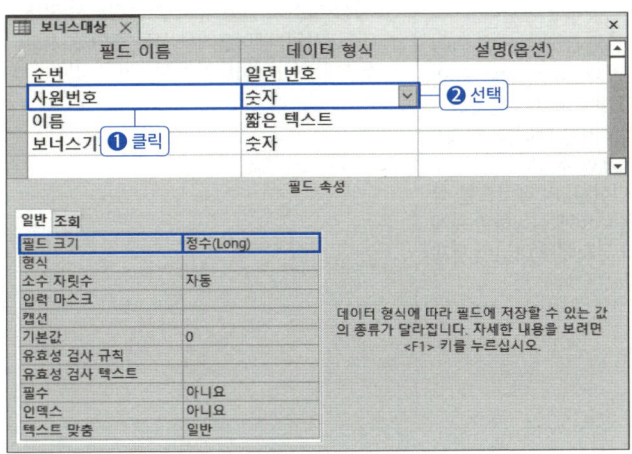

④ <보너스대상> 테이블을 저장(📄)하고 닫기(❌)를 클릭하여 <보너스대상> 테이블을 닫습니다.

> **주희쌤 Tip**
> '기본 키' 필드와 '외래 키' 필드의 형식은 같거나 호환되어야 합니다. 그러므로 '기본키' 필드의 '데이터 형식'과 '필드 크기'를 먼저 보고 '외래 키' 필드에 설정합니다.

> **주희쌤 Tip**
> 한 테이블에 '일련 번호' 형식은 한 필드에만 지정할 수 있으므로 '일련 번호'와 호환되는 형식으로 지정해야 합니다.

> **주희쌤 Tip**
> 테이블에서 배웠던 부분입니다. 일련 번호는 숫자가 1씩 증가하는 데이터 형식입니다.

관련 필기 문제

01. 다음 중 아래 두 개의 테이블 사이에서 외래 키(Foreign Key)에 해당하는 필드는? (단, 밑줄은 각 테이블의 기본 키를 표시함)(밑줄은 직원.사번, 부서.부서명 입니다.)
17년 2회 출제

```
직원(사번, 성명, 부서명, 주소, 전화, 이메일)
부서(부서명, 팀장, 팀원수)
```

① 직원 테이블의 사번
② 부서 테이블의 팀원수
③ 부서 테이블의 팀장
④ 직원 테이블의 부서명

02. 다음 중 Access의 기본 키에 대한 설명으로 옳지 않은 것은?
19년 2회 출제

① 기본 키는 테이블의 [디자인 보기] 상태에서 설정할 수 있다.
② 기본 키로 설정된 필드에는 널(NULL) 값이 허용되지 않는다.
③ 기본 키로 설정된 필드에는 항상 고유한 값이 입력되도록 자동으로 확인된다.
④ 관계가 설정되어 있는 테이블에서 기본 키 설정을 해제하면 해당 테이블에 설정된 관계도 삭제된다.

03. 다음 중 [관계 편집] 대화상자에 대한 설명으로 옳지 않은 것은?
20년 2회 출제

① 관계를 구성하는 어느 한쪽의 테이블 또는 필드 및 쿼리를 변경할 수 있다.
② 조인 유형을 내부 조인, 왼쪽 우선 외부 조인, 오른쪽 우선 외부 조인 중에서 선택할 수 있다.
③ '항상 참조 무결성 유지'를 선택한 경우 '관련 필드 모두 업데이트'와 '관련 레코드 모두 삭제' 옵션을 선택할 수 있다.
④ 관계의 종류를 일대다, 다대다, 일대일 중에서 선택할 수 있다.

04. 아래 그림과 같이 <주문내역> 테이블과 <제품> 테이블의 일대다 관계가 설정되어 있다. 다음 중 <제품> 테이블의 특정 레코드를 삭제하였을 경우에 대한 설명으로 옳은 것은?
17년 1회 출제

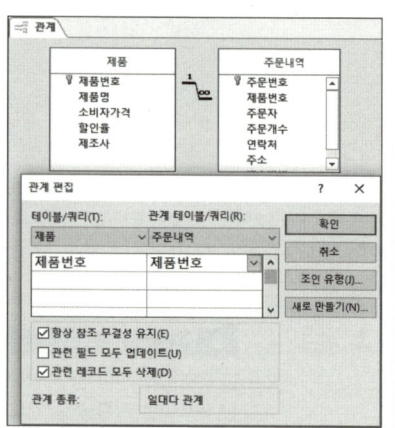

(관계 편집 창에는 '항상 참조 무결성 유지'와 '관련 레코드 모두 삭제'가 선택되어 있음)
① <주문내역> 테이블에서 참조되고 있으므로 <제품> 테이블에서 특정 레코드를 삭제할 수 없다.
② <제품> 테이블에서만 특정 레코드가 삭제되고, <주문내역> 테이블에는 아무런 변동이 없다.
③ <제품> 테이블의 특정 레코드가 삭제되고, 이를 참조하는 <주문내역> 테이블의 모든 레코드도 함께 삭제된다.
④ <제품> 테이블의 특정 레코드와 <주문내역> 테이블의 모든 레코드가 삭제된다.

05. 다음 중 관계 편집 창의 옵션에 대한 설명으로 옳지 않은 것은?
12년 2회 출제

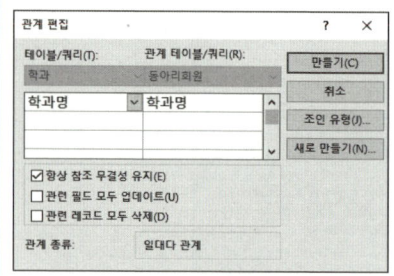

① '항상 참조 무결성 유지'를 체크하였으므로 관련된 두 테이블 간에 참조 관계에 문제가 발생하지 않도록 해준다.
② '항상 참조 무결성 유지'를 체크하고 '관련 필드 모두 업데이트'를 체크하는 경우, 관계 테이블의 필드([동아리회원]의 '학과명')를 수정하면 기본 테이블의 해당 필드([학과]의 '학과명')도 자동적으로 수정된다.
③ '항상 참조 무결성 유지'를 체크하고 '관련 레코드 모두 삭제'를 체크하지 않는 경우, 관계 테이블([동아리회원])에서 참조하고 있는 '학과명'을 갖는 기본 테이블([학과])의 해당 레코드는 삭제할 수 없다.
④ 관계 테이블([동아리회원])의 레코드를 삭제하는 경우, 옵션을 어떻게 설정하든 관계없이 참조 무결성의 유지에는 아무런 문제가 발생하지 않는다.

06. '부서코드'를 기본 키로 하는 [부서] 테이블과 '부서코드'를 포함한 사원정보가 있는 [사원] 테이블을 이용하여 관계를 설정하였다. 다음 중 이와 관련된 관계 설정에 대한 설명으로 옳은 것은? (단, 한 부서에는 여러 명의 사원이 소속되어 있으며, 한 사원은 하나의 부서에 소속된다.)
18년 2회 출제

① '항상 참조 무결성 유지'를 설정하면 [사원] 테이블에 입력하려는 '사원'의 '부서코드'는 반드시 [부서] 테이블에 존재해야만 한다.
② '항상 참조 무결성 유지'를 설정하면 [부서] 테이블에서 '부서코드'가 바뀌는 경우 [사원] 테이블에 있는 '사원'의 '부서코드'도 무조건 자동으로 바뀐다.
③ '항상 참조 무결성 유지'를 설정하지 않더라도 [사원] 테이블에 입력하려는 '사원'의 '부서코드'는 반드시 [부서] 테이블에 존재해야만 한다.
④ '항상 참조 무결성 유지'를 설정하지 않더라도 [사원] 테이블에서 사용 중인 '부서코드'는 [부서] 테이블에서 삭제할 수 없다.

정답 01.④ | 02.④ | 03.④ | 04.③ | 05.② | 06.①

관련 필기 문제

07. 다음 중 참조 무결성에 대한 설명으로 옳지 않은 것은? 19년 1회 출제
① 참조 무결성은 참조하고 참조되는 테이블 간의 참조 관계에 아무런 문제가 없는 상태를 의미한다.
② 다른 테이블을 참조하는 테이블 즉, 외래 키 값이 있는 테이블의 레코드 삭제 시에는 참조 무결성이 위배될 수 있다.
③ 다른 테이블을 참조하는 테이블의 레코드 추가 시 외래 키 값이 널(Null)인 경우에는 참조 무결성이 유지된다.
④ 다른 테이블에 의해 참조되는 테이블에서 레코드를 추가하는 경우에는 참조 무결성이 유지된다.

08. 다음 중 서로 관계를 맺고 있는 릴레이션 R1과 R2에서 릴레이션 R2의 한 속성이나 속성의 조합이 릴레이션 R1의 기본 키인 것을 무엇이라고 하는가? 13년 1회 출제
① 대체 키(Alternate Key)
② 슈퍼 키(Super Key)
③ 후보 키(Candidate Key)
④ 외래 키(Foreign Key)

09. 다음 중 Access에서 테이블의 관계 설정에 대한 설명으로 옳지 않은 것은? 16년 3회 출제
① [관계 편집]에서 해당 관계에 대해 참조 무결성, 조인 유형 등을 설정할 수 있다.
② A 테이블과 A 테이블의 기본 키를 외래키로 사용하는 B 테이블 간에 관계를 설정하는 경우 관계 종류는 '일대다 관계'로 자동 지정된다.
③ 이미 [디자인 보기] 상태로 열려 있는 테이블에 대한 관계 설정 시 해당 테이블은 자동 저장되어 닫힌다.
④ 테이블 관계를 제거하려면 관계선을 클릭하여 더 굵게 표시된 상태에서 [Delete]키를 누른다.

10. 다음 중 아래 <고객>과 <구매리스트> 테이블 관계에 참조 무결성이 항상 유지되도록 설정할 수 없는 경우는? 20년 1회 출제

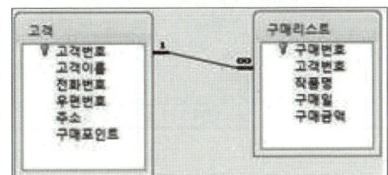

① <고객> 테이블의 '고객번호' 필드 값이 <구매리스트> 테이블의 '고객번호' 필드에 없는 경우
② <고객> 테이블의 '고객번호' 필드 값이 <구매리스트> 테이블의 '고객번호' 필드에 하나만 있는 경우
③ <구매리스트> 테이블의 '고객번호' 필드 값이 <고객> 테이블의 '고객번호' 필드에 없는 경우
④ <고객> 테이블의 '고객번호' 필드 값이 <구매리스트> 테이블의 '고객번호' 필드에 두 개 이상 있는 경우

11. <부서> 테이블의 '부서코드'는 기본키로 설정되어 있고, <사원> 테이블의 '소속부서'는 <부서> 테이블의 '부서코드'를 참조하는 외래키이다. 다음 설명으로 옳지 않은 것은? 22년 상시 출제

<부서>

부서코드	부서명
A	기획부
B	판매부
C	인사부

<사원>

사번	사원명	소속부서
1	은주영	A
2	김혁필	A
3	김민재	A
4	우현영	B
5	조진수	B

① <사원> 테이블에서 사번 3의 소속부서를 'D'로 변경하면 참조 무결성이 유지되지 않는다.
② <부서> 테이블에서 부서코드 'B'를 'D'로 변경하면 참조 무결성이 유지되지 않는다.
③ <사원> 테이블에서 사번 2의 레코드를 삭제해도 참조 무결성은 유지된다.
④ <부서> 테이블에서 부서코드 'C'를 삭제하면 참조 무결성이 유지되지 않는다.

정답 07.② | 08.④ | 09.③ | 10.③ | 11.④

SECTION 04 외부 데이터 가져오기

- 외부 데이터 가져오기는 '외부 프로그램에서 만들어진 데이터 가져오기'입니다. 액세스로 만들어진 데이터가 아닌 다른 프로그램에서 만들어진 데이터를 액세스의 테이블로 가져와 보도록 하겠습니다.
- 준비파일 : 컴활1급 \ 액세스 \ 1급액세스(예제) \ 1장_04. 외부 데이터 가져오기.accdb

★ 주희쌤 Tip
주희쌤 Tip은 꼼꼼히 모두 보세요.

★ 주희쌤 Tip
외부 데이터 가져오기 혹은 테이블에서 배웠던 조회 속성이 5점짜리 1문제로 출제됩니다. 외부 데이터 가져오기든 조회 속성이든 모두 맞히는 것을 목표로 합니다.

★ 주희쌤 Tip
파일을 열었을 때 '보안 경고'가 표시되면 '콘텐츠 사용'을 클릭하세요.

문제 유형 1 다음의 지시사항에 따라 테이블을 작성하시오.

① 예제폴더에 있는 '직원명단.txt' 파일을 가져와 다음과 같이 '직원명단' 테이블을 작성하시오.
- ▶ '직원명단.txt' 파일의 첫 번째 행은 필드의 이름이고, 구분자는 쉼표(,)이다.
- ▶ '나이' 필드를 제외하고 가져오시오.
- ▶ '기본 키 없음'으로 설정하시오.

② 예제폴더에 있는 '사원.xlsx' 파일을 가져와 다음과 같이 새로운 테이블로 작성하시오.
- ▶ '사원.xlsx' 파일의 첫 번째 행은 필드의 이름이다.
- ▶ '순번' 필드를 기본 키로 설정하시오.
- ▶ 테이블의 이름은 <사원명단>으로 하시오.

따라하기 ①

① 텍스트 파일을 가져오기 위해 [외부 데이터] 탭-[가져오기 및 연결] 그룹-[새 데이터 원본]-[파일에서]-[텍스트 파일]을 클릭합니다.

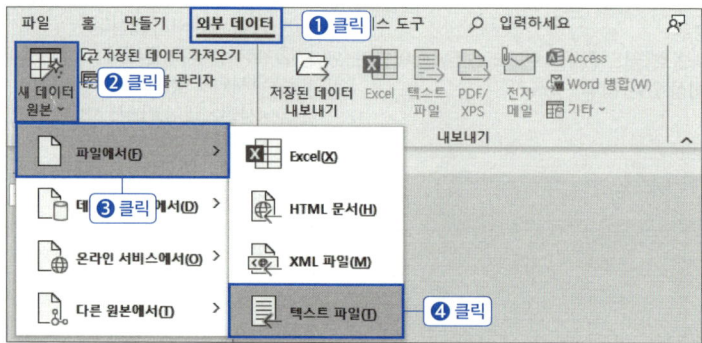

② [외부 데이터 가져오기 - 텍스트 파일] 대화상자가 나타나면 [찾아보기] 단추를 클릭해 '직원명단.txt'를 선택하고 [열기] 단추를 클릭합니다.

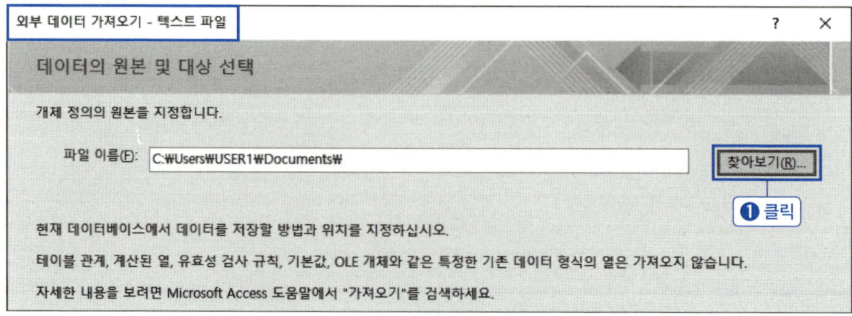

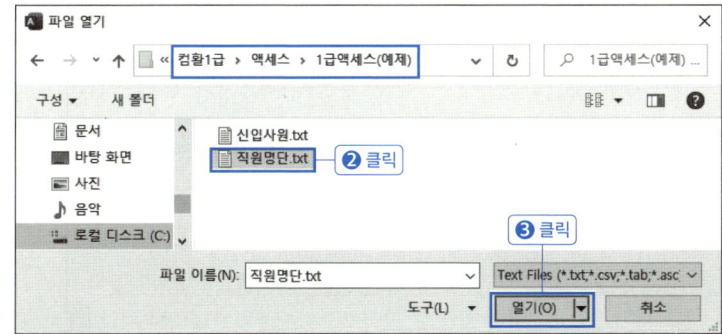

③ 다시 [외부 데이터 가져오기 - 텍스트 파일] 대화상자로 돌아오면 '현재 데이터베이스의 새 테이블로 원본 데이터 가져오기'를 선택하고 [확인] 단추를 클릭합니다.

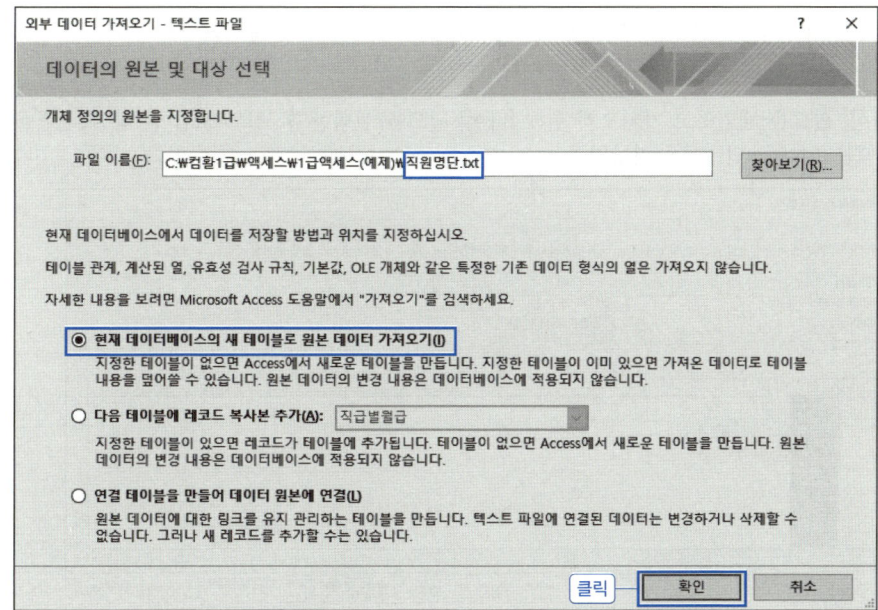

④ 쉼표로 필드를 나누기 위해 '구분'을 선택하고 [다음] 단추를 클릭합니다.

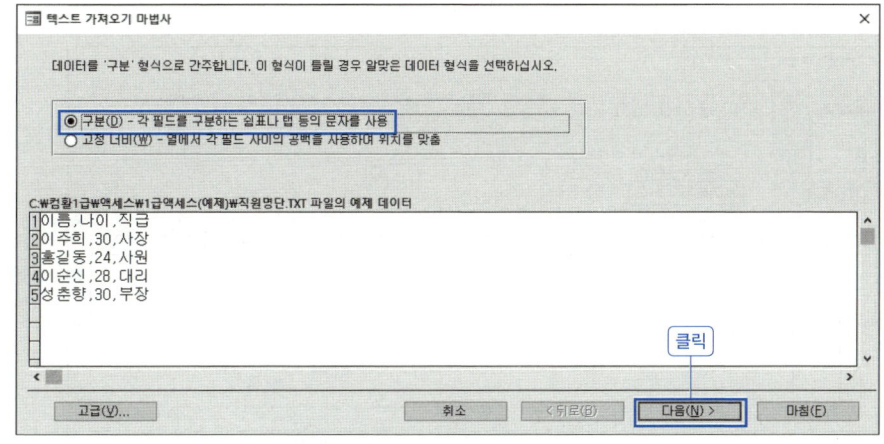

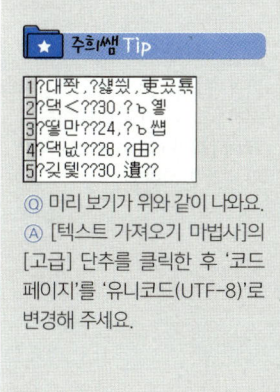

Ⓠ 미리 보기가 위와 같이 나와요.
Ⓐ [텍스트 가져오기 마법사]의 [고급] 단추를 클릭한 후 '코드 페이지'를 '유니코드(UTF-8)'로 변경해 주세요.

⑤ 필드를 나눌 기호로 '쉼표'를 선택하고 '첫 행에 필드 이름 포함'에 선택한 후 [다음] 단추를 클릭합니다.

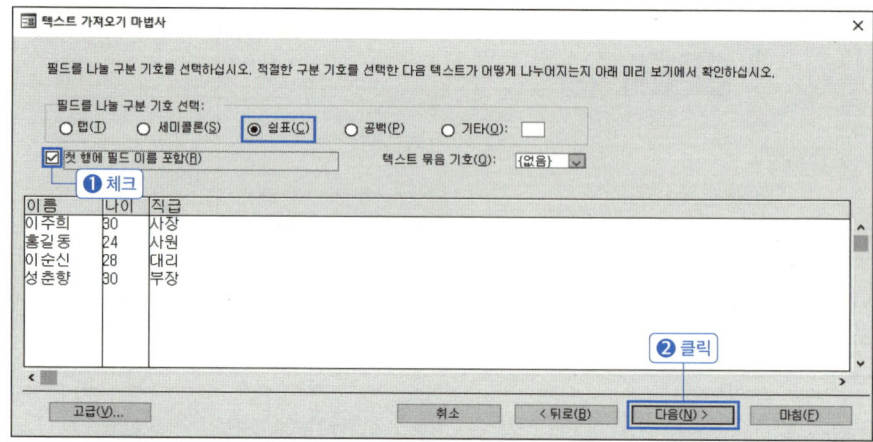

⑥ [나이] 필드를 제외하고 가져오기 위해 [나이] 필드를 선택한 후 '필드 포함 안 함' 확인란을 선택하고 [다음] 단추를 클릭합니다.

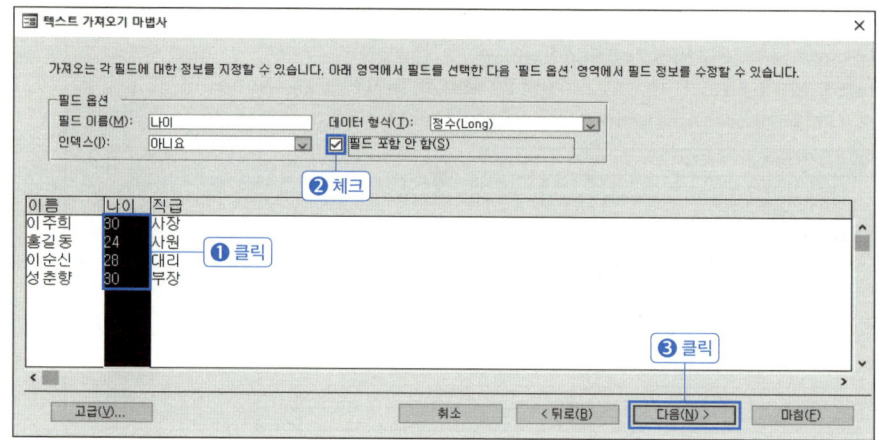

⑦ 기본 키 정의에 대한 대화상자가 나타나면 '기본 키 없음'을 선택하고 [다음] 단추를 클릭합니다.

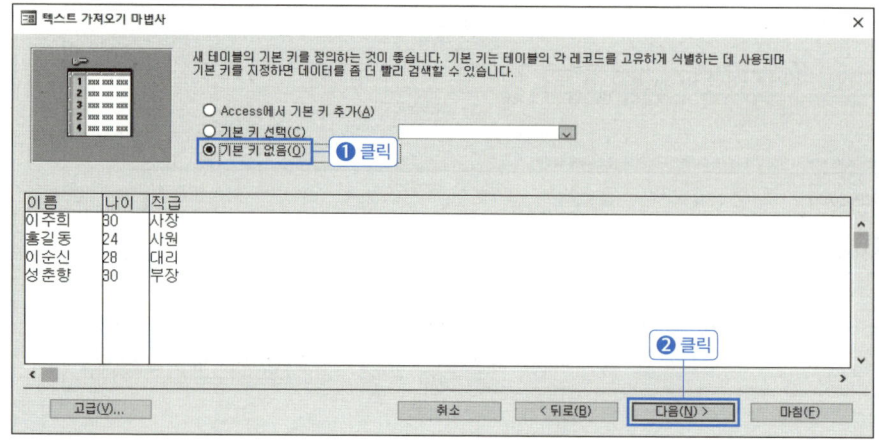

주희쌤 Tip

만약 문제에서 'Access에서 제공하는 기본 키를 이용'이라고 제시되었다면 'Access에서 기본 키 추가'를 선택하세요.

⑧ 가져올 테이블 이름을 '직원명단'으로 입력한 후 [마침] 단추를 클릭합니다.

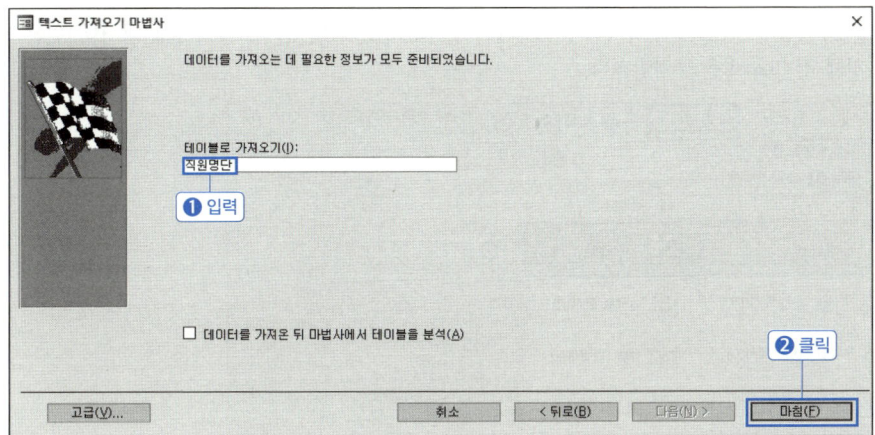

⑨ 가져오기 단계 저장 여부에 대한 대화상자가 나타나면 [닫기] 단추를 클릭합니다.

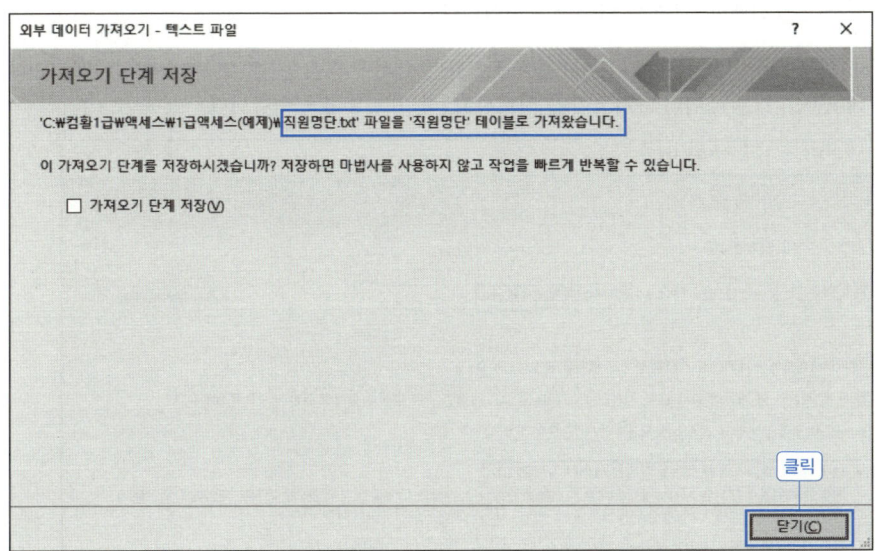

⑩ [탐색] 창에 생성된 <직원명단> 테이블을 더블클릭하여 열고 결과를 확인한 후 닫기(✖)를 클릭해 닫습니다.

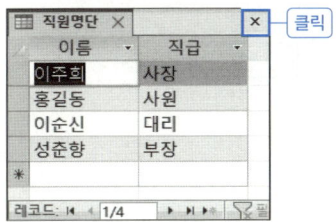

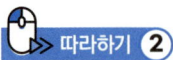 따라하기 2

① 엑셀 파일을 가져오기 위해 [외부 데이터] 탭-[가져오기 및 연결] 그룹-[새 데이터 원본]-[파일에서]-[Excel]을 클릭합니다.

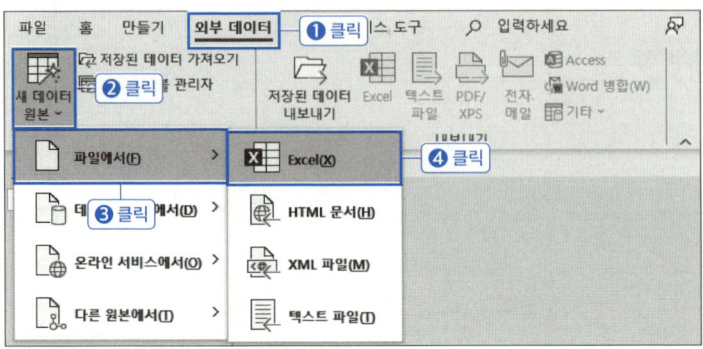

② [외부 데이터 가져오기 - Excel 스프레드시트] 대화상자가 나타나면 [찾아보기] 단추를 클릭해 '사원.xlsx'을 선택하고 [열기] 단추를 클릭합니다.

③ 다시 [외부 데이터 가져오기 - Excel 스프레드시트] 대화상자로 돌아오면 '현재 데이터베이스의 새 테이블로 원본 데이터 가져오기'를 선택하고 [확인] 단추를 클릭합니다.

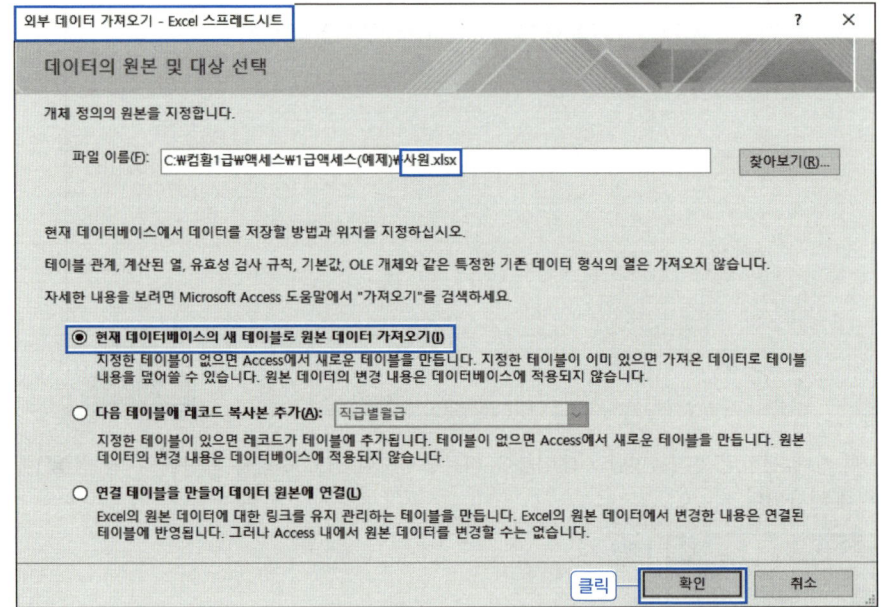

④ 첫 번째 행은 필드의 이름으로 사용하기 위해 '첫 행에 열 머리글이 있음'을 선택하고 [다음] 단추를 클릭합니다.

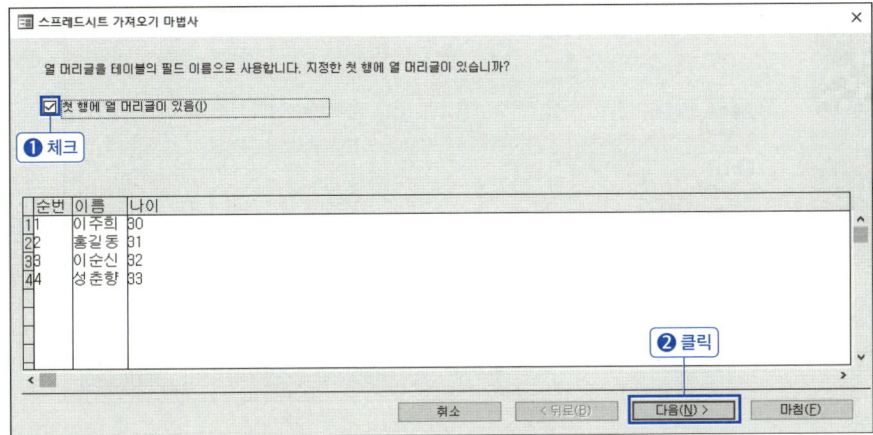

⑤ 지정할 옵션이 없으므로 기본 설정 그대로 두고 [다음] 단추를 클릭합니다.

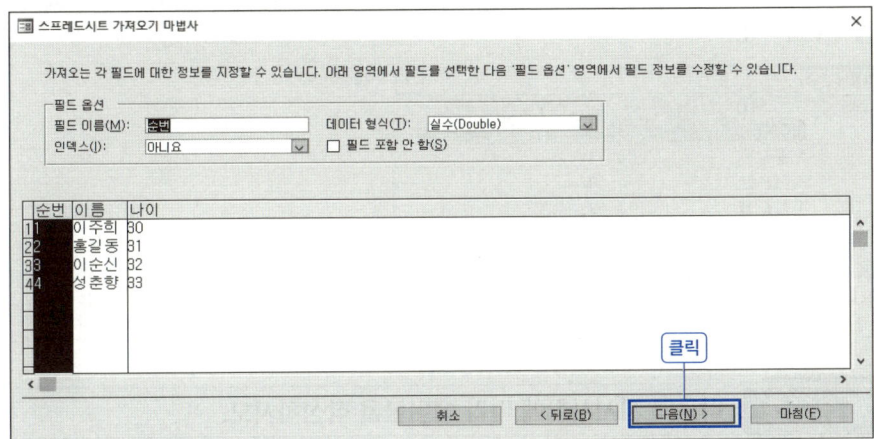

⑥ 기본 키 정의에 대한 대화상자가 나타나면 '기본 키 선택', '순번'을 선택하고 [다음] 단추를 클릭합니다.

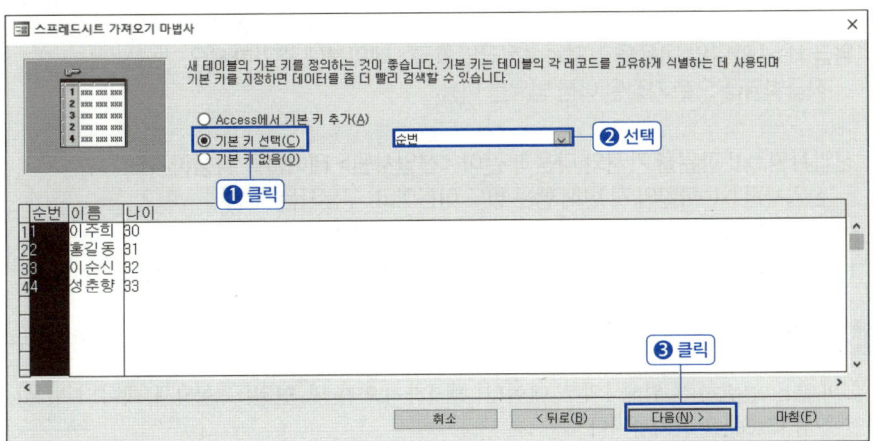

⑦ 가져올 테이블 이름을 '사원명단'으로 입력한 후 [마침] 단추를 클릭합니다.

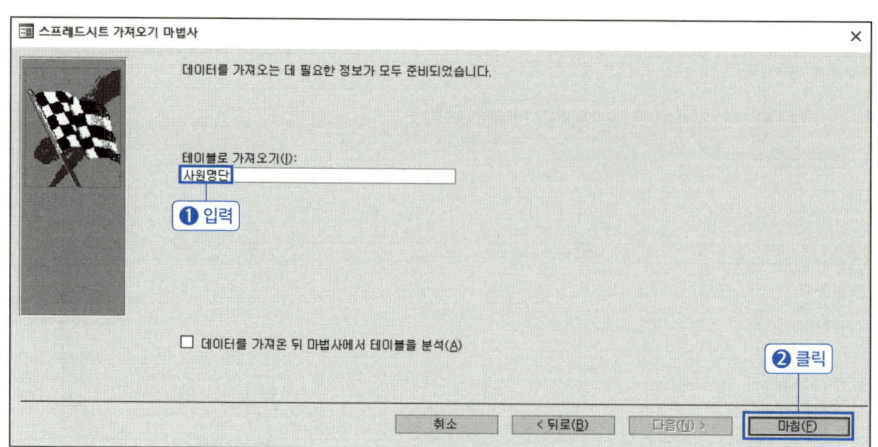

⑧ 가져오기 단계 저장 여부에 대한 대화상자가 나타나면 [닫기] 단추를 클릭합니다.

⑨ [탐색] 창에 생성된 <사원명단> 테이블을 더블클릭하여 열고 결과를 확인한 후 닫기(✖)를 클릭해 닫습니다.

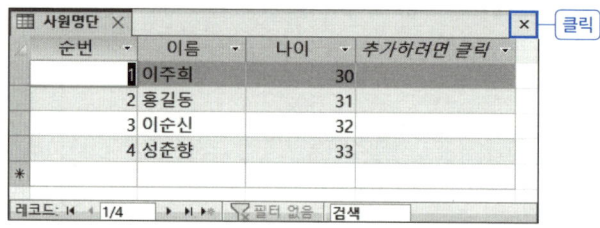

문제 유형 2 다음의 지시사항에 따라 테이블을 작성하시오.

❶ 다음 지시사항에 따라 '사원.xlsx' 파일을 연결하시오.
  ▶ 첫 행은 열 머리글이고 연결 테이블 이름은 '직원'으로 연결하시오.

❷ '월급.xlsx' 파일의 내용을 가져와 <직급별월급> 테이블에 추가하시오.
  ▶ '직급별월급'으로 지정된 이름 범위를 이용

❸ '신입사원.txt' 파일을 가져와 다음과 같이 <신입사원> 테이블을 작성하시오.
  ▶ '신입사원.txt' 파일의 첫 번째 행은 필드 이름이고, 구분자는 '#'임
  ▶ 기본 키는 없음

 따라하기 ❶

① 엑셀 파일을 연결하기 위해 [외부 데이터] 탭-[가져오기 및 연결] 그룹-[새 데이터 원본]-[파일에서]-[Excel]을 클릭합니다.

② [외부 데이터 가져오기 - Excel 스프레드시트] 대화상자가 나타나면 [찾아보기] 단추를 클릭해 '사원.xlsx'을 선택하고 [열기] 단추를 클릭합니다.

③ 다시 [외부 데이터 가져오기 - Excel 스프레드시트] 대화상자로 돌아오면 '연결 테이블을 만들어 데이터 원본에 연결'을 선택하고 [확인] 단추를 클릭합니다.

> **주희쌤 Tip**
>
> '연결 테이블을 만들어 데이터 원본에 연결'을 선택하면 Excel 의 원본 데이터에서 변경한 내용이 연결된 테이블에 반영됩니다.

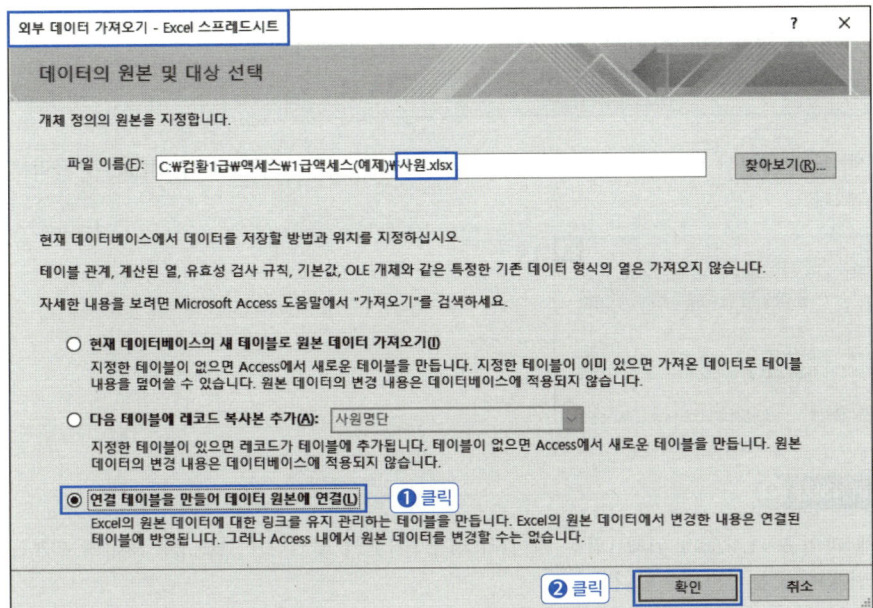

④ 첫 번째 행은 필드의 이름으로 사용하기 위해 '첫 행에 열 머리글이 있음'을 선택하고 [다음] 단추를 클릭합니다.

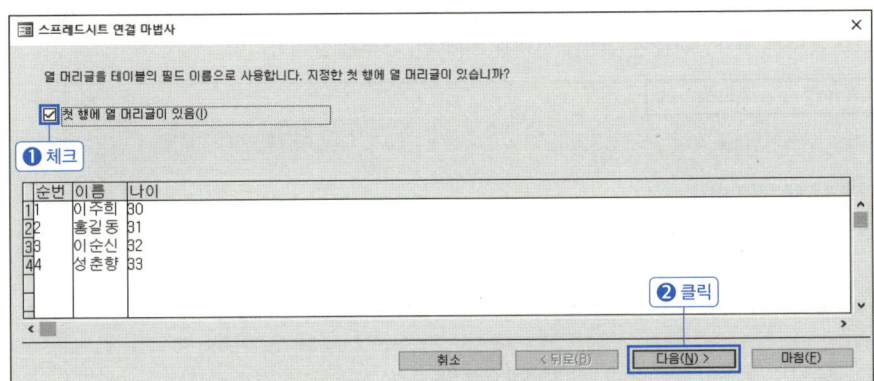

⑤ 연결할 테이블 이름을 '직원'으로 입력한 후 [마침] 단추를 클릭합니다.

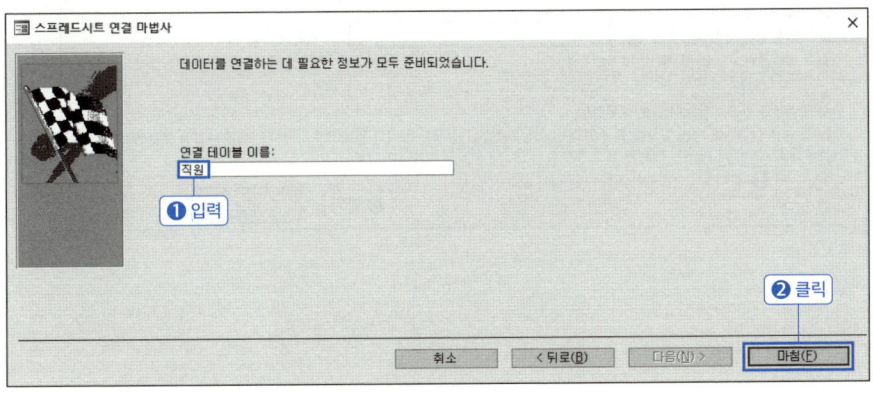

⑥ 연결했다는 메시지가 표시되면 [확인] 단추를 클릭합니다.

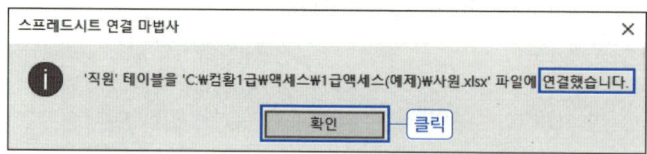

⑦ [탐색] 창에 생성된 '직원' 테이블을 더블클릭하여 열고 결과를 확인한 후 닫기(✕)를 클릭해 닫습니다.

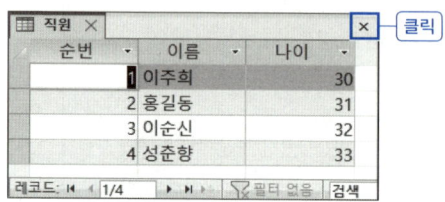

① 엑셀 파일을 가져오기 위해 [외부 데이터] 탭-[가져오기 및 연결] 그룹-[새 데이터 원본]-[파일에서]-[Excel]을 클릭합니다.

② [외부 데이터 가져오기 - Excel 스프레드시트] 대화상자가 나타나면 [찾아보기] 단추를 클릭해 '월급.xlsx'을 선택하고 [열기] 단추를 클릭합니다.

③ 다시 [외부 데이터 가져오기 - Excel 스프레드시트] 대화상자로 돌아오면 '다음 테이블에 레코드 복사본 추가', '직급별월급'을 선택하고 [확인] 단추를 클릭합니다.

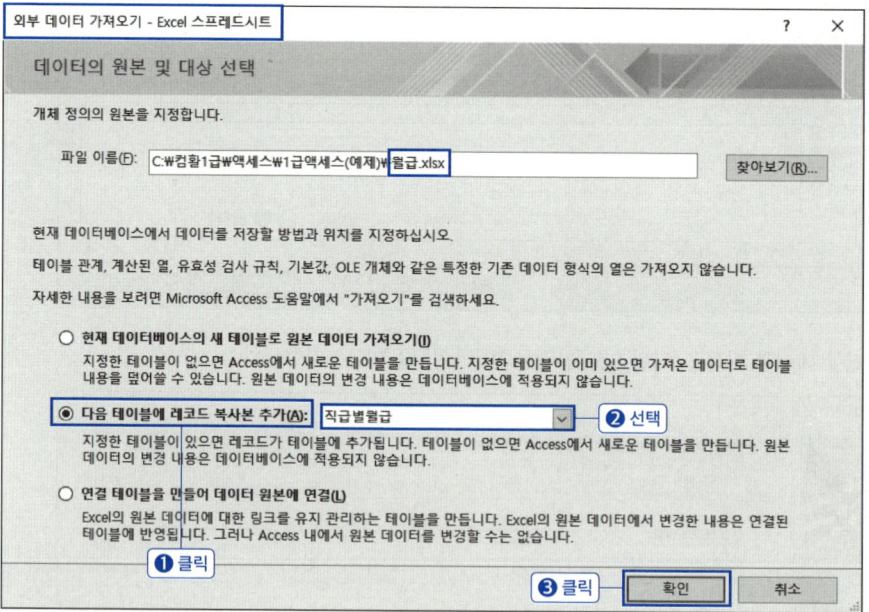

④ 지정된 이름 범위를 이용하기 위해 '이름 있는 범위 표시', '직급별월급'을 선택하고 [다음] 단추를 클릭합니다.

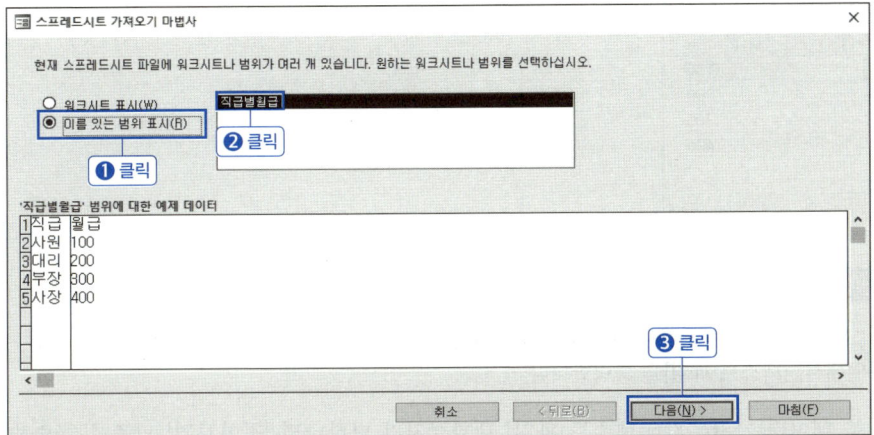

⑤ 첫 번째 행은 필드의 이름으로 사용하기 위해 기본 설정 그대로 두고 [다음] 단추를 클릭합니다.

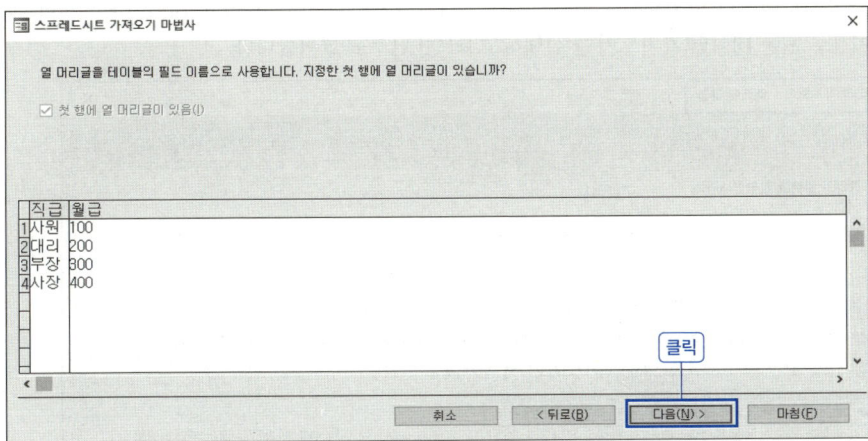

⑥ 테이블 이름을 그대로 두고 [마침] 단추를 클릭합니다.

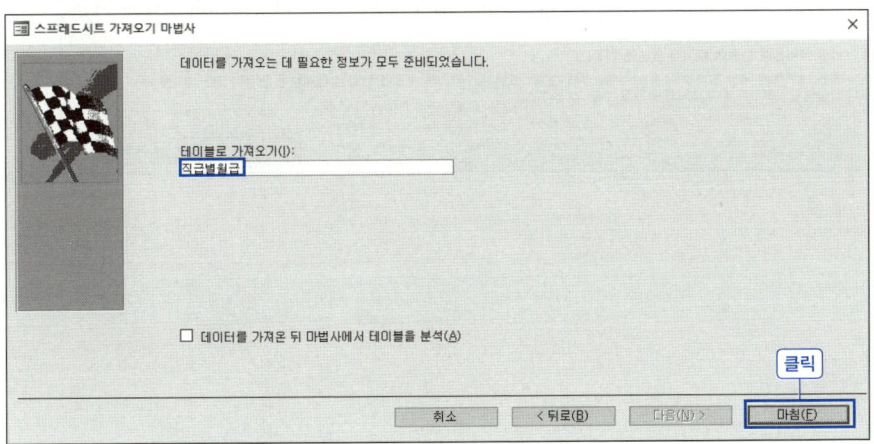

⑦ 가져오기 단계 저장 여부에 대한 대화상자가 나타나면 [닫기] 단추를 클릭합니다.

⑧ [탐색] 창에 생성된 <직급별월급> 테이블을 더블클릭하여 열고 결과를 확인한 후 닫기(✖)를 클릭해 닫습니다.

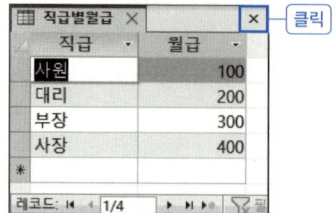

 ③

① 텍스트 파일을 가져오기 위해 [외부 데이터] 탭-[가져오기 및 연결] 그룹-[새 데이터 원본]-[파일에서]-[텍스트 파일]을 클릭합니다.

② [외부 데이터 가져오기 - 텍스트 파일] 대화상자가 나타나면 [찾아보기] 단추를 클릭해 '신입사원.txt'를 선택하고 [열기] 단추를 클릭합니다.

③ 다시 [외부 데이터 가져오기 - 텍스트 파일] 대화상자로 돌아오면 '현재 데이터베이스의 새 테이블로 원본 데이터 가져오기'를 선택하고 [확인] 단추를 클릭합니다.

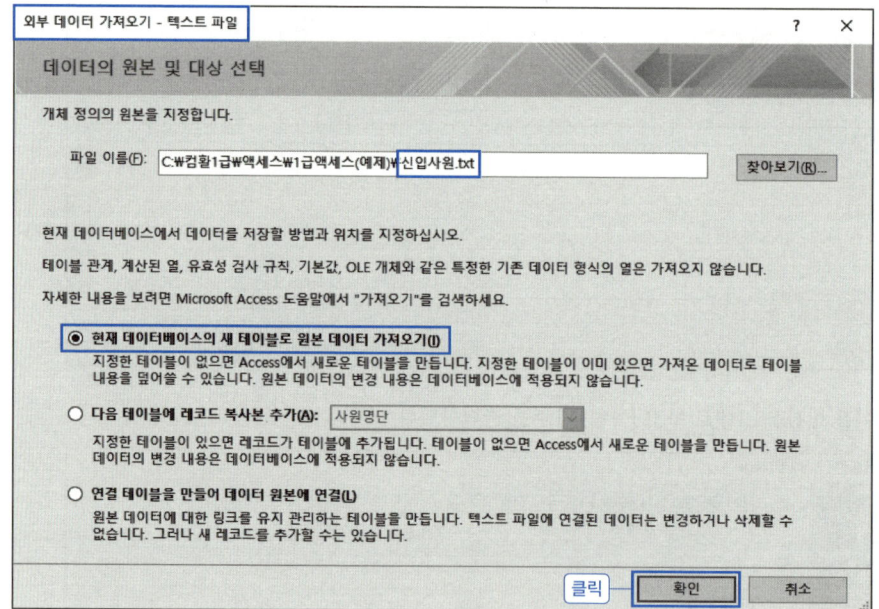

④ '#'로 필드를 나누기 위해 '구분'을 선택하고 [다음] 단추를 클릭합니다.

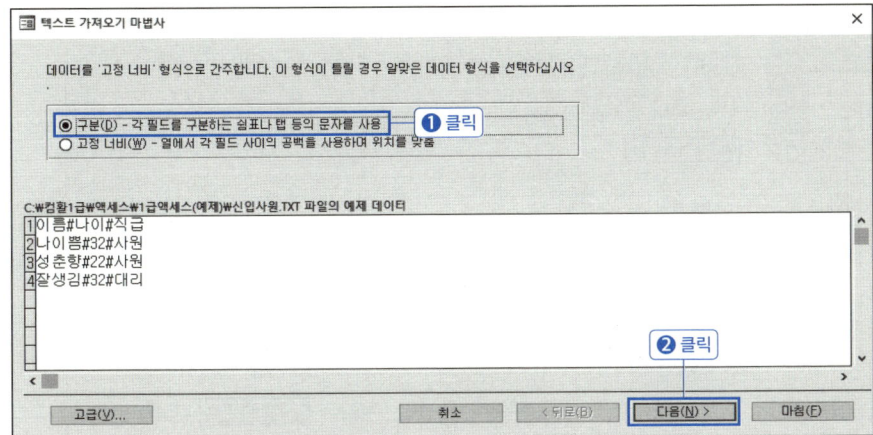

⑤ 필드를 나눌 기호로 '기타'를 선택하고 '#'을 입력한 후 '첫 행에 필드 이름 포함'을 선택하고 [다음] 단추를 클릭합니다.

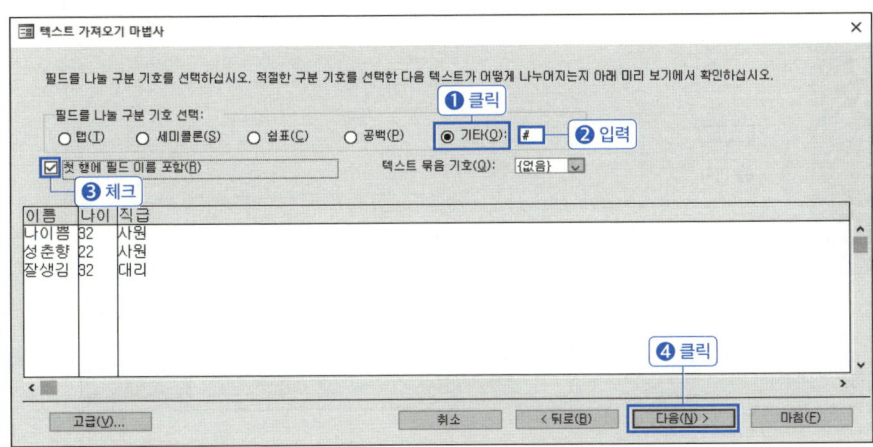

⑥ 지정할 옵션이 없으므로 기본 설정 그대로 두고 [다음] 단추를 클릭합니다.

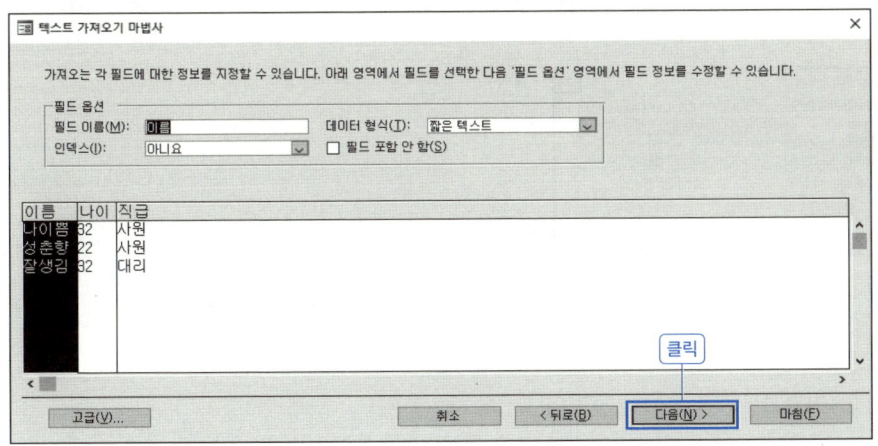

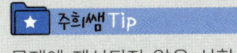

문제에 제시되지 않은 사항은 기본 설정 그대로 둡니다.

⑦ 기본 키 정의에 대한 대화상자가 나타나면 '기본 키 없음'을 선택하고 [다음] 단추를 클릭합니다.

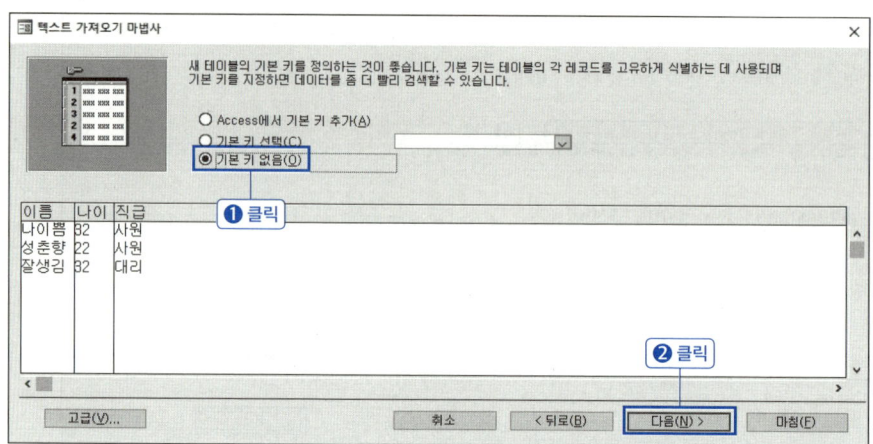

⑧ 가져올 테이블 이름을 '신입사원'으로 입력한 후 [마침] 단추를 클릭합니다.

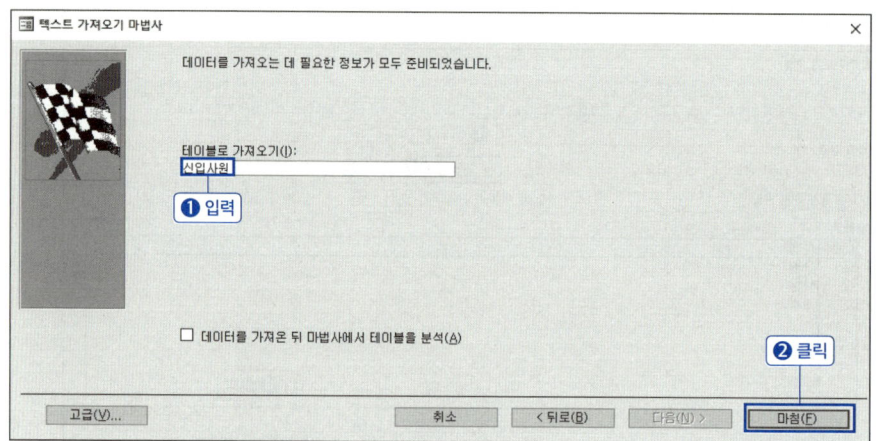

⑨ 가져오기 단계 저장 여부에 대한 대화상자가 나타나면 [닫기] 단추를 클릭합니다.

⑩ [탐색] 창에 생성된 〈신입사원〉 테이블을 더블클릭하여 열고 결과를 확인한 후 닫기(✖)를 클릭해 닫습니다.

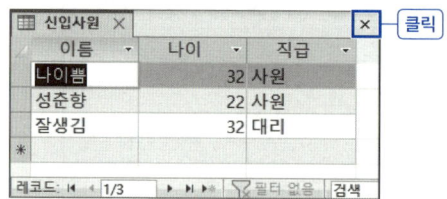

관련 필기 문제

01. 다음 중 외부 데이터 가져오기 기능을 이용하여 테이블에 데이터를 가져올 때 적절하지 않은 파일 형식은?　　15년 3회 출제
① 텍스트 파일
② Excel 파일
③ Word 파일
④ XML 파일

02. 다음 중 외부 데이터 가져오기 기능에 대한 설명으로 옳지 않은 것은?　　16년 1회 출제
① [텍스트 가져오기 마법사]를 이용하여 기존 테이블에 내용을 추가하려는 경우 기본 키에 해당하는 필드의 값들이 고유한 값이 되도록 데이터를 수정하며 가져올 수 있다.
② 하나 이상의 Excel 워크시트에 있는 데이터의 일부 또는 전체를 Access의 새 테이블이나 기존 테이블에 데이터 복사본으로 만들 수 있다.
③ Access에서는 가져오려는 데이터 원본에 255개가 넘는 필드(열)가 있으면 처음 255개 필드만 가져온다.
④ Excel 데이터는 가져오기 명령으로 한 번에 하나의 워크시트만 가져올 수 있으므로 여러 워크시트에서 데이터를 가져오려면 각 워크시트에 대해 가져오기 명령을 반복해야 한다.

03. 다음 중 외부 데이터 가져오기 기능에 대한 설명으로 옳지 않은 것은?　　20년 1회 출제
① 텍스트 파일을 가져와 기존 테이블의 레코드로 추가하려는 경우 기본 키에 해당하는 필드의 값들이 고유한 값이 되도록 데이터를 수정하며 가져올 수 있다.
② Excel 워크시트에서 정의된 이름의 영역을 Access의 새 테이블이나 기존 테이블에 데이터 복사본으로 만들 수 있다.
③ Access에서는 한 테이블에 256개 이상의 필드를 지원하지 않으므로 원본 데이터는 열의 개수가 255개를 초과하지 않아야 한다.
④ Excel 파일을 가져오는 경우 한 번에 하나의 워크시트만 가져올 수 있으므로 여러 워크시트에서 데이터를 가져오려면 각 워크시트에 대해 가져오기 명령을 반복해야 한다.

정답 01. ③ | 02. ① | 03. ①

컴퓨터활용능력 1급 실기 2권 데이터베이스

CHAPTER 02

쿼리 작성

Section 01 쿼리

SECTION 01 쿼리

- 쿼리는 질의와 같은 의미로 테이블이나 다른 쿼리에서 원하는 필드를 가져와 가공하고 검색합니다. 이렇게 만들어진 쿼리는 폼이나 보고서에서 원본으로 사용할 수 있습니다. 쿼리 디자인이나 쿼리 마법사를 이용하여 다양한 종류의 쿼리를 만들어 보도록 하겠습니다.
- 준비파일 : 컴활1급 \ 액세스 \ 1급액세스(예제) \ 2장_01. 쿼리.accdb

> **주희쌤 Tip**
> 주희쌤 Tip은 꼼꼼히 모두 보세요.

> **주희쌤 Tip**
> 쿼리는 7점짜리 5문제, 총 35점이 출제됩니다. 목표 점수는 21점으로 문제에 제시된 그림을 봤을 때 머릿속에 쿼리 디자인이 그려질 수 있도록 반복하세요.

> **주희쌤 Tip**
> 파일을 열었을 때 '보안 경고'가 표시되면 '콘텐츠 사용'을 클릭하세요.

> **주희쌤 Tip**
> 선택 쿼리는 가장 일반적인 쿼리 유형으로 테이블이나 다른 쿼리로부터 지정된 조건에 해당하는 데이터를 검색하여 그 결과를 데이터시트 보기로 표시합니다.

문제 유형 1 — 다음과 같은 쿼리를 작성하시오.

① 다음과 같은 기능을 수행하는 '판매량평균' 쿼리를 작성하시오.
- ▶ 거주지역별로 1분기판매량 평균과 2분기판매량 평균을 조회하는 기능을 수행할 것
- ▶ <자격증과판매량> 쿼리를 이용할 것
- ▶ 1분기판매량 평균이 85 이상인 제품에 대해서만 정보를 표시할 것
- ▶ 평균은 그림과 같이 정수 부분만 표시할 것

거주지역	1분기평균	2분기평균
신촌	88	85
종로	87	87

② 부서번호와 직급별 나이의 평균을 표시하는 '나이평균' 쿼리를 작성하시오.
- ▶ <부산직원> 테이블을 이용할 것
- ▶ 직급을 기준으로 내림차순 정렬할 것

부서번호	직급	나이의평균
A-03	사장	26
A-01	사원	24
A-02	사원	20
A-03	사원	30
B-01	사원	29
B-02	사원	32
B-03	사원	31
A-02	부장	24
A-03	부장	32
B-01	부장	28.5
B-02	부장	31
A-01	대리	22
A-02	대리	22
B-01	대리	23.5
B-03	대리	23.5

③ 다음과 같은 기능을 수행하는 '자료확인' 쿼리를 작성하시오.
- ▶ <대리점판매> 테이블을 이용할 것
- ▶ <대리점판매> 테이블의 모든 필드를 표시할 것
- ▶ '제품명' 필드나 '단가' 필드가 비어 있는 자료만 조회할 것

대리점	제품명	단가	수량
종로 이주희문구		285	30
신촌 합격문구	지우개		40

④ <사원>과 <부서> 테이블을 이용하여 부서명이 '기획부'로 끝나는 직원들의 생년월일을 날짜 형식으로 조회하는 <부서통합사원> 쿼리를 작성하시오.
- ▶ 생년월일과 성별은 주민등록번호를 사용할 것
- ▶ DateSerial, Left, Mid, IIf 함수 사용할 것
- ▶ 부서명을 기준으로 오름차순 정렬할 것
- ▶ 검색 결과 및 필드명은 <그림>과 같이 설정할 것

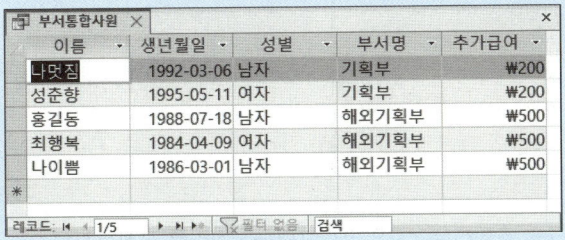

⑤ <부산직원> 테이블을 이용하여 <화면>과 같이 '근속년수'를 작성하시오.
- ▶ 나이를 기준으로 오름차순 정렬할 것
- ▶ 년차는 '입사일'의 연도와 현재 연도의 차이를 구하여 표시할 것
- ▶ Date, DateDiff 함수를 사용할 것
- ▶ 레코드는 상위 3번째까지 표시할 것

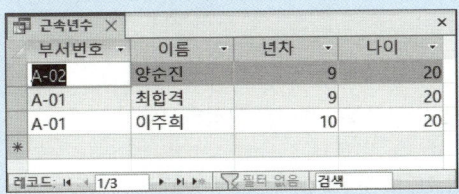

주희쌤 Tip

DATE 함수로 인해 현재 작업하고 있는 날짜의 연도에 따라 값이 다르게 표시될 수 있습니다.

⑥ 다음과 같은 기능을 수행하는 '제품지역' 쿼리를 작성하시오.

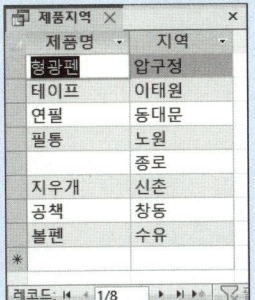

- ▶ <대리점판매> 테이블을 이용할 것
- ▶ 지역은 '대리점'에서 첫 번째 공백이 나오기 전까지의 내용만 표시할 것
- ▶ Left, InStr 함수를 사용할 것
- ▶ 쿼리의 실행 결과 및 필드명은 <화면>과 같이 설정할 것

⑦ 다음과 같이 부서번호의 오른쪽 두 문자가 짝수인 행만 조회하는 <짝수부서> 쿼리를 작성하시오.

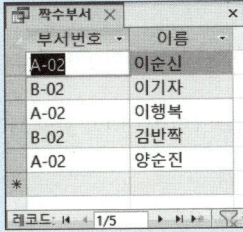

- ▶ <부산직원> 테이블을 이용할 것
- ▶ Right, Mod 함수를 이용할 것

❽ 다음과 같은 기능을 수행하는 '부장보너스' 쿼리를 작성하시오.
- ▶ <부산직원>, <급여표> 테이블을 이용할 것
- ▶ 보너스는 직급이 '부장'이면 50000, 그 외에는 30000
- ▶ 직급 필드를 기준으로 오름차순 정렬하고, 같은 직급이면 입사일을 내림차순으로 정렬할 것

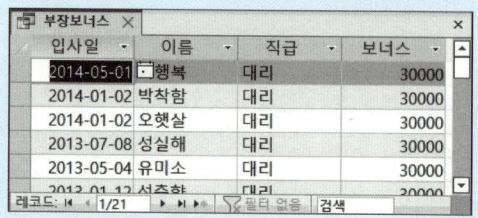

❾ 신청요일별로 수량의 평균을 조회하는 <요일별수량평균> 쿼리를 작성하시오.

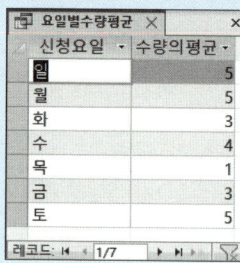

- ▶ <구매요청내역> 테이블을 이용할 것
- ▶ 신청요일은 신청일의 요일로 Weekday, Choose 함수를 사용할 것
- ▶ 신청일을 이용하여 정렬할 것

❿ 다음과 같은 기능을 수행하는 <평균보다큰품목> 쿼리를 작성하시오.
- ▶ <구매요청내역> 테이블을 이용할 것
- ▶ 수량이 전체의 수량 평균보다 큰 레코드를 조회하도록 SQL문으로 작성할 것

⓫ <교양성적> 테이블을 이용하여 다음과 같은 기능을 수행하는 쿼리를 작성하시오.
- ▶ '성적수정'은 '성적'에서 1점을 감할 것
- ▶ '시험날짜'는 Between 함수를 사용하여 2016년 1월 15일부터 2016년 1월 31일 사이에 데이터만을 표시할 것
- ▶ 동일한 데이터는 한 번만 출력되도록 설정할 것
- ▶ 쿼리 이름은 <성적수정>로 설정할 것

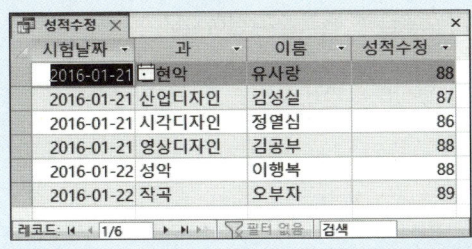

⑫ 다음과 같은 기능을 수행하는 '수업참여월별인원수' 쿼리를 작성하시오.

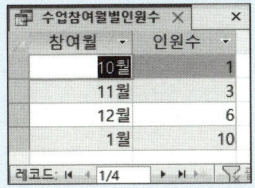

- <교양성적> 테이블을 이용할 것
- 참여월과 인원수는 '수업참여시작일'을 이용할 것
- '수업참여시작일'의 연도를 이용하여 정렬할 것(Year 함수 사용)

⑬ 다음과 같은 기능을 수행하는 <학과별성적평균> 쿼리를 작성하시오.

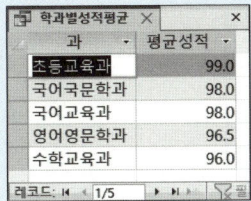

- <교양성적> 테이블을 이용할 것
- 평균성적은 성적의 평균을 나타낸 것으로 높은 숫자를 기준으로 5개만 표시할 것

⑭ <과목>과 <구매요청내역> 테이블을 이용하여 다음과 같은 <과별신청수> 쿼리를 작성하시오.

- '과목' 테이블에서는 모든 레코드를 포함하고 '구매요청내역' 테이블에서는 조인된 필드가 일치하는 레코드만 포함할 것
- '신청횟수' 필드를 이용하여 정렬할 것

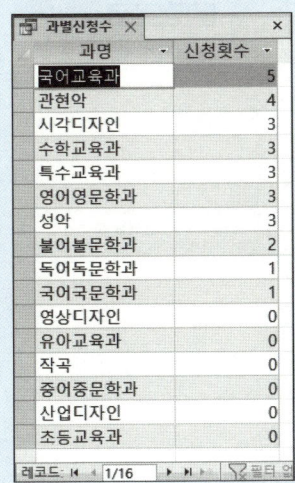

⑮ 다음과 같은 기능을 수행하는 '판매번호별금액' 쿼리를 작성하시오.
▶ <부산직원2> 테이블을 이용할 것
▶ 판매번호별로 단가의 평균과 수량의 합계를 조회할 것
▶ 금액 = 평균단가 × 합계수량
▶ 평균단가는 정수로 표시하고, 금액은 천 단위 구분 기호로 표시

판매번호	평균단가	합계수량	금액
A-01	2925	94	274,950
A-02	3033	66	200,200
A-03	2667	88	234,667
B-01	2617	162	423,900
B-02	2650	63	166,950
B-03	2533	78	197,600

① [만들기] 탭-[쿼리] 그룹-[쿼리 디자인]을 클릭합니다.

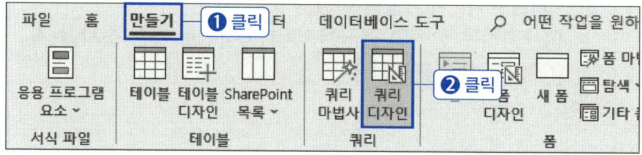

② 쿼리가 디자인 보기로 열리면 [테이블 추가] 창의 [쿼리] 탭에서 <자격증과판매량>을 더블클릭하여 쿼리 디자인 보기에 표시합니다.

> **주희쌤 Tip**
> 잘못 추가했을 경우 선택 후 Delete를 눌러 삭제하고, [쿼리 디자인] 탭-[쿼리 설정] 그룹-[테이블 추가]를 클릭해 다시 추가할 수 있습니다.

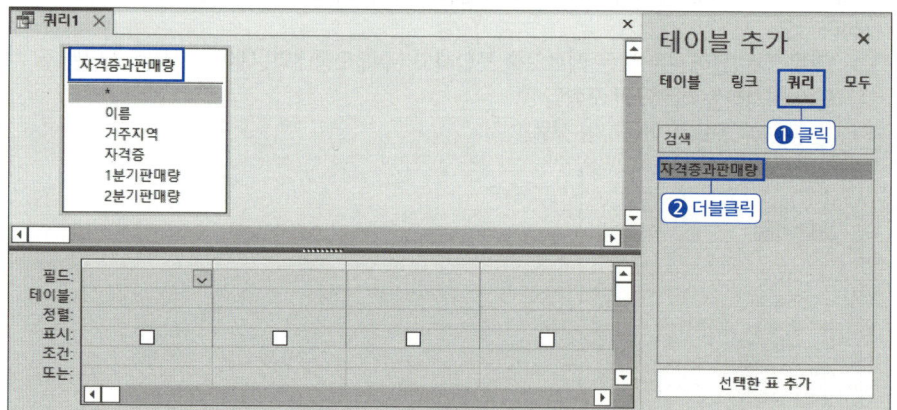

③ 〈자격증과판매량〉 쿼리에서 [거주지역] 필드를 더블클릭해 눈금의 첫 번째 열로 지정합니다.

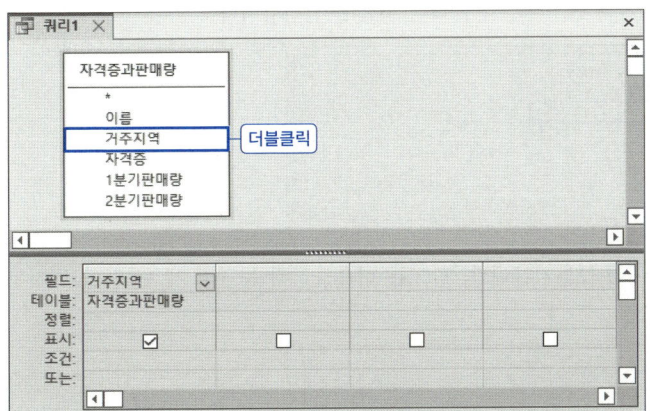

> **주희쌤 Tip**
> [거주지역] 필드를 첫 번째 열로 드래그해도 됩니다.

④ 〈자격증과판매량〉 쿼리에서 [1분기판매량] 필드를 더블클릭해 눈금의 두 번째 열로 지정합니다.

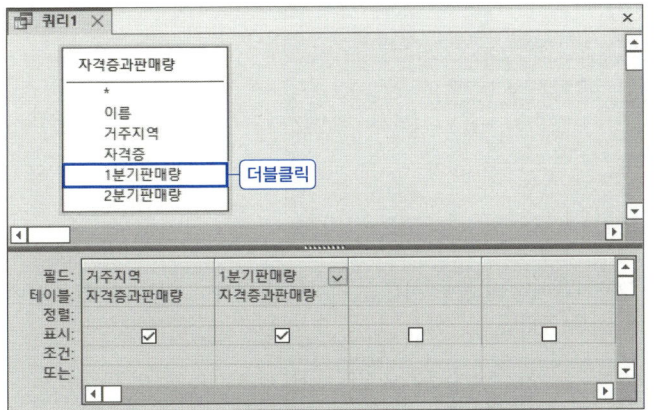

> **주희쌤 Tip**
> [1분기판매량] 필드를 두 번째 열로 드래그해도 됩니다.

> **주희쌤 Tip**
> 필드 선택기를 클릭하여 필드를 선택한 다음 드래그하여 위치를 이동하거나 Delete를 눌러 삭제할 수 있습니다.
>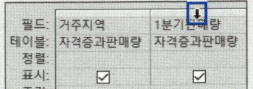

⑤ 눈금의 두 번째 열에 있는 '1분기판매량'의 필드 이름을 지정하기 위하여 '1분기판매량' 앞에 '1분기평균:'을 입력하고 Enter를 누릅니다.

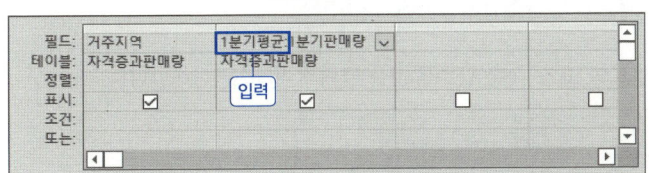

> **주희쌤 Tip**
> 콜론(:) 앞이 필드 이름이 되고 콜론(:) 뒤가 필드 값이 됩니다. 즉, '1분기평균'은 필드의 이름일 뿐 평균이 계산된 것은 아니라는 것이죠.

⑥ 그룹별 평균을 설정하기 위해 [쿼리 디자인] 탭-[표시/숨기기] 그룹-[요약]을 클릭합니다.

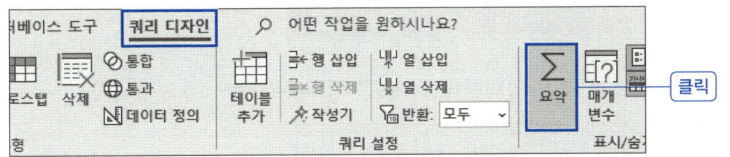

> **주희쌤 Tip**
> Shift + F2 를 누르면 [확대/축소] 창이 호출됩니다.

> **주희쌤 Tip**
> 요약을 지정하면 엑셀의 부분합과 같이 같은 글자를 그룹화하여 합계, 평균, 최소값, 최대값, 개수 등을 계산합니다.

> **주희쌤 Tip**
> '거주지역'은 같은 글자끼리 그룹이 묶이고 그룹별 '1분기판매량'의 평균이 계산됩니다.

⑦ 눈금에 '요약' 행이 표시되면 '거주지역' 필드의 '요약'이 '묶는 방법'인지 확인하고, '1분기평균: 1분기판매량' 필드의 '요약' 목록 단추(▼)를 클릭해 '평균'을 선택합니다.

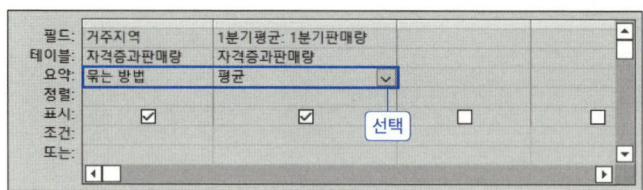

⑧ 〈자격증과판매량〉 쿼리에서 [2분기판매량] 필드를 더블클릭해 눈금의 세 번째 열로 지정합니다.

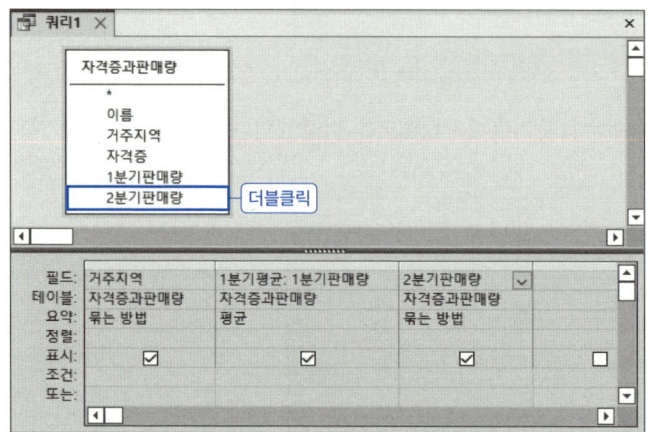

⑨ 눈금의 세 번째 열에 있는 '2분기판매량'의 필드 이름을 지정하기 위하여 '2분기판매량' 앞에 '2분기평균:'을 입력하고 Enter 를 누릅니다.

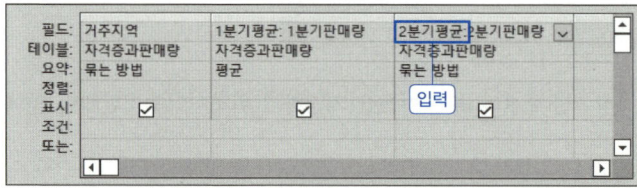

> **주희쌤 Tip**
> 콜론(:) 앞의 '2분기평균'은 필드 이름으로, 필드 값으로는 '2분기판매량'의 평균이 계산되어 표시됩니다.

⑩ '2분기평균: 2분기판매량' 필드의 '요약' 목록 단추(▼)를 클릭해 '평균'을 선택합니다.

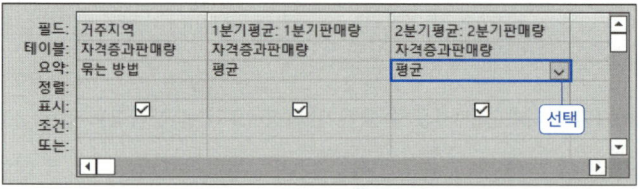

> **주희쌤 Tip**
> '1분기평균: 1분기판매량' 필드의 조건에 '>=85'를 입력하면 85 이상만 조회되도록 필터링 됩니다.

⑪ '1분기평균: 1분기판매량' 필드의 '조건' 입력란에 '>=85'를 입력하고 Enter 를 누릅니다.

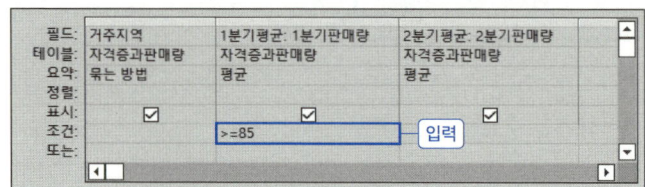

⑫ '1분기평균: 1분기판매량' 필드의 값 형식을 설정하기 위해 '1분기평균: 1분기판매량' 필드를 클릭합니다.

⑬ 선택한 필드의 [속성 시트] 창에서 [일반] 탭의 '형식' 속성을 클릭해 커서가 이동되면 '0'을 입력하고 Enter 를 누릅니다.

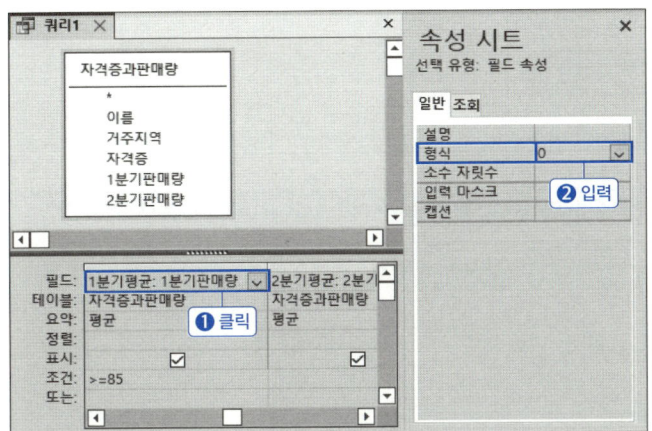

⑭ '2분기평균: 2분기판매량' 필드의 값 형식을 설정하기 위해 '2분기평균: 2분기판매량' 필드를 클릭합니다.

⑮ 선택한 필드의 [속성 시트] 창에서 [일반] 탭의 '형식' 속성을 클릭해 커서가 이동되면 '0'을 입력하고 Enter 를 누릅니다.

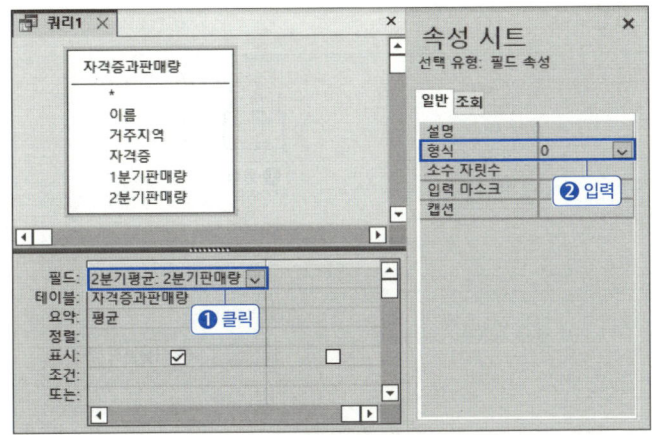

⑯ 결과를 확인하기 위해 [쿼리 디자인] 탭-[결과] 그룹-[실행]을 클릭합니다.

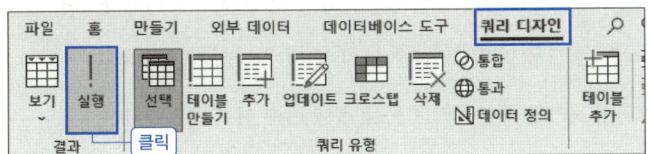

> **주희쌤 Tip**
> 값의 형식은 해당 필드의 필드 [속성 시트] 창에서 지정합니다. 화면의 오른쪽에 필드 [속성 시트] 창이 보이지 않을 경우 [쿼리 디자인] 탭-[표시/숨기기] 그룹-[속성 시트]를 클릭하세요.

> **주희쌤 Tip**
> 엑셀(셀 서식)에서 배웠던 부분입니다.
>
> | 데이터 | 형식 | 적용 후 |
> |---|---|---|
> | 7.5 | 0 | 8 |
> | 7.1 | 0 | 7 |

> **주희쌤 Tip**
> Ⓠ '소수 자릿수' 속성에 '0'을 지정했는데 왜 소수 자릿수가 표시되죠?
> Ⓐ '형식' 속성이 없기 때문입니다. '형식' 속성을 '표준'으로 지정한 다음 '소수 자릿수' 속성에 '0'을 지정하세요.

⑰ 저장(📁)을 클릭한 후 [다른 이름으로 저장] 대화상자가 나타나면 쿼리 이름을 '판매량평균'으로 입력하고 [확인] 단추를 클릭합니다.

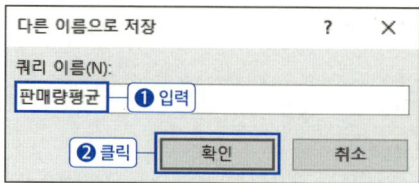

⑱ 닫기(❌)를 클릭해 작성한 쿼리를 닫습니다.

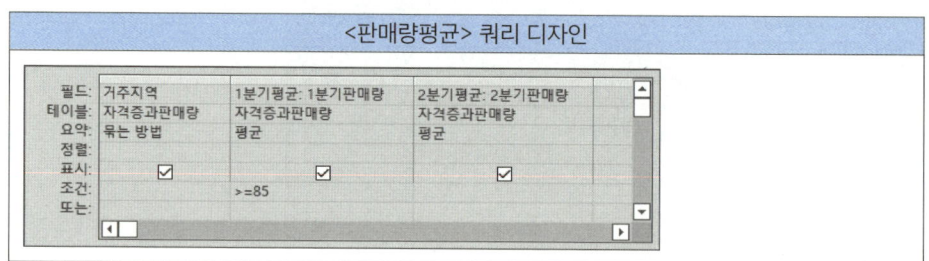

① [만들기] 탭-[쿼리] 그룹-[쿼리 디자인]을 클릭합니다.

② 쿼리가 디자인 보기로 열리면 [테이블 추가] 창의 [테이블] 탭에서 <부산직원>을 더블클릭하여 쿼리 디자인 보기에 표시합니다.

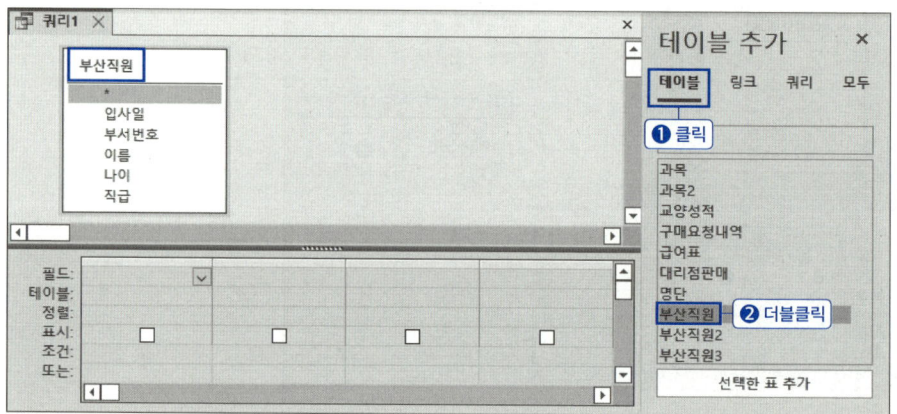

③ <부산직원> 테이블에서 [부서번호] 필드를 더블클릭해 눈금의 첫 번째 열로 지정합니다.

④ <부산직원> 테이블에서 [직급] 필드를 더블클릭해 눈금의 두 번째 열로 지정합니다.

⑤ <부산직원> 테이블에서 [나이] 필드를 더블클릭해 눈금의 세 번째 열로 지정합니다.

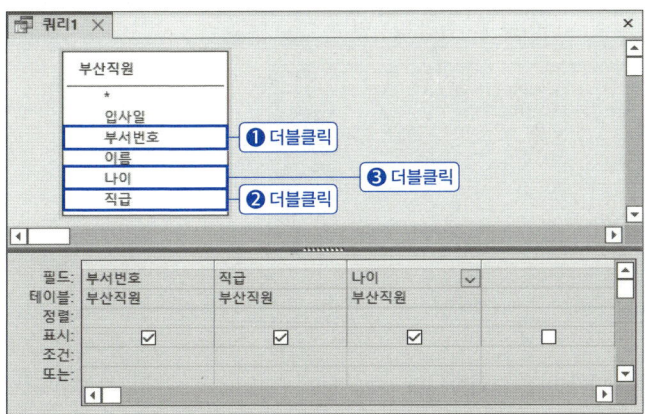

⑥ 그룹별 나이의 평균을 설정하기 위해 [쿼리 디자인] 탭-[표시/숨기기] 그룹-[요약]을 클릭합니다.

⑦ 눈금에 '요약' 행이 표시되면 '부서번호' 필드와 '직급' 필드의 '요약'이 '묶는 방법'인지 확인하고, '나이' 필드의 '요약' 목록 단추(▽)를 클릭해 '평균'을 선택합니다.

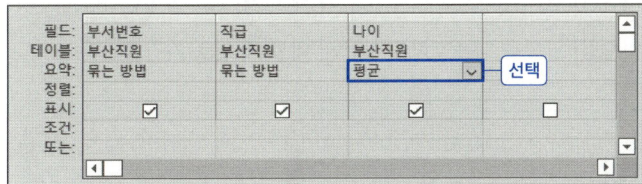

⑧ 정렬을 설정하기 위해 '직급' 필드의 '정렬' 목록 단추(▽)를 클릭해 '내림차순'을 선택합니다.

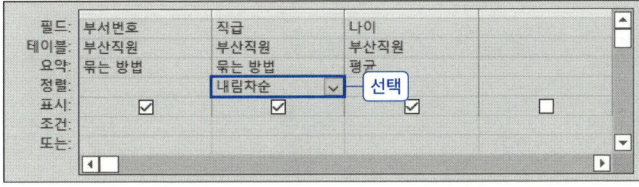

⑨ 결과를 확인하기 위해 [쿼리 디자인] 탭-[결과] 그룹-[실행]을 클릭합니다.

⑩ 저장(💾)을 클릭한 후 [다른 이름으로 저장] 대화상자가 나타나면 쿼리 이름을 '나이평균'으로 입력하고 [확인] 단추를 클릭합니다.

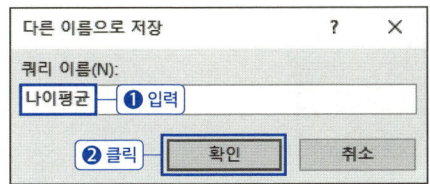

⑪ 닫기(✖)를 클릭해 작성한 쿼리를 닫습니다.

> **주희쌤 Tip**
> 쿼리는 작성하는 방법이 다양하므로 작성 방법은 다르지만 결과가 같으면 정답으로 처리됩니다.

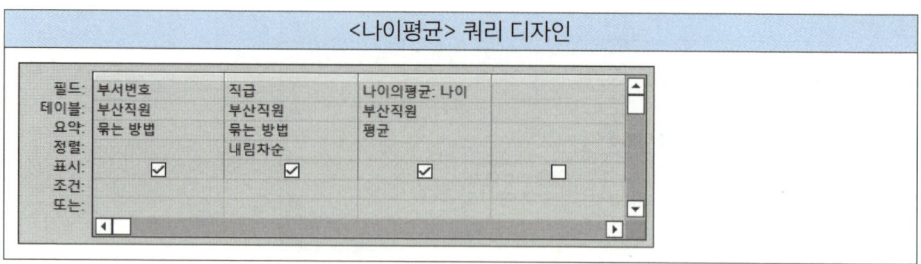

① [만들기] 탭-[쿼리] 그룹-[쿼리 디자인]을 클릭합니다.

② 쿼리가 디자인 보기로 열리면 [테이블 추가] 창의 [테이블] 탭에서 <대리점판매>를 더블클릭하여 쿼리 디자인 보기에 표시합니다.

③ <대리점판매> 테이블에서 [대리점] 필드를 더블클릭해 눈금의 첫 번째 열로 지정합니다.

④ <대리점판매> 테이블에서 [제품명] 필드를 더블클릭해 눈금의 두 번째 열로 지정합니다.

⑤ <대리점판매> 테이블에서 [단가] 필드를 더블클릭해 눈금의 세 번째 열로 지정합니다.

⑥ <대리점판매> 테이블에서 [수량] 필드를 더블클릭해 눈금의 네 번째 열로 지정합니다.

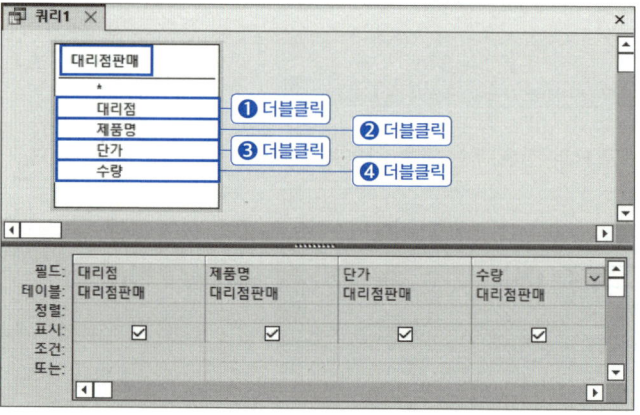

⑦ 조건을 설정하기 위해 '제품명' 필드의 '조건' 입력란에 'is null'을 입력합니다.

⑧ Enter 를 누르면 'Is Null'로 변경된 것을 확인할 수 있습니다.

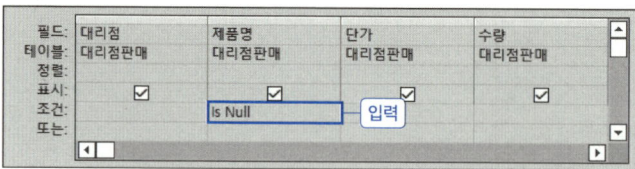

⑨ 이어서 '단가' 필드의 '또는' 입력란에 'is null'을 입력합니다.

⑩ Enter 를 누르면 'Is Null'로 변경된 것을 확인할 수 있습니다.

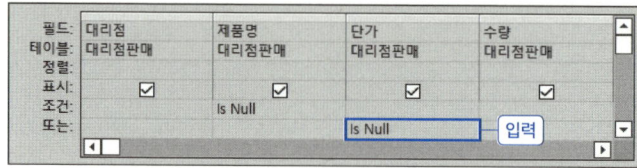

> **주희쌤 Tip**
> 널(Null)은 공백도 아니고 0도 아니고 부재를 나타냅니다.

> **주희쌤 Tip**
> OR 조건이므로 다른 행에 입력합니다.

⑪ 결과를 확인하기 위해 [쿼리 디자인] 탭-[결과] 그룹-[실행]을 클릭합니다.

⑫ 저장(💾)을 클릭한 후 [다른 이름으로 저장] 대화상자가 나타나면 쿼리 이름을 '자료확인'으로 입력하고 [확인] 단추를 클릭합니다.

⑬ 닫기(✖)를 클릭해 작성한 쿼리를 닫습니다.

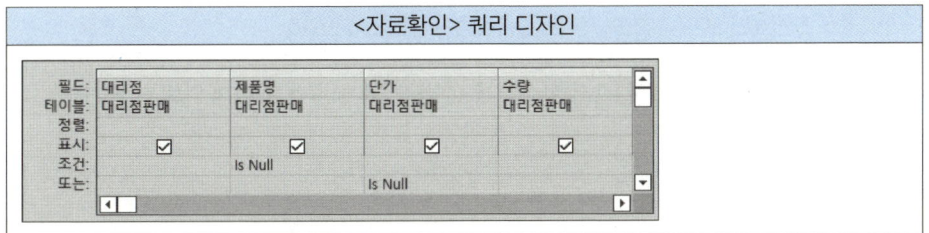

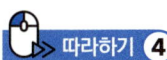

① [만들기] 탭-[쿼리] 그룹-[쿼리 디자인]을 클릭합니다.

② 쿼리가 디자인 보기로 열리면 [테이블 추가] 창의 [테이블] 탭에서 <사원>, <부서>를 각각 더블클릭하여 쿼리 디자인 보기에 표시합니다.

③ <사원> 테이블에서 [이름] 필드를 더블클릭해 눈금의 첫 번째 열로 지정합니다.

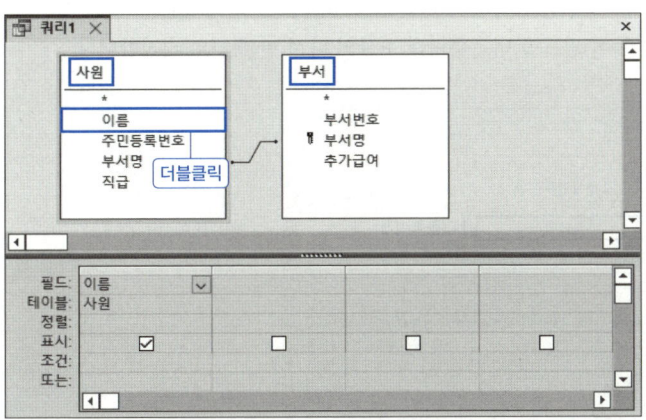

> ★ 주희쌤 Tip
> 추가한 <사원> 테이블과 <부서> 테이블 간에 관계를 알 수 있습니다. 두 테이블은 [부서명] 필드로 연결되어 있습니다.

④ '생년월일' 필드를 추가하기 위해 두 번째 열 '필드' 입력란에 '생년월일:dateserial(left(주민등록번호,2),mid(주민등록번호,3,2),mid(주민등록번호,5,2))'를 입력합니다.

⑤ Enter 를 누르면 '생년월일: DateSerial(Left([주민등록번호],2),Mid([주민등록번호],3,2),Mid([주민등록번호],5,2))'로 변경된 것을 확인할 수 있습니다.

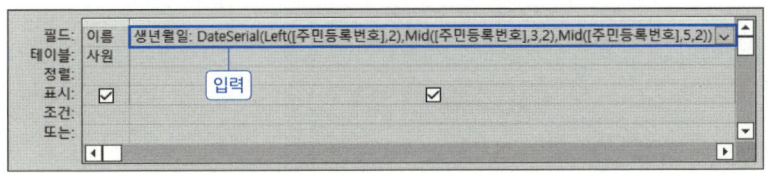

⑥ '성별' 필드를 추가하기 위해 세 번째 열 '필드' 입력란에 '성별:iif(mid(주민등록번호,8,1)="2","여자","남자")'를 입력합니다.

> ★ 주희쌤 Tip
> <사원> 테이블의 [주민등록번호] 필드를 더블클릭해 눈금에 먼저 내려놓고 수정해도 됩니다. 즉, 방법은 상관없습니다.

> ★ 주희쌤 Tip
> Shift + F2 를 누르면 [확대/축소] 창이 호출됩니다.

> ★ 주희쌤 Tip
> Enter 를 눌렀을 때 '주민등록번호'에 대괄호가 붙는 이유는 '주민등록번호'가 필드이기 때문입니다.

주희쌤 Tip

엑셀		액세스
DATE	=	DATESERIAL
IF	=	IIF
TODAY	=	DATE

함수의 이름은 다르지만 인수와 의미가 같습니다.

주희쌤 Tip

엑셀은 LEFT, RIGHT, MID로 추출한 결과를 숫자와 비교하기 위하여 곱하기 1을 했지만 액세스는 하지 않아도 됩니다.
MID([주민등록번호],8,1)*1=2
MID([주민등록번호],8,1)=2
MID([주민등록번호],8,1)="2"
위의 식 모두 결과가 같습니다.

주희쌤 Tip

두 테이블의 조인된 필드가 일치하는 행만 포함되게끔 조인 속성이 지정되어 있기 때문에 <사원> 테이블의 [부서명] 필드를 이용해도 됩니다.

주희쌤 Tip

액세스는 와일드카드 문자를 사용한 앞에 'Like'가 자동으로 입력됩니다. 자동으로 입력되지 않을 경우 직접 입력해야 합니다.

예

- A부터 D까지만 표시 :
  Like "[A-D]"
- A부터 D로 시작하는 것만 표시
  Like "[A-D]*"
- 10에서 9까지만 표시 :
  Like "[1-9]"
- 첫 글자는 '김'이고, 두 번째 글자는 '주'나 '민'이 아니고, 세 번째 글자는 '희' :
  Like "김[!주민]희"

⑦ Enter 를 누르면 '성별: IIf(Mid([주민등록번호],8,1)="2","여자","남자")'로 변경된 것을 확인할 수 있습니다.

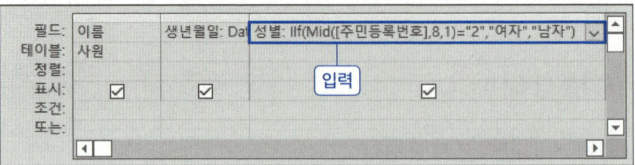

⑧ 이어서 <부서> 테이블에서 [부서명] 필드를 더블클릭해 눈금의 네 번째 열로 지정합니다.

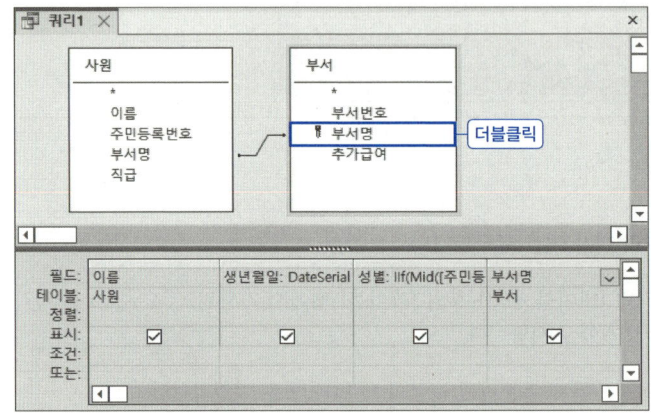

⑨ <부서> 테이블에서 [추가급여] 필드를 더블클릭해 눈금의 다섯 번째 열로 지정합니다.

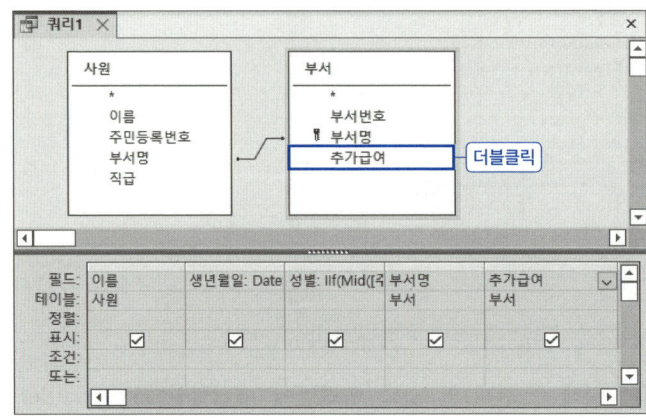

⑩ 조건을 설정하기 위해 네 번째 열 '부서명' 필드의 '조건' 입력란에 '*기획부'를 입력합니다.

⑪ Enter 를 누르면 'Like "*기획부"'로 변경된 것을 확인할 수 있습니다.

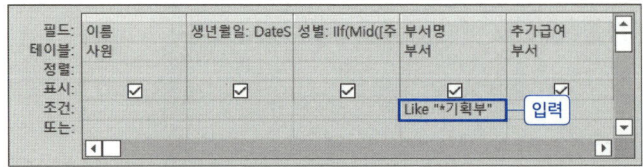

⑫ 정렬을 설정하기 위해 '부서명' 필드의 '정렬' 목록 단추(▼)를 클릭해 '오름차순'을 선택합니다.

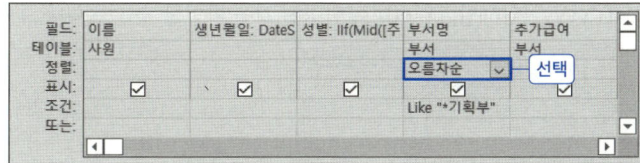

⑬ 결과를 확인하기 위해 [쿼리 디자인] 탭-[결과] 그룹-[실행]을 클릭합니다.

⑭ 저장(🔳)을 클릭한 후 [다른 이름으로 저장] 대화상자가 나타나면 쿼리 이름을 '부서통합사원'으로 입력하고 [확인] 단추를 클릭합니다.

⑮ 닫기(✖)를 클릭해 작성한 쿼리를 닫습니다.

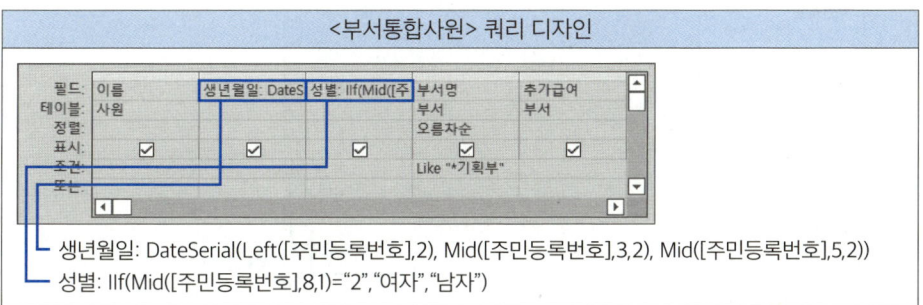

 따라하기 ⑤

① [만들기] 탭-[쿼리] 그룹-[쿼리 디자인]을 클릭합니다.

② 쿼리가 디자인 보기로 열리면 [테이블 추가] 창의 [테이블] 탭에서 <부산직원>을 더블클릭하여 쿼리 디자인 보기에 표시합니다.

③ <부산직원> 테이블에서 [부서번호] 필드를 더블클릭해 눈금의 첫 번째 열로 지정합니다.

④ <부산직원> 테이블에서 [이름] 필드를 더블클릭해 눈금의 두 번째 열로 지정합니다.

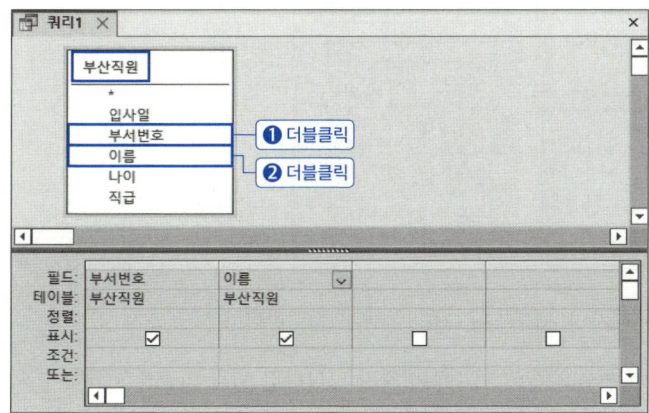

⑤ '년차' 필드를 추가하기 위해 세 번째 열 '필드' 입력란에 '년차:datediff("yyyy",입사일,date())'를 입력합니다.

> **주희쌤 Tip**
>
> Enter를 눌렀을 때 '입사일'에 대괄호가 붙는 이유는 '입사일'이 필드이기 때문입니다.

> **주희쌤 Tip**
>
> 테이블(문제유형2 3번)에서 배웠던 부분입니다.
>
> | | 날짜 | 날짜+시간 |
> |---|---|---|
> | 엑셀 | TODAY | NOW |
> | 액세스 | DATE | |
> | VBE | | |
>
> VBE은 'DATE'만 입력하였지만, 액세스는 'DATE()'를 입력해야 합니다. ('NOW' 함수도 마찬가지로 액세스는 'NOW()'를 입력해야 합니다.)

> **주희쌤 Tip**
>
> 테이블(문제유형2 5번)에서 배웠던 부분입니다.
> DATEDIFF("yyyy",[입사일],Date())
> ↑ 입사일 날짜가 '2024-8-15'이고 오늘 날짜가 '2025-1-1'이면 '1' 표시

⑥ Enter 를 누르면 '년차: DateDiff("yyyy",[입사일],Date())'로 변경된 것을 확인할 수 있습니다.

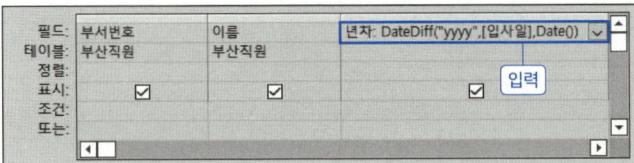

⑦ 이어서 <부산직원> 테이블에서 [나이] 필드를 더블클릭해 눈금의 네 번째 열로 지정합니다.

⑧ 정렬을 설정하기 위해 '나이' 필드의 '정렬' 목록 단추(▼)를 클릭해 '오름차순'을 선택합니다.

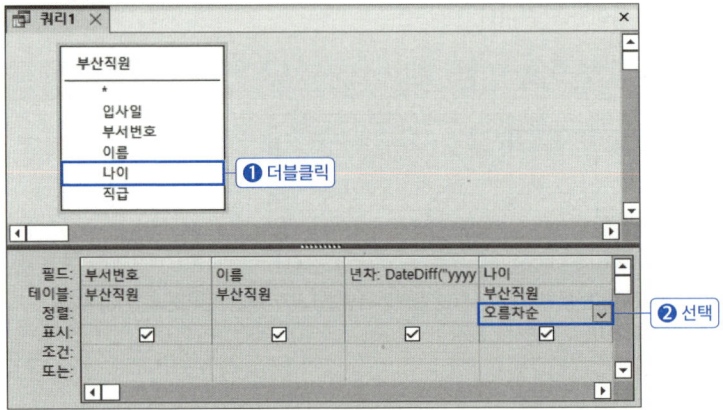

⑨ 레코드를 상위 3번째까지 표시하기 위해 쿼리 디자인 보기의 빈 영역을 클릭합니다.

⑩ 선택한 쿼리의 [속성 시트] 창에서 [일반] 탭의 '상위 값' 속성을 클릭해 커서가 이동되면 '3'을 입력하고 Enter 를 누릅니다.

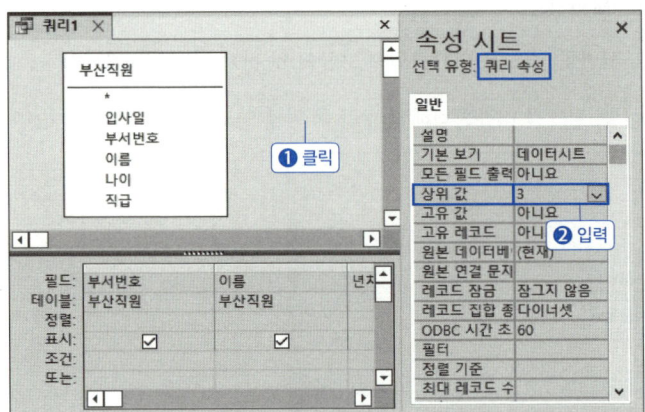

⑪ 결과를 확인하기 위해 [쿼리 디자인] 탭-[결과] 그룹-[실행]을 클릭합니다.

⑫ 저장(💾)을 클릭한 후 [다른 이름으로 저장] 대화상자가 나타나면 쿼리 이름을 '근속년수'로 입력하고 [확인] 단추를 클릭합니다.

⑬ 닫기(✖)를 클릭해 작성한 쿼리를 닫습니다.

<근속년수> 쿼리 디자인

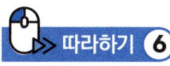 따라하기 6

① [만들기] 탭-[쿼리] 그룹-[쿼리 디자인]을 클릭합니다.

② 쿼리가 디자인 보기로 열리면 쿼리가 디자인 보기로 열리면 [테이블 추가] 창의 [테이블] 탭에서 <대리점판매>을 더블클릭하여 쿼리 디자인 보기에 표시합니다.

③ <대리점판매> 테이블에서 [제품명] 필드를 더블클릭해 눈금의 첫 번째 열로 지정합니다.

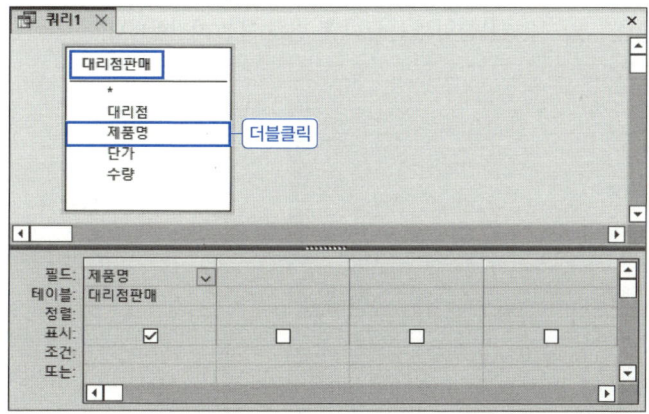

④ '지역' 필드를 추가하기 위해 두 번째 열 '필드' 입력란에 '지역:left(대리점,instr(대리점," ")-1)'을 입력합니다.

⑤ Enter를 누르면 '지역: Left([대리점],InStr([대리점]," ")-1)'로 변경된 것을 확인할 수 있습니다.

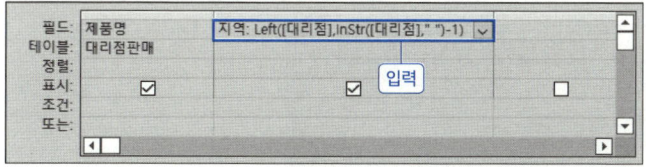

⑥ 결과를 확인하기 위해 [쿼리 디자인] 탭-[결과] 그룹-[실행]을 클릭합니다.

⑦ 저장(💾)을 클릭한 후 [다른 이름으로 저장] 대화상자가 나타나면 쿼리 이름을 '제품지역'으로 입력하고 [확인] 단추를 클릭합니다.

⑧ 닫기(✖)를 클릭해 작성한 쿼리를 닫습니다.

★ 주희쌤 Tip

<대리점판매> 테이블의 [대리점] 필드를 더블클릭해 눈금에 먼저 내려놓고 수정해도 됩니다. 즉, 방법은 상관없습니다.

★ 주희쌤 Tip

Enter를 눌렀을 때 '대리점'에 대괄호가 붙는 이유는 '대리점'이 필드이기 때문입니다.

★ 주희쌤 Tip

대리점 → 첫 번째 공백이 나오기 전까지 표시

예
이태원 맛나문구 → 이태원
종로 이주희문구 → 종로

Left(, 공백의 위치 전까지)
Left(, 공백의 위치-1)
Left(, InStr(," ")-1)

<제품지역> 쿼리 디자인

필드:	제품명	지역: Left([대리점],InStr([대리점]," ")-1)	
테이블:	대리점판매		
정렬:			
표시:	☑	☑	☐
조건:			
또는:			

따라하기 7

① [만들기] 탭-[쿼리] 그룹-[쿼리 디자인]을 클릭합니다.

② 쿼리가 디자인 보기로 열리면 [테이블 추가] 창의 [테이블] 탭에서 <부산직원>을 더블클릭하여 쿼리 디자인 보기에 표시합니다.

③ <부산직원> 테이블에서 [부서번호] 필드를 더블클릭해 눈금의 첫 번째 열로 지정합니다.

④ <부산직원> 테이블에서 [이름] 필드를 더블클릭해 눈금의 두 번째 열로 지정합니다.

> **주희쌤 Tip**
> 엑셀(조건부서식5 시트)에서 배웠던 부분입니다.
>
> | | AND |
> |---|---|
> | 엑셀 | AND(인수1, 인수2) |
> | 액세스 | 인수1 AND 인수2 |
>
> | | OR |
> |---|---|
> | 엑셀 | OR(인수1, 인수2) |
> | 액세스 | 인수1 OR 인수2 |
>
> | | MOD |
> |---|---|
> | 엑셀 | MOD (number, divisor) |
> | 액세스 | number MOD divisor |

> **주희쌤 Tip**
> Q 꼭 새로운 필드를 만들어서 조건을 지정해야 하나요?
> 첫 번째 열인 '부서번호' 필드의 조건에 'Right([부서번호],2) Mod "2" ="0"'를 입력해도 같은 결과가 나오는데요.
> A 쿼리는 만드는 방법이 너무나 다양하여 결과가 같다면 정답 처리됩니다.

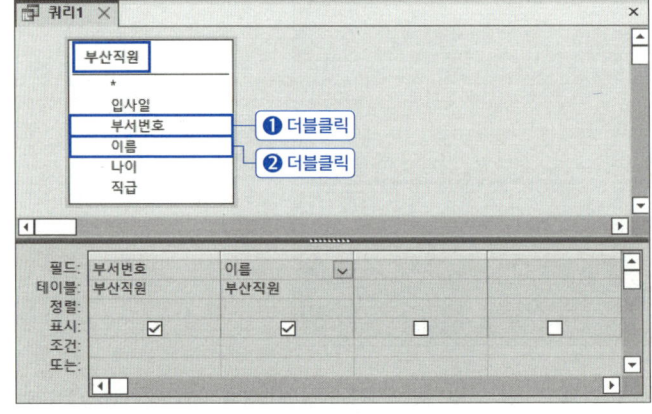

⑤ 조건을 설정하기 위해 세 번째 열의 '필드' 입력란에 'right(부서번호,2) mod 2'를 입력합니다.

⑥ Enter 를 누르면 'Expr1: Right([부서번호],2) Mod 2'로 변경된 것을 확인할 수 있습니다.

> **주희쌤 Tip**
> Q '필드'에 입력할 때와 '조건'에 입력할 때의 차이점이 뭔가요?
> A '필드'는 필드 안에 들어가는 데이터 값을 지정하고, '조건'은 필드에 데이터가 들어가 있는 상태에서 필터링하고자 하는 조건을 지정합니다.

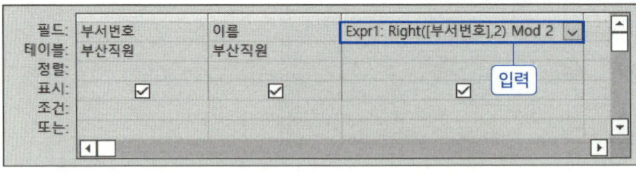

⑦ 이어서 'Expr1: Right([부서번호],2) Mod 2' 필드의 '조건' 입력란에 '0'을 입력하고 '표시' 확인란을 클릭하여 선택을 취소합니다.

> **주희쌤 Tip**
> 'expr'은 액세스에서 자동으로 부여하는 필드 이름으로 데이터시트 보기에 표시될 필드가 아니므로 신경 쓰지 않아도 됩니다.

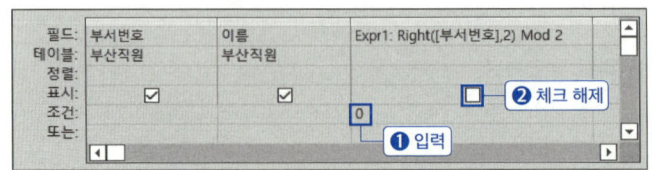

⑧ 결과를 확인하기 위해 [쿼리 디자인] 탭-[결과] 그룹-[실행]을 클릭합니다.

⑨ 저장(🖫)을 클릭한 후 [다른 이름으로 저장] 대화상자가 나타나면 쿼리 이름을 '짝수부서'로 입력하고 [확인] 단추를 클릭합니다.

⑩ 닫기(✖)를 클릭해 작성한 쿼리를 닫습니다.

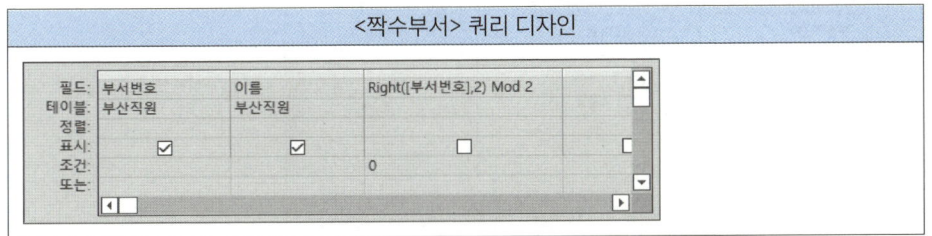

따라하기 ⑧

① [만들기] 탭-[쿼리] 그룹-[쿼리 디자인]을 클릭합니다.

② 쿼리가 디자인 보기로 열리면 [테이블 추가] 창의 [테이블] 탭에서 <부산직원>, <급여표>를 각각 더블클릭하여 쿼리 디자인 보기에 표시합니다.

③ <부산직원> 테이블에서 [입사일] 필드를 더블클릭해 눈금의 첫 번째 열로 지정합니다.

④ <부산직원> 테이블에서 [이름] 필드를 더블클릭해 눈금의 두 번째 열로 지정합니다.

⑤ <급여표> 테이블에서 [직급] 필드를 더블클릭해 눈금의 세 번째 열로 지정합니다.

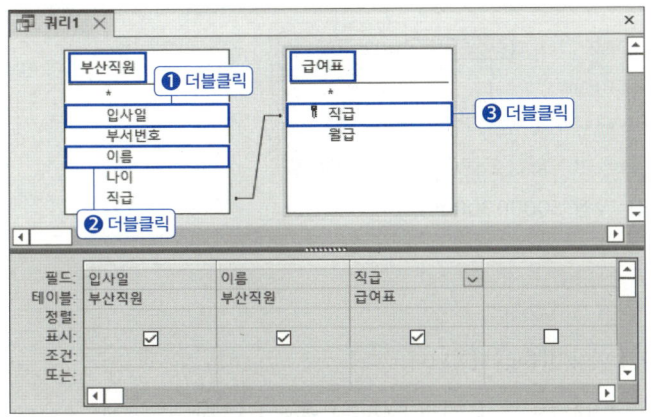

⑥ '보너스' 필드를 추가하기 위해 네 번째 열의 '필드' 입력란에 '보너스:iif(부산직원.직급="부장",50000,30000)'를 입력합니다.

⑦ Enter 를 누르면 '보너스: Iif([부산직원].[직급]="부장",50000,30000)'로 변경된 것을 확인할 수 있습니다.

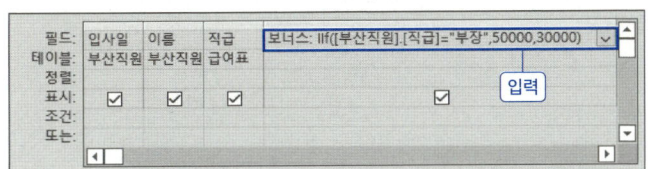

⑧ <부산직원> 테이블에서 [입사일] 필드를 더블클릭해 눈금의 다섯 번째 열로 지정합니다.

> **주희쌤 Tip**
> 추가한 <부산직원> 테이블과 <급여표> 테이블 간에 관계를 알 수 있습니다. 두 테이블은 [직급] 필드로 연결되어 있습니다.

> **주희쌤 Tip**
> 두 테이블의 조인된 필드가 일치하는 행만 포함되게끔 조인 속성이 지정되어 있기 때문에 <부산직원> 테이블의 [직급] 필드를 이용해도 됩니다.
>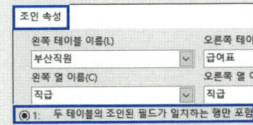
> (↑ [조인 속성]은 필드 연결선을 더블클릭하면 나타납니다)

> **주희쌤 Tip**
>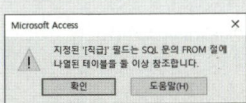
> ↑ '테이블을 둘 이상 참조합니다.' 메시지가 나오는 이유는 계산에 참여한 필드가 여러 테이블을 참조하기 때문입니다.
> 이러한 경우 필드 이름 앞에 참조할 테이블 개체 이름을 지정합니다.
> '[부산직원].[직급]', '[급여표].[직급]', '[부산직원.직급]', '[급여표.직급]' 모두 상관이 없습니다.

> **주희쌤 Tip**
>
> Ⓠ 첫 번째 열에 있는 '입사일'을 이용해 정렬하지 않는 이유가 있나요?
>
> Ⓐ 기본적으로 왼쪽 열이 우선 정렬되기 때문에 아래와 같이 작성할 경우 입사일이 1차적으로 정렬되고, 직급이 2차적으로 정렬됩니다.

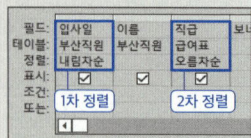

⑨ 정렬을 설정하기 위해 '직급' 필드의 '정렬' 목록 단추(▽)를 클릭해 '오름차순'을 선택하고, '입사일' 필드의 '정렬' 목록 단추(▽)를 클릭해 '내림차순'을 선택한 후 '입사일' 필드의 '표시' 확인란을 클릭하여 선택을 취소합니다.

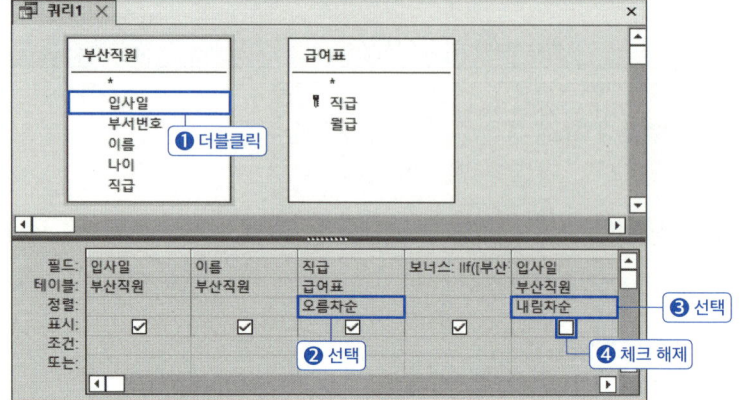

⑩ 결과를 확인하기 위해 [쿼리 디자인] 탭-[결과] 그룹-[실행]을 클릭합니다.

⑪ 저장(📄)을 클릭한 후 [다른 이름으로 저장] 대화상자가 나타나면 쿼리 이름을 '부장보너스'로 입력하고 [확인] 단추를 클릭합니다.

⑫ 닫기(✖)를 클릭해 작성한 쿼리를 닫습니다.

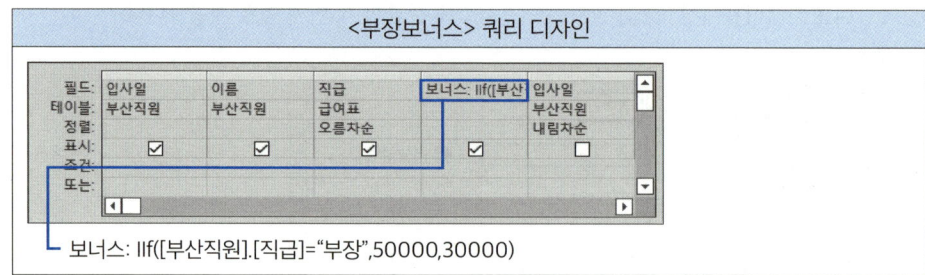

▶ 따라하기 ⑨

① [만들기] 탭-[쿼리] 그룹-[쿼리 디자인]을 클릭합니다.

② 쿼리가 디자인 보기로 열리면 [테이블 추가] 창의 [테이블] 탭에서 <구매요청내역>을 더블 클릭하여 쿼리 디자인 보기에 표시합니다.

③ '신청요일' 필드를 추가하기 위해 눈금의 첫 번째 열 '필드' 입력란에 '신청요일:choose(weekday(신청일),"일","월","화","수","목","금","토")'를 입력합니다.

④ Enter 를 누르면 '신청요일: Choose(Weekday([신청일]),"일","월","화","수","목","금","토")'로 변경된 것을 확인할 수 있습니다.

> **주희쌤 Tip**
>
> Weekday(날짜)
> : 날짜의 요일 번호(1~7)를 표시 (일요일:1~토요일:7)
>
> 예를 들어,
> Weekday(Date())
> ↑ 오늘 날짜가 일요일이면 '1'을 표시, 월요일이면 '2'를 표시, 토요일이면 '7'을 표시

> **주희쌤 Tip**
>
> 엑셀(함수 46번)에서 배웠던 부분입니다.
>
> CHOOSE(index_num, value1, [value2], ...)
>
> index_num이 1이면 value1을 반환, index_num이 2이면 value2를 반환. index_num에 따라 value를 골라서 표시

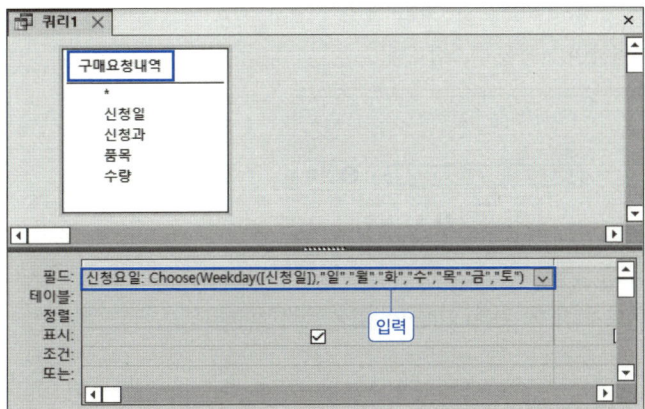

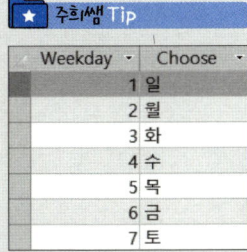

↑ Weekday 함수는 요일 번호를 반환하고, Choose 함수는 번호에 따른 value 값을 반환합니다.

⑤ <구매요청내역> 테이블에서 [수량] 필드를 더블클릭해 눈금의 두 번째 열로 지정합니다.

⑥ '수량' 필드의 이름을 변경하기 위하여 '수량' 앞에 '수량의평균:'을 입력하고 Enter 를 누릅니다.

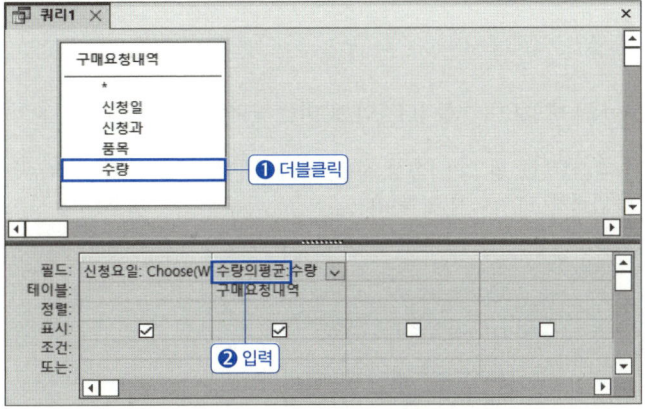

⑦ 그룹별 평균을 설정하기 위해 [쿼리 디자인] 탭-[표시/숨기기] 그룹-[요약]을 클릭합니다.

⑧ 눈금에 '요약' 행이 표시되면 '수량의평균: 수량' 필드의 '요약' 목록 단추(∨)를 클릭해 '평균'을 선택합니다.

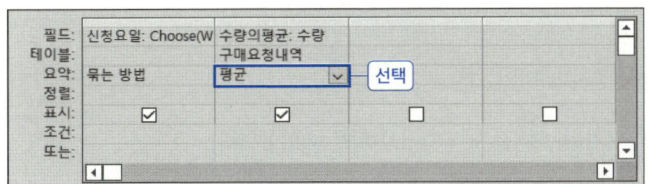

⑨ 정렬을 설정하기 위해 세 번째 열의 '필드' 입력란에 'weekday(신청일)'을 입력합니다.

⑩ Enter 를 누르면 'Expr1: Weekday([신청일])'로 변경된 것을 확인할 수 있습니다.

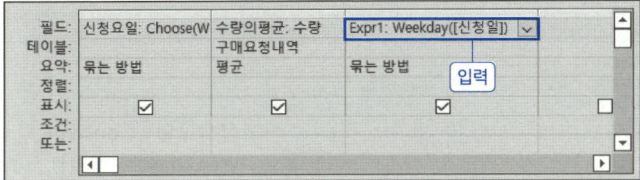

⑪ 이어서 'Expr1: Weekday([신청일])' 필드의 '정렬' 목록 단추(☑)를 클릭해 '오름차순'을 선택하고 '표시' 확인란을 클릭하여 선택을 취소합니다.

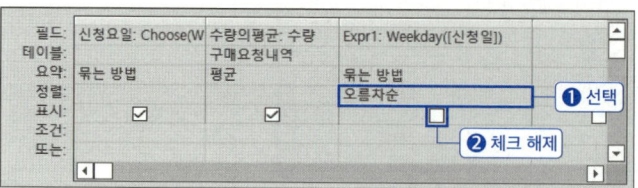

⑫ 결과를 확인하기 위해 [쿼리 디자인] 탭-[결과] 그룹-[실행]을 클릭합니다.

> **주희쌤 Tip**
> 실행을 했을 때 문제에 제시된 그림과 일치하지 않으면 다시 '디자인 보기'로 돌아와 수정해야 합니다.

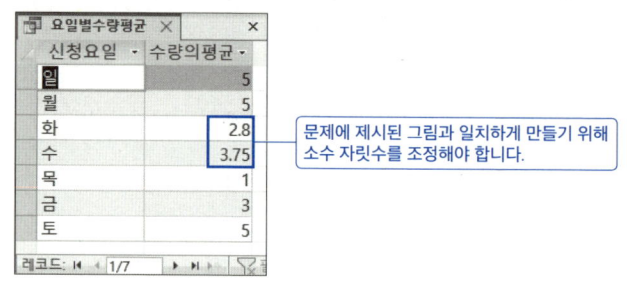

문제에 제시된 그림과 일치하게 만들기 위해 소수 자릿수를 조정해야 합니다.

⑬ 소수 자릿수를 지정하기 위해 [홈] 탭-[보기] 그룹-[디자인 보기]를 클릭합니다.

⑭ '수량의평균: 수량'을 클릭한 후 선택한 필드의 [속성 시트] 창에서 [일반] 탭의 '형식' 속성을 클릭해 커서가 이동되면 '0'을 입력하고 Enter 를 누릅니다.

> **주희쌤 Tip**
> 문제에 소수 자릿수에 대한 지시는 없지만 그림과 일치하게 만들기 위해 설정해야 합니다.

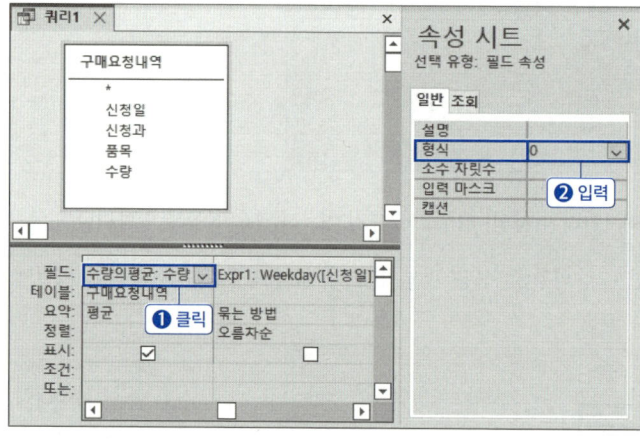

⑮ 결과를 확인하기 위해 [쿼리 디자인] 탭-[결과] 그룹-[실행]을 클릭합니다.

⑯ 저장(💾)을 클릭한 후 [다른 이름으로 저장] 대화상자가 나타나면 쿼리 이름을 '요일별수량평균'으로 입력하고 [확인] 단추를 클릭합니다.

⑰ 닫기(✖)를 클릭해 작성한 쿼리를 닫습니다.

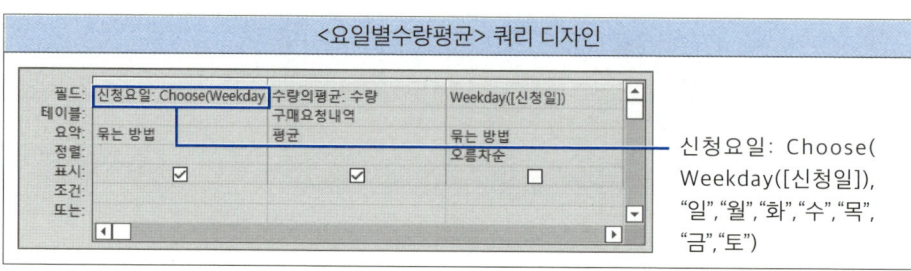

신청요일: Choose(Weekday([신청일]), "일","월","화","수","목","금","토")

 따라하기 ⑩

① [만들기] 탭-[쿼리] 그룹-[쿼리 디자인]을 클릭합니다.

② 쿼리가 디자인 보기로 열리면 [테이블 추가] 창의 [테이블] 탭에서 <구매요청내역>을 더블클릭하여 쿼리 디자인 보기에 표시합니다.

③ <구매요청내역> 테이블에서 [품목] 필드를 더블클릭해 눈금의 첫 번째 열로 지정합니다.

④ <구매요청내역> 테이블에서 [신청과] 필드를 더블클릭해 눈금의 두 번째 열로 지정합니다.

⑤ <구매요청내역> 테이블에서 [수량] 필드를 더블클릭해 눈금의 세 번째 열로 지정합니다.

⑥ 조건을 설정하기 위해 '수량' 필드의 '조건' 입력란에 '>(select avg(수량) from 구매요청내역)'을 입력하고 Enter 를 누릅니다.

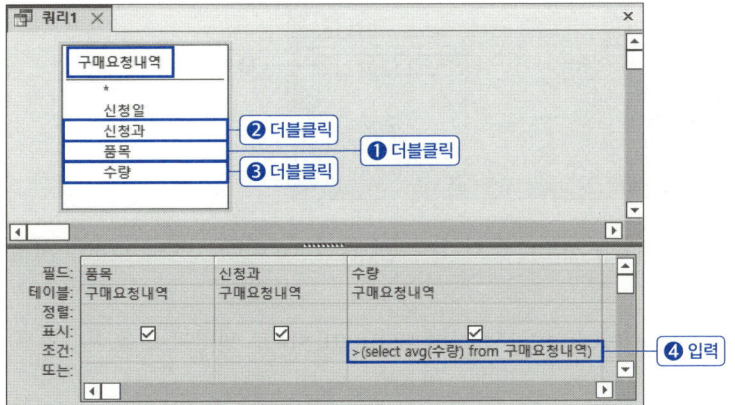

주희쌤 Tip

엑셀(함수 36번)에서 배웠던 부분입니다.

	평균
엑셀	AVERAGE
액세스	AVG
VBE	합계/개수

주희쌤 Tip

수량이 전체 수량 평균보다 큰
→ 수량 > 전체 수량 평균
→ 수량 > 구매요청내역 테이블의 수량 평균
→ 수량 > (Select 수량 평균 From 구매요청내역)
→ 수량 > (Select avg(수량) From 구매요청내역)

주희쌤 Tip

> (select avg([수량]) from 구매요청내역)
> (select avg(수량) from 구매요청내역)
↑ 두 SQL문의 실행 결과는 같습니다. 즉, SQL문의 필드 이름에는 대괄호([ ]) 생략이 가능합니다.

⑦ 결과를 확인하기 위해 [쿼리 디자인] 탭-[결과] 그룹-[실행]을 클릭합니다.

⑧ 저장(🖫)을 클릭한 후 [다른 이름으로 저장] 대화상자가 나타나면 쿼리 이름을 '평균보다큰품목'으로 입력하고 [확인] 단추를 클릭합니다.

⑨ 닫기(✖)를 클릭해 작성한 쿼리를 닫습니다.

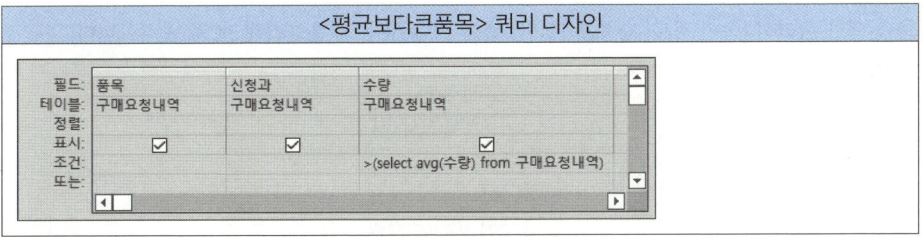

 따라하기 ⑪

① [만들기] 탭-[쿼리] 그룹-[쿼리 디자인]을 클릭합니다.

② 쿼리가 디자인 보기로 열리면 [테이블 추가] 창의 [테이블] 탭에서 <교양성적>을 더블클릭하여 쿼리 디자인 보기에 표시합니다.

③ <교양성적> 테이블에서 [시험날짜] 필드를 더블클릭해 눈금의 첫 번째 열로 지정합니다.

④ <교양성적> 테이블에서 [과] 필드를 더블클릭해 눈금의 두 번째 열로 지정합니다.

⑤ <교양성적> 테이블에서 [이름] 필드를 더블클릭해 눈금의 세 번째 열로 지정합니다.

⑥ '성적수정' 필드를 추가하기 위해 눈금의 네 번째 열 '필드' 입력란에 '성적수정:성적-1'을 입력합니다.

⑦ Enter 를 누르면 '성적수정: [성적]-1'로 변경된 것을 확인할 수 있습니다.

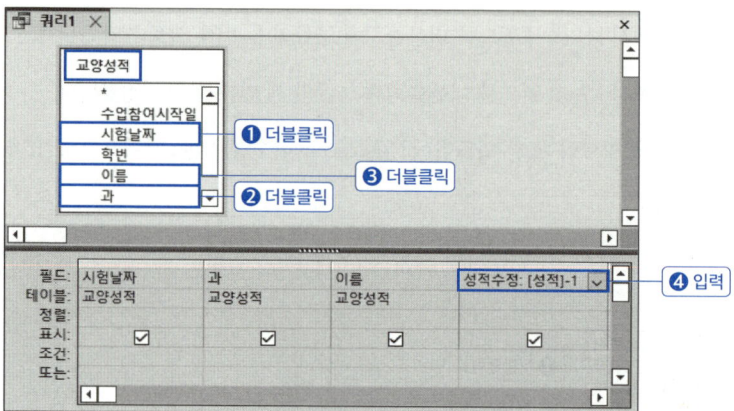

⑧ 조건을 설정하기 위해 '시험날짜' 필드의 '조건' 입력란에 'between 2016-1-15 and 2016-1-31'을 입력합니다.

⑨ Enter 를 누르면 'Between #2016-01-15# And #2016-01-31#'로 변경된 것을 확인할 수 있습니다.

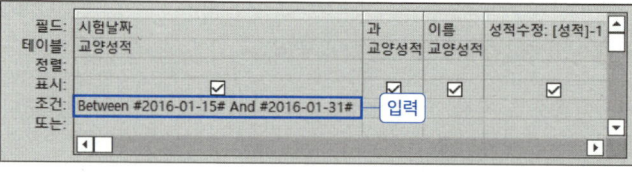

⑩ 동일한 데이터는 한 번만 출력되도록 설정하기 위해 쿼리 디자인 보기의 빈 영역을 클릭합니다.

⑪ 선택한 쿼리의 [속성 시트] 창에서 [일반] 탭의 '고유 값'을 더블클릭해 '예'로 변경합니다.

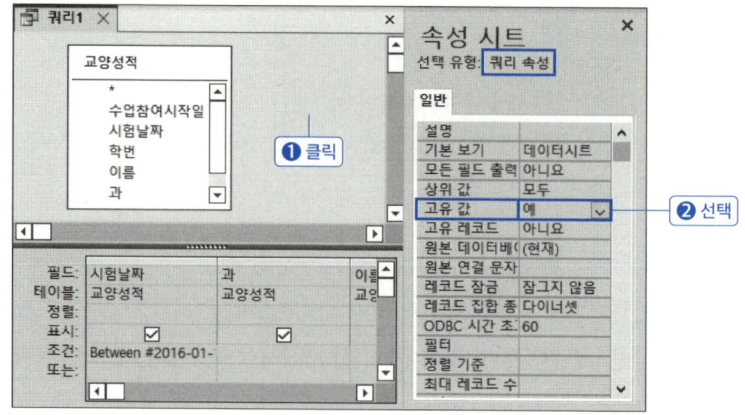

⑫ 결과를 확인하기 위해 [쿼리 디자인] 탭-[결과] 그룹-[실행]을 클릭합니다.

> **주희쌤Tip**
> 테이블(문제유형4 4번)에서 배웠던 부분입니다.
> >=1 AND <=9 = BETWEEN 1 AND 9

> **주희쌤Tip**
> 테이블(문제유형4 7번)에서 배웠던 부분입니다.
> 날짜/시간 입력 시 양 옆으로 '#'이 자동 입력됩니다. 자동으로 입력되지 않을 경우 직접 입력해야 합니다.

> **주희쌤Tip**
> 동일한 데이터를 한 번만 출력하라는 것은 중복 데이터는 생략하라는 의미로 '고유 값'을 '예'로 지정합니다.

⑬ 저장(📁)을 클릭한 후 [다른 이름으로 저장] 대화상자가 나타나면 쿼리 이름을 '성적수정'으로 입력하고 [확인] 단추를 클릭합니다.

⑭ 닫기(✖)를 클릭해 작성한 쿼리를 닫습니다.

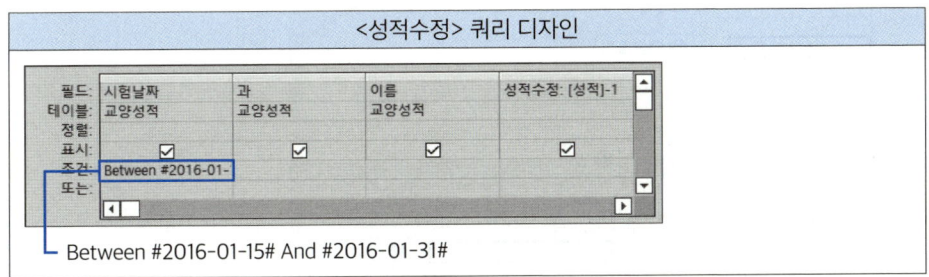

① [만들기] 탭-[쿼리] 그룹-[쿼리 디자인]을 클릭합니다.

② 쿼리가 디자인 보기로 열리면 [테이블 추가] 창의 [테이블] 탭에서 <교양성적>을 더블클릭하여 쿼리 디자인 보기에 표시합니다.

③ '참여월' 필드를 추가하기 위해 눈금의 첫 번째 열 '필드' 입력란에 '참여월:month(수업참여시작일)'을 입력합니다.

④ Enter 를 누르면 '참여월: Month([수업참여시작일])'로 변경된 것을 확인할 수 있습니다.

⑤ '참여월:Month([수업참여시작일])' 필드의 값 형식을 지정하기 위해 선택한 필드의 [속성 시트] 창에서 [일반] 탭의 '형식' 속성을 클릭하고 '0월'을 입력합니다.

⑥ Enter 를 누르면 '0₩월'로 변경된 것을 확인할 수 있습니다.

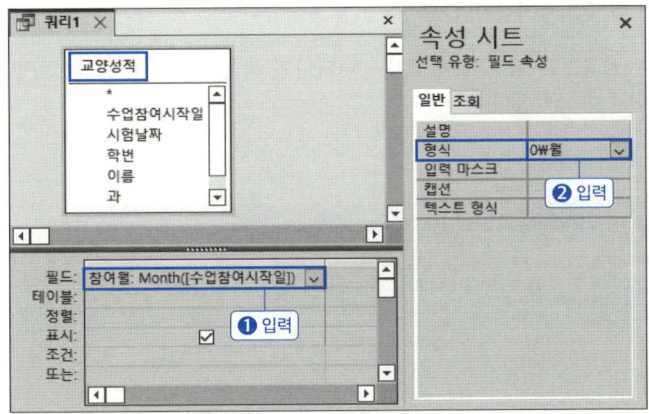

⑦ '인원수' 필드를 추가하기 위해 <교양성적> 테이블에서 [수업참여시작일] 필드를 더블클릭해 눈금의 두 번째 열로 지정합니다.

⑧ '수업참여시작일'의 필드 이름을 지정하기 위하여 '필드' 입력란의 '수업참여시작일' 앞에 '인원수:'를 입력하고 Enter 를 누릅니다.

⑨ 그룹별 개수를 설정하기 위해 [쿼리 디자인] 탭-[표시/숨기기] 그룹-[요약]을 클릭합니다.

★ 주희쌤 Tip

문제에서 개수를 구할 필드로 '수업참여시작일'을 제시하였습니다.

⑩ 눈금에 '요약' 행이 표시되면 '인원수: 수업참여시작일' 필드의 '요약' 목록 단추(▼)를 클릭해 '개수'를 선택합니다.

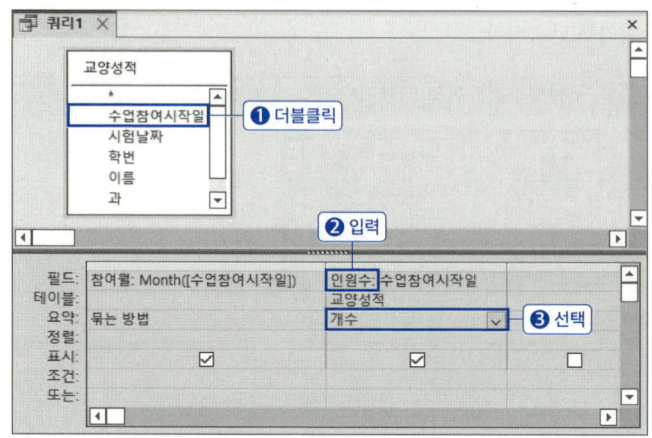

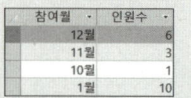

참여월	인원수
1월	10
10월	1
11월	3
12월	6

↑ '참여월'을 오름차순으로 정렬

참여월	인원수
12월	6
11월	3
10월	1
1월	10

↑ '참여월'을 내림차순으로 정렬

참여월	인원수	연도
10월	1	2015
11월	3	2015
12월	6	2015
1월	10	2016

↑ '수업참여시작일'의 '연도'를 오름차순으로 정렬

⑪ 정렬을 설정하기 위해 세 번째 열의 '필드' 입력란에 'year(수업참여시작일)'을 입력합니다.

⑫ Enter 를 누르면 'Expr1: Year([수업참여시작일])'로 변경된 것을 확인할 수 있습니다.

⑬ 이어서 'Expr1: Year([수업참여시작일])' 필드의 '정렬' 목록 단추(▼)를 클릭해 '오름차순'을 선택하고 '표시' 확인란을 클릭하여 선택을 취소합니다.

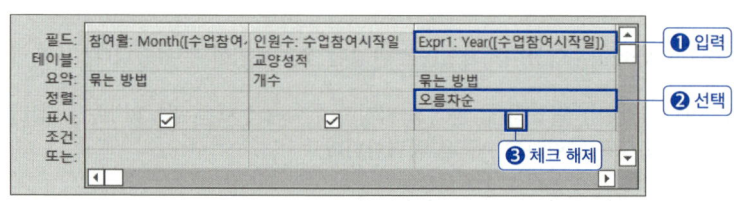

⑭ 결과를 확인하기 위해 [쿼리 디자인] 탭-[결과] 그룹-[실행]을 클릭합니다.

⑮ 저장(🖫)을 클릭한 후 [다른 이름으로 저장] 대화상자가 나타나면 쿼리 이름을 '수업참여월별인원수'로 입력하고 [확인] 단추를 클릭합니다.

⑯ 닫기(✕)를 클릭해 작성한 쿼리를 닫습니다.

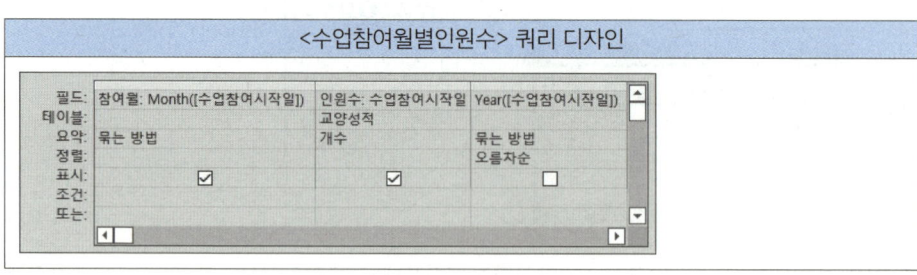

 따라하기 13

① [만들기] 탭-[쿼리] 그룹-[쿼리 디자인]을 클릭합니다.

② 쿼리가 디자인 보기로 열리면 [테이블 추가] 창의 [테이블] 탭에서 <교양성적>을 더블클릭하여 쿼리 디자인 보기에 표시합니다.

③ <교양성적> 테이블에서 [과] 필드를 더블클릭해 눈금의 첫 번째 열로 지정합니다.

④ '평균성적' 필드를 추가하기 위해 <교양성적> 테이블에서 [성적] 필드를 더블클릭해 눈금의 두 번째 열로 지정합니다.

⑤ '성적'의 필드 이름을 지정하기 위하여 '필드' 입력란의 '성적' 앞에 '평균성적:'를 입력하고 Enter 를 누릅니다.

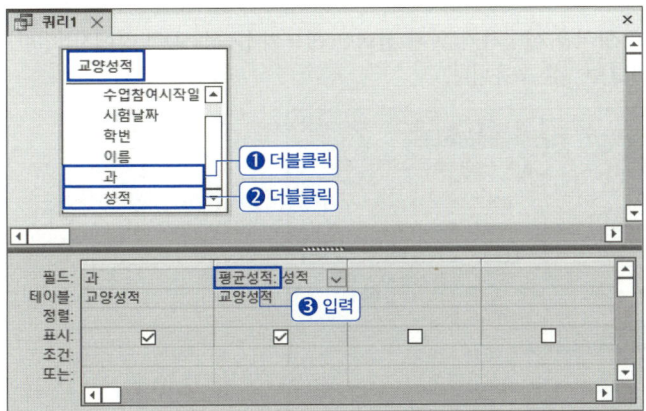

⑥ 그룹별 평균을 설정하기 위해 [쿼리 디자인] 탭-[표시/숨기기] 그룹-[요약]을 클릭합니다.

⑦ 눈금에 '요약' 행이 표시되면 '평균성적: 성적' 필드의 '요약' 목록 단추(▼)를 클릭해 '평균'을 선택합니다.

> ★ 주희쌤 Tip
>
> '과' 필드의 요약이 '묶는 방법'이기 때문에 과별 성적의 평균이 표시됩니다.

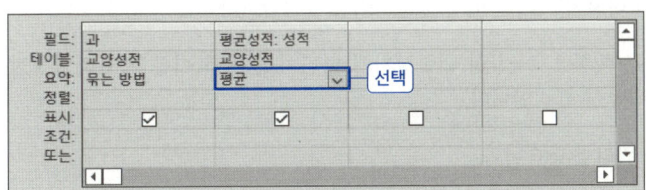

⑧ 정렬을 설정하기 위해 '평균성적: 성적' 필드의 '정렬' 목록 단추(▼)를 클릭해 '내림차순'을 선택합니다.

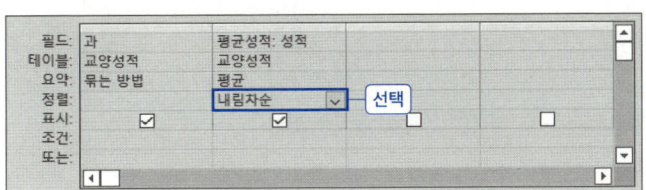

⑨ 상위 5개만 표시하기 위해 쿼리 디자인 보기의 빈 영역을 클릭합니다.

⑩ 선택한 쿼리의 [속성 시트] 창에서 [일반] 탭의 '상위 값' 입력란에 '5'를 입력하고 Enter 를 누릅니다.

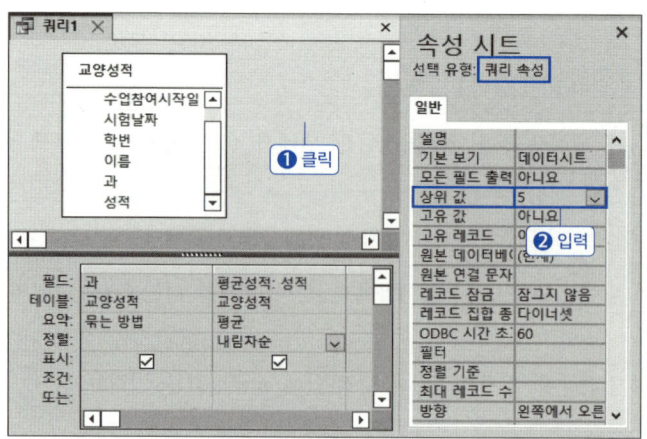

> **주희쌤 Tip**
>
> | 과 | 평균성적 |
> |---|---|
> | 초등교육과 | 99 |
> | 국어국문학과 | 98 |
> | 국어교육과 | 98 |
> | 영어영문학과 | 96.5 |
> | 수학교육과 | 96 |
>
> ↑ ⑩번까지 작성하고 [실행]을 클릭했을 때 결과가 문제에 제시된 그림과 일치하지 않으므로 다시 '디자인 보기'로 돌아와 지시사항에 없어도 소수 자릿수를 지정해야 합니다.

⑪ '평균성적: 성적'을 클릭하고 형식을 설정하기 위해 선택한 필드의 [속성 시트] 창에서 [일반] 탭의 '형식'에 '0.0'을 입력하고 Enter 를 누릅니다.

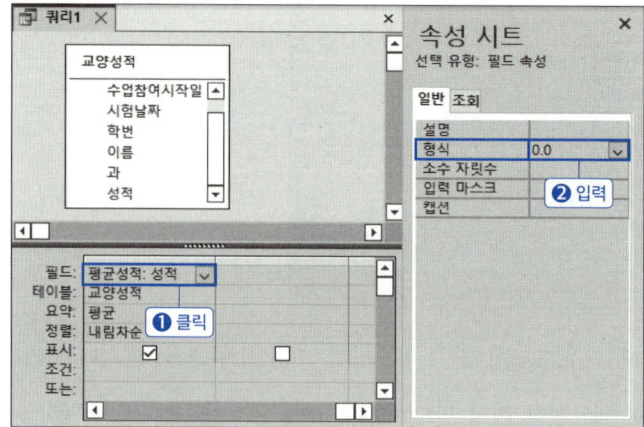

⑫ 결과를 확인하기 위해 [쿼리 디자인] 탭-[결과] 그룹-[실행]을 클릭합니다.

⑬ 저장(🖫)을 클릭한 후 [다른 이름으로 저장] 대화상자가 나타나면 쿼리 이름을 '학과별성적평균'으로 입력하고 [확인] 단추를 클릭합니다.

⑭ 닫기(✖)를 클릭해 작성한 쿼리를 닫습니다.

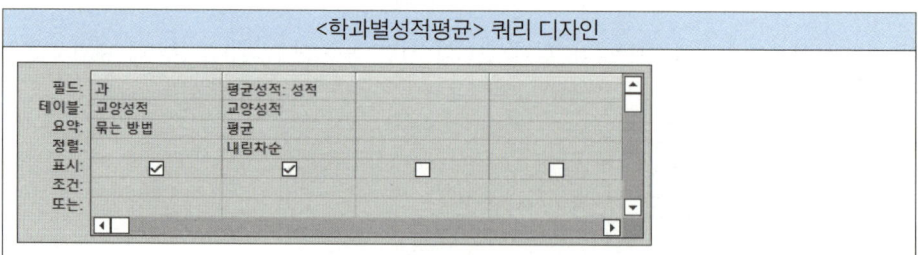

① [만들기] 탭-[쿼리] 그룹-[쿼리 디자인]을 클릭합니다.

② 쿼리가 디자인 보기로 열리면 [테이블 추가] 창의 [테이블] 탭에서 <과목>, <구매요청내역>를 각각 더블클릭하여 쿼리 디자인 보기에 표시합니다.

③ 필드를 연결하기 위해 <과목> 테이블의 [과명] 필드를 <구매요청내역> 테이블의 [신청과] 필드로 드래그합니다.

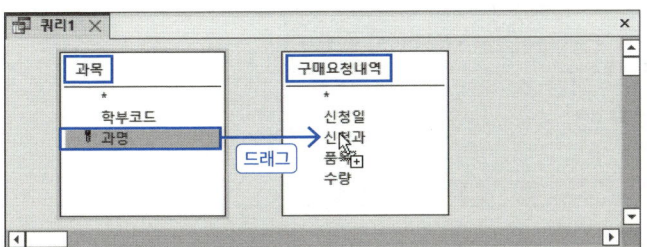

④ 필드를 연결하는 선(조인 선)을 더블클릭합니다.

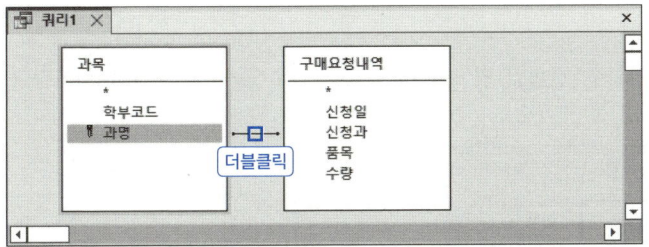

⑤ [조인 속성] 대화상자가 나타나면 "과목'에서는 모든 레코드를 포함하고 '구매요청내역'에서는 조인된 필드가 일치하는 레코드만 포함"을 선택한 후 [확인] 단추를 클릭합니다.

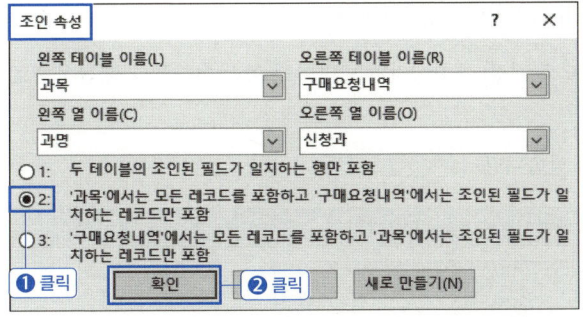

⑥ <과목> 테이블에서 [과명] 필드를 더블클릭해 눈금의 첫 번째 열로 지정합니다.

⑦ '신청횟수' 필드를 추가하기 위해 <구매요청내역> 테이블에서 [신청일] 필드를 더블클릭해 눈금의 두 번째 열로 지정합니다.

> **주희쌤Tip**
> <구매요청내역> 테이블의 [신청과] 필드를 <과목> 테이블의 [과명] 필드로 드래그해도 됩니다.

> **주희쌤Tip**
> 관계에서 배웠던 부분입니다. 필드 이름이 달라도 같은 데이터를 가지고 있으면 연결이 가능합니다.

> **주희쌤Tip**
>
> ↑ 연결이 되어 있지 않으면 경우의 수가 모두 표시됩니다.
>
> ↑ 두 테이블의 조인된 필드가 일치하는 행만 포함합니다. 이를 '내부 조인'이라고 합니다.
>
> ↑ <과목>에서는 모든 레코드를 포함하고, <구매요청내역>에서는 조인된 필드가 일치하는 레코드만 포함하여 [신청과]에 없는 [과명]도 모두 표시됩니다. 이를 '외부 조인'이라고 합니다.

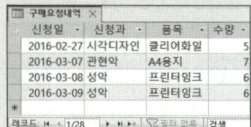

주희쌤 Tip

<구매요청내역> 테이블의 [신청일], [신청과], [품목], [수량]의 개수는 모두 동일하므로 [신청일] 필드가 아닌 다른 필드 ([신청과], [품목], [수량])를 이용하여 개수를 세어도 됩니다.

⑧ '신청일'의 필드 이름을 지정하기 위하여 '필드' 입력란의 '신청일' 앞에 '신청횟수:'를 입력하고 Enter 를 누릅니다.

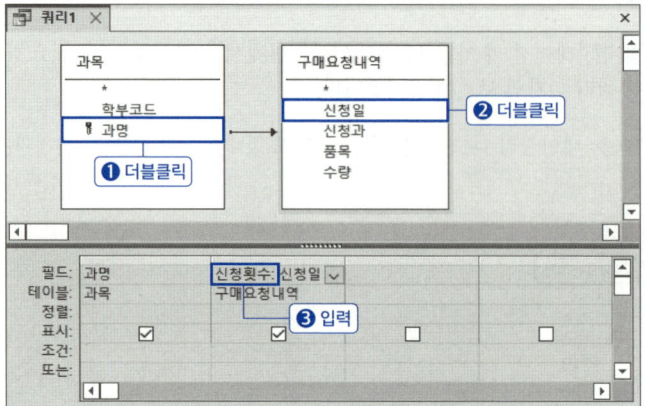

⑨ 그룹별 개수를 설정하기 위해 [쿼리 디자인] 탭-[표시/숨기기] 그룹-[요약]을 클릭합니다.

⑩ 눈금에 '요약' 행이 표시되면 '신청횟수: 신청일' 필드의 '요약' 목록 단추(▽)를 클릭해 '개수'를 선택합니다.

⑪ 정렬을 설정하기 위해 '신청횟수: 신청일' 필드의 '정렬' 목록 단추(▽)를 클릭해 '내림차순'을 선택합니다.

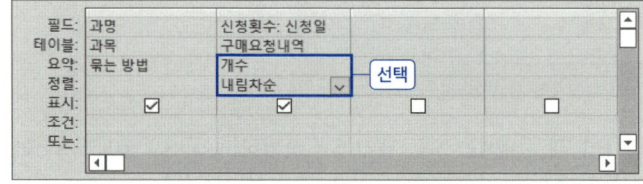

⑫ 결과를 확인하기 위해 [쿼리 디자인] 탭-[결과] 그룹-[실행]을 클릭합니다.

⑬ 저장(🖫)을 클릭한 후 [다른 이름으로 저장] 대화상자가 나타나면 쿼리 이름을 '과별신청수'로 입력하고 [확인] 단추를 클릭합니다.

⑭ 닫기(✖)를 클릭해 작성한 쿼리를 닫습니다.

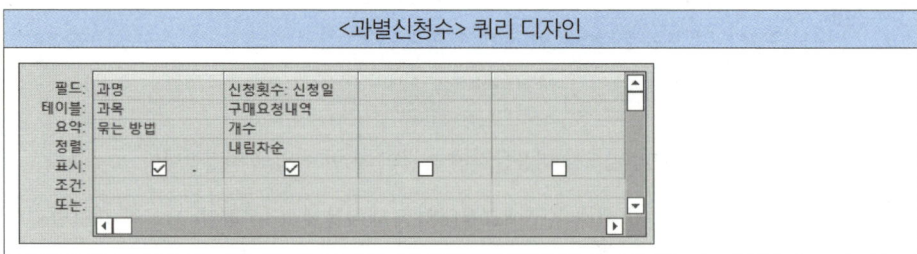

 **따라하기 ⑮**

① [만들기] 탭-[쿼리] 그룹-[쿼리 디자인]을 클릭합니다.

② 쿼리가 디자인 보기로 열리면 [테이블 추가] 창의 [테이블] 탭에서 <부산직원2>를 더블클릭하여 쿼리 디자인 보기에 표시합니다.

③ <부산직원2> 테이블에서 [판매번호] 필드를 더블클릭해 눈금의 첫 번째 열로 지정합니다.

④ <부산직원2> 테이블에서 [단가] 필드를 더블클릭해 눈금의 두 번째 열로 지정합니다.

⑤ '단가'의 필드 이름을 지정하기 위하여 '필드' 입력란의 '단가' 앞에 '평균단가:'을 입력하고 Enter 를 누릅니다.

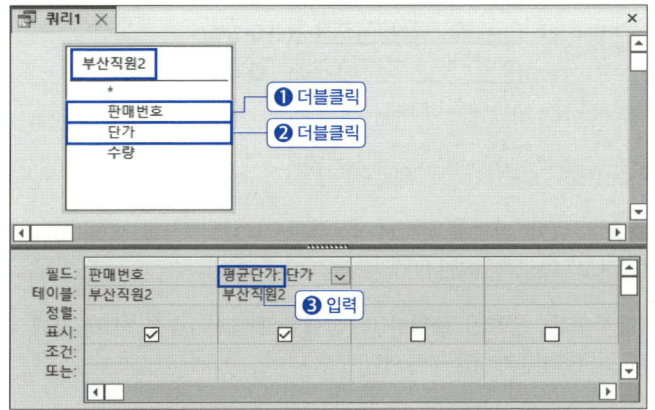

⑥ 그룹별 평균을 설정하기 위해 [쿼리 디자인] 탭-[표시/숨기기] 그룹-[요약]을 클릭합니다.

⑦ 눈금에 '요약' 행이 표시되면 '평균단가: 단가' 필드의 '요약' 목록 단추(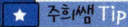)를 클릭해 '평균'을 선택합니다.

주희쌤 Tip
'판매번호' 필드의 요약이 '묶는 방법'이기 때문에 판매번호별 단가의 평균이 표시됩니다.

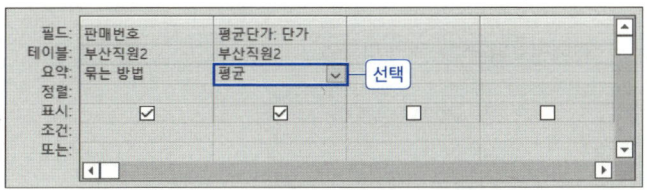

⑧ <부산직원2> 테이블에서 [수량] 필드를 더블클릭해 눈금의 세 번째 열로 지정합니다.

⑨ '수량'의 필드 이름을 지정하기 위하여 '필드' 입력란의 '수량' 앞에 '합계수량:'을 입력하고 Enter 를 누릅니다.

⑩ '합계수량: 수량' 필드의 '요약' 목록 단추(▼)를 클릭해 '합계'를 선택합니다.

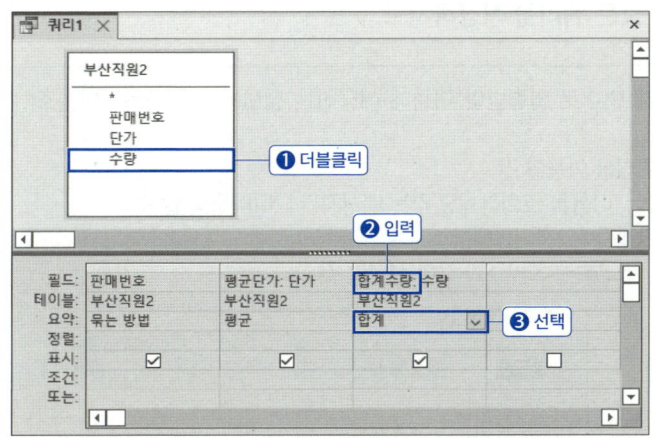

Section 01. 쿼리　125

> **주희쌤 Tip**
>
> '금액:[평균단가]*[합계수량]' 필드의 경우 '판매번호'처럼 그룹화를 하고자 하는 것이 아니기 때문에 요약을 '식'으로 변경합니다.

⑪ '금액' 필드를 추가하기 위해 네 번째 열 '필드' 입력란에 '금액:평균단가*합계수량'을 입력합니다.

⑫ `Enter`를 누르면 '금액: [평균단가]*[합계수량]'으로 변경된 것을 확인할 수 있습니다.

⑬ '금액: [평균단가]*[합계수량]' 필드의 '요약' 목록 단추(⌄)를 클릭해 '식'을 선택합니다.

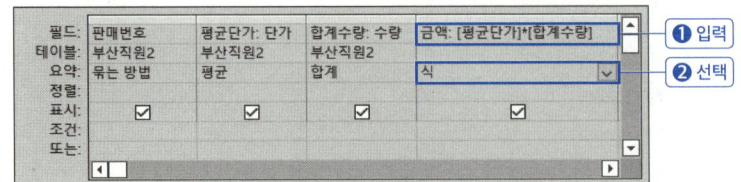

⑭ 형식을 설정하기 위해 '평균단가: 단가' 필드를 클릭한 후 선택한 필드의 [속성 시트] 창에서 [일반] 탭의 '형식'에 '0'을 입력하고 `Enter`를 누릅니다.

⑮ 이어서 '금액: [평균단가]*[합계수량]' 필드를 클릭한 후 선택한 필드의 [속성 시트] 창에서 [일반] 탭의 '형식'에 '#,###'을 입력하고 `Enter`를 누릅니다.

⑯ 결과를 확인하기 위해 [쿼리 디자인] 탭-[결과] 그룹-[실행]을 클릭합니다.

⑰ 저장(💾)을 클릭한 후 [다른 이름으로 저장] 대화상자가 나타나면 쿼리 이름을 '판매번호별금액'으로 입력하고 [확인] 단추를 클릭합니다.

⑱ 닫기(✖)를 클릭해 작성한 쿼리를 닫습니다.

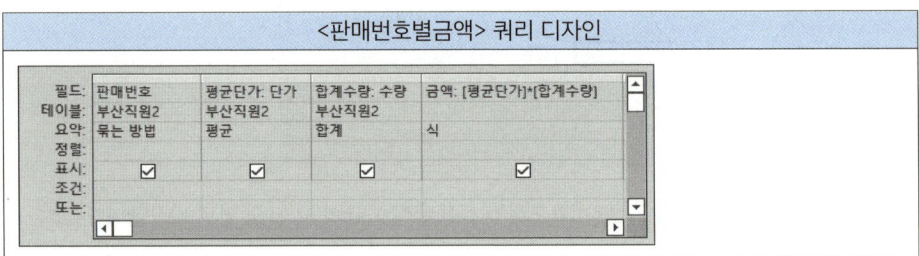

문제 유형 2 다음과 같은 쿼리를 작성하시오.

① '이름' 필드의 값을 매개 변수로 입력받아 이름에 해당하는 정보를 조회하는 <이름조회> 쿼리를 작성하시오.
  ▶ <자격증과판매량> 쿼리를 이용할 것
  ▶ 매개 변수 값 입력 창에 '이름을 조회하세요'라는 메시지가 나타나도록 할 것
  ▶ 판매량합계 = 1분기판매량 + 2분기판매량
  ▶ 쿼리의 실행 결과 및 필드명은 <화면>과 같이 설정할 것

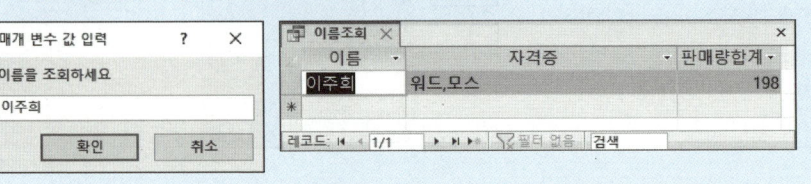

> **주희쌤 Tip**
>
> 매개 변수 쿼리는 '매개 변수 값 입력' 대화상자를 보여주고 원하는 값을 입력하면 그에 해당하는 데이터만 필터링하여 표시합니다.
> 필터링 될 필드의 조건 입력란에 대괄호([])를 묶어 그림에 표시된 글자를 입력합니다.

❷ 부서번호의 첫 자리를 매개 변수로 입력받아 부서번호별 직원을 표시하는 <부서번호별사원> 쿼리를 작성하시오.
- ▶ <부산직원>, <판매량표> 테이블을 이용할 것
- ▶ 매개 변수의 이름은 '부서번호의 첫 자리를 입력하세요'로 지정할 것

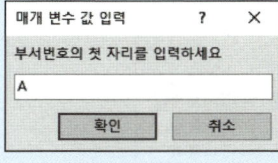
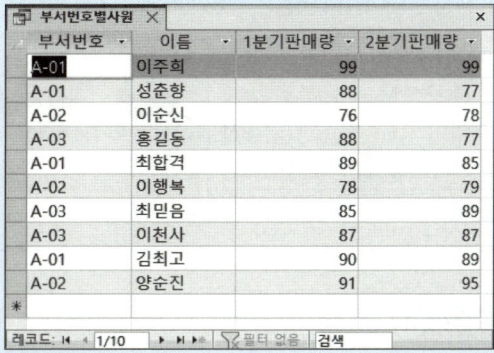

❸ 다음과 같이 '부서번호'를 매개 변수로 입력받아 해당 부서번호와 이름이 그림과 같이 표시되도록 <부서번호별이름> 쿼리를 작성하시오.
- ▶ <부산직원> 테이블을 이용할 것
- ▶ 매개 변수의 이름은 '부서번호의 일부만 입력하세요'로 지정할 것
- ▶ 입력한 부서번호를 포함하는 데이터를 대상으로 할 것

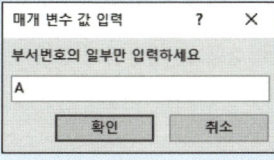
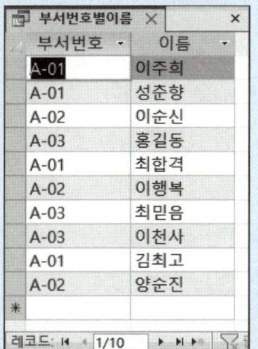

❹ <부산직원> 테이블을 이용하여 입사일을 입력받아 해당 데이터만 표시하는 <입사일조회> 쿼리를 작성하시오.
- ▶ 매개 변수의 이름은 '조회할 날짜'로 지정할 것
- ▶ 조회할 날짜 이후의 것만 대상으로 추출할 것

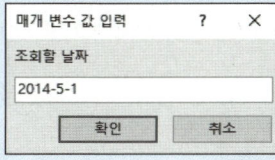
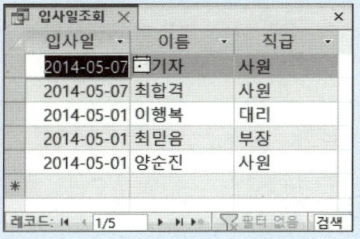

> **주희쌤 Tip**
>
> 테이블 만들기 쿼리는 레코드를 검색하고 그 결과를 테이블로 생성합니다.
> [실행]을 클릭하면 '새 테이블을 작성하시겠습니까?'를 묻는 메시지가 표시되고 [예] 단추를 클릭하면 테이블이 생성됩니다.

⑤ <학생> 테이블을 이용하여 다음과 같은 기능을 수행하는 '학과구별' 쿼리를 작성하시오.
  ▶ '매개 변수 값 입력' 대화상자에 입력한 과에 해당하는 레코드만 테이블로 생성되도록 할 것
  ▶ '국어교육과'를 조회할 것
  ▶ 생성한 테이블의 이름은 <조회한과>로 설정할 것

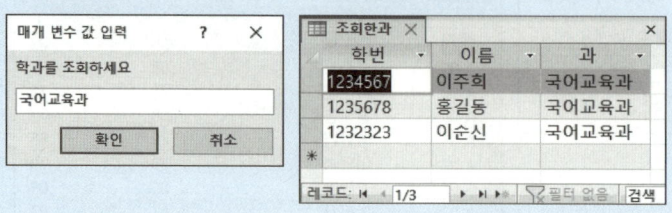

① [만들기] 탭-[쿼리] 그룹-[쿼리 디자인]을 클릭합니다.

② 쿼리가 디자인 보기로 열리면 [테이블 추가] 창의 [쿼리] 탭에서 <자격증과판매량>을 더블클릭하여 쿼리 디자인 보기에 표시합니다.

③ <자격증과판매량> 쿼리에서 [이름] 필드를 더블클릭해 눈금의 첫 번째 열로 지정합니다.

④ <자격증과판매량> 쿼리에서 [자격증] 필드를 더블클릭해 눈금의 두 번째 열로 지정합니다.

⑤ '판매량합계' 필드를 추가하기 위해 세 번째 열 '필드' 입력란에 '판매량합계:[1분기판매량]+[2분기판매량]'을 입력하고 Enter 를 누릅니다.

> **주희쌤 Tip**
>
> 필드 이름에 숫자가 포함된 경우 필드로 자동인식이 안 되기 때문에 직접 대괄호([])를 묶어 입력해야 합니다.
>
>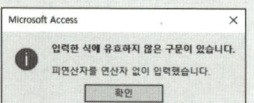
>
> '판매량합계:1분기판매량+2분기판매량' 입력 시에 위와 같은 메시지가 표시됩니다.

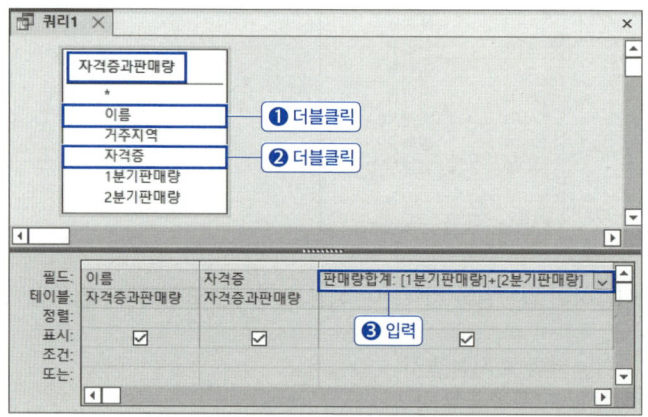

> **주희쌤 Tip**
>
> Q 왜 '요약'을 누르지 않나요?
> A 문제 유형 1의 1번처럼 그룹화하여 계산하지 않기 때문입니다.

⑥ 매개 변수를 설정하기 위해 '이름' 필드의 '조건' 입력란에 '[이름을 조회하세요]'를 입력하고 Enter 를 누릅니다.

> **주희쌤 Tip**
>
> '이름' 필드의 조건 입력란에 "이주희"를 입력하면 '이름' 필드에 "이주희"의 레코드가 필터링 되어 표시되지만 조건 입력란에 '[이름을 조회하세요]'를 입력하면 대화상자에 입력한 이름의 레코드가 필터링 되어 표시됩니다.

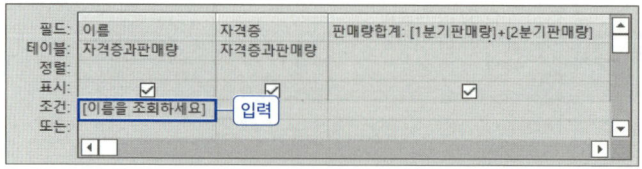

⑦ 결과를 확인하기 위해 [쿼리 디자인] 탭-[결과] 그룹-[실행]을 클릭합니다.

⑧ [매개 변수 값 입력] 대화상자가 나타나면 '이주희'를 입력한 후 [확인] 단추를 클릭합니다.

⑨ 저장(💾)을 클릭한 후 [다른 이름으로 저장] 대화상자가 나타나면 쿼리 이름을 '이름조회'로 입력하고 [확인] 단추를 클릭합니다.

⑩ 닫기(✖)를 클릭해 작성한 쿼리를 닫습니다.

> 주희쌤 Tip
>
> 매개 변수 값 입력 대화상자에 꼭 '이주희'만 입력해야 하는 것은 아닙니다.
> 하지만 문제의 그림대로 입력해 봐야 결과 비교가 쉽겠지요.

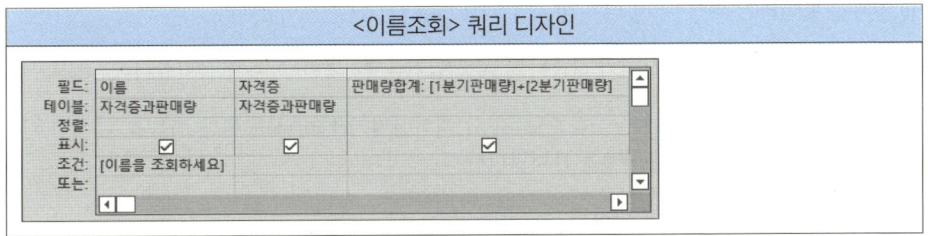

따라하기 ②

① [만들기] 탭-[쿼리] 그룹-[쿼리 디자인]을 클릭합니다.

② 쿼리가 디자인 보기로 열리면 [테이블 추가] 창의 [테이블] 탭에서 〈부산직원〉, 〈판매량표〉를 각각 더블클릭하여 쿼리 디자인 보기에 표시합니다.

③ 〈부산직원〉 테이블에서 [부서번호] 필드를 더블클릭해 눈금의 첫 번째 열로 지정합니다.

④ 〈부산직원〉 테이블에서 [이름] 필드를 더블클릭해 눈금의 두 번째 열로 지정합니다.

⑤ 〈판매량표〉 테이블에서 [1분기판매량] 필드를 더블클릭해 눈금의 세 번째 열로 지정합니다.

⑥ 〈판매량표〉 테이블에서 [2분기판매량] 필드를 더블클릭해 눈금의 네 번째 열로 지정합니다.

⑦ 눈금 다섯 번째 열의 '필드' 입력란에 'left(부서번호,1)'를 입력합니다.

⑧ Enter 를 누르면 'Expr1: Left([부서번호],1)'로 변경된 것을 확인할 수 있습니다.

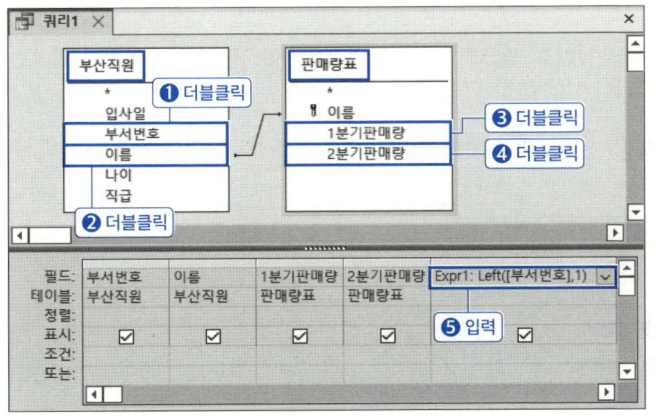

> 주희쌤 Tip
>
> 첫 번째 필드는 '부서번호' 원본 데이터를 그대로 쓰되, 매개 변수를 입력받을 필드는 LEFT 함수를 이용하여 첫 글자를 추출해야 하므로 필드를 따로 만듭니다.

⑨ 매개 변수를 설정하기 위해 'Expr1: Left([부서번호],1)' 필드의 '조건' 입력란에 '[부서번호의 첫 자리를 입력하세요]'를 입력하고 Enter 를 누릅니다.

⑩ 'Expr1: Left([부서번호],1)' 필드는 시트에 표시되면 안 되므로 '표시' 확인란을 클릭하여 선택을 취소합니다.

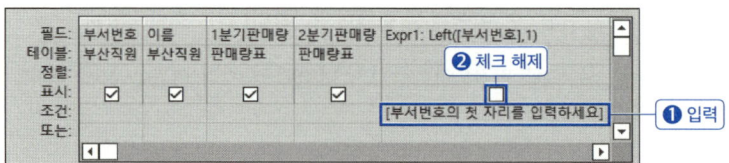

⑪ 결과를 확인하기 위해 [쿼리 디자인] 탭-[결과] 그룹-[실행]을 클릭합니다.

⑫ [매개 변수 값 입력] 대화상자가 나타나면 'A'를 입력한 후 [확인] 단추를 클릭합니다.

⑬ 저장(🖫)을 클릭한 후 [다른 이름으로 저장] 대화상자가 나타나면 쿼리 이름을 '부서번호별사원'으로 입력하고 [확인] 단추를 클릭합니다.

⑭ 닫기(✖)를 클릭해 작성한 쿼리를 닫습니다.

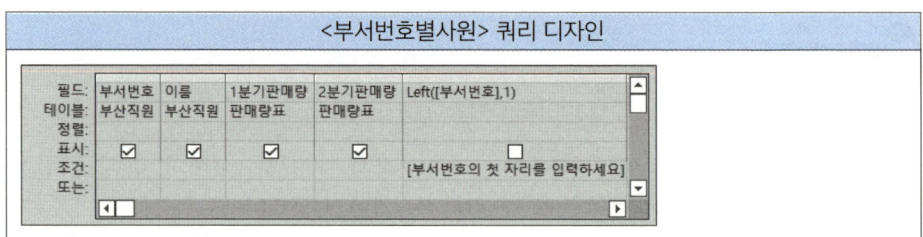

① [만들기] 탭-[쿼리] 그룹-[쿼리 디자인]을 클릭합니다.

② 쿼리가 디자인 보기로 열리면 [테이블 추가] 창의 [테이블] 탭에서 <부산직원>을 더블클릭하여 쿼리 디자인 보기에 표시합니다.

③ <부산직원> 테이블에서 [부서번호] 필드를 더블클릭해 눈금의 첫 번째 열로 지정합니다.

④ <부산직원> 테이블에서 [이름] 필드를 더블클릭해 눈금의 두 번째 열로 지정합니다.

⑤ 매개 변수를 지정하기 위해 '부서번호' 필드의 '조건' 입력란에 'like "*" & [부서번호의 일부만 입력하세요] & "*"'를 입력합니다.

⑥ Enter 를 누르면 'Like "*" & [부서번호의 일부만 입력하세요] & "*"'로 변경된 것을 확인할 수 있습니다.

> **주희쌤 Tip**
> 입력한 글자를 포함하는 데이터가 표시되려면 입력 글자 양 옆으로 모든 글자가 올 수 있다는 의미로 'Like "*" & [메시지] & "*"'을 입력합니다.

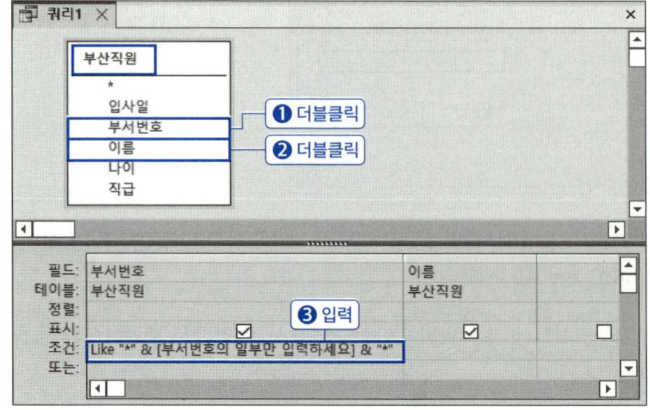

⑦ 결과를 확인하기 위해 [쿼리 디자인] 탭-[결과] 그룹-[실행]을 클릭합니다.

⑧ [매개 변수 값 입력] 대화상자가 나타나면 'A'를 입력한 후 [확인] 단추를 클릭합니다.

⑨ 저장(💾)을 클릭한 후 [다른 이름으로 저장] 대화상자가 나타나면 쿼리 이름을 '부서번호별이름'으로 입력하고 [확인] 단추를 클릭합니다.

⑩ 닫기(✖)를 클릭해 작성한 쿼리를 닫습니다.

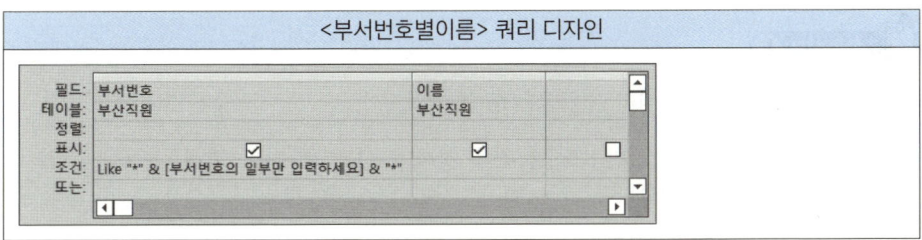

주희쌤 Tip

Q 2번은 필드를 따로 만들어 조건을 설정해 줬는데 3번은 왜 해당 필드의 조건 입력란에 입력하죠?

A 2번은 왼쪽 글자(첫 글자)를 매개 변수로 입력받기 때문에 LEFT 함수를 사용하여 글자를 추출하기 위함이었고, 3번은 데이터 일부를 입력 받아야 하므로 해당 필드 자체에서 글자를 추출하기 위함이었습니다.
예를 들어, '김'을 입력 받으면 '김치', '잘생김'이 표시되어야 하므로 LEFT, RIGHT, MID 모두를 사용할 수 없습니다.
2번도 첫 자리부터 입력받는다면 해당 필드의 조건 입력란에 'Like [메시지] & "*"'을 입력하면 됩니다.

Q 그러면 2번 문제에서 해당 필드의 조건 입력란에 입력하는 방법은 전혀 없는 건가요?

A 부서번호 필드의 조건 입력란에 'Left([부서번호],1)=[부서번호의 첫 자리를 입력하세요]'를 입력해도 결과는 같습니다.

쿼리의 디자인 방법은 다양합니다. 무조건 그렇게 해야 한다는 것은 없습니다.

① [만들기] 탭-[쿼리] 그룹-[쿼리 디자인]을 클릭합니다.

② 쿼리가 디자인 보기로 열리면 [테이블 추가] 창의 [테이블] 탭에서 <부산직원>을 더블클릭하여 쿼리 디자인 보기에 표시합니다.

③ <부산직원> 테이블에서 [입사일] 필드를 더블클릭해 눈금의 첫 번째 열로 지정합니다.

④ <부산직원> 테이블에서 [이름] 필드를 더블클릭해 눈금의 두 번째 열로 지정합니다.

⑤ <부산직원> 테이블에서 [직급] 필드를 더블클릭해 눈금의 세 번째 열로 지정합니다.

⑥ 매개 변수를 지정하기 위해 '입사일' 필드의 '조건' 입력란에 '>=[조회할 날짜]'를 입력하고 Enter 를 누릅니다.

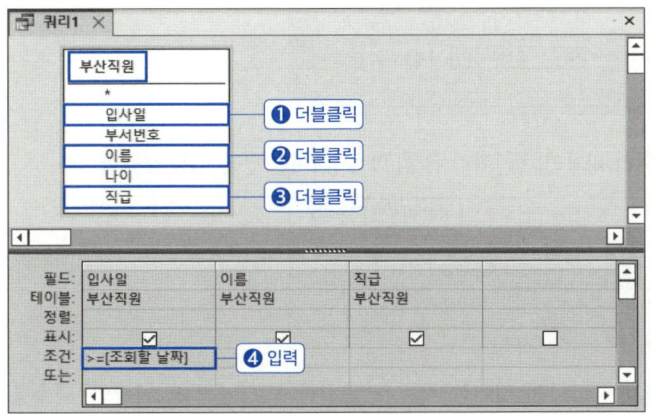

⑦ 결과를 확인하기 위해 [쿼리 디자인] 탭-[결과] 그룹-[실행]을 클릭합니다.

⑧ [매개 변수 값 입력] 대화상자가 나타나면 '2014-5-1'을 입력한 후 [확인] 단추를 클릭합니다.

⑨ 저장(💾)을 클릭한 후 [다른 이름으로 저장] 대화상자가 나타나면 쿼리 이름을 '입사일조회'로 입력하고 [확인] 단추를 클릭합니다.

⑩ 닫기(✖)를 클릭해 작성한 쿼리를 닫습니다.

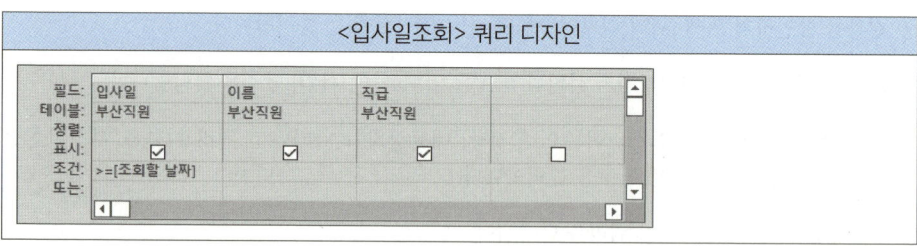

① [만들기] 탭-[쿼리] 그룹-[쿼리 디자인]을 클릭합니다.

② 쿼리가 디자인 보기로 열리면 [테이블 추가] 창의 [테이블] 탭에서 <학생>을 더블클릭하여 쿼리 디자인 보기에 표시합니다.

③ <학생> 테이블에서 [학번] 필드를 더블클릭해 눈금의 첫 번째 열로 지정합니다.

④ <학생> 테이블에서 [이름] 필드를 더블클릭해 눈금의 두 번째 열로 지정합니다.

⑤ <학생> 테이블에서 [과] 필드를 더블클릭해 눈금의 세 번째 열로 지정합니다.

⑥ 매개 변수를 지정하기 위해 '과' 필드의 '조건' 입력란에 '[학과를 조회하세요]'를 입력합니다.

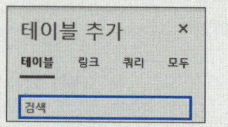

주희쌤 Tip

<학생> 테이블이 보이지 않을 경우 [테이블 추가] 창의 [테이블] 탭에서 [검색]에 '학생'을 입력합니다.

또는 [탐색] 창에서 <학생> 테이블을 쿼리 디자인 보기로 드래그해도 됩니다.

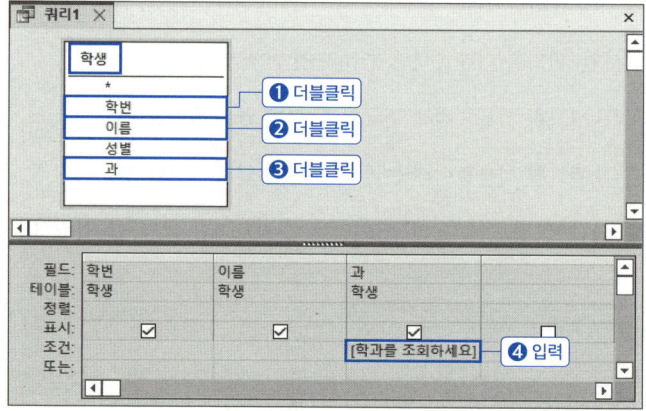

⑦ 테이블을 생성하기 위해 [쿼리 디자인] 탭-[쿼리 유형] 그룹-[테이블 만들기]를 클릭합니다.

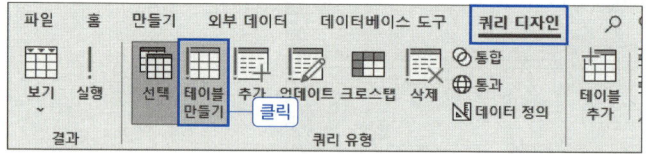

⑧ [테이블 만들기] 대화상자가 나타나면 테이블 이름을 '조회한과'로 입력하고 [확인] 단추를 클릭합니다.

⑨ 결과를 확인하기 위해 [쿼리 디자인] 탭-[결과] 그룹-[실행]을 클릭합니다.

⑩ [매개 변수 값 입력] 대화상자가 나타나면 '국어교육과'를 입력한 후 [확인] 단추를 클릭합니다.

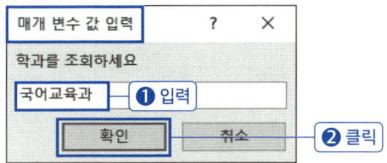

⑪ 새 테이블 작성 여부를 묻는 메시지가 나타나면 [예] 단추를 클릭합니다.

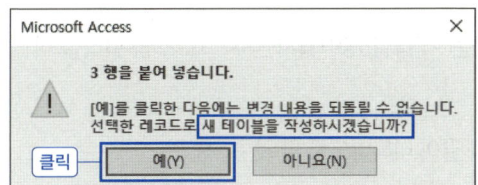

⑫ [탐색] 창에 테이블이 생성되고 쿼리를 저장하기 위해 저장(💾)을 클릭합니다.

⑬ [다른 이름으로 저장] 대화상자가 나타나면 쿼리 이름을 '학과구별'로 입력한 후 [확인] 단추를 클릭합니다.

⑭ 닫기(✖)를 클릭해 작성한 쿼리를 닫습니다.

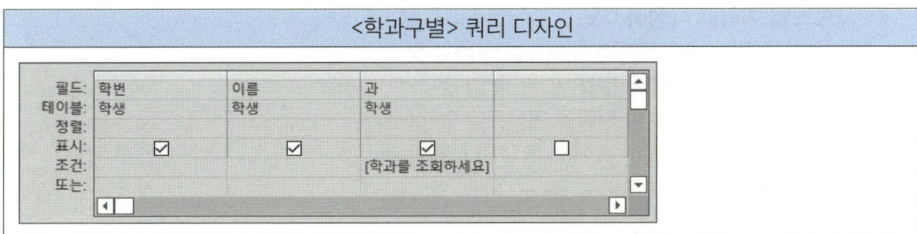

문제 유형 3 다음과 같은 쿼리를 작성하시오.

① 제품명별로 각 판매지역에서 판매한 판매량의 합계를 표시하는 '지역별판매내역' 쿼리를 작성하시오.
▶ <판매내역> 테이블을 이용할 것
▶ 쿼리의 실행 결과와 필드명은 <그림>과 같이 나타나도록 할 것

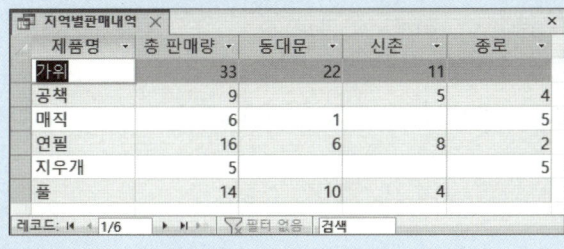

★ 주희쌤 Tip

크로스탭 쿼리는 엑셀의 피벗 테이블처럼 행, 열, 값으로 이루어진 쿼리입니다.

행 머리글	행 머리글	열1	열2
행1	행별 계산		
행2	행별 계산	값	
행3	행별 계산		

❷ 다음과 같이 직급별 부서번호별 나이의 평균을 나타내는 크로스탭 쿼리를 작성하시오.
▶ <부산직원>, <급여표> 테이블을 이용하여 작성할 것
▶ 쿼리명은 '직급별부서별나이평균'으로 할 것

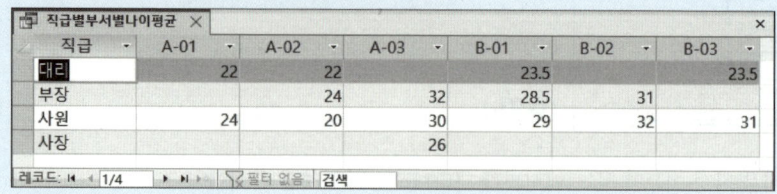

❸ 입사일이 5월과 11월인 직원 수를 조회하는 '직급별5월11월사원수' 크로스탭 쿼리를 작성하시오.
▶ <부산직원> 테이블을 이용할 것
▶ 쿼리의 실행 결과와 필드명은 <화면>과 같이 나타나도록 할 것

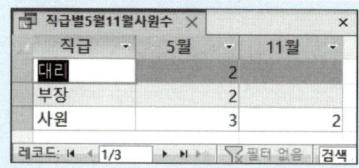

❹ 2014년 이후 입사한 부장과 대리의 1분기판매량 평균을 검색하는 '나이별1분기평균' 크로스탭 쿼리를 작성하시오.
▶ <부산직원>, <판매량표> 테이블을 이용할 것
▶ 직급이 '부장'과 '대리'만 표시되도록 할 것
▶ 2014년 이후에 입사한 직원을 대상으로 할 것
▶ 검색 결과 및 필드명은 <그림>과 같이 설정할 것

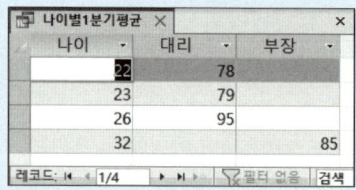

❺ 부서번호가 '2'로 끝나는 직원이 아닌 것을 대상으로 부서번호별, 직급별로 입사한 직원의 수를 조회하는 <부서번호별직급별인원수> 크로스탭 쿼리를 작성하시오.
▶ <부서>, <부산직원> 테이블을 이용할 것
▶ <부서> 테이블의 '부서번호'와 <부산직원> 테이블의 '부서번호'가 일치하는 행만 표시되도록 조인을 설정할 것
▶ 쿼리의 실행 결과와 필드명은 <화면>과 같이 나타나도록 할 것

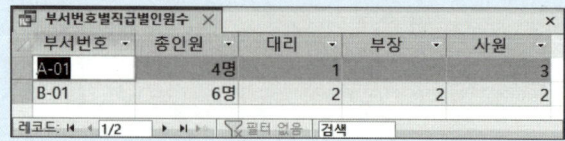

❻ 입사년도별, 직급별로 입사한 직원의 수를 조회하는 <입사년도별직급별인원수> 크로스탭 쿼리를 작성하시오.
  ▶ <부산직원> 테이블을 이용할 것
  ▶ 부장과 사원 합 : IIf, Or 함수를 이용하여 부장과 사원 직급의 직원 수만 따로 계산
  ▶ 쿼리의 실행 결과와 필드명은 <화면>과 같이 나타나도록 할 것

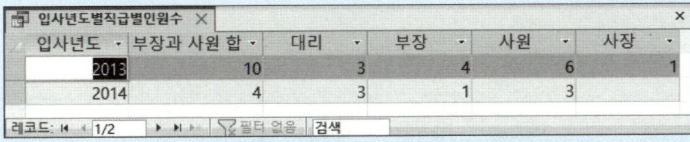

❼ 과목별 지역별 총액의 합계를 표시하는 '수료인원' 크로스탭 쿼리를 작성하시오.
  ▶ <명단> 테이블을 이용할 것
  ▶ 인원수는 '이름'을 이용할 것
  ▶ 총액 : 수당 × 30 + 추가수당
  ▶ 추가수당은 결석수가 0인 경우에만 100000을 지급하고 결석수가 0이 아닌 경우는 따로 지정하지 말 것 (IIf 함수 사용)

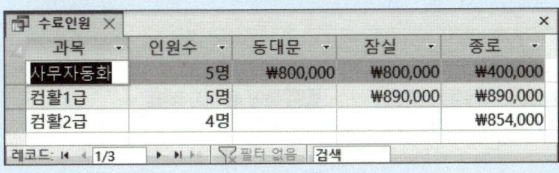

따라하기 ❶

① [만들기] 탭-[쿼리] 그룹-[쿼리 마법사]를 클릭합니다.

② [새 쿼리] 대화상자가 나타나면 '크로스탭 쿼리 마법사'를 클릭한 후 [확인] 단추를 클릭합니다.

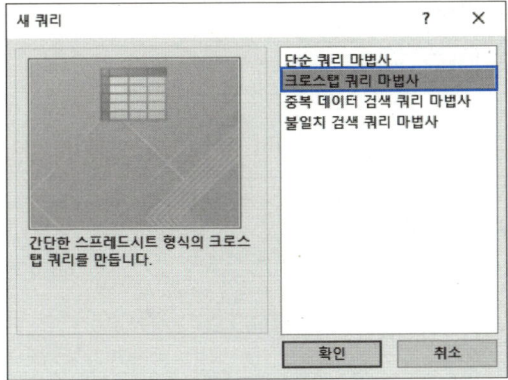

③ [크로스탭 쿼리 마법사]가 나타나면 '테이블: 판매내역'을 클릭한 후 [다음] 단추를 클릭합니다.

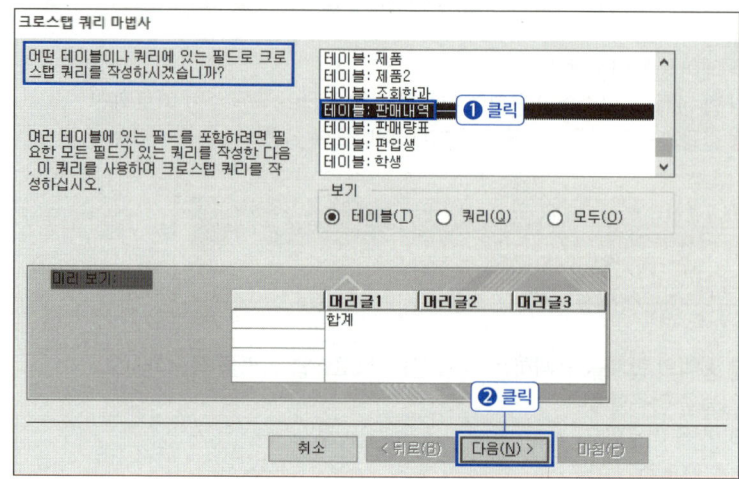

④ 2단계는 행 머리글로 사용할 필드 선택으로 '사용 가능한 필드'의 [제품명]을 더블클릭하여 '선택한 필드'로 이동한 후 [다음] 단추를 클릭합니다.

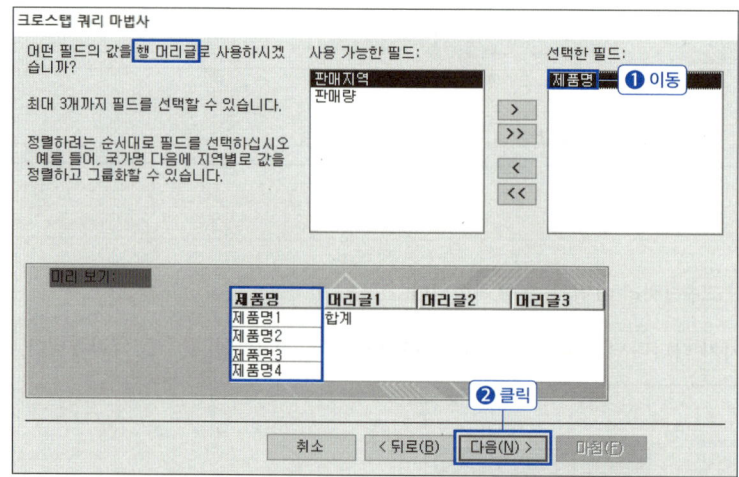

⑤ 3단계는 열 머리글로 사용할 필드 선택으로 [판매지역]을 클릭하고 [다음] 단추를 클릭합니다.

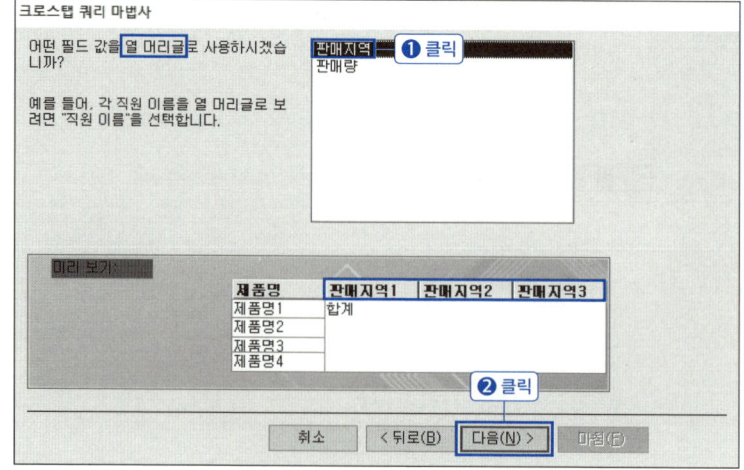

⑥ 4단계는 값으로 사용할 필드 선택으로 [판매량]을 클릭하고 함수는 '총계'를 클릭합니다.

⑦ 이어서 '예, 행 합계를 포함합니다.' 확인란을 선택하고 [다음] 단추를 클릭합니다.

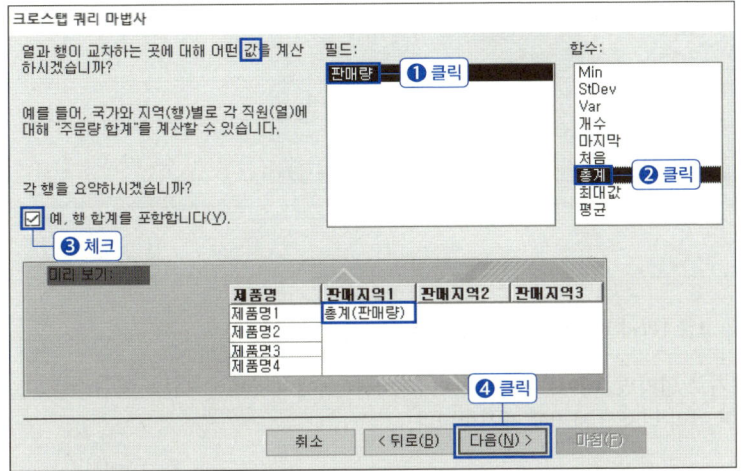

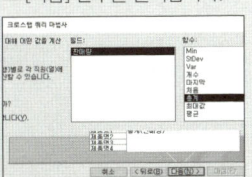

주희쌤 Tip

글자 비율로 인해 글자가 잘려 보이는 경우 기본적으로 '예, 행 합계를 포함합니다.'가 선택되어 있으므로 필드와 함수를 선택하고 [다음] 단추를 클릭합니다.

⑧ 마지막 단계로 쿼리 이름을 '지역별판매내역'으로 입력한 후 [마침] 단추를 클릭합니다.

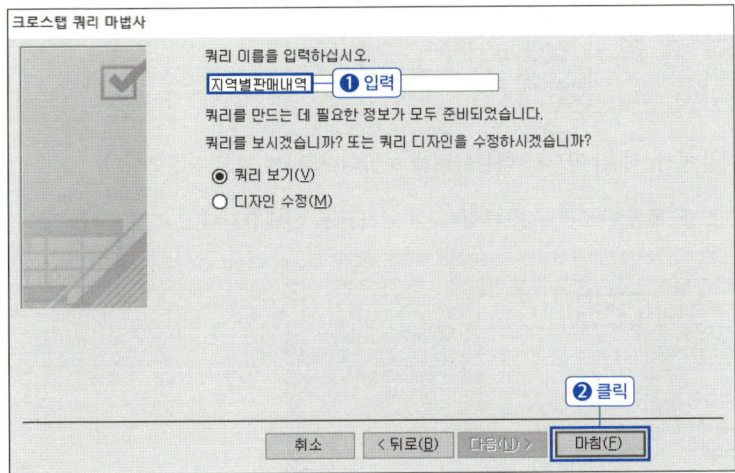

⑨ '지역별판매내역' 쿼리가 나타나면 필드명을 수정하기 위해 [홈] 탭-[보기] 그룹-[디자인 보기]를 클릭합니다.

⑩ 네 번째 열에 있는 '합계 판매량: [판매량]'을 '총 판매량: [판매량]'으로 수정한 후 Enter 를 누릅니다.

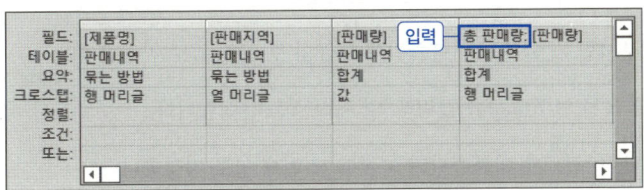

⑪ 결과를 확인하기 위해 [쿼리 디자인] 탭-[결과] 그룹-[실행]을 클릭합니다.

⑫ 닫기(✖)를 클릭해 작성한 쿼리를 닫습니다.

⑬ 변경 내용의 저장 여부를 묻는 메시지가 나타나면 [예] 단추를 클릭하여 저장합니다.

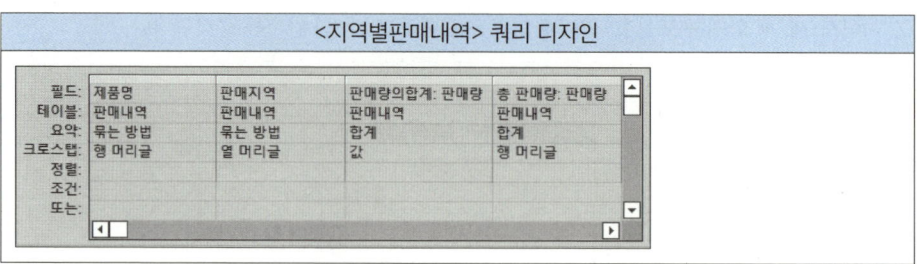

따라하기 ②

① [만들기] 탭-[쿼리] 그룹-[쿼리 디자인]을 클릭합니다.

② 쿼리가 디자인 보기로 열리면 [테이블 추가] 창의 [테이블] 탭에서 <부산직원>, <급여표>를 각각 더블클릭하여 쿼리 디자인 보기에 표시합니다.

③ 크로스탭 쿼리로 변경하기 위해 [쿼리 디자인] 탭-[쿼리 유형] 그룹-[크로스탭]을 클릭합니다.

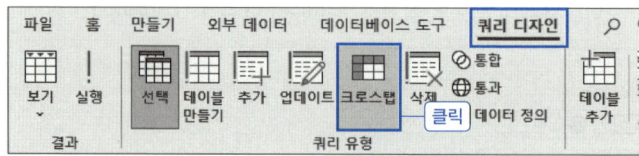

④ <부산직원> 테이블에서 [직급] 필드를 더블클릭해 눈금의 첫 번째 열로 지정합니다.

⑤ '직급' 필드의 '크로스탭' 목록 단추(▼)를 클릭해 '행 머리글'을 선택합니다.

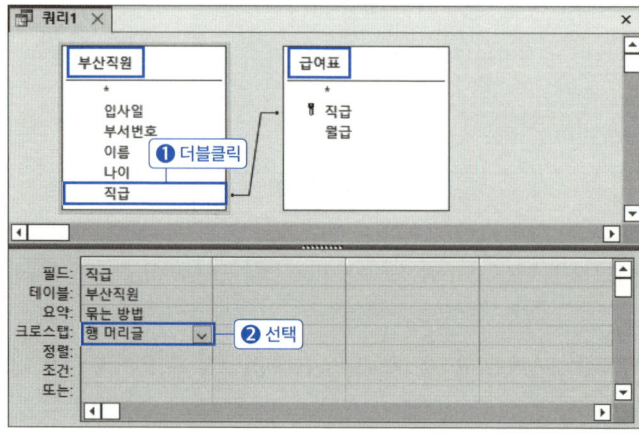

⑥ <부산직원> 테이블에서 [부서번호] 필드를 더블클릭해 눈금의 두 번째 열로 지정합니다.

⑦ '부서번호' 필드의 '크로스탭' 목록 단추(▼)를 클릭해 '열 머리글'을 선택합니다.

⑧ <부산직원> 테이블에서 [나이] 필드를 더블클릭해 눈금의 세 번째 열로 지정합니다.

⑨ '나이' 필드의 '크로스탭' 목록 단추(▼)를 클릭해 '값'을 선택합니다.

⑩ 이어서 '나이' 필드의 '요약' 목록 단추(▼)를 클릭해 '평균'을 선택합니다.

주희쌤 Tip

두 개 이상의 테이블을 이용하여 크로스탭 쿼리 작성 시 마법사를 이용할 수 없기 때문에 쿼리 디자인으로 크로스탭 쿼리를 작성해야 합니다.
하지만 테이블이 하나인 경우에도 조건 설정이 까다로운 경우 마법사를 이용하지 않는 것이 더 편할 수 있습니다.

주희쌤 Tip

추가한 <부산직원> 테이블과 <급여표> 테이블 간에 관계를 알 수 있습니다. 두 테이블은 [직급] 필드로 연결되어 있습니다.

주희쌤 Tip

두 테이블의 조인된 필드가 일치하는 행만 포함되게끔 조인 속성이 지정되어 있기 때문에 <급여표> 테이블의 [직급] 필드를 이용해도 됩니다.

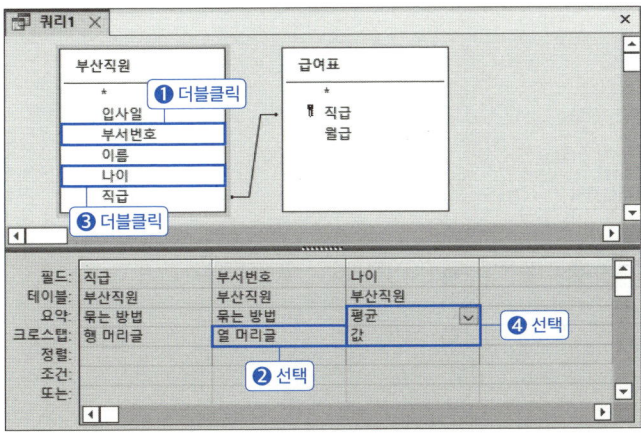

⑪ 결과를 확인하기 위해 [쿼리 디자인] 탭-[결과] 그룹-[실행]을 클릭합니다.

⑫ 저장(💾)을 클릭한 후 [다른 이름으로 저장] 대화상자가 나타나면 쿼리 이름을 '직급별부서별나이평균'으로 입력하고 [확인] 단추를 클릭합니다.

⑬ 닫기(✖)를 클릭해 작성한 쿼리를 닫습니다.

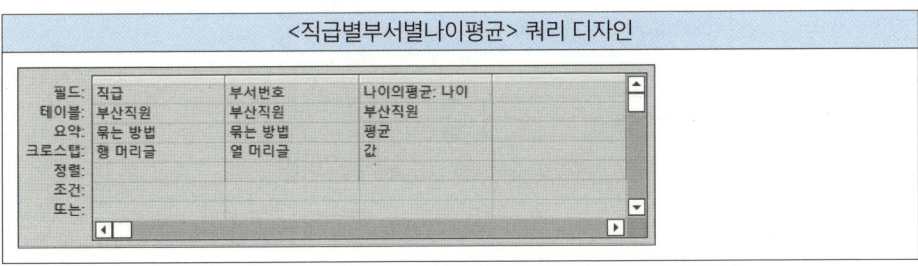

> 주희쌤 Tip
> 값으로 지정해준 필드에 조건을 설정해야 할 경우 조건 필드를 따로 만들어야 합니다.
> 예를 들어, 2번 문제에 나이가 30 이상인 데이터를 필터링하여 표시하고자 한다면 값 필드에 조건을 설정할 수 없으므로 네 번째 열에 조건 필드를 따로 만들어야 합니다.

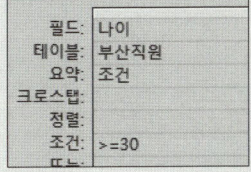

① [만들기] 탭-[쿼리] 그룹-[쿼리 디자인]을 클릭합니다.

② 쿼리가 디자인 보기로 열리면 [테이블 추가] 창의 [테이블] 탭에서 <부산직원>을 더블클릭하여 쿼리 디자인 보기에 표시합니다.

③ 크로스탭 쿼리로 변경하기 위해 [쿼리 디자인] 탭-[쿼리 유형] 그룹-[크로스탭]을 클릭합니다.

④ <부산직원> 테이블에서 [직급] 필드를 더블클릭해 눈금의 첫 번째 열로 지정합니다.

⑤ '직급' 필드의 '크로스탭' 목록 단추(▽)를 클릭해 '행 머리글'을 선택합니다.

⑥ 두 번째 열 '필드' 입력란에 'month(입사일) & "월"'을 입력합니다.

⑦ Enter 를 누르면 'Expr1: Month([입사일]) & "월"'로 변경된 것을 확인할 수 있습니다.

⑧ 'Expr1: Month([입사일]) & "월"' 필드의 '크로스탭' 목록 단추(▽)를 클릭해 '열 머리글'을 선택합니다.

> 주희쌤 Tip
> 이용할 테이블은 하나지만 설정할 조건이 많으므로 마법사를 이용하지 않고 만듭니다.

> 주희쌤 Tip
> [쿼리 디자인] 탭-[쿼리 유형] 그룹-[선택]을 클릭하면 [크로스탭]을 취소할 수 있습니다.

> 주희쌤 Tip
> '열 머리글' 필드의 경우 필드 [속성 시트] 창이 아닌 쿼리 [속성 시트] 창이 표시됩니다.

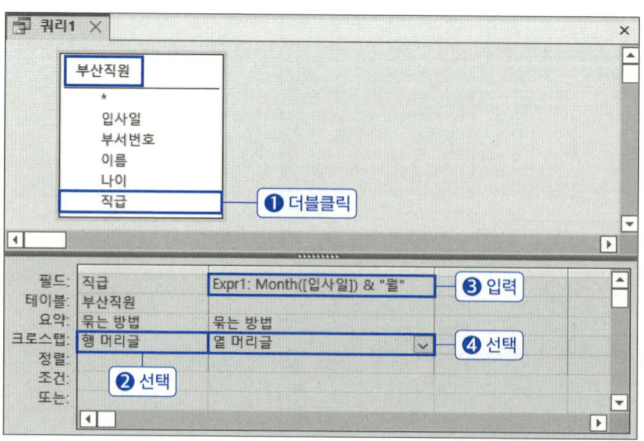

주희쌤 Tip

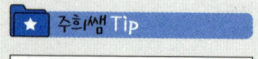

↑ 위와 같은 메시지가 나오는 이유는 '5월 or 11월'을 큰따옴표 ("") 없이 입력했기 때문입니다.

주희쌤 Tip

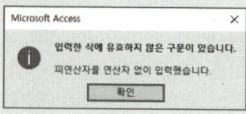

왼쪽은 숫자를 내림차순 정렬한 것이고, 오른쪽은 문자를 내림차순 정렬한 것입니다.

주희쌤 Tip

개수이므로 [이름] 필드가 아니어도 상관이 없습니다.
[입사일]에서 세어도, [부서번호]에서 세어도, [이름]에서 세어도 개수는 모두 동일합니다.

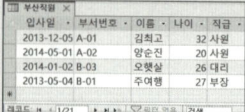

⑨ 'Expr1: Month([입사일]) & "월"' 필드의 '조건' 입력란에 '"5월" or "11월"'을 입력합니다.

⑩ 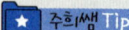를 누르면 '"5월" Or "11월"'로 변경된 것을 확인할 수 있습니다.

⑪ 이어서 'Expr1: Month([입사일]) & "월"' 필드의 '정렬' 목록 단추(∨)를 클릭해 '내림차순'을 선택합니다.

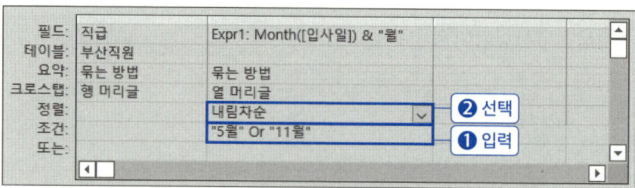

⑫ <부산직원> 테이블에서 [이름] 필드를 더블클릭해 눈금의 세 번째 열로 지정합니다.

⑬ '이름' 필드의 '크로스탭' 목록 단추(∨)를 클릭해 '값'을 선택하고, '요약' 목록 단추(∨)를 클릭해 '개수'를 선택합니다.

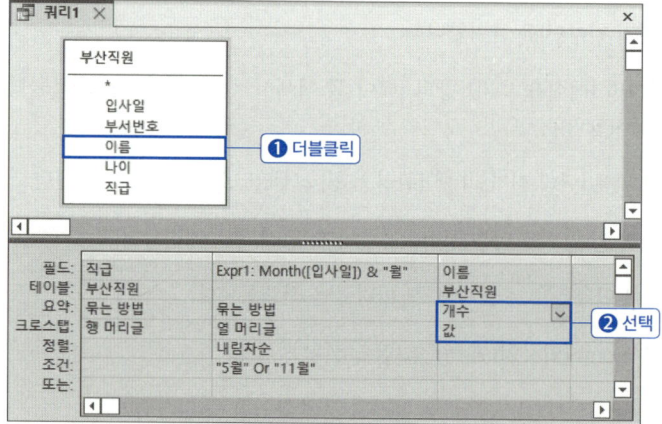

⑭ 결과를 확인하기 위해 [쿼리 디자인] 탭-[결과] 그룹-[실행]을 클릭합니다.

⑮ 저장(🖫)을 클릭한 후 [다른 이름으로 저장] 대화상자가 나타나면 쿼리 이름을 '직급별5월11월사원수'로 입력하고 [확인] 단추를 클릭합니다.

⑯ 닫기(✖)를 클릭해 작성한 쿼리를 닫습니다.

<직급별5월11월사원수> 쿼리 디자인

필드:	직급	Expr1: Month([입사일]) & "월"	이름의개수: 이름	Month([입사일]) & "월"
테이블:	부산직원		부산직원	
요약:	묶는 방법	묶는 방법	개수	조건
크로스탭:	행 머리글	열 머리글	값	
정렬:		내림차순		
조건:				"5월" Or "11월"
또는:				

> **주희쌤 Tip**
> 작성한 쿼리를 닫았다 열면 쿼리 디자인이 재조정되어 표시됩니다.
> 쿼리는 작성 방법이 다양하여 문제에 지시된 사항을 지켜 쿼리의 실행 결과가 정답과 같다면 정답 처리됩니다.

 따라하기 ④

① [만들기] 탭-[쿼리] 그룹-[쿼리 디자인]을 클릭합니다.

② 쿼리가 디자인 보기로 열리면 [테이블 추가] 창의 [테이블] 탭에서 <부산직원>, <판매량표>를 각각 더블클릭하여 쿼리 디자인 보기에 표시합니다.

③ 크로스탭 쿼리로 변경하기 위해 [쿼리 디자인] 탭-[쿼리 유형] 그룹-[크로스탭]을 클릭합니다.

④ <부산직원> 테이블에서 [나이] 필드를 더블클릭해 눈금의 첫 번째 열로 지정합니다.

⑤ '나이' 필드의 '크로스탭' 목록 단추(∨)를 클릭해 '행 머리글'을 선택합니다.

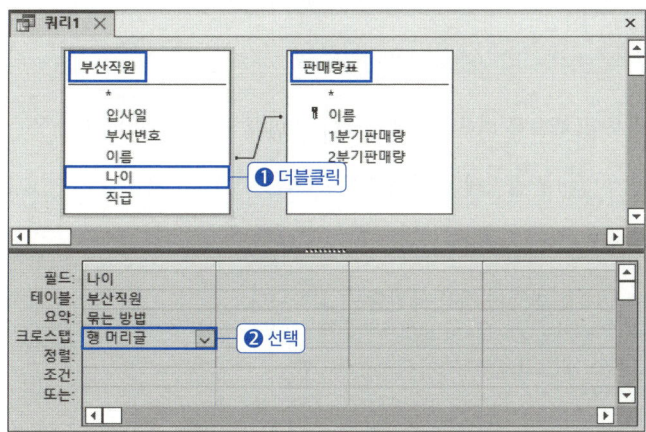

⑥ <부산직원> 테이블에서 [직급] 필드를 더블클릭해 눈금의 두 번째 열로 지정합니다.

⑦ '직급' 필드의 '크로스탭' 목록 단추(∨)를 클릭해 '열 머리글'을 선택합니다.

⑧ <판매량표> 테이블에서 [1분기판매량] 필드를 더블클릭해 눈금의 세 번째 열로 지정합니다.

⑨ '1분기판매량' 필드의 '크로스탭' 목록 단추(∨)를 클릭해 '값'을 선택하고, '요약' 목록 단추(∨)를 클릭해 '평균'을 선택합니다.

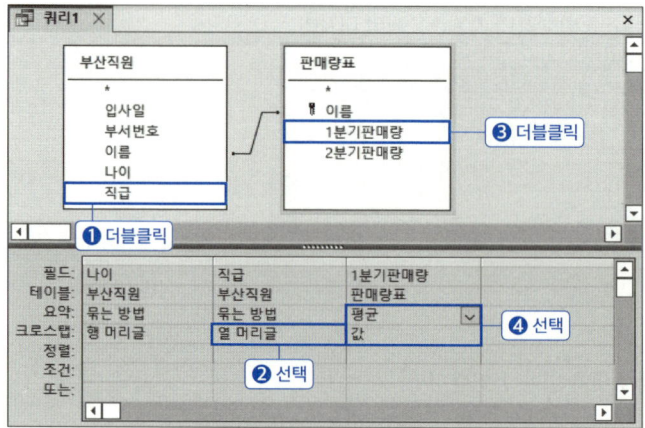

> **주희쌤 Tip**
> '직급이 부장과 대리만 표시'는 직급이 부장 혹은 대리 둘 중에 하나만 만족되면 표시하라는 의미입니다.

⑩ 조건을 설정하기 위해 '직급' 필드의 '조건' 입력란에 '부장 or 대리'를 입력합니다.

⑪ Enter 를 누르면 "부장" Or "대리"로 변경된 것을 확인할 수 있습니다.

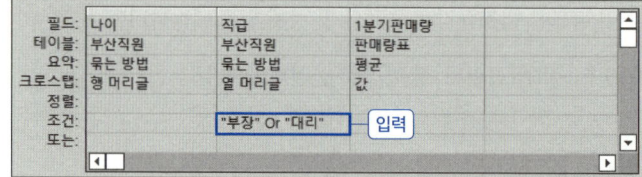

⑫ <부산직원> 테이블에서 [입사일] 필드를 더블클릭해 눈금의 네 번째 열로 지정합니다.

⑬ '입사일' 필드의 '요약' 목록 단추(∨)를 클릭해 '조건'을 선택합니다.

⑭ 이어서 '입사일' 필드의 '조건' 입력란에 '>=2014-1-1'을 입력합니다.

⑮ Enter 를 누르면 '>=#2014-01-01#'로 변경된 것을 확인할 수 있습니다.

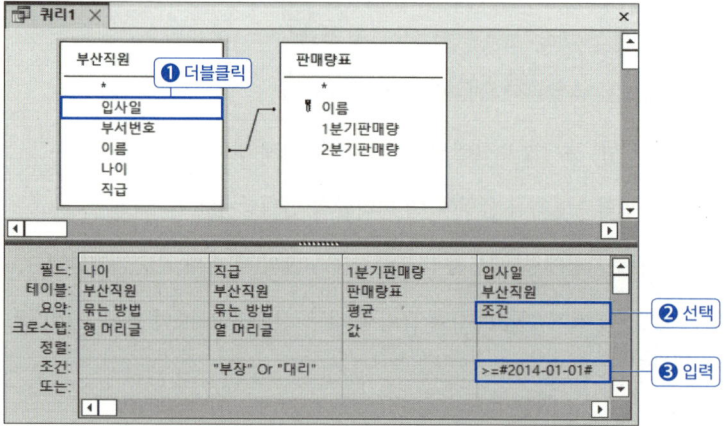

⑯ 결과를 확인하기 위해 [쿼리 디자인] 탭-[결과] 그룹-[실행]을 클릭합니다.

⑰ 저장(🖫)을 클릭한 후 [다른 이름으로 저장] 대화상자가 나타나면 쿼리 이름을 '나이별1분기평균'으로 입력하고 [확인] 단추를 클릭합니다.

⑱ 닫기(✖)를 클릭해 작성한 쿼리를 닫습니다.

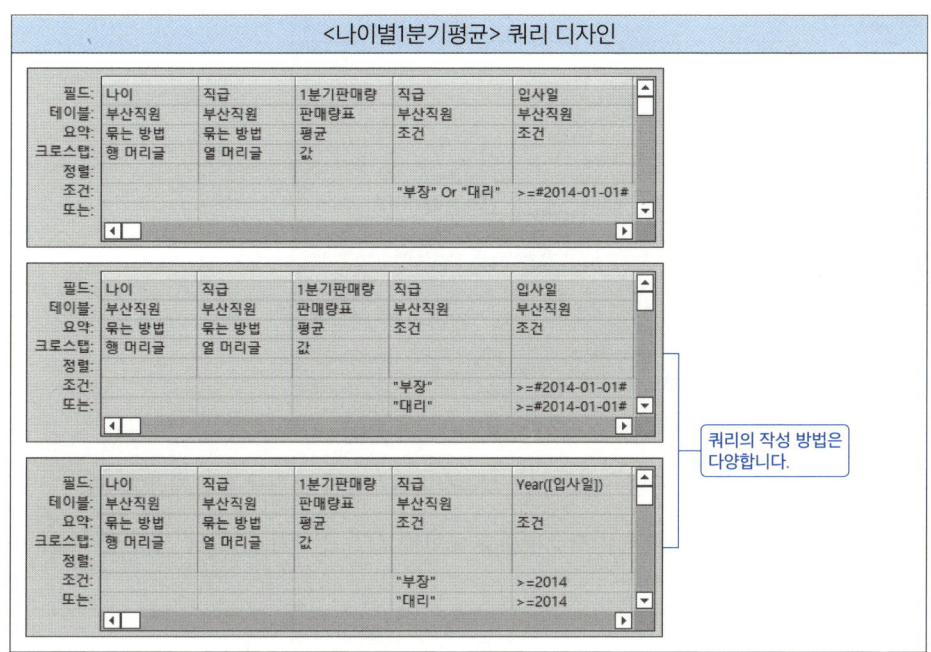

따라하기

① [만들기] 탭-[쿼리] 그룹-[쿼리 디자인]을 클릭합니다.

② 쿼리가 디자인 보기로 열리면 [테이블 추가] 창의 [테이블] 탭에서 <부서>, <부산직원>을 각각 더블클릭하여 쿼리 디자인 보기에 표시합니다.

③ 필드를 연결하기 위해 <부서> 테이블의 [부서번호] 필드를 <부산직원> 테이블의 [부서번호] 필드로 드래그합니다.

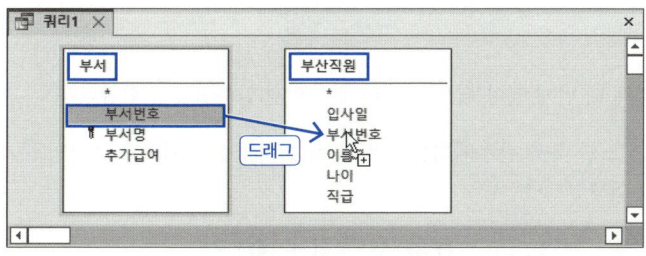

> **주희쌤 Tip**
> 쿼리 디자인 보기에 테이블이 추가되었을 때 필드 연결이 되어있지 않으면 서로 일치하는 데이터가 아닌 모든 데이터가 표시됩니다.

④ 크로스탭 쿼리로 변경하기 위해 [쿼리 디자인] 탭-[쿼리 유형] 그룹-[크로스탭]을 클릭합니다.

⑤ <부서> 테이블에서 [부서번호] 필드를 더블클릭해 눈금의 첫 번째 열로 지정합니다.

⑥ '부서번호' 필드의 '크로스탭' 목록 단추(▼)를 클릭해 '행 머리글'을 선택합니다.

⑦ <부산직원> 테이블에서 [직급] 필드를 더블클릭해 눈금의 두 번째 열로 지정합니다.

⑧ '직급' 필드의 '크로스탭' 목록 단추(▼)를 클릭해 '열 머리글'을 선택합니다.

> **주희쌤 Tip**
> 두 테이블의 조인된 필드가 일치하는 행만 포함되게끔 조인 속성이 지정되어 있기 때문에 <부산직원> 테이블의 [부서번호] 필드를 이용해도 됩니다.

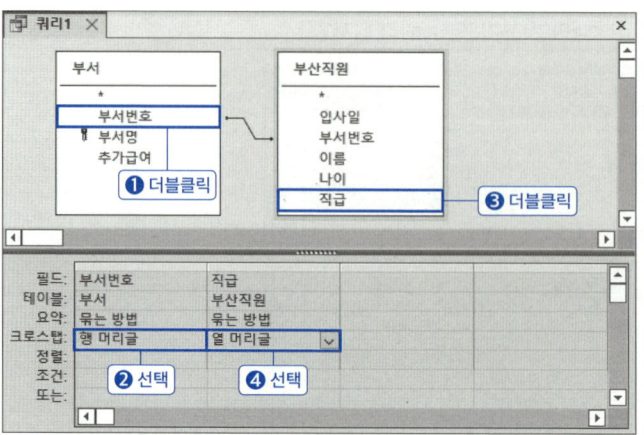

⑨ 〈부산직원〉 테이블에서 [입사일] 필드를 더블클릭해 눈금의 세 번째 열로 지정합니다.

⑩ '입사일' 필드의 '크로스탭' 목록 단추(▼)를 클릭해 '값'을 선택하고, '요약' 목록 단추(▼)를 클릭해 '개수'를 선택합니다.

> **주희쌤 Tip**
> 개수이므로 [입사일] 필드가 아니어도 상관이 없습니다.

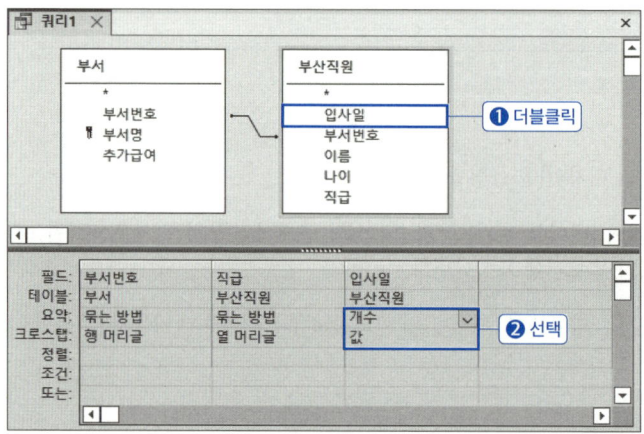

⑪ '총인원' 필드를 추가하기 위해 네 번째 열의 '필드' 입력란에 '총인원:입사일'을 입력합니다.

⑫ '총인원: 입사일' 필드의 '크로스탭' 목록 단추(▼)를 클릭해 '행 머리글'을 선택하고, '요약' 목록 단추(▼)를 클릭해 '개수'를 선택합니다.

> **주희쌤 Tip**
> ⓠ 마지막 열의 '행 머리글'은 왜 '개수'죠?
> ⓐ 조건에 해당하는 부서번호별 직급별 직원의 '수'(개수)를 구하는 문제입니다.
> 'A-01'의 '수'(개수)는 4, 'B-01'의 '수'(개수)는 6이므로 '개수'로 설정해야 합니다.

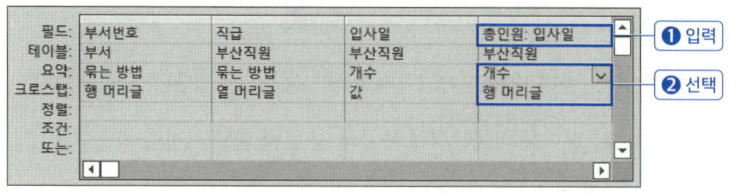

⑬ '총인원: 입사일' 필드의 필드 [속성 시트] 창에서 [일반] 탭의 '형식'에 '0명'을 입력합니다.

⑭ Enter 를 누르면 '0₩명'으로 변경된 것을 확인할 수 있습니다.

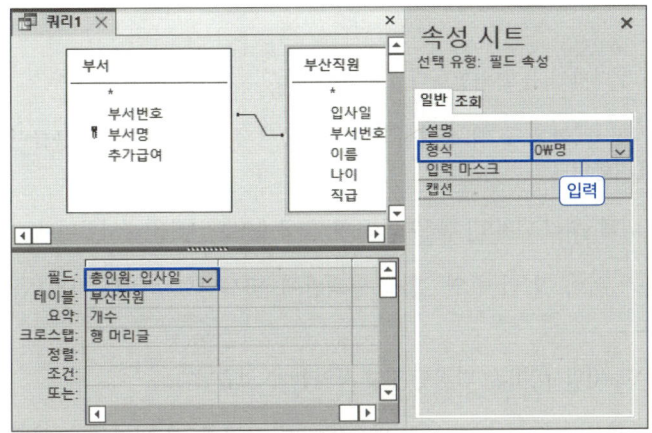

⑮ 조건을 설정하기 위해 '부서번호' 필드의 '조건' 입력란에 'not *2'를 입력합니다.

⑯ Enter 를 누르면 'Not Like "*2"'로 변경된 것을 확인할 수 있습니다.

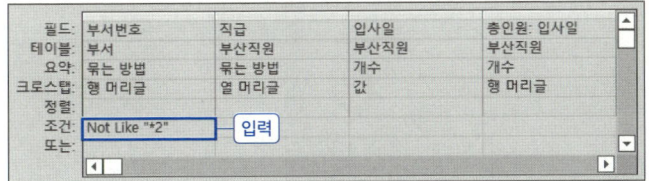

⑰ 결과를 확인하기 위해 [쿼리 디자인] 탭-[결과] 그룹-[실행]을 클릭합니다.

⑱ 저장(💾)을 클릭한 후 [다른 이름으로 저장] 대화상자가 나타나면 쿼리 이름을 '부서번호별직급별인원수'로 입력하고 [확인] 단추를 클릭합니다.

⑲ 닫기(✖)를 클릭해 작성한 쿼리를 닫습니다.

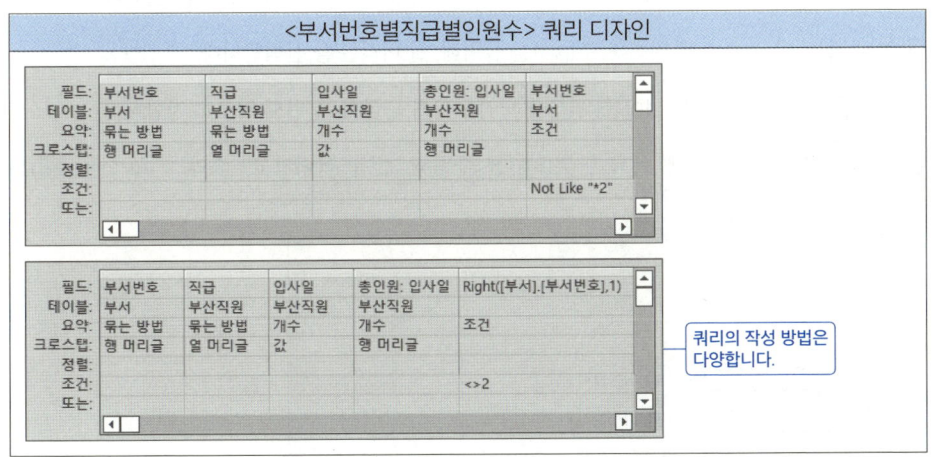

> ★ 주희쌤 Tip
>
> 같다(=)의 반대는 같지 않다(<>)이고, Like의 반대는 Not Like입니다.
>
> 예 2, 12, 20, 22, 23, 32, *2
> - <>*2 : *2가 아닌 → 2, 12, 20, 22, 23, 32
> - not like *2 : 2로 끝나지 않는 → 20, 23

 따라하기 6

① [만들기] 탭-[쿼리] 그룹-[쿼리 디자인]을 클릭합니다.

② 쿼리가 디자인 보기로 열리면 [테이블 추가] 창의 [테이블] 탭에서 <부산직원>을 더블클릭하여 쿼리 디자인 보기에 표시합니다.

③ 크로스탭 쿼리로 변경하기 위해 [쿼리 디자인] 탭-[쿼리 유형] 그룹-[크로스탭]을 클릭합니다.

④ '입사년도' 필드를 추가하기 위해 첫 번째 열 '필드' 입력란에 '입사년도:year(입사일)'을 입력합니다.

⑤ Enter 를 누르면 '입사년도: Year([입사일])'로 변경된 것을 확인할 수 있습니다.

⑥ '입사년도: Year([입사일])' 필드의 '크로스탭' 목록 단추(▽)를 클릭해 '행 머리글'을 선택합니다.

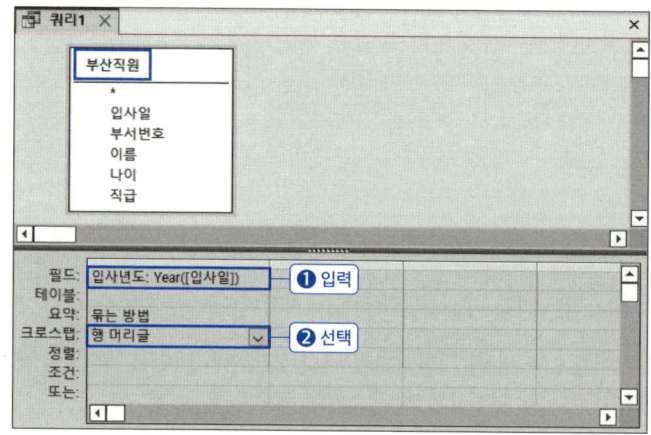

⑦ <부산직원> 테이블에서 [직급] 필드를 더블클릭해 눈금의 두 번째 열로 지정합니다.

⑧ '직급' 필드의 '크로스탭' 목록 단추(▽)를 클릭해 '열 머리글'을 선택합니다.

⑨ <부산직원> 테이블에서 [이름] 필드를 더블클릭해 눈금의 세 번째 열로 지정합니다.

⑩ '이름' 필드의 '크로스탭' 목록 단추(▽)를 클릭해 '값'을 선택하고, '요약' 목록 단추(▽)를 클릭해 '개수'를 선택합니다.

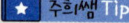 주희쌤 Tip

개수이므로 [이름] 필드가 아니어도 상관이 없습니다.

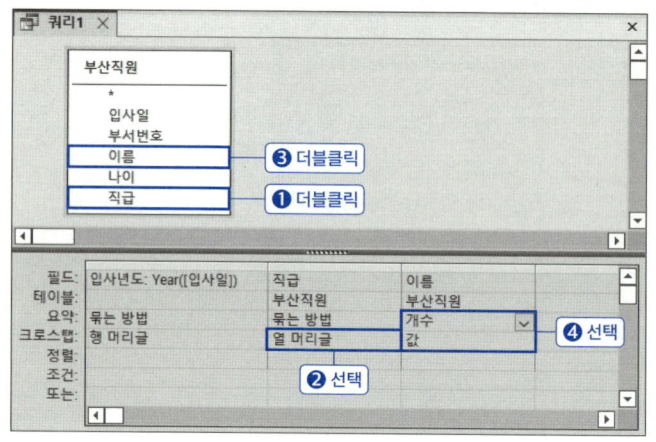

⑪ '부장과 사원 합' 필드를 추가하기 위해 네 번째 열 '필드' 입력란에 '부장과 사원 합:iif(직급="부장" or 직급="사원",1,0)'을 입력합니다.

⑫ Enter 를 누르면 '부장과 사원 합: IIf([직급]="부장" Or [직급]="사원",1,0)'으로 변경된 것을 확인할 수 있습니다.

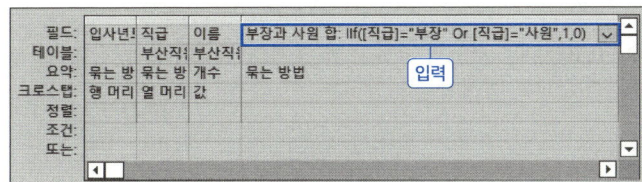

⑬ '부장과 사원 합: IIf([직급]="부장" Or [직급]="사원",1,0)' 필드의 '크로스탭' 목록 단추(▼)를 클릭해 '행 머리글'을 선택하고, '요약' 목록 단추(▼)를 클릭해 '합계'를 선택합니다.

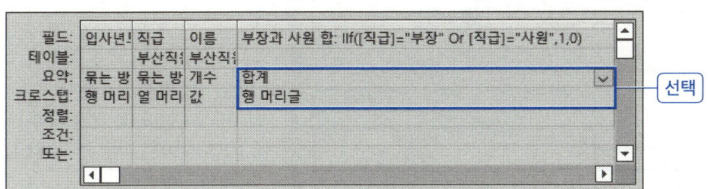

> **주희쌤 Tip**
> 엑셀(배열수식1 시트 2번)에서 배웠던 부분입니다.
> 조건이 1개일 때 개수 구하는 식
> =SUM(IF(조건, 1))

⑭ 결과를 확인하기 위해 [쿼리 디자인] 탭-[결과] 그룹-[실행]을 클릭합니다.

⑮ 저장(💾)을 클릭한 후 [다른 이름으로 저장] 대화상자가 나타나면 쿼리 이름을 '입사년도별직급별인원수'로 입력하고 [확인] 단추를 클릭합니다.

⑯ 닫기(✖)를 클릭해 작성한 쿼리를 닫습니다.

> **주희쌤 Tip**
> Q 마지막 열의 '행 머리글'은 왜 '합계'죠?
> A 입사년도별 직급별 직원의 '수'(개수)를 구하는 문제입니다. 부장과 사원의 직원 '수'만 따로 계산해야 하는데 조건에 맞으면 1이 되고, 1인 것의 합계를 구해야 조건에 맞는 개수를 구할 수 있습니다.

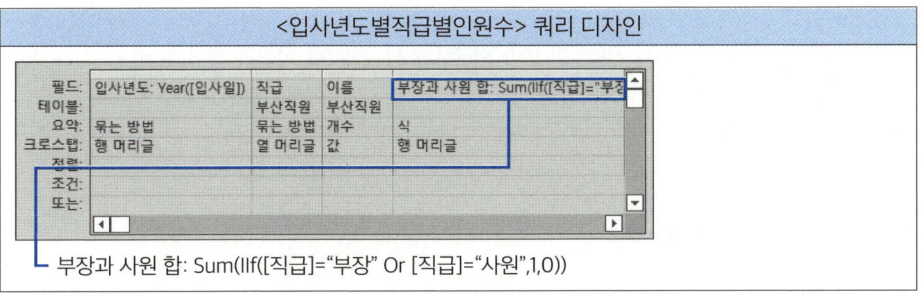

따라하기 ⑦

① [만들기] 탭-[쿼리] 그룹-[쿼리 디자인]을 클릭합니다.

② 쿼리가 디자인 보기로 열리면 [테이블 추가] 창의 [테이블] 탭에서 <명단>을 더블클릭하여 쿼리 디자인 보기에 표시합니다.

③ 크로스탭 쿼리로 변경하기 위해 [쿼리 디자인] 탭-[쿼리 유형] 그룹-[크로스탭]을 클릭합니다.

④ <명단> 테이블에서 [과목] 필드를 더블클릭해 눈금의 첫 번째 열로 지정합니다.

⑤ '과목' 필드의 '크로스탭' 목록 단추(▼)를 클릭해 '행 머리글'을 선택합니다.

⑥ <명단> 테이블에서 [지역] 필드를 더블클릭해 눈금의 두 번째 열로 지정합니다.

주희쌤 Tip

IIF 함수의 value_if_false 인수를 생략하면 조건에 해당하지 않을 경우 계산 자체를 하지 않습니다.
value_if_false 인수에 '0'을 입력할 경우 아래와 같이 최종 결과가 표시됩니다.

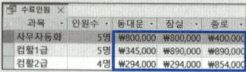

↑ 총액:Sum([수당])*30+IIf([결석수]=0,100000,0))

⑦ '지역' 필드의 '크로스탭' 목록 단추(∨)를 클릭해 '열 머리글'을 선택합니다.

⑧ '총액' 필드를 추가하기 위해 세 번째 열 '필드' 입력란에 '총액:수당*30+iif(결석수=0,100000)'을 입력합니다.

⑨ Enter 를 누르면 '총액: [수당]*30+IIf([결석수]=0,100000)'으로 변경된 것을 확인할 수 있습니다.

⑩ '총액: [수당]*30+IIf([결석수]=0,100000)' 필드의 '크로스탭' 목록 단추(∨)를 클릭해 '값'을 선택하고, '요약' 목록 단추(∨)를 클릭해 '합계'를 선택합니다.

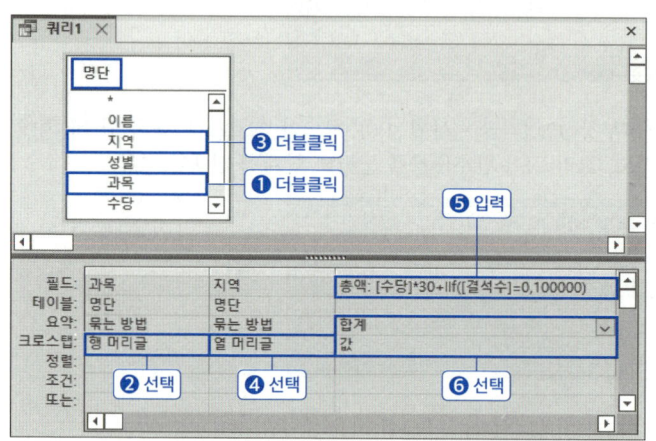

'필드' 입력란에 '총액:Sum([수당])*30+IIF([결석수]=0,100000))' 입력 시 '요약'을 '식'으로 지정

주희쌤 Tip

문제에 인원수는 [이름] 필드를 이용하라고 제시되었으므로 [이름] 필드를 이용하여 개수를 구해야 합니다.

주희쌤 Tip

Ⓠ 과목별 지역별 총액의 합계를 구하는 문제인데 마지막 열의 '행 머리글'은 왜 '개수'죠?
Ⓐ '인원수'의 값이 2000000, 1780000, 854000이라면 아래와 같이 지정하는 것이 맞습니다.

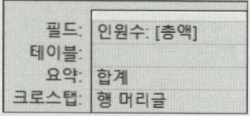

하지만 '사무자동화'의 '수'(개수)는 5, '컴활1급'의 '수'(개수)는 '5', '컴활2급'의 '수'(개수)는 4이므로 '개수'로 설정해야 합니다.

⑪ '인원수' 필드를 추가하기 위해 <명단> 테이블에서 [이름] 필드를 더블클릭해 눈금의 네 번째 열로 지정합니다.

⑫ '이름'의 필드 이름을 지정하기 위하여 '필드' 입력란의 '이름' 앞에 '인원수:'를 입력하고 Enter 를 누릅니다.

⑬ '인원수: 이름' 필드의 '크로스탭' 목록 단추(∨)를 클릭해 '행 머리글'을 선택하고, '요약' 목록 단추(∨)를 클릭해 '개수'를 선택합니다.

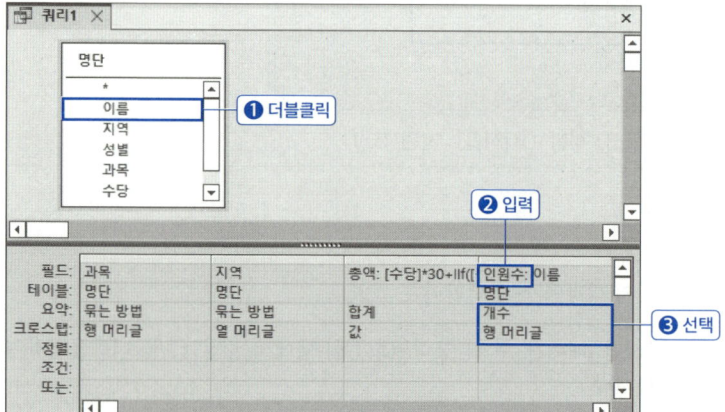

⑭ 형식을 설정하기 위해 '총액:[수당]*30+IIf([결석수]=0,100000)' 필드를 클릭한 후 선택한 필드의 [속성 시트] 창에서 [일반] 탭의 '형식' 목록 단추(⌄)를 클릭해 '통화'를 선택합니다.

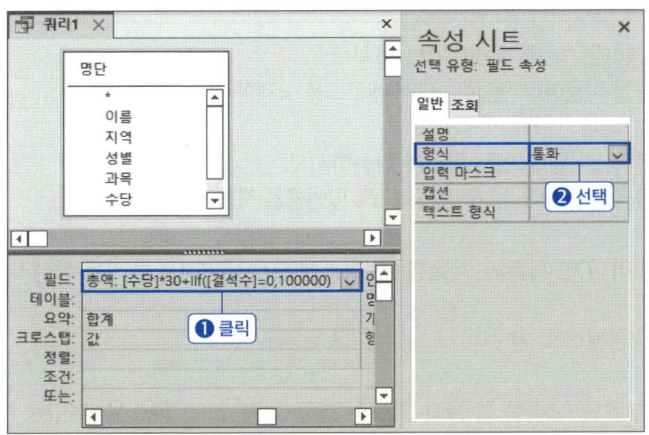

> **주희쌤 Tip**
> 지시사항에 없어도 그림과 일치하게 만들기 위해 형식까지 지정해야 합니다.

> **주희쌤 Tip**
> Ⓠ '형식' 속성에 '통화'를 선택하는 것과 직접 '₩₩#,##0'을 입력하는 것의 차이점은 뭔가요?
> Ⓐ 목록 단추를 클릭해 '통화'를 선택하면 통화 기호가 '(₩)'로 표시되고, 직접 입력하면 '(₩)'로 표시됩니다.
> 특별한 경우를 제외하고는 목록 단추를 클릭해 선택하는 것을 권장합니다.

⑮ '인원수: 이름' 필드를 클릭한 후 선택한 필드의 [속성 시트] 창에서 [일반] 탭의 '형식'에 '0명'을 입력합니다.

⑯ Enter 를 누르면 '0₩명'으로 변경된 것을 확인할 수 있습니다.

⑰ 결과를 확인하기 위해 [쿼리 디자인] 탭-[결과] 그룹-[실행]을 클릭합니다.

⑱ 저장(💾)을 클릭한 후 [다른 이름으로 저장] 대화상자가 나타나면 쿼리 이름을 '수료인원'으로 입력하고 [확인] 단추를 클릭합니다.

⑲ 닫기(✖)를 클릭해 작성한 쿼리를 닫습니다.

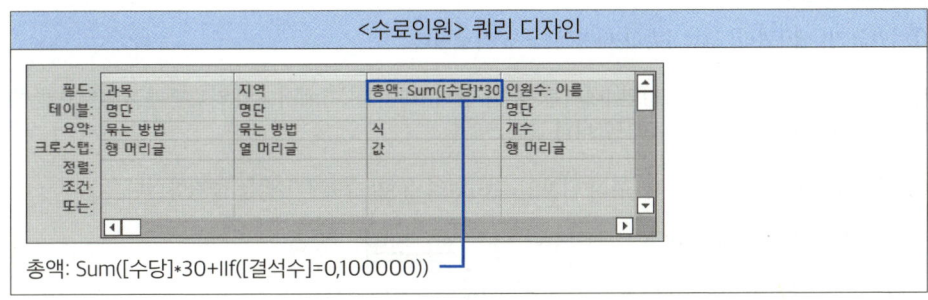

문제 유형 4 — 다음과 같은 쿼리를 작성하시오.

주희쌤 Tip
삭제 쿼리는 테이블의 레코드를 삭제하는 쿼리입니다.
[실행]을 클릭하면 '되돌릴 수 없는데 삭제하시겠습니까?'를 묻는 메시지가 표시되고 [예] 단추를 클릭하면 테이블에 레코드가 삭제됩니다.

주희쌤 Tip
업데이트 쿼리는 테이블의 필드 값을 수정하는 쿼리입니다.
[실행]을 클릭하면 '되돌릴 수 없는데 업데이트하시겠습니까?'를 묻는 메시지가 표시되고 [예] 단추를 클릭하면 테이블에 레코드가 수정됩니다.

주희쌤 Tip
추가 쿼리는 테이블에 새 레코드를 추가하는 쿼리입니다.
[실행]을 클릭하면 '되돌릴 수 없는데 추가하시겠습니까?'를 묻는 메시지가 표시되고 [예] 단추를 클릭하면 테이블에 레코드가 추가됩니다.

❶ 다음과 같은 기능을 수행하는 '삭제' 쿼리를 작성하시오.
  ▶ <대리점판매> 테이블을 이용하여 '볼펜', '공책' 레코드를 삭제할 것

❷ 다음과 같은 기능을 수행하는 '업데이트' 쿼리를 작성하시오.
  ▶ <대리점판매> 테이블을 이용하여 '단가' 필드에 5% 할인율을 적용할 것

❸ <제품> 테이블의 '순번'이 '7'인 제품의 '제품명'을 '형광펜'으로 변경하는 쿼리를 작성하시오.
  ▶ 쿼리 이름은 '볼펜을형광펜'으로 할 것

❹ <과목2> 테이블의 '학부코드' 오른쪽 끝 글자가 '5'인 경우 '과명' 끝에 '(★)'을 붙이는 <과목명수정> 변경 쿼리를 작성하시오.
  ▶ 표시 예 : 초등교육과(★)

❺ <편입생> 테이블의 데이터를 <학생> 테이블에 추가하는 <편입생추가> 쿼리를 작성하시오.
  ▶ 학번이 '7'로 시작하는 학생만 추가할 것
  ▶ <편입생> 테이블의 '전학교성적' 필드는 추가 대상에서 제외하고 나머지 필드 모두를 추가할 것

따라하기 ①

① [만들기] 탭-[쿼리] 그룹-[쿼리 디자인]을 클릭합니다.

② 쿼리가 디자인 보기로 열리면 [테이블 추가] 창의 [테이블] 탭에서 <대리점판매>를 더블클릭하여 쿼리 디자인 보기에 표시합니다.

③ 삭제 쿼리로 변경하기 위해 [쿼리 디자인] 탭-[쿼리 유형] 그룹-[삭제]를 클릭합니다.

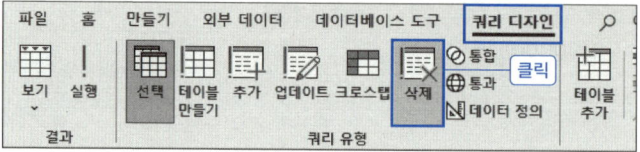

④ <대리점판매> 테이블에서 [제품명] 필드를 더블클릭해 눈금의 첫 번째 열로 지정합니다.

⑤ '제품명' 필드의 '조건' 입력란에 '볼펜 or 공책'을 입력합니다.

⑥ Enter 를 누르면 '"볼펜" Or "공책"'으로 변경된 것을 확인할 수 있습니다.

주희쌤 Tip
테이블(문제유형4 3번)에서 배웠던 부분입니다.
'"A" OR "B"'와 'IN("A", "B")'는 같은 의미입니다.

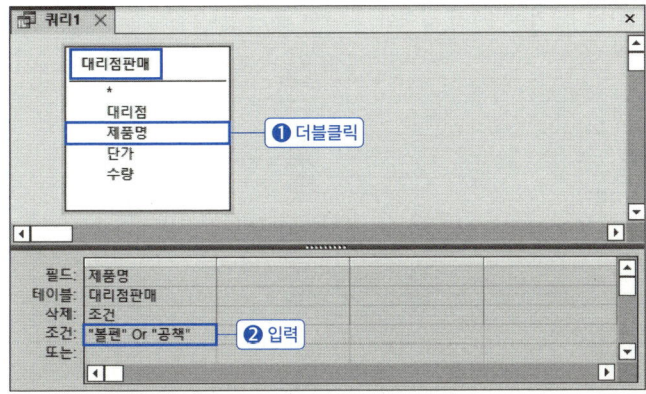

⑦ 결과를 확인하기 위해 [쿼리 디자인] 탭-[결과] 그룹-[실행]을 클릭합니다.

⑧ 삭제 여부를 묻는 메시지가 나타나면 [예] 단추를 클릭합니다.

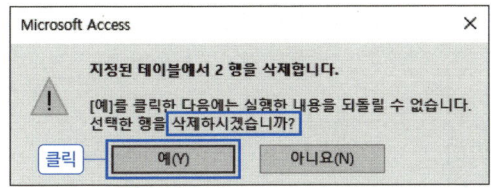

⑨ 저장(📄)을 클릭한 후 [다른 이름으로 저장] 대화상자가 나타나면 쿼리 이름을 '삭제'로 입력하고 [확인] 단추를 클릭합니다.

⑩ 닫기(✖)를 클릭해 작성한 쿼리를 닫습니다.

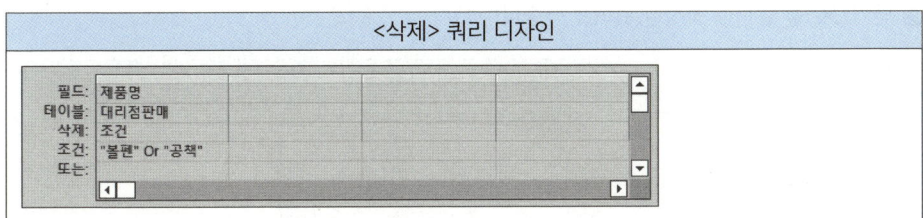

 따라하기 2

① [만들기] 탭-[쿼리] 그룹-[쿼리 디자인]을 클릭합니다.

② 쿼리가 디자인 보기로 열리면 [테이블 추가] 창의 [테이블] 탭에서 <대리점판매>를 더블클릭하여 쿼리 디자인 보기에 표시합니다.

③ 업데이트 쿼리로 변경하기 위해 [쿼리 디자인] 탭-[쿼리 유형] 그룹-[업데이트]를 클릭합니다.

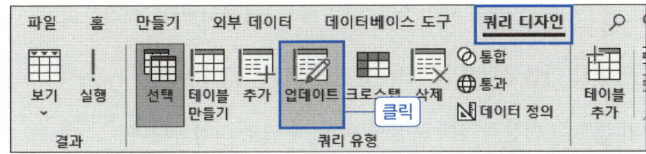

④ <대리점판매> 테이블에서 [단가] 필드를 더블클릭해 눈금의 첫 번째 열로 지정합니다.

| 주희쌤 Tip

'업데이트' 입력란에 입력 시 필드 이름에 대괄호([])가 자동으로 입력되지 않으므로 직접 입력해야 합니다.

| 주희쌤 Tip

엑셀(함수 26번)에서 배웠던 부분입니다.
- 5% 할인한 금액 : 금액*0.95
- 금액에서 5%를 할인 : 금액*0.95
- 금액을 5% 할인 : 금액*0.95
- 금액의 5% : 금액*0.05

| 주희쌤 Tip

VBE와 마찬가지로 '%' 입력을 할 수 없습니다.

| 주희쌤 Tip

1번 문제를 풀면 6행이 업데이트가 되고 1번 문제를 풀지 않으면 8행이 업데이트됩니다.

⑤ '단가' 필드의 '업데이트' 입력란에 '[단가]*0.95'를 입력한 후 Enter 를 누릅니다.

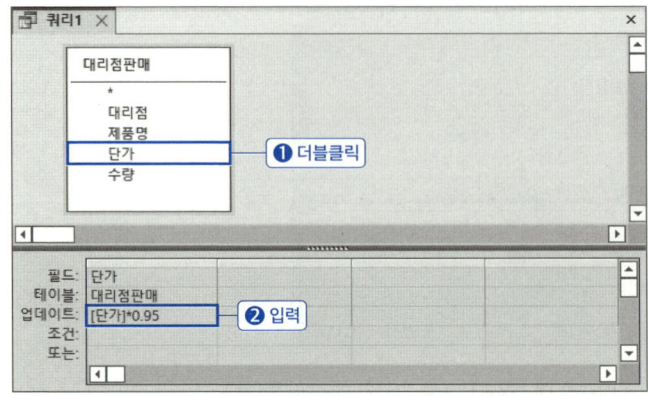

⑥ 결과를 확인하기 위해 [쿼리 디자인] 탭-[결과] 그룹-[실행]을 클릭합니다.

⑦ 업데이트 여부를 묻는 메시지가 나타나면 [예] 단추를 클릭합니다.

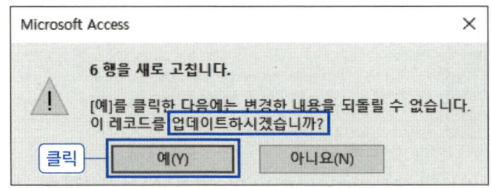

⑧ 저장(💾)을 클릭한 후 [다른 이름으로 저장] 대화상자가 나타나면 쿼리 이름을 '업데이트'로 입력하고 [확인] 단추를 클릭합니다.

⑨ 닫기(✖)를 클릭해 작성한 쿼리를 닫습니다.

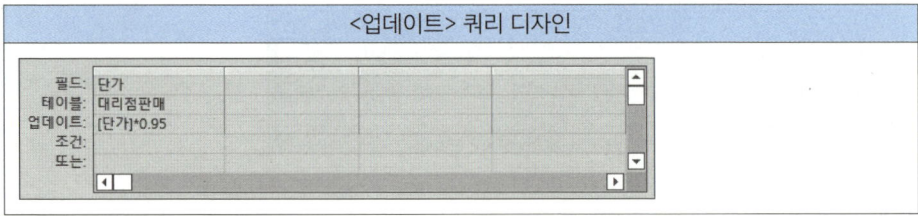

따라하기 ③

① [만들기] 탭-[쿼리] 그룹-[쿼리 디자인]을 클릭합니다.

② 쿼리가 디자인 보기로 열리면 [테이블 추가] 창의 [테이블] 탭에서 <제품>을 더블클릭하여 쿼리 디자인 보기에 표시합니다.

③ 업데이트 쿼리로 변경하기 위해 [쿼리 디자인] 탭-[쿼리 유형] 그룹-[업데이트]를 클릭합니다.

④ <제품> 테이블에서 [순번] 필드를 더블클릭해 눈금의 첫 번째 열로 지정합니다.

⑤ <제품> 테이블에서 [제품명] 필드를 더블클릭해 눈금의 두 번째 열로 지정합니다.

⑥ '순번' 필드의 '조건' 입력란에 '7'을 입력한 후 Enter 를 누릅니다.

⑦ '제품명' 필드의 '업데이트' 입력란에 '형광펜'을 입력합니다.

⑧ Enter 를 누르면 '"형광펜"'으로 변경된 것을 확인할 수 있습니다.

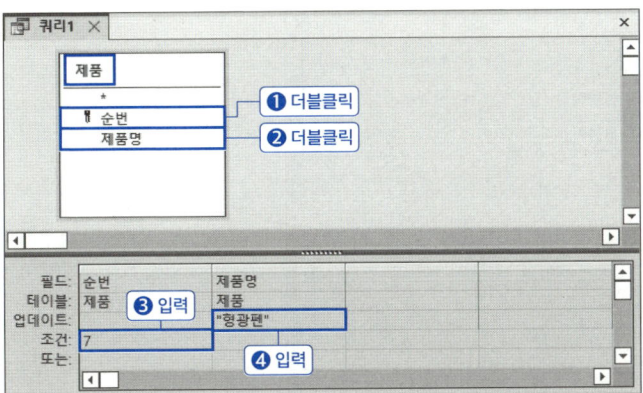

⑨ 결과를 확인하기 위해 [쿼리 디자인] 탭-[결과] 그룹-[실행]을 클릭합니다.

⑩ 업데이트 여부를 묻는 메시지가 나타나면 [예] 단추를 클릭합니다.

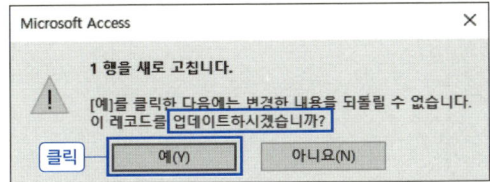

⑪ 저장(💾)을 클릭한 후 [다른 이름으로 저장] 대화상자가 나타나면 쿼리 이름을 '볼펜을 형광펜'으로 입력하고 [확인] 단추를 클릭합니다.

⑫ 닫기(✖)를 클릭해 작성한 쿼리를 닫습니다.

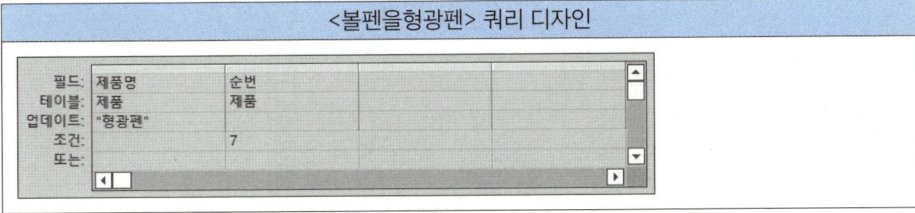

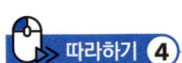

① [만들기] 탭-[쿼리] 그룹-[쿼리 디자인]을 클릭합니다.

② 쿼리가 디자인 보기로 열리면 [테이블 추가] 창의 [테이블] 탭에서 <과목2>를 더블클릭하여 쿼리 디자인 보기에 표시합니다.

③ 업데이트 쿼리로 변경하기 위해 [쿼리 디자인] 탭-[쿼리 유형] 그룹-[업데이트]를 클릭합니다.

④ <과목2> 테이블에서 [학부코드] 필드를 더블클릭해 눈금의 첫 번째 열로 지정합니다.

⑤ <과목2> 테이블에서 [과명] 필드를 더블클릭해 눈금의 두 번째 열로 지정합니다.

⑥ '학부코드' 필드의 '조건' 입력란에 '*5'를 입력한 후 Enter 를 누릅니다.

⑦ Enter 를 누르면 'Like "*5"'로 변경된 것을 확인할 수 있습니다.

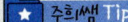

> 주희쌤 Tip
>
> '학부코드' 필드의 조건 입력란에 'Right([학부코드],1)="5"'라고 입력해도 결과가 같습니다.

> **주희쌤Tip**
> '업데이트' 입력란에 입력 시 필드 이름에 대괄호([])가 자동으로 입력되지 않으므로 직접 입력해야 합니다.

⑧ '과명' 필드의 '업데이트' 입력란에 '[과명] & "(★)"'을 입력합니다.

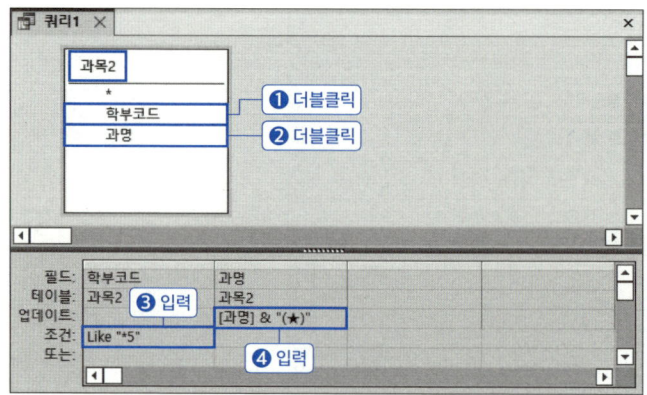

⑨ 결과를 확인하기 위해 [쿼리 디자인] 탭-[결과] 그룹-[실행]을 클릭합니다.

⑩ 업데이트 여부를 묻는 메시지가 나타나면 [예] 단추를 클릭합니다.

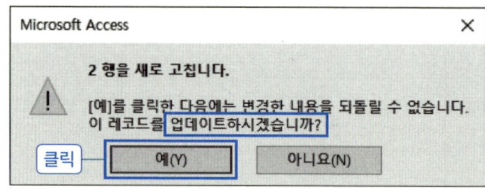

⑪ 저장(💾)을 클릭한 후 [다른 이름으로 저장] 대화상자가 나타나면 쿼리 이름을 '과목명수정'으로 입력하고 [확인] 단추를 클릭합니다.

⑫ 닫기(✖)를 클릭해 작성한 쿼리를 닫습니다.

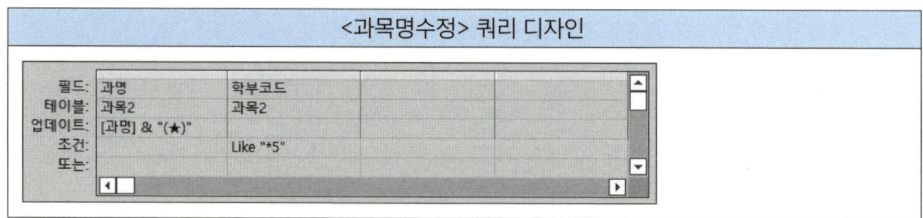

① [만들기] 탭-[쿼리] 그룹-[쿼리 디자인]을 클릭합니다.

② 쿼리가 디자인 보기로 열리면 [테이블 추가] 창의 [테이블] 탭에서 <편입생>을 더블클릭하여 쿼리 디자인 보기에 표시합니다.

③ 테이블을 추가하기 위해 [쿼리 디자인] 탭-[쿼리 유형] 그룹-[추가]를 클릭합니다.

> **주희쌤Tip**
> 쿼리 디자인 보기에 추가할 테이블(여기에서는 <편입생> 테이블)만 꺼내놓습니다.

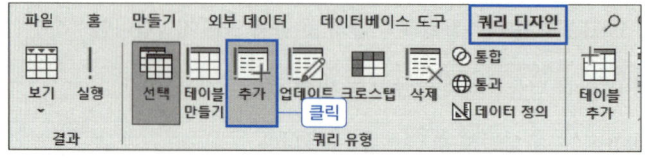

④ [추가] 대화상자가 나타나면 테이블 이름을 '학생'으로 선택하고 [확인] 단추를 클릭합니다.

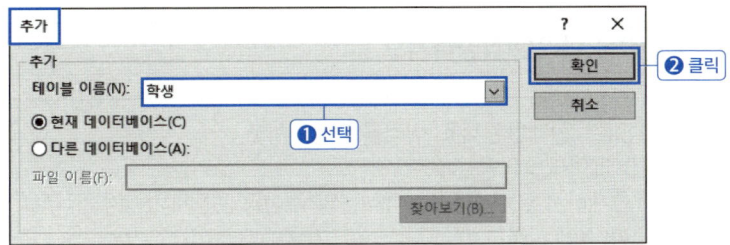

⑤ <편입생> 테이블에서 [학번] 필드를 더블클릭해 눈금의 첫 번째 열로 지정합니다.

⑥ <편입생> 테이블에서 [이름] 필드를 더블클릭해 눈금의 두 번째 열로 지정합니다.

⑦ <편입생> 테이블에서 [성별] 필드를 더블클릭해 눈금의 세 번째 열로 지정합니다.

⑧ <편입생> 테이블에서 [과] 필드를 더블클릭해 눈금의 네 번째 열로 지정합니다.

⑨ 조건을 설정하기 위해 '학번' 필드의 '조건' 입력란에 '7*'를 입력합니다.

⑩ Enter 를 누르면 'Like "7*"'로 변경된 것을 확인할 수 있습니다.

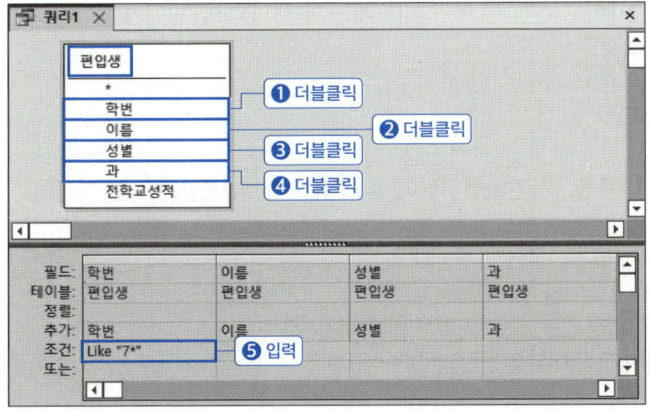

⑪ 결과를 확인하기 위해 [쿼리 디자인] 탭-[결과] 그룹-[실행]을 클릭합니다.

⑫ 추가 여부를 묻는 메시지가 나타나면 [예] 단추를 클릭합니다.

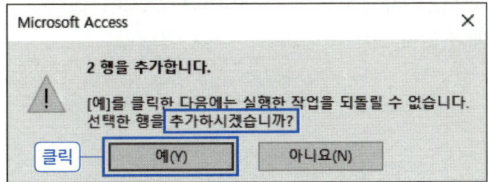

⑬ 저장(🖫)을 클릭한 후 [다른 이름으로 저장] 대화상자가 나타나면 쿼리 이름을 '편입생추가'로 입력하고 [확인] 단추를 클릭합니다.

⑭ 닫기(✖)를 클릭해 작성한 쿼리를 닫습니다.

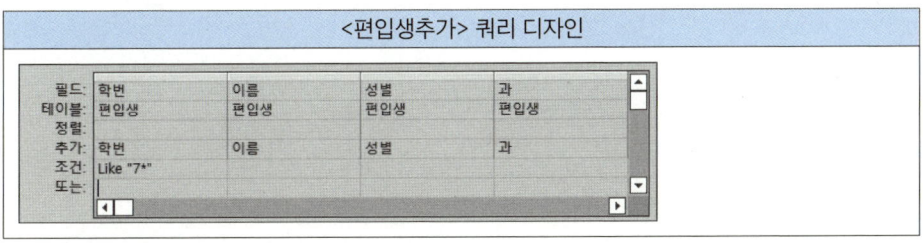

> **주희쌤 Tip**
> 불일치 검색 쿼리는 테이블이나 쿼리 간의 특정 필드를 기준으로 서로 일치하지 않는 레코드를 검색하여 표시하는 쿼리입니다.

문제 유형 5 　다음과 같은 쿼리를 작성하시오.

① 다음과 같은 기능을 수행하는 '판매안된제품' 쿼리를 작성하시오.
  ▶ <제품2>와 <판매내역> 테이블을 이용할 것
  ▶ <판매내역> 테이블에 존재하지 않는 <제품2> 테이블의 '제품명'은 판매가 이루어지지 않은 것으로 가정할 것 (Is Null 사용)

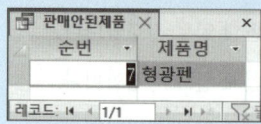

② 다음과 같은 기능을 수행하는 '판매안된제품2'라는 이름의 테이블을 만드는 새 쿼리를 작성하시오.
  ▶ <제품>과 <판매내역> 테이블을 이용할 것
  ▶ '순번'과 '제품명'을 표시할 것
  ▶ <제품> 테이블에는 존재하고 <판매내역> 테이블에 존재하지 않으면 판매가 이루어지지 않은 것으로 가정할 것
  ▶ Not in 사용
  ▶ 쿼리 이름은 'not in 이용'

③ <신입사원> 테이블의 내용을 <사원> 테이블에 추가하는 <신입사원추가>를 작성하여 실행하시오.
  ▶ '이름', '주민등록번호', '부서', '직급'의 순서대로 추가할 것
  ▶ '부서'는 '부서명' 필드에 추가할 것
  ▶ <사원> 테이블에 존재하지 않는 레코드만 추가되도록 할 것
  ▶ '이름' 필드를 이용하여 중복 여부를 판단할 것

> **주희쌤 Tip**
> 중복 데이터 검색 쿼리는 중복된 레코드를 검색하는 쿼리입니다.

④ <구매요청내역> 테이블의 '신청과' 필드는 <과목2> 테이블의 '과명' 필드를 참조하며, 테이블 간에 관계는 M:1이다. 두 테이블에 대해 다음과 같이 관계를 설정하시오.
  ▶ <과목2> 테이블에는 고유 인덱스가 없어 <구매요청내역> 테이블과 관계를 설정할 때 다음과 같은 오류가 발생한다. 또한 <과목2> 테이블에는 중복 데이터가 있어 기본 키를 설정하기 전에 중복 데이터를 제거해야 한다.

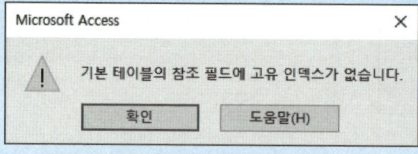

  ▶ <과목2> 테이블에서 중복 데이터를 검색하는 쿼리 이름은 '중복 데이터'로 하시오.
  ▶ 각 테이블 간에 항상 참조 무결성을 유지하도록 설정하시오.

 따라하기 ①

① [만들기] 탭-[쿼리] 그룹-[쿼리 마법사]를 클릭합니다.

② [새 쿼리] 대화상자가 나타나면 '불일치 검색 쿼리 마법사'를 클릭한 후 [확인] 단추를 클릭합니다.

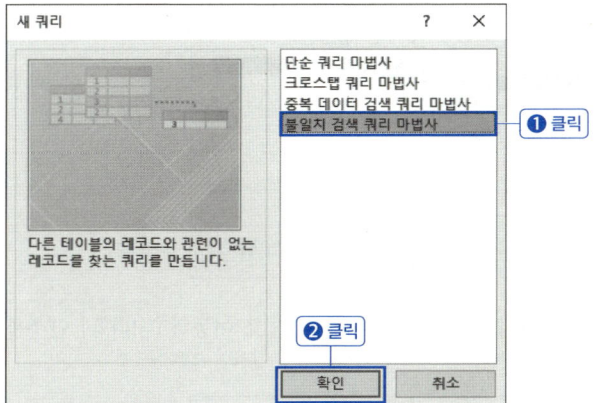

③ [불일치 검색 쿼리 마법사]가 나타나면 결과 테이블로 '테이블: 제품2'을 클릭한 후 [다음] 단추를 클릭합니다.

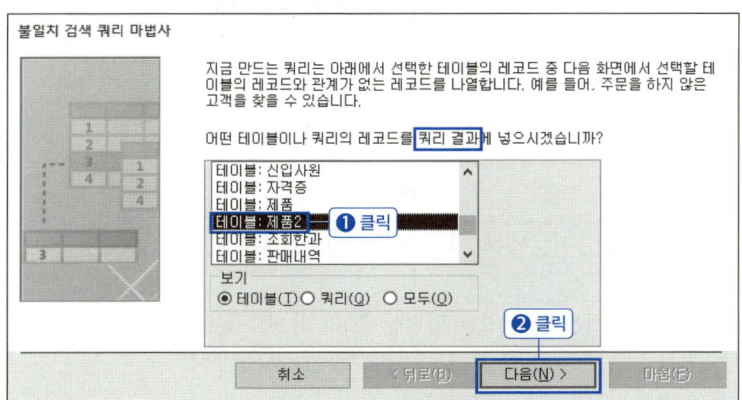

> **주희쌤 Tip**
>
> 문제에 '<A> 테이블에 존재하지 않는다.'가 명시되면 <A> 테이블은 결과 테이블이 될 수 없습니다.
> 결과 테이블은 모든 레코드가 포함된 테이블이어야 합니다. 예를 들어, 문제에 '<합격명단> 테이블에 존재하지 않는다.'가 명시되었다면 <합격명단> 테이블은 결과 테이블이 될 수 없습니다. 결과 테이블은 모든 레코드가 포함되어 있어야 하는데 합격하지 못하여서 없을 수도 있다는 의미이기 때문입니다.

④ 2단계는 비교할 자료가 들어 있는 개체 선택으로 '테이블: 판매내역'을 클릭한 후 [다음] 단추를 클릭합니다.

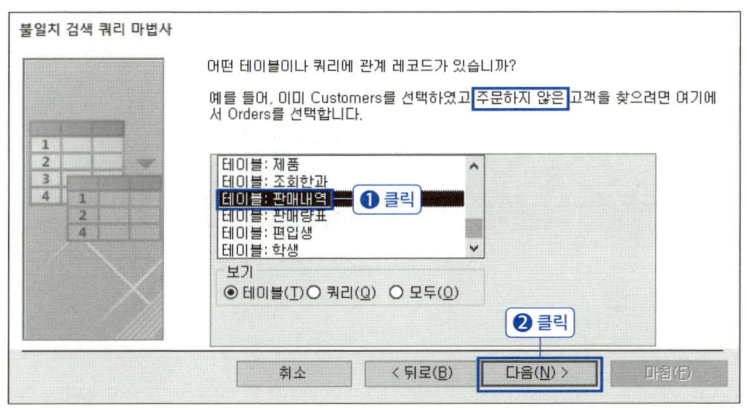

> **주희쌤 Tip**
>
> '일치 필드'는 필드 이름이 달라도 같은 데이터를 가지고 형식이 동일하면 됩니다.
> 예를 들어, <제품> 테이블은 [제품명] 필드인데 <판매내역> 테이블은 [제품이름] 필드여도 같은 데이터를 가지고 있어 비교할 수 있다면 상관이 없다는 의미입니다.

⑤ 3단계는 비교할 필드 선택으로 <제품2> 테이블의 [제품명], <판매내역> 테이블의 [제품명]을 클릭하고 일치 필드(<=>) 단추를 클릭한 후 [다음] 단추를 클릭합니다.

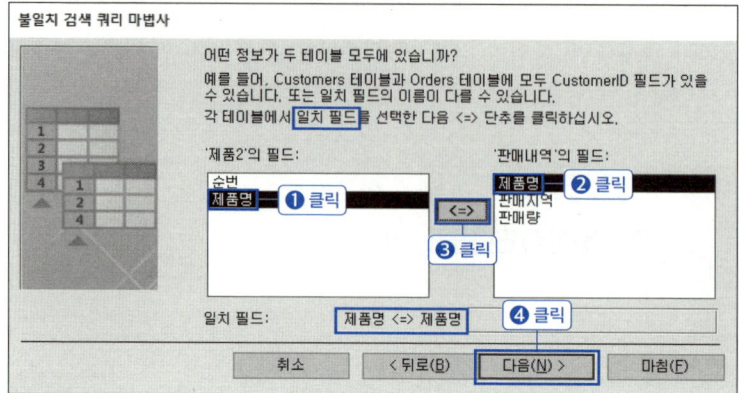

⑥ 4단계는 결과에 표시할 필드로 [순번], [제품명]을 '선택한 필드'로 이동하고 [다음] 단추를 클릭합니다.

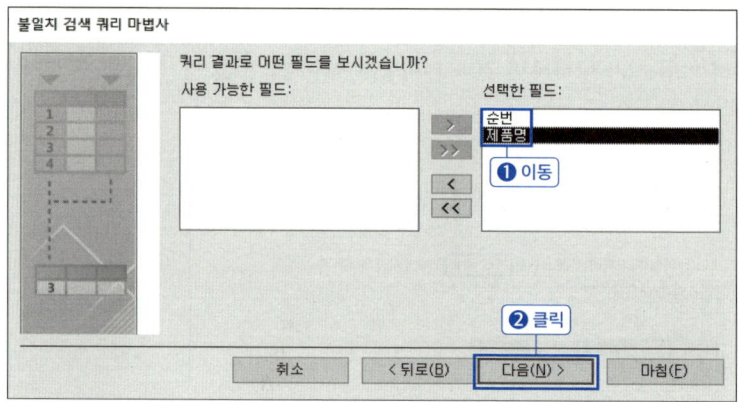

⑦ 마지막 단계로 쿼리 이름을 '판매안된제품'으로 입력한 후 [마침] 단추를 클릭합니다.

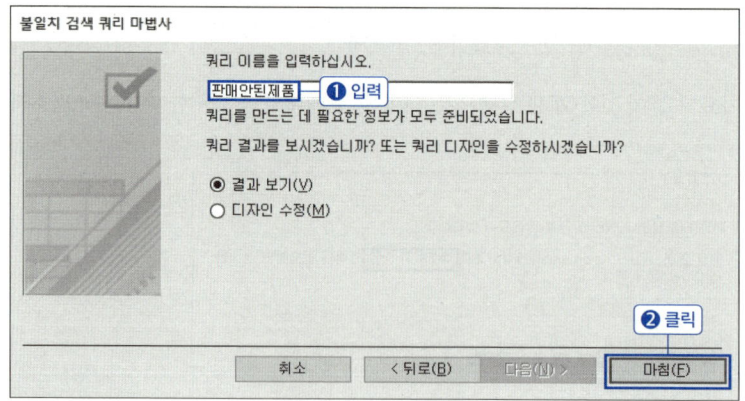

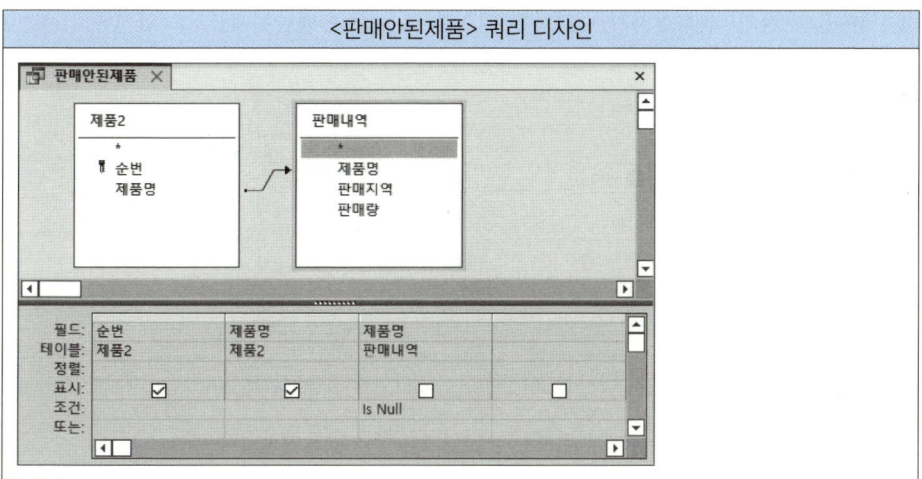

주희쌤 Tip
불일치 검색 쿼리 마법사 이용 시 'Is Null'이 자동 입력됩니다. <판매내역>의 [제품명]에 존재하지 않는(Is Null) 레코드를 결과 테이블인 <제품2>에서 조회한다는 의미입니다.

따라하기 ②

① [만들기] 탭-[쿼리] 그룹-[쿼리 디자인]을 클릭합니다.

② 쿼리가 디자인 보기로 열리면 [테이블 추가] 창의 [테이블] 탭에서 <제품>을 더블클릭하여 쿼리 디자인 보기에 표시합니다.

③ <제품> 테이블에서 [순번] 필드를 더블클릭해 눈금의 첫 번째 열로 지정합니다.

④ <제품> 테이블에서 [제품명] 필드를 더블클릭해 눈금의 두 번째 열로 지정합니다.

⑤ '제품명' 필드의 '조건' 입력란에 'not in(select 제품명 from 판매내역)'을 입력합니다.

⑥ Enter 를 누르면 'Not In (select 제품명 from 판매내역)'으로 변경된 것을 확인할 수 있습니다.

주희쌤 Tip
불일치 검색을 한 결과를 테이블로 만드는 문제입니다.

주희쌤 Tip
쿼리 디자인 보기에 결과 테이블(여기에서는 <제품> 테이블)만 꺼내놓습니다.

주희쌤 Tip
Not in을 사용해야 하므로 불일치 검색 쿼리 마법사를 이용할 수 없습니다.
① 쿼리를 디자인 보기로 열어 결과 테이블만 추가합니다.
② 표시할 필드를 눈금으로 내려줍니다.
③ 일치 필드를 찾습니다.

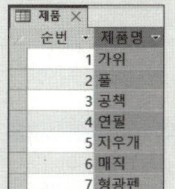

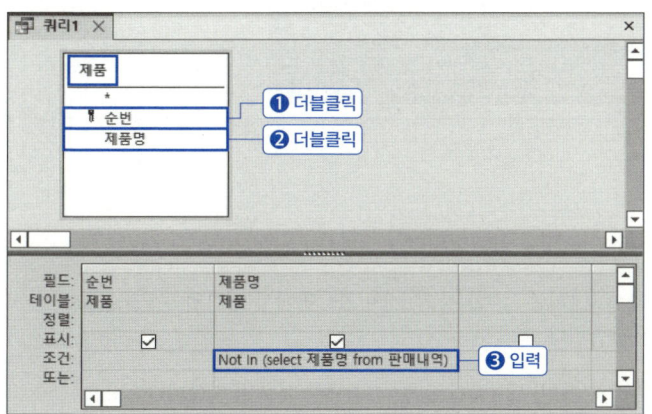

⑦ 새 테이블로 저장하기 위해 [쿼리 디자인] 탭-[쿼리 유형] 그룹-[테이블 만들기]를 클릭합니다.

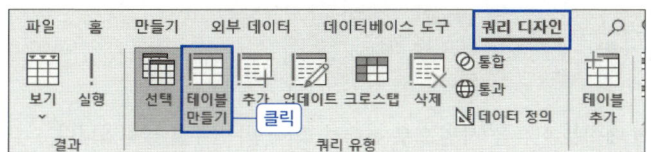

<제품> 테이블과 <판매내역> 테이블은 [제품명] 필드가 같은 데이터를 가지고 있습니다. 따라서 [제품명] 필드가 '일치 필드'가 됩니다.
④ 일치 필드의 조건 입력란에 'Not In(Select 필드 From 테이블)'을 입력합니다.

필드에는 비교해 줄 필드 이름을 입력하고 테이블에는 처음에 추가하지 않은 테이블 이름을 입력합니다. 즉, 처음에 결과 테이블만 추가했으니 결과 테이블이 아닌 테이블 이름을 입력하면 되는 것이죠.

'Not In(Select 제품명 From 판매내역)'은 <판매내역>의 [제품명]에 존재하지 않는(Not in) 레코드를 결과 테이블인 <제품>에서 조회한다는 의미입니다.

⑧ [테이블 만들기] 대화상자가 나타나면 테이블 이름을 '판매안된제품2'로 입력하고 [확인] 단추를 클릭합니다.

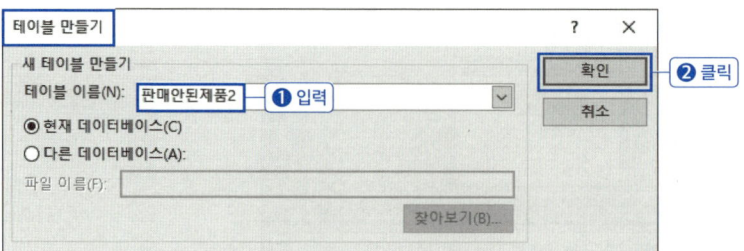

⑨ 결과를 확인하기 위해 [쿼리 디자인] 탭-[결과] 그룹-[실행]을 클릭합니다.

⑩ 새 테이블 작성 여부를 묻는 메시지가 나타나면 [예] 단추를 클릭합니다.

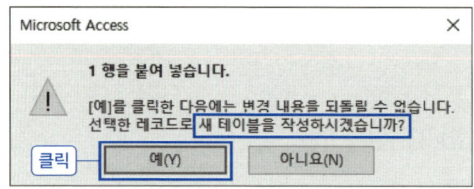

⑪ 저장()을 클릭한 후 [다른 이름으로 저장] 대화상자가 나타나면 쿼리 이름을 'not in 이용'으로 입력하고 [확인] 단추를 클릭합니다.

⑫ 닫기(✖)를 클릭해 작성한 쿼리를 닫습니다.

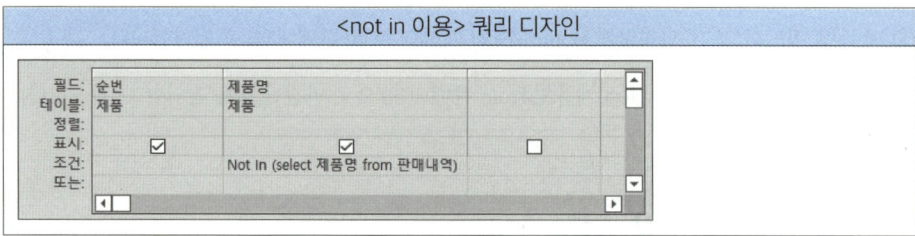

따라하기 3

① [만들기] 탭-[쿼리] 그룹-[쿼리 디자인]을 클릭합니다.

② 쿼리가 디자인 보기로 열리면 [테이블 추가] 창의 [테이블] 탭에서 <신입사원>을 더블클릭하여 쿼리 디자인 보기에 표시합니다.

③ 테이블을 추가하기 위해 [쿼리 디자인] 탭-[쿼리 유형] 그룹-[추가]를 클릭합니다.

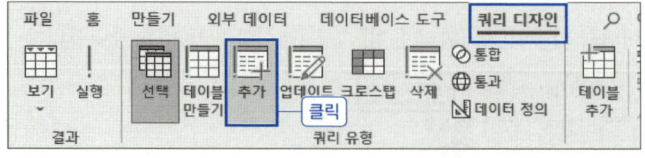

④ [추가] 대화상자가 나타나면 테이블 이름을 '사원'으로 선택하고 [확인] 단추를 클릭합니다.

> **주희쌤 Tip**
> 불일치 된 레코드만 테이블에 추가하는 문제입니다.
> <신입사원> 테이블에 있는 레코드를 <사원> 테이블에 추가하되 <사원> 테이블에 존재하지 않는 레코드만 추가합니다. 즉, 이미 존재한다면 추가하지 않는 것이죠.

> **주희쌤 Tip**
> 쿼리 디자인 보기에는 추가할 테이블(여기에서는 <신입사원> 테이블)만 꺼내놓습니다.

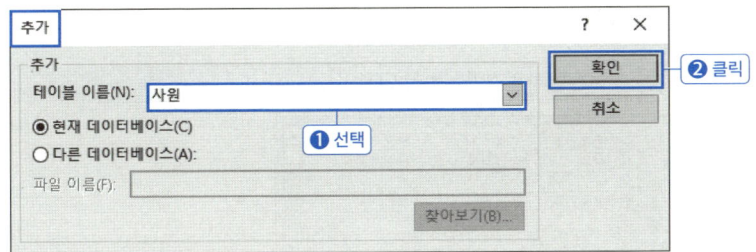

⑤ <신입사원> 테이블에서 [이름] 필드를 더블클릭해 눈금의 첫 번째 열로 지정합니다.

⑥ <신입사원> 테이블에서 [주민등록번호] 필드를 더블클릭해 눈금의 두 번째 열로 지정합니다.

⑦ <신입사원> 테이블에서 [부서] 필드를 더블클릭해 눈금의 세 번째 열로 지정합니다.

⑧ <신입사원> 테이블에서 [직급] 필드를 더블클릭해 눈금의 네 번째 열로 지정합니다.

⑨ '부서' 필드의 '추가' 목록 단추(∨)를 클릭해 '부서명'을 선택합니다.

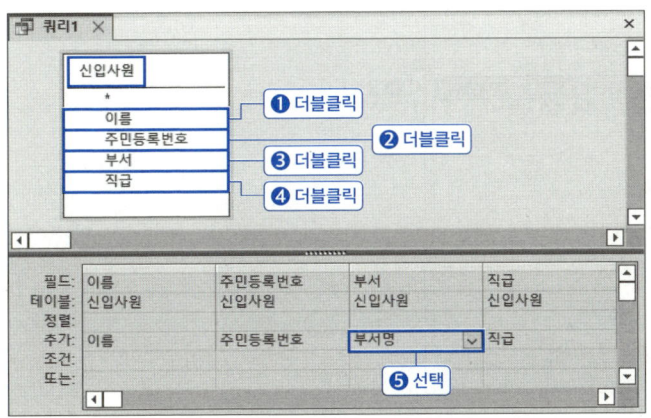

⑩ 조건을 설정하기 위해 '이름' 필드의 '조건' 입력란에 'not in(select 이름 from 사원)'을 입력합니다.

⑪ Enter 를 누르면 'Not In (select 이름 from 사원)'으로 변경된 것을 확인할 수 있습니다.

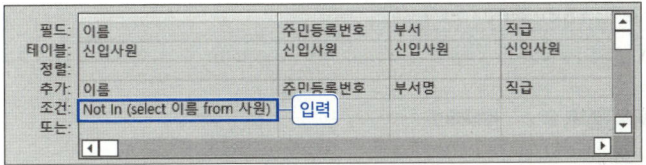

⑫ 결과를 확인하기 위해 [쿼리 디자인] 탭-[결과] 그룹-[실행]을 클릭합니다.

⑬ 추가 여부를 묻는 메시지가 나타나면 [예] 단추를 클릭합니다.

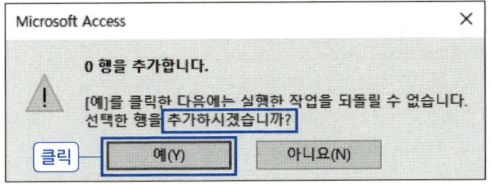

추가하려는 이름이 모두 <사원> 테이블에 있기 때문에 0행이 추가됩니다.

⑭ 저장(📄)을 클릭한 후 [다른 이름으로 저장] 대화상자가 나타나면 쿼리 이름을 '신입사원추가'로 입력하고 [확인] 단추를 클릭합니다.

> **주희쌤Tip**
> 필드 이름이 다른 경우 자동으로 선택되지 않으므로 직접 선택해야 합니다.

> **주희쌤Tip**
> 3번 문제 간단 순서 보기
> ① 쿼리를 디자인 보기로 열어 추가할 테이블만 추가합니다. (여기에서는 <신입사원> 테이블)
> ② [쿼리 디자인] 탭-[쿼리 유형] 그룹-[추가]를 클릭합니다.
> ③ 추가될 테이블 이름을 지정합니다. (여기에서는 <사원> 테이블)
> ④ 추가할 필드를 눈금으로 내려줍니다.
> ⑤ 일치 필드(여기에서는 [이름] 필드)의 조건 입력란에 'Not In(Select 필드 From 테이블)'을 입력합니다.
>
> 필드에는 비교해 줄 필드 이름을 입력하고 테이블에는 처음에 추가하지 않은 테이블 이름을 입력합니다. 즉, 처음에 <신입사원> 테이블만 쿼리 디자인 보기에 추가했으니 <사원> 테이블 이름을 입력하면 되는 것이죠.
>
> 'Not In(Select 이름 From 사원)'은 <사원>의 [이름]에 존재하지 않는(Not in) 레코드만 추가하겠다는 의미입니다.

주희쌤 Tip
<A>에 없는 [이름] 데이터를 <B>에서 삭제하기
① 쿼리를 디자인 보기로 열어 삭제할 <B> 테이블만 추가합니다.
② [쿼리 디자인] 탭-[쿼리 유형] 그룹-[삭제]를 클릭합니다.
③ [이름] 필드를 눈금으로 내려줍니다.
④ [이름] 필드의 조건 입력란에 'Not In(Select 이름 From A)'을 입력합니다.

주희쌤 Tip
이 문제는 관계를 설정하는 문제인데 고유 인덱스(기본키)가 없기 때문에 관계 설정이 안 되고, 고유 인덱스(기본 키)를 설정하기 위해서는 중복 데이터가 없어야 하는데 중복 데이터가 있기 때문에 기본 키 설정을 할 수 없습니다. 그러므로 아래 순서로 문제를 풀면 됩니다.
① 중복 데이터 제거
② 기본 키 설정
③ 관계 설정

① [과명] 필드의 중복 데이터를 제거하고, ② [과명] 필드에 기본 키를 설정한 후, ③ 관계 창에서 [과명] 필드와 [신청과] 필드를 연결합니다. |

⑮ 닫기(X)를 클릭해 작성한 쿼리를 닫습니다.

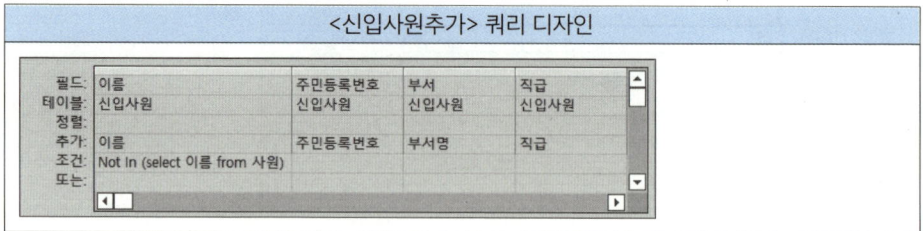

① [만들기] 탭-[쿼리] 그룹-[쿼리 마법사]를 클릭합니다.

② [새 쿼리] 대화상자가 나타나면 '중복 데이터 검색 쿼리 마법사'를 클릭한 후 [확인] 단추를 클릭합니다.

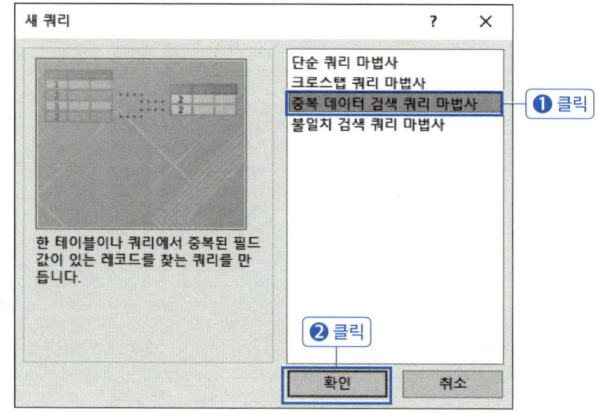

③ [중복 데이터 검색 쿼리 마법사]가 나타나면 중복 데이터를 찾을 개체로 '테이블: 과목2'를 클릭한 후 [다음] 단추를 클릭합니다.

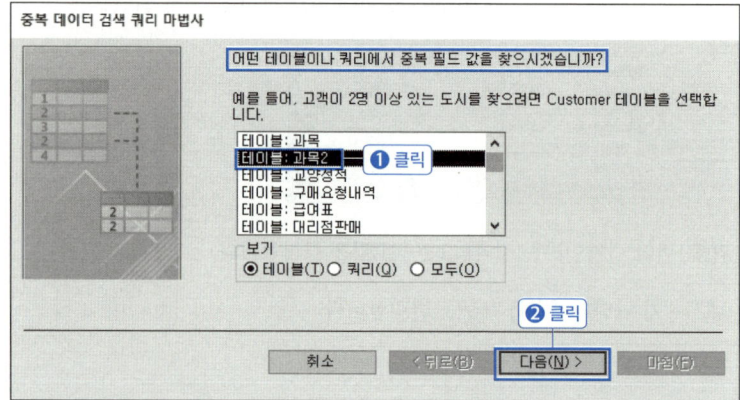

④ 2단계는 중복된 정보가 있는 필드로 [과명]을 더블클릭하여 '중복된 필드'로 이동한 후 [다음] 단추를 클릭합니다.

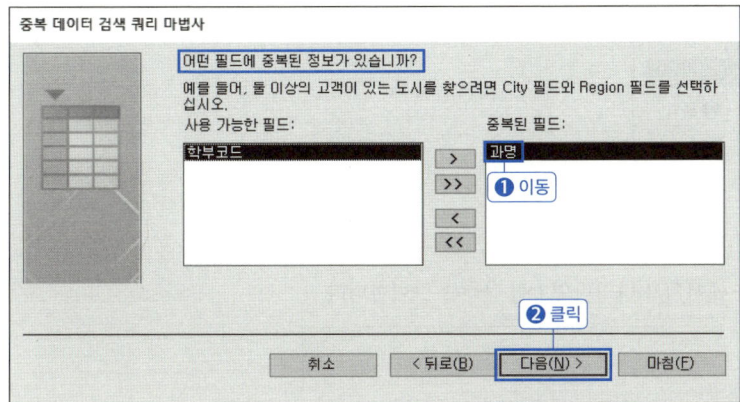

⑤ 3단계는 함께 표시할 필드로 나머지 모든 필드를 '추가 쿼리 필드'로 이동한 후 [다음] 단추를 클릭합니다.

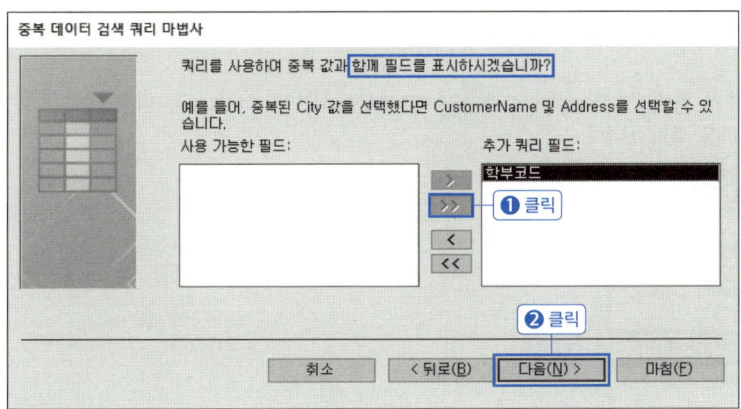

⑥ 마지막 단계로 쿼리 이름을 '중복 데이터'로 입력한 후 [마침] 단추를 클릭합니다.

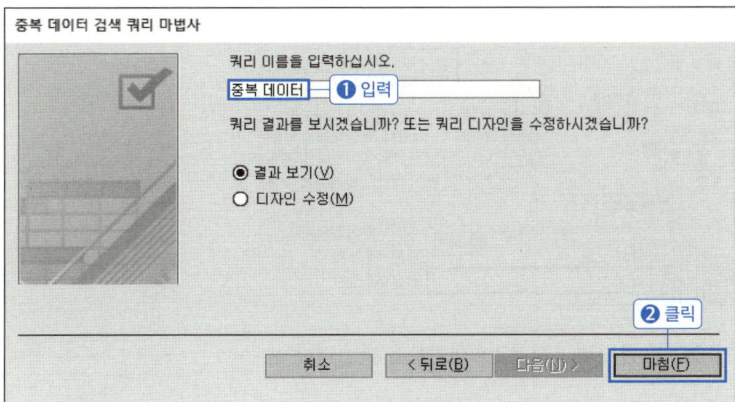

> **주희쌤 Tip**
> 첫 번째 레코드를 삭제해도 됩니다.

⑦ '중복 데이터' 쿼리가 나타나면 두 번째 레코드의 행 선택기를 클릭하고 마우스 오른쪽 버튼을 누른 후 [레코드 삭제] 명령을 클릭합니다.

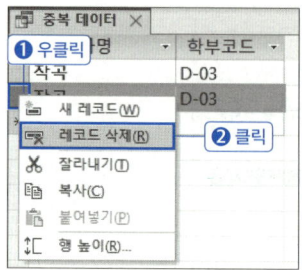

⑧ 삭제 여부를 묻는 메시지가 나타나면 [예] 단추를 클릭합니다.

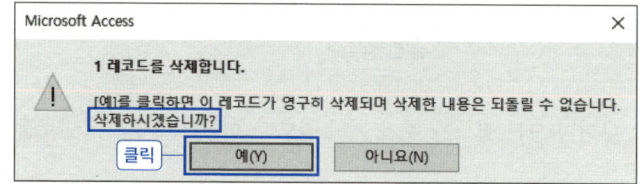

⑨ 닫기(✕)를 클릭해 〈중복 데이터〉 쿼리를 닫습니다.

⑩ 기본 키를 설정하기 위해 [탐색] 창의 〈과목2〉 테이블에서 마우스 오른쪽 버튼을 누른 후 [디자인 보기] 명령을 클릭합니다.

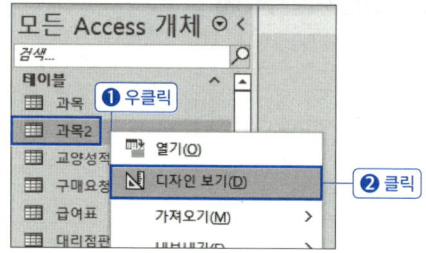

⑪ 〈과목2〉 테이블이 디자인 보기로 열리면 [과명] 필드를 클릭한 후 [테이블 디자인] 탭-[도구] 그룹-[기본 키]를 클릭합니다.

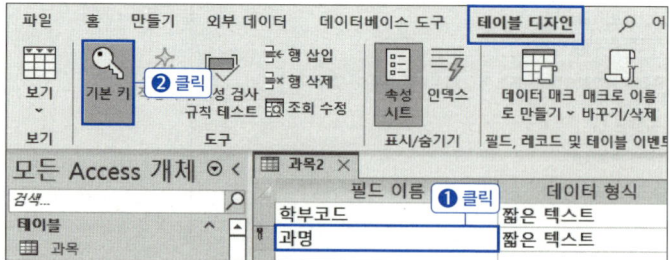

⑫ 저장(💾)하고 닫기(✕)를 클릭해 〈과목2〉 테이블을 닫습니다.

⑬ 관계를 설정하기 위해 [데이터베이스 도구] 탭-[표시/숨기기] 그룹-[관계]를 클릭합니다.

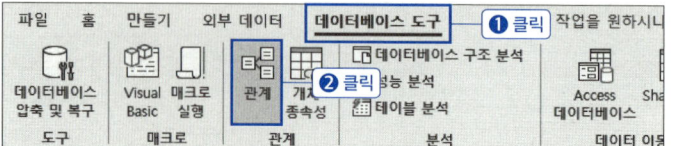

⑭ [관계] 창이 나타나면 [테이블 추가] 창의 [테이블] 탭에서 <구매요청내역>, <과목2>를 각각 더블클릭하여 관계 창에 표시합니다.

⑮ <구매요청내역> 테이블의 [신청과] 필드를 <과목2> 테이블의 [과명] 필드로 드래그합니다.

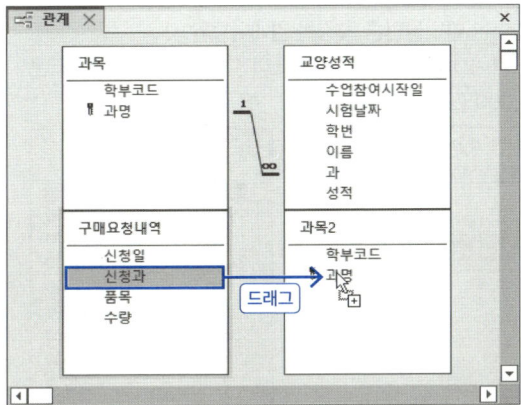

> **주희쌤 Tip**
> Q [테이블 추가] 창이 나오지 않아요!
> A [관계 디자인] 탭-[관계] 그룹-[테이블 추가]를 클릭하세요.

⑯ [관계 편집] 대화상자가 나타나면 '항상 참조 무결성 유지'의 확인란을 선택하고 [만들기] 단추를 클릭합니다.

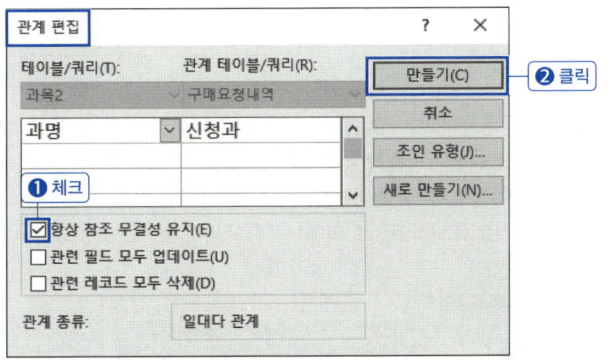

⑰ [관계] 창을 저장(💾)하고 닫기(✖)를 클릭해 닫습니다.

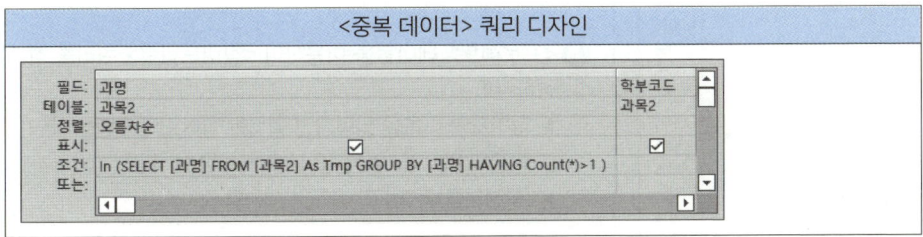

> **주희쌤 Tip**
> GROUP BY 절에 대한 조건식은 HAVING 절을 사용합니다. 'GROUP BY [과명] HAVING Count(*)>1'을 입력하면 같은 과명끼리 그룹으로 묶고 레코드 개수가 1을 초과하는 데이터를 찾기 때문에 레코드 개수가 2 이상인 중복된 과명을 찾을 수 있습니다.

> **주희쌤 Tip**
> 각 섹션의 뒤쪽에 있는 숙제 문제는 해당 섹션을 복습한 후에 반드시 풀어보세요.
>
> Q 복습할 때 숙제 문제도 복습해야 하나요?
> A 물론입니다.

숙제

01 <제품>과 <주문> 테이블을 이용하여 품목별 주문수를 조회하는 <품목별주문수> 쿼리를 작성하시오.
  ▶ Like 연산자를 사용하여 "A"부터 "B"로 시작하는 품목만 표시(Left, Or 함수는 사용할 수 없음)
  ▶ '주문수'는 <주문> 테이블의 '품목' 필드를 이용하여 개수만큼 "■"를 표시(String, Count 함수 사용)

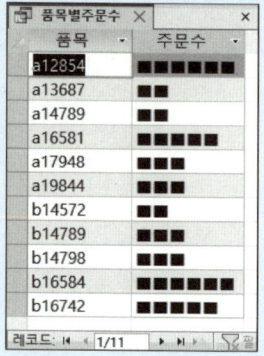

(※품목 필드에 표시되는 목록 단추는 채점 대상이 아닙니다.)

02 <인상률정보> 테이블을 이용하여 인상률을 인상하는 <인상률인상> 쿼리를 작성하시오.
  ▶ 입력한 부서번호를 포함하는 데이터를 대상으로 인상률을 업데이트할 것
  ▶ 인상률은 인상률의 10%를 인상
    (예 : 10% → 11%)

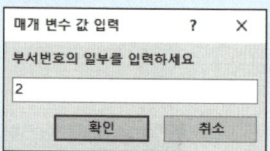
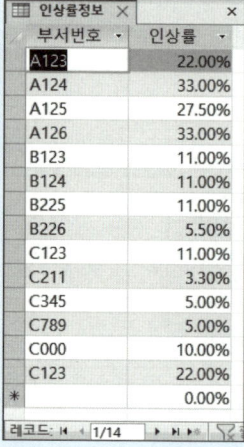

03 <상품> 테이블을 이용하여 가격을 할인하는 <이벤트가> 쿼리를 작성하시오.
  ▶ 입력한 할인율만큼 가격을 업데이트할 것
  ▶ 가격이 10,000이고, 할인율이 10%인 경우 → 가격은 9,000으로 표시

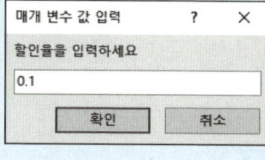
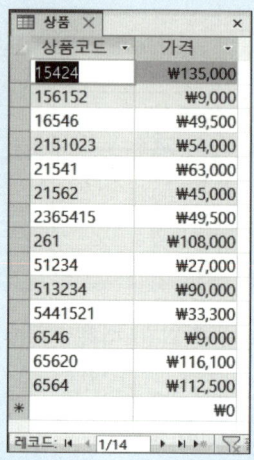

04 <컴퓨터공학과> 테이블을 이용하여 분류별 상태별 학생수를 조회하는 <휴학생수조회> 쿼리를 작성하시오.
  ▶ 재학생수 및 휴학생수는 '상태'가 "재학중"이면 "재학생수"로 표시하고, 그 외에는 "휴학생수"로 표시(IIf 함수 사용)

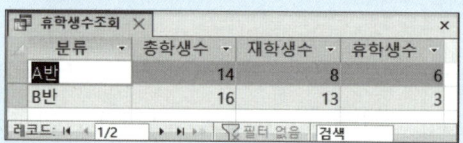

05 <프로젝트> 테이블을 이용하여 <참여도입력> 쿼리를 작성하시오.
  ▶ 참여도와 이름을 입력하면 입력한 참여도의 수만큼 해당 학생의 비고에 "★"을 표시(String 함수 사용)
  ▶ '학생이름'과 '비고' 필드만 표시할 것

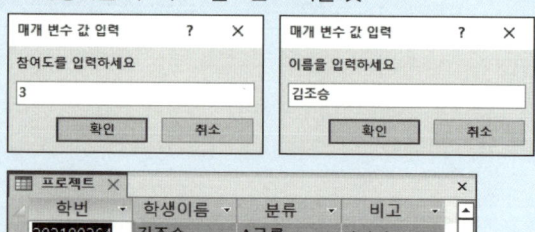

06 <S품목판매> 테이블을 이용하여 품목별 판매일의 월별 판매량의 합계를 조회하는 <품목별월별판매량합계> 쿼리를 작성하시오.
  ▶ 판매일의 월은 Month 함수와 & 연산자 사용
  ▶ 판매량의 합계는 품목별 판매일의 월별 판매량의 합계가 0 이상인 경우 판매량의 합계를 표시하고, 그렇지 않을 경우 "*"로 표시(Sum, IIf 함수 사용)

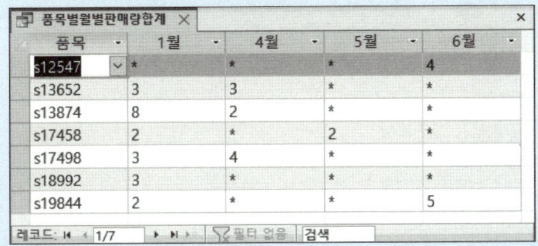

07 <고객>과 <대여> 테이블을 이용하여 고객의 대여횟수를 조회하는 <대여조회> 쿼리를 작성하시오.
  ▶ 쿼리를 실행하면 <그림>과 같이 매개 변수 값 입력 대화상자를 통해 입력된 '대여횟수'에 해당하는 레코드만 표시되도록 설정
  ▶ 대여횟수는 일련번호 필드를 이용할 것

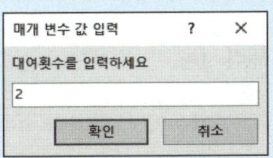

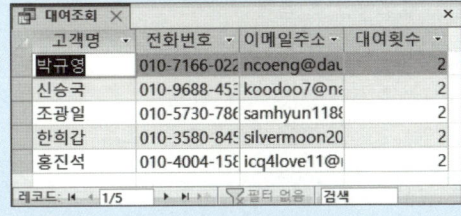

08 <대여> 테이블을 이용하여 <대여가격인상> 쿼리를 작성하시오.
  ▶ 1~9로 끝나는 '품목코드'에 해당하는 데이터를 입력한 인상률만큼 '대여가격'을 업데이트할 것

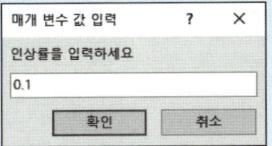

09 '지역'이 "잠실지역"을 제외하고, '전화번호'가 공란(Is Null 함수 사용)이거나 "010-"로 시작하지 않는 레코드를 찾아 '지역' 필드의 "지역" 글자를 공백(Replace 함수 사용)으로 업데이트하는 <데이터확인> 쿼리를 작성하시오.
  ▶ <명단> 테이블을 이용

10 입력한 '가격' 이상, 입력한 '가격' 이하에 해당하는 레코드를 찾아 기존 가격을 20% 인상하는 <가격인상> 쿼리를 작성하시오.
  ▶ <가격정보> 테이블을 이용
  ▶ Between … And 연산자 사용

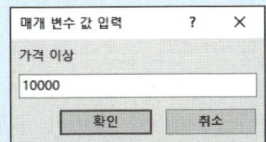 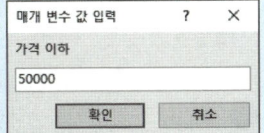

11 <거래처관리> 테이블을 이용하여 <평일거래건수> 크로스탭 쿼리를 작성하시오.
  ▶ 담당자별 거래조건별 거래건수를 표시
  ▶ 거래건수는 '담당자' 필드를 이용
  ▶ 날짜가 평일(월~금)에 해당하는 데이터만 표시(Weekday 함수와 Between 연산자 사용)

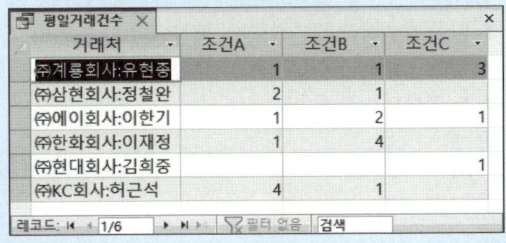

12 다음과 같은 기능을 수행하는 <예약정보> 쿼리를 작성하시오.
  ▶ <시술상세현황> 테이블을 사용
  ▶ 시술일시는 '시술일'과 '예약시간' 필드를 사용(CDate 함수와 & 연산자 사용)
  ▶ '가입일'이 비어있고, '시술'이 "커트"를 포함시키지 않는 데이터만 표시(Is Null, Like 연산자 사용)

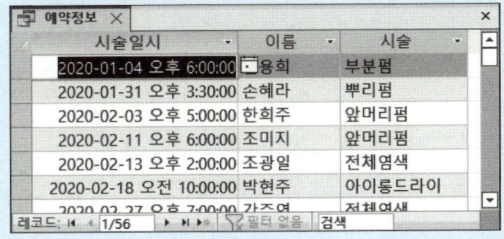

⑬ 제품별로 각 판매지역에서 판매한 판매량의 합계를 표시하는 '지역별판매내역' 쿼리를 작성하시오.
▶ <판매내역> 테이블을 사용
▶ '제품'은 '제품명' 필드의 소분류-중분류-대분류 중 소분류만 표시할 것(Left, InStr 함수 사용)
▶ 판매량 합계의 빈 공간에는 "*"을 표시(Sum, IIf 함수 사용)

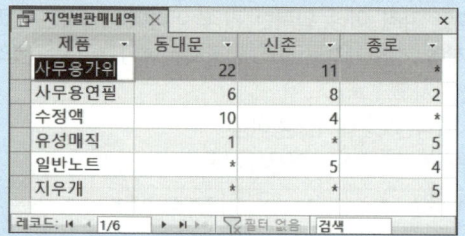

⑭ '구입년도'가 2022인 데이터만 '구매횟수'에 따라 '구매등급'을 업데이트하는 <2022구매고객> 쿼리를 작성하시오.
▶ <주문현황> 테이블 사용
▶ 구매횟수가 6 미만이면 "하", 6 이상 11 미만이면 "중", 11 이상이면 "상"으로 업데이트할 것(Switch 함수 사용)

⑮ <회원>, <예약> 테이블을 이용하여 단골 회원에 대해 '비고1' 필드의 값을 '단골'로 변경하는 <단골회원> 업데이트 쿼리를 작성한 후 실행하시오.
▶ 단골 회원이란 같은 회원의 예약 횟수가 5회 이상임을 의미
▶ In 연산자와 하위 쿼리 사용

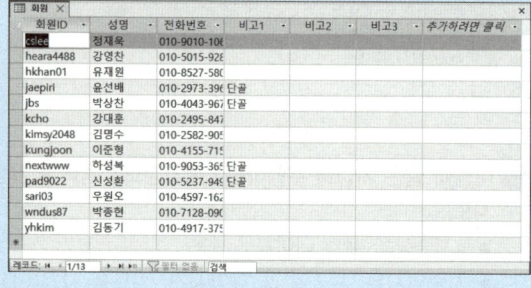

⑯ <회원>, <예약> 테이블을 이용하여 우수 회원에 대해 '비고2' 필드의 값을 '우수고객'으로 변경하는 <우수회원관리> 업데이트 쿼리를 작성한 후 실행하시오.
▶ 우수 회원이란 같은 회원의 결제액 합계(SUM)가 5,000,000원 이상임을 의미
▶ In 연산자와 하위 쿼리 사용

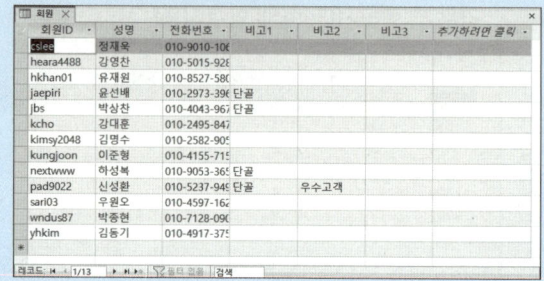

⑰ <회원>, <예약> 테이블을 이용하여 최근 예약이 없는 회원에 대해 '비고3' 필드의 값을 '문자발송'으로 변경하는 <관리대상회원> 업데이트 쿼리를 작성한 후 실행하시오.
▶ 최근 예약이 없는 회원이란 예약날짜가 2025년 1월 1일부터 2025년 6월 30일까지 중에서 <회원> 테이블에는 '회원ID'가 있으나 <예약> 테이블에는 '회원ID'가 없는 회원을 의미
▶ Not In 연산자와 하위 쿼리 사용

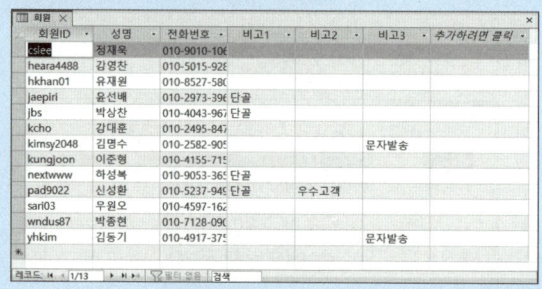

숙제 정답 및 해설

01 '품목별주문수' 쿼리

▶ 쿼리 디자인

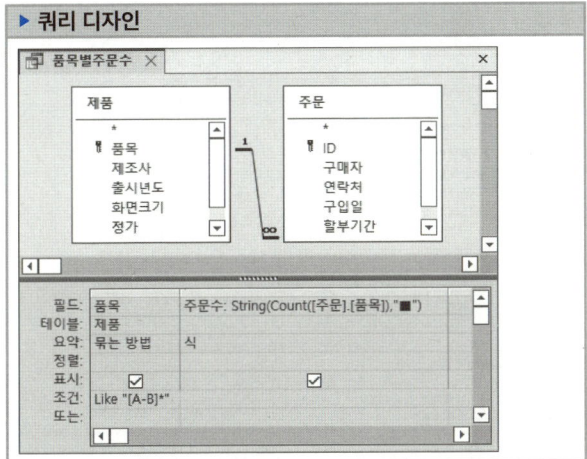

① '품목' 필드의 조건 : Like "[A-B]*"
② '주문수' 필드 : 주문수: String(Count([주문].[품목]),"■")

02 '인상률인상' 쿼리

▶ 쿼리 디자인

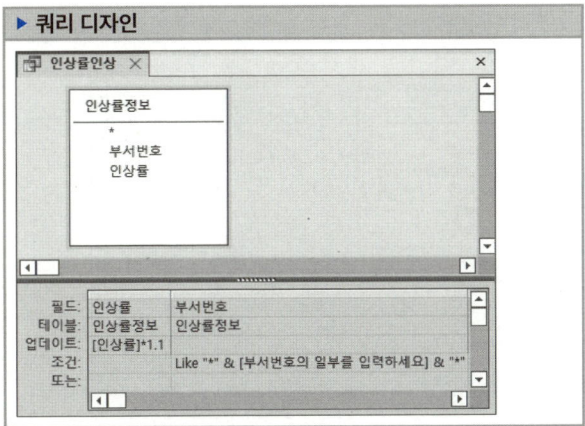

① '인상률' 필드의 업데이트 : [인상률]*1.1
② '부서번호' 필드의 조건 : Like "*" & [부서번호의 일부를 입력하세요] & "*"

03 '이벤트가' 쿼리

▶ 쿼리 디자인

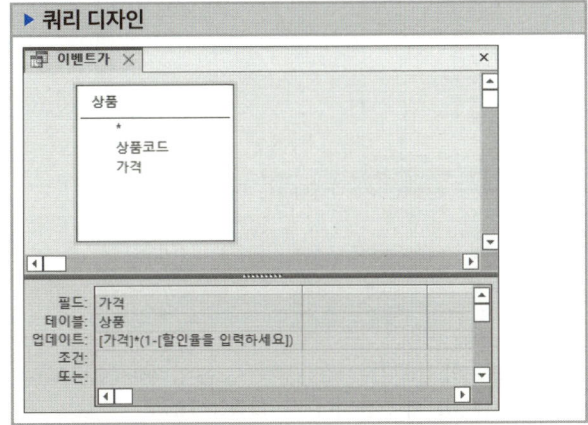

① '가격' 필드의 업데이트 : [가격]*(1-[할인율을 입력하세요])

04 '휴학생수조회' 쿼리

▶ 쿼리 디자인

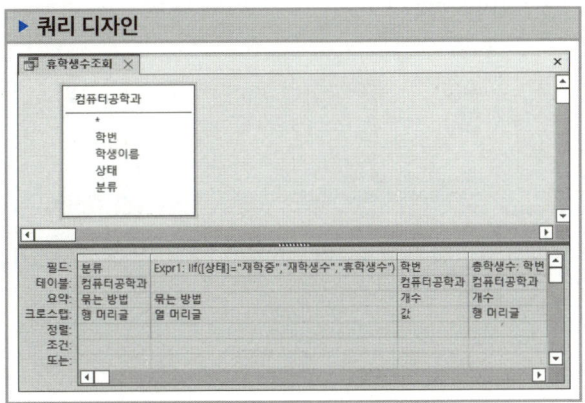

① 행 머리글 : 분류
② 열 머리글 : IIf([상태]="재학중","재학생수","휴학생수")
③ 값 : '학번'의 개수
④ 행 머리글 : '총학생수: 학번'의 개수

05 '참여도입력' 쿼리

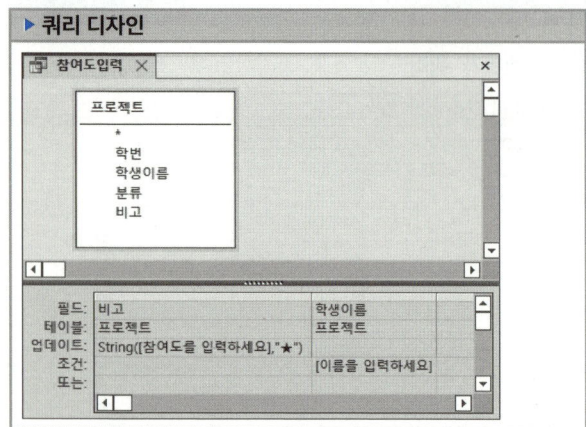

① '비고' 필드의 업데이트 : String([참여도를 입력하세요],"★")
② '학생이름' 필드의 조건 : [이름을 입력하세요]

06 '품목별월별판매량합계' 쿼리

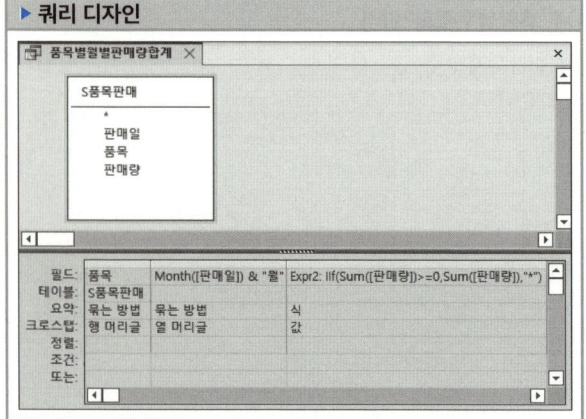

① 행 머리글 : 품목
② 열 머리글 : Month([판매일]) & "월"
③ 값 : 'IIf(Sum([판매량])>=0,Sum([판매량]),"*")'의 식

07 '대여조회' 쿼리

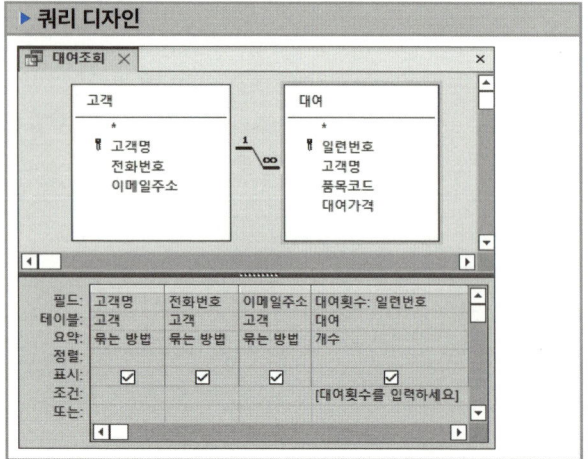

① '대여횟수: 일련번호' 필드의 요약 : 개수
② '대여횟수: 일련번호' 필드의 조건 : [대여횟수를 입력하세요]

08 '대여가격인상' 쿼리

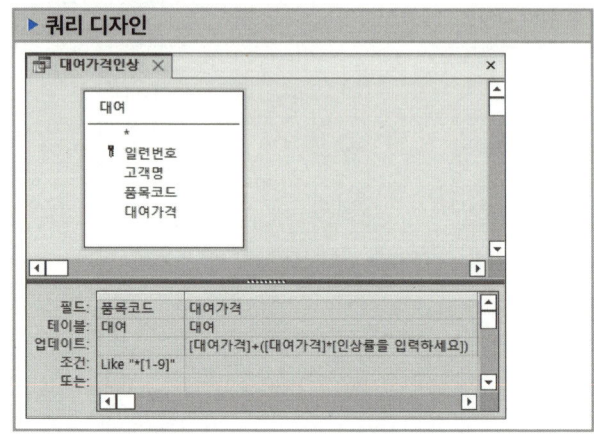

① '품목코드' 필드의 조건 : Like "*[1-9]"
② '대여가격' 필드의 업데이트 : [대여가격]+([대여가격]*[인상률을 입력하세요])

09 '데이터확인' 쿼리

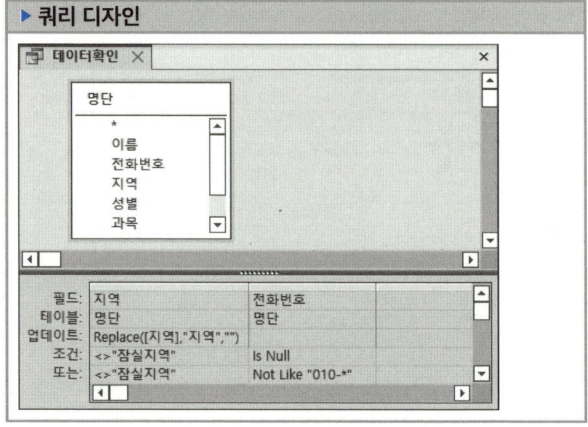

① '지역' 필드의 조건, 또는 : <>"잠실지역"
② '전화번호' 필드의 조건 : Is Null
③ '전화번호' 필드의 또는 : Not Like "010-*"
④ '지역' 필드의 업데이트 : Replace([지역],"지역","")

10 '가격인상' 쿼리

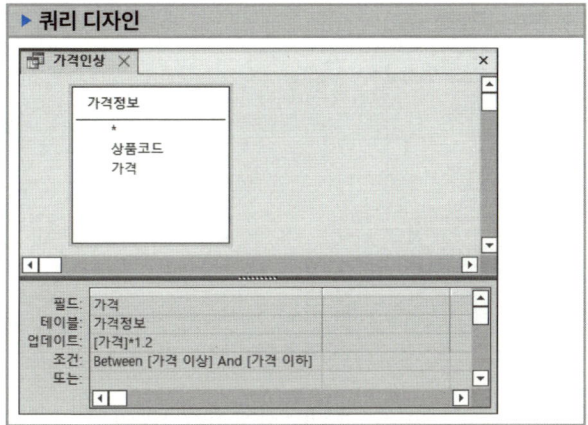

① '가격' 필드의 조건 : Between [가격 이상] And [가격 이하]
② '가격' 필드의 업데이트 : [가격]*1.2

11 '평일거래건수' 쿼리

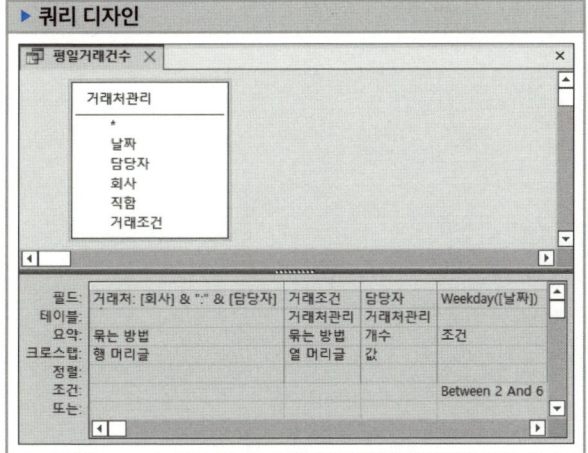

① 행 머리글 : 거래처: [회사] & ":" & [담당자]
② 열 머리글 : 거래조건
③ 값 : '담당자'의 개수
④ 'Weekday([날짜])' 필드의 조건 : Between 2 And 6

12 '예약정보' 쿼리

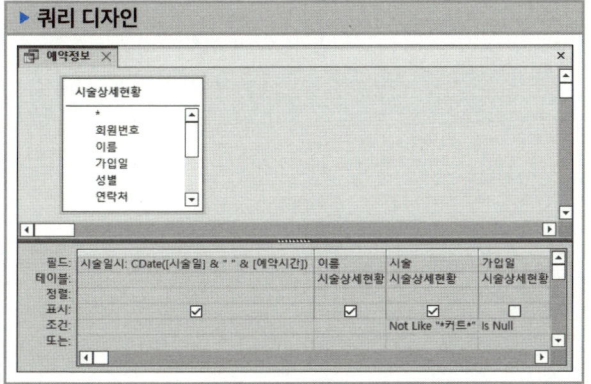

① '시술일시' 필드 : 시술일시: CDate([시술일] & " " & [예약시간])
② '시술' 필드의 조건 : Not Like "*커트*"
③ '가입일' 필드의 조건 : Is Null

13 '지역별판매내역' 쿼리

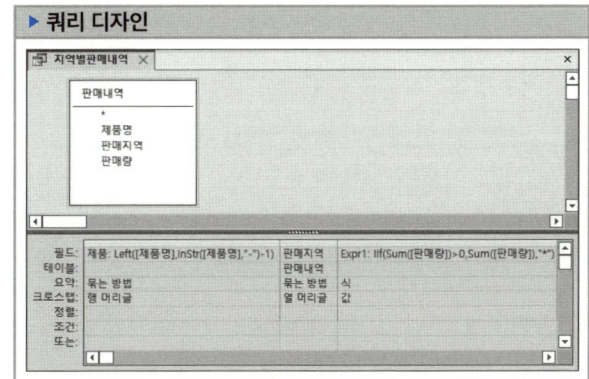

① 행 머리글 : 제품: Left([제품명],InStr([제품명],"-")-1)
② 열 머리글 : 판매지역
③ 값 : 'IIf(Sum([판매량])>0,Sum([판매량]),"*")'의 식
④ 값 필드의 형식 : 0

14 '2022구매고객' 쿼리

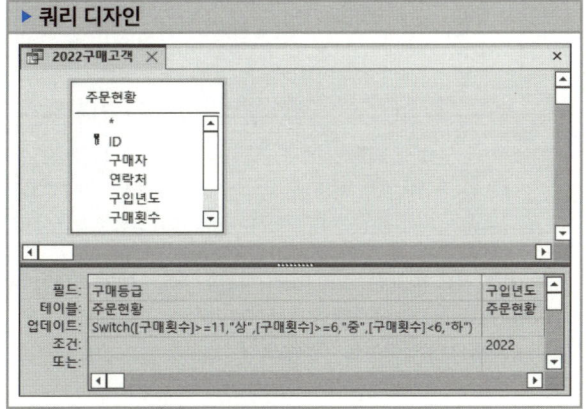

① '구입년도' 필드의 조건 : 2022
② '구매등급' 필드의 업데이트 : Switch([구매횟수]>=11,"상",[구매횟수]>=6,"중",[구매횟수]<6,"하")
 (※ Switch([구매횟수]<6,"하",[구매횟수]<11,"중",[구매횟수]>=11,"상")도 같은 결과를 표시합니다.)

15 '단골회원' 쿼리

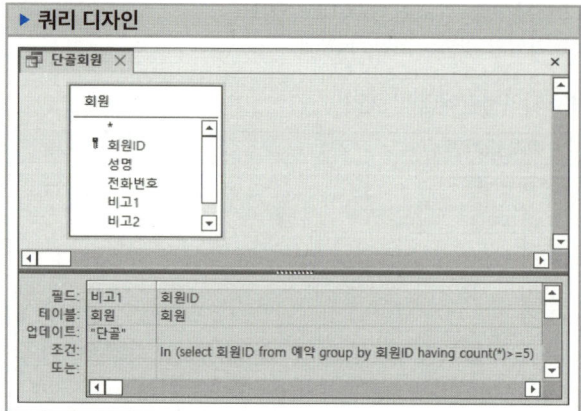

① '회원ID' 필드의 조건 : In (select 회원ID from 예약 group by 회원ID having count(*)>=5)
② '비고1' 필드의 업데이트 : "단골"

16 '우수회원관리' 쿼리

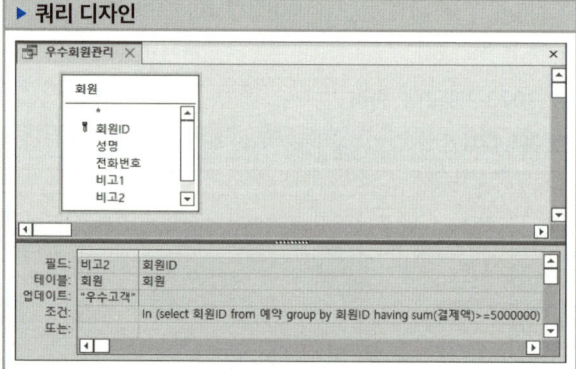

① '회원ID' 필드의 조건 : In (select 회원ID from 예약 group by 회원ID having sum(결제액)>=5000000)
② '비고2' 필드의 업데이트 : "우수고객"

17 '관리대상회원' 쿼리

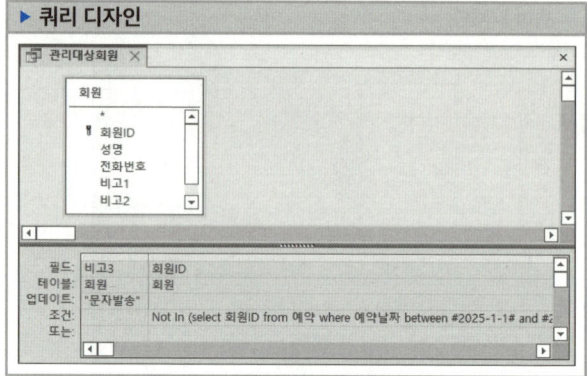

① '회원ID' 필드의 조건 : Not In (select 회원ID from 예약 where 예약날짜 between #2025-1-1# and #2025-6-30#)
(※ Not In (select 회원ID from 예약 where 예약날짜>=#2025-1-1# and 예약날짜<=#2025-6-30#)도 같은 결과를 표시합니다.)
② '비고3' 필드의 업데이트 : "문자발송"

관련 필기 문제

01. 다음 중 문자열 처리 함수 InStr의 식이 아래와 같을 때, 결과 값으로 옳은 것은?
14년 2회 출제

=InStr("ABCDABCDAB","CD")

① 0
② true
③ 3
④ 3, 7

02. 다음 중 하나의 테이블로만 구성되어 있는 데이터베이스에서 쿼리 마법사를 이용하여 만들 수 없는 쿼리는?
17년 2회 출제

① 단순 쿼리
② 중복 데이터 검색 쿼리
③ 크로스탭 쿼리
④ 불일치 검색 쿼리

03. 다음 중 쿼리 실행 시 값이나 패턴을 묻는 메시지를 표시한 후 사용자에게 조건 값을 입력받아 사용하는 쿼리는?
16년 3회 출제

① 선택 쿼리
② 요약 쿼리
③ 매개 변수 쿼리
④ 크로스탭 쿼리

04. 다음 중 실행 쿼리에 해당하지 않는 것은?
16년 2회 출제

① 테이블 만들기 쿼리
② 추가 쿼리
③ 업데이트 쿼리
④ 선택 쿼리

05. 다음 중 Access에서 데이터를 찾거나 바꿀 때 사용하는 와일드카드 문자를 사용한 결과에 대한 설명이 옳지 않은 것은?
17년 2회 출제

① 1#3 → 103, 113, 123 등 검색
② 소?자 → 소비자, 소유자, 소개자 등 검색
③ 소[!비유]자 → 소비자와 소개자 등 검색
④ b[a-c]d → bad와 bbd 등 검색

06. 다음 중 조건 지정 시 사용하는 연산자의 각 예문과 그에 대한 설명으로 옳은 것은?
22년 상시 출제

① A나 B를 검색 : AND("A", "B")
② 0 이상부터 100 이하를 검색 : >=0 Or <=100
③ @ 문자를 포함하는 데이터를 검색 : Like "*@"
④ 2022년 1월 1일부터 2022년 12월 31일까지의 날짜 검색 : Between #2022-1-1# And #2022-12-31#

07. 다음 중 관계형 데이터베이스의 조인(JOIN)에 대한 설명으로 옳지 않은 것은?
20년 2회 출제

① 쿼리에 여러 테이블을 포함할 때는 조인을 사용하여 원하는 결과를 얻을 수 있다.
② 내부 조인은 조인되는 두 테이블에서 조인하는 필드가 일치하는 행만을 반환하려는 경우에 사용한다.
③ 외부 조인은 조인되는 두 테이블에서 공통 값이 없는 데이터를 포함할지 여부를 지정할 수 있다.
④ 조인에 사용되는 기준 필드의 데이터 형식은 다르거나 호환되지 않아도 가능하다.

08. 다음 중 입사일이 '1990-03-02'인 사원의 현재까지 근무한 년 수를 출력하기 위한 SQL문으로 옳은 것은?
17년 1회 출제

① select datediff("yyyy", '1990-03-02', date());
② select dateadd("yyyy", date(), '1990-03-02');
③ select datevalue("yy", '1990-03-02', date());
④ select datediff("yy", '1990-03-02', date());

09. 다음 중 크로스탭 쿼리에 대한 설명으로 옳지 않은 것은?
19년 1회 출제

① 쿼리 결과를 Excel 워크시트와 비슷한 표 형태로 표시하는 특수한 형식의 쿼리이다.
② 맨 왼쪽에 세로로 표시되는 행 머리글과 맨 위에 가로 방향으로 표시되는 열 머리글로 구분하여 데이터를 그룹화한다.
③ 그룹화한 데이터에 대해 레코드 개수, 합계, 평균 등을 계산할 수 있다.
④ 열 머리글로 사용될 필드는 여러 개를 지정할 수 있지만, 행 머리글로 사용할 필드는 하나만 지정할 수 있다.

10. 다음 중 쿼리에서 사용하는 문자열 조건에 대한 설명으로 옳지 않은 것은?
19년 1회 출제

① "수학" or "영어" : "수학"이나 "영어"인 레코드를 찾는다.
② LIKE "서울*" : "서울"이라는 문자열로 시작하는 필드를 찾는다.
③ LIKE "*신림*" : 문자열의 두 번째가 "신"이고 세 번째가 "림"인 문자열을 찾는다.
④ NOT "전산과" : 문자열의 값이 "전산과"가 아닌 문자 열을 찾는다.

11. 다음 중 쿼리 작성 시 사용하는 특수 연산자와 함수에 대한 설명으로 옳지 않은 것은?
16년 1회 출제

① YEAR(DATE()) → 시스템의 현재 날짜 정보에서 연도 값만을 반환한다.
② INSTR("KOREA","R") → 'KOREA'라는 문자열에서 'R'의 위치 '3'을 반환한다.
③ RIGHT([주민번호],2)="01" → [주민번호] 필드에서 맨 앞의 두 자리가 '01'인 레코드를 추출한다.
④ LIKE "[ㄱ-ㄷ]*" → 'ㄱ'에서 'ㄷ' 사이에 있는 문자로 시작하는 필드 값을 검색한다.

12. 다음 중 각 쿼리문에 대한 설명으로 옳지 않은 것은?
15년 3회 출제

① SELECT Weekday([출고일], 1) FROM 출고; → 출고일 필드의 날짜 값에서 요일을 나타내는 정수를 표시하며, 일요일을 1로 시작한다.
② SELECT DateDiff("d", [출고일], Date()) FROM 출고; → 출고일 필드의 날짜 값에서 오늘 날짜까지 경과한 일자 수를 표시한다.
③ SELECT DateAdd("y", 5, Date()) AS 날짜 계산; → 오늘 날짜에서 5년을 더한 날짜를 표시한다.
④ SELECT * FROM 출고 WHERE Month([출고일])=9; → 출고일 필드의 날짜 값에서 9월에 해당하는 레코드들만 표시한다.

정답 01. ③ | 02. ④ | 03. ③ | 04. ④ | 05. ③ | 06. ④ | 07. ④ | 08. ① | 09. ④ | 10. ③ | 11. ③ | 12. ③

관련 필기 문제

13. 다음 쿼리에 설정된 조건에 대한 설명으로 옳은 것은? 22년 상시 출제

필드:	준공년월일		거래방식
테이블:	매물거래정보		매물거래정보
정렬:			
표시:	☑		☑
조건:	Between #1990-01-01# And #1995-12-31#		"매매"
또는:	Between #2020-01-01# And #2025-12-31#		

① 준공년월일이 '1990년 1월 1일'과 '1995년 12월 31일' 사이이거나 거래방식이 '매매' 이면서 준공년월일이 '2020년 1월 1일'과 '2025년 12월 31일' 사이인 레코드 검색
② 준공년월일이 '1990년 1월 1일'과 '1995년 12월 31일' 사이이면서 거래방식이 '매매' 인 중에서 준공년월일이 '2020년 1월 1일' 과 '2025년 12월 31일' 사이인 레코드 검색
③ 준공년월일이 '1990년 1월 1일'과 '1995년 12월 31일' 사이이거나 거래방식이 '매매' 또는 준공년월일이 '2020년 1월 1일'과 '2025년 12월 31일' 사이인 레코드 검색
④ 준공년월일이 '1990년 1월 1일'과 '1995년 12월 31일' 사이이면서 거래방식이 '매매' 이거나 준공년월일이 '2020년 1월 1일'과 '2025년 12월 31일' 사이인 레코드 검색

14. 아래는 [학생] 테이블의 디자인 보기와 [학생] 테이블을 이용한 SQL문이다. 다음 중 아래 SQL문의 실행 결과에 대한 설명으로 옳은 것은? 15년 3회 출제

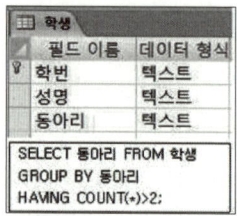

```
SELECT 동아리 FROM 학생
GROUP BY 동아리
HAVING COUNT(*)>2;
```

① 같은 성명을 가진 학생이 3명 이상인 동아리들을 검색한다.
② 동아리를 3개 이상 가입한 학생들을 검색한다.
③ 3개의 동아리 중 하나라도 가입한 학생들을 검색한다.
④ 동아리에 가입한 학생이 3명 이상인 동아리들을 검색한다.

15. 아래와 같이 조회할 고객의 최소 나이를 입력받아 검색하는 매개 변수 쿼리를 작성하려고 한다. 다음 중 'Age' 필드의 조건식으로 옳은 것은? 20년 2회 출제

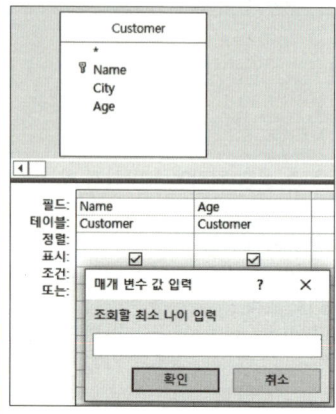

① >={조회할 최소 나이 입력}
② >="조회할 최소 나이 입력"
③ >=[조회할 최소 나이 입력]
④ >=(조회할 최소 나이 입력)

16. 다음 중 각 쿼리 유형에 대한 설명으로 옳지 않은 것은? 14년 3회 출제

① 매개 변수 쿼리 - 쿼리를 실행할 때마다 값이나 패턴을 묻는 메시지를 표시하여 조건에 맞는 필드만 반환한다.
② 크로스탭 쿼리 - 레코드의 합계나 평균 등의 요약을 계산한 다음, 데이터시트의 왼쪽 세로 방향과 위쪽 가로 방향 두 종류로 결과를 그룹화하는 쿼리로 데이터를 쉽게 분석할 수 있게 해준다.
③ 추가 쿼리 - 테이블의 데이터를 복사하거나 데이터를 보관해야 하는 경우에 사용되며, 새로운 테이블을 생성한다.
④ 선택 쿼리 - 하나 이상의 테이블, 기존 쿼리 또는 이 두 가지의 조합에서 데이터를 가져올 수 있다.

17. 다음 중 아래의 '학년별검색' 매개 변수 쿼리를 실행하여 나타나는 메시지 상자의 a에 2를, b에 3을 입력한 결과로 옳은 것은? 17년 2회 출제

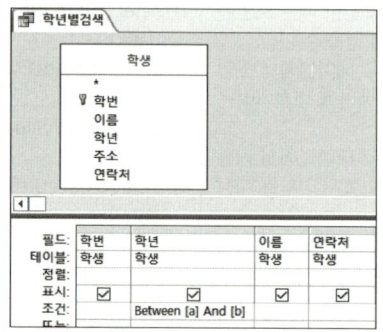

① 2학년과 3학년 레코드만 출력된다.
② 2학년 레코드만 출력된다.
③ 3학년 레코드만 선택된다.
④ 2학년과 3학년을 제외한 레코드만 출력된다.

정답 13. ④ | 14. ④ | 15. ③ | 16. ③ | 17. ①

CHAPTER 03

폼 및 보고서

- Section 01 폼
- Section 02 보고서

SECTION 01

폼

- 폼은 테이블이나 쿼리를 원본으로 하여 작성되며 레코드의 입력, 수정, 조회 등을 편리하게 합니다. 폼을 디자인 보기로 열어 폼 속성과 컨트롤 속성 등을 지정해 보도록 하겠습니다.
- 준비파일 : 컴활1급 \ 액세스 \ 1급액세스(예제) \ 3장_01. 폼.accdb

주희쌤 Tip
주희쌤 Tip은 꼼꼼히 모두 보세요.

주희쌤 Tip
폼은 폼의 속성이나 컨트롤의 속성 등을 설정하는 기본 문제가 3점씩 3문제 출제되고, 폼을 조금 더 활용한 문제가 6점짜리로 1문제 출제됩니다. 목표 점수는 15점으로 폼을 잘 공부해 놓으면 보고서도 컨트롤로 이루어져 있기 때문에 좀 더 수월하게 할 수 있습니다.

주희쌤 Tip
파일을 열었을 때 '보안 경고'가 표시되면 '콘텐츠 사용'을 클릭하세요.

주희쌤 Tip
'테이블'은 주로 '디자인 보기/데이터시트 보기', '쿼리'는 주로 '디자인 보기/실행', '폼'은 주로 '디자인 보기/폼 보기', '보고서'는 주로 '디자인 보기/인쇄 미리 보기'로 전환하면서 수정하고 수정된 것을 확인합니다.

문제 유형 1 <판매량조회> 폼을 다음의 화면과 지시사항에 따라 완성하시오.

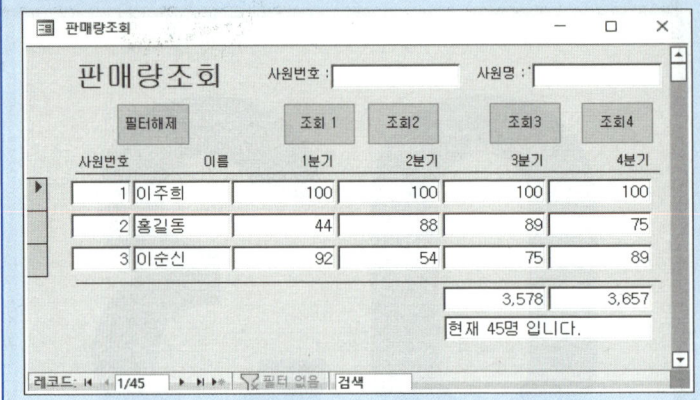

① '이름별판매량' 쿼리를 레코드 원본으로 설정하시오.

② 본문의 'txt일분기', 'txt이분기', 'txt삼분기', 'txt사분기' 컨트롤에 '일분기', '이분기', '삼분기', '사분기' 필드를 각각 바운드 시키시오.

③ 데이터를 삭제할 수 없도록 설정하시오.

④ 폼 바닥글의 'txt삼분기합계'와 'txt사분기합계' 컨트롤에는 필터 된 모든 레코드에 대한 '삼분기'와 '사분기' 필드의 합계를 나타내도록 설정하시오.
   ▶ 천 단위마다 콤마(,)를 표시할 것
   ▶ 소수점 이하는 표시하지 말 것

⑤ 폼 바닥글의 'txt인원수' 컨트롤에는 그림을 참조하여 현재 레코드의 수를 표시하도록 컨트롤 원본을 설정하시오.
   ▶ Format, Count 함수를 사용할 것

 따라하기 ①

① [탐색] 창 폼 목록의 <판매량조회> 폼에서 마우스 오른쪽 버튼을 누른 후 [디자인 보기] 명령을 클릭합니다.

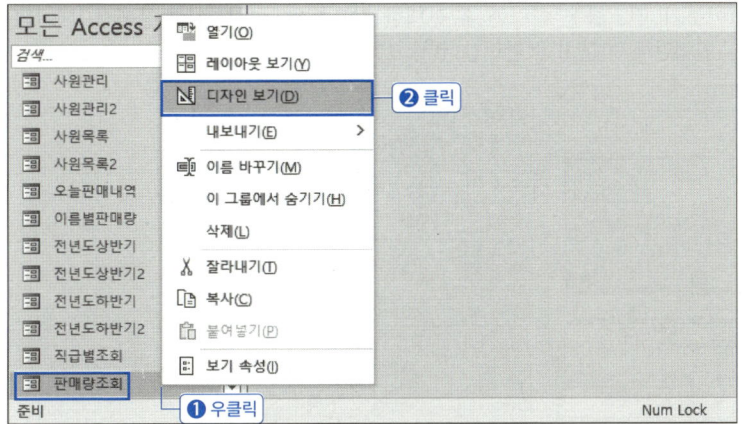

② <판매량조회> 폼의 '폼 선택기'(■)를 클릭하여 폼의 [속성 시트] 창에서 [데이터] 탭의 '레코드 원본' 목록 단추(▼)를 클릭해 '이름별판매량'을 선택합니다.

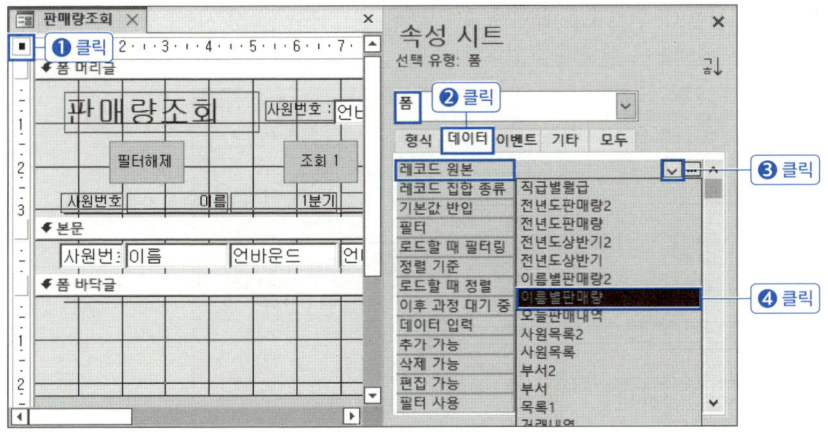

따라하기 ②

① '본문' 구역의 'txt일분기' 컨트롤을 클릭한 후 선택한 컨트롤의 [속성 시트] 창에서 [데이터] 탭의 '컨트롤 원본' 입력란에 '일분기'를 입력합니다.

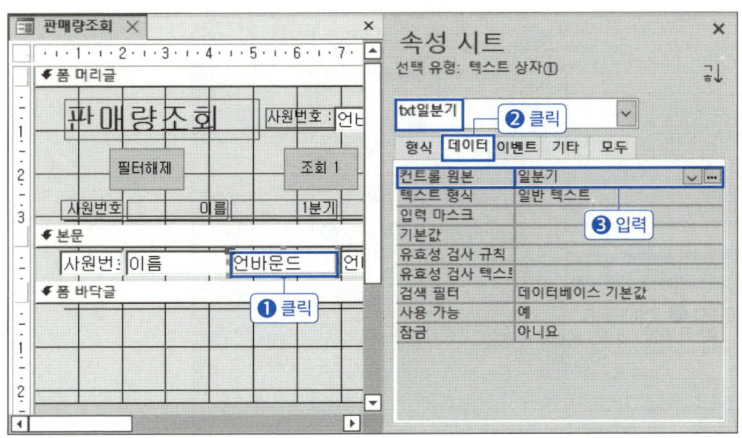

> **주희쌤 Tip**
> 폼은 테이블이나 쿼리를 원본으로 하여 작성되며 폼의 레코드 원본 설정 시 원본과 연결되어 원본의 데이터가 폼에 표시됩니다.

> **주희쌤 Tip**
> ⓠ 속성 시트가 나타나지 않아요.
> ⓐ [양식 디자인] 탭-[도구] 그룹-[속성 시트]를 클릭하세요. 폼의 [속성 시트] 창은 '폼 선택기'(■)를 더블클릭해도 표시되고, 컨트롤의 [속성 시트] 창은 해당 컨트롤을 더블클릭해도 표시됩니다.

> **주희쌤 Tip**
>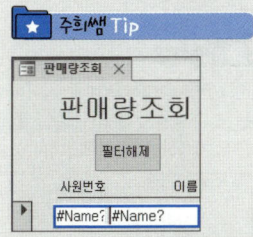
> 1번 문제 완성 후 [양식 디자인] 탭-[보기] 그룹-[폼 보기]로 전환했을 때 결과 ↓
>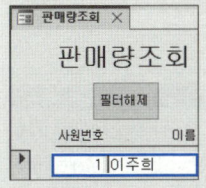
> ↑ <이름별판매량> 쿼리가 <판매량조회> 폼의 원본으로 설정되면 설정된 쿼리의 데이터가 폼에 연결됩니다.

> **주희쌤 Tip**
> 언바운드는 필드와 연결이 되지 않은 것으로 폼 보기 창으로 전환했을 때 아무것도 표시되지 않습니다. 컨트롤에 필드를 연결하면 바운드가 되어 폼 보기 창으로 전환했을 때 폼 원본의 필드 값이 표시됩니다.

주희쌤 Tip

컨트롤을 선택하고 컨트롤 이름과 유형(종류)을 [속성 시트]에서 확인해야 합니다.

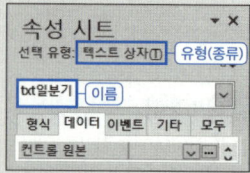

주희쌤 Tip

목록 단추(▼)를 클릭하여 '이분기'를 선택해도 됩니다.

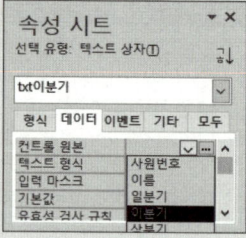

풀이 순서처럼 직접 입력한다면 Enter 를 눌러 입력을 완료하세요.

주희쌤 Tip

컨트롤을 선택하고 바로 입력하는 것과 속성 시트의 컨트롤 원본에 입력하는 것은 같습니다.

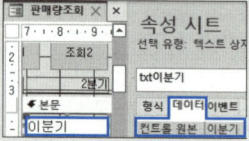

필드 이름에 대괄호([ ]) 생략이 가능합니다.

주희쌤 Tip

바운드된 컨트롤이 삭제되어도 폼 원본의 필드가 삭제된 것은 아닙니다.
바운드된 컨트롤이 없어 데이터가 보이지 않는 것일 뿐입니다.

주희쌤 Tip

2번 문제와 같습니다.
📄 본문에 있는 4개 컨트롤에 해당하는 각각의 필드를 바운드시키시오.

② '본문' 구역의 'txt이분기' 컨트롤을 클릭한 후 선택한 컨트롤의 [속성 시트] 창에서 [데이터] 탭의 '컨트롤 원본' 입력란에 '이분기'를 입력합니다.

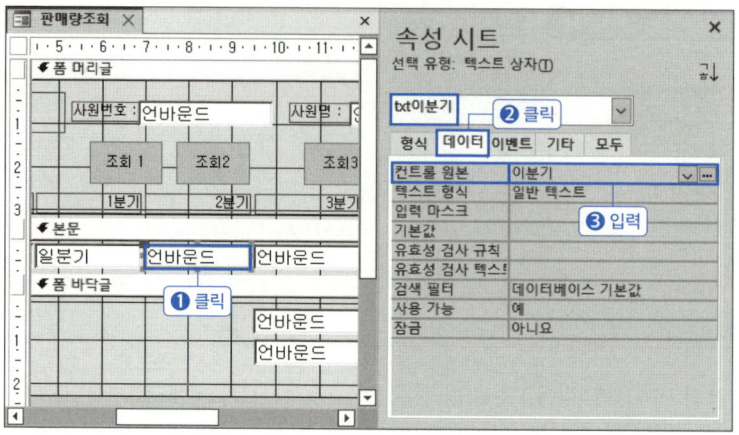

③ '본문' 구역의 'txt삼분기' 컨트롤을 클릭한 후 선택한 컨트롤의 [속성 시트] 창에서 [데이터] 탭의 '컨트롤 원본' 입력란에 '삼분기'를 입력합니다.

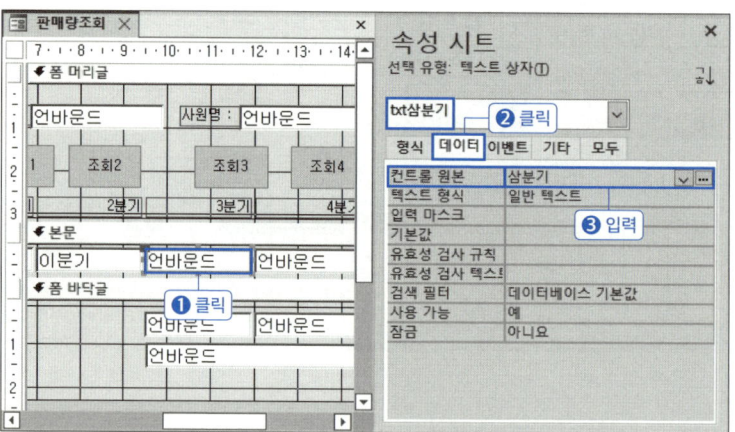

④ '본문' 구역의 'txt사분기' 컨트롤을 클릭한 후 선택한 컨트롤의 [속성 시트] 창에서 [데이터] 탭의 '컨트롤 원본' 입력란에 '사분기'를 입력합니다.

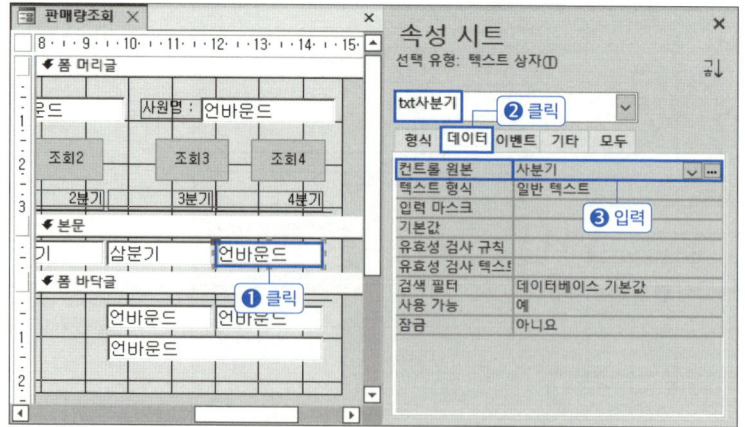

주희쌤 Tip

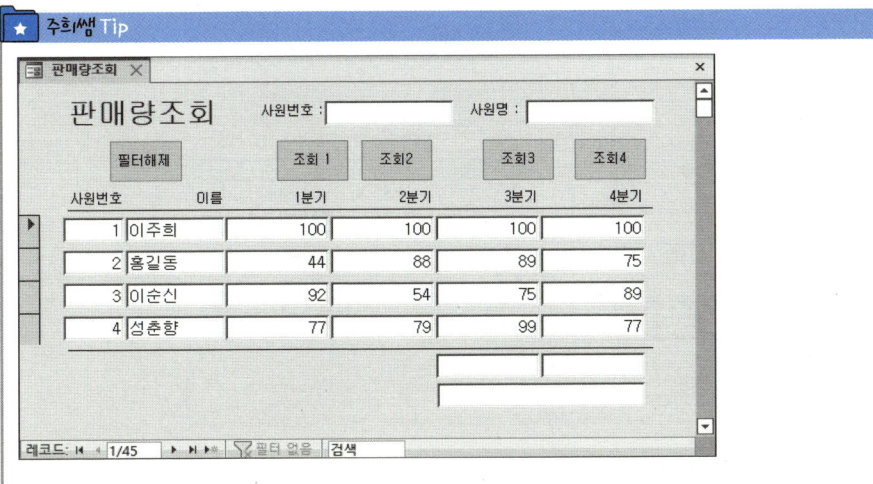

2번 문제 완성 후 폼 보기로 전환했을 때의 결과입니다.
컨트롤 원본에 필드 이름을 입력하면 폼 원본의 필드가 해당 컨트롤에 연결됩니다.
예를 들어, 'txt사분기'의 컨트롤 원본에 '사분기'를 입력하면 폼의 원본인 <이름별판매량>의 '사분기' 필드가 해당 컨트롤에 연결되어 '사분기' 필드의 내용이 폼 보기로 전환했을 때 표시됩니다.

주희쌤 Tip

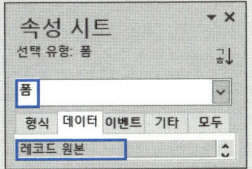

폼의 원본은 레코드 원본 ↓

컨트롤(텍스트 상자, 레이블, 단추, 콤보 상자 등)의 원본은 컨트롤 원본 ↓

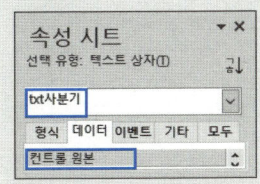

따라하기 ③

① <판매량조회> 폼의 '폼 선택기'(■)를 클릭합니다.

② 폼의 [속성 시트] 창에서 [데이터] 탭의 '삭제 가능' 목록 단추(▼)를 클릭해 '아니요'를 선택합니다.

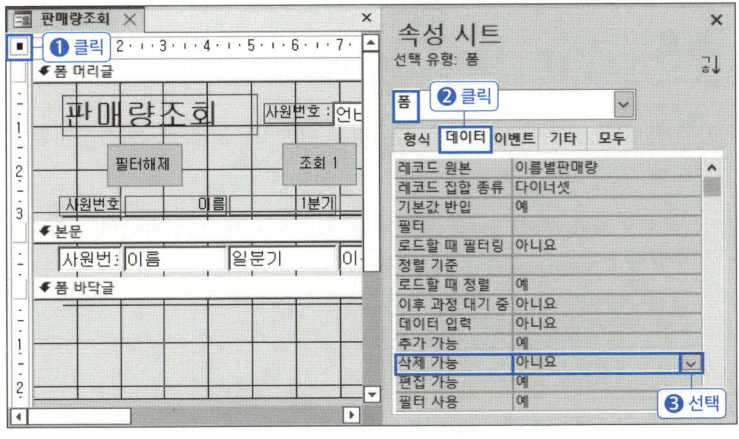

주희쌤 Tip

'삭제 가능' 속성을 '아니요'로 지정하면 폼에서 레코드를 삭제할 수 없습니다.

주희쌤 Tip

'삭제 가능' 속성을 더블클릭할 때마다 목록 안의 값('예', '아니요')이 바뀌며 선택됩니다.
목록 단추(▼)를 클릭하여 선택해도 되지만 목록 안의 값이 많이 없을 경우 편리합니다.

따라하기 ④

① '폼 바닥글' 구역의 'txt삼분기합계' 컨트롤을 클릭한 후 선택한 컨트롤의 [속성 시트] 창에서 [데이터] 탭의 '컨트롤 원본' 입력란에 '=sum(삼분기)'를 입력합니다.

② Enter 를 누르면 '=Sum([삼분기])'로 변경된 것을 확인할 수 있습니다.

주희쌤 Tip

'컨트롤 원본'에 커서를 놓고 Shift + F2 를 누르면 [확대/축소] 창이 호출됩니다.

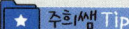 **주희쌤 Tip**

'=' 없이 'Sum([삼분기])'만 입력하면 'Sum([삼분기])'가 필드 이름으로 인식되어 계산될 수 없습니다.
즉, '=' 없이 입력하면 필드 이름으로 인식됩니다.
따라서 필드 이름이 아닌 경우 '='을 먼저 입력하세요.

주희쌤 Tip

컨트롤을 선택하고 바로 입력하는 것과 속성 시트의 컨트롤 원본에 입력하는 것은 같습니다.

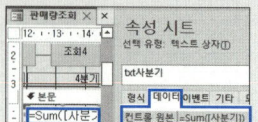

계산에 참여한 필드와 컨트롤은 대괄호([ ])가 자동으로 입력됩니다.

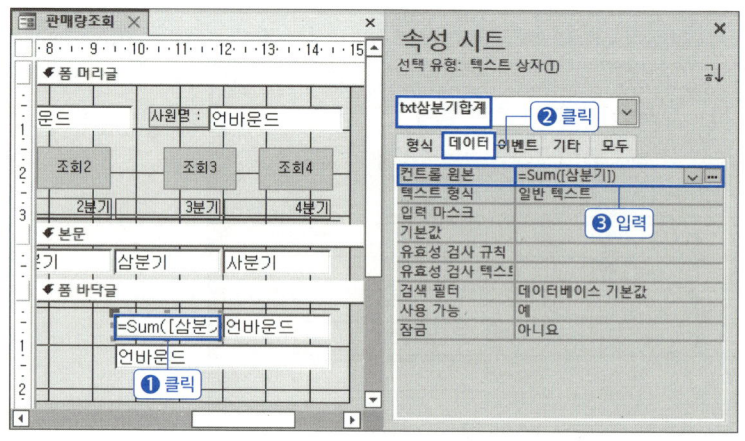

③ 'txt사분기합계' 컨트롤을 클릭한 후 선택한 컨트롤의 [속성 시트] 창에서 [데이터] 탭의 '컨트롤 원본' 입력란에 '=sum(사분기)'를 입력합니다.

④ Enter 를 누르면 '=Sum([사분기])'로 변경된 것을 확인할 수 있습니다.

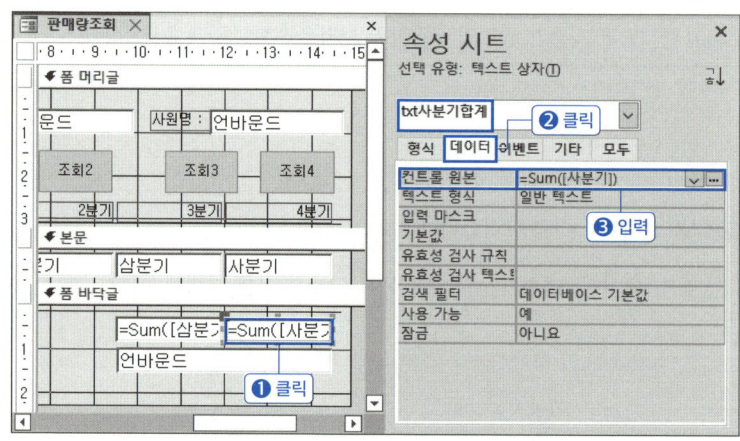

주희쌤 Tip

두 개 이상의 컨트롤을 동시에 선택할 때는 Shift 를 이용하세요.

⑤ 형식을 설정하기 위해 'txt삼분기합계' 컨트롤을 클릭하고 Shift 를 누른 채 'txt사분기합계' 컨트롤을 클릭합니다.

⑥ 두 개의 컨트롤이 모두 선택되면 [속성 시트] 창에서 [형식] 탭의 '형식' 입력란에 '#,###'를 입력하고 Enter 를 눌러 입력을 완료합니다.

주희쌤 Tip

형식에 '표준', 소수 자릿수에 '0'을 지정하는 것은 형식에 '#,##0'을 입력하는 것과 같습니다.
0일 경우 0을 표시하라는 언급이 있다면 '#,##0'으로 입력하고, 없다면 '#,##0'와 '#,###' 중 편한 것으로 입력합니다.

주희쌤 Tip

엑셀(셀 서식)에서 배웠던 부분입니다.

데이터	형식	적용 후
0	#	아무것도 표시되지 않음
0	0	0
0	#,###	아무것도 표시되지 않음
0	#,##0	0

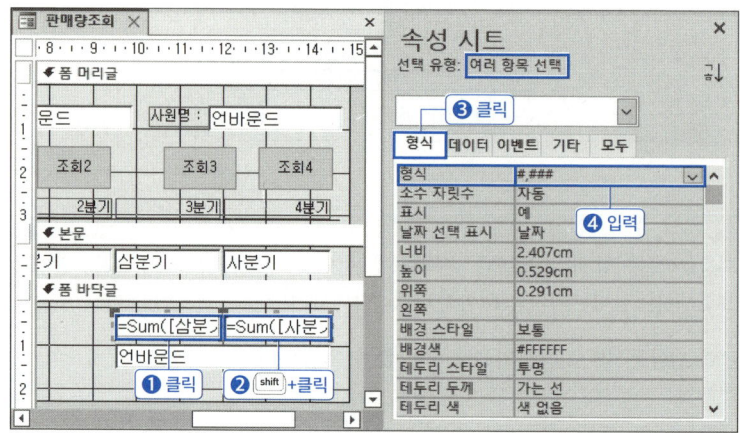

 따라하기 5

① '폼 바닥글' 구역의 'txt인원수' 컨트롤을 클릭한 후 선택한 컨트롤의 [속성 시트] 창에서 [데이터] 탭의 '컨트롤 원본' 입력란에 '=format(count(*),"현재 #명 입니다.")'을 입력합니다.

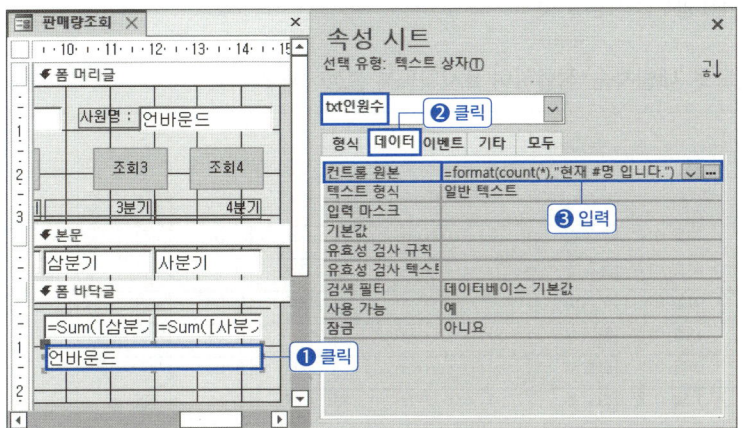

② Enter 를 누르면 '=Format(Count(*),""""현재 ""#""명 입니다"".")'로 변경된 것을 확인할 수 있습니다.
③ 저장(📁)을 클릭하고 닫기(✖)를 클릭해 작성한 폼을 닫습니다.

	액세스 도메인 집계 함수
엑셀	=DSUM(database, field, criteria) : 조건에 맞는 합계 계산 database(범위)의 field(필드)에서 criteria(조건)에 맞는 합계(SUM)
액세스	=DSUM(expr, domain, criteria) : 조건에 맞는 합계 계산 domain(테이블이나 쿼리)의 expr(필드 이름, 식 등)에서 criteria(조건)에 맞는 합계(SUM)

- 엑셀의 'D'로 시작하는 데이터베이스 함수와 의미는 같지만 인수가 다릅니다.
- 폼이나 보고서의 레코드 원본에 없는 필드 값을 계산할 수 있습니다.
- DSUM 외에도 DAVG, DCOUNT, DLOOKUP, DMAX 등 모두 같은 인수를 사용합니다.
- 필드에 대괄호 생략이 가능하고 인수 모두에 큰따옴표("")를 묶어 입력합니다.
- 큰따옴표 안에 문자 입력 시 작은따옴표(')로 묶어 입력합니다. (예를 들어, [이름] 필드에서 "이주희"를 찾는 조건이라면, criteria 인수에 "이름='이주희'")

문제 유형 2 <사원목록> 폼을 다음의 화면과 지시사항에 따라 완성하시오.

① 폼 속성의 기본 보기를 '연속 폼'으로 설정하시오.

② 폼에 레코드를 추가하거나 삭제할 수 없도록 설정하시오.

③ 'txt이름' 컨트롤에는 'txt사원번호'에 해당하는 이름이 표시되도록 설정하시오.
  ▶ <사원목록> 테이블과 DLookup 함수 사용

④ 'txt입사일' 컨트롤에는 월과 일만 다음과 같이 표시되도록 설정하시오.
  ▶ 표시 예 : 02월 16일

주희쌤 Tip

엑셀(사용자 정의 함수 16번)에서 배웠던 부분입니다.
=Format(3000, "#,###") → 3,000

주희쌤 Tip

이름	직급
	사원
이주희	사장

=count([이름]) = 1
=count([직급]) = 2
=count(*) = 2
즉, 괄호 안에 '*'를 넣으면 필드에 상관없이 총 레코드의 개수를 셉니다.

주희쌤 Tip

액세스는 COUNTA 함수가 없고 COUNT 함수가 문자, 숫자의 개수를 모두 셉니다.

주희쌤 Tip

Q 만약에 Format이 없었다면요?
A '컨트롤 원본'에 '="현재 " & Count(*) & "명 입니다."'를 입력합니다.

Q 만약에 컨트롤 원본과 형식을 설정한다면요?
A '컨트롤 원본'에 '=Count(*)'을 입력하고, '형식'에 '"현재 "#"명 입니다."'를 입력합니다.

❺ 'txt성별' 컨트롤에 대해 다음과 같이 설정하시오.
▶ 주민등록번호를 이용할 것
▶ '남자', '여자'로 표시할 것
▶ Switch와 Mid 함수를 사용할 것

❻ '이름'을 기준으로 '내림차순' 정렬하여 표시되도록 설정하시오.

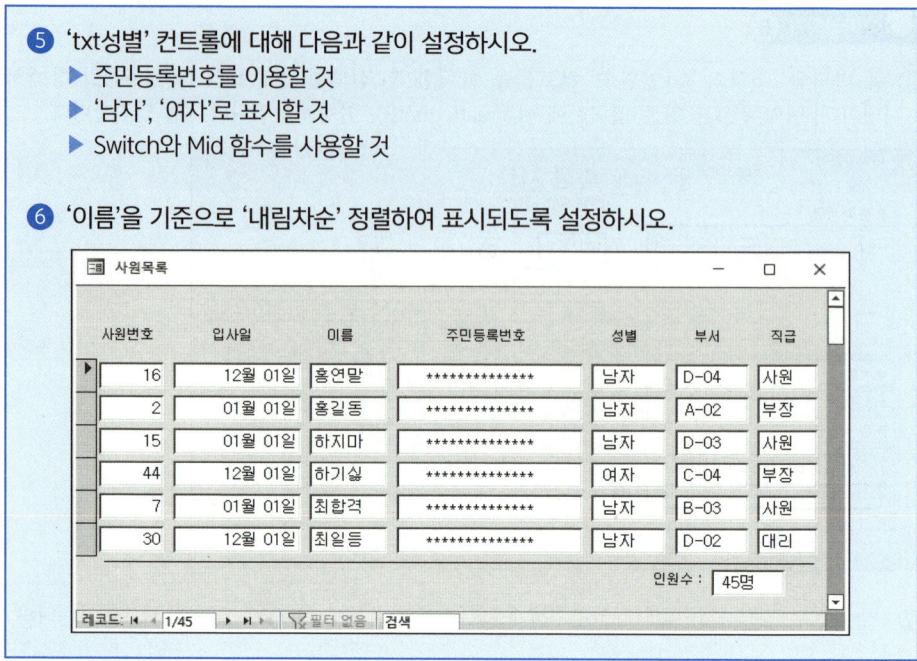

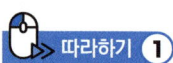

① [탐색] 창 폼 목록의 〈사원목록〉 폼에서 마우스 오른쪽 버튼을 누른 후 [디자인 보기] 명령을 클릭합니다.

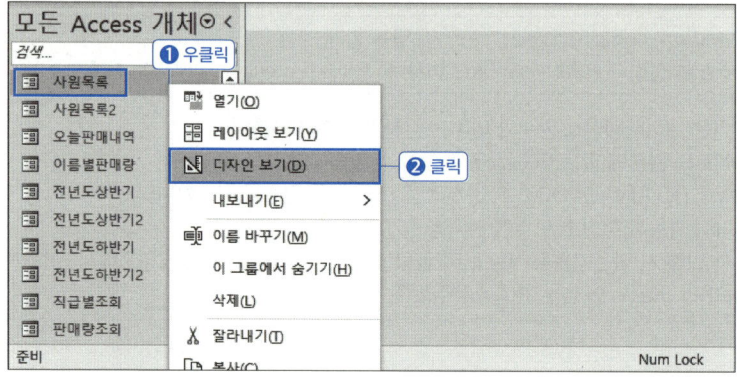

② 〈사원목록〉 폼의 '폼 선택기'(■)를 클릭합니다.

③ 폼의 [속성 시트] 창에서 [형식] 탭의 '기본 보기' 목록 단추(∨)를 클릭해 '연속 폼'을 선택합니다.

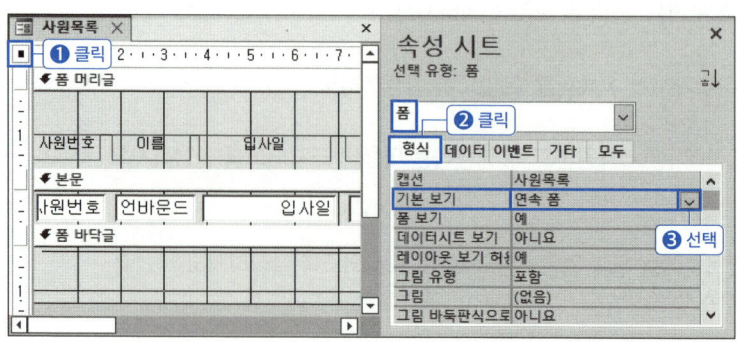

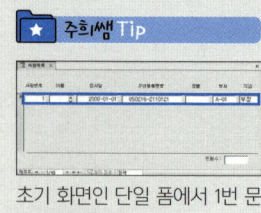

초기 화면인 단일 폼에서 1번 문제 완성 후(연속 폼) 폼 보기로 전환했을 때 결과 ↓

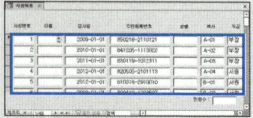

'단일 폼'은 레코드를 하나만 표시하고, '연속 폼'은 레코드를 여러 개 표시합니다.

 **따라하기 2**

① [데이터] 탭의 '추가 가능' 목록 단추(☑)를 클릭해 '아니요'를 선택합니다.

② 이어서 '삭제 가능' 목록 단추(☑)를 클릭해 '아니요'를 선택합니다.

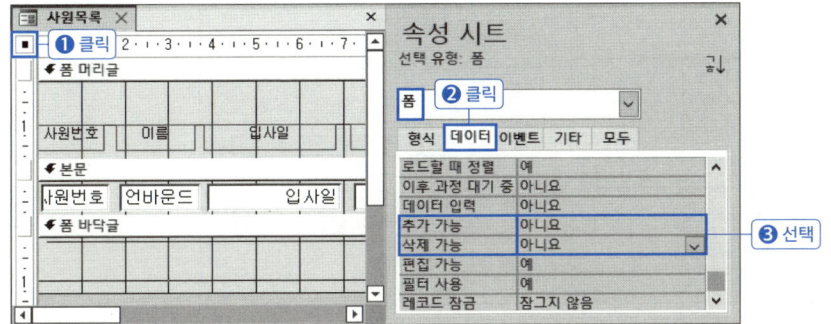

 **따라하기 3**

① '본문' 구역의 'txt이름' 컨트롤을 클릭한 후 선택한 컨트롤의 [속성 시트] 창에서 [데이터] 탭의 '컨트롤 원본' 입력란에 '=dlookup("이름","사원목록","사원번호=txt사원번호")'를 입력합니다.

> **주희쌤 Tip**
> 조건에 '"사원번호=txt사원번호"'는 '우변 값을 좌변으로 치환하겠다'는 의미가 아니라 '같다'는 의미이므로 '"txt사원번호=사원번호"'를 입력해도 됩니다.

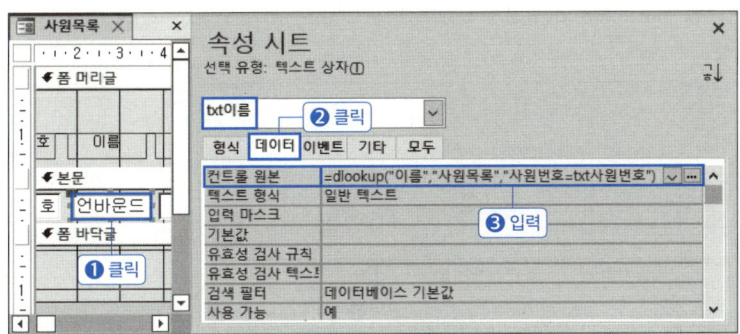

② Enter 를 누르면 '=DLookUp("이름","사원목록","사원번호=txt사원번호")'로 변경된 것을 확인할 수 있습니다.

> **주희쌤 Tip**
> 아래 네 개의 문제는 3번과 같은 문제입니다.
> 〖문〗 'txt이름' 컨트롤에는 'txt사원번호'에 해당하는 이름이 표시되도록 설정하시오. (<사원목록> 테이블과 DLookUp 함수 사용)
> 〖문〗 'txt이름' 컨트롤에는 'txt사원번호'에 표시된 사원번호를 <사원목록> 테이블에서 찾아 이름을 표시하시오.
> 〖문〗 'txt이름' 컨트롤에는 '사원번호(txt사원번호)'에 해당하는 이름이 표시되도록 구현하시오. <사원목록> 테이블을 이용하시오.
> 〖문〗 'txt사원번호' 컨트롤에 입력된 사원번호에 해당하는 이름을 <사원목록> 테이블에서 찾아 'txt이름' 컨트롤에 표시하시오.

> **주희쌤 Tip**
>
> = DLookUp("이름","사원목록","사원번호 = txt사원번호")
>   ①   ②   ③
>
> ① : **'이름'** 필드에서 찾아 반환(Lookup)하겠다.
>   - DLOOKUP이면 LOOKUP(찾아서 반환)할 필드, DSUM이면 SUM(합계 계산)할 필드, DAVG이면 AVG(평균 계산)할 필드입니다. 문제에 '이름이 표시되도록'이 주어졌으므로 힌트를 줬다고도 볼 수 있습니다. 하지만 필드 이름이 '이름'이 아닌 '성명'이라면 '성명'으로 입력해야 합니다.
>
> ② : 식에서 사용되고 있는 필드는 **'사원목록'** 테이블에 있다.
>   - 문제에서 제시된 테이블이나 쿼리 이름을 입력합니다. 문제에 제시되지 않을 경우 식에서 사용하는 필드(이름, 사원번호)가 어떤 개체에 있는지 확인해야 합니다.
>
> ③ : **'사원번호와 txt사원번호가 일치하면'** 반환하겠다.
>   - 문제에 제시된 컨트롤(txt사원번호)과 비교할 필드를 domain인 <사원목록> 테이블에서 찾습니다. 필드 이름이 '사원번호'가 아닌 '사번'이라면 '사번=txt사원번호'로 입력해야 합니다.

> **주희쌤 Tip**
>
> 4번 문제를 완성하면 입사일이 '2009-01-01'이 아닌 '01월 01일'로 모양이 바뀌어 표시됩니다.

 따라하기 ④

① '본문' 구역의 'txt입사일' 컨트롤을 클릭한 후 선택한 컨트롤의 [속성 시트] 창에서 [형식] 탭의 '형식' 입력란에 'mm월 dd일'을 입력합니다.

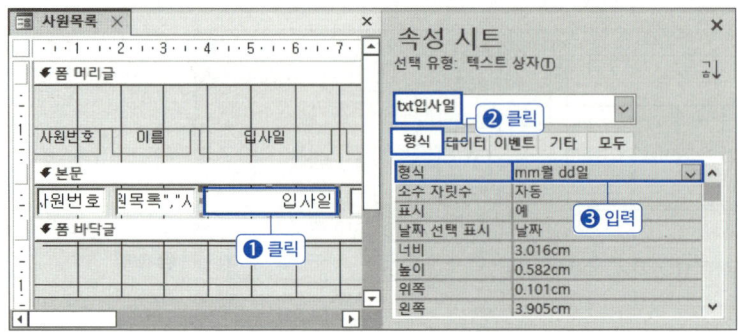

② Enter 를 누르면 'mm"월 "dd₩일'로 변경된 것을 확인할 수 있습니다.

 따라하기 ⑤

① '본문' 구역의 'txt성별' 컨트롤을 클릭한 후 선택한 컨트롤의 [속성 시트] 창에서 [데이터] 탭의 '컨트롤 원본' 입력란에 '=switch(mid(주민등록번호,8,1)=1,"남자",mid(주민등록번호,8,1)=2,"여자")'를 입력합니다.

> **주희쌤 Tip**
>
> =Switch(조건1, 인수1, 조건2, 인수2, ...)
> 조건1이 TRUE이면 인수1, 조건2가 TRUE이면 인수2를 반환
>
> 예
> =Switch(A>=100, "사과", A<100, "바나나")
> A가 100 이상이면 사과, A가 100 미만이면 바나나를 반환

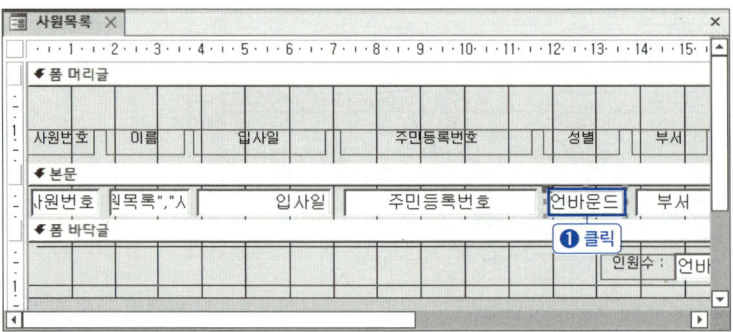

> **주희쌤 Tip**
>
> 쿼리(문제유형1 4번)에서 배웠던 부분입니다.
> 엑셀은 LEFT, RIGHT, MID로 추출한 결과를 숫자와 비교하기 위하여 곱하기 1을 했지만 액세스는 안 해도 상관이 없습니다.

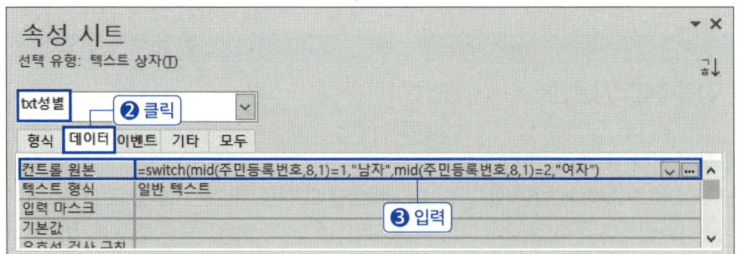

② Enter 를 누르면 '=Switch(Mid([주민등록번호],8,1)=1,"남자",Mid([주민등록번호],8,1)=2,"여자")'로 변경된 것을 확인할 수 있습니다.

 따라하기 6

① 〈사원목록〉 폼의 '폼 선택기'(■)를 클릭합니다.

② 폼의 [속성 시트] 창에서 [데이터] 탭의 '정렬 기준' 입력란에 '이름 desc'를 입력한 후 Enter 를 누릅니다.

> **주희쌤 Tip**
> 테이블(문제유형1 6번)에서 배웠던 부분입니다.
> • 오름차순 : ASC
> • 내림차순 : DESC

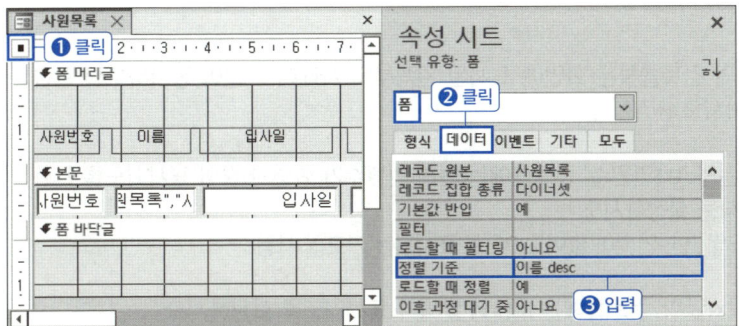

③ 저장(💾)을 클릭하고 닫기(✖)를 클릭해 작성한 폼을 닫습니다.

문제 유형 3 〈사원관리〉 폼을 다음의 화면과 지시사항에 따라 완성하시오.

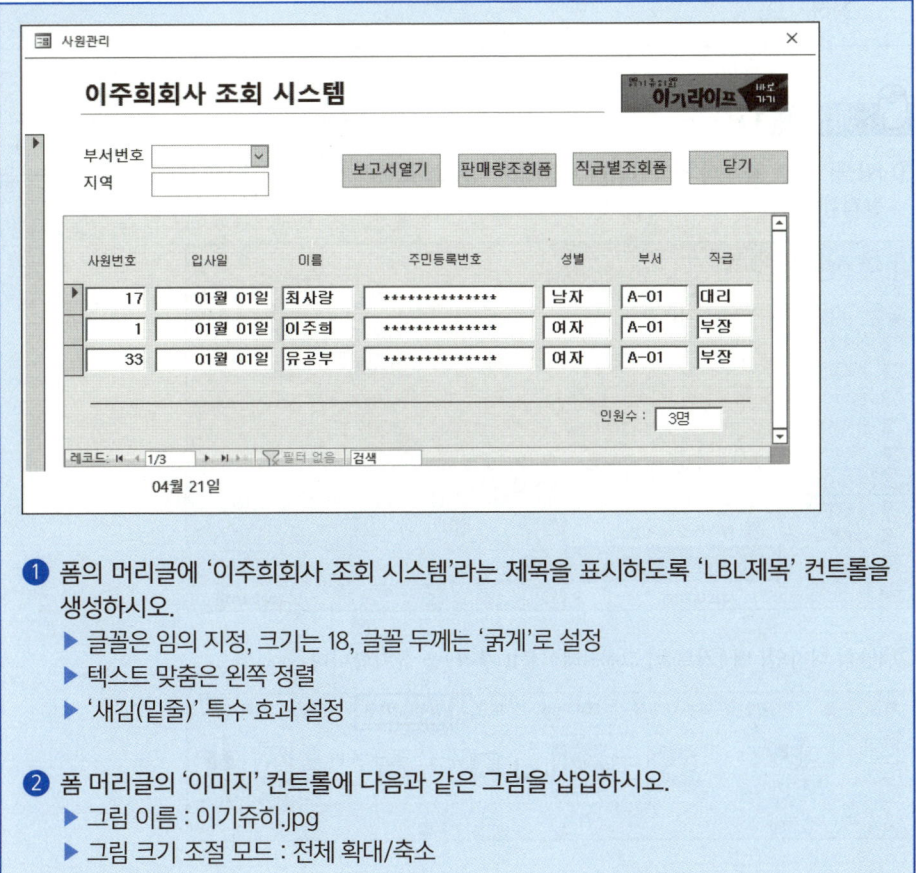

❶ 폼의 머리글에 '이주희회사 조회 시스템'라는 제목을 표시하도록 'LBL제목' 컨트롤을 생성하시오.
  ▶ 글꼴은 임의 지정, 크기는 18, 글꼴 두께는 '굵게'로 설정
  ▶ 텍스트 맞춤은 왼쪽 정렬
  ▶ '새김(밑줄)' 특수 효과 설정

❷ 폼 머리글의 '이미지' 컨트롤에 다음과 같은 그림을 삽입하시오.
  ▶ 그림 이름 : 이기쥬히.jpg
  ▶ 그림 크기 조절 모드 : 전체 확대/축소

③ 기본 폼과 하위 폼의 레코드 원본 및 관계를 참조하여 적절한 필드를 기준으로 두 폼을 연결하시오.

④ 하위 폼에서 '입사일'과 '이름' 필드를 표시하는 컨트롤과 관련 레이블의 순서를 화면과 같이 바꾼 후 본문 영역의 모든 컨트롤들에 대해 가로 간격 조정을 모두 같게 설정하시오.

⑤ 하위 폼 본문의 컨트롤들은 화면에 표시된 왼쪽부터 차례대로 탭이 정지하도록 관련 속성을 설정하시오.

⑥ 하위 폼 바닥글의 'txt인원수' 컨트롤에는 전체 인원수가 화면과 같이 표시되도록 컨트롤 원본과 형식을 설정하시오.
  ▶ [표시 예 : 3명] 단, 인원이 없어도 0으로 표시되는 기호를 사용

⑦ 폼 바닥글의 'txt날짜' 컨트롤에는 오늘의 날짜가 표시되도록 설정하시오.
  ▶ Format, Date 함수를 사용할 것
  ▶ '02월 16일'의 형식으로 표시할 것

⑧ 하위 폼의 'txt주민번호' 컨트롤에 표시된 주민등록번호가 그림과 같이 표시되도록 입력마스크를 설정하시오.

⑨ '사원관리' 폼에는 탐색 단추, 스크롤 막대, 최소화 최대화 단추가 표시되지 않도록 설정하시오.

 따라하기 ❶

① [탐색] 창 폼 목록의 〈사원관리〉 폼에서 마우스 오른쪽 버튼을 누른 후 [디자인 보기] 명령을 클릭합니다.

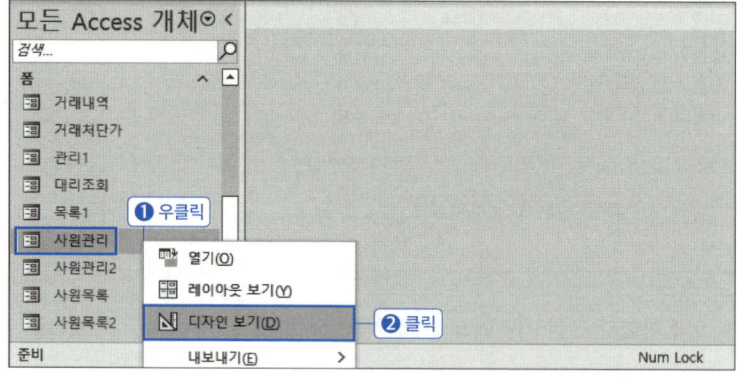

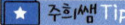 주희쌤Tip
개요(1장_01)에서 배웠던 부분입니다.
제목은 필드랑 연결이 되거나 계산이 되는 부분이 아니기 때문에 '레이블'로 만들어야 합니다.

② [양식 디자인] 탭-[컨트롤] 그룹-[레이블](가가)을 클릭합니다.

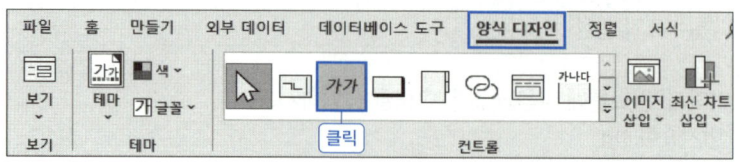

③ '폼 머리글' 구역에서 제목을 삽입할 곳에 드래그합니다.

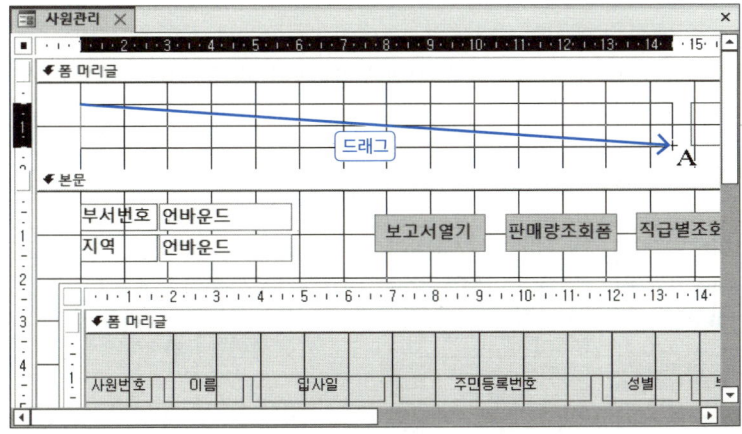

④ 커서가 나타나면 '이주희회사 조회 시스템'을 입력하고 Enter 를 누릅니다.

⑤ 선택한 컨트롤의 [속성 시트] 창에서 [기타] 탭의 '이름' 입력란에 'LBL제목'을 입력한 후 Enter 를 누릅니다.

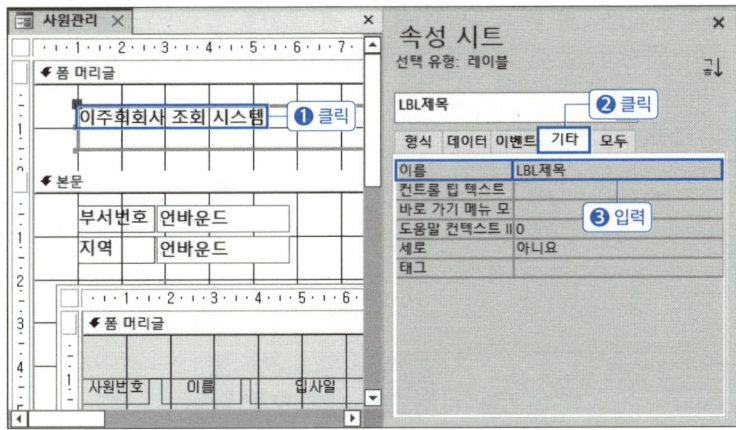

⑥ 이어서 [형식] 탭의 '글꼴 크기' 입력란에 '18'을 입력한 후 Enter 를 누릅니다.

⑦ [형식] 탭의 '글꼴 두께' 목록 단추(∨)를 클릭해 '굵게'를 선택합니다.

⑧ [형식] 탭의 '텍스트 맞춤' 목록 단추(∨)를 클릭해 '왼쪽'을 선택합니다.

⑨ [형식] 탭의 '특수 효과' 목록 단추(∨)를 클릭해 '새김(밑줄)'을 선택합니다.

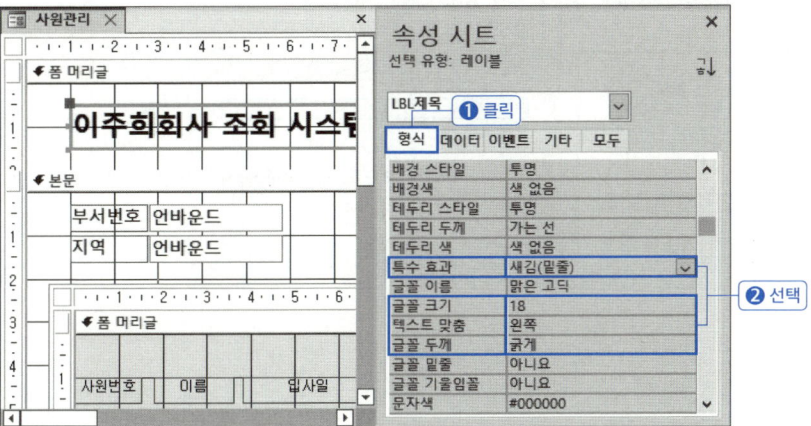

 따라하기 ❷

주희쌤 Tip
컨트롤을 선택하고 컨트롤 이름을 반드시 확인해야 합니다.

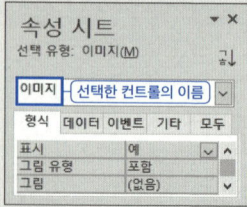

① '폼 머리글' 구역의 '이미지' 컨트롤을 클릭한 후 선택한 컨트롤의 [속성 시트] 창에서 [형식] 탭의 '그림' 작성기 단추(…)를 클릭합니다.

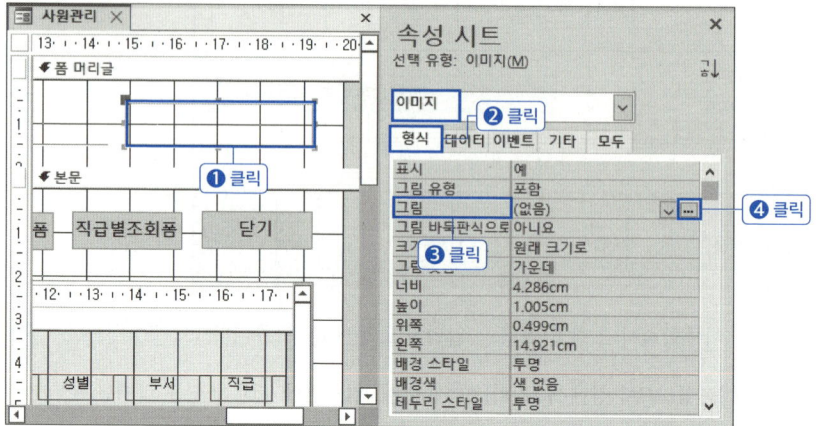

② [그림 삽입] 대화상자가 나타나면 현재 파일을 열어준 폴더(컴활1급\액세스\1급액세스(예제))로 이동하여 '이기쥬히.jpg'를 선택한 후 [확인] 단추를 클릭합니다.

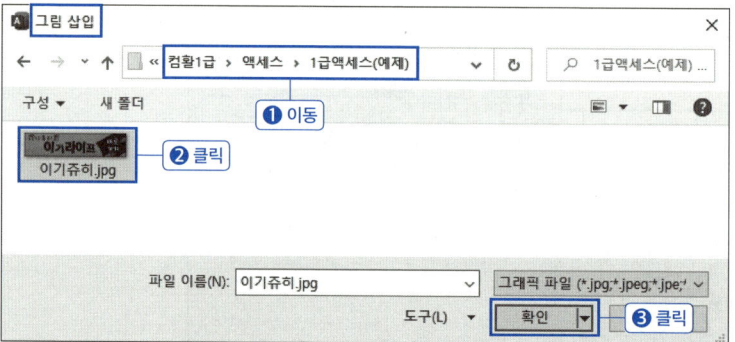

③ 그림의 크기를 조절하기 위해 [속성 시트] 창에서 [형식] 탭의 '크기 조절 모드' 목록 단추(▼)를 클릭해 '전체 확대/축소'를 선택합니다.

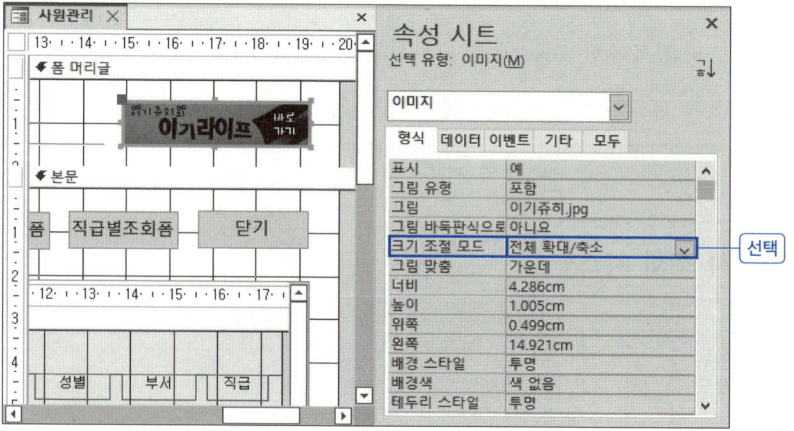

188 Chapter 03. 폼 및 보고서

 **따라하기 ③**

① 기본 폼인 〈사원관리〉 폼의 '폼 선택기'(■)를 클릭합니다.

② 폼의 [속성 시트] 창에서 [데이터] 탭의 '레코드 원본'이 '부서'임을 확인합니다.

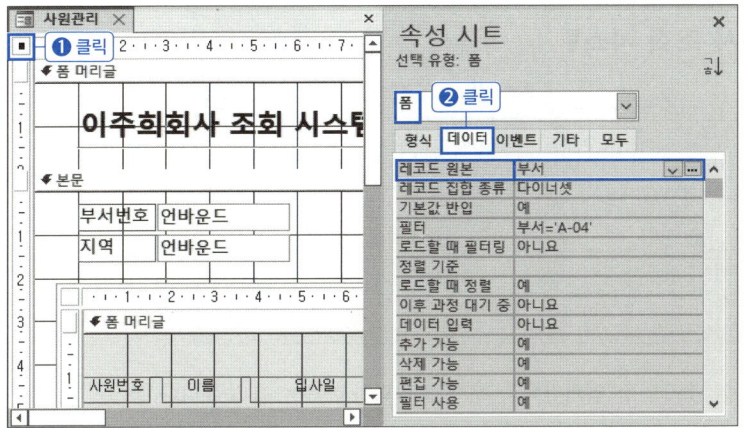

③ 하위 폼의 '폼 선택기'(■)를 클릭합니다.

④ 폼의 [속성 시트] 창에서 [데이터] 탭의 '레코드 원본'이 '사원목록'임을 확인합니다.

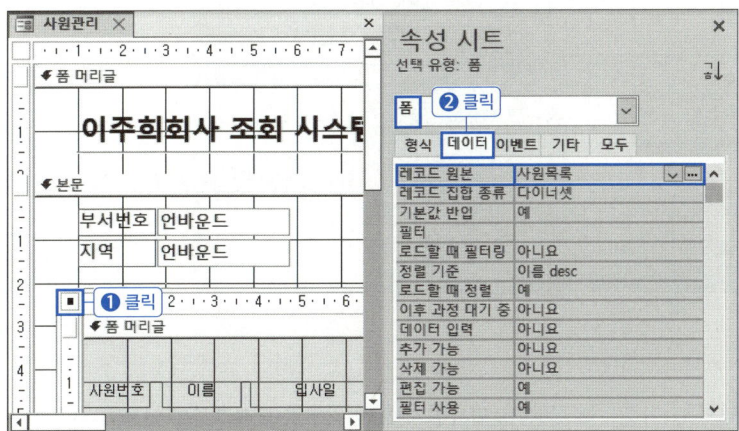

⑤ 두 원본 간의 관계를 확인하기 위해 [데이터베이스 도구] 탭-[관계] 그룹-[관계]를 클릭합니다.

⑥ [관계] 창이 나타나면 기본 폼 원본(부서)과 하위 폼 원본(사원목록)의 연결 필드를 확인합니다.

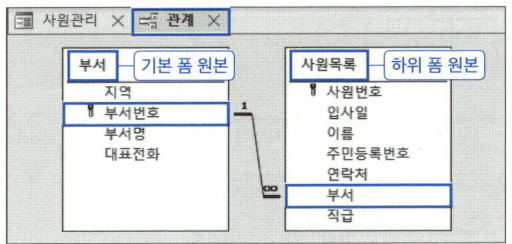

⑦ [관계] 창의 닫기(✖)를 클릭합니다.

⑧ 변경 내용의 저장 여부를 묻는 메시지가 나타나면 [아니요] 단추를 클릭합니다.

> **주희쌤 Tip**
>
> 기본 폼에 삽입되는 폼을 하위 폼이라고 하며 기본 폼에는 관계의 '1'쪽에 해당하는 데이터가 표시되고 하위 폼에는 '∞'쪽에 해당하는 데이터가 표시됩니다. 기본 폼과 하위 폼이 연결되어 있을 시 하위 폼에는 기본 폼에서 선택한 레코드와 관련된 레코드만 표시됩니다.

> **주희쌤 Tip**
> '기본 필드 연결'의 작성기 단추(...)를 클릭하면 [하위 폼 필드 연결기] 대화상자가 나타나며, 기본 폼과 하위 폼 레코드 원본 간의 관계를 기초로 액세스가 적절한 필드를 제안합니다.

⑨ 하위 폼의 틀(테두리 부분)을 클릭한 후 하위 폼/하위 보고서의 [속성 시트] 창에서 [데이터] 탭의 '기본 필드 연결' 입력란에 '부서번호'를 입력하고 Enter 를 누릅니다.

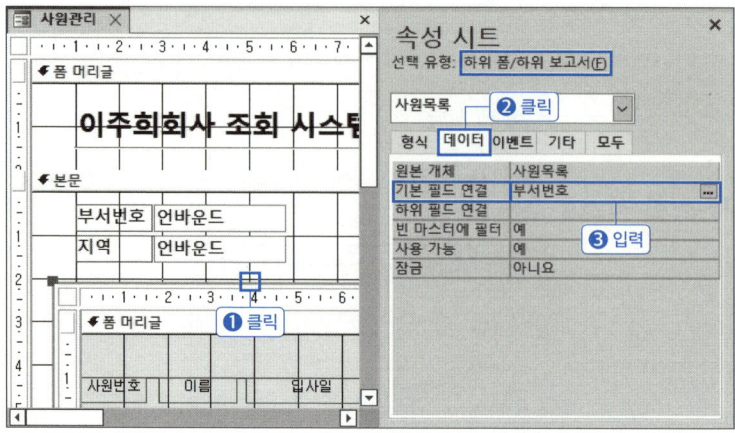

⑩ [데이터] 탭의 '하위 필드 연결' 입력란에는 '부서'를 입력하고 Enter 를 누릅니다.

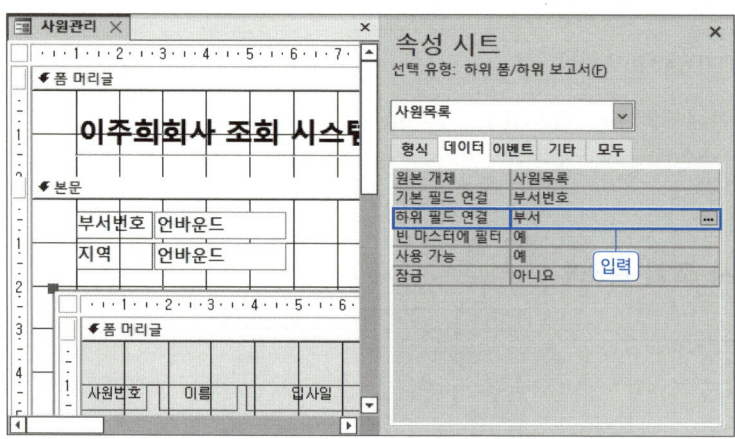

 따라하기 ④

① 하위 폼 '본문' 구역의 'txt이름' 컨트롤을 'txt입사일' 컨트롤 위치로 드래그하여 이동합니다.

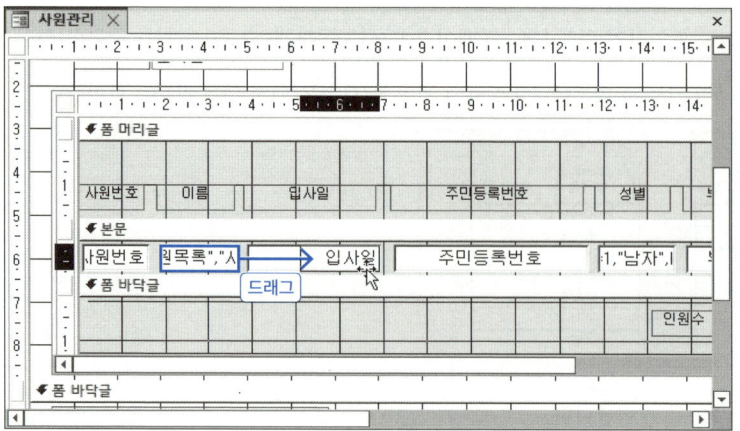

② 'txt입사일' 컨트롤을 왼쪽으로 드래그하여 이동합니다.

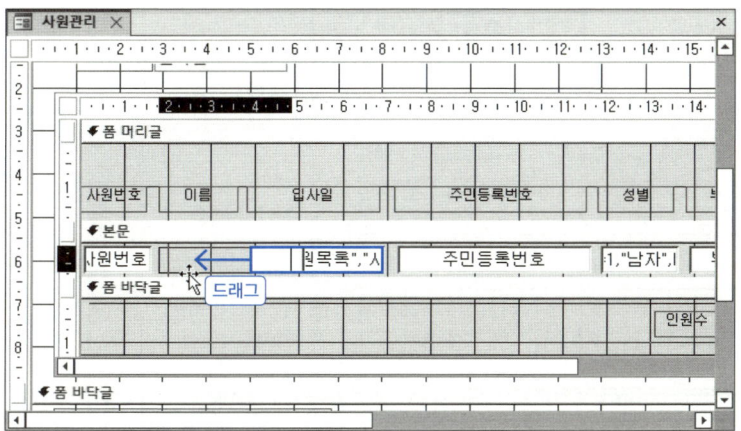

③ 하위 폼 '폼 머리글' 구역의 '이름LBL' 레이블을 '입사일LBL' 레이블 위치로 드래그하여 이동합니다.

④ '입사일LBL' 레이블을 왼쪽으로 드래그하여 이동합니다.

⑤ 이어서 하위 폼 '본문' 구역의 눈금자 부분을 드래그하여 하위 폼 '본문' 구역의 모든 컨트롤을 선택합니다.

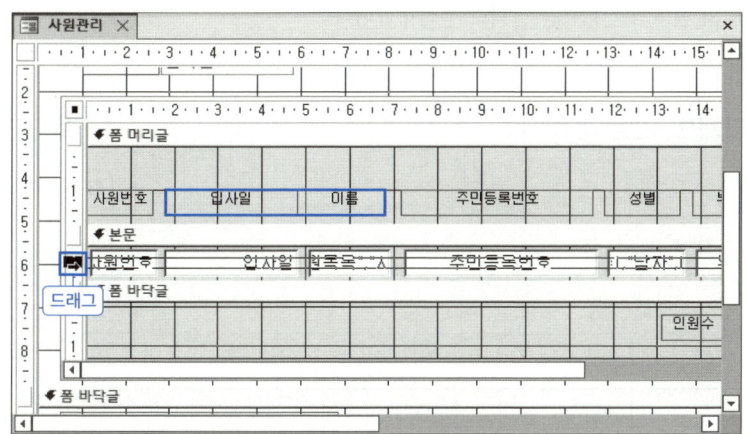

> **주희쌤 Tip**
> 눈금자를 클릭하거나 드래그하면 일직선상에 있는 컨트롤들을 선택하기가 쉽습니다.

주희쌤 Tip

처음과 끝의 컨트롤을 기준으로 안쪽 컨트롤들의 위치가 조정됩니다.

⑥ [정렬] 탭-[크기 및 순서 조정] 그룹-[크기/공간]-[가로 간격 같음]을 클릭합니다.

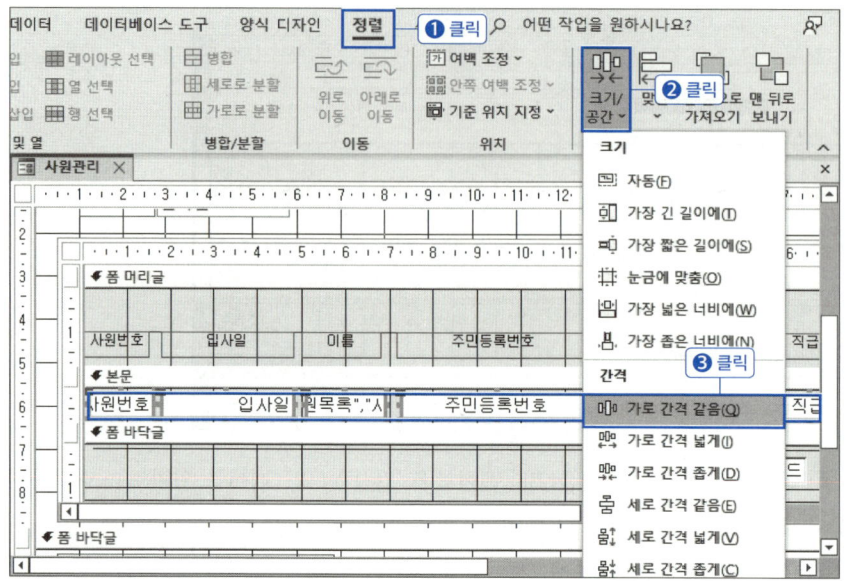

따라하기 ⑤

① 하위 폼 '본문' 구역의 임의의 컨트롤을 클릭하여 선택합니다.

② [양식 디자인] 탭-[도구] 그룹-[탭 순서]를 클릭합니다.

주희쌤 Tip

하위 폼의 탭 순서 지정 시 하위 폼의 컨트롤이 적어도 하나는 선택되어 있어야 합니다.

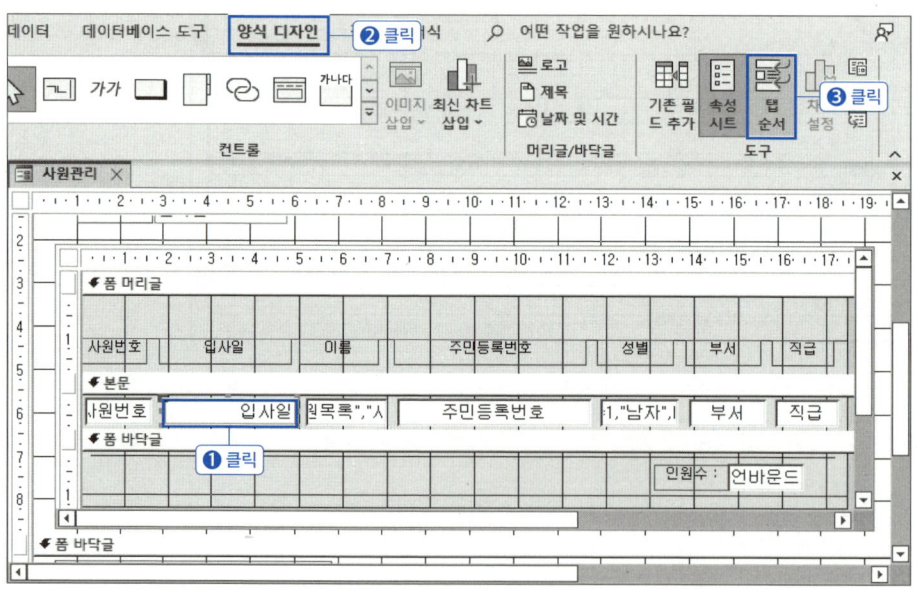

③ [탭 순서] 대화상자가 나타나면 [자동 순서] 단추를 클릭합니다.

④ 'txt사원번호'의 행 선택기를 클릭합니다.

주희쌤 Tip

마법사 또는 레이아웃과 같은 도구를 이용하여 폼을 만든 경우 컨트롤이 폼에 표시된 순서로 탭 순서가 설정되므로 [자동 순서] 단추를 클릭한 후 조정하는 것이 편리합니다.

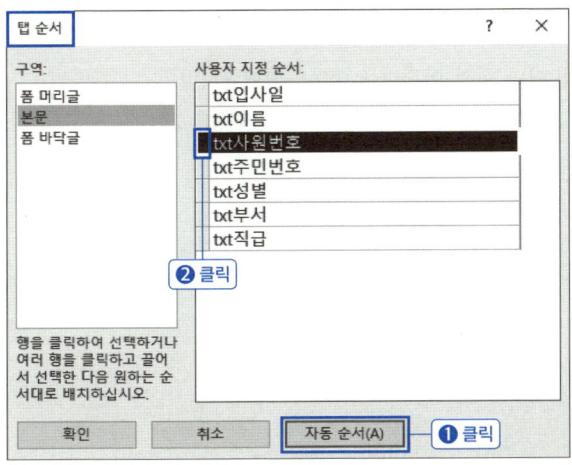

⑤ 'txt사원번호' 행 선택기를 드래그하여 첫 번째 순서로 이동합니다.

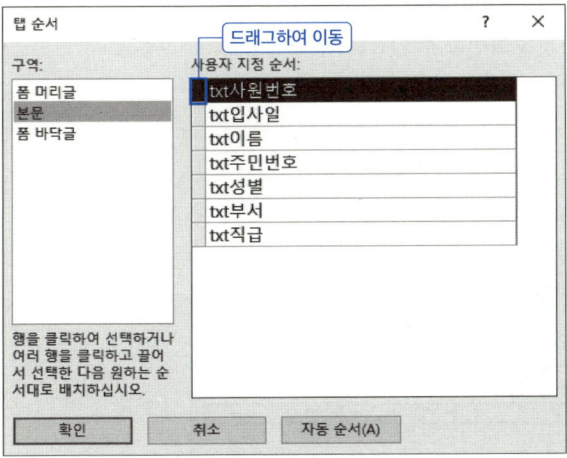

⑥ 'txt사원번호', 'txt입사일', 'txt이름', 'txt주민번호', 'txt성별', 'txt부서', 'txt직급' 순으로 정렬된 것을 확인한 후 [확인] 단추를 클릭합니다.

① 하위 폼 '폼 바닥글' 구역의 'txt인원수' 컨트롤을 클릭한 후 선택한 컨트롤의 [속성 시트] 창에서 [데이터] 탭의 '컨트롤 원본' 입력란에 '=count(*)'를 입력합니다.

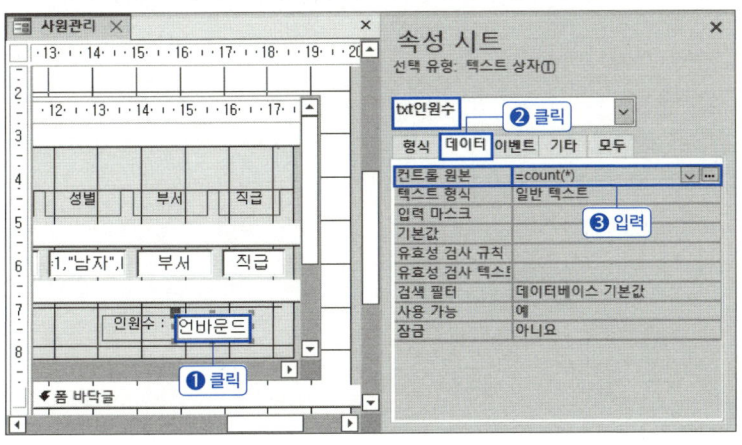

주희쌤 Tip

5번 문제와 같습니다.
🗒 하위 폼 본문의 탭 순서는 화면의 왼쪽부터 차례대로 이동되도록 설정하시오.

주희쌤 Tip

문제에 컨트롤 원본과 형식을 설정하라고 했으므로 컨트롤 원본에 '=Count(*) & "명"'을 입력하는 것은 안 됩니다.

> **주희쌤 Tip**
>
> '컨트롤 원본을 설정하시오.'라고 제시되면 컨트롤 원본만을 설정하여 결과가 반환되도록 해야 합니다.
>
> '컨트롤 원본과 형식을 설정하시오.'라고 제시되면 컨트롤 원본과 형식을 설정하여 결과가 반환되도록 해야 합니다.
>
> '설정하시오.'라고 제시되면 원하는 속성을 설정하여 결과가 반환되도록 해야 합니다.
>
> 또한 문제에 함수가 주어지면 그 함수를 반드시 사용해야 하고, 함수가 주어지지 않으면 함수를 사용해도 되고, 사용하지 않아도 됩니다.

② Enter 를 누르면 '=Count(*)'로 변경된 것을 확인할 수 있습니다.

③ 이어서 형식을 설정하기 위해 [형식] 탭의 '형식' 입력란에 '0명'을 입력합니다.

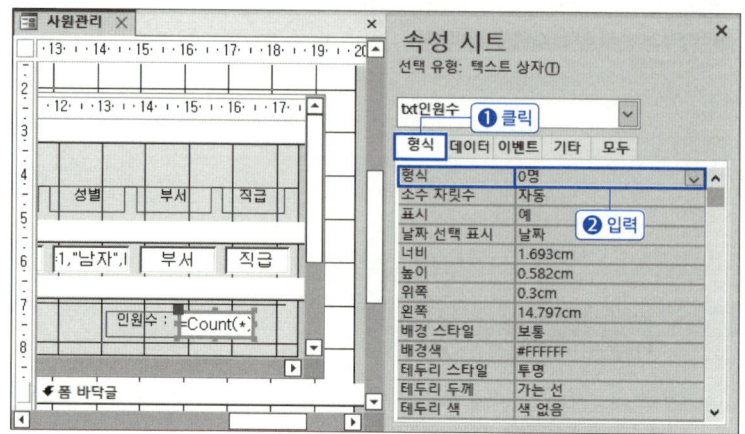

④ Enter 를 누르면 '0₩명'으로 변경된 것을 확인할 수 있습니다.

 따라하기 ⑦

① '폼 바닥글' 구역의 'txt날짜' 컨트롤을 클릭한 후 선택한 컨트롤의 [속성 시트] 창에서 [데이터] 탭의 '컨트롤 원본' 입력란에 '=format(date(),"mm월 dd일")'을 입력합니다.

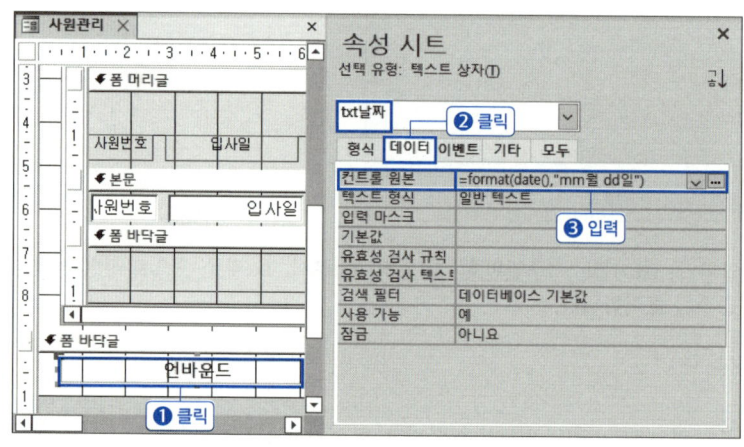

② Enter 를 누르면 '=Format(Date(),"mm""월 ""dd₩일")'로 변경된 것을 확인할 수 있습니다.

> **주희쌤 Tip**
>
> 테이블(문제유형2 3번)에서 배웠던 부분입니다.
>
> | | 날짜 | 날짜+시간 |
> |---|---|---|
> | 엑셀 | TODAY | NOW |
> | 액세스 | DATE | |
> | VBE | | |
>
> VBE은 'DATE'만 입력하였지만, 액세스는 'DATE()'를 입력해야 합니다. ('NOW' 함수도 마찬가지로 액세스는 'NOW()'를 입력해야 합니다.)

> **주희쌤 Tip**
>
> Format을 사용하지 않는다면 컨트롤 원본에 '=Date()'을 입력하고 형식에 'mm월 dd일'을 입력하면 됩니다.

① 하위 폼 '본문' 구역의 'txt주민번호' 컨트롤을 클릭한 후 선택한 컨트롤의 [속성 시트] 창에서 [데이터] 탭의 '입력 마스크' 입력란에 'password'를 입력합니다.

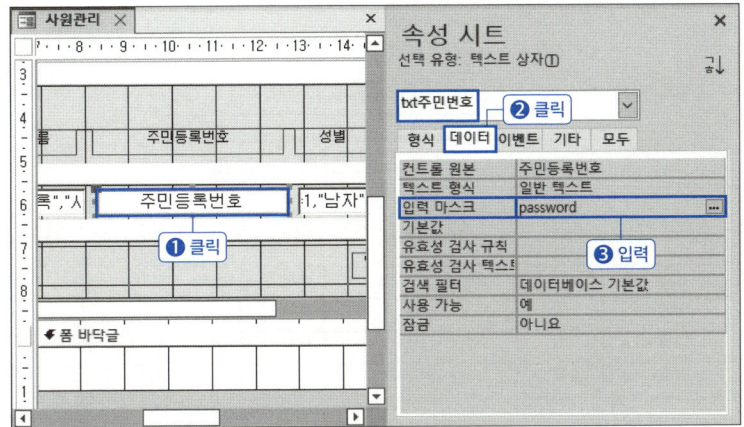

> **주희쌤 Tip**
> 테이블(문제유형3 1번)에서 배웠던 부분입니다.
> '입력 마스크'를 'Password'로 지정하면 입력된 문자는 저장되지만 화면에는 별(*)이 표시됩니다.

② Enter 를 누르면 'Password'로 변경된 것을 확인할 수 있습니다.

① 〈사원관리〉 폼의 '폼 선택기'(■)를 클릭합니다.

② 폼의 [속성 시트] 창에서 [형식] 탭의 '탐색 단추' 목록 단추(▼)를 클릭해 '아니요'를 선택합니다.

③ [형식] 탭의 '스크롤 막대' 목록 단추(▼)를 클릭해 '표시 안 함'을 선택합니다.

④ [형식] 탭의 '최소화/최대화 단추' 목록 단추(▼)를 클릭해 '표시 안 함'을 선택합니다.

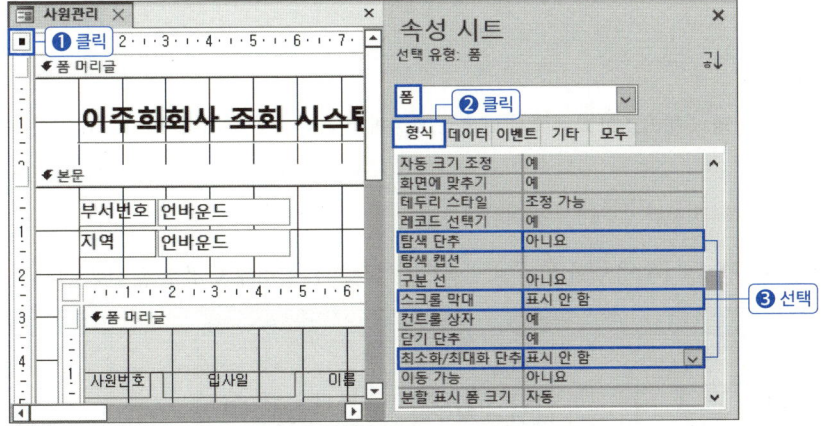

> **주희쌤 Tip**
>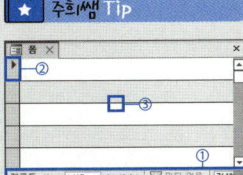
> ① 탐색 단추
> ② 레코드 선택기
> ③ 구분 선

> **주희쌤 Tip**
> Q '스크롤 막대'를 '표시 안 함'으로 변경했는데 스크롤 막대가 보여요.
> A 폼은 '디자인 보기'에서 수정하고 '폼 보기'에서 수정한 것을 확인할 수 있습니다.

⑤ 저장(💾)을 클릭하고 닫기(✖)를 클릭해 작성한 폼을 닫습니다.

문제 유형 4 <대리조회> 폼을 다음의 화면과 지시사항에 따라 완성하시오.

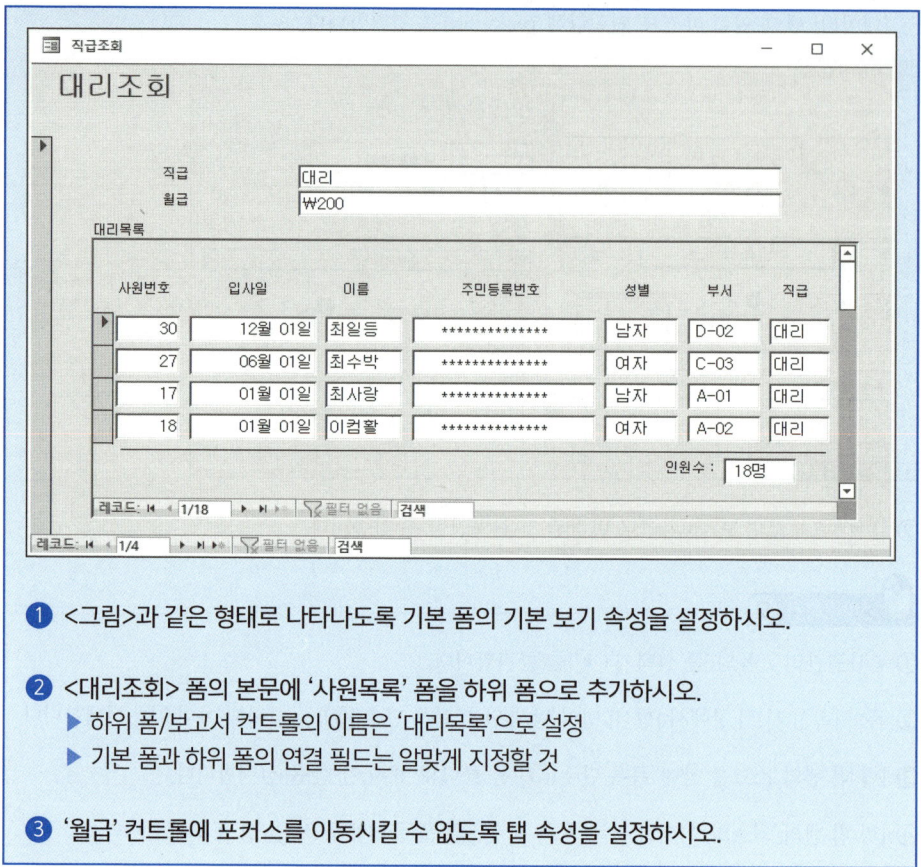

① <그림>과 같은 형태로 나타나도록 기본 폼의 기본 보기 속성을 설정하시오.

② <대리조회> 폼의 본문에 '사원목록' 폼을 하위 폼으로 추가하시오.
  ▶ 하위 폼/보고서 컨트롤의 이름은 '대리목록'으로 설정
  ▶ 기본 폼과 하위 폼의 연결 필드는 알맞게 지정할 것

③ '월급' 컨트롤에 포커스를 이동시킬 수 없도록 탭 속성을 설정하시오.

주희쌤 Tip

'단일 폼'은 레코드를 하나만 표시하고 '연속 폼'은 레코드를 여러 개 표시합니다.

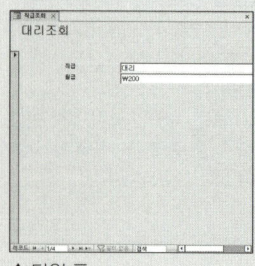
↑ 단일 폼

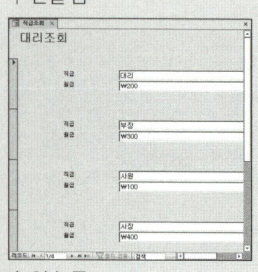
↑ 연속 폼

따라하기 ①

① [탐색] 창 폼 목록의 <대리조회> 폼에서 마우스 오른쪽 버튼을 누른 후 [디자인 보기] 명령을 클릭합니다.

② <대리조회> 폼의 '폼 선택기'(■)를 클릭합니다.

③ 폼의 [속성 시트] 창에서 [형식] 탭의 '기본 보기' 목록 단추(▼)를 클릭해 '단일 폼'을 선택합니다.

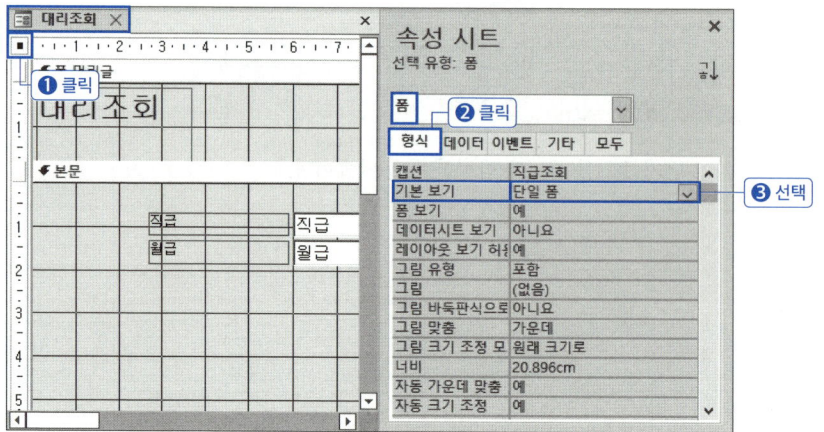

 따라하기 ❷

① [양식 디자인] 탭-[컨트롤] 그룹-[하위 폼/하위 보고서](📋)를 클릭합니다.

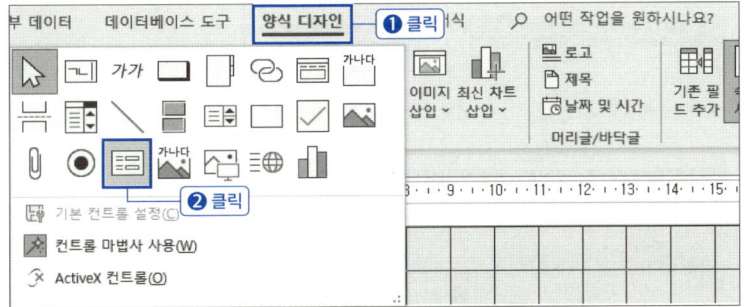

② '본문' 구역에서 하위 폼을 삽입할 곳에 드래그합니다.

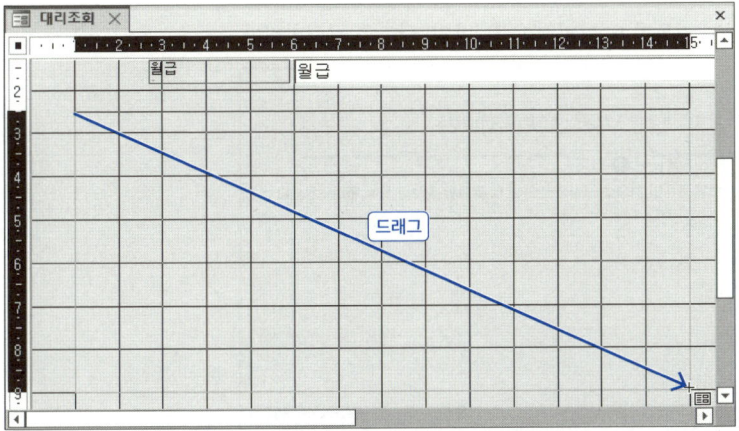

③ [하위 폼 마법사] 대화상자가 나타나면 '기존 폼 사용'을 선택한 후 '사원목록' 폼을 선택하고 [다음] 단추를 클릭합니다.

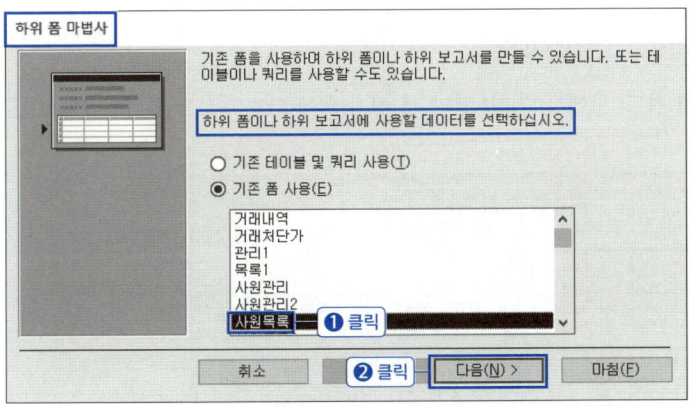

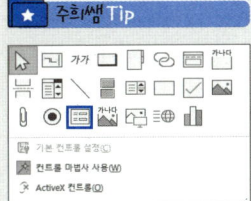

[하위 폼/하위 보고서](📋)가 안 보일 시 [컨트롤] 그룹의 [자세히](▽)를 클릭하세요.

크기와 위치는 그림과 비슷하게만 지정하면 되고 하위 폼 마법사가 끝난 후 크기는 약간 달라질 수 있습니다.
하위 폼의 크기가 작아 레코드의 개수가 그림과 같이 안 보이는 것은 채점과 무관합니다.

Ⓠ [하위 폼 마법사]가 안 나타나요.
Ⓐ [양식 디자인] 탭-[컨트롤] 그룹-[자세히](▽)-[컨트롤 마법사 사용]을 선택하고 다시 생성해 보세요.

> **주희쌤 Tip**
> 기본 폼과 하위 폼이 연결되어 있을 시 하위 폼에는 기본 폼에서 선택한 레코드와 관련된 레코드만 표시됩니다. 그림을 보면 기본 폼에 [직급]이 '대리'인 레코드가, 하위 폼에도 [직급]이 '대리'인 레코드가 표시되고 있습니다.

> **주희쌤 Tip**
> 연결 필드를 문제에 제시하는 경우도 있습니다.
> ▶ 기본 폼과 하위 폼을 각각 '직급' 필드를 기준으로 연결하시오.
> ▶ 하위 폼에는 '직급'과 관련된 하위 데이터가 표시된다. 하위 폼과 기본 폼을 연결하시오.

> **주희쌤 Tip**
> 마지막 단계에서 설정한 하위 폼의 이름이 하위 폼의 레이블에도 표시됩니다.
>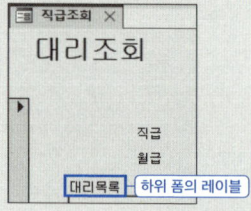

④ 연결할 필드를 지정하기 위해 '목록에서 선택', '직급을(를) 사용하여 직급별월급의 각 레코드에 대해 사원목록을(를) 표시'를 선택한 후 [다음] 단추를 클릭합니다.

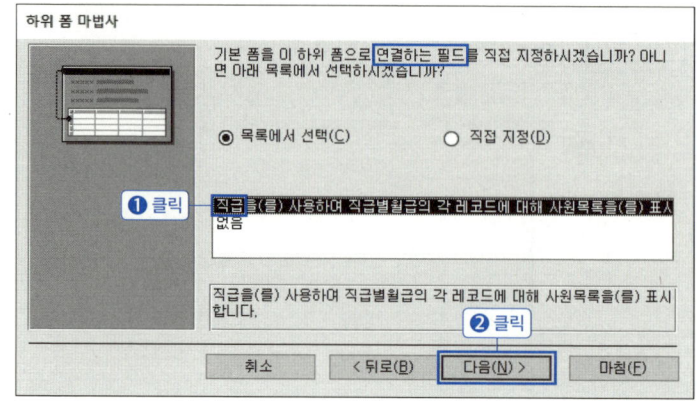

⑤ 하위 폼의 이름을 '대리목록'으로 입력한 후 [마침] 단추를 클릭합니다.

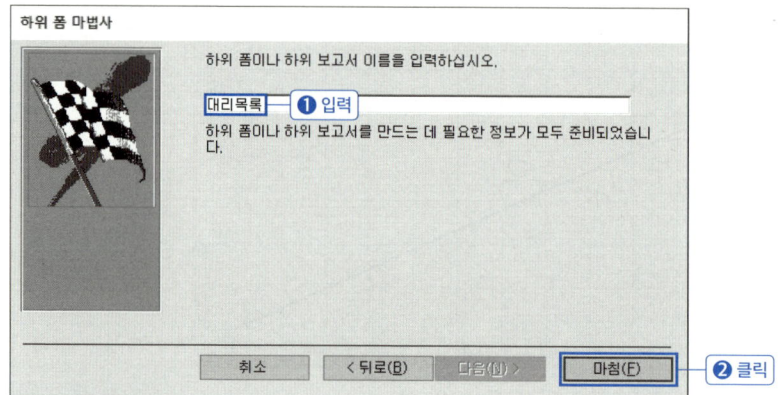

① '본문' 구역의 '월급' 컨트롤을 클릭합니다.

② 선택한 컨트롤의 [속성 시트] 창에서 [기타] 탭의 '탭 정지' 목록 단추(▼)를 클릭해 '아니요'를 선택합니다.

> **주희쌤 Tip**
> 폼 보기에서 Tab 을 누를 때마다 포커스(커서)가 항목을 이동하는데 '탭 정지'를 '아니요'로 지정하면 해당 컨트롤은 포커스가 이동되지 않고 지나치게 됩니다.

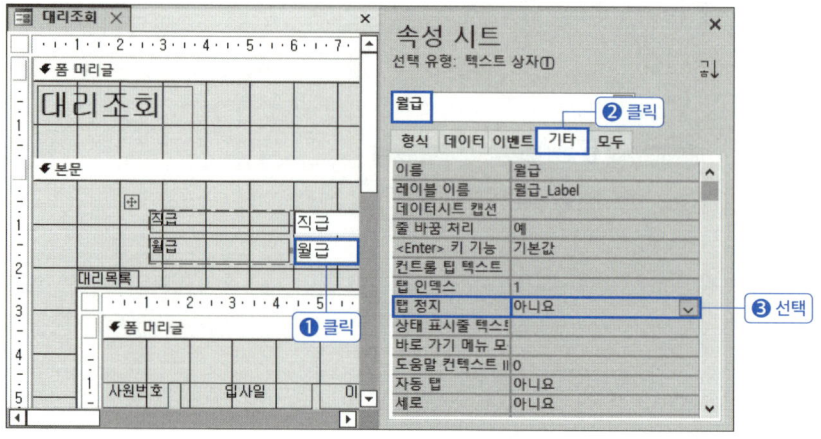

③ 저장(💾)을 클릭하고 닫기(✖)를 클릭해 작성한 폼을 닫습니다.

문제 유형 5 <직급별조회> 폼을 다음의 화면과 지시사항에 따라 완성하시오.

① 'txt부서'에는 '부서'가 소문자로 표시되도록 컨트롤 원본 속성을 이용하여 설정하시오.

② 폼에 레코드 선택기가 표시되지 않도록 설정하시오.

③ 'txt부서총인원' 컨트롤에는 'txt부서'에 입력된 부서를 <사원목록> 테이블에서 찾아 개수를 표시하시오.
   ▶ Dcount 함수를 사용할 것

④ 본문 영역에 <그림>과 같이 명령 단추를 생성하시오.
   ▶ 명령 단추를 클릭하면 새 레코드를 추가할 수 있는 화면으로 이동되도록 설정할 것
   ▶ 컨트롤의 이름은 'cmd새레코드'로 설정할 것
   ▶ 캡션은 '새 레코드', 글꼴 색은 '빨강'으로 설정할 것

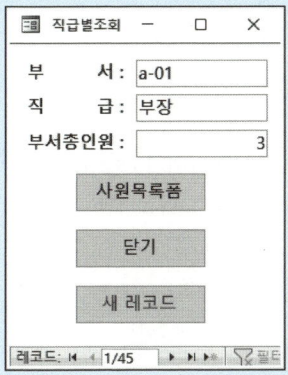

따라하기 ①

① [탐색] 창 폼 목록의 <직급별조회> 폼에서 마우스 오른쪽 버튼을 누른 후 [디자인 보기] 명령을 클릭합니다.

② '본문' 구역의 'txt부서' 컨트롤을 클릭한 후 선택한 컨트롤의 [속성 시트] 창에서 [데이터] 탭의 '컨트롤 원본' 입력란에 '=lcase(부서)'를 입력합니다.

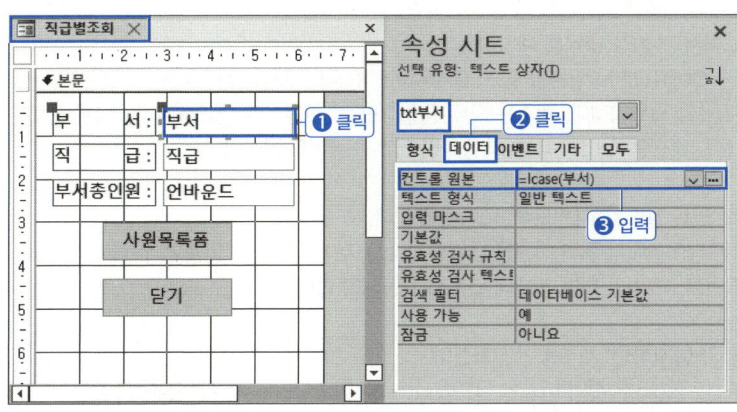

> **주희쌤 Tip**
> 엑셀(조건부서식8 시트)에서 배웠던 부분입니다.
>
> | | 대문자 | 소문자 |
> |---|---|---|
> | 엑셀 | UPPER | LOWER |
> | 액세스
VBE | UCASE | LCASE |

③ Enter 를 누르면 '=LCase([부서])'로 변경된 것을 확인할 수 있습니다.

따라하기 ②

① <직급별조회> 폼의 '폼 선택기'(■)를 클릭합니다.

② 폼의 [속성 시트] 창에서 [형식] 탭의 '레코드 선택기' 목록 단추(∨)를 클릭해 '아니요'를 선택합니다.

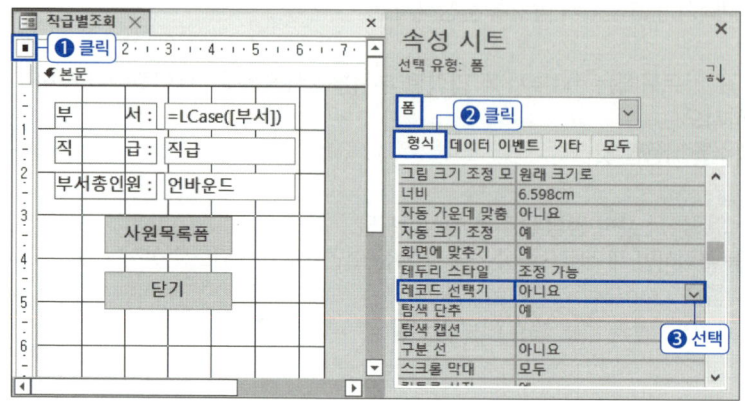

따라하기 ③

① 'txt부서총인원' 컨트롤을 클릭한 후 선택한 컨트롤의 [속성 시트] 창에서 [데이터] 탭의 '컨트롤 원본' 입력란에 '=dcount("사원번호","사원목록","부서=txt부서")'를 입력합니다.

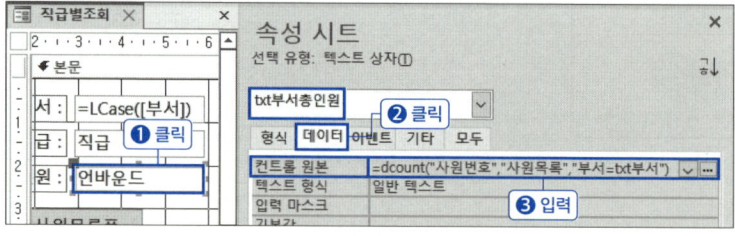
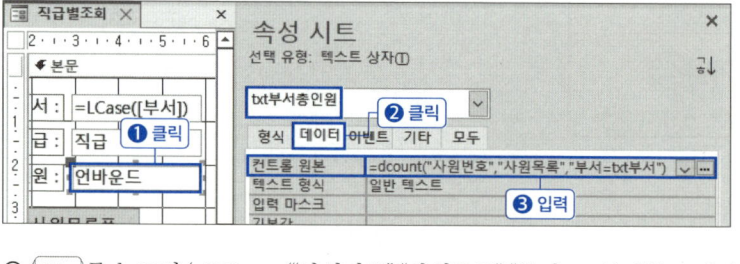

> **주희쌤 Tip**
> 조건에 '"부서=txt부서"'는 '우변 값을 좌변으로 치환'하겠다는 의미가 아니라 '같다'는 의미이므로 '"txt부서=부서"'를 입력해도 됩니다.

> **주희쌤 Tip**
> DCount의 마지막 인수인 criteria 생략 시 총 레코드의 개수를 셉니다.

② Enter 를 누르면 '=DCount("사원번호","사원목록","부서=txt부서")'로 변경된 것을 확인할 수 있습니다.

> **주희쌤 Tip**
>
> = DCount("사원번호","사원목록","부서 = txt부서")
>   ①   ②   ③
>
> ① : **'사원번호'** 필드에서 개수(Count)를 계산하겠다.
>   – DCOUNT이면 COUNT(개수 계산)할 필드, DMAX이면 MAX(최대값 계산)할 필드, DMIN이면 MIN(최소값 계산)할 필드입니다. 개수는 모두 동일하므로 [사원번호] 필드가 아닌 다른 필드 ([입사일], [이름], [주민등록번호] 등)를 이용하여 개수를 세어도 됩니다.
>
> ② : 식에서 사용되고 있는 필드는 **'사원목록'** 테이블에 있다.
>   – 문제에서 제시된 테이블이나 쿼리 이름을 입력합니다. 문제에 제시되지 않을 경우 식에서 사용하는 필드(사원번호, 부서)가 어떤 개체에 있는지 확인해야 합니다.
>
> ③ : **'부서와 txt부서가 일치하면'** 개수를 계산하겠다.
>   – 문제에 제시된 컨트롤(txt부서)과 비교할 필드를 domain인 <사원목록> 테이블에서 찾습니다. 필드 이름이 '부서'가 아닌 '부서명'이라면 '부서명=txt부서'로 입력해야 합니다.

 **따라하기 4**

① [양식 디자인] 탭-[컨트롤] 그룹-[단추](□)를 클릭합니다.

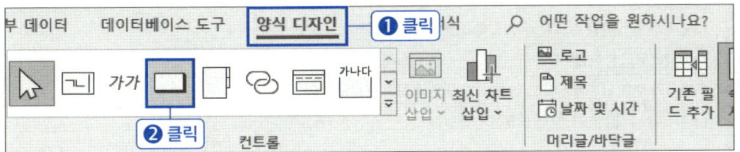

② '본문' 구역에서 단추를 삽입할 곳에 드래그합니다.

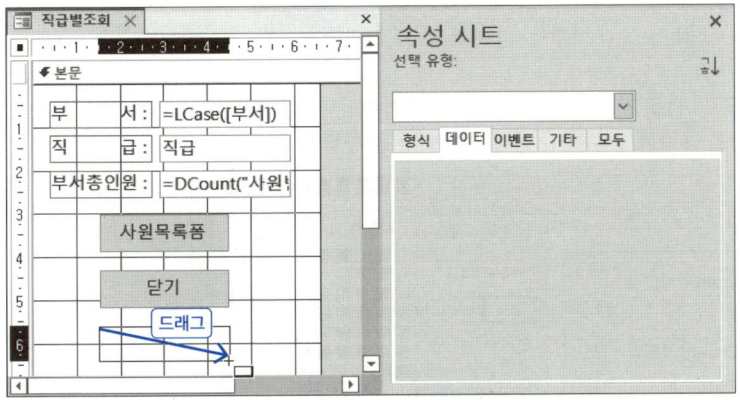

> ★ 주희쌤Tip
> 크기와 위치는 그림과 비슷하게만 지정하면 되고 명령 단추 마법사가 끝난 후 크기는 약간 달라질 수 있습니다.

③ [명령 단추 마법사] 대화상자가 나타나면 종류에서 '레코드 작업'을 선택, 매크로 함수에서 '새 레코드 추가'를 선택한 후 [다음] 단추를 클릭합니다.

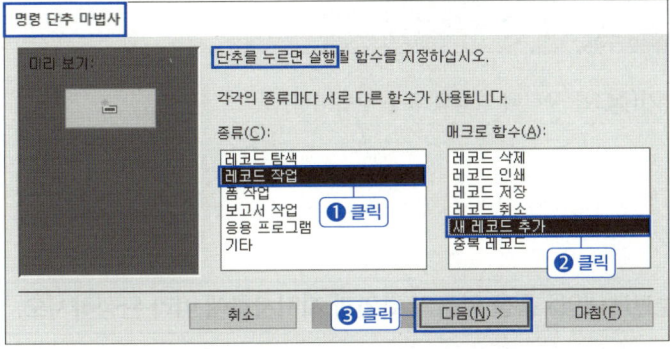

> ★ 주희쌤Tip
> Ⓠ [명령 단추 마법사]가 안 나타나요.
> Ⓐ [양식 디자인] 탭-[컨트롤] 그룹-[자세히](▼)-[컨트롤 마법사 사용]을 선택하고 다시 생성해 보세요.

④ 명령 단추에 표시할 텍스트로 '텍스트'를 선택한 후 입력란에 '새 레코드'를 입력하고 [다음] 단추를 클릭합니다.

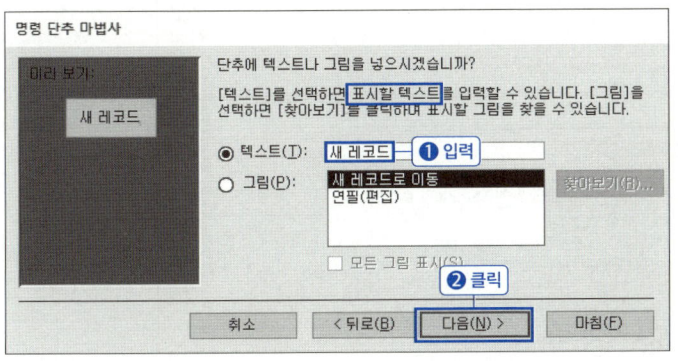

> ★ 주희쌤Tip
> '캡션'은 표시할 텍스트일 뿐 컨트롤 이름이 변경되는 것은 아닙니다.

⑤ 단추의 이름을 'cmd새레코드'로 입력하고 [마침] 단추를 클릭합니다.

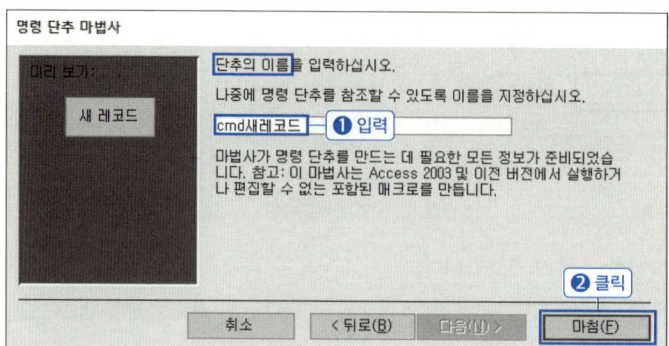

주희쌤 Tip

'글꼴 색'은 [홈] 탭과 [서식] 탭에도 있으나 [속성 시트] 창 이용을 권장합니다.
'문자색'을 '빨강'으로 선택하면 색 번호 '#ED1C24'가 지정됩니다.

⑥ 단추 텍스트의 글꼴 색을 빨강으로 지정하기 위해 [속성 시트] 창에서 [형식] 탭의 '문자색' 작성기 단추(…)를 클릭한 후 나타난 색상표의 '빨강'을 클릭합니다.

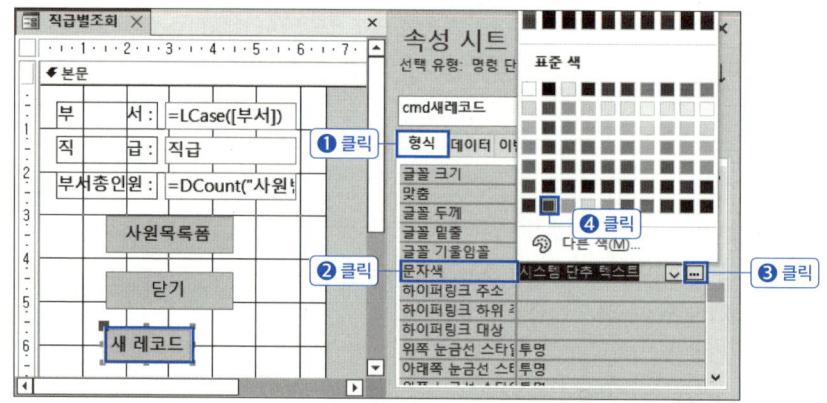

⑦ 저장(💾)을 클릭하고 닫기(✖)를 클릭해 작성한 폼을 닫습니다.

문제 유형 6 <오늘판매내역> 폼을 다음의 화면과 지시사항에 따라 완성하시오.

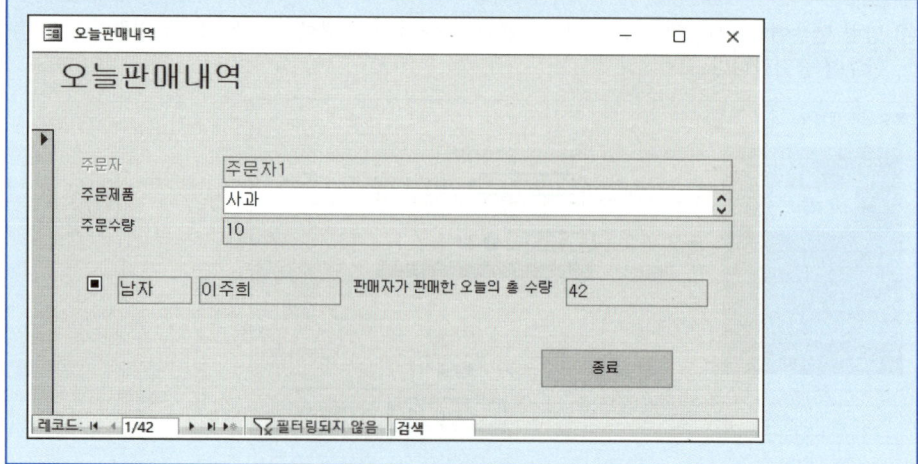

❶ 본문의 모든 텍스트 상자에 대해 다음과 같은 속성을 설정하시오.
▶ 굵기(테두리 두께) : 가는 선, 특수 효과 : 오목, 테두리 스타일 : 실선

❷ 본문의 'txt총판매수량'에는 판매자가 판매한 수량의 총 합계가 표시되도록 설정하시오.
▶ '오늘판매내역' 테이블과 Dsum( ) 함수, 'txt이름' 컨트롤을 이용하여 구할 것

❸ 'txt주문자' 컨트롤에는 포커스가 이동되지 않도록 사용 속성을 설정하시오.

❹ 'txt성별' 컨트롤에는 'chk성별'이 선택(체크) 되어 있으면 '여자', 아니면 '남자'를 표시하시오.

 따라하기 ❶

① [탐색] 창 폼 목록의 〈오늘판매내역〉 폼에서 마우스 오른쪽 버튼을 누른 후 [디자인 보기] 명령을 클릭합니다.

② '본문' 구역의 모든 텍스트 상자 컨트롤을 Shift 를 누른 채로 클릭합니다.

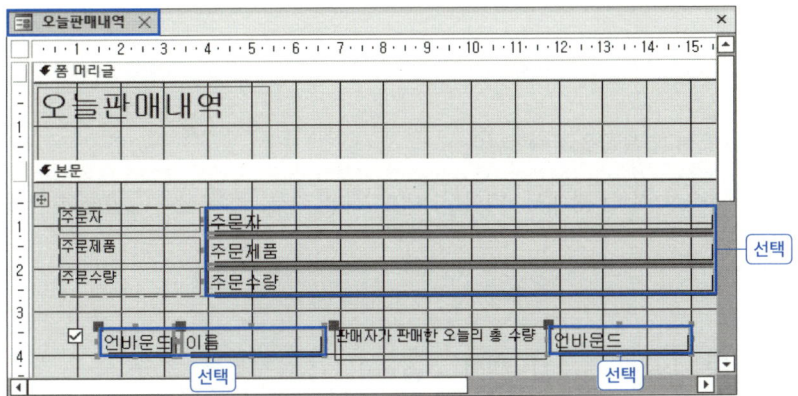

③ [속성 시트] 창에서 [형식] 탭의 '테두리 두께' 목록 단추( )를 클릭해 '가는 선'을 선택합니다.

④ [형식] 탭의 '특수 효과' 목록 단추( )를 클릭해 '오목'을 선택합니다.

⑤ [형식] 탭의 '테두리 스타일' 목록 단추( )를 클릭해 '실선'을 선택합니다.

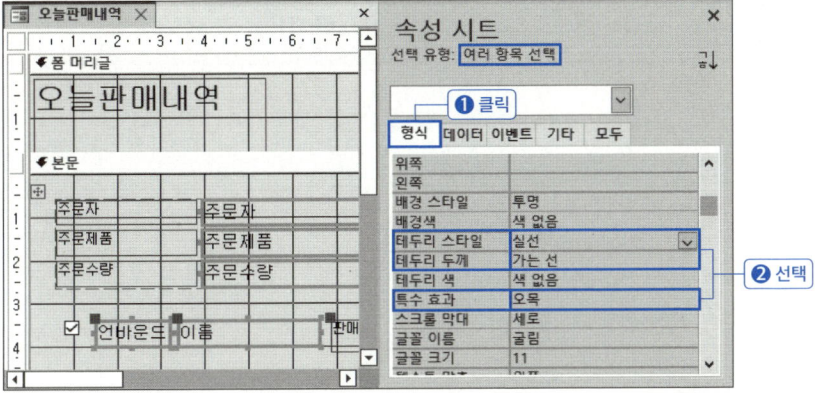

주희쌤 Tip

=DSum("주문수량", ①
"오늘판매내역", ②
"이름=txt이름") ③

① : '주문수량' 필드에서 합계(Sum)를 계산하겠다.
- DSUM이므로 SUM(합계 계산)할 필드입니다.
문제에는 '수량의 총 합계'라고 제시했지만 '수량'이란 필드는 없으므로 '수량' 입력 시 오류가 납니다.

② : 식에서 사용되고 있는 필드는 '오늘판매내역' 테이블에 있다.
- 문제에서 제시된 테이블이나 쿼리 이름을 입력합니다. 문제에 제시되지 않을 경우 식에서 사용하는 필드(주문수량, 이름)가 어떤 개체에 있는지 확인해야 합니다.

③ : '이름과 txt이름이 일치하면' 합계를 계산하겠다.
- 문제에 제시된 컨트롤(txt이름)과 비교할 필드를 domain인 <오늘판매내역> 테이블에서 찾습니다. 일치한다는 의미이므로 'txt이름=이름'을 입력해도 됩니다.

주희쌤 Tip

'탭 정지'를 '아니요'로 지정해도 포커스가 이동되지 않고 '사용 가능'을 '아니요'로 지정해도 포커스가 이동되지 않습니다.
3번 문제는 '사용 속성을 설정하시오.'라고 제시되었기 때문에 '사용 가능'을 '아니요'로 지정해야 합니다.
'사용 속성' 단어 없이 '포커스가 이동되지 않도록'만 제시되면 '탭 정지'를 '아니요'로 지정하세요.

주희쌤 Tip

'사용 가능' 속성과 '잠금' 속성의 차이
- '사용 가능' 속성 : 폼 보기에서 컨트롤의 사용 가능 여부를 지정
- '잠금' 속성 : 폼 보기에서 컨트롤의 데이터 입력(변경) 여부를 지정

 따라하기 ②

① '본문' 구역의 'txt총판매수량' 컨트롤을 클릭한 후 선택한 컨트롤의 [속성 시트] 창에서 [데이터] 탭의 '컨트롤 원본' 입력란에 '=dsum("주문수량","오늘판매내역","이름=txt이름")'을 입력합니다.

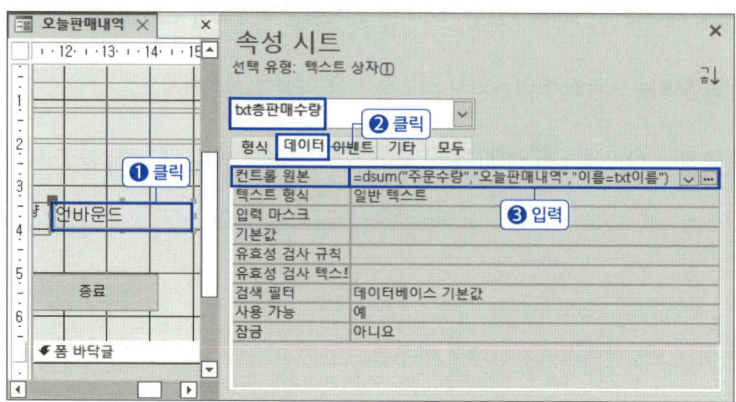

② Enter 를 누르면 '=DSum("주문수량","오늘판매내역","이름=txt이름")'으로 변경된 것을 확인할 수 있습니다.

 따라하기 ③

① '본문' 구역의 'txt주문자' 컨트롤을 클릭합니다.

② 선택한 컨트롤의 [속성 시트] 창에서 [데이터] 탭의 '사용 가능' 목록 단추(▼)를 클릭해 '아니요'를 선택합니다.

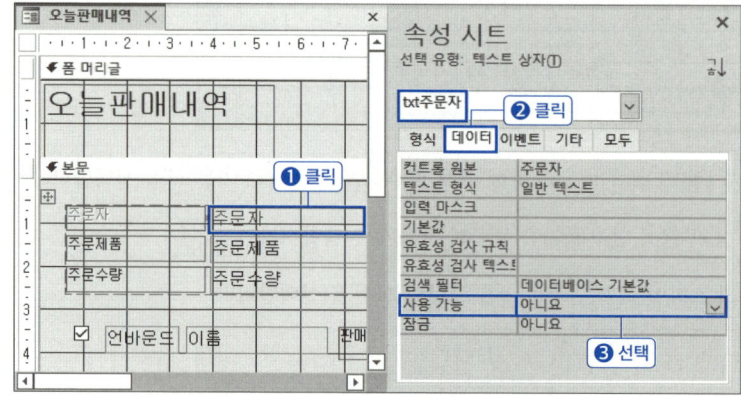

 따라하기 ④

① '본문' 구역의 'txt성별' 컨트롤을 클릭한 후 선택한 컨트롤의 [속성 시트] 창에서 [데이터] 탭의 '컨트롤 원본' 입력란에 '=iif(chk성별=true,"여자","남자")'를 입력합니다.

> **주희쌤 Tip**
> 쿼리(문제유형1 4번)에서 배웠던 부분입니다.
>
> | 엑셀 | | 액세스 |
> |---|---|---|
> | DATE | = | DATESERIAL |
> | IF | = | IIF |
> | TODAY | = | DATE |
>
> 함수의 이름은 다르지만 인수와 의미가 같습니다.

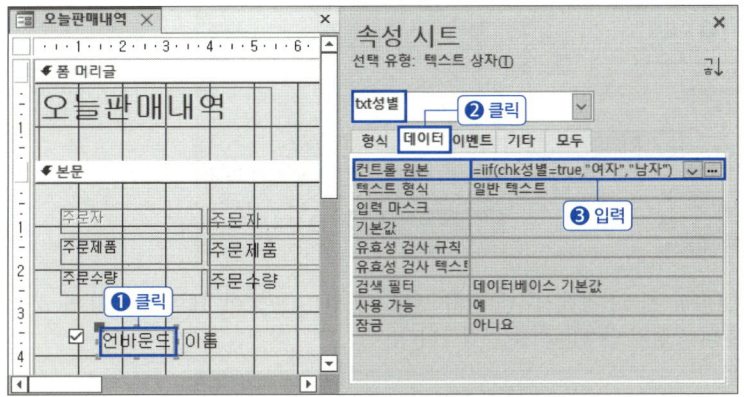

② Enter 를 누르면 '=IIf([chk성별]=True,"여자","남자")'로 변경된 것을 확인할 수 있습니다.

③ 저장(🖫)을 클릭하고 닫기(✖)를 클릭해 작성한 폼을 닫습니다.

문제 유형 7 <사원관리> 폼에 있는 'cmb부서번호' 컨트롤을 다음과 같은 콤보 상자로 변경하시오.

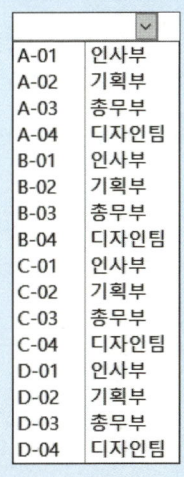

▶ <부서> 테이블의 '지역', '부서번호', '부서명'을 표시하시오.
▶ 컨트롤에는 '부서번호'가 저장되도록 설정하시오.
▶ '지역'은 숨기고 나머지 열의 너비는 각각 1.5cm와 2cm로 설정하시오.
▶ 목록의 너비는 3.5cm로 설정하시오.
▶ 목록 이외의 값은 입력될 수 없도록 하시오.

 따라하기 ①

① [탐색] 창 폼 목록의 <사원관리> 폼에서 마우스 오른쪽 버튼을 누른 후 [디자인 보기] 명령을 클릭합니다.

② '본문' 구역의 'cmb부서번호' 컨트롤을 클릭한 후 마우스 오른쪽 버튼을 눌러 [변경]-[콤보 상자] 명령을 클릭합니다.

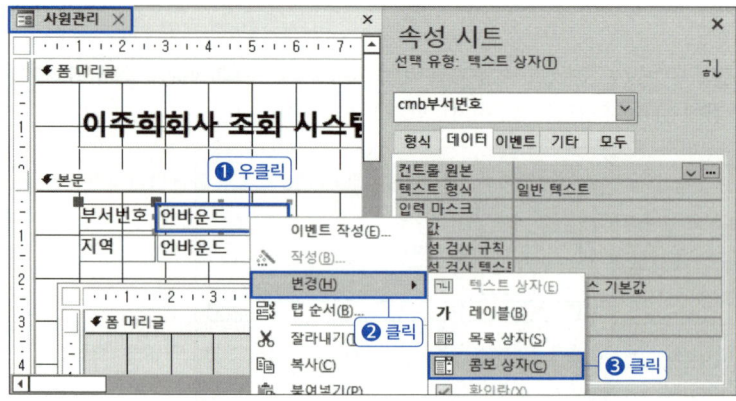

> **주희쌤Tip**
>
> 테이블(문제유형6 1번)에서 배웠던 부분입니다.
> 1. 행 원본 유형
> - 테이블/쿼리 : 목록의 값으로 테이블이나 쿼리의 데이터를 가져올 때 선택합니다.
> 2. 행 원본
> - 행 원본 유형이 '테이블/쿼리'일 때 : Select 필드, 필드 From 원본
> 3. 바운드 열
> - 열이 여러 개일 경우 저장되는 열을 의미합니다.
> - 저장될 열의 순서를 세어 숫자로 입력합니다.
> 4. 열 너비
> - 필드의 열 너비를 세미콜론(;)으로 구분하여 입력합니다.
> - 생략하면 표시될 필드의 열 너비에 맞게 자동 지정됩니다.
> - 열 너비를 '0'으로 지정하면 표시되지 않도록 숨겨집니다.
> 5. 열 개수
> - 행 원본 유형이 '테이블/쿼리'일 때 : 가져온 필드의 개수를 세어 입력합니다.

③ 선택한 컨트롤의 [속성 시트] 창에서 [데이터] 탭의 '행 원본 유형'이 '테이블/쿼리'인 것을 확인하고, '행 원본'의 작성기 단추(…)를 클릭합니다.

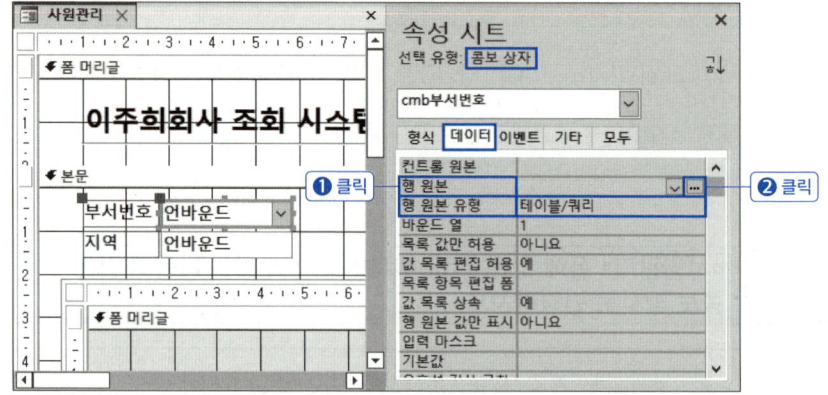

④ [쿼리 작성기] 창에 [테이블 추가] 창이 나타나면 [테이블] 탭에서 <부서>를 더블클릭합니다.

⑤ [쿼리 작성기] 창에 <부서> 테이블이 추가되면 [지역], [부서번호], [부서명] 필드를 각각 더블클릭하여 눈금의 첫 번째, 두 번째, 세 번째 열로 지정합니다.

⑥ [쿼리 작성기] 창의 닫기(✖)를 클릭합니다.

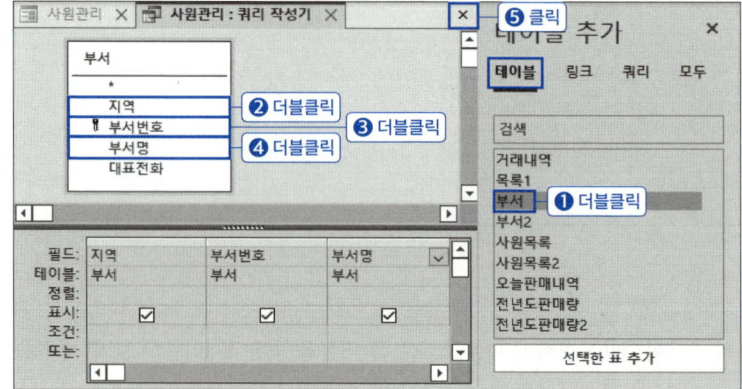

⑦ 업데이트 여부를 묻는 메시지가 나타나면 [예] 단추를 클릭합니다.

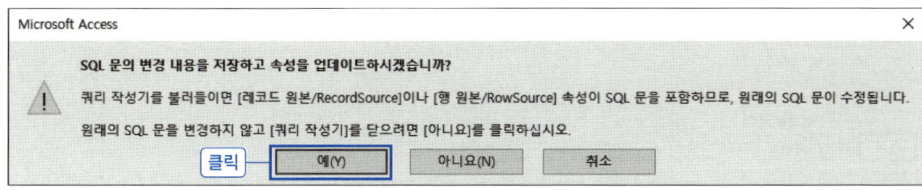

⑧ [속성 시트] 창에서 [데이터] 탭의 '행 원본' 입력란에 'SELECT 부서.지역, 부서.부서번호, 부서.부서명 FROM 부서;'가 입력된 것을 확인할 수 있습니다.

⑨ 지역, 부서번호, 부서명 중 부서번호를 저장하기 위해 [속성 시트] 창에서 [데이터] 탭의 '바운드 열' 입력란에 '2'를 입력합니다.

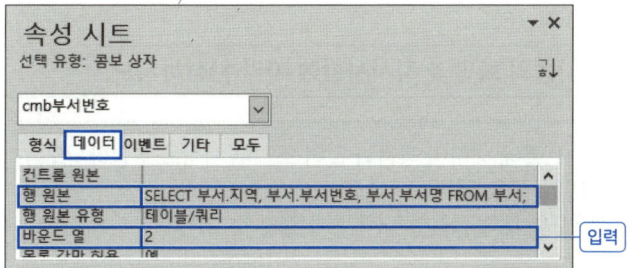

⑩ 각각의 열 너비를 지정하기 위해 [형식] 탭의 '열 너비' 입력란에 '0;1.5;2'를 입력합니다.

⑪ Enter 를 누르면 '0cm;1.501cm;2cm'로 변경된 것을 확인할 수 있습니다.

⑫ 이어서 [형식] 탭의 '목록 너비' 입력란에 '3.5'를 입력합니다.

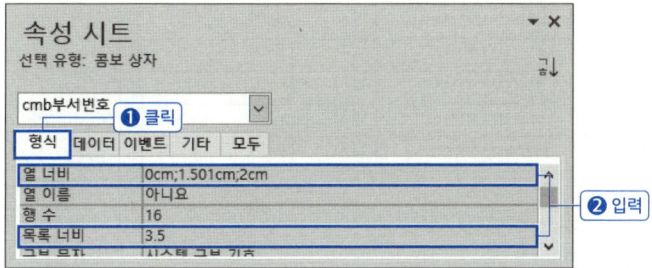

⑬ Enter 를 누르면 '3.501cm'로 변경된 것을 확인할 수 있습니다.

⑭ 목록 이외의 값은 입력될 수 없도록 [데이터] 탭의 '목록 값만 허용' 목록 단추(▼)를 클릭해 '예'를 선택합니다.

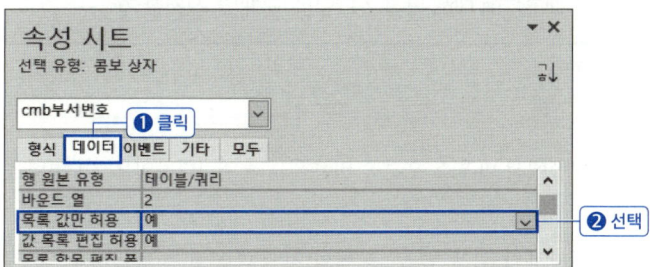

⑮ [형식] 탭의 '열 개수' 입력란에 '3'을 입력한 후 Enter 를 눌러 입력을 완료합니다.

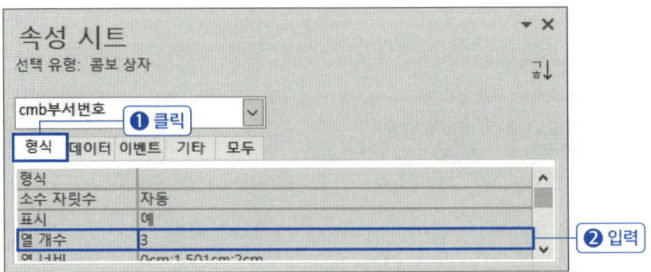

⑯ 저장(💾)을 클릭하고 닫기(✖)를 클릭해 작성한 폼을 닫습니다.

문제 유형 8 각각의 폼을 다음의 화면과 지시사항에 따라 완성하시오.

❶ <사원목록> 폼 본문의 모든 컨트롤에 대하여 다음과 같이 조건부 서식을 설정하시오.
 ▶ '부서'의 첫 글자가 'A'인 경우 글꼴을 '굵게'로 설정할 것
  (부서가 'A'로 시작하는 레코드에 대해 글꼴을 '굵게'로 설정할 것)

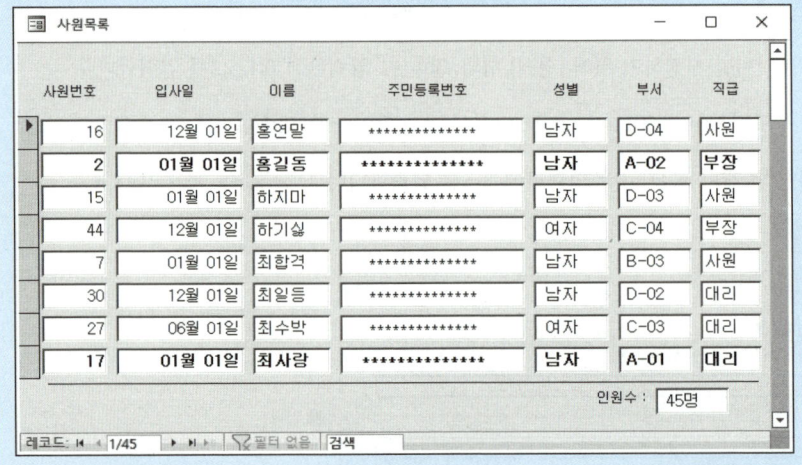

❷ '판매량조회' 폼 본문의 모든 컨트롤에 다음과 같이 조건부 서식을 설정하시오.
 ▶ 이름이 Null인 레코드에 대해 글꼴 스타일 '굵게', '기울임꼴'을 설정할 것

❸ '거래처단가' 폼 본문의 모든 컨트롤에 다음과 같이 조건부 서식을 설정하시오.
 ▶ '단가'가 단가의 평균보다 큰 레코드에 대해 글꼴 스타일을 '굵게'로 설정할 것

① [탐색] 창 폼 목록의 <사원목록> 폼에서 마우스 오른쪽 버튼을 누른 후 [디자인 보기] 명령을 클릭합니다.

② 조건에 맞는 레코드에 서식을 지정하기 위해 '본문' 구역의 눈금자 부분을 클릭하여 '본문' 구역의 모든 컨트롤을 선택합니다.

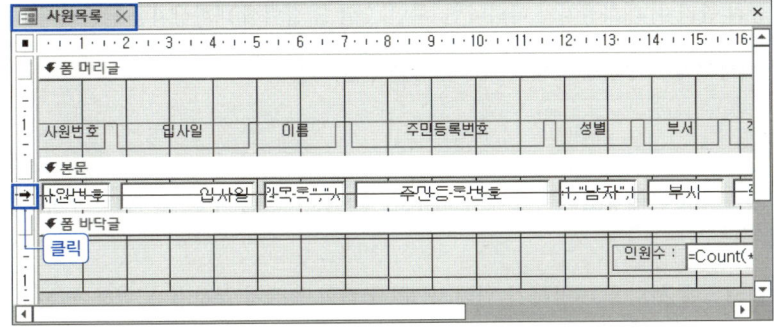

③ [서식] 탭-[컨트롤 서식] 그룹-[조건부 서식]을 클릭합니다.

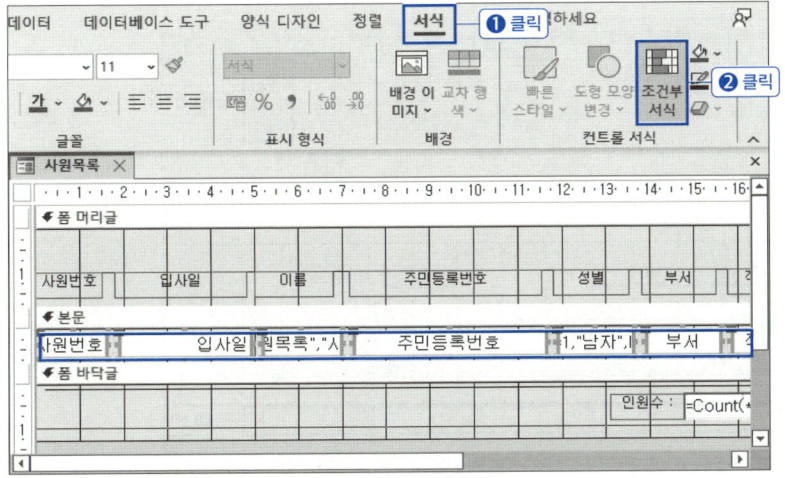

④ [조건부 서식 규칙 관리자] 대화상자가 나타나면 [새 규칙]을 클릭합니다.

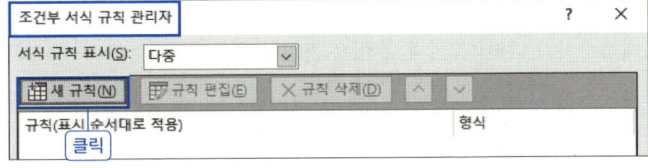

⑤ [새 서식 규칙] 대화상자가 나타나면 첫 번째 목록 단추(▼)를 클릭해 '식이'를 선택합니다.

⑥ 식 입력란에 'left([부서],1)="A"'를 입력하고 조건에 맞으면 적용할 서식에 '굵게'를 클릭한 후 [확인] 단추를 클릭합니다.

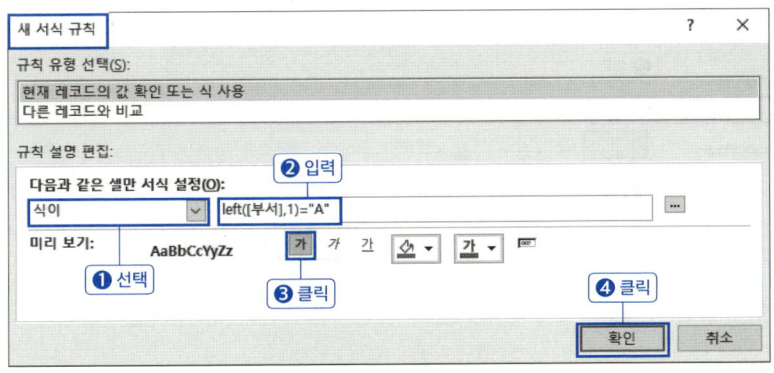

> **주희쌤 Tip**
>
> 엑셀(조건부 서식)에서 배웠던 부분입니다.
>
> | | 조건부 서식 |
> |---|---|
> | 엑셀 | '=' 입력 후 시작 |
> | 액세스 | '=' 없이 시작 |

> **주희쌤 Tip**
>
> 액세스 조건부 서식 특징
> 1. '본문' 혹은 '레코드' 단어가 문제에 제시되면 본문 구역의 (필드와 연결되는)텍스트 상자를 모두 선택하고 시작
> 2. '=' 없이 식 작성
> 3. '대괄호([ ])', 'Like', '#' 등 자동으로 입력되지 않으므로 직접 입력

⑦ [조건부 서식 규칙 관리자] 대화상자가 나타나면 [확인] 단추를 클릭해 대화상자를 닫습니다.

⑧ 저장(📄)을 클릭하고 닫기(✖)를 클릭해 작성한 폼을 닫습니다.

 따라하기 ②

① [탐색] 창 폼 목록의 〈판매량조회〉 폼에서 마우스 오른쪽 버튼을 누른 후 [디자인 보기] 명령을 클릭합니다.

② 조건에 맞는 레코드에 서식을 지정하기 위해 '본문' 구역의 눈금자 부분을 클릭하여 '본문' 구역의 모든 컨트롤을 선택합니다.

③ [서식] 탭-[컨트롤 서식] 그룹-[조건부 서식]을 클릭합니다.

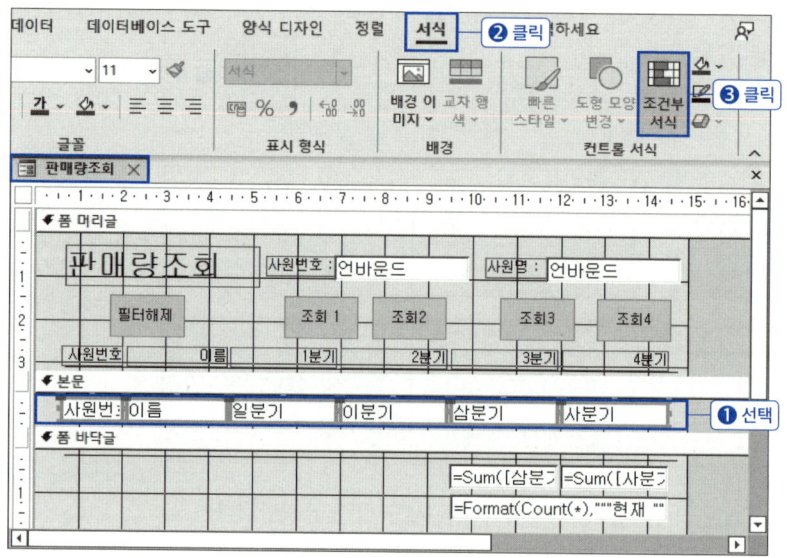

④ [조건부 서식 규칙 관리자] 대화상자가 나타나면 [새 규칙]을 클릭합니다.

⑤ [새 서식 규칙] 대화상자가 나타나면 첫 번째 목록 단추(⌄)를 클릭해 '식이'를 선택합니다.

⑥ 식 입력란에 '[이름]is null'을 입력하고 조건에 맞으면 적용할 서식에 '굵게', '기울임꼴'을 클릭한 후 [확인] 단추를 클릭합니다.

> **주희쌤 Tip**
> [이름]is null, [이름] is null, isnull([이름]) 모두 같은 결과를 반환합니다.

> **주희쌤 Tip**
> 'Is Null'의 반대는 'Is Not Null' 입니다. 예를 들어, 이름이 Null 이 아닌 레코드에 서식을 지정 하려면 '[이름]Is Not Null'을 입력합니다.

> **주희쌤 Tip**
> 폼 보기로 전환했을 때 이름 필드에 Null(비어 있는) 데이터가 없기 때문에 '굵게', '기울임꼴' 이 적용된 레코드가 보이지 않습니다.

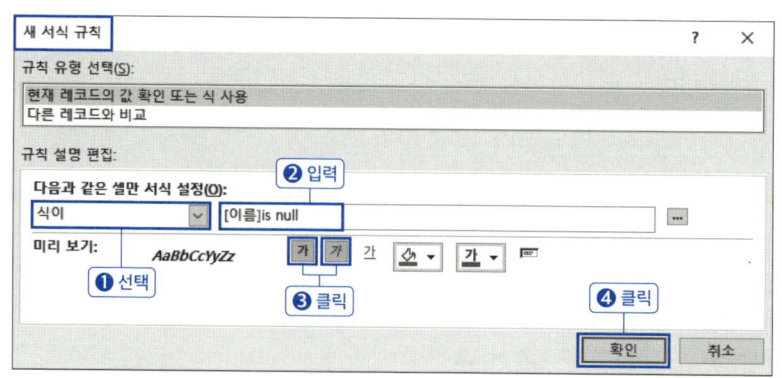

⑦ [조건부 서식 규칙 관리자] 대화상자가 나타나면 [확인] 단추를 클릭해 대화상자를 닫습니다.

⑧ 저장(📄)을 클릭하고 닫기(✖)를 클릭해 작성한 폼을 닫습니다.

 따라하기 ❸

① [탐색] 창 폼 목록의 <거래처단가> 폼에서 마우스 오른쪽 버튼을 누른 후 [디자인 보기] 명령을 클릭합니다.

② 조건에 맞는 레코드에 서식을 지정하기 위해 '본문' 구역의 눈금자 부분을 클릭하여 '본문' 구역의 모든 컨트롤을 선택합니다.

③ [서식] 탭-[컨트롤 서식] 그룹-[조건부 서식]을 클릭합니다.

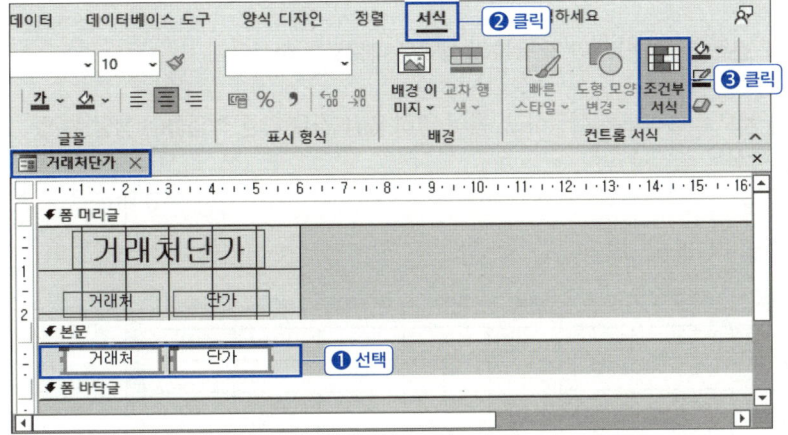

④ [조건부 서식 규칙 관리자] 대화상자가 나타나면 [새 규칙]을 클릭합니다.

⑤ [새 서식 규칙] 대화상자가 나타나면 첫 번째 목록 단추(▼)를 클릭해 '식이'를 선택합니다.

⑥ 식 입력란에 '[단가]>avg([단가])'를 입력하고 조건에 맞으면 적용할 서식에 '굵게'를 클릭한 후 [확인] 단추를 클릭합니다.

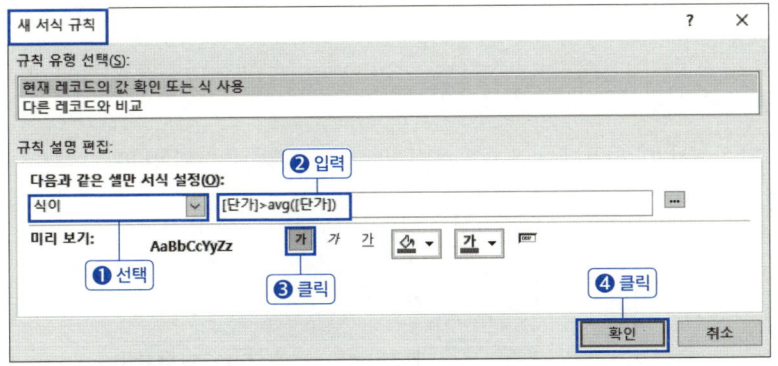

⑦ [조건부 서식 규칙 관리자] 대화상자가 나타나면 [확인] 단추를 클릭해 대화상자를 닫습니다.

⑧ 저장(💾)을 클릭하고 닫기(✖)를 클릭해 작성한 폼을 닫습니다.

주희쌤 Tip

쿼리(문제유형1 10번)에서 배웠던 부분입니다.

	평균
엑셀	AVERAGE
액세스	AVG
VBE	합계/개수

주희쌤 Tip

3번 문제 완성 후 폼 보기로 전환했을 때 결과

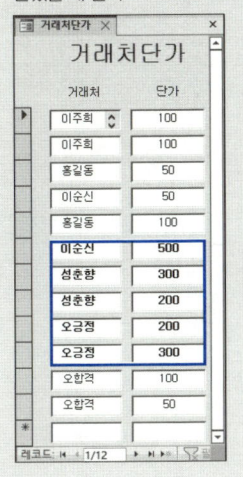

문제 유형 9 <이름별판매량> 폼을 다음의 화면과 지시사항에 따라 완성하시오.

① '부서' 필드를 '이름별판매량' 쿼리에 추가한 후 'txt사원번호', 'txt이름', 'txt부서'를 각각 '사원번호', '이름', '부서' 필드에 바운드 시키시오.

② 폼 바닥글의 'txt평균' 컨트롤에는 사분기의 평균이 표시되도록 하고 사용하지 못하도록 설정하시오.

③ 'cmb성별' 컨트롤은 '남'과 '여'가 목록의 형태로 나오도록 하시오.

④ 폼이 팝업 폼으로 열리도록 설정하고, 폼이 열려 있을 경우 다른 작업을 수행할 수 없도록 설정하시오.

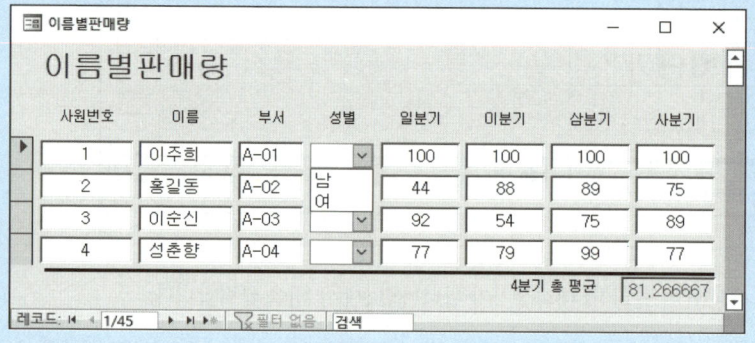

따라하기 ①

① [탐색] 창 폼 목록의 <이름별판매량> 폼에서 마우스 오른쪽 버튼을 누른 후 [디자인 보기] 명령을 클릭합니다.

② <이름별판매량> 폼의 '폼 선택기'(■)를 클릭합니다.

③ 폼의 [속성 시트] 창에서 [데이터] 탭의 '레코드 원본' 작성기 단추(…)를 클릭합니다.

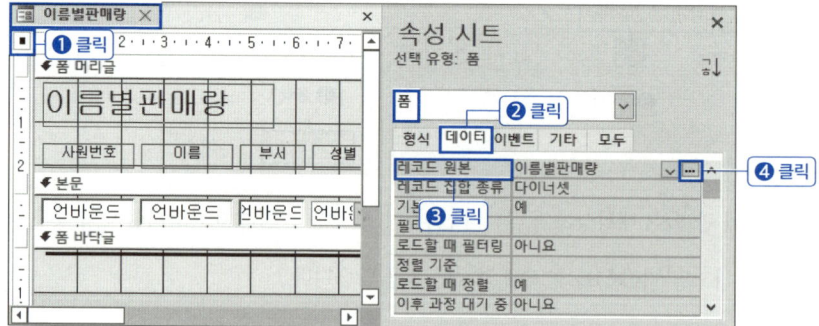

④ [쿼리 작성기] 창이 나타나면 <사원목록> 테이블에서 [부서] 필드를 더블클릭이나 드래그하여 눈금의 일곱 번째 열로 지정합니다.

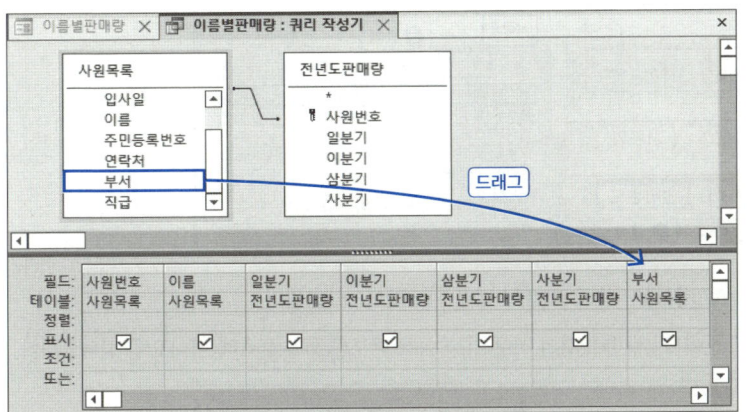

⑤ [쿼리 작성기] 창의 닫기(✖)를 클릭합니다.

⑥ 변경 내용의 저장 여부를 묻는 메시지가 나타나면 [예] 단추를 클릭합니다.

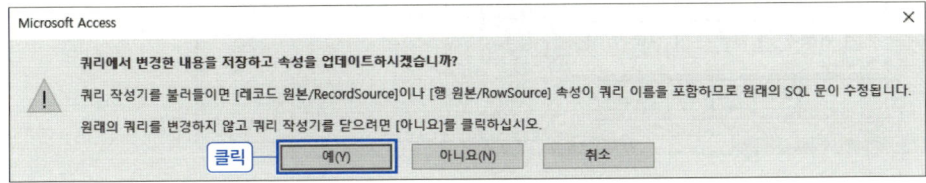

⑦ '본문' 구역의 'txt사원번호' 컨트롤을 클릭한 후 선택한 컨트롤의 [속성 시트] 창에서 [데이터] 탭의 '컨트롤 원본' 입력란에 '사원번호'를 입력합니다.

⑧ '본문' 구역의 'txt이름' 컨트롤을 클릭한 후 선택한 컨트롤의 [속성 시트] 창에서 [데이터] 탭의 '컨트롤 원본' 입력란에 '이름'을 입력합니다.

⑨ '본문' 구역의 'txt부서' 컨트롤을 클릭한 후 선택한 컨트롤의 [속성 시트] 창에서 [데이터] 탭의 '컨트롤 원본' 입력란에 '부서'를 입력합니다.

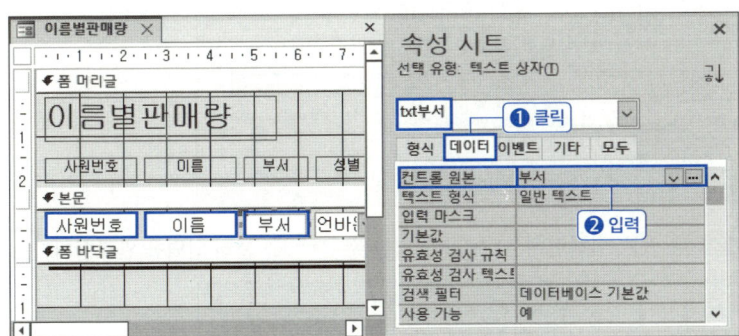

> ★ 주희쌤 Tip
>
> <이름별판매량> 폼의 원본인 <이름별판매량> 쿼리에 [부서] 필드가 없으므로 부서 필드를 바운드(연결)하면 오류가 납니다. 그러므로 폼의 원본인 <이름별판매량> 쿼리에 [부서] 필드를 먼저 추가해 놓고 필드를 바운드(연결)해야 합니다.

> ★ 주희쌤 Tip
>
> 탐색 창에서 <이름별판매량> 쿼리를 디자인 보기로 열어 [부서] 필드를 추가해도 됩니다.

따라하기 ②

① '폼 바닥글' 구역의 'txt평균' 컨트롤을 클릭한 후 선택한 컨트롤의 [속성 시트] 창에서 [데이터] 탭의 '컨트롤 원본' 입력란에 '=avg(사분기)'를 입력합니다.

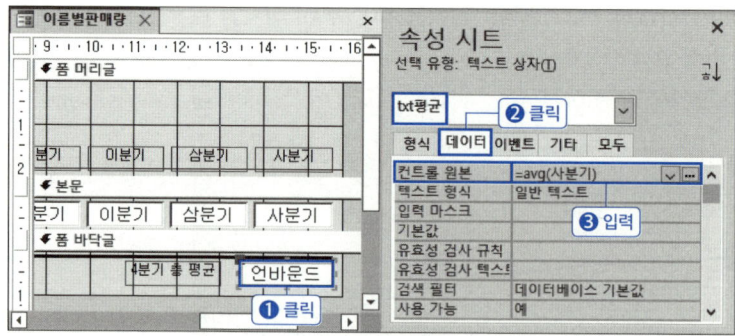

② Enter 를 누르면 '=Avg([사분기])'로 변경된 것을 확인할 수 있습니다.

③ 이어서 [속성 시트] 창에서 [데이터] 탭의 '사용 가능' 목록 단추(▼)를 클릭해 '아니요'를 선택합니다.

> **주희쌤 Tip**
> 폼은 '디자인 보기'에서 수정하고 '폼 보기'에서 수정한 것을 확인할 수 있습니다.

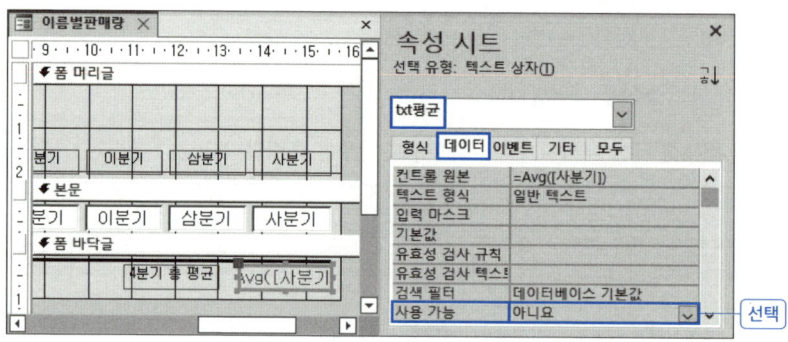

① 'cmb성별' 컨트롤을 클릭한 후 선택한 컨트롤의 [속성 시트] 창에서 [데이터] 탭의 '행 원본 유형' 목록 단추(▼)를 클릭해 '값 목록'을 선택합니다.

> **주희쌤 Tip**
> 테이블(문제유형6 2번)에서 배웠던 부분입니다.
> 1. 행 원본 유형
> - 값 목록 : 목록의 값을 사용자가 직접 입력할 때 선택합니다.
> 2. 행 원본
> - 행 원본 유형이 '값 목록'일 때 : 값;값;값

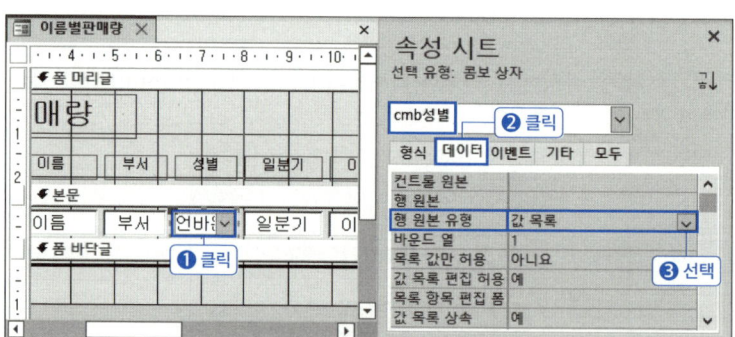

② 이어서 [데이터] 탭의 '행 원본' 입력란에 '남;여'를 입력한 후 Enter 를 눌러 입력을 완료합니다.

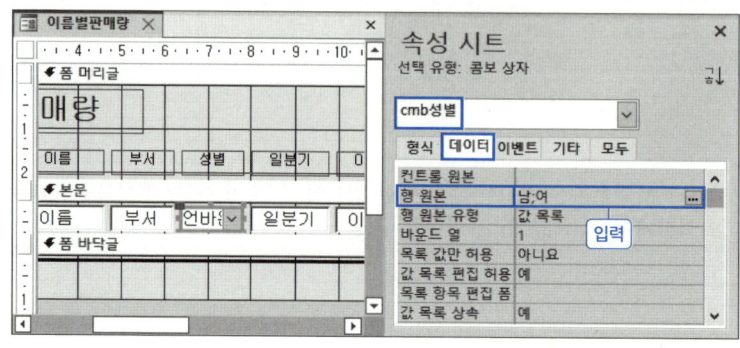

따라하기 ④

① <이름별판매량> 폼의 '폼 선택기'(■)를 클릭합니다.

② 폼의 [속성 시트] 창에서 [기타] 탭의 '팝업' 목록 단추(▼)를 클릭해 '예'를 선택합니다.

③ 이어서 [기타] 탭의 '모달' 목록 단추(▼)를 클릭해 '예'를 선택합니다.

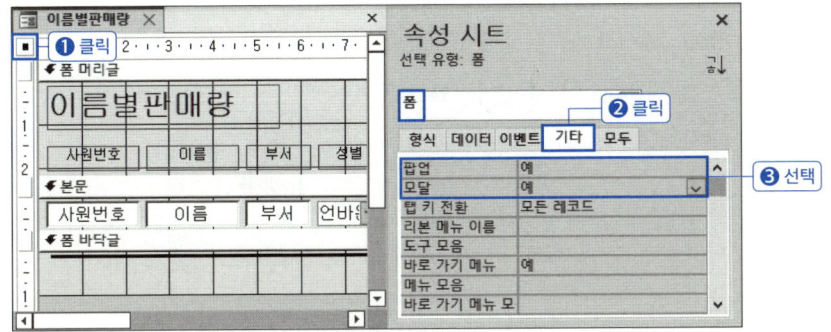

> **주희쌤Tip**
>
> 4번 문제와 같습니다.
> 🗔 폼을 팝업 창으로 열리도록 하고, 폼이 닫힐 때까지 포커스를 유지하도록 설정하시오.

④ 저장(🖫)을 클릭하고 닫기(✖)를 클릭해 작성한 폼을 닫습니다.

문제 유형 10 <전년도상반기> 폼을 다음의 지시사항에 따라 완성하시오.

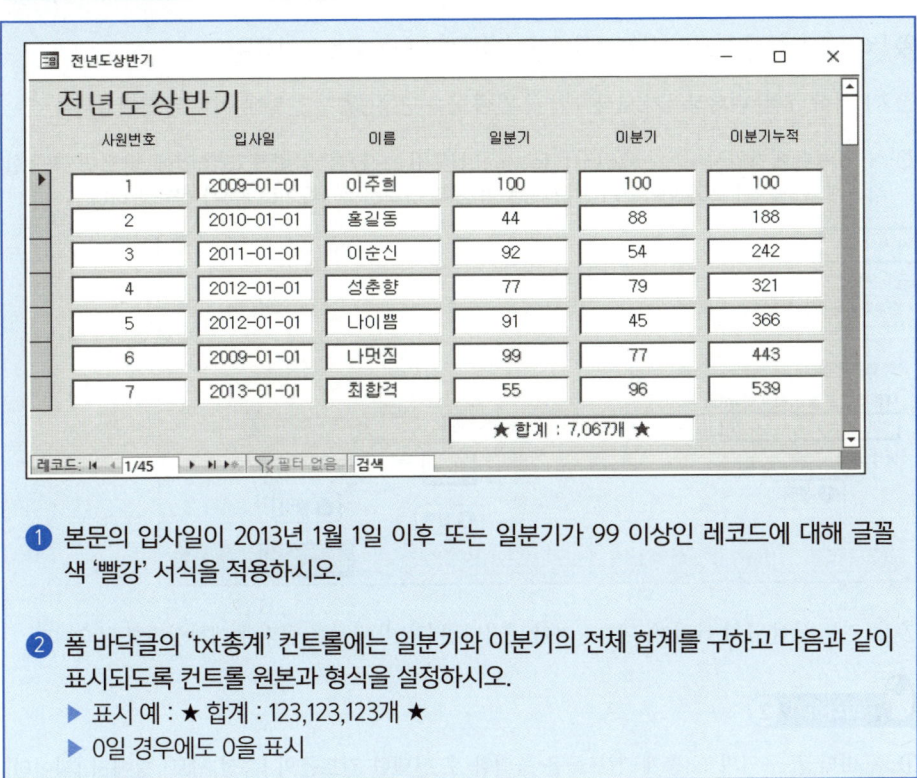

❶ 본문의 입사일이 2013년 1월 1일 이후 또는 일분기가 99 이상인 레코드에 대해 글꼴 색 '빨강' 서식을 적용하시오.

❷ 폼 바닥글의 'txt총계' 컨트롤에는 일분기와 이분기의 전체 합계를 구하고 다음과 같이 표시되도록 컨트롤 원본과 형식을 설정하시오.
  ▶ 표시 예 : ★ 합계 : 123,123,123개 ★
  ▶ 0일 경우에도 0을 표시

 따라하기 1

① [탐색] 창 폼 목록의 〈전년도상반기〉 폼에서 마우스 오른쪽 버튼을 누른 후 [디자인 보기] 명령을 클릭합니다.

② 조건에 맞는 레코드에 서식을 지정하기 위해 '본문' 구역의 눈금자 부분을 클릭하여 '본문' 구역의 모든 컨트롤을 선택합니다.

③ [서식] 탭-[컨트롤 서식] 그룹-[조건부 서식]을 클릭합니다.

> **주희쌤 Tip**
> 폼(문제유형8 1번)에서 배웠던 부분입니다.
> 액세스 조건부 서식 특징
> 1. '본문' 혹은 '레코드' 단어가 문제에 제시되면 본문 구역의 (필드와 연결되는)텍스트 상자를 모두 선택하고 시작
> 2. '=' 없이 식 작성
> 3. '대괄호([ ])', 'Like', '#' 등 자동으로 입력되지 않으므로 직접 입력

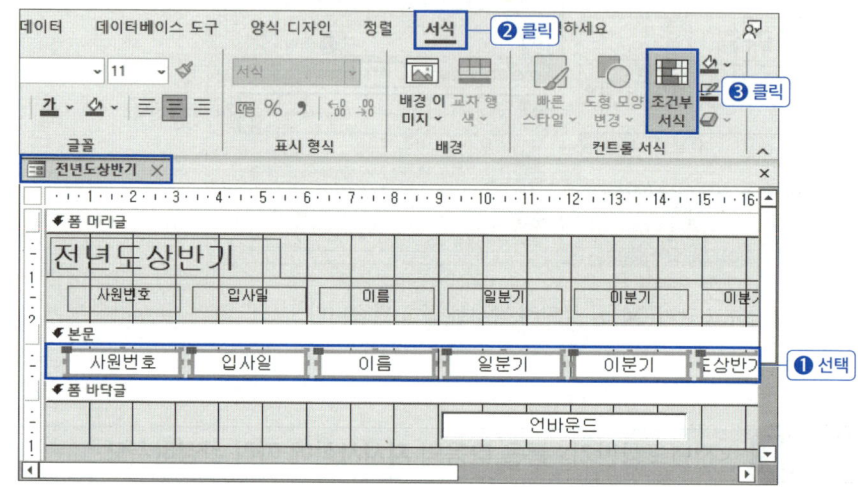

④ [조건부 서식 규칙 관리자] 대화상자가 나타나면 [새 규칙]을 클릭합니다.

⑤ [새 서식 규칙] 대화상자가 나타나면 첫 번째 목록 단추(▽)를 클릭해 '식이'를 선택합니다.

⑥ 식 입력란에 '[입사일]>=#2013-1-1# or [일분기]>=99'를 입력하고 조건에 맞으면 적용할 서식에 [글꼴 색] 목록 단추(▼)를 클릭해 '빨강'을 선택한 후 [확인] 단추를 클릭합니다.

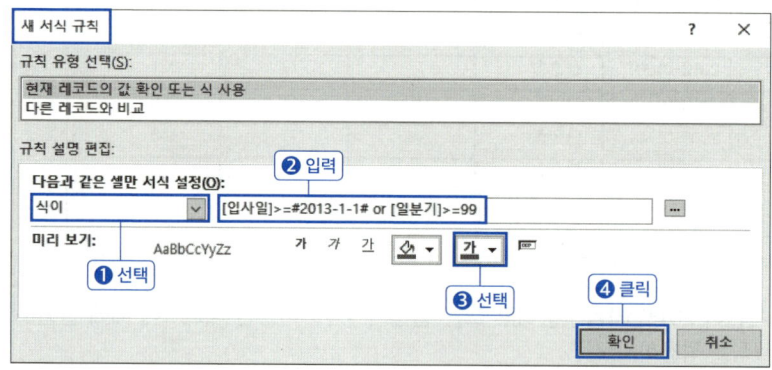

⑦ [조건부 서식 규칙 관리자] 대화상자가 나타나면 [확인] 단추를 클릭해 대화상자를 닫습니다.

 따라하기 2

① '폼 바닥글' 구역의 'txt총계' 컨트롤을 클릭한 후 선택한 컨트롤의 [속성 시트] 창에서 [데이터] 탭의 '컨트롤 원본' 입력란에 '=sum(일분기+이분기)'를 입력합니다.

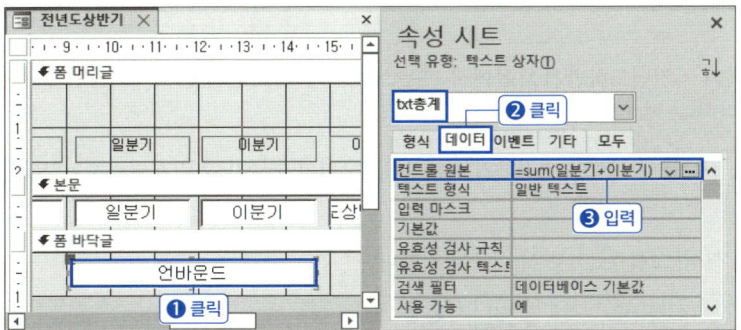

> ★ 주희쌤 Tip
> 콜론(:)이 있을 때엔 '형식'에 입력할 때 직접 문자에 큰따옴표("")를 묶어 입력해야 합니다.
> 즉, 형식에 '★ 합계 : #,##0개 ★'를 입력하지 말고 '"★ 합계 : "#,##0"개 ★"'를 입력하세요.
>
> ★ 합계 : #,##0개 ★
> ↑ 콜론(:) 뒤가 문자로 인식되지 않게 하기 위함입니다.

② Enter 를 누르면 '=Sum([일분기]+[이분기])'로 변경된 것을 확인할 수 있습니다.

③ 이어서 [속성 시트] 창에서 [형식] 탭의 '형식' 입력란에 '"★ 합계 : "#,##0"개 ★"'를 입력합니다.

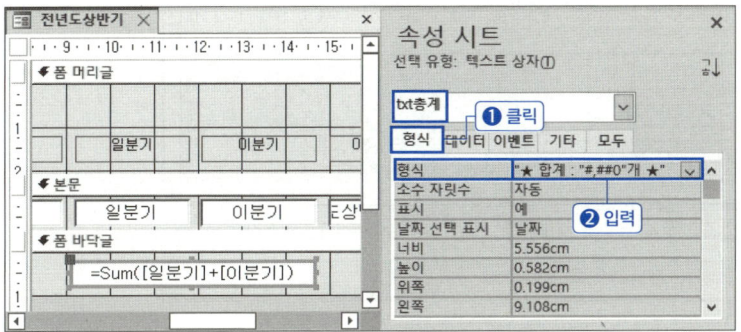

> ★ 주희쌤 Tip
> 형식은 '&'를 입력하지 않습니다.

> ★ 주희쌤 Tip
> Format을 이용한다면 콜론(:)까지만 따로 분리하세요.
> ="★ 합계 : " & Format(Sum([일분기]+[이분기]),"#,##0개 ★")

④ 저장(💾)을 클릭하고 닫기(❌)를 클릭해 작성한 폼을 닫습니다.

문제 유형 11 <전년도하반기> 폼을 다음의 지시사항에 따라 완성하시오.

① 조건부 서식을 이용하여 본문에 포커스가 이동되면 해당 컨트롤 배경색을 '노랑'으로 바꾸시오.

② 조건부 서식의 조건을 추가하여 이름에 '이'를 포함하는 레코드에 대하여 '굵게' 서식을 적용하시오.

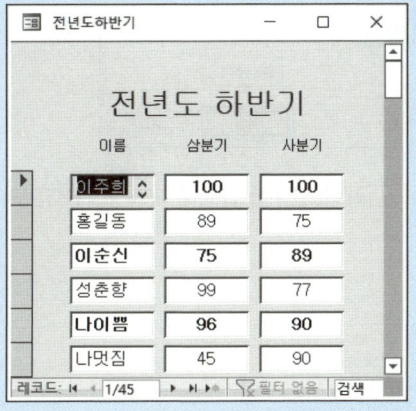

 따라하기 ①

① [탐색] 창 폼 목록의 〈전년도하반기〉 폼에서 마우스 오른쪽 버튼을 누른 후 [디자인 보기] 명령을 클릭합니다.

② 조건에 맞는 본문 컨트롤에 서식을 지정하기 위해 '본문' 구역의 눈금자 부분을 클릭하여 '본문' 구역의 모든 컨트롤을 선택합니다.

③ [서식] 탭-[컨트롤 서식] 그룹-[조건부 서식]을 클릭합니다.

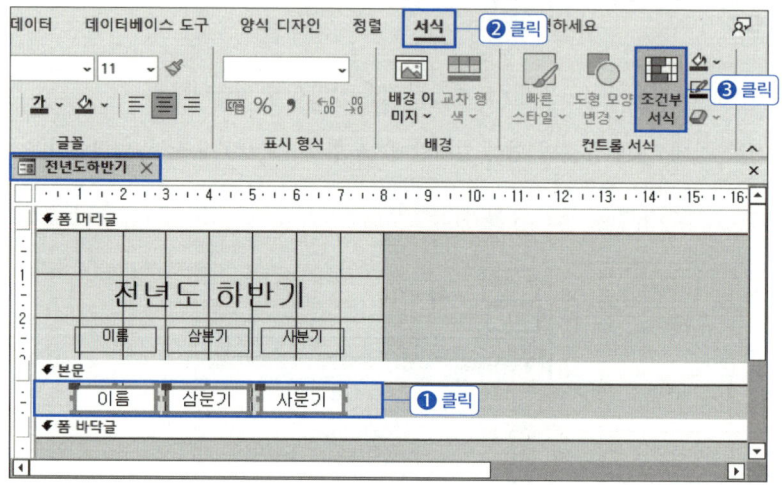

④ [조건부 서식 규칙 관리자] 대화상자가 나타나면 [새 규칙]을 클릭합니다.

⑤ [새 서식 규칙] 대화상자가 나타나면 첫 번째 목록 단추(▼)를 클릭해 '필드에 포커스가 있음'을 선택합니다.

⑥ 조건에 맞으면 적용할 서식에 [배경색] 목록 단추(▼)를 클릭해 '노랑'을 선택한 후 [확인] 단추를 클릭합니다.

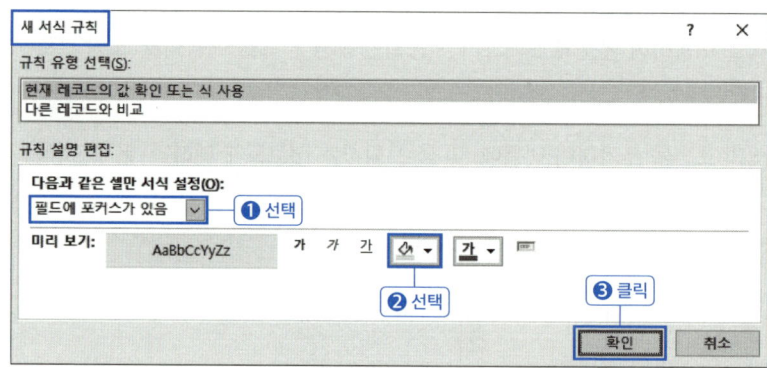

⑦ [조건부 서식 규칙 관리자] 대화상자가 나타나면 [확인] 단추를 클릭해 대화상자를 닫습니다.

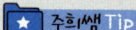 주희쌤Tip

1번 문제와 같습니다.
🖻 본문에 있는 임의의 컨트롤에 커서가 위치하면 해당 컨트롤이 노랑색으로 채워지도록 조건부 서식을 설정하시오.

 **따라하기 ❷**

① 조건부 서식의 조건을 추가하기 위해 '본문' 구역의 눈금자 부분을 클릭하여 '본문' 구역의 모든 컨트롤을 선택합니다.

② [서식] 탭-[컨트롤 서식] 그룹-[조건부 서식]을 클릭합니다.

③ [조건부 서식 규칙 관리자] 대화상자가 나타나면 [새 규칙] 단추를 클릭해 규칙을 추가합니다.

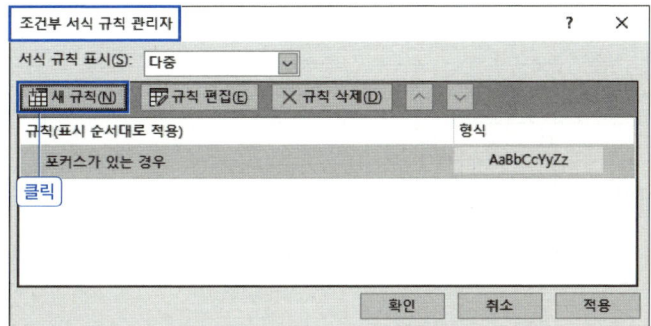

★ 주희쌤Tip

조건은 50개까지 지정할 수 있고, 여러 개의 조건을 작성할 경우 조건이 참인 서식이 해당하는 값에 적용되며, 2개의 조건이 모두 참이 되어 충돌할 경우 우선순위가 높은 서식이 적용됩니다.

④ [새 서식 규칙] 대화상자가 나타나면 첫 번째 목록 단추(▼)를 클릭해 '식이'를 선택합니다.

⑤ 식 입력란에 '[이름] like "*이*"'를 입력하고 조건에 맞으면 적용할 서식에 '굵게'를 클릭한 후 [확인] 단추를 클릭합니다.

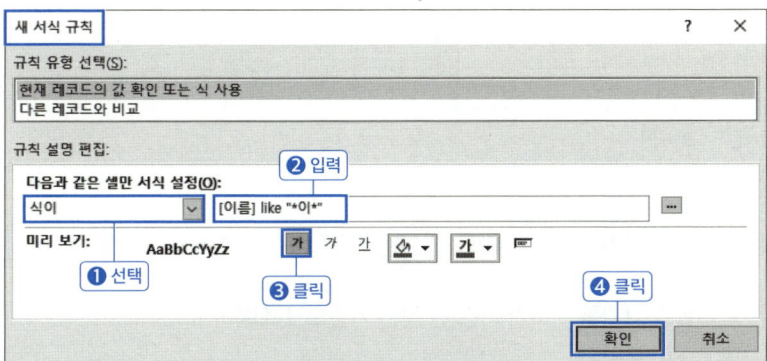

★ 주희쌤Tip

폼(문제유형8 1번)에서 배웠던 부분입니다.
액세스 조건부 서식 특징
1. '본문' 혹은 '레코드' 단어가 문제에 제시되면 본문 구역의 (필드와 연결되는)텍스트 상자를 모두 선택하고 시작
2. '=' 없이 식 작성
3. '대괄호([ ])', 'Like', '#' 등 자동으로 입력되지 않으므로 직접 입력

⑥ [조건부 서식 규칙 관리자] 대화상자가 나타나면 [확인] 단추를 클릭해 대화상자를 닫습니다.

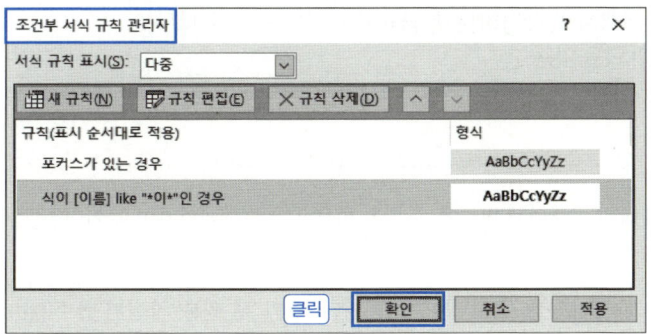

⑦ 저장(💾)을 클릭하고 닫기(✖)를 클릭해 작성한 폼을 닫습니다.

문제 유형 12 <거래내역> 폼을 다음의 화면과 지시사항에 따라 완성하시오.

❶ 'cmb거래월' 컨트롤에는 <거래내역> 테이블의 '거래일'의 월을 중복 데이터 없이 가져오시오.

❷ 'cmb지역' 컨트롤을 콤보 상자로 변환한 후 <거래내역> 테이블의 '지역'을 중복 데이터 없이 가져오시오.

❸ 폼 머리글 구역에 그림과 같이 표시되도록 선 컨트롤을 생성하시오.

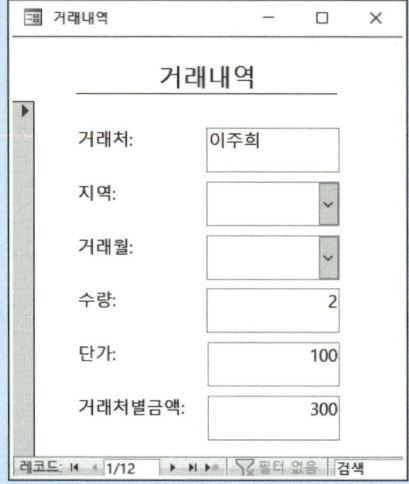

- ▶ 컨트롤 이름 : Line선
- ▶ 두께 : 1pt

❹ 본문의 모든 컨트롤의 크기를 높이가 가장 큰 것을 기준으로 조정하시오.

❺ 본문의 모든 컨트롤의 크기를 너비가 가장 긴 것을 기준으로 조정하시오.

❻ 본문의 모든 컨트롤의 세로 간격을 동일하게 조정하시오.

❼ 'txt금액' 컨트롤에 'txt거래처'에 해당하는 총 금액을 표시하도록 계산하시오.
  - ▶ 금액은 (수량×단가)의 합을 이용

① [탐색] 창 폼 목록의 <거래내역> 폼에서 마우스 오른쪽 버튼을 누른 후 [디자인 보기] 명령을 클릭합니다.

② 'cmb거래월' 컨트롤을 클릭한 후 [속성 시트] 창에서 [데이터] 탭의 '행 원본' 작성기 단추(…)를 클릭합니다.

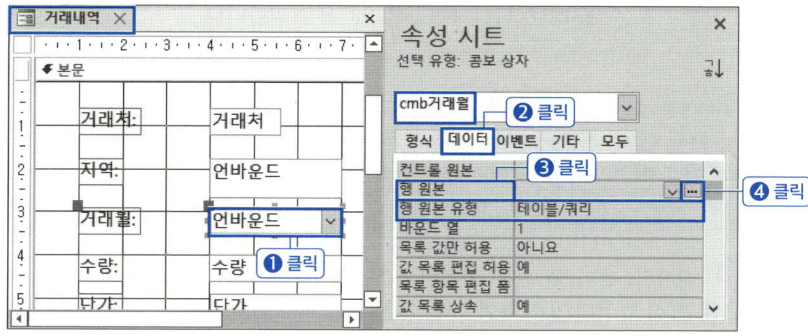

③ [쿼리 작성기] 창에 [테이블 추가] 창이 나타나면 [테이블] 탭에서 <거래내역>을 더블클릭합니다.

④ <거래내역> 테이블에서 [거래일] 필드를 더블클릭이나 드래그하여 눈금의 첫 번째 열로 지정합니다.

⑤ 눈금의 '거래일' 필드를 'month(거래일)'로 수정합니다.

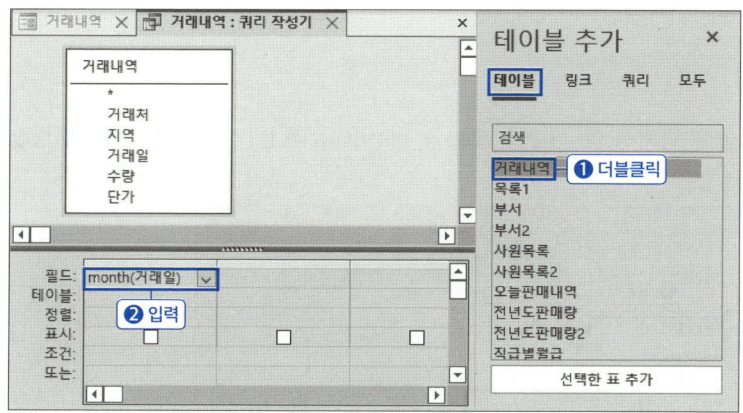

⑥ Enter 를 누르면 'Expr1: Month([거래일])'로 변경된 것을 확인할 수 있습니다.

⑦ 이어서 [쿼리 작성기] 창의 빈 영역을 클릭한 후 선택한 쿼리의 [속성 시트] 창에서 [일반] 탭의 '고유 값' 목록 단추(⌄)를 클릭해 '예'를 선택합니다.

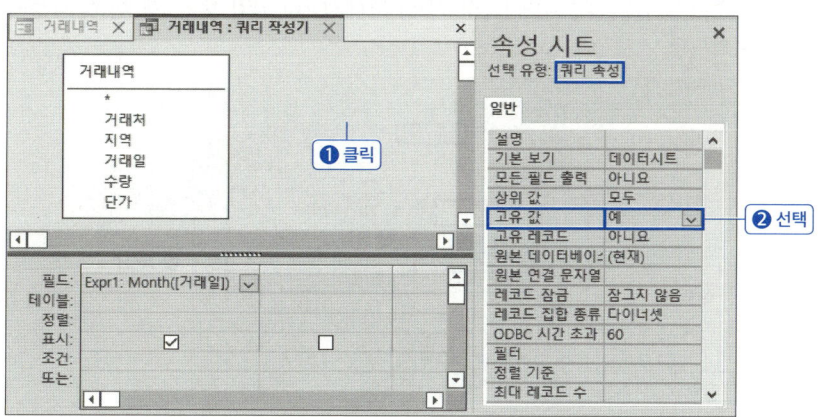

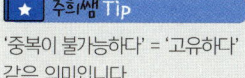

주희쌤Tip

'중복이 불가능하다' = '고유하다' 같은 의미입니다.

⑧ [쿼리 작성기] 창의 닫기(✖)를 클릭합니다.

⑨ 변경 내용의 저장 여부를 묻는 메시지가 나타나면 [예] 단추를 클릭합니다.

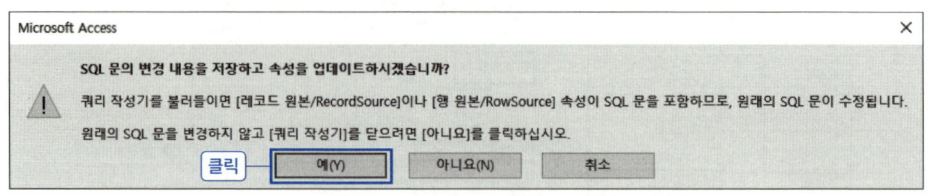

⑩ [속성 시트] 창에서 [데이터] 탭의 '행 원본' 입력란에 'SELECT DISTINCT Month([거래일]) AS Expr1 FROM 거래내역;'이 입력된 것을 확인할 수 있습니다.

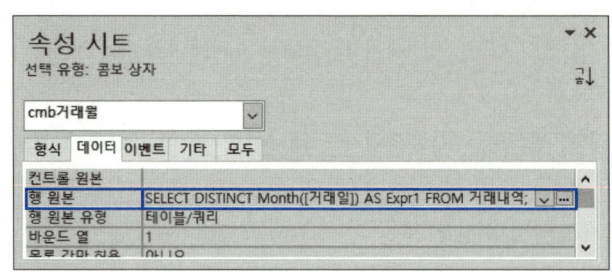

따라하기 ②

① 'cmb지역' 컨트롤을 클릭한 후 마우스 오른쪽 버튼을 눌러 [변경]-[콤보 상자] 명령을 클릭합니다.

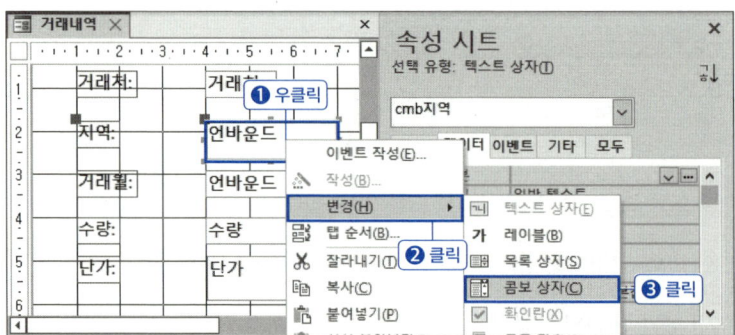

② 컨트롤 유형이 콤보 상자로 변경되면 [속성 시트] 창에서 [데이터] 탭의 '행 원본' 작성기 단추(…)를 클릭합니다.

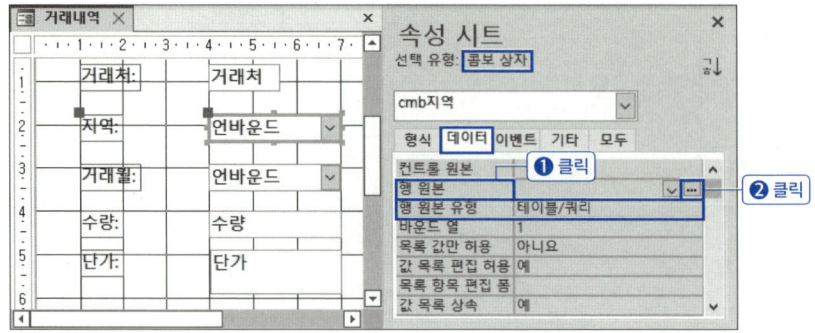

③ [쿼리 작성기] 창에 [테이블 추가] 창이 나타나면 [테이블] 탭에서 <거래내역>을 더블클릭합니다.

④ [쿼리 작성기] 창에 <거래내역> 테이블이 추가되면 [지역] 필드를 더블클릭이나 드래그하여 눈금의 첫 번째 열로 지정합니다.

⑤ 이어서 [쿼리 작성기] 창의 빈 영역을 클릭한 후 선택한 쿼리의 [속성 시트] 창에서 [일반] 탭의 '고유 값' 목록 단추(∨)를 클릭해 '예'를 선택합니다.

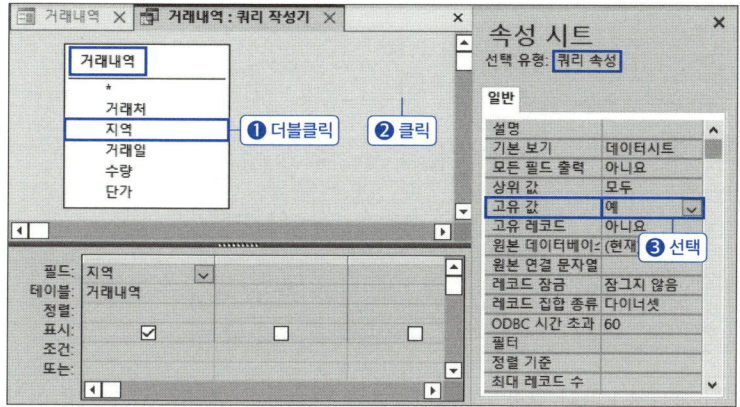

⑥ [쿼리 작성기] 창의 닫기(✖)를 클릭합니다.

⑦ 변경 내용의 저장 여부를 묻는 메시지가 나타나면 [예] 단추를 클릭합니다.

⑧ [속성 시트] 창에서 [데이터] 탭의 '행 원본 유형' 입력란에 'SELECT DISTINCT 거래내역.지역 FROM 거래내역;'이 입력된 것을 확인할 수 있습니다.

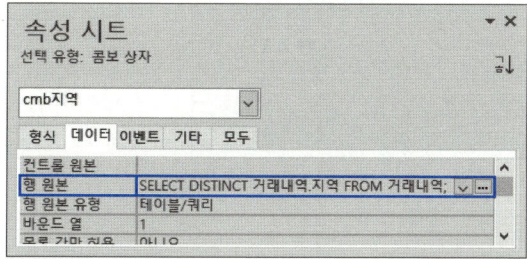

> ★ 주희쌤Tip
>
> Select Distinct 필드 From 원본
> : Select 뒤에 Distinct를 입력하면 원본의 필드를 가져올 때 중복 데이터를 제거하고 가져오게 됩니다.

① [양식 디자인] 탭-[컨트롤] 그룹-[선](\)을 클릭합니다.

② '폼 머리글' 구역에서 선 컨트롤을 삽입할 곳에 드래그합니다.

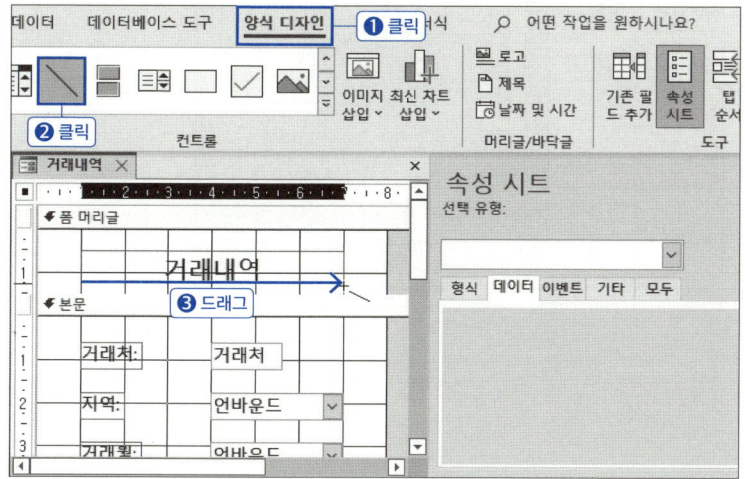

③ 선택한 컨트롤의 [속성 시트] 창에서 [형식] 탭의 '테두리 두께' 입력란에 '1'을 입력합니다.

④ Enter 를 누르면 '1pt'로 변경된 것을 확인할 수 있습니다.

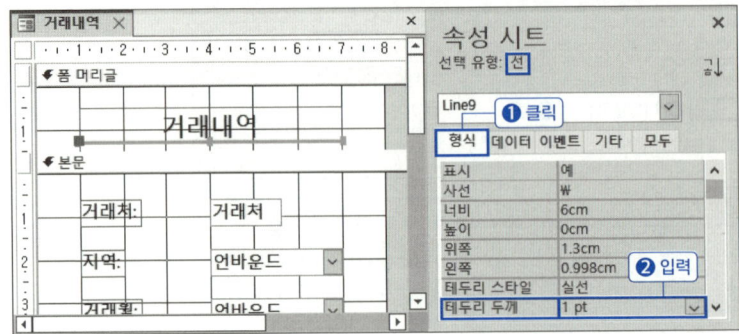

⑤ 이어서 [속성 시트] 창에서 [기타] 탭의 '이름' 입력란에 'Line선'을 입력하고 Enter 를 눌러 입력을 완료합니다.

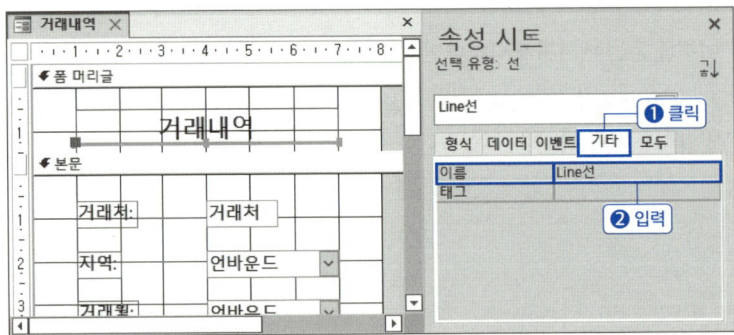

① '본문' 구역의 눈금자 부분을 드래그하여 '본문' 구역의 모든 컨트롤을 선택합니다.

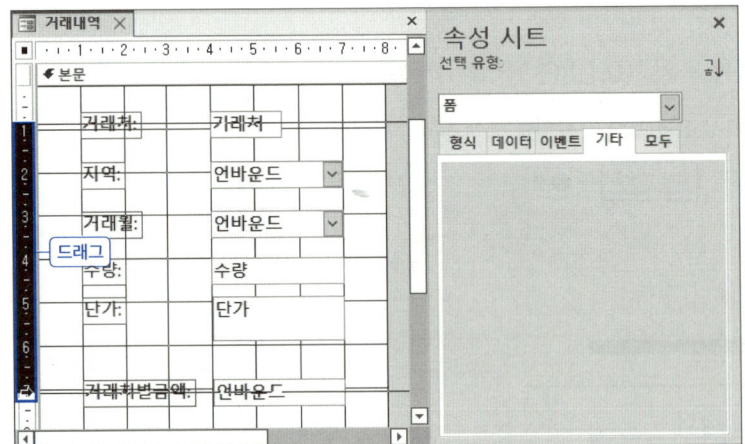

② [정렬] 탭-[크기 및 순서 조정] 그룹-[크기/공간]-[가장 긴 길이에]를 클릭합니다.

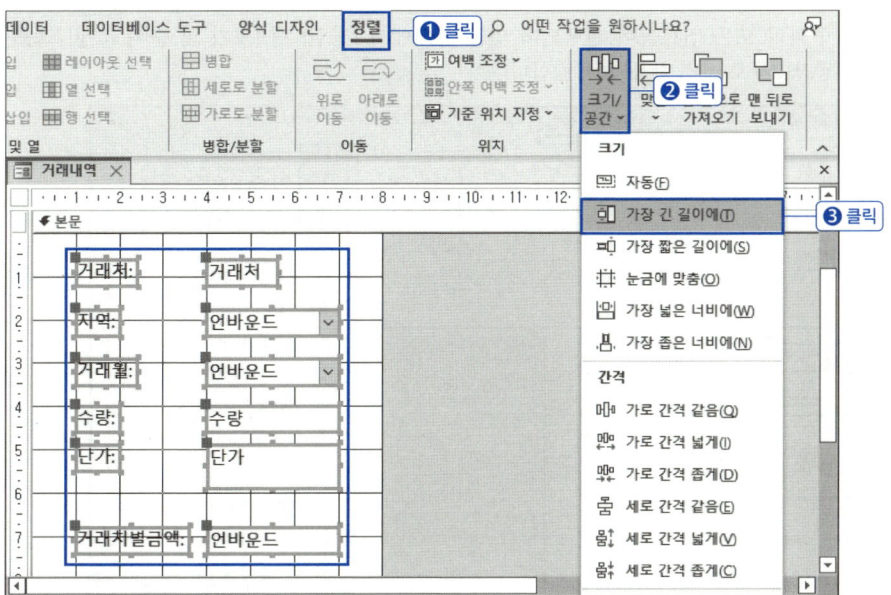

> 따라하기 ⑤

① '본문' 구역의 모든 컨트롤이 선택되어 있는 상태에서 [정렬] 탭-[크기 및 순서 조정] 그룹-[크기/공간]-[가장 넓은 너비에]를 클릭합니다.

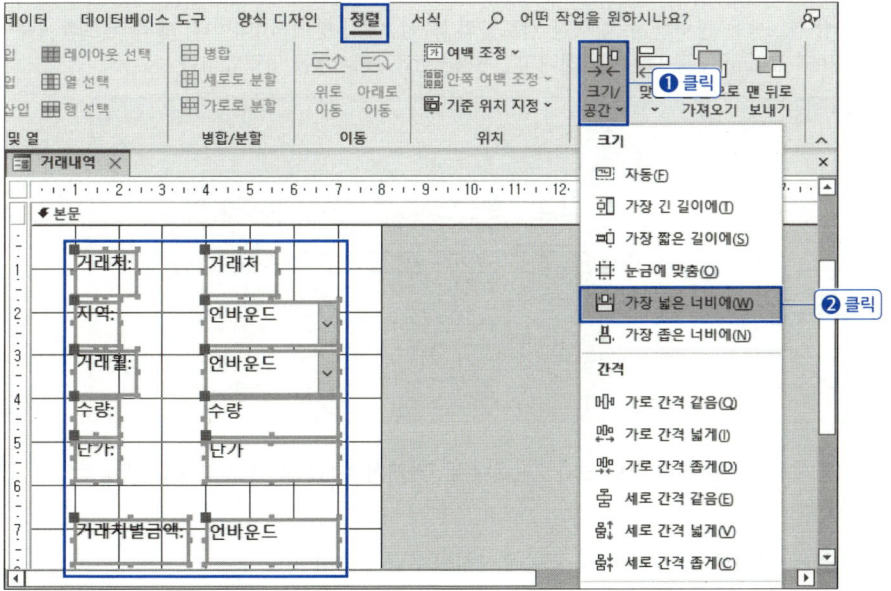

따라하기 6

① '본문' 구역의 모든 컨트롤이 선택되어 있는 상태에서 [정렬] 탭-[크기 및 순서 조정] 그룹-[크기/공간]-[세로 간격 같음]을 클릭합니다.

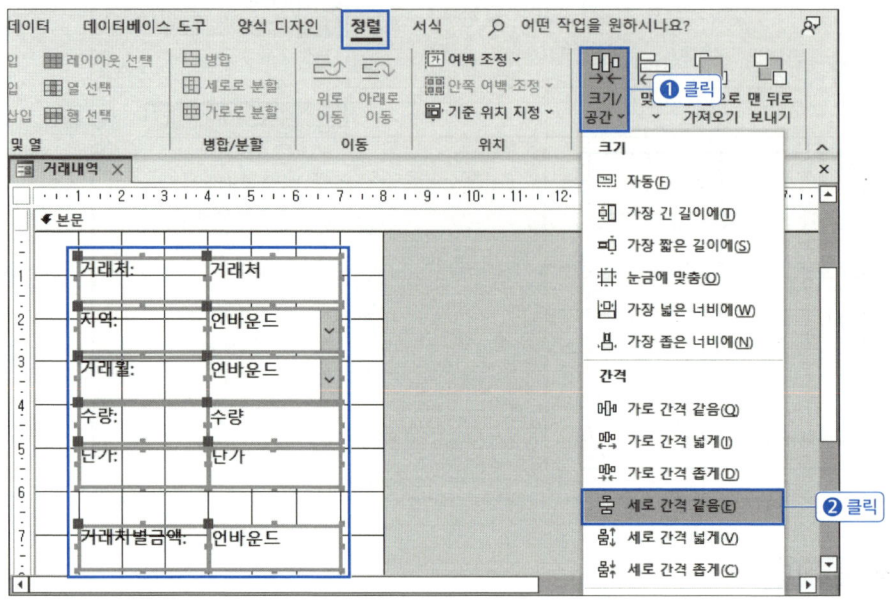

따라하기 7

① 'txt금액' 컨트롤을 클릭한 후 선택한 컨트롤의 [속성 시트] 창에서 [데이터] 탭의 '컨트롤 원본' 입력란에 '=dsum("수량*단가","거래내역","거래처=txt거래처")'를 입력합니다.

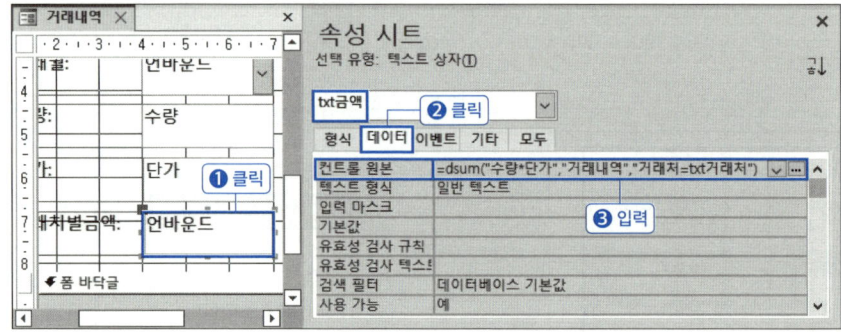

② Enter 를 누르면 '=DSum("수량*단가","거래내역","거래처=txt거래처")'로 변경된 것을 확인할 수 있습니다.

③ 저장(📀)을 클릭하고 닫기(✖)를 클릭해 작성한 폼을 닫습니다.

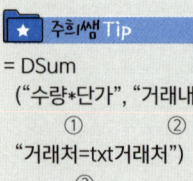

= DSum
("수량*단가", "거래내역",
　　①　　　②
"거래처=txt거래처")
　　　③

① '**수량*단가**' 필드에서 합계 (Sum)를 계산하겠다.
- DSUM이므로 SUM(합계 계산)할 필드입니다.
② 식에서 사용되고 있는 필드는 '**거래내역**' 테이블에 있다.
- 문제에서 제시된 테이블이나 쿼리 이름을 입력합니다. 문제에 제시되지 않을 경우 식에서 사용하는 필드(수량, 단가, 거래처)가 어떤 개체에 있는지 확인해야 합니다.
③ '**거래처와 txt거래처가 일치하면**' 합계를 계산하겠다.
- 문제에 제시된 컨트롤(txt거래처)과 비교할 필드를 domain인 <거래내역> 테이블에서 찾습니다. 일치한다는 의미이므로 'txt거래처=거래처'을 입력해도 됩니다.

'이주희' 거래처는
　2*100 + 1*100=300
'홍길동' 거래처는
　2*50 + 2*100=300
'이순신' 거래처는
　1*50 + 2*500=1050

문제 유형 13   <사원목록2> 폼을 다음의 지시사항에 따라 완성하시오.

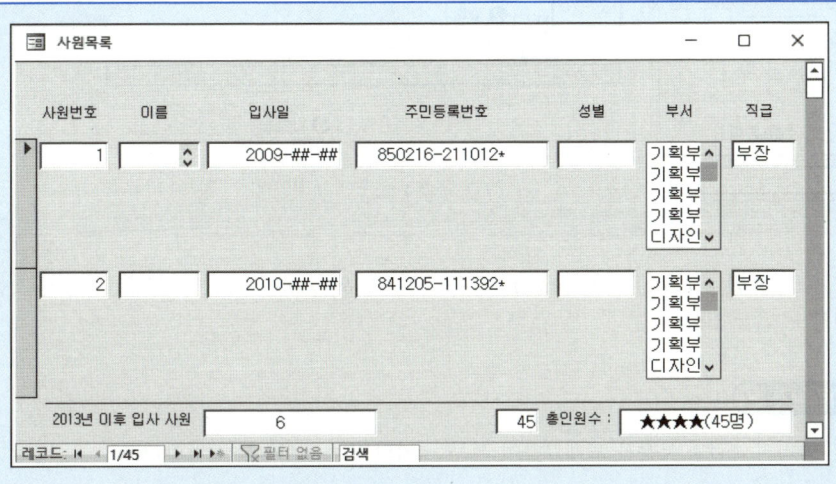

① 'txt인원수' 컨트롤에는 다음과 같이 레코드 수가 표시되도록 설정하시오.
- STRING, INT, COUNT 함수 사용
- 표시 예 : 45명 → ★★★★(45명)
            63명 → ★★★★★★(63명)

② 본문의 컨트롤이 가로 위쪽 기준으로 모두 같은 위치에 표시되도록 정렬하시오.

③ 'txt부서' 컨트롤을 다음의 조건에 맞게 목록 상자로 변경하시오.
- 목록 상자로 변경한 후 <부서> 테이블의 '부서번호'와 '부서명' 필드를 표시하고, '부서명'을 기준으로 오름차순으로 정렬하시오.
- 바운드 열은 '부서명', 열 개수는 '2'
- '부서번호'는 숨기시오.

④ 바닥글 영역의 'txt사원수' 컨트롤에 다음과 같이 직원 수를 표시하시오.
- '입사일'이 2013년 1월 1일 이후인 직원의 수만 표시할 것
- 해당 자료가 없을 경우 '0'으로 표시할 것
- SUM, IIF 함수 사용

⑤ 'txt입사일' 컨트롤에 표시되는 입사일이 다음과 같이 표시되도록 형식을 설정하시오.
- 표시 예 : 2016-01-01 → 2016-##-##

① [탐색] 창 폼 목록의 <사원목록2> 폼에서 마우스 오른쪽 버튼을 누른 후 [디자인 보기] 명령을 클릭합니다.

② 'txt인원수' 컨트롤을 클릭한 후 선택한 컨트롤의 [속성 시트] 창에서 [데이터] 탭의 '컨트롤 원본' 입력란에 '=string(int(count(*)/10),"★") & "(" & count(*) & "명)"'을 입력합니다.

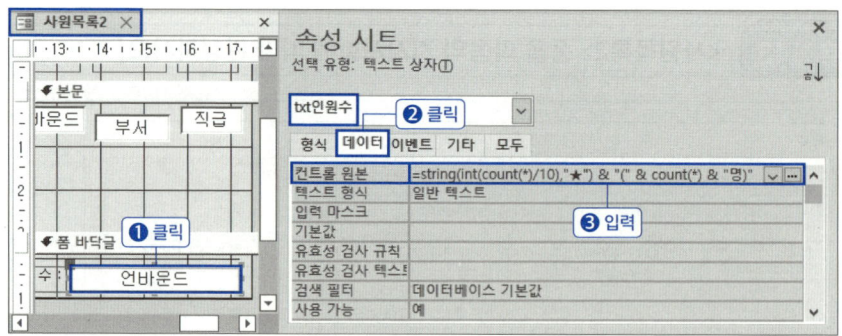

③ Enter 를 누르면 '=String(Int(Count(*)/10),"★") & "(" & Count(*) & "명)"'으로 변경된 것을 확인할 수 있습니다.

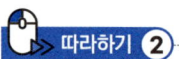

① '본문' 구역의 눈금자 부분을 드래그하여 '본문' 구역의 모든 컨트롤을 선택합니다.

② [정렬] 탭-[크기 및 순서 조정] 그룹-[맞춤]-[위쪽]을 클릭합니다.

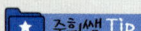

2번 문제와 같습니다.
문 본문의 모든 컨트롤이 위쪽 기준으로 동일한 높이에 위치하도록 맞추시오.

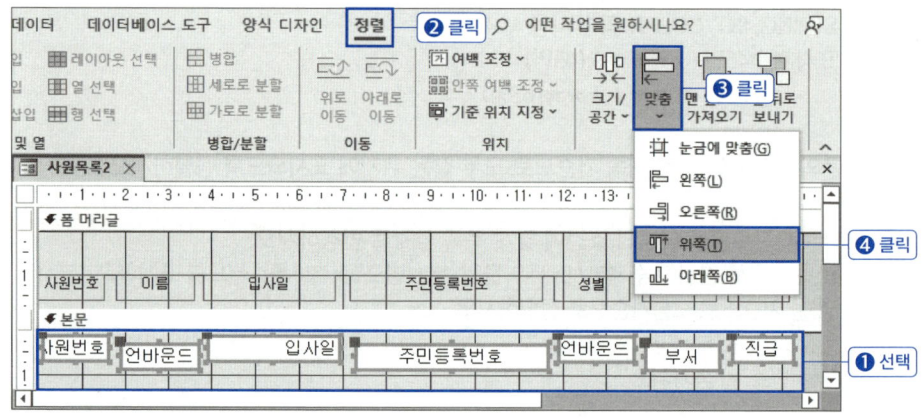

① 'txt부서' 컨트롤을 클릭한 후 마우스 오른쪽 버튼을 눌러 [변경]-[목록 상자] 명령을 클릭합니다.

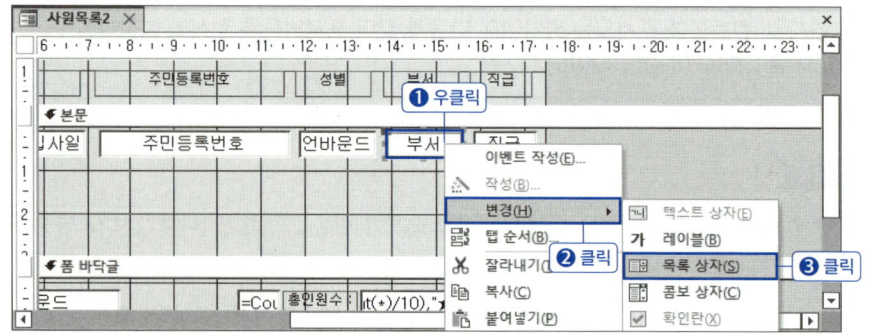

② 선택한 컨트롤의 [속성 시트] 창에서 [데이터] 탭의 '행 원본 유형'이 '테이블/쿼리'인 것을 확인하고, '행 원본'의 작성기 단추(…)를 클릭합니다.

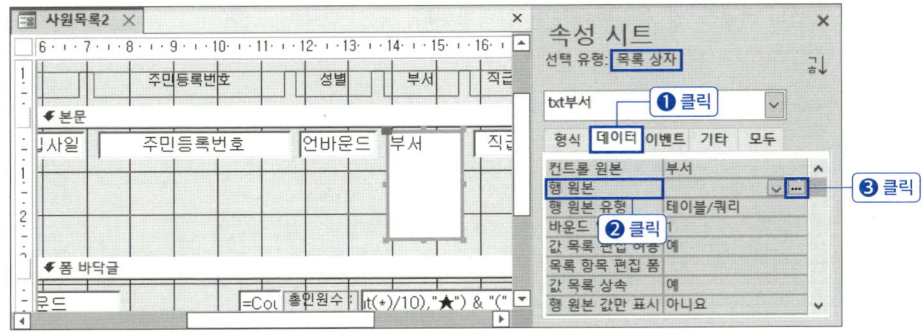

③ [쿼리 작성기] 창에 [테이블 추가] 창이 나타나면 [테이블] 탭에서 〈부서〉를 더블클릭합니다.

④ [쿼리 작성기] 창에 〈부서〉 테이블이 추가되면 [부서번호], [부서명] 필드를 각각 더블클릭하여 눈금의 첫 번째, 두 번째 열로 지정합니다.

⑤ 정렬을 설정하기 위해 '부서명' 필드의 '정렬' 목록 단추(▽)를 클릭해 '오름차순'을 선택합니다.

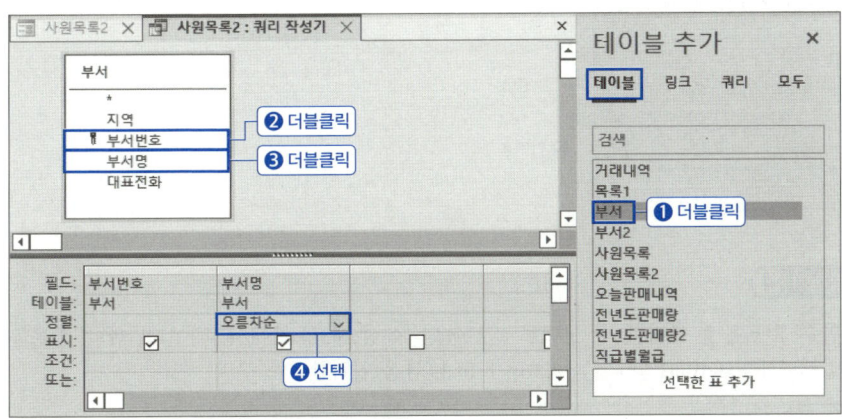

⑥ [쿼리 작성기] 창의 닫기(✖)를 클릭합니다.

⑦ 변경 내용의 저장 여부를 묻는 메시지가 나타나면 [예] 단추를 클릭합니다.

⑧ [속성 시트] 창에서 [데이터] 탭의 '행 원본' 입력란에 'SELECT 부서.부서번호, 부서.부서명 FROM 부서 ORDER BY 부서.부서명;'가 입력된 것을 확인할 수 있습니다.

> **주희쌤 Tip**
> 테이블(문제유형1 6번)에서 배웠던 부분입니다.
> 오름차순은 생략이 가능합니다.
> 즉, '판매일자 ASC'와 '판매일자'는 같습니다.

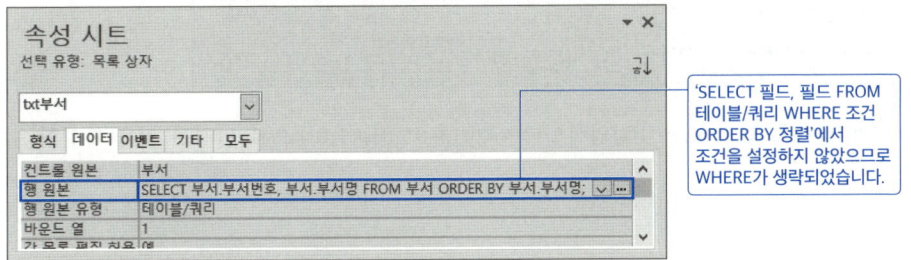

> **주희쌤 Tip**
> 폼(문제유형7)에서 배웠던 부분입니다.
> 1. 행 원본 유형
> - 테이블/쿼리 : 목록의 값으로 테이블이나 쿼리의 데이터를 가져올 때 선택합니다.
> 2. 행 원본
> - 행 원본 유형이 '테이블/쿼리'일 때 : Select 필드, 필드 From 원본
> 3. 바운드 열
> - 열이 여러 개일 경우 저장되는 열을 의미합니다.
> - 저장될 열의 순서를 세어 숫자로 입력합니다.
> 4. 열 너비
> - 필드의 열 너비를 세미콜론(;)으로 구분하여 입력합니다.
> - 생략하면 표시될 필드의 열 너비에 맞게 자동 지정됩니다.
> - 열 너비를 '0'으로 지정하면 표시되지 않도록 숨겨집니다.
> 5. 열 개수
> - 행 원본 유형이 '테이블/쿼리'일 때 : 가져온 필드의 개수를 세어 입력합니다.

⑨ [데이터] 탭의 '바운드 열' 입력란에 '2'를 입력합니다.

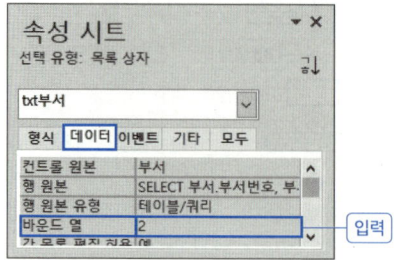

⑩ [형식] 탭의 '열 개수' 입력란에 '2'를 입력합니다.

⑪ [형식] 탭의 '열 너비' 입력란에 '0;'을 입력합니다.

⑫ Enter 를 누르면 '0cm'로 변경된 것을 확인할 수 있습니다.

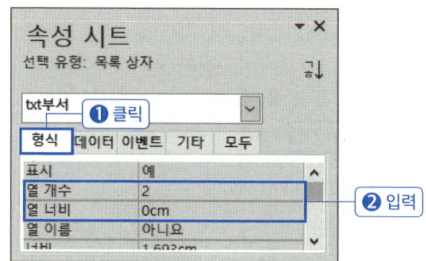

> **주희쌤 Tip**
> 엑셀(배열수식1 시트 2번)에서 배웠던 부분입니다.
> 조건이 1개일 때 개수 구하는 식
> =SUM(IF(조건 , 1))

> **주희쌤 Tip**
> 테이블(제품 테이블 7번)에서 배웠던 부분입니다.
> 날짜/시간 입력 시 양 옆으로 '#'이 자동 입력됩니다. 자동으로 입력되지 않을 경우 직접 입력해야 합니다.

 따라하기 ④

① 'txt사원수' 컨트롤을 클릭한 후 선택한 컨트롤의 [속성 시트] 창에서 [데이터] 탭의 '컨트롤 원본' 입력란에 '=sum(iif(입사일>=#2013-1-1#,1,0))'을 입력합니다.

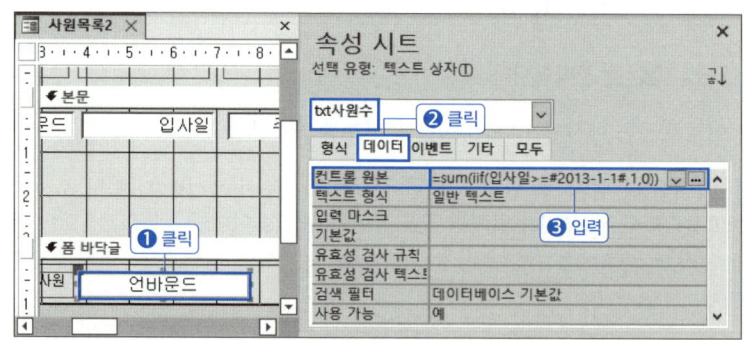

② Enter 를 누르면 '=Sum(IIf([입사일]>=#2013-01-01#,1,0))'으로 변경된 것을 확인할 수 있습니다.

 **따라하기 5**

① 'txt입사일' 컨트롤을 클릭한 후 선택한 컨트롤의 [속성 시트] 창에서 [형식] 탭의 '형식' 입력란에 'yyyy-##-##'를 입력합니다.

② Enter 를 누르면 'yyyy-"##"-"##"'으로 변경된 것을 확인할 수 있습니다.

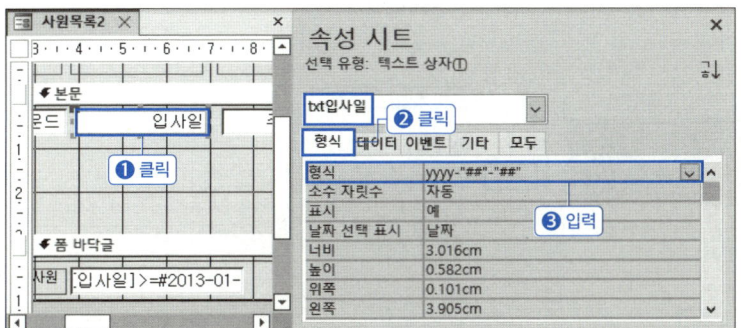

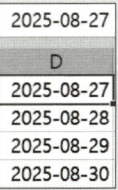 주희쌤 Tip

'형식'은 엑셀의 셀 서식(Ctrl+1) [표시 형식] 탭을 생각하면 쉽습니다.

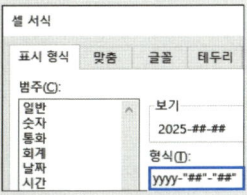

↓ 형식

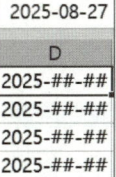

↓ 적용 후

③ 저장(💾)을 클릭하고 닫기(✖)를 클릭해 작성한 폼을 닫습니다.

문제 유형 14 <사원관리2> 폼을 다음의 지시사항에 따라 완성하시오.

❶ 하위 폼의 테두리를 '그림자'로 설정하시오.

❷ 폼 바닥글의 'txt날짜' 컨트롤에는 시스템의 현재 날짜와 시간이 다음과 같이 표시되도록 설정하시오.
  ▶ 현재 날짜와 시간이 '2025년 1월 10일 4시 12분 10초'이면 '2025-01-10 04:12:10 오전'과 같이 표시
  ▶ Format 함수와 현재 날짜와 시간을 나타내는 함수 사용

❸ 폼 머리글의 'LBL제목' 컨트롤 문자 색을 '밝은 텍스트'로 변경하시오.

❹ 하위 폼에는 탭이 정지하지 않도록 설정하시오.

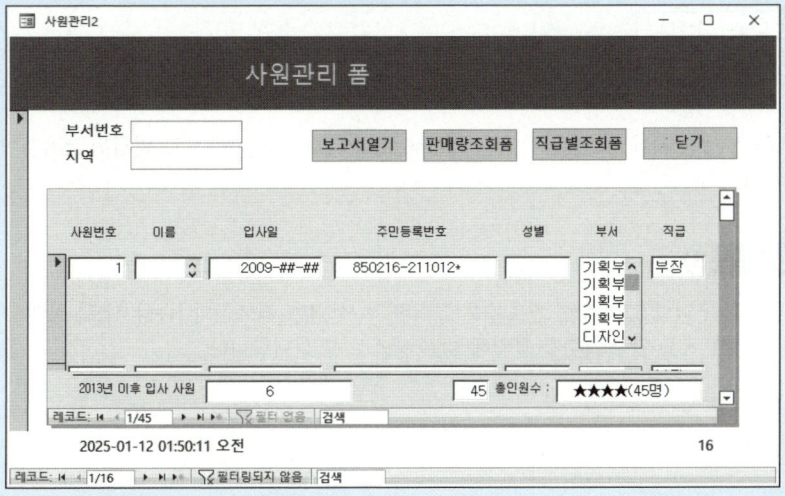

따라하기 1

① [탐색] 창 폼 목록의 〈사원관리2〉 폼에서 마우스 오른쪽 버튼을 누른 후 [디자인 보기] 명령을 클릭합니다.

② 하위 폼의 틀(테두리 부분)을 클릭한 후 하위 폼/하위 보고서 [속성 시트] 창에서 [형식] 탭의 '특수 효과' 목록 단추(▼)를 클릭해 '그림자'를 선택합니다.

> **주희쌤Tip**
> [형식] 탭의 '특수 효과'에 '그림자'가 있습니다.
>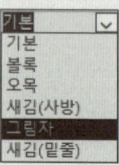

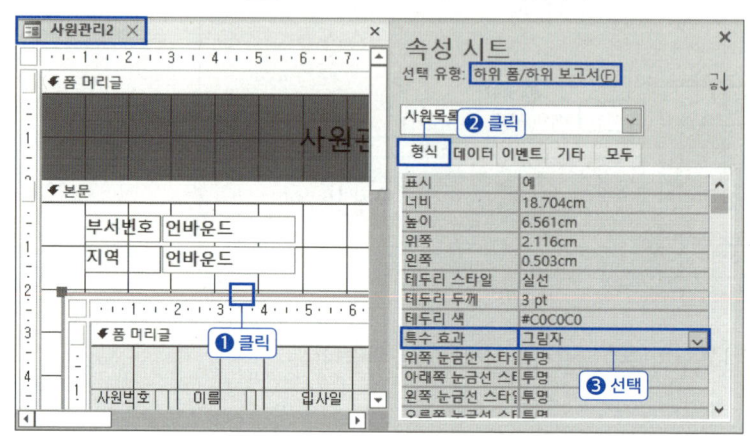

따라하기 2

① '폼 바닥글' 구역의 'txt날짜' 컨트롤을 클릭한 후 선택한 컨트롤의 [속성 시트] 창에서 [데이터] 탭의 '컨트롤 원본' 입력란에 '=format(now(),"yyyy-mm-dd hh:nn:ss ampm")'을 입력합니다.

> **주희쌤Tip**
> 엑셀(프로시저4 시트 4번)에서 배웠던 부분입니다.
> - Format(Time, "hh:nn:ss ampm") → 10:05:58 오전
> - Format(Time, "hh:nn:ss AM/PM") → 10:05:58 AM

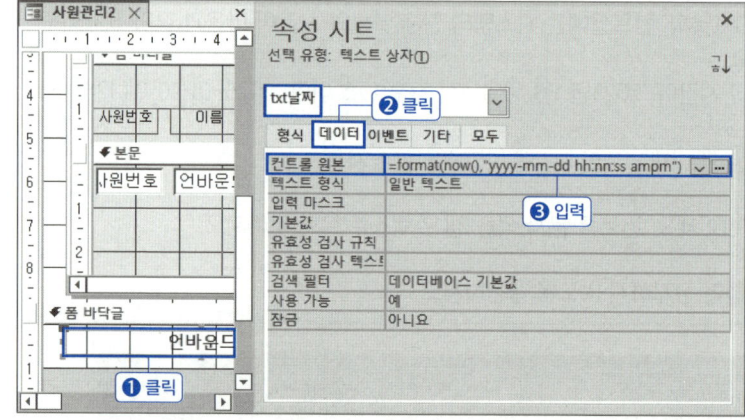

② [Enter]를 누르면 '=Format(Now(),"yyyy-mm-dd hh:nn:ss ampm")'으로 변경된 것을 확인할 수 있습니다.

따라하기 3

① '폼 머리글' 구역의 'LBL제목' 컨트롤을 클릭한 후 선택한 컨트롤의 [속성 시트] 창에서 [형식] 탭의 '문자색' 목록 단추(▼)를 클릭해 '밝은 텍스트'를 선택합니다.

> **주희쌤Tip**
> [형식] 탭의 '문자색'에는 '밝은 텍스트' 외에도 다양한 문자 색이 있습니다.
>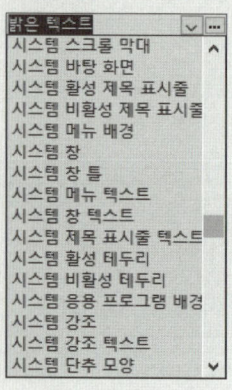

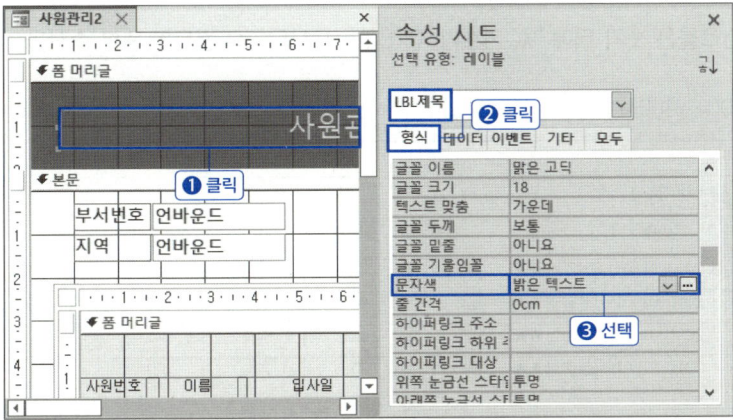

따라하기 4

① 하위 폼의 틀(테두리 부분)을 클릭한 후 하위 폼/하위 보고서 [속성 시트] 창에서 [기타] 탭의 '탭 정지' 목록 단추(▼)를 클릭해 '아니요'를 선택합니다.

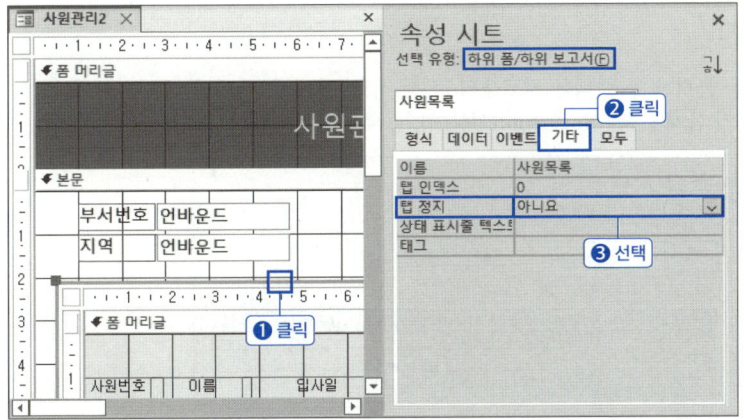

② 저장(💾)을 클릭하고 닫기(✖)를 클릭해 작성한 폼을 닫습니다.

문제 유형 15 <전년도상반기2> 폼을 다음의 지시사항에 따라 완성하시오.

① 'txt총계' 컨트롤에 일분기의 합계를 표시하시오.
  ▶ Format, Sum 함수 사용
  ▶ 표시 예 : 일분기 합계 : 12,345.0

② 'txt이름' 컨트롤의 빈 공간에 ★이 반복하여 표시되도록 형식을 설정하시오.

③ 'txt입사일' 컨트롤에는 'txt이름'에 해당하는 '입사일'이 표시되도록 설정하시오.
  ▶ <전년도상반기>와 DLookUp 함수 사용

④ 'txt성별' 컨트롤에 'Yes'일 경우 "남", 'No'일 경우 "여"를 표시하도록 형식을 설정하시오.

주희쌤 Tip

Q [기타] 탭에 '탭 정지'가 없어요.
A 하위 폼의 '폼 선택기'(■)를 클릭하면 폼의 [속성 시트]창 [기타] 탭에 '탭 정지'가 표시되지 않습니다. 하위 폼의 틀(테두리 부분)을 선택하고 설정하세요.

주희쌤 Tip

Q 폼 바닥글의 'txt하위폼이용' 컨트롤에 '=[txt개수]-29'가 아닌 '=[Forms]![사원관리2]![사원목록]![txt개수]-29'가 입력되어 있는 이유는 무엇인가요?
A 결과가 표시될 'txt하위폼이용' 컨트롤과 'txt개수' 컨트롤은 다른 개체에 있으므로 'txt개수' 컨트롤이 어떤 개체에 있는지 개체 이름을 명시한 것입니다. 개체 이름을 명시할 때에는 아래와 같이 넓은 범위부터 입력합니다.
[Forms]![기본 폼 이름]![하위 폼 이름]![컨트롤 이름]

⑤ 'txt이분기' 컨트롤은 숫자 뒤에 '%' 기호가 추가되어 표시되도록 컨트롤 원본 속성을 지정하시오.
▶ 표시 예 : 100 → 100%

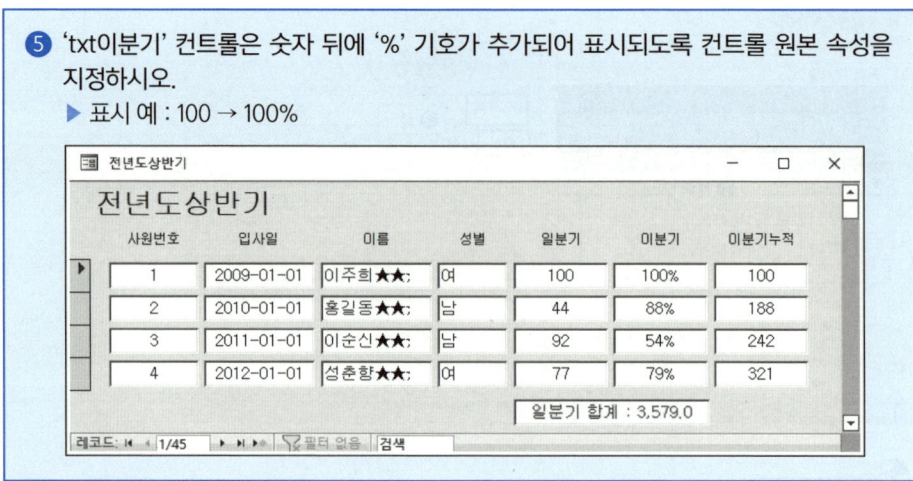

주희쌤 Tip

ⓠ '=Format(Sum([일분기]), "일분기 합계 : #,##0.0")'을 입력했는데 결과가 아래와 같이 나와요.

일분기 합계 : #,##0.0

ⓐ 콜론 뒤에 글자가 문자로 인식되었기 때문인데요. 이러한 경우 방법은 두 가지입니다.
방법1. 콜론을 이중 큰따옴표로 묶기
=Format(Sum([일분기]),"일분기 합계 "":"" #,##0.0")
방법2. 콜론까지 Format 함수와 따로 분리하기
="일분기 합계 : " & Format(Sum([일분기]), "#,##0.0")

주희쌤 Tip

Format 함수를 사용하지 않는다면 컨트롤 원본과 형식을 이용합니다.
- 컨트롤 원본 : =Sum([일분기])
- 형식 : "일분기 합계 : "#,##0.0

주희쌤 Tip

엑셀(셀 서식-시험에 자주 나오는 서식 코드)에서 배웠던 부분입니다.
'*' 뒤에 있는 특정 문자를 셀의 너비만큼 반복하여 채웁니다.

@*★ : 기존 문자(@) 뒤에 '*' 기호 다음에 있는 문자(★)를 너비만큼 반복하여 채웁니다.

따라하기 ①

① [탐색] 창 폼 목록의 〈전년도상반기2〉 폼에서 마우스 오른쪽 버튼을 누른 후 [디자인 보기] 명령을 클릭합니다.

② 'txt총계' 컨트롤을 클릭한 후 선택한 컨트롤의 [속성 시트] 창에서 [데이터] 탭의 '컨트롤 원본' 입력란에 '="일분기 합계 : " & format(sum(일분기),"#,##0.0")'을 입력합니다.

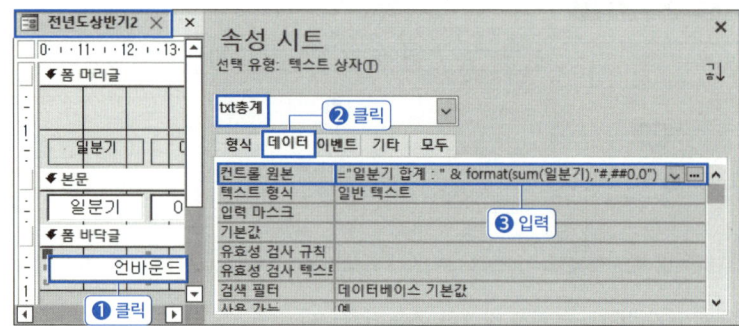

③ 를 누르면 '="일분기 합계 : " & Format(Sum([일분기]),"#,##0.0")'으로 변경된 것을 확인할 수 있습니다.

따라하기 ②

① 'txt이름' 컨트롤을 클릭한 후 선택한 컨트롤의 [속성 시트] 창에서 [형식] 탭의 '형식' 입력란에 '@*★'을 입력하고 Enter 를 눌러 입력을 완료합니다.

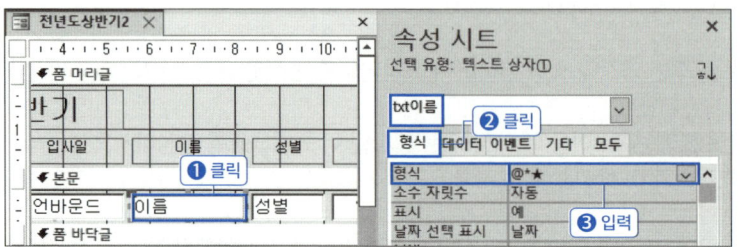

 따라하기 ③

① 'txt입사일' 컨트롤을 클릭한 후 선택한 컨트롤의 [속성 시트] 창에서 [데이터] 탭의 '컨트롤 원본' 입력란에 '=dlookup("입사일","전년도상반기","이름=txt이름")'을 입력합니다.

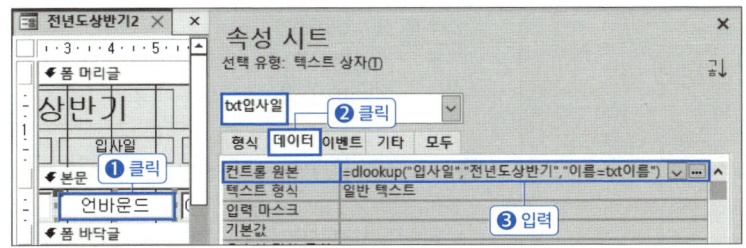

② Enter 를 누르면 '=DLookUp("입사일","전년도상반기","이름=txt이름")'으로 변경된 것을 확인할 수 있습니다.

 따라하기 ④

① 'txt성별' 컨트롤을 클릭한 후 선택한 컨트롤의 [속성 시트] 창에서 [형식] 탭의 '형식' 입력란에 ';남;여'를 입력합니다.

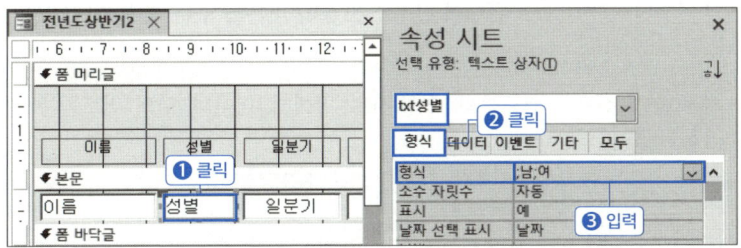

② Enter 를 누르면 ';₩남;₩여'로 변경된 것을 확인할 수 있습니다.

 따라하기 ⑤

① 'txt이분기' 컨트롤을 클릭한 후 선택한 컨트롤의 [속성 시트] 창에서 [데이터] 탭의 '컨트롤 원본' 입력란에 '=이분기 & "%"'를 입력합니다.

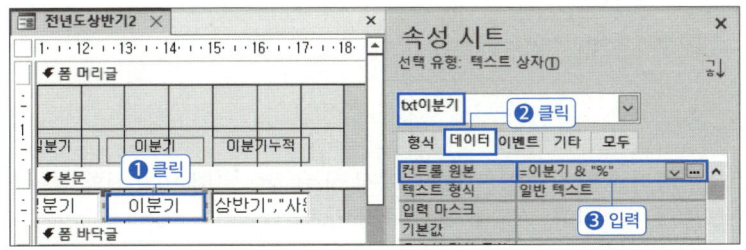

② Enter 를 누르면 '=[이분기] & "%"'로 변경된 것을 확인할 수 있습니다.

③ 저장(💾)을 클릭하고 닫기(✖)를 클릭해 작성한 폼을 닫습니다.

> **주희쌤 Tip**
> 데이터 형식이 'Yes/No'인 경우 텍스트 상자 컨트롤에 표시될 텍스트를 지정하는 방법
> **방법1.** 세미콜론(;)을 이용하여 [형식] 탭의 '형식' 속성에 지정
> ;Yes 또는 True 또는 On일 때의 표시;No 또는 False 또는 Off일 때의 표시
> **방법2.** IIF 함수를 이용하여 [데이터] 탭의 '컨트롤 원본' 속성에 지정
> =IIf([성별]=Yes, "남", "여")

> **주희쌤 Tip**
> 폼(문제유형1 4번)에서 배웠던 부분입니다.
> '=' 없이 입력하면 필드 이름으로 인식됩니다.
>
> 즉, '이분기 & "%"'은 필드 이름이 아니므로 앞에 '='을 입력해야 합니다.

문제 유형 16 〈전년도하반기2〉 폼을 다음의 지시사항에 따라 완성하시오.

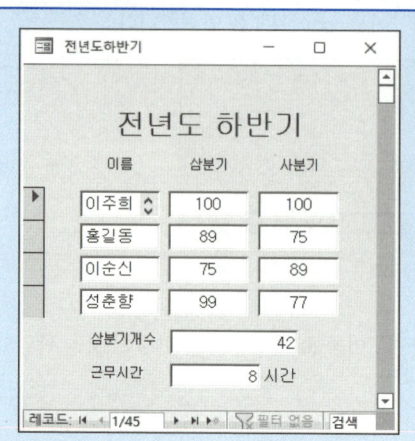

① 'txt건수' 컨트롤에 다음과 같이 레코드 개수를 표시하시오.
  ▶ 단, '삼분기'가 Null(비어있는)인 경우에는 개수에 포함하지 말 것

② 'txt근무시간'에는 근무시간이 표시되도록 하시오.
  ▶ 근무시간 480분을 시 단위로 환산하여 나타내시오.

> **주희쌤 Tip**
> 폼(문제유형1 5번)에서 배웠던 부분입니다.
>
> | 이름 | 직급 |
> |------|------|
> | | 사원 |
> | 이주희 | 사장 |
>
> =count([이름]) =1
> =count([직급]) =2

 따라하기 ①

① [탐색] 창 폼 목록의 〈전년도하반기2〉 폼에서 마우스 오른쪽 버튼을 누른 후 [디자인 보기] 명령을 클릭합니다.

② 'txt건수' 컨트롤을 클릭한 후 선택한 컨트롤의 [속성 시트] 창에서 [데이터] 탭의 '컨트롤 원본' 입력란에 '=count(삼분기)'를 입력합니다.

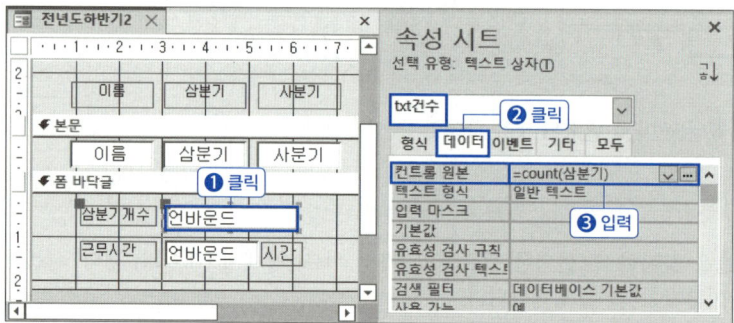

③ Enter 를 누르면 '=Count([삼분기])'로 변경된 것을 확인할 수 있습니다.

 따라하기 ②

① 'txt근무시간' 컨트롤을 클릭한 후 선택한 컨트롤의 [속성 시트] 창에서 [데이터] 탭의 '컨트롤 원본' 입력란에 '=480/60'을 입력한 후 Enter 를 눌러 입력을 완료합니다.

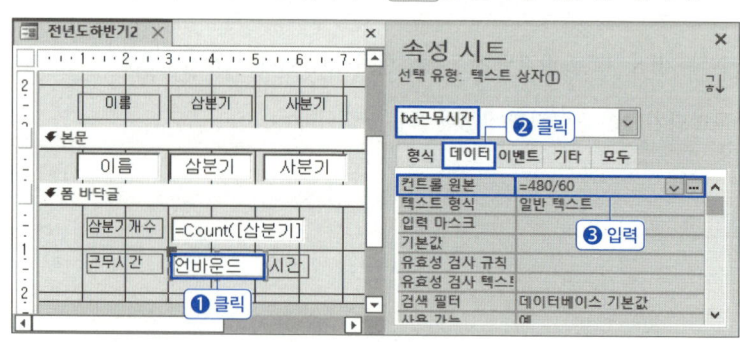

② 저장(🖫)을 클릭하고 닫기(✖)를 클릭해 작성한 폼을 닫습니다.

문제 유형 17 〈관리1〉 폼을 다음의 화면과 지시사항에 따라 완성하시오.

① 하위 폼의 원본 개체로 '목록1' 폼을 지정하면 하위 폼에는 '부서번호'와 관련된 하위 데이터가 표시된다.

② 하위 폼 본문의 'txt부서명' 컨트롤에 '부서명'이 표시되도록 설정하시오.
  ▶ DLookUp 함수 사용
  ▶ '부서번호'와 관련된 부서명을 표시하되 하위 폼에는 부서번호가 없음

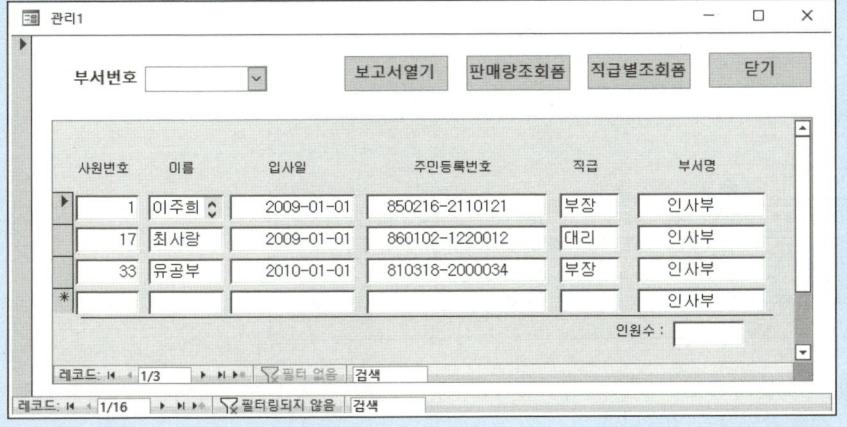

따라하기 ①

① [탐색] 창 폼 목록의 〈관리1〉 폼에서 마우스 오른쪽 버튼을 누른 후 [디자인 보기] 명령을 클릭합니다.

② 하위 폼의 틀(테두리 부분)을 클릭한 후 하위 폼/하위 보고서 [속성 시트] 창에서 [데이터] 탭의 '원본 개체' 목록 단추(▼)를 클릭해 '폼.목록1'을 선택합니다.

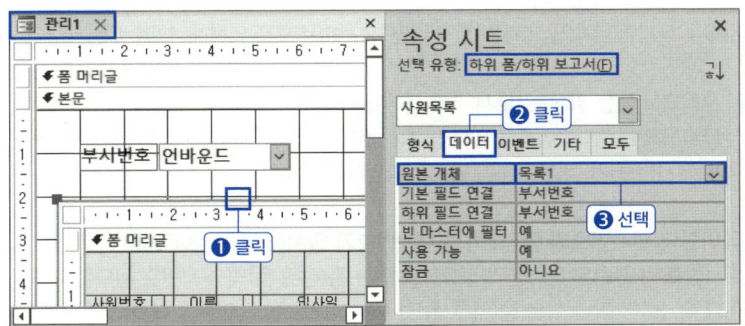

주희쌤 Tip

기본 폼과 하위 폼이 '부서번호'로 연결되어 있으므로 기본 폼의 부서번호가 변경되면 하위 폼의 관련 레코드도 변경됩니다.

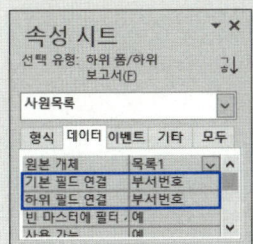

주희쌤Tip

'cmb부서번호' 컨트롤이 없어도 기본 폼(<관리1> 폼)에는 기본 폼의 레코드 원본인 '부서2' 테이블의 데이터가 연결되어 있는 상태입니다.
즉, 'cmb부서번호' 컨트롤이 없어도 기본 폼(<관리1> 폼)에는 '부서2' 테이블의 '부서번호' 필드가 연결되어 있으므로 폼의 첫 번째 레코드에는 'A-01', 두 번째 레코드에는 'A-02', 세 번째 레코드에는 'A-03'이 입력되어 있는 상태인 거죠.

주희쌤Tip

Q '=DLookUp("부서명","부서","부서번호=forms!관리1!cmb부서번호")'라고 입력하면 안 되나요?

A 조건에 'cmb부서번호' 컨트롤 이름을 입력하면 'cmb부서번호'가 선택이 안 되었을 때 하위 폼에 '부서명'도 표시되지 않습니다.
하지만 문제에 제시된 그림은 'cmb부서번호' 컨트롤이 선택되어 있지 않아도 부서명이 표시되고 있죠.

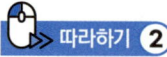

① 하위 폼 '본문' 구역의 'txt부서명' 컨트롤을 클릭한 후 선택한 컨트롤의 [속성 시트] 창에서 [데이터] 탭의 '컨트롤 원본' 입력란에 '=dlookup("부서명","부서","부서번호=forms!관리1!부서번호")'를 입력합니다.

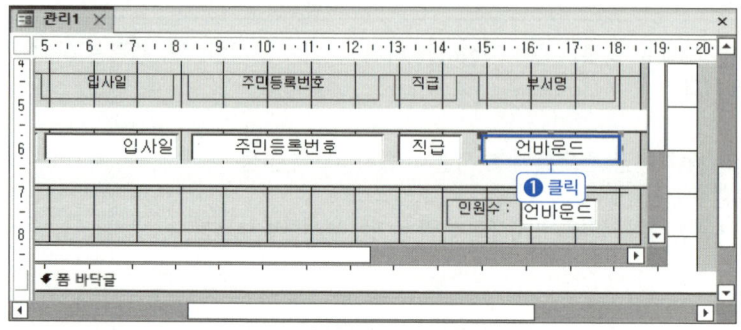

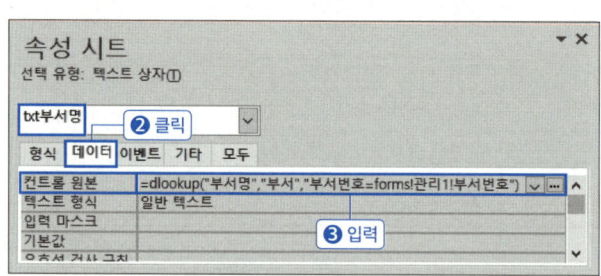

② Enter 를 누르면 '=DLookUp("부서명","부서","부서번호=forms!관리1!부서번호")'로 변경된 것을 확인할 수 있습니다.

③ 저장(🖫)을 클릭하고 닫기(✖)를 클릭해 작성한 폼을 닫습니다.

주희쌤Tip

=DLookUp("부서명","부서","부서번호=forms!관리1!부서번호")
     ① ②   ③

① expr : **'부서명'** 필드에서 찾아 반환(Lookup)하겠다.
 – LOOKUP(찾아서 반환)할 필드를 입력해야 하는데 문제에 '부서명이 표시되도록'이 주어졌으므로 힌트를 줬다고도 볼 수 있습니다.
  하지만 필드 이름이 '부서명'이 아닌 '부서이름'이라면 '부서이름'으로 입력해야 합니다.

② domain : 식에서 사용되고 있는 필드는 **'부서'** 테이블에 있다.
 – 문제에서 제시된 테이블이나 쿼리 이름을 입력합니다. 문제에 제시되지 않을 경우 식에서 사용하는 필드(부서명, 부서번호)가 어떤 개체에 있는지 확인해야 합니다.

③ criteria : **'부서 테이블의 부서번호와 관리1 폼의 부서번호가 일치하면'** 반환하겠다.
 – 하위 폼에는 '부서번호'와 관련된 컨트롤이 없으므로 기본 폼(상위 폼)의 부서번호 필드를 이용합니다. 하위 폼(현재 폼)이 아닌 기본 폼(다른 폼)을 이용하므로 필드 이름 앞에 폼 이름을 명시해야 합니다.

숙제

01 <주문> 폼을 다음의 지시사항에 따라 완성하시오.
① '할부기간'이 비어 있지 않은 레코드에 대해 글꼴을 '굵게' 설정하시오. (Is Not Null 사용)
② 'ID'가 15 이상 20 이하만 표시되도록 폼이 로드될 때 필터링하시오.

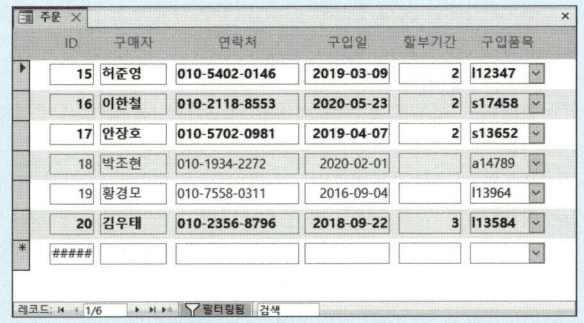

02 <부산행> 폼을 다음의 지시사항에 따라 완성하시오.
① '도착시간'이 오후 12시 이전에 해당하는 레코드에 대해 글꼴을 '굵게' 설정하시오.

03 <제품> 폼을 다음의 지시사항에 따라 완성하시오.
① 폼을 열 때 '폼 머리글'이 표시되도록 관련 속성을 설정하시오.
② '폼 머리글' 구역의 배경색을 '진한 바다색'으로 지정하시오.
③ 폼 머리글 구역의 '최근입고일'에 조회 속성을 다음과 같이 설정하시오.
   ▶ <제품> 테이블의 '최근입고일'과 '물품번호'가 콤보 상자 형태로 나타나도록 설정할 것
   ▶ 화면에는 '물품번호'가 표시되지 않도록 하고, 필드에는 '물품번호'를 저장하도록 설정할 것

04 <제품2> 폼의 폼 바닥글 영역에 다음과 같이 최신 차트를 삽입하시오.
   ▶ 폼과 동일한 원본에 차트를 바인딩할 것
   ▶ '축'은 '물품번호', '값'은 '판매완료'와 '2023년'으로 설정할 것
   ▶ 차트 제목은 표시하지 말 것

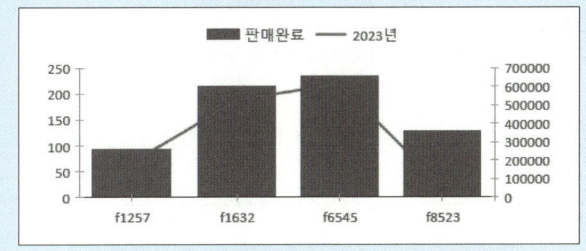

숙제 정답 및 해설

01 '주문' 폼

❶
① [탐색] 창 폼 목록의 <주문> 폼에서 마우스 오른쪽 버튼을 누른 후 [디자인 보기] 명령을 클릭합니다.
② 폼 디자인 창이 나타나면 '본문' 구역 눈금자 부분을 클릭하여 '본문' 구역의 모든 컨트롤을 선택합니다.
③ [서식] 탭-[컨트롤 서식] 그룹-[조건부 서식]을 클릭합니다.
④ [조건부 서식 규칙 관리자] 대화상자가 나타나면 [새 규칙] 단추를 클릭하고 첫 번째 목록 단추()를 클릭해 '식이'를 선택합니다.
⑤ 식 입력란에 '[할부기간]is not null'을 입력합니다.
⑥ 조건에 맞으면 적용할 서식에 '굵게'를 클릭한 후 [확인] 단추를 클릭합니다.

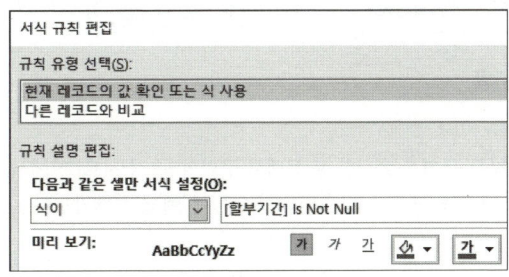

⑦ [조건부 서식 규칙 관리자] 대화상자가 나타나면 [확인] 단추를 클릭해 대화상자를 닫습니다.

❷
① <주문> 폼의 '폼 선택기'(■)를 클릭하여 폼 [속성 시트] 창이 나타나면 [데이터] 탭의 '로드할 때 필터링' 속성을 '예'로 변경합니다.

② 이어서 [데이터] 탭의 '필터' 입력란에 '[ID]>=15 and [ID]<=20'를 입력한 후 Enter 를 눌러 입력을 완료합니다.

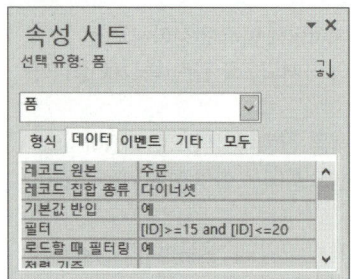

02 '부산행' 폼

❶

① [탐색] 창 폼 목록의 <부산행> 폼에서 마우스 오른쪽 버튼을 누른 후 [디자인 보기] 명령을 클릭합니다.
② 폼 디자인 창이 나타나면 '본문' 구역 눈금자 부분을 클릭하여 '본문' 구역의 모든 컨트롤을 선택합니다.
③ [서식] 탭-[컨트롤 서식] 그룹-[조건부 서식]을 클릭합니다.
④ [조건부 서식 규칙 관리자] 대화상자가 나타나면 [새 규칙] 단추를 클릭하고 첫 번째 목록 단추(∨)를 클릭해 '식이'를 선택합니다.
⑤ 식 입력란에 '[도착시간]<=#12:00#'을 입력합니다.
(※ 'Hour([도착시간])<=12'를 입력해도 같은 결과가 표시됩니다.)
⑥ 조건에 맞으면 적용할 서식에 '굵게'를 클릭한 후 [확인] 단추를 클릭합니다.

03 '제품' 폼

❶

① '폼 머리글' 구역을 클릭한 후 선택한 구역의 [속성 시트] 창에서 [형식] 탭의 '표시' 목록 단추(∨)를 클릭해 '예'을 선택합니다.

❷

① '폼 머리글' 구역을 클릭한 후 선택한 구역의 [속성 시트] 창에서 [형식] 탭의 '배경색' 작성기 단추(...)를 클릭해 표준 색 범주의 '진한 바다색'을 선택합니다.

❸

① '폼 머리글' 구역의 '최근입고일' 컨트롤을 클릭한 후 선택한 컨트롤의 [속성 시트] 창에서 [데이터] 탭의 '행 원본 유형'이 '테이블/쿼리'인 것을 확인하고, '행 원본'의 작성기 단추(...)를 클릭합니다.
② [쿼리 작성기] 창에 [테이블 추가] 창이 나타나면 [테이블] 탭에서 <제품> 테이블을 더블클릭합니다.
③ [쿼리 작성기] 창에 <제품> 테이블이 추가되면 [최근입고일] 필드와 [물품번호] 필드를 각각 더블클릭하여 눈금의 첫 번째 열과 두 번째 열로 지정합니다.
④ [쿼리 작성기] 창의 닫기(✕)를 클릭합니다.
⑤ 업데이트 여부를 묻는 메시지가 나타나면 [예] 단추를 클릭합니다.
⑥ 물품번호는 표시하지 않기 위해 [속성 시트] 창에서 [형식] 탭의 '열 너비' 입력란에 ';0'을 입력합니다.
⑦ 물품번호를 저장하기 위해 [속성 시트] 창에서 [데이터] 탭의 '바운드 열' 입력란에 '2'를 입력합니다.
⑧ [형식] 탭의 '열 개수' 입력란에 '2'를 입력합니다.

04 '제품2' 폼

① [탐색] 창 폼 목록의 <제품2> 폼에서 마우스 오른쪽 버튼을 누른 후 [디자인 보기] 명령을 클릭합니다.
② [양식 디자인] 탭-[컨트롤] 그룹-[최신 차트 삽입]-[콤보]를 클릭한 후 '폼 바닥글' 구역에 드래그하여 차트를 삽입합니다.

③ [차트 설정] 창이 나타나면 [데이터] 탭의 '데이터 원본'을 '제품 2'로 선택하고, '축(범주)'은 '물품번호', '범례(계열)'는 '없음', '값 (Y 축)'은 '판매완료'와 '2023년'을 선택합니다.

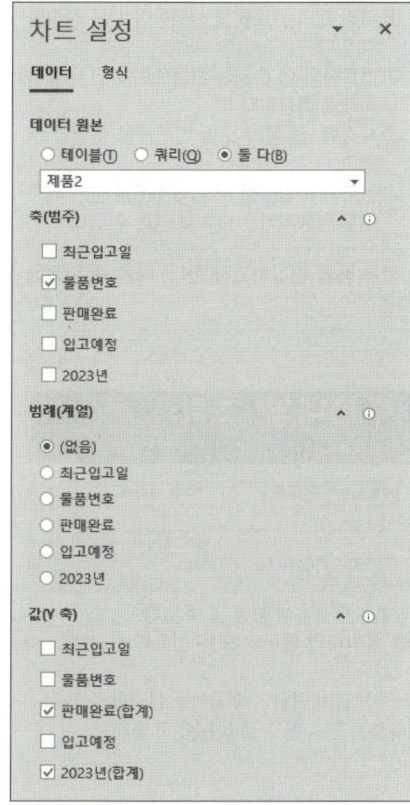

(※ 폼과 동일한 원본에 차트를 바인딩(연결)하기 위해 폼의 원본이 '제품2' 테이블인 것을 먼저 확인해야 합니다.)

④ 이어서 [차트 설정] 창의 [형식] 탭에서 '데이터 계열'을 'SumOf 판매완료'로 선택한 후 '표시 이름'을 '판매완료'로 변경합니다.

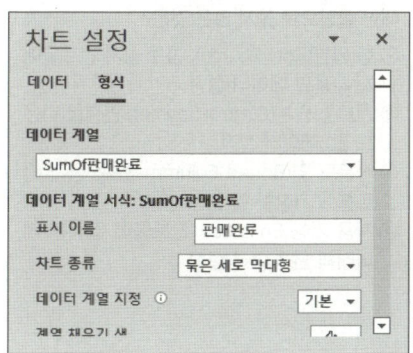

⑤ 이어서 '데이터 계열'을 'SumOf2023년'으로 선택한 후 '표시 이름'을 '2023년'으로 변경하고 '데이터 계열 지정'을 '보조'로 선택합니다.

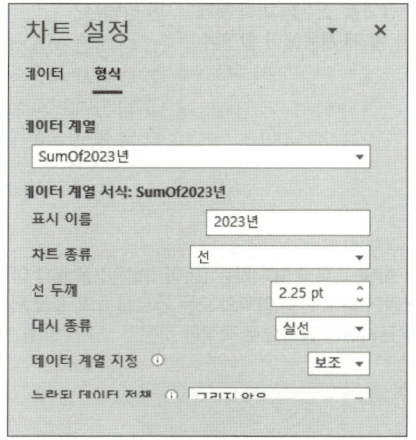

⑥ 차트 제목은 표시하지 않기 위해 [양식 디자인] 탭-[도구] 그룹-[속성 시트]를 클릭한 후 차트의 [속성 시트] 창에서 [형식] 탭-'제목 있음'을 '아니요'로 선택합니다.

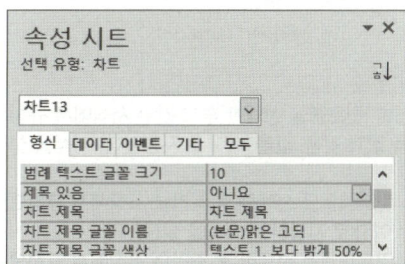

관련 필기 문제

01. 다음 중 폼이나 보고서의 특정 컨트롤에서 '=[단가]*[수량]*(1-[할인률])'과 같은 계산식을 사용하고, 계산 결과를 소수점 이하 첫째 자리까지 표시하고자 할 때 사용해야 할 함수는? 19년 1회 출제

① Str( ) ② Val( )
③ Format( ) ④ DLookUp( )

02. 다음 중 폼에서 Tab 키를 누를 때 특정 컨트롤에는 포커스가 이동하지 않도록 하기 위한 방법은? 19년 2회 출제

① '탭 인덱스' 속성을 '0'으로 설정한다.
② '탭 정지' 속성을 '예'로 설정한다.
③ '탭 인덱스' 속성을 '-1'로 설정한다.
④ '탭 정지' 속성을 '아니오'로 설정한다.

03. 다음 중 폼 작성에 관한 설명으로 옳지 않은 것은? 20년 1회 출제

① 여러 개의 컨트롤을 선택하여 자동 정렬할 수 있다.
② 컨트롤의 탭 순서는 자동으로 화면 위에서 아래로 설정된다.
③ 사각형, 선 등의 도형 컨트롤을 삽입할 수 있다.
④ 컨트롤 마법사를 사용하여 폼을 닫는 매크로를 실행시키는 단추를 만들 수 있다.

04. 다음 중 동아리 회원 목록을 표시하는 [동아리회원] 폼에서 아래 그림과 같이 여자 회원인 경우 본문 영역의 모든 컨트롤들의 글꼴 서식을 굵게, 기울임꼴로 표시하는 방법으로 적절한 것은? 19년 1회 출제

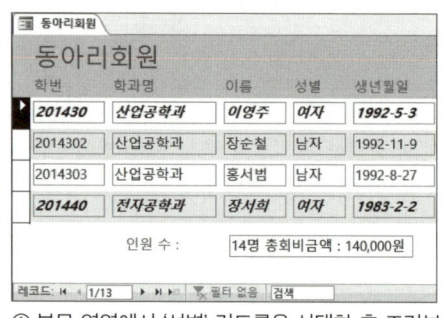

① 본문 영역에서 '성별' 컨트롤을 선택한 후 조건부 서식에서 규칙으로 필드 값이 다음 값과 같음, 값을 '여자'로 지정한 후 서식을 설정한다.
② 본문 영역의 모든 컨트롤들을 선택한 후 조건부 서식에서 규칙으로 조건 식을 [성별]='여자'로 지정한 후 서식을 설정한다.
③ 본문 영역의 모든 컨트롤들을 선택한 후 조건부 서식에서 규칙으로 필드 값이 다음 값과 같음, 값을 '여자'로 지정한 후 서식을 설정한다.
④ 테이블의 데이터시트 보기에서 여자 회원 레코드들을 모두 선택한 후 서식을 설정한다.

05. 액세스에서 다음과 같은 폼을 편집하고자 한다. 다음 중 편집에 대한 설명이 옳지 않은 것은? 17년 2회 출제

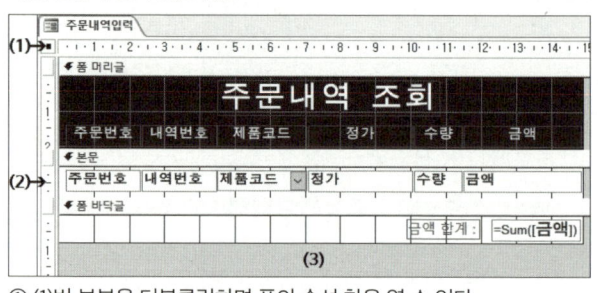

① (1)번 부분을 더블클릭하면 폼의 속성 창을 열 수 있다.
② (2)번의 세로 눈금자를 클릭하면 본문의 모든 컨트롤을 선택할 수 있다.
③ (3)번 부분을 더블클릭하여 폼 바닥글의 배경색을 변경할 수 있다.
④ 이런 폼의 기본 보기 속성은 '연속 폼'으로 하는 것이 좋다.

06. 폼 바닥글에 [사원] 테이블의 '직급'이 '과장'인 레코드들의 '급여' 합계를 구하고자 한다. 다음 중 폼 바닥글의 텍스트 상자 컨트롤에 입력해야 할 식으로 옳은 것은? 15년 2회 출제

① =DHAP("[사원]","[급여]","[직급]='과장'")
② =DHAP("[급여]","[사원]","[직급]='과장'")
③ =DSUM("[사원]","[급여]","[직급]='과장'")
④ =DSUM("[급여]","[사원]","[직급]='과장'")

07. 다음 중 SQL의 SELECT 문에 대한 설명으로 옳지 않은 것은? 16년 2회 출제

① ORDER BY 문을 이용하여 정렬할 때, 기본 값은 오름차순 정렬(ASC) 값을 가진다.
② 검색 필드의 구분은 콤마(,)로 구분한다.
③ 검색 결과에 중복되는 레코드를 없애기 위해서는 'DISTINCT'를 명세해야 한다.
④ FROM 절에는 테이블 이름만을 지정할 수 있다.

08. 다음 중 콤보 상자 컨트롤의 각 속성에 대한 설명으로 옳지 않은 것은? 16년 1회 출제

① 행 원본(Row Source): 콤보 상자 컨트롤에서 사용할 데이터 설정
② 컨트롤 원본(Control Source): 연결할(바운드 할) 데이터 설정
③ 바운드 열(Bound Column): 콤보 상자 컨트롤에 저장할 열 설정
④ 사용 가능(Enabled): 컨트롤에 입력된 데이터의 편집 여부 설정

정답 01. ③ | 02. ④ | 03. ② | 04. ② | 05. ③ | 06. ④ | 07. ④ | 08. ④

관련 필기 문제

09. 다음 중 기본 폼과 하위 폼에 대한 설명으로 옳지 않은 것은? `14년 2회 출제`

① '일 대 다' 관계일 때 하위 폼에는 '일'에 해당하는 데이터가 표시되며, 기본 폼에는 '다'에 해당하는 데이터가 표시된다.
② 하위 폼은 연속 폼의 형태로 표시할 수 있지만 기본 폼은 연속 폼의 형태로 표시할 수 없다.
③ 기본 폼 내에 포함시킬 수 있는 하위 폼의 개수는 제한이 없으며, 최대 7수준까지 하위 폼을 중첩시킬 수 있다.
④ 테이블, 쿼리나 다른 폼을 이용하여 하위 폼을 작성할 수 있다.

10. 다음 중 폼 작성 시 사용하는 컨트롤에 대한 설명으로 옳지 않은 것은? `19년 2회 출제`

① 레이블 컨트롤은 제목이나 캡션 등의 설명 텍스트를 표현하기 위해 많이 사용된다.
② 텍스트 상자는 바운드 컨트롤로 사용할 수 있으나 언바운드 컨트롤로는 사용할 수 없다.
③ 목록 상자 컨트롤은 여러 개의 데이터 행으로 구성되며 대개 몇 개의 행을 항상 표시할 수 있는 크기로 지정되어 있다.
④ 콤보 상자 컨트롤은 선택 항목 목록을 보다 간단한 방식으로 나타내기 위해 드롭다운 화살표를 클릭하기 전까지는 목록이 숨겨져 있다.

11. 다음 중 폼에서 컨트롤을 선택하는 방법에 대한 설명으로 옳은 것은? `15년 3회 출제`

① 여러 개의 컨트롤들을 비순차적으로 선택하려면 Alt 키를 누른 채 원하는 컨트롤을 각각 클릭한다.
② 일정 영역의 컨트롤들을 한 번에 모두 선택하려면 마우스로 선택할 컨트롤들이 다 포함되도록 해당 영역을 드래그한다.
③ 정렬된 여러 개의 컨트롤들을 모두 선택하려면 맨 위에 위치한 컨트롤을 클릭한 후 마지막에 위치한 컨트롤을 Shift 키를 누른 채 클릭한다.
④ 본문 영역 내의 컨트롤들만 모두 선택하려면 Ctrl + A 키를 누른다.

12. 다음 중 폼에 대한 설명으로 옳지 않은 것은? `19년 2회 출제`

① 모든 폼은 기본적으로 테이블이나 쿼리와 연결되어 표시되는 바운드 폼이다.
② 폼 내에서 단추를 눌렀을 때 매크로와 모듈이 특정 기능을 수행하도록 할 수 있다.
③ 일 대 다 관계에 있는 테이블이나 쿼리는 폼 안에 하위 폼을 작성할 수 있다.
④ 폼과 컨트롤의 속성은 [디자인 보기] 형식에서 [속성 시트]를 이용하여 설정한다.

13. 다음 중 폼의 기본 보기 속성에 대한 설명으로 옳지 않은 것은? `22년 상시 출제`

① 기본 보기 속성에는 단일 폼, 연속 폼, 데이터시트, 분할 표시 폼이 있다.
② 단일 폼은 레코드를 한 번에 하나만 표시하고, 연속 폼은 현재 창을 채울 만큼 여러 레코드를 함께 표시한다.
③ 단일 폼은 매 레코드에 폼 머리글과 폼 바닥글이 표시되고, 연속 폼은 폼 머리글과 폼 바닥글이 폼의 가장 위와 아래에 한 번씩 표시된다.
④ 데이터시트는 데이터시트와 폼을 함께 보여준다.

14. 다음 중 액세스의 다양한 폼 보기에 대한 설명으로 적절하지 않은 것은? `16년 2회 출제`

① 데이터시트: 행과 열로 구성된 형태로 표시하여 여러 레코드를 한 화면에 표시한다.
② 모달 폼: 해당 폼을 전체 화면 크기의 창으로 표시한다.
③ 연속 폼: 현재 창을 채울 만큼 여러 레코드를 함께 표시한다.
④ 하위 폼: 연결된 기본 폼의 현재 레코드와 관련된 레코드만 표시한다.

15. 다음 중 주어진 [Customer] 테이블을 참조하여 아래의 SQL문을 실행한 결과로 옳은 것은? `16년 1회 출제`

```
SELECT Count(*)
FROM (Select Distinct City From Customer);
```

City	Age	Hobby
부산	30	축구
서울	26	영화감상
부산	45	낚시
서울	25	야구
대전	21	축구
서울	19	음악감상
광주	19	여행
서울	38	야구
인천	53	배구

① 3   ② 5   ③ 7   ④ 9

16. 다음 중 아래의 <급여> 테이블에 대한 SQL 명령과 실행 결과로 옳지 않은 것은? (단, 빈칸은 Null임) `17년 2회 출제`

사원번호	성명	가족수
1	가	2
2	나	4
3	다	

① SELECT COUNT(성명) FROM 급여; 를 실행한 결과는 3이다.
② SELECT COUNT(가족수) FROM 급여; 를 실행한 결과는 3이다.
③ SELECT COUNT(*) FROM 급여; 를 실행한 결과는 3이다.
④ SELECT COUNT(*) FROM 급여 WHERE 가족수 Is Null; 을 실행한 결과는 1이다.

17. 하위 보고서를 만들 때 아래의 조건을 만족하면 주 보고서와 하위 보고서가 자동으로 연결되어 목록에 표시된다. 다음 중 괄호에 들어갈 단어를 순서대로 바르게 나열한 것은? `17년 2회 출제`

- 주 보고서와 하위 보고서에서 사용되는 테이블/쿼리 등이 (ⓐ) 관계로 설정된 경우
- 주 보고서는 (ⓑ)을(를) 가진 테이블/쿼리를 사용하고, 하위 보고서는 (ⓒ)와(과) 같거나 호환되는 데이터 형식을 가진 필드가 포함된 테이블/쿼리를 사용할 경우

① ⓐ-일대일, ⓑ-필드, ⓒ-기본키
② ⓐ-일대다, ⓑ-기본키, ⓒ-기본키 필드
③ ⓐ-일대일, ⓑ-레코드, ⓒ-기본키 필드
④ ⓐ-일대다, ⓑ-기본키 필드, ⓒ-필드

정답 09. ① | 10. ② | 11. ② | 12. ① | 13. ④ | 14. ② | 15. ② | 16. ② | 17. ②

SECTION 02 보고서

- 보고서는 폼과 마찬가지로 테이블이나 쿼리를 원본으로 하여 작성되며 요약, 출력 등을 편리하게 합니다. 보고서를 디자인 보기로 열어 컨트롤 생성과 컨트롤 속성 등을 지정해 보도록 하겠습니다.
- 준비파일 : 컴활1급 \ 액세스 \ 1급액세스(예제) \ 3장_02. 보고서.accdb

주희쌤 Tip
주희쌤 Tip은 꼼꼼히 모두 보세요.

주희쌤 Tip
보고서는 3점씩 5문제. 총 15점이 출제됩니다. 목표 점수는 15점으로 폼과 마찬가지로 컨트롤 단위로 이루어져 어렵지 않게 점수를 가져갈 수 있습니다.

주희쌤 Tip
파일을 열었을 때 '보안 경고'가 표시되면 '콘텐츠 사용'을 클릭하세요.

주희쌤 Tip
'테이블'은 주로 '디자인 보기/데이터시트 보기', '쿼리'는 주로 '디자인 보기/실행', '폼'은 주로 '디자인 보기/폼 보기', '보고서'는 주로 '디자인 보기/인쇄 미리 보기'로 전환하면서 수정하고 수정된 것을 확인합니다.

문제 유형 1 <하반기> 보고서를 다음의 화면과 지시사항에 따라 완성하시오.

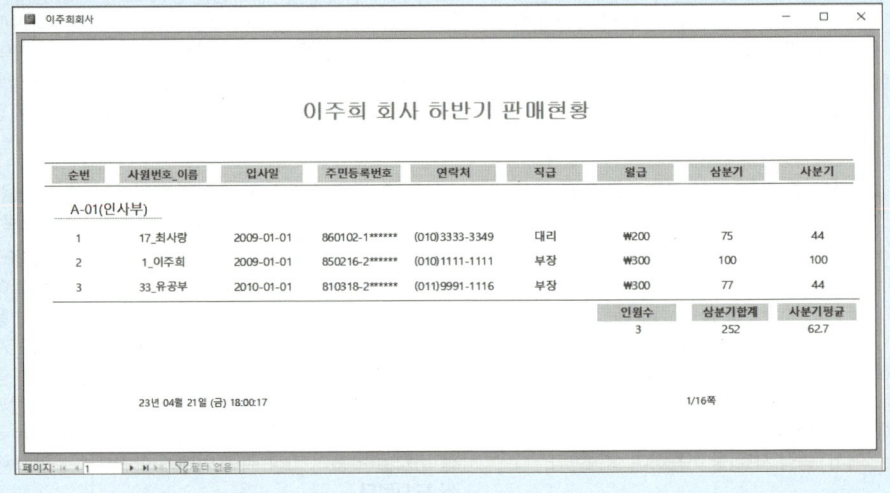

① 용지를 가로 방향으로 인쇄되도록 설정하시오.

② 보고서 제목을 그림과 같이 생성하고, 컨트롤 이름은 'LBL제목', 글꼴은 '굴림', 크기는 '18', 맞춤은 '가운데'로 지정한 후 보고서의 첫 페이지에 한 번만 표시되도록 설정하시오.

③ '부서' 필드를 기준으로 오름차순 정렬하고, 전체 그룹을 같은 페이지에 표시하도록 설정하시오. 동일한 '부서' 필드 내에서는 '입사일'을 기준으로 오름차순 정렬되어 표시되도록 속성을 설정하시오.

④ 'txt순번' 컨트롤에는 그룹별 일련번호가 표시되도록 설정하시오.

⑤ 부서 머리글의 'txt부서' 컨트롤에는 '부서(부서명)'이 표시되도록 설정하시오.
▶ 표시 예 : A-01(인사부)

⑥ 본문의 'txt사원번호이름' 컨트롤에 '사원번호'와 '이름' 필드를 합쳐 다음과 같이 표시되도록 설정하시오.
▶ 표시 예 : 1_이주희

⑦ 보고서 본문의 'txt삼분기'와 'txt사분기'에 '삼분기'와 '사분기'가 각각 바운드 되도록 설정하시오.

⑧ '부서 머리글'은 매 페이지마다 반복적으로 표시되도록 설정하시오.

⑨ 그룹 바닥글의 'txt삼분기합계' 컨트롤에는 삼분기의 합계가 표시되도록 설정하시오.

⑩ 부서 그룹 바닥글의 'txt사분기평균' 컨트롤에는 사분기의 평균을 표시하되, 소수점 1자리까지만 표시되도록 설정하시오.

⑪ 부서 그룹 바닥글의 'txt인원수' 컨트롤에는 그룹별 인원수가 표시되도록 설정하시오.

⑫ 'txt날짜' 컨트롤에는 오늘의 날짜가 표시되도록 설정하시오.
▶ Format, Now 함수를 사용할 것
▶ 표시 예 : 24년 12월 31일 (일) 21:44:30

⑬ 페이지 바닥글의 'txt페이지' 컨트롤에는 페이지 번호가 다음과 같이 표시되도록 설정하시오.
▶ 전체 4페이지 중 현재 페이지가 1일 경우 표시 예 : 1/4쪽

⑭ 본문의 'txt월급' 컨트롤에는 직급에 해당하는 월급이 표시되도록 설정하시오.
▶ <직급별월급> 테이블과 DLookUp 함수를 사용할 것

⑮ 부서가 변경되면 페이지를 바꾸어 인쇄하도록 '부서 바닥글'의 속성을 설정하시오.

⑯ 'txt주민등록번호'에 주민등록번호가 다음과 같이 표시되도록 설정하시오.
▶ Left, Len 함수를 사용
▶ 표시 예 : 900216-2******

주희쌤Tip

액세스 개요(84번)에서 배웠던 부분입니다.
- 보고서 머리글 : 보고서의 첫 페이지 상단에 한 번 표시(로고, 제목, 날짜 등)
- 페이지 머리글 : 보고서의 모든 페이지 상단에 표시(열 제목 등)
- 그룹 머리글 : 그룹이 지정될 경우 그룹의 상단에 반복적으로 표시(그룹의 이름, 요약 정보 등)
- 본문 : 실제 데이터가 반복적으로 표시
- 그룹 바닥글 : 그룹이 지정될 경우 그룹의 하단에 반복적으로 표시(그룹의 요약 정보 등)
- 페이지 바닥글 : 보고서의 모든 페이지 하단에 표시(날짜, 페이지 번호 등)
- 보고서 바닥글 : 페이지 바닥글이 인쇄되기 전에 보고서의 마지막 페이지에 한 번 표시(총 요약 등)

따라하기 1

① [탐색] 창 보고서 목록의 <하반기> 보고서에서 마우스 오른쪽 버튼을 누른 후 [디자인 보기] 명령을 클릭합니다.

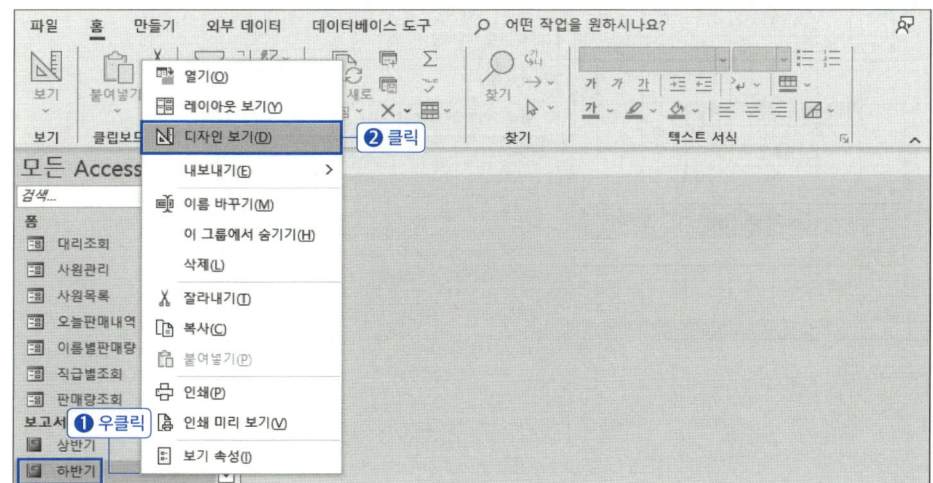

② 용지 방향을 가로로 변경하기 위해 [페이지 설정] 탭-[페이지 레이아웃] 그룹-[가로]를 클릭합니다.

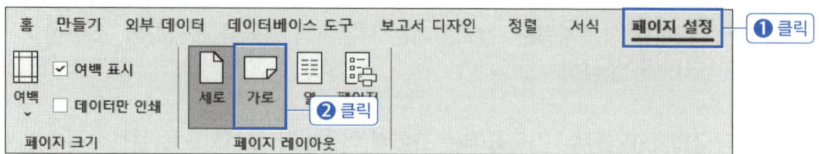

따라하기 ②

① [보고서 디자인] 탭-[컨트롤] 그룹-[레이블](*가가*)을 클릭한 후 첫 페이지에 한 번만 표시하기 위해 '보고서 머리글' 구역에 드래그하여 레이블을 생성합니다.

> **주희쌤 Tip**
> 액세스 개요(52번)에서 배웠던 부분입니다.
> '레이블'은 필드와 연결되는 컨트롤도 아니고 계산이 되는 컨트롤도 아니기 때문에 입력한 글자가 그대로 표시됩니다.

> **주희쌤 Tip**
> 제목은 필드와 연결되는 것도 아니고 계산이 되는 것도 아니므로 레이블 컨트롤로 만들어야 합니다.

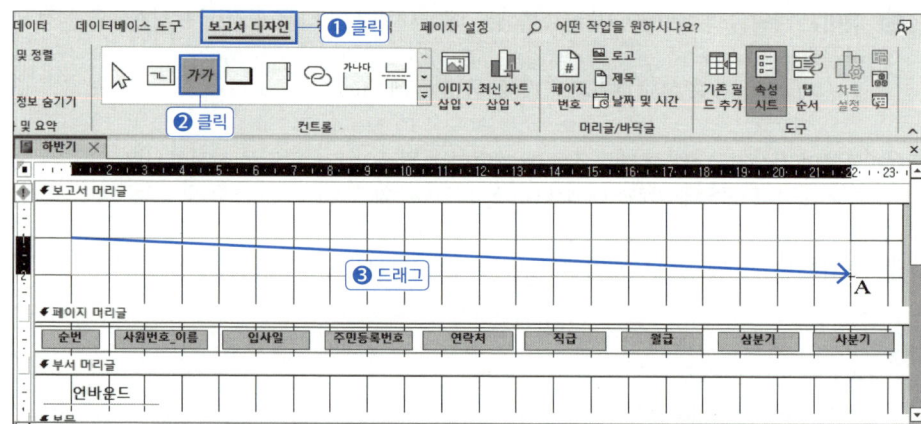

② 커서가 나타나면 '이주희 회사 하반기 판매현황'을 입력한 Enter 를 눌러 입력을 완료합니다.

③ 선택한 컨트롤의 [속성 시트] 창에서 [기타] 탭의 '이름' 입력란에 'LBL제목'을 입력하고 Enter 를 눌러 입력을 완료합니다.

> **주희쌤 Tip**
> 문제에 '캡션'은 '이주희 회사 하반기 판매현황'이라고 제시되어도 같은 방법으로 컨트롤에 입력합니다.
> '캡션'은 표시되는 텍스트로 '이름'과 다릅니다.
> (예를 들어, '주희쌤'으로 표시되어 있지만 진짜 이름은 '이주희'이니까요.)

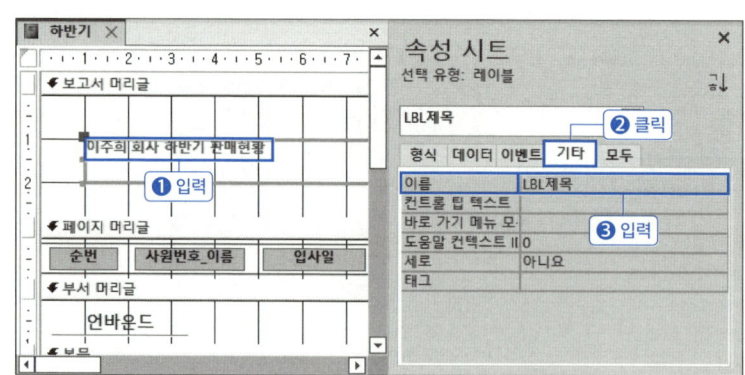

④ 이어서 [속성 시트] 창에서 [형식] 탭의 '글꼴 이름' 입력란에 '굴림', '글꼴 크기' 입력란에 '18', '텍스트 맞춤' 입력란에 '가운데'를 지정합니다.

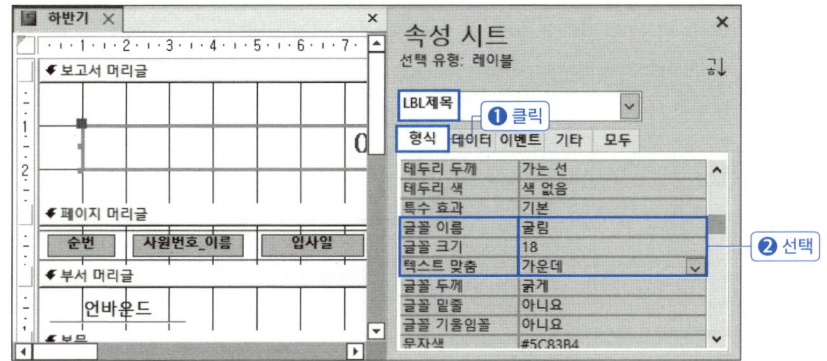

① [보고서 디자인] 탭-[그룹화 및 요약] 그룹-[그룹화 및 정렬]을 클릭합니다.

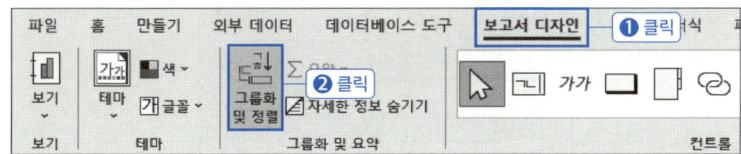

② [그룹, 정렬 및 요약] 창이 나타나면 [부서] 필드의 정렬을 '오름차순'으로 변경하고 '자세히'를 클릭하여 메뉴를 확장합니다.

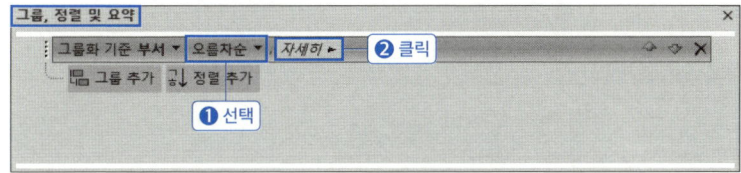

③ '같은 페이지에 표시 안 함'을 '전체 그룹을 같은 페이지에 표시'로 변경합니다.

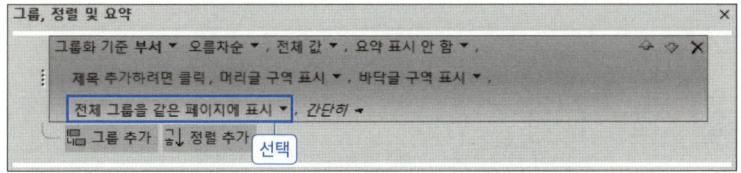

④ 동일한 부서 내에서 입사일을 정렬하기 위해 [정렬 추가] 단추를 클릭합니다.

⑤ [입사일] 필드를 선택한 후 정렬이 '오름차순'인지 확인합니다.

⑥ 닫기(✕)를 클릭해 [그룹, 정렬 및 요약] 창을 닫습니다.

> **주희쌤 Tip**
>
> 아래 네 개의 문제는 풀이 방법이 모두 같습니다.
>
> 문 '부서' 필드를 기준으로 오름차순 정렬하고, 동일한 '부서' 필드 내에서는 '입사일'을 기준으로 오름차순 정렬되어 표시되도록 속성을 설정하시오.
>
> 문 '부서' 필드를 기준으로 오름차순, '입사일' 필드를 기준으로 오름차순 정렬되어 표시하도록 설정하시오.
>
> 문 '부서'와 '입사일'을 기준으로 오름차순 정렬하시오.
>
> 문 1차적으로 '부서' 필드를 기준으로 오름차순, 2차적으로 '입사일'을 기준으로 오름차순으로 정렬되도록 설정하시오.

 따라하기 ④

① '본문' 구역의 'txt순번' 컨트롤을 클릭한 후 선택한 컨트롤의 [속성 시트] 창에서 [데이터] 탭의 '컨트롤 원본' 입력란에 '=1'을 입력하고 Enter 를 눌러 입력을 완료합니다.

> **주희쌤 Tip**
> 폼(문제유형1 4번)에서 배웠던 부분입니다.
> '=' 없이 입력하면 필드 이름으로 인식되므로 필드 이름이 아닌 경우 '='을 먼저 입력하세요.

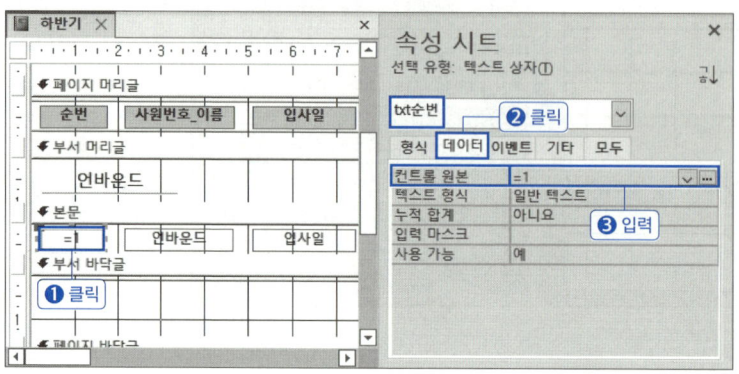

② 이어서 '누적 합계' 목록 단추(∨)를 클릭해 '그룹'을 선택합니다.

> **주희쌤 Tip**
> 그룹에 상관이 없이 일련번호를 표시하라고 제시된다면 '누적 합계'를 '모두'로 지정하세요.

> **주희쌤 Tip**
> 🖩 'txt누적주문수량'에 주문수량의 누적 합계를 계산하시오.
> → 'txt누적주문수량'에 '주문수량'을 바운드하고 누적 합계를 지정하세요.

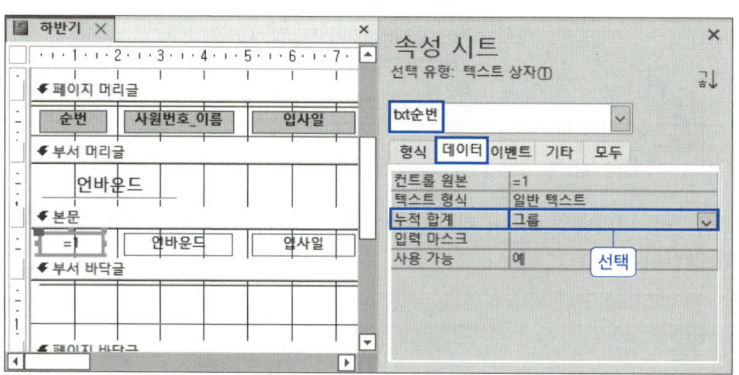

 따라하기 ⑤

① '부서 머리글' 구역의 'txt부서' 컨트롤을 클릭한 후 선택한 컨트롤의 [속성 시트] 창에서 [데이터] 탭의 '컨트롤 원본' 입력란에 '=부서 & "(" & 부서명 & ")"'을 입력합니다.

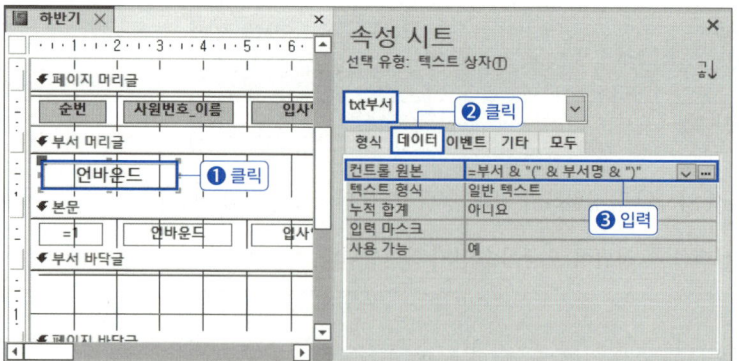

② Enter 를 누르면 '=[부서] & "(" & [부서명] & ")"'로 변경된 것을 확인할 수 있습니다.

 따라하기 6

① '본문' 구역의 'txt사원번호이름' 컨트롤을 클릭한 후 선택한 컨트롤의 [속성 시트] 창에서 [데이터] 탭의 '컨트롤 원본' 입력란에 '=사원번호 & "_" & 이름'을 입력합니다.

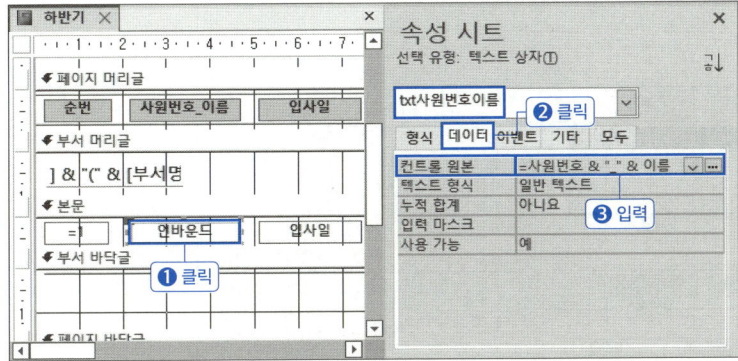

② Enter 를 누르면 '=[사원번호] & "_" & [이름]'으로 변경된 것을 확인할 수 있습니다.

 따라하기 7

① '본문' 구역의 'txt삼분기' 컨트롤을 클릭한 후 선택한 컨트롤의 [속성 시트] 창에서 [데이터] 탭의 '컨트롤 원본' 입력란에 '삼분기'를 입력합니다.

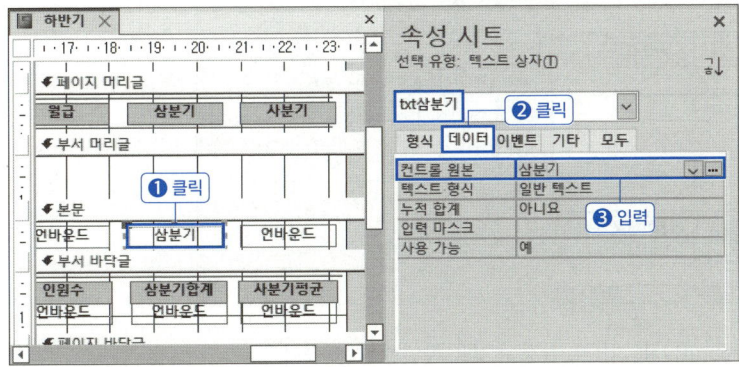

② '본문' 구역의 'txt사분기' 컨트롤을 클릭한 후 선택한 컨트롤의 [속성 시트] 창에서 [데이터] 탭의 '컨트롤 원본' 입력란에 '사분기'를 입력합니다.

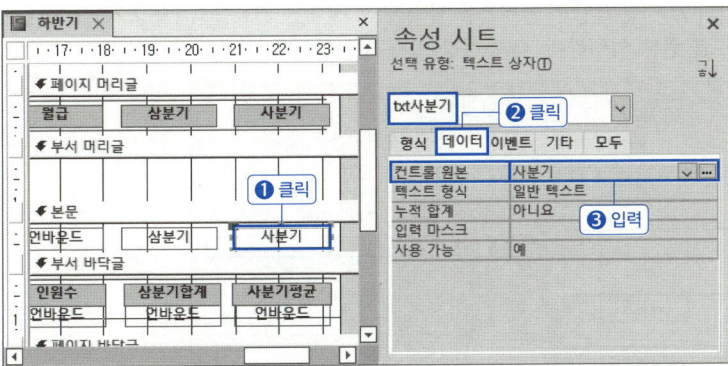

> **주희쌤 Tip**
>
> 8번 문제는 그룹의 일부 데이터가 다음 페이지로 넘어가도 '그룹 머리글' 구역이 한 번 더 표시되게 하라는 의미입니다.

따라하기 ⑧

① '부서 머리글' 구역을 클릭한 후 선택한 구역의 [속성 시트] 창에서 [형식] 탭의 '반복 실행 구역' 목록 단추(∨)를 클릭해 '예'를 선택합니다.

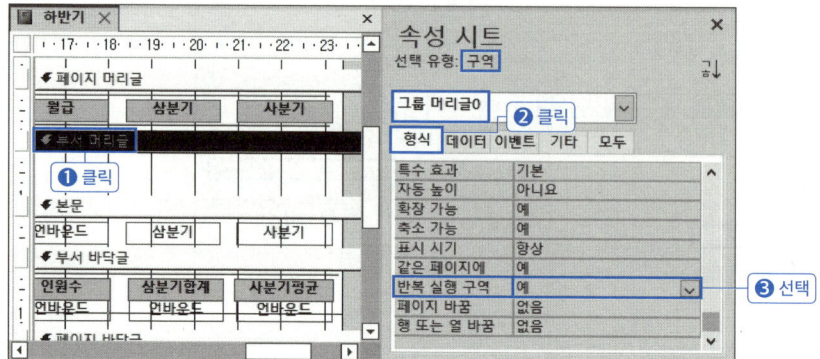

따라하기 ⑨

① '부서 바닥글' 구역의 'txt삼분기합계' 컨트롤을 클릭한 후 선택한 컨트롤의 [속성 시트] 창에서 [데이터] 탭의 '컨트롤 원본' 입력란에 '=sum(삼분기)'를 입력합니다.

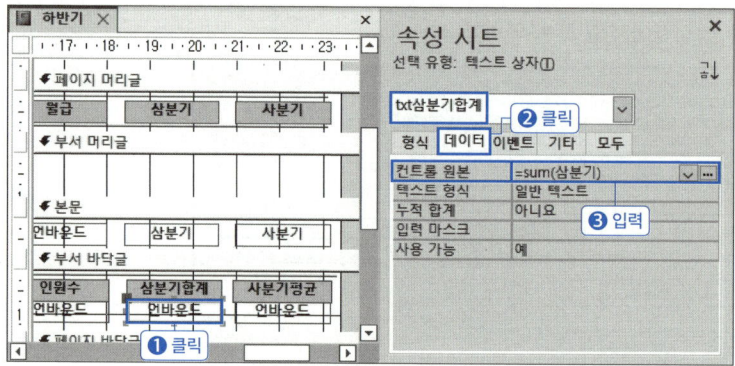

② 를 누르면 '=Sum([삼분기])'로 변경된 것을 확인할 수 있습니다.

따라하기 ⑩

① '부서 바닥글' 구역의 'txt사분기평균' 컨트롤을 클릭한 후 선택한 컨트롤의 [속성 시트] 창에서 [데이터] 탭의 '컨트롤 원본' 입력란에 '=avg(사분기)'를 입력합니다.

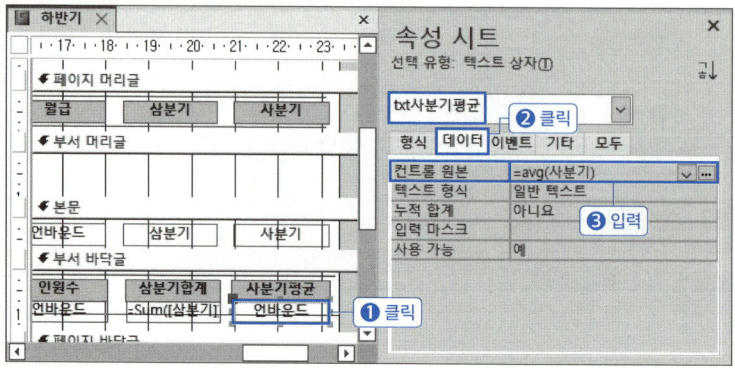

② Enter 를 누르면 '=Avg([사분기])'로 변경된 것을 확인할 수 있습니다.

③ 이어서 [속성 시트] 창에서 [형식] 탭의 '소수 자릿수' 입력란에 '1'을 입력하고 Enter 를 눌러 입력을 완료합니다.

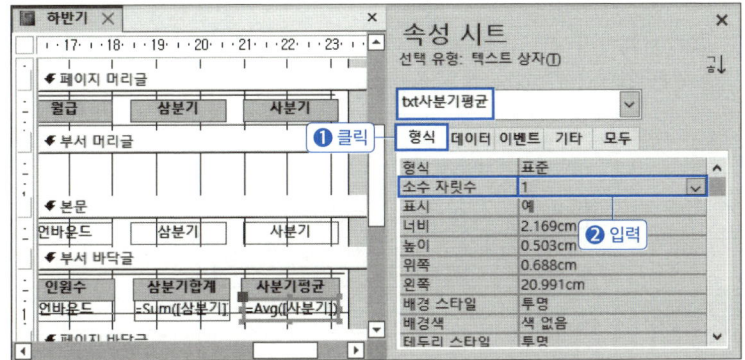

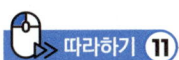

① '부서 바닥글' 구역의 'txt인원수' 컨트롤을 클릭한 후 선택한 컨트롤의 [속성 시트] 창에서 [데이터] 탭의 '컨트롤 원본' 입력란에 '=count(*)'을 입력합니다.

> ★ 주희쌤Tip
>
> 'txt인원수'는 그룹 바닥글 구역에 있으므로 그룹의 개수를 셉니다.

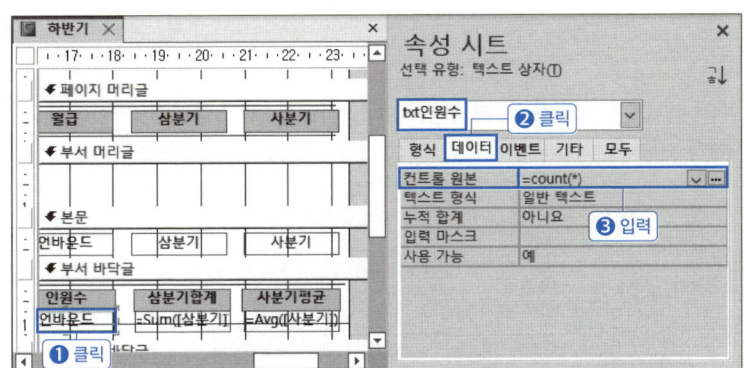

② Enter 를 누르면 '=Count(*)'로 변경된 것을 확인할 수 있습니다.

① '페이지 바닥글' 구역의 'txt날짜' 컨트롤을 클릭한 후 선택한 컨트롤의 [속성 시트] 창에서 [데이터] 탭의 '컨트롤 원본' 입력란에 '=format(now(),"yy년 mm월 dd일 (aaa) hh:nn:ss")'을 입력합니다.

> ★ 주희쌤Tip
>
> Format 함수를 사용할 수 없다면 [데이터] 탭의 '컨트롤 원본'에 '=Now()'을 입력하고, [형식] 탭의 '형식'에 'yy년 mm월 dd일 (aaa) hh:nn:ss'을 입력합니다.

> ★ 주희쌤Tip
>
> 엑셀(셀 서식)에서 배웠던 부분입니다.
>
> | 형식 | 적용 후 |
> |---|---|
> | mmm | Jan |
> | mmmm | January |
> | ddd | Wed |
> | dddd | Wednesday |
> | aaa | 수 |
> | aaaa | 수요일 |

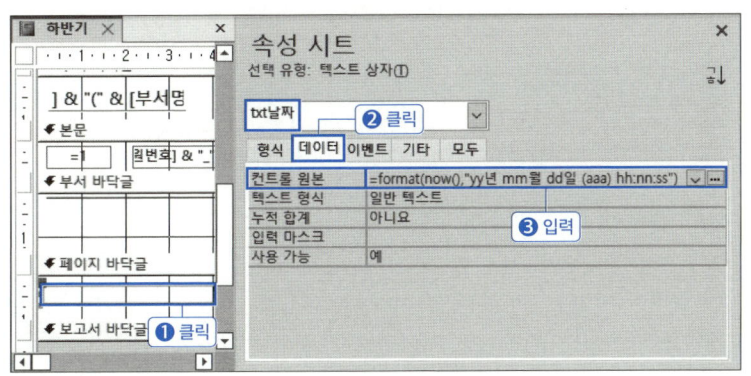

② 를 누르면 '=Format(Now(),"yy""년 ""mm""월 ""dd""일 (""aaa) hh:nn:ss")'로 변경된 것을 확인할 수 있습니다.

따라하기 13

① '페이지 바닥글' 구역의 'txt페이지' 컨트롤을 클릭한 후 선택한 컨트롤의 [속성 시트] 창에서 [데이터] 탭의 '컨트롤 원본' 입력란에 '=page & "/" & pages & "쪽"'을 입력합니다.

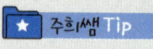

페이지 번호에 대한 예

- 4중의 1페이지
- =Pages & "중의 " & Page & "페이지"

- 현재 1페이지
- ="현재 " & Page & "페이지"

- 현재004페이지
- = Format(Page, "현재000페이지")

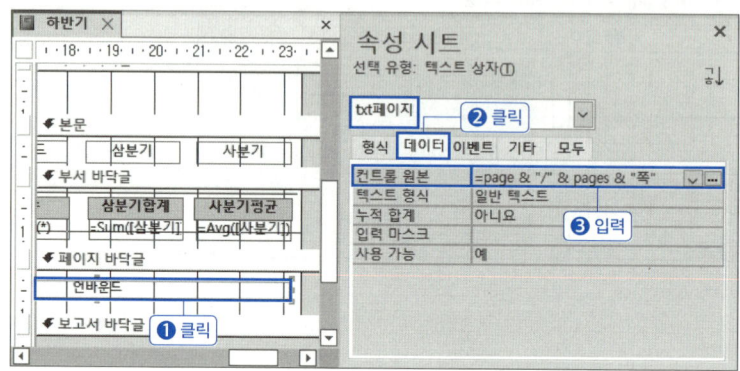

② 를 누르면 '=[Page] & "/" & [Pages] & "쪽"'으로 변경된 것을 확인할 수 있습니다.

따라하기 14

① '본문' 구역의 'txt월급' 컨트롤을 클릭한 후 선택한 컨트롤의 [속성 시트] 창에서 [데이터] 탭의 '컨트롤 원본' 입력란에 '=dlookup("월급","직급별월급","직급=txt직급")'을 입력합니다.

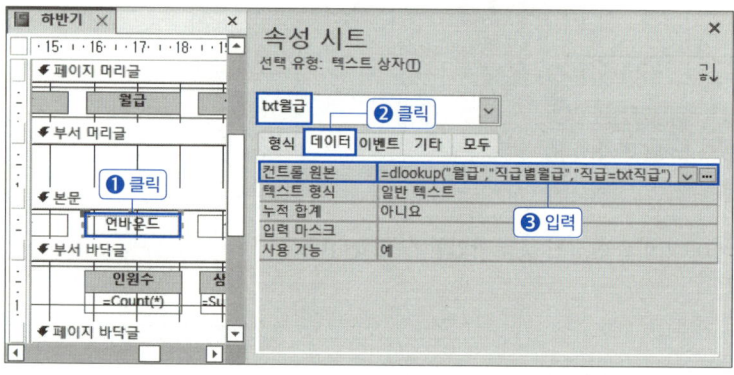

② Enter를 누르면 '=DLookUp("월급","직급별월급","직급=txt직급")'으로 변경된 것을 확인할 수 있습니다.

 따라하기 15

① '부서 바닥글' 구역을 클릭한 후 선택한 구역의 [속성 시트] 창에서 [형식] 탭의 '페이지 바꿈' 목록 단추(▼)를 클릭해 '구역 후'를 선택합니다.

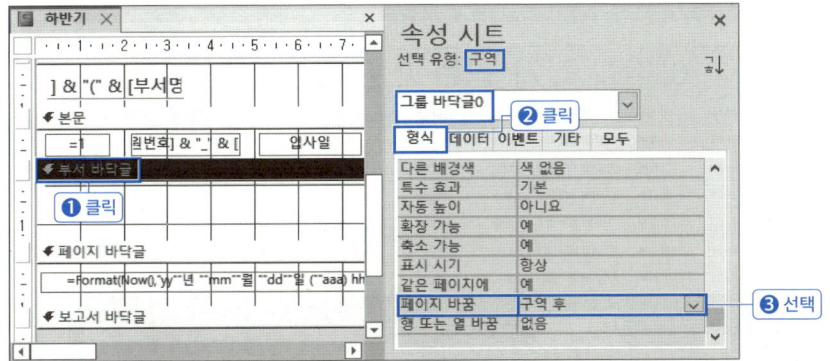

> **주희쌤 Tip**
> 15번과 같습니다.
> 📖 부서별로 서로 다른 페이지에 인쇄하도록 설정하시오.

> **주희쌤 Tip**
> 그룹별로 서로 다른 페이지에 출력하려면 '그룹 머리글'을 선택할 경우 '페이지 바꿈'을 '구역 전'으로 지정하고, '그룹 바닥글'을 선택할 경우 '페이지 바꿈'을 '구역 후'로 지정해야 합니다.

1 페이지	A 그룹 머리글
	본문
	본문
	본문
	A 그룹 바닥글
	(이후에 페이지 바뀜)
2 페이지	(이전에 페이지 바뀜)
	B 그룹 머리글
	본문
	본문
	본문
	B 그룹 바닥글

 따라하기 16

① '본문' 구역의 'txt주민등록번호' 컨트롤을 클릭한 후 선택한 컨트롤의 [속성 시트] 창에서 [데이터] 탭의 '컨트롤 원본' 입력란에 '=left(주민등록번호,len(주민등록번호)-6) & "******"'를 입력합니다.

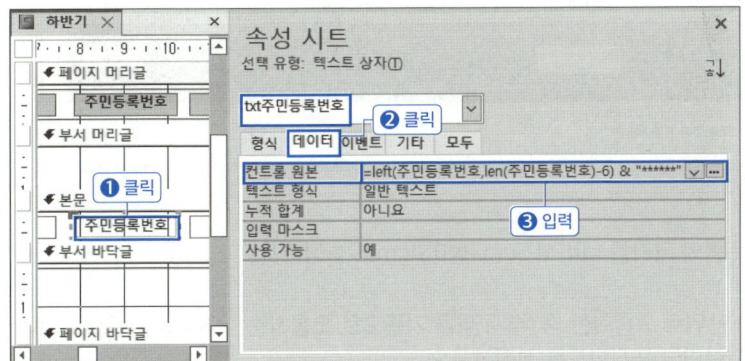

> **주희쌤 Tip**
> 엑셀(함수7 시트 40번)에서 배웠던 부분입니다.
> 사원번호의 첫 글자를 뺀 마지막 글자 : Right(사원번호, Len(사원번호)-1)

② Enter 를 누르면 '=Left([주민등록번호],Len([주민등록번호])-6) & "******"'로 변경된 것을 확인할 수 있습니다.

③ 저장(💾)을 클릭하고 닫기(✖)를 클릭해 작성한 보고서를 닫습니다.

> **주희쌤 Tip**
> Len 없이 Left 함수만 사용한다면 '=Left([주민등록번호],8) & "******"'을 입력합니다.

문제 유형 2 <상반기> 보고서를 다음의 화면과 지시사항에 따라 완성하시오.

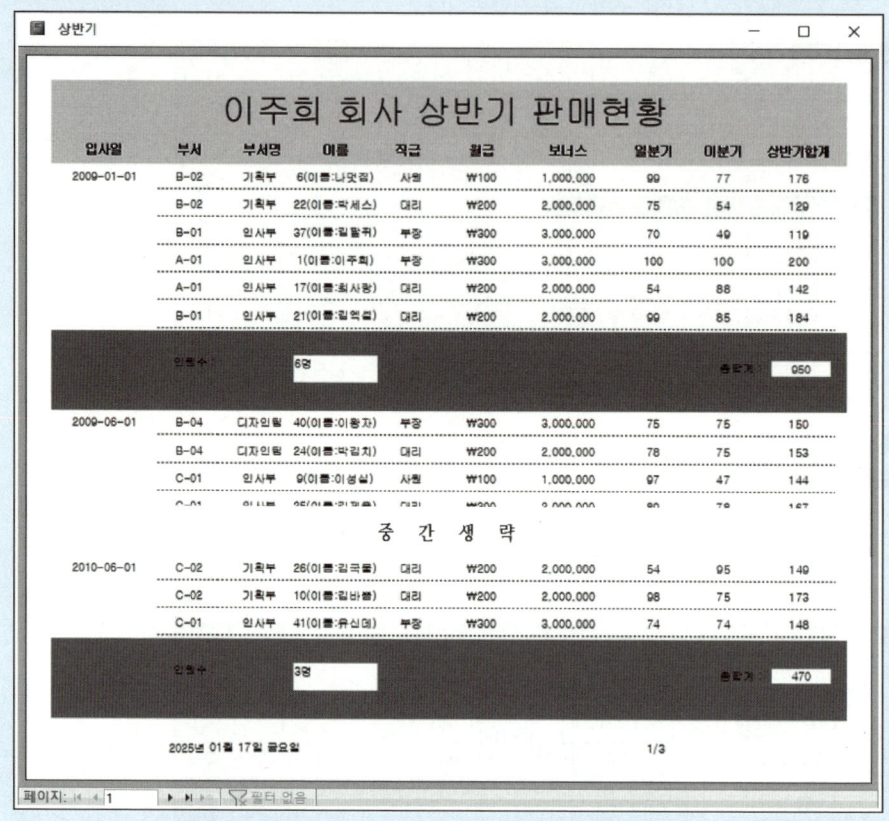

❶ 'lab제목' 컨트롤의 크기를 너비 11.5cm, 높이 1cm로 설정하시오.

❷ '입사일'을 월 단위로 그룹화한 후 '부서명'을 기준으로 오름차순, '직급'을 기준으로 내림차순으로 정렬되어 표시되도록 설정하시오.

❸ '보고서 머리글'에 표시되어 있는 제목(lab제목)을 매 페이지마다 인쇄되도록 이동하고 보고서 머리글 높이를 0으로 설정하시오.

❹ 그룹 바닥글만 표시하고, 그룹별 인원수가 표시되도록 다음과 같이 텍스트 상자를 추가하시오.
  ▶ 컨트롤 이름 : txt인원수
  ▶ 텍스트 상자는 컨트롤 원본과 형식을 이용하여 숫자 뒤에 '명'을 표시하고, 왼쪽 맞춤 지정
  ▶ 표시 예 : 인원수 : 6명
  ▶ 인원수가 0일 때 0이 표시되도록 설정할 것

❺ 입사일 바닥글 영역의 배경색을 '배경 어두운 머리글'로 지정한 후, 본문 영역에 있는 '입사일'의 값이 이전 레코드와 같은 경우에는 표시되지 않도록 설정하시오.
  ▶ 짝수 배경색은 '색 없음'으로 설정할 것

⑥ 페이지 바닥글 영역의 'txt페이지' 컨트롤에 페이지를 표시하시오.
- ▶ 홀수 쪽에만 페이지를 표시할 것 (IIF, MOD 함수 사용)
- ▶ 표시 예 : 1/4, 3/4

⑦ 'txt상반기합계' 컨트롤에는 '일분기+이분기'가 계산되어 표시되도록 설정하시오.

⑧ 'txt날짜' 컨트롤에는 오늘의 날짜를 <그림>과 같이 표시하시오.
- ▶ 오늘 날짜만을 표시하는 함수를 이용할 것
- ▶ 표시 예 : 2025년 01월 11일 목요일

⑨ 페이지 바닥글의 'txt총합계'를 그룹 바닥글로 이동하고 컨트롤에는 상반기합계의 합계가 표시되도록 설정하시오.

⑩ 본문의 'txt보너스' 컨트롤에는 '월급×10000'으로 계산하여 표시하고 '1,000,000'과 같이 천 단위 구분 기호가 표시되도록 속성을 설정하시오.

⑪ 본문의 'txt이름' 컨트롤에는 '사원번호'와 '이름'을 다음 지시사항대로 표시하시오.
- ▶ 표시 예 : 6(이름:나멋짐)

⑫ 본문의 각 레코드들 사이에 <그림>과 같이 점선이 표시되도록 선을 삽입하시오.
- ▶ 이름 : Line선

 따라하기 ①

① [탐색] 창 보고서 목록의 <상반기> 보고서에서 마우스 오른쪽 버튼을 누른 후 [디자인 보기] 명령을 클릭합니다.

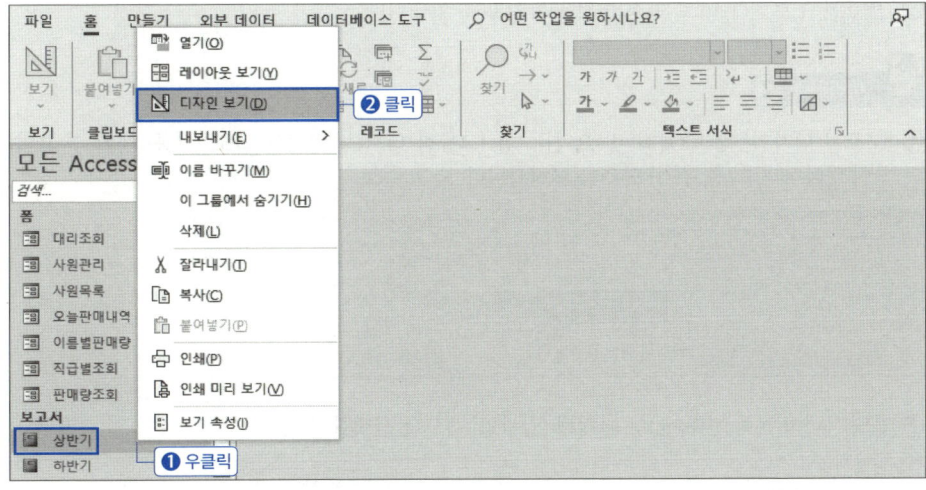

② '보고서 머리글' 구역의 'lab제목' 컨트롤을 클릭한 후 선택한 컨트롤의 [속성 시트] 창에서 [형식] 탭의 '너비' 입력란에 '11.5'를 입력합니다.

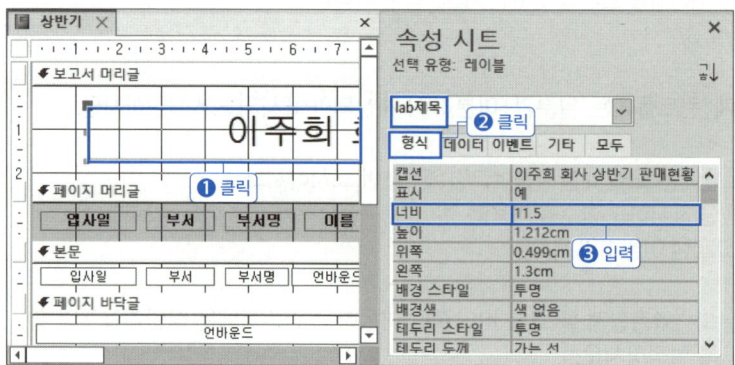

③ Enter 를 누르면 '11.501cm'로 변경된 것을 확인할 수 있습니다.

④ 이어서 '높이' 입력란에 '1'을 입력합니다.

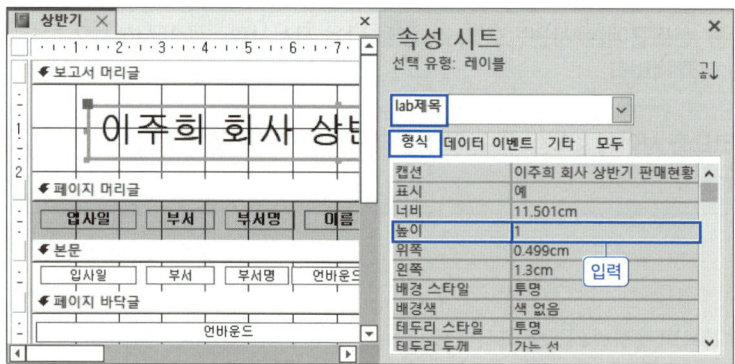

⑤ Enter 를 누르면 '1cm'로 변경된 것을 확인할 수 있습니다.

따라하기 ②

① [보고서 디자인] 탭-[그룹화 및 요약] 그룹-[그룹화 및 정렬]을 클릭하고 [그룹, 정렬 및 요약] 창이 나타나면 [그룹 추가] 단추를 클릭합니다.

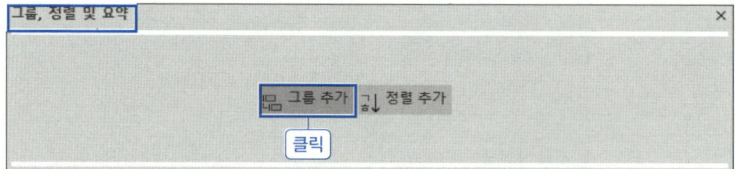

② 필드 선택의 목록 단추(▼)를 클릭해 [입사일] 필드를 선택합니다.

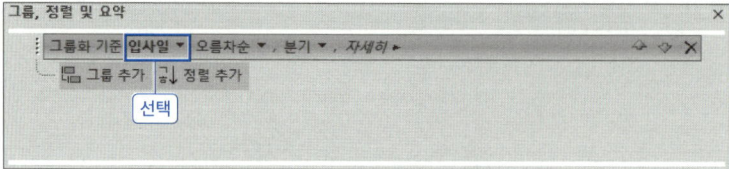

③ 입사일을 월 단위로 그룹화하기 위해 '분기'를 '월'로 변경합니다.

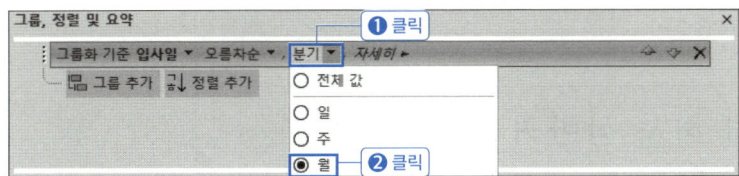

④ 동일한 입사일 내에서 부서명을 정렬하기 위해 [정렬 추가] 단추를 클릭한 후 [부서명] 필드를 선택하고 정렬이 '오름차순'인지 확인합니다.

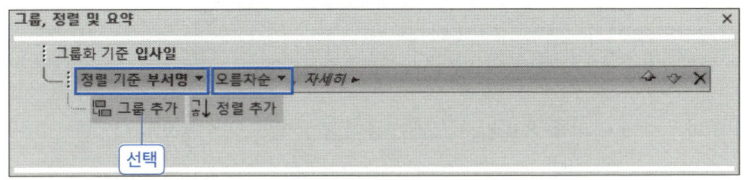

⑤ 동일한 부서명 내에서 직급을 정렬하기 위해 [정렬 추가] 단추를 클릭한 후 [직급] 필드를 선택하고 정렬을 '내림차순'으로 변경합니다.

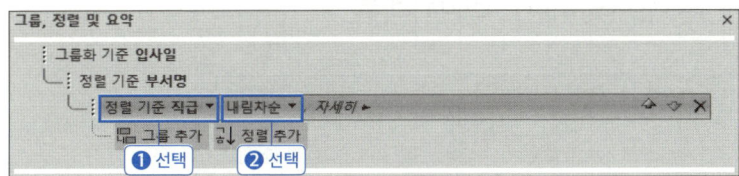

⑥ 닫기(✖)를 클릭해 [그룹, 정렬 및 요약] 창을 닫습니다.

① '페이지 머리글' 구역 아래에 마우스 포인터를 올려놓고 마우스 포인터 모양이 양방향 화살표(↕)가 되면 드래그하여 '페이지 머리글' 구역을 넓힙니다.

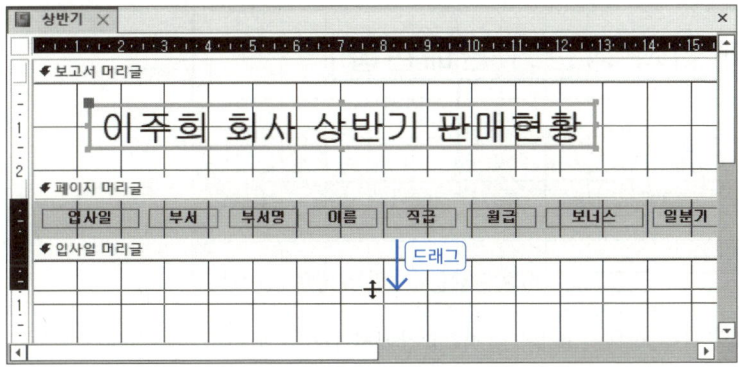

② '페이지 머리글' 구역의 눈금자 부분을 클릭해 모든 컨트롤을 선택합니다.

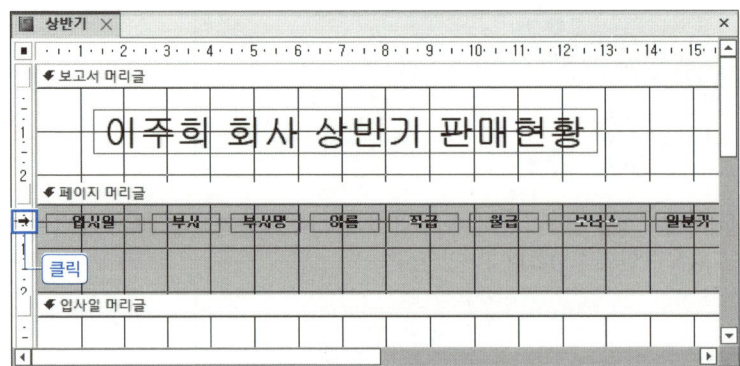

③ 선택한 컨트롤 위에 마우스 포인터를 올려놓고 드래그하여 조금 밑으로 이동합니다.

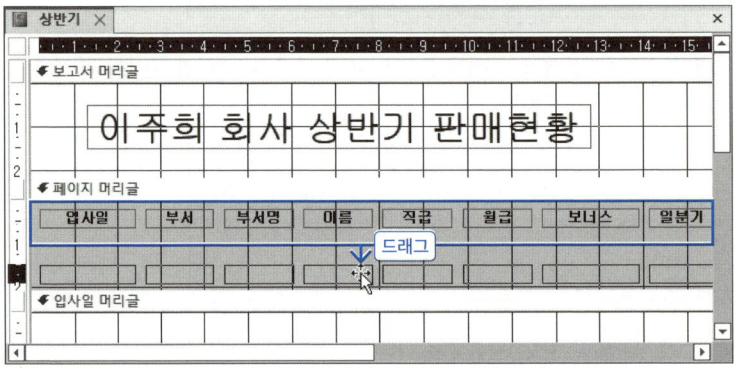

④ '보고서 머리글' 구역에 있는 'lab제목' 컨트롤을 드래그하여 '페이지 머리글' 구역의 빈 곳으로 이동합니다.

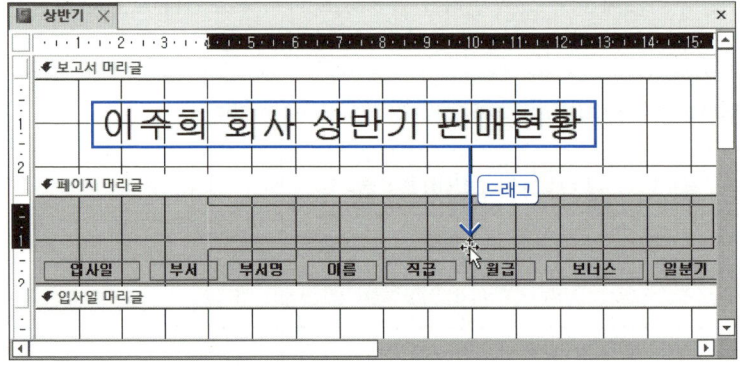

⑤ '보고서 머리글' 구역을 선택하고 [속성 시트] 창에서 [형식] 탭의 '높이' 입력란에 '0'을 입력합니다.

⑥ Enter 를 누르면 '0cm'로 변경된 것을 확인할 수 있습니다.

따라하기 ④

① [보고서 디자인] 탭-[그룹화 및 요약] 그룹-[그룹화 및 정렬]을 클릭합니다.

② [그룹, 정렬 및 요약] 창이 나타나면 [입사일] 필드의 '자세히'를 클릭하여 메뉴를 확장합니다.

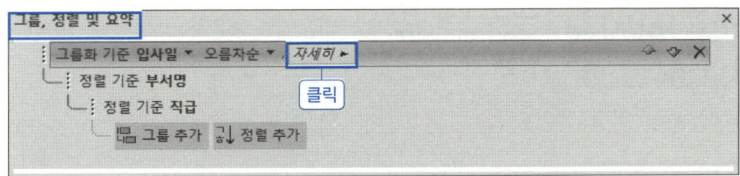

③ '머리글 구역 표시'를 '머리글 구역 표시 안 함'으로 변경하고, '바닥글 구역 표시 안 함'을 '바닥글 구역 표시'로 변경합니다.

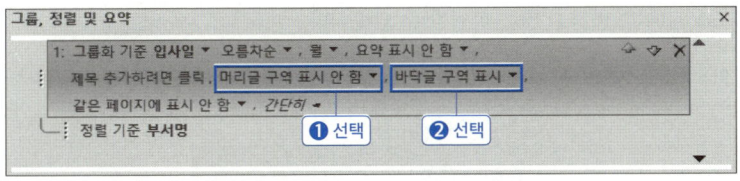

④ 본문 아래에 '입사일 바닥글' 구역이 나타나면 닫기(✕)를 클릭해 [그룹, 정렬 및 요약] 창을 닫습니다.

⑤ [보고서 디자인] 탭-[컨트롤] 그룹-[텍스트 상자](□)를 클릭하고 '입사일 바닥글' 구역에서 텍스트 상자를 삽입할 곳에 드래그합니다.

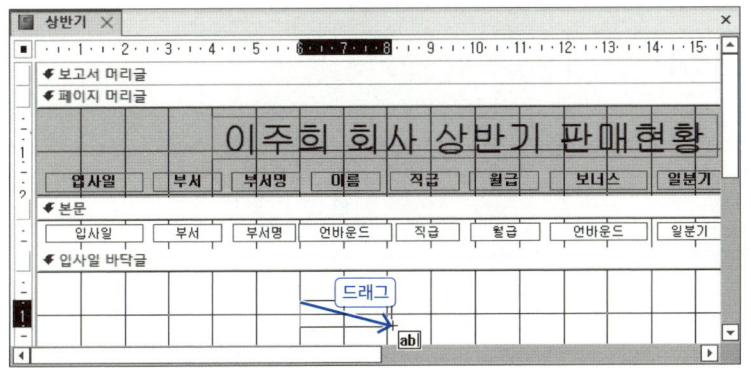

> **주희쌤 Tip**
> 그룹 바닥글만 표시되어야 하므로 그룹 머리글은 표시되지 않도록 설정합니다.

> **주희쌤 Tip**
> 텍스트 상자 생성 시 레이블도 함께 생성됩니다.

⑥ 생성된 텍스트 상자 컨트롤의 [속성 시트] 창에서 [기타] 탭의 '이름' 입력란에 'txt인원수'를 입력한 후 Enter를 누릅니다.

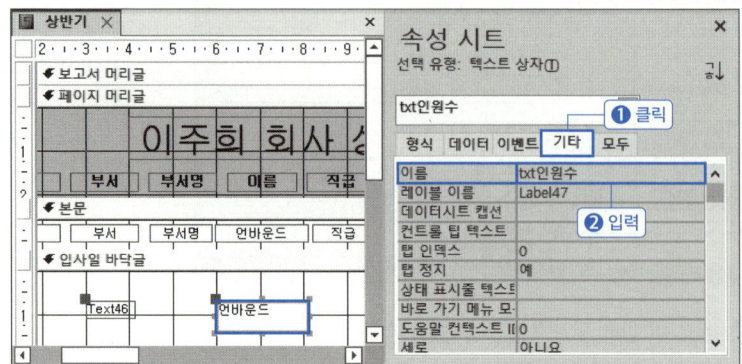

⑦ 이어서 [데이터] 탭의 '컨트롤 원본' 입력란에 '=count(*)'을 입력합니다.

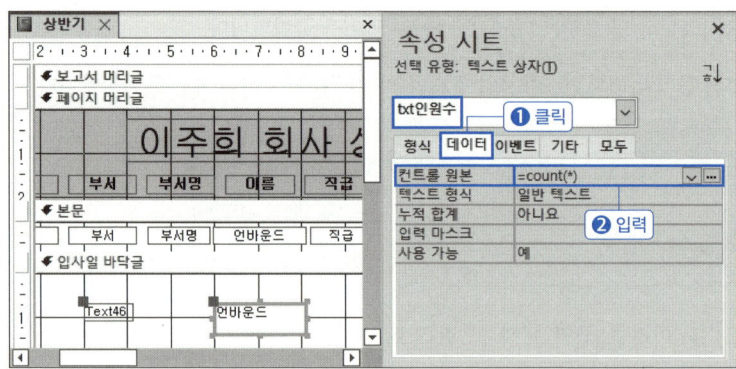

⑧ Enter를 누르면 '=Count(*)'로 변경된 것을 확인할 수 있습니다.

⑨ 이어서 [형식] 탭의 '텍스트 맞춤' 목록 단추(▼)를 클릭해 '왼쪽'을 선택하고, '형식' 입력란에 '0명'을 입력합니다.

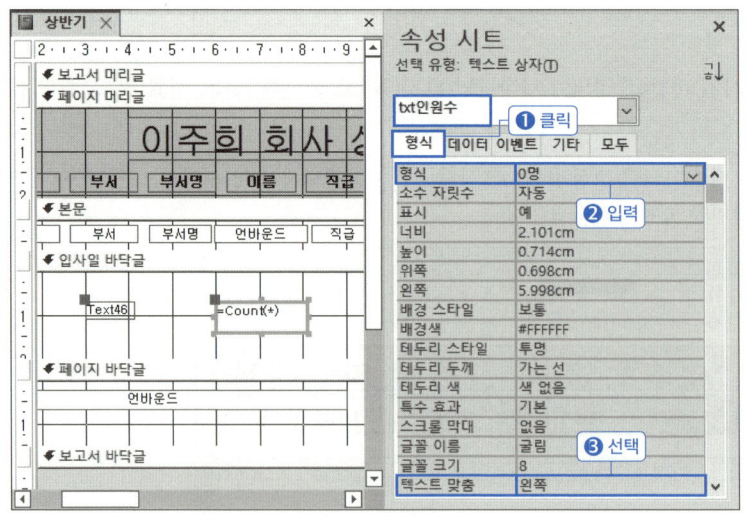

⑩ Enter를 누르면 '0₩명'으로 변경된 것을 확인할 수 있습니다.

⑪ 텍스트 상자와 함께 생성된 레이블에 '인원수 : '을 입력하고 Enter 를 눌러 입력을 완료합니다.

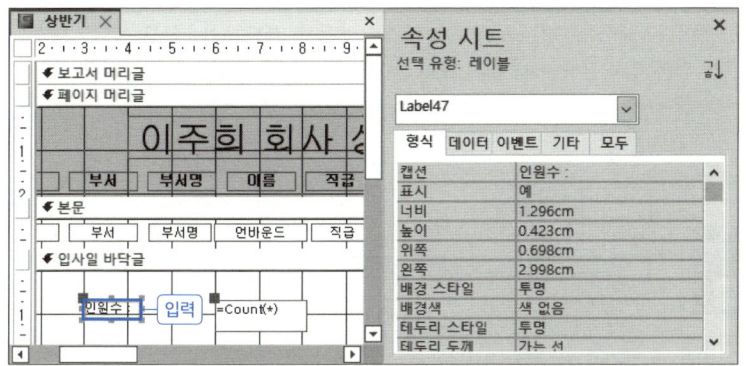

> **주희쌤 Tip**
> 인쇄 미리 보기로 전환하여 글자가 모두 안 보일 경우 컨트롤의 크기를 조금 늘리세요.

> **주희쌤 Tip**
> 레이블만 따로 이동하고자 할 때엔 레이블의 왼쪽 위 조절점을 드래그합니다.
>

① '입사일 바닥글' 구역을 클릭한 후 선택한 구역의 [속성 시트] 창에서 [형식] 탭의 '배경색' 목록 단추(☑)를 클릭해 '배경 어두운 머리글'을 선택합니다.

② 이어서 짝수 배경색을 설정하기 위해 '다른 배경색' 목록 단추(☑)를 클릭해 '색 없음'을 선택합니다.

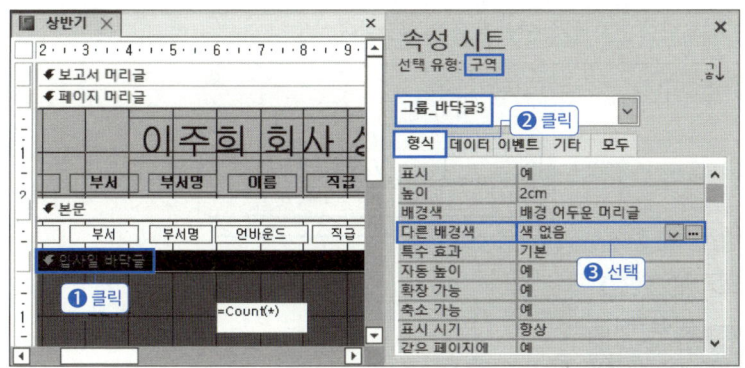

③ '본문' 구역의 'txt입사일' 컨트롤을 클릭한 후 선택한 컨트롤의 [속성 시트] 창에서 [형식] 탭의 '중복 내용 숨기기' 목록 단추(☑)를 클릭해 '예'를 선택합니다.

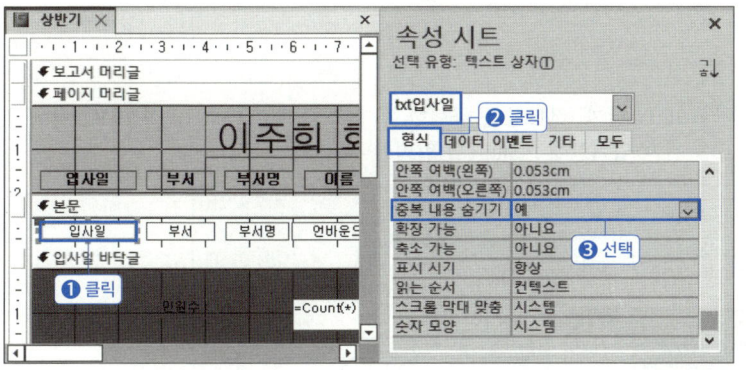

> **주희쌤 Tip**
> ⓠ 인쇄 미리 보기를 해 보니 배경색이 건너 띄어서 나와요.
> ⓐ 홀수 레코드의 배경색과 짝수 레코드의 배경색(다른 배경색)이 달라서 그렇습니다. 홀수 레코드의 배경색과 짝수 레코드의 배경색을 똑같이 설정하려면 [속성 시트] 창에서 [형식] 탭의 '다른 배경색'을 '색 없음'으로 지정하세요.

주희쌤 Tip
엑셀(조건부서식5 시트)에서 배웠던 부분입니다.

엑셀	MOD(number, divisor)
액세스	number MOD divisor

주희쌤 Tip

Ⓠ 저는 '1/3'이 아니라 '1/2'로 표시되고, 데이터도 더 많이 나와요.

Ⓐ 구역이나 컨트롤의 크기가 크면 한 페이지에 들어갈 데이터 양이 적어지고, 구역이나 컨트롤의 크기가 작으면 한 페이지에 들어갈 데이터양이 많아집니다. 기존에 있던 구역이나 컨트롤은 건드리지 말고 4번에서 생성한 '입사일 바닥글' 구역을 조금 늘려보세요. '1/2'가 아닌 '1 / 2'가 표시되는 것은 문제가 되지만 기존에 있던 구역이나 컨트롤의 크기를 변경하지 않고 전체 페이지 번호가 달라 보이는 것은 괜찮습니다.

① '페이지 바닥글' 구역의 'txt페이지' 컨트롤을 클릭한 후 선택한 컨트롤의 [속성 시트] 창에서 [데이터] 탭의 '컨트롤 원본' 입력란에 '=iif(page mod 2=0,"",page & "/" & pages)'을 입력합니다.

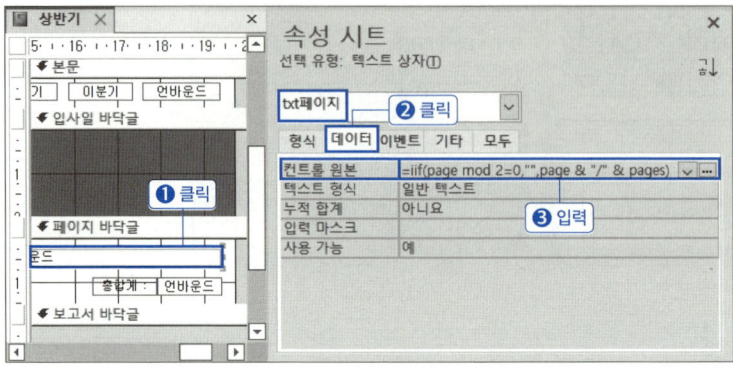

② Enter 를 누르면 '=IIf([Page] Mod 2=0,"",[Page] & "/" & [Pages])'로 변경된 것을 확인할 수 있습니다.

① '본문' 구역의 'txt상반기합계' 컨트롤을 클릭한 후 선택한 컨트롤의 [속성 시트] 창에서 [데이터] 탭의 '컨트롤 원본' 입력란에 '=일분기+이분기'를 입력합니다.

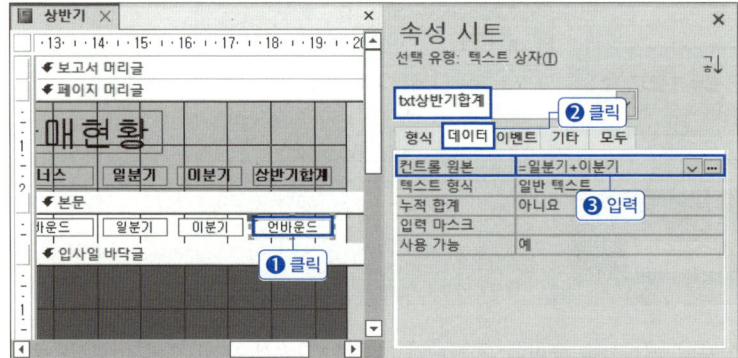

② Enter 를 누르면 '=[일분기]+[이분기]'로 변경된 것을 확인할 수 있습니다.

① '페이지 바닥글' 구역의 'txt날짜' 컨트롤을 클릭한 후 선택한 컨트롤의 [속성 시트] 창에서 [데이터] 탭의 '컨트롤 원본' 입력란에 '=date()'을 입력합니다.

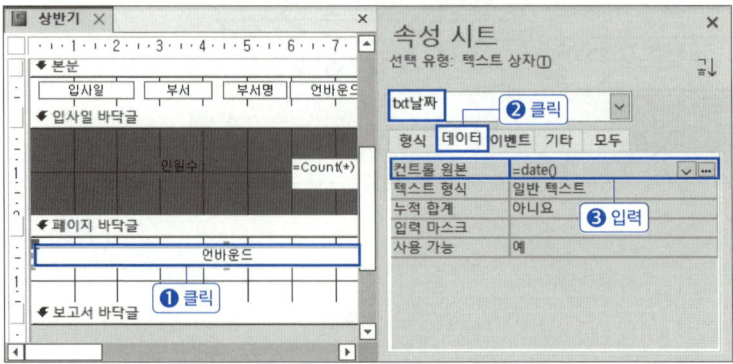

② Enter 를 누르면 '=Date()'로 변경된 것을 확인할 수 있습니다.

③ 이어서 [형식] 탭의 '형식' 입력란에 'yyyy년 mm월 dd일 aaaa'를 입력합니다.

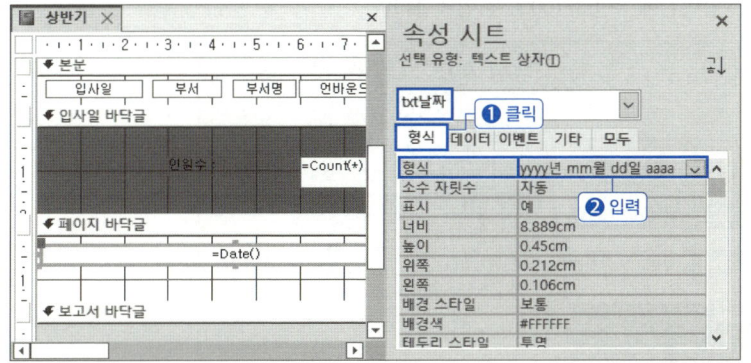

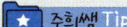 주희쌤 Tip

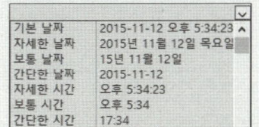

↑ '형식'의 목록 단추(▽)를 클릭하여 다양한 형식을 선택할 수도 있습니다.

④ Enter 를 누르면 'yyyy"년 "mm"월 "dd"일 "aaaa'로 변경된 것을 확인할 수 있습니다.

 따라하기 ⑨

① '페이지 바닥글' 구역의 'txt총합계' 컨트롤을 드래그하여 '입사일 바닥글' 구역으로 이동합니다.

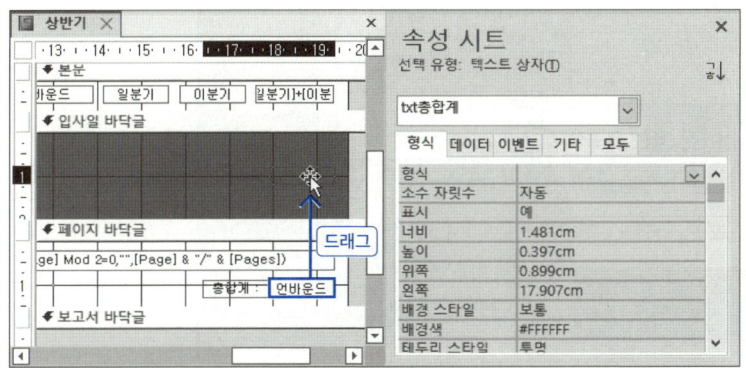

주희쌤 Tip

'=Sum([상반기합계])' 입력 시 '상반기합계'라는 필드가 보고서의 원본에 없으므로 [매개 변수 값 입력] 창이 표시됩니다.

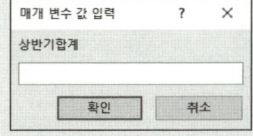

② 'txt총합계' 컨트롤의 [속성 시트] 창에서 [데이터] 탭의 '컨트롤 원본' 입력란에 '=sum(일분기+이분기)'를 입력합니다.

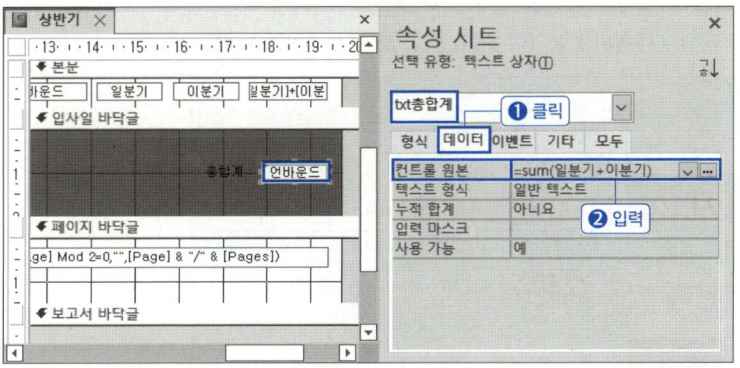

주희쌤 Tip

Q '=Sum([txt상반기합계])'은 안 되나요?
A 함수 안에 인수는 컨트롤 이름이 아닌 필드 이름으로 인식되어 계산 결과가 반환되지 않습니다. 다만 함수를 이용하지 않을 경우 컨트롤 이름으로 계산이 가능합니다.
예를 들어, '=[txt보너스]+[일분기]+[이분기]+[txt상반기합계]'는 아래와 같이 계산됩니다.

보너스	일분기	이분기	상반기합계	=[txt보너스]+[일분기]+[이분기]+[txt상반기합계]
1,000,000	99	77	176	1,000,352
2,000,000	75	54	129	2,000,258
3,000,000	70	49	119	3,000,238
3,000,000	100	100	200	3,000,400
2,000,000	54	88	142	2,000,284
2,000,000	99	85	184	2,000,368

③ Enter 를 누르면 '=Sum([일분기]+[이분기])'로 변경된 것을 확인할 수 있습니다.

 따라하기 10

① '본문' 구역의 'txt보너스' 컨트롤을 클릭한 후 선택한 컨트롤의 [속성 시트] 창에서 [데이터] 탭의 '컨트롤 원본' 입력란에 '=월급*10000'을 입력합니다.

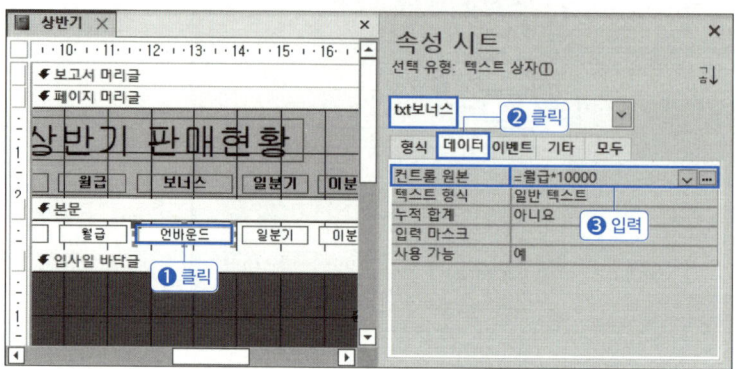

② Enter 를 누르면 '=[월급]*10000'으로 변경된 것을 확인할 수 있습니다.

③ 이어서 천 단위 구분 기호를 설정하기 위해 [형식] 탭의 '형식'에 '#,###'을 입력하고 Enter 를 눌러 입력을 완료합니다.

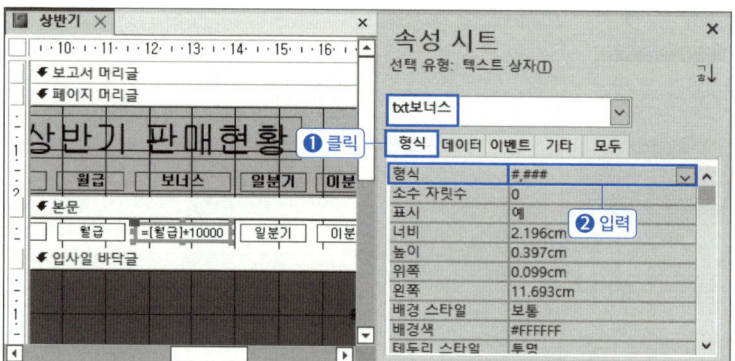

 따라하기 11

① '본문' 구역의 'txt이름' 컨트롤을 클릭한 후 선택한 컨트롤의 [속성 시트] 창에서 [데이터] 탭의 '컨트롤 원본' 입력란에 '=사원번호 & "(이름:" & 이름 & ")"'을 입력합니다.

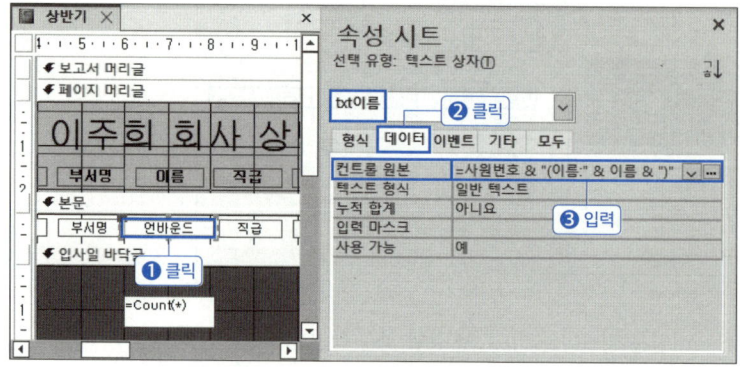

② Enter 를 누르면 '=[사원번호] & "(이름:" & [이름] & ")"'로 변경된 것을 확인할 수 있습니다.

 따라하기 12

① [보고서 디자인] 탭-[컨트롤] 그룹-[선](\)을 클릭합니다.

② '본문' 구역에서 선 컨트롤을 삽입할 곳에 드래그합니다.

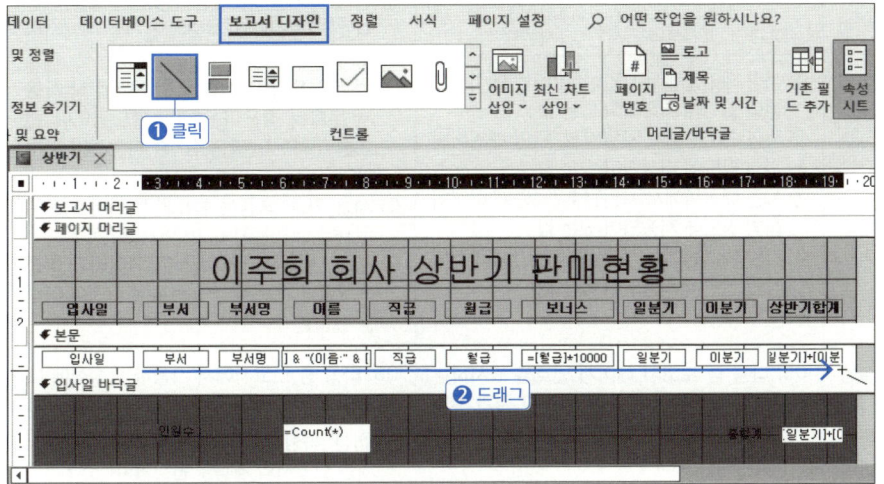

③ [속성 시트] 창에서 [형식] 탭의 '테두리 스타일' 목록 단추(∨)를 클릭해 '점선'을 선택합니다.

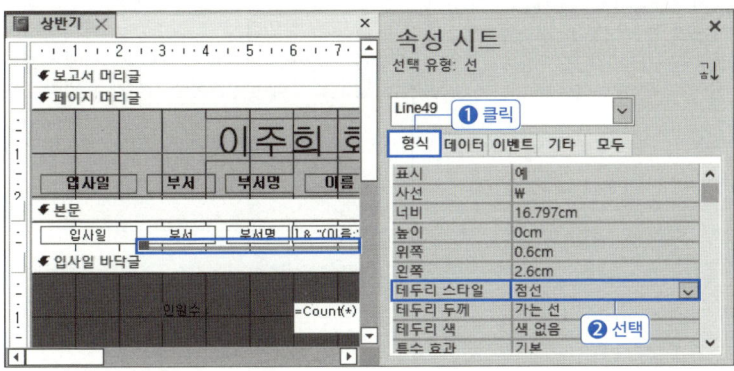

④ [속성 시트] 창에서 [기타] 탭의 '이름' 입력란에 'Line선'을 입력하고 Enter 를 눌러 입력을 완료합니다.

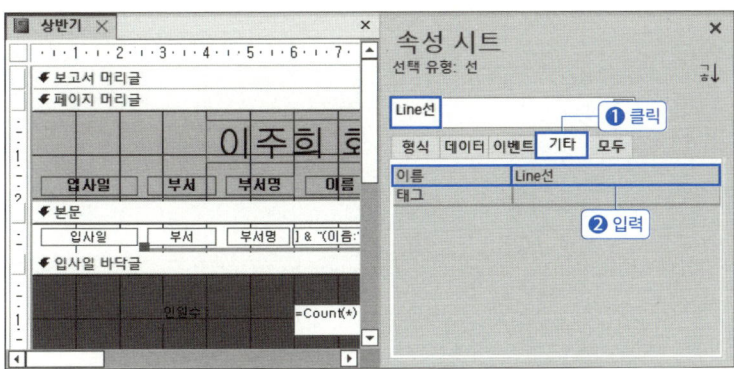

⑤ 저장(▤)을 클릭하고 닫기(✕)를 클릭해 작성한 보고서를 닫습니다.

관련 필기 문제

01. 아래와 같이 보고서의 그룹 바닥글에 도서의 총 권수와 정가의 합계를 인쇄하고자 한다. 다음 중 총 권수와 정가 합계 두 컨트롤의 수식으로 옳은 것은? 19년 1회 출제

출판사: 다림 [(02)860-2000]			
도서코드	도서명	저자	정가
A547	자전거 도둑	박완서	7000
A914	와인	김준철	25000
총 권수:	**2권**	정가합계:	**32000**

① =Count([정가]) & "권", =Total([정가])
② =CountA([정가]) & "권", =Sum([정가])
③ =CountA([도서명]) & "권", =Total([정가])
④ =Count(*) & "권", =Sum([정가])

02. 폼의 머리글에 아래와 같은 도메인 함수 계산식을 사용하는 컨트롤을 삽입하였다. 다음 중 계산 결과 값에 대한 설명으로 옳은 것은? 15년 1회 출제

=DLOOKUP("성명", "사원", "[사원번호]=1")

① 성명 테이블에서 사원번호가 1인 데이터의 성명 필드에 저장되어 있는 값
② 성명 테이블에서 사원번호가 1인 데이터의 사원 필드에 저장되어 있는 값
③ 사원 테이블에서 사원번호가 1인 데이터의 성명 필드에 저장되어 있는 값
④ 사원 테이블에서 사원번호가 1인 데이터의 사원 필드에 저장되어 있는 값

03. 다음 중 보고서에서 '텍스트 상자' 컨트롤의 속성 설정에 대한 설명으로 옳지 않은 것은? 20년 2회 출제

① '상태 표시줄 텍스트' 속성은 컨트롤을 선택했을 때 상태 표시줄에 표시할 메시지를 설정한다.
② '컨트롤 원본' 속성에서 함수나 수식 사용 시 문자는 작은따옴표('), 필드명이나 컨트롤 이름은 큰따옴표(")를 사용하여 구분한다.
③ '사용 가능' 속성은 컨트롤에 포커스를 이동시킬 수 있는지의 여부를 설정한다.
④ '중복 내용 숨기기' 속성은 데이터가 이전 레코드와 같을 때 컨트롤을 숨길지의 여부를 설정한다.

04. 다음 중 보고서의 보기 형태에 대한 설명으로 옳지 않은 것은? 20년 1회 출제

① [보고서 보기]는 출력되는 보고서를 화면 출력용으로 보여주며 페이지를 구분하여 표시한다.
② [디자인 보기]에서는 보고서에 삽입된 컨트롤의 속성, 맞춤, 위치 등을 설정할 수 있다.
③ [레이아웃 보기]는 출력될 보고서의 레이아웃을 보여주며 컨트롤의 크기 및 위치를 변경할 수도 있다.
④ [인쇄 미리 보기]에서는 종이에 출력되는 모양을 표시하며 인쇄를 위한 페이지 설정이 용이하다.

05. 다음 중 보고서 페이지 번호를 표시하는 컨트롤에 입력된 컨트롤 원본과 그 결과가 맞게 연결된 것을 모두 고른 것은? (단, 전체 페이지는 5페이지임) 15년 2회 출제

	컨트롤 원본	결과
ⓐ	="Page" & [Page] & "/" & [Pages]	1/5 Page
ⓑ	=[Page] & "페이지"	1페이지
ⓒ	=[Page] & "/" & [Pages] & "Page" Page	1/5
ⓓ	=Format([Page], "00")	01

① ⓐ, ⓑ, ⓒ
② ⓑ, ⓒ, ⓓ
③ ⓐ, ⓒ
④ ⓑ, ⓓ

06. 다음 중 보고서에서 사용하는 속성에 대한 설명으로 옳지 않은 것은? 22년 상시 출제

① '캡션' 속성을 사용해 제목 표시줄에 표시되는 보고서의 제목을 변경할 수 있다.
② '그림' 속성을 사용해 그림을 보고서의 배경으로 넣을 수 있다.
③ '컨트롤 원본' 속성을 사용해 계산 컨트롤을 만들 수 있다.
④ '레코드 원본' 속성을 사용해 보고서에 사용될 필드의 데이터 원본을 지정할 수 있다.

정답 01. ④ | 02. ③ | 03. ② | 04. ① | 05. ④ | 06. ④

관련 필기 문제

07. 다음 중 아래 보고서에 대한 설명으로 옳지 않은 것은?
20년 1회 출제

대리점명: 서울지점				
순번	모델명	판매날짜	판매량	판매단가
1	PC4203	2018-07-31	7	₩1,350,000
2		2018-07-23	3	₩1,350,000
3	PC4204	2018-07-16	4	₩1,400,000
		서울지점 소계 :		₩19,100,000

대리점명: 충북지점				
순번	모델명	판매날짜	판매량	판매단가
1	PC3102	2018-07-13	6	₩830,000
2		2018-07-12	4	₩830,000
3	PC4202	2018-07-31	4	₩1,300,000
4		2018-07-07	1	₩1,300,000
		충북지점 소계 :		₩14,800,000

① '모델명' 필드를 기준으로 그룹이 설정되어 있다.
② '모델명' 필드에는 '중복 내용 숨기기' 속성을 '예'로 설정하였다.
③ 지점별 소계가 표시된 텍스트 상자는 그룹 바닥글에 삽입하였다.
④ 순번은 컨트롤 원본을 '=1'로 입력한 후 '누적 합계' 속성을 '그룹'으로 설정하였다.

08. 다음 중 보고서의 [그룹, 정렬 및 요약] 창의 그룹 설정에 대한 설명으로 옳은 것을 모두 나열한 것은?
22년 상시 출제

ⓐ 그룹화란 특정한 필드의 값을 기준으로 데이터를 구분하여 표시하는 기능이다.
ⓑ 그룹 머리글과 그룹 바닥글을 이용하여 그룹별 요약 정보를 표시할 수 있다.
ⓒ 그룹으로 지정된 필드의 정렬 기준은 변경할 수 없으며, 기본적으로 오름차순으로 정렬된다.
ⓓ 그룹화를 하려면 그룹 머리글과 그룹 바닥글을 모두 선택해야 한다.
ⓔ 그룹화 할 필드가 날짜 데이터이면 전체 값(기본), 일, 주, 월, 분기, 연도 중 선택한 기준으로 그룹화 할 수 있다.

① ⓐ, ⓒ
② ⓑ, ⓓ
③ ⓐ, ⓑ, ⓒ
④ ⓐ, ⓑ, ⓔ

09. 다음 중 아래 보고서에 대한 설명으로 옳지 않은 것은? (단, 이 보고서는 전체 4페이지이며, 현재 페이지는 2페이지이다.)
14년 3회 출제

거래처별 제품목록				
거래처명	제품번호	제품이름	단가	재고량
맑은세상	15	아쿠아렌즈	₩50,000	22
	14	바슈롬렌즈	₩35,000	15
	20	C-BR렌즈	₩50,000	3
	제품수:	3	총재고량:	40
거래처명	제품번호	제품이름	단가	재고량
참아이	9	선글래스C	₩170,000	10
	7	선글래스A	₩100,000	23
	8	선글래스B	₩120,000	46

2/4

① '거래처명'을 표시하는 컨트롤은 '중복 내용 숨기기' 속성이 '예'로 설정되어 있다.
② '거래처명'에 대한 그룹 머리글 영역이 만들어져 있고, '반복 실행 구역' 속성이 '예'로 설정되어 있다.
③ '거래처명'에 대한 그룹 바닥글 영역이 설정되어 있고, 요약 정보를 표시하고 있다.
④ '거래처별 제품목록'이라는 제목은 '거래처명'에 대한 그룹 머리글 영역에 만들어져 있다.

10. 다음 중 보고서의 그룹 바닥글 구역에 '=COUNT(*)'를 입력했을 때 출력되는 결과로 옳은 것은?
19년 2회 출제

① Null 필드를 포함한 그룹별 레코드 개수
② Null 필드를 포함한 전체 레코드 개수
③ Null 필드를 제외한 그룹별 레코드 개수
④ Null 필드를 제외한 전체 레코드 개수

11. 다음 중 보고서 작성 시 페이지 번호 출력을 위한 식과 그 결과의 연결이 옳지 않은 것은? (Page, Pages 변수값은 각각 20과 80으로 설정되었다고 가정한다.)
16년 2회 출제

	식	결과값
①	=[Page]	20
②	=[Page] & " Page"	20 Page
③	=Format([Page],"000")	020
④	=[Page/Pages]	20/80

12. 아래와 같이 보고서 머리글의 텍스트 상자 컨트롤에 컨트롤 원본을 지정하였다. 다음 중 보고서 미리 보기를 실행하였을 때 표시되는 결과로 옳은 것은? (단, 오늘 날짜가 2013년 10월 4일 금요일이라고 가정한다.)
13년 3회 출제

=Format(Date(),"mmm")

① Oct
② 10월
③ 10
④ Fri

13. 다음 중 테이블에 입력된 날짜 필드의 값을 '2015-10-13'과 같은 형식으로 표시하고자 할 때 테이블의 디자인 보기에서 지정해야 할 '형식' 속성 값으로 옳은 것은?
15년 3회 출제

① 기본 날짜
② 자세한 날짜
③ 보통 날짜
④ 간단한 날짜

14. 다음 중 보고서의 '레코드 원본'으로 사용할 수 없는 것은?
22년 상시 출제

① 연결 테이블
② SQL 문
③ 쿼리
④ 수식

정답 07. ① | 08. ④ | 09. ④ | 10. ① | 11. ④ | 12. ① | 13. ④ | 14. ④

컴퓨터활용능력 1급 실기 2권 데이터베이스

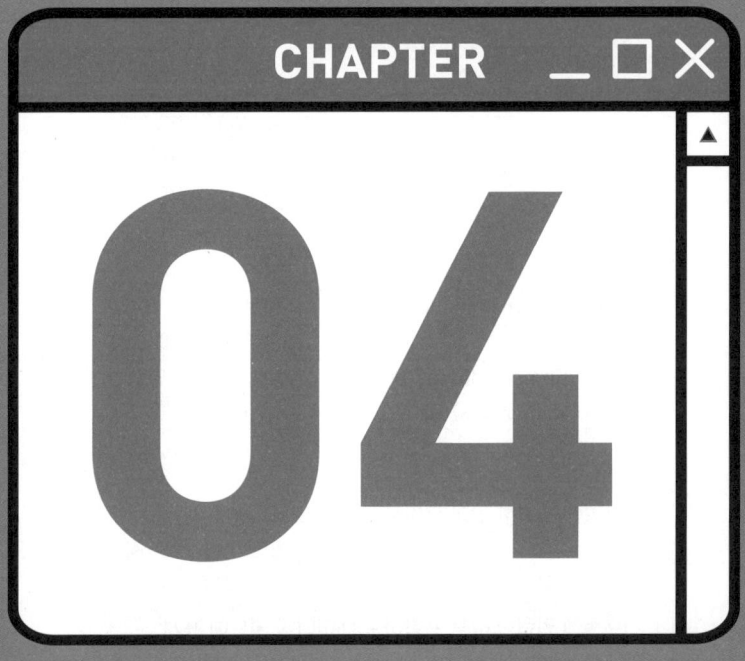

모듈

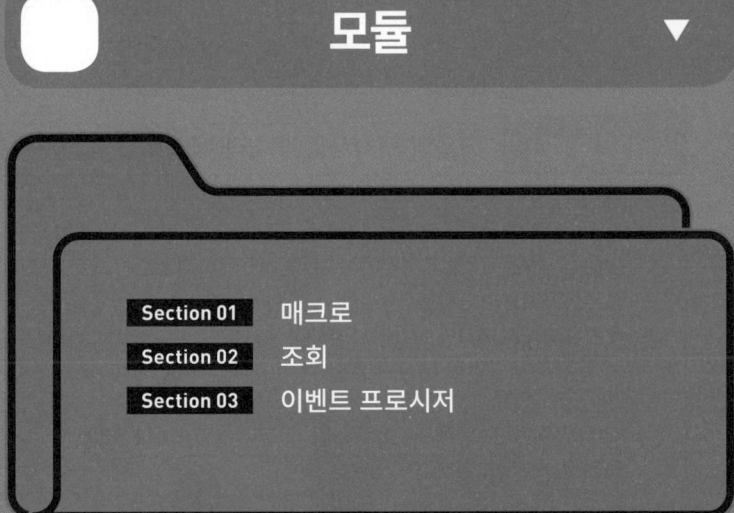

Section 01 매크로
Section 02 조회
Section 03 이벤트 프로시저

SECTION 01 매크로

- 매크로는 액세스의 반복적으로 수행되는 작업을 자동화하고 폼이나 보고서의 컨트롤에 기능들을 미리 정의하여 사용할 수 있도록 하는 도구입니다. 특정 컨트롤을 클릭했을 때 작성한 매크로가 수행되도록 하겠습니다.
- 준비파일 : 컴활1급 \ 액세스 \ 1급액세스(예제) \ 4장_01. 매크로.accdb

> **주희쌤 Tip**
> 주희쌤 Tip은 꼼꼼히 모두 보세요.

> **주희쌤 Tip**
> 매크로는 5점짜리 1문제가 출제됩니다. 목표 점수는 5점으로 매크로를 잘 공부해놓으면 이벤트 프로시저 섹션을 좀 더 수월하게 할 수 있습니다.

> **주희쌤 Tip**
> 파일을 열었을 때 '보안 경고'가 표시되면 '콘텐츠 사용'을 클릭하세요.

이것만 외우면 매크로 작성 반은 해결!

매크로 함수	
OpenReport	보고서 열기
OpenForm	폼 열기
CloseWindow(Close)	닫기
GoToRecord	레코드 이동
GoToControl	컨트롤 이동
ApplyFilter	필터 적용
ExportWithFormatting(OutputTo)	내보내기
ShowAllRecords	모든 레코드를 표시
RunMenuCommand(RunCommand)	Access 메뉴 명령 실행
MessageBox(MsgBox)	메시지 박스 표시

조건 지정 방법	
컨트롤에 입력한 값과 동일한 데이터를 필드에 표시	
매크로	필드이름=Forms!폼이름!컨트롤이름
이벤트 프로시저	"필드이름=" & 컨트롤이름 & ""
컨트롤에 입력한 값을 포함하는 데이터를 필드에 표시	
매크로	필드이름 Like '*' & Forms!폼이름!컨트롤이름 & '*'
이벤트 프로시저	"필드이름 Like '*' & 컨트롤이름 & '*'"

문제 유형 1   다음의 지시사항에 따라 매크로를 작성하시오.

❶ <사원관리> 폼의 '매크로 이용 열기(cmd보고서1)' 버튼을 클릭할 때 다음과 같은 기능을 수행하는 <보고서열기> 매크로를 작성하시오.
  ▶ <상반기> 보고서를 '인쇄 미리 보기'의 형태로 열 것
  ▶ 보고서의 '부서번호' 필드의 값이 <사원관리> 폼의 'cmb부서번호' 컨트롤의 값과 동일한 레코드만을 대상으로 할 것

❷ <부서번호조회> 폼의 '보고서열기' 버튼을 클릭하면 다음과 같은 기능을 수행하도록 매크로를 완성하시오.
  ▶ <사원목록> 보고서를 '인쇄 미리 보기' 형태로 열 것
  ▶ 'cmb부서번호'의 값과 같은 레코드만 표시할 것

❸ <직급별조회> 폼의 '사원목록폼(cmd사원목록폼열기)' 단추를 클릭하면 다음과 같은 기능이 수행되도록 구현하시오.
  ▶ <사원목록> 폼을 열고, 'txt직급'에서 지정한 데이터에 해당하는 정보를 찾아 표시할 것
  ▶ 매크로 작성하고 이름은 '사원목록폼열기'로 지정할 것

④ <사원관리처리> 폼에서 '이름별판매량폼(cmd이름별판매량폼)' 단추를 클릭하면 다음과 같은 기능을 수행하도록 매크로를 작성하시오.
   ▶ '이름별판매량' 폼을 대화 상자 모드로 열 것
   ▶ 'cmb부서번호' 컨트롤에 입력된 부서에 해당하는 레코드만 표시할 것

⑤ <직급별조회> 폼의 '직책별보고서(cmd직책)' 버튼을 클릭하면 다음과 같은 기능을 수행하도록 구현하시오.
   ▶ '상반기' 보고서를 '인쇄 미리 보기'의 형태로 열 것
   ▶ 'txt직급' 컨트롤에 입력된 글자로 시작하는 직급의 정보만을 대상으로 할 것

⑥ <사원관리> 폼의 '하위폼입사월(cmd하위폼입사월)' 버튼을 클릭하면 다음과 같은 기능을 수행하도록 매크로를 작성하시오.
   ▶ '사원목록' 보고서를 '인쇄 미리 보기' 형태로 열 것
   ▶ 하위 폼의 입사일과 같은 월의 데이터만 출력하도록 할 것

⑦ <사원목록> 폼 바닥글 영역의 '1월입사현황(cmd입사현황)' 버튼을 클릭하면 다음과 같은 기능이 수행되도록 구현하시오.
   ▶ <하반기> 보고서를 '인쇄 미리 보기'의 형태로 열 것
   ▶ 1월에 입사한 데이터만을 대상으로 할 것
   ▶ 매크로를 이용하되, 이름은 '1월입사현황'으로 작성할 것

따라하기 ①

<cmd보고서1> 클릭하면 실행

① 매크로 이름이 따로 지정되어 있으므로 매크로를 먼저 작성하기 위해 [만들기] 탭-[매크로 및 코드] 그룹-[매크로]를 클릭합니다.

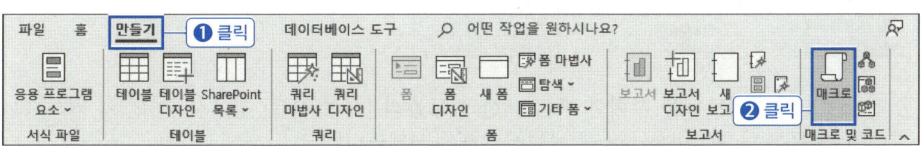

② [매크로 작성기] 창이 나타나면 새 함수 추가 입력란에 'openreport'를 입력하고 Enter 를 누릅니다.

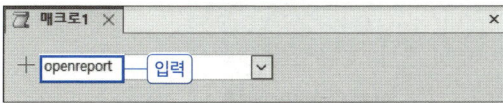

직접 입력하지 않고 목록 단추(▼)를 클릭해 선택할 수도 있습니다.

③ 보고서 열기 매크로 함수 인수가 나타나면 아래와 같이 입력합니다.

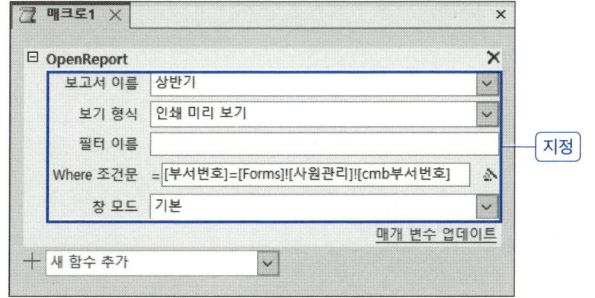

> **주희쌤 Tip**
> 매크로 이름이 따로 있으면 매크로를 먼저 작성한 후 컨트롤에 만든 매크로를 지정해야 합니다.

> **주희쌤 Tip**
> 'Where 조건문' 입력란에 '부서번호=Forms!사원관리!cmb부서번호'를 입력해도 '[부서번호]=[Forms]![사원관리]![cmb부서번호]'가 저장됩니다.
> 즉, 대괄호를 입력하지 않아도 됩니다.

> **주희쌤 Tip**
>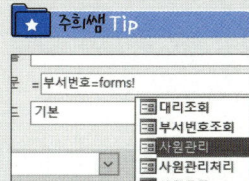
> 느낌표(!)를 입력하면 목록이 나타나는데 선택 후 Tab 을 누르면 대괄호가 묶이면서 입력됩니다.

④ 저장(📙)을 클릭한 후 [다른 이름으로 저장] 대화상자가 나타나면 '보고서열기'를 입력하고 [확인] 단추를 클릭합니다.

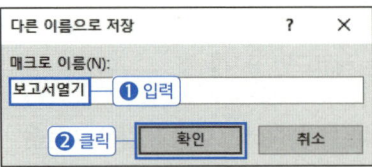

> **주희쌤 Tip**
>
> 문제가 'cmb부서번호'에 입력한 글자를 포함하는 번호만을 대상으로 할 것'이라고 제시되었다면 조건은 아래와 같습니다.
> 부서번호 like "*" & Forms!사원관리!cmb부서번호 & "*"

⑤ 닫기(✖)를 클릭하여 [매크로 작성기] 창을 닫습니다.

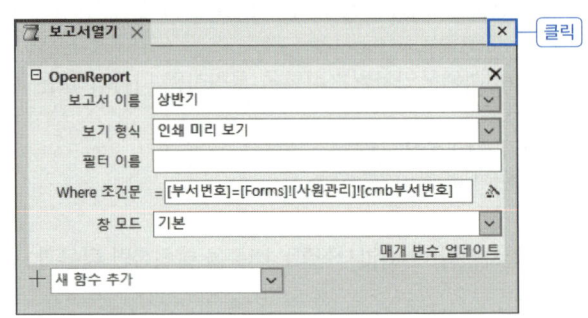

⑥ 컨트롤에 만든 매크로를 지정하기 위해 [탐색] 창 폼 목록의 〈사원관리〉 폼에서 마우스 오른쪽 버튼을 누른 후 [디자인 보기] 명령을 클릭합니다.

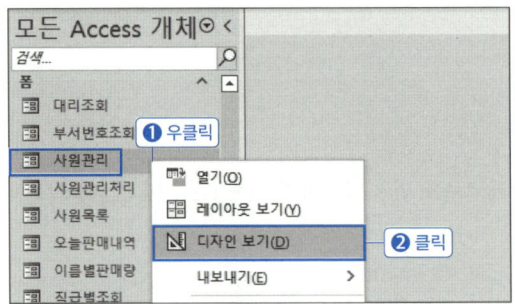

⑦ 'cmd보고서1' 컨트롤을 클릭한 후 선택한 컨트롤의 [속성 시트] 창에서 [이벤트] 탭의 'On Click'에 목록 단추(⌄)를 클릭해 '보고서열기'를 선택합니다.

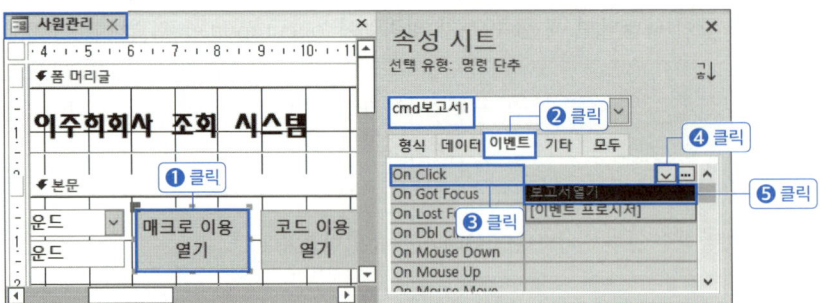

⑧ 저장(💾)을 클릭하고 [양식 디자인] 탭-[보기] 그룹-[폼 보기]를 클릭하여 폼 보기로 전환합니다.

⑨ 매크로가 잘 작성되었는지 결과를 확인합니다.

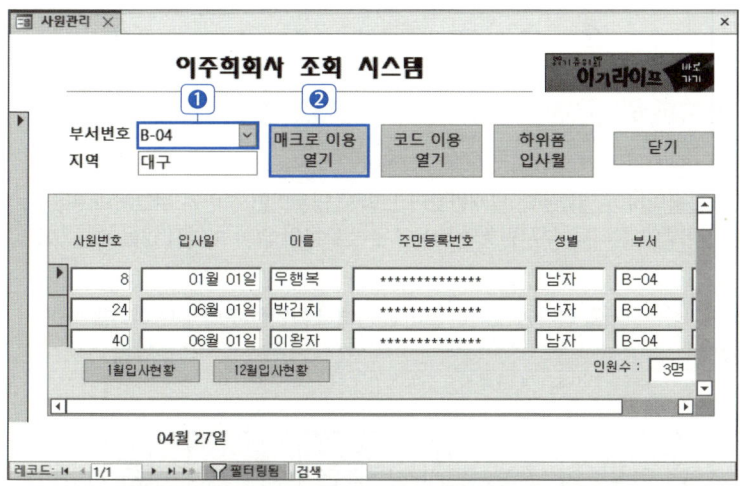

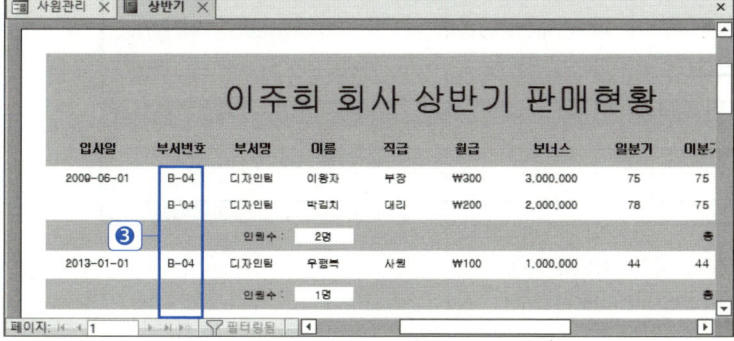

⑩ 닫기(✕)를 클릭해 보고서와 폼을 닫습니다.

1. <cmd보고서1> 클릭하면 - 매크로 조건 작성 요령

① 매크로의 조건 입력 방법
　　필드이름=Forms!폼이름!컨트롤이름

② 문제에 제시된 (컨트롤이 있는 현재)폼 이름과 컨트롤 이름을 찾아서 입력
　　필드이름=Forms!사원관리!cmb부서번호

③ 문제에 제시된 컨트롤에 어떤 값을 입력(선택)할지 확인
　　여기에서는 'cmb부서번호'에서 '부서번호'를 입력(선택)

> **주희쌤Tip**
>
> 'cmb부서번호'-[속성 시트]창-[데이터] 탭
> - 행 원본 : SELECT 부서.지역, 부서.부서번호, 부서.부서명 FROM 부서;
> - 바운드 열 : 2
>
> 바운드 열이 '2'인 것을 보아 'cmb부서번호'에서 선택하는 값이 '부서번호'임을 알 수 있습니다.

1. <cmd보고서1> 클릭하면 - 매크로 조건 작성 요령

④ [탐색] 창에서 <상반기> 보고서를 더블클릭하여 '부서번호'가 표시될만한 곳을 확인

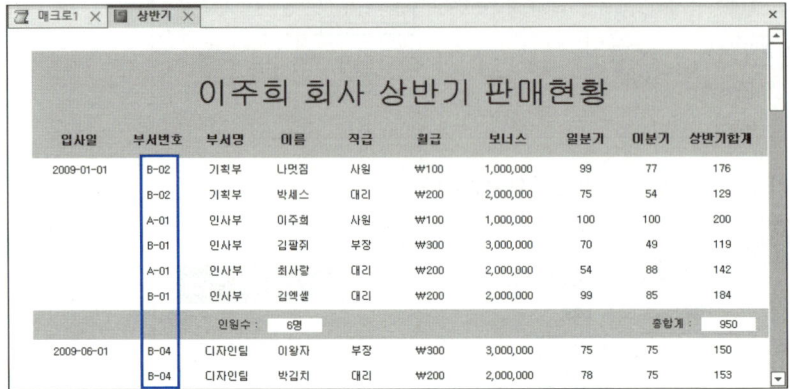

상반기 보고서를 더블클릭하여 열었는데 부서번호가 보이지 않는다면 상반기 보고서의 원본인 '모음쿼리' 쿼리를 열어봐야 합니다. 부서번호와 바운드된 컨트롤이 없어 보이지 않을 수도 있으니까요.

⑤ [탐색] 창에서 <상반기> 보고서를 디자인 보기로 열어 ④번에서 확인한 곳의 필드 이름을 확인

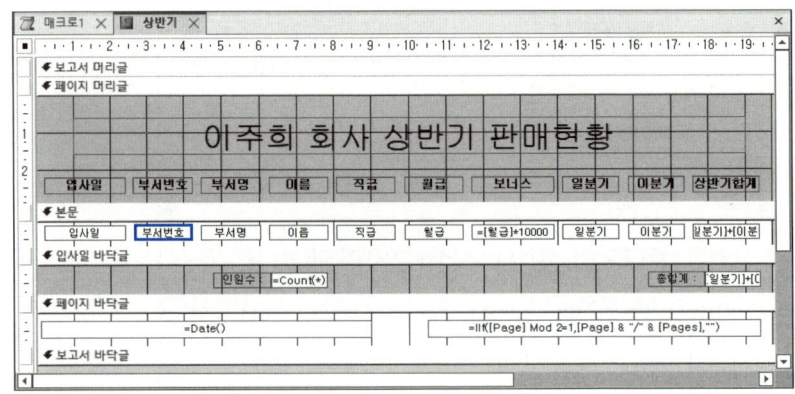

⑥ ⑤번에서 확인한 필드 이름을 좌변에 입력
부서번호=Forms!사원관리!cmb부서번호

<보고서열기> 클릭하면 실행

① [탐색] 창 폼 목록의 〈부서번호조회〉 폼에서 마우스 오른쪽 버튼을 누른 후 [디자인 보기] 명령을 클릭합니다.

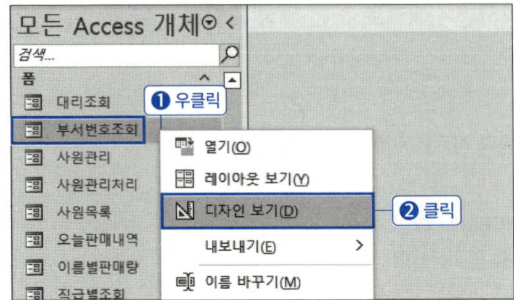

② '보고서열기' 컨트롤을 클릭한 후 선택한 컨트롤의 [속성 시트] 창에서 [이벤트] 탭의 'On Click'에 커서를 이동하고 작성기 단추(...)를 클릭합니다.

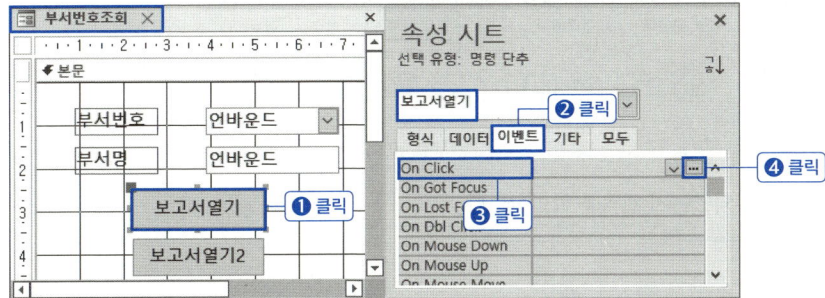

③ [작성기 선택] 대화상자가 나타나면 '매크로 작성기'를 선택하고 [확인] 단추를 클릭합니다.

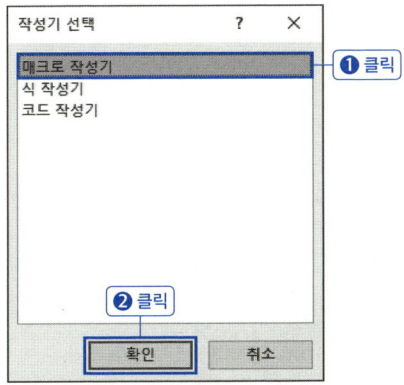

④ [매크로 작성기] 창이 나타나면 새 함수 추가 입력란에 'openreport'를 입력하고 Enter 를 누릅니다.

⑤ 보고서 열기 매크로 함수 인수가 나타나면 아래와 같이 입력합니다.

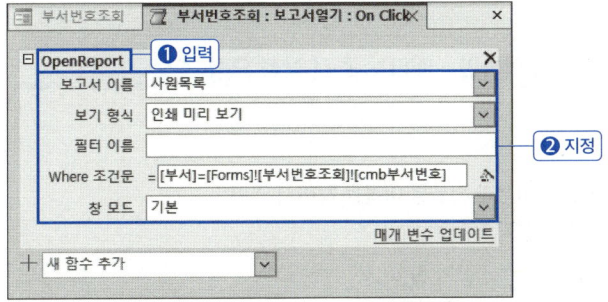

⑥ [매크로 작성기] 창의 닫기(✕)를 클릭하고 업데이트 여부를 묻는 메시지가 표시되면 [예] 단추를 클릭합니다.

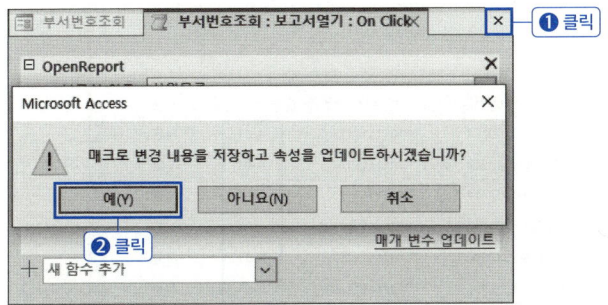

주희쌤 Tip

매크로를 다른 이름으로 따로 저장하지 않은 경우 매크로 이름 대신 '포함된 매크로'가 표시됩니다.

형식	데이터	이벤트	기타	모두
On Click				[포함된 매크로]

⑦ 저장(💾)을 클릭하고 [양식 디자인] 탭-[보기] 그룹-[폼 보기]를 클릭하여 폼 보기로 전환합니다.

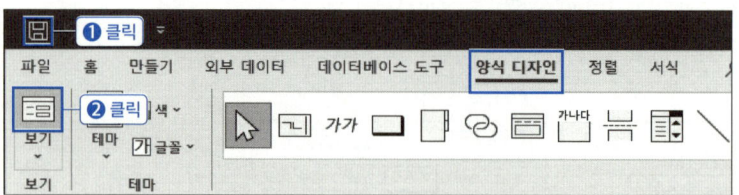

⑧ 매크로가 잘 작성되었는지 결과를 확인합니다.

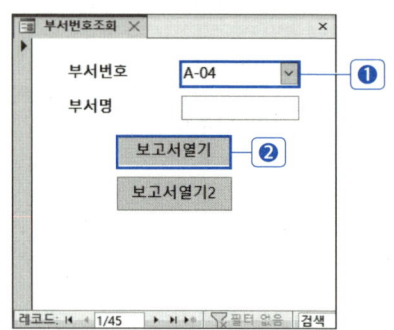

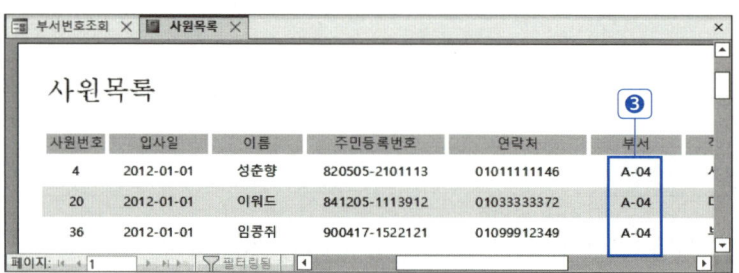

⑨ 닫기(✖)를 클릭해 보고서와 폼을 닫습니다.

2. <보고서열기> 클릭하면 - 매크로 조건 작성 요령

① 매크로의 조건 입력 방법
  필드이름=Forms!폼이름!컨트롤이름

② 문제에 제시된 (컨트롤이 있는 현재)폼 이름과 컨트롤 이름을 찾아서 입력
  필드이름=Forms!부서번호조회!cmb부서번호

③ 문제에 제시된 컨트롤에 어떤 값을 입력(선택)할지 확인
  여기에서는 'cmb부서번호'에서 '부서번호'를 입력(선택)

④ [탐색] 창에서 <사원목록> 보고서를 더블클릭하여 '부서번호'가 표시될만한 곳을 확인

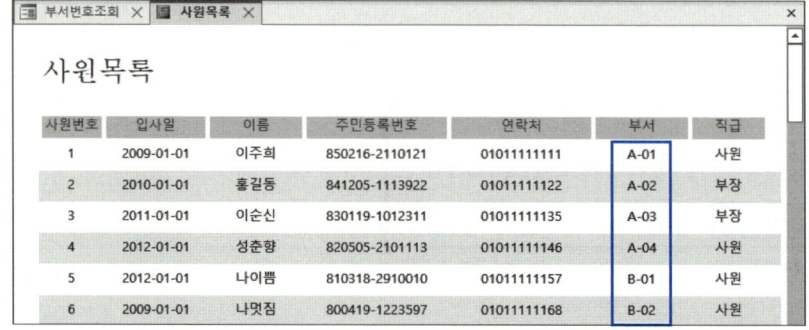

2. <보고서열기> 클릭하면 - 매크로 조건 작성 요령

⑤ [탐색] 창에서 <사원목록> 보고서를 디자인 보기로 열어 ④번에서 확인한 곳의 필드 이름을 확인

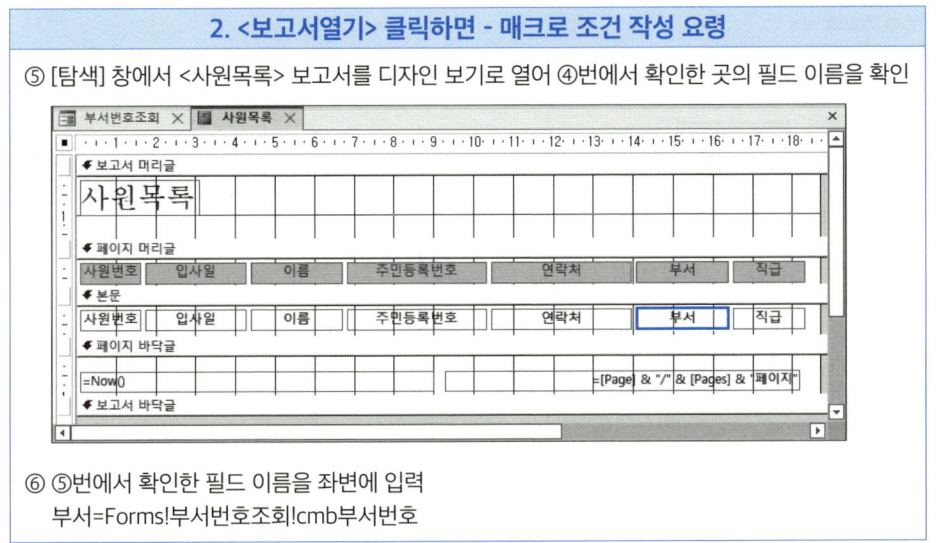

⑥ ⑤번에서 확인한 필드 이름을 좌변에 입력
부서=Forms!부서번호조회!cmb부서번호

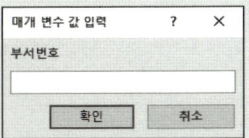

주희쌤 Tip

조건에 '[부서번호]=[Forms]![부서번호조회]![cmb부서번호]'를 입력한 후 실행하면 아래와 같은 대화상자가 표시됩니다.

이유는 '사원목록' 보고서의 원본인 '사원목록' 테이블에 '부서번호' 필드가 없기 때문입니다.

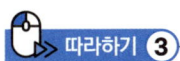

<cmd사원목록폼열기> 클릭하면 실행

① 매크로 이름이 따로 지정되어 있으므로 매크로를 먼저 작성하기 위해 [만들기] 탭-[매크로 및 코드] 그룹-[매크로]를 클릭합니다.

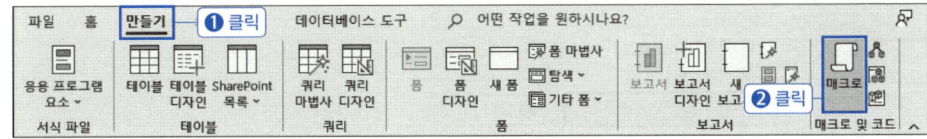

② [매크로 작성기] 창이 나타나면 새 함수 추가 입력란에 'openform'을 입력하고 Enter 를 누릅니다.

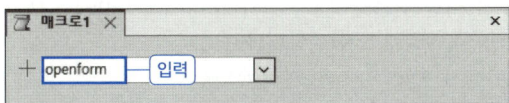

③ 폼 열기 매크로 함수 인수가 나타나면 아래와 같이 입력합니다.

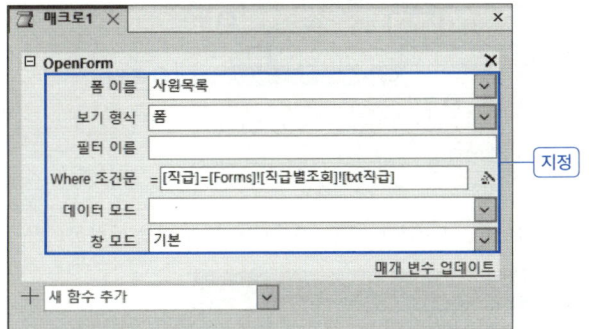

④ 저장(🖫)을 클릭한 후 [다른 이름으로 저장] 대화상자가 나타나면 '사원목록폼열기'를 입력하고 [확인] 단추를 클릭합니다.

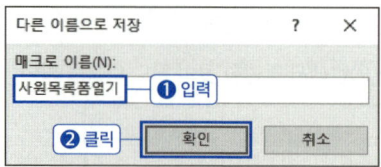

⑤ 닫기(✕)를 클릭하여 [매크로 작성기] 창을 닫습니다.

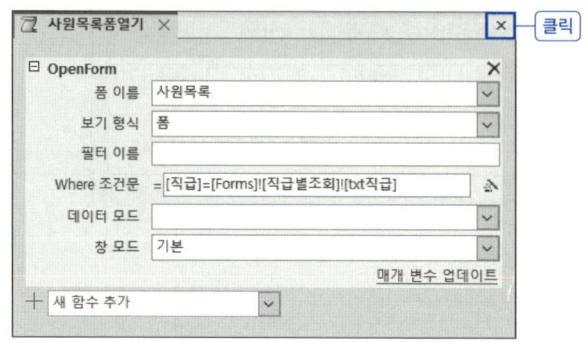

⑥ 컨트롤에 만든 매크로를 지정하기 위해 [탐색] 창 폼 목록의 <직급별조회> 폼에서 마우스 오른쪽 버튼을 누른 후 [디자인 보기] 명령을 클릭합니다.

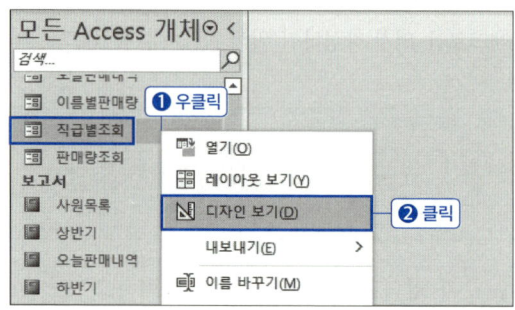

⑦ 'cmd사원목록폼열기' 컨트롤을 클릭한 후 선택한 컨트롤의 [속성 시트] 창에서 [이벤트] 탭의 'On Click'에 목록 단추(▼)를 클릭해 '사원목록폼열기'를 선택합니다.

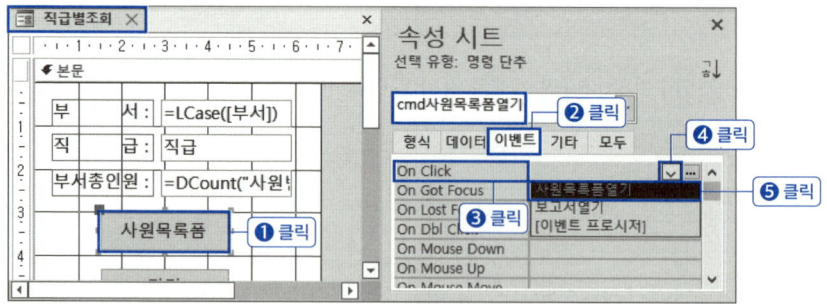

⑧ 저장(💾)을 클릭하고 [양식 디자인] 탭-[보기] 그룹-[폼 보기]를 클릭하여 폼 보기로 전환합니다.

⑨ 매크로가 잘 작성되었는지 결과를 확인합니다.

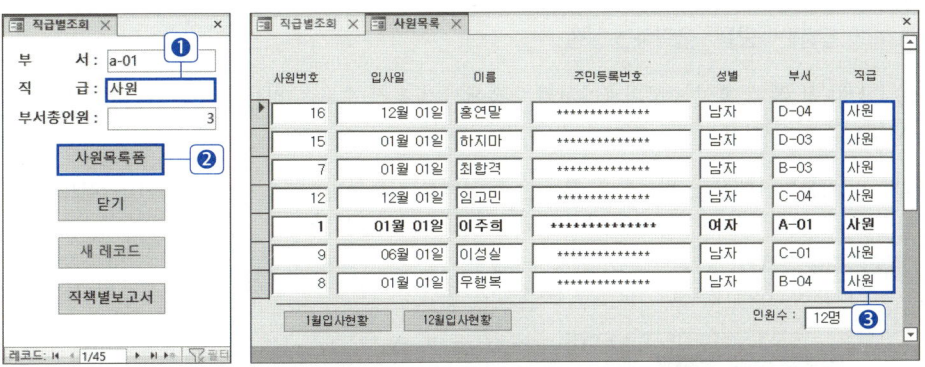

⑩ 닫기(✕)를 클릭해 두 개의 폼을 닫습니다.

3. <cmd사원목록폼열기> 클릭하면 - 매크로 조건 작성 요령

① 매크로의 조건 입력 방법
  필드이름=Forms!폼이름!컨트롤이름

② 문제에 제시된 (컨트롤이 있는 현재)폼 이름과 컨트롤 이름을 찾아서 입력
  필드이름=Forms!직급별조회!txt직급

③ 문제에 제시된 컨트롤에 어떤 값을 입력(선택)할지 확인
  여기에서는 'txt직급'에서 '직급'을 입력(선택)

④ [탐색] 창에서 <사원목록> 폼을 더블클릭하여 '직급'이 표시될만한 곳을 확인

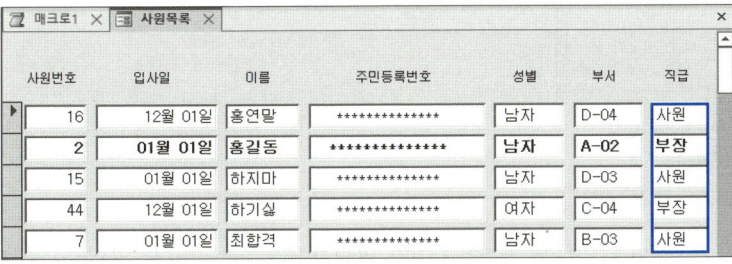

⑤ [탐색] 창에서 <사원목록> 폼을 디자인 보기로 열어 ④번에서 확인한 곳의 필드 이름을 확인

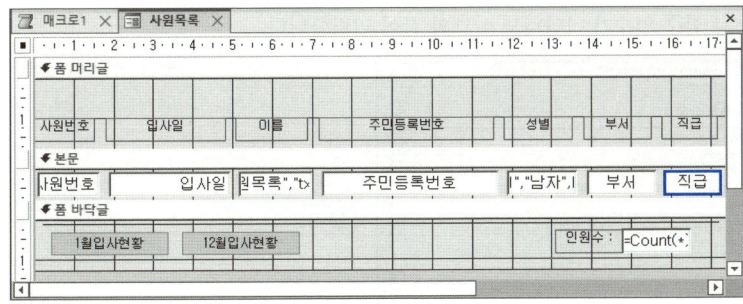

⑥ ⑤번에서 확인한 필드 이름을 좌변에 입력
  직급=Forms!직급별조회!txt직급

 따라하기 ❹

<cmd이름별판매량폼> 클릭하면 실행

① [탐색] 창 폼 목록의 〈사원관리처리〉 폼에서 마우스 오른쪽 버튼을 누른 후 [디자인 보기] 명령을 클릭합니다.

② 'cmd이름별판매량폼' 컨트롤을 클릭한 후 선택한 컨트롤의 [속성 시트] 창에서 [이벤트] 탭의 'On Click'에 커서를 이동하고 작성기 단추(…)를 클릭합니다.

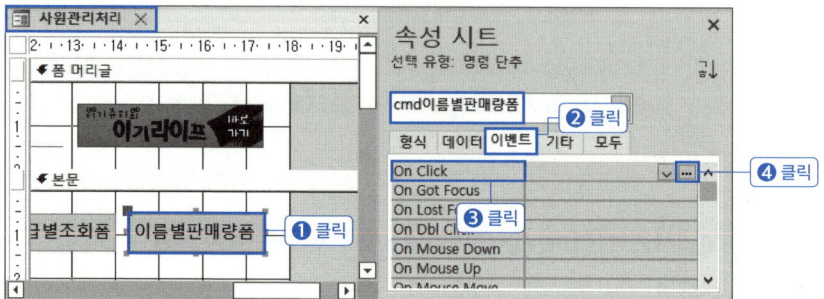

③ [작성기 선택] 대화상자가 나타나면 '매크로 작성기'를 선택하고 [확인] 단추를 클릭합니다.

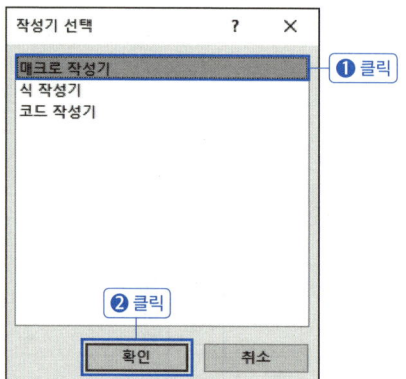

④ [매크로 작성기] 창이 나타나면 새 함수 추가 입력란에 'openform'를 입력하고 Enter 를 누릅니다.

⑤ 폼 열기 매크로 함수 인수가 나타나면 아래와 같이 입력합니다.

주희쌤 Tip
'창 모드'를 확인하세요.

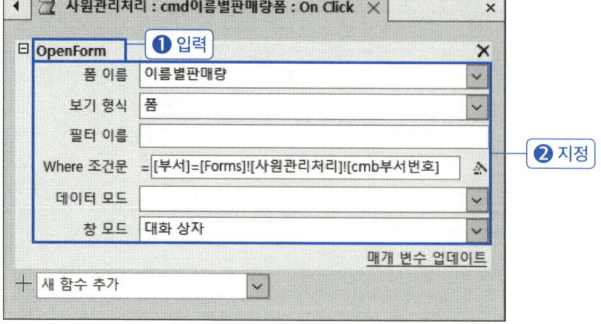

⑥ [매크로 작성기] 창의 닫기(✕)를 클릭하고 업데이트 여부를 묻는 메시지가 표시되면 [예]
단추를 클릭합니다.

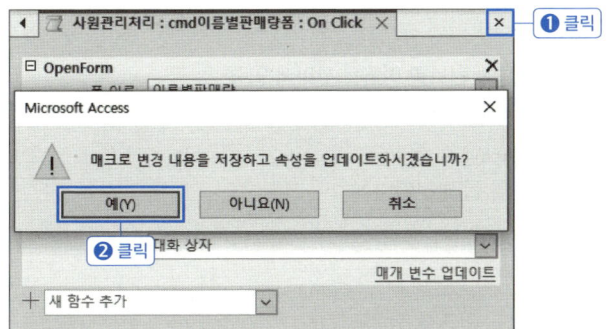

⑦ 저장(💾)을 클릭하고 [양식 디자인] 탭-[보기] 그룹-[폼 보기]를 클릭하여 폼 보기로 전환합니다.

⑧ 매크로가 잘 작성되었는지 결과를 확인합니다.

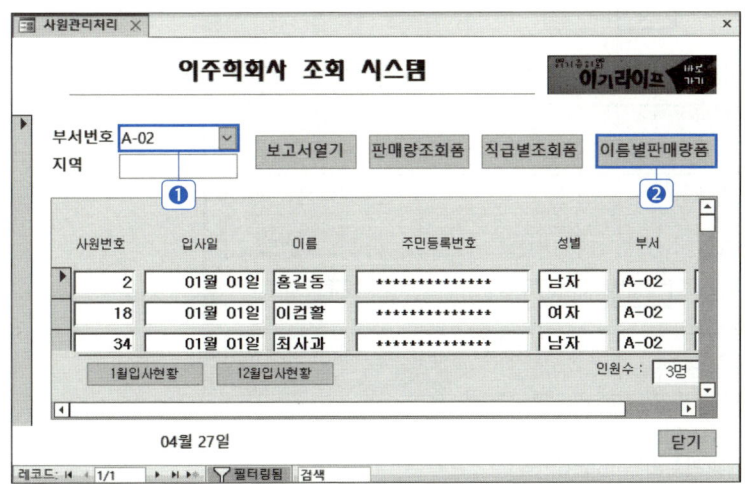

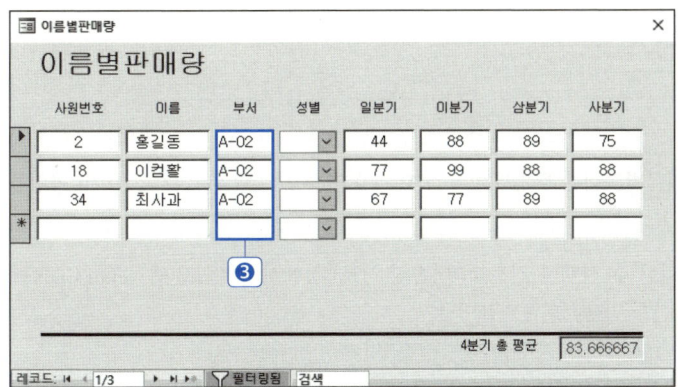

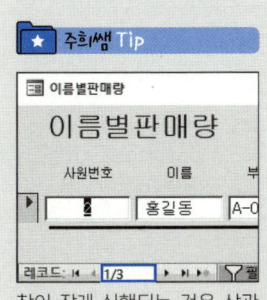

창이 작게 실행되는 것은 상관이 없습니다. 탐색 단추의 레코드 개수를 확인해보세요.

⑨ 닫기(✕)를 클릭해 두 개의 폼을 닫습니다.

4. <cmd이름별판매량폼> 클릭하면 - 매크로 조건 작성 요령

① 매크로의 조건 입력 방법
  필드이름=Forms!폼이름!컨트롤이름

② 문제에 제시된 (컨트롤이 있는 현재)폼 이름과 컨트롤 이름을 찾아서 입력
  필드이름=Forms!사원관리처리!cmb부서번호

③ 문제에 제시된 컨트롤에 어떤 값을 입력(선택)할지 확인
  여기에서는 'cmb부서번호'에서 '부서번호'를 입력(선택)

④ [탐색] 창에서 <이름별판매량> 폼을 더블클릭하여 '부서번호'가 표시될만한 곳을 확인

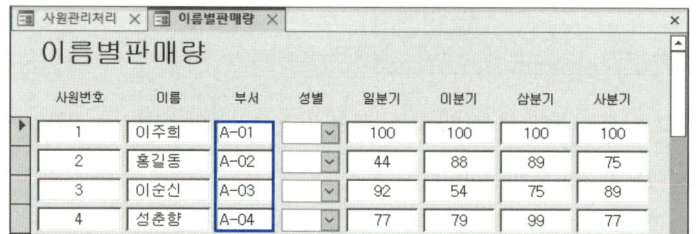

⑤ [탐색] 창에서 <이름별판매량> 폼을 디자인 보기로 열어 ④번에서 확인한 곳의 필드 이름을 확인

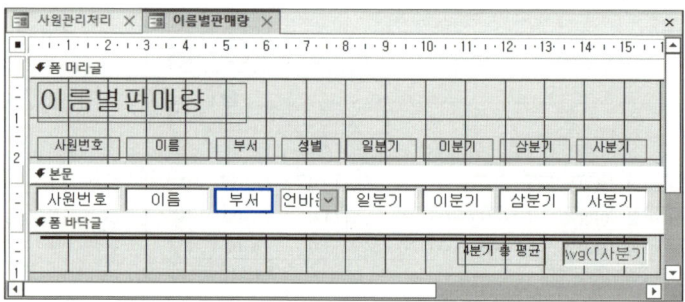

⑥ ⑤번에서 확인한 필드 이름을 좌변에 입력
  부서=Forms!사원관리처리!cmb부서번호

<cmd직책> 클릭하면 실행

① [탐색] 창 폼 목록의 〈직급별조회〉 폼에서 마우스 오른쪽 버튼을 누른 후 [디자인 보기] 명령을 클릭합니다.

② 'cmd직책' 컨트롤을 클릭한 후 선택한 컨트롤의 [속성 시트] 창에서 [이벤트] 탭의 'On Click'에 커서를 이동하고 작성기 단추(...)를 클릭합니다.

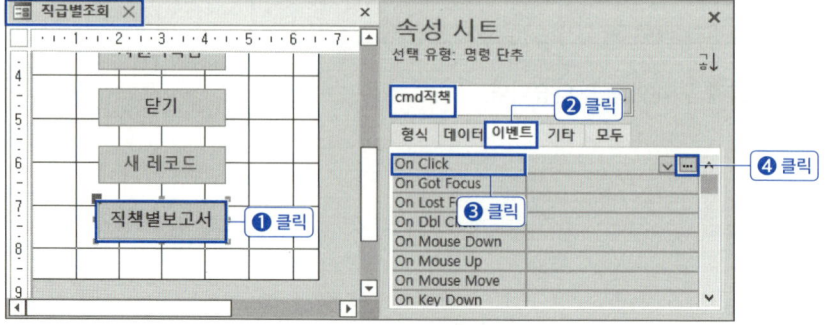

③ [작성기 선택] 대화상자가 나타나면 '매크로 작성기'를 선택하고 [확인] 단추를 클릭합니다.

④ [매크로 작성기] 창이 나타나면 새 함수 추가 입력란에 'openreport'를 입력하고 Enter 를 누릅니다.

⑤ 보고서 열기 매크로 함수 인수가 나타나면 아래와 같이 입력합니다.

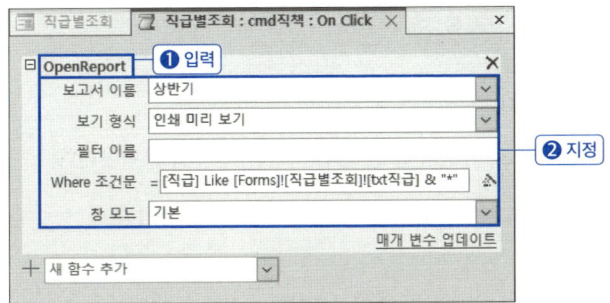

> **주희쌤 Tip**
>
> 컨트롤에 입력한 값을 포함하는 레코드만 표시할 때에도 프로그램에 따라 조건 입력 방법이 다릅니다.
>
> | 매크로 |
> |---|
> | 필드이름 Like "*" & Forms!폼이름!컨트롤이름 & "*" |
>
> | 프로시저 |
> |---|
> | "필드이름 Like '*" & 컨트롤이름 & "*'" |

⑥ [매크로 작성기] 창의 닫기(✖)를 클릭하고 업데이트 여부를 묻는 메시지가 표시되면 [예] 단추를 클릭합니다.

⑦ 저장(💾)을 클릭하고 [양식 디자인] 탭-[보기] 그룹-[폼 보기]를 클릭하여 폼 보기로 전환합니다.

> **주희쌤 Tip**
>
> 포함하는 ≠ 시작하는

⑧ 매크로가 잘 작성되었는지 결과를 확인합니다.

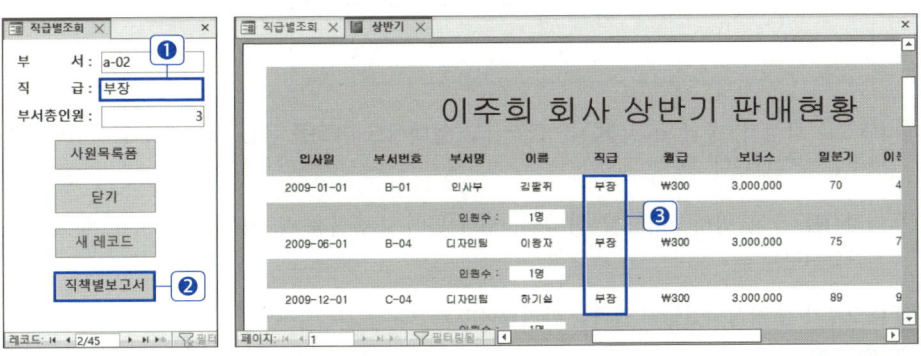

⑨ 닫기(✖)를 클릭해 보고서와 폼을 닫습니다.

<cmd하위폼입사월> 클릭하면 실행

① [탐색] 창 폼 목록의 <사원관리> 폼에서 마우스 오른쪽 버튼을 누른 후 [디자인 보기] 명령을 클릭합니다.

② 'cmd하위폼입사월' 컨트롤을 클릭한 후 선택한 컨트롤의 [속성 시트] 창에서 [이벤트] 탭의 'On Click'에 커서를 이동하고 작성기 단추(...)를 클릭합니다.

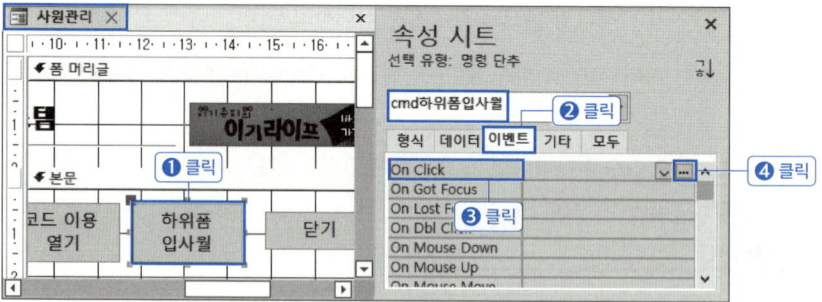

③ [작성기 선택] 대화상자가 나타나면 '매크로 작성기'를 선택하고 [확인] 단추를 클릭합니다.

④ [매크로 작성기] 창이 나타나면 새 함수 추가 입력란에 'openreport'를 입력하고 Enter 를 누릅니다.

⑤ 보고서 열기 매크로 함수 인수가 나타나면 아래와 같이 입력합니다.

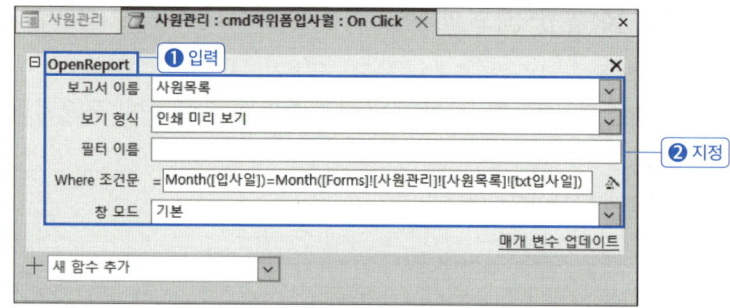

⑥ [매크로 작성기] 창의 닫기(✖)를 클릭하고 업데이트 여부를 묻는 메시지가 표시되면 [예] 단추를 클릭합니다.

⑦ 저장(💾)을 클릭하고 [양식 디자인] 탭-[보기] 그룹-[폼 보기]를 클릭하여 폼 보기로 전환합니다.

⑧ 매크로가 잘 작성되었는지 결과를 확인합니다.

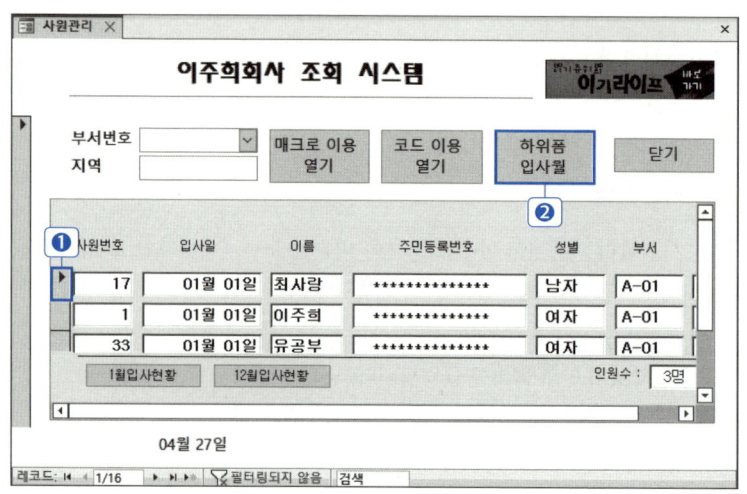

주희쌤 Tip

'txt입사일'이 현재 폼이 아닌 하위 폼 안에 있기 때문에 하위 폼의 이름도 명시해야 합니다.

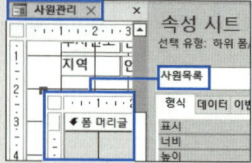

현재 열려진 폼의 이름은 '사원관리', 'txt입사일'이 있는 하위 폼의 이름은 '사원목록'입니다.

주희쌤 Tip

하위 폼의 컨트롤을 이용할 경우 폼의 이름을 두 번 입력합니다. Forms!기본(상위)폼이름!하위폼이름!컨트롤이름

주희쌤 Tip

'txt입사일'에 입력된 월(MONTH)이 '입사일'의 월(MONTH)에 표시되어야 하므로 좌변 전체, 우변 전체를 'Month( )'로 묶어줍니다.

주희쌤 Tip

하위 폼 레코드 선택기가 선택한 입사일 월의 레코드가 표시되면 정답입니다.

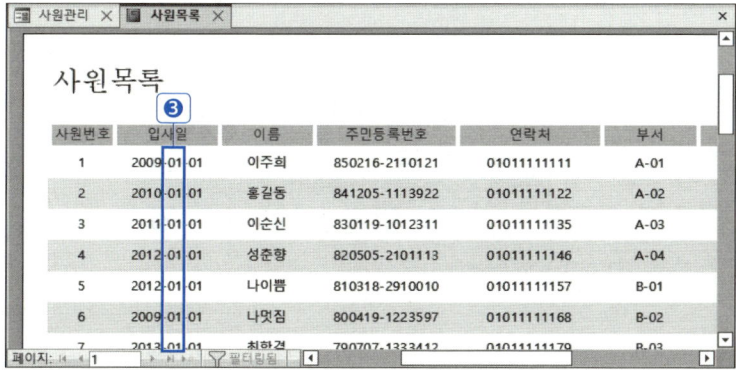

⑨ 닫기(✖)를 클릭해 보고서와 폼을 닫습니다.

<cmd입사현황> 클릭하면 실행

① 매크로 이름이 따로 지정되어 있으므로 매크로를 먼저 작성하기 위해 [만들기] 탭-[매크로 및 코드] 그룹-[매크로]를 클릭합니다.

② [매크로 작성기] 창이 나타나면 새 함수 추가 입력란에 'openreport'를 입력하고 Enter 를 누릅니다.

③ 보고서 열기 매크로 함수 인수가 나타나면 아래와 같이 입력합니다.

> **주희쌤 Tip**
> 컨트롤 값이 필드에 표시되는 것이 아니므로 조건을 '필드이름=Forms!폼이름!컨트롤이름' 형태로 입력하지 않습니다.

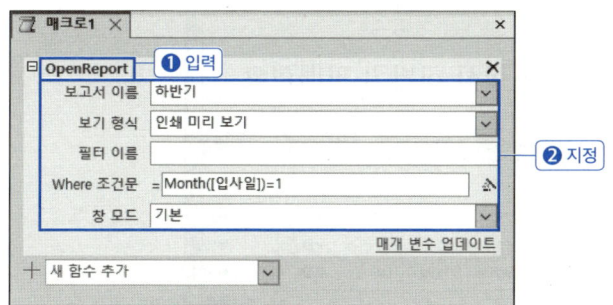

④ 저장(💾)을 클릭한 후 [다른 이름으로 저장] 대화상자가 나타나면 '1월입사현황'을 입력하고 [확인] 단추를 클릭합니다.

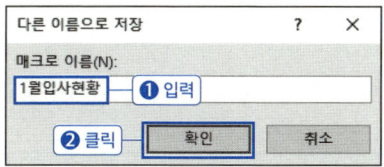

⑤ 닫기(✖)를 클릭하여 [매크로 작성기] 창을 닫습니다.

⑥ 컨트롤에 만든 매크로를 지정하기 위해 [탐색] 창 폼 목록의 〈사원목록〉 폼에서 마우스 오른쪽 버튼을 누른 후 [디자인 보기] 명령을 클릭합니다.

⑦ 'cmd입사현황' 컨트롤을 클릭한 후 선택한 컨트롤의 [속성 시트] 창에서 [이벤트] 탭의 'On Click'에 목록 단추(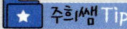)를 클릭해 '1월입사현황'을 선택합니다.

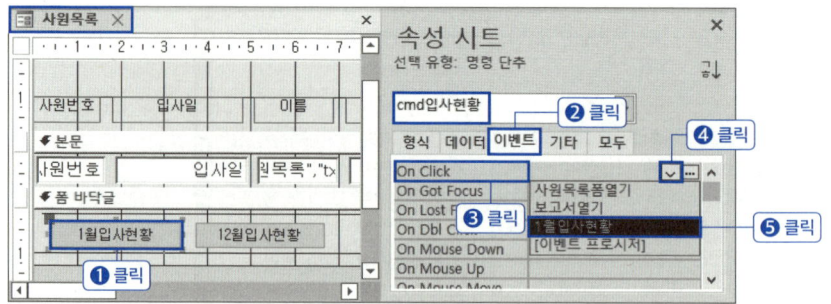

⑧ 저장(📄)을 클릭하고 [양식 디자인] 탭-[보기] 그룹-[폼 보기]를 클릭하여 폼 보기로 전환합니다.

⑨ 매크로가 잘 작성되었는지 결과를 확인합니다.

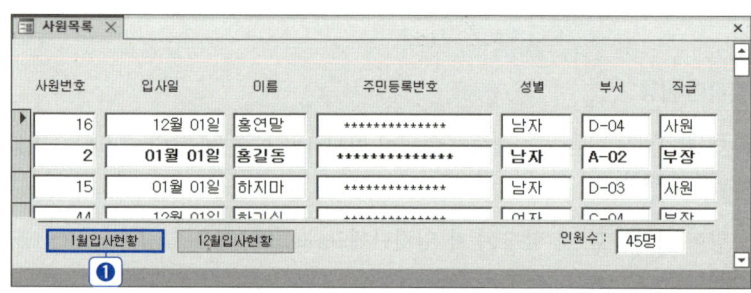

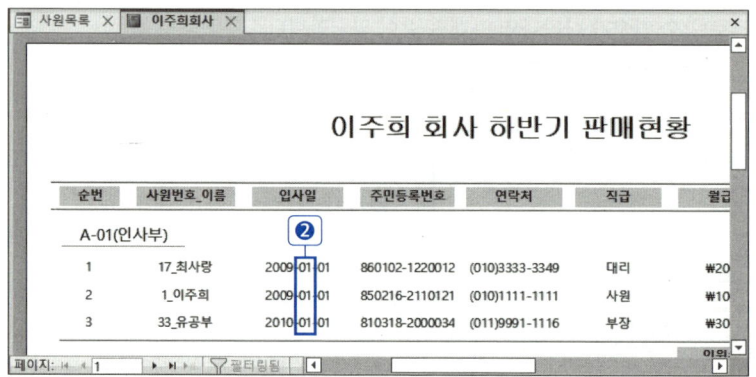

⑩ 닫기(✖)를 클릭해 보고서와 폼을 닫습니다.

문제 유형 2   다음의 지시사항에 따라 매크로를 작성하시오.

❶ <사원관리처리> 폼의 'cmd판매량조회'를 클릭하면 다음과 같은 기능을 수행하도록 매크로를 구현하시오.
  ▶ <판매량조회> 폼을 실행할 것
  ▶ 새 레코드를 입력할 수 있도록 포커스를 이동시킬 것
  ▶ OpenForm과 GoToRecord 매크로 함수 사용

② <오늘판매내역> 폼의 '주문자보고서2(cmd주문자보고서2)' 버튼을 클릭하면 현재 날짜를 나타내는 메시지 박스를 표시한 후, '오늘판매내역' 보고서를 인쇄 미리 보기 형태로 여는 매크로를 작성하시오.

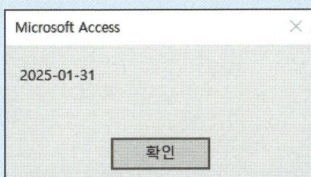

> **주희쌤 Tip**
> 시스템의 현재 날짜에 따라 메시지 박스가 다르게 표시될 수 있습니다.

③ <사원목록> 폼 머리글을 더블클릭하면 다음과 같은 기능을 수행하도록 매크로를 작성하시오.
- ▶ C드라이브의 컴활1급 폴더로 <사원목록> 테이블을 내보낼 것
- ▶ 엑셀 통합 문서(*.xlsx)로 내보내고, 이름은 '사원목록엑셀'로 할 것
- ▶ 테이블을 내보낸 후 자동 실행되도록 할 것

> **주희쌤 Tip**
> 3번 문제를 풀기 전 C드라이브에 컴활1급 폴더가 생성되어 있는지 확인하세요.

④ <판매량조회> 폼의 <cmd필터해제> 버튼을 클릭하면 다음과 같은 기능을 수행하도록 매크로를 작성하시오.
- ▶ 필터를 모두 제거하여 모든 레코드를 표시하고, RunCommand를 이용해 오름차순(SortAscending)으로 정렬할 것
- ▶ 'txt일분기' 컨트롤에 포커스를 이동시킬 것

따라하기 ①

<cmd판매량조회> 클릭하면 실행

① [탐색] 창 폼 목록의 <사원관리처리> 폼에서 마우스 오른쪽 버튼을 누른 후 [디자인 보기] 명령을 클릭합니다.

② 'cmd판매량조회' 컨트롤을 클릭한 후 선택한 컨트롤의 [속성 시트] 창에서 [이벤트] 탭의 'On Click'에 커서를 이동하고 작성기 단추()를 클릭합니다.

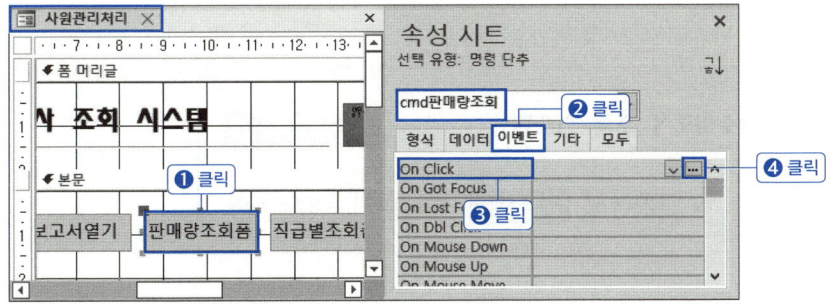

③ [작성기 선택] 대화상자가 나타나면 '매크로 작성기'를 선택하고 [확인] 단추를 클릭합니다.

④ [매크로 작성기] 창이 나타나면 새 함수 추가 입력란에 'openform'을 입력하고 Enter 를 누른 후 아래와 같이 입력합니다.

주희쌤 Tip

매크로 함수

OpenReport	보고서 열기
OpenForm	폼 열기
CloseWindow (Close)	닫기
GoToRecord	레코드 이동
GoToControl	컨트롤 이동
ApplyFilter	필터 적용
ExportWith Formatting (OutputTo)	내보내기
ShowAllRecords	모든 레코드를 표시
RunMenu Command (RunCommand)	Access 메뉴 명령 실행
MessageBox (MsgBox)	메시지 박스 표시

주희쌤 Tip

엑셀 프로시저
폼 열기 : 폼이름.show
폼 닫기 : Unload me

주희쌤 Tip

Ⓠ GoToRecord 매크로 함수를 추가해 '레코드' 항목을 '새 레코드'로 지정하는 것과 매크로 함수를 추가하지 않고 OpenForm 매크로 함수의 '데이터 모드' 항목을 '추가'로 지정하는 것은 어떤 차이가 있나요?

Ⓐ GoToRecord 매크로 함수를 추가해 '레코드' 항목을 '새 레코드'로 지정하면 <판매량조회> 폼의 모든 레코드가 표시되면서 새 레코드를 입력할 수 있도록 포커스를 이동시킵니다.

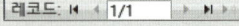

반면에 매크로 함수를 추가하지 않고 OpenForm 매크로 함수의 '데이터 모드' 항목을 '추가'로 지정하면 기존의 레코드가 하나도 표시되지 않으면서 새로운 데이터를 입력할 수 있는 화면이 나타납니다.

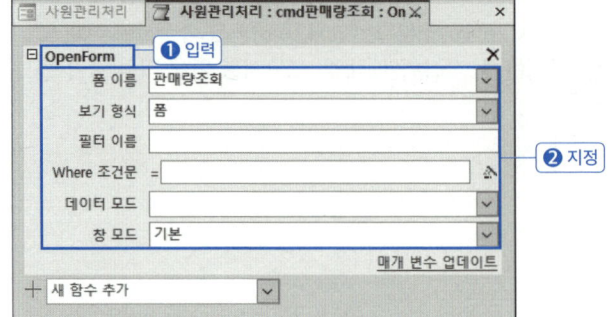

⑤ 이어서 두 번째 새 함수 추가 입력란에 'gotorecord'를 입력하고 Enter 를 누른 후 아래와 같이 입력합니다.

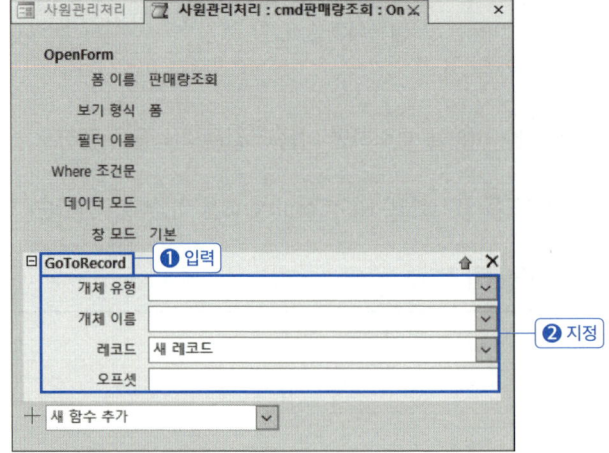

⑥ [매크로 작성기] 창의 닫기(✖)를 클릭하고 업데이트 여부를 묻는 메시지가 표시되면 [예] 단추를 클릭합니다.

⑦ 저장(💾)을 클릭하고 [양식 디자인] 탭-[보기] 그룹-[폼 보기]를 클릭하여 폼 보기로 전환합니다.

⑧ 매크로가 잘 작성되었는지 결과를 확인합니다.

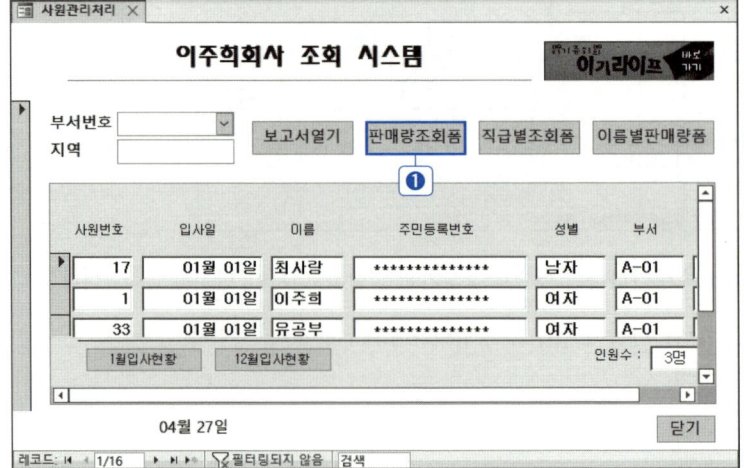

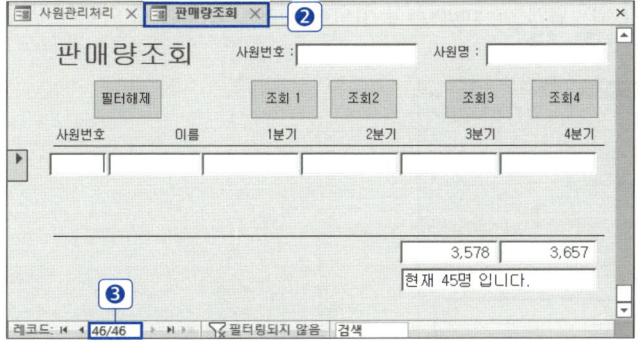

⑨ 닫기(✖)를 클릭해 두 개의 폼을 닫습니다.

<cmd주문자보고서2> 클릭하면 실행

① [탐색] 창 폼 목록의 <오늘판매내역> 폼에서 마우스 오른쪽 버튼을 누른 후 [디자인 보기] 명령을 클릭합니다.

② 'cmd주문자보고서2' 컨트롤을 클릭한 후 선택한 컨트롤의 [속성 시트] 창에서 [이벤트] 탭의 'On Click'에 커서를 이동하고 작성기 단추(⋯)를 클릭합니다.

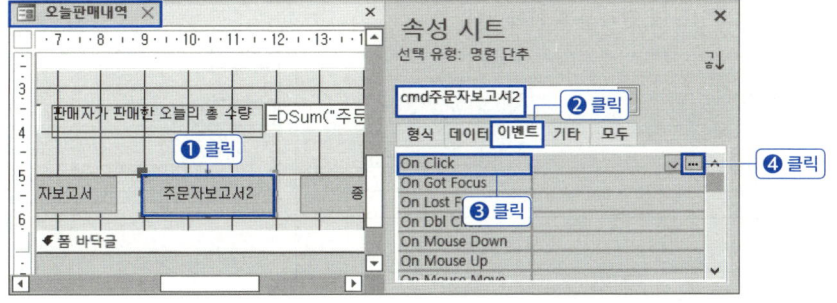

③ [작성기 선택] 대화상자가 나타나면 '매크로 작성기'를 선택하고 [확인] 단추를 클릭합니다.

④ [매크로 작성기] 창이 나타나면 새 함수 추가 입력란에 'messagebox'를 입력하고 Enter 를 누른 후 아래와 같이 입력합니다.

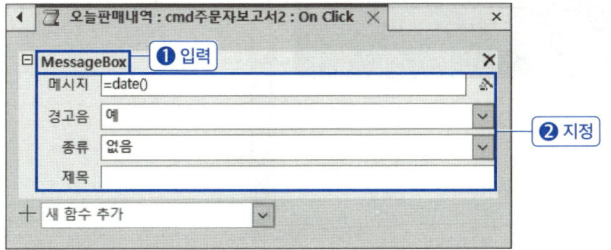

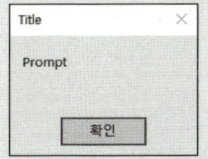

매크로 함수 입력란에 'msgbox'를 입력하고 Enter 를 누르면 'MessageBox'로 변경됩니다.

'MessageBox' 매크로 함수 인수의 '메시지'는 'Prompt'와 같고 '제목'은 'Title'과 같습니다.

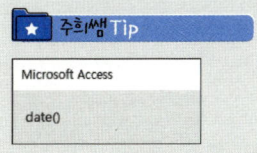

'=date()'가 아닌 'date()'을 입력하면 위와 같이 'date()'가 문자로 표시됩니다.

⑤ 이어서 두 번째 새 함수 추가 입력란에 'openreport'를 입력하고 Enter 를 누른 후 아래와 같이 입력합니다.

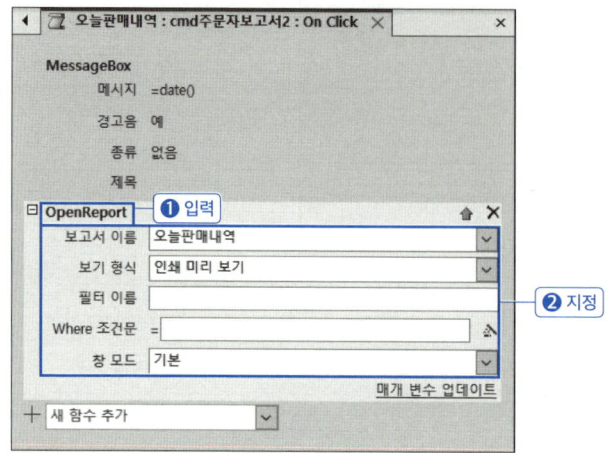

⑥ [매크로 작성기] 창의 닫기(✖)를 클릭하고 업데이트 여부를 묻는 메시지가 표시되면 [예] 단추를 클릭합니다.

⑦ 저장(💾)을 클릭하고 [양식 디자인] 탭-[보기] 그룹-[폼 보기]를 클릭하여 폼 보기로 전환합니다.

⑧ 매크로가 잘 작성되었는지 결과를 확인합니다.

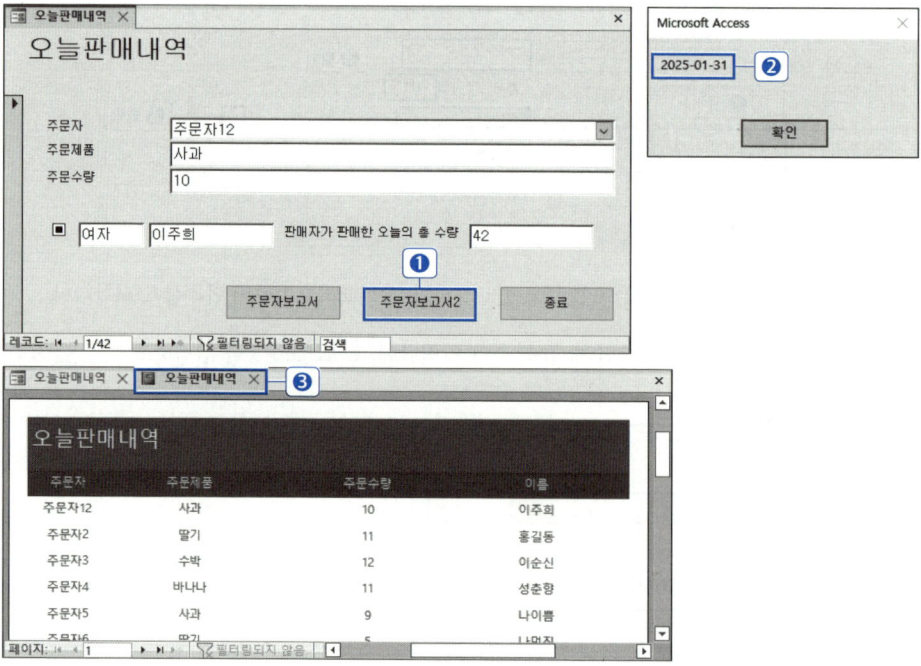

⑨ 닫기(✖)를 클릭해 보고서와 폼을 닫습니다.

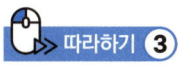 **따라하기 3**

<폼 머리글> 더블클릭하면 실행

① [탐색] 창 폼 목록의 <사원목록> 폼에서 마우스 오른쪽 버튼을 누른 후 [디자인 보기] 명령을 클릭합니다.

② '폼 머리글' 구역을 클릭한 후 선택한 컨트롤 [속성 시트] 창이 나타나면 [이벤트] 탭의 'On Dbl Click'에 커서를 이동하고 작성기 단추(…)를 클릭합니다.

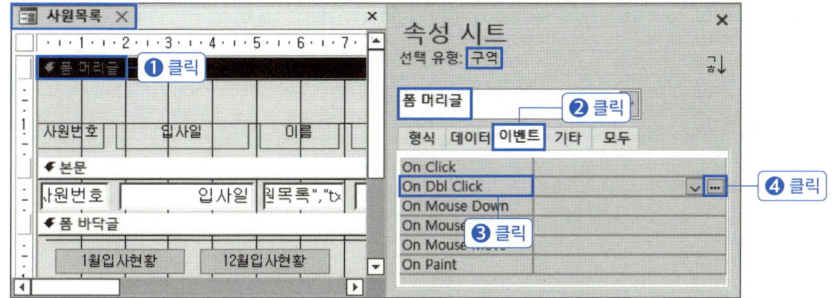

③ [작성기 선택] 대화상자가 나타나면 '매크로 작성기'를 선택하고 [확인] 단추를 클릭합니다.

④ [매크로 작성기] 창이 나타나면 새 함수 추가 입력란에 'exportwithformatting'을 입력하고 Enter 를 누른 후 아래와 같이 입력합니다.

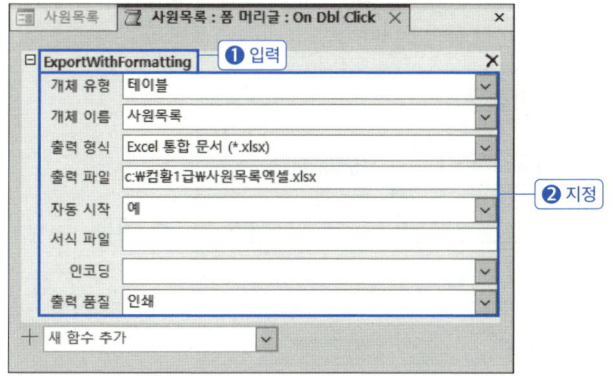

⑤ [매크로 작성기] 창의 닫기(X)를 클릭하고 업데이트 여부를 묻는 메시지가 표시되면 [예] 단추를 클릭합니다.

⑥ 저장(📄)을 클릭하고 [양식 디자인] 탭-[보기] 그룹-[폼 보기]를 클릭하여 폼 보기로 전환합니다.

⑦ 매크로가 잘 작성되었는지 결과를 확인합니다.

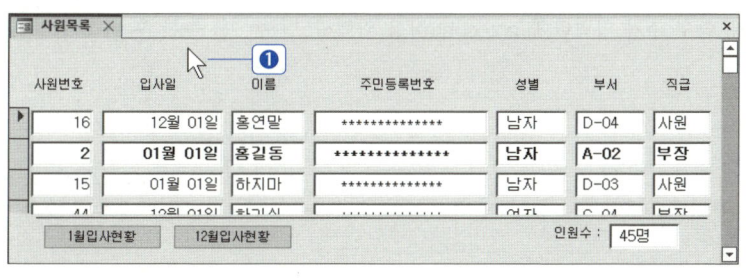

> **주희쌤 Tip**
> 매크로 함수 입력란에 'outputto'를 입력하고 Enter 를 누르면 'ExportWithFormatting'으로 변경됩니다.

> **주희쌤 Tip**
> 3번 문제와 같습니다.
> <사원목록> 폼 머리글을 더블 클릭하면 다음과 같은 기능을 수행하도록 매크로를 작성하시오.
> ▶ <사원목록> 테이블을 이용하여 엑셀 파일 형식(xlsx)으로 내보낼 것
> ▶ 내보낼 위치 : 'C:\컴활1급\사원목록엑셀.xlsx'
> ▶ 테이블을 내보낸 뒤 자동으로 실행되도록 할 것

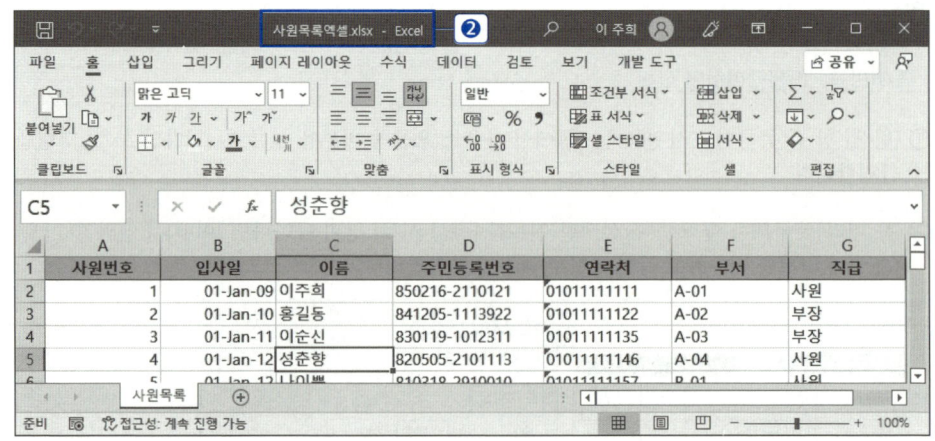

⑧ 닫기(✖)를 클릭해 엑셀과 폼을 닫습니다.

<cmd필터해제> 클릭하면 실행

① [탐색] 창 폼 목록의 〈판매량조회〉 폼에서 마우스 오른쪽 버튼을 누른 후 [디자인 보기] 명령을 클릭합니다.

② 'cmd필터해제' 컨트롤을 클릭한 후 선택한 컨트롤의 [속성 시트] 창에서 [이벤트] 탭의 'On Click'에 커서를 이동하고 작성기 단추(...)를 클릭합니다.

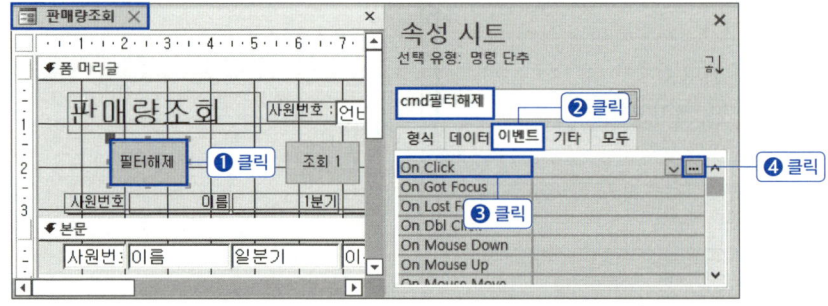

③ [작성기 선택] 대화상자가 나타나면 '매크로 작성기'를 선택하고 [확인] 단추를 클릭합니다.

④ [매크로 작성기] 창이 나타나면 새 함수 추가 입력란에 'showallrecords'를 입력하고 Enter 를 누릅니다.

⑤ 이어서 두 번째 새 함수 추가 입력란에 'runmenucommand'를 입력하고 Enter 를 누른 후 명령에 'sortascending'을 입력합니다.

⑥ 이어서 세 번째 새 함수 추가 입력란에 'gotocontrol'을 입력하고 Enter 를 누른 후 아래와 같이 입력합니다.

> **주희쌤Tip**
> 매크로 함수 입력란에 'runcommand'를 입력하고 Enter 를 누르면 'RunMenuCommand' 로 변경됩니다.

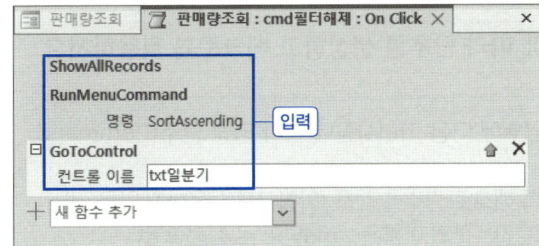

⑦ [매크로 작성기] 창의 닫기(✕)를 클릭하고 업데이트 여부를 묻는 메시지가 표시되면 [예] 단추를 클릭합니다.

⑧ 저장(💾)을 클릭하고 [양식 디자인] 탭-[보기] 그룹-[폼 보기]를 클릭하여 폼 보기로 전환합니다.

⑨ 매크로가 잘 작성되었는지 결과를 확인합니다.

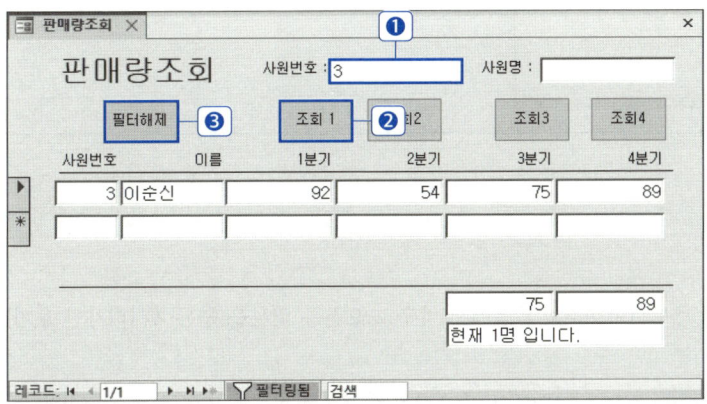

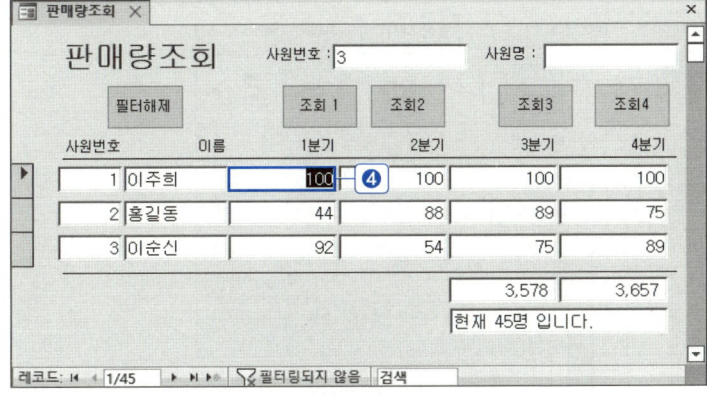

⑩ 닫기(✕)를 클릭해 폼을 닫습니다.

> **문제 유형 3**   다음의 지시사항에 따라 단추를 생성하고 매크로를 적용하시오.

① <부서번호조회> 폼의 본문 아래 영역에 다음 지시사항에 따라 명령 단추(Command Button)를 생성하시오.
  ▶ 명령 단추를 누르면 폼이 닫히도록 매크로 함수를 적용 (마법사를 사용하지 않을 것)
  ▶ 컨트롤의 캡션은 그림을 참조하고, 컨트롤의 이름은 'cmd닫기'로 설정할 것

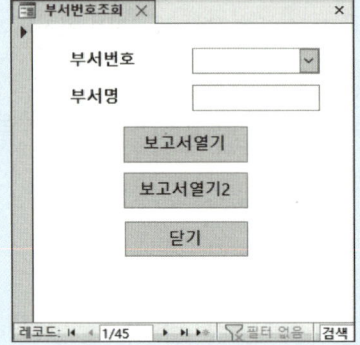

따라하기 ①

명령 단추 생성

① [탐색] 창 폼 목록의 <부서번호조회> 폼에서 마우스 오른쪽 버튼을 누른 후 [디자인 보기] 명령을 클릭합니다.

② [양식 디자인] 탭-[컨트롤] 그룹-[단추]()를 클릭하고 단추가 위치할 곳에 드래그합니다.

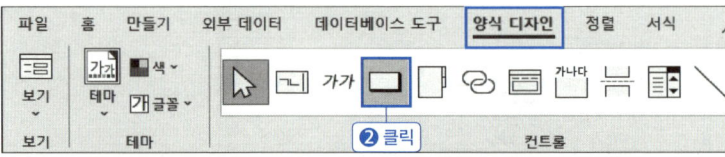

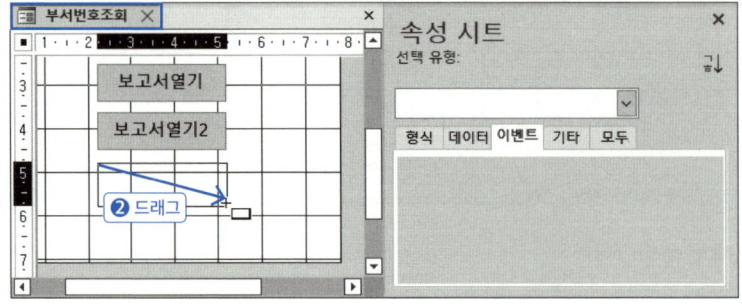

> **주희쌤 Tip**
> 크기와 위치는 문제에 제시된 그림과 비슷하게만 지정하면 됩니다.

③ [명령 단추 마법사] 대화상자가 나타나면 [취소] 단추를 클릭하여 대화상자를 닫습니다.

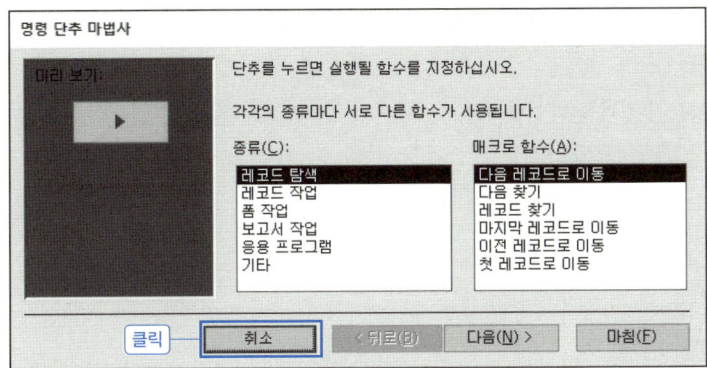

④ 생성된 컨트롤의 [속성 시트] 창에서 [모두] 탭의 '캡션' 입력란에 '닫기', '이름' 입력란에 'cmd닫기'를 입력한 후 Enter 를 누릅니다.

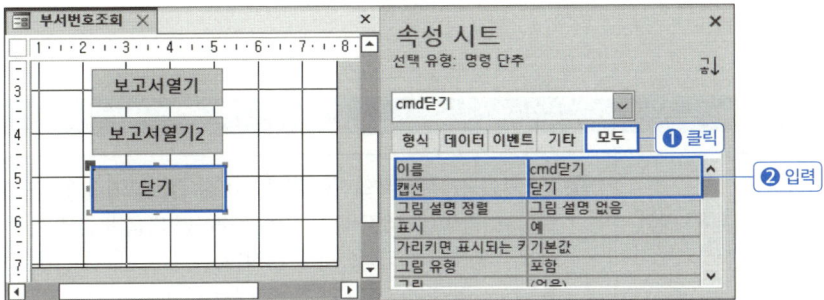

⑤ 이어서 [이벤트] 탭의 'On Click'에 커서를 이동하고 작성기 단추(...)를 클릭합니다.

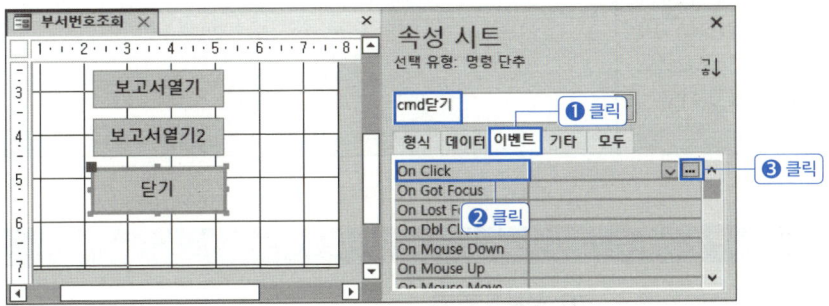

⑥ [작성기 선택] 대화상자가 나타나면 '매크로 작성기'를 선택하고 [확인] 단추를 클릭합니다.

⑦ [매크로 작성기] 창이 나타나면 새 함수 추가 입력란에 'closewindow'를 입력하고 Enter 를 누른 후 아래와 같이 입력합니다.

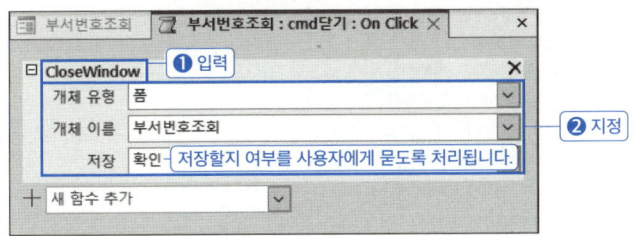

> **주희쌤 Tip**
> 매크로 함수 입력란에 'close'를 입력하고 Enter 를 누르면 'CloseWindow'로 변경됩니다.

> **주희쌤 Tip**
> 매크로에서 저장하고 폼 닫기
>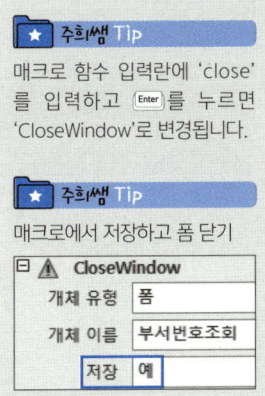

⑧ [매크로 작성기] 창의 닫기(✖)를 클릭하고 업데이트 여부를 묻는 메시지가 표시되면 [예] 단추를 클릭합니다.

⑨ 저장()을 클릭하고 [양식 디자인] 탭-[보기] 그룹-[폼 보기]를 클릭하여 폼 보기로 전환합니다.

⑩ 매크로가 잘 작성되었는지 결과를 확인합니다.

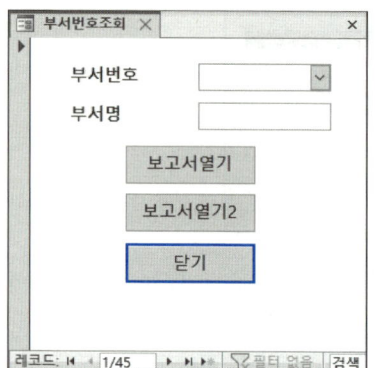

숙제

01 <제품> 폼에서 다음의 지시사항을 처리하시오.
▶ '원본보기(cmd원본보기)' 컨트롤을 클릭하면 '제품' 테이블을 읽기 전용으로 여는 매크로를 생성하여 지정하시오.

02 <물품목록> 폼에서 다음의 지시사항을 처리하시오.
▶ <물품목록> 폼이 닫힐 때 <물품목록> 보고서를 인쇄 미리 보기로 열고, <물품목록> 테이블을 읽기 전용으로 여는 '물품확인' 매크로를 작성하고, 본문 구역의 't2023년'을 클릭했을 때 '물품확인' 매크로가 실행되도록 하시오.

03 <전기요금청구> 폼의 'txt월'과 'txt일' 컨트롤에 값을 입력하고 '검색'(cmd검색) 단추를 클릭하면 다음과 같은 기능을 수행하도록 작성하시오. (5점)
▶ '2차점검일'이 'txt월'과 'txt일'에서 입력된 내용을 모두 만족하는 레코드만 표시하도록 하시오.
▶ ApplyFilter를 사용하여 <2차점검일> 매크로를 작성하시오.

숙제 정답 및 해설

01 '제품' 폼

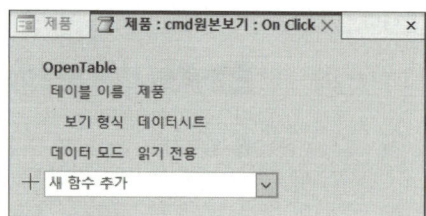

02 '물품목록' 폼

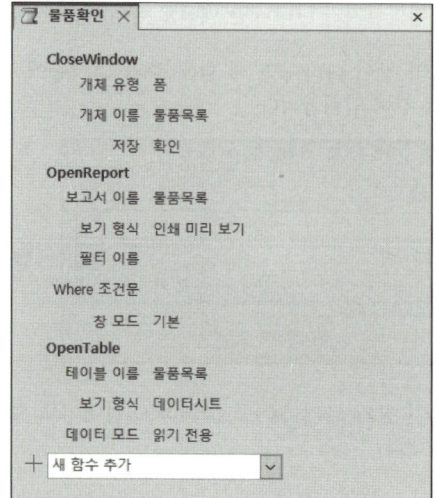

03 '전기요금청구' 폼

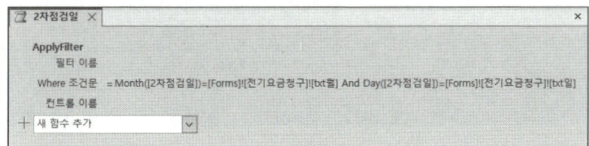

(Where 조건문 : Month([2차점검일])=[Forms]![전기요금청구]![txt월] And Day([2차점검일])=[Forms]![전기요금청구]![txt일])

관련 필기 문제

01. 다음 중 액세스의 매크로에 대한 설명으로 옳지 않은 것은?   20년 1회 출제

① 반복적으로 수행되는 작업을 자동화하여 간단히 처리할 수 있도록 하는 기능이다.
② 매크로 함수 또는 매크로 함수 집합으로 구성되며, 각 매크로 함수의 수행 방식을 제어하는 인수를 추가할 수 있다.
③ 매크로를 이용하여 폼을 열고 닫거나 메시지 박스를 표시할 수도 있다.
④ 매크로는 주로 컨트롤의 이벤트에 연결하여 사용하며, 폼 개체 내에서만 사용할 수 있다.

02. 다음 중 아래의 매크로 함수에 대한 설명으로 옳은 것은?   16년 2회 출제

① 부서.htm 파일을 인쇄한 후 부서.htm 파일의 내용을 [부서] 테이블로 저장한다.
② HTML 문서인 부서.htm 파일을 읽어 [부서] 테이블로 가져오기 마법사를 실행한다.
③ [부서] 테이블의 내용을 HTML 문서인 부서.htm 파일로 저장한다.
④ [부서] 테이블의 형식을 HTML 형식으로 변경한 후 [부서] 테이블에 저장한다.

03. 다음 중 폼을 디자인 보기나 데이터시트 보기로 열기 위해 사용하는 매크로 함수는?   19년 1회 출제

① RunCommand
② OpenForm
③ RunMacro
④ RunSQL

정답   01. ④ | 02. ③ | 03. ②

SECTION 02 조회

- 사용자가 필요로 하는 데이터를 다양한 형태로 조회하면 응용 프로그램은 데이터베이스에 저장되어 있는 자료를 검색하여 그 조회에 대한 응답을 합니다. 여러 가지 조건에 해당하는 결과를 조회할 수 있도록 시험에 자주 출제되는 조회 코드를 작성해 보도록 하겠습니다.
- 준비파일 : 컴활1급 \ 액세스 \ 1급액세스(예제) \ 4장_02. 조회.accdb

주희쌤 Tip
주희쌤 Tip은 꼼꼼히 모두 보세요.

주희쌤 Tip
조회나 이벤트 프로시저 섹션에서 배운 코드 작성이 5점짜리 1문제로 출제됩니다. 객관식이 아닌 직접 코드를 입력해야 하므로 꼼꼼한 암기가 필요한데 쿼리 문제가 아주 어렵게 출제될 경우 큰 점수가 감점되기 때문에 완전히 포기하지 않기를 권장합니다.

주희쌤 Tip
파일을 열었을 때 '보안 경고'가 표시되면 '콘텐츠 사용'을 클릭하세요.

이것만 외우면 코드 작성 반은 해결!

조건 입력 방법	
컨트롤에 입력된(선택한) 값이 필드에 표시 • 1단계 : 컨트롤 이름을 따로 분리 • 2단계 : 컨트롤 이름 외에 나머지를 큰따옴표로 묶기	
컨트롤 값이 문자인 경우	필드이름='컨트롤이름' ↓ 1단계 필드이름=' & 컨트롤이름 & ' ↓ 2단계 "필드이름='" & 컨트롤이름 & "'"
컨트롤 값이 숫자인 경우	필드이름=컨트롤이름 ↓ 1단계 필드이름= & 컨트롤이름 ↓ 2단계 "필드이름=" & 컨트롤이름
컨트롤 값이 날짜인 경우	필드이름=#컨트롤이름# ↓ 1단계 필드이름=# & 컨트롤이름 & # ↓ 2단계 "필드이름=#" & 컨트롤이름 & "#"
컨트롤 값을 포함할 경우	필드이름 like '*컨트롤이름*' ↓ 1단계 필드이름 like '* & 컨트롤이름 & *' ↓ 2단계 "필드이름 like '*" & 컨트롤이름 & "*'"

시험에 자주 출제되는 조회 코드 5가지
Me.Filter = 조건   Me.FilterOn = True
Me.OrderBy = "필드 ASC/DESC"   Me.OrderByOn = True
Me.RecordSource = "Select * From 원본 Where 조건
Me.RecordsetClone.FindFirst 조건   Me.Bookmark = Me.RecordsetClone.Bookmark
Dim a As New ADODB.Recordset   Set a = New ADODB.Recordset   a.ActiveConnection = CurrentProject.Connection   a.Open "Select * From 원본 Where 조건   실행(처리)   a.Close

Filter, FilterOn

조건에 해당하는 레코드를 필터링하는 필터(Filter)는 필터가 만들어진 개체와 함께 저장되고 개체가 열릴 때 자동으로 로드되지만 자동으로 적용은 되지 않으므로 FilterOn 속성을 True로 설정합니다.

Me.Filter = 조건 Me.FilterOn = True	
조건에 해당하는 레코드를 선택된 개체(Me)의 Filter 속성에 정의하고, 정의된 Filter를 적용(True)	
컨트롤 값이 문자인 경우	Me.Filter = "필드이름='" & 컨트롤이름 & "'" Me.FilterOn = True
컨트롤 값이 숫자인 경우	Me.Filter = "필드이름=" & 컨트롤이름 Me.FilterOn = True
컨트롤 값이 날짜인 경우	Me.Filter = "필드이름=#" & 컨트롤이름 & "#" Me.FilterOn = True
컨트롤 값을 포함할 경우	Me.Filter = "필드이름 like '*" & 컨트롤이름 & "*'" Me.FilterOn = True

주희쌤 Tip

필드 이름 찾는 방법
① 컨트롤에 어떤 값을 입력(선택)할지 확인
↓ 'cmb검색'에서 '이름'을 입력(선택)합니다.

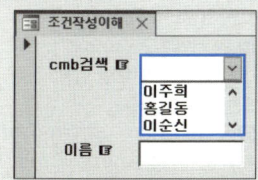

② 입력(선택)한 값이 어떤 필드에 표시될지 확인
↓ 'cmb검색'에서 입력(선택)한 '이름'이 '이름' 필드에 표시되어야 합니다.

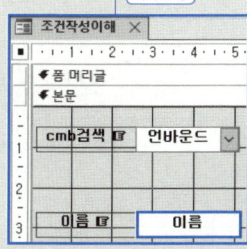

③ 찾은 필드 이름 입력
Me.Filter = "이름='" & cmb검색 & "'"
Me.FilterOn = True

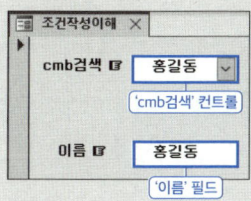

문제 유형 1 — 다음의 기능을 수행하도록 구현하시오.

① <사원관리> 폼의 'cmb부서번호' 컨트롤에서 부서번호를 선택하면(Click 이벤트) 다음과 같은 조회 기능을 수행하도록 이벤트 프로시저를 작성하시오.
- ▶ '부서번호'가 'cmb부서번호'에서 선택한 부서와 같은 레코드만 표시하도록 할 것
- ▶ 폼의 Filter 및 FilterOn 속성을 이용할 것

② <판매량조회> 폼의 '조회1'(cmd조회1) 버튼을 클릭할 때 다음과 같은 기능을 수행하도록 구현하시오.
- ▶ 'txt번호' 컨트롤에 입력된 사원번호만 표시하도록 할 것
- ▶ Filter와 FilterOn 속성을 이용하여 이벤트 프로시저를 작성할 것

③ '사원목록2' 폼의 <조회1>버튼(cmd조회1)을 클릭하면 다음과 같은 기능이 수행되도록 구현하시오.
- ▶ '입사일'의 월이 'txt월' 컨트롤에 입력된 월에 해당하는 자료만 표시하도록 하시오
- ▶ Filter, FilterOn 속성 사용

④ '필드두개' 폼의 'txt월'과 'txt일' 컨트롤에 값을 입력하고 <모두만족하면?>버튼(cmd모두만족)을 클릭하면 다음과 같은 기능이 수행되도록 구현하시오.
- ▶ '날짜'는 'txt월'과 'txt일'에서 입력된 내용을 모두 만족하는(AND 사용) 레코드만 표시하도록 할 것
- ▶ Filter와 FilterOn 속성을 이용하여 이벤트 프로시저를 작성할 것

⑤ '사원목록' 폼의 '조회(cmd조회)' 버튼을 클릭할 때 다음과 같은 기능을 수행하도록 구현하시오.
- ▶ 'txt조회' 컨트롤에 입력된 글자로 시작하는 이름의 정보만 표시할 것
- ▶ Filter와 FilterOn 속성을 이용하여 이벤트 프로시저를 작성할 것

⑥ '사원목록' 폼의 '필터해제(cmd해제)' 버튼을 클릭하면 전체 레코드가 표시되도록 구현하시오.
- ▶ FilterOn 속성을 이용할 것

주희쌤 Tip

아래 4개 문제는 모두 같습니다.
문 '부서번호'가 'cmb부서번호'에서 선택한 부서와 같은 레코드만 표시하도록 할 것
문 '부서번호'가 'cmb부서번호'에서 선택한 번호와 같은 레코드만 표시하도록 할 것
문 'cmb부서번호' 컨트롤에 입력된 부서번호와 일치하는 데이터만 표시할 것
문 'cmb부서번호' 컨트롤에서 선택한 부서번호에 해당하는 사원만 표시할 것

 따라하기 ①

① [탐색] 창 폼 목록의 〈사원관리〉 폼에서 마우스 오른쪽 버튼을 누른 후 [디자인 보기] 명령을 클릭합니다.

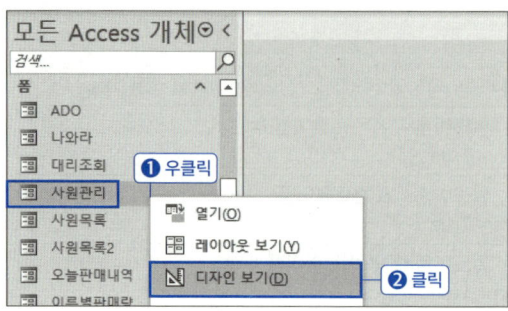

② 'cmb부서번호' 컨트롤을 클릭한 후 선택한 컨트롤의 [속성 시트] 창에서 [이벤트] 탭의 'On Click'에 커서를 이동하고 작성기 단추(…)를 클릭합니다.

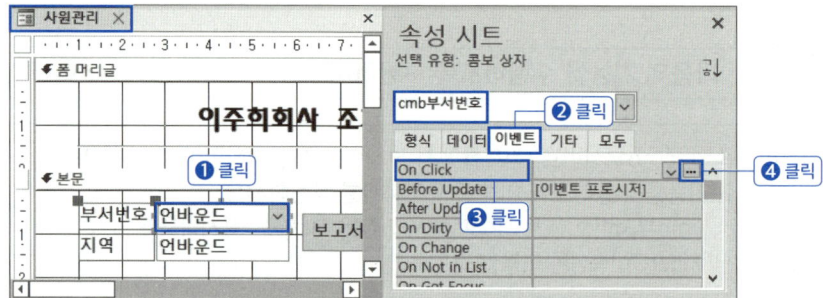

③ [작성기 선택] 대화상자가 나타나면 '코드 작성기'를 선택하고 [확인] 단추를 클릭합니다.

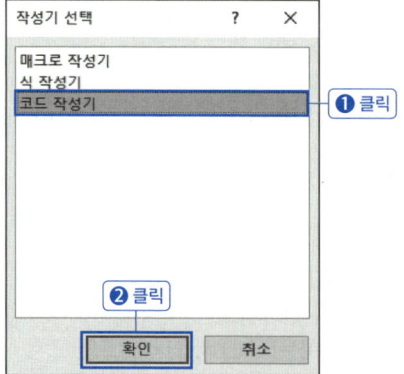

주희쌤 Tip

예 '주소'가 'cmb주소검색'에서 선택한 이름과 같은 레코드만 표시하도록 하시오.
(단, 주소는 문자로 가정)
Me.Filter = "주소='" & cmb주소검색 & "'"
Me.FilterOn = True

④ 'cmb부서번호_Click()' 프로시저가 나타나면 아래와 같이 입력합니다.

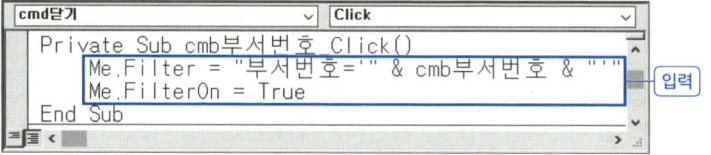

⑤ VBE의 닫기(✕) 단추를 클릭하여 액세스로 돌아옵니다.

⑥ 저장(📄)을 클릭하고 [양식 디자인] 탭-[보기] 그룹-[폼 보기]를 클릭하여 폼 보기로 전환합니다.

⑦ 코드가 잘 작성되었는지 결과를 확인합니다.

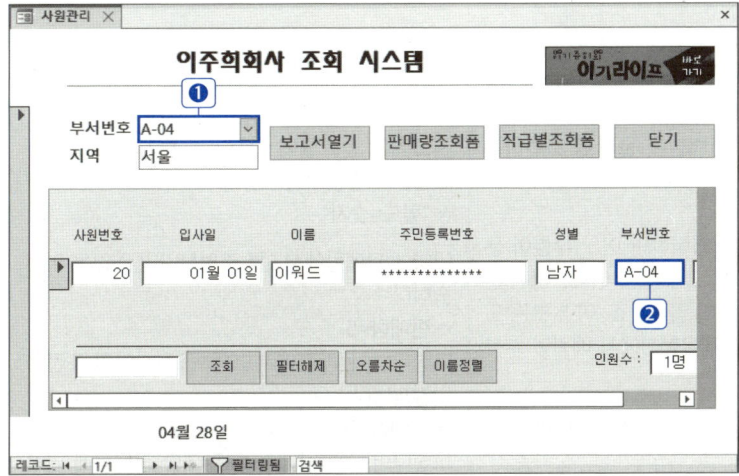

⑧ 닫기(✖)를 클릭해 폼을 닫습니다.

코드 작성 요령
① 문제에 Filter 속성이 제시되면 일단 아래와 같이 입력 　　Me.Filter = 필드이름=컨트롤이름 　　Me.FilterOn = True
② 문제에 제시된 컨트롤 이름을 입력 　　Me.Filter = 필드이름=cmb부서번호
③ 컨트롤에 어떤 값을 입력(선택)할지 확인 　　여기에서는 'cmb부서번호'에서 '부서번호'를 입력(선택)
④ 입력(선택)한 값이 어떤 필드에 표시될지 확인하고, 찾은 필드 이름을 입력 　　여기에서는 'cmb부서번호'에서 입력(선택)한 '부서번호'가 '부서번호' 필드에 표시되어야 함 　　Me.Filter = 부서번호=cmb부서번호
⑤ 컨트롤에 입력(선택)할 값이 '포함'될지, '문자'인지, '숫자'인지, '날짜'인지 확인 　　여기에서는 'cmb부서번호'에 문자를 입력(선택)하므로 컨트롤 이름 양 옆으로 작은따옴표 입력 　　Me.Filter = 부서번호='cmb부서번호'
⑥ 1단계는 컨트롤 이름을 분리하기 　　Me.Filter = 부서번호=' & cmb부서번호 & '
⑦ 2단계는 컨트롤 이름을 제외한 나머지를 큰따옴표로 묶기 　　Me.Filter = "부서번호='" & cmb부서번호 & "'"

주희쌤 Tip

기억하시나요? 엑셀(사용자 정의 함수 9번)에서 배웠던 부분입니다. VBE에서 와일드카드 문자를 입력할 때엔 '=' 대신 'Like'를 입력해야 합니다.

제품명에서 연필을 포함(색연필, 연필통 등)하는 값을 조회한다면 조건은 이렇습니다.
제품명 like '*연필*'

제품명에서 txt제품명 컨트롤에 입력받은 글자를 포함하는 값을 조회한다면 조건은 이렇습니다.
제품명 like '*txt제품명*'

단, 코드 입력 시 폼의 컨트롤은 별도로 분리해야 합니다.
제품명 like '*' & txt제품명 & '*'

단, 코드 입력 시 컨트롤을 제외한 문자는 큰따옴표로 묶어 입력해야 합니다.
"제품명 like '*" & txt제품명 & "*'"

주희쌤 Tip

기억하시나요? 테이블(문제유형4 7번)에서 배웠던 부분입니다. 날짜/시간 입력 시 양 옆으로 '#'이 자동 입력됩니다. 자동으로 입력되지 않을 경우 직접 입력해야 합니다.

입사일에서 2024-02-23을 조회한다면 조건은 이렇습니다.
입사일=#2024-02-23#

입사일에서 txt입사일 컨트롤에 입력받은 값을 조회한다면 조건은 이렇습니다.
입사일=#txt입사일#

단, 코드 입력 시 폼의 컨트롤은 별도로 분리해야 합니다.
입사일=# & txt입사일 & #

단, 코드 입력 시 컨트롤을 제외한 문자는 큰따옴표로 묶어 입력해야 합니다.
"입사일=#" & txt입사일 & "#"

조건 입력 방법

◎ 컨트롤 값이 문자인 경우 왜 따옴표를 그렇게 입력하나요?

문자인 경우
"필드이름=' " & 컨트롤이름 & " ' "

Ⓐ 컨트롤 값이 **문자**인 경우
필드에서 컨트롤에 입력받은 문자를 조회하는 조건은 이렇습니다.
→ "필드='문자'"

"필드="문자"" 이렇게 입력하면 어느 부분이 문자인지 아시겠습니까? 그래서 큰따옴표 안에 문자는 작은따옴표로 묶어 입력하죠. 이 부분은 도메인 집계 함수(폼 문제유형2)에서 배웠던 부분입니다.

만약에 부서코드에서 A-01을 조회한다면 조건은 이렇습니다.
→ 부서코드='A-01'

그렇다면, 부서코드에서 A-02를 조회한다면 조건은 이렇습니다.
→ 부서코드='A-02'

그렇다면, 부서코드에서 cmb부서코드 컨트롤에 입력받은 값을 조회한다면 조건은 이렇습니다.
→ 부서코드='cmb부서코드'

단, 코드 입력 시 폼의 컨트롤은 별도로 분리해야 합니다.
→ 부서코드=' & cmb부서코드 & '

단, 코드 입력 시 컨트롤을 제외한 문자는 큰따옴표로 묶어 입력해야 합니다.
→ "부서코드='" & cmb부서코드 & "'"

◎ 컨트롤 값이 숫자인 경우 왜 따옴표를 그렇게 입력하나요?

숫자인 경우
"필드이름=" & 컨트롤이름

Ⓐ 컨트롤 값이 **숫자**인 경우
필드에서 컨트롤에 입력받은 숫자를 조회하는 조건은 이렇습니다.
→ "필드=숫자"

만약에 판매량에서 5를 조회한다면 조건은 이렇습니다.
→ 판매량=5

그렇다면, 판매량에서 10을 조회한다면 조건은 이렇습니다.
→ 판매량=10

그렇다면, 판매량에서 txt판매량 컨트롤에 입력받은 값을 조회한다면 조건은 이렇습니다.
→ 판매량=txt판매량

단, 코드 입력 시 폼의 컨트롤은 별도로 분리해야 합니다.
→ 판매량= & txt판매량

단, 코드 입력 시 컨트롤을 제외한 문자는 큰따옴표로 묶어 입력해야 합니다.
→ "판매량=" & txt판매량

따라하기 2

① [탐색] 창 폼 목록의 〈판매량조회〉 폼에서 마우스 오른쪽 버튼을 누른 후 [디자인 보기] 명령을 클릭합니다.

② 'cmd조회1' 컨트롤을 클릭한 후 선택한 컨트롤의 [속성 시트] 창에서 [이벤트] 탭의 'On Click'에 커서를 이동하고 작성기 단추()를 클릭합니다.

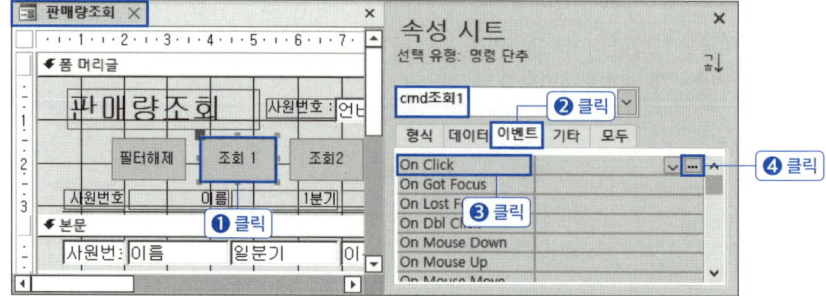

③ [작성기 선택] 대화상자가 나타나면 '코드 작성기'를 선택하고 [확인] 단추를 클릭합니다.

④ 'cmd조회1_Click()' 프로시저가 나타나면 아래와 같이 입력합니다.

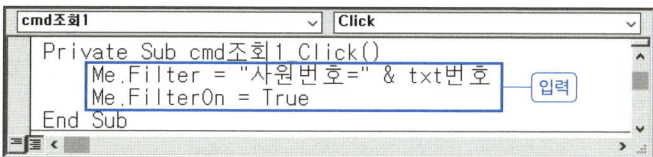

⑤ VBE의 닫기(✕) 단추를 클릭하여 액세스로 돌아옵니다.

⑥ 저장(💾)을 클릭하고 [양식 디자인] 탭-[보기] 그룹-[폼 보기]를 클릭하여 폼 보기로 전환합니다.

⑦ 코드가 잘 작성되었는지 결과를 확인합니다.

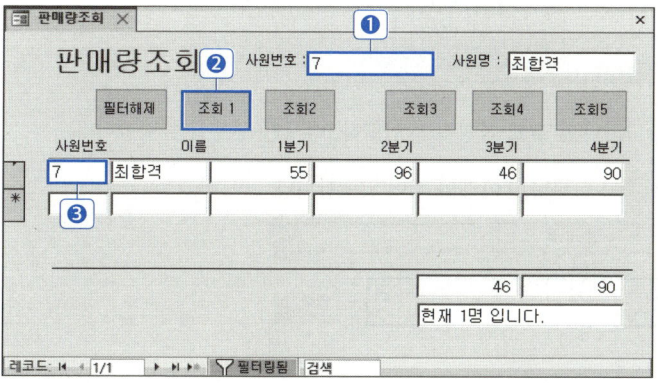

⑧ 닫기(✕)를 클릭해 폼을 닫습니다.

코드 작성 요령

① 문제에 Filter 속성이 제시되면 일단 아래와 같이 입력
   Me.Filter = 필드이름=컨트롤이름
   Me.FilterOn = True

② 문제에 제시된 컨트롤 이름을 입력
   Me.Filter = 필드이름=txt번호

③ 컨트롤에 어떤 값을 입력(선택)할지 확인
   여기에서는 'txt번호'에서 '사원번호'를 입력(선택)

④ 입력(선택)한 값이 어떤 필드에 표시될지 확인하고, 찾은 필드 이름을 입력
   여기에서는 'txt번호'에서 입력(선택)한 '사원번호'가 '사원번호' 필드에 표시되어야 함
   Me.Filter = 사원번호=txt번호

⑤ 컨트롤에 입력(선택)할 값이 '포함'될지, '문자'인지, '숫자'인지, '날짜'인지 확인
   여기에서는 'txt번호'에 숫자를 입력(선택)하므로 컨트롤 이름 양 옆으로 아무것도 입력하지 않음

⑥ 1단계는 컨트롤 이름을 분리하기
   Me.Filter = 사원번호=& txt번호

⑦ 2단계는 컨트롤 이름을 제외한 나머지를 큰따옴표로 묶기
   Me.Filter = "사원번호=" & txt번호

📁 **주희쌤 Tip**

문제에 '포함' 혹은 '일부'라는 단어가 있을 시 아래와 같이 입력합니다.

🔹 'txt번호'에 입력한 일부 '사원번호'를 포함한 데이터만을 표시하시오.
Me.Filter = "사원번호 like '*' & txt번호 & '*'"
Me.FilterOn = True

🔹 'txt사번' 컨트롤에 입력된 '사번'을 포함하는 레코드만 표시하시오.
Me.Filter = "사번 like '*' & txt사번 & '*'"
Me.FilterOn = True

📁 **주희쌤 Tip**

문자인지 숫자인지 판단하는 방법
① 폼 보기로 전환하여 '사원번호'가 문자인지 숫자인지 확인합니다.

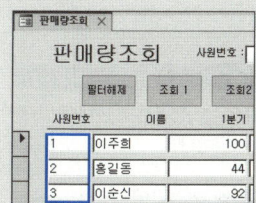

② 문자인지 숫자인지 애매할 때(숫자인데 왼쪽 정렬)에는 폼의 원본을 확인해 '사원번호'가 어떤 개체에 있는지 확인합니다.

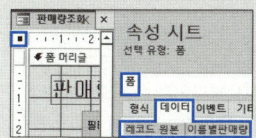

③ 폼의 원본이 쿼리인 경우 테이블까지 확인해보아야 합니다.

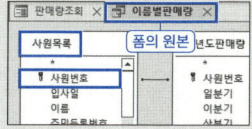

↑ 폼의 원본인 '이름별판매량' 쿼리를 디자인 보기로 열어 보니 '사원번호'가 '사원목록' 테이블에 있음을 알 수 있습니다.
④ '사원목록' 테이블을 디자인으로 열어 '사원번호'가 숫자임을 확인합니다.

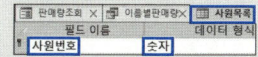

 따라하기 ③

① [탐색] 창 폼 목록의 <사원목록2> 폼에서 마우스 오른쪽 버튼을 누른 후 [디자인 보기] 명령을 클릭합니다.

② 'cmd조회1' 컨트롤을 클릭한 후 선택한 컨트롤의 [속성 시트] 창에서 [이벤트] 탭의 'On Click'에 커서를 이동하고 작성기 단추(…)를 클릭합니다.

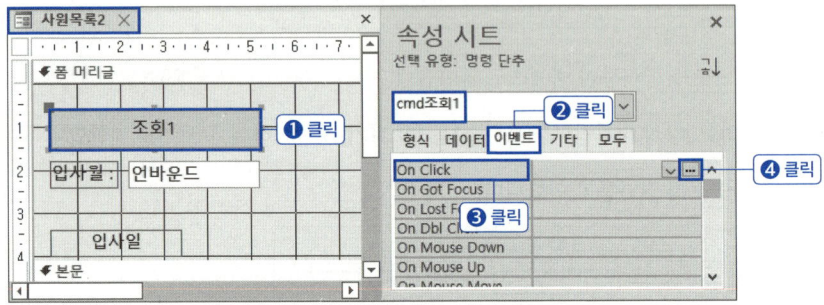

③ [작성기 선택] 대화상자가 나타나면 '코드 작성기'를 선택하고 [확인] 단추를 클릭합니다.

④ 'cmd조회1_Click()' 프로시저가 나타나면 아래와 같이 입력합니다.

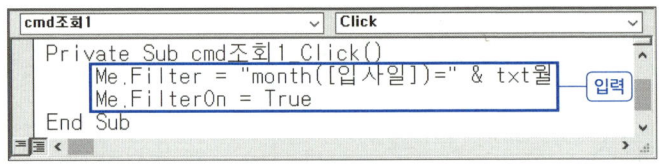

⑤ VBE의 닫기(✕) 단추를 클릭하여 액세스로 돌아옵니다.

⑥ 저장(💾)을 클릭하고 [양식 디자인] 탭-[보기] 그룹-[폼 보기]를 클릭하여 폼 보기로 전환합니다.

⑦ 코드가 잘 작성되었는지 결과를 확인합니다.

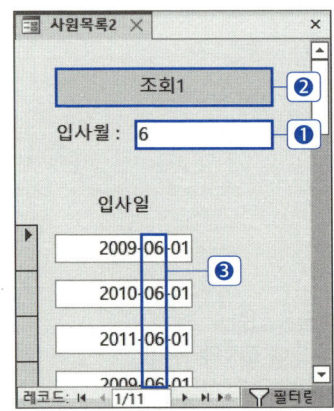

⑧ 닫기(✕)를 클릭해 폼을 닫습니다.

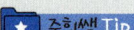 주희쌤 Tip

[입사일]에서 대괄호([]) 생략이 가능합니다만 함수 안에 필드는 대괄호를 입력하는 것을 권장합니다.

주희쌤 Tip

'Me.'을 생략하면 현재 폼이 필터링 됩니다.

주희쌤 Tip

Q 조건을 이렇게 입력해야 하는 것 아닌가요?
"month([입사일])=#" & txt월 & "#"
A '컨트롤에 입력(선택)할 값'이 포함될지, 문자인지, 숫자인지, 날짜인지 확인해야 합니다. 'txt월' 컨트롤에 숫자를 입력하고, 입사일의 월은 숫자죠.

코드 작성 요령

① 문제에 Filter 속성이 제시되면 일단 아래와 같이 입력
  Me.Filter = 필드이름=컨트롤이름
  Me.FilterOn = True

② 문제에 제시된 컨트롤 이름을 입력
  Me.Filter = 필드이름=txt월

③ 컨트롤에 어떤 값을 입력(선택)할지 확인
  여기에서는 'txt월'에서 '월(MONTH)'을 입력(선택)

④ 입력(선택)한 값이 어떤 필드에 표시될지 확인하고, 찾은 필드 이름을 입력
  여기에서는 'txt월'에서 입력(선택)한 '월(MONTH)'이 '입사일'의 '월(MONTH)'에 표시되어야 함
  Me.Filter = MONTH([입사일])=txt월

⑤ 컨트롤에 입력(선택)할 값이 '포함'될지, '문자'인지, '숫자'인지, '날짜'인지 확인
  여기에서는 'txt월'에 숫자를 입력(선택)하므로 컨트롤 이름 양 옆으로 아무것도 입력하지 않음

⑥ 1단계는 컨트롤 이름을 분리하기
  Me.Filter = MONTH([입사일])= & txt월

⑦ 2단계는 컨트롤 이름을 제외한 나머지를 큰따옴표로 묶기
  Me.Filter = "MONTH([입사일])=" & txt월

따라하기 ④

① [탐색] 창 폼 목록의 〈필드두개〉 폼에서 마우스 오른쪽 버튼을 누른 후 [디자인 보기] 명령을 클릭합니다.

② 'cmd모두만족' 컨트롤을 클릭한 후 선택한 컨트롤의 [속성 시트] 창에서 [이벤트] 탭의 'On Click'에 커서를 이동하고 작성기 단추()를 클릭합니다.

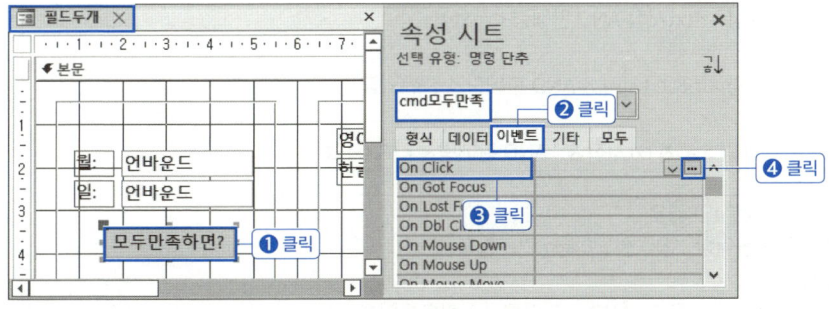

③ [작성기 선택] 대화상자가 나타나면 '코드 작성기'를 선택하고 [확인] 단추를 클릭합니다.

④ 'cmd모두만족_Click()' 프로시저가 나타나면 아래와 같이 입력합니다.

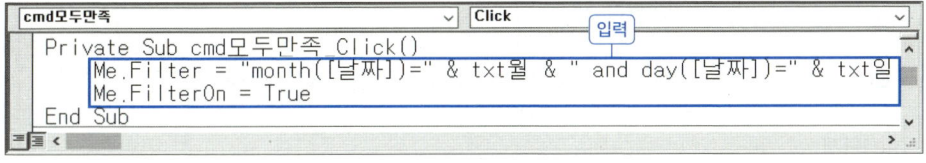

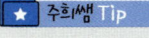 **주희쌤 Tip**

&, Like, Select, From, Where, And 양 옆에 한 칸씩 띄어쓰기를 하세요.

⑤ VBE의 단기(✕) 단추를 클릭하여 액세스로 돌아옵니다.

⑥ 저장(🖫)을 클릭하고 [양식 디자인] 탭-[보기] 그룹-[폼 보기]를 클릭하여 폼 보기로 전환합니다.

⑦ 코드가 잘 작성되었는지 결과를 확인합니다.

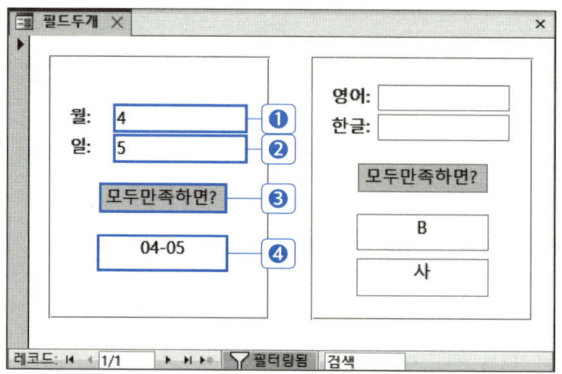

⑧ 닫기(✖)를 클릭해 폼을 닫습니다.

두 개의 컨트롤 이용

• 컨트롤 값이 숫자인 경우
필드이름=컨트롤이름 AND 필드이름=컨트롤이름
   ↓ 1단계
필드이름= & 컨트롤이름 & AND 필드이름= & 컨트롤이름
   ↓ 2단계
"필드이름=" & 컨트롤이름 & " AND 필드이름=" & 컨트롤이름

예 판매량이 5 이상이고 10 이하 Me.Filter = "판매량 >=5 AND 판매량 <=10"
예 'txt시작'과 'txt끝'에 입력한 사이에 값이 판매량 필드에 표시 Me.Filter = 판매량 >=txt시작 AND 판매량 <=txt끝 ↓ 1단계 Me.Filter = 판매량 >= & txt시작 & AND 판매량 <= & txt끝 ↓ 2단계 Me.Filter = "판매량 >=" & txt시작 & " AND 판매량 <=" & txt끝

• 컨트롤 값이 문자인 경우
필드이름='컨트롤이름' AND 필드이름='컨트롤이름'
   ↓ 1단계
필드이름=' & 컨트롤이름 & ' AND 필드이름=' & 컨트롤이름 & '
   ↓ 2단계
"필드이름='" & 컨트롤이름 & "' AND 필드이름='" & 컨트롤이름 & "'"

예 영어가 "B"이고 한글이 "바" Me.Filter = "영어='B' AND 한글='바'"
예 'txt영어'에 입력한 값과 'txt한글'에 입력한 값이 영어와 한글 필드에 표시 Me.Filter = 영어='txt영어' AND 한글='txt한글' ↓ 1단계 Me.Filter = 영어=' & txt영어 & ' AND 한글=' & txt한글 & ' ↓ 2단계 Me.Filter = "영어='" & txt영어 & "' AND 한글='" & txt한글 & "'"

 따라하기 5

① [탐색] 창 폼 목록의 〈사원목록〉 폼에서 마우스 오른쪽 버튼을 누른 후 [디자인 보기] 명령을 클릭합니다.

② 'cmd조회' 컨트롤을 클릭한 후 선택한 컨트롤의 [속성 시트] 창에서 [이벤트] 탭의 'On Click'에 커서를 이동하고 작성기 단추(…)를 클릭합니다.

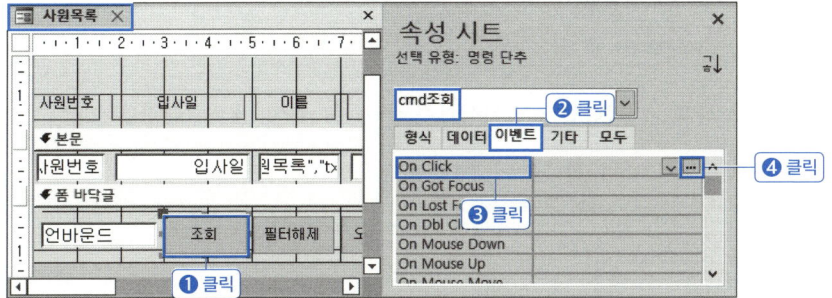

③ [작성기 선택] 대화상자가 나타나면 '코드 작성기'를 선택하고 [확인] 단추를 클릭합니다.

④ 'cmd조회_Click()' 프로시저가 나타나면 아래와 같이 입력합니다.

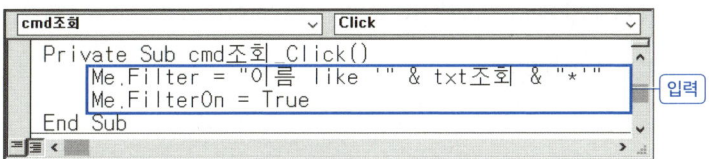

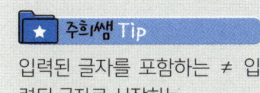

주희쌤 Tip

입력된 글자를 포함하는 ≠ 입력된 글자로 시작하는

⑤ VBE의 닫기(✖) 단추를 클릭하여 액세스로 돌아옵니다.

⑥ 저장(💾)을 클릭하고 [양식 디자인] 탭-[보기] 그룹-[폼 보기]를 클릭하여 폼 보기로 전환합니다.

⑦ 코드가 잘 작성되었는지 결과를 확인합니다.

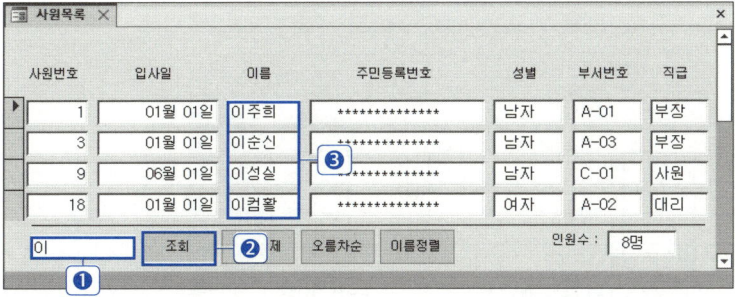

⑧ 닫기(✖)를 클릭해 폼을 닫습니다.

 따라하기 6

① [탐색] 창 폼 목록의 〈사원목록〉 폼에서 마우스 오른쪽 버튼을 누른 후 [디자인 보기] 명령을 클릭합니다.

② 'cmd해제' 컨트롤을 클릭한 후 선택한 컨트롤의 [속성 시트] 창에서 [이벤트] 탭의 'On Click'에 커서를 이동하고 작성기 단추(…)를 클릭합니다.

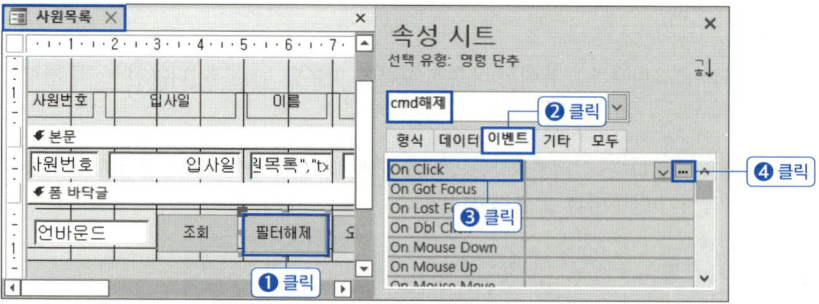

③ [작성기 선택] 대화상자가 나타나면 '코드 작성기'를 선택하고 [확인] 단추를 클릭합니다.

④ 'cmd해제_Click()' 프로시저가 나타나면 아래와 같이 입력합니다.

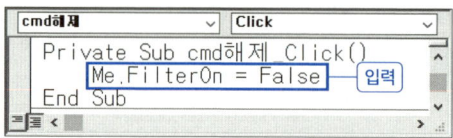

> **주희쌤 Tip**
> 필터 적용 Me.FilterOn = True
> 필터 해제 Me.FilterOn = False

⑤ VBE의 닫기(X) 단추를 클릭하여 액세스로 돌아옵니다.

⑥ 저장(💾)을 클릭하고 [양식 디자인] 탭-[보기] 그룹-[폼 보기]를 클릭하여 폼 보기로 전환합니다.

⑦ 코드가 잘 작성되었는지 결과를 확인합니다.

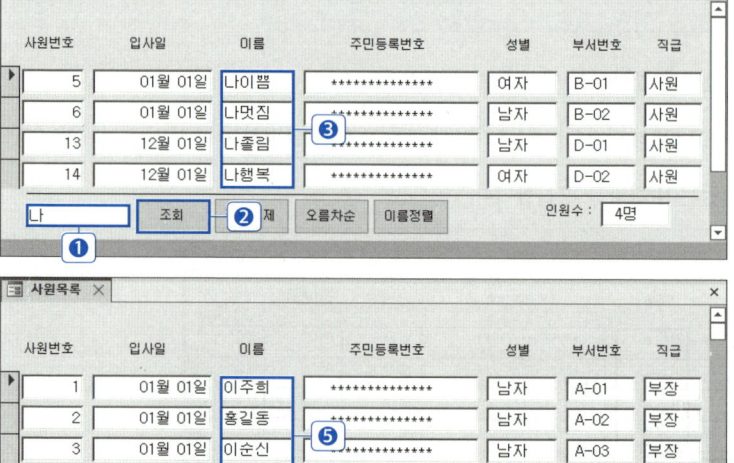

⑧ 닫기(X)를 클릭해 폼을 닫습니다.

OrderBy, OrderByOn

레코드를 정렬합니다. 개체에 저장된 정렬을 적용하려면 OrderByOn 속성을 True로 설정합니다.

Me.OrderBy = "필드 ASC/DESC" Me.OrderByOn = True
선택한 개체(Me)에서 지정한 필드 이름을 기준으로 오름차순(ASC)이나 내림차순(DESC)으로 정렬하고, 정의된 OrderBy 속성을 적용(True)

> **주희쌤 Tip**
> 두 개 이상의 필드를 사용하여 정렬하는 경우 필드 이름을 쉼표(,)로 구분합니다.
> 예 'A'를 기준으로 오름차순 정렬한 후 동일한 A 내에서 'B'를 기준으로 내림차순 정렬
> Me.OrderBy = "A asc, B desc"
> Me.OrderByOn = True

RecordSource

조건에 해당하는 레코드를 찾아 폼의 레코드 원본(RecordSource)을 재지정합니다.

Me.RecordSource = Select * From 원본 Where 조건	
원본에서 모든 필드를 검색하되(Select * From 원본) 조건에 해당하는 레코드를 찾아(Where 조건) 선택한 개체(Me)의 레코드 원본(RecordSource)으로 지정	
문자일 때	Me.RecordSource = "Select * From 원본 Where 필드이름='" & 컨트롤이름 & "'"
숫자일 때	Me.RecordSource = "Select * From 원본 Where 필드이름=" & 컨트롤이름
날짜일 때	Me.RecordSource = "Select * From 원본 Where 필드이름=#" & 컨트롤이름 & "#"
포함할 때	Me.RecordSource = "Select * From 원본 Where 필드이름 like '*" & 컨트롤이름 & "*'"

RecordsetClone, FindFirst, Bookmark

특정 레코드를 고유하게 식별하는 책갈피(Bookmark)를 설정하여 조건에 해당하는 레코드를 찾습니다.

Me.RecordsetClone.FindFirst 조건 Me.Bookmark = Me.RecordsetClone.Bookmark
선택한 개체(Me)의 레코드 집합을 복제(RecordsetClone)하고 조건에 해당하는 첫 번째 레코드를 검색(FindFirst)한 후, 복제한 개체에서 찾은 레코드의 책갈피(Me.RecordsetClone.Bookmark)를 현재 폼의 책갈피(Me.Bookmark)로 지정

ADO

ADO(ActiveX Data Objects)는 데이터에 접근하기 위한 개체로 개체 선언, 개체 생성, 개체 연결의 3단계를 거쳐야만 기능을 할 수 있습니다.

Dim a As New ADODB.Recordset Set a = New ADODB.Recordset a.ActiveConnection = CurrentProject.Connection a.Open Select * From 원본 Where 조건 실행(처리) a.Close
a를 ADO 레코드셋(테이블에서 가져온 레코드를 임시로 저장해 두는 레코드 집합)으로 선언 a를 ADO 레코드셋으로 생성 a 레코드셋에 현재 데이터베이스를 연결 a 레코드셋에 조건에 해당하는 레코드만 Open a 레코드셋을 이용해 실행(처리)할 코드 입력 a 레코드셋을 Close

문제 유형 2 | 다음의 기능을 수행하도록 구현하시오.

① '사원목록' 폼의 '오름차순(cmd정렬)' 버튼을 클릭하면 '사원번호'를 기준으로 오름차순 정렬하시오.
   ▶ OrderBy, OrderByOn 속성을 이용할 것

② '판매량조회' 폼의 'txt사원명' 컨트롤에 이름의 일부를 입력하고 <조회3>버튼(cmd조회3)을 클릭하면 다음과 같은 기능이 수행되도록 구현하시오.
   ▶ 'txt사원명'에 입력된 글자를 포함하는 사원 이름을 찾아 표시되도록 할 것
   ▶ 현재 폼의 'RecordSource' 속성을 이용하여 이벤트 프로시저를 작성할 것

③ '판매량조회' 폼의 'txt사원명' 컨트롤에 이름을 입력하고 <조회5>버튼(cmd조회5)을 클릭하면 다음과 같은 기능이 수행되도록 구현하시오.
   ▶ 이름이 'txt사원명'의 값과 같은 사원을 찾아 표시할 것
   ▶ 현재 폼의 'RecordsetClone' 속성, 'Bookmark' 속성, 'FindFirst' 메서드를 이용하여 이벤트 프로시저를 작성할 것

④ '나와라' 폼에서 'txt주민등록번호' 컨트롤을 클릭하면 다음과 같은 기능이 수행되도록 구현하시오.
   ▶ 'txt주민등록번호'에 표시된 값과 같은 사원의 이름, 직급을 표시한 메시지 상자를 표시하도록 할 것
   ▶ ADO 개체를 이용할 것

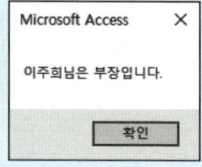

따라하기 ①

① [탐색] 창 폼 목록의 <사원목록> 폼에서 마우스 오른쪽 버튼을 누른 후 [디자인 보기] 명령을 클릭합니다.

② 'cmd정렬' 컨트롤을 클릭한 후 선택한 컨트롤의 [속성 시트] 창에서 [이벤트] 탭의 'On Click'에 커서를 이동하고 작성기 단추()를 클릭합니다.

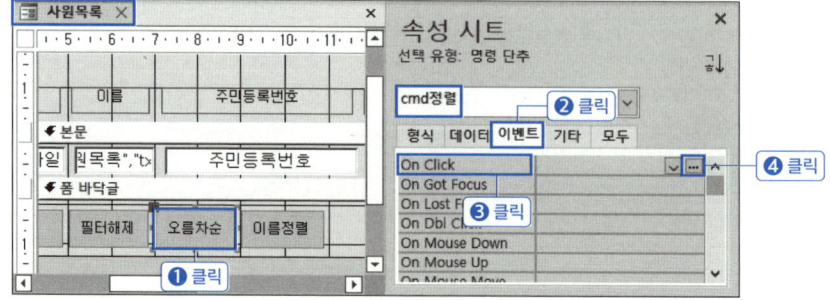

③ [작성기 선택] 대화상자가 나타나면 '코드 작성기'를 선택하고 [확인] 단추를 클릭합니다.

④ 'cmd정렬_Click()' 프로시저가 나타나면 아래와 같이 입력합니다.

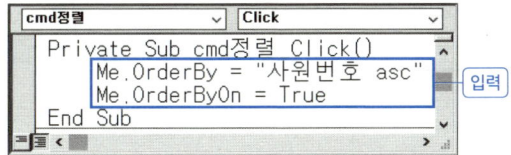

⑤ VBE의 닫기(✕) 단추를 클릭하여 액세스로 돌아옵니다.

⑥ 저장(💾)을 클릭하고 [양식 디자인] 탭-[보기] 그룹-[폼 보기]를 클릭하여 폼 보기로 전환합니다.

⑦ 코드가 잘 작성되었는지 결과를 확인합니다.

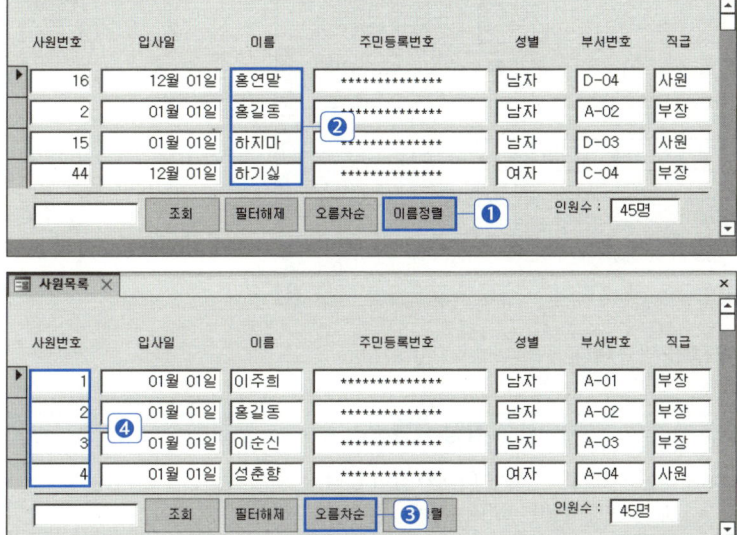

⑧ 닫기(✕)를 클릭해 폼을 닫습니다.

① [탐색] 창 폼 목록의 〈판매량조회〉 폼에서 마우스 오른쪽 버튼을 누른 후 [디자인 보기] 명령을 클릭합니다.

② 'cmd조회3' 컨트롤을 클릭한 후 선택한 컨트롤의 [속성 시트] 창에서 [이벤트] 탭의 'On Click'에 커서를 이동하고 작성기 단추(…)를 클릭합니다.

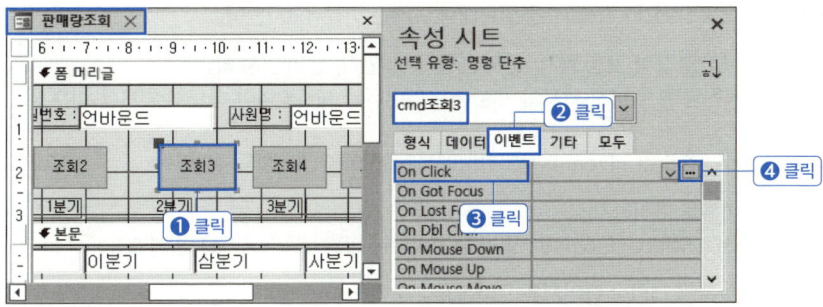

③ [작성기 선택] 대화상자가 나타나면 '코드 작성기'를 선택하고 [확인] 단추를 클릭합니다.

> **주희쌤 Tip**
>
> 테이블(문제유형1 6번)에서 배웠던 부분입니다.
> • 오름차순 : ASC
> • 내림차순 : DESC
> – 오름차순은 생략이 가능합니다. 즉, '판매일자 ASC'와 '판매일자'는 같습니다.

④ 'cmd조회3_Click()' 프로시저가 나타나면 아래와 같이 입력합니다.

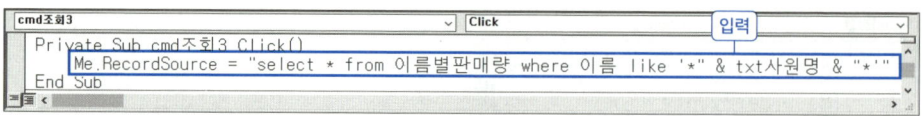

⑤ VBE의 닫기(X) 단추를 클릭하여 액세스로 돌아옵니다.

⑥ 저장(🖫)을 클릭하고 [양식 디자인] 탭-[보기] 그룹-[폼 보기]를 클릭하여 폼 보기로 전환합니다.

⑦ 코드가 잘 작성되었는지 결과를 확인합니다.

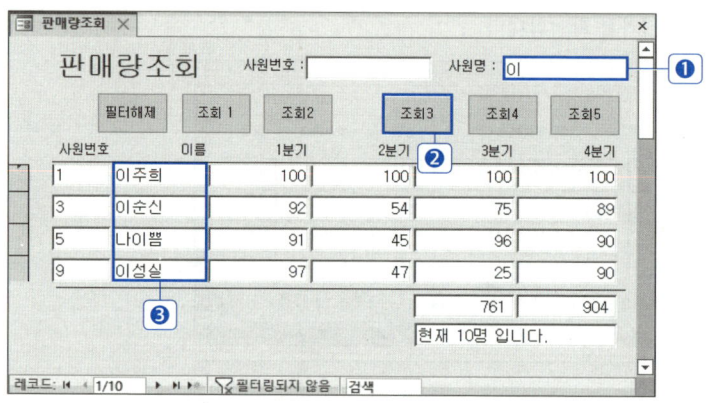

⑧ 닫기(X)를 클릭해 폼을 닫습니다.

코드 작성 요령

① 문제에 RecordSource 속성이 제시되면 일단 아래와 같이 입력
Me.RecordSource = Select * From 원본 Where 필드이름=컨트롤이름

② 문제에 제시된 컨트롤 이름을 입력
Me.RecordSource = Select * From 원본 Where 필드이름=txt사원명

③ 컨트롤에 어떤 값을 입력(선택)할지 확인
여기에서는 'txt사원명'에서 '사원 이름'을 입력(선택)

④ 입력(선택)한 값이 어떤 필드에 표시될지 확인하고, 찾은 필드 이름을 입력
여기에서는 'txt사원명'에서 입력(선택)한 '사원 이름'이 '이름' 필드에 표시되어야 함
Me.RecordSource = Select * From 원본 Where 이름=txt사원명

⑥ 조건에 일치하는 레코드만으로 폼의 레코드 원본을 재지정하는 것이므로 From 뒤에 현재 폼의 레코드 원본을 입력
Me.RecordSource = Select * From 이름별판매량 Where 이름=txt사원명

⑦ 컨트롤에 입력(선택)할 값이 '포함'될지, '문자'인지, '숫자'인지, '날짜'인지 확인
여기에서는 'txt사원명'에 입력된 글자를 포함하는 데이터가 표시되어야 하므로 컨트롤 이름 양옆으로 추가 입력
Me.RecordSource = Select * From 이름별판매량 Where 이름 Like *txt사원명*

⑧ 1단계는 컨트롤 이름을 분리하기
Me.RecordSource = Select * From 이름별판매량 Where 이름 Like '* & txt사원명 & *

⑨ 2단계는 컨트롤 이름을 제외한 나머지를 큰따옴표로 묶기
Me.RecordSource = "Select * From 이름별판매량 Where 이름 Like '*" & txt사원명 & "*"

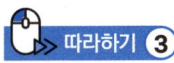 따라하기 ❸

① [탐색] 창 폼 목록의 〈판매량조회〉 폼에서 마우스 오른쪽 버튼을 누른 후 [디자인 보기] 명령을 클릭합니다.

② 'cmd조회5' 컨트롤을 클릭한 후 선택한 컨트롤의 [속성 시트] 창에서 [이벤트] 탭의 'On Click'에 커서를 이동하고 작성기 단추(…)를 클릭합니다.

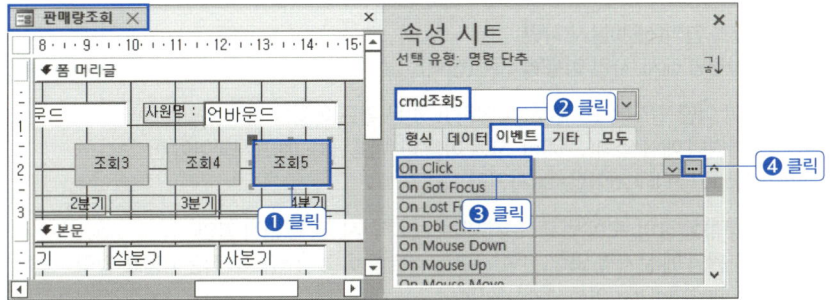

③ [작성기 선택] 대화상자가 나타나면 '코드 작성기'를 선택하고 [확인] 단추를 클릭합니다.

④ 'cmd조회5_Click()' 프로시저가 나타나면 아래와 같이 입력합니다.

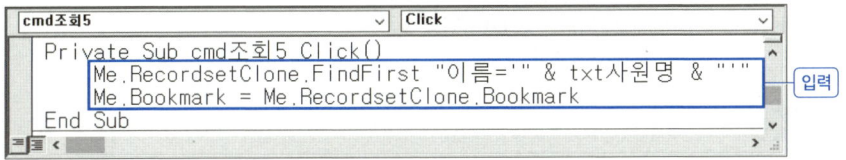

⑤ VBE의 닫기(✕) 단추를 클릭하여 액세스로 돌아옵니다.

⑥ 저장(💾)을 클릭하고 [양식 디자인] 탭-[보기] 그룹-[폼 보기]를 클릭하여 폼 보기로 전환합니다.

⑦ 코드가 잘 작성되었는지 결과를 확인합니다.

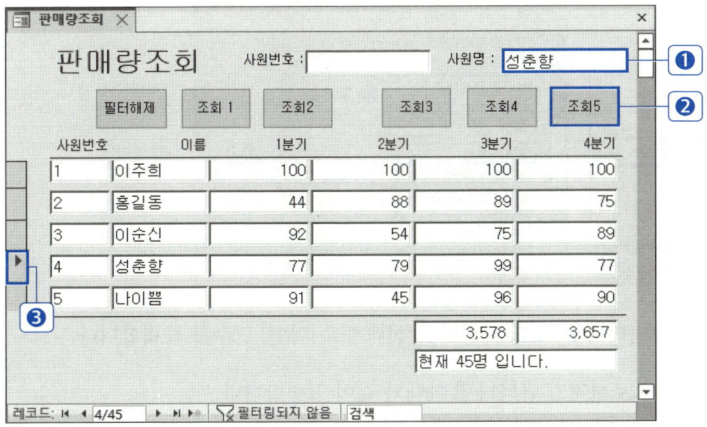

⑧ 닫기(✕)를 클릭해 폼을 닫습니다.

> **주희쌤 Tip**
> 조건에 해당하는 레코드만 표시되는 것이 아니라 레코드 선택기가 조건에 맞는 레코드를 선택합니다.

> **주희쌤 Tip**
> ⓠ 항상 RecordsetClone, Bookmark, FindFirst는 짝꿍으로 같이 나오나요?
> ⓐ 네 그렇습니다.
> Recordset을 사용한다면 복제한 개체를 이용하는 것이 아니라 현재 개체를 이용하는 것이기 때문에 Bookmark가 필요 없지만 RecordsetClone을 사용할 경우 Bookmark는 필요합니다.

코드 작성 요령

① 문제에 RecordsetClone 속성이 제시되면 일단 아래와 같이 입력
   Me.RecordsetClone.FindFirst 필드이름=컨트롤이름
   Me.Bookmark = Me.RecordsetClone.Bookmark

② 문제에 제시된 컨트롤 이름을 입력
   Me.RecordsetClone.FindFirst 필드이름=txt사원명

③ 컨트롤에 어떤 값을 입력(선택)할지 확인
   여기에서는 'txt사원명'에서 '사원 이름'을 입력(선택)

④ 입력(선택)한 값이 어떤 필드에 표시될지 확인하고, 찾은 필드 이름을 입력
   여기에서는 'txt사원명'에서 입력(선택)한 '사원 이름'이 '이름' 필드에 표시되어야 함
   Me.RecordsetClone.FindFirst 이름=txt사원명

⑤ 컨트롤에 입력(선택)할 값이 '포함'될지, '문자'인지, '숫자'인지, '날짜'인지 확인
   여기에서는 'txt사원명'에 문자를 입력(선택)하므로 컨트롤 이름 양 옆으로 작은따옴표 입력
   Me.RecordsetClone.FindFirst 이름='txt사원명'

⑥ 1단계는 컨트롤 이름을 분리하기
   Me.RecordsetClone.FindFirst 이름=' & txt사원명 & '

⑦ 2단계는 컨트롤 이름을 제외한 나머지를 큰따옴표로 묶기
   Me.RecordsetClone.FindFirst "이름='" & txt사원명 & "'"

따라하기 ④

① [탐색] 창 폼 목록의 〈나와라〉 폼에서 마우스 오른쪽 버튼을 누른 후 [디자인 보기] 명령을 클릭합니다.

② 'txt주민등록번호' 컨트롤을 클릭한 후 선택한 컨트롤의 [속성 시트] 창에서 [이벤트] 탭의 'On Click'에 커서를 이동하고 작성기 단추()를 클릭합니다.

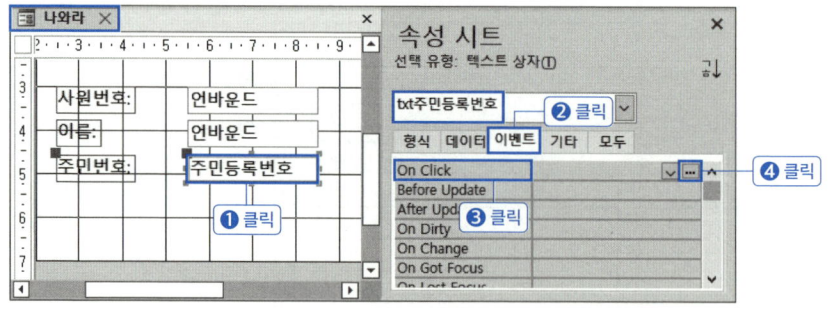

> **주희쌤 Tip**
> ADO 실행이 안 되는 경우 VBE의 [도구]-[참조]를 확인하세요.
>
>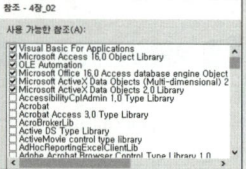
>
> ☑ Visual Basic For Applications
> ☑ Microsoft Access 16.0 Object Library
> ☑ OLE Automation
> ☑ Microsoft Office 16.0 Access database engine Object Library
> ☑ Microsoft ActiveX Data Objects (Multi-dimensional) 2.8 Library
> ☑ Microsoft ActiveX Data Objects 2.0 Library

③ [작성기 선택] 대화상자가 나타나면 '코드 작성기'를 선택하고 [확인] 단추를 클릭합니다.

④ 'txt주민등록번호_Click()' 프로시저가 나타나면 아래와 같이 입력합니다.

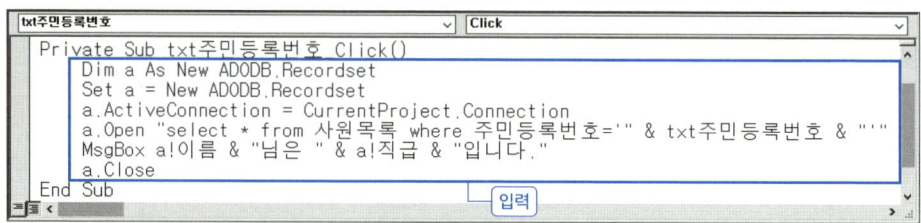

⑤ VBE의 닫기(✗) 단추를 클릭하여 액세스로 돌아옵니다.

⑥ 저장(💾)을 클릭하고 [양식 디자인] 탭-[보기] 그룹-[폼 보기]를 클릭하여 폼 보기로 전환합니다.

⑦ 코드가 잘 작성되었는지 결과를 확인합니다.

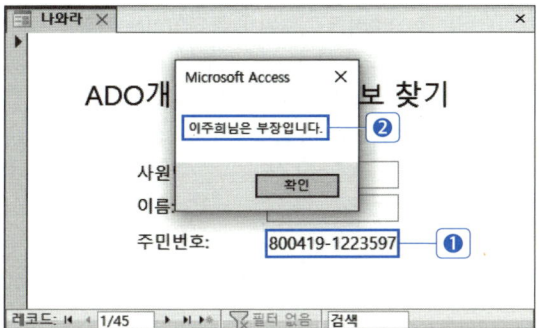

⑧ 닫기(✗)를 클릭해 폼을 닫습니다.

코드 작성 요령
① 문제에 ADO 속성이 제시되면 일단 아래와 같이 입력 　Dim a As New ADODB.Recordset 　Set a = New ADODB.Recordset 　a.ActiveConnection = CurrentProject.Connection 　a.Open Select * From 원본 Where 필드이름=컨트롤이름
② 문제에 제시된 컨트롤 이름을 입력하고, 컨트롤에 입력할 값과 비교할 필드를 찾아 입력 　a.Open Select * From 원본 Where 주민등록번호=txt주민등록번호
③ 'txt주민등록번호'에 문자를 입력(선택)하므로 컨트롤 이름 양 옆으로 작은따옴표를 입력하고 1단계와 2단계 거치기 　a.Open "Select * From 원본 Where 주민등록번호='" & txt주민등록번호 & "'"
④ 실행(처리)할 코드를 입력 　여기에서는 메시지 박스를 표시 　Msgbox a!이름 & "님은 " & a!직급 & "입니다."
⑤ 사용할 필드(주민등록번호, 이름, 직급)가 포함된 원본을 입력 　a.Open "Select * From 사원목록 Where 주민등록번호='" & txt주민등록번호 & "'" 　Msgbox a!이름 & "님은 " & a!직급 & "입니다."
⑥ a 레코드셋을 닫기 　a.Close

숙제

01 <주문> 폼의 '조회(cmd조회)' 컨트롤을 클릭하면 다음과 같은 기능이 수행되도록 이벤트 프로시저를 구현하시오.
- 'txt구입월'에 입력한 값이 표시되어 있는 구입일의 월과 같으면 입력된 월에 해당하는 정보만 표시하고, 그렇지 않으면 <그림>과 같은 메시지를 표시
- Filter와 FilterOn 속성, Month와 Val 함수, IF 문 사용

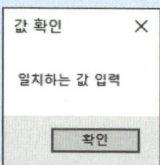

02 <구입조회> 폼의 '조회(cmd조회)' 단추를 클릭하면 다음과 같은 기능이 수행되도록 이벤트 프로시저를 구현하시오.
- 'txt조회'에 '구매자'의 일부 문자가 입력되면 입력한 문자를 포함하는 데이터를 표시하시오.
- 단, 문자가 입력되지 않으면('txt조회'에 아무 문자도 입력되어 있지 않으면, 'txt조회'에 입력된 값이 없으면) 'txt조회'에 '구매자의 일부를 입력하세요'를 표시
- IF 문, IsNull 함수, Filter 속성, FilterOn 속성 사용

03 <물품목록> 폼에서 다음의 지시사항을 처리하시오.
① 'cmb조회'에 최근입고일의 월을 입력한 후 '조회(cmd입고월조회)' 버튼을 클릭하면 입력된 월에 해당하는 자료만 조회한 후, 입력된 월과 일치하는 월이 조회되지 않으면 <그림>과 같은 메시지를 표시하시오.
- IF 문, IsNull 함수, Month 함수, Filter 속성, FilterOn 속성 사용

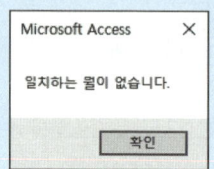

② 폼 머리글 구역의 '최근입고일정렬(cmd정렬)' 단추를 클릭하면 '최근입고일'을 오름차순 정렬하도록 이벤트 프로시저를 작성하시오.
- RecordSource 속성 사용

숙제 정답 및 해설

01 '주문' 폼

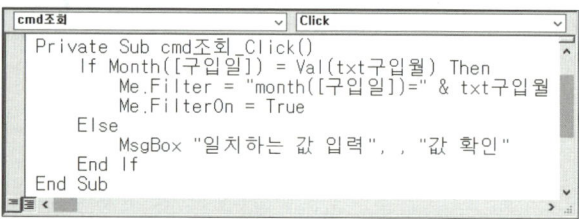

02 '구입조회' 폼

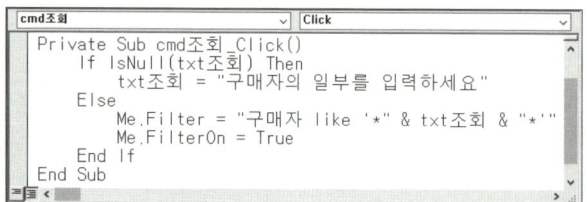

03 '물품목록' 폼

❶

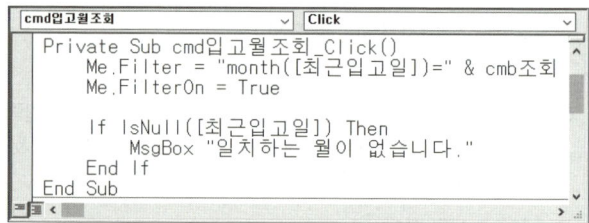

❷

```
Private Sub cmd정렬_Click()
    Me.RecordSource = "select * from 물품목록 order by 최근입고일 asc"
End Sub
```

(※ 글자가 잘 안 보일 경우 정답 파일을 열어 확인할 수 있습니다.)

관련 필기 문제

01. 다음 중 아래 그림과 같이 '성명' 필드가 'txt검색' 컨트롤에 입력된 문자를 포함하는 레코드만을 표시하도록 하는 프로시저의 코드로 옳은 것은? *15년 1회 출제*

① Me.Filter = "성명 = '*' & txt검색 & '*'"
  Me.FilterOn = True
② Me.Filter = "성명 = '*' & txt검색 & '*'"
  Me.FilterOn = False
③ Me.Filter = "성명 like '*' & txt검색 & '*'"
  Me.FilterOn = True
④ Me.Filter = "성명 like '*' & txt검색 & '*'"
  Me.FilterOn = False

02. 다음과 같은 [동아리회원] 테이블에서 학과명을 입력받아 일치하는 학과의 학생만을 조회할 수 있도록 하는 쿼리의 SQL문으로 옳은 것은? *13년 2회 출제*

동아리회원			
회원ID	이름	성별	학과명
cdpark	유용범	남	경영
chaehee	은동건	남	컴퓨터과학
hspark	문지혁	여	회계
ksjang	고민종	여	경영
lesomi	강민웅	여	컴퓨터과학
shyeo	백근일	남	회계

① select * from 동아리회원 where 학과명 = [학과를 입력하시오]
② select * from 동아리회원 where 학과명 = "학과를 입력하시오"
③ select * from 동아리회원 where 학과명 in (학과를 입력하시오)
④ select * from 동아리회원 where 학과명 like "학과를 입력하시오"

03. 다음 중 SQL 문에 대한 설명으로 옳은 것은? *22년 상시 출제*

① 주소가 서울이나 부산으로 시작하는 학생을 검색 : SELECT * FROM 학생명단 WHERE 주소 IN("서울*", "부산*")
② 수량이 50 이상 100 이하인 제품의 제품코드와 제품명을 검색 : SELECT 제품코드, 제품명 FROM 제품 WHERE 수량>=50 AND <=100
③ 제품코드가 A이고, 판매금액이 5000인 제품코드와 제품명을 검색 : SELECT * FROM 제품 WHERE 제품코드 LIKE 'A' AND 판매금액 IN(5000)
④ 학과코드가 A로 시작하는 한 글자 이상의 학과코드와 학과명을 검색 : SELECT 학과코드, 학과명 FROM 학과 WHERE 학과코드 LIKE "A*"

04. [평균성적] 테이블에서 '평균' 필드 값이 90 이상인 학생들을 검색하여 '학년' 필드를 기준으로 내림차순, '반' 필드를 기준으로 오름차순 정렬하여 표시하고자 한다. 다음 중 아래 SQL 문의 각 괄호 안에 넣을 예약어로 옳은 것은? *19년 2회 출제*

```
SELECT 학년, 반, 이름
FROM 평균성적
WHERE 평균 >= 90
( ㉠ ) 학년 ( ㉡ ), 반 ( ㉢ );
```

① ㉠ GROUP BY ㉡ DESC ㉢ ASC
② ㉠ GROUP BY ㉡ ASC ㉢ DESC
③ ㉠ ORDER BY ㉡ DESC ㉢ ASC
④ ㉠ ORDER BY ㉡ ASC ㉢ DESC

05. 다음 중 <사원> 테이블에서 주소가 '서울'인 사원의 이름과 부서를 입사년도가 오래된 사원부터 최근인 사원의 순서로 검색하기 위한 SQL 문으로 옳은 것은? *16년 3회 출제*

① SELECT 이름, 부서 FROM 사원 ORDER BY 주소='서울' ASC WHERE 입사년도;
② SELECT 이름, 부서 FROM 사원 ORDER BY 입사년도 DESC WHERE 주소='서울';
③ SELECT 이름, 부서 FROM 사원 WHERE 입사년도 ORDER BY 주소='서울' DESC;
④ SELECT 이름, 부서 FROM 사원 WHERE 주소='서울' ORDER BY 입사년도 ASC;

06. 다음 중 [회원] 테이블에서 '나이' 필드의 값이 20 이상 30 이하이고, '이름' 필드에서 성이 김씨인 회원을 검색하는 SQL 문으로 옳은 것은? *14년 3회 출제*

① SELECT * FROM 회원 WHERE 나이 <=30 And 나이 >=20 And 이름 = "김";
② SELECT * FROM 회원 WHERE 나이 <=30 And >= 20 Or 이름 like "*김*";
③ SELECT * FROM 회원 WHERE 나이 <=30 Or 나이 >=20 And 이름 = "김*";
④ SELECT * FROM 회원 WHERE 나이 Between 20 And 30 And 이름 like "김*";

정답 01. ③ | 02. ① | 03. ④ | 04. ③ | 05. ④ | 06. ④

관련 필기 문제

07. 다음 중 아래 <학생> 테이블에 대한 SQL 문의 실행 결과로 옳은 것은?   20년 1회 출제

학생			
학번	전공	학년	나이
1002	영문	SO	19
1004	통계	SN	23
1005	영문	SN	21
1008	수학	JR	20
1009	영문	FR	18
1010	통계	SN	25

SELECT AVG([나이]) FROM 학생
WHERE 학년="SN" GROUP BY 전공
HAVING COUNT(*) >= 2;

① 21   ② 22
③ 23   ④ 24

08. 다음 중 아래 <PERSON> 테이블에 대한 쿼리의 실행 결과 값은?   17년 1회 출제

<PERSON>
Full_name
오연서
이종민
오연수
오연서
김종오
오연수

<쿼리>
SELECT COUNT(Full_name)
FROM PERSON
WHERE Full_name Like "*" & "오";

① 1   ② 2
③ 4   ④ 5

09. 다음 중 주어진 [학생] 테이블을 참조하여 아래의 SQL문을 실행한 결과로 옳은 것은?   20년 2회 출제

SELECT AVG(나이) FROM 학생
WHERE 전공 NOT IN ('수학', '회계');

<학생> 테이블

학번	전공	학년	나이
100	국사	4	21
150	회계	2	19
200	수학	3	30
250	국사	3	31
300	회계	4	25
350	수학	2	19
400	국사	1	23

① 25   ② 23
③ 21   ④ 19

10. 다음 중 도서명에 '액세스'라는 단어가 포함된 도서 정보를 검색하려고 할 때, 아래 SQL문의 WHERE절에 들어갈 조건으로 옳은 것은?   14년 1회 출제

SELECT 도서명, 저자, 출판년도, 가격
FROM 도서
WHERE ;

① 도서명 = "*액세스*"
② 도서명 IN "*액세스*"
③ 도서명 BETWEEN "*액세스*"
④ 도서명 LIKE "*액세스*"

11. 다음 중 직원(사원번호, 부서명, 이름, 나이, 근무년수, 급여) 테이블에서 '근무년수'가 3 이상인 직원들을 나이가 많은 순서대로 조회하되, 같은 나이일 경우 급여의 오름차순으로 모든 필드를 표시하는 SQL문은?   19년 1회 출제

① select * from 직원 where 근무년수 >= 3 order by 나이, 급여
② select * from 직원 order by 나이, 급여 where 근무년수 >= 3
③ select * from 직원 order by 나이 desc, 급여 asc where 근무년수 >= 3
④ select * from 직원 where 근무년수 >= 3 order by 나이 desc, 급여 asc

정답   07. ④ | 08. ① | 09. ① | 10. ④ | 11. ④

SECTION 03 이벤트 프로시저

- 이벤트 프로시저는 필요한 정보를 얻기 위해 명령의 모임이 실행되도록 조작을 행하는 것으로 시험에 자주 출제되는 DoCmd, MsgBox 등을 작성해 보도록 하겠습니다.
- 준비파일 : 컴활1급 \ 액세스 \ 1급액세스(예제) \ 4장_03. 이벤트 프로시저.accdb

DoCmd

DoCmd는 프로시저에서 액세스 매크로 함수를 실행할 수 있는 개체입니다.

DoCmd.OpenReport "보고서이름", acViewPreview, , 조건
- OpenReport(보고서 열기) 메서드를 사용해 보고서를 인쇄 미리 보기(acViewPreview)로 여는 매크로 함수를 실행(DoCmd)
- 'acViewPreview'를 생략할 경우 기본 값인 인쇄(acViewNormal)가 되어 버리기 때문에 반드시 입력
- 필터 이름(Filtername) 부분은 따로 필터 쿼리를 지정하지 않을 것이므로 생략
- 조건이 따로 없을 경우 'acViewPreview'까지 입력

DoCmd.OpenForm "폼이름", acNormal, , 조건
- OpenForm(폼 열기) 메서드를 사용해 폼을 폼 보기(acNormal)로 여는 매크로 함수를 실행(DoCmd)
- 기본 값이 폼 보기(acNormal)이므로 'acNormal'은 생략 가능
- 필터 이름(Filtername) 부분은 따로 필터 쿼리를 지정하지 않을 것이므로 생략
- 조건이 따로 없을 경우 '폼 이름'이나 'acNormal'까지 입력

DoCmd.Close acForm, "폼이름", acSaveYes
- Close(닫기) 메서드를 사용해 폼(acForm, "폼이름")을 저장(acSaveYes)하고 닫는 매크로 함수를 실행 (DoCmd)
- 현재 창을 닫는 경우 'DoCmd.Close'까지 입력

DoCmd.GoToRecord acDataForm, "폼이름", acNewRec
- GoToRecord(레코드 이동) 메서드를 사용해 폼(acDataForm, "폼이름")의 새 레코드(acNewRec)로 이동하는 매크로 함수를 실행(DoCmd)
- 새로운 레코드가 아닌 마지막 레코드이면 'acLast' 입력

DoCmd.GoToControl "컨트롤이름"
- GoToControl(컨트롤 이동) 메서드를 사용해 지정된 컨트롤로 포커스가 이동하는 매크로 함수를 실행 (DoCmd)

DoCmd.ApplyFilter , 조건
- ApplyFilter(필터 적용) 메서드를 사용해 조건에 해당하는 레코드를 필터링하여 표시하는 매크로 함수를 실행(DoCmd)
- 필터 이름(Filtername) 부분은 따로 필터 쿼리를 지정하지 않을 것이므로 생략

DoCmd.RunSQL "insert into 테이블명 (필드명1, 필드명2) values (컨트롤명1, 컨트롤명2)"
- RunSQL은 문자열 식의 SQL문을 통해 실행 쿼리(추가 쿼리, 삭제 쿼리, 테이블 만들기 쿼리, 업데이트 쿼리)를 실행
- 필드의 순서와 컨트롤의 순서가 일치하도록 입력
- 기본 키가 지정된 필드는 반드시 입력
- 예 DoCmd.RunSQL "insert into 사원 (사번, 이름, 연락처) values (txt사번, txt이름, txt연락처)"
  values 뒤에 있는 컨트롤(txt사번, txt이름, txt연락처) 값을 values 앞에 있는 테이블(사원)의 필드(사번, 이름, 연락처)에 추가

DoCmd.RunSQL "delete * from 테이블명 where 조건
- 'Delete *'은 레코드 단위로 삭제한다는 의미로 '*'은 생략이 가능
- 예 DoCmd.RunSQL "delete * from 사원 where 이름='" & txt이름 & "'"
  '사원' 테이블에서 'txt이름'에 입력한 값과 같은 '이름'을 가진 레코드를 찾아 삭제

주희쌤 Tip 주희쌤 Tip은 꼼꼼히 모두 보세요.

주희쌤 Tip 조회나 이벤트 프로시저 섹션에서 배운 코드 작성이 5점짜리 1문제로 출제됩니다. 목표 점수는 5점으로 조회 섹션에서 조건 작성 방법을 충분히 공부했고, 패턴이 일정한 문제가 매년 출제되기 때문에 반복 연습을 한다면 충분히 맞힐 수 있습니다.

주희쌤 Tip 파일을 열었을 때 '보안 경고'가 표시되면 '콘텐츠 사용'을 클릭하세요.

주희쌤 Tip 별도의 쿼리(필터 쿼리)를 통해 조건에 해당하는 레코드를 가져올 수 있습니다. Filtername에 직접 만든 필터 쿼리 이름을 설정하면 되는데 실제 시험에서는 wherecondition 인수에 조건을 설정할 것이므로 생략합니다.

주희쌤 Tip 한 명령문은 한 줄에 입력해야 합니다. 부득이하게 여러 줄로 입력해야 할 경우 큰따옴표 뒤에 '&_'를 입력하고 Enter를 눌러 아래 줄로 이동한 후 이어서 입력합니다.

예
```
DoCmd.RunSQL "insert into 사원" & _
"(사번,이름) values (txt사번,txt이름)"
```

주희쌤 Tip

매크로(4장_01)에서 배웠던 부분입니다.

매크로 함수	
OpenReport	보고서 열기
OpenForm	폼 열기
CloseWindow (Close)	닫기
GoToRecord	레코드 이동
GoToControl	컨트롤 이동
ApplyFilter	필터 적용
ExportWith Formatting (OutputTo)	내보내기
ShowAllRecords	모든 레코드를 표시
RunMenu Command (RunCommand)	Access 메뉴 명령 실행
MessageBox (MsgBox)	메시지 박스 표시

DoCmd.RunSQL "update 테이블명 set 결과 where 조건"

예 DoCmd.RunSQL "update 사원 set 연락처='0' where 사번='" & txt사번 & "'"
사원 테이블에서 'txt사번'에 입력한 값과 같은 '사번'을 가진 레코드를 찾아 '연락처' 필드 값을 '0'으로 수정

DoCmd.CancelEvent
- CancelEvent(이벤트 취소) 메서드를 사용해 수정한 내용이 변경되지 않도록 처리하는 매크로 함수를 실행(DoCmd)

DoCmd.RunCommand acCmdDeleteRecord
- Runcommand(명령 실행) 메서드를 사용해 Access에서 사용할 수 있는 명령 중 레코드를 삭제(acCmdDeleteRecord)하는 매크로 함수를 실행(DoCmd)

DoCmd.Requery
- Requery(원본을 갱신) 메서드를 사용해 업데이트된 내용을 개체의 원본에 재설정하여 최신 데이터를 표시할 수 있도록 하는 매크로 함수를 실행(DoCmd)

문제 유형 1 ─ 다음의 기능을 수행하도록 구현하시오.

① <사원관리> 폼의 '코드 이용 열기(cmd보고서2)' 버튼을 클릭할 때 다음과 같은 기능을 수행하도록 이벤트 프로시저를 구현하시오.
- ▶ <상반기> 보고서를 '인쇄 미리 보기' 형태로 열 것
- ▶ 부서번호가 'cmb부서번호' 컨트롤에 입력된 값과 같은 데이터만을 대상으로 할 것

② <대리조회> 폼에서 '최일등(cmd최일등)' 버튼을 클릭하면 '사원목록' 보고서를 '인쇄 미리 보기' 형태로 실행하는 이벤트 프로시저를 작성하시오.
- ▶ 현재 하위 폼의 'txt주민번호' 컨트롤에 표시된 주민등록번호와 같은 자료만을 대상으로 할 것
- ▶ DoCmd 이용

③ <대리조회> 폼의 하위 폼에 있는 '12월입사현황(cmd입사현황2)' 버튼을 클릭하면 다음과 같은 기능을 수행하도록 구현하시오.
- ▶ <사원목록> 보고서를 '인쇄 미리 보기'의 형태로 열도록 이벤트 프로시저를 작성할 것
- ▶ 입사일 데이터 중 12월에 해당하는 것으로 보고서를 출력할 것

④ <부서번호조회> 폼에서 '보고서열기2' 버튼을 클릭할 때 다음과 같은 기능을 수행하도록 이벤트 프로시저를 작성하시오.
- ▶ '상반기' 보고서를 '인쇄 미리 보기'의 형태로 열 것
- ▶ 그림과 같은 대화상자(InputBox)를 표시하여 부서번호를 입력받아 해당 부서번호만 표시할 것

⑤ <사원관리처리> 폼의 <직급별조회폼(cmd직급별조회)> 버튼을 클릭하면 다음과 같은 기능을 수행하도록 이벤트 프로시저를 구현하시오.
▶ <직급별조회> 폼이 열리고 새로운 레코드를 추가할 수 있도록 설정할 것
▶ DoCmd를 이용할 것

⑥ <오늘판매내역> 폼의 '종료(cmd종료)' 단추를 클릭하면 다음과 같은 기능이 수행되도록 이벤트 프로시저를 작성하시오.
▶ '오늘판매내역' 폼이 반드시 저장되고 닫히도록 할 것

⑦ <판매량조회> 폼의 '조회2(cmd조회2)' 버튼을 클릭할 때 다음과 같은 기능을 수행하도록 구현하시오.
▶ 'txt번호' 컨트롤에 입력된 사원번호를 포함하는 데이터만을 표시하도록 할 것
▶ ApplyFilter와 Like를 이용하여 이벤트 프로시저로 작성할 것

 따라하기 ①

<cmd보고서2> 클릭하면 실행

① [탐색] 창 폼 목록의 <사원관리> 폼에서 마우스 오른쪽 버튼을 누른 후 [디자인 보기] 명령을 클릭합니다.

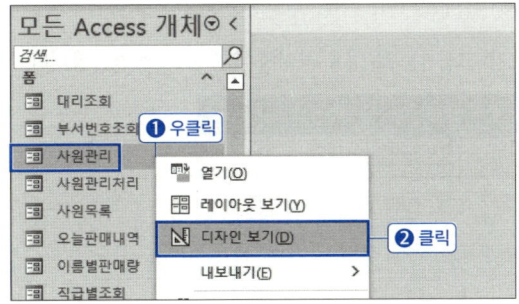

② 'cmd보고서2' 컨트롤을 클릭한 후 선택한 컨트롤의 [속성 시트] 창에서 [이벤트] 탭의 'On Click'에 커서를 이동하고 작성기 단추(…)를 클릭합니다.

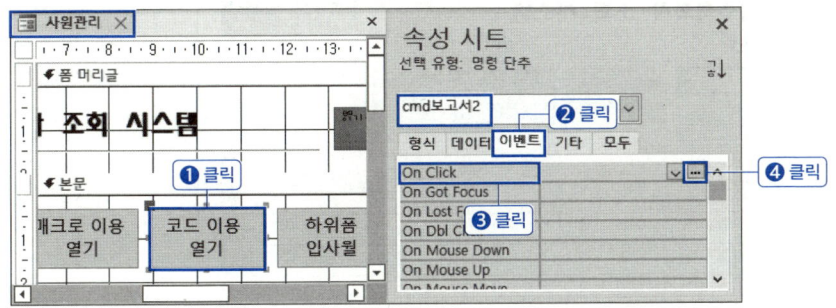

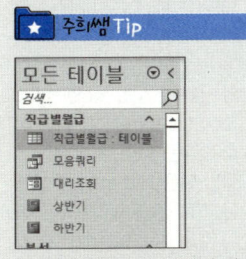 주희쌤 Tip

Ⓠ [탐색] 창이 위와 같이 나와서 불편해요!
Ⓐ [탐색] 창 머리글의 '모든 테이블'을 클릭하여 '개체 유형'을 클릭하면 개체를 유형별로 그룹화하여 볼 수 있습니다.

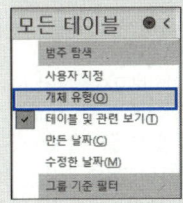

③ [작성기 선택] 대화상자가 나타나면 '코드 작성기'를 선택하고 [확인] 단추를 클릭합니다.

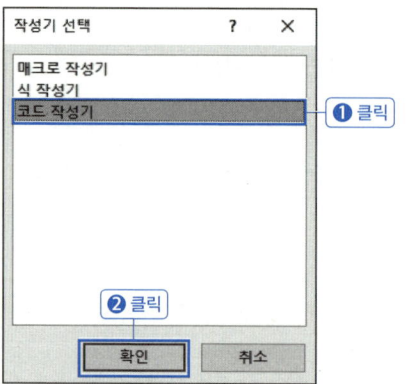

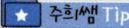 주희쌤 Tip

DoCmd.OpenReport "보고서 이름", acViewPreview, , 조건
- OpenReport(보고서열기) 메서드를 사용해 보고서를 인쇄 미리 보기(acViewPreview)로 여는 매크로 함수를 실행(DoCmd)
- 'acViewPreview'를 생략할 경우 기본 값인 인쇄(acViewNormal)가 되어 버리기 때문에 반드시 입력
- 필터 이름(Filtername) 부분은 따로 필터 쿼리를 지정하지 않을 것이므로 생략
- 조건이 따로 없을 경우 'acViewPreview'까지 입력

④ 'cmd보고서2_Click()' 프로시저가 나타나면 아래와 같이 입력합니다.

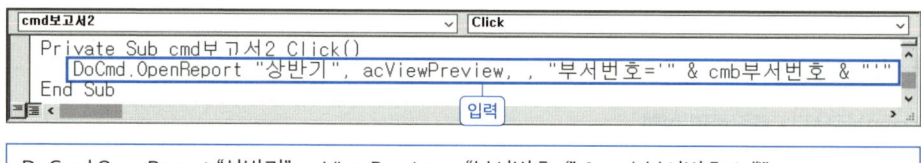

DoCmd.OpenReport "상반기", acViewPreview, , "부서번호='" & cmb부서번호 & "'"

⑤ VBE의 닫기(X) 단추를 클릭하여 액세스로 돌아옵니다.

⑥ 저장(🖫)을 클릭하고 [양식 디자인] 탭-[보기] 그룹-[폼 보기]를 클릭하여 폼 보기로 전환합니다.

주희쌤 Tip

문제에 '포함' 혹은 '일부'라는 단어가 있는 경우입니다.
🗎 <상반기> 보고서를 '인쇄 미리 보기' 형태로 열 되, 'cmb부서번호'에 입력한 글자를 포함하는 번호만을 대상으로 할 것
📄 DoCmd.OpenReport "상반기", acViewPreview, , "부서번호 like '*" & cmb부서번호 & "*'"

⑦ 코드가 잘 작성되었는지 결과를 확인합니다.

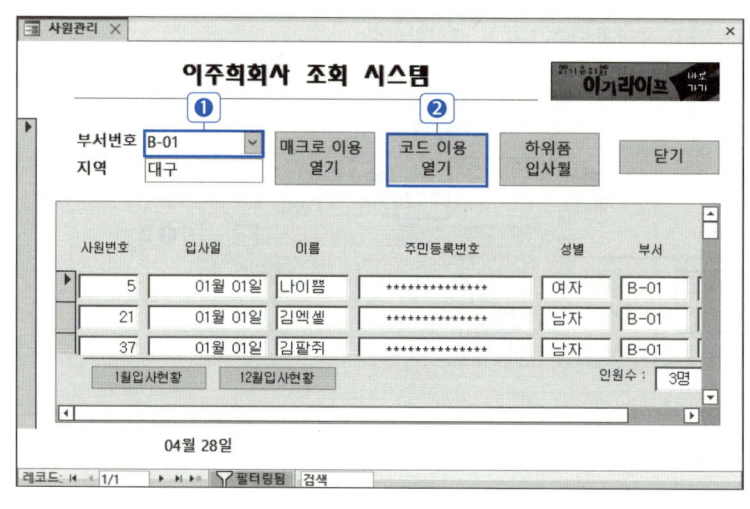

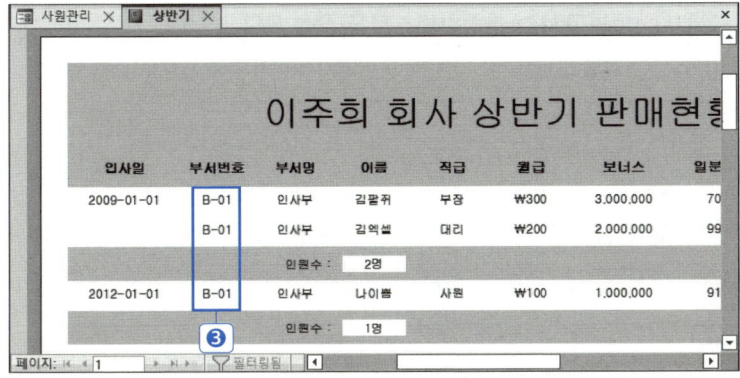

⑧ 닫기(✖)를 클릭해 보고서와 폼을 닫습니다.

1. <cmd보고서2> 클릭하면 - 코드 작성 요령

① '상반기' 보고서를 여는 문제이므로 일단 아래와 같이 입력
   DoCmd.OpenReport "상반기", acViewPreview, , 필드이름=컨트롤이름

② 문제에 제시된 컨트롤 이름을 입력
   DoCmd.OpenReport "상반기", acViewPreview, , 필드이름=cmb부서번호

③ 컨트롤에 어떤 값을 입력(선택)할지 확인

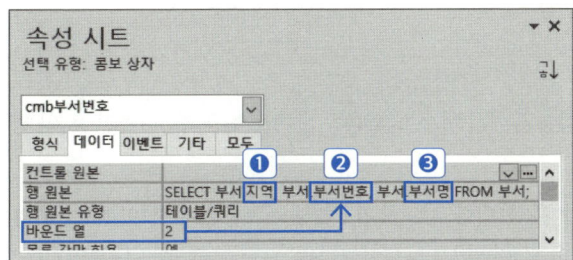

↑ 여기에서는 'cmb부서번호'에서 '부서번호'를 입력(선택)

④ [탐색] 창에서 <상반기> 보고서를 더블클릭하여 '부서번호'가 표시될만한 곳을 확인

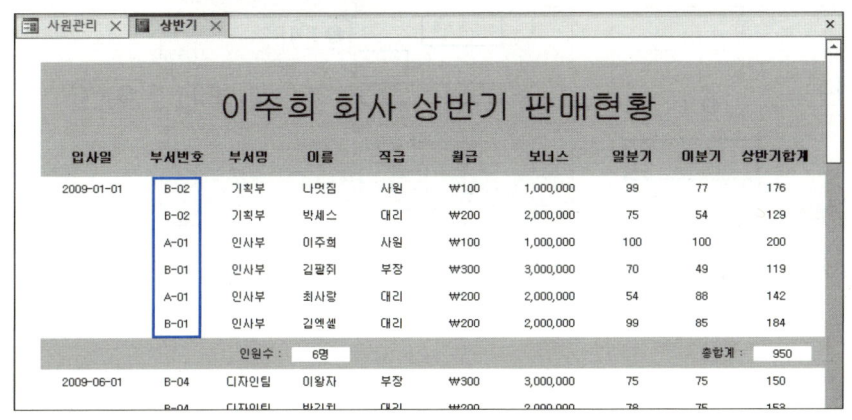

주희쌤 Tip

'cmb부서번호'는 콤보 상자이므로 '행 원본'을 보고 '바운드 열'을 확인해야 어떤 값을 선택하는지 알 수 있습니다.
즉, 'cmb부서번호'의 '원본'에는 '지역, 부서번호, 부서명' 필드가 있는데 '바운드 열'은 '2'이므로 'cmb부서번호'에서 선택하는 값이 '부서번호'임을 알 수 있는 것이죠.
위의 사항은 테이블의 조회 속성에서 배웠던 부분입니다.

1. <cmd보고서2> 클릭하면 - 코드 작성 요령

⑤ [탐색] 창에서 <상반기> 보고서를 디자인 보기로 열어 ④번에서 확인한 곳의 필드 이름을 확인

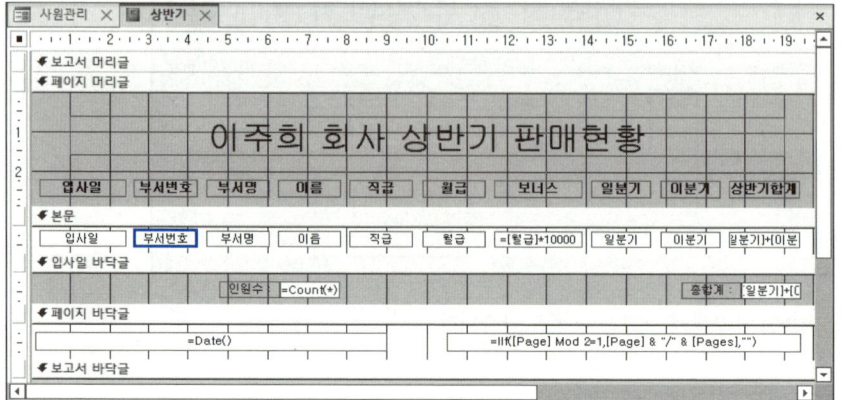

⑥ ⑤번에서 확인한 필드 이름을 입력
DoCmd.OpenReport "상반기", acViewPreview, , 부서번호=cmb부서번호

⑦ 컨트롤에 입력(선택)할 값이 '포함'될지, '문자'인지, '숫자'인지, '날짜'인지 확인
여기에서는 'cmb부서번호'에 문자를 입력(선택)하므로 컨트롤 이름 양 옆으로 작은따옴표 입력
DoCmd.OpenReport "상반기", acViewPreview, , 부서번호='cmb부서번호'

⑧ 1단계(컨트롤 이름을 분리)와 2단계(컨트롤 이름을 제외한 나머지를 큰따옴표로 묶기) 거치기
1단계 → DoCmd.OpenReport "상반기", acViewPreview, , 부서번호=' & cmb부서번호 & '
2단계 → DoCmd.OpenReport "상반기", acViewPreview, , "부서번호='" & cmb부서번호 & "'"

<cmd최일등> 클릭하면 실행

① [탐색] 창 폼 목록의 <대리조회> 폼에서 마우스 오른쪽 버튼을 누른 후 [디자인 보기] 명령을 클릭합니다.

② 'cmd최일등' 컨트롤을 클릭한 후 선택한 컨트롤의 [속성 시트] 창에서 [이벤트] 탭의 'On Click'에 커서를 이동하고 작성기 단추(...)를 클릭합니다.

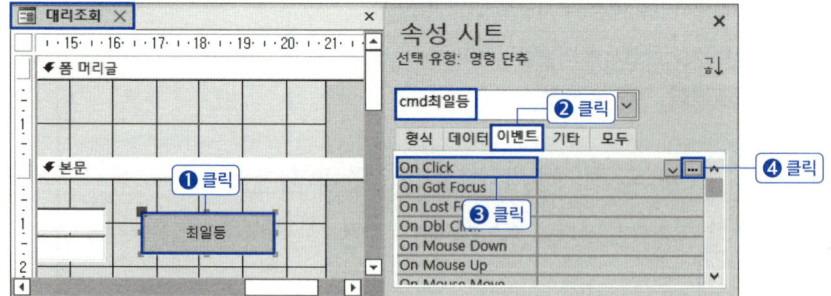

③ [작성기 선택] 대화상자가 나타나면 '코드 작성기'를 선택하고 [확인] 단추를 클릭합니다.

④ 'cmd최일등_Click()' 프로시저가 나타나면 아래와 같이 입력합니다.

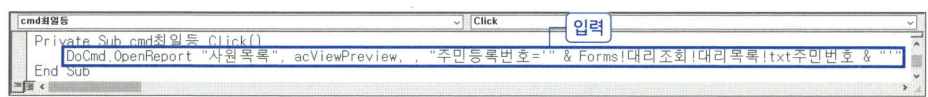

DoCmd.OpenReport "사원목록", acViewPreview, , "주민등록번호='" & Forms!대리조회!대리목록!txt주민번호 & "'"

⑤ VBE의 닫기(✖) 단추를 클릭하여 액세스로 돌아옵니다.

⑥ 저장(💾)을 클릭하고 [양식 디자인] 탭-[보기] 그룹-[폼 보기]를 클릭하여 폼 보기로 전환합니다.

⑦ 코드가 잘 작성되었는지 결과를 확인합니다.

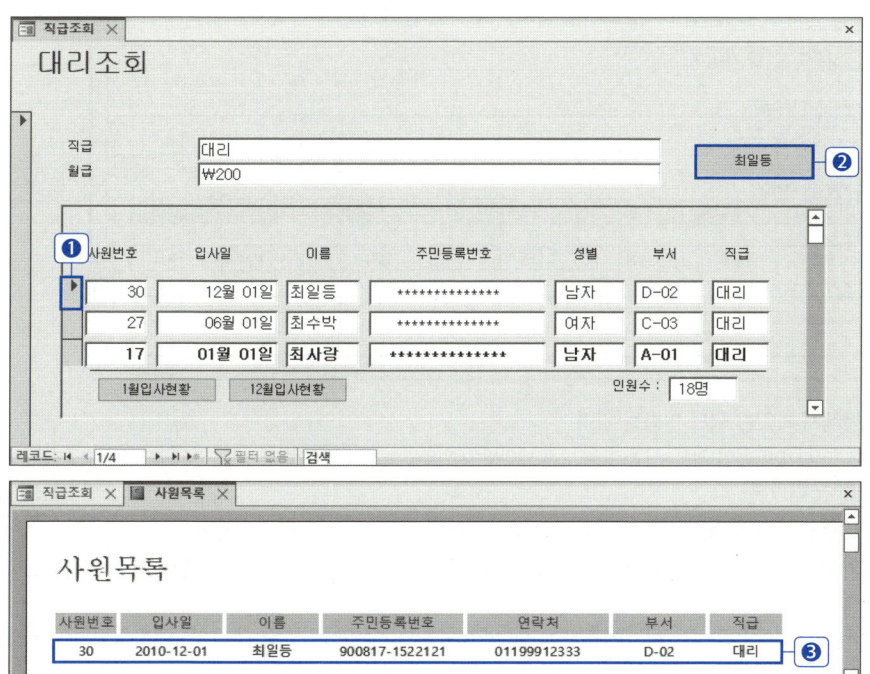

⑧ 닫기(✖)를 클릭해 보고서와 폼을 닫습니다.

2. <cmd최일등> 클릭하면 - 코드 작성 요령

① '사원목록' 보고서를 여는 문제이므로 일단 아래와 같이 입력
DoCmd.OpenReport "사원목록", acViewPreview, , 필드이름=컨트롤이름

② 문제에 제시된 컨트롤 이름을 입력
DoCmd.OpenReport "사원목록", acViewPreview, , 필드이름=txt주민번호

③ 현재 폼의 컨트롤이 아니라 하위 폼의 컨트롤이므로 폼 이름을 명시
DoCmd.OpenReport "사원목록", acViewPreview, , 필드이름=Forms!대리조회!대리목록!txt주민번호

④ 컨트롤에 어떤 값을 입력(선택)할지 확인
여기에서는 'txt주민번호'에서 '주민번호'를 입력(선택)

주희쌤 Tip

매크로에서는 컨트롤이 위치한 폼 이름을 항상 명시해야 하지만 프로시저에서는 선택된 컨트롤과 조건에서 사용하는 컨트롤이 다른 개체에 있는 경우 폼 이름을 명시해야 합니다.
만약 'cmd최일등'과 'txt주민번호'가 같은 개체에 있다면 아래와 같이 입력해도 되는 것이죠.
"주민등록번호='" & txt주민번호 & "'"

하지만 이 문제는 'cmd최일등'과 'txt주민번호'가 다른 개체에 있기 때문에 컨트롤 이름 앞에 폼 이름을 명시해야 합니다.

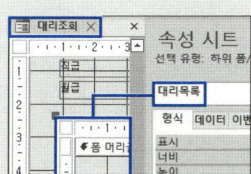

현재 열린 폼의 이름은 '대리조회', 'txt주민번호'가 있는 하위 폼의 이름은 '대리목록'입니다.

주희쌤 Tip

'최일등'의 데이터가 아니더라도 하위 폼의 레코드 선택기가 선택한 데이터가 표시되면 정답입니다.

주희쌤 Tip

컨트롤의 위치는 넓은 범위부터 찾아서 입력합니다.
Forms!기본(상위)폼이름!하위폼이름!컨트롤이름

2. <cmd최일등> 클릭하면 - 코드 작성 요령

⑤ [탐색] 창에서 <사원목록> 보고서를 더블클릭하여 '주민번호'가 표시될만한 곳을 확인

⑥ [탐색] 창에서 <사원목록> 보고서를 디자인 보기로 열어 ⑤번에서 확인한 곳의 필드 이름을 확인

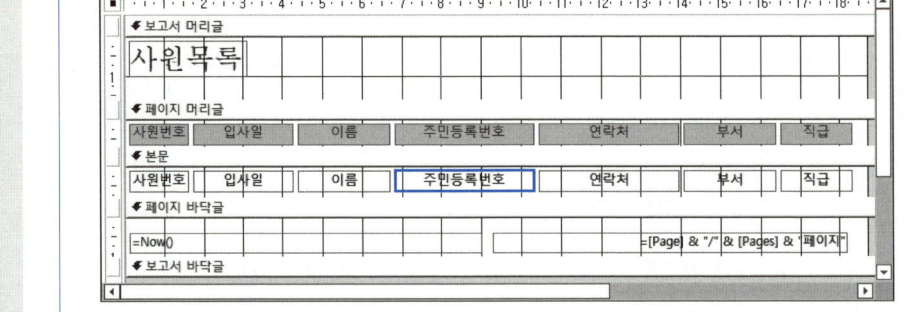

⑦ ⑥번에서 확인한 필드 이름을 입력
DoCmd.OpenReport "사원목록", acViewPreview, , 주민등록번호=Forms!대리조회!대리목록!txt주민번호

⑧ 컨트롤에 입력(선택)할 값이 '포함'될지, '문자'인지, '숫자'인지, '날짜'인지 확인
여기에서는 'txt주민번호'에 문자가 입력(선택)되어 있으므로 컨트롤 이름 양 옆으로 작은따옴표 입력
DoCmd.OpenReport "사원목록", acViewPreview, , 주민등록번호='Forms!대리조회!대리목록!txt주민번호'

⑨ 1단계(컨트롤 이름을 분리)와 2단계(컨트롤 이름을 제외한 나머지를 큰따옴표로 묶기) 거치기
1단계 → DoCmd.OpenReport "사원목록", acViewPreview, , 주민등록번호=' & Forms!대리조회!대리목록!txt주민번호 & '
2단계 → DoCmd.OpenReport "사원목록", acViewPreview, , "주민등록번호='" & Forms!대리조회!대리목록!txt주민번호 & "'"

따라하기 ③

<cmd입사현황2> 클릭하면 실행

① [탐색] 창 폼 목록의 <대리조회> 폼에서 마우스 오른쪽 버튼을 누른 후 [디자인 보기] 명령을 클릭합니다.

② 'cmd입사현황2' 컨트롤을 클릭한 후 선택한 컨트롤의 [속성 시트] 창에서 [이벤트] 탭의 'On Click'에 커서를 이동하고 작성기 단추()를 클릭합니다.

주희쌤 Tip

ⓠ 'txt주민번호' 컨트롤에 숫자가 입력된 것이 아니라 문자가 입력되어 있나요?

ⓐ 맞습니다. 'txt주민번호' 컨트롤에 문자가 입력되어 있고, 사원목록 보고서의 '주민등록번호' 필드에 해당 문자가 표시되어야 합니다.
폼과 보고서의 원본인 사원목록 테이블을 디자인 보기로 열어 주민등록번호가 문자임을 확인해보세요.

주희쌤 Tip

'cmd입사현황2' 컨트롤은 하위 폼 안에 있으므로 하위 폼의 스크롤을 조정하면 보입니다.

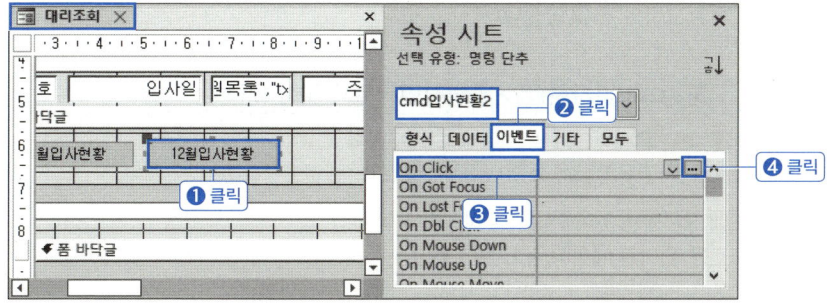

③ [작성기 선택] 대화상자가 나타나면 '코드 작성기'를 선택하고 [확인] 단추를 클릭합니다.

④ 'cmd입사현황2_Click()' 프로시저가 나타나면 아래와 같이 입력합니다.

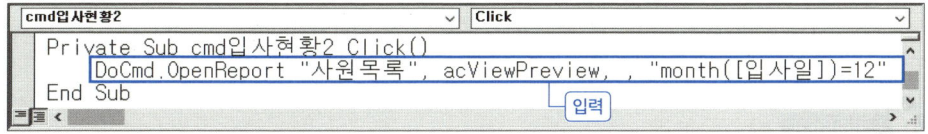

DoCmd.OpenReport "사원목록", acViewPreview, , "month([입사일])=12"

> **주희쌤 Tip**
>
> 컨트롤의 값이 필드에 표시되는 것이 아니므로 조건을 아래와 같은 형태로 입력하지 않습니다.
> "필드이름='" & 컨트롤이름 & "'"
>
> 즉, 컨트롤 이름을 입력할 필요가 없습니다.

⑤ VBE의 닫기(✕) 단추를 클릭하여 액세스로 돌아옵니다.

⑥ 저장(💾)을 클릭하고 [양식 디자인] 탭-[보기] 그룹-[폼 보기]를 클릭하여 폼 보기로 전환합니다.

⑦ 코드가 잘 작성되었는지 결과를 확인합니다.

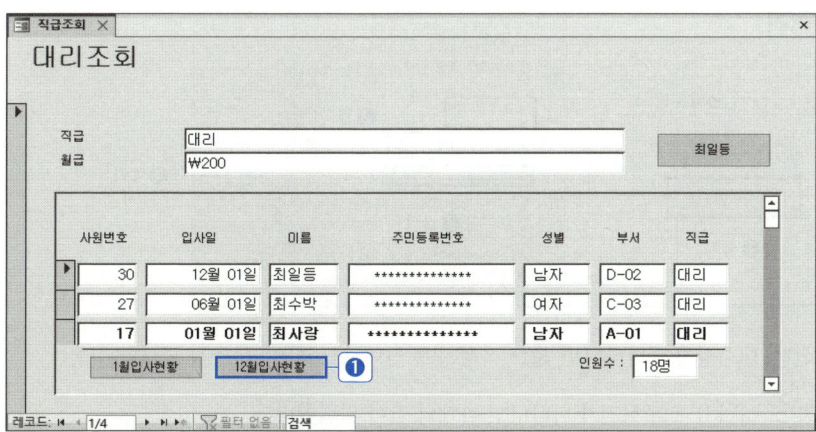

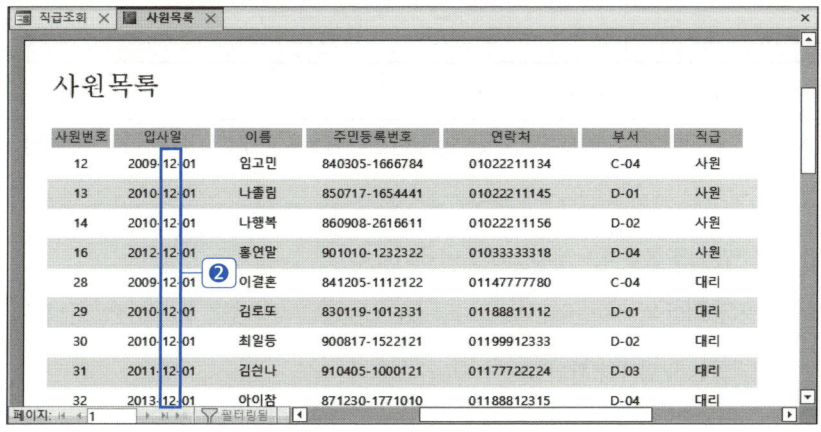

⑧ 닫기(✖)를 클릭해 보고서와 폼을 닫습니다.

3. <cmd입사현황2> 클릭하면 - 코드 작성 요령

① '사원목록' 보고서를 여는 문제이므로 일단 아래와 같이 입력
   DoCmd.OpenReport "사원목록", acViewPreview, , 필드이름=컨트롤이름

② 컨트롤 값이 필드에 표시되는 것이 아니므로 아래와 같이 수정
   문제에 제시된 조건은 '입사일 데이터 중 12월에 해당하는 것'
   DoCmd.OpenReport "사원목록", acViewPreview, , "month(필드이름)=12"

③ [탐색] 창에서 <사원목록> 보고서를 더블클릭하여 '입사일'이 표시될만한 곳을 확인

④ [탐색] 창에서 <사원목록> 보고서를 디자인 보기로 열어 ③번에서 확인한 곳의 필드 이름을 확인

⑤ ④번에서 확인한 필드 이름을 입력
   DoCmd.OpenReport "사원목록", acViewPreview, , "month([입사일])=12"

따라하기 ④

<보고서열기2> 클릭하면 실행

① [탐색] 창 폼 목록의 <부서번호조회> 폼에서 마우스 오른쪽 버튼을 누른 후 [디자인 보기] 명령을 클릭합니다.

② '보고서열기2' 컨트롤을 클릭한 후 선택한 컨트롤의 [속성 시트] 창에서 [이벤트] 탭의 'On Click'에 커서를 이동하고 작성기 단추()를 클릭합니다.

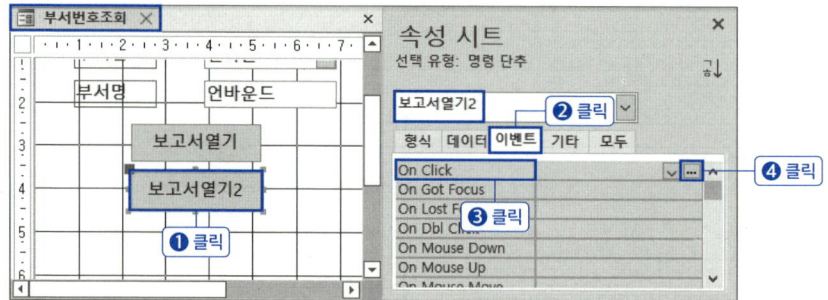

③ [작성기 선택] 대화상자가 나타나면 '코드 작성기'를 선택하고 [확인] 단추를 클릭합니다.

④ '보고서열기2_Click()' 프로시저가 나타나면 아래와 같이 입력합니다.

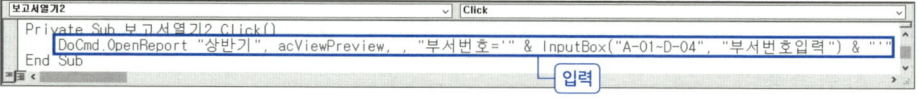

DoCmd.OpenReport "상반기", acViewPreview, , "부서번호='" & InputBox("A-01~D-04", "부서번호입력") & "'"

⑤ VBE의 닫기(✖) 단추를 클릭하여 액세스로 돌아옵니다.

⑥ 저장(💾)을 클릭하고 [양식 디자인] 탭-[보기] 그룹-[폼 보기]를 클릭하여 폼 보기로 전환합니다.

⑦ 코드가 잘 작성되었는지 결과를 확인합니다.

주희쌤 Tip

'InputBox'는 대화상자의 입력란에 입력된 값을 반환합니다.

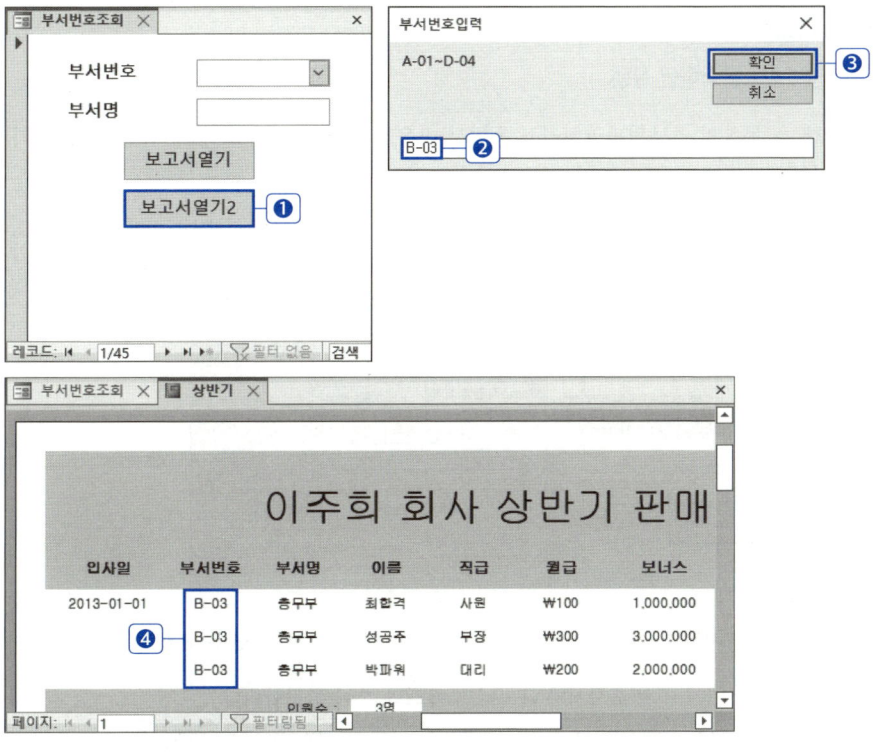

⑧ 닫기(✖)를 클릭해 보고서와 폼을 닫습니다.

4. <보고서열기2> 클릭하면 - 코드 작성 요령

① '상반기' 보고서를 여는 문제이므로 일단 아래와 같이 입력
   DoCmd.OpenReport "상반기", acViewPreview, , 필드이름=컨트롤이름

② 컨트롤 값이 필드에 표시되는 것이 아니라 InputBox에 입력된 값이 필드에 표시되는 것이므로 아래와 같이 수정
   문제에 제시된 조건은 'InputBox를 이용하여 입력받은 부서번호만 표시'
   DoCmd.OpenReport "상반기", acViewPreview, , 필드이름=InputBox("A-01~D-04", "부서번호입력")

③ [탐색] 창에서 <상반기> 보고서를 더블클릭하여 '부서번호'가 표시될만한 곳을 확인

④ [탐색] 창에서 <상반기> 보고서를 디자인 보기로 열어 ③번에서 확인한 곳의 필드 이름을 확인

⑤ ④번에서 확인한 필드 이름을 입력
   DoCmd.OpenReport "상반기", acViewPreview, , 부서번호=InputBox("A-01~D-04", "부서번호입력")

⑥ InputBox에 입력할 값이 문자이므로 InputBox 양 옆으로 작은따옴표 입력
   DoCmd.OpenReport "상반기", acViewPreview, , 부서번호='InputBox("A-01~D-04", "부서번호입력")'

⑦ 1단계(InputBox 분리)와 2단계(InputBox를 제외한 나머지를 큰따옴표로 묶기) 거치기
   1단계 → DoCmd.OpenReport "상반기", acViewPreview, , 부서번호=' & InputBox("A-01~D-04", "부서번호입력") & '
   2단계 → DoCmd.OpenReport "상반기", acViewPreview, , "부서번호='" & InputBox("A-01~D-04", "부서번호입력") & "'"

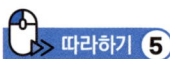 따라하기 5

<cmd직급별조회> 클릭하면 실행

① [탐색] 창 폼 목록의 <사원관리처리> 폼에서 마우스 오른쪽 버튼을 누른 후 [디자인 보기] 명령을 클릭합니다.

② 'cmd직급별조회' 컨트롤을 클릭한 후 선택한 컨트롤의 [속성 시트] 창에서 [이벤트] 탭의 'On Click'에 커서를 이동하고 작성기 단추(…)를 클릭합니다.

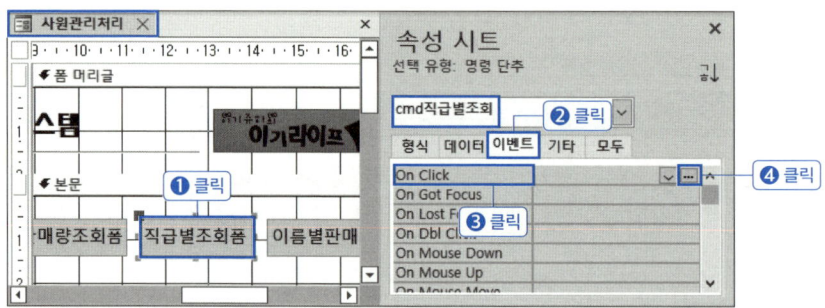

③ [작성기 선택] 대화상자가 나타나면 '코드 작성기'를 선택하고 [확인] 단추를 클릭합니다.

④ 'cmd직급별조회_Click()' 프로시저가 나타나면 아래와 같이 입력합니다.

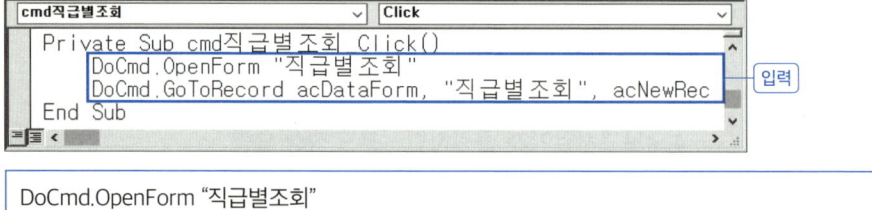

DoCmd.OpenForm "직급별조회"
DoCmd.GoToRecord acDataForm, "직급별조회", acNewRec

⑤ VBE의 닫기(✕) 단추를 클릭하여 액세스로 돌아옵니다.

⑥ 저장(💾)을 클릭하고 [양식 디자인] 탭-[보기] 그룹-[폼 보기]를 클릭하여 폼 보기로 전환합니다.

⑦ 코드가 잘 작성되었는지 결과를 확인합니다.

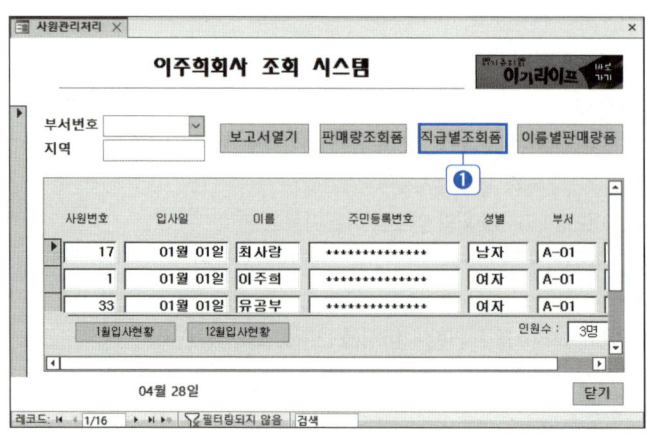
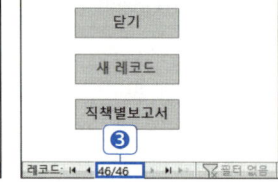

⑧ 닫기(✕)를 클릭해 두 개의 폼을 닫습니다.

주희쌤 Tip

DoCmd.OpenForm "폼이름", acNormal, , 조건
- OpenForm(폼 열기) 메서드를 사용해 폼을 폼 보기(acNormal)로 여는 매크로 함수를 실행(DoCmd)
- 기본 값이 폼 보기(acNormal) 이므로 'acNormal'은 생략 가능
- 필터 이름(Filtername) 부분은 따로 필터 쿼리를 지정하지 않을 것이므로 생략
- 조건이 따로 없을 경우 '폼 이름'이나 'acNormal'까지 입력

주희쌤 Tip

DoCmd.GoToRecord acDataForm, "폼이름", acNewRec
- GoToRecord(레코드 이동) 메서드를 사용해 폼(acDataForm, "폼이름")의 새 레코드(acNewRec)로 이동하는 매크로 함수를 실행(DoCmd)
- 새로운 레코드가 아닌 마지막 레코드이면 'acLast' 입력

주희쌤 Tip

아래의 두 문제는 같습니다.
- <직급별조회> 폼이 열리고 새로운 레코드를 추가할 수 있도록 설정할 것
- <직급별조회> 폼이 열리고 새로운 내용을 입력하도록 설정할 것

주희쌤 Tip

GoToRecord 매크로 함수를 추가하지 않고 기존의 레코드가 하나도 표시되지 않으면서 새로운 데이터를 입력할 수 있는 화면이 나타나도록 하려면 아래와 같이 입력합니다.
DoCmd.OpenForm "직급별조회", acNormal, , , acFormAdd

따라하기 6

<cmd종료> 클릭하면 실행

① [탐색] 창 폼 목록의 〈오늘판매내역〉 폼에서 마우스 오른쪽 버튼을 누른 후 [디자인 보기] 명령을 클릭합니다.

② 'cmd종료' 컨트롤을 클릭한 후 선택한 컨트롤의 [속성 시트] 창에서 [이벤트] 탭의 'On Click'에 커서를 이동하고 작성기 단추(...)를 클릭합니다.

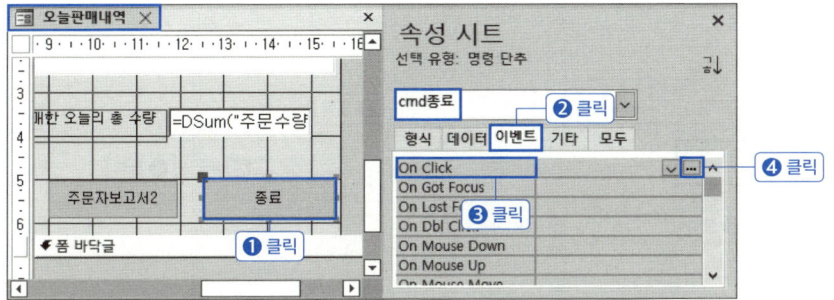

③ [작성기 선택] 대화상자가 나타나면 '코드 작성기'를 선택하고 [확인] 단추를 클릭합니다.

④ 'cmd종료_Click()' 프로시저가 나타나면 아래와 같이 입력합니다.

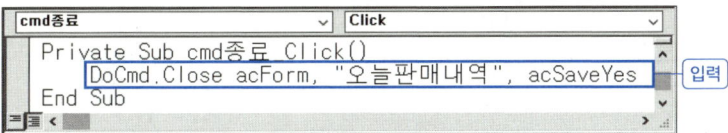

DoCmd.Close acForm, "오늘판매내역", acSaveYes

⑤ VBE의 닫기(✕) 단추를 클릭하여 액세스로 돌아옵니다.

⑥ [양식 디자인] 탭-[보기] 그룹-[폼 보기]를 클릭하여 폼 보기로 전환합니다.

⑦ 코드가 잘 작성되었는지 결과를 확인합니다.

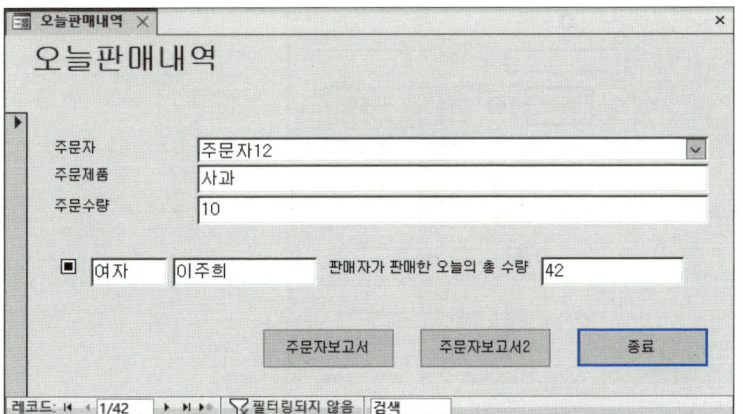

> **주희쌤 Tip**
> DoCmd.Close acForm, "폼이름", acSaveYes
> - Close(닫기) 메서드를 사용해 폼(acForm, "폼이름")을 저장(acSaveYes)하고 닫는 매크로 함수를 실행(DoCmd)
> - 현재 창을 닫는 경우 'DoCmd.Close'까지 입력

> **주희쌤 Tip**
> 저장 여부를 사용자에게 메시지로 물어보려면 마지막 인수를 생략하거나 'acSavePrompt'를 입력하면 되는데 사용자가 직접 저장했다면 메시지가 표시되지 않습니다.

> **주희쌤 Tip**
> 6번 문제와 같습니다.
> 🖻 '종료(cmd종료)' 단추를 클릭하면 '오늘판매내역' 폼이 저장 여부를 묻지 않고 저장된 후 닫히도록 이벤트 프로시저를 작성하시오.

 따라하기 7

<cmd조회2> 클릭하면 실행

① [탐색] 창 폼 목록의 〈판매량조회〉 폼에서 마우스 오른쪽 버튼을 누른 후 [디자인 보기] 명령을 클릭합니다.

② 'cmd조회2' 컨트롤을 클릭한 후 선택한 컨트롤의 [속성 시트] 창에서 [이벤트] 탭의 'On Click'에 커서를 이동하고 작성기 단추(…)를 클릭합니다.

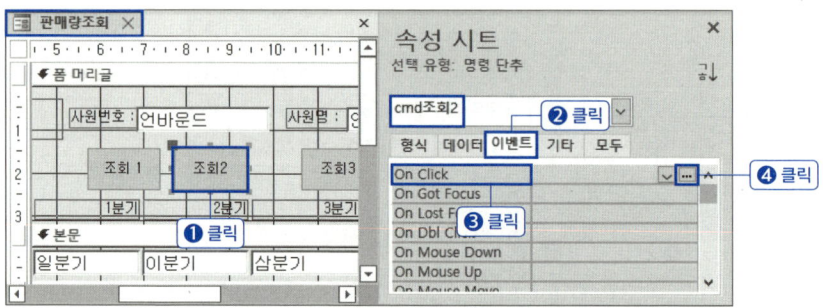

③ [작성기 선택] 대화상자가 나타나면 '코드 작성기'를 선택하고 [확인] 단추를 클릭합니다.

④ 'cmd조회2_Click()' 프로시저가 나타나면 아래와 같이 입력합니다.

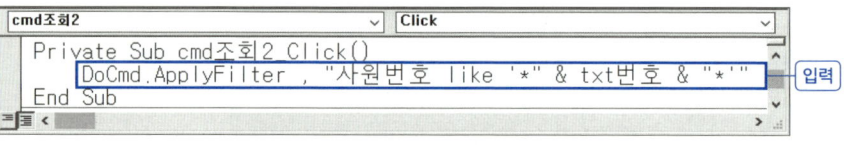

DoCmd.ApplyFilter , "사원번호 like '*' & txt번호 & '*'"

⑤ VBE의 닫기(✕) 단추를 클릭하여 액세스로 돌아옵니다.

⑥ 저장(💾)을 클릭하고 [양식 디자인] 탭-[보기] 그룹-[폼 보기]를 클릭하여 폼 보기로 전환합니다.

⑦ 코드가 잘 작성되었는지 결과를 확인합니다.

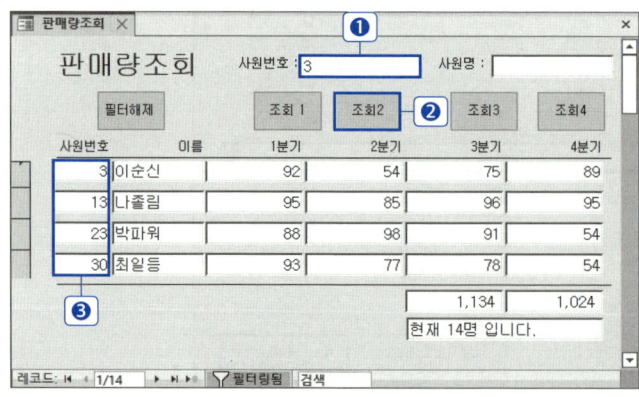

⑧ 닫기(✕)를 클릭해 폼을 닫습니다.

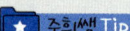 Tip

DoCmd.ApplyFilter , 조건
- ApplyFilter(필터 적용) 메서드를 사용해 조건에 해당하는 레코드를 필터링하여 표시하는 매크로 함수를 실행 (DoCmd)
- 필터 이름(Filtername) 부분은 따로 필터 쿼리를 지정하지 않을 것이므로 생략

주희쌤 Tip

'ApplyFilter'가 아닌 'Filter'라면 아래와 같이 입력합니다.
Me.Filter = "사원번호 like '*' & txt번호 & '*'"
Me.FilterOn = True

7. <cmd조회2> 클릭하면 - 코드 작성 요령

① ApplyFilter를 이용하는 문제이므로 일단 아래와 같이 입력
DoCmd.ApplyFilter , 필드이름=컨트롤이름

② 문제에 제시된 컨트롤 이름을 입력
DoCmd.ApplyFilter , 필드이름=txt번호

③ 컨트롤에 어떤 값을 입력(선택)할지 확인
여기에서는 'txt번호'에서 '사원번호'를 입력(선택)

④ 입력(선택)한 값이 어떤 필드에 표시될지 확인
여기에서는 'txt번호'에서 입력(선택)한 '사원번호'가 '사원번호' 필드에 표시되어야 함

⑤ 찾은 필드 이름을 입력
DoCmd.ApplyFilter , 사원번호=txt번호

⑥ 문제에 '포함하는'이 제시되었으므로 컨트롤 이름 양 옆으로 추가 입력
DoCmd.ApplyFilter , 사원번호 like '*txt번호*'

⑦ 1단계(컨트롤 이름을 분리)와 2단계(컨트롤 이름을 제외한 나머지를 큰따옴표로 묶기) 거치기
1단계 → DoCmd.ApplyFilter , 사원번호 like '*' & txt번호 & '*'
2단계 → DoCmd.ApplyFilter , "사원번호 like '*" & txt번호 & "*'"

MsgBox

메시지만 표시하는 경우

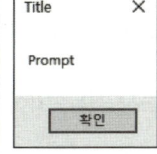

MsgBox "Prompt", vbOKOnly, "Title"
- 'vbOKOnly'를 생략해도 [확인] 버튼이 표시
- 'Title' 생략 시 'Microsoft Access' 표시

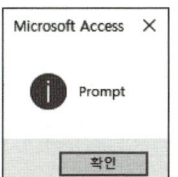

MsgBox "Prompt", vbOKOnly + vbInformation
- 'MsgBox "Prompt", vbInformation'을 입력해도 같은 메시지 표시
- 'vbInformation' 대신 'vbExclamation' 입력 시 '🛈' 대신 '⚠' 표시

메시지를 표시하고 특정 버튼을 클릭했을 때 결과를 반환해야 하는 경우

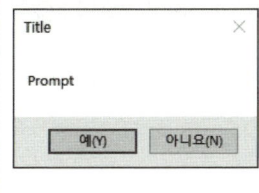

```
Dim a
a = MsgBox("Prompt", vbYesNo, "Title")
If a = vbYes Then
    실행할 명령
ElseIf a = vbNo Then
    실행할 명령
End If
```
- 'Dim a'는 'a'라는 변수를 선언한 것으로 생략이 가능
- 'Title' 생략 시 'Microsoft Access' 표시
- '변수=MsgBox(…)' 입력 시 메시지 박스에서 클릭한 버튼이 변수에 기억

문제 유형 2   다음의 기능을 수행하도록 구현하시오.

① <오늘판매내역> 폼에서 '주문자보고서' 버튼(cmd주문자보고서)을 클릭할 때 다음과 같은 기능을 수행하도록 이벤트 프로시저를 구현하시오.
- ▶ 다음과 같은 메시지 상자를 표시한 후 '오늘판매내역' 보고서를 '미리보기'의 형태로 열 것
- ▶ 'cmb조회'에 입력된 주문자와 동일한 데이터만 표시할 것

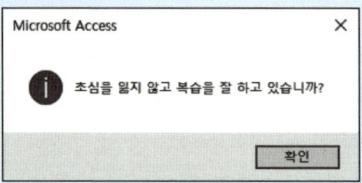

② <판매량조회> 폼의 'txt사분기' 컨트롤이 포커스를 얻으면(GotFocus) 다음과 같이 수행되도록 구현하시오.
- ▶ 사분기(txt사분기)가 90점 이상이면 다음과 같은 MsgBox를 표시할 것

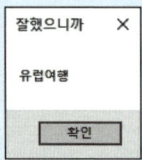

③ <사원관리처리> 폼의 'cmd닫기' 버튼을 클릭하는 경우 다음과 같은 메시지를 출력한 후 현재 폼을 닫는 이벤트 프로시저를 작성하시오.
- ▶ 메시지 상자에는 현재 폼의 이름(Name 속성 사용) 뒤에 그림과 같이 문자열을 추가하여 표시할 것

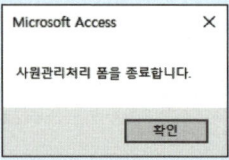

④ <사원관리처리> 폼에서 'txt입사일'에 포커스가 이동되면(Got Focus) 다음과 같은 기능을 수행하도록 이벤트 프로시저를 작성하시오.
- ▶ 입사일로부터 시스템의 현재 날짜 사이의 경과 값을 연 단위로 표시하여 근속년수를 구할 것
- ▶ DateDiff, Date 함수를 사용할 것

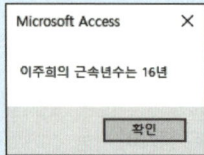

⑤ <사원목록> 폼의 'txt이름' 컨트롤을 클릭하면 다음과 같은 기능이 수행되도록 이벤트 프로시저를 구현하시오.

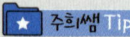

> **주희쌤Tip**
> Date 함수로 인해 결과가 달라 보일 수 있습니다.

▶ <오늘판매내역> 테이블을 이용할 것
▶ <그림>과 같이 직원이 판매한 판매건수를 표시할 것(DCount 함수 사용)

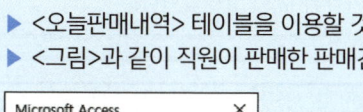

⑥ <직급별조회> 폼의 '닫기(cmd닫기)' 버튼을 클릭하면 <그림>과 같이 메시지 상자가 표시되도록 이벤트 프로시저를 구현하시오.
   ▶ <예> 버튼을 클릭하면 해당 폼이 종료되도록 설정할 것

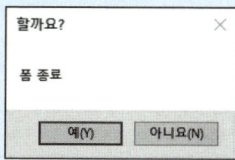

<cmd주문자보고서> 클릭하면 실행

① [탐색] 창 폼 목록의 〈오늘판매내역〉 폼에서 마우스 오른쪽 버튼을 누른 후 [디자인 보기] 명령을 클릭합니다.

② 'cmd주문자보고서' 컨트롤을 클릭한 후 선택한 컨트롤의 [속성 시트] 창에서 [이벤트] 탭의 'On Click'에 커서를 이동하고 작성기 단추(...)를 클릭합니다.

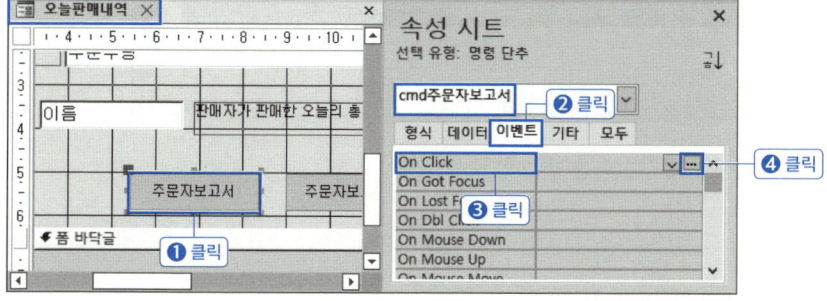

③ [작성기 선택] 대화상자가 나타나면 '코드 작성기'를 선택하고 [확인] 단추를 클릭합니다.

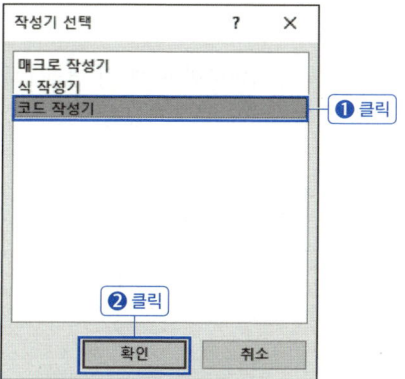

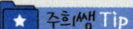 Tip

메시지만 표시하는 경우

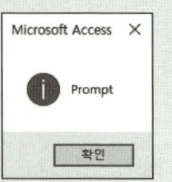

MsgBox "Prompt", vbOKOnly + vbInformation
- 'MsgBox "Prompt", vbInformation'을 입력해도 같은 메시지 표시
- 'vbInformation' 대신 'vbExclamation' 입력 시 '①' 대신 '⚠' 표시

④ 'cmd주문자보고서_Click()' 프로시저가 나타나면 아래와 같이 입력합니다.

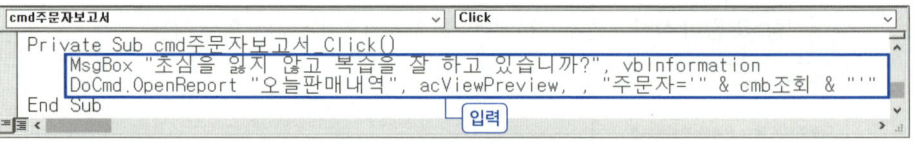

MsgBox "초심을 잃지 않고 복습을 잘 하고 있습니까", vbInformation
DoCmd.OpenReport "오늘판매내역", acViewPreview, , "주문자='" & cmb조회 & "'"

⑤ VBE의 닫기(✕) 단추를 클릭하여 액세스로 돌아옵니다.

⑥ 저장(💾)을 클릭하고 [양식 디자인] 탭-[보기] 그룹-[폼 보기]를 클릭하여 폼 보기로 전환합니다.

⑦ 코드가 잘 작성되었는지 결과를 확인합니다.

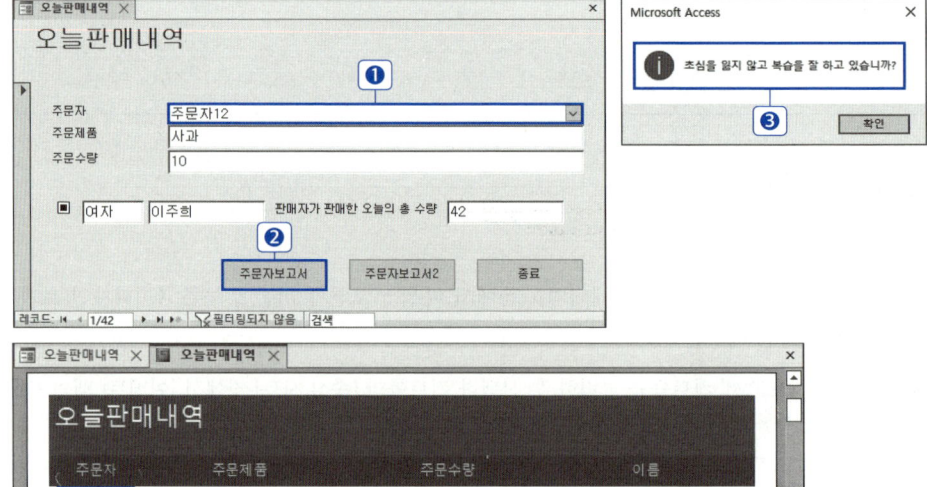

⑧ 닫기(✕)를 클릭해 보고서와 폼을 닫습니다.

 따라하기 ②

<txt사분기>에 포커스가 이동되면 실행

① [탐색] 창 폼 목록의 〈판매량조회〉 폼에서 마우스 오른쪽 버튼을 누른 후 [디자인 보기] 명령을 클릭합니다.

② 'txt사분기' 컨트롤을 클릭한 후 선택한 컨트롤 [속성 시트] 창이 나타나면 [이벤트] 탭의 'On Got Focus'에 커서를 이동하고 작성기 단추(…)를 클릭합니다.

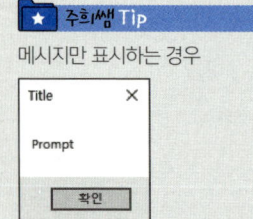 Tip

메시지만 표시하는 경우

MsgBox "Prompt", vbOKOnly, "Title"
- 'vbOKOnly'를 생략해도 [확인] 버튼이 표시
- 'Title' 생략 시 'Microsoft Access' 표시

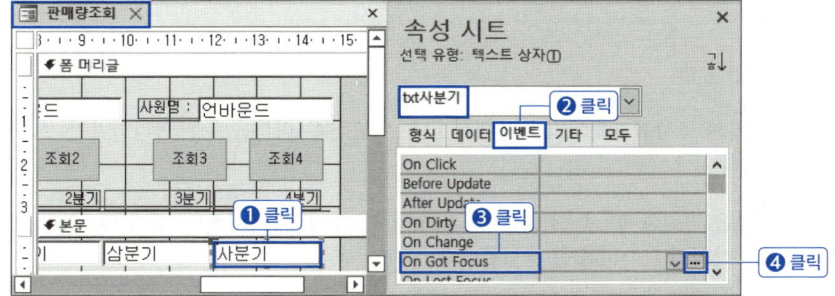

③ [작성기 선택] 대화상자가 나타나면 '코드 작성기'를 선택하고 [확인] 단추를 클릭합니다.

④ 'txt사분기_GotFocus()' 프로시저가 나타나면 아래와 같이 입력합니다.

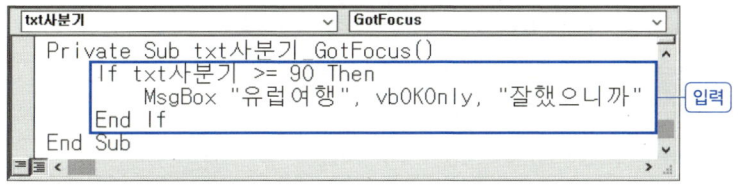

If txt사분기 >= 90 Then
  MsgBox "유럽여행", vbOKOnly, "잘했으니까"
End If

⑤ VBE의 닫기(✗) 단추를 클릭하여 액세스로 돌아옵니다.

⑥ 저장(💾)을 클릭하고 [양식 디자인] 탭-[보기] 그룹-[폼 보기]를 클릭하여 폼 보기로 전환합니다.

⑦ 코드가 잘 작성되었는지 결과를 확인합니다.

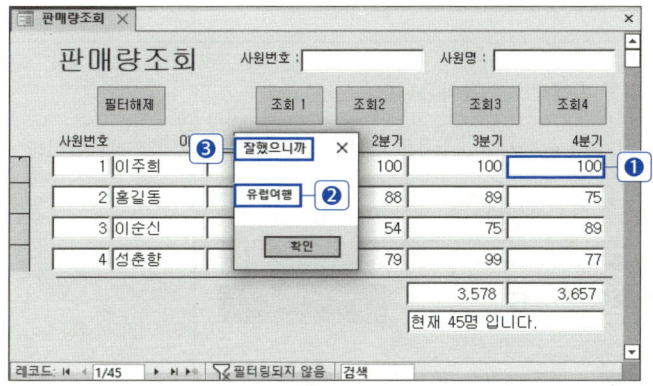

⑧ 닫기(✗)를 클릭해 메시지와 폼을 닫습니다.

주희쌤 Tip

Ⓠ 'txt사분기>=90'이 아니라 '[사분기]>=90'라고 입력하면 안 되나요?

Ⓐ 됩니다. 결과가 같으므로 정답 처리됩니다만 MsgBox 안쪽이나 함수(Month, DateDiff, Right 등) 안쪽에 입력할 때를 제외하고는 컨트롤 이름으로 입력하는 것을 권장합니다.

주희쌤 Tip

문 'txt사분기'가 90 이상이면 '유럽여행', 80 이상이면 '동남아여행', 그렇지 않으면 '없음'으로 메시지 박스를 표시

답
If txt사분기> =90 Then
  MsgBox "유럽여행"
ElseIf txt사분기> =80 Then
  MsgBox "동남아여행"
Else
  MsgBox "없음"
End If

주희쌤 Tip

문 'txt실적'이 90 이상이면 'txt월급'의 10%, 80 이상이면 'txt월급'의 5%를 추가로 계산한 값이 표시

답
select case txt실적
  case is >=90
    txt월급=txt월급+txt월급*0.1
  case is >=80
    txt월급=txt월급+txt월급*0.05
end select

 **따라하기 ③**

<cmd닫기> 클릭하면 실행

① [탐색] 창 폼 목록의 <사원관리처리> 폼에서 마우스 오른쪽 버튼을 누른 후 [디자인 보기] 명령을 클릭합니다.

② 'cmd닫기' 컨트롤을 클릭한 후 선택한 컨트롤의 [속성 시트] 창에서 [이벤트] 탭의 'On Click'에 커서를 이동하고 작성기 단추(...)를 클릭합니다.

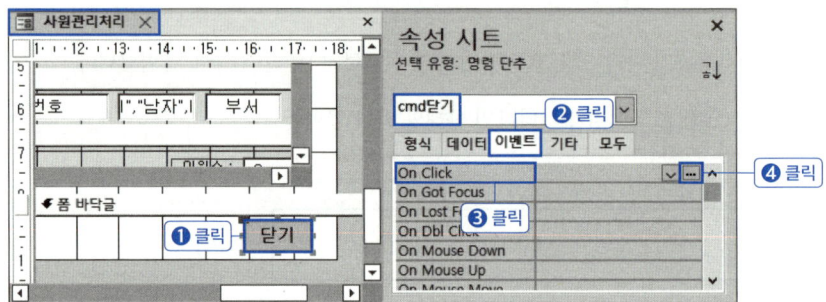

 **주희쌤 Tip**

문제에 'Name 속성 사용'이 제시되었으므로 컨트롤이나 개체의 이름을 지정하는 'Name' 속성을 사용해야 합니다.

③ [작성기 선택] 대화상자가 나타나면 '코드 작성기'를 선택하고 [확인] 단추를 클릭합니다.

④ 'cmd닫기_Click()' 프로시저가 나타나면 아래와 같이 입력합니다.

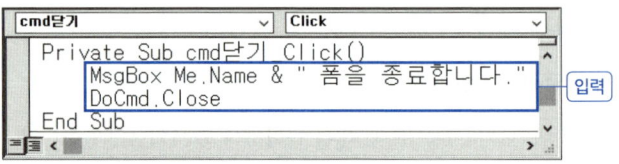

```
MsgBox Me.Name & " 폼을 종료합니다."
DoCmd.Close
```

⑤ VBE의 닫기(✕) 단추를 클릭하여 액세스로 돌아옵니다.

⑥ 저장(🖫)을 클릭하고 [양식 디자인] 탭-[보기] 그룹-[폼 보기]를 클릭하여 폼 보기로 전환합니다.

⑦ 코드가 잘 작성되었는지 결과를 확인합니다.

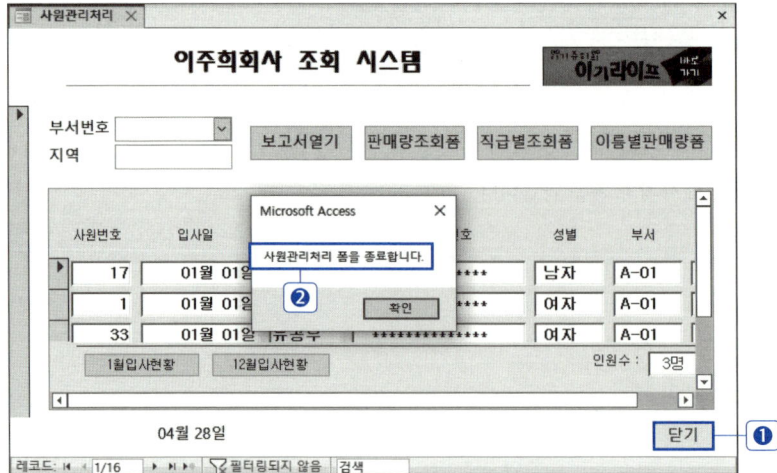

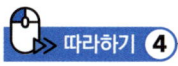 따라하기 ④

<txt입사일>에 포커스가 이동되면 실행

① [탐색] 창 폼 목록의 〈사원관리처리〉 폼에서 마우스 오른쪽 버튼을 누른 후 [디자인 보기] 명령을 클릭합니다.

② 'txt입사일' 컨트롤을 클릭한 후 선택한 컨트롤의 [속성 시트] 창에서 [이벤트] 탭의 'On Got Focus'에 커서를 이동하고 작성기 단추(…)를 클릭합니다.

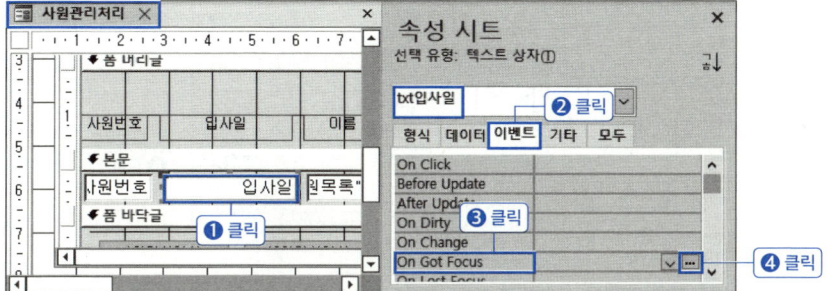

③ [작성기 선택] 대화상자가 나타나면 '코드 작성기'를 선택하고 [확인] 단추를 클릭합니다.

④ 'txt입사일_GotFocus()' 프로시저가 나타나면 아래와 같이 입력합니다.

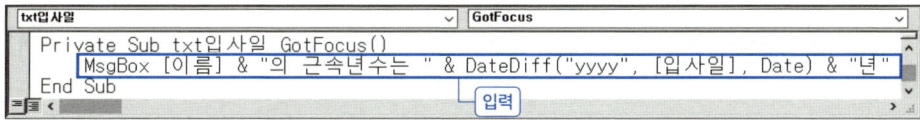

MsgBox [이름] & "의 근속년수는 " & DateDiff("yyyy", [입사일], Date) & "년"

⑤ VBE의 닫기(✕) 단추를 클릭하여 액세스로 돌아옵니다.

⑥ 저장(💾)을 클릭하고 [양식 디자인] 탭-[보기] 그룹-[폼 보기]를 클릭하여 폼 보기로 전환합니다.

⑦ 코드가 잘 작성되었는지 결과를 확인합니다.

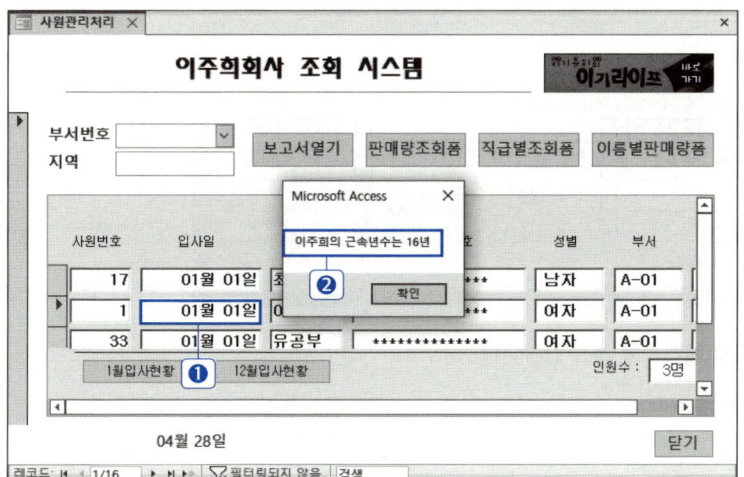

⑧ 닫기(✕)를 클릭해 메시지와 폼을 닫습니다.

주희쌤 Tip

테이블(문제유형2 5번)에서 배웠던 부분입니다.
DateDiff("yyyy",[입사일],Date())
→ 입사일 날짜가 '2024-8-15'이고 오늘 날짜가 '2025-1-1'이면 '1' 표시

주희쌤 Tip

MsgBox txt이름 & "의 근속년수는 " & DateDiff("yyyy", txt입사일, Date) & "년"
위와 같이 입력해도 결과는 같습니다만 MsgBox 안쪽이나 함수(Month, DateDiff, Right 등) 안쪽에 입력할 땐엔 컨트롤 이름 보다 필드 이름으로 입력하는 것을 권장합니다.

 **따라하기 5**

<txt이름> 클릭하면 실행

① [탐색] 창 폼 목록의 <사원목록> 폼에서 마우스 오른쪽 버튼을 누른 후 [디자인 보기] 명령을 클릭합니다.

② 'txt이름' 컨트롤을 클릭한 후 선택한 컨트롤의 [속성 시트] 창에서 [이벤트] 탭의 'On Click'에 커서를 이동하고 작성기 단추(…)를 클릭합니다.

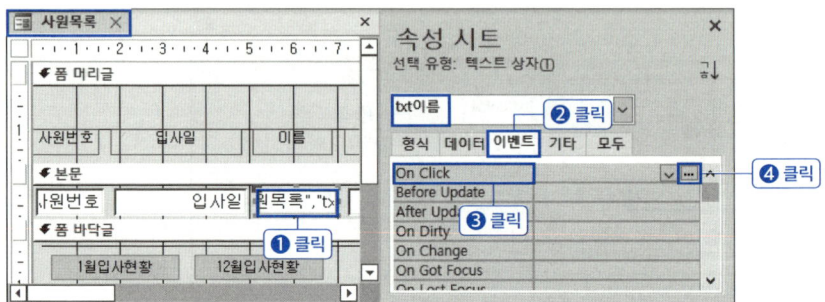

③ [작성기 선택] 대화상자가 나타나면 '코드 작성기'를 선택하고 [확인] 단추를 클릭합니다.

④ 'txt이름_Click()' 프로시저가 나타나면 아래와 같이 입력합니다.

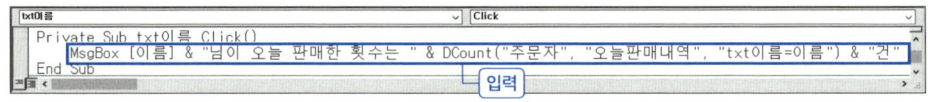

> MsgBox [이름] & "님이 오늘 판매한 횟수는 " & DCount("주문자", "오늘판매내역", "txt이름=이름") & "건"

⑤ VBE의 닫기(✕) 단추를 클릭하여 액세스로 돌아옵니다.

⑥ 저장(💾)을 클릭하고 [양식 디자인] 탭-[보기] 그룹-[폼 보기]를 클릭하여 폼 보기로 전환합니다.

⑦ 코드가 잘 작성되었는지 결과를 확인합니다.

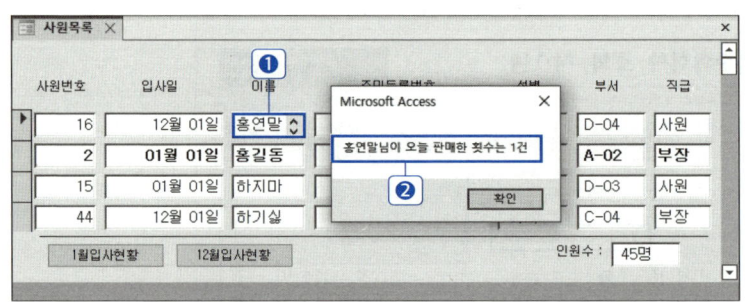

⑧ 닫기(✕)를 클릭해 메시지와 폼을 닫습니다.

따라하기 6

<cmd닫기> 클릭하면 실행

① [탐색] 창 폼 목록의 <직급별조회> 폼에서 마우스 오른쪽 버튼을 누른 후 [디자인 보기] 명령을 클릭합니다.

주희쌤 Tip

폼의 원본(사원목록)이 아닌 '오늘판매내역' 테이블을 이용하는 이유는 직원별 판매횟수를 '오늘판매내역' 테이블에서 알 수 있기 때문입니다.

주희쌤 Tip

엑셀은 DCount 함수가 조건에 맞는 숫자만 세었지만 액세스는 숫자, 문자를 구분하지 않고 셉니다.

주희쌤 Tip

5번 문제에 'DLookup' 함수를 같이 사용한다면 아래와 같이 입력합니다.
MsgBox DLookup("이름", "오늘판매내역", "txt이름=이름") & "님이 오늘 판매한 횟수는 " & DCount("주문자", "오늘판매내역", "txt이름=이름") & "건"

주희쌤 Tip

조건에 입력한 'txt이름=이름'은 일치한다는 의미이므로 '이름=txt이름'으로 입력해도 됩니다.

② 'cmd닫기' 컨트롤을 클릭한 후 선택한 컨트롤의 [속성 시트] 창에서 [이벤트] 탭의 'On Click'에 커서를 이동하고 작성기 단추(...)를 클릭합니다.

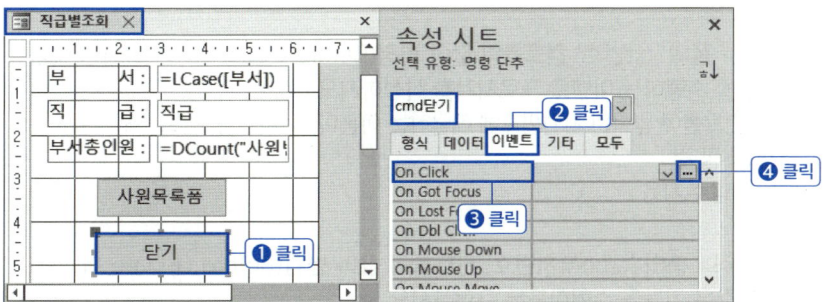

③ [작성기 선택] 대화상자가 나타나면 '코드 작성기'를 선택하고 [확인] 단추를 클릭합니다.

④ 'cmd닫기_Click()' 프로시저가 나타나면 아래와 같이 입력합니다.

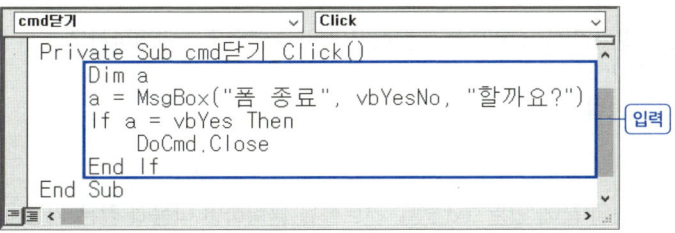

```
Dim a
a = Msgbox("폼 종료", vbYesNo, "할까요?")
If a = vbYes Then
  DoCmd.Close
End If
```

⑤ VBE의 닫기(X) 단추를 클릭하여 액세스로 돌아옵니다.

⑥ 저장(💾)을 클릭하고 [양식 디자인] 탭-[보기] 그룹-[폼 보기]를 클릭하여 폼 보기로 전환합니다.

⑦ 코드가 잘 작성되었는지 결과를 확인합니다.

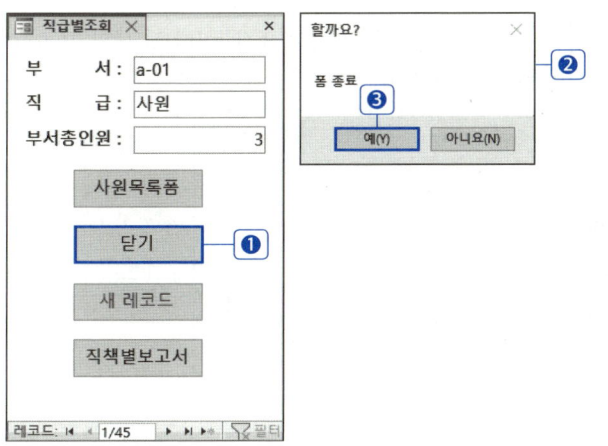

> ★ 주희쌤 Tip
>
> 메시지를 표시하고 특정 버튼을 클릭했을 때 결과를 반환해야 하는 경우
>
>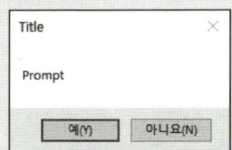
>
> Dim a
> a = MsgBox("Prompt", vbYesNo, "Title")
> If a = vbYes Then
>   실행할 명령
> ElseIf a = vbNo Then
>   실행할 명령
> End If
>
> • 'Dim a'는 'a'라는 변수를 선언한 것으로 생략이 가능
> • 'Title' 생략 시 'Microsoft Access' 표시
> • '변수=MsgBox(…)' 입력 시 메시지 박스에서 클릭한 버튼이 변수에 기억

문제 유형 3   다음의 기능을 수행하도록 구현하시오.

① <판매량조회> 폼의 'txt번호' 컨트롤의 값이 변경(Before Update 이벤트)되면 다음과 같은 기능을 수행하는 이벤트 프로시저를 작성하시오.
- ▶ 'txt번호' 컨트롤에 입력된 사원번호에 해당하는 이름이 'txt사원명' 컨트롤에 자동으로 입력되도록 할 것
- ▶ DLookup 함수 사용

② <사원관리처리> 폼의 'cmb부서번호' 컨트롤의 값이 변경(Before Update 이벤트)되면 다음과 같은 기능을 수행하도록 구현하시오.
- ▶ 'cmb부서번호' 컨트롤에서 부서번호를 선택하면 해당하는 지역이 'txt지역'에 자동으로 입력되도록 할 것
- ▶ Column 속성 사용

③ <사원관리처리> 폼이 열리면(Open) 다음과 같은 기능이 수행되도록 구현하시오.
- ▶ 'txt지역'에 탭 정지가 안 되도록 설정할 것
- ▶ 이벤트 프로시저를 이용할 것
- ▶ TabStop 속성 사용

④ <사원관리처리> 폼의 하위 폼에 있는 'txt부서' 컨트롤을 클릭하면 다음과 같은 기능을 수행하도록 구현하시오.
- ▶ <직급별조회> 폼이 폼 보기 형태로 열리면서 'txt부서총인원' 컨트롤로 포커스를 이동(SetFocus) 시킬 것
- ▶ 이벤트 프로시저로 작성

>> 따라하기 ①

<txt번호>가 변경되면 실행

① [탐색] 창 폼 목록의 <판매량조회> 폼에서 마우스 오른쪽 버튼을 누른 후 [디자인 보기] 명령을 클릭합니다.

② 'txt번호' 컨트롤을 클릭한 후 선택한 컨트롤의 [속성 시트] 창에서 [이벤트] 탭의 'Before Update'에 커서를 이동하고 작성기 단추(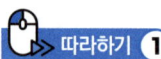)를 클릭합니다.

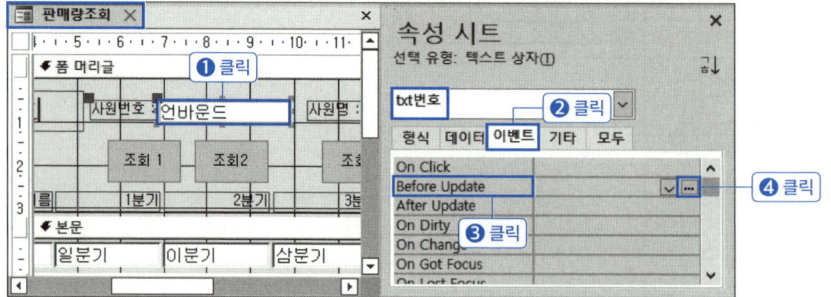

③ [작성기 선택] 대화상자가 나타나면 '코드 작성기'를 선택하고 [확인] 단추를 클릭합니다.

④ 'txt번호_BeforeUpdate(Cancel As Integer)' 프로시저가 나타나면 아래와 같이 입력합니다.

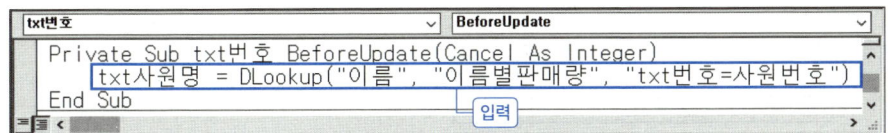

txt사원명 = DLookup("이름", "이름별판매량", "txt번호=사원번호")

⑤ VBE의 닫기(✖) 단추를 클릭하여 액세스로 돌아옵니다.

⑥ 저장(💾)을 클릭하고 [양식 디자인] 탭-[보기] 그룹-[폼 보기]를 클릭하여 폼 보기로 전환합니다.

⑦ 코드가 잘 작성되었는지 결과를 확인합니다.

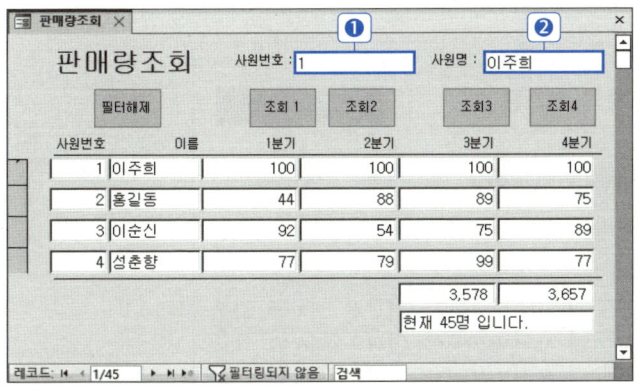

⑧ 닫기(✖)를 클릭해 폼을 닫습니다.

<cmb부서번호>가 변경되면 실행

① [탐색] 창 폼 목록의 〈사원관리처리〉 폼에서 마우스 오른쪽 버튼을 누른 후 [디자인 보기] 명령을 클릭합니다.

② 'cmb부서번호' 컨트롤을 클릭한 후 선택한 컨트롤의 [속성 시트] 창에서 [이벤트] 탭의 'Before Update'에 커서를 이동하고 작성기 단추(...)를 클릭합니다.

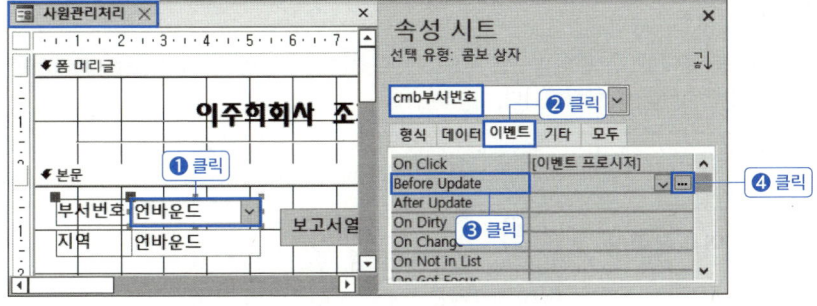

③ [작성기 선택] 대화상자가 나타나면 '코드 작성기'를 선택하고 [확인] 단추를 클릭합니다.

주희쌤 Tip

폼의 경우 '=DLookup(expr, domain, criteria)'만 입력하지만 이벤트 프로시저의 경우 좌변, 우변이 있어야 하므로 결과가 표시될 컨트롤 이름을 좌변에 입력합니다.

주희쌤 Tip

조건에 입력한 'txt번호=사원번호'는 일치한다는 의미이므로 '사원번호=txt번호'로 입력해도 됩니다.

주희쌤 Tip

VBE에서 도메인 함수의 조건에 오늘 날짜를 나타내는 함수를 입력해야 한다면 'DATE'가 아닌 'DATE()'를 입력해야 합니다.
예) DLookup("이름","이름별판매량","판매날짜=DATE()")

> **주희쌤 Tip**
> 'cmb부서번호'의 행 원본(SELECT 부서.지역, 부서.부서번호, 부서.부서명 FROM 부서;)을 보고 '지역'이 몇 번째 열에 있는지 확인해야 합니다.

> **주희쌤 Tip**
> Column 속성은 '0'부터 시작합니다.

④ 'cmb부서번호_BeforeUpdate(Cancel As Integer)' 프로시저가 나타나면 아래와 같이 입력합니다.

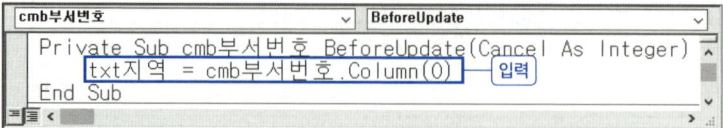

txt지역 = cmb부서번호.Column(0)

⑤ VBE의 닫기(✖) 단추를 클릭하여 액세스로 돌아옵니다.

⑥ 저장(💾)을 클릭하고 [양식 디자인] 탭-[보기] 그룹-[폼 보기]를 클릭하여 폼 보기로 전환합니다.

⑦ 코드가 잘 작성되었는지 결과를 확인합니다.

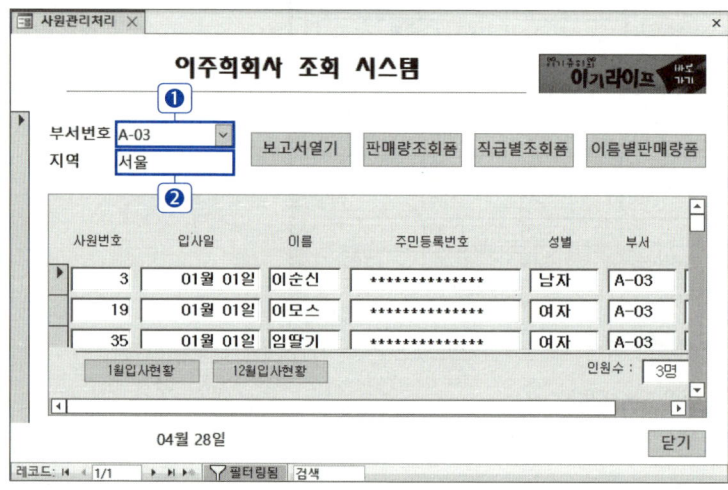

⑧ 닫기(✖)를 클릭해 폼을 닫습니다.

<폼>이 열리면 실행

① [탐색] 창 폼 목록의 <사원관리처리> 폼에서 마우스 오른쪽 버튼을 누른 후 [디자인 보기] 명령을 클릭합니다.

② '폼 선택기'(■)를 클릭한 후 폼의 [속성 시트] 창에서 [이벤트] 탭의 'On Open'에 커서를 이동하고 작성기 단추(...)를 클릭합니다.

> **주희쌤 Tip**
> On Open(열리면) 외에도 On Activate(활성화되면), On Load(열리면) 등 다양하게 출제될 수 있으니 문제를 꼼꼼히 읽어봐야 합니다.

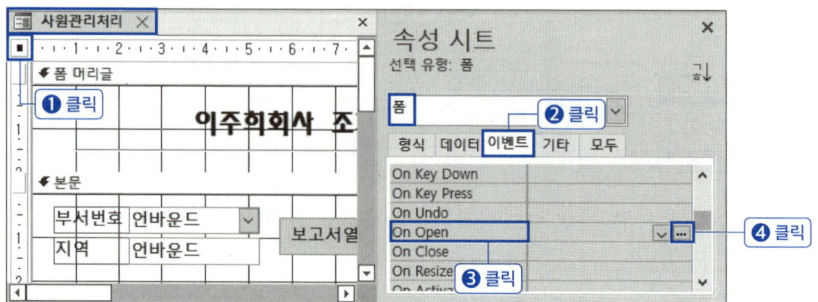

③ [작성기 선택] 대화상자가 나타나면 '코드 작성기'를 선택하고 [확인] 단추를 클릭합니다.

④ 'Form_Open(Cancel As Integer)' 프로시저가 나타나면 아래와 같이 입력합니다.

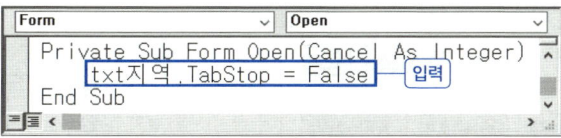

txt지역.TabStop = False

> **주희쌤 Tip**
> 'TabStop'은 Tab 을 눌렀을 때 컨트롤로 포커스를 옮길 수 있는지의 여부를 지정하는 속성입니다.

⑤ VBE의 닫기(✖) 단추를 클릭하여 액세스로 돌아옵니다.

⑥ 저장(💾)을 클릭하고 [양식 디자인] 탭-[보기] 그룹-[폼 보기]를 클릭하여 폼 보기로 전환합니다.

⑦ 코드가 잘 작성되었는지 결과를 확인합니다.

⑧ 닫기(✖)를 클릭해 폼을 닫습니다.

<txt부서> 클릭하면 실행

① [탐색] 창 폼 목록의 〈사원관리처리〉 폼에서 마우스 오른쪽 버튼을 누른 후 [디자인 보기] 명령을 클릭합니다.

② 'txt부서' 컨트롤을 클릭한 후 선택한 컨트롤의 [속성 시트] 창에서 [이벤트] 탭의 'On Click'에 커서를 이동하고 작성기 단추(…)를 클릭합니다.

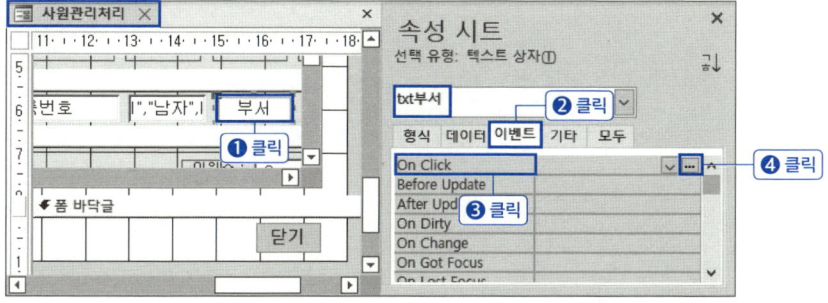

③ [작성기 선택] 대화상자가 나타나면 '코드 작성기'를 선택하고 [확인] 단추를 클릭합니다.

④ 'txt부서_Click()' 프로시저가 나타나면 아래와 같이 입력합니다.

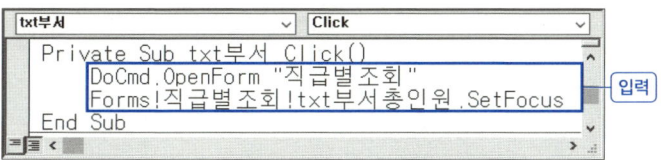

DoCmd.OpenForm "직급별조회"
Forms!직급별조회!txt부서총인원.SetFocus

⑤ VBE의 닫기(✖) 단추를 클릭하여 액세스로 돌아옵니다.

> **주희쌤 Tip**
> 'SetFocus'는 컨트롤로 포커스를 옮겨주는 메서드입니다.

> **주희쌤 Tip**
> DoCmd.OpenForm "직급별조회" txt부서총인원.SetFocus 위와 같이 입력 시 (선택된 컨트롤인 'txt부서'가 위치한) '사원목록' 폼에 'txt부서총인원' 컨트롤이 없으므로 오류가 나게 됩니다.

⑥ 저장(🖫)을 클릭하고 [양식 디자인] 탭-[보기] 그룹-[폼 보기]를 클릭하여 폼 보기로 전환합니다.

⑦ 코드가 잘 작성되었는지 결과를 확인합니다.

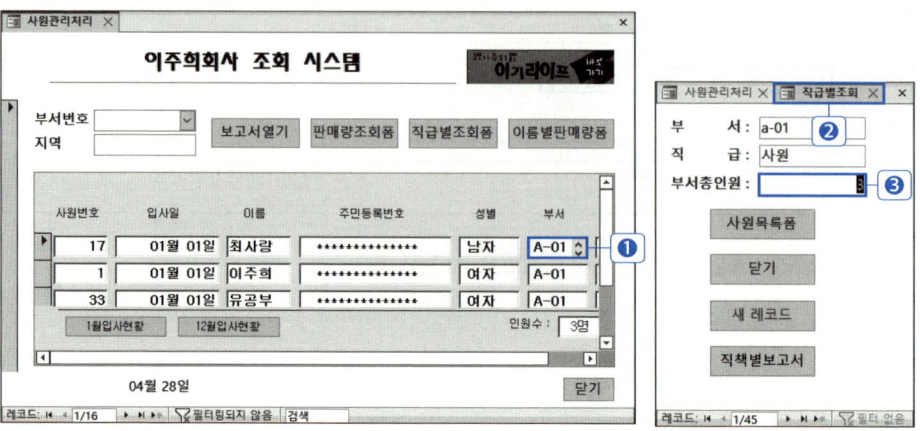

⑧ 닫기(✖)를 클릭해 두 개의 폼을 닫습니다.

숙제

01 <제품> 폼에서 다음의 지시사항을 처리하시오.
① '정가인상(cmd정가인상)' 컨트롤을 클릭하면 '제품' 테이블의 '정가' 필드를 10% 인상한 가격으로 업데이트하는 이벤트 프로시저를 구현하시오.
  ▶ DoCmd.RunSQL와 DoCmd.Requery 사용

② '구매가보기(cmd구매가보기)' 컨트롤을 클릭하면 다음과 같은 기능이 수행되도록 구현하시오.
  ▶ <그림>과 같은 메시지를 표시한 후 <예(Y)>를 클릭하면 'txt정가 × (1 – txt할인율)'을 계산하여 'txt구매가'에 표시

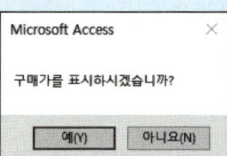

02 <물품목록> 폼에서 다음의 지시사항을 처리하시오.
  ▶ 본문 영역의 't물품번호'를 클릭하면 <그림>과 같은 메시지를 표시하는 이벤트 프로시저를 작성하시오.
  ▶ 메시지의 '예' 단추를 클릭하면 'txt물품검색'을 공백으로 표시하고, 포커스가 'txt물품검색'으로 이동되도록 하시오.

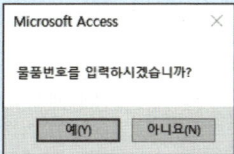

숙제 정답 및 해설

01 '제품' 폼

❶

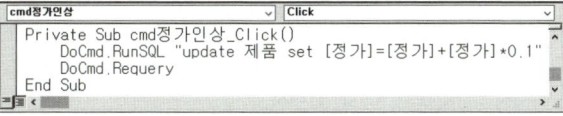

❷

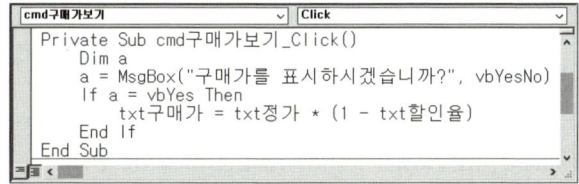

02 '물품목록' 폼

관련 필기 문제

01. 다음 중 아래의 이벤트 프로시저에서 [Command1] 단추를 클릭했을 때의 실행 결과로 옳은 것은? 19년 2회 출제

```
Private Sub Command1_Click()
  DoCmd.OpenForm "사원정보", acNormal
  DoCmd.GoToRecord , , acNewRec
End Sub
```

① [사원정보] 테이블이 열리고, 가장 마지막 행의 새 레코드에 포커스가 표시된다.
② [사원정보] 폼이 열리고, 첫 번째 레코드의 가장 왼쪽 컨트롤에 포커스가 표시된다.
③ [사원정보] 폼이 열리고, 마지막 레코드의 가장 왼쪽 컨트롤에 포커스가 표시된다.
④ [사원정보] 폼이 열리고, 새 레코드를 입력할 수 있도록 비워진 폼이 표시된다.

02. 아래와 같이 관계가 설정된 데이터베이스에 [Customer] 테이블에는 고객번호가 1004인 레코드만 있고, [Artist] 테이블에는 작가이름이 CAT인 레코드만 있다. 다음 중 이 데이터베이스에서 실행 가능한 SQL문은? (단, SQL문에 입력되는 데이터 형식은 모두 올바르다고 간주함) 20년 2회 출제

① INSERT INTO Artist VALUES ('ACE', '한국', Null, Null);
② INSERT INTO CINTA (고객번호, 작가이름) VALUES (1004, 'ACE');
③ INSERT INTO Customer (고객번호, 고객이름) VALUES (1004, 'ACE');
④ INSERT INTO CINTA VALUES (1234, 'CAT', '유화');

03. 다음 중 아래의 이벤트 프로시저에 대한 설명으로 옳지 않은 것은? 20년 2회 출제

```
Private Sub cmd재고_Click()
  txt재고수량 = txt입고량 - txt총주문량
  DoCmd.OpenReport "제품별재고현황", _
    acViewDesign, , "제품번호 = '" & cmb조회 & "'"
End Sub
```

① 'cmd재고' 컨트롤을 클릭했을 때 실행된다.
② 'txt재고수량' 컨트롤에는 'txt입고량' 컨트롤에 표시되는 값에서 'txt총주문량' 컨트롤에 표시되는 값을 차감한 값으로 표시된다.
③ '제품별재고현황' 보고서가 즉시 프린터로 출력된다.
④ '제품별재고현황' 보고서가 출력될 때 '제품번호' 필드 값이 'cmb조회' 컨트롤 값과 일치하는 데이터만 표시된다.

04. 다음 중 아래와 같은 필드로 구성된 <SERVICE> 테이블에서 실행 가능한 쿼리로 적절하지 않은 것은? 16년 3회 출제

필드 이름	데이터 형식
등급	짧은 텍스트
비용	숫자
번호	숫자

① INSERT INTO SERVICE(등급, 비용) VALUES ('C', 7000);
② UPDATE SERVICE SET 등급 = 'C' WHERE 등급 = 'D';
③ INSERT INTO SERVICE (등급, 비용, 번호) VALUES ('A', 10000, 10);
④ UPDATE SERVICE SET 비용 = 비용*1.1;

05. 다음 중 쿼리의 [디자인 보기]에서 아래와 같이 설정한 경우 동일한 결과를 표시하는 SQL 문은? 18년 1회 출제

필드:	모집인원	지역
테이블:	Table1	Table1
업데이트:	2000	
조건:		"서울"
또는:	>1000	

① UPDATE Table1 SET 모집인원 >1000 WHERE 지역="서울" AND 모집인원=2000;
② UPDATE Table1 SET 모집인원 = 2000 WHERE 지역="서울" AND 모집인원>1000;
③ UPDATE Table1 SET 모집인원 >1000 WHERE 지역="서울" OR 모집인원=2000;
④ UPDATE Table1 SET 모집인원 = 2000 WHERE 지역="서울" OR 모집인원>1000;

06. 다음 중 사원 테이블(사원번호, 이름, 직급, 급여, 부서명)에서 직급이 관리자인 사원의 급여를 20%씩 인상하는 SQL문으로 옳은 것은? 14년 2회 출제

① update from 사원 set 급여=급여*1.2 where 직급='관리자'
② update 사원 set 급여=급여*1.2 where 직급='관리자'
③ update 급여 set 급여 * 1.2 from 사원 where 직급='관리자'
④ update 급여=급여*1.2 set 사원 where 직급='관리자'

07. 다음 중 쿼리문의 구문 형식이 옳지 않은 것은? 15년 3회 출제

① insert into member(id, password, name, age) values ('a001', '1234', 'kim', 20);
② update member set age=17 where id='a001';
③ select * distinct from member where age=17;
④ delete from member where id='a001';

08. 다음 중 이벤트 프로시저에서 쿼리를 실행 모드로 여는 명령은? 20년 1회 출제

① DoCmd.OpenQuery
② DoCmd.SetQuery
③ DoCmd.QueryView
④ DoCmd.QueryTable

정답 01. ④ | 02. ① | 03. ③ | 04. ① | 05. ④ | 06. ② | 07. ③ | 08. ①

주희쌤의 컴퓨터활용능력 1급 실기 2권

ISBN : 979-11-93234-65-5(2권)
979-11-93234-64-8(세트)

발행일 · 2017年	9月	4日	초판	1쇄
	12月	22日	2판	1쇄
2018年	3月	12日		2쇄
	7月	25日		3쇄
2019年	1月	22日	3판	1쇄
	7月	10日		2쇄
	12月	10日	4판	1쇄
2021年	1月	22日	5판	1쇄
	7月	1日		2쇄
2022年	1月	2日	6판	1쇄
	12月	1日	7판	1쇄
2023年	12月	15日	8판	1쇄

저 자 · 이주희 | 발행인 · 이용중
발행처 · 도서출판 배움 | 주소 · 서울시 영등포구 영등포로 400 신성빌딩 2층 (신길동)
주문 및 배본처 | Tel · 02) 813-5334 | Fax · 02) 814-5334

본서는 저작권법 보호대상으로 무단복제(복사, 스캔), 배포, 2차 저작물 작성에 의한 저작권 침해를 금합니다.
또한 저작권법 제136조에 따라 5년 이하의 징역 또는 5천만 원 이하의 벌금에 처하거나 이를 병과할 수 있으며,
저작권법 제125조에 따라 1억 원 이상의 손해배상책임이 발생할 수 있습니다.

저작권 침해 제보: 이메일 baeoom1@hanmail.net, 전화 02) 813-5334

정가 39,000원(전 3권)

1권 스프레드시트 실무

주희쌤의
컴퓨터활용능력

기본서와 기출문제집을 하나로

Office 2021

✓ 시험에 자주 나오는 **핵심을 엄선**하여 정리

✓ **쉽게 따라** 할 수 있는 친절한 문제 풀이

단기 합격을 ⚡ 위한
주희쌤만의 비밀 팁

대공개!

1급 실기

✓ 개념 이해 문제부터 **상시 복원 문제**까지 모두 수록

✓ 실전 완벽 대비 기출유형 및 모의고사 **24회분 수록**

이 책의 구성

1권 | 스프레드시트 실무

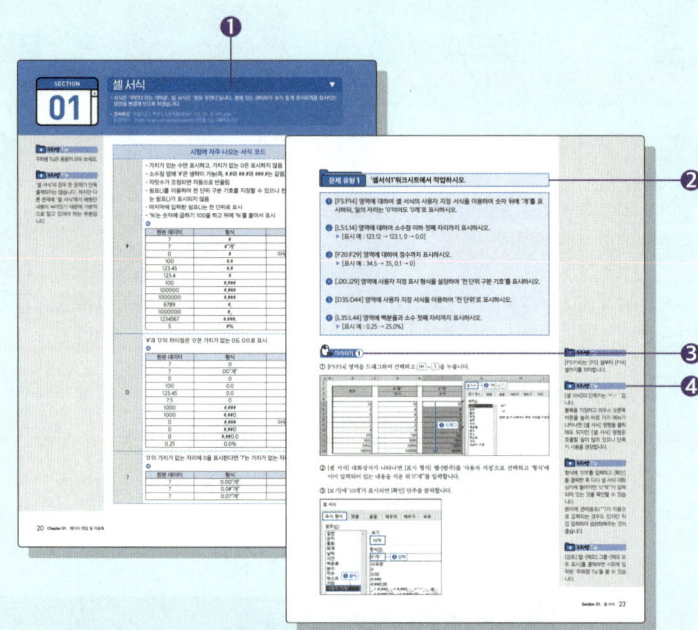

2권 | 데이터베이스 실무

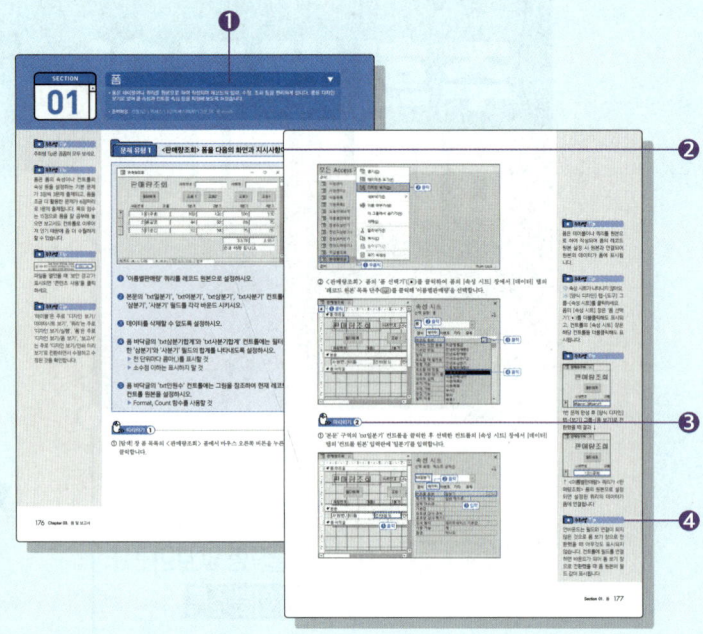

❶ 섹션 개요
각 섹션에서 학습할 내용이나 알아두면 좋을 간략한 배경지식 등을 제시하고, 따라하기 예제에 필요한 준비파일의 경로를 표기하였습니다.

❷ 문제 유형
최근 기출문제 분석에 따른 다양한 문제 유형들을 예제로 구성하였습니다.

❸ 따라하기
예제에 대한 풀이를 누구나 쉽게 따라 할 수 있는 친절한 '따라하기' 방식으로 설명하였습니다.

❹ 주희쌤 Tip
단기 합격을 위한 주희쌤만의 비밀 팁을 실었습니다. 놓치면 안 될 핵심 내용이 많으므로 꼼꼼히 모두 보기를 권장합니다.

Structure

3권 | 최신기출유형+실전모의고사

최신 기출문제 유형에 따른 모의고사 24회분
(14회분은 PDF로 제공)을 수록하였습니다.
(자동채점 프로그램 제공)

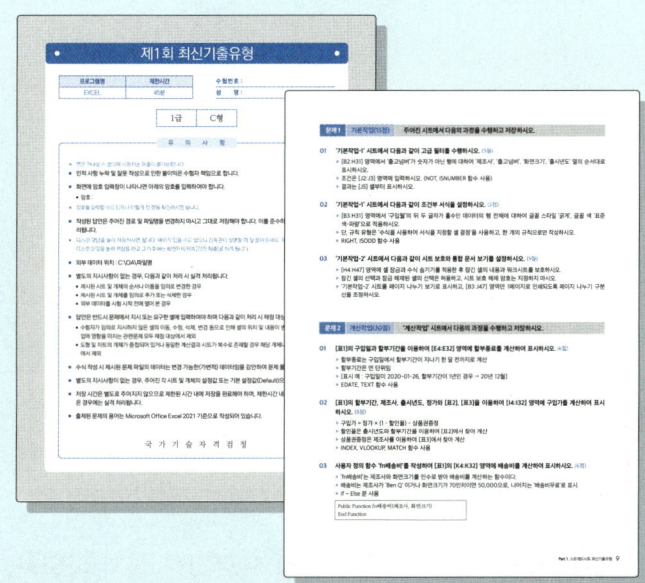

데이터 파일 이용 방법

1. 책에 수록된 문제를 실습할 수 있는 데이터 파일은 'https://cafe.naver.com/juheessaem'의 컴활1급 예제소스 혹은 'http://www.thebaeum.co.kr'의 고객센터 공지사항에서 다운로드 할 수 있습니다.

2. 게시글에 첨부된 파일을 다운로드한 후 압축을 풀어 작업합니다.

채점 프로그램 이용 방법

1. 3권 최신기출유형의 자동채점 프로그램 설치 파일은 'https://cafe.naver.com/juheessaem'의 컴활1급 예제소스 혹은 'http://www.thebaeum.co.kr'의 고객센터 공지사항에서 다운로드 할 수 있습니다.

2. 첨부된 파일을 다운로드하여 실행한 후 지시사항에 따라 단추를 클릭하면 간단하게 설치됩니다.

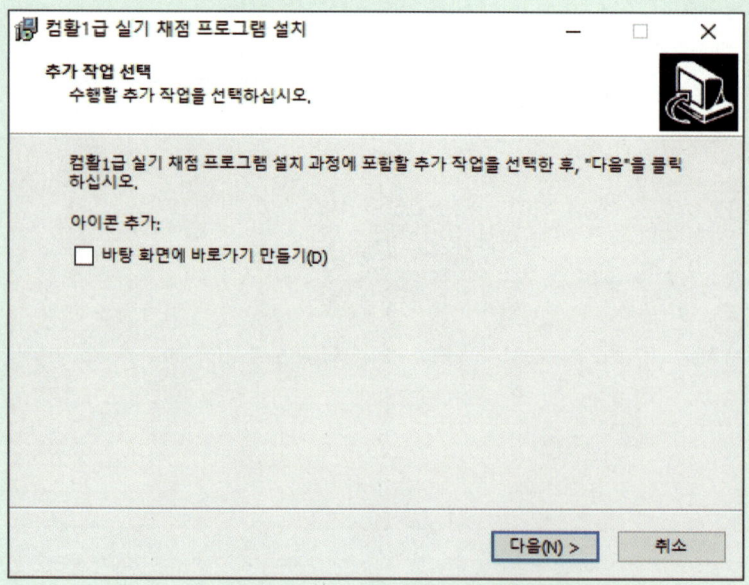

3. [문제유형선택]에서 회차를 선택하고 [작성 파일 선택] 단추를 클릭해 채점할 파일을 열기한 다음 [채점하기] 단추를 클릭하면 빠르게 채점해볼 수 있습니다.

문제번호	배점	결과	점수	설명
1-01	5	O	5	
1-02	5	O	5	
1-03	5	O	5	
2-01	6	O	6	
2-02	6	O	6	
2-03	6	O	6	
2-04	6	O	6	
2-05	6	O	6	
3-01	10	O	10	
3-02	10	O	10	
4-01-1	2	O	2	
4-01-2	2	O	2	
4-01-3	2	O	2	
4-01-4	2	O	2	
4-01-5	2	O	2	
4-02-1	5	O	5	
4-02-2	5	O	5	
4-03-1	5	O	5	
4-03-2	5	O	5	
4-03-3	5	O	5	

전체 점수: 100 합격
1. 기본 작업 15/15
2. 계산 작업 30/30
3. 분석 작업 20/20
4. 기타 작업 35/35

채점을 완료하였습니다.

※ Microsoft Office 2021이 설치되어 있지 않거나 Office Update 등에 따른 이유로 채점 결과에 오류가 생길 수 있습니다.

Q. 정확히 작성한 것 같은데 오답으로 채점됩니다.
A. 채점 프로그램은 정답 파일과 비교만 하므로 정답 파일의 내용과 동일하지 않으면 오답으로 채점되기도 합니다. 오답으로 채점이 되는 문제는 사람의 검수가 필요합니다. 실제 시험에서도 실기 시험은 사람의 검수가 필요하기 때문에 필기시험 보다 합격자 조회가 늦죠.
학생 본인이 검수가 어려울 시 작성한 파일을 압축하여 'https://cafe.naver.com/juheessaem' 질문답변 게시판에 올리면 확인 후 답변을 드립니다.

학습질문 게시판 활용

1. 'https://cafe.naver.com/juheessaem'의 컴활1급 질문답변 게시판에서 무엇이든 물어보세요.

   질문 예
   - 엑셀과 액세스를 할 줄 모르는데 컴활 1급을 취득할 수 있을까요.
   - 컴활 1급을 공부하기로 했는데 무엇부터 시작해야 할지 모르겠어요.
   - 저는 오피스 2021 버전 프로그램이 없는데 괜찮을까요.
   - 1권 엑셀 56쪽 고급필터8 워크시트 문제에서 왜 '>=100'에 큰따옴표를 붙여야 하나요?
   - 2권 액세스 71쪽 관련 필기 문제의 두 번째 문제 답이 3번인 이유를 설명해주세요.
   - 채점 프로그램이 최신기출유형 01회 액세스 문제2-03을 오답으로 채점하는 이유를 모르겠어요.
   - 상시 시험을 보고 왔는데 액세스 폼 문제에서 '만두'가 포함된 행 전체에 조건부 서식을 지정하라고 했는데 식이 어떻게 되나요?
   - 상시 시험을 보고 왔는데 엑셀 피벗 테이블 문제에서 필드를 데이터 수준에 알맞도록 지정하라고 하던데 이 말이 무슨 의미인가요?

2. 시험 문제는 계속해서 변화하기 때문에 책에 수록되지 않은 문제는 컴활1급 학습자료실에 수시로 업데이트됩니다. 실기 시험 일주일 전에 확인해주세요.

Guide

1 기본 기능을 파악할 수 있는 문제부터 최근 시험에 출제된
난이도 높은 문제까지 한 권에 해결하기

2 공부하면서 궁금하거나 답답한 점을 'https://cafe.naver.com/juheessaem'의 질문
답변 게시판을 통해 해소하기

3 1년 내내 컴활 시험에만 매달릴 수 없다!
진도가 더딜 땐엔 더 빠른 자격증 취득을 위한 동영상 강의 시청하기

4 오늘 시험 본 문제는 또 나올 가능성이 크다!
시험장 나와서 잊기 전에 바로 주희쌤에게 질문하기

시험 일정

컴퓨터 활용능력은 상시검정으로 수시로 시험이 있어 개설된 시험일정 중에 원하는 일정으로 시험을 접수하고 응시할 수 있습니다.

하위급수 실기 응시

필기 합격 유효 기간은 필기 합격 발표일을 기준으로 만 2년입니다. 만약 1급 필기를 2024년 12월 30일에 합격하였다면 필기 합격 유효 기간은 2026년 12월 29일까지이고 이 기간 내에 1급 실기와 2급 실기가 모두 응시 가능합니다. 2급 실기만 합격하였어도 기간 내에 1급 실기 응시가 가능합니다. 물론 하루에 여러 가지 급수를 동시에 응시할 수도 있습니다.

시험과목

필기
- 1과목 : 컴퓨터일반 ▷ 암기
- 2과목 : 스프레드시트(=Excel) ▷ 암기 + 이해
- 3과목 : 데이터베이스(=Access) ▷ 암기 + 이해

실기
- 1과목 : 스프레드시트(=Excel)
- 2과목 : 데이터베이스(=Access)

필기의 2과목, 3과목이 실기의 1과목, 2과목과 일치한다는 것을 알 수 있는데요. 시험은 필기시험부터 봐야 하지만 아무것도 모르는 상태에서 이론 공부를 한다는 자체가 어렵기 때문에 실기를 먼저 공부해서 함수를 사용하는 방법이나 코드를 작성하는 방법 등을 익히면 필기 공부하는 것이 훨씬 수월해집니다. 실기가 완벽하게 준비된다면 필기의 이해하는 부분은 저절로 해결되는 것입니다.

검정 수수료 · 시험 시간 · 합격 기준 · 실기 프로그램

필기
- 검정 수수료 : 19,000원
- 시험 시간 : 60분
- 객관식으로 과목당 20문항씩 총 60문항
- 합격 기준 : 과목당 40점 이상, 평균 60점 이상(60문항 중 36문항)

실기
- 검정 수수료 : 22,500원
- 시험 시간 : 엑셀 45분, 액세스 45분
- 컴퓨터 작업형
  Microsoft Office Excel 2021 / Microsoft Office Access 2021
  (MS Office LTSC Professional Plus 2021)
- 합격 기준 : 두 과목 모두 70점 이상

합격자 발표

필기
- 응시일 다음날 오전 10시 이후에 조회 가능
- 불합격 하더라도 2018년 7월부터 필기시험 재응시기간 제한 폐지로 인해 수험자가 원하는 날짜에 재응시 가능

실기
- 응시 주간을 제외한 2주 후 금요일에 조회 가능
- 합격자 발표일 전에 재응시 가능
  여러 번 응시하는 경우 처음 합격한 시점을 기준으로 자격증을 취득하는 것이고, 이후에 불합격했다 하더라도 무효가 됩니다.

시험 방식

필기

OMR 카드에 컴퓨터용 사인펜으로 답을 기입하는 것이 아니라 CBT(Computer Based Training) 방식으로 모니터 화면을 보고 마우스로 답을 클릭하게 됩니다.

실기

❶ 정해진 자리에 앉아 본인의 인적사항과 맞는지 확인합니다.
❷ 엑셀 문제지를 받습니다.
   - 듀얼 모니터로 한쪽 모니터에는 문제를 띄우고, 다른 한쪽 모니터에는 프로그램을 띄우고 작업할 수 있습니다.
   - 펜은 꺼내실 수 없습니다.
❸ 45분 동안 엑셀 문제를 풉니다.
   - 다운되는 것을 대비하여 중간 중간에 저장을 해주는 것이 좋습니다.
   - 모르는 문제가 있을 때에는 일단 넘기고 아는 문제부터 풀어 커트라인 점수를 확보합니다.
❹ 엑셀 문제지를 반납(제출)합니다.
   - 문제는 유출이 불가능하여 문제지를 다시 반납하게 되어 있습니다.
❺ 액세스 문제지를 받습니다.
❻ 45분 동안 액세스 문제를 풉니다.
❼ 액세스 문제지를 반납(제출)합니다.
❽ 퇴실 후 못 푼 문제나 어려운 문제를 잊기 전에 바로 질문답변 게시판에 질문하여 다음에 유사 문제가 나왔을 때 맞힐 수 있도록 합니다.

추천 학습 순서

01 실기 공부 — 실기 공부가 탄탄해야(똑같은 문제를 3번~5번 반복) 필기 공부 양이 감소

02 필기 접수 — 필기 공부는 오랜 기간이 걸리지 않기 때문에 일단 접수해 놓고 공부 시작(시험 접수 : 대한상공회의소 자격평가사업단 http://license.korcham.net/)

03 필기 공부 — 실기 공부가 잘되어 있다는 가정하에 최소 24시간 ~ 최대 50시간

04 필기시험 — 실기 공부 + 기출문제 5년치 풀이 + 주희쌤의 필기 요약 암기 = 60점~70점 사이로 합격(합격 커트라인은 60점)

05 필기 합격 — 시험을 본 다음날 합격자 조회 가능

06 실기 접수 — 필기 합격을 확인하는 순간 실기 접수

07 실기 공부 — 앞서 실기 공부했던 것을 최종 복습

08 실기 시험 — 실기 시험 응시 후 컴활 1급에 최종 합격 되었다면 대한상공회의소 자격평가사업단(http://license.korcham.net/) 홈페이지에서 자격증 발급 신청

추천 학습 일정

일	월	화	수	목	금	토
			1	2	3	4
			1권 엑셀 실기 개념 공부 시작			
			오늘 배운 개념에 해당하는 3권 최신기출유형 문제 풀이			
5	6	7	8	9	10	11
12	13	14	15	16	17	18
필기 접수 19	20	21	22	23	24	25
2권 액세스 실기 개념 공부 시작						
오늘 배운 개념에 해당하는 3권 최신기출유형 문제 풀이						
26	27	28	29	30	31	32
				필기 공부		
필기시험 33	필기 합격 34	35	36	37	38	실기 시험 39
	실기 접수					
	총정리 및 실전모의고사 풀이					
40	41	42	43	44	45	실기 시험 46
총정리 및 실전모의고사 풀이						

공부 1일차 ~ 18일차에는 1권 엑셀 실기의 섹션별 개념 공부를 합니다. 각 섹션 끝에 있는 숙제는 섹션의 내용을 복습 후에 반드시 풀어봐야 합니다. 만약 1권의 고급 필터 공부가 끝났다면 3권 최신기출유형의 고급 필터 문제만을 골라 풀이합니다. 이 때, 오답 처리된 문제는 다음에 또 틀리지 않도록 따로 정리해둡니다.

공부 19일차에는 필기시험 접수를 하고, 19일차 ~ 29일차에는 2권 액세스 실기의 섹션별 개념 공부를 합니다. 역시 하나의 섹션이 끝나면 복습 후 숙제 문제를 풀고, 3권 최신기출유형에서 공부했던 내용에 대한 문제를 골라 풀이합니다.

필기의 최소 공부 시간은 24시간입니다. 날짜를 길게 잡기보다는 짧은 기간에 열정적으로 공부하길 권장합니다.
필기시험을 본 다음날 필기 합격 조회가 가능하고, 필기 합격을 보는 순간 바로 실기 접수를 합니다. 실기는 응시 주간을 제외한 2주 후에 합격자 조회를 할 수 있는데 토요일은 한 주의 마지막 날이라 2주 후에 바로 조회를 할 수 있지만 일요일은 한 주의 첫 날이라 합격자 조회까지 거의 3주를 기다려야 합니다.

실기 접수는 약 2회 정도 해 두고, 첫 번째 시험을 본 후에 합격을 확신한다면 두 번째 시험은 취소해도 됩니다. 실기 접수를 했다면 실기 시험 날까지 따로 정리해놨던 내용들을 숙지하고, 실전모의고사를 풀이합니다.

필기를 이미 합격했다면 액세스 실기 공부를 시작하는 날 실기 시험 접수를 합니다.

필기 공부 방법

1

100점을 목표로 하지 않는다.
컴활은 방대한 범위를 가지고 문제를 출제하는데요. 그 방대한 범위를 모두 공부하려면 필기에만 두어 달을 투자해도 부족한 시간일 것입니다.
그래서 우리는 만점을 목표로 공부하는 것이 아니고 커트라인만 딱 넘기자! 해서 시험에 나왔던 문제만 공부하고 가는 것이지요.
그 외에 문제는 엑셀과 액세스를 할 줄 안다면 풀 수 있는 문제들이 나오는 것이고요.
더 많이 풀고 더 많이 보면 물론 합격에 조금 더 다가설 수 있겠지만 시간 대비 효율성이 좋을까... 라는 생각을 먼저 해봅니다.

2

실기 공부는 탄탄하게 되어 있어야 한다.
컴활1급 합격을 목표로 공부를 시작했다면 어차피 실기 공부를 해야 합니다. 필기시험은 실기에서 배웠던 내용들이 이론화되어 있기 때문에 실기를 탄탄하게 공부해둔다면 실기 공부를 하지 않은 학생보다 필기 공부 시간이 훨씬 줄어들게 됩니다.

3

최근 기출문제 5년치를 푼다.
시험 문제가 토씨하나 다르지 않고 똑같이 출제되지는 않으나 비슷한 유형의 문제들이 많습니다. 따라서 최근 기출문제 5년치를 풀이하여 반복되는 내용들을 통해 자연스럽게 암기되도록 할 수 있습니다.

4

문제와 답만 외우는 것이 아니라 나머지 선지들도 함께 본다.
예를 들어 필기 기출문제가 아래와 같다면

Q. 이주희가 아닌 것은?

　　가. 여자　　　나. 컴활 쌤　　　다. 서울 거주　　　라. 수학 쌤

> 정답은 **라. 번** 인데요. '이주희는 수학 쌤이 아니다'만 보고 끝나는 것이 아니라 '이주희는 여자이고 컴활 쌤이고 서울에 거주하는데 수학 쌤은 아니구나~' 해주셔야 합니다. 'Q. 컴활 쌤은'이라고 문제가 출제될 수도 있으니까요.

실기 공부 방법

1

포기하는 파트 없이 공부한다.
보통 어느 한 파트(Part)에서 막히게 되면 그 부분은 포기하고 다른 파트에서 더 확실하게 공부하자! 라고 생각을 하는데요.
컴활 실기 시험은 포기하는 파트 없이 공부해야 합니다. 예를 들어 차트 파트는 자신 있는 부분인데 배열 수식은 너무 어려웠다라고 했을 경우, 배열 수식을 완전히 포기해서는 안 된다는 이야기입니다.
컴활 시험은 점수를 주는 문제로 70점 이상이 채워져 있습니다. (컴활 실기 시험의 커트라인 점수는 과목 모두 70점 이상) 그렇기 때문에 차트 문제가 아주 어렵게 출제되고 배열 수식이 너무나 쉽게 출제될 가능성도 있어 완전히 포기해서는 안 된다는 것입니다.

2

포기하는 문제없이 공부한다.
하지만 한두 문제 차이로 합격할 사람이 떨어지지는 않는다.
교재 안에 물론 어려운 문제도 있습니다. 조금 어렵다고 해서 포기하게 되면 포기해야 할 문제들은 너무나 많아지기 때문에 포기하지 않아야 합니다.
하지만 정말 어려워서 못하겠다! 하는 문제는 스트레스를 받을 필요가 없이 한 두 문제 정도 빼도 됩니다. 한 두 문제 차이로 붙을 사람이 절대 떨어지지 않기 때문이죠.

3

교재 안에 모든 문제는 적어도 3번 이상 반복하여 푼다.
반복하다 보면 익숙해지고 익숙해지면 쉬워지고 쉬워지면 재밌어집니다.

실기 배점

난이도가 높은 문제만으로 구성되어 출제된 적은 없습니다. 시험은 이때까지의 출제 유형을 벗어나지 않는 문제로 70% 이상이 항상 채워져 있었습니다. 연습할 때 쉽게 공부했던 차트가 엉뚱하게 어렵게 나왔다면 함수에서 쉽게 나올 수 있기 때문에 포기하는 파트 없이 공부해야 합니다.

▷ 엑셀

1. 기본작업(표 서식)	15점	고급 필터	5점
		조건부 서식	5점
		시트 보호와 통합 문서 보호 또는 페이지 레이아웃	5점
2. 계산작업	30점	일반 수식	6점×2문제=12점
		배열 수식	6점×2문제=12점
		사용자 정의 함수	6점
3. 분석작업	20점	피벗 테이블	10점
		데이터 관리 및 분석 도구	10점
4. 기타작업	35점	차트	2점×5문제=10점
		매크로	5점×2문제=10점
		프로시저(어플리케이션)	5점×3문제=15점

▷ 액세스

1. DB구축	25점	테이블 속성	3점×5문제=15점
		관계	5점
		조회 속성 또는 외부 데이터 가져오기	5점
2. 입력 및 수정 기능	20점	폼 속성	3점×3문제=9점
		폼 활용	6점
		매크로	5점
3. 조회 및 출력 기능	20점	보고서 속성	3점×5문제=15점
		이벤트 프로시저	5점
4. 처리 기능	35점	쿼리	7점×5문제=35점

엑셀 전략

시험은 100점 만점으로 문제가 구성되어 있지만 커트라인 점수는 70점입니다. 100점 모두를 맞힐 수 없다고 해서 좌절할 필요도, 포기할 필요도 없다는 것이죠. 하지만 60점대로 불합격하는 학생들이 꽤 많습니다. 그래서 우리는 70점이 아닌 80점 이상을 목표로 공부해야 합니다.

기본작업(15점) - 목표 점수 15점

고급 필터(5점) - 목표 점수 5점
필터는 조건을 지정하여 그 조건에 해당하는 데이터만을 추출하는 것으로 자동 필터의 경우 출제된다면 분석 작업이나 매크로와 함께 출제되고, 고급 필터의 경우 단독으로 1문제가 출제됩니다. 자동 필터든 고급 필터든 출제되었을 때 모두 맞히는 것을 목표로 합니다.

조건부 서식(5점) - 목표 점수 5점
조건부 서식은 조건에 해당하는 데이터를 꾸며주는 것으로 계산 작업에 비해 수식 작성이 쉽게 출제되니 점수를 확보해 놓아야 합니다.

시트 보호와 통합 문서 보호 또는 페이지 레이아웃(5점) - 목표 점수 5점
시트 보호와 통합 문서 보호는 사용자가 임의로 셀의 내용이나 구조 등을 변경하지 못하도록 보호하는 것이고, 페이지 레이아웃은 인쇄를 하기에 앞서 페이지 설정을 하는 것입니다. 간단한 설정만으로 5점을 확보할 수 있으니 모두 맞히는 것을 목표로 합니다.

계산작업(30점) - 목표 점수 18점

일반 수식(12점) - 목표 점수 6점
일반 수식 문제는 6점씩 2~3문제가 출제됩니다. 수험생들이 가장 어려워하는 부분으로 날짜/시간 함수, 논리 함수, 데이터베이스 함수, 문자열 함수, 수학/삼각 함수, 재무 함수, 찾기/참조 함수, 통계 함수, 정보 함수가 출제되며 책 안의 문제만큼은 완벽하게 내 것으로 만들도록 많은 반복을 해야 합니다.

배열 수식(12점) - 목표 점수 6점
배열 수식은 배열을 이용해 한 개 또는 여러 개의 결과를 한 번에 반환하는 것으로 6점씩 1~2문제가 출제됩니다. 배열 수식의 패턴을 잘 익혀둔다면 오히려 일반 수식보다 쉽습니다.

사용자 정의 함수(6점) - 목표 점수 6점
사용자 정의 함수는 사용자가 직접 함수를 정의하는 것으로 IF 문과 SELECT CASE 문을 작성해야 하는데 이 부분은 사용자 정의 함수 문제뿐 아니라 다른 문제 안에도 포함되어 있으니 확실히 익혀둔다면 두 마리 토끼를 잡을 수 있습니다.

엑셀 전략

분석작업(20점) - 목표 점수 20점

피벗 테이블(10점) - 목표 점수 10점
피벗 테이블은 복잡한 데이터를 분석하고 탐색하기 쉽도록 요약된 표를 만드는 것으로 조건부 서식, 일반 수식, 배열 수식 등 수식을 작성하는 문제가 아닌 피벗 테이블처럼 엑셀 기능으로 이루어진 문제들은 점수 배점이 높고 어렵지 않게 출제됩니다.

데이터 관리 및 분석 도구(10점) - 목표 점수 10점
[데이터] 탭의 텍스트 나누기, 중복된 항목 제거, 데이터 유효성 검사, 통합, 시나리오, 목표값 찾기, 데이터 표, 부분합 등 다양한 기능들이 출제될 수 있습니다. 몇 번만 다뤄보면 어렵지 않으나 피벗 테이블과 마찬가지로 부분 점수가 없어 실수하지 않도록 해야 합니다.

기타작업(35점) - 목표 점수 30점

차트(10점) - 목표 점수 10점
차트는 워크시트에 입력되어 있는 내용을 알기 쉽게 시각화한 것으로 차트와 관련된 기능을 전반적으로 알고 있어야 합니다. 따라서 책에서는 다양하고 많은 차트 문제를 수록하고 있습니다.

매크로(10점) - 목표 점수 10점
매크로는 한 번의 명령으로 여러 명령이 한꺼번에 이루어지는 것으로 주로 사용자 지정 표시 형식에 관한 내용이 함께 출제되므로 셀 서식 섹션도 확실히 공부해두어야 합니다.

프로시저(15점) - 목표 점수 10점
프로시저는 특정 동작을 수행하기 위한 명령의 모임으로 Visual Basic Editor를 가장 많이 다루게 됩니다. 5점씩 3문제가 출제되는데 3문제가 모두 어렵게 출제되지는 않으므로 책의 문제를 반복적으로 연습하면 2문제는 충분히 맞힐 수 있습니다.

CONTENTS

Chapter 01 데이터 편집 및 자동화
- Section 01　셀 서식　20
- Section 02　필터　37
- Section 03　조건부 서식　71
- Section 04　매크로　100

Chapter 02 데이터의 시각화
- Section 01　피벗 테이블　130
- Section 02　차트　176

Chapter 03 수식 작성
- Section 01　함수　226
- Section 02　사용자 정의 함수　273
- Section 03　배열 수식　298

Chapter 04 데이터 관리 및 분석
- Section 01　텍스트 나누기　330
- Section 02　중복된 항목 제거　336
- Section 03　데이터 유효성 검사　338
- Section 04　정렬 및 부분합　343
- Section 05　데이터 표　350
- Section 06　시나리오　353
- Section 07　목표값 찾기　358
- Section 08　데이터 통합　360

Chapter 05 통합 문서 관리 및 출력
- Section 01　데이터 보호　370
- Section 02　페이지 레이아웃　376

Chapter 06 어플리케이션
- Section 01　프로시저　384

컴퓨터활용능력 1급 실기 1권 스프레드시트

컴퓨터활용능력 1급 실기 1권 스프레드시트

CHAPTER 01

데이터 편집 및 자동화

- Section 01 셀 서식
- Section 02 필터
- Section 03 조건부 서식
- Section 04 매크로

SECTION 01

셀 서식

- 서식은 '꾸민다'라는 의미로, 셀 서식은 '셀을 꾸민다'입니다. 셀에 있는 데이터가 보기 좋게 표시되게끔 표시되는 모양을 변경해 보도록 하겠습니다.
- 준비파일 : 컴활1급 \ 엑셀 \ 1급엑셀(예제) \ 1장_01. 셀 서식.xlsx
  (다운로드 : [cafe.naver.com/juheessaem]-[컴활 1급]-[예제소스])

주희쌤 Tip
주희쌤 Tip은 꼼꼼히 모두 보세요.

주희쌤 Tip
'셀 서식'의 경우 한 문제가 단독 출제되지는 않습니다. 하지만 다른 문제에 '셀 서식'에서 배웠던 내용이 녹아있기 때문에 기본적으로 알고 있어야 하는 부분입니다.

시험에 자주 나오는 서식 코드

#	- 가치가 있는 수만 표시하고, 가치가 없는 0은 표시하지 않음 - 소수점 앞에 '#'은 생략이 가능(즉, #.#와 ##.#와 ###.#는 같음) - 자릿수가 조정되면 자동으로 반올림 - 쉼표(,)를 이용하여 천 단위 구분 기호를 지정할 수 있으나 천 단위 이상이 아닌 수에는 쉼표(,)가 표시되지 않음 - 마지막에 입력한 쉼표(,)는 천 단위로 표시 - '%'는 숫자에 곱하기 100을 하고 뒤에 '%'를 붙여서 표시 예 | 원본 데이터 | 형식 | 형식 적용 후 | |---|---|---| | 7 | # | 7 | | 7 | #"개" | 7개 | | 0 | # | 아무것도 표시되지 않음 | | 100 | #.# | 100. | | 123.45 | #.# | 123.5 | | 123.4 | # | 123 | | 100 | #,### | 100 | | 100000 | #,### | 100,000 | | 1000000 | #,### | 1,000,000 | | 6789 | #, | 7 | | 1000000 | #,, | 1 | | 1234567 | #,###, | 1,235 | | 5 | #% | 500% |
0	'#'과 '0'의 차이점은 '0'은 가치가 없는 0도 0으로 표시 예 | 원본 데이터 | 형식 | 형식 적용 후 | |---|---|---| | 7 | 0 | 7 | | 7 | 00"개" | 07개 | | 0 | 0 | 0 | | 100 | 0.0 | 100.0 | | 123.45 | 0.0 | 123.5 | | 7.5 | 0 | 8 | | 1000 | #,### | 1,000 | | 1000 | #,##0 | 1,000 | | 0 | #,### | 아무것도 표시되지 않음 | | 0 | #,##0 | 0 | | 0 | #,##0.0 | 0.0 | | 0.25 | 0.0% | 25.0% |
?	'0'이 가치가 없는 자리에 0을 표시한다면 '?'는 가치가 없는 자리에 공백을 표시 예 | 원본 데이터 | 형식 | 형식 적용 후 | |---|---|---| | 7 | 0.00"개" | 7.00개 | | 7 | 0.0#"개" | 7.0개 | | 7 | 0.0?"개" | 7.0 개 |

시험에 자주 나오는 서식 코드

@ 셀에 입력된 문자(텍스트)를 표시

예

원본 데이터	형식	형식 적용 후
주희	@"쌤"	주희쌤
ju	@"@hee.com"	ju@hee.com

* '*' 뒤에 있는 특정 문자를 셀의 너비만큼 반복하여 채움

예

원본 데이터	형식	형식 적용 후
3	#*△	3△△△△△
3	*△#	△△△△△3
3	△* #	△ 3

y 셀에 입력된 날짜의 연도를 표시

예

원본 데이터	형식	형식 적용 후
2025-01-08	yyyy	2025
2025-01-08	yy	25

m 셀에 입력된 날짜의 월을 표시

예

원본 데이터	형식	형식 적용 후
2025-01-08	m	1
2025-01-08	mm	01
2025-01-08	mmm	Jan
2025-01-08	mmmm	January

d 셀에 입력된 날짜의 일이나 영어로 된 요일을 표시

예

원본 데이터	형식	형식 적용 후
2025-01-08	d	8
2025-01-08	dd	08
2025-01-08	ddd	Wed
2025-01-08	dddd	Wednesday

a 셀에 입력된 날짜의 한글로 된 요일을 표시

예

원본 데이터	형식	형식 적용 후
2025-01-08	aaa	수
2025-01-08	aaaa	수요일

주희쌤 Tip

0의 표시 형식을 지정하지 않을 경우 0은 양수의 표시 형식에 적용됩니다.

예) 0 → 0개;0명 → 0개
    0 → 0개;0명;0쪽 → 0쪽

주희쌤 Tip

'G/표준'은 특정 서식을 지정하지 않아 기존에 입력된 데이터를 그대로 표시하는데 '[조건1]형식'을 지정할 경우 엑셀이 자동으로 '[조건1]형식;G/표준'을 만들어주지만 '[조건1]형식;[조건2]형식'을 지정할 경우 엑셀이 자동으로 '[조건1]형식;[조건2]형식;G/표준'을 만들어주지 않습니다.

시험에 자주 나오는 서식 코드

①;②;③;④

- 양수인 경우 ① 적용, 음수인 경우 ② 적용, 0인 경우 ③ 적용, 문자인 경우 ④ 적용
- 양수와 음수를 세미콜론(;)으로 분리해서 입력할 경우 음수 부호를 따로 지정하지 않으면 음수 부호는 표시되지 않음
- 세미콜론(;)으로 분리했으나 형식을 지정하지 않을 경우 원본 데이터는 표시되지 않음
- 세미콜론(;)으로 분리하지 않은 부분은 원본 데이터가 그대로 표시
- 대괄호([ ])를 이용해 색을 지정

예)

원본 데이터	형식	형식 적용 후
0	#"명";#"개";"*";@"합격"	*
컴활1급	#"명";#"개";"*";@"합격"	컴활1급합격
1	#"명";#"개";"*";@"합격"	1명
-1	#"명";#"개";"*";@"합격"	1개
-1	#"명";;"*";@"합격"	아무것도 표시되지 않음
컴활1급	#"명";#"개";"*";	아무것도 표시되지 않음
컴활1급	#"명";#"개";"*"	컴활1급
컴활1급	[빨강]#"명";[파랑]#"개";[녹색]"*";[검정]@"합격"	컴활1급합격

[ ]

- 세미콜론(;)을 이용하면 양수, 음수, 0, 문자의 표시 형식을 한꺼번에 지정할 수 있는데 만약 조건이 있을 경우 조건에 따라 형식이 적용
- 대괄호([ ])를 이용해 조건 지정
- 조건은 2개까지 지정 가능
- [조건1]①
  조건1에 만족하면 ① 적용
  조건1에 만족하지 않으면 원본 데이터를 그대로 표시
- [조건1]①;②
  조건1에 만족하면 ① 적용
  조건1에 만족하지 않으면 ② 적용
- [조건1]①;[조건2]②
  조건1에 만족하면 ① 적용
  조건2에 만족하면 ② 적용

예)

원본 데이터	형식	형식 적용 후
5	[>=10]"A"	5
10	[>=10]"A"	A
5	[>=10]"A";"B"	B
5	[>=10]#"명";[>=5]#"개"	5개
10	[>=10]#"명";[>=5]#"개"	10명
0	[검정][=0]#,##0.0;[빨강][=1]0.0%;0"개"	0.0
2	[검정][=0]#,##0.0;[빨강][=1]0.0%;0"개"	2개

문제 유형 1 '셀서식1' 워크시트에서 작업하시오.

① [F5:F14] 영역에 대하여 셀 서식의 사용자 지정 서식을 이용하여 숫자 뒤에 '개'를 표시하되, 일의 자리는 '0'이어도 '0개'로 표시하시오.

② [L5:L14] 영역에 대하여 소수점 이하 첫째 자리까지 표시하시오.
   ▶ [표시 예 : 123.12 → 123.1, 0 → 0.0]

③ [F20:F29] 영역에 대하여 정수까지 표시하시오.
   ▶ [표시 예 : 34.5 → 35, 0.1 → 0]

④ [J20:J29] 영역에 사용자 지정 표시 형식을 설정하여 '천 단위 구분 기호'를 표시하시오.

⑤ [D35:D44] 영역에 사용자 지정 서식을 이용하여 '천 단위'로 표시하시오.

⑥ [L35:L44] 영역에 백분율과 소수 첫째 자리까지 표시하시오.
   ▶ [표시 예 : 0.25 → 25.0%]

따라하기 ①

① [F5:F14] 영역을 드래그하여 선택하고 Ctrl + 1 을 누릅니다.

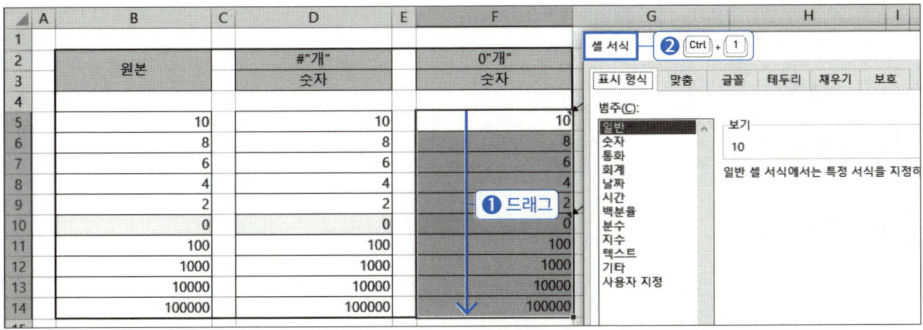

② [셀 서식] 대화상자가 나타나면 [표시 형식] 탭-[범주]를 '사용자 지정'으로 선택하고 '형식'에 이미 입력되어 있는 내용을 지운 뒤 '0"개"'를 입력합니다.

③ [보기]에 '10개'가 표시되면 [확인] 단추를 클릭합니다.

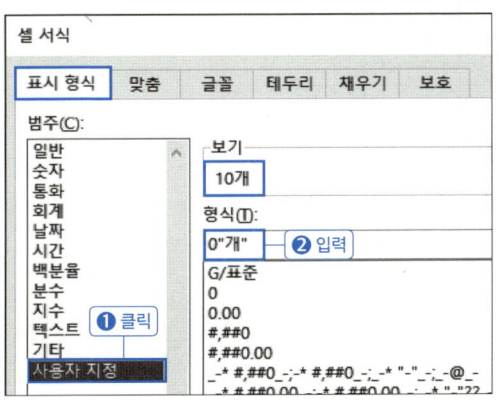

주희쌤 Tip

[F5:F14]는 [F5] 셀부터 [F14] 셀까지를 의미합니다.

주희쌤 Tip

[셀 서식]의 단축키는 Ctrl + 1 입니다.
블록을 지정하고 마우스 오른쪽 버튼을 눌러 바로 가기 메뉴가 나타나면 [셀 서식] 명령을 클릭해도 되지만 [셀 서식] 명령은 호출할 일이 많이 있으니 단축키 사용을 권장합니다.

주희쌤 Tip

형식에 '0개'를 입력하고 [확인]을 클릭한 후 다시 셀 서식 대화상자에 들어가면 '0"개"'가 입력되어 있는 것을 확인할 수 있습니다.
문자에 큰따옴표("")가 자동으로 입력되는 경우도 있지만 직접 입력하여 습관화해주는 것이 좋습니다.

주희쌤 Tip

[검토] 탭-[메모] 그룹-[메모 모두 표시]를 클릭하면 시트에 입력된 '주희쌤 Tip'을 볼 수 있습니다.

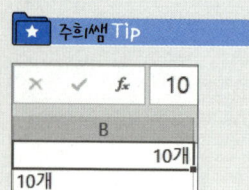

[B1] 셀 : '10'을 입력 후 표시 형식을 지정하여 숫자 뒤에 '개'가 붙게 하였습니다. 숫자이므로 셀의 오른쪽 정렬이 됩니다.
[B2] 셀 : 셀에 바로 '10개'를 입력하였습니다. 문자이므로 셀의 왼쪽 정렬이 됩니다.

	A	B
1	=B1+1	10개
2	=B2+1	10개

[A1] 셀 : 숫자+숫자를 계산하므로 오류 없이 계산됩니다.
[A2] 셀 : 문자+숫자를 계산하므로 오류가 나게 됩니다.

 따라하기 ②

① [L5:L14] 영역을 드래그하여 선택하고 Ctrl + 1 을 누릅니다.

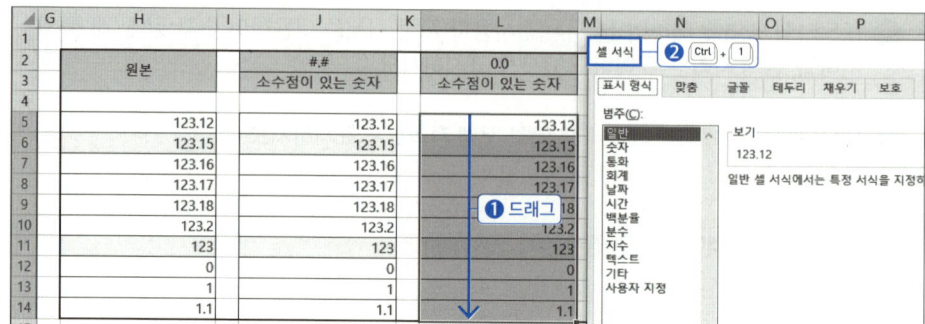

② [셀 서식] 대화상자가 나타나면 [표시 형식] 탭-[범주]를 '사용자 지정'으로 선택하고 '형식'에 이미 입력되어 있는 내용을 지운 뒤 '0.0'을 입력합니다.

③ [보기]에 '123.1'이 표시되면 [확인] 단추를 클릭합니다.

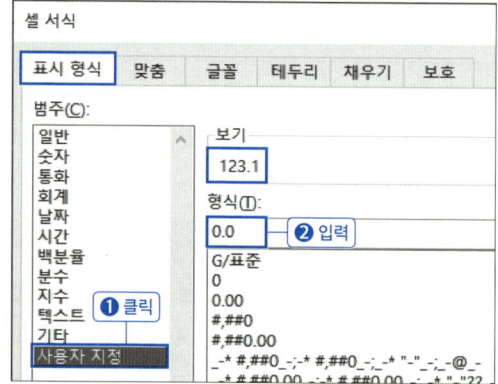

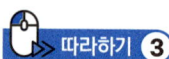 따라하기 ③

① [F20:F29] 영역을 드래그하여 선택하고 Ctrl + 1 을 누릅니다.

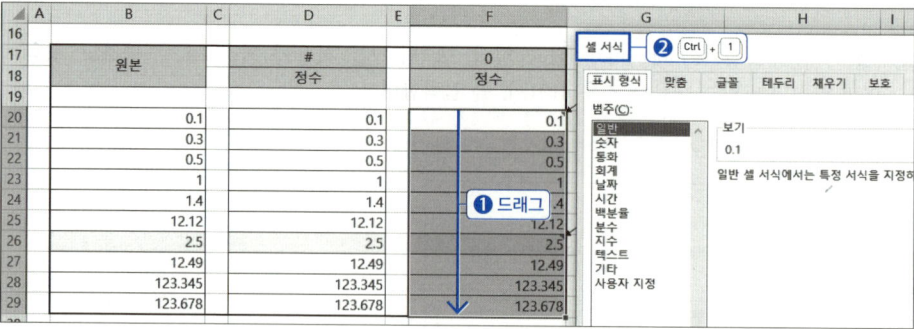

② [셀 서식] 대화상자가 나타나면 [표시 형식] 탭-[범주]를 '사용자 지정'으로 선택하고 '형식'에 이미 입력되어 있는 내용을 지운 뒤 '0'을 입력합니다.

③ [보기]에 '0'이 표시되면 [확인] 단추를 클릭합니다.

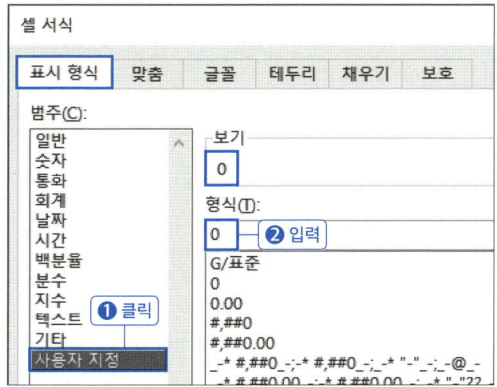

① [J20:J29] 영역을 드래그하여 선택하고 Ctrl + 1 을 누릅니다.

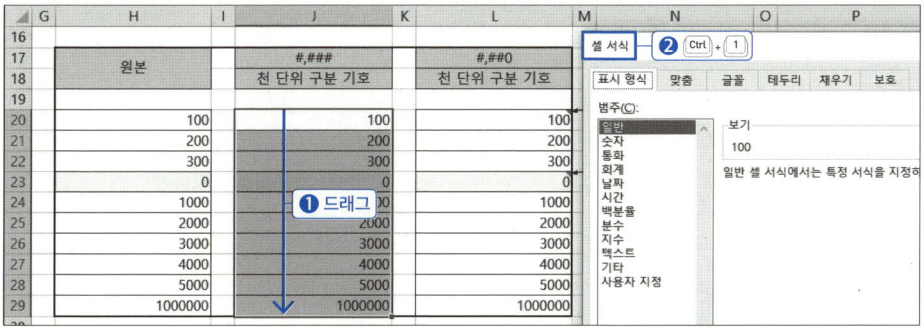

② [셀 서식] 대화상자가 나타나면 [표시 형식] 탭-[범주]를 '사용자 지정'으로 선택하고 '형식'에 이미 입력되어 있는 내용을 지운 뒤 '#,###'를 입력합니다.

③ [보기]에 '100'이 표시되면 [확인] 단추를 클릭합니다.

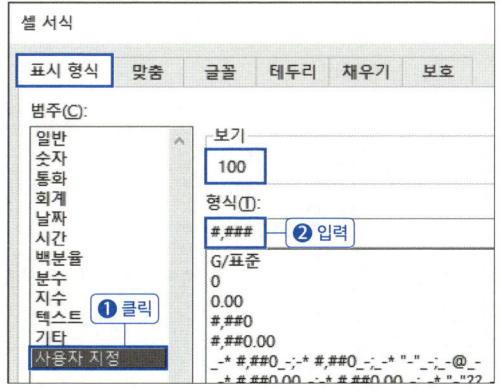

주희쌤Tip

[셀 서식]의 '천 단위 구분 기호'를 지정하는 다른 방법

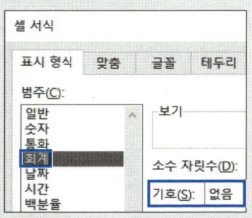

↑ [셀 서식]-[표시 형식] 탭-[범주]-'회계'-'기호' : 없음

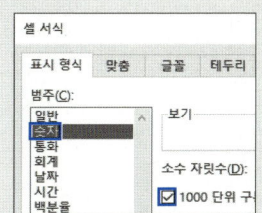

↑ [셀 서식]-[표시 형식] 탭-[범주]-'숫자'-'1000 단위 구분 기호(,) 사용' 확인란을 선택

Section 01. 셀 서식 25

① [D35:D44] 영역을 드래그하여 선택하고 Ctrl + 1 을 누릅니다.

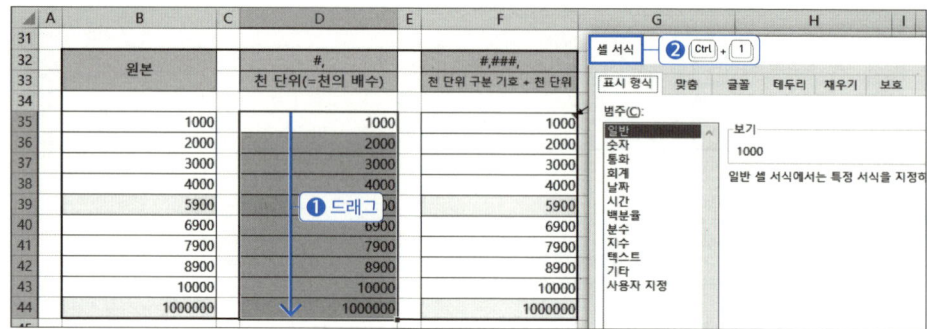

② [셀 서식] 대화상자가 나타나면 [표시 형식] 탭-[범주]를 '사용자 지정'으로 선택하고 '형식'에 이미 입력되어 있는 내용을 지운 뒤 '#,'를 입력합니다.

③ [보기]에 '1'이 표시되면 [확인] 단추를 클릭합니다.

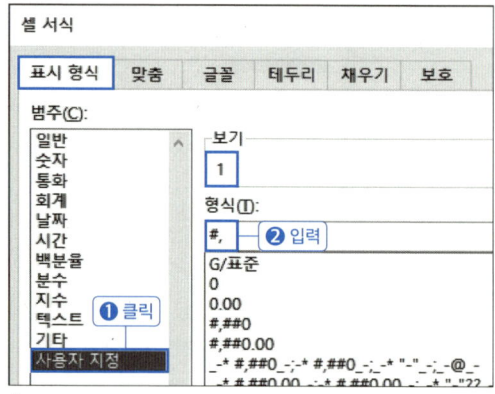

> **주희쌤 Tip**
>
> ⓠ 저는 다르게 작성했는데 결과가 같아요.
> ⓐ 컴활1급의 모든 문제는 문제에 제시된 지시사항을 지켜 결과가 같다면 정답 처리됩니다. 다양한 방법으로 표시 형식을 지정할 수 있을 때에는 셀에 표시된 결과로 채점됩니다.

① [L35:L44] 영역을 드래그하여 선택하고 Ctrl + 1 을 누릅니다.

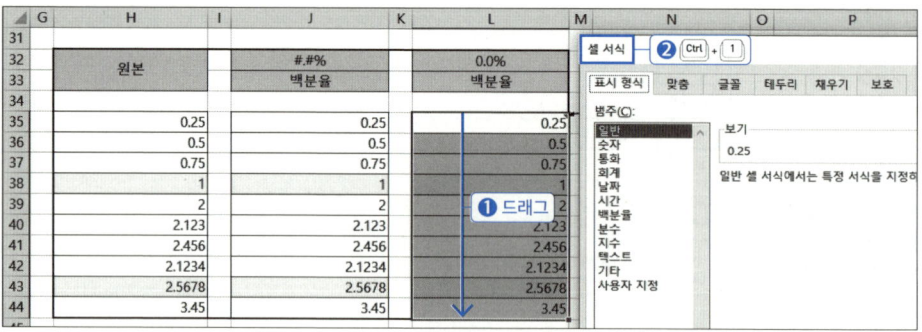

② [셀 서식] 대화상자가 나타나면 [표시 형식] 탭-[범주]를 '사용자 지정'으로 선택하고 '형식'에 이미 입력되어 있는 내용을 지운 뒤 '0.0%'를 입력합니다.

> **주희쌤 Tip**
>
> [표시 형식] 탭-[범주]를 '백분율'로 선택하고 소수 자릿수를 '1'로 지정해도 같은 결과가 표시됩니다.

③ [보기]에 '25.0%'가 표시되면 [확인] 단추를 클릭합니다.

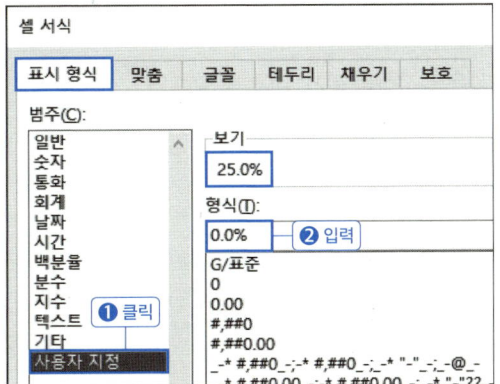

주희쌤 Tip

책에 있는 문제 외에 시트에 있는 모든 형식을 적용해 서식 코드를 이해해보세요.
예를 들어,
[D5:D14] 영역에는 '#"개"' 형식을 적용
[J5:J14] 영역에는 '#.#' 형식을 적용

문제 유형 2 '셀서식2' 워크시트에서 작업하시오.

7 [D5:D14] 영역에 사용자 지정 표시 형식을 설정하여 문자 뒤에 '박스'를 표시하시오.

8 [L5:L14] 영역에 사용자 지정 표시 형식을 설정하여 셀의 너비만큼 문자 뒤에 '♡'를 표시하시오.

9 [D20:D29] 영역에 사용자 지정 표시 형식을 설정하시오.
- ▶ 셀의 값이 양수와 음수인 경우 기호 없이 정수로 표시하고, 0인 경우 '★' 기호만 표시하고, 문자인 경우 입력된 문자 뒤에 '합격'을 표시하시오.

10 [F35:F44] 영역에 사용자 지정 표시 형식을 설정하시오.
- ▶ 셀의 값이 10 이상이면 입력된 숫자 뒤에 '명'을 표시하고, 셀의 값이 5 이하이면 입력된 숫자 뒤에 '개'를 표시하고, 이 외에는 입력된 숫자 뒤에 '권'을 표시하시오.

11 [N35:N44] 영역에 사용자 지정 표시 형식을 설정하시오.
- ▶ 양수일 때 파랑색으로 소수점 이하 첫째 자리까지 표시, 음수일 때 빨강색으로 괄호와 함께 소수점 이하 첫째 자리까지 표시, 0일 때 0으로 표시하시오.
- ▶ [표시 예 : 1 → 1.0, –1 → (1.0), 0 → 0]

12 [P35:P44] 영역에 사용자 지정 표시 형식을 설정하시오.
- ▶ 셀의 값이 1.5 이상이면 녹색으로 '☆' 표시, 0 이상이면 파랑색으로 '★' 표시, 그 외에는 입력된 데이터를 빨강색으로 표시하시오.

따라하기 7

> **주희쌤 Tip**
> 아래에 있는 시트 탭 중에 '셀서식2'를 선택하고 작업하세요.
>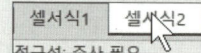

① [D5:D14] 영역을 드래그하여 선택하고 을 누릅니다.

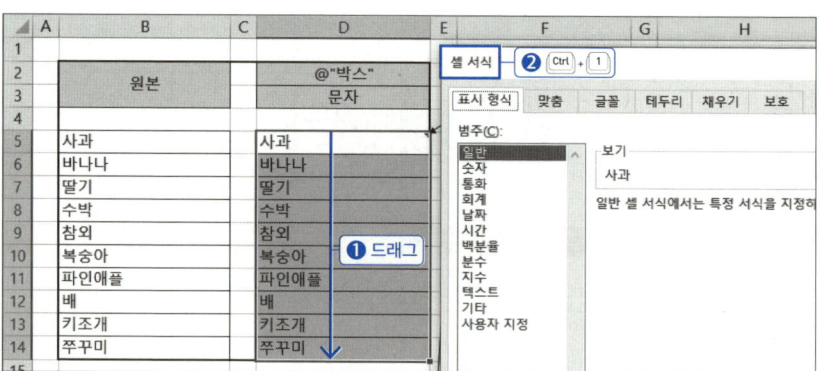

② [셀 서식] 대화상자가 나타나면 [표시 형식] 탭-[범주]를 '사용자 지정'으로 선택하고 '형식'에 이미 입력되어 있는 내용을 지운 뒤 '@"박스"'를 입력합니다.

③ [보기]에 '사과박스'가 표시되면 [확인] 단추를 클릭합니다.

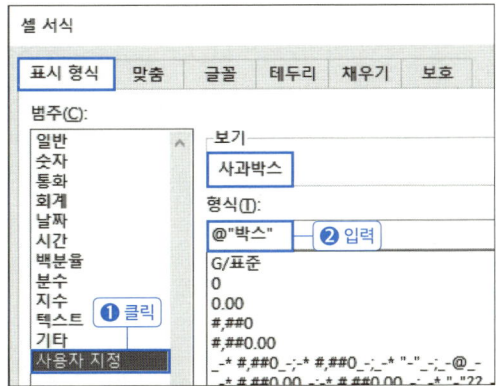

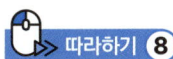

① [L5:L14] 영역을 드래그하여 선택하고 Ctrl + 1 을 누릅니다.

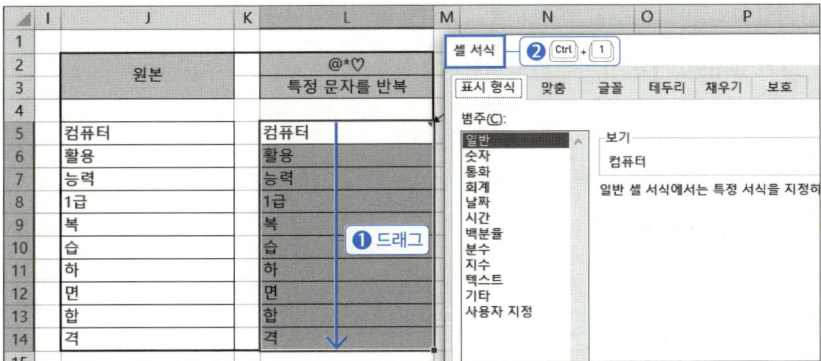

② [셀 서식] 대화상자가 나타나면 [표시 형식] 탭-[범주]를 '사용자 지정'으로 선택하고 '형식'에 이미 입력되어 있는 내용을 지운 뒤 '@*♡'를 입력합니다.

③ [보기]에 '컴퓨터'가 표시되면 [확인] 단추를 클릭합니다.

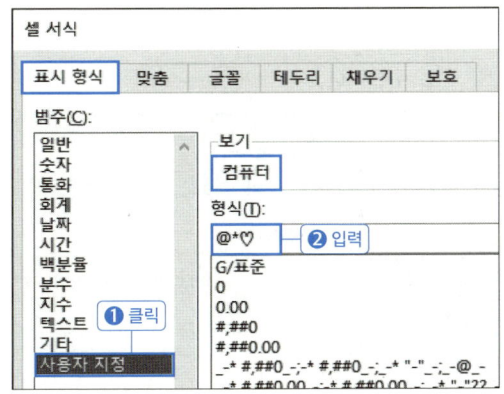

> **주희쌤 Tip**
>
> ㅁ을 누르고 한자를 누르면 특수 문자 목록이 표시됩니다.
> Tab을 누르면 목록이 확장되어 더 많은 특수 문자를 볼 수 있습니다.

주희쌤 Tip

세미콜론(;)을 이용하면 양수, 음수, 0, 문자의 표시 형식을 한꺼번에 지정할 수 있는데 만약 조건이 있을 경우 조건에 따라 형식이 적용됩니다.
또한 양수와 음수를 세미콜론(;)으로 분리해서 입력할 경우 음수 부호를 따로 지정하지 않으면 음수 부호는 표시되지 않습니다.

원본 데이터	표시 형식	결과
-7	#개	-7개
7	#개;#명	7개
-7	#개;#명	7명
-7	#개;-#명	-7명
7	[<=5]#개;#명	7명

주희쌤 Tip

Ⓠ 양수와 음수 부분에 '#'을 입력해도 되지 않나요? 왜 '0'을 입력했나요?

Ⓐ '#'을 입력해도, '0'을 입력해도 정수로 표시되죠?
그렇다면 둘 다 정답으로 처리됩니다. 즉, 정답 파일과 비교하여 결과가 같다면 정답으로 처리되는 것입니다.
표시 형식의 채점 기준은 '결과'라는 점 기억해주세요!

① [D20:D29] 영역을 드래그하여 선택하고 Ctrl + 1 을 누릅니다.

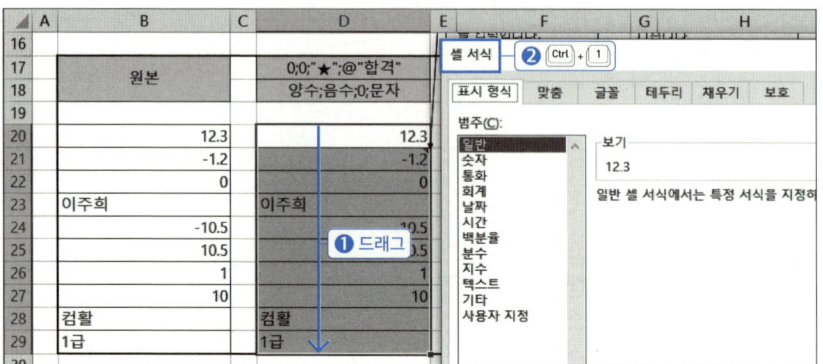

② [셀 서식] 대화상자가 나타나면 [표시 형식] 탭-[범주]를 '사용자 지정'으로 선택하고 '형식'에 이미 입력되어 있는 내용을 지운 뒤 '0;0;"★";@"합격"'를 입력합니다.

③ [보기]에 '12'가 표시되면 [확인] 단추를 클릭합니다.

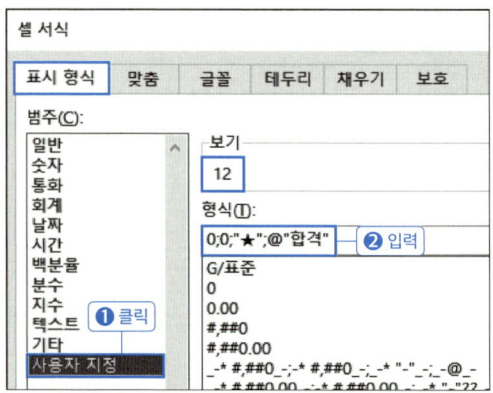

① [F35:F44] 영역을 드래그하여 선택하고 Ctrl + 1 을 누릅니다.

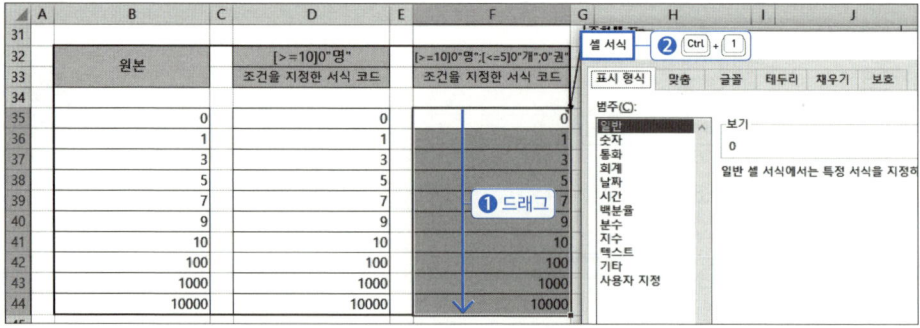

② [셀 서식] 대화상자가 나타나면 [표시 형식] 탭-[범주]를 '사용자 지정'으로 선택하고 '형식'에 이미 입력되어 있는 내용을 지운 뒤 '[>=10]0"명";[<=5]0"개";0"권"'을 입력합니다.

③ [보기]에 '0개'가 표시되면 [확인] 단추를 클릭합니다.

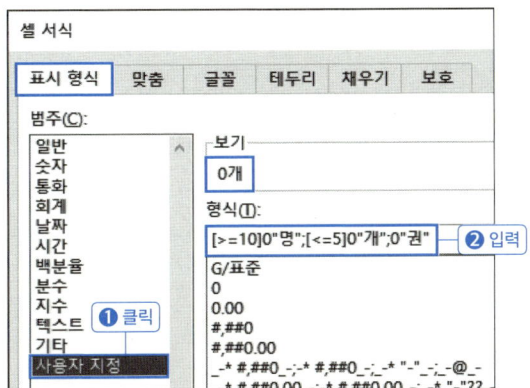

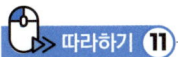

① [N35:N44] 영역을 드래그하여 선택하고 Ctrl + 1 을 누릅니다.

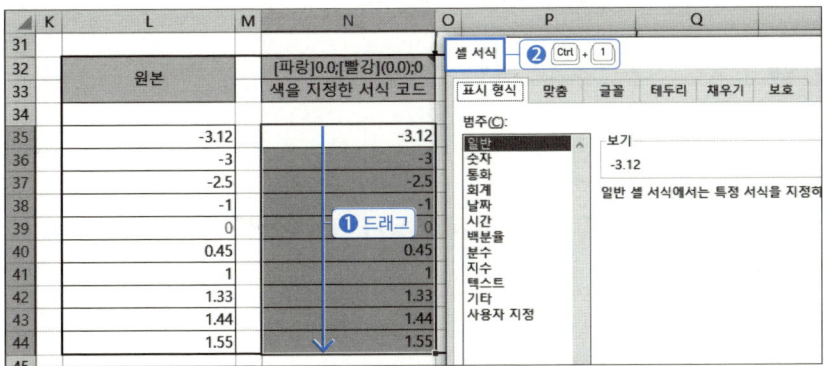

② [셀 서식] 대화상자가 나타나면 [표시 형식] 탭-[범주]를 '사용자 지정'으로 선택하고 '형식'에 이미 입력되어 있는 내용을 지운 뒤 '[파랑]0.0;[빨강](0.0);0'을 입력합니다.

③ [보기]에 '(3.1)'가 표시되면 [확인] 단추를 클릭합니다.

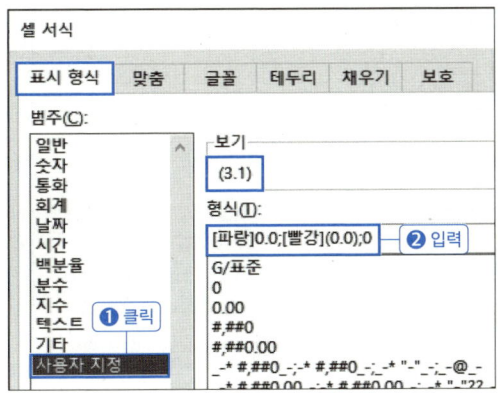

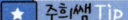 Tip

아래와 같이 입력해도 결과가 같습니다.
[파랑][>0]0.0;[빨강][<0](0.0);0

따라하기 12

① [P35:P44] 영역을 드래그하여 선택하고 Ctrl + 1 을 누릅니다.

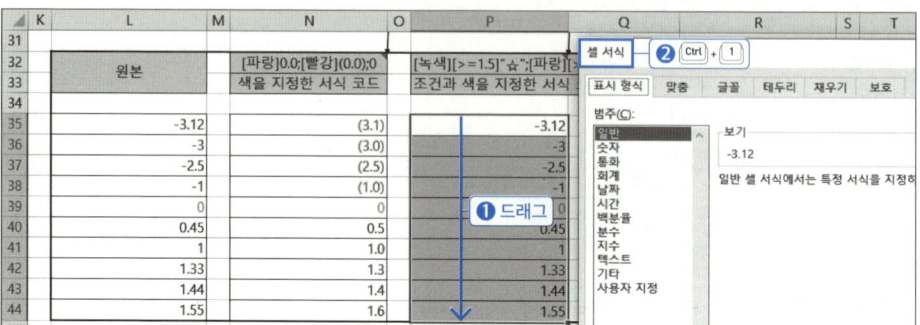

② [셀 서식] 대화상자가 나타나면 [표시 형식] 탭-[범주]를 '사용자 지정'으로 선택하고 '형식'에 이미 입력되어 있는 내용을 지운 뒤 '[녹색][>=1.5]"☆";[파랑][>=0]"★";[빨강]G/표준'을 입력합니다.

③ [보기]에 '-3.12'가 표시되면 [확인] 단추를 클릭합니다.

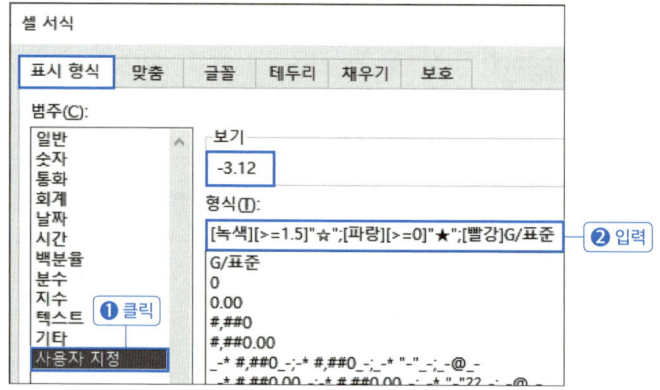

주희쌤 Tip
'G/표준'은 기존에 입력된 데이터를 그대로 표시하며 대/소문자를 구분하지 않고 입력해도 됩니다.
'[녹색][>=1.5]"☆";[파랑][>=0]"★";[빨강]'을 입력해도 같은 결과가 표시됩니다.

주희쌤 Tip
각 섹션의 뒤쪽에 있는 숙제 문제는 해당 섹션을 복습한 후에 반드시 풀어보세요.

정답

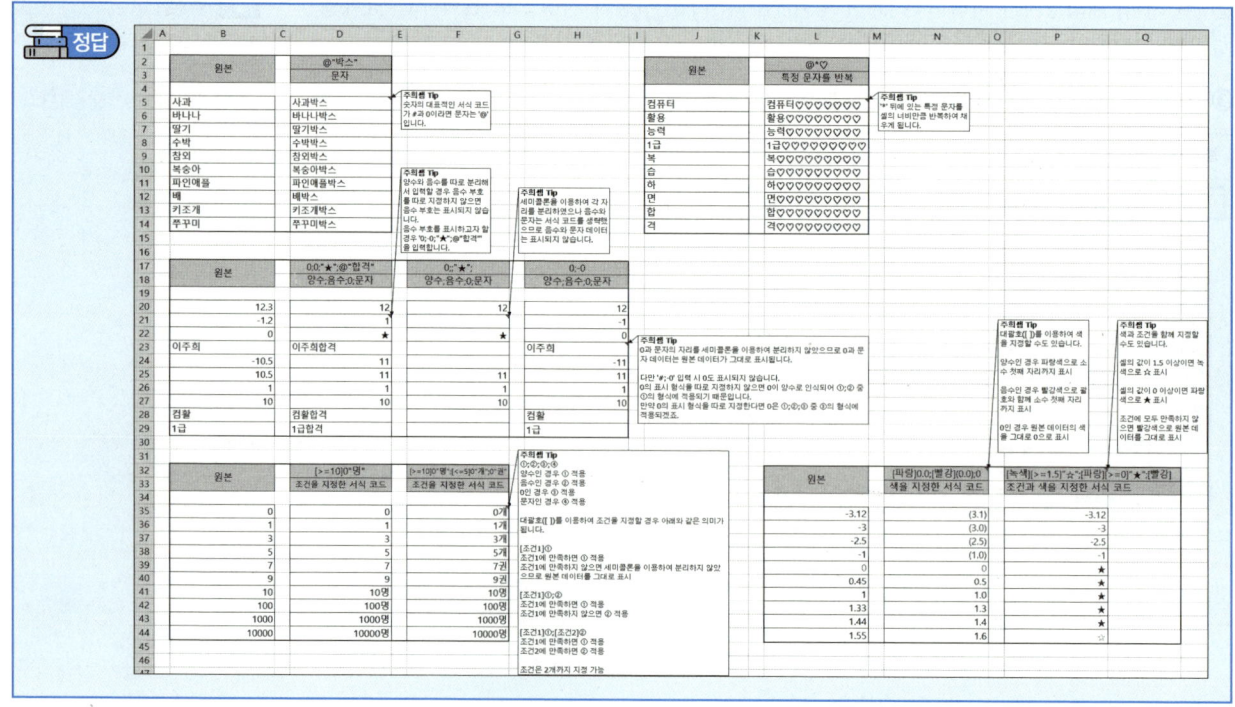

숙제

01 '숙제1' 시트에서 '형식 적용 후' 셀에 형식을 적용한 후 각각의 형식에 대해 이해하시오. (예시 : [D3] 셀에 '#' 형식 적용, [D4] 셀에 '#"개"' 형식 적용)

02 '숙제2' 시트에서 다음의 지시사항에 따라 표시 형식을 설정하시오.

① [B3:B30] 영역에 대하여 사용자 지정 표시 형식을 설정하시오.
  ▶ 셀 값이 280 이상일 때 빨강색으로 'big'과 함께 표시, 230 이상일 때 파랑색으로 'small'과 함께 표시, 그 외에는 입력된 숫자를 그대로 표시
  ▶ big과 small 사이에는 셀의 너비만큼 띄어쓰기
     [표시 예 : 280 → big   280, 230 → small   230]

② [C3:C30] 영역에 대하여 사용자 지정 표시 형식을 설정하시오.
  ▶ 음수일 때 자홍색으로 [표시 예]와 같이 표시
  ▶ '적립'과 데이터 사이는 셀 너비만큼 공백으로 채워서 표시
     [표시 예 : -0.5 → 적립   0.5%]

③ [D3:D30] 영역에 대하여 사용자 지정 표시 형식을 설정하시오.
  ▶ 셀 값이 음수일 경우 녹청색으로 셀 너비만큼 가운데에 공백으로 채워 [표시 예 : -0.5 → ♣   50.0%]와 같이 표시

④ [E3:E30] 영역에 대하여 사용자 지정 표시 형식을 설정하시오.
  ▶ 셀의 양 끝에 '★'이 배치되도록 하고 두 자리 숫자를 표시
  ▶ [표시 예 : 5 → ★   05★]

⑤ [F3:F30] 영역에 대하여 사용자 지정 표시 형식을 설정하시오.
  ▶ 셀 값이 -1 이하인 경우 소수점 이하 첫째 자리까지 표시, 문자 값은 '○' 기호를 표시, 나머지는 빈 칸으로 표시
  ▶ [표시 예 : -5.5 → 5.5, 재 → ○]

⑥ [G3:G30] 영역에 대하여 사용자 지정 표시 형식을 설정하시오.
  ▶ 값이 90 이상이면 '♧ 90'와 같이 표시, 0이면 빨강으로 '※' 기호를 표시, 0보다 초과이면 '05'와 같이 표시, 값이 텍스트이면 파랑으로 입력된 텍스트를 그대로 표시 (음수 데이터는 없음)

⑦ [H3:H30] 영역에 대하여 사용자 지정 표시 형식을 설정하시오.
  ▶ [표시 예 : 2301 → 2동 301호]

03 '숙제3' 시트에서 다음의 지시사항에 따라 표시 형식을 설정하시오.

① [B3:B30] 영역에 대하여 사용자 지정 표시 형식을 설정하시오.
  ▶ 셀 값이 양수이면 빨강색으로 "▲" 기호를 추가, 셀 값이 음수이면 파랑색으로 "▼" 기호를 추가하고 음수 부호는 표시하지 말 것
  ▶ 기호와 값 사이에는 셀의 너비만큼 공백을 표시

② [C3:C30] 영역에 대하여 사용자 지정 표시 형식을 설정하시오.
  ▶ 값이 1,000,000 이상이면 'XXX동 XXXX호'로 표시하고, 아니면 'XXX동 XXX호'로 동과 호수를 나눠서 표시하시오.
  ▶ [표시 예 : 1031401 → 103동 1401호, 1041501 → 104동 1501호]

③ [D3:D30] 영역에 대하여 사용자 지정 표시 형식을 설정하시오.
  ▶ 셀 값이 0보다 큰 경우 빨강색으로 천 단위 구분 기호를 "※" 기호와 함께 표시하고, 그 외에는 표시하지 말 것
  ▶ "※" 기호와 값 사이에는 셀의 너비만큼 공백을 표시

④ [E3:E30] 영역에 대하여 사용자 지정 표시 형식을 설정하시오.
  ▶ 셀 값을 천 단위에서 절사하여 표시하시오.
  ▶ [표시 예 : 1000000 → 1,000천원]

⑤ [F3:F30] 영역에 대하여 사용자 지정 표시 형식을 설정하시오.
  ▶ 셀 값이 0이면 영문 대문자 "O"를 표시하고, 그 외에는 빈 칸으로 표시하시오.

⑥ [G3:G30] 영역에 대하여 사용자 지정 표시 형식을 설정하시오.
  ▶ 셀 값이 0보다 크면 소수 첫째 자리까지 표시, 셀 값이 텍스트이면 "●" 기호를 표시, 그 외에는 표시하지 마시오.

⑦ [H3:H30] 영역에 대하여 사용자 지정 표시 형식을 설정하시오.
  ▶ 셀 값이 0보다 크면 빨강색으로 천 단위 구분 기호와 함께 숫자 앞에 "★"을 표시, 0이면 0을 표시, 0보다 작으면 파랑색으로 천 단위 구분 기호를 표시, 텍스트이면 "※"를 표시하시오.
  ▶ [표시 예 : -1000 → 1,000]

⑧ [I3:I30] 영역에 대하여 사용자 지정 표시 형식을 설정하시오.
  ▶ 셀 값이 10 이상이면 파랑색으로, 음수이면 빨강색으로, 문자이면 노랑색으로 표시하시오.
  ▶ 모든 숫자 값은 소수 둘째 자리까지 표시하시오.
  ▶ [표시 예 : -1 → 1.00]

숙제 정답 및 해설

02 '숙제2' 시트

▶ 결과

(※ 글자가 잘 안 보일 경우 정답 파일을 열어서 확인할 수 있습니다.)

❶
① 적용 영역 : [B3:B30]
② 사용자 지정 표시 형식 : [빨강][>=280]"big"* #;[파랑][>=230]"small"* #;#

❷
① 적용 영역 : [C3:C30]
② 사용자 지정 표시 형식 : [자홍][<0]"적립"* 0.0"%"

> **주희쌤Tip**
> '%'에 큰따옴표를 묶으면 백분율로 지정되지 않으므로 곱하기 100을 하지 않습니다.

❸
① 적용 영역 : [D3:D30]
② 사용자 지정 표시 형식 : [녹청][<0]♣* 0.0%

❹
① 적용 영역 : [E3:E30]
② 사용자 지정 표시 형식 : "★"* 00"★"

❺
① 적용 영역 : [F3:F30]
② 사용자 지정 표시 형식 : [<=-1]0.0;;;"○"

> **주희쌤Tip**
> '양수 형식 ; 음수 형식 ; 0 형식 ; 문자 형식'과 '[조건1] 조건1에 대한 형식 ; 조건1을 제외한 형식'을 합친 것입니다.
>
> 양수 형식에 조건을 지정한다면 아래와 같습니다.
> [조건1] 조건1에 대한 형식 ; 조건1을 제외한 음수에 대한 형식 ; 조건1과 음수를 제외한 형식 ; 문자에 대한 형식

❻
① 적용 영역 : [G3:G30]
② 사용자 지정 표시 형식 : [>=90]"♧"#;[빨강][=0]"※";00;[파랑]G/표준

> **주희쌤Tip**
> 음수 데이터가 없으므로 90 이상도 아니고, 0도 아니면 0보다 초과임을 알 수 있습니다.
> 따라서 '[조건1] 조건1에 대한 형식 ; [조건2] 조건2에 대한 형식 ; 조건1과 조건2를 제외한 형식'은 '[>=90] 90 이상의 형식 ; [=0] 0의 형식 ; 00'이 됩니다.
>
> 문자의 경우엔 숫자 서식 코드(0, #)에 적용되지 않으므로 '①;②;③;④' 중 마지막에 지정된 형식에 적용됩니다.

❼
① 적용 영역 : [H3:H30]
② 사용자 지정 표시 형식 : 0"동 "000"호"

03 '숙제3' 시트

▶ 결과

❶
① 적용 영역 : [B3:B30]

② 사용자 지정 표시 형식 : [빨강]"▲"* #;[파랑]"▼"* #

❷
① 적용 영역 : [C3:C30]
② 사용자 지정 표시 형식 : [>=1000000]000"동 "0000"호";000"동 "000"호"

❸
① 적용 영역 : [D3:D30]
② 사용자 지정 표시 형식 : [빨강][>0]"※"* #,###;

❹
① 적용 영역 : [E3:E30]
② 사용자 지정 표시 형식 : #,###,"천원"

❺
① 적용 영역 : [F3:F30]
② 사용자 지정 표시 형식 : "";"";"O";""

> **주희쌤 Tip**
> 원본 데이터에 양수, 음수, 0, 문자 데이터가 있으므로 '양수 형식 ; 음수 형식 ; 0 형식 ; 문자 형식'에 적용합니다.

❻
① 적용 영역 : [G3:G30]
② 사용자 지정 표시 형식 : [>0]0.0;;;"●"

> **주희쌤 Tip**
> 표시 형식의 지정 방법은 다양합니다. 따라서 결과가 같다면 표시 형식이 달라도 정답 처리됩니다.

❼
① 적용 영역 : [H3:H30]
② 사용자 지정 표시 형식 : [빨강]"★"#,###;[파랑]#,###;0;"※"

❽
① 적용 영역 : [I3:I30]
② 사용자 지정 표시 형식 : [파랑][>=10]0.00;[빨강][<0]0.00;0.00;[노랑]@

관련 필기 문제

01. 다음 중 셀에 자료를 입력하고 표시 형식을 적용하였을 때 셀에 표시되는 결과로 옳지 않은 것은?
17년 2회 출제

① 입력 자료 : 0
  표시 형식 : am/pm hh:mm
  결과 : am 12:00

② 입력 자료 : 10
  표시 형식 : yyyy-mm-dd
  결과 : 1900-01-10

③ 입력 자료 : 1234
  표시 형식 : #,
  결과 : 1

④ 입력 자료 : 13
  표시 형식 : ##*!
  결과 : 13*!

02. 다음 중 입력한 데이터에 지정된 사용자 지정 표시 형식의 결과가 옳지 않은 것은?
17년 1회 출제

① 입력 자료 : 엑셀
  표시 형식 : @@@
  결과 : 엑셀엑셀엑셀

② 입력 자료 : 1
  표시 형식 : #"0,000"
  결과 : 10,000

③ 입력 자료 : 0.5
  표시 형식 : [<1]0.??;#,###
  결과 : 0.50

④ 입력 자료 : 2012-10-09
  표시 형식 : mmm-dd
  결과 : Oct-09

03. 다음 중 아래 조건을 처리하는 셀 서식의 사용자 지정 표시 형식으로 옳은 것은?
16년 1회 출제

셀의 값이 1000 이상이면 '파랑', 1000 미만 500 이상이면 '빨강', 500 미만이면 색을 지정하지 않고, 각 조건에 대해 천 단위 구분 기호(,)와 소수 이하 첫째 자리까지 표시한다.
[표시 예 : 1234.56 → 1,234.6, 432 → 432.0]

① [파랑][>=1000]#,##0.0;[빨강][>=500]#,##0.0;#,##0.0
② [파랑][>=1000]#,###.#;[빨강][>=500]#,###.#;#,###.#
③ [>=1000]<파랑>#,##0.0;[>=500]<빨강>#,##0.0;#,##0.0
④ [>=1000]<파랑>#,###.#;[>=500]<빨강>#,###.#;#,###.#

04. 다음 중 서식 코드를 셀의 사용자 지정 표시 형식으로 설정한 경우 입력 데이터와 표시 결과가 옳지 않은 것은?
20년 2회 출제

서식 코드	입력데이터	표시
ⓐ # ???/???	3.75	3 3/4
ⓑ 0,00#,	-6789	-,007
ⓒ *-#,##0	6789	*-----6789
ⓓ ▲#;▼#;0	-6789	▼6789

① ⓐ ② ⓑ
③ ⓒ ④ ⓓ

05. 다음 중 사용자 지정 표시 형식에서 숫자 형식 지정에 관한 설명으로 옳지 않은 것은?
15년 1회 출제

① ? : 데이터를 공백으로 구분
② 0 : 숫자의 자릿수가 서식에 지정된 자릿수보다 적으면 유효하지 않은 0을 표시
③ # : 입력한 숫자의 자릿수가 소수점 위쪽 또는 아래쪽에서 서식에 지정된 # 기호보다 적은 경우 추가로 0을 표시하지 않음
④ , : 1000 단위마다 구분 기호로 콤마 표시

06. 다음 중 입력 데이터에 사용자 지정 표시 형식을 설정한 경우 그 표시 결과로 옳지 않은 것은?
20년 1회 출제

	입력 데이터	표시 형식	표시 결과
①	0	#	
②	123.456	#.#	123.5
③	100	##.##	00.00
④	12345	#,###	12,345

07. 다음 중 셀에 입력된 데이터에 사용자 지정 표시 형식을 설정한 후의 표시 결과로 옳은 것은?
19년 1회 출제

① 0.25 → 0#.#% → 0.25%
② 0.57 → #.# → 0.6
③ 90.86 → #,##0.0 → 90.9
④ 100 → #,###;@"점" → 100점

08. 다음 중 입력 데이터에 사용자 지정 표시 형식을 설정한 경우 그 표시 결과로 옳지 않은 것은?
19년 2회 출제

① 입력 자료 : 0.5
  표시 형식 : hh:mm
  결과 : 12:00

② 입력 자료 : 6345.678
  표시 형식 : ₩#,###;-₩#,##0
  결과 : ₩6,346

③ 입력 자료 : -32767
  표시 형식 : $#,##0;($#,##0)
  결과 : (-$32,767)

④ 입력 자료 : 2451648.81
  표시 형식 : #,###,
  결과 : 2,452

09. 다음 중 입력 자료에 지정된 표시 형식에 따른 결과로 옳지 않은 것은?
22년 상시 출제

① 입력 자료 : -246000
  표시 형식 : #0.0,"천원";(#0.0,"천원");0.0;@"님"
  결과 : (246.0천원)

② 입력 자료 : -90
  표시 형식 : [>=100]"▲";[<=-100]"▼";0
  결과 : -90

③ 입력 자료 : 1000
  표시 형식 : #,##0.00;[빨강]-#,##0.00
  결과 : 1,000.00

④ 입력 자료 : -32700
  표시 형식 : #0.0,"천원";(#0.0,"천원");0.0;@"님"
  결과 : (33.0천원)

정답 01. ④ | 02. ③ | 03. ① | 04. ③ | 05. ① | 06. ③ | 07. ③ | 08. ③ | 09. ④

SECTION 02 필터

- 필터는 '추출하다'라는 의미입니다. 다양하게 조건을 지정해보고 그 조건에 해당하는 데이터만을 추출해 보도록 하겠습니다.

- **준비파일** : 컴활1급 \ 엑셀 \ 1급엑셀(예제) \ 1장_02. 필터.xlsx

문제 유형 1 '자동필터' 워크시트에서 작업하시오.

❶ 자동 필터 기능을 이용하여 [B4:I17] 영역에 '지점'이 서울이면서 '1분기'가 120 이상인 데이터를 표시하시오.

따라하기 ①

① 목록 범위인 [B4:I17] 영역의 임의의 셀을 클릭합니다.

② 목록 범위 안에 셀 포인터가 있으면 [데이터] 탭-[정렬 및 필터] 그룹-[필터]를 클릭합니다.

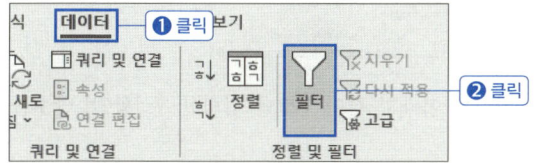

③ 각 필드명의 오른쪽에 '필터 목록 단추'(▼)가 나타나면 '지점' 필드의 '필터 목록 단추'(▼)를 클릭하여 '(모두 선택)' 확인란의 선택을 취소하고 '서울' 확인란을 선택한 후 [확인] 단추를 클릭합니다.

주희쌤 Tip
주희쌤 Tip은 꼼꼼히 모두 보세요.

주희쌤 Tip
자동 필터의 경우 출제된다면 분석 작업이나 '매크로'와 같이 출제되고, 고급 필터의 경우 5점짜리 1문제가 출제됩니다. 자동 필터든 고급 필터든 출제되었을 때 모두 맞히는 것을 목표로 합니다.

주희쌤 Tip
목록 범위를 블록으로 지정하고 시작해도 됩니다. 다만, 필드명을 이용하여 필터링 되는 것이기 때문에 필드명을 포함한 [B4:I17] 영역을 선택해야 합니다.

주희쌤 Tip
자동 필터는 원본 목록 범위 위치에서만 데이터 추출이 가능합니다.

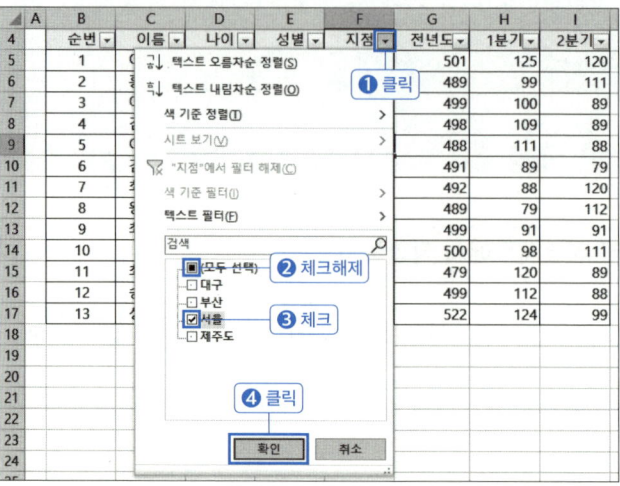

> **주희쌤 Tip**
>
> 자동 필터는 한 개의 필드에만 조건을 설정하는 경우 And, Or 조건 모두 지정이 가능하지만 두 개 이상의 필드에 조건을 설정하는 경우 필드 간에는 And 조건 지정만 가능합니다.

④ '지점' 필드에 '서울' 데이터만 표시되면 '1분기' 필드의 '필터 목록 단추'(▼)를 클릭하여 [숫자 필터]-[크거나 같음] 명령을 선택합니다.

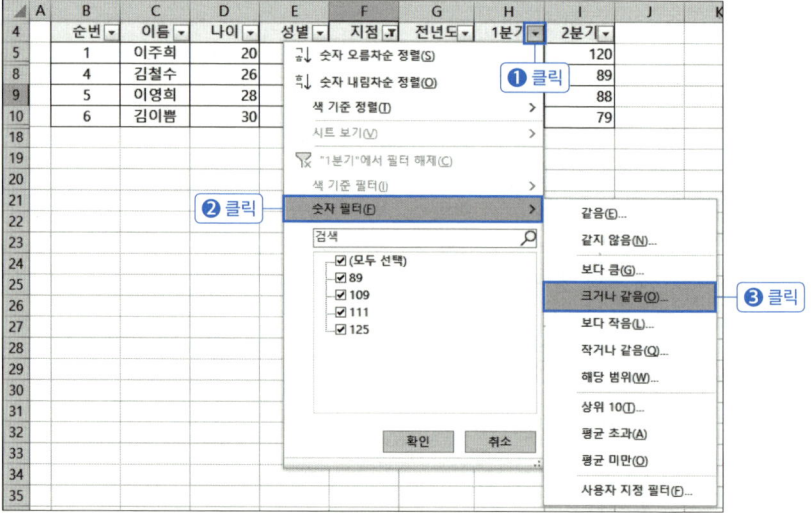

⑤ [사용자 지정 자동 필터] 대화상자가 나타나면 아래와 같이 '120'을 입력한 후 [확인] 단추를 클릭합니다.

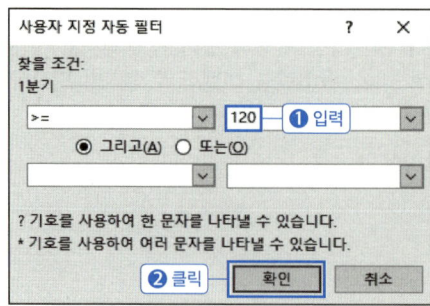

38　Chapter 01. 데이터 편집 및 자동화

**정답**

	A	B	C	D	E	F	G	H	I
1									
2				이번년도 상반기 판매량					
3									
4		순번	이름	나이	성별	지점	전년도	1분기	2분기
5		1	이주희	20	여	서울	501	125	120

자동 필터 예시

- '지점'에서 '빨강' 글꼴 색을 기준으로 필터링
  - '지점' 필드의 '필터 목록 단추'-[색 기준 필터]-[빨강]

- '사번'이 1로 끝나고 '입사일'이 4월인 데이터 행만 표시
  - '사번' 필드의 '필터 목록 단추'-[텍스트 필터]-[끝 문자]

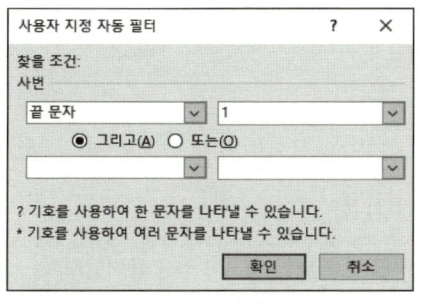

  - '입사일' 필드의 '필터 목록 단추'-[날짜 필터]-[해당 기간의 모든 날짜]-[4월]

- '지점'이 "서울" 또는 "제주도"인 경우의 데이터 행만 표시
  - '지점' 필드의 '필터 목록 단추'-[텍스트 필터]-[사용자 지정 필터]

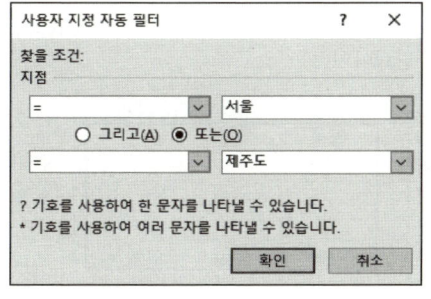

- 전년도를 기준으로 하위 50% 이내인 데이터만을 표시
  - '전년도' 필드의 '필터 목록 단추'-[숫자 필터]-[상위 10]

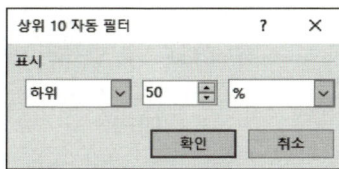

문제를 풀기 위하여 꼭 알아둬야 할 고급 필터 특징

1. 조건부터 입력
   - 조건의 필드명은 같은 행에 입력
   - And 조건이면 필터링할 데이터를 같은 행에 입력
   - Or 조건이면 필터링할 데이터를 다른 행에 입력

2. 결과에 특정한 필드만 추출하는 경우
   - 추출하고자 하는 필드명을 먼저 입력

3. 조건에 수식이 입력되는 경우
   - 조건의 필드명은 원본 데이터의 필드명과 다른 필드명을 입력
   - 수식의 결과는 TRUE 혹은 FALSE

> **문제 유형 2** '고급필터1' 워크시트에서 작업하시오.

❷ '이름'이 이로 시작하거나 '직급'이 사원인 데이터의 '이름', '직급', '전년도' 열만 순서대로 표시하시오.
  ▶ 조건은 [B19:E23] 영역 내에 입력하시오.
  ▶ 결과는 [B23] 셀부터 표시하시오.

따라하기 ❷

① '고급필터1' 워크시트를 선택한 후 조건을 지정하기 위해 [B19] 셀에 '이름', [B20] 셀에 '이*', [C19] 셀에 '직급', [C21] 셀에 '사원'을 입력합니다.

② 결과에 특정한 필드를 추출하기 위해 [B23] 셀에 '이름', [C23] 셀에 '직급', [D23] 셀에 '전년도'를 입력합니다.

	A	B	C	D
19		이름	직급	
20		이*		
21			사원	
22				
23		이름	직급	전년도

③ 입력이 완료되면 [B4:I17] 영역의 임의의 셀을 클릭합니다.

④ 목록 범위 안에 셀 포인터가 있으면 [데이터] 탭-[정렬 및 필터] 그룹-[고급]을 클릭합니다.

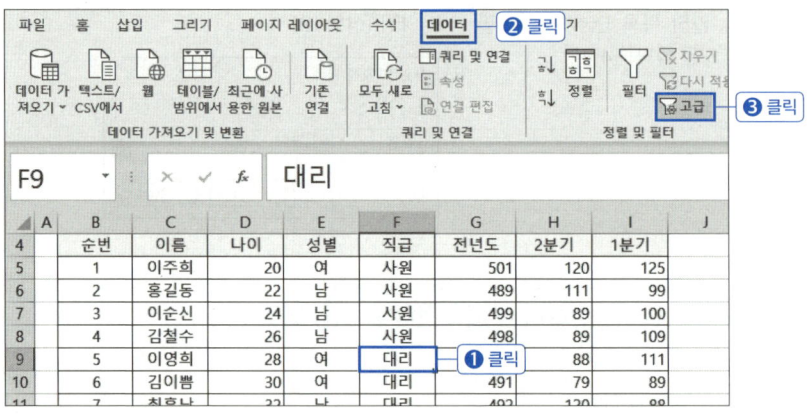

⑤ [고급 필터] 대화상자가 나타나면 [목록 범위]에 [B4:I17] 영역이 이미 지정되어 있는 것을 확인하고 [조건 범위]에 커서를 이동합니다.

⑥ [조건 범위]에 커서가 나타나면 [B19:C21] 영역을 드래그합니다.

> **주희쌤 Tip**
>
> 목록의 필드명과 조건의 필드명을 비교하여 데이터를 찾기 때문에 필드명이 완전히 일치하도록 오타 없이 입력해야 합니다.

> **주희쌤 Tip**
>
> 와일드카드 문자
> 별표(*)는 임의의 수의 문자들을 나타내고, 물음표(?)는 임의의 단일 문자를 나타냅니다.
>
> 예
> • 김* : '김'으로 시작하는 모든 글자 (김치, 김가루)
> • 김?? : '김'으로 시작하는 세 글자 (김치통, 김가루)

> **주희쌤 Tip**
>
> 'And'는 조건 모두가 만족해야 만족하는 것으로 '이고', '인 중에서', '이면서', '모두', '에서 까지', '부터', '그리고', '이며', '이상 이하' 등이 'And'를 의미합니다.
>
> 'Or'는 조건 중 하나만 만족해도 만족하는 것으로 '이거나', '또는', '한 항목이라도' 등이 'Or'를 의미합니다.

> **주희쌤 Tip**
>
> And 조건이라면 아래와 같이 입력하세요.
> - 조건의 필드명은 같은 행
> - And 조건은 같은 행
>
> | | A | B | C | D |
> |---|---|---|---|---|
> | 19 | | 이름 | 직급 | |
> | 20 | | 이* | 사원 | |
> | 21 | | | | |
> | 22 | | | | |
> | 23 | | 이름 | 직급 | 전년도 |
> | 24 | | 이주희 | 사원 | 501 |
> | 25 | | 이순신 | 사원 | 499 |

	A	B	C	D	E	F	G	H	I
4		순번	이름	나이	성별	직급	전년도	2분기	1분기
5		1	이주희	20	여	사원	501	120	125
6		2	홍길동	22	남	사원	489	111	99
7		3	이순신	24	남	사원	499	89	100
8		4	김철수	26	남	사원	498	89	109
9		5	이영희	28				88	111
10		6	김이쁨	30				79	89
11		7	최훈남	32				120	88
12		8	왕눈이	34				112	79
13		9	최햇살	36				91	91
14		10	허준	38				111	98
15		11	최미모	40				89	120
16		12	송부자	42				88	112
17		13	성준향	44				99	124
18									
19		이름	직급						
20		이*							
21			사원						
22									
23		이름	직급	전년도					

⑦ 복사 위치를 지정하기 위해 '다른 장소에 복사'를 선택한 후 [복사 위치]에 커서를 이동하여 [B23:D23] 영역을 드래그합니다.

⑧ 각 항목에 셀 주소가 지정되었다면 [확인] 단추를 클릭합니다.

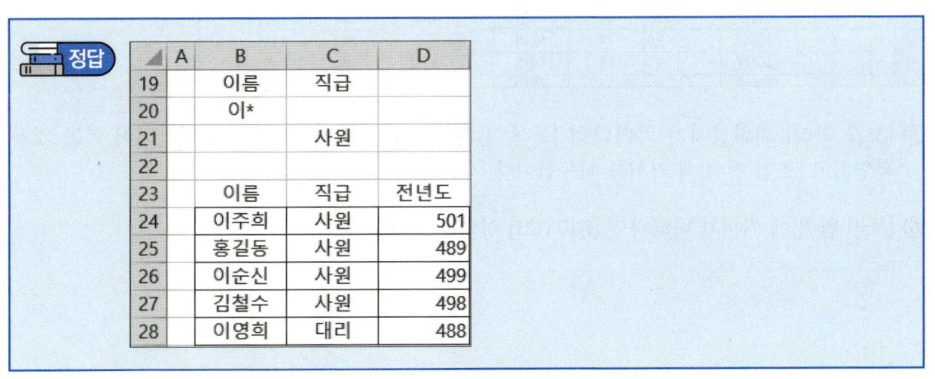

> **주희쌤 Tip**
>
> Q 영역을 선택하고 Delete 를 눌러도 테두리가 남아 있어요.
> A [홈] 탭-[편집] 그룹-[지우기]-[모두 지우기] 하세요.
>
>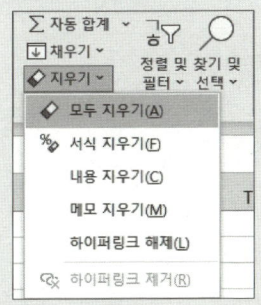
>
> A [홈] 탭-[셀] 그룹-[삭제]-[시트 행 삭제] 하세요.
>
>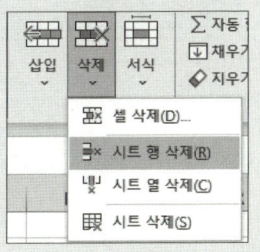

> **문제 유형 3** '고급필터2' 워크시트에서 작업하시오.
>
> ③ '직급'이 사원 또는 부장이고, '성별'이 여자인 데이터의 '이름', '직급', '성별' 열만 순서대로 표시하시오.
> ▶ 조건은 [B19:E23] 영역 내에 입력하시오.
> ▶ 결과는 [B23] 셀부터 표시하시오.

따라하기 ③

① '고급필터2' 워크시트를 선택한 후 조건을 지정하기 위해 [B19] 셀에 '직급', [B20] 셀에 '사원', [B21] 셀에 '부장', [C19] 셀에 '성별', [C20] 셀에 '여', [C21] 셀에 '여'를 입력합니다.

② 결과에 특정한 필드를 추출하기 위해 [B23] 셀에 '이름', [C23] 셀에 '직급', [D23] 셀에 '성별'을 입력합니다.

	A	B	C	D
19		직급	성별	
20		사원	여	
21		부장	여	
22				
23		이름	직급	성별

→ 입력

주희쌤 Tip

하나의 필드(직급)에 조건이 두 개(사원, 부장) 있는 경우 분배 법칙이 성립되도록 해야 합니다.
(B+C)×A = (B×A) + (C×A)
(사원 또는 부장) × 여 = (사원이고 여) 또는 (부장이고 여)

주희쌤 Tip

'여자'라고 입력할 경우 목록 범위에 '여자' 데이터가 없기 때문에 결과가 추출되지 않습니다.

③ 입력이 완료되면 [B4:I17] 영역의 임의의 셀을 클릭합니다.

④ 목록 범위 안에 셀 포인터가 있으면 [데이터] 탭-[정렬 및 필터] 그룹-[고급]을 클릭합니다.

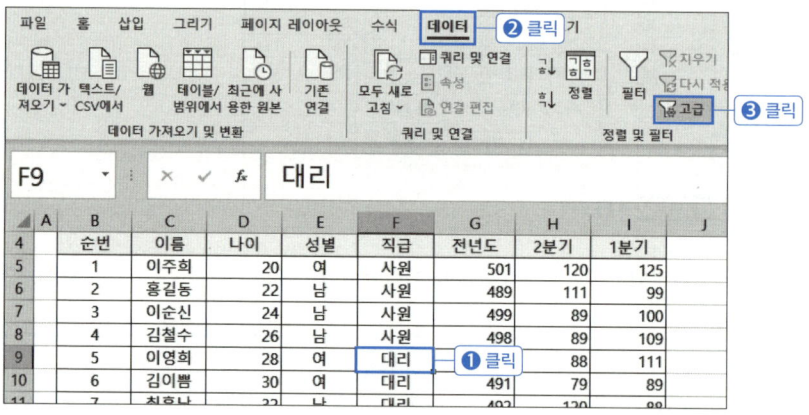

⑤ [고급 필터] 대화상자가 나타나면 [목록 범위]에 [B4:I17] 영역이 이미 지정되어 있는 것을 확인하고 [조건 범위]에 커서를 이동합니다.

⑥ [조건 범위]에 커서가 나타나면 [B19:C21] 영역을 드래그합니다.

▲	A	B	C	D	E	F	G	H	I
4		순번	이름	나이	성별	직급	전년도	2분기	1분기
5		1	이주희	20	여	사원	501	120	125
6		2	홍길동	22	남	사원	489	111	99
7		3	이순신	24	남	사원	499	89	100
8		4	김철수	26	남	사원	498	89	109
9		5	이영희	28				88	111
10		6	김이쁨	30				79	89
11		7	최훈남	32				120	88
12		8	왕눈이	34				112	79
13		9	최햇살	36				91	91
14		10	허준	38				111	98
15		11	최미모	40				89	120
16		12	송부자	42				88	112
17		13	성춘향	44				99	124
18									
19		직급	성별						
20		사원	여						
21		부장	여						
22									
23		이름	직급	성별					

⑦ 복사 위치를 지정하기 위해 '다른 장소에 복사'를 선택한 후 [복사 위치]에 커서를 이동하여 [B23:D23] 영역을 드래그합니다.

⑧ 각 항목에 셀 주소가 지정되었다면 [확인] 단추를 클릭합니다.

정답

▲	A	B	C	D
19		직급	성별	
20		사원	여	
21		부장	여	
22				
23		이름	직급	성별
24		이주희	사원	여
25		송부자	부장	여

주희쌤 Tip

'함수에서 자주 보이는 인수'를 꼭 외우고, 다음 진도를 진행해 주세요.

주희쌤 Tip

'범위도 상관없음'은 'number, number, ...' 혹은 'value, value, ...'를 인수로 가지고 있는 함수들은 인수에 셀을 하나씩 지정해도 되고, 셀 여러 개를 드래그하여 범위로 지정해도 상관이 없다는 의미입니다.

15개만 외우면 함수가 쉬워진다!! 함수에서 자주 보이는 인수

number	숫자				
text	문자				
value	숫자 혹은 문자 (값)				
array, range, ref, database, vector	범위				
(number, number, ...) (value, value, ...)	범위도 상관없음				
serial_number, date	날짜				
logical	논리 (TRUE 혹은 FALSE)				
num_chars	문자의 개수				
divisor, denominator	나누는 수				
row	행				
column	열				
lookup	찾을				
criteria	조건				
reference	참조 셀				
digits	자릿수				
		백	십	일	소수 첫째	소수 둘째
		-2	-1	0	1	2

주희쌤 Tip

Q 문제에 어떤 함수를 사용하라는 지시가 없다면요?
A 사용하고 싶은 함수를 사용하든 아예 함수를 사용하지 않든 결과만 나오게 하면 됩니다.

Q 문제에 어떤 함수를 사용하라는 지시가 있다면요?
A 문제에 제시된 함수만 사용하여 결과가 나오게 하면 됩니다.

주희쌤 Tip

logical은 'TRUE(참) 혹은 FALSE(거짓)'를 의미합니다.

'=1+1'은 logical이 아닙니다. '맞다'라고 할 수도 없고 '아니다'라고 할 수도 없기 때문이죠.
'=1+1=500'은 logical입니다. '맞다' 혹은 '아니다'를 이야기 할 수 있으니까요.

AND(logical1, [logical2], ...)
AND 함수는 logical 모두가 TRUE이면 TRUE를 반환

OR(logical1, [logical2], ...)
OR 함수는 logical 하나라도 TRUE이면 TRUE를 반환

문제 유형 4 '고급필터3' 워크시트에서 작업하시오.

❹ '성별'이 여이고 '직급'이 사원인 행만을 표시하시오.
▶ 조건은 [B19:E23] 영역 내에 입력하시오. (AND 함수 사용)
▶ 결과는 [B23] 셀부터 표시하시오.

따라하기 4

① '고급필터3' 워크시트를 선택한 후 조건을 지정하기 위해 [B19] 셀에 원본 데이터([B4:I17])의 필드명과 다른 필드명을 입력합니다.

	A	B	C	D	E	F	G	H	I
1									
2				이번년도 상반기 판매량					
3									
4		순번	이름	나이	성별	직급	전년도	2분기	1분기
5		1	이주희	20	여	사원	501	120	125
6		2	홍길동	22	남	사원	489	111	99
7		3	이순신	24	남	사원	499	89	100
8		4	김철수	26	남	사원	498	89	109
9		5	이영희	28	여	대리	488	88	111
10		6	김이쁨	30	여	대리	491	79	89
11		7	최훈남	32	남	대리	492	120	88
12		8	왕눈이	34	남	부장	489	112	79
13		9	최햇살	36	남	부장	499	91	91
14		10	허준	38	남	부장	500	111	98
15		11	최미모	40	여	대리	479	89	120
16		12	송부자	42	여	부장	499	88	112
17		13	성준향	44	여	사장	522	99	124
18									
19		조건	원본의 필드명과 다른 필드명을 입력						

② 수식을 입력할 [B20] 셀을 클릭한 후 [수식 입력줄]로 커서를 이동하여 '=an'을 입력합니다.

③ 이어서 아래에 함수 목록이 나타나면 'AND'를 선택하고 Tab 을 누릅니다.

④ '=AND('가 입력되면 [E5] 셀을 클릭하고 '="여",'를 입력합니다.

⑤ 이어서 [F5] 셀을 클릭하고 '="사원")'을 입력합니다.

⑥ [수식 입력줄]에 '=AND(E5="여",F5="사원")'가 입력되면 Enter 를 누릅니다.

⑦ 수식의 결과가 TRUE 또는 FALSE인 것을 확인한 후 [B4:I17] 영역의 임의의 셀을 클릭합니다.

주희쌤 Tip

수식은 '='로 시작하는 식을 의미합니다.

Q 셀에 바로 입력하는 것과 [수식 입력줄]에 입력하는 것의 차이점이 있나요?
A 셀에 글자를 바로 입력하게 되면 셀 바깥으로 글자가 벗어나게 됩니다. ↓

D	E	F
셀에 글자를 바로 입력		

수식 입력줄에 글자를 입력하게 되면 셀 바깥으로 글자가 벗어나지 않습니다. ↓

D	E	F
입력		

주희쌤 Tip

'And'를 의미하는 단어인 '이고'까지 AND 함수의 첫 번째 인수를 지정하세요.
=AND('성별'이 여이고, '직급'이 사원인)

주희쌤 Tip

수식에서 문자(텍스트)는 큰따옴표("")로 묶어 입력해야 합니다.

주희쌤 Tip

Q '=E4="여"' 이건 왜 안 돼요?
A 필드명은 데이터가 아닙니다. 데이터가 시작되는 첫 셀을 지정하세요.

Q '=E5:E17="여"' 이건 왜 안 돼요?
A 배열 수식이 아니라면 범위는 문자와 비교될 수 없습니다. 데이터가 시작되는 첫 셀을 지정하세요.

주희쌤 Tip

데이터가 시작되는 첫 셀을 지정하면 데이터가 있는 마지막 셀까지 스스로 셀이 내려오며 TRUE가 되는 데이터만 추출합니다. 반대로 FALSE인 데이터는 추출되지 않겠죠.

그러므로 조건에 수식이 입력되는 경우 수식의 결과는 TRUE 혹은 FALSE가 되도록 작성하세요.

	E	F	G
4	성별		
5	여	=E5="여"	
6	남	FALSE	
7	남	FALSE	
8	남	FALSE	
9	여	TRUE	TRUE인 데이터만 추출됩니다.
10	여	TRUE	
11	남	FALSE	
12	남	FALSE	
13	남	FALSE	
14	남	FALSE	
15	여	TRUE	
16	여	TRUE	
17	여	TRUE	

주희쌤 Tip

조건에 수식이 입력되는 경우 조건의 필드명이 원본 데이터의 필드명과 일치한다면 성별 필드에서 '여'가 아닌 'TRUE' 라는 글자를 찾게 되는 것입니다.

그러므로 조건에 수식이 입력되는 경우 조건의 필드명은 원본 데이터의 필드명과 다른 필드명을 입력해야 합니다.

	E	F	G
4	성별		성별
5	여		TRUE
6	남		
7	남	'성별' 필드에서 'TRUE'라는 글자를 찾습니다.	
8	남		
9	여		
10	여		
11	남		조건
12	남		TRUE
13	남		
14	남	'성별' 필드에서 수식의 결과가 'TRUE'인 데이터를 찾습니다.	
15	여		
16	여		
17	여		

주희쌤 Tip

'TRUE'가 의미하는 것은 '1'(혹은 0이 아닌 값)이고, 'FALSE'가 의미하는 것은 '0'이기 때문에 수식의 결과가 TRUE, FALSE가 아닌 1, 0이 나와도 됩니다.
예를 들어, =TRUE+2를 계산하면 3이 반환됩니다.

---

⑧ 목록 범위 안에 셀 포인터가 있으면 [데이터] 탭-[정렬 및 필터] 그룹-[고급]을 클릭합니다.

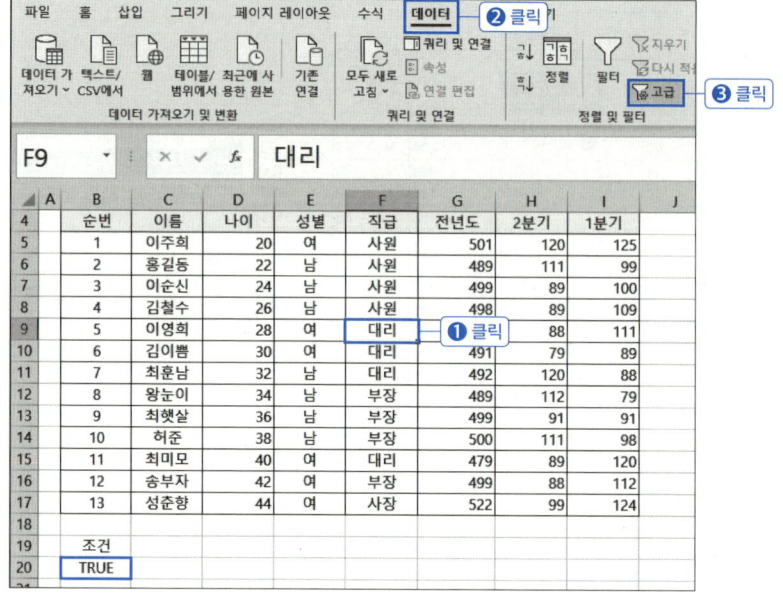

⑨ [고급 필터] 대화상자가 나타나면 [목록 범위]에 [B4:I17] 영역이 이미 지정되어 있는 것을 확인하고 [조건 범위]에 커서를 이동합니다.

⑩ [조건 범위]에 커서가 나타나면 [B19:B20] 영역을 드래그합니다.

⑪ 복사 위치를 지정하기 위해 '다른 장소에 복사'를 선택한 후 [복사 위치]에 커서를 이동하여 [B23] 셀을 클릭합니다.

⑫ 각 항목에 셀 주소가 지정되었다면 [확인] 단추를 클릭합니다.

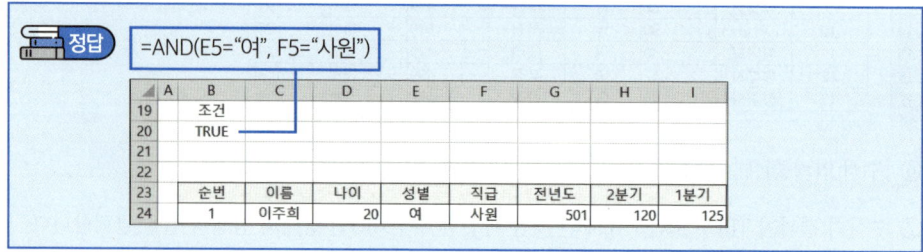

정답: =AND(E5="여", F5="사원")

46 Chapter 01. 데이터 편집 및 자동화

문제 유형 5   '고급필터4' 워크시트에서 작업하시오.

5 '나이'가 25 이하이고 '1분기+2분기'가 전년도와 같지 않은 행을 표시하시오.
- 조건은 [B19:E23] 영역 내에 입력하시오. (AND 함수 사용)
- 결과는 [B23] 셀부터 표시하시오.

따라하기 5

① '고급필터4' 워크시트를 선택한 후 조건을 지정하기 위해 [B19] 셀에 원본 데이터([B4:I17])의 필드명과 다른 필드명을 입력합니다.

② 수식을 입력할 [B20] 셀을 클릭한 후 [수식 입력줄]로 커서를 이동하여 '=an'을 입력합니다.

③ 이어서 아래에 함수 목록이 나타나면 'AND'를 선택하고 `Tab`을 누릅니다.

④ '=AND('가 입력되면 [D5] 셀을 클릭하고 '<=25,'를 입력합니다.

> **주희쌤 Tip**
>
> 함수 이름은 대/소문자 구분을 하지 않아도 됩니다.

> **주희쌤 Tip**
>
> 'And'를 의미하는 단어인 '이고'까지 AND 함수의 첫 번째 인수를 지정하세요.
> =AND('나이'가 25 이하이고, '1분기+2분기'가 전년도와 같지 않은)

> **주희쌤 Tip**
>
> - 않고, 아닌, 아니, 않은, 제외 : <>
> - 부터, 에서, 이후, 이상, 크거나 같음 : >=
> - 까지, 이전, 이하, 작거나 같음, 이내 : <=
> - 초과, 크다, 큰 : >
> - 미만, 작다, 작은 : <
> - 같다, 동일 : =
>
> 위와 같은 관계 연산자는 비교 값 앞에 입력됩니다.
>
> 예
> 3 이상 → >=3
> 5가 3 이상 → 5>=3
>
> Q '이상'은 '=>' 이렇게 왜 안 되나요?
> A 내가 만들기보다는 만들어져 있는 것을 지켜줄 필요가 있습니다. '이상'은 '>='을 사용하고, '=>'란 부등호는 없습니다. 기억해 주세요. 만들어져 있는 것을 잘 지켜준다!

⑤ 이어서 [I5] 셀 클릭, '+' 입력, [H5] 셀 클릭, '<>' 입력, [G5] 셀 클릭, ')'를 입력합니다.

⑥ [수식 입력줄]에 '=AND(D5<=25,I5+H5<>G5)'가 입력되면 Enter 를 누릅니다.

⑦ 수식의 결과가 TRUE 또는 FALSE인 것을 확인한 후 [B4:I17] 영역의 임의의 셀을 클릭합니다.

⑧ 목록 범위 안에 셀 포인터가 있으면 [데이터] 탭-[정렬 및 필터] 그룹-[고급]을 클릭합니다.

⑨ [고급 필터] 대화상자가 나타나면 [목록 범위]에 [B4:I17] 영역이 이미 지정되어 있는 것을 확인하고 [조건 범위]에 커서를 이동합니다.

⑩ [조건 범위]에 커서가 나타나면 [B19:B20] 영역을 드래그합니다.

⑪ 복사 위치를 지정하기 위해 '다른 장소에 복사'를 선택한 후 [복사 위치]에 커서를 이동하여 [B23] 셀을 클릭합니다.

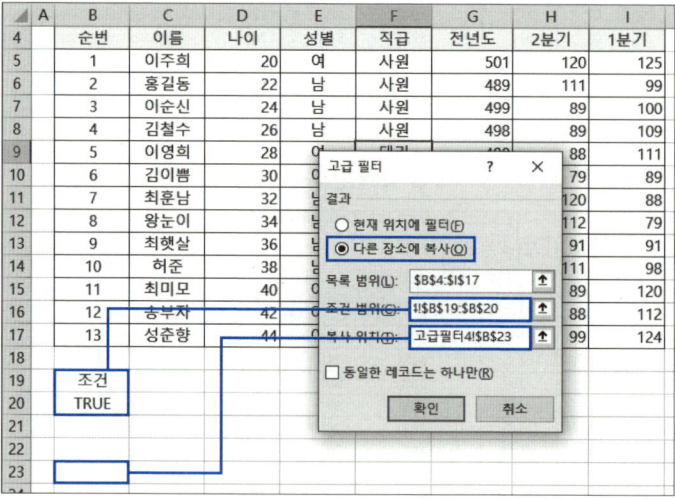

⑫ 각 항목에 셀 주소가 지정되었다면 [확인] 단추를 클릭합니다.

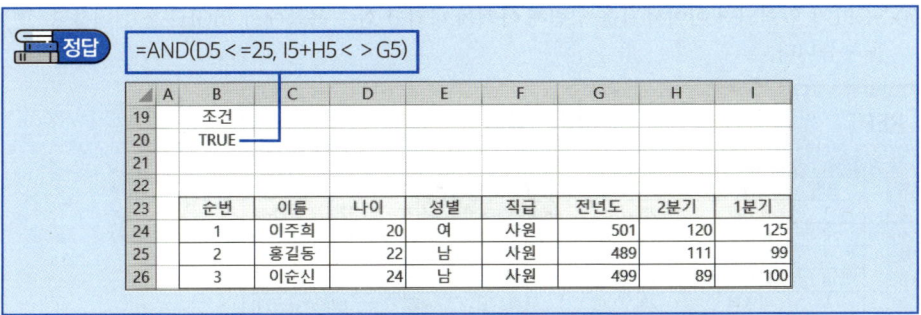

문제 유형 6 '고급필터5' 워크시트에서 작업하시오.

❻ '이름'이 희로 끝나거나 '직급'이 사원인 데이터의 '이름', '직급', '전년도' 열만 순서대로 표시하시오.
  ▶ 조건은 [B19:E23] 영역 내에 입력하시오. (OR, RIGHT 함수 사용)
  ▶ 결과는 [B23] 셀부터 표시하시오.

따라하기 ❻

① '고급필터5' 워크시트를 선택한 후 조건을 지정하기 위해 [B19] 셀에 원본 데이터([B4:I17])의 필드명과 다른 필드명을 입력합니다.

② 수식을 입력할 [B20] 셀을 클릭한 후 [수식 입력줄]로 커서를 이동하여 '=or'를 입력합니다.

③ 이어서 아래에 함수 목록이 나타나면 'OR'를 선택하고 을 누릅니다.

주희쌤 Tip

'Or'를 의미하는 단어인 '거나' 까지 OR 함수의 첫 번째 인수를 지정하세요.
=OR('이름'이 희로 끝나거나, '직급'이 사원인)

주희쌤 Tip

Q RIGHT 함수가 문제에 제시되지 않았다면 와일드카드 문자를 이용해도 되지 않을까요?
=OR(C5="*희", F5="사원")

A 와일드카드 문자는 수식에서 셀 값과 직접적인 비교가 불가능합니다.

예

	A	B	C
1	데이터	이주희	이*
2			
3	수식	=B1="이*"	=C1="이*"
4	결과	FALSE	TRUE

[수식] [비교]

↑ [B1] 셀은 '이'로 시작하는 글자임에도 FALSE가 반환되는 것을 확인할 수 있습니다.

주희쌤 Tip

44페이지에 있는 '함수에서 자주 보이는 인수'를 꼭 외우고 오세요! text와 num_chars의 의미가 있습니다.

LEFT(text, [num_chars])

text의 왼쪽부터 num_chars만큼 문자를 반환

예

	A	B
1	데이터	대한민국
2		
3	수식	=LEFT(B1, 2)
4	결과	대한

↑ [B1] 셀 값의 왼쪽 문자 2개

Q '=LEFT("대한민국", 두 개)'라고 입력하면 안돼요?

A 안 됩니다. 'num_chars'에서 'num'이라는 단어는 숫자의 형태로 입력하라는 의미입니다.

RIGHT(text, [num_chars])

text의 오른쪽부터 num_chars만큼 문자를 반환

예

	A	B
1	데이터	대한민국
2		
3	수식	=RIGHT(B1, 2)
4	결과	민국

↑ [B1] 셀 값의 오른쪽 문자 2개

④ '=OR('가 입력되면 이어서 'ri'을 입력해 아래에 나타난 함수 목록에서 'RIGHT'를 선택하고 Tab 을 누릅니다.

⑤ '=OR(RIGHT('가 입력되면 [C5] 셀을 클릭하고 ',1)="희",'를 입력합니다.

⑥ 이어서 [F5] 셀을 클릭하고 '="사원")'을 입력합니다.

⑦ [수식 입력줄]에 '=OR(RIGHT(C5,1)="희",F5="사원")'가 입력되면 Enter 를 누릅니다.

⑧ 수식의 결과가 TRUE 또는 FALSE인 것을 확인한 후 결과에 특정한 필드를 추출하기 위해 [B23] 셀에 '이름', [C23] 셀에 '직급', [D23] 셀에 '전년도'를 입력합니다.

⑨ 입력이 완료되면 [B4:I17] 영역의 임의의 셀을 클릭한 후 [데이터] 탭-[정렬 및 필터] 그룹-[고급]을 클릭합니다.

⑩ [고급 필터] 대화상자가 나타나면 [목록 범위]에 [B4:I17] 영역이 이미 지정되어 있는 것을 확인하고 [조건 범위]에 커서를 이동합니다.

⑪ [조건 범위]에 커서가 나타나면 [B19:B20] 영역을 드래그합니다.

⑫ 복사 위치를 지정하기 위해 '다른 장소에 복사'를 선택한 후 [복사 위치]에 커서를 이동하여 [B23:D23] 영역을 드래그합니다.

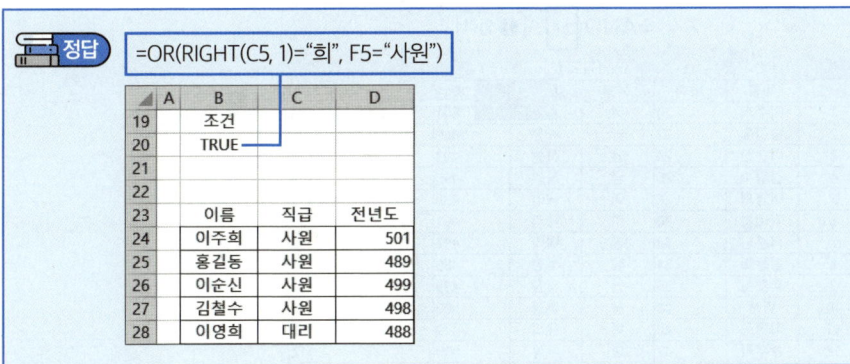

⑬ 각 항목에 셀 주소가 지정되었다면 [확인] 단추를 클릭합니다.

정답 =OR(RIGHT(C5, 1)="희", F5="사원")

MID(text, start_num, num_chars)
text의 start_num(시작 위치)부터 num_chars만큼 문자를 반환

예

	A	B
1	데이터	대한민국
2		
3	수식	=MID(B1, 2, 2)
4	결과	한민

↑ [B1] 셀 값의 2번째부터 문자 2개

Q '=MID("대한민국", 두 번째, 2)'라고 입력하면 안돼요?
A 안 됩니다. 'start_num'에서 'num'이라는 단어는 숫자의 형태로 입력하라는 의미입니다.

주희쌤 Tip

이름	직급	전년도
이주희	사원	501
홍길동	사원	489
이순신	사원	499
김철수	사원	498
이영희	대리	488

필드

• 이름, 직급, 전년도 : 필드(열)
• 이주희, 사원, 501 : 첫 번째 레코드(행)
• 홍길동, 사원, 489 : 두 번째 레코드(행)

문제 유형 7   '고급필터6' 워크시트에서 작업하시오.

⑦ '직급'이 사원 또는 부장이고, '성별'이 여자인 데이터의 '이름', '직급', '성별' 열만 순서대로 표시하시오.
  ▶ 조건은 [B19:E23] 영역 내에 입력하시오. (AND, OR 함수 사용)
  ▶ 결과는 [B23] 셀부터 표시하시오.

 ⑦

① '고급필터6' 워크시트를 선택한 후 조건을 지정하기 위해 [B19] 셀에 원본 데이터([B4:I17])의 필드명과 다른 필드명을 입력합니다.

② 수식을 입력할 [B20] 셀을 클릭한 후 [수식 입력줄]로 커서를 이동하여 '=an'을 입력합니다.

③ 아래에 함수 목록이 나타나면 'AND'를 선택하고 Tab 을 누릅니다.

주희쌤 Tip

필드('직급')와 필드('성별')가 '이고'로 연결되어 있으니 AND 함수를 먼저 입력합니다.
'And'를 의미하는 단어인 '이고'까지 AND 함수의 첫 번째 인수를 지정하세요.
=AND('직급'이 사원 또는 부장이고, '성별'이 여자인)

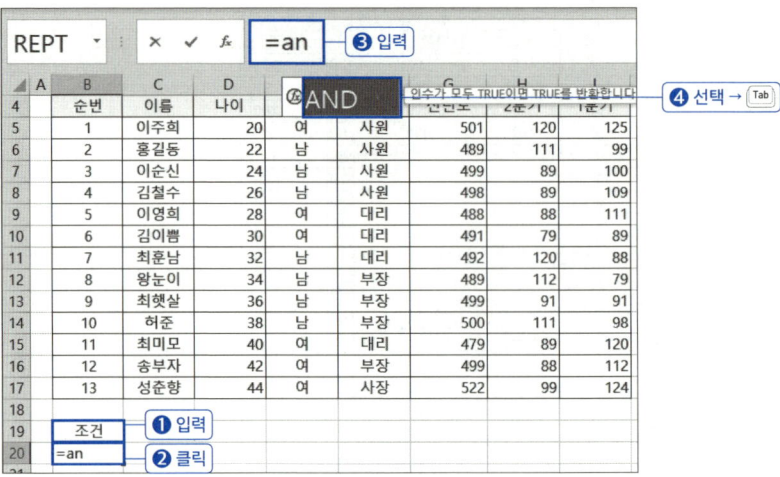

④ '=AND('가 입력되면 이어서 'or'을 입력해 아래에 나타난 함수 목록에서 'OR'를 선택하고 Tab 을 누릅니다.

> **주희쌤 Tip**
>
> Q '=OR(F5="사원","부장")'라고 입력하면 안돼요?
> A OR 함수의 인수는 logical이죠? logical은 TRUE(맞다) 혹은 FALSE(아니다)입니다.
> 'F5="사원"'은 '맞다' 혹은 '아니다'라고 할 수 있지만, '"부장"'은 '맞다'라고 할 수도 없고 '아니다'라고 할 수도 없기 때문에 인수의 형식에 어긋나게 됩니다.
>
> '=AND(OR(F5="사원",F5="부장"),E5="여")'는 아래와 같이 입력했을 때 같은 결과가 반환됩니다.
>
> | A | B | C |
> |---|---|---|
> | 19 | 직급 | 성별 |
> | 20 | 사원 | 여 |
> | 21 | 부장 | 여 |
>
> '고급필터2' 시트의 문제를 한 번 더 풀어보세요.

⑤ '=AND(OR('가 입력되면 [F5] 셀을 클릭하고 '="사원",'을 입력합니다.

⑥ 이어서 [F5] 셀 클릭, '="부장"),' 입력, [E5] 셀 클릭, '="여")'를 입력합니다.

⑦ [수식 입력줄]에 '=AND(OR(F5="사원",F5="부장"),E5="여")'가 입력되면 Enter 를 누릅니다.

⑧ 수식의 결과가 TRUE 또는 FALSE인 것을 확인한 후 결과에 특정한 필드를 추출하기 위해 [B23] 셀에 '이름', [C23] 셀에 '직급', [D23] 셀에 '성별'을 입력합니다.

⑨ 입력이 완료되면 [B4:I17] 영역의 임의의 셀을 클릭한 후 [데이터] 탭-[정렬 및 필터] 그룹-[고급]을 클릭합니다.

⑩ [고급 필터] 대화상자가 나타나면 [목록 범위]에 [B4:I17] 영역이 이미 지정되어 있는 것을 확인하고 [조건 범위]에 커서를 이동합니다.

⑪ [조건 범위]에 커서가 나타나면 [B19:B20] 영역을 드래그합니다.

⑫ 복사 위치를 지정하기 위해 '다른 장소에 복사'를 선택한 후 [복사 위치]에 커서를 이동하여 [B23:D23] 영역을 드래그합니다.

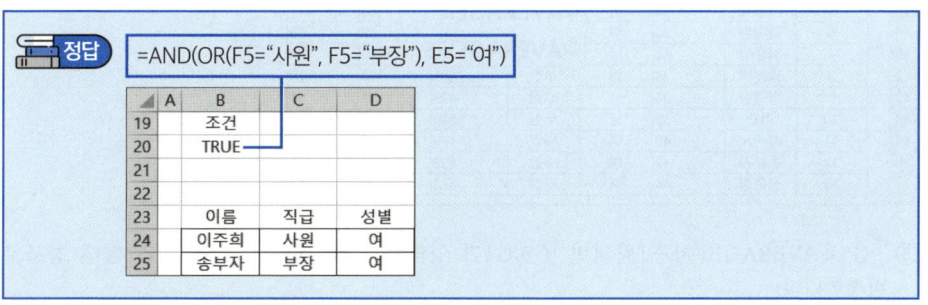

⑬ 각 항목에 셀 주소가 지정되었다면 [확인] 단추를 클릭합니다.

> **정답**
> =AND(OR(F5="사원", F5="부장"), E5="여")
>
> | | A | B | C | D |
> |---|---|---|---|---|
> | 19 | | 조건 | | |
> | 20 | | TRUE | | |
> | 21 | | | | |
> | 22 | | | | |
> | 23 | | 이름 | 직급 | 성별 |
> | 24 | | 이주희 | 사원 | 여 |
> | 25 | | 송부자 | 부장 | 여 |

문제 유형 8 　'고급필터7' 워크시트에서 작업하시오.

⑧ '전년도'가 전체 전년도의 평균 미만인 데이터의 '이름', '전년도' 열만 표시하시오.
▶ 조건은 [B19:E23] 영역 내에 입력하시오. (AVERAGE 함수 사용)
▶ 결과는 [B23] 셀부터 표시하시오.

① '고급필터7' 워크시트를 선택한 후 조건을 지정하기 위해 [B19] 셀에 원본 데이터([B4:I17])의 필드명과 다른 필드명을 입력합니다.

> **주희쌤 Tip**
>
> '전년도'가 '전년도'의 평균 미만인 데이터
> =전년도 < AVERAGE(전체전년도범위)
>
> '전년도'가 '전년도'의 평균을 초과하는 데이터
> =전년도 > AVERAGE(전체전년도범위)
>
> '전년도'가 '전년도'의 상위 10위보다 큰 데이터
> =전년도 > LARGE(전체전년도범위, 10)
>
> '전년도'가 전체 '전년도'의 합계 이상인 데이터
> =전년도 >= SUM(전체전년도범위)

주희쌤 Tip

44페이지에 있는 '함수에서 자주 보이는 인수'를 꼭 외우고 오세요! number와 number, number, ...의 의미가 있습니다.

AVERAGE(number1, [number2], ...)

number들의 평균
(인수에 숫자가 입력된 셀을 하나씩 지정해도 되고, 숫자가 입력된 범위를 지정해도 상관이 없습니다.)

예)

	A	B
1	데이터	6
2		10
3		
4	수식	=AVERAGE(B1, B2)
5	결과	8

↑ [B1], [B2]의 평균

	A	B
1	데이터	6
2		10
3		
4	수식	=AVERAGE(B1:B2)
5	결과	8

↑ [B1:B2] 영역의 평균

주희쌤 Tip

고급필터3 시트 문제에서 데이터가 시작되는 첫 셀을 지정하면 '스스로 셀이 내려오며' TRUE가 되는 데이터만 추출한다고 했죠?
그러므로, '세로로 범위를 지정할 때엔 스스로 내려오지 못하게' 절대 참조로 변경해야 합니다.

전년도	
501	=B5 < AVERAGE($B$5:$B$17)
489	=B6 < AVERAGE($B$5:$B$17)
499	=B7 < AVERAGE($B$5:$B$17)
498	=B8 < AVERAGE($B$5:$B$17)
488	=B9 < AVERAGE($B$5:$B$17)
491	=B10 < AVERAGE($B$5:$B$17)
492	=B11 < AVERAGE($B$5:$B$17)
489	=B12 < AVERAGE($B$5:$B$17)
499	=B13 < AVERAGE($B$5:$B$17)
500	=B14 < AVERAGE($B$5:$B$17)
479	=B15 < AVERAGE($B$5:$B$17)
499	=B16 < AVERAGE($B$5:$B$17)
522	=B17 < AVERAGE($B$5:$B$17)

↓
평균을 구할 범위는 모두 동일

---

② 수식을 입력할 [B20] 셀을 클릭한 후 [수식 입력줄]로 커서를 이동하여 '='를 입력합니다.

③ 이어서 [G5] 셀을 클릭하고 '<'를 입력합니다.

④ '=G5<'가 입력되면 'av'를 입력한 후 아래에 나타난 함수 목록에서 키보드의 방향키 [↓]를 눌러 'AVERAGE'를 선택하고 [Tab]을 누릅니다.

⑤ '=G5<AVERAGE('가 입력되면 [G5:G17] 영역을 드래그하고 [F4]를 눌러 절대 참조로 변경합니다.

54 Chapter 01. 데이터 편집 및 자동화

⑥ 이어서 ')'를 입력하고 [수식 입력줄]에 '=G5<AVERAGE($G$5:$G$17)'가 입력되면 `Enter`를 누릅니다.

⑦ 수식의 결과가 TRUE 또는 FALSE인 것을 확인한 후 결과에 특정한 필드를 추출하기 위해 [B23] 셀에 '이름', [C23] 셀에 '전년도'를 입력합니다.

⑧ 입력이 완료되면 [B4:I17] 영역의 임의의 셀을 클릭한 후 [데이터] 탭-[정렬 및 필터] 그룹-[고급]을 클릭합니다.

⑨ [고급 필터] 대화상자가 나타나면 아래와 같이 지정한 후 [확인] 단추를 클릭합니다.

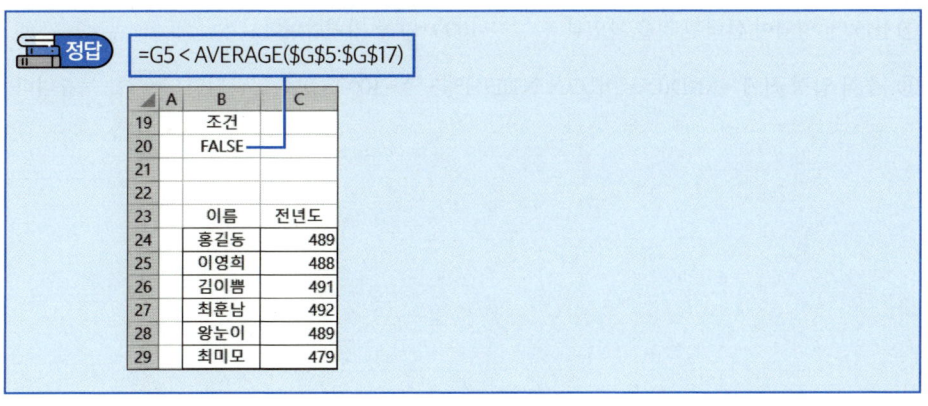

Section 02. 필터

문제 유형 9 ─ '고급필터8' 워크시트에서 작업하시오.

9 '성별'이 여자이고 '1분기'와 '2분기'가 100 이상인 행을 표시하시오.
  ▶ 조건은 [B19:E23] 영역 내에 입력하시오. (AND, COUNTIF 사용)
  ▶ 결과는 [B23] 셀부터 표시하시오.

따라하기 9

① '고급필터8' 워크시트를 선택한 후 조건을 지정하기 위해 [B19] 셀에 원본 데이터([B4:I17])의 필드명과 다른 필드명을 입력합니다.

② 수식을 입력할 [B20] 셀을 클릭한 후 [수식 입력줄]로 커서를 이동하여 '=an'을 입력합니다.

③ 이어서 아래에 함수 목록이 나타나면 'AND'를 선택하고 Tab 을 누릅니다.

④ '=AND('가 입력되면 [E5] 셀을 클릭하고 '="여",'를 입력합니다.

⑤ 이어서 'cou'를 입력해 아래에 함수 목록이 나타나면 키보드의 방향키 ↓ 를 눌러 'COUNTIF'를 선택하고 Tab 을 누릅니다.

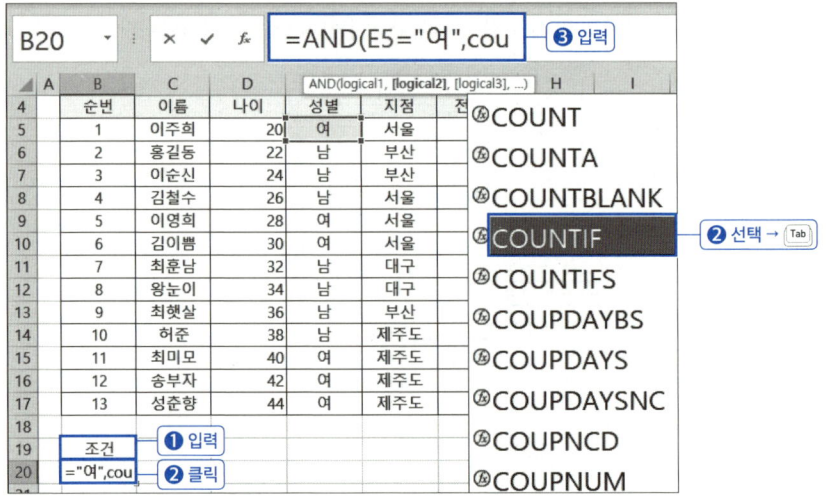

⑥ '=AND(E5="여",COUNTIF('가 입력되면 [H5:I5] 영역을 드래그합니다.

⑦ [H5:I5] 영역이 선택된 것을 확인한 후 ',">=100")=2)'를 입력합니다.

⑧ [수식 입력줄]에 '=AND(E5="여",COUNTIF(H5:I5,">=100")=2)'가 입력되면 Enter 를 누릅니다.

주희쌤 Tip

교재 안에 물론 어려운 문제도 있습니다. 조금 어렵다고 해서 포기하게 되면 포기해야 할 문제들은 너무나 많아지기 때문에 포기하지 말고 도전하세요!

주희쌤 Tip

=AND('성별'이 여자이고, '1분기'와 '2분기'가 100 이상인)

주희쌤 Tip

'1분기'와 '2분기'가 100 이상 =100 이상이 2개
'1분기'와 '2분기'와 '3분기'가 100 이상 = 100 이상이 3개

주희쌤 Tip

44페이지에 있는 '함수에서 자주 보이는 인수'를 꼭 외우고 오세요!
range와 criteria의 의미가 있습니다.

COUNTIF(range, criteria)

range에서 criteria에 맞는 셀 개수

예)

	A	B
1		10
2		20
3		30
4	데이터	사과
5		딸기
6		수박
7		30
8		50
9		
10	수식	=COUNTIF(B1:B8, 30)
11	결과	2
12		
13	수식	=COUNTIF(B1:B8, "딸기")
14	결과	1
15		
16	수식	=COUNTIF(B1:B8, ">=25")
17	결과	3

↑ [B1:B8] 영역에서 30, 딸기, 25 이상인 셀의 개수

⑨ 수식의 결과가 TRUE 또는 FALSE인 것을 확인한 후 [B4:I17] 영역의 임의의 셀을 클릭합니다.

⑩ 목록 범위 안에 셀 포인터가 있으면 [데이터] 탭-[정렬 및 필터] 그룹-[고급]을 클릭합니다.

⑪ [고급 필터] 대화상자가 나타나면 아래와 같이 지정한 후 [확인] 단추를 클릭합니다.

주희쌤 Tip

Q "> =100"에서 왜 큰따옴표를 묶어줬죠?

A 문자(텍스트)이기 때문입니다. 셀에 숫자를 입력하면 오른쪽 정렬, 셀에 문자를 입력하면 왼쪽 정렬됩니다. ↓

	A
1	이주희
2	숫자이므로 오른쪽 정렬 → 100
3	>=100 ← 문자이므로 왼쪽 정렬

range(범위)의 값과 상관없이 criteria(조건)에 입력하는 글자가 문자면 큰따옴표를 묶어 입력해야 합니다.

Q 그러면 '고급필터4' 시트에서는 'D5 <=25'에 왜 큰따옴표를 하지 않았죠?

A 숫자 <=숫자(20 <=25)는 logical이 되지만, 숫자"문자"(20" <=25")는 logical이 되지 않으니까요.

=20<=25	="20"<=25"
↓	↓
=숫자<=숫자	=숫자문자
(logical O)	(logical X)

인수의 형식을 지켜주기 위함이었습니다.

주희쌤 Tip

">=100" 대신 ">=" & 100로 부등호와 숫자를 분리해서 입력해도 됩니다.

주희쌤 Tip

COUNTIF의 또 다른 문제
📋 판매량이 100 이상 200 이하인 개수
=COUNTIF(B2:B8,"> =100")
− COUNTIF(B2:B8,"> 200")

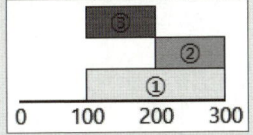

①에서 ②를 빼면 ③

문제 유형 10 '고급필터9' 워크시트에서 작업하시오.

⑩ '사번'이 1로 시작하는 행만을 표시하시오.
▶ 조건은 [B19:E23] 영역 내에 입력하시오. (LEFT 함수 사용)
▶ 결과는 [B23] 셀부터 표시하시오.

따라하기 10

① '고급필터9' 워크시트를 선택한 후 조건을 지정하기 위해 [B19] 셀에 원본 데이터([B4:I17])의 필드명과 다른 필드명을 입력합니다.

② 수식을 입력할 [B20] 셀을 클릭한 후 [수식 입력줄]로 커서를 이동하여 '=le'를 입력합니다.

③ 이어서 아래에 함수 목록이 나타나면 'LEFT'를 선택하고 `Tab` 을 누릅니다.

④ '=LEFT('가 입력되면 [F5] 셀을 클릭하고 ',1)*1=1'을 입력합니다.

⑤ [수식 입력줄]에 '=LEFT(F5,1)*1=1'가 입력되면 `Enter` 를 누릅니다.

주희쌤 Tip

LEFT, RIGHT, MID는 텍스트함수로 반환되는 결과가 텍스트입니다.

	A	B
1	데이터	12345678
2		
3	수식	=LEFT(B1, 3)
4	결과	123

=LEFT("12345678",3)="123"
→ TRUE
=LEFT("12345678",3)=123
→ FALSE

LEFT 함수로 추출한 결과를 문자와 비교하면 TRUE이지만 숫자와 비교하면 FALSE가 됩니다.

LEFT, RIGHT, MID로 추출한 결과와 숫자를 비교하는 방법
방법1. LEFT( ) = "123"
→ 우변을 문자로 만들기
방법2. LEFT( ) * 1 = 123
→ 좌변을 숫자로 만들기

컴활 1급의 경우 방법2를 더 많이 사용하게 됩니다.

큰따옴표가 묶여진 숫자("숫자")는 계산이 가능합니다.
=123*1=123
="123"*1=123
=MAX("123","124")=124
=LEFT("12345678",3)*1=123

⑥ 수식의 결과가 TRUE 또는 FALSE인 것을 확인한 후 [B4:I17] 영역의 임의의 셀을 클릭합니다.

⑦ 목록 범위 안에 셀 포인터가 있으면 [데이터] 탭-[정렬 및 필터] 그룹-[고급]을 클릭합니다.

⑧ [고급 필터] 대화상자가 나타나면 아래와 같이 지정한 후 [확인] 단추를 클릭합니다.

	A	B	C	D	E	F	G	H	I
4		순번	이름	나이	성별	사번	전년도	1분기	2분기
5		1	이주희	20	여	1234	501	125	120
6		2	홍길동	22	남	2324	489	99	111
7		3	이순신	24	남	3124	499	100	89
8		4	김철수	26	남	1311	498	109	89
9		5	이영희	28	여			88	
10		6	김이쁨	30				89	79
11		7	최훈남	32				88	120
12		8	왕눈이	34				79	112
13		9	최햇살	36				91	91
14		10	허준	38				98	111
15		11	최미모	40				89	89
16		12	송부자	42				112	88
17		13	성준향	44				124	99
18									
19		조건							
20		TRUE							

고급 필터
- 결과
  - ○ 현재 위치에 필터(F)
  - ⦿ 다른 장소에 복사(O)
- 목록 범위(L): $B$4:$I$17
- 조건 범위(C): 외!$B$19:$B$20
- 복사 위치(T): 고급필터9!$B$23
- ☐ 동일한 레코드는 하나만(R)

[확인] [취소]

정답 =LEFT(F5, 1)*1=1

	A	B	C	D	E	F	G	H	I
19		조건							
20		TRUE							
21									
22									
23		순번	이름	나이	성별	사번	전년도	1분기	2분기
24		1	이주희	20	여	1234	501	125	120
25		4	김철수	26	남	1311	498	109	89
26		13	성준향	44	여	1212	522	124	99

문제 유형 11 '고급필터10' 워크시트에서 작업하시오.

⑪ '1분기'에서 상위 3위까지와 하위 3위까지인 행만을 표시하시오.
  ▶ 조건은 [B19:E23] 영역 내에 입력하시오. (OR, LARGE, SMALL 함수 사용)
  ▶ 결과는 [B23] 셀부터 표시하시오.

따라하기 ⑪

① '고급필터10' 워크시트를 선택한 후 조건을 지정하기 위해 [B19] 셀에 원본 데이터([B4:I17])의 필드명과 다른 필드명을 입력합니다.

② 수식을 입력할 [B20] 셀을 클릭한 후 [수식 입력줄]로 커서를 이동하여 '=or'를 입력합니다.

③ 아래에 함수 목록이 나타나면 'OR'를 선택하고 [Tab]을 누릅니다.

④ '=OR('가 입력되면 [H5] 셀을 클릭하고 '>='를 입력합니다.

⑤ 이어서 'la'를 입력해 아래에 나타난 함수 목록에서 'LARGE'를 선택하고 [Tab]을 누릅니다.

주희쌤 Tip

상위 3위까지	125	
	124	
	>=120	← 3번째 큰 수
	112	
	111	
	109	
	100	
	99	
	98	
	91	
하위 3위까지	<=89	← 3번째 작은 수
	88	
	79	

상위 3위까지 >= 3번째 큰 수
하위 3위까지 <= 3번째 작은 수

주희쌤 Tip

함수명 옆에 나오는 함수에 대한 설명을 읽는 습관을 가져보세요. 처음엔 이해가 안 될 수 있으나 연습하다보면 모르는 함수가 나오더라도 유추가 가능해집니다.

[수식 입력줄]의 함수 삽입(f_x)을 클릭하여 함수 인수의 설명을 읽어보세요. 모르거나 기억나지 않는 인수의 의미를 알 수 있습니다.

① [수식 입력줄]에 '=LARGE('를 입력한 후 [함수 삽입](f_x)을 클릭합니다.
② LARGE [함수 인수] 대화상자가 나타나면 각 인수 항목을 클릭하여 아래에 표시된 설명을 읽습니다.

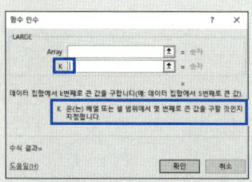

주희쌤 Tip

LARGE(array, k)

array에서 k번째로 큰 수

예)

	A	B
1		10
2	데이터	5
3		20
4		
5	수식	=LARGE(B1:B3, 2)
6	결과	10

↑ [B1:B3] 영역에서 2번째로 큰 수

SMALL(array, k)

array에서 k번째로 작은 수

예)

	A	B
1		10
2	데이터	5
3		20
4		
5	수식	=AVERAGE(SMALL (B1:B3, {1,2}))
6	결과	7.5

↑ [B1:B3] 영역에서 1번째와 2번째로 작은 수의 평균

---

⑥ [H5:H17] 영역을 드래그하고 F4를 눌러 절대 참조로 변경한 후 ',3)'을 입력합니다.

⑦ '=OR(H5>=LARGE($H$5:$H$17,3)'가 입력되면 ','를 입력, [H5] 셀을 클릭, '<='를 입력합니다.

⑧ 이어서 'sm'을 입력해 아래에 나타난 함수 목록에서 'SMALL'을 선택하고 Tab 을 누릅니다.

⑨ [H5:H17] 영역을 드래그하고 F4를 눌러 절대 참조로 변경한 후 ',3))'을 입력합니다.

⑩ Enter 를 눌러 수식의 결과가 TRUE 또는 FALSE인 것을 확인한 후 [B4:I17] 영역의 임의의 셀을 클릭합니다.

⑪ 목록 범위 안에 셀 포인터가 있으면 [데이터] 탭-[정렬 및 필터] 그룹-[고급]을 클릭합니다.

⑫ [고급 필터] 대화상자가 나타나면 아래와 같이 지정한 후 [확인] 단추를 클릭합니다.

PERCENTILE.INC(array, k)

array에서 k번째 백분위 수
(PERCENTILE과 PERCENTILE.INC 함수는 같습니다.)

예

	A	B	C
1		등수	숫자
2		1등	34
3		2등	26
4		3등	25
5		4등	21
6	데이터	5등	11
7		6등	10
8		7등	7
9		8등	5
10		9등	3
11		10등	1
12			
13	수식	=PERCENTILE.INC (C2:C11, 90%)	
14	결과	26.8	

↑ [C2:C11] 영역에서 90% 위치의 백분위 수

(총 10명 중 상위 10%인 1등에 해당되려면 26.8 이상이어야 합니다.)

정답: =OR(H5>=LARGE($H$5:$H$17, 3), H5<=SMALL($H$5:$H$17, 3))

문제 유형 12 '고급필터11' 워크시트에서 작업하시오.

⑫ '전년도'가 상위 3위까지이거나 하위 3위까지인 행만을 표시하시오.
  ▶ 조건은 [B19:E23] 영역 내에 입력하시오. (RANK.EQ, OR 함수 사용)
  ▶ 결과는 [B23] 셀부터 표시하시오.

따라하기 ⑫

① '고급필터11' 워크시트를 선택한 후 조건을 지정하기 위해 [B19] 셀에 원본 데이터([B4:I17])의 필드명과 다른 필드명을 입력합니다.

② 수식을 입력할 [B20] 셀을 클릭한 후 [수식 입력줄]로 커서를 이동하여 '=or'를 입력합니다.

③ 아래에 함수 목록이 나타나면 'OR'를 선택하고 Tab 을 누릅니다.

④ '=OR('이 입력되면 이어서 'ra'을 입력해 아래에 나타난 함수 목록에서 키보드의 방향키 ↓ 를 눌러 'RANK.EQ'를 선택하고 Tab 을 누릅니다.

주희쌤 Tip

'Or'를 의미하는 단어인 '이거나'까지 OR 함수의 첫 번째 인수를 지정하세요.
=OR('전년도'가 상위 3위까지이거나, 하위 3위까지인)

주희쌤 Tip

RANK.EQ(number, ref, [order])

ref에서 number의 순위를 구하되 순위가 같으면 가질 수 있는 순위 중 높은 순위로 반환 (RANK.EQ 함수는 RANK 함수와 같은 결과를 반환합니다.)

order(옵션)

(...)	0 - 내림차순
(...)	1 - 오름차순

0 - 내림차순 : 큰 수가 1등
1 - 오름차순 : 작은 수가 1등
(order에 0을 입력하거나 생략할 경우 내림차순, order에 0이 아닌 값을 입력할 경우 오름차순)

예)

	A	B	C
1	[C4] 셀 수식	=RANK.EQ (A4, $A$4:$A$10, 0)	
2			
3	데이터	큰 수가 1등	결과
4	6	2등	2
5	2		5
6	2	5등 / 6등 / 7등	5
7	2		5
8	13	1등	1
9	5	3등 / 4등	3
10	5		3

↑ [A4:A10] 영역에서 [A4]의 순위

주희쌤 Tip

데이터	순위(RANK)		
522	상위	1	
501	(내림차순)	2	<=3
500	큰 수가 1등	3	
499			
499			
499			
498			
492			
491			
489			
489	하위	3	
488	(오름차순)	2	<=3
479	작은 수가 1등	1	

1등, 2등, 3등을 모두 만족하는 것은 <=3

---

⑤ '=OR(RANK.EQ('가 입력되면 [G5] 셀을 클릭하고 ','를 입력한 후 [G5:G17] 영역을 드래그합니다.

⑥ 선택된 [G5:G17] 영역을 F4를 눌러 절대 참조로 변경한 후 ','를 입력합니다.

⑦ 아래에 나타난 옵션 목록에서 '0 - 내림차순'을 선택하고 Tab 을 누릅니다.

⑧ '=OR(RANK.EQ(G5,$G$5:$G$17,0'가 입력되면 이어서 ')<=3,'를 입력합니다.

⑨ OR 함수의 두 번째 인수인 'RANK.EQ(G5,$G$5:$G$17,1)<=3)'를 입력한 후 Enter 를 누릅니다.

⑩ 수식의 결과가 TRUE 또는 FALSE인 것을 확인한 후 [B4:I17] 영역의 임의의 셀을 클릭합니다.

⑪ 목록 범위 안에 셀 포인터가 있으면 [데이터] 탭-[정렬 및 필터] 그룹-[고급]을 클릭합니다.

⑫ [고급 필터] 대화상자가 나타나면 아래와 같이 지정한 후 [확인] 단추를 클릭합니다.

정답 =OR(RANK.EQ(G5, $G$5:$G$17, 0)<=3, RANK.EQ(G5, $G$5:$G$17, 1)<=3)

문제 유형 13 '고급필터12' 워크시트에서 작업하시오.

⑬ 이름에 '이'를 포함하고 전년도가 490 이상인 행을 표시하시오.
▶ 조건은 [B19:B20] 영역 내에 입력하시오.
▶ 결과는 [B23] 셀부터 표시하시오.

① '고급필터12' 워크시트를 선택한 후 조건을 지정하기 위해 [B19] 셀에 원본 데이터([B4:I17])의 필드명과 다른 필드명을 입력합니다.

② 수식을 입력할 [B20] 셀을 클릭한 후 [수식 입력줄]로 커서를 이동하여 '=an'을 입력합니다.

주희쌤Tip

	A	B	C
19		이름	전년도
20		*이*	>=490

위와 같이 조건을 입력하면 결과는 같지만 문제에 제시된 조건 영역이 [B19:B20]이므로 AND 함수를 사용해야 합니다.

주희쌤 Tip

FIND(find_text, within_text, [start_num])

find_text가 within_text에서의 시작 위치
- [start_num] : 찾기 시작할 문자의 위치, 생략하면 1로 지정

예

	A	B
1	데이터	이주희컴활
2		
3	수식	=FIND("주", B1)
4	결과	2

↑ '주'가 '이주희컴활'에서의 시작 위치

	A	B
1	데이터	이주희컴활주희
2		
3	수식	=FIND("주", B1, 3)
4	결과	6

↑ '3'번째부터 찾기 시작한 '주'가 '이주희컴활주희'에서의 시작 위치

주희쌤 Tip

위치(FIND)

	못 찾음	첫 번째 찾음	두 번째 찾음	세 번째 찾음
	#VALUE!	1	2	3
	못 찾으면 오류	찾기만 하면 >=1		

FIND 함수는 첫 번째에서 찾으면 '1'을 반환, 두 번째에서 찾으면 '2'를 반환, 세 번째에서 찾으면 '3'을 반환하므로 찾기만 하면 위치는 '>=1'이 됩니다.
하지만 찾지 못하면 '0'이 아닌 오류(#VALUE!)를 반환합니다.

주희쌤 Tip

SEARCH(find_text, within_text, [start_num])

SEARCH 함수는 FIND 함수와 다르게 대/소문자를 구분하지 않습니다.

예

	A	B
1	데이터	Aa
2		
3	수식	=SEARCH("a", B1)
4	결과	1

	A	B
1	데이터	Aa
2		
3	수식	=FIND("a", B1)
4	결과	2

③ 아래에 함수 목록이 나타나면 'AND'를 선택하고 [Tab]을 누릅니다.

④ '=AND('가 입력되면 이어서 'fi'을 입력해 아래에 나타난 함수 목록에서 키보드의 방향키 [↓]를 눌러 'FIND'를 선택하고 [Tab]을 누릅니다.

⑤ '=AND(FIND('가 입력되면 '"이"',를 입력, [C5] 셀을 클릭, ')>=1'를 입력합니다.

⑥ 이어서 ','을 입력한 후 [G5] 셀을 클릭, '>=490)'을 입력합니다.

⑦ [수식 입력줄]에 '=AND(FIND("이",C5)>=1,G5>=490)'가 입력되면 [Enter]를 누릅니다.

⑧ 수식의 결과가 TRUE 또는 FALSE인 것을 확인한 후 [B4:I17] 영역의 임의의 셀을 클릭합니다.

⑨ 목록 범위 안에 셀 포인터가 있으면 [데이터] 탭-[정렬 및 필터] 그룹-[고급]을 클릭합니다.

⑩ [고급 필터] 대화상자가 나타나면 아래와 같이 지정한 후 [확인] 단추를 클릭합니다.

	A	B	C	D	E	F	G	H	I
4		순번	이름	나이	성별	지점	전년도	1분기	2분기
5		1	이주희	20	여	서울	501	125	120
6		2	홍길동	22	남	부산	489	99	111
7		3	이순신	24	남	부산	499	100	89
8		4	김철수	26	남	서울	498	109	89
9		5	이영희	28				111	88
10		6	김이쁨	30				89	79
11		7	최훈남	32				88	120
12		8	왕눈이	34				79	112
13		9	최햇살	36				91	91
14		10	허준	38				98	111
15		11	최미모	40				120	89
16		12	송부자	42				112	88
17		13	성춘향	44				124	99
19		조건							
20		TRUE							

📚 정답

=AND(FIND("이", C5) > =1, G5 > =490)

	A	B	C	D	E	F	G	H	I
19		조건							
20		TRUE							
23		순번	이름	나이	성별	지점	전년도	1분기	2분기
24		1	이주희	20	여	서울	501	125	120
25		3	이순신	24	남	부산	499	100	89
26		6	김이쁨	30	여	서울	491	89	79

문제 유형 14 '고급필터13' 워크시트에서 작업하시오.

⑭ 지점에 '부' 글자를 포함하고, 전년도가 490 이상인 행만을 표시하시오.
▶ 조건은 [B19:E23] 영역 내에 입력하시오. (AND, FIND, IFERROR 함수 사용)
▶ 결과는 [B23] 셀부터 표시하시오.

따라하기 ⑭

① '고급필터13' 워크시트를 선택한 후 조건을 지정하기 위해 [B19] 셀에 원본 데이터([B4:I17])의 필드명과 다른 필드명을 입력합니다.

② 수식을 입력할 [B20] 셀을 클릭한 후 [수식 입력줄]로 커서를 이동하여 '=an'을 입력합니다.

③ 아래에 함수 목록이 나타나면 'AND'를 선택하고 Tab 을 누릅니다.

④ '=AND('가 입력되면 이어서 'if'를 입력해 아래에 나타난 함수 목록에서 키보드의 방향키 ↓ 를 눌러 'IFERROR'를 선택하고 Tab 을 누릅니다.

⑤ '=AND(IFERROR('가 입력되면 이어서 'fi'을 입력해 아래에 나타난 함수 목록에서 키보드의 방향키 ↓ 를 눌러 'FIND'를 선택하고 Tab 을 누릅니다.

★ 주희쌤 Tip

IFERROR(value, value_if_error)
value가 오류가 아닐 경우 value를 그대로 반환하고, value가 오류일 경우 value_if_error를 반환

예

	A	B
1	수식	=IFERROR(3/0, "오류")
2	결과	오류

↑ '3/0'을 계산한 값이 오류이면 '오류' 반환

	A	B
1	수식	=IFERROR(1+1, "오류")
2	결과	2

↑ '1+1'을 계산한 값이 오류이면 '오류' 반환, 오류가 아닐 경우 value를 그대로 반환

주희쌤 Tip

=AND(지점에 '부' 글자를 포함하고, 전년도가 490 이상) 인수 모두가 만족하면 TRUE

=IFERROR(FIND( )>=1, FALSE)
'부'의 위치를 찾으면 TRUE, '부'의 위치를 찾지 못하면 오류가 나기 때문에 AND 함수의 첫 번째 인수에 FALSE를 반환

주희쌤 Tip

아래와 같이 작성해도 됩니다.
=IFERROR(AND(FIND("부", F5)> =1, G5> =490), FALSE)

---

⑥ '=AND(IFERROR(FIND('가 입력되면 '"부",'를 입력, [F5] 셀을 클릭, ') >=1,FALSE'를 입력합니다.

⑦ '=AND(IFERROR(FIND("부",F5) >=1,FALSE'가 입력되면 '),'를 입력, [G5] 셀을 클릭, '>=490)'을 입력합니다.

⑧ [수식 입력줄]에 '=AND(IFERROR(FIND("부",F5) >=1,FALSE),G5>=490)'가 입력되면 Enter 를 누릅니다.

⑨ 수식의 결과가 TRUE 또는 FALSE인 것을 확인한 후 [B4:I17] 영역의 임의의 셀을 클릭합니다.

⑩ 목록 범위 안에 셀 포인터가 있으면 [데이터] 탭-[정렬 및 필터] 그룹-[고급]을 클릭합니다.

⑪ [고급 필터] 대화상자가 나타나면 아래와 같이 지정한 후 [확인] 단추를 클릭합니다.

주희쌤 Tip

'컴활1급이 생각보다 어렵구나' 라고 느끼셨을 텐데요.
조급해 하지 마세요! 모든 것은 복습과 시간이 해결해 줍니다.
시간만 지나서도 안 되고, 복습만 해서도 안 됩니다.
두 가지가 합쳐졌을 때 실력이 점점 향상될 테니 지금은 상심하지 않아도 됩니다.
필터에 있는 14개의 문제를 다시 한 번 풀어보세요!

복습 후에 숙제 문제까지 모두 끝마쳤다면 3권에서 고급 필터 문제를 골라 풀어보세요.
1권이 엑셀의 기본 개념 다지기라면 3권은 배운 기본 개념을 응용해 실제 시험 문제를 풀어 봄으로써 실력을 다질 수 있습니다.

이렇게 하나의 섹션이 끝나면 3권에서 공부했던 내용에 대한 문제를 골라 풀이하면 됩니다.
기본 개념을 배우고 처음 응용을 해보는 것이니 3권의 문제가 풀리지 않는다고 해서 당황하지 마세요.
잊지 않았죠? 모든 것은 복습과 시간이 해결해 줍니다.

정답: =AND(IFERROR(FIND("부", F5)>=1, FALSE), G5>=490)

숙제

01 '숙제1' 시트에서 다음과 같이 고급 필터를 수행하시오.
▶ [B2:D27] 영역에서 '배당금'을 '종가'로 나누어 소수 셋째 자리까지 나타낸 값이 0.9%와 동일한 행만을 대상으로 표시하시오.
▶ 조건은 [F2:F3] 영역에 입력하시오. (ROUND 함수 사용)
▶ 결과는 [H2] 셀부터 표시하시오.

02 '숙제2' 시트에서 다음과 같이 고급 필터를 수행하시오.
▶ [B2:E27] 영역에서 1과목, 2과목, 3과목이 각각 40 이상이고 세 과목의 평균이 60 이상인 행만을 대상으로 표시하시오.
▶ 조건은 [G2:G3] 영역에 입력하시오. (AND, AVERAGE 함수 사용)
▶ 결과는 [G5] 셀부터 표시하시오.

03 '숙제3' 시트에서 다음과 같이 고급 필터를 수행하시오.
▶ [A3:F28] 영역에서 '이용일자'가 2012년부터 2018년까지이고, '좌석'이 "일반석"이 아닌 행에 대하여 '할인대상', '기내식신청', '좌석지정', '이름' 열의 순서대로 표시하시오.
▶ 조건은 [H3:H4] 영역에 입력하시오. (AND, YEAR 함수 사용)
▶ 결과는 [H6] 셀부터 표시하시오.

04 '숙제4' 시트에서 다음과 같이 고급 필터를 수행하시오.
▶ [B3:F28] 영역에서 '입사날짜'의 연도가 2020이고, 평균이 평균 상위 10위 이내인 행만을 대상으로 표시하시오.
▶ 조건은 [H3:H4] 영역에 입력하시오. (AND, YEAR, LARGE 함수 사용)
▶ 결과는 [H6] 셀부터 표시하시오.

05 '숙제5' 시트에서 다음과 같이 고급 필터를 수행하시오.
- ▶ [A2:E22] 영역에서 '학번'이 "01"로 시작하고, 평가가 "우수"인 학생의 성적이 전체 성적 평균 이상인 행만을 대상으로 표시하시오.
- ▶ 조건은 [A24:A25] 영역에 입력하시오. (AND, LEFT, AVERAGE 함수 사용)
- ▶ 결과는 [A27] 셀부터 표시하시오.

06 '숙제6' 시트에서 다음과 같이 고급 필터를 수행하시오.
- ▶ [A2:E27] 영역에서 "152"로 끝나는 '예약코드' 중 '좌석번호'가 "a"를 포함하는 행만을 대상으로 표시하시오.
- ▶ 조건은 [G2:G3] 영역에 입력하시오. (AND, RIGHT, FIND 함수 사용)
- ▶ 결과는 [G5] 셀부터 표시하시오.

숙제 정답 및 해설

01 '숙제1' 시트

▶ 결과

	F	G	H	I	J
2	조건		종목코드	배당금	증가
3	TRUE		2145*	24	2,690
4			1001*	750	84,500
5			1644*	100	11,600

[F3] 셀 : =ROUND(C3/D3, 3)=0.9%

02 '숙제2' 시트

▶ 결과

	G	H	I	J
2	조건			
3	TRUE			
4				
5	이름	1과목	2과목	3과목
6	이재식	50	50	80
7	허준영	45	80	85
8	이한철	65	60	90
9	안장호	70	70	70
10	황경모	80	45	85
11	김우태	80	60	40
12	채병도	50	60	80
13	김현수	65	70	70
14	이준혁	45	70	65

[G3] 셀 : =AND(C3>=40, D3>=40, E3>=40, AVERAGE(C3:E3)>=60)

03 '숙제3' 시트

▶ 결과

	H	I	J	K
3	조건			
4	TRUE			
5				
6	할인대상	기내식신청	좌석지정	이름
7		O	O	이재식
8	O	O	O	전승희
9	O	O	O	허준영
10	O		O	이한철
11		O	O	전홍규

[H4] 셀 : =AND(YEAR(B4)>=2012, YEAR(B4)<=2018, C4<>"일반석")

04 '숙제4' 시트

▶ 결과

	H	I	J	K	L
3	조건				
4	FALSE				
5					
6	이름	입사날짜	점수A	점수B	평균
7	정순기	2020-09-10	2154	7413	4783
8	문정우	2020-04-14	5301	2559	3930

[H4] 셀 : =AND(YEAR(C4)=2020, F4>=LARGE($F$4:$F$28, 10))

05 '숙제5' 시트

▶ 결과

	A	B	C	D	E
24	조건				
25	FALSE				
26					
27	날짜	기간	학번	평가	성적
28	2022-05-11	1	010105	우수	97
29	2023-06-07	2	010104	우수	95
30	2022-02-16	2	010106	우수	96

[A25] 셀 : =AND(LEFT(C3, 2)="01", D3="우수", E3>=AVERAGE($E$3:$E$22))

06 '숙제6' 시트

▶ 결과

	G	H	I	J	K
2	조건				
3	TRUE				
4					
5	예약코드	출발날짜	이름	좌석	좌석번호
6	3ab152	2012-05-03	이재식	할인석	ab5
7	1ca152	2015-02-01	윤지성	일반석	ca1

[G3] 셀 : =AND(RIGHT(A3, 3)="152", FIND("a", E3, 1)>=1)

관련 필기 문제

01. 직원현황 표에서 이름이 세 글자이면서 '이'로 시작하고 TOEIC 점수가 600점 이상 800점 미만인 직원이거나, 직급이 대리이면서 연차가 3년 이상인 직원의 데이터를 추출하고자 한다. 다음 중 이를 위한 [고급 필터]의 검색 조건으로 옳은 것은?

15년 3회 출제

①
이름	TOEIC	TOEIC	직급	연차
이??	>=600	<800		
			대리	>=3

②
이름	TOEIC	TOEIC	직급	연차
이**	>=600		대리	
		<800		>=3

③
이름	TOEIC	TOEIC	직급	연차
이??	>=600		대리	
		<800		>=3

④
이름	TOEIC	TOEIC	직급	연차
이**	>=600	<800		
			대리	>=3

02. 다음 중 고급 필터의 조건 범위를 [E1:G3] 영역으로 지정한 후 고급 필터를 실행했을 때 결과로 옳은 것은?(단, [G3] 셀에는 '=C2>=AVERAGE($C$2:$C$5)'이 입력되어 있다.)

17년 2회 출제

	A	B	C	D	E	F	G
1	코너	담당	판매금액		코너	담당	식
2	잡화	김남희	5122000		잡화	*남	
3	식료품	남궁미	450000		식료품		TRUE
4	잡화	이수남	5328000				
5	식료품	서남	6544000				

① 코너가 '잡화'이거나 담당이 '남'으로 끝나고, 코너가 '식료품'이거나 판매금액이 판매금액의 평균 이상인 데이터
② 코너가 '잡화'이거나 '식료품'이고, 담당에 '남'이 포함되거나 판매금액의 평균이 5,122,000 이상인 데이터
③ 코너가 '잡화'이고 담당이 '남'으로 끝나거나, 코너가 '식료품'이고 판매금액이 판매금액의 평균 이상인 데이터
④ 코너가 '잡화'이고 담당이 '남'이 포함되거나, 코너가 '식료품'이고 판매금액의 평균이 5,122,000 이상인 데이터

03. 다음 중 아래 시트에서 고급 필터 기능을 이용하여 수량이 전체 평균보다 크면서 거래일자가 1월 중인 데이터를 추출하려고 할 때, 고급 필터의 조건식으로 옳은 것은?

14년 1회 출제

	A	B	C	D	E	F
1	거래일자	거래처명	제품명	수량	단가	금액
2	12-01-02	대한전자	LED TV	10	1,230,000	12,300,000
3	12-01-05	현대전자	세탁기	15	369,000	5,535,000
4	12-01-12	현대전자	전자레인지	20	95,000	1,900,000
5	12-01-15	대한전자	캠코더	25	856,000	21,400,000
6	12-01-20	현대전자	세탁기	15	369,000	5,535,000
7	12-01-25	한국전자	전자레인지	10	139,000	1,390,000
8	12-01-26	미래전자	LED TV	10	1,230,000	12,300,000
9	12-02-03	한국전자	식기세척기	30	369,000	11,070,000
10	12-02-06	대한전자	캠코더	25	265,000	6,625,000

①
거래일자	수량
=MONTH($A2)=1	=$D2>AVERAGE($D$2:$D$10)

②
거래일자	수량
=MONTH($A2)=1	=$D2>AVERAGE(D2:D10)

③
거래월	평균
=MONTH($A2)=1	=$D2>AVERAGE(D2:D10)

④
거래월	평균
=MONTH($A2)=1	=$D2>AVERAGE($D$2:$D$10)

정답 01. ① | 02. ③ | 03. ④

관련 필기 문제

04. 다음 중 고급 필터의 조건식으로 올바르지 않은 것은?
<small>22년 상시 출제</small>

	A	B	C	D	E
1	사번	주소	성별	직급	평가
2	A123	서울	여	사원	501
3	A234	부산	남	사원	489
4	A351	대구	남	사원	499
5	B121	제주	남	사원	498
6	B226	서울	여	대리	488
7	B321	부산	여	대리	491
8	C213	대구	남	대리	492
9	C226	제주	남	부장	489
10	C124	서울	남	부장	499
11	C253	부산	남	부장	500

① 직급이 '사원' 또는 '대리'이고, 평가가 500 이상인 데이터

직급	평가
사원	>=500
대리	>=500

② 주소가 '서울'이면서 성별이 '여'이고 직급이 '사원'이거나 주소가 '부산'이면서 성별이 '남'이고 직급이 '사원'인 데이터

주소	성별	직급
서울	여	사원
부산	남	사원

③ 주소가 '제주'이거나, 주소가 '서울'이고 평가가 평가의 평균 이상인 데이터

주소	조건
제주	
서울	=E2>=AVERAGE($E$2:$E$11)

④ 직급이 '사원'인 직원 중 평가가 전체 평균 이상인 데이터

조건
=OR(D2="사원",E2>=AVERAGE($E$2:$E$11))

05. 고급 필터 기능을 이용하여 [A13:B15] 영역에 입력된 조건으로 추출되는 결과가 아닌 것은?
<small>22년 상시 출제</small>

	A	B	C
1	코드	주소	판매량
2	A123	성북구	501
3	A234	강북구	489
4	A351	성동구	499
5	B121	은평구	498
6	B226	성북구	488
7	B321	강동구	491
8	C213	강동구	492
9	C226	은평구	489
10	C124	강동구	499
11	C253	노원구	500
12			
13	주소	판매량	
14	=?북구		
15		<=490	

① 주소가 '성북구'이면서 판매량이 501인 데이터
② 주소가 '강북구'이면서 판매량이 489인 데이터
③ 주소가 '은평구'이면서 판매량이 489인 데이터
④ 주소가 '노원구'이면서 판매량이 500인 데이터

06. 아래의 워크시트에서 '영어'가 중간 값을 초과하면서 '성명'의 두 번째 문자가 "영"인 데이터를 필터링하고자 한다. 다음 중 고급 필터 실행을 위한 조건의 입력 값으로 옳은 것은?
<small>16년 3회 출제</small>

	A	B	C	D
1	성명	반	국어	영어
2	강동식	1	80	80
3	강영주	2	50	90
4	박강영	1	90	91
5	박영식	1	60	85
6	박민영	2	80	80
7	영수김	2	70	81
8	박영에리	1	95	92
9	김영미	2	88	86
10	이영	1	75	87

①

영어중간값	성명
=$D2>MEDIAN($D$2:$D$10)	="=*영*"

②

영어중간값	성명
=$D2>MEDIAN($D$2:$D$10)	="=?영*"

③

영어	성명
=$D2>MEDIAN($D$2:$D$10)	="=*영*"

④

영어	성명
=$D2>MEDIAN($D$2:$D$10)	="=?영*"

정답 04. ④ | 05. ④ | 06. ②

SECTION 03 조건부 서식

- 필터가 '조건에 해당하면 추출한다.'였다면 조건부 서식은 '조건에 해당하면 꾸미겠다.'라는 의미입니다. 다양하게 조건을 작성해보고 그 조건에 해당하는 행 전체나 열 전체에 서식을 지정해 보도록 하겠습니다.
- 준비파일 : 컴활1급 \ 엑셀 \ 1급엑셀(예제) \ 1장_03. 조건부 서식.xlsx

문제를 풀기 위하여 꼭 알아둬야 할 조건부 서식 특징

1. 서식을 지정해 줄 부분(문제에 제시된 영역)만 선택한 후 시작
2. 셀 주소의 열을 고정하면 행에 서식이 적용
   셀 주소의 행을 고정하면 열에 서식이 적용
   셀 주소의 열과 행을 모두 고정하지 않으면 셀에 서식이 적용

15개만 외우면 함수가 쉬워진다!! 함수에서 자주 보이는 인수

number	숫자				
text	문자				
value	숫자 혹은 문자 (값)				
array, range, ref, database, vector	범위				
(number, number, ...) (value, value, ...)	범위도 상관없음				
serial_number, date	날짜				
logical	논리 (TRUE 혹은 FALSE)				
num_chars	문자의 개수				
divisor, denominator	나누는 수				
row	행				
column	열				
lookup	찾을				
criteria	조건				
reference	참조 셀				
digits	자릿수				
		백	십	일	소수 첫째	소수 둘째
		-2	-1	0	1	2

> **주희쌤 Tip**
> 주희쌤 Tip은 꼼꼼히 모두 보세요.

> **주희쌤 Tip**
> 조건부 서식은 수식을 사용하는 5점짜리 1문제가 출제되고, 셀 강조 규칙, 상위/하위 규칙, 데이터 막대 등 간단한 선택으로 작성하는 문제가 1문제 더 출제될 수 있습니다. 현재 섹션에서는 수식을 사용하는 문제만 다루고 있으며 간단한 선택으로 작성하는 조건부 서식 문제는 매크로 섹션에서 다루도록 하겠습니다.
> 수식으로 작성하는 조건부 서식 문제의 목표 점수는 5점으로 계산 작업 문제에 비해 쉽게 출제되니 점수를 확보해 놓아야 합니다.

문제 유형 1   '조건부서식1' 워크시트에서 작업하시오.

❶ [B5:I17] 영역의 '지점'이 서울이고, '전년도' 판매량이 490 이상인 행 전체에 대하여 글꼴 스타일은 '굵게', 글꼴 색은 '파랑'으로 적용되는 조건부 서식을 작성하시오.
   ▶ 단, 규칙 유형은 '수식을 사용하여 서식을 지정할 셀 결정'을 사용하시오.

> **주희쌤 Tip**
> Q 왜 영역을 선택하고 해요?
> A 서식은 '꾸민다'인데 꾸며주려면 선택해야만 꾸며줄 수 있습니다.
>
> Q 왜 필드명을 제외한 영역을 선택해요?
> A 필드명은 데이터가 아니라 열의 이름일 뿐이라서 꾸며줄 필요가 없기 때문입니다.

 따라하기 ❶

① 조건에 해당하는 행 전체에 서식을 지정하기 위해 문제에 제시된 [B5:I17] 영역을 드래그하여 선택한 후 [홈] 탭-[스타일] 그룹-[조건부 서식]-[새 규칙]을 클릭합니다.

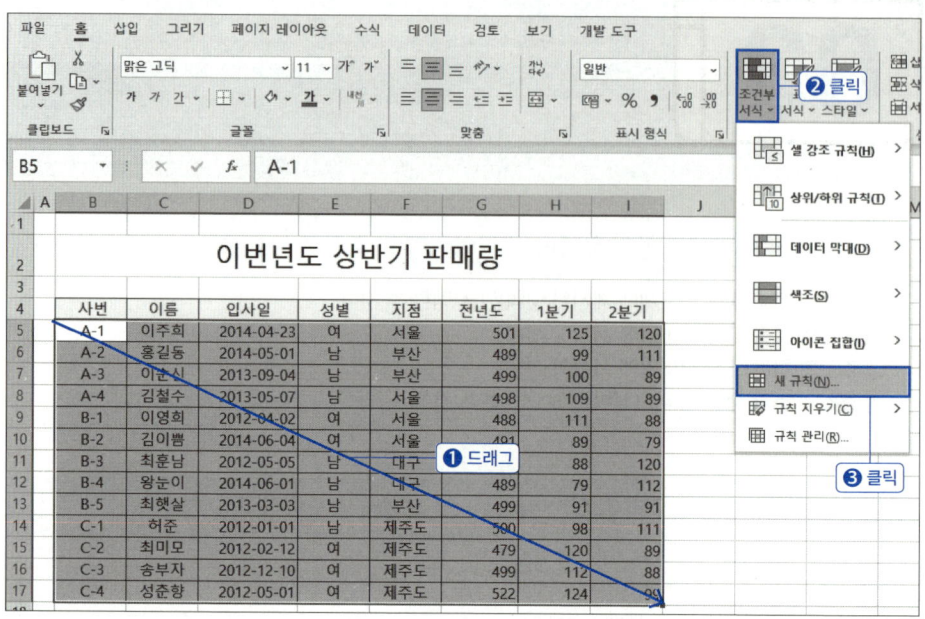

조건부 서식	
엑셀	'=' 입력 후 시작
액세스	'=' 없이 시작

② [새 서식 규칙] 대화상자가 나타나면 [수식을 사용하여 서식을 지정할 셀 결정]을 클릭한 후 아래 수식 입력란에 커서를 이동하고 '='을 입력합니다.

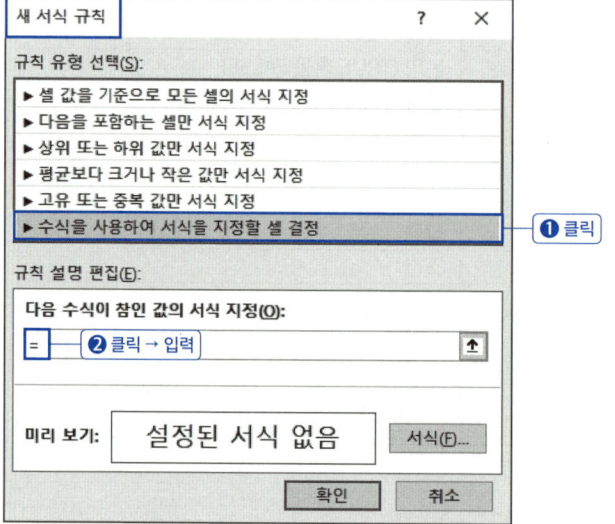

함수 이름은 대/소문자 구분을 하지 않아도 됩니다.

③ 이어서 'and('을 입력하고 [F5] 셀을 클릭한 다음 열이 변경되면 안 되므로 F4 를 두 번 눌러서 '$F5'를 만듭니다.

F5="서울"
F6="서울"
F7="서울"
F8="서울"
F9="서울"
...
F열만 절대 참조로 변경하여 열은 고정된 채 행만 달라질 수 있도록 합니다.

④ '=and($F5'에 이어서 '="서울",'을 입력합니다.

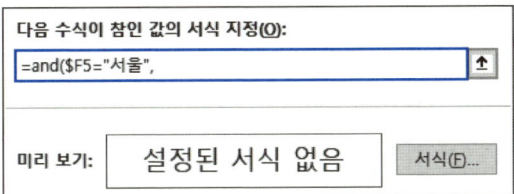

⑤ AND 함수의 두 번째 인수를 지정하기 위하여 [G5] 셀을 클릭한 다음 열이 변경되면 안 되므로 F4 를 두 번 눌러서 '$G5'를 만듭니다.

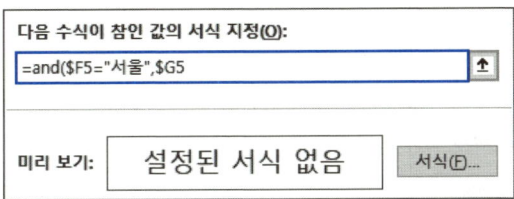

⑥ '=and($F5="서울",$G5'에 이어서 '>=490)'을 입력합니다.

⑦ '=and($F5="서울",$G5>=490)' 수식이 완성되면 [서식] 단추를 클릭합니다.

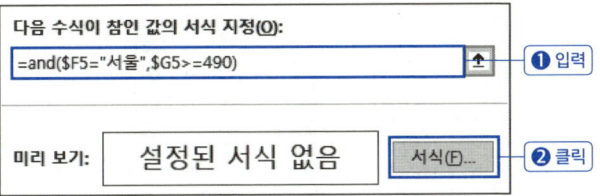

⑧ [셀 서식] 대화상자가 나타나면 [글꼴] 탭에서 [글꼴 스타일]은 '굵게', [색]은 '파랑'으로 선택하고 [확인] 단추를 클릭합니다.

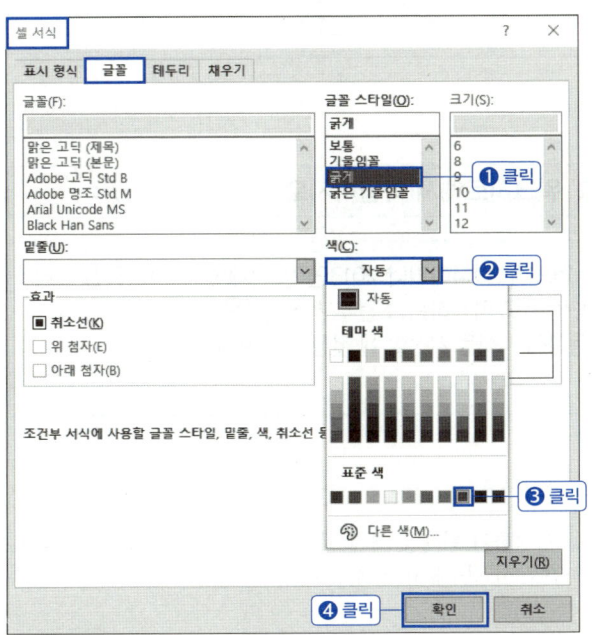

주희쌤 Tip

셀 주소의 열만 고정(예 $A1)해야 행이 달라지면서 조건에 해당하는 셀을 포함한 행 전체에 서식이 적용될 수 있습니다.
반대로 행을 고정(예 A$1)하면 열이 달라지면서 조건에 해당하는 셀을 포함한 열 전체에 서식이 적용되는 것입니다.
만약 열과 행을 모두 고정하지 않으면(예 A1) 열과 행이 모두 달라지면서 조건에 해당하는 셀에 서식이 적용됩니다.

주희쌤 Tip

Q 필터도 '열 고정'을 하면 안 되나요?
A 조건부 서식과 달리 필터의 경우 첫 셀을 지정하면 열이 움직이지 않고(열이 고정된 채) 행만 달라지면서 지정해준 조건을 찾습니다. 따라서 굳이 열 고정을 할 필요가 없죠. 해도 상관은 없습니다.
결과가 동일하게 나오니까요.

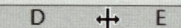

◎ 똑같이 했는데 '#####'이 나와요!
Ⓐ 열 너비가 부족했을 경우입니다.

| D | ↔ | E |

열과 열 사이에 마우스 포인터를 올려놓고 더블클릭이나 드래그로 열 너비를 늘려보세요.

⑨ [새 서식 규칙] 대화상자가 나타나면 [확인] 단추를 클릭합니다.

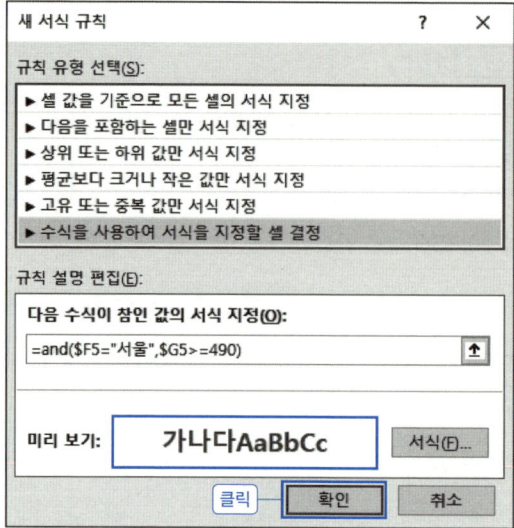

정답 =AND($F5="서울", $G5>=490)

사번	이름	입사일	성별	지점	전년도	1분기	2분기
A-1	**이주희**	**2014-04-23**	**여**	**서울**	**501**	**125**	**120**
A-2	홍길동	2014-05-01	남	부산	489	99	111
A-3	이순신	2013-09-04	남	부산	499	100	89
A-4	**김철수**	**2013-05-07**	**남**	**서울**	**498**	**109**	**89**
B-1	이영희	2012-04-02	여	서울	488	111	88
B-2	**김이쁨**	**2014-06-04**	**여**	**서울**	**491**	**89**	**79**
B-3	최훈남	2012-05-05	남	대구	492	88	120
B-4	왕눈이	2014-06-01	남	대구	489	79	112
B-5	최햇살	2013-03-03	남	부산	499	91	91
C-1	허준	2012-01-01	남	제주도	500	98	111
C-2	최미모	2012-02-12	여	제주도	479	120	89
C-3	송부자	2012-12-10	여	제주도	499	112	88
C-4	성춘향	2012-05-01	여	제주도	522	124	99

문제 유형 2 '조건부서식2' 워크시트에서 작업하시오.

❷ [B5:I17] 영역에서 '입사일'의 연도가 2014이거나 2013인 행 전체에 대하여 글꼴 스타일은 '굵게', 배경색은 '연한 녹색'으로 적용하는 조건부 서식을 작성하시오.
▶ 단, 규칙 유형은 '수식을 사용하여 서식을 지정할 셀 결정'을 사용하시오.
▶ AND, YEAR 함수 사용

① 조건에 해당하는 행 전체에 서식을 지정하기 위해 문제에 제시된 [B5:I17] 영역을 드래그하여 선택한 후 [홈] 탭-[스타일] 그룹-[조건부 서식]-[새 규칙]을 클릭합니다.

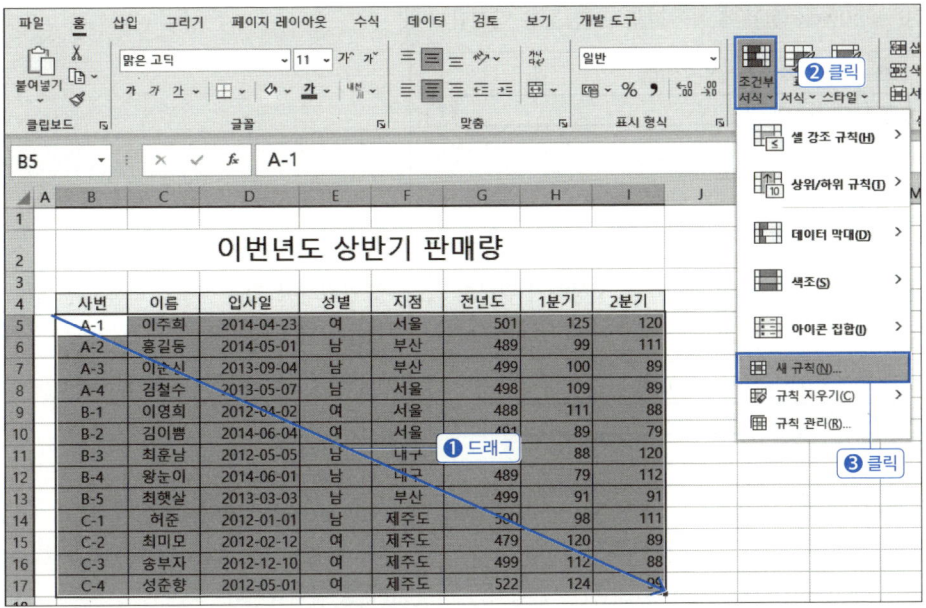

② [새 서식 규칙] 대화상자가 나타나면 [수식을 사용하여 서식을 지정할 셀 결정]을 클릭한 후 아래 수식 입력란에 커서를 이동하고 '='을 입력합니다.

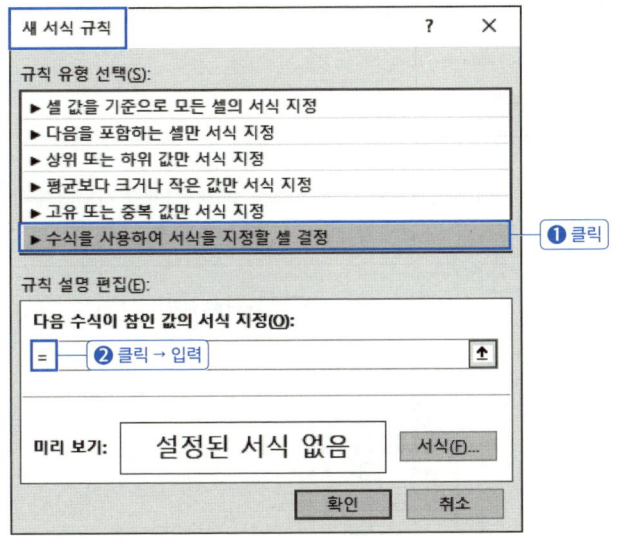

③ 이어서 'and(year('을 입력하고 [D5] 셀을 클릭한 다음 열이 변경되면 안 되므로 F4 를 두 번 눌러서 '$D5'를 만듭니다.

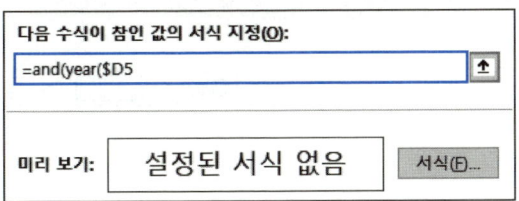

> **주희쌤 Tip**
>
> '2014이거나 2013'이라고 했지만 문제에 제시된 AND 함수를 사용해야 하므로 'And'의 의미로 문제를 바꿔서 생각해야 합니다.
>
> 연도가 2014이거나 2013 = 연도가 2013 이후부터 2014 이전까지
>
> 'And'를 의미하는 단어인 '부터'까지 AND 함수의 첫 번째 인수를 지정하세요.
> =AND(연도가 2013 이후부터, 연도가 2014 이전까지)

> **주희쌤 Tip**
>
> 고급 필터에서 배웠던 내용입니다.
> 'And'는 조건 모두가 만족해야 만족하는 것으로 '이고', '인 중에서', '이면서', '모두', '에서 까지', '부터', '그리고', '이며', '이상 이하' 등이 'And'를 의미합니다.
>
> 고급 필터에서 배웠던 내용입니다.
> • 않고, 아닌, 아니, 않은, 제외 : <>
> • 부터, 에서, 이후, 이상, 크거나 같음 : >=
> • 까지, 이전, 이하, 작거나 같음, 이내 : <=
> • 초과, 크다, 큰 : >
> • 미만, 작다, 작은 : <
> • 같다, 동일 : =

주희쌤 Tip

YEAR(serial_number)

serial_number의 연도

예

	A	B
1	데이터	2025-07-24
2		
3	수식	=YEAR(B1)
4	결과	2025

↑ [B1] 셀 값의 연도

MONTH(serial_number)

serial_number의 월

예

	A	B
1	데이터	2025-07-24
2		
3	수식	=MONTH(B1)
4	결과	7

↑ [B1] 셀 값의 월

DAY(serial_number)

serial_number의 일

예

	A	B
1	데이터	2025-07-24
2		
3	수식	=DAY(B1)
4	결과	24

↑ [B1] 셀 값의 일

'serial_number'가 날짜인 이유

	A
1	문자 ← 왼쪽 정렬
2	오른쪽 정렬 → 1
3	오른쪽 정렬 → 1900-01-01

↑ 날짜가 숫자처럼 오른쪽으로 정렬되어 있는 것을 볼 수 있죠? 엑셀은 날짜를 숫자처럼 취급하기 때문인데요.
[셀 서식]을 이용하여 숫자로 변경하였을 때 '1900-1-1'은 '1', '1900-1-31'은 '31', '1900-2-1'은 '32'가 됩니다. 오늘의 날짜도 '1900-1-1'을 기준으로 숫자로 변경이 가능하겠죠.
이러한 이유 때문에 날짜는 '1900-1-1'을 기준으로 만들어진 숫자라고 하여 'serial_number'라고 하는 것입니다.

④ '=and(year($D5'에 이어서 ') >=2013,'을 입력합니다.

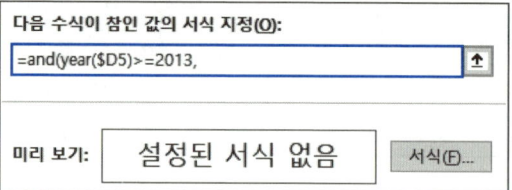

⑤ AND 함수의 두 번째 인수를 지정하기 위하여 'year('을 입력하고 [D5] 셀을 클릭한 다음 열이 변경되면 안 되므로 F4 를 두 번 눌러서 '$D5'를 만듭니다.

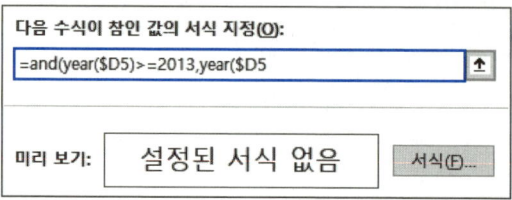

⑥ '=and(year($D5) >=2013,year($D5'에 이어서 ') <=2014)'을 입력합니다.

⑦ '=and(year($D5) >=2013,year($D5) <=2014)' 수식이 완성되면 [서식] 단추를 클릭합니다.

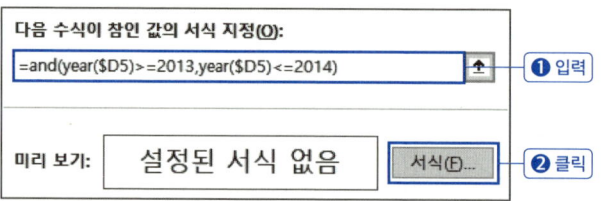

⑧ [셀 서식] 대화상자가 나타나면 [글꼴] 탭에서 [글꼴 스타일]은 '굵게', [채우기] 탭에서 [배경색]은 '연한 녹색'으로 선택하고 [확인] 단추를 클릭합니다.

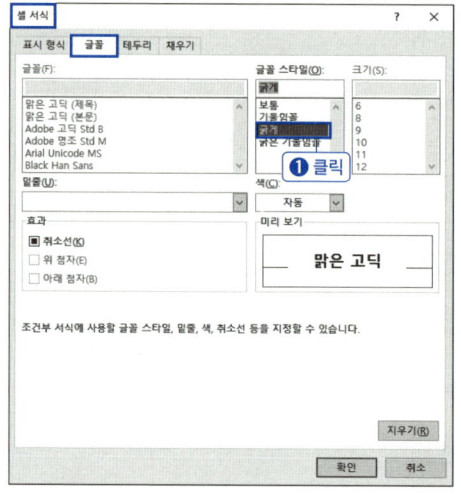 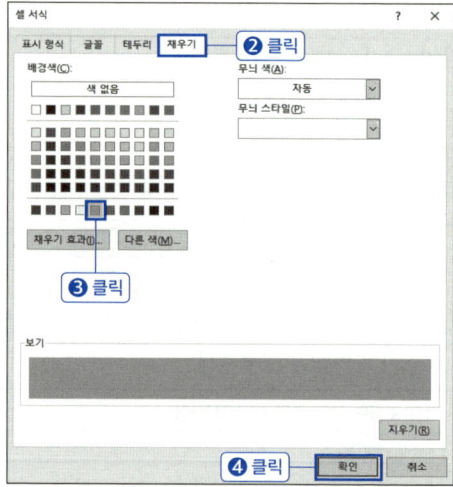

⑨ [새 서식 규칙] 대화상자가 나타나면 [확인] 단추를 클릭합니다.

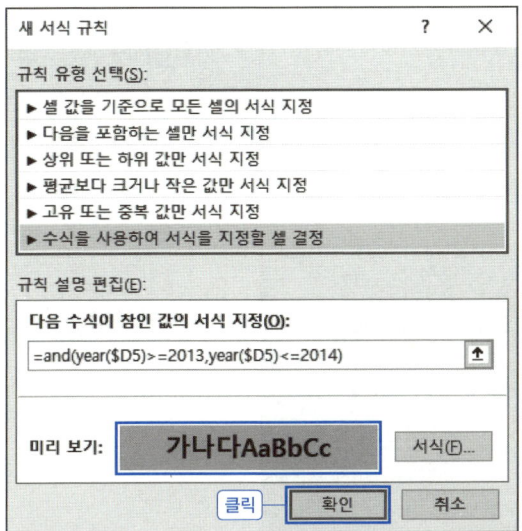

📘 **정답** =AND(YEAR($D5)>=2013, YEAR($D5)<=2014)

사번	이름	입사일	성별	지점	전년도	1분기	2분기
A-1	이주희	2014-04-23	여	서울	501	125	120
A-2	홍길동	2014-05-01	남	부산	489	99	111
A-3	이순신	2013-09-04	남	부산	499	100	89
A-4	김철수	2013-05-07	남	서울	498	109	89
B-1	이영희	2012-04-02	여	서울	488	111	88
B-2	김이쁨	2014-06-04	여	서울	491	89	79
B-3	최훈남	2012-05-05	남	대구	492	88	120
B-4	왕눈이	2014-06-01	남	대구	489	79	112
B-5	최햇살	2013-03-03	남	부산	499	91	91
C-1	허준	2012-01-01	남	제주도	500	98	111
C-2	최미모	2012-02-12	여	제주도	479	120	89
C-3	송부자	2012-12-10	여	제주도	499	112	88
C-4	성춘향	2012-05-01	여	제주도	522	124	99

문제 유형 3   '조건부서식3' 워크시트에서 작업하시오.

❸ [B5:I17] 영역의 '사번'이 A 또는 C로 시작하고 '2분기'가 100 이상인 행 전체에 대하여 글꼴 스타일은 '굵은 기울임꼴', 글꼴 색 '파랑'을 적용하는 조건부 서식을 작성하시오.
▶ 단, 규칙 유형은 '수식을 사용하여 서식을 지정할 셀 결정'을 사용하시오. (LEFT, OR, AND 함수 사용)

 따라하기 ❸

① 조건에 해당하는 행 전체에 서식을 지정하기 위해 문제에 제시된 [B5:I17] 영역을 드래그하여 선택한 후 [홈] 탭-[스타일] 그룹-[조건부 서식]-[새 규칙]을 클릭합니다.

📁 **주희쌤Tip**

Q '=AND(YEAR($D5)=2013, YEAR($D5)=2014)'는 왜 안 되나요?

A AND 함수는 조건 모두를 만족해야 TRUE가 반환되는데 2013년과 2014년을 모두 만족하는 날짜는 있을 수 없죠.

📁 **주희쌤Tip**

'연한 녹색'이 무엇인지 알기 어려울 경우 [채우기] 탭의 [무늬 색]에서 색상을 확인한 후 [배경 색]을 지정하면 쉽습니다.

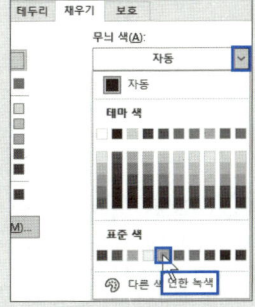

📁 **주희쌤Tip**

조건부 서식의 규칙을 수정 할 때엔 영역이 선택되어 있는 상태에서 [홈] 탭-[스타일] 그룹-[조건부 서식]-[규칙 관리]를 이용하세요.

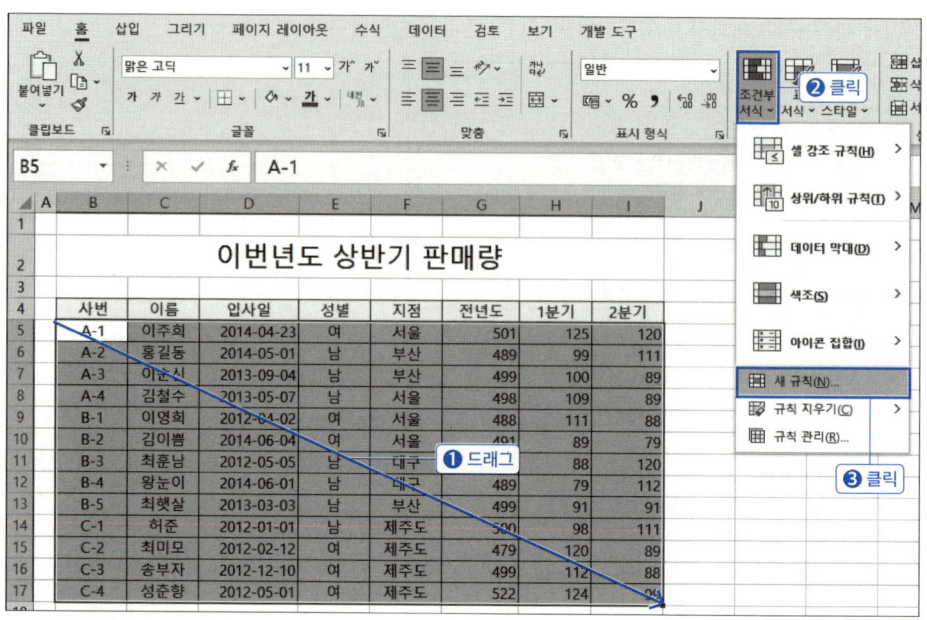

> **주희쌤 Tip**
>
> 필드('사번')와 필드('2분기')가 '하고'로 연결되어 있으니 AND 함수를 먼저 입력합니다.
> 'And'를 의미하는 단어인 '하고' 까지 AND 함수의 첫 번째 인수를 지정하세요.
> =AND('사번'이 A 또는 C로 시작하고, '2분기'가 100 이상인)

② [새 서식 규칙] 대화상자가 나타나면 [수식을 사용하여 서식을 지정할 셀 결정]을 클릭한 후 아래 수식 입력란에 커서를 이동하고 '='을 입력합니다.

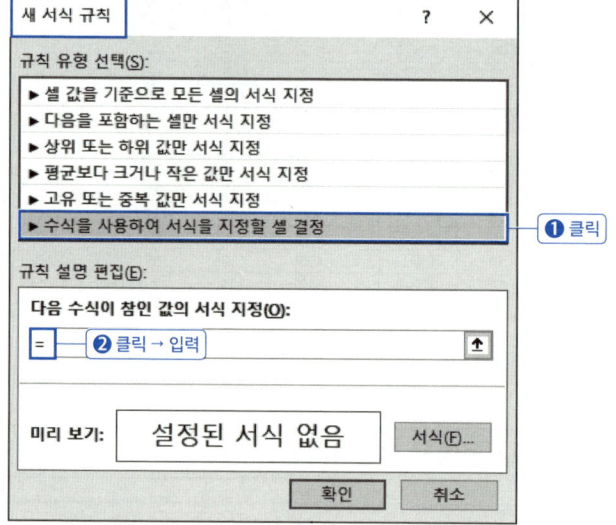

> **주희쌤 Tip**
>
> LEFT 함수는 시작(왼쪽, 첫) 글자를 찾을 때, RIGHT 함수는 마지막(오른쪽, 끝) 글자를 찾을 때, MID 함수는 중간부터 글자를 찾을 때 주로 이용합니다.

③ 이어서 'and(or(left('을 입력하고 [B5] 셀을 클릭한 다음 열이 변경되면 안 되므로 F4 를 두 번 눌러서 '$B5'를 만듭니다.

④ '=and(or(left($B5'에 이어서 ',1)="A",'을 입력합니다.

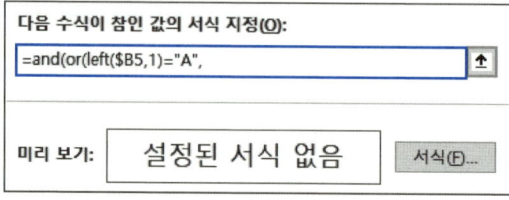

⑤ OR 함수의 두 번째 인수를 지정하기 위하여 'left('을 입력하고 [B5] 셀을 클릭한 다음 열이 변경되면 안 되므로 F4 를 두 번 눌러서 '$B5'를 만듭니다.

⑥ '=and(or(left($B5,1)="A",left($B5'에 이어서 ',1)="C"),'을 입력합니다.

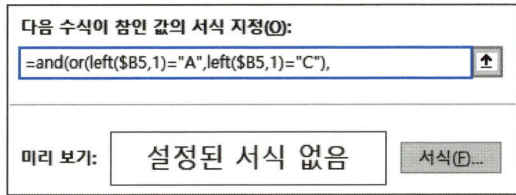

⑦ AND 함수의 두 번째 인수를 지정하기 위하여 [I5] 셀을 클릭한 다음 열이 변경되면 안 되므로 F4 를 두 번 눌러서 '$I5'를 만듭니다.

⑧ '=and(or(left($B5,1)="A",left($B5,1)="C"),$I5'에 이어서 '>=100)'을 입력합니다.

⑨ '=and(or(left($B5,1)="A",left($B5,1)="C"),$I5>=100)' 수식이 완성되면 [서식] 단추를 클릭합니다.

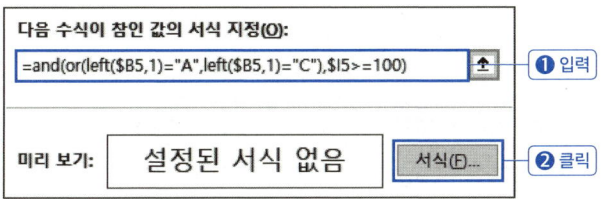

⑩ [셀 서식] 대화상자가 나타나면 [글꼴] 탭에서 [글꼴 스타일]은 '굵은 기울임꼴', [색]은 '파랑'으로 선택하고 [확인] 단추를 클릭합니다.

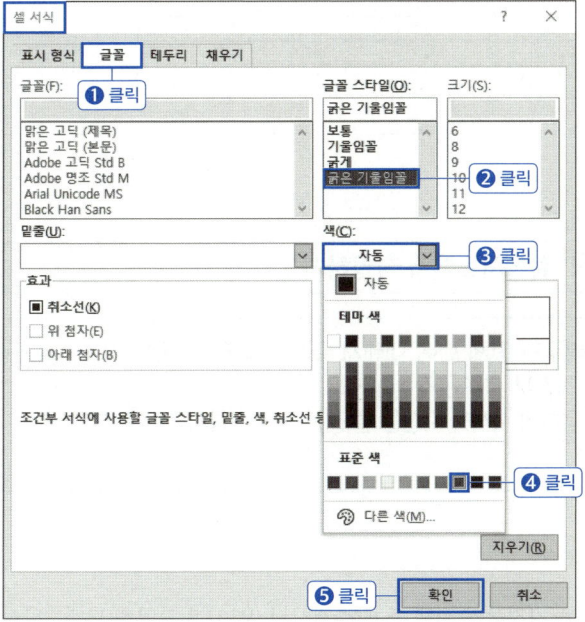

주희쌤 Tip

Ⓠ 저는 LEFT, OR, AND 함수를 이용하여 다른 방식으로 수식을 작성했는데 결과가 같아요. 틀린 건가요?

Ⓐ 문제에 제시된 함수만을 사용하여 결과가 일치하게 나왔다면 수식이 달라도 정답으로 채점됩니다.

⑪ [새 서식 규칙] 대화상자가 나타나면 [확인] 단추를 클릭합니다.

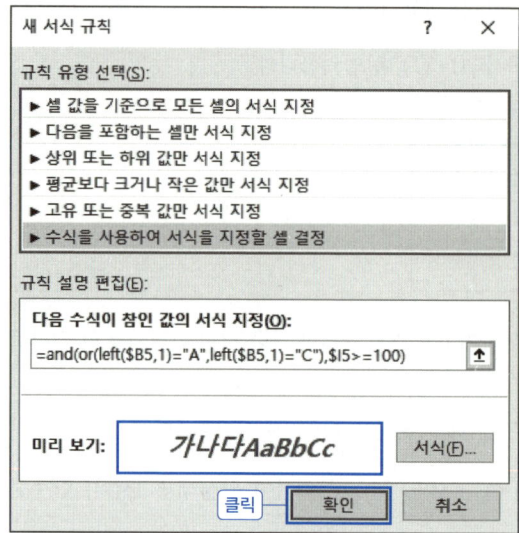

정답 =AND(OR(LEFT($B5, 1)="A", LEFT($B5, 1)="C"), $I5 >=100)

사번	이름	입사일	성별	지점	전년도	1분기	2분기
A-1	이주희	2014-04-23	여	서울	501	125	120
A-2	홍길동	2014-05-01	남	부산	489	99	111
A-3	이순신	2013-09-04	남	부산	499	100	89
A-4	김철수	2013-05-07	남	서울	498	109	89
B-1	이영희	2012-04-02	여	서울	488	111	88
B-2	김이쁨	2014-06-04	여	서울	491	89	79
B-3	최훈남	2012-05-05	남	대구	492	88	120
B-4	왕눈이	2014-06-01	남	대구	489	79	112
B-5	최햇살	2013-03-03	남	부산	499	91	91
C-1	허준	2012-01-01	남	제주도	500	98	111
C-2	최미모	2012-02-12	여	제주도	479	120	89
C-3	송부자	2012-12-10	여	제주도	499	112	88
C-4	성준향	2012-05-01	여	제주도	522	124	99

주희쌤 Tip

함수는 최종적으로 계산해야 하는 것을 먼저 입력합니다.
이 문제는 최종적으로 짝수이면 꾸며야 하는 것이기 때문에 짝수를 구하는 함수를 먼저 입력합니다.
=짝수(행 번호) → 행 번호가 짝수이면 서식 적용

[A5] 셀의 행 번호는 '5'
[B5] 셀의 행 번호는 '5'
[C5] 셀의 행 번호는 '5'
이기 때문에 행 번호를 구할 때에는 [B5] 셀을 지정해도 되고, [C5] 셀을 지정해도 됩니다.

문제 유형 4 '조건부서식4' 워크시트에서 작업하시오.

④ [B5:I17] 영역의 행 번호가 짝수인 전체 행에 대해서 글꼴 스타일은 '굵은 기울임꼴', 글꼴 색 '빨강'으로 적용하는 조건부 서식을 작성하시오.
▶ 단, 규칙 유형은 '수식을 사용하여 서식을 지정할 셀 결정'을 사용하시오.
   (ROW, ISEVEN 함수 사용)

 따라하기 ④

① 조건에 해당하는 행 전체에 서식을 지정하기 위해 문제에 제시된 [B5:I17] 영역을 드래그하여 선택한 후 [홈] 탭-[스타일] 그룹-[조건부 서식]-[새 규칙]을 클릭합니다.

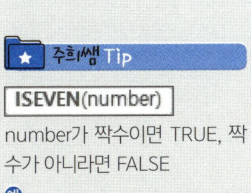

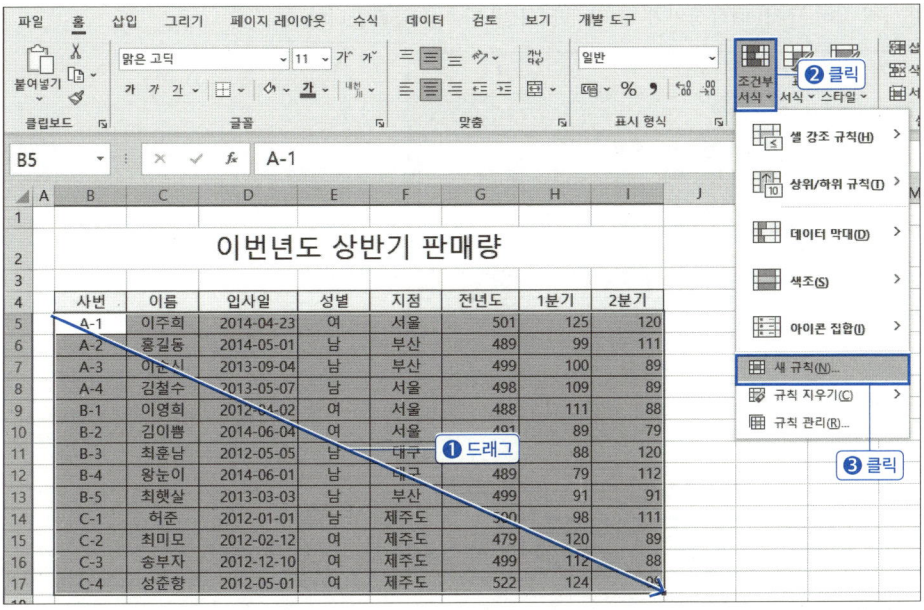

② [새 서식 규칙] 대화상자가 나타나면 [수식을 사용하여 서식을 지정할 셀 결정]을 클릭한 후 아래 수식 입력란에 커서를 이동하고 '='을 입력합니다.

③ 이어서 '=iseven(row($B5))'를 입력한 후 [서식] 단추를 클릭합니다.

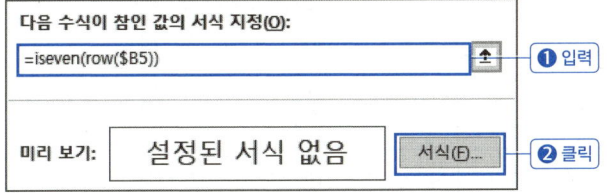

④ [셀 서식] 대화상자가 나타나면 [글꼴] 탭에서 [글꼴 스타일]은 '굵은 기울임꼴', [색]은 '빨강'으로 선택하고 [확인] 단추를 클릭합니다.

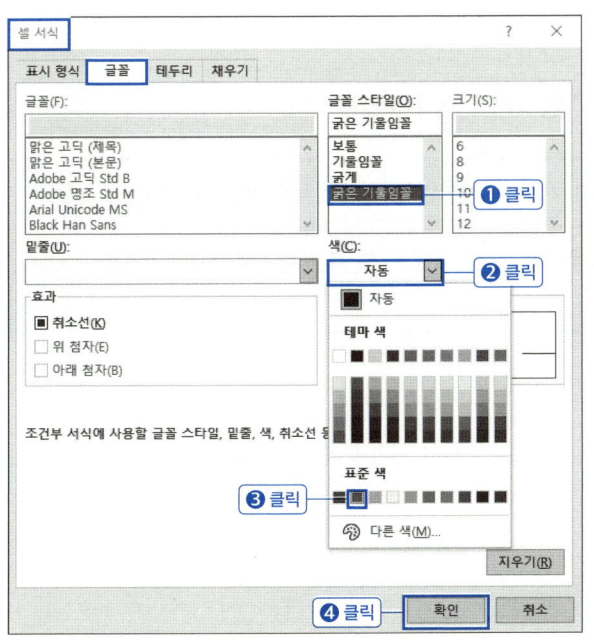

주희쌤 Tip

ISEVEN(number)

number가 짝수이면 TRUE, 짝수가 아니라면 FALSE

예

	A	B
1	수식	=ISEVEN(4)
2	결과	TRUE

↑ '4'가 짝수이면 TRUE

ISODD(number)

number가 홀수이면 TRUE, 홀수가 아니라면 FALSE

예

	A	B
1	수식	=ISODD(5)
2	결과	TRUE

↑ '5'가 홀수이면 TRUE

주희쌤 Tip

ROW([reference])

reference의 행 번호

예

	A	B
1	수식	=ROW(C1)
2	결과	1

↑ [C1] 셀의 행 번호

	A	B
1	수식	=ROW( )
2	결과	2

↑ reference를 생략하면 수식이 입력된 셀로 지정되어 [B2] 셀의 행 번호

COLUMN([reference])

reference의 열 번호

예

	A	B
1	수식	=COLUMN(C1)
2	결과	3

↑ [C1] 셀의 열 번호

ROWS(array)

array의 행 수

예

	A	B
1	수식	=ROWS(B1:B5)
2	결과	5

↑ [B1:B5] 영역의 행 수

COLUMNS(array)

array의 열 수

예

	A	B
1	수식	=COLUMNS(B1:D4)
2	결과	3

↑ [B1:D4] 영역의 열 수

⑤ [새 서식 규칙] 대화상자가 나타나면 [확인] 단추를 클릭합니다.

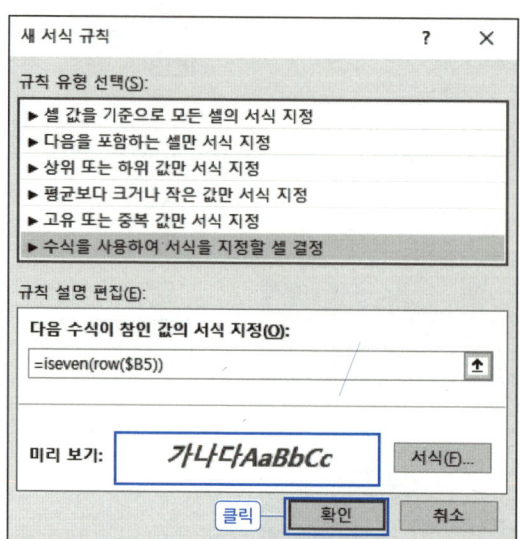

정답 =ISEVEN(ROW($B5))

사번	이름	입사일	성별	지점	전년도	1분기	2분기
A-1	이주희	2014-04-23	여	서울	501	125	120
A-2	**홍길동**	**2014-05-01**	**남**	**부산**	**489**	**99**	**111**
A-3	이순신	2013-09-04	남	부산	499	100	89
A-4	**김철수**	**2013-05-07**	**남**	**서울**	**498**	**109**	**89**
B-1	이영희	2012-04-02	여	서울	488	111	88
B-2	**김이름**	**2014-06-04**	**여**	**서울**	**491**	**89**	**79**
B-3	최훈남	2012-05-05	남	대구	492	88	120
B-4	**왕눈이**	**2014-06-01**	**남**	**대구**	**489**	**79**	**112**
B-5	최햇살	2013-03-03	남	부산	499	91	91
C-1	**허준**	**2012-01-01**	**남**	**제주도**	**500**	**98**	**111**
C-2	최미모	2012-02-12	여	제주도	479	120	89
C-3	**송부자**	**2012-12-10**	**여**	**제주도**	**499**	**112**	**88**
C-4	성춘향	2012-05-01	여	제주도	522	124	99

주희쌤 Tip

교재 안에 물론 어려운 문제도 있습니다. 조금 어렵다고해서 포기하게 되면 포기해야 할 문제들은 너무나 많아지기 때문에 포기하지 말고 도전하세요!

주희쌤 Tip

ⓠ 문제에 어떤 함수를 사용하라는 지시가 없다면요?
ⓐ 사용하고 싶은 함수를 사용하여 결과가 일치하게 나오면 됩니다.

ⓠ 문제에 어떤 함수를 사용하라는 지시가 있다면요?
ⓐ 문제에 제시된 함수만 사용하여 결과가 일치하게 나오면 됩니다.

문제 유형 5 '조건부서식5' 워크시트에서 작업하시오.

⑤ [B5:I17] 영역에서 짝수행이며 '지점'이 서울인 행 전체에 대하여 글꼴 스타일은 '굵게', 글꼴 색은 '빨강'으로 적용하는 조건부 서식을 작성하시오.
▶ 단, 규칙 유형은 '수식을 사용하여 서식을 지정할 셀 결정'을 사용하시오. (ROW, MOD 함수 사용)

 따라하기 ⑤

① 조건에 해당하는 행 전체에 서식을 지정하기 위해 문제에 제시된 [B5:I17] 영역을 드래그하여 선택한 후 [홈] 탭-[스타일] 그룹-[조건부 서식]-[새 규칙]을 클릭합니다.

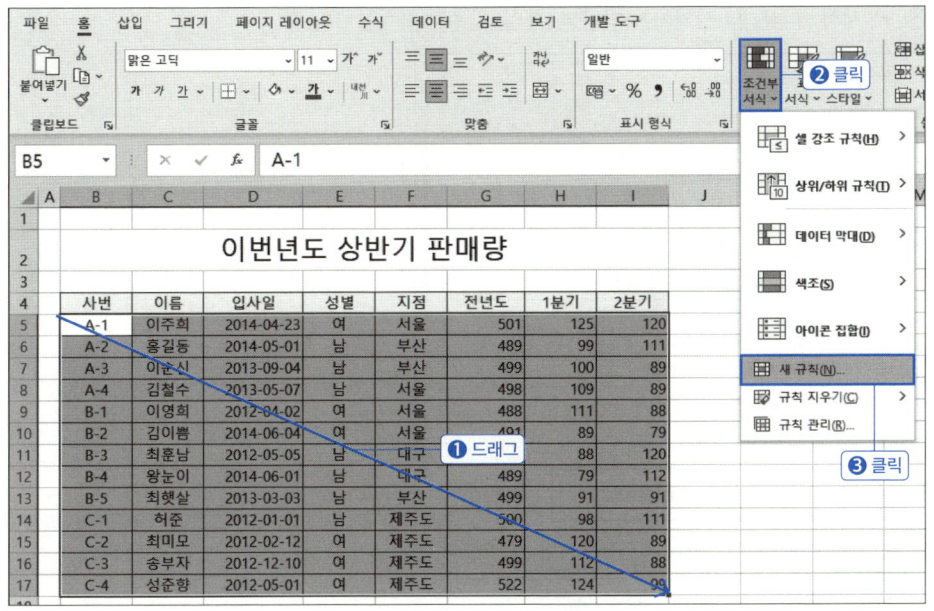

② [새 서식 규칙] 대화상자가 나타나면 [수식을 사용하여 서식을 지정할 셀 결정]을 클릭한 후 아래 수식 입력란에 커서를 이동하고 '='을 입력합니다.

③ 이어서 '(mod(row($B5),2)=0)*($F5="서울")'을 입력한 후 [서식] 단추를 클릭합니다.

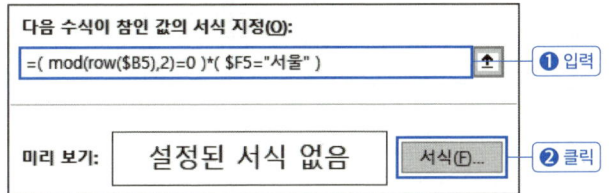

④ [셀 서식] 대화상자가 나타나면 [글꼴] 탭에서 [글꼴 스타일]은 '굵게', [색]은 '빨강'으로 선택하고 [확인] 단추를 클릭합니다.

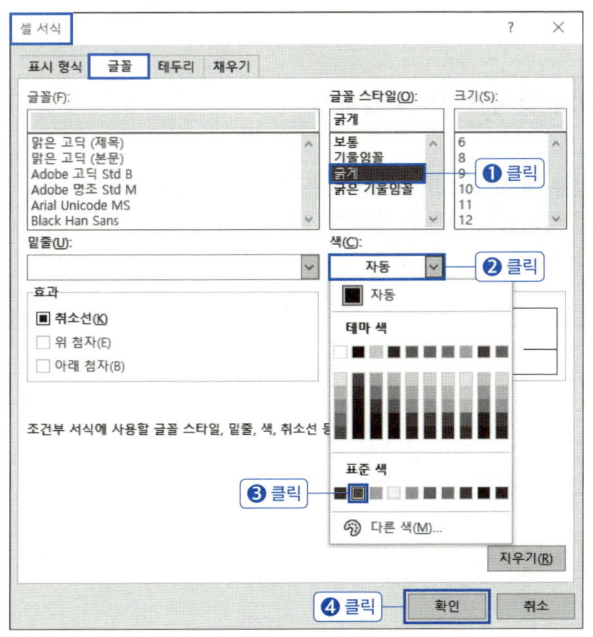

주희쌤 Tip

	AND
엑셀	AND(인수1, 인수2)
	(인수1) * (인수2)
액세스 VBE	인수1 AND 인수2

	OR
엑셀	OR(인수1, 인수2)
	(인수1) + (인수2)
액세스 VBE	인수1 OR 인수2

	MOD
엑셀	MOD(number, divisor)
액세스 VBE	number MOD divisor

(VBE는 Visual Basic Editor입니다.)

Ⓠ '(인수) * (인수)' 곱하기로 인수를 연결하는 것이 왜 AND 예요?
'(인수) + (인수)' 더하기로 인수를 연결하는 것이 왜 OR예요?
Ⓐ 고급 필터에서 'TRUE'는 '1', 'FALSE'는 '0'이라는 것을 배웠죠?
'(TRUE)*(TRUE)=TRUE'는 '1*1=1'과 같은 의미입니다.
조건이 모두 만족해야 'TRUE'가 된다는 것이죠. 그래서 AND는 곱하기로 인수를 연결합니다.
'(TRUE)+(FALSE)=TRUE'는 '1+0=1'과 같은 의미입니다.
조건이 하나라도 만족하면 'TRUE'가 된다는 것이죠. 그래서 OR는 더하기로 인수를 연결합니다.

주희쌤 Tip

MOD(number, divisor)

number를 divisor로 나눴을 때 나머지

예

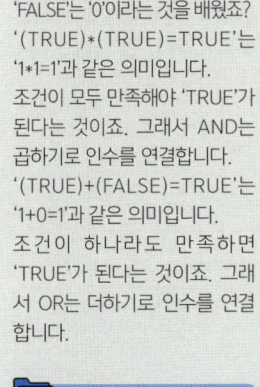

↑ '4'를 '2'로 나눴을 때 나머지

QUOTIENT(numerator, denominator)

numerator(숫자)를 denominator로 나눴을 때 몫의 정수 부분

예

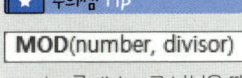

↑ '5'를 '2'로 나눴을 때 몫의 정수 부분

⑤ [새 서식 규칙] 대화상자가 나타나면 [확인] 단추를 클릭합니다.

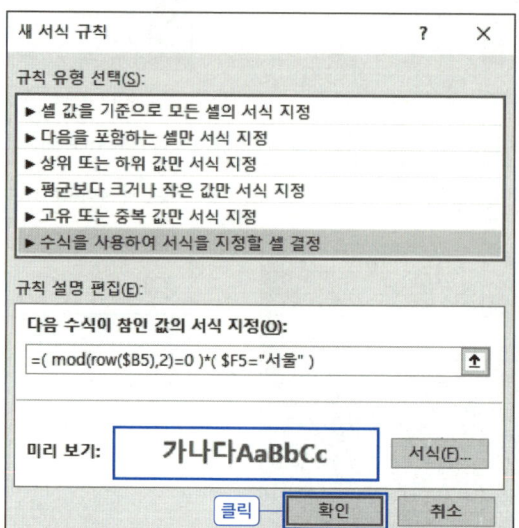

주희쌤 Tip
셀 주소, 함수 이름, 함수 이름 바로 뒤, 문자, 숫자 외에는 띄어쓰기를 해도 상관이 없습니다.

정답 =(MOD(ROW($B5), 2)=0) * ($F5="서울")

사번	이름	입사일	성별	지점	전년도	1분기	2분기
A-1	이주희	2014-04-23	여	서울	501	125	120
A-2	홍길동	2014-05-01	남	부산	489	99	111
A-3	이순신	2013-09-04	남	부산	499	100	89
A-4	**김철수**	**2013-05-07**	**남**	**서울**	**498**	**109**	**89**
B-1	이영희	2012-04-02	여	서울	488	111	88
B-2	**김이쁨**	**2014-06-04**	**여**	**서울**	**491**	**89**	**79**
B-3	최훈남	2012-05-05	남	대구	492	88	120
B-4	왕눈이	2014-06-01	남	대구	489	79	112
B-5	최햇살	2013-03-03	남	부산	499	91	91
C-1	허준	2012-01-01	남	제주도	500	98	111
C-2	최미모	2012-02-12	여	제주도	479	120	89
C-3	송부자	2012-12-10	여	제주도	499	112	88
C-4	성준향	2012-05-01	여	제주도	522	124	99

문제 유형 6 '조건부서식6' 워크시트에서 작업하시오.

⑥ [A2:D12] 영역에 대해서 '수강료'에 최대값과 최소값이 포함된 행 전체에 글꼴 스타일은 '굵게', 글꼴 색은 '빨강'으로 적용하는 조건부 서식을 작성하시오.
▶ 단, 규칙 유형은 '수식을 사용하여 서식을 지정할 셀 결정'을 사용하시오. (MAX, MIN 함수 사용)

 **따라하기 ⑥**

① 조건에 해당하는 행 전체에 서식을 지정하기 위해 문제에 제시된 [A2:D12] 영역을 드래그하여 선택한 후 [홈] 탭-[스타일] 그룹-[조건부 서식]-[새 규칙]을 클릭합니다.

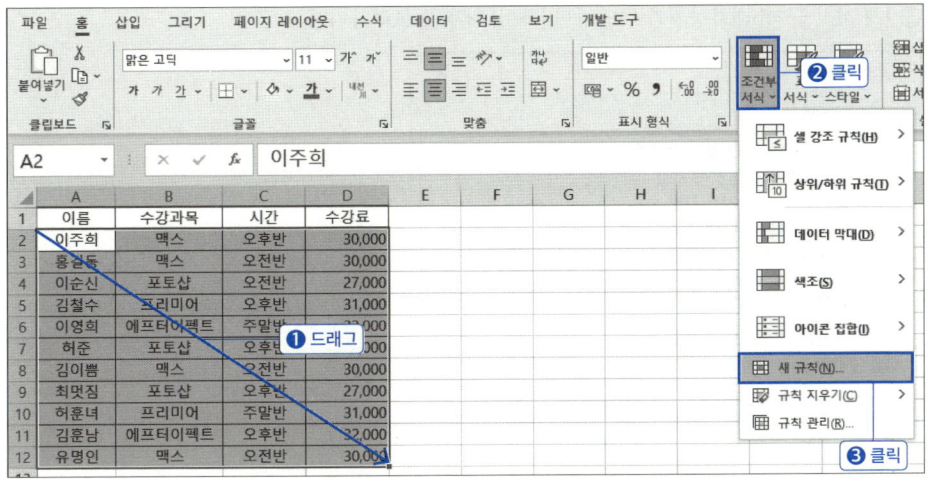

② [새 서식 규칙] 대화상자가 나타나면 [수식을 사용하여 서식을 지정할 셀 결정]을 클릭한 후 아래 수식 입력란에 커서를 이동하고 '='을 입력합니다.

③ 이어서 '(max($D$2:$D$12)=$D2)+(min($D$2:$D$12)=$D2)'를 입력한 후 [서식] 단추를 클릭합니다.

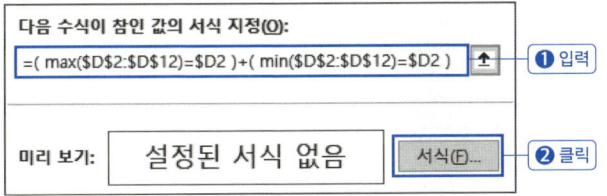

④ [셀 서식] 대화상자가 나타나면 [글꼴] 탭에서 [글꼴 스타일]은 '굵게', [색]은 '빨강'으로 선택하고 [확인] 단추를 클릭합니다.

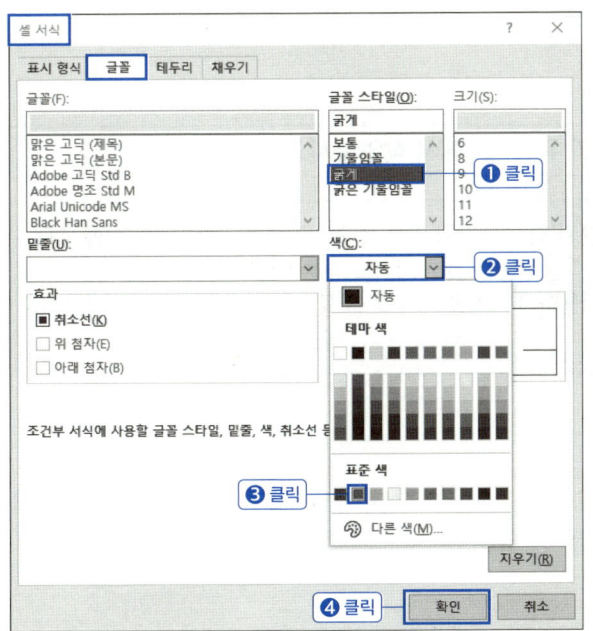

주희쌤 Tip

최대값도 만족하고 최소값도 만족하는 숫자는 수강료 안에 없습니다.
최대값 혹은 최소값을 만족하는 숫자는 수강료 안에 있습니다.
즉, 이 문제는 'And'의 의미가 아니라는 것이죠.

주희쌤 Tip

MAX(number1, [number2], …)
number 중 최대값

예

	A	B
1	데이터	10
2		5
3		20
4		
5	수식	=MAX(B1:B3)
6	결과	20

↑ [B1:B3] 영역의 최대값

MIN(number1, [number2], …)
number 중 최소값

예

	A	B
1	데이터	10
2		5
3		20
4		
5	수식	=MIN(B1:B3)
6	결과	5

↑ [B1:B3] 영역의 최소값

> **주희쌤 Tip**
>
> ⓠ '=(MAX($D$2:$D$12))+(MIN($D$2:$D$12))' 이건 왜 안 되죠?
> ⓐ 인수의 형식을 지키지 않았네요.
> =OR(logical, logical)
> =(logical) + (logical)

> **주희쌤 Tip**
>
> MAX($D$2:$D$12)=$D2
> $D2=MAX($D$2:$D$12)
> 위 두 식의 결과는 같습니다.

⑤ [새 서식 규칙] 대화상자가 나타나면 [확인] 단추를 클릭합니다.

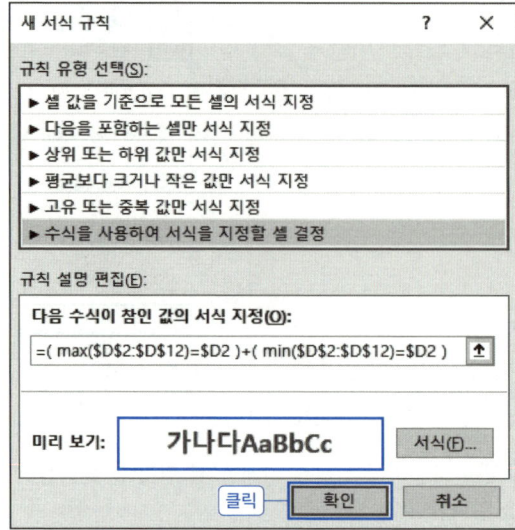

정답 =(MAX($D$2:$D$12)=$D2) + (MIN($D$2:$D$12)=$D2)

이름	수강과목	시간	수강료
이주희	맥스	오후반	30,000
홍길동	맥스	오전반	30,000
이순신	포토샵	오전반	27,000
김철수	프리미어	오후반	31,000
이영희	애프터이펙트	주말반	32,000
허준	포토샵	오후반	27,000
김이쁨	맥스	오전반	30,000
최명집	포토샵	오후반	27,000
허훈녀	프리미어	주말반	31,000
김훈남	애프터이펙트	오후반	32,000
유명인	맥스	오전반	30,000

문제 유형 7 — '조건부서식7' 워크시트에서 작업하시오.

⑦ 개인별 '전년도', '1분기', '2분기'의 최대값과 최소값 차이가 420 이상인 전체 행에 대해서 밑줄은 '이중 실선'으로 적용하는 조건부 서식을 작성하시오.
  ▶ 단, 규칙 유형은 '수식을 사용하여 서식을 지정할 셀 결정'을 사용하시오. (MAX, MIN 함수 사용)

 따라하기 ⑦

① 조건에 해당하는 행 전체에 서식을 지정하기 위해 필드명을 제외한 [B5:I17] 영역을 드래그하여 선택한 후 [홈] 탭-[스타일] 그룹-[조건부 서식]-[새 규칙]을 클릭합니다.

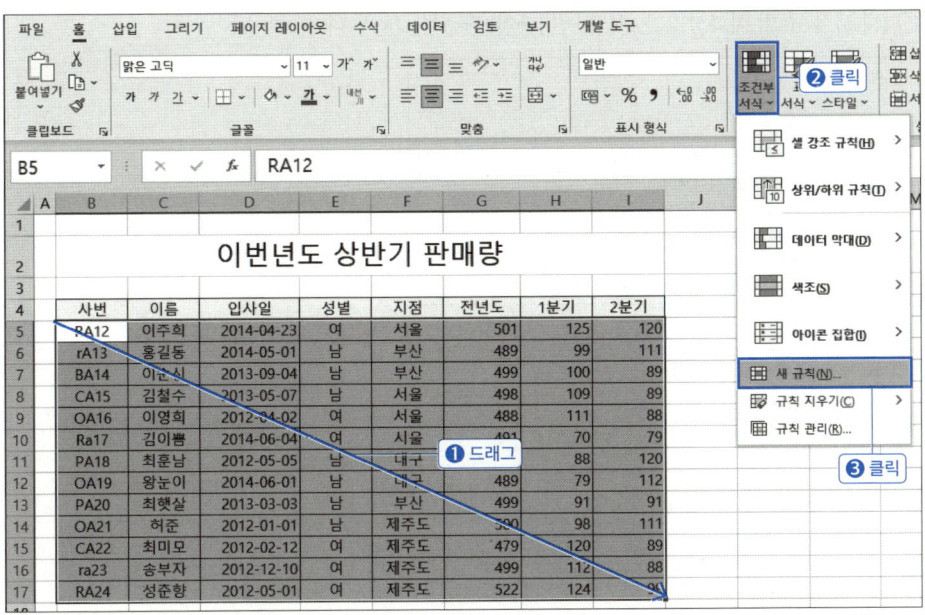

② [새 서식 규칙] 대화상자가 나타나면 [수식을 사용하여 서식을 지정할 셀 결정]을 클릭한 후 아래 수식 입력란에 커서를 이동하고 '='을 입력합니다.

③ 이어서 'max($G5:$I5)-min($G5:$I5)〉=420'을 입력한 후 [서식] 단추를 클릭합니다.

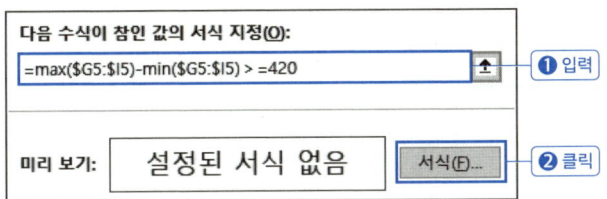

④ [셀 서식] 대화상자가 나타나면 [글꼴] 탭에서 [밑줄]을 '이중 실선'으로 선택하고 [확인] 단추를 클릭합니다.

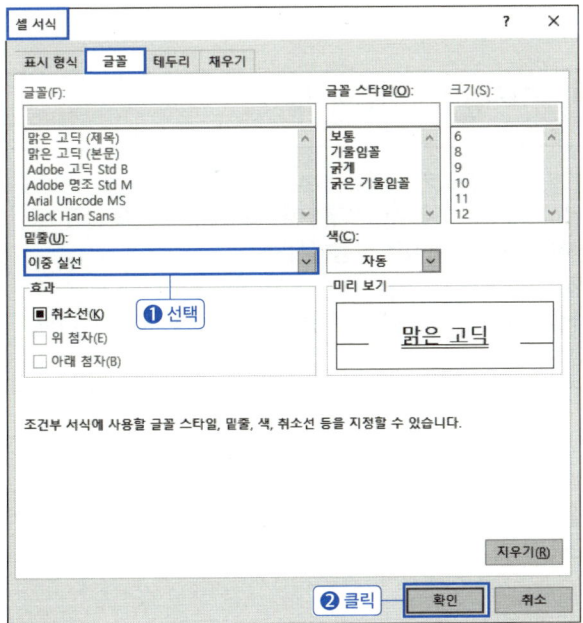

⑤ [새 서식 규칙] 대화상자가 나타나면 [확인] 단추를 클릭합니다.

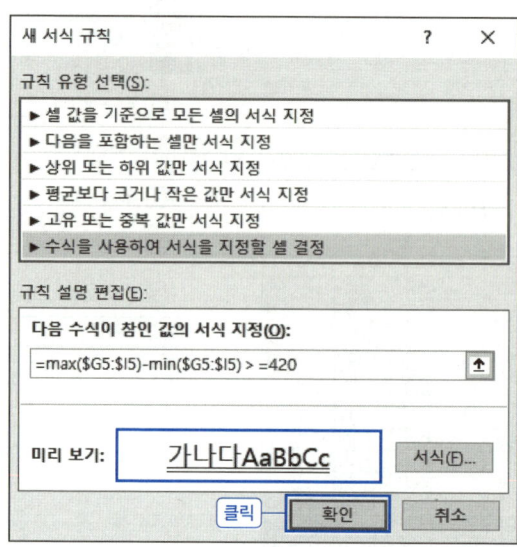

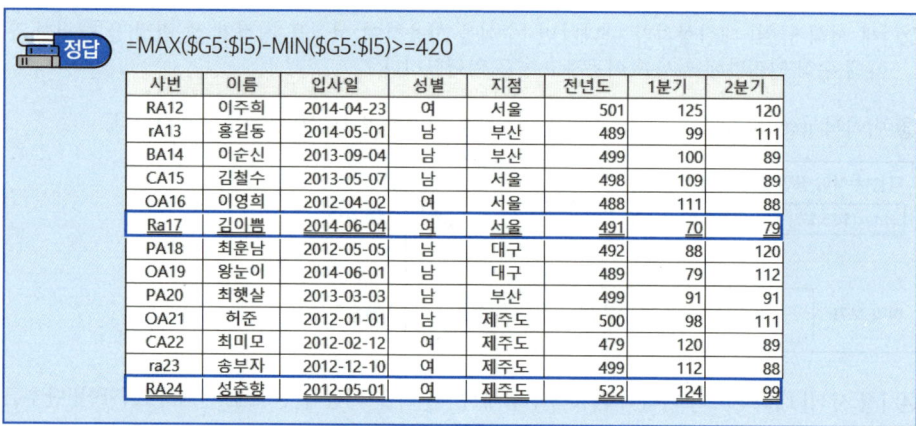

=MAX($G5:$I5)-MIN($G5:$I5)>=420

문제 유형 8 '조건부서식8' 워크시트에서 작업하시오.

⑧ [B5:I17] 영역에 대해서 '사번'의 앞 두 자리가 ra, Ra, RA, rA인 행 전체에 글꼴 스타일은 '굵게', 글꼴 색은 '자주'로, '1분기'의 하위 첫 번째인 행 전체에 글꼴 스타일은 '굵게', 글꼴 색은 '녹색'으로 지정하는 조건부 서식을 작성하시오.
▶ 규칙은 문제 순서대로 작성할 것
▶ 단, 규칙 유형은 '수식을 사용하여 서식을 지정할 셀 결정'을 이용하시오. (UPPER, LEFT, RANK.EQ 함수 이용)

① 조건에 해당하는 행 전체에 서식을 지정하기 위해 문제에 제시된 [B5:I17] 영역을 드래그하여 선택한 후 [홈] 탭-[스타일] 그룹-[조건부 서식]-[새 규칙]을 클릭합니다.

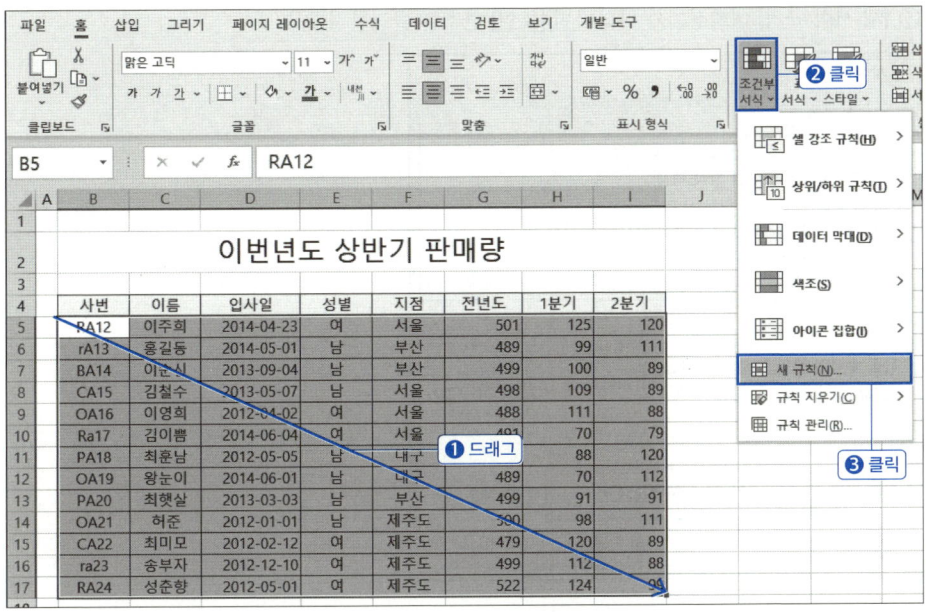

> **주희쌤 Tip**
> ra, Ra, RA, rA의 공통점은 대문자(UPPER)로 변경했을 때 RA가 된다는 것입니다.

② [새 서식 규칙] 대화상자가 나타나면 [수식을 사용하여 서식을 지정할 셀 결정]을 클릭한 후 아래 수식 입력란에 커서를 이동하고 '='을 입력합니다.

③ 이어서 'upper(left($B5,2))="RA"'를 입력한 후 [서식] 단추를 클릭합니다.

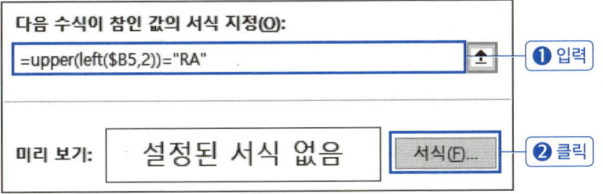

④ [셀 서식] 대화상자가 나타나면 [글꼴] 탭에서 [글꼴 스타일]은 '굵게', [색]은 '자주'로 선택하고 [확인] 단추를 클릭합니다.

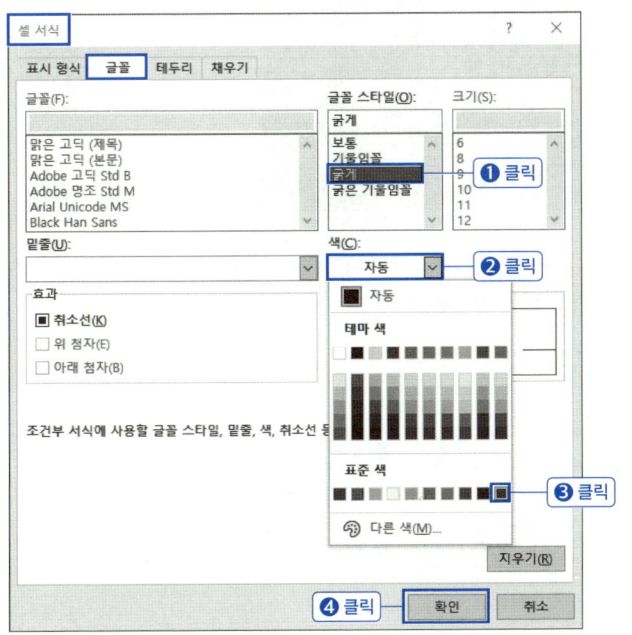

> **주희쌤 Tip**
>
> **UPPER(text)**
> text를 모두 대문자로 변경
>
> 예
>
> | | A | B |
> |---|---|---|
> | 1 | 수식 | =UPPER("ju") |
> | 2 | 결과 | JU |
>
> ↑ 'ju'를 모두 대문자로 변경
>
> **LOWER(text)**
> text를 모두 소문자로 변경
>
> 예
>
> | | A | B |
> |---|---|---|
> | 1 | 수식 | =LOWER("HEE") |
> | 2 | 결과 | hee |
>
> ↑ 'HEE'를 모두 소문자로 변경
>
> | | 대문자 | 소문자 |
> |---|---|---|
> | 엑셀 | UPPER | LOWER |
> | 액세스 VBE | UCASE | LCASE |
>
> (VBE는 Visual Basic Editor입니다.)

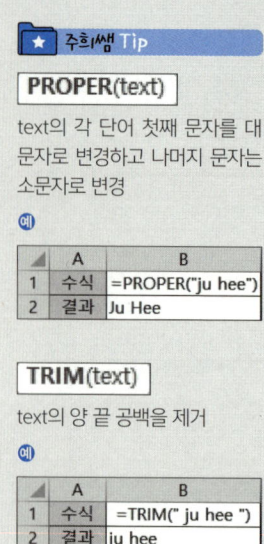

⑤ [새 서식 규칙] 대화상자가 나타나면 [확인] 단추를 클릭합니다.

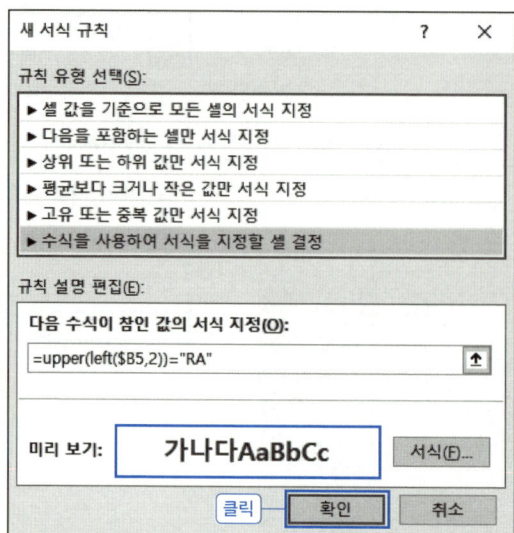

⑥ 두 번째 규칙을 적용하기 위해 [B5:I17] 영역이 선택되어 있는 상태에서 [홈] 탭-[스타일] 그룹-[조건부 서식]-[새 규칙]을 클릭합니다.

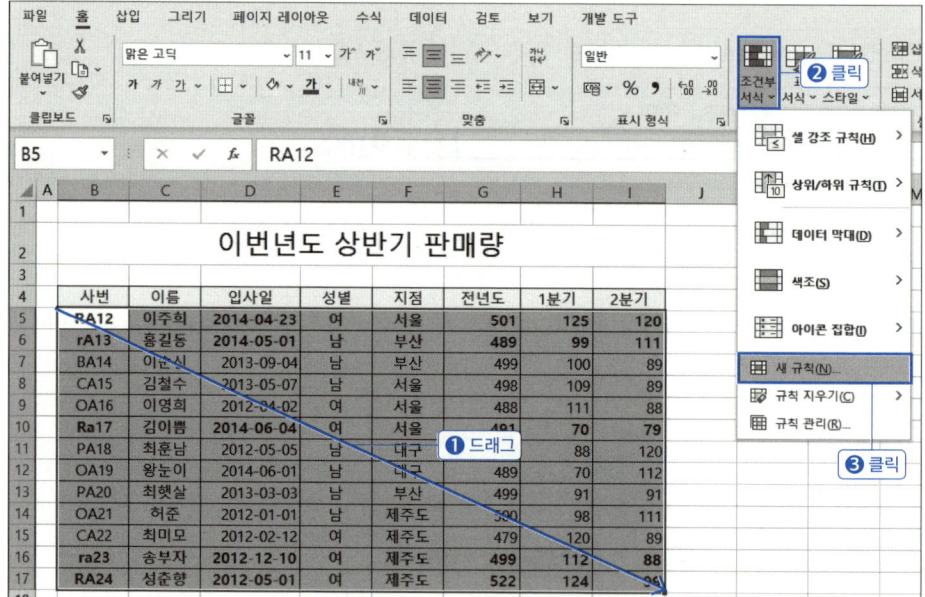

⑦ [새 서식 규칙] 대화상자가 나타나면 [수식을 사용하여 서식을 지정할 셀 결정]을 클릭한 후 아래 수식 입력란에 커서를 이동하고 '='을 입력합니다.

⑧ 이어서 'rank.eq($H5,$H$5:$H$17,1)=1'을 입력한 후 [서식] 단추를 클릭합니다.

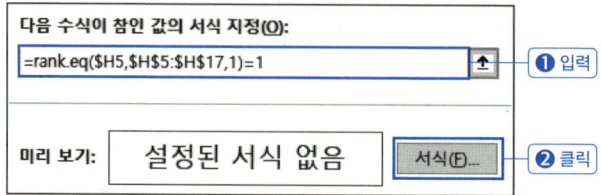

⑨ [셀 서식] 대화상자가 나타나면 [글꼴] 탭에서 [글꼴 스타일]은 '굵게', [색]은 '녹색'으로 선택하고 [확인] 단추를 클릭합니다.

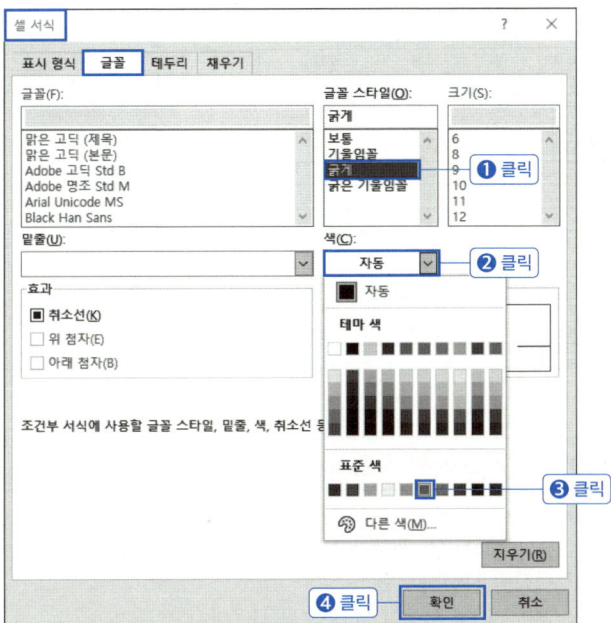

⑩ [새 서식 규칙] 대화상자가 나타나면 [확인] 단추를 클릭합니다.

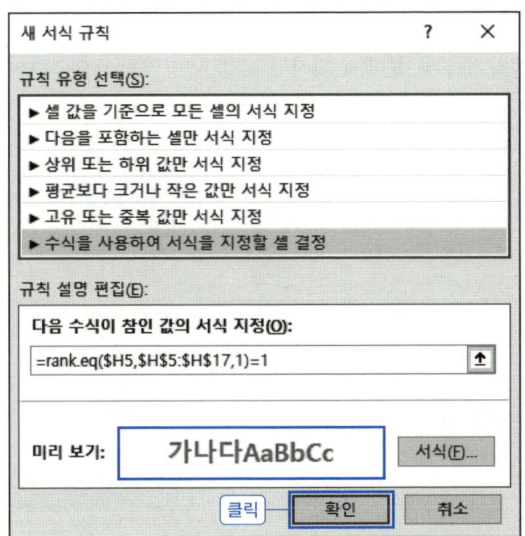

> **주희쌤Tip**
>
> [홈] 탭-[스타일] 그룹-[조건부 서식]-[규칙 관리] ↓
>
>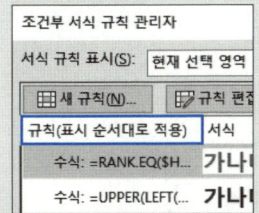
>
> 규칙이 표시된 순서대로 적용되므로 문제 순서대로 작성하여 두 번째로 작성한 규칙이 우선 적용되도록 합니다.

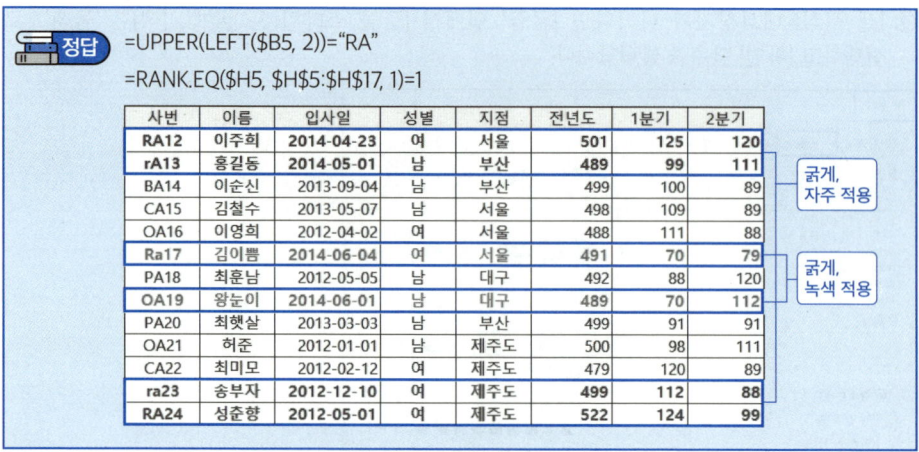

문제 유형 9 '조건부서식9' 워크시트에서 작업하시오.

⑨ [C2:F7] 영역에서 '사번'이 A로 시작되는 열 전체에 대하여 글꼴 스타일 '굵게', 글꼴 색 '파랑'으로 적용하는 조건부 서식을 작성하시오.
▶ 단, 규칙 유형은 '수식을 사용하여 서식을 지정할 셀 결정'을 사용하시오.

 따라하기 ⑨

① 조건에 해당하는 열 전체에 서식을 지정하기 위해 문제에 제시된 [C2:F7] 영역을 드래그하여 선택한 후 [홈] 탭-[스타일] 그룹-[조건부 서식]-[새 규칙]을 클릭합니다.

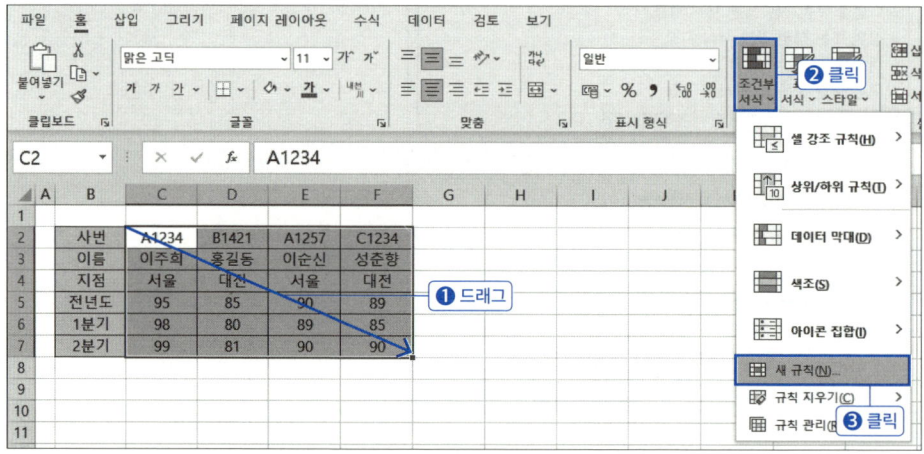

② [새 서식 규칙] 대화상자가 나타나면 [수식을 사용하여 서식을 지정할 셀 결정]을 클릭한 후 아래 수식 입력란에 커서를 이동하고 '='을 입력합니다.

③ 이어서 'left(C$2,1)="A"'를 입력한 후 [서식] 단추를 클릭합니다.

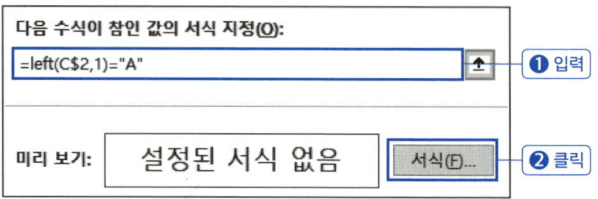

주희쌤 Tip
행에 서식이 지정될 때엔 열 고정(열 이름 앞에 '$' 표시)을 하고, 열에 서식이 지정될 때엔 행 고정(행 번호 앞에 '$' 표시)을 하며, 셀에 서식이 지정될 때엔 고정을 하지 않습니다.

④ [셀 서식] 대화상자가 나타나면 [글꼴] 탭에서 [글꼴 스타일]은 '굵게', [색]은 '파랑'으로 선택하고 [확인] 단추를 클릭합니다.

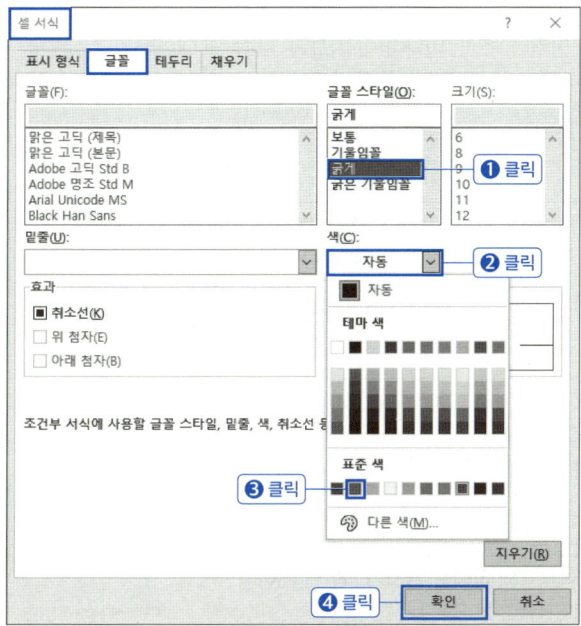

⑤ [새 서식 규칙] 대화상자가 나타나면 [확인] 단추를 클릭합니다.

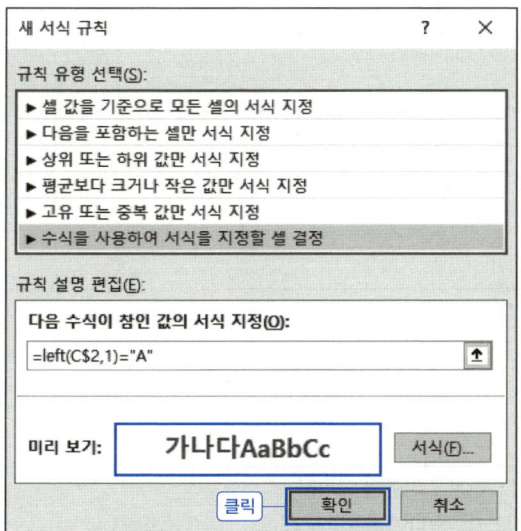

> **주희쌤 Tip**
>
> ⓠ 2번을 하다 보니 1번을 잊어 버렸어요.
> ⓠ 답안지를 안 보고 혼자 풀 수 없어요.
> ⓠ 왜 이 함수를 사용해야 하는지 모르겠어요.
> ⓠ 이 함수를 왜 먼저 입력해야 하는지 모르겠어요.
> ⓠ 함수에서 범위가 왜 이렇게 지정되어야 하는지 모르겠어요.
> ⓠ 알 것 같기도 하면서, 모를 것 같기도 같기도 해요.
> Ⓐ 함수는 '반복'만이 답입니다. 반복하면 쉬워집니다. 쉬워지면 응용하게 됩니다. 응용하면 심지어 재밌어지는 놀라운 경험을 하게 됩니다. 조건부 서식에 있는 9개의 문제를 다시 한 번 풀어보세요!

정답 =LEFT(C$2, 1)="A"

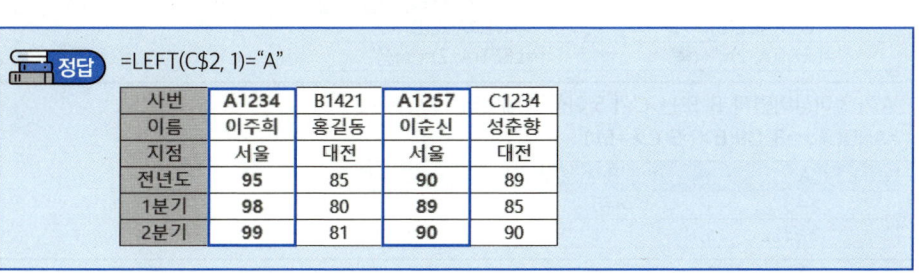

AND, OR 함수로 이루어진 조건부 서식, 고급 필터 문제

'쉼표'에서 끊기

'A'가 "식품"으로 시작하고 'B'가 "딸기"이거나, 'C'가 "바나나"이고 'D'가 3 이상인 데이터
=OR(AND(LEFT(A, 2)="식품", B="딸기"), AND(C="바나나", D >=3))

이주희	B	C	D
=LEFT(A, 2)="식품"	딸기		
		바나나	>=3

'A'가 "사과"이고 'B'가 "딸기"이며 'C'가 3 이상 5 이하이거나, 'D'가 "바나나"로 시작하는 데이터
=OR(AND(A="사과", B="딸기", C >=3, C <=5), LEFT(D, 3)="바나나")

A	B	C	C	D
사과	딸기	>=3	<=5	
				바나나*

'A'가 3 이상이거나, 'B'가 "딸기"인 데이터 중에서 'C'가 5 이상 7 이하인 데이터
=OR(A >=3, AND(B="딸기", C >=5, C <=7))

A	B	C	C
>=3			
	딸기	>=5	<=7

'A'가 "사과"가 아니고 'B'가 "딸기"이거나, 'C'의 끝나는 글자가 "과"인 데이터
=OR(AND(A < > "사과", B="딸기"), RIGHT(C, 1)="과")

A	B	C
< > 사과	딸기	
		*과

'한 개의 필드'에 '조건이 두 개'인 경우
'두 개의 필드'에 '조건이 한 개'인 경우

'A'가 3 이상이고, 'B'가 "사과"이거나 "딸기"인 데이터
=AND(A >=3, OR(B="사과", B="딸기"))

A	B
>=3	사과
>=3	딸기

'A'가 "사과" 또는 "딸기"이고, 'B'가 3 이상인 데이터
=AND(OR(A="사과", A="딸기"), B >=3)

A	B
사과	>=3
딸기	>=3

'A' 앞의 두 자리가 "식품"이거나 'B'의 평균이 5 이상 7 미만인 데이터
=OR(LEFT(A, 2)="식품", AND(AVERAGE(B) >=5, AVERAGE(B) < 7))

이주희	이주희
=AVERAGE(B) >=5	=AVERAGE(B) < 7
=LEFT(A, 2)="식품"	=LEFT(A, 2)="식품"

'A'가 3 이상이면서 'B' 또는 'C'가 5 이상인 데이터
=AND(A >=3, OR(B >=5, C >=5))

A	B	C
>=3	>=5	
>=3		>=5

AND, OR 함수로 이루어진 조건부 서식, 고급 필터 문제

'쉼표'에서 끊고, '하나의 필드에 조건'이 두 개인 경우

'A'가 3 이상이고 'B'가 "사과" 또는 "딸기"이거나, 'A'가 5 이상이고 'C'가 "바나나"인 데이터
=OR(AND(A >=3, OR(B="사과", B="딸기")), AND(A >=5, C="바나나"))
=OR(AND(A >=3, B="사과"), AND(A >=3, B="딸기"), AND(A >=5, C="바나나"))

A	B	C
>=3	사과	
>=3	딸기	
>=5		바나나

'A'가 "사과"이거나, 'B'가 1이고 'C'가 "딸기" 또는 "포도"인 데이터
=OR(A="사과", AND(B=1, OR(C="딸기", C="포도")))

A	B	이주희
사과		
	1	=OR(C="딸기", C="포도")

A	B	C
사과		
	1	딸기
	1	포도

똑같은 문장이 반복될 경우

'A'가 "사과"가 아니고 'B'가 1보다 크거나 'A'가 "사과"가 아니고 'C'가 "딸기"인 데이터
=OR(AND(A <> "사과", B > 1), AND(A <> "사과", C="딸기"))

A	B	C
<>사과	>1	
<>사과		딸기

'Or조건'을 '제외(아니)'할 경우

'A'가 "사과"이고, 'B'가 "딸기" 또는 "바나나"가 아닌 데이터
=AND(A="사과", B <> "딸기", B <> "바나나")

A	B	B
사과	<>딸기	<>바나나

☞ 위 문제는
A가 "사과"이고 B가 "딸기"가 아닌 데이터
A가 "사과"이고 B가 "바나나"가 아닌 데이터
둘 다 만족을 시켜야 하는데

A	B
사과	<>딸기
사과	<>바나나

↑ 위와 같이 입력하면
A가 "사과"이고 B가 "딸기"가 아닌 모든 데이터가 다 나오고
(A가 "사과"이고 B가 "바나나"인 데이터도 나오게 됨)

A가 "사과"이고 B가 "바나나"가 아닌 모든 데이터가 다 나오기 때문에 안 됩니다.
(A가 "사과"이고 B가 "딸기"인 데이터도 나오게 됨)

'A'가 9 이상인 것 중, 'B'가 5 미만이거나 'C'가 6 미만을 제외한 데이터
=AND(A >=9, B >=5, C >=6)

A	B	C
>=9	>=5	>=6

숙제

※ 각 시트의 조건부 서식 규칙 유형은 '수식을 사용하여 서식을 지정할 셀 결정'을 사용하고, 한 개의 규칙으로만 작성하시오.

01 '숙제1' 시트에서 다음과 같이 조건부 서식을 설정하시오.
- ▶ [B3:D10] 영역에서 '종가'의 하위 첫 번째와 상위 첫 번째인 행 전체에 대하여 글꼴 색 '표준 색-빨강', 글꼴 스타일 '굵게'로 적용하시오.
- ▶ RANK.EQ, OR 함수 사용

02 '숙제2' 시트에서 다음과 같이 조건부 서식을 설정하시오.
- ▶ [B3:E10] 영역에서 1과목, 2과목, 3과목의 전체 평균([C3:E10])과 개인별 1과목, 2과목, 3과목의 평균 차가 10 이상인 전체 행에 대하여 글꼴 색 '표준 색-빨강', 글꼴 스타일 '굵게'로 적용하시오.
- ▶ AVERAGE, ABS 함수 사용

03 '숙제3' 시트에서 다음과 같이 조건부 서식을 설정하시오.
- ▶ [A4:F10] 영역에서 할인대상, 기내식신청, 좌석지정 모두에 영문 대문자 "O"가 표시된 행 전체에 대하여 채우기 색 '표준 색-노랑'을 적용하시오.
- ▶ COUNTA 함수 사용

04 '숙제4' 시트에서 다음과 같이 조건부 서식을 설정하시오.
- ▶ [A3:F10] 영역에서 열 번호를 3으로 나눈 나머지가 홀수인 열 전체에 대하여 글꼴 스타일을 '굵은 기울임꼴'로 적용하시오.
- ▶ COLUMN, MOD, ISODD 함수 사용

05 '숙제5' 시트에서 다음과 같이 조건부 서식을 설정하시오.
- ▶ [A3:E10] 영역에서 문자로 입력된 날짜의 앞 4개 숫자가 2023이면서 기간이 2가 아니고, 성적을 15로 나눈 후 소수 둘째 자리에서 반올림한 값이 5.3에 해당하는 행 전체에 대하여 '굵은 기울임꼴'을 적용하시오.
- ▶ LEFT, AND, ROUND 함수 사용

06 '숙제6' 시트에서 다음과 같이 조건부 서식을 설정하시오.
- ▶ [A2:E10] 영역에서 A열(1열), C열(3열), E열(5열)에만 채우기 색 '표준 색-노랑'을 적용하시오.
- ▶ OR, COLUMN 함수 사용

07 '숙제7' 시트에서 다음과 같이 조건부 서식을 설정하시오.
- ▶ [A3:E10] 영역에서 '예약코드'의 첫 글자가 "1"에 해당하지 않고 출발 연도가 2020년부터 2022년까지이면서 '좌석'이 '할인석'이 아닌 행 전체에 대하여 글꼴 스타일 '굵은 기울임꼴'을 적용하시오.
- ▶ AND, LEFT, YEAR 함수 사용

08 '숙제8' 시트에서 다음과 같이 조건부 서식을 설정하시오.
- ▶ [A3:D11] 영역에서 '소속'에 "대학교"가 포함된 행 전체에 대하여 글꼴 색 '표준 색-파랑', 글꼴 스타일 '굵은 기울임꼴'로 적용하시오.
- ▶ ISNUMBER, FIND 함수 사용

09 '숙제9' 시트에서 다음과 같이 조건부 서식을 설정하시오.
- ▶ [B2:D9] 영역에서 '날짜'의 요일이 금요일이나 토요일이고, '구분'이 '공휴일'인 행 전체에 대하여 밑줄 '실선', 글꼴 색 '표준 색-빨강'을 적용하시오.
- ▶ AND, WEEKDAY 함수 사용

숙제 정답 및 해설

01 '숙제1' 시트

▶ 결과

	A	B	C	D
1		[표1]		
2		종목코드	배당금	종가
3		2145*	24	2,690
4		1647*	300	55,000
5		**63440***	**70**	**2,505**
6		141041*	2,250	68,800
7		1544*	250	24,850
8		**21110***	**1,000**	**253,000**
9		26400*	1,000	75,700
10		2011*	600	89,500

① 적용 대상 : =$B$3:$D$10
② 수식 : =OR(RANK.EQ($D3, $D$3:$D$10, 1)=1, RANK.EQ($D3, $D$3:$D$10, 0)=1)
③ 셀 서식 : [글꼴] 탭에서 [글꼴 스타일]에 '굵게'를 선택하고, [색]에 '빨강'을 선택

02 '숙제2' 시트

▶ 결과

	A	B	C	D	E
1		[표1]			
2		이름	1과목	2과목	3과목
3		이재식	50	50	80
4		정병준	50	70	50
5		**주인식**	**30**	**20**	**50**
6		정순기	70	50	50
7		전승희	60	50	30
8		백경민	65	60	40
9		신승문	35	60	80
10		오성진	40	70	30

① 적용 대상 : =$B$3:$E$10
② 수식 : =ABS(AVERAGE($C$3:$E$10)-AVERAGE($C3:$E3))>=10
③ 셀 서식 : [글꼴] 탭에서 [글꼴 스타일]에 '굵게'를 선택하고, [색]에 '빨강'을 선택

03 '숙제3' 시트

▶ 결과

	A	B	C	D	E	F
2	[표1]					
3	이름	이용일자	좌석	할인대상	기내식신청	좌석지정
4	이재식	2012-05-03	할인석	O	O	O
5	정병준	2012-07-13	일반석			O
6	주인식	2013-08-10	일반석	O	O	
7	정순기	2014-09-10	일반석	O		O
8	전승희	2015-05-05	할인석		O	O
9	백경민	2017-01-01	일반석		O	
10	신승문	2018-05-04	일반석	O	O	O

① 적용대상 : =$A$4:$F$10
② 수식 : =COUNTA($D4:$F4)=3
③ 셀 서식 : [채우기] 탭에서 [배경색]에 '노랑'을 선택

04 '숙제4' 시트

▶ 결과

	A	B	C	D	E	F
2	[표1]					
3	*이름*	이용일자	좌석	*할인대상*	기내식신청	좌석지정
4	*이재식*	2012-05-03	할인석	*O*	O	O
5	*정병준*	2012-07-13	일반석			O
6	*주인식*	2013-08-10	일반석	*O*	O	
7	*정순기*	2014-09-10	일반석	*O*		O
8	*전승희*	2015-05-05	할인석		O	O
9	*백경민*	2017-01-01	일반석		O	
10	*신승문*	2018-05-04	일반석	*O*	O	O

① 적용대상 : =$A$3:$F$10
② 수식 : =ISODD(MOD(COLUMN(A$3), 3))
③ 셀 서식 : [글꼴] 탭에서 [글꼴 스타일]에 '굵은 기울임꼴'을 선택

05 '숙제5' 시트

▶ 결과

	A	B	C	D	E
1	[표1]				
2	날짜	기간	학번	평가	성적
3	2021-10-23	3	010203	우수	85
4	2022-05-01	2	010204	보통	70
5	2023-04-20	2	020101	우수	97
6	2021-06-13	2	020102	우수	90
7	2022-05-11	1	010105	우수	97
8	2023-05-01	3	020301	우수	91
9	**2023-02-02**	**1**	**010102**	**보통**	**79**
10	2022-07-12	1	020103	보통	79

① 적용 대상 : =$A$3:$E$10
② 수식 : =AND(LEFT($A3, 4)*1=2023, $B3<>2, ROUND($E3/15, 1)=5.3)
③ 셀 서식 : [글꼴] 탭에서 [글꼴 스타일]에 '굵은 기울임꼴'을 선택

06 '숙제6' 시트

▶ 결과

	A	B	C	D	E
1	[표1]				
2	날짜	기간	학번	평가	성적
3	2021-10-23	3	010203	우수	85
4	2022-05-01	2	010204	보통	70
5	2023-04-20	2	020101	우수	97
6	2021-06-13	2	020102	우수	90
7	2022-05-11	1	010105	우수	97
8	2023-05-01	3	020301	우수	91
9	2023-02-02	1	010102	보통	79
10	2022-07-12	1	020103	보통	79

① 적용대상 : =$A$2:$E$10
② 수식 : =OR(COLUMN(A$2)=1, COLUMN(A$2)=3, COLUMN(A$2)=5)
③ 셀 서식 : [채우기] 탭에서 [배경색]에 '노랑'을 선택

07 '숙제7' 시트

▶ 결과

	A	B	C	D	E
1	[표1]				
2	예약코드	출발날짜	이름	좌석	좌석번호
3	3ab152	2012-05-03	이재식	할인석	ab5
4	*2ce152*	*2020-06-02*	*양승민*	*일반석*	*ce3*
5	10ba138	2013-08-10	주인식	일반석	ba7
6	10bb149	2014-09-10	정순기	일반석	bb4
7	5ce155	2015-05-05	전승희	할인석	ce3
8	1ca171	2017-01-01	백경민	일반석	ca1
9	4ab185	2018-05-04	신승문	일반석	ab6
10	7ac193	2019-03-07	오성진	일반석	ac5

① 적용 대상 : =$A$3:$E$10
② 수식 : =AND(LEFT($A3, 1)<>"1", YEAR($B3)>=2020, YEAR($B3)<=2022, $D3<>"할인석")
③ 셀 서식 : [글꼴] 탭에서 [글꼴 스타일]에 '굵은 기울임꼴'을 선택

08 '숙제8' 시트

▶ 결과

	A	B	C	D
1	[표1] 국가대표선수선발 최종전 남자부			
2	체급	순위	소속	성명
3	-54kg	1위	한성고등학교(1)	박태준
4	*-54kg*	*2위*	*청주대학교(1)*	*김진호*
5	-54kg	3위	울산스포츠과학고등학교(2)	김동욱
6	-58kg	1위	강화군청(1)	배준서
7	*-58kg*	*2위*	*용인대학교(2)*	*김시윤*
8	-58kg	3위	한국가스공사(1)	장준
9	-63kg	1위	대전광역시청(1)	김태용
10	*-63kg*	*2위*	*용인대학교(3)*	*김동현*
11	-63kg	3위	대전광역시청(2)	윤여준

① 적용 대상 : =$A$3:$D$11
② 수식 : =ISNUMBER(FIND("대학교", $C3))
③ 셀 서식 : [글꼴] 탭에서 [글꼴 스타일]에 '굵은 기울임꼴'을 선택하고, [색]에 '파랑'을 선택

09 '숙제9' 시트

▶ 결과

	A	B	C	D
1	[표1]	날짜	구분	기념일
2		06월 05일	평일	망종
3		06월 06일	공휴일	현충일
4		06월 15일	공휴일	노인학대 예방의 날
5		06월 21일	공휴일	하지
6		06월 25일	평일	6·25 전쟁일
7		12월 07일	공휴일	대설
8		12월 21일	공휴일	동지
9		12월 25일	공휴일	성탄절

① 적용 대상 : =$B$2:$D$9
② 수식 : =AND(WEEKDAY($B2, 1)>=6, $C2="공휴일")
③ 셀 서식 : [글꼴] 탭에서 [밑줄]에 '실선'을 선택하고, [색]에 '빨강'을 선택

관련 필기 문제

01. 다음 중 아래의 [A1:E5] 영역에서 B열과 D열에만 배경색을 설정하기 위한 조건부 서식의 규칙으로 옳은 것은? 15년 3회 출제

	A	B	C	D	E
1	자산코드	L47C	S22C	N71E	S34G
2	비품명	디스크	디스크	디스크	모니터
3	내용연수	4	3	3	5
4	경과연수	2	1	2	3
5	취득원가	550,000	66,000	132,000	33,000

① =MOD(COLUMNS($A1),2)=1
② =MOD(COLUMNS(A$1),2)=0
③ =MOD(COLUMN($A1),2)=0
④ =MOD(COLUMN(A$1),2)=0

02. 다음 중 [B3:E6] 영역에 대해 아래 시트와 같이 배경색을 설정하기 위한 조건부 서식의 규칙으로 옳은 것은? 15년 1회 출제

	A	B	C	D	E
1					
2		자산코드	내용연수	경과연수	취득원가
3		L47C	4	2	550000
4		S22C	3	1	66000
5		N71E	3	2	132000
6		S34G	5	3	33000

① =MOD(COLUMNS($B3),2)=0
② =MOD(COLUMNS(B3),2)=0
③ =MOD(COLUMN($B3),2)=0
④ =MOD(COLUMN(B3),2)=0

03. 다음 중 조건부 서식에 대한 설명으로 옳지 않은 것은? 22년 상시 출제

① 수식으로 규칙을 작성할 경우 수식 앞에는 등호(=)를 입력한다.
② '조건부 서식 규칙 관리자'에서 규칙의 우선순위를 지정할 수 있다.
③ 조건부 서식 규칙이 참(TRUE)인 경우 해당 규칙의 서식이 사용자가 임의로 지정한 서식보다 우선 적용된다.
④ 지정된 규칙이 모두 만족되지 않을 경우 '조건부 서식 규칙 관리자'의 가장 위에 있는 규칙의 서식이 하나만 적용된다.

04. 아래 그림과 같이 조건부 서식의 수식을 사용하여 표의 홀수 행마다 배경색을 노랑색으로 채우고자 한다. 다음 중 조건부 서식에서 작성해야 할 수식으로 옳은 것은? 18년 2회 출제

	A	B	C	D
1	부서별 비품관리			
2	부서	보유량	요청량	합계
3	기획팀	25	5	30
4	관리팀	15	20	35
5	총무팀	32	9	41
6	인사팀	22	25	47
7	회계팀	18	5	23
8	경영지원팀	15	18	33
9	감사팀	25	19	44
10	합계	152	101	253

① =MOD(COLUMN(),2)=1
② =MOD(ROW(),2)=1
③ =COLUMN()/2=1
④ =ROW()/2=1

05. 아래 시트에서 [A2:C4] 영역을 선택한 후 조건부 서식을 그림과 같이 설정하였다. 다음 중 이에 대한 설명으로 옳은 것은? (단, 규칙의 적용 대상은 $A$2:$C$4임) 14년 2회 출제

	A	B	C
1	성명	금액	비고
2	김길동	1,100	
3	손미영	3,800	최우수
4	박상우	2,900	
5	합계	7,800	

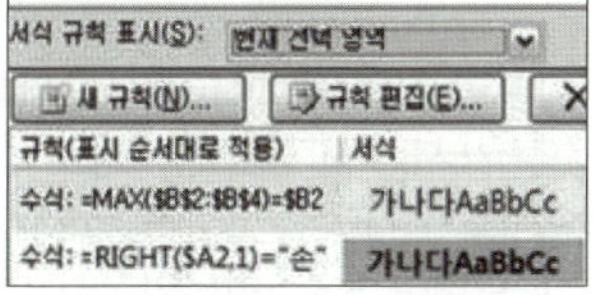

수식: =MAX($B$2:$B$4)=$B2 가나다AaBbCc
수식: =RIGHT($A2,1)="손" 가나다AaBbCc

① [A3:C3] 영역이 조건부 서식의 첫 번째 규칙에 설정된 서식으로 바뀐다.
② [B3] 셀만 조건부 서식의 첫 번째 규칙에 설정된 서식으로 바뀐다.
③ [A3:C3] 영역이 조건부 서식의 두 번째 규칙에 설정된 서식으로 바뀐다.
④ [A3] 셀만 조건부 서식의 두 번째 규칙에 설정된 서식으로 바뀐다.

06. 다음 중 조건부 서식에 대한 설명으로 옳은 것은? 22년 상시 출제

① 지정한 여러 규칙 중에서 참인 규칙이 여러 개이면 첫 번째 참 규칙의 서식만 적용된다.
② 규칙의 우선순위는 사용자가 지정할 수 없다.
③ 워크시트의 특정 셀을 이용하여 조건을 지정할 경우 마우스로 해당 셀을 클릭하면 상대 참조로 지정된다.
④ 조건을 셀 값 또는 수식으로 입력할 수 있으며 수식으로 작성할 경우 조건 수식의 결과는 참(TRUE, 1)이나 거짓(FALSE, 0)의 논리 값이어야 한다.

정답 01.④ | 02.④ | 03.③ | 04.② | 05.① | 06.④

SECTION 04 매크로

- 매크로는 한 번의 명령으로 여러 명령이 한꺼번에 이루어지는 것으로 반복되는 일련의 작업을 매크로로 기록해 두어 나중에 빠르게 실행할 수 있습니다. 도형이나 양식 컨트롤을 클릭했을 때 기록했던 명령이 실행되도록 하겠습니다.
- 준비파일 : 컴활1급 \ 엑셀 \ 1급엑셀(예제) \ 1장_04. 매크로.xlsm

주희쌤 Tip
주희쌤 Tip은 꼼꼼히 모두 보세요.

주희쌤 Tip
매크로는 5점씩 2문제. 총 10점이 출제됩니다.
매크로를 기록하고 기록한 매크로를 개체(도형, 양식 컨트롤)에 지정하는 문제가 출제되는데 목표 점수는 10점으로 앞에서 배운 셀 서식, 자동 필터, 조건부 서식 등이 매크로 문제 안에 포함되어 출제될 수 있습니다. 셀 서식의 내용이 주로 출제되므로 매크로 공부를 하기 전 셀 서식을 한 번 더 복습하고 오세요.

주희쌤 Tip
파일을 열자마자 '콘텐츠 사용'을 클릭하고 시작하세요.

'보안 경고' 없이 통합 문서에 포함된 모든 콘텐츠를 사용하려면 [개발 도구] 탭-[코드]그룹-[매크로 보안]-[매크로 설정] 탭-'모든 매크로 포함(위험성 있는 코드가 실행될 수 있으므로 권장하지 않음)'을 선택하고 [확인] 단추를 클릭하세요.

주희쌤 Tip
[개발 도구] 탭이 안 보이는 경우 [파일] 탭-[옵션]-[리본 사용자 지정] 탭-'개발 도구'에 선택-[확인]을 클릭하고 시작하세요.

매크로 기록하는 순서
1. 개체(도형, 양식 컨트롤) 생성하고 매크로 지정
2. [매크로 이름]-[매크로 위치]-[기록]-[확인]을 차례로 선택
3. 문제에서 '~ 매크로 생성'을 찾아 기록
4. [개발 도구] 탭-[코드] 그룹-[기록 중지]
5. 개체(도형, 양식 컨트롤)의 텍스트 변경

문제 유형 1
'매크로1' 워크시트에서 다음과 같은 기능을 수행하는 매크로를 현재 통합문서에 작성하시오.

❶ [D6:D24] 영역에 대하여 사용자 지정 표시 형식을 설정하는 '일교차' 매크로를 생성하시오.
- ▶ 셀의 값이 6 이상이면 빨강색으로 입력된 데이터를 표시, 6 미만 4 이상이면 녹색으로 입력된 데이터를 표시, 4 미만이면 노랑색으로 입력된 데이터를 표시
- ▶ [도형]-[사각형]의 '직사각형'(□)을 [A2:A3] 영역에 생성한 후 도형의 텍스트를 '일교차'로 입력하고, 도형을 클릭하면 '일교차' 매크로가 실행되도록 설정

❷ [D6:G24] 영역에 대하여 표시 형식을 '일반'으로 적용하는 '일반서식' 매크로를 생성하시오.
- ▶ [도형]-[기본 도형]의 '빗면'(□)을 [C2:C3] 영역에 생성한 후 도형의 텍스트를 '서식해제'로 입력하고, 도형을 클릭하면 '일반서식' 매크로가 실행되도록 설정

❸ [F6:F24] 영역에 대하여 사용자 지정 표시 형식을 설정하는 '전일비교' 매크로를 생성하시오.
- ▶ 양수이면 파랑색으로 기호 없이 소수점 이하 둘째 자리까지 표시, 음수이면 빨강색으로 기호 없이 소수점 이하 둘째 자리까지 표시, 0이면 검정색으로 "●" 기호만 표시
- ▶ [도형]-[기본 도형]의 '웃는 얼굴'(☺)을 [E2:E3] 영역에 생성한 후 도형을 클릭하면 '전일비교' 매크로가 실행되도록 설정

❹ [G6:G24] 영역에 대하여 사용자 지정 표시 형식을 설정하는 '강수여부' 매크로를 생성하시오.
- ▶ 셀의 값이 1과 같은 경우 영문 대문자 "O"로 표시, 셀의 값이 0과 같은 경우 영문 대문자 "X"로 표시
- ▶ [도형]-[사각형]의 '모서리가 둥근 직사각형'(□)을 [G2:G3] 영역에 생성한 후 도형의 텍스트를 '강수여부'로 입력하고, 도형을 클릭하면 '강수여부' 매크로가 실행되도록 설정
- ▶ 도형 안의 텍스트는 가로 '가운데 맞춤', 세로 '가운데 맞춤'으로 설정

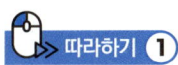
따라하기 ①

① [삽입] 탭-[일러스트레이션] 그룹-[도형]-[사각형]의 '직사각형'을 클릭합니다.

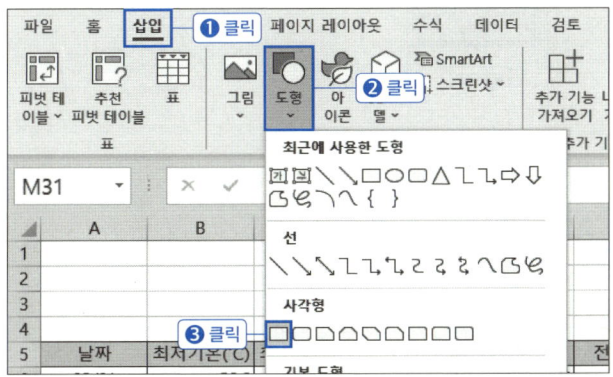

② 이어서 [A2:A3] 영역에 드래그하여 '직사각형' 도형을 생성합니다.

> **주희쌤 Tip**
> Alt를 이용하면 위치를 맞추거나 크기를 바꿀 때 편리합니다. 드래그할 때 Alt를 눌러보세요.

③ 매크로를 지정하기 위해 '직사각형' 도형 위에서 마우스 오른쪽 버튼을 눌러 [매크로 지정] 명령을 클릭합니다.

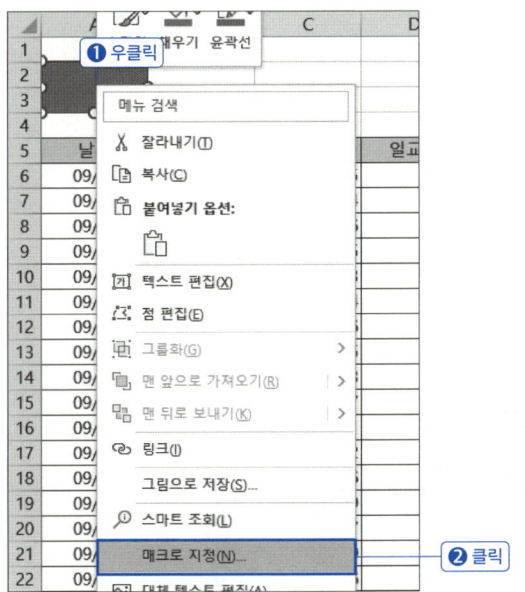

> **주희쌤 Tip**
>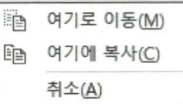
> 마우스를 움직이면서 오른쪽 버튼을 누르면 위와 같은 메뉴가 표시됩니다.

④ [매크로 지정] 대화상자가 나타나면 [매크로 이름]에 '일교차'를 입력한 후 [매크로 위치]에서 '현재 통합 문서'를 선택하고 [기록] 단추를 클릭합니다.

> **주희쌤 Tip**
> 매크로 이름은 공백과 기호를 사용할 수 없고 첫 글자는 반드시 문자여야 하며, 두 번째부터는 문자, 숫자, 밑줄(_)이 가능합니다.

Section 04. 매크로 **101**

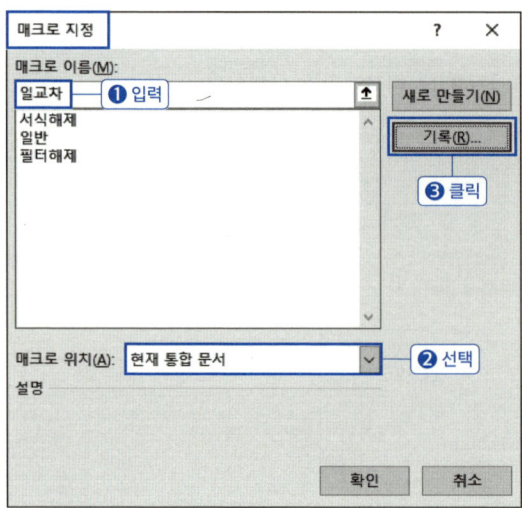

⑤ [매크로 기록] 대화상자가 나타나면 [확인] 단추를 클릭합니다.

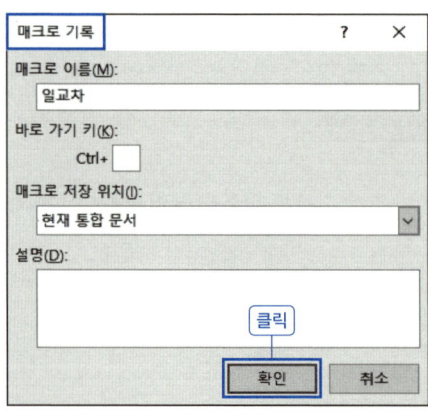

> **주희쌤 Tip**
> '기록 중'일 때에는 개체(도형, 양식 컨트롤)를 건드리지 마세요.

> **주희쌤 Tip**
> 셀 서식에서 배웠던 부분입니다. [셀 서식]의 단축키는 Ctrl + 1 입니다.

> **주희쌤 Tip**
> 기록이 시작되면 '[D6:D24] 영역에 대하여 사용자 지정 표시 형식을 설정하는'을 기록하고 기록을 중지한 다음 개체(도형, 양식 컨트롤)의 텍스트를 변경합니다.

⑥ 매크로 기록이 시작되면 [D6:D24] 영역을 선택하고 Ctrl + 1 을 누릅니다.

	A	B	C	D	E	F	G
1							
2							
3							
4							
5	날짜	최저기온(°C)	최고기온(°C)	일교차	평균	전일비교	강수여부
6	09/01	23.8	29.5	5.7	26.65	-0.25	0
7	09/02	22.6	26.4	3.8	24.5	-2.15	1
8	09/03	20	25.6	5.6	22.8	-1.7	1
9	09/04	19.9	27.5	7.6	23.7	0.9	0
10	09/05	19.2	27.3	8.1	23.25	-0.45	0
11	09/06	19.5	24.4	4.9	21.95	-1.3	1
12	09/07	17.5	20.6	3.1	19.05	-2.9	1
13	09/08	20.6	26.5	5.9	23.55	4.5	0
14	09/09	19	25.3	6.3	22.15	-1.4	1
15	09/10	18.8	27	8.2			1
16	09/11	19.2	27.1	7.9	23.15	0.25	1
17	09/12	18.1	23.2	5.1	20.65	-2.5	1
18	09/13	16.7	26.6	9.9	21.65	1	0
19	09/14	17.6	24.9	7.3	21.25	-0.4	0
20	09/15	18.9	27.7	8.8	23.3	2.05	0
21	09/16	21.3	24.9	3.6	23.1	-0.2	1
22	09/17	20.1	23.6	3.5	21.85	-1.25	0
23	09/18	18	25.7	7.7	21.85	0	0
24	09/19	17.6	26.2	8.6	21.9	-0.05	1

⑦ [셀 서식] 대화상자가 나타나면 [표시 형식] 탭-[범주]를 '사용자 지정'으로 선택합니다.

⑧ '형식'에 이미 입력되어 있는 내용을 지운 뒤 '[빨강][>=6]G/표준;[녹색][>=4]G/표준;[노랑]G/표준'을 입력하고 [확인] 단추를 클릭합니다.

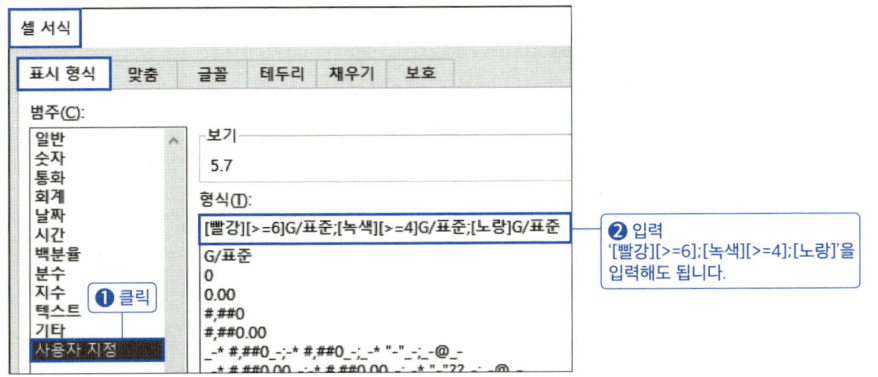

> ⓠ 'G/표준'이 아니라 '0.0'이라고 입력해도 되나요?
> ⓐ 셀 서식에서 표시 형식의 채점 기준은 '결과'라고 했던 점을 기억하시나요? 문제에 제시된 지시사항을 지켜 결과가 같다면 형식이 달라도 정답 처리됩니다. 문제에 제시된 지시사항을 지켰는지 확인해볼까요? 문제에서 소수 첫째 자리까지 표시하라고 하지 않고 입력된 데이터를 표시해달라고 했지요.
> [E6:E24] 영역에 '[빨강][>=6]G/표준'을 입력한 것과 '[빨강][>=6]0.0'을 입력한 것이 같은지 확인해보세요. '결과'가 같으면 정답, 다르면 오답 처리됩니다.

⑨ 임의의 셀을 클릭한 후 매크로 기록을 중지하기 위해 [개발 도구] 탭-[코드] 그룹-[기록 중지]를 클릭합니다.

⑩ '직사각형' 도형 위에서 마우스 오른쪽 버튼을 눌러 [텍스트 편집] 명령을 클릭합니다.

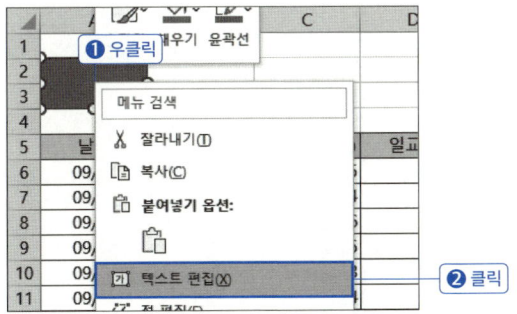

⑪ 커서가 나타나면 '일교차'를 입력하고 임의의 셀을 클릭하여 완료합니다.

> **주희쌤 Tip**
> 시험에서 자주 나오는 서식 코드에서 배웠던 부분입니다.
> – 세미콜론(;)을 이용하면 양수, 음수, 0, 문자의 표시 형식을 한꺼번에 지정할 수 있는데 만약 조건이 있을 경우 조건에 따라 형식이 적용
> – 대괄호([ ])를 이용해 색을 지정
> – 대괄호([ ])를 이용해 조건 지정
> – [조건1]①;②
> 조건1에 만족하면 ① 적용
> 조건1에 만족하지 않으면 ② 적용

> **주희쌤 Tip**
> ⓠ 색이 아니라 조건 먼저 입력해도 되나요? [>=6][빨강]
> ⓐ 네, 됩니다. 결과가 같으니까요.

> **주희쌤 Tip**
> 셀 서식 12번에서 배웠던 부분입니다.
> 'G/표준'은 기존에 입력된 데이터를 그대로 표시하며 대/소문자를 구분하지 않고 입력해도 됩니다.

> **주희쌤 Tip**
> 블록 해제는 기록 안에 포함되어 있지 않아도 됩니다.

> **주희쌤 Tip**
> 매크로 실행이 원활하게 되는지 확인하려면 데이터를 원래대로 되돌려 놓아야 합니다.
> 2번 문제가 일반 형식을 지정하는 문제이니 2번 문제를 풀고 일교차 매크로를 실행해보세요.

> **주희쌤 Tip**
> ⓠ 기록을 잘못한 것 같아요.
> ⓐ 데이터를 원래대로 되돌리고, 개체를 지우고, 매크로를 삭제한 다음 다시 작성하세요.
>
> • 매크로 삭제 방법
> [개발 도구] 탭-[코드] 그룹-[매크로]-지우고자 하는 매크로를 선택한 후 [삭제]

 따라하기 2

① [삽입] 탭-[일러스트레이션] 그룹-[도형]-[기본 도형]의 '사각형: 빗면'을 클릭합니다.

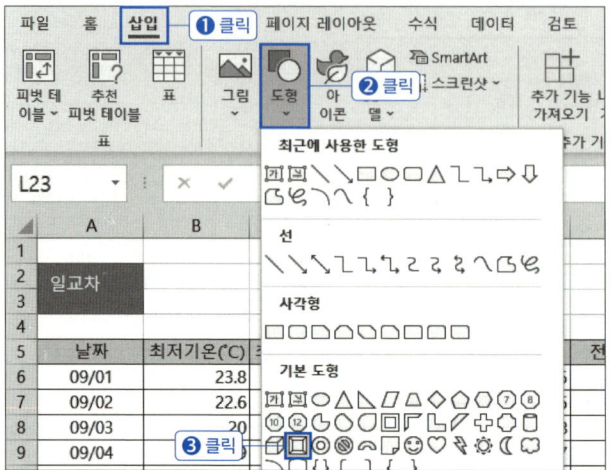

② 이어서 [C2:C3] 영역에 드래그하여 '빗면' 도형을 생성합니다.

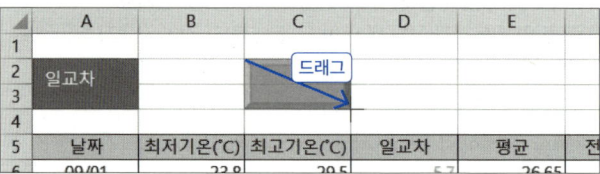

③ 매크로를 지정하기 위해 '빗면' 도형 위에서 마우스 오른쪽 버튼을 눌러 [매크로 지정] 명령을 클릭합니다.

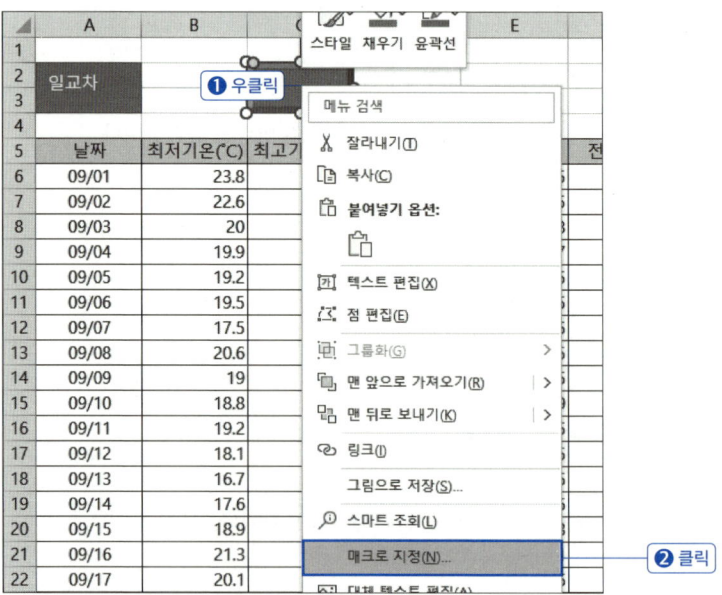

④ [매크로 지정] 대화상자가 나타나면 [매크로 이름]에 '일반서식'을 입력한 후 [매크로 위치]에서 '현재 통합 문서'를 선택하고 [기록] 단추를 클릭합니다.

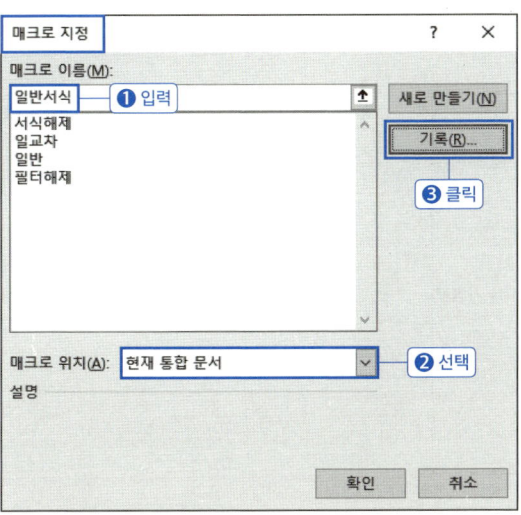

⑤ [매크로 기록] 대화상자가 나타나면 [확인] 단추를 클릭합니다.

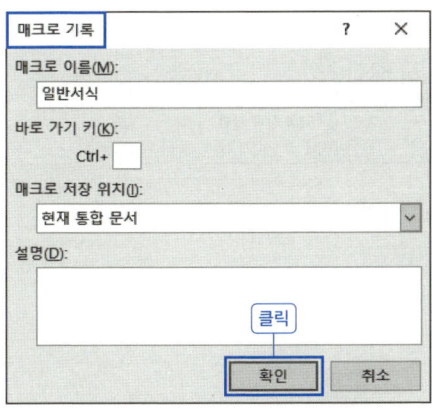

⑥ 매크로 기록이 시작되면 [D6:G24] 영역을 선택하고 Ctrl + 1 을 누릅니다.

Section 04. 매크로 105

> **주희쌤 Tip**
> '일반' 형식은 특정 표시 형식 서식을 지정하지 않습니다.

⑦ [셀 서식] 대화상자가 나타나면 [표시 형식] 탭-[범주]를 '일반'으로 선택한 후 [확인] 단추를 클릭합니다.

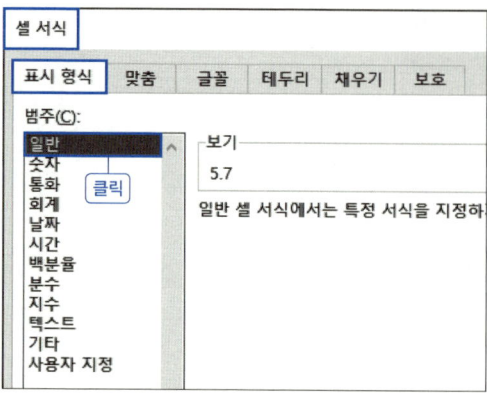

⑧ 임의의 셀을 클릭한 후 매크로 기록을 중지하기 위해 [개발 도구] 탭-[코드] 그룹-[기록 중지]를 클릭합니다.

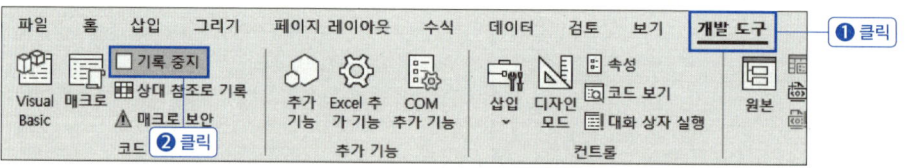

⑨ '빗면' 도형 위에서 마우스 오른쪽 버튼을 눌러 [텍스트 편집] 명령을 클릭합니다.

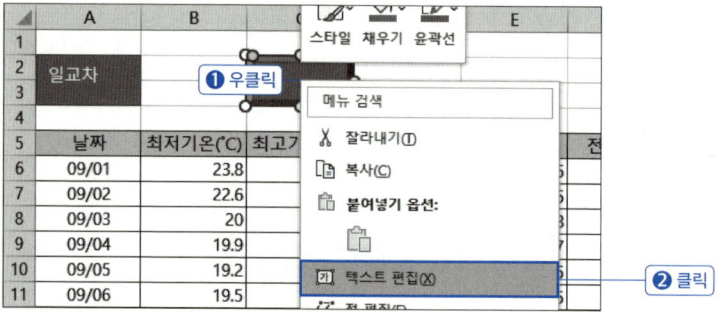

> **주희쌤 Tip**
> 매크로 실행 전 상태로 두어도 되고, 실행 후 상태로 두어도 됩니다.

⑩ 커서가 나타나면 '서식해제'를 입력하고 임의의 셀을 클릭하여 완료합니다.

 따라하기 ③

① [삽입] 탭-[일러스트레이션] 그룹-[도형]-[기본 도형]의 '웃는 얼굴'을 클릭합니다.

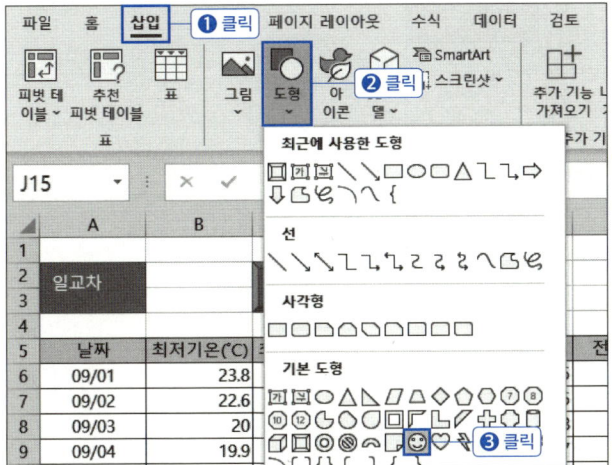

② 이어서 [E2:E3] 영역에 드래그하여 '웃는 얼굴' 도형을 생성합니다.

③ 매크로를 지정하기 위해 '웃는 얼굴' 도형 위에서 마우스 오른쪽 버튼을 눌러 [매크로 지정] 명령을 클릭합니다.

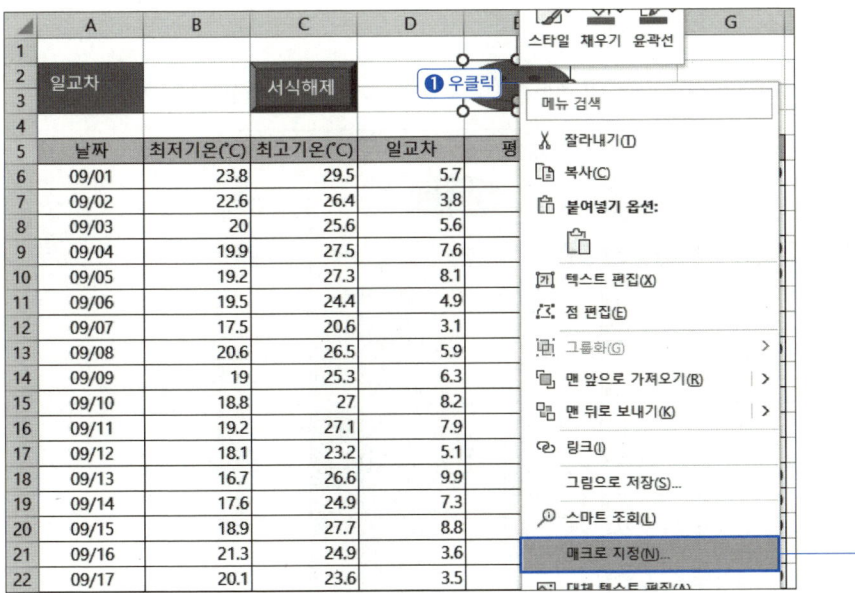

④ [매크로 지정] 대화상자가 나타나면 [매크로 이름]에 '전일비교'를 입력한 후 [매크로 위치]에서 '현재 통합 문서'를 선택하고 [기록] 단추를 클릭합니다.

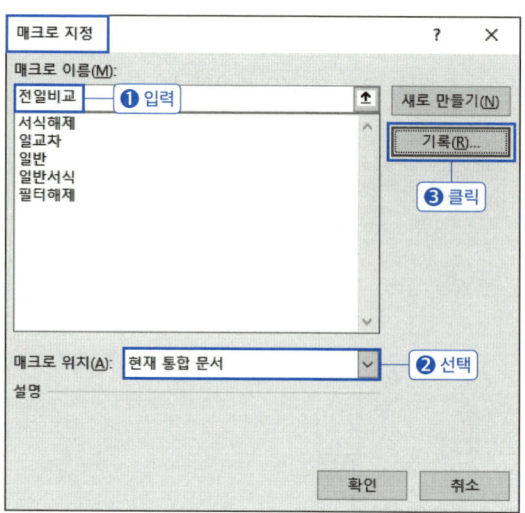

⑤ [매크로 기록] 대화상자가 나타나면 [확인] 단추를 클릭합니다.

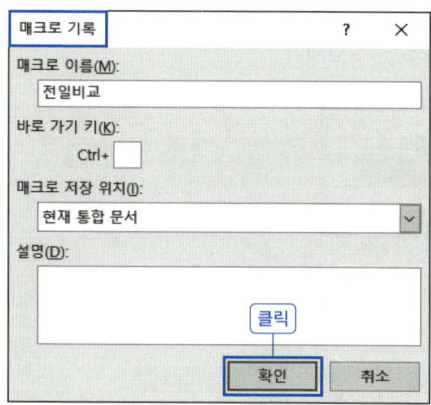

⑥ 매크로 기록이 시작되면 [F6:F24] 영역을 선택하고 Ctrl + 1 을 누릅니다.

	A	B	C	D	E	F	G
1							
2		일교차		서식해제			
3							
4							
5	날짜	최저기온(℃)	최고기온(℃)	일교차	평균	전일비교	강수여부
6	09/01	23.8	29.5	5.7	26.65	-0.25	0
7	09/02	22.6	26.4	3.8	24.5	-2.15	1
8	09/03	20	25.6	5.6	22.8	-1.7	1
9	09/04	19.9	27.5	7.6	23.7	0.9	0
10	09/05	19.2	27.3	8.1	23.25	-0.45	0
11	09/06	19.5	24.4	4.9	21.95	-1.3	1
12	09/07	17.5	20.6	3.1	19.05	-2.9	1
13	09/08	20.6	26.5	5.9	23.55	4.5	0
14	09/09	19	25.3	6.3	22.15	-1.4	1
15	09/10	18.8	27	8.2	22.9	0.75	1
16	09/11	19.2	27.1	7.9	23.15	0.25	1
17	09/12	18.1	23.2	5.1	20.65	-2.5	1
18	09/13	16.7	26.6	9.9	21.65	1	0
19	09/14	17.6	24.9	7.3	21.25	-0.4	0
20	09/15	18.9	27.7	8.8	23.3	2.05	0
21	09/16	21.3	24.9	3.6	23.1	-0.2	1
22	09/17	20.1	23.6	3.5	21.85	-1.25	0
23	09/18	18	25.7	7.7	21.85	0	0
24	09/19	17.6	26.2	8.6	21.9	-0.05	1

드래그 → Ctrl + 1

⑦ [셀 서식] 대화상자가 나타나면 [표시 형식] 탭-[범주]를 '사용자 지정'으로 선택합니다.

⑧ '형식'에 이미 입력되어 있는 내용을 지운 뒤 '[파랑]0.00;[빨강]0.00;[검정]"●"'을 입력하고 [확인] 단추를 클릭합니다.

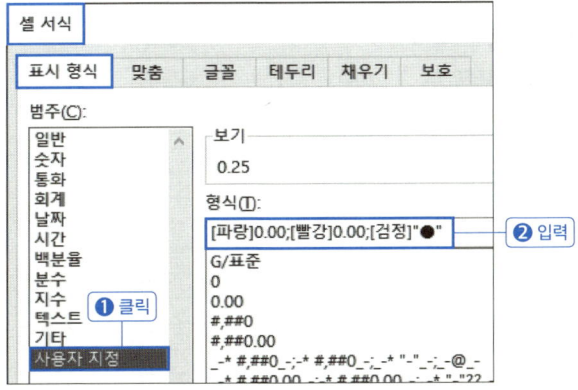

> **주희쌤Tip**
> 시험에서 자주 나오는 서식 코드에서 배웠던 부분입니다.
> - ①;②;③;④
> 양수인 경우 ① 적용, 음수인 경우 ② 적용, 0인 경우 ③ 적용, 문자인 경우 ④ 적용
> - 양수와 음수를 세미콜론(;)으로 분리해서 입력할 경우 음수 부호를 따로 지정하지 않으면 음수 부호는 표시되지 않음
> - 대괄호([ ])를 이용해 색을 지정
> - 100 → 0.0 → 100.0

⑨ 임의의 셀을 클릭한 후 매크로 기록을 중지하기 위해 [개발 도구] 탭-[코드] 그룹-[기록 중지]를 클릭합니다.

> **주희쌤Tip**
> '[파랑]0.00;[빨강]0.00;[검정]"●"'가 아닌 '[파랑]0.00;[빨강]0.00;"●"'을 입력하면 셀의 값이 0인 경우 검정색이 아니라 원본 데이터의 색이 그대로 표시됩니다.

> **주희쌤Tip**
> 매크로 실행이 원활하게 되는지 확인하려면 데이터를 원래대로 되돌려 놓아야 합니다.
> 서식해제 매크로를 실행한 후 전일비교 매크로를 실행해보세요.

① [삽입] 탭-[일러스트레이션] 그룹-[도형]-[사각형]의 '사각형: 둥근 모서리'를 클릭합니다.

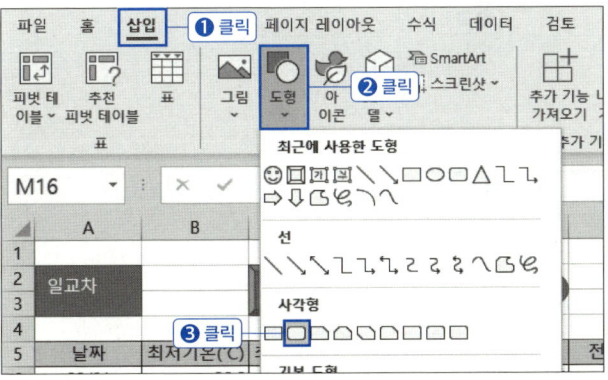

② 이어서 [G2:G3] 영역에 드래그하여 '모서리가 둥근 직사각형' 도형을 생성합니다.

③ 매크로를 지정하기 위해 '모서리가 둥근 직사각형' 도형 위에서 마우스 오른쪽 버튼을 눌러 [매크로 지정] 명령을 클릭합니다.

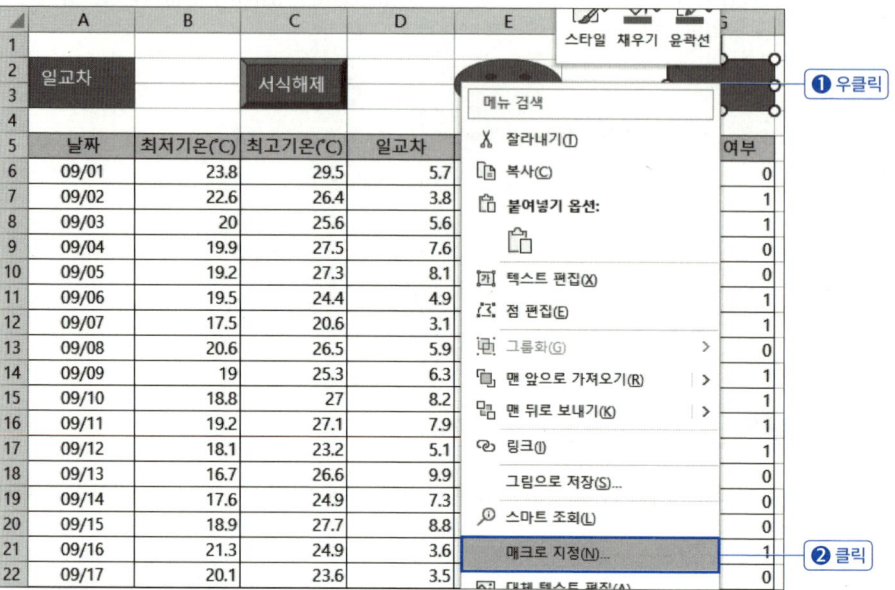

④ [매크로 지정] 대화상자가 나타나면 [매크로 이름]에 '강수여부'를 입력한 후 [매크로 위치]에서 '현재 통합 문서'를 선택하고 [기록] 단추를 클릭합니다.

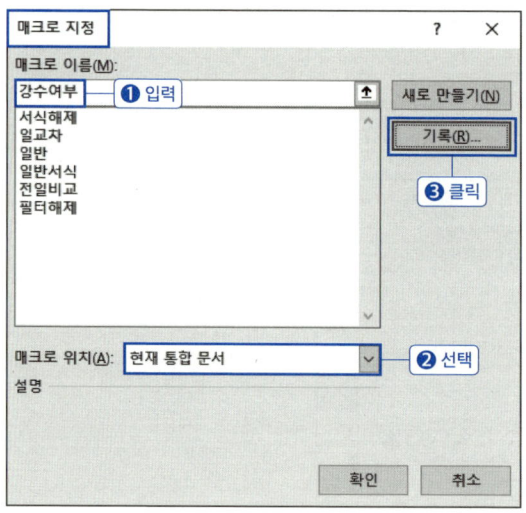

⑤ [매크로 기록] 대화상자가 나타나면 [확인] 단추를 클릭합니다.

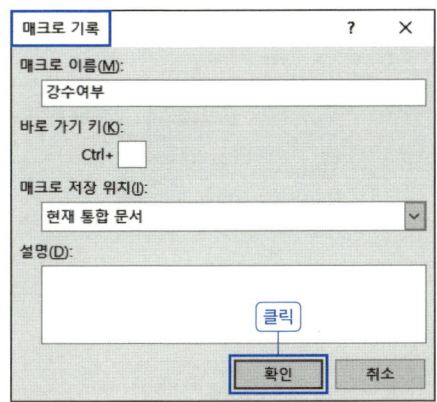

⑥ 매크로 기록이 시작되면 [G6:G24] 영역을 선택하고 Ctrl + 1 을 누릅니다.

⑦ [셀 서식] 대화상자가 나타나면 [표시 형식] 탭-[범주]를 '사용자 지정'으로 선택합니다.

⑧ '형식'에 이미 입력되어 있는 내용을 지운 뒤 '[=1]"O";[=0]"X"'을 입력하고 [확인] 단추를 클릭합니다.

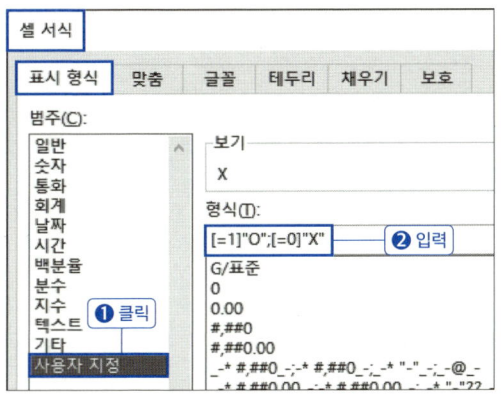

★ 주희쌤 Tip

시험에서 자주 나오는 서식 코드에서 배웠던 부분입니다.
- 세미콜론(;)을 이용하면 양수, 음수, 0, 문자의 표시 형식을 한꺼번에 지정할 수 있는데 만약 조건이 있을 경우 조건에 따라 형식이 적용
- 대괄호([ ])를 이용해 조건 지정
- [조건1]①;[조건2]②
조건1에 만족하면 ① 적용
조건2에 만족하면 ② 적용

⑨ 임의의 셀을 클릭한 후 매크로 기록을 중지하기 위해 [개발 도구] 탭-[코드] 그룹-[기록 중지]를 클릭합니다.

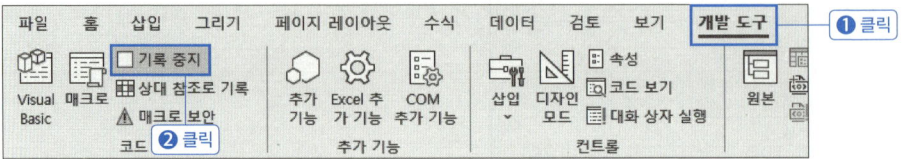

⑩ '모서리가 둥근 직사각형' 도형 위에서 마우스 오른쪽 버튼을 눌러 [텍스트 편집] 명령을 클릭합니다.

⑪ 커서가 나타나면 '강수여부'를 입력한 후 [홈] 탭-가로 '가운데 맞춤(≡)', 세로 '가운데 맞춤(≡)'을 각각 클릭하고 임의의 셀을 클릭하여 완료합니다.

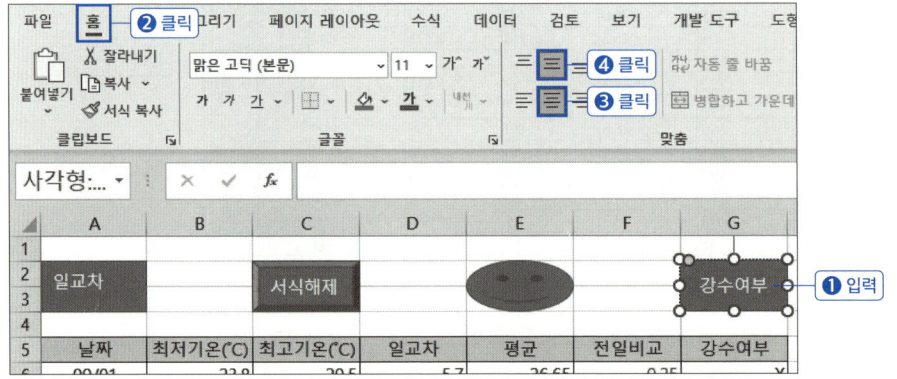

> **주희쌤 Tip**
>
> 매크로 실행이 원활하게 되는지 확인하려면 데이터를 원래대로 되돌려 놓아야 합니다.
> 서식해제 매크로를 실행한 후 강수여부 매크로를 실행해보세요.

정답

	A	B	C	D	E	F	G
1							
2	일교차		서식해제		☻		강수여부
3							
4							
5	날짜	최저기온(℃)	최고기온(℃)	일교차	평균	전일비교	강수여부
6	09/01	23.8	29.5	5.7	26.65	0.25	X
7	09/02	22.6	26.4	3.8	24.5	2.15	O
8	09/03	20	25.6	5.6	22.8	1.70	O
9	09/04	19.9	27.5	7.6	23.7	0.90	X
10	09/05	19.2	27.3	8.1	23.25	0.45	X
11	09/06	19.5	24.4	4.9	21.95	1.30	O
12	09/07	17.5	20.6	3.1	19.05	2.90	O
13	09/08	20.6	26.5	5.9	23.55	4.50	X
14	09/09	19	25.3	6.3	22.15	1.40	O
15	09/10	18.8	27	8.2	22.9	0.75	O
16	09/11	19.2	27.1	7.9	23.15	0.25	O
17	09/12	18.1	23.2	5.1	20.65	2.50	O
18	09/13	16.7	26.6	9.9	21.65	1.00	X
19	09/14	17.6	24.9	7.3	21.25	0.40	X
20	09/15	18.9	27.7	8.8	23.3	2.05	X
21	09/16	21.3	24.9	3.6	23.1	0.20	O
22	09/17	20.1	23.6	3.5	21.85	1.25	O
23	09/18	18	25.7	7.7	21.85	●	X
24	09/19	17.6	26.2	8.6	21.9	0.05	O

문제 유형 2

'매크로2' 워크시트에서 다음과 같은 기능을 수행하는 매크로를 현재 통합문서에 작성하시오.

❺ [B3:B16] 영역에 [표시 예]와 같이 표시하는 '현재가' 매크로를 생성하시오.
  ▶ [표시 예 : 1000 → 1,000원, 0 → 0원]
  ▶ 단, 셀의 값이 1,000,000 이상인 경우 녹색으로 표시
  ▶ [개발 도구]-[삽입]-[양식 컨트롤]의 '단추'를 동일 시트의 [F5:G6] 영역에 생성한 후 텍스트를 '현재가'로 입력하고, 단추를 클릭하면 '현재가' 매크로가 실행되도록 설정하시오.

❻ [C3:C16] 영역에 사용자 지정 표시 형식을 설정하는 '전일대비' 매크로를 생성하시오.
  ▶ 셀의 값이 양수이면 빨강색으로 "▲" 기호와 함께 천 단위 구분 기호를 표시, 셀의 값이 음수이면 파랑색으로 "▼" 기호와 함께 천 단위 구분 기호를 표시, 0이면 0으로 표시하시오. [표시 예 : -1000 → ▼1,000]
  ▶ [개발 도구]-[삽입]-[양식 컨트롤]의 '단추'를 동일 시트의 [F8:G9] 영역에 생성한 후 텍스트를 '전일대비'로 입력하고, 단추를 클릭하면 '전일대비' 매크로가 실행되도록 설정하시오.

❼ [D3:D16] 영역에 사용자 지정 표시 형식을 설정하는 '등락률' 매크로를 생성하시오.
  ▶ 양수이면 기호 없이 소수 둘째 자리까지 백분율로 표시, 음수이면 음수 기호(-)와 함께 소수 둘째 자리까지 백분율로 표시, 0이면 값을 표시하지 마시오.
  ▶ [개발 도구]-[삽입]-[양식 컨트롤]의 '단추'를 동일 시트의 [F11:G12] 영역에 생성한 후 텍스트를 '등락률'로 입력하고, 단추를 클릭하면 '등락률' 매크로가 실행되도록 설정하시오.

 따라하기 5

① [개발 도구] 탭-[컨트롤] 그룹-[삽입]-[양식 컨트롤]의 '단추(양식 컨트롤)'을 클릭합니다.

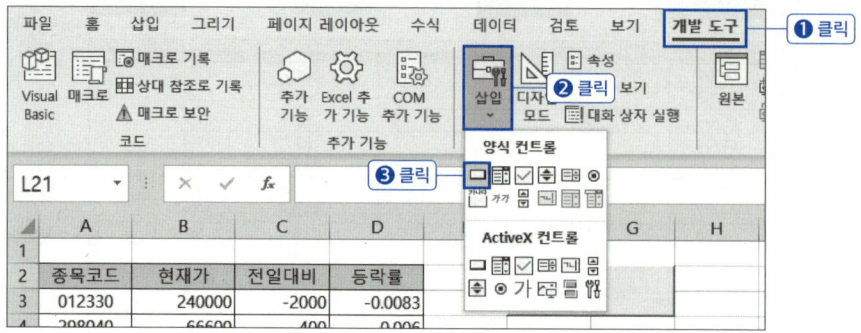

② 이어서 [F5:G6] 영역에 드래그하여 '단추'를 생성합니다.

③ [매크로 지정] 대화상자가 나타나면 [매크로 이름]에 '현재가'를 입력한 후 [매크로 위치]에서 '현재 통합 문서'를 선택하고 [기록] 단추를 클릭합니다.

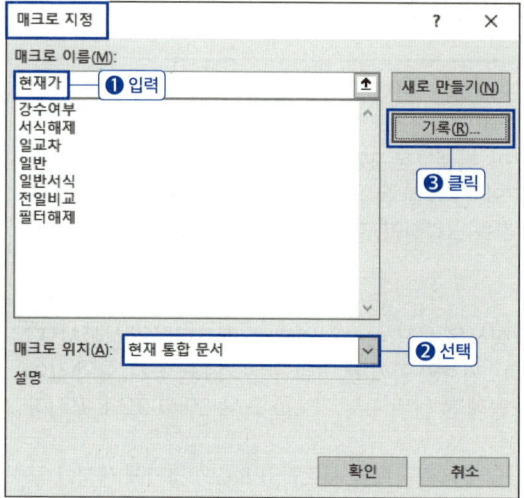

④ [매크로 기록] 대화상자가 나타나면 [확인] 단추를 클릭합니다.

⑤ 매크로 기록이 시작되면 [B3:B16] 영역을 선택하고 Ctrl + 1 을 누릅니다.

⑥ [셀 서식] 대화상자가 나타나면 [표시 형식] 탭-[범주]를 '사용자 지정'으로 선택합니다.

⑦ '형식'에 이미 입력되어 있는 내용을 지운 뒤 '[녹색][>=1000000]#,##0"원";#,##0"원"'을 입력하고 [확인] 단추를 클릭합니다.

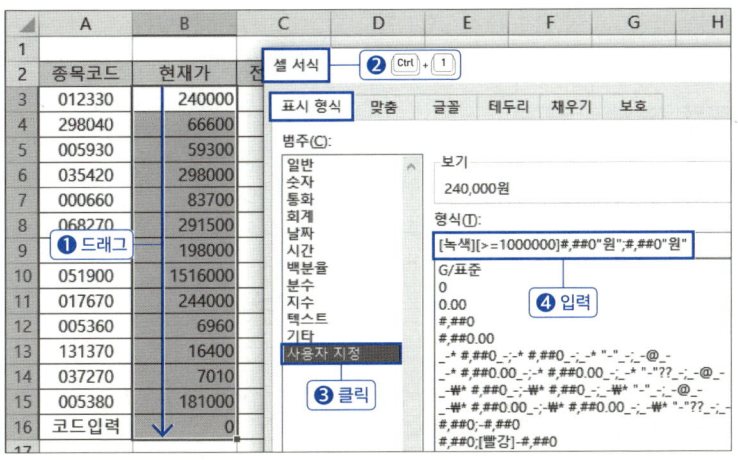

> **주희쌤 Tip**
> 시험에서 자주 나오는 서식 코드에서 배웠던 부분입니다.
> - [조건1]①;②
> 조건1에 만족하면 ① 적용
> 조건1에 만족하지 않으면 ② 적용
> - 0 → #,### → 아무것도 표시되지 않음
> - 0 → #,##0 → 0

⑧ 임의의 셀을 클릭한 후 매크로 기록을 중지하기 위해 [개발 도구] 탭-[코드] 그룹-[기록 중지]를 클릭합니다.

⑨ '단추' 위에서 마우스 오른쪽 버튼을 눌러 [텍스트 편집] 명령을 클릭합니다.

⑩ 단추의 텍스트를 '현재가'로 변경하고 임의의 셀을 클릭하여 완료합니다.

> **주희쌤 Tip**
> [F2:G3] 영역에 있는 단추에는 [B3:D16] 영역에 '일반' 형식을 적용하는 매크로가 지정되어 있습니다.

따라하기 ⑥

① [개발 도구] 탭-[컨트롤] 그룹-[삽입]-[양식 컨트롤]의 '단추(양식 컨트롤)'을 클릭합니다.

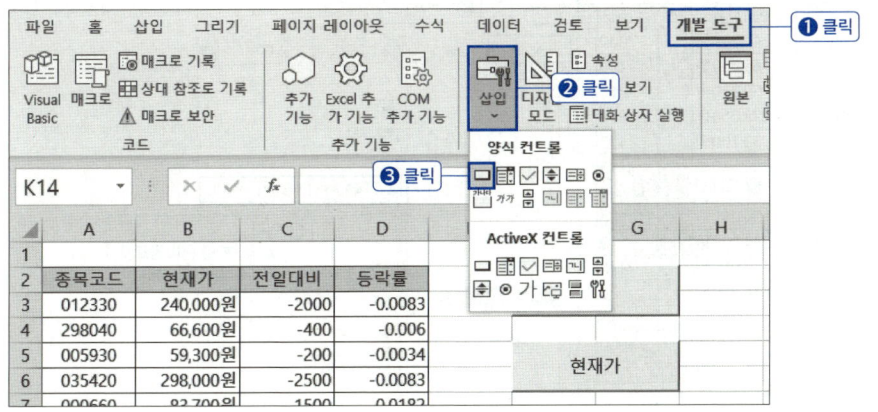

② 이어서 [F8:G9] 영역에 드래그하여 '단추'를 생성합니다.

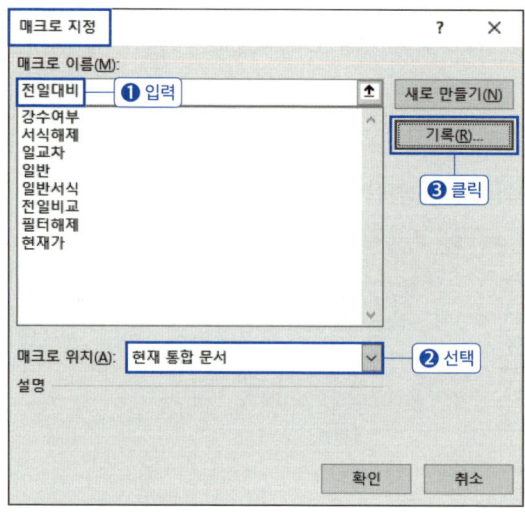

③ [매크로 지정] 대화상자가 나타나면 [매크로 이름]에 '전일대비'를 입력한 후 [매크로 위치]에서 '현재 통합 문서'를 선택하고 [기록] 단추를 클릭합니다.

④ [매크로 기록] 대화상자가 나타나면 [확인] 단추를 클릭합니다.

⑤ 매크로 기록이 시작되면 [C3:C16] 영역을 선택하고 Ctrl + 1 을 누릅니다.

⑥ [셀 서식] 대화상자가 나타나면 [표시 형식] 탭-[범주]를 '사용자 지정'으로 선택합니다.

⑦ '형식'에 이미 입력되어 있는 내용을 지운 뒤 '[빨강]▲#,###;[파랑]▼#,###;0'을 입력하고 [확인] 단추를 클릭합니다.

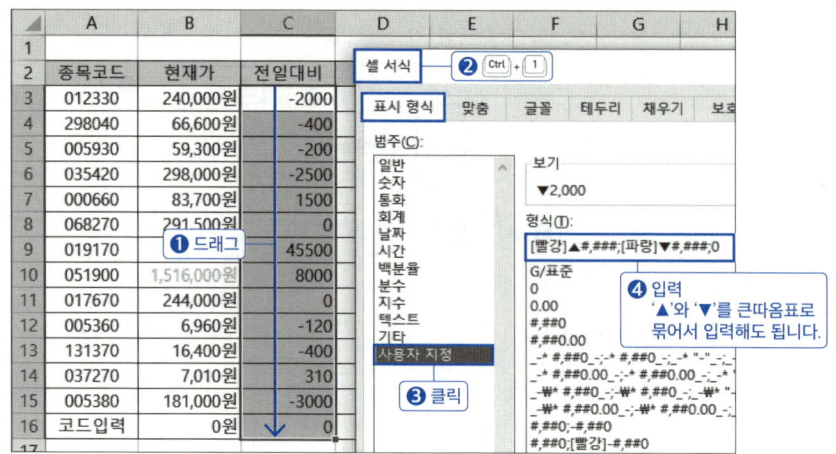

주희쌤Tip

시험에서 자주 나오는 서식 코드에서 배웠던 부분입니다.
- ①;②;③;④
양수인 경우 ① 적용, 음수인 경우 ② 적용, 0인 경우 ③ 적용, 문자인 경우 ④ 적용
- 대괄호([ ])를 이용해 색을 지정

주희쌤Tip

ⓠ 문제에서 0이면 0으로 표시하라고 했는데 왜 '#,##0'가 아닌 '#,###'을 입력한 건가요?
ⓐ ①;②;③;④에서 ③ 부분에 0을 입력했기 때문입니다.
'[빨강]▲#,##0;[파랑]▼#,##0;0'라고 입력해도 상관없습니다. 결과가 같으니까요.

⑧ 임의의 셀을 클릭한 후 매크로 기록을 중지하기 위해 [개발 도구] 탭-[코드] 그룹-[기록 중지]를 클릭합니다.

⑨ '단추' 위에서 마우스 오른쪽 버튼을 눌러 [텍스트 편집] 명령을 클릭합니다.

⑩ 단추의 텍스트를 '전일대비'로 변경하고 임의의 셀을 클릭하여 완료합니다.

	A	B	C	D	E	F	G	H
1								
2	종목코드	현재가	전일대비	등락률				
3	012330	240,000원	▼2,000	-0.0083		일반		
4	298040	66,600원	▼400	-0.006				
5	005930	59,300원	▼200	-0.0034		현재가		
6	035420	298,000원	▼2,500	-0.0083				
7	000660	83,700원	▲1,500	0.0182				
8	068270	291,500원	0	0		전일대비		
9	019170	198,000원	▲45,500	0.2984				
10	051900	1,516,000원	▲8,000	0.0053		변경		
11	017670	244,000원	0	0				
12	005360	6,960원	▼120	-0.169				
13	131370	16,400원	▼400	-0.0238				
14	037270	7,010원	▲310	0.0463				
15	005380	181,000원	▼3,000	-0.0163				
16	코드입력	0원	0	0				

① [개발 도구] 탭-[컨트롤] 그룹-[삽입]-[양식 컨트롤]의 '단추(양식 컨트롤)'을 클릭합니다.

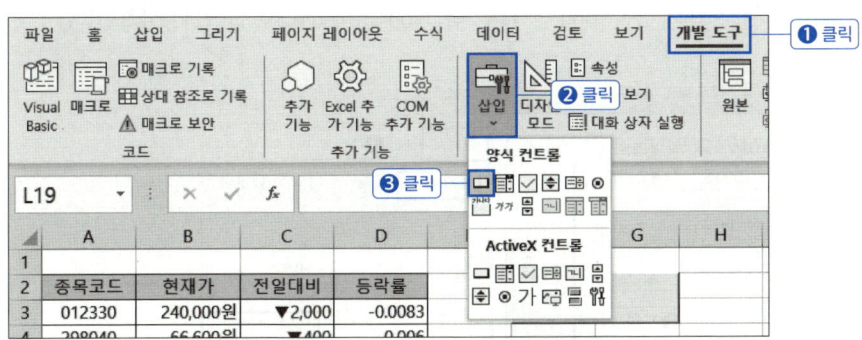

② 이어서 [F11:G12] 영역에 드래그하여 '단추'를 생성합니다.

	A	B	C	D	E	F	G	H
1								
2	종목코드	현재가	전일대비	등락률				
3	012330	240,000원	▼2,000	-0.0083		일반		
4	298040	66,600원	▼400	-0.006				
5	005930	59,300원	▼200	-0.0034		현재가		
6	035420	298,000원	▼2,500	-0.0083				
7	000660	83,700원	▲1,500	0.0182				
8	068270	291,500원	0	0		전일대비		
9	019170	198,000원	▲45,500	0.2984				
10	051900	1,516,000원	▲8,000	0.0053				
11	017670	244,000원	0	0		드래그		
12	005360	6,960원	▼120	-0.169				
13	131370	16,400원	▼400	-0.0238				

③ [매크로 지정] 대화상자가 나타나면 [매크로 이름]에 '등락률'을 입력한 후 [매크로 위치]에서 '현재 통합 문서'를 선택하고 [기록] 단추를 클릭합니다.

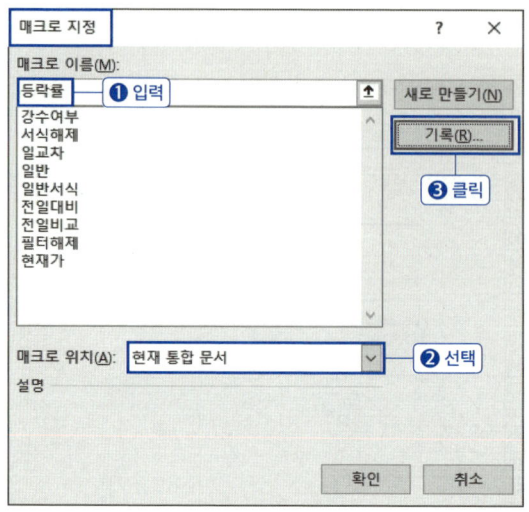

④ [매크로 기록] 대화상자가 나타나면 [확인] 단추를 클릭합니다.

⑤ 매크로 기록이 시작되면 [D3:D16] 영역을 선택하고 Ctrl + 1 을 누릅니다.

⑥ [셀 서식] 대화상자가 나타나면 [표시 형식] 탭-[범주]를 '사용자 지정'으로 선택합니다.

⑦ '형식'에 이미 입력되어 있는 내용을 지운 뒤 '0.00%;-0.00%;'을 입력하고 [확인] 단추를 클릭합니다.

주희쌤 Tip

시험에서 자주 나오는 서식 코드에서 배웠던 부분입니다.
- ①;②;③;④
양수인 경우 ① 적용, 음수인 경우 ② 적용, 0인 경우 ③ 적용, 문자인 경우 ④ 적용
- 양수와 음수를 세미콜론(;)으로 분리해서 입력할 경우 음수 부호를 따로 지정하지 않으면 음수 부호는 표시되지 않음
- 세미콜론(;)으로 분리하지 않은 부분은 원본 데이터가 그대로 표시
- 세미콜론(;)으로 분리했으나 형식을 지정하지 않을 경우 원본 데이터는 표시되지 않음
- '%'는 숫자에 곱하기 100을 하고 뒤에 '%'를 붙여서 표시
- 0.25 → 0.0% → 25.0%

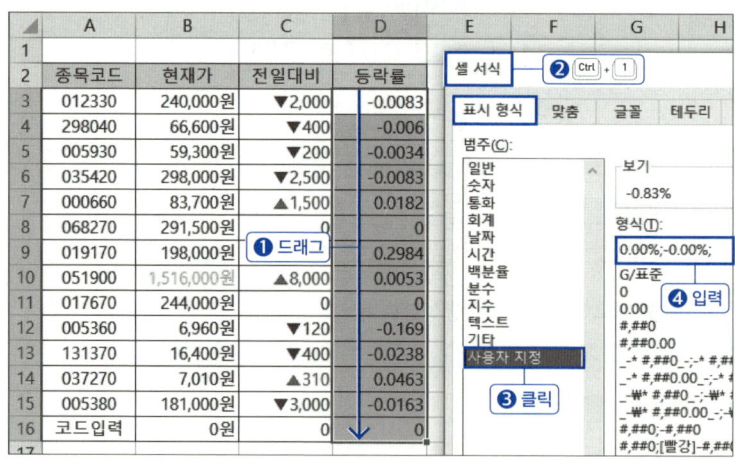

⑧ 임의의 셀을 클릭한 후 매크로 기록을 중지하기 위해 [개발 도구] 탭-[코드] 그룹-[기록 중지]를 클릭합니다.

⑨ '단추' 위에서 마우스 오른쪽 버튼을 눌러 [텍스트 편집] 명령을 클릭합니다.

⑩ 단추의 텍스트를 '등락률'로 변경하고 임의의 셀을 클릭하여 완료합니다.

정답

	A	B	C	D	E	F	G
1							
2	종목코드	현재가	전일대비	등락률			
3	012330	240,000원	▼2,000	-0.83%		일반	
4	298040	66,600원	▼400	-0.60%			
5	005930	59,300원	▼200	-0.34%		현재가	
6	035420	298,000원	▼2,500	-0.83%			
7	000660	83,700원	▲1,500	1.82%			
8	068270	291,500원	0			전일대비	
9	019170	198,000원	▲45,500	29.84%			
10	051900	1,516,000원	▲8,000	0.53%			
11	017670	244,000원	0			등락률	
12	005360	6,960원	▼120	-16.90%			
13	131370	16,400원	▼400	-2.38%			
14	037270	7,010원	▲310	4.63%			
15	005380	181,000원	▼3,000	-1.63%			
16	코드입력	0원	0				

문제 유형 3

'매크로3' 워크시트에서 다음과 같은 기능을 수행하는 매크로를 현재 통합문서에 작성하시오.

❽ [H3:H15] 영역에 대하여 조건부 서식을 적용하는 '서식적용1' 매크로를 생성하시오.
- ▶ 규칙 유형은 '셀 값을 기준으로 모든 셀의 서식 지정'으로 선택하고, 서식 스타일은 '데이터 막대', 최소값은 숫자 -50, 최대값은 숫자 50으로 설정
- ▶ 막대 모양은 '그라데이션 채우기', 양수 막대 채우기 색은 '표준 색-연한 파랑', 음수 막대 채우기 색은 '표준 색-빨강', 음수 값 막대는 양수와 같은 방향으로 표시
- ▶ 양식 컨트롤의 '단추'를 [J5:K6] 영역에 생성한 후 단추의 텍스트를 '서식적용1'로 입력하고, 단추를 클릭하면 '서식적용1' 매크로가 실행

❾ [F3:F15] 영역에 셀 값을 기준으로 모든 셀에 서식을 적용하는 '서식적용2' 매크로를 생성하시오.
- ▶ '4색 신호등'을 사용하여 '아이콘 집합' 서식 스타일로 나타낼 것
- ▶ 숫자 값이 5000 이상이면 '녹색 원', 3000 이상이면 '노란색 원', 2000 초과이면 '테두리가 있는 빨간색 원' 또는 '빨간색 원', 그 외에는 '테두리가 있는 검정색 원' 또는 '검정색 원'으로 기존의 데이터와 함께 표시
- ▶ 양식 컨트롤의 '단추'를 [J8:K9] 영역에 생성한 후 단추의 텍스트를 '서식적용2'로 입력하고, 단추를 클릭하면 '서식적용2' 매크로가 실행

❿ [G3:G15] 영역에 셀 값을 기준으로 모든 셀에 서식을 적용하는 '서식적용3' 매크로를 생성하시오.
- ▶ 셀 값이 5000 이상이면 색이 채워진 별(★), 3000 이상이면 반만 색이 채워진 별(⯨), 3000 미만이면 색이 채워지지 않은 별(☆)을 기존의 숫자 데이터와 함께 표시
- ▶ 양식 컨트롤의 '단추'를 [J11:K12] 영역에 생성한 후 단추의 텍스트를 '서식적용3'으로 입력하고, 단추를 클릭하면 '서식적용3' 매크로가 실행

 따라하기 8

① [개발 도구] 탭-[컨트롤] 그룹-[삽입]-[양식 컨트롤]의 '단추(양식 컨트롤)'을 클릭합니다.

② 이어서 [J5:K6] 영역에 드래그하여 '단추'를 생성합니다.

③ [매크로 지정] 대화상자가 나타나면 [매크로 이름]에 '서식적용1'을 입력한 후 [매크로 위치]에서 '현재 통합 문서'를 선택하고 [기록] 단추를 클릭합니다.

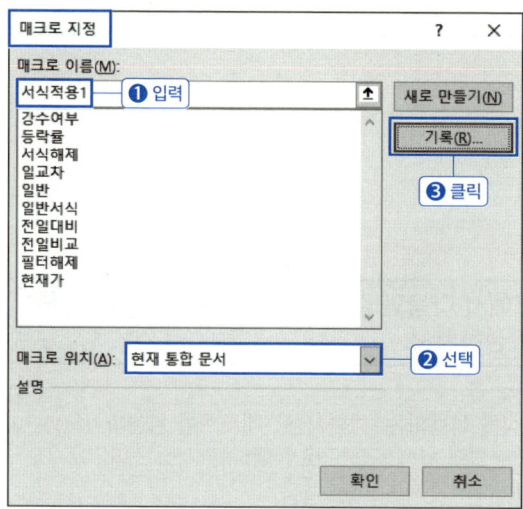

④ [매크로 기록] 대화상자가 나타나면 [확인] 단추를 클릭합니다.

⑤ 매크로 기록이 시작되면 [H3:H15] 영역을 선택한 후 [홈] 탭-[스타일] 그룹-[조건부 서식]-[새 규칙]을 클릭합니다.

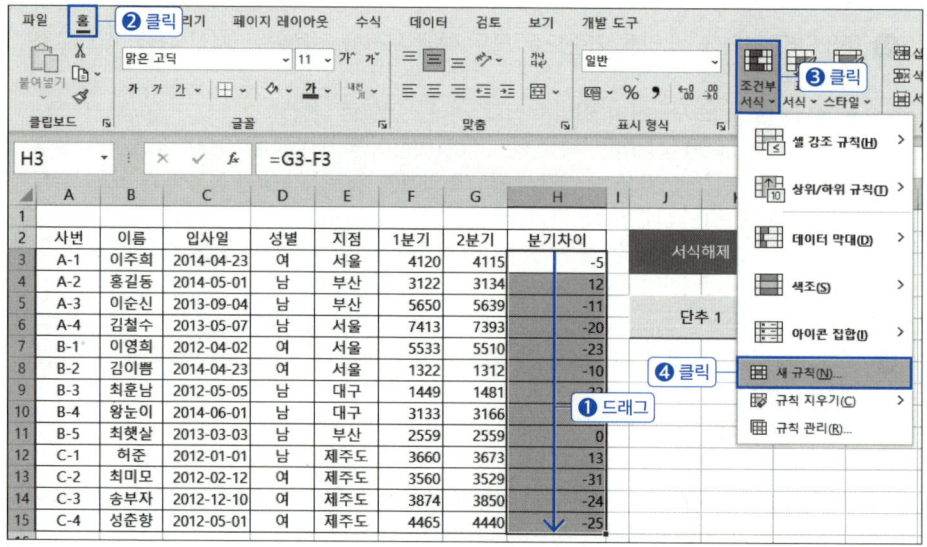

120 Chapter 01. 데이터 편집 및 자동화

⑥ [새 서식 규칙] 대화상자가 나타나면 [셀 값을 기준으로 모든 셀의 서식 지정]을 클릭한 후 아래에 [서식 스타일]을 '데이터 막대'로 선택합니다.

⑦ [최소값]의 [종류]를 '숫자'로 선택하고 [값] 입력란에 '-50'을 입력합니다.

⑧ [최대값]의 [종류]를 '숫자'로 선택하고 [값] 입력란에 '50'을 입력합니다.

⑨ [막대 모양]의 [채우기]는 '그라데이션 채우기', [색]은 '표준 색-연한 파랑'으로 선택한 후 [음수 값 및 축] 단추를 클릭합니다.

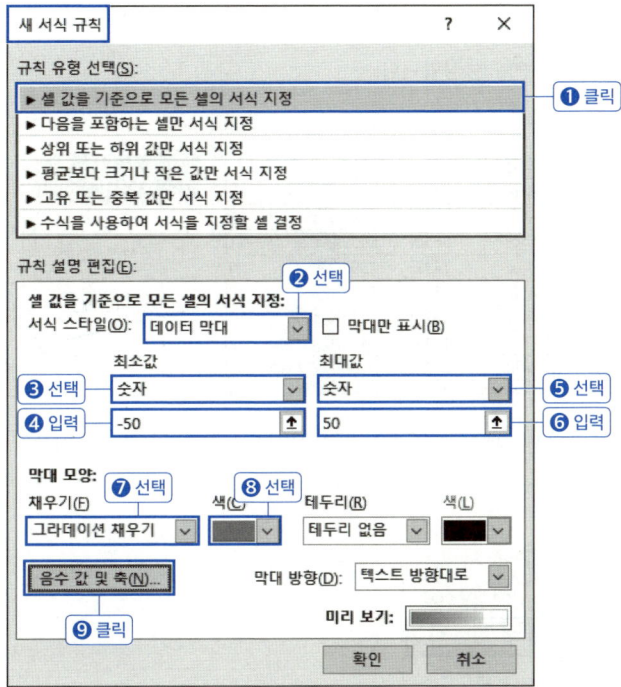

⑩ [음수 값 및 축 설정] 대화상자가 나타나면 [채우기 색]을 '표준 색-빨강'으로 선택하고, [축 설정]을 '없음(양수와 같은 방향으로 음수 값 막대 표시)'로 선택한 후 [확인] 단추를 클릭합니다.

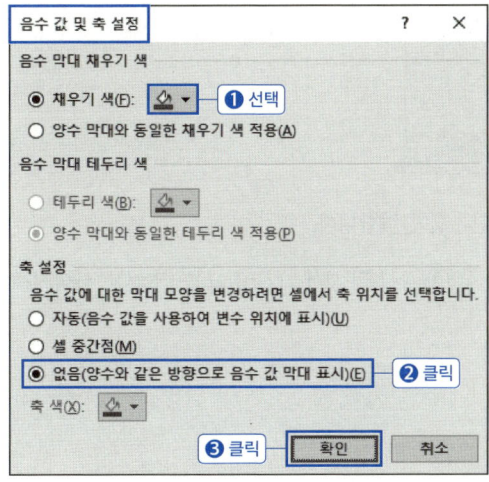

⑪ [새 서식 규칙] 대화상자가 나타나면 [확인] 단추를 클릭합니다.

⑫ 임의의 셀을 클릭한 후 매크로 기록을 중지하기 위해 [개발 도구] 탭-[코드] 그룹-[기록 중지]를 클릭합니다.

⑬ '단추' 위에서 마우스 오른쪽 버튼을 눌러 [텍스트 편집] 명령을 클릭합니다.

⑭ 단추의 텍스트를 '서식적용1'로 변경하고 임의의 셀을 클릭하여 완료합니다.

 따라하기 ⑨

① [개발 도구] 탭-[컨트롤] 그룹-[삽입]-[양식 컨트롤]의 '단추(양식 컨트롤)'을 클릭합니다.

② 이어서 [J8:K9] 영역에 드래그하여 '단추'를 생성합니다.

	A	B	C	D	E	F	G	H	I	J	K
1											
2	사번	이름	입사일	성별	지점	1분기	2분기	분기차이		서식해제	
3	A-1	이주희	2014-04-23	여	서울	4120	4115	-5			
4	A-2	홍길동	2014-05-01	남	부산	3122	3134	12			
5	A-3	이순신	2013-09-04	남	부산	5650	5639	-11		서식적용1	
6	A-4	김철수	2013-05-07	남	서울	7413	7393	-20			
7	B-1	이영희	2012-04-02	여	서울	5533	5510	-23			드래그
8	B-2	김이쁨	2014-04-23	여	서울	1322	1312	-10			
9	B-3	최훈남	2012-05-05	남	대구	1449	1481	32			
10	B-4	왕눈이	2014-06-01	남	대구	3133	3166	33			
11	B-5	최해산	2013-02-03	남	부산	2559	2559	0			

③ [매크로 지정] 대화상자가 나타나면 [매크로 이름]에 '서식적용2'를 입력한 후 [매크로 위치]에서 '현재 통합 문서'를 선택하고 [기록] 단추를 클릭합니다.

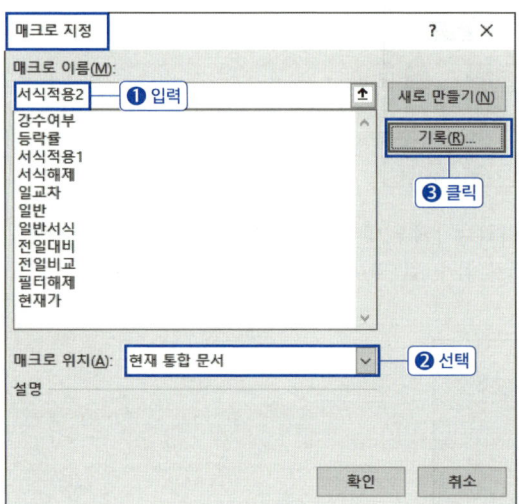

④ [매크로 기록] 대화상자가 나타나면 [확인] 단추를 클릭합니다.

⑤ 매크로 기록이 시작되면 [F3:F15] 영역을 선택한 후 [홈] 탭-[스타일] 그룹-[조건부 서식]-[새 규칙]을 클릭합니다.

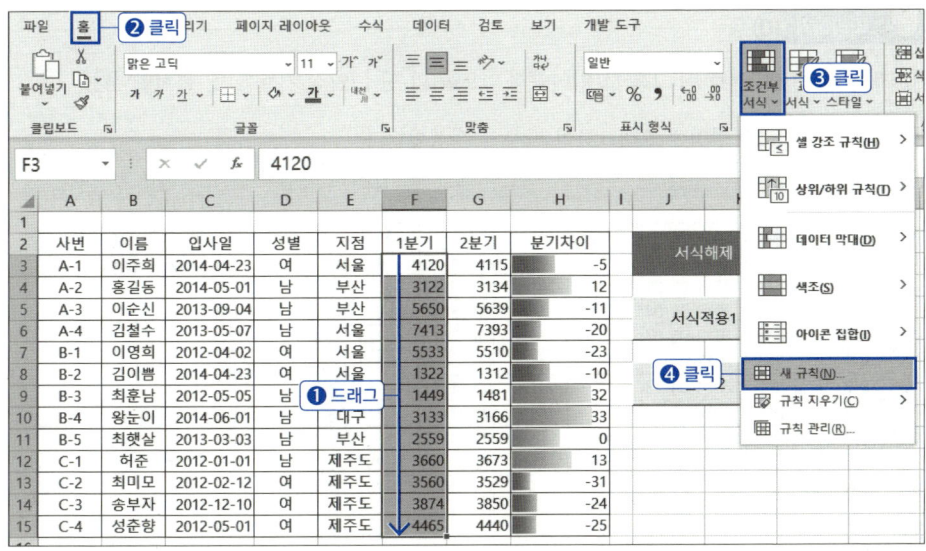

⑥ [새 서식 규칙] 대화상자가 나타나면 [셀 값을 기준으로 모든 셀의 서식 지정]을 클릭한 후 아래에 [서식 스타일]을 '아이콘 집합'으로 선택합니다.

⑦ [아이콘 스타일]을 '4색 신호등'으로 선택하고 아래와 같이 지정한 후 [확인] 단추를 클릭합니다.

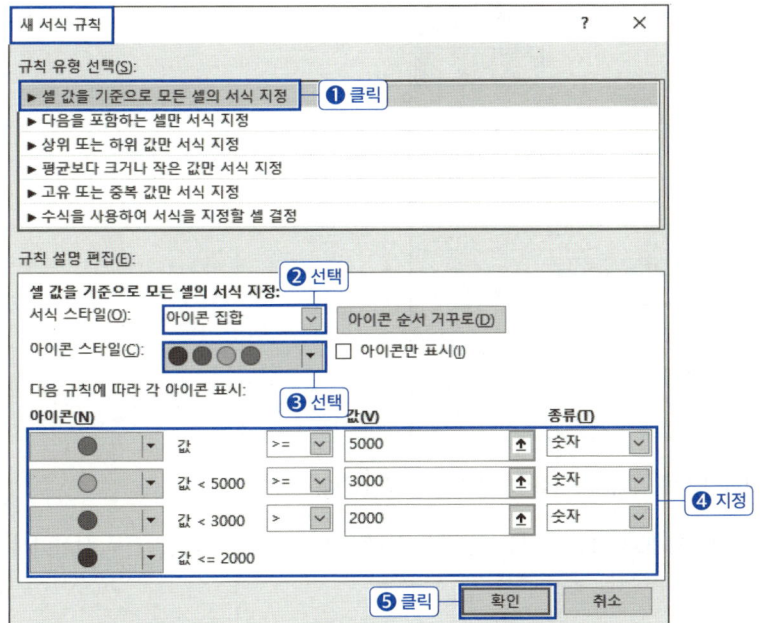

★ 주희쌤 Tip

기존의 숫자를 함께 표시하지 않으려면 '아이콘만 표시'를 선택합니다.

⑧ 임의의 셀을 클릭한 후 매크로 기록을 중지하기 위해 [개발 도구] 탭-[코드] 그룹-[기록 중지]를 클릭합니다.

⑨ '단추' 위에서 마우스 오른쪽 버튼을 눌러 [텍스트 편집] 명령을 클릭합니다.

⑩ 단추의 텍스트를 '서식적용2'로 변경하고 임의의 셀을 클릭하여 완료합니다.

 따라하기 10

① [개발 도구] 탭-[컨트롤] 그룹-[삽입]-[양식 컨트롤]의 '단추(양식 컨트롤)'을 클릭합니다.

② 이어서 [J11:K12] 영역에 드래그하여 '단추'를 생성합니다.

	A	B	C	D	E	F	G	H	I	J	K
1											
2	사번	이름	입사일	성별	지점	1분기	2분기	분기차이			
3	A-1	이주희	2014-04-23	여	서울	4120	4115	-5		서식해제	
4	A-2	홍길동	2014-05-01	남	부산	3122	3134	12			
5	A-3	이순신	2013-09-04	남	부산	5650	5639	-11		서식적용1	
6	A-4	김철수	2013-05-07	남	서울	7413	7393	-20			
7	B-1	이영희	2012-04-02	여	서울	5533	5510	-23			
8	B-2	김이쁨	2014-04-23	여	서울	1322	1312	-10		서식적용2	
9	B-3	최훈남	2012-05-05	남	대구	1449	1481	32			
10	B-4	왕눈이	2014-06-01	남	대구	3133	3166	33			드래그
11	B-5	최햇살	2013-03-03	남	부산	2559	2559	0			
12	C-1	허준	2012-01-01	남	제주도	3660	3673	13			
13	C-2	최미모	2012-02-12	여	제주도	3560	3529	-31			
14	C-3	송보자	2012-12-10	여	제주도	2874	2850	24			

③ [매크로 지정] 대화상자가 나타나면 [매크로 이름]에 '서식적용3'을 입력한 후 [매크로 위치]에서 '현재 통합 문서'를 선택하고 [기록] 단추를 클릭합니다.

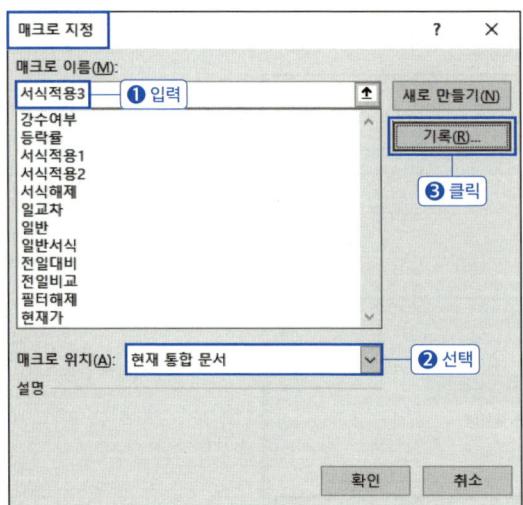

④ [매크로 기록] 대화상자가 나타나면 [확인] 단추를 클릭합니다.

⑤ 매크로 기록이 시작되면 [G3:G15] 영역을 선택한 후 [홈] 탭-[스타일] 그룹-[조건부 서식]-[새 규칙]을 클릭합니다.

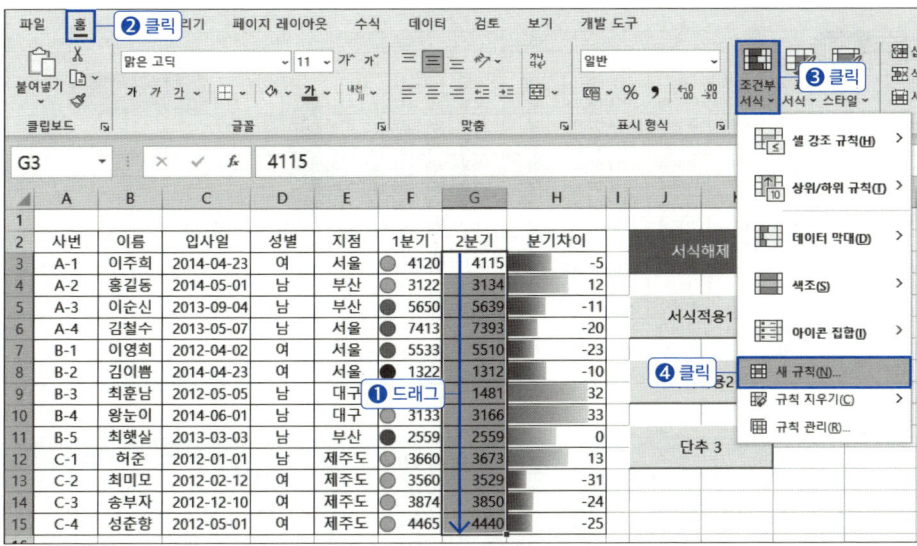

⑥ [새 서식 규칙] 대화상자가 나타나면 [셀 값을 기준으로 모든 셀의 서식 지정]을 클릭한 후 아래에 [서식 스타일]을 '아이콘 집합'으로 선택합니다.

⑦ [아이콘 스타일]을 '별 3개'로 선택하고 아래와 같이 지정한 후 [확인] 단추를 클릭합니다.

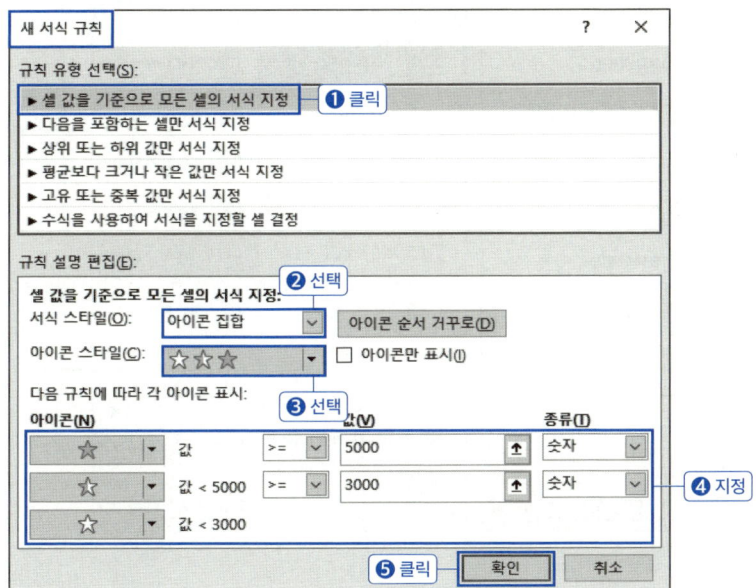

⑧ 임의의 셀을 클릭한 후 매크로 기록을 중지하기 위해 [개발 도구] 탭-[코드] 그룹-[기록 중지]를 클릭합니다.

⑨ '단추' 위에서 마우스 오른쪽 버튼을 눌러 [텍스트 편집] 명령을 클릭합니다.

⑩ 단추의 텍스트를 '서식적용3'으로 변경하고 임의의 셀을 클릭하여 완료합니다.

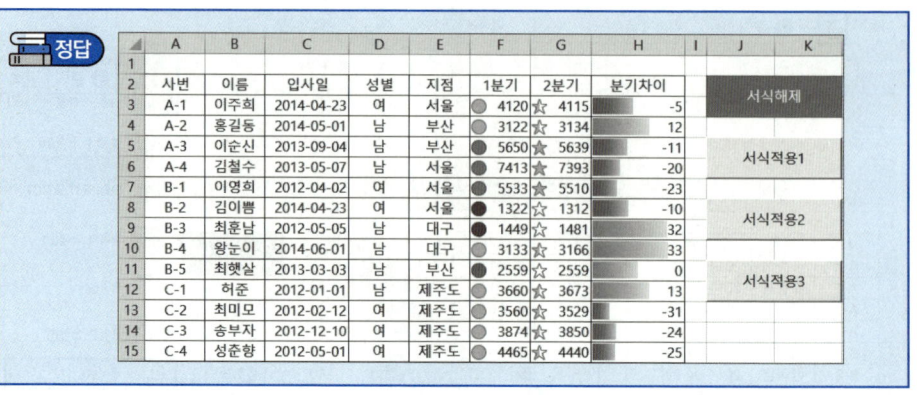

조건부 서식 예시

- 조건부 서식의 [셀 강조 규칙]을 이용하여 중복 값에 대해 '연한 빨강 채우기' 서식이 적용되도록 설정

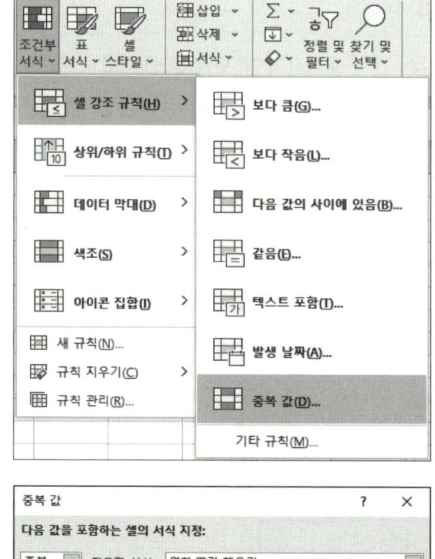

- 조건부 서식의 [상위/하위 규칙]을 이용하여 평균을 초과하는 셀에 '노랑' 채우기 서식이 적용되도록 설정

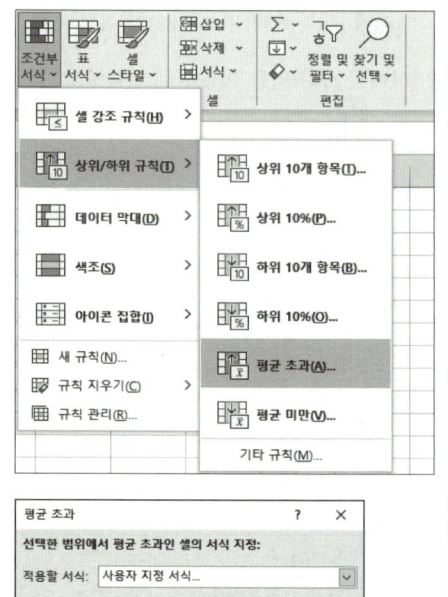

숙제

01 '숙제1' 시트에서 자동 필터 기능을 이용하여 '1분기'를 기준으로 오름차순 정렬한 후 110 이상 130 이하인 데이터만 표시하는 '필터적용1' 매크로를 생성하시오.
▶ 양식 컨트롤의 '단추'를 [B17:C18] 영역에 생성한 후 단추의 텍스트를 '필터적용1'로 입력하고, 단추를 클릭하면 '필터적용1' 매크로가 실행

> **주희쌤 Tip**
> 필터가 적용된 상태에서 매크로를 실행하지 마세요. 매크로 실행이 원활하게 되는지 확인하려면 데이터를 원래대로 되돌려 놓아야 합니다. [F17:G18] 영역의 육각형 도형에는 필터를 해제하고, 정렬을 되돌리는 매크로가 지정되어 있습니다.

 숙제 정답 및 해설

01 '숙제1' 시트

▶ 결과

A	B	C	D	E	F	G
1						
2	사번	입사일	지점	전년도	1분기	2분기
11	B-1	12-04-02	서울	488	111	88
12	C-3	12-12-10	제주도	499	112	88
13	C-2	12-02-12	제주도	479	120	89
14	C-4	12-05-01	제주도	522	124	99
15	A-1	14-04-23	서울	501	125	120
16						
17	필터적용1			필터해제		
18						

① '1분기' 필드의 '필터 목록 단추'(▼)를 클릭하여 [숫자 오름차순 정렬]을 클릭합니다.

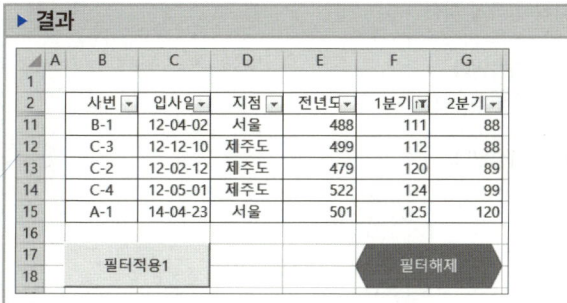

> **주희쌤 Tip**
> 문제에 제시된 대로 자동 필터 기능을 이용하여 정렬하세요.

② '1분기' 필드의 '필터 목록 단추'(▼)를 클릭하여 [숫자 필터]-[해당 범위]를 클릭합니다.
③ [사용자 지정 자동 필터] 대화상자가 나타나면 아래와 같이 입력한 후 [확인] 단추를 클릭합니다.

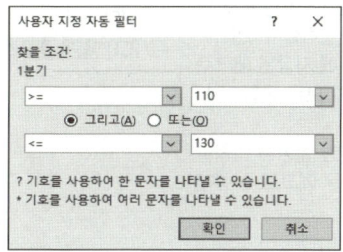

관련 필기 문제

01. 다음 중 아래 그림의 [매크로 기록] 대화상자에 대한 설명으로 옳지 않은 것은?
14년 2회 출제

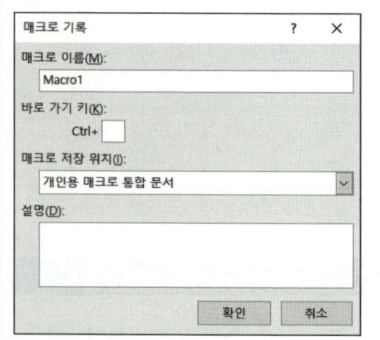

① 매크로 이름의 첫 글자는 문자, 숫자, 밑줄 등을 사용할 수 있으며, 공백은 사용할 수 없다.
② 바로 가기 키 상자에 사용할 문자는 @나 # 과 같은 특수 문자와 숫자는 사용할 수 없으며, 영문 대소문자는 모두 입력할 수 있다.
③ 개인용 매크로 통합 문서에 저장된 매크로는 엑셀을 시작할 때마다 모든 통합 문서에서 사용할 수 있다.
④ 설명 상자에 매크로에 관한 설명을 입력할 수 있으며, 입력된 내용은 매크로 실행에 영향을 주지 않는다.

02. 아래 그림과 같이 설정한 상태에서 [매크로 기록] 대화상자의 [확인] 단추를 누른다. [A2:A6] 범위를 선택한 후 글꼴 스타일을 굵게 지정하고 [기록 중지]를 눌러 '서식' 매크로의 작성을 완료하였다. 다음 중 매크로 작성 후 [C1] 셀을 선택하고 '서식' 매크로를 실행한 결과로 옳은 것은?
20년 2회 출제

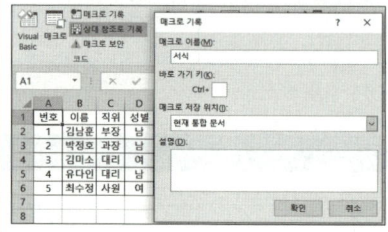

① [A2:A6] 영역의 글꼴 스타일이 굵게 지정된다.
② [A1] 셀만 글꼴 스타일이 굵게 지정된다.
③ [C2:C6] 영역의 글꼴 스타일이 굵게 지정된다.
④ [C1] 셀만 글꼴 스타일이 굵게 지정된다.

03. 다음 중 작성된 매크로를 실행하는 방법으로 옳지 않은 것은?
13년 1회 출제

① 매크로 대화상자에서 매크로를 선택하여 실행한다.
② 매크로를 작성할 때 지정한 바로 가기 키를 이용하여 실행한다.
③ 매크로를 지정한 도형을 클릭하여 실행한다.
④ 매크로가 적용되는 셀의 바로 가기 메뉴를 이용하여 실행한다.

04. 다음 중 매크로 기록에 관한 설명으로 옳지 않은 것은?
13년 2회 출제

① 작업에 영향을 끼칠 수 있는 동작이 기록되며, 틀린 동작과 불필요한 동작까지 함께 기록된다.
② 기본적으로 상대 참조로 기록되므로 절대 참조를 해야 할 경우 '절대 참조로 기록'을 클릭하여 전환해야 한다.
③ 매크로의 작성에 소요된 시간은 기록되지 않는다.
④ 미리 어떤 동작, 어떤 기능을 기록할 것인지 순서를 정하여 두고 작업하는 것이 좋다.

05. 다음 중 매크로에 대한 설명으로 옳지 않은 것은?
22년 상시 출제

① 매크로 이름은 첫 글자를 제외하고 문자, 숫자 등을 혼합하여 작성할 수 있지만 +, −, &, *, ? 등의 특수 문자는 사용할 수 없다.
② 매크로를 실행하기 위해 Alt + F8 을 누른다.
③ '매크로1'은 자동으로 부여되는 이름이지만 사용자가 임의로 변경할 수 있다.
④ 작성된 텍스트 상자에 매크로를 지정한 후 매크로를 실행할 수 없다.

06. 다음 중 매크로에 대한 설명으로 옳지 않은 것은?
22년 상시 출제

① 매크로 기록 도중에 선택한 셀은 절대 참조로 기록할 수도 있고, 상대 참조로 기록할 수도 있다.
② Visual Basic Editor에서 코드 편집을 통해 매크로의 이름이나 내용을 바꿀 수 있다.
③ Alt + F11 을 누르면 VBA가 실행된다.
④ ActiveX 컨트롤의 명령 단추를 추가하면 [매크로 지정] 대화상자가 자동으로 표시된다.

정답 01.① | 02.③ | 03.④ | 04.② | 05.④ | 06.④

CHAPTER 02

데이터의 시각화

Section 01 피벗 테이블
Section 02 차트

SECTION 01 피벗 테이블

- 피벗 테이블은 '요약된 표'를 만드는 것으로 복잡한 데이터를 분석하고 탐색하기 쉽게 정렬 및 요약해 보도록 하겠습니다.
- 준비파일 : 컴활1급 \ 엑셀 \ 1급엑셀(예제) \ 2장_01. 피벗 테이블.xlsm

주희쌤 Tip
주희쌤 Tip은 꼼꼼히 모두 보세요.

주희쌤 Tip
피벗 테이블은 10점짜리 1문제가 출제됩니다. 목표 점수는 10점으로 문제에 주어진 그림과 일치해야 하므로 다른 점이 없는지 꼼꼼히 살펴보아야 합니다.

피벗 테이블 레이아웃

필터			
피벗 테이블 시작위치	열	열	열
행			
행	값		
행			

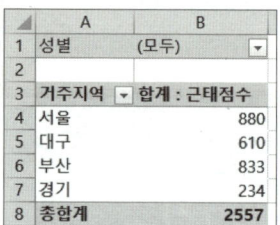

[필터] 성별
[행] 거주지역
[열] 직급
[값] 합계 : 근태점수

[필터] 성별
[행] 거주지역
[값] 합계 : 근태점수

[필터] 성별
[행] 거주지역, 직급
[값] 합계 : 근태점수

문제 유형 1 '피벗테이블1' 워크시트에서 작업하시오.

① [외부 데이터 가져오기] 기능을 이용하여 피벗 테이블 보고서를 작성하시오.
- <사원현황.accdb>의 <사원> 테이블에서 '사원번호', '이름', '생일', '거주지역', '성별', '부서', '직급', '전년도실적', '근태점수', '연수점수' 열만 이용하여 작성
- 근태점수가 70 이상인 행만을 대상
- 피벗 테이블 보고서의 레이아웃과 위치, 그룹은 <그림>을 참조하여 설정하고, 보고서 레이아웃은 개요 형식으로 지정
- 연수점수와 근태점수는 총합계 비율(전체에 대한 비율)을 기준으로 그림과 같이 나타나도록 작성
- '연한 주황, 피벗 스타일 밝게 17'을 지정하고, 각 평균의 값은 '값 필드 설정'의 셀 서식을 이용하여 백분율 범주에서 소수 1자리까지 표시
- 부서는 '기획부', '인사부'만 표시

	A	B	C	D	E
1					
2		거주지역	(모두)		
3					
4		부서	생일	평균 : 연수점수	평균 : 근태점수
5		⊟ 기획부		104.0%	102.1%
6			1984년	96.7%	100.6%
7			1985년	108.1%	102.8%
8			1988년	108.1%	101.7%
9			1989년	102.4%	101.1%
10			1990년	104.5%	102.8%
11		⊟ 인사부		93.3%	96.4%
12			1987년	96.7%	90.4%
13			1990년	89.9%	102.4%
14		총합계		100.0%	100.0%

 따라하기 ①

① [데이터] 탭-[데이터 가져오기 및 변환] 그룹-[데이터 가져오기]-[기타 원본에서]-[Microsoft Query에서]를 클릭합니다.

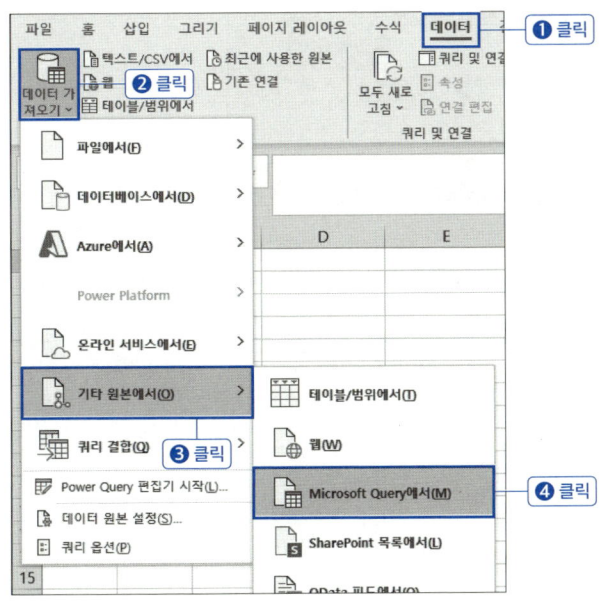

주희쌤 Tip
외부 데이터를 가져오되 모든 데이터를 가져오는 것이 아니라 액세스 프로그램의 원하는 데이터만 가져와야 하는 것이므로 'Microsoft Query'를 이용합니다.

주희쌤 Tip
ⓠ [데이터] 탭-[데이터 가져오기 및 변환] 그룹-[데이터 가져오기]-[데이터베이스에서]-[Microsoft Access 데이터베이스에서]로 지정하는 것과 무엇이 다른가요?
ⓐ 데이터를 보면서 편집하여 가져올 수 있다는 점이 다릅니다.

② [데이터 원본 선택] 대화상자가 나타나면 'MS Access Database*'을 선택한 후 [확인] 단추를 클릭합니다.

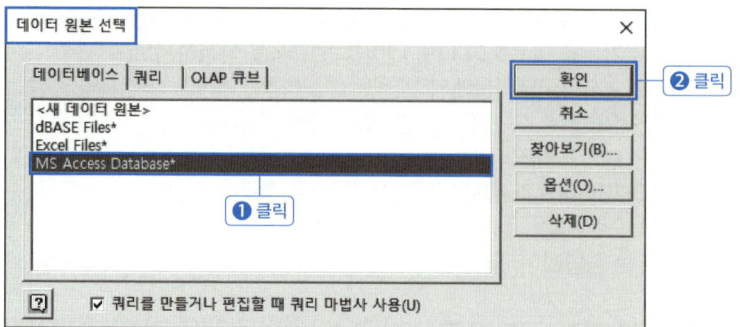

> 주희쌤Tip
> 실제 시험에서 외부 데이터 위치는 시험지 첫 장 <유의사항>에 명시되어 있습니다.
> 실제 시험에서 엑셀 외부 데이터는 'C:\OA', 액세스 외부 데이터는 'C:\DB'를 확인해보세요.

③ [데이터베이스 선택] 대화상자가 나타나면 현재 파일을 열어준 폴더(컴활1급\엑셀\1급엑셀(예제))로 이동한 후 '사원현황.accdb'를 선택하고 [확인] 단추를 클릭합니다.

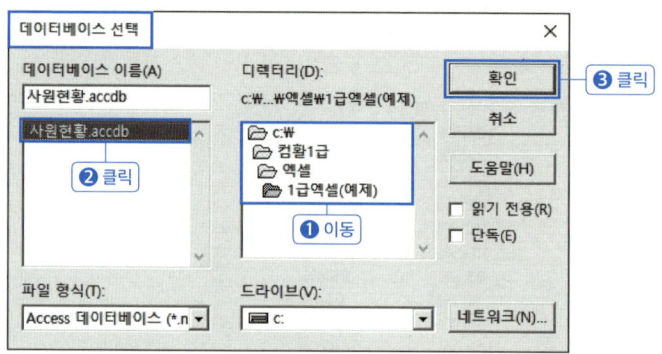

> 주희쌤Tip
> 필드를 더블클릭하는 것은 선택하고 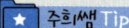 단추를 클릭하는 것과 같습니다.

④ [쿼리 마법사 - 열 선택] 대화상자가 나타나면 '사원' 테이블 앞에 '+'를 클릭한 후 '사원번호', '이름', '생일', '거주지역', '성별', '부서', '직급', '전년도실적', '근태점수', '연수점수'를 차례로 더블클릭하여 '쿼리에 포함된 열'로 이동하고 [다음] 단추를 클릭합니다.

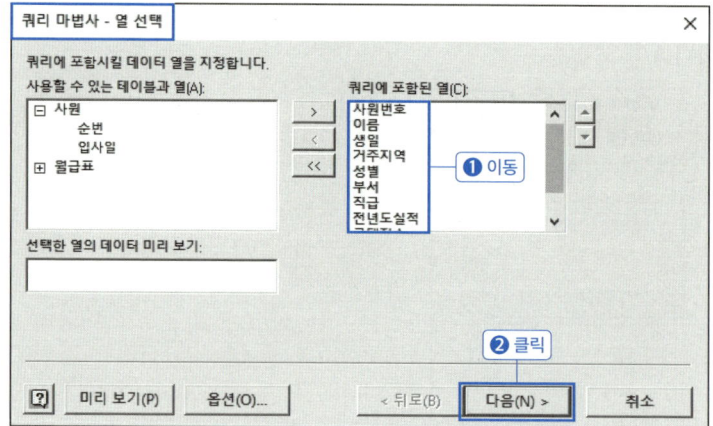

⑤ [쿼리 마법사 - 데이터 필터] 대화상자가 나타나면 '근태점수'를 선택한 후 '>=', '70'을 지정하고 [다음] 단추를 클릭합니다.

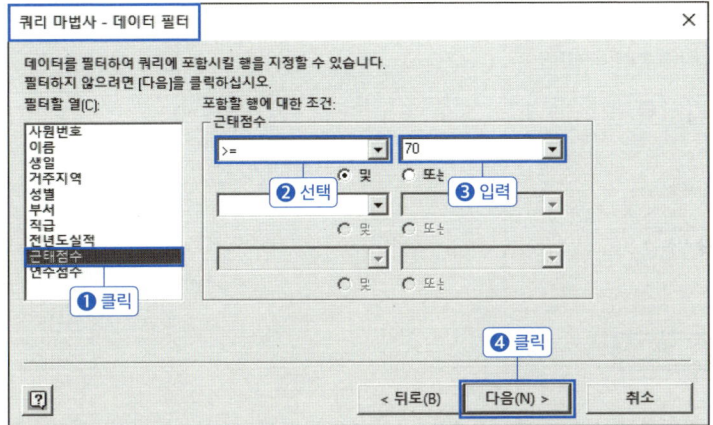

⑥ [쿼리 마법사 - 정렬 순서] 대화상자가 나타나면 정렬할 데이터가 없으므로 [다음] 단추를 클릭합니다.

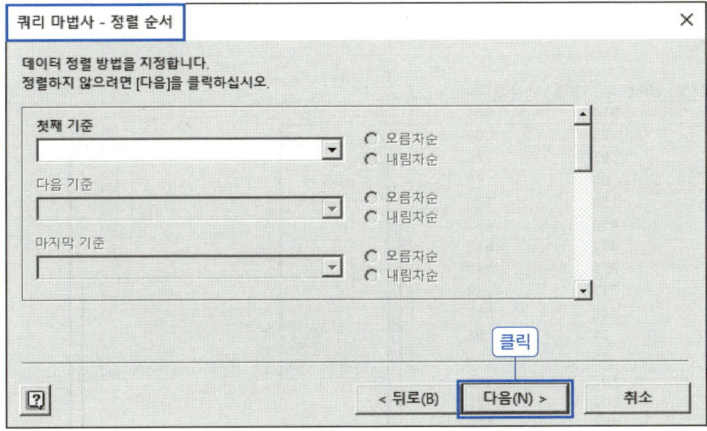

⑦ [쿼리 마법사 - 마침] 대화상자가 나타나면 'Microsoft Excel(으)로 데이터 되돌리기'를 선택하고 [마침] 단추를 클릭합니다.

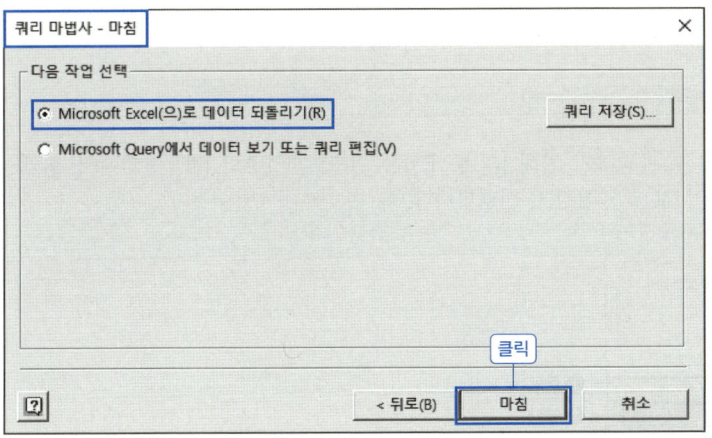

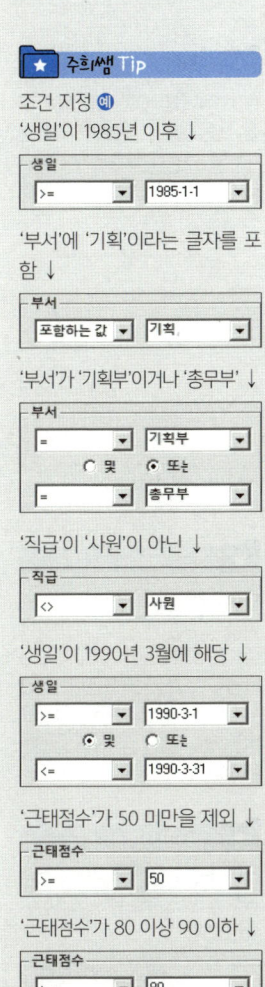

주희쌤 Tip

조건 지정 예
'생일'이 1985년 이후 ↓

'부서'에 '기획'이라는 글자를 포함 ↓

'부서'가 '기획부'이거나 '총무부' ↓

'직급'이 '사원'이 아닌 ↓

'생일'이 1990년 3월에 해당 ↓

'근태점수'가 50 미만을 제외 ↓

'근태점수'가 80 이상 90 이하 ↓

주희쌤 Tip

피벗 테이블의 위치를 잘못 지정 했을 경우 [피벗 테이블 분석] 탭-[동작] 그룹-[피벗 테이블 이동]을 이용하여 위치를 다시 설정하세요.

⑧ [데이터 가져오기] 대화상자가 나타나면 '피벗 테이블 보고서'를 선택한 후 데이터가 들어갈 위치에 '기존 워크시트'의 [B4] 셀을 클릭하고 [확인] 단추를 클릭합니다.

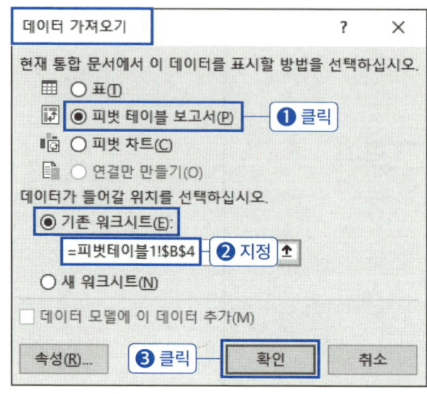

주희쌤 Tip

피벗 테이블 레이아웃 안쪽에 셀 포인터가 있어야 오른쪽에 [피벗 테이블 필드] 작업창이 나타납니다. 수동으로 닫았을 경우 [피벗 테이블 분석] 탭-[표시] 그룹-[필드 목록]을 클릭하세요.

주희쌤 Tip

레이아웃을 잘못 지정했을 경우 필드를 워크시트로 드래그하여 빼면 됩니다.

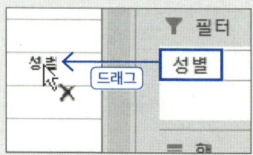

⑨ [피벗 테이블 필드] 작업창에서 '거주지역'을 [필터] 영역으로 드래그, '부서'를 [행] 영역으로 드래그, '생일'을 '부서' 밑에 [행] 영역으로 드래그, '연수점수'를 [값] 영역으로 드래그, '근태점수'를 '연수점수' 밑에 [값] 영역으로 드래그합니다.

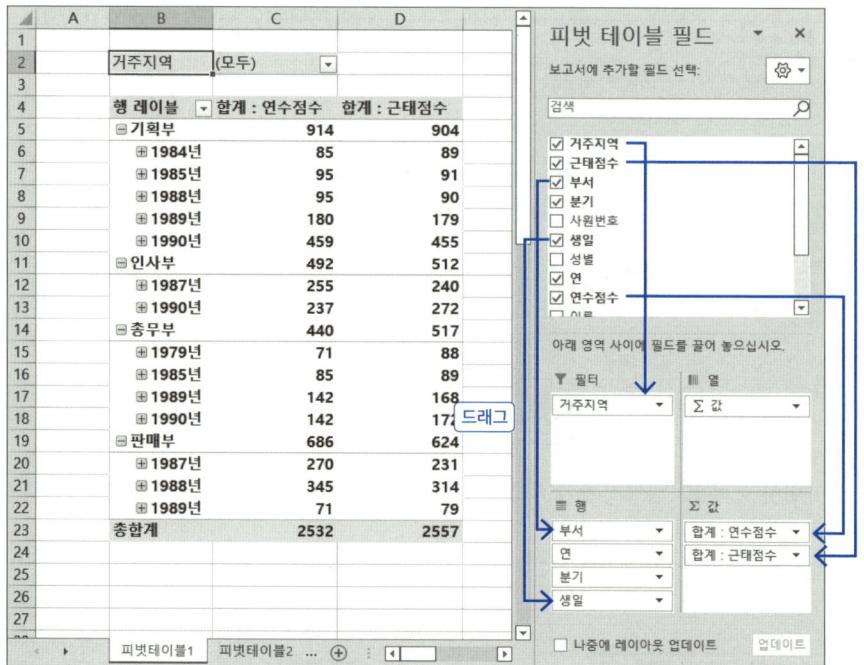

⑩ '연수점수'를 평균으로 변경하기 위해 [피벗 테이블 필드] 작업창의 [값] 영역에서 '합계 : 연수점수'를 클릭하여 [값 필드 설정]을 선택합니다.

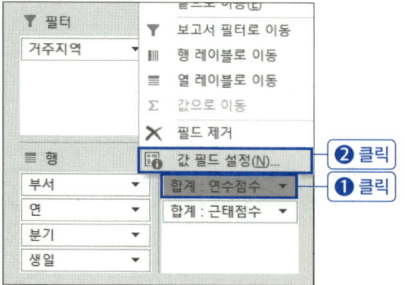

⑪ [값 필드 설정] 대화상자가 나타나면 [값 요약 기준] 탭에서 '평균'을 선택하고 [확인] 단추를 클릭합니다.

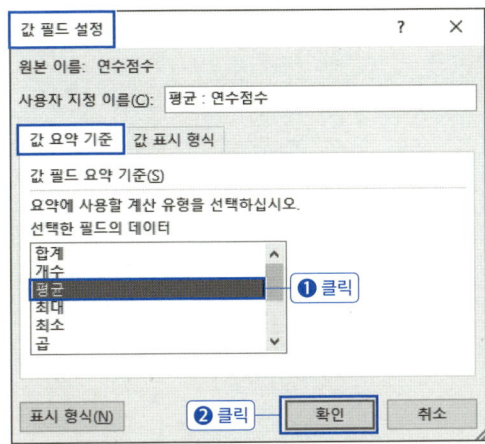

⑫ '평균 : 연수점수'로 변경되면 '근태점수'도 같은 방법으로 '평균 : 근태점수'로 변경합니다.

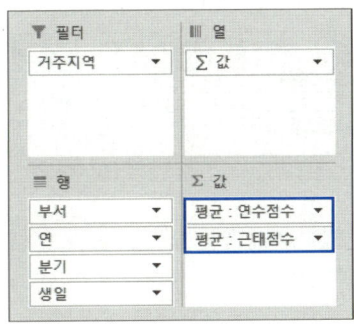

⑬ 생일을 연 단위로만 그룹으로 지정하기 위해 연도가 표시되어 있는 임의의 셀을 선택하고 선택한 셀 위에서 마우스 오른쪽 버튼을 눌러 [그룹] 명령을 클릭합니다.

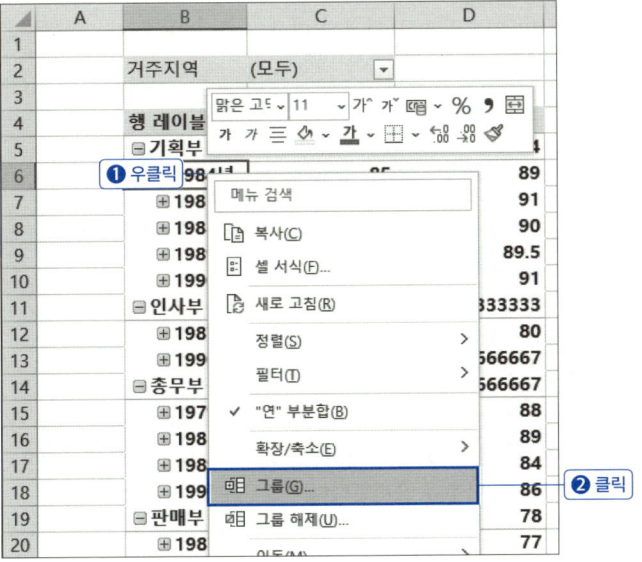

⑭ [그룹화] 대화상자가 나타나면 [단위]에 선택되어 있는 '월'과 '분기'를 각각 클릭하여 선택을 해제하고 '연'만 선택되어 있는 상태에서 [확인] 단추를 클릭합니다.

⑮ 생일이 연 단위로만 그룹으로 지정되면 보고서 레이아웃을 변경하기 위해 [디자인] 탭-[레이아웃] 그룹-[보고서 레이아웃]-[개요 형식으로 표시]를 클릭합니다.

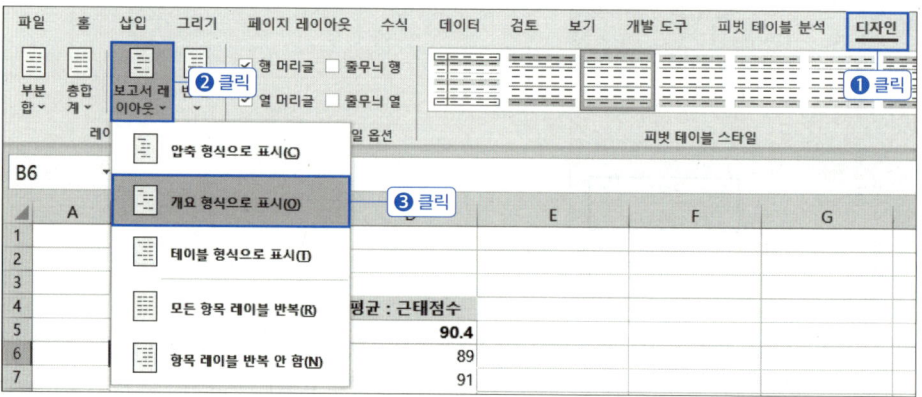

⑯ 부서와 생일이 각각의 열로 분리되면 연수점수를 전체에 대한 비율로 변경하기 위해 [값] 영역에서 '평균 : 연수점수'를 클릭하여 [값 필드 설정]을 선택합니다.

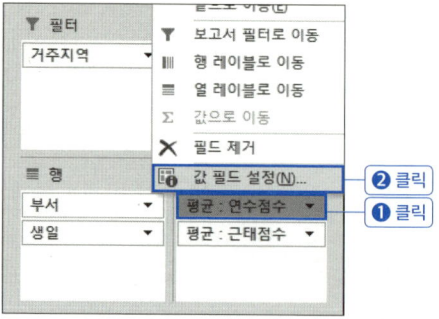

⑰ [값 필드 설정] 대화상자가 나타나면 [값 표시 형식] 탭에서 [값 표시 형식]의 목록 단추(▼)를 클릭하여 '총합계 비율'을 선택한 후 [확인] 단추를 클릭합니다.

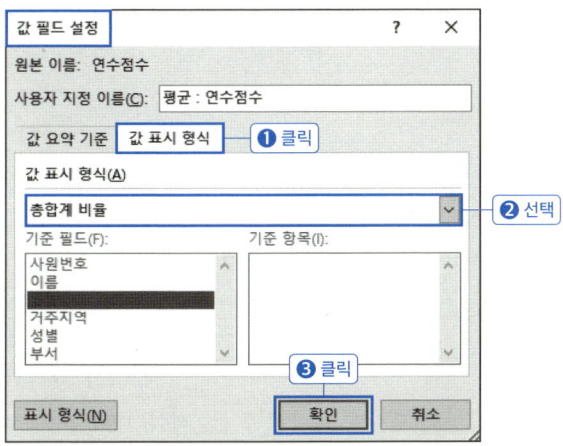

⑱ '근태점수'도 같은 방법으로 '총합계 비율'로 변경합니다.

⏐	A	B	C	D	E
1					
2		거주지역	(모두)		
3					
4		부서	생일	평균 : 연수점수	평균 : 근태점수
5		⊟기획부		108.29%	106.06%
6			1984년	100.71%	104.42%
7			1985년	112.56%	106.77%
8			1988년	112.56%	105.59%
9			1989년	106.64%	105.01%
10			1990년	108.77%	106.77%
11		⊟인사부		97.16%	100.12%
12			1987년	100.71%	93.86%
13			1990년	93.60%	106.37%
14		⊟총무부		86.89%	101.10%
15			1979년	84.12%	103.25%
16			1985년	100.71%	104.42%
17			1989년	84.12%	98.55%
18			1990년	84.12%	100.90%
19		⊟판매부		101.60%	91.51%
20			1987년	106.64%	90.34%
21			1988년	102.19%	92.10%
22			1989년	84.12%	92.69%
23		총합계		100.00%	100.00%

⑲ 피벗 테이블 스타일을 변경하기 위해 [디자인] 탭-[피벗 테이블 스타일] 그룹-[자세히](▼)를 클릭하여 '연한 주황, 피벗 스타일 밝게 17'을 선택합니다.

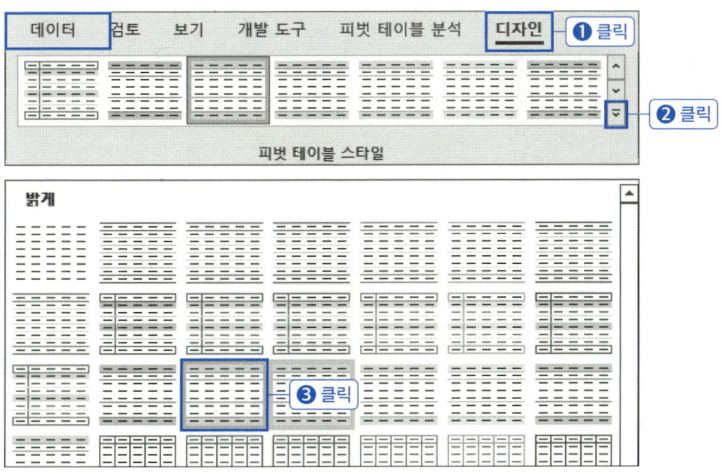

⑳ 피벗 테이블 스타일이 변경되면 표시 형식을 지정하기 위해 [값] 영역에서 '평균 : 연수점수'를 클릭하여 [값 필드 설정]을 선택합니다.

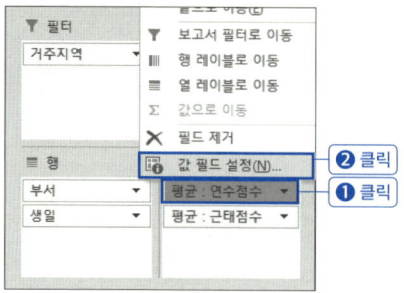

㉑ [값 필드 설정] 대화상자가 나타나면 [표시 형식] 단추를 클릭한 후 [셀 서식] 대화상자에서 [범주]를 '백분율', [소수 자릿수]를 '1'로 지정하고 [확인] 단추를 두 번 클릭하여 대화상자를 모두 닫습니다.

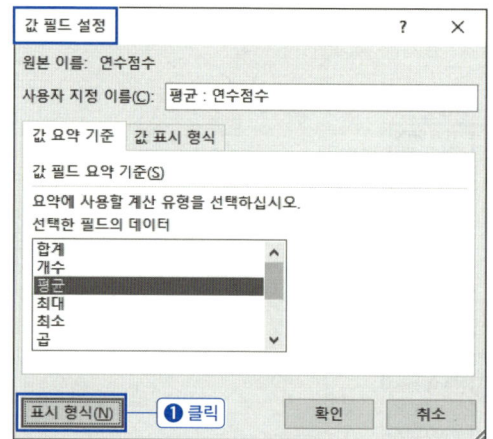
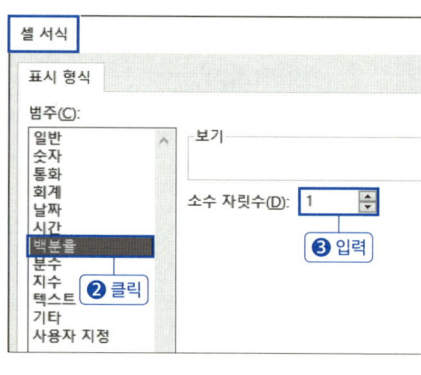

㉒ '평균 : 근태점수'도 같은 방법으로 '백분율' 범주의 소수 자릿수를 '1'로 지정합니다.

㉓ 부서에 기획부와 인사부만 표시하기 위해 부서의 '필터 목록 단추'(▼)를 클릭합니다.

㉔ '총무부', '판매부' 확인란의 선택을 취소하고 [확인] 단추를 클릭합니다.

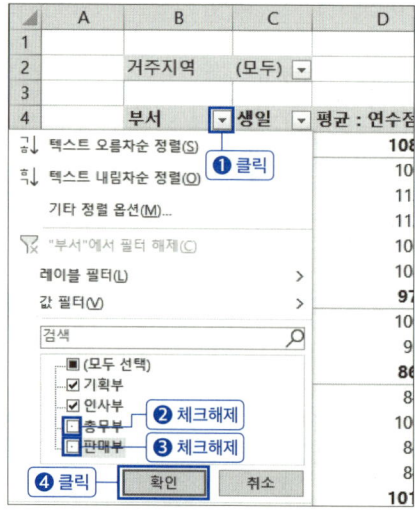

㉕ 마지막으로 문제에 주어진 그림과 다른 점이 없는지를 꼼꼼히 살펴봅니다.

보고서 레이아웃

	A	B	C
1			
2	행 레이블	합계 : 근태점수	합계 : 연수점수
3	⊟기획부	904	914
4	서울	371	384
5	대구	268	270
6	부산	265	260
7	⊟인사부	512	492
8	서울	91	90
9	대구	255	241
10	부산	166	161
11	총합계	1416	1406

→ **압축 형식으로 표시(C)**
개요 형식으로 표시(O)
테이블 형식으로 표시(T)
모든 항목 레이블 반복(R)
항목 레이블 반복 안 함(N)

하나의 열에 행 영역 필드의 항목을 표시

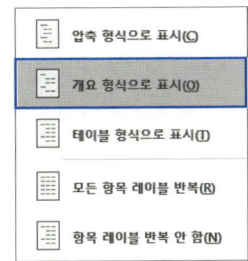

→ **개요 형식으로 표시(O)**

열을 분리하여 행 영역 필드의 항목을 표시하고 각각의 레이블이 표시

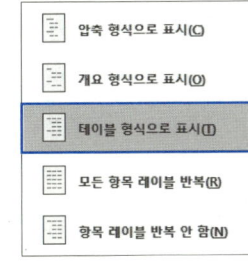

→ **테이블 형식으로 표시(T)**

열을 분리하여 행 영역 필드의 항목을 표시하되 다음 열의 항목이 현재 항목과 같은 행에서 시작

피벗 테이블 레이아웃

	A	B	C
1			
2	거주지역	합계 : 근태점수	합계 : 연수점수
3	서울	880	862
4	대구	610	582
5	부산	833	818
6	경기	234	270
7	총합계	2557	2532

[행] 거주지역
[열] Σ 값
[값] 합계 : 근태점수, 합계 : 연수점수

[값] 영역에 두 개 이상 필드가 지정될 경우 [열] 영역에는 'Σ 값'이 자동 생성됩니다.

	A	B	C
1			
2	거주지역	값	
3	⊟서울		
4		합계 : 근태점수	880
5		합계 : 연수점수	862
6	⊟대구		
7		합계 : 근태점수	610
8		합계 : 연수점수	582
9	⊟부산		
10		합계 : 근태점수	833
11		합계 : 연수점수	818
12	⊟경기		
13		합계 : 근태점수	234
14		합계 : 연수점수	270
15	전체 합계 : 근태점수		2557
16	전체 합계 : 연수점수		2532

[행] 거주지역, Σ 값
[값] 합계 : 근태점수, 합계 : 연수점수

| 문제 유형 2 | '피벗테이블2' 워크시트에서 작업하시오. |

② 피벗 테이블의 '외부 데이터 원본 사용'과 <사원현황.accdb>의 <사원> 테이블을 이용하여 피벗 테이블을 작성하시오.
  ▶ 레이아웃과 위치는 <그림>과 같이 설정
  ▶ 부서는 '기획부', '총무부'만 표시
  ▶ 사원번호를 기준으로 그림과 같이 그룹을 설정
    (A로 시작하면 '기획부', B로 시작하면 '총무부')
  ▶ '전년도비율' 필드는 '전년도실적' 필드를 '총합계 비율'로 지정한 계산 필드
  ▶ '보너스' 필드는 '전년도실적×1000'을 계산한 필드

	A	B	C	D
1	부서	(다중 항목)		
2				
3	행 레이블	합계 : 전년도실적	합계 : 전년도비율	합계 : 보너스
4	⊟기획부			
5	A-01	99	7.44%	99000
6	A-02	91	6.84%	91000
7	A-03	89	6.69%	89000
8	A-04	89	6.69%	89000
9	A-05	80	6.01%	80000
10	A-06	81	6.09%	81000
11	A-07	81	6.09%	81000
12	A-08	89	6.69%	89000
13	A-09	89	6.69%	89000
14	A-10	82	6.16%	82000
15	⊟총무부			
16	B-01	82	6.16%	82000
17	B-02	75	5.63%	75000
18	B-03	75	5.63%	75000
19	B-04	76	5.71%	76000
20	B-05	76	5.71%	76000
21	B-06	77	5.79%	77000
22	총합계	1331	100.00%	1331000

 따라하기 ②

① [삽입] 탭-[표] 그룹-[피벗 테이블]-[외부 데이터 원본에서]를 클릭합니다.

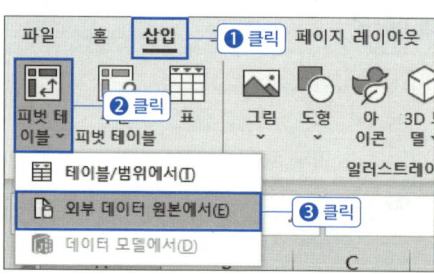

> **주희쌤 Tip**
> [삽입] 탭-[차트] 그룹-[피벗 차트]를 클릭하면 피벗 테이블과 피벗 차트가 함께 만들어집니다.

140 Chapter 02. 데이터의 시각화

② [외부 원본의 피벗 테이블] 대화상자가 나타나면 [연결 선택] 단추를 클릭합니다.

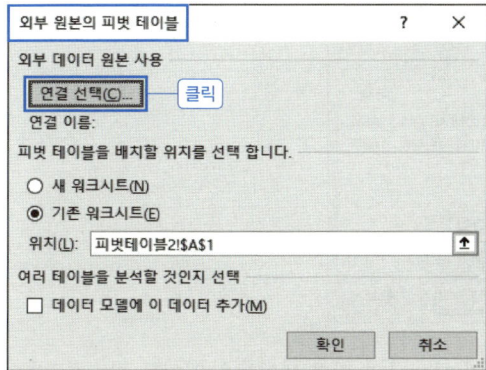

③ [기존 연결] 대화상자가 나타나면 [더 찾아보기] 단추를 클릭합니다.

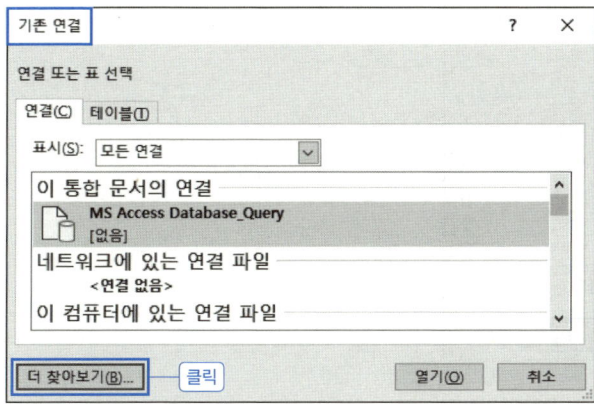

④ [데이터 원본 선택] 대화상자가 나타나면 현재 파일을 열어준 폴더(컴활1급\엑셀\1급엑셀(예제))로 이동한 후 '사원현황.accdb'를 선택하고 [열기] 단추를 클릭합니다.

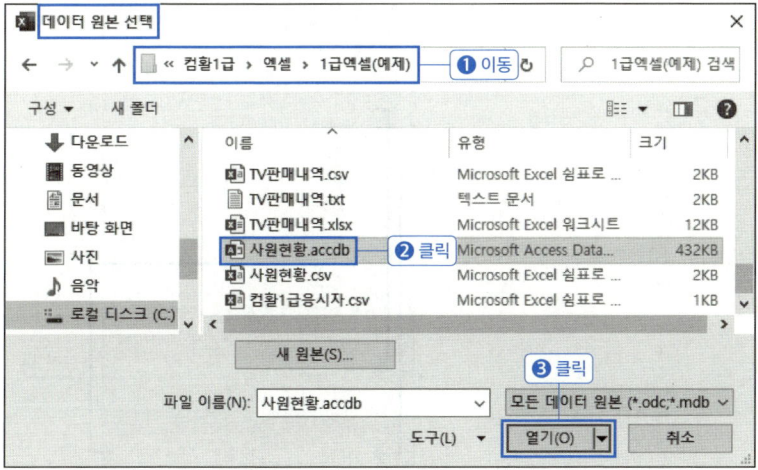

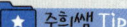

[테이블 선택] 대화상자의 '여러 테이블 선택 사용'을 선택하면 여러 테이블의 데이터를 원본으로 사용할 수 있습니다.

⑤ [테이블 선택] 대화상자에서 '사원' 테이블을 선택하고 [확인] 단추를 클릭합니다.

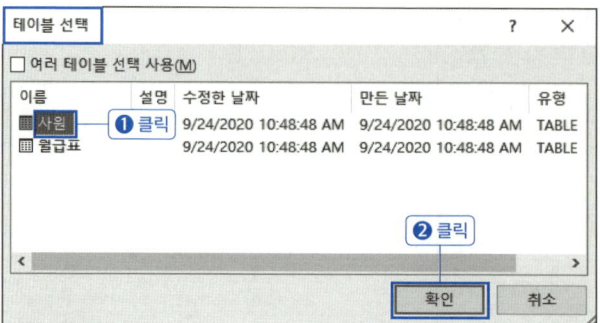

⑥ 다시 [외부 원본의 피벗 테이블] 대화상자가 나타나면 피벗 테이블을 배치할 위치에 '기존 워크시트'의 [A3] 셀을 클릭한 후 [확인] 단추를 클릭합니다.

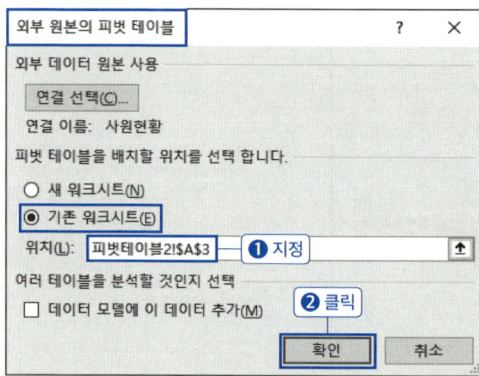

⑦ '부서'를 [필터] 영역으로 드래그, '사원번호'를 [행] 영역으로 드래그, '전년도실적'을 [값] 영역으로 드래그합니다.

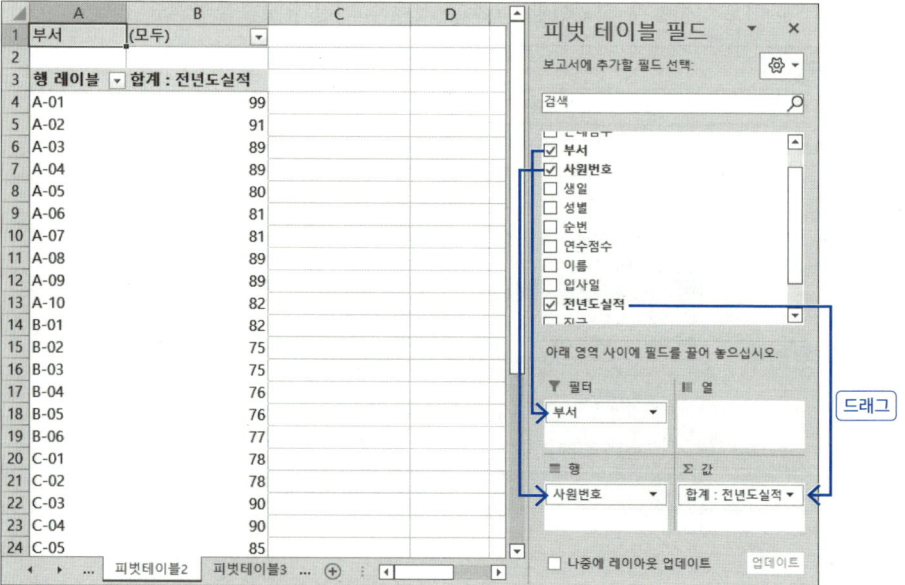

⑧ '전년도비율' 필드를 추가하기 위해 [피벗 테이블 분석] 탭-[계산] 그룹-[필드, 항목 및 집합]-[계산 필드]를 클릭합니다.

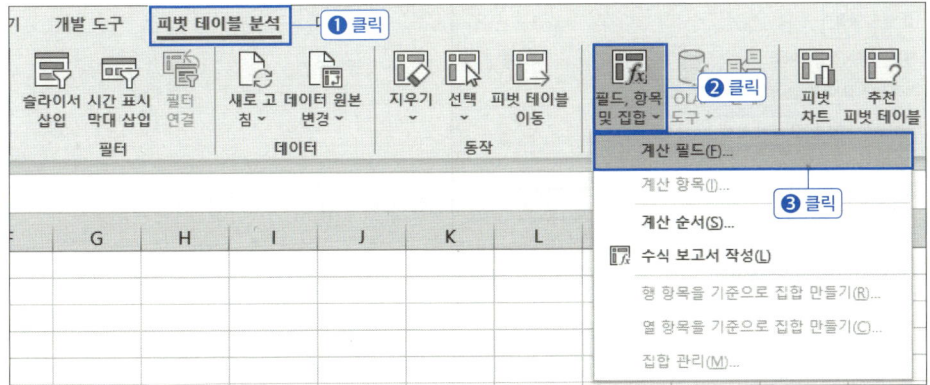

⑨ [계산 필드 삽입] 대화상자가 나타나면 [이름]에 '전년도비율'을 입력하고, [필드]의 '전년도실적'을 더블클릭하여 [수식]에 '=전년도실적'을 만든 후 [추가] 단추와 [확인] 단추를 차례로 클릭합니다.

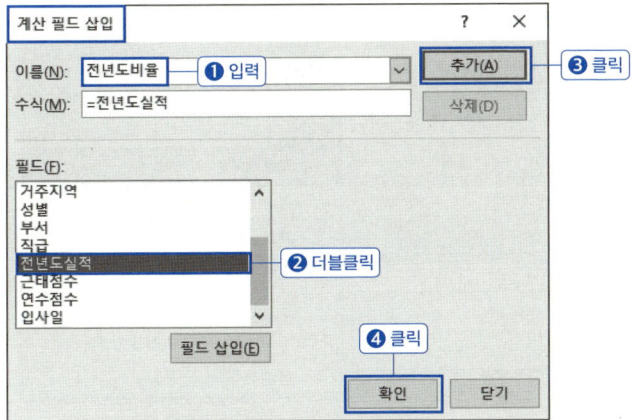

> **주희쌤 Tip**
>
> 계산 필드 삭제 방법
> [계산 필드 삽입] 대화상자의 [이름] 목록 단추(▼)를 클릭해 삭제하고자 하는 필드를 선택한 후 [삭제] 단추를 클릭합니다.

⑩ '전년도비율'을 전체에 대한 비율로 변경하기 위해 [피벗 테이블 필드] 작업창의 [값] 영역에서 '합계 : 전년도비율'을 클릭하여 [값 필드 설정]을 선택합니다.

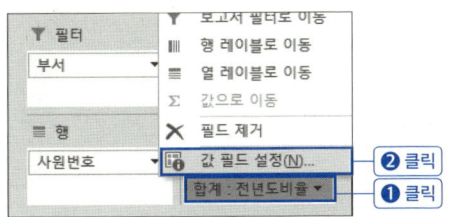

⑪ [값 필드 설정] 대화상자가 나타나면 [값 표시 형식] 탭에서 [값 표시 형식]의 목록 단추(▼)를 클릭하여 '총합계 비율'을 선택한 후 [확인] 단추를 클릭합니다.

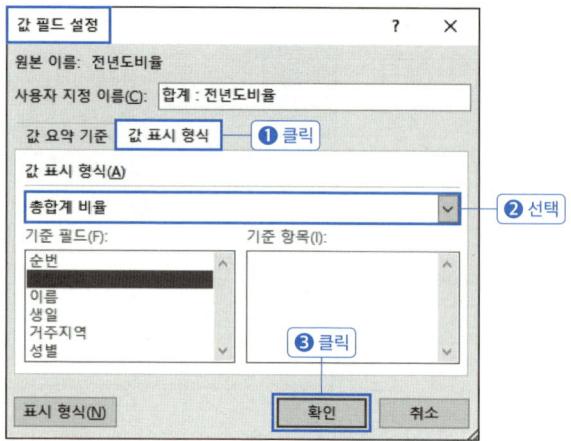

⑫ '보너스' 필드를 추가하기 위해 [피벗 테이블 분석] 탭-[계산] 그룹-[필드, 항목 및 집합]-[계산 필드]를 클릭합니다.

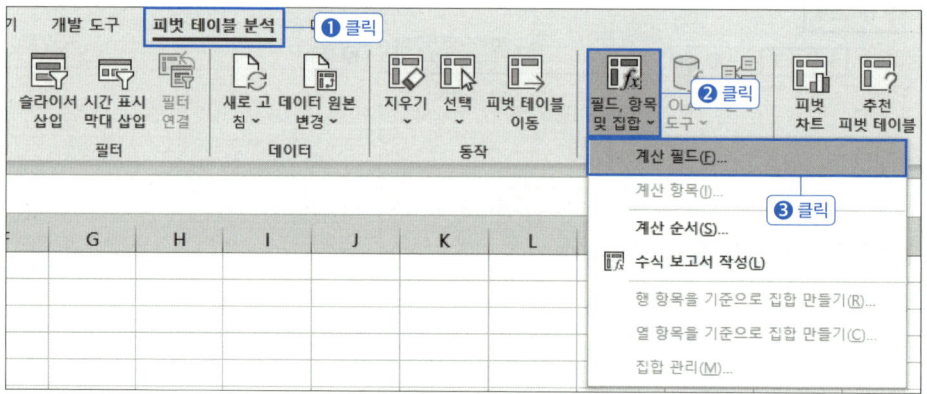

⑬ [계산 필드 삽입] 대화상자가 나타나면 [이름]에 '보너스'를 입력합니다.

⑭ [필드]에 '전년도실적'을 더블클릭하고 '*1000'을 입력한 후 [추가] 단추와 [확인] 단추를 차례로 클릭하여 대화상자를 닫습니다.

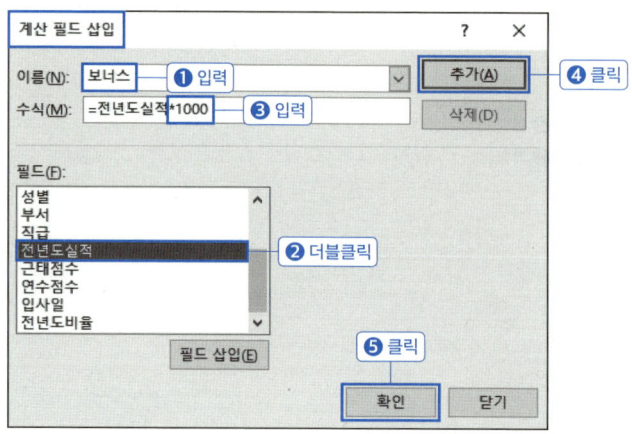

⑮ 부서에 기획부와 총무부만 표시하기 위해 부서의 '필터 목록 단추'(▼)를 클릭합니다.

⑯ '여러 항목 선택'의 확인란을 선택한 후 '인사부', '판매부' 확인란의 선택을 취소하고 [확인] 단추를 클릭합니다.

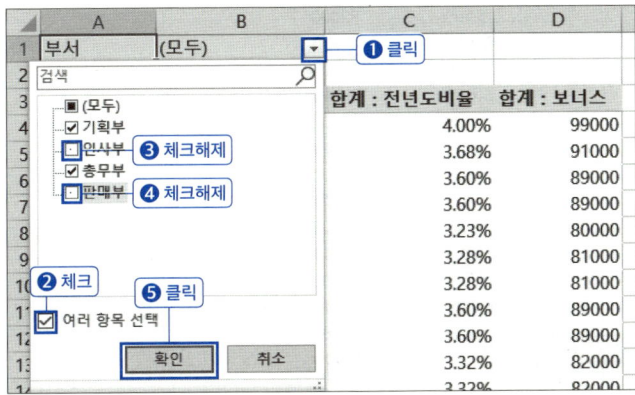

⑰ 사원번호의 그룹을 지정하기 위해 'A'로 시작하는 셀을 드래그하여 선택하고 선택한 셀 위에서 마우스 오른쪽 버튼을 눌러 [그룹] 명령을 클릭합니다.

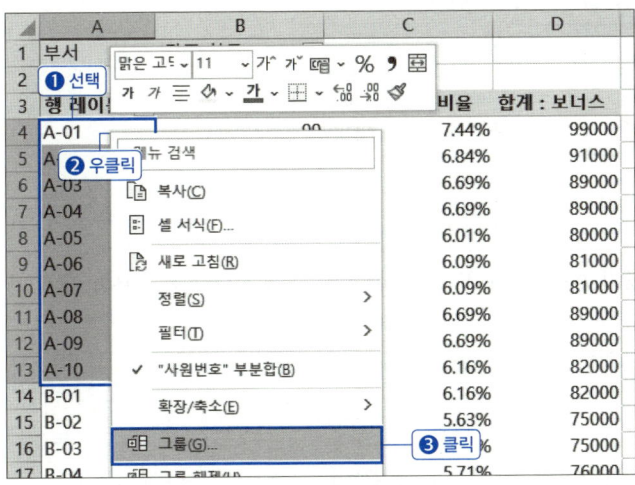

⑱ 그룹이 지정되면 [A4] 셀의 그룹명을 클릭한 후 [수식 입력줄]에서 '기획부'로 변경합니다.

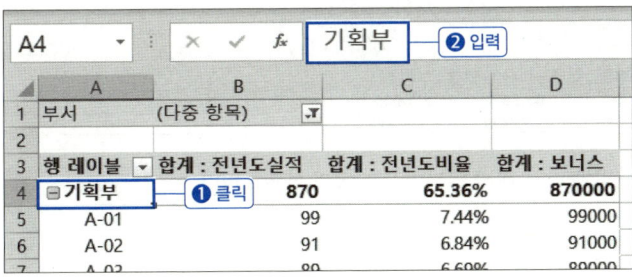

⑲ 이어서 'B'로 시작하는 셀을 드래그하여 선택하고 선택한 셀 위에서 마우스 오른쪽 버튼을 눌러 [그룹] 명령을 클릭합니다.

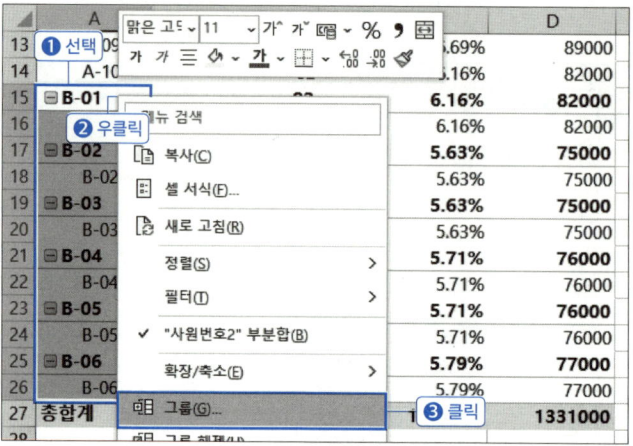

⑳ 그룹이 지정되면 [A15] 셀의 그룹명을 클릭한 후 [수식 입력줄]에서 '총무부'로 변경합니다.

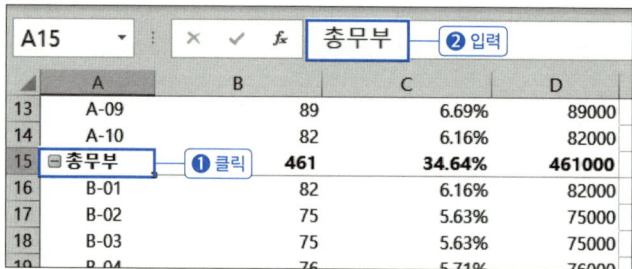

㉑ 그룹별 요약을 표시하지 않기 위해 [디자인] 탭-[레이아웃] 그룹-[부분합]-[부분합 표시 안 함]을 클릭합니다.

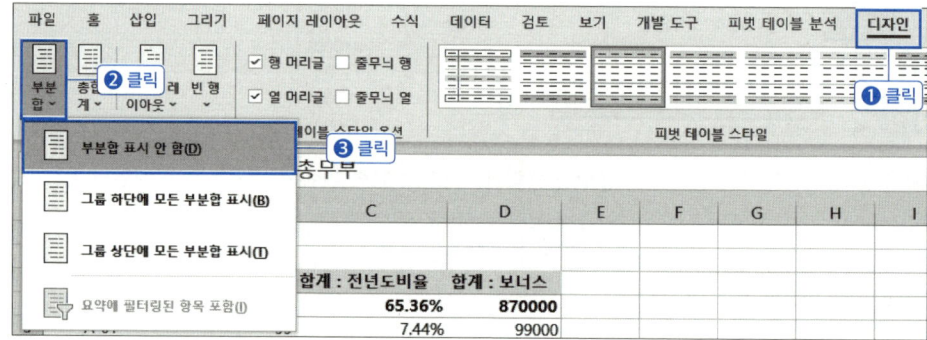

㉒ 마지막으로 문제에 주어진 그림과 다른 점이 없는지를 꼼꼼히 살펴봅니다.

문제 유형 3 '피벗테이블3' 워크시트에서 작업하시오.

❸ 피벗 테이블은 외부 데이터 원본으로 <사원현황.csv>의 데이터를 사용하시오.
 - 원본 데이터는 구분 기호 쉼표(,)로 분리되어 있으며, 내 데이터에 머리글을 표시
 - '사원번호', '이름', '생일', '거주지역', '성별', '부서', '직급', '전년도실적', '근태점수', '연수점수' 열만 가져와 데이터 모델에 이 데이터를 추가
 ▶ 레이아웃과 위치는 <그림>을 참조하여 설정하고, 보고서 레이아웃은 개요 형식으로 지정
 ▶ '직급'이 <그림>과 같이 표시되도록 정렬하고 각 그룹의 하단에 요약이 표시되도록 설정
 ▶ 사원, 경기 지역의 근태점수 자료만 자동 생성한 후 시트 이름을 '사원경기'로 지정

	A	B	C
1			
2			
3			
4	직급 ▼	거주지역 ▼	합계: 근태점수
5	⊟사원		
6		경기	234
7		대구	445
8		부산	441
9		서울	166
10	사원 요약		1286
11	⊟대리		
12		대구	90
13		부산	313
14		서울	177
15	대리 요약		580
16	⊟부장		
17		대구	75
18		부산	79
19		서울	438
20	부장 요약		592
21	⊟사장		
22		서울	99
23	사장 요약		99
24	총합계		2557

따라하기 ❸

① [삽입] 탭-[표] 그룹-[피벗 테이블]-[외부 데이터 원본에서]를 클릭합니다.

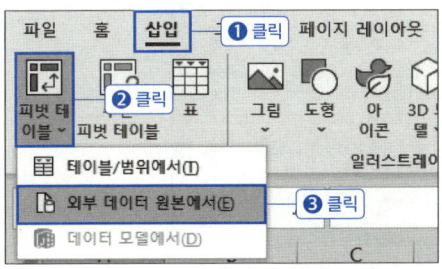

② [외부 원본의 피벗 테이블] 대화상자가 나타나면 [연결 선택] 단추를 클릭합니다.

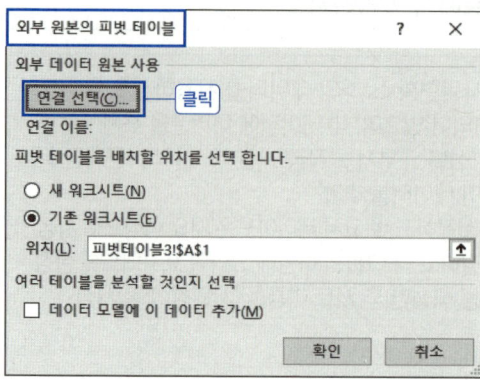

③ [기존 연결] 대화상자가 나타나면 [더 찾아보기] 단추를 클릭합니다.

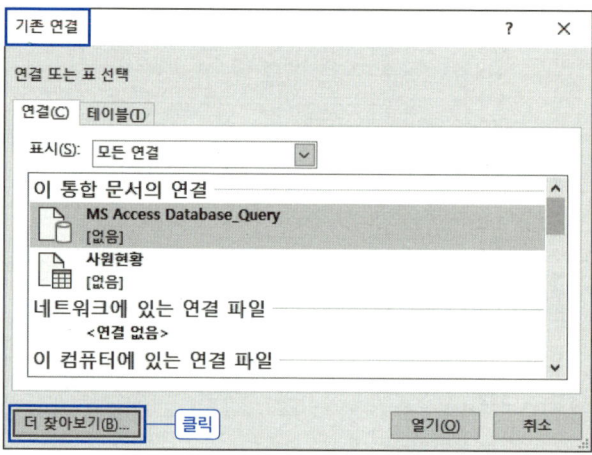

④ [데이터 원본 선택] 대화상자가 나타나면 현재 파일을 열어준 폴더(컴활1급\엑셀\1급엑셀(예제))로 이동한 후 '사원현황.csv'를 선택하고 [열기] 단추를 클릭합니다.

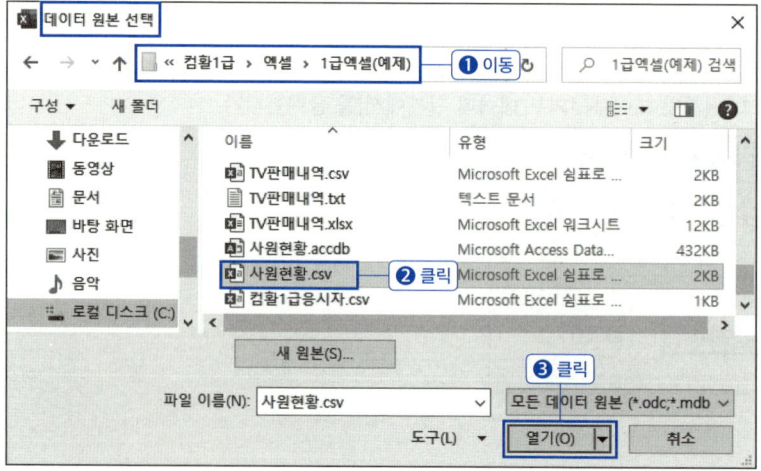

⑤ [텍스트 마법사 - 3단계 중 1단계] 대화상자가 나타나면 '구분 기호로 분리됨'을 선택한 후 '내 데이터에 머리글 표시' 확인란을 선택하고 [다음] 단추를 클릭합니다.

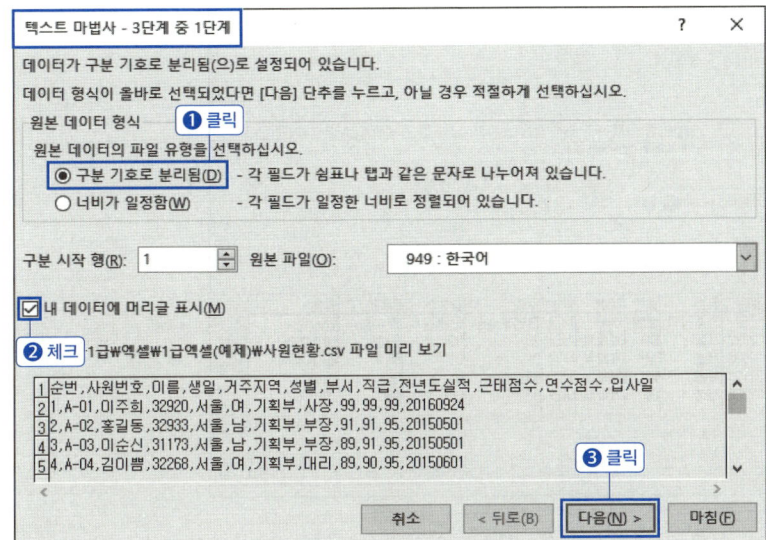

> **주희쌤 Tip**
> '내 데이터에 머리글 표시'를 선택하면 '사원번호', '이름', '생일', …이 열의 이름으로 표시됩니다.

⑥ [텍스트 마법사 - 3단계 중 2단계] 대화상자가 나타나면 데이터를 쉼표로 분리하기 위해 [구분 기호]를 '쉼표'로 선택하고 [다음] 단추를 클릭합니다.

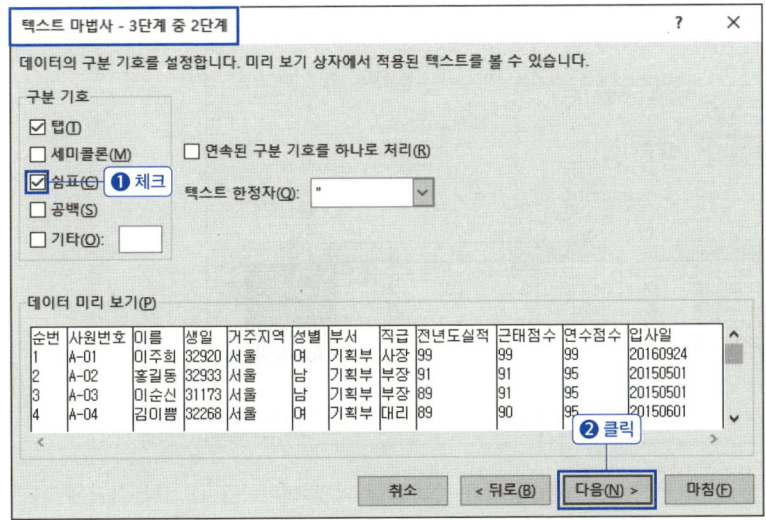

> **주희쌤 Tip**
> 탭의 선택은 취소해도, 취소하지 않아도 됩니다.

⑦ [텍스트 마법사 - 3단계 중 3단계] 대화상자가 나타나면 '순번'과 '입사일'은 제외하고 가져오기 위해 '순번' 열을 선택한 후 '열 가져오지 않음(건너뜀)'을 선택합니다.

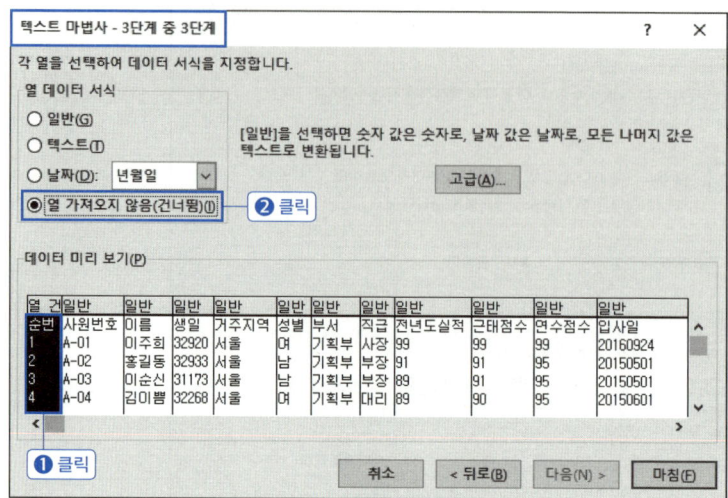

⑧ 이어서 '입사일' 열을 선택한 후 '열 가져오지 않음(건너뜀)'을 선택하고 [마침] 단추를 클릭합니다.

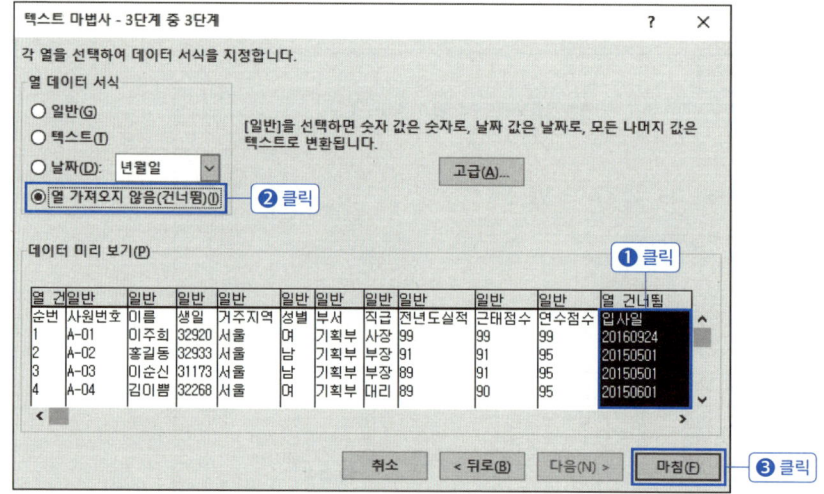

> **주희쌤 Tip**
> '데이터 모델에 이 데이터 추가'를 선택하면 여러 테이블을 분석할 수 있도록 [데이터] 탭-[데이터 도구] 그룹-[데이터 모델 관리]에 데이터가 추가됩니다.

⑨ 다시 [외부 원본의 피벗 테이블] 대화상자가 나타나면 피벗 테이블을 배치할 위치에 '기존 워크시트'의 [A4] 셀을 클릭한 후 '데이터 모델에 이 데이터 추가'를 선택하고 [확인] 단추를 클릭합니다.

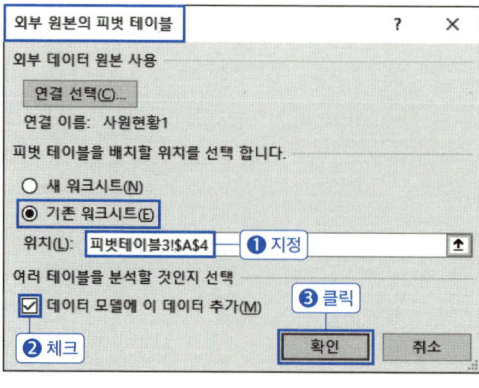

150 Chapter 02. 데이터의 시각화

⑩ '직급'을 [행] 영역으로 드래그, '거주지역'을 '직급' 밑에 [행] 영역으로 드래그, '근태점수'를 [값] 영역으로 드래그합니다.

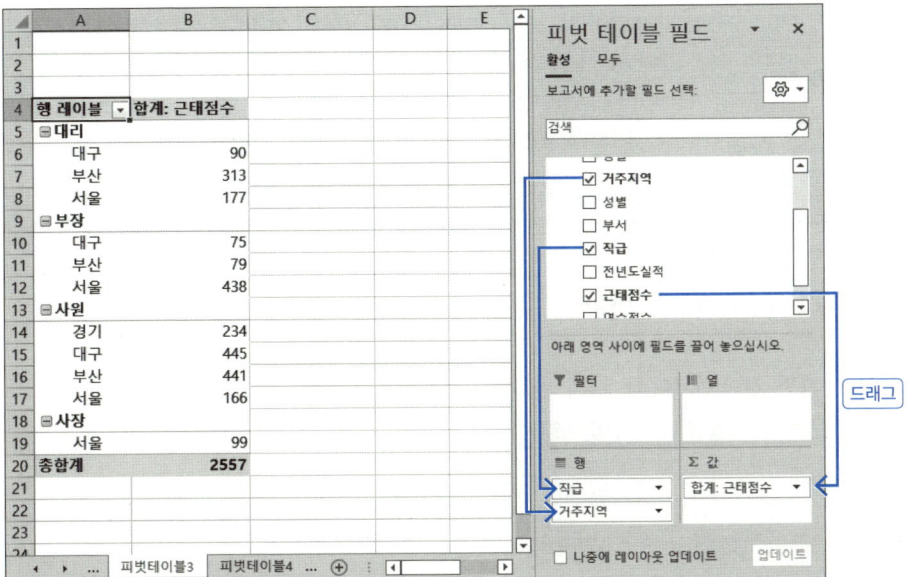

> **주희쌤 Tip**
> '직급'이 '거주지역' 위에 있으므로 '직급'은 1수준, '거주지역'은 2수준에 해당됩니다.

⑪ 보고서 레이아웃을 변경하기 위해 [디자인] 탭-[레이아웃] 그룹-[보고서 레이아웃]-[개요 형식으로 표시]를 클릭합니다.

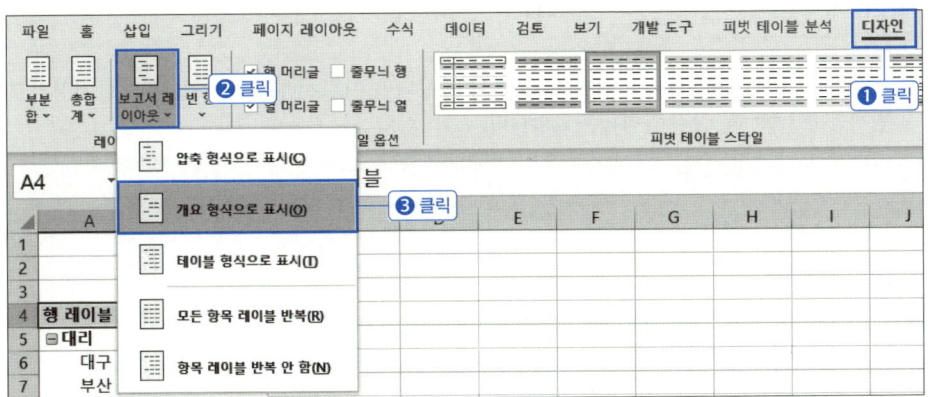

> **주희쌤 Tip**
> '개요 형식'은 열이 분리되면서 행 레이블(직급, 거주지역)이 표시됩니다. 문제에 제시되지 않을 경우 그림을 보고 판단해야 합니다.

⑫ '직급' 필드를 <그림>과 같이 정렬하기 위해 '사원'이 입력되어 있는 [A13] 셀을 클릭한 후 셀의 테두리 부분을 드래그하여 '대리' 위로 이동합니다.

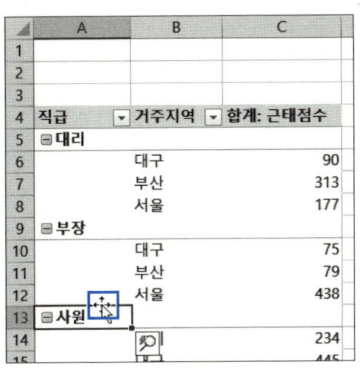
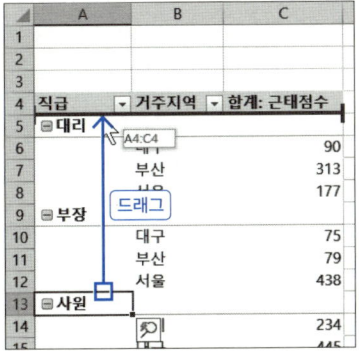

> **주희쌤 Tip**
> ⓠ 거주지역의 순서가 문제에 주어진 그림과 일치하지 않을 경우 직급처럼 순서를 조정해야 하나요?
> ⓐ 네, 그렇습니다. 피벗 테이블 문제는 그림이 항상 함께 주어지고 그 그림과 일치해야만 정답 처리됩니다.

⑬ 그룹의 하단에 요약을 표시하기 위해 [디자인] 탭-[레이아웃] 그룹-[부분합]-[그룹 하단에 모든 부분합 표시]를 클릭합니다.

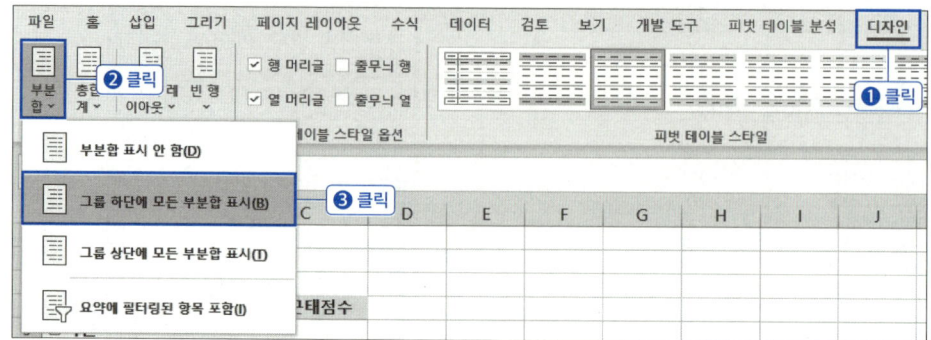

⑭ 이어서 사원, 경기 지역의 근태점수 자료만 자동생성하기 위해 [C6] 셀을 더블클릭합니다.

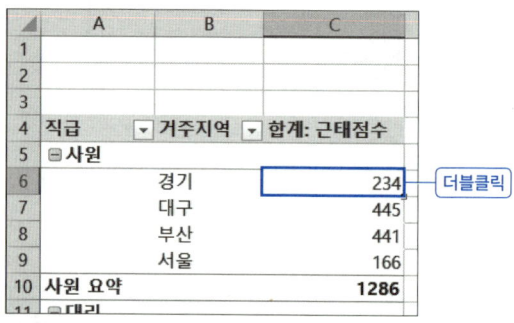

주희쌤 Tip

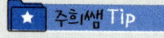

↑ 위 그림처럼 '사원'이 축소되어 있는 상태에서 [C5] 셀을 더블클릭하면 '사원' 그룹에 해당하는 수치 값들이 모두 표시됩니다.

주희쌤 Tip

자동 생성하고자 하는 데이터를 필터링하여 표시하면 표시된 데이터에 해당하는 자료만 자동 생성할 수 있습니다.
예를 들어, 아래와 같이 필터링한 상태에서 [C11] 셀을 더블클릭하면 대리와 부장의 대구 지역 근태점수 자료만 자동 생성됩니다.

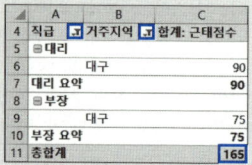

(단, CSV 파일의 경우 위의 내용이 적용되지 않습니다.)

⑮ 기존 워크시트 앞에 새로운 시트 'Sheet1'이 생성되면 시트 이름을 더블클릭해 '사원경기'로 변경한 후 Enter 를 눌러 입력을 완료합니다.

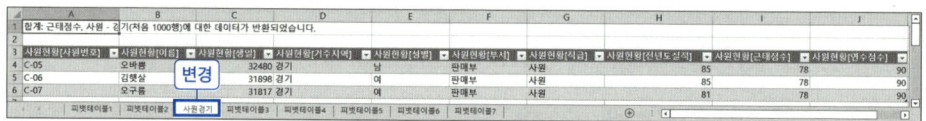

⑯ 마지막으로 피벗테이블3 시트에 있는 피벗 테이블이 문제에 주어진 그림과 다른 점이 없는지를 꼼꼼히 살펴봅니다.

문제 유형 4 '피벗테이블4' 워크시트에서 작업하시오.

④ [표1]을 이용하여 피벗 테이블 보고서를 작성하시오.
- ▶ 레이아웃과 위치는 <그림>을 참조하여 설정
- ▶ 하반기평균은 10월, 11월, 12월의 평균을 계산
- ▶ 날짜는 <그림>과 같이 1,000일씩 그룹 지정
- ▶ 빈 셀에 '*'을 표시
- ▶ 사용자 지정 서식을 이용하여 값은 반올림하여 정수로 표시하되, '0'은 '*'로 표시
- ▶ 하반기평균의 값이 큰 숫자가 위로 올라오도록 정렬
- ▶ '*'은 가운데 맞춤

	G	H	I	J	K
1					
2		행 레이블	합계 : 10월	평균 : 10월	하반기평균
3		2013-09-26 - 2016-06-21	240	80	254
4		2010-12-31 - 2013-09-25	242	81	249
5		2016-06-22 - 2019-03-18	157	52	217
6		2019-03-19 - 2021-12-12	148	74	161
7		2021-12-13 - 2024-09-07	*	*	159
8		2024-09-08 - 2025-01-01	*	*	58
9		총합계	787	56	1098

따라하기 ④

① [A2:D41] 영역의 임의의 셀을 클릭한 후 [삽입] 탭-[표] 그룹-[피벗 테이블]-[테이블/범위에서]를 클릭합니다.

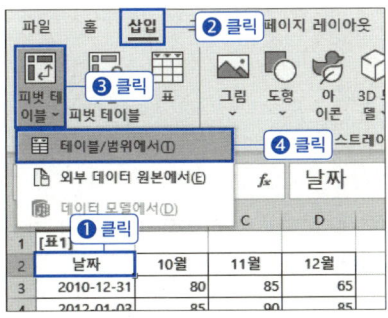

② [표 또는 범위의 피벗 테이블] 대화상자가 나타나면 '표/범위'에 입력된 [A2:D17] 영역을 확인한 후 피벗 테이블을 배치할 위치에 '기존 워크시트'의 [H2] 셀을 클릭하고 [확인] 단추를 클릭합니다.

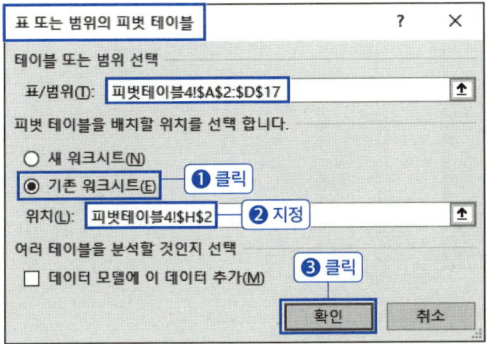

③ '날짜'를 [행] 영역으로 드래그, '10월'을 [값] 영역으로 드래그합니다.

④ 이어서 필드 목록에 있는 '10월'을 한 번 더 '합계 : 10월' 밑에 [값] 영역으로 드래그합니다.

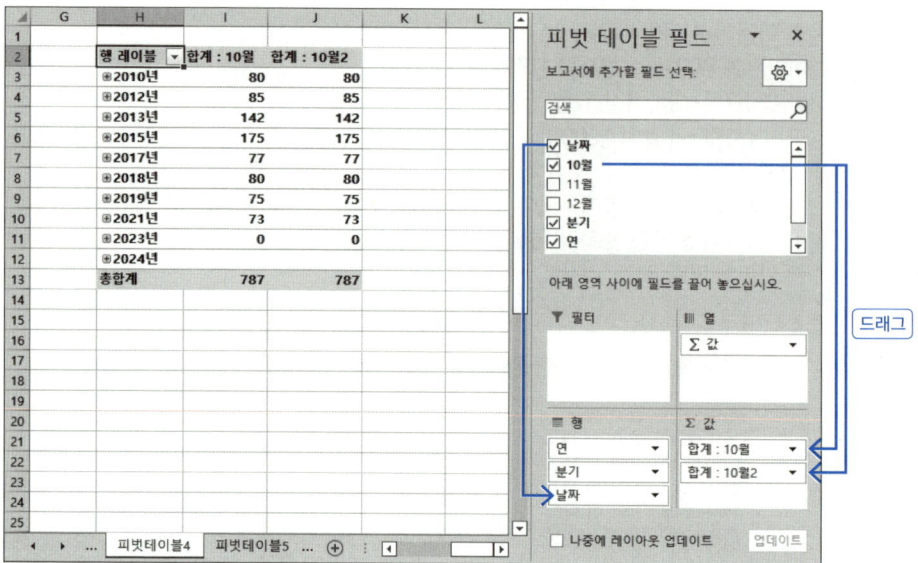

⑤ 방금 지정한 '10월'을 평균으로 변경하기 위해 [피벗 테이블 필드] 작업창의 [값] 영역에서 '합계 : 10월2'를 클릭하여 [값 필드 설정]을 선택합니다.

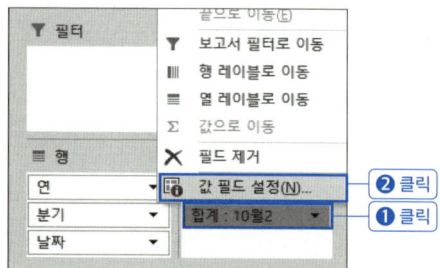

⑥ [값 필드 설정] 대화상자가 나타나면 [값 요약 기준] 탭에서 '평균'을 선택하고 [사용자 지정 이름]을 '평균 : 10월'로 변경한 후 [확인] 단추를 클릭합니다.

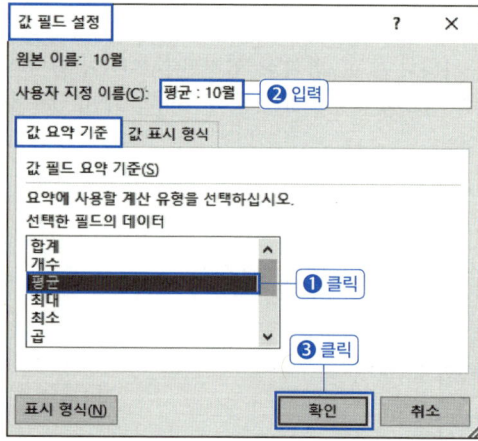

⑦ '하반기평균' 필드를 추가하기 위해 [피벗 테이블 분석] 탭-[계산] 그룹-[필드, 항목 및 집합]-[계산 필드]를 클릭합니다.

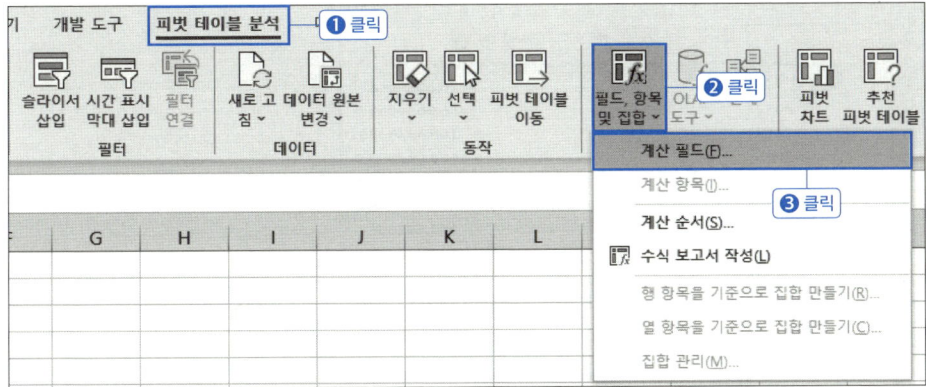

⑧ [계산 필드 삽입] 대화상자가 나타나면 [이름]에 '하반기평균'을 제외한 단어를 입력합니다.

⑨ [수식]에 '=average(' 입력, [필드]에서 '10월' 더블클릭, ',' 입력, '11월' 더블클릭, ',' 입력, '12월' 더블클릭, ')'를 입력하여 '=average('10월', '11월', '12월')'이 되면 [추가] 단추와 [확인] 단추를 차례로 클릭합니다.

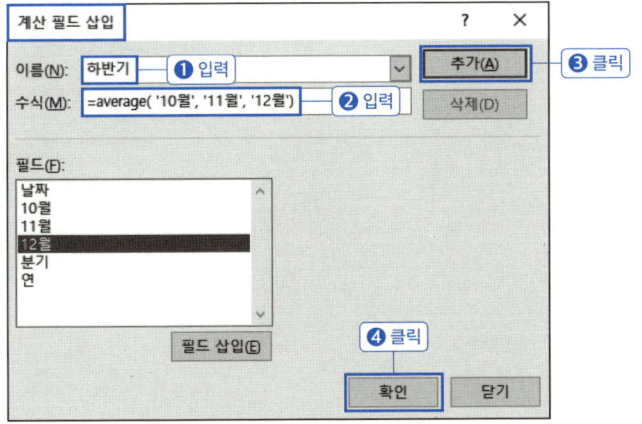

⑩ 필드가 추가되었다면 [K2] 셀을 클릭한 후 [수식 입력줄]에서 '하반기평균'으로 변경합니다.

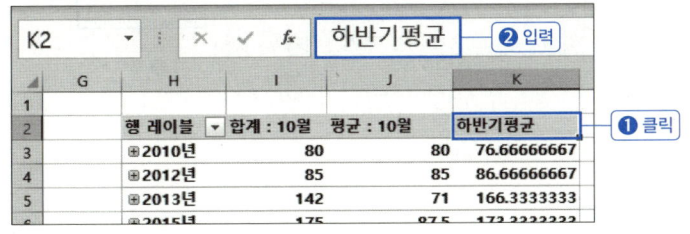

> **주희쌤 Tip**
> 계산 필드 이름을 '하반기평균'으로 지정하면 워크시트에는 '합계 : 하반기평균'으로 삽입됩니다.

> **주희쌤 Tip**
> 하반기평균을 구하는 수식
> 방법1. =average('10월', '11월', '12월')
> 방법2. =('10월'+'11월'+'12월')/3

> **주희쌤 Tip**
> ⑧번 풀이에서 계산 필드 이름을 '하반기평균'으로 지정했을 경우 ⑩번 풀이가 되지 않습니다. 이미 지정한 필드 이름은 다시 사용할 수 없기 때문입니다.

⑪ '날짜'를 일 단위로 그룹 지정하기 위해 연도가 표시되어 있는 임의의 셀을 선택하고 선택한 셀 위에서 마우스 오른쪽 버튼을 눌러 [그룹] 명령을 클릭합니다.

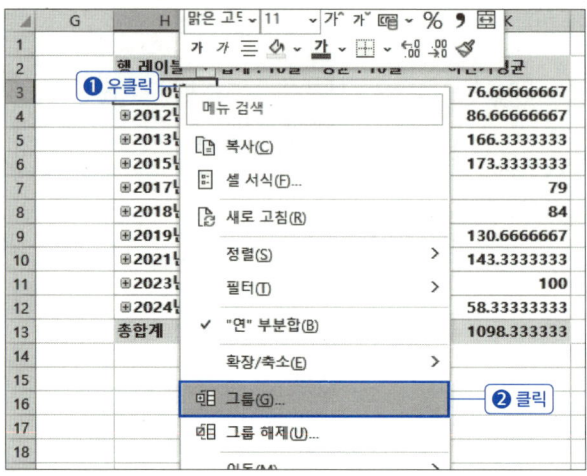

⑫ [단위]에 선택되어 있는 '월', '분기', '연'을 각각 클릭하여 선택을 해제하고, '일'을 클릭하여 선택한 후 [날짜 수]에 '1000'을 입력하고 [확인] 단추를 클릭합니다.

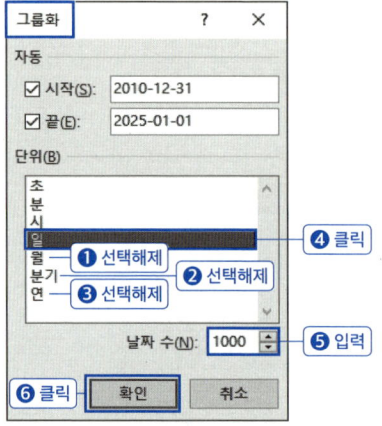

⑬ 빈 셀에 '*'을 표시하기 위해 [피벗 테이블 분석] 탭-[피벗 테이블] 그룹-[옵션]을 클릭합니다.

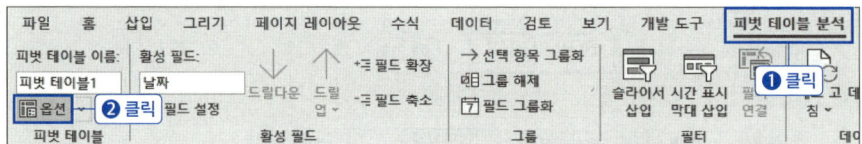

주희쌤Tip

[피벗 테이블 옵션]을 호출하는 다른 방법
피벗 테이블 임의의 셀에서 마우스 오른쪽 버튼을 눌러 [피벗 테이블 옵션]

⑭ [피벗 테이블 옵션] 대화상자가 나타나면 [레이아웃 및 서식] 탭의 [빈 셀 표시] 란에 '*'을 입력한 후 [확인] 단추를 클릭합니다.

> **주희쌤 Tip**
> [피벗 테이블 옵션]에서는 '레이블이 있는 셀 병합 및 가운데 맞춤', '오류 값 표시', '빈 셀 표시', '확장/축소 단추 표시' 등을 설정할 수 있습니다.

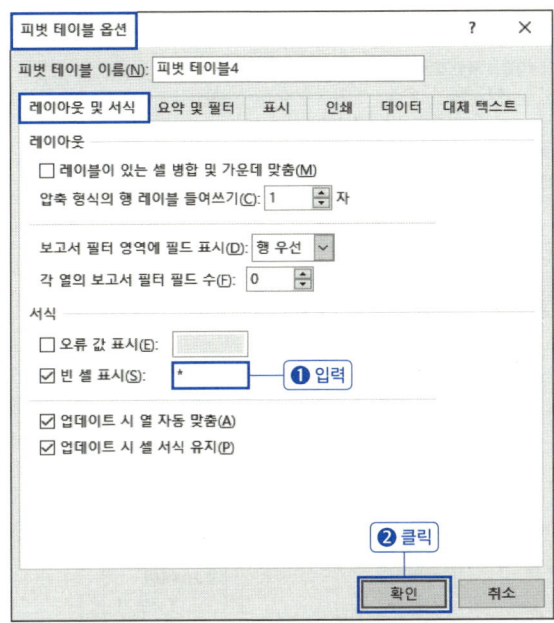

⑮ 값의 표시 형식을 한꺼번에 지정하기 위해 [I3:K9] 영역을 드래그한 후 Ctrl + 1 을 누릅니다.

⑯ [셀 서식] 대화상자가 나타나면 [표시 형식] 탭의 [범주]에 '사용자 지정'을 클릭한 후 '형식'에 '[=0]"*";0'을 입력하고 [확인] 단추를 클릭합니다.

> **주희쌤 Tip**
> 셀 서식에서 배웠던 부분입니다.
> [조건1]①;②
> 조건1에 만족하면 ① 적용
> 조건1에 만족하지 않으면 ② 적용

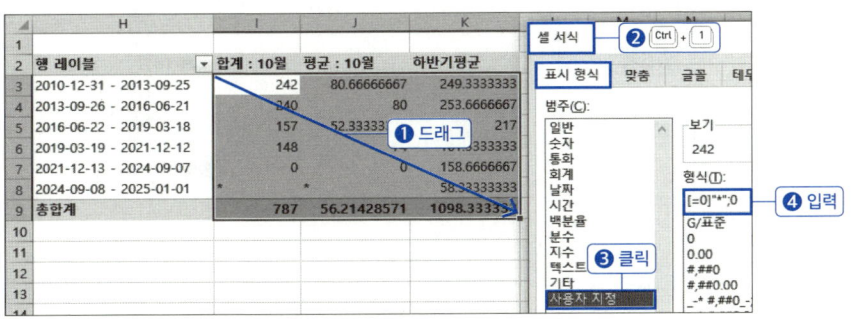

> **주희쌤 Tip**
> Q '0;;"*"'라고 입력해도 되나요?
> A 셀 서식에서 컴활1급의 모든 문제는 문제에 제시된 지시사항을 지켜 결과가 같다면 정답으로 처리된다고 했던 것을 기억하시나요?
> 사용자 지정 서식을 이용했고, 결과가 같으므로 정답 처리됩니다.

⑰ 하반기평균 값을 정렬하기 위해 하반기평균 값이 있는 임의의 셀에서 마우스 오른쪽 버튼을 눌러 [정렬]-[숫자 내림차순 정렬] 명령을 클릭합니다.

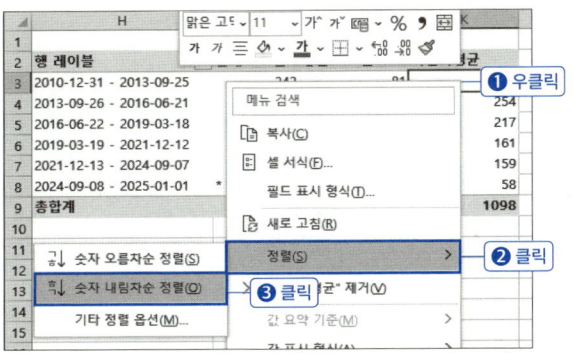

> **주희쌤 Tip**
> 원본 데이터를 수정하면 새로 고침([피벗 테이블 분석] 탭-[데이터] 그룹-[새로 고침])을 해야 피벗 테이블에 반영됩니다.

⑱ 이어서 '*'을 가운데 맞춤으로 설정하기 위해 [I7:J8] 영역을 드래그한 후 마우스 오른쪽 버튼을 눌러 미니 도구 모음이 나타나면 [가운데 맞춤]을 클릭합니다.

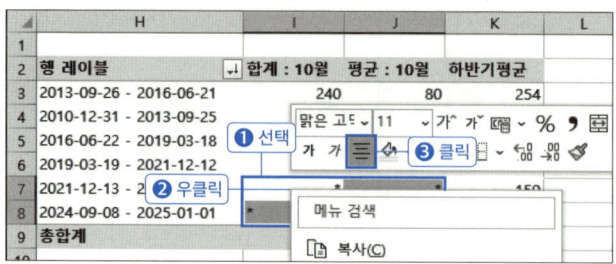

> **주희쌤 Tip**
> '가운데 맞춤', '필터' 등 지문에 없어도 그림하고 동일하게 만들어 주어야 합니다.

⑲ 마지막으로 문제에 주어진 그림과 다른 점이 없는지를 꼼꼼히 살펴봅니다.

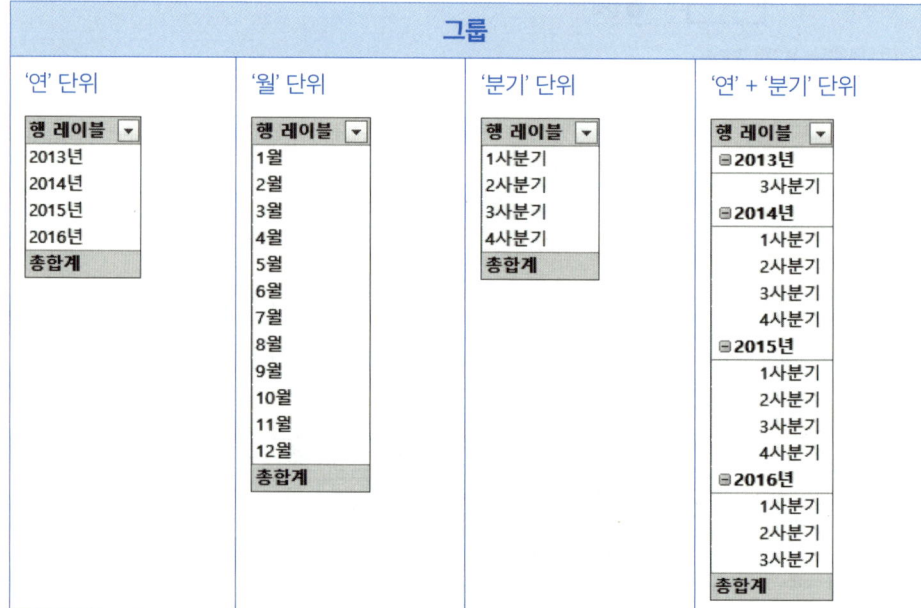

158 Chapter 02. 데이터의 시각화

문제 유형 5 '피벗테이블5' 워크시트에서 작업하시오.

⑤ [표1]을 이용하여 피벗 테이블 보고서를 작성하시오.
▶ 그룹, 정렬, 레이블 등 <그림>과 동일하게 설정
▶ 표시 형식은 '값 필드 설정'의 셀 서식에서 설정

	E	F	G	H	I
1					
2			제품		
3		수량	딸기	사과	수박
4		<70			
5		합계 : 11월	915	3,206	
6		평균 : 11월2	915	1,069	
7		70-74			
8		합계 : 11월	2,368		2,066
9		평균 : 11월2	1,184		1,033
10		75-79			
11		합계 : 11월		3,562	4,597
12		평균 : 11월2		891	1,149
13		85-89			
14		합계 : 11월	3,417	3,325	3,780
15		평균 : 11월2	683	831	1,260
16		90-95			
17		합계 : 11월	4,644	1,895	4,008
18		평균 : 11월2	929	948	1,002
19		전체 합계 : 11월	11,343	11,988	14,451
20		전체 평균 : 11월2	873	922	1,112

 따라하기 ⑤

① [A2:D41] 영역의 임의의 셀을 클릭한 후 [삽입] 탭-[표] 그룹-[피벗 테이블]-[테이블/범위에서]를 클릭합니다.

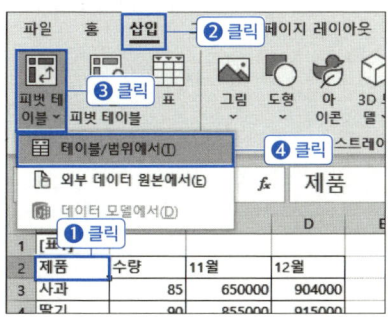

② [표 또는 범위의 피벗 테이블] 대화상자가 나타나면 '표/범위'에 입력된 [A2:D41] 영역을 확인한 후 피벗 테이블을 배치할 위치에 '기존 워크시트'의 [F2] 셀을 클릭하고 [확인] 단추를 클릭합니다.

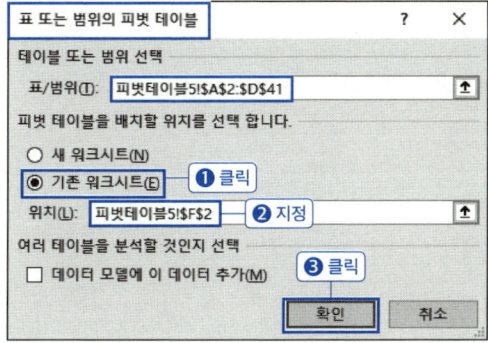

③ '수량'을 [행] 영역으로 드래그, '제품'을 [열] 영역으로 드래그, '11월'을 [값] 영역으로 드래그한 후 '11월'을 한 번 더 [값] 영역으로 드래그합니다.

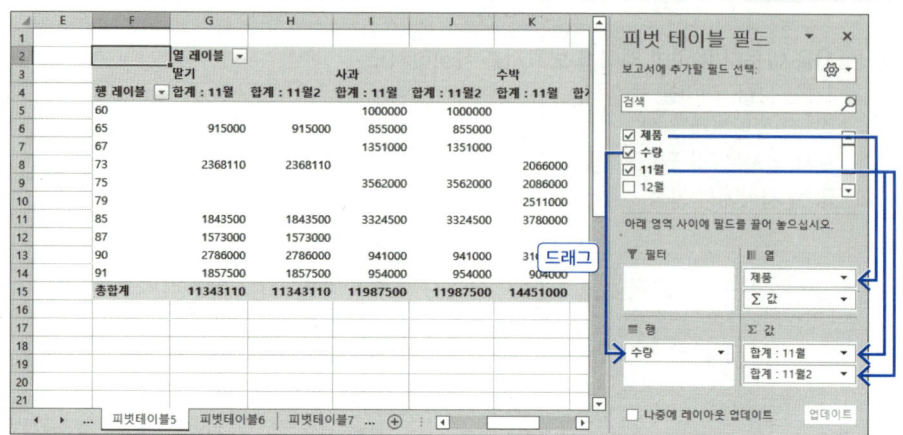

④ 두 번째 '11월' 필드를 평균으로 변경하기 위해 [피벗 테이블 필드] 작업창의 [값] 영역에서 '합계 : 11월2'를 클릭하여 [값 필드 설정]을 선택합니다.

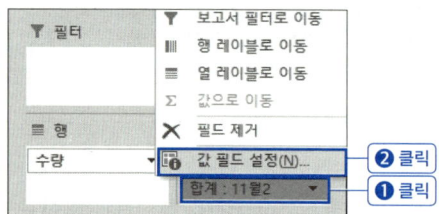

⑤ [값 필드 설정] 대화상자가 나타나면 [값 요약 기준] 탭에서 '평균'을 선택하고 [확인] 단추를 클릭합니다.

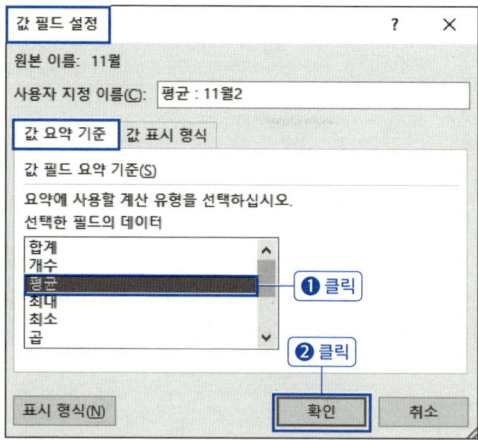

⑥ [열] 영역의 'Σ 값'을 [행] 영역의 '수량' 밑으로 드래그합니다.

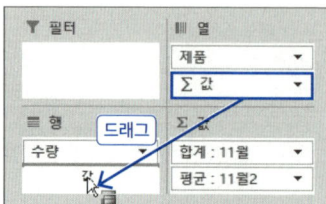

⑦ 수량을 그룹으로 지정하기 위해 수량 값이 표시된 임의의 셀에서 마우스 오른쪽 버튼을 눌러 [그룹] 명령을 클릭합니다.

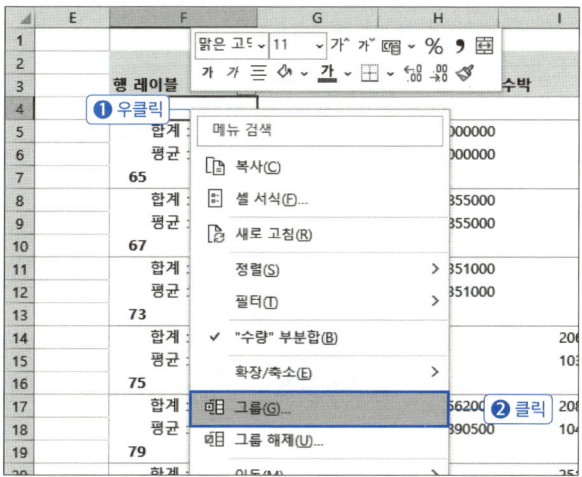

⑧ [그룹화] 대화상자가 나타나면 [시작]에 '70', [끝]에 '95', [단위]에 '5'를 입력하고 [확인] 단추를 클릭합니다.

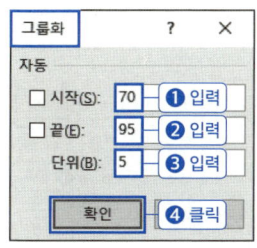

⑨ 열에 표시된 제품의 정렬을 변경하기 위해 '사과'가 입력되어 있는 [H3] 셀을 클릭한 후 셀의 테두리 부분을 드래그하여 '딸기' 왼쪽으로 이동합니다.

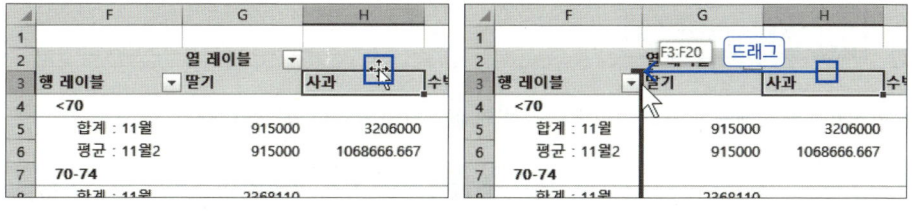

⑩ 이어서 [F3] 셀을 클릭한 후 [수식 입력줄]에서 '수량', [G2] 셀을 '제품'으로 변경합니다.

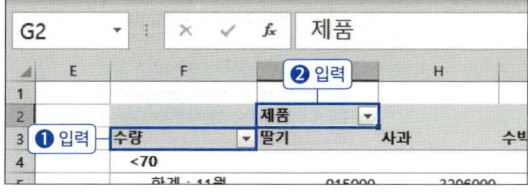

⑪ <그림>과 같이 정렬하기 위해 [F2:I3] 영역을 드래그하여 선택하고 마우스 오른쪽 버튼을 눌러 미니 도구 모음이 나타나면 [가운데 맞춤]을 클릭합니다.

⑫ 값의 표시 형식을 지정하기 위해 [피벗 테이블 필드] 작업창의 [값] 영역에서 '합계 : 11월'을 클릭하여 [값 필드 설정]을 선택합니다.

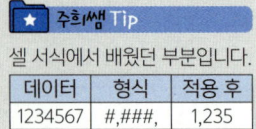

셀 서식에서 배웠던 부분입니다.

데이터	형식	적용 후
1234567	#,###,	1,235

⑬ [값 필드 설정] 대화상자가 나타나면 [표시 형식] 단추를 클릭합니다.

⑭ [셀 서식] 대화상자가 나타나면 [범주]에 '사용자 지정'을 클릭한 후 '형식'에 '#,###,'를 입력하고 [확인] 단추를 두 번 클릭하여 대화상자를 모두 닫습니다.

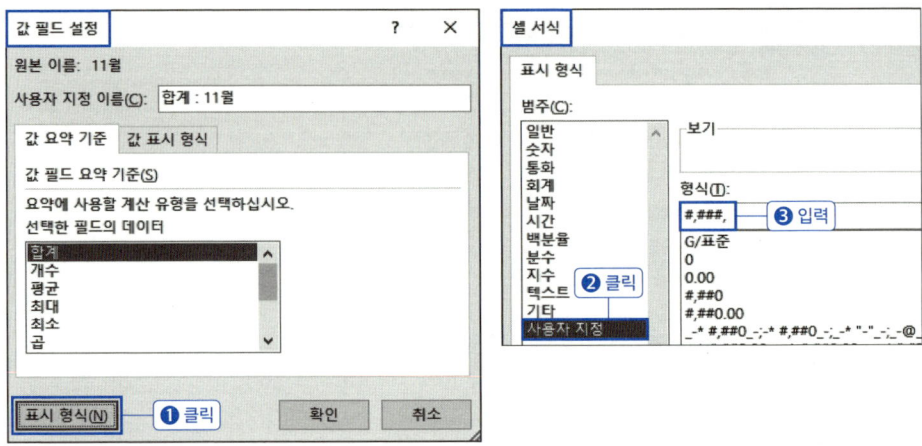

⑮ '평균 : 11월2'도 같은 방법으로 천 단위 구분 기호와 천 단위 표시 형식을 지정합니다.

⑯ 행의 총합계를 지우기 위해 [디자인] 탭-[레이아웃] 그룹-[총합계]-[열의 총합계만 설정]을 클릭합니다.

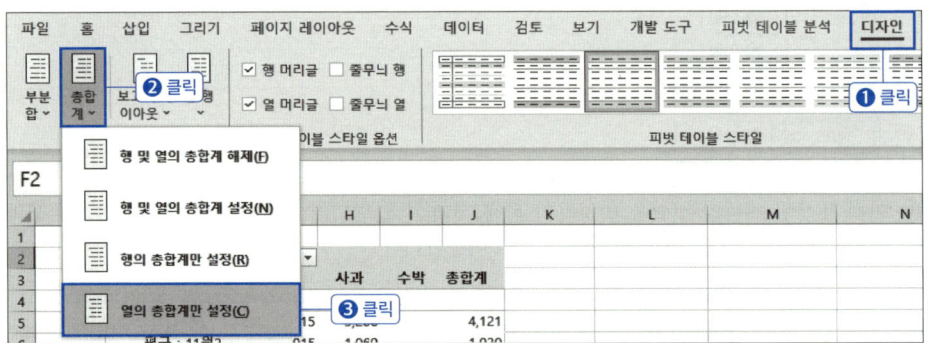

⑰ 마지막으로 문제에 주어진 그림과 다른 점이 없는지를 꼼꼼히 살펴봅니다.

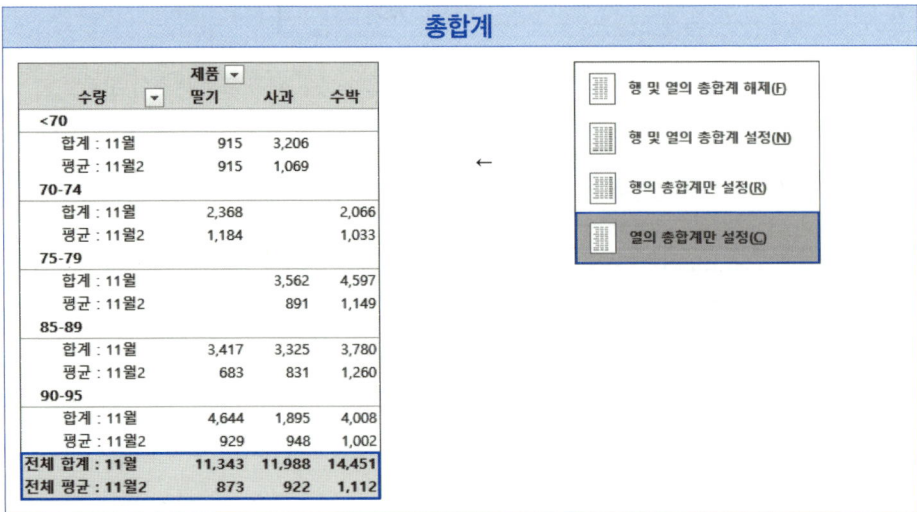

수량	제품			총합계
	사과	딸기	수박	
<70				
합계 : 11월	3,206	915		4,121
평균 : 11월2	1,069	915		1,030
70-74				
합계 : 11월		2,368	2,066	4,434
평균 : 11월2		1,184	1,033	1,109
75-79				
합계 : 11월	3,562		4,597	8,159
평균 : 11월2	891		1,149	1,020
85-89				
합계 : 11월	3,325	3,417	3,780	10,521
평균 : 11월2	831	683	1,260	877
90-95				
합계 : 11월	1,895	4,644	4,008	10,547
평균 : 11월2	948	929	1,002	959

←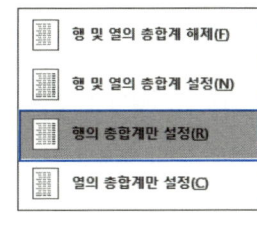

문제 유형 6 · '피벗테이블6' 워크시트에서 작업하시오.

6 [외부 데이터 가져오기] 기능을 이용하여 피벗 테이블 보고서를 작성하시오.
- ▶ <사원현황.accdb>의 <사원> 테이블에서 '사원번호', '생일', '거주지역', '직급', '근태점수', '연수점수' 열만 이용하여 작성
- ▶ 피벗 테이블 보고서의 레이아웃과 위치는 <그림>과 같이 설정
- ▶ 생일은 <그림>과 같이 '월'과 '분기'로 그룹을 지정
- ▶ 사원번호는 'A'와 'B'로 시작하면 '우수'로, 'C'와 'D'로 시작하면 '최우수'로 그룹을 설정하고, <그림>을 참조하여 하위 수준 표시 여부를 설정
- ▶ 부분합은 <그림>을 참조하여 표시
- ▶ 값 영역의 표시 형식은 '값 필드 설정'의 '셀 서식'을 이용하여 '사용자 지정' 범주에서 설정
- ▶ '연한 녹색, 피벗 스타일 밝게 21'을 적용한 후 '줄무늬 행' 옵션을 지정
- ▶ 레이블이 있는 셀은 병합하고 가운데 맞춤되도록 설정

	A	B	C	D	E
1	거주지역	서울			
2					
3		열 레이블			
4		⊕우수		⊕최우수	
5					
6	행 레이블	합계 : 근태점수	합계 : 연수점수	합계 : 근태점수	합계 : 연수점수
7	⊟1사분기	190점	194점	75점	90점
8	2월	99점	99점	75점	90점
9	3월	91점	95점		
10	⊟2사분기	356점	332점		
11	4월	87점	71점		
12	5월	269점	261점		
13	⊟3사분기			91점	90점
14	9월			91점	90점
15	⊟4사분기	89점	85점	79점	71점
16	10월	89점	85점		
17	11월			79점	71점
18	총합계	635점	611점	245점	251점

 따라하기 6

① [데이터] 탭-[데이터 가져오기 및 변환] 그룹-[데이터 가져오기]-[기타 원본에서]-[Microsoft Query에서]를 클릭합니다.

② [데이터 원본 선택] 대화상자가 나타나면 'MS Access Database*'을 선택한 후 [확인] 단추를 클릭합니다.

③ [데이터베이스 선택] 대화상자가 나타나면 현재 파일을 열어준 폴더(컴활1급\엑셀\1급엑셀(예제))로 이동한 후 '사원현황.accdb'를 선택하고 [확인] 단추를 클릭합니다.

④ [쿼리 마법사 - 열 선택] 대화상자가 나타나면 '사원' 테이블 앞에 '+'를 클릭한 후 '사원번호', '생일', '거주지역', '직급', '근태점수', '연수점수'를 차례로 더블클릭하여 '쿼리에 포함된 열'로 이동하고 [다음] 단추를 클릭합니다.

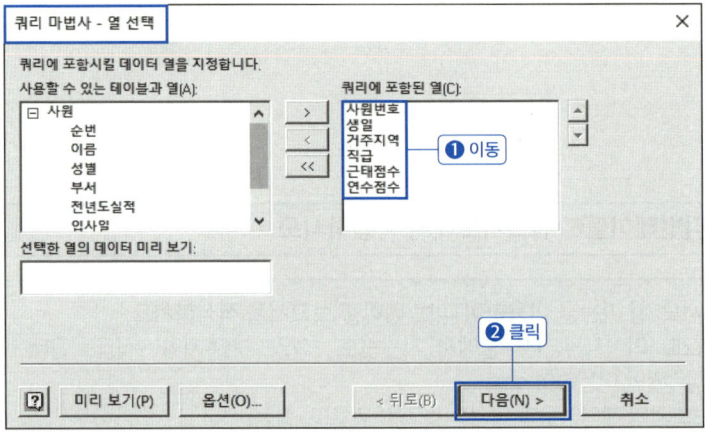

⑤ [쿼리 마법사 - 데이터 필터] 대화상자가 나타나면 설정할 조건이 없으므로 [다음] 단추를 클릭합니다.

⑥ [쿼리 마법사 - 정렬 순서] 대화상자가 나타나면 정렬할 데이터가 없으므로 [다음] 단추를 클릭합니다.

⑦ [쿼리 마법사 - 마침] 대화상자가 나타나면 'Microsoft Excel(으)로 데이터 되돌리기'를 선택하고 [마침] 단추를 클릭합니다.

⑧ [데이터 가져오기] 대화상자가 나타나면 '피벗 테이블 보고서'를 선택한 후 데이터가 들어갈 위치에 '기존 워크시트'의 [A3] 셀을 클릭하고 [확인] 단추를 클릭합니다.

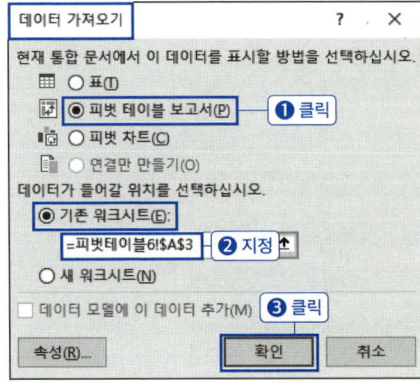

⑨ '거주지역'을 [필터] 영역으로 드래그한 후 서울 지역의 데이터만 표시하기 위해 거주지역의 '필터 목록 단추'(▼)를 클릭합니다.

⑩ 목록에서 '서울'을 선택한 후 [확인] 단추를 클릭합니다.

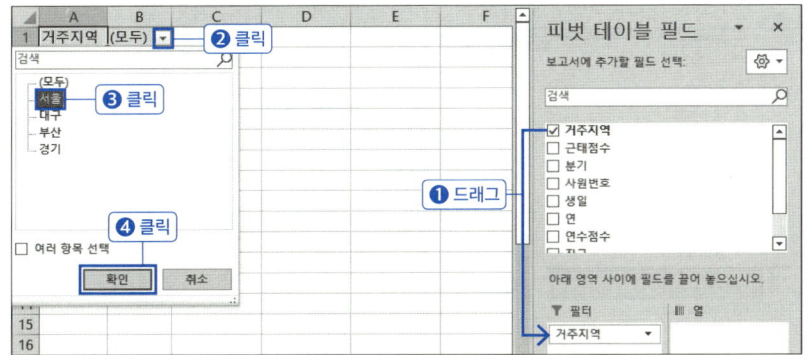

> **주희쌤 Tip**
> 이번에는 레이아웃을 설정하면서 조건을 수정해보도록 하겠습니다.

> **주희쌤 Tip**
> 문제에 지시되어 있지 않아도 그림과 일치하게 만들기 위해 필터도 해야 합니다.

⑪ '생일'을 [행] 영역으로 드래그한 후 그룹을 지정하기 위해 연도가 표시되어 있는 임의의 셀을 선택하고 선택한 셀 위에서 마우스 오른쪽 버튼을 눌러 [그룹] 명령을 클릭합니다.

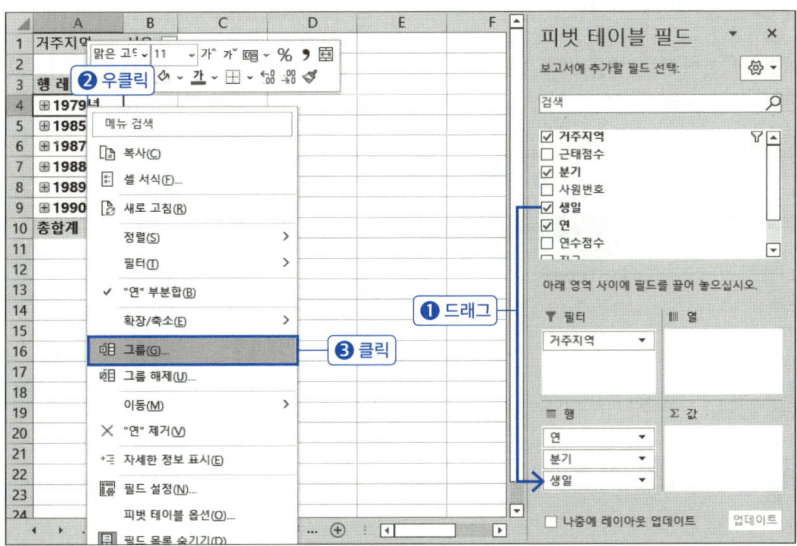

⑫ [그룹화] 대화상자가 나타나면 [단위]에 선택되어 있는 '연'을 클릭하여 선택을 해제한 후 '월'과 '분기'만 선택되어 있는 상태에서 [확인] 단추를 클릭합니다.

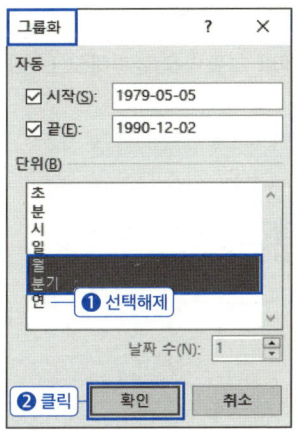

> **주희쌤 Tip**
> 비연속적인 셀을 그룹화할 때에는 Ctrl 을 이용하여 선택합니다.

⑬ '사원번호'를 [열] 영역으로 드래그한 후 'A'와 'B'로 시작하는 셀을 그룹으로 지정하기 위해 [B4:H4] 영역을 드래그하여 선택하고 마우스 오른쪽 버튼을 눌러 [그룹] 명령을 클릭합니다.

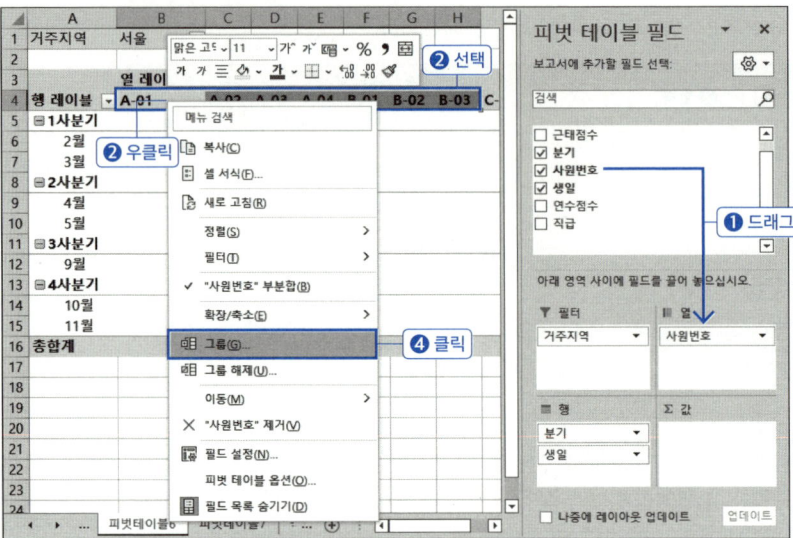

⑭ 이어서 'C'와 'D'로 시작하는 셀을 그룹으로 지정하기 위해 [J4:O4] 영역을 드래그하여 선택하고 마우스 오른쪽 버튼을 눌러 [그룹] 명령을 클릭합니다.

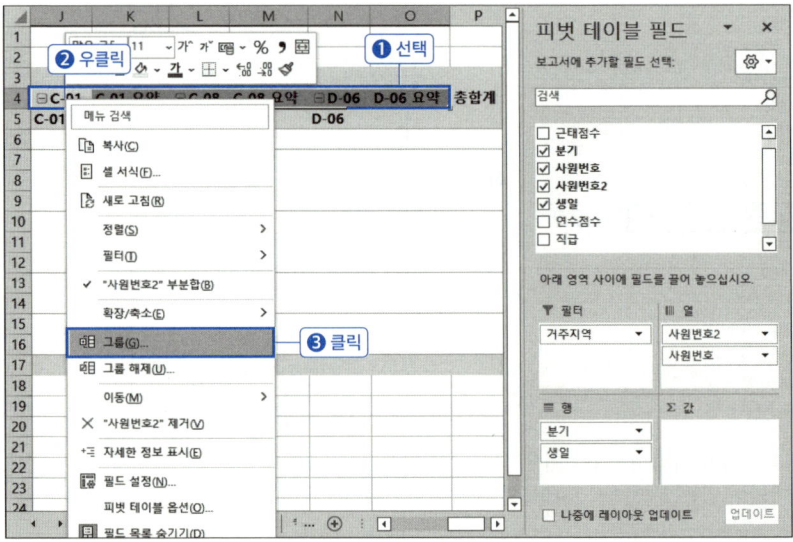

⑮ [B4] 셀의 그룹명을 클릭한 후 [수식 입력줄]에서 '우수', [J4] 셀의 그룹명을 클릭하고 [수식 입력줄]에서 '최우수'로 변경합니다.

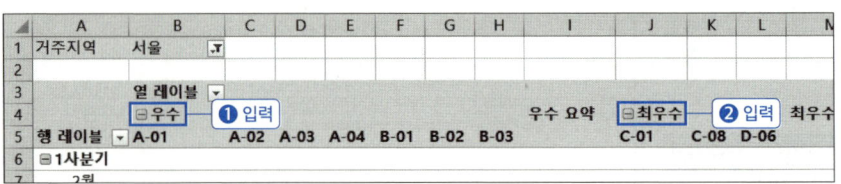

⑯ 하위 수준 표시 여부를 설정하기 위해 열에 표시된 그룹명('우수', '최우수') 앞에 '-'를 클릭하여 '+'로 변경합니다.

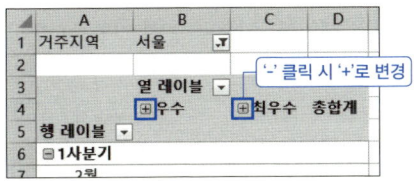

⑰ 하위 수준이 모두 축소되면 이어서 [피벗 테이블 필드] 작업창의 '근태점수', '연수점수'를 [값]으로 드래그합니다.

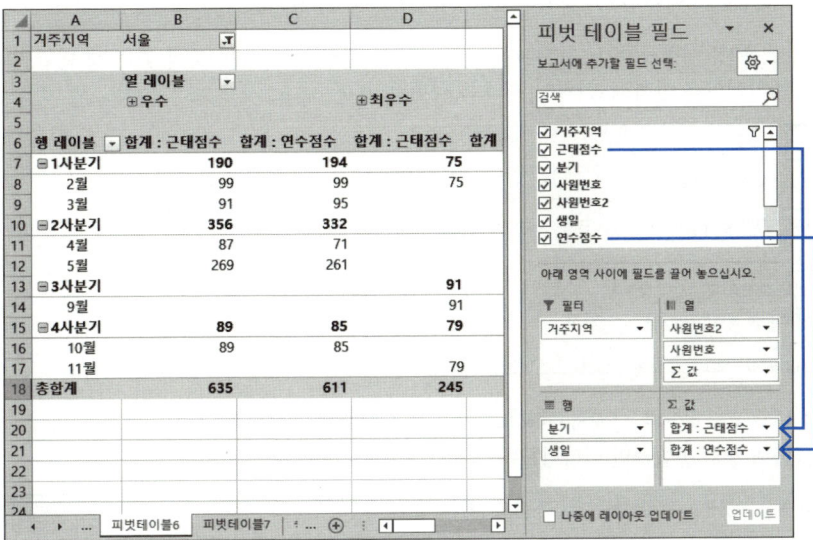

⑱ 값의 표시 형식을 변경하기 위해 [피벗 테이블 필드] 작업창의 [값] 영역에서 '합계 : 근태점수'를 클릭하여 [값 필드 설정]을 선택합니다.

⑲ [값 필드 설정] 대화상자가 나타나면 [표시 형식] 단추를 클릭합니다.

⑳ [셀 서식] 대화상자가 나타나면 [범주]에 '사용자 지정'을 클릭한 후 '형식'에 '0"점"'을 입력하고 [확인] 단추를 두 번 클릭하여 대화상자를 모두 닫습니다.

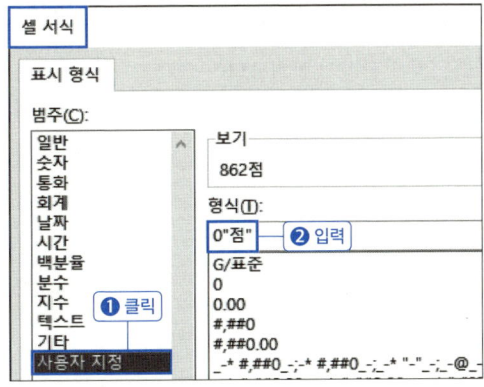

㉑ '합계 : 연수점수'도 같은 방법으로 표시 형식을 지정합니다.

㉒ 부분합을 설정하기 위해 [디자인] 탭-[레이아웃] 그룹-[부분합]-[그룹 상단에 모든 부분합 표시]를 클릭합니다.

㉓ 피벗 스타일을 지정하기 위해 [디자인] 탭-[피벗 테이블 스타일] 그룹-[자세히](▼)를 클릭하여 '연한 녹색, 피벗 스타일 밝게 21'을 선택합니다.

㉔ 이어서 스타일 옵션을 설정하기 위해 [디자인] 탭-[피벗 테이블 스타일 옵션] 그룹-[줄무늬 행]의 확인란을 선택합니다.

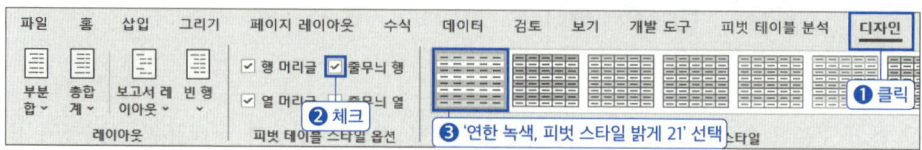

㉕ 레이아웃을 설정하기 위해 [피벗 테이블 분석] 탭-[피벗 테이블] 그룹-[옵션]을 클릭합니다.

㉖ [피벗 테이블 옵션] 대화상자가 나타나면 [레이아웃 및 서식] 탭의 '레이블이 있는 셀 병합 및 가운데 맞춤' 확인란을 선택하고 [확인] 단추를 클릭합니다.

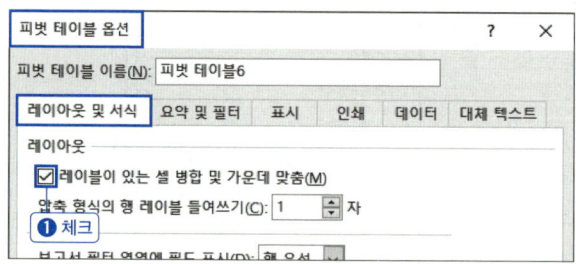

주희쌤 Tip

행/열 총합계 표시를 지정하는 다른 방법
[피벗 테이블 옵션] 대화상자의 [요약 및 필터] 탭에서 선택

㉗ 문제에 주어진 〈그림〉과 일치하도록 [디자인] 탭-[레이아웃] 그룹-[총합계]-[열의 총합계만 설정]을 클릭해 열의 총합계만 나타나도록 설정합니다.

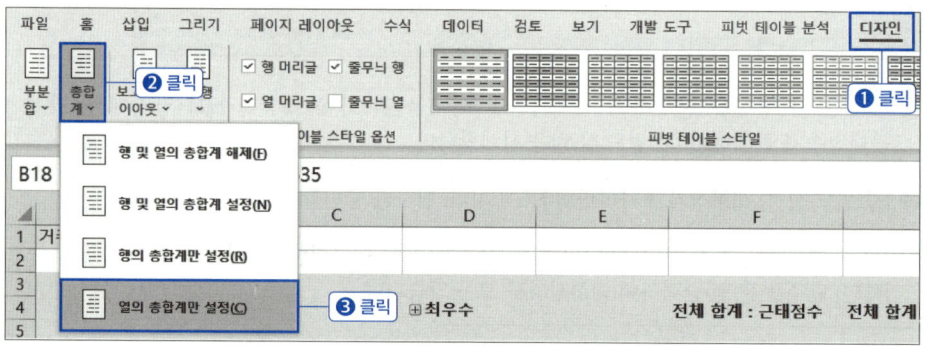

㉘ 마지막으로 문제에 주어진 그림과 다른 점이 없는지를 꼼꼼히 살펴봅니다.

문제 유형 7 '피벗테이블7' 워크시트에서 작업하시오.

❼ [표1]을 이용하여 피벗 테이블 보고서를 작성하시오.
- ▶ 레이아웃과 위치는 <그림>을 참조하여 설정
- ▶ '날짜'는 <그림>과 같이 2016-4-1부터 2016-5-31까지 31일씩 그룹을 설정
- ▶ 보고서 레이아웃은 '개요 형식'으로 지정
- ▶ '과일명'은 <그림>과 같이 '합계 : 11월'을 기준으로 내림차순으로 정렬
- ▶ 값의 표시 형식은 '값 필드 설정'의 셀 서식을 이용하여 '숫자' 범주에서 설정

	F	G	H	I	J	K	L
1		2016/04/01~2016/5/31 11월, 12월 합계					
2					과일명		
3		값	날짜	▼	수박	귤	바나나	총합계
4		합계 : 11월						
5			<2016-04-01		1,032	331	69	1,432
6			2016-04-01 - 2016-05-01		3,890	121	54	4,065
7			2016-05-02 - 2016-05-31		5,790	144	59	5,993
8		합계 : 12월						
9			<2016-04-01		1,133	304	69	1,506
10			2016-04-01 - 2016-05-01		3,970	138	82	4,190
11			2016-05-02 - 2016-05-31		5,920	147	69	6,136
12		전체 합계 : 11월			10,712	596	182	11,490
13		전체 합계 : 12월			11,023	589	220	11,832

 따라하기 ❼

① [A2:D41] 영역의 임의의 셀을 클릭한 후 [삽입] 탭-[표] 그룹-[피벗 테이블]-[테이블/범위에서]를 클릭합니다.

② [표 또는 범위의 피벗 테이블] 대화상자가 나타나면 '표/범위'에 입력된 [A2:D41] 영역을 확인한 후 피벗 테이블을 배치할 위치에 '기존 워크시트'의 [G2] 셀을 클릭하고 [확인] 단추를 클릭합니다.

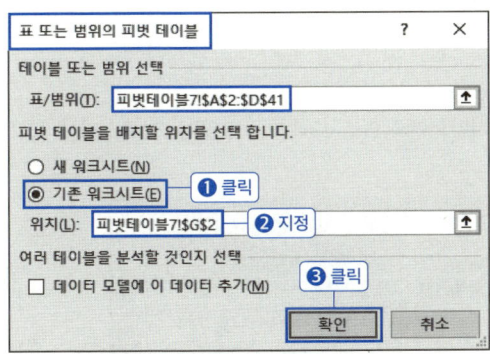

③ '날짜'를 [행] 영역으로 드래그한 후 그룹을 지정하기 위해 월이 표시되어 있는 임의의 셀을 선택하고 선택한 셀 위에서 마우스 오른쪽 버튼을 눌러 [그룹] 명령을 클릭합니다.

주희쌤 Tip

ⓠ 피벗 테이블 만들 때 [삽입]-[피벗 테이블]과 [데이터]-[Microsoft Query] 중 무엇으로 시작할지 헷갈려요.
ⓐ 문제 안에 주어집니다.

• 문제유형 1번의 경우
문제에서 액세스 데이터베이스로부터 원하는 필드만 추출하여 가져오라고 제시되었습니다. 원하는 필드, 원하는 조건을 이용해 표를 만드는 것을 Query라고 합니다.
즉, Query는 원하는 데이터를 이용하여 만든 표이기 때문에 1번의 경우 Query로 가져옵니다.

• 문제유형 2번의 경우
문제에서 '외부 데이터 원본 사용'이라고 제시되었습니다. 이때 [삽입]-[피벗 테이블]을 클릭해 '외부 데이터 원본 사용'을 선택하게 됩니다.

• 문제유형 3번의 경우
문제에서 '외부 데이터 원본'이라고 제시되었습니다.
따라서 문제유형 2번과 같은 방법으로 시작합니다.

• 문제유형 4번의 경우
문제에서 [표1]을 이용하라고 제시되었습니다.
엑셀의 시트에 있는 데이터를 이용하므로 Access 데이터가 아닙니다. 따라서 Query로 가져오지 않습니다.
시트의 범위 데이터를 이용하기 위해 [삽입]-[피벗 테이블]을 클릭해 '표 또는 범위 선택'을 선택합니다.

• 문제유형 5번의 경우
문제에서 [표1]을 이용하라고 제시되었습니다.
따라서 문제유형 4번과 같은 방법으로 시작합니다.

• 문제유형 6번의 경우
문제에서 accdb 즉, 액세스 데이터베이스로부터 원하는 필드만 추출하여 가져오라고 제시되었습니다.
따라서 문제유형 1번과 같은 방법으로 시작합니다.

• 문제유형 7번의 경우
문제에서 [표1]을 이용하라고 제시되었습니다.
따라서 문제유형 4번과 같은 방법으로 시작합니다.

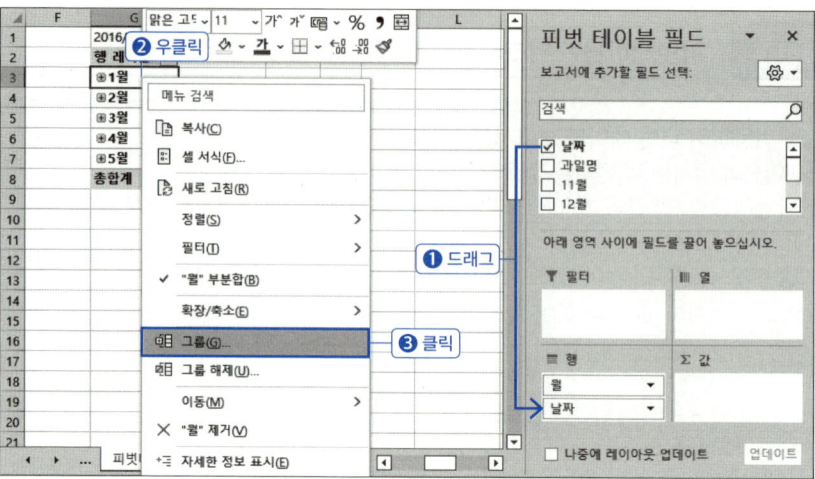

④ [그룹화] 대화상자가 나타나면 [자동]의 '시작'에 '2016-4-1', '끝'에 '2016-5-31'을 입력합니다.

⑤ 이어서 [단위]에 선택되어 있는 '월'을 클릭하여 선택을 해제한 후 '일'이 선택된 상태에서 날짜 수를 '31'로 입력하고 [확인] 단추를 클릭합니다.

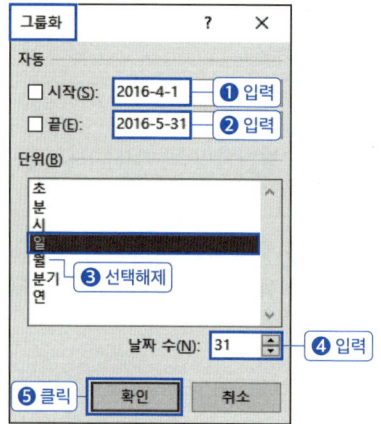

⑥ '과일명'을 [열] 영역으로 드래그, '11월'을 [값] 영역으로 드래그, '12월'을 '11월' 밑에 [값] 영역으로 드래그합니다.

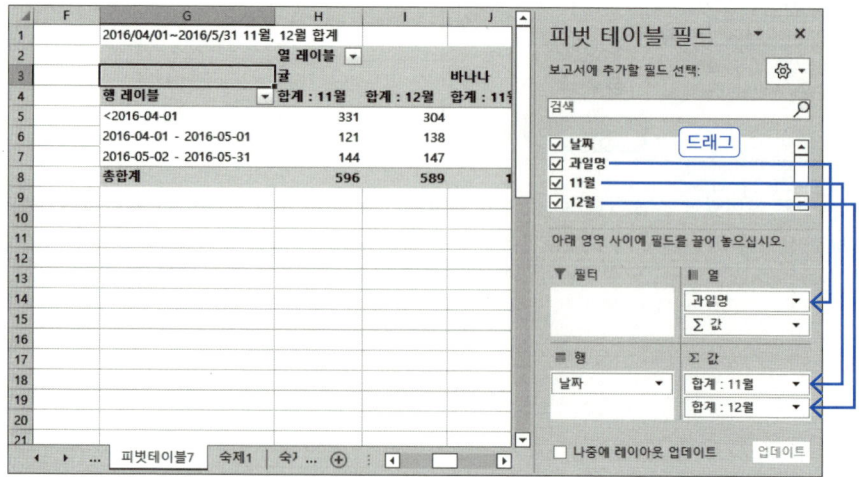

⑦ 이어서 [열] 영역의 'Σ 값'을 [행] 영역의 '날짜' 위로 드래그합니다.

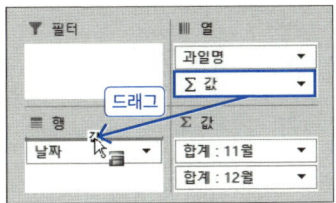

⑧ 보고서 레이아웃을 변경하기 위해 [디자인] 탭-[레이아웃] 그룹-[보고서 레이아웃]-[개요 형식으로 표시]를 클릭합니다.

⑨ 과일명을 정렬하기 위해 과일명의 '필터 목록 단추'(▼)를 클릭하고 [기타 정렬 옵션]을 클릭합니다.

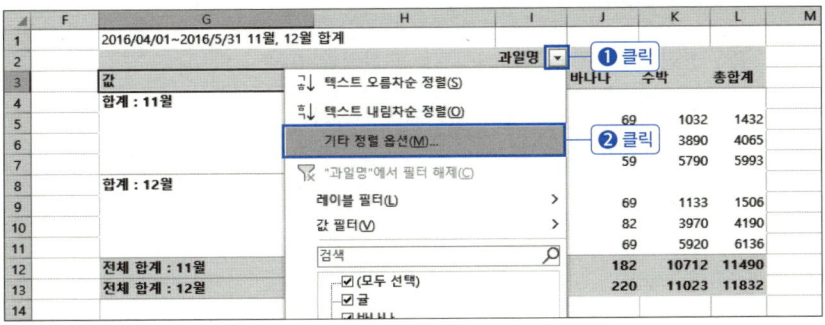

⑩ [정렬(과일명)] 대화상자가 나타나면 '내림차순 기준', '합계 : 11월'을 선택하고 [확인] 단추를 클릭합니다.

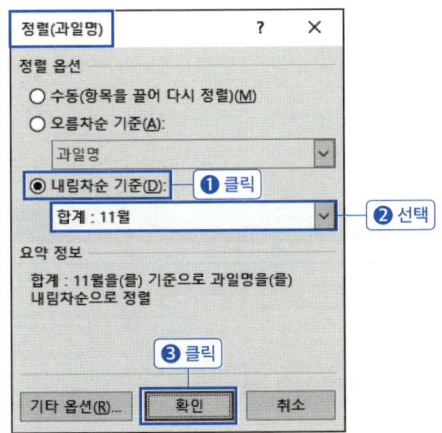

⑪ 값의 표시 형식을 변경하기 위해 [피벗 테이블 필드] 작업창의 [값] 영역에서 '합계 : 11월'을 클릭하여 [값 필드 설정]을 선택합니다.

⑫ [값 필드 설정] 대화상자가 나타나면 [표시 형식] 단추를 클릭합니다.

주희쌤 Tip

셀 서식에서 배웠던 부분입니다. [셀 서식]의 '천 단위 구분 기호'를 지정하는 다른 방법

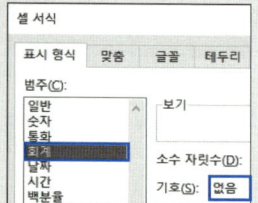

↑ [셀 서식]-[표시 형식] 탭-[범주]-'회계'-'기호' : 없음

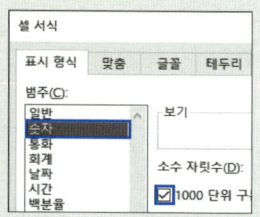

↑ [셀 서식]-[표시 형식] 탭-[범주]-'숫자'-'1000 단위 구분 기호(,) 사용' 확인란을 선택

⑬ [셀 서식] 대화상자가 나타나면 [숫자] 범주를 클릭한 후 '1000 단위 구분 기호(,) 사용'의 확인란을 선택하고 [확인] 단추를 두 번 클릭하여 대화상자를 모두 닫습니다.

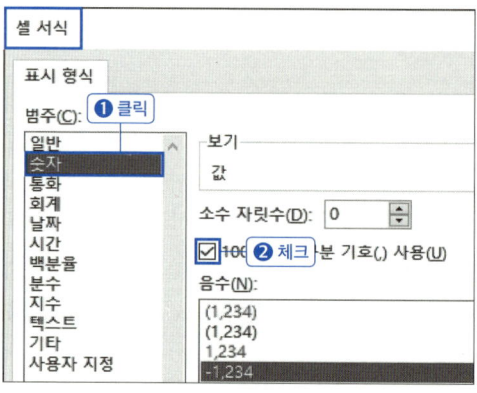

⑭ '합계 : 12월'도 같은 방법으로 '1000 단위 구분 기호'를 설정합니다.

⑮ 마지막으로 문제에 주어진 그림과 다른 점이 없는지를 꼼꼼히 살펴봅니다.

숙제

01 '숙제1' 시트에서 다음의 지시사항에 따라 피벗 테이블 보고서를 작성하시오.
- ▶ 외부 데이터 원본으로 'TV판매내역.txt' 텍스트 파일의 '출고넘버'를 제외한 모든 열을 가져와 데이터 모델에 이 데이터를 추가하시오.
- ▶ 원본 데이터는 탭으로 구분되어 있으며, 내 데이터에 머리글을 표시하시오.
- ▶ 피벗 테이블 보고서의 레이아웃과 위치는 <그림>을 참조하여 설정하고, 보고서 레이아웃을 개요 형식으로 표시하시오.
- ▶ '구입일' 필드를 기준으로 그룹을 설정하시오.
- ▶ 열의 총합계만 설정하시오.
- ▶ 구입일이 2월에 해당하는 모든 자료만 '숙제1' 시트 왼쪽에 새 시트로 생성하고, 시트 이름은 '2월'로 하시오.

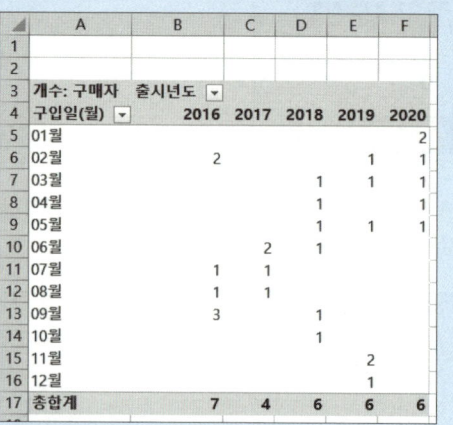

02 '숙제2' 시트에서 다음의 지시사항에 따라 피벗 테이블 보고서를 작성하시오.
- ▶ 'TV판매내역.xlsx'을 외부 데이터 원본으로 사용하고, 데이터의 첫 행에 열 머리글을 포함시키시오.
- ▶ 피벗 테이블 보고서의 레이아웃과 위치는 <그림>을 참조하여 설정하고, 보고서 레이아웃을 개요 형식으로 표시하시오.
- ▶ '제조사'는 "JVC"와 "TCL"만 표시되도록 하시오.
- ▶ '출고넘버'는 <그림>과 같이 그룹을 설정하시오.
- ▶ '구입가' 필드는 '정가'의 90%를 계산한 필드로 설정하시오.
- ▶ "JVC"와 "TCL"의 정가 총 합계를 새 시트에 생성하고, 시트 이름은 'Data'로 하시오.

	A	B	C	D
1	제조사	(다중 항목)		
2				
3	출고넘버2	출고넘버	합계 : 정가	합계 : 구입가
4	⊟TCL			
5		a12854	3200000	2880000
6		a13687	1950000	1755000
7		a14789	2450000	2205000
8		a16581	1500000	1350000
9		a17948	2630000	2367000
10		a19844	1050000	945000
11	⊟JVC			
12		d13574	1580000	1422000
13		d13971	2100000	1890000
14		d19487	4500000	4050000
15		d19834	2000000	1800000
16	총합계		22960000	20664000

03 '숙제3' 시트에서 다음의 지시사항에 따라 피벗 테이블 보고서를 작성하시오.
- ▶ 피벗 테이블은 외부 데이터 원본으로 <컴활1급응시자.csv>의 데이터를 사용하시오.
- ▶ 원본 데이터는 구분 기호 쉼표(,)로 분리되어 있으며, 내 데이터에 머리글을 표시하시오.
- ▶ 모든 열을 가져와 데이터 모델에 이 데이터를 추가하시오.
- ▶ 레이아웃과 위치는 <그림>을 참조하여 설정하고, 보고서 레이아웃은 테이블 형식으로 지정하시오.
- ▶ 컴퓨터일반, 스프레드시트, 데이터베이스는 숫자 형식으로 표시하시오.
- ▶ 응시횟수가 2인 데이터를 새로운 시트에 자세히 표시하고, 새로 생성된 시트의 이름을 '2회'로 지정하시오. (생성된 시트의 [A1] 셀 데이터는 채점 대상이 아닙니다.)

	A	B	C	D
1	응시횟수	평균: 컴퓨터일반	평균: 스프레드시트	평균: 데이터베이스
2	1	64	69	74
3	2	72	69	65
4	3	72	77	65
5	총합계	67	70	70

숙제 정답 및 해설

01 '숙제1' 시트

① [삽입] 탭-[표] 그룹-[피벗 테이블]-[외부 데이터 원본에서]를 클릭합니다.
② [외부 원본의 피벗 테이블] 대화상자가 나타나면 [연결 선택] 단추를 클릭합니다.
③ [기존 연결] 대화상자가 나타나면 [더 찾아보기] 단추를 클릭합니다.
④ [데이터 원본 선택] 대화상자가 나타나면 현재 파일을 열어준 폴더로 이동한 후 'TV판매내역.txt'를 선택하고 [열기] 단추를 클릭합니다.
⑤ [텍스트 마법사 - 3단계 중 1단계] 대화상자가 나타나면 '구분 기호로 분리됨'을 선택한 후 '내 데이터에 머리글 표시' 확인란을 선택하고 [다음] 단추를 클릭합니다.
⑥ [텍스트 마법사 - 3단계 중 2단계] 대화상자가 나타나면 데이터를 탭으로 분리하기 위해 [구분 기호]를 '탭'으로 선택하고 [다음] 단추를 클릭합니다.

⑦ [텍스트 마법사 - 3단계 중 3단계] 대화상자가 나타나면 '출고넘버'는 제외하고 가져오기 위해 '출고넘버' 열을 선택하고 '열 가져오지 않음(건너뜀)'을 선택한 후 [마침] 단추를 클릭합니다.
⑧ 다시 [외부 원본의 피벗 테이블] 대화상자가 나타나면 피벗 테이블을 배치할 위치에 '기존 워크시트'의 [A3] 셀을 클릭한 후 '데이터 모델에 이 데이터 추가'를 선택하고 [확인] 단추를 클릭합니다.
⑨ '구입일'을 [행] 영역으로 드래그, '출시년도'를 [열] 영역으로 드래그, '구매자'를 [값] 영역으로 드래그합니다.
⑩ 보고서 레이아웃을 변경하기 위해 [디자인] 탭-[레이아웃] 그룹-[보고서 레이아웃]-[개요 형식으로 표시]를 클릭합니다.
⑪ 구입일을 월 단위로만 그룹으로 지정하기 위해 연도가 표시되어 있는 임의의 셀을 선택하고 선택한 셀 위에서 마우스 오른쪽 버튼을 눌러 [그룹] 명령을 클릭합니다.
⑫ [단위]에 선택되어 있는 '분기'와 '연'을 각각 클릭하여 선택을

해제하고 '월'만 선택되어 있는 상태에서 [확인] 단추를 클릭합니다.
⑬ [B4] 셀에서 마우스 오른쪽 버튼을 눌러 "구입일" 제거' 명령을 클릭합니다.
⑭ 2월에 해당하는 자료만 새 시트로 생성하기 위해 [G6] 셀을 더블클릭합니다.
⑮ '숙제1' 워크시트 앞에 새로운 시트가 생성되면 시트 이름을 더블클릭해 '2월'로 변경한 후 Enter 를 눌러 입력을 완료합니다.
⑯ '숙제1' 시트를 클릭한 후 열의 총합계만 설정하기 위해 [디자인] 탭-[레이아웃] 그룹-[총합계]-[열의 총합계만 설정]을 클릭합니다.

02 '숙제2' 시트

① [삽입] 탭-[표] 그룹-[피벗 테이블]-[외부 데이터 원본에서]를 클릭합니다.
② [외부 원본의 피벗 테이블] 대화상자가 나타나면 [연결 선택] 단추를 클릭합니다.
③ [기존 연결] 대화상자가 나타나면 [더 찾아보기] 단추를 클릭합니다.
④ [데이터 원본 선택] 대화상자가 나타나면 현재 파일을 열어준 폴더로 이동한 후 'TV판매내역.xlsx'를 선택하고 [열기] 단추를 클릭합니다.
⑤ [테이블 선택] 대화상자가 나타나면 '데이터의 첫 행에 열 머리글 포함'을 선택하고 [확인] 단추를 클릭합니다.
⑥ 다시 [외부 원본의 피벗 테이블] 대화상자가 나타나면 피벗 테이블을 배치할 위치에 '기존 워크시트'의 [A3] 셀을 클릭한 후 [확인] 단추를 클릭합니다.
⑦ '제조사'를 [필터] 영역으로 드래그, '출고넘버'를 [행] 영역으로 드래그, '정가'를 [값] 영역으로 드래그합니다.
⑧ 보고서 레이아웃을 변경하기 위해 [디자인] 탭-[레이아웃] 그룹-[보고서 레이아웃]-[개요 형식으로 표시]를 클릭합니다.
⑨ '제조사' 필드의 '필터 목록 단추'( )를 클릭하고 '여러 항목 선택'을 선택, '(모두)'의 선택을 취소, 'JVC'와 'TCL'을 선택한 후 [확인] 단추를 클릭합니다.
⑩ [A4:A9] 영역을 선택하고 선택한 셀 위에서 마우스 오른쪽 버튼을 눌러 [그룹] 명령을 클릭합니다.
⑪ [A11:A17] 영역을 선택하고 선택한 셀 위에서 마우스 오른쪽 버튼을 눌러 [그룹] 명령을 클릭합니다.
⑫ [A4] 셀의 그룹명('그룹1')을 클릭한 후 [수식 입력줄]에서 'TCL', [A11] 셀의 그룹명('그룹2')을 클릭한 후 [수식 입력줄]에서 'JVC'로 변경합니다.
⑬ '구입가' 필드를 추가하기 위해 [피벗 테이블 분석] 탭-[계산] 그룹-[필드, 항목 및 집합]-[계산 필드]를 클릭합니다.
⑭ [계산 필드 삽입] 대화상자가 나타나면 [이름]에 '구입가'를 입력하고 [필드]에서 '정가'를 더블클릭, '*0.9'를 입력한 후 [수식]에 '=정가*0.9'가 표시되면 [추가] 단추와 [확인] 단추를 차례로 클릭합니다.
⑮ 그룹 상단의 요약을 제거하기 위해 [디자인] 탭-[부분합]-[부분

합 표시 안 함]을 클릭합니다.
⑯ 정가의 총합계를 새 시트에 생성하기 위해 [C16] 셀을 더블클릭합니다.
⑰ '숙제2' 워크시트 앞에 새로운 시트가 생성되면 시트 이름을 더블클릭해 'Data'로 변경한 후 Enter 를 눌러 입력을 완료합니다.

03 '숙제3' 시트

① [삽입] 탭-[표] 그룹-[피벗 테이블]-[외부 데이터 원본에서]를 클릭합니다.
② [외부 원본의 피벗 테이블] 대화상자가 나타나면 [연결 선택] 단추를 클릭합니다.
③ [기존 연결] 대화상자가 나타나면 [더 찾아보기] 단추를 클릭합니다.
④ [데이터 원본 선택] 대화상자가 나타나면 현재 파일을 열어준 폴더로 이동한 후 '컴활1급응시자.csv'를 선택하고 [열기] 단추를 클릭합니다.
⑤ [텍스트 마법사 - 3단계 중 1단계] 대화상자가 나타나면 '구분 기호로 분리됨'을 선택한 후 '내 데이터에 머리글 표시' 확인란을 선택하고 [다음] 단추를 클릭합니다.
⑥ [텍스트 마법사 - 3단계 중 2단계] 대화상자가 나타나면 데이터를 쉼표로 분리하기 위해 [구분 기호]를 '쉼표'로 선택하고 [다음] 단추를 클릭합니다.
⑦ [텍스트 마법사 - 3단계 중 3단계] 대화상자가 나타나면 설정할 항목이 없으므로 [마침] 단추를 클릭합니다.
⑧ 다시 [외부 원본의 피벗 테이블] 대화상자가 나타나면 피벗 테이블을 배치할 위치에 '기존 워크시트'의 [A1] 셀을 클릭한 후 '데이터 모델에 이 데이터 추가'를 선택하고 [확인] 단추를 클릭합니다.
⑨ '응시횟수'를 [행] 영역으로 드래그, '컴퓨터일반', '스프레드시트', '데이터베이스'를 차례로 [값] 영역으로 드래그합니다.
⑩ 보고서 레이아웃을 변경하기 위해 [디자인] 탭-[레이아웃] 그룹-[보고서 레이아웃]-[테이블 형식으로 표시]를 클릭합니다.
⑪ '컴퓨터일반'의 함수와 형식을 변경하기 위해 [피벗 테이블 필드] 작업 창의 [값] 영역에서 '합계: 컴퓨터일반'을 클릭하여 [값 필드 설정]을 선택합니다.
⑫ [값 필드 설정] 대화상자가 나타나면 [값 요약 기준] 탭에서 '평균'을 선택하고 [표시 형식] 단추를 클릭합니다.
⑬ [셀 서식] 대화상자가 나타나면 [범주]에 '숫자'를 클릭한 후 [확인] 단추를 두 번 클릭하여 대화상자를 모두 닫습니다.
⑭ 같은 방법으로 '스프레드시트'와 '데이터베이스'도 함수와 형식을 변경합니다.
⑮ 응시횟수 2에 대한 데이터를 시트로 생성하기 위해 [B3] 셀을 더블클릭합니다.
　([C3] 셀, [D3] 셀도 응시횟수 2에 대한 데이터이므로 [C3] 셀이나 [D3] 셀을 더블클릭해도 결과는 같습니다.)
⑯ 기존 워크시트 앞에 새로운 시트가 생성되면 시트 이름을 더블클릭해 '2회'로 변경한 후 Enter 를 눌러 입력을 완료합니다.

관련 필기 문제

01. 다음 중 피벗 테이블과 피벗 차트에 대한 설명으로 옳지 않은 것은?   20년 1회 출제

① 새 워크시트에 피벗 테이블을 생성하면 보고서 필터의 위치는 [A1] 셀, 행 레이블은 [A3] 셀에서 시작한다.
② 피벗 테이블과 연결된 피벗 차트가 있는 경우 피벗 테이블에서 피벗 테이블 도구의 [모두 지우기] 명령을 사용하면 피벗 테이블과 피벗 차트의 필드, 서식 및 필터가 제거된다.
③ 하위 데이터 집합에도 필터와 정렬을 적용하여 원하는 정보만 강조할 수 있으나 조건부 서식은 적용되지 않는다.
④ [피벗 테이블 옵션] 대화상자에서 오류 값을 빈 셀로 표시하거나 빈 셀에 원하는 값을 지정하여 표시할 수도 있다.

02. 다음 중 피벗 테이블에 대한 설명으로 옳지 않은 것은?   13년 1회 출제

① 피벗 차트 보고서는 피벗 테이블 보고서를 만들지 않고는 만들 수 없으며, 피벗 테이블과 피벗 차트를 함께 만든 후 피벗 테이블을 삭제하면 피벗 차트는 일반 차트로 변경된다.
② 피벗 테이블 보고서에서 필드 단추를 다른 열이나 행의 위치로 끌어다 놓으면 데이터 표시 형식이 달라진다.
③ 피벗 테이블 보고서는 엑셀에서 작성된 데이터를 대상으로 새로운 대화형 테이블을 만드는데 사용하며 외부 액세스 데이터베이스에서 만들어진 데이터는 호환되지 않으므로 사용할 수 없다.
④ 피벗 테이블 보고서를 이용하면 가장 유용하고 관심이 있는 하위 데이터 집합에 대해 필터, 정렬, 그룹 및 조건부 서식을 적용하여 원하는 정보만 강조할 수 있다.

03. 다음 중 아래의 피벗 테이블에 대한 설명으로 옳지 않은 것은?   22년 상시 출제

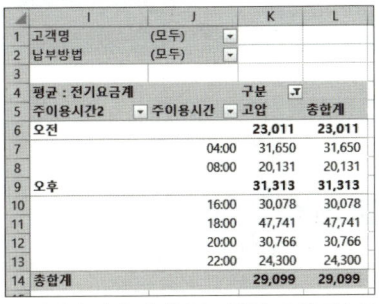

① 작성된 피벗 테이블을 선택하고 차트를 삽입하면 피벗 테이블이 작성된 시트에 피벗 차트가 삽입된다.
② 행과 열이 교차하는 값 영역에는 전기요금계의 평균이 표시되어 있다.
③ 필터 영역에는 고객명과 납부방법이 있고, 열 레이블의 구분 필드에는 필터가 적용되어 있다.
④ 확장/축소 단추와 부분합을 표시하지 않았다.

04. 다음 중 아래의 피벗 테이블에 대한 설명으로 옳지 않은 것은?   22년 상시 출제

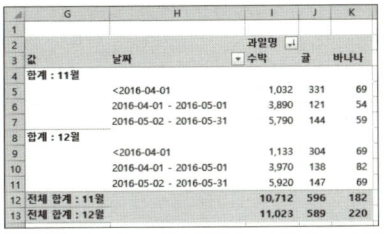

① 열 레이블에 표시된 항목은 피벗 차트의 범례(계열)로 표시된다.
② 값 영역에 2개의 필드를 지정하여 생긴 Σ 값 필드는 행 레이블 영역에 표시되어 있다.
③ 열의 총합계만 표시되어 있다.
④ 과일명을 기준으로 내림차순 정렬되어 있다.

05. 다음 중 아래의 피벗 테이블에 대한 설명으로 옳지 않은 것은?   19년 2회 출제

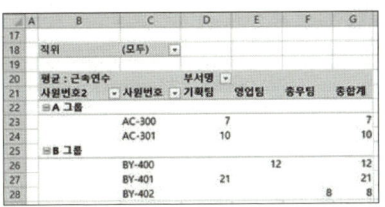

① 피벗 테이블 보고서의 삽입 위치는 기존 워크시트의 [B20] 셀이다.
② 'A 그룹'과 'B 그룹'은 그룹화로 자동 생성된 이름이다.
③ 사원번호를 선택하여 사용자가 직접 그룹화를 설정하였다.
④ 행 영역의 필드에 필터 조건이 설정되어 있지 않다.

06. 다음 중 아래의 피벗 테이블에 대한 설명으로 옳지 않는 것은?   19년 1회 출제

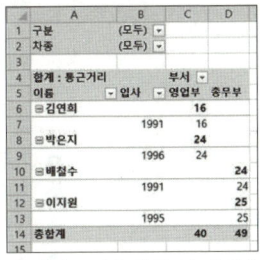

① 필터로 사용된 필드는 '구분'과 '차종'이다.
② 행으로 사용된 필드는 '이름'과 '입사'이다.
③ 이지원은 '총무부'이며 통근거리는 '25'이다.
④ 값 영역에 사용된 필드는 '부서'이다.

07. 피벗 테이블의 그룹 설정에 대한 설명으로 옳지 않은 것은?   22년 상시 출제

① [그룹 해제] 명령을 통해 그룹을 해제할 수 있다.
② 날짜나 시간 데이터의 경우 그룹화 대화상자에서 연, 분기, 월, 일, 시, 분, 초로 단위를 선택할 수 있다.
③ 숫자 데이터의 경우 그룹화 대화상자에서 시작, 끝, 단위를 지정할 수 있다.
④ 문자 데이터의 경우 그룹화 대화상자에서 2개, 3개, 5개로 단위를 선택할 수 있다.

08. 다음 중 피벗 테이블에 대한 설명으로 옳지 않은 것은?   14년 1회 출제

① 피벗 테이블 보고서를 작성한 후 원본 데이터를 수정하면 수정된 내용이 피벗 테이블 보고서에 자동으로 반영된다.
② 피벗 테이블 필드 목록에서 보고서에 추가할 필드로 데이터 형식이 텍스트와 논리값인 것을 선택하면 '행' 영역으로 옮겨진다.
③ 값 영역에 추가된 필드가 2개 이상이 되면 값 필드가 열 또는 행 영역에 표시된다.
④ 행 또는 열에 표시된 값 필드가 값 영역에 추가된 필드의 표시 방향을 결정한다.

09. 다음 중 부분합에 대한 설명으로 옳지 않은 것은?   13년 2회 출제

① 부분합은 SUBTOTAL 함수를 사용하여 합계나 평균 등의 요약 값을 계산한다.
② 첫 행에는 열 이름표가 있어야 하며, 데이터는 그룹화 할 항목을 기준으로 정렬되어 있어야 한다.
③ 항목 및 하위 항목별로 데이터를 요약하며, 사용자 지정 계산과 수식을 만들 수 있다.
④ 부분합을 제거하면 부분합과 함께 표에 삽입된 윤곽 및 페이지 나누기도 제거된다.

정답 01. ③ | 02. ③ | 03. ④ | 04. ④ | 05. ② | 06. ④ | 07. ④ | 08. ① | 09. ③

SECTION 02 차트

- 차트는 워크시트에 입력되어 있는 내용을 알기 쉽게 시각화한 것으로, 데이터의 내용에 맞춰 차트의 구성 요소나 서식 등을 변경해 보도록 하겠습니다.
- 준비파일 : 컴활1급 \ 엑셀 \ 1급엑셀(예제) \ 2장_02. 차트.xlsx

주희쌤 Tip
주희쌤 Tip은 꼼꼼히 모두 보세요.

주희쌤 Tip
차트는 2점씩 5문제. 총 10점이 출제됩니다. 목표 점수는 10점으로 차트와 관련된 기능을 전반적으로 알고 있어야 합니다.

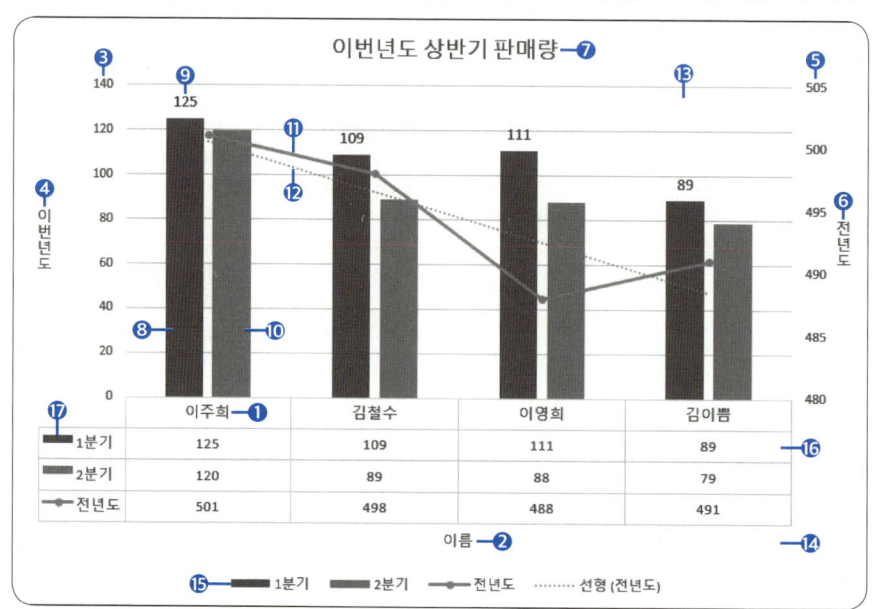

문제를 풀기 위하여 꼭 알아둬야 할 차트 요소의 명칭

❶ 가로 (항목) 축
❷ 가로 (항목) 축 제목
❸ 세로 (값) 축
❹ 세로 (값) 축 제목
❺ 보조 세로 (값) 축
❻ 보조 세로 (값) 축 제목
❼ 차트 제목
❽ 계열 '1분기'
❾ 계열 '1분기' 데이터 레이블
❿ 계열 '2분기'
⓫ 계열 '전년도'
⓬ 계열 '전년도' 추세선
⓭ 그림 영역
⓮ 차트 영역
⓯ 범례
⓰ 데이터 표
⓱ 범례 표지

문제 유형 1   '차트1' 워크시트에서 작업하시오.

① 지점이 '서울'인 이름과 1분기, 2분기를 이용하여 차트를 만드시오.

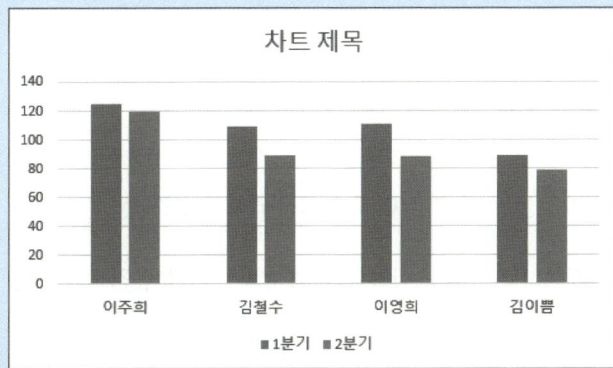

② 전년도 판매량 데이터를 차트에 추가하시오.

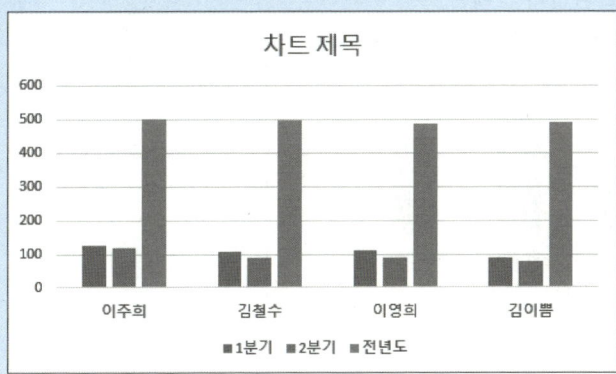

③ '전년도' 계열을 '표식이 있는 꺾은선형'으로 변경하고, 보조 축을 표시하시오.

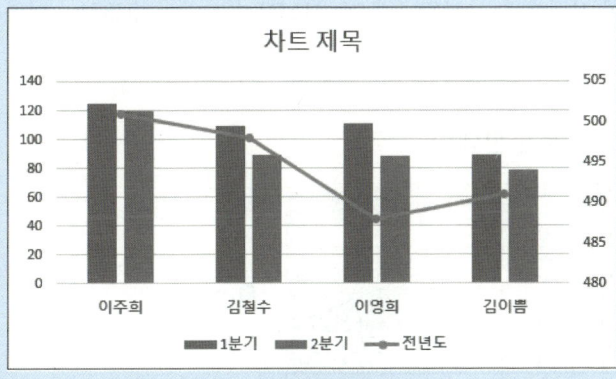

④ '전년도' 계열의 선 스타일을 '완만한 선'으로 설정하시오.

⑤ '전년도' 계열에 '선형' 추세선을 표시하시오.

❻ 보조 세로 (값) 축의 값을 그림과 같이 지정하시오.

❼ 그림을 참조하여 '1분기' 계열의 레이블을 '값'으로 표시되도록 설정하시오.

❽ '2분기' 계열에 겹치기를 50%로 지정하시오.

❾ 차트 영역의 테두리 스타일은 '둥근 모서리', 그림자는 '오프셋 오른쪽 아래'로 지정하시오.

❿ 차트 제목을 [B2] 셀과 연결시키고, 그림과 같이 축 제목을 입력하시오.

⓫ 범례의 배치는 '위쪽'으로 지정하고, 도형 스타일은 '미세 효과 – 황금색, 강조 4'로 설정하시오.

⓬ 차트를 [B19:I32]에 위치하시오.

따라하기 ①

① [C4:C5] 영역을 드래그하여 선택한 후 Ctrl을 누른 채 [H4:I5], [C8:C10], [H8:I10] 영역을 순서대로 선택합니다.

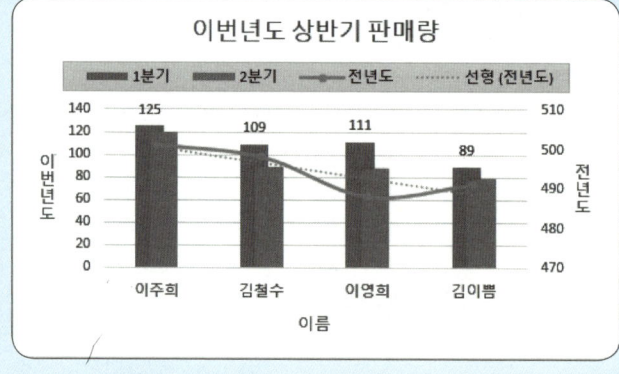

> **주희쌤 Tip**
> 조건(지점이 서울)에 맞는 '이름'과 '1분기', '2분기'를 차트 범위로 지정해야 합니다.
> 차트 그림에 '가로 (항목) 축'에는 이주희, 김철수, 이영희, 김이쁨이 있고 '범례'에는 1분기와 2분기가 있습니다. 그 데이터를 차트 범위로 지정하세요.
> '가로 (항목) 축'에 무엇이 있는지를 보고 '범례'에 무엇이 있는지를 보면 차트에 지정될 범위를 쉽게 알 수 있습니다.

> 비연속적인 셀을 선택할 때엔 Ctrl을 이용하세요. Ctrl은 두 번째 영역을 지정할 때부터 누르면 됩니다.

② [삽입] 탭-[차트] 그룹-[세로 또는 가로 막대형 차트 삽입](📊)-[2차원 세로 막대형] 범주-[묶은 세로 막대형]을 차례로 클릭합니다.

③ 차트가 생성되면 '차트 영역'을 드래그하여 표 바깥쪽으로 이동합니다.

주희쌤 Tip

ⓠ 제대로 지정한 것 같은데 차트가 이상해요.

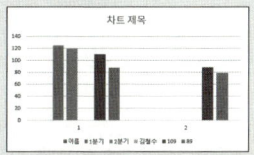

ⓐ 차트의 범위를 지정할 때에 아래의 내용을 최대한 지켜주면 버그(오류)가 생기지 않습니다.
1. 필드명을 포함하여 영역 지정
2. 연속되어 있는 셀 범위는 드래그
3. 왼쪽에서 오른쪽으로 드래그
4. 오른쪽에 더 이상 지정할 영역이 없다면 위쪽에서 아래쪽으로 드래그

주희쌤 Tip

차트를 이동할 때에는 '그림 영역'을 건드리지 않도록 조심하세요. 나중에 차트 요소를 추가하거나 변경, 제거할 때 그림 영역의 크기가 자동 조정되지 않아 불편함이 생길 수 있습니다.

주희쌤 Tip

차트에 데이터를 추가할 때엔 [Ctrl]+[C], [Ctrl]+[V]를 이용하는 것이 편하지만 안 될 경우 [데이터 선택] 명령을 이용하여 편집하면 됩니다. 아래의 방법도 천천히 따라 해 보세요.
① '차트 영역'에서 마우스 오른쪽 버튼을 눌러 바로 가기 메뉴가 나타나면 [데이터 선택] 명령을 클릭합니다.
② [데이터 원본 선택] 대화상자가 나타나면 [범례 항목(계열)]의 [추가] 단추를 클릭합니다.

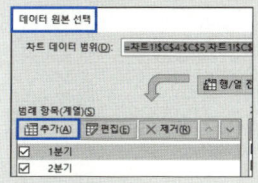

① [G4:G5] 영역을 드래그하여 선택한 후 [Ctrl]을 누른 채 [G8:G10] 영역을 선택합니다.

② 영역이 지정되면 [Ctrl]+[C]를 눌러 복사합니다.

③ [계열 편집] 대화상자가 나타나면 [계열 이름]에 [G4] 셀을 클릭합니다.

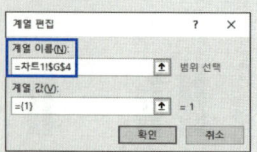

④ [계열 값]에 기존 데이터를 삭제한 후 [G5], [G8:G10] 영역을 선택하고 [확인] 단추를 클릭합니다.

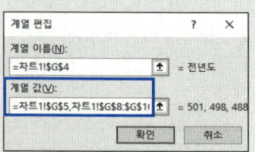

⑤ [데이터 원본 선택] 대화상자의 [범례 항목(계열)]에 '전년도' 계열이 추가되면 [확인] 단추를 클릭합니다.

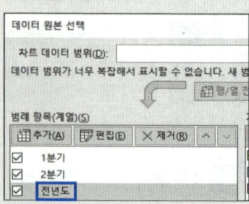

③ '차트 영역'을 선택한 후 Ctrl + V 를 눌러 붙여넣기 합니다.

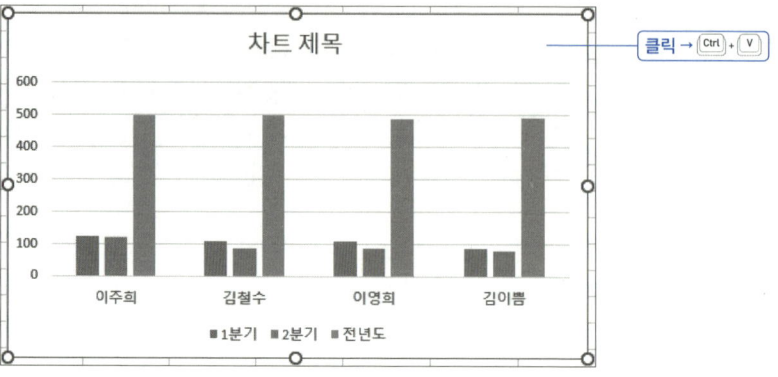

> 따라하기 ③

① '전년도' 계열에서 마우스 오른쪽 버튼을 눌러 바로 가기 메뉴가 나타나면 [계열 차트 종류 변경] 명령을 클릭합니다.

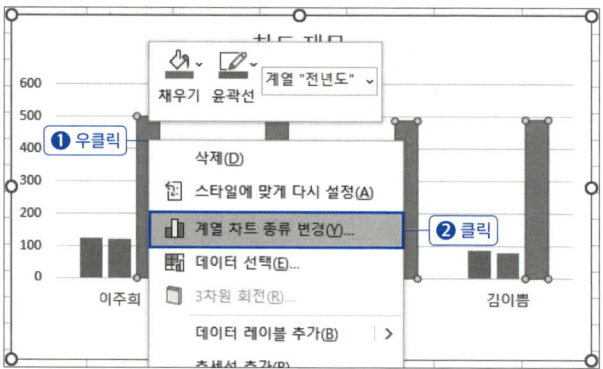

② [차트 종류 변경] 대화상자가 나타나면 '전년도' 계열의 [차트 종류] 목록 단추()를 클릭해 [꺾은선형] 범주의 '표식이 있는 꺾은선형'을 선택합니다.

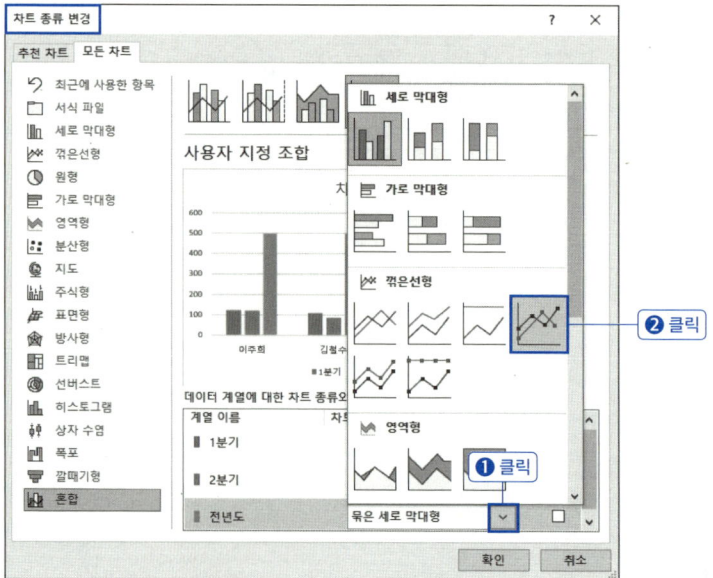

③ [미리 보기]에 전년도 계열의 차트 종류가 변경된 것을 확인한 후 보조 축을 표시하기 위해 '전년도' 계열의 [보조 축] 확인란을 선택하고 [확인] 단추를 클릭합니다.

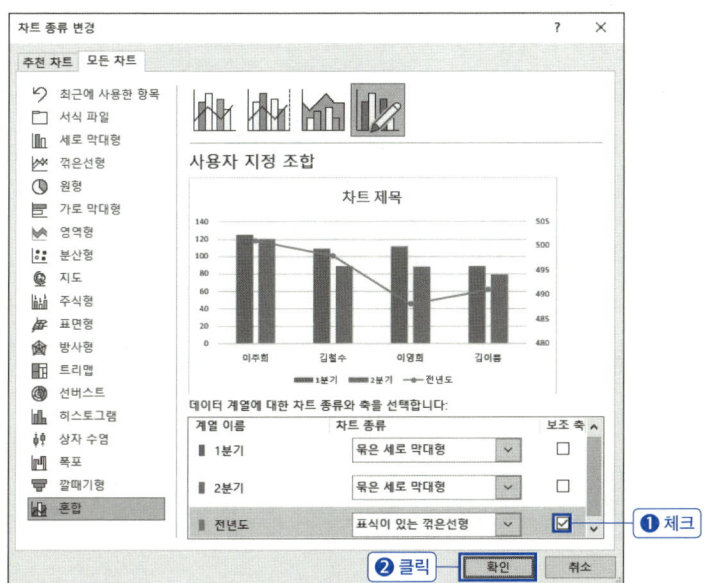

> **주희쌤Tip**
>
> '보조 축'을 두는 이유가 뭘까요?
> '2분기'와 '전년도'는 값 차이가 많으므로 전년도를 '보조 축'으로 두어 서로 다른 축을 보게끔 하면 보기가 편하기 때문입니다. 왼쪽이 '기본 축', 오른쪽이 '보조 축'입니다.

① '전년도' 계열에서 마우스 오른쪽 버튼을 눌러 바로 가기 메뉴가 나타나면 [데이터 계열 서식] 명령을 클릭합니다.

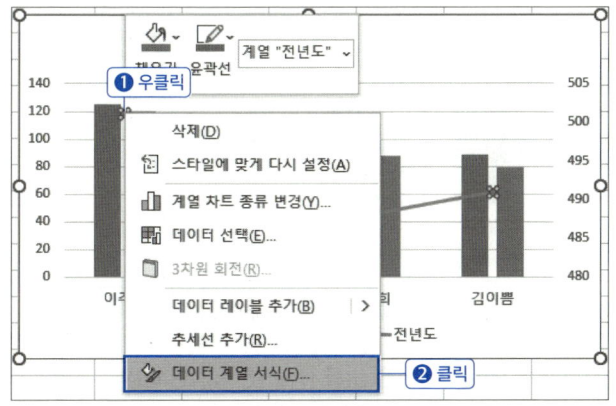

> **주희쌤Tip**
>
> 차트에 이미 있는 차트 요소를 수정할 때엔 수정하고자 하는 곳에서 마우스 오른쪽 버튼을 먼저 눌러 보세요.
> 예를 들어, 범례를 수정하고자 한다면 범례에서 마우스 오른쪽 버튼을 눌러 보세요. 바로 가기 메뉴에 [범례 서식]이 있습니다. [범례 서식] 창에 들어가면 범례를 수정할 수 있는 항목들이 있어요.
>
> 차트 요소를 더블클릭해도 해당 차트 요소의 서식 창이 표시됩니다.

② [데이터 계열 서식] 창이 나타나면 [계열 옵션]-[채우기 및 선]( )-[선]의 '완만한 선' 확인란을 선택하고 [닫기]( ) 단추를 클릭합니다.

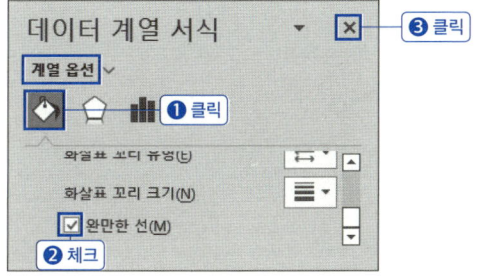

Section 02. 차트 **181**

주희쌤 Tip

차트에 이미 있는 차트 요소를 수정할 때엔 해당 차트 요소의 서식 창을 먼저 보면 되죠? 차트에 없는 차트 요소를 추가해줘야 할 때엔 [차트 디자인] 탭의 [차트 요소 추가]를 먼저 클릭해 보세요.

주희쌤 Tip

[추세선 서식] 창에서 [추세선 옵션]-[채우기 및 선](◇)-[선]-[대시 종류]를 '실선'으로 변경할 수도 있습니다. 다만, 문제에 주어진 그림과 일치하게 만들기 위해서는 지시되지 않은 사항은 기본 설정 그대로 두어야 합니다.

따라하기 5

① '전년도' 계열이 선택되어 있는 상태에서 [차트 도구]-[차트 디자인] 탭-[차트 레이아웃] 그룹-[차트 요소 추가]-[추세선]-[선형]을 클릭합니다.

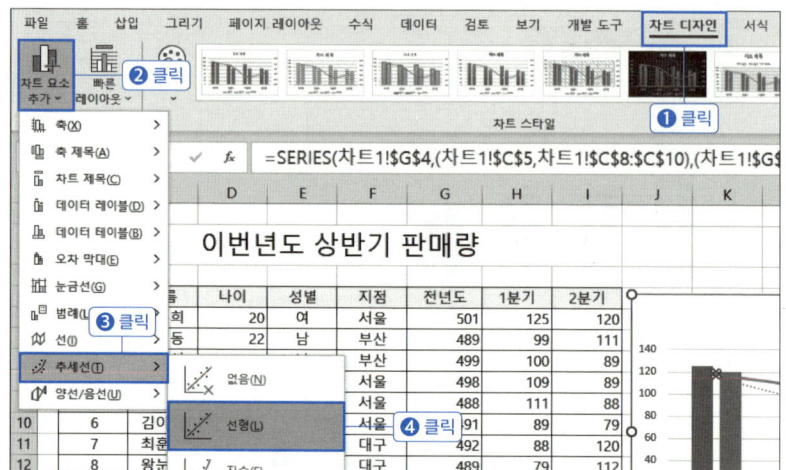

따라하기 6

① '보조 세로 (값) 축'에서 마우스 오른쪽 버튼을 눌러 바로 가기 메뉴가 나타나면 [축 서식] 명령을 클릭합니다.

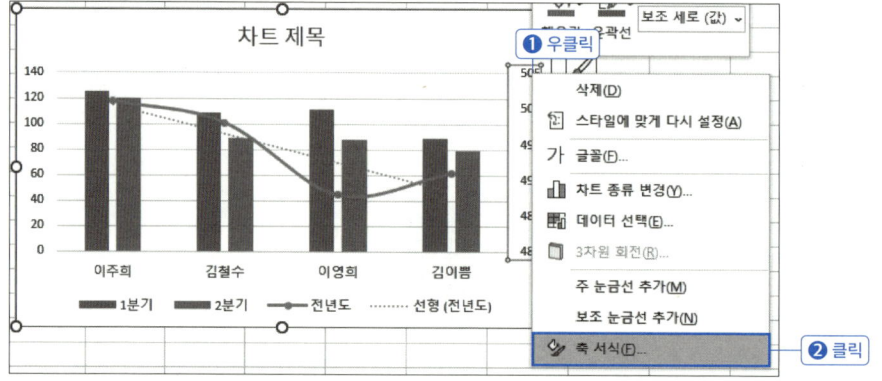

주희쌤 Tip

- 최소값 : 축에서 가장 작은 값
- 최대값 : 축에서 가장 큰 값
- 기본 단위 : 축 값의 차이

② [축 서식] 창이 나타나면 [축 옵션]-[축 옵션](📊)-[축 옵션]의 [최소값] 입력란에 '470', [최대값] 입력란에 '510', [기본] 단위 입력란에 '10'을 입력하고 [닫기](✖) 단추를 클릭합니다.

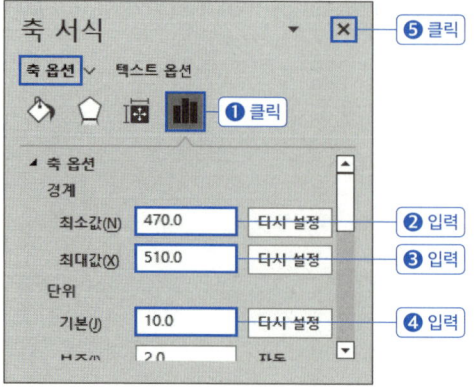

 따라하기 7

① '1분기' 계열을 선택하고 [차트 디자인] 탭-[차트 레이아웃] 그룹-[차트 요소 추가]-[데이터 레이블]-[바깥쪽 끝에]를 클릭합니다.

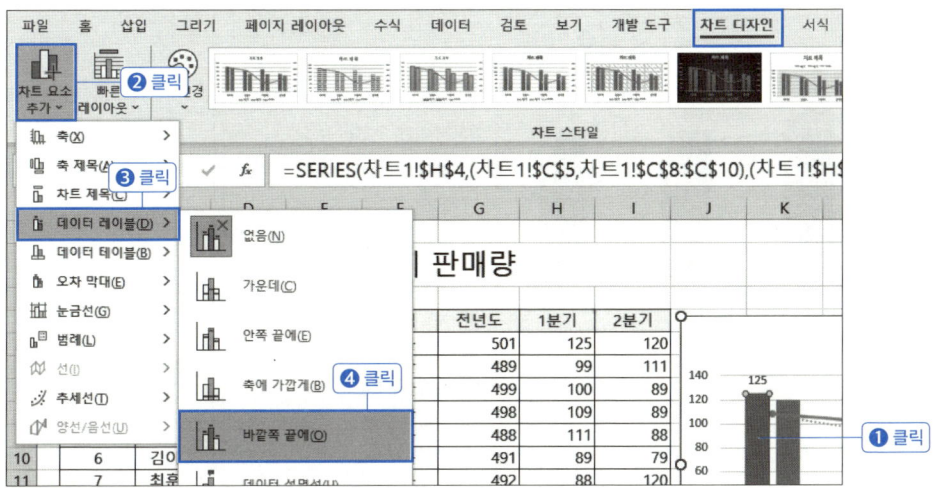

> **주희쌤 Tip**
> ⓠ 예전에는 리본 메뉴 명령들이 바로 보였었는데 이제 [서식] 탭 글자를 클릭해야만 명령이 보여요.
> ⓐ 아무 탭이나 더블클릭하면 됩니다. 즉, [홈] 탭이든 [서식] 탭이든 더블클릭하세요.

> **주희쌤 Tip**
> 차트는 작성 방법이 다양하고 방법에 따라 다른 결과가 나올 수 있어 항상 그림이 같이 주어집니다. 방법이 달라도 문제에 지시된 사항을 지켜 그림과 일치하게 만든다면 정답으로 처리됩니다.

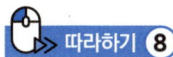 따라하기 8

① '2분기' 계열에서 마우스 오른쪽 버튼을 눌러 바로 가기 메뉴가 나타나면 [데이터 계열 서식] 명령을 클릭합니다.

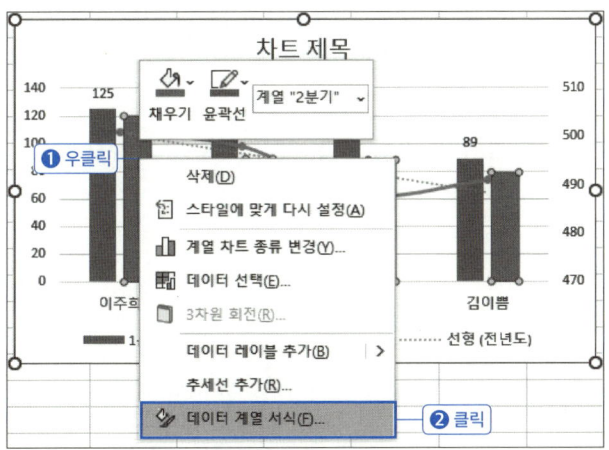

② [데이터 계열 서식] 창이 나타나면 [계열 옵션]-[계열 옵션](▮▮)-[계열 옵션]의 [계열 겹치기]에 '50'을 입력하고 [닫기](✕) 단추를 클릭합니다.

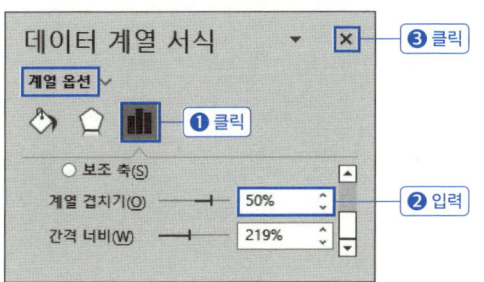

> **주희쌤 Tip**
> '계열 겹치기'에 음수를 지정하면 계열이 떨어져 표시되고, 양수를 지정하면 계열이 겹쳐져 표시됩니다.

> **주희쌤 Tip**
> [닫기] 단추를 클릭하지 않고 다른 차트 요소를 선택하면 선택한 차트 요소 서식 창으로 변경됩니다.
> 예를 들어, '2분기' 계열의 [데이터 계열 서식] 창이 열린 상태에서 '차트 영역'을 클릭하면 [차트 영역 서식] 창으로 바뀌게 됩니다.

 **따라하기 9**

① '차트 영역'에서 마우스 오른쪽 버튼을 눌러 바로 가기 메뉴가 나타나면 [차트 영역 서식] 명령을 클릭합니다.

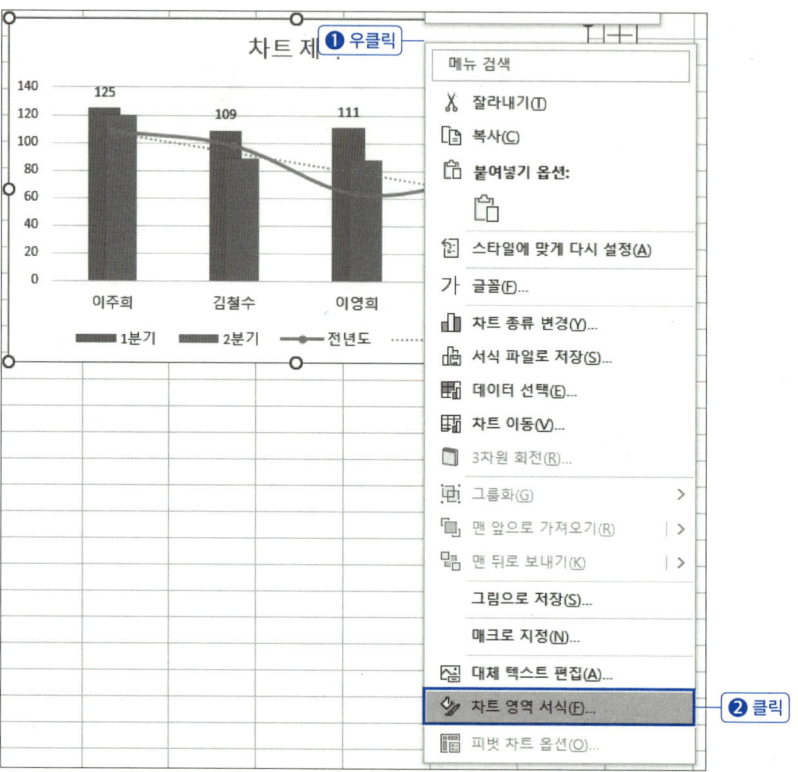

② [차트 영역 서식] 창이 나타나면 [차트 옵션]-[채우기 및 선]( )-[테두리]의 '둥근 모서리' 확인란을 선택합니다.

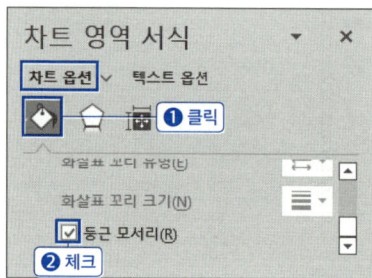

③ 이어서 [차트 옵션]-[효과](⬠)-[그림자]의 [미리 설정]을 '오프셋: 오른쪽 아래'로 선택하고 [닫기](✕) 단추를 클릭합니다.

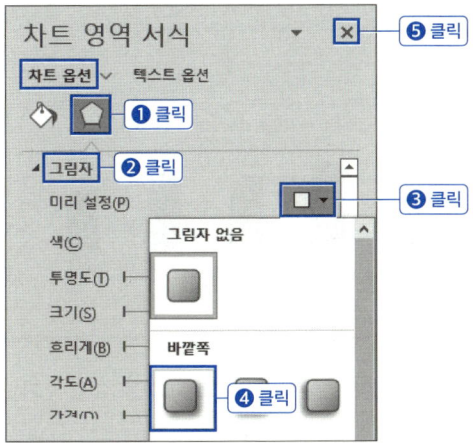

 따라하기 ⑩

① 차트에 표시된 '차트 제목'을 선택한 다음 차트 제목과 [B2] 셀을 연결시키기 위해 [수식 입력줄]에 '='을 입력한 후 [B2] 셀을 클릭합니다.

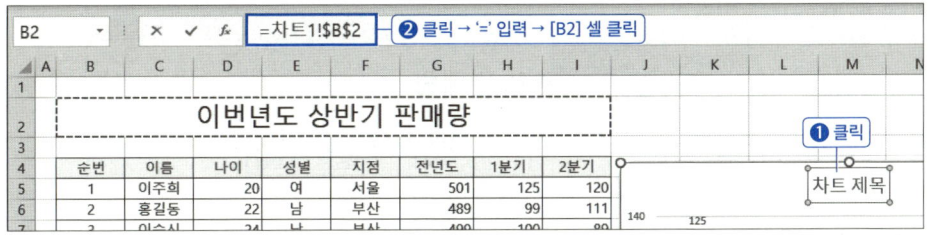

② [수식 입력줄]에 '=차트1!$B$2'가 나타나면 Enter 를 누릅니다.

③ '이번년도 상반기 판매량'이 차트 제목에 표시되면 가로 (항목) 축 제목을 표시하기 위해 [차트 디자인] 탭-[차트 레이아웃] 그룹-[차트 요소 추가]-[축 제목]-[기본 가로]를 클릭합니다.

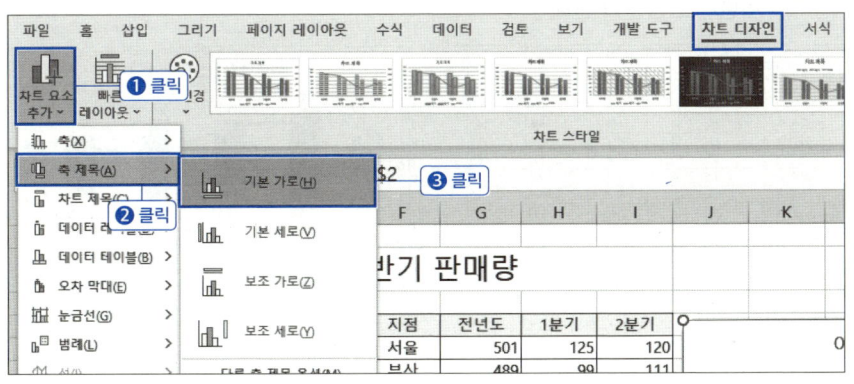

> ★ 주희쌤Tip
> 차트에 '차트 제목'이 표시되어 있지 않다면 [차트 디자인] 탭-[차트 레이아웃] 그룹-[차트 요소 추가]-[차트 제목]-[차트 위]를 클릭해 차트 제목을 차트에 먼저 표시해야 합니다.

> ★ 주희쌤Tip
> 원본과 연결시키면 원본 데이터가 수정되었을 때 수정된 내용이 그대로 반영됩니다.

> ★ 주희쌤Tip
> [차트 디자인] 탭과 [서식] 탭은 차트가 선택되어있지 않으면 나타나지 않습니다.

④ '축 제목'이 차트에 표시되면 [수식 입력줄]을 클릭하고 '이름'을 입력한 후 Enter 를 누릅니다.

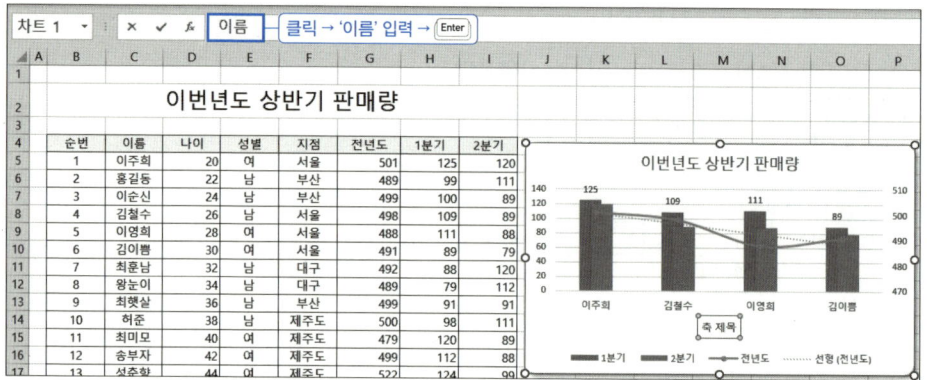

⑤ 세로 (값) 축 제목을 표시하기 위해 [차트 디자인] 탭-[차트 레이아웃] 그룹-[차트 요소 추가]-[축 제목]-[기본 세로]를 클릭합니다.

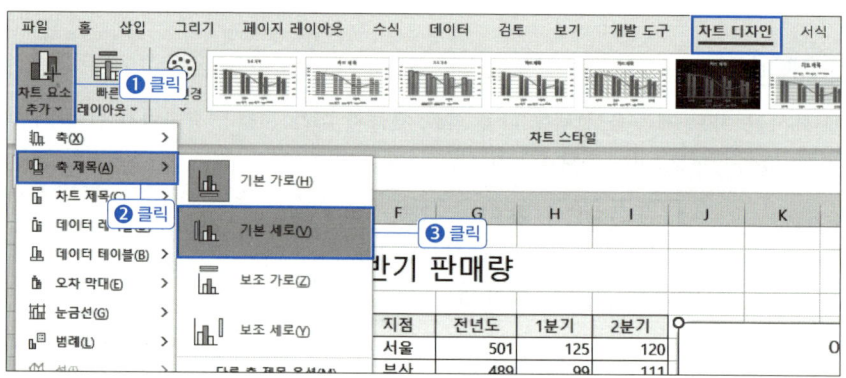

⑥ '축 제목'이 차트에 표시되면 [수식 입력줄]을 클릭하고 '이번년도'를 입력한 후 Enter 를 누릅니다.

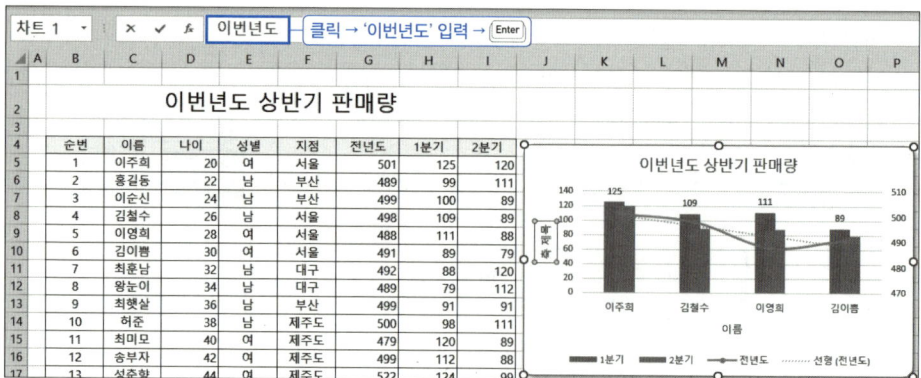

⑦ '이번년도'가 차트에 표시되면 텍스트 방향이 세로로 표시되도록 '세로 (값) 축 제목'에서 마우스 오른쪽 버튼을 눌러 바로 가기 메뉴가 나타나면 [축 제목 서식] 명령을 클릭합니다.

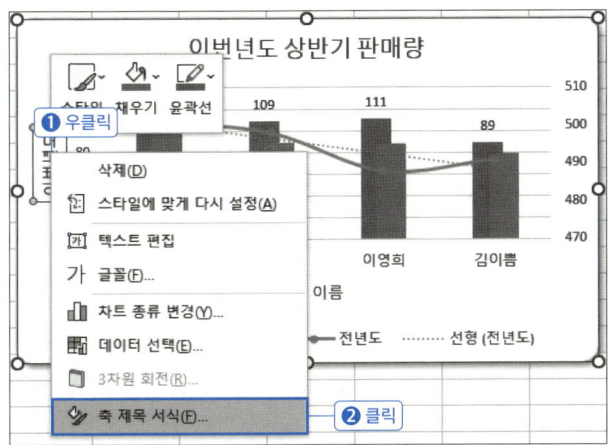

⑧ [축 제목 서식] 창이 나타나면 [텍스트 옵션]-[텍스트 상자](▣)-[텍스트 상자]의 [텍스트 방향]을 '세로'로 선택하고 [닫기](✕) 단추를 클릭합니다.

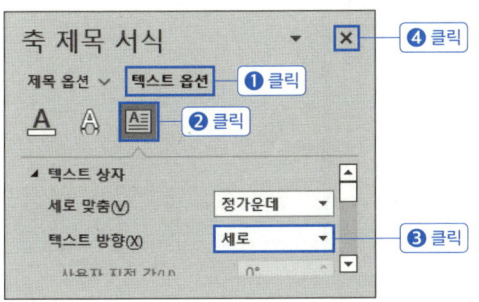

⑨ 보조 세로 (값) 축 제목을 표시하기 위해 [차트 디자인] 탭-[차트 레이아웃] 그룹-[차트 요소 추가]-[축 제목]-[보조 세로]를 클릭합니다.

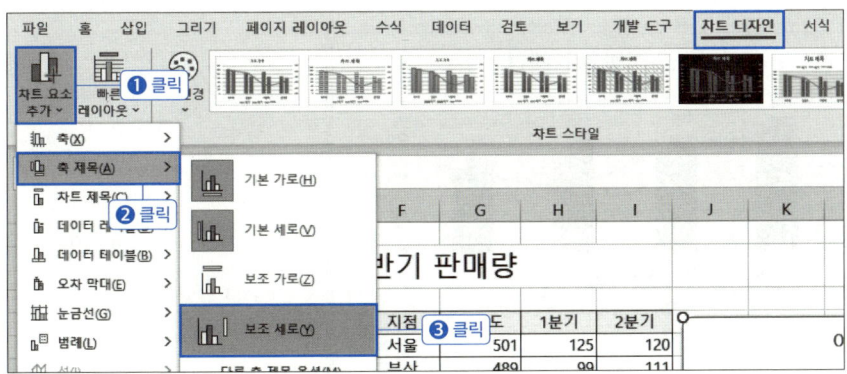

Section 02. 차트 **187**

⑩ '축 제목'이 차트에 표시되면 [수식 입력줄]을 클릭하고 '전년도'를 입력한 후 Enter 를 누릅니다.

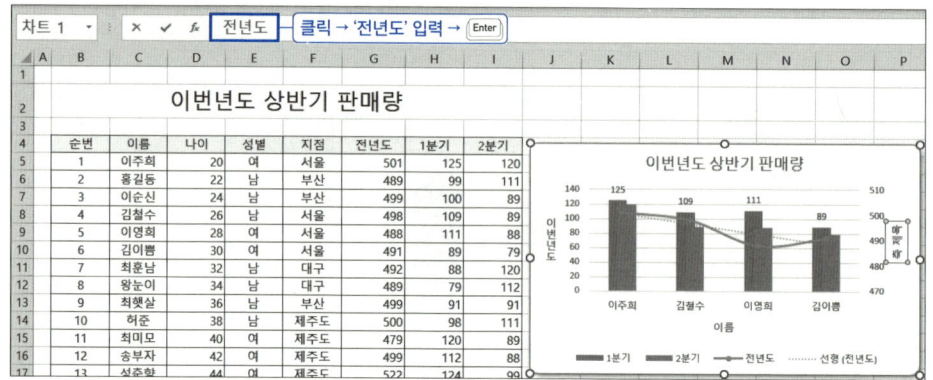

⑪ '전년도'가 차트에 표시되면 '이번년도'와 같이 텍스트 방향이 세로로 표시되도록 변경합니다.

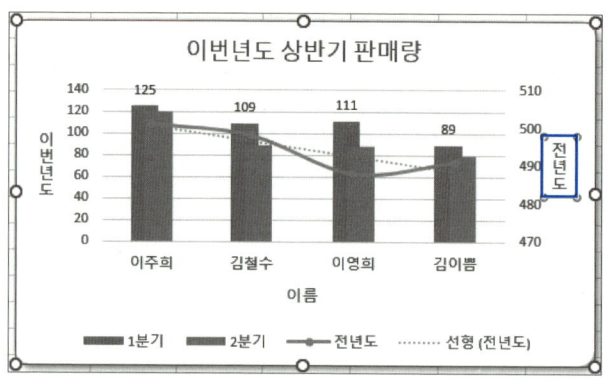

따라하기 ⑪

① '범례'에서 마우스 오른쪽 버튼을 눌러 바로 가기 메뉴가 나타나면 [범례 서식] 명령을 클릭합니다.

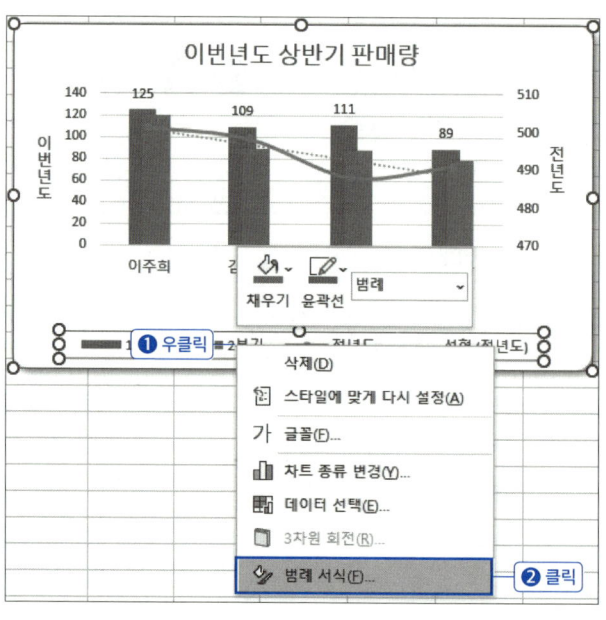

> **주희쌤 Tip**
>
> 차트에 이미 있는 차트 요소를 수정할 땐엔 해당 차트 요소의 서식 창에서, 차트에 없는 차트 요소를 생성해줘야 할 땐엔 [차트 디자인] 탭의 [차트 요소 추가]에서, 그 외에 '색 변경', '차트 스타일'은 [차트 디자인] 탭에, '도형 스타일'은 [서식] 탭에 있습니다.

② [범례 서식] 창이 나타나면 [범례 옵션]-[범례 옵션](▮▮)-[범례 옵션]의 [범례 위치]를 '위쪽'으로 선택한 후 [닫기](✕) 단추를 클릭합니다.

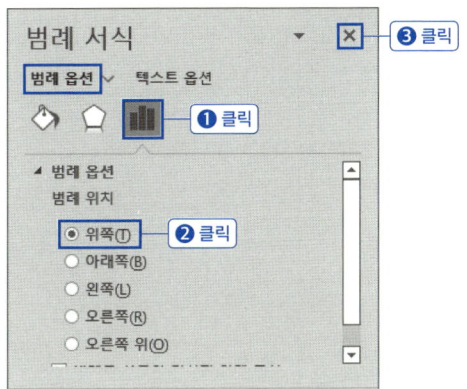

③ '범례'가 차트의 위쪽에 표시되면 범례에 [서식] 탭-[도형 스타일] 그룹-[자세히](⌵)를 클릭한 후 [미세 효과 - 황금색, 강조 4]를 선택합니다.

① 차트의 왼쪽 모서리가 [B19] 셀에 위치하도록 차트 영역을 드래그하여 이동합니다.

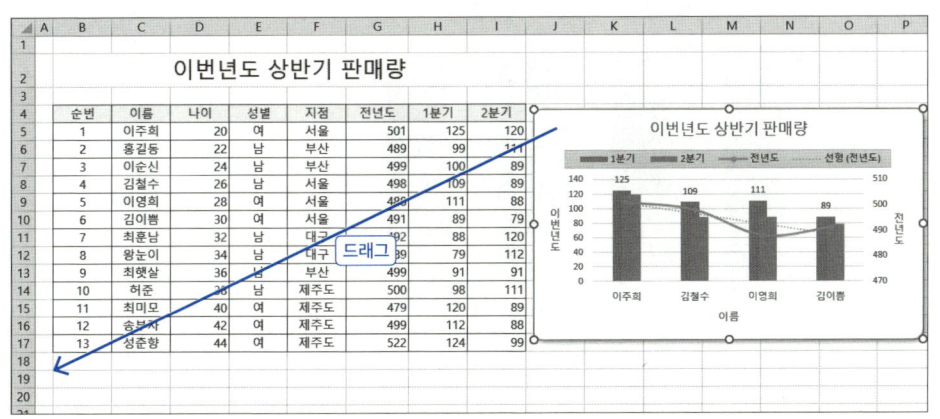

> **주희쌤 Tip**
>
> 매크로에서 배웠던 부분입니다. Alt를 이용하면 위치를 맞추거나 크기를 바꿀 때 편리합니다.

② 차트가 이동되면 차트의 오른쪽 모서리에 있는 크기 조절점을 [I32] 셀까지 드래그하여 차트 크기를 조절합니다.

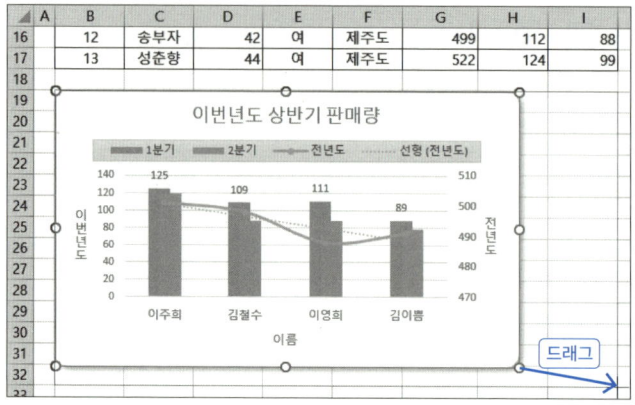

문제 유형 2   '차트2' 워크시트에서 작업하시오.

⑬ 그림을 참조하여 직급이 '사원'인 1분기, 2분기의 판매량이 표시되도록 차트의 범위를 변경하시오.

⑭ 차트 제목의 글꼴은 '궁서', 글꼴 스타일은 '보통'으로 지정하시오.

⑮ 2분기 판매량이 가장 많은 '이주희'의 '2분기' 계열에는 '항목 이름'과 '값'이 표시되도록 설정하시오.

⑯ 그림과 같이 1분기, 2분기의 계열 순서를 바꾸시오.

⑰ '세로 (값) 축 주 눈금선'을 제거하시오.

⑱ 그림 영역에 '파랑 박엽지' 질감을 표시하시오.

⑲ 차트에 색 변경을 지정하여 색상형 범주의 '색상표 2'를 적용하시오.

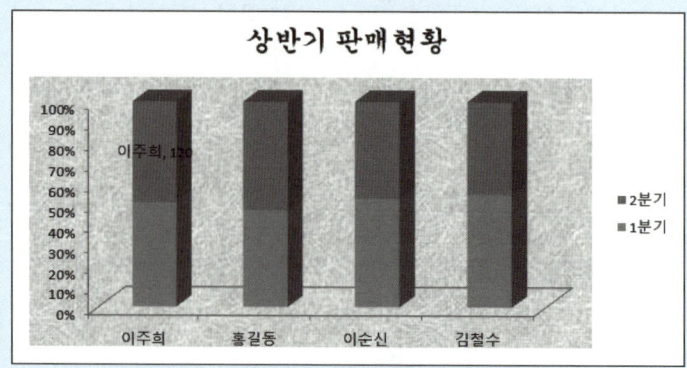

 따라하기 13

① '차트 영역'에서 마우스 오른쪽 버튼을 눌러 바로 가기 메뉴가 나타나면 [데이터 선택] 명령을 클릭합니다.

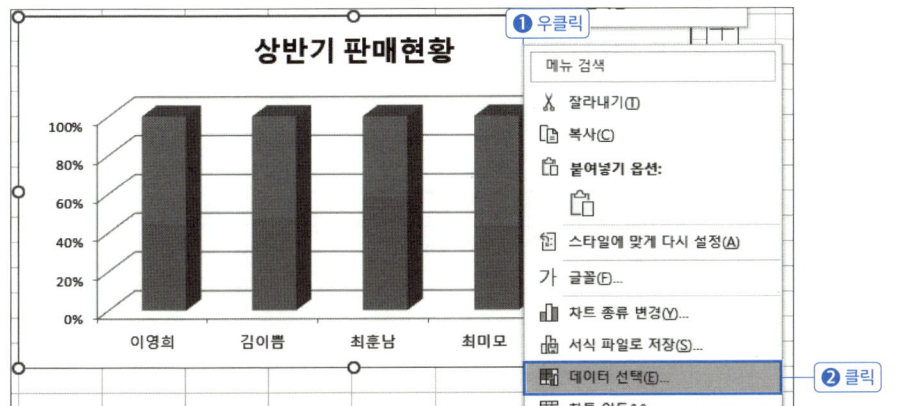

② [데이터 원본 선택] 대화상자가 나타나면 [차트 데이터 범위]에 '가로 (항목) 축'과 '범례'를 참조하여 [C4:C8] 영역을 드래그하여 선택한 후 Ctrl 을 누른 채 [H4:I8] 영역을 선택합니다.

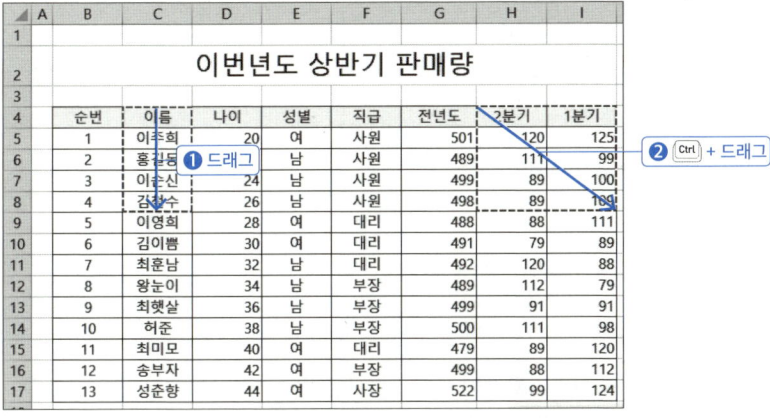

③ [차트 데이터 범위] 주소가 재지정되면 [확인] 단추를 클릭하여 대화상자를 닫습니다.

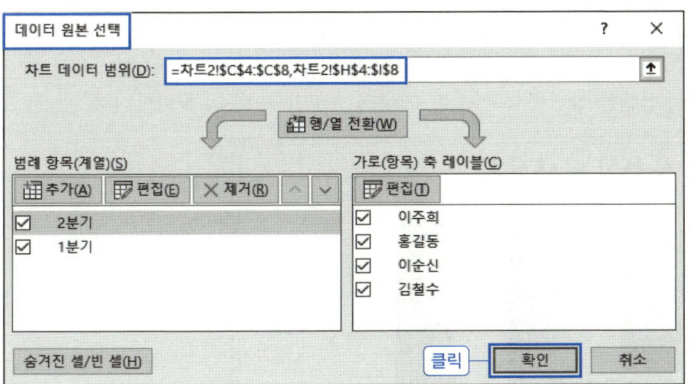

주희쌤 Tip

차트의 범위를 변경할 때엔 [데이터 선택] 명령을 이용하세요.

주희쌤 Tip

차트 그림의 '가로 (항목) 축'에는 이주희, 홍길동, 이순신, 김철수가 있고 '범례'에는 1분기와 2분기가 있습니다. 그 데이터를 차트 범위로 지정하세요.
'가로 (항목) 축'에 무엇이 있는지를 보고 '범례'에 무엇이 있는지를 보면 차트에 지정될 범위를 쉽게 알 수 있습니다.

주희쌤 Tip

아래의 방법도 천천히 따라 해 보세요.
① '차트 영역'에서 마우스 오른쪽 버튼을 눌러 바로 가기 메뉴의 [데이터 선택] 명령을 클릭합니다.
② [데이터 원본 선택] 대화상자가 나타나면 [범례 항목(계열)]의 '2분기'를 선택한 후 [편집] 단추를 클릭합니다.

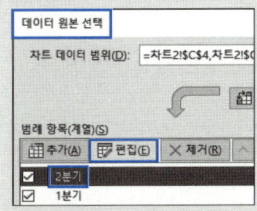

③ [계열 편집] 대화상자가 나타나면 [계열 값]에 기존 데이터를 삭제한 후 [H5:H8] 영역을 드래그하여 선택하고 [확인] 단추를 클릭합니다.

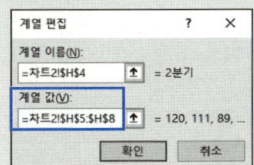

④ [데이터 원본 선택] 대화상자가 나타나면 [범례 항목(계열)]의 '1분기'를 선택한 후 [편집] 단추를 클릭합니다.

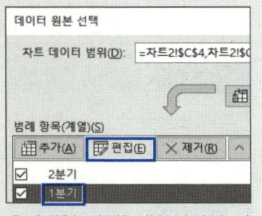

⑤ [계열 편집] 대화상자가 나타나면 [계열 값]에 기존 데이터를 삭제한 후 [I5:I8] 영역을 드래그하여 선택하고 [확인] 단추를 클릭합니다.

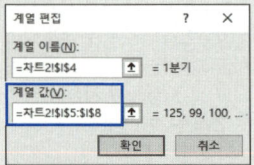

⑥ [데이터 원본 선택] 대화상자가 나타나면 [가로(항목) 축 레이블]의 [편집] 단추를 클릭합니다.

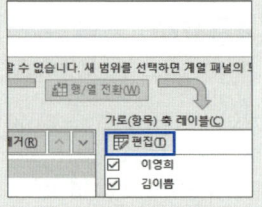

⑦ [축 레이블] 대화상자가 나타나면 [축 레이블 범위]에 기존 데이터를 삭제한 후 [C5:C8] 영역을 드래그하여 선택하고 [확인] 단추를 클릭합니다.

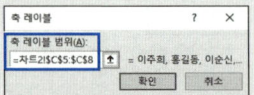

⑧ [데이터 원본 선택] 대화상자가 나타나면 [확인] 단추를 클릭합니다.

 따라하기 ⑭

① '차트 제목'에서 마우스 오른쪽 버튼을 눌러 바로 가기 메뉴가 나타나면 [글꼴] 명령을 클릭합니다.

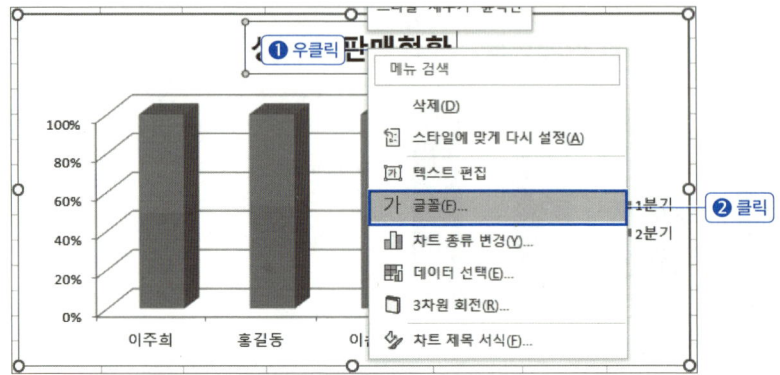

② [글꼴] 대화상자가 나타나면 [한글 글꼴]에 '궁서'를 입력하고, [글꼴 스타일]의 목록 단추(∨)를 클릭해 '보통'을 선택한 후 [확인] 단추를 클릭합니다.

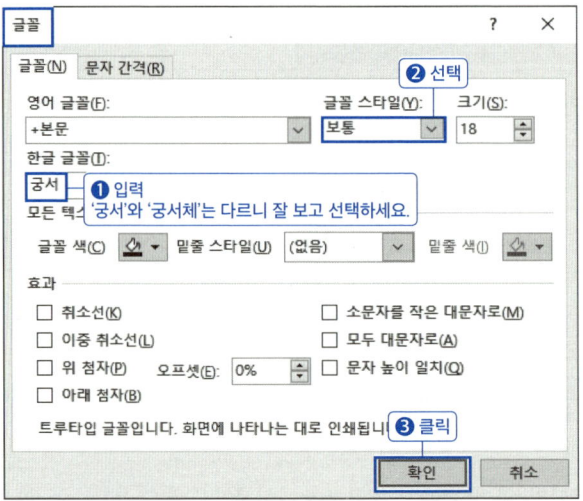

 따라하기 ⑮

① '2분기' 계열을 클릭하여 선택한 상태에서 '이주희' 데이터 요소만 한 번 더 클릭합니다.

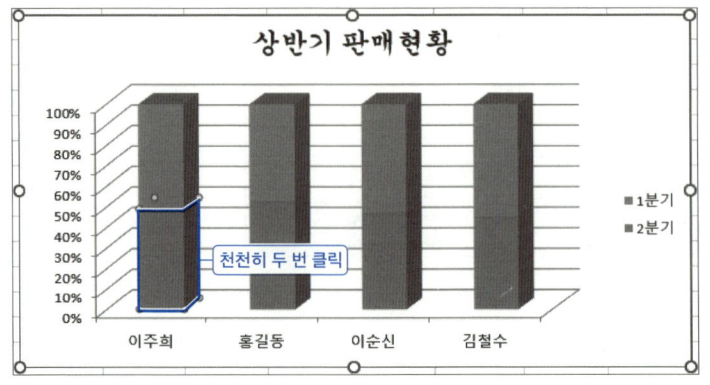

② '이주희'의 '2분기' 계열만 선택이 되면 [차트 디자인] 탭-[차트 레이아웃] 그룹-[차트 요소 추가]-[데이터 레이블]-[기타 데이터 레이블 옵션]을 클릭합니다.

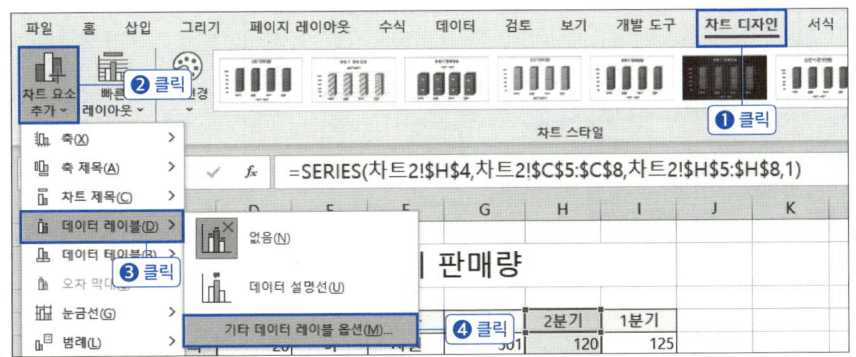

③ [데이터 레이블 서식] 창이 나타나면 [레이블 옵션]-[레이블 옵션](🎞)-[레이블 옵션]의 [레이블 내용]에 '항목 이름'을 추가로 선택한 후 [닫기](✕) 단추를 클릭합니다.

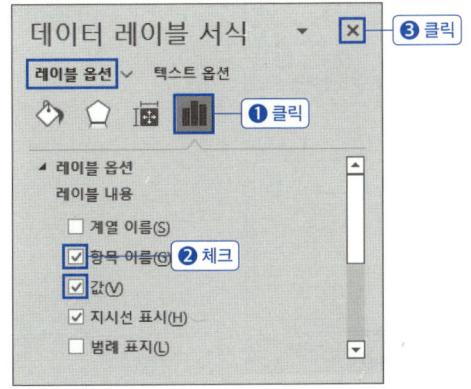

주희쌤 Tip
다양한 레이블을 표시할 때엔 [기타 데이터 레이블 옵션]을 이용하세요.

주희쌤 Tip
[데이터 레이블 서식] 창에서 쉼표가 아닌 다른 구분 기호를 이용해 레이블 내용을 구분할 수도 있습니다.

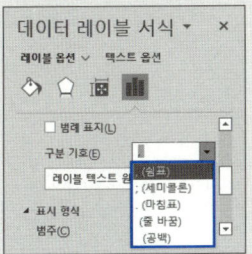

주희쌤 Tip
문제에 제시되지 않은 사항은 기본 설정 그대로 두어야 합니다.

따라하기 16

① '차트 영역'에서 마우스 오른쪽 버튼을 눌러 바로 가기 메뉴가 나타나면 [데이터 선택] 명령을 클릭합니다.

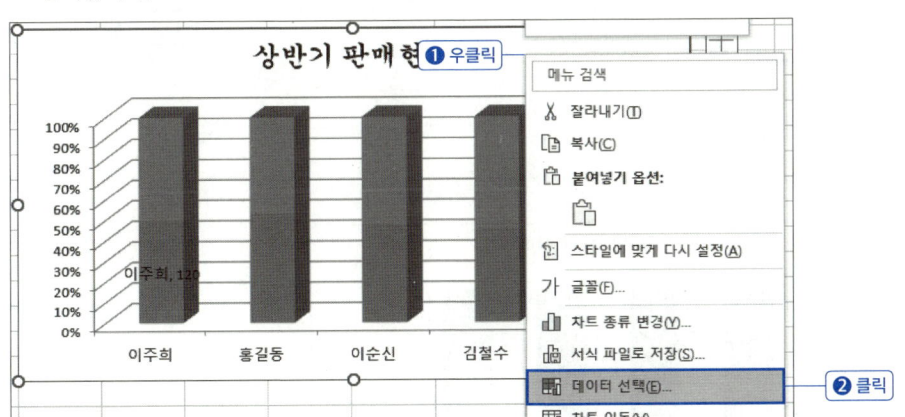

주희쌤 Tip
차트의 범위를 변경할 때 뿐 아니라 '계열 순서'를 변경할 때에도 [데이터 선택] 명령을 이용하세요.

② [데이터 원본 선택] 대화상자가 나타나면 [범례 항목(계열)]의 '2분기'를 선택한 후 [아래로 이동] 단추를 클릭하여 계열 순서를 변경합니다.

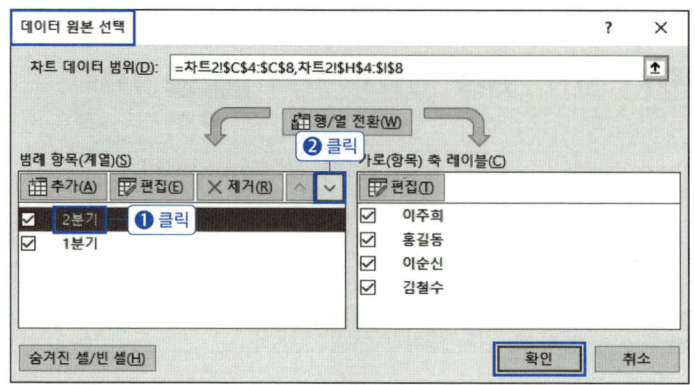

③ [범례 항목(계열)]의 '2분기'가 아래로 이동되면 [확인] 단추를 클릭합니다.

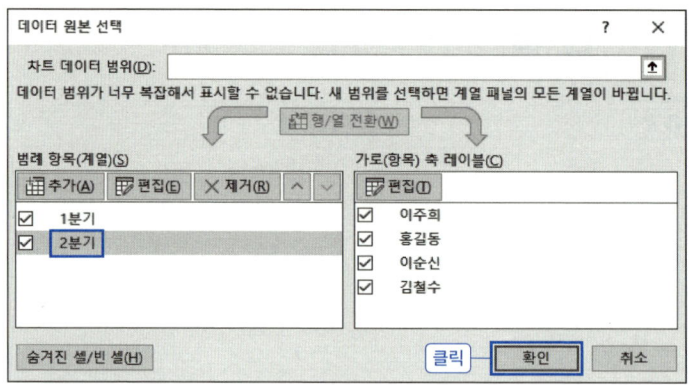

따라하기 ⑰

① [서식] 탭-[현재 선택 영역] 그룹-[차트 요소]의 목록 단추(▼)를 클릭해 '세로 (값) 축 주 눈금선'을 선택한 후 Delete 를 눌러 삭제합니다.

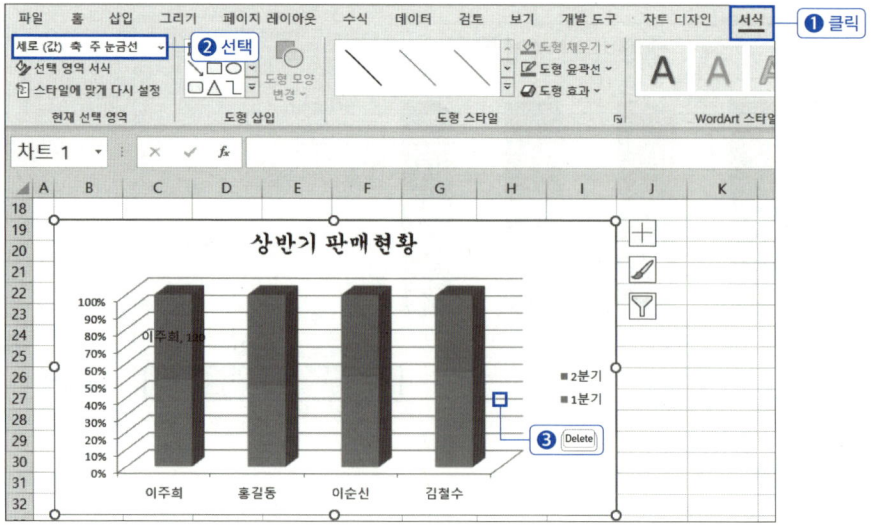

주희쌤 Tip

차트의 요소를 제거(삭제)할 때엔 제거하고자 하는 차트 요소에서 마우스 오른쪽 버튼을 눌러 [삭제] 명령을 클릭하거나 차트 요소를 선택한 후에 Delete 를 누르면 됩니다.

 따라하기 18

① [서식] 탭-[현재 선택 영역] 그룹-[차트 요소]의 목록 단추(▼)를 클릭해 '그림 영역'을 선택합니다.

② 차트의 '그림 영역'이 선택되면 [서식] 탭-[현재 선택 영역] 그룹-[선택 영역 서식]을 클릭합니다.

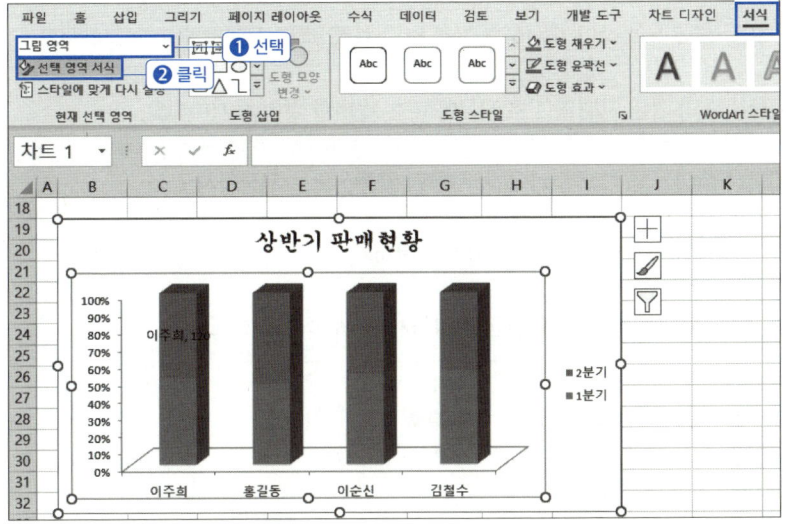

주희쌤 Tip

차트의 요소를 차트에서 바로 찾는 것이 힘들 경우 [서식] 탭-[현재 선택 영역] 그룹-[차트 요소]의 목록 단추(▼)를 클릭해서 선택하면 편리합니다.
혹은 차트 요소의 서식 창에서 옵션 내림 단추(▼)를 클릭해 차트 요소를 선택할 수도 있습니다.

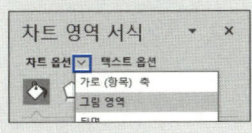

③ [그림 영역 서식] 창이 나타나면 [그림 영역 옵션]-[채우기 및 선](◇)-[채우기]의 '그림 또는 질감 채우기'를 선택한 후 [질감]을 '파랑 박엽지'로 선택하고 [닫기](✕) 단추를 클릭합니다.

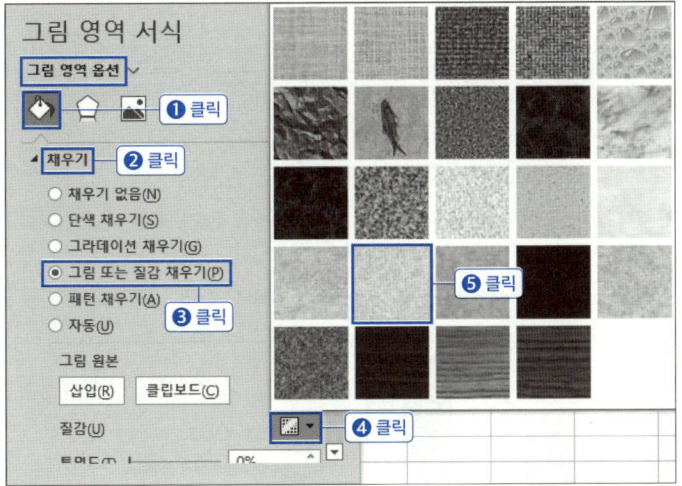

 따라하기 19

① [차트 디자인] 탭-[차트 스타일] 그룹의 [색 변경]을 클릭한 후 [색상형] 범주의 '다양한 색상표 2'를 클릭합니다.

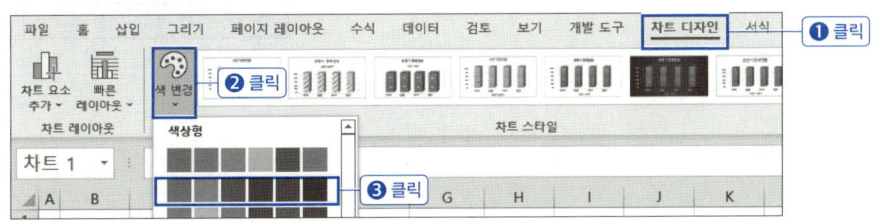

문제 유형 3   '차트3' 워크시트에서 작업하시오.

⑳ 차트에서 '김이쁨' 계열 요소를 제거하시오.

㉑ 세로(값) 축을 <그림>과 같이 표시하고 가로 축 교차를 '축의 최대값'으로 지정하시오.

㉒ 보조 세로(값) 축의 기본 단위를 '1'로 지정하고 <그림>과 같이 표시하시오.

㉓ 차트의 데이터 레이블을 <그림>과 같이 사각형 말풍선으로 지정하시오.

㉔ 시트에 있는 그림을 복사하여 2분기 계열에 적용하시오.

㉕ 범례 이름(계열 이름)을 <그림>과 같이 변경하시오.

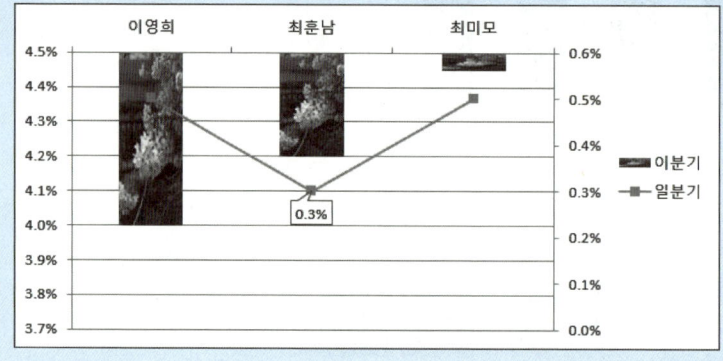

따라하기 ⑳

① 계열의 일부를 제거하기 위해 '차트 영역'에서 마우스 오른쪽 버튼을 눌러 바로 가기 메뉴가 나타나면 [데이터 선택] 명령을 클릭합니다.

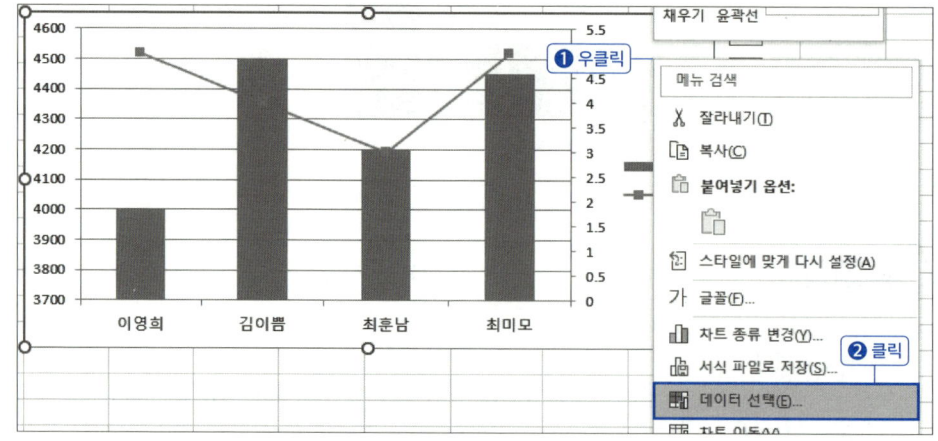

주희쌤 Tip

◎ 문제가 좀 어려워진 것 같아요.
Ⓐ 상시시험에 나왔던 난이도 높은 문제로 처음엔 어렵지만 반복하다 보면 익숙해지고 익숙해지면 쉬워질 테니 포기하지 말고 천천히 따라 해 보세요.

주희쌤 Tip

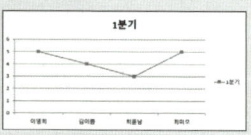

[Delete]를 이용하면 계열 자체가 제거되므로 계열의 일부를 제거해야 할 때엔 [데이터 선택] 명령을 이용하세요.

② [데이터 원본 선택] 대화상자가 나타나면 [범례 항목(계열)]의 '2분기'를 선택하고 [편집] 단추를 클릭합니다.

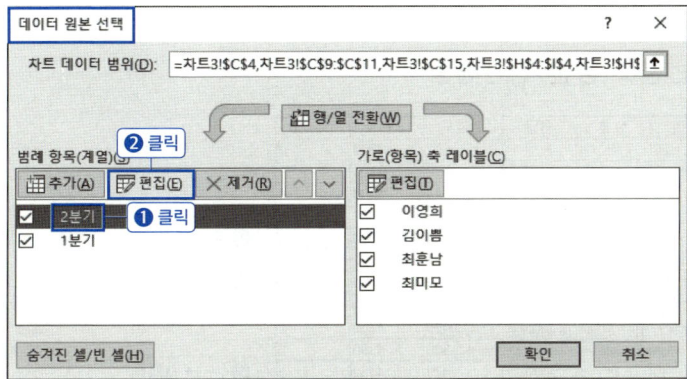

③ [계열 편집] 대화상자가 나타나면 [계열 값]에 기존 데이터를 삭제한 후 [H9] 셀, [H11] 셀, [H15] 셀을 선택하고 [확인] 단추를 클릭합니다.

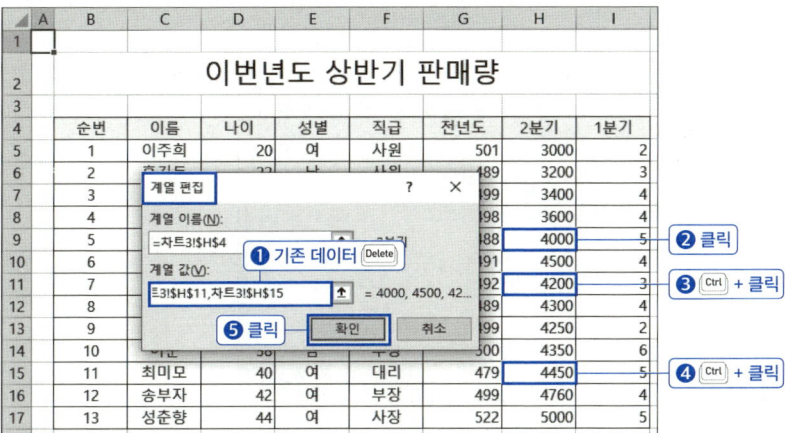

④ [데이터 원본 선택] 대화상자가 나타나면 [범례 항목(계열)]의 '1분기'를 선택하고 [편집] 단추를 클릭합니다.

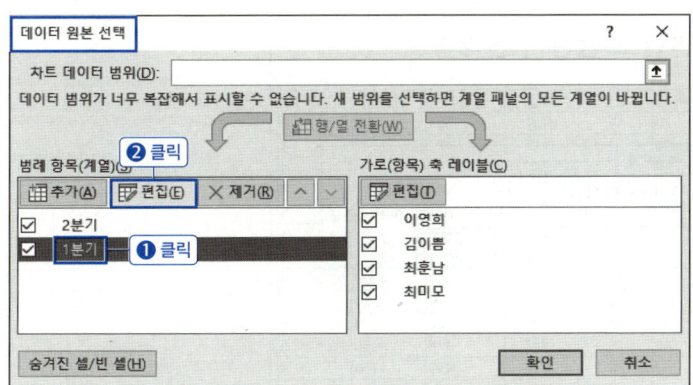

⑤ [계열 편집] 대화상자가 나타나면 [계열 값]에 기존 데이터를 삭제한 후 [I9] 셀, [I11] 셀, [I15] 셀을 선택하고 [확인] 단추를 클릭합니다.

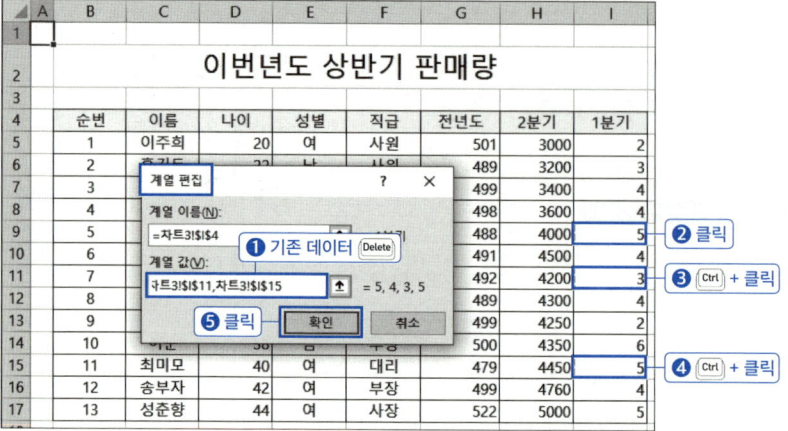

⑥ [데이터 원본 선택] 대화상자가 나타나면 [가로(항목) 축 레이블]의 [편집] 단추를 클릭합니다.

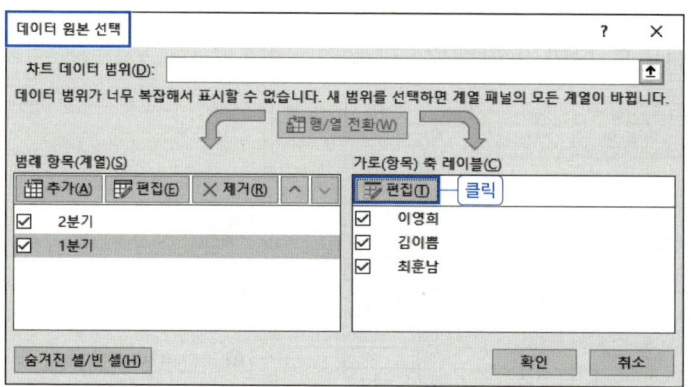

⑦ [축 레이블] 대화상자가 나타나면 [축 레이블 범위]에 기존 데이터를 삭제한 후 [C9] 셀, [C11] 셀, [C15] 셀을 선택하고 [확인] 단추를 클릭합니다.

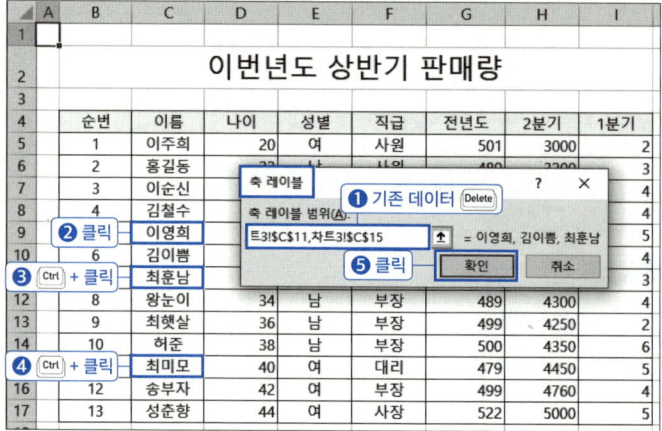

⑧ [데이터 원본 선택] 대화상자가 나타나면 [확인] 단추를 클릭합니다.

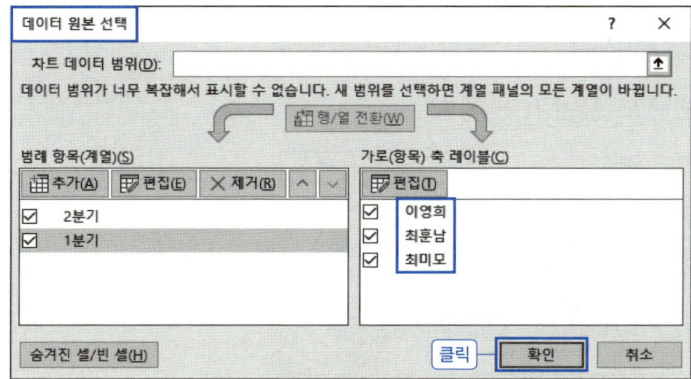

⑨ 버그(오류)가 생겨 '가로 (항목) 축'에 이영희, 김이쁨, 최훈남이 표시되었다면 다시 '차트 영역'에서 마우스 오른쪽 버튼을 눌러 [데이터 선택] 명령을 클릭합니다.

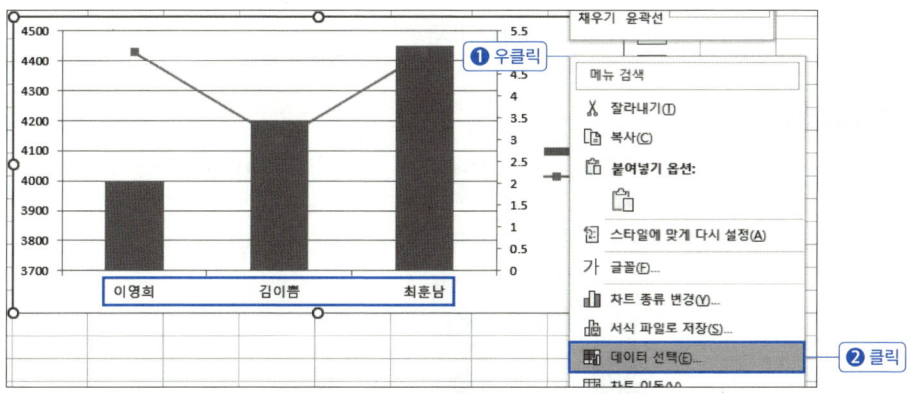

⑩ [데이터 원본 선택] 대화상자가 나타나면 [가로(항목) 축 레이블]의 [편집] 단추를 클릭합니다.

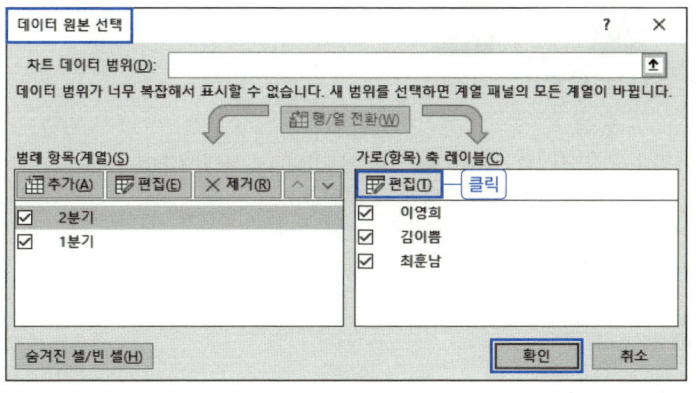

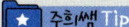 주희쌤Tip

[데이터 원본 선택] 대화상자에서 [행/열 전환]을 클릭하고 [범례 항목(계열)]에서 '김이쁨'을 제거한 다음 다시 [행/열 전환]을 클릭해도 김이쁨 요소를 제거할 수 있습니다.

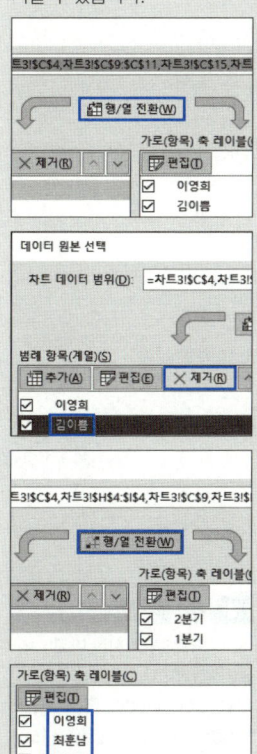

다만, 이와 같은 방법을 이용할 경우 표식 옵션을 그림과 일치하도록 따로 수정해야 합니다.

차트는 작성 방법이 다양하고 방법에 따라 다른 결과가 나올 수 있어 항상 문제에 그림이 함께 주어집니다.
따라서 방법이 달라도 작성한 차트와 문제지의 그림이 같다면 정답 처리됩니다.

⑪ [축 레이블] 대화상자가 나타나면 [축 레이블 범위]에 기존 데이터를 삭제한 후 [C9] 셀, [C11] 셀, [C15] 셀을 선택하고 [확인] 단추를 클릭합니다.

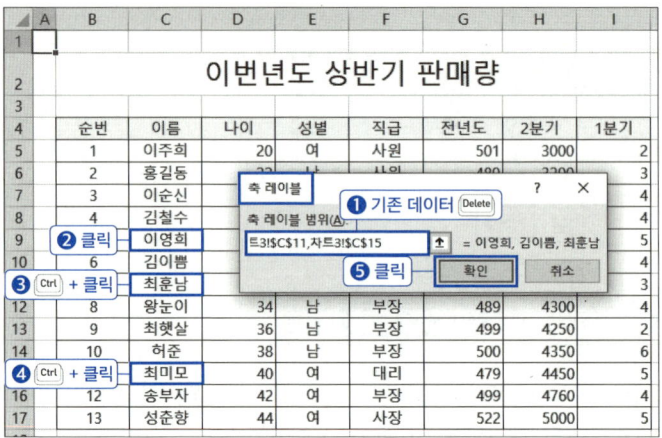

⑫ [데이터 원본 선택] 대화상자가 나타나면 [확인] 단추를 클릭합니다.

① '세로 (값) 축'에서 마우스 오른쪽 버튼을 눌러 바로 가기 메뉴가 나타나면 [축 서식] 명령을 클릭합니다.

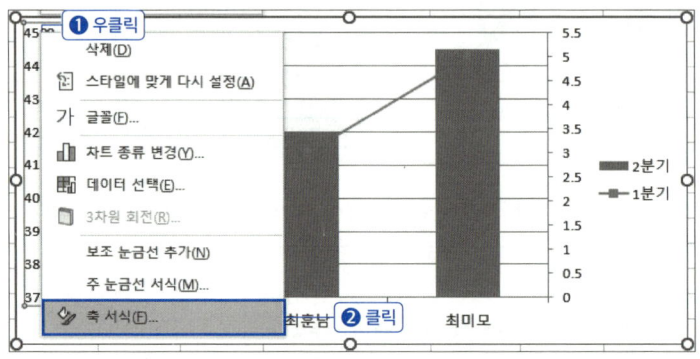

> **주희쌤 Tip**
> [표시 단위]를 지정한 만큼 나누기가 됩니다.
> 예를 들어, 4500에 [표시 단위] 100000을 지정하면 0.045가 됩니다.

> **주희쌤 Tip**
> 단위 레이블인 'x100000'은 선택한 후에 Delete를 눌러 삭제해도 됩니다.

② [축 서식] 창이 나타나면 [축 옵션]-[축 옵션](▥)-[축 옵션]의 [표시 단위]를 '100000'으로 선택하고 '차트에 단위 레이블 표시' 확인란의 선택을 취소합니다.

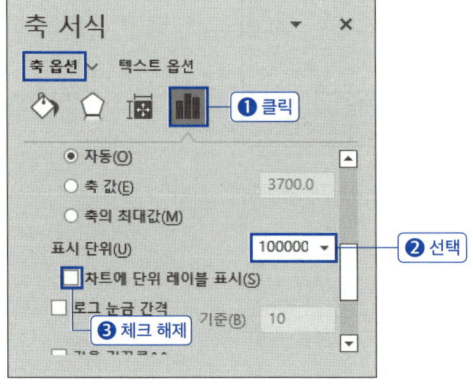

③ 이어서 [축 옵션](■)-[표시 형식]의 [범주]를 '백분율'로 선택하고 [소수 자릿수]에 '1'을 입력합니다.

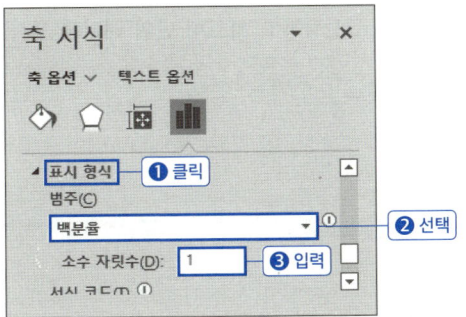

> **주희쌤 Tip**
> '백분율'을 지정하면 곱하기 100을 하고 뒤에 '%' 기호가 표시됩니다.
> 예를 들어, 0.045에 '백분율'을 지정하면 4.5%가 됩니다.
> 즉, 2번 문제는 4500을 100000으로 나눠 0.045가 되게 하고, 여기에 '백분율'을 지정하여 4.5%가 표시되도록 합니다.

④ 가로 축 교차를 지정하기 위해 다시 [축 옵션](■)-[축 옵션]의 [가로 축 교차]를 '축의 최대값'으로 변경하고 [닫기](✕) 단추를 클릭합니다.

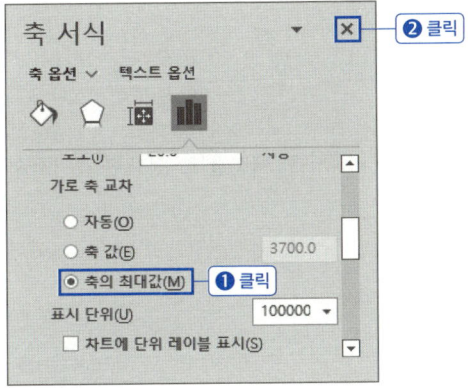

> **주희쌤 Tip**
> '가로 축 교차'는 '가로 축'과 '세로 축'이 만나는 지점을 의미합니다.
> 예를 들어, '가로 축'의 사과, 딸기, 수박이 '세로 축'의 15에서 시작되므로 '가로 축 교차'는 15가 됩니다.
>
>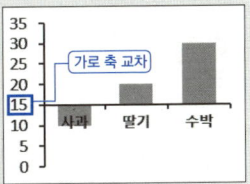
>
> 만약 문제지의 그림이 아래와 같다면 '가로 축 교차'는 3800이 됩니다.
>
>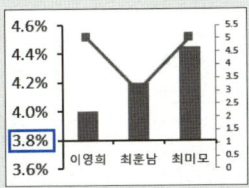

따라하기 22

① '보조 세로 (값) 축'에서 마우스 오른쪽 버튼을 눌러 바로 가기 메뉴가 나타나면 [축 서식] 명령을 클릭합니다.

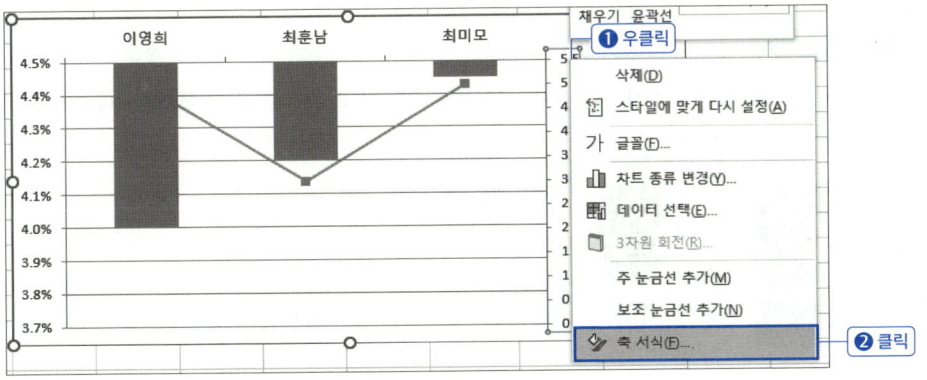

> **주희쌤 Tip**
> ⓠ '축의 최대값'이 아니라 '축 값'으로 선택하고 4500을 입력했더니 가로 축이 이상해졌어요.
> ⓐ 차트의 버그(오류) 때문인데요. 이 경우엔 '가로 (항목) 축'의 서식 창에서 [축 옵션]-[축 옵션](■)-[레이블]의 [레이블 위치]를 '높은 쪽'으로 변경해야 합니다.

② [축 서식] 창이 나타나면 [축 옵션]-[축 옵션]( )-[축 옵션]의 [기본] 단위 입력란에 커서를 이동하여 '1'을 입력합니다.

③ 이어서 [축 옵션]( )-[축 옵션]의 [표시 단위]를 '천'으로 선택하고 '차트에 단위 레이블 표시' 확인란의 선택을 취소합니다.

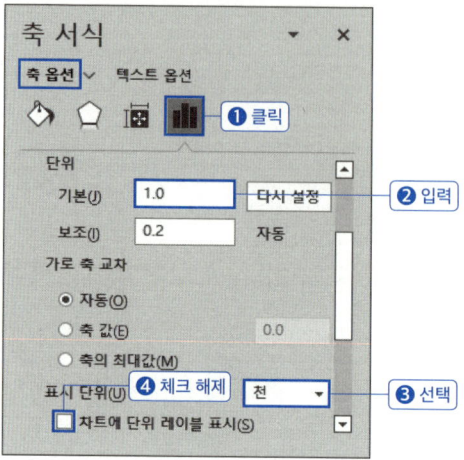

④ 표시 단위가 변경되면 [축 옵션]( )-[표시 형식]의 [범주]를 '백분율'로 선택한 후 [소수 자릿수]에 '1'을 입력하고 [닫기]( ) 단추를 클릭합니다.

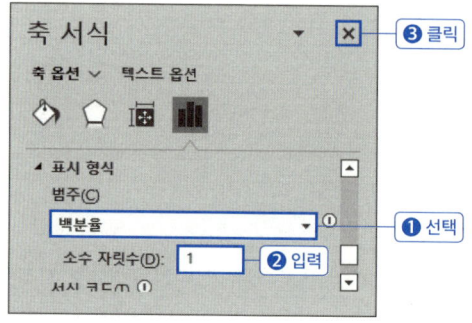

 따라하기 23

① '1분기' 계열을 클릭하여 선택한 상태에서 '최훈남' 데이터 요소만 한 번 더 클릭합니다.

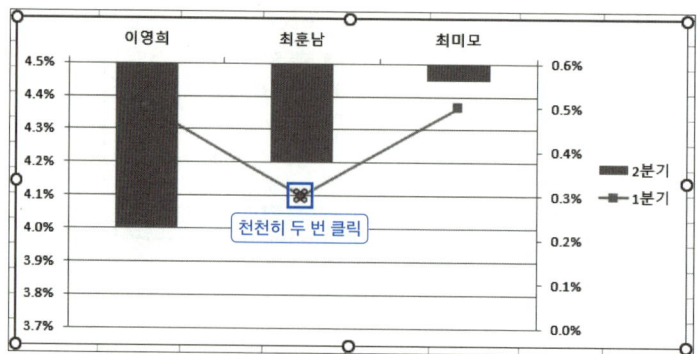

② [차트 디자인] 탭-[차트 레이아웃] 그룹-[차트 요소 추가]-[데이터 레이블]-[아래쪽]을 클릭합니다.

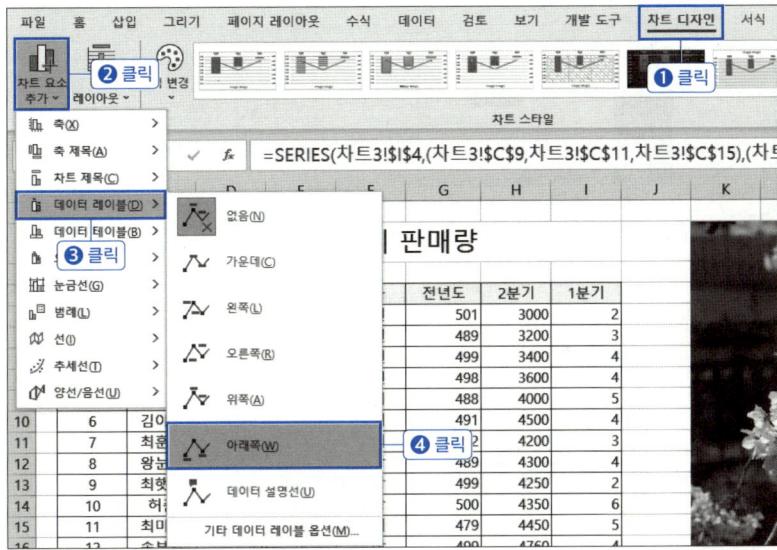

③ 차트에 표시된 '데이터 레이블'에서 마우스 오른쪽 버튼을 눌러 바로 가기 메뉴가 나타나면 [데이터 레이블 서식] 명령을 클릭합니다.

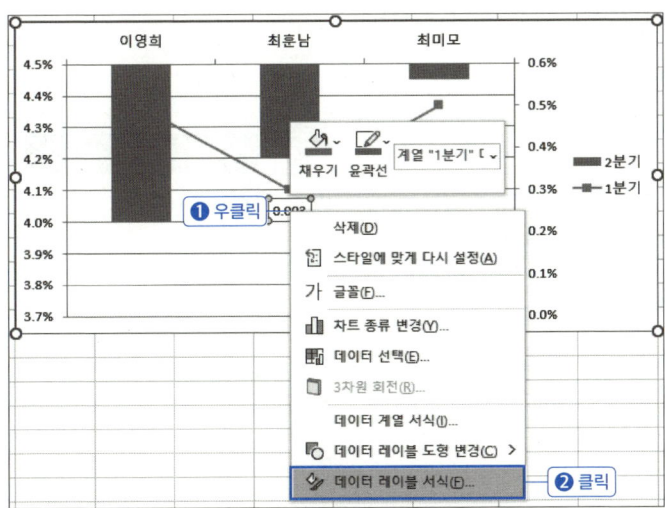

④ [데이터 레이블 서식] 창이 나타나면 [레이블 옵션]-[레이블 옵션](📊)-[표시 형식]의 [범주]를 '백분율'로 선택한 후 [소수 자릿수]를 '1'로 입력하고 [닫기](❌) 단추를 클릭합니다.

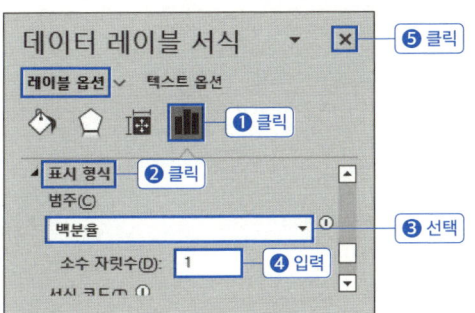

Section 02. 차트 203

⑤ 데이터 레이블의 도형을 변경하기 위해 차트에 표시된 '데이터 레이블'에서 마우스 오른쪽
버튼을 눌러 바로 가기 메뉴가 나타나면 [데이터 레이블 도형 변경]-[말풍선: 사각형] 명령을
클릭합니다.

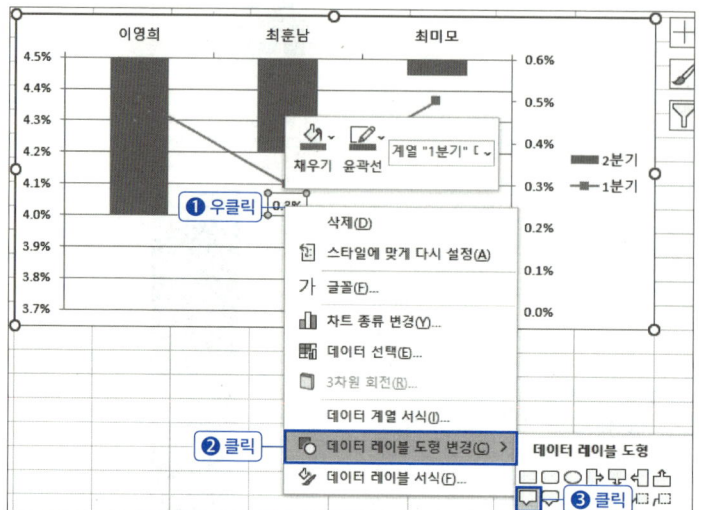

① 시트에 있는 그림을 클릭하고 Ctrl + C 를 눌러 복사합니다.

② 차트의 '2분기' 계열을 클릭하여 선택한 다음 Ctrl + V 를 눌러 붙여넣기 합니다.

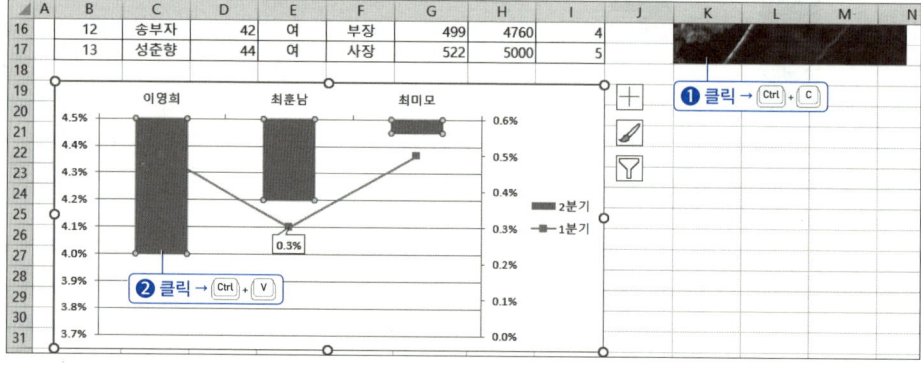

 따라하기 25

① '차트 영역'에서 마우스 오른쪽 버튼을 눌러 바로 가기 메뉴가 나타나면 [데이터 선택] 명령을 클릭합니다.

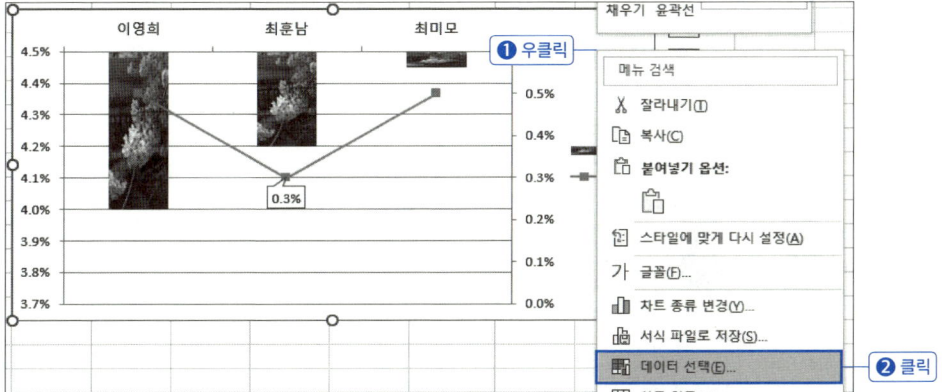

② [데이터 원본 선택] 대화상자가 나타나면 [범례 항목(계열)]의 '2분기'를 선택하고 [편집] 단추를 클릭합니다.

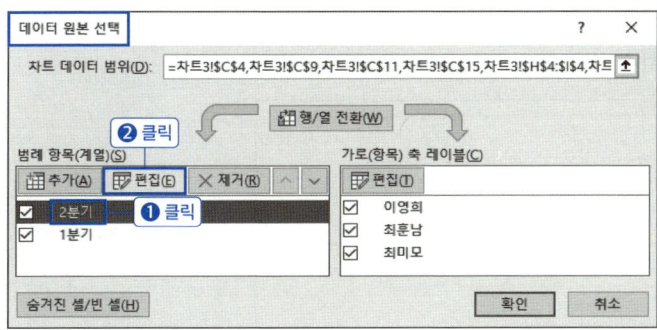

③ [계열 편집] 대화상자가 나타나면 [계열 이름]에 기존 데이터를 삭제한 후 '이분기'를 입력하고 [확인] 단추를 클릭합니다.

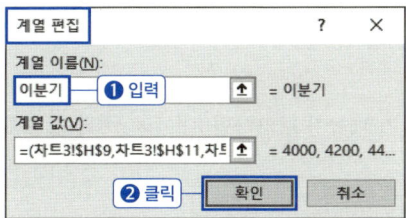

④ '1분기'도 같은 방법으로 '일분기'로 변경한 후 [확인] 단추를 클릭합니다.

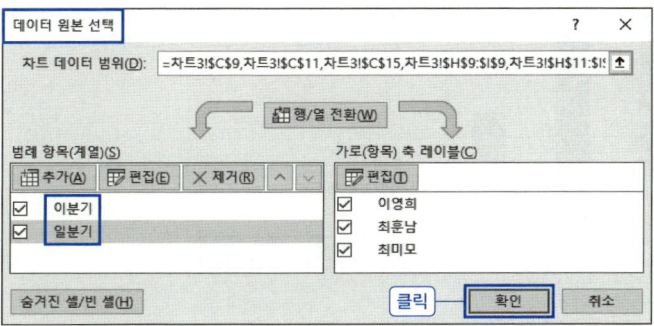

문제 유형 4 '차트4' 워크시트에서 작업하시오.

㉖ 전년도 계열의 값이 500 이상인 데이터는 아래 그림과 같이 차트에서 제거하시오.

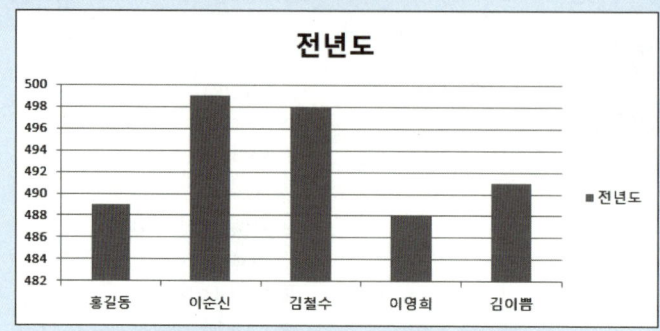

㉗ 위에서 만든 차트를 지점이 서울인 '이름'과 '전년도', '1분기'로 차트의 범위를 다시 변경하시오.

㉘ 차트 종류를 '표식이 있는 꺾은선형'으로 변경한 후 '1분기' 계열의 표식을 '원(●)'으로 표시하시오.

㉙ 가로 축의 세로 축 교차 축 위치를 '눈금'으로 지정하시오.

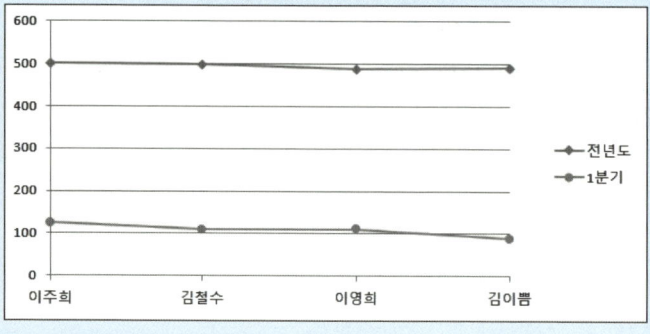

따라하기 ㉖

① '차트 영역'에서 마우스 오른쪽 버튼을 눌러 바로 가기 메뉴가 나타나면 [데이터 선택] 명령을 클릭합니다.

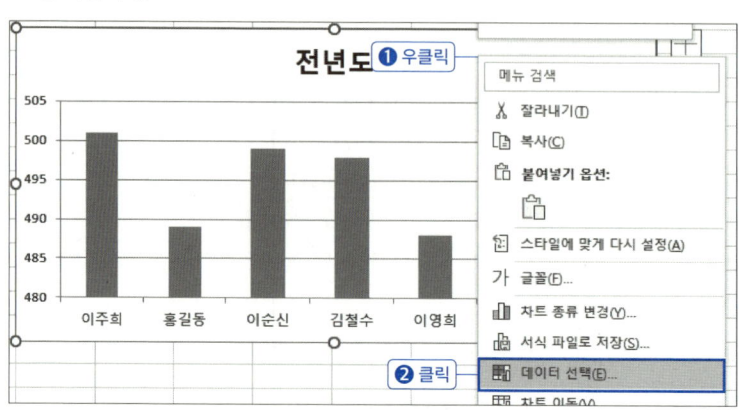

주희쌤 Tip

워크시트에 있는 차트와 문제지의 차트 그림을 비교해보면 변경해야 할 사항을 쉽게 알 수 있습니다.

차트 데이터 범위가 연속적일 경우 조절점을 이용해 범위 수정도 가능합니다.

② [데이터 원본 선택] 대화상자가 나타나면 [범례 항목(계열)]의 '전년도'를 선택하고 [편집] 단추를 클릭합니다.

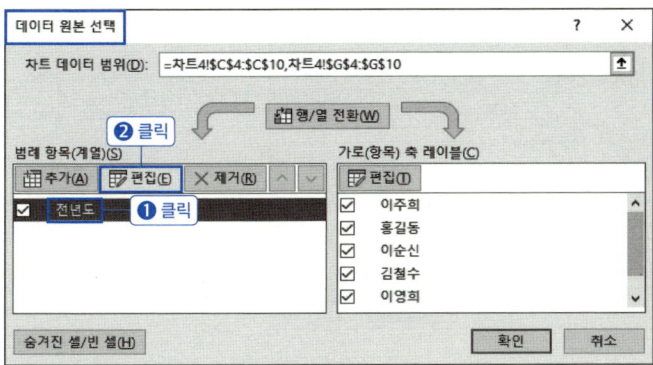

③ [계열 편집] 대화상자가 나타나면 [계열 값]에 기존 데이터를 삭제한 후 [G6:G10] 영역을 드래그하여 선택하고 [확인] 단추를 클릭합니다.

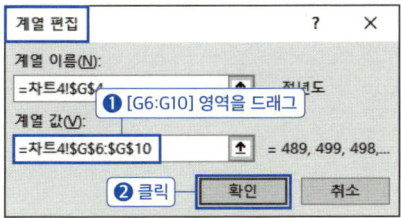

④ [데이터 원본 선택] 대화상자가 나타나면 [가로(항목) 축 레이블]의 [편집] 단추를 클릭합니다.

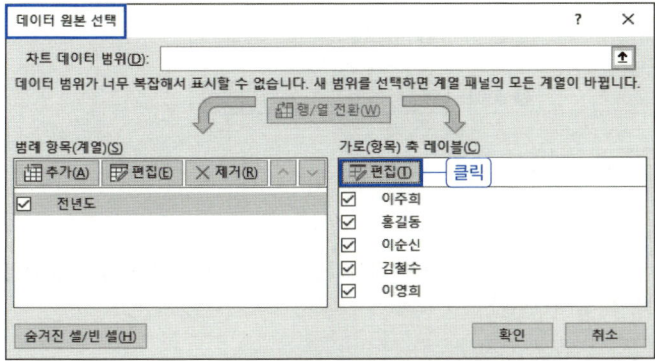

⑤ [축 레이블] 대화상자가 나타나면 [축 레이블 범위]에 기존 데이터를 삭제한 후 [C6:C10] 영역을 드래그하여 선택하고 [확인] 단추를 클릭합니다.

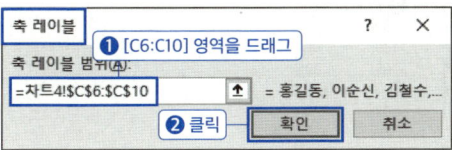

> **주희쌤 Tip**
>
> 제거(삭제)하는 것이 아니라 숨기고자 할 때엔 [데이터 원본 선택]에서 확인란의 선택을 취소합니다.

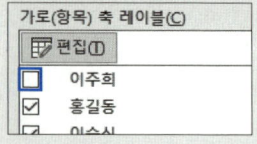

> **주희쌤 Tip**
>
> 차트에 적용된 원본 데이터가 수정, 삭제, 숨기기 등이 되면 차트에 자동적으로 반영됩니다. 그러나 원본 데이터는 그대로 두고 [데이터 원본 선택]을 이용하여 변경해야 합니다.

⑥ [데이터 원본 선택] 대화상자가 나타나면 [확인] 단추를 클릭합니다.

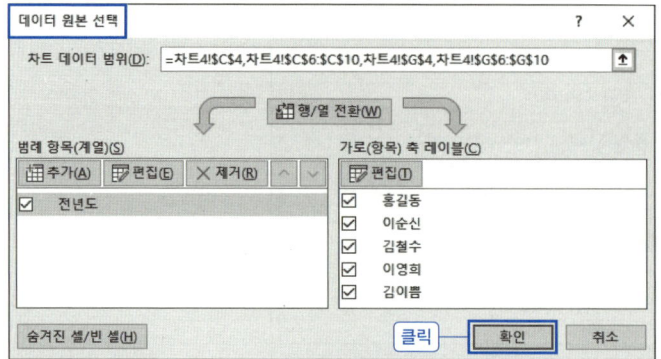

따라하기 27

① '차트 영역'에서 마우스 오른쪽 버튼을 눌러 바로 가기 메뉴가 나타나면 [데이터 선택] 명령을 클릭합니다.

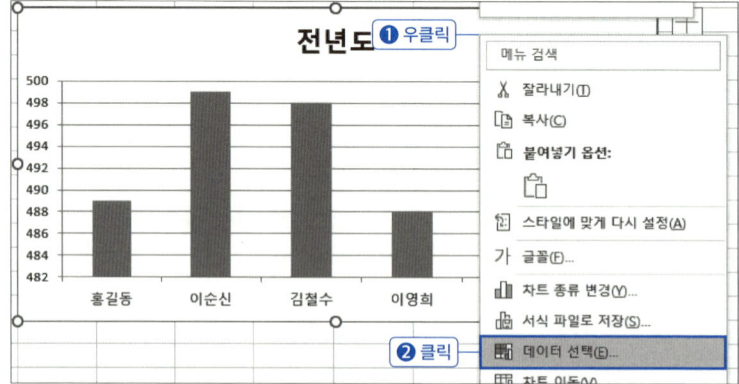

② [데이터 원본 선택] 대화상자가 나타나면 [범례 항목(계열)]의 '전년도'를 선택하고 [편집] 단추를 클릭합니다.

③ [계열 편집] 대화상자가 나타나면 [계열 값]에 기존 데이터를 삭제한 후 [G5] 셀과 [G8:G10] 영역을 선택하고 [확인] 단추를 클릭합니다.

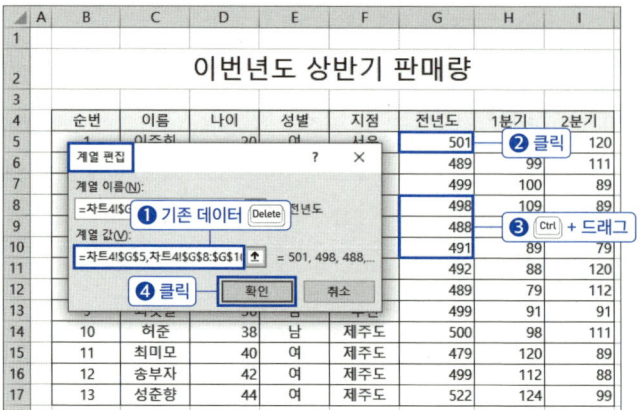

208 Chapter 02. 데이터의 시각화

④ [데이터 원본 선택] 대화상자가 나타나면 [범례 항목(계열)]의 [추가] 단추를 클릭합니다.

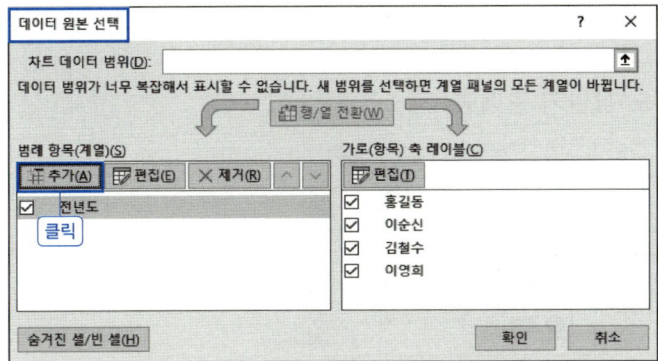

⑤ [계열 편집] 대화상자가 나타나면 [계열 이름]에 [H4] 셀을 클릭합니다.

⑥ 이어서 [계열 값]에 기존 데이터를 삭제한 후 [H5] 셀과 [H8:H10] 영역을 선택하고 [확인] 단추를 클릭합니다.

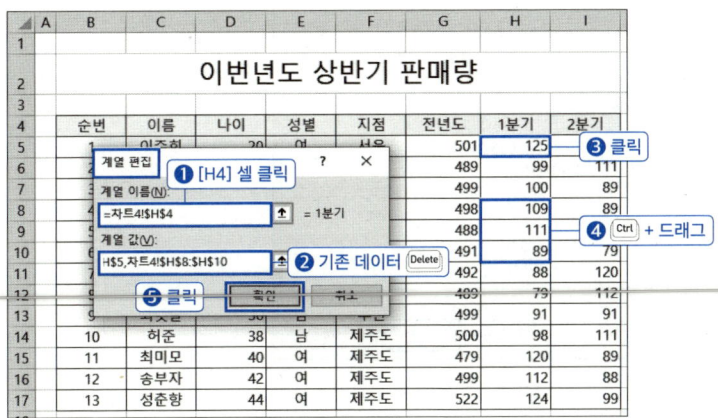

⑦ [데이터 원본 선택] 대화상자가 나타나면 [가로(항목) 축 레이블]의 [편집] 단추를 클릭합니다.

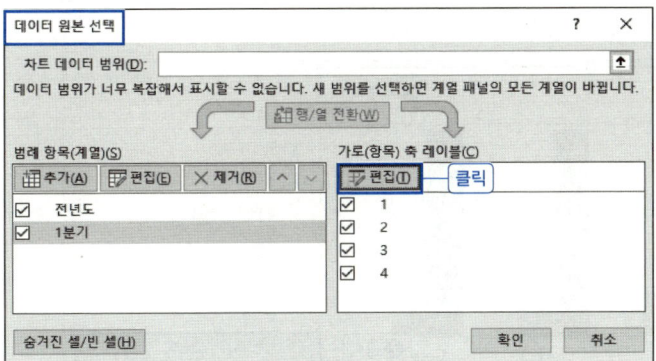

⑧ [축 레이블] 대화상자가 나타나면 [축 레이블 범위]에 [C5] 셀과 [C8:C10] 영역을 선택하고 [확인] 단추를 클릭합니다.

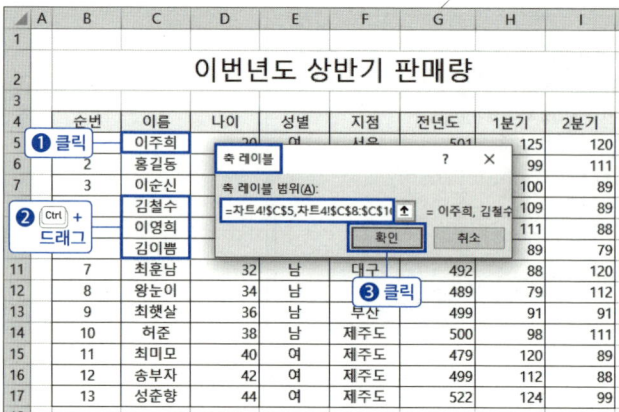

⑨ [데이터 원본 선택] 대화상자가 나타나면 [확인] 단추를 클릭합니다.

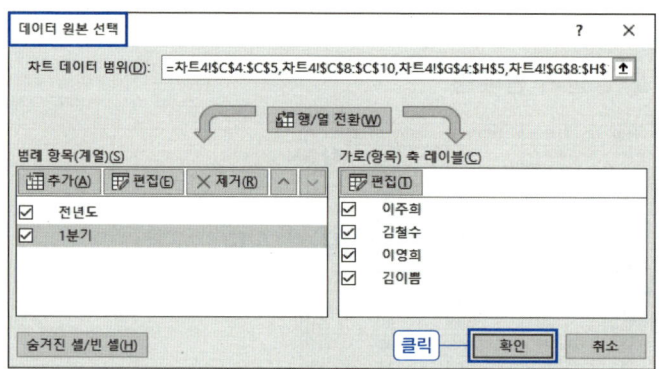

① 모든 계열의 차트 종류를 변경하기 위해 '차트 영역'에서 마우스 오른쪽 버튼을 눌러 바로 가기 메뉴가 나타나면 [차트 종류 변경] 명령을 클릭합니다.

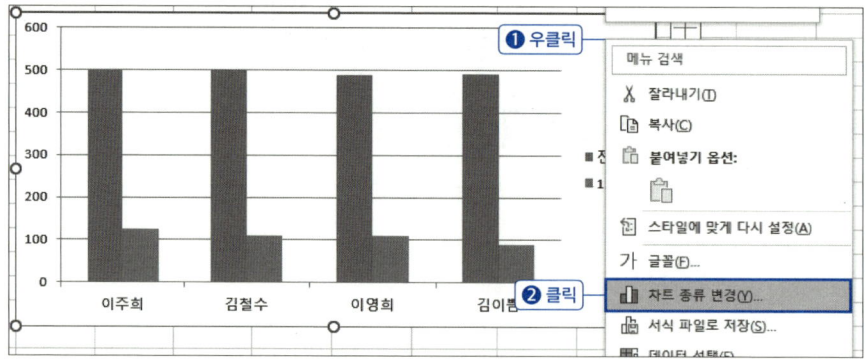

② [차트 종류 변경] 대화상자가 나타나면 [꺾은선형] 범주의 '표식이 있는 꺾은선형'을 선택하고 [확인] 단추를 클릭합니다.

> 주희쌤 Tip
>
> '차트 영역'을 선택한 후 차트 종류를 변경하면 모든 계열의 차트 종류가 변경됩니다.

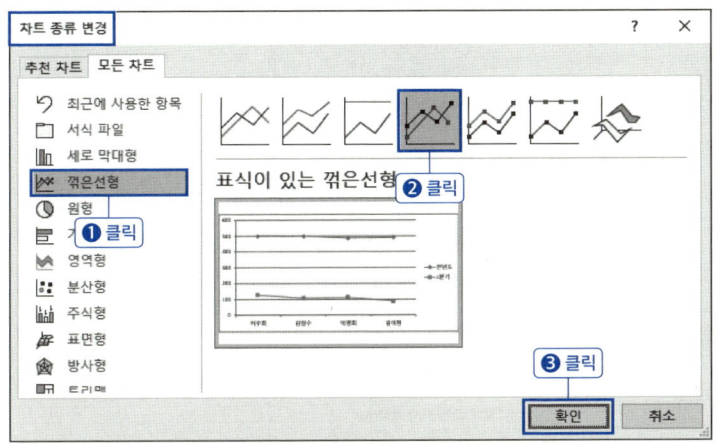

③ 차트 종류가 변경되면 표식을 변경하기 위해 '1분기' 계열에서 마우스 오른쪽 버튼을 눌러 [데이터 계열 서식] 명령을 클릭합니다.

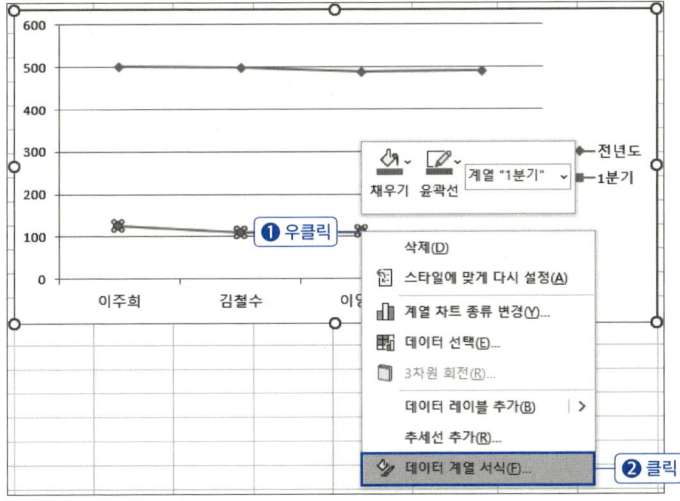

④ [데이터 계열 서식] 창이 나타나면 [계열 옵션]-[채우기 및 선](◆)-[표식]-[표식 옵션]을 '기본 제공'으로 변경하고 [형식]을 '●'으로 선택한 다음 [닫기](✖) 단추를 클릭합니다.

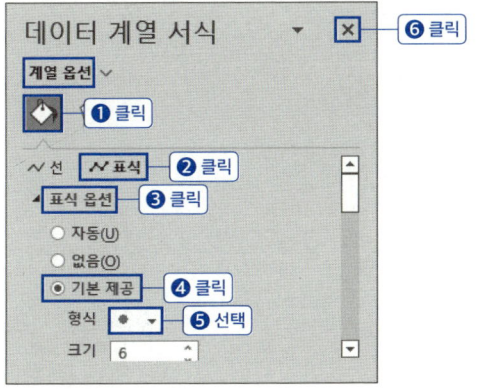

 따라하기 29

① '가로 (항목) 축'에서 마우스 오른쪽 버튼을 눌러 [축 서식] 명령을 클릭합니다.

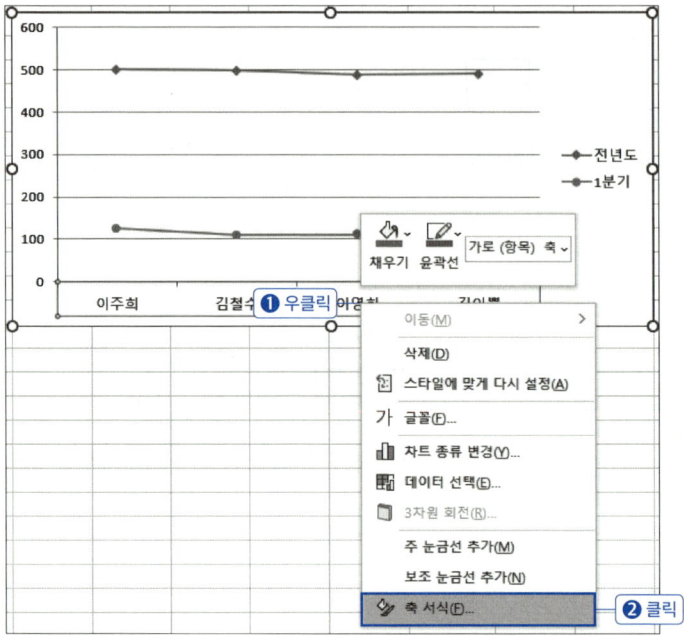

② [축 서식] 창이 나타나면 [축 옵션]-[축 옵션]( )-[축 옵션]의 [축 위치]를 '눈금'으로 변경한 후 [닫기]( ) 단추를 클릭합니다.

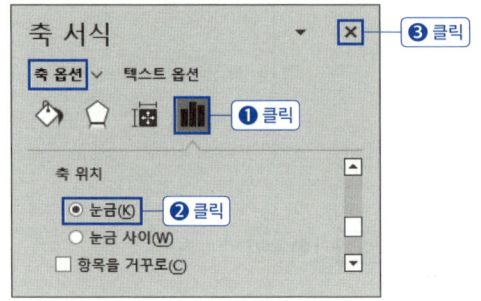

| 문제 유형 5 | '차트5' 워크시트에서 작업하시오. |

㉚ 그림과 같이 표시되도록 데이터 범위를 수정하시오.

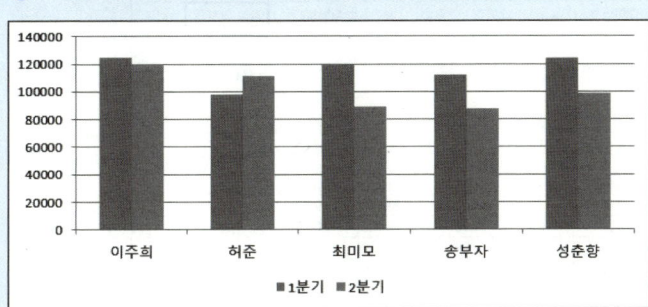

㉛ '1분기' 데이터 계열에 대한 추세선의 종류를 다항식으로 추가하고, 예측은 1구간 앞으로 설정하시오.

㉜ '1분기' 계열을 워크시트에 삽입된 그림을 이용하여 아래 <그림>과 같이 표시하시오.

㉝ '1분기' 계열에 간격 너비를 100%로 설정하시오.

㉞ '2분기' 계열에 '3구간 이동 평균' 추세선을 설정하시오.

㉟ 아래 <그림>과 같이 표시되도록 주 눈금선을 표시하시오.

㊱ 세로(축)의 표시 단위를 <그림>과 같이 지정하시오.

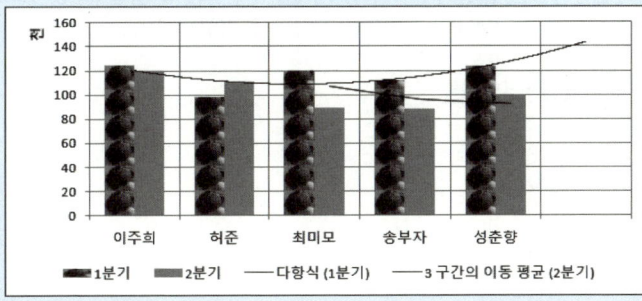

따라하기 ㉚

① '전년도' 계열을 선택한 후 Delete 를 눌러 삭제합니다.

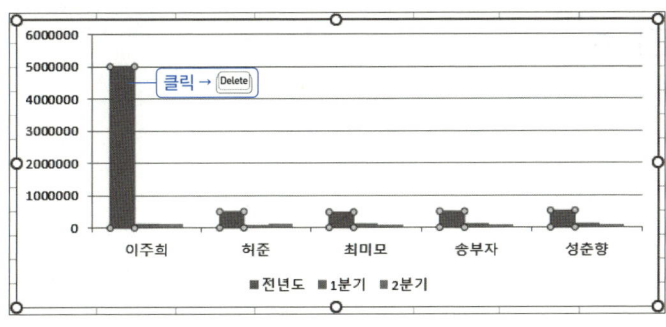

 따라하기 31

① '1분기' 계열을 선택한 후 [차트 디자인] 탭-[차트 레이아웃] 그룹-[차트 요소 추가]-[추세선]-[기타 추세선 옵션]을 클릭합니다.

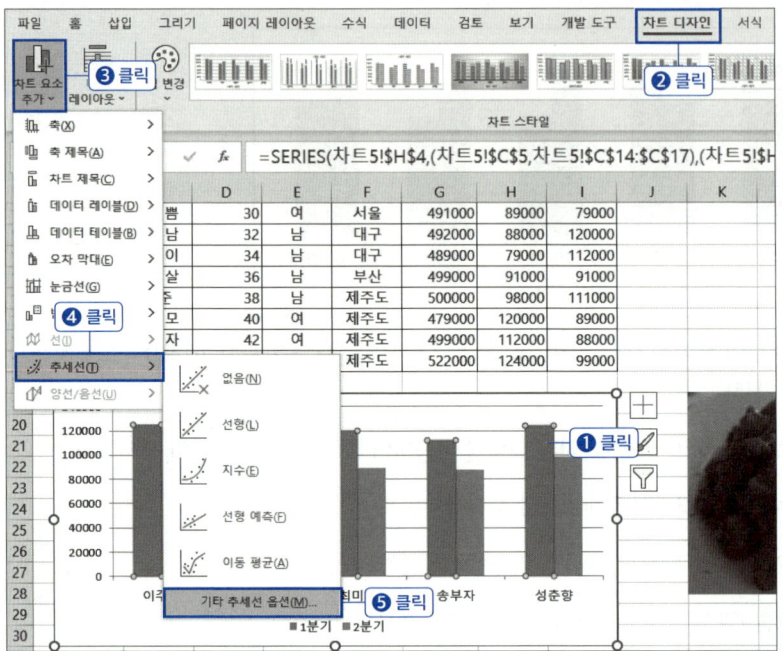

② [추세선 서식] 창이 나타나면 [추세선 옵션]-[추세선 옵션]( )-[추세선 옵션]을 '다항식'으로 변경하고, [예측]의 [앞으로]에 '1'을 입력한 후 [닫기]( ) 단추를 클릭합니다.

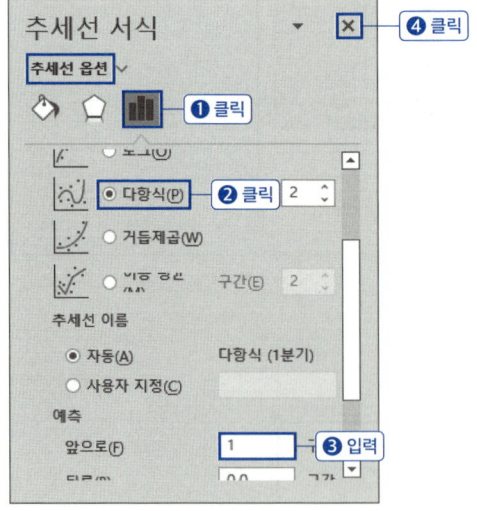

 따라하기 32

① 시트에 있는 그림을 클릭하여 선택한 다음 Ctrl + C 를 눌러 복사합니다.

② 차트의 '1분기' 계열을 클릭하여 선택한 다음 Ctrl + V 를 눌러 붙여넣기 합니다.

③ '1분기' 계열에서 마우스 오른쪽 버튼을 눌러 [데이터 계열 서식] 명령을 클릭합니다.

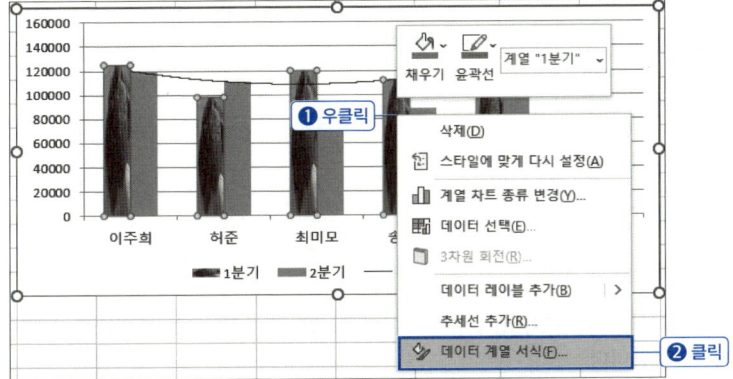

④ [데이터 계열 서식] 창이 나타나면 [계열 옵션]-[채우기 및 선](◇)-[채우기]를 '쌓기'로 변경한 후 [닫기](✕) 단추를 클릭합니다.

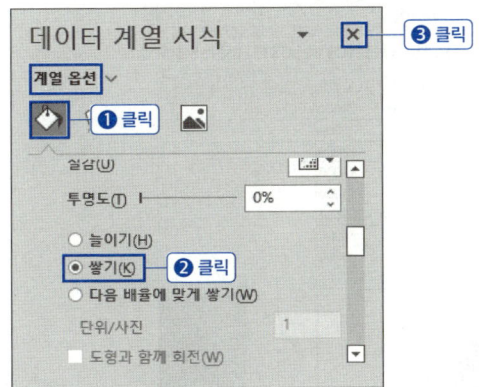

 따라하기 33

① '1분기' 계열에서 마우스 오른쪽 버튼을 눌러 [데이터 계열 서식] 명령을 클릭합니다.

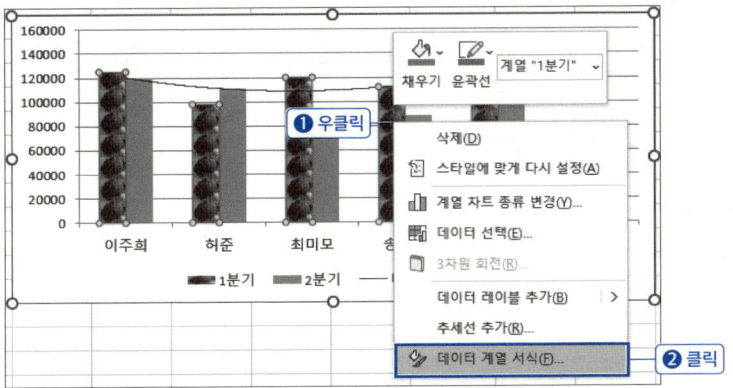

주희쌤 Tip

'계열 겹치기'는 -100%부터 100%까지 값을 입력하고, 값이 클수록 막대의 겹치는 부분이 증가하며 값이 작을수록 막대의 간격은 떨어집니다.

계열 겹치기가 50%인 경우 ↓

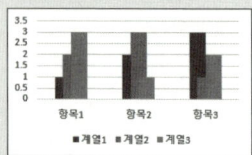

계열 겹치기가 -50%인 경우 ↓

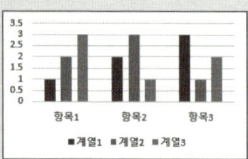

'간격 너비'는 0%부터 500%까지 값을 입력할 수 있고, 값이 작을수록 항목과 항목의 데이터 요소 집합 사이 간격이 줄어들게 됩니다.

간격 너비가 500%인 경우 ↓

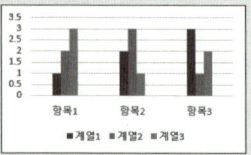

간격 너비가 0%인 경우 ↓

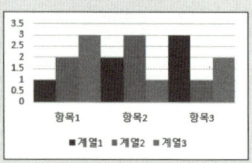

② [데이터 계열 서식] 창이 나타나면 [계열 옵션]-[계열 옵션](▮▮)-[계열 옵션]의 [간격 너비]에 '100'을 입력한 후 [닫기](✕) 단추를 클릭합니다.

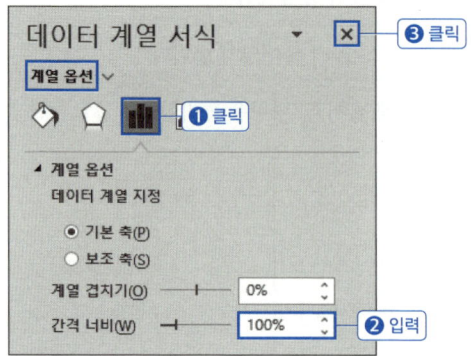

따라하기 34

① '2분기' 계열을 선택하고 [차트 디자인] 탭-[차트 레이아웃] 그룹-[차트 요소 추가]-[추세선]-[기타 추세선 옵션]을 클릭합니다.

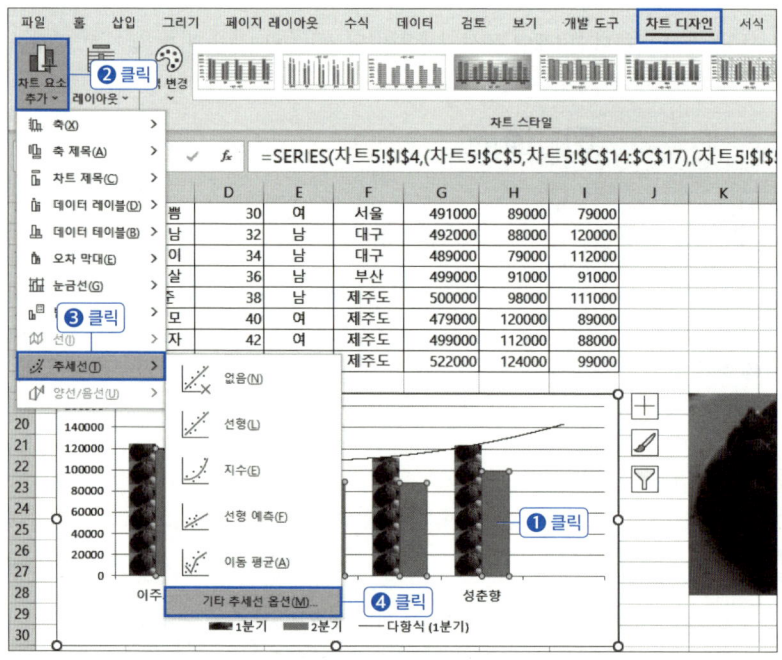

② [추세선 서식] 창이 나타나면 [추세선 옵션]-[추세선 옵션](▮▮)-[추세선 옵션]을 '이동 평균'으로 변경한 후 [구간]에 '3'을 입력하고 [닫기](✕) 단추를 클릭합니다.

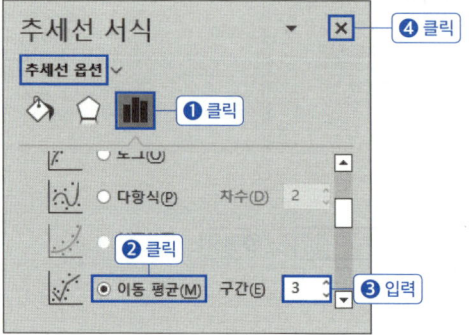

 따라하기 35

① 주 눈금선을 표시하기 위해 [차트 디자인] 탭-[차트 레이아웃] 그룹-[차트 요소 추가]-[눈금선]-[기본 주 세로]를 클릭합니다.

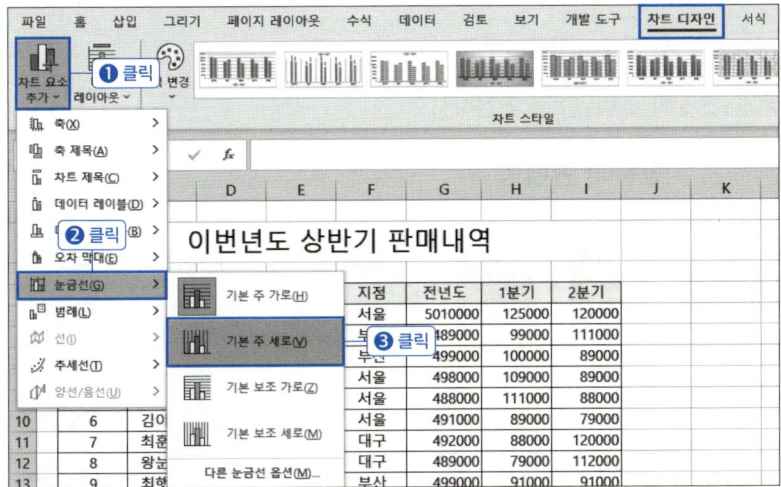

 따라하기 36

① '세로 (값) 축'에서 마우스 오른쪽 버튼을 눌러 바로 가기 메뉴가 나타나면 [축 서식] 명령을 클릭합니다.

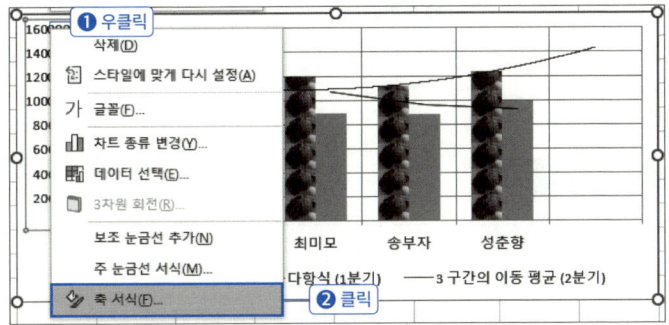

② [축 서식] 창이 나타나면 [축 옵션]-[축 옵션](■)-[축 옵션]의 표시 단위를 '천'으로 선택하고 [닫기](✕) 단추를 클릭합니다.

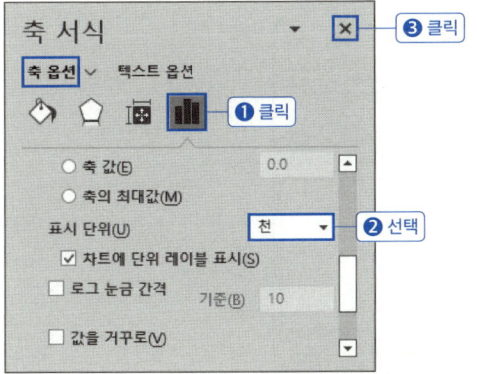

문제 유형 6 '차트6' 워크시트에서 작업하시오.

㊲ 계열 위치를 '열'로 변경한 후 계열 순서를 <그림>과 같이 변경하시오.

㊳ 3차원 회전의 X와 Y를 0°로 지정하시오.

㊴ 차트에 '레이아웃 5'와 '스타일 8'을 지정하시오.

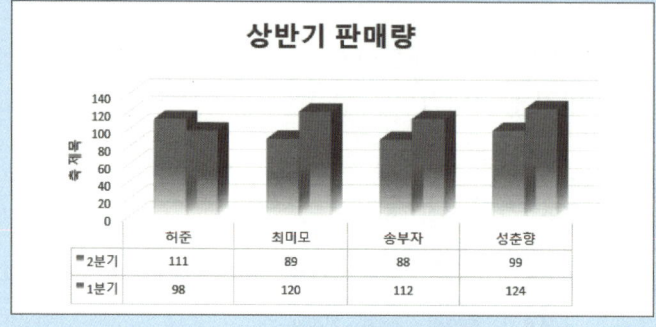

따라하기 ㊲

① '차트 영역'에서 마우스 오른쪽 버튼을 눌러 바로 가기 메뉴가 나타나면 [데이터 선택] 명령을 클릭합니다.

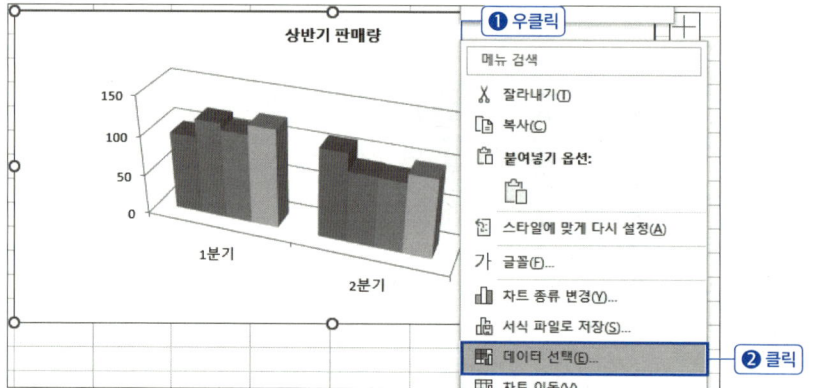

② [데이터 원본 선택] 대화상자가 나타나면 [행/열 전환] 단추를 클릭합니다.

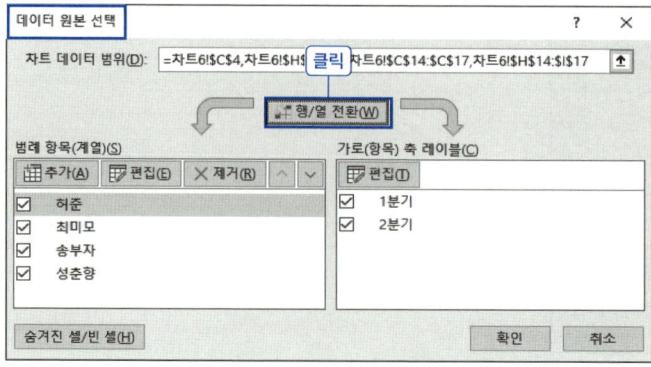

> **주희쌤 Tip**
> 워크시트에 있는 차트와 문제지의 차트 그림을 비교해보면 변경해야 할 사항을 쉽게 알 수 있습니다.
> 워크시트의 차트는 1분기, 2분기가 '가로 (항목) 축'으로 표시되어 있는데 문제지의 차트 그림은 1분기, 2분기가 '범례 항목(계열)'로 표시되어 있으므로 행과 열을 바꿔야 합니다.

③ 이어서 계열 순서를 변경하기 위해 [범례 항목(계열)]의 '1분기'를 선택한 후 [아래로 이동] 단추를 클릭하여 계열 순서를 변경합니다.

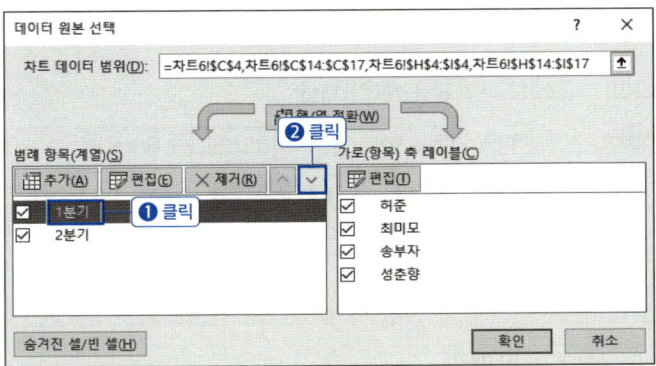

④ '1분기' 계열이 아래로 이동되면 [확인] 단추를 클릭하여 대화상자를 닫습니다.

① '차트 영역'에서 마우스 오른쪽 버튼을 눌러 바로 가기 메뉴가 나타나면 [3차원 회전] 명령을 클릭합니다.

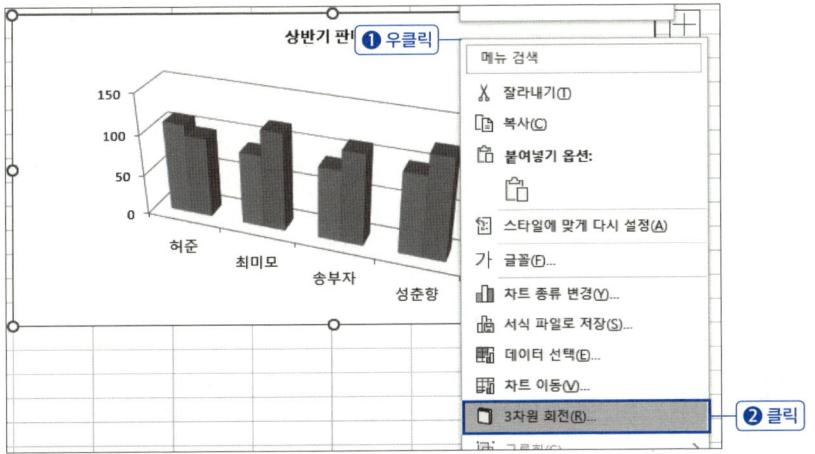

② [차트 영역 서식] 창이 나타나면 [차트 옵션]-[효과](⬠)-[3차원 회전]의 [X 회전]에 '0', [Y 회전]에 '0'을 입력하고 [닫기](✕) 단추를 클릭합니다.

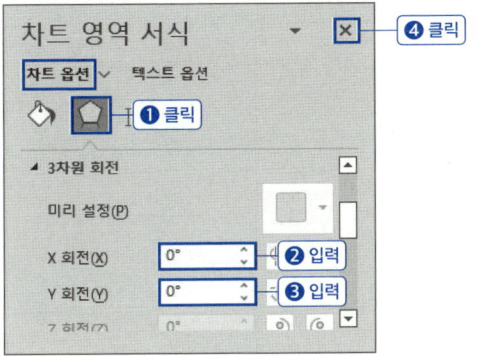

 따라하기 39

① [차트 디자인] 탭-[차트 레이아웃] 그룹-[빠른 레이아웃]을 클릭한 후 [레이아웃 5]를 선택합니다.

② [차트 디자인] 탭-[차트 스타일] 그룹의 [스타일 8]을 클릭합니다.

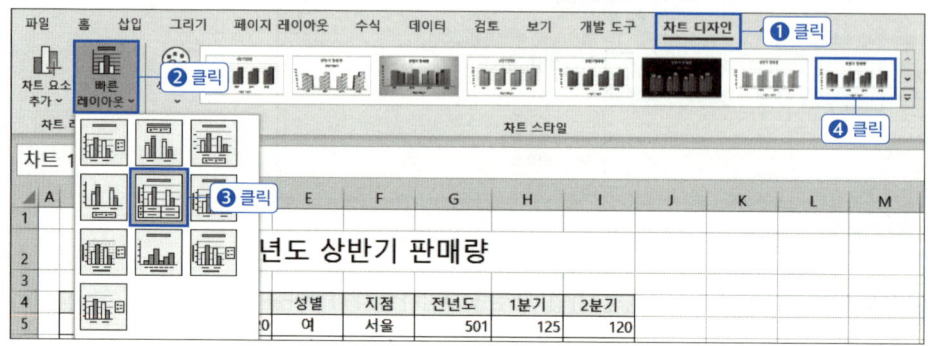

문제 유형 7 | '차트7' 워크시트에서 작업하시오.

㊵ 차트의 첫째 조각의 각을 '15'도, 도넛 구멍의 크기를 '20%'로 지정하시오.

㊶ 허준의 2분기 계열을 그림과 같이 '20%' 분리하시오.

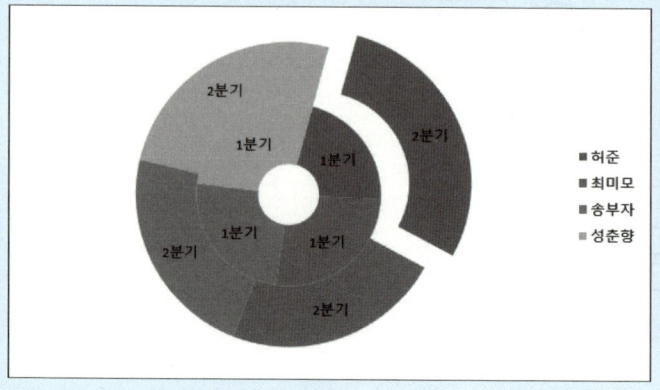

① 임의의 계열에서 마우스 오른쪽 버튼을 눌러 바로 가기 메뉴가 나타나면 [데이터 계열 서식] 명령을 클릭합니다.

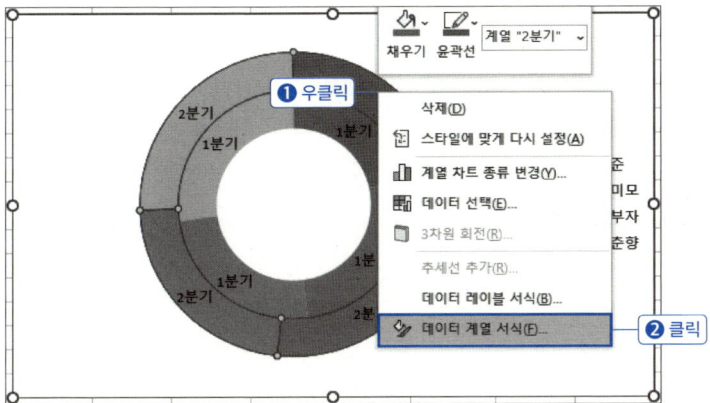

② [데이터 계열 서식] 창이 나타나면 [계열 옵션]-[계열 옵션]( )-[계열 옵션]의 [첫째 조각의 각]을 '15', [도넛 구멍 크기]를 '20'으로 입력하고 [닫기]( ) 단추를 클릭합니다.

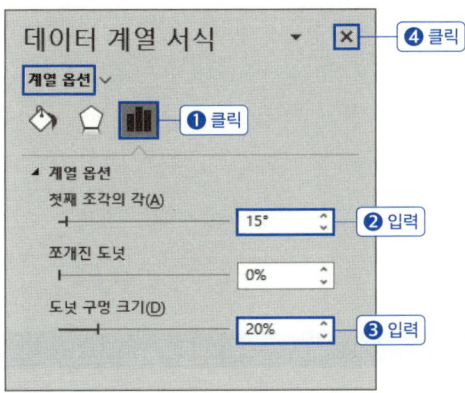

따라하기 ㊶

① '2분기' 계열이 선택된 상태에서 '허준' 데이터 요소만 한 번 더 클릭합니다.

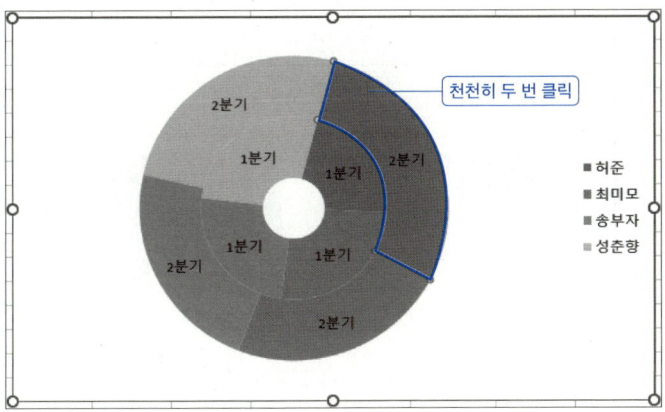

> **주희쌤 Tip**
> 각 섹션의 뒤쪽에 있는 숙제 문제는 해당 섹션을 복습한 후에 반드시 풀어보세요.
>
> ⓠ 복습할 때 숙제 문제도 복습해야 하나요?
> ⓐ 물론입니다.

② [데이터 계열 서식] 창이 나타나면 [계열 옵션]-[계열 옵션](📊)-[계열 옵션]의 [쪼개진 요소]를 '20'으로 입력하고 [닫기](✖) 단추를 클릭합니다.

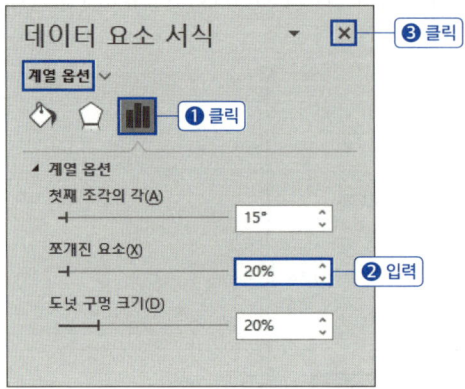

숙제

01 '숙제1' 시트에서 다음의 지시사항을 처리하시오.
① 차트의 행과 열을 전환하고 '10월 24일', '10월 23일' 계열을 추가하시오.
② '세로 (값) 축 제목'의 방향을 '스택형'으로 설정하시오.
③ '10월 23일' 계열에 <그림>과 같이 '계열 이름'과 '값'에 대한 데이터 설명선을 추가하시오.
④ 그림 영역에 '흰색, 배경 1' 단색 채우기를 적용하시오.

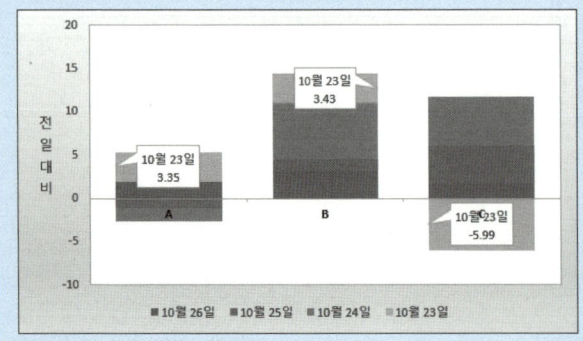

02 '숙제2' 시트에서 다음의 지시사항을 처리하시오.
① '세로 (값) 축'의 값을 거꾸로 표시하고, 축 값(레이블)이 보이지 않도록 설정하시오.
② '차트 영역'에 '부드러운 가장자리 5 포인트'를 설정하시오.

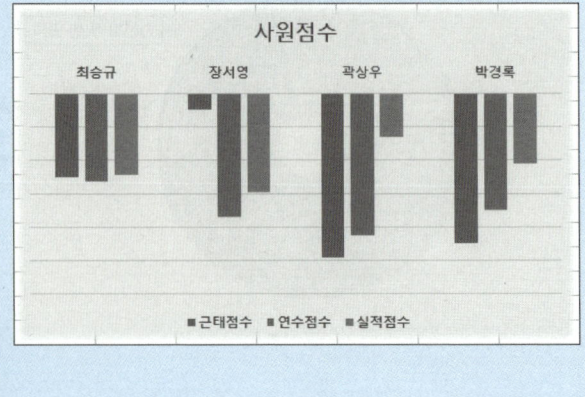

숙제 정답 및 해설

01 '숙제1' 시트

❶
① '차트 영역'에서 마우스 오른쪽 버튼을 눌러 바로 가기 메뉴가 나타나면 [데이터 선택] 명령을 클릭합니다.
② [데이터 원본 선택] 대화상자가 나타나면 [행/열 전환] 단추를 클릭한 후 [확인] 단추를 클릭합니다.
③ 계열을 추가하기 위해 [F2:G5] 영역을 드래그하여 선택한 후 Ctrl + C 를 눌러 복사합니다.
④ '차트 영역'을 선택한 후 Ctrl + V 를 눌러 붙여넣기 합니다.

❷
① '세로 (값) 축 제목'에서 마우스 오른쪽 버튼을 눌러 바로 가기 메뉴가 나타나면 [축 제목 서식] 명령을 클릭합니다.
② [축 제목 서식] 창이 나타나면 [텍스트 옵션]-[텍스트 상자] (图)-[텍스트 상자]의 '텍스트 방향'을 '스택형'으로 선택하고 [닫기](❌) 단추를 클릭합니다.

❸
① '10월 23일' 계열을 선택한 후 [차트 디자인] 탭-[차트 레이아웃] 그룹-[차트 요소 추가]-[데이터 레이블]-[데이터 설명선]을 클릭합니다.
② 표시된 데이터 레이블에서 마우스 오른쪽 버튼을 눌러 바로 가기 메뉴가 나타나면 [데이터 레이블 서식] 명령을 클릭합니다.
③ [데이터 레이블 서식] 창이 나타나면 [레이블 옵션]-[레이블 옵션](📊)-[레이블 옵션]의 [레이블 내용]에 '계열 이름'을 선택하고, '항목 이름'은 선택을 해제합니다.
④ 이어서 [구분 기호]를 '(줄 바꿈)'으로 선택한 후 [닫기](❌) 단추를 클릭합니다.

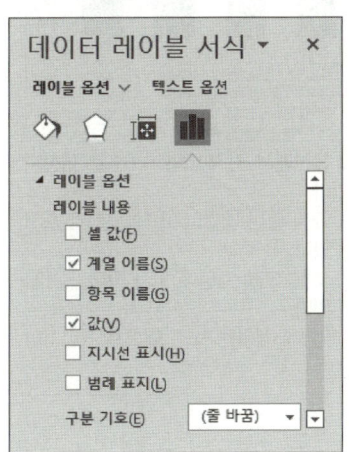

❹
① '그림 영역'에서 마우스 오른쪽 버튼을 눌러 [그림 영역 서식] 명령을 클릭합니다.
② [그림 영역 서식] 창이 나타나면 [그림 영역 옵션]-[채우기 및 선](🪣)-[채우기]의 '단색 채우기'를 선택하고 '색'에서 '흰색, 배경 1'을 클릭한 후 [닫기](❌) 단추를 클릭합니다.

02 '숙제2' 시트

❶
① '세로 (값) 축'에서 마우스 오른쪽 버튼을 눌러 바로 가기 메뉴가 나타나면 [축 서식] 명령을 클릭합니다.
② [축 서식] 창이 나타나면 [축 옵션]-[축 옵션](📊)-[축 옵션의 '값을 거꾸로'를 선택합니다.
③ 이어서 축 값이 보이지 않도록 [축 옵션]-[축 옵션](📊)-[레이블]의 [레이블 위치]를 '없음'으로 선택한 후 [닫기](❌) 단추를 클릭합니다.

❷
① '차트 영역'에서 마우스 오른쪽 버튼을 눌러 바로 가기 메뉴가 나타나면 [차트 영역 서식] 명령을 클릭합니다.
② [차트 영역 서식] 창이 나타나면 [차트 옵션]-[효과](⬠)-[부드러운 가장자리]의 [미리 설정]을 '5 포인트'로 선택하고 [닫기](❌) 단추를 클릭합니다.

관련 필기 문제

01. 다음 중 세로 막대형 차트에 대한 설명으로 옳지 않은 것은? 16년 3회 출제
① 시간의 경과에 따른 데이터 변동을 표시하거나 항목별 비교를 나타내는 데 유용하다.
② [계열 겹치기] 값을 0에서 100 사이의 백분율로 조정하여 세로 막대의 겹침 상태를 조정할 수 있으며, 값이 높을수록 세로 막대 사이의 간격이 증가한다.
③ [간격 너비] 값을 0에서 500 사이의 백분율로 조정하여 각 항목에 대해 표시되는 데이터 요소 집합 사이의 간격을 조정할 수 있다.
④ 세로(값) 축 값의 순서를 거꾸로 표시할 수 있다.

02. 다음 중 차트의 데이터 레이블 추가/제거에 대한 설명으로 옳지 않은 것은? 13년 2회 출제
① 데이터 레이블이 겹치지 않고 읽기 쉽도록 차트에서 데이터 레이블의 위치를 조정할 수 있다.
② 레이블 내용은 계열 이름, 항목 이름, 차트 이름, 값 중에서 한 가지를 선택하여 표시할 수 있다.
③ 기본적으로 데이터 레이블은 워크시트의 값에 연결되며 변경될 때 자동으로 업데이트된다.
④ 계열별 데이터 레이블 제거는 삭제를 원하는 계열의 데이터 레이블을 한 번 클릭하여 선택한 후 Delete 키를 누른다.

03. 다음 중 차트 도구의 [데이터 선택]에 대한 설명으로 옳지 않은 것은? 20년 2회 출제
① [차트 데이터 범위]에서 차트에 사용하는 데이터 전체의 범위를 수정할 수 있다.
② [행/열 전환]을 클릭하여 가로(항목) 축 레이블과 범례 항목(계열)을 바꿀 수 있다.
③ 데이터 계열이 범례에서 표시되는 순서를 바꿀 수 있다.
④ 데이터 범위 내에 숨겨진 행이나 열의 데이터도 차트에 표시된다.

04. 아래의 왼쪽 차트를 수정하여 오른쪽 차트로 변환하였다. 다음 중 변환된 항목에 대한 설명으로 옳은 것은? 15년 2회 출제

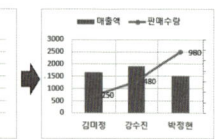

① 기본 가로 눈금선으로 보조 눈금선을 표시하였다.
② 보조 세로 (값) 축의 주 눈금을 '500'으로 설정하였다.
③ 매출액 계열을 보조 축으로 설정하였다.
④ 보조 세로 (값) 축의 축 레이블을 '없음'으로 설정하였다.

05. 다음 중 아래 워크시트의 표와 표의 데이터를 이용한 차트에 대한 설명으로 옳지 않은 것은? 15년 2회 출제

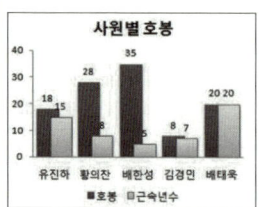

① 표 전체를 원본 데이터로 사용하고 있다.
② 분기가 데이터 계열로 사용되고 있다.
③ 세로 (값) 축의 축 서식에서 최소값을 '500'으로 설정하였다.
④ 차트의 종류는 표식이 있는 꺾은선형이다.

06. 다음 중 차트에 대한 설명으로 옳지 않은 것은? 22년 상시 출제
① 차트 제목을 'Sheet1' 워크시트의 [A1] 셀과 연결한 후 차트 제목이 선택된 상태에서 수식 입력줄을 살펴보면 '=Sheet1!$A$1'가 입력되어 있다.
② 데이터의 범위를 복사한 후 차트를 선택하고 붙여넣기하면 차트에 데이터를 추가할 수 있다.
③ 전체 데이터 계열을 선택하여 데이터 레이블을 표시하거나 하나의 데이터 계열을 선택하여 데이터 레이블을 표시할 수 있다.
④ 차트에 데이터 표(테이블)를 표시한 후 데이터 표(테이블)에서 직접 값을 변경할 수 있다.

07. 다음 중 항목의 구성비를 표현하는데 적합한 차트인 원형 차트 및 도넛형 차트에 대한 설명으로 옳지 않은 것은? 13년 1회 출제
① 원형 차트의 모든 조각을 차트 중심에서 끌어낼 수 있다.
② 도넛형 차트는 원형 차트와 마찬가지로 전체에 대한 각 부분의 구성비를 보여 주지만 데이터 계열이 두 개 이상 포함될 수 있다는 점이 다르다.
③ 원형 차트는 첫째 조각의 각을 0도에서 360도 사이의 값을 이용하여 회전시킬 수 있으나 도넛형 차트는 첫째 조각의 각을 회전시킬 수 없다.
④ 도넛형 차트의 도넛 구멍 크기는 0%에서 90% 사이의 값으로 변경할 수 있다.

08. 다음 중 아래 차트에 대한 설명으로 옳지 않은 것은? 19년 1회 출제

① 데이터 표식 항목 사이의 간격을 넓히기 위해서는 '간격 너비' 옵션을 현재 값보다 더 큰 값으로 설정한다.
② 데이터 계열 항목 안에서 표식이 겹쳐 보이도록 '계열 겹치기' 옵션을 음수 값으로 설정하였다.
③ 세로 (값) 축의 '주 눈금선'이 표시되지 않도록 설정하였다.
④ 레이블의 위치를 '바깥쪽 끝에'로 설정하였다.

09. 다음 중 아래 차트에 대한 설명으로 옳지 않은 것은? 20년 2회 출제

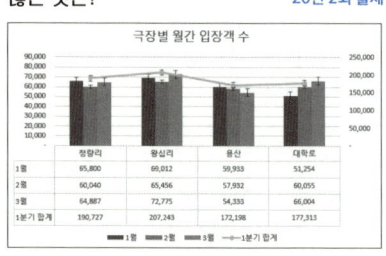

① 계열 옵션에서 '간격 너비'가 0%로 설정되어 있다.
② 범례 표지 없이 데이터 표(테이블)가 표시되어 있다.
③ '1월', '2월', '3월' 계열에 오차 막대가 표시되어 있다.
④ '1분기 합계' 계열은 '보조 축'으로 지정되어 있다.

정답 01.② | 02.② | 03.④ | 04.④ | 05.② | 06.④ | 07.③ | 08.② | 09.①

CHAPTER 03

수식 작성

- Section 01 함수
- Section 02 사용자 정의 함수
- Section 03 배열 수식

SECTION 01

함수

- 시험 출제 범위 안의 함수 중 출제 빈도가 높은 함수를 사용하여 수식을 작성해 보도록 하겠습니다.

- 준비파일 : 컴활1급 \ 엑셀 \ 1급엑셀(예제) \ 3장_01. 함수.xlsm

주희쌤 Tip

주희쌤 Tip은 꼼꼼히 모두 보세요.

주희쌤 Tip

우선 숫자도 다르지 않은 똑같은 문제가 나왔을 때 술술 풀 수 있을 정도로 반복해주세요. 이해 위주의 반복 연습이 중요합니다. 한 문제가 끝날 때마다, 혹은 시트가 끝날 때마다 복습해주세요.

주희쌤 Tip

일반 수식 문제는 6점씩 2~3문제(총12~18점)가 출제됩니다. 목표 점수는 6점~12점으로 책 안의 문제만큼은 완벽하게 내 것으로 만들도록 많은 반복을 해야 합니다.
실제 시험에서 계산 작업 문제는 다른 문제에 비해 시간이 많이 할애되므로 마지막에 푸는 것이 좋습니다.

시험 출제 범위 안의 함수

분류	함수
날짜와 시간 함수	DATE, DATEVALUE, DAY, DAYS, EDATE, EOMONTH, HOUR, MINUTE, MONTH, NETWORKDAYS, NOW, SECOND, TIME, TODAY, WEEKDAY, WEEKNUM, WORKDAY, YEAR
논리 함수	AND, FALSE, IF, IFS, IFERROR, NOT, OR, TRUE, SWITCH
데이터베이스 함수	DAVERAGE, DCOUNT, DCOUNTA, DGET, DMAX, DMIN, DPRODUCT, DSTDEV, DSUM, DVAR
문자열 함수	CONCAT, EXACT, FIND, FIXED, LEFT, LEN, LOWER, MID, PROPER, REPLACE, REPT, RIGHT, SEARCH, SUBSTITUTE, TEXT, TRIM, UPPER, VALUE
수학과 삼각 함수	ABS, EXP, FACT, INT, MDETERM, MINVERSE, MMULT, MOD, PI, POWER, PRODUCT, QUOTIENT, RAND, RANDBETWEEN, ROUND, ROUNDDOWN, ROUNDUP, SIGN, SQRT, SUM, SUMIF, SUMIFS, SUMPRODUCT, TRUNC
재무 함수	FV, NPV, PMT, PV, SLN, SYD
찾기와 참조 함수	ADDRESS, AREAS, CHOOSE, COLUMN, COLUMNS, HLOOKUP, INDEX, INDIRECT, LOOKUP, MATCH, OFFSET, ROW, ROWS, TRANSPOSE, VLOOKUP, XLOOKUP, XMATCH
통계 함수	AVERAGE, AVERAGEA, AVERAGEIF, AVERAGEIFS, COUNT, COUNTA, COUNTBLANK, COUNTIF, COUNTIFS, FREQUENCY, GEOMEAN, HARMEAN, LARGE, MAX, MAXA, MEDIAN, MIN, MINA, MODE.SNGL, PERCENTILE.INC, RANK.AVG, RANK.EQ, SMALL, STDEV.S, VAR.S
정보 함수	CELL, ISBLANK, ISERR, ISERROR, ISEVEN, ISLOGICAL, ISNONTEXT, ISNUMBER, ISODD, ISTEXT, TYPE

15개만 외우면 함수가 쉬워진다!! 함수에서 자주 보이는 인수

인수	의미
number	숫자
text	문자
value	숫자 혹은 문자 (값)
array, range, ref, database, vector	범위
(number, number, ...) (value, value, ...)	범위도 상관없음
serial_number, date	날짜
logical	논리 (TRUE 혹은 FALSE)
num_chars	문자의 개수
divisor, denominator	나누는 수
row	행
column	열
lookup	찾을
criteria	조건
reference	참조 셀
digits	자릿수

	백	십	일	소수 첫째	소수 둘째
digits	-2	-1	0	1	2

문제 유형 1 - '함수1' 워크시트에서 작업하시오.

① [표1]의 [G3:G6] 영역에 이름별 최대 강의 일수를 표시하시오.
  ▶ MAX 함수 사용

② [표1]의 [H3:H6] 영역에 이름별 최대 강의 일수의 위치를 표시하시오.
  ▶ MAX, MATCH 함수 사용
  ▶ 최대값이 첫 번째에 있을 경우 표시 : 1

③ [표1]의 [I3:I6] 영역에 이름별 최대 강의 일수의 과목을 표시하시오.
  ▶ INDEX, MATCH, MAX 함수 사용

④ [표2]의 [A10]에 컴퓨터활용능력 강의 일수가 가장 많은 강사 이름을 표시하시오.
  ▶ INDEX, MATCH, MAX 함수 사용

주희쌤 Tip

Ⓠ 실제 시험에서도 문제에 어떤 함수를 사용하라고 제시되나요?
Ⓐ 네. 그렇습니다.

Ⓠ 문제에 제시된 함수 말고 다른 함수를 사용해도 되나요?
Ⓐ 안 됩니다. 문제에 제시된 함수만 사용해야 합니다.

Ⓠ 문제에 제시된 함수만 사용하되 다른 식으로 썼는데 결과는 똑같아요. 괜찮을까요?
Ⓐ 정답으로 처리됩니다. 문제에 주어진 함수만 사용하고 결과가 같다면 식은 상관이 없습니다.

따라하기 ①

① [G3] 셀을 선택한 후 [수식 입력줄]에 커서를 이동합니다.

② 수식을 작성한 후 를 누릅니다.

REPT	× ✓ fx	=MAX(B3:F3)						
	A	B	C	D	E	F	G	H	I
1	[표1]			과목별 강의 일수					
2	이름	워드프로세서	컴퓨터활용능력	MOS MASTER	사무자동화	정보처리기사	1. 최대값	2. 최대값의 위치	3. 최대강의과목
3	이주희	50	122	71	54	90	=MAX(B3:F3)		
4	홍길동	74	45	55	67	130			
5	이순신	55	40	41	119	60			
6	김철수	100	77	57	61	43			

주희쌤 Tip

[G3] 셀을 선택한 후 셀의 오른쪽 아래에 마우스를 올려놓으면 포인터가 '+'로 변경됩니다.

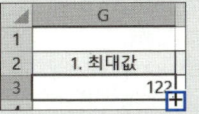

이것을 '채우기 핸들'이라고 하며 드래그하면 수식이 복사됩니다.

③ [G3] 셀의 채우기 핸들을 [G6] 셀까지 드래그하여 수식을 복사합니다.

	A	B	C	D	E	F	G	H	I
1	[표1]			과목별 강의 일수					
2	이름	워드프로세서	컴퓨터활용능력	MOS MASTER	사무자동화	정보처리기사	1. 최대값	2. 최대값의 위치	3. 최대강의과목
3	이주희	50	122	71	54	90	122		
4	홍길동	74	45	55	67	130		드래그	
5	이순신	55	40	41	119	60			
6	김철수	100	77	57	61	43			

=MAX(	B3:F3	)
	'이름별 최대 강의 일수'를 표시하라고 했기 때문에 이름별 최대값을 구할 범위를 지정합니다.	

주희쌤 Tip

- 상대 참조 : 수식을 복사하였을 때 참조되는 셀이 같은 방향으로 움직입니다.
- 절대 참조 : 수식을 복사하여도 참조되는 셀은 움직이지 않습니다. 상대 참조 주소에서 F4를 누르면 절대 참조($A$1)로, 혼합 참조(A$1, $A1)로 변경됩니다.

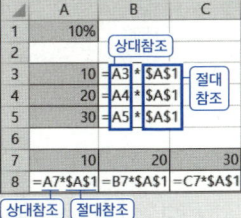

따라하기 ②

① [H3] 셀을 선택한 후 [수식 입력줄]에 커서를 이동합니다.

② 수식을 작성한 후 Enter 를 누릅니다.

REPT	× ✓ fx	=MATCH(MAX(B3:F3),B3:F3,0)						
	A	B	C	D	E	F	G	H	I
1	[표1]			과목별 강의 일수					
2	이름	워드프로세서	컴퓨터활용능력	MOS MASTER	사무자동화	정보처리기사	1. 최대값	2. 최대값의 위치	3. 최대강의과목
3	이주희	50	122	71	54	90	122	F3),B3:F3,0)	
4	홍길동	74	45	55	67	130	130		
5	이순신	55	40	41	119	60	119		
6	김철수	100	77	57	61	43	100		

주희쌤 Tip

MATCH(MAX(복사), 붙여넣기, 0)
[B3:F3]의 최대값을 [B3:F3]에서 찾으려면 복사해서 붙여 넣으면 됩니다.

주희쌤 Tip

MATCH(lookup_value, lookup_array, [match_type])

lookup_array에서 lookup_value의 위치

MATCH 함수의 match_type

- 1 - 보다 작음
- 0 - 정확히 일치
- -1 - 보다 큼

• '0 정확히 일치'
찾을 값(lookup_value)이 찾을 범위(lookup_array)에 정확하게 있는 경우 선택

예

	A	B	C	D	E
1	데이터	나	하	다	라
2					
3	수식	=MATCH("다", B1:E1, 0)			
4	결과	3			

↑ [B1:E1]에서 '다'의 위치

• '1 보다 작음'
찾을 범위(lookup_array)의 데이터가 오름차순으로 정렬되어 있을 경우 선택
찾을 값(lookup_value)과 같거나 한 단계 작은 데이터에서 찾을 수 있음

예

	A	B	C	D	E
1	데이터	10	20	30	40
2					
3	수식	=MATCH(29, B1:E1, 1)			
4	결과	2			

↑ [B1:E1]에서 '29'의 위치
('29'와 같은 데이터가 없으므로 한 단계 작은 '20'에서 찾을 수 있음)

• '-1 보다 큼'
찾을 범위(lookup_array)의 데이터가 내림차순으로 정렬되어 있을 경우 선택
찾을 값(lookup_value)과 같거나 한 단계 큰 데이터에서 찾을 수 있음

예

	A	B	C	D	E
1	데이터	40	30	20	10
2					
3	수식	=MATCH(25, B1:E1, -1)			
4	결과	2			

↑ [B1:E1]에서 '25'의 위치
('25'와 같은 데이터가 없으므로 한 단계 큰 '30'에서 찾을 수 있음)

---

③ [H3] 셀의 채우기 핸들을 [H6] 셀까지 드래그하여 수식을 복사합니다.

	A	B	C	D	E	F	G	H	I
1	[표1]			과목별 강의 일수					
2	이름	워드프로세서	컴퓨터활용능력	MOS MASTER	사무자동화	정보처리기사	1. 최대값	2. 최대값의 위치	3. 최대강의과목
3	이주희	50	122	71	54	90	122		
4	홍길동	74	45	55	67	130	130		
5	이순신	55	40	41	119	60	119		
6	김철수	100	77	57	61	43	100		

드래그

=MATCH(	MAX(B3:F3),	B3:F3,	0)
최종적으로 계산해야 하는 것을 먼저 입력합니다. 최종적으로 '위치'를 표시 하라고 했기 때문에 위치를 표시해주는 MATCH 함수를 먼저 입력합니다.	그렇다면 어떤 위치를 표시할 것이냐? 최대값의 위치를 표시해야 합니다.	B3 셀부터 F3 셀까지의 최대값은 B3 셀부터 F3 셀까지에서 찾아야 하므로 MAX 함수의 인수를 똑같이 지정합니다.	lookup_value(찾을 값)를 lookup_array(찾을 범위)에서 정확히 찾을 수 있으므로 match_type(옵션)은 '0'이 됩니다.

따라하기 ③

① [I3] 셀을 선택한 후 [수식 입력줄]에 커서를 이동합니다.

② 수식을 작성한 후 Enter 를 누릅니다.

| REPT | × ✓ fx | =INDEX($B$2:$F$2,1,MATCH(MAX(B3:F3),B3:F3,0)) |

	A	B	C	D	E	F	G	H	I
1	[표1]			과목별 강의 일수					
2	이름	워드프로세서	컴퓨터활용능력	MOS MASTER	사무자동화	정보처리기사	1. 최대값	2. 최대값의 위치	3. 최대강의과목
3	이주희	50	122	71	54	90	122	2	0))
4	홍길동	74	45	55	67	130	130	5	
5	이순신	55	40	41	119	60	119	4	
6	김철수	100	77	57	61	43	100	1	

③ [I3] 셀의 채우기 핸들을 [I6] 셀까지 드래그하여 수식을 복사합니다.

④ [I6] 셀의 수식을 살펴보면 [B2:F2] 영역은 절대 참조로 변경했기 때문에 수식을 복사하여도 움직이지 않은 것을 확인할 수 있습니다.

| REPT | × ✓ fx | =INDEX($B$2:$F$2,1,MATCH(MAX(B6:F6),B6:F6,0)) |

	A	B	C	D	E	F	G	H	I
1	[표1]			과목별 강의 일수					
2	이름	워드프로세서	컴퓨터활용능력	MOS MASTER	사무자동화	정보처리기사	1. 최대값	2. 최대값의 위치	3. 최대강의과목
3	이주희	50	122	71	54	90	122	2	컴퓨터활용능력
4	홍길동	74	45	55	67	130	130	5	정보처리기사
5	이순신	55	40	41	119	60	119	4	사무자동화
6	김철수	100	77	57	61	43	100	1	0))

=INDEX(	$B$2:$F$2,	1,	MATCH(MAX(B3:F3),B3:F3,0)	)
'과목'을 표시하는 문제인데 MATCH(위치) 함수는 최종적으로 숫자를 반환합니다. MAX(최대값) 함수도 최종적으로 숫자를 반환합니다. INDEX 함수가 과목을 표시할 수 있으므로 가장 먼저 입력해야 합니다.	최종적으로 가져올 데이터가 있는 범위를 지정합니다. 과목을 최종적으로 표시해야 하니까 과목이 있는 범위를 지정하세요.	가져올 데이터는 모두 [B2:F2] 영역의 1행에 있습니다. [B2:F2] 영역은 하나의 행이니까요.	최대값의 위치가 최종적으로 가져올 array(범위)의 column_num(열 번호)를 결정합니다.	검정색 괄호가 나오면 괄호의 개수가 짝수라는 것을 알 수 있습니다.

 **따라하기 ④**

① [A10] 셀을 선택한 후 [수식 입력줄]에 커서를 이동합니다.

② 수식을 작성한 후 `Enter`를 누릅니다.

	=INDEX(A3:A6,	MATCH(MAX(C3:C6),C3:C6,0),	1)
	3번 문제와는 다르게 절대 참조를 하지 않았습니다. 절대 참조는 수식 복사를 했을 때 참조되는 셀이 같이 움직이는 것을 막아주는데요. 수식 복사를 안 한다면 참조되는 셀도 움직이지 않으니 굳이 절대 참조로 변경해 줄 필요가 없습니다. 해도 상관은 없습니다. 결과가 동일하니까요.	최대값의 위치가 [A3:A6] 영역의 row_num(행 번호)를 결정하게 합니다.	[A3:A6] 영역은 하나의 열이기 때문에 1열에서 데이터를 가져올 수밖에 없습니다.

 정답

1. =MAX(B3:F3)
2. =MATCH(MAX(B3:F3), B3:F3, 0)
3. =INDEX($B$2:$F$2, 1, MATCH(MAX(B3:F3), B3:F3, 0))
4. =INDEX(A3:A6, MATCH(MAX(C3:C6), C3:C6, 0), 1)

주희쌤 Tip

XMATCH(lookup_value, lookup_array, [match_mode], [search_mode])

lookup_array에서 lookup_value의 위치

MATCH 함수와 다르게 범위가 정렬되어 있지 않아도 다양하게 옵션(match_mode) 지정이 가능

- match_mode : 일치 유형

0	정확히 일치
-1	정확히 일치하거나 다음으로 작은 항목
1	정확히 일치하거나 다음으로 큰 항목
2	와일드카드 문자 일치

- search_mode : 첫 번째 항목부터 검색을 수행하려면 생략

예

	A	B	C	D	E
1	데이터	40	20	10	30
2					
3	수식	=XMATCH(25, B1:E1, 1)			
4	결과	4			
5					
6	수식	=XMATCH(25, B1:E1, -1)			
7	결과	2			

↑ match_mode를 1로 지정할 경우 25와 같거나 다음으로 큰 항목에서 위치를 찾고, match_mode를 -1로 지정할 경우 25와 같거나 다음으로 작은 항목에서 위치를 찾을 수 있음

주희쌤 Tip

오름차순 : 작은 수 ~ 큰 수
내림차순 : 큰 수 ~ 작은 수
오름차순 : ㄱ ~ ㅎ
내림차순 : ㅎ ~ ㄱ

주희쌤 Tip

INDEX(array, row_num, [column_num])

array에서 row number와 column number가 교차하는 데이터

예

	A	B	C	D
1		1	50	사과
2	데이터	2	40	딸기
3		3	30	수박
4		4	20	바나나
5				
6	수식	=INDEX(B1:D4, 2, 1)		
7	결과	2		

↑ [B1:D4]에서 2행, 1열이 교차하는 데이터

문제 유형 2 — '함수2' 워크시트에서 작업하시오.

⑤ [표3]의 직위, 입사일, 전월휴가수와 <총휴가수>를 이용하여 [E3:E9] 영역에 이달휴가수를 계산하여 표시하시오.
- 이달휴가수 = 총휴가수 – 전월휴가수
- 계산한 이달휴가수가 2 미만이면 이달휴가수 대신 2를 입력
- INDEX, MATCH, MAX, YEAR 함수 사용

⑥ [표3]의 1차점수, 2차점수의 평균을 <점수별등급표>에서 찾아 [H3:H9] 영역에 평균점수에 따른 등급을 표시하시오.
- 표시 예 : 1차점수와 2차점수의 평균이 39이면 최소점수 31과 최대점수 40 사이에 해당하므로 A를 표시
- INDEX, MATCH, AVERAGE 함수 사용

❼ <카드위치표>를 참조하여 [K3:K9] 영역에 카드종류에 따른 카드위치를 표시하시오.
  ▶ 한국카드 외 카드는 기타카드로 취급하고, 기타카드인 경우 위치를 1, 한국카드인 경우 위치를 2로 표시
  ▶ MATCH 함수 사용

따라하기 ⑤

① [E3] 셀을 선택한 후 [수식 입력줄]에 커서를 이동합니다.

② 수식을 작성한 후 Enter 를 누릅니다.

③ [E3] 셀의 채우기 핸들을 [E9] 셀까지 드래그하여 수식을 복사합니다.

=MAX(INDEX($B$14:$D$17,MATCH(B3,$A$14:$A$17,0),MATCH(YEAR(C3),$B$12:$D$12,1))-D3,2)

주희쌤 Tip

이달휴가수가 0, 1일 경우 2를 반환하려면 '=max(이달휴가수, 2)'로 작성해야 합니다.
이달휴가수가 2보다 클 경우 계산한 이달휴가수가 그대로 반환됩니다.

주희쌤 Tip

[수식 입력줄] 끝에 [수식 입력줄 확장/축소] 단추(˅)가 있습니다.

주희쌤 Tip

Ⓠ [B12:D13] 영역에서 연도를 찾으면 안 되나요?
Ⓐ MATCH 함수의 범위는 하나의 행이나 하나의 열로 지정되어야 하므로 안 됩니다.

Ⓠ [B13:D13] 영역에서 연도를 찾으면 안 되나요?
Ⓐ [D13] 셀 값은 비어 있는데 2014년 이상의 데이터는 [D14:D17] 영역에 있으므로 안 됩니다.

=MAX(	총휴가수	이달휴가수,	2)
	INDEX($B$14:$D$17, MATCH(B3,$A$14:$A$17,0), MATCH(YEAR(C3),$B$12:$D$12,1))	-전월휴가수, -D3,	
이달휴가수가 0, 1인 경우 2를 최종 반환하기 위해 MAX 함수를 먼저 입력합니다.	총휴가수는 <총휴가수> 표에서 데이터를 가져옵니다. 절대 참조 변경은 수식을 복사할 때 참조되는 셀이 같이 움직여도 될지, 안 될지를 고민하면 됩니다. 수식을 복사하여도 참조되는 셀이 움직이지 못하게 하려면 F4 를 눌러 절대 참조로 변경해야 합니다.	'총휴가수-전월휴가수'가 이달휴가수입니다.	이달휴가수가 2보다 클 경우 이달휴가수가 그대로 반환됩니다.

총휴가수		
INDEX($B$14:$D$17,	MATCH(B3,$A$14:$A$17,0),	MATCH(YEAR(C3),$B$12:$D$12,1))
총휴가수를 가져오기 위하여 INDEX 함수를 입력합니다. INDEX 함수의 array(범위)는 최종적으로 가져올 데이터가 있는 범위만 선택하는 것이 행 번호, 열 번호 지정하기가 편합니다.	row_num(행 번호)는 직위의 위치가 결정합니다.	column_num(열 번호)는 입사일 연도의 위치가 결정합니다. [B12:D12] 영역의 데이터는 문자로 입력된 것이 아니라 숫자에 표시 형식을 지정한 것이기 때문에 연도를 찾을 수 있습니다. [B12:D12] 영역이 오름차순으로 정렬되어 있으니 match_type(옵션)을 '1'로 지정하세요.

 **따라하기 6**

① [H3] 셀을 선택한 후 [수식 입력줄]에 커서를 이동합니다.

② 수식을 작성한 후 Enter 를 누릅니다.

③ [H3] 셀의 채우기 핸들을 [H9] 셀까지 드래그하여 수식을 복사합니다.

> **주희쌤 Tip**
> Ⓠ 최소점수 범위에서 평균을 찾으면 안 되나요?
> Ⓐ 최소점수 범위는 내림차순으로 정렬되어 있으므로 match_type(옵션)은 '-1 보다 큼'입니다. match_type(옵션)을 '-1'로 지정하면 찾을 값(lookup_value)과 같거나 한 단계 큰 데이터에서 찾을 수 있는데 만약 평균이 39인 경우 39보다 큰 데이터는 최소점수 범위에 없으므로 오류가 나게 됩니다.

=INDEX($H$13:$H$16,	MATCH(AVERAGE(F3:G3),$G$13:$G$16,-1),	1)
등급을 가져오기 위하여 INDEX 함수를 먼저 입력합니다. 등급은 [H13:H16] 영역 안에 있기 때문에 최종적으로 가져올 데이터가 있는 [H13:H16] 영역만 선택하는 것이 행 번호, 열 번호 지정하기가 편합니다.	1차점수, 2차점수 평균 위치가 INDEX 함수의 row_num(행 번호)를 결정합니다. lookup_array(찾을 범위)가 내림차순으로 정렬되어 있으니 match_type(옵션)은 '-1'로 지정해야 하고, '-1'로 지정할 경우 lookup_value(찾을 값)와 같거나 한 단계 큰 데이터에서 찾을 수 있습니다. 예를 들어, 평균이 39이면 [G13] 셀의 40에서 찾는 것이죠.	[H13:H16] 영역을 INDEX 함수 array(범위)로 지정하였다면 column_num(열 번호)는 당연히 '1'이 되어야 합니다. 열이 하나 밖에 없으니까요.

따라하기 7

① [K3] 셀을 선택한 후 [수식 입력줄]에 커서를 이동합니다.

② 수식을 작성한 후 Enter 를 누릅니다.

③ [K3] 셀의 채우기 핸들을 [K9] 셀까지 드래그하여 수식을 복사합니다.

> **주희쌤 Tip**
>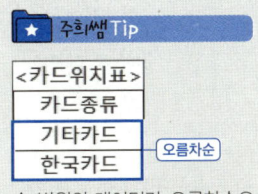
> ↑ 범위의 데이터가 오름차순으로 정렬되어 있으므로 match_type(옵션)은 '1 보다 작음'입니다.
>
>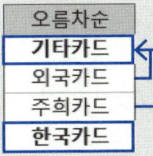
> ↑ '1 보다 작음'으로 지정할 경우 '외국카드', '주희카드'는 <카드위치표>에서 정확히 찾을 수 없으므로 한 단계 작은 '기타카드'에서 찾게 됩니다.

=MATCH(	J3,	$J$13:$J$14,	1)
카드종류에 따른 위치를 표시하기 위해 MATCH 함수를 입력합니다.	카드종류의 위치를 찾아야 하므로 lookup_value(찾을 값)는 카드종류입니다.	어떤 범위에서 위치를 찾을지 영역을 선택합니다.	lookup_array(찾을 범위)가 오름차순으로 정렬되어 있으니 match_type(옵션)을 '1'로 지정해야 합니다. '1'로 지정할 경우 lookup_value(찾을 값)와 같거나 한 단계 작은 데이터에서 찾을 수 있습니다. '주희카드'와 '외국카드'는 '기타카드' 위치에서 찾을 수 있는 것이죠.

	A	B	C	D	E	F	G	H	I	J	K
1	[표3]									[표4]	
2	이름	직위	입사일	전월휴가수	5. 이달휴가수	1차점수	2차점수	6. 등급		카드종류	7. 카드위치
3	이주희	과장	2015-04-25	1	2	39	39	A		주희카드	1
4	홍길동	사원	2011-01-02	0	4	15	20	C		외국카드	1
5	이순신	대리	2014-03-05	0	2	21	29	B		외국카드	1
6	성춘향	주임	2010-05-09	1	4	5	10	D		한국카드	2
7	김철수	사원	2011-11-21	2	2	20	29	B		주희카드	1
8	김이뽕	주임	2013-04-25	1	3	12	13	C		한국카드	2
9	이영희	대리	2015-01-05	0	2	32	33	A		주희카드	1
10											
11	<종휴가수>					<점수별등급표>				<카드위치표>	
12	입사년도 직위	2010년 이상 2013년 미만	2013년 이상 2014년 미만	2014년 이상		최소점수	최대점수	등급		카드종류	
13						31	40	A		기타카드	
14	사원	4	3	0		21	30	B		한국카드	
15	주임	5	4	1		11	20	C			
16	대리	5	4	1		1	10	D			
17	과장	6	5	3						오름차순	내림차순
18										기타카드	한국카드
19										외국카드	주희카드
20										주희카드	외국카드
21										한국카드	기타카드

5. =MAX(INDEX($B$14:$D$17,
   MATCH(B3, $A$14:$A$17, 0), MATCH(YEAR(C3), $B$12:$D$12 ,1)) – D3, 2)
6. =INDEX($H$13:$H$16, MATCH(AVERAGE(F3:G3), $G$13:$G$16, -1), 1)
7. =MATCH(J3, $J$13:$J$14, 1)

주희쌤 Tip

VLOOKUP(lookup_value, table_array, col_index_num, [range_lookup])

lookup_value를 table_array의 첫 열에서 찾고 가져올 땐 같은 행에 있는 다른 열의 데이터를 반환

VLOOKUP(lookup_value,
첫 열 찾음   찾을 값
    table_array,
    표 범위
    col_index_num,
    가져올 열 번호
    [range_lookup])
    옵션

HLOOKUP(lookup_value, table_array, row_index_num, [range_lookup])

lookup_value를 table_array의 첫 행에서 찾고 가져올 땐 같은 열에 있는 다른 행의 데이터를 반환

HLOOKUP(lookup_value,
첫 행 찾음   찾을 값
    table_array,
    표 범위
    row_index_num,
    가져올 행 번호
    [range_lookup])
    옵션

문제 유형 3 — '함수3' 워크시트에서 작업하시오.

⑧ [표5]의 [E3:E6] 영역에 영어등급표 [B9:C13]를 참조하여 영어점수의 등급을 표시하시오.
▶ HLOOKUP, VLOOKUP 중 알맞은 함수를 선택하여 사용

⑨ [표5]의 [F3:F6] 영역에 직급별급여표 [E9:I11]를 참조하여 직급에 따른 월급을 표시하시오.
▶ HLOOKUP, VLOOKUP 중 알맞은 함수를 선택하여 사용

⑩ [표5]를 이용하여 [G3] 셀에 입사일이 가장 빠른 이름을 표시하시오.
▶ HLOOKUP, VLOOKUP, MAX, MIN 중 알맞은 함수를 선택하여 사용

⑪ [표6]의 [E17:E27] 영역에 할인율표 [H16:K20]를 참조하여 할인금액을 표시하시오.
▶ 할인금액은 '수강료 × 할인율'로 계산
▶ VLOOKUP, MATCH 함수 사용

⑫ [표6]의 [F17:F27] 영역에 강의실표1 [H23:I27], 강의실표2 [H30:I33]를 참조하여 수강과목에 따른 강의실을 표시하시오.
▶ VLOOKUP, INDEX 함수 사용

 따라하기 ⑧

① [E3] 셀을 선택한 후 [수식 입력줄]에 커서를 이동합니다.
② 수식을 작성한 후 Enter 를 누릅니다.
③ [E3] 셀의 채우기 핸들을 [E6] 셀까지 드래그하여 수식을 복사합니다.

=VLOOKUP(C3,$B$10:$C$13,2,TRUE)

	A	B	C	D	E	F	G	H	I	J
1	[표5]									
2	입사일	이름	영어	직급	8. 영어 등급	9. 월급	10. 입사일이 가장 빠른 사원			
3	2010-04-25	이주희	100	사장	$C$13,2,TRUE)					
4	2011-01-02	홍길동	80	사원		드래그				
5	2014-03-05	이순신	79	대리						
6	2010-05-09	김철수	88	사원						
7										
8		<영어등급표>			<직급별요표>					
9		영어	등급		직급	사원	대리	부장	사장	
10		60	D		야근수당	10	20	30	40	
11		70	C		월급	100	200	300	400	
12		80	B							
13		90	A							

=VLOOKUP(	C3,	$B$10:$C$13,	2,	TRUE)
INDEX 함수가 범위의 행과 열이 교차하는 데이터를 가져올 수 있다면 VLOOKUP(Vertical LOOKUP) 함수는 첫 열에서 찾고 다른 열의 데이터를 가져올 수 있습니다.	'영어점수'를 찾아야 '등급'을 가져올 수 있으므로 lookup_value(찾을 값)는 '영어점수'입니다.	lookup_value(찾을 값)가 table_array(표 범위)의 첫 열에 있고 가져올 데이터도 포함되어 있어야 합니다.	첫 열에서 찾았다면 가져올 때엔 같은 행에 있는 다른 열의 데이터를 가져옵니다. 최종적으로 가져올 등급은 [B10:C13] 영역의 두 번째 열에 있으니 column_index_num(가져올 열 번호)는 '2'입니다.	lookup_value(찾을 값)가 table_array(표 범위)에서 정확하게 찾을 수 없으므로 range_lookup(옵션)은 'TRUE-유사 일치'입니다. 'TRUE'를 지정할 경우 lookup_value(찾을 값)와 같거나 한 단계 작은 데이터에서 찾을 수 있습니다.

따라하기 9

① [F3] 셀을 선택한 후 [수식 입력줄]에 커서를 이동합니다.

② 수식을 작성한 후 Enter 를 누릅니다.

③ [F3] 셀의 채우기 핸들을 [F6] 셀까지 드래그하여 수식을 복사합니다.

=HLOOKUP(D3,$F$9:$I$11,3,FALSE)

	A	B	C	D	E	F	G	H	I	J
1	[표5]									
2	입사일	이름	영어	직급	8. 영어 등급	9. 월급	10. 입사일이 가장 빠른 사원			
3	2010-04-25	이주희	100	사장	A	3,FALSE)				
4	2011-01-02	홍길동	80	사원	B					
5	2014-03-05	이순신	79	대리	C	드래그				
6	2010-05-09	김철수	88	사원	B					
7										
8		<영어등급표>			<직급별요표>					
9		영어	등급		직급	사원	대리	부장	사장	
10		60	D		야근수당	10	20	30	40	
11		70	C		월급	100	200	300	400	

=HLOOKUP(	D3,	$F$9:$I$11,	3,	FALSE)
[D3] 셀 값을 [F9:I11] 영역의 첫 행에서 찾아야 하기 때문에 HLOOKUP(Horizontal LOOKUP) 함수를 입력합니다.	'직급'을 찾아야 '월급'을 가져올 수 있으므로 lookup_value(찾을 값)는 '직급'입니다.	lookup_value(찾을 값)가 table_array(표 범위)의 첫 행에 있고 가져올 데이터도 포함되어 있어야 합니다.	'직급'을 찾고 가져올 때엔 '월급' 데이터를 가져와야 하므로 [F9:I11] 영역의 row_index_num(가져올 행 번호)는 '3'입니다.	lookup_value(찾을 값)를 table_array(표 범위)에서 정확하게 모두 찾을 수 있으므로 range_lookup(옵션)은 'FALSE-정확히 일치'입니다.

주희쌤 Tip

VLOOKUP, HLOOKUP 함수의 옵션(range_lookup)이 'TRUE'일 경우 생략이 가능합니다.

주희쌤 Tip

Q 저는 [E3] 셀을 선택 후 '=VLOOKUP(C3:C6, $B$10:$C$13, 2, TRUE)', [F3] 셀을 선택 후 '=HLOOKUP(D3:D6, $F$9:$I$11, 3, FALSE)'로 작성했어요. 수식을 복사하지 않아도 되니 편한데 이렇게 해도 될까요?

A 수식으로 인해 인접한 셀에 여러 값이 생성된 것을 'Spill'(분산, 분할)이라고 합니다.
하지만 이렇게 Spill된 배열 수식(배열을 이용한 수식)은 두 번째 셀부터 수식이 고스트되어 표시됩니다.
따라서 위 내용(Spill, 분산, 분할, 배열 수식 등) 중 하나라도 문제에 포함되어 있지 않다면 권장하지 않습니다.

 따라하기 ⑩

① [G3] 셀을 선택한 후 [수식 입력줄]에 커서를 이동합니다.

② 수식을 작성한 후 Enter 를 누릅니다.

`=VLOOKUP(MIN(A3:A6),A3:B6,2,FALSE)`

=VLOOKUP(	MIN(A3:A6),	A3:B6	2,	FALSE)
가장 빠른 입사일을 [A3:A6]에서 찾아야 합니다. 즉, 열에서 값을 검색하므로 VLOOKUP 함수를 입력합니다.	날짜는 숫자로 계산될 수 있음을 조건부서식2 시트에서 배웠습니다. 가장 빠른 날짜는 가장 작은 숫자와 같은 의미가 됩니다.	첫 열에서 검색하고 가져올 데이터가 있는 열도 포함되게끔 table_array(표 범위)를 지정해야 합니다.	첫 열에서 검색하지만 2열에 있는 '이름' 데이터를 가져오도록 column_index_num(가져올 열 번호)에 '2'를 입력합니다.	lookup_value(찾을 값)를 table_array(표 범위)에서 정확하게 찾을 수 있으므로 range_lookup(옵션)은 'FALSE-정확히 일치'입니다.

주희쌤Tip

Q MATCH 함수 뒤에 '+1'은 뭔가요?
A VLOOKUP 함수는 찾을 값(lookup_value)을 범위(table_array, H17:K20)의 첫 열에서 찾지만 '오전반'일 때에는 2번째 열을, '오후반'일 때에는 3번째 열을, '주말반'일 때에는 4번째 열의 값을 가져와야 합니다.
하지만 MATCH 함수는 찾을 값(lookup_value)이 범위(lookup_array, I16:K16)의 '오전반'일 때에는 '1', '오후반'일 때에는 '2', '주말반'일 때에는 '3'을 반환하죠.
VLOOKUP 함수는 H 열부터 시작하고 MATCH 함수는 I 열부터 시작하기 때문입니다. 그래서 MATCH 함수 뒤에 '+1'을 입력한 것입니다.
'=D17*VLOOKUP(B17,$H$17:$K$20,MATCH(C17,$H$16:$K$16,0),FALSE)'라고 입력해도 결과가 같으므로 정답 처리됩니다.

주희쌤Tip

11번 문제에서 HLOOKUP, MATCH 함수를 이용해 똑같은 결과가 나오는지 확인해보세요.
=D17*HLOOKUP(C17, $I$16:$K$20, MATCH(B17, $H$17:$H$20, 0)+1, FALSE)
HLOOKUP 함수의 범위는 16행부터 시작하지만 MATCH 함수의 범위는 17 행부터 시작하기 때문에 MATCH 함수 뒤에 '+1'을 입력합니다.

따라하기 ⑪

① [E17] 셀을 선택한 후 [수식 입력줄]에 커서를 이동합니다.

② 수식을 작성한 후 Enter 를 누릅니다.

③ [E17] 셀의 채우기 핸들을 [E27] 셀까지 드래그하여 수식을 복사합니다.

`=D17*VLOOKUP(B17,$H$17:$K$20,MATCH(C17,$I$16:$K$16,0)+1,FALSE)`

=D17*	VLOOKUP(	B17,	$H$17:$K$20,	MATCH(C17,$I$16:$K$16,0)+1,	FALSE)
할인 금액은 수강료×할인율이므로 '수강료'를 먼저 곱합니다.	<할인율표>에서 데이터를 가져오기 위한 함수로 VLOOKUP 함수를 먼저 입력합니다.	VLOOKUP 함수는 첫 열에서 찾을 값을 검색하므로 첫 열에 어떤 데이터가 있는지 보면 찾을 값을 알 수 있습니다. [H17:K20] 영역의 첫 열에는 포토샵, 프리미어, 에프터이펙트, 맥스가 있으므로 찾을 값은 '수강과목'입니다.	첫 열에서 찾고 가져올 데이터가 포함되게끔 table_array를 지정합니다.	가져올 때엔 다른 열의 데이터를 가져오는데 오전반, 오후반, 주말반의 위치에 따라 가져올 열 번호가 달라지므로 '시간'의 위치가 가져올 열 번호를 결정하게 합니다.	VLOOKUP 함수의 옵션으로 찾을 값을 첫 열에서 모두 찾을 수 있으므로 'FALSE-정확히 일치'입니다.

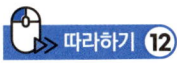

① [F17] 셀을 선택한 후 [수식 입력줄]에 커서를 이동합니다.

② 수식을 작성한 후 Enter 를 누릅니다.

③ [F17] 셀의 채우기 핸들을 [F27] 셀까지 드래그하여 수식을 복사합니다.

> **주희쌤 Tip**
>
> 컴활1급의 모든 문제는 문제에 제시된 지시사항을 지켜 결과가 같다면 정답 처리되므로 문제에 주어진 함수를 사용하여 결과가 같다면 식이 달라도 정답으로 처리됩니다.

=INDEX($I$31:$I$33,	VLOOKUP(B17,$H$24:$I$27,2,FALSE),	1)
INDEX 함수의 array(범위)는 최종적으로 가져올 데이터가 있는 강의실 범위([I31:I33]) 만 선택하는 것이 행 번호, 열 번호 지정하기가 편합니다.	수강과목에 따른 구분이 INDEX 함수 array([I31:I33]) 의 row_num(행 번호)를 결정합니다. 예를 들어, 구분 이 1이면 [I31:I33] 영역의 1행의 데이터를 가져오는 것이고, 구분이 2이면 [I31:I33] 영역의 2행의 데이터 를 가져오는 것입니다.	[I31:I33] 영역은 하나 의 열이기 때문에 당 연히 '1'열에서 데이터 를 가져와야 합니다.

정답

8. =VLOOKUP(C3, $B$10:$C$13, 2, TRUE)

9. =HLOOKUP(D3, $F$9:$I$11, 3, FALSE)

10. =VLOOKUP(MIN(A3:A6), A3:B6, 2, FALSE)

11. =D17 * VLOOKUP(B17, $H$17:$K$20, MATCH(C17, $I$16:$K$16, 0) + 1, FALSE)

12. =INDEX($I$31:$I$33, VLOOKUP(B17, $H$24:$I$27, 2, FALSE), 1)

문제 유형 4 '함수4' 워크시트에서 작업하시오.

⑬ [표7]에서 근무수당에 따른 휴가일수를 <휴가지급표>에서 찾아 [E4:E9] 영역에 표시하시오.
  ▶ 근무수당은 수당표 [A12:C13] 영역을 이용하여 각 근무시간에 따른 수당을 곱하여 더한 값
  ▶ VLOOKUP, SUMPRODUCT 함수 사용

⑭ [표7]의 근태점수, 연수점수, 실적점수를 이용하여 [I4:I9] 영역에 중간총점을 계산하여 표시하시오.
  ▶ 중간총점은 각 항목 점수에 항목별 가중치를 곱한 값들의 합으로 계산
  ▶ 항목별 가중치는 근태점수 0.5, 연수점수 0.3, 실적점수 0.2로 계산
  ▶ SUMPRODUCT 함수 사용

⑮ [표7]의 직위, 1차, 2차, 3차와 <항목별가중치표> [H12:K16] 영역을 이용하여 [N4:N9] 영역에 기말총점을 계산하여 표시하시오.
  ▶ 기말총점은 직위와 항목에 해당하는 가중치를 곱한 값들의 합으로 계산
  ▶ SUMPRODUCT, OFFSET, MATCH 함수 사용

⑯ <카드종류> 표에서 카드종류의 위치를 참조하여 [B19:B25] 영역에 카드위치를 표시하시오.
  ▶ 한국카드 외 카드는 기타카드에 해당
  ▶ 표시 예 : 주희카드이면 2, 한국카드이면 1
  ▶ MATCH 함수 사용

주희쌤 Tip

SUMPRODUCT(array1, [array2], [array3], ...)
array를 곱하고 그 결과를 더하여 표시

예

	A	B	C
1	데이터	1	4
2		2	5
3		3	6
4			
5	수식	=SUMPRODUCT(B1:B3, C1:C3)	
6	결과	32	

array의 첫 번째 셀 1과 4의 곱 = 4
array의 두 번째 셀 2와 5의 곱 = 10
array의 세 번째 셀 3과 6의 곱 = 18
그 결과를 더하여 표시
=4+10+18

따라하기 ⑬

① [E4] 셀을 선택한 후 [수식 입력줄]에 커서를 이동합니다.

② 수식을 작성한 후 Enter 를 누릅니다.

③ [E4] 셀의 채우기 핸들을 [E9] 셀까지 드래그하여 수식을 복사합니다.

=VLOOKUP(SUMPRODUCT(B4:D4,$A$13:$C$13),$E$13:$F$17,2,TRUE)

=VLOOKUP(	SUMPRODUCT (B4:D4,$A$13:$C$13),	$E$13:$F$17,	2,	TRUE)
근무수당에 따른 휴가일수를 가져와야 하므로 VLOOKUP 함수를 먼저 입력합니다.	lookup_value(찾을 값)인 근무수당은 각 근무시간에 따른 수당을 곱하여(product) 더하는(sum) 값이기 때문에 SUMPRODUCT 함수를 입력합니다.	첫 열에서 찾고 가져올 데이터가 포함되게끔 table_array(표 범위)를 지정합니다.	근무수당을 <휴가지급표>의 첫 열에서 찾고 그에 따른 휴가일수를 두 번째 열에서 가져와야 하므로 column_index_num(가져올 열 번호)에 '2'를 입력합니다.	lookup_value(찾을 값)가 table_array(표 범위)의 첫 열에서 정확하게 찾을 수 없으므로 range_lookup(옵션)은 'TRUE-유사일치'입니다.

 따라하기 14

① [I4] 셀을 선택한 후 [수식 입력줄]에 커서를 이동합니다.

② 수식을 작성한 후 Enter 를 누릅니다.

③ [I4] 셀의 채우기 핸들을 [I9] 셀까지 드래그하여 수식을 복사합니다.

=SUMPRODUCT(F4:H4,	{0.5,0.3,0.2}
최종적으로 구해야 할 중간총점은 각 항목 점수에 항목별 가중치를 곱한(product) 값들의 합(sum)이므로 SUMPRODUCT 함수를 입력합니다.	0.5, 0.3, 0.2는 드래그하여 범위를 선택할 수 없으므로 중괄호를 묶어서 배열 상수로 입력합니다.

 따라하기 15

① [N4] 셀을 선택한 후 [수식 입력줄]에 커서를 이동합니다.

② 수식을 작성한 후 Enter 를 누릅니다.

③ [N4] 셀의 채우기 핸들을 [N9] 셀까지 드래그하여 수식을 복사합니다.

주희쌤 Tip

0.5	0.3	0.2

{0.5, 0.3, 0.2}
열 구분은 쉼표(,)로 구분하여 입력하고, 하나의 인수임을 나타내기 위해 중괄호({})로 묶어 입력합니다.

| 0.5 |
| 0.3 |
| 0.2 |

{0.5 ; 0.3 ; 0.2}
행 구분은 세미콜론(;)으로 구분하여 입력하고, 역시 하나의 인수임을 나타내기 위해 중괄호({})로 묶어 입력합니다.

주희쌤 Tip

OFFSET(reference, rows, cols, [height], [width])

reference(참조 셀)을 기준으로 rows(행)와 cols(열)가 떨어진 영역을 반환

예

	A	B	C	D
1				
2	데이터	1	2	3
3		4	5	6
4		7	8	9
5		10	11	12
6				
7	수식	=SUMPRODUCT(B2:D2, OFFSET(A1, 2, 1, 1, 3))		
8	결과	32		

↑ [B2:D2]와 {4, 5, 6}을 곱한 값들의 합

OFFSET(A1, 2, 1, 1, 3)
↑ [A1] 셀을 기준으로 '2' 행(row), '1' 열(column) 떨어진 높이(height) '1', 너비(width) '3'의 영역 : {4, 5, 6}

=SUMPRODUCT(K4:M4,	OFFSET($H$12,MATCH(J4,$H$13:$H$16,0),1,1,3))
최종적으로 개인별 1차, 2차, 3차 점수와 직위별 가중치를 곱한 값들의 합으로 계산해야 하므로 SUMPRODUCT 함수를 먼저 입력합니다.	직위에 따른 가중치를 <항목별가중치표>에서 가져와야 하므로 OFFSET 함수를 입력합니다. [H12] 셀을 기준으로 몇 행이 떨어질 것인가는 직위의 위치(MATCH 함수)가 결정합니다. <항목별가중치표> | 직위	1차	2차	3차
---	---	---	---
사원	10%	15%	20%
주임	15%	15%	20%
대리	20%	20%	20%
과장	25%	25%	25%	 ↑ 예를 들어 직위가 과장이라고 가정할 경우엔 [H12] 셀에서 4행, 1열 떨어진 높이 1, 너비 3의 영역이 가중치가 됩니다.

따라하기 16

① [B19] 셀을 선택한 후 [수식 입력줄]에 커서를 이동합니다.

② 수식을 작성한 후 Enter 를 누릅니다.

③ [B19] 셀의 채우기 핸들을 [B25] 셀까지 드래그하여 수식을 복사합니다.

=MATCH(A19,	{"한국카드","주희카드"},	-1)
카드의 위치를 표시하는 문제로 한국카드이면 위치가 1, 한국카드 외에 다른 카드이면 위치는 2가 반환되어야 합니다.	한국카드, 주희카드, 외국카드, 기타카드를 내림차순으로 정렬하여 가장 위에 있는 두 개(한국카드, 주희카드)의 카드를 범위로 지정해야 합니다. 그래야만 외국카드가 주희카드의 위치인 2번째에서 찾아질 수 있습니다.	{"한국카드","주희카드"}는 내림차순이므로 match_type(옵션)은 -1입니다.

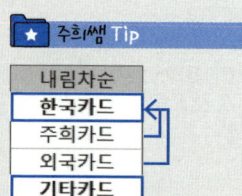

주희쌤 Tip

내림차순
한국카드
주희카드
외국카드
기타카드

↑ 범위의 데이터가 내림차순(ㅎ~ㄱ)으로 정렬되어 있으므로 match_type은 '-1 보다 큼'입니다. 범위에 {"한국카드","기타카드"}가 있을 경우 '주희카드', '외국카드'는 보다 큰 '한국카드'에서 찾아집니다.

내림차순
한국카드
주희카드
외국카드
기타카드

↑ 범위에 {"한국카드","주희카드"}가 있을 경우 '외국카드', '기타카드'는 보다 큰 '주희카드'에서 찾아집니다.

정답

13. =VLOOKUP(SUMPRODUCT(B4:D4, $A$13:$C$13), $E$13:$F$17, 2, TRUE)

14. =SUMPRODUCT(F4:H4, {0.5, 0.3, 0.2})

15. =SUMPRODUCT(K4:M4, OFFSET($H$12, MATCH(J4, $H$13:$H$16, 0), 1, 1, 3))

16. =MATCH(A19, {"한국카드", "주희카드"}, -1)

문제 유형 5   '함수5' 워크시트에서 작업하시오.

⑰ [표9]에서 사원번호를 이용하여 [C4:C9] 영역에 성별을 표시하시오.
- ▶ 사원번호의 첫 글자가 'F'이면 '여자'로, 'M'이면 '남자'로 표시
- ▶ IF, LEFT 함수 사용

⑱ [표9]의 사원번호를 이용하여 [D4:D9] 영역에 지역을 표시하시오.
- ▶ 사원번호의 마지막 글자가 "s"면 "서울", "b"면 "부산", "j"면 "제주도"로 계산
- ▶ IF, RIGHT 함수 사용

⑲ [표9]에서 입사일을 이용하여 [E4:E9] 영역에 근속수당을 표시하시오.
- ▶ 근속수당은 근무년수가 4 이상이면 100000, 그렇지 않으면 50000으로 계산
- ▶ 근무년수는 올해의 연도에서 입사일의 연도를 뺀 것
- ▶ IF, YEAR, TODAY 함수 사용

⑳ [표9]에서 전년도성적 [F4:F9] 영역을 참조하여 세 번째로 큰 숫자까지 [G4:G9] 영역에 '상위3번째'로 표시하시오.
- ▶ IF, LARGE 함수 사용

㉑ [표9]의 전년도성적을 이용하여 [H4:H9] 영역에 전년도실적을 계산하여 표시하시오.
- ▶ 전년도실적 = 전년도성적 × 1000
- ▶ 전년도성적이 90 이상인 경우 '전년도성적×1500'으로 계산
- ▶ IF 함수 사용

㉒ [표9]에서 전년도성적, 근태점수, 연수점수를 이용하여 [K4:K9] 영역에 표시하시오.
- ▶ 전년도성적이 90 이상이고 근태점수, 연수점수의 평균이 90 이상이면 '우수사원'으로 표시하고, 그 외에는 공란으로 표시
- ▶ IF, AND, AVERAGE 함수 사용

㉓ [표9]의 사원번호와 전년도성적을 이용하여 [L4:L9] 영역에 승진대상자를 표시하시오.
- ▶ 승진대상자는 사원번호의 두 번째 문자가 'p' 또는 'w'이면 '정규직'으로, 그 외에는 '계약직'으로 처리하고, 전년도성적이 85 이상일 때만 '-승진대상'을 뒤에 추가
- ▶ 표시 예 : 정규직-승진대상
- ▶ IF, OR, MID 함수와 & 연산자 이용

㉔ [표9]의 사원번호, 근태점수, 연수점수와 [표10]을 이용하여 [M4:M9] 영역에 보너스를 계산하여 표시하시오.
- ▶ 보너스 = (근태점수 + 연수점수) × 1000 + 추가금액
- ▶ 추가금액은 사원번호[A4:A9]가 '1-j'로 끝나는 경우만 [표10]의 [A12:B18]에서 추출한 사원번호에 따른 판매수량에 5000을 곱한 금액을 지급
- ▶ IF, VLOOKUP, RIGHT 함수 사용

㉕ [표10]에서 판매수량, 제품명, 제조사를 이용하여 [F13:F18] 영역에 판매금액을 계산하여 표시하시오.
- ▶ 판매금액은 판매수량 × 판매단가 × (1–할인율)
- ▶ 판매단가는 [A21:B25] 영역을 참조하여 제품명에 따른 판매단가를 계산
- ▶ 할인율은 제조사가 '주희문구'라면 '10%', '행복문구'라면 '5%'로 계산
- ▶ IF, VLOOKUP 함수 사용

㉖ [표10]의 판매일자와 제품명, <판매단가표>를 이용하여 [G13:G18] 영역에 할인단가를 계산하여 표시하시오.
- ▶ 할인단가는 판매일자의 월이 3월 이후이면 판매단가를 5% 할인하고, 그렇지 않으면 판매단가를 그대로 계산
- ▶ 판매단가는 <판매단가표>를 이용하여 계산
- ▶ 최종적인 할인단가는 내림하여 일의 자리까지 표시
- ▶ IF, ROUNDDOWN, MONTH, VLOOKUP 함수 사용

㉗ [표10]의 1차평가, 2차평가, 실적점수를 이용하여 [L13:L18] 영역에 하반기합격을 표시하시오.
- ▶ 하반기합격은 1차평가나 2차평가가 공백이거나, 실적점수가 60 미만이면 '재심사', 그렇지 않으면 '합격'으로 표시
- ▶ IF, OR, ISBLANK 함수 사용

㉘ [표10]의 상반기합격과 하반기합격을 이용하여 [M13:M18] 영역에 최종합격을 표시하시오.
- ▶ 상반기합격의 첫 글자와 하반기합격의 첫 글자가 동일하면 상반기합격의 첫 번째 빈칸을 "★"로 표시하고, 그렇지 않으면 상반기합격을 그대로 표시
- ▶ IF, LEFT, SUBSTITUTE 함수 사용

㉙ [표11]의 이용시간(분)을 이용하여 [F22:F27] 영역에 결과1을 표시하시오.
- ▶ 이용시간(분)이 60 이상이면 분 단위는 계산하지 말고 올려서 표시하고, 그렇지 않으면 빈칸으로 표시
- ▶ 표시 예 : 105 → 2시간
- ▶ IF, TEXT, ROUNDUP 함수 사용

㉚ [표11]의 이용시간(분)을 이용하여 [G22:G27] 영역에 결과2를 표시하시오.
- ▶ 이용시간(분)이 120 이상이면 분 단위까지 계산하여 표시하고, 그렇지 않으면 공백으로 표시
- ▶ 표시 예 : 128 → 2시간8분
- ▶ IF, INT, MOD 함수와 & 연산자 이용

㉛ 숫자1, 숫자2를 이용하여 [K22:K27] 영역에 숫자3을 표시하시오.
- ▶ '숫자1'과 '숫자2'를 연결한 값을 수치 데이터로 입력
  '숫자1'이 12, '숫자2'가 02인 경우 : 122
  '숫자1'이 01, '숫자2'가 13인 경우 : 113
- ▶ VALUE 함수와 & 연산자 이용

32 숫자3을 이용하여 [L22:L27] 영역에 숫자4를 표시하시오.
- 숫자3의 2~3번째 글자에 00을 추가하여 표시
- 최종적으로 수치 데이터로 표시
- 표시 예 : 122 → 10022
  113 → 10013
- VALUE, REPLACE 함수 사용

① [C4] 셀을 선택한 후 [수식 입력줄]에 커서를 이동합니다.

② 수식을 작성한 후 Enter 를 누릅니다.

③ [C4] 셀의 채우기 핸들을 [C9] 셀까지 드래그하여 수식을 복사합니다.

=IF(LEFT(A4,1)="F",	"여자",	"남자")
사원번호의 첫 글자가 'F'가 맞냐 (TRUE), 'F'가 아니냐(FALSE)에 따라 결과가 달라지므로 IF 함수를 먼저 입력합니다.	'F'가 맞을 경우(TRUE) '여자'를 반환합니다.	'F'가 아닌 경우(FALSE) 나머지는 전부 'M'이기 때문에 따로 'M'이 맞는지는 질문하지 않아도 됩니다.

① [D4] 셀을 선택한 후 [수식 입력줄]에 커서를 이동합니다.

② 수식을 작성한 후 Enter 를 누릅니다.

③ [D4] 셀의 채우기 핸들을 [D9] 셀까지 드래그하여 수식을 복사합니다.

=IF(RIGHT(A4,1)="s","서울",	IF(RIGHT(A4,1)="b","부산",	"제주도"))
사원번호의 마지막 글자가 's'이면 '서울'이 반환되게 합니다.	's'가 아니라면 'b'가 맞냐고 한 번 더 질문하기 위해 logical(논리)이 또 필요하므로 IF 함수를 입력합니다.	's'도 아니고 'b'도 아닐 경우 나머지는 전부 'j'이기 때문에 따로 'j'가 맞는지는 질문하지 않았습니다.

주희쌤 Tip

IF(logical_test, [value_if_true], [value_if_false])

logical이 TRUE이면 value_if_true를 반환, FALSE이면 value_if_false를 반환

예

	A	B
1	수식	=IF(1+1=5, "컴활", "이주희")
2	결과	이주희

↑ '1+1=5'가 TRUE이면 '컴활', FALSE이면 '이주희'를 반환

IFS(logical_test1, value_if_true1, ...)

logical1이 TRUE이면 value_if_true1, logical2가 TRUE이면 value_if_true2를 반환(앞쪽의 조건이 만족되면 값을 반환하고 뒤에 조건은 무시)

예

	A	B	C
1	[B5] 셀 수식		
2	=IFS(A5>=90,"A", A5>=80,"B", A5>=70,"C", TRUE,"F")		
3			
4	데이터	결과	
5	90	A	
6	79	C	
7	65	F	

↑ 'A5>=90'이 TRUE이면 'A', 'A5>=80'이 TRUE이면 'B', 'A5>=70'이 TRUE이면 'C', 'TRUE'가 TRUE이면 'F'를 반환

주희쌤 Tip

엑셀	IF
액세스	IIF

주희쌤 Tip

18번 문제를 IFS와 RIGHT 함수로 풀어보세요.
=IFS(RIGHT(A4,1)="s","서울", RIGHT(A4,1)="b","부산", TRUE,"제주도")

주희쌤 Tip

TODAY()

인수가 없는 함수로 현재 날짜를 셀의 표시 형식에 맞춰 반환

예

	A	B
1	수식	=TODAY()
2	결과	2025-03-12

↑ 현재 시스템 날짜가 2025년 3월 12일인 경우

NOW()

인수가 없는 함수로 현재 날짜와 시간을 반환

예

	A	B
1	수식	=NOW()
2	결과	2025-03-12 9:35

↑ 현재 시스템 날짜와 시간이 2025년 3월 12일 9시 35분인 경우

주희쌤 Tip

19번은 TODAY 함수로 인해 결과가 달라 보일 수 있습니다.

주희쌤 Tip

	날짜	날짜+시간
엑셀	TODAY	NOW
액세스	DATE	
VBE		

 따라하기 19

① [E4] 셀을 선택한 후 [수식 입력줄]에 커서를 이동합니다.

② 수식을 작성한 후 Enter 를 누릅니다.

③ [E4] 셀의 채우기 핸들을 [E9] 셀까지 드래그하여 수식을 복사합니다.

[스크린샷: =IF(YEAR(TODAY())-YEAR(B4)>=4,100000,50000)]

=IF(	YEAR(TODAY())-YEAR(B4) >=4,	100000,	50000)
근속년수가 4 이상이 맞냐(TRUE), 4 이상이 아니냐(FALSE)에 따라 결과가 달라지므로 IF 함수를 먼저 입력합니다.	근속년수는 올해의 연도(YEAR 함수)에서 입사일의 연도(YEAR 함수)를 빼서 계산합니다.	100000, 50000은 숫자이므로 큰 따옴표("")를 묶지 않습니다.	4 이상이 아니라면, 즉, 4 미만이라면 50000이 반환되도록 합니다.

따라하기 20

① [G4] 셀을 선택한 후 [수식 입력줄]에 커서를 이동합니다.

② 수식을 작성한 후 Enter 를 누릅니다.

③ [G4] 셀의 채우기 핸들을 [G9] 셀까지 드래그하여 수식을 복사합니다.

[스크린샷: =IF(F4>=LARGE($F$4:$F$9,3),"상위3번째","")]

=IF(	F4>=LARGE($F$4:$F$9,3),	"상위3번째",	"")
상위3번째로 표시할지, 공란으로 표시할지는 조건에 따라 달라지므로 IF 함수를 먼저 입력합니다.	[F4:F9] 영역의 '3번째 큰 수'보다 크거나 같다면 그 숫자는 상위 3번째까지입니다.	logical_test(논리)가 TRUE인 경우 '상위3번째'를 반환합니다.	IF 함수의 value_if_false 인수를 생략하면 아무것도 표시되지 않는 것이 아니라 'FALSE' 혹은 '0'이 반환됩니다.

따라하기 21

① [H4] 셀을 선택한 후 [수식 입력줄]에 커서를 이동합니다.

② 수식을 작성한 후 Enter 를 누릅니다.

③ [H4] 셀의 채우기 핸들을 [H9] 셀까지 드래그하여 수식을 복사합니다.

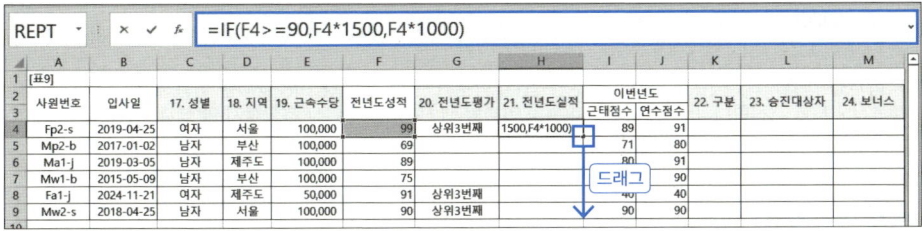

> 주희쌤 Tip
>
> **문**
> 성별을 "여자"로 표시
> 단, 학번이 A로 시작하면 "남자"
>
> **식**
> =IF(학번이 A로 시작하면, "남자", "여자")
>
> =IF(조건, 조건에 맞다면, 원래 하려던 것)

=IF(F4>=90,	F4*1500,	F4*1000)
문제에 조건이 주어지면 조건을 IF 함수의 logical_test 인수에 입력합니다.	조건(전년도성적이 90 이상인 경우)에 해당할 경우 '전년도성적× 1500'이 계산되도록 합니다.	조건에 해당하지 않을 경우 원래 계산하려던 '전년도성적×1000'이 계산되도록 합니다.

 따라하기 **22**

① [K4] 셀을 선택한 후 [수식 입력줄]에 커서를 이동합니다.

② 수식을 작성한 후 `Enter`를 누릅니다.

③ [K4] 셀의 채우기 핸들을 [K9] 셀까지 드래그하여 수식을 복사합니다.

=IF(	AND(F4>=90,AVERAGE(I4:J4)>=90),	"우수사원",	"")
우수사원으로 표시할지, 공란으로 표시할지는 조건에 따라 달라지므로 IF 함수를 먼저 입력합니다.	'전년도성적이 90 이상이고'까지 AND 함수의 첫 번째 인수로, '근태점수, 연수점수의 평균이 90 이상이면'까지 AND 함수의 두 번째 인수로 IF 함수 조건을 지정합니다.	AND 함수의 인수 모두가 TRUE이면 '우수사원'을 최종 반환합니다.	공란, 공백, 빈칸은 모두 ""로 입력합니다.

 따라하기 **23**

① [L4] 셀을 선택한 후 [수식 입력줄]에 커서를 이동합니다.

② 수식을 작성한 후 `Enter`를 누릅니다.

③ [L4] 셀의 채우기 핸들을 [L9] 셀까지 드래그하여 수식을 복사합니다.

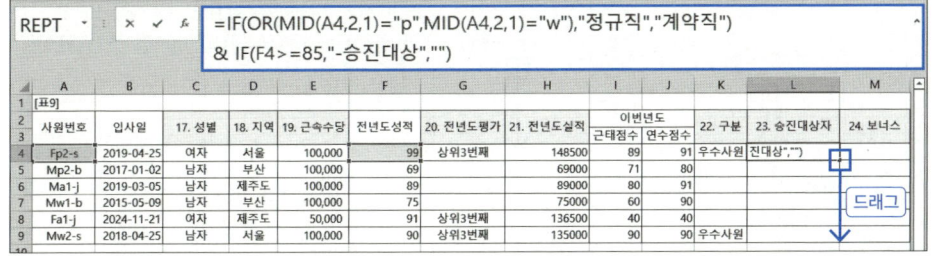

> 주희쌤 Tip
>
> =SUM(0, 1) & "급"
> =1 & LEFT("급수", 1)
> =SUM(0, 1) & LEFT("급수", 1)
>
> ↑ '&'(연결 연산자)를 이용해야 연결됩니다.
>
> Q '&'가 문제에 없어도 사용해도 되나요?
> A 필요한 경우라면 사용해도 됩니다.

=IF(OR(MID(A4,2,1)="p",MID(A4,2,1)="w"),"정규직","계약직")	&	IF(F4 > =85,"-승진대상","")
IF 함수를 이용하여 '정규직'인지 '계약직'인지를 결정합니다.	함수와 함수, 함수와 문자, 함수와 숫자 등을 연결할 때 쓰입니다.	IF 함수를 이용하여 '-승진대상'을 추가할지 안 할지 결정합니다.

주희쌤 Tip

ROUND(number, num_digits)
number를 digits까지 반올림하여 표시

예

	A	B
1	수식	=ROUND(346.78, 1)
2	결과	346.8

↑ '346.78'을 반올림하여 소수 첫째 자리까지 표시

	A	B
1	수식	=ROUND(346.74, 1)
2	결과	346.7

↑ '346.74'를 반올림하여 소수 첫째 자리까지 표시

	A	B
1	수식	=ROUND(346.74, -1)
2	결과	350

↑ digits에 음수를 지정할 경우 지정한 자릿수로 반올림하여 소수점 위까지 표시

ROUNDUP(number, num_digits)
number를 digits까지 올림하여 표시

예

	A	B
1	수식	=ROUNDUP(346.74, 1)
2	결과	346.8

↑ '346.74'를 올림하여 소수 첫째 자리까지 표시

ROUNDDOWN(number, num_digits)
number를 digits까지 내림하여 표시

예

	A	B
1	수식	=ROUNDDOWN(346.74, 1)
2	결과	346.7

↑ '346.74'를 내림하여 소수 첫째 자리까지 표시

따라하기 24

① [M4] 셀을 선택한 후 [수식 입력줄]에 커서를 이동합니다.

② 수식을 작성한 후 Enter 를 누릅니다.

③ [M4] 셀의 채우기 핸들을 [M9] 셀까지 드래그하여 수식을 복사합니다.

수식: =(I4+J4)*1000+IF(RIGHT(A4,3)="1-j",VLOOKUP(A4,$A$13:$B$18,2,FALSE)*5000,0)

=(I4+J4)*1000+	IF(RIGHT(A4,3)="1-j",	VLOOKUP(A4,$A$13:$B$18,2,FALSE)*5000,	0)
(근태점수+연수점수)×1000+	추가금액은 사원번호가 '1-j'로 끝나는 경우에만 더합니다.	추가금액은 VLOOKUP 함수를 이용하여 사원번호에 따른 판매수량을 가져오고 여기에 5000을 곱합니다.	'1-j'로 끝나지 않는 경우에는 추가금액을 더하지 않는데 22번의 공란("")처럼 입력하면 문자를 더할 수 없기 때문에 오류가 나게 됩니다.

따라하기 25

① [F13] 셀을 선택한 후 [수식 입력줄]에 커서를 이동합니다.

② 수식을 작성한 후 Enter 를 누릅니다.

③ [F13] 셀의 채우기 핸들을 [F18] 셀까지 드래그하여 수식을 복사합니다.

수식: =B13*VLOOKUP(D13,$A$22:$B$25,2,FALSE)*(1-IF(E13="주희문구",0.1,0.05))

=B13*	VLOOKUP(D13,$A$22:$B$25,2,FALSE)*	(1-IF(E13="주희문구",10%,5%))
판매수량×	VLOOKUP 함수를 이용하여 제품명에 따른 판매단가를 가져옵니다.	할인율은 주희문구냐 아니냐에 따라 결과가 달라지는데 10%, 5%를 입력해도 되고 0.1, 0.05를 입력해도 됩니다.

> **주희쌤 Tip**
>
> '할인' 단어가 나오면 1에서 뺀 수를 곱합니다.
>
> 예
> - 5% 할인한 금액 : 금액*(1-0.05)
> - 5% 할인한 금액 : 금액*0.95
> - 금액에서 5%를 할인 : 금액*0.95
> - 금액을 5% 할인 : 금액*0.95
>
> '할인' 단어가 나오지 않으면 그 수를 그대로 곱합니다.
> - 금액의 5% : 금액*0.05
> - A의 B% : A*B%

 따라하기 26

① [G13] 셀을 선택한 후 [수식 입력줄]에 커서를 이동합니다.

② 수식을 작성한 후 Enter 를 누릅니다.

③ [G13] 셀의 채우기 핸들을 [G18] 셀까지 드래그하여 수식을 복사합니다.

`=ROUNDDOWN(IF(MONTH(C13)>=3,VLOOKUP(D13,$A$22:$B$25,2,FALSE)*0.95, VLOOKUP(D13,$A$22:$B$25,2,FALSE)),0)`

=ROUNDDOWN(	IF(MONTH(C13)>=3,	VLOOKUP(D13,$A$22:$B$25,2,FALSE)*0.95,	VLOOKUP(D13,$A$22:$B$25,2,FALSE)),	0)
최종적인 할인단가는 내림하여 정수까지 표시해야 하므로 ROUNDDOWN 함수를 먼저 입력합니다.	판매일자의 월이 3월 이후냐 아니냐에 따라 결과가 달라지므로 IF 함수를 입력합니다.	제품명에 따른 판매단가를 VLOOKUP 함수로 구하고 5%를 할인하기 위해 0.95(=1-0.05)를 곱합니다.	판매일자의 월이 3월 이후가 아닐 경우 제품명에 따른 판매단가를 그대로 계산합니다.	일의 자리까지 표시하려면 digits에 '0'을 지정합니다.

> **주희쌤 Tip**
>
> **ISBLANK(value)**
>
> value가 빈 셀이면 TRUE, 아니라면 FALSE
>
> 예
>
> | | A | B |
> |---|---|---|
> | 1 | 데이터 | |
> | 2 | | |
> | 3 | 수식 | =ISBLANK(B1) |
> | 4 | 결과 | TRUE |
>
> ↑ [B1] 셀이 빈 셀이면 TRUE
>
> **ISERROR(value)**
>
> value가 오류이면 TRUE, 아니라면 FALSE
>
> 예
>
> | | A | B |
> |---|---|---|
> | 1 | 데이터 | #N/A |
> | 2 | | |
> | 3 | 수식 | =IF(ISERROR(B1), "에러", "") |
> | 4 | 결과 | 에러 |
>
> ↑ [B1] 셀 값이 오류이면 IF 함수의 value_if_true인 '에러'를 반환

 따라하기 27

① [L13] 셀을 선택한 후 [수식 입력줄]에 커서를 이동합니다.

② 수식을 작성한 후 Enter 를 누릅니다.

③ [L13] 셀의 채우기 핸들을 [L18] 셀까지 드래그하여 수식을 복사합니다.

`=IF(OR(ISBLANK(I13),ISBLANK(J13),K13<60),"재심사","합격")`

=IF(	OR(ISBLANK(I13),ISBLANK(J13),K13<60),	"재심사","합격")
조건에 맞냐(TRUE), 맞지 않냐(FALSE)에 따라 결과가 달라지므로 IF 함수를 먼저 입력합니다.	조건에 OR 함수를 입력하여 OR 인수 중 하나라도 TRUE이면 '재심사'가 반환되게 합니다.	조건에 맞으면 '재심사'를 반환하지만 조건에 맞지 않을 경우 '합격'을 반환합니다.

> **ISERR(value)**
>
> value가 오류이면 TRUE, 아니라면 FALSE (단, #N/A는 제외)
>
> 예
>
> | | A | B |
> |---|---|---|
> | 1 | 데이터 | #N/A |
> | 2 | | |
> | 3 | 수식 | =ISERR(B1) |
> | 4 | 결과 | FALSE |
>
> ↑ [B1] 셀 값이 오류이면 TRUE

주희쌤 Tip

SUBSTITUTE(text, old_text, new_text, [instance_num])

text 중의 old_text를 찾아 new_text로 바꿈
(instance_num : 몇 번째의 old_text를 바꿀 것인지 지정)

예

	A	B
1	데이터	이주희주
2		
3	수식	=SUBSTITUTE(B1, "주", "합격", 2)
4	결과	이주희합격

↑ [B1] 셀 값의 2번째에 있는 '주'를 찾아 '합격'으로 변경

REPLACE(old_text, start_num, num_chars, new_text)

old_text의 start_num부터 num_chars 만큼 new_text로 변경

예

	A	B
1	데이터	이주희합격
2		
3	수식	=REPLACE(B1, 4, 2, "컴활")
4	결과	이주희컴활

↑ [B1] 셀 값의 4번째부터 문자 2개를 '컴활'로 변경

	A	B
1	데이터	이주희합격
2		
3	수식	=REPLACE(B1, 4, 0, "컴활")
4	결과	이주희컴활합격

↑ [B1] 셀 값의 4번째부터 변경 없이 '컴활'을 추가

주희쌤 Tip

기억나지 않는다!! 함수 마법사를 이용하여 함수 인수 설명 보기
① [수식 입력줄]에 '=SUBSTITUTE('를 입력하고 [함수 삽입](fx)을 클릭합니다.
② [함수 인수] 대화상자가 나타나면 각 인수 란을 클릭하여 아래에 나타난 설명을 읽습니다.

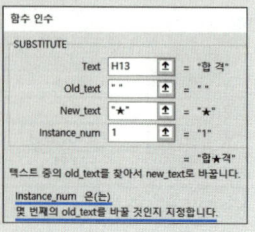

따라하기 28

① [M13] 셀을 선택한 후 [수식 입력줄]에 커서를 이동합니다.

② 수식을 작성한 후 Enter 를 누릅니다.

③ [M13] 셀의 채우기 핸들을 [M18] 셀까지 드래그하여 수식을 복사합니다.

=IF(LEFT(H13,1)=LEFT(L13,1),SUBSTITUTE(H13," ","★",1),H13)

=IF(LEFT(H13,1)=LEFT(L13,1),	SUBSTITUTE(H13," ","★",1),	H13)
IF 함수의 조건은 '상반기합격의 첫 글자=하반기합격의 첫 글자'입니다.	조건에 맞을 경우 상반기합격의 첫 번째 빈칸을 '★'로 바꾸어 표시하도록 SUBSTITUTE 함수를 입력합니다.	조건에 맞지 않을 경우 상반기합격을 그대로 표시합니다.

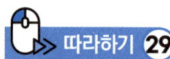
따라하기 29

① [F22] 셀을 선택한 후 [수식 입력줄]에 커서를 이동합니다.

② 수식을 작성한 후 Enter 를 누릅니다.

③ [F22] 셀의 채우기 핸들을 [F27] 셀까지 드래그하여 수식을 복사합니다.

=IF(E22>=60,TEXT(ROUNDUP(E22/60,0),"#시간"),"")

=IF(E22>=60,	TEXT(	ROUNDUP(E22/60,0),	"0시간"),	"")
이용시간(분)이 60 이상이 맞다(TRUE), 60 이상이 아니냐(FALSE)에 따라 결과가 달라지므로 IF 함수를 먼저 입력합니다.	조건에 맞을 경우 '시간'이 같이 표시되어야 하므로 TEXT 함수를 입력합니다.	분 단위를 시 단위로 변경하기 위해 나누기 60을 하고, ROUNDUP 함수를 이용하여 일의 자리까지 올려서 표시합니다.	숫자는 '0'과 '#'으로 표시할 수 있으므로 '#시간'을 입력해도 됩니다.	이용시간(분)이 60 이상이 아닐 경우 즉, 60 미만일 경우 아무것도 표시되지 않도록 빈칸("")을 입력합니다.

따라하기 30

① [G22] 셀을 선택한 후 [수식 입력줄]에 커서를 이동합니다.

② 수식을 작성한 후 Enter 를 누릅니다.

③ [G22] 셀의 채우기 핸들을 [G27] 셀까지 드래그하여 수식을 복사합니다.

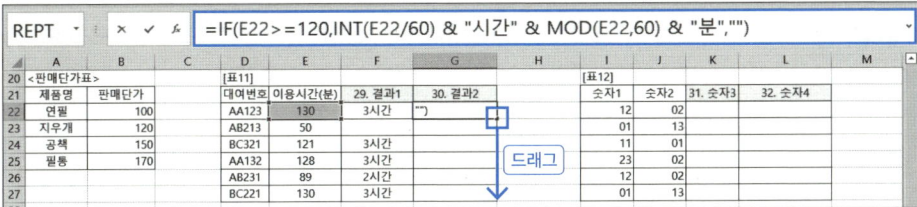

=IF(E22>=120,	INT(E22/60)	&"시간"&	MOD(E22,60)&"분",	""
이용시간(분)이 120 이상이 맞냐(TRUE), 120 이상이 아니냐(FALSE)에 따라 결과가 달라지므로 IF 함수를 먼저 입력합니다.	분 단위를 시 단위로 변경하기 위해 나누기 60을 하고, INT 함수를 이용하여 정수까지 표시합니다.	함수와 문자와 함수를 연결하기 위해 '&'를 사용합니다.	이용시간(분)이 65분이라면 1시간 5분인데 65를 60으로 나누고 나머지를 구하면 시 단위를 제외한 분 단위만 알 수 있습니다. TEXT 함수를 이용할 수 있었다면 'TEXT(MOD(E22,60), "0분")'가 됩니다.	조건에 맞지 않으면 아무것도 표시되지 않도록 공백("")을 입력합니다.

① [K22] 셀을 선택한 후 [수식 입력줄]에 커서를 이동합니다.

② 수식을 작성한 후 Enter 를 누릅니다.

③ [K22] 셀의 채우기 핸들을 [K27] 셀까지 드래그하여 수식을 복사합니다.

=VALUE(	I22&J22
최종적으로 수치 데이터로 표시하기 위해 VALUE 함수를 입력합니다.	숫자와 숫자를 연결 연산자(&)로 연결만 하여도 문자로 취급됩니다.

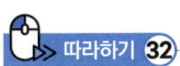

① [L22] 셀을 선택한 후 [수식 입력줄]에 커서를 이동합니다.

② 수식을 작성한 후 Enter 를 누릅니다.

③ [L22] 셀의 채우기 핸들을 [L27] 셀까지 드래그하여 수식을 복사합니다.

=VALUE(	REPLACE(K22,2,0,"00"))
최종적으로 수치 데이터로 표시하기 위해 VALUE 함수를 입력합니다.	122를 10022로 표시하려면 변경하는 값 없이 '00'을 추가해야 하므로 변경할 num_char(문자의 개수)는 '0'입니다.

TRUNC(number, [num_digits])

number를 digits까지 남기고 나머지는 버림

	A	B	C
1	[B4] 셀 수식	=TRUNC(A4, 0)	
2			
3	데이터	결과	
4	1.5	1	
5	-1.5	-1	

↑ 지정한 셀 값을 일의 자리까지 남기고 나머지는 버림

주희쌤 Tip

1시간당 60분이니까 60으로 나누면 분 단위를 시 단위로 표시할 수 있습니다.

2 시간 ☞ 몫 → 시간
60) 128 분
   120
─────
   8 분 ☞ 나머지 → 분

주희쌤 Tip

	A	B	C
1	숫자	숫자	문자
2	12	02	=A2 & B2
3	01	13	113
4	11	11	111

'&'을 이용하여 연결할 경우 문자로 취급되어 왼쪽 정렬됩니다.

주희쌤 Tip

VALUE(text)

text를 숫자로 변경

	A	B
1	데이터	122
2		
3	수식	=VALUE(B1)
4	결과	122

↑ [B1] 셀 값을 숫자로 변경

 정답

	A	B	C	D	E	F	G	H	I	J	K	L	M
1	[표9]												
2	사원번호	입사일	17. 성별	18. 지역	19. 근속수당	전년도성적	20. 전년도평가	21. 전년도실적	이번년도 근태점수	연수점수	22. 구분	23. 승진대상자	24. 보너스
3	Fp2-s	2019-04-25	여자	서울	100,000	99	상위3번째	148500	89	91	우수사원	정규직-승진대상	180000
4	Mp2-b	2017-01-02	남자	부산	100,000	69		69000	71	80		정규직	151000
5	Ma1-j	2019-03-05	남자	제주도	100,000	89		89000	80	91		계약직-승진대상	281000
6	Mw1-b	2015-05-09	남자	부산	100,000	75		75000	60	90		정규직	150000
7	Fa1-j	2024-11-21	여자	제주도	50,000	91	상위3번째	136500	40	40		계약직-승진대상	330000
8	Mw2-s	2018-04-25	남자	서울	100,000	90	상위3번째	135000	90	90	우수사원	정규직-승진대상	180000
9													
10	[표10]												
11	사원번호	판매수량	판매일자	제품명	제조사	25. 판매금액	26. 할인단가	상반기합격	1차평가	2차평가	실적점수	27. 하반기합격	28. 최종합격
12	Ma1-j	22	2016-02-01	지우개	주희문구	2376	120	합격	89	75	99	합격	합★격
13	Mp2-b	41	2016-03-02	연필	행복문구	3895	95	재심사	70		80	재심사	재★심사
14	Fa1-j	50	2016-04-05	공책	주희문구	6750	142	합격	80	88	60	합격	합★격
15	Mw1-b	11	2016-05-01	필통	주희문구	1683	161	재심사	89	90	59	재심사	재★심사
16	Fp2-s	13	2016-02-14	연필	행복문구	1235	100	재심사		75	77	재심사	재★심사
17	Mw2-s	44	2016-06-06	공책	행복문구	6270	142	재심사	72	71	65	합격	재심사
18													
19	<판매단가표>			[표11]					[표12]				
20	제품명	판매단가		대여번호	이용시간(분)	29. 결과1	30. 결과2		숫자1	숫자2	31. 숫자3	32. 숫자4	
21	연필	100		AA123	130	3시간	2시간10분		12	02	122	10022	
22	지우개	120		AB213	50				01	13	113	10013	
23	공책	150		BC321	121	3시간	2시간1분		11	01	111	10011	
24	필통	170		AA132	128	3시간	2시간8분		23	02	232	20032	
25				AB231	89	2시간			12	02	122	10022	
26				BC221	130	3시간	2시간10분		01	13	113	10013	

(19번의 정답은 현재 작업하고 있는 년도에 따라 값이 다르게 나올 수 있음)

17. =IF(LEFT(A4, 1)="F", "여자", "남자")

18. =IF(RIGHT(A4, 1)="s", "서울", IF(RIGHT(A4, 1)="b", "부산", "제주도"))

19. =IF(YEAR(TODAY()) - YEAR(B4)>=4, 100000, 50000)

20. =IF(F4>=LARGE($F$4:$F$9, 3), "상위3번째", "")

21. =IF(F4>=90, F4 * 1500, F4 * 1000)

22. =IF(AND(F4>=90, AVERAGE(I4:J4)>=90), "우수사원", "")

23. =IF(OR(MID(A4, 2, 1)="p", MID(A4, 2, 1)="w"), "정규직", "계약직")
    & IF(F4>=85, "-승진대상", "")

24. =(I4 + J4) * 1000 + IF(RIGHT(A4, 3)="1-j",
    VLOOKUP(A4, $A$13:$B$18, 2, FALSE) * 5000, 0)

25. =B13 * VLOOKUP(D13, $A$22:$B$25, 2, FALSE)
    * (1 - IF(E13="주희문구", 0.1, 0.05))

26. =ROUNDDOWN(IF(MONTH(C13) >=3,
    VLOOKUP(D13, $A$22:$B$25, 2, FALSE)*0.95,
    VLOOKUP(D13, $A$22:$B$25, 2, FALSE)), 0)

27. =IF(OR(ISBLANK(I13), ISBLANK(J13), K13<60), "재심사", "합격")

28. =IF(LEFT(H13, 1)=LEFT(L13, 1), SUBSTITUTE(H13, " ", "★", 1), H13)

29. =IF(E22>=60, TEXT(ROUNDUP(E22/60, 0), "#시간"), "")

30. =IF(E22>=120, INT(E22/60) & "시간" & MOD(E22, 60) & "분", "")

31. =VALUE(I22 & J22)

32. =VALUE(REPLACE(K22, 2, 0, "00"))

문제 유형 6 '함수6' 워크시트에서 작업하시오.

㉝ [표15]의 부서와 연수점수를 이용하여 [표13]의 [A3] 셀에 총무부의 연수점수 평균을 계산하여 표시하시오.
  ▶ SUMIF, COUNTIF 함수 사용

㉞ [표14]의 결제수단을 이용하여 [J3:J11] 영역에 누적결제를 계산하여 표시하시오.
  ▶ 결제수단이 현금일 경우 표시 예 : 현금(1)
  ▶ 결제수단이 현금이 아닐 경우 표시 예 : 그외(1)
  ▶ 괄호 안에는 누적 횟수를 표시
  ▶ IF, COUNTIF 함수 사용

㉟ [표14]의 구입코드를 이용하여 [K3:K11] 영역에 누적횟수를 계산하여 표시하시오.
  ▶ 구입코드가 "P"로 시작하면 "연필", "E"로 시작하면 "지우개", 그렇지 않으면 "그외"로 표시한 후 괄호 안에 누적개수를 표시
  ▶ 표시 예 : 연필(1), 연필(2), 그외(1)
  ▶ IF, COUNTIF, LEFT 함수 사용

㊱ [표15]의 근태점수와 연수점수, 보너스표를 참조하여 [F10:F18] 영역에 보너스를 계산하여 표시하시오.
  ▶ 평균은 근태점수와 연수점수의 평균을 이용
  ▶ 보너스표는 [A21:E22] 영역 참조
  ▶ 해당 평균이 없을 경우는 '기준미달'로 표시
  ▶ IFERROR, HLOOKUP, AVERAGE 함수 사용

㊲ [표15]의 부서, 근태점수, 연수점수를 이용하여 [표16]의 [I15:I17] 영역에 부서별 근태점수가 70 이상인 연수점수의 평균을 계산하여 표시하시오.
  ▶ 근태점수가 70 이상이 없을 경우 빈칸으로 표시
  ▶ IFERROR, AVERAGEIFS 함수 사용

㊳ [표15]의 부서, 지역, 근태점수를 이용하여 [표17]의 [L15:M17] 영역에 부서별 지역별 근태점수의 합계를 계산하여 표시하시오.
  ▶ SUMIFS 함수 사용

㊴ [표14]의 회원코드, 분류를 이용하여 [표18]의 [I21:K22] 영역에 코드별 분류별 개수를 계산하여 표시하시오.
  ▶ 코드는 회원코드의 두 번째 문자임
  ▶ COUNTIFS 함수 사용

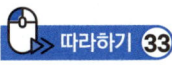

① [A3] 셀을 선택한 후 [수식 입력줄]에 커서를 이동합니다.

② 수식을 작성한 후 Enter 를 누릅니다.

주희쌤 Tip

SUMIF(range, criteria, [sum_range])

range에서 criteria를 찾고 sum_range에서 같은 행에 있는 숫자의 합계

예)

	A	B	C
1	데이터	사과	10
2		딸기	7
3		사과	20
4		딸기	8
5			
6	수식	=SUMIF(B1:B4, "사과", C1:C4)	
7	결과	30	

↑ [B1:B4]에서 '사과'를 찾고 [C1:C4]에서 '사과'와 같은 행에 있는 숫자의 합계

AVERAGEIF(range, criteria, [average_range])

range에서 criteria를 찾고 average_range에서 같은 행에 있는 숫자의 평균

예)

	A	B	C
1	데이터	사과	10
2		딸기	7
3		사과	20
4		딸기	8
5			
6	수식	=AVERAGEIF(B1:B4, "사과", C1:C4)	
7	결과	15	

↑ [B1:B4]에서 '사과'를 찾고 [C1:C4]에서 '사과'와 같은 행에 있는 숫자의 평균

주희쌤 Tip

	A	B	C
1	데이터	결과	수식
2	1	1	=SUM($A$2:A2)
3	1	2	=SUM($A$2:A3)
4	1	3	=SUM($A$2:A4)
5	1	4	=SUM($A$2:A5)
6	1	5	=SUM($A$2:A6)

누적으로 계산하고자 할 때엔 영역의 앞 셀만 절대 참조로 변경합니다.

 주희쌤 Tip

문자와 함수는 연결 연산자(&)를 이용해 연결해야 합니다.

예) 현금의 누적 개수가 3인 경우
↓
현금(3)
↓
현금(현금의 누적 개수)
↓
"현금(" & COUNTIF( ) & ")"

=SUMIF(B10:B18,"총무부",E10:E18)/COUNTIF(B10:B18,"총무부")

	총무부인 연수점수의 평균인데 AVERAGEIF 함수는 문제에 제시되어 있지 않으므로 사용할 수 없습니다.	=SUMIF(B10:B18,"총무부",E10:E18) / COUNTIF(B10:B18,"총무부")
		총무부인 연수점수의 합계를 총무부인 개수로 나누면 총무부인 연수점수의 평균이 계산됩니다.

 따라하기 34

① [J3] 셀을 선택한 후 [수식 입력줄]에 커서를 이동합니다.

② 수식을 작성한 후 Enter 를 누릅니다.

=IF(I3="현금","현금(" & COUNTIF($I$3:I3,"현금") & ")",
"그외(" & COUNTIF($I$3:I3,"<>현금") & ")")

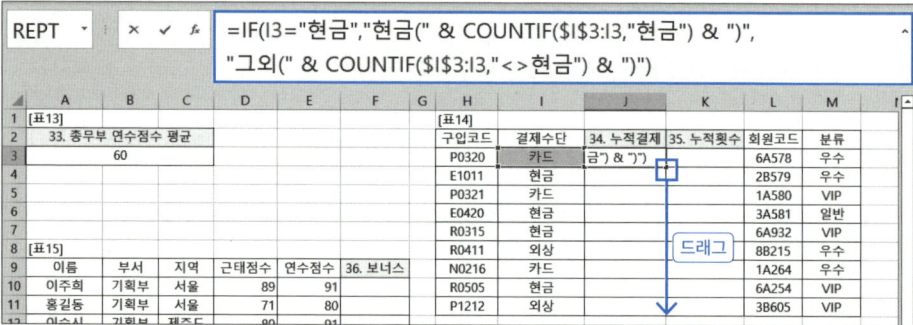

③ [J3] 셀의 채우기 핸들을 [J11] 셀까지 드래그하여 수식을 복사합니다.

=IF(I3="현금",	"현금(" & COUNTIF($I$3:I3,"현금") & ")",	"그외(" & COUNTIF($I$3:I3, "<>현금") & ")")
결제수단이 현금이 맞냐(TRUE), 현금이 아니냐(FALSE)에 따라 결과가 달라지므로 IF 함수를 먼저 입력합니다.	COUNTIF($I$3:I3,"현금")은 [I3] 셀부터 [I3] 셀까지 현금 개수입니다. COUNTIF($I$3:I4,"현금")은 [I3] 셀부터 [I4] 셀까지 현금 개수입니다. COUNTIF($I$3:I5,"현금")은 [I3] 셀부터 [I5] 셀까지 현금 개수입니다. 즉, 영역의 앞 셀만 절대 참조로 변경하여 현금의 누적 개수를 구합니다.	현금이 아니라면 현금이 아닌 누적 개수를 구합니다.

따라하기 35

① [K3] 셀을 선택한 후 [수식 입력줄]에 커서를 이동합니다.

② 수식을 작성한 후 Enter 를 누릅니다.

③ [K3] 셀의 채우기 핸들을 [K11] 셀까지 드래그하여 수식을 복사합니다.

> **주희쌤 Tip**
>
> ⓠ 'COUNTIF($H$3:H3,"P*")'가 아니라 'COUNTIF($H$3:H3,LEFT(H3,1)="P")'는 왜 안돼요?
>
> ⓐ LEFT(H3,1)="P"의 결과는 TRUE 혹은 FALSE입니다. 그렇다면 범위에서 P로 시작하는 개수가 아닌 TRUE 혹은 FALSE라는 글자의 개수를 찾게 됩니다.

=IF(LEFT(H3,1)="P","연필(" & COUNTIF($H$3:H3,"P*") & ")",	IF(LEFT(H3,1)="E","지우개(" & COUNTIF($H$3:H3,"E*") & ")",	"그외(" & COUNTIF($H$3:H3,"<>P*")-COUNTIF($H$3:H3,"E*") & ")"))
구입코드가 P로 시작하면 "연필(" & P로 시작하는 누적 개수 & ")"를 입력합니다.	구입코드가 E로 시작하면 "지우개(" & E로 시작하는 누적 개수 & ")"를 입력합니다.	그 외에는 "그외(" & P로 시작하지 않는 누적 개수 - E로 시작하는 누적 개수 & ")"를 입력합니다.

따라하기 36

① [F10] 셀을 선택한 후 [수식 입력줄]에 커서를 이동합니다.

② 수식을 작성한 후 Enter 를 누릅니다.

③ [F10] 셀의 채우기 핸들을 [F18] 셀까지 드래그하여 수식을 복사합니다.

> **주희쌤 Tip**
>
> | | 평균 |
> |---|---|
> | 엑셀 | AVERAGE |
> | 액세스 | AVG |
> | VBE | 합계/개수 |

=IFERROR(	HLOOKUP(AVERAGE(D10:E10),$B$21:$E$22,2,TRUE),	"기준미달")
해당 평균이 없을 경우 '기준미달'로 표시하라는 것은 평균이 없을 경우 오류가 날 수 있으니 오류를 미리 대비하라는 의미입니다.	<보너스표>의 평균이 60부터 시작되므로 근태점수와 연수점수의 평균이 60 미만이면 오류가 납니다. HLOOKUP 함수의 옵션을 'TRUE'로 지정하면 lookup_value(찾을 값)와 같거나 한 단계 작은 값에서 찾기 때문입니다.	IFERROR 함수의 value 인수가 오류일 경우 "기준미달"을 표시합니다.

주희쌤 Tip
- AVERAGE : 평균
- AVERAGEIF : 조건에 맞는 평균
- AVERAGEIFS : 조건이 여러 개일 때 평균

 따라하기 37

① [I15] 셀을 선택한 후 [수식 입력줄]에 커서를 이동합니다.

② 수식을 작성한 후 Enter 를 누릅니다.

③ [I15] 셀의 채우기 핸들을 [I17] 셀까지 드래그하여 수식을 복사합니다.

=IFERROR(	AVERAGEIFS($E$10:$E$18,$B$10:$B$18,H15,$D$10:$D$18,">=70"),	"")
근태점수 70 이상이 없을 경우 '빈칸'으로 표시하라는 것은 근태점수가 70 이상이 없을 경우 오류가 날 수 있으니 오류를 미리 대비하라는 의미입니다.	조건이 두 개(부서별, 근태점수가 70 이상)인 평균이므로 AVERAGEIFS 함수를 입력합니다. AVERAGEIF 함수의 경우 조건 찾을 범위(range)를 먼저 지정하지만 AVERAGEIFS 함수의 경우 평균을 계산해 줄 범위(average_range)를 먼저 지정합니다. 함수를 입력하고 아래에 나오는 함수 스크린 팁을 읽으면서 하면 어려울 것이 없습니다.	IFERROR 함수의 value 인수가 오류일 경우 아무것도 표시되지 않도록 빈칸("")을 입력합니다.

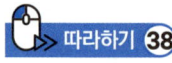 따라하기 38

① [L15] 셀을 선택한 후 [수식 입력줄]에 커서를 이동합니다.

② 수식을 작성한 후 Enter 를 누릅니다.

주희쌤 Tip
- SUM : 합계
- SUMIF : 조건에 맞는 합계
- SUMIFS : 조건이 여러 개일 때 합계

③ [L15] 셀의 채우기 핸들을 [L17] 셀까지 드래그하여 수식을 복사하고 이어서 [L17] 셀의 채우기 핸들을 [M17] 셀까지 드래그하여 수식을 복사합니다.

=SUMIFS(	$D$10:$D$18,	$B$10:$B$18,	$K15,	$C$10:$C$18,	L$14)
조건이 두 개(부서별, 지역별)인 합계이므로 SUMIFS 함수를 입력합니다.	SUMIF 함수와는 다르게 합계를 계산할 범위를 먼저 지정합니다.	조건인 기획부, 총무부, 판매부를 찾을 범위를 지정합니다.	아래로만 수식을 복사할 거라면 상대 참조로 두어도 되지만, 옆으로도 수식을 복사할거라면 혼합 참조로 변경해야 합니다. K열에 있는 기획부, 총무부, 판매부가 L열로 옮겨가지 않도록 열 고정을 합니다.	조건인 서울, 제주도를 찾을 범위를 지정합니다.	옆으로만 수식을 복사할 거라면 상대 참조로 두어도 되지만, 아래로도 수식을 복사할 거라면 혼합 참조로 변경해야 합니다. 14행에 있는 서울, 제주도가 15행으로 옮겨가지 않도록 행 고정을 합니다.

 따라하기 39

① [I21] 셀을 선택한 후 [수식 입력줄]에 커서를 이동합니다.

② 수식을 작성한 후 Enter 를 누릅니다.

> 주희쌤 Tip
> • COUNTIF : 조건에 맞는 개수
> • COUNTIFS : 조건이 여러 개일 때 개수

> 주희쌤 Tip
> 필터에서 배웠던 부분입니다.
> 와일드카드 문자
> 별표(*)는 임의의 수의 문자들을 나타내고, 물음표(?)는 임의의 단일 문자를 나타냅니다.
> 예
> • 김* : '김'으로 시작하는 모든 글자 (김치, 김가루)
> • 김?? : '김'으로 시작하는 세 글자 (김치통, 김가루)

③ [I21] 셀의 채우기 핸들을 [I22] 셀까지 드래그하여 수식을 복사하고 이어서 [I22] 셀의 채우기 핸들을 [K22] 셀까지 드래그하여 수식을 복사합니다.

=COUNTIFS(	$L$3:$L$11,	"?" & $H21 & "*",	$M$3:$M$11	,I$20)
조건이 두 개(코드별, 분류별)인 개수이므로 COUNTIFS 함수를 입력합니다.	조건인 '코드'를 찾을 범위를 지정합니다.	첫 글자는 와일드카드 문자 '?'로 한 글자임을 표시하고, 두 번째 글자는 [H21], [H22] 셀에 있는 글자를 찾고, 세 번째 글자부터는 모든 글자가 와도 상관없다는 의미로 와일드카드 문자 '*'를 입력합니다.	조건인 '분류'를 찾을 범위를 지정합니다.	20행에 있는 조건이 21행으로 내려가지 않도록 행 고정을 합니다.

	A	B	C	D	E	F	G	H	I	J	K	L	M
1	[표13]							[표14]					
2	33. 총무부 연수점수 평균							구입코드	결제수단	34. 누적결제	35. 누적횟수	회원코드	분류
3		60						P0320	카드	그외(1)	연필(1)	6A578	우수
4								E1011	현금	현금(1)	지우개(1)	2B579	우수
5								P0321	카드	그외(2)	연필(2)	1A580	VIP
6								E0420	현금	현금(2)	지우개(2)	3A581	일반
7								R0315	현금	현금(3)	그외(1)	6A932	VIP
8	[표15]							R0411	외상	그외(3)	그외(2)	8B215	우수
9	이름	부서	지역	근태점수	연수점수	36. 보너스		N0216	카드	그외(4)	그외(3)	1A264	우수
10	이주희	기획부	서울	89	91	500,000		R0505	현금	현금(4)	그외(4)	6A254	VIP
11	홍길동	기획부	서울	71	80	50,000		P1212	외상	그외(5)	연필(3)	3B605	VIP
12	이순신	기획부	제주도	80	91	100,000							
13	김철수	총무부	제주도	60	90	50,000		[표16] 부서별 우수근태자 연수평균			[표17] 부서별 지역별 근태합계		
14	성춘향	총무부	서울	40	40	기준미달		37.	연수점수평균		38.	서울	제주도
15	김이쁨	판매부	서울	90	90	500,000		기획부	87.33333333		기획부	160	80
16	최성공	총무부	제주도	50	50	기준미달		총무부			총무부	40	110
17	이맛짐	판매부	서울	81	66	50,000		판매부	78		판매부	236	0
18	김합격	판매부	서울	65	90	50,000							
19								[표18] 코드별 분류별 수					
20	<보너스표>							39.		일반	우수	VIP	
21	평균	60	70	80	90			A		1	2	3	
22	보너스	10,000	50,000	100,000	500,000			B		0	2	1	

33. =SUMIF(B10:B18, "총무부", E10:E18) / COUNTIF(B10:B18, "총무부")

34. =IF(I3="현금",

"현금(" & COUNTIF($I$3:I3, "현금") & ")",

"그외(" & COUNTIF($I$3:I3, "<>현금") & ")")

35. =IF(LEFT(H3, 1)="P", "연필(" & COUNTIF($H$3:H3, "P*") & ")",

IF(LEFT(H3, 1)="E", "지우개(" & COUNTIF($H$3:H3, "E*") & ")",

"그외(" & COUNTIF($H$3:H3, "<>P*") - COUNTIF($H$3:H3, "E*") & ")"))

36. =IFERROR(HLOOKUP(AVERAGE(D10:E10), $B$21:$E$22, 2, TRUE), "기준미달")

37. =IFERROR(AVERAGEIFS($E$10:$E$18, $B$10:$B$18, H15, $D$10:$D$18, ">=70"), "")

38. =SUMIFS($D$10:$D$18, $B$10:$B$18, $K15, $C$10:$C$18, L$14)

39. =COUNTIFS($L$3:$L$11, "?" & $H21 & "*", $M$3:$M$11, I$20)

문제 유형 7 — '함수7' 워크시트에서 작업하시오.

40 [표19]에서 사원번호를 이용하여 [B3:B8] 영역에 출입번호를 표시하시오.
- ▶ 출입번호는 사원번호의 첫 글자를 뺀 나머지 글자를 구한 후, 대문자로 표시
- ▶ UPPER, RIGHT, LEN 함수 사용

41 [표19]에서 월예금액을 이용하여 [D3:D8] 영역에 만기금액을 표시하시오.
- ▶ 만기금액은 3년 동안 연이율 2%로 매월 초에 불입한 후 매월 복리로 계산되어 만기에 찾게 되는 금액을 표시
- ▶ 최종 만기금액은 백의 자리까지 표시되도록 올림 하여 표시
- ▶ ROUNDUP, FV 함수 사용

42 [표20]의 연이율, 월불입액, 납입시점을 이용하여 [I3:I8] 영역에 만기금액을 계산하여 표시하시오.
- ▶ 만기금액은 120개월 동안 연이율로 매월 초나 말에 예금한 후 매월 복리로 계산되어 만기에 찾게 되는 금액을 계산
- ▶ 만기금액은 올림 하여 천의 자리까지 표시
- ▶ FV, ROUNDUP, IF 함수 사용

㊸ [표21]의 사원번호, 대출기간(년), 대출금액을 이용하여 [D12:D16] 영역에 월상환액을 계산하여 표시하시오.
- ▶ 이율과 대출기간은 연 단위임
- ▶ 이율은 사원번호의 앞 두 글자와 대출기간을 이용하여 <연이율표>에서 찾아 계산
- ▶ 대출이 없을 경우 "대출없음" 표시
- ▶ IFERROR, PMT, OFFSET, MATCH, LEFT 함수 사용

따라하기 ㊵

① [B3] 셀을 선택한 후 [수식 입력줄]에 커서를 이동합니다.

② 수식을 작성한 후 Enter 를 누릅니다.

③ [B3] 셀의 채우기 핸들을 [B8] 셀까지 드래그하여 수식을 복사합니다.

수식: `=UPPER(RIGHT(A3,LEN(A3)-1))`

=UPPER(	RIGHT(A3,	LEN(A3)-1))
최종적으로 대문자로 표시하기 위해 UPPER 함수를 먼저 입력합니다.	첫 글자를 빼려면 오른쪽(RIGHT)부터 가져와야 합니다. 반대로 마지막 글자를 빼려면 왼쪽부터 가져와야 하므로 이때는 LEFT 함수를 이용합니다.	전체 문자 개수에서 1을 뺀 수만큼 오른쪽부터 가져오면 첫 글자를 뺄 수 있습니다.

따라하기 ㊶

① [D3] 셀을 선택한 후 [수식 입력줄]에 커서를 이동합니다.

② 수식을 작성한 후 Enter 를 누릅니다.

③ [D3] 셀의 채우기 핸들을 [D8] 셀까지 드래그하여 수식을 복사합니다.

수식: `=ROUNDUP(FV(2%/12,3*12,-C3,,1),-2)`

주희쌤 Tip

LEN(text)

text의 길이

예)
	A	B
1	데이터	컴활1급-합격
2		
3	수식	=LEN(B1)
4	결과	7

↑ [B1] 셀 값의 길이

주희쌤 Tip

FV(rate, nper, pmt, [pv], [type])

주기적이고 고정적인 납입 금액과 월 이율에 대한 투자의 미래 가치

- rate : 월 이율
- nper : 납입 횟수
- pmt : 납입 금액
- pv : 현재 가치
- type : 납입 시점(주기 초 : 1, 주기 말 : 0 또는 생략)

예)
	A	B
1	월 이율	0.15%
2	납입횟수	24개월
3	월 납입금액	1,000,000원
4	현재 가치	생략
5	납입 시점	1
6		
7	수식	=FV (B1, B2, -B3, ,B5)
8	결과	₩24,455,218

↑ [B3] 셀 값(1,000,000원)을 [B2] 셀 값(24회)동안 [B1] 셀 값(이율 0.15%)으로 [B5] 셀 값(매월 초)에 납입한 후 복리로 계산해 만기에 찾게 되는 금액

- 문제에서 연 단위로 제시할 경우

=FV(rate, nper, pmt, pv, type)
=FV(연이율/12, 기간(년)*12, -금액, 생략, 초1말0)

FV 함수가 아니더라도 PV 함수, PMT 함수의 3번째 인수는 '-금액', 4번째 인수는 '생략' 하세요.

=ROUNDUP(	FV(2%/12,3*12,,-C3,,1),	-2)				
최종적으로 백의자리까지 올림 하여 표시하기 위해 ROUNDUP 함수를 먼저 입력합니다.	월 단위로 계산해야 하므로 연이율/12, 기간(년)*12 하여 rate(이율), nper(기간)에 각각 입력합니다. pmt 인수는 마이너스(-)를 지정하지 않으면 결과가 음수로 나오기 때문에 마이너스(-)를 입력하고 지정해야 합니다. pv(현재가치)는 문제에 늘 나오지 않습니다. type은 주기 초에 납입하면 '1', 주기 말에 납입하면 '0' 이지만 문제에 제시되지 않을 경우 생략이 가능합니다.	'함수에서 자주 보이는 인수'에 있는 digtis(자릿수)입니다.				
		백의 자리 까지	십의 자리 까지	일의 자리 까지	소수 첫째 자리 까지	소수 둘째 자리 까지
		-2	-1	0	1	2

 따라하기 42

① [I3] 셀을 선택한 후 [수식 입력줄]에 커서를 이동합니다.

② 수식을 작성한 후 Enter 를 누릅니다.

③ [I3] 셀의 채우기 핸들을 [I8] 셀까지 드래그하여 수식을 복사합니다.

=ROUNDUP(	FV(F3/12,120,-G3,,IF(H3="월초",1,0)),	-3)
최종적으로 올림 하여 표시하기 위해 ROUNDUP 함수를 먼저 입력합니다.	기간이 월 단위로 나오면 nper(기간)에 곱하기 12를 해 줄 필요가 없습니다.	천의 자리까지 표시하기 위해 digits(자릿수)에 '-3'을 입력합니다.

 따라하기 43

① [D12] 셀을 선택한 후 [수식 입력줄]에 커서를 이동합니다.

② 수식을 작성한 후 Enter 를 누릅니다.

③ [D12] 셀의 채우기 핸들을 [D16] 셀까지 드래그하여 수식을 복사합니다.

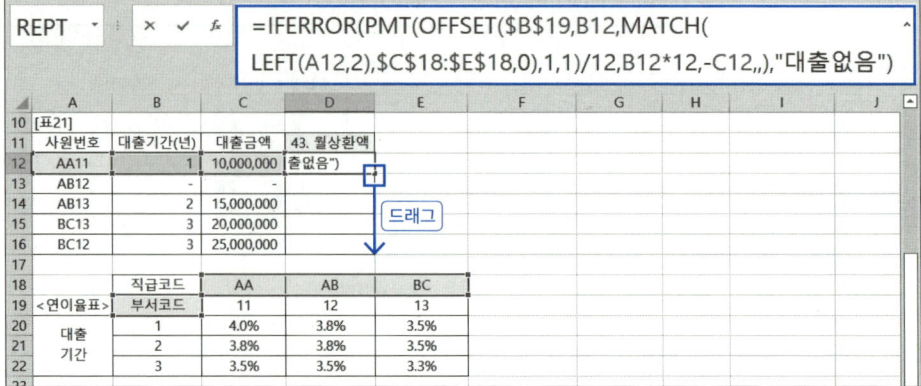

=IFERROR(	PMT(	OFFSET($B$19,B12,MATCH(LEFT(A12,2),$C$18:$E$18,0),1,1)/12,	B12*12,-C12,,),	"대출없음")
대출이 없을 경우 '대출없음'으로 표시하라는 것은 대출이 없을 경우 오류가 날 수 있으니 오류를 미리 대비하라는 의미입니다.	PMT 함수는 대출상환금을 계산하는 함수로 FV 함수와 비슷한 인수를 가지고 있습니다.	OFFSET 함수를 이용하여 [B19] 셀을 기준으로 대출기간이 떨어질 행 개수(rows)를 결정하고, 사원번호 앞 두 글자가 떨어질 열 개수(cols)를 결정해 연이율을 가져옵니다. 가져온 연이율은 나누기 12 하여 월 단위로 지정합니다.	FV 함수와 마찬가지로 2번째 인수는 '기간(년)*12', 3번째 인수(pv:현재 가치)는 '-금액', 4번째 인수(fv:미래 가치)는 '생략'합니다. type도 문제에 나오지 않아 생략합니다.	IFERROR 함수의 value 인수가 오류일 경우 "대출없음"을 표시합니다.

	A	B	C	D	E	F	G	H	I
1	[표19]					[표20]			
2	사원번호	40. 출입번호	월예금액	41. 만기금액		연이율	월불입액	납입시점	42. 만기금액
3	F123-a	123-A	70,000	₩2,599,300		2.0%	100,000	월초	₩13,295,000
4	M12-b	12-B	35,000	₩1,299,700		2.0%	50,000	월초	₩6,648,000
5	M11-a	11-A	12,800	₩475,300		1.8%	120,000	월초	₩15,789,000
6	M21-b	21-B	37,600	₩1,396,200		2.6%	150,000	월말	₩20,532,000
7	F211-b	211-B	28,000	₩1,039,700		2.0%	100,000	월말	₩13,272,000
8	M111-a	111-A	53,200	₩1,975,500		2.8%	130,000	월말	₩17,979,000
9									
10	[표21]								
11	사원번호	대출기간(년)	대출금액	43. 월상환액					
12	AA11	1	10,000,000	₩851,499					
13	AB12	-	-	대출없음					
14	AB13	2	15,000,000	₩650,039					
15	BC13	3	20,000,000	₩584,272					
16	BC12	3	25,000,000	₩730,340					
17									
18			직급코드	AA	AB	BC			
19	<연이율표>		부서코드	11	12	13			
20	대출기간		1	4.0%	3.8%	3.5%			
21			2	3.8%	3.8%	3.5%			
22			3	3.5%	3.5%	3.3%			

40. =UPPER(RIGHT(A3, LEN(A3)-1))

41. =ROUNDUP(FV(2%/12, 3*12, -C3, , 1), -2)

42. =ROUNDUP(FV(F3/12, 120, -G3, , IF(H3="월초", 1, 0)), -3)

43. =IFERROR(PMT(OFFSET($B$19, B12,
    MATCH(LEFT(A12, 2), $C$18:$E$18, 0), 1, 1) / 12, B12*12, -C12, ,), "대출없음")

문제 유형 8 '함수8' 워크시트에서 작업하시오.

㊹ [표22]에서 직위와 <참조표>를 이용하여 [D3:D8] 영역에 직위수당을 계산하여 표시하시오.
▶ LOOKUP 함수 사용

㊺ [표22]에서 사원번호와 <지역표>를 이용하여 [F3:F8] 영역에 거주를 계산하여 표시하시오.
▶ <지역표>의 사원번호는 [표22]의 사원번호 마지막 문자임
▶ LOOKUP, RIGHT 함수 사용

㊻ [표22]에서 [H3:H8] 영역에 점수가 우수한 사람에게 '우수'로 평가를 계산하여 표시하시오.
▶ 평가는 점수가 가장 높은 2명만 '우수'라고 표시
▶ CHOOSE, RANK.EQ 함수 사용

㊼ [표22]의 사원번호와 <참조표>를 이용하여 [I3:I8] 영역에 계약기간과 부서를 계산하여 표시하시오.
- 계약기간은 사원번호의 앞 두 글자와 <참조표>를 이용하여 계산
- 부서는 사원번호의 뒤 두 글자를 3으로 나눈 나머지가 0이면 "기획부", 1이면 "판매부", 2이면 "총무부"로 표시
- 표시 예 : 5년(판매부)
- VLOOKUP, LEFT, CHOOSE, MOD, RIGHT 함수 사용

㊽ [표22]의 점수를 이용하여 [J3:J8] 영역에 다음과 같이 기호를 표시하시오.
- 점수가 9,700일 경우 : ★★★★★★★★★☆
- 점수가 6,500일 경우 : ★★★★★★☆☆☆☆
- CONCAT, REPT, QUOTIENT 함수 사용

㊾ [표22]의 거주열을 이용하여 [표23]의 [F13:H13] 영역에 거주지역별 비율을 표시하시오.
- DCOUNTA, COUNTA 함수 사용

㊿ [표22]의 거주열과 평가열을 이용하여 [표24]의 [F17] 셀에 거주지역이 서울이고 평가가 우수인 인원수를 계산하여 표시하시오.
- 조건은 [A21:C23] 영역에 알맞게 작성
- 표시 예 : 1명
- DCOUNT 함수와 & 연산자 이용

㊶ [표22]의 입사일과 점수를 이용하여 [표25]의 [G21] 셀에 입사일의 연도가 2014년인 점수의 합계를 계산하여 표시하시오.
- 조건은 [F20:F21] 영역에 작성, YEAR 함수 사용
- DMAX, DAVERAGE, DGET, DVAR, DSTDEV, DSUM 함수 중 선택하여 사용

주희쌤 Tip

LOOKUP(lookup_value, lookup_vector, [result_vector])

lookup_value를 lookup_vector에서 찾고 result_vector에 있는 데이터를 반환

예

	A	B	C
1	데이터	이주희	1
2		컴활	2
3		합격	3
4			
5	수식	=LOOKUP(3, C1:C3, B1:B3)	
6	결과	합격	

↑ '3'을 [C1:C3]에서 찾고 [B1:B3]에서 '3'과 같은 행에 있는 데이터

	A	B	C	D
1	데이터	이주희	컴활	합격
2		1	2	3
3				
4	수식	=LOOKUP(3, B2:D2, B1:D1)		
5	결과	합격		

↑ '3'을 [B2:D2]에서 찾고 [B1:D1]에서 '3'과 같은 열에 있는 데이터

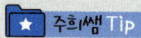 따라하기 44

① [D3] 셀을 선택한 후 [수식 입력줄]에 커서를 이동합니다.

② 수식을 작성한 후 를 누릅니다.

③ [D3] 셀의 채우기 핸들을 [D8] 셀까지 드래그하여 수식을 복사합니다.

=LOOKUP(B3,	$C$12:$C$15,	$D$12:$D$15)
LOOKUP 함수는 찾을 데이터(lookup_value)가 있는 범위(lookup_vector)와 가져올 데이터가 있는 범위(result_vector)를 각각 지정합니다.	[B3] 셀의 찾을 값(looup_value)을 [C12:C15] 영역에서 찾습니다.	[D12:D15] 영역에 있는 값을 반환합니다.

주희쌤 Tip

XLOOKUP(lookup_value, lookup_array, return_array, [if_not_found], [match_mode], [search_mode])

lookup_value를 lookup_array 에서 찾고 return_array에 있는 데이터를 반환

- if_not_found : 일치하는 항목이 없을 경우 반환될 값
- match_mode : 일치 유형

  0 - 정확히 일치
  -1 - 정확히 일치하거나 다음으로 작은 항목
  1 - 정확히 일치하거나 다음으로 큰 항목
  2 - 와일드카드 문자 일치

- search_mode : 첫 번째 항목부터 검색을 수행하려면 생략

예)

	A	B	C
1	<참조표>		
2	이름	부서	코드
3	이주희	인사부	3127
4	홍길동	총무부	2143
5	이순신	기획부	4612
6	성춘향	총무부	1355
7			
8	[B12] 셀 수식		
9	=XLOOKUP(A12,$C$3:$C$6, $A$3:$B$6,"찾을 수 없음",0)		
10			
11	코드	결과1	결과2
12	4612	이순신	기획부
13	5555	찾을 수 없음	

↑ [A12] 셀 값(4612)을 코드(C3:C6)에서 정확히 찾고, 이름과 부서(A3:B6)에서 같은 행에 있는 데이터

주희쌤 Tip

36번 문제를 XLOOKUP과 AVERAGE 함수로 풀어보세요.
=XLOOKUP(AVERAGE(D10:E10),$B$21:$E$21,$B$22:$E$22,"기준미달",-1)

 따라하기 45

① [F3] 셀을 선택한 후 [수식 입력줄]에 커서를 이동합니다.

② 수식을 작성한 후 Enter를 누릅니다.

③ [F3] 셀의 채우기 핸들을 [F8] 셀까지 드래그하여 수식을 복사합니다.

REPT   =LOOKUP(RIGHT(E3,1)*1,$B$19:$D$19,$B$18:$D$18)

=LOOKUP(RIGHT(E3,1)*1,	$B$19:$D$19,	$B$18:$D$18)
사원번호의 마지막 문자를 찾습니다. RIGHT 함수로 추출한 결과는 문자이므로 [B19:D19] 영역에서 숫자를 찾으려면 숫자로 변경해야 합니다.	[B19:D19] 영역에서 lookup_value(찾을 값)를 찾습니다.	[B18:D18] 영역에 있는 값을 반환합니다.

 따라하기 46

① [H3] 셀을 선택한 후 [수식 입력줄]에 커서를 이동합니다.

② 수식을 작성한 후 Enter를 누릅니다.

③ [H3] 셀의 채우기 핸들을 [H8] 셀까지 드래그하여 수식을 복사합니다.

REPT   =CHOOSE(RANK.EQ(G3,$G$3:$G$8,0),"우수","우수","","","","")

=CHOOSE(RANK.EQ(G3,$G$3:$G$8,0),	"우수","우수","","","",""
점수 기준으로 순위를 구하여 value 값을 골라줄 수 있도록 CHOOSE 함수를 입력합니다.	순위가 '1', '2'가 나오면 '우수'를 반환합니다. 순위가 '6'까지 나올 것이기 때문에 value6 인수까지 채워줘야 합니다.

주희쌤 Tip

CHOOSE(index_num, value1, [value2], ...)

index_num이 1이면 value1을 반환, index_num이 2이면 value2를 반환

단, index_num에 따라 value를 골라주는데 index_num 만큼 value가 채워져 있지 않으면 오류를 반환

예)

	A	B
1	수식	=CHOOSE(1+1, "사과", "딸기", "수박")
2	결과	딸기

↑ '1+1'이 1이면 '사과', 2이면 '딸기', 3이면 '수박'

	A	B
1	수식	=CHOOSE(500, "사과", "딸기", "수박")
2	결과	#VALUE!

↑ index_num 만큼 value가 채워져 있지 않으므로 오류

SWITCH(expression, value1, result1, [default_or_value2, result2], ...)

expression(식)을 계산하고, 첫 번째로 일치하는 value(값)에 상응하는 result(결과)를 반환 (일치하는 항목이 없을 경우 default를 반환)

예)

	A	B
1	수식	=SWITCH(3*7, 7, "사과", 3, "딸기", 10, "포도", "수박")
2	결과	수박

↑ '3*7'을 계산한 값이 7, 3, 10이 아니므로 '수박'을 반환

	A	B
1	데이터	B
2	수식	=SWITCH(B1, "A", "A+", "B", "B+", "C")
3	결과	B+

↑ [B1] 셀 값이 'B'이므로 'B+'를 반환

주희쌤 Tip

46번 문제를 SWITCH와 RANK.EQ 함수로 풀어보세요.
=SWITCH(RANK.EQ(G3, $G$3:$G$8, 0), 1, "우수", 2, "우수", "")

따라하기 47

① [I3] 셀을 선택한 후 [수식 입력줄]에 커서를 이동합니다.

② 수식을 작성한 후 Enter 를 누릅니다.

③ [I3] 셀의 채우기 핸들을 [I8] 셀까지 드래그하여 수식을 복사합니다.

```
=VLOOKUP(LEFT(E3,2),$A$12:$B$15,2,FALSE)
& CHOOSE(MOD(RIGHT(E3,2),3)+1,"(기획부)","(판매부)","(총무부)")
```

=VLOOKUP(LEFT(E3,2), $A$12:$B$15,2,FALSE)	& CHOOSE(	MOD(RIGHT(E3,2),3)+1,	"(기획부)", "(판매부)", "(총무부)"
사원번호의 앞 두 글자에 따른 계약기간을 VLOOKUP 함수를 이용하여 <참조표>에서 가져옵니다.	숫자에 따라 반환되는 값이 달라지므로 CHOOSE 함수를 입력합니다.	문제에는 '0이면 기획부'라고 나왔지만 CHOOSE 함수는 value가 1부터 시작하므로 +1을 입력합니다.	'1'이면 '(기획부)', '2'이면 '(판매부)', '3'이면 '(총무부)'를 반환하도록 합니다.

주희쌤 Tip

Q RIGHT 함수의 결과는 문자인데 MOD 함수의 number 인수에 어떻게 들어갈 수 있나요?

A 고급필터9 시트 문제에서 LEFT 함수의 인수인 text에 숫자를 입력해도 인수가 text이기 때문에 문자로 인식한다는 것을 기억하시나요?
MOD 함수도 마찬가지입니다. number 인수에 문자를 입력해도 인수가 number이기 때문에 숫자로 인식됩니다. 예를 들어, =LEFT(123456, 3)는 =LEFT("123456", 3)로 인식되어 "123"이 반환되고, =MOD("4", 2)는 =MOD(4, 2)로 인식되어 0이 반환됩니다.

따라하기 48

① [J3] 셀을 선택한 후 [수식 입력줄]에 커서를 이동합니다.

② 수식을 작성한 후 Enter 를 누릅니다.

③ [J3] 셀의 채우기 핸들을 [J8] 셀까지 드래그하여 수식을 복사합니다.

```
=CONCAT(REPT("★",QUOTIENT(G3,1000)),
REPT("☆",10-QUOTIENT(G3,1000)))
```

=CONCAT	REPT("★",QUOTIENT(G3,1000)),	REPT("☆",10-QUOTIENT(G3,1000)))
최종적으로 ★과 ☆을 연결하여 표시해야 하므로 CONCAT 함수를 먼저 입력합니다.	9900을 9로 만들기 위하여 QUOTIENT 함수를 이용하여 1000으로 나누고 소수 자릿수를 버립니다.	검정별이 9개이면 흰색별은 1개여야 하므로 10에서 검정별의 개수를 뺍니다.

따라하기 49

① [F13] 셀을 선택한 후 [수식 입력줄]에 커서를 이동합니다.

② 수식을 작성한 후 Enter 를 누릅니다.

③ [F13] 셀의 채우기 핸들을 [H13] 셀까지 드래그하여 수식을 복사합니다.

=DCOUNTA($A$2:$J$8,$A$2,F11:F12)/	COUNTA($A$3:$A$8)
• database : 필드명이 포함된 전체 범위 SUMIF 함수의 경우 범위를 의미하는 인수가 두 개(range, sum_range)이기 때문에 조건을 찾을 범위(range)와 계산을 해줄 범위(sum_range)를 각각 지정하는 것이고, VLOOKUP 함수의 경우 범위를 의미하는 인수가 한 개(table_array)이기 때문에 조건을 찾을 범위와 계산을 해줄 범위를 같이 table_array(표 범위) 인수에 지정하는 것입니다. D로 시작하는 데이터베이스 함수는 범위를 의미하는 인수(database)가 한 개이기 때문에 조건을 찾을 범위와 계산을 해 줄 범위가 모두 database 인수 안에 있어야 합니다. 그래서 표 전체 범위를 선택하여 그 안에 조건을 찾아줄 필드(열)와 계산을 해줄 필드(열)가 모두 들어 있도록 하는 것입니다. 단, D로 시작하는 데이터베이스 함수는 인수에 모두 필드명이 포함되어 있어야 하므로 필드명을 포함하여 영역을 선택합니다. • field : 계산해 줄 필드명 만약 DSUM 함수라면 field는 합계를 구해줄 필드명이 됩니다. 만약 DAVERAGE 함수라면 field는 평균을 구해줄 필드명이 됩니다. 만약 DMAX 함수라면 field는 최댓값을 구해줄 필드명이 됩니다. DCOUNTA 함수이기 때문에 개수를 구해줄 필드명이 되는데 '이름' 필드에서 개수를 세어도 6개이고 '직위' 필드에서 개수를 세어도 6개이므로 6개를 셀 수 있는 임의의 필드를 지정하면 됩니다. 필드명을 클릭해도 되고, 범위(database)에서 필드의 순서를 세어 숫자로 입력해도 됩니다. 예를 들어, '이름' 필드가 있는 [A2] 셀을 지정해도 되고, '이름' 필드가 [A2:J8] 영역의 첫 번째 열에 있으니 '1'을 field에 입력해도 됩니다. • criteria : 필드명이 포함된 조건 모든 개수를 세는 것이 아니라 조건에 맞는 개수를 세어야 하는데 역시 D로 시작하는 데이터베이스 함수는 인수 모두에 필드명이 포함되어야 합니다. 조건을 따로 입력해야 하는 경우가 생긴다면 조건을 입력하는 방식은 고급 필터와 동일합니다.	거주지역별 개수를 구하고 전체의 개수로 나눠 거주지역별 비율이 계산되도록 합니다.

주희쌤 Tip

CONCAT(text1, ...)
text들을 하나의 text로 연결

예)

	A	B	C
1		데이터1	데이터2
2		복습	해서
3		컴활	1급
4		합격	!
5			
6	수식	=CONCAT(B2:B4, C2:C4)	
7	결과	복습컴활합격해서1급!	
8			
9	수식	=CONCAT(B2:C4)	
10	결과	복습해서컴활1급합격!	
11			
12	수식	=CONCAT(B2, B3, B4)	
13	결과	복습컴활합격	
14			
15	수식	=B2 & B3 & B4	
16	결과	복습컴활합격	

↑셀 값들을 하나의 문자로 연결 (인수에 범위가 아닌 text를 지정하면 CONCATENATE 함수와 같습니다.)

주희쌤 Tip

REPT(text, number_times)
text를 number_times만큼 반복

예)

	A	B
1	수식	=REPT("■", 3)
2	결과	■■■

↑ '■'를 3번 반복

주희쌤 Tip

	A	B	C	D
1		인원수	비율	
2	여자	8	44%	→ =B2/$B$4
3	남자	10	56%	→ =B3/$B$4
4	전체	18		

여자의 비율 : 여자 수 / 전체 수
남자의 비율 : 남자 수 / 전체 수
즉, 비율은 전체로 나눠야 합니다.

주희쌤 Tip

엑셀	D~~(조건에 맞는~~ [database,] 필드명이 포함된 전체 범위 [field,] ~~를 계산할 필드명 [criteria]) 필드명이 포함된 조건
액세스 VBE	D~~("필드명", "원본", "조건")

조건을 따로 입력한다면 조건을 입력하는 방식은 고급 필터와 동일합니다.

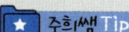

주희쌤 Tip

COUNT(value1, [value2], …)

value들 중 숫자의 개수

COUNTA(value1, [value2], …)

value들 중 비어 있지 않은 셀 개수

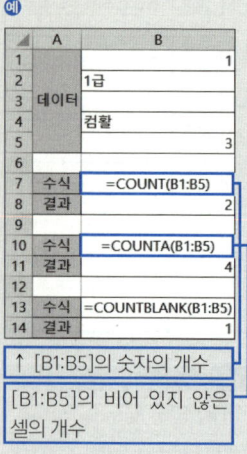

↑ [B1:B5]의 숫자의 개수

[B1:B5]의 비어 있지 않은 셀의 개수

주희쌤 Tip

'&'가 아닌 TEXT 함수가 제시되었다면 '=TEXT(DCOUNT( ), "#명")'

엑셀	TEXT
액세스	FORMAT
VBE	

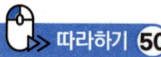 따라하기 50

① [A21] 셀에 '거주', [A22] 셀에 '서울', [B21] 셀에 '평가', [B22] 셀에 '우수'를 입력합니다.

② [F17] 셀을 선택한 후 [수식 입력줄]에 커서를 이동합니다.

③ 수식을 작성한 후 Enter 를 누릅니다.

=DCOUNT(	A2:J8,	G2,	A21:B22)	& "명"
조건에 맞는 숫자의 개수를 세는 DCOUNT 함수를 입력합니다.	범위를 의미하는 인수(database)가 한 개이기 때문에 조건을 찾을 필드(열)와 계산을 해 줄 필드(열)가 모두 database(범위) 안에 있어야 합니다.	입력한 조건에 맞는 개수를 세는데 이번에는 DCOUNT 함수이기 때문에 숫자를 셀 수 있는 필드로 field 인수를 지정해야 합니다.	문제에 제시된 조건을 함수를 입력하기 전에 [A21] 셀부터 먼저 입력합니다.	계산한 인원 수에 '명'을 함께 표시합니다.

 따라하기 51

① [F20:F21] 영역에 고급 필터에서 입력했던 방식으로 조건을 입력합니다.

② [G21] 셀을 선택한 후 [수식 입력줄]에 커서를 이동합니다.

③ 수식을 작성한 후 Enter 를 누릅니다.

	A	B	C	D	E	F	G	H	I	J
1	[표22]			44.	45.		46.		47.	48.
2	이름	직위	입사일	직위수당	사원번호	거주	점수	평가	계약기간(부서)	점수지수
3	이주희	과장	2014-04-25	5500	AA123	부산	9900	우수	5년(총무부)	★★★★★★★★★☆
4	홍길동	사원	2012-01-02	3500	AB213	부산	6900		4년(판매부)	★★★★★★☆☆☆
5	이순신	대리	2014-03-05	4500	BC321	서울	8900		3년(기획부)	★★★★★★★★☆☆
6	성준향	주임	2010-05-09	4000	AA132	경기	7500		5년(총무부)	★★★★★★★☆☆
7	김철수	사원	2011-11-21	3500	AB231	서울	9100	우수	4년(판매부)	★★★★★★★★★
8	김이쁨	주임	2013-04-25	4000	BC221	서울	5800		3년(기획부)	★★★★★☆☆☆☆☆
9										
10	<참조표>				[표23]	49. 거주지역별 비율				
11	코드	계약기간	직위	직위수당		거주	거주	거주		
12	AA	5년	과장	5500		서울	경기	부산		
13	AB	4년	대리	4500		50%	17%	33%		
14	BC	3년	사원	3500						
15	CA	2년	주임	4000		[표24]				
16						50. 거주지역이 서울이고 평가가 우수인 인원수				
17	<지역표>					1명				
18	거주	서울	경기	부산						
19	사원번호	1	2	3		[표25]				
20						조건	51. 입사일의 년도가 2014년도인 점수 합계			
21	거주	평가				TRUE	=DSUM(A2:J8,G2,F20:F21)			

=YEAR(C3)=2014

조건을 먼저 입력해야 한다면 입력하는 방식은 고급 필터와 동일합니다. 조건에 수식을 입력할 경우 조건의 필드명은 원본 범위의 필드명과 다른 필드명을 입력, 수식의 결과는 TRUE 혹은 FALSE가 되어야 합니다.

=DSUM(A2:J8,	G2,	F20:F21)
조건을 찾을 필드(열)와 합계를 구해줄 필드(열)가 모두 포함되게끔 database(필드명이 포함된 전체 범위)를 지정합니다.	합계를 구할 filed(계산해 줄 필드명)를 지정합니다.	지정해준 조건에 해당하는 합계만 구할 수 있도록 criteria(필드명이 포함된 조건)을 지정합니다.

	A	B	C	D	E	F	G	H	I	J
1	[표22]			44.	45.		46.		47.	48.
2	이름	직위	입사일	직위수당	사원번호	거주	점수	평가	계약기간(부서)	점수지수
3	이주희	과장	2014-04-25	5500	AA123	부산	9900	우수	5년(총무부)	★★★★★★★★★☆
4	홍길동	사원	2012-01-02	3500	AB213	부산	6900		4년(판매부)	★★★★★★☆☆☆
5	이순신	대리	2014-03-05	4500	BC321	서울	8900		3년(기획부)	★★★★★★★★☆☆
6	성준향	주임	2010-05-09	4000	AA132	경기	7500		5년(총무부)	★★★★★★★☆☆
7	김철수	사원	2011-11-21	3500	AB231	서울	9100	우수	4년(판매부)	★★★★★★★★★
8	김이쁨	주임	2013-04-25	4000	BC221	서울	5800		3년(기획부)	★★★★★☆☆☆☆☆
9										
10	<참조표>				[표23]	49. 거주지역별 비율				
11	코드	계약기간	직위	직위수당		거주	거주	거주		
12	AA	5년	과장	5500		서울	경기	부산		
13	AB	4년	대리	4500		50%	17%	33%		
14	BC	3년	사원	3500						
15	CA	2년	주임	4000		[표24]				
16						50. 거주지역이 서울이고 평가가 우수인 인원수				
17	<지역표>					1명				
18	거주	서울	경기	부산						
19	사원번호	1	2	3		[표25]				
20						조건	51. 입사일의 년도가 2014년도인 점수 합계			
21	거주	평가				TRUE	18800			

44. =LOOKUP(B3, $C$12:$C$15, $D$12:$D$15)

45. =LOOKUP(RIGHT(E3, 1) * 1, $B$19:$D$19, $B$18:$D$18)

46. =CHOOSE(RANK.EQ(G3, $G$3:$G$8, 0), "우수", "우수", "", "", "")

47. =VLOOKUP(LEFT(E3, 2), $A$12:$B$15, 2, FALSE)
    & CHOOSE(MOD(RIGHT(E3, 2), 3) + 1, "(기획부)", "(판매부)", "(총무부)")

48. =CONCAT(REPT("★", QUOTIENT(G3, 1000)),
    REPT("☆", 10 - QUOTIENT(G3, 1000)))

49. =DCOUNTA($A$2:$J$8, $A$2, F11:F12) / COUNTA($A$3:$A$8)

50. =DCOUNT(A2:J8, G2, A21:B22) & "명"

51. =YEAR(C3)=2014
    =DSUM(A2:J8, G2, F20:F21)

문제 유형 9   '함수9' 워크시트에서 작업하시오.

52 [표26]의 입사일을 이용하여 [D3:D9] 영역에 정규직전환일을 표시하시오.
- ▶ 정규직전환일은 입사일에서 1년이 지난달의 마지막 날짜를 계산
- ▶ 예 : 2025-1-12 → 2026-1-31
- ▶ EOMONTH 함수 사용

53 [표26]의 입사일을 이용하여 [E3:E9] 영역에 총근무개월수를 계산하여 표시하시오.
- ▶ 총근무일수는 입사일과 현재 시스템 날짜의 차이
- ▶ 총근무개월수는 월 단위로 표시하되, 일수가 부족한 달은 개월 수에 포함하지 않음
- ▶ 한 달은 30일로 계산
- ▶ 표시 예 : 06개월
- ▶ TEXT, QUOTIENT, DAYS, TODAY 함수 사용

54 [표26]의 입사일과 승급조정기간을 이용하여 [G3:G9] 영역에 승급조정일을 계산하고 날짜로 표시하시오.
- ▶ 승급조정일의 년도는 입사일의 년도에 승급조정기간을 합하고, 월은 입사일의 월을 그대로, 일은 입사일의 일을 그대로 표시
- ▶ DATE, YEAR, MONTH, DAY 함수 사용

55 [표26]의 휴가시작일과 휴가일수를 이용하여 [J3:J9] 영역에 출근일을 표시하시오.
- ▶ 출근일은 휴가시작일에서 주말, 휴일, 회사창립일([C11])을 제외한 휴가일수 후의 날짜임
- ▶ 표시 예 : 02월 16일
- ▶ WORKDAY, TEXT 함수 사용

주희쌤 Tip

EDATE(start_date, months)

start_date에서 months(개월 수)를 더한 날짜

예)

	A	B
1	데이터	2025-07-29
2		
3	수식	=EDATE(B1, 3)
4	결과	2025-10-29
5		
6	수식	=EDATE(B1, -3)
7	결과	2025-04-29

↑ [B1] 셀 값에서 지정한 개월 수를 더한 날짜

EOMONTH(start_date, months)

start_date에서 months(개월 수)를 더한 달의 마지막 날짜

예)

	A	B
1	데이터	2020-07-29
2		
3	수식	=EOMONTH(B1, 3)
4	결과	2020-10-31

↑ [B1] 셀 값에서 3개월을 더한 달의 마지막 날짜

따라하기 52

① [D3] 셀을 선택한 후 [수식 입력줄]에 커서를 이동합니다.

② 수식을 작성한 후 Enter 를 누릅니다.

③ [D3] 셀의 채우기 핸들을 [D9] 셀까지 드래그하여 수식을 복사합니다.

	A	B	C	D	E	F	G	H	I	J
1	[표26]			52.	53.		54.			55.
2	이름	직위	입사일	정규직전환일	총근무개월수	승급조정기간	승급조정일	휴가시작일	휴가일수	출근일
3	이주희	과장	2022-04-25	C3,12)		2		2025-08-04	10	
4	홍길동	사원	2021-01-02			4		2025-07-25	8	
5	이순신	대리	2020-03-05			2		2025-08-03	7	
6	성춘향	주임	2022-05-09			3		2025-08-04	6	
7	김철수	사원	2022-11-21			4		2025-09-01	5	
8	김이쁨	주임	2021-04-25			3		2025-07-14	3	
9	이영희	대리	2023-01-05			2		2025-08-07	5	

수식 입력줄: =EOMONTH(C3,12)

=EOMONTH(C3,12)

EOMONTH 함수의 두 번째 인수가 years(년 수)였다면 1을 지정, days(일 수)였다면 365를 지정했겠지만, months(개월 수)이기 때문에 12를 지정하여 12개월이 지난달의 마지막 날짜가 계산되도록 합니다.

 따라하기 53

① [E3] 셀을 선택한 후 [수식 입력줄]에 커서를 이동합니다.

② 수식을 작성한 후 Enter 를 누릅니다.

③ [E3] 셀의 채우기 핸들을 [E9] 셀까지 드래그하여 수식을 복사합니다.

> 주희쌤 Tip
>
> **DAYS(end_date, start_date)**
> end_date에서 start_date를 빼서 날짜의 차이를 계산
>
> 예
>
> | | A | B |
> |---|---|---|
> | 1 | 데이터 | 2025-02-06 목 |
> | 2 | | 2025-02-10 월 |
> | 3 | | |
> | 4 | 수식 | =DAYS(B2, B1) |
> | 5 | 결과 | 4 |
>
> ↑ [B2] 셀 값에서 [B1] 셀 값을 뺀 수

=TEXT(QUOTIENT(	DAYS(TODAY(),C3),	30),	"00개월")
최종적으로 계산한 총근무개월수에 '개월'을 같이 표시해야 하므로 TEXT 함수를 먼저 입력합니다.	총근무일수는 날짜의 차이를 구해야 하므로 DAYS 함수를 입력합니다.	날짜의 차이가 구해지면 월 단위로 표시하기 위해 30으로 나누기 합니다.	총근무개월수가 '6'이면 '06개월'로 표시하기 위해 '00개월'을 format_text 인수에 입력합니다.

 따라하기 54

① [G3] 셀을 선택한 후 [수식 입력줄]에 커서를 이동합니다.

② 수식을 작성한 후 Enter 를 누릅니다.

③ [G3] 셀의 채우기 핸들을 [G9] 셀까지 드래그하여 수식을 복사합니다.

> 주희쌤 Tip
>
> **DATE(year, month, day)**
> year, month, day를 날짜로 반환
>
> 예
>
> | | A | B |
> |---|---|---|
> | 1 | 수식 | =DATE(2025, 1, 2) |
> | 2 | 결과 | 2025-01-02 |
>
> ↑ '2025'를 연도, '1'을 월, '2'를 일로 변환하여 날짜로 표시

=DATE(YEAR(C3)+F3,MONTH(C3),DAY(C3))
승급조정일은 최종적으로 날짜로 계산되어야 하기 때문에 날짜를 만들어주는 DATE 함수를 먼저 입력합니다.

 따라하기 55

① [J3] 셀을 선택한 후 [수식 입력줄]에 커서를 이동합니다.

② 수식을 작성한 후 Enter 를 누릅니다.

③ [J3] 셀의 채우기 핸들을 [J9] 셀까지 드래그하여 수식을 복사합니다.

주희쌤 Tip

`WORKDAY(start_date, days, [holidays])`

start_date에서 주말이나 휴일을 제외한 days(일 수)가 지난 날짜

(holidays : 정해진 주말이나 휴일이 아닌 직접 지정하는 휴일)

예)

	A	B
1	데이터	2025-03-07 금
2		
3	수식	=WORKDAY(B1, 3)
4	결과	2025-03-12 수

↑ [B1] 셀 값에서 주말이나 휴일을 제외하고 '3'일이 지난 날짜

	A	B
1	데이터	2025-03-07 금
2		2025-03-10 월
3		
4	수식	=WORKDAY(B1, 3, B2)
5	결과	2025-03-13 목

↑ [B1] 셀 값에서 주말이나 휴일, [B2] 셀 값을 제외하고 '3'일이 지난 날짜

주희쌤 Tip

배운 함수의 인수는 최대한 채워주고, 안 배운 함수의 인수에 대괄호([])가 있다면 그 인수는 생략하면서 함수를 추측하면 됩니다.

예를 들어,

`WEEKDAY(serial_number, [return_type])`

WEEKDAY 함수는 요일의 번호를 구해주는 함수인데 serial_number는 익숙한 인수이지만 return_type은 익숙하지 않은 인수입니다.

그런데 return_type 인수는 양 옆에 대괄호([])가 있으니 생략이 가능하여 생략하면서 함수를 추측하면 됩니다.

혹은 함수 마법사를 이용하여 인수에 대한 설명을 읽어도 됩니다.

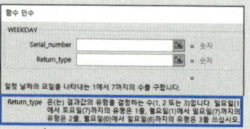

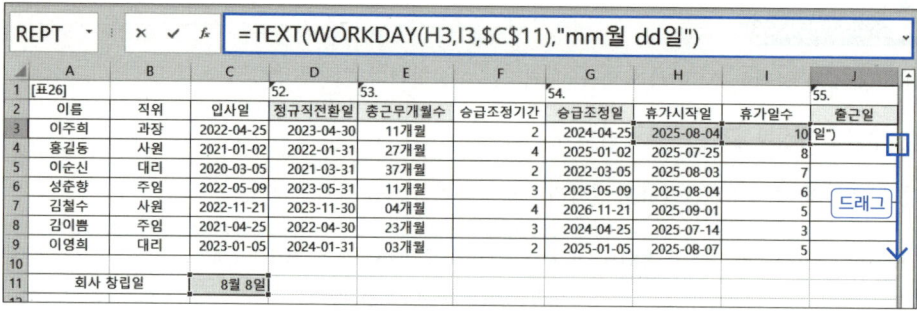

=TEXT(WORKDAY(H3,I3,$C$11),"mm월 dd일")

회사창립일은 주말이나 휴일이 아니기 때문에 holidays에 지정합니다.

정답

	A	B	C	D	E	F	G	H	I	J
1	[표26]			52.	53.		54.			55.
2	이름	직위	입사일	정규직전환일	총근무개월수	승급조정기간	승급조정일	휴가시작일	휴가일수	출근일
3	이주희	과장	2022-04-25	2023-04-30	11개월	2	2024-04-25	2025-08-04	10	08월 18일
4	홍길동	사원	2021-01-02	2022-01-31	27개월	4	2025-01-02	2025-07-25	8	08월 06일
5	이순신	대리	2020-03-05	2021-03-31	37개월	2	2022-03-05	2025-08-03	7	08월 12일
6	성준향	주임	2022-05-09	2023-05-31	11개월	3	2025-05-09	2025-08-04	6	08월 12일
7	김철수	사원	2022-11-21	2023-11-30	04개월	4	2026-11-21	2025-09-01	5	09월 08일
8	김이쁨	주임	2021-04-25	2022-04-30	23개월	3	2024-04-25	2025-07-14	3	07월 17일
9	이영희	대리	2023-01-05	2024-01-31	03개월	2	2025-01-05	2025-08-07	5	08월 14일
10										
11	회사 창립일		8월 8일							

(53번의 정답은 현재 작업하고 있는 날짜에 따라 값이 다르게 나올 수 있음)

52. =EOMONTH(C3, 12)

53. =TEXT(QUOTIENT(DAYS(TODAY(), C3), 30), "00개월")

54. =DATE(YEAR(C3) + F3, MONTH(C3), DAY(C3))

55. =TEXT(WORKDAY(H3, I3, $C$11), "mm월 dd일")

숙제

01 '숙제1' 시트에서 다음의 지시사항에 따라 계산하시오.
① [표1]의 계약자를 이용하여 [C4:C27] 영역에 성별을 계산하여 표시하시오.
- 성별은 계약자에 ','가 포함되어 있으면 '남', 없으면 '여'로 표시
- IF, IFERROR, FIND 함수 사용

② [표1]의 보험금에서 최대 금액이 입력된 보험명(A보험, B보험, C보험)을 [G4:G27] 영역에 계산하여 표시하시오.
- INDEX, MATCH, MAX 함수 사용

③ [표1]의 보험금을 이용하여 개인별 A보험, B보험, C보험 보험금의 표준편차가 전체 보험금([D4:F27])의 표준편차보다 크면 개인별 보험금의 표준편차를 계산하여 표시하고, 그렇지 않으면 공백으로 [H4:H27] 영역에 표시하시오.
- [표시 예 : 12345 → 12000]
- IF, STDEV.S, TRUNC 함수 사용

④ [표1]의 계약번호 앞 두 글자, 납부방법, [표2]를 이용하여 [K4:K27] 영역에 구분을 표시하시오.
- HLOOKUP, MATCH 함수 사용

02 '숙제2' 시트에서 다음의 지시사항에 따라 계산하시오.
① [표1]의 가구원수, 전기사용량과 [표2]를 이용하여 [F3:F27] 영역에 전기요금을 계산하여 표시하시오.
- 전기요금 = 기본요금 + 전기사용량 × 요금단가 × (1 - 가구원수별 할인율)
- 기본요금, 요금단가는 전기사용량을 이용하여 [표2]에서 찾아 계산
- 가구원수별 할인율은 전기사용량과 가구원수를 이용하여 [표2]에서 찾아 계산
- VLOOKUP, MATCH 함수 사용

② [표1]의 전기사용량, 전력량요금을 이용하여 [G3:G27] 영역에 추가요금을 계산하여 표시하시오.
- 추가요금 = 전력량요금 / 비고
- 비고는 전기사용량의 첫 글자가 1이면 40, 2이면 30, 3이면 20, 4이면 10
- [표시 예 : '전력량요금 / 비고'가 12345.6789인 경우 → 12345원]
- QUOTIENT, CHOOSE, LEFT 함수와 & 연산자 사용

③ [표1]의 가구원수를 이용하여 [표3]의 [I13] 셀에 가구원수의 평균을 계산하시오.
- 조건은 [I8:I9] 영역에 작성

- 가구원수가 가구원수의 최빈수보다 큰 것만을 대상으로 계산할 것
- MODE.SNGL, DAVERAGE 함수 사용

03 '숙제3' 시트에서 다음의 지시사항에 따라 계산하시오.
① [표1]의 객실을 이용하여 [E3:E26] 영역에 누적예약수를 계산하여 표시하시오.
- 객실이 이전 데이터와 같으면 누적 개수로 표시
- [표시 예 : 누적 – 3]
- COUNTIF 함수 사용

② [표1]의 기간과 객실을 이용하여 [F3:F26] 영역에 예약현황을 계산하여 표시하시오.
- 기간이 ' 2박'이고, 객실이 '디럭스트윈'인 경우 표시 예 : 2박/3일 디럭스트윈
- CONCAT, TRIM, LEFT 함수 사용

③ [표1]의 조식과 [표2], [표3]을 이용하여 [H3:H26] 영역에 조식금액을 계산하여 표시하시오.
- 조식금액은 [표2]와 [표3]에서 찾아서 계산
- LOOKUP, HLOOKUP 함수 사용

04 '숙제4' 시트에서 다음의 지시사항에 따라 계산하시오.
① [표1]의 사원번호와 성과를 이용하여 [F3:F26] 영역에 급여를 계산하여 표시하시오.
- 급여 = 기본급 + 성과 × 20%
- 기본급은 <직급별 기본급> 표에서 찾아서 계산
- 코드는 사원번호의 '–'와 '–' 사이의 숫자를 의미
- MID, VALUE, VLOOKUP 함수 사용

② [표1]의 근태점수, 연수점수를 이용하여 [I3:I26] 영역에 상위점수평균을 계산하여 표시하시오.
- 근태점수와 연수점수가 모두 상위 3번째까지에 해당하면 근태점수와 연수점수의 평균을 계산하고, 그렇지 않으면 공백으로 표시
- IF, COUNTIFS, LARGE, AVERAGE 함수 사용

③ [표1]의 작년도평가를 이용하여 [K3:K26] 영역에 기타를 계산하여 표시하시오.
- 작년도평가를 10으로 나눈 몫의 정수만큼 "■"를 반복적으로 표시
- 몫을 구할 수 없을 경우 0으로 간주하여 공백으로 표시
- IFERROR, REPT, INT 함수 사용

④ <부서별 팀장 점수> 표와 [표2]를 이용하여 [표2]의 [N17:P17] 영역에 팀장합계를 계산하여 표시하시오.
▶ 팀장합계는 점수별 가중치를 곱한 합으로 계산 ('점수1'의 팀장합계는 90*10% + 80*10% + 88*10% + 95*10%)
▶ SUMPRODUCT, HLOOKUP 함수 사용

05 '숙제5' 시트에서 다음의 지시사항에 따라 계산하시오.
① [표1]의 코드와 <코드별 할인율> 표를 이용하여 [표1]의 [C4:C23] 영역에 코드별 할인율을 표시하시오.
▶ HLOOKUP 함수 사용

② [표1]의 구매번호를 이용하여 [E4:E23] 영역에 구매방법을 계산하여 표시하시오.
▶ 구매번호가 A이면 구매방법은 전화, B이면 온라인, 그 외에는 방문으로 표시하고 같은 방법으로 구매 시 괄호 안에 누적 개수를 표시
▶ [표시 예 : 전화(1건)]
▶ COUNTIF, IF, LEFT 함수 사용

숙제 정답 및 해설

01 '숙제1' 시트

▶ 결과

	B	C	D	E	F	G	H	I	J	K	L	M	N	O	P	Q
1	[표1]												[표2]			
2	계약자	성별	보험금			최대보험	기타	계약번호	납부방법	구분				은행계좌	신용카드	증권계좌
3			A보험	B보험	C보험								AB	1	2	3
4	김동기, (33)	남	60,000	70,000	20,000	B보험	26,000	ABCC	은행계좌	1			CD	4	5	6
5	신성환, (25)	남	56,000	45,000	55,000	A보험		CDA	신용카드	5			EF	7	8	9
6	윤선배, 남, (38)	남	90,000	80,000	35,000	A보험	29,000	CDB	증권계좌	6						
7	박상희(22)	여	40,000	60,000	55,000	B보험		CDD	은행계좌	4						
8	하성복, (28), 남	남	43,000	28,000	45,000	C보험		ABAC	신용카드	2						
9	이준형, 남, (40)	남	50,000	32,000	30,000	A보험		EFAB	증권계좌	9						
10	박종현(30), 남	남	28,000	25,000	30,000	C보험		ABAB	은행계좌	1						
11	강영현(30)	여	32,000	29,000	38,000	C보험		CDAB	신용카드	5						
12	우원오, (30)	남	35,000	35,000	39,000	C보험		EFA	증권계좌	9						
13	정재욱, (41)	남	99,000	46,000	45,000	A보험	30,000	EFAB	은행계좌	7						
14	유재원(25)	여	35,000	45,000	40,000	B보험		EFC	신용카드	8						
15	강대훈, (26)	남	55,000	49,000	49,000	A보험		EFAB	증권계좌	9						
16	김은수(28)	여	25,000	29,000	60,000	C보험	19,000	ABCC	은행계좌	1						
17	이석영(26)	여	30,000	39,000	55,000	C보험		CDA	신용카드	5						
18	송광용, (20)	남	38,000	27,000	50,000	C보험		CDB	증권계좌	6						
19	곽호용, (30)	남	20,000	35,000	40,000	C보험		ABAC	은행계좌	1						
20	문순성(34)	여	29,000	50,000	35,000	B보험		EFAB	신용카드	8						
21	박희원(37)	여	35,000	40,000	49,000	C보험		ABAB	증권계좌	3						
22	최윤우(29)	여	27,000	35,000	30,000	B보험		CDAB	은행계좌	4						
23	이수경(30)	여	35,000	23,000	27,000	A보험		EFA	신용카드	5						
24	김도현, (22)	남	23,000	30,000	28,000	B보험		EFAB	증권계좌	9						
25	정재용, (26)	남	50,000	28,000	32,000	C보험		EFC	은행계좌	7						
26	손봉식, (30)	남	45,000	49,000	35,000	B보험		ABAC	신용카드	2						
27	윤수호, (34)	남	49,000	19,000	45,000	A보험	16,000	EFAB	증권계좌	9						

❶ 성별(C4:C27)

=IF(IFERROR(FIND(",",B4)>=1, FALSE), "남", "여")

❷ 최대보험(G4:G27)

=INDEX($D$3:$F$3, 1, MATCH(MAX(D4:F4), D4:F4, 0))

❸ 기타(H4:H27)

=IF(STDEV.S(D4:F4)>STDEV.S($D$4:$F$27), TRUNC (STDEV.S(D4:F4), -3), "")

❹ 구분(K4:K27)

=HLOOKUP(J4, $O$2:$Q$5, MATCH(I4, {"AB";"CD";"EF"} & "*", 1)+1, FALSE)

02 '숙제2' 시트

▶ 결과

	A	B	C	D	E	F	G	H	I	J	K	L	M	N	O
1	[표1]								[표2]				<가구원수별 할인율>		
2	동-호수-대가족여부		가구원수	전기사용량	전력량요금	전기요금	추가요금		전기사용량 구간		기본요금	요금단가	1 이상 3 미만	3 이상 5 미만	5 이상
3	A-101-해당없음		2	470	129,532	₩ 136,832	12953원		0kWh 이상	200kWh 이하	910	88.3	0%	10%	20%
4	A-302-해당없음		2	200	17,660	₩ 18,570	588원		201kWh 이상	400kWh 이하	1600	182.9	0%	20%	25%
5	B-202-해당없음		3	373	68,222	₩ 56,177	3411원		401kWh 이상		7300	275.6	0%	20%	30%
6	B-402-해당없음		2	389	71,148	₩ 72,748	3557원								
7	C-102-대가족		5	464	127,878	₩ 96,815	12787원								
8	B-401-대가족		6	463	127,603	₩ 96,622	12760원		조건						
9	A-301-대가족		5	334	61,089	₩ 47,416	3054원		FALSE						
10	A-102-해당없음		1	199	17,572	₩ 18,482	439원								
11	C-302-대가족		6	389	71,148	₩ 54,961	3557원		[표3]						
12	A-401-대가족		5	449	123,744	₩ 93,921	12374원		가구원수평균						
13	B-101-해당없음		4	438	120,713	₩ 103,870	12071원		4						
14	A-201-해당없음		2	294	53,773	₩ 55,373	1792원								
15	C-301-해당없음		2	221	40,421	₩ 42,021	1347원								
16	C-503-해당없음		1	242	44,262	₩ 45,862	1475원								
17	B-302-해당없음		3	330	60,357	₩ 49,886	3017원								
18	A-402-해당없음		2	334	61,089	₩ 62,689	3054원								
19	B-201-해당없음		2	454	125,122	₩ 132,422	12512원								
20	A-202-해당없음		3	276	50,480	₩ 41,984	1682원								
21	B-301-해당없음		4	463	127,603	₩ 109,582	12760원								
22	C-201-해당없음		4	237	43,347	₩ 36,278	1444원								
23	B-102-해당없음		2	304	55,602	₩ 57,202	2780원								
24	C-402-대가족		5	229	41,884	₩ 33,013	1396원								
25	C-202-해당없음		3	311	56,882	₩ 47,106	2844원								
26	C-401-해당없음		2	233	42,616	₩ 44,216	1420원								
27	C-101-해당없음		3	256	46,822	₩ 39,058	1560원								

❶ 전기요금(F3:F27)

=VLOOKUP(D3, $I$4:$O$6, 3, TRUE) + D3 * VLOOKUP(D3, $I$4:$O$6, 4, TRUE) * (1-VLOOKUP(D3, $I$4:$O$6, MATCH(C3,$M$2:$O$2,1)+4, TRUE))

❷ 추가요금(G3:G27)

=QUOTIENT(E3, CHOOSE(LEFT(D3,1), 40, 30, 20, 10)) & "원"

❸ 가구원수평균(I13)

=DAVERAGE(B2:G27, C2, I8:I9)

([I9] 셀 : =C3 > MODE.SNGL($C$3:$C$27))

03 '숙제3' 시트

▶ 결과

	A	B	C	D	E	F	G	H	I	J	K
1	[표1]									[표2]	
2		예약자	기간	객실	누적예약수	예약현황	조식	조식금액		A코스	B코스
3		김동기	2박	디럭스트윈	누적 - 1	2박/3일 디럭스트윈	A코스	16,000		1번	2번
4		신성환	3박	디럭스더블	누적 - 1	3박/4일 디럭스더블	B코스	11,000			
5		윤선배	2박	비즈니스	누적 - 1	2박/3일 비즈니스	B코스	11,000		[표3]	
6		박상희	4박	그랜드	누적 - 1	4박/5일 그랜드	A코스	16,000		16,000	11,000
7		하성복	1박	이그제큐티브	누적 - 1	1박/2일 이그제큐티브	B코스	11,000		1번	2번
8		이준형	2박	스위트	누적 - 1	2박/3일 스위트	A코스	16,000			
9		박종현	3박	디럭스트윈	누적 - 2	3박/4일 디럭스트윈	A코스	16,000			
10		강영현	1박	디럭스더블	누적 - 2	1박/2일 디럭스더블	A코스	16,000			
11		우원오	2박	비즈니스	누적 - 2	2박/3일 비즈니스	B코스	11,000			
12		정재욱	3박	그랜드	누적 - 2	3박/4일 그랜드	A코스	16,000			
13		유재원	1박	스위트	누적 - 2	1박/2일 스위트	A코스	16,000			
14		강대훈	2박	이그제큐티브	누적 - 2	2박/3일 이그제큐티브	B코스	11,000			
15		김은수	2박	디럭스트윈	누적 - 3	2박/3일 디럭스트윈	B코스	11,000			
16		이석영	4박	디럭스더블	누적 - 3	4박/5일 디럭스더블	A코스	16,000			
17		송광용	2박	비즈니스	누적 - 3	2박/3일 비즈니스	B코스	11,000			
18		곽호룡	1박	이그제큐티브	누적 - 3	1박/2일 이그제큐티브	A코스	16,000			
19		문순성	1박	디럭스트윈	누적 - 4	1박/2일 디럭스트윈	A코스	16,000			
20		박희원	3박	비즈니스	누적 - 4	3박/4일 비즈니스	A코스	16,000			
21		최윤우	3박	그랜드	누적 - 3	3박/4일 그랜드	B코스	11,000			
22		이수경	2박	이그제큐티브	누적 - 4	2박/3일 이그제큐티브	B코스	11,000			
23		김도현	4박	이그제큐티브	누적 - 5	4박/5일 이그제큐티브	A코스	16,000			
24		정재용	1박	스위트	누적 - 3	1박/2일 스위트	A코스	16,000			
25		손봉식	2박	디럭스트윈	누적 - 5	2박/3일 디럭스트윈	A코스	16,000			
26		윤수호	3박	디럭스더블	누적 - 4	3박/4일 디럭스더블	A코스	16,000			

❶ 누적예약수(E3:E26)

="누적 - " & COUNTIF($D$3:D3,D3)

❷ 예약현황(F3:F26)

=CONCAT(TRIM(C3), "/", LEFT(TRIM(C3),1)+1, "일 ", D3)

❸ 조식금액(H3:H26)

=LOOKUP(HLOOKUP(G3,$J$2:$K$3,2,FALSE), $J$7:$K$7,$J$6:$K$6)

04 '숙제4' 시트

▶ 결과

	A	B	C	D	E	F	G	H	I	J	K	L	M	N	O	P
1		[표1]											<직급별 기본급>			
2		사원번호	성별	생년월일	성과	급여	근태점수	연수점수	상위점수평균	작년도평가	기타		직급	코드	기본급	
3		A-1-2003	남	1980-03-28	3,230,000	2,646,000	91	91			45	■■■■	팀장	1	2000000	
4		A-2-2010	여	1980-07-26	5,170,000	2,834,000	95	92	94		24	■■	부팀장	2	1800000	
5		A-2-2013	남	1983-05-01	4,550,000	2,710,000	80	89			39	■■■	팀원	3	1300000	
6		A-3-2016	여	1998-10-20	3,400,000	1,980,000	82	87			40	■■■■				
7		A-3-2017	남	1981-11-22	3,152,000	1,930,400	87	88			49	■■■■	<부서별 팀장 점수>			
8		A-3-2020	여	1983-05-01	6,412,000	2,582,400	93	92		X			사원번호	점수1	점수2	점수3
9		B-1-2005	남	1989-09-14	3,546,000	2,709,200	65	70		X			A-1-2003	90	92	95
10		B-2-2011	여	1979-02-22	9,151,000	3,630,200	80	80			25	■■	B-1-2005	80	89	97
11		B-2-2015	남	1991-04-29	2,462,000	2,292,400	75	82			31	■■■	C-1-2006	88	90	94
12		B-3-2020	여	1993-05-16	6,421,000	2,584,200	77	91			32	■■■	D-1-2019	95	95	95
13		B-3-2021	남	1984-04-11	9,745,000	3,249,000	88	92			33	■■■				
14		B-3-2022	여	1985-01-25	3,522,000	2,004,400	90	89		X			[표2]			
15		B-3-2022	남	1976-08-21	1,262,000	1,552,400	95	87			30	■■■	항목	점수1	점수2	점수3
16		C-1-2006	여	1980-05-09	2,640,000	2,528,000	91	90			35	■■■	가중치	10%	20%	30%
17		C-2-2013	남	1986-09-25	6,465,000	3,093,000	92	77			40	■■■■	팀장합계	35.3	73.2	114.3
18		C-3-2015	여	1982-04-16	3,552,000	2,010,400	89	75			41	■■■■				
19		C-3-2017	남	1985-01-16	8,451,000	2,990,200	87	88			29	■■				
20		C-3-2017	여	1982-03-13	8,720,000	3,044,000	88	90			30	■■■				
21		C-3-2017	남	1982-03-01	7,970,000	2,894,000	95	95	95		32	■■■				
22		D-1-2019	여	1979-07-10	6,500,000	3,300,000	90	82		X						
23		D-2-2020	남	1990-02-28	1,326,000	2,065,200	87	87			33	■■■				
24		D-3-2020	여	1990-02-11	8,010,000	2,902,000	90	60			32	■■■				
25		D-3-2020	남	1990-02-18	7,020,000	2,704,000	77	91			45	■■■■				
26		D-3-2021	여	1990-07-29	6,401,000	2,580,200	96	92	94		46	■■■■				

❶ 급여(F3:F26)

=VLOOKUP(VALUE(MID(B3,3,1)),$N$3:$O$5,2,FALSE) + E3*20%

❷ 상위점수평균(I3:I26)

=IF(COUNTIFS(G3, ">=" & LARGE($G$3:$G$26,3), H3, ">=" & LARGE($H$3:$H$26,3))=1, AVERAGE(G3:H3),"")

❸ 기타(K3:K26)

=IFERROR(REPT("■",INT(J3/10)), "")

❹ 팀장합계(N17:P17)

=SUMPRODUCT(HLOOKUP(N15,$N$8:$P$12,{2,3,4,5}, FALSE) * N16)

('=SUMPRODUCT(N9:N12)*HLOOKUP(N8,$N$15:$P$16, 2,FALSE)'를 입력해도 결과가 같습니다.)

05 '숙제5' 시트

▶ 결과

	A	B	C	D	E	F	G	H	I	J
1										
2	[표1]						<코드별 할인율>			
3	구매번호	코드	할인율	매출액	구매방법		코드	A	C	E
								B	D	F
4	A2003	A	20%	3,230,000	전화(1건)		할인율	0.2	0.1	0.5
5	B2010	B	20%	5,170,000	온라인(1건)					
6	C2013	C	10%	4,550,000	방문(1건)					
7	A2016	A	20%	3,400,000	전화(2건)					
8	A2017	A	20%	3,152,000	전화(3건)					
9	B2020	B	20%	6,412,000	온라인(2건)					
10	C2005	C	10%	3,546,000	방문(2건)					
11	B2011	B	20%	9,151,000	온라인(3건)					
12	A2015	A	20%	2,462,000	전화(4건)					
13	C2021	C	10%	9,745,000	방문(3건)					
14	B2022	B	20%	3,522,000	온라인(4건)					
15	A2022	A	20%	1,262,000	전화(5건)					
16	B2006	B	20%	2,640,000	온라인(5건)					
17	A2015	A	20%	3,552,000	전화(6건)					
18	B2017	B	20%	8,720,000	온라인(6건)					
19	C2017	C	10%	7,970,000	방문(4건)					
20	A2019	A	20%	6,500,000	전화(7건)					
21	A2023	A	20%	8,520,000	전화(8건)					
22	B2023	B	20%	3,575,000	온라인(7건)					
23	C2023	C	10%	6,120,000	방문(5건)					

❶ 할인율(C4:C23)

=HLOOKUP(B4,$H$3:$J$5,3,TRUE)

❷ 구매방법(E4:E23)

=IF(LEFT(A4,1)="A", "전화", IF(LEFT(A4,1)="B", "온라인", "방문")) & "(" & COUNTIF($A$4:A4, LEFT(A4,1) & "*") & "건)"

관련 필기 문제

01. 다음 중 아래의 워크시트에서 '김인수' 사원의 근속년수를 오늘 날짜를 기준으로 구하고자 할 때 입력할 수식으로 옳은 것은?

22년 상시 출제

	A	B	C	D	E
1	순번	사원	입사일자	부서	연봉
2	1	홍진성	2010-12-12	영업부	3000만원
3	2	김미영	1999-12-01	연구소	5000만원
4	3	한철수	2005-10-05	총무부	4000만원
5	4	김인수	2009-04-02	경리부	3600만원
6	5	장인선	2012-01-02	기획실	2500만원

① =YEAR(TODAY())-YEAR(HLOOKUP("김인수", A2:E6, 3, FALSE))
② =YEAR(TODAY())-YEAR(HLOOKUP("김인수", B2:E6, 3, FALSE))
③ =YEAR(TODAY())-YEAR(VLOOKUP("김인수", A2:E6, 3, FALSE))
④ =YEAR(TODAY())-YEAR(VLOOKUP("김인수", B2:E6, 2, FALSE))

02. 아래 시트에서 주민등록번호의 여덟 째 문자가 '1' 또는 '3'이면 '남', '2' 또는 '4'이면 '여'로 성별 정보를 알 수 있다. 다음 중 성별을 계산하기 위한 [D2] 셀의 수식으로 옳지 않은 것은? (단, [F2:F5] 영역은 숫자 데이터임)

20년 1회 출제

	A	B	C	D	E	F	G
1	번호	성명	주민등록번호	성별		코드	성별
2	1	이경훈	940209-1******	남		1	남
3	2	서정연	920305-2******	여		2	여
4	3	이정재	971207-1******	남		3	남
5	4	이준호	990528-1******	남		4	여
6	5	김지수	001128-4******	여			

① =IF(OR(MID(C2, 8, 1)="2", MID(C2, 8, 1)="4"), "여", "남")
② =CHOOSE(VALUE(MID(C2, 8, 1)), "남", "여", "남", "여")
③ =VLOOKUP(VALUE(MID(C2, 8, 1)), $F$2:$G$5, 2, 0)
④ =IF(MOD(VALUE(MID(C2, 8, 1)), 2)=0, "남", "여")

03. 아래 시트에서 진도율이 80%를 초과하면 '■', 그 외에는 '□'를 반복하여 표시하고자 할 때 [C2] 셀의 수식으로 옳은 것은?

22년 상시 출제

	A	B	C
1	이름	진도율	PASS
2	이경훈	75%	□□□□□□□
3	서정연	90%	■■■■■■■■■
4	이정재	85%	■■■■■■■■
5	이준호	66%	□□□□□□
6	김지수	97%	■■■■■■■■■

① =SUBSTITUTE(B2, QUOTIENT(B2, 10%), IF(B2>80%, "■", "□"))
② =SUBSTITUTE(B2, IF(B2>80%, "■", "□"), QUOTIENT(B2, 10%))
③ =REPT(QUOTIENT(B2, 10%), IF(B2>80%, "■", "□"))
④ =REPT(IF(B2>80%, "■", "□"), QUOTIENT(B2, 10%))

정답 01.④ | 02.① | 03.④

관련 필기 문제

04. 다음 중 연이율 4.5%, 2년 만기로 매월 말 400,000원씩 저축할 경우, 복리 이자율로 계산하여 만기에 찾을 수 있는 금액을 구하기 위한 수식으로 옳은 것은? 15년 2회 출제

① =FV(4.5%/12,2*12,-400000)
② =FV(4.5%/12,2*12,-400000,,1)
③ =FV(4.5%,2*12,-400000,,1)
④ =FV(4.5%,2*12,-400000)

05. 다음 중 수식의 실행 결과가 나머지 셋과 다른 것은? 17년 2회 출제

① =COLUMNS(C1:E4)
② =COLUMNS({1,2,3;4,5,6})
③ =MOD(2,-5)
④ =COUNT(0,"거짓",TRUE,"1")

06. 다음 중 수식의 결과가 옳지 않은 것은? 19년 1회 출제

① =FIXED(3456.789,1,FALSE)→3,456.8
② =EOMONTH(DATE(2015,2,25),1)→2015-03-31
③ =CHOOSE(ROW(A3:A6),"동","서","남",2015)→남
④ =REPLACE("February",SEARCH("U","Seoul-Unesco"),5,"")→Febru

07. 다음 중 아래 시트에서 각 수식을 실행했을 때의 결과 값으로 옳은 것은? 17년 1회 출제

	A	B	C	D	E
1	이름	국어	영어	수학	평균
2	홍길동	83	90	73	82
3	이대한	65	87	91	81
4	한민국	80	75	100	85
5	평균	76	84	88	82.66667

① =SUM(COUNTA(B2:D4),MAXA(B2:D4))→102
② =AVERAGE(SMALL(C2:C4,2),LARGE(C2:C4,2))→75
③ =SUM(LARGE(B3:D3,2),SMALL(B3:D3,2))→174
④ =SUM(COUNTA(B2,D4),MINA(B2,D4))→109

08. 다음 중 아래의 워크시트에서 [F2] 셀에 소속이 '영업1부'인 총매출액의 합계를 계산하기 위한 수식으로 옳지 않은 것은? 16년 1회 출제

	A	B	C	D	E	F	G
1	성명	소속	총매출액		소속	총매출액	평균매출액
2	이민우	영업1부	8,819		영업1부	28,581	6,918
3	차소라	영업2부	8,072				
4	진희경	영업3부	6,983		소속별 총매출액의 합계		
5	장용	영업1부	7,499				
6	최병철	영업1부	7,343				
7	김철수	영업3부	4,875				
8	정진수	영업2부	5,605				
9	고희수	영업3부	8,689				
10	조민희	영업3부	7,060				
11	추소영	영업2부	6,772				
12	홍수아	영업3부	6,185				
13	이경식	영업1부	4,920				
14	유동근	영업2부	7,590				
15	이혁재	영업2부	6,437				

① =DSUM(A1:C15,3,E1:E2)
② =DSUM(A1:C15,C1,E1:E2)
③ =SUMIF(B2:B15,E2,C2:C15)
④ =SUMIF(A1:C15,E2,C1:C15)

09. 다음 중 아래 시트의 [A9] 셀에 수식 '=OFFSET(B3,-1,2)'을 입력한 경우 결과 값은? 20년 1회 출제

	A	B	C	D	E
1	학번	학과	학년	성명	주소
2	12123	국문과	2	박태훈	서울
3	15234	영문과	1	이경섭	인천
4	20621	수학과	3	윤혜주	고양
5	18542	국문과	1	민소정	김포
6	31260	수학과	2	함경표	부천
7					
8					
9					

① 윤혜주   ② 서울
③ 고양   ④ 박태훈

10. 다음 중 아래 시트에서 각 수식을 실행했을 때의 결과 값으로 옳지 않은 것은? 17년 1회 출제

	A
1	2017년 3월 5일 일요일
2	2017년 3월 20일 월요일
3	2017년 4월 10일 월요일

① EOMONTH(A1,-3)→2016-12-05
② DAYS(A3,A1) → 36
③ NETWORKDAYS(A1,A2)→11
④ WORKDAY(A1,10)→2017-03-17

11. 아래 시트에서 1과목, 2과목, 3과목이 모두 60 이상이면 'PASS', 그 외에는 'FAIL'을 표시하는 수식으로 옳지 않은 것은? 22년 상시 출제

① =IF(AND(B2>=60, C2>=60, D2>=60), "PASS", "FAIL")
② =IF(OR(B2<60, C2<60, D2<60), "FAIL", "PASS")
③ =IF(NOT(OR(B2<60, C2<60, D2<60)), "PASS", "FAIL")
④ =IF(MAX(B2, C2, D2)>=60, "PASS", "FAIL")

12. 다음 중 아래 워크시트를 이용한 수식의 실행 결과가 나머지 셋과 다른 것은? 17년 2회 출제

	A
1	결과
2	33
3	TRUE
4	55
5	#REF!
6	88
7	#N/A

① =IFERROR(ISLOGICAL(A3), "ERROR")
② =IFERROR(ISERR(A7),"ERROR")
③ =IFERROR(ISERROR(A7),"ERROR")
④ =IF(ISNUMBER(A4),TRUE, "ERROR")

정답 04.① | 05.③ | 06.④ | 07.③ | 08.④ | 09.④ | 10.① | 11.④ | 12.②

SECTION 02 사용자 정의 함수

- 엑셀에 내장이 되어 있는 함수가 아닌 사용자가 직접 정의하는 함수를 만들어보도록 하겠습니다.
- **준비파일** : 컴활1급 \ 엑셀 \ 1급엑셀(예제) \ 3장_02. 사용자 정의 함수.xlsm

사용자 정의 함수를 만들기 위하여 꼭 알아야 하는 If 문, Select Case 문

★이 100 이상이면 ●는 사과, ★이 50 이상이면 ●는 바나나, 그 외에는 딸기

① If ★ >=100 Then ② ●="사과" ③ ElseIf ★ >=50 Then ④ ●="바나나" ⑤ Else ⑥ ●="딸기" ⑦ End If	① Select Case ★ ② Case Is >=100 ③ ●="사과" ④ Case Is >=50 ⑤ ●="바나나" ⑥ Case Else ⑦ ●="딸기" ⑧ End Select
'★ >=100'이 TRUE이면 ②번 줄로 이동하여 '●="사과"'가 수행되고 ⑦번 줄로 이동	'★ >=100'이 TRUE이면 ③번 줄로 이동하여 '●="사과"'가 수행되고 ⑧번 줄로 이동
'★ >=100'이 FALSE이면 ③번 줄로 이동하여 '★ >=50'가 TRUE인지 확인	'★ >=100'이 FALSE이면 ④번 줄로 이동하여 '★ >=50'가 TRUE인지 확인

- ① Alt + F11 ② [삽입]-[모듈] ③ public function 입력
  위의 3가지를 하고 문제를 더 읽어도 늦지 않습니다.
- Visual Basic Editor는 '%' 입력이 안 됩니다.
- Visual Basic Editor는 '&' 양 옆으로 한 칸씩 띄어쓰기를 해야 합니다.
- Case is의 'is'는 뒤에 문자가 바로 오는 경우 빠집니다.
  (예) Case is="합격" → Case "합격"

> **주희쌤Tip**
> 주희쌤 Tip은 꼼꼼히 모두 보세요.

> **주희쌤Tip**
> 사용자 정의 함수는 6점짜리 1문제가 출제됩니다. 목표 점수는 6점으로 If과 Select Case 문은 사용자 정의 함수 문제 뿐 아니라 다른 문제 안에도 포함되어 있으니 반드시 알고 있어야 하는 부분입니다.
> 문제를 반복하여 풀면서 자동으로 외워지게 하는 것이 가장 좋습니다.

> **주희쌤Tip**
> 오른쪽의 코드를 일반 수식으로 입력하면 아래와 같습니다.
> =IF(A2>=100, "사과", IF(A2>=50, "바나나", "딸기"))

문제 유형 1   '사용자정의함수1' 워크시트에서 작업하시오.

① 사용자 정의 함수 'fn평가'를 작성하고 [C3:C8] 영역에 전년도평가를 계산하여 표시하시오.
- ▶ 'fn평가'는 전년도성적을 인수로 받아 전년도평가를 계산하는 함수
- ▶ 평가는 <평가표> [A11:B14]를 참조하여 표시
- ▶ Select Case 문 사용

```
Public Function fn평가(전년도성적)
End Function
```

② 사용자 정의 함수 'fn비고'를 작성하고 [F3:F8] 영역에 계산하여 표시하시오.
- ▶ 'fn비고'는 근태점수, 연수점수를 인수로 받아 계산하는 함수
- ▶ fn비고는 근태점수와 연수점수의 평균으로 계산하되 근태점수와 연수점수 모두 80 이상일 경우에는 평균과 우수사원을 같이 표시하고 그렇지 않을 경우 공란으로 표시
- ▶ 표시 예 : 93-우수사원
- ▶ If 문, & 연산자 사용

```
Public Function fn비고(근태점수, 연수점수)
End Function
```

> **주희쌤Tip**
> 2번 문제는 어떤 함수를 사용하라는 지시가 없으므로 AND를 사용해도 됩니다.
>
> 조건부서식5 시트에서 배웠던 부분입니다.
> 문제에 어떤 함수를 사용하라는 지시가 없다면 사용하고 싶은 함수를 사용하여 결과가 일치하게 나오면 됩니다.

주희쌤 Tip

If 문, If ~ Else 문, If ~ ElseIf 문,
If ~ End If 문
모두 같습니다.

주희쌤 Tip

Visual Basic Editor를 여는 방법
방법1. [개발 도구] 탭-[코드] 그룹-[Visual Basic]을 클릭
방법2. Alt + F11 단축키 사용

[개발 도구] 탭이 안 보이는 경우 [파일] 탭-[옵션]-[리본 사용자 지정] 탭-'개발 도구' 확인란을 선택-[확인]

주희쌤 Tip

Ⓠ 왼쪽에 프로젝트 탐색기 창, 속성 창은 없어도 되나요?
Ⓐ 필요합니다. 안 보이는 경우 [보기] 메뉴-[프로젝트 탐색기], [보기] 메뉴-[속성 창]을 클릭하여 보이게 하세요.

주희쌤 Tip

Ⓠ Alt + F11 누르면 바로 흰색 창이 보이는 경우가 있던데 꼭 모듈 창을 꺼내서 입력해야 하나요?
Ⓐ 모듈은 실행 가능한 단위라는 의미로 함수를 만들기 위해서는 반드시 [삽입]-[모듈]을 클릭해 모듈 창에서 입력을 해야 합니다.

Ⓠ 'public function'은 대/소문자를 구분하여 입력해야 하나요?
Ⓐ 아니요. 'public function'은 함수를 시작하겠다는 의미로 대/소문자 구분 없이 입력하면 됩니다.
단, 'fn평가'는 함수 이름이고 '전년도성적'은 함수의 인수이기 때문에 대/소문자를 구분하여 입력해주세요.

---

❸ 사용자 정의 함수 'fn야근수당'을 작성하여 야근수당[I3:I8]을 계산하시오.
  ▸ 'fn야근수당'은 야근과 근속년수를 인수로 받아 야근수당을 계산하는 함수
  ▸ 야근이 '했음'이면 근속년수에 따라 야근수당이 달라지고, 그렇지 않으면 공백을 입력
  ▸ 근속년수가 4 이상이면 야근수당은 30000, 근속년수가 3 이상이면 야근수당은 20000, 그 외에는 10000
  ▸ Select Case 문 사용

  Public Function fn야근수당(야근, 근속년수)
  End Function

❹ 사용자 정의 함수 'fn교통비'를 작성하고 교통비지급[K3:K8]을 계산하여 표시하시오.
  ▸ 'fn교통비'는 출근수단과 야근을 인수로 받아 값을 되돌려줌
  ▸ 출근수단이 '버스'이면 30000, '지하철'이면 20000, 외에는 10000으로 표시하시오. 단, 출근수단이 '버스'인 것 중 '야근'이 '했음'이면 50000으로 표시
  ▸ If 문 사용

  Public Function fn교통비(출근수단, 야근)
  End Function

❺ 사용자 정의 함수 'fn판매액'을 작성하고 판매액[E18:E25]을 계산하여 표시하시오.
  ▸ 'fn판매액'은 판매량과 가격을 인수로 받아 판매액을 계산하는 함수
  ▸ 판매액은 가격×판매량으로 계산하되, 판매량이 55 이상이면 5%, 그 외에는 3%를 할인한 금액으로 계산
  ▸ If ~ Else 문 사용

  Public Function fn판매액(판매량, 가격)
  End Function

따라하기 ❶

① 을 누릅니다.

② Visual Basic Editor가 나타나면 [삽입] 메뉴-[모듈]을 클릭합니다.

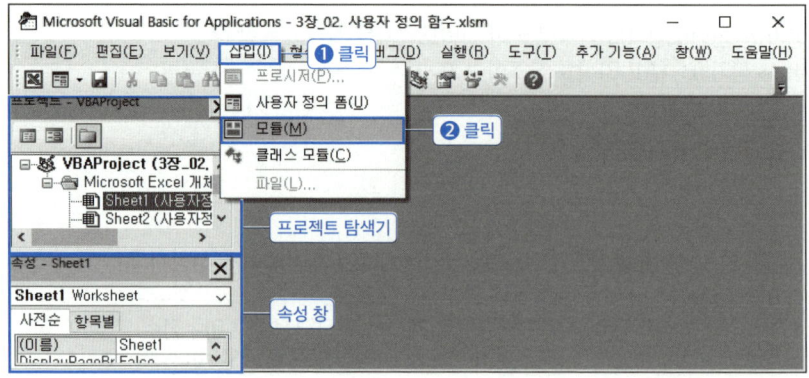

③ 프로젝트 탐색기 창에 모듈이 생성되면 문제에 있는 네모 칸 안의 내용을 입력합니다.

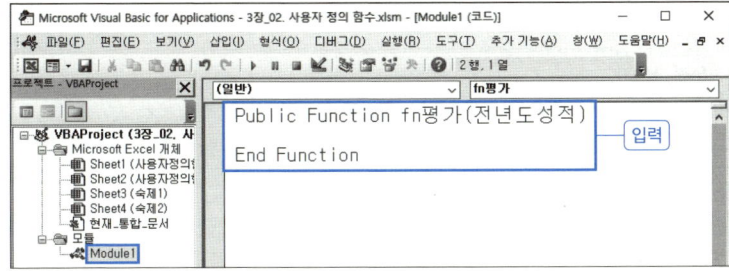

④ 아래의 코드를 입력한 후 Visual Basic Editor의 닫기(✕) 단추를 클릭합니다.

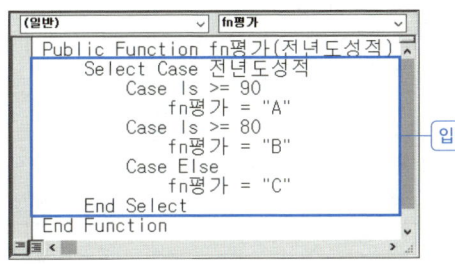

※ 코드 작성이 어렵다면 일반 수식으로 먼저 작성한 후 코드로 바꿔보세요.
=IF(B3>=90, "A", IF(B3>=80, "B", "C"))

⑤ [C3] 셀을 선택한 후 [함수 삽입](f_x)을 클릭합니다.

⑥ [함수 마법사] 대화상자가 나타나면 [범주 선택]을 '사용자 정의'로 선택한 후 [함수 선택] 목록에서 'fn평가'를 선택하고 [확인] 단추를 클릭합니다.

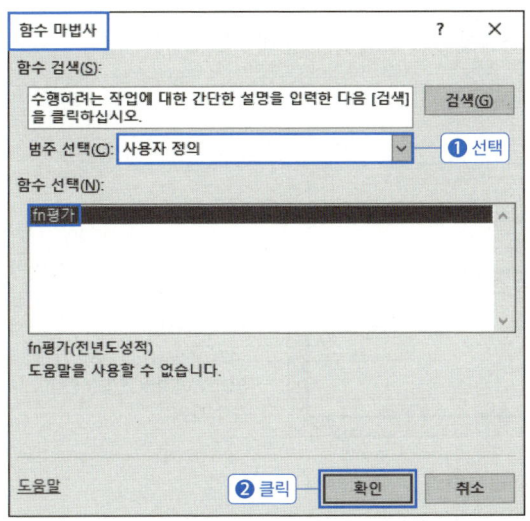

⑦ [함수 인수] 대화상자가 나타나면 [전년도성적]에 [B3] 셀을 클릭하고 [확인] 단추를 클릭합니다.

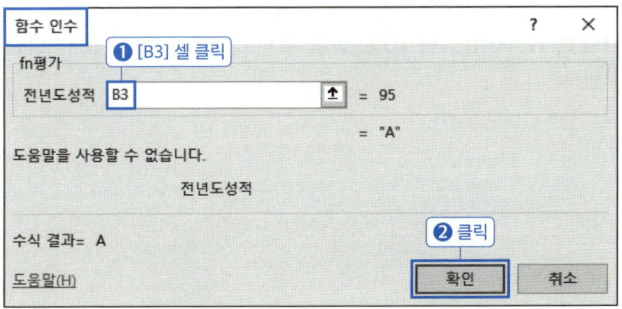

> ★ 주희쌤 Tip
>
> 오타가 있는 경우 Enter 를 눌렀을 때 'End Function'이 자동으로 입력되지 않습니다.
> 또 완전하게 작성되지 않은 모듈은 오류가 나게 됩니다. 오타를 수정하거나 모듈을 제거해야 하는데요.
> 모듈을 제거하려면 프로젝트 탐색기 창에서 제거하고자 하는 모듈에 마우스 오른쪽 버튼을 눌러 [Module 제거]를 클릭합니다.
>
>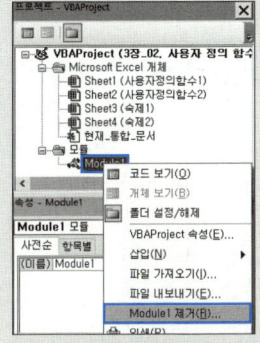
>
> '내보내시겠습니까' 메시지가 나오면 [아니요] 단추를 클릭합니다.
>
>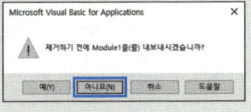

> ★ 주희쌤 Tip
>
> Q 'A'는 큰따옴표를 붙이는데 'fn평가'나 '전년도성적'은 왜 안 붙여요?
> A 'A'는 문자가 맞지만 'fn평가'는 함수 이름이고 '전년도성적'은 인수이기 때문에 문자로 취급하지 않습니다.

> ★ 주희쌤 Tip
>
> 사용자 정의 함수는 함수가 중첩되지 않으므로 마법사를 이용하는 것이 편합니다. 직접 [수식 입력줄]에 '=fn평가(B3)'을 입력해도 됩니다.

⑧ [C3] 셀의 채우기 핸들을 [C8] 셀까지 드래그하여 수식을 복사합니다.

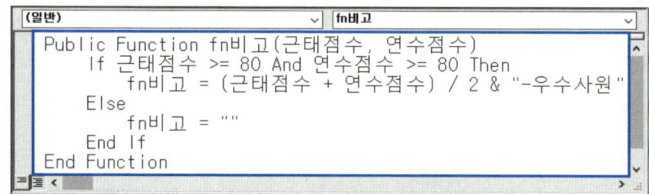

```
Select Case 전년도성적              Select Case 전년도성적에 따라 결과가 달라짐
  Case Is >= 90                      전년도성적이 90 이상이면
    fn평가 = "A"                       최종 결과는 "A"
  Case Is >= 80                      전년도성적이 80 이상이면
    fn평가 = "B"                       최종 결과는 "B"
  Case Else                          그 외에 (전년도성적이 80 미만이면)
    fn평가 = "C"                       최종 결과는 "C"
End Select                         End Select
```

따라하기 ②

① [Alt] + [F11] 을 누릅니다.

② Visual Basic Editor가 나타나면 [삽입] 메뉴-[모듈]을 클릭합니다.

③ 프로젝트 탐색기 창에 모듈이 생성되면 문제에 있는 네모 칸 안의 내용을 입력합니다.

```
Public Function fn비고(근태점수, 연수점수)
End Function
```

④ 아래의 코드를 입력한 후 Visual Basic Editor의 닫기(✕) 단추를 클릭합니다.

```
Public Function fn비고(근태점수, 연수점수)
    If 근태점수 >= 80 And 연수점수 >= 80 Then
        fn비고 = (근태점수 + 연수점수) / 2 & "-우수사원"
    Else
        fn비고 = ""
    End If
End Function
```

※ 코드 작성이 어렵다면 일반 수식으로 먼저 작성한 후 코드로 바꿔보세요.
=IF(AND(D3>=80, E3>=80), AVERAGE(D3:E3) & "-우수사원", "")

⑤ [F3] 셀을 선택한 후 [함수 삽입](fx)을 클릭합니다.

⑥ [함수 마법사] 대화상자가 나타나면 [범주 선택]을 '사용자 정의'로 선택한 후 [함수 선택] 목록에서 'fn비고'를 선택하고 [확인] 단추를 클릭합니다.

⑦ [함수 인수] 대화상자가 나타나면 [근태점수]에 [D3] 셀을 클릭, [연수점수]에 [E3] 셀을 클릭하고 [확인] 단추를 클릭합니다.

주희쌤 Tip

Q 다른 방식으로 작성했는데 결과가 똑같아요. 괜찮을까요?
A 코드는 작성하는 방법이 다양하기 때문에 문제에 제시된 제어문으로 작성하고 결과가 같다면 상관이 없습니다.
문제에 Select 문 혹은 If 문을 사용하라는 지시가 없다면 사용하고 싶은 제어문으로 작성하세요.
다만, 문제에 Select 문이 제시되어 있지 않다면 If 문으로 작성하는 것이 편합니다.

주희쌤 Tip

함수 36번에서 배웠던 부분입니다.

	평균
엑셀	AVERAGE
액세스	AVG
VBE	합계/개수

조건부서식5 시트에서 배웠던 부분입니다.

	AND	
엑셀	AND(인수1, 인수2)	
	(인수1)*(인수2)	
액세스	인수1 AND 인수2	
VBE		

	OR	
엑셀	OR(인수1, 인수2)	
	(인수1)+(인수2)	
액세스	인수1 OR 인수2	
VBE		

주희쌤 Tip

Q 커서가 두꺼워지면서 뒤에 글자가 지워져요.
A 키보드의 [Insert]를 누르세요. '수정' 상태가 '삽입' 상태로 바뀝니다.

주희쌤 Tip

조건에 AND 나 OR를 사용할 경우 If 문으로 작성하는 것이 편합니다. 만약 Select Case 문을 사용해야 한다면 아래와 같이 입력하세요.
Select Case TRUE
Case 근태점수>=80 And 연수점수>=80
  fn비고 = (근태점수+연수점수)/2 & "-우수사원"
Case Else
  fn비고 = ""
End Select

⑧ [F3] 셀의 채우기 핸들을 [F8] 셀까지 드래그하여 수식을 복사합니다.

이름	전년도성적	1. 전년도평가	근태점수	연수점수	2. 비고	야근	근속년수	3. 야근수당	출근수단	4. 교통비지급
이주희	95	A	91	95	93-우수사원	했음	2		승용차	
홍길동	75	C	88	75			2		버스	
김철수	90	A	76	61		했음	3		버스	
이영희	87	B	81	80			3		지하철	
최이름	71	C	79	82		했음	4		승용차	
최맛집	90	A	64	90			4		버스	

```
If 근태점수 >= 80 And 연수점수 >= 80 Then
    fn비고 = (근태점수 + 연수점수) / 2 & "-우수사원"
Else
    fn비고 = ""
End If
```

If 근태점수와 연수점수 모두 80 이상이면
   최종 결과는 근태점수와 연수점수의 평균 & "-우수사원"
그 외에
   최종 결과는 공란
End If

따라하기 ③

① 을 누릅니다.

② Visual Basic Editor가 나타나면 [삽입] 메뉴-[모듈]을 클릭합니다.

③ 프로젝트 탐색기 창에 모듈이 생성되면 문제에 있는 네모 칸 안의 내용을 입력합니다.

```
Public Function fn야근수당(야근, 근속년수)
End Function
```

④ 아래의 코드를 입력한 후 Visual Basic Editor의 닫기(✕) 단추를 클릭합니다.

```
Public Function fn야근수당(야근, 근속년수)
    Select Case 야근
        Case "했음"
            Select Case 근속년수
                Case Is >= 4
                    fn야근수당 = 30000
                Case Is >= 3
                    fn야근수당 = 20000
                Case Else
                    fn야근수당 = 10000
            End Select
        Case Else
            fn야근수당 = ""
    End Select
End Function
```

※ 코드 작성이 어렵다면 일반 수식으로 먼저 작성한 후 코드로 바꿔보세요.
=IF(G3="했음", IF(H3>=4, 30000, IF(H3>=3, 20000, 10000)), "")

⑤ [I3] 셀을 선택한 후 [함수 삽입](fx)을 클릭합니다.

⑥ [함수 마법사] 대화상자가 나타나면 [범주 선택]을 '사용자 정의'로 선택한 후 [함수 선택] 목록에서 'fn야근수당'을 선택하고 [확인] 단추를 클릭합니다.

⑦ [함수 인수] 대화상자가 나타나면 [야근]에 [G3] 셀을 클릭, [근속년수]에 [H3] 셀을 클릭하고 [확인] 단추를 클릭합니다.

⑧ [I3] 셀의 채우기 핸들을 [I8] 셀까지 드래그하여 수식을 복사합니다.

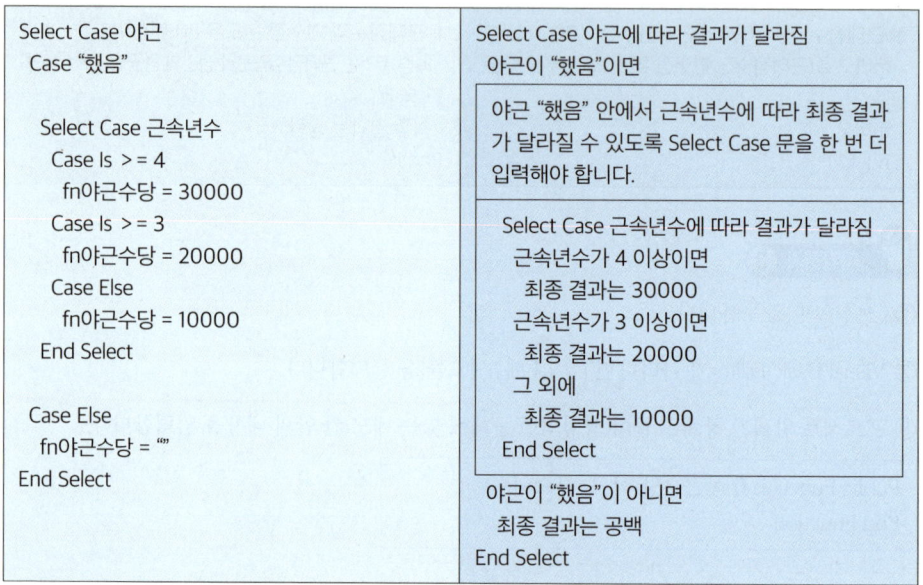

```
Select Case 야근
    Case "했음"
    
        Select Case 근속년수
            Case Is >= 4
                fn야근수당 = 30000
            Case Is >= 3
                fn야근수당 = 20000
            Case Else
                fn야근수당 = 10000
        End Select
    
    Case Else
        fn야근수당 = ""
End Select
```

Select Case 야근에 따라 결과가 달라짐
    야근이 "했음"이면

야근 "했음" 안에서 근속년수에 따라 최종 결과가 달라질 수 있도록 Select Case 문을 한 번 더 입력해야 합니다.

Select Case 근속년수에 따라 결과가 달라짐
    근속년수가 4 이상이면
        최종 결과는 30000
    근속년수가 3 이상이면
        최종 결과는 20000
    그 외에
        최종 결과는 10000
End Select

야근이 "했음"이 아니면
    최종 결과는 공백
End Select

 따라하기 ④

① `Alt` + `F11`을 누릅니다.

② Visual Basic Editor가 나타나면 [삽입] 메뉴-[모듈]을 클릭합니다.

③ 프로젝트 탐색기 창에 모듈이 생성되면 문제에 있는 네모 칸 안의 내용을 입력합니다.

```
Public Function fn교통비(출근수단, 야근)
End Function
```

④ 아래의 코드를 입력한 후 Visual Basic Editor의 닫기(✕) 단추를 클릭합니다.

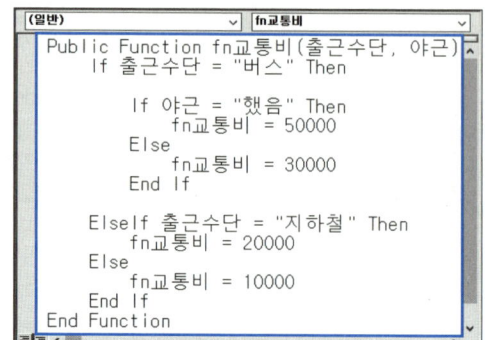

※ 코드 작성이 어렵다면 일반 수식으로 먼저 작성한 후 코드로 바꿔보세요.
=IF(J3="버스", IF(G3="했음", 50000, 30000), IF(J3="지하철", 20000, 10000))

⑤ [K3] 셀을 선택한 후 [함수 삽입](fx)을 클릭합니다.

⑥ [함수 마법사] 대화상자가 나타나면 [범주 선택]을 '사용자 정의'로 선택한 후 [함수 선택] 목록에서 'fn교통비'를 선택하고 [확인] 단추를 클릭합니다.

⑦ [함수 인수] 대화상자가 나타나면 [출근수단]에 [J3] 셀을 클릭, [야근]에 [G3] 셀을 클릭하고 [확인] 단추를 클릭합니다.

⑧ [K3] 셀의 채우기 핸들을 [K8] 셀까지 드래그하여 수식을 복사합니다.

	A	B	C	D	E	F	G	H	I	J	K
1	[표1]										
2	이름	전년도성적	1. 전년도평가	근태점수	연수점수	2. 비고	야근	근속년수	3. 야근수당	출근수단	4. 교통비지급
3	이주희	95	A	91	95	93-우수사원	했음	2	10000	승용차	10000
4	홍길동	75	C	88	75			2		버스	
5	김철수	90	A	76	61		했음	3	20000	버스	
6	이영희	87	B	81	80	80.5-우수사원		3		지하철	
7	최이통	71	C	79	82		했음	4	30000	승용차	
8	최멋짐	90	A	64	90			4		버스	

```
If 출근수단 = "버스" Then

  If 야근 = "했음" Then
    fn교통비 = 50000
  Else
    fn교통비 = 30000
  End If

ElseIf 출근수단 = "지하철" Then
  fn교통비 = 20000
Else
  fn교통비 = 10000
End If
```

If 출근수단이 "버스"이면

출근수단이 "버스" 안에서 야근 "했음"에 따라 최종 결과가 달라질 수 있도록 If 문을 한 번 더 입력해야 합니다.

  If 야근이 "했음"이면
    최종 결과는 50000
  그 외에
    최종 결과는 30000
  End If

출근수단이 "지하철"이면
  최종 결과는 20000
그 외에
  최종 결과는 10000
End If

따라하기 ⑤

① 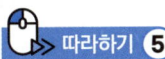 을 누릅니다.

② Visual Basic Editor가 나타나면 [삽입] 메뉴-[모듈]을 클릭합니다.

③ 프로젝트 탐색기 창에 모듈이 생성되면 문제에 있는 네모 칸 안의 내용을 입력합니다.

```
Public Function fn판매액(판매량, 가격)
End Function
```

④ 아래의 코드를 입력한 후 Visual Basic Editor의 닫기(✗) 단추를 클릭합니다.

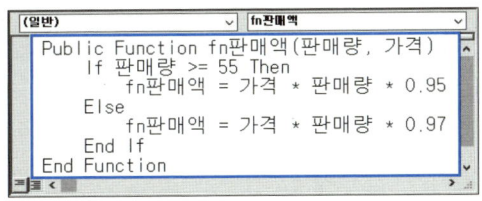

※ 코드 작성이 어렵다면 일반 수식으로 먼저 작성한 후 코드로 바꿔보세요.
=IF(D18>=55, C18*D18*0.95, C18*D18*0.97)

> **주희쌤 Tip**
>
> 함수 26번에서 배웠던 부분입니다.
> - 5% 할인한 금액 : 금액*0.95
> - 금액에서 5%를 할인 : 금액*0.95
> - 금액을 5% 할인 : 금액*0.95
> - 금액의 5% : 금액*0.05
> - A의 B% : A*B%

⑤ [E18] 셀을 선택한 후 [함수 삽입](fx)을 클릭합니다.

⑥ [함수 마법사] 대화상자가 나타나면 [범주 선택]을 '사용자 정의'로 선택한 후 [함수 선택] 목록에서 'fn판매액'을 선택하고 [확인] 단추를 클릭합니다.

⑦ [함수 인수] 대화상자가 나타나면 [판매량]에 [D18] 셀을 클릭, [가격]에 [C18] 셀을 클릭하고 [확인] 단추를 클릭합니다.

⑧ [E18] 셀의 채우기 핸들을 [E25] 셀까지 드래그하여 수식을 복사합니다.

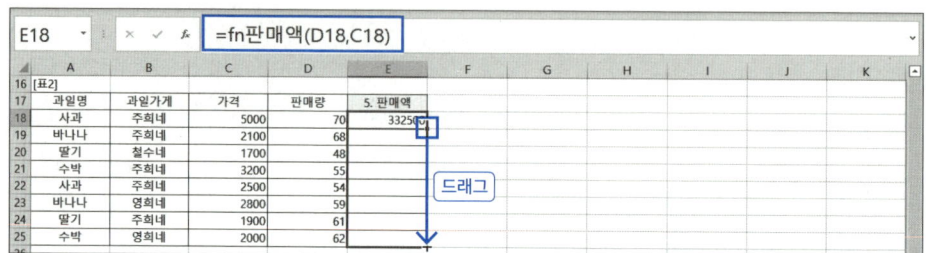

If 판매량 >= 55 Then	If 판매량이 55 이상이면
fn판매액 = 가격 * 판매량 * 0.95	최종 결과는 가격×판매량으로 계산하되 5%를 할인한 금액
Else	그 외에
fn판매액 = 가격 * 판매량 * 0.97	최종 결과는 가격×판매량으로 계산하되 3%를 할인한 금액
End If	End If

문제 유형 2 '사용자정의함수2' 워크시트에서 작업하시오.

6 사용자 정의 함수 'fn분류'를 작성하고 분류[E3:E11]를 계산하여 표시하시오.
- 'fn분류'는 주문수량과 페이지열람수를 인수로 받아 값을 되돌려줌
- 분류는 주문수량이 30 이상이고 페이지열람수가 400 이상이면 'BEST', 주문수량만 30 이상이면 '추천', 페이지열람수만 400 이상이면 'UP', 그 외에는 빈칸으로 표시

```
Public Function fn분류(주문수량, 페이지열람수)
End Function
```

7 사용자 정의 함수 'fn방문지수'를 작성하고 방문지수[F3:F11]를 계산하여 표시하시오.
- 'fn방문지수'는 페이지열람수를 인수로 받아 값을 되돌려줌
- 방문지수는 페이지열람수가 400 이상이면 1회당 '3'으로 계산하고, 페이지열람수가 300 이상이면 1회당 '2'로 계산하고, 그렇지 않으면 페이지열람수 그대로 표시

```
Public Function fn방문지수(페이지열람수)
End Function
```

8 사용자 정의 함수 'fn기타'를 작성하고 기타[G3:G11]를 계산하여 표시하시오.
- 'fn기타'는 신상여부와 주문수량을 인수로 받아 값을 되돌려줌
- 신상여부가 1이면 '신상', 그렇지 않으면 '일반'으로 표시
- 신상일 경우 신상 뒤에는 '주문수량 / 272 × 100'을 반올림하여 정수로 표시하고 '%' 기호를 같이 표시
  (표시 예 : 신상10%)
- If 문, Round 함수 사용

```
Public Function fn기타(신상여부, 주문수량)
End Function
```

9 사용자 정의 함수 'fn이벤트금액'을 작성하고 이벤트금액[I3:I11]을 계산하여 표시하시오.
- 'fn이벤트금액'은 상품코드, 판매금액을 인수로 받아 값을 되돌려줌
- 상품코드가 B로 시작되는 글자는 판매금액의 97%, 그 외에는 판매금액의 95%로 계산
- 최종적인 이벤트금액은 일의 자리까지 반올림하여 표시
- If 문, Round 함수 사용 (Left 함수는 사용하지 말 것)

```
Public Function fn이벤트금액(상품코드, 판매금액)
End Function
```

10 사용자 정의 함수 'fn원피스평가'를 작성하고 원피스평가[K3:K11]를 계산하여 표시하시오.
- 'fn원피스평가'는 주문수량, 종류를 인수로 받아 값을 되돌려줌
- 종류가 'D'이면서 주문수량이 30 이상이면 '최우수', 종류가 'D'이면서 주문수량이 25~29이면 '우수', 종류가 'D'이면서 주문수량이 20~24이면 '보통', 그 외에는 빈칸으로 표시
- 단, 종류가 'D'가 아닐 경우 '해당없음'으로 표시

```
Public Function fn원피스평가(주문수량, 종류)
End Function
```

> **주희쌤Tip**
> 교재 안에 물론 어려운 문제도 있습니다. 조금 어렵다고 해서 포기하게 되면 포기해야 할 문제들은 너무 많아지기 때문에 포기하지 말고 도전하세요.

⑪ 사용자 정의 함수 'fn포인트'를 작성하고 포인트[E15:E23]를 계산하여 표시하시오.
- ▶ 'fn포인트'는 누적방문횟수와 주문금액을 인수로 받아 값을 되돌려줌
- ▶ fn포인트 = 주문금액 / 10 + 누적방문횟수에 따른 보너스
- ▶ 보너스는 누적방문횟수가 70 미만이면 '300', 70 이상 80 미만이면 '500', 80 이상 90 미만이면 '1000', 90 이상이면 '2000'으로 계산
- ▶ Select Case 문 사용

```
Public Function fn포인트(누적방문횟수, 주문금액)
End Function
```

⑫ 사용자 정의 함수 'fn방문평가'를 작성하고 방문평가[G15:G23]를 계산하여 표시하시오.
- ▶ 'fn방문평가'는 누적방문횟수와 주문코드를 인수로 받아 값을 되돌려줌
- ▶ 방문평가는 누적방문횟수가 90 이상이면 '최우수', 70 이상이면 '우수', 그 외에는 '일반'으로 표시하고 뒤에 주문코드 마지막 두 문자를 같이 표시
- ▶ 표시 예 : 우수12

```
Public Function fn방문평가(누적방문횟수, 주문코드)
End Function
```

⑬ 사용자 정의 함수 'fn결제금액'을 작성하고 결제금액[H15:H23]을 계산하여 표시하시오.
- ▶ 'fn결제금액'은 고객등급과 주문금액을 인수로 받아 값을 되돌려줌
- ▶ fn결제금액 = 주문금액×(1−할인율)−추가금액
- ▶ 할인율은 아래의 표를 참조

고객등급	할인율
VIP	10%
GOLD	5%
SILVER	3%

- ▶ 추가금액은 주문금액이 100000 이상이면 5000, 50000 이상이면 2000, 그 외에는 0으로 계산

```
Public Function fn결제금액(고객등급, 주문금액)
End Function
```

⑭ 사용자 정의 함수 'fn우수고객'을 작성하고 우수고객[I15:I23]을 계산하여 표시하시오.
- ▶ 'fn우수고객'은 주문자, 고객등급, 누적방문횟수를 인수로 받아 값을 되돌려줌
- ▶ 누적방문횟수가 50 이상이고, 고객등급이 'VIP'이거나 'GOLD'이면 주문자와 고객등급을 같이 표시하고 그렇지 않으면 공백으로 표시
- ▶ 표시 예 : 이주희VIP

```
Public Function fn우수고객(주문자, 고객등급, 누적방문횟수)
End Function
```

⑮ 사용자 정의 함수 'fn배송코드'를 작성하고 배송코드[J15:J23]를 계산하여 표시하시오.
- ▶ 'fn배송코드'는 주문코드를 인수로 받아 값을 되돌려줌
- ▶ 배송코드는 주문코드의 문자 길이에 따라 달라짐
- ▶ 배송코드는 '-'와 '-' 사이의 문자임
- ▶ If 문, Len, Mid 함수 사용

```
Public Function fn배송코드(주문코드)
End Function
```

⑯ 사용자 정의 함수 'fn배송'을 작성하고 배송[K15:K23]을 계산하여 표시하시오.
- 'fn배송'은 주문금액, 주문코드를 인수로 받아 값을 되돌려줌
- 주문코드의 길이가 6이면 '당일배송', 그렇지 않으면 '지연'으로 하고 주문금액을 같이 표시
- 주문금액은 천 단위마다 콤마를 표시
- 표시 예 : 당일배송154,000
- If 문, Len, Format 함수 사용

```
Public Function fn배송(주문금액, 주문코드)
End Function
```

⑰ 사용자 정의 함수 'fn누적지수'를 작성하고 누적지수[L15:L23]를 계산하여 표시하시오.
- 'fn누적지수'는 누적방문횟수를 인수로 받아 값을 되돌려줌
- '누적방문횟수/10'의 개수만큼 "■"를 반복하여 표시
- 35인 경우 표시 예 : ■■■
- For 문 사용

```
Public Function fn누적지수(누적방문횟수)
End Function
```

따라하기 ⑥

① 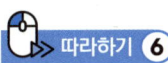을 누릅니다.

② Visual Basic Editor가 나타나면 [삽입] 메뉴-[모듈]을 클릭합니다.

③ 프로젝트 탐색기 창에 모듈이 생성되면 문제에 있는 네모 칸 안의 내용을 입력합니다.

```
Public Function fn분류(주문수량, 페이지열람수)
End Function
```

④ 아래의 코드를 입력한 후 Visual Basic Editor의 닫기(✕) 단추를 클릭합니다.

```
Public Function fn분류(주문수량, 페이지열람수)
    If 주문수량 >= 30 And 페이지열람수 >= 400 Then
        fn분류 = "BEST"
    ElseIf 주문수량 >= 30 Then
        fn분류 = "추천"
    ElseIf 페이지열람수 >= 400 Then
        fn분류 = "UP"
    Else
        fn분류 = ""
    End If
End Function
```

⑤ [E3] 셀을 선택한 후 [함수 삽입](*fx*)을 클릭합니다.

⑥ [함수 마법사] 대화상자가 나타나면 [범주 선택]을 '사용자 정의'로 선택한 후 [함수 선택] 목록에서 'fn분류'를 선택하고 [확인] 단추를 클릭합니다.

⑦ [함수 인수] 대화상자가 나타나면 [주문수량]에 [C3] 셀을 클릭, [페이지열람수]에 [D3] 셀을 클릭하고 [확인] 단추를 클릭합니다.

⑧ [E3] 셀의 채우기 핸들을 [E11] 셀까지 드래그하여 수식을 복사합니다.

상품코드	신상여부	주문수량	페이지열람수	6. 분류	7. 방문지수	8. 기타	판매금액	9. 이벤트금액	종류	10. 원피스평가
A11	1	26	400	UP			79845		D	
A12	0	20	120				94540		D	
A13	0	19	340				65000		D	
B11	0	34	412				47550		S	
B12	1	36	194				59900		S	
B13	1	19	207				70000		S	
C11	0	28	320				87000		K	
C12	0	40	220				43000		K	
A14	1	33	590				25700		D	

```
If 주문수량 >= 30 And 페이지열람수 >= 400 Then
    fn분류 = "BEST"
ElseIf 주문수량 >= 30 Then
    fn분류 = "추천"
ElseIf 페이지열람수 >= 400 Then
    fn분류 = "UP"
Else
    fn분류 = ""
End If
```

If 주문수량이 30 이상이고 페이지열람수가 400 이상이면
  최종 결과는 "BEST"
주문수량만 30 이상이면
  최종 결과는 "추천"
페이지열람수만 400 이상이면
  최종 결과는 "UP"
그 외에
  최종 결과는 빈칸
End If

따라하기 ⑦

①  을 누릅니다.

② Visual Basic Editor가 나타나면 [삽입] 메뉴-[모듈]을 클릭합니다.

③ 프로젝트 탐색기 창에 모듈이 생성되면 문제에 있는 네모 칸 안의 내용을 입력합니다.

```
Public Function fn방문지수(페이지열람수)
End Function
```

④ 아래의 코드를 입력한 후 Visual Basic Editor의 닫기(✕) 단추를 클릭합니다.

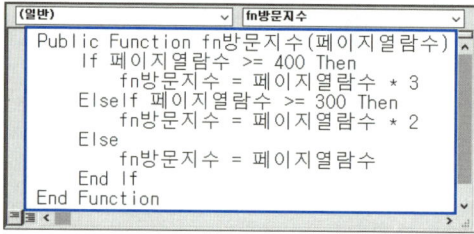

⑤ [F3] 셀을 선택한 후 [함수 삽입](fx)을 클릭합니다.

⑥ [함수 마법사] 대화상자가 나타나면 [범주 선택]을 '사용자 정의'로 선택한 후 [함수 선택] 목록에서 'fn방문지수'를 선택하고 [확인] 단추를 클릭합니다.

⑦ [함수 인수] 대화상자가 나타나면 [페이지열람수]에 [D3] 셀을 클릭하고 [확인] 단추를 클릭합니다.

⑧ [F3] 셀의 채우기 핸들을 [F11] 셀까지 드래그하여 수식을 복사합니다.

	A	B	C	D	E	F	G	H	I	J	K
1	[표3]										
2	상품코드	신상여부	주문수량	페이지열람수	6. 분류	7. 방문지수	8. 기타	판매금액	9. 이벤트금액	종류	10. 원피스평가
3	A11	1	26	400	UP	1200		79845		D	
4	A12	0	20	120				94540		D	
5	A13	0	19	340				65000		D	
6	B11	0	34	412	BEST			47550		S	
7	B12	1	36	194	추천			59900		S	
8	B13	1	19	207				70000		S	
9	C11	0	28	320				87000		K	
10	C12	0	40	220	추천			43000		K	
11	A14	1	33	590	BEST			25700		D	

```
If 페이지열람수 >= 400 Then
    fn방문지수 = 페이지열람수 * 3
ElseIf 페이지열람수 >= 300 Then
    fn방문지수 = 페이지열람수 * 2
Else
    fn방문지수 = 페이지열람수
End If
```

If 페이지열람수가 400 이상이면
  최종 결과는 페이지열람수 1회당 3
페이지열람수가 300 이상이면
  최종 결과는 페이지열람수 1회당 2
그 외에
  최종 결과는 페이지열람수 그대로 표시
End If

따라하기 ⑧

① Alt + F11 을 누릅니다.

② Visual Basic Editor가 나타나면 [삽입] 메뉴-[모듈]을 클릭합니다.

③ 프로젝트 탐색기 창에 모듈이 생성되면 문제에 있는 네모 칸 안의 내용을 입력합니다.

```
Public Function fn기타(신상여부, 주문수량)
End Function
```

④ 아래의 코드를 입력한 후 Visual Basic Editor의 닫기(✕) 단추를 클릭합니다.

```
Public Function fn기타(신상여부, 주문수량)
    If 신상여부 = 1 Then
        fn기타 = "신상" & Round(주문수량 / 272 * 100, 0) & "%"
    Else
        fn기타 = "일반"
    End If
End Function
```

⑤ [G3] 셀을 선택한 후 [함수 삽입](fx)을 클릭합니다.

⑥ [함수 마법사] 대화상자가 나타나면 [범주 선택]을 '사용자 정의'로 선택한 후 [함수 선택] 목록에서 'fn기타'를 선택하고 [확인] 단추를 클릭합니다.

⑦ [함수 인수] 대화상자가 나타나면 [신상여부]에 [B3] 셀을 클릭, [주문수량]에 [C3] 셀을 클릭하고 [확인] 단추를 클릭합니다.

> **주희쌤 Tip**
> Q '%'는 입력할 수 없다면서요?
> A 여기에서 '%'는 백분율이 아닌 문자로 쓰였습니다.

⑧ [G3] 셀의 채우기 핸들을 [G11] 셀까지 드래그하여 수식을 복사합니다.

G3			=fn기타(B3,C3)							
	A	B	C	D	E	F	G	H	I	J	K
1	[표3]										
2	상품코드	신상여부	주문수량	페이지열람수	6. 분류	7. 방문지수	8. 기타	판매금액	9. 이벤트금액	종류	10. 원피스평가
3	A11	1	26	400	UP	1200	신상10%	79845		D	
4	A12	0	20	120		120		94540		D	
5	A13	0	19	340		680		65000		D	
6	B11	0	34	412	BEST	1236		47550		S	
7	B12	1	36	194	추천	194		59900		S	
8	B13	1	19	207		207		70000		S	
9	C11	0	28	320		640		87000		K	
10	C12	0	40	220	추천	220		43000		K	
11	A14	1	33	590	BEST	1770		25700		D	

```
If 신상여부 = 1 Then
    fn기타 = "신상" & Round(주문수량 / 272 * 100, 0) & "%"
Else
    fn기타 = "일반"
End If
```

```
If 신상여부가 1이면
    최종 결과는 "신상" & 반올림(주문수량 / 272 * 100, 정수까지) & "%"
그 외에
    최종 결과는 "일반"
End If
```

따라하기 9

① [Alt] + [F11] 을 누릅니다.

② Visual Basic Editor가 나타나면 [삽입] 메뉴-[모듈]을 클릭합니다.

③ 프로젝트 탐색기 창에 모듈이 생성되면 문제에 있는 네모 칸 안의 내용을 입력합니다.

```
Public Function fn이벤트금액(상품코드, 판매금액)
End Function
```

④ 아래의 코드를 입력한 후 Visual Basic Editor의 닫기(✕) 단추를 클릭합니다.

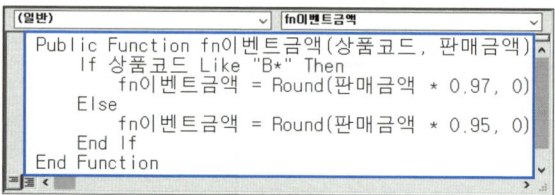

⑤ [I3] 셀을 선택한 후 [함수 삽입](fx)을 클릭합니다.

⑥ [함수 마법사] 대화상자가 나타나면 [범주 선택]을 '사용자 정의'로 선택한 후 [함수 선택] 목록에서 'fn이벤트금액'을 선택하고 [확인] 단추를 클릭합니다.

⑦ [함수 인수] 대화상자가 나타나면 [상품코드]에 [A3] 셀을 클릭, [판매금액]에 [H3] 셀을 클릭하고 [확인] 단추를 클릭합니다.

⑧ [I3] 셀의 채우기 핸들을 [I11] 셀까지 드래그하여 수식을 복사합니다.

주희쌤 Tip

액세스, VBE에서 와일드카드 문자를 입력할 때엔 '=' 대신 'Like'를 입력해야 합니다.
例 상품코드 Like "B*"

하나 더,
액세스, VBE에서 날짜/시간 입력 시 날짜/시간 양 옆으로 '#'을 입력해야합니다.
例 가입일 = #2019-1-4#
例 출근 >= #08:00:00#

	A	B	C	D	E	F	G	H	I	J	K
1	[표1]										
2	상품코드	신상여부	주문수량	페이지열람수	6. 분류	7. 방문지수	8. 기타	판매금액	9. 이벤트금액	종류	10. 원피스평가
3	A11	1	26	400	UP	1200	신상10%	79845	75853	D	
4	A12	0	20	120		120	일반	94540		D	
5	A13	0	19	340		680	일반	65000		D	
6	B11	0	34	412	BEST	1236	일반	47550		S	
7	B12	1	36	194	추천	194	신상13%	59900		S	
8	B13	1	19	207		207	신상7%	70000		S	
9	C11	0	28	320		640	일반	87000		K	
10	C12	0	40	220	추천	220	일반	43000		K	
11	A14	1	33	590	BEST	1770	신상12%	25700		D	

```
If 상품코드 Like "B*" Then
    fn이벤트금액 = Round(판매금액 * 0.97, 0)
Else
    fn이벤트금액 = Round(판매금액 * 0.95, 0)
End If
```

If 상품코드가 B로 시작하면
  최종 결과는 반올림(판매금액의 97%, 일의 자리까지)
그 외에
  최종 결과는 반올림(판매금액의 95%, 일의 자리까지)
End If

따라하기 10

① 을 누릅니다.

② Visual Basic Editor가 나타나면 [삽입] 메뉴-[모듈]을 클릭합니다.

③ 프로젝트 탐색기 창에 모듈이 생성되면 문제에 있는 네모 칸 안의 내용을 입력합니다.

```
Public Function fn원피스평가(주문수량, 종류)
End Function
```

④ 아래의 코드를 입력한 후 Visual Basic Editor의 닫기(✕) 단추를 클릭합니다.

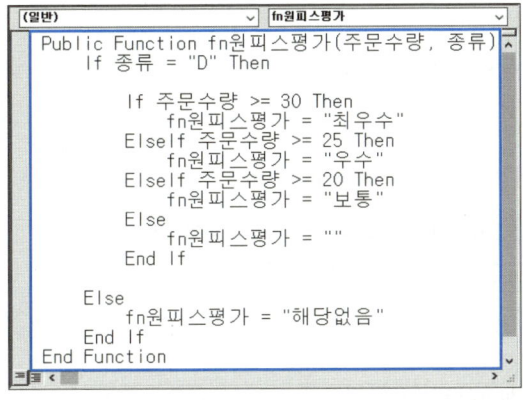

⑤ [K3] 셀을 선택한 후 [함수 삽입](fx)을 클릭합니다.

⑥ [함수 마법사] 대화상자가 나타나면 [범주 선택]을 '사용자 정의'로 선택한 후 [함수 선택] 목록에서 'fn원피스평가'를 선택하고 [확인] 단추를 클릭합니다.

⑦ [함수 인수] 대화상자가 나타나면 [주문수량]에 [C3] 셀을 클릭, [종류]에 [J3] 셀을 클릭하고 [확인] 단추를 클릭합니다.

주희쌤Tip

~20 : A	<=20 : A
21~30 : B	<=30 : B
31~40 : C	<=40 : C
41~50 : D	<=50 : D

41~ : D	>=41 : D
31~40 : C	>=31 : C
21~30 : B	>=21 : B
10~20 : A	>=10 : A

주희쌤Tip

코드는 작성 방법이 다양하므로 코드가 달라도 문제에 제시된 제어문이나 함수를 사용하여 결과가 같다면 정답 처리됩니다.

주희쌤 Tip

아래와 같이 입력해도 같은 결과가 표시됩니다.

```
Select Case 종류
  Case "D"

    Select Case 주문수량
      Case Is >= 30
        fn원피스평가 = "최우수"
      Case 25 To 29
        fn원피스평가 = "우수"
      Case 20 To 24
        fn원피스평가 = "보통"
      Case Else
        fn원피스평가 = ""
    End Select

  Case Else
    fn원피스평가 = "해당없음"
End Select
```

⑧ [K3] 셀의 채우기 핸들을 [K11] 셀까지 드래그하여 수식을 복사합니다.

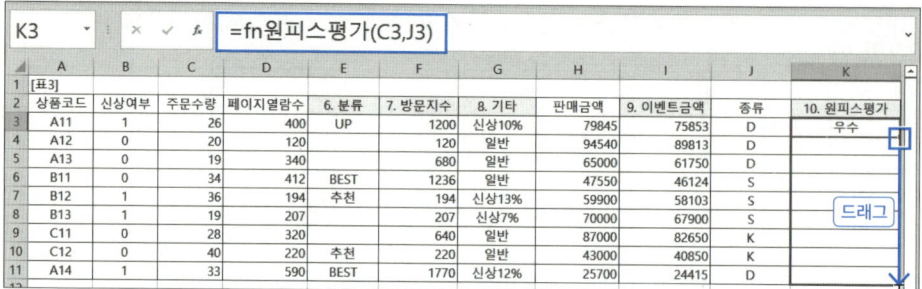

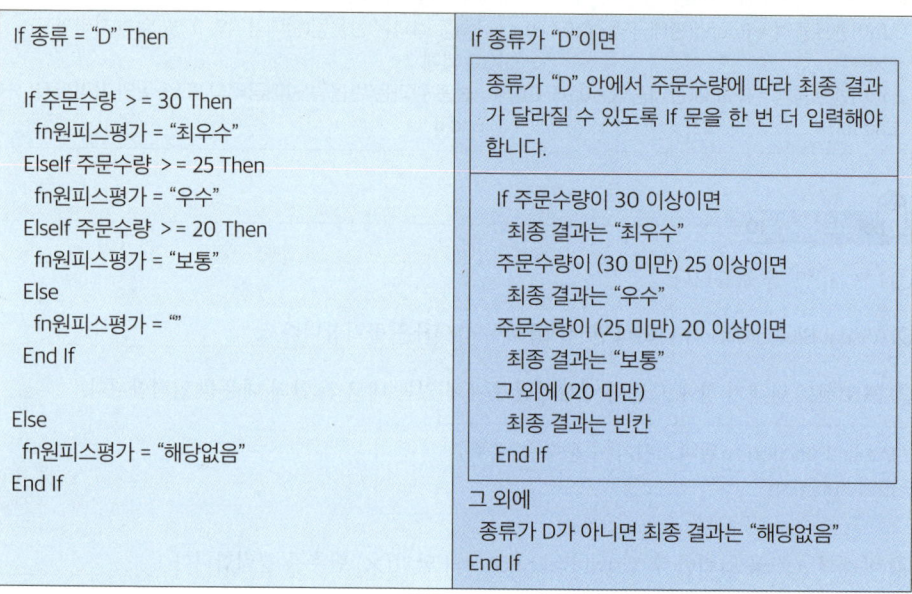

 따라하기 ⑪

① Alt + F11 을 누릅니다.

② Visual Basic Editor가 나타나면 [삽입] 메뉴-[모듈]을 클릭합니다.

③ 프로젝트 탐색기 창에 모듈이 생성되면 문제에 있는 네모 칸 안의 내용을 입력합니다.

```
Public Function fn포인트(누적방문횟수, 주문금액)
End Function
```

④ 아래의 코드를 입력한 후 Visual Basic Editor의 닫기(X) 단추를 클릭합니다.

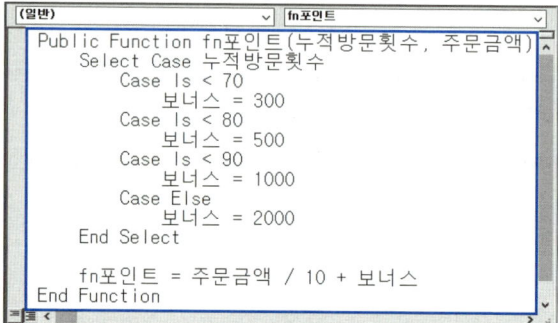

⑤ [E15] 셀을 선택한 후 [함수 삽입](fx)을 클릭합니다.

⑥ [함수 마법사] 대화상자가 나타나면 [범주 선택]을 '사용자 정의'로 선택한 후 [함수 선택] 목록에서 'fn포인트'를 선택하고 [확인] 단추를 클릭합니다.

⑦ [함수 인수] 대화상자가 나타나면 [누적방문횟수]에 [D15] 셀을 클릭, [주문금액]에 [B15] 셀을 클릭하고 [확인] 단추를 클릭합니다.

⑧ [E15] 셀의 채우기 핸들을 [E23] 셀까지 드래그하여 수식을 복사합니다.

주문자	주문금액	고객등급	누적방문횟수	11. 포인트	주문코드
이주희	154000	VIP	52	15700	H-1-11
홍길동	45000	GOLD	72		H-1-12
이순신	57000	SILVER	100		H-1-13
성춘향	155000	VIP	50		K-20-11
김이쁨	200000	GOLD	49		K-20-12
최멋짐	170000	SILVER	45		K-20-13
이성공	234000	SILVER	82		H-20-14
최기쁨	199000	GOLD	46		H-20-15
유긍정	168000	VIP	55		K-2-14

```
Select Case 누적방문횟수
    Case Is < 70
        보너스 = 300
    Case Is < 80
        보너스 = 500
    Case Is < 90
        보너스 = 1000
    Case Else
        보너스 = 2000
End Select

fn포인트 = 주문금액 / 10 + 보너스
```

Select Case 누적방문횟수에 따라 보너스가 달라짐
  누적방문횟수가 70 미만이면
    보너스는 300
  누적방문횟수가 (70 이상) 80 미만이면
    보너스는 500
  누적방문횟수가 (80 이상) 90 미만이면
    보너스는 1000
  그 외에 (90 이상)
    보너스는 2000
End Select

300, 500, 1000, 2000 중에 조건에 해당하는 보너스가 결정이 되었습니다.

최종 결과는 주문금액 / 10 + 위에서 정해진 보너스

따라하기 12

① Alt + F11 을 누릅니다.

② Visual Basic Editor가 나타나면 [삽입] 메뉴-[모듈]을 클릭합니다.

③ 프로젝트 탐색기 창에 모듈이 생성되면 문제에 있는 네모 칸 안의 내용을 입력합니다.

```
Public Function fn방문평가(누적방문횟수, 주문코드)
End Function
```

④ 아래의 코드를 입력한 후 Visual Basic Editor의 닫기(X) 단추를 클릭합니다.

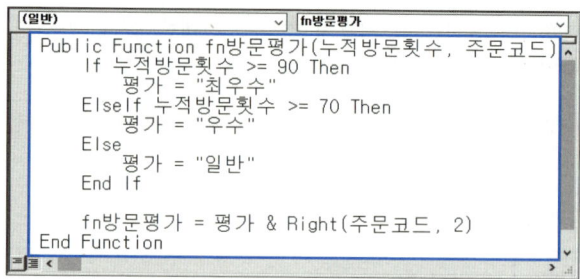

⑤ [G15] 셀을 선택한 후 [함수 삽입](fx)을 클릭합니다.

⑥ [함수 마법사] 대화상자가 나타나면 [범주 선택]을 '사용자 정의'로 선택한 후 [함수 선택] 목록에서 'fn방문평가'를 선택하고 [확인] 단추를 클릭합니다.

⑦ [함수 인수] 대화상자가 나타나면 [누적방문횟수]에 [D15] 셀을 클릭, [주문코드]에 [F15] 셀을 클릭하고 [확인] 단추를 클릭합니다.

⑧ [G15] 셀의 채우기 핸들을 [G23] 셀까지 드래그하여 수식을 복사합니다.

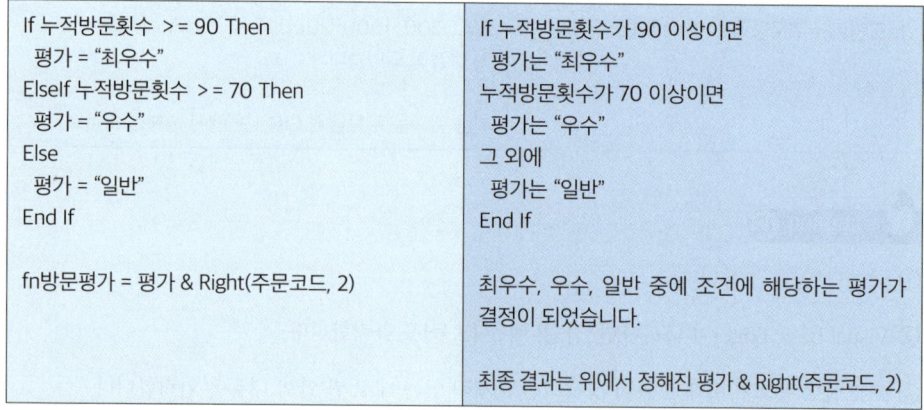

▶▶ 따라하기 ⑬

① Alt + F11 을 누릅니다.

② Visual Basic Editor가 나타나면 [삽입] 메뉴-[모듈]을 클릭합니다.

③ 프로젝트 탐색기 창에 모듈이 생성되면 문제에 있는 네모 칸 안의 내용을 입력합니다.

```
Public Function fn결제금액(고객등급, 주문금액)
End Function
```

④ 아래의 코드를 입력한 후 Visual Basic Editor의 닫기(✗) 단추를 클릭합니다.

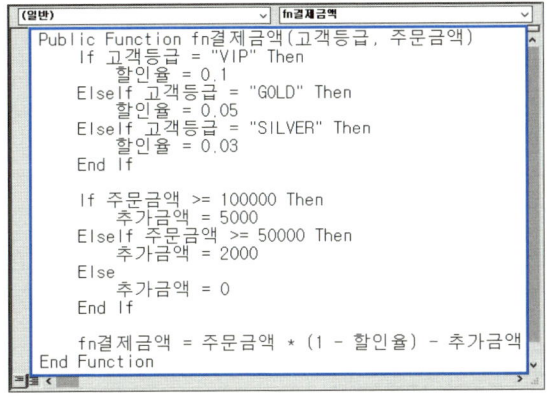

```
Public Function fn결제금액(고객등급, 주문금액)
    If 고객등급 = "VIP" Then
        할인율 = 0.1
    ElseIf 고객등급 = "GOLD" Then
        할인율 = 0.05
    ElseIf 고객등급 = "SILVER" Then
        할인율 = 0.03
    End If

    If 주문금액 >= 100000 Then
        추가금액 = 5000
    ElseIf 주문금액 >= 50000 Then
        추가금액 = 2000
    Else
        추가금액 = 0
    End If

    fn결제금액 = 주문금액 * (1 - 할인율) - 추가금액
End Function
```

⑤ [H15] 셀을 선택한 후 [함수 삽입](fx)을 클릭합니다.

⑥ [함수 마법사] 대화상자가 나타나면 [범주 선택]을 '사용자 정의'로 선택한 후 [함수 선택] 목록에서 'fn결제금액'을 선택하고 [확인] 단추를 클릭합니다.

⑦ [함수 인수] 대화상자가 나타나면 [고객등급]에 [C15] 셀을 클릭, [주문금액]에 [B15] 셀을 클릭하고 [확인] 단추를 클릭합니다.

⑧ [H15] 셀의 채우기 핸들을 [H23] 셀까지 드래그하여 수식을 복사합니다.

	A	B	C	D	E	F	G	H	I	J	K
13	[표4]										
14	주문자	주문금액	고객등급	누적방문횟수	11. 포인트	주문코드	12. 방문평가	13. 결제금액	14. 우수고객	15. 배송코드	16. 배송
15	이주희	154000	VIP	52	15700	H-1-11	일반11	133600			
16	홍길동	45000	GOLD	72	5000	H-1-12	우수12				
17	이순신	57000	SILVER	100	7700	H-1-13	최우수13				
18	성춘향	155000	VIP	50	15800	K-20-11	일반11				
19	김이쁨	200000	GOLD	49	20300	K-20-12	일반12				
20	최맛짐	170000	SILVER	45	17300	K-20-13	일반13				
21	이성공	234000	SILVER	82	24400	H-20-14	우수14				
22	최기쁨	199000	GOLD	46	20200	H-20-15	일반15				
23	유긍정	168000	VIP	55	17100	K-2-14	일반14				

H15 =fn결제금액(C15,B15)

If 고객등급 = "VIP" Then
　할인율 = 0.1
ElseIf 고객등급 = "GOLD" Then
　할인율 = 0.05
ElseIf 고객등급 = "SILVER" Then
　할인율 = 0.03
End If
 	
If 주문금액 >= 100000 Then
　추가금액 = 5000
ElseIf 주문금액 >= 50000 Then
　추가금액 = 2000
Else
　추가금액 = 0
End If
 	
fn결제금액 = 주문금액 * (1 - 할인율) - 추가금액
	할인율은 고객등급에 따라 달라집니다.
	If 고객등급이 "VIP"이면
	　할인율은 0.1
	고객등급이 "GOLD"이면
	　할인율은 0.05
	고객등급이 "SILVER"이면
	　할인율은 0.03
	End If
	
	추가금액은 주문금액에 따라 달라집니다.
	If 주문금액이 100000 이상이면
	　추가금액은 5000
	주문금액이 50000 이상이면
	　추가금액은 2000
	그 외에
	　추가금액은 0
	End If
	
	최종 결과는 주문금액 * (1 - 위에서 정해진 할인율)
	- 위에서 정해진 추가금액

따라하기 14

① 을 누릅니다.

② Visual Basic Editor가 나타나면 [삽입] 메뉴-[모듈]을 클릭합니다.

③ 프로젝트 탐색기 창에 모듈이 생성되면 문제에 있는 네모 칸 안의 내용을 입력합니다.

```
Public Function fn우수고객(주문자, 고객등급, 누적방문횟수)
End Function
```

④ 아래의 코드를 입력한 후 Visual Basic Editor의 닫기(×) 단추를 클릭합니다.

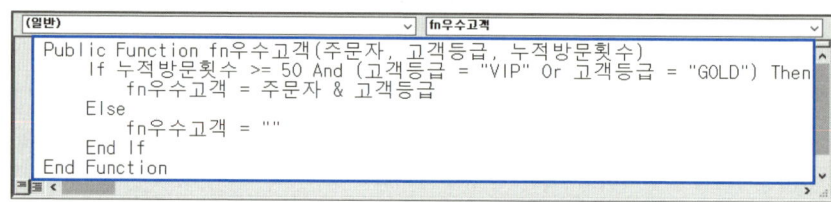

⑤ [I15] 셀을 선택한 후 [함수 삽입](f_x)을 클릭합니다.

⑥ [함수 마법사] 대화상자가 나타나면 [범주 선택]을 '사용자 정의'로 선택한 후 [함수 선택] 목록에서 'fn우수고객'을 선택하고 [확인] 단추를 클릭합니다.

⑦ [함수 인수] 대화상자가 나타나면 [주문자]에 [A15] 셀을 클릭, [고객등급]에 [C15] 셀을 클릭, [누적방문횟수]에 [D15] 셀을 클릭하고 [확인] 단추를 클릭합니다.

⑧ [I15] 셀의 채우기 핸들을 [I23] 셀까지 드래그하여 수식을 복사합니다.

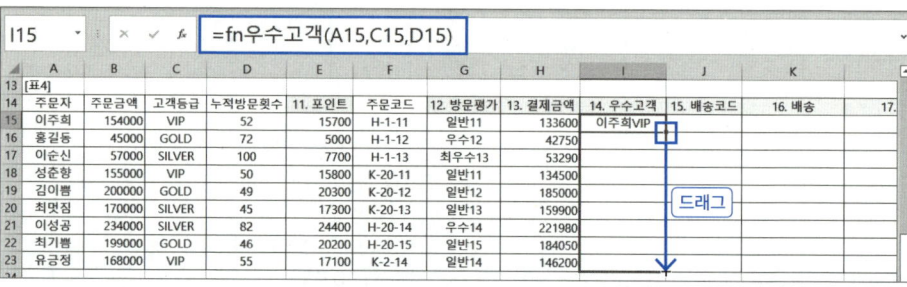

If 누적방문횟수 >= 50 And (고객등급 = "VIP" Or 고객등급 = "GOLD") Then
　fn우수고객 = 주문자 & 고객등급
Else
　fn우수고객 = ""
End If
	If 누적방문횟수가 50 이상이고 (고객등급이 "VIP" 이거나 "GOLD") Then
	　최종 결과는 주문자와 고객등급을 같이 표시
	그 외에
	　최종 결과는 공백
	End If

따라하기 15

① 을 누릅니다.

② Visual Basic Editor가 나타나면 [삽입] 메뉴-[모듈]을 클릭합니다.

주희쌤 Tip

고급필터2 시트에서 배웠던 부분입니다.
하나의 필드에 조건이 두 개 있는 경우 분배법칙이 성립되게 해줘야 합니다.
A×(B+C)=(A×B)+(A×C)

누적방문횟수>=50 And 고객등급="VIP" Or 고객등급="GOLD"
↑ 위와 같이 입력하면 And 먼저 적용되므로 괄호를 묶어 Or 먼저 적용되도록 해야 합니다.

주희쌤 Tip

코드는 작성 방법이 다양하므로 문제에 제시된 제어문이나 함수를 사용하여 결과가 같다면 정답 처리됩니다.

```
If 누적방문횟수>=50 Then
  If 고객등급="VIP" Or 고객등급="GOLD" Then
    fn우수고객=주문자 & 고객등급
  Else
    fn우수고객=""
  End If
Else
  fn우수고객=""
End If
```

③ 프로젝트 탐색기 창에 모듈이 생성되면 문제에 있는 네모 칸 안의 내용을 입력합니다.

> Public Function fn배송코드(주문코드)
> End Function

④ 아래의 코드를 입력한 후 Visual Basic Editor의 닫기(✕) 단추를 클릭합니다.

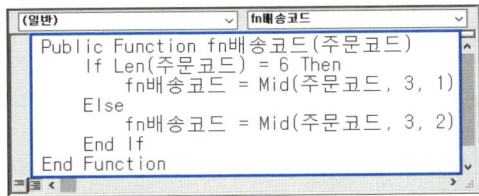

⑤ [J15] 셀을 선택한 후 [함수 삽입](fx)을 클릭합니다.

⑥ [함수 마법사] 대화상자가 나타나면 [범주 선택]을 '사용자 정의'로 선택한 후 [함수 선택] 목록에서 'fn배송코드'를 선택하고 [확인] 단추를 클릭합니다.

⑦ [함수 인수] 대화상자가 나타나면 [주문코드]에 [F15] 셀을 클릭하고 [확인] 단추를 클릭합니다.

⑧ [J15] 셀의 채우기 핸들을 [J23] 셀까지 드래그하여 수식을 복사합니다.

J15			fx	=fn배송코드(F15)						
	A	B	C	D	E	F	G	H	I	J	K
13	[표4]										
14	주문자	주문금액	고객등급	누적방문횟수	11. 포인트	주문코드	12. 방문평가	13. 결제금액	14. 우수고객	15. 배송코드	16. 배송
15	이주희	154000	VIP	52	15700	H-1-11	일반11	133600	이주희VIP	1	
16	홍길동	45000	GOLD	72	5000	H-1-12	우수12	42750	홍길동GOLD		
17	이순신	57000	SILVER	100	7700	H-1-13	최우수13	53290			
18	성춘향	155000	VIP	50	15800	K-20-11	일반11	134500	성춘향VIP		
19	김이쁨	200000	GOLD	49	20300	K-20-12	일반12	185000			
20	최멋짐	170000	SILVER	45	17300	K-20-13	일반13	159900			
21	이성공	234000	SILVER	82	24400	H-20-14	우수14	221980			
22	최기쁨	199000	GOLD	46	20200	H-20-15	일반15	184050			
23	유긍정	168000	VIP	55	17100	K-2-14	일반14	146200	유긍정VIP		

> If Len(주문코드) = 6 Then
>   fn배송코드 = Mid(주문코드, 3, 1)
> Else
>   fn배송코드 = Mid(주문코드, 3, 2)
> End If

> If 주문코드 문자 길이가 6이면
>   최종 결과는 '-'와 '-' 사이의 문자 1개
> 주문코드 문자 길이가 7이면
>   최종 결과는 '-'와 '-' 사이의 문자 2개
> End If

따라하기 ⑯

① [Alt] + [F11]을 누릅니다.

② Visual Basic Editor가 나타나면 [삽입] 메뉴-[모듈]을 클릭합니다.

③ 프로젝트 탐색기 창에 모듈이 생성되면 문제에 있는 네모 칸 안의 내용을 입력합니다.

> Public Function fn배송(주문금액, 주문코드)
> End Function

주희쌤 Tip

함수 40번에서 배웠던 부분입니다.

LEN(text)

text의 길이

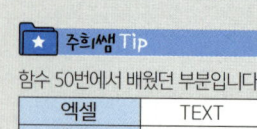

함수 50번에서 배웠던 부분입니다.

엑셀	TEXT
액세스	FORMAT
VBE	

④ 아래의 코드를 입력한 후 Visual Basic Editor의 닫기(✗) 단추를 클릭합니다.

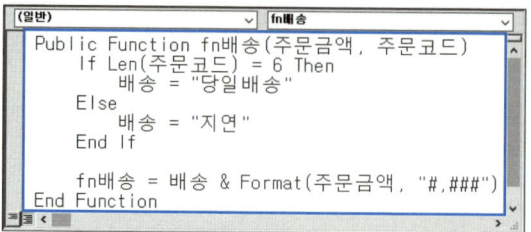

⑤ [K15] 셀을 선택한 후 [함수 삽입](𝑓ₓ)을 클릭합니다.

⑥ [함수 마법사] 대화상자가 나타나면 [범주 선택]을 '사용자 정의'로 선택한 후 [함수 선택] 목록에서 'fn배송'을 선택하고 [확인] 단추를 클릭합니다.

⑦ [함수 인수] 대화상자가 나타나면 [주문금액]에 [B15] 셀을 클릭, [주문코드]에 [F15] 셀을 클릭하고 [확인] 단추를 클릭합니다.

⑧ [K15] 셀의 채우기 핸들을 [K23] 셀까지 드래그하여 수식을 복사합니다.

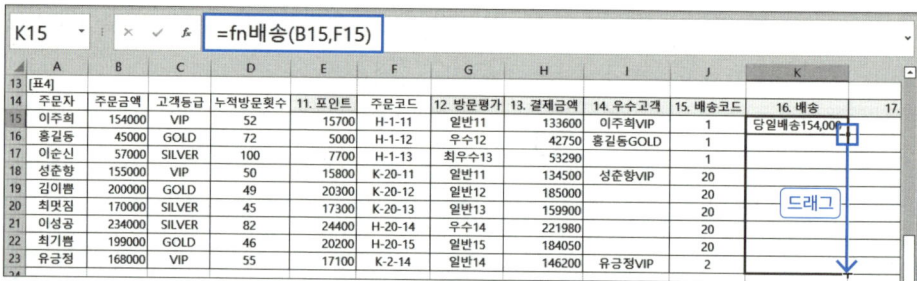

If Len(주문코드) = 6 Then	If 주문코드 길이가 6이면
배송 = "당일배송"	배송은 "당일배송"
Else	그 외에
배송 = "지연"	배송은 "지연"
End If	End If
fn배송 = 배송 & Format(주문금액, "#,###")	최종 결과는 위에서 정해진 배송 & 주문금액에 천 단위 구분 기호 표시

따라하기 17

①  Alt + F11 을 누릅니다.

② Visual Basic Editor가 나타나면 [삽입] 메뉴-[모듈]을 클릭합니다.

③ 프로젝트 탐색기 창에 모듈이 생성되면 문제에 있는 네모 칸 안의 내용을 입력합니다.

```
Public Function fn누적지수(누적방문횟수)
End Function
```

④ 아래의 코드를 입력한 후 Visual Basic Editor의 닫기(✕) 단추를 클릭합니다.

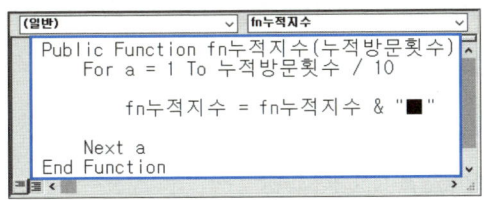

⑤ [L15] 셀을 선택한 후 [함수 삽입](f_x)을 클릭합니다.

⑥ [함수 마법사] 대화상자가 나타나면 [범주 선택]을 '사용자 정의'로 선택한 후 [함수 선택] 목록에서 'fn누적지수'를 선택하고 [확인] 단추를 클릭합니다.

⑦ [함수 인수] 대화상자가 나타나면 [누적방문횟수]에 [D15] 셀을 클릭하고 [확인] 단추를 클릭합니다.

⑧ [L15] 셀의 채우기 핸들을 [L23] 셀까지 드래그하여 수식을 복사합니다.

주희쌤 Tip

For 반복변수=시작 값 to 최종 값 (step 증가값)
실행문
next 반복변수

For ~ Next 문은 조건에 맞는 동안 지정한 횟수만큼 반복되며 step 1은 생략이 가능합니다.

예

For a = 1 to 3 step 1
 b = b + a
Next a

a = 1 to 3 step 1	b = b+a
1	1 = +1
2	3 = 1+2
3	6 = 3+3

누적방문횟수가 3인 경우 ■를 3개 표시
For a = 1 To 누적방문횟수
 fn누적지수 = fn누적지수 & "■"
Next a

횟수	a	fn누적지수 & "■"
1번째	1	■
2번째	2	■■
3번째	3	■■■

For a = 1 To 누적방문횟수 / 10 | 변수 a는 1부터 누적방문횟수/10 만큼 반복
fn누적지수 = fn누적지수 & "■" | a가 1일 때 fn누적지수는 ■
Next a | a가 2일 때 fn누적지수는 기존의 ■에 ■를 하나 더 연결
 | a가 3일 때 fn누적지수는 기존의 ■■에 ■를 하나 더 연결

숙제

01 '숙제1' 시트에서 다음의 지시사항에 따라 작성하여 표시하시오.

① 사용자 정의 함수 'fn할인액'을 작성하여 [표1]의 [D4:D27] 영역에 할인액을 계산하여 표시하시오.
- ▶ 'fn할인액'은 동, 층수를 인수로 받아 할인액을 계산하는 함수이다.
- ▶ 할인액은 동이 '동백동'이면 5000, 동이 '동백동'이 아니고 층수가 2 이하이면 10000, 그 외에는 0으로 표시하시오.
- ▶ IF 문 사용

```
Public Function fn할인액(동, 층수)
End Function
```

② 사용자 정의 함수 'fn납기후금액'을 작성하여 [표1]의 [F4:F27] 영역에 납기후금액을 계산하여 표시하시오.
- ▶ 'fn납기후금액'은 미납액을 인수로 받아 납기후금액을 계산하는 함수이다.
- ▶ 납기후금액은 미납액이 0이면 '완납', 미납액이 100,000 이상이면 미납액에 미납액의 10%를 추가, 그 외에는 미납액에 미납액의 5%를 추가하여 표시하시오.
- ▶ IF 문 사용

```
Public Function fn납기후금액(미납액)
End Function
```

02 '숙제2' 시트에서 다음의 지시사항에 따라 작성하여 표시하시오.

① 사용자 정의 함수 'fn할인대상'을 작성하여 [표1]의 [F4:F27] 영역에 할인대상을 계산하여 표시하시오.
- ▶ 'fn할인대상'은 예약일, 결제일을 인수로 받아 할인대상을 표시하는 함수이다.
- ▶ 할인대상은 예약일과 결제일의 차이가 60 이상이면 "조기예약"을 표시하고, 그 외에는 공백으로 표시하시오.
- ▶ IF 문 사용

```
Public Function fn할인대상(예약일, 결제일)
End Function
```

② 사용자 정의 함수 'fn적립금'을 작성하여 [표1]의 [G4:G27] 영역에 적립금을 계산하여 표시하시오.
- ▶ 적립금 = 금액 × (적립률 + 추가적립률)
- ▶ 금액이 1,000,000 이상이면 추가적립률은 5%로 계산
- ▶ IF 문 사용

```
Public Function fn적립금(금액, 적립률)
End Function
```

숙제 정답 및 해설

01 '숙제1' 시트

▶ 결과

	A	B	C	D	E	F
1						
2	[표1]					
3	동	층수	관리비	할인액	미납액	납기후금액
4	해바라기동	1	379,980	10,000	-	완납
5	장미동	3	336,970	-	-	완납
6	동백동	2	333,620	5,000	328,620	361,482
7	개나리동	3	300,500	-	-	완납
8	장미동	2	299,000	10,000	189,540	208,494
9	동백동	4	265,500	5,000	260,700	286,770
10	개나리동	5	355,570	-	-	완납
11	해바라기동	5	379,990	-	-	완납
12	장미동	4	350,000	-	-	완납
13	동백동	3	284,510	5,000	-	완납
14	동백동	1	387,000	5,000	90,000	94,500
15	해바라기동	4	259,900	-	159,710	175,681
16	개나리동	4	265,700	-	-	완납
17	장미동	5	336,940	-	-	완납
18	해바라기동	3	341,100	-	7,840	8,232
19	개나리동	2	300,010	10,000	59,000	61,950
20	장미동	6	287,410	-	200,570	220,627
21	해바라기동	6	297,570	-	297,570	327,327
22	동백동	7	295,400	5,000	-	완납
23	동백동	8	301,510	5,000	-	완납
24	해바라기동	7	354,720	-	-	완납
25	개나리동	6	366,400	-	121,400	133,540
26	개나리동	8	361,230	-	-	완납
27	해바라기동	2	278,700	10,000	268,700	295,570

❶ fn할인액(D4:D27)

```
Public Function fn할인액(동, 층수)
    If 동 = "동백동" Then
        fn할인액 = 5000
    ElseIf 층수 <= 2 Then
        fn할인액 = 10000
    Else
        fn할인액 = 0
    End If
End Function
```

❷ fn납기후금액(F4:F27)

```
Public Function fn납기후금액(미납액)
    If 미납액 = 0 Then
        fn납기후금액 = "완납"
    ElseIf 미납액 >= 100000 Then
        fn납기후금액 = 미납액 + 미납액 * 0.1
    Else
        fn납기후금액 = 미납액 + 미납액 * 0.05
    End If
End Function
```

02 '숙제2' 시트

▶ 결과

	A	B	C	D	E	F	G
1							
2	[표1]						
3	예약자	예약일	결제일	금액	적립률	할인대상	적립금
4	김동기	2020-05-03	2020-07-02	1,000,000	10%	조기예약	150,000
5	신성환	2021-07-08	2021-09-05	1,250,000	12%		212,500
6	윤선배	2021-08-30	2021-10-28	770,000	5%		38,500
7	박상희	2020-05-04	2020-07-02	955,000	5%		47,750
8	하성복	2020-06-08	2020-08-06	680,000	5%		34,000
9	이준형	2020-04-30	2020-06-28	974,000	10%		97,400
10	박종현	2021-02-05	2021-04-05	550,000	15%		82,500
11	강영현	2021-09-10	2021-11-09	1,100,000	10%	조기예약	165,000
12	우원오	2020-08-07	2020-10-05	990,000	5%		49,500
13	정재욱	2020-07-12	2020-09-09	465,000	2%		9,300
14	유재원	2020-06-04	2020-08-02	551,000	3%		16,530
15	강대훈	2020-06-05	2020-08-04	1,100,000	5%	조기예약	110,000
16	김은수	2020-06-12	2020-08-10	1,500,000	5%		150,000
17	이석영	2020-07-18	2020-09-15	870,000	5%		43,500
18	송광용	2021-05-03	2021-07-01	557,000	10%		55,700
19	곽호룡	2021-04-04	2021-06-08	644,000	12%	조기예약	77,280
20	문순성	2021-07-01	2021-08-29	834,000	12%		100,080
21	박희원	2021-05-30	2021-07-28	550,000	5%		27,500
22	최효우	2021-06-04	2021-08-02	870,000	7%		60,900
23	이수경	2021-06-05	2021-08-03	880,000	5%		44,000
24	김도현	2021-06-08	2021-08-06	880,000	3%	조기예약	26,400
25	정재용	2021-08-01	2021-09-29	1,000,000	3%		80,000
26	손봉식	2021-04-03	2021-06-01	435,000	2%		8,700
27	윤수호	2021-06-04	2021-08-07	555,000	10%	조기예약	55,500

❶ fn할인대상(F4:F27)

```
Public Function fn할인대상(예약일, 결제일)
    If 결제일 - 예약일 >= 60 Then
        fn할인대상 = "조기예약"
    Else
        fn할인대상 = ""
    End If
End Function
```

❷ fn적립금(G4:G27)

```
Public Function fn적립금(금액, 적립률)
    If 금액 >= 1000000 Then
        추가적립률 = 0.05
    Else
        추가적립률 = 0
    End If
    
    fn적립금 = 금액 * (적립률 + 추가적립률)
End Function
```

SECTION 03 배열 수식

- 배열은 값의 행 또는 열 또는 행과 열의 조합을 의미합니다. 배열을 이용해 수식을 작성하여 한 개 또는 여러 개의 결과를 한 번에 반환해 보도록 하겠습니다.
- **준비파일** : 컴활1급 \ 엑셀 \ 1급엑셀(예제) \ 3장_03. 배열 수식.xlsm

주희쌤 Tip
주희쌤 Tip은 꼼꼼히 모두 보세요.

주희쌤 Tip
배열 수식은 6점씩 1~2문제(총 6~12점)가 출제됩니다.
목표 점수는 6점으로 배열 수식의 패턴을 잘 익혀두는 것이 중요합니다.

주희쌤 Tip
하위 버전의 엑셀은 배열 수식 입력 후 Ctrl+Shift+Enter를 눌러야 오류(#VALUE!)가 아닌 정확한 결과가 반환됩니다.

MS Office 2021은 Enter, Ctrl+Shift+Enter를 둘 다 사용할 수 있는데 예외적인 경우(예 FREQUENCY 함수 사용 등)에는 Ctrl+Shift+Enter를 눌러야만 합니다.

따라서 책에서는 배열 수식을 작성할 경우 Ctrl+Shift+Enter를 누르도록 설명되어 있습니다.

이것만 알아도 배열 수식 반은 해결!

SUM 함수만 사용	
조건이 1개일 때 개수	=SUM((조건)*1)
2 개수	=SUM((조건)*(조건)*1)
조건이 1개일 때 합계	=SUM((조건)*합계 구할 범위)
2 합계	=SUM((조건)*(조건)*합계 구할 범위)

SUM, IF 함수 사용	
조건이 1개일 때 개수	=SUM(IF(조건 , 1))
2 개수	=SUM(IF((조건)*(조건) , 1))
조건이 1개일 때 합계	=SUM(IF(조건 , 합계 구할 범위))
2 합계	=SUM(IF((조건)*(조건) , 합계 구할 범위))

문제 유형 1 '배열수식1' 워크시트에서 작업하시오.

① [표3]에서 과일별 판매개수를 [B3:B7] 영역에 계산하시오.
 ▶ 과일판매현황표 [A10:F28]를 참조하여 계산
 ▶ SUM 함수를 이용한 배열 수식 사용

② [표3]에서 과일별 판매개수를 [C3:C7] 영역에 계산하시오.
 ▶ 과일판매현황표 [A10:F28]를 참조하여 계산
 ▶ SUM, IF 함수를 이용한 배열 수식 사용

③ <과일판매현황표>를 이용하여 [표3]의 [D3:D7] 영역에 과일별 이주희 판매자의 판매건수를 계산하여 표시하시오.
 ▶ 과일판매현황표 [A10:F28]를 참조하여 계산
 ▶ SUM 함수를 이용한 배열 수식 사용

④ <과일판매현황표>를 이용하여 [표3]의 [E3:E7] 영역에 과일별 이주희 판매자의 판매건수를 계산하여 표시하시오.
 ▶ 과일판매현황표 [A10:F28]를 참조하여 계산
 ▶ SUM, IF 함수를 이용한 배열 수식 사용

⑤ <과일판매현황표>를 이용하여 [표3]의 [F3:F7] 영역에 과일별 판매가격의 합계를 계산하여 표시하시오.
 ▶ 과일판매현황표 [A10:F28]를 참조하여 계산
 ▶ SUM 함수를 이용한 배열 수식 사용

⑥ <과일판매현황표>를 이용하여 [표3]의 [G3:G7] 영역에 과일별 판매가격의 합계를 계산하여 표시하시오.
  ▶ 과일판매현황표 [A10:F28]를 참조하여 계산
  ▶ SUM, IF 함수를 이용한 배열 수식 사용

⑦ <과일판매현황표>를 이용하여 [표3]의 [H3:H7] 영역에 과일별 2014년도의 판매가격 합계를 계산하여 표시하시오.
  ▶ 과일판매현황표 [A10:F28]를 참조하여 계산
  ▶ SUM, YEAR 함수를 이용한 배열 수식 사용

⑧ <과일판매현황표>를 이용하여 [표3]의 [I3:I7] 영역에 과일별 2014년도의 판매가격 합계를 계산하여 표시하시오.
  ▶ 과일판매현황표 [A10:F28]를 참조하여 계산
  ▶ SUM, YEAR, IF 함수를 이용한 배열 수식 사용

⑨ <과일판매현황표>를 이용하여 [표3]의 [J3:J7] 영역에 과일별 2번째로 높은 판매가격을 계산하여 표시하시오.
  ▶ 과일판매현황표 [A10:F28]를 참조하여 계산
  ▶ LARGE, IF 함수를 이용한 배열 수식 사용

⑩ <과일판매현황표>를 이용하여 [표3]의 [K3:K7] 영역에 과일별 판매가격이 가장 높은 판매자를 표시하시오.
  ▶ 과일판매현황표 [A10:F28]를 참조하여 계산
  ▶ INDEX, MATCH, MAX 함수를 이용한 배열 수식 사용

⑪ <과일판매현황표>를 이용하여 [표3]의 [L3:L7] 영역에 과일별 판매가격이 가장 높은 판매자를 표시하시오.
  ▶ 과일판매현황표 [A10:F28]를 참조하여 계산
  ▶ INDEX, MATCH, MAX, IF 함수를 이용한 배열 수식 사용

⑫ <과일판매현황표>를 이용하여 주문번호에 따른 판매가격의 평균을 계산하여 [I11:J12] 영역에 표시하시오.
  ▶ 과일판매현황표 [A10:F28]를 참조하여 계산
  ▶ A, B는 주문번호의 첫 글자를 이용하고 1번과 2번은 주문번호의 마지막 두 글자를 이용
  ▶ AVERAGE, IF, LEFT, RIGHT 함수를 이용한 배열 수식 사용

⑬ <과일판매현황표>를 이용하여 판매지역별 판매자별 판매가격의 최대값을 [I16:J18] 영역에 표시하시오.
  ▶ 과일판매현황표 [A10:F28]를 참조하여 계산
  ▶ MAX 함수를 이용한 배열 수식 사용

⑭ <과일판매현황표>를 이용하여 과일별 판매지역별 판매가격이 가장 높은 판매자를 [I22:J26] 영역에 표시하시오.
  ▶ 과일판매현황표 [A10:F28]를 참조하여 계산
  ▶ INDEX, MATCH, MAX, IF 함수를 이용한 배열 수식 사용

따라하기

① [B3] 셀을 선택한 후 [수식 입력줄]에 커서를 이동합니다.

② 수식을 작성한 후 `Enter` 나 `Ctrl` + `Shift` + `Enter` 를 누릅니다.

③ [B3] 셀의 채우기 핸들을 [B7] 셀까지 드래그하여 수식을 복사합니다.

> **주희쌤 Tip**
> `Ctrl` + `Shift` + `Enter` 를 누르면 수식 양옆으로 중괄호({})가 자동 입력됩니다.

> **주희쌤 Tip**
> 범위로 지정할 첫 셀을 클릭하고 `Ctrl` + `Shift` + `↓` 을 누르면 같은 열의 데이터가 있는 마지막 셀까지 블록 지정됩니다.
> 혹은 범위로 지정할 첫 셀을 클릭하고 `Shift` 를 누른 채 범위로 지정할 마지막 셀을 클릭해도 됩니다.

=SUM(($A$11:$A$28=A3)*1)

- 최종적으로 '개수'를 구하는 문제입니다.
- =SUM( )을 입력하고 괄호 안에 커서를 이동합니다.
- IF가 없으니 쉼표도 없습니다.
- ( )*1을 입력하여 =SUM(( )*1)을 만듭니다.
- 조건 괄호 안으로 커서를 이동합니다.
- [A11] 셀을 클릭하고 `Ctrl` + `Shift` + `↓` 을 눌러 블록 지정합니다.
- `F4` 를 누릅니다. 지금 선택된 범위 안에서 어떤 조건을 찾을 지 고민합니다.
- 사과, 바나나, 포도, 귤, 복숭아를 찾아야 하므로 =을 입력한 후 [A3] 셀을 클릭합니다.
- `Enter` 나 `Ctrl` + `Shift` + `Enter` 를 누릅니다. 수식을 복사합니다.

배열 수식에서 $A$11:$A$28=A3는 아래와 같은 의미가 됩니다.
[A11] = [A3]
[A12] = [A3]
[A13] = [A3]
...

=SUM(($A$11:$A$28=A3)*1)
☞ =SUM((조건에 맞으면 TRUE)*1)
☞ =SUM((조건에 맞으면 1)*1)
☞ =SUM(1*1)
☞ =SUM(1)
☞ 조건에 맞으면 1이 되고, 1인 것의 합계를 구하면 조건에 맞는 개수가 됩니다.

> **주희쌤 Tip**
> 고급필터3 시트에서 배웠던 부분입니다.
> TRUE가 의미하는 것은 '1',
> FALSE가 의미하는 것은 '0'

① [C3] 셀을 선택한 후 [수식 입력줄]에 커서를 이동합니다.

② 수식을 작성한 후 `Enter` 나 `Ctrl` + `Shift` + `Enter` 를 누릅니다.

③ [C3] 셀의 채우기 핸들을 [C7] 셀까지 드래그하여 수식을 복사합니다.

=SUM(IF($A$11:$A$28=A3, 1))

- 1번 문제에서 IF 함수만 추가하였습니다.
- 최종적으로 개수를 구하는 문제입니다. SUM 함수를 먼저 입력해야겠죠?
  1번 문제에서 SUM 함수도 개수를 구할 수 있다고 배웠습니다.
- =SUM(IF( ))을 입력하고 괄호 안에 커서를 이동합니다.
- IF 함수가 안쪽에 있으니 인수와 인수를 쉼표(,)로 분리합니다.
  배열 수식에서 IF 함수의 value_if_false 인수는 생략할 것입니다.
  일반 수식에서는 채워줘야 하는 부분이었지만,
  배열 수식에서는 조건에 맞지 않을 경우 null로 비워두어 계산이 아예 되지 않게끔 합니다.
  물론 value_if_false 인수에 0을 입력해도 결과가 같지만 굳이 하지 않겠습니다.
- =SUM(IF(,))가 입력되었다면 쉼표 앞에 커서를 이동합니다. 쉼표 앞이 조건이 됩니다.
- [A11] 셀을 클릭하고 `Ctrl` + `Shift` + `↓` 을 눌러 블록 지정합니다.
- `F4` 를 누릅니다. 지금 선택된 범위 안에서 어떤 조건을 찾을 지 고민합니다.
- 사과, 바나나, 포도, 귤, 복숭아를 찾아야 하므로 =을 입력한 후 [A3] 셀을 클릭합니다.
- =SUM(IF($A$11:$A$28=A3,))가 입력되면 쉼표 뒤로 커서를 이동합니다.
- 개수를 구하기 위하여 쉼표 뒤에 1을 입력합니다.
- `Enter` 나 `Ctrl` + `Shift` + `Enter` 를 누릅니다. 수식을 복사합니다.

=SUM(IF($A$11:$A$28=A3, 1))
☞ =SUM(IF(조건에 맞으면 TRUE로 이동, 1))
☞ =SUM(IF(조건에 맞지 않으면 계산 자체를 하지 않음, 1))
☞ =SUM(조건에 맞으면 1)
☞ 조건에 맞으면 1이 되고, 1인 것의 합계를 구하면 조건에 맞는 개수가 됩니다.

① [D3] 셀을 선택한 후 [수식 입력줄]에 커서를 이동합니다.

② 수식을 작성한 후 Enter 나 Ctrl + Shift + Enter 를 누릅니다.

③ [D3] 셀의 채우기 핸들을 [D7] 셀까지 드래그하여 수식을 복사합니다.

=SUM(($A$11:$A$28=A3)*($C$11:$C$28="이주희")*1)

- 최종적으로 '개수'를 구하는 문제입니다.
- 1번, 2번 문제에서 SUM 함수도 개수를 구할 수 있다고 배웠습니다.
- =SUM( )을 입력하고 괄호 안에 커서를 이동합니다.
- IF가 없으니 쉼표도 없습니다.
- 조건이 두 개이므로 ( )*( )*1을 입력하여 =SUM( )*( )*1)을 만듭니다.
- 첫 번째 조건 괄호 안으로 커서를 이동합니다.
- [A11] 셀을 클릭하고 Ctrl + Shift + ↓ 을 눌러 블록 지정합니다.
- F4 를 누릅니다. 지금 선택된 범위 안에서 어떤 조건을 찾을지 고민합니다.
- 사과, 바나나, 포도, 귤, 복숭아를 찾아야 하므로 =을 입력한 후 [A3] 셀을 클릭합니다.
- 두 번째 조건 괄호 안으로 커서를 이동합니다.
- [C11] 셀을 클릭하고 Ctrl + Shift + ↓ 을 눌러 블록 지정합니다.
- F4 를 누릅니다. 지금 선택된 범위 안에서 어떤 조건을 찾을지 고민합니다.
- 이주희를 찾아야 하므로 ="이주희"를 입력합니다.
- Enter 나 Ctrl + Shift + Enter 를 누릅니다. 수식을 복사합니다.

=SUM(($A$11:$A$28=A3)*($C$11:$C$28="이주희")*1)
☞ =SUM((조건에 맞으면 TRUE)*(조건에 맞으면 TRUE)*1)
☞ =SUM((1)*(1)*1)
☞ =SUM(1)
☞ 두 개 조건이 모두 맞으면 1이 되고, 1인 것의 합계를 구하면 개수가 됩니다.

주희쌤 Tip

조건이 두 개 이상일 때의 개수는 '*1'을 생략해도 됩니다.
즉, =SUM((조건)*(조건)*1)와 =SUM((조건)*(조건))는 같은 결과가 표시됩니다.

 따라하기 ④

① [E3] 셀을 선택한 후 [수식 입력줄]에 커서를 이동합니다.

② 수식을 작성한 후 Enter 나 Ctrl + Shift + Enter 를 누릅니다.

③ [E3] 셀의 채우기 핸들을 [E7] 셀까지 드래그하여 수식을 복사합니다.

	A	B	C	D	E	F	G	H	I	J	K	L
1	[표3]											
2	과일명	과일당 개수		과일별 이주희의 개수	과일별 판매가격합계		과일별 2014년도의 판매가격합계		과일별 2번째로 높은 판매가격		과일별 판매가격이 가장 높은 판매자	
3	사과	5	5	3								
4	바나나	4	4	2								
5	포도	4	4	1	드래그							
6	귤	3	3	0								
7	복숭아	2	2	1								

=SUM(IF(($A$11:$A$28=A3)*($C$11:$C$28="이주희"), 1))

- 3번 문제에서 IF 함수만 추가하였습니다.
- 최종적으로 개수를 구하는 문제입니다. SUM 함수를 먼저 입력해야겠죠?
- =SUM(IF( ))을 입력하고 괄호 안에 커서를 이동합니다.
- IF 함수가 안쪽에 있으니 인수와 인수를 쉼표(,)로 분리합니다.
  배열 수식에서 IF 함수의 value_if_false 인수는 생략할 것입니다.
  일반 수식에서는 채워줘야 하는 부분이었지만,
  배열 수식에서는 조건에 맞지 않을 경우 null로 비워두어 계산이 아예 되지 않게끔 합니다.
  물론 value_if_false 인수에 0을 입력해도 결과가 같지만 굳이 하지 않겠습니다.
- =SUM(IF(,))가 입력되었다면 쉼표 앞에 커서를 이동합니다. 쉼표 앞이 조건이 됩니다.
- 조건 두 개가 AND이므로 ( )*( )을 입력합니다.
- 첫 번째 조건 괄호 안으로 커서를 이동합니다.
- [A11] 셀을 클릭하고 Ctrl + Shift + ↓ 을 눌러 블록 지정합니다.
- F4 를 누릅니다. 지금 선택된 범위 안에서 어떤 조건을 찾을지 고민합니다.
- 사과, 바나나, 포도, 귤, 복숭아를 찾아야 하므로 =을 입력한 후 [A3] 셀을 클릭합니다.
- 두 번째 조건 괄호 안으로 커서를 이동합니다.
- [C11] 셀을 클릭하고 Ctrl + Shift + ↓ 을 눌러 블록 지정합니다.
- F4 를 누릅니다. 지금 선택된 범위 안에서 어떤 조건을 찾을지 고민합니다.
- 이주희를 찾아야 하므로 ="이주희"를 입력합니다.
- =SUM(IF(($A$11:$A$28=A3)*($C$11:$C$28="이주희"),))가 입력되면 쉼표 뒤로 커서를 이동합니다.
- 개수를 구하기 위하여 1을 입력합니다.
- Enter 나 Ctrl + Shift + Enter 를 누릅니다. 수식을 복사합니다.

=SUM(IF(($A$11:$A$28=A3)*($C$11:$C$28="이주희"), 1))
☞ =SUM(IF((조건에 맞으면 TRUE)*(조건에 맞으면 TRUE), 1))
☞ =SUM(IF((1)*(1), 1))
☞ =SUM(IF(조건 두 개가 모두 맞으면 TRUE로 이동, 1))
☞ =SUM(IF(조건에 맞지 않으면 계산 자체를 하지 않음, 1))
☞ =SUM(조건에 맞으면 1)
☞ 두 개 조건이 모두 맞으면 1이 되고, 1인 것의 합계를 구하면 개수가 됩니다.

> **주희쌤 Tip**
> 조건부서식5 시트에서 배웠던 부분입니다.
>
> | | AND |
> |---|---|
> | 엑셀 | (인수1)*(인수2) |
>
> | | OR |
> |---|---|
> | 엑셀 | (인수1)+(인수2) |

 따라하기 5

① [F3] 셀을 선택한 후 [수식 입력줄]에 커서를 이동합니다.

② 수식을 작성한 후 Enter 나 Ctrl + Shift + Enter 를 누릅니다.

③ [F3] 셀의 채우기 핸들을 [F7] 셀까지 드래그하여 수식을 복사합니다.

=SUM(($A$11:$A$28=A3)*$D$11:$D$28)

- 최종적으로 '합계'를 구하는 문제입니다.
- =SUM( )을 입력하고 괄호 안에 커서를 이동합니다.
- IF가 없으니 쉼표도 없습니다.
- ( )* 을 입력하여 =SUM(( )*)을 만듭니다.
- 조건 괄호 안으로 커서를 이동합니다.
- [A11] 셀을 클릭하고 Ctrl + Shift + ↓ 을 눌러 블록 지정합니다.
- F4 를 누릅니다. 지금 선택된 범위 안에서 어떤 조건을 찾을지 고민합니다.
- 사과, 바나나, 포도, 귤, 복숭아를 찾아야 하므로 =을 입력한 후 [A3] 셀을 클릭합니다.
- =SUM(($A$11:$A$28=A3)*)가 입력되면 곱하기 뒤로 커서를 이동합니다.
- 개수를 구할 때엔 1인 것의 합계를 구해야 개수가 계산되므로 1을 입력했지만,
  합계를 구할 때에는 합계를 구할 범위를 지정해야 합니다.
  (최대값을 구하는 문제였다면 MAX 함수를 먼저 입력하고 최대값을 구할 범위를 곱하기 뒤에 지정)
- [D11] 셀을 클릭하고 Ctrl + Shift + ↓ 을 눌러 블록 지정한 후 F4 를 누릅니다.
- Enter 나 Ctrl + Shift + Enter 를 누릅니다. 수식을 복사합니다.

=SUM($A$11:$A$28=A3)*$D$11:$D$28)
☞ =SUM(조건에 맞으면 TRUE)*$D$11:$D$28)
☞ =SUM(조건에 맞으면 1)*$D$11:$D$28)
☞ =SUM(1*$D$11:$D$28)
☞ =SUM(조건에 맞는 판매가격)

과일명	판매가격
1	50000
1	25000
0	0
0	0
0	0
0	0
0	0
1	29000
0	0
0	0
1	42000
0	0
0	0
1	51000
0	0
0	0
0	0
0	0

→ 과일이 '사과'인 판매가격의 합계

☞ 조건에 맞으면 1이 되고, 조건에 맞지 않으면 0이 됩니다.
0을 곱하면 0이 되지만 1을 곱하면 그 숫자 그대로 남아 있게 되어 1을 곱한 숫자만 합계를 구하게 됩니다.

주희쌤 Tip

=SUM((A11:A28=A3)*D11:D28)
는 아래와 같이 계산됩니다.

=SUM((A11=A3)*D11)
=SUM((A12=A3)*D12)
=SUM((A13=A3)*D13)
...
=SUM((A28=A3)*D28)

 **따라하기 ❻**

① [G3] 셀을 선택한 후 [수식 입력줄]에 커서를 이동합니다.
② 수식을 작성한 후 `Enter`나 `Ctrl`+`Shift`+`Enter`를 누릅니다.
③ [G3] 셀의 채우기 핸들을 [G7] 셀까지 드래그하여 수식을 복사합니다.

G3		×	✓	fx	{=SUM(IF($A$11:$A$28=A3, $D$11:$D$28))}					
	A	B	C	D	E	F	G	H	I	J	K
1	[표3]	1	2	3	4	5	6	7	8	9	10	11
2	과일명	과일당 개수		과일별 이주희의 개수		과일별 판매가격합계	과일별 2014년도의 판매가격합계		과일별 2번째로 높은 판매가격		과일별 판매가격이 가장 높은 판매자
3	사과	5	5		3		197000	19700
4	바나나	4	4		2		175000
5	포도	4	4		1		150000
6	귤	3	3		0	0	54000
7	복숭아	2	2		1	1	52000

> 드래그

=SUM(IF($A$11:$A$28=A3, $D$11:$D$28))

- 5번 문제에서 IF 함수만 추가하였습니다.
- 최종적으로 합계를 구하는 문제입니다. SUM 함수를 먼저 입력해야겠죠?
- =SUM(IF( ))을 입력하고 괄호 안에 커서를 이동합니다.
- IF 함수가 안쪽에 있으니 인수와 인수를 쉼표(,)로 분리합니다.
- =SUM(IF(,))가 입력되었다면 쉼표 앞에 커서를 이동합니다. 쉼표 앞이 조건이 됩니다.
- [A11] 셀을 클릭하고 `Ctrl`+`Shift`+`↓`을 눌러 블록 지정합니다.
- `F4`를 누릅니다. 지금 선택된 범위 안에서 어떤 조건을 찾을지 고민합니다.
- 사과, 바나나, 포도, 귤, 복숭아를 찾아야 하므로 =을 입력한 후 [A3] 셀을 클릭합니다.
- =SUM(IF($A$11:$A$28=A3,))가 입력되면 쉼표 뒤로 커서를 이동합니다.
- 개수를 구할 땐엔 1인 것의 합계를 구해야 개수가 계산되므로 1을 입력했지만, 합계를 구할 때에는 합계를 구할 범위를 지정해야 합니다.
- [D11] 셀을 클릭하고 `Ctrl`+`Shift`+`↓`을 눌러 블록 지정한 후 `F4`를 누릅니다.
- `Enter`나 `Ctrl`+`Shift`+`Enter`를 누릅니다. 수식을 복사합니다.

=SUM(IF($A$11:$A$28=A3, $D$11:$D$28))
☞ =SUM(IF(조건에 맞으면 TRUE로 이동, $D$11:$D$28))
☞ =SUM(IF(조건에 맞지 않으면 계산 자체를 하지 않음, $D$11:$D$28))
☞ =SUM(조건에 맞는 판매가격)

과일명	판매가격
TRUE	50000
TRUE	25000
FALSE	75000
FALSE	32000
FALSE	12000
FALSE	15000
FALSE	17000
TRUE	29000
FALSE	32000
FALSE	48000
TRUE	42000
FALSE	19000
FALSE	20000
TRUE	51000
FALSE	49000
FALSE	50000
FALSE	25000
FALSE	37000

> 과일이 '사과'인 판매가격의 합계

☞ 조건에 맞는 경우에만 value_if_true로 이동하여 합계를 구하게 됩니다.

주희쌤 Tip

조건에 맞는 합계 : =SUM(조건에 맞는 범위)

조건에 맞는 범위를 만드는 방법은 두 가지입니다.
방법1. (조건)*합계 구할 범위
방법2. IF(조건, 합계 구할 범위)

조건이 두 개(AND 조건)일 때엔 다음과 같습니다.
방법1. (조건)*(조건)*합계 구할 범위
방법2. IF((조건)*(조건), 합계 구할 범위)

 따라하기 7

① [H3] 셀을 선택한 후 [수식 입력줄]에 커서를 이동합니다.

② 수식을 작성한 후 `Enter` 나 `Ctrl` + `Shift` + `Enter` 를 누릅니다.

③ [H3] 셀의 채우기 핸들을 [H7] 셀까지 드래그하여 수식을 복사합니다.

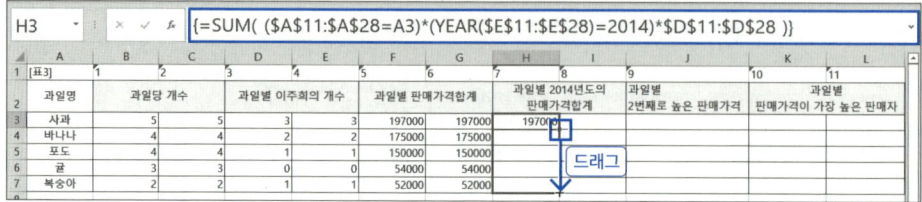

=SUM(($A$11:$A$28=A3)*(YEAR($E$11:$E$28)=2014)*$D$11:$D$28)

- 최종적으로 조건에 맞는 판매가격 합계를 구하는 문제입니다.
- =SUM( )을 입력하고 괄호 안에 커서를 이동합니다.
- IF가 없으니 쉼표도 없습니다.
- 조건이 두 개이므로 ( )*( )* 을 입력하여 =SUM(( )*( )* 을 만듭니다.
- 첫 번째 조건 괄호 안으로 커서를 이동합니다.
- [A11] 셀을 클릭하고 `Ctrl` + `Shift` + `↓` 을 눌러 블록 지정합니다.
- `F4` 를 누릅니다. 지금 선택된 범위 안에서 어떤 조건을 찾을지 고민합니다.
- 사과, 바나나, 포도, 귤, 복숭아를 찾아야 하므로 =을 입력한 후 [A3] 셀을 클릭합니다.
- =SUM(($A$11:$A$28=A3)*( )* 가 입력되면 두 번째 조건 괄호 안으로 커서를 이동합니다.
- 2014년도를 찾아야 하므로 YEAR( )=2014를 입력합니다.
- =SUM(($A$11:$A$28=A3)*(YEAR( )=2014)* 가 입력되면 YEAR 함수 괄호 안으로 커서를 이동합니다.
- 일반 수식이었다면 [E11] 셀 하나만 선택하였겠지만 배열 수식은 범위를 선택하여 조건을 하나씩 찾게끔 합니다.
- [E11] 셀을 클릭하고 `Ctrl` + `Shift` + `↓` 을 눌러 블록 지정한 후 `F4` 를 누릅니다.

배열 수식에서 YEAR($E$11:$E$28)=2014는 아래와 같은 의미가 됩니다.
YEAR(E11)=2014
YEAR(E12)=2014
YEAR(E13)=2014
...

- =SUM(($A$11:$A$28=A3)*(YEAR($E$11:$E$28)=2014)*)가 입력되면 합계를 구해줄 범위를 지정하기 위하여 곱하기 뒤로 커서를 이동합니다.
- [D11] 셀을 클릭하고 `Ctrl` + `Shift` + `↓` 을 눌러 블록 지정한 후 `F4` 를 누릅니다.
- `Enter` 나 `Ctrl` + `Shift` + `Enter` 를 누릅니다. 수식을 복사합니다.

=SUM(($A$11:$A$28=A3)*(YEAR($E$11:$E$28)=2014)*$D$11:$D$28)
☞ =SUM((조건에 맞으면 TRUE)*(조건에 맞으면 TRUE)*$D$11:$D$28)
☞ =SUM((1)*(1)*$D$11:$D$28)
☞ =SUM(조건에 맞는 판매가격)

과일명	판매날짜	판매가격
1	1	50000
1	1	25000
0	1	0
0	1	0
0	1	0
0	1	0
0	1	0
1	1	29000
0	1	0
0	1	0
1	1	42000
0	1	0
0	1	0
1	1	51000
0	1	0
0	1	0
0	1	0
0	1	0

과일이 '사과'이고 연도가 '2014'인 판매가격의 합계

☞ 두 개의 조건이 모두 맞으면 1×1=1이 되고, 하나라도 조건에 맞지 않으면 1×0=0이 됩니다.
0을 곱하면 0이 되지만 1을 곱하면 그 숫자 그대로 남아 있게 되어 1을 곱한 숫자만 합계를 구하게 됩니다.

 따라하기 8

① [I3] 셀을 선택한 후 [수식 입력줄]에 커서를 이동합니다.

② 수식을 작성한 후 `Enter`나 `Ctrl`+`Shift`+`Enter`를 누릅니다.

③ [I3] 셀의 채우기 핸들을 [I7] 셀까지 드래그하여 수식을 복사합니다.

	A	B	C	D	E	F	G	H	I	J	K	L
1	[표3]											
2	과일명	과일당 개수		과일별 이주희의 개수		과일별 판매가격합계		과일별 2014년도의 판매가격합계	과일별 2번째로 높은 판매가격		과일별 판매가격이 가장 높은 판매자	
3	사과	5	5	3	3	197000	197000	197000	197000			
4	바나나	4	4	2	2	175000	175000	175000				
5	포도	4	4	1	1	150000	150000	150000				
6	귤	3	3	0	0	54000	54000	54000				
7	복숭아	2	2	1	1	52000	52000	52000				

=SUM(IF(($A$11:$A$28=A3)*(YEAR($E$11:$E$28)=2014), $D$11:$D$28))

- 7번 문제에서 IF 함수만 추가하였습니다.
- 최종적으로 조건에 맞는 판매가격 합계를 구하는 문제입니다.
- =SUM(IF( ))을 입력하고 괄호 안에 커서를 이동합니다.
- IF 함수가 안쪽에 있으니 인수와 인수를 쉼표(,)로 분리합니다.
- =SUM(IF(,))가 입력되었다면 쉼표 앞에 커서를 이동합니다. 쉼표 앞에 조건이 됩니다.
- 조건 두 개가 AND이므로 ( )*( )을 입력합니다.
- 첫 번째 조건 괄호 안으로 커서를 이동합니다.
- [A11] 셀을 클릭하고 `Ctrl`+`Shift`+`↓`을 눌러 블록 지정합니다.
- `F4`를 누릅니다. 지금 선택된 범위 안에서 어떤 조건을 찾을지 고민합니다.
- 사과, 바나나, 포도, 귤, 복숭아를 찾아야 하므로 =을 입력한 후 [A3] 셀을 클릭합니다.
- 두 번째 조건 괄호 안으로 커서를 이동합니다.
- 2014년도를 찾아야 하므로 YEAR( )=2014를 입력합니다.
- =SUM(IF(($A$11:$A$28=A3)*(YEAR( )=2014),))가 입력되면 YEAR 함수 괄호 안으로 커서를 이동합니다.
- 일반 수식이었다면 [E11] 셀 하나만 선택하였겠지만 배열 수식은 범위를 선택하여 조건을 하나씩 찾게끔 합니다.
- [E11] 셀을 클릭하고 `Ctrl`+`Shift`+`↓`을 눌러 블록 지정한 후 `F4`를 누릅니다.
- =SUM(IF(($A$11:$A$28=A3)*(YEAR($E$11:$E$28)=2014),))가 입력되면 합계를 구해줄 범위를 지정하기 위하여 쉼표 뒤로 커서를 이동합니다.
- [D11] 셀을 클릭하고 `Ctrl`+`Shift`+`↓`을 눌러 블록 지정한 후 `F4`를 누릅니다.
- `Enter`나 `Ctrl`+`Shift`+`Enter`를 누릅니다. 수식을 복사합니다.

=SUM(IF(($A$11:$A$28=A3)*(YEAR($E$11:$E$28)=2014), $D$11:$D$28))
☞ =SUM(IF((조건에 맞으면 TRUE)*(조건에 맞으면 TRUE), $D$11:$D$28))
☞ =SUM(IF((1)*(1), $D$11:$D$28))
☞ =SUM(IF(조건 두 개가 모두 맞으면 TRUE로 이동, $D$11:$D$28))
☞ =SUM(IF(조건에 맞지 않으면 계산 자체를 하지 않음, $D$11:$D$28))
☞ =SUM(조건에 맞는 판매가격)

과일명	판매날짜	판매가격
TRUE	TRUE	50000
TRUE	TRUE	25000
FALSE	TRUE	75000
FALSE	TRUE	32000
FALSE	TRUE	12000
FALSE	TRUE	15000
FALSE	TRUE	17000
TRUE	TRUE	29000
FALSE	TRUE	32000
FALSE	TRUE	48000
TRUE	TRUE	42000
FALSE	TRUE	19000
FALSE	TRUE	20000
TRUE	TRUE	51000
FALSE	TRUE	49000
FALSE	TRUE	50000
FALSE	TRUE	25000
FALSE	TRUE	37000

과일이 '사과'이고 연도가 '2014'인 판매가격의 합계

☞ 두 개의 조건이 모두 맞는 경우에만 value_if_true로 이동하여 합계를 구하게 됩니다.

주희쌤 Tip

Q 문제에 제시된 함수 말고 다른 함수 써도 돼요?
A 문제에 제시된 함수만 사용해야 합니다.

Q 문제에 제시된 함수만 사용하고 결과가 정답과 같지만 수식은 약간 다른데 괜찮나요?
A 수식은 작성하는 방법이 다양하여 괜찮습니다.

주희쌤 Tip

함수가 바뀌어도 방식은 같습니다.
조건에 맞는 k번째 큰 수 :
=LARGE(조건에 맞는 범위, k)

조건에 맞는 범위를 만드는 방법은 두 가지입니다.
방법1. (조건)*k번째 큰 수를 구할 범위
방법2. IF(조건, k번째 큰 수를 구할 범위)

조건이 두 개(AND 조건)일 때엔 다음과 같습니다.
방법1. (조건)*(조건)*k번째 큰 수를 구할 범위
방법2. IF((조건)*(조건), k번째 큰 수를 구할 범위)

 따라하기 ❾

① [J3] 셀을 선택한 후 [수식 입력줄]에 커서를 이동합니다.

② 수식을 작성한 후 `Enter` 나 `Ctrl` + `Shift` + `Enter` 를 누릅니다.

③ [J3] 셀의 채우기 핸들을 [J7] 셀까지 드래그하여 수식을 복사합니다.

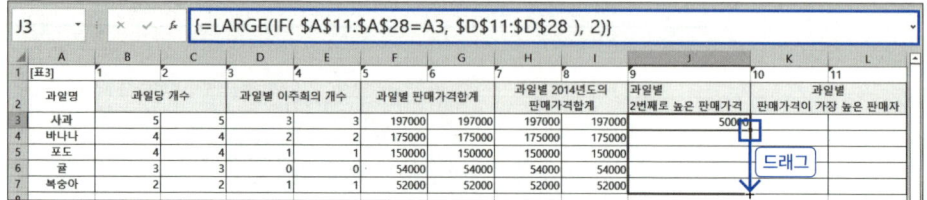

=LARGE(IF($A$11:$A$28=A3, $D$11:$D$28), 2)

- 최종적으로 조건에 맞는 2번째 높은 판매가격을 구하는 문제입니다.
- LARGE 함수의 array 인수에 IF 함수를 입력하고, LARGE 함수의 k 인수에는 2를 입력합니다.
- =LARGE(IF( ), 2)가 입력되면 IF 함수 괄호 안에 커서를 이동합니다.
- IF 함수가 안쪽에 있으니 인수와 인수를 쉼표(,)로 분리합니다.
- =LARGE(IF(,), 2)가 입력되면 쉼표 앞에 커서를 이동합니다. 쉼표 앞이 조건이 됩니다.
- [A11] 셀을 클릭하고 `Ctrl` + `Shift` + `↓` 을 눌러 블록 지정합니다.
- `F4` 를 누릅니다. 지금 선택된 범위 안에서 어떤 조건을 찾을지 고민합니다.
- 사과, 바나나, 포도, 귤, 복숭아를 찾아야 하므로 =을 입력한 후 [A3] 셀을 클릭합니다.
- =LARGE(IF($A$11:$A$28=A3,), 2)가 입력되면 쉼표 뒤로 커서를 이동합니다.
- SUM 함수를 입력할 때에는 1이나 합계를 구할 범위를 지정했지만, LARGE 함수를 입력했기 때문에 k번째로 높은 숫자를 구할 범위를 지정해야 합니다.
- [D11] 셀을 클릭하고 `Ctrl` + `Shift` + `↓` 을 눌러 블록 지정한 후 `F4` 를 누릅니다.
- `Enter` 나 `Ctrl` + `Shift` + `Enter` 를 누릅니다. 수식을 복사합니다.

=LARGE(IF($A$11:$A$28=A3, $D$11:$D$28), 2)
☞ =LARGE(IF(조건에 맞으면 TRUE로 이동, $D$11:$D$28), 2)
☞ =LARGE(IF(조건에 맞지 않으면 계산 자체를 하지 않음, $D$11:$D$28), 2)
☞ =LARGE(조건에 맞는 판매가격, 2)

과일명	판매가격
TRUE	50000
TRUE	25000
FALSE	75000
FALSE	32000
FALSE	12000
FALSE	15000
FALSE	17000
TRUE	29000
FALSE	32000
FALSE	48000
TRUE	42000
FALSE	19000
FALSE	20000
TRUE	51000
FALSE	49000
FALSE	50000
FALSE	25000
FALSE	37000

→ 과일이 '사과'인 2번째로 큰 판매가격

☞ 조건에 맞는 경우에만 value_if_true로 이동하여 그중에서 k번째로 높은 숫자를 찾게 됩니다.

따라하기 ⑩

① [K3] 셀을 선택한 후 [수식 입력줄]에 커서를 이동합니다.

② 수식을 작성한 후 `Enter`나 `Ctrl` + `Shift` + `Enter`를 누릅니다.

③ [K3] 셀의 채우기 핸들을 [K7] 셀까지 드래그하여 수식을 복사합니다.

> **주희쌤 Tip**
> '3장_01. 함수.xlsm'의 '함수1 시트' 3번과 4번 문제를 다시 풀어보면 배열 수식 10번 문제를 좀 더 쉽게 이해할 수 있습니다.

K3 {=INDEX($C$11:$C$28, MATCH(MAX(($A$11:$A$28=A3)*$D$11:$D$28), ($A$11:$A$28=A3)*$D$11:$D$28, 0), 1)}

	A	B	C	D	E	F	G	H	I	J	K	L
1	[표3]									10		
2	과일명	과일당 개수		과일별 이주희의 개수		과일별 판매가격합계		과일별 2014년도의 판매가격합계		과일별 2번째로 높은 판매가격	과일별 판매가격이 가장 높은 판매자	
3	사과	5	5	3	3	197000	197000	197000	197000	50000	이주희	
4	바나나	4	4	2	2	175000	175000	175000	175000	49000		
5	포도	4	4	1	1	150000	150000	150000	150000	48000		드래그
6	귤	3	3	0	0	54000	54000	54000	54000	17000		
7	복숭아	2	2	1	1	52000	52000	52000	52000	15000		

=INDEX($C$11:$C$28, MATCH(MAX(($A$11:$A$28=A3)*$D$11:$D$28), ($A$11:$A$28=A3)*$D$11:$D$28, 0), 1)

- 최종적으로 '판매자'를 표시하는 문제이므로 INDEX 함수를 먼저 입력합니다.

=INDEX(array, row_num, column_num)
=INDEX(최종적으로 가져올 데이터가 있는 범위, 행 번호, 열 번호)
=INDEX($C$11:$C$28, 행 번호, 1)
=INDEX($C$11:$C$28, 과일별 판매가격이 가장 높은 숫자의 위치, 1)
=INDEX($C$11:$C$28, MATCH(MAX(과일별 판매가격), 과일별 판매가격, 정확히 일치), 1)
=INDEX($C$11:$C$28, MATCH(MAX((과일별)*판매가격), (과일별)*판매가격, 0), 1)
=INDEX($C$11:$C$28, MATCH(MAX(($A$11:$A$28=A3)*$D$11:$D$28), (과일별)*판매가격, 0), 1)
=INDEX($C$11:$C$28, MATCH(MAX(($A$11:$A$28=A3)*$D$11:$D$28), ($A$11:$A$28=A3)*$D$11:$D$28, 0), 1)

과일명	판매자	판매가격
사과	이주희	50000
사과	이주희	25000
바나나	이주희	75000
포도	홍길동	32000
귤	홍길동	12000
복숭아	이주희	15000
귤	홍길동	17000
사과	김철수	29000
바나나	김철수	32000
포도	홍길동	48000
사과	김철수	42000
바나나	홍길동	19000
포도	이주희	20000
사과	이주희	51000
바나나	이주희	49000
포도	홍길동	50000
귤	김철수	25000
복숭아	홍길동	37000

과일이 '사과'인 가장 큰 판매가격에 해당하는 판매자

☞ 조건(과일별)에 맞는 판매가격의 최대값(MAX)을 조건에 맞는 범위에서 위치(MATCH)를 찾아 그에 따른 판매자를 가져옵니다(INDEX).

① [L3] 셀을 선택한 후 [수식 입력줄]에 커서를 이동합니다.

② 수식을 작성한 후 Enter 나 Ctrl + Shift + Enter 를 누릅니다.

③ [L3] 셀의 채우기 핸들을 [L7] 셀까지 드래그하여 수식을 복사합니다.

	A	B	C	D	E	F	G	H	I	J	K	L
1	[표3]	1	2	3	4	5	6	7	8	9	10	11
2	과일명	과일당 개수		과일별 이주희의 개수		과일별 판매가격합계		과일별 2014년도의 판매가격합계		과일별 2번째로 높은 판매가격	과일별 판매가격이 가장 높은 판매자	
3	사과	5	5	3	3	197000	197000	197000	197000	50000	이주희	이주희
4	바나나	4	4	2	2	175000	175000	175000	175000	49000	이주희	
5	포도	4	4	1	1	150000	150000	150000	150000	48000	홍길동	
6	귤	3	3	0	0	54000	54000	54000	54000	17000	김철수	
7	복숭아	2	2	1	1	52000	52000	52000	52000	15000	홍길동	

=INDEX($C$11:$C$28, MATCH(MAX(IF($A$11:$A$28=A3, $D$11:$D$28)), IF($A$11:$A$28=A3, $D$11:$D$28), 0), 1)

패턴이 눈에 보이기 시작하면 배열 수식은 반 이상이 끝난 것입니다.

조건이 1개일 때 합계 : =SUM((조건)*합계 구할 범위) ☞ 배열 수식 5번
조건이 1개일 때 최대값 : =MAX((조건)*최대값 구할 범위)

조건이 1개일 때 합계 : =SUM(IF(조건, 합계 구할 범위)) ☞ 배열 수식 6번
조건이 1개일 때 최대값 : =MAX(IF(조건, 최대값 구할 범위))

• 10번 문제에서 IF 함수만 추가하였습니다.

=INDEX(array, row_num, column_num)
=INDEX(최종적으로 가져올 데이터가 있는 범위, 행 번호, 열 번호)
=INDEX($C$11:$C$28, 행 번호, 1)
=INDEX($C$11:$C$28, 과일별 판매가격이 가장 높은 숫자의 위치, 1)
=INDEX($C$11:$C$28, MATCH(MAX(과일별 판매가격), 과일별 판매가격, 정확히 일치), 1)
=INDEX($C$11:$C$28, MATCH(MAX(IF(과일별, 판매가격)), IF(과일별, 판매가격), 0), 1)
=INDEX($C$11:$C$28, MATCH(MAX(IF($A$11:$A$28=A3, $D$11:$D$28)), IF(과일별, 판매가격), 0), 1)
=INDEX($C$11:$C$28, MATCH(MAX(IF($A$11:$A$28=A3, $D$11:$D$28)), IF($A$11:$A$28=A3, $D$11:$D$28), 0), 1)

① [I11] 셀을 선택한 후 [수식 입력줄]에 커서를 이동합니다.

② 수식을 작성한 후 Enter 나 Ctrl + Shift + Enter 를 누릅니다.

③ [I11] 셀의 채우기 핸들을 [I12] 셀까지 드래그하여 수식을 복사하고, 이어서 [I12] 셀의 채우기 핸들을 [J12] 셀까지 드래그하여 수식을 복사합니다.

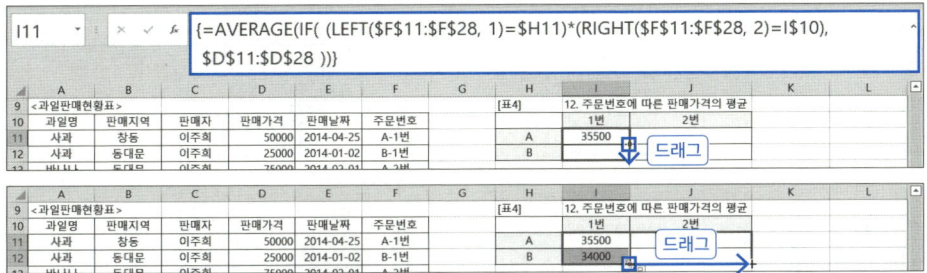

주희쌤 Tip

블록을 지정한 상태에서 수식을 작성하고 일부를 변경하려고 했기 때문에 위와 같은 메시지가 나오게 됩니다.
해결 방법은 해당 영역을 블록 지정한 다음 Delete를 눌러 지우고 다시 (첫 번째)셀을 선택한 후 수식을 작성하면 됩니다.

=AVERAGE(IF((LEFT($F$11:$F$28, 1)=$H11)*(RIGHT($F$11:$F$28, 2)=I$10), $D$11:$D$28))

패턴이 눈에 보이기 시작하면 배열 수식은 반 이상이 끝난 것입니다.

조건이 2개일 때 합계 : =SUM(IF((조건)*(조건), 합계 구할 범위)) ☞ 배열 수식 8번
조건이 2개일 때 평균 : =AVERAGE(IF((조건)*(조건), 평균 구할 범위))

- 최종적으로 조건이 두 개(주문번호의 첫 글자, 주문번호의 마지막 두 글자)인 판매가격의 평균을 구하는 문제입니다.

=AVERAGE(IF((조건)*(조건), 평균 구할 범위))
=AVERAGE(IF((주문번호의 첫 글자)*(주문번호의 마지막 두 글자), 판매가격))
=AVERAGE(IF((LEFT( )=$H11)*(RIGHT( )=I$10), $D$11:$D$28))
=AVERAGE(IF((LEFT(주문번호,1)=$H11)*(RIGHT(주문번호,2)=I$10), $D$11:$D$28))
=AVERAGE(IF((LEFT($F$11:$F$28,1)=$H11) *(RIGHT($F$11:$F$28,2)=I$10), $D$11:$D$28))

H열에 있는 'A'([H11]), 'B'([H12])가 수식을 복사했을 때 I열로 옮겨가지 않도록 열 고정
10행에 있는 '1번'([I10]), '2번'([J10])이 수식을 복사했을 때 11행으로 옮겨가지 않도록 행 고정

배열 수식에서 LEFT($F$11:$F$28, 1)="A"는 아래와 같은 의미가 됩니다.
LEFT(F11, 1)="A"
LEFT(F12, 1)="A"
LEFT(F13, 1)="A"
...

배열 수식에서 RIGHT($F$11:$F$28, 2)="1번"은 아래와 같은 의미가 됩니다.
RIGHT(F11, 2)="1번"
RIGHT(F12, 2)="1번"
RIGHT(F13, 2)="1번"
...

① [I16] 셀을 선택한 후 [수식 입력줄]에 커서를 이동합니다.

② 수식을 작성한 후 Enter 나 Ctrl + Shift + Enter 를 누릅니다.

③ [I16] 셀의 채우기 핸들을 [I18] 셀까지 드래그하여 수식을 복사하고, 이어서 [I18] 셀의 채우기 핸들을 [J18] 셀까지 드래그하여 수식을 복사합니다.

=MAX(($B$11:$B$28=$H16)*($C$11:$C$28=I$15)*$D$11:$D$28)

패턴이 눈에 보이기 시작하면 배열 수식은 반 이상이 끝난 것입니다.

조건이 2개일 때 합계 : =SUM((조건)*(조건)*합계 구할 범위) ☞ 배열 수식 7번
조건이 2개일 때 최대값 : =MAX((조건)*(조건)*최대값 구할 범위)

- 최종적으로 조건이 두 개(판매지역별, 판매자별)인 판매가격의 최대값을 구하는 문제입니다.

=MAX((조건)*(조건)*최대값 구할 범위)
=MAX((판매지역별)*(판매자별)*판매가격)
=MAX((판매지역=$H16)*(판매자=I$15)*$D$11:$D$28)
=MAX(($B$11:$B$28=$H16)*($C$11:$C$28=I$15)*$D$11:$D$28)

H열에 있는 '창동'([H16]), '동대문'([H17]), '잠실'([H18])이 수식을 복사했을 때 I열로 옮겨가지 않도록 열 고정
15행에 있는 '이주희'([I15]), '홍길동'([J15])이 수식을 복사했을 때 16행으로 옮겨가지 않도록 행 고정

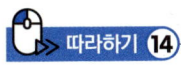

① [I22] 셀을 선택한 후 [수식 입력줄]에 커서를 이동합니다.

② 수식을 작성한 후 Enter 나 Ctrl + Shift + Enter 를 누릅니다.

③ [I22] 셀의 채우기 핸들을 [I26] 셀까지 드래그하여 수식을 복사하고, 이어서 [I26] 셀의 채우기 핸들을 [J26] 셀까지 드래그하여 수식을 복사합니다.

```
=INDEX($C$11:$C$28, MATCH(MAX(
IF( ($A$11:$A$28=$H22)*($B$11:$B$28=I$21), $D$11:$D$28 ) ),
IF( ($A$11:$A$28=$H22)*($B$11:$B$28=I$21), $D$11:$D$28 ), 0), 1)
```

=INDEX(array, MATCH(MAX(IF(조건, 최대값 구할 범위)), IF(조건, 최대값 구할 범위), 0), column_num)
🔖 배열 수식 11번

• 11번 문제에서 조건을 하나 더 추가하였습니다.

=INDEX(array, row_num, column_num)
=INDEX(최종적으로 가져올 데이터가 있는 범위, 행 번호, 열 번호)
=INDEX($C$11:$C$28, 행 번호, 1)
=INDEX($C$11:$C$28, 과일별 판매지역별 판매가격이 가장 높은 숫자의 위치, 1)
=INDEX($C$11:$C$28, MATCH(MAX(과일별 판매지역별 판매가격), 과일별 판매지역별 판매가격, 정확히 일치), 1)
=INDEX($C$11:$C$28, MATCH(MAX(IF((과일별)*(판매지역별), 판매가격)), IF((과일별)*(판매지역별), 판매가격), 0), 1)
=INDEX($C$11:$C$28, MATCH(MAX(IF(($A$11:$A$28=$H22)*($B$11:$B$28=I$21), $D$11:$D$28)), IF(($A$11:$A$28=$H22)*($B$11:$B$28=I$21), $D$11:$D$28), 0), 1)

H열에 있는 '사과'([H22]), '바나나'([H23]), '포도'([H24]), '귤'([H25]), '복숭아'([H26])가 수식을 복사했을 때 I열로 옮겨가지 않도록 열 고정
21행에 있는 '창동'([I21]), '동대문'([J21])이 수식을 복사했을 때 22행으로 옮겨가지 않도록 행 고정

	A	B	C	D	E	F	G	H	I	J	K	L
1	[표3]										10	11
2	과일명	과일당 개수		과일별 이주희의 개수		과일별 판매가격합계		과일별 2014년도의 판매가격합계		과일별 2번째로 높은 판매가격	과일별 판매가격이 가장 높은 판매자	
3	사과	5	5	3	3	197000	197000	197000	197000	50000	이주희	이주희
4	바나나	4	4	2	2	175000	175000	175000	175000	49000	이주희	이주희
5	포도	4	4	1	1	150000	150000	150000	150000	48000	홍길동	홍길동
6	귤	4	4	1	1	54000	54000	54000	54000	17000	김철수	김철수
7	복숭아	3	3	0	0	54000	54000	54000	54000	17000	김철수	김철수
8	귤	2	2	1	1	52000	52000	52000	52000	15000	홍길동	홍길동
9	<과일판매현황표>											
10	과일명	판매지역	판매자	판매가격	판매날짜	주문번호		[표4]	12. 주문번호에 따른 판매가격의 평균			
11	사과	창동	이주희	50000	2014-04-25	A-1번			1번	2번		
12	사과	동대문	이주희	25000	2014-01-02	B-1번		A	35500	45000		
13	바나나	동대문	이주희	75000	2014-02-01	A-2번		B	34000	15500		
14	포도	창동	홍길동	32000	2014-03-02	A-1번						
15	귤	창동	홍길동	12000	2014-02-05	B-2번		[표5]	13. 판매지역별 판매자별 판매가격의 최대값			
16	복숭아	동대문	이주희	15000	2014-02-07	A-1번			이주희	홍길동		
17	귤	동대문	홍길동	17000	2014-02-08	A-2번		창동	50000	37000		
18	사과	동대문	김철수	29000	2014-03-05	A-1번		동대문	75000	50000		
19	바나나	창동	김철수	32000	2014-03-07	B-1번		잠실	49000	0		
20	포도	동대문	홍길동	48000	2014-03-20	B-1번		[표6]	14. 과일별 판매지역별 판매가격이 가장 높은 판매자			
21	사과	잠실	김철수	42000	2014-03-10	B-1번			창동	동대문		
22	바나나	창동	홍길동	19000	2014-02-05	B-2번		사과	이주희	이주희		
23	포도	동대문	이주희	20000	2014-01-10	A-1번		바나나	김철수	이주희		
24	사과	동대문	이주희	51000	2014-01-20	A-2번		포도	홍길동	홍길동		
25	바나나	잠실	이주희	49000	2014-01-21	A-1번		귤	김철수	홍길동		
26	포도	동대문	홍길동	50000	2014-03-05	A-1번		복숭아	홍길동	이주희		
27	귤	창동	김철수	25000	2014-04-01	B-1번						
28	복숭아	창동	홍길동	37000	2014-04-01	A-2번						

1. =SUM(($A$11:$A$28=A3)*1)
2. =SUM(IF($A$11:$A$28=A3, 1))
3. =SUM(($A$11:$A$28=A3)*($C$11:$C$28="이주희")*1)
4. =SUM(IF(($A$11:$A$28=A3)*($C$11:$C$28="이주희"), 1))
5. =SUM(($A$11:$A$28=A3)*$D$11:$D$28)
6. =SUM(IF($A$11:$A$28=A3, $D$11:$D$28))
7. =SUM(($A$11:$A$28=A3)*(YEAR($E$11:$E$28)=2014)*$D$11:$D$28)
8. =SUM(IF(($A$11:$A$28=A3)*(YEAR($E$11:$E$28)=2014), $D$11:$D$28))
9. =LARGE(IF($A$11:$A$28=A3, $D$11:$D$28), 2)
10. =INDEX($C$11:$C$28, MATCH(MAX(
    ($A$11:$A$28=A3)*$D$11:$D$28), ($A$11:$A$28=A3)*$D$11:$D$28, 0), 1)
11. =INDEX($C$11:$C$28, MATCH(
    MAX(IF($A$11:$A$28=A3, $D$11:$D$28)),
    IF($A$11:$A$28=A3, $D$11:$D$28), 0), 1)
12. =AVERAGE(IF(
    (LEFT($F$11:$F$28,1)=$H11)*(RIGHT($F$11:$F$28,2)=I$10), $D$11:$D$28))
13. =MAX(($B$11:$B$28=$H16)*($C$11:$C$28=I$15)*$D$11:$D$28)
14. =INDEX($C$11:$C$28,
    MATCH(MAX(IF(($A$11:$A$28=$H22)*($B$11:$B$28=I$21),$D$11:$D$28)),
    IF(($A$11:$A$28=$H22)*($B$11:$B$28=I$21),$D$11:$D$28), 0), 1)

문제 유형 2   '배열수식2' 워크시트에서 작업하시오.

⑮ <과일판매현황표>를 이용하여 [표7]의 [K3:K7] 영역에 과일명별 수량이 50 이상인 개수를 계산하여 표시하시오.
▶ 과일판매현황표 [A2:H20]을 참조하여 계산
▶ IF, SUM 함수를 이용한 배열 수식 사용

⑯ <과일판매현황표>를 이용하여 [표8]의 [K11:K14] 영역에 판매월별 최대 판매가격을 계산하여 표시하시오.
▶ 과일판매현황표 [A2:H20]을 참조하여 계산
▶ MAXA, MONTH 함수를 이용한 배열 수식 사용

⑰ <과일판매현황표>를 이용하여 [표9]의 [K18:L20] 영역에 판매월별 판매자별 수량의 합계를 계산하여 표시하시오.
▶ 과일판매현황표 [A2:H20]을 참조하여 계산
▶ SUM, IF, MONTH 함수를 이용한 배열 수식 사용

⑱ <과일판매현황표>를 이용하여 [표10]의 [K24:K26] 영역에 판매지역별 비율을 계산하여 표시하시오.
▶ 과일판매현황표 [A2:H20]을 참조하여 계산
▶ COUNT, IF, COUNTA 함수를 이용한 배열 수식 사용

⑲ <과일판매현황표>를 이용하여 [표11]의 [B24:B26] 영역에 주문분류별 최대 판매가격을 계산하여 표시하시오.
▶ 과일판매현황표 [A2:H20]을 참조하여 계산
▶ 주문분류는 <과일판매현황표>의 주문번호 첫 글자임
▶ 표시 예 : ₩154,000
▶ TEXT, MAXA, IF, LEFT 함수를 이용한 배열 수식 사용

⑳ <과일판매현황표>를 이용하여 [표12]의 [E24:F26] 영역에 지역별 순위에 따른 단가를 계산하여 표시하시오.
▶ 과일판매현황표 [A2:H20]을 참조하여 계산
▶ LARGE, IF 함수를 이용한 배열 수식 사용

따라하기 ⑮

① [K3] 셀을 선택한 후 [수식 입력줄]에 커서를 이동합니다.

② 수식을 작성한 후 Enter 나 Ctrl + Shift + Enter 를 누릅니다.

③ [K3] 셀의 채우기 핸들을 [K7] 셀까지 드래그하여 수식을 복사합니다.

=SUM(IF(($A$3:$A$20=J3)*($D$3:$D$20>=50), 1))

=SUM(IF(($A$11:$A$28=A3)*($C$11:$C$28="이주희"), 1)) 배열 수식 4번

- 4번 문제에서 조건만 변경하였습니다.

=SUM(IF((조건)*(조건), 1))
=SUM(IF((과일명별)*(수량이 50 이상인), 1))
=SUM(IF(($A$3:$A$20=J3)*($D$3:$D$20>=50), 1))

배열 수식에서 $D$3:$D$20>=50은 아래와 같은 의미가 됩니다.
D3>=50
D4>=50
D5>=50
…

따라하기 16

① [K11] 셀을 선택한 후 [수식 입력줄]에 커서를 이동합니다.

② 수식을 작성한 후 <Enter>나 <Ctrl>+<Shift>+<Enter>를 누릅니다.

③ [K11] 셀의 채우기 핸들을 [K14] 셀까지 드래그하여 수식을 복사합니다.

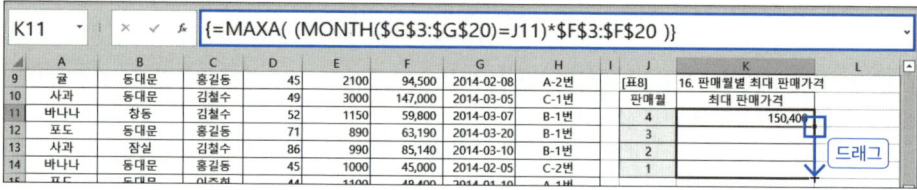

=MAXA((MONTH($G$3:$G$20)=J11)*$F$3:$F$20)

MAX(($A$11:$A$28=A3)*$D$11:$D$28) 배열 수식 10번

- 10번 문제의 MAX 사용과 유사합니다.

=MAXA((조건)*최대값 구할 범위)
=MAXA((판매월별)*판매가격)
=MAXA((MONTH(판매날짜)=J11)*판매가격)
=MAXA((MONTH($G$3:$G$20)=J11)*$F$3:$F$20)

배열 수식에서 MONTH($G$3:$G$20)=4는 아래와 같은 의미가 됩니다.
MONTH(G3)=4
MONTH(G4)=4
MONTH(G5)=4
…

따라하기 17

① [K18] 셀을 선택한 후 [수식 입력줄]에 커서를 이동합니다.

② 수식을 작성한 후 <Enter>나 <Ctrl>+<Shift>+<Enter>를 누릅니다.

주희쌤 Tip

MAXA(value1, [value2], …)
논리값(TRUE/FALSE) 및 텍스트로 나타낸 숫자도 포함된 최대값

예

	A	B
1	데이터	0.1
2		0.5
3		TRUE
4		0.9
5		
6	수식	=MAX(B1:B4)
7	결과	0.9
8		
9	수식	=MAXA(B1:B4)
10	결과	1

③ [K18] 셀의 채우기 핸들을 [K20] 셀까지 드래그하여 수식을 복사하고, 이어서 [K20] 셀의 채우기 핸들을 [L20] 셀까지 드래그하여 수식을 복사합니다.

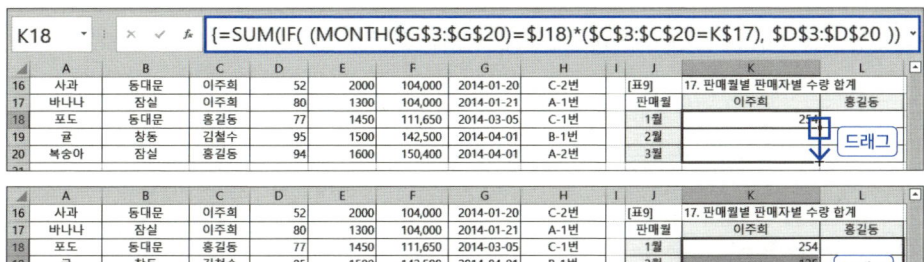

=SUM(IF((MONTH($G$3:$G$20)=$J18)*($C$3:$C$20=K$17), $D$3:$D$20))

=SUM(IF(($A$11:$A$28=A3)*(YEAR($E$11:$E$28)=2014), $D$11:$D$28)) ☞ 배열 수식 8번

- 8번 문제와 유사합니다.

=SUM(IF((조건)*(조건), 합계 구할 범위))
=SUM(IF((판매월별)*(판매자별), 수량))
=SUM(IF((MONTH(판매날짜)=$J18)*($C$3:$C$20=K$17), $D$3:$D$20))
=SUM(IF((MONTH($G$3:$G$20)=$J18)*($C$3:$C$20=K$17), $D$3:$D$20))

[J18:J20] 영역의 데이터는 문자로 입력된 것이 아니라 숫자에 표시 형식을 지정한 것이기 때문에 월을 찾을 수 있습니다. (☞ 함수2 시트 5번에서 배웠던 부분입니다.)

 따라하기 ⑱

① [K24] 셀을 선택한 후 [수식 입력줄]에 커서를 이동합니다.

② 수식을 작성한 후 `Enter` 나 `Ctrl` + `Shift` + `Enter` 를 누릅니다.

③ [K24] 셀의 채우기 핸들을 [K26] 셀까지 드래그하여 수식을 복사합니다.

=COUNT(IF($B$3:$B$20=J24, 1)) / COUNTA($B$3:$B$20)

=SUM(IF($A$11:$A$28=A3, 1)) ☞ 배열 수식 2번

- 2번 문제와 유사합니다.

=판매지역별 개수 / 전체의 개수
=COUNT(IF(조건, 1)) / COUNTA($B$3:$B$20)
=COUNT(IF(판매지역별, 1)) / COUNTA($B$3:$B$20)
=COUNT(IF($B$3:$B$20=J24, 1)) / COUNTA($B$3:$B$20)

주희쌤 Tip

함수8 시트에서 배웠던 부분입니다.

	A	B	C	D
1		인원수	비율	
2	여자	8	44%	→ =B2/$B$4
3	남자	10	56%	→ =B3/$B$4
4	전체	18		

여자의 비율 : 여자 수 / 전체 수
남자의 비율 : 남자 수 / 전체 수
즉, 비율은 전체로 나눠야 합니다.

주희쌤 Tip

COUNT 함수는 IF 함수와 함께 조건에 맞는 개수를 구할 수 있지만 COUNTA 함수는 조건에 맞지 않을 때에도 개수를 세기 때문에 COUNTA 함수는 전체 개수를 구할 때 사용해야 합니다.

주희쌤 Tip

COUNTA($A$3:$A$20) = 18
COUNTA($B$3:$B$20) = 18
COUNTA($C$3:$C$20) = 18
...
즉, 전체 개수를 구할 수 있다면 열은 상관이 없습니다.

주희쌤 Tip

20번 문제에서 LARGE 함수만을 이용해 같은 결과가 나오는지 확인해보세요.
{=LARGE(($B$3:$B$20=E$23)*$E$3:$E$20, $D24)}

주희쌤 Tip

함수 14번에서 열 구분은 쉼표로, 행 구분은 세미콜론으로 구분하여 배열 상수를 만들 수 있다고 했던 것을 기억하시나요?

가로 방향의 세 개의 셀을 선택한 후 [수식 입력줄]에 '={1,2,3}'을 입력하고 Ctrl + Shift + Enter 를 누르면 아래와 같이 표시됩니다.

{={1,2,3}}		
D	E	F
1	2	3

세로 방향의 세 개의 셀을 선택한 후 [수식 입력줄]에 '={1;2;3}'을 입력하고 Ctrl + Shift + Enter 를 누르면 아래와 같이 표시됩니다.

{={1;2;3}}		
D	E	F
1		
2		
3		

이 원리를 이용하면 배열 수식 20번 문제를 아래와 같이 풀 수 있습니다.
[E24:E26] 영역을 선택한 후 [수식 입력줄]에 '=LARGE(IF($B$3:$B$20=E$23,$E$3:$E$20), {1;2;3})'을 입력하고 Ctrl + Shift + Enter 를 누릅니다.

{=LARGE(IF($B$3:$B$20=E$23, $E$3:$E$20), {1;2;3})}		
D	E	F
[표12]	20. 지역별 순위에 따른 단가	
	동대문	잠실
1위	3000	
2위	2100	
3위	2000	

만약 분산 배열 수식으로 작성하고자 한다면 [E24] 셀을 선택한 후 수식을 작성하고 Enter 를 누릅니다.
(분산 배열 수식은 함수 9번에서 배웠던 내용입니다.)

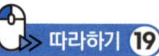 따라하기 19

① [B24] 셀을 선택한 후 [수식 입력줄]에 커서를 이동합니다.

② 수식을 작성한 후 Enter 나 Ctrl + Shift + Enter 를 누릅니다.

③ [B24] 셀의 채우기 핸들을 [B26] 셀까지 드래그하여 수식을 복사합니다.

B24 | {=TEXT(MAXA(IF(LEFT($H$3:$H$20, 1)=A24, $F$3:$F$20)), "₩#,###")}

	A	B	C	D	E	F	G	H	I	J	K	L
22	[표11] 19. 주문분류별 최대 판매가격			[표12]	20. 지역별 순위에 따른 단가					[표10]	18. 판매지역별 비율	
23	주문분류	최대 판매가격			동대문	잠실				판매지역	비율	
24	A	₩150,400		1위						창동	28%	
25	B		드래그	2위						동대문	56%	
26	C			3위						잠실	17%	

=TEXT(MAXA(IF(LEFT($H$3:$H$20, 1)=A24, $F$3:$F$20)), "₩#,###")

MAX(IF($A$11:$A$28=A3, $D$11:$D$28)) ☞ 배열 수식 11번

• 11번 문제의 MAX 사용과 유사합니다.

=TEXT(조건에 맞는 최대값, "₩#,###")
=TEXT(MAXA(IF(조건, 최대값 구할 범위)), "₩#,###")
=TEXT(MAXA(IF(주문번호의 첫 글자가 주문분류, 판매가격)), "₩#,###")
=TEXT(MAXA(IF(LEFT(주문번호,1)=A24, $F$3:$F$20)), "₩#,###")
=TEXT(MAXA(IF(LEFT($H$3:$H$20,1)=A24, $F$3:$F$20)), "₩#,###")

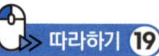 따라하기 20

① [E24] 셀을 선택한 후 [수식 입력줄]에 커서를 이동합니다.

② 수식을 작성한 후 Enter 나 Ctrl + Shift + Enter 를 누릅니다.

③ [E24] 셀의 채우기 핸들을 [E26] 셀까지 드래그하여 수식을 복사하고, 이어서 [E26] 셀의 채우기 핸들을 [F26] 셀까지 드래그하여 수식을 복사합니다.

E24 | {=LARGE(IF($B$3:$B$20=E$23, $E$3:$E$20), $D24)}

	A	B	C	D	E	F	G	H	I	J	K	L
22	[표11] 19. 주문분류별 최대 판매가격			[표12]	20. 지역별 순위에 따른 단가					[표10]	18. 판매지역별 비율	
23	주문분류	최대 판매가격			동대문	잠실				판매지역	비율	
24	A	₩150,400		1위	3000					창동	28%	
25	B	₩154,000		2위		드래그				동대문	56%	
26	C	₩147,000		3위						잠실	17%	

	A	B	C	D	E	F	G	H	I	J	K	L
22	[표11] 19. 주문분류별 최대 판매가격			[표12]	20. 지역별 순위에 따른 단가					[표10]	18. 판매지역별 비율	
23	주문분류	최대 판매가격			동대문	잠실				판매지역	비율	
24	A	₩150,400		1위	3000					창동	28%	
25	B	₩154,000		2위	2100	드래그				동대문	56%	
26	C	₩147,000		3위	2000					잠실	17%	

=LARGE(IF($B$3:$B$20=E$23, $E$3:$E$20), $D24)

=LARGE(IF($A$11:$A$28=A3, $D$11:$D$28), 2) ☞ 배열 수식 9번

• 9번 문제와 유사합니다.

=LARGE(IF(조건, k번째로 큰 수를 구할 범위), k)
=LARGE(IF(지역별, 단가), $D24)
=LARGE(IF($B$3:$B$20=E$23, $E$3:$E$20), $D24)

	A	B	C	D	E	F	G	H	I	J	K	L
1	<과일판매현황표>											
2	과일명	판매지역	판매자	수량	단가	판매가격	판매날짜	주문번호		[표7]	15. 과일별 수량이 50 이상인 개수	
3	사과	창동	이주희	100	1000	100,000	2014-04-25	A-1번		과일명	수량이 50 이상인 개수	
4	사과	동대문	이주희	78	1200	93,600	2014-01-02	B-1번		사과	4	
5	바나나	동대문	이주희	75	1100	82,500	2014-02-01	A-2번		바나나	3	
6	포도	창동	홍길동	70	2200	154,000	2014-03-02	B-1번		포도	3	
7	귤	창동	홍길동	89	1050	93,450	2014-02-05	B-2번		귤	2	
8	복숭아	동대문	이주희	50	990	49,500	2014-02-07	C-1번		복숭아	2	
9	귤	동대문	홍길동	45	2100	94,500	2014-02-08	A-2번		[표8]	16. 판매월별 최대 판매가격	
10	사과	동대문	김철수	49	3000	147,000	2014-03-05	C-1번		판매월	최대 판매가격	
11	바나나	창동	김철수	52	1150	59,800	2014-03-07	B-1번		4	150,400	
12	포도	동대문	홍길동	71	890	63,190	2014-03-20	B-1번		3	154,000	
13	사과	잠실	김철수	86	990	85,140	2014-03-10	B-1번		2	94,500	
14	바나나	동대문	홍길동	45	1000	45,000	2014-02-05	C-2번		1	104,000	
15	포도	동대문	이주희	44	1100	48,400	2014-01-10	A-1번		[표9]	17. 판매월별 판매자별 수량 합계	
16	사과	동대문	이주희	52	2000	104,000	2014-02-05	C-2번		판매월	이주희	홍길동
17	바나나	잠실	이주희	80	1300	104,000	2014-01-21	A-1번		1월	254	0
18	포도	동대문	홍길동	77	1450	111,650	2014-03-05	C-1번		2월	125	-179
19	귤	창동	김철수	95	1500	142,500	2014-04-01	B-1번		3월	0	218
20	복숭아	잠실	홍길동	94	1600	150,400	2014-04-01	A-2번				
21												
22	[표11]	19. 주문분류별 최대 판매가격		[표12]	20. 지역별 순위에 따른 단가					[표10]	18. 판매지역별 비율	
23	주문분류	최대 판매가격			동대문	잠실				판매지역	비율	
24	A	₩150,400		1위	3000	1600				창동	28%	
25	B	₩154,000		2위	2100	1300				동대문	56%	
26	C	₩147,000		3위	2000	990				잠실	17%	

15. =SUM(IF(($A$3:$A$20=J3)*($D$3:$D$20>=50), 1))

16. =MAXA((MONTH($G$3:$G$20)=J11)*$F$3:$F$20)

17. =SUM(IF(
    (MONTH($G$3:$G$20)=$J18)*($C$3:$C$20=K$17), $D$3:$D$20))

18. =COUNT(IF($B$3:$B$20=J24, 1)) / COUNTA($B$3:$B$20)

19. =TEXT(MAXA(IF(LEFT($H$3:$H$20,1)=A24, $F$3:$F$20)), "₩#,###")

20. =LARGE(IF($B$3:$B$20=E$23, $E$3:$E$20), $D24)

문제 유형 3 '배열수식3' 워크시트에서 작업하시오.

㉑ <매출관리표>를 이용하여 [표13]의 분류별 각 월에 해당하는 최소값을 [G4:I6] 영역에 표시하시오.
▶ 매출관리표 [A2:D14]를 참조하여 계산
▶ INDEX, MATCH, MIN, IF 함수를 이용한 배열 수식 사용

㉒ <매출관리표>를 이용하여 [표14]의 [G10:G12] 영역에 분류별 개수를 계산하여 표시하시오.
▶ 매출관리표 [A2:D14]를 참조하여 계산
▶ [표14]의 분류는 <매출관리표>의 분류 왼쪽 글자임
▶ COUNT, IF, LEFT, LEN 함수를 이용한 배열 수식 사용

㉓ <점수표>를 이용하여 [표15]에 번호별 국어, 수학, 사회의 평균이 70 이상인 개수를 [H16:H18] 영역에 표시하시오.
▶ 점수표 [A17:E23]을 참조하여 계산
▶ 점수표의 번호 첫 글자를 이용
▶ SUM, IF, LEFT 함수를 이용한 배열 수식 사용

㉔ <점수표>를 이용하여 [표16]의 [H22:H23] 영역에 K가 포함된 부서별 국어의 평균을 계산하여 표시하시오.
▶ 점수표 [A17:E23]을 참조하여 계산
▶ AVERAGE, IF, IFERROR, FIND 함수를 이용한 배열 수식 사용

주희쌤 Tip

교재 안에 물론 어려운 문제도 있습니다. 조금 어렵다고 해서 포기하게 되면 포기해야할 문제들은 너무나 많아지기 때문에 포기하지 말고 도전하세요!

 따라하기 21

① [G4] 셀을 선택한 후 [수식 입력줄]에 커서를 이동합니다.

② 수식을 작성한 후 `Enter` 나 `Ctrl` + `Shift` + `Enter` 를 누릅니다.

③ [G4] 셀의 채우기 핸들을 [G6] 셀까지 드래그하여 수식을 복사하고, 이어서 [G6] 셀의 채우기 핸들을 [I6] 셀까지 드래그하여 수식을 복사합니다.

=INDEX(B$3:B$14, MATCH(MIN(IF($A$3:$A$14=$F4, B$3:B$14)),
IF($A$3:$A$14=$F4, B$3:B$14), 0), 1)

- 최종적으로 분류별 각 월에 해당하는 최소값을 찾아 최소값을 가져오는 문제입니다.

=INDEX(array, row_num, column_num)
=INDEX(최종적으로 가져올 데이터가 있는 범위, 행 번호, 열 번호)
=INDEX(B$3:B$14, 분류별 각 월에 해당하는 최소값의 위치, 1)
=INDEX(B$3:B$14, MATCH(MIN(분류별 각 월), 분류별 각 월, 정확히 일치), 1)
=INDEX(B$3:B$14, MATCH(MIN(IF(분류별, 각 월)), IF(분류별, 각 월), 0), 1)
=INDEX(B$3:B$14, MATCH(MIN(IF($A$3:$A$14=$F4, B$3:B$14)), IF(분류별, 각 월), 0), 1)
=INDEX(B$3:B$14, MATCH(MIN(IF($A$3:$A$14=$F4, B$3:B$14)), IF($A$3:$A$14=$F4, B$3:B$14), 0),1)

F열에 있는 '백화점식품'([F4]), '편의점식품'([F5]), '마트식품'([F6])이 수식을 복사했을 때 G열로 옮겨가지 않도록 열 고정
3행~14행에 있는 각 월([B3:B14], [C3:C14], [D3:D14])이 수식을 복사했을 때 4행~15행으로 옮겨가지 않도록 행 고정

 따라하기 22

① [G10] 셀을 선택한 후 [수식 입력줄]에 커서를 이동합니다.

② 수식을 작성한 후 `Enter` 나 `Ctrl` + `Shift` + `Enter` 를 누릅니다.

③ [G10] 셀의 채우기 핸들을 [G12] 셀까지 드래그하여 수식을 복사합니다.

{=COUNT(IF(LEFT($A$3:$A$14, LEN(F10))=F10, 1))}

=COUNT(IF(LEFT($A$3:$A$14, LEN(F10))=F10, 1))

- 최종적으로 [F10:F12] 영역의 분류별 개수를 구하는 문제입니다.

=COUNT(IF(조건, 1))
=COUNT(IF(분류별, 1))
=COUNT(IF(<매출관리표>의 분류=F10, 1))
=COUNT(IF(LEFT(분류, 개수)=F10, 1))
=COUNT(IF(LEFT($A$3:$A$14, 개수)=F10, 1))
=COUNT(IF(LEFT($A$3:$A$14, LEN(F10))=F10, 1))

 따라하기 23

① [H16] 셀을 선택한 후 [수식 입력줄]에 커서를 이동합니다.

② 수식을 작성한 후 Enter 나 Ctrl + Shift + Enter 를 누릅니다.

③ [H16] 셀의 채우기 핸들을 [H18] 셀까지 드래그하여 수식을 복사합니다.

=SUM(IF((LEFT($B$18:$B$23, 1)*1=G16)*
((($C$18:$C$23+$D$18:$D$23+$E$18:$E$23)/3>=70), 1))

- 최종적으로 조건이 두 개(번호별, 3과목 평균이 70 이상)인 개수를 구하는 문제입니다.

=SUM(IF((조건)*(조건), 1))
=SUM(IF((번호별)*(3과목 평균이 70 이상), 1))
=SUM(IF((LEFT(번호,1)*1=G16)*((국어+수학+사회)/3>=70), 1))
=SUM(IF((LEFT($B$18:$B$23,1)*1=G16)*(($C$18:$C$23+$D$18:$D$23+$E$18:$E$23)/3>=70), 1))

 따라하기 24

① [H22] 셀을 선택한 후 [수식 입력줄]에 커서를 이동합니다.

② 수식을 작성한 후 Enter 나 Ctrl + Shift + Enter 를 누릅니다.

③ [H22] 셀의 채우기 핸들을 [H23] 셀까지 드래그하여 수식을 복사합니다.

{=AVERAGE(IF((IFERROR(FIND("K", $B$18:$B$23)>=1, FALSE))*
($A$18:$A$23=G22), $C$18:$C$23))}

> **주희쌤 Tip**
> 고급필터9 시트에서 배웠던 부분입니다.
> =LEFT("12345678",3)*1=123
> =RIGHT("12345678",3)*1=678

> **주희쌤 Tip**
> =SUM(IF(
> (LEFT(B18:B23,1)*1=G16)*
> ((C18:C23+D18:D23+E18:E23)/3>=70), 1))는 아래와 같이 계산됩니다.
>
> =SUM(IF(
> (LEFT(B18,1)*1=G16)*
> ((C18+D18+E18)/3>=70), 1))
> =SUM(IF(
> (LEFT(B19,1)*1=G16)*
> ((C19+D19+E19)/3>=70), 1))
> ...
> =SUM(IF(
> (LEFT(B23,1)*1=G16)*
> ((C23+D23+E23)/3>=70), 1))

> **주희쌤 Tip**
> 고급필터14 시트의 정답 수식입니다.
> =AND(IFERROR(
> FIND("부",F5)>=1,FALSE),
> G5>=490)

=AVERAGE(IF((IFERROR(FIND("K", $B$18:$B$23)>=1, FALSE))*
($A$18:$A$23=G22), $C$18:$C$23))

- 최종적으로 조건이 두 개(K가 포함된, 부서별)인 국어의 평균을 구하는 문제입니다.

=AVERAGE(IF((조건)*(조건), 평균 구할 범위))
=AVERAGE(IF((K가 포함된)*(부서별), 국어))
=AVERAGE(IF((IFERROR(K를 찾기만 한다면 TRUE, FALSE))*(부서별), $C$18:$C$23))
=AVERAGE(IF((IFERROR(FIND("K",$B$18:$B$23)>=1, FALSE))*($A$18:$A$23=G22), $C$18:$C$23))

 정답

	A	B	C	D	E	F	G	H	I
1	<매출관리표>								
2	분류	10월	11월	12월		[표13]	21. 분류별 각 월에 해당하는 최소값		
3	백화점식품	50000	2000	200			10월	11월	12월
4	편의점식품	10000	1000	100		백화점식품	50000	2000	200
5	백화점식품	70000	2000	1000		편의점식품	2000	100	100
6	마트식품	30000	1000	300		마트식품	1000	400	200
7	마트식품	12000	30000	200					
8	편의점식품	10000	20000	100		[표14]	22. 분류별 개수		
9	마트식품	5000	10000	300			분류	개수	
10	편의점식품	3000	10000	3200			백화점	2	
11	마트식품	1000	10000	10000			편의점	5	
12	편의점식품	2000	300	1000			마트	5	
13	마트식품	10000	400	12000					
14	편의점식품	20000	100	1000		[표15]	23. 번호별 개수		
15							번호	개수	
16	<점수표>						1	1	
17	부서	번호	국어	수학	사회		2	0	
18	판매부	1A	90	60	100		3	2	
19	기획부	2K	20	20	20				
20	판매부	1K	30	80	80	[표16]	24. K가 포함된 부서별 국어 평균		
21	기획부	3A	100	100	100		부서	평균	
22	판매부	3K	100	90	70		판매부	65	
23	기획부	4K	50	100	60		기획부	35	

21. =INDEX(B$3:B$14, MATCH(MIN(
   IF($A$3:$A$14=$F4, B$3:B$14)),
   IF($A$3:$A$14=$F4, B$3:B$14), 0), 1)
22. =COUNT(IF(LEFT($A$3:$A$14,LEN(F10))=F10, 1))
23. =SUM(IF((LEFT($B$18:$B$23,1)*1=G16)*
   (($C$18:$C$23 + $D$18:$D$23 + $E$18:$E$23) / 3 >=70), 1))
24. =AVERAGE(IF((IFERROR(FIND("K",$B$18:$B$23)>=1,FALSE))*
   ($A$18:$A$23=G22), $C$18:$C$23))

문제 유형 4 '배열수식4' 워크시트에서 작업하시오.

㉕ <사원점수표>를 이용하여 [표17]의 [B15:B17] 영역에 부서별, 직급이 '사원'이거나 '대리'인 전체 평균을 계산하여 표시하시오.
   ▶ 사원점수표 [A2:G11]를 참조하여 계산
   ▶ 전체 평균은 사원점수표의 실적점수, 연수점수, 근태점수를 대상으로 할 것
   ▶ AVERAGE, IF 함수를 이용한 배열 수식 사용

㉖ <사원점수표>를 이용하여 [표18]의 [B21:B23] 영역에 부서별 야근인 직원의 최대실적점수를 계산하여 표시하시오.
- ▶ 사원점수표 [A2:G11]를 참조하여 계산
- ▶ 전월야근유무에서 '야근'이 없을 경우 0으로 표시
- ▶ IF, ISERROR, LARGE 함수를 이용한 배열 수식 사용

㉗ <사원점수표>를 이용하여 [표19]의 [F20:H23] 영역에 해당 빈도수를 계산하고 ★로 반복하여 표시하시오.
- ▶ 사원점수표 [A2:G11]를 참조하여 계산
- ▶ FREQUENCY, REPT 함수를 이용한 배열 수식 사용

따라하기 ㉕

① [B15] 셀을 선택한 후 [수식 입력줄]에 커서를 이동합니다.

② 수식을 작성한 후 Enter 나 Ctrl + Shift + Enter 를 누릅니다.

③ [B15] 셀의 채우기 핸들을 [B17] 셀까지 드래그하여 수식을 복사합니다.

B15 : {=AVERAGE(IF(($B$3:$B$11=A15)* (($C$3:$C$11="사원")+($C$3:$C$11="대리")), $D$3:$F$11))}

[표17] 25. 직급이 사원 이거나 대리인 전체 평균
부서	평균
판매부	91.1666667
기획부	
지원부	

**=AVERAGE(IF(($B$3:$B$11=A15)*
(($C$3:$C$11="사원")+($C$3:$C$11="대리")), $D$3:$F$11))**

- 최종적으로 '부서별*(직급이 사원 + 직급이 대리)'인 전체 평균을 구하는 문제입니다.

=AVERAGE(IF((부서별)*((직급="사원")+(직급="대리")), 전체 평균))
=AVERAGE(IF(($B$3:$B$11=A15)*(($C$3:$C$11="사원")+($C$3:$C$11="대리")), $D$3:$F$11))

따라하기 ㉖

① [B21] 셀을 선택한 후 [수식 입력줄]에 커서를 이동합니다.

② 수식을 작성한 후 Enter 나 Ctrl + Shift + Enter 를 누릅니다.

③ [B21] 셀의 채우기 핸들을 [B23] 셀까지 드래그하여 수식을 복사합니다.

B21 : {=IF(ISERROR(
LARGE(IF(($B$3:$B$11=A21)*($G$3:$G$11="야근"), $D$3:$D$11), 1)), 0,
LARGE(IF(($B$3:$B$11=A21)*($G$3:$G$11="야근"), $D$3:$D$11), 1))}

[표18] 26. 부서별 야근인 사원의 최대실적점수
부서	최대실적점수			빈도	실적점수	연수점수	근태점수
판매부				70			
기획부				80			
지원부				90			
				100			

주희쌤 Tip

고급필터2 시트에서 배웠던 부분입니다.
하나의 필드에 조건이 두 개 있는 경우 분배법칙이 성립되도록 해야 합니다.
A×(B+C) = (A×B)+(A×C)

주희쌤 Tip

=AVERAGE(IF((B3:B11=A15)*
((C3:C11="사원")+(C3:C11=
"대리")), D3:F11))는 아래와 같
이 계산됩니다.

=AVERAGE(IF((B3=A15)*
((C3="사원")+(C3="대리")),
D3:F3))
=AVERAGE(IF((B4=A15)*
((C4="사원")+(C4="대리")),
D4:F4))
...
=AVERAGE(IF((B11=A15)*
((C11="사원")+(C11="대리")),
D11:F11))

주희쌤 Tip

함수 27번에서 배웠던 부분 입니다.

ISERROR(value)

value가 오류이면 TRUE, 아니라면 FALSE

예

	A	B
1	데이터	#N/A
2		
3	수식	=IF(ISERROR(B1), "에러", "")
4	결과	에러

↑ [B1] 셀 값이 오류이면 IF 함수의 value_if_true인 '에러'를 반환

주희쌤 Tip

=LARGE(IF((부서별)*(야근), 실적점수), 1)
↑ 야근이 없을 경우 오류

=IF(ISERROR(★), 0, ★)
: ★이 오류가 나면 0을 반환, 오류가 나지 않으면 ★을 계산한 그대로 반환

주희쌤 Tip

FREQUENCY(data_array, bins_array)
data_array에서 bins_array 값 이하인 빈도수

예)

	A	B	C	D
1	[D4:D6] 영역 수식		=FREQUENCY (A4:A11, C4:C6)	
2				
3	data_array		bins_array	결과
4	3		10	3
5	8		20	3
6	10		30	2
7	12			
8	17			
9	19			
10	22			
11	25			

FREQUENCY 함수는 계산될 영역을 블록으로 지정한 후 수식을 작성해야 합니다.
① [D4:D6] 영역을 블록으로 지정한 후 수식을 작성
② Ctrl + Shift + Enter

=FREQUENCY(A4:A11, {10;20;30})
[A4:A11]에서 10 이하인 빈도수
[A4:A11]에서 20 이하인 빈도수
[A4:A11]에서 30 이하인 빈도수

주희쌤 Tip

[F20:F23] 영역은 실적점수([D3:D11])의 빈도수, [G20:G23] 영역은 연수점수([E3:E11])의 빈도수, [H20:H23] 영역은 근태점수([F3:F11])의 빈도수가 계산되어야 합니다.
오른쪽으로 수식을 복사하면 참조되는 셀도 오른쪽으로만 (열만) 이동하기 때문에 data_array는 행 고정을 할 필요가 없습니다. 행 고정을 해도 결과가 같으므로 정답 처리되나 굳이 하지 않겠습니다.

=IF(ISERROR(
LARGE(IF(($B$3:$B$11=A21)*($G$3:$G$11="야근"), $D$3:$D$11), 1)), 0,
LARGE(IF(($B$3:$B$11=A21)*($G$3:$G$11="야근"), $D$3:$D$11), 1))

- 최종적으로 조건이 두 개(부서별, 야근)인 최대실적점수인데 오류가 날 경우 0을 반환, 오류가 나지 않을 경우 조건에 해당하는 최대실적점수를 그대로 반환하는 문제입니다.

=IF(ISERROR(조건에 해당하는 최대실적점수), 0, 조건에 해당하는 최대실적점수)
=IF(ISERROR(LARGE(IF((조건)*(조건), k번째로 큰 수를 구할 범위), k)), 0, 조건에 해당하는 최대실적점수)
=IF(ISERROR(LARGE(IF((부서별)*(야근), 실적점수), 1)), 0, 조건에 해당하는 최대실적점수)
=IF(ISERROR(LARGE(IF(($B$3:$B$11=A21)*($G$3:$G$11="야근"), $D$3:$D$11), 1)), 0, 조건에 해당하는 최대실적점수)
=IF(ISERROR(LARGE(IF(($B$3:$B$11=A21)*($G$3:$G$11="야근"), $D$3:$D$11), 1)), 0, LARGE(IF(($B$3:$B$11=A21)*($G$3:$G$11="야근"), $D$3:$D$11), 1))

=LARGE(IF((조건)*(조건), k번째 큰 수를 구할 범위), k)
위와 같이 입력 시 조건이 모두 만족되지 않을 경우 오류가 반환됩니다.

=LARGE((조건)*(조건)*k번째 큰 수를 구할 범위, k)
위와 같이 입력 시 조건이 모두 만족되지 않을 경우 0이 반환됩니다.

따라서
'=IF(ISERROR(LARGE(($B$3:$B$11=A21)*($G$3:$G$11="야근")*$D$3:$D$11, 1)), 0,
LARGE(($B$3:$B$11=A21)*($G$3:$G$11="야근")*$D$3:$D$11, 1))'을 입력해도 결과가 같습니다.

이유는 '=LARGE(($B$3:$B$11=A21)*($G$3:$G$11="야근")*$D$3:$D$11, 1)'의
결과가 0이라면 '=IF(ISERROR(0), 0, 0)'가 되고,
결과가 100이라면 '=IF(ISERROR(100), 0, 100)'가 되기 때문입니다.

따라하기 27

① [F20:F23] 영역을 선택한 후 [수식 입력줄]에 커서를 이동합니다.

② 수식을 작성한 후 Ctrl + Shift + Enter 를 누릅니다.

③ [F23] 셀의 채우기 핸들을 [H23] 셀까지 드래그하여 수식을 복사합니다.

F20		× ✓ fx	{=REPT("★", FREQUENCY(D3:D11, $E$20:$E$23))}

	A	B	C	D	E	F	G	H
18					[표19]	27. 각 빈도수		
19	[표18]	26. 부서별 야근인 사원의 최대실적점수			빈도	실적점수	연수점수	근태점수
20	부서	최대실적점수			70	★★★★★★		
21	판매부	0			80			
22	기획부	100			90	★	드래그	
23	지원부	60			100	★★		

=REPT("★", FREQUENCY(D3:D11, $E$20:$E$23))

- 최종적으로 각 점수별 빈도수만큼 ★을 반복하는 문제입니다.

=REPT("★", 빈도수)
=REPT("★", FREQUENCY(각 점수 영역, {70;80;90;100}))
=REPT("★", FREQUENCY(D3:D11, $E$20:$E$23))

정답

	A	B	C	D	E	F	G
1	<사원점수표>						
2	성명	부서	직급	실적점수	연수점수	근태점수	전월야근유무
3	이주희	판매부	부장	90	60	100	안함
4	홍길동	기획부	대리	20	20	20	안함
5	이순신	지원부	사원	30	80	80	야근
6	성춘향	판매부	사원	100	100	100	안함
7	김이쁨	기획부	대리	100	90	70	야근
8	최멋짐	지원부	부장	50	100	60	야근
9	이성공	판매부	사원	70	88	89	안함
10	최기쁨	기획부	대리	51	85	40	야근
11	유긍정	지원부	부장	60	60	61	야근
12							
13	[표17]		25. 직급이 사원 이거나 대리인 전체 평균				
14	부서	평균					
15	판매부	91.16666667					
16	기획부	55.11111111					
17	지원부	63.33333333					
18					[표19]		27. 각 빈도수
19	[표18]		26. 부서별 야근인 사원의 최대실적점수		빈도	실적점수	연수점수	근태점수
20	부서	최대실적점수			70	★★★★★★	★★★	★★★★★
21	판매부	0			80		★	★
22	기획부	100			90	★	★★★	★
23	지원부	60			100	★★	★★	★★

25. =AVERAGE(IF(($B$3:$B$11=A15)*
   (($C$3:$C$11="사원")+($C$3:$C$11="대리")), $D$3:$F$11))

26. =IF(ISERROR(
   LARGE(IF(($B$3:$B$11=A21)*($G$3:$G$11="야근"), $D$3:$D$11), 1)), 0,
   LARGE(IF(($B$3:$B$11=A21)*($G$3:$G$11="야근"), $D$3:$D$11), 1))

27. =REPT("★", FREQUENCY(D3:D11, $E$20:$E$23))

 숙제

01 '숙제1' 시트에서 다음의 지시사항에 따라 계산하시오.
① [표1]의 동-호수-대가족여부, 전기사용량을 이용하여 [표3]의 [H10:J10] 영역에 동별로 전기사용량이 전기사용량의 평균을 초과하는 전기사용량 합계와 동별로 전기사용량이 전기사용량의 평균을 초과하는 세대 수를 계산하여 표시하시오.
▶ 전기사용량의 합계가 1230이고, 세대 수가 4인 경우 표시 예 : 123(세대 수 : 4)
▶ CONCAT, SUM, LEFT, AVERAGE 함수를 이용한 배열 수식 사용

② [표1]의 동-호수-대가족여부를 이용하여 [표4]의 [I14:J16] 영역에 동별 대가족여부별 세대 수를 계산하여 표시하시오.
▶ COUNT, IF, FIND 함수를 이용한 배열 수식 사용

③ [표5]의 2024년 상반기, 2025년 상반기, 2024년 하반기, 2025년 하반기를 이용하여 [표5]의 [L20:M27] 영역에 2024년 합계와 2025년 합계를 계산하여 표시하시오.
▶ 2024년 합 = 2024년 상반기 + 2024년 하반기
▶ SUM, IF, MOD, COLUMN 함수를 이용한 배열 수식 사용

02 '숙제2' 시트에서 다음의 지시사항에 따라 계산하시오.
① [표1]의 사원번호, 성별, 생년월일을 이용하여 [표2]의 [M3:N6] 영역에 성별별 부서별 나이가 가장 많은 사람의 생년을 계산하여 표시하시오.
▶ 부서는 사원번호의 첫 글자를 의미
▶ 생년월일이 '1980년 3월 28일'이면 '1980년생'으로 표시
▶ TEXT, MIN, IF, LEFT 함수를 이용한 배열 수식 사용

② [표1]의 성별, 성과를 이용하여 [표3]의 [M10:O11] 영역에 성별별 성과급을 순위별로 표시하시오.
▶ INDEX, MATCH, LARGE 함수를 이용한 배열 수식 사용

숙제 정답 및 해설

01 '숙제1' 시트

▶ 결과

	A	B	C	D	E	F	G	H	I	J	K	L	M	N
1	[표1]							[표2]				<가구원수별 할인율>		
2		동-호수-대가족여부	가구원수	전기사용량	전력량요금	전기요금		전기사용량 구간		기본요금	요금단가	1 이상 3 미만	3 이상 5 미만	5 이상
3		A-101-해당없음	2	470	129,532	₩ 136,832		0kWh 이상	200kWh 이하	910	88.3	0%	10%	20%
4		A-302-해당없음	2	200	17,660	₩ 18,570		201kWh 이상	400kWh 이하	1600	182.9	0%	20%	25%
5		B-202-해당없음	3	373	68,222	₩ 56,177		401kWh 이상		7300	275.6	0%	20%	30%
6		B-402-해당없음	2	389	71,148	₩ 72,748								
7		C-102-대가족	5	464	127,878	₩ 96,815								
8		B-401-대가족	6	463	127,603	₩ 96,622		[표3] 동별 평균 초과 전기사용량						
9		A-301-대가족	5	334	61,089	₩ 47,416		A	B	C				
10		A-102-해당없음	1	199	17,572	₩ 18,482		919(세대 수 : 2)	2580(세대 수 : 6)	853(세대 수 : 2)				
11		C-302-대가족	6	389	71,148	₩ 54,961								
12		A-401-대가족	5	449	123,744	₩ 93,921		[표4] 동별 대가족여부별 세대 수						
13		B-101-해당없음	4	438	120,713	₩ 103,870			대가족	해당없음				
14		A-201-해당없음	2	294	53,773	₩ 55,373		A	2	6				
15		C-301-해당없음	2	221	40,421	₩ 42,021		B	1	7				
16		C-503-해당없음	1	242	44,262	₩ 45,862		C	3	6				
17		B-302-해당없음	3	330	60,357	₩ 49,886								
18		A-402-해당없음	2	334	61,089	₩ 62,689		[표5] 2024년 2025년 합계						
19		B-201-해당없음	2	454	125,122	₩ 132,422		2024년 상반기	2025년 상반기	2024년 하반기	2025년 하반기	2024년 합	2025년 합	
20		A-202-해당없음	3	276	50,480	₩ 41,984		1084	826	877	831	1961	1657	
21		B-301-해당없음	4	463	127,603	₩ 109,382		664	598	815	785	1479	1383	
22		C-201-해당없음	4	237	43,347	₩ 36,278		565	870	985	690	1550	1560	
23		B-102-해당없음	2	304	55,602	₩ 57,202		674	997	652	581	1326	1578	
24		C-402-대가족	5	229	41,884	₩ 33,013		917	582	877	751	1794	1333	
25		C-202-해당없음	3	311	56,882	₩ 47,106		935	772	883	1011	1818	1783	
26		C-401-해당없음	2	233	42,616	₩ 44,216		619	845	969	902	1588	1747	
27		C-101-해당없음	3	256	46,822	₩ 39,058		802	669	1121	994	1923	1663	

❶ 동별 평균 초과 전기사용량(H10:J10)

=CONCAT(SUM((LEFT($B$3:$B$27,1)=H9) * ($D$3:$D$27>AVERAGE($D$3:$D$27)) * $D$3:$D$27),"(세대 수 : ", SUM((LEFT($B$3:$B$27,1)=H9) * ($D$3:$D$27>AVERAGE($D$3:$D$27)) * 1), ")")

❷ 동별 대가족여부별 세대 수(I14:J16)

=COUNT(IF((FIND($H14, $B$3:$B$27, 1)>=1) * (FIND(I$13, $B$3:$B$27, 1)>=1), 1))

❸ 2024년 2025년 합계(L20:M27)

=SUM(IF(MOD(COLUMN(H20:K20),2)=0, $H20:$K20))

02 '숙제2' 시트

▶ 결과

	A	B	C	D	E	F	G	H	I	J	K	L	M	N	O
1		[표1]										[표2]			
2		사원번호	성별	생년월일	성과	급여	근태점수	연수점수	상위점수평균	작년도평가		부서	남	여	
3		A-1-2003	남	1980-03-28	3,230,000	2,646,000	91	91		45		A	1980년생	1980년생	
4		A-2-2010	여	1980-07-26	5,170,000	2,834,000	95	92	94	24		B	1976년생	1979년생	
5		A-2-2013	남	1983-05-01	4,550,000	2,710,000	80	89		39		C	1982년생	1980년생	
6		A-3-2016	여	1998-10-20	3,400,000	1,980,000	82	87		40		D	1990년생	1979년생	
7		A-3-2017	남	1981-11-22	3,152,000	1,930,400	87	88		49					
8		A-3-2020	여	1983-05-01	6,412,000	2,582,400	93	92		X		[표3] 성별별 순위별 성과급			
9		B-1-2005	남	1989-09-14	3,546,000	2,709,200	65	70		X		성별	1위	2위	3위
10		B-2-2011	여	1979-02-22	9,151,000	3,630,200	80	80		25		남	9,745,000	8,451,000	7,970,000
11		B-2-2015	남	1991-04-29	2,462,000	2,292,400	75	82		31		여	9,151,000	8,720,000	8,010,000
12		B-3-2020	여	1993-05-16	6,421,000	2,584,200	77	91		32					
13		B-3-2021	남	1984-04-11	9,745,000	3,249,000	88	92		33					
14		B-3-2022	여	1985-01-25	3,522,000	2,004,400	90	89		X					
15		B-3-2022	남	1976-08-21	1,262,000	1,552,400	95	87		30					
16		C-1-2006	여	1980-05-09	2,640,000	2,528,000	91	90		35					
17		C-2-2013	남	1986-09-25	6,465,000	3,093,000	92	77		40					
18		C-3-2015	여	1982-04-16	3,552,000	2,010,400	89	75		41					
19		C-3-2017	남	1985-01-16	8,451,000	2,990,200	87	88		29					
20		C-3-2017	여	1982-03-13	8,720,000	3,044,000	88	90		30					
21		C-3-2017	남	1982-03-01	7,970,000	2,894,000	95	95	95	32					
22		D-1-2019	여	1979-07-10	6,500,000	3,300,000	90	82		X					
23		D-2-2020	남	1990-02-28	1,326,000	2,065,200	87	87		33					
24		D-3-2020	여	1990-02-11	8,010,000	2,902,000	90	60		32					
25		D-3-2020	남	1990-02-18	7,020,000	2,704,000	77	91		45					
26		D-3-2021	여	1990-07-29	6,401,000	2,580,200	96	92	94	46					

❶ 성별별 부서별 가장 빠른 생년(M3:N6)

=TEXT(MIN(IF((LEFT($B$3:$B$26,1)=$L3)*($C$3:$C$26
=M$2), $D$3:$D$26)), "yyyy년생")

❷ 성별별 순위별 성과급(M10:O11)

방법1. 레거시 배열 수식 : [M10:O10] 영역을 선택한 후 수식을 작성하고 [Ctrl] + [Shift] + [Enter]

방법2. 분산 배열 수식 : [M10] 셀을 선택한 후 수식을 작성하고 [Enter]

=INDEX($E$3:$E$26, MATCH(LARGE(($C$3:$C$26=
$L10)*$E$3:$E$26, {1,2,3}), ($C$3:$C$26=$L10)*$E$3:$E$26,
0), 1)

관련 필기 문제

01. 아래 워크시트에서 판매금액이 500,000 이상인 제품 수를 구하는 배열 수식으로 옳은 것은? (단, 판매금액은 단가*수량으로 계산)   22년 상시 출제

	A	B	C
1	제품코드	단가	수량
2	A	16000	20
3	B	25000	32
4	C	9000	19
5	D	51000	15

① {=COUNT((B2:B5*C2:C5>=500000)*1)}
② {=COUNT((B2:C2*B2:C2>=500000)*1)}
③ {=SUM((B2:C2*B2:C2>=500000)*1)}
④ {=SUM((B2:B5*C2:C5>=500000)*1)}

02. 아래 워크시트에서 일자[A2:A7], 제품명[B2:B7], 수량[C2:C7], [A9:C13] 영역을 이용하여 금액[D2:D7]을 배열 수식으로 계산하고자 한다. 다음 중 [D2] 셀에 입력된 수식으로 옳은 것은?(단, 금액은 단가*수량으로 계산하며, 단가는 [A9:C13] 영역을 참조하여 구함)   17년 2회 출제

	A	B	C	D
1	일자	제품명	수량	금액
2	10월 03일	허브차	35	52,500
3	10월 05일	아로마비누	90	270,000
4	10월 05일	허브차	15	22,500
5	11월 01일	아로마비누	20	80,000
6	11월 20일	허브차	80	160,000
7	11월 30일	허브차	90	180,000
8				
9	제품명	월	단가	
10	허브차	10	1,500	
11	허브차	11	2,000	
12	아로마비누	10	3,000	
13	아로마비누	11	4,000	

① {=INDEX($C$10:$C$13, MATCH(MONTH(A2)&B2, $B$10:$B$13&$A$10:$A$13,0))*C2}
② {=INDEX($C$10:$C$13, MATCH(MONTH(A2)&B2, $A$10:$A$13,$A$10:$A$13,0))*C2}
③ {=INDEX($C$10:$C$13, MATCH(MONTH(A2),B2, $B$10:$B$13&$A$10:$A$13,0))*C2}
④ {=INDEX($C$10:$C$13, MATCH(MONTH(A2),B2, $A$10:$A$13&$B$10:$B$13,0))*C2}

03. 아래 시트에서 각 부서마다 직위별로 종합점수의 합계를 구하려고 한다. 다음 중 [B17] 셀에 입력된 수식으로 옳은 것은?   20년 2회 출제

	A	B	C	D	E
1	부서명	직위	업무평가	구술평가	종합점수
2	영업부	사원	35	30	65
3	총무부	대리	38	33	71
4	총무부	과장	45	36	81
5	총무부	대리	35	40	75
6	영업부	과장	46	39	85
7	홍보부	과장	30	37	67
8	홍보부	부장	41	38	79
9	총무부	사원	33	29	62
10	영업부	대리	36	34	70
11	홍보부	대리	27	36	63
12	영업부	과장	42	39	81
13	영업부	부장	40	39	79
14					
16	부서명	부장	과장	대리	
17	영업부				
18	총무부				
19	홍보부				

① {=SUMIFS($E$2:$E$13, $A$2:$A$13, $A$17, $B$2:$B$13, $B$16)}
② {=SUM(($A$2:$A$13=A17) * ($B$2:$B$13=B16) * $E$2:$E$13)}
③ {=SUM(($A$2:$A$13=$A17) * ($B$2:$B$13=B$16) * $E$2:$E$13)}
④ {=SUM(($A$2:$A$13=A17) * ($B$2:$B$13=$B16) * $E$2:$E$13)}

정답 01. ④ | 02. ① | 03. ③

관련 필기 문제

04. 아래 시트에서 국적별 영화 장르의 편수를 계산하기 위해 [B12] 셀에 작성해야 할 배열 수식으로 옳지 않은 것은?
20년 1회 출제

	A	B	C	D	E
1	No.	영화명	관객수	국적	장르
2	1	럭키	66,982	한국	코미디
3	2	허드슨강의 기적	33,317	미국	드라마
4	3	그물	9,103	한국	드라마
5	4	프리즘슈투어즈	2,778	한국	애니메이션
6	5	드림 쏭	1,729	미국	애니메이션
7	6	춘몽	382	한국	드라마
8	7	파수꾼	106	한국	드라마
9	8	벌은내	99	한국	드라마
10					
11		코미디	드라마	애니메이션	
12	한국	1	4	1	
13	미국	0	1	1	

① {=SUM(($D$2:$D$9=$A12) * ($E$2:$E$9 =B$11))}
② {=SUM(IF($D$2:$D$9=$A12, IF($E$2: $E$9=B$11, 1)))}
③ {=COUNT(($D$2:$D$9=$A12) * ($E$2: $E$9=B$11))}
④ {=COUNT(IF(($D$2:$D$9=$A12) * ($E$2: $E$9=B$11), 1))}

05. 아래 워크시트의 [C3:C15] 영역을 이용하여 출신지역별로 인원수를 [G3:G7] 영역에 계산하려고 한다. 다음 중 [G3] 셀에 수식을 작성한 뒤 채우기 핸들을 사용하여 [G7] 셀까지 수식 복사를 할 경우 [G3] 셀에 입력할 수식으로 옳은 것은?
18년 2회 출제

	A	B	C	D	E	F	G
1							
2		성명	출신지역	나이			인원
3		김광철	서울	32		서울 지역	3
4		김다나	경기	35		경기 지역	2
5		고준영	서울	36		호남 지역	3
6		성영주	호남	38		영남 지역	3
7		김철수	경기	38		제주 지역	2
8		정석중	호남	42			
9		이진주	영남	44			
10		박성수	제주	45			
11		최미나	영남	48			
12		강희수	제주	50			
13		조광식	서울	52			
14		원준배	호남	52			
15		지민주	영남	54			

① =SUM(IF($C$3:$C$15=RIGHT(F3,2),1,0))
② {=SUM(IF($C$3:$C$15=LEFT(F3,2),1,0))}
③ =SUM(IF($C$3:$C$15=RIGHT(F3,2),1,1))
④ {=SUM(IF($C$3:$C$15=LEFT(F3,2),1,1))}

06. 아래 워크시트에서 순위[G2:G10]는 총점을 기준으로 구하되 동점자에 대해서는 국어를 기준으로 순위를 구하였다. 다음 중 [G2] 셀에 입력된 수식으로 옳은 것은?
19년 2회 출제

	A	B	C	D	E	F	G
1	성명	국어	수학	영어	사회	총점	순위
2	홍길동	92	50	30	10	182	5
3	한민국	80	50	20	30	180	1
4	이대한	90	40	20	30	180	2
5	이나래	70	50	30	30	180	4
6	마상욱	80	50	30	10	170	7
7	박정인	90	40	20	20	170	6
8	사수영	70	40	30	30	170	8
9	고소영	85	40	30	20	175	5
10	장영수	70	50	10	5	135	9

① {=RANK.EQ($F2,$F$2:$F$10) + RANK. EQ($B$2,$B$2:$B$10) }
② {=RANK.EQ($B$2,$B$2:$B$10) * RANK. EQ($F2,$F$2:$F$10) }
③ {=RANK.EQ($F2,$F$2:$F$10) + SUM (($F$2:$F$10=$F2) * ($B$2:$B$10 > $B2)) }
④ {=SUM(($F$2:$F$10=$F2) * ($B$2:$B $10 > $B2)) * RANK.EQ($F2, $F$2:$F $10) }

07. 아래의 워크시트와 같이 데이터가 입력되도록 [A1:C3] 영역을 선택하여 2차원 배열 상수를 작성하고자 한다. 다음 중 이를 위한 배열 수식으로 옳은 것은?
15년 3회 출제

	A	B	C
1	1	2	3
2	10	20	30
3	100	200	300

① ={1,2,3;10,20,30;100,200,300}
② ={1,2,3,10,20,30,100,200,300}
③ ={1;2;3;10;20;30;100;200;300}
④ ={1;2;3,10;20;30,100;200;300}

08. 다음 중 아래 시트에서 자격증 응시자에 대한 과목별 평균을 구하려고 할 때, [C11] 셀에 입력해야 할 배열 수식으로 옳은 것은?
16년 2회 출제

	A	B	C
1	자격증 응시 결과		
2	응시자	과목	점수
3	강선미	1과목	80
4		2과목	86
5	이수진	1과목	90
6		2과목	80
7	김예린	1과목	78
8		2과목	88
9			
10		과목	평균
11		1과목	
12		2과목	

① {=AVERAGE(IF(MOD(ROW(C3:C8),2)=0, C3:C8)) }
② {=AVERAGE(IF(MOD(ROW(C3:C8),2)=1,C 3:C8)) }
③ {=AVERAGE(IF(MOD(ROWS(C3:C8),2)=0 ,C3:C8)) }
④ {=AVERAGE(IF(MOD(ROWS(C3:C8),2)=1, C3:C8)) }

09. 아래 워크시트에서 자격증 응시자에 대한 과목별 점수의 합계를 배열 수식으로 구하였다. 다음 중 [C10] 셀에 입력된 배열 수식으로 옳은 것은?
14년 3회 출제

	A	B	C
1	응시자	과목	점수
2	김영호	1과목	60
3		2과목	85
4	강미진	1과목	90
5		2과목	75
6	최수영	1과목	80
7		2과목	95
8			
9		과목	합계
10		1과목	230
11		2과목	255

① {=SUM(IF($B$2:$B$7=B10,$C$2:$C$7)) }
② {=SUM(IF(MOD(ROW($C$2:$C$7),2)=1,$ C$2:$C$7)) }
③ {=SUM(IF(C2:C7, B2:B7=B10)) }
④ {=SUM(IF(MOD(ROWS(C2:C7),2)=0,C2:C 7)) }

정답 04.③ | 05.② | 06.③ | 07.① | 08.② | 09.①

CHAPTER 04

데이터 관리 및 분석

- Section 01 텍스트 나누기
- Section 02 중복된 항목 제거
- Section 03 데이터 유효성 검사
- Section 04 정렬 및 부분합
- Section 05 데이터 표
- Section 06 시나리오
- Section 07 목표값 찾기
- Section 08 데이터 통합

SECTION 01

텍스트 나누기

- 텍스트 나누기는 하나 이상의 셀에 있는 텍스트를 여러 셀로 나눠 표시하는 도구입니다. 텍스트 나누기 마법사를 사용해 하나의 열에 있는 텍스트를 여러 열로 나눠 표시해 보도록 하겠습니다.

- 준비파일 : 컴활1급 \ 엑셀 \ 1급엑셀(예제) \ 4장_01. 텍스트 나누기.xlsx

> **주희쌤 Tip**
> 주희쌤 Tip은 꼼꼼히 모두 보세요.

> **주희쌤 Tip**
> 텍스트 나누기의 경우 출제된다면 10점짜리 1문제에 포함되어 출제됩니다. 반드시 맞혀야만 합격을 확보할 수 있는 문제에 포함되므로 단독으로 출제되지 않는다고 해서 그냥 지나쳐서는 안 됩니다.

문제를 풀기 위하여 꼭 알아둬야 할 텍스트 나누기 특징

1. 나누려는 텍스트가 포함된 셀 또는 열을 선택
2. [데이터] 탭-[데이터 도구] 그룹-[텍스트 나누기]
3. 고정 너비로 나눌지 특정 문자를 기준으로 나눌지 1단계에서 선택

문제 유형 1 · '텍스트나누기1' 워크시트에서 작업하시오.

❶ [A2:A9] 영역의 데이터를 [텍스트 나누기] 기능을 이용하여 성, 이름, 나이 열로 나누시오.
- ▶ '이주희17'에서 성은 '이', 이름은 '주희', 나이는 '17'을 의미함
- ▶ 분할 데이터는 [C2] 셀부터 표시

따라하기 1

① [A2:A9] 영역을 드래그하여 선택한 후 [데이터] 탭-[데이터 도구] 그룹-[텍스트 나누기]를 클릭합니다.

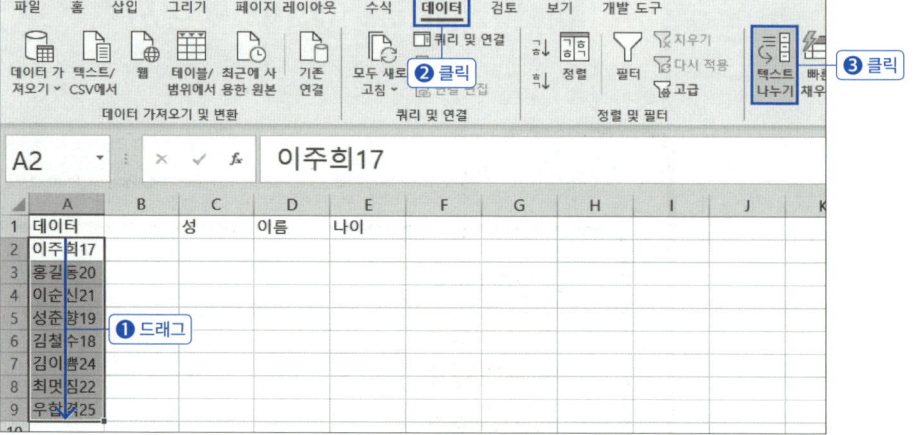

② [텍스트 마법사 - 3단계 중 1단계] 대화상자가 나타나면 고정 너비로 나누기 위해 '너비가 일정함'을 선택한 후 [다음] 단추를 클릭합니다.

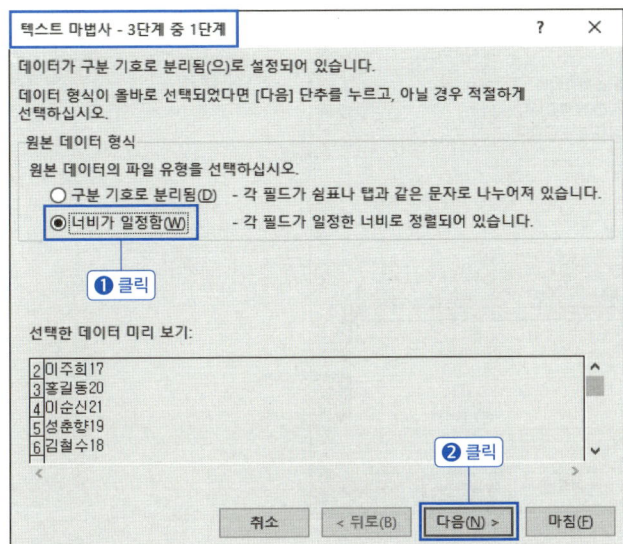

③ [텍스트 마법사 - 3단계 중 2단계]로 이동되면 [데이터 미리 보기]에서 성과 이름 사이를 클릭해 구분선을 생성합니다.

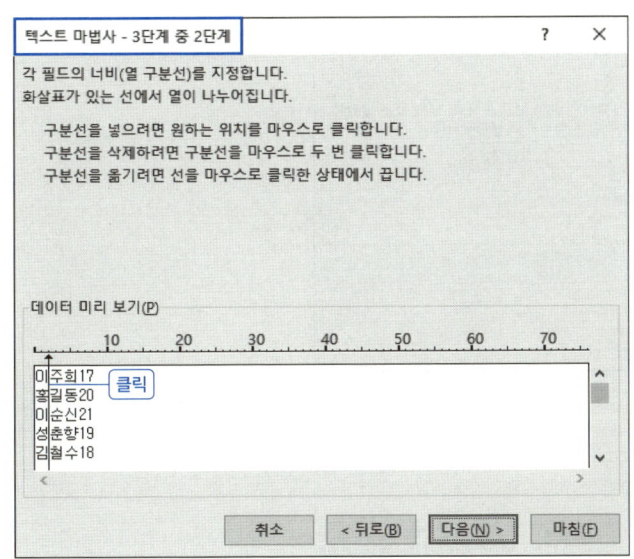

주희쌤Tip

구분선을 넣으려면 원하는 위치에 클릭하고, 삭제하려면 구분선을 더블클릭하고, 이동하려면 구분선을 드래그합니다.

④ 이어서 이름과 나이 사이를 클릭해 구분선을 생성한 후 [다음] 단추를 클릭합니다.

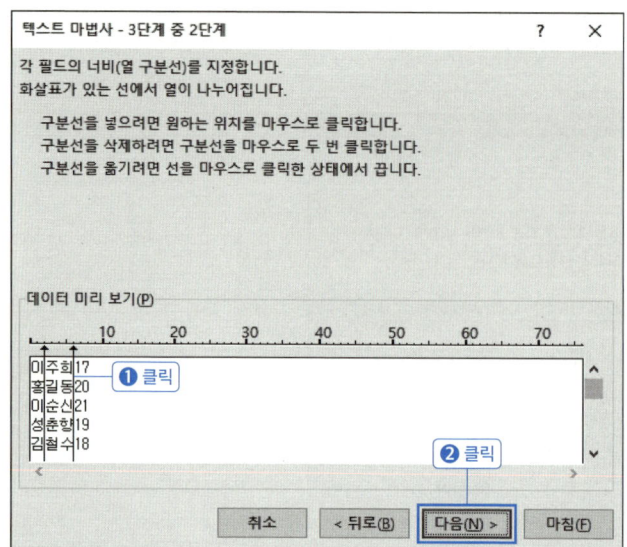

> **주희쌤 Tip**
> 컴활의 모든 문제는 문제에 지시된 사항을 지켜 결과가 나오게 하고, 문제에 지시되지 않은 사항은 기본 설정 그대로 두어야 합니다.

⑤ [텍스트 마법사 - 3단계 중 3단계]로 이동되면 '대상'에 [C2] 셀을 지정한 후 [마침] 단추를 클릭합니다.

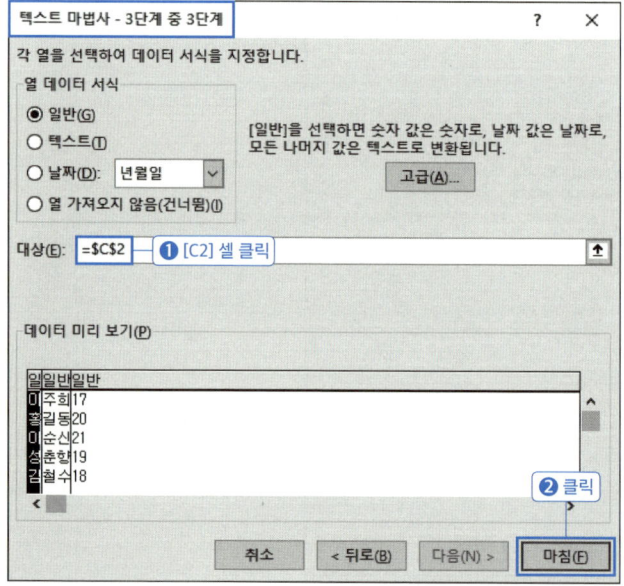

> **문제 유형 2** '텍스트나누기2' 워크시트에서 작업하시오.

> ② [A1:A12] 영역의 데이터에 텍스트 나누기를 실행하시오.
> ▶ 데이터는 '#'으로 구분되어 있음
> ▶ 전화번호 데이터는 텍스트 서식으로 지정

 따라하기 ②

① [A1:A12] 영역을 드래그하여 선택한 후 [데이터] 탭-[데이터 도구] 그룹-[텍스트 나누기]를 클릭합니다.

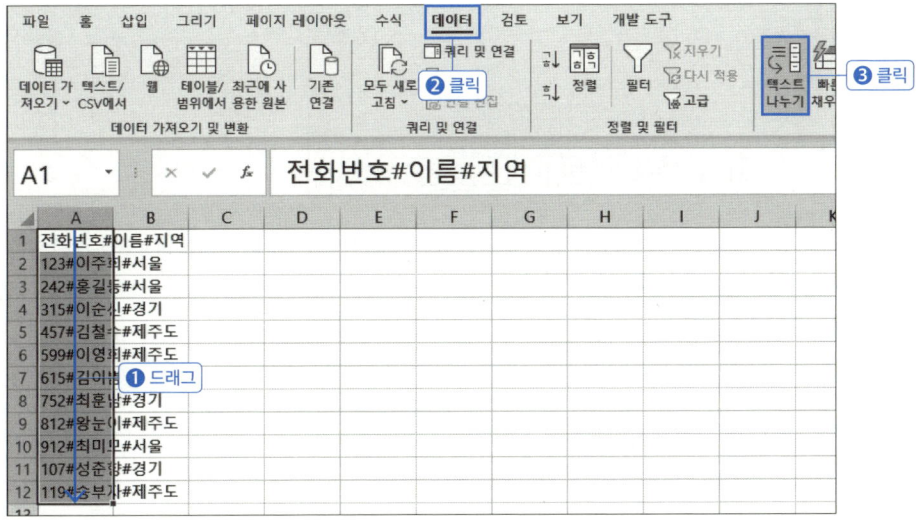

> **주희쌤Tip**
>
> 텍스트 나누기는 한 번에 한 열만 변경할 수 있습니다. 즉, 행은 여러 개가 있어도 되지만 열은 하나여야 합니다.

② [텍스트 마법사 - 3단계 중 1단계] 대화상자가 나타나면 특정 문자를 기준으로 열을 분리하기 위해 '구분 기호로 분리됨'을 선택한 후 [다음] 단추를 클릭합니다.

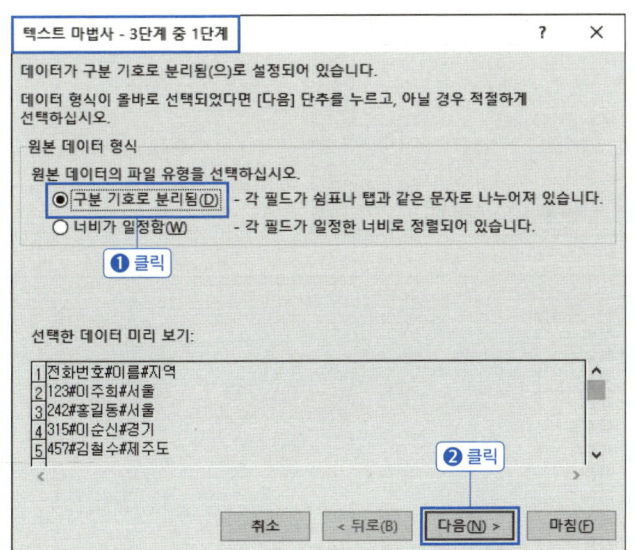

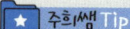

주희쌤 Tip

'탭' 확인란은 선택을 취소해도, 취소하지 않아도 됩니다. 결과가 같으니까요.

③ [텍스트 마법사 - 3단계 중 2단계]로 이동되면 [구분 기호]에서 '기타' 확인란을 선택한 후 입력란에 '#'을 입력하고 [다음] 단추를 클릭합니다.

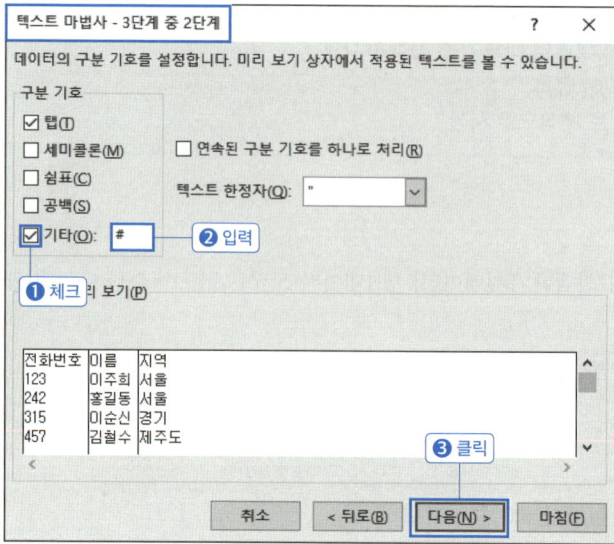

④ [텍스트 마법사 - 3단계 중 3단계]로 이동되면 [데이터 미리 보기]에서 '전화번호' 열을 선택한 후 [열 데이터 서식]에서 '텍스트'를 선택하고 [마침] 단추를 클릭합니다.

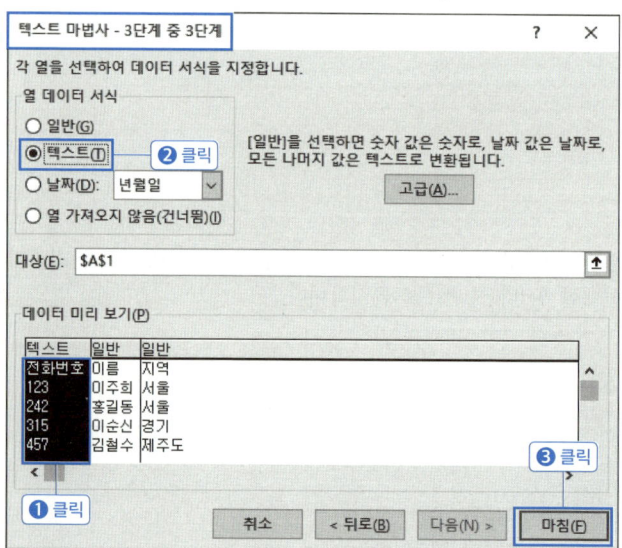

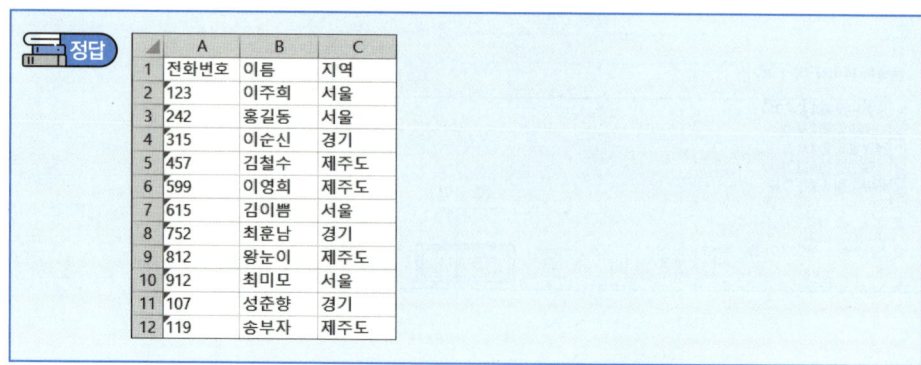

숙제

01 '숙제1', '숙제2' 시트에서 다음의 지시사항을 처리하시오.
▶ '숙제1' 시트의 [A2:A8] 영역과 '숙제2' 시트의 [A2:A14] 영역에서 쉼표로 텍스트를 나누시오.

숙제 정답 및 해설

01 '숙제1', '숙제2' 시트

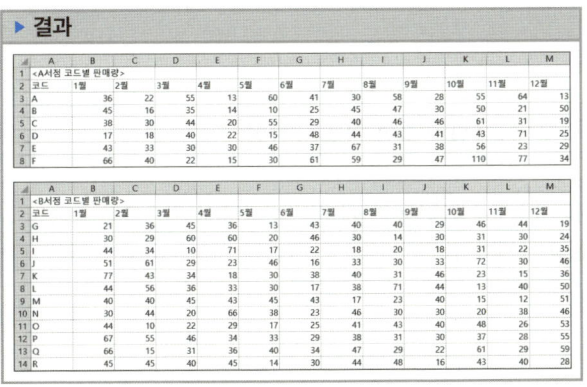

① '숙제1' 시트에서 [A2:A8] 영역을 드래그하여 선택한 후 [데이터] 탭-[데이터 도구] 그룹-[텍스트 나누기]를 클릭합니다.
② [텍스트 마법사 - 3단계 중 1단계] 대화상자가 나타나면 특정 문자를 기준으로 열을 분리하기 위해 '구분 기호로 분리됨'을 선택한 후 [다음] 단추를 클릭합니다.
③ [텍스트 마법사 - 3단계 중 2단계]로 이동되면 [구분 기호]에서 '쉼표' 확인란을 선택한 후 [다음] 단추를 클릭합니다.
④ [텍스트 마법사 - 3단계 중 3단계]로 이동되면 설정할 사항이 없으므로 기본 설정 그대로 [마침] 단추를 클릭합니다.
⑤ '숙제2' 시트에서 [A2:A14] 영역을 선택한 후 같은 방법으로 쉼표를 이용해 텍스트 나누기합니다.

관련 필기 문제

01. 다음 중 아래와 같이 왼쪽 그림의 [B2:B5] 영역에 [텍스트 나누기]를 실행하여 오른쪽 그림과 같이 소속이 분리되도록 실행하는 과정으로 옳지 않은 것은? *19년 2회 출제*

	A	B
1	성명	소속
2	여종택	교통시설과
3	장성태	교통행정과
4	곽배동	교통환경과
5	박난초	교통환경과

→

	A	B	C
1	성명	소속	
2	여종택	교통	시설과
3	장성태	교통	행정과
4	곽배동	교통	환경과
5	박난초	교통	환경과

텍스트 마법사 - 3단계 중 1단계
데이터가 구분 기호로 분리됨(으)로 설정되어 있습니다.
데이터 형식이 올바로 선택되었다면 [다음] 단추를 누르고, 아닐 경우 적절하게 선택하십시오.
원본 데이터 형식
원본 데이터의 파일 유형을 선택하십시오.
○ 구분 기호로 분리됨(D) - 각 필드가 쉼표나 탭과 같은 문자로 나누어져 있습니다.
◉ 너비가 일정함(W) - 각 필드가 일정한 너비로 정렬되어 있습니다.

① 텍스트 마법사 2단계의 데이터 미리 보기에서 분할하려는 위치를 클릭하여 구분선을 넣는다.
② 분할하려는 행과 열에 삽입 가능한 구분선의 개수에는 제한이 없다.
③ 구분선을 삭제하려면 구분선을 마우스로 두 번 클릭한다.
④ 구분선을 옮기려면 선을 마우스로 클릭한 상태에서 드래그한다.

02. 아래 시트와 같이 [A1:A4] 영역의 텍스트를 [C1:D4] 영역으로 나누기를 실행하려고 한다. 다음 중 텍스트 나누기를 실행하기 위한 작업 과정으로 옳지 않은 것은? *12년 3회 출제*

	A	B	C	D
1	황영순		황	영순
2	조자룡		조	자룡
3	구재석		구	재석
4	최영희		최	영희

① 텍스트 마법사 3단계 중 1단계에서 '너비가 일정함'을 선택한다.
② 텍스트 마법사 3단계 중 2단계에서 '구분 기호' 중 '탭'을 선택한다.
③ 필드의 너비(열 구분선)을 지정하기 위해 첫 글자 다음 위치에 마우스로 클릭한다.
④ 텍스트 마법사 3단계 중 3단계에서 '대상'을 '=$C$1'로 한다.

정답 01. ② | 02. ②

SECTION 02

중복된 항목 제거

- 중복된 항목 제거는 중복된 행을 삭제하는 도구로 중복된 정보가 있는지 확인해야 하는 열을 선택해 중복된 값이 입력된 셀을 포함하는 행을 삭제해보도록 하겠습니다.
- **준비파일** : 컴활1급 \ 엑셀 \ 1급엑셀(예제) \ 4장_02. 중복된 항목 제거.xlsx

주희쌤 Tip

주희쌤 Tip은 꼼꼼히 모두 보세요.

주희쌤 Tip

중복된 항목 제거의 경우 출제된다면 10점짜리 1문제에 포함되어 출제됩니다. 반드시 맞혀야만 합격을 확보할 수 있는 문제에 포함되므로 단독으로 출제되지 않는다고 해서 그냥 지나쳐서는 안 됩니다.

문제를 풀기 위하여 꼭 알아둬야 할 중복된 항목 제거 특징

1. 목록 범위 안에 셀 포인터가 위치한 상태에서 [데이터] 탭-[데이터 도구] 그룹-[중복된 항목 제거]
2. 중복 값이 있는 열을 선택하거나 선택을 취소

문제 유형 1 ' 중복된항목제거' 워크시트에서 작업하시오.

① [표1]에서 중복된 항목 제거 데이터 도구를 이용해 '사번', '성명' 열을 기준으로 중복된 값이 입력된 셀을 포함하는 행을 삭제하시오.

따라하기 ①

① [A2:G17] 영역의 임의의 셀을 클릭한 후 [데이터] 탭-[데이터 도구] 그룹-[중복된 항목 제거]를 클릭합니다.

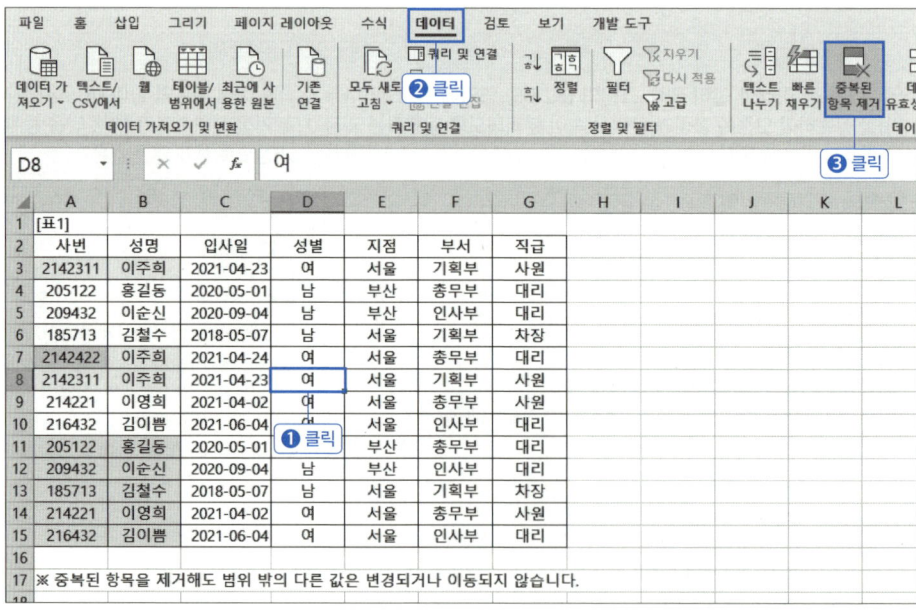

② [중복 값 제거] 대화상자가 나타나면 [모두 선택 취소] 단추를 클릭한 후 '사번'과 '성명' 확인란을 선택하고 [확인] 단추를 클릭합니다.

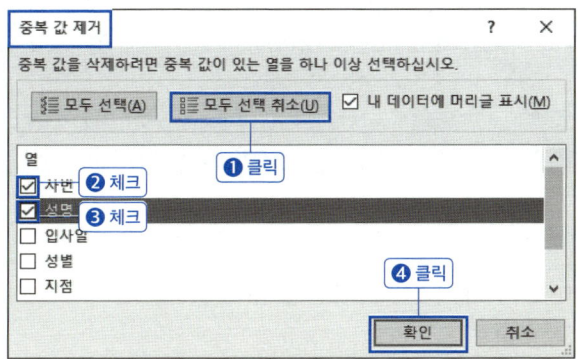

③ 6개의 중복된 행이 제거되었고, 7개의 고유한 행이 남아있다는 메시지가 표시되면 [확인] 단추를 클릭합니다.

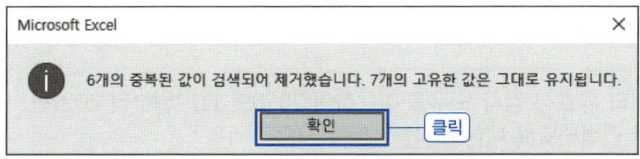

관련 필기 문제

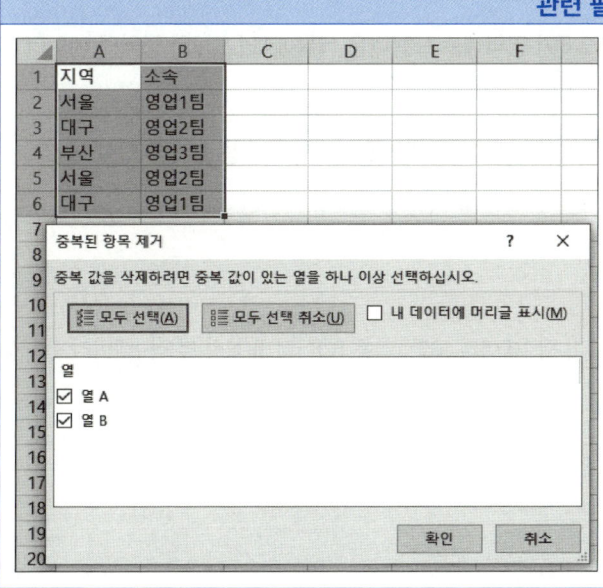

01. 다음 중 아래 워크시트에서의 [중복된 항목 제거] 기능에 대한 설명으로 옳지 않은 것은?   17년 2회 출제

① [중복된 항목 제거]를 실행하면 동일한 데이터의 첫 번째 레코드를 제외한 나머지 레코드가 삭제된다.
② [중복된 항목 제거] 대화상자에서 [내 데이터에 머리글 표시]를 선택하면 대화상자의 '열' 목록에 '열 A' 대신 '지역', '열 B' 대신 '소속'이 표시된다.
③ 중복 값을 제거하면 선택한 셀 범위나 테이블 값이 제거되고, 제거된 만큼의 해당 셀 범위나 테이블 밖의 다른 값도 변경되거나 이동된다.
④ 대화상자에서 '열 A'와 '열 B'를 모두 선택하고 실행하면 '중복된 값이 없습니다'라는 메시지 박스가 나타난다.

정답 01.③

SECTION 03 데이터 유효성 검사

- 데이터 유효성 검사는 유효한 데이터만 입력하도록 유도하는 도구로 다양한 제한 대상을 설정하고 유효하지 않은 데이터를 입력하면 오류 메시지가 표시되도록 하겠습니다.
- 준비파일 : 컴활1급 \ 엑셀 \ 1급엑셀(예제) \ 4장_03. 데이터 유효성 검사.xlsx

주희쌤 Tip
주희쌤 Tip은 꼼꼼히 모두 보세요.

주희쌤 Tip
데이터 유효성 검사의 경우 출제된다면 10점짜리 1문제에 포함되어 출제됩니다. 반드시 맞혀야만 합격을 확보할 수 있는 문제에 포함되므로 단독으로 출제되지 않는다고 해서 그냥 지나쳐서는 안 됩니다.

문제를 풀기 위하여 꼭 알아둬야 할 데이터 유효성 검사 특징
1. 영역을 선택한 후 [데이터] 탭-[데이터 도구] 그룹-[데이터 유효성 검사]
2. 제한 대상, 설명 메시지, 오류 메시지 등을 설정

문제 유형 1 · '데이터유효성검사' 워크시트에서 작업하시오.

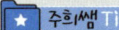 [C3:C9] 영역에는 데이터 유효성 검사 도구를 이용하여 2020년 1월 1일부터 2021년 12월 31일까지의 날짜만 입력되도록 제한 대상을 설정하시오.
  ▶ [C3:C9] 영역의 셀을 선택하면 설명 메시지가 표시되도록 설정

> 입력 가능 날짜
> 2020년~2021년

  ▶ 유효하지 않은 데이터를 입력하면 오류 메시지가 표시되도록 설정

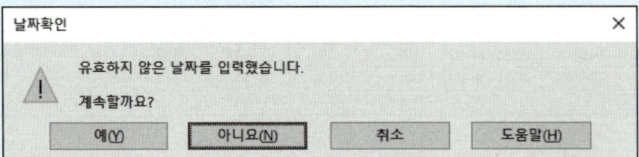

② 데이터 도구를 이용하여 [F3:F9] 영역에는 드롭다운 목록에서 [J3:J5] 영역의 데이터를 선택할 수 있도록 설정하시오.

③ '@'가 첫 글자로 입력되지 않도록 [H3:H9] 영역에 데이터 유효성 검사를 설정하시오. (SEARCH 함수 사용)

따라하기

① [C3:C9] 영역을 선택한 후 [데이터] 탭-[데이터 도구] 그룹-[데이터 유효성 검사]-[데이터 유효성 검사]를 클릭합니다.

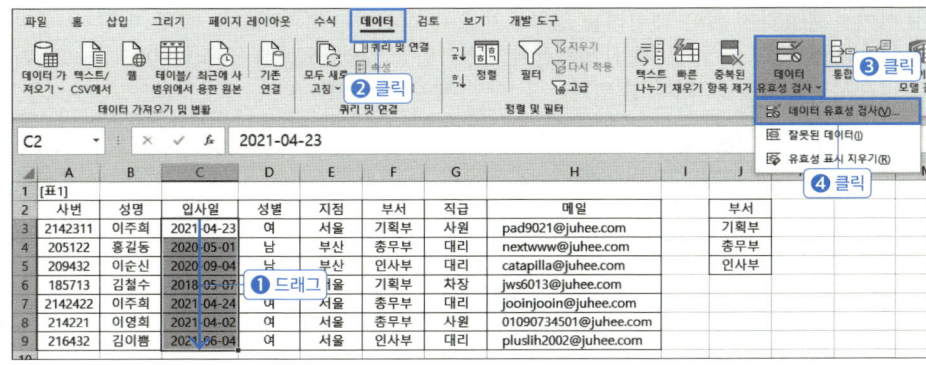

② [데이터 유효성] 대화상자가 나타나면 [설정] 탭의 [제한 대상]을 '날짜'로 선택한 후 [제한 방법]을 '해당 범위'로 선택, [시작 날짜] 입력란에 '2020-1-1'을 입력, [끝 날짜] 입력란에 '2021-12-31'을 입력합니다.

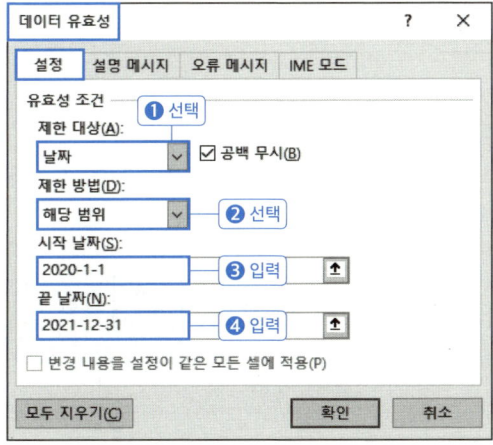

③ 이어서 셀을 선택하면 설명 메시지가 표시되도록 [설명 메시지] 탭의 [제목] 입력란에 '입력 가능 날짜'를 입력, [설명 메시지] 입력란에 '2020년~2021년'을 입력합니다.

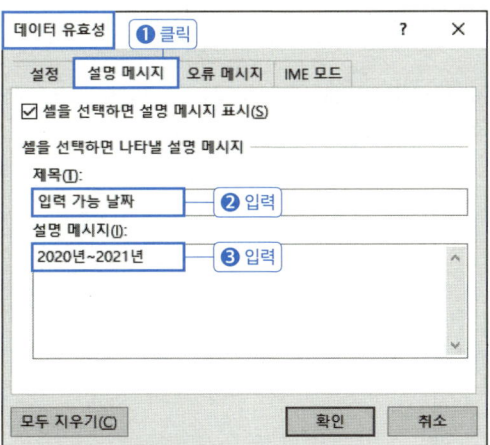

④ 이어서 유효하지 않은 데이터를 입력하면 오류 메시지가 표시되도록 [오류 메시지] 탭의 [스타일]을 '경고'로 선택, [제목] 입력란에 '날짜확인'을 입력, [오류 메시지] 입력란에 '유효하지 않은 날짜를 입력했습니다.'를 입력한 후 [확인] 단추를 클릭합니다.

> **주희쌤 Tip**
>
> [데이터] 탭-[데이터 도구] 그룹-[데이터 유효성 검사]-[잘못된 데이터]를 클릭하면 기존에 입력된 데이터 중 유효하지 않은 데이터에 원을 표시하도록 할 수 있습니다.

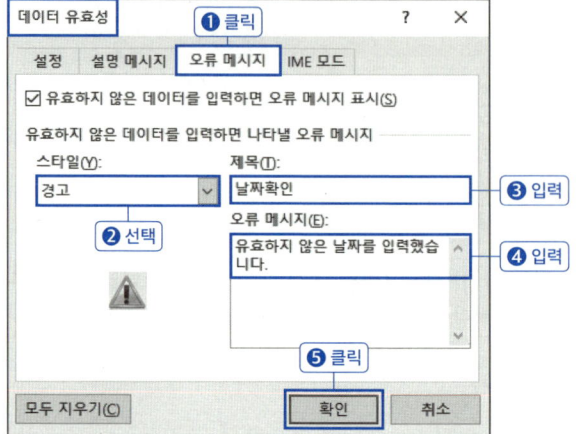

따라하기 ❷

① [F3:F9] 영역을 선택한 후 [데이터] 탭-[데이터 도구] 그룹-[데이터 유효성 검사]-[데이터 유효성 검사]를 클릭합니다.

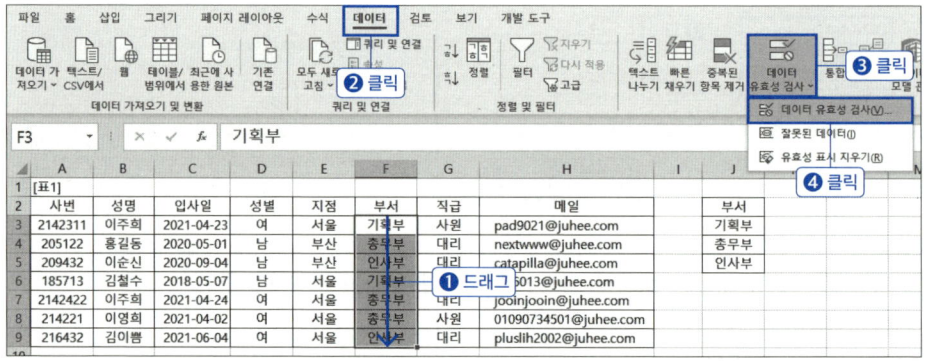

② [데이터 유효성] 대화상자가 나타나면 [설정] 탭의 [제한 대상]을 '목록'으로 선택한 후 [원본] 입력란에 [J3:J5] 영역을 지정하고 [확인] 단추를 클릭합니다.

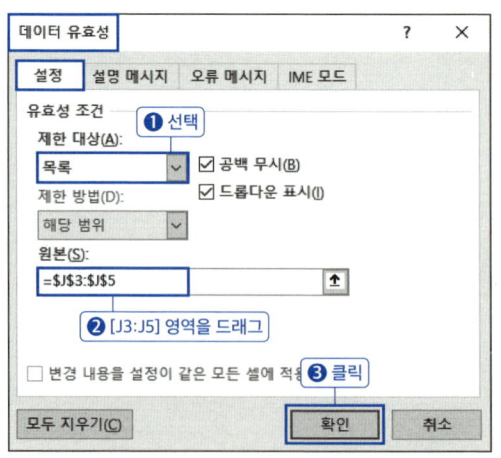

> **주희쌤 Tip**
>
> [제한 대상]을 '목록'으로 선택한 후 [원본] 입력란에 '남,여'를 입력하면 '남'과 '여'가 목록의 형태로 표시됩니다.
>
>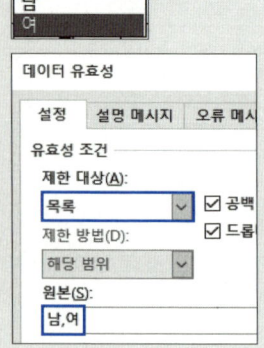

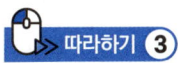 따라하기 ③

① [H3:H9] 영역을 선택한 후 [데이터] 탭-[데이터 도구] 그룹-[데이터 유효성 검사]-[데이터 유효성 검사]를 클릭합니다.

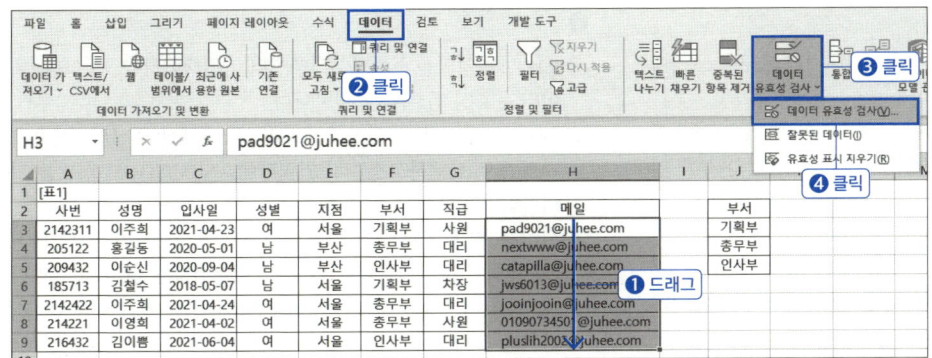

② [데이터 유효성] 대화상자가 나타나면 [제한 대상]을 '사용자 지정'으로 선택하고 [수식] 입력란에 '=SEARCH("@", $H3, 1)>=2'를 입력한 후 [확인] 단추를 클릭합니다.

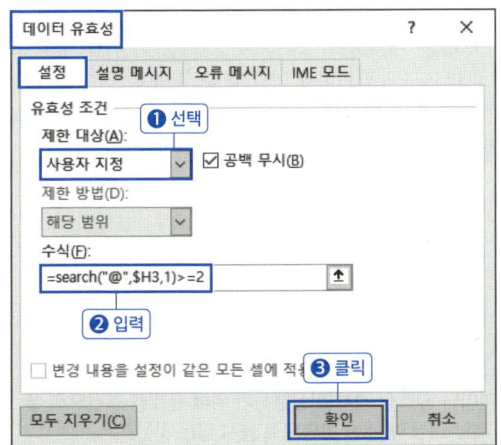

주희쌤 Tip
제한 대상을 '사용자 지정'으로 선택하면 수식을 사용하여 허용되는 값을 제한할 수 있습니다.

주희쌤 Tip
한 개의 열만 선택했으므로 열 고정을 하지 않아도 결과가 같습니다.

 숙제

01 '숙제1' 시트에서 다음의 지시사항을 처리하시오.
① [B4:B28] 영역에 5배수 숫자만 입력되도록 유효성 조건을 설정하시오. (MOD 함수 사용)

② 데이터 유효성 검사 기능을 이용하여 [C4:C28] 영역의 셀을 3으로 나눈 몫의 값이 35 이상이 되도록 설정하시오. (QUOTIENT 함수 사용)

③ [D4:F28] 영역에서 제품 각각의 할인율A, 할인율B, 할인율C 합이 100%가 되도록 데이터 유효성 검사를 설정하시오.

▶ 셀을 선택하면 아래와 같은 설명 메시지가 표시되도록 설정하시오.

> 참고
> 세 값의 합이
> 1이 되도록
> 입력하세요.

④ 데이터 유효성 검사 기능을 이용하여 [G4:G28] 영역에서 영재학교, 특수목적 고등학교, 특성화 고등학교, 자율형 고등학교, 일반계 고등학교 중 선택할 수 있도록 설정하시오.

숙제 정답 및 해설

01 '숙제1' 시트

❶

① [B4:B28] 영역을 선택한 후 [데이터] 탭-[데이터 도구] 그룹-[데이터 유효성 검사]를 클릭합니다.
② [데이터 유효성] 대화상자가 나타나면 [제한 대상]을 '사용자 지정'으로 선택하고 [수식] 입력란에 '=MOD($B4, 5)=0'를 입력한 후 [확인] 단추를 클릭합니다.

❷

① [C4:C28] 영역을 선택한 후 [데이터] 탭-[데이터 도구] 그룹-[데이터 유효성 검사]를 클릭합니다.
② [데이터 유효성] 대화상자가 나타나면 [제한 대상]을 '사용자 지정'으로 선택하고 [수식] 입력란에 '=QUOTIENT($C4, 3)>=35'를 입력한 후 [확인] 단추를 클릭합니다.

❸

① [D4:F28] 영역을 선택한 후 [데이터] 탭-[데이터 도구] 그룹-[데이터 유효성 검사]를 클릭합니다.
② [데이터 유효성] 대화상자가 나타나면 [제한 대상]을 '사용자 지정'으로 선택하고 [수식] 입력란에 '=SUM($D4:$F4)=1'를 입력합니다.
③ 이어서 셀을 선택하면 설명 메시지가 표시되도록 [설명 메시지] 탭의 [제목] 입력란에 '참고'를 입력, [설명 메시지] 입력란에 '세 값의 합이 1이 되도록 입력하세요.'를 입력한 후 [확인] 단추를 클릭합니다.

❹

① [G4:G28] 영역을 선택한 후 [데이터] 탭-[데이터 도구] 그룹-[데이터 유효성 검사]를 클릭합니다.
② [데이터 유효성] 대화상자가 나타나면 [제한 대상]을 '목록'으로 선택하고 [원본] 입력란에 '영재학교, 특수목적 고등학교, 특성화 고등학교, 자율형 고등학교, 일반계 고등학교'를 입력한 후 [확인] 단추를 클릭합니다.

관련 필기 문제

01. 다음 중 아래 그림과 같이 [B2:B5] 영역에 데이터 유효성 검사가 설정되어 있을 때 [B2:B5] 영역에 입력할 수 없는 값은? 14년 1회 출제

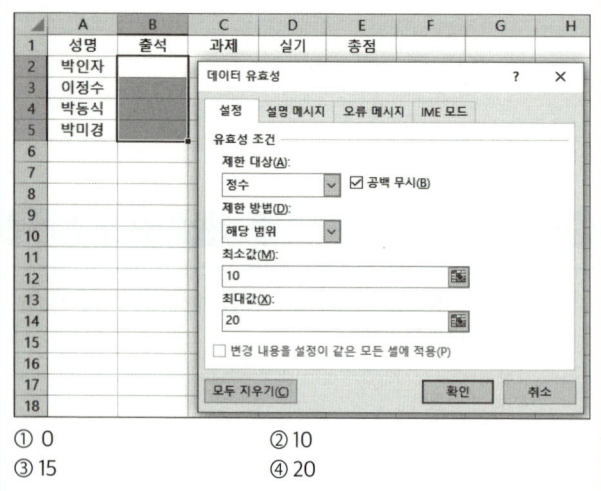

① 0 ② 10
③ 15 ④ 20

02. 다음 중 데이터 유효성 검사를 실행하기 위해 유효성 조건으로 설정할 수 있는 '제한 대상'에 대한 설명으로 옳지 않은 것은? 16년 2회 출제

① 목록 : 목록으로 정의한 항목으로 데이터 제한
② 정수 : 지정된 범위를 벗어난 숫자 제한
③ 데이터 : 지정된 데이터 형식에 대한 제한
④ 사용자 지정 : 수식을 사용하여 허용되는 값 제한

정답 01.❶ | 02.❸

SECTION 04 정렬 및 부분합

- 부분합은 '부분적으로 계산한다.'라는 의미로 특정 필드의 같은 글자를 그룹화하여 계산합니다. 부분합을 작성하기 전에 정렬을 선행하여 그룹화 할 항목이 묶여져 표시되도록 하겠습니다.
- 준비파일 : 컨활1급 \ 엑셀 \ 1급엑셀(예제) \ 4장_04. 정렬 및 부분합.xlsx

문제를 풀기 위하여 꼭 알아둬야 할 부분합 특징

1. 묶어서 계산하려면 묶여져 있어야 한다! 제일 먼저 해야 하는 '정렬'
2. 목록 범위 안에 셀 포인터가 위치한 상태에서 [데이터] 탭-[개요] 그룹-[부분합]
3. 문제에서 '~별'을 찾아 [그룹화할 항목]으로 지정
4. 문제에서 '~의'를 찾아 [부분합 계산 항목]으로 지정
5. 문제에서 '의~'를 찾아 [사용할 함수]로 지정
6. 두 번째 부분합 작성 시 '새로운 값으로 대치' 확인란의 선택을 취소

> **주희쌤 Tip**
> 주희쌤 Tip은 꼼꼼히 모두 보세요.

> **주희쌤 Tip**
> 부분합의 경우 출제된다면 10점 짜리 1문제에 포함되어 출제됩니다.
> 필기시험에도 부분합은 자주 출제되는 부분이니 직접 부분합을 작성하면서 기능을 익혀 두세요.

문제 유형 1 '부분합' 워크시트에서 작업하시오.

❶ <우리회사 실적현황> 표에서 부분합 기능을 이용하여 '지점'별 '전년도'의 합계와 '성별'별 '1분기', '2분기'의 평균을 계산하는 부분합을 작성하시오.
▶ 서울, 대구, 부산, 제주도 순으로 정렬한 후 '성별'을 기준으로 오름차순 정렬
▶ 합계와 평균은 문제에 명시된 순서대로 처리
▶ 부분합을 작성한 후 윤곽 기호는 제거

따라하기 ❶

① 부분합 작성 전에 정렬하기 위해 [A3:H16] 영역의 임의의 셀을 클릭한 후 [데이터] 탭-[정렬 및 필터] 그룹-[정렬]을 클릭합니다.

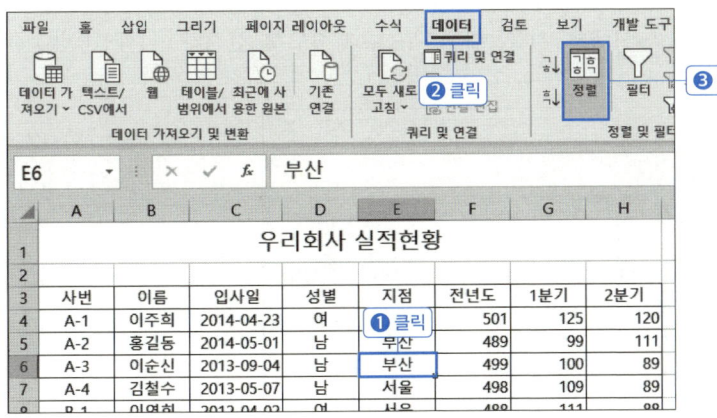

> **주희쌤 Tip**
> 영역 안의 임의의 셀을 선택한 후 정렬하거나 필드명을 포함한 [A3:H16] 영역을 드래그하여 선택한 후 정렬합니다.
> 단, 정렬하려는 모든 셀의 크기가 동일해야 하므로 병합된 셀이 포함되어 있다면 병합된 셀을 제외한 영역을 드래그하여 선택한 후 정렬해야 합니다.
> '내 데이터에 머리글 표시'에 선택이 되어 있으므로 정렬 기준에 필드명이 표시되어 있습니다.

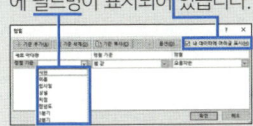

주희쌤 Tip

오름차순도 아니고 내림차순도 아닌 경우 사용자 지정 목록으로 정렬합니다.

주희쌤 Tip

[정렬] 대화상자의 [정렬 기준]에서 '셀 값', '셀 색', '글꼴 색', '조건부 서식 아이콘' 중 선택할 수 있고, [옵션] 단추를 클릭해 대/소문자를 구분하여 정렬하거나 정렬 방향을 설정할 수도 있습니다.

주희쌤 Tip

쉼표(,)로 구분하여 '서울,대구,부산,제주도'로 입력해도 됩니다.

② [정렬] 대화상자가 나타나면 [세로 막대형](열)의 [정렬 기준]에서 '지점'을 선택하고 [정렬]에서 '사용자 지정 목록'을 선택합니다.

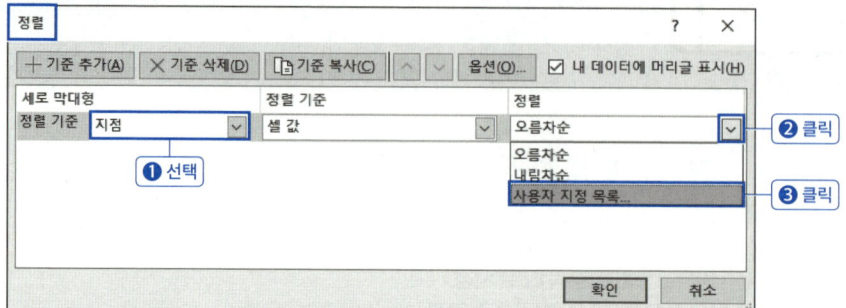

③ [사용자 지정 목록] 대화상자가 나타나면 [목록 항목]에 커서를 두고 '서울'을 입력한 후 Enter, '대구'를 입력한 후 Enter, '부산'을 입력한 후 Enter, '제주도'를 마지막으로 입력한 후 [추가] 단추를 클릭합니다.

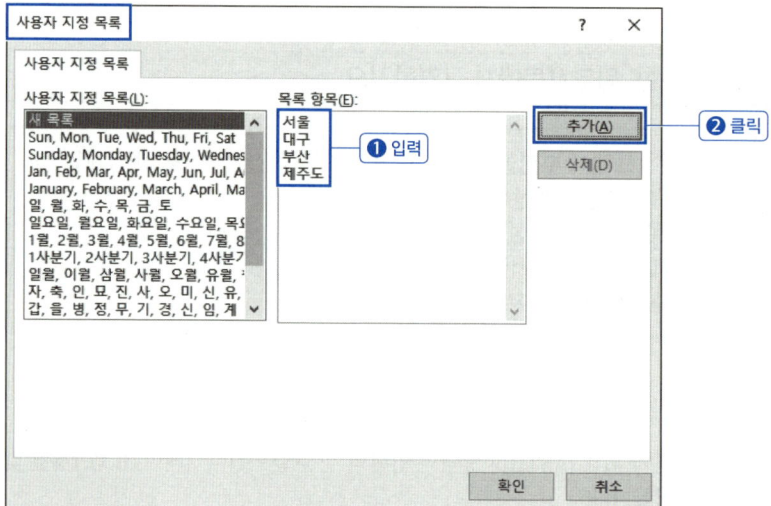

④ 왼쪽의 [사용자 지정 목록]에서 '서울, 대구, 부산, 제주도'를 선택하고 [확인] 단추를 클릭합니다.

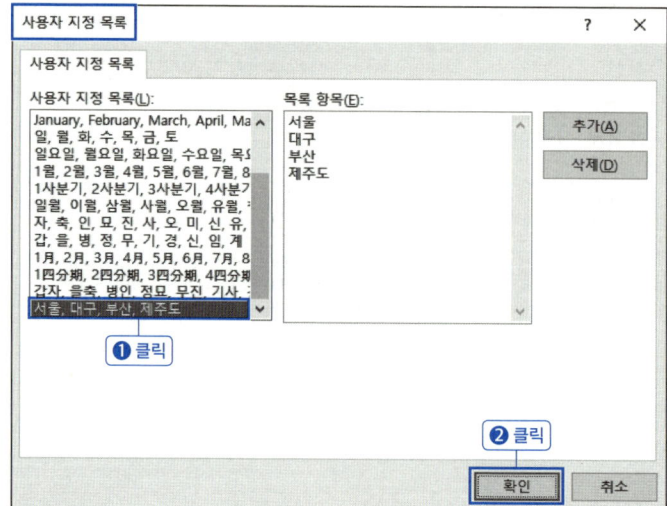

⑤ 다시 [정렬] 대화상자로 돌아오면 지점이 동일한 경우 성별을 기준으로 정렬하기 위해 [기준 추가] 단추를 클릭합니다.

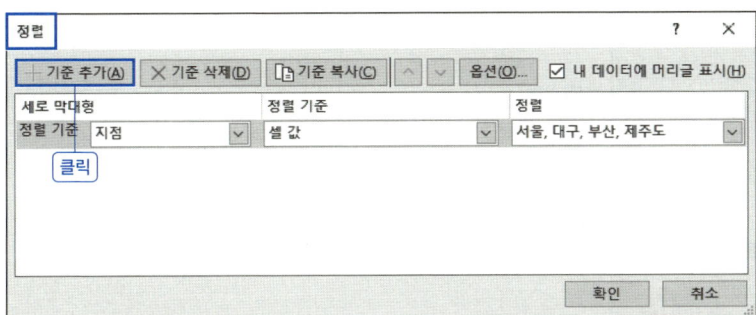

⑥ [세로 막대형](열)의 [다음 기준]에서 '성별'을 선택한 후 [정렬]에서 '오름차순'을 선택하고 [확인] 단추를 클릭합니다.

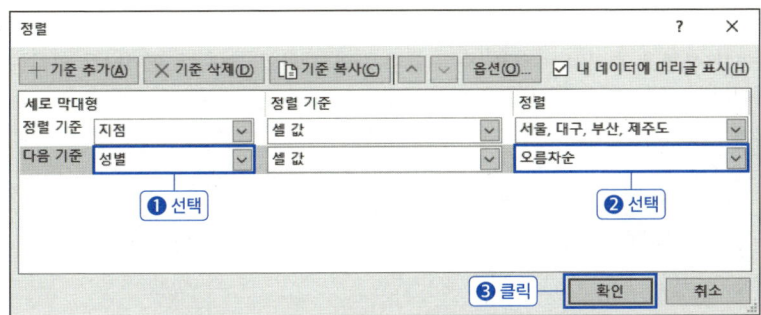

⑦ 1차적으로 지점이 정렬되고 2차적으로 성별이 정렬된 것을 확인한 후 [A3:H16] 영역의 임의의 셀에 셀 포인터가 위치한 상태에서 [데이터] 탭-[개요] 그룹-[부분합]을 클릭합니다.

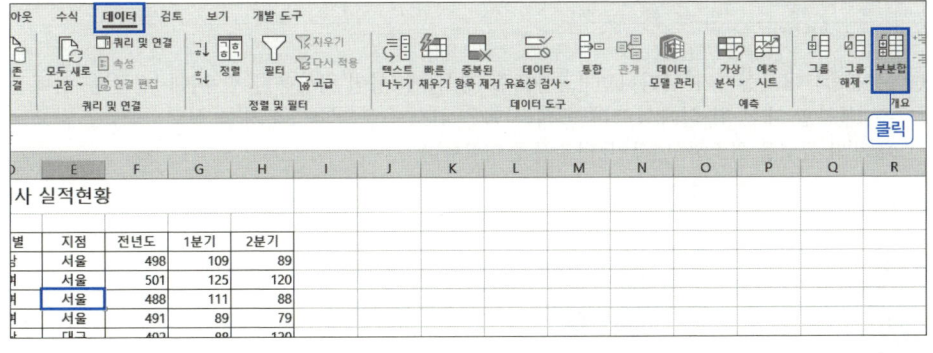

주희쌤 Tip

[A3:H16] 영역을 드래그하여 선택한 후 부분합을 작성해도 됩니다.

Section 04. 정렬 및 부분합 345

주희쌤 Tip

정렬 기준이었던 것이 그룹화할 항목이 됩니다.

주희쌤 Tip

정렬을 하지 않고 부분합을 작성하면 전혀 다른 결과가 나타납니다.

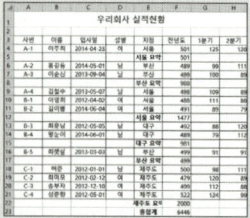

⑧ [부분합] 대화상자가 나타나면 [그룹화할 항목]에 '지점', [사용할 함수]에 '합계'를 선택한 후 [부분합 계산 항목]에서 '2분기'의 선택을 취소, '전년도'를 선택하고 [확인] 단추를 클릭합니다.

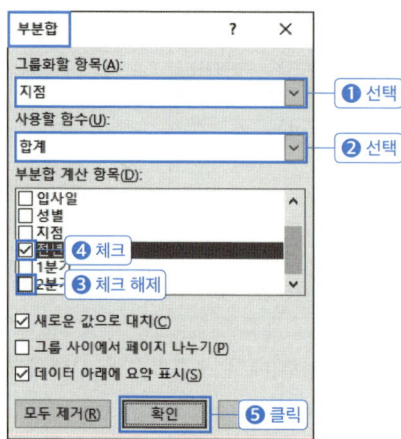

⑨ 평균을 계산하는 부분합을 추가하기 위해 목록 범위 안의 임의의 셀에 셀 포인터가 위치한 상태에서 [데이터] 탭-[개요] 그룹-[부분합]을 클릭합니다.

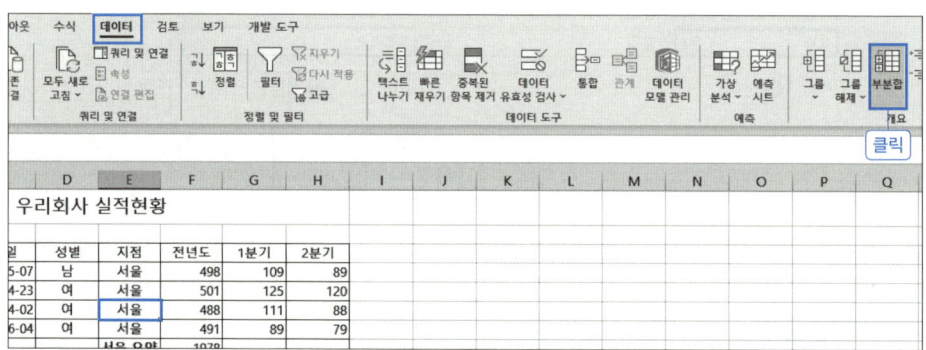

주희쌤 Tip

부분합을 제거하고자 할 때에는 [부분합] 대화상자에서 [모두 제거] 단추를 클릭합니다.

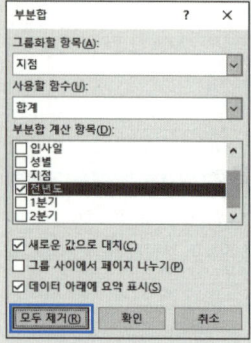

주희쌤 Tip

두 번째 부분합 작성 시 '새로운 값으로 대치'에 선택을 취소하지 않으면 처음에 작성한 부분합이 제거됩니다.

주희쌤 Tip

문제가 '지점'별 '전년도'의 합계와 '1분기', '2분기'의 평균이라고 제시된다면 두 번째 부분합 작성 시에도 그룹화할 항목은 '지점'이 됩니다.

⑩ [부분합] 대화상자가 나타나면 [그룹화할 항목]에 '성별', [사용할 함수]에 '평균'을 선택한 후 [부분합 계산 항목]에서 '전년도'의 선택을 취소, '1분기'와 '2분기'를 선택, '새로운 값으로 대치'의 선택을 취소하고 [확인] 단추를 클릭합니다.

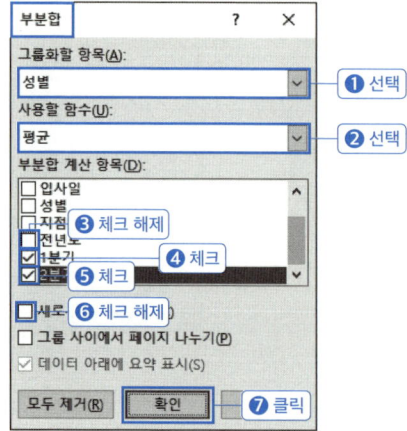

⑪ 윤곽 기호를 제거하기 위해 [데이터] 탭-[개요] 그룹-[그룹 해제]-[개요 지우기]를 클릭합니다.

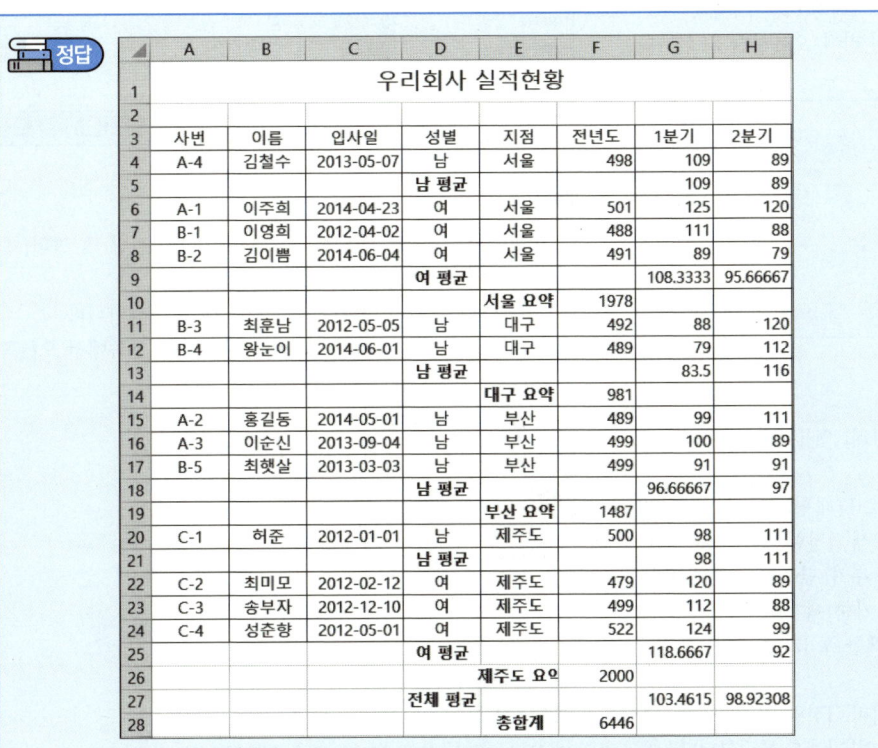

숙제

01 '숙제1' 시트에서 다음의 지시사항을 처리하시오.
  ① [표1]에서 '등수'를 기준으로 '오름차순' 정렬하시오.
  ② [F3:G17] 영역에서 '전일대비'의 셀 색이 RGB(0, 176, 240), RGB(255, 0, 0) 순서로 정렬되도록 설정하고, 같은 셀 색 안에서는 큰 숫자가 위로 오도록 정렬하시오.
  ③ [표3]을 이용하여 '평균' 열을 기준으로 색이 가득찬 별 아이콘의 순서대로 정렬한 후 같은 별 아이콘 안에서 오름차순 정렬하시오.
  ④ [표4]를 이용하여 왼쪽에서 오른쪽 방향으로 전기, 수도, 급탕, 난방 순으로 정렬하시오.

숙제 정답 및 해설

01 '숙제1' 시트

❶

① [B3:D16] 영역을 선택한 후 [데이터] 탭-[정렬 및 필터] 그룹-[정렬]을 클릭합니다.
② [정렬] 대화상자가 나타나면 [세로 막대형](열)의 [정렬 기준]에 '등수', [정렬 기준]에 '셀 값', [정렬]에 '오름차순'을 선택한 후 [확인] 단추를 클릭합니다.

❷

① [F3:G17] 영역을 선택한 후 [데이터] 탭-[정렬 및 필터] 그룹-[정렬]을 클릭합니다.
② [정렬] 대화상자가 나타나면 [세로 막대형](열)의 [정렬 기준]에 '전일대비', [정렬 기준]에 '셀 색', [정렬]에 'RGB(0, 176, 240)', '위에 표시'를 선택한 후 [기준 추가] 단추를 클릭합니다.
③ [다음 기준]에 '전일대비', [정렬 기준]에 '셀 색', [정렬]에 'RGB(255, 0, 0)', '위에 표시'를 선택한 후 [기준 추가] 단추를 클릭합니다.
④ 마지막 행의 [다음 기준]에 '전일대비', [정렬 기준]에 '셀 값', [정렬]에 '내림차순'을 선택한 후 [확인] 단추를 클릭합니다.

❸

① [I3:L17] 영역을 선택한 후 [데이터] 탭-[정렬 및 필터] 그룹-[정렬]을 클릭합니다.
② [정렬] 대화상자가 나타나면 [세로 막대형](열)의 [정렬 기준]에 '평균', [정렬 기준]에 '조건부 서식 아이콘', [정렬]에 '금색 별', '위에 표시'를 선택한 후 [기준 추가] 단추를 클릭합니다.
③ [다음 기준]에 '평균', [정렬 기준]에 '조건부 서식 아이콘', [정렬]에 '금색 별 반쪽', '위에 표시'를 선택한 후 [기준 추가] 단추를 클릭합니다.

④ 마지막 행의 [다음 기준]에 '평균', [정렬 기준]에 '셀 값', [정렬]에 '오름차순'을 선택한 후 [확인] 단추를 클릭합니다.

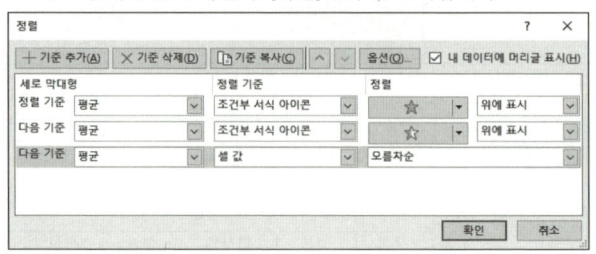

❹

① [C20:F28] 영역을 선택한 후 [데이터] 탭-[정렬 및 필터] 그룹-[정렬]을 클릭합니다.
② [정렬] 대화상자가 나타나면 [옵션] 단추를 클릭합니다.
③ [정렬 옵션] 대화상자가 나타나면 [방향]을 '왼쪽에서 오른쪽'으로 선택한 후 [확인] 단추를 클릭합니다.

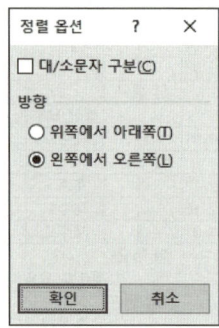

④ 다시 [정렬] 대화상자가 나타나면 [행]의 [정렬 기준]에 '행 20', [정렬 기준]에 '셀 값', [정렬]에 '사용자 지정 목록'을 선택합니다.
⑤ [사용자 지정 목록] 대화상자가 나타나면 [목록 항목]에 '전기,수도,급탕,난방'을 입력한 후 [추가], [확인] 단추를 차례로 클릭합니다.
⑥ 다시 [정렬] 대화상자가 나타나면 [확인] 단추를 클릭합니다.

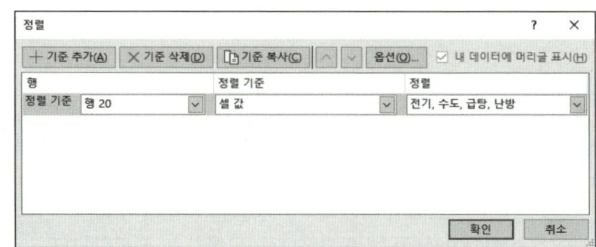

관련 필기 문제

01. 다음 중 아래의 부분합 결과를 통해 명확히 알 수 있는 내용으로 옳은 것은?   15년 3회 출제

① [부분합] 대화상자에서 '새로운 값으로 대치' 옵션과 '데이터 아래에 요약 표시' 옵션을 해제하여 실행하였다.
② 부분합으로 설정된 그룹의 윤곽이 자동 윤곽으로 재설정 되었다.
③ 부분합 수행 전 첫 번째 정렬 기준으로 '제품명', 두 번째 정렬 기준으로 '부서', 세 번째 정렬 기준으로 '판매량'을 선택하여 각각 오름차순 정렬을 실행하였다.
④ '부서'를 그룹화할 항목으로 선택하여 '판매량'과 '재고량'의 합계를 계산한 후 '제품명'을 그룹화할 항목으로 선택하여 '판매량'과 '재고량'의 합계를 계산하였다.

02. 다음 중 부분합에 대한 설명으로 옳지 않은 것은?   14년 3회 출제

① 부분합을 작성하려면 첫 행에는 열 이름표가 있어야 하며, 그룹화할 항목을 기준으로 반드시 정렬해야 제대로 된 결과를 얻을 수 있다.
② 그룹화를 위한 데이터의 정렬을 오름차순으로 할 때와 내림차순으로 할 때의 그룹별 부분합의 결과는 서로 다르다.
③ 부분합을 제거하면 부분합과 함께 표에 삽입된 윤곽 및 페이지 나누기도 모두 제거된다.
④ 부분합 대화상자에서 '새로운 값으로 대치'를 해제하지 않고 부분합을 실행하면 이전에 작성한 부분합은 삭제되고 새롭게 작성한 부분합만 표시된다.

03. 다음 중 정렬에 대한 설명으로 옳은 것은?   22년 상시 출제

① 선택한 데이터 목록의 첫 번째 행이 필드 이름이 아닐 경우 '내 데이터에 머리글 표시'를 선택한다.
② 표 스타일이 적용된 데이터 영역을 왼쪽에서 오른쪽 방향으로 정렬하려면 [정렬 옵션]에서 방향을 변경한다.
③ 숫자, 날짜 등과 같이 셀에 입력된 값으로 정렬할 때는 정렬 기준을 '셀 색'으로 지정한다.
④ 사용자가 정의한 순서대로 정렬하려면 정렬 방식을 '사용자 지정 목록'으로 지정한다.

04. 다음 중 부분합에 대한 설명으로 옳지 않은 것은?   22년 상시 출제

① 부분합에서 그룹 사이에 페이지를 나눌 수 있다.
② 부분합에서 사용할 수 있는 함수로는 합계, 개수, 평균, 최대, 최소, 곱, 숫자 개수, 표본 표준 편차, 표준 편차, 표본 분산, 분산이 있다.
③ 부분합을 제거하면 부분합과 함께 목록에 삽입된 윤곽도 제거된다.
④ 그룹화할 항목으로 선택한 필드는 자동으로 오름차순 정렬하여 부분합이 계산된다.

정답 01. ④ | 02. ② | 03. ④ | 04. ④

SECTION 05 데이터 표

- 데이터 표는 가상 분석 도구 중 하나입니다. 변수에 따른 결과 값의 변화를 표로 표시해 보도록 하겠습니다.
- 준비파일 : 컴활1급 \ 엑셀 \ 1급엑셀(예제) \ 4장_05. 데이터 표.xlsx

주희쌤 Tip
주희쌤 Tip은 꼼꼼히 모두 보세요.

주희쌤 Tip
데이터 표의 경우 출제된다면 10점짜리 1문제에 포함되어 출제됩니다.
필기시험에도 데이터 표는 자주 출제되는 부분이니 직접 데이터 표를 작성하면서 기능을 익혀두세요.

문제를 풀기 위하여 꼭 알아둬야 할 데이터 표 특징
1. 변수와 변수가 만나는 셀에 변화를 알고자 하는 결과 셀(수식이 입력된 셀) 값을 연결
2. 변수를 포함하여 표 전체 영역을 선택한 후 [데이터] 탭-[예측] 그룹-[가상 분석]-[데이터 표]

문제 유형 1 '데이터표' 워크시트에서 작업하시오.

① <성적표> [A2:B4] 영역을 참조하여, 국어와 영어점수 변동에 따른 합계의 변화를 데이터 표 기능을 이용하여 [C8:E9] 영역에 계산하시오.

따라하기 1

① 변수와 변수가 만나는 지점인 [B7] 셀을 클릭한 후 '='을 입력합니다.

	A	B	C	D	E
1	<성적표>				
2	국어	70			
3	영어	80			
4	합계	150			
5		입력			
6					국어
7		=	80	90	100
8		90			
9	영어	100			

② 수식이 입력되어 있는 [B4] 셀과 연결하기 위하여 [B4] 셀을 클릭하고 Enter 를 누릅니다.

주희쌤 Tip
연결할 셀이 없다면 변수와 변수가 만나는 셀에 직접 수식을 입력해야 합니다.

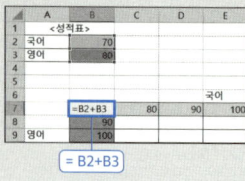
= B2+B3

	A	B	C	D	E
1	<성적표>				
2	국어	70			
3	영어	80			
4	합계	150	클릭 → Enter		
5					
6					국어
7		=B4	80	90	100
8		90			
9	영어	100			

③ [B7:E9] 영역을 드래그하여 선택한 후 [데이터] 탭-[예측] 그룹-[가상 분석]-[데이터 표]를 클릭합니다.

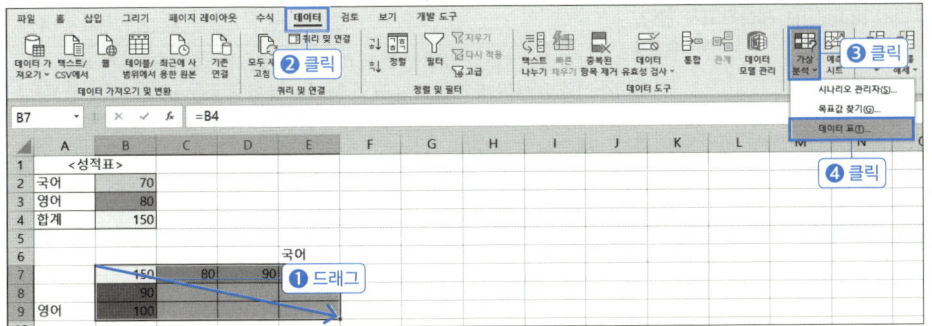

④ [데이터 테이블] 대화상자가 나타나면 [행 입력 셀]에 [B2] 셀을 클릭하고, [열 입력 셀]에 [B3] 셀을 클릭한 후 [확인] 단추를 클릭합니다.

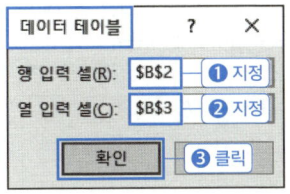

정답

	A	B	C	D	E
1	<성적표>				
2	국어	70			
3	영어	80			
4	합계	150			
5					
6					국어
7		150	80	90	100
8		90	170	180	190
9	영어	100	180	190	200

숙제

01 '숙제1' 시트에서 <성적표>를 참조하여 국어 변동에 따른 합계의 변화를 데이터 표 기능을 이용하여 [B15:D15] 영역에 계산하시오.

숙제 정답 및 해설

01 '숙제1' 시트

▶ 결과

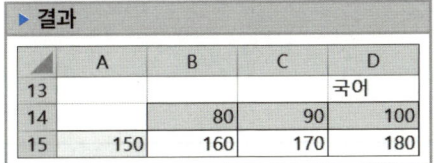

① [A15] : =B4
② [A14:D15] 영역 선택 후 지정

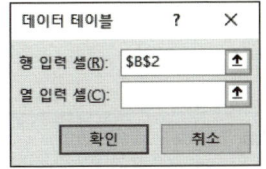

주희쌤 Tip

- 행 입력 셀 : 행 방향으로 나열된 변수가 입력될 셀
- 열 입력 셀 : 열 방향으로 나열된 변수가 입력될 셀

주희쌤 Tip

행 방향으로 나열된 [C7:E7] 값이 [B2] 셀에 입력될 경우, 열 방향으로 나열된 [B8:B9] 값이 [B3] 셀에 입력될 경우 수식의 결과 변화를 표의 형식으로 표시할 수 있습니다.

주희쌤 Tip

- 변수가 하나인 데이터 표
① 데이터 표가 열 방향인 경우 데이터 표의 첫 번째 행에는 오른쪽 빈 셀에 수식을 입력(연결)

	A	B	C
1	<성적표>		
2	국어	70	
3	영어	80	
4	합계	150	
5			
6			
7			=B4
8		90	
9	영어	100	

② 변수 값이 열 방향으로 나열되므로 열 입력 셀에 셀 참조를 입력

③ 변수에 따른 결과를 표로 가상 분석

	A	B	C
1	<성적표>		
2	국어	70	
3	영어	80	
4	합계	150	
5			
6			
7			150
8		90	160
9	영어	100	170

관련 필기 문제

01. 아래 시트에서 [표1]의 할인율 [B3]을 적용한 할인가 [B4]를 이용하여 [표2]의 각 정가에 해당하는 할인가 [E3:E6]를 계산하고자 한다. 다음 중 이때 가장 적합한 데이터 도구는?
15년 2회 출제

	A	B	C	D	E
1	[표1] 할인 금액			[표2] 할인 금액표	
2	정가	₩ 10,000		정가	₩ 9,500
3	할인율	5%		₩ 10,000	
4	할인가	₩ 9,500		₩ 15,000	
5				₩ 24,000	
6				₩ 30,000	

① 통합
② 데이터 표
③ 부분합
④ 시나리오 관리자

02. 다음 중 아래의 괄호 안에 들어갈 기능명으로 옳은 것은?
18년 2회 출제

(㉠)은,는 특정 값의 변화에 따른 결과 값의 변화 과정을 한 번의 연산으로 빠르게 계산하여 표의 형태로 표시해 주는 도구이고, (㉡)은,는 비슷한 형식의 여러 데이터의 결과를 하나의 표로 통합하여 요약해 주는 도구이다.

① ㉠: 데이터 표 ㉡: 통합
② ㉠: 정렬 ㉡: 시나리오 관리자
③ ㉠: 부분합 ㉡: 피벗 테이블
④ ㉠: 목표값 찾기 ㉡: 데이터 유효성 검사

03. 다음 중 아래 그림과 같이 성유나의 성적 변화에 따른 평균의 변화를 표의 형태로 표시하기 위한 데이터 표 작업에 대한 설명으로 옳지 않은 것은?
13년 2회 출제

	A	B
1	성명	성적
2	김도훈	74.5
3	홍기태	54.5
4	성유나	79.0
5	강정훈	80.5
6	남도현	65.5
7	소병국	72.5
8	평균	71.1
10	성유나	평균
11		71.1
12	50	66.3
13	60	67.9
14	70	69.6
15	80	71.3
16	90	72.9
17	100	74.6

① 데이터 표의 결과 값은 반드시 변화하는 성유나의 성적을 포함한 수식으로 작성되어야 한다.
② 평균의 변화 값을 구하는 데이터 표이므로 평균 [B8]의 수식을 그대로 [B11] 셀에 입력한다.
③ [A11:B17] 영역을 선택하고, [데이터]-[예측]-[가상 분석]-[데이터 표]를 선택하여 실행한다.
④ [데이터 표](데이터 테이블) 대화상자에서 '행 입력 셀'에 [B4]를 입력한다.

04. 국어 점수와 영어 점수에 따른 합계를 계산하려고 한다. 다음 중 '데이터 표'의 작업으로 옳지 않은 것은?
22년 상시 출제

	A	B	C	D	E
1	<성적표>				
2	국어	70			
3	영어	80			
4					
5					
6					국어
7			80	90	100
8		90			
9	영어	100			

① [B7:E9] 영역을 선택한 후 '데이터 표' 대화상자를 실행한다.
② '데이터 표' 대화상자의 '행 입력 셀'에는 [B2] 셀, '열 입력 셀'에는 [B3] 셀을 지정한다.
③ 결과 데이터를 지우려면 [C8:E9] 영역을 선택한 후 Delete 를 눌러 삭제할 수 있다.
④ [C8] 셀을 선택한 후 '=B2+B3' 수식을 작성해야 한다.

05. 기간과 이율에 따른 월불입액의 변화를 표의 형태로 표시하고자 한다. 다음 중 '데이터 표'의 작업으로 옳지 않은 것은?
22년 상시 출제

	A	B	C	D	E
1	이율	5%			
2	기간	2			
3	대출금액	20,000,000			
4	월불입액	₩877,428			
6				기간	
7			2	4	6
8		2%			
9		3%			
10	이율	4%			
11		5%			
12		6%			
13		7%			
15	※ 월불입액의 계산식 : =PMT(B1/12, B2*12, -B3)				

① [B7] 셀에 '=B4'를 입력하거나 '=PMT(B1/12, B2*12, -B3)'를 입력한다.
② 결과를 계산한 후 결과가 구해진 셀 하나를 선택하여 보면 '{=TABLE(B2,B1)}'과 같은 배열 수식이 들어있다.
③ [B7:E13] 영역을 선택한 후 [데이터] 탭-[예측] 그룹-[가상 분석]-[데이터 표]를 실행한다.
④ 대출금액(B3)이 변경되면 F9 키를 눌러서 월불입액([C8:E13])을 변경해야 한다.

정답 01.② | 02.① | 03.④ | 04.④ | 05.④

SECTION 06 시나리오

- 시나리오는 데이터 표와 마찬가지로 가상 분석 도구 중 하나입니다. 참조되는 셀 값의 변화에 따른 수식의 결과를 시트에 표시해 보도록 하겠습니다.
- 준비파일 : 컴활1급 \ 엑셀 \ 1급엑셀(예제) \ 4장_06. 시나리오.xlsx

문제를 풀기 위하여 꼭 알아둬야 할 시나리오 특징

1. 변경해야 될 이름이 있다면 먼저 지정
2. 셀 포인터의 위치와 상관없이 [데이터] 탭-[예측] 그룹-[가상 분석]-[시나리오 관리자]
3. 문제에서 '~이 변동하는 경우'를 찾아 [변경 셀]로 지정
4. 문제에서 '~의 변동 시나리오를 작성'을 찾아 [결과 셀]로 지정

문제 유형 1 '시나리오' 워크시트에서 작업하시오.

❶ 국어점수 [B2] 셀이 다음과 같이 변동하는 경우 합계 [B4] 셀의 변동 시나리오를 작성하시오.
▶ [B2] 셀의 이름을 '국어'로 정의, [B4] 셀의 이름을 '합계'로 정의
▶ 시나리오1 : 시나리오 이름은 '오름', 기존의 '국어' 점수에서 10점을 올린 값을 설정
▶ 시나리오2 : 시나리오 이름은 '내림', 기존의 '국어' 점수에서 10점을 내린 값을 설정

따라하기 ❶

① [B2] 셀의 이름을 정의하기 위해 [B2] 셀을 클릭한 후 이름 상자에 '국어'를 입력하고 Enter 를 누릅니다.

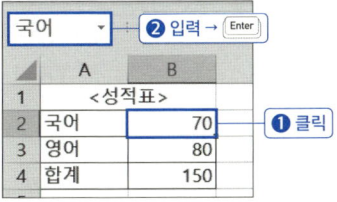

② 같은 방법으로 [B4] 셀의 이름을 '합계'로 정의합니다.

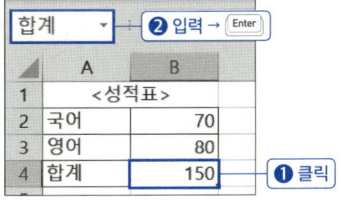

★ 주희쌤 Tip
주희쌤 Tip은 꼼꼼히 모두 보세요.

★ 주희쌤 Tip
시나리오의 경우 출제된다면 10점짜리 1문제에 포함되어 출제됩니다.
필기시험에도 시나리오는 자주 출제되는 부분이니 직접 시나리오를 작성하면서 기능을 익혀두세요.

③ 셀 포인터의 위치와 상관없이 [데이터] 탭-[예측] 그룹-[가상 분석]-[시나리오 관리자]를 클릭합니다.

④ [시나리오 관리자] 대화상자가 나타나면 [추가] 단추를 클릭합니다.

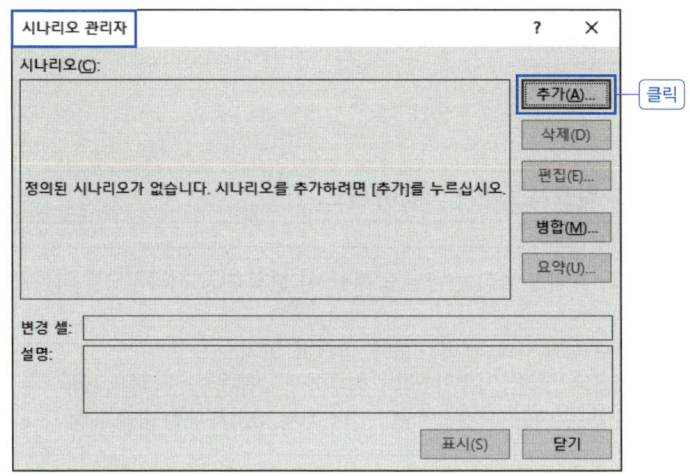

> **주희쌤Tip**
> 변경 셀은 최대 32개까지 설정이 가능하며 비연속적인 셀도 Ctrl 을 이용하여 지정이 가능합니다.

> **주희쌤Tip**
> [시나리오 추가] 대화상자의 '변경 금지'를 선택하면 시트 보호 시 시나리오를 추가할 수는 있으나 이미 작성된 시나리오의 편집이나 삭제는 불가능합니다.

⑤ [시나리오 추가] 대화상자가 나타나면 [시나리오 이름]에 '오름'을 입력한 후 Tab 을 눌러 [변경 셀]로 커서를 이동한 다음 [B2] 셀을 클릭하고 [확인] 단추를 클릭합니다.

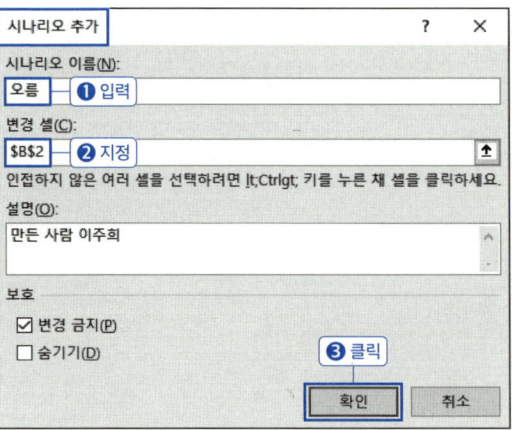

⑥ [시나리오 값] 대화상자가 나타나면 [B2] 셀의 값을 '80'으로 입력하고 [확인] 단추를 클릭합니다.

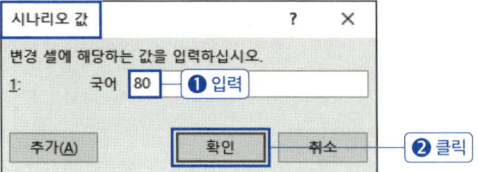

⑦ 다시 [시나리오 관리자] 대화상자가 나타나면 두 번째 시나리오를 추가하기 위해 [추가] 단추를 클릭합니다.

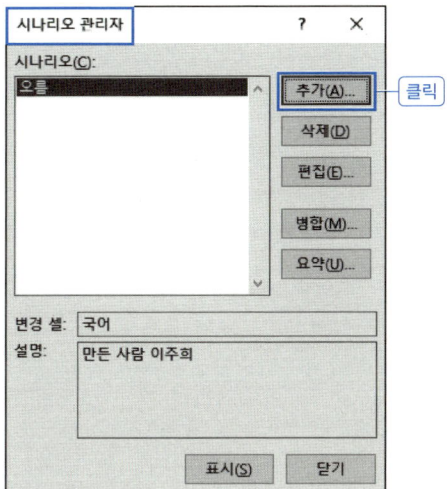

⑧ [시나리오 추가] 대화상자가 나타나면 [시나리오 이름]에 '내림'을 입력, [변경 셀]에 [B2] 셀이 지정된 것을 확인한 후 [확인] 단추를 클릭합니다.

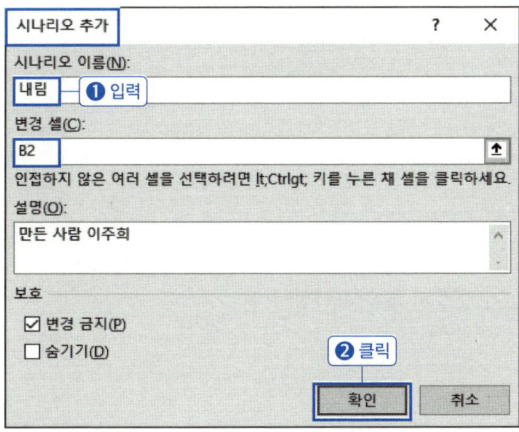

주희쌤 Tip

시나리오는 수식을 복사하는 것이 아니므로 [변경 셀], [결과 셀]이 상대 참조 주소여도, 절대 참조 주소여도 상관이 없습니다.

⑨ [시나리오 값] 대화상자가 나타나면 [B2] 셀의 값을 '60'으로 입력하고 [확인] 단추를 클릭합니다.

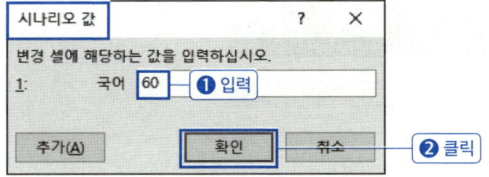

> **주희쌤 Tip**
> - [삭제] 단추를 클릭하면 선택한 시나리오가 삭제됩니다. 단, 시나리오 요약 시트의 보고서를 삭제하는 것은 아닙니다.
> - [편집] 단추를 클릭하면 선택한 시나리오를 수정합니다.
> - [병합] 단추를 클릭하면 다른 워크시트의 시나리오를 통합하여 요약합니다.
> - [표시] 단추를 클릭하면 선택한 시나리오가 현재 시트의 원본 데이터에 표시됩니다.

⑩ [시나리오 관리자] 대화상자의 [시나리오] 목록에 생성된 '오름'과 '내림' 시나리오를 확인한 후 [요약] 단추를 클릭합니다.

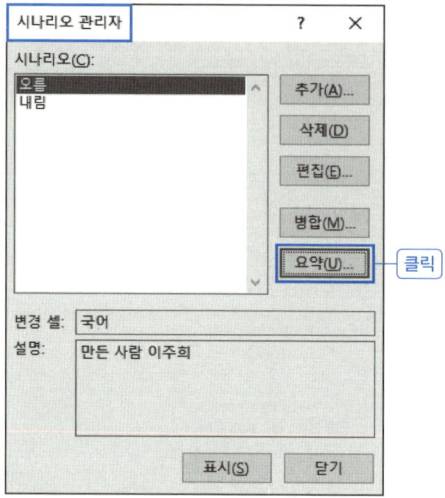

> **주희쌤 Tip**
> 수식에 참조되는 [B2] 셀을 80, 60으로 변경하였을 때 수식이 작성되어 있는 [B4] 셀의 변화를 시트에 표시할 수 있습니다.

⑪ [시나리오 요약] 대화상자가 나타나면 [보고서 종류]에서 '시나리오 요약'을 선택한 후 [결과 셀]로 커서를 이동하여 [B4] 셀을 클릭하고 [확인] 단추를 클릭합니다.

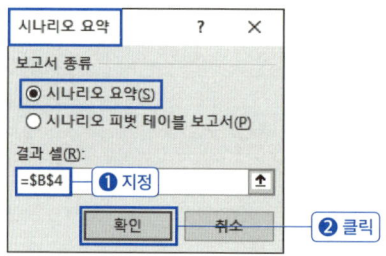

> **주희쌤 Tip**
> 원본 데이터를 변경해도 시나리오 요약 보고서에 자동 반영되지 않으므로 변경된 값을 보고서에 표시하려면 새 보고서를 만들어야 합니다.

⑫ '시나리오' 시트 앞에 '시나리오 요약' 시트가 생성된 것을 확인합니다.

> **주희쌤 Tip**
> 시트를 삭제하려면 시트 이름 위에서 마우스 오른쪽 버튼을 눌러 [삭제] 명령을 클릭한 다음 [확인] 단추를 클릭합니다. 되돌릴 수 없으니 주의하세요.

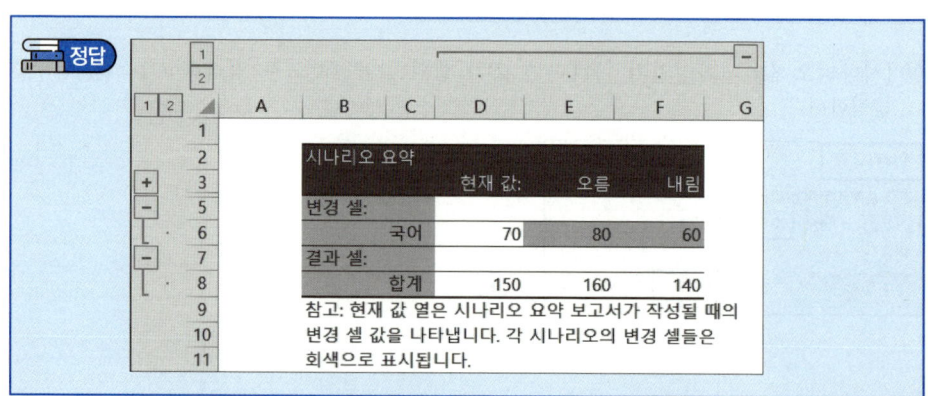

관련 필기 문제

01. 다음 중 시나리오에 대한 설명으로 옳지 않은 것은? _{19년 1회 출제}
① 시나리오는 별도의 파일로 저장하고 자동으로 바꿀 수 있는 값의 집합이다.
② 시나리오를 사용하여 워크시트 모델의 결과를 예측할 수 있다.
③ 여러 시나리오를 비교하기 위해 시나리오를 한 페이지의 피벗 테이블로 요약할 수 있다.
④ 시나리오 피벗 테이블 보고서에는 결과 셀이 반드시 있어야 한다.

02. 다음 중 시나리오에 대한 설명으로 옳지 않은 것은? _{16년 3회 출제}
① 시나리오 관리자에서 시나리오를 삭제하면 시나리오 요약 보고서의 해당 시나리오도 자동으로 삭제된다.
② 특정 셀의 변경에 따라 연결된 결과 셀의 값이 자동으로 변경되어 결과 값을 예측할 수 있다.
③ 여러 시나리오를 비교하기 위해 시나리오를 피벗 테이블로 요약할 수 있다.
④ 변경 셀과 결과 셀에 이름을 지정한 후 시나리오 요약 보고서를 작성하면 결과에 셀 주소 대신 지정한 이름이 표시된다.

03. 다음 중 시나리오에 대한 설명으로 옳지 않은 것은? _{20년 1회 출제}
① 시나리오 요약 보고서를 만들 때에는 결과 셀을 반드시 지정해야 하지만, 시나리오 피벗 테이블 보고서를 만들 때에는 결과 셀을 지정하지 않아도 된다.
② 여러 시나리오를 비교하여 하나의 테이블로 요약하는 보고서를 만들 수 있다.
③ 시나리오 요약 보고서를 생성하기 전에 변경 셀과 결과 셀에 이름을 정의하면 셀 참조 주소 대신 정의된 이름이 보고서에 표시된다.
④ 시나리오 요약 보고서는 자동으로 다시 갱신되지 않으므로 변경된 값을 요약 보고서에 표시하려면 새 요약 보고서를 만들어야 한다.

04. 아래는 연이율 6%의 대출금 5,000,000원을 36개월, 60개월, 24개월로 상환 시 월 상환액에 따른 시나리오 요약 보고서를 작성한 것이다. 다음 중 이에 관한 설명으로 옳지 않은 것은? _{17년 1회 출제}

	A	B
1	원금	5000000
2	연이율	6%
3	기간	36
4		
5	월 상환액	₩152,110
6	총 상환액	₩5,475,948.74

시나리오 요약

	현재 값:	기간 연장	기간 단축
변경 셀:			
기간	36	60	24
결과 셀:			
월상환액	₩152,110	₩96,664	₩221,603

① 시나리오 추가 시 사용된 [변경 셀]은 [B3] 셀이다.
② [B3] 셀은 '기간'으로 [B5] 셀은 '월상환액'으로 이름이 정의되어 있다.
③ 일반적으로 시나리오를 만들 때 [변경 셀]에는 사용자가 값을 입력할 수는 있으나 여러 개의 셀을 참조할 수는 없다.
④ [B5] 셀은 시나리오 요약 시 [결과 셀]로 사용되었으며, 수식이 포함되어 있다.

05. 다음 중 아래의 시나리오 요약 보고서에 대한 설명으로 옳지 않은 것은? _{14년 3회 출제}

시나리오 요약

		현재 값:	연장	단기간
변경 셀:				
	기간	24	36	12
	$C$14	6%	4%	8%
결과 셀:				
	상환액	₩393	₩262	₩803

① '연장'과 '단기간' 두 개의 시나리오가 작성되어 있다.
② '기간'과 '상환액'은 셀에 이름이 정의되어 있어 셀 참조 주소 대신 이름이 요약 보고서에 포함된 것이다.
③ 변경 셀은 수식이 입력되어 있는 셀이고, 결과 셀은 변경 셀의 값을 예측할 수 있는 숫자 값이 입력되어 있는 셀이다.
④ '현재 값:' 열은 시나리오 요약 보고서 작성 시점의 변경 셀 값들을 나타낸다.

06. 다음 중 시나리오에 대한 설명으로 옳은 것은? _{22년 상시 출제}
① 보호된 시트에 시나리오가 추가되지 않도록 하려면 [시나리오 추가] 대화상자에서 '변경 금지'를 선택한다.
② [시나리오 추가] 대화상자에서 하나의 시나리오에 변경 셀은 최대 24개까지 지정이 가능하다.
③ [시나리오 관리자] 대화상자의 [편집] 단추를 클릭하면 시나리오 요약 보고서나 시나리오 피벗 테이블 보고서를 작성할 수 있다.
④ [시나리오 관리자] 대화상자의 [병합] 단추를 클릭하면 다른 워크시트에 등록되어 있는 시나리오를 가져올 수 있다.

정답 01.① | 02.① | 03.① | 04.③ | 05.③ | 06.④

SECTION 07

목표값 찾기

- 목표값 찾기는 시나리오와 반대인 가상 분석 도구 중 하나입니다.
  수식의 결과를 정해놓고 수식에 참조되는 셀 값의 변화를 표시해 보도록 하겠습니다.

- 준비파일 : 컴활1급 \ 엑셀 \ 1급엑셀(예제) \ 4장_07. 목표값 찾기.xlsx

주희쌤 Tip
주희쌤 Tip은 꼼꼼히 모두 보세요.

주희쌤 Tip
목표값 찾기의 경우 출제된다면 10점짜리 1문제에 포함되어 출제됩니다.
필기시험에도 목표값 찾기는 자주 출제되는 부분이니 직접 목표값 찾기를 작성하면서 기능을 익혀두세요.

문제를 풀기 위하여 꼭 알아둬야 할 목표값 찾기 특징

1. 셀 포인터의 위치와 상관없이 [데이터] 탭-[예측] 그룹-[가상 분석]-[목표값 찾기]
2. 문제에서 '~이(가, 을)'을 찾아 [수식 셀]로 지정
3. 문제에서 '~이 되려면(찾으려면, 조정하려면)'을 찾아 [찾는 값]으로 지정
4. 문제에서 '~이 얼마'를 찾아 [값을 바꿀 셀]로 지정

문제 유형 1 '목표값찾기' 워크시트에서 작업하시오.

① <성적표>에서 합계(B4)가 '180'이 되려면 국어점수(B2)가 얼마가 되어야 하는지 목표값 찾기 기능을 이용하여 계산하시오.

따라하기 ①

① 셀 포인터의 위치와 상관없이 [데이터] 탭-[예측] 그룹-[가상 분석]-[목표값 찾기]를 클릭합니다.

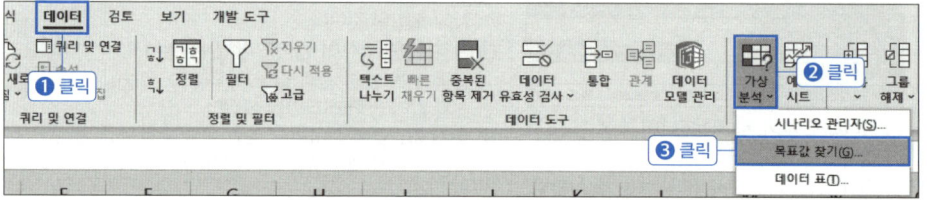

주희쌤 Tip
[수식 셀], [값을 바꿀 셀]이 상대 참조 주소여도, 절대 참조 주소여도 상관이 없습니다.

② [목표값 찾기] 대화상자가 나타나면 [수식 셀]에 [B4] 셀을 클릭, [찾는 값]으로 커서를 이동하여 '180'을 입력, [값을 바꿀 셀]로 커서를 이동하여 [B2] 셀을 클릭한 후 [확인] 단추를 클릭합니다.

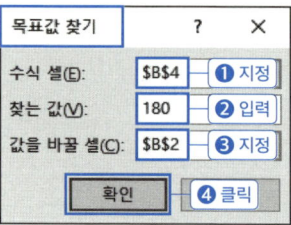

③ [목표값 찾기 상태] 대화상자가 나타나면 [확인] 단추를 클릭합니다.

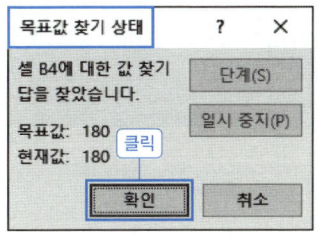

> **주희쌤 Tip**
> [B4] 셀에 작성된 수식의 결과를 180으로 정해놓고 수식에 참조되고 있는 [B2] 셀의 변화를 표시할 수 있습니다.

정답

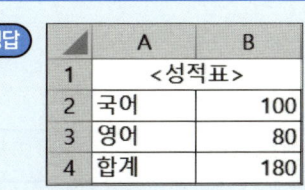

관련 필기 문제

01. 다음 중 아래 그림과 같이 목표값 찾기를 지정했을 때의 설명으로 옳은 것은?

16년 1회 출제

① 만기시 수령액이 2,000,000원이 되려면 월 납입금은 얼마가 되어야 하는가?
② 만기시 수령액이 2,000,000원이 되려면 적금 이율(연)이 얼마가 되어야 하는가?
③ 불입금이 2,000,000원이 되려면 만기시 수령액은 얼마가 되어야 하는가?
④ 월 납입금이 2,000,000원이 되려면 만기시 수령액은 얼마가 되어야 하는가?

02. 다음 중 [목표값 찾기] 대화상자에 대한 설명으로 옳지 않은 것은?

17년 2회 출제

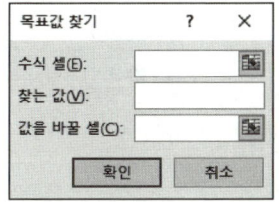

① '수식 셀' 상자에 목표값 찾기에 의해 변경되는 셀 주소를 입력한다.
② '찾는 값' 상자에 원하는 수식이 있는 셀 주소를 입력한다.
③ '값을 바꿀 셀' 상자에 조정할 값이 있는 셀 주소를 입력한다.
④ 목표값 찾기는 하나의 변수 입력 값만 사용된다.

03. 아래의 워크시트에서 전체 평균 셀 [E5]의 값이 85가 되도록 '이대한'의 1월 값 [B3] 셀을 변경하고자 한다. 다음 중 [목표값 찾기] 기능 실행을 위한 수식 셀, 찾는 값, 값을 바꿀 셀의 지정이 순서대로 옳게 나열된 것은?

15년 1회 출제

	A	B	C	D	E
1	이름	1월	2월	3월	평균
2	홍길동	83	90	73	82.0
3	이대한	65	87	91	81.0
4	한민국	80	75	100	85.0
5	평균	76.0	84.0	88.0	82.7

① $B$3, 85, $E$5
② $E$5, 85, $B$3
③ $E$5, $E$4, $B$3
④ $B$3, $E$4, $E$5

정답 01. ① | 02. ② | 03. ②

SECTION 08

데이터 통합

- 데이터 통합은 여러 데이터의 결과를 하나의 표로 통합하여 요약하는 도구입니다. 첫 행과 왼쪽 열의 레이블을 참조하여 통합해 보도록 하겠습니다.
- 준비파일 : 컴활1급 \ 엑셀 \ 1급엑셀(예제) \ 4장_08. 데이터 통합.xlsx

> **주희쌤 Tip**
> 주희쌤 Tip은 꼼꼼히 모두 보세요.

> **주희쌤 Tip**
> 데이터 통합의 경우 출제된다면 10점짜리 1문제에 포함되어 출제됩니다.
> 필기시험에도 통합은 자주 출제되는 부분이니 직접 통합을 작성하면서 기능을 익혀두세요.

문제를 풀기 위하여 꼭 알아둬야 할 데이터 통합 특징

1. 영역을 선택한 후 [데이터] 탭-[데이터 도구] 그룹-[통합]
2. 첫 행과 왼쪽 열의 레이블을 참조한다면 '☑ 첫 행', '☑ 왼쪽 열'

문제 유형 1   '데이터통합1' 워크시트에서 작업하시오.

① 통합 기능을 이용하여 '1분기 실적[A2:D7]' 표와 '2분기 실적[F2:I7]' 표의 이름별 근태점수, 연수점수의 평균을 '[표1] 실적평균'의 [B11:C15] 영역에 계산하시오.

따라하기 ①

① [A10:C15] 영역을 드래그하여 선택한 후 [데이터] 탭-[데이터 도구] 그룹-[통합]을 클릭합니다.

> **주희쌤 Tip**
> 첫 행, 왼쪽 열을 포함해 결과가 표시될 영역을 먼저 선택하고 시작합니다.

> **주희쌤 Tip**
> 왼쪽 열에는 '이름' 데이터가, 첫 행에는 '근태점수', '연수점수'가 포함되게끔 영역을 선택해야 합니다.

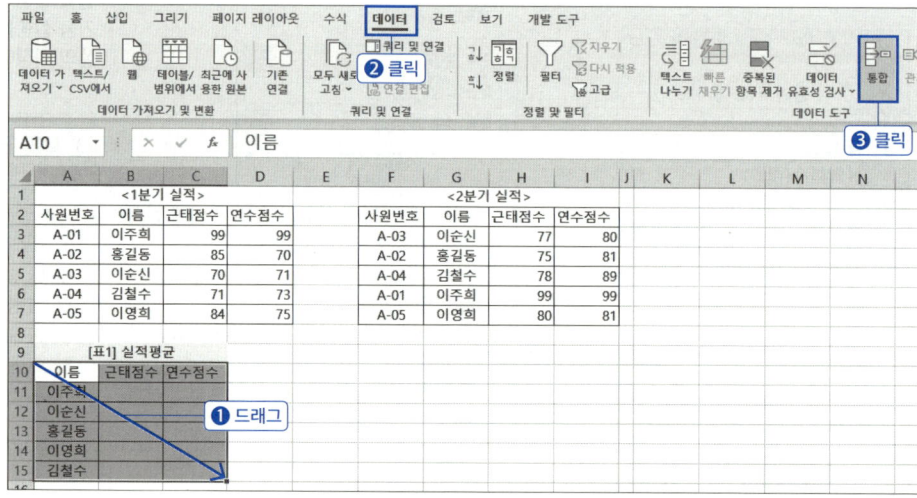

② [통합] 대화상자가 나타나면 [함수]를 '평균'으로 선택, [참조]로 커서를 이동하여 <1분기 실적>표의 [B2:D7] 영역을 드래그하여 선택하고 [추가] 단추를 클릭해 [모든 참조 영역] 목록에 표시되게 합니다.

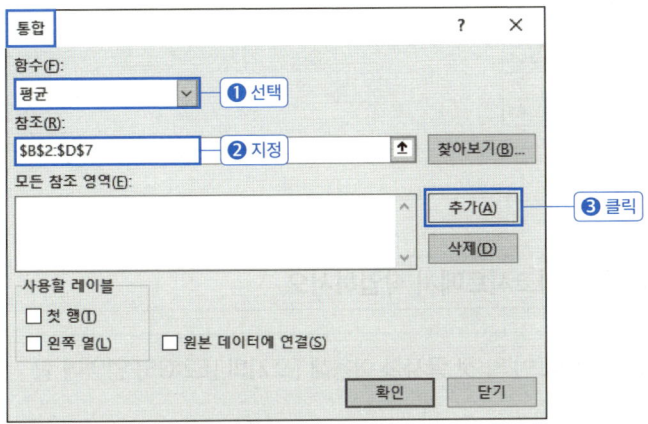

③ 이어서 <2분기 실적>표의 [G2:I7] 영역을 드래그하여 선택한 후 [추가] 단추를 클릭해 [모든 참조 영역] 목록에 표시되게 합니다.

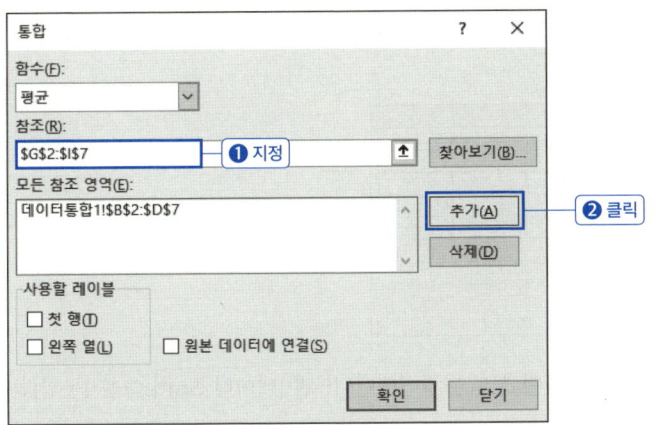

④ [사용할 레이블]의 '첫 행'과 '왼쪽 열' 확인란을 선택한 후 [확인] 단추를 클릭합니다.

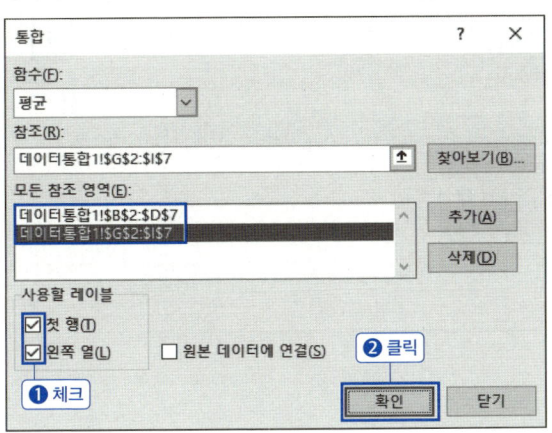

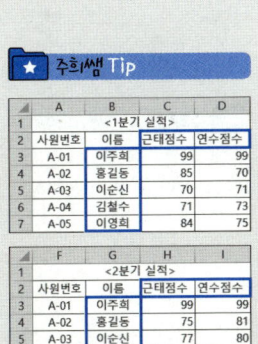

위와 같이 첫 행, 왼쪽 열의 글자와 위치가 모두 같다면 첫 행, 왼쪽 열의 레이블을 이용하지 않아도 됩니다.
① [B11] 셀을 선택 후 통합
② 참조 영역 [C3:D7], [H3:I7]

	A	B	C
9	[표1] 실적평균		
10	이름	근태점수	연수점수
11	이주희	99	99
12	이순신	73.5	75.5
13	홍길동	80	75.5
14	이영희	82	78
15	김철수	74.5	81

문제 유형 2 | '데이터통합2' 워크시트에서 작업하시오.

② 통합 기능으로 '<참조표1> [A2:C9]'의 첫 글자를 이용해 [표2]의 [E2:G5] 영역에 합계를 계산하시오.

따라하기 ②

① <참조표1>의 첫 글자를 이용하기 위해 <표2>의 [E3] 셀에 'A*', [E4] 셀에 'B*', [E5] 셀에 'C*'을 입력합니다.

주희쌤 Tip
고급필터1 시트에서 배웠던 부분입니다.
• 와일드카드 문자
예) 김* : '김'으로 시작하는 모든 글자

② <표2>의 [E2:G5] 영역을 드래그하여 선택한 후 [데이터] 탭-[데이터 도구] 그룹-[통합]을 클릭합니다.

주희쌤 Tip
첫 행, 왼쪽 열을 포함해 결과가 표시될 영역을 먼저 선택하고 시작합니다.

③ [통합] 대화상자가 나타나면 [함수]를 '합계'로 선택, [참조]에 [A2:C9] 영역을 드래그하여 선택하고 [추가] 단추를 클릭해 [모든 참조 영역] 목록에 표시되게 합니다.

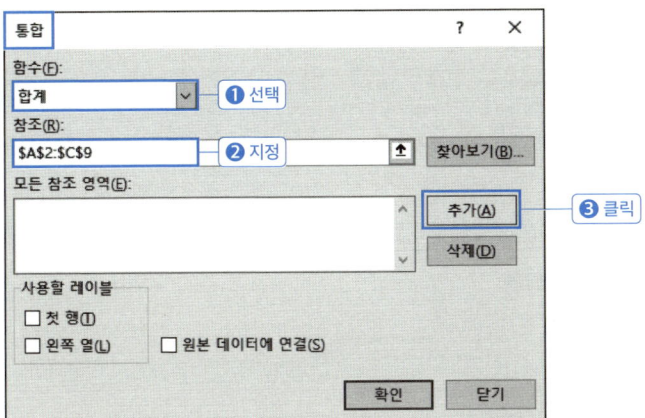

④ [사용할 레이블]의 '첫 행'과 '왼쪽 열' 확인란을 선택한 후 [확인] 단추를 클릭합니다.

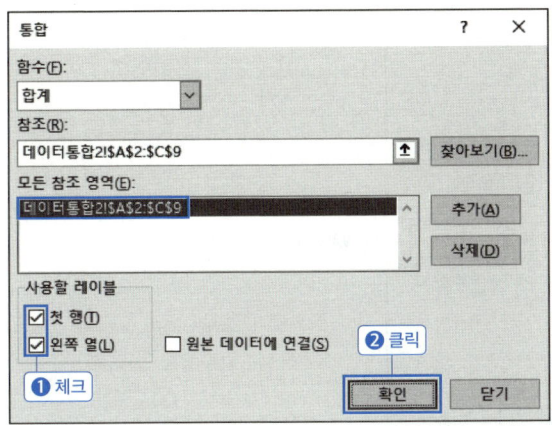

정답

	E	F	G
1	[표2]		
2		영어	수학
3	A*	210	120
4	B*	120	210
5	C*	10	90

문제 유형 3 '데이터통합3' 워크시트에서 작업하시오.

❸ 데이터 통합 기능으로 '<참조표2> [A2:C8]'를 이용하여 판매자별 수량의 합계를 [표3]에 구하시오.

> **주희쌤 Tip**
> 판매자는 중복된 항목을 제거하여 표시됩니다.

① <표3>의 [E2:F2] 영역을 드래그하여 선택한 후 [데이터] 탭-[데이터 도구] 그룹-[통합]을 클릭합니다.

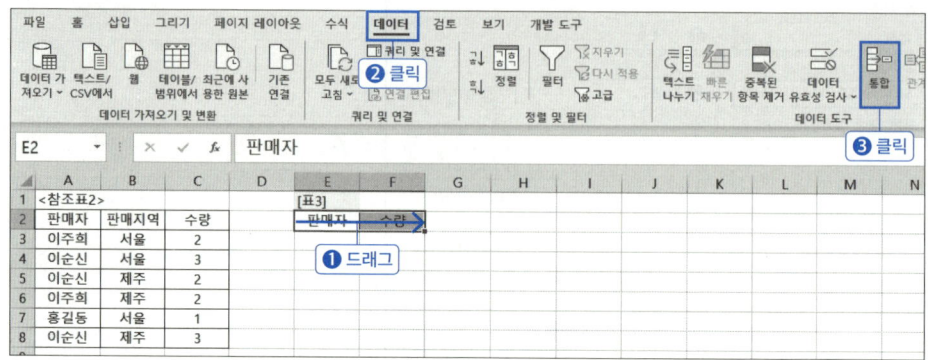

> **주희쌤 Tip**
> 왼쪽 열에는 '판매자' 데이터가, 첫 행에는 '수량'이 포함되게끔 영역을 선택해야 합니다.

② [통합] 대화상자가 나타나면 [함수]를 '합계'로 선택, [참조]에 [A2:C8] 영역을 드래그하여 선택한 후 [추가] 단추를 클릭해 [모든 참조 영역] 목록에 표시되게 합니다.

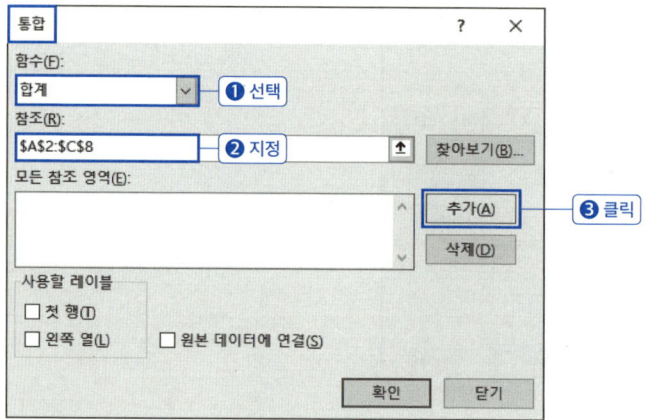

③ [사용할 레이블]의 '첫 행'과 '왼쪽 열' 확인란을 선택한 후 [확인] 단추를 클릭합니다.

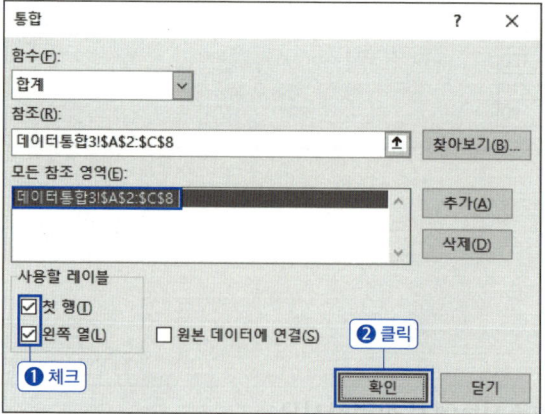

문제 유형 4 '데이터통합4' 워크시트에서 작업하시오.

④ 데이터 통합 기능으로 [표4]에 <2014년도>([B2:E7])와 <2016년도>([B10:E15])의 합계를 계산하시오.

① <표4>의 [G10:I15] 영역을 드래그하여 선택한 후 [데이터] 탭-[데이터 도구] 그룹-[통합]을 클릭합니다.

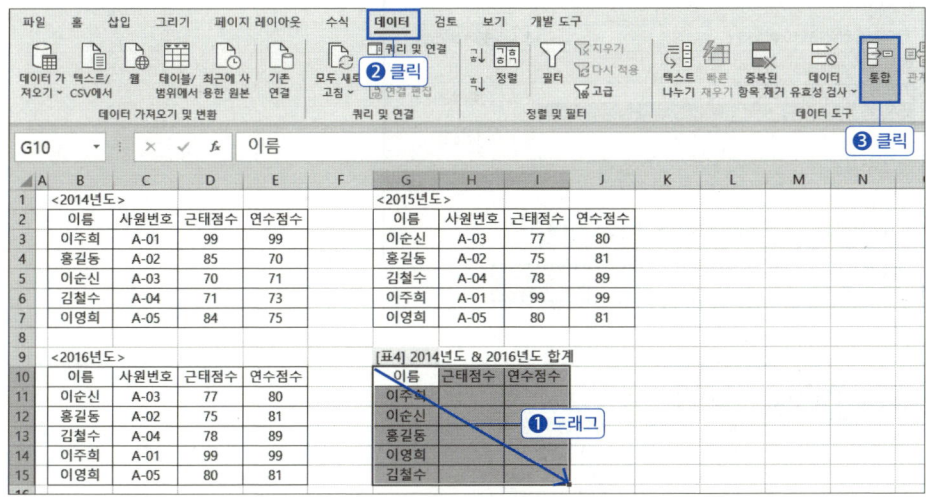

② [통합] 대화상자가 나타나면 [함수]에서 '합계'를 선택, [참조]에 [B2:E7] 영역을 드래그하여 선택한 후 [추가] 단추를 클릭해 [모든 참조 영역] 목록에 표시되게 합니다.

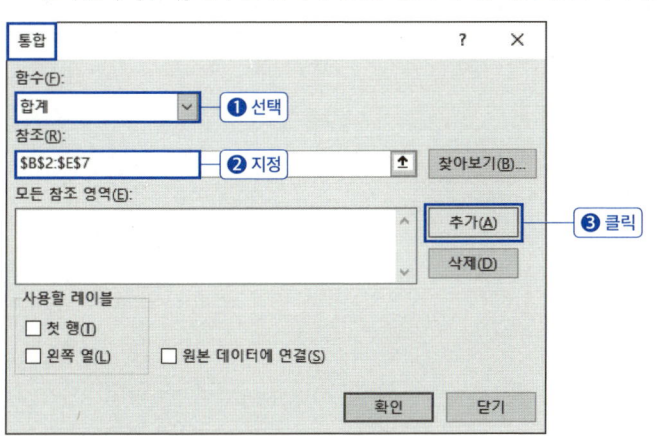

> **주희쌤 Tip**
> 왼쪽 열에는 '이름' 데이터가, 첫 행에는 '근태점수', '연수점수'가 포함되게끔 영역을 선택해야 합니다.

③ 이어서 [B10:E15] 영역을 드래그하여 선택한 후 [추가] 단추를 클릭해 [모든 참조 영역] 목록에 표시되게 합니다.

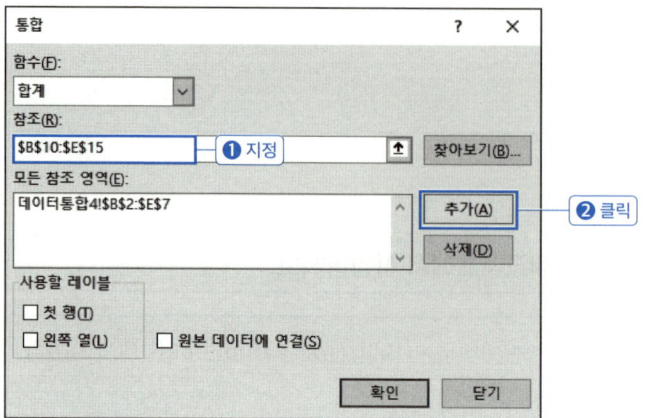

④ [사용할 레이블]의 '첫 행'과 '왼쪽 열' 확인란을 선택한 후 [확인] 단추를 클릭합니다.

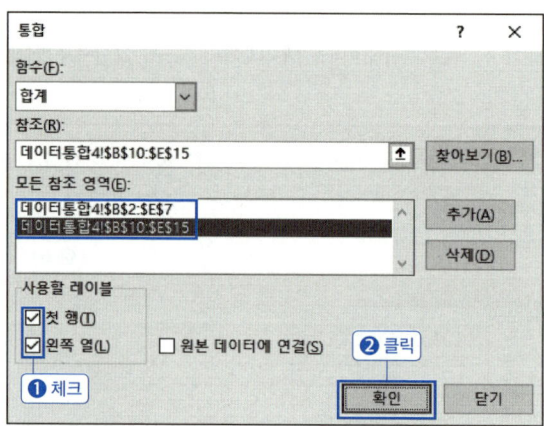

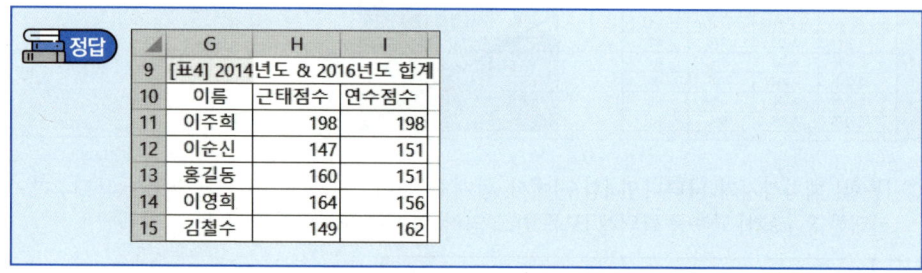

 숙제

01 '숙제1', '숙제2', '숙제3' 시트에서 다음의 지시사항을 처리하시오.
① '1월', '2월', '3월' 시트의 음료별 판매수량의 합계를 '숙제1' 시트의 [C3:C27] 영역에 계산하시오.
② 'A서점' 시트의 1월~12월 책 판매량과 'B서점' 시트의 1월~12월 책 판매량을 '숙제2' 시트의 첫 행을 이용하여 통합하시오.
(그림과 같이 표시하되 열 너비는 채점 대상이 아님)
▶ 원본 데이터가 수정될 경우 통합된 표에 반영되도록 하시오.

	A	B	C	D	E	F	G	H	I	J	K	L	M
1	<A서점, B서점 코드별 판매량>												
2	코드	1월	2월	3월	4월	5월	6월	7월	8월	9월	10월	11월	12월
4	A	36	22	55	13	60	41	30	58	28	55	64	13
6	B	45	16	35	14	10	25	45	47	30	50	21	50
8	C	38	30	44	20	55	29	40	46	46	61	31	19
10	D	17	18	40	22	15	48	44	43	41	43	71	25
12	E	43	33	30	30	46	37	67	31	38	56	23	29
14	F	66	40	22	15	30	61	59	29	47	110	77	34
16	G	21	36	45	36	13	43	40	40	29	46	44	19
18	H	30	29	60	60	20	46	30	14	30	31	30	24
20	I	44	34	10	71	17	22	18	20	18	31	22	35
22	J	51	61	29	23	46	16	33	30	33	72	30	46
24	K	77	43	34	18	30	38	40	31	46	23	15	36
26	L	44	56	36	33	30	17	38	71	44	13	40	50
28	M	40	40	45	43	45	43	17	23	40	15	12	51
30	N	30	44	20	66	38	23	46	30	30	20	38	46
32	O	44	10	22	29	17	25	41	43	40	48	26	53
34	P	67	55	46	34	33	29	38	31	30	37	28	55
36	Q	66	15	31	36	40	34	47	29	22	61	29	59
38	R	45	45	40	45	14	30	44	48	16	43	40	28

③ '숙제3' 시트에서 <지역별 환자수> 표를 이용하여 <서울 지역 평균 환자수> 표에 질병별 세대별 평균을 계산하시오.

  숙제 정답 및 해설

01 '숙제1', '숙제2', '숙제3' 시트

❶

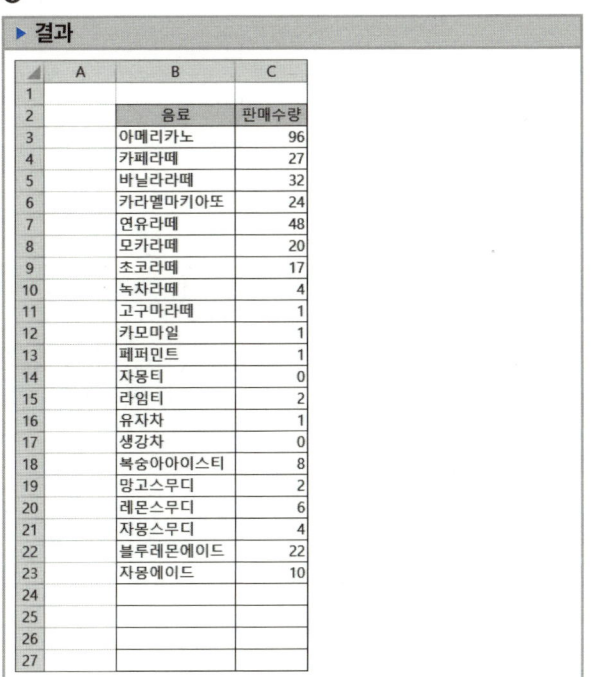

① '숙제1' 시트의 [B2:C27] 영역을 드래그하여 선택한 후 [데이터] 탭-[데이터 도구] 그룹-[통합]을 클릭합니다.
② [통합] 대화상자가 나타나면 [함수]를 '합계'로 선택하고, [참조]로 커서를 이동하여 '1월' 시트의 [B2:C27] 영역을 드래그하여 선택한 후 [추가] 단추를 클릭해 [모든 참조 영역] 목록에 표시되게 합니다.
③ 같은 방법으로 '2월' 시트의 [B2:C27] 영역, '3월' 시트의 [B2:C27] 영역을 [모든 참조 영역] 목록에 표시되게 합니다.
④ [사용할 레이블]의 '첫 행'과 '왼쪽 열' 확인란을 선택한 후 [확인] 단추를 클릭합니다.

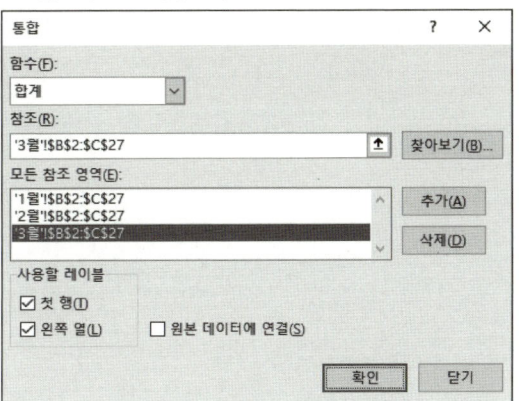

❷

① '숙제2' 시트의 첫 행인 [A2:M2] 영역을 선택한 후 [데이터] 탭-[데이터 도구] 그룹-[통합]을 클릭합니다.
② [통합] 대화상자가 나타나면 [참조]로 커서를 이동하여 'A서점' 시트의 [A2:M8] 영역을 드래그하여 선택하고 [추가] 단추를 클릭해 [모든 참조 영역] 목록에 표시되게 합니다.
③ 이어서 'B서점' 시트의 [A2:M14] 영역을 드래그하여 선택한 후 [추가] 단추를 클릭해 [모든 참조 영역] 목록에 표시되게 합니다.
④ '첫 행', '왼쪽 열', '원본 데이터에 연결' 확인란을 선택한 후 [확인] 단추를 클릭합니다.

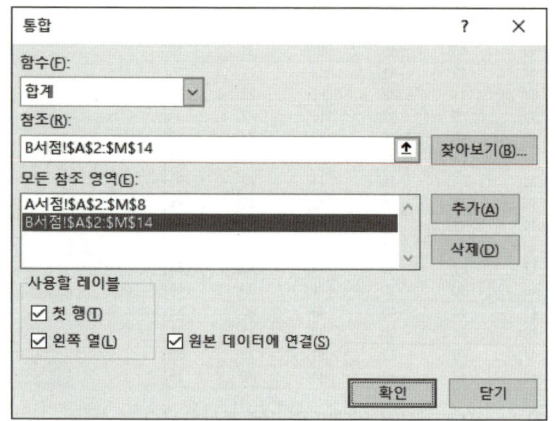

⑤ B열을 선택한 후 마우스 오른쪽 버튼을 눌러 [삭제] 명령을 클릭합니다.

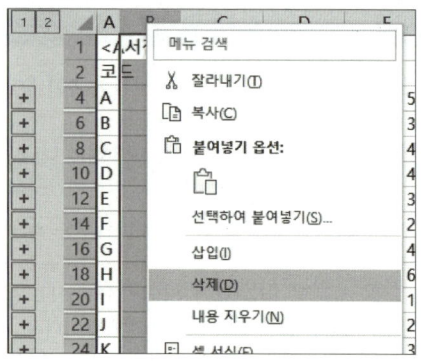

❸

▶ 결과

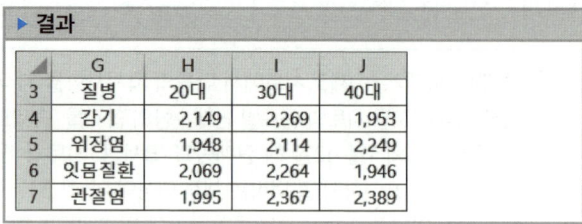

	G	H	I	J
3	질병	20대	30대	40대
4	감기	2,149	2,269	1,953
5	위장염	1,948	2,114	2,249
6	잇몸질환	2,069	2,264	1,946
7	관절염	1,995	2,367	2,389

① '숙제3' 시트의 [H4] 셀을 선택한 후 [데이터] 탭-[데이터 도구] 그룹-[통합]을 클릭합니다.
② [통합] 대화상자가 나타나면 [함수]를 '평균'으로 선택, [참조]로 커서를 이동하여 [C4:E7] 영역을 드래그하여 선택하고 [추가] 단추를 클릭해 [모든 참조 영역] 목록에 표시되게 합니다.
③ 이어서 [C8:E11] 영역을 드래그하여 선택한 후 [추가] 단추를 클릭해 [모든 참조 영역] 목록에 표시되게 합니다.
④ 같은 방법으로 [C12:E15], [C16:E19] 영역도 [모든 참조 영역] 목록에 표시되게 합니다.
⑤ 영역이 모두 표시되면 [사용할 레이블]의 '첫 행'과 '왼쪽 열' 확인란의 선택을 취소한 후 [확인] 단추를 클릭합니다.

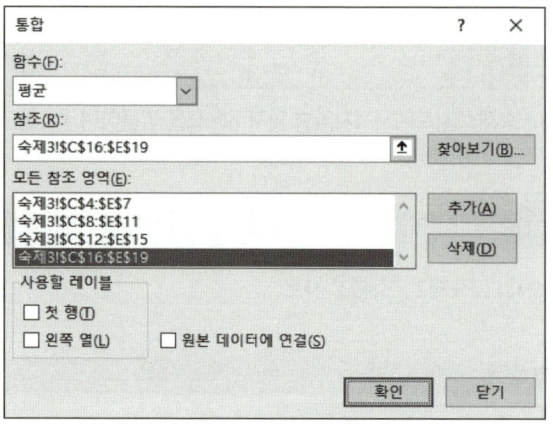

※ [G4:J7] 영역을 선택한 후 아래와 같이 지정해도 됩니다.

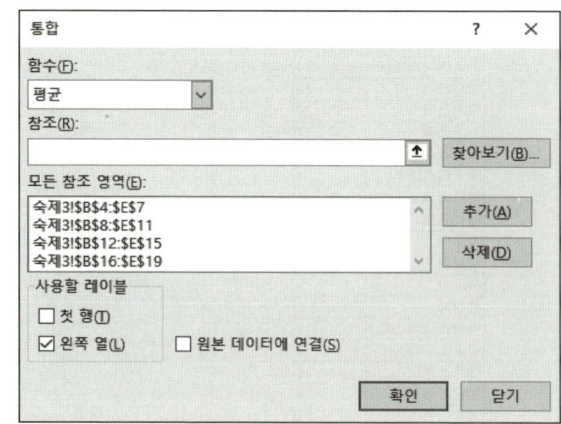

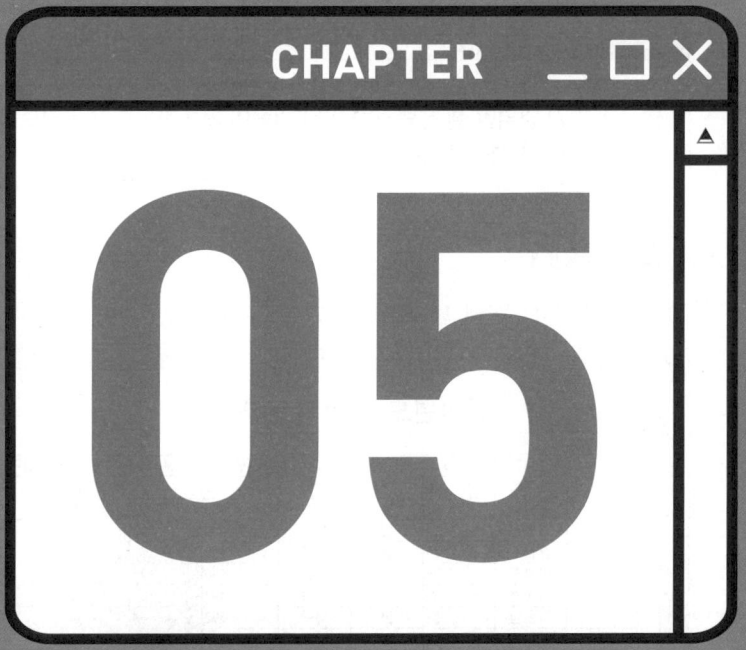

CHAPTER 05

통합 문서 관리 및 출력

Section 01 데이터 보호
Section 02 페이지 레이아웃

SECTION 01 데이터 보호

- 워크시트를 보호하면 워크시트의 일부만 편집하도록 설정할 수 있고 통합 문서 보호를 하면 워크시트 삽입, 삭제, 이동, 이름 변경 등을 할 수 없도록 설정할 수 있습니다. 다른 사용자로부터 특정 영역의 데이터를 보호하기 위해 워크시트를 보호하고 통합 문서의 구조를 보호해 보도록 하겠습니다.
- 준비파일 : 컴활1급 \ 엑셀 \ 1급엑셀(예제) \ 5장_01. 데이터 보호.xlsx

주희쌤 Tip
주희쌤 Tip은 꼼꼼히 모두 보세요.

주희쌤 Tip
시트 보호와 통합 문서 보호 혹은 페이지 레이아웃 설정이 5점짜리 1문제로 출제됩니다. 어렵지 않게 출제되니 맞히는 것을 목표로 합니다.

문제 유형 1 '시트보호1' 워크시트에서 작업하시오.

① [H5:I17] 영역만 셀 선택과 데이터 입력이 가능하도록 워크시트를 보호하시오.
▶ 암호는 지정하지 마시오.

따라하기 ①

① [H5:I17] 영역을 드래그하여 선택하고 Ctrl + 1 을 누릅니다.

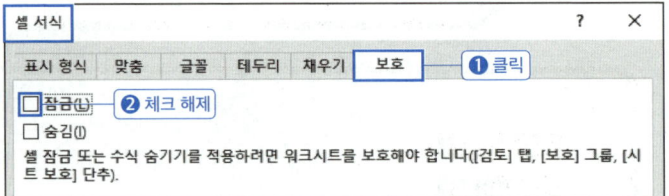

② [셀 서식] 대화상자가 나타나면 [보호] 탭-'잠금' 확인란의 선택을 취소하고 [확인] 단추를 클릭합니다.

주희쌤 Tip
모든 셀에는 기본적으로 셀 잠금이 설정되어 있습니다.

주희쌤 Tip
셀 잠금 또는 수식 숨기기를 적용하려면 워크시트를 보호해야 합니다.

③ 워크시트를 보호하기 위해 [검토] 탭-[보호] 그룹-[시트 보호]를 클릭합니다.

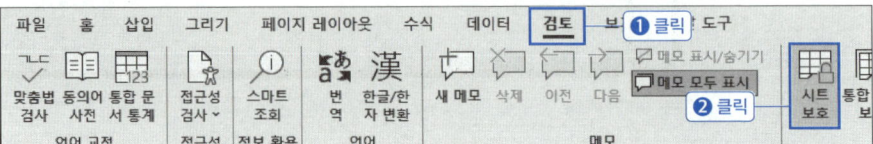

④ [시트 보호] 대화상자가 나타나면 잠금이 해제된 셀만 선택과 입력을 허용하기 위해 [이 워크시트의 모든 사용자에게 다음 사항을 허용]에 '잠긴 셀 선택' 확인란의 선택을 취소한 후 [확인] 단추를 클릭합니다.

> **주희쌤 Tip**
> 시트 보호를 해제하려면 [검토] 탭-[보호] 그룹-[시트 보호 해제]를 클릭합니다.

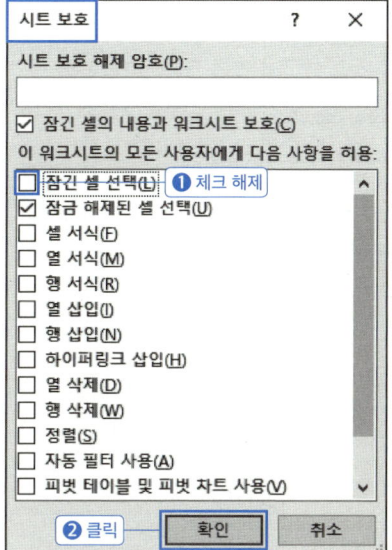

문제 유형 2 '시트보호2' 워크시트에서 작업하시오.

❷ [G6:G18] 영역에 셀 잠금과 수식 숨기기를 적용하고 제목의 텍스트 상자와 텍스트 열 잠금, 차트 잠금을 적용한 후 잠긴 셀의 내용과 워크시트를 보호하시오.
▶ 잠긴 셀의 선택과 잠기지 않은 셀(잠금 해제된 셀)의 선택, 정렬은 허용하시오.
▶ 단, 암호는 지정하지 마시오.

 따라하기 ❷

① [G6:G18] 영역을 드래그하여 선택하고 Ctrl + 1 을 누릅니다.

	A	B	C	D	E	F	G
1							
2				지로 납입 고객			
3							
4							
5		고객명	납부방법	구분	상반기사용량	하반기사용량	총사용량
6		이은지	지로	저압	1632	1632	3,264
7		박예은	지로	저압	1548	1530	3,078
8		유현준	지로	저압	1200	1212	2,412
9		김윤서	지로	고압	1830	1836	3,666
10		김민준	지로	저압	1674	1668	3,342
11		박우진	지로	고압	2760	2748	5,508
12		지현정	지로	고압	1794	1800	3,594
13		구하나	지로	저압	4368	4380	8,748
14		유민수	지로	저압	4380	4380	8,760
15		최현숙	지로	저압	1932	1926	3,858
16		이예지	지로	저압	1680	1668	3,348
17		이영자	지로	고압	1230	1248	2,478
18		진승현	지로	고압	1194	1200	2,394

❶ 드래그 → Ctrl + 1

② [셀 서식] 대화상자가 나타나면 [보호] 탭-'잠금', '숨김' 확인란을 선택한 후 [확인] 단추를 클릭합니다.

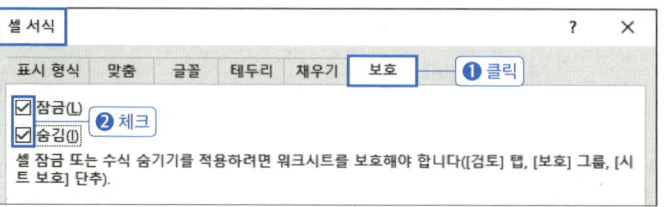

③ [D2:E3] 영역의 텍스트 상자 위에서 마우스 오른쪽 버튼을 눌러 [도형 서식] 명령을 클릭합니다.

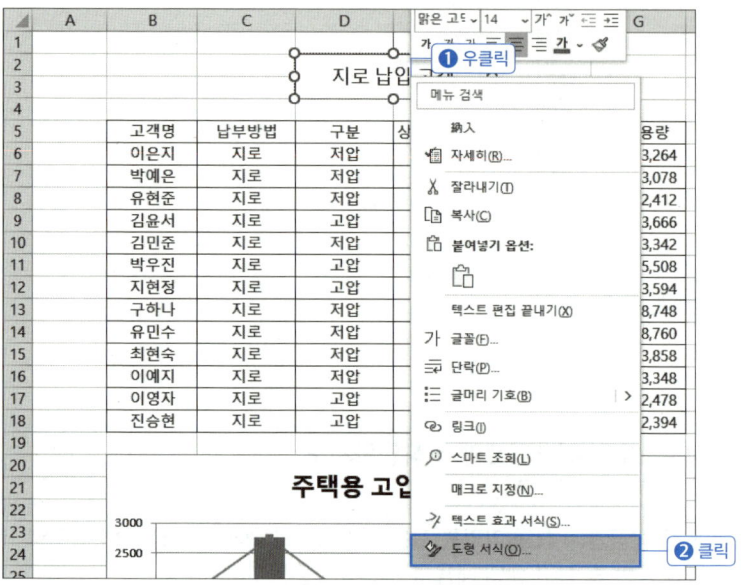

④ [도형 서식] 창이 나타나면 [도형 옵션]-[크기 및 속성](▦)-[속성]의 '잠금', '텍스트 잠금' 확인란을 선택한 후 [닫기](✕) 단추를 클릭합니다.

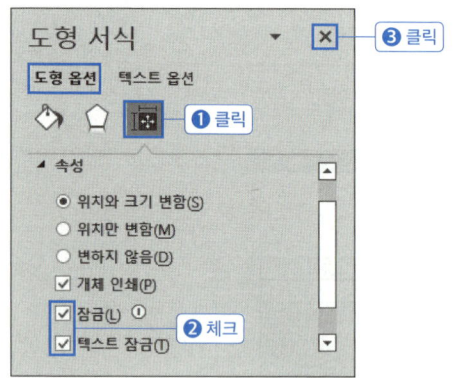

> **주희쌤 Tip**
> 문제에 제시되지 않은 사항은 기본 설정 그대로 둡니다.

> **주희쌤 Tip**
> '잠금'을 선택한 후 시트를 보호하면 컨트롤의 크기나 위치를 변경할 수 없고, '텍스트 잠금'을 선택한 후 시트를 보호하면 컨트롤 안에 입력된 텍스트를 변경할 수 없습니다.

⑤ 표 아래의 '차트 영역' 위에서 마우스 오른쪽 버튼을 눌러 [차트 영역 서식] 명령을 클릭합니다.

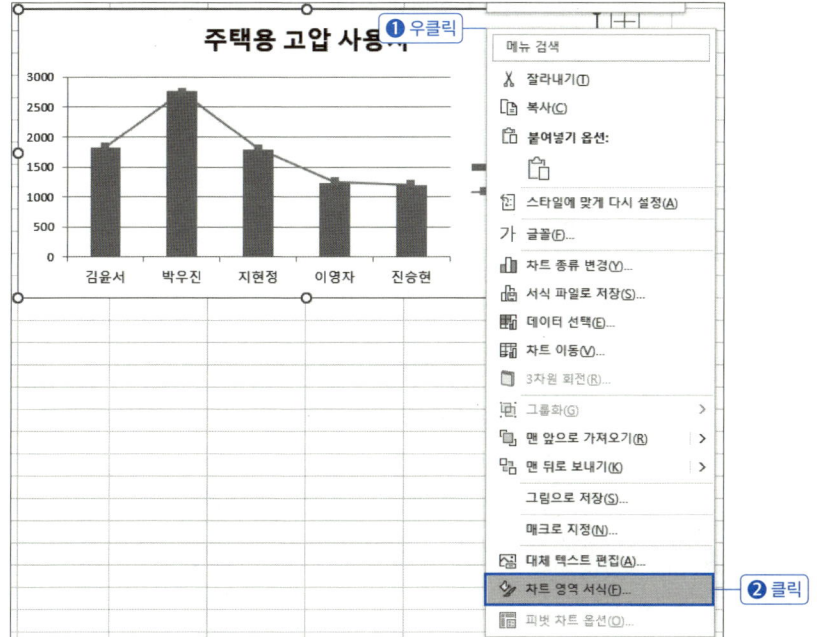

⑥ [차트 영역 서식] 창이 나타나면 [차트 옵션]-[크기 및 속성]( )-[속성]의 '잠금' 확인란을 선택한 후 [닫기](✖) 단추를 클릭합니다.

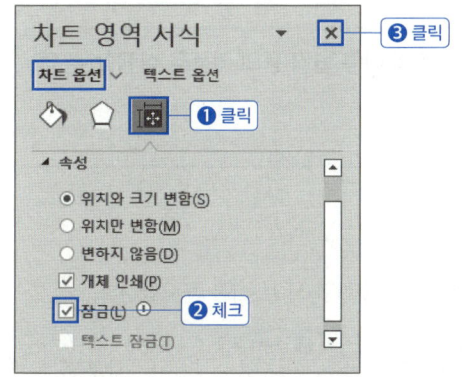

> **주희쌤Tip**
> 차트에 '잠금'을 설정한 후 시트를 보호하면 차트를 변경할 수 없습니다.

⑦ 워크시트를 보호하기 위해 [검토] 탭-[보호] 그룹-[시트 보호]를 클릭합니다.

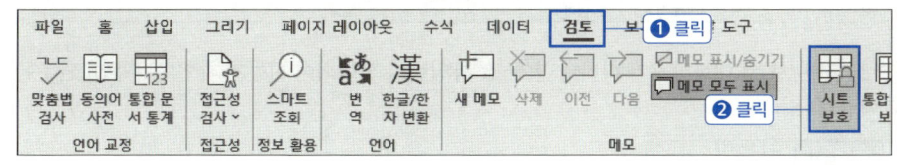

> **주희쌤 Tip**
> [시트 보호]는 기본적으로 '잠긴 셀의 내용과 워크시트 보호' 확인란이 선택되어 있습니다.

> **주희쌤 Tip**
> 시트 보호를 설정하면 기본적으로 셀의 선택만 가능합니다.

⑧ [시트 보호] 대화상자가 나타나면 [이 워크시트의 모든 사용자에게 다음 사항을 허용]에 '잠긴 셀 선택', '잠금 해제된 셀 선택', '정렬' 확인란을 선택한 후 [확인] 단추를 클릭합니다.

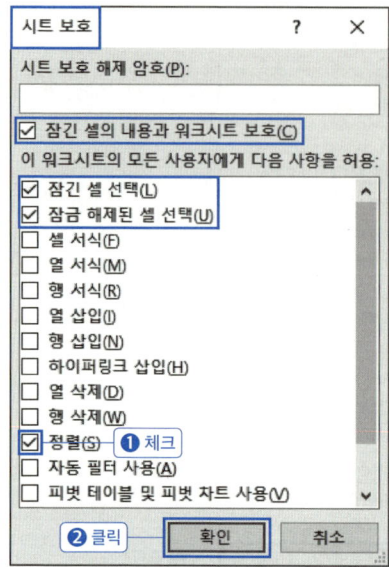

문제 유형 3 — '통합문서보호3' 워크시트에서 작업하시오.

❸ 워크시트의 삽입, 이동, 삭제, 숨기기, 워크시트의 이름 변경 등의 기능을 실행할 수 없도록 통합 문서 보호를 설정하시오.
  ▶ 암호는 지정하지 마시오.

 따라하기 ❸

① 통합 문서 보호를 설정하기 위해 [검토] 탭-[보호] 그룹-[통합 문서 보호]를 클릭합니다.

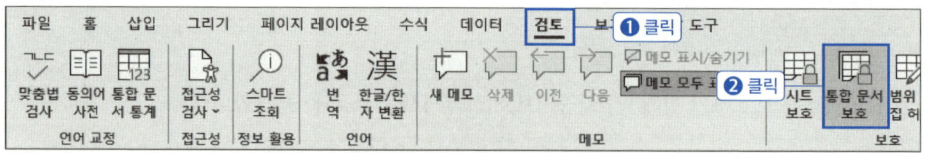

② [구조 및 창 보호] 대화상자가 나타나면 '구조' 확인란이 선택되어 있는지 확인 후 [확인] 단추를 클릭합니다.

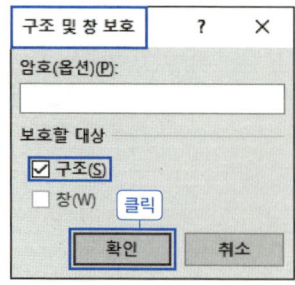

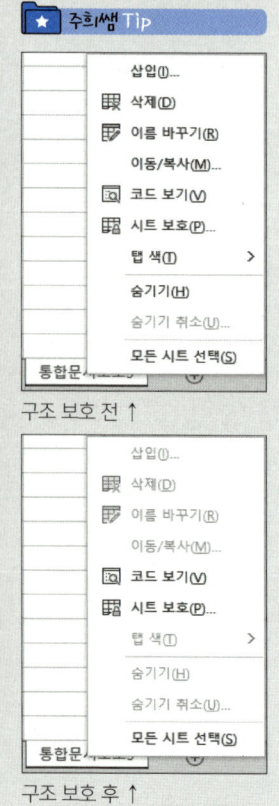

구조 보호 전 ↑

구조 보호 후 ↑

관련 필기 문제

01. 다음 중 워크시트에 관한 설명으로 옳지 않은 것은? 15년 3회 출제
① 워크시트가 연속적으로 여러 개 선택된 상태에서 Shift + F11 키를 누르면 선택된 워크시트의 개수만큼 새로운 워크시트가 삽입된다.
② 워크시트의 이름을 변경하지 못하도록 하려면 [시트 보호] 대화상자의 '잠긴 셀의 내용과 워크시트 보호'에 체크 표시한다.
③ 워크시트를 숨긴 경우 시트 탭 표시줄에는 표시되지 않지만 다른 워크시트나 다른 통합문서에서 계속 참조 할 수 있다.
④ [페이지 레이아웃] 탭 [페이지 설정] 그룹의 '배경' 명령을 이용하여 시트 배경 이미지를 화면에 표시할 수 있으나 인쇄되지는 않는다.

02. 다음 중 통합 문서에 대한 설명으로 옳지 않은 것은? 20년 2회 출제
① 시트 보호는 통합 문서 전체가 아닌 특정 시트만을 보호한다.
② 공유된 통합 문서는 여러 사용자가 동시에 변경 및 병합할 수 있다.
③ 통합 문서 보호 설정 시 암호를 지정하면 워크시트에 입력된 내용을 수정할 수 없다.
④ 사용자가 워크시트를 추가, 삭제하거나 숨겨진 워크시트를 표시하지 못하도록 통합 문서의 구조를 잠글 수 있다.

03. 다음 중 아래 그림에서의 각 기능에 대한 설명으로 옳지 않은 것은? 18년 1회 출제

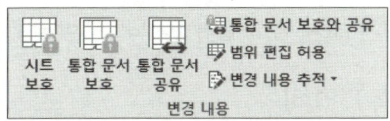

① [시트 보호]를 설정하면 기본적으로 셀의 선택만 가능하다.
② 시트 보호 시 특정 셀의 내용만 수정 가능하도록 하려면 해당 셀의 [셀 서식]에서 '잠금' 설정을 해제한다.
③ [통합 문서 보호]를 설정하면 포함된 차트, 도형 등의 그래픽 개체를 변경할 수 없다.
④ [범위 편집 허용]을 이용하면 보호된 워크시트에서 특정 사용자가 범위를 편집할 수 있도록 허용할 수 있다.

04. 다음 중 아래와 같이 통합 문서 보호를 설정한 경우 이에 대한 설명으로 옳지 않은 것은? 16년 2회 출제

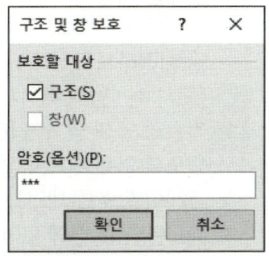

① 워크시트의 이동, 삭제, 숨기기, 워크시트의 이름 변경 등의 기능을 실행할 수 없다.
② 삽입되어 있는 차트를 다른 워크시트로 이동시킬 수 없다.
③ 시나리오 요약 보고서를 만들 수 없다.
④ 피벗 테이블 보고서에서 데이터 영역의 셀에 대한 원본 데이터를 표시하거나 별도 워크시트에 필드 페이지를 표시할 수 없다.

정답 01.❷ | 02.❸ | 03.❸ | 04.❷

SECTION 02 페이지 레이아웃

- 인쇄하기에 앞서 페이지 설정을 통해 원하는 인쇄 레이아웃으로 변경할 수 있습니다. 인쇄 배율, 페이지 가운데 맞춤, 고정적으로 표시되는 머리글이나 바닥글, 인쇄 영역 등을 설정해 보도록 하겠습니다.
- 준비파일 : 컴활1급 \ 엑셀 \ 1급엑셀(예제) \ 5장_02. 페이지 레이아웃.xlsx

주희쌤 Tip
주희쌤 Tip은 꼼꼼히 모두 보세요.

주희쌤 Tip
시트 보호와 통합 문서 보호 혹은 페이지 레이아웃 설정이 5점짜리 1문제로 출제됩니다. 어렵지 않게 출제되니 맞히는 것을 목표로 합니다.

문제 유형 1   '페이지설정' 워크시트에서 작업하시오.

1. 다음과 같이 페이지 레이아웃을 설정하시오.
   - ▶ 인쇄 배율의 자동 맞춤을 용지 너비 '1', 용지 높이 '2'로 설정하시오.
   - ▶ 인쇄될 내용이 페이지의 정 가운데에 인쇄되도록 페이지 가운데 맞춤을 설정하시오.
   - ▶ 매 페이지 하단의 가운데 구역에는 페이지 번호가 [표시 예]와 같이 표시되도록 바닥글을 설정하시오.
     [표시 예 : 현재 페이지 번호 1, 전체 페이지 번호 3 → 1/3]
   - ▶ 기존의 인쇄 영역에 [B59:J64] 영역을 추가하고, 4행이 매 페이지마다 반복하여 인쇄되도록 인쇄 제목을 설정하시오.
   - ▶ 그래픽 요소를 제외하고 텍스트만 간단하게 인쇄되도록 설정하시오.
   - ▶ 메모는 시트 끝에 모아서 인쇄되도록 설정하시오.
   - ▶ [B4:J34] 영역은 1페이지, [B35:J64] 영역은 2페이지에 인쇄되도록 페이지 나누기하시오.

따라하기 ①

① 페이지 레이아웃을 설정하기 위해 [페이지 레이아웃] 탭-[페이지 설정] 그룹-[페이지 설정](🖼)을 클릭합니다.

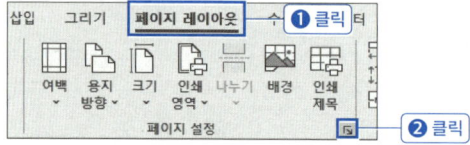

주희쌤 Tip
[페이지 설정] 대화상자의 [인쇄 미리 보기] 단추를 클릭해 설정 전을 미리 보고 설정 후와 비교해 보세요.

② [페이지 설정] 대화상자가 나타나면 [페이지] 탭-[배율]을 '자동 맞춤'으로 선택하고 '1' 용지 너비, '2' 용지 높이를 지정합니다.

주희쌤 Tip
용지 너비를 '1'로 지정했기 때문에 '합계' 열이 같은 페이지에 표시됩니다.
한 페이지에 더 많은 데이터가 표시되어 배율이 자동으로 조정됩니다.

주희쌤 Tip
용지 너비만 '1'로 지정하고 용지 높이를 비워두면 한 페이지의 폭에만 맞도록 인쇄물을 줄여 모든 열을 맞출 수 있습니다.

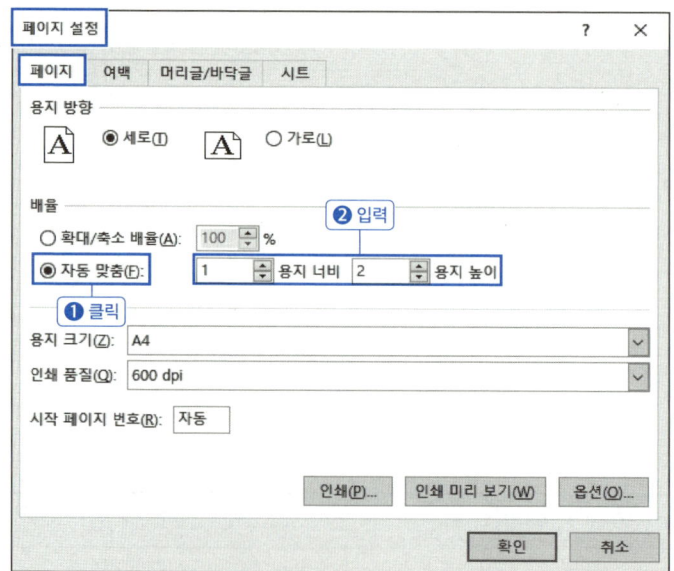

③ 이어서 인쇄될 내용이 페이지의 정 가운데에 인쇄되도록 [여백] 탭-[페이지 가운데 맞춤]의 '가로', '세로' 확인란을 선택합니다.

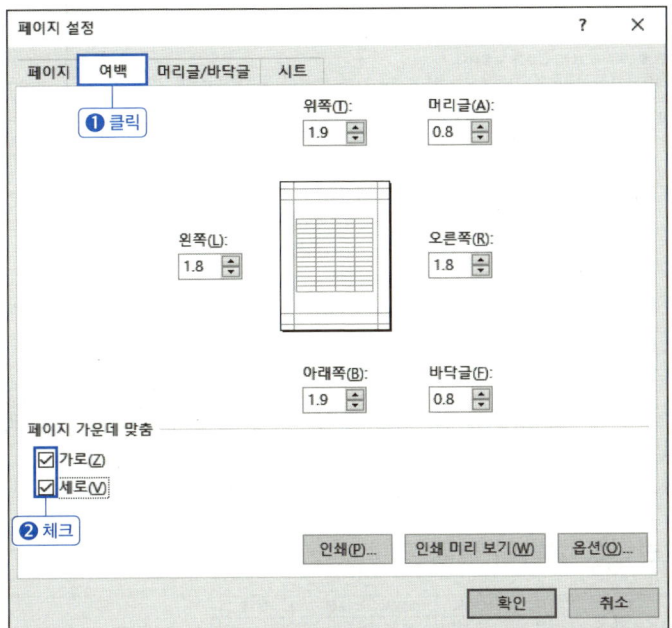

④ 이어서 매 페이지 하단의 가운데 구역에 페이지 번호를 표시하기 위해 [머리글/바닥글] 탭-[바닥글 편집] 단추를 클릭합니다.

> **주희쌤 Tip**
> 페이지의 하단이 아닌 상단에 표시하고자 한다면 [머리글 편집] 단추를 클릭합니다.

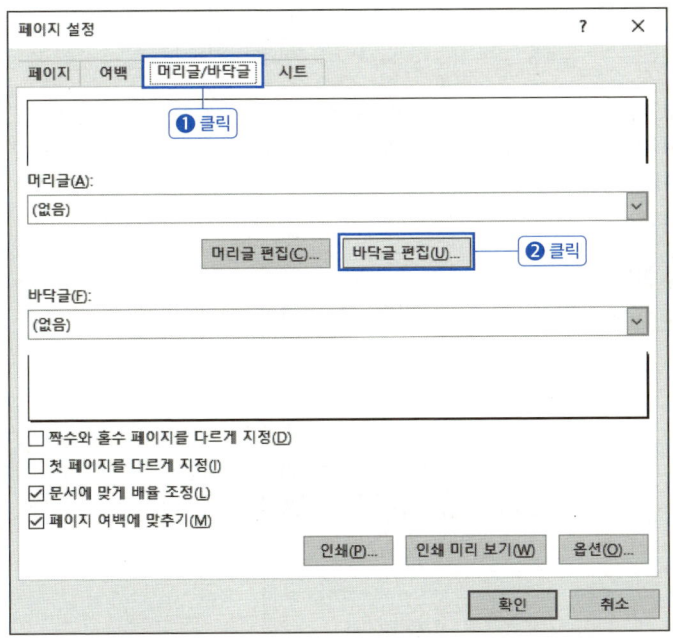

⑤ [바닥글] 대화상자가 나타나면 [가운데 구역] 란에 클릭합니다.

⑥ 커서가 나타나면 [페이지 번호 삽입](📄) 클릭, '/' 입력, [전체 페이지 수 삽입](📄)을 클릭합니다.

> **주희쌤 Tip**
> 페이지 번호 외에도 날짜, 시간, 파일 경로, 파일 이름 등을 삽입할 수 있습니다.

⑦ '&[페이지 번호]/&[전체 페이지 수]'가 입력되면 [확인] 단추를 클릭합니다.

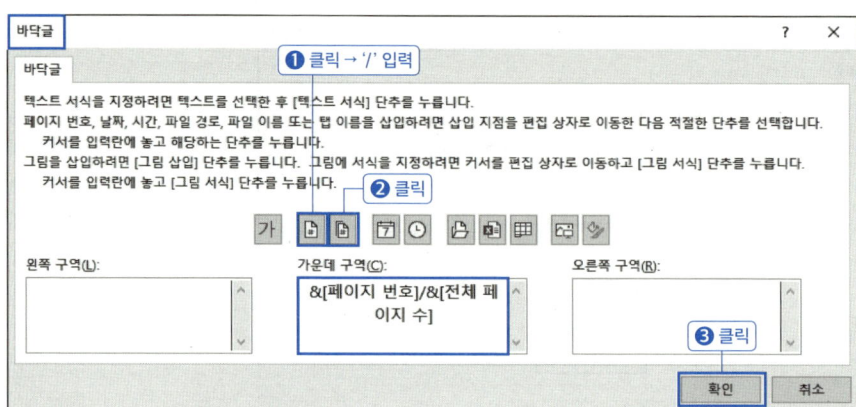

⑧ 이어서 [시트] 탭-[인쇄 영역] 란의 'B4:J58' 뒤에 ','(쉼표)를 입력 후 [B59:J64] 영역을 지정하고 [인쇄 제목]-[반복할 행] 란에 4행을 지정합니다.

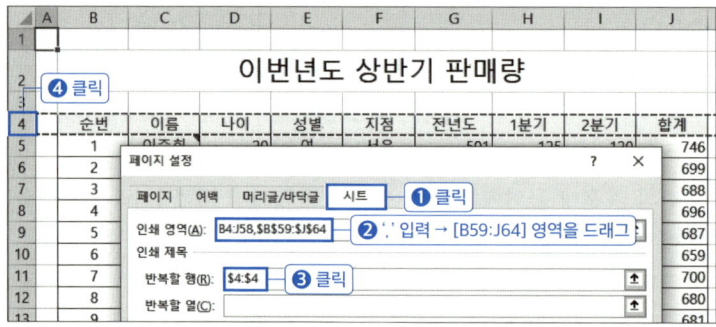

> **주희쌤 Tip**
> [인쇄 미리 보기]의 [페이지 설정]을 클릭하면 '인쇄 영역'과 '인쇄 제목'은 비활성화 됩니다.

> **주희쌤 Tip**
> 쉼표(,)를 이용하여 연속적 혹은 비연속적인 인쇄 영역을 두 개 이상 지정할 수 있습니다.
> 예 [A1:C3] 영역 드래그 → ',' 입력 → [A13:C15] 영역 드래그

> **주희쌤 Tip**
> [페이지 설정] 대화상자를 닫고 다시 열면 인쇄 영역이 'B4:J64'로 표시됩니다.

> **주희쌤 Tip**
> 메모를 '시트 끝'으로 설정하면 메모가 인쇄물의 가장 마지막 페이지에 모아서 인쇄됩니다.

⑨ 그래픽 요소를 제외하고 텍스트만 간단하게 인쇄되도록 '간단하게 인쇄' 확인란을 선택하고, 메모는 시트 끝에 모아서 인쇄되도록 '메모'의 목록 단추(⌄)를 클릭해 '시트 끝'을 선택한 후 [확인] 단추를 클릭합니다.

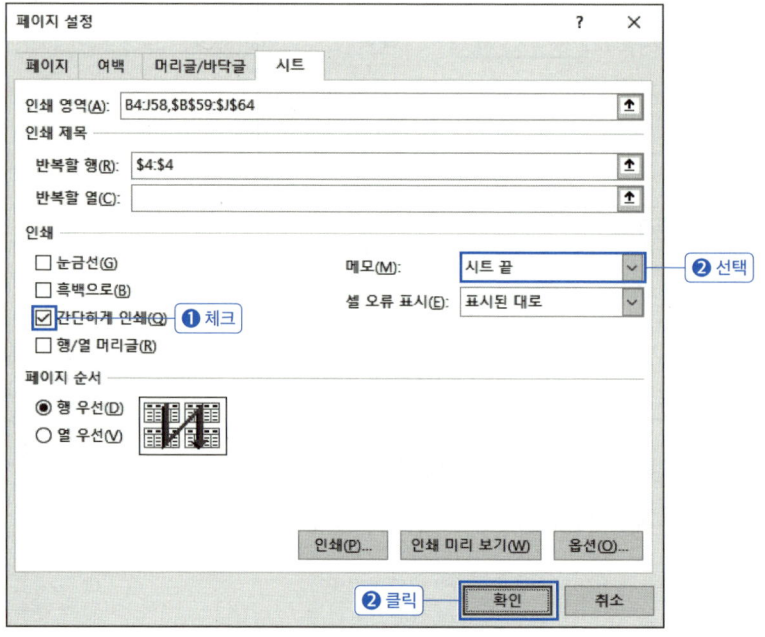

⑩ 페이지 나누기를 수행하기 위해 [보기] 탭-[통합 문서 보기] 그룹-[페이지 나누기 미리 보기]를 클릭합니다.

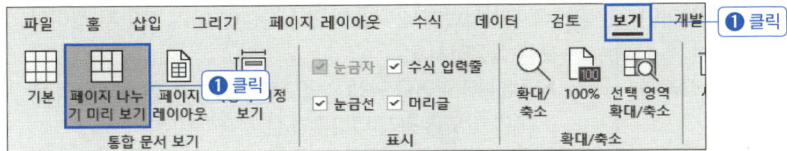

⑪ 47행과 48행 사이의 파선을 34행과 35행 사이로 드래그합니다.

> **주희쌤 Tip**
>
> 47행과 48행 사이에 있는 파선을 페이지 나누기 미리 보기 영역 밖으로 드래그하여 페이지 나누기를 수동으로 제거하고, [B35] 셀을 선택한 후 마우스 오른쪽 버튼을 눌러 [페이지 나누기 삽입] 명령을 클릭해도 됩니다.
> 자동으로 추가된 페이지 나누기는 파선으로 표시되고, 수동으로 삽입된 페이지 나누기는 실선으로 표시됩니다.

⑫ 34행과 35행 사이에 실선이 표시되면 [보기] 탭-[통합 문서 보기] 그룹-[기본]을 클릭합니다.

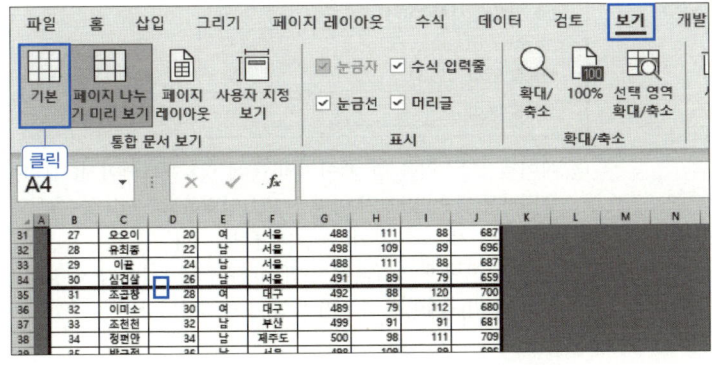

숙제

01 '숙제1' 시트에서 다음의 지시사항에 따라 페이지 레이아웃을 설정하시오.
- [B2:H48] 영역과 [J4:J9] 영역을 인쇄 영역으로 설정하시오.
- 2 ~ 4행을 반복하여 표시하시오.
- 페이지 하단의 오른쪽 구역에 페이지 번호를 표시하되, 홀수 페이지에만 페이지 번호를 표시하고, 짝수 페이지에는 페이지 번호를 표시하지 마시오.

02 '숙제2' 시트에서 다음의 지시사항에 따라 페이지 레이아웃을 설정하시오.
- [A1:I41] 영역을 인쇄 영역으로 설정하고, 한 페이지의 폭에만 맞도록 용지 너비를 '1'로 지정하시오.
- [페이지 나누기 삽입] 기능을 이용하여 [A1:I23] 영역을 1페이지, 나머지 인쇄 영역을 2페이지에 인쇄하도록 설정하시오.

숙제 정답 및 해설

01 '숙제1' 시트

① 페이지 레이아웃을 설정하기 위해 [페이지 레이아웃] 탭-[페이지 설정] 그룹-[페이지 설정]( )을 클릭합니다.
② [페이지 설정] 대화상자가 나타나면 [시트] 탭-[인쇄 영역] 란에 [B2:H48] 영역을 드래그하여 지정하고 ','를 입력한 후 [J4:J9] 영역을 드래그합니다.
③ 이어서 [인쇄 제목]-[반복할 행] 란에 2행부터 4행까지 드래그하여 지정합니다.

페이지 설정			
페이지	여백	머리글/바닥글	시트
인쇄 영역(A):	$B$2:$H$48,$J$4:$J$9		
인쇄 제목			
반복할 행(R):	$2:$4		
반복할 열(C):			

④ 페이지 하단의 오른쪽 구역에 페이지 번호를 표시하기 위해 [머리글/바닥글] 탭-[바닥글 편집] 단추를 클릭합니다.
⑤ [바닥글] 대화상자가 나타나면 [오른쪽 구역] 란에 클릭하고 페이지 번호 삽입( )을 클릭한 후 [확인] 단추를 클릭합니다.
⑥ 홀수 쪽에만 페이지 번호를 표시하기 위해 [머리글/바닥글] 탭의 '짝수와 홀수 페이지를 다르게 지정'을 선택한 후 [확인] 단추를 클릭합니다.

02 '숙제2' 시트

① 페이지 레이아웃을 설정하기 위해 [페이지 레이아웃] 탭-[페이지 설정] 그룹-[페이지 설정]( )을 클릭합니다.
② [페이지 설정] 대화상자가 나타나면 [시트] 탭-[인쇄 영역] 란에 입력된 기존의 인쇄 영역을 지운 후 [A1:I41] 영역을 드래그하여 선택합니다.

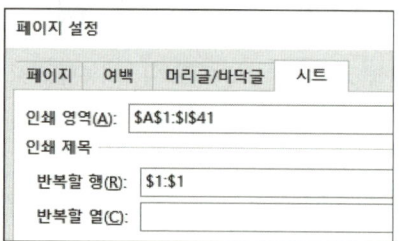

③ 이어서 모든 열을 한 페이지의 폭에 맞도록 [페이지] 탭-[배율]-[자동 맞춤]의 용지 너비를 '1'로 입력하고, '용지 높이'에 입력된 '1'은 지운 후 [확인] 단추를 클릭합니다.
④ 24행을 선택한 후 [페이지 레이아웃] 탭-[페이지 설정] 그룹-[나누기]-[페이지 나누기 삽입]을 클릭합니다.

관련 필기 문제

01. 다음 중 [인쇄 미리 보기] 상태에서 설정할 수 있는 기능에 대한 설명으로 옳지 않은 것은?
17년 2회 출제
① '여백 표시'가 되어 있는 경우 미리 보기로 표시된 워크시트의 열 너비를 조정할 수 있다.
② [페이지 설정]에서 '인쇄 영역'을 변경하여 인쇄할 수 있다.
③ [머리글/바닥글]로 설정한 내용은 매 페이지 상단이나 하단의 별도 영역에, 인쇄 제목의 반복할 행/열은 매 페이지의 본문 영역에 반복 출력된다.
④ [페이지 설정]에서 확대/축소 배율을 10%에서 최대 400%까지 설정하여 인쇄할 수 있다.

02. 다음 중 엑셀의 인쇄 기능에 대한 설명으로 옳지 않은 것은?
20년 2회 출제
① 차트만 제외하고 인쇄하기 위해서는 [차트 영역 서식] 대화상자에서 '개체 인쇄'의 체크를 해제한다.
② 시트에 표시된 오류 값을 제외하고 인쇄하기 위해서는 [페이지 설정] 대화상자에서 '셀 오류 표시'를 '<공백>'으로 선택한다.
③ 인쇄 내용을 페이지의 가운데에 맞춰 인쇄하려면 [페이지 설정] 대화상자에서 '문서에 맞게 배율 조정'을 체크한다.
④ 인쇄되는 모든 페이지에 특정 행을 반복하려면 [페이지 설정] 대화상자에서 '인쇄 제목'의 '반복할 행'에 열 레이블이 포함된 행의 참조를 입력한다.

03. 다음 중 [페이지 설정] 대화상자에 대한 설명으로 옳지 않은 것은?
14년 3회 출제
① [페이지] 탭 '자동 맞춤'에서 용지 너비와 용지 높이를 모두 1로 설정하면 확대/축소 배율이 항상 100%로 인쇄된다.
② [여백] 탭 '페이지 가운데 맞춤'의 가로 및 세로를 체크하면 인쇄 내용이 용지의 가운데에 맞춰 인쇄된다.
③ [머리글/바닥글] 탭의 '페이지 여백에 맞추기'를 체크하면 머리글이나 바닥글을 표시하기에 충분한 머리글 또는 바닥글 여백이 확보된다.
④ [시트] 탭 '페이지 순서'에서 행 우선을 선택하면 여러 장에 인쇄될 경우 행 방향으로 인쇄된 후 나머지 열들을 인쇄한다.

04. 다음 중 [페이지 설정] 대화상자의 [시트] 탭에 대한 설명으로 옳지 않은 것은?
15년 1회 출제
① 인쇄 영역을 지정하지 않으면 기본적으로 워크시트의 모든 내용을 인쇄한다.
② 반복할 행은 "$1:$3"과 같이 행 번호로 나타낸다.
③ 메모의 인쇄 방법을 '시트 끝'으로 선택하면 원래 메모가 속한 각 페이지의 끝에 모아 인쇄된다.
④ 여러 페이지가 인쇄될 경우 열 우선을 선택하면 오른쪽 방향으로 인쇄를 마친 후에 아래쪽 방향으로 진행된다.

05. 다음 중 인쇄 기능에 대한 설명으로 옳지 않은 것은?
20년 1회 출제
① 기본적으로 워크시트의 눈금선은 인쇄되지 않으나 인쇄되도록 설정할 수 있다.
② [페이지 설정] 대화상자의 [시트] 탭에서 '간단하게 인쇄'를 선택하면 셀의 테두리를 포함하여 인쇄할 수 있다.
③ [인쇄 미리 보기 및 인쇄] 화면을 표시하는 단축키는 Ctrl + F2 이다.
④ [인쇄 미리 보기 및 인쇄]에서 '여백 표시'를 선택한 경우 마우스로 여백을 변경할 수 있다.

06. 다음 중 엑셀의 [페이지 설정] 대화상자에 대한 설명으로 옳은 것은?
17년 1회 출제
① 인쇄 배율을 수동으로 설정할 수 있으며, 배율은 워크시트 표준 크기의 10%에서 200%까지 설정 가능하다.
② [시트] 탭에서 머리글/바닥글과 행/열 머리글이 인쇄 되도록 설정할 수 있다.
③ [페이지] 탭에서 '자동 맞춤'의 용지 너비와 용지 높이를 각각 1로 지정하면 여러 페이지가 한 페이지에 인쇄된다.
④ 셀에 설정된 메모는 시트에 표시된 대로 인쇄할 수는 없으나 시트 끝에 인쇄되도록 설정할 수 있다.

07. 다음 중 [페이지 설정] 대화상자의 [시트] 탭에서 설정할 수 없는 것은?
13년 3회 출제
① 워크시트의 셀 구분선이 인쇄되도록 설정할 수 있다.
② 컬러로 설정된 셀 채우기 색상이나 무늬를 무시하고, 흑백으로 인쇄되도록 설정할 수 있다.
③ 워크시트에 삽입되어 있는 차트, 도형, 그림 등의 모든 그래픽 요소를 제외하고 텍스트만 빠르게 인쇄 되도록 설정할 수 있다.
④ 인쇄할 페이지의 상단이나 하단에 동일한 내용을 인쇄하기 위한 머리글/바닥글을 설정할 수 있다.

08. 다음 중 워크시트의 인쇄 영역 설정에 대한 설명으로 옳지 않은 것은?
16년 3회 출제
① 인쇄 영역을 정의한 후 워크시트를 인쇄하면 해당 인쇄 영역만 인쇄된다.
② 사용자가 설정한 인쇄 영역은 엑셀을 종료하면 인쇄 영역 설정이 자동으로 해제된다.
③ 필요한 경우 기존 인쇄 영역에 다른 영역을 추가하여 인쇄 영역을 확대할 수 있다.
④ 인쇄 영역으로 여러 영역이 설정된 경우 설정한 순서대로 각기 다른 페이지에 인쇄된다.

09. 다음 중 인쇄에 관한 설명으로 옳지 않은 것은?
22년 상시 출제
① [페이지 설정]-[시트] 탭에서 셀에 표시된 오류가 인쇄되지 않도록 설정할 수 있다.
② 머리글과 바닥글의 인쇄 배율을 워크시트의 인쇄 배율에 맞추려면 [페이지 설정]-[머리글/바닥글] 탭에서 '문서에 맞게 배율 조정'을 선택한다.
③ 워크시트에 자료가 많을 경우 자동으로 페이지 구분선이 삽입되어 인쇄되는데 원하는 위치에 사용자가 직접 [페이지 나누기 삽입]을 설정할 수 있다.
④ 도형을 제외하고 인쇄하려면 도형의 바로 가기 메뉴에서 [크기 및 속성]을 선택하고 [도형 서식] 창에서 '개체 인쇄'를 선택한다.

정답 01.③ | 02.③ | 03.① | 04.③ | 05.② | 06.③ | 07.④ | 08.② | 09.④

컴퓨터활용능력 1급 실기 1권 스프레드시트

CHAPTER 06

어플리케이션

Section 01 프로시저

SECTION 01

프로시저

- 프로시저는 특정 동작을 수행하기 위한 명령의 모임입니다. Function 프로시저를 사용자 정의 함수에서 선언해 보았고, 이번에는 Sub 프로시저를 작성해 보도록 하겠습니다.
- **준비파일** : 컴활1급 \ 엑셀 \ 1급엑셀(예제) \ 6장_01. 프로시저1.xlsm, 6장_01. 프로시저2.xlsm, 6장_01. 프로시저3.xlsm, 6장_01. 프로시저4.xlsm, 6장_01. 프로시저5.xlsm

주희쌤 Tip
주희쌤 Tip은 꼼꼼히 모두 보세요.

주희쌤 Tip
[수식 입력줄] 위에 '보안 경고' 가 표시되면 '콘텐츠 사용'을 클릭하세요.

주희쌤 Tip
프로시저는 5점씩 3문제, 총 15점이 출제됩니다. 목표 점수는 10점으로 3문제가 모두 어렵게 출제되지는 않으니 책에 있는 문제를 반복적으로 연습하세요.

주희쌤 Tip
- 개체(Object) : 처리의 대상. 엑셀에서는 통합 문서, 시트, 셀 등을 개체로 취급
- 속성(Property) : 개체의 특성이나 기능. 개체의 종류마다 수행할 수 있는 특성이나 기능이 다름
- 메서드(Method) : 개체가 수행할 수 있는 동작
- 이벤트 프로시저(Event Procedure) : 어떤 사건(마우스를 클릭하거나 키보드를 누르는 등)을 했을 때 실행되도록 작성된 프로시저
- 변수 : 변하는 수 (예를 들어, 'a=선택한 행 번호'이면 1행을 선택했을 때 a=1이 되고 2행을 선택했을 때 a=2가 됩니다.)
- a=b+c : b+c를 계산하여 a에 치환

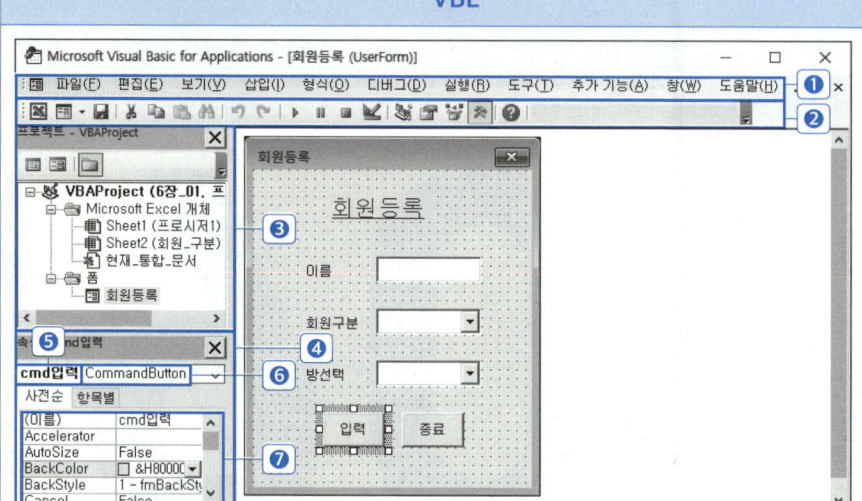

1. 메뉴
2. 표준 도구 모음
3. 프로젝트 탐색기 창
4. 속성 창
5. 컨트롤 이름
6. 컨트롤 종류
7. 컨트롤 속성

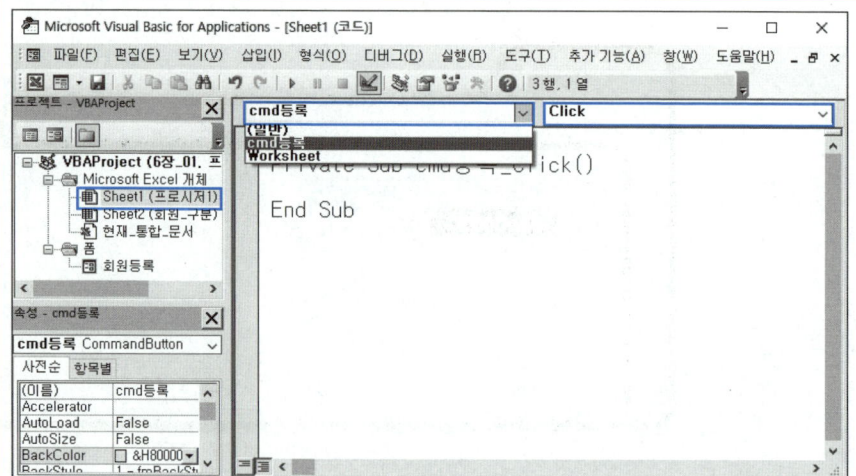

VBAProject의 'Sheet1 (프로시저1)' 개체를 더블클릭하면 오른쪽 코드 창이 'Sheet1 (프로시저1)' 개체의 코드 입력 창으로 전환됩니다.

코드 창 좌측 상단에는 'Sheet1 (프로시저1)'에 포함된 개체를 선택하는 목록이 표시되고, 우측 상단에는 선택한 개체와 관련된 프로시저 목록이 표시됩니다.

문제 유형 1

준비파일 : 컴활1급\엑셀\1급엑셀(예제)\6장_01. 프로시저1.xlsm
'프로시저1' 워크시트에서 작업하시오.

① <등록> 버튼을 클릭하면 '회원등록' 폼이 나타나는 프로시저를 작성하시오.

② '회원등록' 폼이 초기화되면 '회원구분(cmb회원구분)' 콤보 상자의 목록에 '회원_구분' 시트의 [A2:A4] 영역의 값이 설정되는 프로시저를 작성하시오.

③ '회원등록' 폼이 초기화되면 '방선택(cmb방선택)' 콤보 상자의 목록에 '봄테마', '여름테마', '가을테마', '겨울테마'가 표시되도록 하는 프로시저를 작성하시오. (with 문 사용)

④ '회원등록' 폼이 초기화되면 'txt이름' 컨트롤로 포커스가 옮겨가도록 프로시저를 작성하시오.

⑤ '회원등록' 폼의 <입력> 버튼(cmd입력)을 클릭하면 폼에 입력된 데이터가 '프로시저1' 시트의 [표1]에 입력되어 있는 마지막 행 다음에 연속해서 추가되는 프로시저를 작성하시오.

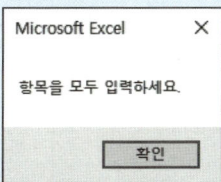

▶ 순번은 순서를 나타내는 번호를 입력
▶ 입력날짜는 현재 시스템의 날짜
▶ 회원구분이나 방선택을 입력하지 않았으면 <그림>과 같은 메시지 박스가 표시

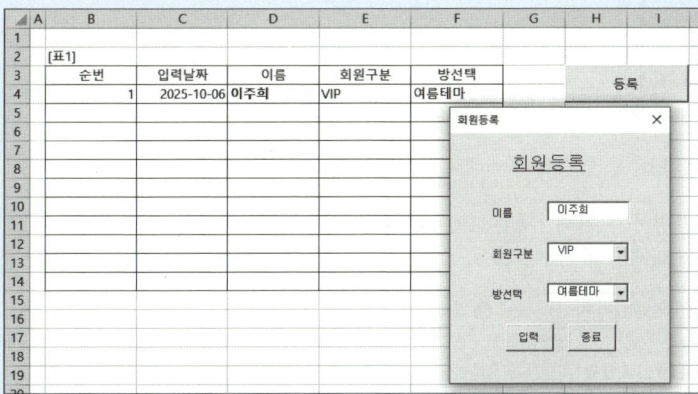

⑥ <종료> 버튼(cmd종료)을 클릭하면 <그림>과 같은 메시지 박스를 표시한 후 폼을 종료하는 프로시저를 작성하시오.

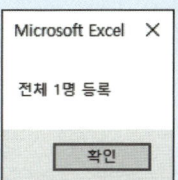

⑦ 폼이 종료된 후 [D4] 셀의 글꼴 스타일이 '굵게'로 지정되는 프로시저를 작성하시오.

> **주희쌤 Tip**
>
>
> → 실행 모드
> → 디자인 모드

> **주희쌤 Tip**
>
> 폼이 화면에 나타나도록 하시오.
> 폼 이름.Show

> **주희쌤 Tip**
>
> 코드를 작성하고 실행하는 방법
> • 방법1. VBE 표준 도구 모음의 실행(▶) 단추를 클릭하여 실행
> • 방법2. 엑셀 시트로 돌아와 [디자인 모드]를 해제하고 실행

따라하기 1

① [개발 도구] 탭-[컨트롤] 그룹-[디자인 모드]를 클릭하여 〈등록〉 버튼을 디자인 모드로 변경합니다.

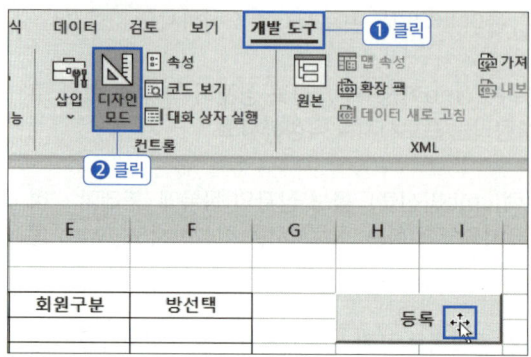

② 〈등록〉 버튼을 더블클릭하여 코드 창에 'cmd등록_Click( )' 프로시저가 나타나면 아래와 같이 입력합니다.

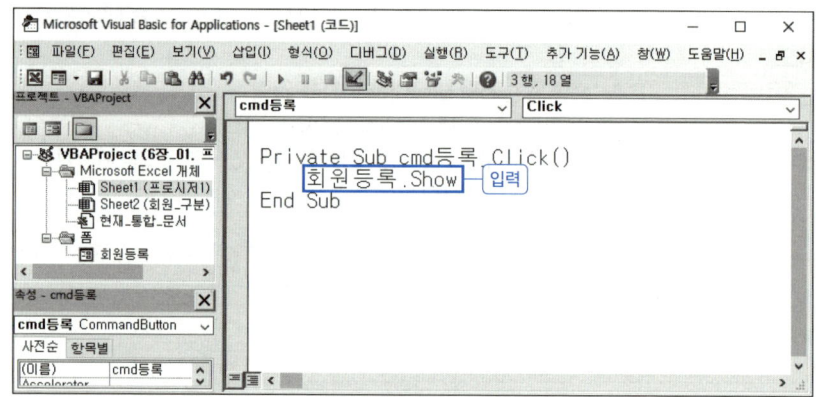

③ VBE의 닫기(✕) 단추를 클릭하여 엑셀로 돌아옵니다.

④ 실행 모드로 변경하기 위해 [개발 도구] 탭-[컨트롤] 그룹-[디자인 모드]를 다시 클릭하여 [디자인 모드]를 해제합니다.

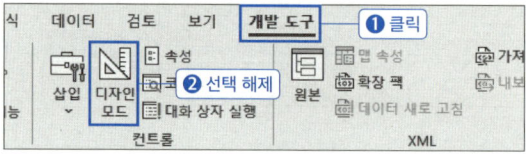

⑤ 〈등록〉 버튼을 클릭하여 코드가 잘 작성되었는지 실행해 본 후 '회원등록' 폼의 닫기(✕) 단추를 클릭하여 폼을 닫습니다.

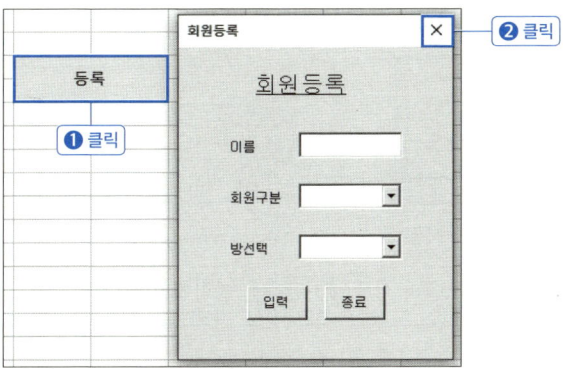

⑥ 2번 문제를 풀기 위해 [개발 도구] 탭-[컨트롤] 그룹-[디자인 모드]를 클릭하고 〈등록〉 버튼을 더블클릭하여 VBE를 실행합니다.

| 회원등록.Show | '회원등록' 폼이 화면에 표시(Show) |

따라하기 ②

① 프로젝트 탐색기 창에서 '회원등록' 폼을 더블클릭합니다.

② '회원등록' 폼이 코드 창에 표시되면 폼의 빈 공간을 더블클릭합니다.

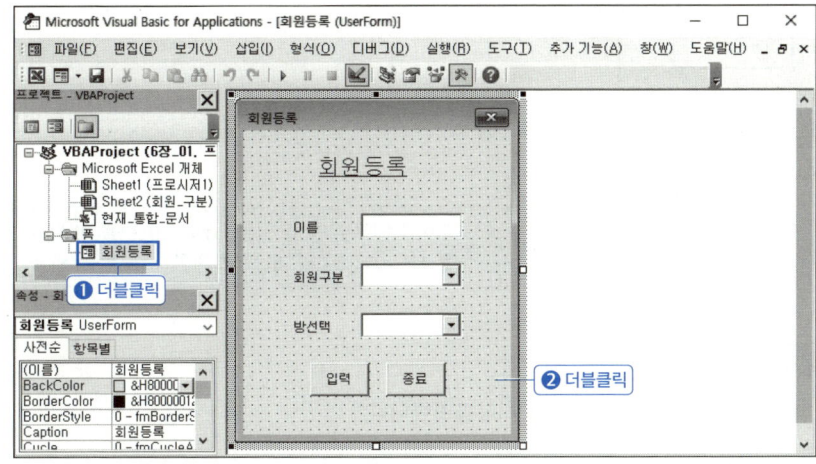

③ 폼이 초기화되면 프로시저가 실행되도록 코드 창 우측 상단에 프로시저 목록을 'Initialize'로 변경합니다.

> ★ 주희쌤 Tip
>
> 폼이 나타나면(=초기화되면, 실행되면) 프로시저를 실행하시오.
> UserForm_Initialize( )

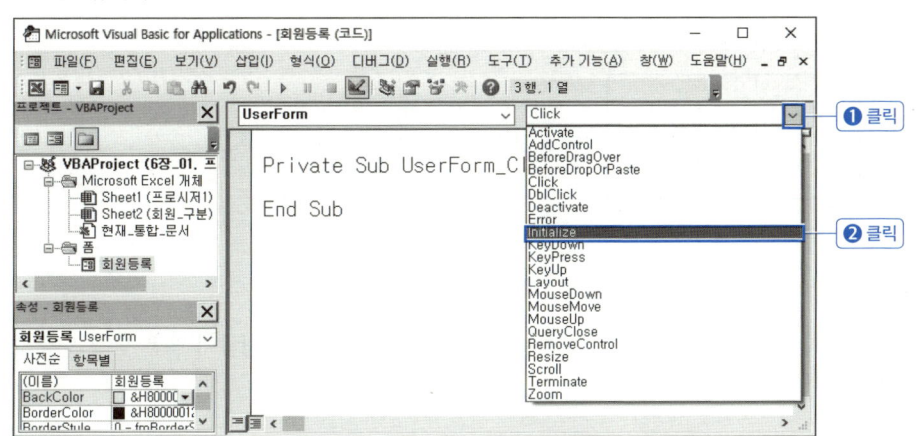

> **주희쌤 Tip**
>
> 셀에 있는 내용을 컨트롤의 목록에 표시하시오.
> 컨트롤이름.RowSource="셀주소"
>
> 셀에 없는 내용을 컨트롤의 목록에 표시하시오.
> 컨트롤이름.AddItem "표시할 항목"
>
> 목록에 표시하는 것이 아닌 컨트롤 자체에 표시하시오.
> 컨트롤이름="표시할 항목"

④ 코드 창에 'UserForm_Initialize( )' 프로시저가 나타나면 아래와 같이 입력합니다.

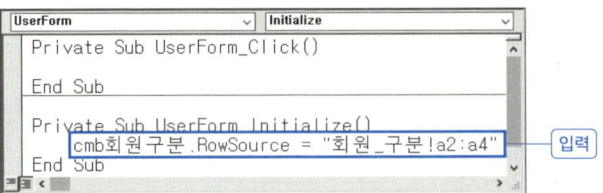

⑤ 이번에는 VBE에서 실행하기 위해 표준 도구 모음의 실행(▶) 단추를 클릭합니다.

⑥ 코드가 잘 작성되었는지 확인 후 '회원등록' 폼의 닫기(✕)를 클릭하여 폼을 닫고 VBE로 돌아옵니다.

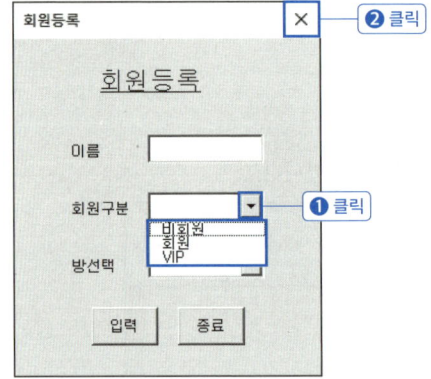

cmb회원구분.RowSource = "회원_구분!A2:A4" 'cmb회원구분'의 행 원본(RowSource)을 회원_구분 시트 [A2:A4]의 내용으로 지정

> **주희쌤 Tip**
>
> • 다른 시트의 셀을 참조할 경우
>   "시트이름!참조주소"
> • 다른 시트의 이름에 공백이나 기호가 포함되어 있는 경우 작은따옴표를 추가 입력
>   "'시트 이름'!참조주소"
>   "'시트-이름'!참조주소"

 따라하기 ③

① 프로젝트 탐색기 창에서 '회원등록' 폼을 더블클릭합니다.

② '회원등록' 폼이 코드 창에 표시되면 폼의 빈 공간을 더블클릭한 후 2번 문제의 코드 아래 줄에 아래와 같이 입력합니다.

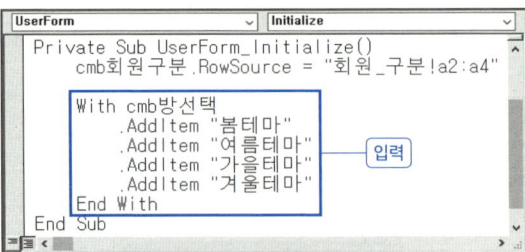

> **주희쌤 Tip**
>
> With 문은 반복되는 컨트롤 이름을 생략합니다.
>
> With 컨트롤 이름
>   .AddItem "표시할 항목"
>   .AddItem "표시할 항목"
> End With

③ 표준 도구 모음의 실행(▶)단추를 클릭합니다.

④ 코드가 잘 작성되었는지 확인 후 '회원등록' 폼의 닫기(✕)를 클릭하여 폼을 닫고 VBE로 돌아옵니다.

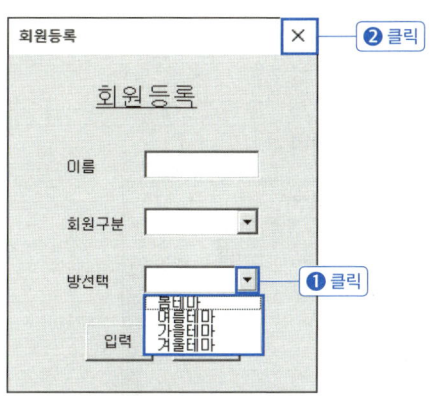

```
With cmb방선택
    .AddItem "봄테마"
    .AddItem "여름테마"
    .AddItem "가을테마"
    .AddItem "겨울테마"
End With
```

'cmb방선택'의 추가 항목(AddItem)을 '봄테마', '여름테마', '가을테마', '겨울테마'로 지정

 따라하기 ④

① 프로젝트 탐색기 창에서 '회원등록' 폼을 더블클릭합니다.

② '회원등록' 폼이 코드 창에 표시되면 폼의 빈 공간을 더블클릭한 후 3번 문제의 코드 아래 줄에 아래와 같이 입력합니다.

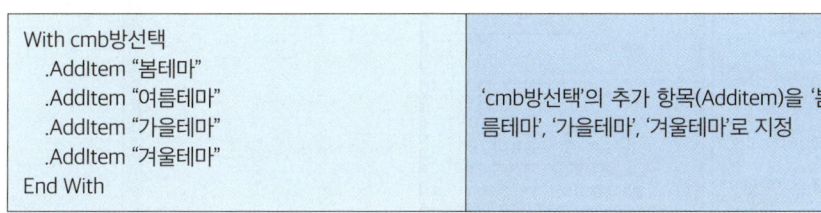

> **주희쌤 Tip**
> 컨트롤에 포커스가 이동되도록 하시오.
> 컨트롤이름.SetFocus

③ 표준 도구 모음의 실행(▶)단추를 클릭합니다.

④ 코드가 잘 작성되었는지 확인 후 '회원등록' 폼의 닫기(✕)를 클릭하여 폼을 닫고 VBE로 돌아옵니다.

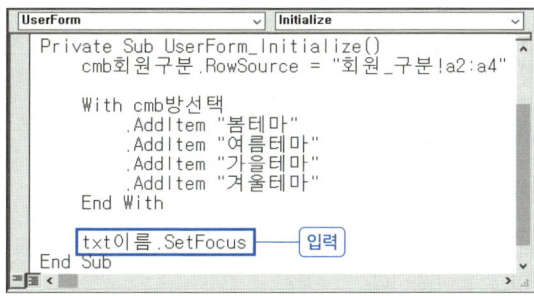

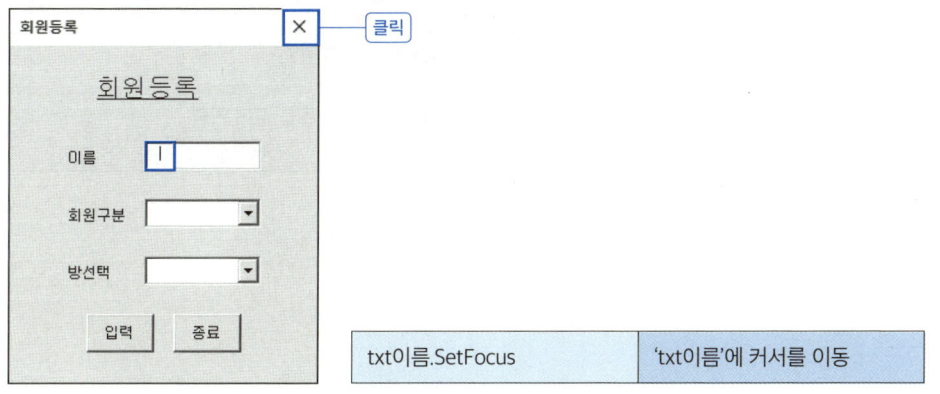

| txt이름.SetFocus | 'txt이름'에 커서를 이동 |

따라하기 5

① 프로젝트 탐색기 창에서 '회원등록' 폼을 더블클릭합니다.

② '회원등록' 폼이 코드 창에 표시되면 'cmd입력'을 더블클릭합니다.

주희쌤 Tip

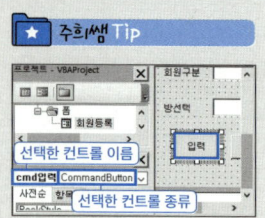

컨트롤을 선택한 후 속성 창에서 컨트롤 이름을 확인합니다.

주희쌤 Tip

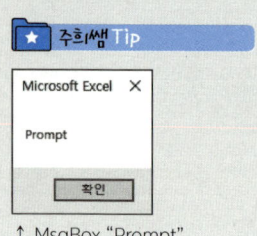

↑ MsgBox "Prompt"

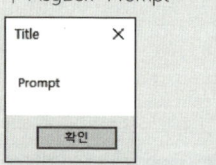

↑ MsgBox "Prompt",,"Title"

주희쌤 Tip

시트의 마지막 행 다음에 연속해서 입력되도록 '입력행' 변수를 설정하시오.
입력행=[표시작셀].Row+[표시작셀].CurrentRegion.Rows.Count

예
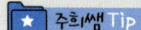
↑ 표 시작 셀은 [B3]   ↑ 표 시작 셀은 [B2]

예
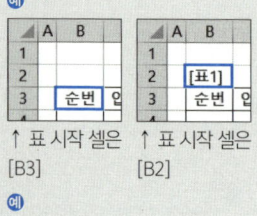

- [B2].Row : [B2] 셀의 행은 '2'입니다.
- [B2].CurrentRegion.Rows.Count : [B2] 셀의 현재 연결된 범위([B2:F3])의 행들 개수는 '2'입니다.
- [B2].Row+[B2].CurrentRegion.Rows.Count → 2+2 → 입력행은 4

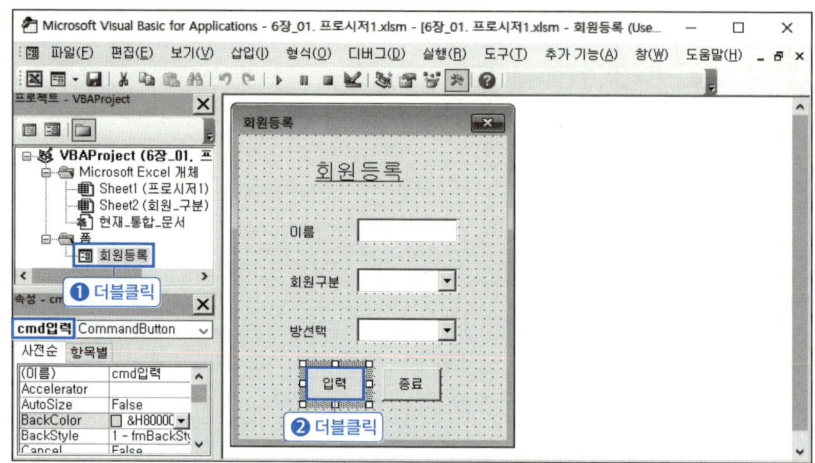

③ 코드 창에 'cmd입력_Click( )' 프로시저가 나타나면 아래와 같이 입력합니다.

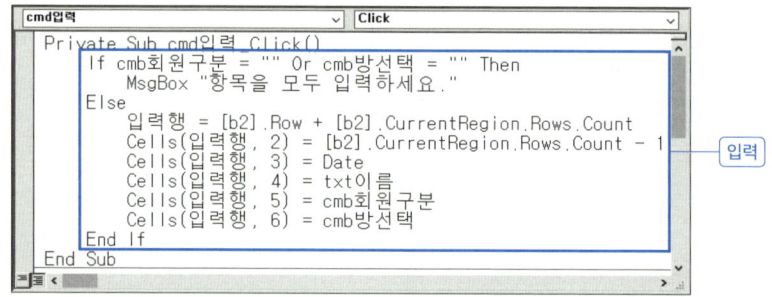

④ 표준 도구 모음의 실행(▶)단추를 클릭합니다.

⑤ 각 컨트롤에 데이터를 입력하고 〈입력〉을 클릭해 시트에 표시되는지 확인한 후 '회원등록' 폼의 닫기(✕)를 클릭하여 폼을 닫고 VBE로 돌아옵니다.

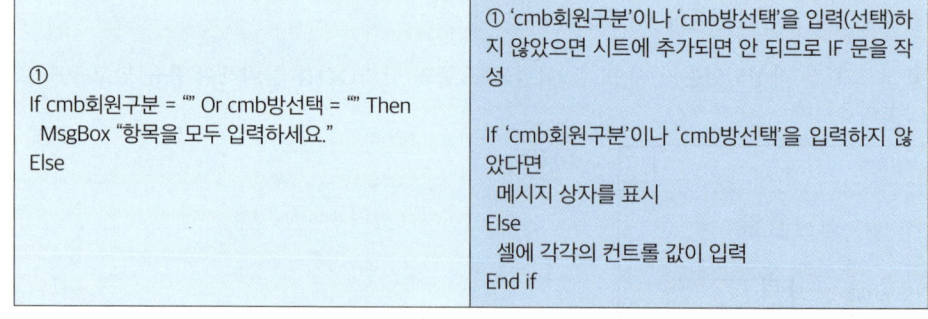

①	

If cmb회원구분 = "" Or cmb방선택 = "" Then
  MsgBox "항목을 모두 입력하세요."
Else
	① 'cmb회원구분'이나 'cmb방선택'을 입력(선택)하지 않았으면 시트에 추가되면 안 되므로 IF 문을 작성
	
	If 'cmb회원구분'이나 'cmb방선택'을 입력하지 않았다면
	  메시지 상자를 표시
	Else
	  셀에 각각의 컨트롤 값이 입력
	End if

②
입력행 = [b2].Row + [b2].CurrentRegion.Rows.Count

③
Cells(입력행, 2) = [b2].CurrentRegion.Rows.Count - 1

④
Cells(입력행, 3) = Date
Cells(입력행, 4) = txt이름
Cells(입력행, 5) = cmb회원구분
Cells(입력행, 6) = cmb방선택
End If

② 시트의 마지막 행 다음에 연속해서 입력되도록 '입력행' 변수를 지정

↑ 입력행은 [B2] 셀의 행 + [B2] 셀의 현재 연결된 범위(B2:F3)의 행들의 개수 : 2 + 2이므로 4

③ 순번은 순서를 나타낼 수 있도록 지정
[B2] 셀의 현재 연결된 범위(B2:F3)의 행들 개수는 2인데 순번은 1부터 시작해야 하므로 -1을 마지막에 입력

④ 우변의 값이 좌변으로 치환
입력행이 4이면
4행, 3열의 셀은 현재 날짜(Date)가 표시
4행, 4열의 셀은 'txt이름' 컨트롤에 입력된 값이 표시
4행, 5열의 셀은 'cmb회원구분' 컨트롤에 입력된 값이 표시
4행, 6열의 셀은 'cmb방선택' 컨트롤에 입력된 값이 표시

예

- [B2].Row : [B2] 셀의 행은 '2'입니다.
- [B2].CurrentRegion.Rows.Count : [B2] 셀의 현재 연결된 범위([B2:F4])의 행들 개수는 '3'입니다.
- [B2].Row+[B2].CurrentRegion.Rows.Count → 2+3 → 입력행은 5

주희쌤 Tip

Cells(행, 열)

예

Cells(6, 1) = Range("A6") = [A6] 셀

주희쌤 Tip

VBE의 현재 날짜 : Date
VBE의 현재 날짜와 시간 : Now
VBE의 현재 시간 : Time

주희쌤 Tip

Cells(4, 4) = txt이름
: 우변에 있는 'txt이름'의 값을 좌변에 있는 셀(4행, 4열)에 입력

txt이름 = Cells(4, 4)
: 우변에 있는 셀(4행, 4열) 값을 좌변에 있는 'txt이름'에 표시

따라하기 ⑥

① 프로젝트 탐색기 창에서 '회원등록' 폼을 더블클릭합니다.

② '회원등록' 폼이 코드 창에 표시되면 'cmd종료'를 더블클릭합니다.

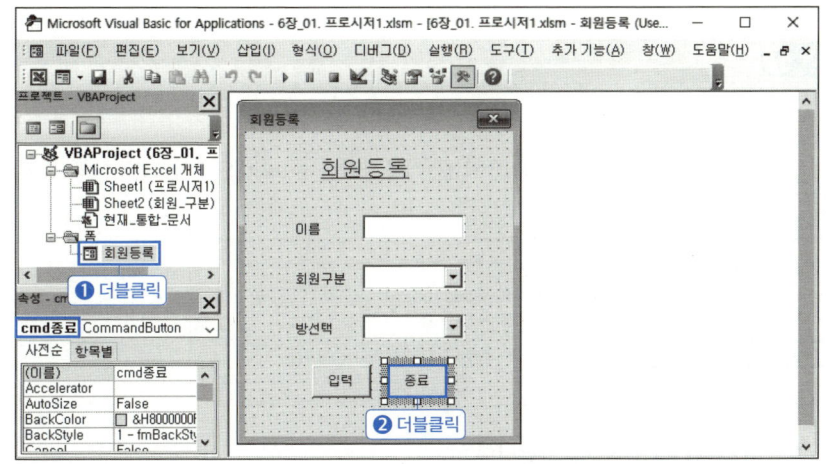

③ 코드 창에 'cmd종료_Click( )' 프로시저가 나타나면 아래와 같이 입력합니다.

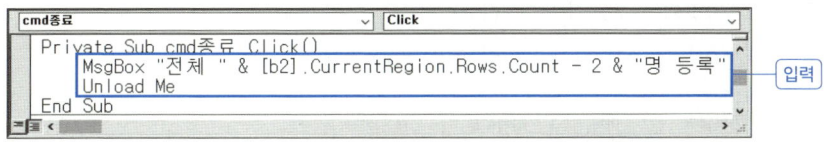

주희쌤 Tip

폼이 사라지도록(=메모리에서 제거) 하시오.
Unload me

④ 표준 도구 모음의 실행(▶)단추를 클릭합니다.

⑤ 〈종료〉 버튼을 클릭하고 메시지 상자의 [확인]을 클릭하면 폼이 종료되면서 VBE로 돌아옵니다.

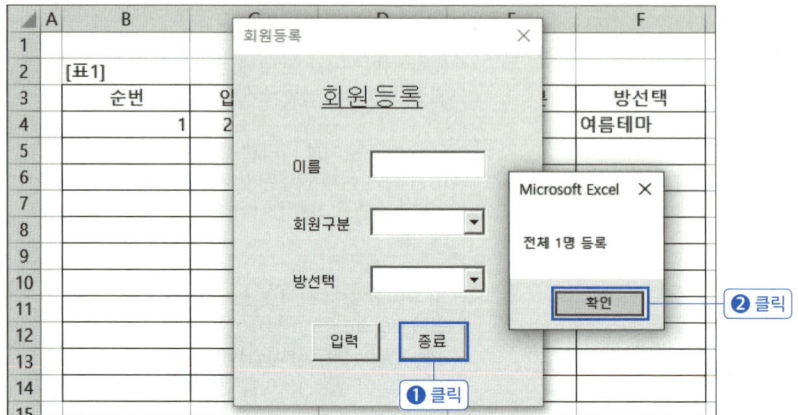

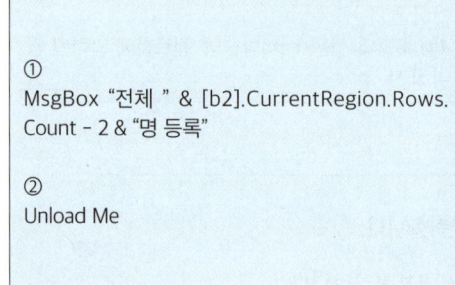

①
MsgBox "전체 " & [b2].CurrentRegion.Rows.Count - 2 & "명 등록"

②
Unload Me

① 메시지 박스에는 시트에 입력된 인원수가 표시

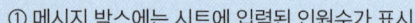

[B2] 셀의 현재 연결된 범위의 행들의 개수는 3인데 메시지 박스에는 1이 표시되어야 하므로 -2

② 현재 개체(Me)인 '회원등록' 폼이 메모리에서 제거(Unload)

 따라하기 ⑦

① 프로젝트 탐색기 창에서 '회원등록' 폼을 더블클릭합니다.

② '회원등록' 폼이 코드 창에 표시되면 'cmd종료'를 더블클릭한 후 6번 문제의 코드 아래 줄에 아래와 같이 입력합니다.

```
Private Sub cmd종료_Click()
    MsgBox "전체 " & [b2].CurrentRegion.Rows.Count - 2 & "명 등록"
    Unload Me
    [d4].Font.Bold = True    ← 입력
End Sub
```

③ 표준 도구 모음의 실행(▶)단추를 클릭합니다.

④ 〈종료〉 버튼을 클릭하고 메시지 상자의 [확인]을 클릭하여 폼이 종료된 후 [D4] 셀의 글꼴 스타일이 '굵게'로 지정되는 것을 확인합니다.

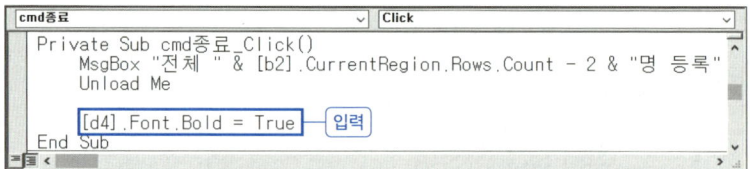

> **주희쌤 Tip**
> [B2] 셀의 글꼴 '이름', '크기'를 변경하고 '굵게', '기울임꼴'을 적용하시오.
> [B2].Font.Name="글꼴 이름"
> [B2].Font.Size=크기
> [B2].Font.Bold=True
> [B2].Font.Italic=True

> **주희쌤 Tip**
> 실제 시험에서는 코드 실행으로 인해 시트에 입력해본 글자는 지우는 것을 권장합니다.

⑤ 문제를 모두 풀었으므로 VBE의 닫기(✕) 단추를 클릭하여 엑셀로 돌아옵니다.

[d4].Font.Bold = True	[D4] 셀의 글꼴(Font)을 굵게(Bold)로 적용(True)

문제 유형 2 준비파일 : 컴활1급\엑셀\1급엑셀(예제)\6장_01. 프로시저2.xlsm
'프로시저2' 워크시트에서 작업하시오.

❽ <등록> 버튼을 클릭하여 '사원등록' 폼이 실행되면 '사원등록' 폼의 <입력>버튼(cmd 입력)을 클릭하여 폼에 입력된 데이터가 [표1]에 입력되어 있는 마지막 행 다음에 연속하여 추가되도록 프로시저를 작성하시오.
- ▶ 폼에서 선택한 '직급(cmb직급)'에 따른 월급, 보너스를 [표2]에서 찾아 표시 (ListIndex 속성 사용)
- ▶ 성별은 확인란(chk성별)을 선택하면 '남자', 선택을 취소하면 '여자'로 표시 (If 문 사용)
- ▶ 평균은 근태점수와 연수점수의 평균으로 계산 (정수로 표시, Int, Val 함수 사용)
- ▶ 등급은 평균이 90 이상이면 'A', 80 이상이면 'B', 그 외에는 'C'로 표시 (Select Case 문 사용)

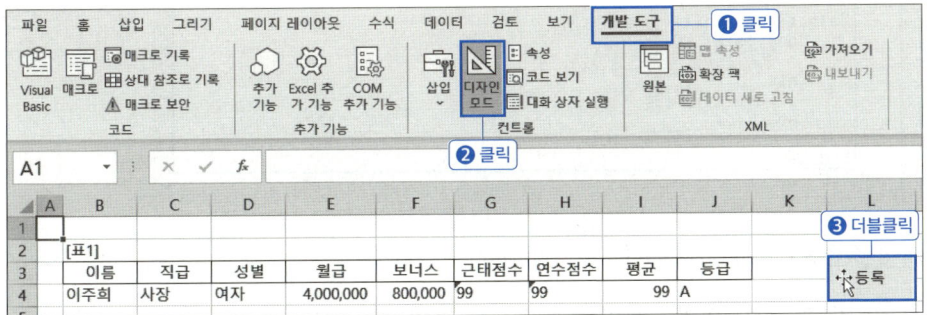

 따라하기 ❽

① [개발 도구] 탭-[컨트롤] 그룹-[디자인 모드]를 클릭하고 <등록> 버튼을 더블클릭하여 VBE를 실행합니다.

> **주희쌤 Tip**
> 폼이 실행됐을 때 최종 명령이 이루어질 것인지, 어떤 버튼을 클릭했을 때 최종 명령이 이루어질 것인지 파악해야 합니다.

② 프로젝트 탐색기 창에서 '사원등록' 폼을 더블클릭합니다.

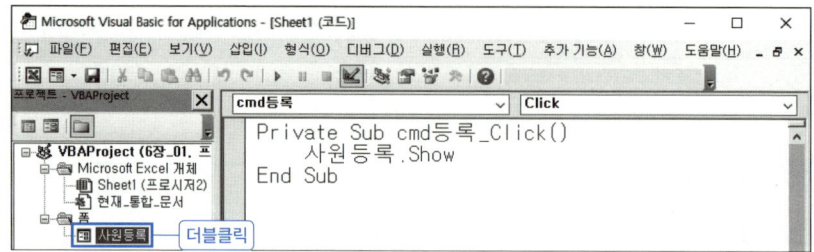

③ '사원등록' 폼이 코드 창에 표시되면 'cmd입력'을 더블클릭합니다.

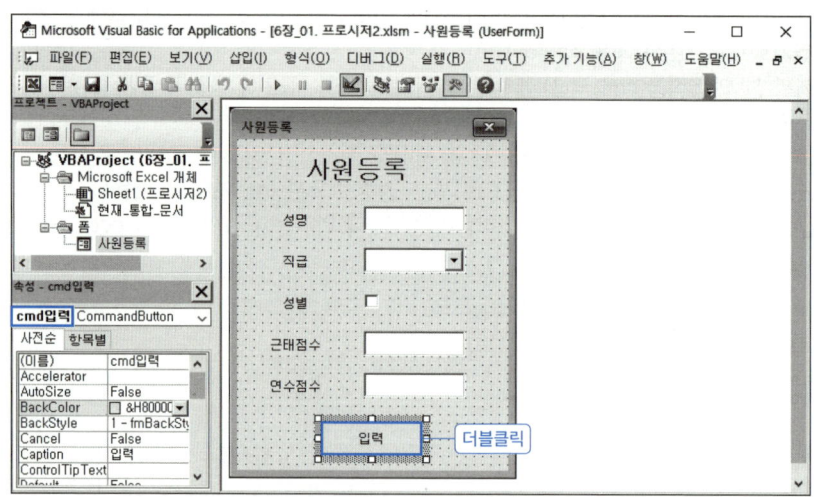

> **주희쌤 Tip**
> 확인란(☑)과 옵션 단추(⦿)는 True와 False 두 가지의 값을 가지고 있습니다.
>
> 확인란/옵션 단추를 선택하시오.
> 컨트롤 이름=True

> **주희쌤 Tip**
> ListIndex는 목록에서 선택한 항목을 숫자(번호)로 반환합니다.
>
>
>
> ListIndex는 '0'부터 시작하므로 'cmb직급'의 목록에서 '사원'을 선택하면 ListIndex는 '0'이 됩니다.
> 'cmb직급'의 목록에서 '대리'를 선택하면 ListIndex는 '1'이 됩니다.

> **주희쌤 Tip**
> VBE에서 Value와 Val의 차이점 Value 속성은 값 자체(예 txt근태점수.value)를 의미하고, Val 함수는 문자열로 입력된 숫자를 일반 숫자로 반환합니다.
> 따라서 VBE의 Val 함수는 엑셀의 VALUE 함수와 같습니다.

④ 코드 창에 'cmd입력_Click( )' 프로시저가 나타나면 아래와 같이 입력합니다.

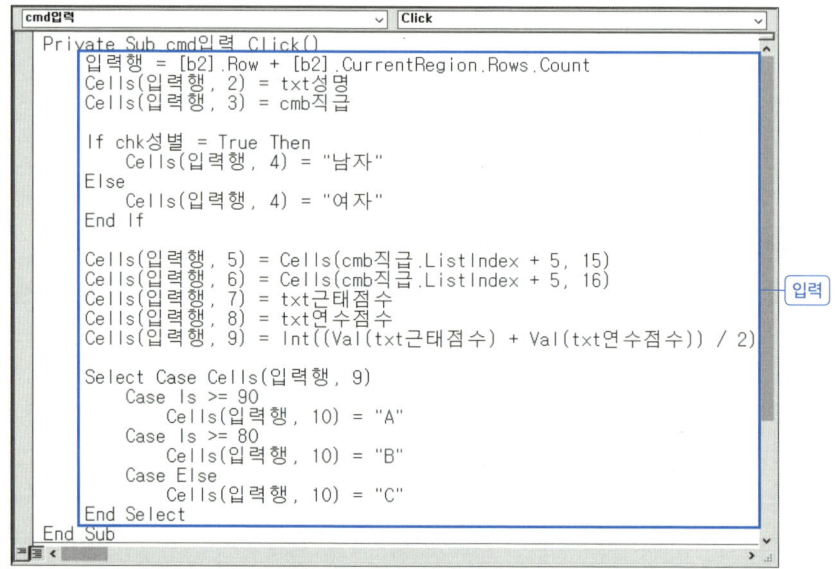

⑤ 표준 도구 모음의 실행(▶)단추를 클릭합니다.

⑥ 코드가 잘 작성되었는지 확인 후 '사원등록' 폼의 닫기(✖)를 클릭하여 폼을 닫고 VBE로 돌아옵니다.

⑦ 문제를 모두 풀었으므로 VBE의 닫기(✗) 단추를 클릭하여 엑셀로 돌아옵니다.

①
입력행 = [b2].Row + [b2].CurrentRegion.Rows.Count

②
Cells(입력행, 2) = txt성명
Cells(입력행, 3) = cmb직급

③
If chk성별 = True Then
  Cells(입력행, 4) = "남자"
Else
  Cells(입력행, 4) = "여자"
End If

④
Cells(입력행, 5) = Cells(cmb직급.ListIndex + 5, 15)

⑤
Cells(입력행, 6) = Cells(cmb직급.ListIndex + 5, 16)
Cells(입력행, 7) = txt근태점수
Cells(입력행, 8) = txt연수점수

⑥
Cells(입력행, 9) = int((Val(txt근태점수) + Val(txt연수점수)) / 2)

⑦
Select Case Cells(입력행, 9)
  Case Is >= 90
    Cells(입력행, 10) = "A"
  Case Is >= 80
    Cells(입력행, 10) = "B"
  Case Else
    Cells(입력행, 10) = "C"
End Select

① 시트의 마지막 행 다음에 연속해서 입력되도록 '입력행' 변수를 지정

↑ 입력행은 [B2] 셀의 행 + [B2] 셀의 현재 연결된 범위(B2:J4)의 행들의 개수 : 2 + 3이므로 5

② 우변의 값이 좌변으로 치환
입력행이 5이면
5행, 2열의 셀은 'txt성명' 컨트롤에 입력된 값이 표시
5행, 3열의 셀은 'cmb직급' 컨트롤에 입력된 값이 표시

③ 입력행 4열의 셀은 'chk성별'을 선택하냐, 안 하냐에 따라 '남자', '여자'가 달라지므로 If 문을 작성

④ 입력행 5열의 셀은 15열의 셀 값을 입력하므로 좌변도 Cells, 우변도 Cells
Cells(, 5) = Cells(, 15)

'cmb직급'에서 어떤 직급을 선택하냐에 따라 월급의 행이 달라지도록 지정
Cells(입력행, 5) = Cells(cmb직급에 따른 행 번호, 15)

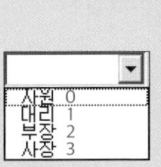

'cmb직급'의 '사원' Listindex는 0인데 사원의 월급은 5행에 있으므로 cmb직급.ListIndex + 5

⑤ 우변의 값이 좌변으로 치환
입력행이 5이면
5행, 6열의 셀은 'cmb직급'에 따른 행, 16열의 셀 값이 표시
5행, 7열의 셀은 'txt근태점수' 컨트롤에 입력된 값이 표시
5행, 8열의 셀은 'txt연수점수' 컨트롤에 입력된 값이 표시

⑥ 입력행 9열의 셀은 평균을 계산하기 위해 txt근태점수와 txt연수점수를 숫자로 변환(Val)한 다음 더한 후 개수로 나눠 정수로 표시(Int)

⑦ 입력행 10열의 셀은 앞에서 계산한 평균에 따라 A, B, C가 달라지므로 Select Case 문을 작성

주희쌤 Tip

Ⓠ Val 함수는 언제 쓰나요?
Ⓐ
• 텍스트상자(TextBox)의 숫자 값이 셀에 오른쪽 정렬로 입력되어야 할 때
☜ 아래와 같이 입력하면 근태점수와 연수점수의 값이 셀에 오른쪽 정렬되어 입력됩니다.
Cells(입력행, 7)=Val(txt근태점수)
Cells(입력행, 8)=Val(txt연수점수)

• 텍스트상자(TextBox)의 숫자 값과 텍스트상자(TextBox)의 숫자 값을 바로 더하려고 할 때
☜ 'txt근태점수'가 3이고, 'txt연수점수'가 1인 경우 'txt근태점수 + txt연수점수'의 결과는 4가 아닌 31로 표시됩니다.
'문자 + 문자'는 '+'가 연결 기호의 의미가 되기 때문입니다.("사"+"과"→"사과")
어려운 경우 텍스트상자의 숫자 값과 텍스트상자의 숫자 값을 바로 계산할 때에는 늘 Val 함수를 사용하세요.

주희쌤 Tip

Ⓠ 평균에 "점"을 연결하여 표시하려면요?
Ⓐ
Cells(입력행, 9) = (Val(txt근태점수) + Val(txt연수점수)) / 2 & "점"

Select Case (Val(txt근태점수) + Val(txt연수점수)) / 2
  Case Is >= 90
    Cells(입력행, 10) = "A"
  Case Is >= 80
    Cells(입력행, 10) = "B"
  Case Else
    Cells(입력행, 10) = "C"
End Select

Ⓠ 그러면 'Select Case Cells(입력행, 9)'은 안 되나요?
Ⓐ Cells(입력행, 9)는 뒤에 '점'을 연결(&)하여 문자로 변경되었기 때문에 안 됩니다.

문제 유형 3

준비파일 : 컴활1급\엑셀\1급엑셀(예제)\6장_01. 프로시저3.xlsm

'프로시저3' 워크시트에서 작업하시오.

❾ <등록> 버튼을 클릭하여 <강사관리> 폼이 나타나면 '강사번호(cmb강사번호)'에 조회할 강사번호를 선택하고 <조회> 버튼(cmd조회)을 클릭하면 <참조표>에서 해당 데이터를 찾아 강사명(txt강사명) 컨트롤에 표시하는 프로시저를 작성하시오.

❿ 강좌명(cmb강좌명) 콤보상자에서 '영어'를 선택하면 [I3:J5] 영역을, '컴퓨터'를 선택하면 [L3:M5] 영역을 강좌(list강좌) 목록 상자에 표시하시오.

⑪ <입력> 버튼(cmd입력)을 클릭하여 폼에 입력된 데이터를 시트 안에 추가하는 프로시저를 작성하시오.
　▶ 강좌명과 강의료는 강좌(list강좌)에서 선택하여 표시 (List, ListIndex 이용)

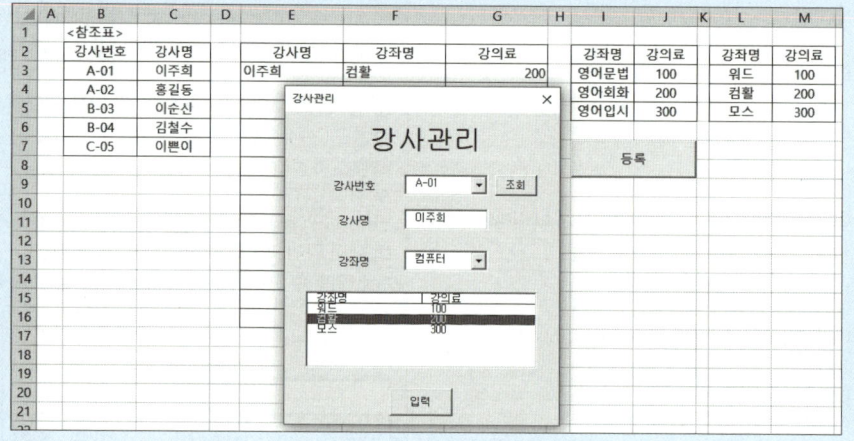

 따라하기 ❾

① [개발 도구] 탭-[컨트롤] 그룹-[디자인 모드]를 클릭하고 <등록> 버튼을 더블클릭하여 VBE를 실행합니다.

② 프로젝트 탐색기 창에서 '강사관리' 폼을 더블클릭합니다.

③ '강사관리' 폼이 코드 창에 표시되면 'cmd조회'를 더블클릭합니다.

④ 코드 창에 'cmd조회_Click( )' 프로시저가 나타나면 아래와 같이 입력합니다.

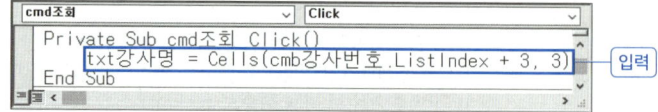

⑤ 표준 도구 모음의 실행(▶)단추를 클릭합니다.

주희쌤 Tip

참조행 = cmb강사번호.ListIndex + 3
txt강사명 = Cells(참조행, 3)
위와 같이 입력해도 같은 결과가 표시됩니다.

⑥ 코드가 잘 작성되었는지 확인 후 '강사관리' 폼의 닫기(✕)를 클릭하여 폼을 닫고 VBE로 돌아옵니다.

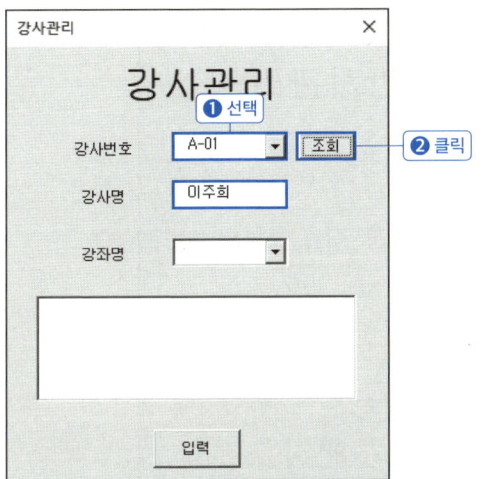

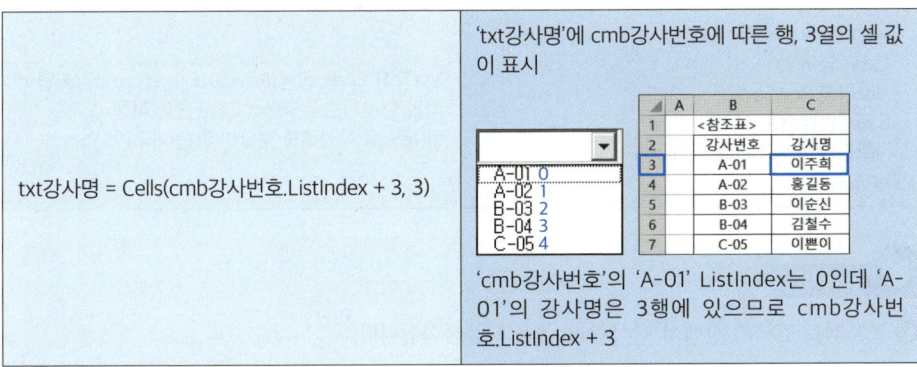

txt강사명 = Cells(cmb강사번호.ListIndex + 3, 3)

'txt강사명'에 cmb강사번호에 따른 행, 3열의 셀 값이 표시

'cmb강사번호'의 'A-01' ListIndex는 0인데 'A-01'의 강사명은 3행에 있으므로 cmb강사번호.ListIndex + 3

① 프로젝트 탐색기 창에서 '강사관리' 폼을 더블클릭합니다.

② '강사관리' 폼이 코드 창에 표시되면 'cmb강좌명'을 더블클릭합니다.

③ 코드 창에 'cmb강좌명_Change( )' 프로시저가 나타나면 아래와 같이 입력합니다.

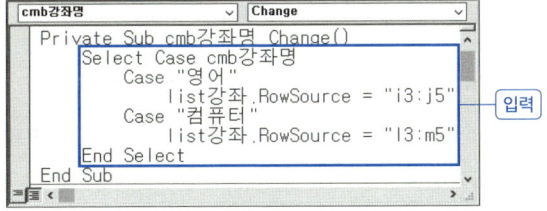

④ 표준 도구 모음의 실행(▶)단추를 클릭합니다.

⑤ 코드가 잘 작성되었는지 확인 후 '강사관리' 폼의 닫기(✗)를 클릭하여 폼을 닫고 VBE로 돌아옵니다.

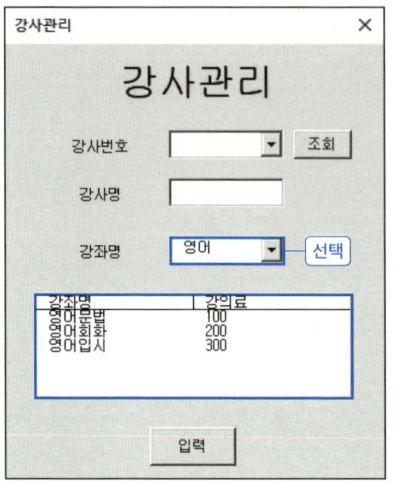
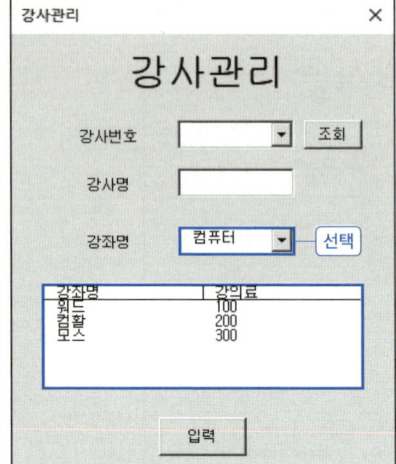

```
Select Case cmb강좌명
    Case "영어"
        list강좌.RowSource = "i3:j5"
    Case "컴퓨터"
        list강좌.RowSource = "l3:m5"
End Select
```

'list강좌'의 행 원본(RowSource)은 cmb강좌명에 따라 달라지므로 Select Case 문을 작성
(If 문으로 작성해도 상관이 없습니다.)

  따라하기 ⑪

① 프로젝트 탐색기 창에서 '강사관리' 폼을 더블클릭합니다.

② '강사관리' 폼이 코드 창에 표시되면 'cmd입력'을 더블클릭합니다.

③ 코드 창에 'cmd입력_Click( )' 프로시저가 나타나면 아래와 같이 입력합니다.

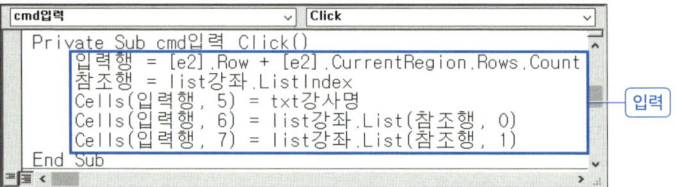

주희쌤 Tip

입력행 = [e2].Row + [e2].CurrentRegion.Rows.Count
Cells(입력행, 5) = txt강사명
Cells(입력행, 6) = list강좌.List(list강좌.ListIndex, 0)
Cells(입력행, 7) = list강좌.List(list강좌.ListIndex, 1)

참조행 변수 없이 위와 같이 입력해도 같은 결과가 표시됩니다.

④ 표준 도구 모음의 실행(▶)단추를 클릭합니다.

⑤ 코드가 잘 작성되었는지 확인 후 '강사관리' 폼의 닫기(✗)를 클릭하여 폼을 닫고 VBE로 돌아옵니다.

⑥ 문제를 모두 풀었으므로 VBE의 닫기(✕) 단추를 클릭하여 엑셀로 돌아옵니다.

① 시트의 마지막 행 다음에 연속해서 입력되도록 '입력행' 변수를 지정

	D	E	F	G
1				
2		강사명	강좌명	강의료
3				

↑ 입력행은 [E2] 셀의 행 + [E2] 셀의 현재 연결된 범위(E2:G2)의 행들의 개수 : 2 + 1이므로 3

② 'list강좌'에서 어떤 행을 선택하냐에 따라 행 번호가 달라지도록 '참조행' 변수를 지정

①
입력행 = [e2].Row + [e2].CurrentRegion.Rows.Count

②
참조행 = list강좌.ListIndex

③
Cells(입력행, 5) = txt강사명
Cells(입력행, 6) = list강좌.List(참조행, 0)
Cells(입력행, 7) = list강좌.List(참조행, 1)

List는 0행부터, 0열부터 시작
즉, '영어문법'은 0행, 0열
'영어회화'는 1행, 0열
'영어입시'는 2행, 0열

'list강좌'에서 '영어문법'을 선택하면 ListIndex는 0이므로 참조행 = 0
'list강좌'에서 '영어회화'를 선택하면 ListIndex는 1이므로 참조행 = 1

③ 우변의 값이 좌변으로 치환
입력행이 3이고, 참조행이 0이면
3행, 5열의 셀은 'txt강사명' 컨트롤에 입력된 값이 표시
3행, 6열의 셀은 'list강좌' 컨트롤의 목록(List) 0행, 0열의 값이 표시
3행, 7열의 셀은 'list강좌' 컨트롤의 목록(List) 0행, 1열의 값이 표시

> **주희쌤 Tip**

	0열	1열
0행	딸기	10
1행	귤	20
2행	사과	30

- '딸기'를 표시해야 한다면
  컨트롤이름.List(0,0)
- '10'을 표시해야 한다면
  컨트롤이름.List(0,1)
- '귤'을 표시해야 한다면
  컨트롤이름.List(1,0)
- 내가 선택한 과일을 표시해야 한다면
  컨트롤이름.List(선택한 과일의 행 번호,0)

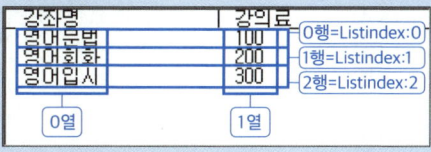

즉, Listindex 자체가 행 번호가 됩니다.
컨트롤이름.List(행 번호, 열 번호)
→ 컨트롤이름.List(컨트롤이름.Listindex, 열 번호)

> **주희쌤 Tip**

목록의 열이 1개이거나 첫 번째 열의 데이터를 셀에 표시하고자 할 때에는 List를 입력하지 않아도 결과가 같습니다.
예를 들어,
Cells(입력행, 6)=list강좌.List(list강좌.ListIndex, 0)
Cells(입력행, 6)=list강좌
위 두 코드의 결과는 같습니다.

문제 유형 4   준비파일 : 컴활1급\엑셀\1급엑셀(예제)\6장_01. 프로시저4.xlsm
'프로시저4' 워크시트에서 작업하시오.

⑫ <열기> 버튼을 클릭하여 <입장현황> 폼이 나타나면 다음과 같은 프로시저를 작성하시오.
  ▶ '대상(cmb대상)'에 [I6:J8] 셀의 내용을 표시하고 두 개의 열이 모두 보이게 표시
  ▶ '입장날짜(lst입장날짜)'에 현재 날짜부터 4일 전까지 총 5개의 날짜를 표시 (With 문 사용)

⑬ <입력> 버튼(cmd입력)을 클릭하여 폼에 있는 데이터가 시트 안으로 들어가면 다음과 같은 프로시저를 작성하시오.
  ▶ 폼의 'lst입장날짜'는 현재 날짜(첫 번째 항목)를 선택하고 'txt이름'을 초기화
  ▶ [B2] 셀의 글꼴을 궁서체, 크기를 14pt로 변경

⑭ <닫기> 버튼(cmd닫기)을 클릭하여 폼이 메모리에서 제거(삭제)되도록 하시오.

⑮ 폼을 종료한 후 [a1] 셀에 '2025년 01월 11일 오전 11시 58분 35초'의 형식으로 현재 날짜와 시간을 표시하시오.

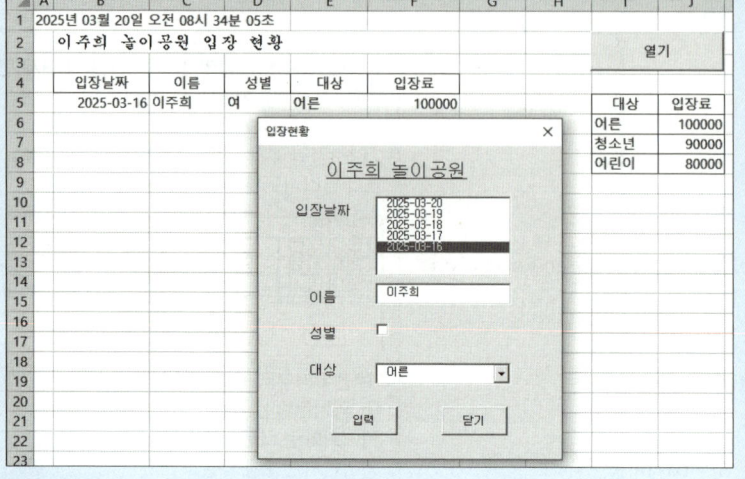

 ⑫

① [개발 도구] 탭-[컨트롤] 그룹-[디자인 모드]를 클릭하고 <열기> 버튼을 더블클릭하여 VBE를 실행합니다.

② 프로젝트 탐색기 창에서 '입장현황' 폼을 더블클릭합니다.

③ '입장현황' 폼이 코드 창에 표시되면 폼의 빈 공간을 더블클릭합니다.

④ 폼이 나타나면 프로시저가 실행되도록 코드 창 우측 상단에 프로시저 목록을 'Initialize'로 변경합니다.

⑤ 코드 창에 'UserForm_Initialize( )' 프로시저가 나타나면 아래와 같이 입력합니다.

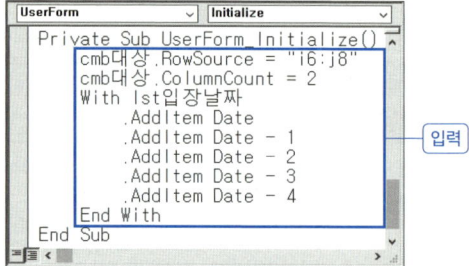

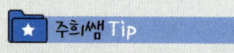

'cmb대상'의 ColumnCount 속성이 1로 지정되어 있으므로 두 개의 열이 모두 표시되도록 프로시저를 작성해야 합니다.

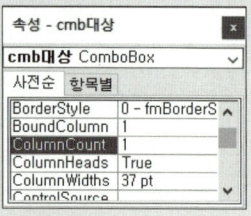

열 개수는 ColumnCount, 행 개수는 ListRows, 열 너비는 ColumnWidths, 저장되는 열은 BoundColumn 속성을 이용합니다.

⑥ 표준 도구 모음의 실행(▶)단추를 클릭합니다.

⑦ 코드가 잘 작성되었는지 확인 후 '입장현황' 폼의 닫기(✕)를 클릭하여 폼을 닫고 VBE로 돌아옵니다.

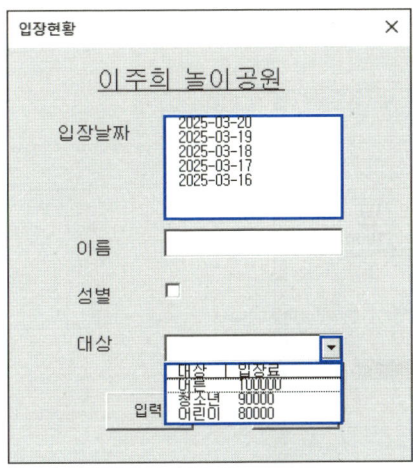

①
cmb대상.RowSource = "i6:j8"
cmb대상.ColumnCount = 2

②
With lst입장날짜
 .AddItem Date
 .AddItem Date - 1
 .AddItem Date - 2
 .AddItem Date - 3
 .AddItem Date - 4
End With

① 'cmb대상'의 행 원본(RowSource)을 [I6:J8]의 내용으로 지정
두 개의 열(ColumnCount)이 모두 보이게 지정

② 'lst입장날짜'의 추가 항목(AddItem)을 현재 날짜(Date)부터 4일 전까지 내림차순으로 표시되도록 지정

 따라하기 ⑬

① 프로젝트 탐색기 창에서 '입장현황' 폼을 더블클릭합니다.

② '입장현황' 폼이 코드 창에 표시되면 'cmd입력'을 더블클릭합니다.

③ 시트에 추가되는 코드 아래 줄에 아래와 같이 입력합니다.

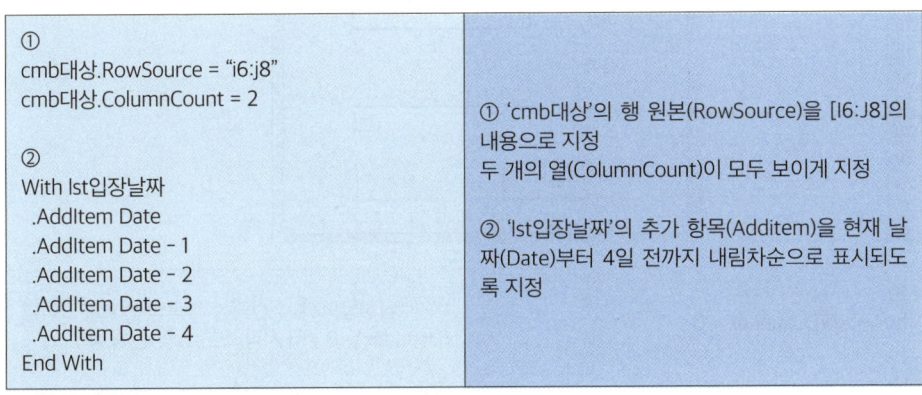

④ 표준 도구 모음의 실행(▶)단추를 클릭합니다.

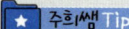

주희쌤 Tip

입장날짜는 시스템 날짜에 따라 결과가 달라질 수 있습니다.

⑤ 코드가 잘 작성되었는지 확인 후 '입장현황' 폼의 닫기(✕)를 클릭하여 폼을 닫고 VBE로 돌아옵니다.

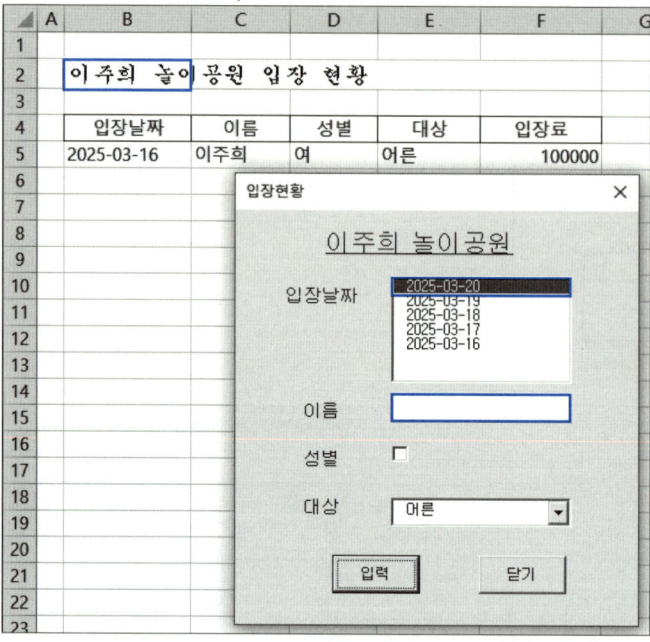

① lst입장날짜.ListIndex = 0	① 'lst입장날짜'에서 선택한 항목의 번호가 0이면 (ListIndex는 0부터 시작하므로) 첫 번째 항목
② txt이름 = ""	② 'txt이름'을 초기화(처음 상태)하기 위해 컨트롤에 입력된 값을 비우도록 지정
③ [b2].Font.Name = "궁서체" [b2].Font.Size = 14	③ [B2] 셀의 글꼴(Font) 이름(Name)을 '궁서체' [B2] 셀의 글꼴(Font) 크기(Size)를 '14'로 지정

따라하기 ⑭

① 프로젝트 탐색기 창에서 '입장현황' 폼을 더블클릭합니다.

② '입장현황' 폼이 코드 창에 표시되면 'cmd닫기'를 더블클릭합니다.

③ 코드 창에 'cmd닫기_Click( )' 프로시저가 나타나면 아래와 같이 입력합니다.

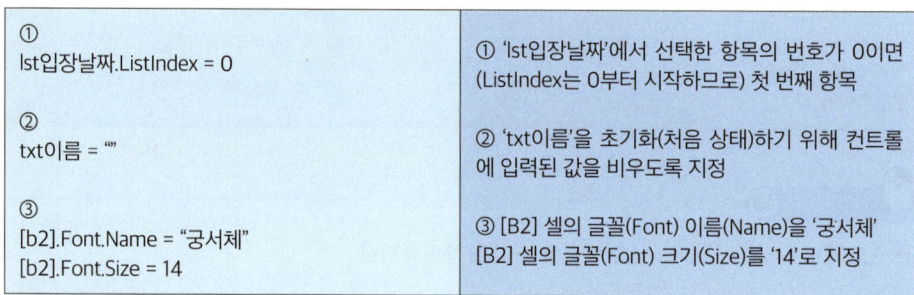

④ 표준 도구 모음의 실행()단추를 클릭합니다.

⑤ <닫기> 버튼을 클릭하면 폼이 종료되면서 VBE로 돌아옵니다.

Unload me	현재 개체(Me)인 '입장현황' 폼이 메모리에서 제거 (Unload)

 따라하기 ⑮

① 프로젝트 탐색기 창에서 '입장현황' 폼을 더블클릭합니다.

② '입장현황' 폼이 코드 창에 표시되면 'cmd닫기'를 더블클릭합니다.

③ 3번 문제의 코드 아래 줄에 아래와 같이 입력합니다.

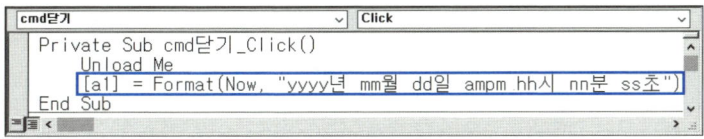

④ 표준 도구 모음의 실행(▶)단추를 클릭합니다.

⑤ <닫기> 버튼을 클릭하고 폼이 종료된 후 [A1] 셀에 현재 날짜와 시간이 표시되는 것을 확인합니다.

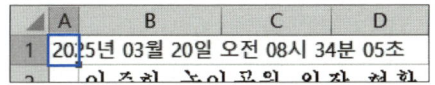

※ [A1] 셀은 작업 날짜와 시간에 따라 결과가 달라질 수 있습니다.

⑥ 문제를 모두 풀었으므로 VBE의 닫기(✕) 단추를 클릭하여 엑셀로 돌아옵니다.

[a1] = Format(Now, "yyyy년 mm월 dd일 ampm hh시 nn분 ss초")	현재 날짜와 시간(Now)이 연도(y), 월(m), 일(d), 오전오후(ampm), 시(h), 분(n), 초(s)의 서식 코드로 형식(Format)을 지정해 표시

주희쌤 Tip

- Format(5, "0.0") → 5.0
- Format(5000, "#,###원") → 5,000원
- Format(5, "currency") → ₩5
- Format(Time, "hh:nn:ss ampm") → 10:05:58 오전
- Format(Time, "hh:nn:ss am/pm") → 10:05:58 am
- Format(Time, "hh:nn:ss AM/PM") → 10:05:58 AM

TEXT 함수는 format_text를 적용한 후 결과를 텍스트로 반환하지만 FORMAT 함수는 지정한 표시 형식에 따라 숫자로 반환될 수도 있습니다.

분(Minute)은 m과 n을 모두 사용할 수 있으나 책에서는 Month의 m과 헷갈리지 않도록 n으로 표현하고 있습니다.

문제 유형 5   준비파일 : 컴활1급\엑셀\1급엑셀(예제)\6장_01. 프로시저5.xlsm
'프로시저5' 워크시트에서 작업하시오.

⑯ <열려라> 버튼을 클릭하여 <등록> 폼이 초기화되면 '고객-등급' 시트 [A1:B3] 영역의 내용이 '고객등급(lst고객등급)' 목록 상자 목록에 표시되고, '프로시저5' 시트 [M8:M10] 영역의 내용이 '가입지점(cmb가입지점)' 콤보 상자 목록에 표시되도록 프로시저를 작성하시오.

⑰ <종료(cmd종료)> 버튼을 클릭하면 해당 폼의 캡션(Caption) 속성을 이용하여 왼쪽 <그림>과 같은 메시지를 표시한 후 폼이 종료되도록 작성하시오.
  ▶ 단, 금액이 10000 미만인 경우에는 오른쪽 <그림>과 같은 현재 시간이 표시된 메시지를 표시한 후 폼이 종료되도록 작성

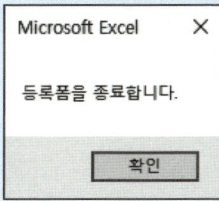 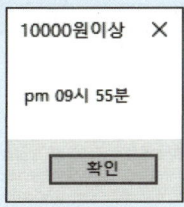

⑱ '가입지점(cmb가입지점)'이 선택되지 않은 상태에서는 <조회(cmd조회)> 버튼을 클릭해도 '가입지점번호(txt가입지점번호)'가 조회되지 않도록 하시오.
('cmb가입지점'이 선택된 경우 'txt가입지점번호'에 표시되는 코드는 이미 작성되어 있음)

⑲ '스핀(spn고객포인트)' 버튼을 누르면 100씩 증감된 숫자가 '고객포인트(txt고객포인트)'에 표시되도록 작성하시오.

⑳ <등록(cmd등록)> 버튼을 클릭하면 폼에 입력된 데이터가 시트의 표에 입력되도록 프로시저를 작성하시오.
- ▶ '고객등급(lst고객등급)'을 선택하지 않은 경우 시트에 입력되지 않고 고객등급의 첫 번째 항목(VVIP)을 선택 (List 속성 사용)
- ▶ 성별은 '남자(opt남)'를 선택하면 "남자", '여자(opt여)'를 선택하면 "여자"를 입력 (Caption 속성 사용)
- ▶ 고객등급은 '고객등급(lst고객등급)'의 두 번째 열 값(최우수, 우수, 일반)이 입력
- ▶ 가입년월일은 오늘의 날짜를 표시
  표시 예 : 25-01-03 수요일
- ▶ 금액은 천 단위마다 콤마와 "원"을 표시
- ▶ 납입시점은 음수이거나 0이거나 생략할 경우 "월말", 1을 입력할 경우 "월초"로 표시
- ▶ 계약기간은 워크시트에 입력된 기존 데이터와 같은 형식의 데이터로 입력
- ▶ 연이율은 백분율로 소수 둘째 자리까지 표시
  표시 예 : 1.7 → 1.70%
- ▶ 이자는 '금액×연이율/12'로 계산하고 천 단위마다 콤마를 표시하여 입력
  (연이율은 백분율이 지정된 값을 이용)
- ▶ 입력 후 '남자(opt남)', '여자(opt여)'는 선택되지 않은 상태로 하고, '성명(txt성명)', '고객등급(lst고객등급)', '가입지점(cmb가입지점)'을 초기화

㉑ 워크시트의 데이터가 변경되면(Change) [A1] 셀로 셀 포인터가 이동되도록 하시오.

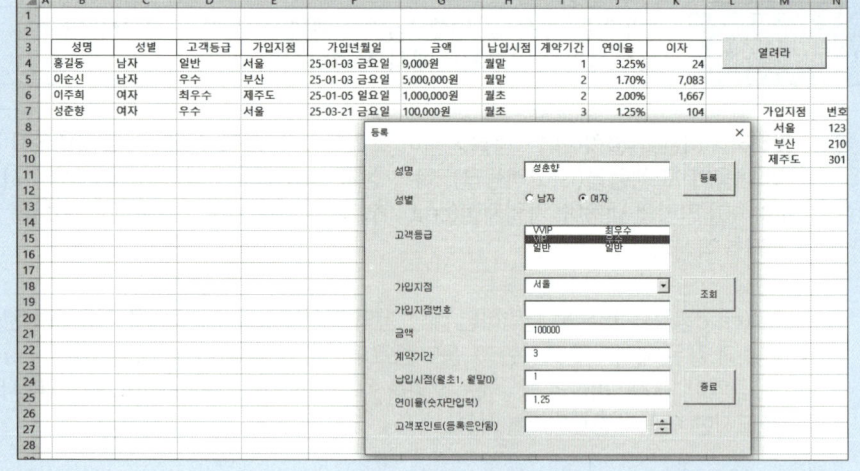

① [개발 도구] 탭-[컨트롤] 그룹-[디자인 모드]를 클릭하고 <열려라> 버튼을 더블클릭하여 VBE를 실행합니다.

② 프로젝트 탐색기 창에서 '등록' 폼을 더블클릭합니다.

③ '등록' 폼이 코드 창에 표시되면 폼의 빈 공간을 더블클릭합니다.

④ 폼이 초기화되면 프로시저가 실행되도록 코드 창 우측 상단에 프로시저 목록을 'Initialize'로 변경합니다.

⑤ 코드 창에 'UserForm_Initialize( )' 프로시저가 나타나면 아래와 같이 입력합니다.

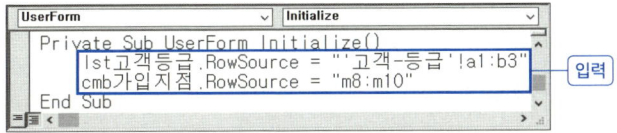

⑥ 표준 도구 모음의 실행(▶)단추를 클릭합니다.

⑦ 코드가 잘 작성되었는지 확인 후 '등록' 폼의 닫기(✖)를 클릭하여 폼을 닫고 VBE로 돌아옵니다.

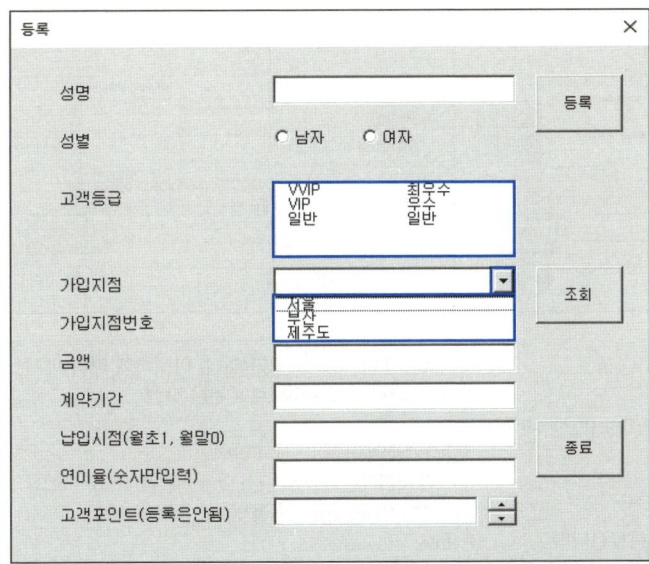

| lst고객등급.RowSource = "'고객-등급'!a1:b3"
 cmb가입지점.RowSource = "M8:M10" | 'lst고객등급'의 행 원본(RowSource)을 고객-등급 시트 [A1:B3]의 내용으로 지정
 'cmb가입지점'의 행 원본(RowSource)을 현재 시트 [M8:M10]의 내용으로 지정 |

주희쌤 Tip

ⓠ 'txt금액 < 10000' 여기에 Val 사용 안 하나요?
ⓐ 텍스트상자의 숫자 값과 텍스트상자의 숫자 값을 더하기하는 것이 아니기 때문에 'Val( )' 사용을 안 해도 됩니다.
해도 상관은 없습니다. 결과가 동일하니까요.

주희쌤 Tip

Unload me는 End If가 끝나고 한 번만 입력해도 됩니다.

 따라하기 ⑰

① 프로젝트 탐색기 창에서 '등록' 폼을 더블클릭합니다.

② '등록' 폼이 코드 창에 표시되면 'cmd종료'를 더블클릭합니다.

③ 코드 창에 'cmd종료_Click( )' 프로시저가 나타나면 아래와 같이 입력합니다.

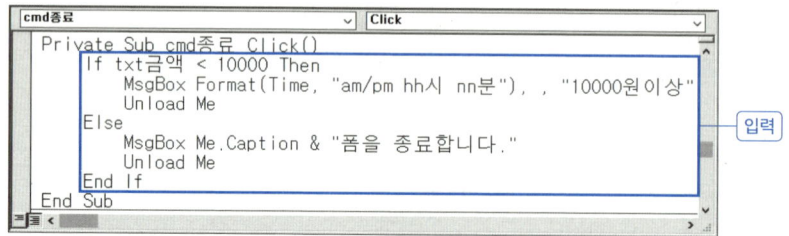

④ 표준 도구 모음의 실행(▶)단추를 클릭합니다.

⑤ <종료> 버튼을 클릭하고 메시지 상자의 [확인]을 클릭하면 폼이 종료되면서 VBE로 돌아옵니다.

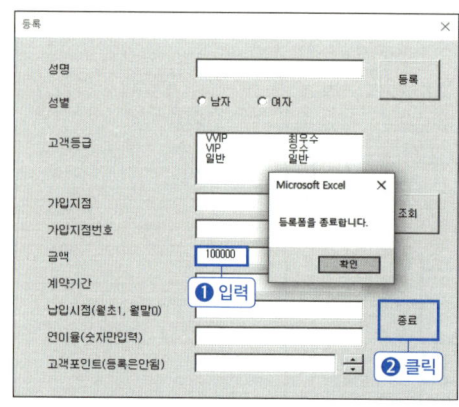
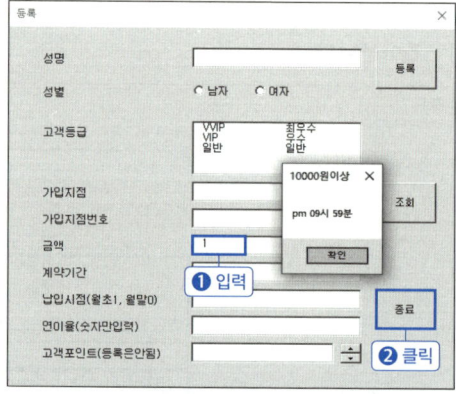

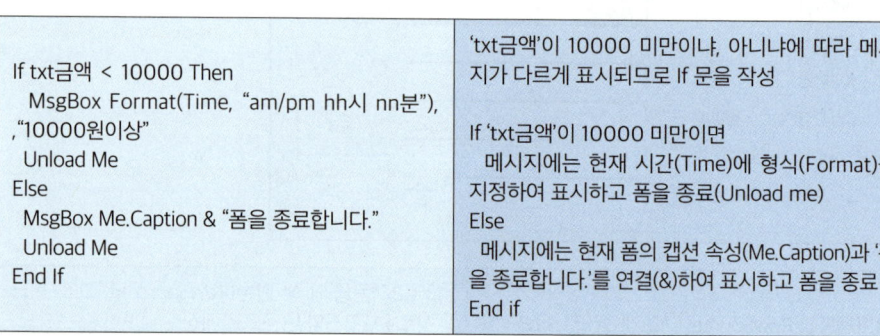

 따라하기 ⑱

① 프로젝트 탐색기 창에서 '등록' 폼을 더블클릭합니다.

② '등록' 폼이 코드 창에 표시되면 'cmd조회'를 더블클릭합니다.

③ 이미 입력되어 있는 코드 위, 아래 줄에 아래와 같이 입력합니다.

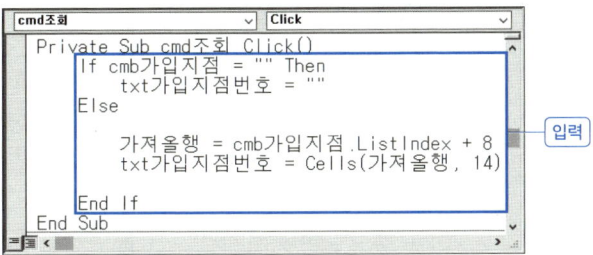

④ 표준 도구 모음의 실행(▶)단추를 클릭합니다.

⑤ 가입지점이 선택되지 않은 상태에서 <조회> 버튼을 클릭하였을 때 가입지점번호에 아무것도 표시되지 않음을 확인 후 '등록' 폼의 닫기(✕)를 클릭하여 폼을 닫고 VBE로 돌아옵니다.

If cmb가입지점 = "" Then
　txt가입지점번호 = ""
Else
　가져올행 = cmb가입지점.ListIndex + 8
　txt가입지점번호 = Cells(가져올행, 14)
End If
	'cmb가입지점'이 선택(입력)되지 않았다면 'txt가입지점번호'에는 아무것도 표시하지 않고, 선택이 된 경우에만 표시하기 위해 If 문을 작성
	
	If 'cmb가입지점'이 선택되지 않았다면
	　'txt가입지점번호'는 컨트롤의 값을 비우도록 지정
	Else
	　'txt가입지점번호'에 셀 값이 표시
	End if

🖱️ 따라하기 ⑲

① 프로젝트 탐색기 창에서 '등록' 폼을 더블클릭합니다.

② '등록' 폼이 코드 창에 표시되면 'spn고객포인트'를 더블클릭합니다.

③ 코드 창에 'spn고객포인트_Change( )' 프로시저가 나타나면 아래와 같이 입력합니다.

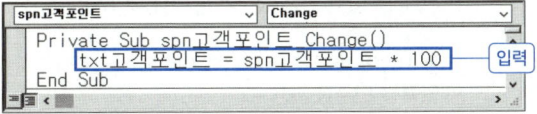

④ 표준 도구 모음의 실행(▶)단추를 클릭합니다.

⑤ 스핀 버튼을 클릭하면 100씩 증감된 숫자가 고객포인트에 표시되는지 확인 후 '등록' 폼의 닫기(✕)를 클릭하여 폼을 닫고 VBE로 돌아옵니다.

txt고객포인트 = spn고객포인트 * 100	'txt고객포인트'는 'spn고객포인트'를 2번 누르면 2 * 100을 해 200이 표시

🖱️ 따라하기 ⑳

① 프로젝트 탐색기 창에서 '등록' 폼을 더블클릭합니다.

② '등록' 폼이 코드 창에 표시되면 'cmd등록'을 더블클릭합니다.

③ 코드 창에 'cmd등록_Click( )' 프로시저가 나타나면 아래와 같이 입력합니다.

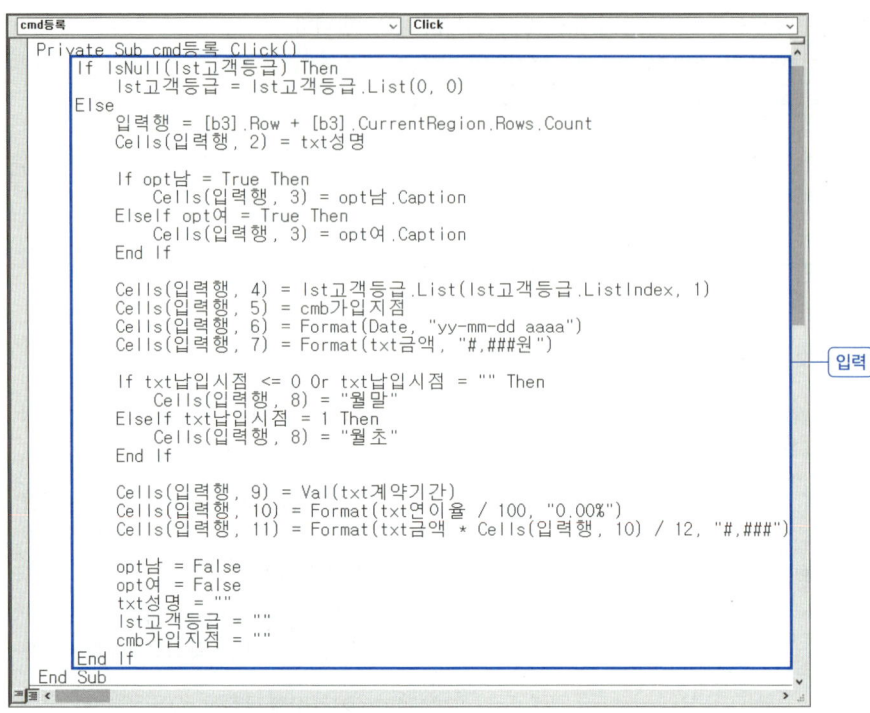

④ 표준 도구 모음의 실행(▶)단추를 클릭합니다.

⑤ 코드가 잘 작성되었는지 확인 후 '등록' 폼의 닫기(✕)를 클릭하여 폼을 닫고 VBE로 돌아옵니다.

주희쌤 Tip

①
- 목록 상자(ListBox)인 경우
Isnull(컨트롤이름)
- 목록 상자(ListBox)가 아닌 경우
컨트롤이름=""

①
- 목록 상자의 열이 한 개인 경우
컨트롤이름.ListIndex = 0
- 목록 상자의 열이 두 개인 경우
컨트롤이름=컨트롤이름.List(0, 0)

② 'lst고객등급'을 선택한 경우에만 폼의 내용이 시트에 입력되려면 else 다음에 입력행이 와야 합니다.

③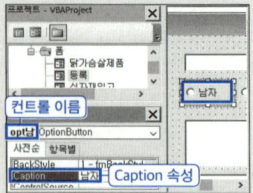

'opt남'은 컨트롤의 이름이고, '남자'는 컨트롤의 Caption 속성입니다.

③ 셀 서식에서 배웠던 부분입니다.
- aaa : 일
- aaaa : 일요일
- ddd : Sun
- dddd : Sunday

①
If IsNull(lst고객등급) Then
  lst고객등급 = lst고객등급.List(0, 0)
Else

②
입력행 = [b3].Row + [b3].CurrentRegion.Rows.Count

③
Cells(입력행, 2) = txt성명
If opt남 = True Then
  Cells(입력행, 3) = opt남.Caption
ElseIf opt여 = True Then
  Cells(입력행, 3) = opt여.Caption
End If
Cells(입력행, 4) = lst고객등급.List(lst고객등급.ListIndex, 1)
Cells(입력행, 5) = cmb가입지점
Cells(입력행, 6) = Format(Date, "yy-mm-dd aaaa")
Cells(입력행, 7) = Format(txt금액, "#,###원")

① 'lst고객등급'을 선택하지 않은 경우 시트에 추가되면 안 되므로 If 문을 작성

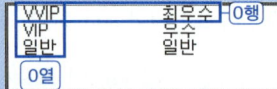

'VVIP'는 'lst고객등급'의 목록(List) 0행, 0열에 표시

② 시트의 마지막 행 다음에 연속해서 입력되도록 '입력행' 변수를 지정

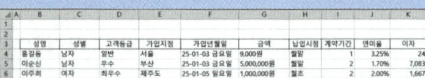

↑ 입력행은 [B3] 셀의 행 + [B3] 셀의 현재 연결된 범위(B3:K6)의 행들의 개수 : 3 + 4이므로 7

③ 입력행이 7이면
7행, 2열의 셀은 'txt성명' 컨트롤에 입력된 값이 표시
7행, 3열의 셀은 'opt남'을 선택하냐, 안 하냐에 따라 '남자', '여자'가 달라지므로 If 문을 작성
7행, 4열의 셀은 'lst고객등급' 컨트롤의 목록(List) 두 번째 열값이 표시
7행, 5열의 셀은 'cmb가입지점' 컨트롤에 입력된 값이 표시
7행, 6열의 셀은 현재 날짜(Date)에 형식(Format)을 지정해 표시
7행, 7열의 셀은 'txt금액' 컨트롤 값에 형식(Format)을 지정해 표시

④
If txt납입시점 <= 0 Or txt납입시점 = "" Then
  Cells(입력행, 8) = "월말"
ElseIf txt납입시점 = 1 Then
  Cells(입력행, 8) = "월초"
End If
 	
Cells(입력행, 9) = Val(txt계약기간)
 	
⑤
Cells(입력행, 10) = Format(txt연이율 / 100, "0.00%")
 	
⑥
Cells(입력행, 11) = Format(txt금액 * Cells(입력행, 10) / 12, "#,###")
 	
⑦
txt성명 = ""
opt남 = False
opt여 = False
lst고객등급 = ""
cmb가입지점 = ""
End If
	④ 입력행 8열의 셀은 'txt납입시점'에 따라 '월말', '월초'가 달라지므로 If 문을 작성
	입력행 9열의 셀은 'txt계약기간'을 수치로 변경(Val)하여 표시
	
	⑤ 입력행 10열의 셀은 'txt연이율' 컨트롤 값에 형식(Format)을 지정해 표시하는데 백분율을 지정하면 곱하기 100이 되므로 나누기 100을 지정
	
	⑥ 입력행 11열의 셀은 'txt금액 * 위에서 백분율을 지정한 연이율/12'를 계산하고 형식(Format)을 지정해 표시
	
	⑦ 'txt성명', 'lst고객등급', 'cmb가입지점'은 초기화(처음 상태)하기 위해 컨트롤에 입력된 값을 비우도록 지정
	'opt남', 'opt여'는 선택되지 않은 상태로 지정

④ 'txt납입시점'이 2인 경우 결과를 지정하지 않았으므로 2가 입력될 경우 입력행, 8열의 셀에는 아무것도 표시되지 않습니다.

⑤ 텍스트상자(TextBox)의 숫자 값과 텍스트상자(TextBox)의 숫자 값을 바로 더하기하려고 할 때엔 'Val( )'을 사용해야 하지만, 텍스트상자(TextBox)의 숫자 값과 일반 숫자는 바로 계산("1.7"/100)이 되기 때문에 'Val( )'을 사용하지 않아도 됩니다.
(예) "3"+"1"→31, "3"+1→4)

⑤ 백분율을 지정하면 자동으로 곱하기 100이 되기 때문에 나누기 100을 미리 해야 합니다.
(예) 1.7에 0.00%을 적용하면 170.00%)

⑥ Cells(입력행, 7)은 "원"을 함께 표시하여 문자가 되었기 때문에 '문자 × 숫자'는 계산될 수 없어 'Cells(입력행, 7) * Cells(입력행, 10)'은 안 됩니다.

⑥ txt연이율은 백분율 없이 숫자만 입력되기 때문에 'txt금액 * txt연이율'은 안 됩니다.

⑦ Ⓠ 'lst고객등급' 초기화할 때 'Isnull' 사용하면 안 되나요?
Ⓐ 확인란과 옵션 단추를 제외한 나머지는 컨트롤에 입력(선택)된 값을 지울 때 '컨트롤이름=""'를 입력합니다.

주희쌤 Tip

실행 시 'txt금액', 'txt연이율'을 입력하지 않고 등록 버튼을 클릭하면 오류가 납니다.

① 프로젝트 탐색기 창에서 'Sheet1 (프로시저5)'를 더블클릭합니다.

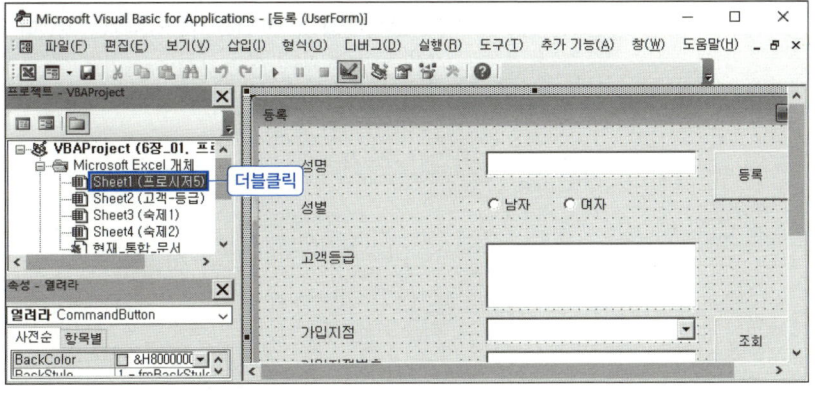

② 시트의 데이터가 변경되면 프로시저가 실행되도록 코드 창 좌측 상단에 개체 목록을 'Worksheet', 우측 상단에 프로시저 목록을 'Change'로 변경합니다.

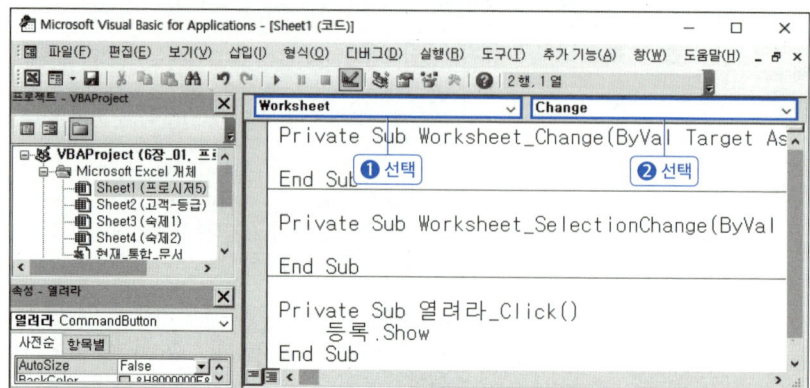

③ 코드 창에 'Worksheet_Change' 프로시저가 나타나면 아래와 같이 입력합니다.

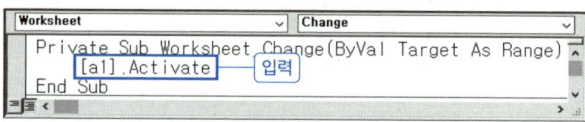

④ 표준 도구 모음의 실행(▶)단추를 클릭합니다.

⑤ 〈등록〉 버튼을 클릭했을 때 시트에 폼의 내용이 추가되고 [A1] 셀로 셀 포인터가 이동되는지 확인합니다.

⑥ '등록' 폼의 닫기(✕) 단추를 클릭하고 VBE의 닫기(✕) 단추도 클릭하여 엑셀로 돌아옵니다.

| [A1].Activate | [A1] 셀이 활성화(Activate) 되도록 지정(셀 포인터가 이동되도록 지정) |

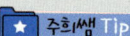 주희쌤 Tip

해당 셀로 셀 포인터가 이동되도록 하시오.
Target.Activate

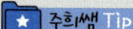 주희쌤 Tip

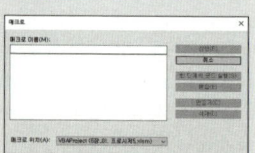

VBE에서 실행(▶) 단추를 클릭했는데 위와 같이 나오는 경우 시트에서 디자인 모드를 해제하고 실행해 보거나 VBE의 프로젝트 탐색기 창에서 폼을 더블클릭하고 실행(▶) 단추를 클릭해 보세요.

숙제

01 '숙제1' 시트에서 다음과 같은 작업을 수행하도록 프로시저를 작성하시오.
① '칼로리보기' 단추를 클릭하면 <닭가슴살제품> 폼이 나타나고, 폼이 초기화되면 'cmb칼로리확인' 콤보 상자의 목록이 두 개의 열만 표시되도록 열 너비(ColumnWidths) 속성을 이용하여 프로시저를 작성하시오.
▶ 첫 번째 열과 마지막 열의 너비는 '50'으로 설정
▶ 세 번째 열을 저장되는 열(BoundColumn)로 설정
② <닭가슴살제품> 폼의 '닫기(cmd닫기)' 단추를 클릭하면 폼을 종료한 후 [A1] 셀에 '닭가슴살 칼로리 확인'을 '돋움' 글꼴로 입력, [A2] 셀에 현재 날짜와 시간을 굵게 표시하시오.

02 '숙제2' 시트에서 다음과 같은 작업을 수행하도록 프로시저를 작성하시오.
① <식자재입고> 폼이 초기화되면 [C5:C9] 영역에 현재 날짜, 'txt입고수량'에 1이 항상 표시되고, [L3:L8] 영역이 굵게 설정되도록 프로시저를 작성하시오.
② <식자재입고> 폼의 '닫기(cmd닫기)' 단추를 클릭하면 폼이 종료되고, [G1] 셀에 초깃값으로 1을 설정하는 프로시저를 작성하시오.

 숙제 정답 및 해설

01 '숙제1' 시트

❶
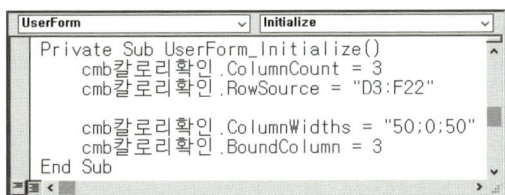

❷
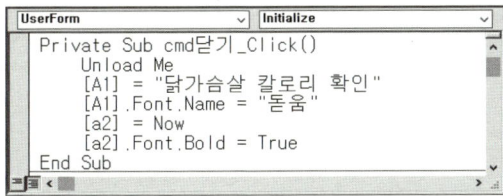

02 '숙제2' 시트

❶
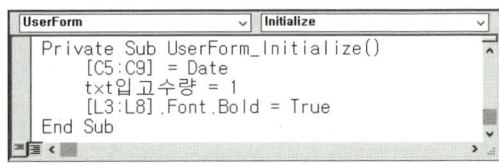

※ [C5:C9]를 Range("C5:C9")로, [L3:L8]을 Range("L3:L8")로 입력해도 됩니다.

❷
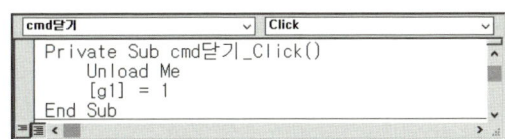

관련 필기 문제

01. 다음 중 아래 프로시저를 실행한 결과에 대한 설명으로 옳은 것은?
14년 3회 출제

```
Sub Bold( )
  Worksheets("Sheet3").Rows(4).Font.Bold = True
End Sub
```

① 현재 통합 문서의 Sheet3에서 D열의 글꼴 스타일을 굵게 설정하는 프로시저이다.
② 현재 통합 문서의 Sheet3에서 4행의 글꼴 스타일을 굵게 설정하는 프로시저이다.
③ 현재 통합 문서의 Sheet3에서 [D4] 셀의 글꼴 스타일을 굵게 설정하는 프로시저이다.
④ 현재 통합 문서의 Sheet3에서 [A4] 셀의 글꼴 스타일을 굵게 설정하는 프로시저이다.

02. 다음 프로시저를 실행한 결과에 대한 설명으로 옳은 것은?
13년 1회 출제

```
Sub EnterValue( )
  Worksheets("Sales").Cells(6, 1).Value= "korea"
End Sub
```

① Sales 시트의 [A1] 셀에 korea를 입력한다.
② Sales 영역의 [A1:A6] 셀에 korea를 입력한다.
③ Sales 시트의 [A6] 셀에 korea를 입력한다.
④ Sales 시트의 [F1] 셀에 korea를 입력한다.

03. 다음과 같이 (A2:A5) 범위의 글꼴을 11포인트 크기의 '돋움'으로 설정하는 매크로를 만들려고 한다. 구문이 잘못된 것은?
12년 3회 출제

	A
1	
2	컴활1급
3	컴퓨터 일반
4	스프레드시트
5	데이터베이스

```
Sub Macro1( )
  Range("A2:A5").Select
  With Selection.Font
    .Type = "돋움"
    .Size = 11
  End With
End Sub
```

① Range ② Select
③ Type   ④ End With

04. 다음 중 아래의 워크시트에서 <보기>의 프로시저 실행 결과로 옳은 것은?
16년 2회 출제

	A	B	C
1	데이터1	데이터2	데이터3
2	사과	레몬	
3	바나나	배	
4			귤
5		배	
6	바나나		
7		2	

```
Sub B3선택( )
Range("B3").CurrentRegion.Select
End Sub
```

① [B3] 셀이 선택된다.
② [A1:B3] 셀이 선택된다.
③ [A1:C3] 셀이 선택된다.
④ [A1:C7] 셀이 선택된다.

정답 01.② | 02.③ | 03.③ | 04.④

주희쌤의 컴퓨터활용능력 1급 실기 1권

ISBN : 979-11-93234-63-1(1권)
979-11-93234-64-8(세트)

발행일 · 2017年	9月	4日	초판	1쇄
	12月	22日	2판	1쇄
2018年	3月	12日		2쇄
	7月	25日		3쇄
2019年	1月	22日	3판	1쇄
	7月	10日		2쇄
	12月	10日	4판	1쇄
2021年	1月	22日	5판	1쇄
	7月	1日		2쇄
2022年	1月	2日	6판	1쇄
	12月	1日	7판	1쇄
2023年	12月	15日	8판	1쇄

저 자 · 이주희 | 발행인 · 이용중
발행처 · 도서출판 배움 | 주소 · 서울시 영등포구 영등포로 400 신성빌딩 2층 (신길동)
주문 및 배본처 | Tel · 02) 813-5334 | Fax · 02) 814-5334

본서는 저작권법 보호대상으로 무단복제(복사, 스캔), 배포, 2차 저작물 작성에 의한 저작권 침해를 금합니다.
또한 저작권법 제136조에 따라 5년 이하의 징역 또는 5천만 원 이하의 벌금에 처하거나 이를 병과할 수 있으며,
저작권법 제125조에 따라 1억 원 이상의 손해배상책임이 발생할 수 있습니다.

저작권 침해 제보: 이메일 baeoom1@hanmail.net, 전화 02) 813-5334

정가 39,000원(전 3권)